S0-BOA-932

Synoptic Concordance

A Greek Concordance to the First Three Gospels
in Synoptic Arrangement, statistically evaluated,
including occurrences in Acts

Griechische Konkordanz zu den ersten drei Evangelien
in synoptischer Darstellung, statistisch ausgewertet,
mit Berücksichtigung der Apostelgeschichte

Paul Hoffmann, Thomas Hieke, Ulrich Bauer

Volume 3
K – O

Walter de Gruyter · Berlin · New York
2000

♾ Printed on acid-free paper which falls within the
guidelines of the ANSI to ensure permanence and durability.

Library of Congress Cataloging-in-Publication Data

Hoffmann, Paul, 1933–
Synoptic concordance : a Greek concordance to the first three Gospels in synoptic arrangement, statistically evaluated, including occurrences in Acts : griechische Konkordanz zu den ersten drei Evangelien in synoptischer Darstellung, statistisch ausgewertet, mit Berücksichtigung der Apostelgeschichte / Paul Hoffmann, Thomas Hieke, Ulrich Bauer.
Introduction in German and English.
Includes index.
Contents: v. 1. Introduction = Einführung. A–[delta]
ISBN 3-11-016296-2 (v. 1)
1. Bible. N.T. Gospels – Concordances, Greek. 2. Synoptic problem. I. Hieke, Thomas. II. Bauer, Ulrich. III. Title.
BS2555.5.H64 1999
226′.048–dc21 99-25796
CIP

Die Deutsche Bibliothek – Cataloging-in-Publication Data

Hoffmann, Paul:
Synoptic Concordance : griechische Konkordanz zu den ersten drei Evangelien in synoptischer Darstellung, statistisch ausgewertet, mit Berücksichtigung der Apostelgeschichte / Paul Hoffmann ; Thomas Hieke ; Ulrich Bauer. – Berlin ; New York : de Gruyter
Vol. 3. K–O. – 2000
ISBN 3-11-016618-6

Printed in Germany

Printing: Werner Hildebrand, Berlin
Binding: Lüderitz & Bauer-GmbH, Berlin

Table of Contents

A Short Description of the Synoptic Concordance

Inhalt

Kurzbeschreibung der Synoptischen Konkordanz

The Synoptic Concordance – Volume 3

A Short Description of the Synoptic Concordance

1 The Synoptic Concordance At a Glance

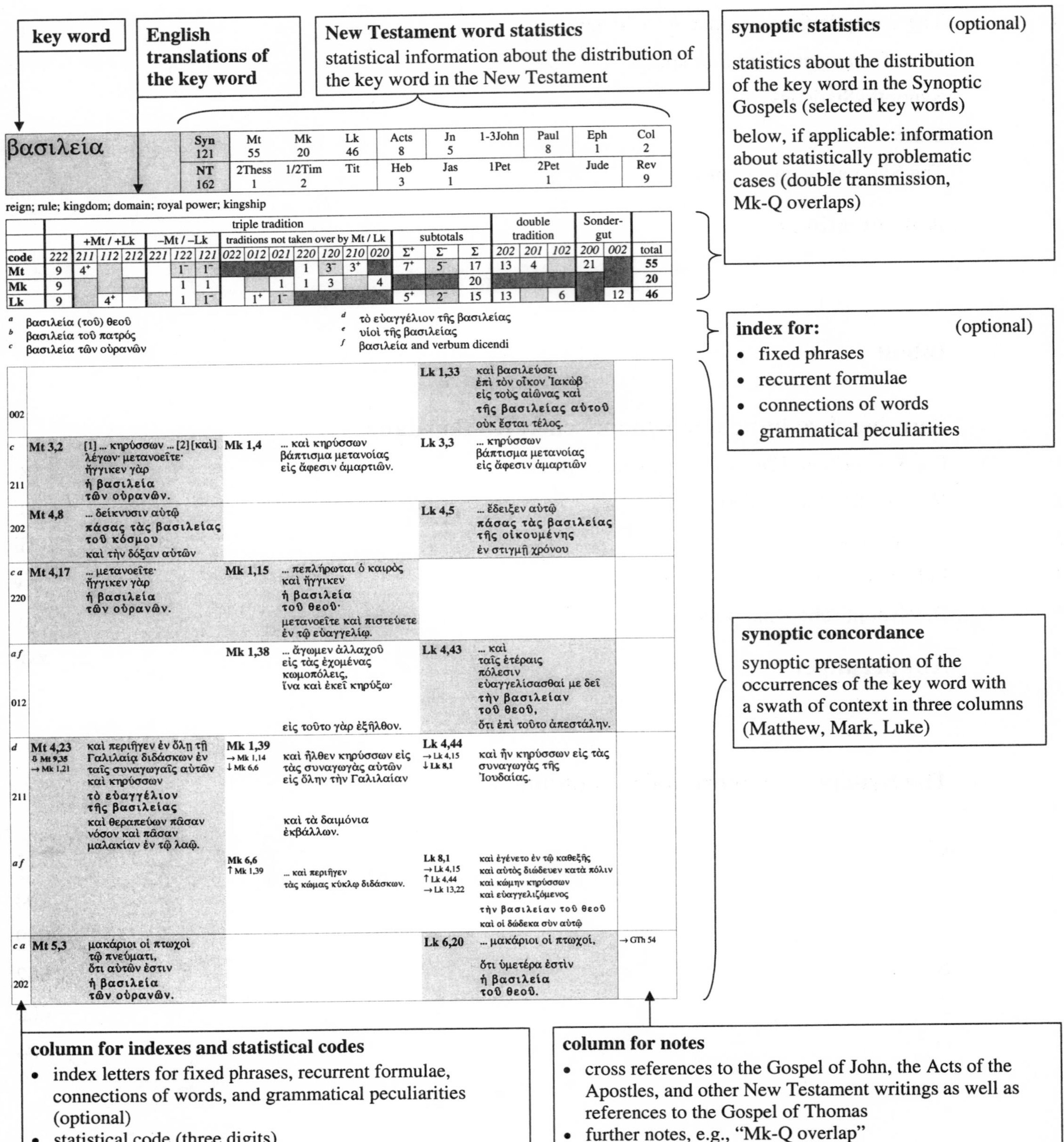

2 New Testament Word Statistics

At the beginning of each entry a chart with the New Testament word statistics gives information about the distribution of the key word in the whole New Testament.

For the books of the New Testament the usual abbreviations are used (see Vol. 1, section 7, p. xxxiii). Some writings are collected in groups:

Syn "Syn": Mt + Mk + Lk

NT "NT": The total number of occurrences of the key word in the New Testament

Paul "Paul": Romans, 1 and 2 Corinthians, Galatians, Philippians, 1 Thessalonians, and Philemon.

See Vol. 1, section 4, p. xx.

3 Synoptic Statistics

Mt **Mk** **Lk** **code** The synoptic statistics give in three lines (Mt, Mk, Lk) a classified statistical overview of the number of occurrences of the key word in the Synoptic Gospels. A chart containing a three-digit statistical code classifies the synoptic situation in several columns. The first digit stands for Matthew, the second for Mark, the third for Luke.

222, 211, 112, 212 etc. The numbers 2, 1, 0 describe the situation for the single occurrence:

2 2: The key word occurs in the verse.

1 1: There is a parallel, but it does not contain the key word.

0 0: There is no parallel in the gospel in question, or the text unit or pericope is missing completely.

With this statistical code the synoptic statistics (if displayed) are closely connected to the presentation of the texts in the synoptic concordance.

The code appears again at the individual occurrences in the column for indexes and statistical codes in the synoptic concordance. Thus one can verify the statistical figures with the texts.

See Vol. 1, section 5.1, p. xxi.

The statistical codes are arranged according to the following groups:

triple tradition The term "*triple tradition*" refers to all verses of the Gospel of Mark as well as to those verses of the Gospels of Matthew and Luke that have a parallel in Mark.

If the *Synoptic Concordance* speaks of the "triple tradition", there is always a Markan verse at issue. In the statistical code the second digit is either "1" or "2". On the two-document hypothesis one can speak of the Markan tradition.

double tradition The term "*double tradition*" refers to all verses of the Gospel of Matthew with a parallel in Luke, but not in Mark, and to all verses of the Gospel of Luke with a parallel in Matthew, but not in Mark.

If the *Synoptic Concordance* speaks of the "double tradition", a Markan verse is not at issue. In the statistical code the second digit is "0". On the two-document hypothesis one can speak of the Q tradition.

Sondergut The term "*Sondergut*" refers to all verses in the Gospels of Matthew and Luke that have no parallels in the other two Synoptic Gospels.

The statistical code is *200* for Matthew, and *002* for Luke. On the two-document hypothesis one can speak of special traditions or editorial creations.

The term *Sondergut* used with regard to Mark refers to text units from Mark that have neither a parallel in Matthew nor in Luke. They are subsumed among the triple tradition, since a Markan tradition is at issue. The coding is *020*.

The *white boxes* indicate that the key word occurs in the gospel in question.

The boxes with *light grey shading* indicate that there is a parallel verse which, however, does not contain the key word.

The *dark grey boxes* indicate that there is no parallel in the gospel in question.

+Mt / +Lk — The key word does *not* occur in Mark, but *only in Matthew and/or Luke*. On the two-document hypothesis, Matthew or Luke (or both) have added it to the Markan source (raised "+").

–Mt / –Lk — The key word occurs *in Mark*, but *not in Matthew and/or Luke*. On the two-document hypothesis, Matthew or Luke (or both) have omitted it from the Markan source (raised "–").

traditions not taken over by Mt / Lk — In Matthew and/or Luke a parallel to Mark is missing. The box of the evangelist that has no parallel is dark grey.

On the two-document hypothesis additions to the Markan tradition are indicated by a raised "+", omissions by a raised "–".

subtotals — The subtotals (symbol: Σ) add *on the basis of the two-document hypothesis* how Matthew and Luke have edited the Gospel of Mark.

Σ^+ — Σ^+: all occurrences in which Matthew or Luke have added the key word to Mark (i.e., all figures with a raised "+"), expressed according to the codes:

Mt: *211* + *212* + *210* Lk: *112* + *212* + *012*.

Σ^- — Σ^-: all occurrences in which Matthew or Luke have omitted the key word from Mark (i.e., all figures with a raised "–"), expressed according to the codes:

Mt: *122* + *121* + *120* Lk: *221* + *121* + *021*.

Σ — subtotal for all cases in which a Markan verse is at issue.

total — total of all occurrences of the key word in the related gospel.

The numbers in the light grey boxes are "omissions" and therefore are not to be added or subtracted when the total of occurrences is calculated.

See Vol. 1, section 5.2, p. xxii.

Mk-Q overlap — In certain cases the synoptic situation indicates that Matthew and Luke have used a second source ("Q") besides the Markan tradition, which overlaps in some cases with the Markan tradition, but at the same time differs characteristically from it. Statistically problematic cases are noted below the chart of the synoptic statistics with the header "Mk-Q overlap".

Mk-Q overlap? — If it is doubtful whether there is an overlap between the triple and double tradition (Mark and Q), a question mark is placed after the note "Mk-Q overlap".

The same notes apply in the column for notes of the synoptic concordance at the problematic occurrences.

See Vol. 1, section 5.4, p. xxiv.

4 Index

The index lists

- fixed phrases,
- recurrent formulae,
- connections of words,
- grammatical peculiarities.

a b c Small raised letters in italics are used. With these index letters one can find these phrases in the synoptic concordance by referring to the column for indexes and statistical codes.

See Vol. 1, section 3.8, p. xix.

5 The Synoptic Concordance

The synoptic concordance is arranged in three sections: at the left the column for indexes and statistical codes, in the middle the columns with the texts, at the right the column for notes.

5.1 Column For Indexes and Statistical Codes

a b c The small raised letters in italics indicate that a fixed phrase, a recurrent formula etc. occurs in the row in question. The indexes are classified in the list at the beginning of the entry.

If more than one letter occurs, the letters are arranged according to the sequence of the occurrence of the phrase in the row.

222, 211, 112, 212 etc. The statistical code indicates how the history of the tradition of the occurrence and its parallels was evaluated. For the meaning of the code see above, section 3, p. v.

With the help of the synoptic statistics and the synoptic codes one can focus on certain situations in the tradition. For example, if one looks for instances in the Matthew-Luke tradition (on the two-document hypothesis: "Q"), only those lines must be taken into account where the code has a "0" (zero) at the second digit (Mark). If one, however, is interested in cases where, e.g., Matthew omitted a word from Mark, one has to consider those lines in which the code starts with the digits "02x" (the section in Mark has no parallel in Matthew) or "12x" (Matthew has a parallel, but not the key word). The Lukan position, indicated here by "x", can either be "0" (Luke does not have a parallel), "1" (Luke has a parallel, but not the key word in it), or "2" (Luke has the key word). The code "121" is also worth noting: Both Matthew and Luke have omitted the word from the Markan source. The counterpart is "212": Both Matthew and Luke have inserted the key word into their Markan source. On the two-document hypothesis one would call that a *minor agreement*.

5.2 The Text Columns of the Synoptic Concordance

The synoptic concordance presents the occurrences of the key word in its context together with their synoptic parallels. Matthew, Mark, and Luke are arranged in three columns next to each other.

A grey shading indicates the sequence of the occurrences of the key word for each gospel. With the help of the grey shading all occurrences of the key word can be traced in the original sequence of the gospel in question.

Since the sequence of pericopes differs between the Synoptic Gospels, in some cases a parallel verse has to be repeated outside the original sequence of the gospel. If therefore an occurrence appears as a synoptic parallel in a position differing from the gospel's original sequence, the grey shading is omitted. This occurrence will appear again with a grey shading in the original sequence of the gospel. — See Vol. 1, section 3.3, p. xiv.

καὶ ἦλθεν κηρύσσων ... Fine print is used in cases in which one has to consider a complex problem of transmission: double transmission, Mk-Q overlap, redactional doublets etc.

See Vol. 1, section 2.4, p. x, and Vol. 1, section 3.4, p. xv.

... Three dots mark the ellipsis of parts of the text.

[1] Numbers in square brackets give references of verses that are quoted in addition to the main verse (e.g., Mt 3,2 in bold type).

↔ A double-pointed arrow "↔" indicates that the text of the gospel is continued immediately and without omissions, even if there is a horizontal line (and perhaps one or more empty fields) in the column. This arrow is repeated at the beginning of the continuation.

The arrow ↔ does *not* occur, if the horizontal line separates two verses that follow each other. If there are no ellipsis (...), the successive verse numbers (e.g., Mk 4,1; Mk 4,2) indicate that the text of the gospel is printed without interruption.

See Vol. 1, section 3.1, p. xii.

→ Mk 6,6
⇨ Mt 4,23
Cross references to passages (here: Mk 6,6) which cannot be found in the list of the current key word, but which are of interest regarding the comparison of the texts.

↑ Mk 6,6
↓ Mk 6,6
Arrows pointing up or down: The text can be found in the synoptic concordance of the current key word – one must look in the related column (here the column for Mark) further up (↑) or down (↓).

⇧ Mt 4,23
⇨ Mt 4,23
⇩ Mt 4,23
Outlined arrows (⇧, ⇩, ⇨): The verse in question is a doublet from tradition or a redactional doublet by the evangelist.

↑ **Mk 6,6**
↓ **Mk 6,6**
⇧ **Mt 4,23**
⇩ **Mt 4,23**
Bold type: The verse indicated (here Mk 6,6 or Mt 4,23) contains the current key word.

See Vol. 1, section 3.5, p. xvii.

εὐλογημένος ὁ ἐρχόμενος
➢ Ps 118,26
Quotations from the Old Testament in the text of the Synoptic Gospels and the Acts of the Apostles are indicated by italics. The Old Testament verse reference follows just below the verse and is indicated by an arrow (➢).

See Vol. 1, section 3.9, p. xix.

5.3 Column For Notes

→ Jn 20,32 Cross references to a passage outside of the Synoptic Gospels which are relevant for the comparison of texts. The cross reference is in the last column at the right hand side.

→ **Jn 20,32** If the cross reference is printed in bold, the verse (here: Jn 20,32) contains the key word.

→ GTh 39,3 **(POxy 655)** Cross references to the Gospel of Thomas (GTh): POxy 655 indicates that the saying also occurs in the Greek fragments. If this note is printed bold, the Greek fragment contains the current key word.

See Vol. 1, section 3.6, p. xvii.

Mk-Q overlap — The note "Mk-Q overlap" is added to occurrences where Matthew and Luke follow a second source ("Q") other than the Markan tradition.

Mk-Q overlap? — If it is doubtful whether there is an overlap between triple and double tradition (Mark and Q), a question mark is placed after the note "Mk-Q overlap".

See Vol. 1, section 3.4, p. xv, and Vol. 1, section 6.2, p. xxvi.

Abbreviations

Syn	The Synoptic Gospels: The figure below this abbreviation gives the number of occurrences of the key word in the three Gospels Matthew, Mark, and Luke.
NT	The New Testament: The figure below this abbreviation gives the number of occurrences of the key word in the whole New Testament.
Mt	The Gospel of Matthew
Mk	The Gospel of Mark
Lk	The Gospel of Luke
Acts	The Acts of the Apostles
Jn	The Gospel of John
1-3John	The letters of John
Paul	The letters of the Apostle Paul (Romans, 1/2 Corinthians, Galatians, Philippians, 1 Thessalonians, Philemon)
Eph	The letter to the Ephesians
Col	The letter to the Colossians
2Thess	The second letter to the Thessalonians
1/2Tim	The letters to Timothy
Tit	The letter to Titus
Heb	The letter to the Hebrews
Jas	The letter of James
1Pet	The first letter of Peter
2Pet	The second letter of Peter
Jude	The letter of Jude
Rev	The Revelation to John
GTh	The Gospel of Thomas
POxy	The Greek fragments of the Gospel of Thomas in the papyri from Oxyrhynchus

Gen	Genesis
Exod	Exodus
Lev	Leviticus
Num	Numbers
Deut	Deuteronomy
Josh	Joshua
Judg	Judges
Ruth	Ruth
1-2 Sam	1-2 Samuel
1-2 Kings	1-2 Kings
1-2 Chron	1-2 Chronicles
Ezra	Ezra
Neh	Nehemiah
Esther	Esther
Job	Job
Ps	Psalms
Prov	Proverbs
Qoh	Qoheleth, Ecclesiastes
Cant	Canticles, Song of Solomon
Isa	Isaiah
Jer	Jeremiah
Lam	Lamentations
Ezek	Ezekiel
Dan	Daniel
Hos	Hosea
Joel	Joel
Amos	Amos
Obad	Obadiah
Jonah	Jonah
Micah	Micah
Nahum	Nahum
Hab	Habakkuk
Zeph	Zephaniah
Hag	Haggai
Zech	Zechariah
Mal	Malachi
1-2 Esdras	1-2 Esdras
Tob	Tobit
Jdt	Judith
Wis	Wisdom of Solomon
Sir	Sirach, Ecclesiasticus
Bar	Baruch
1-2 Macc	1-2 Maccabees

Kurzbeschreibung der Synoptischen Konkordanz

1 Die Synoptische Konkordanz auf einem Blick

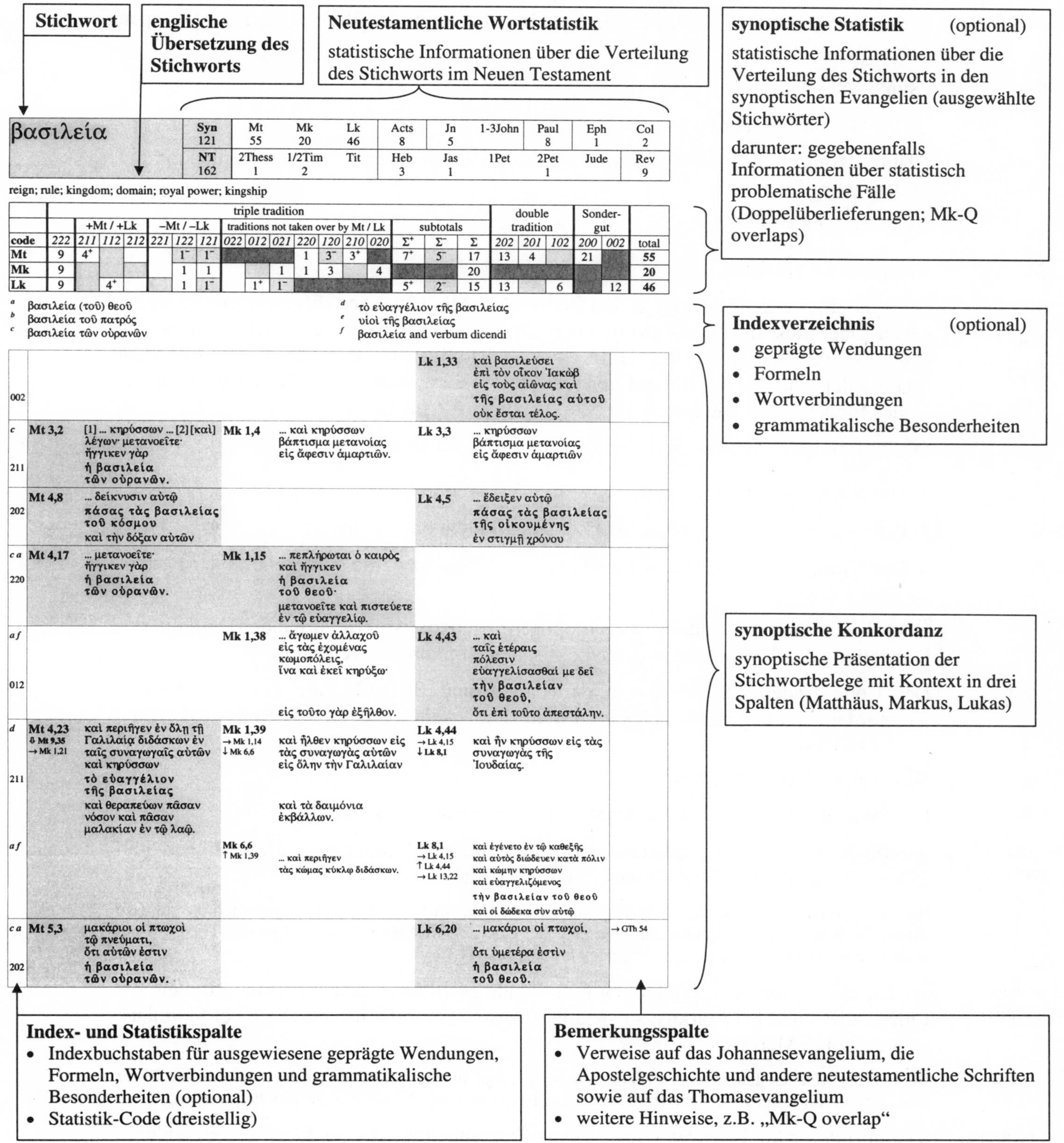

βασιλεία

Syn	Mt	Mk	Lk	Acts	Jn	1-3John	Paul	Eph	Col
121	55	20	46	8	5		8	1	2
NT	2Thess	1/2Tim	Tit	Heb	Jas	1Pet	2Pet	Jude	Rev
162	1	2		3	1		1		9

reign; rule; kingdom; domain; royal power; kingship

	triple tradition																double tradition			Sondergut		
		+Mt / +Lk			−Mt / −Lk			traditions not taken over by Mt / Lk						subtotals								
code	222	211	112	212	221	122	121	022	012	021	220	120	210	020	Σ⁺	Σ⁻	Σ	202	201	102	200	002	total
Mt	9	4⁺				1⁻	1⁻				1	3⁻	3⁺		7⁺	5⁻	17	13	4		21		55
Mk	9					1	1			1	1	3		4			20						20
Lk	9		4⁺			1	1⁻		1⁺	1⁻					5⁺	2⁻	15	13		6		12	46

a βασιλεία (τοῦ) θεοῦ
b βασιλεία τοῦ πατρός
c βασιλεία τῶν οὐρανῶν
d τὸ εὐαγγέλιον τῆς βασιλείας
e υἱοὶ τῆς βασιλείας
f βασιλεία and verbum dicendi

	Mt		Mk		Lk		
002					Lk 1,33	καὶ βασιλεύσει ἐπὶ τὸν οἶκον Ἰακὼβ εἰς τοὺς αἰῶνας καὶ **τῆς βασιλείας αὐτοῦ** οὐκ ἔσται τέλος.	
c 211	Mt 3,2	[1] ... κηρύσσων ... [2] [καὶ] λέγων· μετανοεῖτε· ἤγγικεν γὰρ **ἡ βασιλεία τῶν οὐρανῶν.**	Mk 1,4	... καὶ κηρύσσων βάπτισμα μετανοίας εἰς ἄφεσιν ἁμαρτιῶν.	Lk 3,3	... κηρύσσων βάπτισμα μετανοίας εἰς ἄφεσιν ἁμαρτιῶν	
202	Mt 4,8	... δείκνυσιν αὐτῷ **πάσας τὰς βασιλείας τοῦ κόσμου** καὶ τὴν δόξαν αὐτῶν			Lk 4,5	... ἔδειξεν αὐτῷ **πάσας τὰς βασιλείας τῆς οἰκουμένης** ἐν στιγμῇ χρόνου	
c a 220	Mt 4,17	... μετανοεῖτε· ἤγγικεν γὰρ **ἡ βασιλεία τῶν οὐρανῶν.**	Mk 1,15	... πεπλήρωται ὁ καιρὸς καὶ ἤγγικεν **ἡ βασιλεία τοῦ θεοῦ·** μετανοεῖτε καὶ πιστεύετε ἐν τῷ εὐαγγελίῳ.			
a f 012			Mk 1,38	... ἄγωμεν ἀλλαχοῦ εἰς τὰς ἐχομένας κωμοπόλεις, ἵνα καὶ ἐκεῖ κηρύξω· εἰς τοῦτο γὰρ ἐξῆλθον.	Lk 4,43	... καὶ ταῖς ἑτέραις πόλεσιν εὐαγγελίσασθαί με δεῖ **τὴν βασιλείαν τοῦ θεοῦ,** ὅτι ἐπὶ τοῦτο ἀπεστάλην.	
d 211	Mt 4,23 ⇩ Mt 9,35 → Mk 1,21	καὶ περιῆγεν ἐν ὅλῃ τῇ Γαλιλαίᾳ διδάσκων ἐν ταῖς συναγωγαῖς αὐτῶν καὶ κηρύσσων **τὸ εὐαγγέλιον τῆς βασιλείας** καὶ θεραπεύων πᾶσαν νόσον καὶ πᾶσαν μαλακίαν ἐν τῷ λαῷ.	Mk 1,39 → Mk 1,14 ↓ Mk 6,6	καὶ ἦλθεν κηρύσσων εἰς τὰς συναγωγὰς αὐτῶν εἰς ὅλην τὴν Γαλιλαίαν καὶ τὰ δαιμόνια ἐκβάλλων.	Lk 4,44 → Lk 4,15 ↓ Lk 8,1	καὶ ἦν κηρύσσων εἰς τὰς συναγωγὰς τῆς Ἰουδαίας.	
a f			Mk 6,6 ↑ Mk 1,39	... καὶ περιῆγεν τὰς κώμας κύκλῳ διδάσκων.	Lk 8,1 → Lk 4,15 ↑ Lk 4,44 → Lk 13,22	καὶ ἐγένετο ἐν τῷ καθεξῆς καὶ αὐτὸς διώδευεν κατὰ πόλιν καὶ κώμην κηρύσσων καὶ εὐαγγελιζόμενος **τὴν βασιλείαν τοῦ θεοῦ** καὶ οἱ δώδεκα σὺν αὐτῷ	
c a 202	Mt 5,3	μακάριοι οἱ πτωχοὶ τῷ πνεύματι, ὅτι αὐτῶν ἐστιν **ἡ βασιλεία τῶν οὐρανῶν.**			Lk 6,20	... μακάριοι οἱ πτωχοί, ὅτι ὑμετέρα ἐστὶν **ἡ βασιλεία τοῦ θεοῦ.**	→ GTh 54

2 Neutestamentliche Wortstatistik

Die neutestamentliche Wortstatistik am Anfang jedes Stichworts bietet Informationen über die Verteilung des Stichworts im gesamten Neuen Testament.

Für die Schriften des Neuen Testaments werden die gebräuchlichen Abkürzungen verwendet (siehe Vol. 1, Abschnitt 7, S. lxvii). Einige Schriften werden zu Gruppen zusammengefasst:

Syn — „Syn“: Mt + Mk + Lk

NT — „NT:“ Gesamtzahl der Belege im Neuen Testament

Paul — „Paul“: Römer-, 1. und 2. Korinther-, Galater-, Philipper-, 1. Thessalonicher- und Philemonbrief

Siehe Vol. 1, Abschnitt 4, S. liv.

3 Synoptische Statistik

Mt
Mk
Lk
code

Die synoptische Statistik gibt in drei Zeilen (Mt, Mk, Lk) einen differenzierten statistischen Überblick in Tabellenform über die Zahl der Belege des Stichworts in den synoptischen Evangelien. Mit Hilfe eines dreistelligen Codes wird in den einzelnen Spalten der synoptische Befund genauer klassifiziert. Dabei steht die erste Stelle des Codes für Matthäus, die zweite für Markus, die dritte für Lukas.

222, 211, 112, 212 etc. — Die Ziffern beschreiben den Befund für diesen Wortbeleg:

2 — 2: Das Stichwort ist vorhanden.

1 — 1: Eine Parallele ist vorhanden, aber sie enthält nicht das Stichwort.

0 — 0: Der Evangelist hat an dieser Stelle keine Parallele bzw. die Texteinheit oder Perikope fehlt ganz.

Über diesen Statistik-Code ist die synoptische Statistik (sofern vorhanden) eng mit der Darstellung der Textbelege in der synoptischen Konkordanz verknüpft.

Der Code findet sich wieder in der Index- und Statistikspalte der synoptischen Konkordanz bei den Einzelbelegen, um die statistischen Zahlen an den Texten verifizieren zu können.

Siehe Vol. 1, Abschnitt 5.1, S. lv.

Die Statistik-Codes sind zu folgenden Gruppen zusammengefasst:

triple tradition — „*dreifache Tradition*“ („triple tradition“): Alle Markus-Verse sowie alle Matthäus- und Lukas-Verse, die bei Markus einen Parallelvers haben.

Bei der „dreifachen Tradition“ ist Markus immer beteiligt. Im Statistik-Code ist demnach die mittlere Ziffer, die für Markus steht, entweder eine „1“ oder eine „2“. Im Sinne der Zwei-Quellen-Theorie kann auch von der Markus-Tradition gesprochen werden.

double tradition — „*zweifache Tradition*“ („double tradition“): alle Matthäus-Verse mit einer Parallele bei Lukas, aber nicht bei Markus, sowie alle Lukas-Verse mit einer Parallele bei Matthäus, aber nicht bei Markus.

Bei der „zweifachen Tradition“ ist Markus nicht beteiligt. Im Statistik-Code ist dazu die mittlere Ziffer eine „0“. Im Sinne der Zwei-Quellen-Theorie kann auch von der Q-Tradition gesprochen werden.

Sondergut — „*Sondergut*“: alle Matthäus- und Lukas-Texteinheiten, die in keinem der anderen synoptischen Evangelien eine Parallele haben.

Der Statistik-Code lautet *200* für Matthäus und *002* für Lukas. Im Sinne der Zwei-Quellen-Theorie handelt es sich hier um Sondertraditionen oder redaktionelle Bildungen.

Das „Sondergut" des Markus sind Texteinheiten aus Markus, die weder bei Matthäus noch bei Lukas eine Parallele haben. Sie werden unter die dreifache Tradition subsumiert, da hier Markusüberlieferung vorliegt. Die Codierung ist *020.*

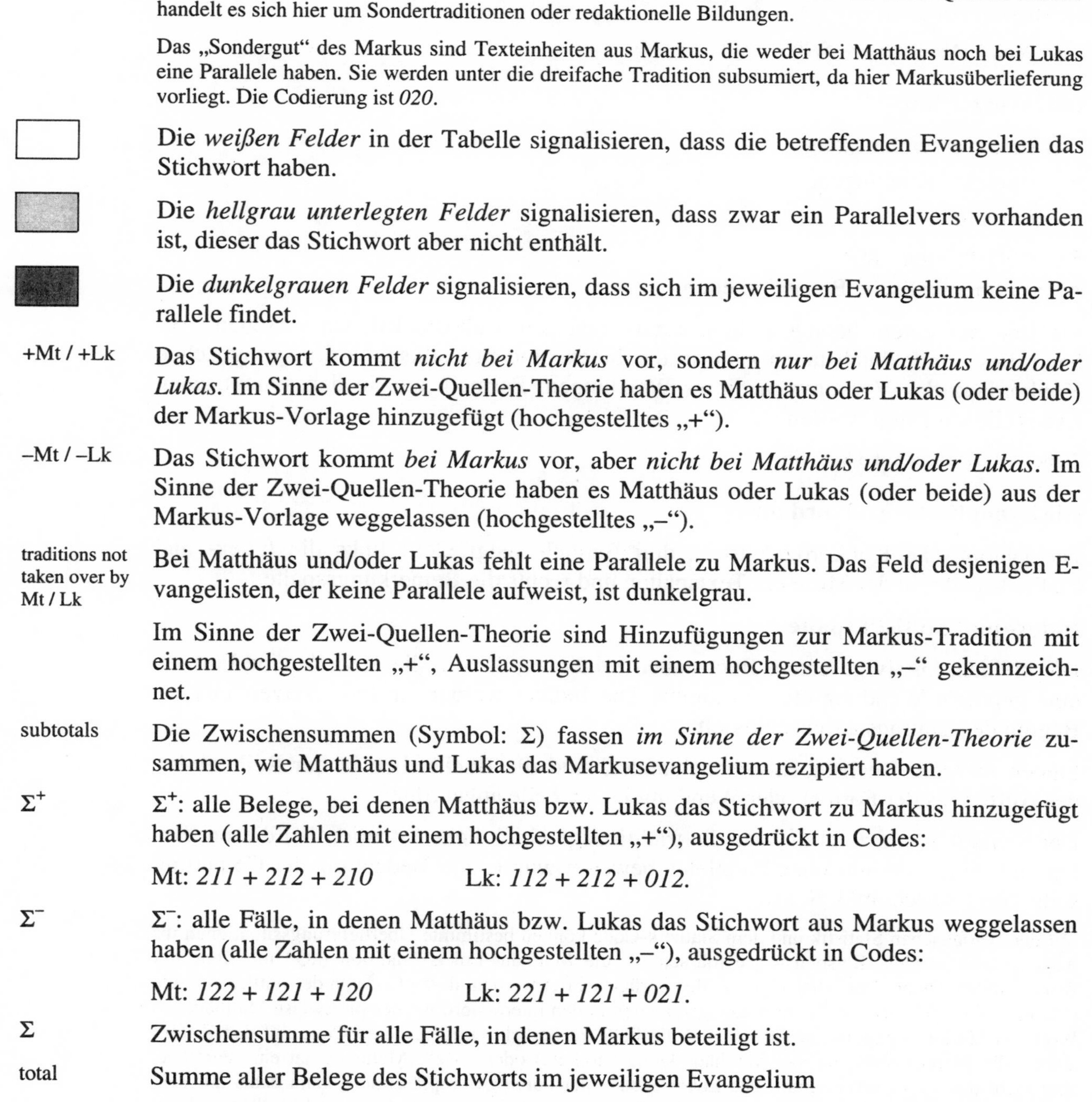

Die *weißen Felder* in der Tabelle signalisieren, dass die betreffenden Evangelien das Stichwort haben.

Die *hellgrau unterlegten Felder* signalisieren, dass zwar ein Parallelvers vorhanden ist, dieser das Stichwort aber nicht enthält.

Die *dunkelgrauen Felder* signalisieren, dass sich im jeweiligen Evangelium keine Parallele findet.

+Mt / +Lk — Das Stichwort kommt *nicht bei Markus* vor, sondern *nur bei Matthäus und/oder Lukas.* Im Sinne der Zwei-Quellen-Theorie haben es Matthäus oder Lukas (oder beide) der Markus-Vorlage hinzugefügt (hochgestelltes „+").

–Mt / –Lk — Das Stichwort kommt *bei Markus* vor, aber *nicht bei Matthäus und/oder Lukas.* Im Sinne der Zwei-Quellen-Theorie haben es Matthäus oder Lukas (oder beide) aus der Markus-Vorlage weggelassen (hochgestelltes „–").

traditions not taken over by Mt / Lk — Bei Matthäus und/oder Lukas fehlt eine Parallele zu Markus. Das Feld desjenigen Evangelisten, der keine Parallele aufweist, ist dunkelgrau.

Im Sinne der Zwei-Quellen-Theorie sind Hinzufügungen zur Markus-Tradition mit einem hochgestellten „+", Auslassungen mit einem hochgestellten „–" gekennzeichnet.

subtotals — Die Zwischensummen (Symbol: Σ) fassen *im Sinne der Zwei-Quellen-Theorie* zusammen, wie Matthäus und Lukas das Markusevangelium rezipiert haben.

Σ^+ — Σ^+: alle Belege, bei denen Matthäus bzw. Lukas das Stichwort zu Markus hinzugefügt haben (alle Zahlen mit einem hochgestellten „+"), ausgedrückt in Codes:

Mt: *211 + 212 + 210*   Lk: *112 + 212 + 012.*

Σ^- — Σ^-: alle Fälle, in denen Matthäus bzw. Lukas das Stichwort aus Markus weggelassen haben (alle Zahlen mit einem hochgestellten „–"), ausgedrückt in Codes:

Mt: *122 + 121 + 120*   Lk: *221 + 121 + 021.*

Σ — Zwischensumme für alle Fälle, in denen Markus beteiligt ist.

total — Summe aller Belege des Stichworts im jeweiligen Evangelium

Die Zahlenwerte in den hellgrauen Feldern sind „Weglassungen" und werden bei der Errechnung der Gesamtsumme der Belege nicht berücksichtigt.

Siehe Vol. 1, Abschnitt 5.2, S. lvi.

Mk-Q overlap — An einigen Stellen ist aufgrund des Textbefundes zu vermuten, dass Matthäus und/oder Lukas neben der Markus-Tradition noch einer anderen Überlieferung („Q") folgen, die sich zwar mit der Markus-Tradition berührt, aber doch auch zugleich von ihr charakteristisch unterschieden ist. Auf statistische Problemfälle wird gegebenenfalls unterhalb der synoptischen Statistik mit der Überschrift „Mk-Q-overlap" hingewiesen.

Mk-Q overlap? — Wo es zweifelhaft ist, ob neben der Markusüberlieferung auch eine Q-Tradition vorliegt, wird hinter die Bemerkung „Mk-Q overlap" ein Fragezeichen gesetzt.

Dieselben Hinweise finden sich auch in der Bemerkungsspalte der synoptischen Konkordanz an der betreffenden Belegstelle.

Siehe Vol. 1, Abschnitt 5.4, S. lix.

4 Indexverzeichnis

Das Indexverzeichnis zeigt

- geprägte Wendungen,
- Formeln,
- Wortverbindungen,
- grammatikalische Besonderheiten.

a b c Sie sind mit einem hochgestellten, kursiv gesetzten Indexbuchstaben versehen. Anhand dieser Indexbuchstaben kann in der Index- und Statistikspalte der synoptischen Konkordanz das Vorkommen dieser Wendungen, Formeln etc. in den synoptischen Evangelien verfolgt werden.

Siehe Vol. 1, Abschnitt 3.8, S. liii.

5 Die Synoptische Konkordanz

Die synoptische Konkordanz ist in drei Bereiche gegliedert: links die Index- und Statistikspalte, in der Mitte die Textspalten und rechts die Bemerkungsspalte.

5.1 Index- und Statistikspalte

a b c Die kleinen, kursiv gesetzten Buchstaben zeigen an, dass in dieser Zeile eine Formel, eine geprägte Wendung etc. vorkommt. Die Indices werden im Indexverzeichnis am Beginn des Eintrags aufgeschlüsselt.

Stehen mehrere Buchstaben nebeneinander, sind die Buchstaben in der Reihenfolge des Auftretens der Formel oder Wendung in der Zeile angeordnet.

222, 211, 112, 212 etc. Der Statistik-Code zeigt an, wie die traditionsgeschichtliche Situation bei diesem Beleg und seinen synoptischen Parallelen bewertet wurde. Zur Bedeutung der Codierung siehe oben Abschnitt 3, S. xii.

Mit der synoptischen Statistik und dem Statistik-Code können bestimmte Überlieferungssituationen ins Auge gefasst werden. Beispielsweise müssen für die Matthäus-Lukas-Tradition („Q" im Sinne der Zwei-Quellen-Theorie) nur diejenigen Zeilen berücksichtigt werden, deren Code an der mittleren Stelle (Markus) eine „0" aufweist. Ist man dagegen an den Fällen interessiert, wo beispielsweise Matthäus ein Wort aus Markus weggelassen hat, so sind die Fälle zu berücksichtigen, deren Code mit den Ziffern „02x" (die Markus-Stelle hat bei Matthäus keine Parallele) oder „12x" (Matthäus hat eine Parallele, aber nicht das Stichwort) beginnt. Die Lukas-Stelle, hier durch „x" repräsentiert, kann dabei „0" sein (Lukas hat keine Parallele), „1" (Lukas hat eine Parallele, aber nicht das Stichwort) oder „2" (Lukas hat das Stichwort). Beachtenswert ist z.B. auch der Code „121": Sowohl Matthäus als auch Lukas haben das Wort aus ihrer Markus-Vorlage weggelassen. Das Gegenstück ist „212": Sowohl Matthäus als auch Lukas haben das Wort in die Markus-Vorlage eingefügt. Im Sinne der Zwei-Quellen-Theorie würde man hier von einem *minor agreement* sprechen.

5.2 Die Textspalten der Synoptischen Konkordanz

In der synoptischen Konkordanz werden die Belege für das Stichwort in synoptischer Darstellung zusammen mit ihrem Kontext präsentiert. Matthäus, Markus und Lukas sind in drei Spalten nebeneinander angeordnet.

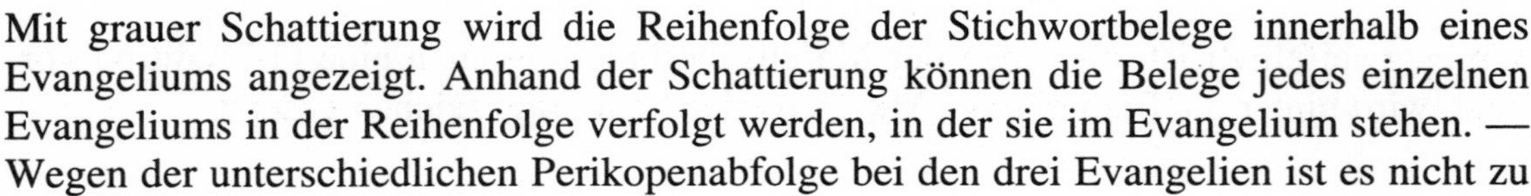

Mit grauer Schattierung wird die Reihenfolge der Stichwortbelege innerhalb eines Evangeliums angezeigt. Anhand der Schattierung können die Belege jedes einzelnen Evangeliums in der Reihenfolge verfolgt werden, in der sie im Evangelium stehen. — Wegen der unterschiedlichen Perikopenabfolge bei den drei Evangelien ist es nicht zu vermeiden, dass ein Beleg außerhalb der internen Abfolge des Evangeliums als synoptische Parallele wiederholt werden muss. Erscheint ein Beleg infolgedessen nicht in der richtigen Position innerhalb seines Evangeliums, entfällt die graue Schattierung. Er findet sich aber dann ein weiteres Mal mit grauer Schattierung dort, wo es seiner Position im Evangelium entspricht.

Siehe Vol. 1, Abschnitt 3.3, S. xlviii.

καὶ ἦλθεν κηρύσσων ... Kleindruck wird bei komplexeren Überlieferungssituationen verwendet: Doppelüberlieferungen, „Mk-Q overlap", redaktionelle Doppelungen usw.

Siehe Vol. 1, Abschnitt 2.4, S. xliv, und Vol. 1, Abschnitt 3.4, S. xlix.

... Drei Punkte markieren die Auslassung von Textteilen.

[1] Zahlen in Klammern bezeichnen Verse, die zusätzlich zum Hauptvers zitiert werden (z.B. Mt 3,2 in Fettdruck).

↔ Ein Pfeil mit zwei Spitzen „↔" zeigt an, dass der Evangelientext unmittelbar und ohne Auslassung fortgesetzt wird, auch wenn eine horizontale Trennlinie (und gegebenenfalls auch leere Felder) in der Spalte folgen. Am Anfang der Fortsetzung wird dieser Pfeil wiederholt.

Der Pfeil ↔ wird *nicht* gesetzt, wenn die horizontale Linie zwei aufeinander folgende Verse trennt. Fehlen zwischen den beiden Versen Auslassungspunkte („ ... "), lassen die einander folgenden Versangaben (z.B. Mk 4,1; Mk 4,2) erkennen, dass der Evangelientext ohne Unterbrechung abgedruckt ist.

Siehe Vol. 1, Abschnitt 3.1, S. xlvi.

→ Mk 6,6
⇨ Mt 4,23
Verweis auf Stellen, die nicht in der synoptischen Konkordanz zum aktuellen Stichwort auftreten, aber für die Beurteilung des Belegs von Interesse sind.

↑ Mk 6,6
↓ Mk 6,6
Pfeile nach oben oder unten: Der Text befindet sich in der synoptischen Konkordanz zum aktuellen Stichwort und kann in der entsprechenden Spalte (hier in der Markus-Spalte) weiter oben (↑) bzw. weiter unten (↓) gefunden werden.

⇧ Mt 4,23
⇨ Mt 4,23
⇩ Mt 4,23
Doppelpfeile (⇧, ⇩, ⇨): Beim Verweisziel handelt es sich um eine Doppelüberlieferung oder um eine redaktionelle Doppelung durch einen Evangelisten.

↑ Mk 6,6
↓ Mk 6,6
⇧ Mt 4,23
⇩ Mt 4,23
Fettdruck: Das Verweisziel enthält (hier Mk 6,6 bzw. Mt 4,23) das aktuelle Stichwort.

Siehe Vol. 1, Abschnitt 3.5, S. li.

εὐλογημένος ὁ ἐρχόμενος
➢ Ps 118,26
Zitate aus dem Alten Testament im Text der Synoptiker und der Apostelgeschichte werden durch Kursivdruck gekennzeichnet. Die Stellenangabe steht unmittelbar unter dem Zitat nach einem Pfeil (➢).

Siehe Vol. 1, Abschnitt 3.9, S. liii.

5.3 Bemerkungsspalte

→ Jn 20,32 Verweise auf Stellen außerhalb der Synoptiker, die für den Textvergleich relevant sind, finden sich in der Bemerkungsspalte auf der rechten Seite.

→ Jn 20,32 Ist der Verweis fett gedruckt, so enthält das Verweisziel (hier Jn 20,32) das Stichwort.

→ GTh 39,3 **(POxy 655)** Verweise auf das Thomasevangelium (GTh). POxy 655 zeigt an, dass es die entsprechende Stelle auch in den griechischen Fragmenten gibt. Ist diese Angabe fett gedruckt, enthält das griechische Fragment das aktuelle Stichwort.

Siehe Vol. 1, Abschnitt 3.6, S. lii.

Mk-Q overlap Die Bemerkung „Mk-Q overlap" steht bei den Stellen, an denen Matthäus und/oder Lukas neben der Markus-Tradition noch einer anderen Überlieferung („Q") folgen.

Mk-Q overlap? Wo es zweifelhaft ist, ob neben der Markusüberlieferung auch eine Q-Tradition vorliegt, wird hinter die Bemerkung „Mk-Q overlap" ein Fragezeichen gesetzt.

Siehe Vol. 1, Abschnitt 3.4, S. xlix, und Vol. 1, Abschnitt 6.2, S. lx.

Abkürzungen

Syn	Die synoptischen Evangelien: Die Zahl unter dieser Abkürzung gibt die Anzahl der Belege des Stichwortes in den drei Evangelien Matthäus, Markus und Lukas an.
NT	Das Neue Testament: Die Zahl unter dieser Abkürzung gibt die Anzahl der Belege des Stichwortes im gesamten Neuen Testament an.
Mt	Matthäusevangelium
Mk	Markusevangelium
Lk	Lukasevangelium
Acts	Apostelgeschichte
Jn	Johannesevangelium
1-3John	Erster bis dritter Johannesbrief
Paul	Die Briefe des Apostels Paulus (Römer-, 1. und 2. Korinther-, Galater-, Philipper-, 1. Thessalonicher- und Philemonbrief)
Eph	Der Brief an die Epheser
Col	Der Brief an die Kolosser
2Thess	Der zweite Brief an die Thessalonicher
1/2Tim	Der erste und zweite Brief an Timotheus
Tit	Der Brief an Titus
Heb	Der Brief an die Hebräer
Jas	Der Brief des Jakobus
1Pet	Der erste Brief des Petrus
2Pet	Der zweite Brief des Petrus
Jude	Der Brief des Judas
Rev	Die Offenbarung des Johannes
GTh	Das Thomasevangelium
POxy	Die griechischen Fragmente des Thomasevangeliums auf den Oxyrhynchus-Papyri.

Gen	Genesis	Ps	Psalmen	Micah	Micha
Exod	Exodus	Prov	Sprichwörter (Proverbien)	Nahum	Nahum
Lev	Levitikus			Hab	Habakkuk
Num	Numeri	Qoh	Kohelet	Zeph	Zefania
Deut	Deuteronomium	Cant	Das Hohelied	Hag	Haggai
Josh	Josua	Isa	Jesaja	Zech	Sacharja
Judg	Richter	Jer	Jeremia	Mal	Maleachi
Ruth	Rut	Lam	Klagelieder	1-2 Esdras	1-2 Esra
1-2 Sam	1-2 Samuel	Ezek	Ezechiel	Tob	Tobit
1-2 Kings	1-2 Könige	Dan	Daniel	Jdt	Judit
1-2 Chron	1-2 Chronik	Hos	Hosea	Wis	Das Buch der Weisheit
Ezra	Esra	Joel	Joël		
Neh	Nehemia	Amos	Amos	Sir	Jesus Sirach
Esther	Ester	Obad	Obadja	Bar	Baruch
Job	Ijob	Jonah	Jona	1-2 Macc	1-2 Makkabäer

K

κἀγώ	Syn 15	Mt 9	Mk	Lk 6	Acts 4	Jn 30	1-3John	Paul 26	Eph 1	Col
	NT 84	2Thess	1/2Tim	Tit	Heb 1	Jas 2	1Pet	2Pet	Jude	Rev 5

crasis καὶ ἐγώ and I; but I; I also; I for my part; I in particular; I for instance

	triple tradition																	double tradition			Sondergut		
		+Mt / +Lk			–Mt / –Lk			traditions not taken over by Mt / Lk							subtotals								
code	222	211	112	212	221	122	121	022	012	021	220	120	210	020	Σ⁺	Σ⁻	Σ	202	201	102	200	002	total
Mt		2⁺		1⁺											3⁺		3		2		4		9
Mk																							
Lk				1⁺											1⁺		1			2		3	6

code	Mt		Mk		Lk		
002					Lk 1,3	ἔδοξε **κἀμοὶ** παρηκολουθηκότι ἄνωθεν πᾶσιν ἀκριβῶς καθεξῆς σοι γράψαι, ...	
200	Mt 2,8	... ἐπὰν δὲ εὕρητε, ἀπαγγείλατέ μοι, ὅπως **κἀγὼ** ἐλθὼν προσκυνήσω αὐτῷ.					
002					Lk 2,48	... ἰδοὺ ὁ πατήρ σου **κἀγὼ** ὀδυνώμενοι ἐζητοῦμέν σε.	
201	Mt 10,32	πᾶς οὖν ὅστις ὁμολογήσει ἐν ἐμοὶ ἔμπροσθεν τῶν ἀνθρώπων, ὁμολογήσω **κἀγὼ** ἐν αὐτῷ ἔμπροσθεν τοῦ πατρός μου τοῦ ἐν [τοῖς] οὐρανοῖς·			Lk 12,8	... πᾶς ὃς ἂν ὁμολογήσῃ ἐν ἐμοὶ ἔμπροσθεν τῶν ἀνθρώπων, **καὶ ὁ υἱὸς τοῦ ἀνθρώπου** ὁμολογήσει ἐν αὐτῷ ἔμπροσθεν τῶν ἀγγέλων τοῦ θεοῦ·	
201	Mt 10,33 → Mt 16,27	ὅστις δ᾿ ἂν ἀρνήσηταί με ἔμπροσθεν τῶν ἀνθρώπων, ἀρνήσομαι **κἀγὼ** αὐτὸν ἔμπροσθεν τοῦ πατρός μου τοῦ ἐν [τοῖς] οὐρανοῖς.	Mk 8,38	ὃς γὰρ ἐὰν ἐπαισχυνθῇ με καὶ τοὺς ἐμοὺς λόγους ἐν τῇ γενεᾷ ταύτῃ τῇ μοιχαλίδι καὶ ἁμαρτωλῷ, **καὶ ὁ υἱὸς τοῦ ἀνθρώπου** ἐπαισχυνθήσεται αὐτόν, ὅταν ἔλθῃ ἐν τῇ δόξῃ τοῦ πατρὸς αὐτοῦ μετὰ τῶν ἀγγέλων τῶν ἁγίων.	Lk 12,9 ⇨ Lk 9,26	ὁ δὲ ἀρνησάμενός με ἐνώπιον τῶν ἀνθρώπων ἀπαρνηθήσεται ἐνώπιον τῶν ἀγγέλων τοῦ θεοῦ.	Mk-Q overlap
200	Mt 11,28	δεῦτε πρός με πάντες οἱ κοπιῶντες καὶ πεφορτισμένοι, **κἀγὼ** ἀναπαύσω ὑμᾶς.					→ GTh 90
200	Mt 16,18	**κἀγὼ** δέ σοι λέγω ὅτι σὺ εἶ Πέτρος, ...					
200	Mt 18,33 → Mt 6,12 → Lk 11,4	οὐκ ἔδει καὶ σὲ ἐλεῆσαι τὸν σύνδουλόν σου, ὡς **κἀγὼ** σὲ ἠλέησα;					

102	**Mt 7,7**	αἰτεῖτε καὶ δοθήσεται ὑμῖν, ζητεῖτε καὶ εὑρήσετε, ...			**Lk 11,9**	**κἀγὼ** ὑμῖν λέγω, αἰτεῖτε καὶ δοθήσεται ὑμῖν, ζητεῖτε καὶ εὑρήσετε, ...	→ GTh 2 (POxy 654) → GTh 92
   102	**Mt 25,27**	ἔδει σε οὖν βαλεῖν τὰ ἀργύριά μου τοῖς τραπεζίταις, **καὶ ἐλθὼν ἐγὼ** ἐκομισάμην ἂν τὸ ἐμὸν σὺν τόκῳ.			**Lk 19,23**	καὶ διὰ τί οὐκ ἔδωκάς μου τὸ ἀργύριον ἐπὶ τράπεζαν; **κἀγὼ ἐλθὼν** σὺν τόκῳ ἂν αὐτὸ ἔπραξα.	
 212 211	**Mt 21,24** (2)	... ἐρωτήσω ὑμᾶς **κἀγὼ** λόγον ἕνα, ὃν ἐὰν εἴπητέ μοι **κἀγὼ** ὑμῖν ἐρῶ ἐν ποίᾳ ἐξουσίᾳ ταῦτα ποιῶ·	**Mk 11,29**	... ἐπερωτήσω ὑμᾶς ἕνα λόγον, καὶ ἀποκρίθητέ μοι **καὶ** ἐρῶ ὑμῖν ἐν ποίᾳ ἐξουσίᾳ ταῦτα ποιῶ·	**Lk 20,3**	... ἐρωτήσω ὑμᾶς **κἀγὼ** λόγον, καὶ εἴπατέ μοι·	
         211	**Mt 26,15**	[14] τότε πορευθεὶς εἷς τῶν δώδεκα, ὁ λεγόμενος Ἰούδας Ἰσκαριώτης, πρὸς τοὺς ἀρχιερεῖς [15] εἶπεν· τί θέλετέ μοι δοῦναι, **κἀγὼ** ὑμῖν παραδώσω αὐτόν; ...	**Mk 14,10**	καὶ Ἰούδας Ἰσκαριὼθ ὁ εἷς τῶν δώδεκα ἀπῆλθεν πρὸς τοὺς ἀρχιερεῖς ἵνα αὐτὸν παραδοῖ αὐτοῖς.	**Lk 22,4**	[3] εἰσῆλθεν δὲ σατανᾶς εἰς Ἰούδαν τὸν καλούμενον Ἰσκαριώτην, ὄντα ἐκ τοῦ ἀριθμοῦ τῶν δώδεκα· [4] καὶ ἀπελθὼν συνελάλησεν τοῖς ἀρχιερεῦσιν καὶ στρατηγοῖς τὸ πῶς αὐτοῖς παραδῷ αὐτόν.	
002					**Lk 22,29** → Lk 1,33	**κἀγὼ** διατίθεμαι ὑμῖν καθὼς διέθετό μοι ὁ πατήρ μου βασιλείαν	

Acts 8,19 ... δότε
κἀμοὶ
τὴν ἐξουσίαν ταύτην ...

Acts 10,28 ... **κἀμοὶ**
ὁ θεὸς ἔδειξεν μηδένα
κοινὸν ἢ ἀκάθαρτον
λέγειν ἄνθρωπον·

Acts 22,13 ... Σαοὺλ ἀδελφέ,
ἀνάβλεψον.
κἀγὼ
αὐτῇ τῇ ὥρᾳ ἀνέβλεψα
εἰς αὐτόν.

Acts 22,19 **κἀγὼ**
εἶπον· κύριε, αὐτοὶ
ἐπίστανται ὅτι ἐγὼ ἤμην
φυλακίζων καὶ δέρων
κατὰ τὰς συναγωγὰς
τοὺς πιστεύοντας ἐπὶ σέ

καθά	Syn	Mt	Mk	Lk	Acts	Jn	1-3John	Paul	Eph	Col
	1	1								
	NT	2Thess	1/2Tim	Tit	Heb	Jas	1Pet	2Pet	Jude	Rev
	1									

just as

200	**Mt 27,10**	καὶ ἔδωκαν αὐτὰ εἰς τὸν ἀγρὸν τοῦ κεραμέως, ***καθὰ*** *συνέταξέν* μοι *κύριος.* ➤ Exod 9,12 LXX	

καθαιρέω	Syn 5	Mt	Mk 2	Lk 3	Acts 3	Jn	1-3John	Paul 1	Eph	Col
	NT 9	2Thess	1/2Tim	Tit	Heb	Jas	1Pet	2Pet	Jude	Rev

take down; bring down; lower; tear down; destroy; overpower; conquer; destroy; suffer the loss of

	triple tradition																	double tradition			Sonder-gut		
		+Mt / +Lk			−Mt / −Lk			traditions not taken over by Mt / Lk							subtotals								
code	222	211	112	212	221	122	121	022	012	021	220	120	210	020	Σ^+	Σ^-	Σ	202	201	102	200	002	total
Mt						1^-						1^-				2^-							
Mk						1						1					2						2
Lk						1											1					2	3

code	Mt		Mk		Lk		
002					Lk 1,52	καθεῖλεν δυνάστας ἀπὸ θρόνων καὶ ὕψωσεν ταπεινούς	
002					Lk 12,18	... τοῦτο ποιήσω, καθελῶ μου τὰς ἀποθήκας καὶ μείζονας οἰκοδομήσω, ...	→ GTh 63
120	Mt 27,49	... ἄφες ἴδωμεν εἰ ἔρχεται Ἠλίας σώσων αὐτόν.	Mk 15,36	... ἄφετε ἴδωμεν εἰ ἔρχεται Ἠλίας καθελεῖν αὐτόν.			
122	Mt 27,59	καὶ λαβὼν τὸ σῶμα ὁ Ἰωσὴφ ἐνετύλιξεν αὐτὸ [ἐν] σινδόνι καθαρᾷ	Mk 15,46	καὶ ἀγοράσας σινδόνα καθελὼν αὐτὸν ἐνείλησεν τῇ σινδόνι ...	Lk 23,53	καὶ καθελὼν ἐνετύλιξεν αὐτὸ σινδόνι ...	→ Jn 19,40

Acts 13,19 καὶ καθελὼν ἔθνη ἑπτὰ ἐν γῇ Χανάαν κατεκληρονόμησεν τὴν γῆν αὐτῶν

Acts 13,29 ὡς δὲ ἐτέλεσαν πάντα τὰ περὶ αὐτοῦ γεγραμμένα, καθελόντες ἀπὸ τοῦ ξύλου ἔθηκαν εἰς μνημεῖον.

Acts 19,27 ... μέλλειν τε καὶ καθαιρεῖσθαι τῆς μεγαλειότητος αὐτῆς ἣν ὅλη ἡ Ἀσία καὶ ἡ οἰκουμένη σέβεται.

καθαρίζω	Syn 18	Mt 7	Mk 4	Lk 7	Acts 3	Jn	1-3John 2	Paul 1	Eph 1	Col
	NT 31	2Thess	1/2Tim	Tit 1	Heb 4	Jas 1	1Pet	2Pet	Jude	Rev

make clean; cleanse; purify; declare clean

	triple tradition																	double tradition			Sonder-gut		
		+Mt / +Lk			−Mt / −Lk			traditions not taken over by Mt / Lk							subtotals								
code	222	211	112	212	221	122	121	022	012	021	220	120	210	020	Σ^+	Σ^-	Σ	202	201	102	200	002	total
Mt	2				1							1^-				1^-	3	2	2				7
Mk	2				1							1					4						4
Lk	2				1^-											1^-	2	2				3	7

[a] καθαρίζω and λεπρός/λεπροί/λέπρα

code	Mt		Mk		Lk		
a 002					Lk 4,27	καὶ πολλοὶ λεπροὶ ἦσαν ἐν τῷ Ἰσραὴλ ἐπὶ Ἐλισαίου τοῦ προφήτου, καὶ οὐδεὶς αὐτῶν ἐκαθαρίσθη εἰ μὴ Ναιμὰν ὁ Σύρος.	

	Mt		Mk		Lk		
a 222	**Mt 8,2**	καὶ ἰδοὺ λεπρὸς προσελθὼν προσεκύνει αὐτῷ λέγων· κύριε, ἐὰν θέλῃς δύνασαί με **καθαρίσαι**.	**Mk 1,40**	καὶ ἔρχεται πρὸς αὐτὸν λεπρὸς παρακαλῶν αὐτὸν [καὶ γονυπετῶν] καὶ λέγων αὐτῷ ὅτι ἐὰν θέλῃς δύνασαί με **καθαρίσαι**.	**Lk 5,12** → Lk 17,12-13	... καὶ ἰδοὺ ἀνὴρ πλήρης λέπρας· ἰδὼν δὲ τὸν Ἰησοῦν, πεσὼν ἐπὶ πρόσωπον ἐδεήθη αὐτοῦ λέγων· κύριε, ἐὰν θέλῃς δύνασαί με **καθαρίσαι**.	
a 222	**Mt 8,3** (2)	καὶ ἐκτείνας τὴν χεῖρα ἥψατο αὐτοῦ λέγων· θέλω, **καθαρίσθητι**·	**Mk 1,41**	καὶ σπλαγχνισθεὶς ἐκτείνας τὴν χεῖρα αὐτοῦ ἥψατο καὶ λέγει αὐτῷ· θέλω, **καθαρίσθητι**·	**Lk 5,13**	καὶ ἐκτείνας τὴν χεῖρα ἥψατο αὐτοῦ λέγων· θέλω, **καθαρίσθητι**·	
a 221		καὶ εὐθέως **ἐκαθαρίσθη** αὐτοῦ ἡ λέπρα.	**Mk 1,42**	καὶ εὐθὺς ἀπῆλθεν ἀπ' αὐτοῦ ἡ λέπρα, καὶ **ἐκαθαρίσθη**.	↓ Lk 17,14	καὶ εὐθέως ἡ λέπρα ἀπῆλθεν ἀπ' αὐτοῦ.	
a 201	**Mt 10,8**	[7] πορευόμενοι δὲ κηρύσσετε λέγοντες ὅτι ἤγγικεν ἡ βασιλεία τῶν οὐρανῶν. [8] ἀσθενοῦντας θεραπεύετε, νεκροὺς ἐγείρετε, λεπροὺς **καθαρίζετε**, δαιμόνια ἐκβάλλετε· δωρεὰν ἐλάβετε, δωρεὰν δότε.			**Lk 10,9**	καὶ θεραπεύετε τοὺς ἐν αὐτῇ ἀσθενεῖς καὶ λέγετε αὐτοῖς· ἤγγικεν ἐφ' ὑμᾶς ἡ βασιλεία τοῦ θεοῦ.	→ GTh 14,4
a 202	**Mt 11,5** → Mt 15,31	*τυφλοὶ ἀναβλέπουσιν* καὶ χωλοὶ περιπατοῦσιν, λεπροὶ **καθαρίζονται** καὶ *κωφοὶ ἀκούουσιν*, καὶ *νεκροὶ ἐγείρονται* καὶ πτωχοὶ εὐαγγελίζονται· ➤ Isa 29,18; 35,5-6; 42,18; 26,19			**Lk 7,22** → Lk 4,18	... *τυφλοὶ ἀναβλέπουσιν*, χωλοὶ περιπατοῦσιν, λεπροὶ **καθαρίζονται** καὶ *κωφοὶ ἀκούουσιν*, *νεκροὶ ἐγείρονται*, πτωχοὶ εὐαγγελίζονται· ➤ Isa 29,18; 35,5-6; 42,18; 26,19	
120	**Mt 15,17**	... εἰς τὴν κοιλίαν χωρεῖ καὶ εἰς ἀφεδρῶνα ἐκβάλλεται;	**Mk 7,19**	ὅτι οὐκ εἰσπορεύεται αὐτοῦ εἰς τὴν καρδίαν ἀλλ' εἰς τὴν κοιλίαν, καὶ εἰς τὸν ἀφεδρῶνα ἐκπορεύεται, **καθαρίζων** πάντα τὰ βρώματα;			→ GTh 14,5
202	**Mt 23,25** → Mk 7,4	οὐαὶ ὑμῖν, γραμματεῖς καὶ Φαρισαῖοι ὑποκριταί, ὅτι **καθαρίζετε** τὸ ἔξωθεν τοῦ ποτηρίου καὶ τῆς παροψίδος, ἔσωθεν δὲ γέμουσιν ἐξ ἁρπαγῆς καὶ ἀκρασίας.			**Lk 11,39** → Mk 7,4	... νῦν ὑμεῖς οἱ Φαρισαῖοι τὸ ἔξωθεν τοῦ ποτηρίου καὶ τοῦ πίνακος **καθαρίζετε**, τὸ δὲ ἔσωθεν ὑμῶν γέμει ἁρπαγῆς καὶ πονηρίας.	→ GTh 89
a 002					**Lk 17,14** ↑ Mt 8,3 ↑ Mk 1,42 ↑ Lk 5,13	[12] ... δέκα λεπροὶ ἄνδρες ... [14] ... καὶ ἐγένετο ἐν τῷ ὑπάγειν αὐτοὺς **ἐκαθαρίσθησαν**.	
a 002					**Lk 17,17**	... οὐχὶ οἱ δέκα **ἐκαθαρίσθησαν**; οἱ δὲ ἐννέα ποῦ;	

	Mt		Mk		Lk		
201	Mt 23,26	... **καθάρισον** πρῶτον τὸ ἐντὸς τοῦ ποτηρίου, ἵνα γένηται καὶ τὸ ἐκτὸς αὐτοῦ καθαρόν.			Lk 11,41	πλὴν τὰ ἐνόντα **δότε** ἐλεημοσύνην, καὶ ἰδοὺ πάντα καθαρὰ ὑμῖν ἐστιν.	→ GTh 89

Acts 10,15	... ἃ ὁ θεὸς **ἐκαθάρισεν**, σὺ μὴ κοίνου.	**Acts 11,9**	... ἃ ὁ θεὸς **ἐκαθάρισεν**, σὺ μὴ κοίνου.	**Acts 15,9**	καὶ οὐθὲν διέκρινεν μεταξὺ ἡμῶν τε καὶ αὐτῶν τῇ πίστει **καθαρίσας** τὰς καρδίας αὐτῶν.

καθαρισμός

καθαρισμός	Syn 3	Mt	Mk 1	Lk 2	Acts	Jn 2	1-3John	Paul	Eph	Col
	NT 7	2Thess	1/2Tim	Tit	Heb 1	Jas	1Pet	2Pet 1	Jude	Rev

purification

	Mt		Mk		Lk		
002					Lk 2,22	καὶ ὅτε ἐπλήσθησαν **αἱ ἡμέραι τοῦ** **καθαρισμοῦ αὐτῶν** κατὰ τὸν νόμον Μωϋσέως, ἀνήγαγον αὐτὸν εἰς Ἱεροσόλυμα παραστῆσαι τῷ κυρίῳ	
122	Mt 8,4	... ὕπαγε σεαυτὸν δεῖξον τῷ ἱερεῖ, καὶ προσένεγκον τὸ δῶρον ὃ προσέταξεν Μωϋσῆς, εἰς μαρτύριον αὐτοῖς. ➤ Lev 13,49; 14,2-4	Mk 1,44	... ὕπαγε σεαυτὸν δεῖξον τῷ ἱερεῖ καὶ προσένεγκε **περὶ τοῦ καθαρισμοῦ** **σου** ἃ προσέταξεν Μωϋσῆς, εἰς μαρτύριον αὐτοῖς. ➤ Lev 13,49; 14,2-4	Lk 5,14 → Lk 17,14	... ἀπελθὼν δεῖξον σεαυτὸν τῷ ἱερεῖ καὶ προσένεγκε **περὶ τοῦ καθαρισμοῦ** **σου** καθὼς προσέταξεν Μωϋσῆς, εἰς μαρτύριον αὐτοῖς. ➤ Lev 13,49; 14,2-4	

καθαρός

καθαρός	Syn 4	Mt 3	Mk	Lk 1	Acts 2	Jn 4	1-3John	Paul 1	Eph	Col
	NT 27	2Thess	1/2Tim 4	Tit 3	Heb 1	Jas 1	1Pet 1	2Pet	Jude	Rev 6

clean; pure; ceremonially pure

	Mt		Mk		Lk		
200	Mt 5,8	μακάριοι **οἱ καθαροὶ** τῇ καρδίᾳ, ὅτι αὐτοὶ τὸν θεὸν ὄψονται.					
202	Mt 23,26	... καθάρισον πρῶτον τὸ ἐντὸς τοῦ ποτηρίου, ἵνα γένηται καὶ τὸ ἐκτὸς αὐτοῦ **καθαρόν**.			Lk 11,41	πλὴν τὰ ἐνόντα δότε ἐλεημοσύνην, καὶ ἰδοὺ πάντα **καθαρὰ** ὑμῖν ἐστιν.	→ GTh 89
211	Mt 27,59	καὶ λαβὼν τὸ σῶμα ὁ Ἰωσὴφ ἐνετύλιξεν αὐτὸ **[ἐν] σινδόνι καθαρᾷ**	Mk 15,46	καὶ ἀγοράσας σινδόνα καθελὼν αὐτὸν ἐνείλησεν **τῇ σινδόνι ...**	Lk 23,53	καὶ καθελὼν ἐνετύλιξεν αὐτὸ **σινδόνι ...**	→ Jn 19,40

Acts 18,6 → Mt 27,24-25 → Acts 20,26	... τὸ αἷμα ὑμῶν ἐπὶ τὴν κεφαλὴν ὑμῶν· **καθαρὸς** ἐγὼ ἀπὸ τοῦ νῦν εἰς τὰ ἔθνη πορεύσομαι.	**Acts 20,26** → Mt 27,24-25 → Apg 18,6	διότι μαρτύρομαι ὑμῖν ἐν τῇ σήμερον ἡμέρᾳ ὅτι **καθαρός** εἰμι ἀπὸ τοῦ αἵματος πάντων·

καθέδρα	Syn 3	Mt 2	Mk 1	Lk	Acts	Jn	1-3John	Paul	Eph	Col
	NT 3	2Thess	1/2Tim	Tit	Heb	Jas	1Pet	2Pet	Jude	Rev

chair; seat

221	Mt 21,12	καὶ εἰσῆλθεν Ἰησοῦς εἰς τὸ ἱερὸν καὶ ἐξέβαλεν πάντας τοὺς πωλοῦντας καὶ ἀγοράζοντας ἐν τῷ ἱερῷ, καὶ τὰς τραπέζας τῶν κολλυβιστῶν κατέστρεψεν καὶ **τὰς καθέδρας τῶν πωλούντων τὰς περιστεράς**	Mk 11,15	... καὶ εἰσελθὼν εἰς τὸ ἱερὸν ἤρξατο ἐκβάλλειν τοὺς πωλοῦντας καὶ τοὺς ἀγοράζοντας ἐν τῷ ἱερῷ, καὶ τὰς τραπέζας τῶν κολλυβιστῶν καὶ **τὰς καθέδρας τῶν πωλούντων τὰς περιστερὰς** κατέστρεψεν	Lk 19,45	καὶ εἰσελθὼν εἰς τὸ ἱερὸν ἤρξατο ἐκβάλλειν τοὺς πωλοῦντας	→ Jn 2,14-16
211	Mt 23,2	[1] τότε ὁ Ἰησοῦς ἐλάλησεν τοῖς ὄχλοις καὶ τοῖς μαθηταῖς αὐτοῦ [2] λέγων· **ἐπὶ τῆς Μωϋσέως καθέδρας** ἐκάθισαν οἱ γραμματεῖς καὶ οἱ Φαρισαῖοι.	Mk 12,38	[37] ... καὶ [ὁ] πολὺς ὄχλος ἤκουεν αὐτοῦ ἡδέως. [38] καὶ ἐν τῇ διδαχῇ αὐτοῦ ἔλεγεν· βλέπετε ἀπὸ τῶν γραμματέων ...	Lk 20,45	ἀκούοντος δὲ παντὸς τοῦ λαοῦ εἶπεν τοῖς μαθηταῖς [αὐτοῦ], [46] προσέχετε ἀπὸ τῶν γραμματέων ...	

καθέζομαι	Syn 2	Mt 1	Mk	Lk 1	Acts 2	Jn 3	1-3John	Paul	Eph	Col
	NT 7	2Thess	1/2Tim	Tit	Heb	Jas	1Pet	2Pet	Jude	Rev

sit; sit down

002					Lk 2,46	... εὗρον αὐτὸν ἐν τῷ ἱερῷ **καθεζόμενον** ἐν μέσῳ τῶν διδασκάλων ...	
211	Mt 26,55	... καθ' ἡμέραν ἐν τῷ ἱερῷ **ἐκαθεζόμην** διδάσκων καὶ οὐκ ἐκρατήσατέ με.	Mk 14,49	καθ' ἡμέραν **ἤμην** πρὸς ὑμᾶς ἐν τῷ ἱερῷ διδάσκων καὶ οὐκ ἐκρατήσατέ με· ...	Lk 22,53	καθ' ἡμέραν **ὄντος μου** μεθ' ὑμῶν ἐν τῷ ἱερῷ οὐκ ἐξετείνατε τὰς χεῖρας ἐπ' ἐμέ, ...	→ Jn 18,20

Acts 6,15	καὶ ἀτενίσαντες εἰς αὐτὸν **πάντες οἱ καθεζόμενοι** ἐν τῷ συνεδρίῳ εἶδον τὸ πρόσωπον αὐτοῦ ὡσεὶ πρόσωπον ἀγγέλου.	Acts 20,9	**καθεζόμενος** δέ τις νεανίας ὀνόματι Εὔτυχος ἐπὶ τῆς θυρίδος, ...

καθεξῆς	Syn 2	Mt	Mk	Lk 2	Acts 3	Jn	1-3John	Paul	Eph	Col
	NT 5	2Thess	1/2Tim	Tit	Heb	Jas	1Pet	2Pet	Jude	Rev

in order; one after the other

002					Lk 1,3	ἔδοξε κἀμοὶ παρηκολουθηκότι ἄνωθεν πᾶσιν ἀκριβῶς **καθεξῆς** σοι γράψαι, κράτιστε Θεόφιλε	

code	Mt		Mk		Lk		
002	**Mt 9,35** ⇩ Mt 4,23 → Mk 1,21	καὶ περιῆγεν ὁ Ἰησοῦς τὰς πόλεις πάσας καὶ τὰς κώμας διδάσκων ἐν ταῖς συναγωγαῖς αὐτῶν καὶ κηρύσσων τὸ εὐαγγέλιον τῆς βασιλείας ...	**Mk 6,6** ↓ Mk 1,39	... καὶ περιῆγεν τὰς κώμας κύκλῳ διδάσκων.	**Lk 8,1** → Lk 4,15 ↓ Lk 4,44 → Lk 13,22	καὶ ἐγένετο **ἐν τῷ καθεξῆς** καὶ αὐτὸς διώδευεν κατὰ πόλιν καὶ κώμην κηρύσσων καὶ εὐαγγελιζόμενος τὴν βασιλείαν τοῦ θεοῦ ...	
	Mt 4,23 ⇧ Mt 9,35 → Mk 1,21	καὶ περιῆγεν ἐν ὅλῃ τῇ Γαλιλαίᾳ διδάσκων ἐν ταῖς συναγωγαῖς αὐτῶν καὶ κηρύσσων τὸ εὐαγγέλιον τῆς βασιλείας ...	**Mk 1,39** → Mk 1,14 ↑ Mk 6,6	καὶ ἦλθεν κηρύσσων εἰς τὰς συναγωγὰς αὐτῶν εἰς ὅλην τὴν Γαλιλαίαν ...	**Lk 4,44** ↑ Lk 8,1	καὶ ἦν κηρύσσων εἰς τὰς συναγωγὰς τῆς Ἰουδαίας.	

Acts 3,24 καὶ πάντες δὲ οἱ προφῆται ἀπὸ Σαμουὴλ καὶ **τῶν καθεξῆς** ὅσοι ἐλάλησαν καὶ κατήγγειλαν τὰς ἡμέρας ταύτας.

Acts 11,4 ἀρξάμενος δὲ Πέτρος ἐξετίθετο αὐτοῖς **καθεξῆς** λέγων· [5] ἐγὼ ἤμην ἐν πόλει Ἰόππῃ προσευχόμενος ...

Acts 18,23 καὶ ποιήσας χρόνον τινὰ ἐξῆλθεν διερχόμενος **καθεξῆς** τὴν Γαλατικὴν χώραν καὶ Φρυγίαν, ...

καθεύδω

Syn 17	Mt 7	Mk 8	Lk 2	Acts	Jn	1-3John	Paul 4	Eph 1	Col
NT 22	2Thess	1/2Tim	Tit	Heb	Jas	1Pet	2Pet	Jude	Rev

sleep

	triple tradition																	double tradition			Sondergut		
		+Mt / +Lk			–Mt / –Lk			traditions not taken over by Mt / Lk							subtotals								
code	222	211	112	212	221	122	121	022	012	021	220	120	210	020	Σ⁺	Σ⁻	Σ	202	201	102	200	002	total
Mt	1				2	1^{-}					2					1^{-}	5				2		**7**
Mk	1				2	1					2			2			8						**8**
Lk	1				2^{-}	1										2^{-}	2						**2**

code	Mt		Mk		Lk		
020			**Mk 4,27**	καὶ **καθεύδῃ** καὶ ἐγείρηται νύκτα καὶ ἡμέραν, καὶ ὁ σπόρος βλαστᾷ καὶ μηκύνηται ὡς οὐκ οἶδεν αὐτός.			
221	**Mt 8,24**	καὶ ἰδοὺ σεισμὸς μέγας ἐγένετο ἐν τῇ θαλάσσῃ, ὥστε τὸ πλοῖον καλύπτεσθαι ὑπὸ τῶν κυμάτων, αὐτὸς δὲ **ἐκάθευδεν.**	**Mk 4,38**	[37] καὶ γίνεται λαῖλαψ μεγάλη ἀνέμου, καὶ τὰ κύματα ἐπέβαλλεν εἰς τὸ πλοῖον, ὥστε ἤδη γεμίζεσθαι τὸ πλοῖον. [38] καὶ αὐτὸς ἦν ἐν τῇ πρύμνῃ ἐπὶ τὸ προσκεφάλαιον **καθεύδων.** ...	**Lk 8,23**	πλεόντων δὲ αὐτῶν **ἀφύπνωσεν.** καὶ κατέβη λαῖλαψ ἀνέμου εἰς τὴν λίμνην, καὶ συνεπληροῦντο καὶ ἐκινδύνευον.	
222	**Mt 9,24**	... ἀναχωρεῖτε, οὐ γὰρ ἀπέθανεν τὸ κοράσιον ἀλλὰ **καθεύδει.** καὶ κατεγέλων αὐτοῦ.	**Mk 5,39**	... τί θορυβεῖσθε καὶ κλαίετε; τὸ παιδίον οὐκ ἀπέθανεν ἀλλὰ **καθεύδει.** [40] καὶ κατεγέλων αὐτοῦ. ...	**Lk 8,52**	... μὴ κλαίετε, οὐ γὰρ ἀπέθανεν ἀλλὰ **καθεύδει.** [53] καὶ κατεγέλων αὐτοῦ, ...	
200	**Mt 13,25**	**ἐν δὲ τῷ καθεύδειν** τοὺς ἀνθρώπους ἦλθεν αὐτοῦ ὁ ἐχθρὸς καὶ ἐπέσπειρεν ζιζάνια ...					→ GTh 57

	Mt		Mk		Lk		
020			Mk 13,36 → Lk 12,38 → Lk 21,34-35	μὴ ἐλθὼν ἐξαίφνης εὕρῃ ὑμᾶς **καθεύδοντας.**			
200	Mt 25,5	χρονίζοντος δὲ τοῦ νυμφίου ἐνύσταξαν πᾶσαι καὶ **ἐκάθευδον.**					
221	Mt 26,40	καὶ ἔρχεται πρὸς τοὺς μαθητὰς καὶ εὑρίσκει αὐτοὺς **καθεύδοντας,**	Mk 14,37 (2)	καὶ ἔρχεται καὶ εὑρίσκει αὐτοὺς **καθεύδοντας,**	Lk 22,45	καὶ ἀναστὰς ἀπὸ τῆς προσευχῆς ἐλθὼν πρὸς τοὺς μαθητὰς εὗρεν **κοιμωμένους** αὐτοὺς ἀπὸ τῆς λύπης,	
122		καὶ λέγει τῷ Πέτρῳ· οὕτως οὐκ ἰσχύσατε μίαν ὥραν γρηγορῆσαι μετ' ἐμοῦ; [41] γρηγορεῖτε καὶ προσεύχεσθε, ...		καὶ λέγει τῷ Πέτρῳ· Σίμων, **καθεύδεις;** οὐκ ἴσχυσας μίαν ὥραν γρηγορῆσαι; [38] γρηγορεῖτε καὶ προσεύχεσθε, ...	Lk 22,46 → Lk 22,40	καὶ εἶπεν αὐτοῖς· τί **καθεύδετε;** ἀναστάντες προσεύχεσθε, ...	
220	Mt 26,43	καὶ ἐλθὼν πάλιν εὗρεν αὐτοὺς **καθεύδοντας,** ἦσαν γὰρ αὐτῶν οἱ ὀφθαλμοὶ βεβαρημένοι.	Mk 14,40	καὶ πάλιν ἐλθὼν εὗρεν αὐτοὺς **καθεύδοντας,** ἦσαν γὰρ αὐτῶν οἱ ὀφθαλμοὶ καταβαρυνόμενοι, ...			
220	Mt 26,45	... **καθεύδετε** [τὸ] λοιπὸν καὶ ἀναπαύεσθε· ...	Mk 14,41	... **καθεύδετε** τὸ λοιπὸν καὶ ἀναπαύεσθε· ...			

καθηγητής	Syn 2	Mt 2	Mk	Lk	Acts	Jn	1-3John	Paul	Eph	Col
	NT 2	2Thess	1/2Tim	Tit	Heb	Jas	1Pet	2Pet	Jude	Rev

teacher

	Mt		
200	Mt 23,10 (2)	μηδὲ κληθῆτε **καθηγηταί,**	→ GTh 13,4-5
200		ὅτι **καθηγητὴς ὑμῶν** ἐστιν εἷς ὁ Χριστός.	

κάθημαι	Syn 43	Mt 19	Mk 11	Lk 13	Acts 6	Jn 4	1-3John	Paul 1	Eph	Col 1
	NT 91	2Thess	1/2Tim	Tit	Heb 1	Jas 2	1Pet	2Pet	Jude	Rev 33

sit; sit there; sit down; stay; be; live; reside; settle

	triple tradition																double tradition			Sondergut		
		+Mt / +Lk			–Mt / –Lk			traditions not taken over by Mt / Lk							subtotals							
code	222	211	112	212	221	122	121	022	012	021	220	120	210	020	Σ⁺	Σ⁻	Σ	202	201	102	200	002	total
Mt	4	1⁺		2⁺	2	1⁻	2⁻					1⁻	2⁺		5⁺	4⁻	11	2			6		**19**
Mk	4				2	1	2			1		1					11						**11**
Lk	4			2⁺	2⁻	1	2⁻		1⁺	1⁻					3⁺	5⁻	8	2		1		2	**13**

[a] κάθημαι ἀπέναντί τινος, ~ κατέναντί τινος
[b] κάθημαι ἐκ δεξιῶν
[c] κάθημαι ἐν τοῖς δεξιοῖς
[d] κάθημαι ἔν τινι
[e] κάθημαι ἐπάνω τινός
[f] κάθημαι ἐπί τινος
[g] κάθημαι ἐπί τι(να), ~ ἐπί τινι
[h] κάθημαι μέσος, ~ μετά τινος
[j] κάθημαι παρά τινα
[k] κάθημαι περί τινα

code	Mt		Mk		Lk		
d 002					**Lk 1,79** ↓ Mt 4,16	ἐπιφᾶναι τοῖς ἐν σκότει καὶ σκιᾷ θανάτου **καθημένοις,** τοῦ κατευθῦναι τοὺς πόδας ἡμῶν εἰς ὁδὸν εἰρήνης.	
d 200 d 200	**Mt 4,16** **(2)** ↑ Lk 1,79	*ὁ λαὸς* ***ὁ καθήμενος*** *ἐν σκότει φῶς εἶδεν μέγα,* *καὶ* ***τοῖς καθημένοις*** *ἐν χώρᾳ καὶ σκιᾷ θανάτου* *φῶς ἀνέτειλεν* αὐτοῖς. ➤ Isa 9,1					
012			**Mk 2,2** → Mk 3,20	καὶ συνήχθησαν πολλοὶ ὥστε μηκέτι χωρεῖν μηδὲ τὰ πρὸς τὴν θύραν, καὶ ἐλάλει αὐτοῖς τὸν λόγον.	**Lk 5,17** ↓ Mk 2,6 ↓ Lk 5,21	καὶ ἐγένετο ἐν μιᾷ τῶν ἡμερῶν καὶ αὐτὸς ἦν διδάσκων, καὶ ἦσαν **καθήμενοι** Φαρισαῖοι καὶ νομοδιδάσκαλοι οἳ ἦσαν ἐληλυθότες ἐκ πάσης κώμης τῆς Γαλιλαίας καὶ Ἰουδαίας καὶ Ἰερουσαλήμ· ...	
121	**Mt 9,3**	καὶ ἰδού τινες τῶν γραμματέων εἶπαν ἐν ἑαυτοῖς· ...	**Mk 2,6** ↑ Lk 5,17	ἦσαν δέ τινες τῶν γραμματέων ἐκεῖ **καθήμενοι** καὶ διαλογιζόμενοι ἐν ταῖς καρδίαις αὐτῶν·	**Lk 5,21** → Lk 7,49	καὶ ἤρξαντο διαλογίζεσθαι οἱ γραμματεῖς καὶ οἱ Φαρισαῖοι ...	
g 222	**Mt 9,9**	... εἶδεν ἄνθρωπον **καθήμενον** ἐπὶ τὸ τελώνιον, Μαθθαῖον λεγόμενον, καὶ λέγει αὐτῷ· ἀκολούθει μοι. ...	**Mk 2,14**	... εἶδεν Λευὶν τὸν τοῦ Ἁλφαίου **καθήμενον** ἐπὶ τὸ τελώνιον, καὶ λέγει αὐτῷ· ἀκολούθει μοι. ...	**Lk 5,27**	... ἐθεάσατο τελώνην ὀνόματι Λευὶν **καθήμενον** ἐπὶ τὸ τελώνιον, καὶ εἶπεν αὐτῷ· ἀκολούθει μοι.	

d 202	**Mt 11,16**	τίνι δὲ ὁμοιώσω τὴν γενεὰν ταύτην; ὁμοία ἐστὶν παιδίοις **καθημένοις ἐν ταῖς ἀγοραῖς** ἃ προσφωνοῦντα τοῖς ἑτέροις			**Lk 7,32**	[31] τίνι οὖν ὁμοιώσω τοὺς ἀνθρώπους τῆς γενεᾶς ταύτης καὶ τίνι εἰσὶν ὅμοιοι; [32] ὅμοιοί εἰσιν παιδίοις **τοῖς ἐν ἀγορᾷ καθημένοις** καὶ προσφωνοῦσιν ἀλλήλοις ...	
k 121	**Mt 12,47**	[46] ἔτι αὐτοῦ λαλοῦντος τοῖς ὄχλοις ἰδοὺ ἡ μήτηρ καὶ οἱ ἀδελφοὶ αὐτοῦ εἱστήκεισαν ἔξω ζητοῦντες αὐτῷ λαλῆσαι. [47] [εἶπεν δέ τις αὐτῷ· ἰδοὺ ἡ μήτηρ σου καὶ οἱ ἀδελφοί σου ἔξω ἑστήκασιν ζητοῦντές σοι λαλῆσαι.]	**Mk 3,32**	[31] καὶ ἔρχεται ἡ μήτηρ αὐτοῦ καὶ οἱ ἀδελφοὶ αὐτοῦ καὶ ἔξω στήκοντες ἀπέστειλαν πρὸς αὐτὸν καλοῦντες αὐτόν. [32] καὶ **ἐκάθητο** περὶ αὐτὸν ὄχλος, καὶ λέγουσιν αὐτῷ· ἰδοὺ ἡ μήτηρ σου καὶ οἱ ἀδελφοί σου [καὶ αἱ ἀδελφαί σου] ἔξω ζητοῦσίν σε.	**Lk 8,20**	[19] παρεγένετο δὲ πρὸς αὐτὸν ἡ μήτηρ καὶ οἱ ἀδελφοὶ αὐτοῦ καὶ οὐκ ἠδύναντο συντυχεῖν αὐτῷ διὰ τὸν ὄχλον. [20] ἀπηγγέλη δὲ αὐτῷ· ἡ μήτηρ σου καὶ οἱ ἀδελφοί σου ἑστήκασιν ἔξω ἰδεῖν θέλοντές σε.	→ GTh 99 Mt 12,47 is textcritically uncertain.
k 120	**Mt 12,49**	καὶ ἐκτείνας τὴν χεῖρα αὐτοῦ ἐπὶ τοὺς μαθητὰς αὐτοῦ εἶπεν· ἰδοὺ ἡ μήτηρ μου καὶ οἱ ἀδελφοί μου·	**Mk 3,34**	καὶ περιβλεψάμενος τοὺς περὶ αὐτὸν κύκλῳ **καθημένους** λέγει· ἴδε ἡ μήτηρ μου καὶ οἱ ἀδελφοί μου.			→ GTh 99
j 210	**Mt 13,1** ↓ Lk 5,1	ἐν τῇ ἡμέρᾳ ἐκείνῃ ἐξελθὼν ὁ Ἰησοῦς τῆς οἰκίας **ἐκάθητο** παρὰ τὴν θάλασσαν·	**Mk 4,1** → Mk 2,13 → Mk 3,9 ↓ Lk 5,1	καὶ πάλιν ἤρξατο διδάσκειν παρὰ τὴν θάλασσαν·			
d 221	**Mt 13,2**	καὶ συνήχθησαν πρὸς αὐτὸν ὄχλοι πολλοί, ὥστε αὐτὸν εἰς πλοῖον ἐμβάντα **καθῆσθαι,** καὶ πᾶς ὁ ὄχλος ἐπὶ τὸν αἰγιαλὸν εἱστήκει.		καὶ συνάγεται πρὸς αὐτὸν ὄχλος πλεῖστος, ὥστε αὐτὸν εἰς πλοῖον ἐμβάντα **καθῆσθαι** ἐν τῇ θαλάσσῃ, καὶ πᾶς ὁ ὄχλος πρὸς τὴν θάλασσαν ἐπὶ τῆς γῆς ἦσαν.	**Lk 8,4** ⇩ Lk 5,1.3	συνιόντος δὲ ὄχλου πολλοῦ καὶ τῶν κατὰ πόλιν ἐπιπορευομένων πρὸς αὐτὸν ...	
					Lk 5,3 ⇧ Lk 8,4	[1] ἐγένετο δὲ ἐν τῷ τὸν ὄχλον ἐπικεῖσθαι αὐτῷ ... [3] ἐμβὰς δὲ εἰς ἓν τῶν πλοίων, ὃ ἦν Σίμωνος, ἠρώτησεν αὐτὸν ἀπὸ τῆς γῆς ἐπαναγαγεῖν ὀλίγον· **καθίσας** δὲ ἐκ τοῦ πλοίου ἐδίδασκεν τοὺς ὄχλους.	
j 122	**Mt 8,34**	καὶ ἰδοὺ πᾶσα ἡ πόλις ἐξῆλθεν εἰς ὑπάντησιν τῷ Ἰησοῦ ...	**Mk 5,15**	[14] ... καὶ ἦλθον ἰδεῖν τί ἐστιν τὸ γεγονός [15] καὶ ἔρχονται πρὸς τὸν Ἰησοῦν, καὶ θεωροῦσιν τὸν δαιμονιζόμενον **καθήμενον** ἱματισμένον καὶ σωφρονοῦντα, τὸν ἐσχηκότα τὸν λεγιῶνα, καὶ ἐφοβήθησαν.	**Lk 8,35**	ἐξῆλθον δὲ ἰδεῖν τὸ γεγονὸς καὶ ἦλθον πρὸς τὸν Ἰησοῦν καὶ εὗρον **καθήμενον** τὸν ἄνθρωπον ἀφ' οὗ τὰ δαιμόνια ἐξῆλθεν ἱματισμένον καὶ σωφρονοῦντα παρὰ τοὺς πόδας τοῦ Ἰησοῦ, καὶ ἐφοβήθησαν.	

	Mt		Mk		Lk		
210	Mt 15,29	... ἦλθεν παρὰ τὴν θάλασσαν τῆς Γαλιλαίας, καὶ ἀναβὰς εἰς τὸ ὄρος **ἐκάθητο** ἐκεῖ.	Mk 7,31	... ἦλθεν διὰ Σιδῶνος εἰς τὴν θάλασσαν τῆς Γαλιλαίας ἀνὰ μέσον τῶν ὁρίων Δεκαπόλεως.			
d 102	Mt 11,21	οὐαί σοι, Χοραζίν, οὐαί σοι, Βηθσαϊδά· ὅτι εἰ ἐν Τύρῳ καὶ Σιδῶνι ἐγένοντο αἱ δυνάμεις αἱ γενόμεναι ἐν ὑμῖν, πάλαι ἂν ἐν σάκκῳ καὶ σποδῷ μετενόησαν.			Lk 10,13	οὐαί σοι, Χοραζίν, οὐαί σοι, Βηθσαϊδά· ὅτι εἰ ἐν Τύρῳ καὶ Σιδῶνι ἐγενήθησαν αἱ δυνάμεις αἱ γενόμεναι ἐν ὑμῖν, πάλαι ἂν ἐν σάκκῳ καὶ σποδῷ **καθήμενοι** μετενόησαν.	
gf 202	Mt 19,28	... **καθήσεσθε** καὶ ὑμεῖς ἐπὶ δώδεκα θρόνους κρίνοντες τὰς δώδεκα φυλὰς τοῦ Ἰσραήλ.			Lk 22,30 → Lk 12,37	... **καθήσεσθε** ἐπὶ θρόνων τὰς δώδεκα φυλὰς κρίνοντες τοῦ Ἰσραήλ.	
j 222	Mt 20,30 ⇩ Mt 9,27	καὶ ἰδοὺ δύο τυφλοὶ **καθήμενοι** παρὰ τὴν ὁδόν ...	Mk 10,46	... ὁ υἱὸς Τιμαίου Βαρτιμαῖος, τυφλὸς προσαίτης, **ἐκάθητο** παρὰ τὴν ὁδόν.	Lk 18,35	... τυφλός τις **ἐκάθητο** παρὰ τὴν ὁδὸν ἐπαιτῶν.	
	Mt 9,27 ⇧ Mt 20,30	... ἠκολούθησαν [αὐτῷ] δύο τυφλοὶ κράζοντες ...					
b 222	Mt 22,44 ↓ Mt 26,64	*εἶπεν κύριος* *τῷ κυρίῳ μου·* ***κάθου*** *ἐκ δεξιῶν μου ἕως* *ἂν θῶ τοὺς ἐχθρούς σου* *ὑποκάτω* *τῶν ποδῶν σου;* ➤ Ps 110,1	Mk 12,36 ↓ Mk 14,62	... *εἶπεν κύριος* *τῷ κυρίῳ μου·* ***κάθου*** *ἐκ δεξιῶν μου, ἕως* *ἂν θῶ τοὺς ἐχθρούς σου* *ὑποκάτω* *τῶν ποδῶν σου.* ➤ Ps 110,1	Lk 20,42 ↓ Lk 22,69	... *εἶπεν κύριος* *τῷ κυρίῳ μου·* ***κάθου*** *ἐκ δεξιῶν μου,* [43] *ἕως* *ἂν θῶ τοὺς ἐχθρούς σου* *ὑποπόδιον* *τῶν ποδῶν σου.* ➤ Ps 110,1	
e 200	Mt 23,22 → Mt 5,34	καὶ ὁ ὀμόσας ἐν τῷ οὐρανῷ ὀμνύει ἐν τῷ θρόνῳ τοῦ θεοῦ καὶ **ἐν τῷ καθημένῳ** ἐπάνω αὐτοῦ.					
fa 221	Mt 24,3	**καθημένου** δὲ αὐτοῦ ἐπὶ τοῦ ὄρους τῶν ἐλαιῶν προσῆλθον αὐτῷ οἱ μαθηταὶ κατ᾽ ἰδίαν λέγοντες· ...	Mk 13,3	καὶ **καθημένου** αὐτοῦ εἰς τὸ ὄρος τῶν ἐλαιῶν κατέναντι τοῦ ἱεροῦ ἐπηρώτα αὐτὸν κατ᾽ ἰδίαν Πέτρος καὶ Ἰάκωβος καὶ Ἰωάννης καὶ Ἀνδρέας·	Lk 21,7	ἐπηρώτησαν δὲ αὐτὸν λέγοντες· ...	
g 002					Lk 21,35	... ἐπεισελεύσεται γὰρ **ἐπὶ πάντας τοὺς** **καθημένους** ἐπὶ πρόσωπον πάσης τῆς γῆς.	
gf 202	Mt 19,28	... **καθήσεσθε** καὶ ὑμεῖς ἐπὶ δώδεκα θρόνους κρίνοντες τὰς δώδεκα φυλὰς τοῦ Ἰσραήλ.			Lk 22,30 → Lk 12,37	... **καθήσεσθε** ἐπὶ θρόνων τὰς δώδεκα φυλὰς κρίνοντες τοῦ Ἰσραήλ.	

	Mt		Mk		Lk		
h 212	**Mt 26,58**	ὁ δὲ Πέτρος ἠκολούθει αὐτῷ ἀπὸ μακρόθεν ἕως τῆς αὐλῆς τοῦ ἀρχιερέως καὶ εἰσελθὼν ἔσω **ἐκάθητο** μετὰ τῶν ὑπηρετῶν ἰδεῖν τὸ τέλος.	**Mk 14,54**	καὶ ὁ Πέτρος ἀπὸ μακρόθεν ἠκολούθησεν αὐτῷ ἕως ἔσω εἰς τὴν αὐλὴν τοῦ ἀρχιερέως καὶ ἦν **συγκαθήμενος** μετὰ τῶν ὑπηρετῶν καὶ θερμαινόμενος πρὸς τὸ φῶς.	**Lk 22,55**	[54] ... ὁ δὲ Πέτρος ἠκολούθει μακρόθεν. [55] περιαψάντων δὲ πῦρ ἐν μέσῳ τῆς αὐλῆς καὶ συγκαθισάντων **ἐκάθητο** ὁ Πέτρος μέσος αὐτῶν.	→ Jn 18,18
d 212	**Mt 26,69**	ὁ δὲ Πέτρος **ἐκάθητο** ἔξω ἐν τῇ αὐλῇ· καὶ προσῆλθεν αὐτῷ μία παιδίσκη λέγουσα· καὶ σὺ ἦσθα μετὰ Ἰησοῦ τοῦ Γαλιλαίου.	**Mk 14,67**	καὶ ἰδοῦσα τὸν Πέτρον θερμαινόμενον ἐμβλέψασα αὐτῷ λέγει· καὶ σὺ μετὰ τοῦ Ναζαρηνοῦ ἦσθα τοῦ Ἰησοῦ.	**Lk 22,56**	ἰδοῦσα δὲ αὐτὸν παιδίσκη τις **καθήμενον** πρὸς τὸ φῶς καὶ ἀτενίσασα αὐτῷ εἶπεν· καὶ οὗτος σὺν αὐτῷ ἦν.	→ Jn 18,17
b 222	**Mt 26,64** ↑ Mt 22,44 → Mt 27,42-43	... ἀπ' ἄρτι ὄψεσθε *τὸν υἱὸν τοῦ ἀνθρώπου* **καθήμενον** ἐκ δεξιῶν τῆς δυνάμεως καὶ *ἐρχόμενον ἐπὶ τῶν* *νεφελῶν τοῦ οὐρανοῦ.* ➤ Dan 7,13	**Mk 14,62** ↑ Mk 12,36 → Mk 15,32	... καὶ ὄψεσθε *τὸν υἱὸν τοῦ ἀνθρώπου* ἐκ δεξιῶν **καθήμενον** τῆς δυνάμεως καὶ *ἐρχόμενον μετὰ τῶν* *νεφελῶν τοῦ οὐρανοῦ.* ➤ Dan 7,13	**Lk 22,69** ↑ Lk 20,42 → Lk 23,35	ἀπὸ τοῦ νῦν δὲ ἔσται ὁ υἱὸς τοῦ ἀνθρώπου **καθήμενος** ἐκ δεξιῶν τῆς δυνάμεως τοῦ θεοῦ.	→ Acts 7,55-56
d 212	**Mt 26,69**	ὁ δὲ Πέτρος **ἐκάθητο** ἔξω ἐν τῇ αὐλῇ· καὶ προσῆλθεν αὐτῷ μία παιδίσκη λέγουσα· καὶ σὺ ἦσθα μετὰ Ἰησοῦ τοῦ Γαλιλαίου.	**Mk 14,67**	καὶ ἰδοῦσα τὸν Πέτρον θερμαινόμενον ἐμβλέψασα αὐτῷ λέγει· καὶ σὺ μετὰ τοῦ Ναζαρηνοῦ ἦσθα τοῦ Ἰησοῦ.	**Lk 22,56**	ἰδοῦσα δὲ αὐτὸν παιδίσκη τις **καθήμενον** πρὸς τὸ φῶς καὶ ἀτενίσασα αὐτῷ εἶπεν· καὶ οὗτος σὺν αὐτῷ ἦν.	→ Jn 18,17
f 200	**Mt 27,19**	**καθημένου** δὲ αὐτοῦ ἐπὶ τοῦ βήματος ἀπέστειλεν πρὸς αὐτὸν ἡ γυνὴ αὐτοῦ ...					
 200	**Mt 27,36**	καὶ **καθήμενοι** ἐτήρουν αὐτὸν ἐκεῖ.					
a 211	**Mt 27,61** → Mt 27,55-56 → Mt 28,1 → Lk 24,10	ἦν δὲ ἐκεῖ Μαριὰμ ἡ Μαγδαληνὴ καὶ ἡ ἄλλη Μαρία **καθήμεναι** ἀπέναντι τοῦ τάφου.	**Mk 15,47** → Mk 15,40-41 → Mk 16,1 → Lk 24,10	ἡ δὲ Μαρία ἡ Μαγδαληνὴ καὶ Μαρία ἡ Ἰωσῆτος ἐθεώρουν ποῦ τέθειται.	**Lk 23,55** → Lk 23,49 → Lk 8,2-3	κατακολουθήσασαι δὲ αἱ γυναῖκες, αἵτινες ἦσαν συνεληλυθυῖαι ἐκ τῆς Γαλιλαίας αὐτῷ, ἐθεάσαντο τὸ μνημεῖον καὶ ὡς ἐτέθη τὸ σῶμα αὐτοῦ	
e c 200	**Mt 28,2**	... ἄγγελος γὰρ κυρίου καταβὰς ἐξ οὐρανοῦ καὶ προσελθὼν ἀπεκύλισεν τὸν λίθον καὶ **ἐκάθητο** ἐπάνω αὐτοῦ. [3] ἦν δὲ ἡ εἰδέα αὐτοῦ ὡς ἀστραπὴ καὶ τὸ ἔνδυμα αὐτοῦ λευκὸν ὡς χιών.	**Mk 16,5**	[4] ... θεωροῦσιν ὅτι ἀποκεκύλισται ὁ λίθος· ... [5] ... εἶδον νεανίσκον **καθήμενον** ἐν τοῖς δεξιοῖς περιβεβλημένον στολὴν λευκήν, ...	**Lk 24,4** → Lk 24,23	[2] εὗρον δὲ τὸν λίθον ἀποκεκυλισμένον ἀπὸ τοῦ μνημείου, [3] ... [4] ... καὶ ἰδοὺ ἄνδρες δύο **ἐπέστησαν** αὐταῖς ἐν ἐσθῆτι ἀστραπτούσῃ.	→ Jn 20,12
e c 021	**Mt 28,2**	... ἄγγελος γὰρ κυρίου ... **ἐκάθητο** ἐπάνω αὐτοῦ. [3] ἦν δὲ ἡ εἰδέα αὐτοῦ ὡς ἀστραπὴ καὶ τὸ ἔνδυμα αὐτοῦ λευκὸν ὡς χιών.	**Mk 16,5**	... εἶδον νεανίσκον **καθήμενον** ἐν τοῖς δεξιοῖς περιβεβλημένον στολὴν λευκήν, ...	**Lk 24,4** → Lk 24,23	... καὶ ἰδοὺ ἄνδρες δύο **ἐπέστησαν** αὐταῖς ἐν ἐσθῆτι ἀστραπτούσῃ.	→ Jn 20,12

	Acts 2,2	... καὶ ἐπλήρωσεν ὅλον τὸν οἶκον οὗ ἦσαν **καθήμενοι**
b	Acts 2,34	... *εἶπεν [ὁ] κύριος τῷ κυρίῳ μου· **κάθου** ἐκ δεξιῶν μου* ➤ Ps 109,1 LXX
g	Acts 3,10	... αὐτὸς ἦν ὁ πρὸς τὴν ἐλεημοσύνην **καθήμενος** ἐπὶ τῇ ὡραίᾳ πύλῃ τοῦ ἱεροῦ ...
f	Acts 8,28	ἦν τε ὑποστρέφων καὶ **καθήμενος** ἐπὶ τοῦ ἅρματος αὐτοῦ καὶ ἀνεγίνωσκεν τὸν προφήτην Ἠσαΐαν.
	Acts 14,8	καί τις ἀνὴρ ἀδύνατος ἐν Λύστροις τοῖς ποσὶν **ἐκάθητο**, χωλὸς ἐκ κοιλίας μητρὸς αὐτοῦ ὃς οὐδέποτε περιεπάτησεν.
	Acts 23,3	... τύπτειν σε μέλλει ὁ θεός, τοῖχε κεκονιαμένε· καὶ σὺ **κάθῃ** κρίνων με κατὰ τὸν νόμον καὶ παρανομῶν κελεύεις με τύπτεσθαι;

καθίζω

	Syn	Mt	Mk	Lk	Acts	Jn	1-3John	Paul	Eph	Col
	22	8	7	7	9	2		2	1	
	NT	2Thess	1/2Tim	Tit	Heb	Jas	1Pet	2Pet	Jude	Rev
	44	1			4					3

transitive: cause to sit down; seat; set; appoint; install; *intransitive:* sit down; settle; stay; live; *middle:* sit down

	triple tradition																	double tradition			Sondergut		
		+Mt / +Lk			–Mt / –Lk			traditions not taken over by Mt / Lk							subtotals								
code	*222*	*211*	*112*	*212*	*221*	*122*	*121*	*022*	*012*	*021*	*220*	*120*	*210*	*020*	Σ⁺	Σ⁻	Σ	*202*	*201*	*102*	*200*	*002*	total
Mt		2^+			1	1^-	1^-				2				2^+	2^-	5		1		2		**8**
Mk					1	1	1			1	2			1			7						**7**
Lk					1^-	1	1^-			1^-						3^-	1					6	**7**

a καθίζω ἐκ δεξιῶν
b καθίζω ἔν τινι
c καθίζω ἐπί τινος
d καθίζω ἐπί τι(να)
e καθίζω κατέναντί τινος

code	Mt		Mk		Lk		
002					**Lk 4,20**	καὶ πτύξας τὸ βιβλίον ἀποδοὺς τῷ ὑπηρέτῃ **ἐκάθισεν**· ...	
002	**Mt 13,2**	καὶ συνήχθησαν πρὸς αὐτὸν ὄχλοι πολλοί, ὥστε αὐτὸν εἰς πλοῖον ἐμβάντα **καθῆσθαι**, καὶ πᾶς ὁ ὄχλος ἐπὶ τὸν αἰγιαλὸν εἱστήκει. [3] καὶ ἐλάλησεν αὐτοῖς ...	**Mk 4,1** → Mk 3,9	... καὶ συνάγεται πρὸς αὐτὸν ὄχλος πλεῖστος, ὥστε αὐτὸν εἰς πλοῖον ἐμβάντα **καθῆσθαι** ἐν τῇ θαλάσσῃ, καὶ πᾶς ὁ ὄχλος πρὸς τὴν θάλασσαν ἐπὶ τῆς γῆς ἦσαν. [2] καὶ ἐδίδασκεν αὐτοὺς ...	**Lk 5,3** ⇨ Lk 8,4	[1] ἐγένετο δὲ ἐν τῷ τὸν ὄχλον ἐπικεῖσθαι αὐτῷ ... [3] ἐμβὰς δὲ εἰς ἓν τῶν πλοίων, ὃ ἦν Σίμωνος, ἠρώτησεν αὐτὸν ἀπὸ τῆς γῆς ἐπαναγαγεῖν ὀλίγον· **καθίσας** δὲ ἐκ τοῦ πλοίου ἐδίδασκεν τοὺς ὄχλους.	
211	**Mt 5,1** → Lk 6,20	ἰδὼν δὲ τοὺς ὄχλους ἀνέβη εἰς τὸ ὄρος, καὶ **καθίσαντος** αὐτοῦ προσῆλθαν αὐτῷ οἱ μαθηταὶ αὐτοῦ·	**Mk 3,13** → Mt 10,1	καὶ ἀναβαίνει εἰς τὸ ὄρος καὶ προσκαλεῖται οὓς ἤθελεν αὐτός, καὶ ἀπῆλθον πρὸς αὐτόν.	**Lk 6,12**	ἐγένετο δὲ ἐν ταῖς ἡμέραις ταύταις ἐξελθεῖν αὐτὸν εἰς τὸ ὄρος προσεύξασθαι, ...	
200	**Mt 13,48**	ἣν ὅτε ἐπληρώθη ἀναβιβάσαντες ἐπὶ τὸν αἰγιαλὸν καὶ **καθίσαντες** συνέλεξαν τὰ καλὰ εἰς ἄγγη, τὰ δὲ σαπρὰ ἔξω ἔβαλον.					→ GTh 8
020			**Mk 9,35**	καὶ **καθίσας** ἐφώνησεν τοὺς δώδεκα ...			

	Mt		Mk		Lk	
002					**Lk 14,28**	τίς γὰρ ἐξ ὑμῶν θέλων πύργον οἰκοδομῆσαι οὐχὶ πρῶτον **καθίσας** ψηφίζει τὴν δαπάνην, εἰ ἔχει εἰς ἀπαρτισμόν;
002					**Lk 14,31**	ἢ τίς βασιλεὺς πορευόμενος ἑτέρῳ βασιλεῖ συμβαλεῖν εἰς πόλεμον οὐχὶ **καθίσας** πρῶτον βουλεύσεται εἰ δυνατός ἐστιν ἐν δέκα χιλιάσιν ὑπαντῆσαι τῷ μετὰ εἴκοσι χιλιάδων ἐρχομένῳ ἐπ' αὐτόν;
002					**Lk 16,6**	... δέξαι σου τὰ γράμματα καὶ **καθίσας** ταχέως γράψον πεντήκοντα.
c 201	**Mt 19,28** ↓ Mt 25,31	... ὑμεῖς οἱ ἀκολουθήσαντές μοι ἐν τῇ παλιγγενεσίᾳ, ὅταν **καθίσῃ** ὁ υἱὸς τοῦ ἀνθρώπου ἐπὶ θρόνου δόξης αὐτοῦ, καθήσεσθε καὶ ὑμεῖς ἐπὶ δώδεκα θρόνους κρίνοντες τὰς δώδεκα φυλὰς τοῦ Ἰσραήλ.			**Lk 22,30** → Lk 12,37	[28] ὑμεῖς δέ ἐστε οἱ διαμεμενηκότες μετ' ἐμοῦ ἐν τοῖς πειρασμοῖς μου· [29] ... [30] ἵνα ἔσθητε καὶ πίνητε ἐπὶ τῆς τραπέζης μου ἐν τῇ βασιλείᾳ μου, καὶ καθήσεσθε ἐπὶ θρόνων τὰς δώδεκα φυλὰς κρίνοντες τοῦ Ἰσραήλ.
a b 220	**Mt 20,21**	... εἰπὲ ἵνα **καθίσωσιν** οὗτοι οἱ δύο υἱοί μου εἷς ἐκ δεξιῶν σου καὶ εἷς ἐξ εὐωνύμων σου ἐν τῇ βασιλείᾳ σου.	**Mk 10,37**	... δὸς ἡμῖν ἵνα εἷς σου ἐκ δεξιῶν καὶ εἷς ἐξ ἀριστερῶν **καθίσωμεν** ἐν τῇ δόξῃ σου.		
a 220	**Mt 20,23**	... τὸ δὲ **καθίσαι** ἐκ δεξιῶν μου καὶ ἐξ εὐωνύμων οὐκ ἔστιν ἐμὸν [τοῦτο] δοῦναι, ἀλλ' οἷς ἡτοίμασται ὑπὸ τοῦ πατρός μου.	**Mk 10,40**	τὸ δὲ **καθίσαι** ἐκ δεξιῶν μου ἢ ἐξ εὐωνύμων οὐκ ἔστιν ἐμὸν δοῦναι, ἀλλ' οἷς ἡτοίμασται.		
d 122	**Mt 21,2**	... καὶ εὐθέως εὑρήσετε ὄνον δεδεμένην καὶ πῶλον μετ' αὐτῆς· λύσαντες ἀγάγετέ μοι.	**Mk 11,2**	... καὶ εὐθὺς εἰσπορευόμενοι εἰς αὐτὴν εὑρήσετε πῶλον δεδεμένον ἐφ' ὃν οὐδεὶς οὔπω ἀνθρώπων **ἐκάθισεν·** λύσατε αὐτὸν καὶ φέρετε.	**Lk 19,30**	... ἐν ᾗ εἰσπορευόμενοι εὑρήσετε πῶλον δεδεμένον, ἐφ' ὃν οὐδεὶς πώποτε ἀνθρώπων **ἐκάθισεν,** καὶ λύσαντες αὐτὸν ἀγάγετε.
d 121	**Mt 21,7**	ἤγαγον τὴν ὄνον καὶ τὸν πῶλον καὶ ἐπέθηκαν ἐπ' αὐτῶν τὰ ἱμάτια, καὶ **ἐπεκάθισεν** ἐπάνω αὐτῶν.	**Mk 11,7**	καὶ φέρουσιν τὸν πῶλον πρὸς τὸν Ἰησοῦν καὶ ἐπιβάλλουσιν αὐτῷ τὰ ἱμάτια αὐτῶν, καὶ **ἐκάθισεν** ἐπ' αὐτόν.	**Lk 19,35**	καὶ ἤγαγον αὐτὸν πρὸς τὸν Ἰησοῦν καὶ ἐπιρίψαντες αὐτῶν τὰ ἱμάτια ἐπὶ τὸν πῶλον **ἐπεβίβασαν** τὸν Ἰησοῦν.

	Mt		Mk		Lk		
c 211	Mt 23,2	[1] τότε ὁ Ἰησοῦς ἐλάλησεν τοῖς ὄχλοις καὶ τοῖς μαθηταῖς αὐτοῦ [2] λέγων· ἐπὶ τῆς Μωϋσέως καθέδρας **ἐκάθισαν** οἱ γραμματεῖς καὶ οἱ Φαρισαῖοι.	Mk 12,38	[37] ... καὶ [ὁ] πολὺς ὄχλος ἤκουεν αὐτοῦ ἡδέως. [38] καὶ ἐν τῇ διδαχῇ αὐτοῦ ἔλεγεν· βλέπετε ἀπὸ τῶν γραμματέων ...	Lk 20,45	ἀκούοντος δὲ παντὸς τοῦ λαοῦ εἶπεν τοῖς μαθηταῖς [αὐτοῦ], [46] προσέχετε ἀπὸ τῶν γραμματέων ...	
e 021			Mk 12,41	καὶ **καθίσας** κατέναντι τοῦ γαζοφυλακίου ἐθεώρει πῶς ὁ ὄχλος βάλλει χαλκὸν εἰς τὸ γαζοφυλάκιον. καὶ πολλοὶ πλούσιοι ἔβαλλον πολλά·	Lk 21,1	ἀναβλέψας δὲ εἶδεν τοὺς βάλλοντας εἰς τὸ γαζοφυλάκιον τὰ δῶρα αὐτῶν πλουσίους.	
c 200	Mt 25,31 ↑ Mt 19,28	ὅταν δὲ ἔλθῃ ὁ υἱὸς τοῦ ἀνθρώπου ἐν τῇ δόξῃ αὐτοῦ καὶ πάντες οἱ ἄγγελοι μετ' αὐτοῦ, τότε **καθίσει** ἐπὶ θρόνου δόξης αὐτοῦ·					
221	Mt 26,36 → Lk 22,39	... λέγει τοῖς μαθηταῖς· **καθίσατε** αὐτοῦ ἕως [οὗ] ἀπελθὼν ἐκεῖ προσεύξωμαι.	Mk 14,32 → Lk 22,39	... λέγει τοῖς μαθηταῖς αὐτοῦ· **καθίσατε** ὧδε ἕως προσεύξωμαι.	Lk 22,40 → Mt 26,41 → Mk 14,38 → Lk 22,46	... εἶπεν αὐτοῖς· προσεύχεσθε μὴ εἰσελθεῖν εἰς πειρασμόν.	
b 002					Lk 24,49	... ὑμεῖς δὲ **καθίσατε** ἐν τῇ πόλει ἕως οὗ ἐνδύσησθε ἐξ ὕψους δύναμιν.	→ Acts 1,8 → Acts 2,33

d **Acts 2,3** καὶ ὤφθησαν αὐτοῖς διαμεριζόμεναι γλῶσσαι ὡσεὶ πυρὸς καὶ **ἐκάθισεν** ἐφ' ἕνα ἕκαστον αὐτῶν

d **Acts 2,30** προφήτης οὖν ὑπάρχων καὶ εἰδὼς ὅτι ὅρκῳ ὤμοσεν αὐτῷ ὁ θεὸς ἐκ καρποῦ τῆς ὀσφύος αὐτοῦ **καθίσαι** ἐπὶ τὸν θρόνον αὐτοῦ
➤ Ps 132,11

Acts 8,31 ... παρεκάλεσέν τε τὸν Φίλιππον ἀναβάντα **καθίσαι** σὺν αὐτῷ.

c **Acts 12,21** τακτῇ δὲ ἡμέρᾳ ὁ Ἡρῴδης ἐνδυσάμενος ἐσθῆτα βασιλικὴν [καὶ] **καθίσας** ἐπὶ τοῦ βήματος ἐδημηγόρει πρὸς αὐτούς

Acts 13,14 ... καὶ [εἰσ]ελθόντες εἰς τὴν συναγωγὴν τῇ ἡμέρᾳ τῶν σαββάτων **ἐκάθισαν.**

Acts 16,13 ... καὶ **καθίσαντες** ἐλαλοῦμεν ταῖς συνελθούσαις γυναιξίν.

Acts 18,11 **ἐκάθισεν** δὲ ἐνιαυτὸν καὶ μῆνας ἓξ διδάσκων ἐν αὐτοῖς τὸν λόγον τοῦ θεοῦ.

c **Acts 25,6** ... τῇ ἐπαύριον **καθίσας** ἐπὶ τοῦ βήματος ἐκέλευσεν τὸν Παῦλον ἀχθῆναι.

c **Acts 25,17** συνελθόντων οὖν [αὐτῶν] ἐνθάδε ἀναβολὴν μηδεμίαν ποιησάμενος τῇ ἑξῆς **καθίσας** ἐπὶ τοῦ βήματος ἐκέλευσα ἀχθῆναι τὸν ἄνδρα·

καθίημι

	Syn	Mt	Mk	Lk	Acts	Jn	1-3John	Paul	Eph	Col
καθίημι	1			1	3					
	NT	2Thess	1/2Tim	Tit	Heb	Jas	1Pet	2Pet	Jude	Rev
	4									

let down

code	Mt	Mk	Lk
012		**Mk 2,4** ... ἀπεστέγασαν τὴν στέγην ὅπου ἦν, καὶ ἐξορύξαντες **χαλῶσι** τὸν κράβαττον ὅπου ὁ παραλυτικὸς κατέκειτο.	**Lk 5,19** ... ἀναβάντες ἐπὶ τὸ δῶμα διὰ τῶν κεράμων **καθῆκαν** αὐτὸν σὺν τῷ κλινιδίῳ εἰς τὸ μέσον ἔμπροσθεν τοῦ Ἰησοῦ.

Acts 9,25 λαβόντες δὲ οἱ μαθηταὶ αὐτοῦ νυκτὸς διὰ τοῦ τείχους **καθῆκαν** αὐτὸν χαλάσαντες ἐν σπυρίδι.

Acts 10,11 ... καὶ καταβαῖνον σκεῦός τι ὡς ὀθόνην μεγάλην τέσσαρσιν ἀρχαῖς **καθιέμενον** ἐπὶ τῆς γῆς

Acts 11,5 ... καταβαῖνον σκεῦός τι ὡς ὀθόνην μεγάλην τέσσαρσιν ἀρχαῖς **καθιεμένην** ἐκ τοῦ οὐρανοῦ, καὶ ἦλθεν ἄχρι ἐμοῦ.

καθίστημι, καθιστάνω

	Syn	Mt	Mk	Lk	Acts	Jn	1-3John	Paul	Eph	Col
καθίστημι, καθιστάνω	7	4		3	5			2		
	NT	2Thess	1/2Tim	Tit	Heb	Jas	1Pet	2Pet	Jude	Rev
	21			1	3	2		1		

bring; conduct; take; appoint; put in charge; ordain; make; cause

	triple tradition																	double tradition			Sondergut		
		+Mt / +Lk			–Mt / –Lk			traditions not taken over by Mt / Lk							subtotals								
code	222	211	112	212	221	122	121	022	012	021	220	120	210	020	Σ+	Σ–	Σ	202	201	102	200	002	total
Mt																		2	2				**4**
Mk																							
Lk																		2				1	**3**

a καθίστημι ἐπί τινος
b καθίστημι ἐπί τινι
c καθίστημι ἐπί τι(να)
d καθιστάνω

code	Mt	Lk	
c 002		**Lk 12,14** ... ἄνθρωπε, τίς με **κατέστησεν** κριτὴν ἢ μεριστὴν ἐφ' ὑμᾶς;	→ GTh 72
a 202	**Mt 24,45** τίς ἄρα ἐστὶν ὁ πιστὸς δοῦλος καὶ φρόνιμος ὃν **κατέστησεν** ὁ κύριος ἐπὶ τῆς οἰκετείας αὐτοῦ ...	**Lk 12,42** ... τίς ἄρα ἐστὶν ὁ πιστὸς οἰκονόμος ὁ φρόνιμος, ὃν **καταστήσει** ὁ κύριος ἐπὶ τῆς θεραπείας αὐτοῦ ...	
b 202	**Mt 24,47** ↓ Mt 25,21 ↓ Mt 25,23 ἀμὴν λέγω ὑμῖν ὅτι ἐπὶ πᾶσιν τοῖς ὑπάρχουσιν αὐτοῦ **καταστήσει** αὐτόν.	**Lk 12,44** ἀληθῶς λέγω ὑμῖν ὅτι ἐπὶ πᾶσιν τοῖς ὑπάρχουσιν αὐτοῦ **καταστήσει** αὐτόν.	
a 201	**Mt 25,21** ↑ Mt 24,47 ... εὖ, δοῦλε ἀγαθὲ καὶ πιστέ, ἐπὶ ὀλίγα ἦς πιστός, ἐπὶ πολλῶν **σε καταστήσω·** εἴσελθε εἰς τὴν χαρὰν τοῦ κυρίου σου.	**Lk 19,17** → Lk 16,10 ... εὖγε, ἀγαθὲ δοῦλε, ὅτι ἐν ἐλαχίστῳ πιστὸς ἐγένου, **ἴσθι ἐξουσίαν ἔχων** ἐπάνω δέκα πόλεων.	

	Mt		Mk		Lk		
a 201	**Mt 25,23** ↑ Mt 24,47	... εὖ, δοῦλε ἀγαθὲ καὶ πιστέ, ἐπὶ ὀλίγα ἧς πιστός, ἐπὶ πολλῶν σε **καταστήσω·** εἴσελθε εἰς τὴν χαρὰν τοῦ κυρίου σου.			**Lk 19,19**	... καὶ σὺ ἐπάνω **γίνου** πέντε πόλεων.	

a **Acts 6,3** ἐπισκέψασθε ... ἄνδρας ἐξ ὑμῶν μαρτυρουμένους ἑπτά, ... οὓς **καταστήσομεν** ἐπὶ τῆς χρείας ταύτης

c **Acts 7,10** ... καὶ **κατέστησεν** αὐτὸν ἡγούμενον ἐπ' Αἴγυπτον καὶ [ἐφ'] ὅλον τὸν οἶκον αὐτοῦ.

a **Acts 7,27** ὁ δὲ ἀδικῶν τὸν πλησίον ἀπώσατο αὐτὸν εἰπών· *τίς σε* ***κατέστησεν*** *ἄρχοντα καὶ δικαστὴν ἐφ' ἡμῶν;*
➤ Exod 2,14

Acts 7,35 ... *τίς σε* ***κατέστησεν*** *ἄρχοντα καὶ δικαστήν;* ...
➤ Exod 2,14

d **Acts 17,15** **οἱ δὲ καθιστάνοντες** τὸν Παῦλον ἤγαγον ἕως Ἀθηνῶν, ...

καθοπλίζω

Syn 1	Mt	Mk	Lk 1	Acts	Jn	1-3John	Paul	Eph	Col
NT 1	2Thess	1/2Tim	Tit	Heb	Jas	1Pet	2Pet	Jude	Rev

arm fully; equip

	Mt		Mk		Lk		
112	**Mt 12,29**	ἢ πῶς δύναταί τις εἰσελθεῖν εἰς τὴν οἰκίαν τοῦ ἰσχυροῦ καὶ τὰ σκεύη αὐτοῦ ἁρπάσαι, ...	**Mk 3,27**	ἀλλ' οὐ δύναται οὐδεὶς εἰς τὴν οἰκίαν τοῦ ἰσχυροῦ εἰσελθὼν τὰ σκεύη αὐτοῦ διαρπάσαι, ...	**Lk 11,21**	ὅταν ὁ ἰσχυρὸς **καθωπλισμένος** φυλάσσῃ τὴν ἑαυτοῦ αὐλήν, ἐν εἰρήνῃ ἐστὶν τὰ ὑπάρχοντα αὐτοῦ·	→ GTh 21,5 → GTh 35 Mk-Q overlap?

καθότι

Syn 2	Mt	Mk	Lk 2	Acts 4	Jn	1-3John	Paul	Eph	Col
NT 6	2Thess	1/2Tim	Tit	Heb	Jas	1Pet	2Pet	Jude	Rev

as; to the degree that; because; in view of the fact that

	Mt		Mk		Lk		
002					**Lk 1,7**	καὶ οὐκ ἦν αὐτοῖς τέκνον, **καθότι** ἦν ἡ Ἐλισάβετ στεῖρα, ...	
002					**Lk 19,9** → Lk 13,16	... σήμερον σωτηρία τῷ οἴκῳ τούτῳ ἐγένετο, **καθότι** καὶ αὐτὸς υἱὸς Ἀβραάμ ἐστιν·	

Acts 2,24 ὃν ὁ θεὸς ἀνέστησεν λύσας τὰς ὠδῖνας τοῦ θανάτου, **καθότι** οὐκ ἦν δυνατὸν κρατεῖσθαι αὐτὸν ὑπ' αὐτοῦ.

Acts 2,45 → Lk 12,33 → Lk 14,33 → Mt 19,21 → Mk 10,21 → Lk 18,22 καὶ τὰ κτήματα καὶ τὰς ὑπάρξεις ἐπίπρασκον καὶ διεμέριζον αὐτὰ πᾶσιν **καθότι ἄν** τις χρείαν εἶχεν·

Acts 4,35 καὶ ἐτίθουν παρὰ τοὺς πόδας τῶν ἀποστόλων, διεδίδετο δὲ ἑκάστῳ **καθότι ἄν** τις χρείαν εἶχεν.

Acts 17,31 **καθότι** ἔστησεν ἡμέραν ἐν ᾗ μέλλει κρίνειν τὴν οἰκουμένην ἐν δικαιοσύνῃ, ...

καθώς	Syn 28	Mt 3	Mk 8	Lk 17	Acts 11	Jn 31	1-3John 13	Paul 70	Eph 10	Col 5
	NT 182	2Thess 2	1/2Tim 1	Tit	Heb 8	Jas	1Pet 1	2Pet 2	Jude	Rev

just as; as; to the degree that; since; in so far as; how; that

	triple tradition																	double tradition			Sondergut		
		+Mt / +Lk			–Mt / –Lk			traditions not taken over by Mt / Lk							subtotals								
code	222	211	112	212	221	122	121	022	012	021	220	120	210	020	Σ⁺	Σ⁻	Σ	202	201	102	200	002	total
Mt		1^+		1^+	1	1^-	1^-					4^-			2^+	6^-	3						**3**
Mk					1	1	1			1		4					8						**8**
Lk			1^+	1^+	1^-	1	1^-			1^-					2^+	3^-	3			4		10	**17**

[a] καθὼς γέγραπται
[b] καθὼς καί
[c] καθὼς ... οὕτως
[d] καθώς and verbum dicendi

code		Mt		Mk		Lk	
d 002					Lk 1,2	[1] ἐπειδήπερ πολλοὶ ἐπεχείρησαν ἀνατάξασθαι διήγησιν περὶ τῶν πεπληροφορημένων ἐν ἡμῖν πραγμάτων, [2] **καθὼς** παρέδοσαν ἡμῖν οἱ ἀπ' ἀρχῆς αὐτόπται καὶ ὑπηρέται γενόμενοι τοῦ λόγου	
d 002					Lk 1,55	[54] ἀντελάβετο Ἰσραὴλ παιδὸς αὐτοῦ, μνησθῆναι ἐλέους, [55] **καθὼς** ἐλάλησεν πρὸς τοὺς πατέρας ἡμῶν, ...	
d 002					Lk 1,70	[69] καὶ ἤγειρεν κέρας σωτηρίας ἡμῖν ἐν οἴκῳ Δαυὶδ παιδὸς αὐτοῦ, [70] **καθὼς** ἐλάλησεν διὰ στόματος τῶν ἁγίων ἀπ' αἰῶνος προφητῶν αὐτοῦ	→ Acts 3,21
d 002					Lk 2,20	καὶ ὑπέστρεψαν οἱ ποιμένες δοξάζοντες καὶ αἰνοῦντες τὸν θεὸν ἐπὶ πᾶσιν οἷς ἤκουσαν καὶ εἶδον **καθὼς** ἐλαλήθη πρὸς αὐτούς.	
a 002					Lk 2,23	**καθὼς** γέγραπται ἐν νόμῳ κυρίου ὅτι *πᾶν ἄρσεν διανοῖγον μήτραν ἅγιον τῷ κυρίῳ κληθήσεται* ➤ Exod 13,2.12.15	
a 121	Mt 3,3 Mt 11,10	**οὗτος** γάρ ἐστιν ὁ ῥηθεὶς διὰ Ἠσαΐου τοῦ προφήτου λέγοντος· *φωνὴ βοῶντος ἐν τῇ ἐρήμῳ·* ... ➤ Isa 40,3 LXX οὗτός ἐστιν περὶ οὗ γέγραπται· *ἰδοὺ ἐγὼ ἀποστέλλω τὸν ἄγγελόν μου πρὸ προσώπου σου*, ... ➤ Exod 23,20/Mal 3,1	Mk 1,2	**καθὼς** γέγραπται ἐν τῷ Ἠσαΐᾳ τῷ προφήτῃ· *ἰδοὺ ἀποστέλλω τὸν ἄγγελόν μου* ... [3] *φωνὴ βοῶντος ἐν τῇ ἐρήμῳ·* ... ➤ Exod 23,20/Mal 3,1 ➤ Isa 40,3 LXX	Lk 3,4 Lk 7,27	**ὡς** γέγραπται ἐν βίβλῳ λόγων Ἠσαΐου τοῦ προφήτου· *φωνὴ βοῶντος ἐν τῇ ἐρήμῳ·* ... ➤ Isa 40,3 LXX οὗτός ἐστιν περὶ οὗ γέγραπται· *ἰδοὺ ἀποστέλλω τὸν ἄγγελόν μου πρὸ προσώπου σου*, ... ➤ Exod 23,20/Mal 3,1	

d 112	**Mt 8,4**	... ὕπαγε σεαυτὸν δεῖξον τῷ ἱερεῖ, καὶ προσένεγκον τὸ δῶρον ὃ προσέταξεν Μωϋσῆς, εἰς μαρτύριον αὐτοῖς. ➤ Lev 13,49; 14,2-4	**Mk 1,44**	... ὕπαγε σεαυτὸν δεῖξον τῷ ἱερεῖ καὶ προσένεγκε περὶ τοῦ καθαρισμοῦ σου ἃ προσέταξεν Μωϋσῆς, εἰς μαρτύριον αὐτοῖς. ➤ Lev 13,49; 14,2-4	**Lk 5,14** → Lk 17,14	... ἀπελθὼν δεῖξον σεαυτὸν τῷ ἱερεῖ καὶ προσένεγκε περὶ τοῦ καθαρισμοῦ σου **καθὼς** προσέταξεν Μωϋσῆς, εἰς μαρτύριον αὐτοῖς. ➤ Lev 13,49; 14,2-4	
102	**Mt 7,12**	**πάντα οὖν ὅσα ἐὰν** θέλητε ἵνα ποιῶσιν ὑμῖν οἱ ἄνθρωποι, οὕτως καὶ ὑμεῖς ποιεῖτε αὐτοῖς· ...			**Lk 6,31**	**καὶ καθὼς** θέλετε ἵνα ποιῶσιν ὑμῖν οἱ ἄνθρωποι ποιεῖτε αὐτοῖς ὁμοίως.	
b 102	**Mt 5,48**	ἔσεσθε οὖν ὑμεῖς τέλειοι **ὡς** ὁ πατὴρ ὑμῶν ὁ οὐράνιος τέλειός ἐστιν.			**Lk 6,36**	γίνεσθε οἰκτίρμονες **καθὼς** [καὶ] ὁ πατὴρ ὑμῶν οἰκτίρμων ἐστίν.	
120	**Mt 13,34**	ταῦτα πάντα ἐλάλησεν ὁ Ἰησοῦς ἐν παραβολαῖς τοῖς ὄχλοις, ...	**Mk 4,33**	καὶ τοιαύταις παραβολαῖς πολλαῖς ἐλάλει αὐτοῖς τὸν λόγον, **καθὼς** ἠδύναντο ἀκούειν·			
a 120	**Mt 17,12** → Mt 11,14 → Lk 1,17	... Ἠλίας ἤδη ἦλθεν, καὶ οὐκ ἐπέγνωσαν αὐτὸν ἀλλὰ ἐποίησαν ἐν αὐτῷ ὅσα ἠθέλησαν· ...	**Mk 9,13** → Lk 1,17	... καὶ Ἠλίας ἐλήλυθεν, καὶ ἐποίησαν αὐτῷ ὅσα ἤθελον, **καθὼς** γέγραπται ἐπ' αὐτόν.			
b d 002					**Lk 11,1**	... κύριε, δίδαξον ἡμᾶς προσεύχεσθαι, **καθὼς** καὶ Ἰωάννης ἐδίδαξεν τοὺς μαθητὰς αὐτοῦ.	
c 102	**Mt 12,40** → Mt 27,63	**ὥσπερ** γὰρ *ἦν Ἰωνᾶς ἐν τῇ* *κοιλίᾳ τοῦ κήτους τρεῖς* *ἡμέρας καὶ τρεῖς νύκτας,* οὕτως ἔσται ὁ υἱὸς τοῦ ἀνθρώπου ἐν τῇ καρδίᾳ τῆς γῆς τρεῖς ἡμέρας καὶ τρεῖς νύκτας. ➤ Jonah 2,1			**Lk 11,30**	**καθὼς** γὰρ ἐγένετο Ἰωνᾶς τοῖς Νινευίταις σημεῖον, οὕτως ἔσται καὶ ὁ υἱὸς τοῦ ἀνθρώπου τῇ γενεᾷ ταύτῃ.	
c 102	**Mt 24,37**	**ὥσπερ** γὰρ αἱ ἡμέραι τοῦ Νῶε, οὕτως ἔσται ἡ παρουσία τοῦ υἱοῦ τοῦ ἀνθρώπου.			**Lk 17,26**	καὶ **καθὼς** ἐγένετο ἐν ταῖς ἡμέραις Νῶε, οὕτως ἔσται καὶ ἐν ταῖς ἡμέραις τοῦ υἱοῦ τοῦ ἀνθρώπου·	
002					**Lk 17,28**	ὁμοίως **καθὼς** ἐγένετο ἐν ταῖς ἡμέραις Λώτ· ἤσθιον, ἔπινον, ...	
d 212	**Mt 21,6** ↓ Mk 11,6	πορευθέντες δὲ οἱ μαθηταὶ καὶ ποιήσαντες **καθὼς** συνέταξεν αὐτοῖς ὁ Ἰησοῦς	**Mk 11,4**	καὶ ἀπῆλθον καὶ εὗρον πῶλον δεδεμένον πρὸς θύραν ἔξω ἐπὶ τοῦ ἀμφόδου καὶ λύουσιν αὐτόν.	**Lk 19,32** ↓ Mk 11,6	ἀπελθόντες δὲ οἱ ἀπεσταλμένοι εὗρον **καθὼς** εἶπεν αὐτοῖς. [33] λυόντων δὲ αὐτῶν τὸν πῶλον ...	
d 021			**Mk 11,6** ↑ Mt 21,6 ↑ Lk 19,32	οἱ δὲ εἶπαν αὐτοῖς **καθὼς** εἶπεν ὁ Ἰησοῦς, καὶ ἀφῆκαν αὐτούς.	**Lk 19,34**	οἱ δὲ εἶπαν· ὅτι ὁ κύριος αὐτοῦ χρείαν ἔχει.	

d 122	**Mt 26,19**	καὶ ἐποίησαν οἱ μαθηταὶ **ὡς** συνέταξεν αὐτοῖς ὁ Ἰησοῦς καὶ ἡτοίμασαν τὸ πάσχα.	**Mk 14,16**	καὶ ἐξῆλθον οἱ μαθηταὶ καὶ ἦλθον εἰς τὴν πόλιν καὶ εὗρον **καθὼς** εἶπεν αὐτοῖς καὶ ἡτοίμασαν τὸ πάσχα.	**Lk 22,13**	ἀπελθόντες δὲ εὗρον **καθὼς** εἰρήκει αὐτοῖς καὶ ἡτοίμασαν τὸ πάσχα.	
a 221	**Mt 26,24**	ὁ μὲν υἱὸς τοῦ ἀνθρώπου ὑπάγει **καθὼς γέγραπται** περὶ αὐτοῦ, οὐαὶ δὲ τῷ ἀνθρώπῳ ἐκείνῳ δι᾽ οὗ ὁ υἱὸς τοῦ ἀνθρώπου παραδίδοται· ...	**Mk 14,21**	ὅτι ὁ μὲν υἱὸς τοῦ ἀνθρώπου ὑπάγει **καθὼς γέγραπται** περὶ αὐτοῦ, οὐαὶ δὲ τῷ ἀνθρώπῳ ἐκείνῳ δι᾽ οὗ ὁ υἱὸς τοῦ ἀνθρώπου παραδίδοται· ...	**Lk 22,22**	ὅτι ὁ υἱὸς μὲν τοῦ ἀνθρώπου **κατὰ τὸ ὡρισμένον** πορεύεται, πλὴν οὐαὶ τῷ ἀνθρώπῳ ἐκείνῳ δι᾽ οὗ παραδίδοται.	
002					**Lk 22,29** → Lk 1,33	κἀγὼ διατίθεμαι ὑμῖν **καθὼς** διέθετό μοι ὁ πατήρ μου βασιλείαν	
120	**Mt 27,17**	συνηγμένων οὖν αὐτῶν εἶπεν αὐτοῖς ὁ Πιλᾶτος· ...	**Mk 15,8**	καὶ ἀναβὰς ὁ ὄχλος ἤρξατο αἰτεῖσθαι **καθὼς** ἐποίει αὐτοῖς. [9] ὁ δὲ Πιλᾶτος ἀπεκρίθη αὐτοῖς λέγων·...			
d 211	**Mt 28,6**	οὐκ ἔστιν ὧδε, ἠγέρθη γὰρ **καθὼς** εἶπεν· δεῦτε ἴδετε τὸν τόπον ὅπου ἔκειτο.	**Mk 16,6**	... ἠγέρθη, οὐκ ἔστιν ὧδε· ἴδε ὁ τόπος ὅπου ἔθηκαν αὐτόν.	**Lk 24,6** → Lk 24,23	οὐκ ἔστιν ὧδε, ἀλλὰ ἠγέρθη. μνήσθητε **ὡς** ἐλάλησεν ὑμῖν ἔτι ὢν ἐν τῇ Γαλιλαίᾳ	
d 120	**Mt 28,7** → Mt 26,32 → Mt 28,10.16	... καὶ ἰδοὺ προάγει ὑμᾶς εἰς τὴν Γαλιλαίαν, ἐκεῖ αὐτὸν ὄψεσθε· **ἰδοὺ** εἶπον ὑμῖν.	**Mk 16,7** → Mk 14,28	... προάγει ὑμᾶς εἰς τὴν Γαλιλαίαν· ἐκεῖ αὐτὸν ὄψεσθε, **καθὼς** εἶπεν ὑμῖν.			→ Jn 20,17 → Jn 21,1
b d 002					**Lk 24,24** → Lk 24,12	... καὶ εὗρον οὕτως **καθὼς** καὶ αἱ γυναῖκες εἶπον, αὐτὸν δὲ οὐκ εἶδον.	
002					**Lk 24,39**	... πνεῦμα σάρκα καὶ ὀστέα οὐκ ἔχει **καθὼς** ἐμὲ θεωρεῖτε ἔχοντα.	→ Jn 20,20.27

d **Acts 2,4** ... καὶ ἤρξαντο λαλεῖν
ἑτέραις γλώσσαις
καθὼς
τὸ πνεῦμα ἐδίδου
ἀποφθέγγεσθαι αὐτοῖς.

Acts 2,22 ... οἷς ἐποίησεν δι᾽ αὐτοῦ
ὁ θεὸς ἐν μέσῳ ὑμῶν
καθὼς
αὐτοὶ οἴδατε

Acts 7,17 **καθὼς**
δὲ ἤγγιζεν ὁ χρόνος τῆς
ἐπαγγελίας ἧς
ὡμολόγησεν ὁ θεὸς τῷ
Ἀβραάμ, ηὔξησεν ὁ λαὸς
καὶ ἐπληθύνθη ἐν
Αἰγύπτῳ

a **Acts 7,42** ἔστρεψεν δὲ ὁ θεὸς καὶ
παρέδωκεν αὐτοὺς
λατρεύειν τῇ στρατιᾷ
τοῦ οὐρανοῦ
καθὼς
γέγραπται ἐν βίβλῳ τῶν
προφητῶν· *μὴ σφάγια καὶ
θυσίας προσηνέγκατέ μοι
ἔτη τεσσεράκοντα ἐν τῇ
ἐρήμῳ, οἶκος Ἰσραήλ;*
➤ Amos 5,25 LXX

d **Acts 7,44** ἡ σκηνὴ τοῦ μαρτυρίου
ἦν τοῖς πατράσιν ἡμῶν ἐν
τῇ ἐρήμῳ
καθὼς
διετάξατο ὁ λαλῶν τῷ
Μωϋσῇ ποιῆσαι αὐτὴν
κατὰ τὸν τύπον ὃν
ἑωράκει·

d **Acts 7,48** ἀλλ᾽ οὐχ ὁ ὕψιστος ἐν
χειροποιήτοις κατοικεῖ,
καθὼς
ὁ προφήτης λέγει·
[49] *ὁ οὐρανός μοι
θρόνος, ἡ δὲ γῆ ὑποπόδιον
τῶν ποδῶν μου·* ...
➤ Isa 66,1

Acts 11,29 τῶν δὲ μαθητῶν,
καθὼς
εὐπορεῖτό τις, ὥρισαν
ἕκαστος αὐτῶν εἰς
διακονίαν πέμψαι ...

b **Acts 15,8** καὶ ὁ καρδιογνώστης
θεὸς ἐμαρτύρησεν αὐτοῖς
δοὺς τὸ πνεῦμα τὸ ἅγιον
καθὼς
καὶ ἡμῖν

d **Acts 15,14** Συμεὼν ἐξηγήσατο **καθὼς** πρῶτον ὁ θεὸς ἐπεσκέψατο λαβεῖν ἐξ ἐθνῶν λαὸν τῷ ὀνόματι αὐτοῦ.	*a* **Acts 15,15** καὶ τούτῳ συμφωνοῦσιν οἱ λόγοι τῶν προφητῶν **καθὼς** γέγραπται· [16] *μετὰ ταῦτα ἀναστρέψω καὶ ἀνοικοδομήσω τὴν σκηνὴν Δαυὶδ τὴν πεπτωκυῖαν ...* ➤ Jer 12,15; Amos 9,11 LXX	**Acts 22,3** ... ζηλωτὴς ὑπάρχων τοῦ θεοῦ **καθὼς** πάντες ὑμεῖς ἐστε σήμερον·

καί		
		It was necessary to refrain from including the instances of καί.

and; also; but; even; that is; namely; καί ... καί both ... and; not only ... but also

Καϊάφας	Syn 3	Mt 2	Mk	Lk 1	Acts 1	Jn 5	1-3John	Paul	Eph	Col
	NT 9	2Thess	1/2Tim	Tit	Heb	Jas	1Pet	2Pet	Jude	Rev

Caiaphas

	Mt		Mk		Lk		
002	Mt 3,1	ἐν δὲ ταῖς ἡμέραις ἐκείναις παραγίνεται Ἰωάννης ὁ βαπτιστὴς κηρύσσων ἐν τῇ ἐρήμῳ τῆς Ἰουδαίας	Mk 1,4	ἐγένετο Ἰωάννης [ὁ] βαπτίζων ἐν τῇ ἐρήμῳ καὶ κηρύσσων ...	Lk 3,2 → Lk 1,80 → Lk 3,3	ἐπὶ ἀρχιερέως Ἅννα καὶ **Καϊάφα**, ἐγένετο ῥῆμα θεοῦ ἐπὶ Ἰωάννην τὸν Ζαχαρίου υἱὸν ἐν τῇ ἐρήμῳ.	→ Jn 3,23
211	**Mt 26,3**	τότε συνήχθησαν οἱ ἀρχιερεῖς καὶ οἱ πρεσβύτεροι τοῦ λαοῦ εἰς τὴν αὐλὴν τοῦ ἀρχιερέως τοῦ λεγομένου **Καϊάφα** [4] καὶ συνεβουλεύσαντο ἵνα τὸν Ἰησοῦν δόλῳ κρατήσωσιν καὶ ἀποκτείνωσιν·	**Mk 14,1**	... καὶ ἐζήτουν οἱ ἀρχιερεῖς καὶ οἱ γραμματεῖς πῶς αὐτὸν ἐν δόλῳ κρατήσαντες ἀποκτείνωσιν·	**Lk 22,2**	καὶ ἐζήτουν οἱ ἀρχιερεῖς καὶ οἱ γραμματεῖς τὸ πῶς ἀνέλωσιν αὐτόν, ...	
211	**Mt 26,57**	οἱ δὲ κρατήσαντες τὸν Ἰησοῦν ἀπήγαγον **πρὸς Καϊάφαν τὸν ἀρχιερέα**, ...	**Mk 14,53**	καὶ ἀπήγαγον τὸν Ἰησοῦν **πρὸς τὸν ἀρχιερέα**, ...	**Lk 22,54** → Mt 26,50 → Mk 14,46 → Lk 22,52	συλλαβόντες δὲ αὐτὸν ἤγαγον καὶ εἰσήγαγον **εἰς τὴν οἰκίαν τοῦ ἀρχιερέως**· ...	→ **Jn 18,13**

Acts 4,6 καὶ Ἅννας ὁ ἀρχιερεὺς καὶ **Καϊάφας** καὶ Ἰωάννης καὶ Ἀλέξανδρος καὶ ὅσοι ἦσαν ἐκ γένους ἀρχιερατικοῦ

Καϊνάμ	Syn 2	Mt	Mk	Lk 2	Acts	Jn	1-3John	Paul	Eph	Col
	NT 2	2Thess	1/2Tim	Tit	Heb	Jas	1Pet	2Pet	Jude	Rev

Cainan

code	Mt		Mk		Lk		
002					Lk 3,36	[35] ... τοῦ Σαλὰ [36] **τοῦ Καϊνὰμ** τοῦ Ἀρφαξὰδ τοῦ Σὴμ τοῦ Νῶε τοῦ Λάμεχ	
002					Lk 3,37	τοῦ Μαθουσαλὰ τοῦ Ἑνὼχ τοῦ Ἰάρετ τοῦ Μαλελεὴλ **τοῦ Καϊνὰμ** [38] τοῦ Ἐνὼς ...	

καινός	Syn 13	Mt 4	Mk 4	Lk 5	Acts 2	Jn 2	1-3John 3	Paul 5	Eph 2	Col
	NT 41	2Thess	1/2Tim	Tit	Heb 3	Jas	1Pet	2Pet 2	Jude	Rev 9

new; unused; unknown; strange; remarkable

	triple tradition																	double tradition			Sondergut		
		+Mt / +Lk			−Mt / −Lk			traditions not taken over by Mt / Lk							subtotals								
code	*222*	*211*	*112*	*212*	*221*	*122*	*121*	*022*	*012*	*021*	*220*	*120*	*210*	*020*	Σ⁺	Σ⁻	Σ	*202*	*201*	*102*	*200*	*002*	total
Mt	1	1^+			1	1^-									1^+	1^-	3				1		**4**
Mk	1				1	1				1							4						**4**
Lk	1		3^+		1^-	1				1^-					3^+	2^-	5						**5**

[a] καινός and παλαιός

code	Mt		Mk		Lk		
021	→ Mt 7,29		Mk 1,27 → Mk 1,22	... τί ἐστιν **τοῦτο;** **διδαχὴ καινὴ** κατ' ἐξουσίαν· καὶ τοῖς πνεύμασι τοῖς ἀκαθάρτοις ἐπιτάσσει, καὶ ὑπακούουσιν αὐτῷ.	Lk 4,36 → Lk 4,32	... τίς **ὁ λόγος οὗτος** ὅτι ἐν ἐξουσίᾳ καὶ δυνάμει ἐπιτάσσει τοῖς ἀκαθάρτοις πνεύμασιν καὶ ἐξέρχονται;	
a 112 a 122 a 112	Mt 9,16	οὐδεὶς δὲ ἐπιβάλλει **ἐπίβλημα ῥάκους ἀγνάφου** ἐπὶ ἱματίῳ παλαιῷ· αἴρει γὰρ τὸ πλήρωμα αὐτοῦ ἀπὸ τοῦ ἱματίου καὶ χεῖρον σχίσμα γίνεται.	Mk 2,21	οὐδεὶς **ἐπίβλημα ῥάκους ἀγνάφου** ἐπιράπτει ἐπὶ ἱμάτιον παλαιόν· εἰ δὲ μή, αἴρει τὸ πλήρωμα ἀπ' αὐτοῦ **τὸ καινὸν** τοῦ παλαιοῦ, καὶ χεῖρον σχίσμα γίνεται.	Lk 5,36 (3)	... οὐδεὶς **ἐπίβλημα ἀπὸ ἱματίου καινοῦ** σχίσας ἐπιβάλλει ἐπὶ ἱμάτιον παλαιόν· εἰ δὲ μή γε, καὶ **τὸ καινὸν** **σχίσει** καὶ τῷ παλαιῷ οὐ συμφωνήσει **τὸ ἐπίβλημα τὸ ἀπὸ τοῦ καινοῦ.**	→ GTh 47,5
a 222	Mt 9,17	οὐδὲ βάλλουσιν οἶνον νέον εἰς ἀσκοὺς παλαιούς· ... ἀλλὰ βάλλουσιν οἶνον νέον **εἰς ἀσκοὺς καινούς,** καὶ ἀμφότεροι συντηροῦνται.	Mk 2,22	καὶ οὐδεὶς βάλλει οἶνον νέον εἰς ἀσκοὺς παλαιούς· ... ἀλλὰ οἶνον νέον **εἰς ἀσκοὺς καινούς.**	Lk 5,38	[37] καὶ οὐδεὶς βάλλει οἶνον νέον εἰς ἀσκοὺς παλαιούς· ... [38] ἀλλὰ οἶνον νέον **εἰς ἀσκοὺς καινοὺς** βλητέον.	→ GTh 47,4

code	Mt	Mk	Lk	
a 200	**Mt 13,52** → Mt 12,35 → Lk 6,45 ... ὅστις ἐκβάλλει ἐκ τοῦ θησαυροῦ αὐτοῦ **καινὰ** καὶ παλαιά.			
112	**Mt 26,28** τοῦτο γάρ ἐστιν **τὸ αἷμά μου τῆς διαθήκης** τὸ περὶ πολλῶν ἐκχυννόμενον εἰς ἄφεσιν ἁμαρτιῶν.	**Mk 14,24** ... τοῦτό ἐστιν **τὸ αἷμά μου τῆς διαθήκης** τὸ ἐκχυννόμενον ὑπὲρ πολλῶν.	**Lk 22,20** ... τοῦτο τὸ ποτήριον **ἡ καινὴ διαθήκη ἐν τῷ αἵματί μου,** τὸ ὑπὲρ ὑμῶν ἐκχυννόμενον.	→ 1Cor 11,25
221	**Mt 26,29** ... οὐ μὴ πίω ἀπ' ἄρτι ἐκ τούτου τοῦ γενήματος τῆς ἀμπέλου ἕως τῆς ἡμέρας ἐκείνης ὅταν αὐτὸ πίνω μεθ' ὑμῶν **καινὸν** ἐν τῇ βασιλείᾳ τοῦ πατρός μου.	**Mk 14,25** ... οὐκέτι οὐ μὴ πίω ἐκ τοῦ γενήματος τῆς ἀμπέλου ἕως τῆς ἡμέρας ἐκείνης ὅταν αὐτὸ πίνω **καινὸν** ἐν τῇ βασιλείᾳ τοῦ θεοῦ.	**Lk 22,18** → Lk 22,16 ... οὐ μὴ πίω ἀπὸ τοῦ νῦν ἀπὸ τοῦ γενήματος τῆς ἀμπέλου ἕως οὗ ἡ βασιλεία τοῦ θεοῦ ἔλθῃ.	
211	**Mt 27,60** καὶ ἔθηκεν αὐτὸ **ἐν τῷ καινῷ αὐτοῦ μνημείῳ** ὃ ἐλατόμησεν ἐν τῇ πέτρᾳ ...	**Mk 15,46** ... καὶ ἔθηκεν αὐτὸν **ἐν μνημείῳ** ὃ ἦν λελατομημένον ἐκ πέτρας ...	**Lk 23,53** ... καὶ ἔθηκεν αὐτὸν **ἐν μνήματι** λαξευτῷ οὗ οὐκ ἦν οὐδεὶς οὔπω κείμενος.	→ Jn 19,41

Acts 17,19 ... δυνάμεθα γνῶναι τίς **ἡ καινὴ αὕτη ἡ ὑπὸ σοῦ λαλουμένη διδαχή;**

Acts 17,21 Ἀθηναῖοι δὲ πάντες καὶ οἱ ἐπιδημοῦντες ξένοι εἰς οὐδὲν ἕτερον ηὐκαίρουν ἢ λέγειν τι ἢ ἀκούειν **τι καινότερον.**

καιρός

	Syn	Mt	Mk	Lk	Acts	Jn	1-3John	Paul	Eph	Col
	28	10	5	13	9	3		17	4	1
	NT	2Thess	1/2Tim	Tit	Heb	Jas	1Pet	2Pet	Jude	Rev
	85	1	6	1	4		4			7

time; point of time; period of time; the right, proper, favorable time

	triple tradition																	double tradition			Sondergut		
		+Mt / +Lk			–Mt / –Lk			traditions not taken over by Mt / Lk							subtotals								
code	*222*	*211*	*112*	*212*	*221*	*122*	*121*	*022*	*012*	*021*	*220*	*120*	*210*	*020*	Σ⁺	Σ⁻	Σ	*202*	*201*	*102*	*200*	*002*	total
Mt	1	5^+				1^-	1^-					2^-			5^+	4^-	6	2	1		1		**10**
Mk	1					1	1					2					5						**5**
Lk	1		4^+			1	1^-								4^+	1^-	6	2		1		4	**13**

a καιροί (plural)

b ἐκεῖνος ὁ καιρός

code	Mt	Mk	Lk	
002			**Lk 1,20** ... ἀνθ' ὧν οὐκ ἐπίστευσας τοῖς λόγοις μου, οἵτινες πληρωθήσονται **εἰς τὸν καιρὸν αὐτῶν.**	
102	**Mt 4,11** τότε ἀφίησιν αὐτὸν ὁ διάβολος, καὶ ἰδοὺ ἄγγελοι προσῆλθον καὶ διηκόνουν αὐτῷ.	**Mk 1,13** ... πειραζόμενος ὑπὸ τοῦ σατανᾶ, καὶ ἦν μετὰ τῶν θηρίων, καὶ οἱ ἄγγελοι διηκόνουν αὐτῷ.	**Lk 4,13** καὶ συντελέσας πάντα πειρασμὸν ὁ διάβολος ἀπέστη ἀπ' αὐτοῦ **ἄχρι καιροῦ.**	Mk-Q overlap

120	Mt 4,17	... μετανοεῖτε· ἤγγικεν γὰρ ἡ βασιλεία τῶν οὐρανῶν.	Mk 1,15	... πεπλήρωται ὁ καιρὸς καὶ ἤγγικεν ἡ βασιλεία τοῦ θεοῦ· μετανοεῖτε καὶ πιστεύετε ἐν τῷ εὐαγγελίῳ.			
211	Mt 8,29	... τί ἡμῖν καὶ σοί, υἱὲ τοῦ θεοῦ; ἦλθες ὧδε πρὸ καιροῦ βασανίσαι ἡμᾶς;	Mk 5,7 → Mk 1,24	... τί ἐμοὶ καὶ σοί, Ἰησοῦ υἱὲ τοῦ θεοῦ τοῦ ὑψίστου; ὁρκίζω σε τὸν θεόν, μή με βασανίσῃς.	Lk 8,28 → Lk 4,34	... τί ἐμοὶ καὶ σοί, Ἰησοῦ υἱὲ τοῦ θεοῦ τοῦ ὑψίστου; δέομαί σου, μή με βασανίσῃς.	
b 201	Mt 11,25	ἐν ἐκείνῳ τῷ καιρῷ ἀποκριθεὶς ὁ Ἰησοῦς εἶπεν· ἐξομολογοῦμαί σοι, πάτερ, ...			Lk 10,21	ἐν αὐτῇ τῇ ὥρᾳ ἠγαλλιάσατο [ἐν] τῷ πνεύματι τῷ ἁγίῳ καὶ εἶπεν· ἐξομολογοῦμαί σοι, πάτερ, ...	
b 211	Mt 12,1	ἐν ἐκείνῳ τῷ καιρῷ ἐπορεύθη ὁ Ἰησοῦς τοῖς σάββασιν διὰ τῶν σπορίμων· ...	Mk 2,23	καὶ ἐγένετο αὐτὸν ἐν τοῖς σάββασιν παραπορεύεσθαι διὰ τῶν σπορίμων, ...	Lk 6,1	ἐγένετο δὲ ἐν σαββάτῳ διαπορεύεσθαι αὐτὸν διὰ σπορίμων, ...	
112 112	Mt 13,21	οὐκ ἔχει δὲ ῥίζαν ἐν ἑαυτῷ ἀλλὰ πρόσκαιρός ἐστιν, γενομένης δὲ θλίψεως ἢ διωγμοῦ διὰ τὸν λόγον εὐθὺς σκανδαλίζεται.	Mk 4,17	καὶ οὐκ ἔχουσιν ῥίζαν ἐν ἑαυτοῖς ἀλλὰ πρόσκαιροί εἰσιν, εἶτα γενομένης θλίψεως ἢ διωγμοῦ διὰ τὸν λόγον εὐθὺς σκανδαλίζονται.	Lk 8,13 (2)	... καὶ οὗτοι ῥίζαν οὐκ ἔχουσιν, οἳ πρὸς καιρὸν πιστεύουσιν καὶ ἐν καιρῷ πειρασμοῦ ἀφίστανται.	
200	Mt 13,30	ἄφετε συναυξάνεσθαι ἀμφότερα ἕως τοῦ θερισμοῦ, καὶ ἐν καιρῷ τοῦ θερισμοῦ ἐρῶ τοῖς θερισταῖς· ...					→ GTh 57
b 211	Mt 14,1	ἐν ἐκείνῳ τῷ καιρῷ ἤκουσεν Ἡρῴδης ὁ τετραάρχης τὴν ἀκοὴν Ἰησοῦ	Mk 6,14	καὶ ἤκουσεν ὁ βασιλεὺς Ἡρῴδης, φανερὸν γὰρ ἐγένετο τὸ ὄνομα αὐτοῦ, ...	Lk 9,7	ἤκουσεν δὲ Ἡρῴδης ὁ τετραάρχης τὰ γινόμενα πάντα ...	
202	Mt 24,45	τίς ἄρα ἐστὶν ὁ πιστὸς δοῦλος καὶ φρόνιμος ὃν κατέστησεν ὁ κύριος ἐπὶ τῆς οἰκετείας αὐτοῦ τοῦ δοῦναι αὐτοῖς τὴν τροφὴν ἐν καιρῷ;			Lk 12,42	... τίς ἄρα ἐστὶν ὁ πιστὸς οἰκονόμος ὁ φρόνιμος, ὃν καταστήσει ὁ κύριος ἐπὶ τῆς θεραπείας αὐτοῦ τοῦ διδόναι ἐν καιρῷ [τὸ] σιτομέτριον;	
a 202	Mt 16,3	[... τὸ μὲν πρόσωπον τοῦ οὐρανοῦ γινώσκετε διακρίνειν, τὰ δὲ σημεῖα τῶν καιρῶν οὐ δύνασθε;]			Lk 12,56	ὑποκριταί, τὸ πρόσωπον τῆς γῆς καὶ τοῦ οὐρανοῦ οἴδατε δοκιμάζειν, τὸν καιρὸν δὲ τοῦτον πῶς οὐκ οἴδατε δοκιμάζειν;	→ GTh 91 Mt 16,3 is textcritically uncertain.
002					Lk 13,1	παρῆσαν δέ τινες ἐν αὐτῷ τῷ καιρῷ ἀπαγγέλλοντες αὐτῷ περὶ τῶν Γαλιλαίων ὧν τὸ αἷμα Πιλᾶτος ἔμιξεν μετὰ τῶν θυσιῶν αὐτῶν.	

	Mt		Mk		Lk		
122	**Mt 19,29**	... ἑκατονταπλασίονα λήμψεται καὶ ζωὴν αἰώνιον κληρονομήσει.	**Mk 10,30**	ἐὰν μὴ λάβῃ ἑκατονταπλασίονα νῦν **ἐν τῷ καιρῷ τούτῳ** οἰκίας καὶ ἀδελφοὺς καὶ ἀδελφὰς καὶ μητέρας καὶ τέκνα καὶ ἀγροὺς μετὰ διωγμῶν, καὶ ἐν τῷ αἰῶνι τῷ ἐρχομένῳ ζωὴν αἰώνιον.	**Lk 18,30**	ὃς οὐχὶ μὴ [ἀπο]λάβῃ πολλαπλασίονα **ἐν τῷ καιρῷ τούτῳ** καὶ ἐν τῷ αἰῶνι τῷ ἐρχομένῳ ζωὴν αἰώνιον.	
002					**Lk 19,44** → Mt 24,2 → Mk 13,2 → Lk 21,6 ↓ Lk 21,24	... καὶ οὐκ ἀφήσουσιν λίθον ἐπὶ λίθον ἐν σοί, ἀνθ' ὧν οὐκ ἔγνως **τὸν καιρὸν τῆς ἐπισκοπῆς σου.**	
120	**Mt 21,19** → Lk 13,6	... οὐδὲν εὗρεν ἐν αὐτῇ εἰ μὴ φύλλα μόνον, ...	**Mk 11,13** → Lk 13,6	... οὐδὲν εὗρεν εἰ μὴ φύλλα· **ὁ γὰρ καιρὸς** οὐκ ἦν σύκων.			
222	**Mt 21,34** → Mk 12,5	ὅτε δὲ ἤγγισεν **ὁ καιρὸς τῶν καρπῶν,** ἀπέστειλεν τοὺς δούλους αὐτοῦ πρὸς τοὺς γεωργοὺς λαβεῖν τοὺς καρποὺς αὐτοῦ.	**Mk 12,2**	καὶ ἀπέστειλεν πρὸς τοὺς γεωργοὺς **τῷ καιρῷ** δοῦλον ἵνα παρὰ τῶν γεωργῶν λάβῃ ἀπὸ τῶν καρπῶν τοῦ ἀμπελῶνος·	**Lk 20,10**	καὶ **καιρῷ** ἀπέστειλεν πρὸς τοὺς γεωργοὺς δοῦλον ἵνα ἀπὸ τοῦ καρποῦ τοῦ ἀμπελῶνος δώσουσιν αὐτῷ· ...	→ GTh 65
a 211	**Mt 21,41** → Mt 21,43	... καὶ τὸν ἀμπελῶνα ἐκδώσεται ἄλλοις γεωργοῖς, οἵτινες ἀποδώσουσιν αὐτῷ τοὺς καρποὺς **ἐν τοῖς καιροῖς αὐτῶν.**	**Mk 12,9**	... καὶ δώσει τὸν ἀμπελῶνα ἄλλοις.	**Lk 20,16**	... καὶ δώσει τὸν ἀμπελῶνα ἄλλοις. ...	→ GTh 65
112	**Mt 24,5** → Mt 24,23-24 → Mt 24,26 → Mt 24,11	πολλοὶ γὰρ ἐλεύσονται ἐπὶ τῷ ὀνόματί μου λέγοντες· ἐγώ εἰμι ὁ χριστός, καὶ πολλοὺς πλανήσουσιν.	**Mk 13,6** → Mk 13,21-22	πολλοὶ ἐλεύσονται ἐπὶ τῷ ὀνόματί μου λέγοντες ὅτι ἐγώ εἰμι, καὶ πολλοὺς πλανήσουσιν.	**Lk 21,8** → Lk 17,23	... πολλοὶ γὰρ ἐλεύσονται ἐπὶ τῷ ὀνόματί μου λέγοντες· ἐγώ εἰμι, καί· **ὁ καιρὸς** ἤγγικεν. μὴ πορευθῆτε ὀπίσω αὐτῶν.	
a 002					**Lk 21,24** ↑ Lk 19,44	... καὶ Ἰερουσαλὴμ ἔσται πατουμένη ὑπὸ ἐθνῶν, ἄχρι οὗ πληρωθῶσιν **καιροὶ ἐθνῶν.**	
112 121	**Mt 25,13** → Mt 24,42 → Mt 24,44 → Mt 24,50	γρηγορεῖτε οὖν, ὅτι οὐκ οἴδατε **τὴν ἡμέραν οὐδὲ τὴν ὥραν.**	**Mk 13,33** → Lk 21,34	βλέπετε, ἀγρυπνεῖτε· οὐκ οἴδατε γὰρ πότε **ὁ καιρός** ἐστιν.	**Lk 21,36** → Lk 12,35-38 → Lk 18,1	ἀγρυπνεῖτε δὲ **ἐν παντὶ καιρῷ** δεόμενοι ἵνα κατισχύσητε ἐκφυγεῖν ταῦτα πάντα τὰ μέλλοντα γίνεσθαι καὶ σταθῆναι ἔμπροσθεν τοῦ υἱοῦ τοῦ ἀνθρώπου.	
202	**Mt 24,45**	τίς ἄρα ἐστὶν ὁ πιστὸς δοῦλος καὶ φρόνιμος ὃν κατέστησεν ὁ κύριος ἐπὶ τῆς οἰκετείας αὐτοῦ τοῦ δοῦναι αὐτοῖς τὴν τροφὴν **ἐν καιρῷ;**			**Lk 12,42**	... τίς ἄρα ἐστὶν ὁ πιστὸς οἰκονόμος ὁ φρόνιμος, ὃν καταστήσει ὁ κύριος ἐπὶ τῆς θεραπείας αὐτοῦ τοῦ διδόναι **ἐν καιρῷ** [τὸ] σιτομέτριον;	

code	Mt	Mk	Lk	
211	**Mt 26,18** ... ὁ διδάσκαλος λέγει· **ὁ καιρός μου** ἐγγύς ἐστιν, πρὸς σὲ ποιῶ τὸ πάσχα μετὰ τῶν μαθητῶν μου.	**Mk 14,14** ... ὁ διδάσκαλος λέγει· ποῦ ἐστιν τὸ κατάλυμά μου ὅπου τὸ πάσχα μετὰ τῶν μαθητῶν μου φάγω;	**Lk 22,11** ... λέγει σοι ὁ διδάσκαλος· ποῦ ἐστιν τὸ κατάλυμα ὅπου τὸ πάσχα μετὰ τῶν μαθητῶν μου φάγω;	

a **Acts 1,7** ... οὐχ ὑμῶν ἐστιν γνῶναι χρόνους ἢ **καιροὺς** οὓς ὁ πατὴρ ἔθετο ἐν τῇ ἰδίᾳ ἐξουσίᾳ

a **Acts 3,20** ὅπως ἂν ἔλθωσιν **καιροὶ ἀναψύξεως** ἀπὸ προσώπου τοῦ κυρίου καὶ ἀποστείλῃ τὸν προκεχειρισμένον ὑμῖν χριστὸν Ἰησοῦν

Acts 7,20 **ἐν ᾧ καιρῷ** ἐγεννήθη Μωϋσῆς καὶ ἦν ἀστεῖος τῷ θεῷ· ...

b **Acts 12,1** **κατ' ἐκεῖνον δὲ τὸν καιρὸν** ἐπέβαλεν Ἡρῴδης ὁ βασιλεὺς τὰς χεῖρας κακῶσαί τινας τῶν ἀπὸ τῆς ἐκκλησίας.

Acts 13,11 καὶ νῦν ἰδοὺ χεὶρ κυρίου ἐπὶ σὲ καὶ ἔσῃ τυφλὸς μὴ βλέπων τὸν ἥλιον **ἄχρι καιροῦ.** παραχρῆμά τε ἔπεσεν ἐπ' αὐτὸν ἀχλὺς καὶ σκότος καὶ περιάγων ἐζήτει χειραγωγούς.

a **Acts 14,17** ... οὐρανόθεν ὑμῖν ὑετοὺς διδοὺς καὶ **καιροὺς καρποφόρους,** ἐμπιπλῶν τροφῆς καὶ εὐφροσύνης τὰς καρδίας ὑμῶν.

a **Acts 17,26** ... ὁρίσας **προστεταγμένους καιροὺς** καὶ τὰς ὁροθεσίας τῆς κατοικίας αὐτῶν

b **Acts 19,23** ἐγένετο δὲ **κατὰ τὸν καιρὸν ἐκεῖνον** τάραχος οὐκ ὀλίγος περὶ τῆς ὁδοῦ.

Acts 24,25 ... τὸ νῦν ἔχον πορεύου, **καιρὸν** δὲ μεταλαβὼν μετακαλέσομαί σε

Καῖσαρ

Syn 15	Mt 4	Mk 4	Lk 7	Acts 10	Jn 3	1-3John	Paul 1	Eph	Col
NT 29	2Thess	1/2Tim	Tit	Heb	Jas	1Pet	2Pet	Jude	Rev

Caesar, emperor

	triple tradition																	double tradition			Sondergut		
		+Mt / +Lk			–Mt / –Lk			traditions not taken over by Mt / Lk							subtotals								
code	222	211	112	212	221	122	121	022	012	021	220	120	210	020	Σ^+	Σ^-	Σ	202	201	102	200	002	total
Mt	4																4						**4**
Mk	4																4						**4**
Lk	4		1+												1+		5					2	**7**

code	Mt	Mk	Lk	
002			**Lk 2,1** ἐγένετο δὲ ἐν ταῖς ἡμέραις ἐκείναις ἐξῆλθεν δόγμα **παρὰ Καίσαρος Αὐγούστου** ἀπογράφεσθαι πᾶσαν τὴν οἰκουμένην.	
002			**Lk 3,1** **ἐν ἔτει δὲ πεντεκαιδεκάτῳ τῆς ἡγεμονίας Τιβερίου Καίσαρος,** ἡγεμονεύοντος Ποντίου Πιλάτου τῆς Ἰουδαίας, ...	
222	**Mt 22,17** ... ἔξεστιν δοῦναι κῆνσον **Καίσαρι** ἢ οὔ;	**Mk 12,14** ... ἔξεστιν δοῦναι κῆνσον **Καίσαρι** ἢ οὔ; δῶμεν ἢ μὴ δῶμεν;	**Lk 20,22** ἔξεστιν ἡμᾶς **Καίσαρι** φόρον δοῦναι ἢ οὔ;	→ GTh 100

	Mt		Mk		Lk		
222	Mt 22,21 (3)	[20] ... τίνος ἡ εἰκὼν αὕτη καὶ ἡ ἐπιγραφή; [21] λέγουσιν αὐτῷ· **Καίσαρος.**	Mk 12,16	... τίνος ἡ εἰκὼν αὕτη καὶ ἡ ἐπιγραφή; οἱ δὲ εἶπαν αὐτῷ· **Καίσαρος.**	Lk 20,24	... τίνος ἔχει εἰκόνα καὶ ἐπιγραφήν; οἱ δὲ εἶπαν· **Καίσαρος.**	→ GTh 100
222		τότε λέγει αὐτοῖς· ἀπόδοτε οὖν **τὰ Καίσαρος**	Mk 12,17 (2)	ὁ δὲ Ἰησοῦς εἶπεν αὐτοῖς· **τὰ Καίσαρος** ἀπόδοτε	Lk 20,25 (2) ↓ Lk 23,2	ὁ δὲ εἶπεν πρὸς αὐτούς· τοίνυν ἀπόδοτε **τὰ Καίσαρος**	→ GTh 100
222		**Καίσαρι** καὶ τὰ τοῦ θεοῦ τῷ θεῷ.		**Καίσαρι** καὶ τὰ τοῦ θεοῦ τῷ θεῷ. ...		**Καίσαρι** καὶ τὰ τοῦ θεοῦ τῷ θεῷ.	
112	Mt 27,12	καὶ ἐν τῷ κατηγορεῖσθαι αὐτὸν ὑπὸ τῶν ἀρχιερέων καὶ πρεσβυτέρων οὐδὲν ἀπεκρίνατο.	Mk 15,3	καὶ κατηγόρουν αὐτοῦ οἱ ἀρχιερεῖς πολλά.	Lk 23,2 → Lk 20,20 ↑ Lk 20,25 ⇨ Lk 23,10 → Lk 23,14	ἤρξαντο δὲ κατηγορεῖν αὐτοῦ λέγοντες· τοῦτον εὕραμεν διαστρέφοντα τὸ ἔθνος ἡμῶν καὶ κωλύοντα φόρους **Καίσαρι** διδόναι καὶ λέγοντα ἑαυτὸν χριστὸν βασιλέα εἶναι.	→ Jn 19,12 → Acts 17,7

Acts 17,7 (→ Lk 23,2) ... καὶ οὗτοι πάντες **ἀπέναντι τῶν δογμάτων Καίσαρος** πράσσουσι βασιλέα ἕτερον λέγοντες εἶναι Ἰησοῦν.

Acts 25,8 ... οὔτε εἰς τὸν νόμον τῶν Ἰουδαίων οὔτε εἰς τὸ ἱερὸν οὔτε **εἰς Καίσαρά** τι ἥμαρτον.

Acts 25,10 εἶπεν δὲ ὁ Παῦλος· **ἐπὶ τοῦ βήματος Καίσαρός** ἑστώς εἰμι, οὗ με δεῖ κρίνεσθαι. ...

Acts 25,11 ... εἰ δὲ οὐδέν ἐστιν ὧν οὗτοι κατηγοροῦσίν μου, οὐδείς με δύναται αὐτοῖς χαρίσασθαι· **Καίσαρα** ἐπικαλοῦμαι.

Acts 25,12 (2) τότε ὁ Φῆστος συλλαλήσας μετὰ τοῦ συμβουλίου ἀπεκρίθη· **Καίσαρα** ἐπικέκλησαι, **ἐπὶ Καίσαρα** πορεύσῃ.

Acts 25,21 ... ἐκέλευσα τηρεῖσθαι αὐτὸν ἕως οὗ ἀναπέμψω αὐτὸν **πρὸς Καίσαρα.**

Acts 26,32 ... ἀπολελύσθαι ἐδύνατο ὁ ἄνθρωπος οὗτος εἰ μὴ ἐπεκέκλητο **Καίσαρα.**

Acts 27,24 ... μὴ φοβοῦ, Παῦλε, **Καίσαρί** σε δεῖ παραστῆναι, ...

Acts 28,19 ἀντιλεγόντων δὲ τῶν Ἰουδαίων ἠναγκάσθην ἐπικαλέσασθαι **Καίσαρα** οὐχ ὡς τοῦ ἔθνους μου ἔχων τι κατηγορεῖν.

Καισάρεια

	Syn 2	Mt 1	Mk 1	Lk	Acts 15	Jn	1-3John	Paul	Eph	Col
	NT 17	2Thess	1/2Tim	Tit	Heb	Jas	1Pet	2Pet	Jude	Rev

Caesarea

	Mt		Mk		Lk		
221	Mt 16,13	ἐλθὼν δὲ ὁ Ἰησοῦς **εἰς τὰ μέρη Καισαρείας τῆς Φιλίππου** ἠρώτα τοὺς μαθητὰς αὐτοῦ λέγων· τίνα λέγουσιν οἱ ἄνθρωποι εἶναι τὸν υἱὸν τοῦ ἀνθρώπου;	Mk 8,27	καὶ ἐξῆλθεν ὁ Ἰησοῦς καὶ οἱ μαθηταὶ αὐτοῦ **εἰς τὰς κώμας Καισαρείας τῆς Φιλίππου·** καὶ ἐν τῇ ὁδῷ ἐπηρώτα τοὺς μαθητὰς αὐτοῦ λέγων αὐτοῖς· τίνα με λέγουσιν οἱ ἄνθρωποι εἶναι;	Lk 9,18 → Mt 14,23 → Mk 6,46	καὶ ἐγένετο ἐν τῷ εἶναι αὐτὸν προσευχόμενον κατὰ μόνας συνῆσαν αὐτῷ οἱ μαθηταί, καὶ ἐπηρώτησεν αὐτοὺς λέγων· τίνα με λέγουσιν οἱ ὄχλοι εἶναι;	→ GTh 13

Acts 8,40 ... καὶ διερχόμενος εὐηγγελίζετο τὰς πόλεις πάσας ἕως τοῦ ἐλθεῖν αὐτὸν **εἰς Καισάρειαν.**

Acts 9,30 ἐπιγνόντες δὲ οἱ ἀδελφοὶ κατήγαγον αὐτὸν **εἰς Καισάρειαν** καὶ ἐξαπέστειλαν αὐτὸν εἰς Ταρσόν.

Acts 10,1 ἀνὴρ δέ τις **ἐν Καισαρείᾳ** ὀνόματι Κορνήλιος, ...

Acts 10,24 τῇ δὲ ἐπαύριον εἰσῆλθεν **εἰς τὴν Καισάρειαν.** ...

Acts 11,11 καὶ ἰδοὺ ἐξαυτῆς τρεῖς ἄνδρες ἐπέστησαν ἐπὶ τὴν οἰκίαν ἐν ᾗ ἦμεν, ἀπεσταλμένοι **ἀπὸ Καισαρείας** πρός με.

Acts 12,19 ... καὶ κατελθὼν ἀπὸ τῆς Ἰουδαίας **εἰς Καισάρειαν** διέτριβεν.

Acts 18,22 καὶ κατελθὼν **εἰς Καισάρειαν,** ἀναβὰς καὶ ἀσπασάμενος τὴν ἐκκλησίαν ...

Acts 21,8 ... ἤλθομεν **εἰς Καισάρειαν** καὶ εἰσελθόντες εἰς τὸν οἶκον Φιλίππου τοῦ εὐαγγελιστοῦ, ...

Acts 21,16 συνῆλθον δὲ καὶ τῶν μαθητῶν **ἀπὸ Καισαρείας** σὺν ἡμῖν, ...

Acts 23,23 ... ἑτοιμάσατε στρατιώτας διακοσίους, ὅπως πορευθῶσιν **ἕως Καισαρείας,** ...

Acts 23,33 οἵτινες εἰσελθόντες **εἰς τὴν Καισάρειαν** καὶ ἀναδόντες τὴν ἐπιστολὴν τῷ ἡγεμόνι παρέστησαν καὶ τὸν Παῦλον αὐτῷ.

Acts 25,1 Φῆστος οὖν ἐπιβὰς τῇ ἐπαρχείᾳ μετὰ τρεῖς ἡμέρας ἀνέβη εἰς Ἱεροσόλυμα **ἀπὸ Καισαρείας**

Acts 25,4 ὁ μὲν οὖν Φῆστος ἀπεκρίθη τηρεῖσθαι τὸν Παῦλον **εἰς Καισάρειαν,** ἑαυτὸν δὲ μέλλειν ἐν τάχει ἐκπορεύεσθαι·

Acts 25,6 διατρίψας δὲ ἐν αὐτοῖς ἡμέρας οὐ πλείους ὀκτὼ ἢ δέκα καταβὰς **εἰς Καισάρειαν,** τῇ ἐπαύριον καθίσας ἐπὶ τοῦ βήματος ἐκέλευσεν τὸν Παῦλον ἀχθῆναι.

Acts 25,13 ... Ἀγρίππας ὁ βασιλεὺς καὶ Βερνίκη κατήντησαν **εἰς Καισάρειαν** ἀσπασάμενοι τὸν Φῆστον.

καίω	Syn 3	Mt 1	Mk	Lk 2	Acts	Jn 2	1-3John	Paul	Eph	Col
	NT 11	2Thess	1/2Tim	Tit	Heb 1	Jas	1Pet	2Pet	Jude	Rev 5

light; have, keep something burning; burn (up)

	Mt		Mk		Lk		
201	**Mt 5,15**	οὐδὲ **καίουσιν** λύχνον καὶ τιθέασιν αὐτὸν ὑπὸ τὸν μόδιον ἀλλ' ἐπὶ τὴν λυχνίαν, καὶ λάμπει πᾶσιν τοῖς ἐν τῇ οἰκίᾳ.			**Lk 11,33** ⇩ Lk 8,16	οὐδεὶς λύχνον **ἅψας** εἰς κρύπτην τίθησιν [οὐδὲ ὑπὸ τὸν μόδιον] ἀλλ' ἐπὶ τὴν λυχνίαν, ἵνα οἱ εἰσπορευόμενοι τὸ φῶς βλέπωσιν.	→ GTh 33,2-3 Mk-Q overlap
			Mk 4,21	... μήτι ἔρχεται ὁ λύχνος ἵνα ὑπὸ τὸν μόδιον τεθῇ ἢ ὑπὸ τὴν κλίνην; οὐχ ἵνα ἐπὶ τὴν λυχνίαν τεθῇ;	**Lk 8,16** ⇧ Lk 11,33	οὐδεὶς δὲ λύχνον **ἅψας** καλύπτει αὐτὸν σκεύει ἢ ὑποκάτω κλίνης τίθησιν, ἀλλ' ἐπὶ λυχνίας τίθησιν, ἵνα οἱ εἰσπορευόμενοι βλέπωσιν τὸ φῶς.	→ GTh 33,2-3 Mk-Q overlap
002					**Lk 12,35**	ἔστωσαν *ὑμῶν αἱ ὀσφύες περιεζωσμέναι* καὶ οἱ λύχνοι **καιόμενοι·** ➤ Exod 12,11	→ GTh 21,7 → GTh 103
002					**Lk 24,32**	... οὐχὶ ἡ καρδία ἡμῶν **καιομένη** ἦν [ἐν ἡμῖν] ὡς ἐλάλει ἡμῖν ἐν τῇ ὁδῷ, ὡς διήνοιγεν ἡμῖν τὰς γραφάς;	

κἀκεῖ	Syn 4	Mt 3	Mk 1	Lk	Acts 5	Jn 1	1-3John	Paul	Eph	Col
	NT 10	2Thess	1/2Tim	Tit	Heb	Jas	1Pet	2Pet	Jude	Rev

crasis καὶ ἐκεῖ and there; there also

	Mt		Mk		Lk		
021			Mk 1,35 → Mk 1,45	καὶ πρωῒ ἔννυχα λίαν ἀναστὰς ἐξῆλθεν καὶ ἀπῆλθεν εἰς ἔρημον τόπον **κἀκεῖ** προσηύχετο.	Lk 4,42 → Lk 5,16	γενομένης δὲ ἡμέρας ἐξελθὼν ἐπορεύθη εἰς ἔρημον τόπον· ...	
200	Mt 5,23 → Mk 11,25	ἐὰν οὖν προσφέρῃς τὸ δῶρόν σου ἐπὶ τὸ θυσιαστήριον **κἀκεῖ** μνησθῇς ὅτι ὁ ἀδελφός σου ἔχει τι κατὰ σοῦ					
211	Mt 10,11 ⇩ Lk 10,8	εἰς ἣν δ᾽ ἂν πόλιν ἢ κώμην εἰσέλθητε, ἐξετάσατε τίς ἐν αὐτῇ ἄξιός ἐστιν· **κἀκεῖ** μείνατε ἕως ἂν ἐξέλθητε.	Mk 6,10	... ὅπου ἐὰν εἰσέλθητε εἰς οἰκίαν, **ἐκεῖ** μένετε ἕως ἂν ἐξέλθητε ἐκεῖθεν.	Lk 9,4 ⇩ Lk 10,7	καὶ εἰς ἣν ἂν οἰκίαν εἰσέλθητε, **ἐκεῖ** μένετε καὶ ἐκεῖθεν ἐξέρχεσθε.	→ GTh 14,4 Mk-Q overlap
					Lk 10,7 ⇧ Lk 9,4	[5] εἰς ἣν δ᾽ ἂν εἰσέλθητε οἰκίαν, ... [7] **ἐν αὐτῇ δὲ τῇ οἰκίᾳ** μένετε, ...	
					Lk 10,8 → Lk 10,10	καὶ εἰς ἣν ἂν πόλιν εἰσέρχησθε καὶ δέχωνται ὑμᾶς, ...	
200	Mt 28,10 → Mt 28,7 → Mk 16,7 → Mt 28,16	... ὑπάγετε ἀπαγγείλατε τοῖς ἀδελφοῖς μου ἵνα ἀπέλθωσιν εἰς τὴν Γαλιλαίαν, **κἀκεῖ** με ὄψονται.					→ Jn 20,17

Acts 14,7 **κἀκεῖ** εὐαγγελιζόμενοι ἦσαν.

Acts 17,13 ὡς δὲ ἔγνωσαν οἱ ἀπὸ τῆς Θεσσαλονίκης Ἰουδαῖοι ὅτι καὶ ἐν τῇ Βεροίᾳ κατηγγέλη ὑπὸ τοῦ Παύλου ὁ λόγος τοῦ θεοῦ, ἦλθον **κἀκεῖ** σαλεύοντες καὶ ταράσσοντες τοὺς ὄχλους.

Acts 22,10 ... ἀναστὰς πορεύου εἰς Δαμασκόν **κἀκεῖ** σοι λαληθήσεται περὶ πάντων ὧν τέτακταί σοι ποιῆσαι.

Acts 25,20 ... εἰ βούλοιτο πορεύεσθαι εἰς Ἱεροσόλυμα **κἀκεῖ** κρίνεσθαι περὶ τούτων.

Acts 27,6 [5] ... κατήλθομεν εἰς Μύρα τῆς Λυκίας. [6] **κἀκεῖ** εὑρὼν ὁ ἑκατοντάρχης πλοῖον Ἀλεξανδρῖνον ...

κἀκεῖθεν	Syn 2	Mt	Mk 1	Lk 1	Acts 8	Jn	1-3John	Paul	Eph	Col
	NT 10	2Thess	1/2Tim	Tit	Heb	Jas	1Pet	2Pet	Jude	Rev

crasis καὶ ἐκεῖθεν and from there; and then

	Mt		Mk		Lk		
120	Mt 17,22	συστρεφομένων δὲ αὐτῶν ἐν τῇ Γαλιλαίᾳ ...	Mk 9,30	**κἀκεῖθεν** ἐξελθόντες παρεπορεύοντο διὰ τῆς Γαλιλαίας, καὶ οὐκ ἤθελεν ἵνα τις γνοῖ·			

002			**Lk 11,53** κἀκεῖθεν ἐξελθόντος αὐτοῦ ἤρξαντο οἱ γραμματεῖς καὶ οἱ Φαρισαῖοι δεινῶς ἐνέχειν ...

Acts 7,4 τότε ἐξελθὼν ἐκ γῆς
Χαλδαίων κατῴκησεν
ἐν Χαρράν.
κἀκεῖθεν
μετὰ τὸ ἀποθανεῖν
τὸν πατέρα αὐτοῦ
μετῴκισεν αὐτὸν
εἰς τὴν γῆν ταύτην ...

Acts 13,21 [20] ... καὶ μετὰ ταῦτα
ἔδωκεν κριτὰς ἕως
Σαμουὴλ [τοῦ] προφήτου.
[21] **κἀκεῖθεν**
ᾐτήσαντο βασιλέα καὶ
ἔδωκεν αὐτοῖς ὁ θεὸς τὸν
Σαοὺλ υἱὸν Κίς, ...

Acts 14,26 [25] ... κατέβησαν
εἰς Ἀττάλειαν·
[26] **κἀκεῖθεν**
ἀπέπλευσαν
εἰς Ἀντιόχειαν, ...

Acts 16,12 [11] ... τῇ δὲ ἐπιούσῃ
εἰς Νέαν πόλιν
[12] **κἀκεῖθεν**
εἰς Φιλίππους, ἥτις ἐστὶν
πρώτη[ς] μερίδος τῆς
Μακεδονίας πόλις,
κολωνία. ...

Acts 20,15 [14] ... ἤλθομεν
εἰς Μιτυλήνην,
[15] **κἀκεῖθεν**
ἀποπλεύσαντες τῇ
ἐπιούσῃ κατηντήσαμεν
ἄντικρυς Χίου, ...

Acts 21,1 ... τῇ δὲ ἑξῆς
εἰς τὴν Ῥόδον,
κἀκεῖθεν
εἰς Πάταρα

Acts 27,4 [3] τῇ τε ἑτέρᾳ
κατήχθημεν
εἰς Σιδῶνα, ...
[4] **κἀκεῖθεν**
ἀναχθέντες
ὑπεπλεύσαμεν τὴν
Κύπρον διὰ τὸ τοὺς
ἀνέμους εἶναι ἐναντίους

Acts 28,15 [14] ... καὶ οὕτως εἰς τὴν
Ῥώμην ἤλθαμεν.
[15] **κἀκεῖθεν**
οἱ ἀδελφοὶ ἀκούσαντες
τὰ περὶ ἡμῶν ἦλθαν
εἰς ἀπάντησιν ἡμῖν
ἄχρι Ἀππίου φόρου
καὶ Τριῶν ταβερνῶν, ...

κἀκεῖνος

Syn	Mt	Mk	Lk	Acts	Jn	1-3John	Paul	Eph	Col
8	2	2	4	3	5		2		
NT	2Thess	1/2Tim	Tit	Heb	Jas	1Pet	2Pet	Jude	Rev
20		1		1					

crasis καὶ ἐκεῖνος and that one; and he; that one also; also he; and he; and it; he also; he too

	triple tradition																	double tradition			Sondergut		
		+Mt / +Lk			–Mt / –Lk			traditions not taken over by Mt / Lk							subtotals								
code	222	211	112	212	221	122	121	022	012	021	220	120	210	020	Σ⁺	Σ⁻	Σ	202	201	102	200	002	total
Mt						1^-	1^-						1^+		1^+	2^-	1	1					**2**
Mk						1	1										2						**2**
Lk						1	1^-		1^+						1^+	1^-	2	1				1	**4**

code	Mt	Mk	Lk	
210	**Mt 15,18** τὰ δὲ ἐκπορευόμενα ἐκ τοῦ στόματος ἐκ τῆς καρδίας ἐξέρχεται, κἀκεῖνα κοινοῖ τὸν ἄνθρωπον.	**Mk 7,20** ... τὸ ἐκ τοῦ ἀνθρώπου ἐκπορευόμενον, ἐκεῖνο κοινοῖ τὸν ἄνθρωπον.		→ GTh 14,5
002			**Lk 11,7** [5] ... εἴπῃ αὐτῷ· φίλε, χρῆσόν μοι τρεῖς ἄρτους, [6] ... [7] κἀκεῖνος ἔσωθεν ἀποκριθεὶς εἴπῃ· μή μοι κόπους πάρεχε· ...	
202	**Mt 23,23** ... ταῦτα [δὲ] ἔδει ποιῆσαι κἀκεῖνα μὴ ἀφιέναι.		**Lk 11,42** ... ταῦτα δὲ ἔδει ποιῆσαι κἀκεῖνα μὴ παρεῖναι.	

	Mt		Mk		Lk		
122	Mt 21,36	[35] καὶ λαβόντες οἱ γεωργοὶ τοὺς δούλους αὐτοῦ ὃν μὲν ἔδειραν, ὃν δὲ ἀπέκτειναν, ὃν δὲ ἐλιθοβόλησαν. [36] πάλιν ἀπέστειλεν ἄλλους δούλους πλείονας τῶν πρώτων, καὶ ἐποίησαν **αὐτοῖς** ὡσαύτως.	Mk 12,4	[3] καὶ λαβόντες αὐτὸν ἔδειραν καὶ ἀπέστειλαν κενόν. [4] καὶ πάλιν ἀπέστειλεν πρὸς αὐτοὺς ἄλλον δοῦλον· **κἀκεῖνον** ἐκεφαλίωσαν καὶ ἠτίμασαν.	Lk 20,11	[10] ... οἱ δὲ γεωργοὶ ἐξαπέστειλαν αὐτὸν δείραντες κενόν. [11] καὶ προσέθετο ἕτερον πέμψαι δοῦλον· οἱ δὲ **κἀκεῖνον** δείραντες καὶ ἀτιμάσαντες ...	→ GTh 65
121	Mt 21,35 → Mt 22,6	... **ὃν** δὲ ἀπέκτειναν, ὃν δὲ ἐλιθοβόλησαν.	Mk 12,5 → Mt 21,34	καὶ ἄλλον ἀπέστειλεν· **κἀκεῖνον** ἀπέκτειναν, καὶ πολλοὺς ἄλλους, οὓς μὲν δέροντες, οὓς δὲ ἀποκτέννοντες.	Lk 20,12	καὶ προσέθετο τρίτον πέμψαι· οἱ δὲ καὶ **τοῦτον** τραυματίσαντες ἐξέβαλον.	→ GTh 65
012			Mk 14,15	[14] ... εἴπατε τῷ οἰκοδεσπότῃ ... [15] **καὶ αὐτὸς** ὑμῖν δείξει ἀνάγαιον μέγα ἐστρωμένον ἕτοιμον· ...	Lk 22,12	[11] ... ἐρεῖτε τῷ οἰκοδεσπότῃ τῆς οἰκίας· ... [12] **κἀκεῖνος** ὑμῖν δείξει ἀνάγαιον μέγα ἐστρωμένον· ...	

Acts 5,37 μετὰ τοῦτον ἀνέστη Ἰούδας ὁ Γαλιλαῖος ... **κἀκεῖνος** ἀπώλετο καὶ πάντες ὅσοι ἐπείθοντο αὐτῷ διεσκορπίσθησαν.

Acts 15,11 ἀλλὰ διὰ τῆς χάριτος τοῦ κυρίου Ἰησοῦ πιστεύομεν σωθῆναι καθ᾽ ὃν τρόπον **κἀκεῖνοι.**

Acts 18,19 κατήντησαν δὲ εἰς Ἔφεσον **κἀκείνους** κατέλιπεν αὐτοῦ, ...

κακία

	Syn	Mt	Mk	Lk	Acts	Jn	1-3John	Paul	Eph	Col
	1	1			1			3	1	1
	NT	2Thess	1/2Tim	Tit	Heb	Jas	1Pet	2Pet	Jude	Rev
	11			1		1	2			

badness; faultiness; depravity; wickedness; vice; malice; ill-will; malignity; trouble; misfortune

	Mt		
200	Mt 6,34	μὴ οὖν μεριμνήσητε εἰς τὴν αὔριον, ἡ γὰρ αὔριον μεριμνήσει ἑαυτῆς· ἀρκετὸν τῇ ἡμέρᾳ **ἡ κακία αὐτῆς.**	

Acts 8,22 μετανόησον οὖν **ἀπὸ τῆς κακίας σου ταύτης** καὶ δεήθητι τοῦ κυρίου, εἰ ἄρα ἀφεθήσεταί σοι ἡ ἐπίνοια τῆς καρδίας σου

κακολογέω	Syn 3	Mt 1	Mk 2	Lk	Acts 1	Jn	1-3John	Paul	Eph	Col
	NT 4	2Thess	1/2Tim	Tit	Heb	Jas	1Pet	2Pet	Jude	Rev

speak evil of; revile; insult

code	Mt		Mk		Lk		
220	**Mt 15,4**	ὁ γὰρ θεὸς εἶπεν· *τίμα τὸν πατέρα καὶ* *τὴν μητέρα*, καί· *ὁ* **κακολογῶν** *πατέρα ἢ μητέρα θανάτῳ* *τελευτάτω*· ➤ Exod 20,12/Deut 5,16 ➤ Exod 21,17/Lev 20,9	**Mk 7,10**	Μωϋσῆς γὰρ εἶπεν· *τίμα τὸν πατέρα σου καὶ* *τὴν μητέρα σου*, καί· *ὁ* **κακολογῶν** *πατέρα ἢ μητέρα θανάτῳ* *τελευτάτω*. ➤ Exod 20,12/Deut 5,16 ➤ Exod 21,17/Lev 20,9			
020			**Mk 9,39**	... οὐδεὶς γάρ ἐστιν ὃς ποιήσει δύναμιν ἐπὶ τῷ ὀνόματί μου καὶ δυνήσεται ταχὺ **κακολογῆσαί** με·			

Acts 19,9 ὡς δέ τινες
ἐσκληρύνοντο καὶ
ἠπείθουν
κακολογοῦντες
τὴν ὁδὸν ἐνώπιον τοῦ
πλήθους, ...

κακοποιέω	Syn 2	Mt	Mk 1	Lk 1	Acts	Jn	1-3John 1	Paul	Eph	Col
	NT 4	2Thess	1/2Tim	Tit	Heb	Jas	1Pet 1	2Pet	Jude	Rev

do wrong; be an evil-doer; be a criminal

code	Mt		Mk		Lk		
122	**Mt 12,12**	... ὥστε ἔξεστιν τοῖς σάββασιν καλῶς ποιεῖν.	**Mk 3,4**	... ἔξεστιν τοῖς σάββασιν ἀγαθὸν ποιῆσαι ἢ **κακοποιῆσαι**, ψυχὴν σῶσαι ἢ ἀποκτεῖναι; ...	**Lk 6,9** → Lk 13,14 → Lk 14,3	... ἔξεστιν τῷ σαββάτῳ ἀγαθοποιῆσαι ἢ **κακοποιῆσαι**, ψυχὴν σῶσαι ἢ ἀπολέσαι;	

κακός	Syn 7	Mt 3	Mk 2	Lk 2	Acts 4	Jn 2	1-3John 1	Paul 22	Eph	Col 1
	NT 50	2Thess	1/2Tim 2	Tit 1	Heb 1	Jas 2	1Pet 5	2Pet	Jude	Rev 2

bad; worthless; inferior; evil; injurious; dangerous; pernicious

	triple tradition																double tradition			Sonder-gut		
		+Mt / +Lk			–Mt / –Lk			traditions not taken over by Mt / Lk							subtotals							
code	*222*	*211*	*112*	*212*	*221*	*122*	*121*	*022*	*012*	*021*	*220*	*120*	*210*	*020*	Σ⁺	Σ⁻	Σ	*202*	*201*	*102*	*200*	*002*	total
Mt	1	1⁺										1⁻			1⁺	1⁻	2		1				**3**
Mk	1											1					2						**2**
Lk	1																1					1	**2**

[a] κακὸν ποιέω

code	Mt		Mk		Lk		
120	**Mt 15,19**	ἐκ γὰρ τῆς καρδίας ἐξέρχονται **διαλογισμοὶ** **πονηροί**, φόνοι, μοιχεῖαι, πορνεῖαι, κλοπαί, ...	**Mk 7,21**	ἔσωθεν γὰρ ἐκ τῆς καρδίας τῶν ἀνθρώπων **οἱ διαλογισμοὶ** **οἱ κακοὶ** ἐκπορεύονται, πορνεῖαι, κλοπαί, φόνοι, [22] μοιχεῖαι, ...			→ GTh 14,5

002					Lk 16,25	... τέκνον, μνήσθητι ὅτι ἀπέλαβες τὰ ἀγαθά σου ἐν τῇ ζωῇ σου, καὶ Λάζαρος ὁμοίως **τὰ κακά· ...**	
211	Mt 21,41 → Mt 21,43	[40] ... τί ποιήσει τοῖς γεωργοῖς ἐκείνοις; [41] λέγουσιν αὐτῷ· **κακοὺς** κακῶς ἀπολέσει αὐτοὺς ...	Mk 12,9	τί [οὖν] ποιήσει ὁ κύριος τοῦ ἀμπελῶνος; ἐλεύσεται καὶ ἀπολέσει τοὺς γεωργοὺς ...	Lk 20,16	[15] ... τί οὖν ποιήσει αὐτοῖς ὁ κύριος τοῦ ἀμπελῶνος; [16] ἐλεύσεται καὶ ἀπολέσει τοὺς γεωργοὺς τούτους ...	→ GTh 65
201	Mt 24,48	ἐὰν δὲ εἴπῃ **ὁ κακὸς δοῦλος ἐκεῖνος** ἐν τῇ καρδίᾳ αὐτοῦ· χρονίζει μου ὁ κύριος			Lk 12,45	ἐὰν δὲ εἴπῃ **ὁ δοῦλος ἐκεῖνος** ἐν τῇ καρδίᾳ αὐτοῦ· χρονίζει ὁ κύριός μου ἔρχεσθαι, ...	
a 222	Mt 27,23	ὁ δὲ ἔφη· **τί γὰρ κακὸν ἐποίησεν;** ...	Mk 15,14	ὁ δὲ Πιλᾶτος ἔλεγεν αὐτοῖς· **τί γὰρ ἐποίησεν κακόν;** ...	Lk 23,22 → Lk 23,4 → Lk 23,14	ὁ δὲ τρίτον εἶπεν πρὸς αὐτούς· **τί γὰρ κακὸν ἐποίησεν** οὗτος; ...	→ Jn 19,6

a Acts 9,13	... κύριε, ἤκουσα ἀπὸ πολλῶν περὶ τοῦ ἀνδρὸς τούτου **ὅσα κακὰ** τοῖς ἁγίοις σου ἐποίησεν ἐν Ἰερουσαλήμ·	Acts 23,9	... καὶ ἀναστάντες τινὲς τῶν γραμματέων τοῦ μέρους τῶν Φαρισαίων διεμάχοντο λέγοντες· **οὐδὲν κακὸν** εὑρίσκομεν ἐν τῷ ἀνθρώπῳ τούτῳ· ...
Acts 16,28	... μηδὲν πράξῃς σεαυτῷ **κακόν,** ἅπαντες γάρ ἐσμεν ἐνθάδε.	Acts 28,5	ὁ μὲν οὖν ἀποτινάξας τὸ θηρίον εἰς τὸ πῦρ ἔπαθεν **οὐδὲν κακόν**

κακοῦργος

Syn 3	Mt	Mk	Lk 3	Acts	Jn	1-3John	Paul	Eph	Col
NT 4	2Thess	1/2Tim 1	Tit	Heb	Jas	1Pet	2Pet	Jude	Rev

evil-doer; criminal

002					Lk 23,32 ↓ Mt 27,38 ↓ Mk 15,27 ↓ Lk 23,33	ἤγοντο δὲ καὶ **ἕτεροι κακοῦργοι δύο** σὺν αὐτῷ ἀναιρεθῆναι.	→ Jn 19,18
112	Mt 27,38 ↑ Lk 23,32	τότε σταυροῦνται σὺν αὐτῷ **δύο λῃσταί,** εἷς ἐκ δεξιῶν καὶ εἷς ἐξ εὐωνύμων.	Mk 15,27 ↑ Lk 23,32	καὶ σὺν αὐτῷ σταυροῦσιν **δύο λῃστάς,** ἕνα ἐκ δεξιῶν καὶ ἕνα ἐξ εὐωνύμων αὐτοῦ.	Lk 23,33 → Lk 22,37	... ἐκεῖ ἐσταύρωσαν αὐτὸν καὶ **τοὺς κακούργους,** ὃν μὲν ἐκ δεξιῶν ὃν δὲ ἐξ ἀριστερῶν.	→ Jn 19,18
112	Mt 27,44	τὸ δ' αὐτὸ καὶ **οἱ λῃσταὶ οἱ συσταυρωθέντες σὺν αὐτῷ** ὠνείδιζον αὐτόν.	Mk 15,32	**... καὶ οἱ συνεσταυρωμένοι σὺν αὐτῷ** ὠνείδιζον αὐτόν.	Lk 23,39 → Lk 23,35-36	**εἷς δὲ τῶν κρεμασθέντων κακούργων** ἐβλασφήμει αὐτὸν ...	

κακῶς	Syn 13	Mt 7	Mk 4	Lk 2	Acts 1	Jn 1	1-3John	Paul	Eph	Col
	NT 16	2Thess	1/2Tim	Tit	Heb	Jas 1	1Pet	2Pet	Jude	Rev

badly

	triple tradition																	double tradition			Sondergut		
		+Mt / +Lk			–Mt / –Lk			traditions not taken over by Mt / Lk							subtotals								
code	222	211	112	212	221	122	121	022	012	021	220	120	210	020	Σ⁺	Σ⁻	Σ	202	201	102	200	002	total
Mt	1	2^+			1		1^-				1		1^+		3^+	1^-	6				1		**7**
Mk	1				1		1				1						4						**4**
Lk	1				1^-		1^-									2^-	1			1			**2**

a κακῶς ἔχω

	Mt		Mk		Lk		
a 200	**Mt 4,24** ⇩ Mt 8,16 → Mt 12,15 → Mt 15,30	... καὶ προσήνεγκαν αὐτῷ **πάντας τοὺς κακῶς ἔχοντας** ποικίλαις νόσοις καὶ βασάνοις συνεχομένους [καὶ] δαιμονιζομένους καὶ σεληνιαζομένους καὶ παραλυτικούς, ...	**Mk 1,32** → Mk 3,10 → Mk 7,32	ὀψίας δὲ γενομένης, ὅτε ἔδυ ὁ ἥλιος, ἔφερον πρὸς αὐτὸν **πάντας τοὺς κακῶς ἔχοντας** καὶ τοὺς δαιμονιζομένους·	**Lk 4,40** → Lk 6,18	δύνοντος δὲ τοῦ ἡλίου ἅπαντες ὅσοι εἶχον **ἀσθενοῦντας** νόσοις ποικίλαις ἤγαγον αὐτοὺς πρὸς αὐτόν· ...	
a 121	**Mt 8,16** ⇧ Mt 4,24 → Mt 12,15 → Mt 15,30	ὀψίας δὲ γενομένης προσήνεγκαν αὐτῷ δαιμονιζομένους πολλούς·	**Mk 1,32** → Mk 3,10 → Mk 7,32	ὀψίας δὲ γενομένης, ὅτε ἔδυ ὁ ἥλιος, ἔφερον πρὸς αὐτὸν **πάντας τοὺς κακῶς ἔχοντας** καὶ τοὺς δαιμονιζομένους·	**Lk 4,40** → Lk 6,18	δύνοντος δὲ τοῦ ἡλίου ἅπαντες ὅσοι εἶχον **ἀσθενοῦντας** νόσοις ποικίλαις ἤγαγον αὐτοὺς πρὸς αὐτόν·	
a 221		καὶ ἐξέβαλεν τὰ πνεύματα λόγῳ καὶ **πάντας τοὺς κακῶς ἔχοντας** ἐθεράπευσεν	**Mk 1,34**	καὶ ἐθεράπευσεν **πολλοὺς κακῶς ἔχοντας ποικίλαις νόσοις** καὶ δαιμόνια πολλὰ ἐξέβαλεν, ...		ὁ δὲ ἑνὶ ἑκάστῳ αὐτῶν τὰς χεῖρας ἐπιτιθεὶς ἐθεράπευεν **αὐτούς.** [41] ἐξήρχετο δὲ καὶ δαιμόνια ἀπὸ πολλῶν ...	
a 222	**Mt 9,12**	... οὐ χρείαν ἔχουσιν οἱ ἰσχύοντες ἰατροῦ **ἀλλ' οἱ κακῶς ἔχοντες.**	**Mk 2,17**	... οὐ χρείαν ἔχουσιν οἱ ἰσχύοντες ἰατροῦ **ἀλλ' οἱ κακῶς ἔχοντες·** ...	**Lk 5,31**	... οὐ χρείαν ἔχουσιν οἱ ὑγιαίνοντες ἰατροῦ **ἀλλὰ οἱ κακῶς ἔχοντες·**	
a 102	**Mt 8,6**	[5] ... ἑκατόνταρχος ... [6] καὶ λέγων· κύριε, ὁ παῖς μου βέβληται ἐν τῇ οἰκίᾳ παραλυτικός, **δεινῶς βασανιζόμενος.**			**Lk 7,2**	ἑκατοντάρχου δέ τινος δοῦλος **κακῶς ἔχων** ἤμελλεν τελευτᾶν, ὃς ἦν αὐτῷ ἔντιμος.	→ Jn 4,46-47
a 220	**Mt 14,35**	... καὶ προσήνεγκαν αὐτῷ **πάντας τοὺς κακῶς ἔχοντας**	**Mk 6,55**	... καὶ ἤρξαντο ἐπὶ τοῖς κραβάττοις **τοὺς κακῶς ἔχοντας** περιφέρειν ὅπου ἤκουον ὅτι ἐστίν.			
210	**Mt 15,22** → Mk 7,24 → Mk 7,26	καὶ ἰδοὺ γυνὴ Χαναναία ἀπὸ τῶν ὁρίων ἐκείνων ἐξελθοῦσα ἔκραζεν λέγουσα· ἐλέησόν με, κύριε υἱὸς Δαυίδ· ἡ θυγάτηρ μου **κακῶς** δαιμονίζεται.	**Mk 7,25**	ἀλλ' εὐθὺς ἀκούσασα γυνὴ περὶ αὐτοῦ, ἧς εἶχεν τὸ θυγάτριον αὐτῆς πνεῦμα ἀκάθαρτον, ...			

code	Mt		Mk		Lk		
211	**Mt 17,15**	... κύριε, ἐλέησόν μου τὸν υἱόν, ὅτι σεληνιάζεται καὶ **κακῶς** πάσχει· ...	**Mk 9,17**	... διδάσκαλε, ἤνεγκα τὸν υἱόν μου πρὸς σέ, ἔχοντα πνεῦμα ἄλαλον·	**Lk 9,39**	[38] ... διδάσκαλε, δέομαί σου ἐπιβλέψαι ἐπὶ τὸν υἱόν μου, ὅτι μονογενής μοί ἐστιν, [39] καὶ ἰδοὺ πνεῦμα λαμβάνει αὐτὸν ...	
211	**Mt 21,41** → Mt 21,43	[40] ... τί ποιήσει τοῖς γεωργοῖς ἐκείνοις; [41] λέγουσιν αὐτῷ· κακοὺς **κακῶς** ἀπολέσει αὐτοὺς ...	**Mk 12,9**	τί [οὖν] ποιήσει ὁ κύριος τοῦ ἀμπελῶνος; ἐλεύσεται καὶ ἀπολέσει τοὺς γεωργοὺς ...	**Lk 20,16**	[15] ... τί οὖν ποιήσει αὐτοῖς ὁ κύριος τοῦ ἀμπελῶνος; [16] ἐλεύσεται καὶ ἀπολέσει τοὺς γεωργοὺς τούτους ...	→ GTh 65

Acts 23,5 ... γέγραπται γὰρ ὅτι *ἄρχοντα τοῦ λαοῦ σου οὐκ ἐρεῖς* ***κακῶς.***
➢ Exod 22,27

κάλαμος

	Syn	Mt	Mk	Lk	Acts	Jn	1-3John	Paul	Eph	Col
	8	5	2	1			1			
	NT	2Thess	1/2Tim	Tit	Heb	Jas	1Pet	2Pet	Jude	Rev
	12									3

reed; stalk; staff; measuring rod; reed pen

	triple tradition																	double tradition			Sonder-gut		
		+Mt / +Lk			–Mt / –Lk			traditions not taken over by Mt / Lk							subtotals								
code	*222*	*211*	*112*	*212*	*221*	*122*	*121*	*022*	*012*	*021*	*220*	*120*	*210*	*020*	Σ^+	Σ^-	Σ	*202*	*201*	*102*	*200*	*002*	total
Mt											2		1⁺		1⁺		3	1			1		**5**
Mk											2						2						**2**
Lk																		1					**1**

code	Mt		Mk		Lk		
202	**Mt 11,7**	... τί ἐξήλθατε εἰς τὴν ἔρημον θεάσασθαι; **κάλαμον** ὑπὸ ἀνέμου σαλευόμενον;			**Lk 7,24**	... τί ἐξήλθατε εἰς τὴν ἔρημον θεάσασθαι; **κάλαμον** ὑπὸ ἀνέμου σαλευόμενον;	→ GTh 78
200	**Mt 12,20**	***κάλαμον*** ***συντετριμμένον*** *οὐ κατεάξει καὶ λίνον τυφόμενον οὐ σβέσει, ...* ➢ Isa 42,3					
210	**Mt 27,29**	καὶ πλέξαντες στέφανον ἐξ ἀκανθῶν ἐπέθηκαν ἐπὶ τῆς κεφαλῆς αὐτοῦ καὶ **κάλαμον** ἐν τῇ δεξιᾷ αὐτοῦ, ...	**Mk 15,17**	... καὶ περιτιθέασιν αὐτῷ πλέξαντες ἀκάνθινον στέφανον·	**Lk 23,11** → Mt 27,27 → Mk 15,16	ἐξουθενήσας δὲ αὐτὸν [καὶ] ὁ Ἡρῴδης σὺν τοῖς στρατεύμασιν αὐτοῦ ...	→ Jn 19,2
220	**Mt 27,30** → Mt 26,67	καὶ ἐμπτύσαντες εἰς αὐτὸν ἔλαβον **τὸν κάλαμον** καὶ ἔτυπτον εἰς τὴν κεφαλὴν αὐτοῦ.	**Mk 15,19** → Mk 14,65	καὶ ἔτυπτον αὐτοῦ τὴν κεφαλὴν **καλάμῳ** καὶ ἐνέπτυον αὐτῷ ...			
220	**Mt 27,48**	καὶ εὐθέως δραμὼν εἷς ἐξ αὐτῶν καὶ λαβὼν σπόγγον πλήσας τε ὄξους καὶ περιθεὶς **καλάμῳ** ἐπότιζεν αὐτόν.	**Mk 15,36**	δραμὼν δέ τις [καὶ] γεμίσας σπόγγον ὄξους περιθεὶς **καλάμῳ** ἐπότιζεν αὐτὸν ...	**Lk 23,36** → Lk 23,39	ἐνέπαιξαν δὲ αὐτῷ καὶ οἱ στρατιῶται προσερχόμενοι, ὄξος προσφέροντες αὐτῷ	→ Jn 19,29

καλέω	Syn 73	Mt 26	Mk 4	Lk 43	Acts 18	Jn 2	1-3John 1	Paul 27	Eph 2	Col 1
	NT 148	2Thess 1	1/2Tim 2	Tit	Heb 6	Jas 1	1Pet 6	2Pet 1	Jude	Rev 7

call; call by name; name; provide with a name; address as; designate as; invite; call together; summon; call in; summon before a court

	triple tradition																	double tradition			Sondergut		
		+Mt / +Lk			−Mt / −Lk			traditions not taken over by Mt / Lk							subtotals								
code	222	211	112	212	221	122	121	022	012	021	220	120	210	020	Σ⁺	Σ⁻	Σ	202	201	102	200	002	total
Mt	1	2⁺		1⁺	1		1⁻				1				3⁺	1⁻	6	3	3		14		**26**
Mk	1				1		1				1						4						**4**
Lk	1		6⁺	1⁺	1⁻		1⁻								7⁺	2⁻	8	3		2		30	**43**

a καλέω τὸ ὄνομα
b καλέω (ἐπὶ) (τῷ) ὀνόματι
c καλούμενος
d κεκλημένος

code	Mt	Mk	Lk		
a 002			**Lk 1,13**	... μὴ φοβοῦ, Ζαχαρία, διότι εἰσηκούσθη ἡ δέησίς σου, καὶ ἡ γυνή σου Ἐλισάβετ γεννήσει υἱόν σοι καὶ **καλέσεις** τὸ ὄνομα αὐτοῦ Ἰωάννην.	→ Acts 10,4
a 002			**Lk 1,31** ↓ Mt 1,21 ↓ Mt 1,25 ↓ Lk 2,21	καὶ ἰδοὺ συλλήμψῃ ἐν γαστρὶ καὶ τέξῃ υἱὸν καὶ **καλέσεις** τὸ ὄνομα αὐτοῦ Ἰησοῦν.	
002			**Lk 1,32**	οὗτος ἔσται μέγας καὶ υἱὸς ὑψίστου **κληθήσεται** καὶ δώσει αὐτῷ κύριος ὁ θεὸς τὸν θρόνον Δαυὶδ τοῦ πατρὸς αὐτοῦ	
002			**Lk 1,35** → Mt 1,18 → Mt 1,20	... πνεῦμα ἅγιον ἐπελεύσεται ἐπὶ σὲ καὶ δύναμις ὑψίστου ἐπισκιάσει σοι· διὸ καὶ τὸ γεννώμενον ἅγιον **κληθήσεται** υἱὸς θεοῦ.	
c 002			**Lk 1,36**	καὶ ἰδοὺ Ἐλισάβετ ἡ συγγενίς σου καὶ αὐτὴ συνείληφεν υἱὸν ἐν γήρει αὐτῆς καὶ οὗτος μὴν ἕκτος ἐστὶν αὐτῇ **τῇ καλουμένῃ** στείρᾳ·	
b 002			**Lk 1,59**	καὶ ἐγένετο ἐν τῇ ἡμέρᾳ τῇ ὀγδόῃ ἦλθον περιτεμεῖν τὸ παιδίον καὶ **ἐκάλουν** αὐτὸ ἐπὶ τῷ ὀνόματι τοῦ πατρὸς αὐτοῦ Ζαχαρίαν.	
002			**Lk 1,60**	καὶ ἀποκριθεῖσα ἡ μήτηρ αὐτοῦ εἶπεν· οὐχί, ἀλλὰ **κληθήσεται** Ἰωάννης.	
b 002			**Lk 1,61**	καὶ εἶπαν πρὸς αὐτὴν ὅτι οὐδείς ἐστιν ἐκ τῆς συγγενείας σου ὃς **καλεῖται** τῷ ὀνόματι τούτῳ.	

	Mt	Mk	Lk	
002			**Lk 1,62** ἐνένευον δὲ τῷ πατρὶ αὐτοῦ τὸ τί ἂν θέλοι **καλεῖσθαι** αὐτό.	
002			**Lk 1,76** καὶ σὺ δέ, παιδίον, προφήτης ὑψίστου **κληθήσῃ**· προπορεύσῃ γὰρ ἐνώπιον κυρίου ἑτοιμάσαι ὁδοὺς αὐτοῦ	
a 200	**Mt 1,21** ↑ Lk 1,31 τέξεται δὲ υἱόν, καὶ **καλέσεις** τὸ ὄνομα αὐτοῦ Ἰησοῦν· ...			
a 200	**Mt 1,23** *ἰδοὺ ἡ παρθένος ἐν γαστρὶ ἕξει καὶ τέξεται υἱόν, καὶ* ***καλέσουσιν*** *τὸ ὄνομα αὐτοῦ Ἐμμανουήλ,* ὅ ἐστιν μεθερμηνευόμενον *μεθ' ἡμῶν ὁ θεός.* ➤ Isa 7,14 LXX; 8,8.10 LXX			
a 200	**Mt 1,25** ↑ Lk 1,31 ↓ Lk 2,21 καὶ οὐκ ἐγίνωσκεν αὐτὴν ἕως οὗ ἔτεκεν υἱόν· καὶ **ἐκάλεσεν** τὸ ὄνομα αὐτοῦ Ἰησοῦν.			
002			**Lk 2,4** ἀνέβη δὲ καὶ Ἰωσὴφ ... εἰς τὴν Ἰουδαίαν εἰς πόλιν Δαυὶδ ἥτις **καλεῖται** Βηθλέεμ, διὰ τὸ εἶναι αὐτὸν ἐξ οἴκου καὶ πατριᾶς Δαυίδ	
a 002 002			**Lk 2,21 (2)** ↑ Mt 1,25 ↑ Lk 1,31 καὶ ὅτε ἐπλήσθησαν ἡμέραι ὀκτὼ τοῦ περιτεμεῖν αὐτὸν καὶ **ἐκλήθη** τὸ ὄνομα αὐτοῦ Ἰησοῦς, **τὸ κληθὲν** ὑπὸ τοῦ ἀγγέλου πρὸ τοῦ συλλημφθῆναι αὐτὸν ἐν τῇ κοιλίᾳ.	
002			**Lk 2,23** καθὼς γέγραπται ἐν νόμῳ κυρίου ὅτι *πᾶν ἄρσεν διανοῖγον μήτραν ἅγιον τῷ κυρίῳ* ***κληθήσεται*** ➤ Exod 13,2.12.15	
200	**Mt 2,7** τότε Ἡρῴδης λάθρᾳ **καλέσας** τοὺς μάγους ἠκρίβωσεν παρ' αὐτῶν τὸν χρόνον τοῦ φαινομένου ἀστέρος			
200	**Mt 2,15** ... ἵνα πληρωθῇ τὸ ῥηθὲν ὑπὸ κυρίου διὰ τοῦ προφήτου λέγοντος· *ἐξ Αἰγύπτου* ***ἐκάλεσα*** *τὸν υἱόν μου.* ➤ Hos 11,1			

	Mt		Mk		Lk		
200	**Mt 2,23** → Lk 2,39	καὶ ἐλθὼν κατῴκησεν εἰς πόλιν λεγομένην Ναζαρέτ· ὅπως πληρωθῇ τὸ ῥηθὲν διὰ τῶν προφητῶν ὅτι Ναζωραῖος **κληθήσεται.**					
	Mt 4,21	καὶ προβὰς ἐκεῖθεν εἶδεν ... Ἰάκωβον τὸν τοῦ Ζεβεδαίου καὶ Ἰωάννην τὸν ἀδελφὸν αὐτοῦ, ...	**Mk 1,19**	καὶ προβὰς ὀλίγον εἶδεν Ἰάκωβον τὸν τοῦ Ζεβεδαίου καὶ Ἰωάννην τὸν ἀδελφὸν αὐτοῦ, ...	**Lk 5,10**	ὁμοίως δὲ καὶ Ἰάκωβον καὶ Ἰωάννην υἱοὺς Ζεβεδαίου, ...	
220		καὶ **ἐκάλεσεν** αὐτούς.	**Mk 1,20**	καὶ εὐθὺς **ἐκάλεσεν** αὐτούς. ...			
222	**Mt 9,13**	... οὐ γὰρ ἦλθον **καλέσαι** δικαίους ἀλλὰ ἁμαρτωλούς.	**Mk 2,17**	... οὐκ ἦλθον **καλέσαι** δικαίους ἀλλὰ ἁμαρτωλούς.	**Lk 5,32**	οὐκ ἐλήλυθα **καλέσαι** δικαίους ἀλλὰ ἁμαρτωλοὺς εἰς μετάνοιαν.	
c 112	**Mt 10,4**	[3] Φίλιππος καὶ Βαρθολομαῖος, Θωμᾶς καὶ Μαθθαῖος ὁ τελώνης, Ἰάκωβος ὁ τοῦ Ἁλφαίου καὶ Θαδδαῖος, **[4] Σίμων** **ὁ Καναναῖος** καὶ Ἰούδας ὁ Ἰσκαριώτης ὁ καὶ παραδοὺς αὐτόν.	**Mk 3,18**	... καὶ Φίλιππον καὶ Βαρθολομαῖον καὶ Μαθθαῖον καὶ Θωμᾶν καὶ Ἰάκωβον τὸν τοῦ Ἁλφαίου καὶ Θαδδαῖον καὶ **Σίμωνα** **τὸν Καναναῖον** [19] καὶ Ἰούδαν Ἰσκαριώθ, ὃς καὶ παρέδωκεν αὐτόν.	**Lk 6,15**	[14] ... καὶ Φίλιππον καὶ Βαρθολομαῖον [15] καὶ Μαθθαῖον καὶ Θωμᾶν καὶ Ἰάκωβον Ἁλφαίου καὶ **Σίμωνα τὸν** **καλούμενον ζηλωτὴν** [16] καὶ Ἰούδαν Ἰακώβου καὶ Ἰούδαν Ἰσκαριώθ, ὃς ἐγένετο προδότης.	
200	**Mt 5,9**	μακάριοι οἱ εἰρηνοποιοί, ὅτι αὐτοὶ υἱοὶ θεοῦ **κληθήσονται.**					
200 200	**Mt 5,19** **(2)**	ὃς ἐὰν οὖν λύσῃ μίαν τῶν ἐντολῶν τούτων τῶν ἐλαχίστων καὶ διδάξῃ οὕτως τοὺς ἀνθρώπους, ἐλάχιστος **κληθήσεται** ἐν τῇ βασιλείᾳ τῶν οὐρανῶν· ὃς δ' ἂν ποιήσῃ καὶ διδάξῃ, οὗτος μέγας **κληθήσεται** ἐν τῇ βασιλείᾳ τῶν οὐρανῶν.					
102	**Mt 7,21** → Mt 12,50	οὐ πᾶς ὁ **λέγων** μοι· κύριε κύριε, εἰσελεύσεται εἰς τὴν βασιλείαν τῶν οὐρανῶν, ἀλλ' ὁ ποιῶν τὸ θέλημα τοῦ πατρός μου τοῦ ἐν τοῖς οὐρανοῖς.	→ Mk 3,35		**Lk 6,46** → Lk 8,21	τί δέ με **καλεῖτε·** κύριε κύριε, καὶ οὐ ποιεῖτε ἃ λέγω;	
222	**Mt 9,13**	... οὐ γὰρ ἦλθον **καλέσαι** δικαίους ἀλλὰ ἁμαρτωλούς.	**Mk 2,17**	... οὐκ ἦλθον **καλέσαι** δικαίους ἀλλὰ ἁμαρτωλούς.	**Lk 5,32**	οὐκ ἐλήλυθα **καλέσαι** δικαίους ἀλλὰ ἁμαρτωλοὺς εἰς μετάνοιαν.	

	Mt		Mk		Lk		
c 002					Lk 7,11	καὶ ἐγένετο ἐν τῷ ἑξῆς ἐπορεύθη **εἰς πόλιν καλουμένην Ναΐν** καὶ συνεπορεύοντο αὐτῷ οἱ μαθηταὶ αὐτοῦ καὶ ὄχλος πολύς.	
002					Lk 7,39	ἰδὼν δὲ ὁ Φαρισαῖος **ὁ καλέσας** αὐτὸν εἶπεν ἐν ἑαυτῷ λέγων· οὗτος εἰ ἦν προφήτης, ἐγίνωσκεν ἂν τίς καὶ ποταπὴ ἡ γυνὴ ἥτις ἅπτεται αὐτοῦ, ὅτι ἁμαρτωλός ἐστιν.	
c 002					Lk 8,2 → Mt 27,55-56 → Mk 15,40-41 → Lk 23,49.55 → Lk 24,10	καὶ γυναῖκές τινες αἳ ἦσαν τεθεραπευμέναι ἀπὸ πνευμάτων πονηρῶν καὶ ἀσθενειῶν, **Μαρία ἡ καλουμένη Μαγδαληνή,** ἀφ' ἧς δαιμόνια ἑπτὰ ἐξεληλύθει	
121	Mt 12,46	ἔτι αὐτοῦ λαλοῦντος τοῖς ὄχλοις ἰδοὺ ἡ μήτηρ καὶ οἱ ἀδελφοὶ αὐτοῦ εἱστήκεισαν ἔξω ζητοῦντες αὐτῷ λαλῆσαι.	Mk 3,31	καὶ ἔρχεται ἡ μήτηρ αὐτοῦ καὶ οἱ ἀδελφοὶ αὐτοῦ καὶ ἔξω στήκοντες ἀπέστειλαν πρὸς αὐτὸν **καλοῦντες** αὐτόν. [32] καὶ ἐκάθητο περὶ αὐτὸν ὄχλος, ...	Lk 8,19	παρεγένετο δὲ πρὸς αὐτὸν ἡ μήτηρ καὶ οἱ ἀδελφοὶ αὐτοῦ καὶ οὐκ ἠδύναντο συντυχεῖν αὐτῷ διὰ τὸν ὄχλον.	→ GTh 99
c 112	Mt 14,13	ἀκούσας δὲ ὁ Ἰησοῦς ἀνεχώρησεν ἐκεῖθεν ἐν πλοίῳ **εἰς ἔρημον τόπον** κατ' ἰδίαν· ...	Mk 6,32	καὶ ἀπῆλθον ἐν τῷ πλοίῳ **εἰς ἔρημον τόπον** κατ' ἰδίαν.	Lk 9,10 → Mk 6,45	... καὶ παραλαβὼν αὐτοὺς ὑπεχώρησεν κατ' ἰδίαν **εἰς πόλιν καλουμένην Βηθσαϊδά.**	
c 002					Lk 10,39	καὶ τῇδε ἦν **ἀδελφὴ καλουμένη Μαριάμ,** [ἣ] καὶ παρακαθεσθεῖσα πρὸς τοὺς πόδας τοῦ κυρίου ἤκουεν τὸν λόγον αὐτοῦ.	
d 002					Lk 14,7	ἔλεγεν δὲ **πρὸς τοὺς κεκλημένους** παραβολήν, ἐπέχων πῶς τὰς πρωτοκλισίας ἐξελέγοντο, λέγων πρὸς αὐτούς·	
002 *d* 002					Lk 14,8 (2)	ὅταν **κληθῇς** ὑπό τινος εἰς γάμους, μὴ κατακλιθῇς εἰς τὴν πρωτοκλισίαν, μήποτε ἐντιμότερός σου ᾖ **κεκλημένος** ὑπ' αὐτοῦ,	
002					Lk 14,9	καὶ ἐλθὼν ὁ σὲ καὶ αὐτὸν **καλέσας** ἐρεῖ σοι· δὸς τούτῳ τόπον, ...	

	Mt		Mk		Lk		
002 002					Lk 14,10 (2)	ἀλλ' ὅταν **κληθῇς,** πορευθεὶς ἀνάπεσε εἰς τὸν ἔσχατον τόπον, ἵνα ὅταν ἔλθῃ **ὁ κεκληκώς** σε ἐρεῖ σοι· φίλε, προσανάβηθι ἀνώτερον· ...	
002					Lk 14,12	ἔλεγεν δὲ καὶ **τῷ κεκληκότι** αὐτόν· ὅταν ποιῇς ἄριστον ἢ δεῖπνον, μὴ φώνει τοὺς φίλους σου ...	
002					Lk 14,13 → Lk 14,21	ἀλλ' ὅταν δοχὴν ποιῇς, **κάλει** πτωχούς, ἀναπείρους, χωλούς, τυφλούς·	
102	Mt 22,2 → Lk 14,15	ὡμοιώθη ἡ βασιλεία τῶν οὐρανῶν ἀνθρώπῳ βασιλεῖ, ὅστις ἐποίησεν γάμους τῷ υἱῷ αὐτοῦ.			Lk 14,16	... ἄνθρωπός τις ἐποίει δεῖπνον μέγα, καὶ **ἐκάλεσεν** πολλούς	→ GTh 64
d 202	Mt 22,4	[3] καὶ ἀπέστειλεν τοὺς δούλους αὐτοῦ καλέσαι τοὺς κεκλημένους εἰς τοὺς γάμους, καὶ οὐκ ἤθελον ἐλθεῖν. [4] πάλιν ἀπέστειλεν ἄλλους δούλους λέγων· εἴπατε **τοῖς κεκλημένοις·** ἰδοὺ τὸ ἄριστόν μου ἡτοίμακα, οἱ ταῦροί μου καὶ τὰ σιτιστὰ τεθυμένα καὶ πάντα ἕτοιμα· δεῦτε εἰς τοὺς γάμους.			Lk 14,17	καὶ ἀπέστειλεν τὸν δοῦλον αὐτοῦ τῇ ὥρᾳ τοῦ δείπνου εἰπεῖν **τοῖς κεκλημένοις·** ἔρχεσθε, ὅτι ἤδη ἕτοιμά ἐστιν.	→ GTh 64
d 202	Mt 22,8	... ὁ μὲν γάμος ἕτοιμός ἐστιν, **οἱ δὲ κεκλημένοι** οὐκ ἦσαν ἄξιοι·			Lk 14,24	λέγω γὰρ ὑμῖν ὅτι **οὐδεὶς τῶν ἀνδρῶν ἐκείνων τῶν κεκλημένων** γεύσεταί μου τοῦ δείπνου.	→ GTh 64
002					Lk 15,19	οὐκέτι εἰμὶ ἄξιος **κληθῆναι** υἱός σου· ποίησόν με ὡς ἕνα τῶν μισθίων σου.	
002					Lk 15,21	εἶπεν δὲ ὁ υἱὸς αὐτῷ· πάτερ, ἥμαρτον εἰς τὸν οὐρανὸν καὶ ἐνώπιόν σου, οὐκέτι εἰμὶ ἄξιος **κληθῆναι** υἱός σου.	
200	Mt 20,8	... λέγει ὁ κύριος τοῦ ἀμπελῶνος τῷ ἐπιτρόπῳ αὐτοῦ· **κάλεσον** τοὺς ἐργάτας καὶ ἀπόδος αὐτοῖς τὸν μισθὸν ...					

	Mt		Mk		Lk		
b c 002					Lk 19,2	καὶ ἰδοὺ ἀνὴρ ὀνόματι **καλούμενος** Ζακχαῖος, καὶ αὐτὸς ἦν ἀρχιτελώνης καὶ αὐτὸς πλούσιος·	
202	Mt 25,14	ὥσπερ γὰρ ἄνθρωπος ἀποδημῶν **ἐκάλεσεν** τοὺς ἰδίους δούλους καὶ παρέδωκεν αὐτοῖς τὰ ὑπάρχοντα αὐτοῦ, [15] καὶ ᾧ μὲν ἔδωκεν πέντε τάλαντα, ᾧ δὲ δύο, ᾧ δὲ ἕν, ...	Mk 13,34	ὡς ἄνθρωπος ἀπόδημος ἀφεὶς τὴν οἰκίαν αὐτοῦ καὶ δοὺς τοῖς δούλοις αὐτοῦ τὴν ἐξουσίαν ...	Lk 19,13	[12] ... ἄνθρωπός τις εὐγενὴς ἐπορεύθη εἰς χώραν μακρὰν ... [13] **καλέσας** δὲ δέκα δούλους ἑαυτοῦ ἔδωκεν αὐτοῖς δέκα μνᾶς ...	Mk-Q overlap
c 112	Mt 21,1	καὶ ὅτε ἤγγισαν εἰς Ἱεροσόλυμα καὶ ἦλθον εἰς Βηθφαγὴ εἰς τὸ ὄρος τῶν ἐλαιῶν, τότε Ἰησοῦς ἀπέστειλεν δύο μαθητὰς	Mk 11,1	καὶ ὅτε ἐγγίζουσιν εἰς Ἱεροσόλυμα εἰς Βηθφαγὴ καὶ Βηθανίαν πρὸς τὸ ὄρος τῶν ἐλαιῶν, ἀποστέλλει δύο τῶν μαθητῶν αὐτοῦ	Lk 19,29	καὶ ἐγένετο ὡς ἤγγισεν εἰς Βηθφαγὴ καὶ Βηθανία[ν] πρὸς τὸ ὄρος τὸ **καλούμενον** Ἐλαιῶν, ἀπέστειλεν δύο τῶν μαθητῶν	
221	Mt 21,13	... γέγραπται· *ὁ οἶκός μου* *οἶκος προσευχῆς* ***κληθήσεται,*** ὑμεῖς δὲ αὐτὸν ποιεῖτε *σπήλαιον λῃστῶν.* ➤ Isa 56,7; Jer 7,11	Mk 11,17	... οὐ γέγραπται ὅτι *ὁ οἶκός μου* *οἶκος προσευχῆς* ***κληθήσεται*** *πᾶσιν τοῖς ἔθνεσιν;* ὑμεῖς δὲ πεποιήκατε αὐτὸν *σπήλαιον λῃστῶν.* ➤ Isa 56,7; Jer 7,11	Lk 19,46	... γέγραπται· *καὶ ἔσται ὁ οἶκός μου* *οἶκος προσευχῆς,* ὑμεῖς δὲ αὐτὸν ἐποιήσατε *σπήλαιον λῃστῶν.* ➤ Isa 56,7; Jer 7,11	→ Jn 2,16
201 *d* 201	Mt 22,3 (2)	καὶ ἀπέστειλεν τοὺς δούλους αὐτοῦ **καλέσαι** τοὺς **κεκλημένους** εἰς τοὺς γάμους, καὶ οὐκ ἤθελον ἐλθεῖν.			Lk 14,17	καὶ ἀπέστειλεν τὸν δοῦλον αὐτοῦ τῇ ὥρᾳ τοῦ δείπνου	→ GTh 64
d 202	Mt 22,4	πάλιν ἀπέστειλεν ἄλλους δούλους λέγων· εἴπατε τοῖς **κεκλημένοις**· ἰδοὺ τὸ ἄριστόν μου ἡτοίμακα, οἱ ταῦροί μου καὶ τὰ σιτιστὰ τεθυμένα καὶ πάντα ἕτοιμα· δεῦτε εἰς τοὺς γάμους.				εἰπεῖν τοῖς **κεκλημένοις**· ἔρχεσθε, ὅτι ἤδη ἕτοιμά ἐστιν.	→ GTh 64
d 202	Mt 22,8	... ὁ μὲν γάμος ἕτοιμός ἐστιν, οἱ δὲ **κεκλημένοι** οὐκ ἦσαν ἄξιοι·			Lk 14,24	λέγω γὰρ ὑμῖν ὅτι οὐδεὶς τῶν ἀνδρῶν ἐκείνων τῶν **κεκλημένων** γεύσεταί μου τοῦ δείπνου.	→ GTh 64
201	Mt 22,9	πορεύεσθε οὖν ἐπὶ τὰς διεξόδους τῶν ὁδῶν καὶ ὅσους ἐὰν εὕρητε **καλέσατε** εἰς τοὺς γάμους.			Lk 14,23 → Mt 22,10 ⇨ Lk 14,21 → Lk 16,16	... ἔξελθε εἰς τὰς ὁδοὺς καὶ φραγμοὺς καὶ ἀνάγκασον εἰσελθεῖν, ...	→ GTh 64

211	Mt 22,43	... πῶς οὖν Δαυὶδ ἐν πνεύματι **καλεῖ** αὐτὸν κύριον λέγων· [44] *εἶπεν κύριος* *τῷ κυρίῳ μου· κάθου* *ἐκ δεξιῶν μου* ... ; ➤ Ps 110,1	Mk 12,36	αὐτὸς Δαυὶδ εἶπεν ἐν τῷ πνεύματι τῷ ἁγίῳ· *εἶπεν κύριος* *τῷ κυρίῳ μου· κάθου* *ἐκ δεξιῶν μου*, ... ➤ Ps 110,1	Lk 20,42	αὐτὸς γὰρ Δαυὶδ λέγει ἐν βίβλῳ ψαλμῶν· *εἶπεν κύριος* *τῷ κυρίῳ μου· κάθου* *ἐκ δεξιῶν μου* ➤ Ps 110,1	
212	Mt 22,45	εἰ οὖν Δαυὶδ **καλεῖ** αὐτὸν κύριον, πῶς υἱὸς αὐτοῦ ἐστιν;	Mk 12,37	αὐτὸς Δαυὶδ **λέγει** αὐτὸν κύριον, καὶ πόθεν αὐτοῦ ἐστιν υἱός; ...	Lk 20,44	Δαυὶδ οὖν κύριον αὐτὸν **καλεῖ,** καὶ πῶς αὐτοῦ υἱός ἐστιν;	
211	Mt 23,7	... τοὺς ἀσπασμοὺς ἐν ταῖς ἀγοραῖς καὶ **καλεῖσθαι** ὑπὸ τῶν ἀνθρώπων ῥαββί.	Mk 12,38	... ἀσπασμοὺς ἐν ταῖς ἀγοραῖς	Lk 20,46 ⇩ Lk 11,43 Lk 11,43 ⇧ Lk 20,46	... ἀσπασμοὺς ἐν ταῖς ἀγοραῖς ... ... τοὺς ἀσπασμοὺς ἐν ταῖς ἀγοραῖς.	Mk-Q overlap
200	Mt 23,8	ὑμεῖς δὲ **μὴ κληθῆτε** ῥαββί· εἷς γάρ ἐστιν ὑμῶν ὁ διδάσκαλος, πάντες δὲ ὑμεῖς ἀδελφοί ἐστε.					
200	Mt 23,9	καὶ πατέρα **μὴ καλέσητε** ὑμῶν ἐπὶ τῆς γῆς, εἷς γάρ ἐστιν ὑμῶν ὁ πατὴρ ὁ οὐράνιος.					
200	Mt 23,10	**μηδὲ κληθῆτε** καθηγηταί, ὅτι καθηγητὴς ὑμῶν ἐστιν εἷς ὁ Χριστός.					→ GTh 13,4-5
202	Mt 25,14	ὥσπερ γὰρ ἄνθρωπος ἀποδημῶν **ἐκάλεσεν** τοὺς ἰδίους δούλους καὶ παρέδωκεν αὐτοῖς τὰ ὑπάρχοντα αὐτοῦ, [15] καὶ ᾧ μὲν ἔδωκεν πέντε τάλαντα, ᾧ δὲ δύο, ᾧ δὲ ἕν, ...	Mk 13,34	ὡς ἄνθρωπος ἀπόδημος ἀφεὶς τὴν οἰκίαν αὐτοῦ καὶ δοὺς τοῖς δούλοις αὐτοῦ τὴν ἐξουσίαν ...	Lk 19,13	[12] ... ἄνθρωπός τις εὐγενὴς ἐπορεύθη εἰς χώραν μακρὰν ... [13] **καλέσας** δὲ δέκα δούλους ἑαυτοῦ ἔδωκεν αὐτοῖς δέκα μνᾶς ...	Mk-Q overlap
c 002	Mt 21,17	καὶ καταλιπὼν αὐτοὺς ἐξῆλθεν ἔξω τῆς πόλεως **εἰς Βηθανίαν,** καὶ ηὐλίσθη ἐκεῖ.	Mk 11,11	... ὀψίας ἤδη οὔσης τῆς ὥρας, ἐξῆλθεν **εἰς Βηθανίαν** μετὰ τῶν δώδεκα.	Lk 21,37 → Mk 11,19 → Lk 19,47	ἦν δὲ τὰς ἡμέρας ἐν τῷ ἱερῷ διδάσκων, τὰς δὲ νύκτας ἐξερχόμενος ηὐλίζετο **εἰς τὸ ὄρος τὸ** **καλούμενον Ἐλαιῶν·**	→ [[Jn 8,1]]
c 112	Mt 26,14	τότε πορευθεὶς εἷς τῶν δώδεκα, **ὁ λεγόμενος Ἰούδας** **Ἰσκαριώτης,** πρὸς τοὺς ἀρχιερεῖς	Mk 14,10	καὶ **Ἰούδας** **Ἰσκαριὼθ** ὁ εἷς τῶν δώδεκα ἀπῆλθεν πρὸς τοὺς ἀρχιερεῖς ...	Lk 22,3	εἰσῆλθεν δὲ σατανᾶς **εἰς Ἰούδαν** **τὸν καλούμενον** **Ἰσκαριώτην,** ὄντα ἐκ τοῦ ἀριθμοῦ τῶν δώδεκα· [4] καὶ ἀπελθὼν συνελάλησεν τοῖς ἀρχιερεῦσιν καὶ στρατηγοῖς ...	

112	Mt 20,25	... οἱ ἄρχοντες τῶν ἐθνῶν κατακυριεύουσιν αὐτῶν καὶ οἱ μεγάλοι κατεξουσιάζουσιν αὐτῶν.	Mk 10,42	... οἱ δοκοῦντες ἄρχειν τῶν ἐθνῶν κατακυριεύουσιν αὐτῶν καὶ οἱ μεγάλοι αὐτῶν κατεξουσιάζουσιν αὐτῶν.	Lk 22,25	... οἱ βασιλεῖς τῶν ἐθνῶν κυριεύουσιν αὐτῶν καὶ οἱ ἐξουσιάζοντες αὐτῶν εὐεργέται **καλοῦνται.**	
200	Mt 27,8	διὸ **ἐκλήθη** ὁ ἀγρὸς ἐκεῖνος ἀγρὸς αἵματος ἕως τῆς σήμερον.					→ Acts 1,19
c 112	Mt 27,33	καὶ ἐλθόντες εἰς τόπον λεγόμενον Γολγοθᾶ, **ὅ ἐστιν Κρανίου Τόπος λεγόμενος**	Mk 15,22	καὶ φέρουσιν αὐτὸν ἐπὶ τὸν Γολγοθᾶν τόπον, **ὅ ἐστιν μεθερμηνευόμενον Κρανίου Τόπος.**	Lk 23,33	καὶ ὅτε ἦλθον ἐπὶ τὸν τόπον **τὸν καλούμενον Κρανίον, ...**	→ Jn 19,17

c **Acts 1,12** → Lk 24,52 — τότε ὑπέστρεψαν εἰς Ἰερουσαλὴμ **ἀπὸ ὄρους τοῦ καλουμένου Ἐλαιῶνος, ...**

Acts 1,19 → Mt 27,8 — καὶ γνωστὸν ἐγένετο πᾶσι τοῖς κατοικοῦσιν Ἰερουσαλήμ, ὥστε **κληθῆναι** τὸ χωρίον ἐκεῖνο τῇ ἰδίᾳ διαλέκτῳ αὐτῶν Ἁκελδαμάχ, τοῦτ' ἔστιν χωρίον αἵματος.

c **Acts 1,23** — καὶ ἔστησαν δύο, **Ἰωσὴφ τὸν καλούμενον Βαρσαββᾶν** ὃς ἐπεκλήθη Ἰοῦστος, καὶ Μαθθίαν.

c **Acts 3,11** — κρατοῦντος δὲ αὐτοῦ τὸν Πέτρον καὶ τὸν Ἰωάννην συνέδραμεν πᾶς ὁ λαὸς πρὸς αὐτοὺς **ἐπὶ τῇ στοᾷ τῇ καλουμένῃ Σολομῶντος** ἔκθαμβοι.

Acts 4,18 — καὶ **καλέσαντες** αὐτοὺς παρήγγειλαν τὸ καθόλου μὴ φθέγγεσθαι μηδὲ διδάσκειν ἐπὶ τῷ ὀνόματι τοῦ Ἰησοῦ.

c **Acts 7,58** — ... καὶ οἱ μάρτυρες ἀπέθεντο τὰ ἱμάτια αὐτῶν **παρὰ τοὺς πόδας νεανίου καλουμένου Σαύλου**

c **Acts 8,10** — ... οὗτός ἐστιν **ἡ δύναμις τοῦ θεοῦ ἡ καλουμένη μεγάλη.**

c **Acts 9,11** — ... ἀναστὰς πορεύθητι ἐπὶ τὴν ῥύμην **τὴν καλουμένην Εὐθεῖαν** καὶ ζήτησον ἐν οἰκίᾳ Ἰούδα Σαῦλον ὀνόματι Ταρσέα· ...

c **Acts 10,1** — ἀνὴρ δέ τις ἐν Καισαρείᾳ ὀνόματι Κορνήλιος, ἑκατοντάρχης **ἐκ σπείρης τῆς καλουμένης Ἰταλικῆς**

c **Acts 13,1** — ... προφῆται καὶ διδάσκαλοι ὅ τε Βαρναβᾶς καὶ **Συμεὼν ὁ καλούμενος Νίγερ** καὶ Λούκιος ὁ Κυρηναῖος, Μαναήν τε Ἡρῴδου τοῦ τετραάρχου σύντροφος καὶ Σαῦλος.

Acts 14,12 — **ἐκάλουν** τε τὸν Βαρναβᾶν Δία, τὸν δὲ Παῦλον Ἑρμῆν, ἐπειδὴ αὐτὸς ἦν ὁ ἡγούμενος τοῦ λόγου.

c **Acts 15,22** — **... Ἰούδαν τὸν καλούμενον Βαρσαββᾶν** καὶ Σιλᾶν, ἄνδρας ἡγουμένους ἐν τοῖς ἀδελφοῖς

c **Acts 15,37** — Βαρναβᾶς δὲ ἐβούλετο συμπαραλαβεῖν καὶ **τὸν Ἰωάννην τὸν καλούμενον Μᾶρκον·**

Acts 24,2 — **κληθέντος** δὲ αὐτοῦ ἤρξατο κατηγορεῖν ὁ Τέρτυλλος λέγων· ...

c **Acts 27,8** — μόλις τε παραλεγόμενοι αὐτὴν ἤλθομεν **εἰς τόπον τινὰ καλούμενον Καλοὺς λιμένας** ᾧ ἐγγὺς πόλις ἦν Λασαία.

c **Acts 27,14** — μετ' οὐ πολὺ δὲ ἔβαλεν κατ' αὐτῆς **ἄνεμος τυφωνικὸς ὁ καλούμενος εὐρακύλων·**

c **Acts 27,16** — **νησίον δέ τι ὑποδραμόντες καλούμενον Καῦδα** ἰσχύσαμεν μόλις περικρατεῖς γενέσθαι τῆς σκάφης

Acts 28,1 — καὶ διασωθέντες τότε ἐπέγνωμεν ὅτι Μελίτη ἡ νῆσος **καλεῖται.**

καλός	Syn 41	Mt 21	Mk 11	Lk 9	Acts 1	Jn 7	1-3John	Paul 17	Eph	Col
	NT 101	2Thess	1/2Tim 19	Tit 5	Heb 5	Jas 3	1Pet 3	2Pet	Jude	Rev

beautiful; good; useful; free from defects; fine; precious; morally good; noble; praiseworthy; unobjectionable; blameless; excellent

	triple tradition																	double tradition			Sondergut		
		+Mt / +Lk			–Mt / –Lk			traditions not taken over by Mt / Lk							subtotals								
code	*222*	*211*	*112*	*212*	*221*	*122*	*121*	*022*	*012*	*021*	*220*	*120*	*210*	*020*	Σ⁺	Σ⁻	Σ	*202*	*201*	*102*	*200*	*002*	total
Mt	2				2		1⁻				4					1⁻	8	2			11		**21**
Mk	2				2		1				4			2			11						**11**
Lk	2		2⁺		2⁻		1⁻								2⁺	3⁻	4	2		2		1	**9**

Mk-Q overlap: 121: Mt 18,6 / Mk 9,42 / Lk 17,2 (?)

a καλόν (ἐστιν, ἦν) with infinitive or εἰ, ἐάν

code	Mt		Mk		Lk		
202	**Mt 3,10** ⇩ Mt 7,19	... πᾶν οὖν δένδρον μὴ ποιοῦν **καρπὸν καλὸν** ἐκκόπτεται καὶ εἰς πῦρ βάλλεται.			**Lk 3,9**	... πᾶν οὖν δένδρον μὴ ποιοῦν **καρπὸν καλὸν** ἐκκόπτεται καὶ εἰς πῦρ βάλλεται.	
200	**Mt 5,16**	οὕτως λαμψάτω τὸ φῶς ὑμῶν ἔμπροσθεν τῶν ἀνθρώπων, ὅπως ἴδωσιν ὑμῶν **τὰ καλὰ ἔργα** καὶ δοξάσωσιν τὸν πατέρα ὑμῶν τὸν ἐν τοῖς οὐρανοῖς.					
002					**Lk 6,38**	δίδοτε, καὶ δοθήσεται ὑμῖν· **μέτρον καλὸν** **πεπιεσμένον** **σεσαλευμένον** **ὑπερεκχυννόμενον** δώσουσιν εἰς τὸν κόλπον ὑμῶν· ...	
200	**Mt 7,17** ⇩ Mt 12,33	οὕτως πᾶν δένδρον ἀγαθὸν **καρποὺς καλοὺς** ποιεῖ, τὸ δὲ σαπρὸν δένδρον καρποὺς πονηροὺς ποιεῖ.					
102 202	**Mt 7,18**	οὐ δύναται **δένδρον ἀγαθὸν** καρποὺς πονηροὺς ποιεῖν οὐδὲ δένδρον σαπρὸν **καρποὺς καλοὺς** ποιεῖν.			**Lk 6,43** **(2)**	οὐ γάρ ἐστιν **δένδρον καλὸν** ποιοῦν καρπὸν σαπρόν, οὐδὲ πάλιν δένδρον σαπρὸν ποιοῦν **καρπὸν καλόν.**	
200	**Mt 7,19** ⇧ Mt 3,10	πᾶν δένδρον μὴ ποιοῦν **καρπὸν καλὸν** ἐκκόπτεται καὶ εἰς πῦρ βάλλεται.			**Lk 3,9**	... πᾶν οὖν δένδρον μὴ ποιοῦν **καρπὸν καλὸν** ἐκκόπτεται καὶ εἰς πῦρ βάλλεται.	
200 200	**Mt 12,33** **(2)** ⇧ Mt 7,17	ἢ ποιήσατε **τὸ δένδρον καλὸν** καὶ **τὸν καρπὸν αὐτοῦ** **καλόν,** ἢ ποιήσατε τὸ δένδρον σαπρὸν καὶ τὸν καρπὸν αὐτοῦ σαπρόν· ...					

221	Mt 13,8	ἄλλα δὲ ἔπεσεν ἐπὶ τὴν γῆν τὴν καλὴν καὶ ἐδίδου καρπόν, ...	Mk 4,8	καὶ ἄλλα ἔπεσεν εἰς τὴν γῆν τὴν καλὴν καὶ ἐδίδου καρπὸν ...	Lk 8,8	καὶ ἕτερον ἔπεσεν εἰς τὴν γῆν τὴν ἀγαθὴν καὶ φυὲν ἐποίησεν καρπὸν ...	→ GTh 9
222 112	Mt 13,23	ὁ δὲ ἐπὶ τὴν καλὴν γῆν σπαρείς, οὗτός ἐστιν ὁ τὸν λόγον ἀκούων καὶ συνιείς, ...	Mk 4,20	καὶ ἐκεῖνοί εἰσιν οἱ ἐπὶ τὴν γῆν τὴν καλὴν σπαρέντες, οἵτινες ἀκούουσιν τὸν λόγον καὶ παραδέχονται ...	Lk 8,15 (2)	τὸ δὲ ἐν τῇ καλῇ γῇ, οὗτοί εἰσιν οἵτινες ἐν καρδίᾳ καλῇ καὶ ἀγαθῇ ἀκούσαντες τὸν λόγον κατέχουσιν ...	
200	Mt 13,24	... ὡμοιώθη ἡ βασιλεία τῶν οὐρανῶν ἀνθρώπῳ σπείραντι καλὸν σπέρμα ἐν τῷ ἀγρῷ αὐτοῦ.					→ GTh 57
200	Mt 13,27	... κύριε, οὐχὶ καλὸν σπέρμα ἔσπειρας ἐν τῷ σῷ ἀγρῷ; πόθεν οὖν ἔχει ζιζάνια;					→ GTh 57
200	Mt 13,37	... ὁ σπείρων τὸ καλὸν σπέρμα ἐστὶν ὁ υἱὸς τοῦ ἀνθρώπου,					
200	Mt 13,38	ὁ δὲ ἀγρός ἐστιν ὁ κόσμος, τὸ δὲ καλὸν σπέρμα, οὗτοί εἰσιν οἱ υἱοὶ τῆς βασιλείας· τὰ δὲ ζιζάνιά εἰσιν οἱ υἱοὶ τοῦ πονηροῦ					
200	Mt 13,45	πάλιν ὁμοία ἐστὶν ἡ βασιλεία τῶν οὐρανῶν ἀνθρώπῳ ἐμπόρῳ ζητοῦντι καλοὺς μαργαρίτας·					→ GTh 76,1-2
200	Mt 13,48	ἣν ὅτε ἐπληρώθη ἀναβιβάσαντες ἐπὶ τὸν αἰγιαλὸν καὶ καθίσαντες συνέλεξαν τὰ καλὰ εἰς ἄγγη, τὰ δὲ σαπρὰ ἔξω ἔβαλον.					→ GTh 8
a 220	Mt 15,26	... οὐκ ἔστιν καλὸν λαβεῖν τὸν ἄρτον τῶν τέκνων καὶ βαλεῖν τοῖς κυναρίοις.	Mk 7,27	... οὐ γάρ ἐστιν καλὸν λαβεῖν τὸν ἄρτον τῶν τέκνων καὶ τοῖς κυναρίοις βαλεῖν.			
a 222	Mt 17,4	... κύριε, καλόν ἐστιν ἡμᾶς ὧδε εἶναι· ...	Mk 9,5	... ῥαββί, καλόν ἐστιν ἡμᾶς ὧδε εἶναι, ...	Lk 9,33	... ἐπιστάτα, καλόν ἐστιν ἡμᾶς ὧδε εἶναι, ...	
a 121	Mt 18,6 → Mt 18,10	ὃς δ' ἂν σκανδαλίσῃ ἕνα τῶν μικρῶν τούτων τῶν πιστευόντων εἰς ἐμέ, συμφέρει αὐτῷ ἵνα κρεμασθῇ μύλος ὀνικὸς περὶ τὸν τράχηλον αὐτοῦ καὶ καταποντισθῇ ἐν τῷ πελάγει τῆς θαλάσσης.	Mk 9,42	καὶ ὃς ἂν σκανδαλίσῃ ἕνα τῶν μικρῶν τούτων τῶν πιστευόντων [εἰς ἐμέ], καλόν ἐστιν αὐτῷ μᾶλλον εἰ περίκειται μύλος ὀνικὸς περὶ τὸν τράχηλον αὐτοῦ καὶ βέβληται εἰς τὴν θάλασσαν.	Lk 17,2	λυσιτελεῖ αὐτῷ εἰ λίθος μυλικὸς περίκειται περὶ τὸν τράχηλον αὐτοῦ καὶ ἔρριπται εἰς τὴν θάλασσαν ἢ ἵνα σκανδαλίσῃ τῶν μικρῶν τούτων ἕνα.	Mk-Q overlap?

	Mt		Mk		Lk		
a 220	**Mt 18,8** ⇩ Mt 5,30 ↓ Mk 9,45	εἰ δὲ ἡ χείρ σου ἢ ὁ πούς σου σκανδαλίζει σε, ἔκκοψον αὐτὸν καὶ βάλε ἀπὸ σοῦ· **καλόν** σοί ἐστιν εἰσελθεῖν εἰς τὴν ζωὴν κυλλὸν ἢ χωλόν ἢ δύο χεῖρας ἢ δύο πόδας ἔχοντα βληθῆναι εἰς τὸ πῦρ τὸ αἰώνιον.	**Mk 9,43**	καὶ ἐὰν σκανδαλίζῃ σε ἡ χείρ σου, ἀπόκοψον αὐτήν· **καλόν** ἐστίν σε κυλλὸν εἰσελθεῖν εἰς τὴν ζωὴν ἢ τὰς δύο χεῖρας ἔχοντα ἀπελθεῖν εἰς τὴν γέενναν, εἰς τὸ πῦρ τὸ ἄσβεστον.			
a 020			**Mk 9,45** ↑ Mt 18,8	καὶ ἐὰν ὁ πούς σου σκανδαλίζῃ σε, ἀπόκοψον αὐτόν· **καλόν** ἐστίν σε εἰσελθεῖν εἰς τὴν ζωὴν χωλὸν ἢ τοὺς δύο πόδας ἔχοντα βληθῆναι εἰς τὴν γέενναν.			
	Mt 5,30 ⇧ Mt 18,8	καὶ εἰ ἡ δεξιά σου χεὶρ σκανδαλίζει σε, ἔκκοψον αὐτὴν καὶ βάλε ἀπὸ σοῦ· **συμφέρει** γάρ σοι ἵνα ἀπόληται ἓν τῶν μελῶν σου καὶ μὴ ὅλον τὸ σῶμά σου εἰς γέενναν ἀπέλθῃ.					
a 220	**Mt 18,9** ⇩ Mt 5,29	καὶ εἰ ὁ ὀφθαλμός σου σκανδαλίζει σε, ἔξελε αὐτὸν καὶ βάλε ἀπὸ σοῦ· **καλόν** σοί ἐστιν μονόφθαλμον εἰς τὴν ζωὴν εἰσελθεῖν ἢ δύο ὀφθαλμοὺς ἔχοντα βληθῆναι εἰς τὴν γέενναν τοῦ πυρός.	**Mk 9,47**	καὶ ἐὰν ὁ ὀφθαλμός σου σκανδαλίζῃ σε, ἔκβαλε αὐτόν· **καλόν** σέ ἐστιν μονόφθαλμον εἰσελθεῖν εἰς τὴν βασιλείαν τοῦ θεοῦ ἢ δύο ὀφθαλμοὺς ἔχοντα βληθῆναι εἰς τὴν γέενναν			
	Mt 5,29 ⇧ Mt 18,9	εἰ δὲ ὁ ὀφθαλμός σου ὁ δεξιὸς σκανδαλίζει σε, ἔξελε αὐτὸν καὶ βάλε ἀπὸ σοῦ· **συμφέρει γάρ σοι** ἵνα ἀπόληται ἓν τῶν μελῶν σου καὶ μὴ ὅλον τὸ σῶμά σου βληθῇ εἰς γέενναν.					
020	Mt 5,13	ὑμεῖς ἐστε τὸ ἅλας τῆς γῆς· ἐὰν δὲ τὸ ἅλας μωρανθῇ, ἐν τίνι ἁλισθήσεται; ...	**Mk 9,50**	**καλὸν** τὸ ἅλας· ἐὰν δὲ τὸ ἅλας ἄναλον γένηται, ἐν τίνι αὐτὸ ἀρτύσετε; ...	Lk 14,34	**καλὸν** οὖν τὸ ἅλας· ἐὰν δὲ καὶ τὸ ἅλας μωρανθῇ, ἐν τίνι ἀρτυθήσεται;	Mk-Q overlap
102	**Mt 5,13**	ὑμεῖς ἐστε τὸ ἅλας τῆς γῆς· ἐὰν δὲ τὸ ἅλας μωρανθῇ, ἐν τίνι ἁλισθήσεται; ...	Mk 9,50	**καλὸν** τὸ ἅλας· ἐὰν δὲ τὸ ἅλας ἄναλον γένηται, ἐν τίνι αὐτὸ ἀρτύσετε; ...	**Lk 14,34**	**καλὸν** οὖν τὸ ἅλας· ἐὰν δὲ καὶ τὸ ἅλας μωρανθῇ, ἐν τίνι ἀρτυθήσεται;	Mk-Q overlap
112	**Mt 24,1**	... καὶ προσῆλθον οἱ μαθηταὶ αὐτοῦ ἐπιδεῖξαι αὐτῷ τὰς οἰκοδομὰς τοῦ ἱεροῦ.	**Mk 13,1**	... λέγει αὐτῷ εἷς τῶν μαθητῶν αὐτοῦ· διδάσκαλε, ἴδε **ποταποὶ λίθοι** καὶ ποταπαὶ οἰκοδομαί.	**Lk 21,5**	καί τινων λεγόντων περὶ τοῦ ἱεροῦ ὅτι **λίθοις καλοῖς** καὶ ἀναθήμασιν κεκόσμηται ...	
220	**Mt 26,10**	... τί κόπους παρέχετε τῇ γυναικί; **ἔργον γὰρ καλὸν** ἠργάσατο εἰς ἐμέ·	**Mk 14,6**	... τί αὐτῇ κόπους παρέχετε; **καλὸν ἔργον** ἠργάσατο ἐν ἐμοί.			→ Jn 12,7

	Mt		Mk		Lk		
a 221	**Mt 26,24**	... οὐαὶ δὲ τῷ ἀνθρώπῳ ἐκείνῳ δι᾽ οὗ ὁ υἱὸς τοῦ ἀνθρώπου παραδίδοται· **καλὸν** ἦν αὐτῷ εἰ οὐκ ἐγεννήθη ὁ ἄνθρωπος ἐκεῖνος.	**Mk 14,21**	... οὐαὶ δὲ τῷ ἀνθρώπῳ ἐκείνῳ δι᾽ οὗ ὁ υἱὸς τοῦ ἀνθρώπου παραδίδοται· **καλὸν** αὐτῷ εἰ οὐκ ἐγεννήθη ὁ ἄνθρωπος ἐκεῖνος.	**Lk 22,22**	... πλὴν οὐαὶ τῷ ἀνθρώπῳ ἐκείνῳ δι᾽ οὗ παραδίδοται.	

Acts 27,8 μόλις τε παραλεγόμενοι αὐτὴν ἤλθομεν εἰς τόπον τινὰ καλούμενον **Καλοὺς λιμένας** ᾧ ἐγγὺς πόλις ἦν Λασαία.

καλύπτω	Syn 4	Mt 2	Mk	Lk 2	Acts	Jn	1-3John	Paul 2	Eph	Col
	NT 8	2Thess	1/2Tim	Tit	Heb	Jas 1	1Pet 1	2Pet	Jude	Rev

cover; hide; conceal; remove from sight

	Mt		Mk		Lk		
211	**Mt 8,24**	καὶ ἰδοὺ σεισμὸς μέγας ἐγένετο ἐν τῇ θαλάσσῃ, ὥστε τὸ πλοῖον **καλύπτεσθαι** ὑπὸ τῶν κυμάτων, ...	**Mk 4,37**	καὶ γίνεται λαῖλαψ μεγάλη ἀνέμου, καὶ τὰ κύματα **ἐπέβαλλεν** εἰς τὸ πλοῖον, ὥστε ἤδη γεμίζεσθαι τὸ πλοῖον.	**Lk 8,23**	... καὶ κατέβη λαῖλαψ ἀνέμου εἰς τὴν λίμνην, καὶ συνεπληροῦντο καὶ ἐκινδύνευον.	
201	**Mt 10,26**	... οὐδὲν γάρ ἐστιν **κεκαλυμμένον** ὃ οὐκ ἀποκαλυφθήσεται καὶ κρυπτὸν ὃ οὐ γνωσθήσεται.			**Lk 12,2** ⇩ Lk 8,17	οὐδὲν δὲ **συγκεκαλυμμένον** ἐστὶν ὃ οὐκ ἀποκαλυφθήσεται καὶ κρυπτὸν ὃ οὐ γνωσθήσεται.	→ GTh 5 → GTh 6,5-6 (POxy 654) Mk-Q overlap
			Mk 4,22	οὐ γάρ ἐστιν **κρυπτὸν** ἐὰν μὴ ἵνα φανερωθῇ, οὐδὲ ἐγένετο ἀπόκρυφον ἀλλ᾽ ἵνα ἔλθῃ εἰς φανερόν.	**Lk 8,17** ⇧ Lk 12,2	οὐ γάρ ἐστιν **κρυπτὸν** ὃ οὐ φανερὸν γενήσεται οὐδὲ ἀπόκρυφον ὃ οὐ μὴ γνωσθῇ καὶ εἰς φανερὸν ἔλθῃ.	
012			**Mk 4,21**	... μήτι ἔρχεται ὁ λύχνος ἵνα ὑπὸ τὸν μόδιον τεθῇ ἢ ὑπὸ τὴν κλίνην; οὐχ ἵνα ἐπὶ τὴν λυχνίαν τεθῇ;	**Lk 8,16** ⇩ Lk 11,33	οὐδεὶς δὲ λύχνον ἅψας **καλύπτει** αὐτὸν σκεύει ἢ ὑποκάτω κλίνης τίθησιν, ἀλλ᾽ ἐπὶ λυχνίας τίθησιν, ἵνα οἱ εἰσπορευόμενοι βλέπωσιν τὸ φῶς.	→ GTh 33,2-3 Mk-Q overlap
	Mt 5,15	οὐδὲ καίουσιν λύχνον καὶ τιθέασιν αὐτὸν ὑπὸ τὸν μόδιον ἀλλ᾽ ἐπὶ τὴν λυχνίαν, καὶ λάμπει πᾶσιν τοῖς ἐν τῇ οἰκίᾳ.			**Lk 11,33** ⇧ Lk 8,16	οὐδεὶς λύχνον ἅψας εἰς κρύπτην τίθησιν [οὐδὲ ὑπὸ τὸν μόδιον] ἀλλ᾽ ἐπὶ τὴν λυχνίαν, ἵνα οἱ εἰσπορευόμενοι τὸ φῶς βλέπωσιν.	
002					**Lk 23,30**	τότε ἄρξονται *λέγειν τοῖς ὄρεσιν· πέσετε ἐφ᾽ ἡμᾶς, καὶ τοῖς βουνοῖς·* ***καλύψατε*** *ἡμᾶς·* ➤ Hos 10,8	

καλῶς	Syn	Mt	Mk	Lk	Acts	Jn	1-3John	Paul	Eph	Col
	11	2	5	4	3	4	1	8		
	NT	2Thess	1/2Tim	Tit	Heb	Jas	1Pet	2Pet	Jude	Rev
	36		4		1	3		1		

well; beautifully; fitly; appropriately; in the right way; splendidly; commendably; free from objection; beneficially; acceptably; rightly; correctly; *as exclamation:* quite right; that is true; well said

	triple tradition																	double tradition			Sondergut		
		+Mt / +Lk			–Mt / –Lk			traditions not taken over by Mt / Lk							subtotals								
code	*222*	*211*	*112*	*212*	*221*	*122*	*121*	*022*	*012*	*021*	*220*	*120*	*210*	*020*	Σ⁺	Σ⁻	Σ	*202*	*201*	*102*	*200*	*002*	total
Mt		1^+					1^-				1	2^-			1^+	3^-	2						**2**
Mk							1	1			1	2					5						**5**
Lk							1^-	1								1^-	1			2		1	**4**

a καλῶς ποιέω

code	Mt		Mk		Lk		
002					**Lk 6,26**	οὐαὶ ὅταν ὑμᾶς **καλῶς** εἴπωσιν πάντες οἱ ἄνθρωποι· ...	
a 102	**Mt 5,44**	... ἀγαπᾶτε τοὺς ἐχθροὺς ὑμῶν ...			**Lk 6,27** ⇨ Lk 6,35	... ἀγαπᾶτε τοὺς ἐχθροὺς ὑμῶν, **καλῶς** ποιεῖτε τοῖς μισοῦσιν ὑμᾶς	
102	**Mt 7,25**	καὶ κατέβη ἡ βροχὴ καὶ ἦλθον οἱ ποταμοὶ καὶ ἔπνευσαν οἱ ἄνεμοι καὶ προσέπεσαν τῇ οἰκίᾳ ἐκείνῃ, καὶ οὐκ ἔπεσεν, **τεθεμελίωτο γὰρ** **ἐπὶ τὴν πέτραν.**			**Lk 6,48**	... πλημμύρης δὲ γενομένης προσέρηξεν ὁ ποταμὸς τῇ οἰκίᾳ ἐκείνῃ, καὶ οὐκ ἴσχυσεν σαλεῦσαι αὐτὴν **διὰ τὸ καλῶς** **οἰκοδομῆσθαι αὐτήν.**	
a 211	**Mt 12,12**	... ὥστε ἔξεστιν τοῖς σάββασιν **καλῶς ποιεῖν.**	**Mk 3,4**	... ἔξεστιν τοῖς σάββασιν **ἀγαθὸν ποιῆσαι** ἢ κακοποιῆσαι, ψυχὴν σῶσαι ἢ ἀποκτεῖναι; ...	**Lk 6,9** → Lk 13,14 → Lk 14,3	... ἐπερωτῶ ὑμᾶς εἰ ἔξεστιν τῷ σαββάτῳ **ἀγαθοποιῆσαι** ἢ κακοποιῆσαι, ψυχὴν σῶσαι ἢ ἀπολέσαι;	
220	**Mt 15,7**	ὑποκριταί, **καλῶς** ἐπροφήτευσεν περὶ ὑμῶν Ἠσαΐας λέγων· [8] *ὁ λαὸς οὗτος τοῖς* *χείλεσίν με τιμᾷ,* *ἡ δὲ καρδία αὐτῶν* *πόρρω ἀπέχει ἀπ' ἐμοῦ·* ➤ Isa 29,13 LXX	**Mk 7,6**	... **καλῶς** ἐπροφήτευσεν Ἠσαΐας περὶ ὑμῶν τῶν ὑποκριτῶν, ὡς γέγραπται [ὅτι] *οὗτος ὁ λαὸς τοῖς* *χείλεσίν με τιμᾷ,* *ἡ δὲ καρδία αὐτῶν* *πόρρω ἀπέχει ἀπ' ἐμοῦ·* ➤ Isa 29,13 LXX			
120	**Mt 15,3**	ὁ δὲ ἀποκριθεὶς εἶπεν αὐτοῖς· διὰ τί καὶ ὑμεῖς παραβαίνετε τὴν ἐντολὴν τοῦ θεοῦ διὰ τὴν παράδοσιν ὑμῶν;	**Mk 7,9**	καὶ ἔλεγεν αὐτοῖς· **καλῶς** ἀθετεῖτε τὴν ἐντολὴν τοῦ θεοῦ, ἵνα τὴν παράδοσιν ὑμῶν στήσητε.			
120	**Mt 15,31** → Mt 11,5	ὥστε τὸν ὄχλον θαυμάσαι βλέποντας κωφοὺς λαλοῦντας, κυλλοὺς ὑγιεῖς, καὶ χωλοὺς περιπατοῦντας καὶ τυφλοὺς βλέποντας· καὶ ἐδόξασαν τὸν θεὸν Ἰσραήλ.	**Mk 7,37**	καὶ ὑπερπερισσῶς ἐξεπλήσσοντο λέγοντες· **καλῶς** πάντα πεποίηκεν, καὶ τοὺς κωφοὺς ποιεῖ ἀκούειν καὶ [τοὺς] ἀλάλους λαλεῖν.			

code	Mt		Mk		Lk		
121	**Mt 22,34** → Mt 19,16	οἱ δὲ Φαρισαῖοι ἀκούσαντες ὅτι ἐφίμωσεν τοὺς Σαδδουκαίους συνήχθησαν ἐπὶ τὸ αὐτό, [35] καὶ ἐπηρώτησεν εἷς ἐξ αὐτῶν [νομικὸς] πειράζων αὐτόν· [36] διδάσκαλε, ποία ἐντολὴ μεγάλη ἐν τῷ νόμῳ;	**Mk 12,28** → Mk 10,17 ↓ Lk 20,39	καὶ προσελθὼν εἷς τῶν γραμματέων ἀκούσας αὐτῶν συζητούντων, ἰδὼν ὅτι **καλῶς** ἀπεκρίθη αὐτοῖς ἐπηρώτησεν αὐτόν· ποία ἐστὶν ἐντολὴ πρώτη πάντων;	**Lk 10,25** ⇨ Lk 18,18	καὶ ἰδοὺ νομικός τις ἀνέστη ἐκπειράζων αὐτὸν λέγων· διδάσκαλε, τί ποιήσας ζωὴν αἰώνιον κληρονομήσω;	
022			**Mk 12,32**	καὶ εἶπεν αὐτῷ ὁ γραμματεύς· **καλῶς**, διδάσκαλε, ἐπ' ἀληθείας εἶπες ὅτι *εἷς ἐστιν καὶ* *οὐκ ἔστιν ἄλλος πλὴν* *αὐτοῦ*· ➤ Deut 6,4	**Lk 20,39** ↑ Mk 12,28	ἀποκριθέντες δέ τινες τῶν γραμματέων εἶπαν· διδάσκαλε, **καλῶς** εἶπας.	

a **Acts 10,33** ἐξαυτῆς οὖν ἔπεμψα πρὸς σέ, σύ τε **καλῶς** ἐποίησας παραγενόμενος. ...	**Acts 25,10** ... Ἰουδαίους οὐδὲν ἠδίκησα ὡς καὶ σὺ **κάλλιον** ἐπιγινώσκεις.	**Acts 28,25** ... **καλῶς** τὸ πνεῦμα τὸ ἅγιον ἐλάλησεν διὰ Ἠσαΐου τοῦ προφήτου πρὸς τοὺς πατέρας ὑμῶν

κάμηλος

Syn	Mt	Mk	Lk	Acts	Jn	1-3John	Paul	Eph	Col
6	3	2	1						
NT	2Thess	1/2Tim	Tit	Heb	Jas	1Pet	2Pet	Jude	Rev
6									

camel

	triple tradition																	double tradition			Sondergut		
		+Mt / +Lk			–Mt / –Lk			traditions not taken over by Mt / Lk							subtotals								
code	*222*	*211*	*112*	*212*	*221*	*122*	*121*	*022*	*012*	*021*	*220*	*120*	*210*	*020*	Σ⁺	Σ⁻	Σ	*202*	*201*	*102*	*200*	*002*	total
Mt	1										1						2				1		**3**
Mk	1										1						2						**2**
Lk	1																1						**1**

code	Mt		Mk		Lk		
220	**Mt 3,4**	αὐτὸς δὲ ὁ Ἰωάννης εἶχεν τὸ ἔνδυμα αὐτοῦ **ἀπὸ τριχῶν καμήλου** καὶ ζώνην δερματίνην περὶ τὴν ὀσφὺν αὐτοῦ, ...	**Mk 1,6**	καὶ ἦν ὁ Ἰωάννης ἐνδεδυμένος **τρίχας καμήλου** καὶ ζώνην δερματίνην περὶ τὴν ὀσφὺν αὐτοῦ, ...			
222	**Mt 19,24**	... εὐκοπώτερόν ἐστιν **κάμηλον** διὰ τρυπήματος ῥαφίδος διελθεῖν ἢ πλούσιον εἰσελθεῖν εἰς τὴν βασιλείαν τοῦ θεοῦ.	**Mk 10,25**	εὐκοπώτερόν ἐστιν **κάμηλον** διὰ [τῆς] τρυμαλιᾶς [τῆς] ῥαφίδος διελθεῖν ἢ πλούσιον εἰς τὴν βασιλείαν τοῦ θεοῦ εἰσελθεῖν.	**Lk 18,25**	εὐκοπώτερον γάρ ἐστιν **κάμηλον** διὰ τρήματος βελόνης εἰσελθεῖν ἢ πλούσιον εἰς τὴν βασιλείαν τοῦ θεοῦ εἰσελθεῖν.	
200	**Mt 23,24**	ὁδηγοὶ τυφλοί, οἱ διϋλίζοντες τὸν κώνωπα, **τὴν δὲ κάμηλον** καταπίνοντες.					

κάμινος	**Syn** 2	Mt 2	Mk	Lk	Acts	Jn	1-3John	Paul	Eph	Col
	NT 4	2Thess	1/2Tim	Tit	Heb	Jas	1Pet	2Pet	Jude	Rev 2

oven; furnace

	Mt	Mk	Lk
200	**Mt 13,42** → Mt 25,46 καὶ *βαλοῦσιν αὐτοὺς* ***εἰς τὴν κάμινον τοῦ πυρός·*** ἐκεῖ ἔσται ὁ κλαυθμὸς καὶ ὁ βρυγμὸς τῶν ὀδόντων. ➤ Dan 3,6		
200	**Mt 13,50** → Mt 25,46 καὶ *βαλοῦσιν αὐτοὺς* ***εἰς τὴν κάμινον τοῦ πυρός·*** ἐκεῖ ἔσται ὁ κλαυθμὸς καὶ ὁ βρυγμὸς τῶν ὀδόντων. ➤ Dan 3,6		

καμμύω	**Syn** 1	Mt 1	Mk	Lk	Acts 1	Jn	1-3John	Paul	Eph	Col
	NT 2	2Thess	1/2Tim	Tit	Heb	Jas	1Pet	2Pet	Jude	Rev

close (the eyes)

	Mt	Mk	Lk	
200	**Mt 13,15** → Mk 4,12 *ἐπαχύνθη γὰρ ἡ καρδία τοῦ λαοῦ τούτου, καὶ τοῖς ὠσὶν βαρέως ἤκουσαν καὶ τοὺς ὀφθαλμοὺς αὐτῶν* ***ἐκάμμυσαν,*** *μήποτε ἴδωσιν τοῖς ὀφθαλμοῖς καὶ τοῖς ὠσὶν ἀκούσωσιν καὶ τῇ καρδίᾳ συνῶσιν καὶ ἐπιστρέψωσιν καὶ ἰάσομαι αὐτούς.* ➤ Isa 6,10 LXX			→ Jn 12,40 **→ Acts 28,27**

Acts 28,27 **→ Mt 13,15**
ἐπαχύνθη γὰρ ἡ καρδία τοῦ λαοῦ τούτου καὶ τοῖς ὠσὶν βαρέως ἤκουσαν καὶ τοὺς ὀφθαλμοὺς αὐτῶν ***ἐκάμμυσαν·*** *μήποτε ἴδωσιν τοῖς ὀφθαλμοῖς καὶ τοῖς ὠσὶν ἀκούσωσιν καὶ τῇ καρδίᾳ συνῶσιν καὶ ἐπιστρέψωσιν, καὶ ἰάσομαι αὐτούς.*
➤ Isa 6,10 LXX

κἄν	Syn 7	Mt 2	Mk 2	Lk 3	Acts 1	Jn 4	1-3John	Paul 2	Eph	Col
	NT 16	2Thess	1/2Tim	Tit	Heb 1	Jas 1	1Pet	2Pet	Jude	Rev

crasis καί ἐάν and if; even if; even though; (even) if only; at least

	Mt		Mk		Lk		
120	**Mt 9,21** → Lk 8,47	ἔλεγεν γὰρ ἐν ἑαυτῇ· ἐὰν μόνον ἅψωμαι τοῦ ἱματίου αὐτοῦ σωθήσομαι.	**Mk 5,28** → Lk 8,47	ἔλεγεν γὰρ ὅτι ἐὰν ἅψωμαι **κἂν** τῶν ἱματίων αὐτοῦ σωθήσομαι.			
120	**Mt 14,36** → Mt 9,20	καὶ παρεκάλουν αὐτὸν ἵνα μόνον ἅψωνται τοῦ κρασπέδου τοῦ ἱματίου αὐτοῦ· ...	**Mk 6,56** → Mk 5,27	... καὶ παρεκάλουν αὐτὸν ἵνα **κἂν** τοῦ κρασπέδου τοῦ ἱματίου αὐτοῦ ἅψωνται· ...	→ Lk 8,44		
002 002					**Lk 12,38 (2)** → Mt 24,42 → Mt 24,44 → Mk 13,35-36 → Lk 12,40	**κἂν** ἐν τῇ δευτέρᾳ **κἂν** ἐν τῇ τρίτῃ φυλακῇ ἔλθῃ καὶ εὕρῃ οὕτως, μακάριοί εἰσιν ἐκεῖνοι.	
002					**Lk 13,9**	**κἂν μὲν** ποιήσῃ καρπὸν εἰς τὸ μέλλον· εἰ δὲ μή γε, ἐκκόψεις αὐτήν.	
210	**Mt 21,21** → Mt 17,20	... ἀμὴν λέγω ὑμῖν, ἐὰν ἔχητε πίστιν καὶ μὴ διακριθῆτε, οὐ μόνον τὸ τῆς συκῆς ποιήσετε, **ἀλλὰ κἂν** τῷ ὄρει τούτῳ εἴπητε· ἄρθητι καὶ βλήθητι εἰς τὴν θάλασσαν, γενήσεται·	**Mk 11,23** → Mk 9,23	[22] ... ἔχετε πίστιν θεοῦ. [23] ἀμὴν λέγω ὑμῖν ὅτι ὃς ἂν εἴπῃ τῷ ὄρει τούτῳ· ἄρθητι καὶ βλήθητι εἰς τὴν θάλασσαν, καὶ μὴ διακριθῇ ἐν τῇ καρδίᾳ αὐτοῦ ἀλλὰ πιστεύῃ ὅτι ὃ λαλεῖ γίνεται, ἔσται αὐτῷ.	→ Lk 17,6		→ GTh 48 → GTh 106
210	**Mt 26,35** → Lk 22,33	λέγει αὐτῷ ὁ Πέτρος· **κἂν** δέῃ με σὺν σοὶ ἀποθανεῖν, οὐ μή σε ἀπαρνήσομαι. ...	**Mk 14,31** → Lk 22,33	ὁ δὲ ἐκπερισσῶς ἐλάλει· ἐὰν δέῃ με συναποθανεῖν σοι, οὐ μή σε ἀπαρνήσομαι. ...			→ Jn 13,37

Acts 5,15 ὥστε καὶ εἰς τὰς πλατείας ἐκφέρειν τοὺς ἀσθενεῖς καὶ τιθέναι ἐπὶ κλιναρίων καὶ κραβάττων, ἵνα ἐρχομένου Πέτρου **κἂν** ἡ σκιὰ ἐπισκιάσῃ τινὶ αὐτῶν.

Καναναῖος	Syn 2	Mt 1	Mk 1	Lk	Acts	Jn	1-3John	Paul	Eph	Col
	NT 2	2Thess	1/2Tim	Tit	Heb	Jas	1Pet	2Pet	Jude	Rev

Cananaean

code	Mt		Mk		Lk		
221	Mt 10,4	[3] Φίλιππος καὶ Βαρθολομαῖος, Θωμᾶς καὶ Μαθθαῖος ὁ τελώνης, Ἰάκωβος ὁ τοῦ Ἁλφαίου καὶ Θαδδαῖος, **[4] Σίμων** **ὁ Καναναῖος** καὶ Ἰούδας ὁ Ἰσκαριώτης ὁ καὶ παραδοὺς αὐτόν.	Mk 3,18	... καὶ Φίλιππον καὶ Βαρθολομαῖον καὶ Μαθθαῖον καὶ Θωμᾶν καὶ Ἰάκωβον τὸν τοῦ Ἁλφαίου καὶ Θαδδαῖον καὶ **Σίμωνα** **τὸν Καναναῖον** [19] καὶ Ἰούδαν Ἰσκαριώθ, ὃς καὶ παρέδωκεν αὐτόν.	Lk 6,15	[14] ... καὶ Φίλιππον καὶ Βαρθολομαῖον [15] καὶ Μαθθαῖον καὶ Θωμᾶν καὶ Ἰάκωβον Ἁλφαίου καὶ **Σίμωνα τὸν** **καλούμενον ζηλωτὴν** [16] καὶ Ἰούδαν Ἰακώβου καὶ Ἰούδαν Ἰσκαριώθ, ὃς ἐγένετο προδότης.	

καρδία	Syn 49	Mt 16	Mk 11	Lk 22	Acts 20	Jn 7	1-3John 4	Paul 37	Eph 6	Col 5
	NT 156	2Thess 2	1/2Tim 2	Tit	Heb 11	Jas 5	1Pet 3	2Pet 2	Jude	Rev 3

heart

	triple tradition																	double tradition			Sondergut		
		+Mt / +Lk			−Mt / −Lk			traditions not taken over by Mt / Lk								subtotals							
code	*222*	*211*	*112*	*212*	*221*	*122*	*121*	*022*	*012*	*021*	*220*	*120*	*210*	*020*	Σ^+	Σ^-	Σ	*202*	*201*	*102*	*200*	*002*	total
Mt	2			1^+			2^-				2	3^-	1^+		2^+	5^-	6	3	1		6		**16**
Mk	2						2				2	3		2			11						**11**
Lk	2		3^+	1^+			2^-								4^+	2^-	6	3		1		12	**22**

[a] καρδίαι (plural)

[b] καρδία and στόμα

code	Mt		Mk		Lk		
a 002					Lk 1,17 → Mt 11,14 → Mt 17,12 → Mk 9,13	καὶ αὐτὸς προελεύσεται ἐνώπιον αὐτοῦ ἐν πνεύματι καὶ δυνάμει Ἠλίου, ἐπιστρέψαι **καρδίας πατέρων** ἐπὶ τέκνα ...	
002					Lk 1,51	... διεσκόρπισεν ὑπερηφάνους **διανοίᾳ καρδίας** **αὐτῶν·**	
002					Lk 1,66	καὶ ἔθεντο πάντες οἱ ἀκούσαντες **ἐν τῇ καρδίᾳ αὐτῶν** λέγοντες· τί ἄρα τὸ παιδίον τοῦτο ἔσται; ...	
002					Lk 2,19 ↓ Lk 2,51	ἡ δὲ Μαριὰμ πάντα συνετήρει τὰ ῥήματα ταῦτα συμβάλλουσα **ἐν τῇ καρδίᾳ αὐτῆς.**	
a 002					Lk 2,35	καὶ σοῦ [δὲ] αὐτῆς τὴν ψυχὴν διελεύσεται ῥομφαία - ὅπως ἂν ἀποκαλυφθῶσιν **ἐκ πολλῶν καρδιῶν** διαλογισμοί.	
002					Lk 2,51 ↑ Lk 2,19	... καὶ ἡ μήτηρ αὐτοῦ διετήρει πάντα τὰ ῥήματα **ἐν τῇ καρδίᾳ αὐτῆς.**	

	Mt		Mk		Lk		
a 002					Lk 3,15	προσδοκῶντος δὲ τοῦ λαοῦ καὶ διαλογιζομένων πάντων **ἐν ταῖς καρδίαις αὐτῶν** περὶ τοῦ Ἰωάννου, μήποτε αὐτὸς εἴη ὁ χριστός	
200	Mt 5,8	μακάριοι οἱ καθαροὶ **τῇ καρδίᾳ,** ὅτι αὐτοὶ τὸν θεὸν ὄψονται.					
200	Mt 5,28	... πᾶς ὁ βλέπων γυναῖκα πρὸς τὸ ἐπιθυμῆσαι αὐτὴν ἤδη ἐμοίχευσεν αὐτὴν **ἐν τῇ καρδίᾳ αὐτοῦ.**					
202	Mt 6,21	ὅπου γάρ ἐστιν ὁ θησαυρός σου, ἐκεῖ ἔσται καὶ **ἡ καρδία σου.**			Lk 12,34	ὅπου γάρ ἐστιν ὁ θησαυρὸς ὑμῶν, ἐκεῖ καὶ **ἡ καρδία ὑμῶν** ἔσται.	
a 121	Mt 9,3	καὶ ἰδού τινες τῶν γραμματέων εἶπαν **ἐν ἑαυτοῖς·** ...	Mk 2,6 → Lk 5,17	ἦσαν δέ τινες τῶν γραμματέων ἐκεῖ καθήμενοι καὶ διαλογιζόμενοι **ἐν ταῖς καρδίαις αὐτῶν·**	Lk 5,21 → Lk 7,49	καὶ ἤρξαντο διαλογίζεσθαι οἱ γραμματεῖς καὶ οἱ Φαρισαῖοι ...	
a 222	Mt 9,4 → Mt 12,25	καὶ ἰδὼν ὁ Ἰησοῦς τὰς ἐνθυμήσεις αὐτῶν εἶπεν· ἱνατί ἐνθυμεῖσθε πονηρὰ **ἐν ταῖς καρδίαις ὑμῶν;**	Mk 2,8	καὶ εὐθὺς ἐπιγνοὺς ὁ Ἰησοῦς τῷ πνεύματι αὐτοῦ ὅτι οὕτως διαλογίζονται ἐν ἑαυτοῖς λέγει αὐτοῖς· τί ταῦτα διαλογίζεσθε **ἐν ταῖς καρδίαις ὑμῶν;**	Lk 5,22 → Lk 11,17 → Lk 6,8	ἐπιγνοὺς δὲ ὁ Ἰησοῦς τοὺς διαλογισμοὺς αὐτῶν ἀποκριθεὶς εἶπεν πρὸς αὐτούς· τί διαλογίζεσθε **ἐν ταῖς καρδίαις ὑμῶν;**	
121	Mt 12,13	τότε λέγει τῷ ἀνθρώπῳ· ἔκτεινόν σου τὴν χεῖρα. ...	Mk 3,5	καὶ περιβλεψάμενος αὐτοὺς μετ' ὀργῆς, συλλυπούμενος **ἐπὶ τῇ πωρώσει τῆς καρδίας αὐτῶν** λέγει τῷ ἀνθρώπῳ· ἔκτεινον τὴν χεῖρα. ...	Lk 6,10 → Lk 13,12	καὶ περιβλεψάμενος πάντας αὐτοὺς εἶπεν αὐτῷ· ἔκτεινον τὴν χεῖρά σου. ...	
200	Mt 11,29	ἄρατε τὸν ζυγόν μου ἐφ' ὑμᾶς καὶ μάθετε ἀπ' ἐμοῦ, ὅτι πραΰς εἰμι καὶ ταπεινὸς **τῇ καρδίᾳ,** καὶ *εὑρήσετε ἀνάπαυσιν ταῖς ψυχαῖς ὑμῶν·* ➤ Jer 6,16					→ GTh 90
102	Mt 12,35 → Mt 13,52	ὁ ἀγαθὸς ἄνθρωπος **ἐκ τοῦ ἀγαθοῦ θησαυροῦ** ἐκβάλλει ἀγαθά, καὶ ὁ πονηρὸς ἄνθρωπος ἐκ τοῦ πονηροῦ θησαυροῦ ἐκβάλλει πονηρά.			Lk 6,45 (2)	ὁ ἀγαθὸς ἄνθρωπος **ἐκ τοῦ ἀγαθοῦ θησαυροῦ τῆς καρδίας** προφέρει τὸ ἀγαθόν, καὶ ὁ πονηρὸς ἐκ τοῦ πονηροῦ προφέρει τὸ πονηρόν·	→ GTh 45,2-3
b 202	Mt 12,34 → Mt 3,7 → Lk 3,7 → Mt 23,33	γεννήματα ἐχιδνῶν, πῶς δύνασθε ἀγαθὰ λαλεῖν πονηροὶ ὄντες; **ἐκ γὰρ τοῦ περισσεύματος τῆς καρδίας** τὸ στόμα λαλεῖ.				**ἐκ γὰρ περισσεύματος καρδίας** λαλεῖ τὸ στόμα αὐτοῦ.	→ GTh 45,4

	Mt		Mk		Lk		
201	**Mt 12,40** → Mt 27,63	*ὥσπερ γὰρ ἦν Ἰωνᾶς ἐν τῇ κοιλίᾳ τοῦ κήτους τρεῖς ἡμέρας καὶ τρεῖς νύκτας,* οὕτως ἔσται ὁ υἱὸς τοῦ ἀνθρώπου **ἐν τῇ καρδίᾳ τῆς γῆς** τρεῖς ἡμέρας καὶ τρεῖς νύκτας. ➤ Jonah 2,1			**Lk 11,30**	καθὼς γὰρ ἐγένετο Ἰωνᾶς τοῖς Νινευίταις σημεῖον, οὕτως ἔσται καὶ ὁ υἱὸς τοῦ ἀνθρώπου τῇ γενεᾷ ταύτῃ.	
200 200	**Mt 13,15 (2)** → Mk 4,12	*ἐπαχύνθη γὰρ* ***ἡ καρδία τοῦ λαοῦ τούτου,*** *καὶ τοῖς ὠσὶν βαρέως ἤκουσαν καὶ τοὺς ὀφθαλμοὺς αὐτῶν ἐκάμμυσαν,* *μήποτε ἴδωσιν τοῖς ὀφθαλμοῖς καὶ τοῖς ὠσὶν ἀκούσωσιν καὶ* ***τῇ καρδίᾳ*** *συνῶσιν καὶ ἐπιστρέψωσιν καὶ ἰάσομαι αὐτούς.* ➤ Isa 6,10 LXX					→ Jn 12,40 → Acts 28,27
212	**Mt 13,19**	παντὸς ἀκούοντος τὸν λόγον τῆς βασιλείας καὶ μὴ συνιέντος, ἔρχεται ὁ πονηρὸς καὶ ἁρπάζει τὸ ἐσπαρμένον **ἐν τῇ καρδίᾳ αὐτοῦ,** οὗτός ἐστιν ὁ παρὰ τὴν ὁδὸν σπαρείς.	**Mk 4,15**	οὗτοι δέ εἰσιν οἱ παρὰ τὴν ὁδόν· ὅπου σπείρεται ὁ λόγος καὶ ὅταν ἀκούσωσιν, εὐθὺς ἔρχεται ὁ σατανᾶς καὶ αἴρει τὸν λόγον τὸν ἐσπαρμένον **εἰς αὐτούς.**	**Lk 8,12**	οἱ δὲ παρὰ τὴν ὁδόν εἰσιν οἱ ἀκούσαντες, εἶτα ἔρχεται ὁ διάβολος καὶ αἴρει τὸν λόγον **ἀπὸ τῆς καρδίας αὐτῶν,** ἵνα μὴ πιστεύσαντες σωθῶσιν.	
112	**Mt 13,23**	ὁ δὲ ἐπὶ τὴν καλὴν γῆν σπαρείς, οὗτός ἐστιν ὁ τὸν λόγον ἀκούων καὶ συνιείς, ὃς δὴ καρποφορεῖ καὶ ποιεῖ ὃ μὲν ἑκατόν, ὃ δὲ ἑξήκοντα, ὃ δὲ τριάκοντα.	**Mk 4,20**	καὶ ἐκεῖνοί εἰσιν οἱ ἐπὶ τὴν γῆν τὴν καλὴν σπαρέντες, οἵτινες ἀκούουσιν τὸν λόγον καὶ παραδέχονται καὶ καρποφοροῦσιν ἓν τριάκοντα καὶ ἓν ἑξήκοντα καὶ ἓν ἑκατόν.	**Lk 8,15**	τὸ δὲ ἐν τῇ καλῇ γῇ, οὗτοί εἰσιν οἵτινες **ἐν καρδίᾳ καλῇ καὶ ἀγαθῇ** ἀκούσαντες τὸν λόγον κατέχουσιν καὶ καρποφοροῦσιν ἐν ὑπομονῇ.	
020			**Mk 6,52** ↓ Mt 16,9 ↓ Mk 8,17	οὐ γὰρ συνῆκαν ἐπὶ τοῖς ἄρτοις, ἀλλ' ἦν **αὐτῶν ἡ καρδία** πεπωρωμένη.			
220	**Mt 15,8**	*ὁ λαὸς οὗτος τοῖς χείλεσίν με τιμᾷ,* ***ἡ δὲ καρδία αὐτῶν*** *πόρρω ἀπέχει ἀπ' ἐμοῦ·* ➤ Isa 29,13 LXX	**Mk 7,6**	... *οὗτος ὁ λαὸς τοῖς χείλεσίν με τιμᾷ,* ***ἡ δὲ καρδία αὐτῶν*** *πόρρω ἀπέχει ἀπ' ἐμοῦ·* ➤ Isa 29,13 LXX			

120	**Mt 15,17**	οὐ νοεῖτε ὅτι πᾶν τὸ εἰσπορευόμενον εἰς τὸ στόμα εἰς τὴν κοιλίαν χωρεῖ καὶ εἰς ἀφεδρῶνα ἐκβάλλεται;	**Mk 7,19**	[18] ... οὐ νοεῖτε ὅτι πᾶν τὸ ἔξωθεν εἰσπορευόμενον εἰς τὸν ἄνθρωπον οὐ δύναται αὐτὸν κοινῶσαι, [19] ὅτι οὐκ εἰσπορεύεται αὐτοῦ **εἰς τὴν καρδίαν** ἀλλ’ εἰς τὴν κοιλίαν, καὶ εἰς τὸν ἀφεδρῶνα ἐκπορεύεται, ...			→ GTh 14,5
b 210	**Mt 15,18**	τὰ δὲ ἐκπορευόμενα ἐκ τοῦ στόματος **ἐκ τῆς καρδίας** ἐξέρχεται, κἀκεῖνα κοινοῖ τὸν ἄνθρωπον.	**Mk 7,20**	ἔλεγεν δὲ ὅτι τὸ ἐκ τοῦ ἀνθρώπου ἐκπορευόμενον, ἐκεῖνο κοινοῖ τὸν ἄνθρωπον.			→ GTh 14,5
220	**Mt 15,19**	**ἐκ γὰρ τῆς καρδίας** ἐξέρχονται διαλογισμοὶ πονηροί, φόνοι, μοιχεῖαι, πορνεῖαι, κλοπαί, ...	**Mk 7,21**	ἔσωθεν γὰρ **ἐκ τῆς καρδίας** **τῶν ἀνθρώπων** οἱ διαλογισμοὶ οἱ κακοὶ ἐκπορεύονται, πορνεῖαι, κλοπαί, φόνοι, [22] μοιχεῖαι, ...			→ GTh 14,5
120	**Mt 16,9**	[8] ... τί διαλογίζεσθε ἐν ἑαυτοῖς, ὀλιγόπιστοι, ὅτι ἄρτους οὐκ ἔχετε; [9] οὔπω νοεῖτε, ...	**Mk 8,17** ↑ Mk 6,52	... τί διαλογίζεσθε ὅτι ἄρτους οὐκ ἔχετε; οὔπω νοεῖτε οὐδὲ συνίετε; πεπωρωμένην ἔχετε **τὴν καρδίαν ὑμῶν;**			
112	**Mt 18,2**	καὶ προσκαλεσάμενος παιδίον ἔστησεν αὐτὸ ἐν μέσῳ αὐτῶν	**Mk 9,36**	καὶ λαβὼν παιδίον ἔστησεν αὐτὸ ἐν μέσῳ αὐτῶν ...	**Lk 9,47**	ὁ δὲ Ἰησοῦς εἰδὼς **τὸν διαλογισμὸν** **τῆς καρδίας αὐτῶν,** ἐπιλαβόμενος παιδίον ἔστησεν αὐτὸ παρ’ ἑαυτῷ	→ GTh 22
a 200	**Mt 18,35** → Mt 6,15	οὕτως καὶ ὁ πατήρ μου ὁ οὐράνιος ποιήσει ὑμῖν, ἐὰν μὴ ἀφῆτε ἕκαστος τῷ ἀδελφῷ αὐτοῦ **ἀπὸ τῶν καρδιῶν** **ὑμῶν.**					
120	**Mt 21,21** ↓ Mt 17,20	... ἀμὴν λέγω ὑμῖν, ἐὰν ἔχητε πίστιν καὶ μὴ διακριθῆτε, οὐ μόνον τὸ τῆς συκῆς ποιήσετε, ἀλλὰ κἂν τῷ ὄρει τούτῳ εἴπητε· ἄρθητι καὶ βλήθητι εἰς τὴν θάλασσαν, γενήσεται·	**Mk 11,23** → Mk 9,23	[22] ... ἔχετε πίστιν θεοῦ. [23] ἀμὴν λέγω ὑμῖν ὅτι ὃς ἂν εἴπῃ τῷ ὄρει τούτῳ· ἄρθητι καὶ βλήθητι εἰς τὴν θάλασσαν, καὶ μὴ διακριθῇ **ἐν τῇ καρδίᾳ αὐτοῦ** ἀλλὰ πιστεύῃ ὅτι ὃ λαλεῖ γίνεται, ἔσται αὐτῷ.	↓ Lk 17,6		→ GTh 48 → GTh 106
	Mt 17,20 ↑ Mt 21,21	... ἀμὴν γὰρ λέγω ὑμῖν, ἐὰν ἔχητε πίστιν ὡς κόκκον σινάπεως, ἐρεῖτε τῷ ὄρει τούτῳ, μετάβα ἔνθεν ἐκεῖ, καὶ μεταβήσεται· καὶ οὐδὲν ἀδυνατήσει ὑμῖν.			**Lk 17,6**	... εἰ ἔχετε πίστιν ὡς κόκκον σινάπεως, ἐλέγετε ἂν τῇ συκαμίνῳ [ταύτῃ]· ἐκριζώθητι καὶ φυτεύθητι ἐν τῇ θαλάσσῃ· καὶ ὑπήκουσεν ἂν ὑμῖν.	→ GTh 48 → GTh 106

	Mt		Mk		Lk		
222	Mt 22,37	... ἀγαπήσεις κύριον τὸν θεόν σου **ἐν ὅλῃ τῇ καρδίᾳ σου** καὶ ἐν ὅλῃ τῇ ψυχῇ σου καὶ ἐν ὅλῃ τῇ διανοίᾳ σου· ➤ Deut 6,5; Josh 22,5 LXX	Mk 12,30	καὶ ἀγαπήσεις κύριον τὸν θεόν σου **ἐξ ὅλης τῆς καρδίας σου** καὶ ἐξ ὅλης τῆς ψυχῆς σου καὶ ἐξ ὅλης τῆς διανοίας σου καὶ ἐξ ὅλης τῆς ἰσχύος σου. ➤ Deut 6,5; Josh 22,5 LXX	Lk 10,27	... ἀγαπήσεις κύριον τὸν θεόν σου **ἐξ ὅλης [τῆς] καρδίας σου** καὶ ἐν ὅλῃ τῇ ψυχῇ σου καὶ ἐν ὅλῃ τῇ ἰσχύϊ σου καὶ ἐν ὅλῃ τῇ διανοίᾳ σου, ... ➤ Deut 6,5; Josh 22,5 LXX	
020			Mk 12,33	καὶ τὸ ἀγαπᾶν αὐτὸν **ἐξ ὅλης τῆς καρδίας** καὶ ἐξ ὅλης τῆς συνέσεως καὶ ἐξ ὅλης τῆς ἰσχύος καὶ τὸ ἀγαπᾶν τὸν πλησίον ὡς ἑαυτὸν περισσότερόν ἐστιν πάντων τῶν ὁλοκαυτωμάτων καὶ θυσιῶν. ➤ Deut 6,5; Josh 22,5 LXX ➤ Lev 19,18			
202	Mt 6,21	ὅπου γάρ ἐστιν ὁ θησαυρός σου, ἐκεῖ ἔσται καὶ **ἡ καρδία σου.**			Lk 12,34	ὅπου γάρ ἐστιν ὁ θησαυρὸς ὑμῶν, ἐκεῖ καὶ **ἡ καρδία ὑμῶν** ἔσται.	
202	Mt 24,48	ἐὰν δὲ εἴπῃ ὁ κακὸς δοῦλος ἐκεῖνος **ἐν τῇ καρδίᾳ αὐτοῦ·** χρονίζει μου ὁ κύριος			Lk 12,45	ἐὰν δὲ εἴπῃ ὁ δοῦλος ἐκεῖνος **ἐν τῇ καρδίᾳ αὐτοῦ·** χρονίζει ὁ κύριός μου ἔρχεσθαι, ...	
a 002					Lk 16,15 → Lk 18,9.14 → Lk 20,20	.. ὑμεῖς ἐστε οἱ δικαιοῦντες ἑαυτοὺς ἐνώπιον τῶν ἀνθρώπων, ὁ δὲ θεὸς γινώσκει **τὰς καρδίας ὑμῶν·** ὅτι τὸ ἐν ἀνθρώποις ὑψηλὸν βδέλυγμα ἐνώπιον τοῦ θεοῦ.	
a 112	Mt 10,19	... μὴ μεριμνήσητε πῶς ἢ τί λαλήσητε· ...	Mk 13,11	... μὴ προμεριμνᾶτε τί λαλήσητε, ...	Lk 21,14 ⇨ Lk 12,11	θέτε οὖν **ἐν ταῖς καρδίαις ὑμῶν** μὴ προμελετᾶν ἀπολογηθῆναι·	Mk-Q overlap
a 002					Lk 21,34 → Mt 24,49 → Lk 12,45b → Mk 13,33 → Mk 13,36	προσέχετε δὲ ἑαυτοῖς μήποτε βαρηθῶσιν **ὑμῶν αἱ καρδίαι** ἐν κραιπάλῃ καὶ μέθῃ καὶ μερίμναις βιωτικαῖς καὶ ἐπιστῇ ἐφ' ὑμᾶς αἰφνίδιος ἡ ἡμέρα ἐκείνη	
002					Lk 24,25	... ὦ ἀνόητοι καὶ βραδεῖς **τῇ καρδίᾳ** τοῦ πιστεύειν ἐπὶ πᾶσιν οἷς ἐλάλησαν οἱ προφῆται·	
002					Lk 24,32	... οὐχὶ **ἡ καρδία ἡμῶν** καιομένη ἦν [ἐν ἡμῖν] ὡς ἐλάλει ἡμῖν ἐν τῇ ὁδῷ, ὡς διήνοιγεν ἡμῖν τὰς γραφάς;	
002					Lk 24,38	... τί τεταραγμένοι ἐστὲ καὶ διὰ τί διαλογισμοὶ ἀναβαίνουσιν **ἐν τῇ καρδίᾳ ὑμῶν;**	

Acts 2,26 *διὰ τοῦτο ηὐφράνθη*
ἡ καρδία μου
καὶ ἠγαλλιάσατο
ἡ γλῶσσά μου,
ἔτι δὲ καὶ ἡ σάρξ μου
κατασκηνώσει ἐπ᾽ ἐλπίδι
➤ Ps 15,9 LXX

Acts 2,37 ἀκούσαντες δὲ κατενύγησαν
τὴν καρδίαν
εἶπόν τε πρὸς τὸν Πέτρον καὶ τοὺς λοιποὺς ἀποστόλους· τί ποιήσωμεν, ἄνδρες ἀδελφοί;

Acts 2,46 ... κλῶντές τε κατ᾽ οἶκον ἄρτον, μετελάμβανον τροφῆς ἐν ἀγαλλιάσει καὶ ἀφελότητι
καρδίας

Acts 4,32 τοῦ δὲ πλήθους τῶν πιστευσάντων ἦν
καρδία καὶ ψυχὴ μία, ...

Acts 5,3 ... Ἁνανία, διὰ τί ἐπλήρωσεν ὁ σατανᾶς
τὴν καρδίαν σου,
ψεύσασθαί σε τὸ πνεῦμα τὸ ἅγιον ...

Acts 5,4 ... τί ὅτι ἔθου
ἐν τῇ καρδίᾳ σου
τὸ πρᾶγμα τοῦτο; οὐκ ἐψεύσω ἀνθρώποις ἀλλὰ τῷ θεῷ.

Acts 7,23 ὡς δὲ ἐπληροῦτο αὐτῷ τεσσερακονταετὴς χρόνος, ἀνέβη
ἐπὶ τὴν καρδίαν αὐτοῦ
ἐπισκέψασθαι τοὺς ἀδελφοὺς αὐτοῦ τοὺς υἱοὺς Ἰσραήλ.

a **Acts 7,39** ... ἀλλὰ ἀπώσαντο καὶ ἐστράφησαν
ἐν ταῖς καρδίαις αὐτῶν
εἰς Αἴγυπτον

a **Acts 7,51** σκληροτράχηλοι καὶ ἀπερίτμητοι
καρδίαις
καὶ τοῖς ὠσίν, ὑμεῖς ἀεὶ τῷ πνεύματι τῷ ἁγίῳ ἀντιπίπτετε ...

a **Acts 7,54** ἀκούοντες δὲ ταῦτα διεπρίοντο
ταῖς καρδίαις αὐτῶν
καὶ ἔβρυχον τοὺς ὀδόντας ἐπ᾽ αὐτόν.

Acts 8,21 οὐκ ἔστιν σοι μερὶς οὐδὲ κλῆρος ἐν τῷ λόγῳ τούτῳ,
ἡ γὰρ καρδία σου
οὐκ ἔστιν εὐθεῖα ἔναντι τοῦ θεοῦ.

Acts 8,22 μετανόησον οὖν ἀπὸ τῆς κακίας σου ταύτης καὶ δεήθητι τοῦ κυρίου, εἰ ἄρα ἀφεθήσεταί σοι
ἡ ἐπίνοια τῆς καρδίας σου

Acts 11,23 ... ἐχάρη καὶ παρεκάλει πάντας
τῇ προθέσει τῆς καρδίας
προσμένειν τῷ κυρίῳ.

Acts 13,22 ... εὗρον Δαυὶδ τὸν τοῦ Ἰεσσαί, ἄνδρα
κατὰ τὴν καρδίαν μου,
ὃς ποιήσει πάντα τὰ θελήματά μου.
➤ Ps 89,21/1Sam 13,14/Isa 44,28

a **Acts 14,17** ... ἐμπιπλῶν τροφῆς καὶ εὐφροσύνης
τὰς καρδίας ὑμῶν.

a **Acts 15,9** καὶ οὐθὲν διέκρινεν μεταξὺ ἡμῶν τε καὶ αὐτῶν τῇ πίστει καθαρίσας
τὰς καρδίας αὐτῶν.

Acts 16,14 ... Λυδία ... ἤκουεν, ἧς ὁ κύριος διήνοιξεν
τὴν καρδίαν
προσέχειν τοῖς λαλουμένοις ὑπὸ τοῦ Παύλου.

Acts 21,13 τότε ἀπεκρίθη ὁ Παῦλος· τί ποιεῖτε κλαίοντες καὶ συνθρύπτοντές
μου τὴν καρδίαν; ...

Acts 28,27 (2) → Mt 13,15
ἐπαχύνθη γὰρ
ἡ καρδία τοῦ λαοῦ τούτου
καὶ τοῖς ὠσὶν βαρέως ἤκουσαν καὶ τοὺς ὀφθαλμοὺς αὐτῶν ἐκάμμυσαν·
μήποτε ἴδωσιν τοῖς ὀφθαλμοῖς καὶ τοῖς ὠσὶν ἀκούσωσιν καὶ
τῇ καρδίᾳ
συνῶσιν καὶ ἐπιστρέψωσιν, καὶ ἰάσομαι αὐτούς.
➤ Isa 6,10 LXX

καρπός	Syn 36	Mt 19	Mk 5	Lk 12	Acts 1	Jn 10	1-3John	Paul 9	Eph 1	Col
	NT 66	2Thess	1/2Tim 1	Tit	Heb 2	Jas 4	1Pet	2Pet	Jude	Rev 2

fruit; result; outcome; product; advantage; gain; profit

	triple tradition																	double tradition			Sondergut		
		+Mt / +Lk			−Mt / −Lk			traditions not taken over by Mt / Lk							subtotals								
code	222	211	112	212	221	122	121	022	012	021	220	120	210	020	Σ⁺	Σ⁻	Σ	202	201	102	200	002	total
Mt	2	2⁺					1⁻				1				2⁺	1⁻	5	5			9		**19**
Mk	2						1				1			1			5						**5**
Lk	2						1⁻									1⁻	2	5				5	**12**

a καρπὸν / καρποὺς ποιέω

b καρπὸν δίδωμι

002		**Lk 1,42** ... εὐλογημένη σὺ ἐν γυναιξὶν καὶ εὐλογημένος **ὁ καρπὸς τῆς κοιλίας σου.**	

	Mt		Mk		Lk		
a 202	**Mt 3,8**	ποιήσατε οὖν καρπὸν ἄξιον τῆς μετανοίας			**Lk 3,8**	ποιήσατε οὖν καρποὺς ἀξίους τῆς μετανοίας ...	→ Acts 26,20
a 202	**Mt 3,10** ⇩ Mt 7,19	... πᾶν οὖν δένδρον μὴ ποιοῦν καρπὸν καλὸν ἐκκόπτεται καὶ εἰς πῦρ βάλλεται.			**Lk 3,9**	... πᾶν οὖν δένδρον μὴ ποιοῦν καρπὸν καλὸν ἐκκόπτεται καὶ εἰς πῦρ βάλλεται.	
a 202 *a* 202	**Mt 7,18** (2)	οὐ δύναται δένδρον ἀγαθὸν καρποὺς πονηροὺς ποιεῖν οὐδὲ δένδρον σαπρὸν καρποὺς καλοὺς ποιεῖν.			**Lk 6,43** (2)	οὐ γάρ ἐστιν δένδρον καλὸν ποιοῦν καρπὸν σαπρόν, οὐδὲ πάλιν δένδρον σαπρὸν ποιοῦν καρπὸν καλόν.	
202	**Mt 7,16** ⇩ Mt 7,20 ⇩ Mt 12,33	ἀπὸ τῶν καρπῶν αὐτῶν ἐπιγνώσεσθε αὐτούς. ...			**Lk 6,44**	ἕκαστον γὰρ δένδρον ἐκ τοῦ ἰδίου καρποῦ γινώσκεται· ...	→ GTh 45,1
a 200 *a* 200	**Mt 7,17** (2) ⇩ Mt 12,33	οὕτως πᾶν δένδρον ἀγαθὸν καρποὺς καλοὺς ποιεῖ, τὸ δὲ σαπρὸν δένδρον καρποὺς πονηροὺς ποιεῖ.					
a 202 *a* 202	**Mt 7,18** (2)	οὐ δύναται δένδρον ἀγαθὸν καρποὺς πονηροὺς ποιεῖν οὐδὲ δένδρον σαπρὸν καρποὺς καλοὺς ποιεῖν.			**Lk 6,43** (2)	οὐ γάρ ἐστιν δένδρον καλὸν ποιοῦν καρπὸν σαπρόν, οὐδὲ πάλιν δένδρον σαπρὸν ποιοῦν καρπὸν καλόν.	
a 200	**Mt 7,19** ⇧ Mt 3,10	πᾶν δένδρον μὴ ποιοῦν καρπὸν καλὸν ἐκκόπτεται καὶ εἰς πῦρ βάλλεται.			Lk 3,9	... πᾶν οὖν δένδρον μὴ ποιοῦν καρπὸν καλὸν ἐκκόπτεται καὶ εἰς πῦρ βάλλεται.	
200	**Mt 7,20** ⇧ Mt 7,16 ↓ Mt 12,33 ↑ Lk 6,44	ἄρα γε ἀπὸ τῶν καρπῶν αὐτῶν ἐπιγνώσεσθε αὐτούς.					
200 200	**Mt 12,33** (3) ⇧ Mt 7,17	ἢ ποιήσατε τὸ δένδρον καλὸν καὶ τὸν καρπὸν αὐτοῦ καλόν, ἢ ποιήσατε τὸ δένδρον σαπρὸν καὶ τὸν καρπὸν αὐτοῦ σαπρόν·					
200	⇧ Mt 7,16 ↑ Mt 7,20	ἐκ γὰρ τοῦ καρποῦ τὸ δένδρον γινώσκεται.			Lk 6,44	ἕκαστον γὰρ δένδρον ἐκ τοῦ ἰδίου καρποῦ γινώσκεται· ...	
b 121	**Mt 13,7**	ἄλλα δὲ ἔπεσεν ἐπὶ τὰς ἀκάνθας, καὶ ἀνέβησαν αἱ ἄκανθαι καὶ ἔπνιξαν αὐτά.	**Mk 4,7**	καὶ ἄλλο ἔπεσεν εἰς τὰς ἀκάνθας, καὶ ἀνέβησαν αἱ ἄκανθαι καὶ συνέπνιξαν αὐτό, καὶ καρπὸν οὐκ ἔδωκεν.	**Lk 8,7**	καὶ ἕτερον ἔπεσεν ἐν μέσῳ τῶν ἀκανθῶν, καὶ συμφυεῖσαι αἱ ἄκανθαι ἀπέπνιξαν αὐτό.	→ GTh 9

	Mt		Mk		Lk		
b a 222	**Mt 13,8**	ἄλλα δὲ ἔπεσεν ἐπὶ τὴν γῆν τὴν καλὴν καὶ ἐδίδου **καρπόν**, ὃ μὲν ἑκατόν, ὃ δὲ ἑξήκοντα, ὃ δὲ τριάκοντα.	**Mk 4,8**	καὶ ἄλλα ἔπεσεν εἰς τὴν γῆν τὴν καλὴν καὶ ἐδίδου **καρπὸν** ἀναβαίνοντα καὶ αὐξανόμενα καὶ ἔφερεν ἓν τριάκοντα καὶ ἓν ἑξήκοντα καὶ ἓν ἑκατόν.	**Lk 8,8**	καὶ ἕτερον ἔπεσεν εἰς τὴν γῆν τὴν ἀγαθὴν καὶ φυὲν ἐποίησεν **καρπὸν** ἑκατονταπλασίονα. ...	→ GTh 9
020			**Mk 4,29**	ὅταν δὲ παραδοῖ **ὁ καρπός**, εὐθὺς ἀποστέλλει τὸ δρέπανον, ὅτι παρέστηκεν ὁ θερισμός.			→ GTh 21,10
a 200	**Mt 13,26**	ὅτε δὲ ἐβλάστησεν ὁ χόρτος καὶ **καρπὸν** ἐποίησεν, τότε ἐφάνη καὶ τὰ ζιζάνια.					→ GTh 57
002					**Lk 12,17**	... τί ποιήσω, ὅτι οὐκ ἔχω ποῦ συνάξω **τοὺς καρπούς μου**;	→ GTh 63
002					**Lk 13,6** ↓ Mt 21,19 ↓ Mk 11,13	... συκῆν εἶχέν τις πεφυτευμένην ἐν τῷ ἀμπελῶνι αὐτοῦ, καὶ ἦλθεν ζητῶν **καρπὸν** ἐν αὐτῇ καὶ οὐχ εὗρεν.	
002					**Lk 13,7**	... ἰδοὺ τρία ἔτη ἀφ' οὗ ἔρχομαι ζητῶν **καρπὸν** ἐν τῇ συκῇ ταύτῃ καὶ οὐχ εὑρίσκω· ...	
a 002					**Lk 13,9**	κἂν μὲν ποιήσῃ **καρπὸν** εἰς τὸ μέλλον· εἰ δὲ μή γε, ἐκκόψεις αὐτήν.	
220	**Mt 21,19** ↑ Lk 13,6	... οὐδὲν εὗρεν ἐν αὐτῇ εἰ μὴ φύλλα μόνον, καὶ λέγει αὐτῇ· μηκέτι ἐκ σοῦ **καρπὸς** γένηται εἰς τὸν αἰῶνα. ...	**Mk 11,14** ↑ Lk 13,6	[13] ... οὐδὲν εὗρεν εἰ μὴ φύλλα· ... [14] καὶ ἀποκριθεὶς εἶπεν αὐτῇ· μηκέτι εἰς τὸν αἰῶνα ἐκ σοῦ μηδεὶς **καρπὸν** φάγοι. ...			
211 222	**Mt 21,34 (2)** → Mk 12,5	ὅτε δὲ ἤγγισεν **ὁ καιρὸς τῶν καρπῶν**, ἀπέστειλεν τοὺς δούλους αὐτοῦ πρὸς τοὺς γεωργοὺς λαβεῖν **τοὺς καρποὺς αὐτοῦ**.	**Mk 12,2**	καὶ ἀπέστειλεν πρὸς τοὺς γεωργοὺς **τῷ καιρῷ** δοῦλον ἵνα παρὰ τῶν γεωργῶν λάβῃ **ἀπὸ τῶν καρπῶν τοῦ ἀμπελῶνος**·	**Lk 20,10**	καὶ **καιρῷ** ἀπέστειλεν πρὸς τοὺς γεωργοὺς δοῦλον ἵνα **ἀπὸ τοῦ καρποῦ τοῦ ἀμπελῶνος** δώσουσιν αὐτῷ· ...	→ GTh 65
211	**Mt 21,41** ↓ Mt 21,43	... κακοὺς κακῶς ἀπολέσει αὐτοὺς καὶ τὸν ἀμπελῶνα ἐκδώσεται ἄλλοις γεωργοῖς, οἵτινες ἀποδώσουσιν αὐτῷ **τοὺς καρποὺς** ἐν τοῖς καιροῖς αὐτῶν.	**Mk 12,9**	... ἐλεύσεται καὶ ἀπολέσει τοὺς γεωργοὺς καὶ δώσει τὸν ἀμπελῶνα ἄλλοις.	**Lk 20,16**	ἐλεύσεται καὶ ἀπολέσει τοὺς γεωργοὺς τούτους καὶ δώσει τὸν ἀμπελῶνα ἄλλοις. ...	→ GTh 65

	Mt		Mk		Lk		
a 200	**Mt 21,43** ↑ Mt 21,41	διὰ τοῦτο λέγω ὑμῖν ὅτι ἀρθήσεται ἀφ' ὑμῶν ἡ βασιλεία τοῦ θεοῦ καὶ δοθήσεται ἔθνει ποιοῦντι **τοὺς καρποὺς αὐτῆς.**					

Acts 2,30
→ Lk 1,32

προφήτης οὖν ὑπάρχων
καὶ εἰδὼς ὅτι ὅρκῳ
ὤμοσεν αὐτῷ ὁ θεὸς
ἐκ καρποῦ τῆς
ὀσφύος αὐτοῦ
καθίσαι ἐπὶ τὸν θρόνον
αὐτοῦ
➤ Ps 132,11

καρποφορέω	Syn 4	Mt 1	Mk 2	Lk 1	Acts	Jn	1-3John	Paul 2	Eph	Col 2
	NT 8	2Thess	1/2Tim	Tit	Heb	Jas	1Pet	2Pet	Jude	Rev

bear fruit, crops

	Mt		Mk		Lk		
222	**Mt 13,23**	ὁ δὲ ἐπὶ τὴν καλὴν γῆν σπαρείς, οὗτός ἐστιν ὁ τὸν λόγον ἀκούων καὶ συνιείς, ὃς δὴ **καρποφορεῖ** καὶ ποιεῖ ὃ μὲν ἑκατόν, ὃ δὲ ἑξήκοντα, ὃ δὲ τριάκοντα.	**Mk 4,20**	καὶ ἐκεῖνοί εἰσιν οἱ ἐπὶ τὴν γῆν τὴν καλὴν σπαρέντες, οἵτινες ἀκούουσιν τὸν λόγον καὶ παραδέχονται καὶ **καρποφοροῦσιν** ἓν τριάκοντα καὶ ἓν ἑξήκοντα καὶ ἓν ἑκατόν.	**Lk 8,15**	τὸ δὲ ἐν τῇ καλῇ γῇ, οὗτοί εἰσιν οἵτινες ἐν καρδίᾳ καλῇ καὶ ἀγαθῇ ἀκούσαντες τὸν λόγον κατέχουσιν καὶ **καρποφοροῦσιν** ἐν ὑπομονῇ.	
020			**Mk 4,28**	αὐτομάτη ἡ γῆ **καρποφορεῖ,** πρῶτον χόρτον εἶτα στάχυν εἶτα πλήρη[ς] σῖτον ἐν τῷ στάχυϊ.			

κάρφος	Syn 6	Mt 3	Mk	Lk 3	Acts	Jn	1-3John	Paul	Eph	Col
	NT 6	2Thess	1/2Tim	Tit	Heb	Jas	1Pet	2Pet	Jude	Rev

speck; chip

	Mt		Mk		Lk		
202	**Mt 7,3**	τί δὲ βλέπεις **τὸ κάρφος** τὸ ἐν τῷ ὀφθαλμῷ τοῦ ἀδελφοῦ σου, τὴν δὲ ἐν τῷ σῷ ὀφθαλμῷ δοκὸν οὐ κατανοεῖς;			**Lk 6,41**	τί δὲ βλέπεις **τὸ κάρφος** τὸ ἐν τῷ ὀφθαλμῷ τοῦ ἀδελφοῦ σου, τὴν δὲ δοκὸν τὴν ἐν τῷ ἰδίῳ ὀφθαλμῷ οὐ κατανοεῖς;	→ GTh 26
202	**Mt 7,4**	ἢ πῶς ἐρεῖς τῷ ἀδελφῷ σου· ἄφες ἐκβάλω **τὸ κάρφος** ἐκ τοῦ ὀφθαλμοῦ σου, καὶ ἰδοὺ ἡ δοκὸς ἐν τῷ ὀφθαλμῷ σοῦ;			**Lk 6,42** **(2)**	πῶς δύνασαι λέγειν τῷ ἀδελφῷ σου· ἀδελφέ, ἄφες ἐκβάλω **τὸ κάρφος** τὸ ἐν τῷ ὀφθαλμῷ σου, αὐτὸς τὴν ἐν τῷ ὀφθαλμῷ σοῦ δοκὸν οὐ βλέπων;	→ GTh 26
202	**Mt 7,5**	ὑποκριτά, ἔκβαλε πρῶτον ἐκ τοῦ ὀφθαλμοῦ σοῦ τὴν δοκόν, καὶ τότε διαβλέψεις ἐκβαλεῖν **τὸ κάρφος** ἐκ τοῦ ὀφθαλμοῦ τοῦ ἀδελφοῦ σου.				ὑποκριτά, ἔκβαλε πρῶτον τὴν δοκὸν ἐκ τοῦ ὀφθαλμοῦ σοῦ, καὶ τότε διαβλέψεις **τὸ κάρφος** τὸ ἐν τῷ ὀφθαλμῷ τοῦ ἀδελφοῦ σου ἐκβαλεῖν.	→ GTh 26 **(POxy 1)**

κατά	Syn 103	Mt 37	Mk 23	Lk 43	Acts 90	Jn 9	1-3John 3	Paul 131	Eph 24	Col 14
	NT 472	2Thess 4	1/2Tim 13	Tit 8	Heb 41	Jas 5	1Pet 10	2Pet 4	Jude 4	Rev 9

preposition: with genitive: against; down from; throughout; by; over;
with accusative: according to; for; at; about; on; along; through; to; opposite; near; with; by means of; because of

	triple tradition																	double tradition			Sonder-gut		
		+Mt / +Lk			−Mt / −Lk			traditions not taken over by Mt / Lk							subtotals								
code	222	211	112	212	221	122	121	022	012	021	220	120	210	020	Σ⁺	Σ⁻	Σ	202	201	102	200	002	total
Mt	4	3⁺			3		4⁻				3	5⁻	3⁺		6⁺	9⁻	16	1	9		11		37
Mk	4				3		4	1		1	3	5		2			23						23
Lk	4		7⁺		3⁻		4⁻	1	3⁺	1⁻					10⁺	8⁻	15	1		5		22	43

[a] κατά with genitive: hostile against
[b] κατά with genitive: with reference to location
[c] κατά with genitive (except a and b)
[d] κατά with reference to time (except e)
[e] καθ᾽ ἡμέραν, κατὰ πᾶσαν ἡμέραν
[f] κατ᾽ ἰδίαν
[g] κατὰ μόνας
[h] κατὰ τὸν νόμον, κατὰ and νόμος
[j] κατὰ πρόσωπον
[k] κατὰ τὸ αὐτό, κατὰ τὰ αὐτὰ

002			**Lk 1,9** **κατὰ τὸ ἔθος τῆς ἱερατείας** ἔλαχε τοῦ θυμιᾶσαι εἰσελθὼν εἰς τὸν ναὸν τοῦ κυρίου
002			**Lk 1,18** καὶ εἶπεν Ζαχαρίας πρὸς τὸν ἄγγελον· **κατὰ τί** γνώσομαι τοῦτο; ...
002			**Lk 1,38** ... ἰδοὺ ἡ δούλη κυρίου· γένοιτό μοι **κατὰ τὸ ῥῆμά σου.** καὶ ἀπῆλθεν ἀπ᾽ αὐτῆς ὁ ἄγγελος.
200	**Mt 1,20** → Lk 1,27 → Lk 1,30 ... ἰδοὺ ἄγγελος κυρίου **κατ᾽ ὄναρ** ἐφάνη αὐτῷ λέγων· Ἰωσὴφ υἱὸς Δαυίδ, μὴ φοβηθῇς παραλαβεῖν Μαριὰμ τὴν γυναῖκά σου, ...		
h 002			**Lk 2,22** καὶ ὅτε ἐπλήσθησαν αἱ ἡμέραι τοῦ καθαρισμοῦ αὐτῶν **κατὰ τὸν νόμον Μωϋσέως,** ἀνήγαγον αὐτὸν εἰς Ἱεροσόλυμα παραστῆσαι τῷ κυρίῳ
h 002			**Lk 2,24** καὶ τοῦ δοῦναι θυσίαν **κατὰ τὸ εἰρημένον** ἐν τῷ νόμῳ κυρίου, *ζεῦγος τρυγόνων ἢ δύο νοσσοὺς περιστερῶν.* ➤ Lev 5,11; 12,8
h 002			**Lk 2,27** ... καὶ ἐν τῷ εἰσαγαγεῖν τοὺς γονεῖς τὸ παιδίον Ἰησοῦν τοῦ ποιῆσαι αὐτοὺς **κατὰ τὸ εἰθισμένον τοῦ νόμου** περὶ αὐτοῦ

	Mt		Mk		Lk		
002					Lk 2,29	νῦν ἀπολύεις τὸν δοῦλόν σου, δέσποτα, **κατὰ τὸ ῥῆμά σου** ἐν εἰρήνῃ·	
j 002					Lk 2,31	[30] ὅτι εἶδον οἱ ὀφθαλμοί μου τὸ σωτήριόν σου, [31] ὃ ἡτοίμασας **κατὰ πρόσωπον πάντων τῶν λαῶν**	
h 002					Lk 2,39 ↓ Mt 2,22 → Mt 2,23	καὶ ὡς ἐτέλεσαν **πάντα τὰ κατὰ τὸν νόμον κυρίου,** ἐπέστρεψαν εἰς τὴν Γαλιλαίαν εἰς πόλιν ἑαυτῶν Ναζαρέθ.	
200	Mt 2,12	καὶ χρηματισθέντες **κατ᾽ ὄναρ** μὴ ἀνακάμψαι πρὸς Ἡρῴδην, δι᾽ ἄλλης ὁδοῦ ἀνεχώρησαν εἰς τὴν χώραν αὐτῶν.					
200	Mt 2,13	... ἰδοὺ ἄγγελος κυρίου φαίνεται **κατ᾽ ὄναρ** τῷ Ἰωσὴφ λέγων· ἐγερθεὶς παράλαβε τὸ παιδίον καὶ τὴν μητέρα αὐτοῦ καὶ φεῦγε εἰς Αἴγυπτον ...					
d 200	Mt 2,16	... καὶ ἀποστείλας ἀνεῖλεν πάντας τοὺς παῖδας τοὺς ἐν Βηθλέεμ καὶ ἐν πᾶσι τοῖς ὁρίοις αὐτῆς ἀπὸ διετοῦς καὶ κατωτέρω, **κατὰ τὸν χρόνον** ὃν ἠκρίβωσεν παρὰ τῶν μάγων.					
200	Mt 2,19	... ἰδοὺ ἄγγελος κυρίου φαίνεται **κατ᾽ ὄναρ** τῷ Ἰωσὴφ ἐν Αἰγύπτῳ [20] λέγων· ἐγερθεὶς παράλαβε τὸ παιδίον καὶ τὴν μητέρα αὐτοῦ καὶ πορεύου εἰς γῆν Ἰσραήλ· ...					
200	Mt 2,22 ↑ Lk 2,39	... χρηματισθεὶς δὲ **κατ᾽ ὄναρ** ἀνεχώρησεν εἰς τὰ μέρη τῆς Γαλιλαίας					
d 002					Lk 2,41	καὶ ἐπορεύοντο οἱ γονεῖς αὐτοῦ **κατ᾽ ἔτος** εἰς Ἰερουσαλὴμ τῇ ἑορτῇ τοῦ πάσχα.	
002					Lk 2,42	καὶ ὅτε ἐγένετο ἐτῶν δώδεκα, ἀναβαινόντων αὐτῶν **κατὰ τὸ ἔθος τῆς ἑορτῆς**	

	Mt		Mk		Lk		
b 112	**Mt 4,12** → Lk 3,20	ἀκούσας δὲ ὅτι Ἰωάννης παρεδόθη ἀνεχώρησεν εἰς τὴν Γαλιλαίαν.	**Mk 1,14** → Lk 3,20	μετὰ δὲ τὸ παραδοθῆναι τὸν Ἰωάννην ἦλθεν ὁ Ἰησοῦς εἰς τὴν Γαλιλαίαν κηρύσσων τὸ εὐαγγέλιον τοῦ θεοῦ	**Lk 4,14** → Mt 4,24 → Mt 9,26 → Mk 1,28 → Lk 4,37	καὶ ὑπέστρεψεν ὁ Ἰησοῦς ἐν τῇ δυνάμει τοῦ πνεύματος εἰς τὴν Γαλιλαίαν. καὶ φήμη ἐξῆλθεν **καθ' ὅλης τῆς περιχώρου** περὶ αὐτοῦ.	→ Jn 4,3
112	**Mt 13,54**	καὶ ἐλθὼν εἰς τὴν πατρίδα αὐτοῦ ἐδίδασκεν αὐτοὺς ἐν τῇ συναγωγῇ αὐτῶν, ...	**Mk 6,1**	... καὶ ἔρχεται εἰς τὴν πατρίδα αὐτοῦ, καὶ ἀκολουθοῦσιν αὐτῷ οἱ μαθηταὶ αὐτοῦ. [2] καὶ γενομένου σαββάτου ἤρξατο διδάσκειν ἐν τῇ συναγωγῇ, ...	**Lk 4,16**	καὶ ἦλθεν εἰς Ναζαρά, οὗ ἦν τεθραμμένος καὶ εἰσῆλθεν **κατὰ τὸ εἰωθὸς** αὐτῷ ἐν τῇ ἡμέρᾳ τῶν σαββάτων εἰς τὴν συναγωγὴν καὶ ἀνέστη ἀναγνῶναι.	
021	→ Mt 7,29		**Mk 1,27** → Mk 1,22	... τί ἐστιν τοῦτο; διδαχὴ καινὴ **κατ' ἐξουσίαν·** καὶ τοῖς πνεύμασι τοῖς ἀκαθάρτοις ἐπιτάσσει, καὶ ὑπακούουσιν αὐτῷ.	**Lk 4,36** → Lk 4,32	... τίς ὁ λόγος οὗτος ὅτι **ἐν ἐξουσίᾳ καὶ δυνάμει** ἐπιτάσσει τοῖς ἀκαθάρτοις πνεύμασιν καὶ ἐξέρχονται;	
a 221	**Mt 12,14** → Mt 26,4	ἐξελθόντες δὲ οἱ Φαρισαῖοι συμβούλιον ἔλαβον **κατ' αὐτοῦ** ὅπως αὐτὸν ἀπολέσωσιν.	**Mk 3,6** → Mk 14,1	καὶ ἐξελθόντες οἱ Φαρισαῖοι εὐθὺς μετὰ τῶν Ἡρῳδιανῶν συμβούλιον ἐδίδουν **κατ' αὐτοῦ** ὅπως αὐτὸν ἀπολέσωσιν.	**Lk 6,11** → Lk 4,28 → Lk 13,17 → Lk 14,6 → Lk 22,2	αὐτοὶ δὲ ἐπλήσθησαν ἀνοίας καὶ διελάλουν πρὸς ἀλλήλους τί ἂν ποιήσαιεν τῷ Ἰησοῦ.	
a 201	**Mt 5,11**	μακάριοί ἐστε ὅταν ὀνειδίσωσιν ὑμᾶς καὶ διώξωσιν καὶ **εἴπωσιν πᾶν πονηρὸν καθ' ὑμῶν** [ψευδόμενοι] ἕνεκεν ἐμοῦ.			**Lk 6,22**	μακάριοί ἐστε ὅταν μισήσωσιν ὑμᾶς οἱ ἄνθρωποι καὶ ὅταν ἀφορίσωσιν ὑμᾶς καὶ ὀνειδίσωσιν καὶ **ἐκβάλωσιν τὸ ὄνομα ὑμῶν ὡς πονηρὸν** ἕνεκα τοῦ υἱοῦ τοῦ ἀνθρώπου·	→ GTh 68 → GTh 69,1
k 102	**Mt 5,12**	χαίρετε καὶ ἀγαλλιᾶσθε, ὅτι ὁ μισθὸς ὑμῶν πολὺς ἐν τοῖς οὐρανοῖς· **οὕτως** γὰρ ἐδίωξαν τοὺς προφήτας τοὺς πρὸ ὑμῶν.			**Lk 6,23**	χάρητε ἐν ἐκείνῃ τῇ ἡμέρᾳ καὶ σκιρτήσατε, ἰδοὺ γὰρ ὁ μισθὸς ὑμῶν πολὺς ἐν τῷ οὐρανῷ· **κατὰ τὰ αὐτὰ** γὰρ ἐποίουν τοῖς προφήταις οἱ πατέρες αὐτῶν.	→ GTh 69,1 → GTh 68
k 002					**Lk 6,26**	οὐαὶ ὅταν ὑμᾶς καλῶς εἴπωσιν πάντες οἱ ἄνθρωποι· **κατὰ τὰ αὐτὰ** γὰρ ἐποίουν τοῖς ψευδοπροφήταις οἱ πατέρες αὐτῶν.	
a 200	**Mt 5,23** ↓ Mk 11,25	ἐὰν οὖν προσφέρῃς τὸ δῶρόν σου ἐπὶ τὸ θυσιαστήριον κἀκεῖ μνησθῇς ὅτι ὁ ἀδελφός σου ἔχει τι **κατὰ σοῦ**					

	Mt		Mk		Lk		
b 222	**Mt 8,32**	... καὶ ἰδοὺ ὥρμησεν πᾶσα ἡ ἀγέλη **κατὰ τοῦ κρημνοῦ** εἰς τὴν θάλασσαν καὶ ἀπέθανον ἐν τοῖς ὕδασιν.	**Mk 5,13**	... καὶ ὥρμησεν ἡ ἀγέλη **κατὰ τοῦ κρημνοῦ** εἰς τὴν θάλασσαν, ὡς δισχίλιοι, καὶ ἐπνίγοντο ἐν τῇ θαλάσσῃ.	**Lk 8,33**	... καὶ ὥρμησεν ἡ ἀγέλη **κατὰ τοῦ κρημνοῦ** εἰς τὴν λίμνην καὶ ἀπεπνίγη.	
200	**Mt 9,29** ⇨ Mt 20,34 → Mk 8,23.25	τότε ἥψατο τῶν ὀφθαλμῶν αὐτῶν λέγων· **κατὰ τὴν πίστιν ὑμῶν** γενηθήτω ὑμῖν.	**Mk 10,52**	καὶ ὁ Ἰησοῦς εἶπεν αὐτῷ· ὕπαγε, **ἡ πίστις σου** σέσωκέν σε. ...	**Lk 18,42**	καὶ ὁ Ἰησοῦς εἶπεν αὐτῷ· ἀνάβλεψον· **ἡ πίστις σου** σέσωκέν σε.	
a 201 *a* 201 *a* 201	**Mt 10,35** **(3)** → Lk 12,52 → Mt 10,21 → Mk 13,12 → Lk 21,16	ἦλθον γὰρ διχάσαι ἄνθρωπον ***κατὰ τοῦ πατρὸς αὐτοῦ*** καὶ *θυγατέρα* ***κατὰ τῆς μητρὸς αὐτῆς*** καὶ *νύμφην* ***κατὰ τῆς πενθερᾶς αὐτῆς*** ➤ Micah 7,6			**Lk 12,53** → Lk 12,52	διαμερισθήσονται πατὴρ ἐπὶ υἱῷ καὶ *υἱὸς* ***ἐπὶ πατρί,*** μήτηρ ἐπὶ τὴν θυγατέρα καὶ *θυγάτηρ* ***ἐπὶ τὴν μητέρα,*** πενθερὰ ἐπὶ τὴν νύμφην αὐτῆς καὶ *νύμφη* ***ἐπὶ τὴν πενθεράν.*** ➤ Micah 7,6	→ GTh 16
002	**Mt 9,35** ⇩ Mt 4,23 → Mk 1,21	καὶ περιῆγεν ὁ Ἰησοῦς **τὰς πόλεις πάσας** **καὶ τὰς κώμας** διδάσκων ἐν ταῖς συναγωγαῖς αὐτῶν καὶ κηρύσσων τὸ εὐαγγέλιον τῆς βασιλείας ...	**Mk 6,6** ↓ Mk 1,39	... καὶ περιῆγεν **τὰς κώμας** κύκλῳ διδάσκων.	**Lk 8,1** → Lk 4,15 ↓ Lk 4,44 ↓ **Lk 13,22**	καὶ ἐγένετο ἐν τῷ καθεξῆς καὶ αὐτὸς διώδευεν **κατὰ πόλιν** **καὶ κώμην** κηρύσσων καὶ εὐαγγελιζόμενος τὴν βασιλείαν τοῦ θεοῦ καὶ οἱ δώδεκα σὺν αὐτῷ	
	Mt 4,23 ⇧ Mt 9,35	καὶ περιῆγεν **ἐν ὅλῃ** **τῇ Γαλιλαίᾳ** διδάσκων ἐν ταῖς συναγωγαῖς αὐτῶν καὶ κηρύσσων τὸ εὐαγγέλιον τῆς βασιλείας ...	**Mk 1,39** ↑ Mk 1,14 ↑ Mk 6,6	καὶ ἦλθεν κηρύσσων εἰς τὰς συναγωγὰς αὐτῶν **εἰς ὅλην** **τὴν Γαλιλαίαν ...**	**Lk 4,44** ↑ **Lk 8,1**	καὶ ἦν κηρύσσων εἰς τὰς συναγωγὰς **τῆς Ἰουδαίας.**	
a 221	**Mt 12,14** → Mt 26,4	ἐξελθόντες δὲ οἱ Φαρισαῖοι συμβούλιον ἔλαβον **κατ᾽ αὐτοῦ** ὅπως αὐτὸν ἀπολέσωσιν.	**Mk 3,6** → Mk 14,1	καὶ ἐξελθόντες οἱ Φαρισαῖοι εὐθὺς μετὰ τῶν Ἡρῳδιανῶν συμβούλιον ἐδίδουν **κατ᾽ αὐτοῦ** ὅπως αὐτὸν ἀπολέσωσιν.	**Lk 6,11** → Lk 4,28 → Lk 13,17 → Lk 14,6 → Lk 22,2	αὐτοὶ δὲ ἐπλήσθησαν ἀνοίας καὶ διελάλουν πρὸς ἀλλήλους τί ἂν ποιήσαιεν τῷ Ἰησοῦ.	
a 201	**Mt 12,25** **(2)**	... πᾶσα βασιλεία μερισθεῖσα **καθ᾽ ἑαυτῆς** ἐρημοῦται	**Mk 3,24**	καὶ ἐὰν βασιλεία **ἐφ᾽ ἑαυτὴν** μερισθῇ, οὐ δύναται σταθῆναι ἡ βασιλεία ἐκείνη·	**Lk 11,17**	... πᾶσα βασιλεία **ἐφ᾽ ἑαυτὴν** διαμερισθεῖσα ἐρημοῦται	Mk-Q overlap
a 201		καὶ πᾶσα πόλις ἢ οἰκία μερισθεῖσα **καθ᾽ ἑαυτῆς** οὐ σταθήσεται.	**Mk 3,25**	καὶ ἐὰν οἰκία **ἐφ᾽ ἑαυτὴν** μερισθῇ, οὐ δυνήσεται ἡ οἰκία ἐκείνη σταθῆναι.		καὶ οἶκος ἐπὶ οἶκον πίπτει.	Mk-Q overlap
a 202	**Mt 12,30**	ὁ μὴ ὢν μετ᾽ ἐμοῦ **κατ᾽ ἐμοῦ** ἐστιν, καὶ ὁ μὴ συνάγων μετ᾽ ἐμοῦ σκορπίζει.	↓ **Mk 9,40**		**Lk 11,23** ↓ **Lk 9,50**	ὁ μὴ ὢν μετ᾽ ἐμοῦ **κατ᾽ ἐμοῦ** ἐστιν, καὶ ὁ μὴ συνάγων μετ᾽ ἐμοῦ σκορπίζει.	

	Mt		Mk		Lk		
a 201	Mt 12,32 (2) → Mk 3,28	καὶ ὃς ἐὰν εἴπῃ λόγον **κατὰ τοῦ υἱοῦ τοῦ ἀνθρώπου,** ἀφεθήσεται αὐτῷ·	Mk 3,29		Lk 12,10 → Mk 3,28	καὶ πᾶς ὃς ἐρεῖ λόγον **εἰς τὸν υἱὸν τοῦ ἀνθρώπου,** ἀφεθήσεται αὐτῷ·	→ GTh 44 Mk-Q overlap
a 201		ὃς δ' ἂν εἴπῃ **κατὰ τοῦ πνεύματος τοῦ ἁγίου,** οὐκ ἀφεθήσεται αὐτῷ οὔτε ἐν τούτῳ τῷ αἰῶνι οὔτε ἐν τῷ μέλλοντι.		ὃς δ' ἂν βλασφημήσῃ **εἰς τὸ πνεῦμα τὸ ἅγιον,** οὐκ ἔχει ἄφεσιν εἰς τὸν αἰῶνα, ἀλλὰ ἔνοχός ἐστιν αἰωνίου ἁμαρτήματος.		τῷ δὲ **εἰς τὸ ἅγιον πνεῦμα** βλασφημήσαντι οὐκ ἀφεθήσεται.	
112	Mt 13,2 → Lk 5,1	καὶ συνήχθησαν πρὸς αὐτὸν ὄχλοι πολλοί, ... [3] καὶ ἐλάλησεν αὐτοῖς πολλὰ ἐν παραβολαῖς ...	Mk 4,1 → Mk 3,9 → Lk 5,1	... καὶ συνάγεται πρὸς αὐτὸν ὄχλος πλεῖστος, ... [2] καὶ ἐδίδασκεν αὐτοὺς ἐν παραβολαῖς πολλὰ ...	Lk 8,4 ⇨ Lk 5,3	συνιόντος δὲ ὄχλου πολλοῦ καὶ τῶν **κατὰ πόλιν** ἐπιπορευομένων πρὸς αὐτὸν εἶπεν διὰ παραβολῆς·	
g 121	Mt 13,10	καὶ προσελθόντες οἱ μαθηταὶ εἶπαν αὐτῷ· διὰ τί ἐν παραβολαῖς λαλεῖς αὐτοῖς;	Mk 4,10 → Mk 7,17	καὶ ὅτε ἐγένετο **κατὰ μόνας,** ἠρώτων αὐτὸν οἱ περὶ αὐτὸν σὺν τοῖς δώδεκα τὰς παραβολάς.	Lk 8,9 → Mk 7,17	ἐπηρώτων δὲ αὐτὸν οἱ μαθηταὶ αὐτοῦ τίς αὕτη εἴη ἡ παραβολή.	
f 120	Mt 13,34 → Mt 13,36	... καὶ χωρὶς παραβολῆς οὐδὲν ἐλάλει αὐτοῖς	Mk 4,34	χωρὶς δὲ παραβολῆς οὐκ ἐλάλει αὐτοῖς, **κατ' ἰδίαν** δὲ τοῖς ἰδίοις μαθηταῖς ἐπέλυεν πάντα.			
b 222	Mt 8,32	... καὶ ἰδοὺ ὥρμησεν πᾶσα ἡ ἀγέλη **κατὰ τοῦ κρημνοῦ** εἰς τὴν θάλασσαν καὶ ἀπέθανον ἐν τοῖς ὕδασιν.	Mk 5,13	... καὶ ὥρμησεν ἡ ἀγέλη **κατὰ τοῦ κρημνοῦ** εἰς τὴν θάλασσαν, ὡς δισχίλιοι, καὶ ἐπνίγοντο ἐν τῇ θαλάσσῃ.	Lk 8,33	... καὶ ὥρμησεν ἡ ἀγέλη **κατὰ τοῦ κρημνοῦ** εἰς τὴν λίμνην καὶ ἀπεπνίγη.	
012			Mk 5,20	καὶ ἀπῆλθεν καὶ ἤρξατο κηρύσσειν **ἐν τῇ Δεκαπόλει** ὅσα ἐποίησεν αὐτῷ ὁ Ἰησοῦς, ...	Lk 8,39	... καὶ ἀπῆλθεν **καθ' ὅλην τὴν πόλιν** κηρύσσων ὅσα ἐποίησεν αὐτῷ ὁ Ἰησοῦς.	
012			Mk 6,12	καὶ ἐξελθόντες ἐκήρυξαν ἵνα μετανοῶσιν, [13] καὶ δαιμόνια πολλὰ ἐξέβαλλον, καὶ ἤλειφον ἐλαίῳ πολλοὺς ἀρρώστους καὶ ἐθεράπευον.	Lk 9,6	ἐξερχόμενοι δὲ διήρχοντο **κατὰ τὰς κώμας** εὐαγγελιζόμενοι καὶ θεραπεύοντες πανταχοῦ.	
f 020			Mk 6,31	... δεῦτε ὑμεῖς αὐτοὶ **κατ' ἰδίαν** εἰς ἔρημον τόπον καὶ ἀναπαύσασθε ὀλίγον. ...			
f 222	Mt 14,13	... ἀνεχώρησεν ἐκεῖθεν ἐν πλοίῳ εἰς ἔρημον τόπον **κατ' ἰδίαν·** ...	Mk 6,32	καὶ ἀπῆλθον ἐν τῷ πλοίῳ εἰς ἔρημον τόπον **κατ' ἰδίαν.**	Lk 9,10	... καὶ παραλαβὼν αὐτοὺς ὑπεχώρησεν **κατ' ἰδίαν** εἰς πόλιν καλουμένην Βηθσαϊδά.	

	Mt		Mk		Lk		
121 121	**Mt 14,19** → Mt 15,35	καὶ κελεύσας τοὺς ὄχλους ἀνακλιθῆναι ἐπὶ τοῦ χόρτου, ...	**Mk 6,40 (2)** → Mk 8,6	[39] καὶ ἐπέταξεν αὐτοῖς ἀνακλῖναι πάντας συμπόσια συμπόσια ἐπὶ τῷ χλωρῷ χόρτῳ. [40] καὶ ἀνέπεσαν πρασιαὶ πρασιαὶ **κατὰ ἑκατὸν** καὶ **κατὰ** **πεντήκοντα.**	**Lk 9,14**	... εἶπεν δὲ πρὸς τοὺς μαθητὰς αὐτοῦ· κατακλίνατε αὐτοὺς κλισίας [ὡσεὶ] **ἀνὰ** **πεντήκοντα.** [15] καὶ ἐποίησαν οὕτως καὶ κατέκλιναν ἅπαντας.	→ Jn 6,10
f 210	**Mt 14,23** → Mt 15,39 ↓ Lk 9,18	καὶ ἀπολύσας τοὺς ὄχλους ἀνέβη εἰς τὸ ὄρος **κατ' ἰδίαν** προσεύξασθαι. ...	**Mk 6,46** → Mk 8,9 ↓ Lk 9,18	καὶ ἀποταξάμενος αὐτοῖς ἀπῆλθεν εἰς τὸ ὄρος προσεύξασθαι.			→ Jn 6,15
120	**Mt 15,2** → Mt 15,20	διὰ τί οἱ μαθηταί σου παραβαίνουσιν **τὴν παράδοσιν** **τῶν πρεσβυτέρων;** οὐ γὰρ νίπτονται τὰς χεῖρας [αὐτῶν] ὅταν ἄρτον ἐσθίωσιν.	**Mk 7,5**	... διὰ τί οὐ περιπατοῦσιν οἱ μαθηταί σου **κατὰ τὴν παράδοσιν** **τῶν πρεσβυτέρων,** ἀλλὰ κοιναῖς χερσὶν ἐσθίουσιν τὸν ἄρτον;			
f 020			**Mk 7,33** → Mk 8,23	καὶ ἀπολαβόμενος αὐτὸν ἀπὸ τοῦ ὄχλου **κατ' ἰδίαν** ἔβαλεν τοὺς δακτύλους αὐτοῦ εἰς τὰ ὦτα αὐτοῦ ...			
g 112	**Mt 16,13**	ἐλθὼν δὲ ὁ Ἰησοῦς εἰς τὰ μέρη Καισαρείας τῆς Φιλίππου ἠρώτα τοὺς μαθητὰς αὐτοῦ λέγων· τίνα λέγουσιν οἱ ἄνθρωποι εἶναι τὸν υἱὸν τοῦ ἀνθρώπου;	**Mk 8,27**	καὶ ἐξῆλθεν ὁ Ἰησοῦς καὶ οἱ μαθηταὶ αὐτοῦ εἰς τὰς κώμας Καισαρείας τῆς Φιλίππου· καὶ ἐν τῇ ὁδῷ ἐπηρώτα τοὺς μαθητὰς αὐτοῦ λέγων αὐτοῖς· τίνα με λέγουσιν οἱ ἄνθρωποι εἶναι;	**Lk 9,18** ↑ Mt 14,23 ↑ Mk 6,46	καὶ ἐγένετο ἐν τῷ εἶναι αὐτὸν προσευχόμενον **κατὰ μόνας** συνῆσαν αὐτῷ οἱ μαθηταί, καὶ ἐπηρώτησεν αὐτοὺς λέγων· τίνα με λέγουσιν οἱ ὄχλοι εἶναι;	→ GTh 13
e 112	**Mt 16,24** ⇨ Mt 10,38	... εἴ τις θέλει ὀπίσω μου ἐλθεῖν, ἀπαρνησάσθω ἑαυτὸν καὶ ἀράτω τὸν σταυρὸν αὐτοῦ καὶ ἀκολουθείτω μοι.	**Mk 8,34**	... εἴ τις θέλει ὀπίσω μου ἀκολουθεῖν, ἀπαρνησάσθω ἑαυτὸν καὶ ἀράτω τὸν σταυρὸν αὐτοῦ καὶ ἀκολουθείτω μοι.	**Lk 9,23** ⇨ Lk 14,27	... εἴ τις θέλει ὀπίσω μου ἔρχεσθαι, ἀρνησάσθω ἑαυτὸν καὶ ἀράτω τὸν σταυρὸν αὐτοῦ **καθ' ἡμέραν,** καὶ ἀκολουθείτω μοι.	→ GTh 55 Mk-Q overlap
211	**Mt 16,27** → Mt 10,33	μέλλει γὰρ ὁ υἱὸς τοῦ ἀνθρώπου ἔρχεσθαι ἐν τῇ δόξῃ τοῦ πατρὸς αὐτοῦ μετὰ τῶν ἀγγέλων αὐτοῦ, καὶ τότε *ἀποδώσει ἑκάστῳ* ***κατὰ τὴν πρᾶξιν*** ***αὐτοῦ.*** ➤ Ps 62,13/Prov 24,12/Sir 35,22 LXX	**Mk 8,38**	... καὶ ὁ υἱὸς τοῦ ἀνθρώπου ἐπαισχυνθήσεται αὐτὸν, ὅταν ἔλθῃ ἐν τῇ δόξῃ τοῦ πατρὸς αὐτοῦ μετὰ τῶν ἀγγέλων τῶν ἁγίων.	**Lk 9,26** ⇨ Lk 12,9	... τοῦτον ὁ υἱὸς τοῦ ἀνθρώπου ἐπαισχυνθήσεται, ὅταν ἔλθῃ ἐν τῇ δόξῃ αὐτοῦ καὶ τοῦ πατρὸς καὶ τῶν ἁγίων ἀγγέλων.	Mk-Q overlap

f 221	Mt 17,1	... παραλαμβάνει ὁ Ἰησοῦς τὸν Πέτρον καὶ Ἰάκωβον καὶ Ἰωάννην τὸν ἀδελφὸν αὐτοῦ καὶ ἀναφέρει αὐτοὺς εἰς ὄρος ὑψηλὸν **κατ' ἰδίαν**.	Mk 9,2	... παραλαμβάνει ὁ Ἰησοῦς τὸν Πέτρον καὶ τὸν Ἰάκωβον καὶ τὸν Ἰωάννην καὶ ἀναφέρει αὐτοὺς εἰς ὄρος ὑψηλὸν **κατ' ἰδίαν** μόνους. ...	Lk 9,28	... παραλαβὼν Πέτρον καὶ Ἰωάννην καὶ Ἰάκωβον ἀνέβη εἰς τὸ ὄρος προσεύξασθαι.	
f 220	Mt 17,19	τότε προσελθόντες οἱ μαθηταὶ τῷ Ἰησοῦ **κατ' ἰδίαν** εἶπον· διὰ τί ἡμεῖς οὐκ ἠδυνήθημεν ἐκβαλεῖν αὐτό;	Mk 9,28	καὶ εἰσελθόντος αὐτοῦ εἰς οἶκον οἱ μαθηταὶ αὐτοῦ **κατ' ἰδίαν** ἐπηρώτων αὐτόν· ὅτι ἡμεῖς οὐκ ἠδυνήθημεν ἐκβαλεῖν αὐτό;			
a 022	↑ Mt 12,30		Mk 9,40	ὃς γὰρ οὐκ ἔστιν **καθ' ἡμῶν**, ὑπὲρ ἡμῶν ἐστιν.	Lk 9,50 ↓ Lk 11,23	... ὃς γὰρ οὐκ ἔστιν **καθ' ὑμῶν**, ὑπὲρ ὑμῶν ἐστιν.	
102	Mt 10,10	[9] μὴ κτήσησθε χρυσὸν μηδὲ ἄργυρον μηδὲ χαλκὸν εἰς τὰς ζώνας ὑμῶν, [10] μὴ πήραν εἰς ὁδὸν μηδὲ δύο χιτῶνας μηδὲ ὑποδήματα μηδὲ ῥάβδον· ...			Lk 10,4 ⇩ Lk 9,3 → Lk 22,35-36	μὴ βαστάζετε βαλλάντιον, μὴ πήραν, μὴ ὑποδήματα, καὶ μηδένα **κατὰ τὴν ὁδὸν** ἀσπάσησθε.	Mk-Q overlap
			Mk 6,9	[8] ... ἵνα μηδὲν αἴρωσιν εἰς ὁδὸν εἰ μὴ ῥάβδον μόνον, μὴ ἄρτον, μὴ πήραν, μὴ εἰς τὴν ζώνην χαλκόν, [9] ἀλλὰ ὑποδεδεμένους σανδάλια, καὶ μὴ ἐνδύσησθε δύο χιτῶνας.	Lk 9,3 ⇧ Lk 10,4 → Lk 22,35-36	... μηδὲν αἴρετε εἰς τὴν ὁδόν, μήτε ῥάβδον μήτε πήραν μήτε ἄρτον μήτε ἀργύριον μήτε [ἀνὰ] δύο χιτῶνας ἔχειν.	
f 102	Mt 13,16	ὑμῶν δὲ μακάριοι οἱ ὀφθαλμοὶ ὅτι βλέπουσιν καὶ τὰ ὦτα ὑμῶν ὅτι ἀκούουσιν.			Lk 10,23	καὶ στραφεὶς πρὸς τοὺς μαθητὰς **κατ' ἰδίαν** εἶπεν· μακάριοι οἱ ὀφθαλμοὶ οἱ βλέποντες ἃ βλέπετε.	→ GTh 38 (POxy 655 - restoration)
002					Lk 10,31	**κατὰ συγκυρίαν** δὲ ἱερεύς τις κατέβαινεν ἐν τῇ ὁδῷ ἐκείνῃ καὶ ἰδὼν αὐτὸν ἀντιπαρῆλθεν·	
002					Lk 10,32	ὁμοίως δὲ καὶ Λευίτης [γενόμενος] **κατὰ τὸν τόπον** ἐλθὼν καὶ ἰδὼν ἀντιπαρῆλθεν.	
002					Lk 10,33	Σαμαρίτης δέ τις ὁδεύων ἦλθεν **κατ' αὐτὸν** καὶ ἰδὼν ἐσπλαγχνίσθη	
e 102	Mt 6,11	τὸν ἄρτον ἡμῶν τὸν ἐπιούσιον δὸς ἡμῖν **σήμερον**·			Lk 11,3	τὸν ἄρτον ἡμῶν τὸν ἐπιούσιον δίδου ἡμῖν **τὸ καθ' ἡμέραν**·	
a 202	Mt 12,30	ὁ μὴ ὢν μετ' ἐμοῦ **κατ' ἐμοῦ** ἐστιν, καὶ ὁ μὴ συνάγων μετ' ἐμοῦ σκορπίζει.	↑ Mk 9,40		Lk 11,23 ↑ Lk 9,50	ὁ μὴ ὢν μετ' ἐμοῦ **κατ' ἐμοῦ** ἐστιν, καὶ ὁ μὴ συνάγων μετ' ἐμοῦ σκορπίζει.	

002					Lk 13,22 ↑ Lk 8,1	καὶ διεπορεύετο **κατὰ πόλεις καὶ κώμας** διδάσκων καὶ πορείαν ποιούμενος εἰς Ἱεροσόλυμα.	
002					Lk 15,14	δαπανήσαντος δὲ αὐτοῦ πάντα ἐγένετο λιμὸς ἰσχυρὰ **κατὰ τὴν χώραν ἐκείνην,** καὶ αὐτὸς ἤρξατο ὑστερεῖσθαι.	
e 002					Lk 16,19	ἄνθρωπος δέ τις ἦν πλούσιος, καὶ ἐνεδιδύσκετο πορφύραν καὶ βύσσον εὐφραινόμενος **καθ' ἡμέραν** λαμπρῶς.	
k 102	Mt 24,39	[38] ὡς γὰρ ἦσαν ἐν ταῖς ἡμέραις [ἐκείναις] ταῖς πρὸ τοῦ κατακλυσμοῦ τρώγοντες καὶ πίνοντες, γαμοῦντες καὶ γαμίζοντες, ἄχρι ἧς ἡμέρας εἰσῆλθεν Νῶε εἰς τὴν κιβωτόν, [39] καὶ οὐκ ἔγνωσαν ἕως ἦλθεν ὁ κατακλυσμὸς καὶ ἦρεν ἅπαντας, **οὕτως** ἔσται [καὶ] ἡ παρουσία τοῦ υἱοῦ τοῦ ἀνθρώπου.			Lk 17,30	[27] ἤσθιον, ἔπινον, ἐγάμουν, ἐγαμίζοντο, ἄχρι ἧς ἡμέρας εἰσῆλθεν Νῶε εἰς τὴν κιβωτόν, καὶ ἦλθεν ὁ κατακλυσμὸς καὶ ἀπώλεσεν πάντας. [28] ὁμοίως καθὼς ἐγένετο ἐν ταῖς ἡμέραις Λώτ· ... **[30] κατὰ τὰ αὐτὰ** ἔσται ᾗ ἡμέρᾳ ὁ υἱὸς τοῦ ἀνθρώπου ἀποκαλύπτεται.	
210	Mt 19,3	... εἰ ἔξεστιν ἀνθρώπῳ ἀπολῦσαι τὴν γυναῖκα αὐτοῦ **κατὰ πᾶσαν αἰτίαν;**	Mk 10,2	... εἰ ἔξεστιν ἀνδρὶ γυναῖκα ἀπολῦσαι, πειράζοντες αὐτόν.			
a 200	Mt 20,11	λαβόντες δὲ ἐγόγγυζον **κατὰ τοῦ οἰκοδεσπότου**					
f 211	Mt 20,17	... παρέλαβεν τοὺς δώδεκα [μαθητὰς] **κατ' ἰδίαν** καὶ ἐν τῇ ὁδῷ εἶπεν αὐτοῖς·	Mk 10,32	... καὶ παραλαβὼν πάλιν τοὺς δώδεκα ἤρξατο αὐτοῖς λέγειν ...	Lk 18,31	παραλαβὼν δὲ τοὺς δώδεκα εἶπεν πρὸς αὐτούς· ...	
e 012			Mk 11,18 → Mt 21,45-46	καὶ ἤκουσαν οἱ ἀρχιερεῖς καὶ οἱ γραμματεῖς καὶ ἐζήτουν πῶς αὐτὸν ἀπολέσωσιν· ἐφοβοῦντο γὰρ αὐτόν, ...	Lk 19,47 → Lk 21,37-38	καὶ ἦν διδάσκων **τὸ καθ' ἡμέραν** ἐν τῷ ἱερῷ. οἱ δὲ ἀρχιερεῖς καὶ οἱ γραμματεῖς ἐζήτουν αὐτὸν ἀπολέσαι καὶ οἱ πρῶτοι τοῦ λαοῦ	

	Mt		Mk		Lk		
a 120	**Mt 6,14** → Mt 6,12 → Lk 11,4	ἐὰν γὰρ ἀφῆτε τοῖς ἀνθρώποις **τὰ παραπτώματα αὐτῶν,** ἀφήσει καὶ ὑμῖν ὁ πατὴρ ὑμῶν ὁ οὐράνιος·	**Mk 11,25** ↑ Mt 5,23	καὶ ὅταν στήκετε προσευχόμενοι, ἀφίετε **εἴ τι ἔχετε κατά τινος,** ἵνα καὶ ὁ πατὴρ ὑμῶν ὁ ἐν τοῖς οὐρανοῖς ἀφῇ ὑμῖν τὰ παραπτώματα ὑμῶν.			
200	**Mt 23,3**	πάντα οὖν ὅσα ἐὰν εἴπωσιν ὑμῖν ποιήσατε καὶ τηρεῖτε, **κατὰ δὲ τὰ ἔργα αὐτῶν** μὴ ποιεῖτε· λέγουσιν γὰρ καὶ οὐ ποιοῦσιν.					
f 221	**Mt 24,3**	... προσῆλθον αὐτῷ οἱ μαθηταὶ **κατ' ἰδίαν** λέγοντες· ...	**Mk 13,3**	... ἐπηρώτα αὐτὸν **κατ' ἰδίαν** Πέτρος καὶ Ἰάκωβος καὶ Ἰωάννης καὶ Ἀνδρέας·	**Lk 21,7**	ἐπηρώτησαν δὲ αὐτὸν λέγοντες· ...	
222	**Mt 24,7**	ἐγερθήσεται γὰρ ἔθνος ἐπὶ ἔθνος καὶ βασιλεία ἐπὶ βασιλείαν καὶ ἔσονται λιμοὶ καὶ σεισμοὶ **κατὰ τόπους·**	**Mk 13,8**	ἐγερθήσεται γὰρ ἔθνος ἐπ' ἔθνος καὶ βασιλεία ἐπὶ βασιλείαν, ἔσονται σεισμοὶ **κατὰ τόπους,** ἔσονται λιμοί· ...	**Lk 21,11** → Lk 21,25	[10] ... ἐγερθήσεται ἔθνος ἐπ' ἔθνος καὶ βασιλεία ἐπὶ βασιλείαν, [11] σεισμοί τε μεγάλοι καὶ **κατὰ τόπους** λιμοὶ καὶ λοιμοὶ ἔσονται, ...	→ Acts 2,19
201	**Mt 25,15**	[14] ... ἐκάλεσεν τοὺς ἰδίους δούλους καὶ παρέδωκεν αὐτοῖς τὰ ὑπάρχοντα αὐτοῦ, [15] καὶ ᾧ μὲν ἔδωκεν πέντε τάλαντα, ᾧ δὲ δύο, ᾧ δὲ ἕν, ἑκάστῳ **κατὰ τὴν ἰδίαν δύναμιν,** καὶ ἀπεδήμησεν. ...	**Mk 13,34**	... καὶ δοὺς τοῖς δούλοις αὐτοῦ τὴν ἐξουσίαν ἑκάστῳ τὸ ἔργον αὐτοῦ, καὶ τῷ θυρωρῷ ἐνετείλατο ἵνα γρηγορῇ.	**Lk 19,13**	καλέσας δὲ δέκα δούλους ἑαυτοῦ ἔδωκεν αὐτοῖς δέκα μνᾶς καὶ εἶπεν πρὸς αὐτούς· πραγματεύσασθε ἐν ᾧ ἔρχομαι.	Mk-Q overlap
121	**Mt 26,22** → Mt 26,25	καὶ λυπούμενοι σφόδρα ἤρξαντο λέγειν αὐτῷ **εἷς ἕκαστος·** μήτι ἐγώ εἰμι, κύριε;	**Mk 14,19**	ἤρξαντο λυπεῖσθαι καὶ λέγειν αὐτῷ **εἷς κατὰ εἷς·** μήτι ἐγώ;	**Lk 22,23**	καὶ αὐτοὶ ἤρξαντο συζητεῖν πρὸς ἑαυτοὺς τὸ τίς ἄρα εἴη ἐξ αὐτῶν ὁ τοῦτο μέλλων πράσσειν.	→ Jn 13,22.25
112	**Mt 26,24**	ὁ μὲν υἱὸς τοῦ ἀνθρώπου ὑπάγει **καθὼς γέγραπται** περὶ αὐτοῦ, οὐαὶ δὲ τῷ ἀνθρώπῳ ἐκείνῳ δι' οὗ ὁ υἱὸς τοῦ ἀνθρώπου παραδίδοται· ...	**Mk 14,21**	ὅτι ὁ μὲν υἱὸς τοῦ ἀνθρώπου ὑπάγει **καθὼς γέγραπται** περὶ αὐτοῦ, οὐαὶ δὲ τῷ ἀνθρώπῳ ἐκείνῳ δι' οὗ ὁ υἱὸς τοῦ ἀνθρώπου παραδίδοται· ...	**Lk 22,22**	ὅτι ὁ υἱὸς μὲν τοῦ ἀνθρώπου **κατὰ τὸ ὡρισμένον** πορεύεται, πλὴν οὐαὶ τῷ ἀνθρώπῳ ἐκείνῳ δι' οὗ παραδίδοται.	
112	**Mt 26,30**	καὶ ὑμνήσαντες ἐξῆλθον εἰς τὸ ὄρος τῶν ἐλαιῶν.	**Mk 14,26**	καὶ ὑμνήσαντες ἐξῆλθον εἰς τὸ ὄρος τῶν ἐλαιῶν.	**Lk 22,39**	καὶ ἐξελθὼν ἐπορεύθη **κατὰ τὸ ἔθος** εἰς τὸ ὄρος τῶν ἐλαιῶν, ...	→ Jn 14,31 → Jn 18,1
e 222	**Mt 26,55**	... **καθ' ἡμέραν** ἐν τῷ ἱερῷ ἐκαθεζόμην διδάσκων καὶ οὐκ ἐκρατήσατέ με.	**Mk 14,49**	**καθ' ἡμέραν** ἤμην πρὸς ὑμᾶς ἐν τῷ ἱερῷ διδάσκων καὶ οὐκ ἐκρατήσατέ με· ...	**Lk 22,53**	**καθ' ἡμέραν** ὄντος μου μεθ' ὑμῶν ἐν τῷ ἱερῷ οὐκ ἐξετείνατε τὰς χεῖρας ἐπ' ἐμέ, ...	→ Jn 18,20
a 220	**Mt 26,59**	οἱ δὲ ἀρχιερεῖς καὶ τὸ συνέδριον ὅλον ἐζήτουν ψευδομαρτυρίαν **κατὰ τοῦ Ἰησοῦ** ὅπως αὐτὸν θανατώσωσιν,	**Mk 14,55**	οἱ δὲ ἀρχιερεῖς καὶ ὅλον τὸ συνέδριον ἐζήτουν **κατὰ τοῦ Ἰησοῦ** μαρτυρίαν εἰς τὸ θανατῶσαι αὐτόν, ↔			

	Mt		Mk		Lk		
a 120	**Mt 26,60**	καὶ οὐχ εὗρον πολλῶν προσελθόντων ψευδομαρτύρων.	**Mk 14,56**	↔ [55] καὶ οὐχ ηὕρισκον· [56] πολλοὶ γὰρ ἐψευδομαρτύρουν **κατ' αὐτοῦ,** καὶ ἴσαι αἱ μαρτυρίαι οὐκ ἦσαν.			
a 120		ὕστερον δὲ προσελθόντες δύο [61] εἶπαν· οὗτος ἔφη· δύναμαι καταλῦσαι τὸν ναὸν τοῦ θεοῦ	**Mk 14,57**	καί τινες ἀναστάντες ἐψευδομαρτύρουν **κατ' αὐτοῦ** λέγοντες [58] ὅτι ἡμεῖς ἠκούσαμεν αὐτοῦ λέγοντος ὅτι ἐγὼ καταλύσω τὸν ναὸν τοῦτον ...			
c 211	**Mt 26,63** → Mt 27,42-43	... καὶ ὁ ἀρχιερεὺς εἶπεν αὐτῷ· ἐξορκίζω σε **κατὰ τοῦ θεοῦ τοῦ ζῶντος** ἵνα ἡμῖν εἴπῃς εἰ σὺ εἶ ὁ χριστὸς ὁ υἱὸς τοῦ θεοῦ.	**Mk 14,61** → Mk 15,32	... πάλιν ὁ ἀρχιερεὺς ἐπηρώτα αὐτὸν καὶ λέγει αὐτῷ· σὺ εἶ ὁ χριστὸς ὁ υἱὸς τοῦ εὐλογητοῦ;	**Lk 22,67** ⇩ Lk 22,70 → Lk 23,35 **Lk 22,70** ⇧ Lk 22,67	λέγοντες· εἰ σὺ εἶ ὁ χριστός, εἰπὸν ἡμῖν. ... εἶπαν δὲ πάντες· σὺ οὖν εἶ ὁ υἱὸς τοῦ θεοῦ; ...	→ Jn 10,24 → Jn 10,36
a 210	**Mt 27,1**	πρωΐας δὲ γενομένης συμβούλιον ἔλαβον πάντες οἱ ἀρχιερεῖς καὶ οἱ πρεσβύτεροι τοῦ λαοῦ **κατὰ τοῦ Ἰησοῦ** ὥστε θανατῶσαι αὐτόν·	**Mk 15,1**	καὶ εὐθὺς πρωΐ συμβούλιον ποιήσαντες οἱ ἀρχιερεῖς μετὰ τῶν πρεσβυτέρων καὶ γραμματέων καὶ ὅλον τὸ συνέδριον, ...	**Lk 22,66** → Mt 26,57 → Mk 14,53	καὶ ὡς ἐγένετο ἡμέρα, συνήχθη τὸ πρεσβυτέριον τοῦ λαοῦ, ἀρχιερεῖς τε καὶ γραμματεῖς, καὶ ἀπήγαγον αὐτὸν εἰς τὸ συνέδριον αὐτῶν	
b 002					**Lk 23,5**	οἱ δὲ ἐπίσχυον λέγοντες ὅτι ἀνασείει τὸν λαὸν διδάσκων **καθ' ὅλης τῆς Ἰουδαίας,** καὶ ἀρξάμενος ἀπὸ τῆς Γαλιλαίας ἕως ὧδε.	→ Acts 10,37
a 002					**Lk 23,14** → Lk 23,4 → Mt 27,23 → Mk 15,14 → Lk 23,22	... οὐθὲν εὗρον ἐν τῷ ἀνθρώπῳ τούτῳ αἴτιον ὧν κατηγορεῖτε **κατ' αὐτοῦ.**	→ Jn 18,38b → Jn 19,4 → Acts 13,28
d 220	**Mt 27,15**	**κατὰ δὲ ἑορτὴν** εἰώθει ὁ ἡγεμὼν ἀπολύειν ἕνα τῷ ὄχλῳ δέσμιον ὃν ἤθελον.	**Mk 15,6**	**κατὰ δὲ ἑορτὴν** ἀπέλυεν αὐτοῖς ἕνα δέσμιον ὃν παρῃτοῦντο.			→ Jn 18,39 Lk 23,17 is textcritically uncertain.
200	**Mt 27,19**	... μηδὲν σοὶ καὶ τῷ δικαίῳ ἐκείνῳ· πολλὰ γὰρ ἔπαθον σήμερον **κατ' ὄναρ** δι' αὐτόν.					
002					**Lk 23,56**	... καὶ τὸ μὲν σάββατον ἡσύχασαν **κατὰ τὴν ἐντολήν.**	

[a] κατά with genitive: hostile against
[b] κατά with genitive: with reference to location
[c] κατά with genitive (except a and b)
[d] κατά with reference to time (except e)
[e] καθ' ἡμέραν, κατὰ πᾶσαν ἡμέραν
[f] κατ' ἰδίαν
[g] κατὰ μόνας
[h] κατὰ τὸν νόμον, κατὰ and νόμος
[j] κατὰ πρόσωπον
[k] κατὰ τὸ αὐτό, κατὰ τὰ αὐτὰ

Acts 2,10 [9] ... καὶ οἱ κατοικοῦντες τὴν Μεσοποταμίαν, ... [10] Φρυγίαν τε καὶ Παμφυλίαν, Αἴγυπτον καὶ **τὰ μέρη τῆς Λιβύης τῆς κατὰ Κυρήνην,** καὶ οἱ ἐπιδημοῦντες Ῥωμαῖοι

e **Acts 2,46 (2)** → Lk 24,53 **καθ' ἡμέραν** τε προσκαρτεροῦντες ὁμοθυμαδὸν ἐν τῷ ἱερῷ, κλῶντές τε **κατ' οἶκον** ἄρτον, μετελάμβανον τροφῆς ἐν ἀγαλλιάσει καὶ ἀφελότητι καρδίας

e **Acts 2,47** ... ὁ δὲ κύριος προσετίθει τοὺς σῳζομένους **καθ' ἡμέραν** ἐπὶ τὸ αὐτό.

e **Acts 3,2** καί τις ἀνὴρ χωλὸς ἐκ κοιλίας μητρὸς αὐτοῦ ὑπάρχων ἐβαστάζετο, ὃν ἐτίθουν **καθ' ἡμέραν** πρὸς τὴν θύραν τοῦ ἱεροῦ τὴν λεγομένην Ὡραίαν ...

j **Acts 3,13** *ὁ θεὸς Ἀβραὰμ καὶ [ὁ θεὸς] Ἰσαὰκ καὶ [ὁ θεὸς] Ἰακώβ, ὁ θεὸς τῶν πατέρων ἡμῶν,* ἐδόξασεν τὸν παῖδα αὐτοῦ Ἰησοῦν ὃν ὑμεῖς μὲν παρεδώκατε καὶ ἠρνήσασθε **κατὰ πρόσωπον Πιλάτου,** κρίναντος ἐκείνου ἀπολύειν·
➤ Exod 3,6

Acts 3,17 [[→ Lk 23,34a]] καὶ νῦν, ἀδελφοί, οἶδα ὅτι **κατὰ ἄγνοιαν** ἐπράξατε ὥσπερ καὶ οἱ ἄρχοντες ὑμῶν·

Acts 3,22 Μωϋσῆς μὲν εἶπεν ὅτι *προφήτην ὑμῖν ἀναστήσει κύριος ὁ θεὸς ὑμῶν ἐκ τῶν ἀδελφῶν ὑμῶν ὡς ἐμέ· αὐτοῦ ἀκούσεσθε* ***κατὰ πάντα*** *ὅσα ἂν λαλήσῃ* πρὸς ὑμᾶς.
➤ Deut 18,15-20

a **Acts 4,26 (2)** *παρέστησαν οἱ βασιλεῖς τῆς γῆς καὶ οἱ ἄρχοντες συνήχθησαν ἐπὶ τὸ αὐτὸ* ***κατὰ τοῦ κυρίου*** *καὶ*
a ***κατὰ τοῦ χριστοῦ αὐτοῦ.***
➤ Ps 2,2 LXX

Acts 5,42 πᾶσάν τε ἡμέραν ἐν τῷ ἱερῷ καὶ **κατ' οἶκον** οὐκ ἐπαύοντο διδάσκοντες καὶ εὐαγγελιζόμενοι τὸν χριστὸν Ἰησοῦν.

a h **Acts 6,13** ... ὁ ἄνθρωπος οὗτος οὐ παύεται λαλῶν ῥήματα **κατὰ τοῦ τόπου τοῦ ἁγίου [τούτου] καὶ τοῦ νόμου·**

Acts 7,44 ἡ σκηνὴ τοῦ μαρτυρίου ἦν τοῖς πατράσιν ἡμῶν ἐν τῇ ἐρήμῳ καθὼς διετάξατο ὁ λαλῶν τῷ Μωϋσῇ ποιῆσαι αὐτὴν **κατὰ τὸν τύπον** ὃν ἑωράκει·

Acts 8,1 ... πάντες δὲ διεσπάρησαν **κατὰ τὰς χώρας τῆς Ἰουδαίας καὶ Σαμαρείας** πλὴν τῶν ἀποστόλων.

Acts 8,3 Σαῦλος δὲ ἐλυμαίνετο τὴν ἐκκλησίαν **κατὰ τοὺς οἴκους** εἰσπορευόμενος, σύρων τε ἄνδρας καὶ γυναῖκας παρεδίδου εἰς φυλακήν.

d **Acts 8,26** ... ἀνάστηθι καὶ πορεύου **κατὰ μεσημβρίαν** ἐπὶ τὴν ὁδὸν τὴν καταβαίνουσαν ἀπὸ Ἰερουσαλὴμ εἰς Γάζαν, ...

Acts 8,36 ὡς δὲ ἐπορεύοντο **κατὰ τὴν ὁδόν,** ἦλθον ἐπί τι ὕδωρ, καί φησιν ὁ εὐνοῦχος· ἰδοὺ ὕδωρ, τί κωλύει με βαπτισθῆναι;

b **Acts 9,31** ἡ μὲν οὖν ἐκκλησία **καθ' ὅλης τῆς Ἰουδαίας καὶ Γαλιλαίας καὶ Σαμαρείας** εἶχεν εἰρήνην ...

b **Acts 9,42** γνωστὸν δὲ ἐγένετο **καθ' ὅλης τῆς Ἰόππης** καὶ ἐπίστευσαν πολλοὶ ἐπὶ τὸν κύριον.

b **Acts 10,37** → Lk 23,5 ὑμεῖς οἴδατε τὸ γενόμενον ῥῆμα **καθ' ὅλης τῆς Ἰουδαίας,** ἀρξάμενος ἀπὸ τῆς Γαλιλαίας μετὰ τὸ βάπτισμα ὃ ἐκήρυξεν Ἰωάννης

Acts 11,1 ἤκουσαν δὲ οἱ ἀπόστολοι καὶ οἱ ἀδελφοὶ οἱ ὄντες **κατὰ τὴν Ἰουδαίαν** ὅτι καὶ τὰ ἔθνη ἐδέξαντο τὸν λόγον τοῦ θεοῦ.

d **Acts 12,1** **κατ' ἐκεῖνον δὲ τὸν καιρὸν** ἐπέβαλεν Ἡρῴδης ὁ βασιλεὺς τὰς χεῖρας κακῶσαί τινας τῶν ἀπὸ τῆς ἐκκλησίας.

Acts 13,1 ἦσαν δὲ ἐν Ἀντιοχείᾳ **κατὰ τὴν οὖσαν ἐκκλησίαν** προφῆται καὶ διδάσκαλοι ...

Acts 13,22 ... εὗρον Δαυὶδ τὸν τοῦ Ἰεσσαί, ἄνδρα **κατὰ τὴν καρδίαν μου,** ὃς ποιήσει πάντα τὰ θελήματά μου.
➤ Ps 89,21/1Sam 13,14/Isa 44,28

Acts 13,23 τούτου ὁ θεὸς ἀπὸ τοῦ σπέρματος **κατ' ἐπαγγελίαν** ἤγαγεν τῷ Ἰσραὴλ σωτῆρα Ἰησοῦν

d **Acts 13,27** [[→ Lk 23,34a]] οἱ γὰρ κατοικοῦντες ἐν Ἰερουσαλὴμ καὶ οἱ ἄρχοντες αὐτῶν τοῦτον ἀγνοήσαντες καὶ τὰς φωνὰς τῶν προφητῶν τὰς **κατὰ πᾶν σάββατον** ἀναγινωσκομένας κρίναντες ἐπλήρωσαν

k **Acts 14,1** ἐγένετο δὲ ἐν Ἰκονίῳ **κατὰ τὸ αὐτὸ** εἰσελθεῖν αὐτοὺς εἰς τὴν συναγωγὴν τῶν Ἰουδαίων ...

a **Acts 14,2** οἱ δὲ ἀπειθήσαντες Ἰουδαῖοι ἐπήγειραν καὶ ἐκάκωσαν τὰς ψυχὰς τῶν ἐθνῶν
κατὰ τῶν ἀδελφῶν.

Acts 14,23 χειροτονήσαντες δὲ αὐτοῖς
κατ' ἐκκλησίαν
πρεσβυτέρους, ...

Acts 15,11 ἀλλὰ διὰ τῆς χάριτος τοῦ κυρίου Ἰησοῦ πιστεύομεν σωθῆναι
καθ' ὃν τρόπον
κἀκεῖνοι.

Acts 15,21 (2) Μωϋσῆς γὰρ ἐκ γενεῶν ἀρχαίων
κατὰ πόλιν
τοὺς κηρύσσοντας αὐτὸν ἔχει ἐν ταῖς συναγωγαῖς

d **κατὰ πᾶν σάββατον**
ἀναγινωσκόμενος.

Acts 15,23 ... οἱ ἀπόστολοι καὶ οἱ πρεσβύτεροι ἀδελφοὶ τοῖς
κατὰ τὴν Ἀντιόχειαν καὶ Συρίαν καὶ Κιλικίαν
ἀδελφοῖς τοῖς ἐξ ἐθνῶν χαίρειν.

Acts 15,36 ... ἐπιστρέψαντες δὴ ἐπισκεψώμεθα τοὺς ἀδελφοὺς
κατὰ πόλιν πᾶσαν
ἐν αἷς κατηγγείλαμεν τὸν λόγον τοῦ κυρίου πῶς ἔχουσιν.

e **Acts 16,5** αἱ μὲν οὖν ἐκκλησίαι ἐστερεοῦντο τῇ πίστει καὶ ἐπερίσσευον τῷ ἀριθμῷ
καθ' ἡμέραν.

Acts 16,7 ἐλθόντες δὲ
κατὰ τὴν Μυσίαν
ἐπείραζον εἰς τὴν Βιθυνίαν πορευθῆναι, καὶ οὐκ εἴασεν αὐτοὺς τὸ πνεῦμα Ἰησοῦ·

a **Acts 16,22** καὶ συνεπέστη ὁ ὄχλος
κατ' αὐτῶν
καὶ οἱ στρατηγοὶ περιρήξαντες αὐτῶν τὰ ἱμάτια ἐκέλευον ῥαβδίζειν

d **Acts 16,25** **κατὰ δὲ τὸ μεσονύκτιον**
Παῦλος καὶ Σιλᾶς προσευχόμενοι ὕμνουν τὸν θεόν, ἐπηκροῶντο δὲ αὐτῶν οἱ δέσμιοι.

Acts 17,2 **κατὰ δὲ τὸ εἰωθὸς**
τῷ Παύλῳ εἰσῆλθεν πρὸς αὐτοὺς καὶ ἐπὶ σάββατα τρία διελέξατο αὐτοῖς ἀπὸ τῶν γραφῶν

e **Acts 17,11** οὗτοι δὲ ἦσαν εὐγενέστεροι τῶν ἐν Θεσσαλονίκῃ, οἵτινες ἐδέξαντο τὸν λόγον μετὰ πάσης προθυμίας
καθ' ἡμέραν
ἀνακρίνοντες τὰς γραφὰς εἰ ἔχοι ταῦτα οὕτως.

e **Acts 17,17** διελέγετο μὲν οὖν ἐν τῇ συναγωγῇ τοῖς Ἰουδαίοις καὶ τοῖς σεβομένοις καὶ ἐν τῇ ἀγορᾷ
κατὰ πᾶσαν ἡμέραν
πρὸς τοὺς παρατυγχάνοντας.

Acts 17,22 ... ἄνδρες Ἀθηναῖοι,
κατὰ πάντα
ὡς δεισιδαιμονεστέρους ὑμᾶς θεωρῶ.

Acts 17,28 ἐν αὐτῷ γὰρ ζῶμεν καὶ κινούμεθα καὶ ἐσμέν, ὡς καί τινες τῶν
καθ' ὑμᾶς
ποιητῶν εἰρήκασιν· τοῦ γὰρ καὶ γένος ἐσμέν.

d **Acts 18,4** διελέγετο δὲ ἐν τῇ συναγωγῇ
κατὰ πᾶν σάββατον
ἔπειθέν τε Ἰουδαίους καὶ Ἕλληνας.

Acts 18,14 ... εἰ μὲν ἦν ἀδίκημά τι ἢ ῥᾳδιούργημα πονηρόν, ὦ Ἰουδαῖοι,
κατὰ λόγον
ἂν ἀνεσχόμην ὑμῶν,

Acts 18,15 εἰ δὲ ζητήματά ἐστιν περὶ λόγου καὶ ὀνομάτων καὶ νόμου
τοῦ καθ' ὑμᾶς,
ὄψεσθε αὐτοί· κριτὴς ἐγὼ τούτων οὐ βούλομαι εἶναι.

e **Acts 19,9** ... ἀποστὰς ἀπ' αὐτῶν ἀφώρισεν τοὺς μαθητάς
καθ' ἡμέραν
διαλεγόμενος ἐν τῇ σχολῇ Τυράννου.

a **Acts 19,16** καὶ ἐφαλόμενος ὁ ἄνθρωπος ἐπ' αὐτοὺς ἐν ᾧ ἦν τὸ πνεῦμα τὸ πονηρὸν κατακυριεύσας ἀμφοτέρων ἴσχυσεν
κατ' αὐτῶν
ὥστε γυμνοὺς καὶ τετραυματισμένους ἐκφυγεῖν ...

Acts 19,20 οὕτως
κατὰ κράτος
τοῦ κυρίου ὁ λόγος ηὔξανεν καὶ ἴσχυεν.

d **Acts 19,23** ἐγένετο δὲ
κατὰ τὸν καιρὸν ἐκεῖνον
τάραχος οὐκ ὀλίγος περὶ τῆς ὁδοῦ.

Acts 20,20 ὡς οὐδὲν ὑπεστειλάμην τῶν συμφερόντων τοῦ μὴ ἀναγγεῖλαι ὑμῖν καὶ διδάξαι ὑμᾶς δημοσίᾳ καὶ
κατ' οἴκους

Acts 20,23 πλὴν ὅτι τὸ πνεῦμα τὸ ἅγιον
κατὰ πόλιν
διαμαρτύρεταί μοι λέγον ὅτι δεσμὰ καὶ θλίψεις με μένουσιν.

Acts 21,19 καὶ ἀσπασάμενος αὐτοὺς ἐξηγεῖτο
καθ' ἓν ἕκαστον,
ὧν ἐποίησεν ὁ θεὸς ἐν τοῖς ἔθνεσιν ...

Acts 21,21 κατηχήθησαν δὲ περὶ σοῦ ὅτι ἀποστασίαν διδάσκεις ἀπὸ Μωϋσέως τοὺς
κατὰ τὰ ἔθνη
πάντας Ἰουδαίους λέγων μὴ περιτέμνειν αὐτοὺς τὰ τέκνα μηδὲ τοῖς ἔθεσιν περιπατεῖν.

a h **Acts 21,28** ... οὗτός ἐστιν ὁ ἄνθρωπος ὁ
κατὰ τοῦ λαοῦ καὶ τοῦ νόμου καὶ τοῦ τόπου τούτου
πάντας πανταχῇ διδάσκων, ...

h **Acts 22,3** ... ἀνατεθραμμένος δὲ ἐν τῇ πόλει ταύτῃ, παρὰ τοὺς πόδας Γαμαλιὴλ πεπαιδευμένος
κατὰ ἀκρίβειαν τοῦ πατρῴου νόμου, ...

h **Acts 22,12** Ἁνανίας δέ τις, ἀνὴρ εὐλαβὴς
κατὰ τὸν νόμον,
μαρτυρούμενος ὑπὸ πάντων τῶν κατοικούντων Ἰουδαίων

Acts 22,19 ... κύριε, αὐτοὶ ἐπίστανται ὅτι ἐγὼ ἤμην φυλακίζων καὶ δέρων
κατὰ τὰς συναγωγὰς
τοὺς πιστεύοντας ἐπὶ σέ

h **Acts 23,3** ... καὶ σὺ κάθῃ κρίνων με
κατὰ τὸν νόμον
καὶ παρανομῶν κελεύεις με τύπτεσθαι;

f **Acts 23,19** ἐπιλαβόμενος δὲ τῆς χειρὸς αὐτοῦ ὁ χιλίαρχος καὶ ἀναχωρήσας
κατ' ἰδίαν
ἐπυνθάνετο, τί ἐστιν ὃ ἔχεις ἀπαγγεῖλαί μοι;

Acts 23,31 οἱ μὲν οὖν στρατιῶται **κατὰ τὸ διατεταγμένον** αὐτοῖς ἀναλαβόντες τὸν Παῦλον ἤγαγον διὰ νυκτὸς εἰς τὴν Ἀντιπατρίδα

a **Acts 24,1** ... κατέβη ὁ ἀρχιερεὺς Ἁνανίας μετὰ πρεσβυτέρων τινῶν καὶ ῥήτορος Τερτύλλου τινός, οἵτινες ἐνεφάνισαν τῷ ἡγεμόνι **κατὰ τοῦ Παύλου.**

Acts 24,5 εὑρόντες γὰρ τὸν ἄνδρα τοῦτον λοιμὸν καὶ κινοῦντα στάσεις πᾶσιν τοῖς Ἰουδαίοις τοῖς **κατὰ τὴν οἰκουμένην** πρωτοστάτην τε τῆς τῶν Ναζωραίων αἱρέσεως

Acts 24,12 καὶ οὔτε ἐν τῷ ἱερῷ εὗρόν με πρός τινα διαλεγόμενον ἢ ἐπίστασιν ποιοῦντα ὄχλου οὔτε ἐν ταῖς συναγωγαῖς οὔτε **κατὰ τὴν πόλιν**

Acts 24,14 (2) ὁμολογῶ δὲ τοῦτό σοι ὅτι **κατὰ τὴν ὁδὸν** ἣν λέγουσιν αἵρεσιν,

h οὕτως λατρεύω τῷ πατρῴῳ θεῷ πιστεύων πᾶσι τοῖς **κατὰ τὸν νόμον** καὶ τοῖς ἐν τοῖς προφήταις γεγραμμένοις

Acts 24,22 ... ὅταν Λυσίας ὁ χιλίαρχος καταβῇ, διαγνώσομαι **τὰ καθ' ὑμᾶς·**

a **Acts 25,2** ἐνεφάνισάν τε αὐτῷ οἱ ἀρχιερεῖς καὶ οἱ πρῶτοι τῶν Ἰουδαίων **κατὰ τοῦ Παύλου** καὶ παρεκάλουν αὐτὸν

a **Acts 25,3 (2)** αἰτούμενοι χάριν **κατ' αὐτοῦ** ὅπως μεταπέμψηται αὐτὸν εἰς Ἰερουσαλήμ, ἐνέδραν ποιοῦντες ἀνελεῖν αὐτὸν **κατὰ τὴν ὁδόν.**

Acts 25,14 ... ὁ Φῆστος τῷ βασιλεῖ ἀνέθετο **τὰ κατὰ τὸν Παῦλον** λέγων· ἀνήρ τίς ἐστιν καταλελειμμένος ὑπὸ Φήλικος δέσμιος,

a **Acts 25,15** περὶ οὗ γενομένου μου εἰς Ἱεροσόλυμα ἐνεφάνισαν οἱ ἀρχιερεῖς καὶ οἱ πρεσβύτεροι τῶν Ἰουδαίων αἰτούμενοι **κατ' αὐτοῦ** καταδίκην.

j **Acts 25,16** πρὸς οὓς ἀπεκρίθην ὅτι οὐκ ἔστιν ἔθος Ῥωμαίοις χαρίζεσθαί τινα ἄνθρωπον πρὶν ἢ ὁ κατηγορούμενος **κατὰ πρόσωπον** ἔχοι τοὺς κατηγόρους τόπον τε ἀπολογίας λάβοι περὶ τοῦ ἐγκλήματος.

Acts 25,23 ... καὶ εἰσελθόντων εἰς τὸ ἀκροατήριον σύν τε χιλιάρχοις καὶ **ἀνδράσιν τοῖς κατ' ἐξοχὴν τῆς πόλεως** καὶ κελεύσαντος τοῦ Φήστου ἤχθη ὁ Παῦλος.

a **Acts 25,27** ἄλογον γάρ μοι δοκεῖ πέμποντα δέσμιον μὴ καὶ τὰς **κατ' αὐτοῦ** αἰτίας σημᾶναι.

Acts 26,3 μάλιστα γνώστην ὄντα σε **πάντων τῶν κατὰ Ἰουδαίους ἐθῶν τε καὶ ζητημάτων,** διὸ δέομαι μακροθύμως ἀκοῦσαί μου.

Acts 26,5 προγινώσκοντές με ἄνωθεν, ἐὰν θέλωσι μαρτυρεῖν, ὅτι **κατὰ τὴν ἀκριβεστάτην αἵρεσιν τῆς ἡμετέρας θρησκείας** ἔζησα Φαρισαῖος.

Acts 26,11 καὶ **κατὰ πάσας τὰς συναγωγὰς** πολλάκις τιμωρῶν αὐτοὺς ἠνάγκαζον βλασφημεῖν ...

Acts 26,13 ἡμέρας μέσης **κατὰ τὴν ὁδὸν** εἶδον, βασιλεῦ, οὐρανόθεν ὑπὲρ τὴν λαμπρότητα τοῦ ἡλίου περιλάμψαν με φῶς καὶ τοὺς σὺν ἐμοὶ πορευομένους.

Acts 27,2 ἐπιβάντες δὲ πλοίῳ Ἀδραμυττηνῷ μέλλοντι πλεῖν εἰς τοὺς **κατὰ τὴν Ἀσίαν** τόπους ἀνήχθημεν ...

Acts 27,5 τό τε πέλαγος **τὸ κατὰ τὴν Κιλικίαν καὶ Παμφυλίαν** διαπλεύσαντες κατήλθομεν εἰς Μύρα τῆς Λυκίας.

Acts 27,7 (2) ἐν ἱκαναῖς δὲ ἡμέραις βραδυπλοοῦντες καὶ μόλις γενόμενοι **κατὰ τὴν Κνίδον,** μὴ προσεῶντος ἡμᾶς τοῦ ἀνέμου ὑπεπλεύσαμεν τὴν Κρήτην **κατὰ Σαλμώνην**

Acts 27,12 (2) ... εἴ πως δύναιντο καταντήσαντες εἰς Φοίνικα παραχειμάσαι λιμένα τῆς Κρήτης βλέποντα **κατὰ λίβα** καὶ **κατὰ χῶρον.**

a **Acts 27,14** μετ' οὐ πολὺ δὲ ἔβαλεν **κατ' αὐτῆς** ἄνεμος τυφωνικὸς ὁ καλούμενος εὐρακύλων·

Acts 27,25 διὸ εὐθυμεῖτε, ἄνδρες· πιστεύω γὰρ τῷ θεῷ ὅτι οὕτως ἔσται **καθ' ὃν τρόπον** λελάληταί μοι.

d **Acts 27,27** ὡς δὲ τεσσαρεσκαιδεκάτη νὺξ ἐγένετο διαφερομένων ἡμῶν ἐν τῷ Ἀδρίᾳ, **κατὰ μέσον τῆς νυκτὸς** ὑπενόουν οἱ ναῦται προσάγειν τινὰ αὐτοῖς χώραν.

Acts 27,29 φοβούμενοί τε μή που **κατὰ τραχεῖς τόπους** ἐκπέσωμεν, ἐκ πρύμνης ῥίψαντες ἀγκύρας τέσσαρας ηὔχοντο ἡμέραν γενέσθαι.

Acts 28,16 ὅτε δὲ εἰσήλθομεν εἰς Ῥώμην, ἐπετράπη τῷ Παύλῳ μένειν **καθ' ἑαυτὸν** σὺν τῷ φυλάσσοντι αὐτὸν στρατιώτῃ.

καταβαίνω	Syn 30	Mt 11	Mk 6	Lk 13	Acts 19	Jn 17	1-3John	Paul 2	Eph 2	Col
	NT 81	2Thess	1/2Tim	Tit	Heb	Jas 1	1Pet	2Pet	Jude	Rev 10

come down; go down; climb down; be brought down

	triple tradition																	double tradition			Sondergut		
		+Mt / +Lk			–Mt / –Lk			traditions not taken over by Mt / Lk							subtotals								
code	222	211	112	212	221	122	121	022	012	021	220	120	210	020	Σ⁺	Σ⁻	Σ	202	201	102	200	002	total
Mt	2				2						1						5	1	2		3		**11**
Mk	2				2						1			1			6						**6**
Lk	2		2^+		2^-										2^+	2^-	4	1				8	**13**

Mk-Q overlap: 222: Mt 3,16 / Mk 1,10 / Lk 3,22 (?)

a καταβαίνω ἀπό
b καταβαίνω εἰς
c καταβαίνω ἐκ
d καταβαίνω ἐπί
e καταβαίνω ἕως

002					**Lk 2,51**	καὶ **κατέβη** μετ᾽ αὐτῶν καὶ ἦλθεν εἰς Ναζαρὲθ καὶ ἦν ὑποτασσόμενος αὐτοῖς. ...	
b d 222	**Mt 3,16** → Mt 12,18	... καὶ ἰδοὺ ἠνεῴχθησαν [αὐτῷ] οἱ οὐρανοί, καὶ εἶδεν [τὸ] πνεῦμα [τοῦ] θεοῦ **καταβαῖνον** ὡσεὶ περιστερὰν [καὶ] ἐρχόμενον ἐπ᾽ αὐτόν·	**Mk 1,10**	... εἶδεν σχιζομένους τοὺς οὐρανοὺς καὶ τὸ πνεῦμα ὡς περιστερὰν **καταβαῖνον** εἰς αὐτόν·	**Lk 3,22** → Lk 4,18	[21] ἀνεῳχθῆναι τὸν οὐρανὸν [22] καὶ **καταβῆναι** τὸ πνεῦμα τὸ ἅγιον σωματικῷ εἴδει ὡς περιστερὰν ἐπ᾽ αὐτόν, ...	→ Jn 1,32 Mk-Q overlap?
112	**Mt 12,15** **Mt 4,25**	ὁ δὲ Ἰησοῦς γνοὺς ἀνεχώρησεν ἐκεῖθεν. καὶ ἠκολούθησαν αὐτῷ [ὄχλοι] πολλοί, ... καὶ ἠκολούθησαν αὐτῷ ὄχλοι πολλοὶ ἀπὸ τῆς Γαλιλαίας ...	**Mk 3,7**	καὶ ὁ Ἰησοῦς μετὰ τῶν μαθητῶν αὐτοῦ ἀνεχώρησεν πρὸς τὴν θάλασσαν, καὶ πολὺ πλῆθος ἀπὸ τῆς Γαλιλαίας [ἠκολούθησεν], ...	**Lk 6,17**	καὶ **καταβὰς** μετ᾽ αὐτῶν ἔστη ἐπὶ τόπου πεδινοῦ, καὶ ὄχλος πολὺς μαθητῶν αὐτοῦ, καὶ πλῆθος πολὺ τοῦ λαοῦ ...	
201	**Mt 7,25**	καὶ **κατέβη** ἡ βροχὴ καὶ ἦλθον οἱ ποταμοὶ καὶ ἔπνευσαν οἱ ἄνεμοι καὶ προσέπεσαν τῇ οἰκίᾳ ἐκείνῃ, καὶ οὐκ ἔπεσεν, τεθεμελίωτο γὰρ ἐπὶ τὴν πέτραν.			**Lk 6,48**	... πλημμύρης δὲ γενομένης προσέρηξεν ὁ ποταμὸς τῇ οἰκίᾳ ἐκείνῃ, καὶ οὐκ ἴσχυσεν σαλεῦσαι αὐτὴν διὰ τὸ καλῶς οἰκοδομῆσθαι αὐτήν.	
201	**Mt 7,27**	καὶ **κατέβη** ἡ βροχὴ καὶ ἦλθον οἱ ποταμοὶ καὶ ἔπνευσαν οἱ ἄνεμοι καὶ προσέκοψαν τῇ οἰκίᾳ ἐκείνῃ, καὶ ἔπεσεν, καὶ ἦν ἡ πτῶσις αὐτῆς μεγάλη.			**Lk 6,49**	... ᾗ προσέρηξεν ὁ ποταμός, καὶ εὐθὺς συνέπεσεν καὶ ἐγένετο τὸ ῥῆγμα τῆς οἰκίας ἐκείνης μέγα.	
a 200	**Mt 8,1**	**καταβάντος** δὲ αὐτοῦ ἀπὸ τοῦ ὄρους ἠκολούθησαν αὐτῷ ὄχλοι πολλοί.					

e 202	**Mt 11,23**	καὶ σύ, Καφαρναούμ, μὴ ἕως οὐρανοῦ ὑψωθήσῃ; *ἕως ᾅδου* ***καταβήσῃ·*** ... ➢ Isa 14,13.15			**Lk 10,15**	καὶ σύ, Καφαρναούμ, μὴ ἕως οὐρανοῦ ὑψωθήσῃ; *ἕως τοῦ ᾅδου* ***καταβήσῃ.*** ➢ Isa 14,13.15	
a 020	**Mt 12,24** ⇩ Mt 9,34 **Mt 9,34** ⇧ Mt 12,24	οἱ δὲ Φαρισαῖοι ἀκούσαντες εἶπον· οὗτος οὐκ ἐκβάλλει τὰ δαιμόνια εἰ μὴ ἐν τῷ Βεελζεβοὺλ ἄρχοντι τῶν δαιμονίων. οἱ δὲ Φαρισαῖοι ἔλεγον· ἐν τῷ ἄρχοντι τῶν δαιμονίων ἐκβάλλει τὰ δαιμόνια.	**Mk 3,22**	καὶ οἱ γραμματεῖς οἱ ἀπὸ Ἱεροσολύμων **καταβάντες** ἔλεγον ὅτι Βεελζεβοὺλ ἔχει, καὶ ὅτι ἐν τῷ ἄρχοντι τῶν δαιμονίων ἐκβάλλει τὰ δαιμόνια.	**Lk 11,15** → Lk 11,18	τινὲς δὲ ἐξ αὐτῶν εἶπον· ἐν Βεελζεβοὺλ τῷ ἄρχοντι τῶν δαιμονίων ἐκβάλλει τὰ δαιμόνια·	Mk-Q overlap
b 112	**Mt 8,24**	καὶ ἰδοὺ σεισμὸς μέγας **ἐγένετο** ἐν τῇ θαλάσσῃ, ὥστε τὸ πλοῖον καλύπτεσθαι ὑπὸ τῶν κυμάτων, ...	**Mk 4,37**	καὶ **γίνεται** λαῖλαψ μεγάλη ἀνέμου, καὶ τὰ κύματα ἐπέβαλλεν εἰς τὸ πλοῖον, ὥστε ἤδη γεμίζεσθαι τὸ πλοῖον.	**Lk 8,23**	... καὶ **κατέβη** λαῖλαψ ἀνέμου εἰς τὴν λίμνην, καὶ συνεπληροῦντο καὶ ἐκινδύνευον.	
a 200	**Mt 14,29**	ὁ δὲ εἶπεν· ἐλθέ. καὶ **καταβὰς** ἀπὸ τοῦ πλοίου [ὁ] Πέτρος περιεπάτησεν ἐπὶ τὰ ὕδατα καὶ ἦλθεν πρὸς τὸν Ἰησοῦν.					
c 221	**Mt 17,9**	καὶ **καταβαινόντων** αὐτῶν ἐκ τοῦ ὄρους ἐνετείλατο αὐτοῖς ὁ Ἰησοῦς λέγων· μηδενὶ εἴπητε τὸ ὅραμα ἕως οὗ ὁ υἱὸς τοῦ ἀνθρώπου ἐκ νεκρῶν ἐγερθῇ.	**Mk 9,9**	καὶ **καταβαινόντων** αὐτῶν ἐκ τοῦ ὄρους διεστείλατο αὐτοῖς ἵνα μηδενὶ ἃ εἶδον διηγήσωνται, εἰ μὴ ὅταν ὁ υἱὸς τοῦ ἀνθρώπου ἐκ νεκρῶν ἀναστῇ.	**Lk 9,37**	[36] καὶ αὐτοὶ ἐσίγησαν καὶ οὐδενὶ ἀπήγγειλαν ἐν ἐκείναις ταῖς ἡμέραις οὐδὲν ὧν ἑώρακαν. [37] ἐγένετο δὲ τῇ ἑξῆς ἡμέρᾳ **κατελθόντων** αὐτῶν ἀπὸ τοῦ ὄρους ...	
a 002					**Lk 9,54**	... κύριε, θέλεις εἴπωμεν *πῦρ* ***καταβῆναι*** *ἀπὸ τοῦ οὐρανοῦ καὶ ἀναλῶσαι αὐτούς;* ➢ 2Kings 1,10.12	
e 202	**Mt 11,23**	καὶ σύ, Καφαρναούμ, μὴ ἕως οὐρανοῦ ὑψωθήσῃ; *ἕως ᾅδου* ***καταβήσῃ·*** ... ➢ Isa 14,13.15			**Lk 10,15**	καὶ σύ, Καφαρναούμ, μὴ ἕως οὐρανοῦ ὑψωθήσῃ; *ἕως τοῦ ᾅδου* ***καταβήσῃ.*** ➢ Isa 14,13.15	
a b 002					**Lk 10,30**	... ἄνθρωπός τις **κατέβαινεν** ἀπὸ Ἰερουσαλὴμ εἰς Ἰεριχὼ καὶ λῃσταῖς περιέπεσεν, ...	
 002					**Lk 10,31**	κατὰ συγκυρίαν δὲ ἱερεύς τις **κατέβαινεν** ἐν τῇ ὁδῷ ἐκείνῃ καὶ ἰδὼν αὐτὸν ἀντιπαρῆλθεν·	

	Mt		Mk		Lk		
222	Mt 24,17	ὁ ἐπὶ τοῦ δώματος **μὴ καταβάτω** ἆραι τὰ ἐκ τῆς οἰκίας αὐτοῦ	Mk 13,15	ὁ [δὲ] ἐπὶ τοῦ δώματος **μὴ καταβάτω** μηδὲ εἰσελθάτω ἆραί τι ἐκ τῆς οἰκίας αὐτοῦ	Lk 17,31	... ὃς ἔσται ἐπὶ τοῦ δώματος καὶ τὰ σκεύη αὐτοῦ ἐν τῇ οἰκίᾳ, **μὴ καταβάτω** ἆραι αὐτά, ...	
b 002					Lk 18,14 → Lk 16,15	λέγω ὑμῖν, **κατέβη** οὗτος δεδικαιωμένος εἰς τὸν οἶκον αὐτοῦ παρ' ἐκεῖνον· ...	
002					Lk 19,5	... Ζακχαῖε, σπεύσας **κατάβηθι,** σήμερον γὰρ ἐν τῷ οἴκῳ σου δεῖ με μεῖναι.	
002					Lk 19,6	καὶ σπεύσας **κατέβη** καὶ ὑπεδέξατο αὐτὸν χαίρων.	
d 002					Lk 22,44	[[... καὶ ἐγένετο ὁ ἱδρὼς αὐτοῦ ὡσεὶ θρόμβοι αἵματος **καταβαίνοντος** ἐπὶ τὴν γῆν.]]	Lk 22,44 is textcritically uncertain.
a 220	Mt 27,40 → Mt 4,3.6 ↓ Mt 27,42	[39] οἱ δὲ παραπορευόμενοι ... [40] καὶ λέγοντες· ... σῶσον σεαυτόν, εἰ υἱὸς εἶ τοῦ θεοῦ, [καὶ] **κατάβηθι** ἀπὸ τοῦ σταυροῦ.	Mk 15,30 ↓ Mk 15,31 ↓ Mk 15,32	[29] καὶ οἱ παραπορευόμενοι ... καὶ λέγοντες· ... [30] σῶσον σεαυτὸν **καταβὰς** ἀπὸ τοῦ σταυροῦ.	Lk 23,37 ↓ Lk 23,35 → Lk 23,39	[36] ... οἱ στρατιῶται προσερχόμενοι, ... [37] καὶ λέγοντες· εἰ σὺ εἶ ὁ βασιλεὺς τῶν Ἰουδαίων, σῶσον σεαυτόν.	
a 221	Mt 27,42 → Mt 26,63-64 ↑ Mt 27,40 ↑ Lk 23,37	[41] ὁμοίως καὶ οἱ ἀρχιερεῖς ἐμπαίζοντες μετὰ τῶν γραμματέων καὶ πρεσβυτέρων ἔλεγον· [42] ἄλλους ἔσωσεν, ἑαυτὸν οὐ δύναται σῶσαι· βασιλεὺς Ἰσραήλ ἐστιν, **καταβάτω** νῦν ἀπὸ τοῦ σταυροῦ καὶ πιστεύσομεν ἐπ' αὐτόν.	Mk 15,32 → Mk 14,61-62 ↑ Mk 15,30 ↑ Lk 23,37	[31] ὁμοίως καὶ οἱ ἀρχιερεῖς ἐμπαίζοντες πρὸς ἀλλήλους μετὰ τῶν γραμματέων ἔλεγον· ἄλλους ἔσωσεν, ἑαυτὸν οὐ δύναται σῶσαι· [32] ὁ χριστὸς ὁ βασιλεὺς Ἰσραὴλ **καταβάτω** νῦν ἀπὸ τοῦ σταυροῦ, ἵνα ἴδωμεν καὶ πιστεύσωμεν. ...	Lk 23,35 → Lk 22,67 → Lk 23,39	... ἐξεμυκτήριζον δὲ καὶ οἱ ἄρχοντες λέγοντες· ἄλλους ἔσωσεν, σωσάτω ἑαυτόν, εἰ οὗτός ἐστιν ὁ χριστὸς τοῦ θεοῦ ὁ ἐκλεκτός.	
c 200	Mt 28,2	καὶ ἰδοὺ σεισμὸς ἐγένετο μέγας· ἄγγελος γὰρ κυρίου **καταβὰς** ἐξ οὐρανοῦ καὶ προσελθὼν ἀπεκύλισεν τὸν λίθον καὶ ἐκάθητο ἐπάνω αὐτοῦ.	Mk 16,4	καὶ ἀναβλέψασαι θεωροῦσιν ὅτι ἀποκεκύλισται ὁ λίθος· ἦν γὰρ μέγας σφόδρα. [5] καὶ εἰσελθοῦσαι εἰς τὸ μνημεῖον εἶδον νεανίσκον ...	Lk 24,2	εὗρον δὲ τὸν λίθον ἀποκεκυλισμένον ἀπὸ τοῦ μνημείου, [3] ... [4] ... ἰδοὺ ἄνδρες δύο ἐπέστησαν αὐταῖς ...	→ Jn 20,1

b **Acts 7,15** καὶ **κατέβη** Ἰακὼβ εἰς Αἴγυπτον καὶ ἐτελεύτησεν αὐτὸς καὶ οἱ πατέρες ἡμῶν

Acts 7,34 *ἰδὼν εἶδον τὴν κάκωσιν τοῦ λαοῦ μου τοῦ ἐν Αἰγύπτῳ καὶ τοῦ στεναγμοῦ αὐτῶν ἤκουσα, καὶ* ***κατέβην*** *ἐξελέσθαι αὐτούς· καὶ νῦν δεῦρο ἀποστείλω σε εἰς Αἴγυπτον.*
➤ Exod 3,7-8.10

Acts 8,15 οἵτινες **καταβάντες** προσηύξαντο περὶ αὐτῶν ὅπως λάβωσιν πνεῦμα ἅγιον·

a b **Acts 8,26** ... ἀνάστηθι καὶ πορεύου κατὰ μεσημβρίαν ἐπὶ τὴν ὁδὸν **τὴν καταβαίνουσαν** ἀπὸ Ἰερουσαλὴμ εἰς Γάζαν, αὕτη ἐστὶν ἔρημος.

b **Acts 8,38** καὶ ἐκέλευσεν στῆναι τὸ ἅρμα καὶ
κατέβησαν
ἀμφότεροι εἰς τὸ ὕδωρ, ὅ τε Φίλιππος καὶ ὁ εὐνοῦχος, καὶ ἐβάπτισεν αὐτόν.

Acts 10,11 καὶ θεωρεῖ τὸν οὐρανὸν ἀνεῳγμένον καὶ
καταβαῖνον
σκεῦός τι ὡς ὀθόνην μεγάλην τέσσαρσιν ἀρχαῖς καθιέμενον ἐπὶ τῆς γῆς

Acts 10,20 ἀλλὰ ἀναστὰς
κατάβηθι
καὶ πορεύου σὺν αὐτοῖς μηδὲν διακρινόμενος ὅτι ἐγὼ ἀπέσταλκα αὐτούς.

Acts 10,21 **καταβὰς**
δὲ Πέτρος πρὸς τοὺς ἄνδρας εἶπεν· ἰδοὺ ἐγώ εἰμι ὃν ζητεῖτε· ...

Acts 11,5 ... καὶ εἶδον ἐν ἐκστάσει ὅραμα,
καταβαῖνον
σκεῦός τι ὡς ὀθόνην μεγάλην τέσσαρσιν ἀρχαῖς καθιεμένην ἐκ τοῦ οὐρανοῦ, ...

Acts 14,11 ... οἱ θεοὶ ὁμοιωθέντες ἀνθρώποις
κατέβησαν
πρὸς ἡμᾶς

b **Acts 14,25** καὶ λαλήσαντες ἐν Πέργῃ τὸν λόγον
κατέβησαν
εἰς Ἀττάλειαν·

b **Acts 16,8** παρελθόντες δὲ τὴν Μυσίαν
κατέβησαν
εἰς Τρῳάδα.

b **Acts 18,22** καὶ κατελθὼν εἰς Καισάρειαν, ἀναβὰς καὶ ἀσπασάμενος τὴν ἐκκλησίαν
κατέβη
εἰς Ἀντιόχειαν.

Acts 20,10 **καταβὰς**
δὲ ὁ Παῦλος ἐπέπεσεν αὐτῷ καὶ συμπεριλαβὼν εἶπεν· μὴ θορυβεῖσθε, ἡ γὰρ ψυχὴ αὐτοῦ ἐν αὐτῷ ἐστιν.

Acts 23,10 πολλῆς δὲ γινομένης στάσεως φοβηθεὶς ὁ χιλίαρχος μὴ διασπασθῇ ὁ Παῦλος ὑπ᾽ αὐτῶν ἐκέλευσεν τὸ στράτευμα
καταβὰν
ἁρπάσαι αὐτὸν ἐκ μέσου αὐτῶν ἄγειν τε εἰς τὴν παρεμβολήν.

Acts 24,1 μετὰ δὲ πέντε ἡμέρας
κατέβη
ὁ ἀρχιερεὺς Ἁνανίας μετὰ πρεσβυτέρων τινῶν καὶ ῥήτορος Τερτύλλου τινός, ...

Acts 24,22 ... ὅταν Λυσίας ὁ χιλίαρχος
καταβῇ,
διαγνώσομαι τὰ καθ᾽ ὑμᾶς·

b **Acts 25,6** διατρίψας δὲ ἐν αὐτοῖς ἡμέρας οὐ πλείους ὀκτὼ ἢ δέκα
καταβὰς
εἰς Καισάρειαν, ...

a **Acts 25,7** παραγενομένου δὲ αὐτοῦ περιέστησαν αὐτὸν
οἱ ἀπὸ Ἱεροσολύμων καταβεβηκότες Ἰουδαῖοι
πολλὰ καὶ βαρέα αἰτιώματα καταφέροντες ἃ οὐκ ἴσχυον ἀποδεῖξαι

καταβαρύνω

	Syn	Mt	Mk	Lk	Acts	Jn	1-3John	Paul	Eph	Col
	1		1							
	NT	2Thess	1/2Tim	Tit	Heb	Jas	1Pet	2Pet	Jude	Rev
	1									

burden; be a burden to someone

	Mt	Mk	Lk	
120	**Mt 26,43** καὶ ἐλθὼν πάλιν εὗρεν αὐτοὺς καθεύδοντας, ἦσαν γὰρ αὐτῶν οἱ ὀφθαλμοὶ **βεβαρημένοι.**	**Mk 14,40** καὶ πάλιν ἐλθὼν εὗρεν αὐτοὺς καθεύδοντας, ἦσαν γὰρ αὐτῶν οἱ ὀφθαλμοὶ **καταβαρυνόμενοι,** καὶ οὐκ ᾔδεισαν τί ἀποκριθῶσιν αὐτῷ.		

κατάβασις

	Syn	Mt	Mk	Lk	Acts	Jn	1-3John	Paul	Eph	Col
	1			1						
	NT	2Thess	1/2Tim	Tit	Heb	Jas	1Pet	2Pet	Jude	Rev
	1									

descent; road leading down

	Mt	Mk	Lk	
112	**Mt 21,9** οἱ δὲ ὄχλοι οἱ προάγοντες αὐτὸν καὶ οἱ ἀκολουθοῦντες ἔκραζον ...	**Mk 11,9** καὶ οἱ προάγοντες καὶ οἱ ἀκολουθοῦντες ἔκραζον· ...	**Lk 19,37** ἐγγίζοντος δὲ αὐτοῦ ἤδη **πρὸς τῇ καταβάσει τοῦ ὄρους τῶν ἐλαιῶν** ἤρξαντο ἅπαν τὸ πλῆθος τῶν μαθητῶν χαίροντες αἰνεῖν τὸν θεὸν φωνῇ μεγάλῃ περὶ πασῶν ὧν εἶδον δυνάμεων	→ Jn 12,13

καταβολή	Syn 3	Mt 2	Mk	Lk 1	Acts	Jn 1	1-3John	Paul	Eph 1	Col
	NT 11	2Thess	1/2Tim	Tit	Heb 3	Jas	1Pet 1	2Pet	Jude	Rev 2

foundation; beginning

	Mt	Mk	Lk	
200	**Mt 13,35** ὅπως πληρωθῇ τὸ ῥηθὲν διὰ τοῦ προφήτου λέγοντος· *ἀνοίξω ἐν παραβολαῖς τὸ στόμα μου, ἐρεύξομαι κεκρυμμένα* **ἀπὸ καταβολῆς [κόσμου].** ➤ Ps 78,2			
102	**Mt 23,35** ὅπως ἔλθῃ ἐφ' ὑμᾶς πᾶν αἷμα δίκαιον ἐκχυννόμενον **ἐπὶ τῆς γῆς** ἀπὸ τοῦ αἵματος Ἅβελ τοῦ δικαίου ...		**Lk 11,50** ἵνα ἐκζητηθῇ τὸ αἷμα πάντων τῶν προφητῶν τὸ ἐκκεχυμένον **ἀπὸ καταβολῆς κόσμου** ἀπὸ τῆς γενεᾶς ταύτης, [51] ἀπὸ αἵματος Ἅβελ ...	
200	**Mt 25,34** ... δεῦτε, οἱ εὐλογημένοι τοῦ πατρός μου, κληρονομήσατε τὴν ἡτοιμασμένην ὑμῖν βασιλείαν **ἀπὸ καταβολῆς κόσμου·**			

καταγελάω	Syn 3	Mt 1	Mk 1	Lk 1	Acts	Jn	1-3John	Paul	Eph	Col
	NT 3	2Thess	1/2Tim	Tit	Heb	Jas	1Pet	2Pet	Jude	Rev

laugh at; ridicule

	Mt	Mk	Lk	
222	**Mt 9,24** ... ἀναχωρεῖτε, οὐ γὰρ ἀπέθανεν τὸ κοράσιον ἀλλὰ καθεύδει. καὶ **κατεγέλων** αὐτοῦ.	**Mk 5,40** [39] ... τί θορυβεῖσθε καὶ κλαίετε; τὸ παιδίον οὐκ ἀπέθανεν ἀλλὰ καθεύδει. [40] καὶ **κατεγέλων** αὐτοῦ. ...	**Lk 8,53** [52] μὴ κλαίετε, οὐ γὰρ ἀπέθανεν ἀλλὰ καθεύδει. [53] καὶ **κατεγέλων** αὐτοῦ, εἰδότες ὅτι ἀπέθανεν.	

κατάγνυμι	Syn 1	Mt 1	Mk	Lk	Acts	Jn 3	1-3John	Paul	Eph	Col
	NT 4	2Thess	1/2Tim	Tit	Heb	Jas	1Pet	2Pet	Jude	Rev

break

	Mt	Mk	Lk	
200	**Mt 12,20** *κάλαμον συντετριμμένον* ***οὐ κατεάξει*** *καὶ λίνον τυφόμενον οὐ σβέσει, ἕως ἂν ἐκβάλῃ* εἰς νῖκος τὴν *κρίσιν*. ➤ Isa 42,3-4			

κατάγω	Syn 1	Mt	Mk	Lk 1	Acts 7	Jn	1-3John	Paul 1	Eph	Col
	NT 9	2Thess	1/2Tim	Tit	Heb	Jas	1Pet	2Pet	Jude	Rev

lead, bring down

	Mt	Mk	Lk	
112	**Mt 4,20** οἱ δὲ εὐθέως ἀφέντες τὰ δίκτυα ἠκολούθησαν αὐτῷ.	**Mk 1,18** καὶ εὐθὺς ἀφέντες τὰ δίκτυα ἠκολούθησαν αὐτῷ.	**Lk 5,11** → Lk 5,28 καὶ **καταγαγόντες** τὰ πλοῖα ἐπὶ τὴν γῆν ἀφέντες πάντα ἠκολούθησαν αὐτῷ.	
	Mt 4,22 οἱ δὲ εὐθέως ἀφέντες τὸ πλοῖον καὶ τὸν πατέρα αὐτῶν ἠκολούθησαν αὐτῷ.	**Mk 1,20** ... καὶ ἀφέντες τὸν πατέρα αὐτῶν Ζεβεδαῖον ἐν τῷ πλοίῳ μετὰ τῶν μισθωτῶν ἀπῆλθον ὀπίσω αὐτοῦ.		

Acts 9,30 ἐπιγνόντες δὲ οἱ ἀδελφοὶ **κατήγαγον** αὐτὸν εἰς Καισάρειαν καὶ ἐξαπέστειλαν αὐτὸν εἰς Ταρσόν.

Acts 22,30 ... ἐκέλευσεν συνελθεῖν τοὺς ἀρχιερεῖς καὶ πᾶν τὸ συνέδριον, καὶ **καταγαγὼν** τὸν Παῦλον ἔστησεν εἰς αὐτούς.

Acts 23,15 νῦν οὖν ὑμεῖς ἐμφανίσατε τῷ χιλιάρχῳ σὺν τῷ συνεδρίῳ ὅπως **καταγάγῃ** αὐτὸν εἰς ὑμᾶς ὡς μέλλοντας διαγινώσκειν ἀκριβέστερον τὰ περὶ αὐτοῦ· ...

Acts 23,20 ... οἱ Ἰουδαῖοι συνέθεντο τοῦ ἐρωτῆσαί σε ὅπως αὔριον τὸν Παῦλον **καταγάγῃς** εἰς τὸ συνέδριον ...

Acts 23,28 βουλόμενός τε ἐπιγνῶναι τὴν αἰτίαν δι᾽ ἣν ἐνεκάλουν αὐτῷ, **κατήγαγον** εἰς τὸ συνέδριον αὐτῶν

Acts 27,3 τῇ τε ἑτέρᾳ **κατήχθημεν** εἰς Σιδῶνα, ...

Acts 28,12 καὶ **καταχθέντες** εἰς Συρακούσας ἐπεμείναμεν ἡμέρας τρεῖς

καταδέω	Syn 1	Mt	Mk	Lk 1	Acts	Jn	1-3John	Paul	Eph	Col
	NT 1	2Thess	1/2Tim	Tit	Heb	Jas	1Pet	2Pet	Jude	Rev

bind up

	Mt	Mk	Lk	
002			**Lk 10,34** καὶ προσελθὼν **κατέδησεν** τὰ τραύματα αὐτοῦ ἐπιχέων ἔλαιον καὶ οἶνον, ...	

καταδικάζω	Syn 4	Mt 2	Mk	Lk 2	Acts	Jn	1-3John	Paul	Eph	Col
	NT 5	2Thess	1/2Tim	Tit	Heb	Jas 1	1Pet	2Pet	Jude	Rev

condemn; find, pronounce guilty

	Mt	Mk	Lk	
102 102	**Mt 7,1** μὴ κρίνετε, ἵνα μὴ κριθῆτε·		**Lk 6,37 (2)** καὶ μὴ κρίνετε, καὶ οὐ μὴ κριθῆτε· καὶ **μὴ καταδικάζετε,** καὶ **οὐ μὴ καταδικασθῆτε.** ἀπολύετε, καὶ ἀπολυθήσεσθε·	

	Mt		Mk		Lk		
200	**Mt 12,7** ⇨ Mt 9,13	εἰ δὲ ἐγνώκειτε τί ἐστιν· *ἔλεος θέλω καὶ οὐ θυσίαν,* **οὐκ ἂν κατεδικάσατε** τοὺς ἀναιτίους. ➤ Hos 6,6					
200	**Mt 12,37**	ἐκ γὰρ τῶν λόγων σου δικαιωθήσῃ, καὶ ἐκ τῶν λόγων σου **καταδικασθήσῃ.**					

καταδιώκω	Syn 1	Mt	Mk 1	Lk	Acts	Jn	1-3John	Paul	Eph	Col
	NT 1	2Thess	1/2Tim	Tit	Heb	Jas	1Pet	2Pet	Jude	Rev

search for; hunt for

	Mt		Mk		Lk		
021			**Mk 1,36**	καὶ **κατεδίωξεν** αὐτὸν Σίμων καὶ οἱ μετ' αὐτοῦ, [37] καὶ εὗρον αὐτὸν καὶ λέγουσιν αὐτῷ ὅτι πάντες ζητοῦσίν σε.	**Lk 4,42**	... καὶ οἱ ὄχλοι **ἐπεζήτουν** αὐτὸν καὶ ἦλθον ἕως αὐτοῦ καὶ κατεῖχον αὐτὸν τοῦ μὴ πορεύεσθαι ἀπ' αὐτῶν.	

καταθεματίζω	Syn 1	Mt 1	Mk	Lk	Acts	Jn	1-3John	Paul	Eph	Col
	NT 1	2Thess	1/2Tim	Tit	Heb	Jas	1Pet	2Pet	Jude	Rev

curse

	Mt		Mk		Lk		
211	**Mt 26,74**	τότε ἤρξατο **καταθεματίζειν** καὶ ὀμνύειν ὅτι οὐκ οἶδα τὸν ἄνθρωπον. ...	**Mk 14,71**	ὁ δὲ ἤρξατο **ἀναθεματίζειν** καὶ ὀμνύναι ὅτι οὐκ οἶδα τὸν ἄνθρωπον τοῦτον ὃν λέγετε.	**Lk 22,60**	εἶπεν δὲ ὁ Πέτρος· ἄνθρωπε, οὐκ οἶδα ὃ λέγεις. ...	→ Jn 18,27

καταισχύνω	Syn 1	Mt	Mk	Lk 1	Acts	Jn	1-3John	Paul 10	Eph	Col
	NT 13	2Thess	1/2Tim	Tit	Heb	Jas	1Pet 2	2Pet	Jude	Rev

dishonor; disgrace; disfigure; put to shame

	Mt		Mk		Lk		
002					**Lk 13,17** → Lk 14,6	καὶ ταῦτα λέγοντος αὐτοῦ **κατῃσχύνοντο** πάντες οἱ ἀντικείμενοι αὐτῷ, ...	

κατακαίω	Syn 4	Mt 3	Mk	Lk 1	Acts 1	Jn	1-3John	Paul 1	Eph	Col
	NT 12	2Thess	1/2Tim	Tit	Heb 1	Jas	1Pet	2Pet	Jude	Rev 5

burn up; burn down; consume by fire

code	Mt		Mk	Lk		
202	Mt 3,12 ↓ Mt 13,30	οὗ τὸ πτύον ἐν τῇ χειρὶ αὐτοῦ καὶ διακαθαριεῖ τὴν ἅλωνα αὐτοῦ, καὶ συνάξει τὸν σῖτον αὐτοῦ εἰς τὴν ἀποθήκην, τὸ δὲ ἄχυρον **κατακαύσει** πυρὶ ἀσβέστῳ.		Lk 3,17	οὗ τὸ πτύον ἐν τῇ χειρὶ αὐτοῦ διακαθᾶραι τὴν ἅλωνα αὐτοῦ καὶ συναγαγεῖν τὸν σῖτον εἰς τὴν ἀποθήκην αὐτοῦ, τὸ δὲ ἄχυρον **κατακαύσει** πυρὶ ἀσβέστῳ.	
200	Mt 13,30 ↑ Mt 3,12 ↑ Lk 3,17	... συλλέξατε πρῶτον τὰ ζιζάνια καὶ δήσατε αὐτὰ εἰς δέσμας **πρὸς τὸ κατακαῦσαι** αὐτά, τὸν δὲ σῖτον συναγάγετε εἰς τὴν ἀποθήκην μου.				→ GTh 57
200	Mt 13,40	ὥσπερ οὖν συλλέγεται τὰ ζιζάνια καὶ πυρὶ **[κατα]καίεται,** οὕτως ἔσται ἐν τῇ συντελείᾳ τοῦ αἰῶνος·				

Acts 19,19 ἱκανοὶ δὲ τῶν τὰ
περίεργα πραξάντων
συνενέγκαντες τὰς
βίβλους
κατέκαιον
ἐνώπιον πάντων, ...

κατάκειμαι	Syn 7	Mt	Mk 4	Lk 3	Acts 2	Jn 2	1-3John	Paul 1	Eph	Col
	NT 12	2Thess	1/2Tim	Tit	Heb	Jas	1Pet	2Pet	Jude	Rev

lie down; recline; dine

	triple tradition																	double tradition			Sondergut		
		+Mt / +Lk			–Mt / –Lk			traditions not taken over by Mt / Lk							subtotals								
code	222	211	112	212	221	122	121	022	012	021	220	120	210	020	Σ+	Σ–	Σ	202	201	102	200	002	total
Mt							2^-					1^-				3^-							
Mk							2			1		1					4						**4**
Lk			2^+				2^-			1^-					2^+	3^-	2					1	**3**

code	Mt		Mk		Lk		
121	Mt 8,14	καὶ ἐλθὼν ὁ Ἰησοῦς εἰς τὴν οἰκίαν Πέτρου εἶδεν τὴν πενθερὰν αὐτοῦ **βεβλημένην** καὶ πυρέσσουσαν·	Mk 1,30	[29] ... ἦλθον εἰς τὴν οἰκίαν Σίμωνος καὶ Ἀνδρέου μετὰ Ἰακώβου καὶ Ἰωάννου. [30] ἡ δὲ πενθερὰ Σίμωνος **κατέκειτο** πυρέσσουσα, ...	Lk 4,38	... εἰσῆλθεν εἰς τὴν οἰκίαν Σίμωνος. πενθερὰ δὲ τοῦ Σίμωνος **ἦν συνεχομένη** πυρετῷ μεγάλῳ ...	
021			Mk 2,4	... ἀπεστέγασαν τὴν στέγην ὅπου ἦν, καὶ ἐξορύξαντες χαλῶσι τὸν κράβαττον ὅπου ὁ παραλυτικὸς **κατέκειτο.**	Lk 5,19	... ἀναβάντες ἐπὶ τὸ δῶμα διὰ τῶν κεράμων καθῆκαν αὐτὸν σὺν τῷ κλινιδίῳ εἰς τὸ μέσον ἔμπροσθεν τοῦ Ἰησοῦ.	

112	Mt 9,7	καὶ ἐγερθεὶς ἀπῆλθεν εἰς τὸν οἶκον αὐτοῦ.	Mk 2,12	καὶ ἠγέρθη καὶ εὐθὺς ἄρας **τὸν κράβαττον** ἐξῆλθεν ἔμπροσθεν πάντων, ...	Lk 5,25	καὶ παραχρῆμα ἀναστὰς ἐνώπιον αὐτῶν, ἄρας **ἐφ᾽ ὃ κατέκειτο,** ἀπῆλθεν εἰς τὸν οἶκον αὐτοῦ ...	→ Jn 5,9
121 112	Mt 9,10	καὶ ἐγένετο αὐτοῦ **ἀνακειμένου** ἐν τῇ οἰκίᾳ, καὶ ἰδοὺ πολλοὶ τελῶναι καὶ ἁμαρτωλοὶ ἐλθόντες **συνανέκειντο** τῷ Ἰησοῦ καὶ τοῖς μαθηταῖς αὐτοῦ.	Mk 2,15	καὶ γίνεται **κατακεῖσθαι** αὐτὸν ἐν τῇ οἰκίᾳ αὐτοῦ, καὶ πολλοὶ τελῶναι καὶ ἁμαρτωλοὶ **συνανέκειντο** τῷ Ἰησοῦ καὶ τοῖς μαθηταῖς αὐτοῦ· ἦσαν γὰρ πολλοὶ καὶ ἠκολούθουν αὐτῷ.	Lk 5,29 → Lk 15,1	καὶ ἐποίησεν δοχὴν μεγάλην Λευὶς αὐτῷ ἐν τῇ οἰκίᾳ αὐτοῦ, καὶ ἦν ὄχλος πολὺς τελωνῶν καὶ ἄλλων οἳ ἦσαν μετ᾽ αὐτῶν **κατακείμενοι.**	
002	Mt 26,7	προσῆλθεν αὐτῷ γυνὴ ἔχουσα ἀλάβαστρον μύρου βαρυτίμου ...	Mk 14,3	... ἦλθεν γυνὴ ἔχουσα ἀλάβαστρον μύρου νάρδου πιστικῆς πολυτελοῦς, ...	Lk 7,37	καὶ ἰδοὺ γυνὴ ἥτις ἦν ἐν τῇ πόλει ἁμαρτωλός, καὶ ἐπιγνοῦσα ὅτι **κατάκειται** ἐν τῇ οἰκίᾳ τοῦ Φαρισαίου, κομίσασα ἀλάβαστρον μύρου	→ Jn 12,1-3
120	Mt 26,7	[6] τοῦ δὲ Ἰησοῦ γενομένου ἐν Βηθανίᾳ ἐν οἰκίᾳ Σίμωνος τοῦ λεπροῦ, [7] προσῆλθεν αὐτῷ γυνὴ ἔχουσα ἀλάβαστρον μύρου βαρυτίμου καὶ κατέχεεν ἐπὶ τῆς κεφαλῆς αὐτοῦ **ἀνακειμένου.**	Mk 14,3	καὶ ὄντος αὐτοῦ ἐν Βηθανίᾳ ἐν τῇ οἰκίᾳ Σίμωνος τοῦ λεπροῦ, **κατακειμένου** αὐτοῦ ἦλθεν γυνὴ ἔχουσα ἀλάβαστρον μύρου νάρδου πιστικῆς πολυτελοῦς, συντρίψασα τὴν ἀλάβαστρον κατέχεεν αὐτοῦ τῆς κεφαλῆς.	Lk 7,36	... καὶ εἰσελθὼν εἰς τὸν οἶκον τοῦ Φαρισαίου **κατεκλίθη.** [37] καὶ ἰδοὺ γυνὴ ... ἐπιγνοῦσα ὅτι κατάκειται ἐν τῇ οἰκίᾳ τοῦ Φαρισαίου, κομίσασα ἀλάβαστρον μύρου [38] ... ἤλειφεν τῷ μύρῳ.	

Acts 9,33	εὗρεν δὲ ἐκεῖ ἄνθρωπόν τινα ὀνόματι Αἰνέαν ἐξ ἐτῶν ὀκτὼ **κατακείμενον** ἐπὶ κραβάττου, ὃς ἦν παραλελυμένος.	Acts 28,8	ἐγένετο δὲ τὸν πατέρα τοῦ Πoπλίου πυρετοῖς καὶ δυσεντερίῳ συνεχόμενον **κατακεῖσθαι, ...**

κατακλάω	Syn 2	Mt	Mk 1	Lk 1	Acts	Jn	1-3John	Paul	Eph	Col
	NT 2	2Thess	1/2Tim	Tit	Heb	Jas	1Pet	2Pet	Jude	Rev

break in pieces

122	Mt 14,19 → Mt 15,36 → Mt 26,26	... λαβὼν τοὺς πέντε ἄρτους καὶ τοὺς δύο ἰχθύας, ἀναβλέψας εἰς τὸν οὐρανὸν εὐλόγησεν καὶ **κλάσας** ἔδωκεν τοῖς μαθηταῖς τοὺς ἄρτους οἱ δὲ μαθηταὶ τοῖς ὄχλοις.	Mk 6,41 → Mk 8,6-7 → Mk 14,22	καὶ λαβὼν τοὺς πέντε ἄρτους καὶ τοὺς δύο ἰχθύας ἀναβλέψας εἰς τὸν οὐρανὸν εὐλόγησεν καὶ **κατέκλασεν** τοὺς ἄρτους καὶ ἐδίδου τοῖς μαθηταῖς [αὐτοῦ] ἵνα παρατιθῶσιν αὐτοῖς, καὶ τοὺς δύο ἰχθύας ἐμέρισεν πᾶσιν.	Lk 9,16 → Lk 22,19	λαβὼν δὲ τοὺς πέντε ἄρτους καὶ τοὺς δύο ἰχθύας ἀναβλέψας εἰς τὸν οὐρανὸν εὐλόγησεν αὐτοὺς καὶ **κατέκλασεν** καὶ ἐδίδου τοῖς μαθηταῖς παραθεῖναι τῷ ὄχλῳ.	→ Jn 6,11

κατακλείω	Syn 1	Mt	Mk	Lk 1	Acts 1	Jn	1-3John	Paul	Eph	Col
	NT 2	2Thess	1/2Tim	Tit	Heb	Jas	1Pet	2Pet	Jude	Rev

shut up; lock up

112	Mt 14,3	ὁ γὰρ Ἡρῴδης κρατήσας τὸν Ἰωάννην **ἔδησεν** [αὐτὸν] καὶ ἐν φυλακῇ ἀπέθετο ...	Mk 6,17	αὐτὸς γὰρ ὁ Ἡρῴδης ἀποστείλας ἐκράτησεν τὸν Ἰωάννην καὶ **ἔδησεν** αὐτὸν ἐν φυλακῇ ...	Lk 3,20 → Mt 4,12 → Mk 1,14	[19] ὁ δὲ Ἡρῴδης ... [20] προσέθηκεν καὶ τοῦτο ἐπὶ πᾶσιν [καὶ] **κατέκλεισεν** τὸν Ἰωάννην ἐν φυλακῇ.	

Acts 26,10 ... καὶ πολλούς τε τῶν
ἁγίων ἐγὼ ἐν φυλακαῖς
κατέκλεισα
τὴν παρὰ τῶν ἀρχιερέων
ἐξουσίαν λαβὼν
ἀναιρουμένων τε αὐτῶν
κατήνεγκα ψῆφον

κατακλίνω	Syn 5	Mt	Mk	Lk 5	Acts	Jn	1-3John	Paul	Eph	Col
	NT 5	2Thess	1/2Tim	Tit	Heb	Jas	1Pet	2Pet	Jude	Rev

cause to lie; sit down (to eat)

002	Mt 26,7 → Lk 7,40	[6] τοῦ δὲ Ἰησοῦ γενομένου ἐν Βηθανίᾳ ἐν οἰκίᾳ Σίμωνος τοῦ λεπροῦ, [7] προσῆλθεν αὐτῷ γυνὴ ἔχουσα ἀλάβαστρον μύρου βαρυτίμου καὶ κατέχεεν ἐπὶ τῆς κεφαλῆς **αὐτοῦ ἀνακειμένου.**	Mk 14,3 → Lk 7,40	καὶ ὄντος αὐτοῦ ἐν Βηθανίᾳ ἐν τῇ οἰκίᾳ Σίμωνος τοῦ λεπροῦ, **κατακειμένου αὐτοῦ** ἦλθεν γυνὴ ἔχουσα ἀλάβαστρον μύρου νάρδου πιστικῆς πολυτελοῦς, συντρίψασα τὴν ἀλάβαστρον κατέχεεν αὐτοῦ τῆς κεφαλῆς.	Lk 7,36	... καὶ εἰσελθὼν εἰς τὸν οἶκον τοῦ Φαρισαίου **κατεκλίθη.** [37] καὶ ἰδοὺ γυνὴ ... ἐπιγνοῦσα ὅτι κατάκειται ἐν τῇ οἰκίᾳ τοῦ Φαρισαίου, κομίσασα ἀλάβαστρον μύρου [38] ... καὶ ἤλειφεν τῷ μύρῳ.	→ Jn 12,1-3
112	Mt 14,19 → Mt 15,35	καὶ κελεύσας τοὺς ὄχλους **ἀνακλιθῆναι** ἐπὶ τοῦ χόρτου, ...	Mk 6,39 → Mk 8,6	καὶ ἐπέταξεν αὐτοῖς **ἀνακλῖναι** πάντας συμπόσια συμπόσια ἐπὶ τῷ χλωρῷ χόρτῳ.	Lk 9,14 ↓ Mk 6,40	... εἶπεν δὲ πρὸς τοὺς μαθητὰς αὐτοῦ· **κατακλίνατε** αὐτοὺς κλισίας [ὡσεὶ] ἀνὰ πεντήκοντα.	→ Jn 6,10
112			Mk 6,40 → Mk 8,6 ↑ Lk 9,14	καὶ **ἀνέπεσαν** πρασιαὶ πρασιαὶ κατὰ ἑκατὸν καὶ κατὰ πεντήκοντα.	Lk 9,15	καὶ ἐποίησαν οὕτως καὶ **κατέκλιναν** ἅπαντας.	→ Jn 6,10
002					Lk 14,8	ὅταν κληθῇς ὑπό τινος εἰς γάμους, **μὴ κατακλιθῇς** εἰς τὴν πρωτοκλισίαν, ...	
002					Lk 24,30	καὶ ἐγένετο **ἐν τῷ κατακλιθῆναι** αὐτὸν μετ' αὐτῶν λαβὼν τὸν ἄρτον εὐλόγησεν καὶ κλάσας ἐπεδίδου αὐτοῖς	

κατακλυσμός	Syn 3	Mt 2	Mk	Lk 1	Acts	Jn	1-3John	Paul	Eph	Col
	NT 4	2Thess	1/2Tim	Tit	Heb	Jas	1Pet	2Pet 1	Jude	Rev

flood; deluge

	Mt	Mk	Lk	
201	**Mt 24,38** ὡς γὰρ ἦσαν ἐν ταῖς ἡμέραις [ἐκείναις] ταῖς **πρὸ τοῦ κατακλυσμοῦ** τρώγοντες καὶ πίνοντες, γαμοῦντες καὶ γαμίζοντες, ἄχρι ἧς ἡμέρας εἰσῆλθεν Νῶε εἰς τὴν κιβωτόν,		**Lk 17,27** ἤσθιον, ἔπινον, ἐγάμουν, ἐγαμίζοντο, ἄχρι ἧς ἡμέρας εἰσῆλθεν Νῶε εἰς τὴν κιβωτόν,	
202	**Mt 24,39** καὶ οὐκ ἔγνωσαν ἕως ἦλθεν **ὁ κατακλυσμὸς** καὶ ἦρεν ἅπαντας, οὕτως ἔσται [καὶ] ἡ παρουσία τοῦ υἱοῦ τοῦ ἀνθρώπου.		καὶ ἦλθεν **ὁ κατακλυσμὸς** καὶ ἀπώλεσεν πάντας. [28] ... [30] κατὰ τὰ αὐτὰ ἔσται ᾗ ἡμέρᾳ ὁ υἱὸς τοῦ ἀνθρώπου ἀποκαλύπτεται.	

κατακολουθέω	Syn 1	Mt	Mk	Lk 1	Acts 1	Jn	1-3John	Paul	Eph	Col
	NT 2	2Thess	1/2Tim	Tit	Heb	Jas	1Pet	2Pet	Jude	Rev

follow

	Mt	Mk	Lk	
112	**Mt 27,61** → Mt 27,55-56 → Mt 28,1 → Lk 24,10 ἦν δὲ ἐκεῖ Μαριὰμ ἡ Μαγδαληνὴ καὶ ἡ ἄλλη Μαρία καθήμεναι ἀπέναντι τοῦ τάφου.	**Mk 15,47** → Mk 15,40-41 → Mk 16,1 → Lk 24,10 ἡ δὲ Μαρία ἡ Μαγδαληνὴ καὶ Μαρία ἡ Ἰωσῆτος ἐθεώρουν ποῦ τέθειται.	**Lk 23,55** → Lk 23,49 → Lk 8,2-3 **κατακολουθήσασαι** δὲ αἱ γυναῖκες, αἵτινες ἦσαν συνεληλυθυῖαι ἐκ τῆς Γαλιλαίας αὐτῷ, ἐθεάσαντο τὸ μνημεῖον καὶ ὡς ἐτέθη τὸ σῶμα αὐτοῦ	→ Acts 1,14

Acts 16,17 [16] ... παιδίσκην τινὰ ἔχουσαν πνεῦμα πύθωνα ... [17] αὕτη **κατακολουθοῦσα** τῷ Παύλῳ καὶ ἡμῖν ἔκραζεν λέγουσα· οὗτοι οἱ ἄνθρωποι δοῦλοι τοῦ θεοῦ τοῦ ὑψίστου εἰσίν, ...

κατακόπτω	Syn 1	Mt	Mk 1	Lk	Acts	Jn	1-3John	Paul	Eph	Col
	NT 1	2Thess	1/2Tim	Tit	Heb	Jas	1Pet	2Pet	Jude	Rev

beat; bruise

	Mt	Mk	Lk	
021		**Mk 5,5** καὶ διὰ παντὸς νυκτὸς καὶ ἡμέρας ἐν τοῖς μνήμασιν καὶ ἐν τοῖς ὄρεσιν ἦν κράζων καὶ **κατακόπτων** ἑαυτὸν λίθοις.	**Lk 8,29** ... ἠλαύνετο ὑπὸ τοῦ δαιμονίου εἰς τὰς ἐρήμους.	

κατακρημνίζω

κατακρημνίζω	Syn 1	Mt	Mk	Lk 1	Acts	Jn	1-3John	Paul	Eph	Col
	NT 1	2Thess	1/2Tim	Tit	Heb	Jas	1Pet	2Pet	Jude	Rev

throw (down) from a cliff

code	Mt	Mk	Lk	
002			**Lk 4,29** ... καὶ ἤγαγον αὐτὸν ἕως ὀφρύος τοῦ ὄρους ἐφ' οὗ ἡ πόλις ᾠκοδόμητο αὐτῶν, ὥστε **κατακρημνίσαι** αὐτόν·	

κατακρίνω

κατακρίνω	Syn 8	Mt 4	Mk 2	Lk 2	Acts	Jn	1-3John	Paul 5	Eph	Col
	NT 15	2Thess	1/2Tim	Tit	Heb 1	Jas	1Pet	2Pet 1	Jude	Rev

condemn

	triple tradition																	double tradition			Sondergut		
		+Mt / +Lk			–Mt / –Lk			traditions not taken over by Mt / Lk							subtotals								
code	*222*	*211*	*112*	*212*	*221*	*122*	*121*	*022*	*012*	*021*	*220*	*120*	*210*	*020*	Σ^+	Σ^-	Σ	*202*	*201*	*102*	*200*	*002*	total
Mt					1							1^-				1^-	1	2			1		**4**
Mk					1							1					2						**2**
Lk					1^-											1^-		2					**2**

code	Mt	Mk	Lk	
202	**Mt 12,41** → Mt 12,6 ἄνδρες Νινευῖται ἀναστήσονται ἐν τῇ κρίσει μετὰ τῆς γενεᾶς ταύτης καὶ **κατακρινοῦσιν** αὐτήν, ὅτι μετενόησαν εἰς τὸ κήρυγμα Ἰωνᾶ, καὶ ἰδοὺ πλεῖον Ἰωνᾶ ὧδε.		**Lk 11,32** ἄνδρες Νινευῖται ἀναστήσονται ἐν τῇ κρίσει μετὰ τῆς γενεᾶς ταύτης καὶ **κατακρινοῦσιν** αὐτήν· ὅτι μετενόησαν εἰς τὸ κήρυγμα Ἰωνᾶ, καὶ ἰδοὺ πλεῖον Ἰωνᾶ ὧδε.	
202	**Mt 12,42** → Mt 12,6 βασίλισσα νότου ἐγερθήσεται ἐν τῇ κρίσει μετὰ τῆς γενεᾶς ταύτης καὶ **κατακρινεῖ** αὐτήν, ὅτι ἦλθεν ἐκ τῶν περάτων τῆς γῆς ἀκοῦσαι τὴν σοφίαν Σολομῶνος, καὶ ἰδοὺ πλεῖον Σολομῶνος ὧδε.		**Lk 11,31** βασίλισσα νότου ἐγερθήσεται ἐν τῇ κρίσει μετὰ τῶν ἀνδρῶν τῆς γενεᾶς ταύτης καὶ **κατακρινεῖ** αὐτούς, ὅτι ἦλθεν ἐκ τῶν περάτων τῆς γῆς ἀκοῦσαι τὴν σοφίαν Σολομῶνος, καὶ ἰδοὺ πλεῖον Σολομῶνος ὧδε.	
202	**Mt 12,41** → Mt 12,6 ἄνδρες Νινευῖται ἀναστήσονται ἐν τῇ κρίσει μετὰ τῆς γενεᾶς ταύτης καὶ **κατακρινοῦσιν** αὐτήν, ὅτι μετενόησαν εἰς τὸ κήρυγμα Ἰωνᾶ, καὶ ἰδοὺ πλεῖον Ἰωνᾶ ὧδε.		**Lk 11,32** ἄνδρες Νινευῖται ἀναστήσονται ἐν τῇ κρίσει μετὰ τῆς γενεᾶς ταύτης καὶ **κατακρινοῦσιν** αὐτήν· ὅτι μετενόησαν εἰς τὸ κήρυγμα Ἰωνᾶ, καὶ ἰδοὺ πλεῖον Ἰωνᾶ ὧδε.	
221	**Mt 20,18** → Mt 16,21 → Mt 17,22-23 ἰδοὺ ἀναβαίνομεν εἰς Ἱεροσόλυμα, καὶ ὁ υἱὸς τοῦ ἀνθρώπου παραδοθήσεται τοῖς ἀρχιερεῦσιν καὶ γραμματεῦσιν, καὶ **κατακρινοῦσιν** αὐτὸν θανάτῳ	**Mk 10,33** → Mk 8,31 → Mk 9,31 ὅτι ἰδοὺ ἀναβαίνομεν εἰς Ἱεροσόλυμα, καὶ ὁ υἱὸς τοῦ ἀνθρώπου παραδοθήσεται τοῖς ἀρχιερεῦσιν καὶ τοῖς γραμματεῦσιν, καὶ **κατακρινοῦσιν** αὐτὸν θανάτῳ ...	**Lk 18,31** → Lk 9,22 → Lk 9,44 → Lk 17,25 → Lk 24,7 → Lk 24,26 → Lk 24,46 ... ἰδοὺ ἀναβαίνομεν εἰς Ἰερουσαλήμ, καὶ τελεσθήσεται πάντα τὰ γεγραμμένα διὰ τῶν προφητῶν τῷ υἱῷ τοῦ ἀνθρώπου·	

	Mt		Mk		Lk		
120	**Mt 26,66** → Lk 24,20	... οἱ δὲ ἀποκριθέντες **εἶπαν·** ἔνοχος θανάτου ἐστίν.	**Mk 14,64** → Lk 24,20	... οἱ δὲ πάντες **κατέκριναν** αὐτὸν ἔνοχον εἶναι θανάτου.			
200	**Mt 27,3**	τότε ἰδὼν Ἰούδας ὁ παραδιδοὺς αὐτὸν ὅτι **κατεκρίθη,** μεταμεληθεὶς ἔστρεψεν τὰ τριάκοντα ἀργύρια τοῖς ἀρχιερεῦσιν καὶ πρεσβυτέροις					

κατακυριεύω	Syn 2	Mt 1	Mk 1	Lk	Acts 1	Jn	1-3John	Paul	Eph	Col
	NT 4	2Thess	1/2Tim	Tit	Heb	Jas	1Pet 1	2Pet	Jude	Rev

become master; gain dominion over; subdue; be master; lord it (over); rule

	Mt		Mk		Lk		
221	**Mt 20,25**	... οἴδατε ὅτι οἱ ἄρχοντες τῶν ἐθνῶν **κατακυριεύουσιν** αὐτῶν καὶ οἱ μεγάλοι κατεξουσιάζουσιν αὐτῶν.	**Mk 10,42**	... οἴδατε ὅτι οἱ δοκοῦντες ἄρχειν τῶν ἐθνῶν **κατακυριεύουσιν** αὐτῶν καὶ οἱ μεγάλοι αὐτῶν κατεξουσιάζουσιν αὐτῶν.	**Lk 22,25**	... οἱ βασιλεῖς τῶν ἐθνῶν **κυριεύουσιν** αὐτῶν καὶ οἱ ἐξουσιάζοντες αὐτῶν εὐεργέται καλοῦνται.	

Acts 19,16 καὶ ἐφαλόμενος
ὁ ἄνθρωπος ἐπ᾽ αὐτοὺς
ἐν ᾧ ἦν τὸ πνεῦμα
τὸ πονηρὸν
κατακυριεύσας
ἀμφοτέρων ἴσχυσεν
κατ᾽ αὐτῶν ὥστε γυμνοὺς
καὶ τετραυματισμένους
ἐκφυγεῖν ...

καταλαμβάνω	Syn 1	Mt	Mk 1	Lk	Acts 3	Jn 2	1-3John	Paul 6	Eph 1	Col
	NT 13	2Thess	1/2Tim	Tit	Heb	Jas	1Pet	2Pet	Jude	Rev

active: seize; win; attain; make one's own; seize with hostile intent; overtake; come upon; catch; detect; *middle:* grasp; find; understand

	Mt		Mk		Lk		
121	**Mt 17,15**	... σεληνιάζεται καὶ κακῶς πάσχει· ...	**Mk 9,18**	[17] ... ἔχοντα πνεῦμα ἄλαλον· [18] καὶ ὅπου ἐὰν αὐτὸν **καταλάβῃ** ῥήσσει αὐτόν, καὶ ἀφρίζει καὶ τρίζει τοὺς ὀδόντας καὶ ξηραίνεται· ...	**Lk 9,39**	καὶ ἰδοὺ πνεῦμα **λαμβάνει** αὐτὸν καὶ ἐξαίφνης κράζει καὶ σπαράσσει αὐτὸν μετὰ ἀφροῦ καὶ μόγις ἀποχωρεῖ ἀπ᾽ αὐτοῦ συντρῖβον αὐτόν·	

Acts 4,13 θεωροῦντες δὲ τὴν τοῦ
Πέτρου παρρησίαν καὶ
Ἰωάννου καὶ
καταλαβόμενοι
ὅτι ἄνθρωποι
ἀγράμματοί εἰσιν καὶ
ἰδιῶται, ἐθαύμαζον ...

Acts 10,34 ἀνοίξας δὲ Πέτρος
τὸ στόμα εἶπεν·
ἐπ᾽ ἀληθείας
καταλαμβάνομαι
ὅτι οὐκ ἔστιν
προσωπολήμπτης ὁ θεός

Acts 25,25 ἐγὼ δὲ
κατελαβόμην
μηδὲν ἄξιον αὐτὸν
θανάτου πεπραχέναι, ...

καταλείπω	Syn 12	Mt 4	Mk 4	Lk 4	Acts 5	Jn	1-3John	Paul 2	Eph 1	Col
	NT 23	2Thess	1/2Tim	Tit	Heb 2	Jas	1Pet	2Pet 1	Jude	Rev

leave; leave behind; leave to one side; give up; abandon; leave something; leave over

	triple tradition																	double tradition			Sondergut		
		+Mt / +Lk			–Mt / –Lk			traditions not taken over by Mt / Lk							subtotals								
code	222	211	112	212	221	122	121	022	012	021	220	120	210	020	Σ⁺	Σ⁻	Σ	202	201	102	200	002	total
Mt						1⁻	1⁻				1		2⁺		2⁺	2⁻	3				1		**4**
Mk						1	1				1			1			4						**4**
Lk			1⁺			1	1⁻								1⁺	1⁻	2			1		1	**4**

code	Mt	Mk	Lk	
200	**Mt 4,13** καὶ **καταλιπὼν** τὴν Ναζαρὰ ἐλθὼν κατῴκησεν εἰς Καφαρναοὺμ τὴν παραθαλασσίαν ἐν ὁρίοις Ζαβουλὼν καὶ Νεφθαλίμ·	**Mk 1,21** καὶ εἰσπορεύονται εἰς Καφαρναούμ· ...	**Lk 4,31** καὶ κατῆλθεν εἰς Καφαρναοὺμ πόλιν τῆς Γαλιλαίας. ...	→ Jn 2,12
112	**Mt 9,9** ... καὶ λέγει αὐτῷ· ἀκολούθει μοι. καὶ ἀναστὰς ἠκολούθησεν αὐτῷ.	**Mk 2,14** ... καὶ λέγει αὐτῷ· ἀκολούθει μοι. καὶ ἀναστὰς ἠκολούθησεν αὐτῷ.	**Lk 5,28** → Lk 5,11 [27] ... καὶ εἶπεν αὐτῷ· ἀκολούθει μοι. [28] καὶ **καταλιπὼν** πάντα ἀναστὰς ἠκολούθει αὐτῷ.	
210	**Mt 16,4** ... καὶ **καταλιπὼν** αὐτοὺς ἀπῆλθεν. [5] καὶ ἐλθόντες οἱ μαθηταὶ εἰς τὸ πέραν ...	**Mk 8,13** καὶ **ἀφεὶς** αὐτοὺς πάλιν ἐμβὰς ἀπῆλθεν εἰς τὸ πέραν.		
002			**Lk 10,40** ... κύριε, οὐ μέλει σοι ὅτι ἡ ἀδελφή μου μόνην με **κατέλιπεν** διακονεῖν; ...	
102	**Mt 18,12** τί ὑμῖν δοκεῖ; ἐὰν γένηταί τινι ἀνθρώπῳ ἑκατὸν πρόβατα καὶ πλανηθῇ ἓν ἐξ αὐτῶν, **οὐχὶ ἀφήσει** τὰ ἐνενήκοντα ἐννέα ἐπὶ τὰ ὄρη καὶ πορευθεὶς ζητεῖ τὸ πλανώμενον;		**Lk 15,4** τίς ἄνθρωπος ἐξ ὑμῶν ἔχων ἑκατὸν πρόβατα καὶ ἀπολέσας ἐξ αὐτῶν ἓν **οὐ καταλείπει** τὰ ἐνενήκοντα ἐννέα ἐν τῇ ἐρήμῳ καὶ πορεύεται ἐπὶ τὸ ἀπολωλὸς ἕως εὕρῃ αὐτό;	→ GTh 107
220	**Mt 19,5** ... *ἕνεκα τούτου* ***καταλείψει*** *ἄνθρωπος τὸν πατέρα* *καὶ τὴν μητέρα* *καὶ κολληθήσεται* *τῇ γυναικὶ αὐτοῦ*, ... ➤ Gen 2,24 LXX	**Mk 10,7** *ἕνεκεν τούτου* ***καταλείψει*** *ἄνθρωπος τὸν πατέρα* *αὐτοῦ καὶ τὴν μητέρα* *[καὶ προσκολληθήσεται* *πρὸς τὴν γυναῖκα αὐτοῦ]* ➤ Gen 2,24 LXX		
210	**Mt 21,17** καὶ **καταλιπὼν** αὐτοὺς ἐξῆλθεν ἔξω τῆς πόλεως εἰς Βηθανίαν, καὶ ηὐλίσθη ἐκεῖ.	**Mk 11,11** ... ὀψίας ἤδη οὔσης τῆς ὥρας, ἐξῆλθεν εἰς Βηθανίαν μετὰ τῶν δώδεκα.	**Lk 21,37** → Mk 11,19 ... τὰς δὲ νύκτας ἐξερχόμενος ηὐλίζετο εἰς τὸ ὄρος τὸ καλούμενον Ἐλαιῶν·	→ [[Jn 8,1]]

121	Mt 22,24	... διδάσκαλε, Μωϋσῆς εἶπεν· *ἐάν τις ἀποθάνῃ* *μὴ ἔχων τέκνα, ἐπιγαμβρεύσει ὁ ἀδελφὸς αὐτοῦ τὴν γυναῖκα αὐτοῦ καὶ ἀναστήσει σπέρμα τῷ ἀδελφῷ αὐτοῦ·* ➤ Deut 25,5; Gen 38,8	Mk 12,19	διδάσκαλε, Μωϋσῆς ἔγραψεν ἡμῖν ὅτι *ἐάν τινος ἀδελφὸς ἀποθάνῃ* καὶ **καταλίπῃ** γυναῖκα *καὶ μὴ ἀφῇ τέκνον, ἵνα λάβῃ ὁ ἀδελφὸς αὐτοῦ τὴν γυναῖκα καὶ ἐξαναστήσῃ σπέρμα τῷ ἀδελφῷ αὐτοῦ.* ➤ Deut 25,5; Gen 38,8	Lk 20,28	... διδάσκαλε, Μωϋσῆς ἔγραψεν ἡμῖν, *ἐάν τινος ἀδελφὸς ἀποθάνῃ* **ἔχων** γυναῖκα, καὶ οὗτος *ἄτεκνος ᾖ, ἵνα λάβῃ ὁ ἀδελφὸς αὐτοῦ τὴν γυναῖκα καὶ ἐξαναστήσῃ σπέρμα τῷ ἀδελφῷ αὐτοῦ.* ➤ Deut 25,5; Gen 38,8	
122	Mt 22,26	ὁμοίως καὶ ὁ δεύτερος καὶ ὁ τρίτος ἕως τῶν ἑπτά.	Mk 12,21	καὶ ὁ δεύτερος ἔλαβεν αὐτὴν καὶ ἀπέθανεν **μὴ καταλιπὼν** σπέρμα· καὶ ὁ τρίτος ὡσαύτως· [22] καὶ οἱ ἑπτὰ οὐκ ἀφῆκαν σπέρμα. ...	Lk 20,31	[30] καὶ ὁ δεύτερος [31] καὶ ὁ τρίτος ἔλαβεν αὐτήν, ὡσαύτως δὲ καὶ οἱ ἑπτὰ **οὐ κατέλιπον** τέκνα καὶ ἀπέθανον.	
020			Mk 14,52	ὁ δὲ **καταλιπὼν** τὴν σινδόνα γυμνὸς ἔφυγεν.			

Acts 6,2 ... οὐκ ἀρεστόν ἐστιν ἡμᾶς **καταλείψαντας** τὸν λόγον τοῦ θεοῦ διακονεῖν τραπέζαις.

Acts 18,19 κατήντησαν δὲ εἰς Ἔφεσον κἀκείνους **κατέλιπεν** αὐτοῦ, ...

Acts 21,3 ἀναφάναντες δὲ τὴν Κύπρον καὶ **καταλιπόντες** αὐτὴν εὐώνυμον ἐπλέομεν εἰς Συρίαν ...

Acts 24,27 ... θέλων τε χάριτα καταθέσθαι τοῖς Ἰουδαίοις ὁ Φῆλιξ **κατέλιπε** τὸν Παῦλον δεδεμένον.

Acts 25,14 ... ἀνήρ τίς ἐστιν **καταλελειμμένος** ὑπὸ Φήλικος δέσμιος

καταλιθάζω	Syn 1	Mt	Mk	Lk 1	Acts	Jn	1-3John	Paul	Eph	Col
	NT 1	2Thess	1/2Tim	Tit	Heb	Jas	1Pet	2Pet	Jude	Rev

stone to death

112	Mt 21,26	ἐὰν δὲ εἴπωμεν· ἐξ ἀνθρώπων, φοβούμεθα τὸν ὄχλον, πάντες γὰρ ὡς προφήτην ἔχουσιν τὸν Ἰωάννην.	Mk 11,32	ἀλλὰ εἴπωμεν· ἐξ ἀνθρώπων; - ἐφοβοῦντο τὸν ὄχλον· ἅπαντες γὰρ εἶχον τὸν Ἰωάννην ὄντως ὅτι προφήτης ἦν.	Lk 20,6	ἐὰν δὲ εἴπωμεν· ἐξ ἀνθρώπων, ὁ λαὸς ἅπας **καταλιθάσει** ἡμᾶς, πεπεισμένος γάρ ἐστιν Ἰωάννην προφήτην εἶναι.	

κατάλυμα	Syn 3	Mt	Mk 1	Lk 2	Acts	Jn	1-3John	Paul	Eph	Col
	NT 3	2Thess	1/2Tim	Tit	Heb	Jas	1Pet	2Pet	Jude	Rev

inn

002					Lk 2,7	καὶ ἔτεκεν τὸν υἱὸν αὐτῆς τὸν πρωτότοκον, καὶ ἐσπαργάνωσεν αὐτὸν καὶ ἀνέκλινεν αὐτὸν ἐν φάτνῃ, διότι οὐκ ἦν αὐτοῖς τόπος **ἐν τῷ καταλύματι.**	

code	Mt	Mk	Lk	
122	**Mt 26,18** ... ὁ διδάσκαλος λέγει· ὁ καιρός μου ἐγγύς ἐστιν, πρὸς σὲ ποιῶ τὸ πάσχα μετὰ τῶν μαθητῶν μου.	**Mk 14,14** ... ὁ διδάσκαλος λέγει· ποῦ ἐστιν **τὸ κατάλυμά μου** ὅπου τὸ πάσχα μετὰ τῶν μαθητῶν μου φάγω;	**Lk 22,11** ... λέγει σοι ὁ διδάσκαλος· ποῦ ἐστιν **τὸ κατάλυμα** ὅπου τὸ πάσχα μετὰ τῶν μαθητῶν μου φάγω;	

καταλύω	Syn 11	Mt 5	Mk 3	Lk 3	Acts 3	Jn	1-3John	Paul 3	Eph	Col
	NT 17	2Thess	1/2Tim	Tit	Heb	Jas	1Pet	2Pet	Jude	Rev

transitive: throw down; detach; destroy; demolish; dismantle; tear down; do away with; abolish; annul; make invalid;
intransitive: halt; rest; find lodging

	triple tradition																double tradition			Sondergut		
		+Mt / +Lk			–Mt / –Lk			traditions not taken over by Mt / Lk							subtotals							
code	222	211	112	212	221	122	121	022	012	021	220	120	210	020	Σ⁺	Σ⁻	Σ	202	201	102	200	002	total
Mt	1										2						3				2		**5**
Mk	1										2						3						**3**
Lk	1		1⁺												1⁺		2					1	**3**

code	Mt	Mk	Lk	
200 200	**Mt 5,17 (2)** μὴ νομίσητε ὅτι ἦλθον **καταλῦσαι** τὸν νόμον ἢ τοὺς προφήτας· οὐκ ἦλθον **καταλῦσαι** ἀλλὰ πληρῶσαι. → Mt 11,13 → Lk 16,16			
112	**Mt 14,15** ... ἀπόλυσον τοὺς ὄχλους, ἵνα ἀπελθόντες εἰς τὰς κώμας ἀγοράσωσιν ἑαυτοῖς βρώματα. → Mt 14,16 → Mt 15,32	**Mk 6,36** ἀπόλυσον αὐτούς, ἵνα ἀπελθόντες εἰς τοὺς κύκλῳ ἀγροὺς καὶ κώμας ἀγοράσωσιν ἑαυτοῖς τί φάγωσιν. → Mk 6,37 → Mk 8,3	**Lk 9,12** ... ἀπόλυσον τὸν ὄχλον, ἵνα πορευθέντες εἰς τὰς κύκλῳ κώμας καὶ ἀγροὺς **καταλύσωσιν** καὶ εὕρωσιν ἐπισιτισμόν, ... → Lk 9,13	
002			**Lk 19,7** καὶ ἰδόντες πάντες διεγόγγυζον λέγοντες ὅτι παρὰ ἁμαρτωλῷ ἀνδρὶ εἰσῆλθεν **καταλῦσαι.** → Mt 9,11 → Mk 2,16 → Lk 5,30 → Lk 15,2	
222	**Mt 24,2** ... οὐ βλέπετε ταῦτα πάντα; ἀμὴν λέγω ὑμῖν, οὐ μὴ ἀφεθῇ ὧδε λίθος ἐπὶ λίθον ὃς **οὐ καταλυθήσεται.**	**Mk 13,2** ... βλέπεις ταύτας τὰς μεγάλας οἰκοδομάς; οὐ μὴ ἀφεθῇ ὧδε λίθος ἐπὶ λίθον ὃς **οὐ μὴ καταλυθῇ.**	**Lk 21,6** ταῦτα ἃ θεωρεῖτε ἐλεύσονται ἡμέραι ἐν αἷς οὐκ ἀφεθήσεται λίθος ἐπὶ λίθῳ ὃς **οὐ καταλυθήσεται.** → Lk 19,44	
220	**Mt 26,61** ... οὗτος ἔφη· δύναμαι **καταλῦσαι** τὸν ναὸν τοῦ θεοῦ καὶ διὰ τριῶν ἡμερῶν οἰκοδομῆσαι. ↓ Mt 27,40	**Mk 14,58** ὅτι ἡμεῖς ἠκούσαμεν αὐτοῦ λέγοντος ὅτι ἐγὼ **καταλύσω** τὸν ναὸν τοῦτον τὸν χειροποίητον καὶ διὰ τριῶν ἡμερῶν ἄλλον ἀχειροποίητον οἰκοδομήσω. ↓ Mk 15,29		→ Jn 2,19 → Acts 6,14 → GTh 71
220	**Mt 27,40** καὶ λέγοντες· **ὁ καταλύων** τὸν ναὸν καὶ ἐν τρισὶν ἡμέραις οἰκοδομῶν, ... ↑ Mt 26,61	**Mk 15,29** ... καὶ λέγοντες· οὐὰ **ὁ καταλύων** τὸν ναὸν καὶ οἰκοδομῶν ἐν τρισὶν ἡμέραις ↑ Mk 14,58		→ Jn 2,19 → Acts 6,14

Acts 5,38 ... ὅτι ἐὰν ᾖ ἐξ ἀνθρώπων ἡ βουλὴ αὕτη ἢ τὸ ἔργον τοῦτο, **καταλυθήσεται,**

Acts 5,39 εἰ δὲ ἐκ θεοῦ ἐστιν, οὐ δυνήσεσθε **καταλῦσαι** αὐτούς, μήποτε καὶ θεομάχοι εὑρεθῆτε. ...

Acts 6,14 ἀκηκόαμεν γὰρ αὐτοῦ λέγοντος ὅτι Ἰησοῦς ὁ Ναζωραῖος οὗτος **καταλύσει** τὸν τόπον τοῦτον καὶ ἀλλάξει τὰ ἔθη ἃ παρέδωκεν ἡμῖν Μωϋσῆς.
→ Mt 26,61
→ Mk 14,58
→ Mt 27,40
→ Mk 15,29

καταμανθάνω

	Syn	Mt	Mk	Lk	Acts	Jn	1-3John	Paul	Eph	Col
καταμανθάνω	1	1								
	NT	2Thess	1/2Tim	Tit	Heb	Jas	1Pet	2Pet	Jude	Rev
	1									

observe (well); notice; learn

code	Mt		Mk		Lk		
201	Mt 6,28	... **καταμάθετε** τὰ κρίνα τοῦ ἀγροῦ πῶς αὐξάνουσιν· οὐ κοπιῶσιν οὐδὲ νήθουσιν·			Lk 12,27	**κατανοήσατε** τὰ κρίνα πῶς αὐξάνει· οὐ κοπιᾷ οὐδὲ νήθει· ...	→ GTh 36,2-3 (only POxy 655)

καταμαρτυρέω

	Syn	Mt	Mk	Lk	Acts	Jn	1-3John	Paul	Eph	Col
καταμαρτυρέω	3	2	1							
	NT	2Thess	1/2Tim	Tit	Heb	Jas	1Pet	2Pet	Jude	Rev
	3									

bear witness against; testify against

code	Mt		Mk		Lk		
220	Mt 26,62	καὶ ἀναστὰς ὁ ἀρχιερεὺς εἶπεν αὐτῷ· οὐδὲν ἀποκρίνῃ τί οὗτοί σου **καταμαρτυροῦσιν;**	Mk 14,60	καὶ ἀναστὰς ὁ ἀρχιερεὺς εἰς μέσον ἐπηρώτησεν τὸν Ἰησοῦν λέγων· οὐκ ἀποκρίνῃ οὐδέν τί οὗτοί σου **καταμαρτυροῦσιν;**			
210	Mt 27,13	τότε λέγει αὐτῷ ὁ Πιλᾶτος· οὐκ ἀκούεις πόσα σου **καταμαρτυροῦσιν;**	Mk 15,4 → Mt 27,12	ὁ δὲ Πιλᾶτος πάλιν ἐπηρώτα αὐτὸν λέγων· οὐκ ἀποκρίνῃ οὐδέν; ἴδε πόσα σου **κατηγοροῦσιν.**	Lk 23,9	[8] ὁ δὲ Ἡρῴδης ... ἤλπιζέν τι σημεῖον ἰδεῖν ὑπ' αὐτοῦ γινόμενον. [9] ἐπηρώτα δὲ αὐτὸν ἐν λόγοις ἱκανοῖς, αὐτὸς δὲ οὐδὲν ἀπεκρίνατο αὐτῷ.	→ Jn 19,9-10 Mt/Mk: before Pilate; Lk: before Herod

κατανεύω

	Syn	Mt	Mk	Lk	Acts	Jn	1-3John	Paul	Eph	Col
κατανεύω	1			1						
	NT	2Thess	1/2Tim	Tit	Heb	Jas	1Pet	2Pet	Jude	Rev
	1									

signal

code	Mt		Mk		Lk		
002					Lk 5,7	καὶ **κατένευσαν** τοῖς μετόχοις ἐν τῷ ἑτέρῳ πλοίῳ τοῦ ἐλθόντας συλλαβέσθαι αὐτοῖς· ...	

κατανοέω

	Syn	Mt	Mk	Lk	Acts	Jn	1-3John	Paul	Eph	Col
κατανοέω	5	1		4	4			1		
	NT	2Thess	1/2Tim	Tit	Heb	Jas	1Pet	2Pet	Jude	Rev
	14				2	2				

notice; observe; look at (with reflection); consider; contemplate; consider; notice

	triple tradition																	double tradition			Sondergut		
		+Mt / +Lk			–Mt / –Lk			traditions not taken over by Mt / Lk							subtotals								
code	222	211	112	212	221	122	121	022	012	021	220	120	210	020	Σ⁺	Σ⁻	Σ	202	201	102	200	002	total
Mt																		1					1
Mk																							
Lk			1⁺												1⁺		1	1		2			4

code	Mt		Mk		Lk		
202	Mt 7,3	τί δὲ βλέπεις τὸ κάρφος τὸ ἐν τῷ ὀφθαλμῷ τοῦ ἀδελφοῦ σου, τὴν δὲ ἐν τῷ σῷ ὀφθαλμῷ δοκὸν **οὐ κατανοεῖς;**			Lk 6,41	τί δὲ βλέπεις τὸ κάρφος τὸ ἐν τῷ ὀφθαλμῷ τοῦ ἀδελφοῦ σου, τὴν δὲ δοκὸν τὴν ἐν τῷ ἰδίῳ ὀφθαλμῷ **οὐ κατανοεῖς;**	→ GTh 26

	Mt	Mk	Lk	
102	**Mt 6,26** **ἐμβλέψατε** εἰς τὰ πετεινὰ τοῦ οὐρανοῦ ὅτι οὐ σπείρουσιν οὐδὲ θερίζουσιν οὐδὲ συνάγουσιν εἰς ἀποθήκας, ...		**Lk 12,24** **κατανοήσατε** τοὺς κόρακας ὅτι οὐ σπείρουσιν οὐδὲ θερίζουσιν, οἷς οὐκ ἔστιν ταμεῖον οὐδὲ ἀποθήκη, ...	
102	**Mt 6,28** ... **καταμάθετε** τὰ κρίνα τοῦ ἀγροῦ πῶς αὐξάνουσιν· οὐ κοπιῶσιν οὐδὲ νήθουσιν·		**Lk 12,27** **κατανοήσατε** τὰ κρίνα πῶς αὐξάνει· οὐ κοπιᾷ οὐδὲ νήθει· ...	→ GTh 36,2-3 (only POxy 655)
112	**Mt 22,18** **γνοὺς** δὲ ὁ Ἰησοῦς τὴν πονηρίαν αὐτῶν εἶπεν· τί με πειράζετε, ὑποκριταί; [19] ἐπιδείξατέ μοι τὸ νόμισμα τοῦ κήνσου. ...	**Mk 12,15** ὁ δὲ **εἰδὼς** αὐτῶν τὴν ὑπόκρισιν εἶπεν αὐτοῖς· τί με πειράζετε; φέρετέ μοι δηνάριον ἵνα ἴδω.	**Lk 20,23** **κατανοήσας** δὲ αὐτῶν τὴν πανουργίαν εἶπεν πρὸς αὐτούς· [24] δείξατέ μοι δηνάριον· ...	→ GTh 100

Acts 7,31 ὁ δὲ Μωϋσῆς ἰδὼν ἐθαύμαζεν τὸ ὅραμα, προσερχομένου δὲ αὐτοῦ **κατανοῆσαι** ἐγένετο φωνὴ κυρίου·

Acts 7,32 ... ἔντρομος δὲ γενόμενος Μωϋσῆς οὐκ ἐτόλμα **κατανοῆσαι.**

Acts 11,6 εἰς ἣν ἀτενίσας **κατενόουν** καὶ εἶδον τὰ τετράποδα τῆς γῆς καὶ τὰ θηρία καὶ τὰ ἑρπετὰ καὶ τὰ πετεινὰ τοῦ οὐρανοῦ.

Acts 27,39 ὅτε δὲ ἡμέρα ἐγένετο, τὴν γῆν οὐκ ἐπεγίνωσκον, κόλπον δέ τινα **κατενόουν** ἔχοντα αἰγιαλὸν εἰς ὃν ἐβουλεύοντο εἰ δύναιντο ἐξῶσαι τὸ πλοῖον.

καταξιόω

	Mt	Mk	Lk	Acts	Jn	1-3John	Paul	Eph	Col
Syn 1			1	1					
NT 3	2Thess 1	1/2Tim	Tit	Heb	Jas	1Pet	2Pet	Jude	Rev

consider worthy

	Mt	Mk	Lk	
112	**Mt 22,30** ἐν γὰρ τῇ ἀναστάσει οὔτε γαμοῦσιν οὔτε γαμίζονται, ...	**Mk 12,25** ὅταν γὰρ ἐκ νεκρῶν ἀναστῶσιν οὔτε γαμοῦσιν οὔτε γαμίζονται, ...	**Lk 20,35** οἱ δὲ **καταξιωθέντες** τοῦ αἰῶνος ἐκείνου τυχεῖν καὶ τῆς ἀναστάσεως τῆς ἐκ νεκρῶν οὔτε γαμοῦσιν οὔτε γαμίζονται·	

Acts 5,41 οἱ μὲν οὖν ἐπορεύοντο χαίροντες ἀπὸ προσώπου τοῦ συνεδρίου, ὅτι **κατηξιώθησαν** ὑπὲρ τοῦ ὀνόματος ἀτιμασθῆναι

καταπατέω

	Mt	Mk	Lk	Acts	Jn	1-3John	Paul	Eph	Col
Syn 4	2		2						
NT 5	2Thess	1/2Tim	Tit	Heb 1	Jas	1Pet	2Pet	Jude	Rev

trample; tread upon; trample under foot; treat with disdain

	Mt	Mk	Lk	
201	**Mt 5,13** ὑμεῖς ἐστε τὸ ἅλας τῆς γῆς· ἐὰν δὲ τὸ ἅλας μωρανθῇ, ἐν τίνι ἁλισθήσεται; εἰς οὐδὲν ἰσχύει ἔτι εἰ μὴ βληθὲν ἔξω **καταπατεῖσθαι** ὑπὸ τῶν ἀνθρώπων.	**Mk 9,50** καλὸν τὸ ἅλας· ἐὰν δὲ τὸ ἅλας ἄναλον γένηται, ἐν τίνι αὐτὸ ἀρτύσετε; ...	**Lk 14,35** [34] καλὸν οὖν τὸ ἅλας· ἐὰν δὲ καὶ τὸ ἅλας μωρανθῇ, ἐν τίνι ἀρτυθήσεται; [35] οὔτε εἰς γῆν οὔτε εἰς κοπρίαν εὔθετόν ἐστιν, ἔξω βάλλουσιν αὐτό. ...	Mk-Q overlap

200	Mt 7,6	μὴ δῶτε τὸ ἅγιον τοῖς κυσὶν μηδὲ βάλητε τοὺς μαργαρίτας ὑμῶν ἔμπροσθεν τῶν χοίρων, **μήποτε** **καταπατήσουσιν** αὐτοὺς ἐν τοῖς ποσὶν αὐτῶν καὶ στραφέντες ῥήξωσιν ὑμᾶς.					→ GTh 93
112	Mt 13,4	καὶ ἐν τῷ σπείρειν αὐτὸν ἃ μὲν ἔπεσεν παρὰ τὴν ὁδόν, καὶ ἐλθόντα τὰ πετεινὰ κατέφαγεν αὐτά.	Mk 4,4	καὶ ἐγένετο ἐν τῷ σπείρειν ὃ μὲν ἔπεσεν παρὰ τὴν ὁδόν, καὶ ἦλθεν τὰ πετεινὰ καὶ κατέφαγεν αὐτό.	Lk 8,5	... καὶ ἐν τῷ σπείρειν αὐτὸν ὃ μὲν ἔπεσεν παρὰ τὴν ὁδὸν καὶ **κατεπατήθη,** καὶ τὰ πετεινὰ τοῦ οὐρανοῦ κατέφαγεν αὐτό.	→ GTh 9
112	Mt 16,6	ὁ δὲ Ἰησοῦς εἶπεν αὐτοῖς· ...	Mk 8,15	καὶ διεστέλλετο αὐτοῖς λέγων· ...	Lk 12,1	ἐν οἷς ἐπισυναχθεισῶν τῶν μυριάδων τοῦ ὄχλου, ὥστε **καταπατεῖν** ἀλλήλους, ἤρξατο λέγειν πρὸς τοὺς μαθητὰς αὐτοῦ πρῶτον· ...	

καταπέτασμα

Syn 3	Mt 1	Mk 1	Lk 1	Acts	Jn	1-3John	Paul	Eph	Col
NT 6	2Thess	1/2Tim	Tit	Heb 3	Jas	1Pet	2Pet	Jude	Rev

curtain

222	Mt 27,51	καὶ ἰδοὺ **τὸ καταπέτασμα** **τοῦ ναοῦ** ἐσχίσθη ἀπ' ἄνωθεν ἕως κάτω εἰς δύο ...	Mk 15,38	καὶ **τὸ καταπέτασμα** **τοῦ ναοῦ** ἐσχίσθη εἰς δύο ἀπ' ἄνωθεν ἕως κάτω.	Lk 23,45	... ἐσχίσθη δὲ **τὸ καταπέτασμα** **τοῦ ναοῦ** μέσον.	

καταπίνω

Syn 1	Mt 1	Mk	Lk	Acts	Jn	1-3John	Paul 3	Eph	Col
NT 7	2Thess	1/2Tim	Tit	Heb 1	Jas	1Pet 1	2Pet	Jude	Rev 1

drink down; swallow (up); devour

200	Mt 23,24	ὁδηγοὶ τυφλοί, οἱ διϋλίζοντες τὸν κώνωπα, τὴν δὲ κάμηλον **καταπίνοντες.**	

καταπίπτω

Syn 1	Mt	Mk	Lk 1	Acts 2	Jn	1-3John	Paul	Eph	Col
NT 3	2Thess	1/2Tim	Tit	Heb	Jas	1Pet	2Pet	Jude	Rev

fall (down)

112	Mt 13,5	ἄλλα δὲ **ἔπεσεν** ἐπὶ τὰ πετρώδη ...	Mk 4,5	καὶ ἄλλο **ἔπεσεν** ἐπὶ τὸ πετρῶδες ...	Lk 8,6	καὶ ἕτερον **κατέπεσεν** ἐπὶ τὴν πέτραν, ...	→ GTh 9

Acts 26,14	**πάντων τε** **καταπεσόντων ἡμῶν** εἰς τὴν γῆν ἤκουσα φωνὴν λέγουσαν πρός με τῇ Ἑβραΐδι διαλέκτῳ· ...	Acts 28,6	οἱ δὲ προσεδόκων αὐτὸν μέλλειν πίμπρασθαι ἢ **καταπίπτειν** ἄφνω νεκρόν. ...

καταπλέω

καταπλέω	Syn 1	Mt	Mk	Lk 1	Acts	Jn	1-3John	Paul	Eph	Col
	NT 1	2Thess	1/2Tim	Tit	Heb	Jas	1Pet	2Pet	Jude	Rev

sail down

	Mt	Mk	Lk	
112	**Mt 8,28** καὶ **ἐλθόντος** αὐτοῦ εἰς τὸ πέραν εἰς τὴν χώραν τῶν Γαδαρηνῶν ...	**Mk 5,1** καὶ **ἦλθον** εἰς τὸ πέραν τῆς θαλάσσης εἰς τὴν χώραν τῶν Γερασηνῶν.	**Lk 8,26** καὶ **κατέπλευσαν** εἰς τὴν χώραν τῶν Γερασηνῶν, ἥτις ἐστὶν ἀντιπέρα τῆς Γαλιλαίας.	

καταποντίζομαι

καταποντίζομαι	Syn 2	Mt 2	Mk	Lk	Acts	Jn	1-3John	Paul	Eph	Col
	NT 2	2Thess	1/2Tim	Tit	Heb	Jas	1Pet	2Pet	Jude	Rev

be sunk; be drowned

	Mt	Mk	Lk	
200	**Mt 14,30** βλέπων δὲ τὸν ἄνεμον [ἰσχυρὸν] ἐφοβήθη, καὶ ἀρξάμενος **καταποντίζεσθαι** ἔκραξεν λέγων· κύριε, σῶσόν με.			
211	**Mt 18,6** ὃς δ' ἂν σκανδαλίσῃ → Mt 18,10 ἕνα τῶν μικρῶν τούτων τῶν πιστευόντων εἰς ἐμέ, συμφέρει αὐτῷ ἵνα κρεμασθῇ μύλος ὀνικὸς περὶ τὸν τράχηλον αὐτοῦ καὶ **καταποντισθῇ** ἐν τῷ πελάγει τῆς θαλάσσης.	**Mk 9,42** καὶ ὃς ἂν σκανδαλίσῃ ἕνα τῶν μικρῶν τούτων τῶν πιστευόντων [εἰς ἐμέ], καλόν ἐστιν αὐτῷ μᾶλλον εἰ περίκειται μύλος ὀνικὸς περὶ τὸν τράχηλον αὐτοῦ καὶ **βέβληται** εἰς τὴν θάλασσαν.	**Lk 17,2** λυσιτελεῖ αὐτῷ εἰ λίθος μυλικὸς περίκειται περὶ τὸν τράχηλον αὐτοῦ καὶ **ἔρριπται** εἰς τὴν θάλασσαν ἢ ἵνα σκανδαλίσῃ τῶν μικρῶν τούτων ἕνα.	Mk-Q overlap?

καταράομαι

καταράομαι	Syn 3	Mt 1	Mk 1	Lk 1	Acts	Jn	1-3John	Paul 1	Eph	Col
	NT 5	2Thess	1/2Tim	Tit	Heb	Jas 1	1Pet	2Pet	Jude	Rev

curse

	Mt	Mk	Lk	
102	**Mt 5,44** ... καὶ προσεύχεσθε ὑπὲρ τῶν διωκόντων ὑμᾶς		**Lk 6,28** εὐλογεῖτε **τοὺς καταρωμένους** ὑμᾶς, προσεύχεσθε περὶ τῶν ἐπηρεαζόντων ὑμᾶς.	
120	**Mt 21,20** καὶ ἰδόντες οἱ μαθηταὶ ἐθαύμασαν λέγοντες· πῶς παραχρῆμα ἐξηράνθη ἡ συκῆ;	**Mk 11,21** καὶ ἀναμνησθεὶς ὁ Πέτρος λέγει αὐτῷ· ῥαββί, ἴδε ἡ συκῆ ἣν **κατηράσω** ἐξήρανται.		
200	**Mt 25,41** ... πορεύεσθε ἀπ' ἐμοῦ → Mt 7,23 → Lk 13,27 **[οἱ] κατηραμένοι** εἰς τὸ πῦρ τὸ αἰώνιον τὸ ἡτοιμασμένον τῷ διαβόλῳ καὶ τοῖς ἀγγέλοις αὐτοῦ.			

καταργέω	Syn 1	Mt	Mk	Lk 1	Acts	Jn	1-3John	Paul 22	Eph 1	Col
	NT 27	2Thess 1	1/2Tim 1	Tit	Heb 1	Jas	1Pet	2Pet	Jude	Rev

make ineffective, powerless, idle; abolish; wipe out; set aside; *passive with* ἀπό: be released from an association with someone; have nothing more to do with

	Mt		Mk		Lk		
002					Lk 13,7	... ἰδοὺ τρία ἔτη ἀφ' οὗ ἔρχομαι ζητῶν καρπὸν ἐν τῇ συκῇ ταύτῃ καὶ οὐχ εὑρίσκω· ἔκκοψον [οὖν] αὐτήν, ἱνατί καὶ τὴν γῆν **καταργεῖ;**	

καταρτίζω	Syn 4	Mt 2	Mk 1	Lk 1	Acts	Jn	1-3John	Paul 5	Eph	Col
	NT 13	2Thess	1/2Tim	Tit	Heb 3	Jas	1Pet 1	2Pet	Jude	Rev

put in order; restore; put into proper condition; complete; make complete; prepare; make; create; *middle:* prepare something for someone

	Mt		Mk		Lk		
221	Mt 4,21 → Lk 5,2	καὶ προβὰς ἐκεῖθεν εἶδεν ἄλλους δύο ἀδελφούς, Ἰάκωβον τὸν τοῦ Ζεβεδαίου καὶ Ἰωάννην τὸν ἀδελφὸν αὐτοῦ, ἐν τῷ πλοίῳ μετὰ Ζεβεδαίου τοῦ πατρὸς αὐτῶν **καταρτίζοντας** τὰ δίκτυα αὐτῶν, ...	Mk 1,19 → Lk 5,2	καὶ προβὰς ὀλίγον εἶδεν Ἰάκωβον τὸν τοῦ Ζεβεδαίου καὶ Ἰωάννην τὸν ἀδελφὸν αὐτοῦ, καὶ αὐτοὺς ἐν τῷ πλοίῳ **καταρτίζοντας** τὰ δίκτυα	Lk 5,10	ὁμοίως δὲ καὶ Ἰάκωβον καὶ Ἰωάννην υἱοὺς Ζεβεδαίου, οἳ ἦσαν κοινωνοὶ τῷ Σίμωνι. ...	
102	Mt 10,25	[24] οὐκ ἔστιν μαθητὴς ὑπὲρ τὸν διδάσκαλον οὐδὲ δοῦλος ὑπὲρ τὸν κύριον αὐτοῦ. [25] **ἀρκετὸν** τῷ μαθητῇ ἵνα γένηται ὡς ὁ διδάσκαλος αὐτοῦ καὶ ὁ δοῦλος ὡς ὁ κύριος αὐτοῦ. ...			Lk 6,40	οὐκ ἔστιν μαθητὴς ὑπὲρ τὸν διδάσκαλον· **κατηρτισμένος** δὲ πᾶς ἔσται ὡς ὁ διδάσκαλος αὐτοῦ.	
200	Mt 21,16 → Lk 19,40	... ναί· οὐδέποτε ἀνέγνωτε ὅτι *ἐκ στόματος νηπίων καὶ θηλαζόντων* ***κατηρτίσω*** *αἶνον;* ➤ Ps 8,3 LXX					

κατασκευάζω	Syn 4	Mt 1	Mk 1	Lk 2	Acts	Jn	1-3John	Paul	Eph	Col
	NT 11	2Thess	1/2Tim	Tit	Heb 6	Jas	1Pet 1	2Pet	Jude	Rev

make ready; prepare; build; construct; erect; create; furnish; equip

	Mt		Mk		Lk		
002					Lk 1,17 → Lk 3,4	... ἐπιστρέψαι καρδίας πατέρων ἐπὶ τέκνα καὶ ἀπειθεῖς ἐν φρονήσει δικαίων, ἑτοιμάσαι κυρίῳ λαὸν **κατεσκευασμένον.**	

020	Mt 11,10	οὗτός ἐστιν περὶ οὗ γέγραπται· *ἰδοὺ ἐγὼ ἀποστέλλω* *τὸν ἄγγελόν μου* *πρὸ προσώπου σου, ὃς* ***κατασκευάσει*** *τὴν ὁδόν σου ἔμπροσθέν σου.* ➤ Exod 23,20/Mal 3,1	Mk 1,2 → Mt 3,3 → Lk 3,4	καθὼς γέγραπται ἐν τῷ Ἠσαΐᾳ τῷ προφήτῃ· *ἰδοὺ ἀποστέλλω* *τὸν ἄγγελόν μου* *πρὸ προσώπου σου, ὃς* ***κατασκευάσει*** *τὴν ὁδόν σου·* ➤ Exod 23,20/Mal 3,1	Lk 7,27	οὗτός ἐστιν περὶ οὗ γέγραπται· *ἰδοὺ ἀποστέλλω* *τὸν ἄγγελόν μου* *πρὸ προσώπου σου, ὃς* ***κατασκευάσει*** *τὴν ὁδόν σου ἔμπροσθέν σου.* ➤ Exod 23,20/Mal 3,1	Mk-Q overlap. Mt 11,10/ Lk 7,27 counted as Q tradition.
202	Mt 11,10	οὗτός ἐστιν περὶ οὗ γέγραπται· *ἰδοὺ ἐγὼ ἀποστέλλω* *τὸν ἄγγελόν μου* *πρὸ προσώπου σου, ὃς* ***κατασκευάσει*** *τὴν ὁδόν σου* *ἔμπροσθέν σου.* ➤ Exod 23,20/Mal 3,1	Mk 1,2 → Mt 3,3 → Lk 3,4	καθὼς γέγραπται ἐν τῷ Ἠσαΐᾳ τῷ προφήτῃ· *ἰδοὺ ἀποστέλλω* *τὸν ἄγγελόν μου* *πρὸ προσώπου σου, ὃς* ***κατασκευάσει*** *τὴν ὁδόν σου·* ➤ Exod 23,20/Mal 3,1	Lk 7,27	οὗτός ἐστιν περὶ οὗ γέγραπται· *ἰδοὺ ἀποστέλλω* *τὸν ἄγγελόν μου* *πρὸ προσώπου σου, ὃς* ***κατασκευάσει*** *τὴν ὁδόν σου* *ἔμπροσθέν σου.* ➤ Exod 23,20/Mal 3,1	Mk-Q overlap. Mt 11,10/ Lk 7,27 counted as Q tradition.

κατασκηνόω	Syn 3	Mt 1	Mk 1	Lk 1	Acts 1	Jn	1-3John	Paul	Eph	Col
	NT 4	2Thess	1/2Tim	Tit	Heb	Jas	1Pet	2Pet	Jude	Rev

live; settle

020	Mt 13,32	... ὅταν δὲ αὐξηθῇ μεῖζον τῶν λαχάνων ἐστὶν καὶ γίνεται δένδρον, ὥστε ἐλθεῖν *τὰ πετεινὰ* *τοῦ οὐρανοῦ καὶ* ***κατασκηνοῦν*** *ἐν τοῖς κλάδοις αὐτοῦ.* ➤ Ps 103,12 LXX	Mk 4,32	... ἀναβαίνει καὶ γίνεται μεῖζον πάντων τῶν λαχάνων καὶ ποιεῖ κλάδους μεγάλους, ὥστε δύνασθαι ὑπὸ τὴν σκιὰν αὐτοῦ *τὰ πετεινὰ* *τοῦ οὐρανοῦ* ***κατασκηνοῦν.*** ➤ Ps 103,12 LXX	Lk 13,19	... καὶ ηὔξησεν καὶ ἐγένετο εἰς δένδρον, καὶ *τὰ πετεινὰ* *τοῦ οὐρανοῦ* ***κατεσκήνωσεν*** *ἐν τοῖς κλάδοις αὐτοῦ.* ➤ Ps 103,12 LXX	→ GTh 20 Mk-Q overlap
202	Mt 13,32	... ὅταν δὲ αὐξηθῇ μεῖζον τῶν λαχάνων ἐστὶν καὶ γίνεται δένδρον, ὥστε ἐλθεῖν *τὰ πετεινὰ* *τοῦ οὐρανοῦ καὶ* ***κατασκηνοῦν*** *ἐν τοῖς κλάδοις αὐτοῦ.* ➤ Ps 103,12 LXX	Mk 4,32	... ἀναβαίνει καὶ γίνεται μεῖζον πάντων τῶν λαχάνων καὶ ποιεῖ κλάδους μεγάλους, ὥστε δύνασθαι ὑπὸ τὴν σκιὰν αὐτοῦ *τὰ πετεινὰ τοῦ οὐρανοῦ* ***κατασκηνοῦν.*** ➤ Ps 103,12 LXX	Lk 13,19	... καὶ ηὔξησεν καὶ ἐγένετο εἰς δένδρον, καὶ *τὰ πετεινὰ* *τοῦ οὐρανοῦ* ***κατεσκήνωσεν*** *ἐν τοῖς κλάδοις αὐτοῦ.* ➤ Ps 103,12 LXX	→ GTh 20 Mk-Q overlap

Acts 2,26 *διὰ τοῦτο ηὐφράνθη*
ἡ καρδία μου καὶ
ἠγαλλιάσατο
ἡ γλῶσσά μου,
ἔτι δὲ καὶ ἡ σάρξ μου
κατασκηνώσει
ἐπ᾽ ἐλπίδι
➤ Ps 15,9 LXX

κατασκήνωσις	Syn 2	Mt 1	Mk	Lk 1	Acts	Jn	1-3John	Paul	Eph	Col
	NT 2	2Thess	1/2Tim	Tit	Heb	Jas	1Pet	2Pet	Jude	Rev

a place to live

202	Mt 8,20	... αἱ ἀλώπεκες φωλεοὺς ἔχουσιν καὶ τὰ πετεινὰ τοῦ οὐρανοῦ **κατασκηνώσεις,** ὁ δὲ υἱὸς τοῦ ἀνθρώπου οὐκ ἔχει ποῦ τὴν κεφαλὴν κλίνῃ.			Lk 9,58	... αἱ ἀλώπεκες φωλεοὺς ἔχουσιν καὶ τὰ πετεινὰ τοῦ οὐρανοῦ **κατασκηνώσεις,** ὁ δὲ υἱὸς τοῦ ἀνθρώπου οὐκ ἔχει ποῦ τὴν κεφαλὴν κλίνῃ.	→ GTh 86

καταστρέφω	Syn 2	Mt 1	Mk 1	Lk	Acts	Jn	1-3John	Paul	Eph	Col
	NT 2	2Thess	1/2Tim	Tit	Heb	Jas	1Pet	2Pet	Jude	Rev

upset; overturn; destroy; ruin

	Mt	Mk	Lk	
221	**Mt 21,12** καὶ εἰσῆλθεν Ἰησοῦς εἰς τὸ ἱερὸν καὶ ἐξέβαλεν πάντας τοὺς πωλοῦντας καὶ ἀγοράζοντας ἐν τῷ ἱερῷ, καὶ τὰς τραπέζας τῶν κολλυβιστῶν **κατέστρεψεν** καὶ τὰς καθέδρας τῶν πωλούντων τὰς περιστεράς	**Mk 11,15** ... καὶ εἰσελθὼν εἰς τὸ ἱερὸν ἤρξατο ἐκβάλλειν τοὺς πωλοῦντας καὶ τοὺς ἀγοράζοντας ἐν τῷ ἱερῷ, καὶ τὰς τραπέζας τῶν κολλυβιστῶν καὶ τὰς καθέδρας τῶν πωλούντων τὰς περιστερὰς **κατέστρεψεν**	**Lk 19,45** καὶ εἰσελθὼν εἰς τὸ ἱερὸν ἤρξατο ἐκβάλλειν τοὺς πωλοῦντας	→ Jn 2,14-16

κατασύρω	Syn 1	Mt	Mk	Lk 1	Acts	Jn	1-3John	Paul	Eph	Col
	NT 1	2Thess	1/2Tim	Tit	Heb	Jas	1Pet	2Pet	Jude	Rev

drag (away by force)

	Mt	Mk	Lk	
102	**Mt 5,25** → Mt 18,34 ἴσθι εὐνοῶν τῷ ἀντιδίκῳ σου ταχὺ, ἕως ὅτου εἶ μετ' αὐτοῦ ἐν τῇ ὁδῷ, μήποτέ **σε παραδῷ** ὁ ἀντίδικος τῷ κριτῇ καὶ ὁ κριτὴς τῷ ὑπηρέτῃ, καὶ εἰς φυλακὴν βληθήσῃ·		**Lk 12,58** ὡς γὰρ ὑπάγεις μετὰ τοῦ ἀντιδίκου σου ἐπ' ἄρχοντα, ἐν τῇ ὁδῷ δὸς ἐργασίαν ἀπηλλάχθαι ἀπ' αὐτοῦ, μήποτε **κατασύρῃ σε** πρὸς τὸν κριτήν, καὶ ὁ κριτής σε παραδώσει τῷ πράκτορι, καὶ ὁ πράκτωρ σε βαλεῖ εἰς φυλακήν.	

κατασφάζω, κατασφάττω	Syn 1	Mt	Mk	Lk 1	Acts	Jn	1-3John	Paul	Eph	Col
	NT 1	2Thess	1/2Tim	Tit	Heb	Jas	1Pet	2Pet	Jude	Rev

slaughter; strike down

	Mt	Mk	Lk	
002			**Lk 19,27** πλὴν τοὺς ἐχθρούς μου τούτους τοὺς μὴ θελήσαντάς με βασιλεῦσαι ἐπ' αὐτοὺς ἀγάγετε ὧδε καὶ **κατασφάξατε** αὐτοὺς ἔμπροσθέν μου.	

καταφιλέω

Syn 5	Mt 1	Mk 1	Lk 3	Acts 1	Jn	1-3John	Paul	Eph	Col
NT 6	2Thess	1/2Tim	Tit	Heb	Jas	1Pet	2Pet	Jude	Rev

kiss

	Mt	Mk	Lk	
002	**Mt 26,7** προσῆλθεν αὐτῷ γυνὴ ἔχουσα ἀλάβαστρον μύρου βαρυτίμου ... καὶ κατέχεεν ἐπὶ τῆς κεφαλῆς ...	**Mk 14,3** ... ἦλθεν γυνὴ ἔχουσα ἀλάβαστρον μύρου νάρδου πιστικῆς πολυτελοῦς, συντρίψασα τὴν ἀλάβαστρον ... κατέχεεν αὐτοῦ τῆς κεφαλῆς.	**Lk 7,38** [37] καὶ ἰδοὺ γυνὴ ... κομίσασα ἀλάβαστρον μύρου [38] καὶ στᾶσα ὀπίσω παρὰ τοὺς πόδας αὐτοῦ κλαίουσα τοῖς δάκρυσιν ἤρξατο βρέχειν τοὺς πόδας αὐτοῦ καὶ ταῖς θριξὶν τῆς κεφαλῆς αὐτῆς ἐξέμασσεν καὶ **κατεφίλει** τοὺς πόδας αὐτοῦ καὶ ἤλειφεν τῷ μύρῳ.	→ Jn 12,3
002			**Lk 7,45** φίλημά μοι οὐκ ἔδωκας· αὕτη δὲ ἀφ' ἧς εἰσῆλθον οὐ διέλιπεν **καταφιλοῦσά** μου τοὺς πόδας.	
002			**Lk 15,20** ... εἶδεν αὐτὸν ὁ πατὴρ αὐτοῦ καὶ ἐσπλαγχνίσθη καὶ δραμὼν ἐπέπεσεν ἐπὶ τὸν τράχηλον αὐτοῦ καὶ **κατεφίλησεν** αὐτόν.	
221	**Mt 26,49** καὶ εὐθέως προσελθὼν τῷ Ἰησοῦ εἶπεν· χαῖρε, ῥαββί, καὶ **κατεφίλησεν** αὐτόν. [50] ὁ δὲ Ἰησοῦς εἶπεν αὐτῷ· ἑταῖρε, ἐφ' ὃ πάρει. ...	**Mk 14,45** καὶ ἐλθὼν εὐθὺς προσελθὼν αὐτῷ λέγει· ῥαββί, καὶ **κατεφίλησεν** αὐτόν.	**Lk 22,47** ... καὶ ὁ λεγόμενος Ἰούδας εἷς τῶν δώδεκα προήρχετο αὐτοὺς καὶ ἤγγισεν τῷ Ἰησοῦ **φιλῆσαι** αὐτόν. [48] Ἰησοῦς δὲ εἶπεν αὐτῷ· Ἰούδα, φιλήματι τὸν υἱὸν τοῦ ἀνθρώπου παραδίδως;	→ Jn 18,5

Acts 20,37 ἱκανὸς δὲ κλαυθμὸς ἐγένετο πάντων καὶ ἐπιπεσόντες ἐπὶ τὸν τράχηλον τοῦ Παύλου **κατεφίλουν** αὐτόν

καταφρονέω

Syn 3	Mt 2	Mk	Lk 1	Acts	Jn	1-3John	Paul 2	Eph	Col
NT 9	2Thess	1/2Tim 2	Tit	Heb 1	Jas	1Pet	2Pet 1	Jude	Rev

look down on; despise; scorn; treat with contempt; care nothing for; disregard; be unafraid of

	Mt	Mk	Lk	
202	**Mt 6,24** οὐδεὶς δύναται δυσὶ κυρίοις δουλεύειν· ἢ γὰρ τὸν ἕνα μισήσει καὶ τὸν ἕτερον ἀγαπήσει, ἢ ἑνὸς ἀνθέξεται καὶ τοῦ ἑτέρου **καταφρονήσει.** οὐ δύνασθε θεῷ δουλεύειν καὶ μαμωνᾷ.		**Lk 16,13** οὐδεὶς οἰκέτης δύναται δυσὶ κυρίοις δουλεύειν· ἢ γὰρ τὸν ἕνα μισήσει καὶ τὸν ἕτερον ἀγαπήσει, ἢ ἑνὸς ἀνθέξεται καὶ τοῦ ἑτέρου **καταφρονήσει.** οὐ δύνασθε θεῷ δουλεύειν καὶ μαμωνᾷ.	→ GTh 47,1-2

	Mt			
200	**Mt 18,10** → Mt 18,6 → Mk 9,42 → Lk 17,2 ὁρᾶτε **μὴ καταφρονήσητε** ἑνὸς τῶν μικρῶν τούτων· λέγω γὰρ ὑμῖν ὅτι οἱ ἄγγελοι αὐτῶν ἐν οὐρανοῖς διὰ παντὸς βλέπουσι τὸ πρόσωπον τοῦ πατρός μου τοῦ ἐν οὐρανοῖς.			

καταχέω

καταχέω	Syn	Mt	Mk	Lk	Acts	Jn	1-3John	Paul	Eph	Col
	2	1	1							
	NT	2Thess	1/2Tim	Tit	Heb	Jas	1Pet	2Pet	Jude	Rev
	2									

pour out, down

	Mt	Mk	Lk	
220	**Mt 26,7** → Lk 7,46 προσῆλθεν αὐτῷ γυνὴ ἔχουσα ἀλάβαστρον μύρου βαρυτίμου καὶ **κατέχεεν** ἐπὶ τῆς κεφαλῆς ...	**Mk 14,3** → Lk 7,46 ... ἦλθεν γυνὴ ἔχουσα ἀλάβαστρον μύρου νάρδου πιστικῆς πολυτελοῦς, συντρίψασα τὴν ἀλάβαστρον **κατέχεεν** αὐτοῦ τῆς κεφαλῆς.	**Lk 7,38** [37] καὶ ἰδοὺ γυνὴ ... κομίσασα ἀλάβαστρον μύρου [38] ... καὶ κατεφίλει τοὺς πόδας αὐτοῦ καὶ **ἤλειφεν** τῷ μύρῳ.	→ Jn 12,3

καταψύχω

καταψύχω	Syn	Mt	Mk	Lk	Acts	Jn	1-3John	Paul	Eph	Col
	1			1						
	NT	2Thess	1/2Tim	Tit	Heb	Jas	1Pet	2Pet	Jude	Rev
	1									

cool off; refresh

	Mt	Mk	Lk	
002			**Lk 16,24** ... πέμψον Λάζαρον ἵνα βάψῃ τὸ ἄκρον τοῦ δακτύλου αὐτοῦ ὕδατος καὶ **καταψύξῃ** τὴν γλῶσσάν μου, ...	

κατέναντι

κατέναντι	Syn	Mt	Mk	Lk	Acts	Jn	1-3John	Paul	Eph	Col
	5	1	3	1				3		
	NT	2Thess	1/2Tim	Tit	Heb	Jas	1Pet	2Pet	Jude	Rev
	8									

opposite; in the sight of; before

	Mt	Mk	Lk	
222	**Mt 21,2** ... πορεύεσθε **εἰς τὴν κώμην τὴν** **κατέναντι ὑμῶν,** καὶ εὐθέως εὑρήσετε ὄνον δεδεμένην καὶ πῶλον μετ' αὐτῆς· ...	**Mk 11,2** ... ὑπάγετε **εἰς τὴν κώμην τὴν** **κατέναντι ὑμῶν,** καὶ εὐθὺς εἰσπορευόμενοι εἰς αὐτὴν εὑρήσετε πῶλον δεδεμένον ἐφ' ὃν οὐδεὶς οὔπω ἀνθρώπων ἐκάθισεν· ...	**Lk 19,30** ... ὑπάγετε **εἰς τὴν κατέναντι** **κώμην,** ἐν ᾗ εἰσπορευόμενοι εὑρήσετε πῶλον δεδεμένον, ἐφ' ὃν οὐδεὶς πώποτε ἀνθρώπων ἐκάθισεν, ...	
021		**Mk 12,41** καὶ καθίσας **κατέναντι τοῦ** **γαζοφυλακίου** ἐθεώρει πῶς ὁ ὄχλος βάλλει χαλκὸν εἰς τὸ γαζοφυλάκιον. καὶ πολλοὶ πλούσιοι ἔβαλλον πολλά·	**Lk 21,1** ἀναβλέψας δὲ εἶδεν τοὺς βάλλοντας εἰς τὸ γαζοφυλάκιον τὰ δῶρα αὐτῶν πλουσίους.	

	Mt 24,3		Mk 13,3		Lk 21,7		
121		καθημένου δὲ αὐτοῦ ἐπὶ τοῦ ὄρους τῶν ἐλαιῶν προσῆλθον αὐτῷ οἱ μαθηταὶ κατ' ἰδίαν λέγοντες· ..		καὶ καθημένου αὐτοῦ εἰς τὸ ὄρος τῶν ἐλαιῶν **κατέναντι τοῦ ἱεροῦ** ἐπηρώτα αὐτὸν κατ' ἰδίαν Πέτρος καὶ Ἰάκωβος καὶ Ἰωάννης καὶ Ἀνδρέας·		ἐπηρώτησαν δὲ αὐτὸν λέγοντες· ...	

κατεξουσιάζω

Syn 2	Mt 1	Mk 1	Lk	Acts	Jn	1-3John	Paul	Eph	Col
NT 2	2Thess	1/2Tim	Tit	Heb	Jas	1Pet	2Pet	Jude	Rev

exercise authority

	Mt 20,25		Mk 10,42		Lk 22,25		
221		... οἴδατε ὅτι οἱ ἄρχοντες τῶν ἐθνῶν κατακυριεύουσιν αὐτῶν καὶ οἱ μεγάλοι **κατεξουσιάζουσιν** αὐτῶν.		... οἴδατε ὅτι οἱ δοκοῦντες ἄρχειν τῶν ἐθνῶν κατακυριεύουσιν αὐτῶν καὶ οἱ μεγάλοι αὐτῶν **κατεξουσιάζουσιν** αὐτῶν.		... οἱ βασιλεῖς τῶν ἐθνῶν κυριεύουσιν αὐτῶν καὶ οἱ ἐξουσιάζοντες αὐτῶν εὐεργέται καλοῦνται.	

κατέρχομαι

Syn 2	Mt	Mk	Lk 2	Acts 13	Jn	1-3John	Paul	Eph	Col
NT 16	2Thess	1/2Tim	Tit	Heb	Jas 1	1Pet	2Pet	Jude	Rev

come down

a κατέρχομαι ἀπό ...
b κατέρχομαι εἰς ...
c κατέρχομαι ἀπό ... εἰς ...

b 012	Mt 4,13	καὶ καταλιπὼν τὴν Ναζαρὰ **ἐλθὼν κατῴκησεν** εἰς Καφαρναοὺμ τὴν παραθαλασσίαν ἐν ὁρίοις Ζαβουλὼν καὶ Νεφθαλίμ·	Mk 1,21	καὶ **εἰσπορεύονται** εἰς Καφαρναούμ· ...	Lk 4,31	καὶ **κατῆλθεν** εἰς Καφαρναοὺμ πόλιν τῆς Γαλιλαίας. ...	→ Jn 2,12
a 112	Mt 17,9	καὶ **καταβαινόντων** αὐτῶν ἐκ τοῦ ὄρους ἐνετείλατο αὐτοῖς ὁ Ἰησοῦς λέγων· μηδενὶ εἴπητε τὸ ὅραμα ἕως οὗ ὁ υἱὸς τοῦ ἀνθρώπου ἐκ νεκρῶν ἐγερθῇ.	Mk 9,9	καὶ **καταβαινόντων** αὐτῶν ἐκ τοῦ ὄρους διεστείλατο αὐτοῖς ἵνα μηδενὶ ἃ εἶδον διηγήσωνται, εἰ μὴ ὅταν ὁ υἱὸς τοῦ ἀνθρώπου ἐκ νεκρῶν ἀναστῇ.	Lk 9,37	[36] καὶ αὐτοὶ ἐσίγησαν καὶ οὐδενὶ ἀπήγγειλαν ἐν ἐκείναις ταῖς ἡμέραις οὐδὲν ὧν ἑώρακαν. [37] ἐγένετο δὲ τῇ ἑξῆς ἡμέρᾳ **κατελθόντων** αὐτῶν ἀπὸ τοῦ ὄρους ...	

b **Acts 8,5** Φίλιππος δὲ **κατελθὼν** εἰς [τὴν] πόλιν τῆς Σαμαρείας ...

Acts 9,32 ἐγένετο δὲ Πέτρον διερχόμενον διὰ πάντων **κατελθεῖν** καὶ πρὸς τοὺς ἁγίους τοὺς κατοικοῦντας Λύδδα.

c **Acts 11,27** ἐν ταύταις δὲ ταῖς ἡμέραις **κατῆλθον** ἀπὸ Ἱεροσολύμων προφῆται εἰς Ἀντιόχειαν.

c **Acts 12,19** Ἡρῴδης ... **κατελθὼν** ἀπὸ τῆς Ἰουδαίας εἰς Καισάρειαν διέτριβεν.

b **Acts 13,4** αὐτοὶ μὲν οὖν ἐκπεμφθέντες ὑπὸ τοῦ ἁγίου πνεύματος **κατῆλθον** εἰς Σελεύκειαν, ἐκεῖθέν τε ἀπέπλευσαν εἰς Κύπρον

a **Acts 15,1** καί **τινες κατελθόντες** ἀπὸ τῆς Ἰουδαίας ἐδίδασκον τοὺς ἀδελφοὺς ὅτι, ἐὰν μὴ περιτμηθῆτε τῷ ἔθει τῷ Μωϋσέως, οὐ δύνασθε σωθῆναι.

b **Acts 15,30** οἱ μὲν οὖν ἀπολυθέντες **κατῆλθον** εἰς Ἀντιόχειαν, καὶ συναγαγόντες τὸ πλῆθος ἐπέδωκαν τὴν ἐπιστολήν.

a **Acts 18,5** ὡς δὲ **κατῆλθον** ἀπὸ τῆς Μακεδονίας ὅ τε Σιλᾶς καὶ ὁ Τιμόθεος, ...	*b* **Acts 19,1** ... Παῦλον διελθόντα τὰ ἀνωτερικὰ μέρη **[κατ]ελθεῖν** εἰς Ἔφεσον καὶ εὑρεῖν τινας μαθητάς	*a* **Acts 21,10** ἐπιμενόντων δὲ ἡμέρας πλείους **κατῆλθέν** τις ἀπὸ τῆς Ἰουδαίας προφήτης ὀνόματι Ἅγαβος
b **Acts 18,22** καὶ **κατελθὼν** εἰς Καισάρειαν, ἀναβὰς καὶ ἀσπασάμενος τὴν ἐκκλησίαν κατέβη εἰς Ἀντιόχειαν.	*b* **Acts 21,3** ... ἐπλέομεν εἰς Συρίαν καὶ **κατήλθομεν** εἰς Τύρον· ...	*b* **Acts 27,5** τό τε πέλαγος τὸ κατὰ τὴν Κιλικίαν καὶ Παμφυλίαν διαπλεύσαντες **κατήλθομεν** εἰς Μύρα τῆς Λυκίας.

κατεσθίω, κατέσθω	Syn 6	Mt 1	Mk 2	Lk 3	Acts	Jn 1	1-3John	Paul 2	Eph	Col
	NT 14	2Thess	1/2Tim	Tit	Heb	Jas	1Pet	2Pet	Jude	Rev 5

eat up; consume; devour; swallow; destroy

	Mt	Mk	Lk	
222	**Mt 13,4** καὶ ἐν τῷ σπείρειν αὐτὸν ἃ μὲν ἔπεσεν παρὰ τὴν ὁδόν, καὶ ἐλθόντα τὰ πετεινὰ **κατέφαγεν** αὐτά.	**Mk 4,4** καὶ ἐγένετο ἐν τῷ σπείρειν ὃ μὲν ἔπεσεν παρὰ τὴν ὁδόν, καὶ ἦλθεν τὰ πετεινὰ καὶ **κατέφαγεν** αὐτό.	**Lk 8,5** ... καὶ ἐν τῷ σπείρειν αὐτὸν ὃ μὲν ἔπεσεν παρὰ τὴν ὁδὸν καὶ κατεπατήθη, καὶ τὰ πετεινὰ τοῦ οὐρανοῦ **κατέφαγεν** αὐτό.	→ GTh 9
002			**Lk 15,30** ὅτε δὲ ὁ υἱός σου οὗτος **ὁ καταφαγών** σου τὸν βίον μετὰ πορνῶν ἦλθεν, ἔθυσας αὐτῷ τὸν σιτευτὸν μόσχον.	
022		**Mk 12,40** **οἱ κατεσθίοντες** τὰς οἰκίας τῶν χηρῶν καὶ προφάσει μακρὰ προσευχόμενοι· ...	**Lk 20,47** **οἳ κατεσθίουσιν** τὰς οἰκίας τῶν χηρῶν καὶ προφάσει μακρὰ προσεύχονται· ...	Mt 23,14 is textcritically uncertain.

κατευθύνω	Syn 1	Mt	Mk	Lk 1	Acts	Jn	1-3John	Paul 1	Eph	Col
	NT 3	2Thess 1	1/2Tim	Tit	Heb	Jas	1Pet	2Pet	Jude	Rev

make straight; lead; direct

	Mt	Mk	Lk	
002			**Lk 1,79** → Mt 4,16 ἐπιφᾶναι τοῖς ἐν σκότει καὶ σκιᾷ θανάτου καθημένοις, **τοῦ κατευθῦναι** τοὺς πόδας ἡμῶν εἰς ὁδὸν εἰρήνης.	

κατευλογέω	Syn 1	Mt	Mk 1	Lk	Acts	Jn	1-3John	Paul	Eph	Col
	NT 1	2Thess	1/2Tim	Tit	Heb	Jas	1Pet	2Pet	Jude	Rev

bless

	Mt	Mk	Lk	
120	**Mt 19,15** → Mk 10,17 καὶ ἐπιθεὶς τὰς χεῖρας αὐτοῖς ἐπορεύθη ἐκεῖθεν.	**Mk 10,16** καὶ ἐναγκαλισάμενος αὐτὰ **κατευλόγει** τιθεὶς τὰς χεῖρας ἐπ' αὐτά.		→ GTh 22

κατέχω

	Syn	Mt	Mk	Lk	Acts	Jn	1-3John	Paul	Eph	Col
	3			3	1			8		
	NT	2Thess	1/2Tim	Tit	Heb	Jas	1Pet	2Pet	Jude	Rev
	17	2			3					

hold back; hinder, prevent from going away; hold down; suppress; restrain; check; hold fast; retain; keep; possess; take into one's possession; occupy; *passive:* be bound; make for; head for; steer toward

code	Mt		Mk		Lk		
012			**Mk 1,37**	[36] καὶ κατεδίωξεν αὐτὸν Σίμων καὶ οἱ μετ' αὐτοῦ, [37] καὶ εὗρον αὐτὸν καὶ λέγουσιν αὐτῷ ὅτι πάντες ζητοῦσίν σε.	**Lk 4,42** → Mk 1,45	... καὶ οἱ ὄχλοι ἐπεζήτουν αὐτὸν καὶ ἦλθον ἕως αὐτοῦ καὶ **κατεῖχον** αὐτὸν τοῦ μὴ πορεύεσθαι ἀπ' αὐτῶν.	
112	**Mt 13,23**	ὁ δὲ ἐπὶ τὴν καλὴν γῆν σπαρείς, οὗτός ἐστιν ὁ τὸν λόγον ἀκούων καὶ **συνιείς,** ὃς δὴ καρποφορεῖ καὶ ποιεῖ ὃ μὲν ἑκατόν, ὃ δὲ ἑξήκοντα, ὃ δὲ τριάκοντα.	**Mk 4,20**	καὶ ἐκεῖνοί εἰσιν οἱ ἐπὶ τὴν γῆν τὴν καλὴν σπαρέντες, οἵτινες ἀκούουσιν τὸν λόγον καὶ **παραδέχονται** καὶ καρποφοροῦσιν ἓν τριάκοντα καὶ ἓν ἑξήκοντα καὶ ἓν ἑκατόν.	**Lk 8,15**	τὸ δὲ ἐν τῇ καλῇ γῇ, οὗτοί εἰσιν οἵτινες ἐν καρδίᾳ καλῇ καὶ ἀγαθῇ ἀκούσαντες τὸν λόγον **κατέχουσιν** καὶ καρποφοροῦσιν ἐν ὑπομονῇ.	
002					**Lk 14,9**	καὶ ἐλθὼν ὁ σὲ καὶ αὐτὸν καλέσας ἐρεῖ σοι· δὸς τούτῳ τόπον, καὶ τότε ἄρξῃ μετὰ αἰσχύνης τὸν ἔσχατον τόπον **κατέχειν.**	

κατηγορέω

	Syn	Mt	Mk	Lk	Acts	Jn	1-3John	Paul	Eph	Col
	9	2	3	4	9	2		1		
	NT	2Thess	1/2Tim	Tit	Heb	Jas	1Pet	2Pet	Jude	Rev
	22									1

bring charges

	triple tradition																	double tradition			Sondergut		
		+Mt / +Lk			–Mt / –Lk			traditions not taken over by Mt / Lk							subtotals								
code	222	211	112	212	221	122	121	022	012	021	220	120	210	020	Σ⁺	Σ⁻	Σ	202	201	102	200	002	total
Mt	2											1⁻				1⁻	2						**2**
Mk	2											1					3						**3**
Lk	2																2					2	**4**

code	Mt		Mk		Lk		
222	**Mt 12,10**	... καὶ ἐπηρώτησαν αὐτὸν λέγοντες· εἰ ἔξεστιν τοῖς σάββασιν θεραπεῦσαι; ἵνα **κατηγορήσωσιν** αὐτοῦ.	**Mk 3,2**	καὶ παρετήρουν αὐτὸν εἰ τοῖς σάββασιν θεραπεύσει αὐτόν, ἵνα **κατηγορήσωσιν** αὐτοῦ.	**Lk 6,7** → Lk 6,11 → Lk 14,3 → Lk 11,53-54 → Lk 19,48 → Lk 20,20	παρετηροῦντο δὲ αὐτὸν οἱ γραμματεῖς καὶ οἱ Φαρισαῖοι εἰ ἐν τῷ σαββάτῳ θεραπεύει, ἵνα εὕρωσιν **κατηγορεῖν** αὐτοῦ.	
222	**Mt 27,12** ↓ Mk 15,4	καὶ **ἐν τῷ κατηγορεῖσθαι** αὐτὸν ὑπὸ τῶν ἀρχιερέων καὶ πρεσβυτέρων οὐδὲν ἀπεκρίνατο.	**Mk 15,3**	καὶ **κατηγόρουν** αὐτοῦ οἱ ἀρχιερεῖς πολλά.	**Lk 23,2** ⇩ Lk 23,10 ↓ Lk 23,14	ἤρξαντο δὲ **κατηγορεῖν** αὐτοῦ λέγοντες· ...	
120	**Mt 27,13**	τότε λέγει αὐτῷ ὁ Πιλᾶτος· οὐκ ἀκούεις πόσα σου **καταμαρτυροῦσιν;**	**Mk 15,4** ↑ Mt 27,12	ὁ δὲ Πιλᾶτος πάλιν ἐπηρώτα αὐτὸν λέγων· οὐκ ἀποκρίνῃ οὐδέν; ἴδε πόσα σου **κατηγοροῦσιν.**	Lk 23,9	[8] ὁ δὲ Ἡρῴδης ... ἤλπιζέν τι σημεῖον ἰδεῖν ὑπ' αὐτοῦ γινόμενον. [9] ἐπηρώτα δὲ αὐτὸν ἐν λόγοις ἱκανοῖς, αὐτὸς δὲ οὐδὲν ἀπεκρίνατο αὐτῷ.	→ Jn 19,9-10 Mt/Mk: before Pilate; Lk: before Herod

002	Mt 27,12	καὶ ἐν τῷ κατηγορεῖσθαι αὐτὸν ὑπὸ τῶν ἀρχιερέων καὶ πρεσβυτέρων οὐδὲν ἀπεκρίνατο.	Mk 15,3	καὶ κατηγόρουν αὐτοῦ οἱ ἀρχιερεῖς πολλά.	Lk 23,10 ⇧ Lk 23,2	εἱστήκεισαν δὲ οἱ ἀρχιερεῖς καὶ οἱ γραμματεῖς εὐτόνως **κατηγοροῦντες** αὐτοῦ.	Mt/Mk: before Pilate; Lk: before Herod
002					Lk 23,14 ↑ Lk 23,2 → Lk 23,4 → Mt 27,23 → Mk 15,14 → Lk 23,22	... καὶ ἰδοὺ ἐγὼ ἐνώπιον ὑμῶν ἀνακρίνας οὐθὲν εὗρον ἐν τῷ ἀνθρώπῳ τούτῳ αἴτιον ὧν **κατηγορεῖτε** κατ' αὐτοῦ.	→ Jn 18,38b → Jn 19,4 → Acts 13,28

Acts 22,30 τῇ δὲ ἐπαύριον βουλόμενος γνῶναι τὸ ἀσφαλές, τὸ τί **κατηγορεῖται** ὑπὸ τῶν Ἰουδαίων, ...

Acts 24,2 κληθέντος δὲ αὐτοῦ ἤρξατο **κατηγορεῖν** ὁ Τέρτυλλος λέγων· ...

Acts 24,8 παρ' οὗ δυνήσῃ αὐτὸς ἀνακρίνας περὶ πάντων τούτων ἐπιγνῶναι ὧν ἡμεῖς **κατηγοροῦμεν** αὐτοῦ.

Acts 24,13 οὐδὲ παραστῆσαι δύνανταί σοι περὶ ὧν νυνὶ **κατηγοροῦσίν** μου.

Acts 24,19 τινὲς δὲ ἀπὸ τῆς Ἀσίας Ἰουδαῖοι, οὓς ἔδει ἐπὶ σοῦ παρεῖναι καὶ **κατηγορεῖν** εἴ τι ἔχοιεν πρὸς ἐμέ.

Acts 25,5 οἱ οὖν ἐν ὑμῖν, φησίν, δυνατοὶ συγκαταβάντες εἴ τί ἐστιν ἐν τῷ ἀνδρὶ ἄτοπον **κατηγορείτωσαν** αὐτοῦ.

Acts 25,11 ... εἰ δὲ οὐδέν ἐστιν ὧν οὗτοι **κατηγοροῦσίν** μου, οὐδείς με δύναται αὐτοῖς χαρίσασθαι· Καίσαρα ἐπικαλοῦμαι.

Acts 25,16 ... οὐκ ἔστιν ἔθος Ῥωμαίοις χαρίζεσθαί τινα ἄνθρωπον πρὶν ἢ **ὁ κατηγορούμενος** κατὰ πρόσωπον ἔχοι τοὺς κατηγόρους τόπον τε ἀπολογίας λάβοι περὶ τοῦ ἐγκλήματος.

Acts 28,19 ἀντιλεγόντων δὲ τῶν Ἰουδαίων ἠναγκάσθην ἐπικαλέσασθαι Καίσαρα οὐχ ὡς τοῦ ἔθνους μου ἔχων τι **κατηγορεῖν**.

κατηχέω	Syn 1	Mt	Mk	Lk 1	Acts 3	Jn	1-3John	Paul 4	Eph	Col
	NT 8	2Thess	1/2Tim	Tit	Heb	Jas	1Pet	2Pet	Jude	Rev

teach; instruct

002	Lk 1,4	ἵνα ἐπιγνῷς περὶ ὧν **κατηχήθης** λόγων τὴν ἀσφάλειαν.	

Acts 18,25 οὗτος ἦν **κατηχημένος** τὴν ὁδὸν τοῦ κυρίου καὶ ζέων τῷ πνεύματι ἐλάλει καὶ ἐδίδασκεν ἀκριβῶς τὰ περὶ τοῦ Ἰησοῦ, ...

Acts 21,21 **κατηχήθησαν** δὲ περὶ σοῦ ὅτι ἀποστασίαν διδάσκεις ἀπὸ Μωϋσέως τοὺς κατὰ τὰ ἔθνη πάντας Ἰουδαίους ...

Acts 21,24 ... καὶ γνώσονται πάντες ὅτι ὧν **κατήχηνται** περὶ σοῦ οὐδέν ἐστιν ἀλλὰ στοιχεῖς καὶ αὐτὸς φυλάσσων τὸν νόμον.

κατισχύω	Syn 3	Mt 1	Mk	Lk 2	Acts	Jn	1-3John	Paul	Eph	Col
	NT 3	2Thess	1/2Tim	Tit	Heb	Jas	1Pet	2Pet	Jude	Rev

be strong; be powerful; gain the ascendancy; be dominant; prevail; win the victory over

200	Mt 16,18	... σὺ εἶ Πέτρος, καὶ ἐπὶ ταύτῃ τῇ πέτρᾳ οἰκοδομήσω μου τὴν ἐκκλησίαν καὶ πύλαι ᾅδου **οὐ κατισχύσουσιν** αὐτῆς.	

code	Mt		Mk		Lk		
112	**Mt 25,13** → Mt 24,42 → Mt 24,44 → Mt 24,50	γρηγορεῖτε οὖν, ὅτι οὐκ οἴδατε τὴν ἡμέραν οὐδὲ τὴν ὥραν.	**Mk 13,33** → Lk 21,34	βλέπετε, ἀγρυπνεῖτε· οὐκ οἴδατε γὰρ πότε ὁ καιρός ἐστιν.	**Lk 21,36** → Lk 12,35-38 → Lk 18,1	ἀγρυπνεῖτε δὲ ἐν παντὶ καιρῷ δεόμενοι ἵνα **κατισχύσητε** ἐκφυγεῖν ταῦτα πάντα τὰ μέλλοντα γίνεσθαι καὶ σταθῆναι ἔμπροσθεν τοῦ υἱοῦ τοῦ ἀνθρώπου.	
112	**Mt 27,23**	... οἱ δὲ περισσῶς ἔκραζον λέγοντες· σταυρωθήτω.	**Mk 15,14**	... οἱ δὲ περισσῶς ἔκραξαν· σταύρωσον αὐτόν.	**Lk 23,23**	οἱ δὲ ἐπέκειντο φωναῖς μεγάλαις αἰτούμενοι αὐτὸν σταυρωθῆναι, καὶ **κατίσχυον** αἱ φωναὶ αὐτῶν.	→ Jn 19,15

κατοικέω

Syn	Mt	Mk	Lk	Acts	Jn	1-3John	Paul	Eph	Col
6	4		2	20				1	2
NT	2Thess	1/2Tim	Tit	Heb	Jas	1Pet	2Pet	Jude	Rev
44				1			1		13

intransitive: live; dwell; reside; settle; *transitive:* inhabit

code	222	211	112	212	221	122	121	022	012	021	220	120	210	020	Σ⁺	Σ⁻	Σ	202	201	102	200	002	total
	triple tradition																	double tradition			Sondergut		
		+Mt / +Lk			–Mt / –Lk			traditions not taken over by Mt / Lk							subtotals								
Mt																		1			3		4
Mk																							
Lk																		1				1	2

code	Mt		Mk		Lk		
200	**Mt 2,23** → Lk 2,39	καὶ ἐλθὼν **κατῴκησεν** εἰς πόλιν λεγομένην Ναζαρέτ· ...					
200	**Mt 4,13**	καὶ καταλιπὼν τὴν Ναζαρὰ **ἐλθὼν κατῴκησεν** εἰς Καφαρναοὺμ τὴν παραθαλασσίαν ἐν ὁρίοις Ζαβουλὼν καὶ Νεφθαλίμ·	**Mk 1,21**	καὶ εἰσπορεύονται εἰς Καφαρναούμ· ...	**Lk 4,31**	καὶ κατῆλθεν εἰς Καφαρναοὺμ πόλιν τῆς Γαλιλαίας. ...	→ Jn 2,12
202	**Mt 12,45** → Mk 9,25	τότε πορεύεται καὶ παραλαμβάνει μεθ' ἑαυτοῦ ἑπτὰ ἕτερα πνεύματα πονηρότερα ἑαυτοῦ καὶ εἰσελθόντα **κατοικεῖ** ἐκεῖ· ...			**Lk 11,26** → Mk 9,25	τότε πορεύεται καὶ παραλαμβάνει ἕτερα πνεύματα πονηρότερα ἑαυτοῦ ἑπτὰ καὶ εἰσελθόντα **κατοικεῖ** ἐκεῖ· ...	
002					**Lk 13,4**	... δοκεῖτε ὅτι αὐτοὶ ὀφειλέται ἐγένοντο παρὰ πάντας τοὺς ἀνθρώπους **τοὺς κατοικοῦντας** Ἰερουσαλήμ;	
200	**Mt 23,21**	καὶ ὁ ὀμόσας ἐν τῷ ναῷ ὀμνύει ἐν αὐτῷ καὶ **ἐν τῷ κατοικοῦντι** αὐτόν·					

Acts 1,19
→ Mt 27,8
καὶ γνωστὸν ἐγένετο **πᾶσι τοῖς κατοικοῦσιν** Ἰερουσαλήμ, ὥστε κληθῆναι τὸ χωρίον ἐκεῖνο τῇ ἰδίᾳ διαλέκτῳ αὐτῶν Ἁκελδαμάχ, τοῦτ' ἔστιν χωρίον αἵματος.

Acts 1,20
γέγραπται γὰρ ἐν βίβλῳ ψαλμῶν· *γενηθήτω ἡ ἔπαυλις αὐτοῦ ἔρημος καὶ μὴ ἔστω* ***ὁ κατοικῶν*** *ἐν αὐτῇ*, καί· *τὴν ἐπισκοπὴν αὐτοῦ λαβέτω ἕτερος.*
➤ Ps 69,26; Ps 109,8

Acts 2,5
ἦσαν δὲ εἰς Ἰερουσαλὴμ **κατοικοῦντες** Ἰουδαῖοι, ἄνδρες εὐλαβεῖς ἀπὸ παντὸς ἔθνους τῶν ὑπὸ τὸν οὐρανόν.

Acts 2,9 Πάρθοι καὶ Μῆδοι καὶ Ἐλαμῖται καὶ **οἱ κατοικοῦντες** τὴν Μεσοποταμίαν, Ἰουδαίαν τε καὶ Καππαδοκίαν, Πόντον καὶ τὴν Ἀσίαν

Acts 2,14 ... ἄνδρες Ἰουδαῖοι καὶ **οἱ κατοικοῦντες Ἰερουσαλὴμ πάντες,** τοῦτο ὑμῖν γνωστὸν ἔστω καὶ ἐνωτίσασθε τὰ ῥήματά μου.

Acts 4,16 ... ὅτι μὲν γὰρ γνωστὸν σημεῖον γέγονεν δι' αὐτῶν **πᾶσιν τοῖς κατοικοῦσιν** Ἰερουσαλὴμ φανερὸν καὶ οὐ δυνάμεθα ἀρνεῖσθαι·

Acts 7,2 ... ὁ θεὸς τῆς δόξης ὤφθη τῷ πατρὶ ἡμῶν Ἀβραὰμ ὄντι ἐν τῇ Μεσοποταμίᾳ πρὶν ἢ **κατοικῆσαι** αὐτὸν ἐν Χαρράν

Acts 7,4 (2) τότε ἐξελθὼν ἐκ γῆς Χαλδαίων **κατῴκησεν** ἐν Χαρράν. κἀκεῖθεν μετὰ τὸ ἀποθανεῖν τὸν πατέρα αὐτοῦ μετῴκισεν αὐτὸν εἰς τὴν γῆν ταύτην εἰς ἣν ὑμεῖς νῦν **κατοικεῖτε**

Acts 7,48 ἀλλ' οὐχ ὁ ὕψιστος ἐν χειροποιήτοις **κατοικεῖ,** καθὼς ὁ προφήτης λέγει·

Acts 9,22 Σαῦλος δὲ μᾶλλον ἐνεδυναμοῦτο καὶ συνέχυννεν [τοὺς] Ἰουδαίους **τοὺς κατοικοῦντας** ἐν Δαμασκῷ συμβιβάζων ὅτι οὗτός ἐστιν ὁ χριστός.

Acts 9,32 ἐγένετο δὲ Πέτρον διερχόμενον διὰ πάντων κατελθεῖν καὶ **πρὸς τοὺς ἁγίους τοὺς κατοικοῦντας** Λύδδα.

Acts 9,35 καὶ εἶδαν αὐτὸν **πάντες οἱ κατοικοῦντες** Λύδδα καὶ τὸν Σαρῶνα, ...

Acts 11,29 ... ὥρισαν ἕκαστος αὐτῶν εἰς διακονίαν πέμψαι **τοῖς κατοικοῦσιν ἐν τῇ Ἰουδαίᾳ ἀδελφοῖς·**

Acts 13,27 [[→ Lk 23,34a]] **οἱ γὰρ κατοικοῦντες** ἐν Ἰερουσαλὴμ καὶ οἱ ἄρχοντες αὐτῶν τοῦτον ἀγνοήσαντες ...

Acts 17,24 ὁ θεὸς ὁ ποιήσας τὸν κόσμον καὶ πάντα τὰ ἐν αὐτῷ, οὗτος οὐρανοῦ καὶ γῆς ὑπάρχων κύριος οὐκ ἐν χειροποιήτοις ναοῖς **κατοικεῖ**

Acts 17,26 ἐποίησέν τε ἐξ ἑνὸς πᾶν ἔθνος ἀνθρώπων **κατοικεῖν** ἐπὶ παντὸς προσώπου τῆς γῆς, ...

Acts 19,10 τοῦτο δὲ ἐγένετο ἐπὶ ἔτη δύο, ὥστε **πάντας τοὺς κατοικοῦντας** τὴν Ἀσίαν ἀκοῦσαι τὸν λόγον τοῦ κυρίου, Ἰουδαίους τε καὶ Ἕλληνας.

Acts 19,17 τοῦτο δὲ ἐγένετο γνωστὸν πᾶσιν Ἰουδαίοις τε καὶ Ἕλλησιν **τοῖς κατοικοῦσιν** τὴν Ἔφεσον καὶ ἐπέπεσεν φόβος ἐπὶ πάντας αὐτοὺς ...

Acts 22,12 Ἁνανίας δέ τις, ἀνὴρ εὐλαβὴς κατὰ τὸν νόμον, μαρτυρούμενος **ὑπὸ πάντων τῶν κατοικούντων Ἰουδαίων,** [13] ἐλθὼν πρός με καὶ ἐπιστὰς εἶπέν μοι· Σαοὺλ ἀδελφέ, ἀνάβλεψον. ...

κατοίκησις

κατοίκησις	Syn 1	Mt	Mk 1	Lk	Acts	Jn	1-3John	Paul	Eph	Col
	NT 1	2Thess	1/2Tim	Tit	Heb	Jas	1Pet	2Pet	Jude	Rev

living (quarters); dwelling

121	**Mt 8,28**	... ὑπήντησαν αὐτῷ δύο δαιμονιζόμενοι ἐκ τῶν μνημείων ἐξερχόμενοι, ...	**Mk 5,3**	[2] ... ὑπήντησεν αὐτῷ ἐκ τῶν μνημείων ἄνθρωπος ἐν πνεύματι ἀκαθάρτῳ, [3] ὃς **τὴν κατοίκησιν** εἶχεν ἐν τοῖς μνήμασιν, ...	**Lk 8,27**	... ὑπήντησεν ἀνήρ τις ἐκ τῆς πόλεως ἔχων δαιμόνια καὶ χρόνῳ ἱκανῷ οὐκ ἐνεδύσατο ἱμάτιον καὶ ἐν οἰκίᾳ οὐκ ἔμενεν ἀλλ' ἐν τοῖς μνήμασιν.	

κάτω

κάτω	Syn 5	Mt 2	Mk 2	Lk 1	Acts 2	Jn 1	1-3John	Paul	Eph	Col
	NT 8	2Thess	1/2Tim	Tit	Heb	Jas	1Pet	2Pet	Jude	Rev

below; downwards; down

202	**Mt 4,6** → Mt 27,40	... εἰ υἱὸς εἶ τοῦ θεοῦ, βάλε σεαυτὸν **κάτω·** ...			**Lk 4,9**	... εἰ υἱὸς εἶ τοῦ θεοῦ, βάλε σεαυτὸν ἐντεῦθεν **κάτω·**	

	Mt		Mk		Lk		
120	Mt 26,69	ὁ δὲ Πέτρος ἐκάθητο **ἔξω** ἐν τῇ αὐλῇ· ...	Mk 14,66	καὶ ὄντος τοῦ Πέτρου **κάτω** ἐν τῇ αὐλῇ ...			→ Jn 18,17
221	Mt 27,51	καὶ ἰδοὺ τὸ καταπέτασμα τοῦ ναοῦ ἐσχίσθη **ἀπ' ἄνωθεν ἕως κάτω** εἰς δύο ...	Mk 15,38	καὶ τὸ καταπέτασμα τοῦ ναοῦ ἐσχίσθη εἰς δύο **ἀπ' ἄνωθεν ἕως κάτω**.	Lk 23,45	... ἐσχίσθη δὲ τὸ καταπέτασμα τοῦ ναοῦ **μέσον**.	

Acts 2,19
→ Lk 21,11
→ Lk 21,25
καὶ δώσω τέρατα ἐν τῷ οὐρανῷ ἄνω *καὶ* σημεῖα *ἐπὶ τῆς γῆς*
κάτω,
αἷμα καὶ πῦρ καὶ ἀτμίδα καπνοῦ.
➤ Joel 3,3 LXX

Acts 20,9 ... κατενεχθεὶς ἀπὸ τοῦ ὕπνου ἔπεσεν ἀπὸ τοῦ τριστέγου
κάτω
καὶ ἤρθη νεκρός.

κατωτέρω	Syn	Mt	Mk	Lk	Acts	Jn	1-3John	Paul	Eph	Col
	1	1								
	NT	2Thess	1/2Tim	Tit	Heb	Jas	1Pet	2Pet	Jude	Rev
	1									

lower; below

	Mt		
200	Mt 2,16	... καὶ ἀποστείλας ἀνεῖλεν πάντας τοὺς παῖδας τοὺς ἐν Βηθλέεμ καὶ ἐν πᾶσι τοῖς ὁρίοις αὐτῆς ἀπὸ διετοῦς καὶ **κατωτέρω**, κατὰ τὸν χρόνον ὃν ἠκρίβωσεν παρὰ τῶν μάγων.	

καυματίζω	Syn	Mt	Mk	Lk	Acts	Jn	1-3John	Paul	Eph	Col
	2	1	1							
	NT	2Thess	1/2Tim	Tit	Heb	Jas	1Pet	2Pet	Jude	Rev
	4									2

burn (up)

	Mt		Mk		Lk		
221	Mt 13,6	ἡλίου δὲ ἀνατείλαντος **ἐκαυματίσθη** καὶ διὰ τὸ μὴ ἔχειν ῥίζαν ἐξηράνθη.	Mk 4,6	καὶ ὅτε ἀνέτειλεν ὁ ἥλιος **ἐκαυματίσθη** καὶ διὰ τὸ μὴ ἔχειν ῥίζαν ἐξηράνθη.	Lk 8,6	... ἐξηράνθη διὰ τὸ μὴ ἔχειν ἰκμάδα.	→ GTh 9

καύσων	Syn	Mt	Mk	Lk	Acts	Jn	1-3John	Paul	Eph	Col
	2	1		1						
	NT	2Thess	1/2Tim	Tit	Heb	Jas	1Pet	2Pet	Jude	Rev
	3					1				

heat; burning (sun)

102	Mt 16,3	[καὶ πρωΐ· σήμερον **χειμών**, πυρράζει γὰρ στυγνάζων ὁ οὐρανός. ...]	Lk 12,55	καὶ ὅταν νότον πνέοντα, λέγετε ὅτι **καύσων** ἔσται, καὶ γίνεται.	→ GTh 91 Mt 16,3 is textcritically uncertain.
200	Mt 20,12	... οὗτοι οἱ ἔσχατοι μίαν ὥραν ἐποίησαν, καὶ ἴσους ἡμῖν αὐτοὺς ἐποίησας τοῖς βαστάσασι τὸ βάρος τῆς ἡμέρας καὶ **τὸν καύσωνα**.			

Καφαρναούμ	Syn 11	Mt 4	Mk 3	Lk 4	Acts	Jn 5	1-3John	Paul	Eph	Col
	NT 16	2Thess	1/2Tim	Tit	Heb	Jas	1Pet	2Pet	Jude	Rev

Capernaum

	triple tradition																	double tradition			Sondergut		
		+Mt / +Lk			–Mt / –Lk			traditions not taken over by Mt / Lk							subtotals								
code	*222*	*211*	*112*	*212*	*221*	*122*	*121*	*022*	*012*	*021*	*220*	*120*	*210*	*020*	Σ⁺	Σ⁻	Σ	*202*	*201*	*102*	*200*	*002*	total
Mt							1^-				1					1^-	1	2			1		**4**
Mk							1	1			1						3						**3**
Lk							1^-	1								1^-	1	2				1	**4**

code	Mt		Mk		Lk		
200	**Mt 4,13**	καὶ καταλιπὼν τὴν Ναζαρὰ ἐλθὼν κατῴκησεν **εἰς Καφαρναοὺμ** τὴν παραθαλασσίαν ἐν ὁρίοις Ζαβουλὼν καὶ Νεφθαλίμ·	**Mk 1,21**	καὶ εἰσπορεύονται εἰς Καφαρναούμ· ...	**Lk 4,31**	καὶ κατῆλθεν εἰς Καφαρναοὺμ πόλιν τῆς Γαλιλαίας. ...	→ **Jn 2,12**
002					**Lk 4,23**	... ἰατρέ, θεράπευσον σεαυτόν· ὅσα ἠκούσαμεν γενόμενα **εἰς τὴν Καφαρναοὺμ** ποίησον καὶ ὧδε ἐν τῇ πατρίδι σου.	
022	**Mt 4,13**	καὶ καταλιπὼν τὴν Ναζαρὰ ἐλθὼν κατῴκησεν εἰς Καφαρναοὺμ τὴν παραθαλασσίαν ἐν ὁρίοις Ζαβουλὼν καὶ Νεφθαλίμ·	**Mk 1,21**	καὶ εἰσπορεύονται **εἰς Καφαρναούμ**· ...	**Lk 4,31**	καὶ κατῆλθεν **εἰς Καφαρναοὺμ** πόλιν τῆς Γαλιλαίας. ...	→ **Jn 2,12**
121	**Mt 9,1**	... καὶ ἦλθεν **εἰς τὴν ἰδίαν πόλιν.**	**Mk 2,1**	καὶ εἰσελθὼν πάλιν **εἰς Καφαρναοὺμ** δι᾽ ἡμερῶν ἠκούσθη ὅτι ἐν οἴκῳ ἐστίν.	**Lk 5,17**	καὶ ἐγένετο ἐν μιᾷ τῶν ἡμερῶν ...	
202	**Mt 8,5**	[7,28] καὶ ἐγένετο ὅτε ἐτέλεσεν ὁ Ἰησοῦς τοὺς λόγους τούτους, ... [8,5] εἰσελθόντος δὲ αὐτοῦ **εἰς Καφαρναοὺμ** ...			**Lk 7,1**	ἐπειδὴ ἐπλήρωσεν πάντα τὰ ῥήματα αὐτοῦ εἰς τὰς ἀκοὰς τοῦ λαοῦ, εἰσῆλθεν **εἰς Καφαρναούμ.**	→ **Jn 4,46**
202	**Mt 11,23**	καὶ σύ, **Καφαρναούμ,** μὴ ἕως οὐρανοῦ ὑψωθήσῃ; *ἕως ᾅδου καταβήσῃ*· ... ➤ Isa 14,13.15			**Lk 10,15**	καὶ σύ, **Καφαρναούμ,** μὴ ἕως οὐρανοῦ ὑψωθήσῃ; *ἕως τοῦ ᾅδου καταβήσῃ*. ➤ Isa 14,13.15	
220	**Mt 17,24**	ἐλθόντων δὲ αὐτῶν **εἰς Καφαρναοὺμ** ...	**Mk 9,33**	καὶ ἦλθον **εἰς Καφαρναούμ.** ...			

κεῖμαι	Syn 9	Mt 3	Mk	Lk 6	Acts	Jn 7	1-3John 1	Paul 4	Eph	Col
	NT 24	2Thess	1/2Tim 1	Tit	Heb	Jas	1Pet	2Pet	Jude	Rev 2

lie; recline; be appointed; be set; be destined; be given; exist; be valid; find oneself; be

	triple tradition																	double tradition			Sondergut		
		+Mt / +Lk			–Mt / –Lk			traditions not taken over by Mt / Lk							subtotals								
code	222	211	112	212	221	122	121	022	012	021	220	120	210	020	Σ+	Σ−	Σ	202	201	102	200	002	total
Mt		1+													1+		1	1			1		3
Mk																							
Lk			1+												1+		1	1				4	6

a κεῖμαι εἴς τι
b κεῖμαι ἔν τινι
c κεῖμαι πρός τι(να)

code	Mt		Mk		Lk		
b 002					**Lk 2,12**	καὶ τοῦτο ὑμῖν τὸ σημεῖον, εὑρήσετε βρέφος ἐσπαργανωμένον καὶ **κείμενον** ἐν φάτνῃ.	
b 002					**Lk 2,16**	καὶ ἦλθαν σπεύσαντες καὶ ἀνεῦραν τήν τε Μαριὰμ καὶ τὸν Ἰωσὴφ καὶ τὸ βρέφος **κείμενον** ἐν τῇ φάτνῃ·	
a 002					**Lk 2,34**	... ἰδοὺ οὗτος **κεῖται** εἰς πτῶσιν καὶ ἀνάστασιν πολλῶν ἐν τῷ Ἰσραὴλ καὶ εἰς σημεῖον ἀντιλεγόμενον -	
c 202	**Mt 3,10** ⇩ Mt 7,19	ἤδη δὲ ἡ ἀξίνη πρὸς τὴν ῥίζαν τῶν δένδρων **κεῖται**· πᾶν οὖν δένδρον μὴ ποιοῦν καρπὸν καλὸν ἐκκόπτεται καὶ εἰς πῦρ βάλλεται.			**Lk 3,9**	ἤδη δὲ καὶ ἡ ἀξίνη πρὸς τὴν ῥίζαν τῶν δένδρων **κεῖται**· πᾶν οὖν δένδρον μὴ ποιοῦν καρπὸν καλὸν ἐκκόπτεται καὶ εἰς πῦρ βάλλεται.	
	Mt 7,19 ⇧ **Mt 3,10**	πᾶν δένδρον μὴ ποιοῦν καρπὸν καλὸν ἐκκόπτεται καὶ εἰς πῦρ βάλλεται.					
200	**Mt 5,14**	ὑμεῖς ἐστε τὸ φῶς τοῦ κόσμου. οὐ δύναται πόλις κρυβῆναι ἐπάνω ὄρους **κειμένη**·					→ Jn 8,12 → GTh 32 (POxy 1)
a 002					**Lk 12,19**	... ψυχή, ἔχεις πολλὰ ἀγαθὰ **κείμενα** εἰς ἔτη πολλά· ἀναπαύου, φάγε, πίε, εὐφραίνου.	→ GTh 63
112	**Mt 27,60**	καὶ ἔθηκεν αὐτὸ ἐν τῷ καινῷ αὐτοῦ μνημείῳ ὃ ἐλατόμησεν ἐν τῇ πέτρᾳ ...	**Mk 15,46**	... καὶ ἔθηκεν αὐτὸν ἐν μνημείῳ ὃ ἦν λελατομημένον ἐκ πέτρας ...	**Lk 23,53**	... καὶ ἔθηκεν αὐτὸν ἐν μνήματι λαξευτῷ οὗ οὐκ ἦν οὐδεὶς **οὔπω κείμενος**.	→ Jn 19,41
211	**Mt 28,6**	οὐκ ἔστιν ὧδε, ἠγέρθη γὰρ καθὼς εἶπεν· δεῦτε ἴδετε τὸν τόπον ὅπου **ἔκειτο**.	**Mk 16,6**	... ἠγέρθη, οὐκ ἔστιν ὧδε· ἴδε ὁ τόπος ὅπου **ἔθηκαν** αὐτόν.	**Lk 24,6** → Lk 24,23	οὐκ ἔστιν ὧδε, ἀλλὰ ἠγέρθη. ...	

κελεύω	Syn 8	Mt 7	Mk	Lk 1	Acts 17	Jn	1-3John	Paul	Eph	Col
	NT 25	2Thess	1/2Tim	Tit	Heb	Jas	1Pet	2Pet	Jude	Rev

command; order; urge

	triple tradition														subtotals			double tradition			Sondergut		
		+Mt / +Lk			–Mt / –Lk			traditions not taken over by Mt / Lk															
code	222	211	112	212	221	122	121	022	012	021	220	120	210	020	Σ^+	Σ^-	Σ	202	201	102	200	002	total
Mt		2^+											2^+		4^+		4				3		7
Mk																							
Lk			1^+												1^+		1						1

code	Mt		Mk		Lk		
211	Mt 8,18	ἰδὼν δὲ ὁ Ἰησοῦς ὄχλον περὶ αὐτὸν ἐκέλευσεν ἀπελθεῖν εἰς τὸ πέραν.	Mk 4,35	καὶ λέγει αὐτοῖς ἐν ἐκείνῃ τῇ ἡμέρᾳ ὀψίας γενομένης· διέλθωμεν εἰς τὸ πέραν.	Lk 8,22 → Mt 8,23 → Mk 4,36	ἐγένετο δὲ ἐν μιᾷ τῶν ἡμερῶν καὶ αὐτὸς ἐνέβη εἰς πλοῖον καὶ οἱ μαθηταὶ αὐτοῦ καὶ εἶπεν πρὸς αὐτούς· διέλθωμεν εἰς τὸ πέραν τῆς λίμνης, ...	
210	Mt 14,9	καὶ λυπηθεὶς ὁ βασιλεὺς διὰ τοὺς ὅρκους καὶ τοὺς συνανακειμένους ἐκέλευσεν δοθῆναι	Mk 6,26	καὶ περίλυπος γενόμενος ὁ βασιλεὺς διὰ τοὺς ὅρκους καὶ τοὺς ἀνακειμένους οὐκ ἠθέλησεν ἀθετῆσαι αὐτήν·			
211	Mt 14,19 → Mt 15,35	καὶ κελεύσας τοὺς ὄχλους ἀνακλιθῆναι ἐπὶ τοῦ χόρτου, ...	Mk 6,39 → Mk 8,6	καὶ ἐπέταξεν αὐτοῖς ἀνακλῖναι πάντας συμπόσια συμπόσια ἐπὶ τῷ χλωρῷ χόρτῳ.	Lk 9,14	... εἶπεν δὲ πρὸς τοὺς μαθητὰς αὐτοῦ· κατακλίνατε αὐτοὺς κλισίας ...	→ Jn 6,10
200	Mt 14,28	... κύριε, εἰ σὺ εἶ, κέλευσόν με ἐλθεῖν πρὸς σὲ ἐπὶ τὰ ὕδατα.					
200	Mt 18,25	μὴ ἔχοντος δὲ αὐτοῦ ἀποδοῦναι ἐκέλευσεν αὐτὸν ὁ κύριος πραθῆναι ...					
112	Mt 20,32 ⇨ Mt 9,28	καὶ στὰς ὁ Ἰησοῦς ἐφώνησεν αὐτοὺς ...	Mk 10,49	καὶ στὰς ὁ Ἰησοῦς εἶπεν· φωνήσατε αὐτόν. καὶ φωνοῦσιν τὸν τυφλὸν ...	Lk 18,40	σταθεὶς δὲ ὁ Ἰησοῦς ἐκέλευσεν αὐτὸν ἀχθῆναι πρὸς αὐτόν. ...	
210	Mt 27,58	... τότε ὁ Πιλᾶτος ἐκέλευσεν ἀποδοθῆναι.	Mk 15,45	καὶ γνοὺς ἀπὸ τοῦ κεντυρίωνος ἐδωρήσατο τὸ πτῶμα τῷ Ἰωσήφ.			→ Jn 19,38
200	Mt 27,64	κέλευσον οὖν ἀσφαλισθῆναι τὸν τάφον ἕως τῆς τρίτης ἡμέρας, ...					

Acts 4,15 κελεύσαντες
δὲ αὐτοὺς ἔξω τοῦ
συνεδρίου ἀπελθεῖν
συνέβαλλον πρὸς
ἀλλήλους

Acts 5,34 ... Γαμαλιήλ,
νομοδιδάσκαλος τίμιος
παντὶ τῷ λαῷ,
ἐκέλευσεν
ἔξω βραχὺ τοὺς
ἀνθρώπους ποιῆσαι

Acts 8,38 καὶ
ἐκέλευσεν
στῆναι τὸ ἅρμα καὶ
κατέβησαν ἀμφότεροι
εἰς τὸ ὕδωρ, ...

Acts 12,19 Ἡρῴδης δὲ ἐπιζητήσας αὐτὸν καὶ μὴ εὑρών, ἀνακρίνας τοὺς φύλακας **ἐκέλευσεν** ἀπαχθῆναι, ...

Acts 16,22 ... οἱ στρατηγοὶ περιρήξαντες αὐτῶν τὰ ἱμάτια **ἐκέλευον** ῥαβδίζειν

Acts 21,33 τότε ἐγγίσας ὁ χιλίαρχος ἐπελάβετο αὐτοῦ καὶ **ἐκέλευσεν** δεθῆναι ἁλύσεσι δυσί, καὶ ἐπυνθάνετο τίς εἴη καὶ τί ἐστιν πεποιηκώς.

Acts 21,34 ... μὴ δυναμένου δὲ αὐτοῦ γνῶναι τὸ ἀσφαλὲς διὰ τὸν θόρυβον **ἐκέλευσεν** ἄγεσθαι αὐτὸν εἰς τὴν παρεμβολήν.

Acts 22,24 **ἐκέλευσεν** ὁ χιλίαρχος εἰσάγεσθαι αὐτὸν εἰς τὴν παρεμβολήν, ...

Acts 22,30 ... ἔλυσεν αὐτὸν καὶ **ἐκέλευσεν** συνελθεῖν τοὺς ἀρχιερεῖς καὶ πᾶν τὸ συνέδριον, ...

Acts 23,3 ... καὶ σὺ κάθῃ κρίνων με κατὰ τὸν νόμον καὶ παρανομῶν **κελεύεις** με τύπτεσθαι;

Acts 23,10 πολλῆς δὲ γινομένης στάσεως φοβηθεὶς ὁ χιλίαρχος μὴ διασπασθῇ ὁ Παῦλος ὑπ' αὐτῶν **ἐκέλευσεν** τὸ στράτευμα καταβὰν ἁρπάσαι αὐτὸν ἐκ μέσου αὐτῶν ἄγειν τε εἰς τὴν παρεμβολήν.

Acts 23,35 διακούσομαί σου, ἔφη, ὅταν καὶ οἱ κατήγοροί σου παραγένωνται· **κελεύσας** ἐν τῷ πραιτωρίῳ τοῦ Ἡρῴδου φυλάσσεσθαι αὐτόν.

Acts 25,6 ... τῇ ἐπαύριον καθίσας ἐπὶ τοῦ βήματος **ἐκέλευσεν** τὸν Παῦλον ἀχθῆναι.

Acts 25,17 ... τῇ ἑξῆς καθίσας ἐπὶ τοῦ βήματος **ἐκέλευσα** ἀχθῆναι τὸν ἄνδρα·

Acts 25,21 τοῦ δὲ Παύλου ἐπικαλεσαμένου τηρηθῆναι αὐτὸν εἰς τὴν τοῦ Σεβαστοῦ διάγνωσιν, **ἐκέλευσα** τηρεῖσθαι αὐτὸν ἕως οὗ ἀναπέμψω αὐτὸν πρὸς Καίσαρα.

Acts 25,23 ... καὶ **κελεύσαντος** τοῦ Φήστου ἤχθη ὁ Παῦλος.

Acts 27,43 ὁ δὲ ἑκατοντάρχης βουλόμενος διασῶσαι τὸν Παῦλον ἐκώλυσεν αὐτοὺς τοῦ βουλήματος, **ἐκέλευσέν** τε τοὺς δυναμένους κολυμβᾶν ἀπορίψαντας πρώτους ἐπὶ τὴν γῆν ἐξιέναι

κενός	Syn 4	Mt	Mk 1	Lk 3	Acts 1	Jn	1-3John	Paul 10	Eph 1	Col 1
	NT 18	2Thess	1/2Tim	Tit	Heb	Jas 1	1Pet	2Pet	Jude	Rev

empty; without content; without any basis; without truth; without power; without result; without profit; without effect; without reaching its goal

	Mt		Mk		Lk		
002					**Lk 1,53**	πεινῶντας ἐνέπλησεν ἀγαθῶν καὶ πλουτοῦντας ἐξαπέστειλεν **κενούς.**	
122	**Mt 21,35**	καὶ λαβόντες οἱ γεωργοὶ τοὺς δούλους αὐτοῦ ὃν μὲν ἔδειραν, ...	**Mk 12,3**	καὶ λαβόντες αὐτὸν ἔδειραν καὶ ἀπέστειλαν **κενόν.**	**Lk 20,10**	... οἱ δὲ γεωργοὶ ἐξαπέστειλαν αὐτὸν δείραντες **κενόν.**	→ GTh 65
112	**Mt 21,36**	πάλιν ἀπέστειλεν ἄλλους δούλους πλείονας τῶν πρώτων, καὶ ἐποίησαν αὐτοῖς ὡσαύτως.	**Mk 12,4**	καὶ πάλιν ἀπέστειλεν πρὸς αὐτοὺς ἄλλον δοῦλον· κἀκεῖνον ἐκεφαλίωσαν καὶ ἠτίμασαν.	**Lk 20,11**	καὶ προσέθετο ἕτερον πέμψαι δοῦλον· οἱ δὲ κἀκεῖνον δείραντες καὶ ἀτιμάσαντες ἐξαπέστειλαν **κενόν.**	→ GTh 65

Acts 4,25 ὁ τοῦ πατρὸς ἡμῶν διὰ πνεύματος ἁγίου στόματος Δαυὶδ παιδός σου εἰπών· *ἱνατί ἐφρύαξαν ἔθνη καὶ λαοὶ ἐμελέτησαν* ***κενά;***

➤ Ps 2,1 LXX

κεντυρίων	Syn 3	Mt	Mk 3	Lk	Acts	Jn	1-3John	Paul	Eph	Col
	NT 3	2Thess	1/2Tim	Tit	Heb	Jas	1Pet	2Pet	Jude	Rev

centurion

	Mt		Mk		Lk		
121	**Mt 27,54**	ὁ δὲ **ἑκατόνταρχος** καὶ οἱ μετ' αὐτοῦ τηροῦντες τὸν Ἰησοῦν ἰδόντες τὸν σεισμὸν καὶ τὰ γενόμενα ἐφοβήθησαν σφόδρα, λέγοντες· ἀληθῶς θεοῦ υἱὸς ἦν οὗτος.	**Mk 15,39**	ἰδὼν δὲ ὁ **κεντυρίων** ὁ παρεστηκὼς ἐξ ἐναντίας αὐτοῦ ὅτι οὕτως ἐξέπνευσεν εἶπεν· ἀληθῶς οὗτος ὁ ἄνθρωπος υἱὸς θεοῦ ἦν.	**Lk 23,47**	ἰδὼν δὲ ὁ **ἑκατοντάρχης** τὸ γενόμενον ἐδόξαζεν τὸν θεὸν λέγων· ὄντως ὁ ἄνθρωπος οὗτος δίκαιος ἦν.	
020			**Mk 15,44**	ὁ δὲ Πιλᾶτος ἐθαύμασεν εἰ ἤδη τέθνηκεν καὶ προσκαλεσάμενος **τὸν κεντυρίωνα** ἐπηρώτησεν αὐτὸν εἰ πάλαι ἀπέθανεν·			
120	**Mt 27,58**	... τότε ὁ Πιλᾶτος ἐκέλευσεν ἀποδοθῆναι.	**Mk 15,45**	καὶ γνοὺς **ἀπὸ τοῦ κεντυρίωνος** ἐδωρήσατο τὸ πτῶμα τῷ Ἰωσήφ.			→ Jn 19,38

κεραία	Syn 2	Mt 1	Mk	Lk 1	Acts	Jn	1-3John	Paul	Eph	Col
	NT 2	2Thess	1/2Tim	Tit	Heb	Jas	1Pet	2Pet	Jude	Rev

projection; hook; serif

	Mt		Mk	Lk		
202	**Mt 5,18** → Mt 24,35	... ἕως ἂν παρέλθῃ ὁ οὐρανὸς καὶ ἡ γῆ, ἰῶτα ἓν ἢ **μία κεραία** οὐ μὴ παρέλθῃ ἀπὸ τοῦ νόμου ἕως ἂν πάντα γένηται.	→ Mk 13,31	**Lk 16,17** → Lk 21,33	εὐκοπώτερον δέ ἐστιν τὸν οὐρανὸν καὶ τὴν γῆν παρελθεῖν ἢ τοῦ νόμου **μίαν κεραίαν** πεσεῖν.	

κεραμεύς	Syn 2	Mt 2	Mk	Lk	Acts	Jn	1-3John	Paul 1	Eph	Col
	NT 3	2Thess	1/2Tim	Tit	Heb	Jas	1Pet	2Pet	Jude	Rev

potter

	Mt		
200	**Mt 27,7**	συμβούλιον δὲ λαβόντες ἠγόρασαν ἐξ αὐτῶν **τὸν ἀγρὸν** **τοῦ κεραμέως** εἰς ταφὴν τοῖς ξένοις. [8] διὸ ἐκλήθη ὁ ἀγρὸς ἐκεῖνος ἀγρὸς αἵματος ἕως τῆς σήμερον.	→ Acts 1,18
200	**Mt 27,10**	καὶ ἔδωκαν αὐτὰ **εἰς τὸν ἀγρὸν** **τοῦ κεραμέως**, ...	

κεράμιον	Syn 2	Mt	Mk 1	Lk 1	Acts	Jn	1-3John	Paul	Eph	Col
	NT 2	2Thess	1/2Tim	Tit	Heb	Jas	1Pet	2Pet	Jude	Rev

earthenware vessel, jar

	Mt	Mk	Lk	
122	**Mt 26,18** ... ὑπάγετε εἰς τὴν πόλιν πρὸς τὸν δεῖνα ...	**Mk 14,13** ... ὑπάγετε εἰς τὴν πόλιν, καὶ ἀπαντήσει ὑμῖν ἄνθρωπος **κεράμιον ὕδατος** βαστάζων· ἀκολουθήσατε αὐτῷ	**Lk 22,10** ... ἰδοὺ εἰσελθόντων ὑμῶν εἰς τὴν πόλιν συναντήσει ὑμῖν ἄνθρωπος **κεράμιον ὕδατος** βαστάζων· ἀκολουθήσατε αὐτῷ ...	

κέραμος	Syn 1	Mt	Mk	Lk 1	Acts	Jn	1-3John	Paul	Eph	Col
	NT 1	2Thess	1/2Tim	Tit	Heb	Jas	1Pet	2Pet	Jude	Rev

clay; roof tile

	Mt	Mk	Lk	
012		**Mk 2,4** καὶ μὴ δυνάμενοι προσενέγκαι αὐτῷ διὰ τὸν ὄχλον ἀπεστέγασαν τὴν στέγην ὅπου ἦν, καὶ ἐξορύξαντες χαλῶσι τὸν κράβαττον ὅπου ὁ παραλυτικὸς κατέκειτο.	**Lk 5,19** καὶ μὴ εὑρόντες ποίας εἰσενέγκωσιν αὐτὸν διὰ τὸν ὄχλον, ἀναβάντες ἐπὶ τὸ δῶμα **διὰ τῶν κεράμων** καθῆκαν αὐτὸν σὺν τῷ κλινιδίῳ εἰς τὸ μέσον ἔμπροσθεν τοῦ Ἰησοῦ.	

κέρας	Syn 1	Mt	Mk	Lk 1	Acts	Jn	1-3John	Paul	Eph	Col
	NT 11	2Thess	1/2Tim	Tit	Heb	Jas	1Pet	2Pet	Jude	Rev 10

horn

	Mt	Mk	Lk	
002			**Lk 1,69** καὶ ἤγειρεν **κέρας σωτηρίας** ἡμῖν ἐν οἴκῳ Δαυὶδ παιδὸς αὐτοῦ	

κεράτιον	Syn 1	Mt	Mk	Lk 1	Acts	Jn	1-3John	Paul	Eph	Col
	NT 1	2Thess	1/2Tim	Tit	Heb	Jas	1Pet	2Pet	Jude	Rev

carob pods

	Mt	Mk	Lk	
002			**Lk 15,16** καὶ ἐπεθύμει χορτασθῆναι **ἐκ τῶν κερατίων** ὧν ἤσθιον οἱ χοῖροι, καὶ οὐδεὶς ἐδίδου αὐτῷ.	

κερδαίνω	Syn 8	Mt 6	Mk 1	Lk 1	Acts 1	Jn	1-3John	Paul 6	Eph	Col
	NT 17	2Thess	1/2Tim	Tit	Heb	Jas 1	1Pet 1	2Pet	Jude	Rev

gain; spare oneself something; avoid something

	triple tradition																double tradition			Sonder-gut		
		+Mt / +Lk			−Mt / −Lk			traditions not taken over by Mt / Lk							subtotals							
code	222	211	112	212	221	122	121	022	012	021	220	120	210	020	Σ⁺	Σ⁻	Σ	202	201	102	200	002	total
Mt	1																1		3		2		6
Mk	1																1						1
Lk	1																1						1

code	Mt		Mk		Lk		
222	**Mt 16,26**	τί γὰρ ὠφεληθήσεται ἄνθρωπος ἐὰν τὸν κόσμον ὅλον **κερδήσῃ** τὴν δὲ ψυχὴν αὐτοῦ ζημιωθῇ; ...	**Mk 8,36**	τί γὰρ ὠφελεῖ ἄνθρωπον **κερδῆσαι** τὸν κόσμον ὅλον καὶ ζημιωθῆναι τὴν ψυχὴν αὐτοῦ;	**Lk 9,25**	τί γὰρ ὠφελεῖται ἄνθρωπος **κερδήσας** τὸν κόσμον ὅλον ἑαυτὸν δὲ ἀπολέσας ἢ ζημιωθείς;	
201	**Mt 18,15** → Mt 18,21-22	ἐὰν δὲ ἁμαρτήσῃ [εἰς σὲ] ὁ ἀδελφός σου, ὕπαγε ἔλεγξον αὐτὸν μεταξὺ σοῦ καὶ αὐτοῦ μόνου. ἐάν σου ἀκούσῃ, **ἐκέρδησας** τὸν ἀδελφόν σου·			**Lk 17,3** → Lk 17,4	... ἐὰν ἁμάρτῃ ὁ ἀδελφός σου ἐπιτίμησον αὐτῷ, καὶ ἐὰν μετανοήσῃ ἄφες αὐτῷ.	
200	**Mt 25,16**	πορευθεὶς ὁ τὰ πέντε τάλαντα λαβὼν ἠργάσατο ἐν αὐτοῖς καὶ **ἐκέρδησεν** ἄλλα πέντε·					
200	**Mt 25,17**	ὡσαύτως ὁ τὰ δύο **ἐκέρδησεν** ἄλλα δύο.					
201	**Mt 25,20**	καὶ προσελθὼν ὁ τὰ πέντε τάλαντα λαβὼν προσήνεγκεν ἄλλα πέντε τάλαντα λέγων· κύριε, πέντε τάλαντά μοι παρέδωκας· ἴδε ἄλλα πέντε τάλαντα **ἐκέρδησα.**			**Lk 19,16**	παρεγένετο δὲ ὁ πρῶτος λέγων· κύριε, ἡ μνᾶ σου δέκα **προσηργάσατο** μνᾶς.	
201	**Mt 25,22**	προσελθὼν [δὲ] καὶ ὁ τὰ δύο τάλαντα εἶπεν· κύριε, δύο τάλαντά μοι παρέδωκας· ἴδε ἄλλα δύο τάλαντα **ἐκέρδησα.**			**Lk 19,18**	καὶ ἦλθεν ὁ δεύτερος λέγων· ἡ μνᾶ σου, κύριε, **ἐποίησεν** πέντε μνᾶς.	

Acts 27,21 ... ἔδει μέν, ὦ ἄνδρες,
πειθαρχήσαντάς μοι
μὴ ἀνάγεσθαι
ἀπὸ τῆς Κρήτης
κερδῆσαί
τε τὴν ὕβριν ταύτην
καὶ τὴν ζημίαν.

κεφαλή	Syn 27	Mt 12	Mk 8	Lk 7	Acts 5	Jn 5	1-3John	Paul 11	Eph 4	Col 3
	NT 75	2Thess	1/2Tim	Tit	Heb	Jas	1Pet 1	2Pet	Jude	Rev 19

head; uppermost part; extremity; end; point; κεφαλὴ γωνίας cornerstone

	triple tradition																	double tradition			Sondergut		
		+Mt / +Lk			–Mt / –Lk			traditions not taken over by Mt / Lk							subtotals								
code	*222*	*211*	*112*	*212*	*221*	*122*	*121*	*022*	*012*	*021*	*220*	*120*	*210*	*020*	Σ⁺	Σ⁻	Σ	*202*	*201*	*102*	*200*	*002*	total
Mt	1	1⁺			1						4	2⁻	1⁺		2⁺	2⁻	8	2			2		**12**
Mk	1				1						4	2					8						**8**
Lk	1				1⁻											1⁻	1	2				4	**7**

a θρὶξ (ἐκ, ἀπὸ) τῆς κεφαλῆς

b εἰς κεφαλὴν γωνίας

code	Mt	Mk	Lk	
200	**Mt 5,36** [34] ... μὴ ὀμόσαι ὅλως· ... [36] μήτε **ἐν τῇ κεφαλῇ σου** ὀμόσῃς, ὅτι οὐ δύνασαι μίαν τρίχα λευκὴν ποιῆσαι ἢ μέλαιναν.			
200	**Mt 6,17** σὺ δὲ νηστεύων ἄλειψαί **σου τὴν κεφαλὴν** καὶ τὸ πρόσωπόν σου νίψαι			→ GTh 6 (POxy 654) → GTh 27 (POxy 1)
a 002	**Mt 26,7** ↓ Lk 7,46 ... κατέχεεν ἐπὶ τῆς κεφαλῆς ...	**Mk 14,3** ↓ Lk 7,46 ... κατέχεεν αὐτοῦ τῆς κεφαλῆς.	**Lk 7,38** ... ἤρξατο βρέχειν τοὺς πόδας αὐτοῦ καὶ **ταῖς θριξὶν τῆς κεφαλῆς αὐτῆς** ἐξέμασσεν καὶ κατεφίλει τοὺς πόδας αὐτοῦ καὶ ἤλειφεν τῷ μύρῳ.	→ Jn 12,3
002			**Lk 7,46** ↓ Mt 26,7 ↓ Mk 14,3 ἐλαίῳ **τὴν κεφαλήν μου** οὐκ ἤλειψας· αὕτη δὲ μύρῳ ἤλειψεν τοὺς πόδας μου.	
202	**Mt 8,20** ... αἱ ἀλώπεκες φωλεοὺς ἔχουσιν καὶ τὰ πετεινὰ τοῦ οὐρανοῦ κατασκηνώσεις, ὁ δὲ υἱὸς τοῦ ἀνθρώπου οὐκ ἔχει ποῦ **τὴν κεφαλὴν** κλίνῃ.		**Lk 9,58** ... αἱ ἀλώπεκες φωλεοὺς ἔχουσιν καὶ τὰ πετεινὰ τοῦ οὐρανοῦ κατασκηνώσεις, ὁ δὲ υἱὸς τοῦ ἀνθρώπου οὐκ ἔχει ποῦ **τὴν κεφαλὴν** κλίνῃ.	→ GTh 86
a 202	**Mt 10,30** **ὑμῶν δὲ καὶ αἱ τρίχες τῆς κεφαλῆς πᾶσαι** ἠριθμημέναι εἰσίν.		**Lk 12,7** ↓ Lk 21,18 **ἀλλὰ καὶ αἱ τρίχες τῆς κεφαλῆς ὑμῶν πᾶσαι** ἠρίθμηνται. ...	→ Acts 27,34
120	**Mt 14,8** ἡ δὲ προβιβασθεῖσα ὑπὸ τῆς μητρὸς αὐτῆς·	**Mk 6,24** καὶ ἐξελθοῦσα εἶπεν τῇ μητρὶ αὐτῆς· τί αἰτήσωμαι; ἡ δὲ εἶπεν· **τὴν κεφαλὴν Ἰωάννου τοῦ βαπτίζοντος.**		
220	δός μοι, φησίν, ὧδε ἐπὶ πίνακι **τὴν κεφαλὴν Ἰωάννου τοῦ βαπτιστοῦ.**	**Mk 6,25** ... θέλω ἵνα ἐξαυτῆς δῷς μοι ἐπὶ πίνακι **τὴν κεφαλὴν Ἰωάννου τοῦ βαπτιστοῦ.**		

	Mt		Mk		Lk		
120	**Mt 14,10**	καὶ πέμψας ἀπεκεφάλισεν [τὸν] Ἰωάννην ἐν τῇ φυλακῇ.	**Mk 6,27** → Mk 6,16 → Lk 9,9	καὶ εὐθὺς ἀποστείλας ὁ βασιλεὺς σπεκουλάτορα ἐπέταξεν ἐνέγκαι **τὴν κεφαλὴν αὐτοῦ.** καὶ ἀπελθὼν ἀπεκεφάλισεν αὐτὸν ἐν τῇ φυλακῇ			
220	**Mt 14,11**	καὶ ἠνέχθη **ἡ κεφαλὴ αὐτοῦ** ἐπὶ πίνακι καὶ ἐδόθη τῷ κορασίῳ, ...	**Mk 6,28**	καὶ ἤνεγκεν **τὴν κεφαλὴν αὐτοῦ** ἐπὶ πίνακι καὶ ἔδωκεν αὐτὴν τῷ κορασίῳ, ...			
b 222	**Mt 21,42**	... οὐδέποτε ἀνέγνωτε ἐν ταῖς γραφαῖς· *λίθον* *ὃν ἀπεδοκίμασαν* *οἱ οἰκοδομοῦντες,* *οὗτος ἐγενήθη* ***εἰς κεφαλὴν γωνίας·*** ... ➤ Ps 118,22	**Mk 12,10**	οὐδὲ τὴν γραφὴν ταύτην ἀνέγνωτε· *λίθον* *ὃν ἀπεδοκίμασαν* *οἱ οἰκοδομοῦντες,* *οὗτος ἐγενήθη* ***εἰς κεφαλὴν γωνίας·*** ➤ Ps 118,22	**Lk 20,17**	... τί οὖν ἐστιν τὸ γεγραμμένον τοῦτο· *λίθον* *ὃν ἀπεδοκίμασαν* *οἱ οἰκοδομοῦντες,* *οὗτος ἐγενήθη* ***εἰς κεφαλὴν γωνίας;*** ➤ Ps 118,22	→ **Acts 4,11** → GTh 66
a 002					**Lk 21,18** ↑ Mt 10,30 ↑ Lk 12,7	καὶ θρὶξ **ἐκ τῆς κεφαλῆς ὑμῶν** οὐ μὴ ἀπόληται.	→ **Acts 27,34**
002					**Lk 21,28**	ἀρχομένων δὲ τούτων γίνεσθαι ἀνακύψατε καὶ ἐπάρατε **τὰς κεφαλὰς ὑμῶν,** διότι ἐγγίζει ἡ ἀπολύτρωσις ὑμῶν.	
220	**Mt 26,7** ↑ Lk 7,46	προσῆλθεν αὐτῷ γυνὴ ἔχουσα ἀλάβαστρον μύρου βαρυτίμου καὶ κατέχεεν **ἐπὶ τῆς κεφαλῆς ...**	**Mk 14,3** ↑ Lk 7,46	... ἦλθεν γυνὴ ἔχουσα ἀλάβαστρον μύρου νάρδου πιστικῆς πολυτελοῦς, συντρίψασα τὴν ἀλάβαστρον κατέχεεν **αὐτοῦ τῆς κεφαλῆς.**	Lk 7,38	[37] καὶ ἰδοὺ γυνὴ ... κομίσασα ἀλάβαστρον μύρου [38] ... καὶ κατεφίλει τοὺς πόδας αὐτοῦ καὶ ἤλειφεν τῷ μύρῳ.	→ Jn 12,3
210	**Mt 27,29**	καὶ πλέξαντες στέφανον ἐξ ἀκανθῶν ἐπέθηκαν **ἐπὶ τῆς κεφαλῆς** **αὐτοῦ ...**	**Mk 15,17**	... καὶ περιτιθέασιν αὐτῷ πλέξαντες ἀκάνθινον στέφανον·			→ **Jn 19,2**
220	**Mt 27,30** → Mt 26,67	καὶ ἐμπτύσαντες εἰς αὐτὸν ἔλαβον τὸν κάλαμον καὶ ἔτυπτον **εἰς τὴν κεφαλὴν** **αὐτοῦ.**	**Mk 15,19** → Mk 14,65	καὶ ἔτυπτον **αὐτοῦ τὴν κεφαλὴν** καλάμῳ καὶ ἐνέπτυον αὐτῷ ...			
211	**Mt 27,37**	καὶ ἐπέθηκαν **ἐπάνω τῆς κεφαλῆς** **αὐτοῦ** τὴν αἰτίαν αὐτοῦ γεγραμμένην· οὗτός ἐστιν Ἰησοῦς ὁ βασιλεὺς τῶν Ἰουδαίων.	**Mk 15,26**	καὶ ἦν ἡ ἐπιγραφὴ τῆς αἰτίας αὐτοῦ ἐπιγεγραμμένη· ὁ βασιλεὺς τῶν Ἰουδαίων.	**Lk 23,38**	ἦν δὲ καὶ ἐπιγραφὴ **ἐπ᾿ αὐτῷ·** ὁ βασιλεὺς τῶν Ἰουδαίων οὗτος.	→ Jn 19,19
221	**Mt 27,39**	οἱ δὲ παραπορευόμενοι ἐβλασφήμουν αὐτὸν κινοῦντες **τὰς κεφαλὰς αὐτῶν** [40] καὶ λέγοντες· ...	**Mk 15,29**	καὶ οἱ παραπορευόμενοι ἐβλασφήμουν αὐτὸν κινοῦντες **τὰς κεφαλὰς αὐτῶν** καὶ λέγοντες· ...	**Lk 23,35** → Lk 23,48	καὶ εἱστήκει ὁ λαὸς θεωρῶν. ...	

b **Acts 4,11** οὗτός ἐστιν ὁ λίθος, ὁ ἐξουθενηθεὶς ὑφ᾽ ὑμῶν τῶν οἰκοδόμων, ὁ γενόμενος **εἰς κεφαλὴν γωνίας.**
→ Mt 21,42 → Mk 12,10 → Lk 20,17 ➤ Ps 118,22

Acts 18,6 ... τὸ αἷμα ὑμῶν **ἐπὶ τὴν κεφαλὴν ὑμῶν·** καθαρὸς ἐγὼ ἀπὸ τοῦ νῦν εἰς τὰ ἔθνη πορεύσομαι.
→ Mt 27,24-25 → Acts 20,26

Acts 18,18 ... κειράμενος ἐν Κεγχρεαῖς **τὴν κεφαλήν,** εἶχεν γὰρ εὐχήν.

Acts 21,24 τούτους παραλαβὼν ἁγνίσθητι σὺν αὐτοῖς καὶ δαπάνησον ἐπ᾽ αὐτοῖς ἵνα ξυρήσονται **τὴν κεφαλήν,** ...

a **Acts 27,34** ... τοῦτο γὰρ πρὸς τῆς ὑμετέρας σωτηρίας ὑπάρχει, οὐδενὸς γὰρ ὑμῶν θρὶξ **ἀπὸ τῆς κεφαλῆς** ἀπολεῖται.
→ Lk 12,7 → Lk 21,18

κεφαλιόω

		Mt	Mk	Lk	Acts	Jn	1-3John	Paul	Eph	Col
	Syn 1		1							
	NT 1	2Thess	1/2Tim	Tit	Heb	Jas	1Pet	2Pet	Jude	Rev

strike on the head

	Mt	Mk	Lk	
121	**Mt 21,36** πάλιν ἀπέστειλεν ἄλλους δούλους πλείονας τῶν πρώτων, καὶ ἐποίησαν αὐτοῖς ὡσαύτως.	**Mk 12,4** καὶ πάλιν ἀπέστειλεν πρὸς αὐτοὺς ἄλλον δοῦλον· κἀκεῖνον **ἐκεφαλίωσαν** καὶ ἠτίμασαν.	**Lk 20,11** καὶ προσέθετο ἕτερον πέμψαι δοῦλον· οἱ δὲ κἀκεῖνον δείραντες καὶ ἀτιμάσαντες ἐξαπέστειλαν κενόν.	→ GTh 65

κῆνσος

		Mt	Mk	Lk	Acts	Jn	1-3John	Paul	Eph	Col
	Syn 4	3	1							
	NT 4	2Thess	1/2Tim	Tit	Heb	Jas	1Pet	2Pet	Jude	Rev

tax; poll-tax

	Mt	Mk	Lk	
200	**Mt 17,25** ... τί σοι δοκεῖ, Σίμων; οἱ βασιλεῖς τῆς γῆς ἀπὸ τίνων λαμβάνουσιν τέλη **ἢ κῆνσον;** ἀπὸ τῶν υἱῶν αὐτῶν ἢ ἀπὸ τῶν ἀλλοτρίων;			
221	**Mt 22,17** εἰπὲ οὖν ἡμῖν τί σοι δοκεῖ· ἔξεστιν δοῦναι **κῆνσον** Καίσαρι ἢ οὔ;	**Mk 12,14** ... ἔξεστιν δοῦναι **κῆνσον** Καίσαρι ἢ οὔ; δῶμεν ἢ μὴ δῶμεν;	**Lk 20,22** ἔξεστιν ἡμᾶς Καίσαρι **φόρον** δοῦναι ἢ οὔ;	→ GTh 100
211	**Mt 22,19** ἐπιδείξατέ μοι **τὸ νόμισμα τοῦ κήνσου.** οἱ δὲ προσήνεγκαν αὐτῷ δηνάριον.	**Mk 12,15** ... τί με πειράζετε; φέρετέ μοι **δηνάριον** ἵνα ἴδω. [16] οἱ δὲ ἤνεγκαν. ...	**Lk 20,24** δείξατέ μοι **δηνάριον·** ...	→ GTh 100

κῆπος	Syn 1	Mt	Mk	Lk 1	Acts	Jn 4	1-3John	Paul	Eph	Col
	NT 5	2Thess	1/2Tim	Tit	Heb	Jas	1Pet	2Pet	Jude	Rev

garden

	Mt		Mk		Lk		
102	**Mt 13,31**	ἄλλην παραβολὴν παρέθηκεν αὐτοῖς λέγων· ὁμοία ἐστὶν ἡ βασιλεία τῶν οὐρανῶν κόκκῳ σινάπεως, ὃν λαβὼν ἄνθρωπος ἔσπειρεν **ἐν τῷ ἀγρῷ αὐτοῦ·**	**Mk 4,31**	[30] καὶ ἔλεγεν· πῶς ὁμοιώσωμεν τὴν βασιλείαν τοῦ θεοῦ ἢ ἐν τίνι αὐτὴν παραβολῇ θῶμεν; [31] ὡς κόκκῳ σινάπεως, ὃς ὅταν σπαρῇ **ἐπὶ τῆς γῆς, ...**	**Lk 13,19**	[18] ἔλεγεν οὖν· τίνι ὁμοία ἐστὶν ἡ βασιλεία τοῦ θεοῦ καὶ τίνι ὁμοιώσω αὐτήν; [19] ὁμοία ἐστὶν κόκκῳ σινάπεως, ὃν λαβὼν ἄνθρωπος ἔβαλεν **εἰς κῆπον ἑαυτοῦ, ...**	→ GTh 20 Mk-Q overlap

κήρυγμα	Syn 2	Mt 1	Mk	Lk 1	Acts	Jn	1-3John	Paul 4	Eph	Col
	NT 8	2Thess	1/2Tim 1	Tit 1	Heb	Jas	1Pet	2Pet	Jude	Rev

proclamation; preaching

	Mt		Mk		Lk		
202	**Mt 12,41** → Mt 12,6	ἄνδρες Νινευῖται ἀναστήσονται ἐν τῇ κρίσει μετὰ τῆς γενεᾶς ταύτης καὶ κατακρινοῦσιν αὐτήν, ὅτι μετενόησαν **εἰς τὸ κήρυγμα Ἰωνᾶ,** καὶ ἰδοὺ πλεῖον Ἰωνᾶ ὧδε.			**Lk 11,32**	ἄνδρες Νινευῖται ἀναστήσονται ἐν τῇ κρίσει μετὰ τῆς γενεᾶς ταύτης καὶ κατακρινοῦσιν αὐτήν· ὅτι μετενόησαν **εἰς τὸ κήρυγμα Ἰωνᾶ,** καὶ ἰδοὺ πλεῖον Ἰωνᾶ ὧδε.	

κηρύσσω	Syn 30	Mt 9	Mk 12	Lk 9	Acts 8	Jn	1-3John	Paul 16	Eph	Col 1
	NT 59	2Thess	1/2Tim 2	Tit	Heb	Jas	1Pet 1	2Pet	Jude	Rev 1

announce; make known; proclaim aloud

	triple tradition																	double tradition			Sondergut		
		+Mt / +Lk			–Mt / –Lk			traditions not taken over by Mt / Lk							subtotals								
code	*222*	*211*	*112*	*212*	*221*	*122*	*121*	*022*	*012*	*021*	*220*	*120*	*210*	*020*	Σ^+	Σ^-	Σ	*202*	*201*	*102*	*200*	*002*	total
Mt	2				1		1^-				2		1^+		1^+	1^-	6	1	1		1		**9**
Mk	2				1		1	1		4	2			1			12						**12**
Lk	2		1^+		1^-		1^-	1		4^-					1^+	6^-	4	1				4	**9**

a διδάσκω and κηρύσσω
b κηρύσσω τὸ εὐαγγέλιον
c κηρύσσω and βασιλεία
d κηρύσσω τὸν Χριστόν, ~ τὸν Ἰησοῦν

	Mt		Mk		Lk		
c 222	**Mt 3,1** → Lk 3,2	ἐν δὲ ταῖς ἡμέραις ἐκείναις παραγίνεται Ἰωάννης ὁ βαπτιστὴς **κηρύσσων** ἐν τῇ ἐρήμῳ τῆς Ἰουδαίας [2] [καὶ] λέγων· μετανοεῖτε· ἤγγικεν γὰρ ἡ βασιλεία τῶν οὐρανῶν.	**Mk 1,4** → Lk 3,2	ἐγένετο Ἰωάννης [ὁ] βαπτίζων ἐν τῇ ἐρήμῳ καὶ **κηρύσσων** βάπτισμα μετανοίας εἰς ἄφεσιν ἁμαρτιῶν.	**Lk 3,3**	καὶ ἦλθεν εἰς πᾶσαν [τὴν] περίχωρον τοῦ Ἰορδάνου **κηρύσσων** βάπτισμα μετανοίας εἰς ἄφεσιν ἁμαρτιῶν	→ Acts 13,24 → Acts 19,4
	Mt 3,5	τότε ἐξεπορεύετο πρὸς αὐτὸν Ἱεροσόλυμα καὶ πᾶσα ἡ Ἰουδαία καὶ πᾶσα ἡ περίχωρος τοῦ Ἰορδάνου	**Mk 1,5**	καὶ ἐξεπορεύετο πρὸς αὐτὸν πᾶσα ἡ Ἰουδαία χώρα καὶ οἱ Ἱεροσολυμῖται πάντες, ...			

	Mt		Mk		Lk		
121	**Mt 3,11**	ἐγὼ μὲν ὑμᾶς βαπτίζω ἐν ὕδατι εἰς μετάνοιαν, ὁ δὲ ὀπίσω μου ἐρχόμενος ἰσχυρότερός μού ἐστιν, ...	**Mk 1,7**	καὶ **ἐκήρυσσεν** λέγων· ἔρχεται ὁ ἰσχυρότερός μου ὀπίσω μου, ... [8] ἐγὼ ἐβάπτισα ὑμᾶς ὕδατι, ...	**Lk 3,16**	**ἀπεκρίνατο** λέγων πᾶσιν ὁ Ἰωάννης· ἐγὼ μὲν ὕδατι βαπτίζω ὑμᾶς· ἔρχεται δὲ ὁ ἰσχυρότερός μου, ...	→ Jn 1,26 → Jn 1,27 → Acts 1,5 → Acts 11,16 → Acts 13,25 Mk-Q overlap
c b 221	**Mt 4,17** ↓ Mt 4,23 ↓ Mt 9,35	[12] ... ἀνεχώρησεν εἰς τὴν Γαλιλαίαν. [13] ... [17] ἀπὸ τότε ἤρξατο ὁ Ἰησοῦς **κηρύσσειν** καὶ λέγειν· μετανοεῖτε· ἤγγικεν γὰρ ἡ βασιλεία τῶν οὐρανῶν.	**Mk 1,14** ↓ Mk 1,39 ↓ Mk 6,6	... ἦλθεν ὁ Ἰησοῦς εἰς τὴν Γαλιλαίαν **κηρύσσων** τὸ εὐαγγέλιον τοῦ θεοῦ [15] καὶ λέγων ὅτι πεπλήρωται ὁ καιρὸς καὶ ἤγγικεν ἡ βασιλεία τοῦ θεοῦ· μετανοεῖτε καὶ πιστεύετε ἐν τῷ εὐαγγελίῳ.	**Lk 4,15** ↓ Lk 4,44 ↓ Lk 8,1	[14] καὶ ὑπέστρεψεν ὁ Ἰησοῦς ἐν τῇ δυνάμει τοῦ πνεύματος εἰς τὴν Γαλιλαίαν. ... [15] καὶ αὐτὸς **ἐδίδασκεν** ἐν ταῖς συναγωγαῖς αὐτῶν δοξαζόμενος ὑπὸ πάντων.	
002					**Lk 4,18** → Mt 11,5 → Lk 7,22 → Lk 3,22 → Lk 13,16	*πνεῦμα κυρίου ἐπ' ἐμὲ* *οὗ εἵνεκεν ἔχρισέν με* *εὐαγγελίσασθαι* *πτωχοῖς, ἀπέσταλκέν με,* ***κηρύξαι*** *αἰχμαλώτοις ἄφεσιν καὶ* *τυφλοῖς ἀνάβλεψιν,* *ἀποστεῖλαι* *τεθραυσμένους* *ἐν ἀφέσει,* ➤ Isa 61,1 LXX; 58,6	→ Acts 4,27 → Acts 10,38
002					**Lk 4,19**	***κηρύξαι*** *ἐνιαυτὸν κυρίου δεκτόν.* ➤ Isa 61,2 LXX	
021			**Mk 1,38**	... ἄγωμεν ἀλλαχοῦ εἰς τὰς ἐχομένας κωμοπόλεις, ἵνα καὶ ἐκεῖ **κηρύξω**· εἰς τοῦτο γὰρ ἐξῆλθον.	**Lk 4,43**	... καὶ ταῖς ἑτέραις πόλεσιν **εὐαγγελίσασθαί** με δεῖ τὴν βασιλείαν τοῦ θεοῦ, ὅτι ἐπὶ τοῦτο ἀπεστάλην.	
a b *c* 222	**Mt 4,23** ⇩ Mt 9,35 → Mk 1,21	καὶ περιῆγεν ἐν ὅλῃ τῇ Γαλιλαίᾳ διδάσκων ἐν ταῖς συναγωγαῖς αὐτῶν καὶ **κηρύσσων** τὸ εὐαγγέλιον τῆς βασιλείας καὶ θεραπεύων πᾶσαν νόσον καὶ πᾶσαν μαλακίαν ἐν τῷ λαῷ.	**Mk 1,39** ↑ Mk 1,14 ↓ Mk 6,6	καὶ ἦλθεν **κηρύσσων** εἰς τὰς συναγωγὰς αὐτῶν εἰς ὅλην τὴν Γαλιλαίαν καὶ τὰ δαιμόνια ἐκβάλλων.	**Lk 4,44** ↑ Lk 4,15 ↓ Lk 8,1	καὶ ἦν **κηρύσσων** εἰς τὰς συναγωγὰς τῆς Ἰουδαίας.	
021			**Mk 1,45** → Mt 9,31	ὁ δὲ ἐξελθὼν ἤρξατο **κηρύσσειν** πολλὰ καὶ διαφημίζειν τὸν λόγον, ...	**Lk 5,15** → Lk 7,17	διήρχετο δὲ μᾶλλον ὁ λόγος περὶ αὐτοῦ, ...	
a b *c* 210	**Mt 9,35** ⇧ Mt 4,23 → Mk 1,21	καὶ περιῆγεν ὁ Ἰησοῦς τὰς πόλεις πάσας καὶ τὰς κώμας διδάσκων ἐν ταῖς συναγωγαῖς αὐτῶν καὶ **κηρύσσων** **τὸ εὐαγγέλιον** **τῆς βασιλείας** καὶ θεραπεύων πᾶσαν νόσον καὶ πᾶσαν μαλακίαν.	**Mk 6,6** ↑ Mk 1,39	... καὶ περιῆγεν τὰς κώμας κύκλῳ διδάσκων.	**Lk 8,1** ↑ Lk 4,15 ↑ Lk 4,44 → Lk 13,22	καὶ ἐγένετο ἐν τῷ καθεξῆς καὶ αὐτὸς διώδευεν κατὰ πόλιν καὶ κώμην **κηρύσσων καὶ** **εὐαγγελιζόμενος** **τὴν βασιλείαν τοῦ θεοῦ** καὶ οἱ δώδεκα σὺν αὐτῷ	

	Mt		Mk		Lk		
021	**Mt 10,1** → Mk 3,13	καὶ προσκαλεσάμενος τοὺς δώδεκα μαθητὰς αὐτοῦ ἔδωκεν αὐτοῖς ἐξουσίαν πνευμάτων ἀκαθάρτων ὥστε ἐκβάλλειν αὐτὰ καὶ θεραπεύειν πᾶσαν νόσον καὶ πᾶσαν μαλακίαν.	**Mk 3,14** ↓ Mk 6,7 ↓ Mt 10,5 ↓ Mt 10,7	καὶ ἐποίησεν δώδεκα, [οὓς καὶ ἀποστόλους ὠνόμασεν] ἵνα ὦσιν μετ' αὐτοῦ καὶ ἵνα ἀποστέλλῃ αὐτοὺς **κηρύσσειν** [15] καὶ ἔχειν ἐξουσίαν ἐκβάλλειν τὰ δαιμόνια·	**Lk 6,13**	... προσεφώνησεν τοὺς μαθητὰς αὐτοῦ, καὶ ἐκλεξάμενος ἀπ' αὐτῶν δώδεκα, οὓς καὶ ἀποστόλους ὠνόμασεν·	
a b *c* 002	**Mt 9,35** ⇑ Mt 4,23 → Mk 1,21	καὶ περιῆγεν ὁ Ἰησοῦς τὰς πόλεις πάσας καὶ τὰς κώμας διδάσκων ἐν ταῖς συναγωγαῖς αὐτῶν καὶ **κηρύσσων τὸ εὐαγγέλιον τῆς βασιλείας** καὶ θεραπεύων πᾶσαν νόσον καὶ πᾶσαν μαλακίαν.	**Mk 6,6** ↑ Mk 1,39	... καὶ περιῆγεν τὰς κώμας κύκλῳ διδάσκων.	**Lk 8,1** ↑ Lk 4,15 ↑ Lk 4,44 → Lk 13,22	καὶ ἐγένετο ἐν τῷ καθεξῆς καὶ αὐτὸς διώδευεν κατὰ πόλιν καὶ κώμην **κηρύσσων καὶ εὐαγγελιζόμενος τὴν βασιλείαν τοῦ θεοῦ** καὶ οἱ δώδεκα σὺν αὐτῷ	
022			**Mk 5,20**	καὶ ἀπῆλθεν καὶ ἤρξατο **κηρύσσειν** ἐν τῇ Δεκαπόλει ὅσα ἐποίησεν αὐτῷ ὁ Ἰησοῦς, ...	**Lk 8,39**	... καὶ ἀπῆλθεν καθ' ὅλην τὴν πόλιν **κηρύσσων** ὅσα ἐποίησεν αὐτῷ ὁ Ἰησοῦς.	
c 112	**Mt 10,5** → Mk 3,13 ↑ Mk 3,15	[1] καὶ προσκαλεσάμενος τοὺς δώδεκα μαθητὰς αὐτοῦ ἔδωκεν αὐτοῖς ἐξουσίαν πνευμάτων ἀκαθάρτων ὥστε ἐκβάλλειν αὐτὰ καὶ θεραπεύειν πᾶσαν νόσον καὶ πᾶσαν μαλακίαν. [2] ... [5] τούτους τοὺς δώδεκα ἀπέστειλεν ὁ Ἰησοῦς ...	**Mk 6,7** ↑ Mk 3,14 ↑ Mk 3,15 → Lk 10,1	καὶ προσκαλεῖται τοὺς δώδεκα καὶ ἤρξατο αὐτοὺς ἀποστέλλειν δύο δύο καὶ ἐδίδου αὐτοῖς ἐξουσίαν τῶν πνευμάτων τῶν ἀκαθάρτων	**Lk 9,2** ↓ Lk 10,9	[1] συγκαλεσάμενος δὲ τοὺς δώδεκα ἔδωκεν αὐτοῖς δύναμιν καὶ ἐξουσίαν ἐπὶ πάντα τὰ δαιμόνια καὶ νόσους θεραπεύειν [2] καὶ ἀπέστειλεν αὐτοὺς **κηρύσσειν** τὴν βασιλείαν τοῦ θεοῦ καὶ ἰᾶσθαι [τοὺς ἀσθενεῖς]	→ GTh 14,4
c 201	**Mt 10,7** ↑ Mk 3,14	πορευόμενοι δὲ **κηρύσσετε** λέγοντες ὅτι ἤγγικεν ἡ βασιλεία τῶν οὐρανῶν. [8] ἀσθενοῦντας θεραπεύετε, ...			**Lk 10,9** ↑ Lk 9,2 ⇓ Lk 10,11 **Lk 10,11** ⇑ Lk 10,9	καὶ θεραπεύετε τοὺς ἐν αὐτῇ ἀσθενεῖς καὶ λέγετε αὐτοῖς· ἤγγικεν ἐφ' ὑμᾶς ἡ βασιλεία τοῦ θεοῦ. ... πλὴν τοῦτο γινώσκετε ὅτι ἤγγικεν ἡ βασιλεία τοῦ θεοῦ.	
021			**Mk 6,12**	καὶ ἐξελθόντες **ἐκήρυξαν** ἵνα μετανοῶσιν, [13] καὶ δαιμόνια πολλὰ ἐξέβαλλον, καὶ ἤλειφον ἐλαίῳ πολλοὺς ἀρρώστους καὶ ἐθεράπευον.	**Lk 9,6**	ἐξερχόμενοι δὲ διήρχοντο κατὰ τὰς κώμας **εὐαγγελιζόμενοι** καὶ θεραπεύοντες πανταχοῦ.	

	Mt		Mk		Lk		
202	Mt 10,27	ὃ λέγω ὑμῖν ἐν τῇ σκοτίᾳ εἴπατε ἐν τῷ φωτί, καὶ ὃ εἰς τὸ οὖς ἀκούετε **κηρύξατε** ἐπὶ τῶν δωμάτων.			Lk 12,3	ἀνθ' ὧν ὅσα ἐν τῇ σκοτίᾳ εἴπατε ἐν τῷ φωτὶ ἀκουσθήσεται, καὶ ὃ πρὸς τὸ οὖς ἐλαλήσατε ἐν τοῖς ταμείοις **κηρυχθήσεται** ἐπὶ τῶν δωμάτων.	→ GTh 33,1 (POxy 1)
a 200	Mt 11,1	καὶ ἐγένετο ὅτε ἐτέλεσεν ὁ Ἰησοῦς διατάσσων τοῖς δώδεκα μαθηταῖς αὐτοῦ, μετέβη ἐκεῖθεν τοῦ διδάσκειν καὶ **κηρύσσειν** ἐν ταῖς πόλεσιν αὐτῶν.					
020			Mk 7,36	... ὅσον δὲ αὐτοῖς διεστέλλετο, αὐτοὶ μᾶλλον περισσότερον **ἐκήρυσσον.**			
b c 220	Mt 24,14 → Mt 10,18 → Mk 13,9 → Lk 21,13 → Mt 28,19	καὶ **κηρυχθήσεται** τοῦτο τὸ εὐαγγέλιον τῆς βασιλείας ἐν ὅλῃ τῇ οἰκουμένῃ εἰς μαρτύριον πᾶσιν τοῖς ἔθνεσιν, ...	Mk 13,10	καὶ εἰς πάντα τὰ ἔθνη πρῶτον δεῖ **κηρυχθῆναι** τὸ εὐαγγέλιον.			
b 220	Mt 26,13	... ὅπου ἐὰν **κηρυχθῇ** τὸ εὐαγγέλιον τοῦτο ἐν ὅλῳ τῷ κόσμῳ, λαληθήσεται καὶ ὃ ἐποίησεν αὕτη εἰς μνημόσυνον αὐτῆς.	Mk 14,9	... ὅπου ἐὰν **κηρυχθῇ** τὸ εὐαγγέλιον εἰς ὅλον τὸν κόσμον, καὶ ὃ ἐποίησεν αὕτη λαληθήσεται εἰς μνημόσυνον αὐτῆς.			
002					Lk 24,47 → Mt 28,19-20	καὶ **κηρυχθῆναι** ἐπὶ τῷ ὀνόματι αὐτοῦ μετάνοιαν εἰς ἄφεσιν ἁμαρτιῶν εἰς πάντα τὰ ἔθνη. ...	

d **Acts 8,5** Φίλιππος δὲ κατελθὼν εἰς [τὴν] πόλιν τῆς Σαμαρείας **ἐκήρυσσεν** αὐτοῖς τὸν Χριστόν.

d **Acts 9,20** καὶ εὐθέως ἐν ταῖς συναγωγαῖς **ἐκήρυσσεν** τὸν Ἰησοῦν ὅτι οὗτός ἐστιν ὁ υἱὸς τοῦ θεοῦ.

Acts 10,37 → Lk 23,5 ... ἀρξάμενος ἀπὸ τῆς Γαλιλαίας μετὰ τὸ βάπτισμα ὃ **ἐκήρυξεν** Ἰωάννης

Acts 10,42 καὶ παρήγγειλεν ἡμῖν **κηρύξαι** τῷ λαῷ καὶ διαμαρτύρασθαι ὅτι οὗτός ἐστιν ὁ ὡρισμένος ὑπὸ τοῦ θεοῦ κριτὴς ζώντων καὶ νεκρῶν.

Acts 15,21 Μωϋσῆς γὰρ ἐκ γενεῶν ἀρχαίων κατὰ πόλιν **τοὺς κηρύσσοντας** αὐτὸν ἔχει ἐν ταῖς συναγωγαῖς κατὰ πᾶν σάββατον ἀναγινωσκόμενος.

d **Acts 19,13** → Lk 9,49 ... ὁρκίζω ὑμᾶς τὸν Ἰησοῦν ὃν Παῦλος **κηρύσσει.**

c **Acts 20,25** καὶ νῦν ἰδοὺ ἐγὼ οἶδα ὅτι οὐκέτι ὄψεσθε τὸ πρόσωπόν μου ὑμεῖς πάντες ἐν οἷς διῆλθον **κηρύσσων** τὴν βασιλείαν.

a c **Acts 28,31** **κηρύσσων** τὴν βασιλείαν τοῦ θεοῦ καὶ διδάσκων τὰ περὶ τοῦ κυρίου Ἰησοῦ Χριστοῦ μετὰ πάσης παρρησίας ἀκωλύτως.

κῆτος	Syn 1	Mt 1	Mk	Lk	Acts	Jn	1-3John	Paul	Eph	Col
	NT 1	2Thess	1/2Tim	Tit	Heb	Jas	1Pet	2Pet	Jude	Rev

sea-monster

201	**Mt 12,40** →Mt 27,63	ὥσπερ γὰρ *ἦν Ἰωνᾶς* ***ἐν τῇ κοιλίᾳ τοῦ κήτους*** *τρεῖς ἡμέρας καὶ τρεῖς νύκτας,* οὕτως ἔσται ὁ υἱὸς τοῦ ἀνθρώπου ἐν τῇ καρδίᾳ τῆς γῆς τρεῖς ἡμέρας καὶ τρεῖς νύκτας. ➤ Jonah 2,1	**Lk 11,30** καθὼς γὰρ ἐγένετο Ἰωνᾶς τοῖς Νινευίταις σημεῖον, οὕτως ἔσται καὶ ὁ υἱὸς τοῦ ἀνθρώπου τῇ γενεᾷ ταύτῃ.

κιβωτός	Syn 2	Mt 1	Mk	Lk 1	Acts	Jn	1-3John	Paul	Eph	Col
	NT 6	2Thess	1/2Tim	Tit	Heb 2	Jas	1Pet 1	2Pet	Jude	Rev 1

the ark

202	**Mt 24,38**	... ἄχρι ἧς ἡμέρας εἰσῆλθεν Νῶε **εἰς τὴν κιβωτόν,** [39] καὶ οὐκ ἔγνωσαν ἕως ἦλθεν ὁ κατακλυσμὸς καὶ ἦρεν ἅπαντας, ...	**Lk 17,27** ... ἄχρι ἧς ἡμέρας εἰσῆλθεν Νῶε **εἰς τὴν κιβωτόν,** καὶ ἦλθεν ὁ κατακλυσμὸς καὶ ἀπώλεσεν πάντας.

κινδυνεύω	Syn 1	Mt	Mk	Lk 1	Acts 2	Jn	1-3John	Paul 1	Eph	Col
	NT 4	2Thess	1/2Tim	Tit	Heb	Jas	1Pet	2Pet	Jude	Rev

be in danger; run a risk

112	**Mt 8,24** καὶ ἰδοὺ σεισμὸς μέγας ἐγένετο ἐν τῇ θαλάσσῃ, ὥστε τὸ πλοῖον καλύπτεσθαι ὑπὸ τῶν κυμάτων, ...	**Mk 4,37** καὶ γίνεται λαῖλαψ μεγάλη ἀνέμου, καὶ τὰ κύματα ἐπέβαλλεν εἰς τὸ πλοῖον, ὥστε ἤδη γεμίζεσθαι τὸ πλοῖον.	**Lk 8,23** ... καὶ κατέβη λαῖλαψ ἀνέμου εἰς τὴν λίμνην, καὶ συνεπληροῦντο καὶ **ἐκινδύνευον.**

Acts 19,27 οὐ μόνον δὲ τοῦτο **κινδυνεύει** ἡμῖν τὸ μέρος εἰς ἀπελεγμὸν ἐλθεῖν ἀλλὰ καὶ τὸ τῆς μεγάλης θεᾶς Ἀρτέμιδος ἱερὸν εἰς οὐθὲν λογισθῆναι, ...

Acts 19,40 καὶ γὰρ **κινδυνεύομεν** ἐγκαλεῖσθαι στάσεως περὶ τῆς σήμερον, ...

κινέω

	Syn 3	Mt 2	Mk 1	Lk	Acts 3	Jn	1-3John	Paul	Eph	Col
	NT 8	2Thess	1/2Tim	Tit	Heb	Jas	1Pet	2Pet	Jude	Rev 2

move away; remove; move; set in motion; arouse; *passive:* be moved; move; cause; bring about

201	Mt 23,4	δεσμεύουσιν δὲ φορτία βαρέα [καὶ δυσβάστακτα] καὶ ἐπιτιθέασιν ἐπὶ τοὺς ὤμους τῶν ἀνθρώπων, αὐτοὶ δὲ τῷ δακτύλῳ αὐτῶν **οὐ θέλουσιν κινῆσαι** αὐτά.			Lk 11,46	... φορτίζετε τοὺς ἀνθρώπους φορτία δυσβάστακτα, καὶ αὐτοὶ ἑνὶ τῶν δακτύλων ὑμῶν **οὐ προσψαύετε** τοῖς φορτίοις.	
221	Mt 27,39	οἱ δὲ παραπορευόμενοι ἐβλασφήμουν αὐτὸν **κινοῦντες** τὰς κεφαλὰς αὐτῶν	Mk 15,29	καὶ οἱ παραπορευόμενοι ἐβλασφήμουν αὐτὸν **κινοῦντες** τὰς κεφαλὰς αὐτῶν ...	Lk 23,35 → Lk 23,48	καὶ εἱστήκει ὁ λαὸς θεωρῶν. ...	

Acts 17,28 ἐν αὐτῷ γὰρ ζῶμεν καὶ
κινούμεθα
καὶ ἐσμέν, ὡς καί τινες
τῶν καθ' ὑμᾶς ποιητῶν
εἰρήκασιν· τοῦ γὰρ καὶ
γένος ἐσμέν.

Acts 21,30 **ἐκινήθη**
τε ἡ πόλις ὅλη καὶ
ἐγένετο συνδρομὴ
τοῦ λαοῦ, ...

Acts 24,5 εὑρόντες γὰρ τὸν ἄνδρα
τοῦτον λοιμὸν καὶ
κινοῦντα
στάσεις πᾶσιν τοῖς
Ἰουδαίοις ...

κίχρημι

	Syn 1	Mt	Mk	Lk 1	Acts	Jn	1-3John	Paul	Eph	Col
	NT 1	2Thess	1/2Tim	Tit	Heb	Jas	1Pet	2Pet	Jude	Rev

lend

002					Lk 11,5	... τίς ἐξ ὑμῶν ἕξει φίλον καὶ πορεύσεται πρὸς αὐτὸν μεσονυκτίου καὶ εἴπῃ αὐτῷ· φίλε, **χρῆσόν** μοι τρεῖς ἄρτους	

κλάδος

	Syn 6	Mt 3	Mk 2	Lk 1	Acts	Jn	1-3John	Paul 5	Eph	Col
	NT 11	2Thess	1/2Tim	Tit	Heb	Jas	1Pet	2Pet	Jude	Rev

branch

	triple tradition																	double tradition			Sondergut		
		+Mt / +Lk			–Mt / –Lk			traditions not taken over by Mt / Lk							subtotals								
code	*222*	*211*	*112*	*212*	*221*	*122*	*121*	*022*	*012*	*021*	*220*	*120*	*210*	*020*	Σ^+	Σ^-	Σ	*202*	*201*	*102*	*200*	*002*	total
Mt		1^+			1										1^+		2	1					**3**
Mk					1									1			2						**2**
Lk					1^-											1^-		1					**1**

020	Mt 13,32	... ὅταν δὲ αὐξηθῇ μεῖζον τῶν λαχάνων ἐστὶν καὶ γίνεται **δένδρον,** ὥστε ἐλθεῖν *τὰ πετεινὰ τοῦ οὐρανοῦ* *καὶ κατασκηνοῦν* *ἐν τοῖς κλάδοις αὐτοῦ.* ➤ Ps 103,12 LXX	Mk 4,32	... ἀναβαίνει καὶ γίνεται μεῖζον πάντων τῶν λαχάνων καὶ ποιεῖ **κλάδους μεγάλους,** ὥστε δύνασθαι ὑπὸ τὴν σκιὰν αὐτοῦ *τὰ πετεινὰ τοῦ οὐρανοῦ* *κατασκηνοῦν.* ➤ Ps 103,12 LXX	Lk 13,19	... καὶ ηὔξησεν καὶ ἐγένετο **εἰς δένδρον,** καὶ *τὰ πετεινὰ τοῦ οὐρανοῦ* *κατεσκήνωσεν* *ἐν τοῖς κλάδοις αὐτοῦ.* ➤ Ps 103,12 LXX	→ GTh 20 Mk-Q overlap

code	Mt		Mk		Lk		
202	**Mt 13,32**	... καὶ γίνεται δένδρον, ὥστε ἐλθεῖν *τὰ πετεινὰ τοῦ οὐρανοῦ* *καὶ κατασκηνοῦν* ***ἐν τοῖς κλάδοις*** ***αὐτοῦ.*** ➤ Ps 103,12 LXX	**Mk 4,32**	... καὶ ποιεῖ κλάδους μεγάλους, ὥστε δύνασθαι **ὑπὸ τὴν σκιὰν** **αὐτοῦ** *τὰ πετεινὰ τοῦ οὐρανοῦ* *κατασκηνοῦν.* ➤ Ps 103,12 LXX	**Lk 13,19**	... καὶ ἐγένετο εἰς δένδρον, καὶ *τὰ πετεινὰ τοῦ οὐρανοῦ* *κατεσκήνωσεν* ***ἐν τοῖς κλάδοις*** ***αὐτοῦ.*** ➤ Ps 103,12 LXX	→ GTh 20 Mk-Q overlap
211	**Mt 21,8**	ὁ δὲ πλεῖστος ὄχλος ἔστρωσαν ἑαυτῶν τὰ ἱμάτια ἐν τῇ ὁδῷ, ἄλλοι δὲ ἔκοπτον **κλάδους** ἀπὸ τῶν δένδρων καὶ ἐστρώννυον ἐν τῇ ὁδῷ.	**Mk 11,8**	καὶ πολλοὶ τὰ ἱμάτια αὐτῶν ἔστρωσαν εἰς τὴν ὁδόν, ἄλλοι δὲ **στιβάδας** κόψαντες ἐκ τῶν ἀγρῶν.	**Lk 19,36**	πορευομένου δὲ αὐτοῦ ὑπεστρώννυον τὰ ἱμάτια αὐτῶν ἐν τῇ ὁδῷ.	→ Jn 12,13
221	**Mt 24,32**	ἀπὸ δὲ τῆς συκῆς μάθετε τὴν παραβολήν· ὅταν ἤδη **ὁ κλάδος αὐτῆς** γένηται ἁπαλὸς καὶ τὰ φύλλα ἐκφύῃ, γινώσκετε ὅτι ἐγγὺς τὸ θέρος·	**Mk 13,28**	ἀπὸ δὲ τῆς συκῆς μάθετε τὴν παραβολήν· ὅταν ἤδη **ὁ κλάδος αὐτῆς** ἁπαλὸς γένηται καὶ ἐκφύῃ τὰ φύλλα, γινώσκετε ὅτι ἐγγὺς τὸ θέρος ἐστίν·	**Lk 21,30**	[29] ... ἴδετε τὴν συκῆν καὶ πάντα τὰ δένδρα· [30] ὅταν προβάλωσιν ἤδη, βλέποντες ἀφ' ἑαυτῶν γινώσκετε ὅτι ἤδη ἐγγὺς τὸ θέρος ἐστίν·	

κλαίω	Syn 16	Mt 2	Mk 3	Lk 11	Acts 2	Jn 8	1-3John	Paul 5	Eph	Col
	NT 39	2Thess	1/2Tim	Tit	Heb	Jas 2	1Pet	2Pet	Jude	Rev 6

weep; cry; *transitive:* weep for; bewail

	triple tradition																	double tradition			Sonder-gut		
		+Mt / +Lk			–Mt / –Lk			traditions not taken over by Mt / Lk							subtotals								
code	*222*	*211*	*112*	*212*	*221*	*122*	*121*	*022*	*012*	*021*	*220*	*120*	*210*	*020*	Σ⁺	Σ⁻	Σ	*202*	*201*	*102*	*200*	*002*	total
Mt	1					2⁻										2⁻	1				1		**2**
Mk	1					2											3						**3**
Lk	1					2											3			2		6	**11**

200	**Mt 2,18**	*φωνὴ ἐν Ῥαμὰ ἠκούσθη,* *κλαυθμὸς καὶ ὀδυρμὸς* *πολύς· Ῥαχὴλ* ***κλαίουσα*** *τὰ τέκνα αὐτῆς, καὶ οὐκ* *ἤθελεν παρακληθῆναι,* *ὅτι οὐκ εἰσίν.* ➤ Jer 31,15			
102	**Mt 5,4**	μακάριοι **οἱ πενθοῦντες,** ὅτι αὐτοὶ παρακληθήσονται.	**Lk 6,21**	... μακάριοι **οἱ κλαίοντες** νῦν, ὅτι γελάσετε.	
002			**Lk 6,25**	... οὐαί, οἱ γελῶντες νῦν, ὅτι πενθήσετε καὶ **κλαύσετε.**	
002			**Lk 7,13**	καὶ ἰδὼν αὐτὴν ὁ κύριος ἐσπλαγχνίσθη ἐπ' αὐτῇ καὶ εἶπεν αὐτῇ· **μὴ κλαῖε.**	
102	**Mt 11,17**	... ηὐλήσαμεν ὑμῖν καὶ οὐκ ὠρχήσασθε, ἐθρηνήσαμεν καὶ **οὐκ ἐκόψασθε.**	**Lk 7,32**	... ηὐλήσαμεν ὑμῖν καὶ οὐκ ὠρχήσασθε· ἐθρηνήσαμεν καὶ **οὐκ ἐκλαύσατε.**	

		Mt		Mk		Lk	
002	Mt 26,7	προσῆλθεν αὐτῷ γυνὴ ἔχουσα ἀλάβαστρον μύρου βαρυτίμου καὶ κατέχεεν ἐπὶ τῆς κεφαλῆς ...	Mk 14,3	... ἦλθεν γυνὴ ἔχουσα ἀλάβαστρον μύρου νάρδου πιστικῆς πολυτελοῦς, συντρίψασα τὴν ἀλάβαστρον κατέχεεν αὐτοῦ τῆς κεφαλῆς.	Lk 7,38	[37] καὶ ἰδοὺ γυνὴ ... κομίσασα ἀλάβαστρον μύρου [38] καὶ στᾶσα ὀπίσω παρὰ τοὺς πόδας αὐτοῦ **κλαίουσα** τοῖς δάκρυσιν ἤρξατο βρέχειν τοὺς πόδας αὐτοῦ καὶ ταῖς θριξὶν τῆς κεφαλῆς αὐτῆς ἐξέμασσεν καὶ κατεφίλει τοὺς πόδας αὐτοῦ καὶ ἤλειφεν τῷ μύρῳ.	→ Jn 12,3
122	Mt 9,23	... καὶ ἰδὼν τοὺς αὐλητὰς καὶ τὸν ὄχλον θορυβούμενον	Mk 5,38	... καὶ θεωρεῖ θόρυβον καὶ **κλαίοντας** καὶ ἀλαλάζοντας πολλά,	Lk 8,52 (2)	**ἔκλαιον** δὲ πάντες καὶ ἐκόπτοντο αὐτήν.	
122	Mt 9,24	ἔλεγεν· ἀναχωρεῖτε, οὐ γὰρ ἀπέθανεν τὸ κοράσιον ἀλλὰ καθεύδει. ...	Mk 5,39	καὶ εἰσελθὼν λέγει αὐτοῖς· τί θορυβεῖσθε καὶ **κλαίετε;** τὸ παιδίον οὐκ ἀπέθανεν ἀλλὰ καθεύδει.		ὁ δὲ εἶπεν· **μὴ κλαίετε,** οὐ γὰρ ἀπέθανεν ἀλλὰ καθεύδει.	
002					Lk 19,41 → Mt 21,10 → Mk 11,11	καὶ ὡς ἤγγισεν ἰδὼν τὴν πόλιν **ἔκλαυσεν** ἐπ' αὐτήν	
222	Mt 26,75	... καὶ ἐξελθὼν ἔξω **ἔκλαυσεν** πικρῶς.	Mk 14,72	... καὶ ἐπιβαλὼν **ἔκλαιεν.**	Lk 22,62	καὶ ἐξελθὼν ἔξω **ἔκλαυσεν** πικρῶς.	
002 002					Lk 23,28 (2)	... θυγατέρες Ἰερουσαλήμ, **μὴ κλαίετε** ἐπ' ἐμέ· πλὴν ἐφ' ἑαυτὰς **κλαίετε** καὶ ἐπὶ τὰ τέκνα ὑμῶν	

Acts 9,39 ... παρέστησαν αὐτῷ
πᾶσαι αἱ χῆραι
κλαίουσαι
καὶ ἐπιδεικνύμεναι
χιτῶνας καὶ ἱμάτια ὅσα
ἐποίει μετ' αὐτῶν οὖσα
ἡ Δορκάς.

Acts 21,13 τότε ἀπεκρίθη ὁ Παῦλος·
τί ποιεῖτε
κλαίοντες
καὶ συνθρύπτοντές μου
τὴν καρδίαν; ...

κλάσις	Syn 1	Mt	Mk	Lk 1	Acts 1	Jn	1-3John	Paul	Eph	Col
	NT 2	2Thess	1/2Tim	Tit	Heb	Jas	1Pet	2Pet	Jude	Rev

breaking

002	Lk 24,35	καὶ αὐτοὶ ἐξηγοῦντο τὰ ἐν τῇ ὁδῷ καὶ ὡς ἐγνώσθη αὐτοῖς **ἐν τῇ κλάσει τοῦ ἄρτου.**

Acts 2,42
→ Mt 26,26
→ Mk 14,22
→ Lk 22,19

ἦσαν δὲ
προσκαρτεροῦντες τῇ
διδαχῇ τῶν ἀποστόλων
καὶ τῇ κοινωνίᾳ,
τῇ κλάσει τοῦ ἄρτου
καὶ ταῖς προσευχαῖς.

κλάσμα	Syn 7	Mt 2	Mk 4	Lk 1	Acts	Jn 2	1-3John	Paul	Eph	Col
	NT 9	2Thess	1/2Tim	Tit	Heb	Jas	1Pet	2Pet	Jude	Rev

fragment; piece; crumb

	triple tradition																	double tradition			Sonder-gut		
		+Mt / +Lk			−Mt / −Lk			traditions not taken over by Mt / Lk							subtotals								
code	222	211	112	212	221	122	121	022	012	021	220	120	210	020	Σ⁺	Σ⁻	Σ	202	201	102	200	002	total
Mt	1										1	2^-				2^-	2						2
Mk	1										1	2					4						4
Lk	1																1						1

code	Mt		Mk		Lk		
222	**Mt 14,20** ↓ Mt 15,37	... καὶ ἦραν **τὸ περισσεῦον τῶν κλασμάτων** δώδεκα κοφίνους πλήρεις.	**Mk 6,43** ↓ Mk 8,8	καὶ ἦραν **κλάσματα** δώδεκα κοφίνων πληρώματα καὶ ἀπὸ τῶν ἰχθύων.	**Lk 9,17**	... καὶ ἤρθη **τὸ περισσεῦσαν αὐτοῖς κλασμάτων** κόφινοι δώδεκα.	→ Jn 6,12-13
220	**Mt 15,37** ↑ Mt 14,20	... καὶ **τὸ περισσεῦον τῶν κλασμάτων** ἦραν ἑπτὰ σπυρίδας πλήρεις.	**Mk 8,8** ↑ Mk 6,43	... καὶ ἦραν **περισσεύματα κλασμάτων** ἑπτὰ σπυρίδας.	↑ Lk 9,17		
120	**Mt 16,9**	... οὐδὲ μνημονεύετε τοὺς πέντε ἄρτους τῶν πεντακισχιλίων καὶ **πόσους κοφίνους** ἐλάβετε;	**Mk 8,19**	[18] ... οὐ μνημονεύετε, [19] ὅτε τοὺς πέντε ἄρτους ἔκλασα εἰς τοὺς πεντακισχιλίους, **πόσους κοφίνους κλασμάτων πλήρεις** ἤρατε; λέγουσιν αὐτῷ· δώδεκα.			
120	**Mt 16,10**	οὐδὲ τοὺς ἑπτὰ ἄρτους τῶν τετρακισχιλίων καὶ **πόσας σπυρίδας** ἐλάβετε;	**Mk 8,20**	ὅτε τοὺς ἑπτὰ εἰς τοὺς τετρακισχιλίους, **πόσων σπυρίδων πληρώματα κλασμάτων** ἤρατε; καὶ λέγουσιν [αὐτῷ]· ἑπτά.			

κλαυθμός	Syn 8	Mt 7	Mk	Lk 1	Acts 1	Jn	1-3John	Paul	Eph	Col
	NT 9	2Thess	1/2Tim	Tit	Heb	Jas	1Pet	2Pet	Jude	Rev

weeping; crying

	triple tradition																	double tradition			Sonder-gut		
		+Mt / +Lk			−Mt / −Lk			traditions not taken over by Mt / Lk							subtotals								
code	222	211	112	212	221	122	121	022	012	021	220	120	210	020	Σ⁺	Σ⁻	Σ	202	201	102	200	002	total
Mt																		1	1		5		7
Mk																							
Lk																		1					1

[a] ὁ κλαυθμὸς καὶ ὁ βρυγμὸς τῶν ὀδόντων

200	**Mt 2,18**	*φωνὴ ἐν Ῥαμὰ ἠκούσθη,* ***κλαυθμὸς*** *καὶ ὀδυρμὸς πολύς· Ῥαχὴλ κλαίουσα τὰ τέκνα αὐτῆς, καὶ οὐκ ἤθελεν παρακληθῆναι, ὅτι οὐκ εἰσίν.* ➤ Jer 31,15	

a 202	**Mt 8,12** → Lk 13,29 [11] ... καὶ ἀνακλιθήσονται μετὰ Ἀβραὰμ καὶ Ἰσαὰκ καὶ Ἰακὼβ ἐν τῇ βασιλείᾳ τῶν οὐρανῶν, [12] οἱ δὲ υἱοὶ τῆς βασιλείας ἐκβληθήσονται εἰς τὸ σκότος τὸ ἐξώτερον· ἐκεῖ ἔσται **ὁ κλαυθμὸς** καὶ ὁ βρυγμὸς τῶν ὀδόντων.		**Lk 13,28** ἐκεῖ ἔσται **ὁ κλαυθμὸς** καὶ ὁ βρυγμὸς τῶν ὀδόντων, ὅταν ὄψεσθε Ἀβραὰμ καὶ Ἰσαὰκ καὶ Ἰακὼβ καὶ πάντας τοὺς προφήτας ἐν τῇ βασιλείᾳ τοῦ θεοῦ, ὑμᾶς δὲ ἐκβαλλομένους ἔξω.	
a 200	**Mt 13,42** → Mt 25,46 καὶ *βαλοῦσιν αὐτοὺς εἰς τὴν κάμινον τοῦ πυρός·* ἐκεῖ ἔσται **ὁ κλαυθμὸς** καὶ ὁ βρυγμὸς τῶν ὀδόντων. ➤ Dan 3,6			
a 200	**Mt 13,50** → Mt 25,46 καὶ *βαλοῦσιν αὐτοὺς εἰς τὴν κάμινον τοῦ πυρός·* ἐκεῖ ἔσται **ὁ κλαυθμὸς** καὶ ὁ βρυγμὸς τῶν ὀδόντων. ➤ Dan 3,6			
a 200	**Mt 22,13** ... δήσαντες αὐτοῦ πόδας καὶ χεῖρας ἐκβάλετε αὐτὸν εἰς τὸ σκότος τὸ ἐξώτερον· ἐκεῖ ἔσται **ὁ κλαυθμὸς** καὶ ὁ βρυγμὸς τῶν ὀδόντων.			
a 201	**Mt 24,51** καὶ διχοτομήσει αὐτὸν καὶ τὸ μέρος αὐτοῦ μετὰ τῶν ὑποκριτῶν θήσει· ἐκεῖ ἔσται **ὁ κλαυθμὸς** καὶ ὁ βρυγμὸς τῶν ὀδόντων.		**Lk 12,46** ... καὶ διχοτομήσει αὐτὸν καὶ τὸ μέρος αὐτοῦ μετὰ τῶν ἀπίστων θήσει.	
a 200	**Mt 25,30** καὶ τὸν ἀχρεῖον δοῦλον ἐκβάλετε εἰς τὸ σκότος τὸ ἐξώτερον· ἐκεῖ ἔσται **ὁ κλαυθμὸς** καὶ ὁ βρυγμὸς τῶν ὀδόντων.			

Acts 20,37 **ἱκανὸς δὲ κλαυθμὸς ἐγένετο πάντων**
καὶ ἐπιπεσόντες ἐπὶ τὸν τράχηλον τοῦ Παύλου κατεφίλουν αὐτόν

κλάω	Syn 8	Mt 3	Mk 3	Lk 2	Acts 4	Jn	1-3John	Paul 2	Eph	Col
	NT 14	2Thess	1/2Tim	Tit	Heb	Jas	1Pet	2Pet	Jude	Rev

break

	triple tradition																	double tradition			Sondergut		
		+Mt / +Lk			–Mt / –Lk			traditions not taken over by Mt / Lk							subtotals								
code	222	211	112	212	221	122	121	022	012	021	220	120	210	020	Σ+	Σ–	Σ	202	201	102	200	002	total
Mt	1	1+									1	1–			1+	1–	3						**3**
Mk	1										1	1					3						**3**
Lk	1																1					1	**2**

a ἄρτον κλάω

a 211	**Mt 14,19** ↓ Mt 15,36 ↓ Mt 26,26	... λαβὼν τοὺς πέντε ἄρτους καὶ τοὺς δύο ἰχθύας, ἀναβλέψας εἰς τὸν οὐρανὸν εὐλόγησεν καὶ **κλάσας** ἔδωκεν τοῖς μαθηταῖς τοὺς ἄρτους οἱ δὲ μαθηταὶ τοῖς ὄχλοις.	**Mk 6,41** ↓ Mk 8,6 ↓ Mk 14,22	καὶ λαβὼν τοὺς πέντε ἄρτους καὶ τοὺς δύο ἰχθύας ἀναβλέψας εἰς τὸν οὐρανὸν εὐλόγησεν καὶ **κατέκλασεν** τοὺς ἄρτους καὶ ἐδίδου τοῖς μαθηταῖς [αὐτοῦ] ἵνα παρατιθῶσιν αὐτοῖς, καὶ τοὺς δύο ἰχθύας ἐμέρισεν πᾶσιν.	**Lk 9,16** ↓ Lk 22,19	λαβὼν δὲ τοὺς πέντε ἄρτους καὶ τοὺς δύο ἰχθύας ἀναβλέψας εἰς τὸν οὐρανὸν εὐλόγησεν αὐτοὺς καὶ **κατέκλασεν** καὶ ἐδίδου τοῖς μαθηταῖς παραθεῖναι τῷ ὄχλῳ.	→ Jn 6,11
a 220	**Mt 15,36** ↑ Mt 14,19	ἔλαβεν τοὺς ἑπτὰ ἄρτους καὶ τοὺς ἰχθύας καὶ εὐχαριστήσας **ἔκλασεν** καὶ ἐδίδου τοῖς μαθηταῖς, οἱ δὲ μαθηταὶ τοῖς ὄχλοις.	**Mk 8,6** ↑ Mk 6,41	... καὶ λαβὼν τοὺς ἑπτὰ ἄρτους εὐχαριστήσας **ἔκλασεν** καὶ ἐδίδου τοῖς μαθηταῖς αὐτοῦ ἵνα παρατιθῶσιν, καὶ παρέθηκαν τῷ ὄχλῳ. [7] καὶ εἶχον ἰχθύδια ὀλίγα· καὶ εὐλογήσας αὐτὰ εἶπεν καὶ ταῦτα παρατιθέναι.	↑ Lk 9,16		
a 120	**Mt 16,9**	... οὐδὲ μνημονεύετε τοὺς πέντε ἄρτους τῶν πεντακισχιλίων καὶ πόσους κοφίνους ἐλάβετε;	**Mk 8,19**	[18] ... οὐ μνημονεύετε, [19] ὅτε τοὺς πέντε ἄρτους **ἔκλασα** εἰς τοὺς πεντακισχιλίους, πόσους κοφίνους κλασμάτων πλήρεις ἤρατε; λέγουσιν αὐτῷ· δώδεκα.			
a 222	**Mt 26,26** ↑ Mt 14,19	ἐσθιόντων δὲ αὐτῶν λαβὼν ὁ Ἰησοῦς ἄρτον καὶ εὐλογήσας **ἔκλασεν** καὶ δοὺς τοῖς μαθηταῖς εἶπεν· λάβετε φάγετε, τοῦτό ἐστιν τὸ σῶμά μου.	**Mk 14,22** ↑ Mk 6,41	καὶ ἐσθιόντων αὐτῶν λαβὼν ἄρτον εὐλογήσας **ἔκλασεν** καὶ ἔδωκεν αὐτοῖς καὶ εἶπεν· λάβετε, τοῦτό ἐστιν τὸ σῶμά μου.	**Lk 22,19** ↑ Lk 9,16	καὶ λαβὼν ἄρτον εὐχαριστήσας **ἔκλασεν** καὶ ἔδωκεν αὐτοῖς λέγων· τοῦτό ἐστιν τὸ σῶμά μου τὸ ὑπὲρ ὑμῶν διδόμενον· ...	→ Acts 2,42 → **1Cor 11,24**
a 002					**Lk 24,30**	... λαβὼν τὸν ἄρτον εὐλόγησεν καὶ **κλάσας** ἐπεδίδου αὐτοῖς	

a ἄρτον κλάω

a **Acts 2,46** → Lk 24,53 καθ' ἡμέραν τε προσκαρτεροῦντες ὁμοθυμαδὸν ἐν τῷ ἱερῷ, **κλῶντές** τε κατ' οἶκον ἄρτον, ...

a **Acts 20,7** ἐν δὲ τῇ μιᾷ τῶν σαββάτων συνηγμένων ἡμῶν **κλάσαι** ἄρτον, ...

a **Acts 20,11** ἀναβὰς δὲ καὶ **κλάσας** τὸν ἄρτον καὶ γευσάμενος ἐφ' ἱκανόν τε ὁμιλήσας ἄχρι αὐγῆς, ...

a **Acts 27,35** ... λαβὼν ἄρτον εὐχαρίστησεν τῷ θεῷ ἐνώπιον πάντων καὶ **κλάσας** ἤρξατο ἐσθίειν.

κλείς

Syn	Mt	Mk	Lk	Acts	Jn	1-3John	Paul	Eph	Col
2	1		1						
NT	2Thess	1/2Tim	Tit	Heb	Jas	1Pet	2Pet	Jude	Rev
6									4

key

code	Mt	Lk	
200	**Mt 16,19** ↓ Mt 23,13 ↓ Lk 11,52 δώσω σοι **τὰς κλεῖδας τῆς βασιλείας τῶν οὐρανῶν, ...**		
102	**Mt 23,13** ↑ Mt 16,19 οὐαὶ δὲ ὑμῖν, γραμματεῖς καὶ Φαρισαῖοι ὑποκριταί, ὅτι **κλείετε τὴν βασιλείαν τῶν οὐρανῶν** ἔμπροσθεν τῶν ἀνθρώπων· ὑμεῖς γὰρ οὐκ εἰσέρχεσθε οὐδὲ τοὺς εἰσερχομένους ἀφίετε εἰσελθεῖν.	**Lk 11,52** οὐαὶ ὑμῖν τοῖς νομικοῖς, ὅτι **ἤρατε τὴν κλεῖδα τῆς γνώσεως·** αὐτοὶ οὐκ εἰσήλθατε καὶ τοὺς εἰσερχομένους ἐκωλύσατε.	→ GTh 39,1-2 **(POxy 655)** → GTh 102

κλείω

Syn	Mt	Mk	Lk	Acts	Jn	1-3John	Paul	Eph	Col
5	3		2	2	2	1			
NT	2Thess	1/2Tim	Tit	Heb	Jas	1Pet	2Pet	Jude	Rev
16									6

shut; lock; bar

	triple tradition																double tradition			Sonder-gut		
		+Mt / +Lk			–Mt / –Lk			traditions not taken over by Mt / Lk							subtotals							
code	222	211	112	212	221	122	121	022	012	021	220	120	210	020	Σ+	Σ−	Σ	202	201	102	200	002	total
Mt																			1		2		3
Mk																							
Lk																						2	2

code	Mt	Lk	
002		**Lk 4,25** ... πολλαὶ χῆραι ἦσαν ἐν ταῖς ἡμέραις Ἠλίου ἐν τῷ Ἰσραήλ, ὅτε **ἐκλείσθη** ὁ οὐρανὸς ἐπὶ ἔτη τρία καὶ μῆνας ἕξ, ὡς ἐγένετο λιμὸς μέγας ἐπὶ πᾶσαν τὴν γῆν	
200	**Mt 6,6** σὺ δὲ ὅταν προσεύχῃ, εἴσελθε εἰς τὸ ταμεῖόν σου καὶ **κλείσας** τὴν θύραν σου πρόσευξαι τῷ πατρί σου τῷ ἐν τῷ κρυπτῷ· ...		→ GTh 6 (POxy 654)

	Mt		Mk		Lk		
002					**Lk 11,7**	... μή μοι κόπους πάρεχε· ἤδη ἡ θύρα **κέκλεισται** καὶ τὰ παιδία μου μετ' ἐμοῦ εἰς τὴν κοίτην εἰσίν· ...	
201	**Mt 23,13** →Mt 16,19	οὐαὶ δὲ ὑμῖν, γραμματεῖς καὶ Φαρισαῖοι ὑποκριταί, ὅτι **κλείετε τὴν βασιλείαν τῶν οὐρανῶν** ἔμπροσθεν τῶν ἀνθρώπων· ὑμεῖς γὰρ οὐκ εἰσέρχεσθε οὐδὲ τοὺς εἰσερχομένους ἀφίετε εἰσελθεῖν.			**Lk 11,52**	οὐαὶ ὑμῖν τοῖς νομικοῖς, ὅτι **ἤρατε τὴν κλεῖδα τῆς γνώσεως·** αὐτοὶ οὐκ εἰσήλθατε καὶ τοὺς εἰσερχομένους ἐκωλύσατε.	→GTh 39,1-2 (POxy 655) →GTh 102
200	**Mt 25,10**	... ἦλθεν ὁ νυμφίος, καὶ αἱ ἕτοιμοι εἰσῆλθον μετ' αὐτοῦ εἰς τοὺς γάμους καὶ **ἐκλείσθη** ἡ θύρα.			Lk 13,25	ἀφ' οὗ ἂν ἐγερθῇ ὁ οἰκοδεσπότης καὶ **ἀποκλείσῃ** τὴν θύραν ...	

Acts 5,23 λέγοντες ὅτι τὸ δεσμωτήριον εὕρομεν **κεκλεισμένον** ἐν πάσῃ ἀσφαλείᾳ ...

Acts 21,30 ... καὶ ἐπιλαβόμενοι τοῦ Παύλου εἷλκον αὐτὸν ἔξω τοῦ ἱεροῦ, καὶ εὐθέως **ἐκλείσθησαν** αἱ θύραι.

Κλεοπᾶς	Syn 1	Mt	Mk	Lk 1	Acts	Jn	1-3John	Paul	Eph	Col
	NT 1	2Thess	1/2Tim	Tit	Heb	Jas	1Pet	2Pet	Jude	Rev

Cleopas

	Mt		Mk		Lk		
002					**Lk 24,18**	ἀποκριθεὶς δὲ εἷς ὀνόματι **Κλεοπᾶς** εἶπεν πρὸς αὐτόν· σὺ μόνος παροικεῖς Ἰερουσαλὴμ καὶ οὐκ ἔγνως τὰ γενόμενα ἐν αὐτῇ ἐν ταῖς ἡμέραις ταύταις;	

κλέπτης	Syn 5	Mt 3	Mk	Lk 2	Acts	Jn 4	1-3John	Paul 3	Eph	Col
	NT 16	2Thess	1/2Tim	Tit	Heb	Jas	1Pet 1	2Pet 1	Jude	Rev 2

thief

	Mt		Mk		Lk		
200	**Mt 6,19** →Lk 12,21 ↓Lk 12,33	μὴ θησαυρίζετε ὑμῖν θησαυροὺς ἐπὶ τῆς γῆς, ὅπου σὴς καὶ βρῶσις ἀφανίζει καὶ ὅπου **κλέπται** διορύσσουσιν καὶ κλέπτουσιν·					

code	Mt	Mk	Lk	
202	**Mt 6,20** → Mt 19,21 θησαυρίζετε δὲ ὑμῖν θησαυροὺς ἐν οὐρανῷ, ὅπου οὔτε σὴς οὔτε βρῶσις ἀφανίζει, καὶ ὅπου **κλέπται** οὐ διορύσσουσιν οὐδὲ κλέπτουσιν·	→ Mk 10,21	**Lk 12,33** ↑ Mt 6,19 → Lk 14,33 → Lk 16,9 → Lk 18,22 ... ποιήσατε ἑαυτοῖς βαλλάντια μὴ παλαιούμενα, θησαυρὸν ἀνέκλειπτον ἐν τοῖς οὐρανοῖς, ὅπου **κλέπτης** οὐκ ἐγγίζει οὐδὲ σὴς διαφθείρει·	→ Acts 2,45 → GTh 76,3
202	**Mt 24,43** ἐκεῖνο δὲ γινώσκετε ὅτι εἰ ᾔδει ὁ οἰκοδεσπότης ποίᾳ φυλακῇ **ὁ κλέπτης** ἔρχεται, ἐγρηγόρησεν ἂν καὶ οὐκ ἂν εἴασεν διορυχθῆναι τὴν οἰκίαν αὐτοῦ.		**Lk 12,39** τοῦτο δὲ γινώσκετε ὅτι εἰ ᾔδει ὁ οἰκοδεσπότης ποίᾳ ὥρᾳ **ὁ κλέπτης** ἔρχεται, οὐκ ἂν ἀφῆκεν διορυχθῆναι τὸν οἶκον αὐτοῦ.	→ GTh 21,5 → GTh 103

κλέπτω

Syn 7	Mt 5	Mk 1	Lk 1	Acts	Jn 1	1-3John	Paul 3	Eph 2	Col
NT 13	2Thess	1/2Tim	Tit	Heb	Jas	1Pet	2Pet	Jude	Rev

steal

	triple tradition																	double tradition			Sondergut		
		+Mt / +Lk			–Mt / –Lk			traditions not taken over by Mt / Lk							subtotals								
code	*222*	*211*	*112*	*212*	*221*	*122*	*121*	*022*	*012*	*021*	*220*	*120*	*210*	*020*	Σ^+	Σ^-	Σ	*202*	*201*	*102*	*200*	*002*	total
Mt	1																1		1		3		**5**
Mk	1																1						**1**
Lk	1																1						**1**

code	Mt	Mk	Lk	
200	**Mt 6,19** → Lk 12,21 ↓ Lk 12,33 μὴ θησαυρίζετε ὑμῖν θησαυροὺς ἐπὶ τῆς γῆς, ὅπου σὴς καὶ βρῶσις ἀφανίζει καὶ ὅπου κλέπται διορύσσουσιν καὶ **κλέπτουσιν·**			
201	**Mt 6,20** → Mt 19,21 θησαυρίζετε δὲ ὑμῖν θησαυροὺς ἐν οὐρανῷ, ὅπου οὔτε σὴς οὔτε βρῶσις ἀφανίζει, καὶ ὅπου κλέπται οὐ διορύσσουσιν **οὐδὲ κλέπτουσιν·**	→ Mk 10,21	**Lk 12,33** ↑ Mt 6,19 → Lk 14,33 → Lk 16,9 → Lk 18,22 ... ποιήσατε ἑαυτοῖς βαλλάντια μὴ παλαιούμενα, θησαυρὸν ἀνέκλειπτον ἐν τοῖς οὐρανοῖς, ὅπου κλέπτης οὐκ ἐγγίζει οὐδὲ σὴς διαφθείρει·	→ Acts 2,45 → GTh 76,3
222	**Mt 19,18** ... τὸ *οὐ φονεύσεις, οὐ μοιχεύσεις,* ***οὐ κλέψεις,*** *οὐ ψευδομαρτυρήσεις* ➤ Exod 20,13-16/Deut 5,17-20	**Mk 10,19** ... *μὴ φονεύσῃς, μὴ μοιχεύσῃς,* ***μὴ κλέψῃς,*** *μὴ ψευδομαρτυρήσῃς,* ... ➤ Exod 20,13-16/Deut 5,17-20	**Lk 18,20** ... *μὴ μοιχεύσῃς, μὴ φονεύσῃς,* ***μὴ κλέψῃς,*** *μὴ ψευδομαρτυρήσῃς,* ... ➤ Exod 20,13-16/Deut 5,17-20	
200	**Mt 27,64** ... μήποτε ἐλθόντες οἱ μαθηταὶ αὐτοῦ **κλέψωσιν** αὐτὸν καὶ εἴπωσιν τῷ λαῷ· ἠγέρθη ἀπὸ τῶν νεκρῶν, ...			
200	**Mt 28,13** ... εἴπατε ὅτι οἱ μαθηταὶ αὐτοῦ νυκτὸς ἐλθόντες **ἔκλεψαν** αὐτὸν ἡμῶν κοιμωμένων.			

κληρονομέω	Syn 6	Mt 3	Mk 1	Lk 2	Acts	Jn	1-3John	Paul 6	Eph	Col
	NT 18	2Thess	1/2Tim	Tit	Heb 4	Jas	1Pet 1	2Pet	Jude	Rev 1

inherit; acquire; obtain; come into possession of

	triple tradition																	double tradition			Sondergut		
		+Mt / +Lk			−Mt / −Lk			traditions not taken over by Mt / Lk							subtotals								
code	222	211	112	212	221	122	121	022	012	021	220	120	210	020	Σ⁺	Σ⁻	Σ	202	201	102	200	002	total
Mt		1^+				1^-									1^+	1^-	1				2		**3**
Mk						1											1						**1**
Lk			1^+			1									1^+		2						**2**

code	Mt		Mk		Lk		
200	**Mt 5,5**	μακάριοι οἱ πραεῖς, ὅτι αὐτοὶ **κληρονομήσουσιν** τὴν γῆν.					
112	**Mt 22,36** ↓ Mt 19,16	[35] καὶ ἐπηρώτησεν εἷς ἐξ αὐτῶν [νομικὸς] πειράζων αὐτόν· [36] διδάσκαλε, ποία ἐντολὴ μεγάλη ἐν τῷ νόμῳ;	**Mk 12,28** ↓ Mk 10,17 → Lk 20,39	καὶ προσελθὼν εἷς τῶν γραμματέων ἀκούσας αὐτῶν συζητούντων, ἰδὼν ὅτι καλῶς ἀπεκρίθη αὐτοῖς ἐπηρώτησεν αὐτόν· ποία ἐστὶν ἐντολὴ πρώτη πάντων;	**Lk 10,25** ⇩ Lk 18,18	καὶ ἰδοὺ νομικός τις ἀνέστη ἐκπειράζων αὐτὸν λέγων· διδάσκαλε, τί ποιήσας ζωὴν αἰώνιον **κληρονομήσω;**	
122	**Mt 19,16** ↑ Mt 22,35-36	καὶ ἰδοὺ εἷς προσελθὼν αὐτῷ εἶπεν· διδάσκαλε, τί ἀγαθὸν ποιήσω ἵνα **σχῶ** ζωὴν αἰώνιον;	**Mk 10,17** ↑ Mk 12,28	... προσδραμὼν εἷς καὶ γονυπετήσας αὐτὸν ἐπηρώτα αὐτόν· διδάσκαλε ἀγαθέ, τί ποιήσω ἵνα ζωὴν αἰώνιον **κληρονομήσω;**	**Lk 18,18** ⇧ Lk 10,25	καὶ ἐπηρώτησέν τις αὐτὸν ἄρχων λέγων· διδάσκαλε ἀγαθέ, τί ποιήσας ζωὴν αἰώνιον **κληρονομήσω;**	
211	**Mt 19,29**	... ἑκατονταπλασίονα λήμψεται καὶ ζωὴν αἰώνιον **κληρονομήσει.**	**Mk 10,30**	ἐὰν μὴ λάβῃ ἑκατονταπλασίονα νῦν ἐν τῷ καιρῷ τούτῳ οἰκίας καὶ ἀδελφοὺς καὶ ἀδελφὰς καὶ μητέρας καὶ τέκνα καὶ ἀγροὺς μετὰ διωγμῶν, καὶ ἐν τῷ αἰῶνι τῷ ἐρχομένῳ ζωὴν αἰώνιον.	**Lk 18,30**	ὃς οὐχὶ μὴ [ἀπο]λάβῃ πολλαπλασίονα ἐν τῷ καιρῷ τούτῳ καὶ ἐν τῷ αἰῶνι τῷ ἐρχομένῳ ζωὴν αἰώνιον.	
200	**Mt 25,34**	... δεῦτε, οἱ εὐλογημένοι τοῦ πατρός μου, **κληρονομήσατε** τὴν ἡτοιμασμένην ὑμῖν βασιλείαν ἀπὸ καταβολῆς κόσμου·					

κληρονομία	Syn 4	Mt 1	Mk 1	Lk 2	Acts 2	Jn	1-3John	Paul 1	Eph 3	Col 1
	NT 14	2Thess	1/2Tim	Tit	Heb 2	Jas	1Pet 1	2Pet	Jude	Rev

inheritance; possession; property

code	Mt		Mk		Lk		
002					**Lk 12,13**	... διδάσκαλε, εἰπὲ τῷ ἀδελφῷ μου μερίσασθαι μετ' ἐμοῦ **τὴν κληρονομίαν.**	→ GTh 72

	Mt 21,38	Mk 12,7	Lk 20,14	
222	... οὗτός ἐστιν ὁ κληρονόμος· δεῦτε ἀποκτείνωμεν αὐτὸν καὶ σχῶμεν **τὴν κληρονομίαν αὐτοῦ**	... οὗτός ἐστιν ὁ κληρονόμος· δεῦτε ἀποκτείνωμεν αὐτόν, καὶ ἡμῶν ἔσται **ἡ κληρονομία.**	... οὗτός ἐστιν ὁ κληρονόμος· ἀποκτείνωμεν αὐτόν, ἵνα ἡμῶν γένηται **ἡ κληρονομία.**	→ GTh 65

Acts 7,5 καὶ οὐκ ἔδωκεν αὐτῷ **κληρονομίαν** ἐν αὐτῇ οὐδὲ βῆμα ποδὸς καὶ ἐπηγγείλατο *δοῦναι αὐτῷ εἰς κατάσχεσιν αὐτὴν καὶ τῷ σπέρματι αὐτοῦ μετ᾽ αὐτόν,* οὐκ ὄντος αὐτῷ τέκνου.
➤ Gen 48,4

Acts 20,32 καὶ τὰ νῦν παρατίθεμαι ὑμᾶς τῷ θεῷ καὶ τῷ λόγῳ τῆς χάριτος αὐτοῦ, τῷ δυναμένῳ οἰκοδομῆσαι καὶ δοῦναι **τὴν κληρονομίαν** ἐν τοῖς ἡγιασμένοις πᾶσιν.

κληρονόμος

	Mt	Mk	Lk	Acts	Jn	1-3John	Paul	Eph	Col
Syn 3	1	1	1				7		
NT 15	2Thess	1/2Tim	Tit 1	Heb 3	Jas 1	1Pet	2Pet	Jude	Rev

heir

	Mt 21,38	Mk 12,7	Lk 20,14	
222	... οὗτός ἐστιν **ὁ κληρονόμος·** δεῦτε ἀποκτείνωμεν αὐτὸν καὶ σχῶμεν τὴν κληρονομίαν αὐτοῦ	... οὗτός ἐστιν **ὁ κληρονόμος·** δεῦτε ἀποκτείνωμεν αὐτόν, καὶ ἡμῶν ἔσται ἡ κληρονομία.	... οὗτός ἐστιν **ὁ κληρονόμος·** ἀποκτείνωμεν αὐτόν, ἵνα ἡμῶν γένηται ἡ κληρονομία.	→ GTh 65

κλῆρος

	Mt	Mk	Lk	Acts	Jn	1-3John	Paul	Eph	Col
Syn 3	1	1	1	5	1				1
NT 11	2Thess	1/2Tim	Tit	Heb	Jas	1Pet 1	2Pet	Jude	Rev

lot; that which is assigned by lot; portion; share

	Mt 27,35	Mk 15,24	Lk 23,34	
222	... *διεμερίσαντο τὰ ἱμάτια αὐτοῦ βάλλοντες* ***κλῆρον*** ➤ Ps 22,19	... καὶ *διαμερίζονται τὰ ἱμάτια αὐτοῦ βάλλοντες* ***κλῆρον*** *ἐπ᾽ αὐτὰ* τίς τί ἄρῃ. ➤ Ps 22,19	... *διαμεριζόμενοι δὲ τὰ ἱμάτια αὐτοῦ ἔβαλον* ***κλήρους.*** ➤ Ps 22,19	→ Jn 19,24

Acts 1,17 ὅτι κατηριθμημένος ἦν ἐν ἡμῖν καὶ ἔλαχεν **τὸν κλῆρον τῆς διακονίας ταύτης.**

Acts 1,26 (2) καὶ ἔδωκαν **κλήρους** αὐτοῖς καὶ ἔπεσεν **ὁ κλῆρος** ἐπὶ Μαθθίαν καὶ συγκατεψηφίσθη μετὰ τῶν ἕνδεκα ἀποστόλων.

Acts 8,21 οὐκ ἔστιν σοι μερὶς **οὐδὲ κλῆρος** ἐν τῷ λόγῳ τούτῳ, ἡ γὰρ καρδία σου οὐκ ἔστιν εὐθεῖα ἔναντι τοῦ θεοῦ.

Acts 26,18 ... τοῦ ἐπιστρέψαι ἀπὸ σκότους εἰς φῶς καὶ τῆς ἐξουσίας τοῦ σατανᾶ ἐπὶ τὸν θεόν, τοῦ λαβεῖν αὐτοὺς ἄφεσιν ἁμαρτιῶν καὶ **κλῆρον** ἐν τοῖς ἡγιασμένοις πίστει τῇ εἰς ἐμέ.

κλητός

κλητός	Syn 1	Mt 1	Mk	Lk	Acts	Jn	1-3John	Paul 7	Eph	Col
	NT 10	2Thess	1/2Tim	Tit	Heb	Jas	1Pet	2Pet	Jude 1	Rev 1

called; invited

code	Mt		Mk		Lk		
200	Mt 22,14	πολλοὶ γάρ εἰσιν κλητοί, ὀλίγοι δὲ ἐκλεκτοί.					→ GTh 23

κλίβανος

κλίβανος	Syn 2	Mt 1	Mk	Lk 1	Acts	Jn	1-3John	Paul	Eph	Col
	NT 2	2Thess	1/2Tim	Tit	Heb	Jas	1Pet	2Pet	Jude	Rev

oven

code	Mt		Mk		Lk		
202	Mt 6,30	εἰ δὲ τὸν χόρτον τοῦ ἀγροῦ σήμερον ὄντα καὶ αὔριον εἰς κλίβανον βαλλόμενον ὁ θεὸς οὕτως ἀμφιέννυσιν, οὐ πολλῷ μᾶλλον ὑμᾶς, ὀλιγόπιστοι;			Lk 12,28	εἰ δὲ ἐν ἀγρῷ τὸν χόρτον ὄντα σήμερον καὶ αὔριον εἰς κλίβανον βαλλόμενον ὁ θεὸς οὕτως ἀμφιέζει, πόσῳ μᾶλλον ὑμᾶς, ὀλιγόπιστοι.	→ GTh 36,2 (only POxy 655)

κλίνη

κλίνη	Syn 8	Mt 2	Mk 3	Lk 3	Acts	Jn	1-3John	Paul	Eph	Col
	NT 9	2Thess	1/2Tim	Tit	Heb	Jas	1Pet	2Pet	Jude	Rev 1

bed; couch

	triple tradition																	double tradition			Sondergut		
		+Mt / +Lk			–Mt / –Lk			traditions not taken over by Mt / Lk							subtotals								
code	222	211	112	212	221	122	121	022	012	021	220	120	210	020	Σ⁺	Σ⁻	Σ	202	201	102	200	002	total
Mt		1^{+}		1^{+}								1^{-}			2^{+}	1^{-}	2						**2**
Mk								1				1		1			3						**3**
Lk				1^{+}				1							1^{+}		2			1			**3**

code	Mt		Mk		Lk		
212	Mt 9,2	καὶ ἰδοὺ προσέφερον αὐτῷ παραλυτικὸν ἐπὶ κλίνης βεβλημένον. ...	Mk 2,3	καὶ ἔρχονται φέροντες πρὸς αὐτὸν παραλυτικὸν αἰρόμενον ὑπὸ τεσσάρων.	Lk 5,18	καὶ ἰδοὺ ἄνδρες φέροντες ἐπὶ κλίνης ἄνθρωπον ὃς ἦν παραλελυμένος ...	
211	Mt 9,6	... ἐγερθεὶς ἆρόν σου τὴν κλίνην καὶ ὕπαγε εἰς τὸν οἶκόν σου.	Mk 2,11	σοὶ λέγω, ἔγειρε ἆρον τὸν κράβαττόν σου καὶ ὕπαγε εἰς τὸν οἶκόν σου.	Lk 5,24	... σοὶ λέγω, ἔγειρε καὶ ἄρας τὸ κλινίδιόν σου πορεύου εἰς τὸν οἶκόν σου.	→ Jn 5,8

	Mt		Mk		Lk		
022			**Mk 4,21**	... μήτι ἔρχεται ὁ λύχνος ἵνα ὑπὸ τὸν μόδιον τεθῇ ἢ **ὑπὸ τὴν κλίνην;** οὐχ ἵνα ἐπὶ τὴν λυχνίαν τεθῇ;	**Lk 8,16** ⇩ Lk 11,33	οὐδεὶς δὲ λύχνον ἅψας καλύπτει αὐτὸν σκεύει ἢ **ὑποκάτω κλίνης** τίθησιν, ἀλλ' ἐπὶ λυχνίας τίθησιν, ἵνα οἱ εἰσπορευόμενοι βλέπωσιν τὸ φῶς.	→ GTh 33,2-3 Mk-Q overlap
	Mt 5,15	οὐδὲ καίουσιν λύχνον καὶ τιθέασιν αὐτὸν ὑπὸ τὸν μόδιον ἀλλ' ἐπὶ τὴν λυχνίαν, καὶ λάμπει πᾶσιν τοῖς ἐν τῇ οἰκίᾳ.			**Lk 11,33** ⇧ Lk 8,16	οὐδεὶς λύχνον ἅψας εἰς κρύπτην τίθησιν [οὐδὲ ὑπὸ τὸν μόδιον] ἀλλ' ἐπὶ τὴν λυχνίαν, ἵνα οἱ εἰσπορευόμενοι τὸ φῶς βλέπωσιν.	→ GTh 33,2-3 Mk-Q overlap
020			**Mk 7,4** → Mt 23,25 → Lk 11,39	... καὶ ἄλλα πολλά ἐστιν ἃ παρέλαβον κρατεῖν, βαπτισμοὺς ποτηρίων καὶ ξεστῶν καὶ χαλκίων [καὶ **κλινῶν**] -			
120	**Mt 15,28**	... καὶ ἰάθη ἡ θυγάτηρ αὐτῆς ἀπὸ τῆς ὥρας ἐκείνης.	**Mk 7,30** → Lk 7,10	καὶ ἀπελθοῦσα εἰς τὸν οἶκον αὐτῆς εὗρεν τὸ παιδίον βεβλημένον **ἐπὶ τὴν κλίνην** καὶ τὸ δαιμόνιον ἐξεληλυθός.			
102	**Mt 24,40**	τότε δύο ἔσονται **ἐν τῷ ἀγρῷ,** εἷς παραλαμβάνεται καὶ εἷς ἀφίεται·			**Lk 17,34**	... ταύτῃ τῇ νυκτὶ ἔσονται δύο **ἐπὶ κλίνης μιᾶς,** ὁ εἷς παραλημφθήσεται καὶ ὁ ἕτερος ἀφεθήσεται·	→ GTh 61,1

κλινίδιον	Syn 2	Mt	Mk	Lk 2	Acts	Jn	1-3John	Paul	Eph	Col
	NT 2	2Thess	1/2Tim	Tit	Heb	Jas	1Pet	2Pet	Jude	Rev

bed; pallet; stretcher

	Mt		Mk		Lk		
012			**Mk 2,4**	καὶ μὴ δυνάμενοι προσενέγκαι αὐτῷ διὰ τὸν ὄχλον ἀπεστέγασαν τὴν στέγην ὅπου ἦν, καὶ ἐξορύξαντες χαλῶσι **τὸν κράβαττον** ὅπου ὁ παραλυτικὸς κατέκειτο.	**Lk 5,19**	καὶ μὴ εὑρόντες ποίας εἰσενέγκωσιν αὐτὸν διὰ τὸν ὄχλον, ἀναβάντες ἐπὶ τὸ δῶμα διὰ τῶν κεράμων καθῆκαν αὐτὸν **σὺν τῷ κλινιδίῳ** εἰς τὸ μέσον ἔμπροσθεν τοῦ Ἰησοῦ.	
112	**Mt 9,6**	... ἐγερθεὶς ἆρόν **σου τὴν κλίνην** καὶ ὕπαγε εἰς τὸν οἶκόν σου.	**Mk 2,11**	σοὶ λέγω, ἔγειρε ἆρον **τὸν κράβαττόν σου** καὶ ὕπαγε εἰς τὸν οἶκόν σου.	**Lk 5,24**	... σοὶ λέγω, ἔγειρε καὶ ἄρας **τὸ κλινίδιόν σου** πορεύου εἰς τὸν οἶκόν σου.	→ Jn 5,8

κλίνω	Syn 5	Mt 1	Mk	Lk 4	Acts	Jn 1	1-3John	Paul	Eph	Col
	NT 7	2Thess	1/2Tim	Tit	Heb 1	Jas	1Pet	2Pet	Jude	Rev

transitive: incline; bend; bow; *passive:* cause to fall; turn to flight; *intransitive:* decline; be far spend

	triple tradition																	double tradition			Sondergut		
		+Mt / +Lk			−Mt / −Lk			traditions not taken over by Mt / Lk							subtotals								
code	222	211	112	212	221	122	121	022	012	021	220	120	210	020	Σ⁺	Σ⁻	Σ	202	201	102	200	002	total
Mt																		1					1
Mk																							
Lk			1⁺						1⁺						2⁺		2	1				1	4

code	Mt		Mk		Lk		
112	**Mt 14,15**	ὀψίας δὲ **γενομένης** προσῆλθον αὐτῷ οἱ μαθηταὶ λέγοντες· ἔρημός ἐστιν ὁ τόπος καὶ ἡ ὥρα ἤδη παρῆλθεν· ἀπόλυσον τοὺς ὄχλους, ...	**Mk 6,35**	**καὶ ἤδη ὥρας πολλῆς γενομένης** προσελθόντες αὐτῷ οἱ μαθηταὶ αὐτοῦ ἔλεγον ὅτι ἔρημός ἐστιν ὁ τόπος καὶ ἤδη ὥρα πολλή· [36] ἀπόλυσον αὐτούς, ...	**Lk 9,12** ↓ Lk 24,29	**ἡ δὲ ἡμέρα ἤρξατο κλίνειν·** προσελθόντες δὲ οἱ δώδεκα εἶπαν αὐτῷ· ἀπόλυσον τὸν ὄχλον, ... ὅτι ὧδε ἐν ἐρήμῳ τόπῳ ἐσμέν.	
202	**Mt 8,20**	... αἱ ἀλώπεκες φωλεοὺς ἔχουσιν καὶ τὰ πετεινὰ τοῦ οὐρανοῦ κατασκηνώσεις, ὁ δὲ υἱὸς τοῦ ἀνθρώπου οὐκ ἔχει ποῦ τὴν κεφαλὴν **κλίνῃ**.			**Lk 9,58**	... αἱ ἀλώπεκες φωλεοὺς ἔχουσιν καὶ τὰ πετεινὰ τοῦ οὐρανοῦ κατασκηνώσεις, ὁ δὲ υἱὸς τοῦ ἀνθρώπου οὐκ ἔχει ποῦ τὴν κεφαλὴν **κλίνῃ**.	→ GTh 86
012	**Mt 28,4**	ἀπὸ δὲ τοῦ φόβου αὐτοῦ ἐσείσθησαν οἱ τηροῦντες καὶ ἐγενήθησαν ὡς νεκροί. [5] ἀποκριθεὶς δὲ ὁ ἄγγελος εἶπεν ταῖς γυναιξίν· μὴ φοβεῖσθε ὑμεῖς, οἶδα γὰρ ὅτι Ἰησοῦν τὸν ἐσταυρωμένον ζητεῖτε·	**Mk 16,5**	... καὶ ἐξεθαμβήθησαν. [6] ὁ δὲ λέγει αὐταῖς· μὴ ἐκθαμβεῖσθε· Ἰησοῦν ζητεῖτε τὸν Ναζαρηνὸν τὸν ἐσταυρωμένον· ...	**Lk 24,5** → Lk 24,23	ἐμφόβων δὲ γενομένων αὐτῶν καὶ **κλινουσῶν** τὰ πρόσωπα εἰς τὴν γῆν εἶπαν πρὸς αὐτάς· τί ζητεῖτε τὸν ζῶντα μετὰ τῶν νεκρῶν·	
002					**Lk 24,29** ↑ Lk 9,12	... μεῖνον μεθ' ἡμῶν, ὅτι πρὸς ἑσπέραν ἐστὶν καὶ **κέκλικεν** ἤδη ἡ ἡμέρα. καὶ εἰσῆλθεν τοῦ μεῖναι σὺν αὐτοῖς.	

κλισία	Syn 1	Mt	Mk	Lk 1	Acts	Jn	1-3John	Paul	Eph	Col
	NT 1	2Thess	1/2Tim	Tit	Heb	Jas	1Pet	2Pet	Jude	Rev

group of people eating together

code	Mt		Mk		Lk		
112	**Mt 14,19** → Mt 15,35	καὶ κελεύσας τοὺς ὄχλους ἀνακλιθῆναι ἐπὶ τοῦ χόρτου, ...	**Mk 6,39** → Mk 8,6	καὶ ἐπέταξεν αὐτοῖς ἀνακλῖναι πάντας **συμπόσια συμπόσια** ἐπὶ τῷ χλωρῷ χόρτῳ. [40] καὶ ἀνέπεσαν πρασιαὶ πρασιαὶ κατὰ ἑκατὸν καὶ κατὰ πεντήκοντα.	**Lk 9,14**	... εἶπεν δὲ πρὸς τοὺς μαθητὰς αὐτοῦ· κατακλίνατε αὐτοὺς **κλισίας** [ὡσεὶ] ἀνὰ πεντήκοντα.	→ Jn 6,10

κλοπή	Syn 2	Mt 1	Mk 1	Lk	Acts	Jn	1-3John	Paul	Eph	Col
	NT 2	2Thess	1/2Tim	Tit	Heb	Jas	1Pet	2Pet	Jude	Rev

theft; stealing

220	**Mt 15,19**	ἐκ γὰρ τῆς καρδίας ἐξέρχονται διαλογισμοὶ πονηροί, φόνοι, μοιχεῖαι, πορνεῖαι, **κλοπαί,** ψευδομαρτυρίαι, βλασφημίαι.	**Mk 7,21**	ἔσωθεν γὰρ ἐκ τῆς καρδίας τῶν ἀνθρώπων οἱ διαλογισμοὶ οἱ κακοὶ ἐκπορεύονται, πορνεῖαι, **κλοπαί,** φόνοι, [22] μοιχεῖαι, πλεονεξίαι, πονηρίαι, δόλος, ἀσέλγεια, ὀφθαλμὸς πονηρός, βλασφημία, ὑπερηφανία, ἀφροσύνη·			→ GTh 14,5

κλύδων	Syn 1	Mt	Mk	Lk 1	Acts	Jn	1-3John	Paul	Eph	Col
	NT 2	2Thess	1/2Tim	Tit	Heb	Jas 1	1Pet	2Pet	Jude	Rev

rough water; (succession of) waves

112	**Mt 8,26**	... τότε ἐγερθεὶς ἐπετίμησεν τοῖς ἀνέμοις καὶ **τῇ θαλάσσῃ,** καὶ ἐγένετο γαλήνη μεγάλη.	**Mk 4,39**	καὶ διεγερθεὶς ἐπετίμησεν τῷ ἀνέμῳ καὶ εἶπεν **τῇ θαλάσσῃ·** σιώπα, πεφίμωσο. καὶ ἐκόπασεν ὁ ἄνεμος καὶ ἐγένετο γαλήνη μεγάλη.	**Lk 8,24**	... ὁ δὲ διεγερθεὶς ἐπετίμησεν τῷ ἀνέμῳ καὶ **τῷ κλύδωνι τοῦ ὕδατος·** καὶ ἐπαύσαντο καὶ ἐγένετο γαλήνη.	

κοδράντης	Syn 2	Mt 1	Mk 1	Lk	Acts	Jn	1-3John	Paul	Eph	Col
	NT 2	2Thess	1/2Tim	Tit	Heb	Jas	1Pet	2Pet	Jude	Rev

quadrans; penny

201	**Mt 5,26** → Mt 18,34	... οὐ μὴ ἐξέλθῃς ἐκεῖθεν, ἕως ἂν ἀποδῷς **τὸν ἔσχατον κοδράντην.**			**Lk 12,59**	... οὐ μὴ ἐξέλθῃς ἐκεῖθεν, ἕως καὶ **τὸ ἔσχατον λεπτὸν** ἀποδῷς.	
021			**Mk 12,42**	καὶ ἐλθοῦσα μία χήρα πτωχὴ ἔβαλεν λεπτὰ δύο, ὅ ἐστιν **κοδράντης.**	**Lk 21,2**	εἶδεν δέ τινα χήραν πενιχρὰν βάλλουσαν ἐκεῖ λεπτὰ δύο,	

κοιλία	Syn 11	Mt 3	Mk 1	Lk 7	Acts 2	Jn 2	1-3John	Paul 5	Eph	Col
	NT 22	2Thess	1/2Tim	Tit	Heb	Jas	1Pet	2Pet	Jude	Rev 2

body-cavity; belly; womb; uterus

	triple tradition																	double tradition			Sonder-gut		
		+Mt / +Lk			–Mt / –Lk			traditions not taken over by Mt / Lk							subtotals								
code	222	211	112	212	221	122	121	022	012	021	220	120	210	020	Σ⁺	Σ⁻	Σ	202	201	102	200	002	total
Mt											1						1		1		1		3
Mk											1						1						1
Lk																						7	7

[a] ἐκ κοιλίας μητρὸς

code	Mt		Mk		Lk		
a 002					Lk 1,15	... καὶ πνεύματος ἁγίου πλησθήσεται ἔτι **ἐκ κοιλίας μητρὸς αὐτοῦ**	
002					Lk 1,41	καὶ ἐγένετο ὡς ἤκουσεν τὸν ἀσπασμὸν τῆς Μαρίας ἡ Ἐλισάβετ, ἐσκίρτησεν τὸ βρέφος **ἐν τῇ κοιλίᾳ αὐτῆς,** καὶ ἐπλήσθη πνεύματος ἁγίου ἡ Ἐλισάβετ,	
002					Lk 1,42	... εὐλογημένη σὺ ἐν γυναιξὶν καὶ εὐλογημένος **ὁ καρπὸς τῆς κοιλίας σου.**	
002					Lk 1,44	ἰδοὺ γὰρ ὡς ἐγένετο ἡ φωνὴ τοῦ ἀσπασμοῦ σου εἰς τὰ ὦτά μου, ἐσκίρτησεν ἐν ἀγαλλιάσει τὸ βρέφος **ἐν τῇ κοιλίᾳ μου.**	
002					Lk 2,21 → Lk 1,31	... καὶ ἐκλήθη τὸ ὄνομα αὐτοῦ Ἰησοῦς, τὸ κληθὲν ὑπὸ τοῦ ἀγγέλου πρὸ τοῦ συλλημφθῆναι αὐτὸν **ἐν τῇ κοιλίᾳ.**	
201	Mt 12,40 → Mt 27,63	ὥσπερ γὰρ *ἦν Ἰωνᾶς* ***ἐν τῇ κοιλίᾳ τοῦ κήτους*** *τρεῖς ἡμέρας καὶ τρεῖς νύκτας,* οὕτως ἔσται ὁ υἱὸς τοῦ ἀνθρώπου ἐν τῇ καρδίᾳ τῆς γῆς τρεῖς ἡμέρας καὶ τρεῖς νύκτας. ➤ Jonah 2,1			Lk 11,30	καθὼς γὰρ ἐγένετο Ἰωνᾶς τοῖς Νινευίταις σημεῖον, οὕτως ἔσται καὶ ὁ υἱὸς τοῦ ἀνθρώπου τῇ γενεᾷ ταύτῃ.	
220	Mt 15,17	οὐ νοεῖτε ὅτι πᾶν τὸ εἰσπορευόμενον εἰς τὸ στόμα **εἰς τὴν κοιλίαν** χωρεῖ καὶ εἰς ἀφεδρῶνα ἐκβάλλεται;	Mk 7,19	[18] ... οὐ νοεῖτε ὅτι πᾶν τὸ ἔξωθεν εἰσπορευόμενον εἰς τὸν ἄνθρωπον οὐ δύναται αὐτὸν κοινῶσαι, [19] ὅτι οὐκ εἰσπορεύεται αὐτοῦ εἰς τὴν καρδίαν ἀλλ' **εἰς τὴν κοιλίαν,** καὶ εἰς τὸν ἀφεδρῶνα ἐκπορεύεται, καθαρίζων πάντα τὰ βρώματα;			→ GTh 14,5

	Mt		Mk		Lk		
002					**Lk 11,27** → Lk 1,48	... ἐπάρασά τις φωνὴν γυνὴ ἐκ τοῦ ὄχλου εἶπεν αὐτῷ· μακαρία **ἡ κοιλία** ἡ βαστάσασά σε καὶ μαστοὶ οὓς ἐθήλασας.	→ GTh 79
a 200	**Mt 19,12**	εἰσὶν γὰρ εὐνοῦχοι οἵτινες **ἐκ κοιλίας μητρὸς** ἐγεννήθησαν οὕτως, ...					
002					**Lk 23,29** → Mt 24,19 → Mk 13,17 → Lk 21,23	ὅτι ἰδοὺ ἔρχονται ἡμέραι ἐν αἷς ἐροῦσιν· μακάριαι αἱ στεῖραι καὶ **αἱ κοιλίαι** αἳ οὐκ ἐγέννησαν καὶ μαστοὶ οἳ οὐκ ἔθρεψαν.	

a **Acts 3,2** καί τις ἀνὴρ χωλὸς **ἐκ κοιλίας μητρὸς αὐτοῦ** ὑπάρχων ἐβαστάζετο, ...

a **Acts 14,8** καί τις ἀνὴρ ἀδύνατος ἐν Λύστροις τοῖς ποσὶν ἐκάθητο, χωλὸς **ἐκ κοιλίας μητρὸς αὐτοῦ** ὃς οὐδέποτε περιεπάτησεν.

κοιμάομαι

	Syn	Mt	Mk	Lk	Acts	Jn	1-3John	Paul	Eph	Col
	3	2		1	3	2		9		
	NT	2Thess	1/2Tim	Tit	Heb	Jas	1Pet	2Pet	Jude	Rev
	18							1		

sleep; fall asleep; die; pass away

	Mt		Mk		Lk		
112	**Mt 26,40**	καὶ ἔρχεται πρὸς τοὺς μαθητὰς καὶ εὑρίσκει αὐτοὺς **καθεύδοντας,** καὶ λέγει τῷ Πέτρῳ· οὕτως οὐκ ἰσχύσατε μίαν ὥραν γρηγορῆσαι μετ᾽ ἐμοῦ;	**Mk 14,37**	καὶ ἔρχεται καὶ εὑρίσκει αὐτοὺς **καθεύδοντας,** καὶ λέγει τῷ Πέτρῳ· Σίμων, καθεύδεις; ...	**Lk 22,45**	καὶ ἀναστὰς ἀπὸ τῆς προσευχῆς ἐλθὼν πρὸς τοὺς μαθητὰς εὗρεν **κοιμωμένους** αὐτοὺς ἀπὸ τῆς λύπης, [46] καὶ εἶπεν αὐτοῖς· τί καθεύδετε; ...	
200	**Mt 27,52**	καὶ τὰ μνημεῖα ἀνεῴχθησαν καὶ **πολλὰ σώματα τῶν κεκοιμημένων ἁγίων** ἠγέρθησαν					
200	**Mt 28,13**	... εἴπατε ὅτι οἱ μαθηταὶ αὐτοῦ νυκτὸς ἐλθόντες ἔκλεψαν αὐτὸν ἡμῶν **κοιμωμένων.**					

Acts 7,60 [[→ Lk 23,34a]] θεὶς δὲ τὰ γόνατα ἔκραξεν φωνῇ μεγάλῃ· κύριε, μὴ στήσῃς αὐτοῖς ταύτην τὴν ἁμαρτίαν. καὶ τοῦτο εἰπὼν **ἐκοιμήθη.**

Acts 12,6 ... τῇ νυκτὶ ἐκείνῃ ἦν ὁ Πέτρος **κοιμώμενος** μεταξὺ δύο στρατιωτῶν δεδεμένος ἁλύσεσιν δυσίν φύλακές τε πρὸ τῆς θύρας ἐτήρουν τὴν φυλακήν.

Acts 13,36 Δαυὶδ μὲν γὰρ ἰδίᾳ γενεᾷ ὑπηρετήσας τῇ τοῦ θεοῦ βουλῇ **ἐκοιμήθη** καὶ προσετέθη πρὸς τοὺς πατέρας αὐτοῦ καὶ εἶδεν διαφθοράν·

κοινός	Syn 2	Mt	Mk 2	Lk	Acts 5	Jn	1-3John	Paul 3	Eph	Col
	NT 14	2Thess	1/2Tim	Tit 1	Heb 1	Jas	1Pet	2Pet	Jude 1	Rev 1

common; communal; ordinary; profane

code	Mt		Mk		Lk	
020			**Mk 7,2** → Lk 11,38	καὶ ἰδόντες τινὰς τῶν μαθητῶν αὐτοῦ ὅτι **κοιναῖς χερσίν,** τοῦτ' ἔστιν ἀνίπτοις, ἐσθίουσιν τοὺς ἄρτους		
120	**Mt 15,2** → Mt 15,20	διὰ τί οἱ μαθηταί σου παραβαίνουσιν τὴν παράδοσιν τῶν πρεσβυτέρων; **οὐ γὰρ νίπτονται τὰς χεῖρας [αὐτῶν]** ὅταν ἄρτον ἐσθίωσιν.	**Mk 7,5**	... διὰ τί οὐ περιπατοῦσιν οἱ μαθηταί σου κατὰ τὴν παράδοσιν τῶν πρεσβυτέρων, **ἀλλὰ κοιναῖς χερσὶν** ἐσθίουσιν τὸν ἄρτον;		

Acts 2,44 πάντες δὲ οἱ πιστεύοντες ἦσαν ἐπὶ τὸ αὐτὸ καὶ εἶχον ἅπαντα **κοινά**

Acts 4,32 ... καὶ οὐδὲ εἷς τι τῶν ὑπαρχόντων αὐτῷ ἔλεγεν ἴδιον εἶναι ἀλλ' ἦν αὐτοῖς ἅπαντα **κοινά.**

Acts 10,14 ... μηδαμῶς, κύριε, ὅτι οὐδέποτε ἔφαγον **πᾶν κοινὸν** καὶ ἀκάθαρτον.

Acts 10,28 ... κἀμοὶ ὁ θεὸς ἔδειξεν **μηδένα κοινὸν** ἢ ἀκάθαρτον λέγειν ἄνθρωπον·

Acts 11,8 ... μηδαμῶς, κύριε, ὅτι **κοινὸν** ἢ ἀκάθαρτον οὐδέποτε εἰσῆλθεν εἰς τὸ στόμα μου.

κοινόω	Syn 10	Mt 5	Mk 5	Lk	Acts 3	Jn	1-3John	Paul	Eph	Col
	NT 14	2Thess	1/2Tim	Tit	Heb 1	Jas	1Pet	2Pet	Jude	Rev

make common, impure; defile; desecrate; consider, declare (ceremonially) unclean

	triple tradition																	double tradition			Sondergut		
		+Mt / +Lk			–Mt / –Lk			traditions not taken over by Mt / Lk							subtotals								
code	222	211	112	212	221	122	121	022	012	021	220	120	210	020	Σ^+	Σ^-	Σ	202	201	102	200	002	total
Mt											4	1^-				1^-	4				1		**5**
Mk											4	1					5						**5**
Lk																							

code	Mt		Mk		Lk		
220 220	**Mt 15,11 (2)**	οὐ τὸ εἰσερχόμενον εἰς τὸ στόμα **κοινοῖ** τὸν ἄνθρωπον, ἀλλὰ τὸ ἐκπορευόμενον ἐκ τοῦ στόματος τοῦτο **κοινοῖ** τὸν ἄνθρωπον.	**Mk 7,15 (2)**	οὐδέν ἐστιν ἔξωθεν τοῦ ἀνθρώπου εἰσπορευόμενον εἰς αὐτὸν ὃ δύναται **κοινῶσαι** αὐτόν, ἀλλὰ τὰ ἐκ τοῦ ἀνθρώπου ἐκπορευόμενά ἐστιν **τὰ κοινοῦντα** τὸν ἄνθρωπον.			→ GTh 14,5
120	**Mt 15,17**	οὐ νοεῖτε ὅτι πᾶν τὸ εἰσπορευόμενον εἰς τὸ στόμα εἰς τὴν κοιλίαν χωρεῖ καὶ εἰς ἀφεδρῶνα ἐκβάλλεται;	**Mk 7,18**	... οὐ νοεῖτε ὅτι πᾶν τὸ ἔξωθεν εἰσπορευόμενον εἰς τὸν ἄνθρωπον οὐ δύναται αὐτὸν **κοινῶσαι,** [19] ὅτι οὐκ εἰσπορεύεται αὐτοῦ εἰς τὴν καρδίαν ἀλλ' εἰς τὴν κοιλίαν, καὶ εἰς τὸν ἀφεδρῶνα ἐκπορεύεται			→ GTh 14,5

	Mt		Mk		Lk		
220	**Mt 15,18**	τὰ δὲ ἐκπορευόμενα ἐκ τοῦ στόματος ἐκ τῆς καρδίας ἐξέρχεται, κἀκεῖνα **κοινοῖ** τὸν ἄνθρωπον.	**Mk 7,20**	ἔλεγεν δὲ ὅτι τὸ ἐκ τοῦ ἀνθρώπου ἐκπορευόμενον, ἐκεῖνο **κοινοῖ** τὸν ἄνθρωπον.			→ GTh 14,5
220 200	**Mt 15,20 (2)** → Mt 15,2	ταῦτά ἐστιν **τὰ κοινοῦντα** τὸν ἄνθρωπον, τὸ δὲ ἀνίπτοις χερσὶν φαγεῖν **οὐ κοινοῖ** τὸν ἄνθρωπον.	**Mk 7,23**	πάντα ταῦτα τὰ πονηρὰ ἔσωθεν ἐκπορεύεται καὶ **κοινοῖ** τὸν ἄνθρωπον.			→ GTh 14,5

Acts 10,15 καὶ φωνὴ πάλιν ἐκ δευτέρου πρὸς αὐτόν· ἃ ὁ θεὸς ἐκαθάρισεν, σὺ **μὴ κοίνου.**	**Acts 11,9** ἀπεκρίθη δὲ φωνὴ ἐκ δευτέρου ἐκ τοῦ οὐρανοῦ· ἃ ὁ θεὸς ἐκαθάρισεν, σὺ **μὴ κοίνου.**	**Acts 21,28** ... ἔτι τε καὶ Ἕλληνας εἰσήγαγεν εἰς τὸ ἱερὸν καὶ **κεκοίνωκεν** τὸν ἅγιον τόπον τοῦτον.

κοινωνός

	Syn	Mt	Mk	Lk	Acts	Jn	1-3John	Paul	Eph	Col
	2	1		1				5		
	NT	2Thess	1/2Tim	Tit	Heb	Jas	1Pet	2Pet	Jude	Rev
	10				1		1	1		

companion; partner; sharer

	Mt		Mk		Lk		
112	**Mt 4,21**	καὶ προβὰς ἐκεῖθεν εἶδεν ἄλλους δύο ἀδελφούς, Ἰάκωβον τὸν τοῦ Ζεβεδαίου καὶ Ἰωάννην τὸν ἀδελφὸν αὐτοῦ, ...	**Mk 1,19**	καὶ προβὰς ὀλίγον εἶδεν Ἰάκωβον τὸν τοῦ Ζεβεδαίου καὶ Ἰωάννην τὸν ἀδελφὸν αὐτοῦ, ...	**Lk 5,10**	ὁμοίως δὲ καὶ Ἰάκωβον καὶ Ἰωάννην υἱοὺς Ζεβεδαίου, οἳ ἦσαν **κοινωνοὶ** τῷ Σίμωνι. ...	
201	**Mt 23,30**	[29] ... οἰκοδομεῖτε τοὺς τάφους τῶν προφητῶν καὶ κοσμεῖτε τὰ μνημεῖα τῶν δικαίων, [30] καὶ λέγετε· εἰ ἤμεθα ἐν ταῖς ἡμέραις τῶν πατέρων ἡμῶν, οὐκ ἂν ἤμεθα αὐτῶν **κοινωνοὶ** ἐν τῷ αἵματι τῶν προφητῶν.			**Lk 11,47**	οὐαὶ ὑμῖν, ὅτι οἰκοδομεῖτε τὰ μνημεῖα τῶν προφητῶν, οἱ δὲ πατέρες ὑμῶν ἀπέκτειναν αὐτούς.	

κοιτή

	Syn	Mt	Mk	Lk	Acts	Jn	1-3John	Paul	Eph	Col
	1			1				2		
	NT	2Thess	1/2Tim	Tit	Heb	Jas	1Pet	2Pet	Jude	Rev
	4				1					

bed; sexual intercourse; seminal emission

	Mt		Mk		Lk		
002					**Lk 11,7**	... ἤδη ἡ θύρα κέκλεισται καὶ τὰ παιδία μου μετ᾽ ἐμοῦ **εἰς τὴν κοίτην** εἰσίν· οὐ δύναμαι ἀναστὰς δοῦναί σοι.	

κόκκινος	Syn 1	Mt 1	Mk	Lk	Acts	Jn	1-3John	Paul	Eph	Col
	NT 6	2Thess	1/2Tim	Tit	Heb 1	Jas	1Pet	2Pet	Jude	Rev 4

red; scarlet

210	Mt 27,28	καὶ ἐκδύσαντες αὐτὸν **χλαμύδα κοκκίνην** περιέθηκαν αὐτῷ, [29] καὶ πλέξαντες στέφανον ἐξ ἀκανθῶν ἐπέθηκαν ἐπὶ τῆς κεφαλῆς αὐτοῦ ...	Mk 15,17	καὶ ἐνδιδύσκουσιν αὐτὸν **πορφύραν** καὶ περιτιθέασιν αὐτῷ πλέξαντες ἀκάνθινον στέφανον·	Lk 23,11	... καὶ ἐμπαίξας περιβαλὼν **ἐσθῆτα λαμπρὰν** ἀνέπεμψεν αὐτὸν τῷ Πιλάτῳ.	→ Jn 19,2

κόκκος	Syn 5	Mt 2	Mk 1	Lk 2	Acts	Jn 1	1-3John	Paul 1	Eph	Col
	NT 7	2Thess	1/2Tim	Tit	Heb	Jas	1Pet	2Pet	Jude	Rev

seed; grain

	triple tradition																	double tradition			Sondergut		total
		+Mt / +Lk			−Mt / −Lk			traditions not taken over by Mt / Lk							subtotals								
code	222	211	112	212	221	122	121	022	012	021	220	120	210	020	Σ+	Σ−	Σ	202	201	102	200	002	total
Mt																		2					2
Mk														1			1						1
Lk																		2					2

020	Mt 13,31	ἄλλην παραβολὴν παρέθηκεν αὐτοῖς λέγων· ὁμοία ἐστὶν ἡ βασιλεία τῶν οὐρανῶν **κόκκῳ σινάπεως,** ὃν λαβὼν ἄνθρωπος ἔσπειρεν ἐν τῷ ἀγρῷ αὐτοῦ·	Mk 4,31	[30] καὶ ἔλεγεν· πῶς ὁμοιώσωμεν τὴν βασιλείαν τοῦ θεοῦ ἢ ἐν τίνι αὐτὴν παραβολῇ θῶμεν; [31] ὡς **κόκκῳ σινάπεως,** ὃς ὅταν σπαρῇ ἐπὶ τῆς γῆς, ...	Lk 13,19	[18] ἔλεγεν οὖν· τίνι ὁμοία ἐστὶν ἡ βασιλεία τοῦ θεοῦ καὶ τίνι ὁμοιώσω αὐτήν; [19] ὁμοία ἐστὶν **κόκκῳ σινάπεως,** ὃν λαβὼν ἄνθρωπος ἔβαλεν εἰς κῆπον ἑαυτοῦ, ...	→ GTh 20 Mk-Q overlap
202	Mt 13,31	ἄλλην παραβολὴν παρέθηκεν αὐτοῖς λέγων· ὁμοία ἐστὶν ἡ βασιλεία τῶν οὐρανῶν **κόκκῳ σινάπεως,** ὃν λαβὼν ἄνθρωπος ἔσπειρεν ἐν τῷ ἀγρῷ αὐτοῦ·	Mk 4,31	[30] καὶ ἔλεγεν· πῶς ὁμοιώσωμεν τὴν βασιλείαν τοῦ θεοῦ ἢ ἐν τίνι αὐτὴν παραβολῇ θῶμεν; [31] ὡς **κόκκῳ σινάπεως,** ὃς ὅταν σπαρῇ ἐπὶ τῆς γῆς, ...	Lk 13,19	[18] ἔλεγεν οὖν· τίνι ὁμοία ἐστὶν ἡ βασιλεία τοῦ θεοῦ καὶ τίνι ὁμοιώσω αὐτήν; [19] ὁμοία ἐστὶν **κόκκῳ σινάπεως,** ὃν λαβὼν ἄνθρωπος ἔβαλεν εἰς κῆπον ἑαυτοῦ, ...	→ GTh 20 Mk-Q overlap
202	Mt 17,20 ↓ Mt 21,21 ↓ Mk 11,22	... ἀμὴν γὰρ λέγω ὑμῖν, ἐὰν ἔχητε πίστιν ὡς **κόκκον σινάπεως,** ἐρεῖτε τῷ ὄρει τούτῳ, μετάβα ἔνθεν ἐκεῖ, καὶ μεταβήσεται· καὶ οὐδὲν ἀδυνατήσει ὑμῖν.			Lk 17,6 ↓ Mk 11,22	... εἰ ἔχετε πίστιν ὡς **κόκκον σινάπεως,** ἐλέγετε ἂν τῇ συκαμίνῳ [ταύτῃ]· ἐκριζώθητι καὶ φυτεύθητι ἐν τῇ θαλάσσῃ· καὶ ὑπήκουσεν ἂν ὑμῖν.	→ GTh 48 → GTh 106
	Mt 21,21 ↑ Mt 17,20 ↑ Lk 17,6	... ἀμὴν λέγω ὑμῖν, ἐὰν ἔχητε πίστιν καὶ μὴ διακριθῆτε, οὐ μόνον τὸ τῆς συκῆς ποιήσετε, ἀλλὰ κἂν τῷ ὄρει τούτῳ εἴπητε· ἄρθητι καὶ βλήθητι εἰς τὴν θάλασσαν, γενήσεται·	Mk 11,22 ↑ Mt 17,20 ↑ Lk 17,6 → Mk 9,23	... ἔχετε πίστιν θεοῦ. [23] ἀμὴν λέγω ὑμῖν ὅτι ὃς ἂν εἴπῃ τῷ ὄρει τούτῳ· ἄρθητι καὶ βλήθητι εἰς τὴν θάλασσαν, καὶ μὴ διακριθῇ ἐν τῇ καρδίᾳ αὐτοῦ ἀλλὰ πιστεύῃ ὅτι ὃ λαλεῖ γίνεται, ἔσται αὐτῷ.			

κόλασις	Syn 1	Mt 1	Mk	Lk	Acts	Jn	1-3John 1	Paul	Eph	Col
	NT 2	2Thess	1/2Tim	Tit	Heb	Jas	1Pet	2Pet	Jude	Rev

punishment

200	**Mt 25,46** → Mt 13,42-43 → Mt 13,50	καὶ ἀπελεύσονται οὗτοι **εἰς κόλασιν αἰώνιον,** οἱ δὲ δίκαιοι εἰς ζωὴν αἰώνιον.					

κολαφίζω	Syn 2	Mt 1	Mk 1	Lk	Acts	Jn	1-3John	Paul 2	Eph	Col
	NT 5	2Thess	1/2Tim	Tit	Heb	Jas	1Pet 1	2Pet	Jude	Rev

strike with the fist; beat; cuff

221	**Mt 26,67** → Mt 27,30	τότε ἐνέπτυσαν εἰς τὸ πρόσωπον αὐτοῦ καὶ **ἐκολάφισαν** αὐτόν, ...	**Mk 14,65** → Mk 15,19	καὶ ἤρξαντό τινες ἐμπτύειν αὐτῷ καὶ περικαλύπτειν αὐτοῦ τὸ πρόσωπον καὶ **κολαφίζειν** αὐτὸν ...	**Lk 22,63**	καὶ οἱ ἄνδρες οἱ συνέχοντες αὐτὸν ἐνέπαιζον αὐτῷ **δέροντες,** [64] καὶ περικαλύψαντες αὐτὸν ...	

κολλάω	Syn 3	Mt 1	Mk	Lk 2	Acts 5	Jn	1-3John	Paul 3	Eph	Col
	NT 12	2Thess	1/2Tim	Tit	Heb	Jas	1Pet	2Pet	Jude	Rev 1

join closely together; unite; *passive:* cling (closely) to something; come in close contact with; join oneself to; associate with

102	**Mt 10,14**	καὶ ὃς ἂν μὴ δέξηται ὑμᾶς μηδὲ ἀκούσῃ τοὺς λόγους ὑμῶν, ἐξερχόμενοι ἔξω τῆς οἰκίας ἢ τῆς πόλεως ἐκείνης ἐκτινάξατε **τὸν κονιορτὸν** τῶν ποδῶν ὑμῶν.			**Lk 10,11** ⇩ Lk 9,5	[10] εἰς ἣν δ᾽ ἂν πόλιν εἰσέλθητε καὶ μὴ δέχωνται ὑμᾶς, ἐξελθόντες εἰς τὰς πλατείας αὐτῆς εἴπατε· [11] καὶ **τὸν κονιορτὸν** **τὸν κολληθέντα** ἡμῖν ἐκ τῆς πόλεως ὑμῶν εἰς τοὺς πόδας ἀπομασσόμεθα ὑμῖν· ...	→ Acts 13,51 → Acts 18,6 Mk-Q overlap
			Mk 6,11	καὶ ὃς ἂν τόπος μὴ δέξηται ὑμᾶς μηδὲ ἀκούσωσιν ὑμῶν, ἐκπορευόμενοι ἐκεῖθεν ἐκτινάξατε **τὸν χοῦν** τὸν ὑποκάτω τῶν ποδῶν ὑμῶν εἰς μαρτύριον αὐτοῖς.	**Lk 9,5** ⇧ Lk 10,10 ⇧ **Lk 10,11**	καὶ ὅσοι ἂν μὴ δέχωνται ὑμᾶς, ἐξερχόμενοι ἀπὸ τῆς πόλεως ἐκείνης **τὸν κονιορτὸν** ἀπὸ τῶν ποδῶν ὑμῶν ἀποτινάσσετε εἰς μαρτύριον ἐπ᾽ αὐτούς.	→ Acts 13,51 → Acts 18,6
002					**Lk 15,15**	καὶ πορευθεὶς **ἐκολλήθη** ἑνὶ τῶν πολιτῶν τῆς χώρας ἐκείνης, καὶ ἔπεμψεν αὐτὸν εἰς τοὺς ἀγροὺς αὐτοῦ βόσκειν χοίρους	

210	Mt 19,5	*... ἕνεκα τούτου καταλείψει ἄνθρωπος τὸν πατέρα καὶ τὴν μητέρα καὶ* ***κολληθήσεται*** *τῇ γυναικὶ αὐτοῦ, καὶ ἔσονται οἱ δύο εἰς σάρκα μίαν.* ➤ Gen 2,24 LXX	Mk 10,7	*ἕνεκεν τούτου καταλείψει ἄνθρωπος τὸν πατέρα αὐτοῦ καὶ τὴν μητέρα [καὶ* ***προσκολληθήσεται*** *πρὸς τὴν γυναῖκα αὐτοῦ],* [8] *καὶ ἔσονται οἱ δύο εἰς σάρκα μίαν· ...* ➤ Gen 2,24 LXX	

Acts 5,13 τῶν δὲ λοιπῶν οὐδεὶς ἐτόλμα **κολλᾶσθαι** αὐτοῖς, ἀλλ' ἐμεγάλυνεν αὐτοὺς ὁ λαός.

Acts 8,29 εἶπεν δὲ τὸ πνεῦμα τῷ Φιλίππῳ· πρόσελθε καὶ **κολλήθητι** τῷ ἅρματι τούτῳ.

Acts 9,26 παραγενόμενος δὲ εἰς Ἰερουσαλὴμ ἐπείραζεν **κολλᾶσθαι** τοῖς μαθηταῖς, καὶ πάντες ἐφοβοῦντο αὐτόν μὴ πιστεύοντες ὅτι ἐστὶν μαθητής.

Acts 10,28 ... ὑμεῖς ἐπίστασθε ὡς ἀθέμιτόν ἐστιν ἀνδρὶ Ἰουδαίῳ **κολλᾶσθαι** ἢ προσέρχεσθαι ἀλλοφύλῳ· ...

Acts 17,34 τινὲς δὲ ἄνδρες **κολληθέντες** αὐτῷ ἐπίστευσαν, ἐν οἷς καὶ Διονύσιος ὁ Ἀρεοπαγίτης καὶ γυνὴ ὀνόματι Δάμαρις καὶ ἕτεροι σὺν αὐτοῖς.

κολλυβιστής

Syn 2	Mt 1	Mk 1	Lk	Acts	Jn 1	1-3John	Paul	Eph	Col
NT 3	2Thess	1/2Tim	Tit	Heb	Jas	1Pet	2Pet	Jude	Rev

money-changer

	Mt		Mk		Lk		
221	Mt 21,12	καὶ εἰσῆλθεν Ἰησοῦς εἰς τὸ ἱερὸν καὶ ἐξέβαλεν πάντας τοὺς πωλοῦντας καὶ ἀγοράζοντας ἐν τῷ ἱερῷ, καὶ **τὰς τραπέζας τῶν κολλυβιστῶν** κατέστρεψεν καὶ τὰς καθέδρας τῶν πωλούντων τὰς περιστεράς	Mk 11,15	... καὶ εἰσελθὼν εἰς τὸ ἱερὸν ἤρξατο ἐκβάλλειν τοὺς πωλοῦντας καὶ τοὺς ἀγοράζοντας ἐν τῷ ἱερῷ, καὶ **τὰς τραπέζας τῶν κολλυβιστῶν** καὶ τὰς καθέδρας τῶν πωλούντων τὰς περιστερὰς κατέστρεψεν	Lk 19,45	καὶ εἰσελθὼν εἰς τὸ ἱερὸν ἤρξατο ἐκβάλλειν τοὺς πωλοῦντας	→ Jn 2,15 → Jn 2,14-16

κολοβόω

Syn 4	Mt 2	Mk 2	Lk	Acts	Jn	1-3John	Paul	Eph	Col
NT 4	2Thess	1/2Tim	Tit	Heb	Jas	1Pet	2Pet	Jude	Rev

shorten

220	Mt 24,22 (2)	καὶ εἰ **μὴ ἐκολοβώθησαν** αἱ ἡμέραι ἐκεῖναι, οὐκ ἂν ἐσώθη πᾶσα σάρξ· διὰ δὲ τοὺς ἐκλεκτοὺς	Mk 13,20 (2)	καὶ εἰ **μὴ ἐκολόβωσεν** κύριος τὰς ἡμέρας, οὐκ ἂν ἐσώθη πᾶσα σάρξ· ἀλλὰ διὰ τοὺς ἐκλεκτοὺς οὓς ἐξελέξατο	
220		**κολοβωθήσονται** αἱ ἡμέραι ἐκεῖναι.		**ἐκολόβωσεν** τὰς ἡμέρας.	

κόλπος

κόλπος	Syn 3	Mt	Mk	Lk 3	Acts 1	Jn 2	1-3John	Paul	Eph	Col
	NT 6	2Thess	1/2Tim	Tit	Heb	Jas	1Pet	2Pet	Jude	Rev

bosom; breast; chest; the fold of a garment; bay; gulf

			Lk	
002			**Lk 6,38** δίδοτε, καὶ δοθήσεται ὑμῖν· μέτρον καλὸν πεπιεσμένον σεσαλευμένον ὑπερεκχυννόμενον δώσουσιν **εἰς τὸν κόλπον ὑμῶν·** ...	
002			**Lk 16,22** ἐγένετο δὲ ἀποθανεῖν τὸν πτωχὸν καὶ ἀπενεχθῆναι αὐτὸν ὑπὸ τῶν ἀγγέλων **εἰς τὸν κόλπον Ἀβραάμ·** ἀπέθανεν δὲ καὶ ὁ πλούσιος καὶ ἐτάφη.	
002			**Lk 16,23** ... ὁρᾷ Ἀβραὰμ ἀπὸ μακρόθεν καὶ Λάζαρον **ἐν τοῖς κόλποις αὐτοῦ.**	

Acts 27,39 ὅτε δὲ ἡμέρα ἐγένετο, τὴν γῆν οὐκ ἐπεγίνωσκον, **κόλπον δέ τινα** κατενόουν ἔχοντα αἰγιαλὸν εἰς ὃν ἐβουλεύοντο εἰ δύναιντο ἐξῶσαι τὸ πλοῖον.

κομίζω

κομίζω	Syn 2	Mt 1	Mk	Lk 1	Acts	Jn	1-3John	Paul 1	Eph 1	Col 1
	NT 10	2Thess	1/2Tim	Tit	Heb 3	Jas	1Pet 2	2Pet	Jude	Rev

active: bring; *middle:* carry off; get (for oneself); receive; get back; recover

	Mt	Mk	Lk	
002	**Mt 26,7** προσῆλθεν αὐτῷ γυνὴ **ἔχουσα** ἀλάβαστρον μύρου βαρυτίμου ...	**Mk 14,3** ... ἦλθεν γυνὴ **ἔχουσα** ἀλάβαστρον μύρου νάρδου πιστικῆς πολυτελοῦς, ...	**Lk 7,37** καὶ ἰδοὺ γυνὴ ... **κομίσασα** ἀλάβαστρον μύρου	→ Jn 12,3
201	**Mt 25,27** ἔδει σε οὖν βαλεῖν τὰ ἀργύριά μου τοῖς τραπεζίταις, καὶ ἐλθὼν ἐγὼ **ἐκομισάμην** ἂν τὸ ἐμὸν σὺν τόκῳ.		**Lk 19,23** καὶ διὰ τί οὐκ ἔδωκάς μου τὸ ἀργύριον ἐπὶ τράπεζαν; κἀγὼ ἐλθὼν σὺν τόκῳ ἂν αὐτὸ **ἔπραξα.**	

κονιάω	Syn 1	Mt 1	Mk	Lk	Acts 1	Jn	1-3John	Paul	Eph	Col
	NT 2	2Thess	1/2Tim	Tit	Heb	Jas	1Pet	2Pet	Jude	Rev

whitewash

201	**Mt 23,27**	οὐαὶ ὑμῖν, γραμματεῖς καὶ Φαρισαῖοι ὑποκριταί, ὅτι παρομοιάζετε **τάφοις** **κεκονιαμένοις,** οἵτινες ἔξωθεν μὲν φαίνονται ὡραῖοι, ἔσωθεν δὲ γέμουσιν ὀστέων νεκρῶν καὶ πάσης ἀκαθαρσίας.			**Lk 11,44**	οὐαὶ ὑμῖν, ὅτι ἐστὲ **ὡς τὰ μνημεῖα** **τὰ ἄδηλα,** καὶ οἱ ἄνθρωποι [οἱ] περιπατοῦντες ἐπάνω οὐκ οἴδασιν.	

Acts 23,3 ... τύπτειν σε μέλλει
ὁ θεός,
τοῖχε κεκονιαμένε·
καὶ σὺ κάθῃ κρίνων με
κατὰ τὸν νόμον καὶ
παρανομῶν κελεύεις με
τύπτεσθαι;

κονιορτός	Syn 3	Mt 1	Mk	Lk 2	Acts 2	Jn	1-3John	Paul	Eph	Col
	NT 5	2Thess	1/2Tim	Tit	Heb	Jas	1Pet	2Pet	Jude	Rev

dust

112	**Mt 10,14**	καὶ ὃς ἂν μὴ δέξηται ὑμᾶς μηδὲ ἀκούσῃ τοὺς λόγους ὑμῶν, ἐξερχόμενοι ἔξω τῆς οἰκίας ἢ τῆς πόλεως ἐκείνης ἐκτινάξατε **τὸν κονιορτὸν** τῶν ποδῶν ὑμῶν.	**Mk 6,11**	καὶ ὃς ἂν τόπος μὴ δέξηται ὑμᾶς μηδὲ ἀκούσωσιν ὑμῶν, ἐκπορευόμενοι ἐκεῖθεν ἐκτινάξατε **τὸν χοῦν** τὸν ὑποκάτω τῶν ποδῶν ὑμῶν εἰς μαρτύριον αὐτοῖς.	**Lk 9,5** ⇩ Lk 10,10 ⇩ Lk 10,11	καὶ ὅσοι ἂν μὴ δέχωνται ὑμᾶς, ἐξερχόμενοι ἀπὸ τῆς πόλεως ἐκείνης **τὸν κονιορτὸν** ἀπὸ τῶν ποδῶν ὑμῶν ἀποτινάσσετε εἰς μαρτύριον ἐπ᾽ αὐτούς.	→ Acts 13,51 → Acts 18,6 Mk-Q overlap. Mt 10,14 counted as Q tradition.
202	**Mt 10,14**	καὶ ὃς ἂν μὴ δέξηται ὑμᾶς μηδὲ ἀκούσῃ τοὺς λόγους ὑμῶν, ἐξερχόμενοι ἔξω τῆς οἰκίας ἢ τῆς πόλεως ἐκείνης ἐκτινάξατε **τὸν κονιορτὸν** τῶν ποδῶν ὑμῶν.	**Mk 6,11**	καὶ ὃς ἂν τόπος μὴ δέξηται ὑμᾶς μηδὲ ἀκούσωσιν ὑμῶν, ἐκπορευόμενοι ἐκεῖθεν ἐκτινάξατε **τὸν χοῦν** τὸν ὑποκάτω τῶν ποδῶν ὑμῶν εἰς μαρτύριον αὐτοῖς.	**Lk 10,11** ⇧ Lk 9,5	[10] εἰς ἣν δ᾽ ἂν πόλιν εἰσέλθητε καὶ μὴ δέχωνται ὑμᾶς, ἐξελθόντες εἰς τὰς πλατείας αὐτῆς εἴπατε· [11] καὶ **τὸν κονιορτὸν** **τὸν κολληθέντα** ἡμῖν ἐκ τῆς πόλεως ὑμῶν εἰς τοὺς πόδας ἀπομασσόμεθα ὑμῖν· ...	→ Acts 13,51 → Acts 18,6 Mk-Q overlap

Acts 13,51 οἱ δὲ ἐκτιναξάμενοι
→ Mt 10,14 **τὸν κονιορτὸν**
→ Mk 6,11 **τῶν ποδῶν**
→ Lk 9,5 ἐπ᾽ αὐτοὺς ἦλθον
→ Lk 10,11 εἰς Ἰκόνιον

Acts 22,23 κραυγαζόντων τε αὐτῶν
καὶ ῥιπτούντων
τὰ ἱμάτια καὶ
κονιορτὸν
βαλλόντων εἰς τὸν ἀέρα

κοπάζω	Syn 3	Mt 1	Mk 2	Lk	Acts	Jn	1-3John	Paul	Eph	Col
	NT 3	2Thess	1/2Tim	Tit	Heb	Jas	1Pet	2Pet	Jude	Rev

abate; stop; rest; cease

	Mt		Mk		Lk		
121	Mt 8,26	... τότε ἐγερθεὶς ἐπετίμησεν τοῖς ἀνέμοις καὶ τῇ θαλάσσῃ, καὶ ἐγένετο γαλήνη μεγάλη.	Mk 4,39	καὶ διεγερθεὶς ἐπετίμησεν τῷ ἀνέμῳ καὶ εἶπεν τῇ θαλάσσῃ· σιώπα, πεφίμωσο. καὶ **ἐκόπασεν** ὁ ἄνεμος καὶ ἐγένετο γαλήνη μεγάλη.	Lk 8,24	... ὁ δὲ διεγερθεὶς ἐπετίμησεν τῷ ἀνέμῳ καὶ τῷ κλύδωνι τοῦ ὕδατος· καὶ **ἐπαύσαντο** καὶ ἐγένετο γαλήνη.	
220	Mt 14,32	καὶ ἀναβάντων αὐτῶν εἰς τὸ πλοῖον **ἐκόπασεν** ὁ ἄνεμος.	Mk 6,51	καὶ ἀνέβη πρὸς αὐτοὺς εἰς τὸ πλοῖον καὶ **ἐκόπασεν** ὁ ἄνεμος, ...			→ Jn 6,21

κοπιάω	Syn 4	Mt 2	Mk	Lk 2	Acts 1	Jn 3	1-3John	Paul 9	Eph 1	Col 1
	NT 23	2Thess	1/2Tim 3	Tit	Heb	Jas	1Pet	2Pet	Jude	Rev 1

become weary, tired; work hard; toil; strive; struggle

	Mt		Mk		Lk		
002					Lk 5,5	... ἐπιστάτα, δι' ὅλης νυκτὸς **κοπιάσαντες** οὐδὲν ἐλάβομεν· ...	→ Jn 21,3
202	Mt 6,28	... καταμάθετε τὰ κρίνα τοῦ ἀγροῦ πῶς αὐξάνουσιν· **οὐ κοπιῶσιν** οὐδὲ νήθουσιν·			Lk 12,27	κατανοήσατε τὰ κρίνα πῶς αὐξάνει· **οὐ κοπιᾷ** οὐδὲ νήθει· ...	→ GTh 36,2-3 (only POxy 655)
200	Mt 11,28	δεῦτε πρός με **πάντες οἱ κοπιῶντες** **καὶ πεφορτισμένοι,** κἀγὼ ἀναπαύσω ὑμᾶς.					→ GTh 90

Acts 20,35 πάντα ὑπέδειξα ὑμῖν
ὅτι οὕτως
κοπιῶντας
δεῖ ἀντιλαμβάνεσθαι
τῶν ἀσθενούντων, ...

κόπος	Syn 4	Mt 1	Mk 1	Lk 2	Acts	Jn 1	1-3John	Paul 10	Eph	Col
	NT 18	2Thess 1	1/2Tim	Tit	Heb	Jas	1Pet	2Pet	Jude	Rev 2

trouble; difficulty; work; labor; toil

	Mt		Mk		Lk		
002					Lk 11,7	κἀκεῖνος ἔσωθεν ἀποκριθεὶς εἴπῃ· μή μοι **κόπους** πάρεχε· ἤδη ἡ θύρα κέκλεισται ...	
002					Lk 18,5	διά γε τὸ παρέχειν μοι **κόπον** τὴν χήραν ταύτην ἐκδικήσω αὐτήν, ἵνα μὴ εἰς τέλος ἐρχομένη ὑπωπιάζῃ με.	

220	Mt 26,10	... τί **κόπους** παρέχετε τῇ γυναικί; ἔργον γὰρ καλὸν ἠργάσατο εἰς ἐμέ·	Mk 14,6	... ἄφετε αὐτήν· τί αὐτῇ **κόπους** παρέχετε; καλὸν ἔργον ἠργάσατο ἐν ἐμοί.			→ Jn 12,7

κοπρία	Syn 1	Mt	Mk	Lk 1	Acts	Jn	1-3John	Paul	Eph	Col
	NT 1	2Thess	1/2Tim	Tit	Heb	Jas	1Pet	2Pet	Jude	Rev

dung-heap; rubbish-heap

102	Mt 5,13	ὑμεῖς ἐστε τὸ ἅλας τῆς γῆς· ἐὰν δὲ τὸ ἅλας μωρανθῇ, ἐν τίνι ἁλισθήσεται; **εἰς οὐδὲν** ἰσχύει ἔτι εἰ μὴ βληθὲν ἔξω καταπατεῖσθαι ὑπὸ τῶν ἀνθρώπων.	Mk 9,50	καλὸν τὸ ἅλας· ἐὰν δὲ τὸ ἅλας ἄναλον γένηται, ἐν τίνι αὐτὸ ἀρτύσετε; ...	Lk 14,35	[34] καλὸν οὖν τὸ ἅλας· ἐὰν δὲ καὶ τὸ ἅλας μωρανθῇ, ἐν τίνι ἀρτυθήσεται; [35] **οὔτε εἰς γῆν οὔτε εἰς κοπρίαν** εὔθετόν ἐστιν, ἔξω βάλλουσιν αὐτό. ὁ ἔχων ὦτα ἀκούειν ἀκουέτω.	Mk-Q overlap

κόπριον	Syn 1	Mt	Mk	Lk 1	Acts	Jn	1-3John	Paul	Eph	Col
	NT 1	2Thess	1/2Tim	Tit	Heb	Jas	1Pet	2Pet	Jude	Rev

dung; manure

002					Lk 13,8	... κύριε, ἄφες αὐτὴν καὶ τοῦτο τὸ ἔτος, ἕως ὅτου σκάψω περὶ αὐτὴν καὶ βάλω **κόπρια**	

κόπτω	Syn 6	Mt 3	Mk 1	Lk 2	Acts	Jn	1-3John	Paul	Eph	Col
	NT 8	2Thess	1/2Tim	Tit	Heb	Jas	1Pet	2Pet	Jude	Rev 2

active: cut (off); *middle:* beat (one's breast); mourn (greatly)

	triple tradition																	double tradition			Sondergut		
		+Mt / +Lk			−Mt / −Lk			traditions not taken over by Mt / Lk							subtotals								
code	222	211	112	212	221	122	121	022	012	021	220	120	210	020	Σ^+	Σ^-	Σ	202	201	102	200	002	total
Mt		1^+			1										1^+		2		1				**3**
Mk					1												1						**1**
Lk			1^+		1^-										1^+	1^-	1					1	**2**

a κόπτομαι

a 201	Mt 11,17	... ηὐλήσαμεν ὑμῖν καὶ οὐκ ὠρχήσασθε, ἐθρηνήσαμεν καὶ **οὐκ ἐκόψασθε.**			Lk 7,32	... ηὐλήσαμεν ὑμῖν καὶ οὐκ ὠρχήσασθε· ἐθρηνήσαμεν καὶ **οὐκ ἐκλαύσατε.**	
a 112	Mt 9,23	... καὶ ἰδὼν τοὺς αὐλητὰς καὶ τὸν ὄχλον θορυβούμενον [24] ἔλεγεν· ἀναχωρεῖτε, ...	Mk 5,38	... καὶ θεωρεῖ θόρυβον καὶ κλαίοντας καὶ **ἀλαλάζοντας** πολλά, [39] καὶ εἰσελθὼν λέγει αὐτοῖς· τί θορυβεῖσθε καὶ κλαίετε; ...	Lk 8,52	ἔκλαιον δὲ πάντες καὶ **ἐκόπτοντο** αὐτήν. ὁ δὲ εἶπεν· μὴ κλαίετε, ...	

	Mt		Mk		Lk		
221	**Mt 21,8**	ὁ δὲ πλεῖστος ὄχλος ἔστρωσαν ἑαυτῶν τὰ ἱμάτια ἐν τῇ ὁδῷ, ἄλλοι δὲ **ἔκοπτον** κλάδους ἀπὸ τῶν δένδρων καὶ ἐστρώννυον ἐν τῇ ὁδῷ.	**Mk 11,8**	καὶ πολλοὶ τὰ ἱμάτια αὐτῶν ἔστρωσαν εἰς τὴν ὁδόν, ἄλλοι δὲ στιβάδας **κόψαντες** ἐκ τῶν ἀγρῶν.	**Lk 19,36**	πορευομένου δὲ αὐτοῦ ὑπεστρώννυον τὰ ἱμάτια αὐτῶν ἐν τῇ ὁδῷ.	→ Jn 12,13
a 211	**Mt 24,30**	καὶ τότε φανήσεται τὸ σημεῖον τοῦ υἱοῦ τοῦ ἀνθρώπου ἐν οὐρανῷ, καὶ τότε **κόψονται** πᾶσαι αἱ φυλαὶ τῆς γῆς καὶ ὄψονται *τὸν υἱὸν τοῦ ἀνθρώπου* *ἐρχόμενον ἐπὶ τῶν* *νεφελῶν τοῦ οὐρανοῦ* μετὰ δυνάμεως καὶ δόξης πολλῆς· ➤ Dan 7,13-14	**Mk 13,26**	καὶ τότε ὄψονται *τὸν υἱὸν τοῦ ἀνθρώπου* *ἐρχόμενον ἐν* *νεφέλαις* μετὰ δυνάμεως πολλῆς καὶ δόξης. ➤ Dan 7,13-14	**Lk 21,27**	καὶ τότε ὄψονται *τὸν υἱὸν τοῦ ἀνθρώπου* *ἐρχόμενον ἐν* *νεφέλῃ* μετὰ δυνάμεως καὶ δόξης πολλῆς. ➤ Dan 7,13-14	
a 002					**Lk 23,27**	ἠκολούθει δὲ αὐτῷ πολὺ πλῆθος τοῦ λαοῦ καὶ γυναικῶν αἳ **ἐκόπτοντο** καὶ ἐθρήνουν αὐτόν.	

κόραξ

Syn 1	Mt	Mk	Lk 1	Acts	Jn	1-3John	Paul	Eph	Col
NT 1	2Thess	1/2Tim	Tit	Heb	Jas	1Pet	2Pet	Jude	Rev

crow; raven

102	**Mt 6,26**	ἐμβλέψατε **εἰς τὰ πετεινὰ** **τοῦ οὐρανοῦ** ὅτι οὐ σπείρουσιν οὐδὲ θερίζουσιν οὐδὲ συνάγουσιν εἰς ἀποθήκας, ...	**Lk 12,24**	κατανοήσατε **τοὺς κόρακας** ὅτι οὐ σπείρουσιν οὐδὲ θερίζουσιν, οἷς οὐκ ἔστιν ταμεῖον οὐδὲ ἀποθήκη, ...	

κοράσιον

Syn 8	Mt 3	Mk 5	Lk	Acts	Jn	1-3John	Paul	Eph	Col
NT 8	2Thess	1/2Tim	Tit	Heb	Jas	1Pet	2Pet	Jude	Rev

girl

	triple tradition																	double tradition			Sondergut		
		+Mt / +Lk			–Mt / –Lk			traditions not taken over by Mt / Lk							subtotals								
code	*222*	*211*	*112*	*212*	*221*	*122*	*121*	*022*	*012*	*021*	*220*	*120*	*210*	*020*	Σ⁺	Σ⁻	Σ	*202*	*201*	*102*	*200*	*002*	total
Mt		1⁺			1		1⁻				1	1⁻			1⁺	2⁻	3						**3**
Mk					1		1				1	1		1			5						**5**
Lk					1⁻		1⁻									2⁻							

	Mt		Mk		Lk		
211	**Mt 9,24**	... ἀναχωρεῖτε, οὐ γὰρ ἀπέθανεν **τὸ κοράσιον** ἀλλὰ καθεύδει. ...	**Mk 5,39**	... τί θορυβεῖσθε καὶ κλαίετε; **τὸ παιδίον** οὐκ ἀπέθανεν ἀλλὰ καθεύδει.	**Lk 8,52**	... μὴ κλαίετε, οὐ γὰρ ἀπέθανεν ἀλλὰ καθεύδει.	

121	Mt 9,25	... ἐκράτησεν τῆς χειρὸς αὐτῆς,	Mk 5,41	καὶ κρατήσας τῆς χειρὸς τοῦ παιδίου λέγει αὐτῇ· ταλιθα κουμ, ὅ ἐστιν μεθερμηνευόμενον· **τὸ κοράσιον,** σοὶ λέγω, ἔγειρε.	Lk 8,54	αὐτὸς δὲ κρατήσας τῆς χειρὸς αὐτῆς ἐφώνησεν λέγων· **ἡ παῖς,** ἔγειρε.	
221		καὶ ἠγέρθη **τὸ κοράσιον.**	Mk 5,42	καὶ εὐθὺς ἀνέστη **τὸ κοράσιον** καὶ περιεπάτει· ...	Lk 8,55	καὶ ἐπέστρεψεν τὸ πνεῦμα αὐτῆς καὶ ἀνέστη παραχρῆμα ...	
	Mt 14,6	... ὠρχήσατο ἡ θυγάτηρ τῆς Ἡρῳδιάδος ἐν τῷ μέσῳ καὶ ἤρεσεν τῷ Ἡρῴδῃ	Mk 6,22	καὶ εἰσελθούσης τῆς θυγατρὸς αὐτοῦ Ἡρῳδιάδος καὶ ὀρχησαμένης ἤρεσεν τῷ Ἡρῴδῃ καὶ τοῖς συνανακειμένοις.			
020				εἶπεν ὁ βασιλεὺς **τῷ κορασίῳ·** αἴτησόν με ὃ ἐὰν θέλῃς, καὶ δώσω σοι·			
220	Mt 14,11	καὶ ἠνέχθη ἡ κεφαλὴ αὐτοῦ ἐπὶ πίνακι καὶ ἐδόθη **τῷ κορασίῳ,** καὶ	Mk 6,28 (2)	καὶ ἤνεγκεν τὴν κεφαλὴν αὐτοῦ ἐπὶ πίνακι καὶ ἔδωκεν αὐτὴν **τῷ κορασίῳ,** καὶ			
120		ἤνεγκεν τῇ μητρὶ αὐτῆς.		**τὸ κοράσιον** ἔδωκεν αὐτὴν τῇ μητρὶ αὐτῆς.			

κορβᾶν

	Syn	Mt	Mk	Lk	Acts	Jn	1-3John	Paul	Eph	Col
	1		1							
	NT	2Thess	1/2Tim	Tit	Heb	Jas	1Pet	2Pet	Jude	Rev
	1									

corban; a gift consecrated to God

120	Mt 15,5	ὑμεῖς δὲ λέγετε· ὃς ἂν εἴπῃ τῷ πατρὶ ἢ τῇ μητρί· δῶρον ὃ ἐὰν ἐξ ἐμοῦ ὠφεληθῇς	Mk 7,11	ὑμεῖς δὲ λέγετε· ἐὰν εἴπῃ ἄνθρωπος τῷ πατρὶ ἢ τῇ μητρί· **κορβᾶν,** ὅ ἐστιν δῶρον, ὃ ἐὰν ἐξ ἐμοῦ ὠφεληθῇς	

κορβανᾶς

	Syn	Mt	Mk	Lk	Acts	Jn	1-3John	Paul	Eph	Col
	1	1								
	NT	2Thess	1/2Tim	Tit	Heb	Jas	1Pet	2Pet	Jude	Rev
	1									

temple treasury

200	Mt 27,6	οἱ δὲ ἀρχιερεῖς λαβόντες τὰ ἀργύρια εἶπαν· οὐκ ἔξεστιν βαλεῖν αὐτὰ **εἰς τὸν κορβανᾶν,** ἐπεὶ τιμὴ αἵματός ἐστιν.	

κόρος	Syn 1	Mt	Mk	Lk 1	Acts	Jn	1-3John	Paul	Eph	Col
	NT 1	2Thess	1/2Tim	Tit	Heb	Jas	1Pet	2Pet	Jude	Rev

cor; kor (a measure of capacity for grain, flour, etc.); container

code	Mt		Mk		Lk		
002					Lk 16,7	... ὁ δὲ εἶπεν· **ἑκατὸν κόρους σίτου.** λέγει αὐτῷ· δέξαι σου τὰ γράμματα καὶ γράψον ὀγδοήκοντα.	

κοσμέω	Syn 5	Mt 3	Mk	Lk 2	Acts	Jn	1-3John	Paul	Eph	Col
	NT 10	2Thess	1/2Tim 1	Tit 1	Heb	Jas	1Pet 1	2Pet	Jude	Rev 2

put in order; adorn; decorate; make beautiful, attractive; do credit to

	triple tradition																	double tradition			Sonder-gut		
		+Mt / +Lk			–Mt / –Lk			traditions not taken over by Mt / Lk							subtotals								
code	222	211	112	212	221	122	121	022	012	021	220	120	210	020	Σ⁺	Σ⁻	Σ	202	201	102	200	002	total
Mt																		1	1		1		3
Mk																							
Lk			1^+												1^+		1	1					2

code	Mt		Mk		Lk		
202	Mt 12,44 → Mk 9,25	... εἰς τὸν οἶκόν μου ἐπιστρέψω ὅθεν ἐξῆλθον· καὶ ἐλθὸν εὑρίσκει σχολάζοντα σεσαρωμένον καὶ **κεκοσμημένον.**			Lk 11,25 → Mk 9,25	[24] ... ὑποστρέψω εἰς τὸν οἶκόν μου ὅθεν ἐξῆλθον· [25] καὶ ἐλθὸν εὑρίσκει σεσαρωμένον καὶ **κεκοσμημένον.**	
201	Mt 23,29	οὐαὶ ὑμῖν, γραμματεῖς καὶ Φαρισαῖοι ὑποκριταί, ὅτι οἰκοδομεῖτε τοὺς τάφους τῶν προφητῶν καὶ **κοσμεῖτε** τὰ μνημεῖα τῶν δικαίων			Lk 11,47	οὐαὶ ὑμῖν, ὅτι οἰκοδομεῖτε τὰ μνημεῖα τῶν προφητῶν, ...	
112	Mt 24,1	καὶ ἐξελθὼν ὁ Ἰησοῦς ἀπὸ τοῦ ἱεροῦ ἐπορεύετο, καὶ προσῆλθον οἱ μαθηταὶ αὐτοῦ ἐπιδεῖξαι αὐτῷ τὰς οἰκοδομὰς τοῦ ἱεροῦ.	Mk 13,1	καὶ ἐκπορευομένου αὐτοῦ ἐκ τοῦ ἱεροῦ λέγει αὐτῷ εἷς τῶν μαθητῶν αὐτοῦ· διδάσκαλε, ἴδε ποταποὶ λίθοι καὶ ποταπαὶ οἰκοδομαί.	Lk 21,5	καί τινων λεγόντων περὶ τοῦ ἱεροῦ ὅτι λίθοις καλοῖς καὶ ἀναθήμασιν **κεκόσμηται** ...	
200	Mt 25,7	τότε ἠγέρθησαν πᾶσαι αἱ παρθένοι ἐκεῖναι καὶ **ἐκόσμησαν** τὰς λαμπάδας ἑαυτῶν.					

κόσμος	Syn 14	Mt 9	Mk 2	Lk 3	Acts 1	Jn 78	1-3John 24	Paul 37	Eph 3	Col 4
	NT 185	2Thess	1/2Tim 3	Tit	Heb 5	Jas 5	1Pet 3	2Pet 5	Jude	Rev 3

adornment; adorning; the world; the (orderly) universe; earth; totality; sum total

	triple tradition																	double tradition			Sondergut		
		+Mt / +Lk			–Mt / –Lk			traditions not taken over by Mt / Lk							subtotals								
code	*222*	*211*	*112*	*212*	*221*	*122*	*121*	*022*	*012*	*021*	*220*	*120*	*210*	*020*	Σ⁺	Σ⁻	Σ	*202*	*201*	*102*	*200*	*002*	total
Mt	1	1⁺									1				1⁺		3		2		4		**9**
Mk	1										1						2						**2**
Lk	1																1			2			**3**

a ἀπὸ καταβολῆς κόσμου

code	Mt		Mk		Lk		
201	**Mt 4,8**	... δείκνυσιν αὐτῷ πάσας τὰς βασιλείας τοῦ κόσμου ...			**Lk 4,5**	... ἔδειξεν αὐτῷ πάσας τὰς βασιλείας τῆς οἰκουμένης ἐν στιγμῇ χρόνου	
200	**Mt 5,14**	ὑμεῖς ἐστε τὸ φῶς τοῦ κόσμου. οὐ δύναται πόλις κρυβῆναι ἐπάνω ὄρους κειμένη·					→ Jn 8,12 → GTh 32 (POxy 1)
a 200	**Mt 13,35**	ὅπως πληρωθῇ τὸ ῥηθὲν διὰ τοῦ προφήτου λέγοντος· *ἀνοίξω* *ἐν παραβολαῖς* *τὸ στόμα μου,* *ἐρεύξομαι κεκρυμμένα* *ἀπὸ καταβολῆς* [κόσμου]. ➤ Ps 78,2					
200	**Mt 13,38**	ὁ δὲ ἀγρός ἐστιν ὁ κόσμος, τὸ δὲ καλὸν σπέρμα, οὗτοί εἰσιν οἱ υἱοὶ τῆς βασιλείας· ...					
222	**Mt 16,26**	τί γὰρ ὠφεληθήσεται ἄνθρωπος ἐὰν τὸν κόσμον ὅλον κερδήσῃ τὴν δὲ ψυχὴν αὐτοῦ ζημιωθῇ; ...	**Mk 8,36**	τί γὰρ ὠφελεῖ ἄνθρωπον κερδῆσαι τὸν κόσμον ὅλον καὶ ζημιωθῆναι τὴν ψυχὴν αὐτοῦ;	**Lk 9,25**	τί γὰρ ὠφελεῖται ἄνθρωπος κερδήσας τὸν κόσμον ὅλον ἑαυτὸν δὲ ἀπολέσας ἢ ζημιωθείς;	
201	**Mt 18,7**	οὐαὶ τῷ κόσμῳ ἀπὸ τῶν σκανδάλων· ἀνάγκη γὰρ ἐλθεῖν τὰ σκάνδαλα, πλὴν οὐαὶ τῷ ἀνθρώπῳ δι' οὗ τὸ σκάνδαλον ἔρχεται.			**Lk 17,1**	... ἀνένδεκτόν ἐστιν τοῦ τὰ σκάνδαλα μὴ ἐλθεῖν, πλὴν οὐαὶ δι' οὗ ἔρχεται·	
a 102	**Mt 23,35**	ὅπως ἔλθῃ ἐφ' ὑμᾶς πᾶν αἷμα δίκαιον ἐκχυννόμενον ἐπὶ τῆς γῆς ἀπὸ τοῦ αἵματος Ἅβελ τοῦ δικαίου ...			**Lk 11,50**	ἵνα ἐκζητηθῇ τὸ αἷμα πάντων τῶν προφητῶν τὸ ἐκκεχυμένον ἀπὸ καταβολῆς κόσμου ἀπὸ τῆς γενεᾶς ταύτης, [51] ἀπὸ αἵματος Ἅβελ ...	

	Mt		Mk		Lk		
102	**Mt 6,32** → Mt 6,8	πάντα γὰρ ταῦτα **τὰ ἔθνη** ἐπιζητοῦσιν· οἶδεν γὰρ ὁ πατὴρ ὑμῶν ὁ οὐράνιος ὅτι χρῄζετε τούτων ἁπάντων.			**Lk 12,30**	ταῦτα γὰρ πάντα **τὰ ἔθνη τοῦ κόσμου** ἐπιζητοῦσιν, ὑμῶν δὲ ὁ πατὴρ οἶδεν ὅτι χρῄζετε τούτων.	
211	**Mt 24,21**	ἔσται γὰρ τότε θλῖψις μεγάλη οἵα οὐ γέγονεν **ἀπ᾽ ἀρχῆς κόσμου** ἕως τοῦ νῦν οὐδ᾽ οὐ μὴ γένηται.	**Mk 13,19**	ἔσονται γὰρ αἱ ἡμέραι ἐκεῖναι θλῖψις οἵα οὐ γέγονεν τοιαύτη **ἀπ᾽ ἀρχῆς κτίσεως** ἣν ἔκτισεν ὁ θεὸς ἕως τοῦ νῦν καὶ οὐ μὴ γένηται.	**Lk 21,23**	... ἔσται γὰρ ἀνάγκη μεγάλη ἐπὶ τῆς γῆς καὶ ὀργὴ τῷ λαῷ τούτῳ	
a 200	**Mt 25,34**	... δεῦτε, οἱ εὐλογημένοι τοῦ πατρός μου, κληρονομήσατε τὴν ἡτοιμασμένην ὑμῖν βασιλείαν **ἀπὸ καταβολῆς** **κόσμου·**					
220	**Mt 26,13**	... ὅπου ἐὰν κηρυχθῇ τὸ εὐαγγέλιον τοῦτο **ἐν ὅλῳ τῷ κόσμῳ,** λαληθήσεται καὶ ὃ ἐποίησεν αὕτη εἰς μνημόσυνον αὐτῆς.	**Mk 14,9**	... ὅπου ἐὰν κηρυχθῇ τὸ εὐαγγέλιον **εἰς ὅλον τὸν κόσμον,** καὶ ὃ ἐποίησεν αὕτη λαληθήσεται εἰς μνημόσυνον αὐτῆς.			

Acts 17,24 ὁ θεὸς ὁ ποιήσας
τὸν κόσμον
καὶ πάντα τὰ ἐν αὐτῷ,
οὗτος οὐρανοῦ καὶ γῆς
ὑπάρχων κύριος οὐκ
ἐν χειροποιήτοις ναοῖς
κατοικεῖ

κουμ	Syn 1	Mt	Mk 1	Lk	Acts	Jn	1-3John	Paul	Eph	Col
	NT 1	2Thess	1/2Tim	Tit	Heb	Jas	1Pet	2Pet	Jude	Rev

Aramaic: stand up

	Mt		Mk		Lk		
121	**Mt 9,25**	... ἐκράτησεν τῆς χειρὸς αὐτῆς, ...	**Mk 5,41**	καὶ κρατήσας τῆς χειρὸς τοῦ παιδίου λέγει αὐτῇ· ταλιθα **κουμ,** ὅ ἐστιν μεθερμηνευόμενον· τὸ κοράσιον, σοὶ λέγω, ἔγειρε.	**Lk 8,54**	αὐτὸς δὲ κρατήσας τῆς χειρὸς αὐτῆς ἐφώνησεν λέγων· ἡ παῖς, ἔγειρε.	

κουστωδία	Syn 3	Mt 3	Mk	Lk	Acts	Jn	1-3John	Paul	Eph	Col
	NT 3	2Thess	1/2Tim	Tit	Heb	Jas	1Pet	2Pet	Jude	Rev

guard

	Mt		Mk		Lk		
200	**Mt 27,65**	ἔφη αὐτοῖς ὁ Πιλᾶτος· ἔχετε **κουστωδίαν·** ὑπάγετε ἀσφαλίσασθε ὡς οἴδατε.					

code	Mt		Mk		Lk		
200	**Mt 27,66**	οἱ δὲ πορευθέντες ἠσφαλίσαντο τὸν τάφον σφραγίσαντες τὸν λίθον **μετὰ τῆς κουστωδίας.**					
200	**Mt 28,11**	πορευομένων δὲ αὐτῶν ἰδού **τινες τῆς κουστωδίας** ἐλθόντες εἰς τὴν πόλιν ἀπήγγειλαν τοῖς ἀρχιερεῦσιν ἅπαντα τὰ γενόμενα.					

κόφινος	Syn	Mt	Mk	Lk	Acts	Jn	1-3John	Paul	Eph	Col
	5	2	2	1		1				
	NT	2Thess	1/2Tim	Tit	Heb	Jas	1Pet	2Pet	Jude	Rev
	6									

basket

code	Mt		Mk		Lk		
222	**Mt 14,20** → Mt 15,37	... καὶ ἦραν τὸ περισσεῦον τῶν κλασμάτων **δώδεκα κοφίνους πλήρεις.**	**Mk 6,43** → Mk 8,8	καὶ ἦραν κλάσματα **δώδεκα κοφίνων πληρώματα** καὶ ἀπὸ τῶν ἰχθύων.	**Lk 9,17**	... καὶ ἤρθη τὸ περισσεῦσαν αὐτοῖς κλασμάτων **κόφινοι δώδεκα.**	→ Jn 6,13
220	**Mt 16,9**	... οὐδὲ μνημονεύετε τοὺς πέντε ἄρτους τῶν πεντακισχιλίων καὶ **πόσους κοφίνους** ἐλάβετε;	**Mk 8,19**	[18] ... οὐ μνημονεύετε, [19] ὅτε τοὺς πέντε ἄρτους ἔκλασα εἰς τοὺς πεντακισχιλίους, **πόσους κοφίνους κλασμάτων πλήρεις** ἤρατε; λέγουσιν αὐτῷ· δώδεκα.			

κράβαττος	Syn	Mt	Mk	Lk	Acts	Jn	1-3John	Paul	Eph	Col
	5		5		2	4				
	NT	2Thess	1/2Tim	Tit	Heb	Jas	1Pet	2Pet	Jude	Rev
	11									

mattress; pallet; bed

	triple tradition																	double tradition			Sondergut		
		+Mt / +Lk			–Mt / –Lk			traditions not taken over by Mt / Lk							subtotals								
code	222	211	112	212	221	122	121	022	012	021	220	120	210	020	Σ+	Σ–	Σ	202	201	102	200	002	total
Mt							3^-					1^-				4^-							
Mk							3			1		1					5						5
Lk							3^-			1^-						4^-							

code	Mt		Mk		Lk		
021			**Mk 2,4**	καὶ μὴ δυνάμενοι προσενέγκαι αὐτῷ διὰ τὸν ὄχλον ἀπεστέγασαν τὴν στέγην ὅπου ἦν, καὶ ἐξορύξαντες χαλῶσι **τὸν κράβαττον** ὅπου ὁ παραλυτικὸς κατέκειτο.	**Lk 5,19**	καὶ μὴ εὑρόντες ποίας εἰσενέγκωσιν αὐτὸν διὰ τὸν ὄχλον, ἀναβάντες ἐπὶ τὸ δῶμα διὰ τῶν κεράμων καθῆκαν αὐτὸν **σὺν τῷ κλινιδίῳ** εἰς τὸ μέσον ἔμπροσθεν τοῦ Ἰησοῦ.	

code	Mt		Mk		Lk		
121	Mt 9,5	τί γάρ ἐστιν εὐκοπώτερον, εἰπεῖν· ἀφίενταί σου αἱ ἁμαρτίαι, ἢ εἰπεῖν· ἔγειρε καὶ περιπάτει;	Mk 2,9	τί ἐστιν εὐκοπώτερον, εἰπεῖν τῷ παραλυτικῷ· ἀφίενταί σου αἱ ἁμαρτίαι, ἢ εἰπεῖν· ἔγειρε καὶ ἆρον **τὸν κράβαττόν σου** καὶ περιπάτει;	Lk 5,23	τί ἐστιν εὐκοπώτερον, εἰπεῖν· ἀφέωνταί σοι αἱ ἁμαρτίαι σου, ἢ εἰπεῖν· ἔγειρε καὶ περιπάτει;	
121	Mt 9,6	... ἐγερθεὶς ἆρόν **σου τὴν κλίνην** καὶ ὕπαγε εἰς τὸν οἶκόν σου.	Mk 2,11	σοὶ λέγω, ἔγειρε ἆρον **τὸν κράβαττόν σου** καὶ ὕπαγε εἰς τὸν οἶκόν σου.	Lk 5,24	... σοὶ λέγω, ἔγειρε καὶ ἄρας **τὸ κλινίδιόν σου** πορεύου εἰς τὸν οἶκόν σου.	→ Jn 5,8
121	Mt 9,7	καὶ ἐγερθεὶς ἀπῆλθεν εἰς τὸν οἶκον αὐτοῦ.	Mk 2,12	καὶ ἠγέρθη καὶ εὐθὺς ἄρας **τὸν κράβαττον** ἐξῆλθεν ἔμπροσθεν πάντων, ...	Lk 5,25	καὶ παραχρῆμα ἀναστὰς ἐνώπιον αὐτῶν, ἄρας **ἐφ' ὃ κατέκειτο,** ἀπῆλθεν εἰς τὸν οἶκον αὐτοῦ ...	→ Jn 5,9
120	Mt 14,35	... καὶ προσήνεγκαν αὐτῷ πάντας τοὺς κακῶς ἔχοντας	Mk 6,55	... καὶ ἤρξαντο **ἐπὶ τοῖς κραβάττοις** τοὺς κακῶς ἔχοντας περιφέρειν ὅπου ἤκουον ὅτι ἐστίν.			

Acts 5,15	ὥστε καὶ εἰς τὰς πλατείας ἐκφέρειν τοὺς ἀσθενεῖς καὶ τιθέναι **ἐπὶ κλιναρίων καὶ κραβάττων,** ἵνα ἐρχομένου Πέτρου κἂν ἡ σκιὰ ἐπισκιάσῃ τινὶ αὐτῶν.	Acts 9,33	εὗρεν δὲ ἐκεῖ ἄνθρωπόν τινα ὀνόματι Αἰνέαν ἐξ ἐτῶν ὀκτὼ κατακείμενον **ἐπὶ κραβάττου,** ὃς ἦν παραλελυμένος.

κράζω	Syn 25	Mt 12	Mk 10	Lk 3	Acts 11	Jn 4	1-3John	Paul 3	Eph	Col
	NT 55	2Thess	1/2Tim	Tit	Heb	Jas 1	1Pet	2Pet	Jude	Rev 11

cry out; scream; shriek; call; call out

	triple tradition																	double tradition			Sondergut		
		+Mt / +Lk			–Mt / –Lk			traditions not taken over by Mt / Lk							subtotals								
code	222	211	112	212	221	122	121	022	012	021	220	120	210	020	Σ⁺	Σ⁻	Σ	202	201	102	200	002	total
Mt	1	1⁺			4		2⁻						2⁺		3⁺	2⁻	8				4		**12**
Mk	1				4		2			2				1			10						**10**
Lk	1		1⁺		4⁻		2⁻			2⁻					1⁺	8⁻	2					1	**3**

code	Mt		Mk		Lk		
021			Mk 3,11 → Mk 1,34 → Lk 6,18	καὶ τὰ πνεύματα τὰ ἀκάθαρτα, ὅταν αὐτὸν ἐθεώρουν, προσέπιπτον αὐτῷ καὶ **ἔκραζον** λέγοντες ὅτι σὺ εἶ ὁ υἱὸς τοῦ θεοῦ.	Lk 4,41	ἐξήρχετο δὲ καὶ δαιμόνια ἀπὸ πολλῶν **κρ[αυγ]άζοντα** καὶ λέγοντα ὅτι σὺ εἶ ὁ υἱὸς τοῦ θεοῦ. ...	
021			Mk 5,5	καὶ διὰ παντὸς νυκτὸς καὶ ἡμέρας ἐν τοῖς μνήμασιν καὶ ἐν τοῖς ὄρεσιν ἦν **κράζων** καὶ κατακόπτων ἑαυτὸν λίθοις.	Lk 8,29	... ἠλαύνετο ὑπὸ τοῦ δαιμονίου εἰς τὰς ἐρήμους.	

221	**Mt 8,29**	καὶ ἰδοὺ **ἔκραξαν** λέγοντες· τί ἡμῖν καὶ σοί, υἱὲ τοῦ θεοῦ; ἦλθες ὧδε πρὸ καιροῦ βασανίσαι ἡμᾶς;	**Mk 5,7** → Mk 1,23-24	[6] καὶ ἰδὼν τὸν Ἰησοῦν ἀπὸ μακρόθεν ἔδραμεν καὶ προσεκύνησεν αὐτῷ [7] καὶ **κράξας** φωνῇ μεγάλῃ λέγει· τί ἐμοὶ καὶ σοί, Ἰησοῦ υἱὲ τοῦ θεοῦ τοῦ ὑψίστου; ὁρκίζω σε τὸν θεόν, μή με βασανίσῃς.	**Lk 8,28** → Lk 4,33-34	ἰδὼν δὲ τὸν Ἰησοῦν **ἀνακράξας** προσέπεσεν αὐτῷ καὶ φωνῇ μεγάλῃ εἶπεν· τί ἐμοὶ καὶ σοί, Ἰησοῦ υἱὲ τοῦ θεοῦ τοῦ ὑψίστου; δέομαί σου, μή με βασανίσῃς.	
200	**Mt 9,27** ⇩ Mt 20,30	καὶ παράγοντι ἐκεῖθεν τῷ Ἰησοῦ ἠκολούθησαν [αὐτῷ] δύο τυφλοὶ **κράζοντες** καὶ λέγοντες· ἐλέησον ἡμᾶς, υἱὸς Δαυίδ.	**Mk 10,47**	[46] ... ὁ υἱὸς Τιμαίου Βαρτιμαῖος, τυφλὸς προσαίτης, ἐκάθητο παρὰ τὴν ὁδόν. [47] καὶ ἀκούσας ὅτι Ἰησοῦς ὁ Ναζαρηνός ἐστιν ἤρξατο **κράζειν** καὶ λέγειν· υἱὲ Δαυὶδ Ἰησοῦ, ἐλέησόν με.	**Lk 18,38**	[35] ... τυφλός τις ἐκάθητο παρὰ τὴν ὁδὸν ἐπαιτῶν. [36] ... [37] ἀπήγγειλαν δὲ αὐτῷ ὅτι Ἰησοῦς ὁ Ναζωραῖος παρέρχεται. [38] καὶ **ἐβόησεν** λέγων· Ἰησοῦ υἱὲ Δαυίδ, ἐλέησόν με.	
210	**Mt 14,26**	οἱ δὲ μαθηταὶ ἰδόντες αὐτὸν ἐπὶ τῆς θαλάσσης περιπατοῦντα ἐταράχθησαν λέγοντες ὅτι φάντασμά ἐστιν, καὶ ἀπὸ τοῦ φόβου **ἔκραξαν.**	**Mk 6,49**	οἱ δὲ ἰδόντες αὐτὸν ἐπὶ τῆς θαλάσσης περιπατοῦντα ἔδοξαν ὅτι φάντασμά ἐστιν, καὶ **ἀνέκραξαν·** [50] πάντες γὰρ αὐτὸν εἶδον καὶ ἐταράχθησαν. ...			→ Jn 6,19
200	**Mt 14,30**	βλέπων δὲ τὸν ἄνεμον [ἰσχυρὸν] ἐφοβήθη, καὶ ἀρξάμενος καταποντίζεσθαι **ἔκραξεν** λέγων· κύριε, σῶσόν με.					
210	**Mt 15,22** → Mk 7,24	καὶ ἰδοὺ γυνὴ Χαναναία ἀπὸ τῶν ὁρίων ἐκείνων ἐξελθοῦσα **ἔκραζεν** λέγουσα· ἐλέησόν με, κύριε υἱὸς Δαυίδ· ἡ θυγάτηρ μου κακῶς δαιμονίζεται.	**Mk 7,25**	ἀλλ' εὐθὺς ἀκούσασα γυνὴ περὶ αὐτοῦ, ἧς εἶχεν τὸ θυγάτριον αὐτῆς πνεῦμα ἀκάθαρτον, ... [26] ἡ δὲ γυνὴ ἦν Ἑλληνίς, Συροφοινίκισσα τῷ γένει· ...			
200	**Mt 15,23**	ὁ δὲ οὐκ ἀπεκρίθη αὐτῇ λόγον. καὶ προσελθόντες οἱ μαθηταὶ αὐτοῦ ἠρώτουν αὐτὸν λέγοντες· ἀπόλυσον αὐτήν, ὅτι **κράζει** ὄπισθεν ἡμῶν.					
112	**Mt 17,15**	... σεληνιάζεται καὶ κακῶς πάσχει· ...	**Mk 9,18**	[17] ... ἔχοντα πνεῦμα ἄλαλον· [18] καὶ ὅπου ἐὰν αὐτὸν καταλάβῃ ῥήσσει αὐτόν, καὶ ἀφρίζει καὶ τρίζει τοὺς ὀδόντας καὶ ξηραίνεται· ...	**Lk 9,39**	καὶ ἰδοὺ πνεῦμα λαμβάνει αὐτὸν καὶ ἐξαίφνης **κράζει** καὶ σπαράσσει αὐτὸν μετὰ ἀφροῦ καὶ μόγις ἀποχωρεῖ ἀπ' αὐτοῦ συντρῖβον αὐτόν·	
020			**Mk 9,24**	εὐθὺς **κράξας** ὁ πατὴρ τοῦ παιδίου ἔλεγεν· πιστεύω· βοήθει μου τῇ ἀπιστίᾳ.			

121	Mt 17,18	καὶ ἐπετίμησεν αὐτῷ ὁ Ἰησοῦς καὶ ἐξῆλθεν ἀπ' αὐτοῦ τὸ δαιμόνιον καὶ ἐθεραπεύθη ὁ παῖς ἀπὸ τῆς ὥρας ἐκείνης.	Mk 9,26	[25] ... ἐπετίμησεν τῷ πνεύματι τῷ ἀκαθάρτῳ ... [26] καὶ **κράξας** καὶ πολλὰ σπαράξας ἐξῆλθεν· καὶ ἐγένετο ὡσεὶ νεκρός, ὥστε τοὺς πολλοὺς λέγειν ὅτι ἀπέθανεν. [27] ὁ δὲ Ἰησοῦς κρατήσας τῆς χειρὸς αὐτοῦ ἤγειρεν αὐτόν, καὶ ἀνέστη.	Lk 9,42	... ἐπετίμησεν δὲ ὁ Ἰησοῦς τῷ πνεύματι τῷ ἀκαθάρτῳ καὶ ἰάσατο τὸν παῖδα καὶ ἀπέδωκεν αὐτὸν τῷ πατρὶ αὐτοῦ.	
221	Mt 20,30 ⇑ Mt 9,27	καὶ ἰδοὺ δύο τυφλοὶ καθήμενοι παρὰ τὴν ὁδόν ἀκούσαντες ὅτι Ἰησοῦς παράγει, **ἔκραξαν** λέγοντες· ἐλέησον ἡμᾶς, [κύριε,] υἱὸς Δαυίδ.	Mk 10,47	[46] ... ὁ υἱὸς Τιμαίου Βαρτιμαῖος, τυφλὸς προσαίτης, ἐκάθητο παρὰ τὴν ὁδόν. [47] καὶ ἀκούσας ὅτι Ἰησοῦς ὁ Ναζαρηνός ἐστιν ἤρξατο **κράζειν** καὶ λέγειν· υἱὲ Δαυὶδ Ἰησοῦ, ἐλέησόν με.	Lk 18,38	[35] ... τυφλός τις ἐκάθητο παρὰ τὴν ὁδὸν ἐπαιτῶν. [36] ἀκούσας δὲ ὄχλου διαπορευομένου ἐπυνθάνετο τί εἴη τοῦτο. [37] ἀπήγγειλαν δὲ αὐτῷ ὅτι Ἰησοῦς ὁ Ναζωραῖος παρέρχεται. [38] καὶ **ἐβόησεν** λέγων· Ἰησοῦ υἱὲ Δαυίδ, ἐλέησόν με.	
222	Mt 20,31	ὁ δὲ ὄχλος ἐπετίμησεν αὐτοῖς ἵνα σιωπήσωσιν· οἱ δὲ μεῖζον **ἔκραξαν** λέγοντες· ἐλέησον ἡμᾶς, κύριε, υἱὸς Δαυίδ.	Mk 10,48	 καὶ ἐπετίμων αὐτῷ πολλοὶ ἵνα σιωπήσῃ· ὁ δὲ πολλῷ μᾶλλον **ἔκραζεν·** υἱὲ Δαυίδ, ἐλέησόν με.	Lk 18,39	καὶ οἱ προάγοντες ἐπετίμων αὐτῷ ἵνα σιγήσῃ, αὐτὸς δὲ πολλῷ μᾶλλον **ἔκραζεν·** υἱὲ Δαυίδ, ἐλέησόν με.	
221	Mt 21,9	οἱ δὲ ὄχλοι οἱ προάγοντες αὐτὸν καὶ οἱ ἀκολουθοῦντες **ἔκραζον** λέγοντες· *ὡσαννὰ* τῷ υἱῷ Δαυίδ· *εὐλογημένος* *ὁ ἐρχόμενος* *ἐν ὀνόματι κυρίου·* ... ➤ Ps 118,25-26	Mk 11,9	καὶ οἱ προάγοντες καὶ οἱ ἀκολουθοῦντες **ἔκραζον·** *ὡσαννά·* *εὐλογημένος* *ὁ ἐρχόμενος* *ἐν ὀνόματι κυρίου·* ➤ Ps 118,25-26	Lk 19,37	... ἤρξαντο ἅπαν τὸ πλῆθος τῶν μαθητῶν χαίροντες αἰνεῖν τὸν θεὸν φωνῇ μεγάλῃ περὶ πασῶν ὧν εἶδον δυνάμεων, [38] λέγοντες· *εὐλογημένος* *ὁ ἐρχόμενος*, ὁ βασιλεὺς *ἐν ὀνόματι κυρίου·* ... ➤ Ps 118,26	→ Jn 12,13
002					Lk 19,40 ↓ Mt 21,15 → Mt 21,16	... λέγω ὑμῖν, ἐὰν οὗτοι σιωπήσουσιν, οἱ λίθοι **κράξουσιν.**	
200	Mt 21,15 → Lk 19,39 ↑ Lk 19,40	ἰδόντες δὲ οἱ ἀρχιερεῖς καὶ οἱ γραμματεῖς τὰ θαυμάσια ἃ ἐποίησεν καὶ τοὺς παῖδας τοὺς **κράζοντας** ἐν τῷ ἱερῷ καὶ λέγοντας· ὡσαννὰ τῷ υἱῷ Δαυίδ, ἠγανάκτησαν					
121	Mt 27,22	 ... **λέγουσιν** πάντες· σταυρωθήτω.	Mk 15,13	οἱ δὲ πάλιν **ἔκραξαν·** σταύρωσον αὐτόν.	Lk 23,21	οἱ δὲ **ἐπεφώνουν λέγοντες·** σταύρου, σταύρου αὐτόν.	→ Jn 19,6
221	Mt 27,23	... οἱ δὲ περισσῶς **ἔκραζον** λέγοντες· σταυρωθήτω.	Mk 15,14	... οἱ δὲ περισσῶς **ἔκραξαν·** σταύρωσον αὐτόν.	Lk 23,23	οἱ δὲ ἐπέκειντο **φωναῖς μεγάλαις** **αἰτούμενοι** αὐτὸν σταυρωθῆναι, καὶ κατίσχυον αἱ φωναὶ αὐτῶν.	→ Jn 19,15

	Mt		Mk		Lk		
211	Mt 27,50	ὁ δὲ Ἰησοῦς πάλιν **κράξας** φωνῇ μεγάλῃ ἀφῆκεν τὸ πνεῦμα.	Mk 15,37	ὁ δὲ Ἰησοῦς **ἀφεὶς** φωνὴν μεγάλην ἐξέπνευσεν.	Lk 23,46	καὶ **φωνήσας** φωνῇ μεγάλῃ ὁ Ἰησοῦς εἶπεν· πάτερ, *εἰς χεῖράς* *σου παρατίθεμαι τὸ* *πνεῦμά μου.* τοῦτο δὲ εἰπὼν ἐξέπνευσεν. ➤ Ps 31,6	→ Jn 19,30 → Acts 7,59 **→ Acts 7,60**

Acts 7,57 **κράξαντες** δὲ φωνῇ μεγάλῃ συνέσχον τὰ ὦτα αὐτῶν καὶ ὥρμησαν ὁμοθυμαδὸν ἐπ᾽ αὐτόν

Acts 7,60 [[→ Lk 23,34a]] **→ Mt 27,50** → Mk 15,37 → Lk 23,46 θεὶς δὲ τὰ γόνατα **ἔκραξεν** φωνῇ μεγάλῃ· κύριε, μὴ στήσῃς αὐτοῖς ταύτην τὴν ἁμαρτίαν. ...

Acts 14,14 ... Βαρναβᾶς καὶ Παῦλος διαρρήξαντες τὰ ἱμάτια αὐτῶν ἐξεπήδησαν εἰς τὸν ὄχλον **κράζοντες** [15] καὶ λέγοντες· ἄνδρες, τί ταῦτα ποιεῖτε; ...

Acts 16,17 αὕτη κατακολουθοῦσα τῷ Παύλῳ καὶ ἡμῖν **ἔκραζεν** λέγουσα· οὗτοι οἱ ἄνθρωποι δοῦλοι τοῦ θεοῦ τοῦ ὑψίστου εἰσίν, ...

Acts 19,28 ἀκούσαντες δὲ καὶ γενόμενοι πλήρεις θυμοῦ **ἔκραζον** λέγοντες· μεγάλη ἡ Ἄρτεμις Ἐφεσίων.

Acts 19,32 ἄλλοι μὲν οὖν ἄλλο τι **ἔκραζον**· ἦν γὰρ ἡ ἐκκλησία συγκεχυμένη ...

Acts 19,34 ἐπιγνόντες δὲ ὅτι Ἰουδαῖός ἐστιν, φωνὴ ἐγένετο μία ἐκ πάντων ὡς ἐπὶ ὥρας δύο **κραζόντων**· μεγάλη ἡ Ἄρτεμις Ἐφεσίων.

Acts 21,28 [27] ... οἱ ἀπὸ τῆς Ἀσίας Ἰουδαῖοι θεασάμενοι αὐτὸν ἐν τῷ ἱερῷ ... [28] **κράζοντες**· ἄνδρες Ἰσραηλῖται, βοηθεῖτε· ...

Acts 21,36 → Lk 23,18 ἠκολούθει γὰρ τὸ πλῆθος τοῦ λαοῦ **κράζοντες**· αἶρε αὐτόν.

Acts 23,6 γνοὺς δὲ ὁ Παῦλος ὅτι τὸ ἓν μέρος ἐστὶν Σαδδουκαίων τὸ δὲ ἕτερον Φαρισαίων **ἔκραζεν** ἐν τῷ συνεδρίῳ· ἄνδρες ἀδελφοί, ἐγὼ Φαρισαῖός εἰμι, υἱὸς Φαρισαίων, περὶ ἐλπίδος καὶ ἀναστάσεως νεκρῶν [ἐγὼ] κρίνομαι.

Acts 24,21 ἢ περὶ μιᾶς ταύτης φωνῆς ἧς **ἐκέκραξα** ἐν αὐτοῖς ἑστὼς ὅτι περὶ ἀναστάσεως νεκρῶν ἐγὼ κρίνομαι σήμερον ἐφ᾽ ὑμῶν.

κραιπάλη	Syn 1	Mt	Mk	Lk 1	Acts	Jn	1-3John	Paul	Eph	Col
	NT 1	2Thess	1/2Tim	Tit	Heb	Jas	1Pet	2Pet	Jude	Rev

carousing; intoxication

	Mt	Mk	Lk		
002			Lk 21,34 → Mt 24,49 → Lk 12,45 → Mk 13,33 → Mk 13,36	προσέχετε δὲ ἑαυτοῖς μήποτε βαρηθῶσιν ὑμῶν αἱ καρδίαι **ἐν κραιπάλῃ** καὶ μέθῃ καὶ μερίμναις βιωτικαῖς ...	

Κρανίον	Syn 3	Mt 1	Mk 1	Lk 1	Acts	Jn 1	1-3John	Paul	Eph	Col
	NT 4	2Thess	1/2Tim	Tit	Heb	Jas	1Pet	2Pet	Jude	Rev

skull

	Mt		Mk		Lk		
222	Mt 27,33	καὶ ἐλθόντες εἰς τόπον λεγόμενον Γολγοθᾶ, ὅ ἐστιν **Κρανίου Τόπος** λεγόμενος	Mk 15,22	καὶ φέρουσιν αὐτὸν ἐπὶ τὸν Γολγοθᾶν τόπον, ὅ ἐστιν μεθερμηνευόμενον **Κρανίου Τόπος.**	Lk 23,33	καὶ ὅτε ἦλθον ἐπὶ τὸν τόπον τὸν καλούμενον **Κρανίον, ...**	**→ Jn 19,17**

κράσπεδον

Syn 5	Mt 3	Mk 1	Lk 1	Acts	Jn	1-3John	Paul	Eph	Col	
NT 5	2Thess	1/2Tim	Tit	Heb	Jas	1Pet	2Pet	Jude	Rev	

edge; border; hem; tassel

code	Mt	Mk	Lk	
212	**Mt 9,20** ↓Mt 14,36 καὶ ἰδοὺ γυνὴ αἱμορροοῦσα δώδεκα ἔτη προσελθοῦσα ὄπισθεν ἥψατο **τοῦ κρασπέδου** τοῦ ἱματίου αὐτοῦ·	**Mk 5,27** ↓Mk 6,56 [25] καὶ γυνὴ οὖσα ἐν ῥύσει αἵματος δώδεκα ἔτη ... [27] ἀκούσασα περὶ τοῦ Ἰησοῦ, ἐλθοῦσα ἐν τῷ ὄχλῳ ὄπισθεν ἥψατο τοῦ ἱματίου αὐτοῦ·	**Lk 8,44** [43] καὶ γυνὴ οὖσα ἐν ῥύσει αἵματος ἀπὸ ἐτῶν δώδεκα, ... [44] προσελθοῦσα ὄπισθεν ἥψατο **τοῦ κρασπέδου** τοῦ ἱματίου αὐτοῦ ...	
220	**Mt 14,36** ↑Mt 9,20 καὶ παρεκάλουν αὐτὸν ἵνα μόνον ἅψωνται **τοῦ κρασπέδου** τοῦ ἱματίου αὐτοῦ· ...	**Mk 6,56** ↑Mk 5,27 ... καὶ παρεκάλουν αὐτὸν ἵνα κἂν **τοῦ κρασπέδου** τοῦ ἱματίου αὐτοῦ ἅψωνται· ...	↑Lk 8,44	
200	**Mt 23,5** →Mk 12,38 →Lk 20,46 ... πλατύνουσιν γὰρ τὰ φυλακτήρια αὐτῶν καὶ μεγαλύνουσιν **τὰ κράσπεδα**			

κραταιόω

Syn 2	Mt	Mk	Lk 2	Acts	Jn	1-3John	Paul 1	Eph 1	Col	
NT 4	2Thess	1/2Tim	Tit	Heb	Jas	1Pet	2Pet	Jude	Rev	

strengthen

code	Mt	Mk	Lk	
002			**Lk 1,80** →Lk 3,2 τὸ δὲ παιδίον ηὔξανεν καὶ **ἐκραταιοῦτο** πνεύματι, καὶ ἦν ἐν ταῖς ἐρήμοις ἕως ἡμέρας ἀναδείξεως αὐτοῦ πρὸς τὸν Ἰσραήλ.	
002			**Lk 2,40** τὸ δὲ παιδίον ηὔξανεν καὶ **ἐκραταιοῦτο** πληρούμενον σοφίᾳ, καὶ χάρις θεοῦ ἦν ἐπ' αὐτό.	

κρατέω

Syn 29	Mt 12	Mk 15	Lk 2	Acts 4	Jn 2	1-3John	Paul	Eph	Col 1	
NT 47	2Thess 1	1/2Tim	Tit	Heb 2	Jas	1Pet	2Pet	Jude	Rev 8	

take into one's possession, custody; arrest; take hold of; grasp; seize; attain; hold; hold back; restrain from; hinder in; hold fast; retain

	triple tradition																	double tradition			Sondergut		
		+Mt / +Lk			–Mt / –Lk			traditions not taken over by Mt / Lk							subtotals								
code	222	211	112	212	221	122	121	022	012	021	220	120	210	020	Σ⁺	Σ⁻	Σ	202	201	102	200	002	total
Mt	1	1⁺			5		2⁻				1				1⁺	2⁻	8		1		3		**12**
Mk	1				5		2				1			6			15						**15**
Lk	1				5⁻		2⁻									7⁻	1					1	**2**

code	Mt	Mk	Lk	
121	**Mt 8,15** καὶ **ἥψατο** τῆς χειρὸς αὐτῆς, καὶ ἀφῆκεν αὐτὴν ὁ πυρετός, ...	**Mk 1,31** καὶ προσελθὼν ἤγειρεν αὐτὴν **κρατήσας** τῆς χειρός· καὶ ἀφῆκεν αὐτὴν ὁ πυρετός, ...	**Lk 4,39** καὶ ἐπιστὰς ἐπάνω αὐτῆς ἐπετίμησεν τῷ πυρετῷ· καὶ ἀφῆκεν αὐτήν· ...	

020			Mk 3,21	καὶ ἀκούσαντες οἱ παρ' αὐτοῦ ἐξῆλθον **κρατῆσαι** αὐτόν· ἔλεγον γὰρ ὅτι ἐξέστη.			
222	Mt 9,25	... **ἐκράτησεν** τῆς χειρὸς αὐτῆς, καὶ ἠγέρθη τὸ κοράσιον.	Mk 5,41	καὶ **κρατήσας** τῆς χειρὸς τοῦ παιδίου λέγει αὐτῇ· ταλιθα κουμ, ὅ ἐστιν μεθερμηνευόμενον· τὸ κοράσιον, σοὶ λέγω, ἔγειρε. [42] καὶ εὐθὺς ἀνέστη τὸ κοράσιον καὶ περιεπάτει· ...	Lk 8,54	αὐτὸς δὲ **κρατήσας** τῆς χειρὸς αὐτῆς ἐφώνησεν λέγων· ἡ παῖς, ἔγειρε. [55] καὶ ἐπέστρεψεν τὸ πνεῦμα αὐτῆς καὶ ἀνέστη παραχρῆμα	
201	Mt 12,11	... τίς ἔσται ἐξ ὑμῶν ἄνθρωπος ὃς ἕξει πρόβατον ἓν καὶ ἐὰν ἐμπέσῃ τοῦτο τοῖς σάββασιν εἰς βόθυνον, **οὐχὶ κρατήσει** **αὐτὸ καὶ ἐγερεῖ;**			Lk 14,5 → Lk 13,15	... τίνος ὑμῶν υἱὸς ἢ βοῦς εἰς φρέαρ πεσεῖται, καὶ **οὐκ εὐθέως** **ἀνασπάσει αὐτὸν** ἐν ἡμέρᾳ τοῦ σαββάτου;	
221	Mt 14,3	ὁ γὰρ Ἡρῴδης **κρατήσας** τὸν Ἰωάννην ἔδησεν [αὐτὸν] καὶ ἐν φυλακῇ ἀπέθετο διὰ Ἡρῳδιάδα τὴν γυναῖκα Φιλίππου τοῦ ἀδελφοῦ αὐτοῦ·	Mk 6,17	αὐτὸς γὰρ ὁ Ἡρῴδης ἀποστείλας **ἐκράτησεν** τὸν Ἰωάννην καὶ ἔδησεν αὐτὸν ἐν φυλακῇ διὰ Ἡρῳδιάδα τὴν γυναῖκα Φιλίππου τοῦ ἀδελφοῦ αὐτοῦ, ὅτι αὐτὴν ἐγάμησεν·	Lk 3,19 → Mt 14,4 → Mk 6,18	ὁ δὲ Ἡρῴδης ὁ τετραάρχης, ἐλεγχόμενος ὑπ' αὐτοῦ περὶ Ἡρῳδιάδος τῆς γυναικὸς τοῦ ἀδελφοῦ αὐτοῦ καὶ περὶ πάντων ὧν ἐποίησεν πονηρῶν ὁ Ἡρῴδης, [20] ... κατέκλεισεν τὸν Ἰωάννην ἐν φυλακῇ.	
020			Mk 7,3	- οἱ γὰρ Φαρισαῖοι καὶ πάντες οἱ Ἰουδαῖοι ἐὰν μὴ πυγμῇ νίψωνται τὰς χεῖρας οὐκ ἐσθίουσιν, **κρατοῦντες** τὴν παράδοσιν τῶν πρεσβυτέρων,			
020			Mk 7,4 → Mt 23,25 → Lk 11,39	καὶ ἀπ' ἀγορᾶς ἐὰν μὴ βαπτίσωνται οὐκ ἐσθίουσιν, καὶ ἄλλα πολλά ἐστιν ἃ παρέλαβον **κρατεῖν,** βαπτισμοὺς ποτηρίων καὶ ξεστῶν καὶ χαλκίων [καὶ κλινῶν] -			
020	Mt 15,3 → Mk 7,9	... διὰ τί καὶ ὑμεῖς παραβαίνετε τὴν ἐντολὴν τοῦ θεοῦ διὰ τὴν παράδοσιν ὑμῶν;	Mk 7,8	ἀφέντες τὴν ἐντολὴν τοῦ θεοῦ **κρατεῖτε** τὴν παράδοσιν τῶν ἀνθρώπων.			
020			Mk 9,10	καὶ τὸν λόγον **ἐκράτησαν** πρὸς ἑαυτοὺς συζητοῦντες τί ἐστιν τὸ ἐκ νεκρῶν ἀναστῆναι.			

	Mt		Mk		Lk		
121	Mt 17,18	... καὶ ἐθεραπεύθη ὁ παῖς ἀπὸ τῆς ὥρας ἐκείνης.	Mk 9,27	ὁ δὲ Ἰησοῦς **κρατήσας** τῆς χειρὸς αὐτοῦ ἤγειρεν αὐτόν, καὶ ἀνέστη.	Lk 9,42 → Lk 7,15	... καὶ ἰάσατο τὸν παῖδα καὶ ἀπέδωκεν αὐτὸν τῷ πατρὶ αὐτοῦ.	
200	Mt 18,28	ἐξελθὼν δὲ ὁ δοῦλος ἐκεῖνος εὗρεν ἕνα τῶν συνδούλων αὐτοῦ, ὃς ὤφειλεν αὐτῷ ἑκατὸν δηνάρια, καὶ **κρατήσας** αὐτὸν ἔπνιγεν λέγων· ἀπόδος εἴ τι ὀφείλεις.					
221	Mt 21,46	[45] καὶ ἀκούσαντες οἱ ἀρχιερεῖς καὶ οἱ Φαρισαῖοι τὰς παραβολὰς αὐτοῦ ἔγνωσαν ὅτι περὶ αὐτῶν λέγει· [46] καὶ ζητοῦντες αὐτὸν **κρατῆσαι** ἐφοβήθησαν τοὺς ὄχλους, ἐπεὶ εἰς προφήτην αὐτὸν εἶχον.	Mk 12,12 → Mk 11,18	καὶ ἐζήτουν αὐτὸν **κρατῆσαι,** καὶ ἐφοβήθησαν τὸν ὄχλον, ἔγνωσαν γὰρ ὅτι πρὸς αὐτοὺς τὴν παραβολὴν εἶπεν. ...	Lk 20,19 → Lk 19,47	καὶ ἐζήτησαν οἱ γραμματεῖς καὶ οἱ ἀρχιερεῖς **ἐπιβαλεῖν** ἐπ' αὐτὸν τὰς χεῖρας ἐν αὐτῇ τῇ ὥρᾳ, καὶ ἐφοβήθησαν τὸν λαόν, ἔγνωσαν γὰρ ὅτι πρὸς αὐτοὺς εἶπεν τὴν παραβολὴν ταύτην.	
200	Mt 22,6 → Mt 21,35 → Mk 12,5 → Lk 20,12	οἱ δὲ λοιποὶ **κρατήσαντες** τοὺς δούλους αὐτοῦ ὕβρισαν καὶ ἀπέκτειναν.					→ GTh 64
221	Mt 26,4 → Mt 12,14 → Mt 22,15	[3] ... οἱ ἀρχιερεῖς καὶ οἱ πρεσβύτεροι τοῦ λαοῦ ... [4] ... συνεβουλεύσαντο ἵνα τὸν Ἰησοῦν δόλῳ **κρατήσωσιν** καὶ ἀποκτείνωσιν·	Mk 14,1 → Mk 3,6	... καὶ ἐζήτουν οἱ ἀρχιερεῖς καὶ οἱ γραμματεῖς πῶς αὐτὸν ἐν δόλῳ **κρατήσαντες** ἀποκτείνωσιν·	Lk 22,2 → Lk 6,11	καὶ ἐζήτουν οἱ ἀρχιερεῖς καὶ οἱ γραμματεῖς τὸ πῶς ἀνέλωσιν αὐτόν, ...	
220	Mt 26,48	... ὃν ἂν φιλήσω αὐτός ἐστιν, **κρατήσατε** αὐτόν.	Mk 14,44	... ὃν ἂν φιλήσω αὐτός ἐστιν, **κρατήσατε** αὐτὸν καὶ ἀπάγετε ἀσφαλῶς.			
221	Mt 26,50 ↓ Lk 22,54	[49] ... καὶ κατεφίλησεν αὐτόν. [50] ὁ δὲ Ἰησοῦς εἶπεν αὐτῷ· ἑταῖρε, ἐφ' ὃ πάρει. τότε προσελθόντες ἐπέβαλον τὰς χεῖρας ἐπὶ τὸν Ἰησοῦν καὶ **ἐκράτησαν** αὐτόν.	Mk 14,46 ↓ Lk 22,54	[45] ... καὶ κατεφίλησεν αὐτόν. [46] οἱ δὲ ἐπέβαλον τὰς χεῖρας αὐτῷ καὶ **ἐκράτησαν** αὐτόν.	Lk 22,48	[47] ... φιλῆσαι αὐτόν. [48] Ἰησοῦς δὲ εἶπεν αὐτῷ· Ἰούδα, φιλήματι τὸν υἱὸν τοῦ ἀνθρώπου παραδίδως;	→ Jn 18,12
221	Mt 26,55	... καθ' ἡμέραν ἐν τῷ ἱερῷ ἐκαθεζόμην διδάσκων καὶ **οὐκ ἐκρατήσατέ** με.	Mk 14,49	καθ' ἡμέραν ἤμην πρὸς ὑμᾶς ἐν τῷ ἱερῷ διδάσκων καὶ **οὐκ ἐκρατήσατέ** με· ...	Lk 22,53	καθ' ἡμέραν ὄντος μου μεθ' ὑμῶν ἐν τῷ ἱερῷ **οὐκ ἐξετείνατε** τὰς χεῖρας ἐπ' ἐμέ, ...	→ Jn 18,20
020			Mk 14,51	καὶ νεανίσκος τις συνηκολούθει αὐτῷ περιβεβλημένος σινδόνα ἐπὶ γυμνοῦ, καὶ **κρατοῦσιν** αὐτόν·			

	Mt		Mk		Lk		
211	Mt 26,57	οἱ δὲ **κρατήσαντες** τὸν Ἰησοῦν ἀπήγαγον πρὸς Καϊάφαν τὸν ἀρχιερέα, ...	Mk 14,53	καὶ ἀπήγαγον τὸν Ἰησοῦν πρὸς τὸν ἀρχιερέα, ...	Lk 22,54 ↑ Mt 26,50 ↑ Mk 14,46 → Lk 22,52	**συλλαβόντες** δὲ αὐτὸν ἤγαγον καὶ εἰσήγαγον εἰς τὴν οἰκίαν τοῦ ἀρχιερέως· ...	→ Jn 18,12-14
200	Mt 28,9	... αἱ δὲ προσελθοῦσαι **ἐκράτησαν** αὐτοῦ τοὺς πόδας καὶ προσεκύνησαν αὐτῷ.					→ Jn 20,14-17
002					Lk 24,16	οἱ δὲ ὀφθαλμοὶ αὐτῶν **ἐκρατοῦντο** τοῦ μὴ ἐπιγνῶναι αὐτόν.	

Acts 2,24 ὃν ὁ θεὸς ἀνέστησεν λύσας τὰς ὠδῖνας τοῦ θανάτου, καθότι οὐκ ἦν δυνατὸν **κρατεῖσθαι** αὐτὸν ὑπ' αὐτοῦ.

Acts 3,11 **κρατοῦντος** δὲ αὐτοῦ τὸν Πέτρον καὶ τὸν Ἰωάννην συνέδραμεν πᾶς ὁ λαὸς πρὸς αὐτοὺς ...

Acts 24,6 ὃς καὶ τὸ ἱερὸν ἐπείρασεν βεβηλῶσαι ὃν καὶ **ἐκρατήσαμεν**

Acts 27,13 ὑποπνεύσαντος δὲ νότου δόξαντες τῆς προθέσεως **κεκρατηκέναι**, ἄραντες ἆσσον παρελέγοντο τὴν Κρήτην.

κράτιστος

	Syn	Mt	Mk	Lk	Acts	Jn	1-3John	Paul	Eph	Col
	1			1	3					
	NT	2Thess	1/2Tim	Tit	Heb	Jas	1Pet	2Pet	Jude	Rev
	4									

most noble; most excellent

	Mt	Mk	Lk	
002			Lk 1,3 ἔδοξε κἀμοὶ παρηκολουθηκότι ἄνωθεν πᾶσιν ἀκριβῶς καθεξῆς σοι γράψαι, **κράτιστε Θεόφιλε**	

Acts 23,26 Κλαύδιος Λυσίας **τῷ κρατίστῳ ἡγεμόνι Φήλικι** χαίρειν.

Acts 24,3 πάντῃ τε καὶ πανταχοῦ ἀποδεχόμεθα, **κράτιστε Φῆλιξ**, μετὰ πάσης εὐχαριστίας.

Acts 26,25 ὁ δὲ Παῦλος· οὐ μαίνομαι, φησίν, **κράτιστε Φῆστε**, ...

κράτος

	Syn	Mt	Mk	Lk	Acts	Jn	1-3John	Paul	Eph	Col
	1			1	1				2	1
	NT	2Thess	1/2Tim	Tit	Heb	Jas	1Pet	2Pet	Jude	Rev
	12		1		1		2		1	2

power; might; mighty deed; strength; intensity; rule; sovereignty

	Mt	Mk	Lk	
002			Lk 1,51 ἐποίησεν **κράτος** ἐν βραχίονι αὐτοῦ, διεσκόρπισεν ὑπερηφάνους διανοίᾳ καρδίας αὐτῶν·	

Acts 19,20 οὕτως **κατὰ κράτος** τοῦ κυρίου ὁ λόγος ηὔξανεν καὶ ἴσχυεν.

κραυγάζω	Syn 2	Mt 1	Mk	Lk 1	Acts 1	Jn 6	1-3John	Paul	Eph	Col
	NT 9	2Thess	1/2Tim	Tit	Heb	Jas	1Pet	2Pet	Jude	Rev

cry (out); utter a (loud) sound

	Mt		Mk		Lk		
012			**Mk 3,11** → Lk 6,11	καὶ τὰ πνεύματα τὰ ἀκάθαρτα, ὅταν αὐτὸν ἐθεώρουν, προσέπιπτον αὐτῷ καὶ **ἔκραζον** λέγοντες ὅτι σὺ εἶ ὁ υἱὸς τοῦ θεοῦ.	**Lk 4,41** → Mk 1,34	ἐξήρχετο δὲ καὶ δαιμόνια ἀπὸ πολλῶν **κρ[αυγ]άζοντα** καὶ λέγοντα ὅτι σὺ εἶ ὁ υἱὸς τοῦ θεοῦ. ...	
200	**Mt 12,19**	*οὐκ ἐρίσει **οὐδὲ κραυγάσει,** οὐδὲ ἀκούσει τις ἐν ταῖς πλατείαις τὴν φωνὴν αὐτοῦ.* ➤ Isa 42,2					

Acts 22,23 **κραυγαζόντων**
τε αὐτῶν καὶ ῥιπτούντων
τὰ ἱμάτια καὶ κονιορτὸν
βαλλόντων εἰς τὸν ἀέρα

κραυγή	Syn 2	Mt 1	Mk	Lk 1	Acts 1	Jn	1-3John	Paul	Eph 1	Col
	NT 6	2Thess	1/2Tim	Tit	Heb 1	Jas	1Pet	2Pet	Jude	Rev 1

shout(ing); clamor; a loud cry

	Mt		Mk		Lk		
002					**Lk 1,42**	καὶ ἀνεφώνησεν **κραυγῇ μεγάλῃ** καὶ εἶπεν· εὐλογημένη σὺ ἐν γυναιξὶν καὶ εὐλογημένος ὁ καρπὸς τῆς κοιλίας σου.	
200	**Mt 25,6**	μέσης δὲ νυκτὸς **κραυγὴ** γέγονεν· ἰδοὺ ὁ νυμφίος, ἐξέρχεσθε εἰς ἀπάντησιν [αὐτοῦ].					

Acts 23,9 ἐγένετο δὲ
κραυγὴ μεγάλη,
καὶ ἀναστάντες τινὲς
τῶν γραμματέων τοῦ
μέρους τῶν Φαρισαίων ...

κρεμάννυμι	Syn 3	Mt 2	Mk	Lk 1	Acts 3	Jn	1-3John	Paul 1	Eph	Col
	NT 7	2Thess	1/2Tim	Tit	Heb	Jas	1Pet	2Pet	Jude	Rev

transitive: hang (up); *intransitive:* hang

	Mt		Mk		Lk		Mk-Q overlap?
211	**Mt 18,6** → Mt 18,10	ὃς δ' ἂν σκανδαλίσῃ ἕνα τῶν μικρῶν τούτων τῶν πιστευόντων εἰς ἐμέ, συμφέρει αὐτῷ ἵνα **κρεμασθῇ** μύλος ὀνικὸς περὶ τὸν τράχηλον αὐτοῦ καὶ καταποντισθῇ ἐν τῷ πελάγει τῆς θαλάσσης.	**Mk 9,42**	καὶ ὃς ἂν σκανδαλίσῃ ἕνα τῶν μικρῶν τούτων τῶν πιστευόντων [εἰς ἐμέ], καλόν ἐστιν αὐτῷ μᾶλλον εἰ **περίκειται** μύλος ὀνικὸς περὶ τὸν τράχηλον αὐτοῦ καὶ βέβληται εἰς τὴν θάλασσαν.	**Lk 17,2**	λυσιτελεῖ αὐτῷ εἰ λίθος μυλικὸς **περίκειται** περὶ τὸν τράχηλον αὐτοῦ καὶ ἔρριπται εἰς τὴν θάλασσαν ἢ ἵνα σκανδαλίσῃ τῶν μικρῶν τούτων ἕνα.	
200	**Mt 22,40** → Mt 7,12 → Mt 22,38 → Mk 12,31b	ἐν ταύταις ταῖς δυσὶν ἐντολαῖς ὅλος ὁ νόμος **κρέμαται** καὶ οἱ προφῆται.					
112	**Mt 27,44**	τὸ δ' αὐτὸ καὶ **οἱ λῃσταὶ** **οἱ συσταυρωθέντες** **σὺν αὐτῷ** ὠνείδιζον αὐτόν.	**Mk 15,32**	... **καὶ** **οἱ συνεσταυρωμένοι** **σὺν αὐτῷ** ὠνείδιζον αὐτόν.	**Lk 23,39** → Lk 23,35-36	**εἷς δὲ** **τῶν κρεμασθέντων** **κακούργων** ἐβλασφήμει αὐτὸν ...	

Acts 5,30 ὁ θεὸς τῶν πατέρων ἡμῶν
ἤγειρεν Ἰησοῦν ὃν ὑμεῖς
διεχειρίσασθε
κρεμάσαντες
ἐπὶ ξύλου·

Acts 10,39 καὶ ἡμεῖς μάρτυρες
πάντων ὧν ἐποίησεν ἔν
τε τῇ χώρᾳ τῶν Ἰουδαίων
καὶ [ἐν] Ἰερουσαλήμ.
ὃν καὶ ἀνεῖλαν
κρεμάσαντες
ἐπὶ ξύλου

Acts 28,4 ὡς δὲ εἶδον οἱ βάρβαροι
κρεμάμενον
τὸ θηρίον ἐκ τῆς χειρὸς
αὐτοῦ, πρὸς ἀλλήλους
ἔλεγον· ...

κρημνός	Syn 3	Mt 1	Mk 1	Lk 1	Acts	Jn	1-3John	Paul	Eph	Col
	NT 3	2Thess	1/2Tim	Tit	Heb	Jas	1Pet	2Pet	Jude	Rev

steep slope; bank; cliff

	Mt		Mk		Lk		
222	**Mt 8,32**	... καὶ ἰδοὺ ὥρμησεν πᾶσα ἡ ἀγέλη **κατὰ τοῦ κρημνοῦ** εἰς τὴν θάλασσαν καὶ ἀπέθανον ἐν τοῖς ὕδασιν.	**Mk 5,13**	... καὶ ὥρμησεν ἡ ἀγέλη **κατὰ τοῦ κρημνοῦ** εἰς τὴν θάλασσαν, ὡς δισχίλιοι, καὶ ἐπνίγοντο ἐν τῇ θαλάσσῃ.	**Lk 8,33**	... καὶ ὥρμησεν ἡ ἀγέλη **κατὰ τοῦ κρημνοῦ** εἰς τὴν λίμνην καὶ ἀπεπνίγη.	

κρίμα	Syn 5	Mt 1	Mk 1	Lk 3	Acts 1	Jn 1	1-3John	Paul 10	Eph	Col
	NT 27	2Thess	1/2Tim 2	Tit	Heb 1	Jas 1	1Pet 1	2Pet 1	Jude 1	Rev 3

dispute; lawsuit; decision; decree; judging; judgment; judicial verdict; sentence of condemnation; condemnation; punishment

	triple tradition																	double tradition			Sonder-gut		
		+Mt / +Lk			−Mt / −Lk			traditions not taken over by Mt / Lk							subtotals								
code	222	211	112	212	221	122	121	022	012	021	220	120	210	020	Σ⁺	Σ⁻	Σ	202	201	102	200	002	total
Mt																			1				1
Mk								1									1						1
Lk								1									1					2	3

code	Mt	Mk	Lk	
201	**Mt 7,2** ἐν ᾧ γὰρ **κρίματι** κρίνετε κριθήσεσθε, καὶ ἐν ᾧ μέτρῳ μετρεῖτε μετρηθήσεται ὑμῖν.	**Mk 4,24** → Lk 8,18 ... ἐν ᾧ μέτρῳ μετρεῖτε μετρηθήσεται ὑμῖν καὶ προστεθήσεται ὑμῖν.	**Lk 6,38** ... ᾧ γὰρ μέτρῳ μετρεῖτε ἀντιμετρηθήσεται ὑμῖν.	Mk-Q overlap
022		**Mk 12,40** οἱ κατεσθίοντες τὰς οἰκίας τῶν χηρῶν καὶ προφάσει μακρὰ προσευχόμενοι· οὗτοι λήμψονται περισσότερον **κρίμα.**	**Lk 20,47** οἳ κατεσθίουσιν τὰς οἰκίας τῶν χηρῶν καὶ προφάσει μακρὰ προσεύχονται· οὗτοι λήμψονται περισσότερον **κρίμα.**	Mt 23,14 is textcritically uncertain.
002			**Lk 23,40** ... οὐδὲ φοβῇ σὺ τὸν θεόν, ὅτι **ἐν τῷ αὐτῷ κρίματι** εἶ;	
002			**Lk 24,20** → Mt 26,66 → Mk 14,64 ὅπως τε παρέδωκαν αὐτὸν οἱ ἀρχιερεῖς καὶ οἱ ἄρχοντες ἡμῶν **εἰς κρίμα θανάτου** καὶ ἐσταύρωσαν αὐτόν.	

Acts 24,25 διαλεγομένου δὲ αὐτοῦ περὶ δικαιοσύνης καὶ ἐγκρατείας καὶ **τοῦ κρίματος τοῦ μέλλοντος,** ἔμφοβος γενόμενος ὁ Φῆλιξ ἀπεκρίθη· ...

κρίνον	Syn 2	Mt 1	Mk	Lk 1	Acts	Jn	1-3John	Paul	Eph	Col
	NT 2	2Thess	1/2Tim	Tit	Heb	Jas	1Pet	2Pet	Jude	Rev

lily

code	Mt	Mk	Lk	
202	**Mt 6,28** ... καταμάθετε **τὰ κρίνα τοῦ ἀγροῦ** πῶς αὐξάνουσιν· ...		**Lk 12,27** κατανοήσατε **τὰ κρίνα** πῶς αὐξάνει· ...	→ GTh 36,2-3 (only **POxy 655**)

κρίνω	Syn 12	Mt 6	Mk	Lk 6	Acts 21	Jn 19	1-3John	Paul 37	Eph	Col 1
	NT 114	2Thess 1	1/2Tim 1	Tit 1	Heb 2	Jas 6	1Pet 4	2Pet	Jude	Rev 9

judge; separate; distinguish; select; prefer; consider; look upon; reach a decision; decide; propose; intend; condemn; go to law; express an opinion about; find fault with

	triple tradition																	double tradition			Sondergut		
		+Mt / +Lk			–Mt / –Lk			traditions not taken over by Mt / Lk							subtotals								
code	222	211	112	212	221	122	121	022	012	021	220	120	210	020	Σ⁺	Σ⁻	Σ	202	201	102	200	002	total
Mt																		3	3				**6**
Mk																							
Lk																		3		1		2	**6**

code	Mt	Mk	Lk	
201	**Mt 5,40** καὶ τῷ θέλοντί σοι **κριθῆναι** καὶ τὸν χιτῶνά σου λαβεῖν, ἄφες αὐτῷ καὶ τὸ ἱμάτιον·		**Lk 6,29** ... καὶ ἀπὸ τοῦ αἴροντός σου τὸ ἱμάτιον καὶ τὸν χιτῶνα μὴ κωλύσῃς.	
202 202	**Mt 7,1** (2) **μὴ κρίνετε,** ἵνα **μὴ κριθῆτε·**		**Lk 6,37** (2) καὶ **μὴ κρίνετε,** καὶ **οὐ μὴ κριθῆτε·** ...	
201 201	**Mt 7,2** (2) ἐν ᾧ γὰρ κρίματι **κρίνετε κριθήσεσθε,** καὶ ἐν ᾧ μέτρῳ μετρεῖτε μετρηθήσεται ὑμῖν.	**Mk 4,24** ... ἐν ᾧ μέτρῳ μετρεῖτε μετρηθήσεται ὑμῖν καὶ προστεθήσεται ὑμῖν.	**Lk 6,38** ... ᾧ γὰρ μέτρῳ μετρεῖτε ἀντιμετρηθήσεται ὑμῖν.	Mk-Q overlap
002			**Lk 7,43** ἀποκριθεὶς Σίμων εἶπεν· ὑπολαμβάνω ὅτι ᾧ τὸ πλεῖον ἐχαρίσατο. ὁ δὲ εἶπεν αὐτῷ· ὀρθῶς **ἔκρινας.**	
002			**Lk 12,57** τί δὲ καὶ ἀφ' ἑαυτῶν **οὐ κρίνετε** τὸ δίκαιον;	
102	**Mt 25,26** ... εἶπεν αὐτῷ· πονηρὲ δοῦλε καὶ ὀκνηρέ, ᾔδεις ὅτι θερίζω ὅπου οὐκ ἔσπειρα καὶ συνάγω ὅθεν οὐ διεσκόρπισα;		**Lk 19,22** λέγει αὐτῷ· ἐκ τοῦ στόματός σου **κρίνω** σε, πονηρὲ δοῦλε. ᾔδεις ὅτι ἐγὼ ἄνθρωπος αὐστηρός εἰμι, αἴρων ὃ οὐκ ἔθηκα καὶ θερίζων ὃ οὐκ ἔσπειρα;	
202	**Mt 19,28** ... καθήσεσθε καὶ ὑμεῖς ἐπὶ δώδεκα θρόνους **κρίνοντες** τὰς δώδεκα φυλὰς τοῦ Ἰσραήλ.		**Lk 22,30** ... καὶ καθήσεσθε ἐπὶ θρόνων τὰς δώδεκα φυλὰς **κρίνοντες** τοῦ Ἰσραήλ.	

Acts 3,13 ... Ἰησοῦν ὃν ὑμεῖς μὲν παρεδώκατε καὶ ἠρνήσασθε κατὰ πρόσωπον Πιλάτου, **κρίναντος** ἐκείνου ἀπολύειν·

Acts 4,19 ... εἰ δίκαιόν ἐστιν ἐνώπιον τοῦ θεοῦ ὑμῶν ἀκούειν μᾶλλον ἢ τοῦ θεοῦ, **κρίνατε·**

Acts 7,7 *καὶ τὸ ἔθνος ᾧ ἐὰν δουλεύσουσιν* ***κρινῶ*** *ἐγώ,* ὁ θεὸς εἶπεν, ... ➤ Gen 15,14

Acts 13,27 [[→ Lk 23,34a]] ... τὰς φωνὰς τῶν προφητῶν τὰς κατὰ πᾶν σάββατον ἀναγινωσκομένας **κρίναντες** ἐπλήρωσαν

Acts 13,46 ... ἐπειδὴ ἀπωθεῖσθε αὐτὸν καὶ οὐκ ἀξίους **κρίνετε** ἑαυτοὺς τῆς αἰωνίου ζωῆς, ἰδοὺ στρεφόμεθα εἰς τὰ ἔθνη.

Acts 15,19 διὸ ἐγὼ
κρίνω
μὴ παρενοχλεῖν τοῖς ἀπὸ τῶν ἐθνῶν ἐπιστρέφουσιν ἐπὶ τὸν θεόν

Acts 16,4 ὡς δὲ διεπορεύοντο τὰς πόλεις, παρεδίδοσαν αὐτοῖς φυλάσσειν
τὰ δόγματα τὰ κεκριμένα
ὑπὸ τῶν ἀποστόλων καὶ πρεσβυτέρων τῶν ἐν Ἱεροσολύμοις.

Acts 16,15 ... εἰ
κεκρίκατέ
με πιστὴν τῷ κυρίῳ εἶναι, εἰσελθόντες εἰς τὸν οἶκόν μου μένετε· ...

Acts 17,31 καθότι ἔστησεν ἡμέραν ἐν ᾗ μέλλει
κρίνειν
τὴν οἰκουμένην ἐν δικαιοσύνῃ, ...

Acts 20,16 **κεκρίκει**
γὰρ ὁ Παῦλος παραπλεῦσαι τὴν Ἔφεσον, ...

Acts 21,25 περὶ δὲ τῶν πεπιστευκότων ἐθνῶν ἡμεῖς ἐπεστείλαμεν
κρίναντες
φυλάσσεσθαι αὐτοὺς τό τε εἰδωλόθυτον καὶ αἷμα καὶ πνικτὸν καὶ πορνείαν.

Acts 23,3 ... τύπτειν σε μέλλει ὁ θεός, τοῖχε κεκονιαμένε· καὶ σὺ κάθῃ
κρίνων
με κατὰ τὸν νόμον καὶ παρανομῶν κελεύεις με τύπτεσθαι;

Acts 23,6 ... ἄνδρες ἀδελφοί, ἐγὼ Φαρισαῖός εἰμι, υἱὸς Φαρισαίων, περὶ ἐλπίδος καὶ ἀναστάσεως νεκρῶν [ἐγὼ]
κρίνομαι.

Acts 24,21 ἢ περὶ μιᾶς ταύτης φωνῆς ἧς ἐκέκραξα ἐν αὐτοῖς ἑστὼς ὅτι περὶ ἀναστάσεως νεκρῶν ἐγὼ
κρίνομαι
σήμερον ἐφ' ὑμῶν.

Acts 25,9 ... θέλεις εἰς Ἱεροσόλυμα ἀναβὰς ἐκεῖ περὶ τούτων
κριθῆναι
ἐπ' ἐμοῦ;

Acts 25,10 ... ἐπὶ τοῦ βήματος Καίσαρός ἑστώς εἰμι, οὗ με δεῖ
κρίνεσθαι. ...

Acts 25,20 ἀπορούμενος δὲ ἐγὼ τὴν περὶ τούτων ζήτησιν ἔλεγον εἰ βούλοιτο πορεύεσθαι εἰς Ἱεροσόλυμα κἀκεῖ
κρίνεσθαι
περὶ τούτων.

Acts 25,25 ἐγὼ δὲ κατελαβόμην μηδὲν ἄξιον αὐτὸν θανάτου πεπραχέναι, αὐτοῦ δὲ τούτου ἐπικαλεσαμένου τὸν Σεβαστὸν
ἔκρινα
πέμπειν.

Acts 26,6 καὶ νῦν ἐπ' ἐλπίδι τῆς εἰς τοὺς πατέρας ἡμῶν ἐπαγγελίας γενομένης ὑπὸ τοῦ θεοῦ ἕστηκα
κρινόμενος

Acts 26,8 τί ἄπιστον
κρίνεται
παρ' ὑμῖν εἰ ὁ θεὸς νεκροὺς ἐγείρει;

Acts 27,1 ὡς δὲ
ἐκρίθη
τοῦ ἀποπλεῖν ἡμᾶς εἰς τὴν Ἰταλίαν, ...

κρίσις

Syn 16	Mt 12	Mk	Lk 4	Acts 1	Jn 11	1-3John 1	Paul	Eph	Col
NT 47	2Thess 1	1/2Tim 1	Tit	Heb 2	Jas 3	1Pet	2Pet 4	Jude 3	Rev 4

judging; judgment; condemnation; punishment; board of judges; (local) court; right; justice; righteousness

	triple tradition																	double tradition			Sondergut		
		+Mt / +Lk			–Mt / –Lk			traditions not taken over by Mt / Lk							subtotals								
code	*222*	*211*	*112*	*212*	*221*	*122*	*121*	*022*	*012*	*021*	*220*	*120*	*210*	*020*	Σ⁺	Σ⁻	Σ	*202*	*201*	*102*	*200*	*002*	total
Mt																		4	1		7		**12**
Mk																							
Lk																		4					**4**

[a] ἡμέρα κρίσεως

[b] ἐν τῇ κρίσει

200	**Mt 5,21** ἠκούσατε ὅτι ἐρρέθη τοῖς ἀρχαίοις· *οὐ φονεύσεις·* ὃς δ' ἂν φονεύσῃ, ἔνοχος ἔσται **τῇ κρίσει.** ➤ Exod 20,13/Deut 5,17		

	Mt		Mk	Lk		
200	**Mt 5,22**	ἐγὼ δὲ λέγω ὑμῖν ὅτι πᾶς ὁ ὀργιζόμενος τῷ ἀδελφῷ αὐτοῦ ἔνοχος ἔσται **τῇ κρίσει·** ὃς δ᾿ ἂν εἴπῃ τῷ ἀδελφῷ αὐτοῦ· ῥακά, ἔνοχος ἔσται τῷ συνεδρίῳ· ὃς δ᾿ ἂν εἴπῃ· μωρέ, ἔνοχος ἔσται εἰς τὴν γέενναν τοῦ πυρός.				
a 201	**Mt 10,15** ⇩ Mt 11,24	... ἀνεκτότερον ἔσται γῇ Σοδόμων καὶ Γομόρρων **ἐν ἡμέρᾳ κρίσεως** ἢ τῇ πόλει ἐκείνῃ.		**Lk 10,12**	... Σοδόμοις **ἐν τῇ ἡμέρᾳ ἐκείνῃ** ἀνεκτότερον ἔσται ἢ τῇ πόλει ἐκείνῃ.	
a b 202	**Mt 11,22**	πλὴν λέγω ὑμῖν, Τύρῳ καὶ Σιδῶνι ἀνεκτότερον ἔσται **ἐν ἡμέρᾳ κρίσεως** ἢ ὑμῖν.		**Lk 10,14**	πλὴν Τύρῳ καὶ Σιδῶνι ἀνεκτότερον ἔσται **ἐν τῇ κρίσει** ἢ ὑμῖν.	
a 200	**Mt 11,24** ⇧ Mt 10,15	πλὴν λέγω ὑμῖν ὅτι γῇ Σοδόμων ἀνεκτότερον ἔσται **ἐν ἡμέρᾳ κρίσεως** ἢ σοί.		**Lk 10,12**	λέγω ὑμῖν ὅτι Σοδόμοις **ἐν τῇ ἡμέρᾳ ἐκείνῃ** ἀνεκτότερον ἔσται ἢ τῇ πόλει ἐκείνῃ.	
200	**Mt 12,18** → Mt 3,16-17 → Mk 1,10-11 → Lk 3,22	*ἰδοὺ ὁ παῖς μου ὃν ᾑρέτισα, ὁ ἀγαπητός μου εἰς ὃν εὐδόκησεν ἡ ψυχή μου· θήσω τὸ πνεῦμά μου ἐπ᾿ αὐτόν, καὶ* ***κρίσιν*** *τοῖς ἔθνεσιν ἀπαγγελεῖ.* ➤ Isa 42,1				
200	**Mt 12,20**	*κάλαμον συντετριμμένον οὐ κατεάξει καὶ λίνον τυφόμενον οὐ σβέσει, ἕως ἂν ἐκβάλῃ* εἰς νῖκος **τὴν *κρίσιν.*** ➤ Isa 42,3-4				
a 200	**Mt 12,36**	... πᾶν ῥῆμα ἀργὸν ὃ λαλήσουσιν οἱ ἄνθρωποι ἀποδώσουσιν περὶ αὐτοῦ λόγον **ἐν ἡμέρᾳ κρίσεως·**				
b 202	**Mt 12,41**	ἄνδρες Νινευῖται ἀναστήσονται **ἐν τῇ κρίσει** μετὰ τῆς γενεᾶς ταύτης καὶ κατακρινοῦσιν αὐτήν, ...		**Lk 11,32**	ἄνδρες Νινευῖται ἀναστήσονται **ἐν τῇ κρίσει** μετὰ τῆς γενεᾶς ταύτης καὶ κατακρινοῦσιν αὐτήν· ...	
b 202	**Mt 12,42**	βασίλισσα νότου ἐγερθήσεται **ἐν τῇ κρίσει** μετὰ τῆς γενεᾶς ταύτης καὶ κατακρινεῖ αὐτήν, ...		**Lk 11,31**	βασίλισσα νότου ἐγερθήσεται **ἐν τῇ κρίσει** μετὰ τῶν ἀνδρῶν τῆς γενεᾶς ταύτης καὶ κατακρινεῖ αὐτούς, ...	
b 202	**Mt 12,41**	ἄνδρες Νινευῖται ἀναστήσονται **ἐν τῇ κρίσει** μετὰ τῆς γενεᾶς ταύτης καὶ κατακρινοῦσιν αὐτήν, ...		**Lk 11,32**	ἄνδρες Νινευῖται ἀναστήσονται **ἐν τῇ κρίσει** μετὰ τῆς γενεᾶς ταύτης καὶ κατακρινοῦσιν αὐτήν· ...	

202	**Mt 23,23**	οὐαὶ ὑμῖν, γραμματεῖς καὶ Φαρισαῖοι ὑποκριταί, ὅτι ἀποδεκατοῦτε τὸ ἡδύοσμον καὶ τὸ ἄνηθον καὶ τὸ κύμινον καὶ ἀφήκατε τὰ βαρύτερα τοῦ νόμου, **τὴν κρίσιν** καὶ τὸ ἔλεος καὶ τὴν πίστιν· ταῦτα [δὲ] ἔδει ποιῆσαι κἀκεῖνα μὴ ἀφιέναι.	**Lk 11,42**	ἀλλὰ οὐαὶ ὑμῖν τοῖς Φαρισαίοις, ὅτι ἀποδεκατοῦτε τὸ ἡδύοσμον καὶ τὸ πήγανον καὶ πᾶν λάχανον καὶ παρέρχεσθε **τὴν κρίσιν** καὶ τὴν ἀγάπην τοῦ θεοῦ· ταῦτα δὲ ἔδει ποιῆσαι κἀκεῖνα μὴ παρεῖναι.	
200	**Mt 23,33** → Mt 3,7 → Lk 3,7 → Mt 12,34	ὄφεις, γεννήματα ἐχιδνῶν, πῶς φύγητε **ἀπὸ τῆς κρίσεως τῆς γεέννης;**			

Acts 8,33 *ἐν τῇ ταπεινώσει [αὐτοῦ]*
ἡ κρίσις αὐτοῦ
ἤρθη· τὴν γενεὰν αὐτοῦ
τίς διηγήσεται; ὅτι
αἴρεται ἀπὸ τῆς γῆς
ἡ ζωὴ αὐτοῦ.
➤ Isa 53,8

κριτής	Syn 9	Mt 3	Mk	Lk 6	Acts 4	Jn	1-3John	Paul	Eph	Col
	NT 19	2Thess	1/2Tim 1	Tit	Heb 1	Jas 4	1Pet	2Pet	Jude	Rev

judge

202	**Mt 12,27**	καὶ εἰ ἐγὼ ἐν Βεελζεβοὺλ ἐκβάλλω τὰ δαιμόνια, οἱ υἱοὶ ὑμῶν ἐν τίνι ἐκβάλλουσιν; διὰ τοῦτο αὐτοὶ **κριταὶ ἔσονται ὑμῶν.**	**Lk 11,19**	εἰ δὲ ἐγὼ ἐν Βεελζεβοὺλ ἐκβάλλω τὰ δαιμόνια, οἱ υἱοὶ ὑμῶν ἐν τίνι ἐκβάλλουσιν; διὰ τοῦτο αὐτοὶ **ὑμῶν κριταὶ ἔσονται.**	
002			**Lk 12,14**	... ἄνθρωπε, τίς με κατέστησεν **κριτὴν** ἢ μεριστὴν ἐφ' ὑμᾶς;	→ GTh 72
202 202	**Mt 5,25** (2) → Mt 18,34	ἴσθι εὐνοῶν τῷ ἀντιδίκῳ σου ταχὺ, ἕως ὅτου εἶ μετ' αὐτοῦ ἐν τῇ ὁδῷ, μήποτέ σε παραδῷ ὁ ἀντίδικος **τῷ κριτῇ** καὶ **ὁ κριτὴς** τῷ ὑπηρέτῃ, καὶ εἰς φυλακὴν βληθήσῃ·	**Lk 12,58** (2)	ὡς γὰρ ὑπάγεις μετὰ τοῦ ἀντιδίκου σου ἐπ' ἄρχοντα, ἐν τῇ ὁδῷ δὸς ἐργασίαν ἀπηλλάχθαι ἀπ' αὐτοῦ, μήποτε κατασύρῃ σε **πρὸς τὸν κριτήν,** καὶ **ὁ κριτής** σε παραδώσει τῷ πράκτορι, καὶ ὁ πράκτωρ σε βαλεῖ εἰς φυλακήν.	
202	**Mt 12,27**	καὶ εἰ ἐγὼ ἐν Βεελζεβοὺλ ἐκβάλλω τὰ δαιμόνια, οἱ υἱοὶ ὑμῶν ἐν τίνι ἐκβάλλουσιν; διὰ τοῦτο αὐτοὶ **κριταὶ ἔσονται ὑμῶν.**	**Lk 11,19**	εἰ δὲ ἐγὼ ἐν Βεελζεβοὺλ ἐκβάλλω τὰ δαιμόνια, οἱ υἱοὶ ὑμῶν ἐν τίνι ἐκβάλλουσιν; διὰ τοῦτο αὐτοὶ **ὑμῶν κριταὶ ἔσονται.**	

	Mt	Mk	Lk	
002			**Lk 18,2** ... κριτής τις ἦν ἔν τινι πόλει τὸν θεὸν μὴ φοβούμενος καὶ ἄνθρωπον μὴ ἐντρεπόμενος.	
002			**Lk 18,6** εἶπεν δὲ ὁ κύριος· ἀκούσατε τί ὁ κριτὴς τῆς ἀδικίας λέγει·	

Acts 10,42 ... οὗτός ἐστιν ὁ ὡρισμένος ὑπὸ τοῦ θεοῦ κριτὴς ζώντων καὶ νεκρῶν.

Acts 13,20 ... καὶ μετὰ ταῦτα ἔδωκεν κριτὰς ἕως Σαμουὴλ [τοῦ] προφήτου.

Acts 18,15 ... ὄψεσθε αὐτοί· κριτὴς ἐγὼ τούτων οὐ βούλομαι εἶναι.

Acts 24,10 ... ἐκ πολλῶν ἐτῶν ὄντα σε κριτὴν τῷ ἔθνει τούτῳ ...

κρούω	Syn	Mt	Mk	Lk	Acts	Jn	1-3John	Paul	Eph	Col
	6	2		4	2					
	NT	2Thess	1/2Tim	Tit	Heb	Jas	1Pet	2Pet	Jude	Rev
	9									1

strike; knock

	Mt	Mk	Lk	
202	**Mt 7,7** αἰτεῖτε καὶ δοθήσεται ὑμῖν, ζητεῖτε καὶ εὑρήσετε, κρούετε καὶ ἀνοιγήσεται ὑμῖν·		**Lk 11,9** ... αἰτεῖτε καὶ δοθήσεται ὑμῖν, ζητεῖτε καὶ εὑρήσετε, κρούετε καὶ ἀνοιγήσεται ὑμῖν·	→ GTh 2 (POxy 654) → GTh 92
202	**Mt 7,8** → Mt 21,22 → Mk 11,24 πᾶς γὰρ ὁ αἰτῶν λαμβάνει καὶ ὁ ζητῶν εὑρίσκει καὶ τῷ κρούοντι ἀνοιγήσεται.		**Lk 11,10** → Mt 21,22 → Mk 11,24 πᾶς γὰρ ὁ αἰτῶν λαμβάνει καὶ ὁ ζητῶν εὑρίσκει καὶ τῷ κρούοντι ἀνοιγ[ήσ]εται.	→ GTh 2 (POxy 654) → GTh 94
002			**Lk 12,36** καὶ ὑμεῖς ὅμοιοι ἀνθρώποις προσδεχομένοις τὸν κύριον ἑαυτῶν πότε ἀναλύσῃ ἐκ τῶν γάμων, ἵνα ἐλθόντος καὶ κρούσαντος εὐθέως ἀνοίξωσιν αὐτῷ.	
002	**Mt 25,11** → Mt 7,22 [10] ἦλθεν ὁ νυμφίος, ... καὶ ἐκλείσθη ἡ θύρα. [11] ὕστερον δὲ ἔρχονται καὶ αἱ λοιπαὶ παρθένοι λέγουσαι· κύριε κύριε, ἄνοιξον ἡμῖν.		**Lk 13,25** ἀφ' οὗ ἂν ἐγερθῇ ὁ οἰκοδεσπότης καὶ ἀποκλείσῃ τὴν θύραν καὶ ἄρξησθε ἔξω ἑστάναι καὶ κρούειν τὴν θύραν λέγοντες· κύριε, ἄνοιξον ἡμῖν, ...	

Acts 12,13 κρούσαντος δὲ αὐτοῦ τὴν θύραν τοῦ πυλῶνος προσῆλθεν παιδίσκη ὑπακοῦσαι ὀνόματι Ῥόδη

Acts 12,16 ὁ δὲ Πέτρος ἐπέμενεν κρούων· ἀνοίξαντες δὲ εἶδαν αὐτὸν καὶ ἐξέστησαν.

κρύπτη

Syn 1	Mt	Mk	Lk 1	Acts	Jn	1-3John	Paul	Eph	Col
NT 1	2Thess	1/2Tim	Tit	Heb	Jas	1Pet	2Pet	Jude	Rev

dark and hidden place; cellar

code	Mt		Mk		Lk		
102	**Mt 5,15**	οὐδὲ καίουσιν λύχνον καὶ τιθέασιν αὐτὸν ὑπὸ τὸν μόδιον ...			**Lk 11,33** ⇩ Lk 8,16	οὐδεὶς λύχνον ἅψας **εἰς κρύπτην** τίθησιν [οὐδὲ ὑπὸ τὸν μόδιον] ...	→ GTh 33,2-3 Mk-Q overlap
			Mk 4,21	... μήτι ἔρχεται ὁ λύχνος ἵνα ὑπὸ τὸν μόδιον τεθῇ ἢ ὑπὸ τὴν κλίνην; ...	**Lk 8,16** ⇧ Lk 11,33	οὐδεὶς δὲ λύχνον ἅψας καλύπτει αὐτὸν σκεύει ἢ ὑποκάτω κλίνης τίθησιν, ...	

κρυπτός

Syn 8	Mt 5	Mk 1	Lk 2	Acts	Jn 3	1-3John	Paul 5	Eph	Col
NT 17	2Thess	1/2Tim	Tit	Heb	Jas	1Pet 1	2Pet	Jude	Rev

hidden; secret; τὸ κρυπτόν hidden thing; hidden place

	triple tradition																	double tradition			Sondergut		
		+Mt / +Lk			–Mt / –Lk			traditions not taken over by Mt / Lk							subtotals								
code	222	211	112	212	221	122	121	022	012	021	220	120	210	020	Σ^+	Σ^-	Σ	202	201	102	200	002	total
Mt																		1			4		**5**
Mk								1									1						**1**
Lk								1									1	1					**2**

code	Mt		Mk		Lk		
200 200	**Mt 6,4 (2)** → Mt 6,18	ὅπως ᾖ σου ἡ ἐλεημοσύνη **ἐν τῷ κρυπτῷ·** καὶ ὁ πατήρ σου ὁ βλέπων **ἐν τῷ κρυπτῷ** ἀποδώσει σοι.					→ GTh 6 (POxy 654)
200 200	**Mt 6,6 (2)** → Mt 6,18	σὺ δὲ ὅταν προσεύχῃ, εἴσελθε εἰς τὸ ταμεῖόν σου καὶ κλείσας τὴν θύραν σου πρόσευξαι τῷ πατρί σου τῷ **ἐν τῷ κρυπτῷ·** καὶ ὁ πατήρ σου ὁ βλέπων **ἐν τῷ κρυπτῷ** ἀποδώσει σοι.					→ GTh 6 (POxy 654)
022	**Mt 10,26**	... οὐδὲν γάρ ἐστιν κεκαλυμμένον ὃ οὐκ ἀποκαλυφθήσεται καὶ κρυπτὸν ὃ οὐ γνωσθήσεται.	**Mk 4,22**	οὐ γάρ ἐστιν **κρυπτὸν** ἐὰν μὴ ἵνα φανερωθῇ, οὐδὲ ἐγένετο ἀπόκρυφον ἀλλ' ἵνα ἔλθῃ εἰς φανερόν.	**Lk 8,17** ⇩ Lk 12,2	οὐ γάρ ἐστιν **κρυπτὸν** ὃ οὐ φανερὸν γενήσεται οὐδὲ ἀπόκρυφον ὃ οὐ μὴ γνωσθῇ καὶ εἰς φανερὸν ἔλθῃ.	→ GTh 5 → GTh 6,5-6 (POxy 654) Mk-Q overlap
202	**Mt 10,26**	μὴ οὖν φοβηθῆτε αὐτούς· οὐδὲν γάρ ἐστιν κεκαλυμμένον ὃ οὐκ ἀποκαλυφθήσεται καὶ **κρυπτὸν** ὃ οὐ γνωσθήσεται.	**Mk 4,22**	οὐ γάρ ἐστιν κρυπτὸν ἐὰν μὴ ἵνα φανερωθῇ, οὐδὲ ἐγένετο **ἀπόκρυφον** ἀλλ' ἵνα ἔλθῃ εἰς φανερόν.	**Lk 12,2** ⇧ Lk 8,17	οὐδὲν δὲ συγκεκαλυμμένον ἐστὶν ὃ οὐκ ἀποκαλυφθήσεται καὶ **κρυπτὸν** ὃ οὐ γνωσθήσεται.	→ GTh 5 → GTh 6,5-6 (POxy 654) Mk-Q overlap

κρύπτω, κρύβω	Syn 9	Mt 7	Mk	Lk 2	Acts	Jn 3	1-3John	Paul	Eph	Col 1
	NT 18	2Thess	1/2Tim 1	Tit	Heb 1	Jas	1Pet	2Pet	Jude	Rev 3

hide; conceal; cover; prevent something from being seen; withdraw from sight, knowledge; keep secret

	triple tradition																		double tradition			Sondergut		
		+Mt / +Lk			−Mt / −Lk			traditions not taken over by Mt / Lk								subtotals								
code	222	211	112	212	221	122	121	022	012	021	220	120	210	020	Σ⁺	Σ⁻	Σ	202	201	102	200	002	total
Mt																			2		5		7
Mk																							
Lk																						2	2

200	**Mt 5,14**	ὑμεῖς ἐστε τὸ φῶς τοῦ κόσμου. οὐ δύναται πόλις **κρυβῆναι** ἐπάνω ὄρους κειμένη·			→ Jn 8,12 → GTh 32 (POxy 1)
201	**Mt 11,25**	... ἐξομολογοῦμαί σοι, πάτερ, κύριε τοῦ οὐρανοῦ καὶ τῆς γῆς, ὅτι **ἔκρυψας** ταῦτα ἀπὸ σοφῶν καὶ συνετῶν καὶ ἀπεκάλυψας αὐτὰ νηπίοις·	**Lk 10,21**	... ἐξομολογοῦμαί σοι, πάτερ, κύριε τοῦ οὐρανοῦ καὶ τῆς γῆς, ὅτι **ἀπέκρυψας** ταῦτα ἀπὸ σοφῶν καὶ συνετῶν καὶ ἀπεκάλυψας αὐτὰ νηπίοις· ...	→ GTh 4 (POxy 654)
200	**Mt 13,35**	ὅπως πληρωθῇ τὸ ῥηθὲν διὰ τοῦ προφήτου λέγοντος· *ἀνοίξω ἐν παραβολαῖς τὸ στόμα μου, ἐρεύξομαι* ***κεκρυμμένα*** *ἀπὸ καταβολῆς* [κόσμου]. ➤ Ps 78,2			
200 200	**Mt 13,44 (2)**	ὁμοία ἐστὶν ἡ βασιλεία τῶν οὐρανῶν θησαυρῷ **κεκρυμμένῳ** ἐν τῷ ἀγρῷ, ὃν εὑρὼν ἄνθρωπος **ἔκρυψεν,** καὶ ἀπὸ τῆς χαρᾶς αὐτοῦ ὑπάγει καὶ πωλεῖ πάντα ὅσα ἔχει καὶ ἀγοράζει τὸν ἀγρὸν ἐκεῖνον.			→ GTh 109
002			**Lk 18,34** → Mk 9,32 → Lk 9,45	καὶ αὐτοὶ οὐδὲν τούτων συνῆκαν καὶ ἦν τὸ ῥῆμα τοῦτο **κεκρυμμένον** ἀπ᾽ αὐτῶν καὶ οὐκ ἐγίνωσκον τὰ λεγόμενα.	
002			**Lk 19,42**	... εἰ ἔγνως ἐν τῇ ἡμέρᾳ ταύτῃ καὶ σὺ τὰ πρὸς εἰρήνην· νῦν δὲ **ἐκρύβη** ἀπὸ ὀφθαλμῶν σου.	
200	**Mt 25,18** ↓ Lk 19,20	ὁ δὲ τὸ ἓν λαβὼν ἀπελθὼν ὤρυξεν γῆν καὶ **ἔκρυψεν** τὸ ἀργύριον τοῦ κυρίου αὐτοῦ.			

	Mt		Mk		Lk		
201	**Mt 25,25** → Lk 19,21	καὶ φοβηθεὶς ἀπελθὼν **ἔκρυψα** τὸ τάλαντόν σου ἐν τῇ γῇ· ἴδε ἔχεις τὸ σόν.			**Lk 19,20** ↑ Mt 25,18	... ἰδοὺ ἡ μνᾶ σου ἣν **εἶχον ἀποκειμένην** ἐν σουδαρίῳ·	

κρυφαῖος

Syn 2	Mt 2	Mk	Lk	Acts	Jn	1-3John	Paul	Eph	Col
NT 2	2Thess	1/2Tim	Tit	Heb	Jas	1Pet	2Pet	Jude	Rev

hidden

	Mt		Mk		Lk		
200	**Mt 6,18 (2)** → Mt 6,4 → Mt 6,6	ὅπως μὴ φανῇς τοῖς ἀνθρώποις νηστεύων ἀλλὰ τῷ πατρί σου τῷ **ἐν τῷ κρυφαίῳ·**					→ GTh 6 (POxy 654) → GTh 27 (POxy 1)
200		καὶ ὁ πατήρ σου ὁ βλέπων **ἐν τῷ κρυφαίῳ** ἀποδώσει σοι.					

κτάομαι

Syn 3	Mt 1	Mk	Lk 2	Acts 3	Jn	1-3John	Paul 1	Eph	Col
NT 7	2Thess	1/2Tim	Tit	Heb	Jas	1Pet	2Pet	Jude	Rev

procure for oneself; acquire; get

	Mt		Mk		Lk		
201	**Mt 10,9**	**μὴ κτήσησθε** χρυσὸν μηδὲ ἄργυρον μηδὲ χαλκὸν εἰς τὰς ζώνας ὑμῶν, [10] μὴ πήραν εἰς ὁδὸν μηδὲ δύο χιτῶνας μηδὲ ὑποδήματα μηδὲ ῥάβδον· ...			**Lk 10,4** ⇩ Lk 9,3 → Lk 22,35-36	**μὴ βαστάζετε** βαλλάντιον, μὴ πήραν, μὴ ὑποδήματα, ...	Mk-Q overlap
			Mk 6,8	καὶ παρήγγειλεν αὐτοῖς ἵνα **μηδὲν αἴρωσιν** εἰς ὁδὸν εἰ μὴ ῥάβδον μόνον, μὴ ἄρτον, μὴ πήραν, μὴ εἰς τὴν ζώνην χαλκόν, [9] ἀλλὰ ὑποδεδεμένους σανδάλια, καὶ μὴ ἐνδύσησθε δύο χιτῶνας.	**Lk 9,3** ⇧ Lk 10,4 → Lk 22,35-36	καὶ εἶπεν πρὸς αὐτούς· **μηδὲν αἴρετε** εἰς τὴν ὁδόν, μήτε ῥάβδον μήτε πήραν μήτε ἄρτον μήτε ἀργύριον μήτε [ἀνὰ] δύο χιτῶνας ἔχειν.	
002					**Lk 18,12**	νηστεύω δὶς τοῦ σαββάτου, ἀποδεκατῶ πάντα ὅσα **κτῶμαι.**	
112	**Mt 10,22** ⇩ Mt 24,13	... ὁ δὲ ὑπομείνας εἰς τέλος οὗτος **σωθήσεται.**	**Mk 13,13**	... ὁ δὲ ὑπομείνας εἰς τέλος οὗτος **σωθήσεται.**	**Lk 21,19**	ἐν τῇ ὑπομονῇ ὑμῶν **κτήσασθε τὰς ψυχὰς ὑμῶν.**	
	Mt 24,13 ⇧ Mt 10,22	ὁ δὲ ὑπομείνας εἰς τέλος οὗτος **σωθήσεται.**					

Acts 1,18 → Mt 27,5.7	οὗτος μὲν οὖν **ἐκτήσατο** χωρίον ἐκ μισθοῦ τῆς ἀδικίας ...	**Acts 8,20**	... τὸ ἀργύριόν σου σὺν σοὶ εἴη εἰς ἀπώλειαν ὅτι τὴν δωρεὰν τοῦ θεοῦ ἐνόμισας διὰ χρημάτων **κτᾶσθαι·**	**Acts 22,28**	... ἐγὼ πολλοῦ κεφαλαίου τὴν πολιτείαν ταύτην **ἐκτησάμην.** ὁ δὲ Παῦλος ἔφη· ἐγὼ δὲ καὶ γεγέννημαι.

κτῆμα	Syn	Mt	Mk	Lk	Acts	Jn	1-3John	Paul	Eph	Col
	2	1	1		2					
	NT	2Thess	1/2Tim	Tit	Heb	Jas	1Pet	2Pet	Jude	Rev
	4									

landed property; field; piece of ground

221	Mt 19,22	ἀκούσας δὲ ὁ νεανίσκος τὸν λόγον ἀπῆλθεν λυπούμενος· ἦν γὰρ **ἔχων κτήματα πολλά.**	Mk 10,22	ὁ δὲ στυγνάσας ἐπὶ τῷ λόγῳ ἀπῆλθεν λυπούμενος· ἦν γὰρ **ἔχων κτήματα πολλά.**	Lk 18,23	ὁ δὲ ἀκούσας ταῦτα περίλυπος ἐγενήθη· ἦν γὰρ **πλούσιος σφόδρα.**	

Acts 2,45 (→ Lk 12,33; → Lk 14,33; → Mt 19,21; → Mk 10,21; → Lk 18,22)
καὶ
τὰ κτήματα
καὶ τὰς ὑπάρξεις
ἐπίπρασκον καὶ
διεμέριζον αὐτὰ πᾶσιν
καθότι ἄν τις χρείαν
εἶχεν·

Acts 5,1
ἀνὴρ δέ τις Ἁνανίας
ὀνόματι σὺν Σαπφίρῃ τῇ
γυναικὶ αὐτοῦ ἐπώλησεν
κτῆμα

κτῆνος	Syn	Mt	Mk	Lk	Acts	Jn	1-3John	Paul	Eph	Col
	1			1	1			1		
	NT	2Thess	1/2Tim	Tit	Heb	Jas	1Pet	2Pet	Jude	Rev
	4									1

domesticated animal; pet; pack-animal; animal used for riding

002					Lk 10,34	... ἐπιβιβάσας δὲ αὐτὸν **ἐπὶ τὸ ἴδιον κτῆνος** ἤγαγεν αὐτὸν εἰς πανδοχεῖον καὶ ἐπεμελήθη αὐτοῦ.	

Acts 23,24
κτήνη
τε παραστῆσαι ἵνα
ἐπιβιβάσαντες τὸν
Παῦλον διασώσωσι πρὸς
Φήλικα τὸν ἡγεμόνα

κτίζω	Syn	Mt	Mk	Lk	Acts	Jn	1-3John	Paul	Eph	Col
	2	1	1					2	4	3
	NT	2Thess	1/2Tim	Tit	Heb	Jas	1Pet	2Pet	Jude	Rev
	15		1							3

create

210	Mt 19,4	... οὐκ ἀνέγνωτε ὅτι **ὁ κτίσας ἀπ᾽ ἀρχῆς** *ἄρσεν καὶ θῆλυ ἐποίησεν αὐτούς;* ➤ Gen 1,27	Mk 10,6 → Mt 19,8	**ἀπὸ δὲ ἀρχῆς κτίσεως** *ἄρσεν καὶ θῆλυ ἐποίησεν αὐτούς·* ➤ Gen 1,27			
121	Mt 24,21	ἔσται γὰρ τότε θλῖψις μεγάλη οἵα οὐ γέγονεν ἀπ᾽ ἀρχῆς κόσμου ἕως τοῦ νῦν οὐδ᾽ οὐ μὴ γένηται.	Mk 13,19	ἔσονται γὰρ αἱ ἡμέραι ἐκεῖναι θλῖψις οἵα οὐ γέγονεν τοιαύτη ἀπ᾽ ἀρχῆς κτίσεως ἣν **ἔκτισεν** ὁ θεὸς ἕως τοῦ νῦν καὶ οὐ μὴ γένηται.	Lk 21,23	... ἔσται γὰρ ἀνάγκη μεγάλη ἐπὶ τῆς γῆς καὶ ὀργὴ τῷ λαῷ τούτῳ	

κτίσις

κτίσις	Syn 2	Mt	Mk 2	Lk	Acts	Jn	1-3John	Paul 9	Eph	Col 2
	NT 18	2Thess	1/2Tim	Tit	Heb 2	Jas	1Pet 1	2Pet 1	Jude	Rev 1

creation; creature; world; institution; authority

	Mt		Mk		Lk		
120	**Mt 19,4**	... οὐκ ἀνέγνωτε ὅτι **ὁ κτίσας ἀπ' ἀρχῆς** *ἄρσεν καὶ θῆλυ ἐποίησεν αὐτούς;* ➢ Gen 1,27	**Mk 10,6** → Mt 19,8	ἀπὸ δὲ **ἀρχῆς κτίσεως** *ἄρσεν καὶ θῆλυ ἐποίησεν αὐτούς·* ➢ Gen 1,27			
121	**Mt 24,21**	ἔσται γὰρ τότε θλῖψις μεγάλη οἵα οὐ γέγονεν **ἀπ' ἀρχῆς κόσμου** ἕως τοῦ νῦν οὐδ' οὐ μὴ γένηται.	**Mk 13,19**	ἔσονται γὰρ αἱ ἡμέραι ἐκεῖναι θλῖψις οἵα οὐ γέγονεν τοιαύτη **ἀπ' ἀρχῆς κτίσεως** ἣν ἔκτισεν ὁ θεὸς ἕως τοῦ νῦν καὶ οὐ μὴ γένηται.	**Lk 21,23**	... ἔσται γὰρ ἀνάγκη μεγάλη ἐπὶ τῆς γῆς καὶ ὀργὴ τῷ λαῷ τούτῳ	

κυκλόω

κυκλόω	Syn 1	Mt	Mk	Lk 1	Acts 1	Jn 1	1-3John	Paul	Eph	Col
	NT 4	2Thess	1/2Tim	Tit	Heb 1	Jas	1Pet	2Pet	Jude	Rev

surround; encircle; go around; circle round

	Mt		Mk		Lk		
112	**Mt 24,15**	ὅταν οὖν ἴδητε *τὸ βδέλυγμα τῆς ἐρημώσεως* τὸ ῥηθὲν διὰ Δανιὴλ τοῦ προφήτου ἑστὸς ἐν τόπῳ ἁγίῳ, ὁ ἀναγινώσκων νοείτω ➢ Dan 9,27/11,31/12,11	**Mk 13,14**	ὅταν δὲ ἴδητε *τὸ βδέλυγμα τῆς ἐρημώσεως* ἑστηκότα ὅπου οὐ δεῖ, ὁ ἀναγινώσκων νοείτω, ... ➢ Dan 9,27/11,31/12,11	**Lk 21,20** → Lk 19,43	ὅταν δὲ ἴδητε **κυκλουμένην** ὑπὸ στρατοπέδων Ἰερουσαλήμ, τότε γνῶτε ὅτι ἤγγικεν ἡ ἐρήμωσις αὐτῆς.	

Acts 14,20 **κυκλωσάντων**
δὲ τῶν μαθητῶν αὐτὸν
ἀναστὰς εἰσῆλθεν εἰς
τὴν πόλιν. ...

κύκλῳ

κύκλῳ	Syn 4	Mt	Mk 3	Lk 1	Acts	Jn	1-3John	Paul 1	Eph	Col
	NT 8	2Thess	1/2Tim	Tit	Heb	Jas	1Pet	2Pet	Jude	Rev 3

around; all around

	Mt		Mk		Lk		
120	**Mt 12,49**	καὶ ἐκτείνας τὴν χεῖρα αὐτοῦ ἐπὶ τοὺς μαθητὰς αὐτοῦ εἶπεν· ἰδοὺ ἡ μήτηρ μου καὶ οἱ ἀδελφοί μου·	**Mk 3,34**	καὶ περιβλεψάμενος τοὺς περὶ αὐτὸν **κύκλῳ** καθημένους λέγει· ἴδε ἡ μήτηρ μου καὶ οἱ ἀδελφοί μου.			→ GTh 99
120	**Mt 9,35** ⇩ Mt 4,23 → Mk 1,21	καὶ περιῆγεν ὁ Ἰησοῦς τὰς πόλεις πάσας καὶ τὰς κώμας διδάσκων ἐν ταῖς συναγωγαῖς αὐτῶν καὶ κηρύσσων τὸ εὐαγγέλιον τῆς βασιλείας ...	**Mk 6,6** ↓ Mk 1,39	... καὶ περιῆγεν τὰς κώμας **κύκλῳ** διδάσκων.	**Lk 8,1** → Lk 4,15 ↓ Lk 4,44 → Lk 13,22	... αὐτὸς διώδευεν κατὰ πόλιν καὶ κώμην κηρύσσων καὶ εὐαγγελιζόμενος τὴν βασιλείαν τοῦ θεοῦ καὶ οἱ δώδεκα σὺν αὐτῷ	
	Mt 4,23 ⇧ Mt 9,35 → Mk 1,21	καὶ περιῆγεν ἐν ὅλῃ τῇ Γαλιλαίᾳ διδάσκων ἐν ταῖς συναγωγαῖς αὐτῶν καὶ κηρύσσων τὸ εὐαγγέλιον τῆς βασιλείας ...	**Mk 1,39** → Mk 1,14 ↑ **Mk 6,6**	καὶ ἦλθεν κηρύσσων εἰς τὰς συναγωγὰς αὐτῶν εἰς ὅλην τὴν Γαλιλαίαν ...	**Lk 4,44** ↑ Lk 8,1	καὶ ἦν κηρύσσων εἰς τὰς συναγωγὰς τῆς Ἰουδαίας.	

122	**Mt 14,15** → Mt 14,16 → Mt 15,32	... ἀπόλυσον τοὺς ὄχλους, ἵνα ἀπελθόντες εἰς τὰς κώμας ἀγοράσωσιν ἑαυτοῖς βρώματα.	**Mk 6,36** → Mk 6,37 → Mk 8,3	ἀπόλυσον αὐτούς, ἵνα ἀπελθόντες εἰς τοὺς **κύκλῳ** ἀγροὺς καὶ κώμας ἀγοράσωσιν ἑαυτοῖς τί φάγωσιν.	**Lk 9,12** → Lk 9,13	... ἀπόλυσον τὸν ὄχλον, ἵνα πορευθέντες εἰς τὰς **κύκλῳ** κώμας καὶ ἀγροὺς καταλύσωσιν καὶ εὕρωσιν ἐπισιτισμόν, ...	

κυλίω

	Syn	Mt	Mk	Lk	Acts	Jn	1-3John	Paul	Eph	Col
	1		1							
	NT	2Thess	1/2Tim	Tit	Heb	Jas	1Pet	2Pet	Jude	Rev
	1									

active: roll (up); *passive:* roll (oneself)

021			**Mk 9,20**	καὶ ἤνεγκαν αὐτὸν πρὸς αὐτόν. καὶ ἰδὼν αὐτὸν τὸ πνεῦμα εὐθὺς συνεσπάραξεν αὐτόν, καὶ πεσὼν ἐπὶ τῆς γῆς **ἐκυλίετο** ἀφρίζων.	**Lk 9,42**	ἔτι δὲ προσερχομένου αὐτοῦ ἔρρηξεν αὐτὸν τὸ δαιμόνιον καὶ συνεσπάραξεν· ...	

κυλλός

	Syn	Mt	Mk	Lk	Acts	Jn	1-3John	Paul	Eph	Col
	4	3	1							
	NT	2Thess	1/2Tim	Tit	Heb	Jas	1Pet	2Pet	Jude	Rev
	4									

crippled; deformed

210	**Mt 15,30** → Mt 4,24b → Mt 8,16	καὶ προσῆλθον αὐτῷ ὄχλοι πολλοὶ ἔχοντες μεθ' ἑαυτῶν χωλούς, τυφλούς, **κυλλούς,** κωφούς, καὶ ἑτέρους πολλοὺς καὶ ἔρριψαν αὐτοὺς παρὰ τοὺς πόδας αὐτοῦ, ...	**Mk 7,32** → Mk 1,32	καὶ φέρουσιν αὐτῷ κωφὸν καὶ μογιλάλον καὶ παρακαλοῦσιν αὐτὸν ἵνα ἐπιθῇ αὐτῷ τὴν χεῖρα.			
210	**Mt 15,31** → Mt 11,5	ὥστε τὸν ὄχλον θαυμάσαι βλέποντας κωφοὺς λαλοῦντας, **κυλλοὺς** ὑγιεῖς, καὶ χωλοὺς περιπατοῦντας καὶ τυφλοὺς βλέποντας· ...	**Mk 7,37**	καὶ ὑπερπερισσῶς ἐξεπλήσσοντο λέγοντες· καλῶς πάντα πεποίηκεν, καὶ τοὺς κωφοὺς ποιεῖ ἀκούειν καὶ [τοὺς] ἀλάλους λαλεῖν.			
220	**Mt 18,8** ⇩ Mt 5,30 → Mk 9,45	... καλόν σοί ἐστιν εἰσελθεῖν εἰς τὴν ζωὴν **κυλλὸν** ἢ χωλόν ἢ δύο χεῖρας ἢ δύο πόδας ἔχοντα βληθῆναι εἰς τὸ πῦρ τὸ αἰώνιον.	**Mk 9,43**	... καλόν ἐστίν σε **κυλλὸν** εἰσελθεῖν εἰς τὴν ζωὴν ἢ τὰς δύο χεῖρας ἔχοντα ἀπελθεῖν εἰς τὴν γέενναν, εἰς τὸ πῦρ τὸ ἄσβεστον.			
	Mt 5,30 ⇧ Mt 18,8	... συμφέρει γάρ σοι ἵνα ἀπόληται ἓν τῶν μελῶν σου καὶ μὴ ὅλον τὸ σῶμά σου εἰς γέενναν ἀπέλθῃ.					

κῦμα	Syn 3	Mt 2	Mk 1	Lk	Acts 1	Jn	1-3John	Paul	Eph	Col
	NT 5	2Thess	1/2Tim	Tit	Heb	Jas	1Pet	2Pet	Jude 1	Rev

wave

	Mt	Mk	Lk	
221	**Mt 8,24** καὶ ἰδοὺ σεισμὸς μέγας ἐγένετο ἐν τῇ θαλάσσῃ, ὥστε τὸ πλοῖον καλύπτεσθαι **ὑπὸ τῶν κυμάτων**, ...	**Mk 4,37** καὶ γίνεται λαῖλαψ μεγάλη ἀνέμου, καὶ **τὰ κύματα** ἐπέβαλλεν εἰς τὸ πλοῖον, ὥστε ἤδη γεμίζεσθαι τὸ πλοῖον.	**Lk 8,23** ... καὶ κατέβη λαῖλαψ ἀνέμου εἰς τὴν λίμνην, καὶ συνεπληροῦντο καὶ ἐκινδύνευον.	
210	**Mt 14,24** τὸ δὲ πλοῖον ἤδη σταδίους πολλοὺς ἀπὸ τῆς γῆς ἀπεῖχεν βασανιζόμενον **ὑπὸ τῶν κυμάτων**, ἦν γὰρ ἐναντίος ὁ ἄνεμος.	**Mk 6,48** [47] καὶ ὀψίας γενομένης ἦν τὸ πλοῖον ἐν μέσῳ τῆς θαλάσσης, ... [48] καὶ ἰδὼν αὐτοὺς βασανιζομένους ἐν τῷ ἐλαύνειν, ἦν γὰρ ὁ ἄνεμος ἐναντίος αὐτοῖς		→ Jn 6,18

Acts 27,41 ... καὶ ἡ μὲν πρῷρα
ἐρείσασα ἔμεινεν
ἀσάλευτος, ἡ δὲ πρύμνα
ἐλύετο
**ὑπὸ τῆς βίας
[τῶν κυμάτων]**.

κύμινον	Syn 1	Mt 1	Mk	Lk	Acts	Jn	1-3John	Paul	Eph	Col
	NT 1	2Thess	1/2Tim	Tit	Heb	Jas	1Pet	2Pet	Jude	Rev

cumin

	Mt	Mk	Lk	
201	**Mt 23,23** οὐαὶ ὑμῖν, γραμματεῖς καὶ Φαρισαῖοι ὑποκριταί, ὅτι ἀποδεκατοῦτε τὸ ἡδύοσμον καὶ τὸ ἄνηθον καὶ **τὸ κύμινον** καὶ ἀφήκατε τὰ βαρύτερα τοῦ νόμου, τὴν κρίσιν καὶ τὸ ἔλεος καὶ τὴν πίστιν· ...		**Lk 11,42** ἀλλὰ οὐαὶ ὑμῖν τοῖς Φαρισαίοις, ὅτι ἀποδεκατοῦτε τὸ ἡδύοσμον καὶ τὸ πήγανον καὶ **πᾶν λάχανον** καὶ παρέρχεσθε τὴν κρίσιν καὶ τὴν ἀγάπην τοῦ θεοῦ· ...	

κυνάριον	Syn 4	Mt 2	Mk 2	Lk	Acts	Jn	1-3John	Paul	Eph	Col
	NT 4	2Thess	1/2Tim	Tit	Heb	Jas	1Pet	2Pet	Jude	Rev

little dog; dog

	Mt	Mk	Lk	
220	**Mt 15,26** ... οὐκ ἔστιν καλὸν λαβεῖν τὸν ἄρτον τῶν τέκνων καὶ βαλεῖν **τοῖς κυναρίοις**.	**Mk 7,27** ... οὐ γάρ ἐστιν καλὸν λαβεῖν τὸν ἄρτον τῶν τέκνων καὶ **τοῖς κυναρίοις** βαλεῖν.		

	Mt		Mk		Lk		
220	**Mt 15,27**	... ναὶ κύριε, καὶ γὰρ **τὰ κυνάρια** ἐσθίει ἀπὸ τῶν ψιχίων τῶν πιπτόντων ἀπὸ τῆς τραπέζης τῶν κυρίων αὐτῶν.	**Mk 7,28**	... κύριε· καὶ **τὰ κυνάρια** ὑποκάτω τῆς τραπέζης ἐσθίουσιν ἀπὸ τῶν ψιχίων τῶν παιδίων.			

κύπτω

Syn	Mt	Mk	Lk	Acts	Jn	1-3John	Paul	Eph	Col
1		1							
NT	2Thess	1/2Tim	Tit	Heb	Jas	1Pet	2Pet	Jude	Rev
1									

bend (oneself) down

	Mt		Mk		Lk		
020	**Mt 3,11**	... ὁ δὲ ὀπίσω μου ἐρχόμενος ἰσχυρότερός μού ἐστιν, οὗ οὐκ εἰμὶ ἱκανὸς τὰ ὑποδήματα βαστάσαι· ...	**Mk 1,7**	... ἔρχεται ὁ ἰσχυρότερός μου ὀπίσω μου, οὗ οὐκ εἰμὶ ἱκανὸς **κύψας** λῦσαι τὸν ἱμάντα τῶν ὑποδημάτων αὐτοῦ.	**Lk 3,16**	... ἔρχεται δὲ ὁ ἰσχυρότερός μου, οὗ οὐκ εἰμὶ ἱκανὸς λῦσαι τὸν ἱμάντα τῶν ὑποδημάτων αὐτοῦ· ...	→ Jn 1,27 → Acts 13,25 Mk-Q overlap

Κυρηναῖος

Syn	Mt	Mk	Lk	Acts	Jn	1-3John	Paul	Eph	Col
3	1	1	1	3					
NT	2Thess	1/2Tim	Tit	Heb	Jas	1Pet	2Pet	Jude	Rev
6									

Cyrenian; inhabitant of Cyrene

	Mt		Mk		Lk		
222	**Mt 27,32** → Mt 10,38 → Mt 16,24	ἐξερχόμενοι δὲ εὗρον **ἄνθρωπον Κυρηναῖον ὀνόματι Σίμωνα,** τοῦτον ἠγγάρευσαν ἵνα ἄρῃ τὸν σταυρὸν αὐτοῦ.	**Mk 15,21** → Mk 8,34	καὶ ἀγγαρεύουσιν παράγοντά **τινα Σίμωνα Κυρηναῖον** ἐρχόμενον ἀπ' ἀγροῦ, τὸν πατέρα Ἀλεξάνδρου καὶ Ῥούφου, ἵνα ἄρῃ τὸν σταυρὸν αὐτοῦ.	**Lk 23,26** → Lk 9,23 → Lk 14,27	... ἐπιλαβόμενοι **Σίμωνά τινα Κυρηναῖον** ἐρχόμενον ἀπ' ἀγροῦ ἐπέθηκαν αὐτῷ τὸν σταυρὸν φέρειν ὄπισθεν τοῦ Ἰησοῦ.	

Acts 6,9	ἀνέστησαν δέ τινες τῶν ἐκ τῆς συναγωγῆς τῆς λεγομένης Λιβερτίνων καὶ **Κυρηναίων** καὶ Ἀλεξανδρέων καὶ τῶν ἀπὸ Κιλικίας καὶ Ἀσίας συζητοῦντες τῷ Στεφάνῳ	**Acts 11,20**	ἦσαν δέ τινες ἐξ αὐτῶν **ἄνδρες Κύπριοι καὶ Κυρηναῖοι,** οἵτινες ἐλθόντες εἰς Ἀντιόχειαν ...	**Acts 13,1**	ἦσαν δὲ ἐν Ἀντιοχείᾳ κατὰ τὴν οὖσαν ἐκκλησίαν προφῆται καὶ διδάσκαλοι ὅ τε Βαρναβᾶς καὶ Συμεὼν ὁ καλούμενος Νίγερ καὶ Λούκιος **ὁ Κυρηναῖος,** Μαναήν τε Ἡρῴδου τοῦ τετραάρχου σύντροφος καὶ Σαῦλος.

Κυρήνιος

Syn	Mt	Mk	Lk	Acts	Jn	1-3John	Paul	Eph	Col
1			1						
NT	2Thess	1/2Tim	Tit	Heb	Jas	1Pet	2Pet	Jude	Rev
1									

Quirinius

	Mt		Mk		Lk		
002					**Lk 2,2**	αὕτη ἀπογραφὴ πρώτη ἐγένετο ἡγεμονεύοντος τῆς Συρίας **Κυρηνίου.**	

κυριεύω

		Mt	Mk	Lk	Acts	Jn	1-3John	Paul	Eph	Col
	Syn 1			1				5		
	NT 7	2Thess	1/2Tim 1	Tit	Heb	Jas	1Pet	2Pet	Jude	Rev

be lord, master; rule; lord it (over); control

	Mt	Mk	Lk
112	**Mt 20,25** ... οἴδατε ὅτι οἱ ἄρχοντες τῶν ἐθνῶν **κατακυριεύουσιν** αὐτῶν καὶ οἱ μεγάλοι κατεξουσιάζουσιν αὐτῶν.	**Mk 10,42** ... οἴδατε ὅτι οἱ δοκοῦντες ἄρχειν τῶν ἐθνῶν **κατακυριεύουσιν** αὐτῶν καὶ οἱ μεγάλοι αὐτῶν κατεξουσιάζουσιν αὐτῶν.	**Lk 22,25** ... οἱ βασιλεῖς τῶν ἐθνῶν **κυριεύουσιν** αὐτῶν καὶ οἱ ἐξουσιάζοντες αὐτῶν εὐεργέται καλοῦνται.

κύριος

	Mt	Mk	Lk	Acts	Jn	1-3John	Paul	Eph	Col
Syn 200	80	16	104	107	51		188	26	16
NT 714	2Thess 22	1/2Tim 22	Tit	Heb 16	Jas 14	1Pet 8	2Pet 14	Jude 7	Rev 23

the Lord; lord; master; owner

	triple tradition																	double tradition			Sondergut		
		+Mt / +Lk			–Mt / –Lk			traditions not taken over by Mt / Lk							subtotals								
code	*222*	*211*	*112*	*212*	*221*	*122*	*121*	*022*	*012*	*021*	*220*	*120*	*210*	*020*	Σ^+	Σ^-	Σ	*202*	*201*	*102*	*200*	*002*	total
Mt	9	7^+		2^+			2^-				3	1^-	4^+		13^+	3^-	25	17	12		26		**80**
Mk	9						2			1	3	1					16						**16**
Lk	9		5^+	2^+			2^-		4^+	1^-					11^+	3^-	20	17		6		61	**104**

a κύριος The Lord (God)
aa κύριος ὁ θεός
ab ἄγγελος κυρίου
ac τὸ ῥηθὲν ὑπὸ κυρίου
ad πνεῦμα κυρίου
ae δύναμις κυρίου
af χεὶρ κυρίου
ag δικαιώματα τοῦ κυρίου, νόμος κυρίου
ah ὄνομα κυρίου
aj κύριος and χριστός

c κύριος as master (of a slave)

b κύριος for Jesus (Christ)
ba κύριος (ἡμῶν) Ἰησοῦς
bb κύριος (ἡμῶν) Ἰησοῦς Χριστός (Acts only)
bc λόγος τοῦ κυρίου, ῥῆμα τοῦ κυρίου
bd κύριος and υἱὸς τοῦ ἀνθρώπου
be κύριος and υἱὸς Δαυίδ
bf κύριε (κύριε)
bg τὸ ὄνομα τοῦ κυρίου (...) Ἰησοῦ
bh ὄνομα τοῦ κυρίου
bj κύριος and χριστός

d κύριος as 'sir'

	Mt	Mk	Lk
ag 002			**Lk 1,6** ... πορευόμενοι ἐν πάσαις ταῖς ἐντολαῖς καὶ **δικαιώμασιν τοῦ κυρίου** ἄμεμπτοι.
a 002			**Lk 1,9** κατὰ τὸ ἔθος τῆς ἱερατείας ἔλαχε τοῦ θυμιᾶσαι εἰσελθὼν **εἰς τὸν ναὸν τοῦ κυρίου**
ab 002			**Lk 1,11** ὤφθη δὲ αὐτῷ **ἄγγελος κυρίου** ἑστὼς ἐκ δεξιῶν τοῦ θυσιαστηρίου τοῦ θυμιάματος.
a 002			**Lk 1,15** ἔσται γὰρ μέγας **ἐνώπιον [τοῦ] κυρίου,** *καὶ οἶνον καὶ σίκερα οὐ μὴ πίῃ,* ... ➤ Num 6,3; Lev 10,9

aa 002		**Lk 1,16**	καὶ πολλοὺς τῶν υἱῶν Ἰσραὴλ ἐπιστρέψει **ἐπὶ κύριον τὸν θεὸν αὐτῶν.**	
a 002		**Lk 1,17** ↓ Lk 3,4	... ἐπιστρέψαι καρδίας πατέρων ἐπὶ τέκνα καὶ ἀπειθεῖς ἐν φρονήσει δικαίων, ἑτοιμάσαι **κυρίῳ** λαὸν κατεσκευασμένον.	
a 002		**Lk 1,25**	ὅτι οὕτως μοι πεποίηκεν **κύριος** ἐν ἡμέραις αἷς ἐπεῖδεν ἀφελεῖν ὄνειδός μου ἐν ἀνθρώποις.	
a 002		**Lk 1,28**	... χαῖρε, κεχαριτωμένη, **ὁ κύριος** μετὰ σοῦ.	
aa 002		**Lk 1,32**	οὗτος ἔσται μέγας καὶ υἱὸς ὑψίστου κληθήσεται καὶ δώσει αὐτῷ **κύριος ὁ θεὸς** τὸν θρόνον Δαυὶδ τοῦ πατρὸς αὐτοῦ	
a 002		**Lk 1,38**	εἶπεν δὲ Μαριάμ· ἰδοὺ **ἡ δούλη κυρίου·** γένοιτό μοι κατὰ τὸ ῥῆμά σου. ...	
b 002		**Lk 1,43**	καὶ πόθεν μοι τοῦτο ἵνα ἔλθῃ **ἡ μήτηρ τοῦ κυρίου μου** πρὸς ἐμέ;	
a 002		**Lk 1,45** → Lk 1,48 → Lk 11,28	καὶ μακαρία ἡ πιστεύσασα ὅτι ἔσται τελείωσις τοῖς λελαλημένοις αὐτῇ **παρὰ κυρίου.**	
a 002		**Lk 1,46**	καὶ εἶπεν Μαριάμ· μεγαλύνει ἡ ψυχή μου **τὸν κύριον**	
a 002		**Lk 1,58**	καὶ ἤκουσαν οἱ περίοικοι καὶ οἱ συγγενεῖς αὐτῆς ὅτι ἐμεγάλυνεν **κύριος** τὸ ἔλεος αὐτοῦ μετ' αὐτῆς καὶ συνέχαιρον αὐτῇ.	
af 002		**Lk 1,66**	καὶ ἔθεντο πάντες οἱ ἀκούσαντες ἐν τῇ καρδίᾳ αὐτῶν λέγοντες· τί ἄρα τὸ παιδίον τοῦτο ἔσται; καὶ γὰρ **χεὶρ κυρίου** ἦν μετ' αὐτοῦ.	
aa 002		**Lk 1,68**	εὐλογητὸς **κύριος ὁ θεὸς τοῦ Ἰσραήλ,** ὅτι ἐπεσκέψατο καὶ ἐποίησεν λύτρωσιν τῷ λαῷ αὐτοῦ	

	Mt		Mk		Lk		
b 002					**Lk 1,76** ↓ Lk 3,4 → Lk 7,27	καὶ σὺ δέ, παιδίον, προφήτης ὑψίστου κληθήσῃ· προπορεύσῃ γὰρ **ἐνώπιον κυρίου** ἑτοιμάσαι ὁδοὺς αὐτοῦ	→ Acts 13,24
ab 200	**Mt 1,20** → Lk 1,30	ταῦτα δὲ αὐτοῦ ἐνθυμηθέντος ἰδοὺ **ἄγγελος κυρίου** κατ' ὄναρ ἐφάνη αὐτῷ λέγων· Ἰωσὴφ υἱὸς Δαυίδ, μὴ φοβηθῇς ...					
ac 200	**Mt 1,22**	τοῦτο δὲ ὅλον γέγονεν ἵνα πληρωθῇ τὸ ῥηθὲν **ὑπὸ κυρίου** διὰ τοῦ προφήτου λέγοντος·					
ab 200	**Mt 1,24**	ἐγερθεὶς δὲ ὁ Ἰωσὴφ ἀπὸ τοῦ ὕπνου ἐποίησεν ὡς προσέταξεν αὐτῷ **ὁ ἄγγελος κυρίου** καὶ παρέλαβεν τὴν γυναῖκα αὐτοῦ					
ab 002 *a* 002					**Lk 2,9** (2)	καὶ **ἄγγελος κυρίου** ἐπέστη αὐτοῖς καὶ **δόξα κυρίου** περιέλαμψεν αὐτούς, ...	
bj 002					**Lk 2,11**	ὅτι ἐτέχθη ὑμῖν σήμερον σωτὴρ ὅς ἐστιν **χριστὸς κύριος** ἐν πόλει Δαυίδ.	
a 002					**Lk 2,15**	... διέλθωμεν δὴ ἕως Βηθλέεμ καὶ ἴδωμεν τὸ ῥῆμα τοῦτο τὸ γεγονὸς ὃ **ὁ κύριος** ἐγνώρισεν ἡμῖν.	
a 002					**Lk 2,22**	καὶ ὅτε ἐπλήσθησαν αἱ ἡμέραι τοῦ καθαρισμοῦ αὐτῶν κατὰ τὸν νόμον Μωϋσέως, ἀνήγαγον αὐτὸν εἰς Ἱεροσόλυμα παραστῆσαι **τῷ κυρίῳ,**	
ag 002 *a* 002					**Lk 2,23** (2)	καθὼς γέγραπται **ἐν νόμῳ κυρίου** ὅτι *πᾶν ἄρσεν διανοῖγον* *μήτραν ἅγιον* ***τῷ κυρίῳ*** *κληθήσεται,* ➤ Exod 13,2.12.15	
ag 002					**Lk 2,24**	καὶ τοῦ δοῦναι θυσίαν κατὰ τὸ εἰρημένον **ἐν τῷ νόμῳ κυρίου,** *ζεῦγος τρυγόνων ἢ δύο* *νοσσοὺς περιστερῶν.* ➤ Lev 5,11; 12,8	
aj 002					**Lk 2,26**	καὶ ἦν αὐτῷ κεχρηματισμένον ὑπὸ τοῦ πνεύματος τοῦ ἁγίου μὴ ἰδεῖν θάνατον πρὶν [ἢ] ἂν ἴδῃ **τὸν χριστὸν κυρίου.**	

ag 002					Lk 2,39 → Mt 2,22-23	καὶ ὡς ἐτέλεσαν **πάντα τὰ κατὰ τὸν νόμον κυρίου,** ἐπέστρεψαν εἰς τὴν Γαλιλαίαν εἰς πόλιν ἑαυτῶν Ναζαρέθ.	
ab 200	Mt 2,13	ἀναχωρησάντων δὲ αὐτῶν ἰδοὺ **ἄγγελος κυρίου** φαίνεται κατ᾽ ὄναρ τῷ Ἰωσὴφ λέγων· ...					
ac 200	Mt 2,15	καὶ ἦν ἐκεῖ ἕως τῆς τελευτῆς Ἡρῴδου· ἵνα πληρωθῇ τὸ ῥηθὲν **ὑπὸ κυρίου** διὰ τοῦ προφήτου λέγοντος· *ἐξ Αἰγύπτου ἐκάλεσα τὸν υἱόν μου.* ➤ Hos 11,1					
ab 200	Mt 2,19	τελευτήσαντος δὲ τοῦ Ἡρῴδου ἰδοὺ **ἄγγελος κυρίου** φαίνεται κατ᾽ ὄναρ τῷ Ἰωσὴφ ἐν Αἰγύπτῳ					
b 222	Mt 3,3	... *φωνὴ βοῶντος ἐν τῇ ἐρήμῳ· ἑτοιμάσατε* ***τὴν ὁδὸν κυρίου,*** *εὐθείας ποιεῖτε τὰς τρίβους* αὐτοῦ. ➤ Isa 40,3 LXX	Mk 1,3	*φωνὴ βοῶντος ἐν τῇ ἐρήμῳ· ἑτοιμάσατε* ***τὴν ὁδὸν κυρίου,*** *εὐθείας ποιεῖτε τὰς τρίβους* αὐτοῦ ➤ Isa 40,3 LXX	Lk 3,4 ↑ Lk 1,17 ↑ Lk 1,76 → Lk 7,27	... *φωνὴ βοῶντος ἐν τῇ ἐρήμῳ· ἑτοιμάσατε* ***τὴν ὁδὸν κυρίου,*** *εὐθείας ποιεῖτε τὰς τρίβους* αὐτοῦ· ➤ Isa 40,3 LXX	→ **Jn 1,23** → Acts 13,24
aa 202	Mt 4,7	... πάλιν γέγραπται· *οὐκ ἐκπειράσεις* ***κύριον τὸν θεόν σου.*** ➤ Deut 6,16 LXX			Lk 4,12	... εἴρηται· *οὐκ ἐκπειράσεις* ***κύριον τὸν θεόν σου.*** ➤ Deut 6,16 LXX	
aa 202	Mt 4,10 → Mt 16,23 → Mk 8,33	... ὕπαγε, σατανᾶ· γέγραπται γάρ· ***κύριον τὸν θεόν σου*** *προσκυνήσεις καὶ αὐτῷ* μόνῳ *λατρεύσεις.* ➤ Deut 6,13 LXX/10,20			Lk 4,8	... γέγραπται· ***κύριον τὸν θεόν σου*** *προσκυνήσεις καὶ αὐτῷ* μόνῳ *λατρεύσεις.* ➤ Deut 6,13 LXX/10,20	
aa 202	Mt 4,7	... πάλιν γέγραπται· *οὐκ ἐκπειράσεις* ***κύριον τὸν θεόν σου.*** ➤ Deut 6,16 LXX			Lk 4,12	... εἴρηται· *οὐκ ἐκπειράσεις* ***κύριον τὸν θεόν σου.*** ➤ Deut 6,16 LXX	
ad 002					Lk 4,18 → Mt 11,5 → Lk 7,22 → Lk 3,22	***πνεῦμα κυρίου*** *ἐπ᾽ ἐμὲ οὗ εἵνεκεν ἔχρισέν με εὐαγγελίσασθαι πτωχοῖς, ἀπέσταλκέν με,* ... ➤ Isa 61,1 LXX; 58,6	→ Acts 4,27 → Acts 10,38
a 002					Lk 4,19	*κηρύξαι* ***ἐνιαυτὸν κυρίου δεκτόν.*** ➤ Isa 61,2 LXX	
bf 002					Lk 5,8	... ἔξελθε ἀπ᾽ ἐμοῦ, ὅτι ἀνὴρ ἁμαρτωλός εἰμι, **κύριε.**	

	Mt		Mk		Lk		
bf 212	**Mt 8,2**	καὶ ἰδοὺ λεπρὸς προσελθὼν προσεκύνει αὐτῷ λέγων· **κύριε,** ἐὰν θέλῃς δύνασαί με καθαρίσαι.	**Mk 1,40**	καὶ ἔρχεται πρὸς αὐτὸν λεπρὸς παρακαλῶν αὐτὸν [καὶ γονυπετῶν] καὶ λέγων αὐτῷ ὅτι ἐὰν θέλῃς δύνασαί με καθαρίσαι.	**Lk 5,12** → Lk 17,12-13 → Lk 17,16	... καὶ ἰδοὺ ἀνὴρ πλήρης λέπρας· ἰδὼν δὲ τὸν Ἰησοῦν, πεσὼν ἐπὶ πρόσωπον ἐδεήθη αὐτοῦ λέγων· **κύριε,** ἐὰν θέλῃς δύνασαί με καθαρίσαι.	
ae 012			**Mk 2,2** → Mk 3,20	καὶ συνήχθησαν πολλοὶ ὥστε μηκέτι χωρεῖν μηδὲ τὰ πρὸς τὴν θύραν, καὶ ἐλάλει αὐτοῖς τὸν λόγον.	**Lk 5,17**	καὶ ἐγένετο ἐν μιᾷ τῶν ἡμερῶν καὶ αὐτὸς ἦν διδάσκων, καὶ ἦσαν καθήμενοι Φαρισαῖοι καὶ νομοδιδάσκαλοι οἳ ἦσαν ἐληλυθότες ἐκ πάσης κώμης τῆς Γαλιλαίας καὶ Ἰουδαίας καὶ Ἰερουσαλήμ· καὶ **δύναμις κυρίου** ἦν εἰς τὸ ἰᾶσθαι αὐτόν.	
bd 222	**Mt 12,8**	**κύριος** γάρ ἐστιν τοῦ σαββάτου ὁ υἱὸς τοῦ ἀνθρώπου.	**Mk 2,28**	ὥστε **κύριός** ἐστιν ὁ υἱὸς τοῦ ἀνθρώπου καὶ τοῦ σαββάτου.	**Lk 6,5**	... **κύριός** ἐστιν τοῦ σαββάτου ὁ υἱὸς τοῦ ἀνθρώπου.	
a 200	**Mt 5,33**	πάλιν ἠκούσατε ὅτι ἐρρέθη τοῖς ἀρχαίοις· οὐκ ἐπιορκήσεις, ἀποδώσεις δὲ **τῷ κυρίῳ** τοὺς ὅρκους σου. ➤ Lev 19,12; Num 30,3; Deut 23,22 LXX					
c 202	**Mt 6,24**	οὐδεὶς δύναται **δυσὶ κυρίοις** δουλεύειν· ...			**Lk 16,13**	οὐδεὶς οἰκέτης δύναται **δυσὶ κυρίοις** δουλεύειν· ...	→ GTh 47,1-2
bf 202 *bf* 202	**Mt 7,21** **(2)** → Mt 12,50	οὐ πᾶς ὁ λέγων μοι· **κύριε** **κύριε,** εἰσελεύσεται εἰς τὴν βασιλείαν τῶν οὐρανῶν, ἀλλ' ὁ ποιῶν τὸ θέλημα τοῦ πατρός μου τοῦ ἐν τοῖς οὐρανοῖς.	→ Mk 3,35		**Lk 6,46** **(2)** → Lk 8,21	τί δέ με καλεῖτε· **κύριε** **κύριε,** καὶ οὐ ποιεῖτε ἃ λέγω;	
bf 201 *bf* 201	**Mt 7,22** **(2)** ↓ Mt 25,11	πολλοὶ ἐροῦσίν μοι ἐν ἐκείνῃ τῇ ἡμέρᾳ· **κύριε** **κύριε,** οὐ τῷ σῷ ὀνόματι ἐπροφητεύσαμεν, καὶ τῷ σῷ ὀνόματι δαιμόνια ἐξεβάλομεν, καὶ τῷ σῷ ὀνόματι δυνάμεις πολλὰς ἐποιήσαμεν;			**Lk 13,26**	τότε ἄρξεσθε λέγειν· ἐφάγομεν ἐνώπιόν σου καὶ ἐπίομεν καὶ ἐν ταῖς πλατείαις ἡμῶν ἐδίδαξας·	
bf 212	**Mt 8,2**	καὶ ἰδοὺ λεπρὸς προσελθὼν προσεκύνει αὐτῷ λέγων· **κύριε,** ἐὰν θέλῃς δύνασαί με καθαρίσαι.	**Mk 1,40**	καὶ ἔρχεται πρὸς αὐτὸν λεπρὸς παρακαλῶν αὐτὸν [καὶ γονυπετῶν] καὶ λέγων αὐτῷ ὅτι ἐὰν θέλῃς δύνασαί με καθαρίσαι.	**Lk 5,12** → Lk 17,12-13 → Lk 17,16	... καὶ ἰδοὺ ἀνὴρ πλήρης λέπρας· ἰδὼν δὲ τὸν Ἰησοῦν, πεσὼν ἐπὶ πρόσωπον ἐδεήθη αὐτοῦ λέγων· **κύριε,** ἐὰν θέλῃς δύνασαί με καθαρίσαι.	

	Mt		Mk		Lk		
bf 201	Mt 8,6	[5] ... ἑκατόνταρχος ... [6] καὶ λέγων· **κύριε,** ὁ παῖς μου βέβληται ἐν τῇ οἰκίᾳ παραλυτικός, δεινῶς βασανιζόμενος.			Lk 7,2	ἑκατοντάρχου δέ τινος δοῦλος κακῶς ἔχων ἤμελλεν τελευτᾶν, ὃς ἦν αὐτῷ ἔντιμος.	→ Jn 4,46-47
bf 202	Mt 8,8	καὶ ἀποκριθεὶς ὁ ἑκατόνταρχος ἔφη· **κύριε,** οὐκ εἰμὶ ἱκανὸς ἵνα μου ὑπὸ τὴν στέγην εἰσέλθῃς, ...			Lk 7,6	... ἔπεμψεν φίλους ὁ ἑκατοντάρχης λέγων αὐτῷ· **κύριε,** μὴ σκύλλου, οὐ γὰρ ἱκανός εἰμι ἵνα ὑπὸ τὴν στέγην μου εἰσέλθῃς·	→ Jn 4,49
bf 202	Mt 8,21	... εἶπεν αὐτῷ· **κύριε,** ἐπίτρεψόν μοι πρῶτον ἀπελθεῖν καὶ θάψαι τὸν πατέρα μου.			Lk 9,59	... ὁ δὲ εἶπεν· **[κύριε,]** ἐπίτρεψόν μοι ἀπελθόντι πρῶτον θάψαι τὸν πατέρα μου.	
bf 211	Mt 8,25	καὶ προσελθόντες ἤγειραν αὐτὸν λέγοντες· **κύριε,** σῶσον, ἀπολλύμεθα.	Mk 4,38	... καὶ ἐγείρουσιν αὐτὸν καὶ λέγουσιν αὐτῷ· **διδάσκαλε,** οὐ μέλει σοι ὅτι ἀπολλύμεθα;	Lk 8,24	προσελθόντες δὲ διήγειραν αὐτὸν λέγοντες· **ἐπιστάτα ἐπιστάτα,** ἀπολλύμεθα. ...	
bf 200	Mt 9,28 ⇨ Mt 20,32 ⇩ Mt 20,33	... καὶ λέγει αὐτοῖς ὁ Ἰησοῦς· πιστεύετε ὅτι δύναμαι τοῦτο ποιῆσαι; λέγουσιν αὐτῷ· ναὶ **κύριε.**	Mk 10,51	καὶ ἀποκριθεὶς αὐτῷ ὁ Ἰησοῦς εἶπεν· τί σοι θέλεις ποιήσω; ὁ δὲ τυφλὸς εἶπεν αὐτῷ· **ραββουνι,** ἵνα ἀναβλέψω.	Lk 18,41	[40] ... ἐπηρώτησεν αὐτόν· [41] τί σοι θέλεις ποιήσω; ὁ δὲ εἶπεν· **κύριε,** ἵνα ἀναβλέψω.	
202	Mt 9,38	δεήθητε οὖν **τοῦ κυρίου τοῦ θερισμοῦ** ὅπως ἐκβάλῃ ἐργάτας εἰς τὸν θερισμὸν αὐτοῦ.			Lk 10,2	... δεήθητε οὖν **τοῦ κυρίου τοῦ θερισμοῦ** ὅπως ἐργάτας ἐκβάλῃ εἰς τὸν θερισμὸν αὐτοῦ.	→ GTh 73
c 201	Mt 10,24	οὐκ ἔστιν μαθητὴς ὑπὲρ τὸν διδάσκαλον οὐδὲ δοῦλος **ὑπὲρ τὸν κύριον αὐτοῦ.**			Lk 6,40	οὐκ ἔστιν μαθητὴς ὑπὲρ τὸν διδάσκαλον·	
c 201	Mt 10,25	ἀρκετὸν τῷ μαθητῇ ἵνα γένηται ὡς ὁ διδάσκαλος αὐτοῦ καὶ ὁ δοῦλος **ὡς ὁ κύριος αὐτοῦ.** ...				κατηρτισμένος δὲ πᾶς ἔσται ὡς ὁ διδάσκαλος αὐτοῦ.	
b 002					Lk 7,13	καὶ ἰδὼν αὐτὴν **ὁ κύριος** ἐσπλαγχνίσθη ἐπ' αὐτῇ καὶ εἶπεν αὐτῇ· μὴ κλαῖε.	
b 102	Mt 11,3	[2] ὁ δὲ Ἰωάννης ... πέμψας διὰ τῶν μαθητῶν αὐτοῦ [3] εἶπεν **αὐτῷ·** σὺ εἶ ὁ ἐρχόμενος ἢ ἕτερον προσδοκῶμεν;			Lk 7,19	[18] ... καὶ προσκαλεσάμενος δύο τινὰς τῶν μαθητῶν αὐτοῦ ὁ Ἰωάννης [19] ἔπεμψεν **πρὸς τὸν κύριον** λέγων· σὺ εἶ ὁ ἐρχόμενος ἢ ἄλλον προσδοκῶμεν;	
a 202	Mt 11,25	... ἐξομολογοῦμαί σοι, πάτερ, **κύριε τοῦ οὐρανοῦ καὶ τῆς γῆς,** ὅτι ἔκρυψας ταῦτα ἀπὸ σοφῶν καὶ συνετῶν καὶ ἀπεκάλυψας αὐτὰ νηπίοις·			Lk 10,21	... ἐξομολογοῦμαί σοι, πάτερ, **κύριε τοῦ οὐρανοῦ καὶ τῆς γῆς,** ὅτι ἀπέκρυψας ταῦτα ἀπὸ σοφῶν καὶ συνετῶν καὶ ἀπεκάλυψας αὐτὰ νηπίοις· ...	→ Acts 4,24 → GTh 4 (POxy 654)

	Mt		Mk		Lk		
bd 222	**Mt 12,8**	**κύριος** γάρ ἐστιν τοῦ σαββάτου ὁ υἱὸς τοῦ ἀνθρώπου.	**Mk 2,28**	ὥστε **κύριός** ἐστιν ὁ υἱὸς τοῦ ἀνθρώπου καὶ τοῦ σαββάτου.	**Lk 6,5**	... **κύριός** ἐστιν τοῦ σαββάτου ὁ υἱὸς τοῦ ἀνθρώπου.	
c 200	**Mt 13,27**	προσελθόντες δὲ οἱ δοῦλοι τοῦ οἰκοδεσπότου εἶπον αὐτῷ· **κύριε,** οὐχὶ καλὸν σπέρμα ἔσπειρας ἐν τῷ σῷ ἀγρῷ; πόθεν οὖν ἔχει ζιζάνια;					→ GTh 57
a 021			**Mk 5,19**	... ὕπαγε εἰς τὸν οἶκόν σου πρὸς τοὺς σοὺς καὶ ἀπάγγειλον αὐτοῖς ὅσα **ὁ κύριός** σοι πεποίηκεν καὶ ἠλέησέν σε. [20] καὶ ἀπῆλθεν καὶ ἤρξατο κηρύσσειν ἐν τῇ Δεκαπόλει ὅσα ἐποίησεν αὐτῷ ὁ Ἰησοῦς, ...	**Lk 8,39**	ὑπόστρεφε εἰς τὸν οἶκόν σου, καὶ διηγοῦ ὅσα σοι ἐποίησεν **ὁ θεός.** καὶ ἀπῆλθεν καθ᾽ ὅλην τὴν πόλιν κηρύσσων ὅσα ἐποίησεν αὐτῷ ὁ Ἰησοῦς.	
bf 200	**Mt 14,28**	ἀποκριθεὶς δὲ αὐτῷ ὁ Πέτρος εἶπεν· **κύριε,** εἰ σὺ εἶ, κέλευσόν με ἐλθεῖν πρὸς σὲ ἐπὶ τὰ ὕδατα.					
bf 200	**Mt 14,30**	βλέπων δὲ τὸν ἄνεμον [ἰσχυρὸν] ἐφοβήθη, καὶ ἀρξάμενος καταποντίζεσθαι ἔκραξεν λέγων· **κύριε,** σῶσόν με.					
be *bf* 210	**Mt 15,22** → Mk 7,24 ↓ Mk 7,26	καὶ ἰδοὺ γυνὴ Χαναναία ἀπὸ τῶν ὁρίων ἐκείνων ἐξελθοῦσα ἔκραζεν λέγουσα· ἐλέησόν με, **κύριε υἱὸς Δαυίδ·** ἡ θυγάτηρ μου κακῶς δαιμονίζεται.	**Mk 7,25**	ἀλλ᾽ εὐθὺς ἀκούσασα γυνὴ περὶ αὐτοῦ, ἧς εἶχεν τὸ θυγάτριον αὐτῆς πνεῦμα ἀκάθαρτον, ↔			
bf 210	**Mt 15,25**	ἡ δὲ ἐλθοῦσα προσεκύνει αὐτῷ λέγουσα· **κύριε,** βοήθει μοι.	**Mk 7,26** ↑ Mt 15,22	↔ [25] ἐλθοῦσα προσέπεσεν πρὸς τοὺς πόδας αὐτοῦ· [26] ἡ δὲ γυνὴ ἦν Ἑλληνίς, Συροφοινίκισσα τῷ γένει· καὶ ἠρώτα αὐτὸν ἵνα τὸ δαιμόνιον ἐκβάλῃ ἐκ τῆς θυγατρὸς αὐτῆς.			
bf 220 210	**Mt 15,27** **(2)**	ἡ δὲ εἶπεν· ναί **κύριε,** καὶ γὰρ τὰ κυνάρια ἐσθίει ἀπὸ τῶν ψιχίων τῶν πιπτόντων **ἀπὸ τῆς τραπέζης τῶν κυρίων αὐτῶν.**	**Mk 7,28**	ἡ δὲ ἀπεκρίθη καὶ λέγει αὐτῷ· **κύριε·** καὶ τὰ κυνάρια **ὑποκάτω τῆς τραπέζης** ἐσθίουσιν ἀπὸ τῶν ψιχίων τῶν παιδίων.			

	Mt		Mk		Lk		
bf 210	**Mt 16,22**	καὶ προσλαβόμενος αὐτὸν ὁ Πέτρος ἤρξατο ἐπιτιμᾶν αὐτῷ λέγων· ἵλεώς σοι, **κύριε·** οὐ μὴ ἔσται σοι τοῦτο.	**Mk 8,32**	... καὶ προσλαβόμενος ὁ Πέτρος αὐτὸν ἤρξατο ἐπιτιμᾶν αὐτῷ.			
bf 211	**Mt 17,4**	ἀποκριθεὶς δὲ ὁ Πέτρος εἶπεν τῷ Ἰησοῦ· **κύριε,** καλόν ἐστιν ἡμᾶς ὧδε εἶναι· ...	**Mk 9,5**	καὶ ἀποκριθεὶς ὁ Πέτρος λέγει τῷ Ἰησοῦ· **ῥαββί,** καλόν ἐστιν ἡμᾶς ὧδε εἶναι, ...	**Lk 9,33**	καὶ ἐγένετο ἐν τῷ διαχωρίζεσθαι αὐτοὺς ἀπ᾽ αὐτοῦ εἶπεν ὁ Πέτρος πρὸς τὸν Ἰησοῦν· **ἐπιστάτα,** καλόν ἐστιν ἡμᾶς ὧδε εἶναι, ...	
bf 211	**Mt 17,15**	[14] καὶ ἐλθόντων πρὸς τὸν ὄχλον προσῆλθεν αὐτῷ ἄνθρωπος γονυπετῶν αὐτὸν [15] καὶ λέγων· **κύριε,** ἐλέησόν μου τὸν υἱόν, ὅτι σεληνιάζεται καὶ κακῶς πάσχει· ...	**Mk 9,17**	καὶ ἀπεκρίθη αὐτῷ εἷς ἐκ τοῦ ὄχλου· **διδάσκαλε,** ἤνεγκα τὸν υἱόν μου πρὸς σέ, ἔχοντα πνεῦμα ἄλαλον· [18] καὶ ὅπου ἐὰν αὐτὸν καταλάβῃ ...	**Lk 9,38**	καὶ ἰδοὺ ἀνὴρ ἀπὸ τοῦ ὄχλου ἐβόησεν λέγων· **διδάσκαλε,** δέομαί σου ἐπιβλέψαι ἐπὶ τὸν υἱόν μου, ὅτι μονογενής μοί ἐστιν, [39] καὶ ἰδοὺ πνεῦμα λαμβάνει αὐτὸν ...	
bf 201	**Mt 18,21** → Mt 18,15	τότε προσελθὼν ὁ Πέτρος εἶπεν αὐτῷ· **κύριε,** ποσάκις ἁμαρτήσει εἰς ἐμὲ ὁ ἀδελφός μου καὶ ἀφήσω αὐτῷ; ἕως ἑπτάκις; [22] λέγει αὐτῷ ὁ Ἰησοῦς· οὐ λέγω σοι ἕως ἑπτάκις ἀλλὰ ἕως ἑβδομηκοντάκις ἑπτά.			**Lk 17,4** → Lk 17,3	καὶ ἐὰν ἑπτάκις τῆς ἡμέρας ἁμαρτήσῃ εἰς σὲ καὶ ἑπτάκις ἐπιστρέψῃ πρὸς σὲ λέγων· μετανοῶ, ἀφήσεις αὐτῷ.	
c 200	**Mt 18,25**	μὴ ἔχοντος δὲ αὐτοῦ ἀποδοῦναι ἐκέλευσεν αὐτὸν **ὁ κύριος** πραθῆναι καὶ τὴν γυναῖκα καὶ τὰ τέκνα καὶ πάντα ὅσα ἔχει, καὶ ἀποδοθῆναι. [26] πεσὼν οὖν ὁ δοῦλος προσεκύνει αὐτῷ ...					
c 200	**Mt 18,27**	σπλαγχνισθεὶς δὲ **ὁ κύριος τοῦ δούλου ἐκείνου** ἀπέλυσεν αὐτὸν καὶ τὸ δάνειον ἀφῆκεν αὐτῷ.					
c 200	**Mt 18,31**	ἰδόντες οὖν οἱ σύνδουλοι αὐτοῦ τὰ γενόμενα ἐλυπήθησαν σφόδρα καὶ ἐλθόντες διεσάφησαν **τῷ κυρίῳ ἑαυτῶν** πάντα τὰ γενόμενα.					
c 200	**Mt 18,32**	τότε προσκαλεσάμενος αὐτὸν **ὁ κύριος** αὐτοῦ λέγει αὐτῷ· δοῦλε πονηρέ, πᾶσαν τὴν ὀφειλὴν ἐκείνην ἀφῆκά σοι, ἐπεὶ παρεκάλεσάς με·					

	Mt		Mk		Lk		
c 200	**Mt 18,34** → Mt 6,12 → Lk 11,4 → Mt 5,25-26 → Lk 12,58-59	[33] οὐκ ἔδει καὶ σὲ ἐλεῆσαι τὸν σύνδουλόν σου, ὡς κἀγὼ σὲ ἠλέησα; [34] καὶ ὀργισθεὶς **ὁ κύριος αὐτοῦ** παρέδωκεν αὐτὸν τοῖς βασανισταῖς ἕως οὗ ἀποδῷ πᾶν τὸ ὀφειλόμενον.					
bf 002					**Lk 9,54**	ἰδόντες δὲ οἱ μαθηταὶ Ἰάκωβος καὶ Ἰωάννης εἶπαν· **κύριε,** θέλεις εἴπωμεν *πῦρ καταβῆναι ἀπὸ τοῦ οὐρανοῦ καὶ ἀναλῶσαι αὐτούς;* ➤ 2Kings 1,10.12	
bf 202	**Mt 8,21**	... εἶπεν αὐτῷ· **κύριε,** ἐπίτρεψόν μοι πρῶτον ἀπελθεῖν καὶ θάψαι τὸν πατέρα μου.			**Lk 9,59**	... ὁ δὲ εἶπεν· **[κύριε,]** ἐπίτρεψόν μοι ἀπελθόντι πρῶτον θάψαι τὸν πατέρα μου.	
bf 002					**Lk 9,61**	εἶπεν δὲ καὶ ἕτερος· ἀκολουθήσω σοι, **κύριε·** πρῶτον δὲ ἐπίτρεψόν μοι ἀποτάξασθαι τοῖς εἰς τὸν οἶκόν μου.	
b 002					**Lk 10,1** → Mt 10,1 → Mk 6,7 → Lk 9,1	μετὰ δὲ ταῦτα ἀνέδειξεν **ὁ κύριος** ἑτέρους ἑβδομήκοντα [δύο] ...	
202	**Mt 9,38**	δεήθητε οὖν **τοῦ κυρίου τοῦ θερισμοῦ** ὅπως ἐκβάλῃ ἐργάτας εἰς τὸν θερισμὸν αὐτοῦ.			**Lk 10,2**	... δεήθητε οὖν **τοῦ κυρίου τοῦ θερισμοῦ** ὅπως ἐργάτας ἐκβάλῃ εἰς τὸν θερισμὸν αὐτοῦ.	→ GTh 73
bf 002					**Lk 10,17** → Lk 9,10	ὑπέστρεψαν δὲ οἱ ἑβδομήκοντα [δύο] μετὰ χαρᾶς λέγοντες· **κύριε,** καὶ τὰ δαιμόνια ὑποτάσσεται ἡμῖν ἐν τῷ ὀνόματί σου.	
a 202	**Mt 11,25**	... ἐξομολογοῦμαί σοι, πάτερ, **κύριε τοῦ οὐρανοῦ καὶ τῆς γῆς,** ὅτι ἔκρυψας ταῦτα ἀπὸ σοφῶν καὶ συνετῶν καὶ ἀπεκάλυψας αὐτὰ νηπίοις·			**Lk 10,21**	... ἐξομολογοῦμαί σοι, πάτερ, **κύριε τοῦ οὐρανοῦ καὶ τῆς γῆς,** ὅτι ἀπέκρυψας ταῦτα ἀπὸ σοφῶν καὶ συνετῶν καὶ ἀπεκάλυψας αὐτὰ νηπίοις· ...	→ Acts 4,24 → GTh 4 (POxy 654)
aa 222	**Mt 22,37**	... *ἀγαπήσεις* ***κύριον τὸν θεόν σου*** *ἐν ὅλῃ τῇ καρδίᾳ σου* ... ➤ Deut 6,5; Josh 22,5 LXX	**Mk 12,30**	*καὶ ἀγαπήσεις* ***κύριον τὸν θεόν σου*** *ἐξ ὅλης τῆς καρδίας σου* ... ➤ Deut 6,5; Josh 22,5 LXX	**Lk 10,27**	... *ἀγαπήσεις* ***κύριον τὸν θεόν σου*** *ἐξ ὅλης [τῆς] καρδίας σου* ... ➤ Deut 6,5; Josh 22,5 LXX	
b 002					**Lk 10,39**	καὶ τῇδε ἦν ἀδελφὴ καλουμένη Μαριάμ, [ἣ] καὶ παρακαθεσθεῖσα **πρὸς τοὺς πόδας τοῦ κυρίου** ἤκουεν τὸν λόγον αὐτοῦ.	

	Mt	Mk	Lk	
bf 002			**Lk 10,40** ἡ δὲ Μάρθα ... εἶπεν· **κύριε,** οὐ μέλει σοι ὅτι ἡ ἀδελφή μου μόνην με κατέλιπεν διακονεῖν; ...	
b 002			**Lk 10,41** ἀποκριθεὶς δὲ εἶπεν αὐτῇ **ὁ κύριος·** Μάρθα Μάρθα, μεριμνᾷς καὶ θορυβάζῃ περὶ πολλά	
bf 002			**Lk 11,1** ... εἶπέν τις τῶν μαθητῶν αὐτοῦ πρὸς αὐτόν· **κύριε,** δίδαξον ἡμᾶς προσεύχεσθαι, ...	
b 102	**Mt 23,25** → Mk 7,4 οὐαὶ ὑμῖν, γραμματεῖς καὶ Φαρισαῖοι ὑποκριταί, ὅτι καθαρίζετε τὸ ἔξωθεν τοῦ ποτηρίου καὶ τῆς παροψίδος, ἔσωθεν δὲ γέμουσιν ἐξ ἁρπαγῆς καὶ ἀκρασίας.		**Lk 11,39** → Mk 7,4 εἶπεν δὲ **ὁ κύριος** πρὸς αὐτόν· νῦν ὑμεῖς οἱ Φαρισαῖοι τὸ ἔξωθεν τοῦ ποτηρίου καὶ τοῦ πίνακος καθαρίζετε, τὸ δὲ ἔσωθεν ὑμῶν γέμει ἁρπαγῆς καὶ πονηρίας.	→ GTh 89
c 002			**Lk 12,36** καὶ ὑμεῖς ὅμοιοι ἀνθρώποις προσδεχομένοις **τὸν κύριον ἑαυτῶν** πότε ἀναλύσῃ ἐκ τῶν γάμων, ...	
c 002			**Lk 12,37** μακάριοι οἱ δοῦλοι ἐκεῖνοι, οὓς ἐλθὼν **ὁ κύριος** εὑρήσει γρηγοροῦντας· ...	
bf 002			**Lk 12,41** εἶπεν δὲ ὁ Πέτρος· **κύριε,** πρὸς ἡμᾶς τὴν παραβολὴν ταύτην λέγεις ἢ καὶ πρὸς πάντας;	
b 102 *c* 202	**Mt 24,45** τίς ἄρα ἐστὶν ὁ πιστὸς δοῦλος καὶ φρόνιμος ὃν κατέστησεν **ὁ κύριος** ἐπὶ τῆς οἰκετείας αὐτοῦ τοῦ δοῦναι αὐτοῖς τὴν τροφὴν ἐν καιρῷ;		**Lk 12,42 (2)** καὶ εἶπεν **ὁ κύριος·** τίς ἄρα ἐστὶν ὁ πιστὸς οἰκονόμος ὁ φρόνιμος, ὃν καταστήσει **ὁ κύριος** ἐπὶ τῆς θεραπείας αὐτοῦ τοῦ διδόναι ἐν καιρῷ [τὸ] σιτομέτριον;	
c 202	**Mt 24,46** μακάριος ὁ δοῦλος ἐκεῖνος ὃν ἐλθὼν **ὁ κύριος αὐτοῦ** εὑρήσει οὕτως ποιοῦντα·		**Lk 12,43** μακάριος ὁ δοῦλος ἐκεῖνος, ὃν ἐλθὼν **ὁ κύριος αὐτοῦ** εὑρήσει ποιοῦντα οὕτως·	
c 202	**Mt 24,48** ἐὰν δὲ εἴπῃ ὁ κακὸς δοῦλος ἐκεῖνος ἐν τῇ καρδίᾳ αὐτοῦ· χρονίζει **μου ὁ κύριος**		**Lk 12,45** ἐὰν δὲ εἴπῃ ὁ δοῦλος ἐκεῖνος ἐν τῇ καρδίᾳ αὐτοῦ· χρονίζει **ὁ κύριός μου** ἔρχεσθαι, ...	

c 202	**Mt 24,50** ↓Mt 24,42 →Mt 24,44 →Mt 25,13	ἥξει **ὁ κύριος τοῦ δούλου ἐκείνου** ἐν ἡμέρᾳ ᾗ οὐ προσδοκᾷ καὶ ἐν ὥρᾳ ᾗ οὐ γινώσκει	**Lk 12,46**	ἥξει **ὁ κύριος τοῦ δούλου ἐκείνου** ἐν ἡμέρᾳ ᾗ οὐ προσδοκᾷ καὶ ἐν ὥρᾳ ᾗ οὐ γινώσκει, ...	
c 002			**Lk 12,47**	ἐκεῖνος δὲ ὁ δοῦλος ὁ γνοὺς **τὸ θέλημα τοῦ κυρίου αὐτοῦ** καὶ μὴ ἑτοιμάσας ἢ ποιήσας πρὸς τὸ θέλημα αὐτοῦ δαρήσεται πολλάς·	
c 002			**Lk 13,8**	ὁ δὲ ἀποκριθεὶς λέγει αὐτῷ· **κύριε,** ἄφες αὐτὴν καὶ τοῦτο τὸ ἔτος, ἕως ὅτου σκάψω περὶ αὐτὴν καὶ βάλω κόπρια	
b 002			**Lk 13,15** →Mt 12,11 →Lk 14,5	ἀπεκρίθη δὲ αὐτῷ **ὁ κύριος** καὶ εἶπεν· ὑποκριταί, ἕκαστος ὑμῶν τῷ σαββάτῳ οὐ λύει τὸν βοῦν αὐτοῦ ἢ τὸν ὄνον ἀπὸ τῆς φάτνης καὶ ἀπαγαγὼν ποτίζει;	
bf 002			**Lk 13,23**	εἶπεν δέ τις αὐτῷ· **κύριε,** εἰ ὀλίγοι οἱ σῳζόμενοι; ...	
bf 002	**Mt 25,11** (2) ↑Mt 7,22	[10] ... ἦλθεν ὁ νυμφίος, ... καὶ ἐκλείσθη ἡ θύρα. [11] ὕστερον δὲ ἔρχονται καὶ αἱ λοιπαὶ παρθένοι λέγουσαι· **κύριε κύριε,** ἄνοιξον ἡμῖν.	**Lk 13,25**	ἀφ' οὗ ἂν ἐγερθῇ ὁ οἰκοδεσπότης καὶ ἀποκλείσῃ τὴν θύραν καὶ ἄρξησθε ἔξω ἑστάναι καὶ κρούειν τὴν θύραν λέγοντες· **κύριε,** ἄνοιξον ἡμῖν, ...	
ah 202	**Mt 23,39**	λέγω γὰρ ὑμῖν, οὐ μή με ἴδητε ἀπ' ἄρτι ἕως ἂν εἴπητε· *εὐλογημένος* *ὁ ἐρχόμενος* ***ἐν ὀνόματι κυρίου.*** ➤ Ps 118,26	**Lk 13,35**	... λέγω [δὲ] ὑμῖν, οὐ μὴ ἴδητέ με ἕως [ἥξει ὅτε] εἴπητε· *εὐλογημένος* *ὁ ἐρχόμενος* ***ἐν ὀνόματι κυρίου.*** ➤ Ps 118,26	
c 002			**Lk 14,21**	καὶ παραγενόμενος ὁ δοῦλος ἀπήγγειλεν **τῷ κυρίῳ αὐτοῦ** ταῦτα. ...	→GTh 64
c 002			**Lk 14,22**	καὶ εἶπεν ὁ δοῦλος· **κύριε,** γέγονεν ὃ ἐπέταξας, καὶ ἔτι τόπος ἐστίν.	
c 102	**Mt 22,9**	πορεύεσθε οὖν ἐπὶ τὰς διεξόδους τῶν ὁδῶν καὶ ὅσους ἐὰν εὕρητε καλέσατε εἰς τοὺς γάμους.	**Lk 14,23** →Mt 22,10 →Lk 16,16	καὶ εἶπεν **ὁ κύριος** πρὸς τὸν δοῦλον· ἔξελθε εἰς τὰς ὁδοὺς καὶ φραγμοὺς καὶ ἀνάγκασον εἰσελθεῖν, ...	→GTh 64
c 002			**Lk 16,3**	... τί ποιήσω, ὅτι **ὁ κύριός μου** ἀφαιρεῖται τὴν οἰκονομίαν ἀπ' ἐμοῦ; ...	

c 002 c 002					Lk 16,5 (2)	καὶ προσκαλεσάμενος ἕνα ἕκαστον τῶν χρεοφειλετῶν **τοῦ κυρίου ἑαυτοῦ** ἔλεγεν τῷ πρώτῳ· πόσον ὀφείλεις **τῷ κυρίῳ μου;**	
b 002					Lk 16,8	καὶ ἐπῄνεσεν **ὁ κύριος** τὸν οἰκονόμον τῆς ἀδικίας ὅτι φρονίμως ἐποίησεν· ...	
c 202	Mt 6,24	οὐδεὶς δύναται **δυσὶ κυρίοις** δουλεύειν· ...			Lk 16,13	οὐδεὶς οἰκέτης δύναται **δυσὶ κυρίοις** δουλεύειν· ...	→ GTh 47,1-2
b 002					Lk 17,5	καὶ εἶπαν οἱ ἀπόστολοι **τῷ κυρίῳ·** πρόσθες ἡμῖν πίστιν.	
b 102	Mt 17,20	... ἐὰν ἔχητε πίστιν ὡς κόκκον σινάπεως, ...	Mk 11,22	καὶ ἀποκριθεὶς ὁ Ἰησοῦς λέγει αὐτοῖς· ἔχετε πίστιν θεοῦ.	Lk 17,6 → Mt 21,21	εἶπεν δὲ **ὁ κύριος·** εἰ ἔχετε πίστιν ὡς κόκκον σινάπεως, ...	
bf 102	Mt 24,28	ὅπου ἐὰν ᾖ τὸ πτῶμα, ἐκεῖ συναχθήσονται οἱ ἀετοί.			Lk 17,37	καὶ ἀποκριθέντες λέγουσιν αὐτῷ· ποῦ, **κύριε;** ὁ δὲ εἶπεν αὐτοῖς· ὅπου τὸ σῶμα, ἐκεῖ καὶ οἱ ἀετοὶ ἐπισυναχθήσονται.	
b 002					Lk 18,6	εἶπεν δὲ **ὁ κύριος·** ἀκούσατε τί ὁ κριτὴς τῆς ἀδικίας λέγει·	
200	Mt 20,8	ὀψίας δὲ γενομένης λέγει **ὁ κύριος τοῦ ἀμπελῶνος** τῷ ἐπιτρόπῳ αὐτοῦ· ...					
be bf 211	Mt 20,30 ⇨ Mt 9,27	καὶ ἰδοὺ δύο τυφλοὶ καθήμενοι παρὰ τὴν ὁδόν ἀκούσαντες ὅτι Ἰησοῦς παράγει, ἔκραξαν λέγοντες· ἐλέησον ἡμᾶς, **[κύριε,] υἱὸς Δαυίδ.**	Mk 10,47	[46] ... ὁ υἱὸς Τιμαίου Βαρτιμαῖος, τυφλὸς προσαίτης, ἐκάθητο παρὰ τὴν ὁδόν. [47] καὶ ἀκούσας ὅτι Ἰησοῦς ὁ Ναζαρηνός ἐστιν ἤρξατο κράζειν καὶ λέγειν· **υἱὲ Δαυὶδ Ἰησοῦ,** ἐλέησόν με.	Lk 18,38	[35] ... τυφλός τις ἐκάθητο παρὰ τὴν ὁδὸν ἐπαιτῶν. [36] ἀκούσας δὲ ὄχλου διαπορευομένου ἐπυνθάνετο τί εἴη τοῦτο. [37] ἀπήγγειλαν δὲ αὐτῷ ὅτι Ἰησοῦς ὁ Ναζωραῖος παρέρχεται. [38] καὶ ἐβόησεν λέγων· **Ἰησοῦ υἱὲ Δαυίδ,** ἐλέησόν με.	
be bf 211	Mt 20,31	... οἱ δὲ μεῖζον ἔκραξαν λέγοντες· ἐλέησον ἡμᾶς, **κύριε, υἱὸς Δαυίδ.**	Mk 10,48	... ὁ δὲ πολλῷ μᾶλλον ἔκραζεν· **υἱὲ Δαυίδ,** ἐλέησόν με.	Lk 18,39	... αὐτὸς δὲ πολλῷ μᾶλλον ἔκραζεν· **υἱὲ Δαυίδ,** ἐλέησόν με.	
bf 212	Mt 20,33 ⇧ Mt 9,28	λέγουσιν αὐτῷ· **κύριε,** ἵνα ἀνοιγῶσιν οἱ ὀφθαλμοὶ ἡμῶν.	Mk 10,51	... ὁ δὲ τυφλὸς εἶπεν αὐτῷ· **ῥαββουνι,** ἵνα ἀναβλέψω.	Lk 18,41	... ὁ δὲ εἶπεν· **κύριε,** ἵνα ἀναβλέψω.	

b 002 *bf* 002					Lk 19,8 (2)	σταθεὶς δὲ Ζακχαῖος εἶπεν **πρὸς τὸν κύριον·** ἰδοὺ τὰ ἡμίσιά μου τῶν ὑπαρχόντων, **κύριε,** τοῖς πτωχοῖς δίδωμι, ...	
c 202	Mt 25,20	καὶ προσελθὼν ὁ τὰ πέντε τάλαντα λαβὼν προσήνεγκεν ἄλλα πέντε τάλαντα λέγων· **κύριε,** πέντε τάλαντά μοι παρέδωκας· ἴδε ἄλλα πέντε τάλαντα ἐκέρδησα.			Lk 19,16	παρεγένετο δὲ ὁ πρῶτος λέγων· **κύριε,** ἡ μνᾶ σου δέκα προσηργάσατο μνᾶς.	
c 202	Mt 25,22	προσελθὼν [δὲ] καὶ ὁ τὰ δύο τάλαντα εἶπεν· **κύριε,** δύο τάλαντά μοι παρέδωκας· ἴδε ἄλλα δύο τάλαντα ἐκέρδησα.			Lk 19,18	καὶ ἦλθεν ὁ δεύτερος λέγων· ἡ μνᾶ σου, **κύριε,** ἐποίησεν πέντε μνᾶς.	
c 202	Mt 25,24	προσελθὼν δὲ καὶ ὁ τὸ ἓν τάλαντον εἰληφὼς εἶπεν· **κύριε,** ἔγνων σε ὅτι σκληρὸς εἶ ἄνθρωπος, θερίζων ὅπου οὐκ ἔσπειρας καὶ συνάγων ὅθεν οὐ διεσκόρπισας, [25] καὶ φοβηθεὶς ἀπελθὼν ἔκρυψα τὸ τάλαντόν σου ἐν τῇ γῇ· ἴδε ἔχεις τὸ σόν.			Lk 19,20 ↓ Mt 25,18	καὶ ὁ ἕτερος ἦλθεν λέγων· **κύριε,** ἰδοὺ ἡ μνᾶ σου ἣν εἶχον ἀποκειμένην ἐν σουδαρίῳ· [21] ἐφοβούμην γάρ σε, ὅτι ἄνθρωπος αὐστηρὸς εἶ, αἴρεις ὃ οὐκ ἔθηκας καὶ θερίζεις ὃ οὐκ ἔσπειρας.	
c 002					Lk 19,25	καὶ εἶπαν αὐτῷ· **κύριε,** ἔχει δέκα μνᾶς	
b 222	Mt 21,3	καὶ ἐάν τις ὑμῖν εἴπῃ τι, ἐρεῖτε ὅτι **ὁ κύριος** αὐτῶν χρείαν ἔχει· εὐθὺς δὲ ἀποστελεῖ αὐτούς.	Mk 11,3	καὶ ἐάν τις ὑμῖν εἴπῃ· τί ποιεῖτε τοῦτο; εἴπατε· **ὁ κύριος** αὐτοῦ χρείαν ἔχει, καὶ εὐθὺς αὐτὸν ἀποστέλλει πάλιν ὧδε.	Lk 19,31	καὶ ἐάν τις ὑμᾶς ἐρωτᾷ· διὰ τί λύετε; οὕτως ἐρεῖτε· ὅτι **ὁ κύριος** αὐτοῦ χρείαν ἔχει.	
012			Mk 11,5	[4] ... καὶ λύουσιν αὐτόν. [5] καί **τινες τῶν ἐκεῖ ἑστηκότων** ἔλεγον αὐτοῖς· τί ποιεῖτε λύοντες τὸν πῶλον;	Lk 19,33	λυόντων δὲ αὐτῶν τὸν πῶλον εἶπαν **οἱ κύριοι αὐτοῦ** πρὸς αὐτούς· τί λύετε τὸν πῶλον;	
b 012			Mk 11,6 → Mt 21,6 → Lk 19,32	οἱ δὲ εἶπαν αὐτοῖς καθὼς εἶπεν **ὁ Ἰησοῦς,** καὶ ἀφῆκαν αὐτούς.	Lk 19,34	οἱ δὲ εἶπαν· ὅτι **ὁ κύριος** αὐτοῦ χρείαν ἔχει.	
ah 222	Mt 21,9	... *ὡσαννὰ τῷ υἱῷ Δαυίδ· εὐλογημένος ὁ ἐρχόμενος* ***ἐν ὀνόματι κυρίου·*** *ὡσαννὰ ἐν τοῖς ὑψίστοις.* ➤ Ps 118,25-26; ➤ Ps 148,1/Job 16,19	Mk 11,9	... *ὡσαννά· εὐλογημένος ὁ ἐρχόμενος* ***ἐν ὀνόματι κυρίου·*** [10] εὐλογημένη ἡ ἐρχομένη βασιλεία τοῦ πατρὸς ἡμῶν Δαυίδ· *ὡσαννὰ ἐν τοῖς ὑψίστοις.* ➤ Ps 118,25-26; ➤ Ps 148,1/Job 16,19	Lk 19,38	... *εὐλογημένος ὁ ἐρχόμενος*, ὁ βασιλεὺς ***ἐν ὀνόματι κυρίου·*** ἐν οὐρανῷ εἰρήνη καὶ δόξα ἐν ὑψίστοις. ➤ Ps 118,26	→ Jn 12,13

	Mt		Mk		Lk		
d 200	Mt 21,30	... ὁ δὲ ἀποκριθεὶς εἶπεν· ἐγώ, κύριε· καὶ οὐκ ἀπῆλθεν.					
112	Mt 21,37	ὕστερον δὲ ἀπέστειλεν πρὸς αὐτοὺς τὸν υἱὸν αὐτοῦ λέγων· ἐντραπήσονται τὸν υἱόν μου.	Mk 12,6	ἔτι ἕνα εἶχεν, υἱὸν ἀγαπητόν· ἀπέστειλεν αὐτὸν ἔσχατον πρὸς αὐτοὺς λέγων ὅτι ἐντραπήσονται τὸν υἱόν μου.	Lk 20,13	εἶπεν δὲ ὁ κύριος τοῦ ἀμπελῶνος· τί ποιήσω; πέμψω τὸν υἱόν μου τὸν ἀγαπητόν· ἴσως τοῦτον ἐντραπήσονται.	→ GTh 65
222	Mt 21,40	ὅταν οὖν ἔλθῃ ὁ κύριος τοῦ ἀμπελῶνος, τί ποιήσει τοῖς γεωργοῖς ἐκείνοις;	Mk 12,9	τί [οὖν] ποιήσει ὁ κύριος τοῦ ἀμπελῶνος; ...	Lk 20,15	... τί οὖν ποιήσει αὐτοῖς ὁ κύριος τοῦ ἀμπελῶνος;	→ GTh 65
a 220	Mt 21,42	... *παρὰ κυρίου* *ἐγένετο αὕτη καὶ ἔστιν* *θαυμαστὴ ἐν ὀφθαλμοῖς* *ἡμῶν;* ➤ Ps 118,23	Mk 12,11	*παρὰ κυρίου* *ἐγένετο αὕτη καὶ ἔστιν* *θαυμαστὴ ἐν ὀφθαλμοῖς* *ἡμῶν;* ➤ Ps 118,23			
a 112	Mt 22,32	[31] περὶ δὲ τῆς ἀναστάσεως τῶν νεκρῶν οὐκ ἀνέγνωτε τὸ ῥηθὲν ὑμῖν ὑπὸ τοῦ θεοῦ λέγοντος· [32] *ἐγώ* *εἰμι ὁ θεὸς Ἀβραὰμ καὶ* *ὁ θεὸς Ἰσαὰκ καὶ* *ὁ θεὸς Ἰακώβ; ...* ➤ Exod 3,6	Mk 12,26	περὶ δὲ τῶν νεκρῶν ὅτι ἐγείρονται οὐκ ἀνέγνωτε ἐν τῇ βίβλῳ Μωϋσέως ἐπὶ τοῦ βάτου πῶς εἶπεν αὐτῷ ὁ θεὸς λέγων· *ἐγὼ* *ὁ θεὸς Ἀβραὰμ καὶ* *[ὁ] θεὸς Ἰσαὰκ καὶ* *[ὁ] θεὸς Ἰακώβ;* ➤ Exod 3,6	Lk 20,37	ὅτι δὲ ἐγείρονται οἱ νεκροί, καὶ Μωϋσῆς ἐμήνυσεν ἐπὶ τῆς βάτου, ὡς λέγει *κύριον* *τὸν θεὸν Ἀβραὰμ καὶ* *θεὸν Ἰσαὰκ καὶ* *θεὸν Ἰακώβ·* ➤ Exod 3,6	
aa 121 a 121	Mt 22,37	ὁ δὲ ἔφη αὐτῷ·	Mk 12,29 (2)	ἀπεκρίθη ὁ Ἰησοῦς ὅτι πρώτη ἐστίν· *ἄκουε,* *Ἰσραήλ,* *κύριος ὁ θεὸς ἡμῶν* *κύριος* *εἷς ἐστιν,* ➤ Deut 6,4	Lk 10,26	ὁ δὲ εἶπεν πρὸς αὐτόν· ἐν τῷ νόμῳ τί γέγραπται; πῶς ἀναγινώσκεις; [27] ὁ δὲ ἀποκριθεὶς εἶπεν· ↔	
aa 222		*ἀγαπήσεις* *κύριον τὸν θεόν σου* *ἐν ὅλῃ τῇ καρδίᾳ σου* ... ➤ Deut 6,5	Mk 12,30	*καὶ ἀγαπήσεις* *κύριον τὸν θεόν σου* *ἐξ ὅλης τῆς καρδίας σου* ... ➤ Deut 6,5	Lk 10,27	↔ *ἀγαπήσεις* *κύριον τὸν θεόν σου* *ἐξ ὅλης [τῆς] καρδίας σου* ... ➤ Deut 6,5	
b 211	Mt 22,43	λέγει αὐτοῖς· πῶς οὖν Δαυὶδ ἐν πνεύματι καλεῖ αὐτὸν κύριον λέγων·	Mk 12,36 (2)	αὐτὸς Δαυὶδ εἶπεν ἐν τῷ πνεύματι τῷ ἁγίῳ·	Lk 20,42 (2)	αὐτὸς γὰρ Δαυὶδ λέγει ἐν βίβλῳ ψαλμῶν·	
a 222 b 222	Mt 22,44 (2) → Mt 26,64	*εἶπεν* *κύριος* *τῷ κυρίῳ μου·* *κάθου ἐκ δεξιῶν μου ...* ➤ Ps 110,1	→ Mk 14,62	*εἶπεν* *κύριος* *τῷ κυρίῳ μου·* *κάθου ἐκ δεξιῶν μου, ...* ➤ Ps 110,1	→ Lk 22,69	*εἶπεν* *κύριος* *τῷ κυρίῳ μου·* *κάθου ἐκ δεξιῶν μου* ➤ Ps 110,1	
b 222	Mt 22,45	εἰ οὖν Δαυὶδ καλεῖ αὐτὸν κύριον, πῶς υἱὸς αὐτοῦ ἐστιν;	Mk 12,37	αὐτὸς Δαυὶδ λέγει αὐτὸν κύριον, καὶ πόθεν αὐτοῦ ἐστιν υἱός; ...	Lk 20,44	Δαυὶδ οὖν κύριον αὐτὸν καλεῖ, καὶ πῶς αὐτοῦ υἱός ἐστιν;	

	Mt		Mk		Lk		
ah 202	**Mt 23,39**	λέγω γὰρ ὑμῖν, οὐ μή με ἴδητε ἀπ' ἄρτι ἕως ἂν εἴπητε· *εὐλογημένος* *ὁ ἐρχόμενος* ***ἐν ὀνόματι κυρίου.*** ➢ Ps 118,26			**Lk 13,35**	... λέγω [δὲ] ὑμῖν, οὐ μὴ ἴδητέ με ἕως [ἥξει ὅτε] εἴπητε· *εὐλογημένος* *ὁ ἐρχόμενος* ***ἐν ὀνόματι κυρίου.*** ➢ Ps 118,26	
a 120	**Mt 24,22**	καὶ εἰ μὴ ἐκολοβώθησαν αἱ ἡμέραι ἐκεῖναι, οὐκ ἂν ἐσώθη πᾶσα σάρξ· ...	**Mk 13,20**	καὶ εἰ μὴ ἐκολόβωσεν **κύριος** τὰς ἡμέρας, οὐκ ἂν ἐσώθη πᾶσα σάρξ· ...			
b 220	**Mt 24,42** → Mt 24,44 ↓ Mt 24,50 → Mt 25,13	γρηγορεῖτε οὖν, ὅτι οὐκ οἴδατε ποίᾳ ἡμέρᾳ **ὁ κύριος ὑμῶν** ἔρχεται.	**Mk 13,35** → Lk 12,38	γρηγορεῖτε οὖν· οὐκ οἴδατε γὰρ πότε **ὁ κύριος τῆς οἰκίας** ἔρχεται, ἢ ὀψὲ ἢ μεσονύκτιον ἢ ἀλεκτοροφωνίας ἢ πρωΐ			
c 202	**Mt 24,45**	τίς ἄρα ἐστὶν ὁ πιστὸς δοῦλος καὶ φρόνιμος ὃν κατέστησεν **ὁ κύριος** ἐπὶ τῆς οἰκετείας αὐτοῦ τοῦ δοῦναι αὐτοῖς τὴν τροφὴν ἐν καιρῷ;			**Lk 12,42** **(2)**	καὶ εἶπεν ὁ κύριος· τίς ἄρα ἐστὶν ὁ πιστὸς οἰκονόμος ὁ φρόνιμος, ὃν καταστήσει **ὁ κύριος** ἐπὶ τῆς θεραπείας αὐτοῦ τοῦ διδόναι ἐν καιρῷ [τὸ] σιτομέτριον;	
c 202	**Mt 24,46**	μακάριος ὁ δοῦλος ἐκεῖνος ὃν ἐλθὼν **ὁ κύριος αὐτοῦ** εὑρήσει οὕτως ποιοῦντα·			**Lk 12,43**	μακάριος ὁ δοῦλος ἐκεῖνος, ὃν ἐλθὼν **ὁ κύριος αὐτοῦ** εὑρήσει ποιοῦντα οὕτως·	
c 202	**Mt 24,48**	ἐὰν δὲ εἴπῃ ὁ κακὸς δοῦλος ἐκεῖνος ἐν τῇ καρδίᾳ αὐτοῦ· χρονίζει **μου ὁ κύριος**			**Lk 12,45**	ἐὰν δὲ εἴπῃ ὁ δοῦλος ἐκεῖνος ἐν τῇ καρδίᾳ αὐτοῦ· χρονίζει **ὁ κύριός μου** ἔρχεσθαι, ...	
c 202	**Mt 24,50** ↑ Mt 24,42 → Mt 24,44 → Mt 25,13	ἥξει **ὁ κύριος τοῦ δούλου** **ἐκείνου** ἐν ἡμέρᾳ ᾗ οὐ προσδοκᾷ καὶ ἐν ὥρᾳ ᾗ οὐ γινώσκει			**Lk 12,46**	ἥξει **ὁ κύριος τοῦ δούλου** **ἐκείνου** ἐν ἡμέρᾳ ᾗ οὐ προσδοκᾷ καὶ ἐν ὥρᾳ ᾗ οὐ γινώσκει, ...	
bf 200 *bf* 200	**Mt 25,11** **(2)** ↑ Mt 7,22	[10] ... ἦλθεν ὁ νυμφίος, ... καὶ ἐκλείσθη ἡ θύρα. [11] ὕστερον δὲ ἔρχονται καὶ αἱ λοιπαὶ παρθένοι λέγουσαι· **κύριε** **κύριε,** ἄνοιξον ἡμῖν.			**Lk 13,25**	ἀφ' οὗ ἂν ἐγερθῇ ὁ οἰκοδεσπότης καὶ ἀποκλείσῃ τὴν θύραν καὶ ἄρξησθε ἔξω ἑστάναι καὶ κρούειν τὴν θύραν λέγοντες· **κύριε,** ἄνοιξον ἡμῖν, ...	
c 200	**Mt 25,18** ↑ Lk 19,20	ὁ δὲ τὸ ἓν λαβὼν ἀπελθὼν ὤρυξεν γῆν καὶ ἔκρυψεν **τὸ ἀργύριον** **τοῦ κυρίου αὐτοῦ.**					
c 201	**Mt 25,19**	μετὰ δὲ πολὺν χρόνον ἔρχεται **ὁ κύριος** τῶν δούλων ἐκείνων καὶ συναίρει λόγον μετ' αὐτῶν.			**Lk 19,15**	καὶ ἐγένετο ἐν τῷ ἐπανελθεῖν **αὐτὸν** λαβόντα τὴν βασιλείαν καὶ εἶπεν φωνηθῆναι αὐτῷ τοὺς δούλους τούτους οἷς δεδώκει τὸ ἀργύριον, ἵνα γνοῖ τί διεπραγματεύσαντο.	

c 202	Mt 25,20	καὶ προσελθὼν ὁ τὰ πέντε τάλαντα λαβὼν προσήνεγκεν ἄλλα πέντε τάλαντα λέγων· **κύριε,** πέντε τάλαντά μοι παρέδωκας· ἴδε ἄλλα πέντε τάλαντα ἐκέρδησα.	Lk 19,16	παρεγένετο δὲ ὁ πρῶτος λέγων· **κύριε,** ἡ μνᾶ σου δέκα προσηργάσατο μνᾶς.	
c 201 c 201	Mt 25,21 (2) → Mt 24,47	ἔφη αὐτῷ **ὁ κύριος αὐτοῦ·** εὖ, δοῦλε ἀγαθὲ καὶ πιστέ, ἐπὶ ὀλίγα ἦς πιστός, ἐπὶ πολλῶν σε καταστήσω· εἴσελθε **εἰς τὴν χαρὰν τοῦ κυρίου σου.**	Lk 19,17 → Lk 16,10	καὶ εἶπεν αὐτῷ· εὖγε, ἀγαθὲ δοῦλε, ὅτι ἐν ἐλαχίστῳ πιστὸς ἐγένου, ἴσθι ἐξουσίαν ἔχων ἐπάνω δέκα πόλεων.	
c 202	Mt 25,22	προσελθὼν [δὲ] καὶ ὁ τὰ δύο τάλαντα εἶπεν· **κύριε,** δύο τάλαντά μοι παρέδωκας· ἴδε ἄλλα δύο τάλαντα ἐκέρδησα.	Lk 19,18	καὶ ἦλθεν ὁ δεύτερος λέγων· ἡ μνᾶ σου, **κύριε,** ἐποίησεν πέντε μνᾶς.	
c 201 c 201	Mt 25,23 (2) → Mt 24,47	ἔφη αὐτῷ **ὁ κύριος αὐτοῦ·** εὖ, δοῦλε ἀγαθὲ καὶ πιστέ, ἐπὶ ὀλίγα ἦς πιστός, ἐπὶ πολλῶν σε καταστήσω· εἴσελθε **εἰς τὴν χαρὰν τοῦ κυρίου σου.**	Lk 19,19	εἶπεν δὲ καὶ τούτῳ· καὶ σὺ ἐπάνω γίνου πέντε πόλεων.	
c 202	Mt 25,24	προσελθὼν δὲ καὶ ὁ τὸ ἓν τάλαντον εἰληφὼς εἶπεν· **κύριε,** ἔγνων σε ὅτι σκληρὸς εἶ ἄνθρωπος, θερίζων ὅπου οὐκ ἔσπειρας καὶ συνάγων ὅθεν οὐ διεσκόρπισας, [25] καὶ φοβηθεὶς ἀπελθὼν ἔκρυψα τὸ τάλαντόν σου ἐν τῇ γῇ· ἴδε ἔχεις τὸ σόν.	Lk 19,20 ↑ Mt 25,18	καὶ ὁ ἕτερος ἦλθεν λέγων· **κύριε,** ἰδοὺ ἡ μνᾶ σου ἣν εἶχον ἀποκειμένην ἐν σουδαρίῳ· [21] ἐφοβούμην γάρ σε, ὅτι ἄνθρωπος αὐστηρὸς εἶ, αἴρεις ὃ οὐκ ἔθηκας καὶ θερίζεις ὃ οὐκ ἔσπειρας.	
c 201	Mt 25,26	ἀποκριθεὶς δὲ **ὁ κύριος αὐτοῦ** εἶπεν αὐτῷ· πονηρὲ δοῦλε καὶ ὀκνηρέ, ᾔδεις ὅτι θερίζω ὅπου οὐκ ἔσπειρα καὶ συνάγω ὅθεν οὐ διεσκόρπισα;	Lk 19,22	λέγει αὐτῷ· ἐκ τοῦ στόματός σου κρίνω σε, πονηρὲ δοῦλε. ᾔδεις ὅτι ἐγὼ ἄνθρωπος αὐστηρός εἰμι, αἴρων ὃ οὐκ ἔθηκα καὶ θερίζων ὃ οὐκ ἔσπειρα;	
bf 200	Mt 25,37	τότε ἀποκριθήσονται αὐτῷ οἱ δίκαιοι λέγοντες· **κύριε,** πότε σε εἴδομεν πεινῶντα καὶ ἐθρέψαμεν, ἢ διψῶντα καὶ ἐποτίσαμεν;			

bf 200	**Mt 25,44**	τότε ἀποκριθήσονται καὶ αὐτοὶ λέγοντες· **κύριε,** πότε σε εἴδομεν πεινῶντα ἢ διψῶντα ἢ ξένον ἢ γυμνὸν ἢ ἀσθενῆ ἢ ἐν φυλακῇ καὶ οὐ διηκονήσαμέν σοι;					
bf 211	**Mt 26,22** → Mt 26,25	καὶ λυπούμενοι σφόδρα ἤρξαντο λέγειν αὐτῷ εἷς ἕκαστος· μήτι ἐγώ εἰμι, **κύριε;**	**Mk 14,19**	ἤρξαντο λυπεῖσθαι καὶ λέγειν αὐτῷ εἷς κατὰ εἷς· μήτι ἐγώ;	**Lk 22,23**	καὶ αὐτοὶ ἤρξαντο συζητεῖν πρὸς ἑαυτοὺς τὸ τίς ἄρα εἴη ἐξ αὐτῶν ὁ τοῦτο μέλλων πράσσειν.	→ Jn 13,22 **→ Jn 13,25**
bf 112	**Mt 26,33**	ἀποκριθεὶς δὲ ὁ Πέτρος εἶπεν αὐτῷ· εἰ πάντες σκανδαλισθήσονται ἐν σοί, ἐγὼ οὐδέποτε σκανδαλισθήσομαι.	**Mk 14,29**	ὁ δὲ Πέτρος ἔφη αὐτῷ· εἰ καὶ πάντες σκανδαλισθήσονται, ἀλλ᾽ οὐκ ἐγώ.	**Lk 22,33** → Mt 26,35 → Mk 14,31	ὁ δὲ εἶπεν αὐτῷ· **κύριε,** μετὰ σοῦ ἕτοιμός εἰμι καὶ εἰς φυλακὴν καὶ εἰς θάνατον πορεύεσθαι.	**→ Jn 13,37**
bf 002					**Lk 22,38** ↓ **Lk 22,49**	οἱ δὲ εἶπαν· **κύριε,** ἰδοὺ μάχαιραι ὧδε δύο. ὁ δὲ εἶπεν αὐτοῖς· ἱκανόν ἐστιν.	
bf 002	→ Mt 26,51		→ Mk 14,47		**Lk 22,49** ↑ **Lk 22,38** → Lk 22,50	ἰδόντες δὲ οἱ περὶ αὐτὸν τὸ ἐσόμενον εἶπαν· **κύριε,** εἰ πατάξομεν ἐν μαχαίρῃ;	
b 112	**Mt 26,75**		**Mk 14,72**		**Lk 22,61** (2)	καὶ στραφεὶς **ὁ κύριος** ἐνέβλεψεν τῷ Πέτρῳ,	
bc 112		καὶ ἐμνήσθη ὁ Πέτρος **τοῦ ῥήματος Ἰησοῦ εἰρηκότος** ὅτι πρὶν ἀλέκτορα φωνῆσαι τρὶς ἀπαρνήσῃ με· ...		... καὶ ἀνεμνήσθη ὁ Πέτρος **τὸ ῥῆμα ὡς εἶπεν αὐτῷ ὁ Ἰησοῦς** ὅτι πρὶν ἀλέκτορα φωνῆσαι δὶς τρίς με ἀπαρνήσῃ· ...		καὶ ὑπεμνήσθη ὁ Πέτρος **τοῦ ῥήματος τοῦ κυρίου ὡς εἶπεν αὐτῷ** ὅτι πρὶν ἀλέκτορα φωνῆσαι σήμερον ἀπαρνήσῃ με τρίς.	
a 200	**Mt 27,10**	καὶ ἔδωκαν αὐτὰ εἰς τὸν ἀγρὸν τοῦ κεραμέως, *καθὰ συνέταξέν* μοι ***κύριος.*** ➤ Exod 9,12 LXX					
d 200	**Mt 27,63** → Mt 12,40	λέγοντες· **κύριε,** ἐμνήσθημεν ὅτι ἐκεῖνος ὁ πλάνος εἶπεν ἔτι ζῶν· μετὰ τρεῖς ἡμέρας ἐγείρομαι.					
ab 200	**Mt 28,2**	καὶ ἰδοὺ σεισμὸς ἐγένετο μέγας· **ἄγγελος γὰρ κυρίου** καταβὰς ἐξ οὐρανοῦ καὶ προσελθὼν ἀπεκύλισεν τὸν λίθον καὶ ἐκάθητο ἐπάνω αὐτοῦ.	**Mk 16,4**	καὶ ἀναβλέψασαι θεωροῦσιν ὅτι ἀποκεκύλισται ὁ λίθος· ἦν γὰρ μέγας σφόδρα.	**Lk 24,2**	εὗρον δὲ τὸν λίθον ἀποκεκυλισμένον ἀπὸ τοῦ μνημείου,	→ Jn 20,1

	Mt		Mk		Lk		
ba 012	**Mt 28,2**	καὶ ἰδοὺ σεισμὸς ἐγένετο μέγας· ἄγγελος γὰρ κυρίου καταβὰς ἐξ οὐρανοῦ καὶ προσελθὼν ἀπεκύλισεν τὸν λίθον καὶ ἐκάθητο ἐπάνω αὐτοῦ. [3] ἦν δὲ ἡ εἰδέα αὐτοῦ ὡς ἀστραπὴ καὶ τὸ ἔνδυμα αὐτοῦ λευκὸν ὡς χιών.	**Mk 16,5**	καὶ εἰσελθοῦσαι εἰς τὸ μνημεῖον εἶδον νεανίσκον καθήμενον ἐν τοῖς δεξιοῖς περιβεβλημένον στολὴν λευκήν, ...	**Lk 24,3** → Lk 24,23	εἰσελθοῦσαι δὲ οὐχ εὗρον **τὸ σῶμα τοῦ κυρίου Ἰησοῦ.** [4] καὶ ἐγένετο ἐν τῷ ἀπορεῖσθαι αὐτὰς περὶ τούτου καὶ ἰδοὺ ἄνδρες δύο ἐπέστησαν αὐταῖς ἐν ἐσθῆτι ἀστραπτούσῃ.	→ Jn 20,11-12
b 002					**Lk 24,34**	λέγοντας ὅτι ὄντως ἠγέρθη **ὁ κύριος** καὶ ὤφθη Σίμωνι.	→ 1Cor 15,4-5

a κύριος The Lord (God)
aa κύριος ὁ θεός
ab ἄγγελος κυρίου
ac τὸ ῥηθὲν ὑπὸ κυρίου
ad πνεῦμα κυρίου
ae δύναμις κυρίου
af χεὶρ κυρίου
ag δικαιώματα τοῦ κυρίου, νόμος κυρίου
ah ὄνομα κυρίου
aj κύριος and χριστός
c κύριος as master (of a slave)

b κύριος for Jesus (Christ)
ba κύριος (ἡμῶν) Ἰησοῦς
bb κύριος (ἡμῶν) Ἰησοῦς Χριστός (Acts only)
bc λόγος τοῦ κυρίου, ῥῆμα τοῦ κυρίου
bd κύριος and υἱὸς τοῦ ἀνθρώπου
be κύριος and υἱὸς Δαυίδ
bf κύριε (κύριε)
bg τὸ ὄνομα τοῦ κυρίου (...) Ἰησοῦ
bh ὄνομα τοῦ κυρίου
bj κύριος and χριστός
d κύριος as 'sir'

bf **Acts 1,6** οἱ μὲν οὖν συνελθόντες ἠρώτων αὐτὸν λέγοντες·
κύριε,
εἰ ἐν τῷ χρόνῳ τούτῳ ἀποκαθιστάνεις τὴν βασιλείαν τῷ Ἰσραήλ;

ba **Acts 1,21** δεῖ οὖν τῶν συνελθόντων ἡμῖν ἀνδρῶν ἐν παντὶ χρόνῳ ᾧ εἰσῆλθεν καὶ ἐξῆλθεν ἐφ' ἡμᾶς
ὁ κύριος Ἰησοῦς,
[22] ... μάρτυρα τῆς ἀναστάσεως αὐτοῦ σὺν ἡμῖν γενέσθαι ἕνα τούτων.

a **Acts 1,24** ... σὺ
κύριε
καρδιογνῶστα πάντων, ἀνάδειξον ὃν ἐξελέξω ἐκ τούτων τῶν δύο ἕνα

b **Acts 2,20** *ὁ ἥλιος μεταστραφήσεται εἰς σκότος καὶ ἡ σελήνη εἰς αἷμα πρὶν ἐλθεῖν*
ἡμέραν κυρίου τὴν μεγάλην καὶ ἐπιφανῆ.
➢ Joel 3,4 LXX

ah **Acts 2,21** *καὶ ἔσται πᾶς ὃς ἂν ἐπικαλέσηται*
τὸ ὄνομα κυρίου
σωθήσεται.
➢ Joel 3,5 LXX

a **Acts 2,25** Δαυὶδ γὰρ λέγει εἰς αὐτόν· *προορώμην*
τὸν κύριον
ἐνώπιόν μου διὰ παντός, ὅτι ἐκ δεξιῶν μού ἐστιν ἵνα μὴ σαλευθῶ.
➢ Ps 15,8 LXX

a **Acts 2,34 (2)** οὐ γὰρ Δαυὶδ ἀνέβη εἰς τοὺς οὐρανούς, λέγει δὲ αὐτός· *εἶπεν*
[ὁ] κύριος
b ***τῷ κυρίῳ μου·***
κάθου ἐκ δεξιῶν μου
➢ Ps 109,1 LXX

bj **Acts 2,36** ἀσφαλῶς οὖν γινωσκέτω πᾶς οἶκος Ἰσραὴλ ὅτι καὶ
κύριον
αὐτὸν καὶ χριστὸν ἐποίησεν ὁ θεός, τοῦτον τὸν Ἰησοῦν ὃν ὑμεῖς ἐσταυρώσατε.

aa **Acts 2,39** ὑμῖν γάρ ἐστιν ἡ ἐπαγγελία καὶ τοῖς τέκνοις ὑμῶν καὶ πᾶσιν τοῖς εἰς μακρὰν, ὅσους ἂν προσκαλέσηται
κύριος ὁ θεὸς ἡμῶν.

a **Acts 2,47** ... **ὁ δὲ κύριος**
προσετίθει τοὺς σῳζομένους καθ' ἡμέραν ἐπὶ τὸ αὐτό.

a **Acts 3,20** ὅπως ἂν ἔλθωσιν καιροὶ ἀναψύξεως
ἀπὸ προσώπου τοῦ κυρίου
καὶ ἀποστείλῃ τὸν προκεχειρισμένον ὑμῖν χριστὸν Ἰησοῦν

aa **Acts 3,22** ... *προφήτην ὑμῖν ἀναστήσει*
κύριος ὁ θεὸς ὑμῶν
ἐκ τῶν ἀδελφῶν ὑμῶν ὡς ἐμέ· ...
➢ Deut 18,15

aj **Acts 4,26** *παρέστησαν οἱ βασιλεῖς τῆς γῆς καὶ οἱ ἄρχοντες συνήχθησαν ἐπὶ τὸ αὐτὸ*
κατὰ τοῦ κυρίου
καὶ κατὰ τοῦ χριστοῦ αὐτοῦ.
➢ Ps 2,2 LXX

a **Acts 4,29** καὶ τὰ νῦν,
κύριε,
ἔπιδε ἐπὶ τὰς ἀπειλὰς αὐτῶν καὶ δὸς τοῖς δούλοις σου μετὰ παρρησίας πάσης λαλεῖν τὸν λόγον σου

ba **Acts 4,33** καὶ δυνάμει μεγάλῃ ἀπεδίδουν τὸ μαρτύριον οἱ ἀπόστολοι
τῆς ἀναστάσεως τοῦ κυρίου Ἰησοῦ,
χάρις τε μεγάλη ἦν ἐπὶ πάντας αὐτούς.

ad **Acts 5,9** ... τί ὅτι συνεφωνήθη ὑμῖν πειράσαι
τὸ πνεῦμα κυρίου;
ἰδοὺ οἱ πόδες τῶν θαψάντων τὸν ἄνδρα σου ἐπὶ τῇ θύρᾳ καὶ ἐξοίσουσίν σε.

b **Acts 5,14** μᾶλλον δὲ προσετίθεντο πιστεύοντες
τῷ κυρίῳ,
πλήθη ἀνδρῶν τε καὶ γυναικῶν

ab **Acts 5,19** **ἄγγελος δὲ κυρίου**
διὰ νυκτὸς ἀνοίξας τὰς θύρας τῆς φυλακῆς ...

a **Acts 7,31** ὁ δὲ Μωϋσῆς ἰδὼν ἐθαύμαζεν τὸ ὅραμα, προσερχομένου δὲ αὐτοῦ κατανοῆσαι ἐγένετο
φωνὴ κυρίου·

a **Acts 7,33** εἶπεν δὲ αὐτῷ
ὁ κύριος·
λῦσον τὸ ὑπόδημα τῶν ποδῶν σου, ὁ γὰρ τόπος ἐφ' ᾧ ἕστηκας γῆ ἁγία ἐστίν.
➢ Exod 3,5

a **Acts 7,49** *ὁ οὐρανός μοι θρόνος, ἡ δὲ γῆ ὑποπόδιον τῶν ποδῶν μου· ποῖον οἶκον οἰκοδομήσετέ μοι, λέγει*
→ Mt 5,34-35
κύριος,
ἢ τίς τόπος τῆς καταπαύσεώς μου;
➢ Isa 66,1

ba bf **Acts 7,59** καὶ ἐλιθοβόλουν τὸν Στέφανον ἐπικαλούμενον καὶ λέγοντα·
→ Lk 23,46
→ Jn 19,30
κύριε Ἰησοῦ,
δέξαι τὸ πνεῦμά μου.

bf **Acts 7,60** θεὶς δὲ τὰ γόνατα ἔκραξεν φωνῇ μεγάλῃ·
[[→ Lk 23,34a]]
κύριε,
μὴ στήσῃς αὐτοῖς ταύτην τὴν ἁμαρτίαν. καὶ τοῦτο εἰπὼν ἐκοιμήθη.

bg **Acts 8,16** οὐδέπω γὰρ ἦν ἐπ' οὐδενὶ αὐτῶν ἐπιπεπτωκός, μόνον δὲ βεβαπτισμένοι ὑπῆρχον
εἰς τὸ ὄνομα τοῦ κυρίου Ἰησοῦ.

a **Acts 8,22** μετανόησον οὖν ἀπὸ τῆς κακίας σου ταύτης καὶ δεήθητι
τοῦ κυρίου,
εἰ ἄρα ἀφεθήσεταί σοι ἡ ἐπίνοια τῆς καρδίας σου

a **Acts 8,24** ἀποκριθεὶς δὲ ὁ Σίμων εἶπεν· δεήθητε ὑμεῖς ὑπὲρ ἐμοῦ
πρὸς τὸν κύριον
ὅπως μηδὲν ἐπέλθῃ ἐπ' ἐμὲ ὧν εἰρήκατε.

bc **Acts 8,25** οἱ μὲν οὖν διαμαρτυράμενοι καὶ λαλήσαντες
τὸν λόγον τοῦ κυρίου
ὑπέστρεφον εἰς Ἱεροσόλυμα, πολλάς τε κώμας τῶν Σαμαριτῶν εὐηγγελίζοντο.

ab **Acts 8,26** **ἄγγελος δὲ κυρίου**
ἐλάλησεν πρὸς Φίλιππον λέγων· ἀνάστηθι καὶ πορεύου κατὰ μεσημβρίαν ...

ad **Acts 8,39** ὅτε δὲ ἀνέβησαν ἐκ τοῦ ὕδατος,
πνεῦμα κυρίου
ἥρπασεν τὸν Φίλιππον, ...

b **Acts 9,1** ὁ δὲ Σαῦλος ἔτι ἐμπνέων ἀπειλῆς καὶ φόνου
εἰς τοὺς μαθητὰς τοῦ κυρίου,
προσελθὼν τῷ ἀρχιερεῖ

bf **Acts 9,5** εἶπεν δέ· τίς εἶ,
κύριε;
ὁ δέ· ἐγώ εἰμι Ἰησοῦς ὃν σὺ διώκεις·

b **Acts 9,10 (2)** ... καὶ εἶπεν πρὸς αὐτὸν ἐν ὁράματι
ὁ κύριος·
Ἁνανία.

bf ὁ δὲ εἶπεν· ἰδοὺ ἐγώ,
κύριε.

b **Acts 9,11** **ὁ δὲ κύριος**
πρὸς αὐτόν· ἀναστὰς πορεύθητι ἐπὶ τὴν ῥύμην τὴν καλουμένην Εὐθεῖαν ...

bf **Acts 9,13** ἀπεκρίθη δὲ Ἁνανίας·
κύριε,
ἤκουσα ἀπὸ πολλῶν περὶ τοῦ ἀνδρὸς τούτου ὅσα κακὰ τοῖς ἁγίοις σου ἐποίησεν ἐν Ἰερουσαλήμ·

b **Acts 9,15** εἶπεν δὲ πρὸς αὐτὸν
ὁ κύριος·
πορεύου, ὅτι σκεῦος ἐκλογῆς ἐστίν μοι οὗτος τοῦ βαστάσαι τὸ ὄνομά μου ἐνώπιον ἐθνῶν τε καὶ βασιλέων υἱῶν τε Ἰσραήλ·

ba **Acts 9,17** ... Σαοὺλ ἀδελφέ,
ὁ κύριος
ἀπέσταλκέν με, Ἰησοῦς ὁ ὀφθείς σοι ἐν τῇ ὁδῷ ᾗ ἤρχου, ὅπως ἀναβλέψῃς καὶ πλησθῇς πνεύματος ἁγίου.

b **Acts 9,27** ... καὶ διηγήσατο αὐτοῖς πῶς ἐν τῇ ὁδῷ εἶδεν
τὸν κύριον
καὶ ὅτι ἐλάλησεν αὐτῷ καὶ πῶς ἐν Δαμασκῷ ἐπαρρησιάσατο ἐν τῷ ὀνόματι τοῦ Ἰησοῦ.

bh **Acts 9,28** καὶ ἦν μετ' αὐτῶν εἰσπορευόμενος καὶ ἐκπορευόμενος εἰς Ἰερουσαλήμ, παρρησιαζόμενος
ἐν τῷ ὀνόματι τοῦ κυρίου

a **Acts 9,31** ... οἰκοδομουμένη καὶ πορευομένη
τῷ φόβῳ τοῦ κυρίου
καὶ τῇ παρακλήσει τοῦ ἁγίου πνεύματος ἐπληθύνετο.

b **Acts 9,35** καὶ εἶδαν αὐτὸν πάντες οἱ κατοικοῦντες Λύδδα καὶ τὸν Σαρῶνα, οἵτινες ἐπέστρεψαν
ἐπὶ τὸν κύριον.

b **Acts 9,42** γνωστὸν δὲ ἐγένετο καθ' ὅλης τῆς Ἰόππης καὶ ἐπίστευσαν πολλοὶ
ἐπὶ τὸν κύριον.

d **Acts 10,4** ... εἶπεν· τί ἐστιν,
→ Lk 1,13
κύριε;
εἶπεν δὲ αὐτῷ· αἱ προσευχαί σου καὶ αἱ ἐλεημοσύναι σου ἀνέβησαν εἰς μνημόσυνον ἔμπροσθεν τοῦ θεοῦ.

a **Acts 10,14** ὁ δὲ Πέτρος εἶπεν· μηδαμῶς,
κύριε,
ὅτι οὐδέποτε ἔφαγον πᾶν κοινὸν καὶ ἀκάθαρτον.

a **Acts 10,33** ... νῦν οὖν πάντες ἡμεῖς ἐνώπιον τοῦ θεοῦ πάρεσμεν ἀκοῦσαι πάντα τὰ προστεταγμένα σοι
ὑπὸ τοῦ κυρίου.

b **Acts 10,36** τὸν λόγον [ὃν] ἀπέστειλεν τοῖς υἱοῖς Ἰσραὴλ εὐαγγελιζόμενος εἰρήνην διὰ Ἰησοῦ Χριστοῦ, οὗτός ἐστιν
πάντων κύριος

a **Acts 11,8** εἶπον δέ· μηδαμῶς,
κύριε,
ὅτι κοινὸν ἢ ἀκάθαρτον οὐδέποτε εἰσῆλθεν εἰς τὸ στόμα μου.

bc **Acts 11,16** ἐμνήσθην δὲ
→ Mt 3,11
→ Mk 1,8
→ Lk 3,16
→ Acts 1,5
→ Acts 19,4
τοῦ ῥήματος τοῦ κυρίου
ὡς ἔλεγεν· Ἰωάννης μὲν ἐβάπτισεν ὕδατι, ...

bb **Acts 11,17** εἰ οὖν τὴν ἴσην δωρεὰν ἔδωκεν αὐτοῖς ὁ θεὸς ὡς καὶ ἡμῖν πιστεύσασιν
ἐπὶ τὸν κύριον Ἰησοῦν Χριστόν,
ἐγὼ τίς ἤμην δυνατὸς κωλῦσαι τὸν θεόν;

ba **Acts 11,20** ... ἐλάλουν καὶ πρὸς τοὺς Ἑλληνιστάς εὐαγγελιζόμενοι
τὸν κύριον Ἰησοῦν.

af **Acts 11,21 (2)** καὶ ἦν
χεὶρ κυρίου
μετ' αὐτῶν,
b πολύς τε ἀριθμὸς ὁ πιστεύσας ἐπέστρεψεν
ἐπὶ τὸν κύριον.

b **Acts 11,23** ... ἐχάρη καὶ παρεκάλει πάντας τῇ προθέσει τῆς καρδίας προσμένειν
τῷ κυρίῳ.

b **Acts 11,24** ... καὶ προσετέθη ὄχλος ἱκανὸς
τῷ κυρίῳ.

ab **Acts 12,7** καὶ ἰδοὺ
ἄγγελος κυρίου
ἐπέστη καὶ φῶς ἔλαμψεν ἐν τῷ οἰκήματι· ...

a **Acts 12,11** ... νῦν οἶδα ἀληθῶς ὅτι ἐξαπέστειλεν
[ὁ] κύριος
τὸν ἄγγελον αὐτοῦ καὶ ἐξείλατό με ἐκ χειρὸς Ἡρῴδου ...

a **Acts 12,17** κατασείσας δὲ αὐτοῖς τῇ χειρὶ σιγᾶν διηγήσατο [αὐτοῖς] πῶς
ὁ κύριος
αὐτὸν ἐξήγαγεν ἐκ τῆς φυλακῆς ...

ab **Acts 12,23** παραχρῆμα δὲ ἐπάταξεν αὐτὸν
ἄγγελος κυρίου
ἀνθ' ὧν οὐκ ἔδωκεν τὴν δόξαν τῷ θεῷ, ...

a **Acts 13,2** λειτουργούντων δὲ αὐτῶν
τῷ κυρίῳ
καὶ νηστευόντων εἶπεν τὸ πνεῦμα τὸ ἅγιον· ...

a **Acts 13,10** ... ἐχθρὲ πάσης δικαιοσύνης, οὐ παύσῃ διαστρέφων
τὰς ὁδοὺς [τοῦ] κυρίου τὰς εὐθείας;

af **Acts 13,11** καὶ νῦν ἰδοὺ
χεὶρ κυρίου
ἐπὶ σὲ καὶ ἔσῃ τυφλὸς μὴ βλέπων τὸν ἥλιον ἄχρι καιροῦ. ...

b **Acts 13,12** τότε ἰδὼν ὁ ἀνθύπατος τὸ γεγονὸς ἐπίστευσεν ἐκπλησσόμενος
ἐπὶ τῇ διδαχῇ τοῦ κυρίου.

bc **Acts 13,44** τῷ δὲ ἐρχομένῳ σαββάτῳ σχεδὸν πᾶσα ἡ πόλις συνήχθη ἀκοῦσαι
τὸν λόγον τοῦ κυρίου.

b **Acts 13,47** οὕτως γὰρ ἐντέταλται ἡμῖν
→ Acts 1,8
ὁ κύριος·
τέθεικά σε εἰς φῶς ἐθνῶν τοῦ εἶναί σε εἰς σωτηρίαν ἕως ἐσχάτου τῆς γῆς.
➤ Isa 49,6

bc **Acts 13,48** ἀκούοντα δὲ τὰ ἔθνη ἔχαιρον καὶ ἐδόξαζον
τὸν λόγον τοῦ κυρίου
καὶ ἐπίστευσαν ὅσοι ἦσαν τεταγμένοι εἰς ζωὴν αἰώνιον·

bc **Acts 13,49** διεφέρετο δὲ
ὁ λόγος τοῦ κυρίου
δι' ὅλης τῆς χώρας.

b **Acts 14,3** ἱκανὸν μὲν οὖν χρόνον διέτριψαν παρρησιαζόμενοι
ἐπὶ τῷ κυρίῳ ...

b **Acts 14,23** ... προσευξάμενοι μετὰ νηστειῶν παρέθεντο αὐτοὺς
τῷ κυρίῳ
εἰς ὃν πεπιστεύκεισαν.

ba **Acts 15,11** ἀλλὰ
διὰ τῆς χάριτος τοῦ κυρίου Ἰησοῦ
πιστεύομεν σωθῆναι καθ' ὃν τρόπον κἀκεῖνοι.

a **Acts 15,17 (2)** *ὅπως ἂν ἐκζητήσωσιν οἱ κατάλοιποι τῶν ἀνθρώπων*
τὸν κύριον
καὶ πάντα τὰ ἔθνη ἐφ' οὓς ἐπικέκληται τὸ ὄνομά μου ἐπ' αὐτούς,
a *λέγει*
κύριος
ποιῶν ταῦτα [18] *γνωστὰ ἀπ' αἰῶνος.*
➤ Amos 9,12 LXX

bb bg **Acts 15,26** ἀνθρώποις παραδεδωκόσι τὰς ψυχὰς αὐτῶν
ὑπὲρ τοῦ ὀνόματος τοῦ κυρίου ἡμῶν Ἰησοῦ Χριστοῦ.

bc **Acts 15,35** ... καὶ εὐαγγελιζόμενοι μετὰ καὶ ἑτέρων πολλῶν
τὸν λόγον τοῦ κυρίου.

bc **Acts 15,36** ... ἐπιστρέψαντες δὴ ἐπισκεψώμεθα τοὺς ἀδελφοὺς κατὰ πόλιν πᾶσαν ἐν αἷς κατηγγείλαμεν
τὸν λόγον τοῦ κυρίου
πῶς ἔχουσιν.

b **Acts 15,40** Παῦλος δὲ ἐπιλεξάμενος Σιλᾶν ἐξῆλθεν παραδοθεὶς
τῇ χάριτι τοῦ κυρίου
ὑπὸ τῶν ἀδελφῶν.

a **Acts 16,14** καί τις γυνὴ ὀνόματι Λυδία, πορφυρόπωλις πόλεως Θυατείρων σεβομένη τὸν θεόν, ἤκουεν, ἧς
ὁ κύριος
διήνοιξεν τὴν καρδίαν προσέχειν τοῖς λαλουμένοις ὑπὸ τοῦ Παύλου.

b **Acts 16,15** ... εἰ κεκρίκατέ με πιστὴν
τῷ κυρίῳ
εἶναι, εἰσελθόντες εἰς τὸν οἶκόν μου μένετε· ...

c **Acts 16,16** ... παιδίσκην τινὰ ἔχουσαν πνεῦμα πύθωνα ὑπαντῆσαι ἡμῖν, ἥτις ἐργασίαν πολλὴν παρεῖχεν
τοῖς κυρίοις αὐτῆς
μαντευομένη.

c **Acts 16,19** ἰδόντες δὲ
οἱ κύριοι αὐτῆς
ὅτι ἐξῆλθεν ἡ ἐλπὶς τῆς ἐργασίας αὐτῶν, ἐπιλαβόμενοι τὸν Παῦλον καὶ τὸν Σιλᾶν ...

d **Acts 16,30** καὶ προαγαγὼν αὐτοὺς ἔξω ἔφη·
κύριοι,
τί με δεῖ ποιεῖν ἵνα σωθῶ;

ba **Acts 16,31** ... πίστευσον
ἐπὶ τὸν κύριον Ἰησοῦν
καὶ σωθήσῃ σὺ καὶ ὁ οἶκός σου.

bc **Acts 16,32** καὶ ἐλάλησαν αὐτῷ
τὸν λόγον τοῦ κυρίου
σὺν πᾶσιν τοῖς ἐν τῇ οἰκίᾳ αὐτοῦ.

a **Acts 17,24** ὁ θεὸς ὁ ποιήσας τὸν κόσμον καὶ πάντα τὰ ἐν αὐτῷ, οὗτος
οὐρανοῦ καὶ γῆς ὑπάρχων κύριος
οὐκ ἐν χειροποιήτοις ναοῖς κατοικεῖ

b **Acts 18,8** Κρίσπος δὲ ὁ ἀρχισυνάγωγος ἐπίστευσεν
τῷ κυρίῳ
σὺν ὅλῳ τῷ οἴκῳ αὐτοῦ, ...

b **Acts 18,9** εἶπεν δὲ
ὁ κύριος
ἐν νυκτὶ δι' ὁράματος τῷ Παύλῳ· μὴ φοβοῦ, ἀλλὰ λάλει καὶ μὴ σιωπήσῃς

b **Acts 18,25** οὗτος ἦν κατηχημένος
τὴν ὁδὸν τοῦ κυρίου
καὶ ζέων τῷ πνεύματι ἐλάλει καὶ ἐδίδασκεν ἀκριβῶς τὰ περὶ τοῦ Ἰησοῦ, ἐπιστάμενος μόνον τὸ βάπτισμα Ἰωάννου·

bg **Acts 19,5** ἀκούσαντες δὲ ἐβαπτίσθησαν
εἰς τὸ ὄνομα
τοῦ κυρίου Ἰησοῦ

bc **Acts 19,10** τοῦτο δὲ ἐγένετο ἐπὶ ἔτη δύο, ὥστε πάντας τοὺς κατοικοῦντας τὴν Ἀσίαν ἀκοῦσαι
τὸν λόγον
τοῦ κυρίου,
Ἰουδαίους τε καὶ Ἕλληνας.

bg **Acts 19,13** → Lk 9,49 ἐπεχείρησαν δέ τινες καὶ τῶν περιερχομένων Ἰουδαίων ἐξορκιστῶν ὀνομάζειν ἐπὶ τοὺς ἔχοντας τὰ πνεύματα τὰ πονηρὰ
τὸ ὄνομα
τοῦ κυρίου Ἰησοῦ
λέγοντες· ὁρκίζω ὑμᾶς τὸν Ἰησοῦν ὃν Παῦλος κηρύσσει.

bg **Acts 19,17** ... καὶ ἐπέπεσεν φόβος ἐπὶ πάντας αὐτοὺς καὶ ἐμεγαλύνετο
τὸ ὄνομα τοῦ κυρίου Ἰησοῦ.

bc **Acts 19,20** οὕτως κατὰ κράτος
τοῦ κυρίου ὁ λόγος
ηὔξανεν καὶ ἴσχυεν.

b **Acts 20,19** δουλεύων
τῷ κυρίῳ
μετὰ πάσης ταπεινοφροσύνης καὶ δακρύων καὶ πειρασμῶν τῶν συμβάντων μοι ἐν ταῖς ἐπιβουλαῖς τῶν Ἰουδαίων

ba **Acts 20,21** διαμαρτυρόμενος Ἰουδαίοις τε καὶ Ἕλλησιν τὴν εἰς θεὸν μετάνοιαν καὶ πίστιν
εἰς τὸν κύριον ἡμῶν Ἰησοῦν.

ba **Acts 20,24** ἀλλ' οὐδενὸς λόγου ποιοῦμαι τὴν ψυχὴν τιμίαν ἐμαυτῷ ὡς τελειῶσαι τὸν δρόμον μου καὶ τὴν διακονίαν ἣν ἔλαβον
παρὰ τοῦ κυρίου Ἰησοῦ,
διαμαρτύρασθαι τὸ εὐαγγέλιον τῆς χάριτος τοῦ θεοῦ.

ba *bc* **Acts 20,35** πάντα ὑπέδειξα ὑμῖν ὅτι οὕτως κοπιῶντας δεῖ ἀντιλαμβάνεσθαι τῶν ἀσθενούντων, μνημονεύειν τε
τῶν λόγων
τοῦ κυρίου Ἰησοῦ
ὅτι αὐτὸς εἶπεν· μακάριόν ἐστιν μᾶλλον διδόναι ἢ λαμβάνειν.

bg **Acts 21,13** ... ἐγὼ γὰρ οὐ μόνον δεθῆναι ἀλλὰ καὶ ἀποθανεῖν εἰς Ἰερουσαλὴμ ἑτοίμως ἔχω
ὑπὲρ τοῦ ὀνόματος
τοῦ κυρίου Ἰησοῦ.

a **Acts 21,14** → Mt 26,39 → Mk 14,36 → Lk 22,42 μὴ πειθομένου δὲ αὐτοῦ ἡσυχάσαμεν εἰπόντες·
τοῦ κυρίου
τὸ θέλημα
γινέσθω.

bf **Acts 22,8** ἐγὼ δὲ ἀπεκρίθην· τίς εἶ,
κύριε;
εἶπέν τε πρός με· ἐγώ εἰμι Ἰησοῦς ὁ Ναζωραῖος, ὃν σὺ διώκεις.

bf **Acts 22,10** (2) εἶπον δέ· τί ποιήσω,
κύριε;

b **ὁ δὲ κύριος**
εἶπεν πρός με· ἀναστὰς πορεύου εἰς Δαμασκόν ...

bf **Acts 22,19** κἀγὼ εἶπον·
κύριε,
αὐτοὶ ἐπίστανται ὅτι ἐγὼ ἤμην φυλακίζων καὶ δέρων κατὰ τὰς συναγωγὰς τοὺς πιστεύοντας ἐπὶ σέ

b **Acts 23,11** τῇ δὲ ἐπιούσῃ νυκτὶ ἐπιστὰς αὐτῷ
ὁ κύριος
εἶπεν· θάρσει· ...

d **Acts 25,26** περὶ οὗ ἀσφαλές τι γράψαι
τῷ κυρίῳ
οὐκ ἔχω, ...

bf **Acts 26,15** (2) ἐγὼ δὲ εἶπα· τίς εἶ,
κύριε;

b **ὁ δὲ κύριος**
εἶπεν· ἐγώ εἰμι Ἰησοῦς ὃν σὺ διώκεις.

bb **Acts 28,31** κηρύσσων τὴν βασιλείαν τοῦ θεοῦ καὶ διδάσκων
τὰ περὶ τοῦ κυρίου Ἰησοῦ Χριστοῦ
μετὰ πάσης παρρησίας ἀκωλύτως.

κύων	Syn	Mt	Mk	Lk	Acts	Jn	1-3John	Paul	Eph	Col
	2	1		1				1		
	NT	2Thess	1/2Tim	Tit	Heb	Jas	1Pet	2Pet	Jude	Rev
	5							1		1

dog

	Mt	Mk	Lk	
200	**Mt 7,6** μὴ δῶτε τὸ ἅγιον **τοῖς κυσὶν** μηδὲ βάλητε τοὺς μαργαρίτας ὑμῶν ἔμπροσθεν τῶν χοίρων, ...			→ GTh 93
002			**Lk 16,21** ... ἀλλὰ καὶ **οἱ κύνες** ἐρχόμενοι ἐπέλειχον τὰ ἕλκη αὐτοῦ.	

κωλύω	Syn 10	Mt 1	Mk 3	Lk 6	Acts 6	Jn	1-3John 1	Paul 3	Eph	Col
	NT 23	2Thess	1/2Tim 1	Tit	Heb 1	Jas	1Pet	2Pet 1	Jude	Rev

hinder; prevent; forbid; refuse; deny; withhold; keep back

	triple tradition																double tradition			Sondergut		
		+Mt / +Lk			–Mt / –Lk			traditions not taken over by Mt / Lk							subtotals							
code	222	211	112	212	221	122	121	022	012	021	220	120	210	020	Σ^+	Σ^-	Σ	202	201	102	200	002	total
Mt	1																1						1
Mk	1							2									3						3
Lk	1		1^+					2							1^+		4			2			6

102	**Mt 5,40** καὶ τῷ θέλοντί σοι κριθῆναι καὶ τὸν χιτῶνά σου λαβεῖν, **ἄφες** αὐτῷ καὶ τὸ ἱμάτιον·		**Lk 6,29** ... καὶ ἀπὸ τοῦ αἴροντός σου τὸ ἱμάτιον καὶ τὸν χιτῶνα **μὴ κωλύσῃς.**	
022		**Mk 9,38** ... διδάσκαλε, εἴδομέν τινα ἐν τῷ ὀνόματί σου ἐκβάλλοντα δαιμόνια καὶ **ἐκωλύομεν** αὐτόν, ὅτι οὐκ ἠκολούθει ἡμῖν.	**Lk 9,49** ... ἐπιστάτα, εἴδομέν τινα ἐν τῷ ὀνόματί σου ἐκβάλλοντα δαιμόνια καὶ **ἐκωλύομεν** αὐτὸν, ὅτι οὐκ ἀκολουθεῖ μεθ' ἡμῶν.	→ Acts 19,13
022		**Mk 9,39** ὁ δὲ Ἰησοῦς εἶπεν· **μὴ κωλύετε** αὐτόν. ...	**Lk 9,50** εἶπεν δὲ πρὸς αὐτὸν ὁ Ἰησοῦς· **μὴ κωλύετε·** ...	
102	**Mt 23,13** → Mt 16,19 οὐαὶ δὲ ὑμῖν, γραμματεῖς καὶ Φαρισαῖοι ὑποκριταί, ὅτι κλείετε τὴν βασιλείαν τῶν οὐρανῶν ἔμπροσθεν τῶν ἀνθρώπων· ὑμεῖς γὰρ οὐκ εἰσέρχεσθε **οὐδὲ τοὺς εἰσερχομένους ἀφίετε** εἰσελθεῖν.		**Lk 11,52** οὐαὶ ὑμῖν τοῖς νομικοῖς, ὅτι ἤρατε τὴν κλεῖδα τῆς γνώσεως· αὐτοὶ οὐκ εἰσήλθατε καὶ **τοὺς εἰσερχομένους ἐκωλύσατε.**	→ GTh 39,1-2 (POxy 655) → GTh 102
222	**Mt 19,14** ... ἄφετε τὰ παιδία καὶ **μὴ κωλύετε** αὐτὰ ἐλθεῖν πρός με, τῶν γὰρ τοιούτων ἐστὶν ἡ βασιλεία τῶν οὐρανῶν.	**Mk 10,14** ... ἄφετε τὰ παιδία ἔρχεσθαι πρός με, **μὴ κωλύετε** αὐτά, τῶν γὰρ τοιούτων ἐστὶν ἡ βασιλεία τοῦ θεοῦ.	**Lk 18,16** ... ἄφετε τὰ παιδία ἔρχεσθαι πρός με καὶ **μὴ κωλύετε** αὐτά, τῶν γὰρ τοιούτων ἐστὶν ἡ βασιλεία τοῦ θεοῦ.	→ GTh 22
112	**Mt 27,12** καὶ ἐν τῷ κατηγορεῖσθαι αὐτὸν ὑπὸ τῶν ἀρχιερέων καὶ πρεσβυτέρων οὐδὲν ἀπεκρίνατο.	**Mk 15,3** καὶ κατηγόρουν αὐτοῦ οἱ ἀρχιερεῖς πολλά.	**Lk 23,2** → Lk 20,20 → Lk 20,25 ⇨ Lk 23,10 → Lk 23,14 ἤρξαντο δὲ κατηγορεῖν αὐτοῦ λέγοντες· τοῦτον εὕραμεν διαστρέφοντα τὸ ἔθνος ἡμῶν καὶ **κωλύοντα** φόρους Καίσαρι διδόναι καὶ λέγοντα ἑαυτὸν χριστὸν βασιλέα εἶναι.	→ Jn 19,12 → Acts 17,7

Acts 8,36 ... καί φησιν ὁ εὐνοῦχος· ἰδοὺ ὕδωρ, τί **κωλύει** με βαπτισθῆναι;

Acts 10,47 μήτι τὸ ὕδωρ δύναται **κωλῦσαί** τις τοῦ μὴ βαπτισθῆναι τούτους, οἵτινες τὸ πνεῦμα τὸ ἅγιον ἔλαβον ὡς καὶ ἡμεῖς;

Acts 11,17 εἰ οὖν τὴν ἴσην δωρεὰν ἔδωκεν αὐτοῖς ὁ θεὸς ὡς καὶ ἡμῖν πιστεύσασιν ἐπὶ τὸν κύριον Ἰησοῦν Χριστόν, ἐγὼ τίς ἤμην δυνατὸς **κωλῦσαι** τὸν θεόν;

Acts 16,6	διῆλθον δὲ τὴν Φρυγίαν καὶ Γαλατικὴν χώραν **κωλυθέντες** ὑπὸ τοῦ ἁγίου πνεύματος λαλῆσαι τὸν λόγον ἐν τῇ Ἀσίᾳ·	**Acts 24,23**	διαταξάμενος τῷ ἑκατοντάρχῃ τηρεῖσθαι αὐτὸν ἔχειν τε ἄνεσιν καὶ μηδένα **κωλύειν** τῶν ἰδίων αὐτοῦ ὑπηρετεῖν αὐτῷ.	**Acts 27,43**	ὁ δὲ ἑκατοντάρχης βουλόμενος διασῶσαι τὸν Παῦλον **ἐκώλυσεν** αὐτοὺς τοῦ βουλήματος, ...

κώμη	Syn 23	Mt 4	Mk 7	Lk 12	Acts 1	Jn 3	1-3John	Paul	Eph	Col
	NT 27	2Thess	1/2Tim	Tit	Heb	Jas	1Pet	2Pet	Jude	Rev

village; small town; inhabitants of a village

	triple tradition																	double tradition			Sondergut		
		+Mt / +Lk			–Mt / –Lk			traditions not taken over by Mt / Lk							subtotals								
code	*222*	*211*	*112*	*212*	*221*	*122*	*121*	*022*	*012*	*021*	*220*	*120*	*210*	*020*	Σ^+	Σ^-	Σ	*202*	*201*	*102*	*200*	*002*	total
Mt	2						1^-				1	1^-				2^-	3		1				**4**
Mk	2						1				1	1		2			7						**7**
Lk	2						1^-		2^+						2^+	1^-	4					8	**12**

a κώμη and πόλις

b κώμη and ἀγρός

code	Mt		Mk		Lk		
012			**Mk 2,2** → Mk 3,20	καὶ συνήχθησαν πολλοὶ ὥστε μηκέτι χωρεῖν μηδὲ τὰ πρὸς τὴν θύραν, καὶ ἐλάλει αὐτοῖς τὸν λόγον.	**Lk 5,17**	καὶ ἐγένετο ἐν μιᾷ τῶν ἡμερῶν καὶ αὐτὸς ἦν διδάσκων, καὶ ἦσαν καθήμενοι Φαρισαῖοι καὶ νομοδιδάσκαλοι οἳ ἦσαν ἐληλυθότες **ἐκ πάσης κώμης τῆς Γαλιλαίας καὶ Ἰουδαίας** καὶ Ἰερουσαλήμ· ...	
a 220	**Mt 9,35** ⇩ Mt 4,23 → Mk 1,21	καὶ περιῆγεν ὁ Ἰησοῦς **τὰς πόλεις πάσας καὶ τὰς κώμας** διδάσκων ἐν ταῖς συναγωγαῖς αὐτῶν καὶ κηρύσσων τὸ εὐαγγέλιον τῆς βασιλείας ...	**Mk 6,6** ↓ Mk 1,39	... καὶ περιῆγεν **τὰς κώμας** κύκλῳ διδάσκων.	**Lk 8,1** → Lk 4,15 ↓ Lk 4,44 ↓ **Lk 13,22**	καὶ ἐγένετο ἐν τῷ καθεξῆς καὶ αὐτὸς διώδευεν **κατὰ πόλιν καὶ κώμην** κηρύσσων καὶ εὐαγγελιζόμενος τὴν βασιλείαν τοῦ θεοῦ καὶ οἱ δώδεκα σὺν αὐτῷ	
	Mt 4,23 ⇧ Mt 9,35 → Mk 1,21	καὶ περιῆγεν **ἐν ὅλῃ τῇ Γαλιλαίᾳ** διδάσκων ἐν ταῖς συναγωγαῖς αὐτῶν καὶ κηρύσσων τὸ εὐαγγέλιον τῆς βασιλείας ...	**Mk 1,39** → Mk 1,14 ↑ **Mk 6,6**	καὶ ἦλθεν κηρύσσων εἰς τὰς συναγωγὰς αὐτῶν **εἰς ὅλην τὴν Γαλιλαίαν** ...	**Lk 4,44** → Lk 4,15 ↓ **Lk 8,1**	καὶ ἦν κηρύσσων εἰς τὰς συναγωγὰς **τῆς Ἰουδαίας.**	
a 201	**Mt 10,11**	**εἰς ἣν δ' ἂν πόλιν ἢ κώμην** εἰσέλθητε, ἐξετάσατε τίς ἐν αὐτῇ ἄξιός ἐστιν· ...			**Lk 10,8** → Lk 10,10	**καὶ εἰς ἣν ἂν πόλιν** εἰσέρχησθε καὶ δέχωνται ὑμᾶς, ἐσθίετε τὰ παρατιθέμενα ὑμῖν	→ GTh 14,4
a 002	**Mt 9,35** ⇧ Mt 4,23 → Mk 1,21	καὶ περιῆγεν ὁ Ἰησοῦς **τὰς πόλεις πάσας καὶ τὰς κώμας** διδάσκων ἐν ταῖς συναγωγαῖς αὐτῶν καὶ κηρύσσων τὸ εὐαγγέλιον τῆς βασιλείας ...	**Mk 6,6** ↑ Mk 1,39	... καὶ περιῆγεν **τὰς κώμας** κύκλῳ διδάσκων.	**Lk 8,1** → Lk 4,15 ↑ Lk 4,44 ↓ **Lk 13,22**	καὶ ἐγένετο ἐν τῷ καθεξῆς καὶ αὐτὸς διώδευεν **κατὰ πόλιν καὶ κώμην** κηρύσσων καὶ εὐαγγελιζόμενος τὴν βασιλείαν τοῦ θεοῦ καὶ οἱ δώδεκα σὺν αὐτῷ	

012			**Mk 6,12**	καὶ ἐξελθόντες ἐκήρυξαν ἵνα μετανοῶσιν	**Lk 9,6**	ἐξερχόμενοι δὲ διήρχοντο **κατὰ τὰς κώμας** εὐαγγελιζόμενοι ...	
b 222	**Mt 14,15** → Mt 14,16 → Mt 15,32	... ἀπόλυσον τοὺς ὄχλους, ἵνα ἀπελθόντες **εἰς τὰς κώμας** ἀγοράσωσιν ἑαυτοῖς βρώματα.	**Mk 6,36** → Mk 6,37 → Mk 8,3	ἀπόλυσον αὐτούς, ἵνα ἀπελθόντες **εἰς τοὺς κύκλῳ ἀγροὺς καὶ κώμας** ἀγοράσωσιν ἑαυτοῖς τί φάγωσιν.	**Lk 9,12** → Lk 9,13	... ἀπόλυσον τὸν ὄχλον, ἵνα πορευθέντες **εἰς τὰς κύκλῳ κώμας καὶ ἀγροὺς** καταλύσωσιν καὶ εὕρωσιν ἐπισιτισμόν, ...	
a b 120	**Mt 14,36** → Mt 9,20	καὶ παρεκάλουν αὐτὸν ἵνα μόνον ἅψωνται τοῦ κρασπέδου τοῦ ἱματίου αὐτοῦ· ...	**Mk 6,56** → Mk 5,27	καὶ ὅπου ἂν εἰσεπορεύετο **εἰς κώμας** ἢ εἰς πόλεις ἢ εἰς ἀγρούς, ἐν ταῖς ἀγοραῖς ἐτίθεσαν τοὺς ἀσθενοῦντας, καὶ παρεκάλουν αὐτὸν ἵνα κἂν τοῦ κρασπέδου τοῦ ἱματίου αὐτοῦ ἅψωνται· ...	→ Lk 8,44		
020			**Mk 8,23** → Mt 9,29 → Mk 7,33	καὶ ἐπιλαβόμενος τῆς χειρὸς τοῦ τυφλοῦ ἐξήνεγκεν αὐτὸν **ἔξω τῆς κώμης** καὶ πτύσας εἰς τὰ ὄμματα αὐτοῦ, ...			→ Jn 9,6
020			**Mk 8,26**	καὶ ἀπέστειλεν αὐτὸν εἰς οἶκον αὐτοῦ λέγων· μηδὲ **εἰς τὴν κώμην** εἰσέλθῃς.			
121	**Mt 16,13**	ἐλθὼν δὲ ὁ Ἰησοῦς **εἰς τὰ μέρη Καισαρείας τῆς Φιλίππου** ἠρώτα τοὺς μαθητὰς αὐτοῦ λέγων· τίνα λέγουσιν οἱ ἄνθρωποι εἶναι τὸν υἱὸν τοῦ ἀνθρώπου;	**Mk 8,27**	καὶ ἐξῆλθεν ὁ Ἰησοῦς καὶ οἱ μαθηταὶ αὐτοῦ **εἰς τὰς κώμας Καισαρείας τῆς Φιλίππου·** καὶ ἐν τῇ ὁδῷ ἐπηρώτα τοὺς μαθητὰς αὐτοῦ λέγων αὐτοῖς· τίνα με λέγουσιν οἱ ἄνθρωποι εἶναι;	**Lk 9,18** → Mt 14,23 → Mk 6,46	καὶ ἐγένετο ἐν τῷ εἶναι αὐτὸν προσευχόμενον κατὰ μόνας συνῆσαν αὐτῷ οἱ μαθηταί, καὶ ἐπηρώτησεν αὐτοὺς λέγων· τίνα με λέγουσιν οἱ ὄχλοι εἶναι;	→ GTh 13
002					**Lk 9,52**	... καὶ πορευθέντες εἰσῆλθον **εἰς κώμην Σαμαριτῶν,** ὡς ἑτοιμάσαι αὐτῷ·	
002					**Lk 9,56**	καὶ ἐπορεύθησαν **εἰς ἑτέραν κώμην.**	
002					**Lk 10,38**	ἐν δὲ τῷ πορεύεσθαι αὐτοὺς αὐτὸς εἰσῆλθεν **εἰς κώμην τινά·** γυνὴ δέ τις ὀνόματι Μάρθα ὑπεδέξατο αὐτόν.	
a 002					**Lk 13,22** ↑ Lk 8,1	καὶ διεπορεύετο **κατὰ πόλεις καὶ κώμας** διδάσκων καὶ πορείαν ποιούμενος εἰς Ἱεροσόλυμα.	

002					**Lk 17,12** → Mt 8,2 → Mk 1,40 → Lk 5,12	καὶ εἰσερχομένου αὐτοῦ **εἴς τινα κώμην** ἀπήντησαν [αὐτῷ] δέκα λεπροὶ ἄνδρες, οἳ ἔστησαν πόρρωθεν	
222	**Mt 21,2**	... πορεύεσθε **εἰς τὴν κώμην τὴν κατέναντι ὑμῶν,** καὶ εὐθέως εὑρήσετε ὄνον δεδεμένην καὶ πῶλον μετ᾽ αὐτῆς· ...	**Mk 11,2**	... ὑπάγετε **εἰς τὴν κώμην τὴν κατέναντι ὑμῶν,** καὶ εὐθὺς εἰσπορευόμενοι εἰς αὐτὴν εὑρήσετε πῶλον δεδεμένον ἐφ᾽ ὃν οὐδεὶς οὔπω ἀνθρώπων ἐκάθισεν· ...	**Lk 19,30**	... ὑπάγετε **εἰς τὴν κατέναντι κώμην,** ἐν ᾗ εἰσπορευόμενοι εὑρήσετε πῶλον δεδεμένον, ἐφ᾽ ὃν οὐδεὶς πώποτε ἀνθρώπων ἐκάθισεν, ...	
002					**Lk 24,13**	καὶ ἰδοὺ δύο ἐξ αὐτῶν ἐν αὐτῇ τῇ ἡμέρᾳ ἦσαν πορευόμενοι **εἰς κώμην** ἀπέχουσαν σταδίους ἑξήκοντα ἀπὸ Ἰερουσαλήμ, ᾗ ὄνομα Ἐμμαοῦς	
002					**Lk 24,28**	καὶ ἤγγισαν **εἰς τὴν κώμην** οὗ ἐπορεύοντο, καὶ αὐτὸς προσεποιήσατο πορρώτερον πορεύεσθαι.	

Acts 8,25 οἱ μὲν οὖν διαμαρτυράμενοι καὶ λαλήσαντες τὸν λόγον τοῦ κυρίου ὑπέστρεφον εἰς Ἱεροσόλυμα, **πολλάς τε κώμας τῶν Σαμαριτῶν** εὐηγγελίζοντο.

κωμόπολις	Syn	Mt	Mk	Lk	Acts	Jn	1-3John	Paul	Eph	Col
	1		1							
	NT	2Thess	1/2Tim	Tit	Heb	Jas	1Pet	2Pet	Jude	Rev
	1									

market-town

021			**Mk 1,38**	... ἄγωμεν ἀλλαχοῦ **εἰς τὰς ἐχομένας κωμοπόλεις,** ἵνα καὶ ἐκεῖ κηρύξω· ...	**Lk 4,43**	... καὶ **ταῖς ἑτέραις πόλεσιν** εὐαγγελίσασθαί με δεῖ τὴν βασιλείαν τοῦ θεοῦ, ...	

κώνωψ	Syn	Mt	Mk	Lk	Acts	Jn	1-3John	Paul	Eph	Col
	1	1								
	NT	2Thess	1/2Tim	Tit	Heb	Jas	1Pet	2Pet	Jude	Rev
	1									

gnat; mosquito

200	**Mt 23,24**	ὁδηγοὶ τυφλοί, οἱ διϋλίζοντες **τὸν κώνωπα,** τὴν δὲ κάμηλον καταπίνοντες.					

Κωσάμ

Κωσάμ	Syn 1	Mt	Mk	Lk 1	Acts	Jn	1-3John	Paul	Eph	Col
	NT 1	2Thess	1/2Tim	Tit	Heb	Jas	1Pet	2Pet	Jude	Rev

Cosam

002		Lk 3,28	... τοῦ Ἀδδὶ **τοῦ Κωσὰμ** τοῦ Ἐλμαδὰμ ...

κωφός

κωφός	Syn 14	Mt 7	Mk 3	Lk 4	Acts	Jn	1-3John	Paul	Eph	Col
	NT 14	2Thess	1/2Tim	Tit	Heb	Jas	1Pet	2Pet	Jude	Rev

blunt; dull; dumb; mute; deaf; deaf and dumb

	triple tradition																	double tradition			Sondergut		
		+Mt / +Lk			–Mt / –Lk			traditions not taken over by Mt / Lk							subtotals								
code	*222*	*211*	*112*	*212*	*221*	*122*	*121*	*022*	*012*	*021*	*220*	*120*	*210*	*020*	Σ^+	Σ^-	Σ	*202*	*201*	*102*	*200*	*002*	total
Mt							1^-				2					1^-	2	3			2		**7**
Mk							1				2						3						**3**
Lk							1^-									1^-		3				1	**4**

002			Lk 1,22	... καὶ αὐτὸς ἦν διανεύων αὐτοῖς, καὶ διέμενεν **κωφός.**
202	**Mt 11,5** ↓ Mt 15,31	*τυφλοὶ ἀναβλέπουσιν* καὶ χωλοὶ περιπατοῦσιν, λεπροὶ καθαρίζονται καὶ ***κωφοὶ*** *ἀκούουσιν,* καὶ *νεκροὶ ἐγείρονται* καὶ πτωχοὶ εὐαγγελίζονται· ➢ Isa 29,18; 35,5-6; 42,18; 26,19	**Lk 7,22** → Lk 4,18	... *τυφλοὶ ἀναβλέπουσιν,* χωλοὶ περιπατοῦσιν, λεπροὶ καθαρίζονται καὶ ***κωφοὶ*** *ἀκούουσιν, νεκροὶ ἐγείρονται,* πτωχοὶ εὐαγγελίζονται· ➢ Isa 29,18; 35,5-6; 42,18; 26,19
202	**Mt 9,32** ⇩ Mt 12,22	αὐτῶν δὲ ἐξερχομένων ἰδοὺ προσήνεγκαν αὐτῷ **ἄνθρωπον κωφὸν δαιμονιζόμενον.**	**Lk 11,14** **(2)**	καὶ ἦν ἐκβάλλων **δαιμόνιον [καὶ αὐτὸ ἦν] κωφόν·**
202	**Mt 9,33** ⇩ Mt 12,23	καὶ ἐκβληθέντος τοῦ δαιμονίου ἐλάλησεν **ὁ κωφός.** καὶ ἐθαύμασαν οἱ ὄχλοι ...		ἐγένετο δὲ τοῦ δαιμονίου ἐξελθόντος ἐλάλησεν **ὁ κωφὸς** καὶ ἐθαύμασαν οἱ ὄχλοι.
202	**Mt 11,5** ↓ Mt 15,31	*τυφλοὶ ἀναβλέπουσιν* καὶ χωλοὶ περιπατοῦσιν, λεπροὶ καθαρίζονται καὶ ***κωφοὶ*** *ἀκούουσιν,* καὶ *νεκροὶ ἐγείρονται* καὶ πτωχοὶ εὐαγγελίζονται· ➢ Isa 29,18; 35,5-6; 42,18; 26,19	**Lk 7,22** → Lk 4,18	... *τυφλοὶ ἀναβλέπουσιν,* χωλοὶ περιπατοῦσιν, λεπροὶ καθαρίζονται καὶ ***κωφοὶ*** *ἀκούουσιν, νεκροὶ ἐγείρονται,* πτωχοὶ εὐαγγελίζονται· ➢ Isa 29,18; 35,5-6; 42,18; 26,19
200 200	**Mt 12,22** **(2)** ⇧ Mt 9,32-33	τότε προσηνέχθη αὐτῷ δαιμονιζόμενος τυφλὸς καὶ **κωφός,** καὶ ἐθεράπευσεν αὐτόν, ὥστε **τὸν κωφὸν** λαλεῖν καὶ βλέπειν. [23] καὶ ἐξίσταντο πάντες οἱ ὄχλοι ...	Lk 11,14 (2)	καὶ ἦν ἐκβάλλων δαιμόνιον [καὶ αὐτὸ ἦν] **κωφόν·** ἐγένετο δὲ τοῦ δαιμονίου ἐξελθόντος ἐλάλησεν **ὁ κωφὸς** καὶ ἐθαύμασαν οἱ ὄχλοι.

220	Mt 15,30 → Mt 4,24b → Mt 8,16	καὶ προσῆλθον αὐτῷ ὄχλοι πολλοὶ ἔχοντες μεθ' ἑαυτῶν χωλούς, τυφλούς, κυλλούς, **κωφούς,** καὶ ἑτέρους πολλοὺς καὶ ἔρριψαν αὐτοὺς παρὰ τοὺς πόδας αὐτοῦ, ...	Mk 7,32 → Mk 1,32	καὶ φέρουσιν αὐτῷ **κωφὸν** καὶ μογιλάλον καὶ παρακαλοῦσιν αὐτὸν ἵνα ἐπιθῇ αὐτῷ τὴν χεῖρα.		
220	Mt 15,31 ↑ Mt 11,5	ὥστε τὸν ὄχλον θαυμάσαι βλέποντας **κωφοὺς** λαλοῦντας, κυλλοὺς ὑγιεῖς, καὶ χωλοὺς περιπατοῦντας καὶ τυφλοὺς βλέποντας· καὶ ἐδόξασαν τὸν θεὸν Ἰσραήλ.	Mk 7,37	καὶ ὑπερπερισσῶς ἐξεπλήσσοντο λέγοντες· καλῶς πάντα πεποίηκεν, καὶ **τοὺς κωφοὺς** ποιεῖ ἀκούειν καὶ [τοὺς] ἀλάλους λαλεῖν.		
121	Mt 17,18	 καὶ ἐπετίμησεν αὐτῷ ὁ Ἰησοῦς ...	Mk 9,25	ἰδὼν δὲ ὁ Ἰησοῦς ὅτι ἐπισυντρέχει ὄχλος, ἐπετίμησεν τῷ πνεύματι τῷ ἀκαθάρτῳ λέγων αὐτῷ· **τὸ ἄλαλον καὶ** **κωφὸν πνεῦμα,** ἐγὼ ἐπιτάσσω σοι, ἔξελθε ἐξ αὐτοῦ καὶ μηκέτι εἰσέλθῃς εἰς αὐτόν.	Lk 9,42	 ... ἐπετίμησεν δὲ ὁ Ἰησοῦς τῷ πνεύματι τῷ ἀκαθάρτῳ ...	

λαγχάνω	Syn 1	Mt	Mk	Lk 1	Acts 1	Jn 1	1-3John	Paul	Eph	Col
	NT 4	2Thess	1/2Tim	Tit	Heb	Jas	1Pet	2Pet 1	Jude	Rev

receive; obtain; be appointed, chosen by lot; cast lots

002		**Lk 1,9** κατὰ τὸ ἔθος τῆς ἱερατείας **ἔλαχε** τοῦ θυμιᾶσαι εἰσελθὼν εἰς τὸν ναὸν τοῦ κυρίου	

Acts 1,17 ὅτι κατηριθμημένος
ἦν ἐν ἡμῖν καὶ
ἔλαχεν
τὸν κλῆρον τῆς διακονίας
ταύτης.

Λάζαρος	Syn 4	Mt	Mk	Lk 4	Acts	Jn 11	1-3John	Paul	Eph	Col
	NT 15	2Thess	1/2Tim	Tit	Heb	Jas	1Pet	2Pet	Jude	Rev

Lazarus

002	**Lk 16,20** πτωχὸς δέ τις ὀνόματι **Λάζαρος** ἐβέβλητο πρὸς τὸν πυλῶνα αὐτοῦ εἱλκωμένος	
002	**Lk 16,23** καὶ ἐν τῷ ᾅδῃ ἐπάρας τοὺς ὀφθαλμοὺς αὐτοῦ, ὑπάρχων ἐν βασάνοις, ὁρᾷ Ἀβραὰμ ἀπὸ μακρόθεν καὶ **Λάζαρον** ἐν τοῖς κόλποις αὐτοῦ.	

002	**Lk 16,24** καὶ αὐτὸς φωνήσας εἶπεν· πάτερ Ἀβραάμ, ἐλέησόν με καὶ πέμψον **Λάζαρον** ἵνα βάψῃ τὸ ἄκρον τοῦ δακτύλου αὐτοῦ ὕδατος καὶ καταψύξῃ τὴν γλῶσσάν μου, ...	
002	**Lk 16,25** εἶπεν δὲ Ἀβραάμ· τέκνον, μνήσθητι ὅτι ἀπέλαβες τὰ ἀγαθά σου ἐν τῇ ζωῇ σου, καὶ **Λάζαρος** ὁμοίως τὰ κακά· ...	

λάθρᾳ	Syn 2	Mt 2	Mk	Lk	Acts 1	Jn 1	1-3John	Paul	Eph	Col
	NT 4	2Thess	1/2Tim	Tit	Heb	Jas	1Pet	2Pet	Jude	Rev

secretly

200	**Mt 1,19** Ἰωσὴφ δὲ ὁ ἀνὴρ αὐτῆς, δίκαιος ὢν καὶ μὴ θέλων αὐτὴν δειγματίσαι, ἐβουλήθη **λάθρᾳ** ἀπολῦσαι αὐτήν.		

code	Mt	Mk	Lk	
200	**Mt 2,7** τότε Ἡρῴδης **λάθρᾳ** καλέσας τοὺς μάγους ἠκρίβωσεν παρ᾽ αὐτῶν τὸν χρόνον τοῦ φαινομένου ἀστέρος			

Acts 16,37 ὁ δὲ Παῦλος ἔφη πρὸς αὐτούς·
δείραντες ἡμᾶς δημοσίᾳ
ἀκατακρίτους, ἀνθρώπους
Ῥωμαίους ὑπάρχοντας, ἔβαλαν
εἰς φυλακήν, καὶ νῦν
λάθρᾳ
ἡμᾶς ἐκβάλλουσιν;
οὐ γάρ, ἀλλὰ ἐλθόντες αὐτοὶ
ἡμᾶς ἐξαγαγέτωσαν.

λαῖλαψ

	Syn	Mt	Mk	Lk	Acts	Jn	1-3John	Paul	Eph	Col
λαῖλαψ	2		1	1						
	NT	2Thess	1/2Tim	Tit	Heb	Jas	1Pet	2Pet	Jude	Rev
	3							1		

a fierce gust of wind

code	Mt	Mk	Lk	
122	**Mt 8,24** καὶ ἰδοὺ **σεισμὸς μέγας** ἐγένετο ἐν τῇ θαλάσσῃ, ὥστε τὸ πλοῖον καλύπτεσθαι ὑπὸ τῶν κυμάτων, ...	**Mk 4,37** καὶ γίνεται **λαῖλαψ μεγάλη ἀνέμου,** καὶ τὰ κύματα ἐπέβαλλεν εἰς τὸ πλοῖον, ὥστε ἤδη γεμίζεσθαι τὸ πλοῖον.	**Lk 8,23** ... καὶ κατέβη **λαῖλαψ** **ἀνέμου** εἰς τὴν λίμνην, καὶ συνεπληροῦντο καὶ ἐκινδύνευον.	

λαλέω

	Syn	Mt	Mk	Lk	Acts	Jn	1-3John	Paul	Eph	Col
λαλέω	76	26	19	31	59	59	3	52	3	2
	NT	2Thess	1/2Tim	Tit	Heb	Jas	1Pet	2Pet	Jude	Rev
	294		1	2	16	3	2	2	2	12

sound; give forth sounds, tones; speak; express oneself; *transitive:* speak; assert; proclaim; say

	triple tradition																	double tradition			Sondergut		
		+Mt / +Lk			–Mt / –Lk			traditions not taken over by Mt / Lk							subtotals								
code	*222*	*211*	*112*	*212*	*221*	*122*	*121*	*022*	*012*	*021*	*220*	*120*	*210*	*020*	Σ^+	Σ^-	Σ	*202*	*201*	*102*	*200*	*002*	total
Mt	1	9^+				1^-	3^-				6	3^-	1^+		10^+	7^-	17	2	3		4		**26**
Mk	1					1	3	2		2	6	3		1			19						**19**
Lk	1		3^+			1	3^-	2		2^-					3^+	5^-	7	2		1		21	**31**

Mk-Q overlap: 201: Mt 10,19 / Mk 13,11 / Lk 12,11
201: Mt 10,19 / Mk 13,11 / Lk 12,12
121: Mt 10,19 / Mk 13,11 / Lk 21,14
121: Mt 10,19 / Mk 13,11 / Lk 21,15

- [a] λαλέω πρός τινα
- [b] λαλέω τὸν λόγον
- [c] λαλέω (τὸ) ῥῆμα
- [d] λαλέω (ἐν) παραβολαῖς
- [e] λαλέω (...) γλώσσαις (Acts only)
- [f] λαλέω and στόμα
- [g] λαλέω with God as speaker

code	Mt	Mk	Lk	
[a] 002			**Lk 1,19** ... ἐγώ εἰμι Γαβριὴλ ὁ παρεστηκὼς ἐνώπιον τοῦ θεοῦ καὶ ἀπεστάλην **λαλῆσαι** πρὸς σὲ καὶ εὐαγγελίσασθαί σοι ταῦτα·	
002			**Lk 1,20** καὶ ἰδοὺ ἔσῃ σιωπῶν καὶ μὴ δυνάμενος **λαλῆσαι** ἄχρι ἧς ἡμέρας γένηται ταῦτα, ...	

002	Lk 1,22	ἐξελθὼν δὲ οὐκ ἐδύνατο **λαλῆσαι** αὐτοῖς, καὶ ἐπέγνωσαν ὅτι ὀπτασίαν ἑώρακεν ἐν τῷ ναῷ· ...	
g 002	Lk 1,45 → Lk 1,48 → Lk 11,28	καὶ μακαρία ἡ πιστεύσασα ὅτι ἔσται τελείωσις **τοῖς λελαλημένοις** αὐτῇ παρὰ κυρίου.	
a g 002	Lk 1,55	[54] ... μνησθῆναι ἐλέους, [55] καθὼς **ἐλάλησεν** πρὸς τοὺς πατέρας ἡμῶν, τῷ Ἀβραὰμ καὶ τῷ σπέρματι αὐτοῦ εἰς τὸν αἰῶνα.	
f 002	Lk 1,64	ἀνεῴχθη δὲ τὸ στόμα αὐτοῦ παραχρῆμα καὶ ἡ γλῶσσα αὐτοῦ, καὶ **ἐλάλει** εὐλογῶν τὸν θεόν.	
f g 002	Lk 1,70	[69] καὶ ἤγειρεν κέρας σωτηρίας ἡμῖν ἐν οἴκῳ Δαυὶδ παιδὸς αὐτοῦ, [70] καθὼς **ἐλάλησεν** διὰ στόματος τῶν ἁγίων ἀπ' αἰῶνος προφητῶν αὐτοῦ	→ Acts 3,21
a 002	Lk 2,15	... οἱ ποιμένες **ἐλάλουν** πρὸς ἀλλήλους· διέλθωμεν δὴ ἕως Βηθλέεμ ...	
c 002	Lk 2,17	ἰδόντες δὲ ἐγνώρισαν **περὶ τοῦ ῥήματος τοῦ λαληθέντος** αὐτοῖς περὶ τοῦ παιδίου τούτου.	
a 002	Lk 2,18	καὶ πάντες οἱ ἀκούσαντες ἐθαύμασαν **περὶ τῶν λαληθέντων** ὑπὸ τῶν ποιμένων πρὸς αὐτούς·	
a 002	Lk 2,20	καὶ ὑπέστρεψαν οἱ ποιμένες δοξάζοντες καὶ αἰνοῦντες τὸν θεὸν ἐπὶ πᾶσιν οἷς ἤκουσαν καὶ εἶδον καθὼς **ἐλαλήθη** πρὸς αὐτούς.	
002	Lk 2,33	καὶ ἦν ὁ πατὴρ αὐτοῦ καὶ ἡ μήτηρ θαυμάζοντες **ἐπὶ τοῖς λαλουμένοις** περὶ αὐτοῦ.	
002	Lk 2,38	καὶ αὐτῇ τῇ ὥρᾳ ἐπιστᾶσα ἀνθωμολογεῖτο τῷ θεῷ καὶ **ἐλάλει** περὶ αὐτοῦ πᾶσιν τοῖς προσδεχομένοις λύτρωσιν Ἰερουσαλήμ.	

	Mt		Mk		Lk		
c 002					Lk 2,50	καὶ αὐτοὶ οὐ συνῆκαν τὸ ῥῆμα ὃ **ἐλάλησεν** αὐτοῖς.	
022			Mk 1,34 ↓ Mt 12,16 ↓ Mk 3,12	... καὶ οὐκ ἤφιεν **λαλεῖν** τὰ δαιμόνια, ὅτι ᾔδεισαν αὐτόν.	Lk 4,41	... καὶ ἐπιτιμῶν οὐκ εἴα αὐτὰ **λαλεῖν**, ὅτι ᾔδεισαν τὸν χριστὸν αὐτὸν εἶναι.	
	Mt 12,16	καὶ ἐπετίμησεν αὐτοῖς ἵνα μὴ φανερὸν αὐτὸν ποιήσωσιν	Mk 3,12 ↑ Mk 1,34	καὶ πολλὰ ἐπετίμα αὐτοῖς ἵνα μὴ αὐτὸν φανερὸν ποιήσωσιν.			
002					Lk 5,4	ὡς δὲ ἐπαύσατο **λαλῶν**, εἶπεν πρὸς τὸν Σίμωνα· ἐπανάγαγε εἰς τὸ βάθος καὶ χαλάσατε τὰ δίκτυα ὑμῶν εἰς ἄγραν.	→ Jn 21,6
b 021			Mk 2,2 → Mk 3,20	καὶ συνήχθησαν πολλοὶ ὥστε μηκέτι χωρεῖν μηδὲ τὰ πρὸς τὴν θύραν, καὶ **ἐλάλει αὐτοῖς τὸν λόγον**.	Lk 5,17	καὶ ἐγένετο ἐν μιᾷ τῶν ἡμερῶν καὶ αὐτὸς **ἦν διδάσκων**, ...	
122	Mt 9,3	καὶ ἰδού τινες τῶν γραμματέων εἶπαν ἐν ἑαυτοῖς· οὗτος βλασφημεῖ.	Mk 2,7	[6] ἦσαν δέ τινες τῶν γραμματέων ἐκεῖ καθήμενοι καὶ διαλογιζόμενοι ἐν ταῖς καρδίαις αὐτῶν· [7] τί οὗτος οὕτως **λαλεῖ**; βλασφημεῖ· τίς δύναται ἀφιέναι ἁμαρτίας εἰ μὴ εἷς ὁ θεός;	Lk 5,21 → Lk 7,49	καὶ ἤρξαντο διαλογίζεσθαι οἱ γραμματεῖς καὶ οἱ Φαρισαῖοι λέγοντες· τίς ἐστιν οὗτος ὃς **λαλεῖ** βλασφημίας; τίς δύναται ἁμαρτίας ἀφεῖναι εἰ μὴ μόνος ὁ θεός;	
f 202	Mt 12,34 (2) → Mt 3,7 → Lk 3,7 → Mt 23,33	γεννήματα ἐχιδνῶν, πῶς δύνασθε ἀγαθὰ λαλεῖν πονηροὶ ὄντες; ἐκ γὰρ τοῦ περισσεύματος τῆς καρδίας τὸ στόμα **λαλεῖ**.			Lk 6,45	... ἐκ γὰρ περισσεύματος καρδίας **λαλεῖ** τὸ στόμα αὐτοῦ.	→ GTh 45,4
211	Mt 9,18	ταῦτα αὐτοῦ **λαλοῦντος** αὐτοῖς, ἰδοὺ ἄρχων εἷς ἐλθὼν προσεκύνει αὐτῷ ...	Mk 5,22	καὶ ἔρχεται εἷς τῶν ἀρχισυναγώγων, ὀνόματι Ἰάϊρος, καὶ ἰδὼν αὐτὸν πίπτει πρὸς τοὺς πόδας αὐτοῦ	Lk 8,41	καὶ ἰδοὺ ἦλθεν ἀνὴρ ᾧ ὄνομα Ἰάϊρος καὶ οὗτος ἄρχων τῆς συναγωγῆς ὑπῆρχεν, καὶ πεσὼν παρὰ τοὺς πόδας [τοῦ] Ἰησοῦ ...	
202	Mt 9,33 ⇩ Mt 12,22	[32] ... ἰδοὺ προσήνεγκαν αὐτῷ ἄνθρωπον κωφὸν δαιμονιζόμενον. [33] καὶ ἐκβληθέντος τοῦ δαιμονίου **ἐλάλησεν** ὁ κωφός. ...			Lk 11,14	καὶ ἦν ἐκβάλλων δαιμόνιον [καὶ αὐτὸ ἦν] κωφόν· ἐγένετο δὲ τοῦ δαιμονίου ἐξελθόντος **ἐλάλησεν** ὁ κωφὸς ...	

	Mt		Mk		Lk		
201	**Mt 10,19** **(2)**	ὅταν δὲ παραδῶσιν ὑμᾶς, μὴ μεριμνήσητε πῶς ἢ τί **λαλήσητε**·	**Mk 13,11** **(3)**	καὶ ὅταν ἄγωσιν ὑμᾶς παραδιδόντες, μὴ προμεριμνᾶτε τί **λαλήσητε**,	**Lk 12,11** ⇩ Lk 21,14-15 → Lk 21,12	ὅταν δὲ εἰσφέρωσιν ὑμᾶς ἐπὶ τὰς συναγωγὰς καὶ τὰς ἀρχὰς καὶ τὰς ἐξουσίας, μὴ μεριμνήσητε πῶς ἢ τί ἀπολογήσησθε ἢ τί **εἴπητε**·	Mk-Q overlap. Mt 10,19 counted as Q tradition.
201		δοθήσεται γὰρ ὑμῖν ἐν ἐκείνῃ τῇ ὥρᾳ τί **λαλήσητε**·		ἀλλ' ὃ ἐὰν δοθῇ ὑμῖν ἐν ἐκείνῃ τῇ ὥρᾳ τοῦτο **λαλεῖτε**· ↔	**Lk 12,12** ⇩ Lk 21,15	τὸ γὰρ ἅγιον πνεῦμα διδάξει ὑμᾶς ἐν αὐτῇ τῇ ὥρᾳ ἃ δεῖ **εἰπεῖν**.	→ Jn 14,26 Mk-Q overlap. Mt 10,19 counted as Q tradition.
220 210	**Mt 10,20** **(2)** ↑ Lk 12,12	οὐ γὰρ ὑμεῖς ἐστε οἱ **λαλοῦντες** ἀλλὰ τὸ πνεῦμα τοῦ πατρὸς ὑμῶν τὸ **λαλοῦν** ἐν ὑμῖν.	**Mk 13,11** **(3)**	↔ οὐ γάρ ἐστε ὑμεῖς οἱ **λαλοῦντες** ἀλλὰ τὸ πνεῦμα τὸ ἅγιον.			
002					**Lk 7,15** → Lk 9,42	καὶ ἀνεκάθισεν ὁ νεκρὸς καὶ ἤρξατο **λαλεῖν**, καὶ ἔδωκεν αὐτὸν τῇ μητρὶ αὐτοῦ. ➤ 1Kings 17,23	
200	**Mt 12,22** ⇧ Mt 9,33	τότε προσηνέχθη αὐτῷ δαιμονιζόμενος τυφλὸς καὶ κωφός, καὶ ἐθεράπευσεν αὐτόν, ὥστε τὸν κωφὸν **λαλεῖν** καὶ βλέπειν.			**Lk 11,14**	καὶ ἦν ἐκβάλλων δαιμόνιον [καὶ αὐτὸ ἦν] κωφόν· ἐγένετο δὲ τοῦ δαιμονίου ἐξελθόντος **ἐλάλησεν** ὁ κωφὸς ...	
200	**Mt 12,34** **(2)** → Mt 3,7 → Lk 3,7 → Mt 23,33	γεννήματα ἐχιδνῶν, πῶς δύνασθε ἀγαθὰ **λαλεῖν** πονηροὶ ὄντες;					
f 202		ἐκ γὰρ τοῦ περισσεύματος τῆς καρδίας τὸ στόμα **λαλεῖ**.			**Lk 6,45**	... ἐκ γὰρ περισσεύματος καρδίας **λαλεῖ** τὸ στόμα αὐτοῦ.	→ GTh 45,4
c 200	**Mt 12,36**	λέγω δὲ ὑμῖν ὅτι πᾶν ῥῆμα ἀργὸν ὃ **λαλήσουσιν** οἱ ἄνθρωποι ἀποδώσουσιν περὶ αὐτοῦ λόγον ἐν ἡμέρᾳ κρίσεως·					
211 211	**Mt 12,46** **(2)**	ἔτι αὐτοῦ **λαλοῦντος** τοῖς ὄχλοις ἰδοὺ ἡ μήτηρ καὶ οἱ ἀδελφοὶ αὐτοῦ εἱστήκεισαν ἔξω ζητοῦντες αὐτῷ **λαλῆσαι**.	**Mk 3,31**	καὶ ἔρχεται ἡ μήτηρ αὐτοῦ καὶ οἱ ἀδελφοὶ αὐτοῦ καὶ ἔξω στήκοντες ἀπέστειλαν πρὸς αὐτὸν καλοῦντες αὐτόν. [32] καὶ ἐκάθητο περὶ αὐτὸν ὄχλος, ...	**Lk 8,19**	παρεγένετο δὲ πρὸς αὐτὸν ἡ μήτηρ καὶ οἱ ἀδελφοὶ αὐτοῦ καὶ οὐκ ἠδύναντο συντυχεῖν αὐτῷ διὰ τὸν ὄχλον.	→ GTh 99
211	**Mt 12,47**	[εἶπεν δέ τις αὐτῷ· ἰδοὺ ἡ μήτηρ σου καὶ οἱ ἀδελφοί σου ἔξω ἑστήκασιν ζητοῦντές σοι **λαλῆσαι**.]	**Mk 3,32**	καὶ ἐκάθητο περὶ αὐτὸν ὄχλος, καὶ λέγουσιν αὐτῷ· ἰδοὺ ἡ μήτηρ σου καὶ οἱ ἀδελφοί σου [καὶ αἱ ἀδελφαί σου] ἔξω ζητοῦσίν σε.	**Lk 8,20**	ἀπηγγέλη δὲ αὐτῷ· ἡ μήτηρ σου καὶ οἱ ἀδελφοί σου ἑστήκασιν ἔξω ἰδεῖν θέλοντές σε.	→ GTh 99 Mt 12,47 is textcritically uncertain.

	Mt		Mk		Lk		
d 211	Mt 13,3	[2] καὶ συνήχθησαν πρὸς αὐτὸν ὄχλοι πολλοί, ... [3] καὶ **ἐλάλησεν** αὐτοῖς πολλὰ ἐν παραβολαῖς λέγων· ἰδοὺ ἐξῆλθεν ὁ σπείρων τοῦ σπείρειν.	Mk 4,2	[1] ... καὶ συνάγεται πρὸς αὐτὸν ὄχλος πλεῖστος, ... [2] καὶ **ἐδίδασκεν** αὐτοὺς ἐν παραβολαῖς πολλὰ καὶ ἔλεγεν αὐτοῖς ἐν τῇ διδαχῇ αὐτοῦ· [3] ἀκούετε. ἰδοὺ ἐξῆλθεν ὁ σπείρων σπεῖραι.	Lk 8,4 ⇩ Lk 5,1.3 Lk 5,3 ⇧ Lk 8,4	συνιόντος δὲ ὄχλου πολλοῦ καὶ τῶν κατὰ πόλιν ἐπιπορευομένων πρὸς αὐτὸν **εἶπεν** διὰ παραβολῆς· [5] ἐξῆλθεν ὁ σπείρων τοῦ σπεῖραι τὸν σπόρον αὐτοῦ. ... [1] ἐγένετο δὲ ἐν τῷ τὸν ὄχλον ἐπικεῖσθαι αὐτῷ ... [3] ... **ἐδίδασκεν** τοὺς ὄχλους.	→ GTh 9
d 211	Mt 13,10	καὶ προσελθόντες οἱ μαθηταὶ εἶπαν αὐτῷ· διὰ τί ἐν παραβολαῖς **λαλεῖς** αὐτοῖς;	Mk 4,10 → Mk 7,17	καὶ ὅτε ἐγένετο κατὰ μόνας, ἠρώτων αὐτὸν οἱ περὶ αὐτὸν σὺν τοῖς δώδεκα τὰς παραβολάς.	Lk 8,9 → Mk 7,17	ἐπηρώτων δὲ αὐτὸν οἱ μαθηταὶ αὐτοῦ τίς αὕτη εἴη ἡ παραβολή.	
d 211	Mt 13,13	[11] ... ὅτι ὑμῖν δέδοται γνῶναι τὰ μυστήρια τῆς βασιλείας τῶν οὐρανῶν, ἐκείνοις δὲ οὐ δέδοται. [12] ... [13] διὰ τοῦτο ἐν παραβολαῖς αὐτοῖς **λαλῶ,** ὅτι βλέποντες οὐ βλέπουσιν ... ➤ Isa 6,9	Mk 4,11	... ὑμῖν τὸ μυστήριον δέδοται τῆς βασιλείας τοῦ θεοῦ· ἐκείνοις δὲ τοῖς ἔξω ἐν παραβολαῖς τὰ πάντα γίνεται, [12] ἵνα βλέποντες βλέπωσιν καὶ μὴ ἴδωσιν, ... ➤ Isa 6,9	Lk 8,10	... ὑμῖν δέδοται γνῶναι τὰ μυστήρια τῆς βασιλείας τοῦ θεοῦ, τοῖς δὲ λοιποῖς ἐν παραβολαῖς, ἵνα βλέποντες μὴ βλέπωσιν ... ➤ Isa 6,9	
201	Mt 13,33	ἄλλην παραβολὴν **ἐλάλησεν** αὐτοῖς· ὁμοία ἐστὶν ἡ βασιλεία τῶν οὐρανῶν ζύμῃ, ...			Lk 13,20	καὶ πάλιν **εἶπεν·** τίνι ὁμοιώσω τὴν βασιλείαν τοῦ θεοῦ; [21] ὁμοία ἐστὶν ζύμῃ, ...	→ GTh 96
d b 220	Mt 13,34 (2)	ταῦτα πάντα **ἐλάλησεν** ὁ Ἰησοῦς ἐν παραβολαῖς τοῖς ὄχλοις,	Mk 4,33	καὶ τοιαύταις παραβολαῖς πολλαῖς **ἐλάλει** αὐτοῖς τὸν λόγον, καθὼς ἠδύναντο ἀκούειν·			
220	→ Mt 13,36	καὶ χωρὶς παραβολῆς **οὐδὲν ἐλάλει** αὐτοῖς	Mk 4,34	χωρὶς δὲ παραβολῆς **οὐκ ἐλάλει** αὐτοῖς, κατ' ἰδίαν δὲ τοῖς ἰδίοις μαθηταῖς ἐπέλυεν πάντα.			
022			Mk 5,35	ἔτι αὐτοῦ **λαλοῦντος** ἔρχονται ἀπὸ τοῦ ἀρχισυναγώγου λέγοντες ὅτι ἡ θυγάτηρ σου ἀπέθανεν· ...	Lk 8,49	ἔτι αὐτοῦ **λαλοῦντος** ἔρχεταί τις παρὰ τοῦ ἀρχισυναγώγου λέγων ὅτι τέθνηκεν ἡ θυγάτηρ σου·	
b 021			Mk 5,36	ὁ δὲ Ἰησοῦς παρακούσας **τὸν λόγον** **λαλούμενον** λέγει τῷ ἀρχισυναγώγῳ· μὴ φοβοῦ, μόνον πίστευε.	Lk 8,50	ὁ δὲ Ἰησοῦς ἀκούσας ἀπεκρίθη αὐτῷ· μὴ φοβοῦ, μόνον πίστευσον, καὶ σωθήσεται.	

	Mt		Mk		Lk		
112	**Mt 14,14** → Mt 9,36 → Mt 15,32	καὶ ἐξελθὼν εἶδεν πολὺν ὄχλον, καὶ ἐσπλαγχνίσθη ἐπ' αὐτοῖς καὶ ἐθεράπευσεν τοὺς ἀρρώστους αὐτῶν.	**Mk 6,34** → Mk 8,2	καὶ ἐξελθὼν εἶδεν πολὺν ὄχλον, καὶ ἐσπλαγχνίσθη ἐπ' αὐτούς, ὅτι ἦσαν *ὡς πρόβατα μὴ ἔχοντα ποιμένα,* καὶ ἤρξατο **διδάσκειν** αὐτοὺς πολλά. ➢ Num 27,17/Jdt 11,19/2Chron 18,16	**Lk 9,11**	... καὶ ἀποδεξάμενος αὐτοὺς **ἐλάλει** αὐτοῖς περὶ τῆς βασιλείας τοῦ θεοῦ, καὶ τοὺς χρείαν ἔχοντας θεραπείας ἰᾶτο.	
220	**Mt 14,27**	εὐθὺς δὲ **ἐλάλησεν** [ὁ Ἰησοῦς] αὐτοῖς λέγων· θαρσεῖτε, ἐγώ εἰμι· μὴ φοβεῖσθε.	**Mk 6,50**	... ὁ δὲ εὐθὺς **ἐλάλησεν** μετ' αὐτῶν, καὶ λέγει αὐτοῖς· θαρσεῖτε, ἐγώ εἰμι· μὴ φοβεῖσθε.			→ Jn 6,20
020			**Mk 7,35** → Mt 15,30	καὶ [εὐθέως] ἠνοίγησαν αὐτοῦ αἱ ἀκοαί, καὶ ἐλύθη ὁ δεσμὸς τῆς γλώσσης αὐτοῦ καὶ **ἐλάλει** ὀρθῶς.			
220	**Mt 15,31** → Mt 11,5	ὥστε τὸν ὄχλον θαυμάσαι βλέποντας κωφοὺς **λαλοῦντας,** κυλλοὺς ὑγιεῖς, καὶ χωλοὺς περιπατοῦντας καὶ τυφλοὺς βλέποντας· ...	**Mk 7,37**	καὶ ὑπερπερισσῶς ἐξεπλήσσοντο λέγοντες· καλῶς πάντα πεποίηκεν, καὶ τοὺς κωφοὺς ποιεῖ ἀκούειν καὶ [τοὺς] ἀλάλους **λαλεῖν.**			
b 120	**Mt 16,22**	 καὶ προσλαβόμενος αὐτὸν ὁ Πέτρος ἤρξατο ἐπιτιμᾶν αὐτῷ λέγων· ἵλεώς σοι, κύριε· οὐ μὴ ἔσται σοι τοῦτο.	**Mk 8,32**	καὶ παρρησίᾳ τὸν λόγον **ἐλάλει.** καὶ προσλαβόμενος ὁ Πέτρος αὐτὸν ἤρξατο ἐπιτιμᾶν αὐτῷ.			
211	**Mt 17,5**	ἔτι αὐτοῦ **λαλοῦντος** ἰδοὺ νεφέλη φωτεινὴ ἐπεσκίασεν αὐτούς, ...	**Mk 9,7**	 καὶ ἐγένετο νεφέλη ἐπισκιάζουσα αὐτοῖς, ...	**Lk 9,34**	ταῦτα δὲ αὐτοῦ **λέγοντος** ἐγένετο νεφέλη καὶ ἐπεσκίαζεν αὐτούς· ...	
202	**Mt 9,33** ⇧ Mt 12,22	[32] ... ἰδοὺ προσήνεγκαν αὐτῷ ἄνθρωπον κωφὸν δαιμονιζόμενον. [33] καὶ ἐκβληθέντος τοῦ δαιμονίου **ἐλάλησεν** ὁ κωφός. ...			**Lk 11,14**	καὶ ἦν ἐκβάλλων δαιμόνιον [καὶ αὐτὸ ἦν] κωφόν· ἐγένετο δὲ τοῦ δαιμονίου ἐξελθόντος **ἐλάλησεν** ὁ κωφὸς ...	
002					**Lk 11,37** → Mt 15,1 → Mk 7,1	**ἐν δὲ τῷ λαλῆσαι** ἐρωτᾷ αὐτὸν Φαρισαῖος ὅπως ἀριστήσῃ παρ' αὐτῷ· εἰσελθὼν δὲ ἀνέπεσεν.	
102	**Mt 10,27**	ὃ λέγω ὑμῖν ἐν τῇ σκοτίᾳ εἴπατε ἐν τῷ φωτί, καὶ ὃ εἰς τὸ οὖς **ἀκούετε** κηρύξατε ἐπὶ τῶν δωμάτων.			**Lk 12,3**	ἀνθ' ὧν ὅσα ἐν τῇ σκοτίᾳ εἴπατε ἐν τῷ φωτὶ ἀκουσθήσεται, καὶ ὃ πρὸς τὸ οὖς **ἐλαλήσατε** ἐν τοῖς ταμείοις κηρυχθήσεται ἐπὶ τῶν δωμάτων.	→ GTh 33,1 (POxy 1)

	Mt		Mk		Lk		
120	Mt 21,21 ↓Mt 17,20 ↓Lk 17,6	... ἀμὴν λέγω ὑμῖν, ἐὰν ἔχητε πίστιν καὶ μὴ διακριθῆτε, οὐ μόνον τὸ τῆς συκῆς ποιήσετε, ἀλλὰ κἂν τῷ ὄρει τούτῳ εἴπητε· ἄρθητι καὶ βλήθητι εἰς τὴν θάλασσαν, γενήσεται·	Mk 11,23 ↓Mt 17,20 ↓Lk 17,6 →Mk 9,23	[22] ... ἔχετε πίστιν θεοῦ. [23] ἀμὴν λέγω ὑμῖν ὅτι ὃς ἂν εἴπῃ τῷ ὄρει τούτῳ· ἄρθητι καὶ βλήθητι εἰς τὴν θάλασσαν, καὶ μὴ διακριθῇ ἐν τῇ καρδίᾳ αὐτοῦ ἀλλὰ πιστεύῃ ὅτι ὃ **λαλεῖ** γίνεται, ἔσται αὐτῷ.			→GTh 48 →GTh 106
	Mt 17,20 ↑Mt 21,21	... ἀμὴν γὰρ λέγω ὑμῖν, ἐὰν ἔχητε πίστιν ὡς κόκκον σινάπεως, ἐρεῖτε τῷ ὄρει τούτῳ, μετάβα ἔνθεν ἐκεῖ, καὶ μεταβήσεται· ...			Lk 17,6	... εἰ ἔχετε πίστιν ὡς κόκκον σινάπεως, ἐλέγετε ἂν τῇ συκαμίνῳ [ταύτῃ]· ἐκριζώθητι καὶ φυτεύθητι ἐν τῇ θαλάσσῃ· καὶ ὑπήκουσεν ἂν ὑμῖν.	→GTh 48 →GTh 106
d 121	Mt 21,33	ἄλλην παραβολὴν ἀκούσατε. ἄνθρωπος ἦν οἰκοδεσπότης ὅστις ἐφύτευσεν ἀμπελῶνα ...	Mk 12,1	καὶ ἤρξατο αὐτοῖς ἐν παραβολαῖς **λαλεῖν**· ἀμπελῶνα ἄνθρωπος ἐφύτευσεν ...	Lk 20,9	ἤρξατο δὲ πρὸς τὸν λαὸν **λέγειν** τὴν παραβολὴν ταύτην· ἄνθρωπός [τις] ἐφύτευσεν ἀμπελῶνα ...	→GTh 65
211	Mt 23,1	τότε ὁ Ἰησοῦς **ἐλάλησεν** τοῖς ὄχλοις καὶ τοῖς μαθηταῖς αὐτοῦ [2] λέγων· ...	Mk 12,37 →Lk 13,17 →Lk 19,48 →Lk 21,38	... καὶ [ὁ] πολὺς ὄχλος ἤκουεν αὐτοῦ ἡδέως. [38] καὶ ἐν τῇ διδαχῇ αὐτοῦ ἔλεγεν· ...	Lk 20,45	ἀκούοντος δὲ παντὸς τοῦ λαοῦ εἶπεν τοῖς μαθηταῖς [αὐτοῦ]	
121	Mt 10,19 (2)	ὅταν δὲ παραδῶσιν ὑμᾶς, μὴ μεριμνήσητε πῶς ἢ τί **λαλήσητε**·	Mk 13,11 (3)	καὶ ὅταν ἄγωσιν ὑμᾶς παραδιδόντες, μὴ προμεριμνᾶτε τί **λαλήσητε**,	Lk 21,14 ⇑Lk 12,11-12	θέτε οὖν ἐν ταῖς καρδίαις ὑμῶν μὴ προμελετᾶν ἀπολογηθῆναι·	Mk-Q overlap. Mt 10,19 counted as Q tradition.
121		δοθήσεται γὰρ ὑμῖν ἐν ἐκείνῃ τῇ ὥρᾳ τί **λαλήσητε**·		ἀλλ' ὃ ἐὰν δοθῇ ὑμῖν ἐν ἐκείνῃ τῇ ὥρᾳ τοῦτο **λαλεῖτε**·	Lk 21,15 ⇑Lk 12,12	ἐγὼ γὰρ δώσω ὑμῖν στόμα καὶ σοφίαν ἣ οὐ δυνήσονται ἀντιστῆναι ἢ ἀντειπεῖν ἅπαντες οἱ ἀντικείμενοι ὑμῖν.	→Acts 6,10 Mk-Q overlap. Mt 10,19 counted as Q tradition.
220	Mt 10,20 (2)	οὐ γὰρ ὑμεῖς ἐστε **οἱ λαλοῦντες** ἀλλὰ τὸ πνεῦμα τοῦ πατρὸς ὑμῶν τὸ λαλοῦν ἐν ὑμῖν.	↑Lk 12,12	οὐ γάρ ἐστε ὑμεῖς **οἱ λαλοῦντες** ἀλλὰ τὸ πνεῦμα τὸ ἅγιον.			
220	Mt 26,13	ἀμὴν λέγω ὑμῖν, ὅπου ἐὰν κηρυχθῇ τὸ εὐαγγέλιον τοῦτο ἐν ὅλῳ τῷ κόσμῳ, **λαληθήσεται** καὶ ὃ ἐποίησεν αὕτη εἰς μνημόσυνον αὐτῆς.	Mk 14,9	ἀμὴν δὲ λέγω ὑμῖν, ὅπου ἐὰν κηρυχθῇ τὸ εὐαγγέλιον εἰς ὅλον τὸν κόσμον, καὶ ὃ ἐποίησεν αὕτη **λαληθήσεται** εἰς μνημόσυνον αὐτῆς.			
120	Mt 26,35 →Lk 22,33	**λέγει** αὐτῷ ὁ Πέτρος· κἂν δέῃ με σὺν σοὶ ἀποθανεῖν, οὐ μή σε ἀπαρνήσομαι. ...	Mk 14,31 →Lk 22,33	ὁ δὲ ἐκπερισσῶς **ἐλάλει**· ἐὰν δέῃ με συναποθανεῖν σοι, οὐ μή σε ἀπαρνήσομαι. ...			→Jn 13,37

222	Mt 26,47	καὶ ἔτι αὐτοῦ **λαλοῦντος** ἰδοὺ Ἰούδας εἷς τῶν δώδεκα ἦλθεν ...	Mk 14,43	καὶ εὐθὺς ἔτι αὐτοῦ **λαλοῦντος** παραγίνεται Ἰούδας εἷς τῶν δώδεκα ...	Lk 22,47	ἔτι αὐτοῦ **λαλοῦντος** ἰδοὺ ὄχλος, καὶ ὁ λεγόμενος Ἰούδας εἷς τῶν δώδεκα προήρχετο ...	→ Jn 18,3
112	Mt 26,74	τότε ἤρξατο καταθεματίζειν καὶ ὀμνύειν ὅτι οὐκ οἶδα τὸν ἄνθρωπον. καὶ εὐθέως ἀλέκτωρ ἐφώνησεν.	Mk 14,72	[71] ὁ δὲ ἤρξατο ἀναθεματίζειν καὶ ὀμνύναι ὅτι οὐκ οἶδα τὸν ἄνθρωπον τοῦτον ὃν λέγετε. [72] καὶ εὐθὺς ἐκ δευτέρου ἀλέκτωρ ἐφώνησεν. ...	Lk 22,60	εἶπεν δὲ ὁ Πέτρος· ἄνθρωπε, οὐκ οἶδα ὃ λέγεις. καὶ παραχρῆμα ἔτι **λαλοῦντος** αὐτοῦ ἐφώνησεν ἀλέκτωρ.	→ Jn 18,27
112	Mt 28,6	οὐκ ἔστιν ὧδε, ἠγέρθη γὰρ καθὼς **εἶπεν·** δεῦτε ἴδετε τὸν τόπον ὅπου ἔκειτο.	Mk 16,6	... ἠγέρθη, οὐκ ἔστιν ὧδε· ἴδε ὁ τόπος ὅπου ἔθηκαν αὐτόν.	Lk 24,6 → Lk 24,23	οὐκ ἔστιν ὧδε, ἀλλὰ ἠγέρθη. μνήσθητε ὡς **ἐλάλησεν** ὑμῖν ἔτι ὢν ἐν τῇ Γαλιλαίᾳ [7] λέγων τὸν υἱὸν τοῦ ἀνθρώπου ὅτι δεῖ παραδοθῆναι ...	
002					Lk 24,25	καὶ αὐτὸς εἶπεν πρὸς αὐτούς· ὦ ἀνόητοι καὶ βραδεῖς τῇ καρδίᾳ τοῦ πιστεύειν ἐπὶ πᾶσιν οἷς **ἐλάλησαν** οἱ προφῆται·	
002					Lk 24,32	καὶ εἶπαν πρὸς ἀλλήλους· οὐχὶ ἡ καρδία ἡμῶν καιομένη ἦν [ἐν ἡμῖν] ὡς **ἐλάλει** ἡμῖν ἐν τῇ ὁδῷ, ὡς διήνοιγεν ἡμῖν τὰς γραφάς;	
002					Lk 24,36	ταῦτα δὲ αὐτῶν **λαλούντων** αὐτὸς ἔστη ἐν μέσῳ αὐτῶν καὶ λέγει αὐτοῖς· εἰρήνη ὑμῖν.	→ Jn 20,19
a b 002					Lk 24,44	... οὗτοι οἱ λόγοι μου οὓς **ἐλάλησα** πρὸς ὑμᾶς ἔτι ὢν σὺν ὑμῖν, ...	
200	Mt 28,18 → Mt 11,27 → Lk 10,22	καὶ προσελθὼν ὁ Ἰησοῦς **ἐλάλησεν** αὐτοῖς λέγων· ἐδόθη μοι πᾶσα ἐξουσία ἐν οὐρανῷ καὶ ἐπὶ [τῆς] γῆς.					

[a] λαλέω πρός τινα
[b] λαλέω τὸν λόγον
[c] λαλέω (τὸ) ῥῆμα
[d] λαλέω (ἐν) παραβολαῖς
[e] λαλέω (...) γλώσσαις (Acts only)
[f] λαλέω and στόμα
[g] λαλέω with God as speaker

e Acts 2,4	καὶ ἐπλήσθησαν πάντες πνεύματος ἁγίου καὶ ἤρξαντο **λαλεῖν** ἑτέραις γλώσσαις καθὼς τὸ πνεῦμα ἐδίδου ἀποφθέγγεσθαι αὐτοῖς.	Acts 2,6	γενομένης δὲ τῆς φωνῆς ταύτης συνῆλθεν τὸ πλῆθος καὶ συνεχύθη, ὅτι ἤκουον εἷς ἕκαστος τῇ ἰδίᾳ διαλέκτῳ **λαλούντων** αὐτῶν.	Acts 2,7	ἐξίσταντο δὲ καὶ ἐθαύμαζον λέγοντες· οὐχ ἰδοὺ ἅπαντες οὗτοί εἰσιν **οἱ λαλοῦντες** Γαλιλαῖοι;

e **Acts 2,11** Ἰουδαῖοί τε καὶ προσήλυτοι, Κρῆτες καὶ Ἄραβες, ἀκούομεν **λαλούντων** αὐτῶν ταῖς ἡμετέραις γλώσσαις τὰ μεγαλεῖα τοῦ θεοῦ.

Acts 2,31 προϊδὼν **ἐλάλησεν** περὶ τῆς ἀναστάσεως τοῦ Χριστοῦ ...

fg **Acts 3,21** ὃν δεῖ οὐρανὸν μὲν δέξασθαι ἄχρι χρόνων ἀποκαταστάσεως πάντων ὧν **ἐλάλησεν** ὁ θεὸς διὰ στόματος τῶν ἁγίων ἀπ᾽ αἰῶνος αὐτοῦ προφητῶν.
→ **Lk 1,70**
→ Mt 17,11
→ Mk 9,12

a **Acts 3,22** Μωϋσῆς μὲν εἶπεν ὅτι *προφήτην ὑμῖν ἀναστήσει κύριος ὁ θεὸς ὑμῶν ἐκ τῶν ἀδελφῶν ὑμῶν ὡς ἐμέ· αὐτοῦ ἀκούσεσθε κατὰ πάντα ὅσα ἂν* ***λαλήσῃ*** πρὸς ὑμᾶς.
➤ Deut 18,15-20

Acts 3,24 καὶ πάντες δὲ οἱ προφῆται ἀπὸ Σαμουὴλ καὶ τῶν καθεξῆς ὅσοι **ἐλάλησαν** καὶ κατήγγειλαν τὰς ἡμέρας ταύτας.

a **Acts 4,1** **λαλούντων** δὲ αὐτῶν πρὸς τὸν λαὸν ἐπέστησαν αὐτοῖς οἱ ἱερεῖς καὶ ὁ στρατηγὸς τοῦ ἱεροῦ καὶ οἱ Σαδδουκαῖοι

Acts 4,17 ἀλλ᾽ ἵνα μὴ ἐπὶ πλεῖον διανεμηθῇ εἰς τὸν λαὸν ἀπειλησώμεθα αὐτοῖς μηκέτι **λαλεῖν** ἐπὶ τῷ ὀνόματι τούτῳ μηδενὶ ἀνθρώπων.

Acts 4,20 οὐ δυνάμεθα γὰρ ἡμεῖς ἃ εἴδαμεν καὶ ἠκούσαμεν **μὴ λαλεῖν.**

b **Acts 4,29** καὶ τὰ νῦν, κύριε, ἔπιδε ἐπὶ τὰς ἀπειλὰς αὐτῶν καὶ δὸς τοῖς δούλοις σου μετὰ παρρησίας πάσης **λαλεῖν** τὸν λόγον σου

b **Acts 4,31** ... καὶ ἐπλήσθησαν ἅπαντες τοῦ ἁγίου πνεύματος καὶ **ἐλάλουν** τὸν λόγον τοῦ θεοῦ μετὰ παρρησίας.

c **Acts 5,20** πορεύεσθε καὶ σταθέντες **λαλεῖτε** ἐν τῷ ἱερῷ τῷ λαῷ πάντα τὰ ῥήματα τῆς ζωῆς ταύτης.

Acts 5,40 καὶ προσκαλεσάμενοι τοὺς ἀποστόλους δείραντες παρήγγειλαν **μὴ λαλεῖν** ἐπὶ τῷ ὀνόματι τοῦ Ἰησοῦ καὶ ἀπέλυσαν.

Acts 6,10 καὶ οὐκ ἴσχυον ἀντιστῆναι τῇ σοφίᾳ καὶ τῷ πνεύματι ᾧ **ἐλάλει.**

c **Acts 6,11** τότε ὑπέβαλον ἄνδρας λέγοντας ὅτι ἀκηκόαμεν αὐτοῦ **λαλοῦντος** ῥήματα βλάσφημα εἰς Μωϋσῆν καὶ τὸν θεόν.

c **Acts 6,13** ἔστησάν τε μάρτυρας ψευδεῖς λέγοντας· ὁ ἄνθρωπος οὗτος οὐ παύεται **λαλῶν** ῥήματα κατὰ τοῦ τόπου τοῦ ἁγίου [τούτου] καὶ τοῦ νόμου·

g **Acts 7,6** **ἐλάλησεν** δὲ οὕτως ὁ θεὸς ὅτι *ἔσται τὸ σπέρμα αὐτοῦ πάροικον ἐν γῇ ἀλλοτρίᾳ* ...
➤ Gen 15,13; Exod 2,22

Acts 7,38 οὗτός ἐστιν ὁ γενόμενος ἐν τῇ ἐκκλησίᾳ ἐν τῇ ἐρήμῳ μετὰ τοῦ ἀγγέλου **τοῦ λαλοῦντος** αὐτῷ ἐν τῷ ὄρει Σινᾶ καὶ τῶν πατέρων ἡμῶν, ...

g **Acts 7,44** ἡ σκηνὴ τοῦ μαρτυρίου ἦν τοῖς πατράσιν ἡμῶν ἐν τῇ ἐρήμῳ καθὼς διετάξατο **ὁ λαλῶν** τῷ Μωϋσῇ ποιῆσαι αὐτὴν κατὰ τὸν τύπον ὃν ἑωράκει·

b **Acts 8,25** οἱ μὲν οὖν διαμαρτυράμενοι καὶ **λαλήσαντες** τὸν λόγον τοῦ κυρίου ὑπέστρεφον εἰς Ἱεροσόλυμα, ...

a **Acts 8,26** ἄγγελος δὲ κυρίου **ἐλάλησεν** πρὸς Φίλιππον λέγων· ἀνάστηθι καὶ πορεύου κατὰ μεσημβρίαν ...

Acts 9,6 ἀλλὰ ἀνάστηθι καὶ εἴσελθε εἰς τὴν πόλιν καὶ **λαληθήσεταί** σοι ὅ τί σε δεῖ ποιεῖν.

Acts 9,27 Βαρναβᾶς ... διηγήσατο αὐτοῖς πῶς ἐν τῇ ὁδῷ εἶδεν τὸν κύριον καὶ ὅτι **ἐλάλησεν** αὐτῷ καὶ πῶς ἐν Δαμασκῷ ἐπαρρησιάσατο ἐν τῷ ὀνόματι τοῦ Ἰησοῦ.

a **Acts 9,29** **ἐλάλει** τε καὶ συνεζήτει πρὸς τοὺς Ἑλληνιστάς, οἱ δὲ ἐπεχείρουν ἀνελεῖν αὐτόν.

Acts 10,7 ὡς δὲ ἀπῆλθεν ὁ ἄγγελος **ὁ λαλῶν** αὐτῷ, φωνήσας δύο τῶν οἰκετῶν καὶ στρατιώτην εὐσεβῆ τῶν προσκαρτερούντων αὐτῷ

c **Acts 10,44** ἔτι **λαλοῦντος** τοῦ Πέτρου τὰ ῥήματα ταῦτα ἐπέπεσεν τὸ πνεῦμα τὸ ἅγιον ἐπὶ πάντας τοὺς ἀκούοντας τὸν λόγον.

e **Acts 10,46** ἤκουον γὰρ αὐτῶν **λαλούντων** γλώσσαις καὶ μεγαλυνόντων τὸν θεόν. ...

a c **Acts 11,14** [13] ... μετάπεμψαι Σίμωνα τὸν ἐπικαλούμενον Πέτρον, [14] ὃς **λαλήσει** ῥήματα πρὸς σὲ ἐν οἷς σωθήσῃ σὺ καὶ πᾶς ὁ οἶκός σου.

Acts 11,15 ἐν δὲ τῷ ἄρξασθαί με **λαλεῖν** ἐπέπεσεν τὸ πνεῦμα τὸ ἅγιον ἐπ᾽ αὐτοὺς ὥσπερ καὶ ἐφ᾽ ἡμᾶς ἐν ἀρχῇ.

b **Acts 11,19** οἱ μὲν οὖν διασπαρέντες ἀπὸ τῆς θλίψεως τῆς γενομένης ἐπὶ Στεφάνῳ διῆλθον ἕως Φοινίκης καὶ Κύπρου καὶ Ἀντιοχείας μηδενὶ **λαλοῦντες** τὸν λόγον εἰ μὴ μόνον Ἰουδαίοις.

a **Acts 11,20** ἦσαν δέ τινες ἐξ αὐτῶν ἄνδρες Κύπριοι καὶ Κυρηναῖοι, οἵτινες ἐλθόντες εἰς Ἀντιόχειαν **ἐλάλουν** καὶ πρὸς τοὺς Ἑλληνιστάς εὐαγγελιζόμενοι τὸν κύριον Ἰησοῦν.

c **Acts 13,42** ... παρεκάλουν εἰς τὸ μεταξὺ σάββατον **λαληθῆναι** αὐτοῖς τὰ ῥήματα ταῦτα.

Acts 13,45 ἰδόντες δὲ οἱ Ἰουδαῖοι τοὺς ὄχλους ἐπλήσθησαν ζήλου καὶ ἀντέλεγον
τοῖς ὑπὸ Παύλου λαλουμένοις
βλασφημοῦντες.

b **Acts 13,46** παρρησιασάμενοί τε ὁ Παῦλος καὶ ὁ Βαρναβᾶς εἶπαν· ὑμῖν ἦν ἀναγκαῖον πρῶτον
λαληθῆναι
τὸν λόγον τοῦ θεοῦ· ...

Acts 14,1 ἐγένετο δὲ ἐν Ἰκονίῳ κατὰ τὸ αὐτὸ εἰσελθεῖν αὐτοὺς εἰς τὴν συναγωγὴν τῶν Ἰουδαίων καὶ
λαλῆσαι
οὕτως ὥστε πιστεῦσαι Ἰουδαίων τε καὶ Ἑλλήνων πολὺ πλῆθος.

Acts 14,9 οὗτος ἤκουσεν τοῦ Παύλου
λαλοῦντος·
ὃς ἀτενίσας αὐτῷ καὶ ἰδὼν ὅτι ἔχει πίστιν τοῦ σωθῆναι

b **Acts 14,25** καὶ
λαλήσαντες
ἐν Πέργῃ τὸν λόγον κατέβησαν εἰς Ἀττάλειαν·

b **Acts 16,6** διῆλθον δὲ τὴν Φρυγίαν καὶ Γαλατικὴν χώραν κωλυθέντες ὑπὸ τοῦ ἁγίου πνεύματος
λαλῆσαι
τὸν λόγον ἐν τῇ Ἀσίᾳ·

Acts 16,13 τῇ τε ἡμέρᾳ τῶν σαββάτων ἐξήλθομεν ἔξω τῆς πύλης παρὰ ποταμὸν οὗ ἐνομίζομεν προσευχὴν εἶναι, καὶ καθίσαντες
ἐλαλοῦμεν
ταῖς συνελθούσαις γυναιξίν.

Acts 16,14 καί τις γυνὴ ὀνόματι Λυδία, πορφυρόπωλις πόλεως Θυατείρων σεβομένη τὸν θεόν, ἤκουεν, ἧς ὁ κύριος διήνοιξεν τὴν καρδίαν προσέχειν
τοῖς λαλουμένοις
ὑπὸ τοῦ Παύλου.

b **Acts 16,32** καὶ
ἐλάλησαν
αὐτῷ τὸν λόγον τοῦ κυρίου σὺν πᾶσιν τοῖς ἐν τῇ οἰκίᾳ αὐτοῦ.

Acts 17,19 ἐπιλαβόμενοί τε αὐτοῦ ἐπὶ τὸν Ἄρειον πάγον ἤγαγον λέγοντες· δυνάμεθα γνῶναι τίς ἡ καινὴ αὕτη ἡ ὑπὸ σοῦ
λαλουμένη
διδαχή;

Acts 18,9 εἶπεν δὲ ὁ κύριος ἐν νυκτὶ δι᾽ ὁράματος τῷ Παύλῳ· μὴ φοβοῦ, ἀλλὰ
λάλει
καὶ μὴ σιωπήσῃς

Acts 18,25 οὗτος ἦν κατηχημένος τὴν ὁδὸν τοῦ κυρίου καὶ ζέων τῷ πνεύματι
ἐλάλει
καὶ ἐδίδασκεν ἀκριβῶς τὰ περὶ τοῦ Ἰησοῦ, ...

e **Acts 19,6** καὶ ἐπιθέντος αὐτοῖς τοῦ Παύλου [τὰς] χεῖρας ἦλθε τὸ πνεῦμα τὸ ἅγιον ἐπ᾽ αὐτούς,
ἐλάλουν
τε γλώσσαις καὶ ἐπροφήτευον.

Acts 20,30 καὶ ἐξ ὑμῶν αὐτῶν ἀναστήσονται ἄνδρες
λαλοῦντες
διεστραμμένα τοῦ ἀποσπᾶν τοὺς μαθητὰς ὀπίσω αὐτῶν.

a **Acts 21,39** ... δέομαι δέ σου, ἐπίτρεψόν μοι
λαλῆσαι
πρὸς τὸν λαόν.

Acts 22,9 οἱ δὲ σὺν ἐμοὶ ὄντες τὸ μὲν φῶς ἐθεάσαντο τὴν δὲ φωνὴν οὐκ ἤκουσαν
τοῦ λαλοῦντός
μοι.

Acts 22,10 ... ἀναστὰς πορεύου εἰς Δαμασκὸν κἀκεῖ σοι
λαληθήσεται
περὶ πάντων ὧν τέτακταί σοι ποιῆσαι.

Acts 23,9 ... οὐδὲν κακὸν εὑρίσκομεν ἐν τῷ ἀνθρώπῳ τούτῳ· εἰ δὲ πνεῦμα
ἐλάλησεν
αὐτῷ ἢ ἄγγελος;

Acts 23,18 ... ὁ δέσμιος Παῦλος προσκαλεσάμενός με ἠρώτησεν τοῦτον τὸν νεανίσκον ἀγαγεῖν πρὸς σέ ἔχοντά τι
λαλῆσαί
σοι.

Acts 26,22 ἐπικουρίας οὖν τυχὼν τῆς ἀπὸ τοῦ θεοῦ ἄχρι τῆς ἡμέρας ταύτης ἕστηκα μαρτυρόμενος μικρῷ τε καὶ μεγάλῳ οὐδὲν ἐκτὸς λέγων ὧν τε οἱ προφῆται
ἐλάλησαν
μελλόντων γίνεσθαι καὶ Μωϋσῆς

a **Acts 26,26** ἐπίσταται γὰρ περὶ τούτων ὁ βασιλεὺς πρὸς ὃν καὶ παρρησιαζόμενος
λαλῶ,
λανθάνειν γὰρ αὐτὸν [τι] τούτων οὐ πείθομαι οὐθέν· ...

a **Acts 26,31** καὶ ἀναχωρήσαντες
ἐλάλουν
πρὸς ἀλλήλους λέγοντες ὅτι οὐδὲν θανάτου ἢ δεσμῶν ἄξιον [τι] πράσσει ὁ ἄνθρωπος οὗτος.

g **Acts 27,25** διὸ εὐθυμεῖτε, ἄνδρες· πιστεύω γὰρ τῷ θεῷ ὅτι οὕτως ἔσται καθ᾽ ὃν τρόπον
λελάληταί
μοι.

Acts 28,21 ... ἡμεῖς οὔτε γράμματα περὶ σοῦ ἐδεξάμεθα ἀπὸ τῆς Ἰουδαίας οὔτε παραγενόμενός τις τῶν ἀδελφῶν ἀπήγγειλεν ἢ
ἐλάλησέν
τι περὶ σοῦ πονηρόν.

a **Acts 28,25** ἀσύμφωνοι δὲ ὄντες πρὸς ἀλλήλους ἀπελύοντο εἰπόντος τοῦ Παύλου ῥῆμα ἕν, ὅτι καλῶς τὸ πνεῦμα τὸ ἅγιον
ἐλάλησεν
διὰ Ἠσαΐου τοῦ προφήτου πρὸς τοὺς πατέρας ὑμῶν [26] λέγων· ...

# λαλιά	Syn 1	Mt 1	Mk	Lk	Acts	Jn 2	1-3John	Paul	Eph	Col
	NT 3	2Thess	1/2Tim	Tit	Heb	Jas	1Pet	2Pet	Jude	Rev

speech; speaking

code	Mt		Mk		Lk		
211	**Mt 26,73**	μετὰ μικρὸν δὲ προσελθόντες οἱ ἑστῶτες εἶπον τῷ Πέτρῳ· ἀληθῶς καὶ σὺ ἐξ αὐτῶν εἶ, καὶ γὰρ **ἡ λαλιά σου** δῆλόν σε ποιεῖ.	**Mk 14,70**	... καὶ μετὰ μικρὸν πάλιν οἱ παρεστῶτες ἔλεγον τῷ Πέτρῳ· ἀληθῶς ἐξ αὐτῶν εἶ, καὶ γὰρ Γαλιλαῖος εἶ.	**Lk 22,59**	καὶ διαστάσης ὡσεὶ ὥρας μιᾶς ἄλλος τις διϊσχυρίζετο λέγων· ἐπ' ἀληθείας καὶ οὗτος μετ' αὐτοῦ ἦν, καὶ γὰρ Γαλιλαῖός ἐστιν.	→ Jn 18,26

# λαμβάνω	Syn 94	Mt 53	Mk 20	Lk 21	Acts 29	Jn 46	1-3John 6	Paul 31	Eph	Col 1
	NT 258	2Thess	1/2Tim 2	Tit	Heb 17	Jas 6	1Pet 1	2Pet 2	Jude	Rev 23

take (into one's possession); take in the hand; take hold of; grasp; take away; remove; receive; accept; take up; choose; select; make one's own; apprehend, comprehend mentally, spiritually; get; obtain

	triple tradition																	double tradition			Sonder-gut		
		+Mt / +Lk			–Mt / –Lk			traditions not taken over by Mt / Lk							subtotals								
code	*222*	*211*	*112*	*212*	*221*	*122*	*121*	*022*	*012*	*021*	*220*	*120*	*210*	*020*	Σ⁺	Σ⁻	Σ	*202*	*201*	*102*	*200*	*002*	total
Mt	2	3⁺			7	3⁻	2⁻				3	2⁻	7⁺		10⁺	7⁻	22	3	4		24		**53**
Mk	2				7	3	2	1			3	2					20						**20**
Lk	2		4⁺		7⁻	3	2⁻	1							4⁺	9⁻	10	3		3		5	**21**

a λαμβάνω ἄρτον
b λαμβάνω γυναῖκα, ~ αὐτήν (the wife)
c λαμβάνω and πνεῦμα
d λαμβάνω ἀπό τινος
e λαμβάνω παρά τινος
f συμβούλιον λαμβάνω
g λαμβάνω κρίμα
h λαμβάνω and αἰτέω
j λαβεῖν ἄφεσιν ἁμαρτιῶν

code	Mt		Mk		Lk		
002					**Lk 5,5**	καὶ ἀποκριθεὶς Σίμων εἶπεν· ἐπιστάτα, δι' ὅλης νυκτὸς κοπιάσαντες **οὐδὲν ἐλάβομεν·** ἐπὶ δὲ τῷ ῥήματί σου χαλάσω τὰ δίκτυα.	→ Jn 21,3
112	**Mt 9,8**	ἰδόντες δὲ οἱ ὄχλοι **ἐφοβήθησαν** καὶ ἐδόξασαν τὸν θεὸν τὸν δόντα ἐξουσίαν τοιαύτην τοῖς ἀνθρώποις.	**Mk 2,12**	... ὥστε **ἐξίστασθαι** πάντας καὶ δοξάζειν τὸν θεὸν λέγοντας ὅτι οὕτως οὐδέποτε εἴδομεν.	**Lk 5,26**	καὶ **ἔκστασις ἔλαβεν** ἅπαντας καὶ ἐδόξαζον τὸν θεὸν καὶ ἐπλήσθησαν φόβου λέγοντες ὅτι εἴδομεν παράδοξα σήμερον.	
a 112	**Mt 12,4**	πῶς εἰσῆλθεν εἰς τὸν οἶκον τοῦ θεοῦ καὶ τοὺς ἄρτους τῆς προθέσεως ἔφαγον, ὃ οὐκ ἐξὸν ἦν αὐτῷ φαγεῖν οὐδὲ τοῖς μετ' αὐτοῦ εἰ μὴ τοῖς ἱερεῦσιν μόνοις;	**Mk 2,26**	πῶς εἰσῆλθεν εἰς τὸν οἶκον τοῦ θεοῦ ἐπὶ Ἀβιαθὰρ ἀρχιερέως καὶ τοὺς ἄρτους τῆς προθέσεως ἔφαγεν, οὓς οὐκ ἔξεστιν φαγεῖν εἰ μὴ τοὺς ἱερεῖς, καὶ ἔδωκεν καὶ τοῖς σὺν αὐτῷ οὖσιν;	**Lk 6,4**	[ὡς] εἰσῆλθεν εἰς τὸν οἶκον τοῦ θεοῦ καὶ τοὺς ἄρτους τῆς προθέσεως **λαβὼν** ἔφαγεν καὶ ἔδωκεν τοῖς μετ' αὐτοῦ, οὓς οὐκ ἔξεστιν φαγεῖν εἰ μὴ μόνους τοὺς ἱερεῖς;	

	Mt		Mk		Lk		
201	Mt 5,40	καὶ τῷ θέλοντί σοι κριθῆναι καὶ τὸν χιτῶνά σου **λαβεῖν**, ἄφες αὐτῷ καὶ τὸ ἱμάτιον·			Lk 6,29	... καὶ **ἀπὸ τοῦ αἴροντός** σου τὸ ἱμάτιον καὶ τὸν χιτῶνα μὴ κωλύσῃς.	
e 102	Mt 5,47	καὶ ἐὰν ἀσπάσησθε **τοὺς ἀδελφοὺς ὑμῶν** μόνον, τί περισσὸν ποιεῖτε; ...			Lk 6,34 → Mt 5,42	καὶ ἐὰν δανίσητε **παρ' ὧν ἐλπίζετε λαβεῖν**, ποία ὑμῖν χάρις [ἐστίν]; ...	→ GTh 95
h 202	Mt 7,8 ↓ Mt 21,22 ↓ Mk 11,24	πᾶς γὰρ ὁ αἰτῶν **λαμβάνει** καὶ ὁ ζητῶν εὑρίσκει καὶ τῷ κρούοντι ἀνοιγήσεται.			Lk 11,10 ↓ Mt 21,22 ↓ Mk 11,24	πᾶς γὰρ ὁ αἰτῶν **λαμβάνει** καὶ ὁ ζητῶν εὑρίσκει καὶ τῷ κρούοντι ἀνοιγ[ήσ]εται.	→ GTh 2 (POxy 654) → GTh 94
200	Mt 8,17	ὅπως πληρωθῇ τὸ ῥηθὲν διὰ Ἠσαΐου τοῦ προφήτου λέγοντος· *αὐτὸς τὰς ἀσθενείας ἡμῶν* ***ἔλαβεν*** *καὶ τὰς νόσους ἐβάστασεν.* > Isa 53,4					
200	Mt 10,8	... δωρεὰν **ἐλάβετε**, δωρεὰν δότε.					
201	Mt 10,38 ⇩ Mt 16,24 → Mt 27,32	καὶ ὃς **οὐ λαμβάνει** τὸν σταυρὸν αὐτοῦ καὶ ἀκολουθεῖ ὀπίσω μου, οὐκ ἔστιν μου ἄξιος.			Lk 14,27 ⇩ Lk 9,23 → Lk 23,26	ὅστις **οὐ βαστάζει** τὸν σταυρὸν ἑαυτοῦ καὶ ἔρχεται ὀπίσω μου οὐ δύναται εἶναί μου μαθητής.	→ GTh 55 → GTh 101 Mk-Q overlap
	Mt 16,24 ⇧ Mt 10,38	... εἴ τις θέλει ὀπίσω μου ἐλθεῖν, ἀπαρνησάσθω ἑαυτὸν καὶ **ἀράτω** τὸν σταυρὸν αὐτοῦ καὶ ἀκολουθείτω μοι.	Mk 8,34 → Mk 15,21	... εἴ τις θέλει ὀπίσω μου ἀκολουθεῖν, ἀπαρνησάσθω ἑαυτὸν καὶ **ἀράτω** τὸν σταυρὸν αὐτοῦ καὶ ἀκολουθείτω μοι.	Lk 9,23 ⇧ Lk 14,27	... εἴ τις θέλει ὀπίσω μου ἔρχεσθαι, ἀρνησάσθω ἑαυτὸν καὶ **ἀράτω** τὸν σταυρὸν αὐτοῦ καθ' ἡμέραν, καὶ ἀκολουθείτω μοι.	
200 200	Mt 10,41 (2) → Mt 10,40 → Mt 18,5 → Mk 9,37 → Lk 9,48	ὁ δεχόμενος προφήτην εἰς ὄνομα προφήτου μισθὸν προφήτου **λήμψεται**, καὶ ὁ δεχόμενος δίκαιον εἰς ὄνομα δικαίου μισθὸν δικαίου **λήμψεται**.					
002					Lk 7,16	**ἔλαβεν** δὲ φόβος πάντας καὶ ἐδόξαζον τὸν θεὸν λέγοντες ὅτι προφήτης μέγας ἠγέρθη ἐν ἡμῖν καὶ ὅτι ἐπεσκέψατο ὁ θεὸς τὸν λαὸν αὐτοῦ.	
f 211	Mt 12,14 → Mt 26,4	ἐξελθόντες δὲ οἱ Φαρισαῖοι **συμβούλιον ἔλαβον** κατ' αὐτοῦ ὅπως αὐτὸν ἀπολέσωσιν.	Mk 3,6 → Mk 14,1	καὶ ἐξελθόντες οἱ Φαρισαῖοι εὐθὺς μετὰ τῶν Ἡρῳδιανῶν **συμβούλιον ἐδίδουν** κατ' αὐτοῦ ὅπως αὐτὸν ἀπολέσωσιν.	Lk 6,11 → Lk 4,28 → Lk 13,17 → Lk 14,6 → Lk 22,2	αὐτοὶ δὲ ἐπλήσθησαν ἀνοίας καὶ **διελάλουν πρὸς ἀλλήλους** τί ἂν ποιήσαιεν τῷ Ἰησοῦ.	

		Mt		Mk		Lk	
221	Mt 13,20	ὁ δὲ ἐπὶ τὰ πετρώδη σπαρείς, οὗτός ἐστιν ὁ τὸν λόγον ἀκούων καὶ εὐθὺς μετὰ χαρᾶς **λαμβάνων** αὐτόν, [21] οὐκ ἔχει δὲ ῥίζαν ἐν ἑαυτῷ ...	Mk 4,16	καὶ οὗτοί εἰσιν οἱ ἐπὶ τὰ πετρώδη σπειρόμενοι, οἳ ὅταν ἀκούσωσιν τὸν λόγον εὐθὺς μετὰ χαρᾶς **λαμβάνουσιν** αὐτόν, [17] καὶ οὐκ ἔχουσιν ῥίζαν ἐν ἑαυτοῖς ...	Lk 8,13	οἱ δὲ ἐπὶ τῆς πέτρας οἳ ὅταν ἀκούσωσιν μετὰ χαρᾶς **δέχονται** τὸν λόγον, καὶ οὗτοι ῥίζαν οὐκ ἔχουσιν, ...	
202	Mt 13,31	... κόκκῳ σινάπεως, ὃν **λαβὼν** ἄνθρωπος ἔσπειρεν ἐν τῷ ἀγρῷ αὐτοῦ·	Mk 4,31	... κόκκῳ σινάπεως, ὃς ὅταν σπαρῇ ἐπὶ τῆς γῆς, ...	Lk 13,19	... κόκκῳ σινάπεως, ὃν **λαβὼν** ἄνθρωπος ἔβαλεν εἰς κῆπον ἑαυτοῦ, ...	→ GTh 20 Mk-Q overlap
202	Mt 13,33	... ὁμοία ἐστὶν ἡ βασιλεία τῶν οὐρανῶν ζύμῃ, ἣν **λαβοῦσα** γυνὴ ἐνέκρυψεν εἰς ἀλεύρου σάτα τρία ἕως οὗ ἐζυμώθη ὅλον.			Lk 13,21	[20] ... τίνι ὁμοιώσω τὴν βασιλείαν τοῦ θεοῦ; [21] ὁμοία ἐστὶν ζύμῃ, ἣν **λαβοῦσα** γυνὴ [ἐν]έκρυψεν εἰς ἀλεύρου σάτα τρία ἕως οὗ ἐζυμώθη ὅλον.	→ GTh 96
a 222	Mt 14,19 ↓ Mt 15,36 ↓ Mt 26,26	... **λαβὼν** τοὺς πέντε ἄρτους καὶ τοὺς δύο ἰχθύας, ἀναβλέψας εἰς τὸν οὐρανὸν εὐλόγησεν καὶ κλάσας ἔδωκεν τοῖς μαθηταῖς τοὺς ἄρτους οἱ δὲ μαθηταὶ τοῖς ὄχλοις.	Mk 6,41 ↓ Mk 8,6 ↓ Mk 14,22	καὶ **λαβὼν** τοὺς πέντε ἄρτους καὶ τοὺς δύο ἰχθύας ἀναβλέψας εἰς τὸν οὐρανὸν εὐλόγησεν καὶ κατέκλασεν τοὺς ἄρτους καὶ ἐδίδου τοῖς μαθηταῖς [αὐτοῦ] ἵνα παρατιθῶσιν αὐτοῖς, ...	Lk 9,16 ↓ Lk 22,19	**λαβὼν** δὲ τοὺς πέντε ἄρτους καὶ τοὺς δύο ἰχθύας ἀναβλέψας εἰς τὸν οὐρανὸν εὐλόγησεν αὐτοὺς καὶ κατέκλασεν καὶ ἐδίδου τοῖς μαθηταῖς παραθεῖναι τῷ ὄχλῳ.	→ Jn 6,11
a 220	Mt 15,26	... οὐκ ἔστιν καλὸν **λαβεῖν** τὸν ἄρτον τῶν τέκνων καὶ βαλεῖν τοῖς κυναρίοις.	Mk 7,27	... οὐ γάρ ἐστιν καλὸν **λαβεῖν** τὸν ἄρτον τῶν τέκνων καὶ τοῖς κυναρίοις βαλεῖν.			
a 220	Mt 15,36 ↑ Mt 14,19 → Mk 8,7	**ἔλαβεν** τοὺς ἑπτὰ ἄρτους καὶ τοὺς ἰχθύας καὶ εὐχαριστήσας ἔκλασεν καὶ ἐδίδου τοῖς μαθηταῖς, οἱ δὲ μαθηταὶ τοῖς ὄχλοις.	Mk 8,6 ↑ Mk 6,41	... καὶ **λαβὼν** τοὺς ἑπτὰ ἄρτους εὐχαριστήσας ἔκλασεν καὶ ἐδίδου τοῖς μαθηταῖς αὐτοῦ ἵνα παρατιθῶσιν, καὶ παρέθηκαν τῷ ὄχλῳ.	↑ Lk 9,16		
a 220	Mt 16,5	καὶ ἐλθόντες οἱ μαθηταὶ εἰς τὸ πέραν ἐπελάθοντο ἄρτους **λαβεῖν**.	Mk 8,14	[13] ... ἀπῆλθεν εἰς τὸ πέραν. [14] καὶ ἐπελάθοντο **λαβεῖν** ἄρτους καὶ εἰ μὴ ἕνα ἄρτον οὐκ εἶχον μεθ᾽ ἑαυτῶν ἐν τῷ πλοίῳ.			
a 210	Mt 16,7	οἱ δὲ διελογίζοντο ἐν ἑαυτοῖς λέγοντες ὅτι ἄρτους **οὐκ ἐλάβομεν**.	Mk 8,16	καὶ διελογίζοντο πρὸς ἀλλήλους ὅτι ἄρτους **οὐκ ἔχουσιν**.			
210	Mt 16,9	οὔπω νοεῖτε, οὐδὲ μνημονεύετε τοὺς πέντε ἄρτους τῶν πεντακισχιλίων καὶ πόσους κοφίνους **ἐλάβετε**;	Mk 8,19	[17] ... οὔπω νοεῖτε ... [18] ... οὐ μνημονεύετε, [19] ὅτε τοὺς πέντε ἄρτους ἔκλασα εἰς τοὺς πεντακισχιλίους, πόσους κοφίνους κλασμάτων πλήρεις **ἤρατε**; λέγουσιν αὐτῷ· δώδεκα.			

210	Mt 16,10	οὐδὲ τοὺς ἑπτὰ ἄρτους τῶν τετρακισχιλίων καὶ πόσας σπυρίδας **ἐλάβετε;**	Mk 8,20	ὅτε τοὺς ἑπτὰ εἰς τοὺς τετρακισχιλίους, πόσων σπυρίδων πληρώματα κλασμάτων **ἤρατε;** καὶ λέγουσιν [αὐτῷ]· ἑπτά.			
c 112	Mt 17,15	... σεληνιάζεται καὶ κακῶς πάσχει· ...	Mk 9,18	[17] ... ἔχοντα πνεῦμα ἄλαλον· [18] καὶ ὅπου ἐὰν αὐτὸν **καταλάβῃ** ῥήσσει αὐτόν, καὶ ἀφρίζει καὶ τρίζει τοὺς ὀδόντας καὶ ξηραίνεται· ...	Lk 9,39	καὶ ἰδοὺ πνεῦμα **λαμβάνει** αὐτὸν καὶ ἐξαίφνης κράζει καὶ σπαράσσει αὐτὸν μετὰ ἀφροῦ καὶ μόγις ἀποχωρεῖ ἀπ᾽ αὐτοῦ συντρῖβον αὐτόν·	
200	Mt 17,24	... προσῆλθον οἱ τὰ δίδραχμα **λαμβάνοντες** τῷ Πέτρῳ καὶ εἶπαν· ὁ διδάσκαλος ὑμῶν οὐ τελεῖ [τὰ] δίδραχμα;					
d 200	Mt 17,25	λέγει· ναί. καὶ ἐλθόντα εἰς τὴν οἰκίαν προέφθασεν αὐτὸν ὁ Ἰησοῦς λέγων· τί σοι δοκεῖ, Σίμων; οἱ βασιλεῖς τῆς γῆς ἀπὸ τίνων **λαμβάνουσιν** τέλη ἢ κῆνσον; ἀπὸ τῶν υἱῶν αὐτῶν ἢ ἀπὸ τῶν ἀλλοτρίων;					
200	Mt 17,27	... εὑρήσεις στατῆρα· ἐκεῖνον **λαβὼν** δὸς αὐτοῖς ἀντὶ ἐμοῦ καὶ σοῦ.					
121	Mt 18,2	καὶ **προσκαλεσάμενος** παιδίον ἔστησεν αὐτὸ ἐν μέσῳ αὐτῶν	Mk 9,36	καὶ **λαβὼν** παιδίον ἔστησεν αὐτὸ ἐν μέσῳ αὐτῶν ...	Lk 9,47	ὁ δὲ Ἰησοῦς εἰδὼς τὸν διαλογισμὸν τῆς καρδίας αὐτῶν, **ἐπιλαβόμενος** παιδίον ἔστησεν αὐτὸ παρ᾽ ἑαυτῷ	→ GTh 22
h 202	Mt 7,8 ↓ Mt 21,22 ↓ Mk 11,24	πᾶς γὰρ ὁ αἰτῶν **λαμβάνει** καὶ ὁ ζητῶν εὑρίσκει καὶ τῷ κρούοντι ἀνοιγήσεται.			Lk 11,10 ↓ Mt 21,22 ↓ Mk 11,24	πᾶς γὰρ ὁ αἰτῶν **λαμβάνει** καὶ ὁ ζητῶν εὑρίσκει καὶ τῷ κρούοντι ἀνοιγ[ήσ]εται.	→ GTh 2 (POxy 654) → GTh 94
202	Mt 13,31	... κόκκῳ σινάπεως, ὃν **λαβὼν** ἄνθρωπος ἔσπειρεν ἐν τῷ ἀγρῷ αὐτοῦ·	Mk 4,31	... κόκκῳ σινάπεως, ὃς ὅταν σπαρῇ ἐπὶ τῆς γῆς, ...	Lk 13,19	... κόκκῳ σινάπεως, ὃν **λαβὼν** ἄνθρωπος ἔβαλεν εἰς κῆπον ἑαυτοῦ, ...	→ GTh 20 Mk-Q overlap
202	Mt 13,33	... ὁμοία ἐστὶν ἡ βασιλεία τῶν οὐρανῶν ζύμῃ, ἣν **λαβοῦσα** γυνὴ ἐνέκρυψεν εἰς ἀλεύρου σάτα τρία ἕως οὗ ἐζυμώθη ὅλον.			Lk 13,21	[20] ... τίνι ὁμοιώσω τὴν βασιλείαν τοῦ θεοῦ; [21] ὁμοία ἐστὶν ζύμῃ, ἣν **λαβοῦσα** γυνὴ [ἐν]έκρυψεν εἰς ἀλεύρου σάτα τρία ἕως οὗ ἐζυμώθη ὅλον.	→ GTh 96

	Mt		Mk		Lk		
221	**Mt 19,29** → Mt 10,37	... ἑκατονταπλασίονα **λήμψεται** καὶ ζωὴν αἰώνιον κληρονομήσει.	**Mk 10,30**	**ἐὰν μὴ λάβῃ** ἑκατονταπλασίονα νῦν ἐν τῷ καιρῷ τούτῳ ... καὶ ἐν τῷ αἰῶνι τῷ ἐρχομένῳ ζωὴν αἰώνιον.	**Lk 18,30** → Lk 14,26	**ὃς οὐχὶ μὴ [ἀπο]λάβῃ** πολλαπλασίονα ἐν τῷ καιρῷ τούτῳ καὶ ἐν τῷ αἰῶνι τῷ ἐρχομένῳ ζωὴν αἰώνιον.	
200	**Mt 20,9**	καὶ ἐλθόντες οἱ περὶ τὴν ἑνδεκάτην ὥραν **ἔλαβον** ἀνὰ δηνάριον.					
200 200	**Mt 20,10** **(2)**	καὶ ἐλθόντες οἱ πρῶτοι ἐνόμισαν ὅτι πλεῖον **λήμψονται·** καὶ **ἔλαβον** [τὸ] ἀνὰ δηνάριον καὶ αὐτοί.					
200	**Mt 20,11**	**λαβόντες** δὲ ἐγόγγυζον κατὰ τοῦ οἰκοδεσπότου					
102	**Mt 25,14**	ὥσπερ γὰρ ἄνθρωπος ἀποδημῶν ...	Mk 13,34	ὡς ἄνθρωπος ἀπόδημος ἀφεὶς τὴν οἰκίαν αὐτοῦ ...	**Lk 19,12**	... ἄνθρωπός τις εὐγενὴς ἐπορεύθη εἰς χώραν μακρὰν **λαβεῖν** ἑαυτῷ βασιλείαν καὶ ὑποστρέψαι.	Mk-Q overlap
102	**Mt 25,19**	μετὰ δὲ πολὺν χρόνον ἔρχεται ὁ κύριος τῶν δούλων ἐκείνων καὶ συναίρει λόγον μετ' αὐτῶν.			**Lk 19,15**	καὶ ἐγένετο ἐν τῷ ἐπανελθεῖν αὐτὸν **λαβόντα** τὴν βασιλείαν καὶ εἶπεν φωνηθῆναι αὐτῷ τοὺς δούλους τούτους οἷς δεδώκει τὸ ἀργύριον, ἵνα γνοῖ τί διεπραγματεύσαντο.	
h 120 *h* 210	**Mt 21,22** ↑ Mt 7,8 → Mt 18,19	καὶ πάντα ὅσα ἂν αἰτήσητε ἐν τῇ προσευχῇ πιστεύοντες **λήμψεσθε.**	**Mk 11,24**	... πάντα ὅσα προσεύχεσθε καὶ αἰτεῖσθε, πιστεύετε ὅτι **ἐλάβετε,** καὶ **ἔσται ὑμῖν.**	↑ Lk 11,10		
d e 221	**Mt 21,34** → Mk 12,5	ὅτε δὲ ἤγγισεν ὁ καιρὸς τῶν καρπῶν, ἀπέστειλεν τοὺς δούλους αὐτοῦ πρὸς τοὺς γεωργοὺς **λαβεῖν** τοὺς καρποὺς αὐτοῦ.	**Mk 12,2**	καὶ ἀπέστειλεν πρὸς τοὺς γεωργοὺς τῷ καιρῷ δοῦλον ἵνα παρὰ τῶν γεωργῶν **λάβῃ** ἀπὸ τῶν καρπῶν τοῦ ἀμπελῶνος·	**Lk 20,10**	καὶ καιρῷ ἀπέστειλεν πρὸς τοὺς γεωργοὺς δοῦλον ἵνα ἀπὸ τοῦ καρποῦ τοῦ ἀμπελῶνος **δώσουσιν** αὐτῷ· ...	→ GTh 65
221	**Mt 21,35**	καὶ **λαβόντες** οἱ γεωργοὶ τοὺς δούλους αὐτοῦ ὃν μὲν ἔδειραν, ...	**Mk 12,3**	καὶ **λαβόντες** αὐτὸν ἔδειραν καὶ ἀπέστειλαν κενόν.	**Lk 20,10**	 ... οἱ δὲ γεωργοὶ ἐξαπέστειλαν αὐτὸν δείραντες κενόν.	→ GTh 65
221	**Mt 21,39**	καὶ **λαβόντες** αὐτὸν ἐξέβαλον ἔξω τοῦ ἀμπελῶνος καὶ ἀπέκτειναν.	**Mk 12,8**	καὶ **λαβόντες** ἀπέκτειναν αὐτὸν καὶ ἐξέβαλον αὐτὸν ἔξω τοῦ ἀμπελῶνος.	**Lk 20,15**	 καὶ ἐκβαλόντες αὐτὸν ἔξω τοῦ ἀμπελῶνος ἀπέκτειναν. ...	→ GTh 65

		Mt		Mk		Lk	
f 211	**Mt 22,15** → Mt 26,4	τότε πορευθέντες οἱ Φαρισαῖοι συμβούλιον **ἔλαβον** ὅπως αὐτὸν παγιδεύσωσιν ἐν λόγῳ. [16] καὶ ἀποστέλλουσιν αὐτῷ τοὺς μαθητὰς αὐτῶν μετὰ τῶν Ἡρῳδιανῶν ...	**Mk 12,13**	καὶ ἀποστέλλουσιν πρὸς αὐτόν τινας τῶν Φαρισαίων καὶ τῶν Ἡρῳδιανῶν ἵνα αὐτὸν ἀγρεύσωσιν λόγῳ.	**Lk 20,20** → Lk 16,15 → Lk 18,9 → Lk 23,2	καὶ παρατηρήσαντες ἀπέστειλαν ἐγκαθέτους ὑποκρινομένους ἑαυτοὺς δικαίους εἶναι, ἵνα ἐπιλάβωνται αὐτοῦ λόγου, ὥστε παραδοῦναι αὐτὸν τῇ ἀρχῇ καὶ τῇ ἐξουσίᾳ τοῦ ἡγεμόνος.	
112	**Mt 22,16**	... διδάσκαλε, οἴδαμεν ὅτι ἀληθὴς εἶ καὶ τὴν ὁδὸν τοῦ θεοῦ ἐν ἀληθείᾳ διδάσκεις καὶ οὐ μέλει σοι περὶ οὐδενός. **οὐ γὰρ βλέπεις** εἰς πρόσωπον ἀνθρώπων	**Mk 12,14**	... διδάσκαλε, οἴδαμεν ὅτι ἀληθὴς εἶ καὶ οὐ μέλει σοι περὶ οὐδενός· **οὐ γὰρ βλέπεις** εἰς πρόσωπον ἀνθρώπων, ἀλλ' ἐπ' ἀληθείας τὴν ὁδὸν τοῦ θεοῦ διδάσκεις· ...	**Lk 20,21**	... διδάσκαλε, οἴδαμεν ὅτι ὀρθῶς λέγεις καὶ διδάσκεις καὶ **οὐ λαμβάνεις** πρόσωπον, ἀλλ' ἐπ' ἀληθείας τὴν ὁδὸν τοῦ θεοῦ διδάσκεις·	→ Jn 3,2
b 122	**Mt 22,24**	... *ἐάν τις* *ἀποθάνῃ* *μὴ ἔχων* *τέκνα,* ***ἐπιγαμβρεύσει*** *ὁ ἀδελφὸς αὐτοῦ* *τὴν γυναῖκα αὐτοῦ καὶ* *ἀναστήσει σπέρμα* *τῷ ἀδελφῷ αὐτοῦ·* ➤ Deut 25,5; Gen 38,8	**Mk 12,19**	... *ἐάν τινος ἀδελφὸς* *ἀποθάνῃ* καὶ καταλίπῃ γυναῖκα *καὶ μὴ ἀφῇ* *τέκνον,* ἵνα ***λάβῃ*** *ὁ ἀδελφὸς αὐτοῦ* *τὴν γυναῖκα καὶ* *ἐξαναστήσῃ σπέρμα* *τῷ ἀδελφῷ αὐτοῦ.* ➤ Deut 25,5; Gen 38,8	**Lk 20,28**	... *ἐάν τινος ἀδελφὸς* *ἀποθάνῃ* ἔχων γυναῖκα, καὶ οὗτος *ἄτεκνος ᾖ,* ἵνα ***λάβῃ*** *ὁ ἀδελφὸς αὐτοῦ* *τὴν γυναῖκα καὶ* *ἐξαναστήσῃ σπέρμα* *τῷ ἀδελφῷ αὐτοῦ.* ➤ Deut 25,5; Gen 38,8	
b 122	**Mt 22,25**	ἦσαν δὲ παρ' ἡμῖν ἑπτὰ ἀδελφοί· καὶ ὁ πρῶτος **γήμας** ἐτελεύτησεν, καὶ μὴ ἔχων σπέρμα ἀφῆκεν τὴν γυναῖκα αὐτοῦ τῷ ἀδελφῷ αὐτοῦ·	**Mk 12,20**	ἑπτὰ ἀδελφοὶ ἦσαν· καὶ ὁ πρῶτος **ἔλαβεν γυναῖκα** καὶ ἀποθνῄσκων οὐκ ἀφῆκεν σπέρμα·	**Lk 20,29**	ἑπτὰ οὖν ἀδελφοὶ ἦσαν· καὶ ὁ πρῶτος **λαβὼν γυναῖκα** ἀπέθανεν ἄτεκνος·	
b 122	**Mt 22,26**	ὁμοίως καὶ ὁ δεύτερος καὶ ὁ τρίτος ἕως τῶν ἑπτά.	**Mk 12,21**	καὶ ὁ δεύτερος **ἔλαβεν** αὐτὴν καὶ ἀπέθανεν μὴ καταλιπὼν σπέρμα· καὶ ὁ τρίτος ὡσαύτως· [22] καὶ οἱ ἑπτὰ οὐκ ἀφῆκαν σπέρμα. ...	**Lk 20,31**	[30] καὶ ὁ δεύτερος [31] καὶ ὁ τρίτος **ἔλαβεν** αὐτήν, ὡσαύτως δὲ καὶ οἱ ἑπτὰ οὐ κατέλιπον τέκνα καὶ ἀπέθανον.	
g 022			**Mk 12,40**	οἱ κατεσθίοντες τὰς οἰκίας τῶν χηρῶν καὶ προφάσει μακρὰ προσευχόμενοι· οὗτοι **λήμψονται** περισσότερον κρίμα.	**Lk 20,47**	οἳ κατεσθίουσιν τὰς οἰκίας τῶν χηρῶν καὶ προφάσει μακρὰ προσεύχονται· οὗτοι **λήμψονται** περισσότερον κρίμα.	Mt 23,14 is textcritically uncertain.
200	**Mt 25,1**	τότε ὁμοιωθήσεται ἡ βασιλεία τῶν οὐρανῶν δέκα παρθένοις, αἵτινες **λαβοῦσαι** τὰς λαμπάδας ἑαυτῶν ἐξῆλθον εἰς ὑπάντησιν τοῦ νυμφίου.					
200 200	**Mt 25,3** **(2)**	αἱ γὰρ μωραὶ **λαβοῦσαι** τὰς λαμπάδας αὐτῶν **οὐκ ἔλαβον** μεθ' ἑαυτῶν ἔλαιον.					

	Mt		Mk		Lk		
200	**Mt 25,4**	αἱ δὲ φρόνιμοι **ἔλαβον** ἔλαιον ἐν τοῖς ἀγγείοις μετὰ τῶν λαμπάδων ἑαυτῶν.					
200	**Mt 25,16**	πορευθεὶς **ὁ τὰ πέντε τάλαντα** **λαβὼν** ἠργάσατο ἐν αὐτοῖς καὶ ἐκέρδησεν ἄλλα πέντε·					
200	**Mt 25,18** → Lk 19,20	**ὁ δὲ τὸ ἓν λαβὼν** ἀπελθὼν ὤρυξεν γῆν καὶ ἔκρυψεν τὸ ἀργύριον τοῦ κυρίου αὐτοῦ.					
201	**Mt 25,20**	καὶ προσελθὼν **ὁ τὰ πέντε τάλαντα** **λαβὼν** προσήνεγκεν ἄλλα πέντε τάλαντα λέγων· κύριε, πέντε τάλαντά μοι παρέδωκας· ἴδε ἄλλα πέντε τάλαντα ἐκέρδησα.			**Lk 19,16**	παρεγένετο δὲ **ὁ πρῶτος** λέγων· κύριε, ἡ μνᾶ σου δέκα προσηργάσατο μνᾶς.	
201	**Mt 25,24**	προσελθὼν δὲ καὶ **ὁ τὸ ἓν τάλαντον** **εἰληφὼς** εἶπεν· κύριε, ἔγνων σε ὅτι σκληρὸς εἶ ἄνθρωπος, θερίζων ὅπου οὐκ ἔσπειρας καὶ συνάγων ὅθεν οὐ διεσκόρπισας, [25] καὶ φοβηθεὶς ἀπελθὼν ἔκρυψα τὸ τάλαντόν σου ἐν τῇ γῇ· ἴδε ἔχεις τὸ σόν.			**Lk 19,20**	καὶ **ὁ ἕτερος** ἦλθεν λέγων· κύριε, ἰδοὺ ἡ μνᾶ σου ἣν εἶχον ἀποκειμένην ἐν σουδαρίῳ· [21] ἐφοβούμην γάρ σε, ὅτι ἄνθρωπος αὐστηρὸς εἶ, αἴρεις ὃ οὐκ ἔθηκας καὶ θερίζεις ὃ οὐκ ἔσπειρας.	
002					**Lk 22,17** ↓ Mt 26,27 ↓ Mk 14,23	καὶ δεξάμενος ποτήριον εὐχαριστήσας εἶπεν· **λάβετε** τοῦτο καὶ διαμερίσατε εἰς ἑαυτούς·	
a 222 221	**Mt 26,26** **(2)** ↑ Mt 14,19	ἐσθιόντων δὲ αὐτῶν **λαβὼν** ὁ Ἰησοῦς ἄρτον καὶ εὐλογήσας ἔκλασεν καὶ δοὺς τοῖς μαθηταῖς εἶπεν· **λάβετε** φάγετε, τοῦτό ἐστιν τὸ σῶμά μου.	**Mk 14,22** **(2)** ↑ Mk 6,41	καὶ ἐσθιόντων αὐτῶν **λαβὼν** ἄρτον εὐλογήσας ἔκλασεν καὶ ἔδωκεν αὐτοῖς καὶ εἶπεν· **λάβετε,** τοῦτό ἐστιν τὸ σῶμά μου.	**Lk 22,19** ↑ Lk 9,16	καὶ **λαβὼν** ἄρτον εὐχαριστήσας ἔκλασεν καὶ ἔδωκεν αὐτοῖς λέγων· τοῦτό ἐστιν τὸ σῶμά μου τὸ ὑπὲρ ὑμῶν διδόμενον· τοῦτο ποιεῖτε εἰς τὴν ἐμὴν ἀνάμνησιν.	→ 1Cor 11,23 → 1Cor 11,24
221	**Mt 26,27** ↑ Lk 22,17	καὶ **λαβὼν** ποτήριον καὶ εὐχαριστήσας ἔδωκεν αὐτοῖς λέγων· πίετε ἐξ αὐτοῦ πάντες	**Mk 14,23** ↑ Lk 22,17	καὶ **λαβὼν** ποτήριον εὐχαριστήσας ἔδωκεν αὐτοῖς, καὶ ἔπιον ἐξ αὐτοῦ πάντες. [24] καὶ εἶπεν αὐτοῖς· ...	**Lk 22,20**	καὶ τὸ ποτήριον ὡσαύτως μετὰ τὸ δειπνῆσαι, λέγων· ...	→ 1Cor 11,25

	Mt		Mk		Lk		
200	Mt 26,52	τότε λέγει αὐτῷ ὁ Ἰησοῦς· ἀπόστρεψον τὴν μάχαιράν σου εἰς τὸν τόπον αὐτῆς· **πάντες γὰρ οἱ λαβόντες** μάχαιραν ἐν μαχαίρῃ ἀπολοῦνται.			Lk 22,51	ἀποκριθεὶς δὲ ὁ Ἰησοῦς εἶπεν· ἐᾶτε ἕως τούτου· καὶ ἁψάμενος τοῦ ὠτίου ἰάσατο αὐτόν.	→ Jn 18,11
121	Mt 26,68	λέγοντες· προφήτευσον ἡμῖν, χριστέ, τίς ἐστιν ὁ παίσας σε;	Mk 14,65	... καὶ λέγειν αὐτῷ· προφήτευσον, καὶ οἱ ὑπηρέται ῥαπίσμασιν αὐτὸν **ἔλαβον**.	Lk 22,64	... ἐπηρώτων λέγοντες· προφήτευσον, τίς ἐστιν ὁ παίσας σε;	
f 210	Mt 27,1	πρωΐας δὲ γενομένης συμβούλιον **ἔλαβον** πάντες οἱ ἀρχιερεῖς καὶ οἱ πρεσβύτεροι τοῦ λαοῦ κατὰ τοῦ Ἰησοῦ ὥστε θανατῶσαι αὐτόν·	Mk 15,1	καὶ εὐθὺς πρωῒ συμβούλιον **ποιήσαντες** οἱ ἀρχιερεῖς μετὰ τῶν πρεσβυτέρων καὶ γραμματέων καὶ ὅλον τὸ συνέδριον, ...	Lk 22,66 → Mt 26,57 → Mk 14,53	καὶ ὡς ἐγένετο ἡμέρα, συνήχθη τὸ πρεσβυτέριον τοῦ λαοῦ, ἀρχιερεῖς τε καὶ γραμματεῖς, καὶ ἀπήγαγον αὐτὸν εἰς τὸ συνέδριον αὐτῶν	
200	Mt 27,6	οἱ δὲ ἀρχιερεῖς **λαβόντες** τὰ ἀργύρια εἶπαν· οὐκ ἔξεστιν βαλεῖν αὐτὰ εἰς τὸν κορβανᾶν, ἐπεὶ τιμὴ αἵματός ἐστιν.					
f 200	Mt 27,7	συμβούλιον δὲ **λαβόντες** ἠγόρασαν ἐξ αὐτῶν τὸν ἀγρὸν τοῦ κεραμέως εἰς ταφὴν τοῖς ξένοις.					→ Acts 1,18
200	Mt 27,9	τότε ἐπληρώθη τὸ ῥηθὲν διὰ Ἰερεμίου τοῦ προφήτου λέγοντος· *καὶ* **ἔλαβον** *τὰ τριάκοντα ἀργύρια, τὴν τιμὴν τοῦ τετιμημένου ὃν ἐτιμήσαντο* ἀπὸ υἱῶν Ἰσραήλ ➤ Zech 11,13					
200	Mt 27,24	ἰδὼν δὲ ὁ Πιλᾶτος ὅτι οὐδὲν ὠφελεῖ ἀλλὰ μᾶλλον θόρυβος γίνεται, **λαβὼν** ὕδωρ ἀπενίψατο τὰς χεῖρας ἀπέναντι τοῦ ὄχλου λέγων· ἀθῷός εἰμι ἀπὸ τοῦ αἵματος τούτου· ὑμεῖς ὄψεσθε.	Mk 15,15	ὁ δὲ Πιλᾶτος βουλόμενος τῷ ὄχλῳ τὸ ἱκανὸν ποιῆσαι ...	Lk 23,24	καὶ Πιλᾶτος ἐπέκρινεν γενέσθαι τὸ αἴτημα αὐτῶν·	→ Acts 18,6 → Acts 20,26
210	Mt 27,30	καὶ ἐμπτύσαντες εἰς αὐτὸν **ἔλαβον** τὸν κάλαμον καὶ ἔτυπτον εἰς τὴν κεφαλὴν αὐτοῦ.	Mk 15,19	καὶ ἔτυπτον αὐτοῦ τὴν κεφαλὴν καλάμῳ καὶ ἐνέπτυον αὐτῷ ...			
120	Mt 27,34	ἔδωκαν αὐτῷ πιεῖν οἶνον μετὰ χολῆς μεμιγμένον· καὶ γευσάμενος **οὐκ ἠθέλησεν πιεῖν**.	Mk 15,23	καὶ ἐδίδουν αὐτῷ ἐσμυρνισμένον οἶνον· ὃς δὲ **οὐκ ἔλαβεν**.			

210	**Mt 27,48**	καὶ εὐθέως δραμὼν εἷς ἐξ αὐτῶν καὶ **λαβὼν** σπόγγον πλήσας τε ὄξους καὶ περιθεὶς καλάμῳ ἐπότιζεν αὐτόν.	**Mk 15,36**	δραμὼν δέ τις [καὶ] γεμίσας σπόγγον ὄξους περιθεὶς καλάμῳ ἐπότιζεν αὐτὸν ...	**Lk 23,36** → Lk 23,39	ἐνέπαιξαν δὲ αὐτῷ καὶ οἱ στρατιῶται προσερχόμενοι, ὄξος προσφέροντες αὐτῷ	→ Jn 19,29
211	**Mt 27,59**	καὶ **λαβὼν** τὸ σῶμα ὁ Ἰωσὴφ ἐνετύλιξεν αὐτὸ [ἐν] σινδόνι καθαρᾷ [60] καὶ ἔθηκεν αὐτὸ ἐν τῷ καινῷ αὐτοῦ μνημείῳ ...	**Mk 15,46**	καὶ ἀγοράσας σινδόνα καθελὼν αὐτὸν ἐνείλησεν τῇ σινδόνι καὶ ἔθηκεν αὐτὸν ἐν μνημείῳ ...	**Lk 23,53**	καὶ καθελὼν ἐνετύλιξεν αὐτὸ σινδόνι καὶ ἔθηκεν αὐτὸν ἐν μνήματι ...	**→ Jn 19,40**
f 200	**Mt 28,12**	καὶ συναχθέντες μετὰ τῶν πρεσβυτέρων συμβούλιόν τε **λαβόντες** ἀργύρια ἱκανὰ ἔδωκαν τοῖς στρατιώταις					
200	**Mt 28,15**	οἱ δὲ **λαβόντες** τὰ ἀργύρια ἐποίησαν ὡς ἐδιδάχθησαν. ...					
a 002					**Lk 24,30**	καὶ ἐγένετο ἐν τῷ κατακλιθῆναι αὐτὸν μετ᾽ αὐτῶν **λαβὼν** τὸν ἄρτον εὐλόγησεν καὶ κλάσας ἐπεδίδου αὐτοῖς	
002					**Lk 24,43**	καὶ **λαβὼν** ἐνώπιον αὐτῶν ἔφαγεν.	

a λαμβάνω ἄρτον
b λαμβάνω γυναῖκα, ~ αὐτήν (the wife)
c λαμβάνω and πνεῦμα
d λαμβάνω ἀπό τινος
e λαμβάνω παρά τινος
f συμβούλιον λαμβάνω
g λαμβάνω κρίμα
h λαμβάνω and αἰτέω
j λαβεῖν ἄφεσιν ἁμαρτιῶν

c **Acts 1,8** (→ Lk 24,49; → Acts 2,33) ἀλλὰ
λήμψεσθε
δύναμιν ἐπελθόντος
τοῦ ἁγίου πνεύματος
ἐφ᾽ ὑμᾶς ...

Acts 1,20 ... καί· *τὴν ἐπισκοπὴν*
αὐτοῦ
λαβέτω
ἕτερος.
➤ Ps 109,8

Acts 1,25 [24] ... ἀνάδειξον
ὃν ἐξελέξω ἐκ τούτων
τῶν δύο ἕνα
[25] **λαβεῖν**
τὸν τόπον τῆς διακονίας
ταύτης καὶ ἀποστολῆς
ἀφ᾽ ἧς παρέβη Ἰούδας
πορευθῆναι εἰς τὸν τόπον
τὸν ἴδιον.

c e **Acts 2,33** (→ Lk 24,49; → Acts 1,8) τῇ δεξιᾷ οὖν τοῦ θεοῦ
ὑψωθείς, τήν τε
ἐπαγγελίαν τοῦ
πνεύματος τοῦ ἁγίου
λαβὼν
παρὰ τοῦ πατρός, ἐξέχεεν
τοῦτο ὃ ὑμεῖς [καὶ]
βλέπετε καὶ ἀκούετε.

c **Acts 2,38** ... καὶ
λήμψεσθε
τὴν δωρεὰν τοῦ ἁγίου
πνεύματος.

Acts 3,3 ὃς ἰδὼν Πέτρον καὶ
Ἰωάννην μέλλοντας
εἰσιέναι εἰς τὸ ἱερόν,
ἠρώτα ἐλεημοσύνην
λαβεῖν.

e **Acts 3,5** ὁ δὲ ἐπεῖχεν αὐτοῖς
προσδοκῶν τι
παρ᾽ αὐτῶν
λαβεῖν.

Acts 7,53 οἵτινες
ἐλάβετε
τὸν νόμον εἰς διαταγὰς
ἀγγέλων καὶ οὐκ
ἐφυλάξατε.

c **Acts 8,15** οἵτινες καταβάντες
προσηύξαντο
περὶ αὐτῶν ὅπως
λάβωσιν
πνεῦμα ἅγιον·

c **Acts 8,17** τότε ἐπετίθεσαν τὰς
χεῖρας ἐπ᾽ αὐτοὺς καὶ
ἐλάμβανον
πνεῦμα ἅγιον.

c **Acts 8,19** λέγων· δότε κἀμοὶ τὴν
ἐξουσίαν ταύτην ἵνα ᾧ
ἐὰν ἐπιθῶ τὰς χεῖρας
λαμβάνῃ
πνεῦμα ἅγιον.

Acts 9,19 καὶ
λαβὼν
τροφὴν ἐνίσχυσεν. ...

Acts 9,25 **λαβόντες** δὲ οἱ μαθηταὶ αὐτοῦ νυκτὸς διὰ τοῦ τείχους καθῆκαν αὐτὸν χαλάσαντες ἐν σπυρίδι.

j **Acts 10,43** τούτῳ πάντες οἱ προφῆται μαρτυροῦσιν ἄφεσιν ἁμαρτιῶν **λαβεῖν** διὰ τοῦ ὀνόματος αὐτοῦ πάντα τὸν πιστεύοντα εἰς αὐτόν.

c **Acts 10,47** μήτι τὸ ὕδωρ δύναται κωλῦσαί τις τοῦ μὴ βαπτισθῆναι τούτους, οἵτινες τὸ πνεῦμα τὸ ἅγιον **ἔλαβον** ὡς καὶ ἡμεῖς;

Acts 15,14 Συμεὼν ἐξηγήσατο καθὼς πρῶτον ὁ θεὸς ἐπεσκέψατο **λαβεῖν** ἐξ ἐθνῶν λαὸν τῷ ὀνόματι αὐτοῦ.

Acts 16,3 τοῦτον ἠθέλησεν ὁ Παῦλος σὺν αὐτῷ ἐξελθεῖν, καὶ **λαβὼν** περιέτεμεν αὐτὸν διὰ τοὺς Ἰουδαίους ...

Acts 16,24 ὃς παραγγελίαν τοιαύτην **λαβὼν** ἔβαλεν αὐτοὺς εἰς τὴν ἐσωτέραν φυλακὴν καὶ τοὺς πόδας ἠσφαλίσατο αὐτῶν εἰς τὸ ξύλον.

e **Acts 17,9** καὶ **λαβόντες** τὸ ἱκανὸν παρὰ τοῦ Ἰάσονος καὶ τῶν λοιπῶν ἀπέλυσαν αὐτούς.

Acts 17,15 οἱ δὲ καθιστάνοντες τὸν Παῦλον ἤγαγον ἕως Ἀθηνῶν, καὶ **λαβόντες** ἐντολὴν πρὸς τὸν Σιλᾶν καὶ τὸν Τιμόθεον ἵνα ὡς τάχιστα ἔλθωσιν πρὸς αὐτὸν ἐξῄεσαν.

c **Acts 19,2** εἶπέν τε πρὸς αὐτούς· εἰ πνεῦμα ἅγιον **ἐλάβετε** πιστεύσαντες; ...

e **Acts 20,24** ἀλλ᾽ οὐδενὸς λόγου ποιοῦμαι τὴν ψυχὴν τιμίαν ἐμαυτῷ ὡς τελειῶσαι τὸν δρόμον μου καὶ τὴν διακονίαν ἣν **ἔλαβον** παρὰ τοῦ κυρίου Ἰησοῦ, διαμαρτύρασθαι τὸ εὐαγγέλιον τῆς χάριτος τοῦ θεοῦ.

Acts 20,35 ... μακάριόν ἐστιν μᾶλλον διδόναι ἢ **λαμβάνειν**.

Acts 24,27 διετίας δὲ πληρωθείσης **ἔλαβεν** διάδοχον ὁ Φῆλιξ Πόρκιον Φῆστον, ...

Acts 25,16 πρὸς οὓς ἀπεκρίθην ὅτι οὐκ ἔστιν ἔθος Ῥωμαίοις χαρίζεσθαί τινα ἄνθρωπον πρὶν ἢ ὁ κατηγορούμενος κατὰ πρόσωπον ἔχοι τοὺς κατηγόρους τόπον τε ἀπολογίας **λάβοι** περὶ τοῦ ἐγκλήματος.

e **Acts 26,10** ὃ καὶ ἐποίησα ἐν Ἱεροσολύμοις, καὶ πολλούς τε τῶν ἁγίων ἐγὼ ἐν φυλακαῖς κατέκλεισα τὴν παρὰ τῶν ἀρχιερέων ἐξουσίαν **λαβὼν** ἀναιρουμένων τε αὐτῶν κατήνεγκα ψῆφον

j **Acts 26,18** ἀνοῖξαι ὀφθαλμοὺς αὐτῶν, τοῦ ἐπιστρέψαι ἀπὸ σκότους εἰς φῶς καὶ τῆς ἐξουσίας τοῦ σατανᾶ ἐπὶ τὸν θεόν, **τοῦ λαβεῖν** αὐτοὺς ἄφεσιν ἁμαρτιῶν καὶ κλῆρον ἐν τοῖς ἡγιασμένοις πίστει τῇ εἰς ἐμέ.

a **Acts 27,35** εἴπας δὲ ταῦτα καὶ **λαβὼν** ἄρτον εὐχαρίστησεν τῷ θεῷ ἐνώπιον πάντων καὶ κλάσας ἤρξατο ἐσθίειν.

Acts 28,15 ... οὓς ἰδὼν ὁ Παῦλος εὐχαριστήσας τῷ θεῷ **ἔλαβε** θάρσος.

Λάμεχ	Syn 1	Mt	Mk	Lk 1	Acts	Jn	1-3John	Paul	Eph	Col
	NT 1	2Thess	1/2Tim	Tit	Heb	Jas	1Pet	2Pet	Jude	Rev

Lamech

002	**Lk 3,36** ... τοῦ Σὴμ τοῦ Νῶε **τοῦ Λάμεχ** [37] τοῦ Μαθουσαλὰ ...

λαμπάς	Syn 5	Mt 5	Mk	Lk	Acts 1	Jn 1	1-3John	Paul	Eph	Col
	NT 9	2Thess	1/2Tim	Tit	Heb	Jas	1Pet	2Pet	Jude	Rev 2

torch; lamp

200	**Mt 25,1** τότε ὁμοιωθήσεται ἡ βασιλεία τῶν οὐρανῶν δέκα παρθένοις, αἵτινες λαβοῦσαι **τὰς λαμπάδας ἑαυτῶν** ἐξῆλθον εἰς ὑπάντησιν τοῦ νυμφίου.

200	**Mt 25,3** αἱ γὰρ μωραὶ λαβοῦσαι **τὰς λαμπάδας αὐτῶν** οὐκ ἔλαβον μεθ' ἑαυτῶν ἔλαιον.		
200	**Mt 25,4** αἱ δὲ φρόνιμοι ἔλαβον ἔλαιον ἐν τοῖς ἀγγείοις **μετὰ τῶν λαμπάδων ἑαυτῶν.**		
200	**Mt 25,7** τότε ἠγέρθησαν πᾶσαι αἱ παρθένοι ἐκεῖναι καὶ ἐκόσμησαν **τὰς λαμπάδας ἑαυτῶν.**		
200	**Mt 25,8** αἱ δὲ μωραὶ ταῖς φρονίμοις εἶπαν· δότε ἡμῖν ἐκ τοῦ ἐλαίου ὑμῶν, ὅτι **αἱ λαμπάδες ἡμῶν** σβέννυνται.		

Acts 20,8 ἦσαν δὲ
λαμπάδες ἱκαναὶ
ἐν τῷ ὑπερῴῳ οὗ ἦμεν
συνηγμένοι.

λαμπρός	Syn 1	Mt	Mk	Lk 1	Acts 1	Jn	1-3John	Paul	Eph	Col
	NT 9	2Thess	1/2Tim	Tit	Heb	Jas 2	1Pet	2Pet	Jude	Rev 5

bright; shining; radiant; clear; transparent; τὰ λαμπρά splendor

	Mt	Mk	Lk	
002	**Mt 27,28** καὶ ἐκδύσαντες αὐτὸν **χλαμύδα κοκκίνην** περιέθηκαν αὐτῷ	**Mk 15,17** καὶ ἐνδιδύσκουσιν αὐτὸν **πορφύραν** ...	**Lk 23,11** ... καὶ ἐμπαίξας περιβαλὼν **ἐσθῆτα λαμπρὰν** ἀνέπεμψεν αὐτὸν τῷ Πιλάτῳ.	→ Jn 19,2

Acts 10,30 ... καὶ ἰδοὺ ἀνὴρ ἔστη
ἐνώπιόν μου
ἐν ἐσθῆτι λαμπρᾷ

λαμπρῶς	Syn 1	Mt	Mk	Lk 1	Acts	Jn	1-3John	Paul	Eph	Col
	NT 1	2Thess	1/2Tim	Tit	Heb	Jas	1Pet	2Pet	Jude	Rev

splendidly

	Mt	Mk	Lk	
002			**Lk 16,19** ἄνθρωπος δέ τις ἦν πλούσιος, καὶ ἐνεδιδύσκετο πορφύραν καὶ βύσσον εὐφραινόμενος καθ' ἡμέραν **λαμπρῶς.**	

λάμπω	Syn 4	Mt 3	Mk	Lk 1	Acts 1	Jn	1-3John	Paul 2	Eph	Col
	NT 7	2Thess	1/2Tim	Tit	Heb	Jas	1Pet	2Pet	Jude	Rev

shine; flash; shine out; shine forth; gleam

201	**Mt 5,15**	οὐδὲ καίουσιν λύχνον καὶ τιθέασιν αὐτὸν ὑπὸ τὸν μόδιον ἀλλ' ἐπὶ τὴν λυχνίαν, καὶ **λάμπει** πᾶσιν τοῖς ἐν τῇ οἰκίᾳ.			**Lk 11,33** ⇩ Lk 8,16	οὐδεὶς λύχνον ἅψας εἰς κρύπτην τίθησιν [οὐδὲ ὑπὸ τὸν μόδιον] ἀλλ' ἐπὶ τὴν λυχνίαν, ἵνα οἱ εἰσπορευόμενοι τὸ φῶς βλέπωσιν.	→ GTh 33,2-3 Mk-Q overlap
			Mk 4,21	... μήτι ἔρχεται ὁ λύχνος ἵνα ὑπὸ τὸν μόδιον τεθῇ ἢ ὑπὸ τὴν κλίνην; οὐχ ἵνα ἐπὶ τὴν λυχνίαν τεθῇ;	**Lk 8,16** ⇧ Lk 11,33	οὐδεὶς δὲ λύχνον ἅψας καλύπτει αὐτὸν σκεύει ἢ ὑποκάτω κλίνης τίθησιν, ἀλλ' ἐπὶ λυχνίας τίθησιν, ἵνα οἱ εἰσπορευόμενοι βλέπωσιν τὸ φῶς.	→ GTh 33,2-3 Mk-Q overlap
200	**Mt 5,16**	οὕτως **λαμψάτω** τὸ φῶς ὑμῶν ἔμπροσθεν τῶν ἀνθρώπων, ...					
211	**Mt 17,2**	καὶ μετεμορφώθη ἔμπροσθεν αὐτῶν, καὶ **ἔλαμψεν** τὸ πρόσωπον αὐτοῦ ὡς ὁ ἥλιος, ...	**Mk 9,2**	... καὶ μετεμορφώθη ἔμπροσθεν αὐτῶν	**Lk 9,29**	καὶ ἐγένετο ἐν τῷ προσεύχεσθαι αὐτὸν τὸ εἶδος τοῦ προσώπου αὐτοῦ ἕτερον ...	
102	**Mt 24,27**	ὥσπερ γὰρ ἡ ἀστραπὴ ἐξέρχεται ἀπὸ ἀνατολῶν καὶ **φαίνεται** ἕως δυσμῶν, οὕτως ἔσται ἡ παρουσία τοῦ υἱοῦ τοῦ ἀνθρώπου·			**Lk 17,24**	ὥσπερ γὰρ ἡ ἀστραπὴ ἀστράπτουσα ἐκ τῆς ὑπὸ τὸν οὐρανὸν εἰς τὴν ὑπ' οὐρανὸν **λάμπει,** οὕτως ἔσται ὁ υἱὸς τοῦ ἀνθρώπου [ἐν τῇ ἡμέρᾳ αὐτοῦ].	

Acts 12,7 καὶ ἰδοὺ ἄγγελος κυρίου
ἐπέστη καὶ φῶς
ἔλαμψεν
ἐν τῷ οἰκήματι· ...

λανθάνω	Syn 2	Mt	Mk 1	Lk 1	Acts 1	Jn	1-3John	Paul	Eph	Col
	NT 6	2Thess	1/2Tim	Tit	Heb 1	Jas	1Pet	2Pet 2	Jude	Rev

escape notice; be hidden

012			**Mk 5,33**	ἡ δὲ γυνὴ φοβηθεῖσα καὶ τρέμουσα, εἰδυῖα ὃ γέγονεν αὐτῇ, ἦλθεν καὶ προσέπεσεν αὐτῷ καὶ εἶπεν αὐτῷ πᾶσαν τὴν ἀλήθειαν.	**Lk 8,47** → Mt 9,21 → Mk 5,28 → Mk 5,29	ἰδοῦσα δὲ ἡ γυνὴ ὅτι **οὐκ ἔλαθεν,** τρέμουσα ἦλθεν καὶ προσπεσοῦσα αὐτῷ δι' ἣν αἰτίαν ἥψατο αὐτοῦ ἀπήγγειλεν ἐνώπιον παντὸς τοῦ λαοῦ καὶ ὡς ἰάθη παραχρῆμα.	

120	**Mt 15,21** καὶ ἐξελθὼν ἐκεῖθεν ὁ Ἰησοῦς ἀνεχώρησεν εἰς τὰ μέρη Τύρου καὶ Σιδῶνος.	**Mk 7,24** → Mt 15,22 ἐκεῖθεν δὲ ἀναστὰς ἀπῆλθεν εἰς τὰ ὅρια Τύρου. καὶ εἰσελθὼν εἰς οἰκίαν οὐδένα ἤθελεν γνῶναι, καὶ οὐκ ἠδυνήθη **λαθεῖν·**		

Acts 26,26 ἐπίσταται γὰρ περὶ τούτων ὁ βασιλεὺς πρὸς ὃν καὶ παρρησιαζόμενος λαλῶ,
λανθάνειν
γὰρ αὐτὸν [τι] τούτων οὐ πείθομαι οὐθέν· οὐ γάρ ἐστιν ἐν γωνίᾳ πεπραγμένον τοῦτο.

λαξευτός

Syn 1	Mt	Mk	Lk 1	Acts	Jn	1-3John	Paul	Eph	Col
NT 1	2Thess	1/2Tim	Tit	Heb	Jas	1Pet	2Pet	Jude	Rev

hewn in the rock

112	**Mt 27,60** καὶ ἔθηκεν αὐτὸ ἐν τῷ καινῷ αὐτοῦ μνημείῳ **ὃ ἐλατόμησεν ἐν τῇ πέτρᾳ** καὶ προσκυλίσας λίθον μέγαν τῇ θύρᾳ τοῦ μνημείου ἀπῆλθεν.	**Mk 15,46** ... καὶ ἔθηκεν αὐτὸν ἐν μνημείῳ **ὃ ἦν λελατομημένον ἐκ πέτρας** καὶ προσεκύλισεν λίθον ἐπὶ τὴν θύραν τοῦ μνημείου.	**Lk 23,53** ... καὶ ἔθηκεν αὐτὸν ἐν μνήματι **λαξευτῷ** οὗ οὐκ ἦν οὐδεὶς οὔπω κείμενος.	→ Jn 19,41

λαός

Syn 52	Mt 14	Mk 2	Lk 36	Acts 48	Jn 2	1-3John	Paul 11	Eph	Col
NT 141	2Thess	1/2Tim	Tit 1	Heb 13	Jas	1Pet 3	2Pet 1	Jude 1	Rev 9

people; crowd; populace; nation

	triple tradition																	double tradition			Sondergut		
		+Mt / +Lk			–Mt / –Lk			traditions not taken over by Mt / Lk							subtotals								
code	*222*	*211*	*112*	*212*	*221*	*122*	*121*	*022*	*012*	*021*	*220*	*120*	*210*	*020*	Σ+	Σ−	Σ	*202*	*201*	*102*	*200*	*002*	total
Mt	1	4+									1		1+		5+		7				7		**14**
Mk	1										1						2						**2**
Lk	1		14+						2+						16+		17			2		17	**36**

a πᾶς ὁ λαός, ἅπας ὁ λαός, ὅλος ὁ λαός
b ὁ λαὸς οὗτος
c ἀρχιερεύς, γραμματεὺς τοῦ λαοῦ
d πρεσβύτερος, τὸ πρεσβυτέριον, πρῶτοι, ἄρχων, ἄρχοντες τοῦ λαοῦ
e λαός μου, λαός σου, λαός αὐτοῦ (= θεοῦ)
f λαός (...) Ἰσραήλ, λαοὶ Ἰσραήλ (Acts 4,27), λαός τῶν Ἰουδαίων
g λαός and ἔθνος/ἔθνη (Luke/Acts only)
h πλῆθος (πολὺ) τοῦ λαοῦ (Luke/Acts only)
j λαοί (plural; except Acts 4,27)

h 002			**Lk 1,10** καὶ **πᾶν τὸ πλῆθος ἦν τοῦ λαοῦ** προσευχόμενον ἔξω τῇ ὥρᾳ τοῦ θυμιάματος.	

	Mt		Mk		Lk		
002					**Lk 1,17** → Mt 11,14 → Mt 17,12 → Mk 9,13 → Lk 3,4	καὶ αὐτὸς προελεύσεται ἐνώπιον αὐτοῦ ἐν πνεύματι καὶ δυνάμει Ἠλίου, ἐπιστρέψαι καρδίας πατέρων ἐπὶ τέκνα καὶ ἀπειθεῖς ἐν φρονήσει δικαίων, ἑτοιμάσαι κυρίῳ **λαὸν** κατεσκευασμένον.	
002					**Lk 1,21**	καὶ ἦν **ὁ λαὸς** προσδοκῶν τὸν Ζαχαρίαν καὶ ἐθαύμαζον ἐν τῷ χρονίζειν ἐν τῷ ναῷ αὐτόν.	
e 002					**Lk 1,68**	εὐλογητὸς κύριος ὁ θεὸς τοῦ Ἰσραήλ, ὅτι ἐπεσκέψατο καὶ ἐποίησεν λύτρωσιν **τῷ λαῷ αὐτοῦ**	
e 002					**Lk 1,77**	τοῦ δοῦναι γνῶσιν σωτηρίας **τῷ λαῷ αὐτοῦ** ἐν ἀφέσει ἁμαρτιῶν αὐτῶν	
200	**Mt 1,21** → Lk 1,31	τέξεται δὲ υἱόν, καὶ καλέσεις τὸ ὄνομα αὐτοῦ Ἰησοῦν· αὐτὸς γὰρ σώσει **τὸν λαὸν αὐτοῦ** ἀπὸ τῶν ἁμαρτιῶν αὐτῶν.					
a 002					**Lk 2,10**	καὶ εἶπεν αὐτοῖς ὁ ἄγγελος· μὴ φοβεῖσθε, ἰδοὺ γὰρ εὐαγγελίζομαι ὑμῖν χαρὰν μεγάλην ἥτις ἔσται **παντὶ τῷ λαῷ**	
j 002					**Lk 2,31**	[30] ... εἶδον οἱ ὀφθαλμοί μου τὸ σωτήριόν σου, [31] ὃ ἡτοίμασας **κατὰ πρόσωπον πάντων τῶν λαῶν,**	
e f *g* 002					**Lk 2,32**	φῶς εἰς ἀποκάλυψιν ἐθνῶν καὶ **δόξαν λαοῦ σου Ἰσραήλ.**	
c 200	**Mt 2,4**	καὶ συναγαγὼν **πάντας τοὺς ἀρχιερεῖς καὶ γραμματεῖς τοῦ λαοῦ** ἐπυνθάνετο παρ᾽ αὐτῶν ποῦ ὁ χριστὸς γεννᾶται.					
e f 200	**Mt 2,6**	*καὶ σύ, Βηθλέεμ,* γῆ Ἰούδα, οὐδαμῶς *ἐλαχίστη εἶ ἐν τοῖς ἡγεμόσιν Ἰούδα· ἐκ σοῦ γὰρ ἐξελεύσεται ἡγούμενος, ὅστις ποιμανεῖ* ***τὸν λαόν μου τὸν Ἰσραήλ.*** ➤ Micah 5,1.3; 2Sam 5,2/1Chron 11,2					

	Mt		Mk		Lk		
002					Lk 3,15	προσδοκῶντος δὲ **τοῦ λαοῦ** καὶ διαλογιζομένων πάντων ἐν ταῖς καρδίαις αὐτῶν περὶ τοῦ Ἰωάννου, μήποτε αὐτὸς εἴη ὁ χριστός	
002					Lk 3,18	πολλὰ μὲν οὖν καὶ ἕτερα παρακαλῶν εὐηγγελίζετο **τὸν λαόν.**	
a 112	Mt 3,13	τότε παραγίνεται ὁ Ἰησοῦς ἀπὸ τῆς Γαλιλαίας ἐπὶ τὸν Ἰορδάνην πρὸς τὸν Ἰωάννην τοῦ βαπτισθῆναι ὑπ᾽ αὐτοῦ.	Mk 1,9	καὶ ἐγένετο ἐν ἐκείναις ταῖς ἡμέραις ἦλθεν Ἰησοῦς ἀπὸ Ναζαρὲτ τῆς Γαλιλαίας καὶ ἐβαπτίσθη εἰς τὸν Ἰορδάνην ὑπὸ Ἰωάννου.	Lk 3,21	ἐγένετο δὲ ἐν τῷ βαπτισθῆναι **ἅπαντα τὸν λαὸν** καὶ Ἰησοῦ βαπτισθέντος ...	
200	Mt 4,16 → Lk 1,79	*ὁ λαὸς ὁ καθήμενος ἐν σκότει φῶς εἶδεν μέγα, καὶ τοῖς καθημένοις ἐν χώρᾳ καὶ σκιᾷ θανάτου φῶς ἀνέτειλεν* αὐτοῖς. ➤ Isa 9,1					
211	Mt 4,23 ⇨ Mt 9,35 → Mk 1,21	καὶ περιῆγεν ἐν ὅλῃ τῇ Γαλιλαίᾳ διδάσκων ἐν ταῖς συναγωγαῖς αὐτῶν καὶ κηρύσσων τὸ εὐαγγέλιον τῆς βασιλείας καὶ θεραπεύων πᾶσαν νόσον καὶ πᾶσαν μαλακίαν **ἐν τῷ λαῷ.**	Mk 1,39 → Mk 1,14 ↓ Mk 6,6	καὶ ἦλθεν κηρύσσων εἰς τὰς συναγωγὰς αὐτῶν εἰς ὅλην τὴν Γαλιλαίαν καὶ τὰ δαιμόνια ἐκβάλλων.	Lk 4,44 → Lk 4,15 ↓ Lk 8,1	καὶ ἦν κηρύσσων εἰς τὰς συναγωγὰς τῆς Ἰουδαίας.	
			Mk 6,6 ↑ Mk 1,39	... καὶ περιῆγεν τὰς κώμας κύκλῳ διδάσκων.	Lk 8,1 ↑ Lk 4,44 → Lk 13,22	καὶ ἐγένετο ἐν τῷ καθεξῆς καὶ αὐτὸς διώδευεν κατὰ πόλιν καὶ κώμην κηρύσσων καὶ εὐαγγελιζόμενος τὴν βασιλείαν τοῦ θεοῦ καὶ οἱ δώδεκα σὺν αὐτῷ	
h 112	Mt 4,25	καὶ ἠκολούθησαν αὐτῷ **ὄχλοι πολλοὶ** ἀπὸ τῆς Γαλιλαίας καὶ ... Ἰουδαίας ...	Mk 3,7	καὶ ὁ Ἰησοῦς μετὰ τῶν μαθητῶν αὐτοῦ ἀνεχώρησεν πρὸς τὴν θάλασσαν, καὶ **πολὺ πλῆθος** ἀπὸ τῆς Γαλιλαίας [ἠκολούθησεν], καὶ ἀπὸ τῆς Ἰουδαίας	Lk 6,17	καὶ καταβὰς μετ᾽ αὐτῶν ἔστη ἐπὶ τόπου πεδινοῦ, καὶ ὄχλος πολὺς μαθητῶν αὐτοῦ, καὶ **πλῆθος πολὺ τοῦ λαοῦ** ἀπὸ πάσης τῆς Ἰουδαίας ...	
	Mt 12,15	ὁ δὲ Ἰησοῦς γνοὺς ἀνεχώρησεν ἐκεῖθεν. καὶ ἠκολούθησαν αὐτῷ **[ὄχλοι] πολλοί**, ...					
102	Mt 7,28	καὶ ἐγένετο ὅτε ἐτέλεσεν ὁ Ἰησοῦς τοὺς λόγους τούτους, ...			Lk 7,1	ἐπειδὴ ἐπλήρωσεν πάντα τὰ ῥήματα αὐτοῦ **εἰς τὰς ἀκοὰς τοῦ λαοῦ,** εἰσῆλθεν εἰς Καφαρναούμ.	
	Mt 8,5	εἰσελθόντος δὲ αὐτοῦ εἰς Καφαρναοὺμ ...					
e 002					Lk 7,16	... ἐδόξαζον τὸν θεὸν λέγοντες ὅτι προφήτης μέγας ἠγέρθη ἐν ἡμῖν καὶ ὅτι ἐπεσκέψατο ὁ θεὸς **τὸν λαὸν αὐτοῦ.**	

a 102	**Mt 21,32**	... οἱ δὲ τελῶναι καὶ αἱ πόρναι ἐπίστευσαν αὐτῷ· ...			**Lk 7,29**	καὶ **πᾶς ὁ λαὸς** ἀκούσας καὶ οἱ τελῶναι ἐδικαίωσαν τὸν θεόν βαπτισθέντες τὸ βάπτισμα Ἰωάννου·	
b 200	**Mt 13,15** → Mk 4,12	*ἐπαχύνθη γὰρ* ***ἡ καρδία τοῦ λαοῦ τούτου,*** *καὶ τοῖς ὠσὶν βαρέως ἤκουσαν καὶ τοὺς ὀφθαλμοὺς αὐτῶν ἐκάμμυσαν, ...* ➤ Isa 6,10 LXX					→ Jn 12,40 → **Acts 28,27**
a 012			**Mk 5,33**	ἡ δὲ γυνὴ φοβηθεῖσα καὶ τρέμουσα, εἰδυῖα ὃ γέγονεν αὐτῇ, ἦλθεν καὶ προσέπεσεν αὐτῷ καὶ εἶπεν αὐτῷ πᾶσαν τὴν ἀλήθειαν.	**Lk 8,47** → Mt 9,21 → Mk 5,28 → Mk 5,29	ἰδοῦσα δὲ ἡ γυνὴ ὅτι οὐκ ἔλαθεν, τρέμουσα ἦλθεν καὶ προσπεσοῦσα αὐτῷ δι᾽ ἣν αἰτίαν ἥψατο αὐτοῦ ἀπήγγειλεν **ἐνώπιον παντὸς τοῦ λαοῦ** καὶ ὡς ἰάθη παραχρῆμα.	
a b 112	**Mt 14,16** → Mt 14,15 → Mt 15,33-34	ὁ δὲ [Ἰησοῦς] εἶπεν αὐτοῖς· οὐ χρείαν ἔχουσιν ἀπελθεῖν, δότε αὐτοῖς ὑμεῖς φαγεῖν. [17] οἱ δὲ λέγουσιν αὐτῷ· οὐκ ἔχομεν ὧδε εἰ μὴ πέντε ἄρτους καὶ δύο ἰχθύας.	**Mk 6,37** → Mk 6,36 → Mk 8,4-5	ὁ δὲ ἀποκριθεὶς εἶπεν αὐτοῖς· δότε αὐτοῖς ὑμεῖς φαγεῖν. καὶ λέγουσιν αὐτῷ· ἀπελθόντες ἀγοράσωμεν δηναρίων διακοσίων ἄρτους καὶ δώσομεν **αὐτοῖς** φαγεῖν; [38] ὁ δὲ λέγει αὐτοῖς· πόσους ἄρτους ἔχετε; ὑπάγετε ἴδετε. καὶ γνόντες λέγουσιν· πέντε, καὶ δύο ἰχθύας.	**Lk 9,13** → Lk 9,12	εἶπεν δὲ πρὸς αὐτούς· δότε αὐτοῖς ὑμεῖς φαγεῖν. οἱ δὲ εἶπαν· οὐκ εἰσὶν ἡμῖν πλεῖον ἢ ἄρτοι πέντε καὶ ἰχθύες δύο, εἰ μήτι πορευθέντες ἡμεῖς ἀγοράσωμεν **εἰς πάντα τὸν λαὸν τοῦτον** βρώματα.	→ Jn 6,5-7 → Jn 6,9
b 220	**Mt 15,8**	[7] ὑποκριταί, καλῶς ἐπροφήτευσεν περὶ ὑμῶν Ἠσαΐας λέγων· [8] ***ὁ λαὸς οὗτος*** *τοῖς χείλεσίν με τιμᾷ, ἡ δὲ καρδία αὐτῶν πόρρω ἀπέχει ἀπ᾽ ἐμοῦ·* ➤ Isa 29,13 LXX	**Mk 7,6**	... καλῶς ἐπροφήτευσεν Ἠσαΐας περὶ ὑμῶν τῶν ὑποκριτῶν, ὡς γέγραπται [ὅτι] ***οὗτος ὁ λαὸς*** *τοῖς χείλεσίν με τιμᾷ, ἡ δὲ καρδία αὐτῶν πόρρω ἀπέχει ἀπ᾽ ἐμοῦ·* ➤ Isa 29,13 LXX			
a 112	**Mt 20,34** ⇩ Mt 9,30 → Mk 8,23 → Mk 8,25	... καὶ εὐθέως ἀνέβλεψαν καὶ ἠκολούθησαν αὐτῷ.	**Mk 10,52**	... καὶ εὐθὺς ἀνέβλεψεν, καὶ ἠκολούθει αὐτῷ ἐν τῇ ὁδῷ.	**Lk 18,43**	καὶ παραχρῆμα ἀνέβλεψεν καὶ ἠκολούθει αὐτῷ δοξάζων τὸν θεόν. καὶ **πᾶς ὁ λαὸς** ἰδὼν ἔδωκεν αἶνον τῷ θεῷ.	
	Mt 9,30 ⇧ Mt 20,34	καὶ ἠνεῴχθησαν αὐτῶν οἱ ὀφθαλμοί. καὶ ἐνεβριμήθη αὐτοῖς ὁ Ἰησοῦς λέγων· ὁρᾶτε μηδεὶς γινωσκέτω.					

	Mt		Mk		Lk		
d 012			Mk 11,18 ↓ Mt 21,45 ↓ Mt 21,46 ↓ Mk 12,12	καὶ ἤκουσαν οἱ ἀρχιερεῖς καὶ οἱ γραμματεῖς καὶ ἐζήτουν πῶς αὐτὸν ἀπολέσωσιν·	Lk 19,47 ↓ Lk 20,19	... οἱ δὲ ἀρχιερεῖς καὶ οἱ γραμματεῖς ἐζήτουν αὐτὸν ἀπολέσαι καὶ οἱ πρῶτοι τοῦ λαοῦ,	
a 112	Mt 22,33 → Mt 7,28 → Mk 1,22 → Lk 4,32	καὶ ἀκούσαντες οἱ ὄχλοι ἐξεπλήσσοντο ἐπὶ τῇ διδαχῇ αὐτοῦ.		ἐφοβοῦντο γὰρ αὐτόν, πᾶς γὰρ ὁ ὄχλος ἐξεπλήσσετο ἐπὶ τῇ διδαχῇ αὐτοῦ.	Lk 19,48 ↓ Mk 12,37 ↓ Lk 21,38 → Lk 13,17	καὶ οὐχ εὕρισκον τὸ τί ποιήσωσιν, ὁ λαὸς γὰρ ἅπας ἐξεκρέματο αὐτοῦ ἀκούων.	
112	Mt 21,23	καὶ ἐλθόντος αὐτοῦ εἰς τὸ ἱερὸν προσῆλθον αὐτῷ διδάσκοντι	Mk 11,27	... καὶ ἐν τῷ ἱερῷ περιπατοῦντος αὐτοῦ	Lk 20,1	καὶ ἐγένετο ἐν μιᾷ τῶν ἡμερῶν διδάσκοντος αὐτοῦ τὸν λαὸν ἐν τῷ ἱερῷ καὶ εὐαγγελιζομένου	
c d 211		οἱ ἀρχιερεῖς καὶ οἱ πρεσβύτεροι τοῦ λαοῦ λέγοντες· ἐν ποίᾳ ἐξουσίᾳ ταῦτα ποιεῖς; ...		ἔρχονται πρὸς αὐτὸν οἱ ἀρχιερεῖς καὶ οἱ γραμματεῖς καὶ οἱ πρεσβύτεροι [28] καὶ ἔλεγον αὐτῷ· ἐν ποίᾳ ἐξουσίᾳ ταῦτα ποιεῖς; ...		ἐπέστησαν οἱ ἀρχιερεῖς καὶ οἱ γραμματεῖς σὺν τοῖς πρεσβυτέροις [2] καὶ εἶπαν λέγοντες πρὸς αὐτόν· εἰπὸν ἡμῖν ἐν ποίᾳ ἐξουσίᾳ ταῦτα ποιεῖς, ...	→ Jn 2,18
a 112	Mt 21,26 ↓ Mt 21,46	ἐὰν δὲ εἴπωμεν· ἐξ ἀνθρώπων, φοβούμεθα τὸν ὄχλον, πάντες γὰρ ὡς προφήτην ἔχουσιν τὸν Ἰωάννην.	Mk 11,32	ἀλλὰ εἴπωμεν· ἐξ ἀνθρώπων; - ἐφοβοῦντο τὸν ὄχλον· ἅπαντες γὰρ εἶχον τὸν Ἰωάννην ὄντως ὅτι προφήτης ἦν.	Lk 20,6	ἐὰν δὲ εἴπωμεν· ἐξ ἀνθρώπων, ὁ λαὸς ἅπας καταλιθάσει ἡμᾶς, πεπεισμένος γάρ ἐστιν Ἰωάννην προφήτην εἶναι.	
112	Mt 21,33	ἄλλην παραβολὴν ἀκούσατε. ἄνθρωπος ἦν οἰκοδεσπότης ὅστις ἐφύτευσεν ἀμπελῶνα ...	Mk 12,1	καὶ ἤρξατο αὐτοῖς ἐν παραβολαῖς λαλεῖν· ἀμπελῶνα ἄνθρωπος ἐφύτευσεν ...	Lk 20,9	ἤρξατο δὲ πρὸς τὸν λαὸν λέγειν τὴν παραβολὴν ταύτην· ἄνθρωπός [τις] ἐφύτευσεν ἀμπελῶνα ...	→ GTh 65
112	Mt 21,46 ↑ Mt 21,26 ↑ Mk 11,27	[45] καὶ ἀκούσαντες οἱ ἀρχιερεῖς καὶ οἱ Φαρισαῖοι τὰς παραβολὰς αὐτοῦ ἔγνωσαν ὅτι περὶ αὐτῶν λέγει· [46] καὶ ζητοῦντες αὐτὸν κρατῆσαι ἐφοβήθησαν τοὺς ὄχλους, ἐπεὶ εἰς προφήτην αὐτὸν εἶχον.	Mk 12,12 ↓ Mt 22,22 ↑ Mk 11,18	καὶ ἐζήτουν αὐτὸν κρατῆσαι, καὶ ἐφοβήθησαν τὸν ὄχλον, ἔγνωσαν γὰρ ὅτι πρὸς αὐτοὺς τὴν παραβολὴν εἶπεν. ...	Lk 20,19 ↑ Lk 19,47 ↑ Mk 11,27	καὶ ἐζήτησαν οἱ γραμματεῖς καὶ οἱ ἀρχιερεῖς ἐπιβαλεῖν ἐπ᾽ αὐτὸν τὰς χεῖρας ἐν αὐτῇ τῇ ὥρᾳ, καὶ ἐφοβήθησαν τὸν λαόν, ἔγνωσαν γὰρ ὅτι πρὸς αὐτοὺς εἶπεν τὴν παραβολὴν ταύτην.	
112	Mt 22,22 ↑ Mk 12,12	καὶ ἀκούσαντες ἐθαύμασαν, καὶ ἀφέντες αὐτὸν ἀπῆλθαν.	Mk 12,17	... καὶ ἐξεθαύμαζον ἐπ᾽ αὐτῷ.	Lk 20,26	καὶ οὐκ ἴσχυσαν ἐπιλαβέσθαι αὐτοῦ ῥήματος ἐναντίον τοῦ λαοῦ καὶ θαυμάσαντες ἐπὶ τῇ ἀποκρίσει αὐτοῦ ἐσίγησαν.	
a 112	Mt 23,1	τότε ὁ Ἰησοῦς ἐλάλησεν τοῖς ὄχλοις καὶ τοῖς μαθηταῖς αὐτοῦ [2] λέγων· ἐπὶ τῆς Μωϋσέως καθέδρας ἐκάθισαν οἱ γραμματεῖς καὶ οἱ Φαρισαῖοι.	Mk 12,37 → Lk 13,17 ↑ Lk 19,48 → Lk 21,38	... καὶ [ὁ] πολὺς ὄχλος ἤκουεν αὐτοῦ ἡδέως. [38] καὶ ἐν τῇ διδαχῇ αὐτοῦ ἔλεγεν· βλέπετε ἀπὸ τῶν γραμματέων ...	Lk 20,45	ἀκούοντος δὲ παντὸς τοῦ λαοῦ εἶπεν τοῖς μαθηταῖς [αὐτοῦ], [46] προσέχετε ἀπὸ τῶν γραμματέων ...	

	Mt		Mk		Lk		
b 112	**Mt 24,21**	ἔσται γὰρ τότε θλῖψις μεγάλη οἵα οὐ γέγονεν ἀπ' ἀρχῆς κόσμου ἕως τοῦ νῦν οὐδ' οὐ μὴ γένηται.	**Mk 13,19**	ἔσονται γὰρ αἱ ἡμέραι ἐκεῖναι θλῖψις οἵα οὐ γέγονεν τοιαύτη ἀπ' ἀρχῆς κτίσεως ἣν ἔκτισεν ὁ θεὸς ἕως τοῦ νῦν καὶ οὐ μὴ γένηται.	**Lk 21,23**	... ἔσται γὰρ ἀνάγκη μεγάλη ἐπὶ τῆς γῆς καὶ ὀργὴ **τῷ λαῷ τούτῳ**	
a 002					**Lk 21,38** ↑ Lk 19,48 ↑ Mk 12,37 → Lk 13,17	καὶ **πᾶς ὁ λαὸς** ὤρθριζεν πρὸς αὐτὸν ἐν τῷ ἱερῷ ἀκούειν αὐτοῦ.	→ [[Jn 8,2]]
c d 211	**Mt 26,3**	τότε συνήχθησαν οἱ ἀρχιερεῖς καὶ **οἱ πρεσβύτεροι** **τοῦ λαοῦ** εἰς τὴν αὐλὴν τοῦ ἀρχιερέως τοῦ λεγομένου Καϊάφα	**Mk 14,1**	... καὶ ἐζήτουν οἱ ἀρχιερεῖς καὶ **οἱ γραμματεῖς**	**Lk 22,2**	καὶ ἐζήτουν οἱ ἀρχιερεῖς καὶ **οἱ γραμματεῖς**	
	Mt 26,4 → Mt 12,14 → Mt 22,15	καὶ συνεβουλεύσαντο ἵνα τὸν Ἰησοῦν δόλῳ κρατήσωσιν καὶ ἀποκτείνωσιν·	→ Mk 3,6	πῶς αὐτὸν ἐν δόλῳ κρατήσαντες ἀποκτείνωσιν·	→ Lk 6,11	τὸ πῶς ἀνέλωσιν αὐτόν,	
  222	**Mt 26,5**	ἔλεγον δέ· μὴ ἐν τῇ ἑορτῇ, ἵνα **μὴ θόρυβος γένηται** **ἐν τῷ λαῷ.**	**Mk 14,2**	ἔλεγον γάρ· μὴ ἐν τῇ ἑορτῇ, **μήποτε ἔσται** **θόρυβος τοῦ λαοῦ.**		 **ἐφοβοῦντο γὰρ** **τὸν λαόν.**	
c d 211	**Mt 26,47** ↓ Lk 22,52	καὶ ἔτι αὐτοῦ λαλοῦντος ἰδοὺ Ἰούδας εἷς τῶν δώδεκα ἦλθεν καὶ μετ' αὐτοῦ ὄχλος πολὺς μετὰ μαχαιρῶν καὶ ξύλων **ἀπὸ τῶν ἀρχιερέων** **καὶ πρεσβυτέρων** **τοῦ λαοῦ.**	**Mk 14,43** ↓ Lk 22,52	καὶ εὐθὺς ἔτι αὐτοῦ λαλοῦντος παραγίνεται Ἰούδας εἷς τῶν δώδεκα καὶ μετ' αὐτοῦ ὄχλος μετὰ μαχαιρῶν καὶ ξύλων **παρὰ τῶν ἀρχιερέων** **καὶ τῶν γραμματέων** **καὶ τῶν πρεσβυτέρων.**	**Lk 22,47**	ἔτι αὐτοῦ λαλοῦντος ἰδοὺ ὄχλος, καὶ ὁ λεγόμενος Ἰούδας εἷς τῶν δώδεκα προήρχετο αὐτοὺς ...	→ Jn 18,3
					Lk 22,52	εἶπεν δὲ Ἰησοῦς πρὸς τοὺς παραγενομένους ἐπ' αὐτὸν ἀρχιερεῖς καὶ στρατηγοὺς τοῦ ἱεροῦ καὶ πρεσβυτέρους· ...	
d 112	**Mt 26,57**	... ὅπου **οἱ γραμματεῖς** **καὶ οἱ πρεσβύτεροι** συνήχθησαν.	**Mk 14,53**	... καὶ συνέρχονται **πάντες οἱ ἀρχιερεῖς** **καὶ οἱ πρεσβύτεροι** **καὶ οἱ γραμματεῖς.**	**Lk 22,66**	... συνήχθη **τὸ πρεσβυτέριον** **τοῦ λαοῦ, ἀρχιερεῖς** **τε καὶ γραμματεῖς,** καὶ ἀπήγαγον αὐτὸν εἰς τὸ συνέδριον αὐτῶν	
c d 210	**Mt 27,1**	πρωΐας δὲ γενομένης συμβούλιον ἔλαβον· **πάντες οἱ ἀρχιερεῖς** **καὶ οἱ πρεσβύτεροι** **τοῦ λαοῦ** κατὰ τοῦ Ἰησοῦ ὥστε θανατῶσαι αὐτόν·	**Mk 15,1**	καὶ εὐθὺς πρωῒ συμβούλιον ποιήσαντες **οἱ ἀρχιερεῖς μετὰ** **τῶν πρεσβυτέρων** **καὶ γραμματέων καὶ** **ὅλον τὸ συνέδριον,** ...	**Lk 22,66** ↑ Mt 26,57 ↑ Mk 14,53	καὶ ὡς ἐγένετο ἡμέρα, συνήχθη **τὸ πρεσβυτέριον** **τοῦ λαοῦ, ἀρχιερεῖς τε** **καὶ γραμματεῖς,** καὶ ἀπήγαγον αὐτὸν εἰς τὸ συνέδριον αὐτῶν	
  002					**Lk 23,5** → Lk 23,2	οἱ δὲ ἐπίσχυον λέγοντες ὅτι ἀνασείει **τὸν λαὸν** διδάσκων καθ' ὅλης τῆς Ἰουδαίας, καὶ ἀρξάμενος ἀπὸ τῆς Γαλιλαίας ἕως ὧδε.	→ Acts 10,37

	Mt		Mk		Lk		
002					Lk 23,13	Πιλᾶτος δὲ συγκαλεσάμενος τοὺς ἀρχιερεῖς καὶ τοὺς ἄρχοντας καὶ **τὸν λαὸν** [14] εἶπεν πρὸς αὐτούς· ...	→ Jn 19,4
002					Lk 23,14 → Lk 23,2 → Lk 23,4 → Mt 27,23 → Mk 15,14 → Lk 23,22	εἶπεν πρὸς αὐτούς· προσηνέγκατέ μοι τὸν ἄνθρωπον τοῦτον ὡς ἀποστρέφοντα **τὸν λαόν,** καὶ ἰδοὺ ἐγὼ ἐνώπιον ὑμῶν ἀνακρίνας οὐθὲν εὗρον ἐν τῷ ἀνθρώπῳ τούτῳ αἴτιον ὧν κατηγορεῖτε κατ᾽ αὐτοῦ.	→ Jn 18,38b → Jn 19,4 → Acts 13,28
a 200	Mt 27,25	καὶ ἀποκριθεὶς **πᾶς ὁ λαὸς** εἶπεν· τὸ αἷμα αὐτοῦ ἐφ᾽ ἡμᾶς καὶ ἐπὶ τὰ τέκνα ἡμῶν.					→ Acts 5,28 → Acts 18,6
h 002					Lk 23,27	ἠκολούθει δὲ αὐτῷ **πολὺ πλῆθος** **τοῦ λαοῦ** καὶ γυναικῶν αἳ ἐκόπτοντο καὶ ἐθρήνουν αὐτόν.	
112	Mt 27,39	**οἱ δὲ** **παραπορευόμενοι** ἐβλασφήμουν αὐτὸν κινοῦντες τὰς κεφαλὰς αὐτῶν	Mk 15,29	καὶ **οἱ** **παραπορευόμενοι** ἐβλασφήμουν αὐτὸν κινοῦντες τὰς κεφαλὰς αὐτῶν ...	Lk 23,35 → Lk 23,48	καὶ εἱστήκει **ὁ λαὸς** θεωρῶν.	
200	Mt 27,64 → Mt 28,7	... μήποτε ἐλθόντες οἱ μαθηταὶ αὐτοῦ κλέψωσιν αὐτὸν καὶ εἴπωσιν **τῷ λαῷ·** ἠγέρθη ἀπὸ τῶν νεκρῶν, ...					
a 002					Lk 24,19	... τὰ περὶ Ἰησοῦ τοῦ Ναζαρηνοῦ, ὃς ἐγένετο ἀνὴρ προφήτης δυνατὸς ἐν ἔργῳ καὶ λόγῳ **ἐναντίον τοῦ θεοῦ** **καὶ παντὸς τοῦ λαοῦ**	→ Acts 2,22 → Acts 10,38

a πᾶς ὁ λαός, ἅπας ὁ λαός, ὅλος ὁ λαός
b ὁ λαὸς οὗτος
c ἀρχιερεύς, γραμματεὺς τοῦ λαοῦ
d πρεσβύτερος, τὸ πρεσβυτέριον, πρῶτοι, ἄρχων, ἄρχοντες τοῦ λαοῦ
e λαός μου, λαός σου, λαός αὐτοῦ (= θεοῦ)
f λαός (...) Ἰσραήλ, λαοὶ Ἰσραήλ (Acts 4,27), λαός τῶν Ἰουδαίων
g λαός and ἔθνος/ἔθνη (Luke/Acts only)
h πλῆθος (πολὺ) τοῦ λαοῦ (Luke/Acts only)
j λαοί (plural; except Acts 4,27)

a **Acts 2,47** αἰνοῦντες τὸν θεὸν καὶ ἔχοντες χάριν **πρὸς ὅλον τὸν λαόν.** ὁ δὲ κύριος προσετίθει τοὺς σῳζομένους καθ᾽ ἡμέραν ἐπὶ τὸ αὐτό.

a **Acts 3,9** καὶ εἶδεν **πᾶς ὁ λαὸς** αὐτὸν περιπατοῦντα καὶ αἰνοῦντα τὸν θεόν·

a **Acts 3,11** κρατοῦντος δὲ αὐτοῦ τὸν Πέτρον καὶ τὸν Ἰωάννην συνέδραμεν **πᾶς ὁ λαὸς** πρὸς αὐτοὺς ἐπὶ τῇ στοᾷ τῇ καλουμένῃ Σολομῶντος ἔκθαμβοι.

Acts 3,12 ἰδὼν δὲ ὁ Πέτρος ἀπεκρίνατο **πρὸς τὸν λαόν·** ἄνδρες Ἰσραηλῖται, τί θαυμάζετε ἐπὶ τούτῳ ...

Acts 3,23 *ἔσται δὲ πᾶσα ψυχὴ ἥτις ἐὰν μὴ ἀκούσῃ τοῦ προφήτου ἐκείνου ἐξολεθρευθήσεται* ***ἐκ τοῦ λαοῦ.***
➤ Lev 23,29

Acts 4,1 λαλούντων δὲ αὐτῶν
πρὸς τὸν λαὸν
ἐπέστησαν αὐτοῖς
οἱ ἱερεῖς καὶ
ὁ στρατηγὸς τοῦ ἱεροῦ
καὶ οἱ Σαδδουκαῖοι,

Acts 4,2 διαπονούμενοι διὰ τὸ
διδάσκειν αὐτοὺς
τὸν λαὸν
καὶ καταγγέλλειν
ἐν τῷ Ἰησοῦ
τὴν ἀνάστασιν
τὴν ἐκ νεκρῶν

d Acts 4,8 τότε Πέτρος πλησθεὶς
πνεύματος ἁγίου εἶπεν
πρὸς αὐτούς·
ἄρχοντες τοῦ λαοῦ
καὶ πρεσβύτεροι

af Acts 4,10 γνωστὸν ἔστω πᾶσιν ὑμῖν
καὶ
παντὶ τῷ λαῷ
Ἰσραὴλ
ὅτι ἐν τῷ ὀνόματι Ἰησοῦ
Χριστοῦ τοῦ Ναζωραίου
ὃν ὑμεῖς ἐσταυρώσατε, ...

Acts 4,17 ἀλλ᾽ ἵνα μὴ ἐπὶ πλεῖον
διανεμηθῇ
εἰς τὸν λαόν
ἀπειλησώμεθα αὐτοῖς
μηκέτι λαλεῖν ἐπὶ τῷ
ὀνόματι τούτῳ μηδενὶ
ἀνθρώπων.

Acts 4,21 ... μηδὲν εὑρίσκοντες τὸ
πῶς κολάσωνται αὐτούς,
διὰ τὸν λαόν,
ὅτι πάντες ἐδόξαζον τὸν
θεὸν ἐπὶ τῷ γεγονότι·

gj Acts 4,25 ὁ τοῦ πατρὸς ἡμῶν
→ Mt 22,43 διὰ πνεύματος ἁγίου
→ Mk 12,36 στόματος Δαυὶδ παιδός
→ Lk 20,42 σου εἰπών· *ἱνατί*
ἐφρύαξαν ἔθνη καὶ
λαοὶ
ἐμελέτησαν κενά;
➤ Ps 2,1 LXX

fg Acts 4,27 συνήχθησαν γὰρ
→ Lk 4,18 ἐπ᾽ ἀληθείας ἐν τῇ πόλει
ταύτῃ ἐπὶ τὸν ἅγιον
παῖδά σου Ἰησοῦν
ὃν ἔχρισας, Ἡρῴδης
τε καὶ Πόντιος Πιλᾶτος
σὺν ἔθνεσιν καὶ
λαοῖς Ἰσραήλ

Acts 5,12 διὰ δὲ τῶν χειρῶν τῶν
ἀποστόλων ἐγίνετο
σημεῖα καὶ τέρατα
πολλὰ
ἐν τῷ λαῷ. ...

Acts 5,13 τῶν δὲ λοιπῶν οὐδεὶς
ἐτόλμα κολλᾶσθαι
αὐτοῖς, ἀλλ᾽ ἐμεγάλυνεν
αὐτοὺς
ὁ λαός.

Acts 5,20 πορεύεσθε καὶ σταθέντες
λαλεῖτε ἐν τῷ ἱερῷ
τῷ λαῷ
πάντα τὰ ῥήματα
τῆς ζωῆς ταύτης.

Acts 5,25 παραγενόμενος δέ τις
ἀπήγγειλεν αὐτοῖς ὅτι
ἰδοὺ οἱ ἄνδρες οὓς
ἔθεσθε ἐν τῇ φυλακῇ
εἰσὶν ἐν τῷ ἱερῷ
ἑστῶτες καὶ
διδάσκοντες
τὸν λαόν.

Acts 5,26 τότε ἀπελθὼν
ὁ στρατηγὸς σὺν τοῖς
ὑπηρέταις ἦγεν αὐτούς
οὐ μετὰ βίας, ἐφοβοῦντο
γὰρ
τὸν λαόν
μὴ λιθασθῶσιν.

a Acts 5,34 ἀναστὰς δέ τις ἐν τῷ
συνεδρίῳ Φαρισαῖος
ὀνόματι Γαμαλιήλ,
νομοδιδάσκαλος τίμιος
παντὶ τῷ λαῷ,
ἐκέλευσεν ἔξω βραχὺ
τοὺς ἀνθρώπους ποιῆσαι

Acts 5,37 μετὰ τοῦτον ἀνέστη
Ἰούδας ὁ Γαλιλαῖος
ἐν ταῖς ἡμέραις
τῆς ἀπογραφῆς καὶ
ἀπέστησεν
λαὸν
ὀπίσω αὐτοῦ· ...

Acts 6,8 Στέφανος δὲ πλήρης
χάριτος καὶ δυνάμεως
ἐποίει τέρατα καὶ
σημεῖα μεγάλα
ἐν τῷ λαῷ.

Acts 6,12 συνεκίνησάν τε
τὸν λαὸν
καὶ τοὺς πρεσβυτέρους
καὶ τοὺς γραμματεῖς καὶ
ἐπιστάντες συνήρπασαν
αὐτὸν καὶ ἤγαγον εἰς τὸ
συνέδριον

Acts 7,17 καθὼς δὲ ἤγγιζεν
ὁ χρόνος τῆς
ἐπαγγελίας ἧς
ὡμολόγησεν ὁ θεὸς
τῷ Ἀβραάμ, ηὔξησεν
ὁ λαὸς
καὶ ἐπληθύνθη
ἐν Αἰγύπτῳ

e Acts 7,34 *ἰδὼν εἶδον*
τὴν κάκωσιν
τοῦ λαοῦ μου
τοῦ ἐν Αἰγύπτῳ καὶ
τοῦ στεναγμοῦ αὐτῶν
ἤκουσα, ...
➤ Exod 3,7-8.10

Acts 10,2 [1] ἀνὴρ δέ τις ἐν
→ Lk 7,5 Καισαρείᾳ ὀνόματι
Κορνήλιος, ...
[2] ... ποιῶν
ἐλεημοσύνας πολλὰς
τῷ λαῷ
καὶ δεόμενος τοῦ θεοῦ
διὰ παντός

a Acts 10,41 [40] τοῦτον ὁ θεὸς ἤγειρεν
[ἐν] τῇ τρίτῃ ἡμέρᾳ καὶ
ἔδωκεν αὐτὸν ἐμφανῆ
γενέσθαι,
[41] οὐ παντὶ τῷ
λαῷ,
ἀλλὰ μάρτυσιν τοῖς
προκεχειροτονημένοις
ὑπὸ τοῦ θεοῦ, ...

Acts 10,42 καὶ παρήγγειλεν ἡμῖν
κηρύξαι
τῷ λαῷ
καὶ διαμαρτύρασθαι ὅτι
οὗτός ἐστιν ὁ ὡρισμένος
ὑπὸ τοῦ θεοῦ κριτὴς
ζώντων καὶ νεκρῶν.

Acts 12,4 ... βουλόμενος
μετὰ τὸ πάσχα
ἀναγαγεῖν αὐτὸν
τῷ λαῷ.

f Acts 12,11 ... ἐξαπέστειλεν [ὁ] κύριος
τὸν ἄγγελον αὐτοῦ καὶ
ἐξείλατό με
ἐκ χειρὸς Ἡρῴδου
καὶ πάσης τῆς
προσδοκίας τοῦ
λαοῦ τῶν Ἰουδαίων.

Acts 13,15 ... ἄνδρες ἀδελφοί, εἴ τίς
ἐστιν ἐν ὑμῖν λόγος
παρακλήσεως
πρὸς τὸν λαόν,
λέγετε.

bf Acts 13,17 (2) **ὁ θεὸς τοῦ λαοῦ**
τούτου Ἰσραὴλ
ἐξελέξατο τοὺς πατέρας
ἡμῶν καὶ
τὸν λαὸν
ὕψωσεν ἐν τῇ παροικίᾳ
ἐν γῇ Αἰγύπτου καὶ
μετὰ βραχίονος ὑψηλοῦ
ἐξήγαγεν αὐτοὺς
ἐξ αὐτῆς

af Acts 13,24 προκηρύξαντος Ἰωάννου
→ Mt 3,1-2 πρὸ προσώπου τῆς
→ Mk 1,4 εἰσόδου αὐτοῦ βάπτισμα
→ Lk 3,3 μετανοίας
→ Acts 19,4 **παντὶ τῷ λαῷ**
Ἰσραήλ.

Acts 13,31 ὃς ὤφθη ἐπὶ ἡμέρας
πλείους τοῖς
συναναβᾶσιν αὐτῷ
ἀπὸ τῆς Γαλιλαίας
εἰς Ἰερουσαλήμ, οἵτινες
[νῦν] εἰσιν
μάρτυρες αὐτοῦ
πρὸς τὸν λαόν.

g **Acts 15,14** Συμεὼν ἐξηγήσατο καθὼς πρῶτον ὁ θεὸς ἐπεσκέψατο λαβεῖν ἐξ ἐθνῶν
λαὸν
τῷ ὀνόματι αὐτοῦ.

Acts 18,10 διότι ἐγώ εἰμι μετὰ σοῦ καὶ οὐδεὶς ἐπιθήσεταί σοι τοῦ κακῶσαί σε, διότι
λαός ἐστί μοι πολὺς
ἐν τῇ πόλει ταύτῃ.

Acts 19,4 εἶπεν δὲ Παῦλος· Ἰωάννης ἐβάπτισεν βάπτισμα μετανοίας
τῷ λαῷ
λέγων εἰς τὸν ἐρχόμενον μετ' αὐτὸν ἵνα πιστεύσωσιν, τοῦτ' ἔστιν εἰς τὸν Ἰησοῦν.
→ Mt 3,1-2
→ Mk 1,4
→ Lk 3,3
→ Acts 13,24
→ Mt 3,11
→ Mk 1,7-8
→ Lk 3,16

Acts 21,28 ... οὗτός ἐστιν ὁ ἄνθρωπος ὁ
κατὰ τοῦ λαοῦ καὶ τοῦ νόμου καὶ τοῦ τόπου τούτου
πάντας πανταχῇ διδάσκων, ...

Acts 21,30 ἐκινήθη τε ἡ πόλις ὅλη καὶ ἐγένετο
συνδρομὴ τοῦ λαοῦ,
καὶ ἐπιλαβόμενοι τοῦ Παύλου εἷλκον αὐτὸν ἔξω τοῦ ἱεροῦ, ...

h **Acts 21,36** ἠκολούθει γὰρ
τὸ πλῆθος τοῦ λαοῦ
κράζοντες· αἶρε αὐτόν.
→ Lk 23,18

Acts 21,39 ... δέομαι δέ σου, ἐπίτρεψόν μοι λαλῆσαι
πρὸς τὸν λαόν.

Acts 21,40 ἐπιτρέψαντος δὲ αὐτοῦ ὁ Παῦλος ἑστὼς ἐπὶ τῶν ἀναβαθμῶν κατέσεισεν τῇ χειρὶ
τῷ λαῷ. ...

d e **Acts 23,5** ... οὐκ ᾔδειν, ἀδελφοί, ὅτι ἐστὶν ἀρχιερεύς· γέγραπται γὰρ ὅτι
ἄρχοντα τοῦ λαοῦ σου
οὐκ ἐρεῖς κακῶς.
➤ Exod 22,27

g **Acts 26,17** [16] ... προχειρίσασθαί σε ὑπηρέτην καὶ μάρτυρα ὧν τε εἶδές [με] ὧν τε ὀφθήσομαί σοι, [17] ἐξαιρούμενός σε
ἐκ τοῦ λαοῦ
καὶ ἐκ τῶν ἐθνῶν εἰς οὓς ἐγὼ ἀποστέλλω σε

g **Acts 26,23** εἰ παθητὸς ὁ χριστός, εἰ πρῶτος ἐξ ἀναστάσεως νεκρῶν φῶς μέλλει καταγγέλλειν
τῷ τε λαῷ
καὶ τοῖς ἔθνεσιν.

Acts 28,17 ... ἐγώ, ἄνδρες ἀδελφοί, οὐδὲν ἐναντίον ποιήσας
τῷ λαῷ
ἢ τοῖς ἔθεσι τοῖς πατρῴοις δέσμιος ἐξ Ἱεροσολύμων παρεδόθην εἰς τὰς χεῖρας τῶν Ῥωμαίων

b **Acts 28,26** ... *πορεύθητι*
πρὸς τὸν λαὸν τοῦτον
καὶ εἰπόν· ἀκοῇ ἀκούσετε καὶ οὐ μὴ συνῆτε καὶ βλέποντες βλέψετε καὶ οὐ μὴ ἴδητε·
➤ Isa 6,9 LXX
→ Mt 13,13-14
→ Mk 4,12
→ Lk 8,10

b **Acts 28,27** *ἐπαχύνθη γὰρ*
ἡ καρδία τοῦ λαοῦ τούτου
καὶ τοῖς ὠσὶν βαρέως ἤκουσαν καὶ τοὺς ὀφθαλμοὺς αὐτῶν ἐκάμμυσαν· ...
➤ Isa 6,10 LXX
→ Mt 13,15

λατομέω	Syn 2	Mt 1	Mk 1	Lk	Acts	Jn	1-3John	Paul	Eph	Col
	NT 2	2Thess	1/2Tim	Tit	Heb	Jas	1Pet	2Pet	Jude	Rev

hew out of the rock

	Mt 27,60		Mk 15,46		Lk 23,53		
221		καὶ ἔθηκεν αὐτὸ ἐν τῷ καινῷ αὐτοῦ μνημείῳ **ὃ ἐλατόμησεν ἐν τῇ πέτρᾳ** καὶ προσκυλίσας λίθον μέγαν τῇ θύρᾳ τοῦ μνημείου ἀπῆλθεν.		... καὶ ἔθηκεν αὐτὸν ἐν μνημείῳ **ὃ ἦν λελατομημένον ἐκ πέτρας** καὶ προσεκύλισεν λίθον ἐπὶ τὴν θύραν τοῦ μνημείου.		... καὶ ἔθηκεν αὐτὸν ἐν μνήματι **λαξευτῷ** οὗ οὐκ ἦν οὐδεὶς οὔπω κείμενος.	→ Jn 19,41

λατρεύω	Syn 4	Mt 1	Mk	Lk 3	Acts 5	Jn	1-3John	Paul 3	Eph	Col
	NT 21	2Thess	1/2Tim 1	Tit	Heb 6	Jas	1Pet	2Pet	Jude	Rev 2

serve

		Lk 1,74		
002			[73] ... τοῦ δοῦναι ἡμῖν [74] ἀφόβως ἐκ χειρὸς ἐχθρῶν ῥυσθέντας **λατρεύειν** αὐτῷ	

002					Lk 2,37	καὶ αὐτὴ χήρα ἕως ἐτῶν ὀγδοήκοντα τεσσάρων, ἣ οὐκ ἀφίστατο τοῦ ἱεροῦ νηστείαις καὶ δεήσεσιν **λατρεύουσα** νύκτα καὶ ἡμέραν.	
202	**Mt 4,10** → Mt 16,23 → Mk 8,33	τότε λέγει αὐτῷ ὁ Ἰησοῦς· ὕπαγε, σατανᾶ· γέγραπται γάρ· *κύριον τὸν θεόν σου προσκυνήσεις καὶ αὐτῷ* μόνῳ ***λατρεύσεις.*** ➢ Deut 6,13 LXX/10,20			**Lk 4,8**	καὶ ἀποκριθεὶς ὁ Ἰησοῦς εἶπεν αὐτῷ· γέγραπται· *κύριον τὸν θεόν σου προσκυνήσεις καὶ αὐτῷ* μόνῳ ***λατρεύσεις.*** ➢ Deut 6,13 LXX/10,20	

Acts 7,7 *καὶ τὸ ἔθνος ᾧ ἐὰν δουλεύσουσιν κρινῶ ἐγώ,* ὁ θεὸς εἶπεν, *καὶ μετὰ ταῦτα ἐξελεύσονται* καὶ **λατρεύσουσίν** μοι ἐν τῷ τόπῳ τούτῳ.
➢ Gen 15,14

Acts 7,42 ἔστρεψεν δὲ ὁ θεὸς καὶ παρέδωκεν αὐτοὺς **λατρεύειν** τῇ στρατιᾷ τοῦ οὐρανοῦ καθὼς γέγραπται ἐν βίβλῳ τῶν προφητῶν· *μὴ σφάγια καὶ θυσίας προσηνέγκατέ μοι ἔτη τεσσεράκοντα ἐν τῇ ἐρήμῳ, οἶκος Ἰσραήλ;*
➢ Amos 5,25 LXX

Acts 24,14 ὁμολογῶ δὲ τοῦτό σοι ὅτι κατὰ τὴν ὁδὸν ἣν λέγουσιν αἵρεσιν, οὕτως **λατρεύω** τῷ πατρῴῳ θεῷ πιστεύων πᾶσι τοῖς κατὰ τὸν νόμον καὶ τοῖς ἐν τοῖς προφήταις γεγραμμένοις

Acts 26,7 εἰς ἣν τὸ δωδεκάφυλον ἡμῶν ἐν ἐκτενείᾳ νύκτα καὶ ἡμέραν **λατρεῦον** ἐλπίζει καταντῆσαι, περὶ ἧς ἐλπίδος ἐγκαλοῦμαι ὑπὸ Ἰουδαίων, βασιλεῦ.

Acts 27,23 παρέστη γάρ μοι ταύτῃ τῇ νυκτὶ τοῦ θεοῦ, οὗ εἰμι [ἐγώ] ᾧ καὶ **λατρεύω,** ἄγγελος [24] λέγων· μὴ φοβοῦ, Παῦλε, ...

λάχανον	Syn 3	Mt 1	Mk 1	Lk 1	Acts	Jn	1-3John	Paul 1	Eph	Col
	NT 4	2Thess	1/2Tim	Tit	Heb	Jas	1Pet	2Pet	Jude	Rev

edible garden herb; vegetable

020	Mt 13,32	... ὅταν δὲ αὐξηθῇ **μεῖζον τῶν λαχάνων** ἐστὶν καὶ γίνεται δένδρον, ...	**Mk 4,32**	καὶ ὅταν σπαρῇ, ἀναβαίνει καὶ γίνεται **μεῖζον πάντων τῶν λαχάνων** καὶ ποιεῖ κλάδους μεγάλους, ...	Lk 13,19	... καὶ ηὔξησεν καὶ ἐγένετο εἰς δένδρον, ...	→ GTh 20 Mk-Q overlap
201	**Mt 13,32**	... ὅταν δὲ αὐξηθῇ **μεῖζον τῶν λαχάνων** ἐστὶν καὶ γίνεται δένδρον, ...	Mk 4,32	καὶ ὅταν σπαρῇ, ἀναβαίνει καὶ γίνεται **μεῖζον πάντων τῶν λαχάνων** καὶ ποιεῖ κλάδους μεγάλους, ...	**Lk 13,19**	... καὶ ηὔξησεν καὶ ἐγένετο εἰς δένδρον, ...	→ GTh 20 Mk-Q overlap
102	**Mt 23,23**	οὐαὶ ὑμῖν, γραμματεῖς καὶ Φαρισαῖοι ὑποκριταί, ὅτι ἀποδεκατοῦτε τὸ ἡδύοσμον καὶ τὸ ἄνηθον καὶ **τὸ κύμινον** καὶ ἀφήκατε τὰ βαρύτερα τοῦ νόμου, τὴν κρίσιν καὶ τὸ ἔλεος καὶ τὴν πίστιν· ...			**Lk 11,42**	ἀλλὰ οὐαὶ ὑμῖν τοῖς Φαρισαίοις, ὅτι ἀποδεκατοῦτε τὸ ἡδύοσμον καὶ τὸ πήγανον καὶ **πᾶν λάχανον** καὶ παρέρχεσθε τὴν κρίσιν καὶ τὴν ἀγάπην τοῦ θεοῦ· ...	

λεγιών	Syn 4	Mt 1	Mk 2	Lk 1	Acts	Jn	1-3John	Paul	Eph	Col
	NT 4	2Thess	1/2Tim	Tit	Heb	Jas	1Pet	2Pet	Jude	Rev

legion

	Mt		Mk		Lk		
022			Mk 5,9	καὶ ἐπηρώτα αὐτόν· τί ὄνομά σοι; καὶ λέγει αὐτῷ· **λεγιὼν** ὄνομά μοι, ὅτι πολλοί ἐσμεν.	Lk 8,30	ἐπηρώτησεν δὲ αὐτὸν ὁ Ἰησοῦς· τί σοι ὄνομά ἐστιν; ὁ δὲ εἶπεν· **λεγιών,** ὅτι εἰσῆλθεν δαιμόνια πολλὰ εἰς αὐτόν.	
121	Mt 8,34	καὶ ἰδοὺ πᾶσα ἡ πόλις ἐξῆλθεν εἰς ὑπάντησιν τῷ Ἰησοῦ ...	Mk 5,15	[14] ... καὶ ἦλθον ἰδεῖν τί ἐστιν τὸ γεγονός [15] καὶ ἔρχονται πρὸς τὸν Ἰησοῦν, καὶ θεωροῦσιν τὸν δαιμονιζόμενον καθήμενον ἱματισμένον καὶ σωφρονοῦντα, τὸν ἐσχηκότα **τὸν λεγιῶνα,** καὶ ἐφοβήθησαν.	Lk 8,35	ἐξῆλθον δὲ ἰδεῖν τὸ γεγονὸς καὶ ἦλθον πρὸς τὸν Ἰησοῦν καὶ εὗρον καθήμενον τὸν ἄνθρωπον ἀφ' οὗ τὰ δαιμόνια ἐξῆλθεν ἱματισμένον καὶ σωφρονοῦντα παρὰ τοὺς πόδας τοῦ Ἰησοῦ, καὶ ἐφοβήθησαν.	
200	Mt 26,53	ἢ δοκεῖς ὅτι οὐ δύναμαι παρακαλέσαι τὸν πατέρα μου, καὶ παραστήσει μοι ἄρτι πλείω **δώδεκα λεγιῶνας ἀγγέλων;**					→ Jn 18,36

λέγω, εἶπον, ἐρῶ, ἐρρέθη	Syn 1327	Mt 505	Mk 289	Lk 533	Acts 234	Jn 480	1-3John 10	Paul 115	Eph 7	Col 3
	NT 2352	2Thess 2	1/2Tim 6	Tit 2	Heb 44	Jas 13	1Pet	2Pet 1	Jude 3	Rev 105

say; speak; tell; call; name; maintain; assert; declare; mean; intend; think; command; order; answer; ask

εἶπον (aorist active) p. 300; ἐρῶ, ἐρρέθη (future indicative active or aorist passive) p. 351

λέγω	Syn 716	Mt 293	Mk 204	Lk 219	Acts 102	Jn 269	1-3John 6	Paul 82	Eph 7	Col 2
	NT 1329	2Thess 2	1/2Tim 6	Tit 1	Heb 32	Jas 7	1Pet	2Pet 1	Jude 2	Rev 94

	triple tradition																	double tradition			Sondergut		
		+Mt / +Lk			–Mt / –Lk			traditions not taken over by Mt / Lk							subtotals								
code	*222*	*211*	*112*	*212*	*221*	*122*	*121*	*022*	*012*	*021*	*220*	*120*	*210*	*020*	Σ⁺	Σ⁻	Σ	*202*	*201*	*102*	*200*	*002*	total
Mt	32	34⁺		9⁺	31	12⁻	43⁻				22	26⁻	27⁺		70⁺	81⁻	155	27	23		88		**293**
Mk	32				31	12	43	8		14	22	26		16			204						**204**
Lk	32		21⁺	9⁺	31⁻	12	43⁻	8	1⁺	14⁻					31⁺	88⁻	83	27		28		81	**219**

Mk-Q overlap: 211: Mt 3,17 / Mk 1,11 / Lk 3,22 (?)

a ἄρχομαι λέγειν
b λέγειν ἐν ἑαυτῷ
c λέγω πρός τινα
d λέγω with double accusative
e λεγόμενος, λέγεται
f λέγω and ἀποκρίνομαι
g λέγω and δια-, συλλογίζομαι
h λέγω and διδάσκω, λέγω and ἐν τῇ διδαχῇ
j λέγω and (ἐπ)ερωτάω
k λέγω and (ἐπι-, προσ-, συγ-)καλέω
l λέγω and παρακαλέω
m λέγω and κηρύσσω
n λέγω and (ἀνα)κράζω, κραυγάζω
p λέγω and (συλ)λαλέω
q λέγω and (ἐπι-, προσ-)φωνέω
r λέγω and φωνή
s λέγω and διαστέλλομαι, ἐντέλλομαι, ἐπιτιμάω, παραγγέλλω
t λέγω and προφήτης / προφητεία / προφητεύω
u λέγω (...) ὅτι
v λέγω and infinitive
w λέγω ὑμῖν, ὑμῖν λέγω, σοὶ λέγω, λέγω σοί (introducing a speech)
x λέγω with reference to scripture

code	Mt		Mk		Lk		
e 200	**Mt 1,16** ↓Mt 13,55 ↓Mk 6,3	Ἰακὼβ δὲ ἐγέννησεν τὸν Ἰωσὴφ τὸν ἄνδρα Μαρίας, ἐξ ἧς ἐγεννήθη Ἰησοῦς ὁ **λεγόμενος** χριστός.			**Lk 3,23** ↓Lk 4,22	καὶ αὐτὸς ἦν Ἰησοῦς ἀρχόμενος ὡσεὶ ἐτῶν τριάκοντα, ὢν υἱός, ὡς ἐνομίζετο, Ἰωσὴφ τοῦ Ἠλὶ	
u 002					**Lk 1,24**	... συνέλαβεν Ἐλισάβετ ἡ γυνὴ αὐτοῦ καὶ περιέκρυβεν ἑαυτὴν μῆνας πέντε **λέγουσα** [25] ὅτι οὕτως μοι πεποίηκεν κύριος ...	
002					**Lk 1,63**	καὶ αἰτήσας πινακίδιον ἔγραψεν **λέγων**· Ἰωάννης ἐστὶν ὄνομα αὐτοῦ. ...	
002					**Lk 1,66**	καὶ ἔθεντο πάντες οἱ ἀκούσαντες ἐν τῇ καρδίᾳ αὐτῶν **λέγοντες**· τί ἄρα τὸ παιδίον τοῦτο ἔσται; ...	
t 002					**Lk 1,67**	καὶ Ζαχαρίας ὁ πατὴρ αὐτοῦ ἐπλήσθη πνεύματος ἁγίου καὶ ἐπροφήτευσεν **λέγων**· [67] εὐλογητὸς κύριος ὁ θεὸς τοῦ Ἰσραήλ, ...	

	Mt		Mk		Lk		
200	**Mt 1,20** → Lk 1,27 → Lk 1,30	... ἰδοὺ ἄγγελος κυρίου κατ' ὄναρ ἐφάνη αὐτῷ **λέγων**· Ἰωσὴφ υἱὸς Δαυίδ, μὴ φοβηθῇς παραλαβεῖν Μαριὰμ τὴν γυναῖκά σου, ...					
t x 200	**Mt 1,22**	τοῦτο δὲ ὅλον γέγονεν ἵνα πληρωθῇ τὸ ῥηθὲν ὑπὸ κυρίου διὰ τοῦ προφήτου **λέγοντος**· [23] *ἰδοὺ ἡ παρθένος ἐν γαστρὶ ἕξει ...* ➤ Isa 7,14 LXX					
002					**Lk 2,13**	καὶ ἐξαίφνης ἐγένετο σὺν τῷ ἀγγέλῳ πλῆθος στρατιᾶς οὐρανίου αἰνούντων τὸν θεὸν καὶ **λεγόντων**· [14] δόξα ἐν ὑψίστοις θεῷ καὶ ἐπὶ γῆς εἰρήνη ἐν ἀνθρώποις εὐδοκίας.	
200	**Mt 2,2**	[1] ... ἰδοὺ μάγοι ἀπὸ ἀνατολῶν παρεγένοντο εἰς Ἱεροσόλυμα [2] **λέγοντες**· ποῦ ἐστιν ὁ τεχθεὶς βασιλεὺς τῶν Ἰουδαίων; ...					
200	**Mt 2,13**	... ἰδοὺ ἄγγελος κυρίου φαίνεται κατ' ὄναρ τῷ Ἰωσὴφ **λέγων**· ἐγερθεὶς παράλαβε τὸ παιδίον καὶ τὴν μητέρα αὐτοῦ καὶ φεῦγε εἰς Αἴγυπτον ...					
t x 200	**Mt 2,15**	... ἵνα πληρωθῇ τὸ ῥηθὲν ὑπὸ κυρίου διὰ τοῦ προφήτου **λέγοντος**· *ἐξ Αἰγύπτου ἐκάλεσα τὸν υἱόν μου.* ➤ Hos 11,1					
t x 200	**Mt 2,17**	τότε ἐπληρώθη τὸ ῥηθὲν διὰ Ἰερεμίου τοῦ προφήτου **λέγοντος**· [18] *φωνὴ ἐν Ῥαμὰ ἠκούσθη, ...* ➤ Jer 31,15					
200	**Mt 2,20**	[19] ... ἰδοὺ ἄγγελος κυρίου φαίνεται κατ' ὄναρ τῷ Ἰωσὴφ ἐν Αἰγύπτῳ [20] **λέγων**· ἐγερθεὶς παράλαβε τὸ παιδίον καὶ τὴν μητέρα αὐτοῦ καὶ πορεύου εἰς γῆν Ἰσραήλ· ...					
e 200	**Mt 2,23** → Lk 2,39	καὶ ἐλθὼν κατῴκησεν **εἰς πόλιν λεγομένην Ναζαρέτ**· ...					

	Mt		Mk		Lk		
m 211	Mt 3,2	[1] ... παραγίνεται Ἰωάννης ὁ βαπτιστὴς κηρύσσων ἐν τῇ ἐρήμῳ τῆς Ἰουδαίας [2] [καὶ] **λέγων**· μετανοεῖτε· ἤγγικεν γὰρ ἡ βασιλεία τῶν οὐρανῶν.	Mk 1,4	ἐγένετο Ἰωάννης [ὁ] βαπτίζων ἐν τῇ ἐρήμῳ καὶ κηρύσσων βάπτισμα μετανοίας εἰς ἄφεσιν ἁμαρτιῶν.	Lk 3,3 → Lk 3,2	καὶ ἦλθεν εἰς πᾶσαν [τὴν] περίχωρον τοῦ Ἰορδάνου κηρύσσων βάπτισμα μετανοίας εἰς ἄφεσιν ἁμαρτιῶν,	→ Acts 13,24 **→ Acts 19,4**
t x 211	Mt 3,3	οὗτος γάρ ἐστιν ὁ ῥηθεὶς διὰ Ἠσαΐου τοῦ προφήτου **λέγοντος**· *φωνὴ βοῶντος ἐν τῇ ἐρήμῳ· ...* ➤ Isa 40,3 LXX	Mk 1,2 ⇨ Mt 11,10 ⇨ Lk 7,27	καθὼς γέγραπται ἐν τῷ Ἠσαΐᾳ τῷ προφήτῃ· *ἰδοὺ ἀποστέλλω τὸν ἄγγελόν μου ...* [3] *φωνὴ βοῶντος ἐν τῇ ἐρήμῳ· ...* ➤ Exod 23,20/Mal 3,1 ➤ Isa 40,3 LXX	Lk 3,4	ὡς γέγραπται ἐν βίβλῳ λόγων Ἠσαΐου τοῦ προφήτου· *φωνὴ βοῶντος ἐν τῇ ἐρήμῳ· ...* ➤ Isa 40,3 LXX	
102	Mt 3,7 → Mt 12,34 → Mt 23,33	ἰδὼν δὲ πολλοὺς τῶν Φαρισαίων καὶ Σαδδουκαίων ἐρχομένους ἐπὶ τὸ βάπτισμα αὐτοῦ **εἶπεν** αὐτοῖς· γεννήματα ἐχιδνῶν, ...			Lk 3,7 → Mk 1,5	**ἔλεγεν** οὖν τοῖς ἐκπορευομένοις ὄχλοις βαπτισθῆναι ὑπ' αὐτοῦ· γεννήματα ἐχιδνῶν, ...	
b a 202	Mt 3,9 (2)	καὶ μὴ δόξητε **λέγειν** ἐν ἑαυτοῖς· πατέρα ἔχομεν τὸν Ἀβραάμ.			Lk 3,8 (2)	... καὶ μὴ ἄρξησθε **λέγειν** ἐν ἑαυτοῖς· πατέρα ἔχομεν τὸν Ἀβραάμ.	
u w 202		**λέγω** γὰρ ὑμῖν ὅτι δύναται ὁ θεὸς ἐκ τῶν λίθων τούτων ἐγεῖραι τέκνα τῷ Ἀβραάμ.				**λέγω** γὰρ ὑμῖν ὅτι δύναται ὁ θεὸς ἐκ τῶν λίθων τούτων ἐγεῖραι τέκνα τῷ Ἀβραάμ.	
j 002					Lk 3,10	καὶ ἐπηρώτων αὐτὸν οἱ ὄχλοι **λέγοντες**· τί οὖν ποιήσωμεν;	
f 002					Lk 3,11	ἀποκριθεὶς δὲ **ἔλεγεν** αὐτοῖς· ὁ ἔχων δύο χιτῶνας μεταδότω τῷ μὴ ἔχοντι, ...	
j 002					Lk 3,14	ἐπηρώτων δὲ αὐτὸν καὶ στρατευόμενοι **λέγοντες**· τί ποιήσωμεν καὶ ἡμεῖς; ...	
m f 122	Mt 3,11	ἐγὼ μὲν ὑμᾶς βαπτίζω ἐν ὕδατι εἰς μετάνοιαν, ὁ δὲ ὀπίσω μου ἐρχόμενος ἰσχυρότερός μού ἐστιν, οὗ οὐκ εἰμὶ ἱκανὸς τὰ ὑποδήματα βαστάσαι· αὐτὸς ὑμᾶς βαπτίσει ἐν πνεύματι ἁγίῳ καὶ πυρί·	Mk 1,7	καὶ ἐκήρυσσεν **λέγων**· ἔρχεται ὁ ἰσχυρότερός μου ὀπίσω μου, οὗ οὐκ εἰμὶ ἱκανὸς κύψας λῦσαι τὸν ἱμάντα τῶν ὑποδημάτων αὐτοῦ. [8] ἐγὼ ἐβάπτισα ὑμᾶς ὕδατι, αὐτὸς δὲ βαπτίσει ὑμᾶς ἐν πνεύματι ἁγίῳ.	Lk 3,16	ἀπεκρίνατο **λέγων** πᾶσιν ὁ Ἰωάννης· ἐγὼ μὲν ὕδατι βαπτίζω ὑμᾶς· ἔρχεται δὲ ὁ ἰσχυρότερός μου, οὗ οὐκ εἰμὶ ἱκανὸς λῦσαι τὸν ἱμάντα τῶν ὑποδημάτων αὐτοῦ· αὐτὸς ὑμᾶς βαπτίσει ἐν πνεύματι ἁγίῳ καὶ πυρί·	**→ Jn 1,26** → Jn 1,27 → Acts 1,5 **→ Acts 11,16** **→ Acts 13,25** Mk-Q overlap
200	Mt 3,14	ὁ δὲ Ἰωάννης διεκώλυεν αὐτὸν **λέγων**· ἐγὼ χρείαν ἔχω ὑπὸ σοῦ βαπτισθῆναι, καὶ σὺ ἔρχῃ πρός με;					

r 211	**Mt 3,17** ↓ Mt 17,5 → Mt 12,18	καὶ ἰδοὺ φωνὴ ἐκ τῶν οὐρανῶν **λέγουσα·** οὗτός ἐστιν ὁ υἱός μου ὁ ἀγαπητός, ἐν ᾧ εὐδόκησα.	**Mk 1,11** ↓ Mk 9,7	καὶ φωνὴ ἐγένετο ἐκ τῶν οὐρανῶν· σὺ εἶ ὁ υἱός μου ὁ ἀγαπητός, ἐν σοὶ εὐδόκησα.	**Lk 3,22** ↓ Lk 9,35	... καὶ φωνὴν ἐξ οὐρανοῦ γενέσθαι· σὺ εἶ ὁ υἱός μου ὁ ἀγαπητός, ἐν σοὶ εὐδόκησα.	→ Jn 1,34 → Jn 12,28 Mk-Q overlap?
201	**Mt 4,6** ↓ Mt 27,40	[5] ... καὶ ἔστησεν αὐτὸν ἐπὶ τὸ πτερύγιον τοῦ ἱεροῦ [6] καὶ **λέγει** αὐτῷ· εἰ υἱὸς εἶ τοῦ θεοῦ, βάλε σεαυτὸν κάτω· ...			**Lk 4,9**	... καὶ ἔστησεν ἐπὶ τὸ πτερύγιον τοῦ ἱεροῦ καὶ **εἶπεν** αὐτῷ· εἰ υἱὸς εἶ τοῦ θεοῦ, βάλε σεαυτὸν ἐντεῦθεν κάτω·	
201	**Mt 4,10** ↓ Mt 16,23 ↓ Mk 8,33	τότε **λέγει** αὐτῷ ὁ Ἰησοῦς· ὕπαγε, σατανᾶ· γέγραπται γάρ· *κύριον τὸν θεόν σου* *προσκυνήσεις καὶ αὐτῷ* μόνῳ *λατρεύσεις.* ➤ Deut 6,13 LXX/10,20			**Lk 4,8**	καὶ ἀποκριθεὶς ὁ Ἰησοῦς **εἶπεν** αὐτῷ· γέγραπται· *κύριον τὸν θεόν σου* *προσκυνήσεις καὶ αὐτῷ* μόνῳ *λατρεύσεις.* ➤ Deut 6,13 LXX/10,20	
t x 200	**Mt 4,14**	ἵνα πληρωθῇ τὸ ῥηθὲν διὰ Ἠσαΐου τοῦ προφήτου **λέγοντος·** [15] *γῆ Ζαβουλὼν* καὶ *γῆ Νεφθαλίμ, ...* ➤ Isa 8,23					
	Mt 4,17	ἀπὸ τότε ἤρξατο ὁ Ἰησοῦς κηρύσσειν	**Mk 1,14**	... ἦλθεν ὁ Ἰησοῦς εἰς τὴν Γαλιλαίαν κηρύσσων τὸ εὐαγγέλιον τοῦ θεοῦ	**Lk 4,15**	καὶ αὐτὸς ἐδίδασκεν ἐν ταῖς συναγωγαῖς αὐτῶν ...	
a m u 220		καὶ **λέγειν·** μετανοεῖτε· ἤγγικεν γὰρ ἡ βασιλεία τῶν οὐρανῶν.	**Mk 1,15**	καὶ **λέγων** ὅτι πεπλήρωται ὁ καιρὸς καὶ ἤγγικεν ἡ βασιλεία τοῦ θεοῦ· μετανοεῖτε καὶ πιστεύετε ἐν τῷ εὐαγγελίῳ.			
a c u 002					**Lk 4,21**	ἤρξατο δὲ **λέγειν** πρὸς αὐτοὺς ὅτι σήμερον πεπλήρωται ἡ γραφὴ αὕτη ἐν τοῖς ὠσὶν ὑμῶν.	
222	**Mt 13,54**	... ἐδίδασκεν αὐτοὺς ἐν τῇ συναγωγῇ αὐτῶν, ὥστε ἐκπλήσσεσθαι αὐτοὺς καὶ **λέγειν·** πόθεν τούτῳ ἡ σοφία αὕτη καὶ αἱ δυνάμεις; [55] οὐχ οὗτός ἐστιν ὁ τοῦ τέκτονος υἱός; ...	**Mk 6,2**	... ἤρξατο διδάσκειν ἐν τῇ συναγωγῇ, καὶ πολλοὶ ἀκούοντες ἐξεπλήσσοντο **λέγοντες·** πόθεν τούτῳ ταῦτα, καὶ τίς ἡ σοφία ἡ δοθεῖσα τούτῳ, καὶ αἱ δυνάμεις τοιαῦται διὰ τῶν χειρῶν αὐτοῦ γινόμεναι; [3] οὐχ οὗτός ἐστιν ὁ τέκτων, ὁ υἱὸς τῆς Μαρίας ...	**Lk 4,22**	... ἐθαύμαζον ἐπὶ τοῖς λόγοις τῆς χάριτος τοῖς ἐκπορευομένοις ἐκ τοῦ στόματος αὐτοῦ καὶ **ἔλεγον·** οὐχὶ υἱός ἐστιν Ἰωσὴφ οὗτος;	
u w 112	**Mt 13,57**	... ὁ δὲ Ἰησοῦς εἶπεν αὐτοῖς· οὐκ ἔστιν προφήτης ἄτιμος εἰ μὴ ἐν τῇ πατρίδι καὶ ἐν τῇ οἰκίᾳ αὐτοῦ.	**Mk 6,4**	καὶ ἔλεγεν αὐτοῖς ὁ Ἰησοῦς ὅτι οὐκ ἔστιν προφήτης ἄτιμος εἰ μὴ ἐν τῇ πατρίδι αὐτοῦ καὶ ἐν τοῖς συγγενεῦσιν αὐτοῦ καὶ ἐν τῇ οἰκίᾳ αὐτοῦ.	**Lk 4,24**	εἶπεν δέ· ἀμὴν **λέγω** ὑμῖν ὅτι οὐδεὶς προφήτης δεκτός ἐστιν ἐν τῇ πατρίδι αὐτοῦ.	→ Jn 4,44 → GTh 31 **(POxy 1)**

	Mt		Mk		Lk		
w 002					**Lk 4,25**	ἐπ᾽ ἀληθείας δὲ **λέγω** ὑμῖν, πολλαὶ χῆραι ἦσαν ἐν ταῖς ἡμέραις Ἠλίου ἐν τῷ Ἰσραήλ, ...	
e 210	**Mt 4,18**	... εἶδεν δύο ἀδελφούς, Σίμωνα **τὸν λεγόμενον** Πέτρον καὶ Ἀνδρέαν τὸν ἀδελφὸν αὐτοῦ, βάλλοντας ἀμφίβληστρον εἰς τὴν θάλασσαν· ἦσαν γὰρ ἁλιεῖς.	**Mk 1,16**	... εἶδεν Σίμωνα καὶ Ἀνδρέαν τὸν ἀδελφὸν Σίμωνος ἀμφιβάλλοντας ἐν τῇ θαλάσσῃ· ἦσαν γὰρ ἁλιεῖς.	**Lk 5,2** → Mt 4,21 → Mk 1,19	καὶ εἶδεν δύο πλοῖα ἑστῶτα παρὰ τὴν λίμνην· οἱ δὲ ἁλιεῖς ἀπ᾽ αὐτῶν ἀποβάντες ἔπλυνον τὰ δίκτυα.	→ Jn 1,40
211	**Mt 4,19**	καὶ **λέγει** αὐτοῖς· δεῦτε ὀπίσω μου, καὶ ποιήσω ὑμᾶς ἁλιεῖς ἀνθρώπων.	**Mk 1,17**	καὶ **εἶπεν** αὐτοῖς ὁ Ἰησοῦς· δεῦτε ὀπίσω μου, καὶ ποιήσω ὑμᾶς γενέσθαι ἁλιεῖς ἀνθρώπων.	**Lk 5,10**	... καὶ **εἶπεν** πρὸς τὸν Σίμωνα ὁ Ἰησοῦς· μὴ φοβοῦ· ἀπὸ τοῦ νῦν ἀνθρώπους ἔσῃ ζωγρῶν.	
n 021	↓ Mt 8,29		**Mk 1,24** ↓ Mk 5,7	[23] ... καὶ ἀνέκραξεν [24] **λέγων**· τί ἡμῖν καὶ σοί, Ἰησοῦ Ναζαρηνέ; ...	**Lk 4,34** ↓ Lk 8,28	[33] ... καὶ ἀνέκραξεν φωνῇ μεγάλῃ· [34] ἔα, τί ἡμῖν καὶ σοί, Ἰησοῦ Ναζαρηνέ; ...	
s 022			**Mk 1,25**	καὶ ἐπετίμησεν αὐτῷ ὁ Ἰησοῦς **λέγων**· φιμώθητι καὶ ἔξελθε ἐξ αὐτοῦ.	**Lk 4,35**	καὶ ἐπετίμησεν αὐτῷ ὁ Ἰησοῦς **λέγων**· φιμώθητι καὶ ἔξελθε ἀπ᾽ αὐτοῦ. ...	
p 022	→ Mt 7,29		**Mk 1,27** → Mk 1,22	καὶ ἐθαμβήθησαν ἅπαντες, ὥστε συζητεῖν πρὸς ἑαυτοὺς **λέγοντας**· τί ἐστιν τοῦτο; διδαχὴ καινὴ κατ᾽ ἐξουσίαν· καὶ τοῖς πνεύμασι τοῖς ἀκαθάρτοις ἐπιτάσσει, καὶ ὑπακούουσιν αὐτῷ.	**Lk 4,36** → Lk 4,32	καὶ ἐγένετο θάμβος ἐπὶ πάντας καὶ συνελάλουν πρὸς ἀλλήλους **λέγοντες**· τίς ὁ λόγος οὗτος ὅτι ἐν ἐξουσίᾳ καὶ δυνάμει ἐπιτάσσει τοῖς ἀκαθάρτοις πνεύμασιν καὶ ἐξέρχονται;	
121	**Mt 8,14**	... εἶδεν τὴν πενθερὰν αὐτοῦ βεβλημένην καὶ πυρέσσουσαν·	**Mk 1,30**	ἡ δὲ πενθερὰ Σίμωνος κατέκειτο πυρέσσουσα, καὶ εὐθὺς **λέγουσιν** αὐτῷ περὶ αὐτῆς.	**Lk 4,38**	... πενθερὰ δὲ τοῦ Σίμωνος ἦν συνεχομένη πυρετῷ μεγάλῳ καὶ **ἠρώτησαν** αὐτὸν περὶ αὐτῆς.	
n u 022			**Mk 3,11**	καὶ τὰ πνεύματα τὰ ἀκάθαρτα, ὅταν αὐτὸν ἐθεώρουν, προσέπιπτον αὐτῷ καὶ ἔκραζον **λέγοντες** ὅτι σὺ εἶ ὁ υἱὸς τοῦ θεοῦ.	**Lk 4,41** → Mk 1,34	ἐξήρχετο δὲ καὶ δαιμόνια ἀπὸ πολλῶν κρ[αυγ]άζοντα καὶ **λέγοντα** ὅτι σὺ εἶ ὁ υἱὸς τοῦ θεοῦ. ...	
u 021			**Mk 1,37**	καὶ εὗρον αὐτὸν καὶ **λέγουσιν** αὐτῷ ὅτι πάντες ζητοῦσίν σε.	**Lk 4,42**	... καὶ οἱ ὄχλοι ἐπεζήτουν αὐτὸν καὶ ἦλθον ἕως αὐτοῦ καὶ κατεῖχον αὐτὸν τοῦ μὴ πορεύεσθαι ἀπ᾽ αὐτῶν.	
021			**Mk 1,38**	καὶ **λέγει** αὐτοῖς· ἄγωμεν ἀλλαχοῦ εἰς τὰς ἐχομένας κωμοπόλεις, ἵνα καὶ ἐκεῖ κηρύξω· ...	**Lk 4,43**	ὁ δὲ **εἶπεν** πρὸς αὐτοὺς ὅτι καὶ ταῖς ἑτέραις πόλεσιν εὐαγγελίσασθαί με δεῖ τὴν βασιλείαν τοῦ θεοῦ, ...	

	Mt		Mk		Lk		
002					Lk 5,8	ἰδὼν δὲ Σίμων Πέτρος προσέπεσεν τοῖς γόνασιν Ἰησοῦ **λέγων·** ἔξελθε ἀπ᾽ ἐμοῦ, ὅτι ἀνὴρ ἁμαρτωλός εἰμι, κύριε.	
l u 222	Mt 8,2	καὶ ἰδοὺ λεπρὸς προσελθὼν προσεκύνει αὐτῷ **λέγων·** κύριε, ἐὰν θέλῃς δύνασαί με καθαρίσαι.	Mk 1,40	καὶ ἔρχεται πρὸς αὐτὸν λεπρὸς παρακαλῶν αὐτὸν [καὶ γονυπετῶν] καὶ **λέγων** αὐτῷ ὅτι ἐὰν θέλῃς δύνασαί με καθαρίσαι.	Lk 5,12 ↓ Lk 17,13 → Lk 17,12.16	... καὶ ἰδοὺ ἀνὴρ πλήρης λέπρας· ἰδὼν δὲ τὸν Ἰησοῦν, πεσὼν ἐπὶ πρόσωπον ἐδεήθη αὐτοῦ **λέγων·** κύριε, ἐὰν θέλῃς δύνασαί με καθαρίσαι.	
222	Mt 8,3	καὶ ἐκτείνας τὴν χεῖρα ἥψατο αὐτοῦ **λέγων·** θέλω, καθαρίσθητι· ...	Mk 1,41	καὶ σπλαγχνισθεὶς ἐκτείνας τὴν χεῖρα αὐτοῦ ἥψατο καὶ **λέγει** αὐτῷ· θέλω, καθαρίσθητι·	Lk 5,13	καὶ ἐκτείνας τὴν χεῖρα ἥψατο αὐτοῦ **λέγων·** θέλω, καθαρίσθητι· ...	
221	Mt 8,4	καὶ **λέγει** αὐτῷ ὁ Ἰησοῦς· ὅρα μηδενὶ εἴπῃς, ...	Mk 1,44	καὶ **λέγει** αὐτῷ· ὅρα μηδενὶ μηδὲν εἴπῃς, ...	Lk 5,14	καὶ αὐτὸς **παρήγγειλεν** αὐτῷ μηδενὶ εἰπεῖν, ...	
121	Mt 9,2	... καὶ ἰδὼν ὁ Ἰησοῦς τὴν πίστιν αὐτῶν **εἶπεν** τῷ παραλυτικῷ· θάρσει, τέκνον, ἀφίενταί σου αἱ ἁμαρτίαι.	Mk 2,5	καὶ ἰδὼν ὁ Ἰησοῦς τὴν πίστιν αὐτῶν **λέγει** τῷ παραλυτικῷ· τέκνον, ἀφίενταί σου αἱ ἁμαρτίαι.	Lk 5,20 → Lk 7,48	καὶ ἰδὼν τὴν πίστιν αὐτῶν **εἶπεν·** ἄνθρωπε, ἀφέωνταί σοι αἱ ἁμαρτίαι σου.	
g 112	Mt 9,3	καὶ ἰδού τινες τῶν γραμματέων εἶπαν ἐν ἑαυτοῖς· οὗτος βλασφημεῖ.	Mk 2,6	ἦσαν δέ τινες τῶν γραμματέων ἐκεῖ καθήμενοι καὶ διαλογιζόμενοι ἐν ταῖς καρδίαις αὐτῶν· [7] τί οὗτος οὕτως λαλεῖ; βλασφημεῖ· ...	Lk 5,21 ↓ Lk 7,49	καὶ ἤρξαντο διαλογίζεσθαι οἱ γραμματεῖς καὶ οἱ Φαρισαῖοι **λέγοντες·** τίς ἐστιν οὗτος ὃς λαλεῖ βλασφημίας; ...	
121	Mt 9,4 ↓ Mt 12,25	καὶ ἰδὼν ὁ Ἰησοῦς τὰς ἐνθυμήσεις αὐτῶν **εἶπεν·** ἱνατί ἐνθυμεῖσθε πονηρὰ ἐν ταῖς καρδίαις ὑμῶν;	Mk 2,8	καὶ εὐθὺς ἐπιγνοὺς ὁ Ἰησοῦς τῷ πνεύματι αὐτοῦ ὅτι οὕτως διαλογίζονται ἐν ἑαυτοῖς **λέγει** αὐτοῖς· τί ταῦτα διαλογίζεσθε ἐν ταῖς καρδίαις ὑμῶν;	Lk 5,22 ↓ Lk 11,17 ↓ Lk 6,8	ἐπιγνοὺς δὲ ὁ Ἰησοῦς τοὺς διαλογισμοὺς αὐτῶν ἀποκριθεὶς **εἶπεν** πρὸς αὐτούς· τί διαλογίζεσθε ἐν ταῖς καρδίαις ὑμῶν;	
221	Mt 9,6	ἵνα δὲ εἰδῆτε ὅτι ἐξουσίαν ἔχει ὁ υἱὸς τοῦ ἀνθρώπου ἐπὶ τῆς γῆς ἀφιέναι ἁμαρτίας - τότε **λέγει** τῷ παραλυτικῷ·	Mk 2,10	ἵνα δὲ εἰδῆτε ὅτι ἐξουσίαν ἔχει ὁ υἱὸς τοῦ ἀνθρώπου ἀφιέναι ἁμαρτίας ἐπὶ τῆς γῆς - **λέγει** τῷ παραλυτικῷ·	Lk 5,24	ἵνα δὲ εἰδῆτε ὅτι ὁ υἱὸς τοῦ ἀνθρώπου ἐξουσίαν ἔχει ἐπὶ τῆς γῆς ἀφιέναι ἁμαρτίας - **εἶπεν** τῷ παραλελυμένῳ·	
w 122		ἐγερθεὶς ἆρόν σου τὴν κλίνην καὶ ὕπαγε εἰς τὸν οἶκόν σου.	Mk 2,11	σοὶ **λέγω,** ἔγειρε ἆρον τὸν κράβαττόν σου καὶ ὕπαγε εἰς τὸν οἶκόν σου.		σοὶ **λέγω,** ἔγειρε καὶ ἄρας τὸ κλινίδιόν σου πορεύου εἰς τὸν οἶκόν σου.	→ Jn 5,8
u 122	Mt 9,8	ἰδόντες δὲ οἱ ὄχλοι ἐφοβήθησαν καὶ ἐδόξασαν τὸν θεὸν τὸν δόντα ἐξουσίαν τοιαύτην τοῖς ἀνθρώποις.	Mk 2,12	.. ὥστε ἐξίστασθαι πάντας καὶ δοξάζειν τὸν θεὸν **λέγοντας** ὅτι οὕτως οὐδέποτε εἴδομεν.	Lk 5,26	καὶ ἔκστασις ἔλαβεν ἅπαντας καὶ ἐδόξαζον τὸν θεὸν καὶ ἐπλήσθησαν φόβου **λέγοντες** ὅτι εἴδομεν παράδοξα σήμερον.	

	Mt		Mk		Lk		
221	Mt 9,9 (2)	καὶ παράγων ὁ Ἰησοῦς ἐκεῖθεν εἶδεν ἄνθρωπον καθήμενον ἐπὶ τὸ τελώνιον, Μαθθαῖον λεγόμενον, καὶ **λέγει** αὐτῷ· ἀκολούθει μοι. ...	Mk 2,14	καὶ παράγων εἶδεν Λευὶν τὸν τοῦ Ἁλφαίου καθήμενον ἐπὶ τὸ τελώνιον, καὶ **λέγει** αὐτῷ· ἀκολούθει μοι. ...	Lk 5,27	καὶ μετὰ ταῦτα ἐξῆλθεν καὶ ἐθεάσατο τελώνην ὀνόματι Λευὶν καθήμενον ἐπὶ τὸ τελώνιον, καὶ **εἶπεν** αὐτῷ· ἀκολούθει μοι.	
222	Mt 9,11	καὶ ἰδόντες οἱ Φαρισαῖοι **ἔλεγον** τοῖς μαθηταῖς αὐτοῦ· διὰ τί μετὰ τῶν τελωνῶν καὶ ἁμαρτωλῶν ἐσθίει ὁ διδάσκαλος ὑμῶν;	Mk 2,16	καὶ οἱ γραμματεῖς τῶν Φαρισαίων ἰδόντες ὅτι ἐσθίει μετὰ τῶν ἁμαρτωλῶν καὶ τελωνῶν **ἔλεγον** τοῖς μαθηταῖς αὐτοῦ· ὅτι μετὰ τῶν τελωνῶν καὶ ἁμαρτωλῶν ἐσθίει;	Lk 5,30 ↓Lk 15,2 ↓Lk 19,7	καὶ ἐγόγγυζον οἱ Φαρισαῖοι καὶ οἱ γραμματεῖς αὐτῶν πρὸς τοὺς μαθητὰς αὐτοῦ **λέγοντες·** διὰ τί μετὰ τῶν τελωνῶν καὶ ἁμαρτωλῶν ἐσθίετε καὶ πίνετε;	
u 121	Mt 9,12	ὁ δὲ ἀκούσας **εἶπεν·** οὐ χρείαν ἔχουσιν οἱ ἰσχύοντες ἰατροῦ ἀλλ᾽ οἱ κακῶς ἔχοντες.	Mk 2,17	καὶ ἀκούσας ὁ Ἰησοῦς **λέγει** αὐτοῖς [ὅτι] οὐ χρείαν ἔχουσιν οἱ ἰσχύοντες ἰατροῦ ἀλλ᾽ οἱ κακῶς ἔχοντες· ...	Lk 5,31	καὶ ἀποκριθεὶς ὁ Ἰησοῦς **εἶπεν** πρὸς αὐτούς· οὐ χρείαν ἔχουσιν οἱ ὑγιαίνοντες ἰατροῦ ἀλλὰ οἱ κακῶς ἔχοντες·	
221	Mt 9,14	τότε προσέρχονται αὐτῷ οἱ μαθηταὶ Ἰωάννου **λέγοντες·** διὰ τί ἡμεῖς καὶ οἱ Φαρισαῖοι νηστεύομεν [πολλά], οἱ δὲ μαθηταί σου οὐ νηστεύουσιν;	Mk 2,18	καὶ ἦσαν οἱ μαθηταὶ Ἰωάννου καὶ οἱ Φαρισαῖοι νηστεύοντες. καὶ ἔρχονται καὶ **λέγουσιν** αὐτῷ· διὰ τί οἱ μαθηταὶ Ἰωάννου καὶ οἱ μαθηταὶ τῶν Φαρισαίων νηστεύουσιν, οἱ δὲ σοὶ μαθηταὶ οὐ νηστεύουσιν;	Lk 5,33	οἱ δὲ **εἶπαν** πρὸς αὐτόν· οἱ μαθηταὶ Ἰωάννου νηστεύουσιν πυκνὰ καὶ δεήσεις ποιοῦνται ὁμοίως καὶ οἱ τῶν Φαρισαίων, οἱ δὲ σοὶ ἐσθίουσιν καὶ πίνουσιν.	→ GTh 104
c u 112	Mt 9,16	 οὐδεὶς δὲ ἐπιβάλλει ἐπίβλημα ῥάκους ἀγνάφου ἐπὶ ἱματίῳ παλαιῷ· ...	Mk 2,21	 οὐδεὶς ἐπίβλημα ῥάκους ἀγνάφου ἐπιράπτει ἐπὶ ἱμάτιον παλαιόν· ...	Lk 5,36	**ἔλεγεν** δὲ καὶ παραβολὴν πρὸς αὐτοὺς ὅτι οὐδεὶς ἐπίβλημα ἀπὸ ἱματίου καινοῦ σχίσας ἐπιβάλλει ἐπὶ ἱμάτιον παλαιόν· ...	→ GTh 47,5
002					Lk 5,39	[καὶ] οὐδεὶς πιὼν παλαιὸν θέλει νέον· **λέγει** γάρ· ὁ παλαιὸς χρηστός ἐστιν.	→ GTh 47,3
121	Mt 12,2	οἱ δὲ Φαρισαῖοι ἰδόντες **εἶπαν** αὐτῷ· ἰδοὺ οἱ μαθηταί σου ποιοῦσιν ὃ οὐκ ἔξεστιν ποιεῖν ἐν σαββάτῳ.	Mk 2,24	καὶ οἱ Φαρισαῖοι **ἔλεγον** αὐτῷ· ἴδε τί ποιοῦσιν τοῖς σάββασιν ὃ οὐκ ἔξεστιν;	Lk 6,2	τινὲς δὲ τῶν Φαρισαίων **εἶπαν·** τί ποιεῖτε ὃ οὐκ ἔξεστιν τοῖς σάββασιν;	
121	Mt 12,3	ὁ δὲ **εἶπεν** αὐτοῖς· οὐκ ἀνέγνωτε τί ἐποίησεν Δαυὶδ ...	Mk 2,25	καὶ **λέγει** αὐτοῖς· οὐδέποτε ἀνέγνωτε τί ἐποίησεν Δαυίδ, ...	Lk 6,3	καὶ ἀποκριθεὶς πρὸς αὐτοὺς **εἶπεν** ὁ Ἰησοῦς· οὐδὲ τοῦτο ἀνέγνωτε ὃ ἐποίησεν Δαυὶδ ...	

	Mt		Mk		Lk		
022			Mk 2,27	καὶ ἔλεγεν αὐτοῖς· τὸ σάββατον διὰ τὸν ἄνθρωπον ἐγένετο καὶ οὐχ ὁ ἄνθρωπος διὰ τὸ σάββατον·	Lk 6,5	καὶ ἔλεγεν αὐτοῖς·	
	Mt 12,8	κύριος γάρ ἐστιν τοῦ σαββάτου ὁ υἱὸς τοῦ ἀνθρώπου.	Mk 2,28	ὥστε κύριός ἐστιν ὁ υἱὸς τοῦ ἀνθρώπου καὶ τοῦ σαββάτου.		κύριός ἐστιν τοῦ σαββάτου ὁ υἱὸς τοῦ ἀνθρώπου.	
021			Mk 3,3	καὶ λέγει τῷ ἀνθρώπῳ τῷ τὴν ξηρὰν χεῖρα ἔχοντι· ...	Lk 6,8 ↑ Lk 5,22	αὐτὸς δὲ ᾔδει τοὺς διαλογισμοὺς αὐτῶν, εἶπεν δὲ τῷ ἀνδρὶ τῷ ξηρὰν ἔχοντι τὴν χεῖρα· ...	
121	Mt 12,12	... ὥστε ἔξεστιν τοῖς σάββασιν καλῶς ποιεῖν.	Mk 3,4	καὶ λέγει αὐτοῖς· ἔξεστιν τοῖς σάββασιν ἀγαθὸν ποιῆσαι ἢ κακοποιῆσαι, ...	Lk 6,9 ↓ Lk 13,14 ↓ Lk 14,3	εἶπεν δὲ ὁ Ἰησοῦς πρὸς αὐτούς· ἐπερωτῶ ὑμᾶς εἰ ἔξεστιν τῷ σαββάτῳ ἀγαθοποιῆσαι ἢ κακοποιῆσαι, ...	
221	Mt 12,13	τότε λέγει τῷ ἀνθρώπῳ· ἔκτεινόν σου τὴν χεῖρα. ...	Mk 3,5	καὶ περιβλεψάμενος αὐτοὺς μετ' ὀργῆς, συλλυπούμενος ἐπὶ τῇ πωρώσει τῆς καρδίας αὐτῶν λέγει τῷ ἀνθρώπῳ· ἔκτεινον τὴν χεῖρα. ...	Lk 6,10 → Lk 13,12-13	καὶ περιβλεψάμενος πάντας αὐτοὺς εἶπεν αὐτῷ· ἔκτεινον τὴν χεῖρά σου. ...	
n u 022			Mk 3,11 → Mk 1,34	καὶ τὰ πνεύματα τὰ ἀκάθαρτα, ὅταν αὐτὸν ἐθεώρουν, προσέπιπτον αὐτῷ καὶ ἔκραζον λέγοντες ὅτι σὺ εἶ ὁ υἱὸς τοῦ θεοῦ.	Lk 4,41	ἐξήρχετο δὲ καὶ δαιμόνια ἀπὸ πολλῶν κρ[αυγ]άζοντα καὶ λέγοντα ὅτι σὺ εἶ ὁ υἱὸς τοῦ θεοῦ. ...	
h 202	Mt 5,2	[1] ... προσῆλθαν αὐτῷ οἱ μαθηταὶ αὐτοῦ· [2] καὶ ἀνοίξας τὸ στόμα αὐτοῦ ἐδίδασκεν αὐτοὺς λέγων· [3] μακάριοι οἱ πτωχοὶ τῷ πνεύματι, ...			Lk 6,20	καὶ αὐτὸς ἐπάρας τοὺς ὀφθαλμοὺς αὐτοῦ εἰς τοὺς μαθητὰς αὐτοῦ ἔλεγεν· μακάριοι οἱ πτωχοί, ...	
w 201	Mt 5,18 → Mt 24,35	ἀμὴν γὰρ λέγω ὑμῖν· ἕως ἂν παρέλθῃ ὁ οὐρανὸς καὶ ἡ γῆ, ἰῶτα ἓν ἢ μία κεραία οὐ μὴ παρέλθῃ ἀπὸ τοῦ νόμου ἕως ἂν πάντα γένηται.	→ Mk 13,31		Lk 16,17 → Lk 21,33	εὐκοπώτερον δέ ἐστιν τὸν οὐρανὸν καὶ τὴν γῆν παρελθεῖν ἢ τοῦ νόμου μίαν κεραίαν πεσεῖν.	
u w 200	Mt 5,20	λέγω γὰρ ὑμῖν ὅτι ἐὰν μὴ περισσεύσῃ ὑμῶν ἡ δικαιοσύνη πλεῖον τῶν γραμματέων καὶ Φαρισαίων, ...					→ GTh 27 **(POxy 1)**
u w 200	Mt 5,22	ἐγὼ δὲ λέγω ὑμῖν ὅτι πᾶς ὁ ὀργιζόμενος τῷ ἀδελφῷ αὐτοῦ ἔνοχος ἔσται τῇ κρίσει· ...					

w 202	**Mt 5,26** → Mt 18,34	ἀμὴν **λέγω** σοι, οὐ μὴ ἐξέλθῃς ἐκεῖθεν, ἕως ἂν ἀποδῷς τὸν ἔσχατον κοδράντην.			**Lk 12,59**	**λέγω** σοι, οὐ μὴ ἐξέλθῃς ἐκεῖθεν, ἕως καὶ τὸ ἔσχατον λεπτὸν ἀποδῷς.	
u w 200	**Mt 5,28**	ἐγὼ δὲ **λέγω** ὑμῖν ὅτι πᾶς ὁ βλέπων γυναῖκα πρὸς τὸ ἐπιθυμῆσαι αὐτὴν ἤδη ἐμοίχευσεν αὐτὴν ἐν τῇ καρδίᾳ αὐτοῦ.					
u w 201	**Mt 5,32** ⇩ Mt 19,9	ἐγὼ δὲ **λέγω** ὑμῖν ὅτι πᾶς ὁ ἀπολύων τὴν γυναῖκα αὐτοῦ παρεκτὸς λόγου πορνείας ποιεῖ αὐτὴν μοιχευθῆναι, ...	**Mk 10,11**	καὶ **λέγει** αὐτοῖς· ὃς ἂν ἀπολύσῃ τὴν γυναῖκα αὐτοῦ καὶ γαμήσῃ ἄλλην μοιχᾶται ἐπ' αὐτήν·	**Lk 16,18**	πᾶς ὁ ἀπολύων τὴν γυναῖκα αὐτοῦ καὶ γαμῶν ἑτέραν μοιχεύει, ...	→ 1Cor 7,10-11 Mk-Q overlap
v w 200	**Mt 5,34**	ἐγὼ δὲ **λέγω** ὑμῖν μὴ ὀμόσαι ὅλως· ...					**→ Acts 7,49**
v w 201	**Mt 5,39**	ἐγὼ δὲ **λέγω** ὑμῖν μὴ ἀντιστῆναι τῷ πονηρῷ· ἀλλ' ὅστις σε ῥαπίζει εἰς τὴν δεξιὰν σιαγόνα [σου], στρέψον αὐτῷ καὶ τὴν ἄλλην·			**Lk 6,29**	τῷ τύπτοντί σε ἐπὶ τὴν σιαγόνα πάρεχε καὶ τὴν ἄλλην, ...	
w 202	**Mt 5,44**	ἐγὼ δὲ **λέγω** ὑμῖν· ἀγαπᾶτε τοὺς ἐχθροὺς ὑμῶν ...			**Lk 6,27** ⇩ Lk 6,35	ἀλλὰ ὑμῖν **λέγω** τοῖς ἀκούουσιν· ἀγαπᾶτε τοὺς ἐχθροὺς ὑμῶν, ...	
					Lk 6,35 ⇧ **Lk 6,27**	πλὴν ἀγαπᾶτε τοὺς ἐχθροὺς ὑμῶν ...	
w 200	**Mt 6,2**	... ἀμὴν **λέγω** ὑμῖν, ἀπέχουσιν τὸν μισθὸν αὐτῶν.					
w 200	**Mt 6,5**	... ἀμὴν **λέγω** ὑμῖν, ἀπέχουσιν τὸν μισθὸν αὐτῶν.					
w 200	**Mt 6,16**	... ἀμὴν **λέγω** ὑμῖν, ἀπέχουσιν τὸν μισθὸν αὐτῶν.					
w 202	**Mt 6,25**	διὰ τοῦτο **λέγω** ὑμῖν· μὴ μεριμνᾶτε τῇ ψυχῇ ὑμῶν τί φάγητε [ἢ τί πίητε], ...			**Lk 12,22**	... διὰ τοῦτο **λέγω** ὑμῖν· μὴ μεριμνᾶτε τῇ ψυχῇ τί φάγητε, ...	→ GTh 36 **(POxy 655)**
u w 202	**Mt 6,29**	**λέγω** δὲ ὑμῖν ὅτι οὐδὲ Σολομὼν ἐν πάσῃ τῇ δόξῃ αὐτοῦ περιεβάλετο ὡς ἓν τούτων.			**Lk 12,27**	... **λέγω** δὲ ὑμῖν, οὐδὲ Σολομὼν ἐν πάσῃ τῇ δόξῃ αὐτοῦ περιεβάλετο ὡς ἓν τούτων.	
201	**Mt 6,31**	μὴ οὖν μεριμνήσητε **λέγοντες·** τί φάγωμεν; ἤ· τί πίωμεν; ἤ· τί περιβαλώμεθα;			**Lk 12,29**	καὶ ὑμεῖς μὴ ζητεῖτε τί φάγητε καὶ τί πίητε, καὶ μὴ μετεωρίζεσθε·	

	Mt		Mk		Lk		
102	Mt 7,4	ἢ πῶς ἐρεῖς τῷ ἀδελφῷ σου· ἄφες ἐκβάλω τὸ κάρφος ἐκ τοῦ ὀφθαλμοῦ σου, ...			Lk 6,42	πῶς δύνασαι λέγειν τῷ ἀδελφῷ σου· ἀδελφέ, ἄφες ἐκβάλω τὸ κάρφος τὸ ἐν τῷ ὀφθαλμῷ σου, ...	→ GTh 26
201 102	Mt 7,21 → Mt 12,50	οὐ πᾶς ὁ λέγων μοι· κύριε κύριε, εἰσελεύσεται εἰς τὴν βασιλείαν τῶν οὐρανῶν, ἀλλ᾽ ὁ ποιῶν τὸ θέλημα τοῦ πατρός μου τοῦ ἐν τοῖς οὐρανοῖς.	→ Mk 3,35		Lk 6,46 → Lk 8,21	τί δέ με καλεῖτε· κύριε κύριε, καὶ οὐ ποιεῖτε ἃ λέγω;	
l u 222	Mt 8,2	καὶ ἰδοὺ λεπρὸς προσελθὼν προσεκύνει αὐτῷ λέγων· κύριε, ἐὰν θέλῃς δύνασαί με καθαρίσαι.	Mk 1,40	καὶ ἔρχεται πρὸς αὐτὸν λεπρὸς παρακαλῶν αὐτὸν [καὶ γονυπετῶν] καὶ λέγων αὐτῷ ὅτι ἐὰν θέλῃς δύνασαί με καθαρίσαι.	Lk 5,12 ↓ Lk 17,13 → Lk 17,12.16	... καὶ ἰδοὺ ἀνὴρ πλήρης λέπρας· ἰδὼν δὲ τὸν Ἰησοῦν, πεσὼν ἐπὶ πρόσωπον ἐδεήθη αὐτοῦ λέγων· κύριε, ἐὰν θέλῃς δύνασαί με καθαρίσαι.	
222	Mt 8,3	καὶ ἐκτείνας τὴν χεῖρα ἥψατο αὐτοῦ λέγων· θέλω, καθαρίσθητι· ...	Mk 1,41	καὶ σπλαγχνισθεὶς ἐκτείνας τὴν χεῖρα αὐτοῦ ἥψατο καὶ λέγει αὐτῷ· θέλω, καθαρίσθητι·	Lk 5,13	καὶ ἐκτείνας τὴν χεῖρα ἥψατο αὐτοῦ λέγων· θέλω, καθαρίσθητι· ...	
221	Mt 8,4	καὶ λέγει αὐτῷ ὁ Ἰησοῦς· ὅρα μηδενὶ εἴπῃς, ...	Mk 1,44	καὶ λέγει αὐτῷ· ὅρα μηδενὶ μηδὲν εἴπῃς, ...	Lk 5,14	καὶ αὐτὸς παρήγγειλεν αὐτῷ μηδενὶ εἰπεῖν, ...	
l 201	Mt 8,6	[5] ... ἑκατόνταρχος παρακαλῶν αὐτὸν [6] καὶ λέγων· κύριε, ὁ παῖς μου βέβληται ἐν τῇ οἰκίᾳ παραλυτικός, δεινῶς βασανιζόμενος.			Lk 7,2	ἑκατοντάρχου δέ τινος δοῦλος κακῶς ἔχων ἤμελλεν τελευτᾶν, ὃς ἦν αὐτῷ ἔντιμος. [3] ... ἐρωτῶν αὐτὸν ...	→ Jn 4,46-47
201	Mt 8,7 → Lk 7,6a	καὶ λέγει αὐτῷ· ἐγὼ ἐλθὼν θεραπεύσω αὐτόν.			Lk 7,3	... ἀπέστειλεν πρὸς αὐτὸν πρεσβυτέρους τῶν Ἰουδαίων ἐρωτῶν αὐτὸν ὅπως ἐλθὼν διασώσῃ τὸν δοῦλον αὐτοῦ.	→ Jn 4,47
l u 002					Lk 7,4	οἱ δὲ παραγενόμενοι πρὸς τὸν Ἰησοῦν παρεκάλουν αὐτὸν σπουδαίως λέγοντες ὅτι ἄξιός ἐστιν ᾧ παρέξῃ τοῦτο·	
102	Mt 8,8	καὶ ἀποκριθεὶς ὁ ἑκατόνταρχος ἔφη· κύριε, οὐκ εἰμὶ ἱκανὸς ἵνα μου ὑπὸ τὴν στέγην εἰσέλθῃς, ...			Lk 7,6	... ἔπεμψεν φίλους ὁ ἑκατοντάρχης λέγων αὐτῷ· κύριε, μὴ σκύλλου, οὐ γὰρ ἱκανός εἰμι ἵνα ὑπὸ τὴν στέγην μου εἰσέλθῃς·	→ Jn 4,49

	Mt		Mk		Lk		
202	**Mt 8,9**	... ἔχων ὑπ' ἐμαυτὸν στρατιώτας, καὶ **λέγω** τούτῳ· πορεύθητι, καὶ πορεύεται, ...			**Lk 7,8**	... ἔχων ὑπ' ἐμαυτὸν στρατιώτας, καὶ **λέγω** τούτῳ· πορεύθητι, καὶ πορεύεται, ...	
w 202	**Mt 8,10**	ἀκούσας δὲ ὁ Ἰησοῦς ἐθαύμασεν καὶ εἶπεν τοῖς ἀκολουθοῦσιν· ἀμὴν **λέγω** ὑμῖν, παρ' οὐδενὶ τοσαύτην πίστιν ἐν τῷ Ἰσραὴλ εὗρον.			**Lk 7,9**	ἀκούσας δὲ ταῦτα ὁ Ἰησοῦς ἐθαύμασεν αὐτὸν καὶ στραφεὶς τῷ ἀκολουθοῦντι αὐτῷ ὄχλῳ εἶπεν· **λέγω** ὑμῖν, οὐδὲ ἐν τῷ Ἰσραὴλ τοσαύτην πίστιν εὗρον.	
u w 201	**Mt 8,11**	**λέγω** δὲ ὑμῖν ὅτι πολλοὶ ἀπὸ ἀνατολῶν καὶ δυσμῶν ἥξουσιν ...			**Lk 13,29**	καὶ ἥξουσιν ἀπὸ ἀνατολῶν καὶ δυσμῶν καὶ ἀπὸ βορρᾶ καὶ νότου ...	
t x 200	**Mt 8,17**	ὅπως πληρωθῇ τὸ ῥηθὲν διὰ Ἠσαΐου τοῦ προφήτου **λέγοντος·** *αὐτὸς τὰς ἀσθενείας* *ἡμῶν ἔλαβεν καὶ τὰς* *νόσους ἐβάστασεν.* ➤ Isa 53,4					
201	**Mt 8,20**	καὶ **λέγει** αὐτῷ ὁ Ἰησοῦς· αἱ ἀλώπεκες φωλεοὺς ἔχουσιν ...			**Lk 9,58**	καὶ **εἶπεν** αὐτῷ ὁ Ἰησοῦς· αἱ ἀλώπεκες φωλεοὺς ἔχουσιν ...	→ GTh 86
201	**Mt 8,22** → Lk 9,59	ὁ δὲ Ἰησοῦς **λέγει** αὐτῷ· ἀκολούθει μοι, καὶ ἄφες τοὺς νεκροὺς θάψαι τοὺς ἑαυτῶν νεκρούς.			**Lk 9,60**	**εἶπεν** δὲ αὐτῷ· ἄφες τοὺς νεκροὺς θάψαι τοὺς ἑαυτῶν νεκρούς, σὺ δὲ ἀπελθὼν διάγγελλε τὴν βασιλείαν τοῦ θεοῦ.	
222	**Mt 8,25**	καὶ προσελθόντες ἤγειραν αὐτὸν **λέγοντες·** κύριε, σῶσον, ἀπολλύμεθα.	**Mk 4,38**	... καὶ ἐγείρουσιν αὐτὸν καὶ **λέγουσιν** αὐτῷ· διδάσκαλε, οὐ μέλει σοι ὅτι ἀπολλύμεθα;	**Lk 8,24**	προσελθόντες δὲ διήγειραν αὐτὸν **λέγοντες·** ἐπιστάτα ἐπιστάτα, ἀπολλύμεθα. ...	
211	**Mt 8,26**	καὶ **λέγει** αὐτοῖς· τί δειλοί ἐστε, ὀλιγόπιστοι; ...	**Mk 4,40**	καὶ **εἶπεν** αὐτοῖς· τί δειλοί ἐστε; οὔπω ἔχετε πίστιν;	**Lk 8,25**	**εἶπεν** δὲ αὐτοῖς· ποῦ ἡ πίστις ὑμῶν;	
c 222	**Mt 8,27**	οἱ δὲ ἄνθρωποι ἐθαύμασαν **λέγοντες·** ποταπός ἐστιν οὗτος ...	**Mk 4,41**	καὶ ἐφοβήθησαν φόβον μέγαν καὶ **ἔλεγον** πρὸς ἀλλήλους· τίς ἄρα οὗτός ἐστιν ...		φοβηθέντες δὲ ἐθαύμασαν, **λέγοντες** πρὸς ἀλλήλους· τίς ἄρα οὗτός ἐστιν ...	
n r 221	**Mt 8,29**	καὶ ἰδοὺ ἔκραξαν **λέγοντες·** τί ἡμῖν καὶ σοί, υἱὲ τοῦ θεοῦ; ...	**Mk 5,7** ↑ Mk 1,23 ↑ Mk 1,24	καὶ κράξας φωνῇ μεγάλῃ **λέγει·** τί ἐμοὶ καὶ σοί, Ἰησοῦ υἱὲ τοῦ θεοῦ τοῦ ὑψίστου; ...	**Lk 8,28** ↑ Lk 4,33-34	ἰδὼν δὲ τὸν Ἰησοῦν ἀνακράξας προσέπεσεν αὐτῷ καὶ φωνῇ μεγάλῃ **εἶπεν·** τί ἐμοὶ καὶ σοί, Ἰησοῦ υἱὲ τοῦ θεοῦ τοῦ ὑψίστου; ...	

		Mt		Mk		Lk	
l 221	Mt 8,31	οἱ δὲ δαίμονες παρεκάλουν αὐτὸν **λέγοντες·** εἰ ἐκβάλλεις ἡμᾶς, ἀπόστειλον ἡμᾶς εἰς τὴν ἀγέλην τῶν χοίρων.	Mk 5,12	καὶ παρεκάλεσαν αὐτὸν **λέγοντες·** πέμψον ἡμᾶς εἰς τοὺς χοίρους, ἵνα εἰς αὐτοὺς εἰσέλθωμεν.	Lk 8,32	... καὶ παρεκάλεσαν αὐτὸν ἵνα ἐπιτρέψῃ αὐτοῖς εἰς ἐκείνους εἰσελθεῖν· ...	
221	Mt 9,6	ἵνα δὲ εἰδῆτε ὅτι ἐξουσίαν ἔχει ὁ υἱὸς τοῦ ἀνθρώπου ἐπὶ τῆς γῆς ἀφιέναι ἁμαρτίας - τότε **λέγει** τῷ παραλυτικῷ· ...	Mk 2,10	ἵνα δὲ εἰδῆτε ὅτι ἐξουσίαν ἔχει ὁ υἱὸς τοῦ ἀνθρώπου ἀφιέναι ἁμαρτίας ἐπὶ τῆς γῆς - **λέγει** τῷ παραλυτικῷ·	Lk 5,24	ἵνα δὲ εἰδῆτε ὅτι ὁ υἱὸς τοῦ ἀνθρώπου ἐξουσίαν ἔχει ἐπὶ τῆς γῆς ἀφιέναι ἁμαρτίας - **εἶπεν** τῷ παραλελυμένῳ· ...	
e 211 221	Mt 9,9 (2)	καὶ παράγων ὁ Ἰησοῦς ἐκεῖθεν εἶδεν ἄνθρωπον καθήμενον ἐπὶ τὸ τελώνιον, Μαθθαῖον **λεγόμενον,** καὶ **λέγει** αὐτῷ· ἀκολούθει μοι. ...	Mk 2,14	καὶ παράγων εἶδεν Λευὶν τὸν τοῦ Ἁλφαίου καθήμενον ἐπὶ τὸ τελώνιον, καὶ **λέγει** αὐτῷ· ἀκολούθει μοι. ...	Lk 5,27	καὶ μετὰ ταῦτα ἐξῆλθεν καὶ ἐθεάσατο τελώνην ὀνόματι Λευὶν καθήμενον ἐπὶ τὸ τελώνιον, καὶ **εἶπεν** αὐτῷ· ἀκολούθει μοι.	
222	Mt 9,11	καὶ ἰδόντες οἱ Φαρισαῖοι **ἔλεγον** τοῖς μαθηταῖς αὐτοῦ· διὰ τί μετὰ τῶν τελωνῶν καὶ ἁμαρτωλῶν ἐσθίει ὁ διδάσκαλος ὑμῶν;	Mk 2,16	καὶ οἱ γραμματεῖς τῶν Φαρισαίων ἰδόντες ὅτι ἐσθίει μετὰ τῶν ἁμαρτωλῶν καὶ τελωνῶν **ἔλεγον** τοῖς μαθηταῖς αὐτοῦ· ὅτι μετὰ τῶν τελωνῶν καὶ ἁμαρτωλῶν ἐσθίει;	Lk 5,30 ↓ Lk 15,2 ↓ Lk 19,7	καὶ ἐγόγγυζον οἱ Φαρισαῖοι καὶ οἱ γραμματεῖς αὐτῶν πρὸς τοὺς μαθητὰς αὐτοῦ **λέγοντες·** διὰ τί μετὰ τῶν τελωνῶν καὶ ἁμαρτωλῶν ἐσθίετε καὶ πίνετε;	
221	Mt 9,14	τότε προσέρχονται αὐτῷ οἱ μαθηταὶ Ἰωάννου **λέγοντες·** διὰ τί ἡμεῖς καὶ οἱ Φαρισαῖοι νηστεύομεν [πολλά], ...	Mk 2,18	καὶ ἦσαν οἱ μαθηταὶ Ἰωάννου καὶ οἱ Φαρισαῖοι νηστεύοντες. καὶ ἔρχονται καὶ **λέγουσιν** αὐτῷ· διὰ τί οἱ μαθηταὶ Ἰωάννου καὶ οἱ μαθηταὶ τῶν Φαρισαίων νηστεύουσιν, ...	Lk 5,33	οἱ δὲ **εἶπαν** πρὸς αὐτόν· οἱ μαθηταὶ Ἰωάννου νηστεύουσιν πυκνὰ καὶ δεήσεις ποιοῦνται ὁμοίως καὶ οἱ τῶν Φαρισαίων, ...	→ GTh 104
u l 221	Mt 9,18	... ἰδοὺ ἄρχων εἷς ἐλθὼν προσεκύνει αὐτῷ **λέγων** ὅτι ἡ θυγάτηρ μου ἄρτι ἐτελεύτησεν· ἀλλὰ ἐλθὼν ἐπίθες τὴν χεῖρά σου ἐπ᾽ αὐτήν, καὶ ζήσεται.	Mk 5,23	[22] καὶ ἔρχεται εἷς τῶν ἀρχισυναγώγων, ὀνόματι Ἰάϊρος, καὶ ἰδὼν αὐτὸν πίπτει πρὸς τοὺς πόδας αὐτοῦ [23] καὶ παρακαλεῖ αὐτὸν πολλὰ **λέγων** ὅτι τὸ θυγάτριόν μου ἐσχάτως ἔχει, ἵνα ἐλθὼν ἐπιθῇς τὰς χεῖρας αὐτῇ ἵνα σωθῇ καὶ ζήσῃ.	Lk 8,41 → Mk 5,42	καὶ ἰδοὺ ἦλθεν ἀνὴρ ᾧ ὄνομα Ἰάϊρος καὶ οὗτος ἄρχων τῆς συναγωγῆς ὑπῆρχεν, καὶ πεσὼν παρὰ τοὺς πόδας [τοῦ] Ἰησοῦ παρεκάλει αὐτὸν εἰσελθεῖν εἰς τὸν οἶκον αὐτοῦ, [42] ὅτι θυγάτηρ μονογενὴς ἦν αὐτῷ ὡς ἐτῶν δώδεκα καὶ αὐτὴ ἀπέθνῃσκεν. ...	
b u 220	Mt 9,21 → Lk 8,47	**ἔλεγεν** γὰρ ἐν ἑαυτῇ· ἐὰν μόνον ἅψωμαι τοῦ ἱματίου αὐτοῦ σωθήσομαι.	Mk 5,28 → Lk 8,47	**ἔλεγεν** γὰρ ὅτι ἐὰν ἅψωμαι κἂν τῶν ἱματίων αὐτοῦ σωθήσομαι.			
221	Mt 9,24	**ἔλεγεν·** ἀναχωρεῖτε, οὐ γὰρ ἀπέθανεν τὸ κοράσιον ἀλλὰ καθεύδει. ...	Mk 5,39	καὶ εἰσελθὼν **λέγει** αὐτοῖς· τί θορυβεῖσθε καὶ κλαίετε; τὸ παιδίον οὐκ ἀπέθανεν ἀλλὰ καθεύδει.	Lk 8,52	... ὁ δὲ **εἶπεν·** μὴ κλαίετε, οὐ γὰρ ἀπέθανεν ἀλλὰ καθεύδει.	

	Mt		Mk		Lk		
n a 200	**Mt 9,27** ⇩ Mt 20,30	... δύο τυφλοὶ κράζοντες καὶ **λέγοντες·** ἐλέησον ἡμᾶς, υἱὸς Δαυίδ.	**Mk 10,47**	[46] ... ὁ υἱὸς Τιμαίου Βαρτιμαῖος, τυφλὸς προσαίτης, ... [47] ... ἤρξατο κράζειν καὶ **λέγειν·** υἱὲ Δαυὶδ Ἰησοῦ, ἐλέησόν με.	**Lk 18,38**	[35] ... τυφλός τις ... [38] καὶ ἐβόησεν **λέγων·** Ἰησοῦ υἱὲ Δαυίδ, ἐλέησόν με.	
200	**Mt 9,28** **(2)** ⇩ Mt 20,32	... καὶ **λέγει** αὐτοῖς ὁ Ἰησοῦς· πιστεύετε ὅτι δύναμαι τοῦτο ποιῆσαι;	**Mk 10,51**	καὶ ἀποκριθεὶς αὐτῷ ὁ Ἰησοῦς **εἶπεν·** τί σοι θέλεις ποιήσω;	**Lk 18,40**	... ἐγγίσαντος δὲ αὐτοῦ **ἐπηρώτησεν** αὐτόν· [41] τί σοι θέλεις ποιήσω; ↔	
200	⇩ Mt 20,33	**λέγουσιν** αὐτῷ· ναὶ κύριε.		ὁ δὲ τυφλὸς **εἶπεν** αὐτῷ· ῥαββουνι, ἵνα ἀναβλέψω.	**Lk 18,41**	↔ ὁ δὲ **εἶπεν·** κύριε, ἵνα ἀναβλέψω.	
200	**Mt 9,29** ⇨ Mt 20,34 → Mk 8,23.25	τότε ἥψατο τῶν ὀφθαλμῶν αὐτῶν **λέγων·** κατὰ τὴν πίστιν ὑμῶν γενηθήτω ὑμῖν.	**Mk 10,52**	καὶ ὁ Ἰησοῦς **εἶπεν** αὐτῷ· ὕπαγε, ἡ πίστις σου σέσωκέν σε.	**Lk 18,42**	καὶ ὁ Ἰησοῦς **εἶπεν** αὐτῷ· ἀνάβλεψον· ἡ πίστις σου σέσωκέν σε.	
200	**Mt 9,30** ⇨ Mt 20,34	καὶ ἠνεῴχθησαν αὐτῶν οἱ ὀφθαλμοί. καὶ ἐνεβριμήθη αὐτοῖς ὁ Ἰησοῦς **λέγων·** ὁρᾶτε μηδεὶς γινωσκέτω.		καὶ εὐθὺς ἀνέβλεψεν, καὶ ἠκολούθει αὐτῷ ἐν τῇ ὁδῷ.	**Lk 18,43**	καὶ παραχρῆμα ἀνέβλεψεν καὶ ἠκολούθει αὐτῷ δοξάζων τὸν θεόν. ...	
201	**Mt 9,33** ⇨ Mt 12,22 ⇩ Mt 12,23	καὶ ἐκβληθέντος τοῦ δαιμονίου ἐλάλησεν ὁ κωφός. καὶ ἐθαύμασαν οἱ ὄχλοι **λέγοντες·** οὐδέποτε ἐφάνη οὕτως ἐν τῷ Ἰσραήλ.			**Lk 11,14**	... ἐγένετο δὲ τοῦ δαιμονίου ἐξελθόντος ἐλάλησεν ὁ κωφὸς καὶ ἐθαύμασαν οἱ ὄχλοι.	
200	**Mt 9,34** ⇩ Mt 12,24 ↓ Lk 11,18	οἱ δὲ Φαρισαῖοι **ἔλεγον·** ἐν τῷ ἄρχοντι τῶν δαιμονίων ἐκβάλλει τὰ δαιμόνια.	**Mk 3,22**	καὶ οἱ γραμματεῖς οἱ ἀπὸ Ἱεροσολύμων καταβάντες **ἔλεγον** ὅτι Βεελζεβοὺλ ἔχει, καὶ ὅτι ἐν τῷ ἄρχοντι τῶν δαιμονίων ἐκβάλλει τὰ δαιμόνια.	**Lk 11,15**	τινὲς δὲ ἐξ αὐτῶν **εἶπον·** ἐν Βεελζεβοὺλ τῷ ἄρχοντι τῶν δαιμονίων ἐκβάλλει τὰ δαιμόνια·	
c 202	**Mt 9,37**	τότε **λέγει** τοῖς μαθηταῖς αὐτοῦ· ὁ μὲν θερισμὸς πολύς, οἱ δὲ ἐργάται ὀλίγοι·			**Lk 10,2**	**ἔλεγεν** δὲ πρὸς αὐτούς· ὁ μὲν θερισμὸς πολύς, οἱ δὲ ἐργάται ὀλίγοι· ...	→ GTh 73
e 211	**Mt 10,2**	τῶν δὲ δώδεκα ἀποστόλων τὰ ὀνόματά ἐστιν ταῦτα· πρῶτος Σίμων **ὁ λεγόμενος** Πέτρος ...	**Mk 3,16**	... καὶ **ἐπέθηκεν ὄνομα** τῷ Σίμωνι Πέτρον	**Lk 6,14**	Σίμωνα, ὃν καὶ **ὠνόμασεν** Πέτρον, ...	→ Jn 1,42
s 211	**Mt 10,5**	τούτους τοὺς δώδεκα ἀπέστειλεν ὁ Ἰησοῦς παραγγείλας αὐτοῖς **λέγων·** εἰς ὁδὸν ἐθνῶν μὴ ἀπέλθητε καὶ εἰς πόλιν Σαμαριτῶν μὴ εἰσέλθητε·	**Mk 6,8** → Mt 10,9-10	[7] ... τοὺς δώδεκα καὶ ἤρξατο αὐτοὺς ἀποστέλλειν δύο δύο ... [8] καὶ παρήγγειλεν αὐτοῖς ...	**Lk 9,3** → Lk 10,4 → Mt 10,9-10	[2] καὶ ἀπέστειλεν αὐτοὺς ... [3] καὶ εἶπεν πρὸς αὐτούς· ...	

m u 202	**Mt 10,7**	πορευόμενοι δὲ κηρύσσετε **λέγοντες** ὅτι ἤγγικεν ἡ βασιλεία τῶν οὐρανῶν. [8] ἀσθενοῦντας θεραπεύετε, ...			**Lk 10,9** → Lk 9,2 ⇩ Lk 10,11 **Lk 10,11** ⇧ Lk 10,9	καὶ θεραπεύετε τοὺς ἐν αὐτῇ ἀσθενεῖς καὶ **λέγετε** αὐτοῖς· ἤγγικεν ἐφ' ὑμᾶς ἡ βασιλεία τοῦ θεοῦ. ... πλὴν τοῦτο γινώσκετε ὅτι ἤγγικεν ἡ βασιλεία τοῦ θεοῦ.	
w u 202	**Mt 10,15** ⇩ Mt 11,24	ἀμὴν **λέγω** ὑμῖν, ἀνεκτότερον ἔσται γῇ Σοδόμων καὶ Γομόρρων ἐν ἡμέρᾳ κρίσεως ἢ τῇ πόλει ἐκείνῃ.			**Lk 10,12**	**λέγω** ὑμῖν ὅτι Σοδόμοις ἐν τῇ ἡμέρᾳ ἐκείνῃ ἀνεκτότερον ἔσται ἢ τῇ πόλει ἐκείνῃ.	
w 200	**Mt 10,23**	... ἀμὴν γὰρ **λέγω** ὑμῖν, οὐ μὴ τελέσητε τὰς πόλεις τοῦ Ἰσραὴλ ...					
201	**Mt 10,27**	ὃ **λέγω** ὑμῖν ἐν τῇ σκοτίᾳ εἴπατε ἐν τῷ φωτί, ...			**Lk 12,3**	ἀνθ' ὧν ὅσα ἐν τῇ σκοτίᾳ εἴπατε ἐν τῷ φωτὶ ἀκουσθήσεται, ...	→ GTh 33,1 (POxy 1)
w u 220	**Mt 10,42**	καὶ ὃς ἂν ποτίσῃ ἕνα τῶν μικρῶν τούτων ποτήριον ψυχροῦ μόνον εἰς ὄνομα μαθητοῦ, ἀμὴν **λέγω** ὑμῖν, οὐ μὴ ἀπολέσῃ τὸν μισθὸν αὐτοῦ.	**Mk 9,41**	ὃς γὰρ ἂν ποτίσῃ ὑμᾶς ποτήριον ὕδατος ἐν ὀνόματι ὅτι Χριστοῦ ἐστε, ἀμὴν **λέγω** ὑμῖν ὅτι οὐ μὴ ἀπολέσῃ τὸν μισθὸν αὐτοῦ.			
w 002					**Lk 7,14**	... καὶ εἶπεν· νεανίσκε, σοὶ **λέγω,** ἐγέρθητι.	
u 002					**Lk 7,16**	... ἐδόξαζον τὸν θεὸν **λέγοντες** ὅτι προφήτης μέγας ἠγέρθη ἐν ἡμῖν ...	
102	**Mt 11,3**	[2] ὁ δὲ Ἰωάννης ... πέμψας διὰ τῶν μαθητῶν αὐτοῦ [3] **εἶπεν** αὐτῷ· σὺ εἶ ὁ ἐρχόμενος ἢ ἕτερον προσδοκῶμεν;			**Lk 7,19**	[18] ... καὶ προσκαλεσάμενος δύο τινὰς τῶν μαθητῶν αὐτοῦ ὁ Ἰωάννης [19] ἔπεμψεν πρὸς τὸν κύριον **λέγων·** σὺ εἶ ὁ ἐρχόμενος ἢ ἄλλον προσδοκῶμεν;	
002					**Lk 7,20**	παραγενόμενοι δὲ πρὸς αὐτὸν οἱ ἄνδρες εἶπαν· Ἰωάννης ὁ βαπτιστὴς ἀπέστειλεν ἡμᾶς πρὸς σὲ **λέγων·** σὺ εἶ ὁ ἐρχόμενος ἢ ἄλλον προσδοκῶμεν;	
a c 202	**Mt 11,7**	τούτων δὲ πορευομένων ἤρξατο ὁ Ἰησοῦς **λέγειν** τοῖς ὄχλοις περὶ Ἰωάννου· ...			**Lk 7,24**	ἀπελθόντων δὲ τῶν ἀγγέλων Ἰωάννου ἤρξατο **λέγειν** πρὸς τοὺς ὄχλους περὶ Ἰωάννου· ...	

	Mt		Mk		Lk		
w 202	**Mt 11,9**	ἀλλὰ τί ἐξήλθατε ἰδεῖν; προφήτην; ναὶ **λέγω** ὑμῖν, καὶ περισσότερον προφήτου.			**Lk 7,26**	ἀλλὰ τί ἐξήλθατε ἰδεῖν; προφήτην; ναὶ **λέγω** ὑμῖν, καὶ περισσότερον προφήτου.	
w 202	**Mt 11,11**	ἀμὴν **λέγω** ὑμῖν· οὐκ ἐγήγερται ἐν γεννητοῖς γυναικῶν μείζων Ἰωάννου τοῦ βαπτιστοῦ· ...			**Lk 7,28**	**λέγω** ὑμῖν, μείζων ἐν γεννητοῖς γυναικῶν Ἰωάννου οὐδείς ἐστιν· ...	→ GTh 46
q 202	**Mt 11,17**	[16] ... ὁμοία ἐστὶν παιδίοις καθημένοις ἐν ταῖς ἀγοραῖς ἃ προσφωνοῦντα τοῖς ἑτέροις [17] **λέγουσιν·** ηὐλήσαμεν ὑμῖν καὶ οὐκ ὠρχήσασθε, ...			**Lk 7,32**	ὅμοιοί εἰσιν παιδίοις τοῖς ἐν ἀγορᾷ καθημένοις καὶ προσφωνοῦσιν ἀλλήλοις ἃ **λέγει·** ηὐλήσαμεν ὑμῖν καὶ οὐκ ὠρχήσασθε· ...	
202	**Mt 11,18**	ἦλθεν γὰρ Ἰωάννης μήτε ἐσθίων μήτε πίνων, καὶ **λέγουσιν·** δαιμόνιον ἔχει·			**Lk 7,33** → Mt 3,4 → Mk 1,6	ἐλήλυθεν γὰρ Ἰωάννης ὁ βαπτιστὴς μὴ ἐσθίων ἄρτον μήτε πίνων οἶνον, καὶ **λέγετε·** δαιμόνιον ἔχει.	
202	**Mt 11,19**	ἦλθεν ὁ υἱὸς τοῦ ἀνθρώπου ἐσθίων καὶ πίνων, καὶ **λέγουσιν·** ἰδοὺ ἄνθρωπος φάγος καὶ οἰνοπότης, ...			**Lk 7,34**	ἐλήλυθεν ὁ υἱὸς τοῦ ἀνθρώπου ἐσθίων καὶ πίνων, καὶ **λέγετε·** ἰδοὺ ἄνθρωπος φάγος καὶ οἰνοπότης, ...	
b 002					**Lk 7,39**	ἰδὼν δὲ ὁ Φαρισαῖος ὁ καλέσας αὐτὸν εἶπεν ἐν ἑαυτῷ **λέγων·** οὗτος εἰ ἦν προφήτης, ἐγίνωσκεν ἂν τίς καὶ ποταπὴ ἡ γυνὴ ...	
w 002					**Lk 7,47**	οὗ χάριν **λέγω** σοι, ἀφέωνται αἱ ἁμαρτίαι αὐτῆς αἱ πολλαί, ...	
a b 002					**Lk 7,49** ↑ Mt 9,3 ↑ Mk 2,6 ↑ **Lk 5,21**	καὶ ἤρξαντο οἱ συνανακείμενοι **λέγειν** ἐν ἑαυτοῖς· τίς οὗτός ἐστιν ὃς καὶ ἁμαρτίας ἀφίησιν;	
w 201	**Mt 11,22**	πλὴν **λέγω** ὑμῖν, Τύρῳ καὶ Σιδῶνι ἀνεκτότερον ἔσται ἐν ἡμέρᾳ κρίσεως ἢ ὑμῖν.			**Lk 10,14**	πλὴν Τύρῳ καὶ Σιδῶνι ἀνεκτότερον ἔσται ἐν τῇ κρίσει ἢ ὑμῖν.	
u w 200	**Mt 11,24** ⇧ Mt 10,15	πλὴν **λέγω** ὑμῖν ὅτι γῇ Σοδόμων ἀνεκτότερον ἔσται ἐν ἡμέρᾳ κρίσεως ἢ σοί.			**Lk 10,12**	λέγω ὑμῖν ὅτι Σοδόμοις ἐν τῇ ἡμέρᾳ ἐκείνῃ ἀνεκτότερον ἔσται ἢ τῇ πόλει ἐκείνῃ.	
u w 200	**Mt 12,6** → Mt 12,41-42 → Lk 11,31-32	**λέγω** δὲ ὑμῖν ὅτι τοῦ ἱεροῦ μεῖζόν ἐστιν ὧδε.					

	Mt		Mk		Lk		
j 211	**Mt 12,10**	... καὶ ἐπηρώτησαν αὐτὸν **λέγοντες·** εἰ ἔξεστιν τοῖς σάββασιν θεραπεῦσαι; ἵνα κατηγορήσωσιν αὐτοῦ.	**Mk 3,2**	καὶ παρετήρουν αὐτὸν εἰ τοῖς σάββασιν θεραπεύσει αὐτόν, ἵνα κατηγορήσωσιν αὐτοῦ.	**Lk 6,7** ↓ Lk 14,3	παρετηροῦντο δὲ αὐτὸν οἱ γραμματεῖς καὶ οἱ Φαρισαῖοι εἰ ἐν τῷ σαββάτῳ θεραπεύει, ἵνα εὕρωσιν κατηγορεῖν αὐτοῦ.	
221	**Mt 12,13**	τότε **λέγει** τῷ ἀνθρώπῳ· ἔκτεινόν σου τὴν χεῖρα. ...	**Mk 3,5**	καὶ περιβλεψάμενος αὐτοὺς μετ' ὀργῆς, συλλυπούμενος ἐπὶ τῇ πωρώσει τῆς καρδίας αὐτῶν **λέγει** τῷ ἀνθρώπῳ· ἔκτεινον τὴν χεῖρα. ...	**Lk 6,10** → Lk 13,12-13	καὶ περιβλεψάμενος πάντας αὐτοὺς **εἶπεν** αὐτῷ· ἔκτεινον τὴν χεῖρά σου. ...	
t x 200	**Mt 12,17** → Mt 3,16 → Mk 1,10 ↑ Lk 3,22 ↑ Mt 3,17 ↑ Mk 1,11	ἵνα πληρωθῇ τὸ ῥηθὲν διὰ Ἠσαΐου τοῦ προφήτου **λέγοντος·** [18] *ἰδοὺ ὁ παῖς μου ὃν ᾑρέτισα, ὁ ἀγαπητός μου εἰς ὃν εὐδόκησεν ἡ ψυχή μου·* ... ➤ Isa 42,1					
u 020			**Mk 3,21**	καὶ ἀκούσαντες οἱ παρ' αὐτοῦ ἐξῆλθον κρατῆσαι αὐτόν· **ἔλεγον** γὰρ ὅτι ἐξέστη.			
200	**Mt 12,23** ⇑ Mt 9,33	καὶ ἐξίσταντο πάντες οἱ ὄχλοι καὶ **ἔλεγον·** μήτι οὗτός ἐστιν ὁ υἱὸς Δαυίδ;			**Lk 11,14**	... καὶ ἐθαύμασαν οἱ ὄχλοι.	
u 020	**Mt 12,24** ⇑ Mt 9,34	οἱ δὲ Φαρισαῖοι ἀκούσαντες **εἶπον·** οὗτος οὐκ ἐκβάλλει τὰ δαιμόνια εἰ μὴ ἐν τῷ Βεελζεβοὺλ ἄρχοντι τῶν δαιμονίων.	**Mk 3,22**	καὶ οἱ γραμματεῖς οἱ ἀπὸ Ἱεροσολύμων καταβάντες **ἔλεγον** ὅτι Βεελζεβοὺλ ἔχει, καὶ ὅτι ἐν τῷ ἄρχοντι τῶν δαιμονίων ἐκβάλλει τὰ δαιμόνια.	**Lk 11,15** ↓ Lk 11,18	τινὲς δὲ ἐξ αὐτῶν **εἶπον·** ἐν Βεελζεβοὺλ τῷ ἄρχοντι τῶν δαιμονίων ἐκβάλλει τὰ δαιμόνια·	Mk-Q overlap
k 020	**Mt 12,25** ↑ Mt 9,4	εἰδὼς δὲ τὰς ἐνθυμήσεις αὐτῶν **εἶπεν** αὐτοῖς· πᾶσα βασιλεία μερισθεῖσα καθ' ἑαυτῆς ἐρημοῦται ...	**Mk 3,23**	καὶ προσκαλεσάμενος αὐτοὺς ἐν παραβολαῖς **ἔλεγεν** αὐτοῖς· πῶς δύναται σατανᾶς σατανᾶν ἐκβάλλειν; [24] καὶ ἐὰν βασιλεία ἐφ' ἑαυτὴν μερισθῇ, οὐ δύναται σταθῆναι ἡ βασιλεία ἐκείνη·	**Lk 11,17** ↑ Lk 5,22 ↑ Lk 6,8	αὐτὸς δὲ εἰδὼς αὐτῶν τὰ διανοήματα **εἶπεν** αὐτοῖς· πᾶσα βασιλεία ἐφ' ἑαυτὴν διαμερισθεῖσα ἐρημοῦται ...	Mk-Q overlap
w u 220	**Mt 12,31**	διὰ τοῦτο **λέγω** ὑμῖν, πᾶσα ἁμαρτία καὶ βλασφημία ἀφεθήσεται τοῖς ἀνθρώποις, ...	**Mk 3,28** → Mt 12,32 → Lk 12,10	ἀμὴν **λέγω** ὑμῖν ὅτι πάντα ἀφεθήσεται τοῖς υἱοῖς τῶν ἀνθρώπων τὰ ἁμαρτήματα καὶ αἱ βλασφημίαι ὅσα ἐὰν βλασφημήσωσιν·			→ GTh 44
020			**Mk 3,30**	ὅτι **ἔλεγον·** πνεῦμα ἀκάθαρτον ἔχει.			

u w 200	**Mt 12,36**	**λέγω** δὲ ὑμῖν ὅτι πᾶν ῥῆμα ἀργὸν ὃ λαλήσουσιν οἱ ἄνθρωποι ἀποδώσουσιν περὶ αὐτοῦ λόγον ἐν ἡμέρᾳ κρίσεως·					
f 201	**Mt 12,38** ⇨ Mt 16,1	τότε ἀπεκρίθησαν αὐτῷ τινες τῶν γραμματέων καὶ Φαρισαίων **λέγοντες·** διδάσκαλε, θέλομεν ἀπὸ σοῦ σημεῖον ἰδεῖν.	**Mk 8,11**	καὶ ἐξῆλθον οἱ Φαρισαῖοι καὶ ἤρξαντο συζητεῖν αὐτῷ, ζητοῦντες παρ' αὐτοῦ σημεῖον ἀπὸ τοῦ οὐρανοῦ, πειράζοντες αὐτόν.	**Lk 11,16**	ἕτεροι δὲ πειράζοντες σημεῖον ἐξ οὐρανοῦ ἐζήτουν παρ' αὐτοῦ.	Mk-Q overlap
202	**Mt 12,44**	τότε **λέγει·** εἰς τὸν οἶκόν μου ἐπιστρέψω ὅθεν ἐξῆλθον· ...			**Lk 11,24**	... [τότε] **λέγει·** ὑποστρέψω εἰς τὸν οἶκόν μου ὅθεν ἐξῆλθον·	
121	**Mt 12,47**	[**εἶπεν** δέ τις αὐτῷ· ἰδοὺ ἡ μήτηρ σου καὶ οἱ ἀδελφοί σου ἔξω ἑστήκασιν ζητοῦντές σοι λαλῆσαι.]	**Mk 3,32**	... καὶ **λέγουσιν** αὐτῷ· ἰδοὺ ἡ μήτηρ σου καὶ οἱ ἀδελφοί σου [καὶ αἱ ἀδελφαί σου] ἔξω ζητοῦσίν σε.	**Lk 8,20**	**ἀπηγγέλη** δὲ αὐτῷ· ἡ μήτηρ σου καὶ οἱ ἀδελφοί σου ἑστήκασιν ἔξω ἰδεῖν θέλοντές σε.	→ GTh 99 Mt 12,47 is textcritically uncertain.
f 121 211	**Mt 12,48**	ὁ δὲ ἀποκριθεὶς **εἶπεν** **τῷ λέγοντι αὐτῷ·** τίς ἐστιν ἡ μήτηρ μου καὶ τίνες εἰσὶν οἱ ἀδελφοί μου;	**Mk 3,33**	καὶ ἀποκριθεὶς αὐτοῖς **λέγει·** τίς ἐστιν ἡ μήτηρ μου καὶ οἱ ἀδελφοί [μου];	**Lk 8,21**	ὁ δὲ ἀποκριθεὶς **εἶπεν** **πρὸς αὐτούς·** ...	→ GTh 99
120	**Mt 12,49**	καὶ ἐκτείνας τὴν χεῖρα αὐτοῦ ἐπὶ τοὺς μαθητὰς αὐτοῦ **εἶπεν·** ἰδοὺ ἡ μήτηρ μου καὶ οἱ ἀδελφοί μου·	**Mk 3,34**	καὶ περιβλεψάμενος τοὺς περὶ αὐτὸν κύκλῳ καθημένους **λέγει·** ἴδε ἡ μήτηρ μου καὶ οἱ ἀδελφοί μου.			→ GTh 99
p h 221	**Mt 13,3**	καὶ ἐλάλησεν αὐτοῖς πολλὰ ἐν παραβολαῖς **λέγων·** ἰδοὺ ἐξῆλθεν ὁ σπείρων τοῦ σπείρειν.	**Mk 4,2**	καὶ ἐδίδασκεν αὐτοὺς ἐν παραβολαῖς πολλὰ καὶ **ἔλεγεν** αὐτοῖς ἐν τῇ διδαχῇ αὐτοῦ· [3] ἀκούετε. ἰδοὺ ἐξῆλθεν ὁ σπείρων σπεῖραι.	**Lk 8,4**	... εἶπεν διὰ παραβολῆς· [5] ἐξῆλθεν ὁ σπείρων τοῦ σπεῖραι τὸν σπόρον αὐτοῦ. ...	→ GTh 9
q 122	**Mt 13,9**	ὁ ἔχων ὦτα ἀκουέτω.	**Mk 4,9**	καὶ **ἔλεγεν·** ὃς ἔχει ὦτα ἀκούειν ἀκουέτω.	**Lk 8,8**	... ταῦτα **λέγων ἐφώνει·** ὁ ἔχων ὦτα ἀκούειν ἀκουέτω.	→ GTh 21,11
121	**Mt 13,11**	ὁ δὲ ἀποκριθεὶς **εἶπεν** αὐτοῖς· ὅτι ὑμῖν δέδοται γνῶναι τὰ μυστήρια τῆς βασιλείας τῶν οὐρανῶν, ...	**Mk 4,11**	καὶ **ἔλεγεν** αὐτοῖς· ὑμῖν τὸ μυστήριον δέδοται τῆς βασιλείας τοῦ θεοῦ· ...	**Lk 8,10**	ὁ δὲ **εἶπεν·** ὑμῖν δέδοται γνῶναι τὰ μυστήρια τῆς βασιλείας τοῦ θεοῦ, ...	→ GTh 62,1
t x 200	**Mt 13,14** → Mt 13,13 → Mk 4,12 → Lk 8,10b	καὶ ἀναπληροῦται αὐτοῖς ἡ προφητεία Ἠσαΐου ἡ **λέγουσα·** *ἀκοῇ ἀκούσετε καὶ οὐ μὴ συνῆτε, ...* ➢ Isa 6,9 LXX					→ Jn 12,40 **→ Acts 28,26**

u w	Mt		Mk		Lk		
202	Mt 13,17	ἀμὴν γὰρ **λέγω** ὑμῖν ὅτι πολλοὶ προφῆται καὶ δίκαιοι ἐπεθύμησαν ἰδεῖν ἃ βλέπετε καὶ οὐκ εἶδαν, ...			Lk 10,24	**λέγω** γὰρ ὑμῖν ὅτι πολλοὶ προφῆται καὶ βασιλεῖς ἠθέλησαν ἰδεῖν ἃ ὑμεῖς βλέπετε καὶ οὐκ εἶδαν, ...	→ GTh 38 (POxy 655 - restoration)
121	Mt 13,18	ὑμεῖς οὖν ἀκούσατε τὴν παραβολὴν τοῦ σπείραντος.	Mk 4,13	καὶ **λέγει** αὐτοῖς· οὐκ οἴδατε τὴν παραβολὴν ταύτην, καὶ πῶς πάσας τὰς παραβολὰς γνώσεσθε;	Lk 8,11	ἔστιν δὲ αὕτη ἡ παραβολή· ὁ σπόρος ἐστὶν ὁ λόγος τοῦ θεοῦ.	
021			Mk 4,21	καὶ **ἔλεγεν** αὐτοῖς· μήτι ἔρχεται ὁ λύχνος ἵνα ὑπὸ τὸν μόδιον τεθῇ ἢ ὑπὸ τὴν κλίνην; οὐχ ἵνα ἐπὶ τὴν λυχνίαν τεθῇ;	Lk 8,16	οὐδεὶς δὲ λύχνον ἅψας καλύπτει αὐτὸν σκεύει ἢ ὑποκάτω κλίνης τίθησιν, ἀλλ' ἐπὶ λυχνίας τίθησιν, ...	→ GTh 33,2-3 Mk-Q overlap
	Mt 5,15	οὐδὲ καίουσιν λύχνον καὶ τιθέασιν αὐτὸν ὑπὸ τὸν μόδιον ἀλλ' ἐπὶ τὴν λυχνίαν, καὶ λάμπει πᾶσιν τοῖς ἐν τῇ οἰκίᾳ.			Lk 11,33	οὐδεὶς λύχνον ἅψας εἰς κρύπτην τίθησιν [οὐδὲ ὑπὸ τὸν μόδιον] ἀλλ' ἐπὶ τὴν λυχνίαν, ἵνα οἱ εἰσπορευόμενοι τὸ φῶς βλέπωσιν.	
021			Mk 4,24	καὶ **ἔλεγεν** αὐτοῖς· βλέπετε τί ἀκούετε. ...	Lk 8,18	βλέπετε οὖν πῶς ἀκούετε· ...	
020			Mk 4,26	καὶ **ἔλεγεν·** οὕτως ἐστὶν ἡ βασιλεία τοῦ θεοῦ ὡς ἄνθρωπος βάλῃ τὸν σπόρον ἐπὶ τῆς γῆς			
200	Mt 13,24	ἄλλην παραβολὴν παρέθηκεν αὐτοῖς **λέγων·** ὡμοιώθη ἡ βασιλεία τῶν οὐρανῶν ἀνθρώπῳ σπείραντι καλὸν σπέρμα ἐν τῷ ἀγρῷ αὐτοῦ.					→ GTh 57
200	Mt 13,28	... οἱ δὲ δοῦλοι **λέγουσιν** αὐτῷ· θέλεις οὖν ἀπελθόντες συλλέξωμεν αὐτά;					→ GTh 57
020	Mt 13,31	ἄλλην παραβολὴν παρέθηκεν αὐτοῖς **λέγων·** ὁμοία ἐστὶν ἡ βασιλεία τῶν οὐρανῶν κόκκῳ σινάπεως, ...	Mk 4,30	καὶ **ἔλεγεν·** πῶς ὁμοιώσωμεν τὴν βασιλείαν τοῦ θεοῦ ἢ ἐν τίνι αὐτὴν παραβολῇ θῶμεν; [31] ὡς κόκκῳ σινάπεως, ...	Lk 13,18	**ἔλεγεν** οὖν· τίνι ὁμοία ἐστὶν ἡ βασιλεία τοῦ θεοῦ καὶ τίνι ὁμοιώσω αὐτήν; [19] ὁμοία ἐστὶν κόκκῳ σινάπεως, ...	→ GTh 20 Mk-Q overlap
202	Mt 13,31	ἄλλην παραβολὴν παρέθηκεν αὐτοῖς **λέγων·** ὁμοία ἐστὶν ἡ βασιλεία τῶν οὐρανῶν κόκκῳ σινάπεως, ...	Mk 4,30	καὶ **ἔλεγεν·** πῶς ὁμοιώσωμεν τὴν βασιλείαν τοῦ θεοῦ ἢ ἐν τίνι αὐτὴν παραβολῇ θῶμεν; [31] ὡς κόκκῳ σινάπεως, ...	Lk 13,18	**ἔλεγεν** οὖν· τίνι ὁμοία ἐστὶν ἡ βασιλεία τοῦ θεοῦ καὶ τίνι ὁμοιώσω αὐτήν; [19] ὁμοία ἐστὶν κόκκῳ σινάπεως, ...	→ GTh 20 Mk-Q overlap

	Mt		Mk		Lk		
t x 200	**Mt 13,35**	ὅπως πληρωθῇ τὸ ῥηθὲν διὰ τοῦ προφήτου **λέγοντος·** *ἀνοίξω ἐν παραβολαῖς* *τὸ στόμα μου, ...* ➤ Ps 78,2					
200	**Mt 13,36** → Mt 13,34 → Mk 4,34	... καὶ προσῆλθον αὐτῷ οἱ μαθηταὶ αὐτοῦ **λέγοντες·** διασάφησον ἡμῖν τὴν παραβολὴν τῶν ζιζανίων τοῦ ἀγροῦ.					
200	**Mt 13,51**	συνήκατε ταῦτα πάντα; **λέγουσιν** αὐτῷ· ναί.					
121	**Mt 8,18**	ἰδὼν δὲ ὁ Ἰησοῦς ὄχλον περὶ αὐτὸν ἐκέλευσεν ἀπελθεῖν εἰς τὸ πέραν.	**Mk 4,35**	καὶ **λέγει** αὐτοῖς ἐν ἐκείνῃ τῇ ἡμέρᾳ ὀψίας γενομένης· διέλθωμεν εἰς τὸ πέραν.	**Lk 8,22** → Mt 8,23 → Mk 4,36	ἐγένετο δὲ ἐν μιᾷ τῶν ἡμερῶν καὶ αὐτὸς ἐνέβη εἰς πλοῖον καὶ οἱ μαθηταὶ αὐτοῦ καὶ **εἶπεν** πρὸς αὐτούς· διέλθωμεν εἰς τὸ πέραν τῆς λίμνης, ...	
222	**Mt 8,25**	καὶ προσελθόντες ἤγειραν αὐτὸν **λέγοντες·** κύριε, σῶσον, ἀπολλύμεθα.	**Mk 4,38**	... καὶ ἐγείρουσιν αὐτὸν καὶ **λέγουσιν** αὐτῷ· διδάσκαλε, οὐ μέλει σοι ὅτι ἀπολλύμεθα;	**Lk 8,24**	προσελθόντες δὲ διήγειραν αὐτὸν **λέγοντες·** ἐπιστάτα ἐπιστάτα, ἀπολλύμεθα. ...	
c 222	**Mt 8,27**	οἱ δὲ ἄνθρωποι ἐθαύμασαν **λέγοντες·** ποταπός ἐστιν οὗτος ...	**Mk 4,41**	καὶ ἐφοβήθησαν φόβον μέγαν καὶ **ἔλεγον** πρὸς ἀλλήλους· τίς ἄρα οὗτός ἐστιν ...	**Lk 8,25**	φοβηθέντες δὲ ἐθαύμασαν, **λέγοντες** πρὸς ἀλλήλους· τίς ἄρα οὗτός ἐστιν ...	
n r 221	**Mt 8,29**	καὶ ἰδοὺ ἔκραξαν **λέγοντες·** τί ἡμῖν καὶ σοί, υἱὲ τοῦ θεοῦ; ...	**Mk 5,7** ↑ Mk 1,23 ↑ Mk 1,24	καὶ κράξας φωνῇ μεγάλῃ **λέγει·** τί ἐμοὶ καὶ σοί, Ἰησοῦ υἱὲ τοῦ θεοῦ τοῦ ὑψίστου; ...	**Lk 8,28** ↑ Lk 4,33-34	ἰδὼν δὲ τὸν Ἰησοῦν ἀνακράξας προσέπεσεν αὐτῷ καὶ φωνῇ μεγάλῃ **εἶπεν·** τί ἐμοὶ καὶ σοί, Ἰησοῦ υἱὲ τοῦ θεοῦ τοῦ ὑψίστου; ...	
021			**Mk 5,8**	**ἔλεγεν** γὰρ αὐτῷ· ἔξελθε τὸ πνεῦμα τὸ ἀκάθαρτον ἐκ τοῦ ἀνθρώπου.	**Lk 8,29**	**παρήγγειλεν** γὰρ τῷ πνεύματι τῷ ἀκαθάρτῳ ἐξελθεῖν ἀπὸ τοῦ ἀνθρώπου. ...	
021			**Mk 5,9**	καὶ ἐπηρώτα αὐτόν· τί ὄνομά σοι; καὶ **λέγει** αὐτῷ· λεγιὼν ὄνομά μοι, ὅτι πολλοί ἐσμεν.	**Lk 8,30**	ἐπηρώτησεν δὲ αὐτὸν ὁ Ἰησοῦς· τί σοι ὄνομά ἐστιν; ὁ δὲ **εἶπεν·** λεγιών, ὅτι εἰσῆλθεν δαιμόνια πολλὰ εἰς αὐτόν.	
l 221	**Mt 8,31**	οἱ δὲ δαίμονες παρεκάλουν αὐτὸν **λέγοντες·** εἰ ἐκβάλλεις ἡμᾶς, ἀπόστειλον ἡμᾶς εἰς τὴν ἀγέλην τῶν χοίρων.	**Mk 5,12**	καὶ παρεκάλεσαν αὐτὸν **λέγοντες·** πέμψον ἡμᾶς εἰς τοὺς χοίρους, ἵνα εἰς αὐτοὺς εἰσέλθωμεν.	**Lk 8,32**	... καὶ παρεκάλεσαν αὐτὸν ἵνα ἐπιτρέψῃ αὐτοῖς εἰς ἐκείνους εἰσελθεῖν· ...	
022			**Mk 5,19**	[18] ... παρεκάλει αὐτὸν ὁ δαιμονισθεὶς ἵνα μετ' αὐτοῦ ᾖ. [19] καὶ οὐκ ἀφῆκεν αὐτόν, ἀλλὰ **λέγει** αὐτῷ· ὕπαγε εἰς τὸν οἶκόν σου ...	**Lk 8,38**	ἐδεῖτο δὲ αὐτοῦ ὁ ἀνὴρ ἀφ' οὗ ἐξεληλύθει τὰ δαιμόνια εἶναι σὺν αὐτῷ· ἀπέλυσεν δὲ αὐτὸν **λέγων·** [39] ὑπόστρεφε εἰς τὸν οἶκόν σου, ...	

u l 221	**Mt 9,18**	... ἰδοὺ ἄρχων εἷς ἐλθὼν προσεκύνει αὐτῷ **λέγων** ὅτι ἡ θυγάτηρ μου ἄρτι ἐτελεύτησεν· ἀλλὰ ἐλθὼν ἐπίθες τὴν χεῖρά σου ἐπ' αὐτήν, καὶ ζήσεται.	**Mk 5,23**	[22] καὶ ἔρχεται εἷς τῶν ἀρχισυναγώγων, ὀνόματι Ἰάϊρος, καὶ ἰδὼν αὐτὸν πίπτει πρὸς τοὺς πόδας αὐτοῦ [23] καὶ παρακαλεῖ αὐτὸν πολλὰ **λέγων** ὅτι τὸ θυγάτριόν μου ἐσχάτως ἔχει, ἵνα ἐλθὼν ἐπιθῇς τὰς χεῖρας αὐτῇ ἵνα σωθῇ καὶ ζήσῃ.	**Lk 8,41** → Mk 5,42	καὶ ἰδοὺ ἦλθεν ἀνὴρ ᾧ ὄνομα Ἰάϊρος καὶ οὗτος ἄρχων τῆς συναγωγῆς ὑπῆρχεν, καὶ πεσὼν παρὰ τοὺς πόδας [τοῦ] Ἰησοῦ παρεκάλει αὐτὸν εἰσελθεῖν εἰς τὸν οἶκον αὐτοῦ, [42] ὅτι θυγάτηρ μονογενὴς ἦν αὐτῷ ὡς ἐτῶν δώδεκα καὶ αὐτὴ ἀπέθνῃσκεν. ...
b u 220	**Mt 9,21** → Lk 8,47	**ἔλεγεν** γὰρ ἐν ἑαυτῇ· ἐὰν μόνον ἅψωμαι τοῦ ἱματίου αὐτοῦ σωθήσομαι.	**Mk 5,28** → Lk 8,47	**ἔλεγεν** γὰρ ὅτι ἐὰν ἅψωμαι κἂν τῶν ἱματίων αὐτοῦ σωθήσομαι.		
121	**Mt 9,22**	ὁ δὲ Ἰησοῦς στραφεὶς ...	**Mk 5,30** ↓ Lk 8,46	καὶ εὐθὺς ὁ Ἰησοῦς ἐπιγνοὺς ἐν ἑαυτῷ τὴν ἐξ αὐτοῦ δύναμιν ἐξελθοῦσαν ἐπιστραφεὶς ἐν τῷ ὄχλῳ **ἔλεγεν·** τίς μου ἥψατο τῶν ἱματίων;	**Lk 8,45**	καὶ **εἶπεν** ὁ Ἰησοῦς· τίς ὁ ἁψάμενός μου;
021			**Mk 5,31** (2)	καὶ **ἔλεγον** αὐτῷ οἱ μαθηταὶ αὐτοῦ· βλέπεις τὸν ὄχλον συνθλίβοντά σε		ἀρνουμένων δὲ πάντων **εἶπεν** ὁ Πέτρος· ἐπιστάτα, οἱ ὄχλοι συνέχουσίν σε καὶ ἀποθλίβουσιν.
021				καὶ **λέγεις·** τίς μου ἥψατο;	**Lk 8,46** ↑ Mk 5,30	ὁ δὲ Ἰησοῦς **εἶπεν·** ἥψατό μού τις, ἐγὼ γὰρ ἔγνων δύναμιν ἐξεληλυθυῖαν ἀπ' ἐμοῦ.
u 022			**Mk 5,35**	... ἔρχονται ἀπὸ τοῦ ἀρχισυναγώγου **λέγοντες** ὅτι ἡ θυγάτηρ σου ἀπέθανεν· ...	**Lk 8,49**	... ἔρχεταί τις παρὰ τοῦ ἀρχισυναγώγου **λέγων** ὅτι τέθνηκεν ἡ θυγάτηρ σου· ...
021			**Mk 5,36**	ὁ δὲ Ἰησοῦς παρακούσας τὸν λόγον λαλούμενον **λέγει** τῷ ἀρχισυναγώγῳ· μὴ φοβοῦ, μόνον πίστευε.	**Lk 8,50**	ὁ δὲ Ἰησοῦς ἀκούσας **ἀπεκρίθη** αὐτῷ· μὴ φοβοῦ, μόνον πίστευσον, καὶ σωθήσεται.
221	**Mt 9,24**	**ἔλεγεν·** ἀναχωρεῖτε, οὐ γὰρ ἀπέθανεν τὸ κοράσιον ἀλλὰ καθεύδει. ...	**Mk 5,39**	καὶ εἰσελθὼν **λέγει** αὐτοῖς· τί θορυβεῖσθε καὶ κλαίετε; τὸ παιδίον οὐκ ἀπέθανεν ἀλλὰ καθεύδει.	**Lk 8,52**	... ὁ δὲ **εἶπεν·** μὴ κλαίετε, οὐ γὰρ ἀπέθανεν ἀλλὰ καθεύδει.
q 122 *w* 121	**Mt 9,25**	... ἐκράτησεν τῆς χειρὸς αὐτῆς, καὶ ἠγέρθη τὸ κοράσιον.	**Mk 5,41** (2)	καὶ κρατήσας τῆς χειρὸς τοῦ παιδίου **λέγει** αὐτῇ· ταλιθα κουμ, ὅ ἐστιν μεθερμηνευόμενον· τὸ κοράσιον, σοὶ **λέγω,** ἔγειρε. [42] καὶ εὐθὺς ἀνέστη τὸ κοράσιον καὶ περιεπάτει· ...	**Lk 8,54**	αὐτὸς δὲ κρατήσας τῆς χειρὸς αὐτῆς **ἐφώνησεν λέγων·** ἡ παῖς, ἔγειρε. [55] καὶ ἐπέστρεψεν τὸ πνεῦμα αὐτῆς καὶ ἀνέστη παραχρῆμα ...

	Mt		Mk		Lk		
222	Mt 13,54	... ἐδίδασκεν αὐτοὺς ἐν τῇ συναγωγῇ αὐτῶν, ὥστε ἐκπλήσσεσθαι αὐτοὺς καὶ **λέγειν**· πόθεν τούτῳ ἡ σοφία αὕτη καὶ αἱ δυνάμεις;	Mk 6,2	... ἤρξατο διδάσκειν ἐν τῇ συναγωγῇ, καὶ πολλοὶ ἀκούοντες ἐξεπλήσσοντο **λέγοντες**· πόθεν τούτῳ ταῦτα, καὶ τίς ἡ σοφία ἡ δοθεῖσα τούτῳ, καὶ αἱ δυνάμεις τοιαῦται διὰ τῶν χειρῶν αὐτοῦ γινόμεναι;	Lk 4,22	... ἐθαύμαζον ἐπὶ τοῖς λόγοις τῆς χάριτος τοῖς ἐκπορευομένοις ἐκ τοῦ στόματος αὐτοῦ καὶ **ἔλεγον**·	
e 211	Mt 13,55 ↑ Mt 1,16	οὐχ οὗτός ἐστιν ὁ τοῦ τέκτονος υἱός; οὐχ ἡ μήτηρ αὐτοῦ **λέγεται** Μαριὰμ καὶ οἱ ἀδελφοὶ αὐτοῦ Ἰάκωβος καὶ Ἰωσὴφ καὶ Σίμων καὶ Ἰούδας;	Mk 6,3 ↑ Mt 1,16	οὐχ οὗτός ἐστιν ὁ τέκτων, ὁ υἱὸς τῆς Μαρίας καὶ ἀδελφὸς Ἰακώβου καὶ Ἰωσῆτος καὶ Ἰούδα καὶ Σίμωνος; ...	↑ Lk 3,23	οὐχὶ υἱός ἐστιν Ἰωσὴφ οὗτος;	→ Jn 6,42
u 121	Mt 13,57	... ὁ δὲ Ἰησοῦς **εἶπεν** αὐτοῖς· οὐκ ἔστιν προφήτης ἄτιμος εἰ μὴ ἐν τῇ πατρίδι ...	Mk 6,4	καὶ **ἔλεγεν** αὐτοῖς ὁ Ἰησοῦς ὅτι οὐκ ἔστιν προφήτης ἄτιμος εἰ μὴ ἐν τῇ πατρίδι αὐτοῦ ...	Lk 4,24	**εἶπεν** δέ· ἀμὴν λέγω ὑμῖν ὅτι οὐδεὶς προφήτης δεκτός ἐστιν ἐν τῇ πατρίδι αὐτοῦ.	→ Jn 4,44 → GTh 31 (POxy 1)
121	Mt 10,11 ⇨ Lk 10,8	εἰς ἣν δ᾽ ἂν πόλιν ἢ κώμην εἰσέλθητε, ἐξετάσατε τίς ἐν αὐτῇ ἄξιός ἐστιν· κἀκεῖ μείνατε ἕως ἂν ἐξέλθητε.	Mk 6,10	καὶ **ἔλεγεν** αὐτοῖς· ὅπου ἐὰν εἰσέλθητε εἰς οἰκίαν, ἐκεῖ μένετε ἕως ἂν ἐξέλθητε ἐκεῖθεν.	Lk 9,4 ⇩ Lk 10,5 ⇩ Lk 10,7	καὶ εἰς ἣν ἂν οἰκίαν εἰσέλθητε, ἐκεῖ μένετε καὶ ἐκεῖθεν ἐξέρχεσθε.	→ GTh 14,4 Mk-Q overlap
	Mt 10,12	εἰσερχόμενοι δὲ εἰς τὴν οἰκίαν ἀσπάσασθε αὐτήν·			Lk 10,5 ⇧ Lk 9,4	εἰς ἣν δ᾽ ἂν εἰσέλθητε οἰκίαν, πρῶτον λέγετε· εἰρήνη τῷ οἴκῳ τούτῳ. [6] ... [7] ἐν αὐτῇ δὲ τῇ οἰκίᾳ μένετε, ...	
	Mt 14,1	ἐν ἐκείνῳ τῷ καιρῷ ἤκουσεν Ἡρῴδης ὁ τετραάρχης τὴν ἀκοὴν Ἰησοῦ,	Mk 6,14	καὶ ἤκουσεν ὁ βασιλεὺς Ἡρῴδης, φανερὸν γὰρ ἐγένετο τὸ ὄνομα αὐτοῦ,	Lk 9,7	ἤκουσεν δὲ Ἡρῴδης ὁ τετραάρχης τὰ γινόμενα πάντα	
u 022			↓ Mk 8,28 ↓ Mt 14,2	καὶ **ἔλεγον** ὅτι Ἰωάννης ὁ βαπτίζων ἐγήγερται ἐκ νεκρῶν καὶ διὰ τοῦτο ἐνεργοῦσιν αἱ δυνάμεις ἐν αὐτῷ.	↓ Lk 9,19	καὶ διηπόρει **διὰ τὸ λέγεσθαι** ὑπό τινων ὅτι Ἰωάννης ἠγέρθη ἐκ νεκρῶν,	
u 021 *u* 021	↓ Mt 16,14		Mk 6,15 (2) ↓ Mk 8,28	ἄλλοι δὲ **ἔλεγον** ὅτι Ἠλίας ἐστίν· ἄλλοι δὲ **ἔλεγον** ὅτι προφήτης ὡς εἷς τῶν προφητῶν.	Lk 9,8 ↓ Lk 9,19	ὑπό τινων δὲ ὅτι Ἠλίας ἐφάνη, ἄλλων δὲ ὅτι προφήτης τις τῶν ἀρχαίων ἀνέστη.	
121	Mt 14,2 ↑ Mk 6,14 ↑ Lk 9,7	καὶ **εἶπεν** τοῖς παισὶν αὐτοῦ· οὗτός ἐστιν Ἰωάννης ὁ βαπτιστής· αὐτὸς ἠγέρθη ἀπὸ τῶν νεκρῶν καὶ διὰ τοῦτο αἱ δυνάμεις ἐνεργοῦσιν ἐν αὐτῷ.	Mk 6,16 → Mk 6,27	ἀκούσας δὲ ὁ Ἡρῴδης **ἔλεγεν**· ὃν ἐγὼ ἀπεκεφάλισα Ἰωάννην, οὗτος ἠγέρθη.	Lk 9,9	**εἶπεν** δὲ Ἡρῴδης· Ἰωάννην ἐγὼ ἀπεκεφάλισα· τίς δέ ἐστιν οὗτος περὶ οὗ ἀκούω τοιαῦτα; ...	

u 220	**Mt 14,4** → Lk 3,19	**ἔλεγεν** γὰρ ὁ Ἰωάννης αὐτῷ· οὐκ ἔξεστίν σοι ἔχειν αὐτήν.	**Mk 6,18** → Lk 3,19	**ἔλεγεν** γὰρ ὁ Ἰωάννης τῷ Ἡρῴδῃ ὅτι οὐκ ἔξεστίν σοι ἔχειν τὴν γυναῖκα τοῦ ἀδελφοῦ σου.			
120	**Mt 14,8** → Mk 6,24	ἡ δὲ προβιβασθεῖσα ὑπὸ τῆς μητρὸς αὐτῆς· δός μοι, **φησίν,** ὧδε ἐπὶ πίνακι τὴν κεφαλὴν Ἰωάννου τοῦ βαπτιστοῦ.	**Mk 6,25**	[24] καὶ ἐξελθοῦσα εἶπεν τῇ μητρὶ αὐτῆς· τί αἰτήσωμαι; ἡ δὲ εἶπεν· τὴν κεφαλὴν Ἰωάννου τοῦ βαπτίζοντος. [25] καὶ εἰσελθοῦσα εὐθὺς μετὰ σπουδῆς πρὸς τὸν βασιλέα ᾐτήσατο **λέγουσα·** θέλω ἵνα ἐξαυτῆς δῷς μοι ἐπὶ πίνακι τὴν κεφαλὴν Ἰωάννου τοῦ βαπτιστοῦ.			
020			**Mk 6,31**	καὶ **λέγει** αὐτοῖς· δεῦτε ὑμεῖς αὐτοὶ κατ' ἰδίαν εἰς ἔρημον τόπον ...			
u 221	**Mt 14,15**	ὀψίας δὲ γενομένης προσῆλθον αὐτῷ οἱ μαθηταὶ **λέγοντες·** ἔρημός ἐστιν ὁ τόπος καὶ ἡ ὥρα ἤδη παρῆλθεν· ἀπόλυσον τοὺς ὄχλους, ...	**Mk 6,35**	καὶ ἤδη ὥρας πολλῆς γενομένης προσελθόντες αὐτῷ οἱ μαθηταὶ αὐτοῦ **ἔλεγον** ὅτι ἔρημός ἐστιν ὁ τόπος καὶ ἤδη ὥρα πολλή· [36] ἀπόλυσον αὐτούς, ...	**Lk 9,12** ↓ Lk 24,29	ἡ δὲ ἡμέρα ἤρξατο κλίνειν· προσελθόντες δὲ οἱ δώδεκα **εἶπαν** αὐτῷ· ἀπόλυσον τὸν ὄχλον, ... ὅτι ὧδε ἐν ἐρήμῳ τόπῳ ἐσμέν.	
121	**Mt 14,16** → Mt 14,15	ὁ δὲ [Ἰησοῦς] εἶπεν αὐτοῖς· οὐ χρείαν ἔχουσιν ἀπελθεῖν, δότε αὐτοῖς ὑμεῖς φαγεῖν.	**Mk 6,37** → Mk 6,36 ↓ Mk 8,4	ὁ δὲ ἀποκριθεὶς εἶπεν αὐτοῖς· δότε αὐτοῖς ὑμεῖς φαγεῖν. καὶ **λέγουσιν** αὐτῷ· ἀπελθόντες ἀγοράσωμεν δηναρίων διακοσίων ἄρτους καὶ δώσομεν αὐτοῖς φαγεῖν;	**Lk 9,13** → Lk 9,12	εἶπεν δὲ πρὸς αὐτούς· δότε αὐτοῖς ὑμεῖς φαγεῖν. οἱ δὲ **εἶπαν·**	→ **Jn 6,5** → Jn 6,7
121 221	**Mt 14,17** ↓ Mt 15,34	 οἱ δὲ **λέγουσιν** αὐτῷ· οὐκ ἔχομεν ὧδε εἰ μὴ πέντε ἄρτους καὶ δύο ἰχθύας.	**Mk 6,38** (2) ↓ Mk 8,5	ὁ δὲ **λέγει** αὐτοῖς· πόσους ἄρτους ἔχετε; ὑπάγετε ἴδετε. καὶ γνόντες **λέγουσιν·** πέντε, καὶ δύο ἰχθύας.		οὐκ εἰσὶν ἡμῖν πλεῖον ἢ ἄρτοι πέντε καὶ ἰχθύες δύο, εἰ μήτι πορευθέντες ἡμεῖς ἀγοράσωμεν εἰς πάντα τὸν λαὸν τοῦτον βρώματα.	→ Jn 6,7.9
u 210	**Mt 14,26**	οἱ δὲ μαθηταὶ ἰδόντες αὐτὸν ἐπὶ τῆς θαλάσσης περιπατοῦντα ἐταράχθησαν **λέγοντες** ὅτι φάντασμά ἐστιν, καὶ ἀπὸ τοῦ φόβου ἔκραξαν.	**Mk 6,49**	οἱ δὲ ἰδόντες αὐτὸν ἐπὶ τῆς θαλάσσης περιπατοῦντα **ἔδοξαν** ὅτι φάντασμά ἐστιν, καὶ ἀνέκραξαν· [50] πάντες γὰρ αὐτὸν εἶδον καὶ ἐταράχθησαν. ...			→ Jn 6,19
p 220	**Mt 14,27**	εὐθὺς δὲ ἐλάλησεν [ὁ Ἰησοῦς] αὐτοῖς **λέγων·** θαρσεῖτε, ἐγώ εἰμι· μὴ φοβεῖσθε.	**Mk 6,50**	... ὁ δὲ εὐθὺς ἐλάλησεν μετ' αὐτῶν, καὶ **λέγει** αὐτοῖς· θαρσεῖτε, ἐγώ εἰμι· μὴ φοβεῖσθε.			→ **Jn 6,20**

	Mt		Mk		Lk	
n 200	**Mt 14,30**	... καὶ ἀρξάμενος καταποντίζεσθαι ἔκραξεν **λέγων·** κύριε, σῶσόν με.				
200	**Mt 14,31**	... ἐπελάβετο αὐτοῦ καὶ **λέγει** αὐτῷ· ὀλιγόπιστε, εἰς τί ἐδίστασας;				
210	**Mt 14,33** ↓ Mt 16,16	[32] ... ἐκόπασεν ὁ ἄνεμος. [33] οἱ δὲ ἐν τῷ πλοίῳ προσεκύνησαν αὐτῷ **λέγοντες·** ἀληθῶς θεοῦ υἱὸς εἶ.	**Mk 6,51**	... καὶ ἐκόπασεν ὁ ἄνεμος, καὶ λίαν [ἐκ περισσοῦ] ἐν ἑαυτοῖς ἐξίσταντο·		
210	**Mt 15,1**	τότε προσέρχονται τῷ Ἰησοῦ ἀπὸ Ἱεροσολύμων Φαρισαῖοι καὶ γραμματεῖς **λέγοντες·** [2] διὰ τί οἱ μαθηταί σου παραβαίνουσιν τὴν παράδοσιν τῶν πρεσβυτέρων; ...	**Mk 7,5**	[1] καὶ συνάγονται πρὸς αὐτὸν οἱ Φαρισαῖοι καί τινες τῶν γραμματέων ἐλθόντες ἀπὸ Ἱεροσολύμων. [2] ... [5] καὶ **ἐπερωτῶσιν** αὐτὸν οἱ Φαρισαῖοι καὶ οἱ γραμματεῖς· διὰ τί οὐ περιπατοῦσιν οἱ μαθηταί σου κατὰ τὴν παράδοσιν τῶν πρεσβυτέρων, ...		
120	**Mt 15,3**	ὁ δὲ ἀποκριθεὶς **εἶπεν** αὐτοῖς· διὰ τί καὶ ὑμεῖς παραβαίνετε τὴν ἐντολὴν τοῦ θεοῦ διὰ τὴν παράδοσιν ὑμῶν;	**Mk 7,9**	καὶ **ἔλεγεν** αὐτοῖς· καλῶς ἀθετεῖτε τὴν ἐντολὴν τοῦ θεοῦ, ἵνα τὴν παράδοσιν ὑμῶν στήσητε.		
220	**Mt 15,5**	ὑμεῖς δὲ **λέγετε·** ὃς ἂν εἴπῃ τῷ πατρὶ ἢ τῇ μητρί· δῶρον ὃ ἐὰν ἐξ ἐμοῦ ὠφεληθῇς	**Mk 7,11**	ὑμεῖς δὲ **λέγετε·** ἐὰν εἴπῃ ἄνθρωπος τῷ πατρὶ ἢ τῇ μητρί· κορβᾶν, ὅ ἐστιν δῶρον, ὃ ἐὰν ἐξ ἐμοῦ ὠφεληθῇς		
t x 210	**Mt 15,7**	ὑποκριταί, καλῶς ἐπροφήτευσεν περὶ ὑμῶν Ἠσαΐας **λέγων·** [8] *ὁ λαὸς οὗτος* *τοῖς χείλεσίν με τιμᾷ,* *ἡ δὲ καρδία αὐτῶν* *πόρρω ἀπέχει ἀπ᾽ ἐμοῦ·* ➤ Isa 29,13 LXX	**Mk 7,6**	... καλῶς ἐπροφήτευσεν Ἠσαΐας περὶ ὑμῶν τῶν ὑποκριτῶν, ὡς **γέγραπται** [ὅτι] *οὗτος ὁ λαὸς* *τοῖς χείλεσίν με τιμᾷ,* *ἡ δὲ καρδία αὐτῶν* *πόρρω ἀπέχει ἀπ᾽ ἐμοῦ·* ➤ Isa 29,13 LXX		
k 120	**Mt 15,10**	καὶ προσκαλεσάμενος τὸν ὄχλον **εἶπεν** αὐτοῖς· ἀκούετε καὶ συνίετε·	**Mk 7,14**	καὶ προσκαλεσάμενος πάλιν τὸν ὄχλον **ἔλεγεν** αὐτοῖς· ἀκούσατέ μου πάντες καὶ σύνετε.		
200	**Mt 15,12** → Mk 7,17	τότε προσελθόντες οἱ μαθηταὶ **λέγουσιν** αὐτῷ· οἶδας ὅτι οἱ Φαρισαῖοι ἀκούσαντες τὸν λόγον ἐσκανδαλίσθησαν;				
120	**Mt 15,16**	ὁ δὲ **εἶπεν·** ἀκμὴν καὶ ὑμεῖς ἀσύνετοί ἐστε;	**Mk 7,18**	καὶ **λέγει** αὐτοῖς· οὕτως καὶ ὑμεῖς ἀσύνετοί ἐστε; ...		

	Mt		Mk		Lk	
u 120	**Mt 15,18**	τὰ δὲ ἐκπορευόμενα ἐκ τοῦ στόματος ἐκ τῆς καρδίας ἐξέρχεται, κἀκεῖνα κοινοῖ τὸν ἄνθρωπον.	**Mk 7,20**	**ἔλεγεν** δὲ ὅτι τὸ ἐκ τοῦ ἀνθρώπου ἐκπορευόμενον, ἐκεῖνο κοινοῖ τὸν ἄνθρωπον.		→ GTh 14,5
n 210	**Mt 15,22** → Mk 7,24 ↓ Mk 7,26	καὶ ἰδοὺ γυνὴ Χαναναία ἀπὸ τῶν ὁρίων ἐκείνων ἐξελθοῦσα ἔκραζεν **λέγουσα·** ἐλέησόν με, κύριε υἱὸς Δαυίδ· ἡ θυγάτηρ μου κακῶς δαιμονίζεται.	**Mk 7,25**	ἀλλ᾽ εὐθὺς ἀκούσασα γυνὴ περὶ αὐτοῦ, ἧς εἶχεν τὸ θυγάτριον αὐτῆς πνεῦμα ἀκάθαρτον, ↔		
j 200	**Mt 15,23**	... καὶ προσελθόντες οἱ μαθηταὶ αὐτοῦ ἠρώτουν αὐτὸν **λέγοντες·** ἀπόλυσον αὐτήν, ὅτι κράζει ὄπισθεν ἡμῶν.				
     210	**Mt 15,25**	ἡ δὲ ἐλθοῦσα προσεκύνει αὐτῷ **λέγουσα·** κύριε, βοήθει μοι.	**Mk 7,26** ↑ Mt 15,22	↔ [25] ἐλθοῦσα προσέπεσεν πρὸς τοὺς πόδας αὐτοῦ· [26] ἡ δὲ γυνὴ ἦν Ἑλληνίς, Συροφοινίκισσα τῷ γένει· καὶ **ἠρώτα** αὐτὸν ἵνα τὸ δαιμόνιον ἐκβάλῃ ἐκ τῆς θυγατρὸς αὐτῆς.		
120	**Mt 15,26**	ὁ δὲ ἀποκριθεὶς **εἶπεν·** οὐκ ἔστιν καλὸν λαβεῖν τὸν ἄρτον τῶν τέκνων καὶ βαλεῖν τοῖς κυναρίοις.	**Mk 7,27**	καὶ **ἔλεγεν** αὐτῇ· ἄφες πρῶτον χορτασθῆναι τὰ τέκνα, οὐ γάρ ἐστιν καλὸν λαβεῖν τὸν ἄρτον τῶν τέκνων καὶ τοῖς κυναρίοις βαλεῖν.		
f 120	**Mt 15,27**	ἡ δὲ **εἶπεν·** ναὶ κύριε, καὶ γὰρ τὰ κυνάρια ἐσθίει ἀπὸ τῶν ψιχίων τῶν πιπτόντων ἀπὸ τῆς τραπέζης τῶν κυρίων αὐτῶν.	**Mk 7,28**	ἡ δὲ ἀπεκρίθη καὶ **λέγει** αὐτῷ· κύριε· καὶ τὰ κυνάρια ὑποκάτω τῆς τραπέζης ἐσθίουσιν ἀπὸ τῶν ψιχίων τῶν παιδίων.		
020			**Mk 7,34**	καὶ ἀναβλέψας εἰς τὸν οὐρανὸν ἐστέναξεν, καὶ **λέγει** αὐτῷ· εφφαθα, ὅ ἐστιν διανοίχθητι.		
020			**Mk 7,36**	καὶ διεστείλατο αὐτοῖς ἵνα μηδενὶ **λέγωσιν·** ὅσον δὲ αὐτοῖς διεστέλλετο, αὐτοὶ μᾶλλον περισσότερον ἐκήρυσσον.		
120	**Mt 15,31** → Mt 11,5	ὥστε τὸν ὄχλον θαυμάσαι βλέποντας κωφοὺς λαλοῦντας, κυλλοὺς ὑγιεῖς, καὶ χωλοὺς περιπατοῦντας ...	**Mk 7,37**	καὶ ὑπερπερισσῶς ἐξεπλήσσοντο **λέγοντες·** καλῶς πάντα πεποίηκεν, καὶ τοὺς κωφοὺς ποιεῖ ἀκούειν καὶ [τοὺς] ἀλάλους λαλεῖν.		

	Mt		Mk		Lk		
k 120	**Mt 15,32**	ὁ δὲ Ἰησοῦς προσκαλεσάμενος τοὺς μαθητὰς αὐτοῦ **εἶπεν**· σπλαγχνίζομαι ἐπὶ τὸν ὄχλον, ...	**Mk 8,1**	... προσκαλεσάμενος τοὺς μαθητὰς **λέγει** αὐτοῖς· [2] σπλαγχνίζομαι ἐπὶ τὸν ὄχλον, ...			
210	**Mt 15,33** ↑ Mt 14,16	καὶ **λέγουσιν** αὐτῷ οἱ μαθηταί· πόθεν ἡμῖν ἐν ἐρημίᾳ ἄρτοι τοσοῦτοι ὥστε χορτάσαι ὄχλον τοσοῦτον;	**Mk 8,4** ↑ Mk 6,37	καὶ **ἀπεκρίθησαν** αὐτῷ οἱ μαθηταὶ αὐτοῦ ὅτι πόθεν τούτους δυνήσεταί τις ὧδε χορτάσαι ἄρτων ἐπ' ἐρημίας;	↑ Lk 9,13		
210	**Mt 15,34** ↑ Mt 14,17	καὶ **λέγει** αὐτοῖς ὁ Ἰησοῦς· πόσους ἄρτους ἔχετε; ...	**Mk 8,5** ↑ Mk 6,38	καὶ **ἠρώτα** αὐτούς· πόσους ἔχετε ἄρτους; ...	↑ Lk 9,13		
120	**Mt 16,2** ⇩ Mt 12,39	ὁ δὲ ἀποκριθεὶς **εἶπεν** αὐτοῖς· ...	**Mk 8,12** **(2)**	καὶ ἀναστενάξας τῷ πνεύματι αὐτοῦ **λέγει**·			
w 120	**Mt 16,4** ⇩ Mt 12,39	γενεὰ πονηρὰ καὶ μοιχαλὶς σημεῖον ἐπιζητεῖ, καὶ σημεῖον οὐ δοθήσεται αὐτῇ εἰ μὴ τὸ σημεῖον Ἰωνᾶ. ...		τί ἡ γενεὰ αὕτη ζητεῖ σημεῖον; ἀμὴν **λέγω** ὑμῖν, εἰ δοθήσεται τῇ γενεᾷ ταύτῃ σημεῖον.			Mk-Q overlap
a	**Mt 12,39** ⇧ Mt 16,2.4	ὁ δὲ ἀποκριθεὶς **εἶπεν** αὐτοῖς· γενεὰ πονηρὰ καὶ μοιχαλὶς σημεῖον ἐπιζητεῖ, καὶ σημεῖον οὐ δοθήσεται αὐτῇ εἰ μὴ τὸ σημεῖον Ἰωνᾶ τοῦ προφήτου.			**Lk 11,29**	τῶν δὲ ὄχλων ἐπαθροιζομένων ἤρξατο **λέγειν**· ἡ γενεὰ αὕτη γενεὰ πονηρά ἐστιν· σημεῖον ζητεῖ, καὶ σημεῖον οὐ δοθήσεται αὐτῇ εἰ μὴ τὸ σημεῖον Ἰωνᾶ.	
u 202	**Mt 16,2**	... [ὀψίας γενομένης **λέγετε**· εὐδία, πυρράζει γὰρ ὁ οὐρανός·]			**Lk 12,54** **(2)**	ἔλεγεν δὲ καὶ τοῖς ὄχλοις· ὅταν ἴδητε [τὴν] νεφέλην ἀνατέλλουσαν ἐπὶ δυσμῶν, εὐθέως **λέγετε** ὅτι ὄμβρος ἔρχεται, καὶ γίνεται οὕτως·	→ GTh 91 Mt 16,2b is textcritically uncertain.
s a c 122	**Mt 16,6** ⇩ Mt 16,11	ὁ δὲ Ἰησοῦς **εἶπεν** αὐτοῖς· ὁρᾶτε καὶ προσέχετε ἀπὸ τῆς ζύμης τῶν Φαρισαίων καὶ Σαδδουκαίων.	**Mk 8,15**	καὶ διεστέλλετο αὐτοῖς **λέγων**· ὁρᾶτε, βλέπετε ἀπὸ τῆς ζύμης τῶν Φαρισαίων καὶ τῆς ζύμης Ἡρῴδου.	**Lk 12,1** → Mt 16,12	... ἤρξατο **λέγειν** πρὸς τοὺς μαθητὰς αὐτοῦ πρῶτον· προσέχετε ἑαυτοῖς ἀπὸ τῆς ζύμης, ἥτις ἐστὶν ὑπόκρισις, τῶν Φαρισαίων.	
g u 210	**Mt 16,7**	οἱ δὲ διελογίζοντο ἐν ἑαυτοῖς **λέγοντες** ὅτι ἄρτους οὐκ ἐλάβομεν.	**Mk 8,16**	καὶ διελογίζοντο πρὸς ἀλλήλους ὅτι ἄρτους οὐκ ἔχουσιν.			
120	**Mt 16,8**	γνοὺς δὲ ὁ Ἰησοῦς **εἶπεν**· τί διαλογίζεσθε ἐν ἑαυτοῖς, ὀλιγόπιστοι, ὅτι ἄρτους οὐκ ἔχετε;	**Mk 8,17**	καὶ γνοὺς **λέγει** αὐτοῖς· τί διαλογίζεσθε ὅτι ἄρτους οὐκ ἔχετε; ...			

		Mt		Mk		Lk	
120	Mt 16,9	... καὶ πόσους κοφίνους ἐλάβετε;	Mk 8,19	... πόσους κοφίνους κλασμάτων πλήρεις ἤρατε; **λέγουσιν** αὐτῷ· δώδεκα.			
120	Mt 16,10	... καὶ πόσας σπυρίδας ἐλάβετε;	Mk 8,20	... πόσων σπυρίδων πληρώματα κλασμάτων ἤρατε; καὶ **λέγουσιν** [αὐτῷ]· ἑπτά.			
120	Mt 16,11 ⇑ Mt 16,6 ⇑ Mk 8,15 ⇓ Lk 12,1	πῶς οὐ νοεῖτε ὅτι οὐ περὶ ἄρτων εἶπον ὑμῖν; προσέχετε δὲ ἀπὸ τῆς ζύμης τῶν Φαρισαίων καὶ Σαδδουκαίων.	Mk 8,21	καὶ **ἔλεγεν** αὐτοῖς· οὔπω συνίετε;			
020			Mk 8,24	καὶ ἀναβλέψας **ἔλεγεν·** βλέπω τοὺς ἀνθρώπους ὅτι ὡς δένδρα ὁρῶ περιπατοῦντας.			
020			Mk 8,26	καὶ ἀπέστειλεν αὐτὸν εἰς οἶκον αὐτοῦ **λέγων·** μηδὲ εἰς τὴν κώμην εἰσέλθῃς.			
j 222 *d v* 222	Mt 16,13 (2)	ἐλθὼν δὲ ὁ Ἰησοῦς εἰς τὰ μέρη Καισαρείας τῆς Φιλίππου ἠρώτα τοὺς μαθητὰς αὐτοῦ **λέγων·** τίνα **λέγουσιν** οἱ ἄνθρωποι εἶναι τὸν υἱὸν τοῦ ἀνθρώπου;	Mk 8,27 (2)	καὶ ἐξῆλθεν ὁ Ἰησοῦς καὶ οἱ μαθηταὶ αὐτοῦ εἰς τὰς κώμας Καισαρείας τῆς Φιλίππου· καὶ ἐν τῇ ὁδῷ ἐπηρώτα τοὺς μαθητὰς αὐτοῦ **λέγων** αὐτοῖς· τίνα με **λέγουσιν** οἱ ἄνθρωποι εἶναι;	Lk 9,18 (2) → Mt 14,23 → Mk 6,46	καὶ ἐγένετο ἐν τῷ εἶναι αὐτὸν προσευχόμενον κατὰ μόνας συνῆσαν αὐτῷ οἱ μαθηταί, καὶ ἐπηρώτησεν αὐτοὺς **λέγων·** τίνα με **λέγουσιν** οἱ ὄχλοι εἶναι;	→ GTh 13
u 121	Mt 16,14 ↑ Mt 14,2	οἱ δὲ **εἶπαν·** οἱ μὲν Ἰωάννην τὸν βαπτιστήν, ἄλλοι δὲ Ἠλίαν, ἕτεροι δὲ Ἰερεμίαν ἢ ἕνα τῶν προφητῶν.	Mk 8,28 ↑ Mk 6,14	**οἱ δὲ εἶπαν αὐτῷ λέγοντες** [ὅτι] Ἰωάννην τὸν βαπτιστήν, καὶ ἄλλοι Ἠλίαν, ἄλλοι δὲ ὅτι εἷς τῶν προφητῶν.	Lk 9,19 ↑ Lk 9,7	**οἱ δὲ ἀποκριθέντες εἶπαν·** Ἰωάννην τὸν βαπτιστήν, ἄλλοι δὲ Ἠλίαν, ἄλλοι δὲ ὅτι προφήτης τις τῶν ἀρχαίων ἀνέστη.	
211 *d v* 222	Mt 16,15 (2)	**λέγει** αὐτοῖς· ὑμεῖς δὲ τίνα με **λέγετε** εἶναι;	Mk 8,29 (2)	καὶ αὐτὸς **ἐπηρώτα** αὐτούς· ὑμεῖς δὲ τίνα με **λέγετε** εἶναι;	Lk 9,20	**εἶπεν** δὲ αὐτοῖς· ὑμεῖς δὲ τίνα με **λέγετε** εἶναι;	→ GTh 13
f 121	Mt 16,16 ↑ Mt 14,33	ἀποκριθεὶς δὲ Σίμων Πέτρος **εἶπεν·** σὺ εἶ ὁ χριστὸς ὁ υἱὸς τοῦ θεοῦ τοῦ ζῶντος.		ἀποκριθεὶς ὁ Πέτρος **λέγει** αὐτῷ· σὺ εἶ ὁ χριστός.		Πέτρος δὲ ἀποκριθεὶς **εἶπεν·** τὸν χριστὸν τοῦ θεοῦ.	→ Jn 6,68-69 → GTh 13
u w 200	Mt 16,18	κἀγὼ δέ σοι **λέγω** ὅτι σὺ εἶ Πέτρος, ...					

	Mt		Mk		Lk		
s 122	**Mt 16,20**	τότε διεστείλατο τοῖς μαθηταῖς ἵνα μηδενὶ **εἴπωσιν** ὅτι αὐτός ἐστιν ὁ χριστός.	**Mk 8,30**	καὶ ἐπετίμησεν αὐτοῖς ἵνα μηδενὶ **λέγωσιν** περὶ αὐτοῦ.	**Lk 9,21**	ὁ δὲ ἐπιτιμήσας αὐτοῖς παρήγγειλεν μηδενὶ **λέγειν** τοῦτο	
s 210	**Mt 16,22**	καὶ προσλαβόμενος αὐτὸν ὁ Πέτρος ἤρξατο ἐπιτιμᾶν αὐτῷ **λέγων·** ἵλεώς σοι, κύριε· οὐ μὴ ἔσται σοι τοῦτο.	**Mk 8,32**	... καὶ προσλαβόμενος ὁ Πέτρος αὐτὸν ἤρξατο ἐπιτιμᾶν αὐτῷ.			
s 120	**Mt 16,23** ↑ Mt 4,10	ὁ δὲ στραφεὶς **εἶπεν** τῷ Πέτρῳ· ὕπαγε ὀπίσω μου, σατανᾶ· ...	**Mk 8,33** ↑ Mt 4,10	ὁ δὲ ἐπιστραφεὶς καὶ ἰδὼν τοὺς μαθητὰς αὐτοῦ ἐπετίμησεν Πέτρῳ καὶ **λέγει·** ὕπαγε ὀπίσω μου, σατανᾶ, ...			
c 112	**Mt 16,24** ⇨ Mt 10,38	τότε ὁ Ἰησοῦς **εἶπεν** τοῖς μαθηταῖς αὐτοῦ· εἴ τις θέλει ὀπίσω μου ἐλθεῖν, ἀπαρνησάσθω ἑαυτὸν καὶ ἀράτω τὸν σταυρὸν αὐτοῦ καὶ ἀκολουθείτω μοι.	**Mk 8,34**	καὶ προσκαλεσάμενος τὸν ὄχλον σὺν τοῖς μαθηταῖς αὐτοῦ **εἶπεν** αὐτοῖς· εἴ τις θέλει ὀπίσω μου ἀκολουθεῖν, ἀπαρνησάσθω ἑαυτὸν καὶ ἀράτω τὸν σταυρὸν αὐτοῦ καὶ ἀκολουθείτω μοι.	**Lk 9,23** ⇨ Lk 14,27	**ἔλεγεν** δὲ πρὸς πάντας· εἴ τις θέλει ὀπίσω μου ἔρχεσθαι, ἀρνησάσθω ἑαυτὸν καὶ ἀράτω τὸν σταυρὸν αὐτοῦ καθ' ἡμέραν, καὶ ἀκολουθείτω μοι.	→ GTh 55 Mk-Q overlap
121	**Mt 16,28**		**Mk 9,1** (2)	καὶ **ἔλεγεν** αὐτοῖς·	**Lk 9,27**		
u w 222	↓ Mt 24,34	ἀμὴν **λέγω** ὑμῖν ὅτι εἰσίν τινες τῶν ὧδε ἑστώτων οἵτινες οὐ μὴ γεύσωνται θανάτου ...	↓ Mk 13,30	ἀμὴν **λέγω** ὑμῖν ὅτι εἰσίν τινες ὧδε τῶν ἑστηκότων οἵτινες οὐ μὴ γεύσωνται θανάτου ...	↓ Lk 21,32	**λέγω** δὲ ὑμῖν ἀληθῶς, εἰσίν τινες τῶν αὐτοῦ ἑστηκότων οἳ οὐ μὴ γεύσωνται θανάτου ...	→ Jn 21,22-23
112	**Mt 17,3**	καὶ ἰδοὺ ὤφθη αὐτοῖς Μωϋσῆς καὶ Ἠλίας συλλαλοῦντες μετ' αὐτοῦ.	**Mk 9,4**	καὶ ὤφθη αὐτοῖς Ἠλίας σὺν Μωϋσεῖ καὶ ἦσαν συλλαλοῦντες τῷ Ἰησοῦ.	**Lk 9,31**	[30] καὶ ἰδοὺ ἄνδρες δύο συνελάλουν αὐτῷ, οἵτινες ἦσαν Μωϋσῆς καὶ Ἠλίας, [31] οἳ ὀφθέντες ἐν δόξῃ **ἔλεγον** τὴν ἔξοδον αὐτοῦ, ...	
f 121	**Mt 17,4**	ἀποκριθεὶς δὲ ὁ Πέτρος **εἶπεν** τῷ Ἰησοῦ· κύριε, καλόν ἐστιν ἡμᾶς ὧδε εἶναι· εἰ θέλεις, ποιήσω ὧδε τρεῖς σκηνάς, σοὶ μίαν καὶ Μωϋσεῖ μίαν καὶ Ἠλίᾳ μίαν.	**Mk 9,5**	καὶ ἀποκριθεὶς ὁ Πέτρος **λέγει** τῷ Ἰησοῦ· ῥαββί, καλόν ἐστιν ἡμᾶς ὧδε εἶναι, καὶ ποιήσωμεν τρεῖς σκηνάς, σοὶ μίαν καὶ Μωϋσεῖ μίαν καὶ Ἠλίᾳ μίαν.	**Lk 9,33**	... **εἶπεν** ὁ Πέτρος πρὸς τὸν Ἰησοῦν· ἐπιστάτα, καλόν ἐστιν ἡμᾶς ὧδε εἶναι, καὶ ποιήσωμεν σκηνὰς τρεῖς, μίαν σοὶ καὶ μίαν Μωϋσεῖ καὶ μίαν Ἠλίᾳ,	
012			**Mk 9,6** → Mt 17,6	οὐ γὰρ ᾔδει τί **ἀποκριθῇ,** ἔκφοβοι γὰρ ἐγένοντο.		μὴ εἰδὼς ὃ **λέγει.**	
112	**Mt 17,5**	ἔτι αὐτοῦ **λαλοῦντος** ἰδοὺ νεφέλη φωτεινὴ ἐπεσκίασεν αὐτούς,	**Mk 9,7**	καὶ ἐγένετο νεφέλη ἐπισκιάζουσα αὐτοῖς,	**Lk 9,34**	ταῦτα δὲ αὐτοῦ **λέγοντος** ἐγένετο νεφέλη καὶ ἐπεσκίαζεν αὐτούς· ...	
r 212	↑ Mt 3,17	καὶ ἰδοὺ φωνὴ ἐκ τῆς νεφέλης **λέγουσα·** οὗτός ἐστιν ὁ υἱός μου ὁ ἀγαπητός, ...	↑ Mk 1,11	καὶ ἐγένετο φωνὴ ἐκ τῆς νεφέλης· οὗτός ἐστιν ὁ υἱός μου ὁ ἀγαπητός, ...	**Lk 9,35** ↑ Lk 3,22	καὶ φωνὴ ἐγένετο ἐκ τῆς νεφέλης **λέγουσα·** οὗτός ἐστιν ὁ υἱός μου ὁ ἐκλελεγμένος, ...	→ Jn 12,28

s 211	**Mt 17,9**	... ἐνετείλατο αὐτοῖς ὁ Ἰησοῦς **λέγων·** μηδενὶ εἴπητε τὸ ὅραμα ἕως οὗ ὁ υἱὸς τοῦ ἀνθρώπου ἐκ νεκρῶν ἐγερθῇ.	**Mk 9,9**	... διεστείλατο αὐτοῖς ἵνα μηδενὶ ἃ εἶδον διηγήσωνται, εἰ μὴ ὅταν ὁ υἱὸς τοῦ ἀνθρώπου ἐκ νεκρῶν ἀναστῇ.	**Lk 9,36**	... καὶ αὐτοὶ ἐσίγησαν καὶ οὐδενὶ ἀπήγγειλαν ἐν ἐκείναις ταῖς ἡμέραις οὐδὲν ὧν ἑώρακαν.	
j 220 *u x* 220	**Mt 17,10** **(2)**	καὶ ἐπηρώτησαν αὐτὸν οἱ μαθηταὶ **λέγοντες·** τί οὖν οἱ γραμματεῖς **λέγουσιν** ὅτι *Ἠλίαν* *δεῖ ἐλθεῖν πρῶτον;* ➤ Mal 3,23-24	**Mk 9,11** **(2)**	καὶ ἐπηρώτων αὐτὸν **λέγοντες·** ὅτι **λέγουσιν** οἱ γραμματεῖς ὅτι *Ἠλίαν* *δεῖ ἐλθεῖν πρῶτον;* ➤ Mal 3,23-24			
u w 220	**Mt 17,12** → Mt 11,14 → Lk 1,17	**λέγω** δὲ ὑμῖν ὅτι Ἠλίας ἤδη ἦλθεν, ...	**Mk 9,13** → Lk 1,17	ἀλλὰ **λέγω** ὑμῖν ὅτι καὶ Ἠλίας ἐλήλυθεν, ...			
212	**Mt 17,15**	[14] καὶ ἐλθόντων πρὸς τὸν ὄχλον προσῆλθεν αὐτῷ ἄνθρωπος γονυπετῶν αὐτὸν [15] καὶ **λέγων·** κύριε, ἐλέησόν μου τὸν υἱόν, ὅτι σεληνιάζεται καὶ κακῶς πάσχει· ...	**Mk 9,17**	καὶ ἀπεκρίθη αὐτῷ εἷς ἐκ τοῦ ὄχλου· διδάσκαλε, ἤνεγκα τὸν υἱόν μου πρὸς σέ, ἔχοντα πνεῦμα ἄλαλον· [18] καὶ ὅπου ἐὰν αὐτὸν καταλάβῃ ...	**Lk 9,38**	καὶ ἰδοὺ ἀνὴρ ἀπὸ τοῦ ὄχλου ἐβόησεν **λέγων·** διδάσκαλε, δέομαί σου ἐπιβλέψαι ἐπὶ τὸν υἱόν μου, ὅτι μονογενής μοί ἐστιν, [39] καὶ ἰδοὺ πνεῦμα λαμβάνει αὐτὸν ...	
f 121	**Mt 17,17**	ἀποκριθεὶς δὲ ὁ Ἰησοῦς **εἶπεν·** ὦ γενεὰ ἄπιστος καὶ διεστραμμένη, ἕως πότε μεθ' ὑμῶν ἔσομαι; ...	**Mk 9,19**	ὁ δὲ ἀποκριθεὶς αὐτοῖς **λέγει·** ὦ γενεὰ ἄπιστος, ἕως πότε πρὸς ὑμᾶς ἔσομαι; ...	**Lk 9,41**	ἀποκριθεὶς δὲ ὁ Ἰησοῦς **εἶπεν·** ὦ γενεὰ ἄπιστος καὶ διεστραμμένη, ἕως πότε ἔσομαι πρὸς ὑμᾶς ...	
n 020			**Mk 9,24**	εὐθὺς κράξας ὁ πατὴρ τοῦ παιδίου **ἔλεγεν·** πιστεύω· βοήθει μου τῇ ἀπιστίᾳ.			
s 121	**Mt 17,18**	καὶ ἐπετίμησεν αὐτῷ ὁ Ἰησοῦς	**Mk 9,25**	... ἐπετίμησεν τῷ πνεύματι τῷ ἀκαθάρτῳ **λέγων** αὐτῷ· τὸ ἄλαλον καὶ κωφὸν πνεῦμα, ἐγὼ ἐπιτάσσω σοι, ἔξελθε ἐξ αὐτοῦ ...	**Lk 9,42**	... ἐπετίμησεν δὲ ὁ Ἰησοῦς τῷ πνεύματι τῷ ἀκαθάρτῳ ...	
u 121		καὶ ἐξῆλθεν ἀπ' αὐτοῦ τὸ δαιμόνιον ...	**Mk 9,26**	καὶ κράξας καὶ πολλὰ σπαράξας ἐξῆλθεν· καὶ ἐγένετο ὡσεὶ νεκρός, ὥστε τοὺς πολλοὺς **λέγειν** ὅτι ἀπέθανεν.			

	Mt		Mk		Lk		
210	Mt 17,20 (2)	ὁ δὲ **λέγει** αὐτοῖς· διὰ τὴν ὀλιγοπιστίαν ὑμῶν·	Mk 9,29	καὶ **εἶπεν** αὐτοῖς· τοῦτο τὸ γένος ἐν οὐδενὶ δύναται ἐξελθεῖν εἰ μὴ ἐν προσευχῇ.			
w 201	↓ Mt 21,21	ἀμὴν γὰρ **λέγω** ὑμῖν, ἐὰν ἔχητε πίστιν ὡς κόκκον σινάπεως, ἐρεῖτε τῷ ὄρει τούτῳ, μετάβα ἔνθεν ἐκεῖ, καὶ μεταβήσεται· καὶ οὐδὲν ἀδυνατήσει ὑμῖν.	Mk 11,23 → Mk 9,23	[22] ... ἔχετε πίστιν θεοῦ. [23] ἀμὴν **λέγω** ὑμῖν ὅτι ὃς ἂν εἴπῃ τῷ ὄρει τούτῳ· ἄρθητι καὶ βλήθητι εἰς τὴν θάλασσαν, καὶ μὴ διακριθῇ ἐν τῇ καρδίᾳ αὐτοῦ ἀλλὰ πιστεύῃ ὅτι ὃ λαλεῖ γίνεται, ἔσται αὐτῷ.	Lk 17,6	... εἰ ἔχετε πίστιν ὡς κόκκον σινάπεως, ἐλέγετε ἂν τῇ συκαμίνῳ [ταύτῃ]· ἐκριζώθητι καὶ φυτεύθητι ἐν τῇ θαλάσσῃ· καὶ ὑπήκουσεν ἂν ὑμῖν.	→ GTh 48 → GTh 106
h u 121	Mt 17,22	συστρεφομένων δὲ αὐτῶν ἐν τῇ Γαλιλαίᾳ **εἶπεν** αὐτοῖς ὁ Ἰησοῦς· μέλλει ὁ υἱὸς τοῦ ἀνθρώπου παραδίδοσθαι εἰς χεῖρας ἀνθρώπων	Mk 9,31	ἐδίδασκεν γὰρ τοὺς μαθητὰς αὐτοῦ καὶ **ἔλεγεν** αὐτοῖς ὅτι ὁ υἱὸς τοῦ ἀνθρώπου παραδίδοται εἰς χεῖρας ἀνθρώπων, ...	Lk 9,43	... πάντων δὲ θαυμαζόντων ἐπὶ πᾶσιν οἷς ἐποίει **εἶπεν** πρὸς τοὺς μαθητὰς αὐτοῦ· [44] ... ὁ γὰρ υἱὸς τοῦ ἀνθρώπου μέλλει παραδίδοσθαι εἰς χεῖρας ἀνθρώπων.	
200 200	Mt 17,25 (2)	[24] ... καὶ εἶπαν· ὁ διδάσκαλος ὑμῶν οὐ τελεῖ [τὰ] δίδραχμα; [25] **λέγει·** ναί. καὶ ἐλθόντα εἰς τὴν οἰκίαν προέφθασεν αὐτὸν ὁ Ἰησοῦς **λέγων·** τί σοι δοκεῖ, Σίμων; ...					
211	Mt 18,1	ἐν ἐκείνῃ τῇ ὥρᾳ προσῆλθον οἱ μαθηταὶ τῷ Ἰησοῦ **λέγοντες·** τίς ἄρα μείζων ἐστὶν ἐν τῇ βασιλείᾳ τῶν οὐρανῶν;	Mk 9,34	[33] ... τί ἐν τῇ ὁδῷ διελογίζεσθε; [34] οἱ δὲ ἐσιώπων· πρὸς ἀλλήλους γὰρ **διελέχθησαν** ἐν τῇ ὁδῷ τίς μείζων.	Lk 9,46 → Lk 22,24	εἰσῆλθεν δὲ διαλογισμὸς ἐν αὐτοῖς, τὸ τίς ἂν εἴη μείζων αὐτῶν.	→ GTh 12
q 020			Mk 9,35 → Mt 20,26-27 ⇨ Mk 10,43-44 → Lk 22,26 → Mt 23,11 → Mk 10,31	καὶ καθίσας ἐφώνησεν τοὺς δώδεκα καὶ **λέγει** αὐτοῖς· εἴ τις θέλει πρῶτος εἶναι, ἔσται πάντων ἔσχατος ...			
w 222	Mt 18,3	... ἀμὴν **λέγω** ὑμῖν, ἐὰν μὴ στραφῆτε καὶ γένησθε ὡς τὰ παιδία, οὐ μὴ εἰσέλθητε εἰς τὴν βασιλείαν τῶν οὐρανῶν.	Mk 10,15	ἀμὴν **λέγω** ὑμῖν, ὃς ἂν μὴ δέξηται τὴν βασιλείαν τοῦ θεοῦ ὡς παιδίον, οὐ μὴ εἰσέλθῃ εἰς αὐτήν.	Lk 18,17	ἀμὴν **λέγω** ὑμῖν, ὃς ἂν μὴ δέξηται τὴν βασιλείαν τοῦ θεοῦ ὡς παιδίον, οὐ μὴ εἰσέλθῃ εἰς αὐτήν.	→ **Jn 3,3** → GTh 22 → GTh 46
w u 220	Mt 10,42	καὶ ὃς ἂν ποτίσῃ ἕνα τῶν μικρῶν τούτων ποτήριον ψυχροῦ μόνον εἰς ὄνομα μαθητοῦ, ἀμὴν **λέγω** ὑμῖν, οὐ μὴ ἀπολέσῃ τὸν μισθὸν αὐτοῦ.	Mk 9,41	ὃς γὰρ ἂν ποτίσῃ ὑμᾶς ποτήριον ὕδατος ἐν ὀνόματι ὅτι Χριστοῦ ἐστε, ἀμὴν **λέγω** ὑμῖν ὅτι οὐ μὴ ἀπολέσῃ τὸν μισθὸν αὐτοῦ.			

	Mt		Mk		Lk		
u w 200	**Mt 18,10** → Mt 18,6 → Mk 9,42 → Lk 17,2	ὁρᾶτε μὴ καταφρονήσητε ἑνὸς τῶν μικρῶν τούτων· **λέγω** γὰρ ὑμῖν ὅτι οἱ ἄγγελοι αὐτῶν ἐν οὐρανοῖς διὰ παντὸς βλέπουσι τὸ πρόσωπον τοῦ πατρός μου τοῦ ἐν οὐρανοῖς.					
u w 202	**Mt 18,13**	καὶ ἐὰν γένηται εὑρεῖν αὐτό, ἀμὴν **λέγω** ὑμῖν ὅτι χαίρει ἐπ᾽ αὐτῷ μᾶλλον ἢ ἐπὶ τοῖς ἐνενήκοντα ἐννέα τοῖς μὴ πεπλανημένοις.			**Lk 15,7** ↓ Lk 15,10 → Mt 18,14	[5] καὶ εὑρὼν ἐπιτίθησιν ἐπὶ τοὺς ὤμους αὐτοῦ χαίρων [6] ... [7] **λέγω** ὑμῖν ὅτι οὕτως χαρὰ ἐν τῷ οὐρανῷ ἔσται ἐπὶ ἑνὶ ἁμαρτωλῷ μετανοοῦντι ἢ ἐπὶ ἐνενήκοντα ἐννέα δικαίοις οἵτινες οὐ χρείαν ἔχουσιν μετανοίας.	→ GTh 107
w 200	**Mt 18,18** → Mt 16,19	ἀμὴν **λέγω** ὑμῖν· ὅσα ἐὰν δήσητε ἐπὶ τῆς γῆς ἔσται δεδεμένα ἐν οὐρανῷ, ...					→ Jn 20,23
u w 200	**Mt 18,19** ↓ Mt 21,22 ↓ Mk 11,24	πάλιν [ἀμὴν] **λέγω** ὑμῖν ὅτι ἐὰν δύο συμφωνήσωσιν ἐξ ὑμῶν ἐπὶ τῆς γῆς ... γενήσεται αὐτοῖς ...					→ GTh 30 **(POxy 1)** → GTh 48 → GTh 106
201 *w* 201	**Mt 18,22 (2)** → Mt 18,15	[21] ... κύριε, ποσάκις ἁμαρτήσει εἰς ἐμὲ ὁ ἀδελφός μου καὶ ἀφήσω αὐτῷ; ἕως ἑπτάκις; [22] **λέγει** αὐτῷ ὁ Ἰησοῦς· οὐ **λέγω** σοι ἕως ἑπτάκις ἀλλὰ ἕως ἑβδομηκοντάκις ἑπτά.			**Lk 17,4** → Lk 17,3	καὶ ἐὰν ἑπτάκις τῆς ἡμέρας ἁμαρτήσῃ εἰς σὲ καὶ ἑπτάκις ἐπιστρέψῃ πρὸς σὲ λέγων· μετανοῶ, ἀφήσεις αὐτῷ.	
200	**Mt 18,26**	πεσὼν οὖν ὁ δοῦλος προσεκύνει αὐτῷ **λέγων·** μακροθύμησον ἐπ᾽ ἐμοί, καὶ πάντα ἀποδώσω σοι.					
200	**Mt 18,28**	... καὶ κρατήσας αὐτὸν ἔπνιγεν **λέγων·** ἀπόδος εἴ τι ὀφείλεις.					
l 200	**Mt 18,29**	πεσὼν οὖν ὁ σύνδουλος αὐτοῦ παρεκάλει αὐτὸν **λέγων·** μακροθύμησον ἐπ᾽ ἐμοί, καὶ ἀποδώσω σοι.					
k 200	**Mt 18,32**	τότε προσκαλεσάμενος αὐτὸν ὁ κύριος αὐτοῦ **λέγει** αὐτῷ· δοῦλε πονηρέ, ...					

	Mt		Mk		Lk		
c 202	**Mt 9,37**	τότε **λέγει** τοῖς μαθηταῖς αὐτοῦ· ὁ μὲν θερισμὸς πολύς, οἱ δὲ ἐργάται ὀλίγοι·			**Lk 10,2**	**ἔλεγεν** δὲ πρὸς αὐτούς· ὁ μὲν θερισμὸς πολύς, οἱ δὲ ἐργάται ὀλίγοι· ...	→ GTh 73
102	**Mt 10,12**	εἰσερχόμενοι δὲ εἰς τὴν οἰκίαν **ἀσπάσασθε** αὐτήν·	**Mk 6,10**	... ὅπου ἐὰν εἰσέλθητε εἰς οἰκίαν, ...	**Lk 10,5** ⇧ Lk 9,4	εἰς ἣν δ᾽ ἂν εἰσέλθητε οἰκίαν, πρῶτον **λέγετε·** εἰρήνη τῷ οἴκῳ τούτῳ.	Mk-Q overlap
m u 202	**Mt 10,7**	πορευόμενοι δὲ κηρύσσετε **λέγοντες** ὅτι ἤγγικεν ἡ βασιλεία τῶν οὐρανῶν. [8] ἀσθενοῦντας θεραπεύετε, ...			**Lk 10,9** → Lk 9,2 ⇧ Lk 10,11	καὶ θεραπεύετε τοὺς ἐν αὐτῇ ἀσθενεῖς καὶ **λέγετε** αὐτοῖς· ἤγγικεν ἐφ᾽ ὑμᾶς ἡ βασιλεία τοῦ θεοῦ.	
w u 202	**Mt 10,15** ⇧ Mt 11,24	ἀμὴν **λέγω** ὑμῖν, ἀνεκτότερον ἔσται γῇ Σοδόμων καὶ Γομόρρων ἐν ἡμέρᾳ κρίσεως ἢ τῇ πόλει ἐκείνῃ.			**Lk 10,12**	**λέγω** ὑμῖν ὅτι Σοδόμοις ἐν τῇ ἡμέρᾳ ἐκείνῃ ἀνεκτότερον ἔσται ἢ τῇ πόλει ἐκείνῃ.	
002					**Lk 10,17** → Lk 9,10	ὑπέστρεψαν δὲ οἱ ἑβδομήκοντα [δύο] μετὰ χαρᾶς **λέγοντες·** κύριε, καὶ τὰ δαιμόνια ὑποτάσσεται ἡμῖν ἐν τῷ ὀνόματί σου.	
u w 202	**Mt 13,17**	ἀμὴν γὰρ **λέγω** ὑμῖν ὅτι πολλοὶ προφῆται καὶ δίκαιοι ἐπεθύμησαν ἰδεῖν ἃ βλέπετε καὶ οὐκ εἶδαν, ...			**Lk 10,24**	**λέγω** γὰρ ὑμῖν ὅτι πολλοὶ προφῆται καὶ βασιλεῖς ἠθέλησαν ἰδεῖν ἃ ὑμεῖς βλέπετε καὶ οὐκ εἶδαν, ...	→ GTh 38 **(POxy 655 - restoration)**
112	**Mt 22,35** ↓ Mt 19,16	[34] οἱ δὲ Φαρισαῖοι ἀκούσαντες ὅτι ἐφίμωσεν τοὺς Σαδδουκαίους συνήχθησαν ἐπὶ τὸ αὐτό, [35] καὶ **ἐπηρώτησεν** εἷς ἐξ αὐτῶν [νομικὸς] πειράζων αὐτόν· [36] διδάσκαλε, ποία ἐντολὴ μεγάλη ἐν τῷ νόμῳ;	**Mk 12,28** ↓ Mk 10,17 → Lk 20,39	καὶ προσελθὼν εἷς τῶν γραμματέων ἀκούσας αὐτῶν συζητούντων, ἰδὼν ὅτι καλῶς ἀπεκρίθη αὐτοῖς **ἐπηρώτησεν** αὐτόν· ποία ἐστὶν ἐντολὴ πρώτη πάντων;	**Lk 10,25** ⇩ **Lk 18,18**	καὶ ἰδοὺ νομικός τις ἀνέστη ἐκπειράζων αὐτὸν **λέγων·** διδάσκαλε, τί ποιήσας ζωὴν αἰώνιον κληρονομήσω;	
102	**Mt 6,9**	οὕτως οὖν προσεύχεσθε ὑμεῖς· Πάτερ ἡμῶν ὁ ἐν τοῖς οὐρανοῖς· ἁγιασθήτω τὸ ὄνομά σου·			**Lk 11,2**	... ὅταν προσεύχησθε **λέγετε·** Πάτερ, ἁγιασθήτω τὸ ὄνομά σου· ...	
w 002					**Lk 11,8**	**λέγω** ὑμῖν, εἰ καὶ οὐ δώσει αὐτῷ ἀναστὰς διὰ τὸ εἶναι φίλον αὐτοῦ, ...	
w 102	**Mt 7,7**	αἰτεῖτε καὶ δοθήσεται ὑμῖν, ...			**Lk 11,9**	κἀγὼ ὑμῖν **λέγω,** αἰτεῖτε καὶ δοθήσεται ὑμῖν, ...	→ GTh 2 **(POxy 654)** → GTh 92

	Mt		Mk		Lk		
v 102	**Mt 12,26**	καὶ εἰ ὁ σατανᾶς τὸν σατανᾶν ἐκβάλλει, ἐφ' ἑαυτὸν ἐμερίσθη· πῶς οὖν σταθήσεται ἡ βασιλεία αὐτοῦ;	**Mk 3,26**	καὶ εἰ ὁ σατανᾶς ἀνέστη ἐφ' ἑαυτὸν καὶ ἐμερίσθη, οὐ δύναται στῆναι ἀλλὰ τέλος ἔχει.	**Lk 11,18** ↑ Mt 9,34 ↑ Mt 12,24 ↑ Mk 3,22 ↑ Lk 11,15	εἰ δὲ καὶ ὁ σατανᾶς ἐφ' ἑαυτὸν διεμερίσθη, πῶς σταθήσεται ἡ βασιλεία αὐτοῦ; ὅτι **λέγετε** ἐν Βεελζεβοὺλ ἐκβάλλειν με τὰ δαιμόνια.	Mk-Q overlap
202	**Mt 12,44**	τότε **λέγει·** εἰς τὸν οἶκόν μου ἐπιστρέψω ὅθεν ἐξῆλθον· ...			**Lk 11,24**	... [τότε] **λέγει·** ὑποστρέψω εἰς τὸν οἶκόν μου ὅθεν ἐξῆλθον·	
002					**Lk 11,27**	ἐγένετο δὲ **ἐν τῷ λέγειν** αὐτὸν ταῦτα ἐπάρασά τις φωνὴν γυνὴ ἐκ τοῦ ὄχλου εἶπεν αὐτῷ· ...	
a 102	**Mt 12,39** → Mt 16,1	ὁ δὲ ἀποκριθεὶς **εἶπεν** αὐτοῖς· γενεὰ πονηρὰ καὶ μοιχαλὶς σημεῖον ἐπιζητεῖ, ...	**Mk 8,12** **(2)**	καὶ ἀναστενάξας τῷ πνεύματι αὐτοῦ **λέγει·** τί ἡ γενεὰ αὕτη ζητεῖ σημεῖον; ...	**Lk 11,29**	τῶν δὲ ὄχλων ἐπαθροιζομένων ἤρξατο **λέγειν·** ἡ γενεὰ αὕτη γενεὰ πονηρά ἐστιν· σημεῖον ζητεῖ, ...	Mk-Q overlap
f 002 002					**Lk 11,45** **(2)**	ἀποκριθεὶς δέ τις τῶν νομικῶν **λέγει** αὐτῷ· διδάσκαλε, ταῦτα **λέγων** καὶ ἡμᾶς ὑβρίζεις.	
w 202	**Mt 23,36**	ἀμὴν **λέγω** ὑμῖν, ἥξει ταῦτα πάντα ἐπὶ τὴν γενεὰν ταύτην.			**Lk 11,51**	... ναὶ **λέγω** ὑμῖν, ἐκζητηθήσεται ἀπὸ τῆς γενεᾶς ταύτης.	
s a c 122	**Mt 16,6** ⇧ Mt 16,11	ὁ δὲ Ἰησοῦς **εἶπεν** αὐτοῖς· ὁρᾶτε καὶ προσέχετε ἀπὸ τῆς ζύμης τῶν Φαρισαίων καὶ Σαδδουκαίων.	**Mk 8,15**	καὶ διεστέλλετο αὐτοῖς **λέγων·** ὁρᾶτε, βλέπετε ἀπὸ τῆς ζύμης τῶν Φαρισαίων καὶ τῆς ζύμης Ἡρῴδου.	**Lk 12,1** → Mt 16,12	... ἤρξατο **λέγειν** πρὸς τοὺς μαθητὰς αὐτοῦ πρῶτον· προσέχετε ἑαυτοῖς ἀπὸ τῆς ζύμης, ἥτις ἐστὶν ὑπόκρισις, τῶν Φαρισαίων.	
w 102	**Mt 10,28**	καὶ μὴ φοβεῖσθε ἀπὸ τῶν ἀποκτεννόντων τὸ σῶμα, τὴν δὲ ψυχὴν μὴ δυναμένων ἀποκτεῖναι·			**Lk 12,4**	**λέγω** δὲ ὑμῖν τοῖς φίλοις μου, μὴ φοβηθῆτε ἀπὸ τῶν ἀποκτεινόντων τὸ σῶμα καὶ μετὰ ταῦτα μὴ ἐχόντων περισσότερόν τι ποιῆσαι.	
w 102		φοβεῖσθε δὲ μᾶλλον τὸν δυνάμενον καὶ ψυχὴν καὶ σῶμα ἀπολέσαι ἐν γεέννῃ.			**Lk 12,5**	ὑποδείξω δὲ ὑμῖν τίνα φοβηθῆτε· φοβήθητε τὸν μετὰ τὸ ἀποκτεῖναι ἔχοντα ἐξουσίαν ἐμβαλεῖν εἰς τὴν γέενναν· ναὶ **λέγω** ὑμῖν, τοῦτον φοβήθητε.	
w 102	**Mt 10,32**	πᾶς οὖν ὅστις ὁμολογήσει ἐν ἐμοὶ ἔμπροσθεν τῶν ἀνθρώπων, ...			**Lk 12,8**	**λέγω** δὲ ὑμῖν, πᾶς ὃς ἂν ὁμολογήσῃ ἐν ἐμοὶ ἔμπροσθεν τῶν ἀνθρώπων, ...	

c 002			**Lk 12,16**	εἶπεν δὲ παραβολὴν πρὸς αὐτοὺς **λέγων·** ἀνθρώπου τινὸς πλουσίου εὐφόρησεν ἡ χώρα.	→ GTh 63
g 002			**Lk 12,17**	καὶ διελογίζετο ἐν ἑαυτῷ **λέγων·** τί ποιήσω, ὅτι οὐκ ἔχω ποῦ συνάξω τοὺς καρπούς μου;	→ GTh 63
w 202	**Mt 6,25**	διὰ τοῦτο **λέγω** ὑμῖν· μὴ μεριμνᾶτε τῇ ψυχῇ ὑμῶν τί φάγητε [ἢ τί πίητε], ...	**Lk 12,22**	... διὰ τοῦτο **λέγω** ὑμῖν· μὴ μεριμνᾶτε τῇ ψυχῇ τί φάγητε, ...	→ GTh 36 **(POxy 655)**
u w 202	**Mt 6,29**	**λέγω** δὲ ὑμῖν ὅτι οὐδὲ Σολομὼν ἐν πάσῃ τῇ δόξῃ αὐτοῦ περιεβάλετο ὡς ἓν τούτων.	**Lk 12,27**	... **λέγω** δὲ ὑμῖν, οὐδὲ Σολομὼν ἐν πάσῃ τῇ δόξῃ αὐτοῦ περιεβάλετο ὡς ἓν τούτων.	
u w 002			**Lk 12,37** → Lk 22,27 → Lk 22,30	... ἀμὴν **λέγω** ὑμῖν ὅτι περιζώσεται καὶ ἀνακλινεῖ αὐτοὺς καὶ παρελθὼν διακονήσει αὐτοῖς.	
c 002			**Lk 12,41**	... κύριε, πρὸς ἡμᾶς τὴν παραβολὴν ταύτην **λέγεις** ἢ καὶ πρὸς πάντας;	
u w 202	**Mt 24,47** → Mt 25,21 → Mt 25,23	ἀμὴν **λέγω** ὑμῖν ὅτι ἐπὶ πᾶσιν τοῖς ὑπάρχουσιν αὐτοῦ καταστήσει αὐτόν.	**Lk 12,44**	ἀληθῶς **λέγω** ὑμῖν ὅτι ἐπὶ πᾶσιν τοῖς ὑπάρχουσιν αὐτοῦ καταστήσει αὐτόν.	
w 102	**Mt 10,34**	μὴ νομίσητε ὅτι ἦλθον βαλεῖν εἰρήνην ἐπὶ τὴν γῆν· οὐκ ἦλθον βαλεῖν εἰρήνην ἀλλὰ μάχαιραν.	**Lk 12,51**	δοκεῖτε ὅτι εἰρήνην παρεγενόμην δοῦναι ἐν τῇ γῇ; οὐχί, **λέγω** ὑμῖν, ἀλλ' ἢ διαμερισμόν.	→ GTh 16
102 *u* 202	**Mt 16,2**	... [ὀψίας γενομένης **λέγετε·** εὐδία, πυρράζει γὰρ ὁ οὐρανός·]	**Lk 12,54** **(2)**	**ἔλεγεν** δὲ καὶ τοῖς ὄχλοις· ὅταν ἴδητε [τὴν] νεφέλην ἀνατέλλουσαν ἐπὶ δυσμῶν, εὐθέως **λέγετε** ὅτι ὄμβρος ἔρχεται, καὶ γίνεται οὕτως·	→ GTh 91 Mt 16,2b is textcritically uncertain.
u 102	**Mt 16,3**	[καὶ πρωΐ· σήμερον χειμών, πυρράζει γὰρ στυγνάζων ὁ οὐρανός. ...]	**Lk 12,55**	καὶ ὅταν νότον πνέοντα, **λέγετε** ὅτι καύσων ἔσται, καὶ γίνεται.	→ GTh 91 Mt 16,3 is textcritically uncertain.
w 202	**Mt 5,26** → Mt 18,34	ἀμὴν **λέγω** σοι, οὐ μὴ ἐξέλθῃς ἐκεῖθεν, ἕως ἂν ἀποδῷς τὸν ἔσχατον κοδράντην.	**Lk 12,59**	**λέγω** σοι, οὐ μὴ ἐξέλθῃς ἐκεῖθεν, ἕως καὶ τὸ ἔσχατον λεπτὸν ἀποδῷς.	

	Mt		Mk		Lk		
w 002					Lk 13,3	οὐχί, **λέγω** ὑμῖν, ἀλλ' ἐὰν μὴ μετανοῆτε πάντες ὁμοίως ἀπολεῖσθε.	
w 002					Lk 13,5	οὐχί, **λέγω** ὑμῖν, ἀλλ' ἐὰν μὴ μετανοῆτε πάντες ὡσαύτως ἀπολεῖσθε.	
002					Lk 13,6 ↓ Mt 21,19 → Mk 11,13	**ἔλεγεν** δὲ ταύτην τὴν παραβολήν· συκῆν εἶχέν τις πεφυτευμένην ...	
f 002					Lk 13,8	ὁ δὲ ἀποκριθεὶς **λέγει** αὐτῷ· κύριε, ἄφες αὐτὴν καὶ τοῦτο τὸ ἔτος, ...	
f u 002					Lk 13,14 ↑ Mt 12,12 ↑ Mk 3,4 ↑ Lk 6,9 ↓ Lk 14,3	ἀποκριθεὶς δὲ ὁ ἀρχισυνάγωγος, ἀγανακτῶν ὅτι τῷ σαββάτῳ ἐθεράπευσεν ὁ Ἰησοῦς, **ἔλεγεν** τῷ ὄχλῳ ὅτι ἓξ ἡμέραι εἰσὶν ἐν αἷς δεῖ ἐργάζεσθαι· ...	
002					Lk 13,17 → Lk 14,6	καὶ ταῦτα **λέγοντος** αὐτοῦ κατῃσχύνοντο πάντες οἱ ἀντικείμενοι αὐτῷ, ...	
202	Mt 13,31	ἄλλην παραβολὴν παρέθηκεν αὐτοῖς **λέγων**· ὁμοία ἐστὶν ἡ βασιλεία τῶν οὐρανῶν κόκκῳ σινάπεως, ...	Mk 4,30	καὶ **ἔλεγεν**· πῶς ὁμοιώσωμεν τὴν βασιλείαν τοῦ θεοῦ ἢ ἐν τίνι αὐτὴν παραβολῇ θῶμεν; [31] ὡς κόκκῳ σινάπεως, ...	Lk 13,18	**ἔλεγεν** οὖν· τίνι ὁμοία ἐστὶν ἡ βασιλεία τοῦ θεοῦ καὶ τίνι ὁμοιώσω αὐτήν; [19] ὁμοία ἐστὶν κόκκῳ σινάπεως, ...	→ GTh 20 Mk-Q overlap
w 102	Mt 7,14	[13] εἰσέλθατε διὰ τῆς στενῆς πύλης· ὅτι πλατεῖα ἡ πύλη καὶ εὐρύχωρος ἡ ὁδὸς ἡ ἀπάγουσα εἰς τὴν ἀπώλειαν, καὶ πολλοί εἰσιν οἱ εἰσερχόμενοι δι' αὐτῆς· [14] τί στενὴ ἡ πύλη καὶ τεθλιμμένη ἡ ὁδὸς ἡ ἀπάγουσα εἰς τὴν ζωὴν καὶ ὀλίγοι εἰσὶν οἱ εὑρίσκοντες αὐτήν.			Lk 13,24	ἀγωνίζεσθε εἰσελθεῖν διὰ τῆς στενῆς θύρας, ὅτι πολλοί, **λέγω** ὑμῖν, ζητήσουσιν εἰσελθεῖν καὶ οὐκ ἰσχύσουσιν.	
002	Mt 25,11 ↓ Mt 7,22	[10] ... καὶ ἐκλείσθη ἡ θύρα. [11] ὕστερον δὲ ἔρχονται καὶ αἱ λοιπαὶ παρθένοι **λέγουσαι**· κύριε κύριε, ἄνοιξον ἡμῖν.			Lk 13,25	... καὶ ἀποκλείσῃ τὴν θύραν καὶ ἄρξησθε ἔξω ἑστάναι καὶ κρούειν τὴν θύραν **λέγοντες**· κύριε, ἄνοιξον ἡμῖν, ...	

a 102	**Mt 7,22** ↓ Mt 25,11	πολλοὶ **ἐροῦσίν** μοι ἐν ἐκείνῃ τῇ ἡμέρᾳ· κύριε κύριε, οὐ τῷ σῷ ὀνόματι ἐπροφητεύσαμεν, ...	**Lk 13,26**	τότε ἄρξεσθε **λέγειν·** ἐφάγομεν ἐνώπιόν σου καὶ ἐπίομεν ...	
102	**Mt 7,23** → Mt 13,41 ↓ Mt 25,12 → Mt 25,41	καὶ τότε ὁμολογήσω αὐτοῖς ὅτι οὐδέποτε ἔγνων ὑμᾶς· *ἀποχωρεῖτε* *ἀπ' ἐμοῦ οἱ ἐργαζόμενοι* *τὴν ἀνομίαν.* ➤ Ps 6,9/1Macc 3,6	**Lk 13,27** ↓ Lk 13,25b	καὶ ἐρεῖ **λέγων** ὑμῖν· οὐκ οἶδα [ὑμᾶς] πόθεν ἐστέ· *ἀπόστητε* *ἀπ' ἐμοῦ, πάντες ἐργάται* *ἀδικίας.* ➤ Ps 6,9/1Macc 3,6	
002			**Lk 13,31**	... προσῆλθάν τινες Φαρισαῖοι **λέγοντες** αὐτῷ· ἔξελθε καὶ πορεύου ἐντεῦθεν, ...	
w 202	**Mt 23,39**	[38] ἰδοὺ ἀφίεται ὑμῖν ὁ οἶκος ὑμῶν ἔρημος. [39] **λέγω** γὰρ ὑμῖν, οὐ μή με ἴδητε ἀπ' ἄρτι ἕως ἂν εἴπητε· ...	**Lk 13,35**	ἰδοὺ ἀφίεται ὑμῖν ὁ οἶκος ὑμῶν. **λέγω** [δὲ] ὑμῖν, οὐ μὴ ἴδητέ με ἕως [ἥξει ὅτε] εἴπητε· ...	
c f 002			**Lk 14,3** ↑ Mt 12,10 ↑ Mt 12,12 ↑ Mk 3,4 ↑ Lk 6,9 ↑ Lk 13,14	καὶ ἀποκριθεὶς ὁ Ἰησοῦς εἶπεν πρὸς τοὺς νομικοὺς καὶ Φαρισαίους **λέγων·** ἔξεστιν τῷ σαββάτῳ θεραπεῦσαι ἢ οὔ;	
c 002 *c* 002			**Lk 14,7** (2)	**ἔλεγεν** δὲ πρὸς τοὺς κεκλημένους παραβολήν, ἐπέχων πῶς τὰς πρωτοκλισίας ἐξελέγοντο, **λέγων** πρὸς αὐτούς· [8] ὅταν κληθῇς ὑπό τινος εἰς γάμους, μὴ κατακλιθῇς εἰς τὴν πρωτοκλισίαν, ...	
002			**Lk 14,12**	**ἔλεγεν** δὲ καὶ τῷ κεκληκότι αὐτόν· ὅταν ποιῇς ἄριστον ἢ δεῖπνον, μὴ φώνει τοὺς φίλους σου ...	
u w 102	**Mt 22,8**	 ... ὁ μὲν γάμος ἕτοιμός ἐστιν, οἱ δὲ κεκλημένοι οὐκ ἦσαν ἄξιοι·	**Lk 14,24**	**λέγω** γὰρ ὑμῖν ὅτι οὐδεὶς τῶν ἀνδρῶν ἐκείνων τῶν κεκλημένων γεύσεταί μου τοῦ δείπνου.	→ GTh 64
u 002			**Lk 14,30**	**λέγοντες** ὅτι οὗτος ὁ ἄνθρωπος ἤρξατο οἰκοδομεῖν καὶ οὐκ ἴσχυσεν ἐκτελέσαι.	
u 002			**Lk 15,2** ↑ Mt 9,11 ↑ Mk 2,16 ↑ Lk 5,30 ↓ Lk 19,7	καὶ διεγόγγυζον οἵ τε Φαρισαῖοι καὶ οἱ γραμματεῖς **λέγοντες** ὅτι οὗτος ἁμαρτωλοὺς προσδέχεται ...	

	Mt	Mk	Lk	
c 002	**Mt 18,12** ... ἐὰν γένηταί τινι ἀνθρώπῳ ἑκατὸν πρόβατα ...		**Lk 15,3** εἶπεν δὲ πρὸς αὐτοὺς τὴν παραβολὴν ταύτην **λέγων·** [4] τίς ἄνθρωπος ἐξ ὑμῶν ἔχων ἑκατὸν πρόβατα ...	→ GTh 107
k 002			**Lk 15,6** ... συγκαλεῖ τοὺς φίλους καὶ τοὺς γείτονας **λέγων** αὐτοῖς· συγχάρητέ μοι, ὅτι εὗρον τὸ πρόβατόν μου τὸ ἀπολωλός.	
u w 202	**Mt 18,13** καὶ ἐὰν γένηται εὑρεῖν αὐτό, ἀμὴν **λέγω** ὑμῖν ὅτι χαίρει ἐπ᾽ αὐτῷ μᾶλλον ἢ ἐπὶ τοῖς ἐνενήκοντα ἐννέα τοῖς μὴ πεπλανημένοις.		**Lk 15,7** ↓ Lk 15,10 → Mt 18,14 [5] καὶ εὑρὼν ἐπιτίθησιν ἐπὶ τοὺς ὤμους αὐτοῦ χαίρων [6] ... [7] **λέγω** ὑμῖν ὅτι οὕτως χαρὰ ἐν τῷ οὐρανῷ ἔσται ἐπὶ ἑνὶ ἁμαρτωλῷ μετανοοῦντι ἢ ἐπὶ ἐνενήκοντα ἐννέα δικαίοις οἵτινες οὐ χρείαν ἔχουσιν μετανοίας.	→ GTh 107
k 002			**Lk 15,9** καὶ εὑροῦσα συγκαλεῖ τὰς φίλας καὶ γείτονας **λέγουσα·** συγχάρητέ μοι, ὅτι εὗρον τὴν δραχμὴν ἣν ἀπώλεσα.	
w 002			**Lk 15,10** ↑ Lk 15,7 οὕτως, **λέγω** ὑμῖν, γίνεται χαρὰ ἐνώπιον τῶν ἀγγέλων τοῦ θεοῦ ἐπὶ ἑνὶ ἁμαρτωλῷ μετανοοῦντι.	
c 002			**Lk 16,1** **ἔλεγεν** δὲ καὶ πρὸς τοὺς μαθητάς· ἄνθρωπός τις ἦν πλούσιος ὃς εἶχεν οἰκονόμον, ...	
k 002			**Lk 16,5** καὶ προσκαλεσάμενος ἕνα ἕκαστον τῶν χρεοφειλετῶν τοῦ κυρίου ἑαυτοῦ **ἔλεγεν** τῷ πρώτῳ· πόσον ὀφείλεις τῷ κυρίῳ μου;	
002			**Lk 16,7** ἔπειτα ἑτέρῳ εἶπεν· σὺ δὲ πόσον ὀφείλεις; ὁ δὲ εἶπεν· ἑκατὸν κόρους σίτου. **λέγει** αὐτῷ· δέξαι σου τὰ γράμματα καὶ γράψον ὀγδοήκοντα.	
w 002			**Lk 16,9** → Lk 12,33 καὶ ἐγὼ ὑμῖν **λέγω,** ἑαυτοῖς ποιήσατε φίλους ἐκ τοῦ μαμωνᾶ τῆς ἀδικίας, ...	
002			**Lk 16,29** **λέγει** δὲ Ἀβραάμ· ἔχουσι Μωϋσέα καὶ τοὺς προφήτας· ...	

	Mt		Mk		Lk		
102	**Mt 18,22** **(2)** → Mt 18,15	[21] ... κύριε, ποσάκις ἁμαρτήσει εἰς ἐμὲ ὁ ἀδελφός μου καὶ ἀφήσω αὐτῷ; ἕως ἑπτάκις; [22] λέγει αὐτῷ ὁ Ἰησοῦς· οὐ λέγω σοι ἕως ἑπτάκις ἀλλὰ ἕως ἑβδομηκοντάκις ἑπτά.			**Lk 17,4** → Lk 17,3	καὶ ἐὰν ἑπτάκις τῆς ἡμέρας ἁμαρτήσῃ εἰς σὲ καὶ ἑπτάκις ἐπιστρέψῃ πρὸς σὲ **λέγων**· μετανοῶ, ἀφήσεις αὐτῷ.	
102	**Mt 17,20** **(2)**	... ἐὰν ἔχητε πίστιν ὡς κόκκον σινάπεως, **ἐρεῖτε** τῷ ὄρει τούτῳ, μετάβα ἔνθεν ἐκεῖ, καὶ μεταβήσεται· καὶ οὐδὲν ἀδυνατήσει ὑμῖν.	**Mk 11,23** → Mk 9,23	[22] ... ἔχετε πίστιν θεοῦ. [23] ἀμὴν λέγω ὑμῖν ὅτι ὃς ἂν **εἴπῃ** τῷ ὄρει τούτῳ· ἄρθητι καὶ βλήθητι εἰς τὴν θάλασσαν, καὶ μὴ διακριθῇ ἐν τῇ καρδίᾳ αὐτοῦ ἀλλὰ πιστεύῃ ὅτι ὃ λαλεῖ γίνεται, ἔσται αὐτῷ.	**Lk 17,6** ↓ **Mt 21,21**	... εἰ ἔχετε πίστιν ὡς κόκκον σινάπεως, **ἐλέγετε** ἂν τῇ συκαμίνῳ [ταύτῃ]· ἐκριζώθητι καὶ φυτεύθητι ἐν τῇ θαλάσσῃ· καὶ ὑπήκουσεν ἂν ὑμῖν.	→ GTh 48 → GTh 106
u 002					**Lk 17,10**	οὕτως καὶ ὑμεῖς, ὅταν ποιήσητε πάντα τὰ διαταχθέντα ὑμῖν, **λέγετε** ὅτι δοῦλοι ἀχρεῖοί ἐσμεν, ὃ ὠφείλομεν ποιῆσαι πεποιήκαμεν.	
r 002					**Lk 17,13** ↑ **Mt 8,2** ↑ **Mk 1,40** ↑ **Lk 5,12**	καὶ αὐτοὶ ἦραν φωνὴν **λέγοντες**· Ἰησοῦ ἐπιστάτα, ἐλέησον ἡμᾶς.	
w 102	**Mt 24,40**	τότε δύο ἔσονται ἐν τῷ ἀγρῷ, εἷς παραλαμβάνεται καὶ εἷς ἀφίεται·			**Lk 17,34**	**λέγω** ὑμῖν, ταύτῃ τῇ νυκτὶ ἔσονται δύο ἐπὶ κλίνης μιᾶς, ὁ εἷς παραλημφθήσεται καὶ ὁ ἕτερος ἀφεθήσεται·	→ GTh 61,1
f 102	**Mt 24,28**	ὅπου ἐὰν ᾖ τὸ πτῶμα, ἐκεῖ συναχθήσονται οἱ ἀετοί.			**Lk 17,37**	καὶ ἀποκριθέντες **λέγουσιν** αὐτῷ· ποῦ, κύριε; ὁ δὲ εἶπεν αὐτοῖς· ὅπου τὸ σῶμα, ἐκεῖ καὶ οἱ ἀετοὶ ἐπισυναχθήσονται.	
002					**Lk 18,1** → Lk 21,36	**ἔλεγεν** δὲ παραβολὴν αὐτοῖς πρὸς τὸ δεῖν πάντοτε προσεύχεσθαι αὐτοὺς καὶ μὴ ἐγκακεῖν,	
002					**Lk 18,2**	**λέγων**· κριτής τις ἦν ἔν τινι πόλει τὸν θεὸν μὴ φοβούμενος ...	
002					**Lk 18,3**	χήρα δὲ ἦν ἐν τῇ πόλει ἐκείνῃ καὶ ἤρχετο πρὸς αὐτὸν **λέγουσα**· ἐκδίκησόν με ἀπὸ τοῦ ἀντιδίκου μου.	
002					**Lk 18,6**	... ἀκούσατε τί ὁ κριτὴς τῆς ἀδικίας **λέγει**·	
u w 002					**Lk 18,8**	**λέγω** ὑμῖν ὅτι ποιήσει τὴν ἐκδίκησιν αὐτῶν ἐν τάχει. ...	

	Mt		Mk		Lk		
002					**Lk 18,13**	ὁ δὲ τελώνης ... ἔτυπτεν τὸ στῆθος αὐτοῦ **λέγων·** ὁ θεός, ἱλάσθητί μοι τῷ ἁμαρτωλῷ.	
w 002					**Lk 18,14** → Lk 16,15	**λέγω** ὑμῖν, κατέβη οὗτος δεδικαιωμένος εἰς τὸν οἶκον αὐτοῦ παρ' ἐκεῖνον· ...	
210	**Mt 19,3**	καὶ προσῆλθον αὐτῷ Φαρισαῖοι πειράζοντες αὐτὸν καὶ **λέγοντες·** εἰ ἔξεστιν ἀνθρώπῳ ἀπολῦσαι τὴν γυναῖκα αὐτοῦ κατὰ πᾶσαν αἰτίαν;	**Mk 10,2**	καὶ προσελθόντες Φαρισαῖοι **ἐπηρώτων** αὐτὸν εἰ ἔξεστιν ἀνδρὶ γυναῖκα ἀπολῦσαι, πειράζοντες αὐτόν.			
210	**Mt 19,7** → Mt 5,31	**λέγουσιν** αὐτῷ· τί οὖν Μωϋσῆς ἐνετείλατο δοῦναι βιβλίον ἀποστασίου καὶ ἀπολῦσαι [αὐτήν]; ➤ Deut 24,1.2	**Mk 10,4**	οἱ δὲ **εἶπαν·** ἐπέτρεψεν Μωϋσῆς βιβλίον ἀποστασίου γράψαι καὶ ἀπολῦσαι. ➤ Deut 24,1.2			
u 210	**Mt 19,8**	**λέγει** αὐτοῖς ὅτι Μωϋσῆς πρὸς τὴν σκληροκαρδίαν ὑμῶν ἐπέτρεψεν ὑμῖν ἀπολῦσαι τὰς γυναῖκας ὑμῶν, ...	**Mk 10,5**	ὁ δὲ Ἰησοῦς **εἶπεν** αὐτοῖς· πρὸς τὴν σκληροκαρδίαν ὑμῶν ἔγραψεν ὑμῖν τὴν ἐντολὴν ταύτην.			
120 *u w* 210	**Mt 19,9** ⇧ Mt 5,32	**λέγω** δὲ ὑμῖν ὅτι ὃς ἂν ἀπολύσῃ τὴν γυναῖκα αὐτοῦ μὴ ἐπὶ πορνείᾳ καὶ γαμήσῃ ἄλλην μοιχᾶται.	**Mk 10,11** → Mk 10,12	καὶ **λέγει** αὐτοῖς· ὃς ἂν ἀπολύσῃ τὴν γυναῖκα αὐτοῦ καὶ γαμήσῃ ἄλλην μοιχᾶται ἐπ' αὐτήν·	**Lk 16,18**	πᾶς ὁ ἀπολύων τὴν γυναῖκα αὐτοῦ καὶ γαμῶν ἑτέραν μοιχεύει, ...	→ 1Cor 7,10-11 Mk-Q overlap
200	**Mt 19,10**	**λέγουσιν** αὐτῷ οἱ μαθηταὶ [αὐτοῦ]· εἰ οὕτως ἐστὶν ἡ αἰτία τοῦ ἀνθρώπου μετὰ τῆς γυναικός, οὐ συμφέρει γαμῆσαι.					
k 112	**Mt 19,14**	ὁ δὲ Ἰησοῦς **εἶπεν·** ἄφετε τὰ παιδία καὶ μὴ κωλύετε αὐτὰ ἐλθεῖν πρός με, ...	**Mk 10,14**	ἰδὼν δὲ ὁ Ἰησοῦς ἠγανάκτησεν καὶ **εἶπεν** αὐτοῖς· ἄφετε τὰ παιδία ἔρχεσθαι πρός με, μὴ κωλύετε αὐτά, ...	**Lk 18,16**	ὁ δὲ Ἰησοῦς προσεκαλέσατο αὐτὰ **λέγων·** ἄφετε τὰ παιδία ἔρχεσθαι πρός με καὶ μὴ κωλύετε αὐτά, ...	→ GTh 22
w 222	**Mt 18,3**	... ἀμὴν **λέγω** ὑμῖν, ἐὰν μὴ στραφῆτε καὶ γένησθε ὡς τὰ παιδία, οὐ μὴ εἰσέλθητε εἰς τὴν βασιλείαν τῶν οὐρανῶν.	**Mk 10,15**	ἀμὴν **λέγω** ὑμῖν, ὃς ἂν μὴ δέξηται τὴν βασιλείαν τοῦ θεοῦ ὡς παιδίον, οὐ μὴ εἰσέλθῃ εἰς αὐτήν.	**Lk 18,17**	ἀμὴν **λέγω** ὑμῖν, ὃς ἂν μὴ δέξηται τὴν βασιλείαν τοῦ θεοῦ ὡς παιδίον, οὐ μὴ εἰσέλθῃ εἰς αὐτήν.	→ Jn 3,3 → GTh 22 → GTh 46

j 112	**Mt 19,16** ↑ Mt 22,35-36	καὶ ἰδοὺ εἷς προσελθὼν αὐτῷ εἶπεν· διδάσκαλε, τί ἀγαθὸν ποιήσω ἵνα σχῶ ζωὴν αἰώνιον;	**Mk 10,17** ↑ Mk 12,28	... καὶ γονυπετήσας αὐτὸν ἐπηρώτα αὐτόν· διδάσκαλε ἀγαθέ, τί ποιήσω ἵνα ζωὴν αἰώνιον κληρονομήσω;	**Lk 18,18** ⇧ Lk 10,25	καὶ ἐπηρώτησέν τις αὐτὸν ἄρχων **λέγων**· διδάσκαλε ἀγαθέ, τί ποιήσας ζωὴν αἰώνιον κληρονομήσω;	
d 122	**Mt 19,17**	... τί με **ἐρωτᾷς** περὶ τοῦ ἀγαθοῦ; εἷς ἐστιν ὁ ἀγαθός· ↔	**Mk 10,18**	... τί με **λέγεις** ἀγαθόν; οὐδεὶς ἀγαθὸς εἰ μὴ εἷς ὁ θεός.	**Lk 18,19**	... τί με **λέγεις** ἀγαθόν; οὐδεὶς ἀγαθὸς εἰ μὴ εἷς ὁ θεός.	
211	**Mt 19,18**	↔ [17] εἰ δὲ θέλεις εἰς τὴν ζωὴν εἰσελθεῖν, τήρησον τὰς ἐντολάς. [18] **λέγει** αὐτῷ· ποίας; ὁ δὲ Ἰησοῦς εἶπεν· τὸ *οὐ φονεύσεις,* *οὐ μοιχεύσεις,* ... ➤ Exod 20,13.15/Deut 5,17-18	**Mk 10,19**	τὰς ἐντολὰς οἶδας· *μὴ φονεύσῃς,* *μὴ μοιχεύσῃς,* ... ➤ Exod 20,13.15/Deut 5,17-18	**Lk 18,20**	τὰς ἐντολὰς οἶδας· *μὴ μοιχεύσῃς,* *μὴ φονεύσῃς,* ... ➤ Exod 20,13.15/Deut 5,17-18LXX	
211	**Mt 19,20**	**λέγει** αὐτῷ ὁ νεανίσκος· πάντα ταῦτα ἐφύλαξα· τί ἔτι ὑστερῶ;	**Mk 10,20**	ὁ δὲ **ἔφη** αὐτῷ· διδάσκαλε, ταῦτα πάντα ἐφυλαξάμην ἐκ νεότητός μου.	**Lk 18,21**	ὁ δὲ **εἶπεν**· ταῦτα πάντα ἐφύλαξα ἐκ νεότητος.	
121 u w 211	**Mt 19,23**	ὁ δὲ Ἰησοῦς **εἶπεν** τοῖς μαθηταῖς αὐτοῦ· ἀμὴν **λέγω** ὑμῖν ὅτι πλούσιος δυσκόλως εἰσελεύσεται εἰς τὴν βασιλείαν τῶν οὐρανῶν.	**Mk 10,23**	καὶ περιβλεψάμενος ὁ Ἰησοῦς **λέγει** τοῖς μαθηταῖς αὐτοῦ· πῶς δυσκόλως οἱ τὰ χρήματα ἔχοντες εἰς τὴν βασιλείαν τοῦ θεοῦ εἰσελεύσονται.	**Lk 18,24**	ἰδὼν δὲ αὐτὸν ὁ Ἰησοῦς [περίλυπον γενόμενον] **εἶπεν**· πῶς δυσκόλως οἱ τὰ χρήματα ἔχοντες εἰς τὴν βασιλείαν τοῦ θεοῦ εἰσπορεύονται·	
w f 220	**Mt 19,24**	πάλιν δὲ **λέγω** ὑμῖν,	**Mk 10,24**	... ὁ δὲ Ἰησοῦς πάλιν ἀποκριθεὶς **λέγει** αὐτοῖς· τέκνα, πῶς δύσκολόν ἐστιν εἰς τὴν βασιλείαν τοῦ θεοῦ εἰσελθεῖν·			
		εὐκοπώτερόν ἐστιν κάμηλον διὰ τρυπήματος ῥαφίδος διελθεῖν ...	**Mk 10,25**	εὐκοπώτερόν ἐστιν κάμηλον διὰ [τῆς] τρυμαλιᾶς [τῆς] ῥαφίδος διελθεῖν ...	**Lk 18,25**	εὐκοπώτερον γάρ ἐστιν κάμηλον διὰ τρήματος βελόνης εἰσελθεῖν ...	
c 221	**Mt 19,25**	ἀκούσαντες δὲ οἱ μαθηταὶ ἐξεπλήσσοντο σφόδρα **λέγοντες**· τίς ἄρα δύναται σωθῆναι;	**Mk 10,26**	οἱ δὲ περισσῶς ἐξεπλήσσοντο **λέγοντες** πρὸς ἑαυτούς· καὶ τίς δύναται σωθῆναι;	**Lk 18,26**	**εἶπαν** δὲ οἱ ἀκούσαντες· καὶ τίς δύναται σωθῆναι;	
121	**Mt 19,26**	ἐμβλέψας δὲ ὁ Ἰησοῦς **εἶπεν** αὐτοῖς· παρὰ ἀνθρώποις τοῦτο ἀδύνατόν ἐστιν, παρὰ δὲ θεῷ πάντα δυνατά.	**Mk 10,27**	ἐμβλέψας αὐτοῖς ὁ Ἰησοῦς **λέγει**· παρὰ ἀνθρώποις ἀδύνατον, ἀλλ' οὐ παρὰ θεῷ· πάντα γὰρ δυνατὰ παρὰ τῷ θεῷ.	**Lk 18,27**	ὁ δὲ **εἶπεν**· τὰ ἀδύνατα παρὰ ἀνθρώποις δυνατὰ παρὰ τῷ θεῷ ἐστιν.	
a 121	**Mt 19,27**	τότε ἀποκριθεὶς ὁ Πέτρος **εἶπεν** αὐτῷ· ἰδοὺ ἡμεῖς ἀφήκαμεν πάντα καὶ ἠκολουθήσαμέν σοι· τί ἄρα ἔσται ἡμῖν;	**Mk 10,28**	ἤρξατο **λέγειν** ὁ Πέτρος αὐτῷ· ἰδοὺ ἡμεῖς ἀφήκαμεν πάντα καὶ ἠκολουθήκαμέν σοι.	**Lk 18,28**	**εἶπεν** δὲ ὁ Πέτρος· ἰδοὺ ἡμεῖς ἀφέντες τὰ ἴδια ἠκολουθήσαμέν σοι.	

u w 222	**Mt 19,28** ↓ Lk 22,28	ὁ δὲ Ἰησοῦς εἶπεν αὐτοῖς· ἀμὴν **λέγω** ὑμῖν ὅτι ὑμεῖς οἱ ἀκολουθήσαντές μοι ... [29] καὶ πᾶς ὅστις ἀφῆκεν οἰκίας ...	**Mk 10,29**	ἔφη ὁ Ἰησοῦς· ἀμὴν **λέγω** ὑμῖν, οὐδείς ἐστιν ὃς ἀφῆκεν οἰκίαν ...	**Lk 18,29**	ὁ δὲ εἶπεν αὐτοῖς· ἀμὴν **λέγω** ὑμῖν ὅτι οὐδείς ἐστιν ὃς ἀφῆκεν οἰκίαν ...	
					Lk 22,28 ↑ Mt 19,28	ὑμεῖς δέ ἐστε οἱ διαμεμενηκότες μετ᾽ ἐμοῦ ἐν τοῖς πειρασμοῖς μου·	
200	**Mt 20,6**	περὶ δὲ τὴν ἑνδεκάτην ἐξελθὼν εὗρεν ἄλλους ἑστῶτας καὶ **λέγει** αὐτοῖς· τί ὧδε ἑστήκατε ὅλην τὴν ἡμέραν ἀργοί;					
200 200	**Mt 20,7** (2)	**λέγουσιν** αὐτῷ· ὅτι οὐδεὶς ἡμᾶς ἐμισθώσατο. **λέγει** αὐτοῖς· ὑπάγετε καὶ ὑμεῖς εἰς τὸν ἀμπελῶνα.					
200	**Mt 20,8**	ὀψίας δὲ γενομένης **λέγει** ὁ κύριος τοῦ ἀμπελῶνος τῷ ἐπιτρόπῳ αὐτοῦ· κάλεσον τοὺς ἐργάτας ...					
200	**Mt 20,12**	[11] ... ἐγόγγυζον κατὰ τοῦ οἰκοδεσπότου [12] **λέγοντες·** οὗτοι οἱ ἔσχατοι μίαν ὥραν ἐποίησαν, ...					
a 121	**Mt 20,17**	... παρέλαβεν τοὺς δώδεκα [μαθητὰς] κατ᾽ ἰδίαν καὶ ἐν τῇ ὁδῷ **εἶπεν** αὐτοῖς· [18] ἰδοὺ ἀναβαίνομεν εἰς Ἱεροσόλυμα, ...	**Mk 10,32**	... καὶ παραλαβὼν πάλιν τοὺς δώδεκα ἤρξατο αὐτοῖς **λέγειν** τὰ μέλλοντα αὐτῷ συμβαίνειν, [33] ὅτι ἰδοὺ ἀναβαίνομεν εἰς Ἱεροσόλυμα, ...	**Lk 18,31**	παραλαβὼν δὲ τοὺς δώδεκα **εἶπεν** πρὸς αὐτούς· ἰδοὺ ἀναβαίνομεν εἰς Ἰερουσαλήμ, ...	
002					**Lk 18,34** → Mk 9,32 → Lk 9,45	... ἦν τὸ ῥῆμα τοῦτο κεκρυμμένον ἀπ᾽ αὐτῶν καὶ οὐκ ἐγίνωσκον **τὰ λεγόμενα.**	
120	**Mt 20,20**	τότε προσῆλθεν αὐτῷ ἡ μήτηρ τῶν υἱῶν Ζεβεδαίου μετὰ τῶν υἱῶν αὐτῆς προσκυνοῦσα καὶ αἰτοῦσά τι ἀπ᾽ αὐτοῦ.	**Mk 10,35**	καὶ προσπορεύονται αὐτῷ Ἰάκωβος καὶ Ἰωάννης οἱ υἱοὶ Ζεβεδαίου **λέγοντες** αὐτῷ· διδάσκαλε, θέλομεν ἵνα ὃ ἐὰν αἰτήσωμέν σε ποιήσῃς ἡμῖν.			
210	**Mt 20,21**	ὁ δὲ εἶπεν αὐτῇ· τί θέλεις; **λέγει** αὐτῷ· εἰπὲ ἵνα καθίσωσιν οὗτοι οἱ δύο υἱοί μου εἷς ἐκ δεξιῶν σου καὶ εἷς ἐξ εὐωνύμων σου ἐν τῇ βασιλείᾳ σου.	**Mk 10,37**	[36] ὁ δὲ εἶπεν αὐτοῖς· τί θέλετέ [με] ποιήσω ὑμῖν; [37] οἱ δὲ **εἶπαν** αὐτῷ· δὸς ἡμῖν ἵνα εἷς σου ἐκ δεξιῶν καὶ εἷς ἐξ ἀριστερῶν καθίσωμεν ἐν τῇ δόξῃ σου.			

	Mt		Mk		Lk		
   210	Mt 20,22	... δύνασθε πιεῖν τὸ ποτήριον ὃ ἐγὼ μέλλω πίνειν; **λέγουσιν** αὐτῷ· δυνάμεθα.	Mk 10,39	[38] δύνασθε πιεῖν τὸ ποτήριον ὃ ἐγὼ πίνω ... [39] οἱ δὲ **εἶπαν** αὐτῷ· δυνάμεθα.			
 210	Mt 20,23	 **λέγει** αὐτοῖς· τὸ μὲν ποτήριόν μου πίεσθε, ...		ὁ δὲ Ἰησοῦς **εἶπεν** αὐτοῖς· τὸ ποτήριον ὃ ἐγὼ πίνω πίεσθε ...			
k 121	Mt 20,25	ὁ δὲ Ἰησοῦς προσκαλεσάμενος αὐτοὺς **εἶπεν·** οἴδατε ὅτι οἱ ἄρχοντες τῶν ἐθνῶν κατακυριεύουσιν αὐτῶν ...	Mk 10,42	καὶ προσκαλεσάμενος αὐτοὺς ὁ Ἰησοῦς **λέγει** αὐτοῖς· οἴδατε ὅτι οἱ δοκοῦντες ἄρχειν τῶν ἐθνῶν κατακυριεύουσιν αὐτῶν ...	Lk 22,25	 ὁ δὲ **εἶπεν** αὐτοῖς· οἱ βασιλεῖς τῶν ἐθνῶν κυριεύουσιν αὐτῶν ...	
n a 222	Mt 20,30 ⇑ Mt 9,27	... ἀκούσαντες ὅτι Ἰησοῦς παράγει, ἔκραξαν **λέγοντες·** ἐλέησον ἡμᾶς, [κύριε,] υἱὸς Δαυίδ.	Mk 10,47	καὶ ἀκούσας ὅτι Ἰησοῦς ὁ Ναζαρηνός ἐστιν ἤρξατο κράζειν καὶ **λέγειν·** υἱὲ Δαυὶδ Ἰησοῦ, ἐλέησόν με.	Lk 18,38	[36] ἀκούσας δὲ ὄχλου διαπορευομένου ἐπυνθάνετο τί εἴη τοῦτο. [37] ἀπήγγειλαν δὲ αὐτῷ ὅτι Ἰησοῦς ὁ Ναζωραῖος παρέρχεται. [38] καὶ ἐβόησεν **λέγων·** Ἰησοῦ υἱὲ Δαυίδ, ἐλέησόν με.	
n 211	Mt 20,31	ὁ δὲ ὄχλος ἐπετίμησεν αὐτοῖς ἵνα σιωπήσωσιν· οἱ δὲ μεῖζον ἔκραξαν **λέγοντες·** ἐλέησον ἡμᾶς, κύριε, υἱὸς Δαυίδ.	Mk 10,48	καὶ ἐπετίμων αὐτῷ πολλοὶ ἵνα σιωπήσῃ· ὁ δὲ πολλῷ μᾶλλον ἔκραζεν· υἱὲ Δαυίδ, ἐλέησόν με.	Lk 18,39	καὶ οἱ προάγοντες ἐπετίμων αὐτῷ ἵνα σιγήσῃ, αὐτὸς δὲ πολλῷ μᾶλλον ἔκραζεν· υἱὲ Δαυίδ, ἐλέησόν με.	
q 121	Mt 20,32	καὶ στὰς ὁ Ἰησοῦς ἐφώνησεν αὐτοὺς ↔	Mk 10,49	καὶ στὰς ὁ Ἰησοῦς εἶπεν· φωνήσατε αὐτόν. καὶ φωνοῦσιν τὸν τυφλὸν **λέγοντες** αὐτῷ· θάρσει, ἔγειρε, φωνεῖ σε.	Lk 18,40	σταθεὶς δὲ ὁ Ἰησοῦς ἐκέλευσεν αὐτὸν ἀχθῆναι πρὸς αὐτόν. ...	
    211	Mt 20,33 ⇑ Mt 9,28	↔ [32] καὶ εἶπεν· τί θέλετε ποιήσω ὑμῖν; [33] **λέγουσιν** αὐτῷ· κύριε, ἵνα ἀνοιγῶσιν οἱ ὀφθαλμοὶ ἡμῶν.	Mk 10,51	καὶ ἀποκριθεὶς αὐτῷ ὁ Ἰησοῦς εἶπεν· τί σοι θέλεις ποιήσω; ὁ δὲ τυφλὸς **εἶπεν** αὐτῷ· ῥαββουνι, ἵνα ἀναβλέψω.	Lk 18,41	 τί σοι θέλεις ποιήσω; ὁ δὲ **εἶπεν·** κύριε, ἵνα ἀναβλέψω.	
u 002					Lk 19,7 ↑ Mt 9,11 ↑ Mk 2,16 ↑ Lk 5,30 ↑ Lk 15,2	καὶ ἰδόντες πάντες διεγόγγυζον **λέγοντες** ὅτι παρὰ ἁμαρτωλῷ ἀνδρὶ εἰσῆλθεν καταλῦσαι.	
    002					Lk 19,14	οἱ δὲ πολῖται αὐτοῦ ἐμίσουν αὐτὸν καὶ ἀπέστειλαν πρεσβείαν ὀπίσω αὐτοῦ **λέγοντες·** οὐ θέλομεν τοῦτον βασιλεῦσαι ἐφ' ἡμᾶς.	

	Mt		Mk		Lk		
202	**Mt 25,20**	καὶ προσελθὼν ὁ τὰ πέντε τάλαντα λαβὼν προσήνεγκεν ἄλλα πέντε τάλαντα **λέγων·** κύριε, πέντε τάλαντά μοι παρέδωκας· ἴδε ἄλλα πέντε τάλαντα ἐκέρδησα.			**Lk 19,16**	παρεγένετο δὲ ὁ πρῶτος **λέγων·** κύριε, ἡ μνᾶ σου δέκα προσηργάσατο μνᾶς.	
102	**Mt 25,22**	προσελθὼν [δὲ] καὶ ὁ τὰ δύο τάλαντα **εἶπεν·** κύριε, δύο τάλαντά μοι παρέδωκας· ἴδε ἄλλα δύο τάλαντα ἐκέρδησα.			**Lk 19,18**	καὶ ἦλθεν ὁ δεύτερος **λέγων·** ἡ μνᾶ σου, κύριε, ἐποίησεν πέντε μνᾶς.	
102	**Mt 25,24**	προσελθὼν δὲ καὶ ὁ τὸ ἓν τάλαντον εἰληφὼς **εἶπεν·** κύριε, ... [25] ... ἔκρυψα τὸ τάλαντόν σου ἐν τῇ γῇ· ἴδε ἔχεις τὸ σόν.			**Lk 19,20** → Mt 25,18	καὶ ὁ ἕτερος ἦλθεν **λέγων·** κύριε, ἰδοὺ ἡ μνᾶ σου ἣν εἶχον ἀποκειμένην ἐν σουδαρίῳ·	
102	**Mt 25,26**	ἀποκριθεὶς δὲ ὁ κύριος αὐτοῦ **εἶπεν** αὐτῷ· πονηρὲ δοῦλε καὶ ὀκνηρέ, ...			**Lk 19,22**	**λέγει** αὐτῷ· ἐκ τοῦ στόματός σου κρίνω σε, πονηρὲ δοῦλε. ...	
u w 102	**Mt 25,29** ⇨ Mt 13,12	τῷ γὰρ ἔχοντι παντὶ δοθήσεται καὶ περισσευθήσεται, ...	**Mk 4,25**	ὃς γὰρ ἔχει, δοθήσεται αὐτῷ· ...	**Lk 19,26** ⇨ Lk 8,18	**λέγω** ὑμῖν ὅτι παντὶ τῷ ἔχοντι δοθήσεται, ...	→ GTh 41 Mk-Q overlap
222	**Mt 21,2**	**λέγων** αὐτοῖς· πορεύεσθε εἰς τὴν κώμην τὴν κατέναντι ὑμῶν, ...	**Mk 11,2**	καὶ **λέγει** αὐτοῖς· ὑπάγετε εἰς τὴν κώμην τὴν κατέναντι ὑμῶν, ...	**Lk 19,30**	**λέγων·** ὑπάγετε εἰς τὴν κατέναντι κώμην, ...	
t x 200	**Mt 21,4**	τοῦτο δὲ γέγονεν ἵνα πληρωθῇ τὸ ῥηθὲν διὰ τοῦ προφήτου **λέγοντος·** [5] *εἴπατε τῇ θυγατρὶ* *Σιών· ἰδοὺ ὁ βασιλεύς* *σου ἔρχεταί σοι ...* ➤ Isa 62,11; Zech 9,9					→ Jn 12,14 → Jn 12,15
021			**Mk 11,5**	καί τινες τῶν ἐκεῖ ἑστηκότων **ἔλεγον** αὐτοῖς· τί ποιεῖτε λύοντες τὸν πῶλον;	**Lk 19,33**	... **εἶπαν** οἱ κύριοι αὐτοῦ πρὸς αὐτούς· τί λύετε τὸν πῶλον;	
n r 212	**Mt 21,9**	οἱ δὲ ὄχλοι οἱ προάγοντες αὐτὸν καὶ οἱ ἀκολουθοῦντες ἔκραζον **λέγοντες·** *ὡσαννὰ* τῷ υἱῷ Δαυίδ· *εὐλογημένος ὁ ἐρχόμενος* *ἐν ὀνόματι κυρίου·* ... ➤ Ps 118,25-26	**Mk 11,9**	καὶ οἱ προάγοντες καὶ οἱ ἀκολουθοῦντες ἔκραζον· *ὡσαννά·* *εὐλογημένος ὁ ἐρχόμενος* *ἐν ὀνόματι κυρίου·* ➤ Ps 118,25-26	**Lk 19,38**	[37] ... ἤρξαντο ἅπαν τὸ πλῆθος τῶν μαθητῶν χαίροντες αἰνεῖν τὸν θεὸν φωνῇ μεγάλῃ περὶ πασῶν ὧν εἶδον δυνάμεων, [38] **λέγοντες·** *εὐλογημένος* *ὁ ἐρχόμενος*, ὁ βασιλεὺς *ἐν ὀνόματι κυρίου·* ... ➤ Ps 118,26	→ Jn 12,13
w 002					**Lk 19,40** ↓ Mt 21,15-16	καὶ ἀποκριθεὶς εἶπεν· **λέγω** ὑμῖν, ἐὰν οὗτοι σιωπήσουσιν, οἱ λίθοι κράξουσιν.	

u 002					**Lk 19,42**	[41] καὶ ὡς ἤγγισεν ἰδὼν τὴν πόλιν ἔκλαυσεν ἐπ᾿ αὐτήν [42] **λέγων** ὅτι εἰ ἔγνως ἐν τῇ ἡμέρᾳ ταύτῃ καὶ σὺ τὰ πρὸς εἰρήνην· ...	
210	**Mt 21,10** → Mt 2,3 → Lk 19,41	καὶ εἰσελθόντος αὐτοῦ εἰς Ἱεροσόλυμα ἐσείσθη πᾶσα ἡ πόλις **λέγουσα·** τίς ἐστιν οὗτος;	**Mk 11,11** → Lk 19,41	καὶ εἰσῆλθεν εἰς Ἱεροσόλυμα εἰς τὸ ἱερὸν καὶ περιβλεψάμενος πάντα, ...			→ Jn 2,13
200	**Mt 21,11**	οἱ δὲ ὄχλοι **ἔλεγον·** οὗτός ἐστιν ὁ προφήτης Ἰησοῦς ὁ ἀπὸ Ναζαρὲθ τῆς Γαλιλαίας.					
h 222	**Mt 21,13**	καὶ **λέγει** αὐτοῖς· γέγραπται· *ὁ οἶκός μου οἶκος* *προσευχῆς κληθήσεται,* ... ➢ Isa 56,7	**Mk 11,17**	καὶ ἐδίδασκεν καὶ **ἔλεγεν** αὐτοῖς· οὐ γέγραπται ὅτι *ὁ οἶκός μου οἶκος* *προσευχῆς κληθήσεται* *πᾶσιν τοῖς ἔθνεσιν;* ... ➢ Isa 56,7	**Lk 19,46**	**λέγων** αὐτοῖς· γέγραπται· *καὶ ἔσται ὁ οἶκός μου* *οἶκος προσευχῆς,* ... ➢ Isa 56,7	→ Jn 2,16
n 200	**Mt 21,15** ↑ **Lk 19,38**	ἰδόντες δὲ οἱ ἀρχιερεῖς καὶ οἱ γραμματεῖς τὰ θαυμάσια ἃ ἐποίησεν καὶ τοὺς παῖδας τοὺς κράζοντας ἐν τῷ ἱερῷ καὶ **λέγοντας·** ὡσαννὰ τῷ υἱῷ Δαυίδ, ἠγανάκτησαν					
200 200	**Mt 21,16** **(2)** → Lk 19,39 ↑ **Lk 19,40**	καὶ εἶπαν αὐτῷ· ἀκούεις τί οὗτοι **λέγουσιν;** ὁ δὲ Ἰησοῦς **λέγει** αὐτοῖς· ναί· οὐδέποτε ἀνέγνωτε ὅτι *ἐκ στόματος νηπίων* *καὶ θηλαζόντων* *κατηρτίσω αἶνον;* ➢ Ps 8,3 LXX					
210	**Mt 21,19**	... οὐδὲν εὗρεν ἐν αὐτῇ εἰ μὴ φύλλα μόνον, καὶ **λέγει** αὐτῇ· μηκέτι ἐκ σοῦ καρπὸς γένηται εἰς τὸν αἰῶνα. ↔	**Mk 11,14**	[13] ... οὐδὲν εὗρεν εἰ μὴ φύλλα· ... [14] καὶ ἀποκριθεὶς **εἶπεν** αὐτῇ· μηκέτι εἰς τὸν αἰῶνα ἐκ σοῦ μηδεὶς καρπὸν φάγοι. ...			
220	**Mt 21,20**	↔ [19] καὶ ἐξηράνθη παραχρῆμα ἡ συκῆ. [20] καὶ ἰδόντες οἱ μαθηταὶ ἐθαύμασαν **λέγοντες·** πῶς παραχρῆμα ἐξηράνθη ἡ συκῆ;	**Mk 11,21**	[20] ... εἶδον τὴν συκῆν ἐξηραμμένην ἐκ ῥιζῶν. [21] καὶ ἀναμνησθεὶς ὁ Πέτρος **λέγει** αὐτῷ· ῥαββί, ἴδε ἡ συκῆ ἣν κατηράσω ἐξήρανται.			

f 120	Mt 21,21	ἀποκριθεὶς δὲ ὁ Ἰησοῦς **εἶπεν** αὐτοῖς·	Mk 11,22	καὶ ἀποκριθεὶς ὁ Ἰησοῦς **λέγει** αὐτοῖς· ἔχετε πίστιν θεοῦ.			
w u 220	↑ Mt 17,20	ἀμὴν **λέγω** ὑμῖν, ἐὰν ἔχητε πίστιν καὶ μὴ διακριθῆτε, οὐ μόνον τὸ τῆς συκῆς ποιήσετε, ἀλλὰ κἂν τῷ ὄρει τούτῳ εἴπητε· ἄρθητι καὶ βλήθητι εἰς τὴν θάλασσαν, γενήσεται·	Mk 11,23 → Mk 9,23	ἀμὴν **λέγω** ὑμῖν ὅτι ὃς ἂν εἴπῃ τῷ ὄρει τούτῳ· ἄρθητι καὶ βλήθητι εἰς τὴν θάλασσαν, καὶ μὴ διακριθῇ ἐν τῇ καρδίᾳ αὐτοῦ ἀλλὰ πιστεύῃ ὅτι ὃ λαλεῖ γίνεται, ἔσται αὐτῷ.	↑ Lk 17,6		→ GTh 48 → GTh 106
w 120	Mt 21,22 → Mt 7,8 ↑ Mt 18,19	καὶ πάντα ὅσα ἂν αἰτήσητε ἐν τῇ προσευχῇ πιστεύοντες λήμψεσθε.	Mk 11,24	διὰ τοῦτο **λέγω** ὑμῖν, πάντα ὅσα προσεύχεσθε καὶ αἰτεῖσθε, πιστεύετε ὅτι ἐλάβετε, καὶ ἔσται ὑμῖν.	→ Lk 11,10		
c 222	Mt 21,23	... προσῆλθον αὐτῷ διδάσκοντι οἱ ἀρχιερεῖς καὶ οἱ πρεσβύτεροι τοῦ λαοῦ **λέγοντες**· ἐν ποίᾳ ἐξουσίᾳ ταῦτα ποιεῖς; ...	Mk 11,28	[27] ... ἔρχονται πρὸς αὐτὸν οἱ ἀρχιερεῖς καὶ οἱ γραμματεῖς καὶ οἱ πρεσβύτεροι [28] καὶ **ἔλεγον** αὐτῷ· ἐν ποίᾳ ἐξουσίᾳ ταῦτα ποιεῖς; ...	Lk 20,2	[1] ... ἐπέστησαν οἱ ἀρχιερεῖς καὶ οἱ γραμματεῖς σὺν τοῖς πρεσβυτέροις [2] καὶ **εἶπαν λέγοντες** πρὸς αὐτόν· εἰπὸν ἡμῖν ἐν ποίᾳ ἐξουσίᾳ ταῦτα ποιεῖς, ...	→ Jn 2,18
b g u 222	Mt 21,25	... οἱ δὲ διελογίζοντο ἐν ἑαυτοῖς **λέγοντες**· ἐὰν εἴπωμεν· ἐξ οὐρανοῦ, ἐρεῖ ἡμῖν· διὰ τί οὖν οὐκ ἐπιστεύσατε αὐτῷ;	Mk 11,31	καὶ διελογίζοντο πρὸς ἑαυτοὺς **λέγοντες**· ἐὰν εἴπωμεν· ἐξ οὐρανοῦ, ἐρεῖ· διὰ τί [οὖν] οὐκ ἐπιστεύσατε αὐτῷ;	Lk 20,5	οἱ δὲ συνελογίσαντο πρὸς ἑαυτοὺς **λέγοντες** ὅτι ἐὰν εἴπωμεν· ἐξ οὐρανοῦ, ἐρεῖ· διὰ τί οὐκ ἐπιστεύσατε αὐτῷ;	
f 121	Mt 21,27	καὶ ἀποκριθέντες τῷ Ἰησοῦ **εἶπαν**· οὐκ οἴδαμεν.	Mk 11,33 (3)	καὶ ἀποκριθέντες τῷ Ἰησοῦ **λέγουσιν**· οὐκ οἴδαμεν.	Lk 20,7	καὶ ἀπεκρίθησαν μὴ εἰδέναι πόθεν.	
121 222		**ἔφη** αὐτοῖς καὶ αὐτός· οὐδὲ ἐγὼ **λέγω** ὑμῖν ἐν ποίᾳ ἐξουσίᾳ ταῦτα ποιῶ.		καὶ ὁ Ἰησοῦς **λέγει** αὐτοῖς· οὐδὲ ἐγὼ **λέγω** ὑμῖν ἐν ποίᾳ ἐξουσίᾳ ταῦτα ποιῶ.	Lk 20,8	καὶ ὁ Ἰησοῦς **εἶπεν** αὐτοῖς· οὐδὲ ἐγὼ **λέγω** ὑμῖν ἐν ποίᾳ ἐξουσίᾳ ταῦτα ποιῶ.	
200 200 u w 200	Mt 21,31 (3)	τίς ἐκ τῶν δύο ἐποίησεν τὸ θέλημα τοῦ πατρός; **λέγουσιν**· ὁ πρῶτος. **λέγει** αὐτοῖς ὁ Ἰησοῦς· ἀμὴν **λέγω** ὑμῖν ὅτι οἱ τελῶναι καὶ αἱ πόρναι προάγουσιν ὑμᾶς εἰς τὴν βασιλείαν τοῦ θεοῦ.					
a c 112	Mt 21,33	ἄλλην παραβολὴν ἀκούσατε. ἄνθρωπος ἦν οἰκοδεσπότης ὅστις ἐφύτευσεν ἀμπελῶνα ...	Mk 12,1	καὶ ἤρξατο αὐτοῖς ἐν παραβολαῖς **λαλεῖν**· ἀμπελῶνα ἄνθρωπος ἐφύτευσεν ...	Lk 20,9	ἤρξατο δὲ πρὸς τὸν λαὸν **λέγειν** τὴν παραβολὴν ταύτην· ἄνθρωπός [τις] ἐφύτευσεν ἀμπελῶνα ...	→ GTh 65

		Mt		Mk		Lk	
u 221	Mt 21,37	ὕστερον δὲ ἀπέστειλεν πρὸς αὐτοὺς τὸν υἱὸν αὐτοῦ **λέγων·** ἐντραπήσονται τὸν υἱόν μου.	Mk 12,6	ἔτι ἕνα εἶχεν, υἱὸν ἀγαπητόν· ἀπέστειλεν αὐτὸν ἔσχατον πρὸς αὐτοὺς **λέγων** ὅτι ἐντραπήσονται τὸν υἱόν μου.	Lk 20,13	**εἶπεν** δὲ ὁ κύριος τοῦ ἀμπελῶνος· τί ποιήσω; πέμψω τὸν υἱόν μου τὸν ἀγαπητόν· ἴσως τοῦτον ἐντραπήσονται.	→ GTh 65
g 112	Mt 21,38	οἱ δὲ γεωργοὶ ἰδόντες τὸν υἱὸν **εἶπον ἐν ἑαυτοῖς·** οὗτός ἐστιν ὁ κληρονόμος· δεῦτε ἀποκτείνωμεν αὐτὸν ...	Mk 12,7	ἐκεῖνοι δὲ οἱ γεωργοὶ **πρὸς ἑαυτοὺς εἶπαν** ὅτι οὗτός ἐστιν ὁ κληρονόμος· δεῦτε ἀποκτείνωμεν αὐτόν, ...	Lk 20,14	ἰδόντες δὲ αὐτὸν οἱ γεωργοὶ **διελογίζοντο πρὸς ἀλλήλους λέγοντες·** οὗτός ἐστιν ὁ κληρονόμος· ἀποκτείνωμεν αὐτόν, ...	→ GTh 65
211	Mt 21,41 ↓ Mt 21,43	[40] ... τί ποιήσει τοῖς γεωργοῖς ἐκείνοις; **λέγουσιν** αὐτῷ· κακοὺς κακῶς ἀπολέσει αὐτοὺς καὶ τὸν ἀμπελῶνα ἐκδώσεται ἄλλοις γεωργοῖς, ...	Mk 12,9	τί [οὖν] ποιήσει ὁ κύριος τοῦ ἀμπελῶνος; ἐλεύσεται καὶ ἀπολέσει τοὺς γεωργοὺς καὶ δώσει τὸν ἀμπελῶνα ἄλλοις.	Lk 20,16	[15] ... τί οὖν ποιήσει αὐτοῖς ὁ κύριος τοῦ ἀμπελῶνος; [16] ἐλεύσεται καὶ ἀπολέσει τοὺς γεωργοὺς τούτους καὶ δώσει τὸν ἀμπελῶνα ἄλλοις. ...	→ GTh 65
211	Mt 21,42	**λέγει** αὐτοῖς ὁ Ἰησοῦς· οὐδέποτε ἀνέγνωτε ἐν ταῖς γραφαῖς· *λίθον ὃν ἀπεδοκίμασαν οἱ οἰκοδομοῦντες, οὗτος ἐγενήθη εἰς κεφαλὴν γωνίας· ...* ➤ Ps 118,22	Mk 12,10	οὐδὲ τὴν γραφὴν ταύτην ἀνέγνωτε· *λίθον ὃν ἀπεδοκίμασαν οἱ οἰκοδομοῦντες, οὗτος ἐγενήθη εἰς κεφαλὴν γωνίας·* ➤ Ps 118,22	Lk 20,17	ὁ δὲ ἐμβλέψας αὐτοῖς **εἶπεν·** τί οὖν ἐστιν τὸ γεγραμμένον τοῦτο· *λίθον ὃν ἀπεδοκίμασαν οἱ οἰκοδομοῦντες, οὗτος ἐγενήθη εἰς κεφαλὴν γωνίας;* ➤ Ps 118,22	→ Acts 4,11 → GTh 66
u w 200	Mt 21,43 ↑ Mt 21,41	διὰ τοῦτο **λέγω** ὑμῖν ὅτι ἀρθήσεται ἀφ᾽ ὑμῶν ἡ βασιλεία τοῦ θεοῦ ...					
211	Mt 21,45 → Mk 11,18	καὶ ἀκούσαντες οἱ ἀρχιερεῖς καὶ οἱ Φαρισαῖοι τὰς παραβολὰς αὐτοῦ ἔγνωσαν ὅτι περὶ αὐτῶν **λέγει·**	Mk 12,12	... ἔγνωσαν γὰρ ὅτι πρὸς αὐτοὺς τὴν παραβολὴν **εἶπεν.** ...	Lk 20,19	... οἱ γραμματεῖς καὶ οἱ ἀρχιερεῖς ... ἔγνωσαν γὰρ ὅτι πρὸς αὐτοὺς **εἶπεν** τὴν παραβολὴν ταύτην.	
f 201	Mt 22,1	καὶ ἀποκριθεὶς ὁ Ἰησοῦς πάλιν εἶπεν ἐν παραβολαῖς αὐτοῖς **λέγων·** [2] ὡμοιώθη ἡ βασιλεία τῶν οὐρανῶν ἀνθρώπῳ βασιλεῖ, ὅστις ἐποίησεν γάμους τῷ υἱῷ αὐτοῦ.			Lk 14,16	ὁ δὲ εἶπεν αὐτῷ· ἄνθρωπός τις ἐποίει δεῖπνον μέγα, ...	

	Mt		Mk		Lk		
201	Mt 22,4	[3] καὶ ἀπέστειλεν τοὺς δούλους αὐτοῦ καλέσαι τοὺς κεκλημένους εἰς τοὺς γάμους, καὶ οὐκ ἤθελον ἐλθεῖν. [4] πάλιν ἀπέστειλεν ἄλλους δούλους **λέγων·** εἴπατε τοῖς κεκλημένοις· ἰδοὺ τὸ ἄριστόν μου ἡτοίμακα, οἱ ταῦροί μου καὶ τὰ σιτιστὰ τεθυμένα καὶ πάντα ἕτοιμα· δεῦτε εἰς τοὺς γάμους.			Lk 14,17	καὶ ἀπέστειλεν τὸν δοῦλον αὐτοῦ τῇ ὥρᾳ τοῦ δείπνου εἰπεῖν τοῖς κεκλημένοις· ἔρχεσθε, ὅτι ἤδη ἕτοιμά ἐστιν.	→ GTh 64
201	Mt 22,8	[7] ὁ δὲ βασιλεὺς ὠργίσθη ... [8] τότε **λέγει** τοῖς δούλοις αὐτοῦ· ...			Lk 14,21	... τότε ὀργισθεὶς ὁ οἰκοδεσπότης **εἶπεν** τῷ δούλῳ αὐτοῦ· ...	→ GTh 64
200	Mt 22,12	καὶ **λέγει** αὐτῷ· ἑταῖρε, πῶς εἰσῆλθες ὧδε μὴ ἔχων ἔνδυμα γάμου; ...					
j 222 h 112	Mt 22,16	καὶ ἀποστέλλουσιν αὐτῷ ... **λέγοντες·** διδάσκαλε, οἴδαμεν ὅτι ἀληθὴς **εἶ** καὶ τὴν ὁδὸν τοῦ θεοῦ ἐν ἀληθείᾳ διδάσκεις καὶ οὐ μέλει σοι περὶ οὐδενός. οὐ γὰρ βλέπεις εἰς πρόσωπον ἀνθρώπων	Mk 12,14	καὶ ἐλθόντες **λέγουσιν** αὐτῷ· διδάσκαλε, οἴδαμεν ὅτι ἀληθὴς **εἶ** καὶ οὐ μέλει σοι περὶ οὐδενός· οὐ γὰρ βλέπεις εἰς πρόσωπον ἀνθρώπων, ἀλλ᾽ ἐπ᾽ ἀληθείας τὴν ὁδὸν τοῦ θεοῦ διδάσκεις· ...	Lk 20,21 (2)	καὶ ἐπηρώτησαν αὐτὸν **λέγοντες·** διδάσκαλε, οἴδαμεν ὅτι ὀρθῶς **λέγεις** καὶ διδάσκεις καὶ οὐ λαμβάνεις πρόσωπον, ἀλλ᾽ ἐπ᾽ ἀληθείας τὴν ὁδὸν τοῦ θεοῦ διδάσκεις·	→ Jn 3,2
221	Mt 22,20	καὶ **λέγει** αὐτοῖς· τίνος ἡ εἰκὼν αὕτη καὶ ἡ ἐπιγραφή;	Mk 12,16	... καὶ **λέγει** αὐτοῖς· τίνος ἡ εἰκὼν αὕτη καὶ ἡ ἐπιγραφή;	Lk 20,24	δείξατέ μοι δηνάριον· τίνος ἔχει εἰκόνα καὶ ἐπιγραφήν;	→ GTh 100
211	Mt 22,21 (2)	**λέγουσιν** αὐτῷ· Καίσαρος.		οἱ δὲ **εἶπαν** αὐτῷ· Καίσαρος.		οἱ δὲ **εἶπαν·** Καίσαρος.	
211		τότε **λέγει** αὐτοῖς· ἀπόδοτε οὖν τὰ Καίσαρος Καίσαρι καὶ τὰ τοῦ θεοῦ τῷ θεῷ.	Mk 12,17	ὁ δὲ Ἰησοῦς **εἶπεν** αὐτοῖς· τὰ Καίσαρος ἀπόδοτε Καίσαρι καὶ τὰ τοῦ θεοῦ τῷ θεῷ. ...	Lk 20,25 ↓ Lk 23,2	ὁ δὲ **εἶπεν** πρὸς αὐτούς· τοίνυν ἀπόδοτε τὰ Καίσαρος Καίσαρι καὶ τὰ τοῦ θεοῦ τῷ θεῷ.	→ GTh 100
ν 221	Mt 22,23	ἐν ἐκείνῃ τῇ ἡμέρᾳ προσῆλθον αὐτῷ Σαδδουκαῖοι, **λέγοντες** μὴ εἶναι ἀνάστασιν, καὶ ἐπηρώτησαν αὐτὸν	Mk 12,18 (2)	καὶ ἔρχονται Σαδδουκαῖοι πρὸς αὐτόν, οἵτινες **λέγουσιν** ἀνάστασιν μὴ εἶναι, καὶ ἐπηρώτων αὐτὸν	Lk 20,27	προσελθόντες δέ τινες τῶν Σαδδουκαίων, οἱ **[ἀντι]λέγοντες** ἀνάστασιν μὴ εἶναι, ἐπηρώτησαν αὐτὸν	
j 222	Mt 22,24	**λέγοντες·** διδάσκαλε, Μωϋσῆς εἶπεν· ... ➤ Deut 25,5; Gen 38,8		**λέγοντες·** [19] διδάσκαλε, Μωϋσῆς ἔγραψεν ἡμῖν ... ➤ Deut 25,5; Gen 38,8	Lk 20,28	**λέγοντες·** διδάσκαλε, Μωϋσῆς ἔγραψεν ἡμῖν, ... ➤ Deut 25,5; Gen 38,8	

x d 222	**Mt 22,31**	περὶ δὲ τῆς ἀναστάσεως τῶν νεκρῶν οὐκ ἀνέγνωτε τὸ ῥηθὲν ὑμῖν ὑπὸ τοῦ θεοῦ **λέγοντος**· [32] *ἐγώ εἰμι* *ὁ θεὸς Ἀβραὰμ* ...; ... ➤ Exod 3,6	**Mk 12,26**	περὶ δὲ τῶν νεκρῶν ὅτι ἐγείρονται οὐκ ἀνέγνωτε ἐν τῇ βίβλῳ Μωϋσέως ἐπὶ τοῦ βάτου πῶς εἶπεν αὐτῷ ὁ θεὸς **λέγων**· *ἐγὼ* *ὁ θεὸς Ἀβραὰμ* ...; ➤ Exod 3,6	**Lk 20,37**	ὅτι δὲ ἐγείρονται οἱ νεκροί, καὶ Μωϋσῆς ἐμήνυσεν ἐπὶ τῆς βάτου, ὡς **λέγει** *κύριον* *τὸν θεὸν Ἀβραὰμ* ... ➤ Exod 3,6	
j f h 221 *u v* 222	**Mt 22,42** **(2)**	[41] συνηγμένων δὲ τῶν Φαρισαίων ἐπηρώτησεν αὐτοὺς ὁ Ἰησοῦς [42] **λέγων**· τί ὑμῖν δοκεῖ περὶ τοῦ χριστοῦ; τίνος υἱός ἐστιν; **λέγουσιν** αὐτῷ· τοῦ Δαυίδ.	**Mk 12,35** **(2)**	καὶ ἀποκριθεὶς ὁ Ἰησοῦς **ἔλεγεν** διδάσκων ἐν τῷ ἱερῷ· πῶς **λέγουσιν** οἱ γραμματεῖς ὅτι ὁ χριστὸς υἱὸς Δαυίδ ἐστιν;	**Lk 20,41**	**εἶπεν** δὲ πρὸς αὐτούς· πῶς **λέγουσιν** τὸν χριστὸν εἶναι Δαυὶδ υἱόν;	
211 *k x* 212	**Mt 22,43** **(2)**	**λέγει** αὐτοῖς· πῶς οὖν Δαυὶδ ἐν πνεύματι καλεῖ αὐτὸν κύριον **λέγων**· [44] *εἶπεν κύριος* *τῷ κυρίῳ μου· κάθου* *ἐκ δεξιῶν μου* ... ➤ Ps 110,1	**Mk 12,36**	αὐτὸς Δαυὶδ **εἶπεν** ἐν τῷ πνεύματι τῷ ἁγίῳ· *εἶπεν κύριος* *τῷ κυρίῳ μου· κάθου* *ἐκ δεξιῶν μου*, ... ➤ Ps 110,1	**Lk 20,42**	αὐτὸς γὰρ Δαυὶδ **λέγει** ἐν βίβλῳ ψαλμῶν· *εἶπεν κύριος* *τῷ κυρίῳ μου· κάθου* *ἐκ δεξιῶν μου* ➤ Ps 110,1	
d 121	**Mt 22,45**	εἰ οὖν Δαυὶδ **καλεῖ** αὐτὸν κύριον, πῶς υἱὸς αὐτοῦ ἐστιν;	**Mk 12,37**	αὐτὸς Δαυὶδ **λέγει** αὐτὸν κύριον, καὶ πόθεν αὐτοῦ ἐστιν υἱός; ...	**Lk 20,44**	Δαυὶδ οὖν κύριον αὐτὸν **καλεῖ**, καὶ πῶς αὐτοῦ υἱός ἐστιν;	
p h 221	**Mt 23,2**	[1] τότε ὁ Ἰησοῦς ἐλάλησεν τοῖς ὄχλοις καὶ τοῖς μαθηταῖς αὐτοῦ [2] **λέγων**· ἐπὶ τῆς Μωϋσέως καθέδρας ἐκάθισαν οἱ γραμματεῖς καὶ οἱ Φαρισαῖοι.	**Mk 12,38**	[37] ... καὶ [ὁ] πολὺς ὄχλος ἤκουεν αὐτοῦ ἡδέως. [38] καὶ ἐν τῇ διδαχῇ αὐτοῦ **ἔλεγεν**· βλέπετε ἀπὸ τῶν γραμματέων ...	**Lk 20,45**	ἀκούοντος δὲ παντὸς τοῦ λαοῦ **εἶπεν** τοῖς μαθηταῖς [αὐτοῦ], [46] προσέχετε ἀπὸ τῶν γραμματέων ...	
200	**Mt 23,3**	... κατὰ δὲ τὰ ἔργα αὐτῶν μὴ ποιεῖτε· **λέγουσιν** γὰρ καὶ οὐ ποιοῦσιν.					
200	**Mt 23,16**	οὐαὶ ὑμῖν, ὁδηγοὶ τυφλοὶ **οἱ λέγοντες**· ὃς ἂν ὀμόσῃ ἐν τῷ ναῷ, οὐδέν ἐστιν· ...					
201	**Mt 23,30**	[29] ... οἰκοδομεῖτε τοὺς τάφους τῶν προφητῶν καὶ κοσμεῖτε τὰ μνημεῖα τῶν δικαίων, [30] καὶ **λέγετε**· εἰ ἤμεθα ἐν ταῖς ἡμέραις τῶν πατέρων ἡμῶν, οὐκ ἂν ἤμεθα αὐτῶν κοινωνοὶ ἐν τῷ αἵματι τῶν προφητῶν.			**Lk 11,47**	... ὅτι οἰκοδομεῖτε τὰ μνημεῖα τῶν προφητῶν, οἱ δὲ πατέρες ὑμῶν ἀπέκτειναν αὐτούς.	
w 202	**Mt 23,36**	ἀμὴν **λέγω** ὑμῖν, ἥξει ταῦτα πάντα ἐπὶ τὴν γενεὰν ταύτην.			**Lk 11,51**	... ναί **λέγω** ὑμῖν, ἐκζητηθήσεται ἀπὸ τῆς γενεᾶς ταύτης.	

	Mt		Mk		Lk		
w 202	**Mt 23,39**	[38] ἰδοὺ ἀφίεται ὑμῖν ὁ οἶκος ὑμῶν ἔρημος. [39] **λέγω** γὰρ ὑμῖν, οὐ μή με ἴδητε ἀπ' ἄρτι ἕως ἂν εἴπητε· ...			**Lk 13,35**	ἰδοὺ ἀφίεται ὑμῖν ὁ οἶκος ὑμῶν. **λέγω** [δὲ] ὑμῖν, οὐ μὴ ἴδητέ με ἕως [ἥξει ὅτε] εἴπητε· ...	
u w 022			**Mk 12,43**	... ἀμὴν **λέγω** ὑμῖν ὅτι ἡ χήρα αὕτη ἡ πτωχὴ πλεῖον πάντων ἔβαλεν τῶν βαλλόντων εἰς τὸ γαζοφυλάκιον·	**Lk 21,3**	... ἀληθῶς **λέγω** ὑμῖν ὅτι ἡ χήρα αὕτη ἡ πτωχὴ πλεῖον πάντων ἔβαλεν·	
u 122	**Mt 24,1**	καὶ ἐξελθὼν ὁ Ἰησοῦς ἀπὸ τοῦ ἱεροῦ ἐπορεύετο, καὶ προσῆλθον οἱ μαθηταὶ αὐτοῦ ἐπιδεῖξαι αὐτῷ τὰς οἰκοδομὰς τοῦ ἱεροῦ.	**Mk 13,1**	καὶ ἐκπορευομένου αὐτοῦ ἐκ τοῦ ἱεροῦ **λέγει** αὐτῷ εἷς τῶν μαθητῶν αὐτοῦ· διδάσκαλε, ἴδε ποταποὶ λίθοι καὶ ποταπαὶ οἰκοδομαί.	**Lk 21,5**	καί τινων **λεγόντων** περὶ τοῦ ἱεροῦ ὅτι λίθοις καλοῖς καὶ ἀναθήμασιν κεκόσμηται ...	
w 211	**Mt 24,2**	... οὐ βλέπετε ταῦτα πάντα; ἀμὴν **λέγω** ὑμῖν, οὐ μὴ ἀφεθῇ ὧδε λίθος ἐπὶ λίθον ὃς οὐ καταλυθήσεται.	**Mk 13,2**	... βλέπεις ταύτας τὰς μεγάλας οἰκοδομάς; οὐ μὴ ἀφεθῇ ὧδε λίθος ἐπὶ λίθον ὃς οὐ μὴ καταλυθῇ.	**Lk 21,6** → Lk 19,44	ταῦτα ἃ θεωρεῖτε ἐλεύσονται ἡμέραι ἐν αἷς οὐκ ἀφεθήσεται λίθος ἐπὶ λίθῳ ὃς οὐ καταλυθήσεται.	
j 212	**Mt 24,3**	... προσῆλθον αὐτῷ οἱ μαθηταὶ κατ' ἰδίαν **λέγοντες·** εἰπὲ ἡμῖν, πότε ταῦτα ἔσται ...	**Mk 13,3**	... ἐπηρώτα αὐτὸν κατ' ἰδίαν Πέτρος καὶ Ἰάκωβος καὶ Ἰωάννης καὶ Ἀνδρέας· [4] εἰπὸν ἡμῖν, πότε ταῦτα ἔσται ...	**Lk 21,7**	ἐπηρώτησαν δὲ αὐτὸν **λέγοντες·** διδάσκαλε, πότε οὖν ταῦτα ἔσται ...	
a 121	**Mt 24,4**	καὶ ἀποκριθεὶς ὁ Ἰησοῦς **εἶπεν** αὐτοῖς· βλέπετε μή τις ὑμᾶς πλανήσῃ·	**Mk 13,5**	ὁ δὲ Ἰησοῦς ἤρξατο **λέγειν** αὐτοῖς· βλέπετε μή τις ὑμᾶς πλανήσῃ·	**Lk 21,8**	ὁ δὲ **εἶπεν·** βλέπετε μὴ πλανηθῆτε·	
u 222	**Mt 24,5** → Mt 24,23-24 → Mt 24,26 → Mt 24,11	πολλοὶ γὰρ ἐλεύσονται ἐπὶ τῷ ὀνόματί μου **λέγοντες·** ἐγώ εἰμι ὁ χριστός, καὶ πολλοὺς πλανήσουσιν.	**Mk 13,6** → Mk 13,21-22	πολλοὶ ἐλεύσονται ἐπὶ τῷ ὀνόματί μου **λέγοντες** ὅτι ἐγώ εἰμι, καὶ πολλοὺς πλανήσουσιν.	→ Lk 17,23	πολλοὶ γὰρ ἐλεύσονται ἐπὶ τῷ ὀνόματί μου **λέγοντες·** ἐγώ εἰμι, καί· ὁ καιρὸς ἤγγικεν. μὴ πορευθῆτε ὀπίσω αὐτῶν.	
112	**Mt 24,7**	ἐγερθήσεται γὰρ ἔθνος ἐπὶ ἔθνος καὶ βασιλεία ἐπὶ βασιλείαν ...	**Mk 13,8**	ἐγερθήσεται γὰρ ἔθνος ἐπ' ἔθνος καὶ βασιλεία ἐπὶ βασιλείαν, ...	**Lk 21,10**	τότε **ἔλεγεν** αὐτοῖς· ἐγερθήσεται ἔθνος ἐπ' ἔθνος καὶ βασιλεία ἐπὶ βασιλείαν	
u w 222	**Mt 24,34** ↑ Mt 16,28	ἀμὴν **λέγω** ὑμῖν ὅτι οὐ μὴ παρέλθῃ ἡ γενεὰ αὕτη ἕως ἂν πάντα ταῦτα γένηται.	**Mk 13,30** ↑ Mk 9,1	ἀμὴν **λέγω** ὑμῖν ὅτι οὐ μὴ παρέλθῃ ἡ γενεὰ αὕτη μέχρις οὗ ταῦτα πάντα γένηται.	**Lk 21,32** ↑ Lk 9,27	ἀμὴν **λέγω** ὑμῖν ὅτι οὐ μὴ παρέλθῃ ἡ γενεὰ αὕτη ἕως ἂν πάντα γένηται.	
020 020			**Mk 13,37** **(2)**	ὃ δὲ ὑμῖν **λέγω** πᾶσιν **λέγω,** γρηγορεῖτε.			
u w 202	**Mt 24,47** → Mt 25,21 → Mt 25,23	ἀμὴν **λέγω** ὑμῖν ὅτι ἐπὶ πᾶσιν τοῖς ὑπάρχουσιν αὐτοῦ καταστήσει αὐτόν.			**Lk 12,44**	ἀληθῶς **λέγω** ὑμῖν ὅτι ἐπὶ πᾶσιν τοῖς ὑπάρχουσιν αὐτοῦ καταστήσει αὐτόν.	

	Mt		Mk	Lk		
f 200	**Mt 25,9**	ἀπεκρίθησαν δὲ αἱ φρόνιμοι **λέγουσαι·** μήποτε οὐ μὴ ἀρκέσῃ ἡμῖν καὶ ὑμῖν· ...				
200	**Mt 25,11** ↑ Mt 7,22	[10] ... καὶ ἐκλείσθη ἡ θύρα. [11] ὕστερον δὲ ἔρχονται καὶ αἱ λοιπαὶ παρθένοι **λέγουσαι·** κύριε κύριε, ἄνοιξον ἡμῖν.		**Lk 13,25**	... καὶ ἀποκλείσῃ τὴν θύραν καὶ ἄρξησθε ἔξω ἑστάναι καὶ κρούειν τὴν θύραν **λέγοντες·** κύριε, ἄνοιξον ἡμῖν,	
w 200	**Mt 25,12** ↑ Mt 7,23	ὁ δὲ ἀποκριθεὶς εἶπεν· ἀμὴν **λέγω** ὑμῖν, οὐκ οἶδα ὑμᾶς.		↑ **Lk 13,27**	καὶ ἀποκριθεὶς ἐρεῖ ὑμῖν· οὐκ οἶδα ὑμᾶς πόθεν ἐστέ.	
202	**Mt 25,20**	καὶ προσελθὼν ὁ τὰ πέντε τάλαντα λαβὼν προσήνεγκεν ἄλλα πέντε τάλαντα **λέγων·** κύριε, πέντε τάλαντά μοι παρέδωκας· ἴδε ἄλλα πέντε τάλαντα ἐκέρδησα.		**Lk 19,16**	παρεγένετο δὲ ὁ πρῶτος **λέγων·** κύριε, ἡ μνᾶ σου δέκα προσηργάσατο μνᾶς.	
f 200	**Mt 25,37**	τότε ἀποκριθήσονται αὐτῷ οἱ δίκαιοι **λέγοντες·** κύριε, πότε σε εἴδομεν πεινῶντα ...				
w 200	**Mt 25,40**	... ἀμὴν **λέγω** ὑμῖν, ἐφ' ὅσον ἐποιήσατε ἑνὶ τούτων τῶν ἀδελφῶν μου τῶν ἐλαχίστων, ἐμοὶ ἐποιήσατε.				
f 200	**Mt 25,44**	τότε ἀποκριθήσονται καὶ αὐτοὶ **λέγοντες·** κύριε, πότε σε εἴδομεν πεινῶντα ...				
f 200 *w* 200	**Mt 25,45** **(2)**	τότε ἀποκριθήσεται αὐτοῖς **λέγων·** ἀμὴν **λέγω** ὑμῖν, ἐφ' ὅσον οὐκ ἐποιήσατε ἑνὶ τούτων τῶν ἐλαχίστων, οὐδὲ ἐμοὶ ἐποιήσατε.				

a ἄρχομαι λέγειν
b λέγειν ἐν ἑαυτῷ
c λέγω πρός τινα
d λέγω with double accusative
e λεγόμενος, λέγεται
f λέγω and ἀποκρίνομαι
g λέγω and δια-, συλλογίζομαι
h λέγω and διδάσκω, λέγω and ἐν τῇ διδαχῇ
j λέγω and (ἐπ)ερωτάω
k λέγω and (ἐπι-, προσ-, συγ-)καλέω
l λέγω and παρακαλέω
m λέγω and κηρύσσω
n λέγω and (ἀνα)κράζω, κραυγάζω
p λέγω and (συλ)λαλέω
q λέγω and (ἐπι-, προσ-)φωνέω
r λέγω and φωνή
s λέγω and διαστέλλομαι, ἐντέλλομαι, ἐπιτιμάω, παραγγέλλω
t λέγω and προφήτης / προφητεία / προφητεύω
u λέγω (...) ὅτι
v λέγω and infinitive
w λέγω ὑμῖν, ὑμῖν λέγω, σοὶ λέγω, λέγω σοί (introducing a speech)
x λέγω with reference to scripture

		Mt		Mk		Lk	
e 112	Mt 26,2	οἴδατε ὅτι μετὰ δύο ἡμέρας τὸ πάσχα γίνεται, ...	Mk 14,1	ἦν δὲ τὸ πάσχα καὶ τὰ ἄζυμα μετὰ δύο ἡμέρας.	Lk 22,1	ἤγγιζεν δὲ ἡ ἑορτὴ τῶν ἀζύμων ἡ **λεγομένη** πάσχα.	
e 211	Mt 26,3	τότε συνήχθησαν οἱ ἀρχιερεῖς καὶ οἱ πρεσβύτεροι τοῦ λαοῦ εἰς τὴν αὐλὴν τοῦ ἀρχιερέως **τοῦ λεγομένου** Καϊάφα [4] καὶ συνεβουλεύσαντο ἵνα τὸν Ἰησοῦν δόλῳ κρατήσωσιν καὶ ἀποκτείνωσιν·		καὶ ἐζήτουν οἱ ἀρχιερεῖς καὶ οἱ γραμματεῖς πῶς αὐτὸν ἐν δόλῳ κρατήσαντες ἀποκτείνωσιν·	Lk 22,2	καὶ ἐζήτουν οἱ ἀρχιερεῖς καὶ οἱ γραμματεῖς τὸ πῶς ἀνέλωσιν αὐτόν,	
221	Mt 26,5	**ἔλεγον** δέ· μὴ ἐν τῇ ἑορτῇ, ἵνα μὴ θόρυβος γένηται ἐν τῷ λαῷ.	Mk 14,2	**ἔλεγον** γάρ· μὴ ἐν τῇ ἑορτῇ, μήποτε ἔσται θόρυβος τοῦ λαοῦ.		ἐφοβοῦντο γὰρ τὸν λαόν.	
210	Mt 26,8	ἰδόντες δὲ οἱ μαθηταὶ ἠγανάκτησαν **λέγοντες**· εἰς τί ἡ ἀπώλεια αὕτη;	Mk 14,4	ἦσαν δέ τινες ἀγανακτοῦντες πρὸς ἑαυτούς· εἰς τί ἡ ἀπώλεια αὕτη τοῦ μύρου γέγονεν;			→ Jn 12,4 → Jn 12,5
w 220	Mt 26,13	ἀμὴν **λέγω** ὑμῖν, ὅπου ἐὰν κηρυχθῇ τὸ εὐαγγέλιον τοῦτο ἐν ὅλῳ τῷ κόσμῳ, ...	Mk 14,9	ἀμὴν δὲ **λέγω** ὑμῖν, ὅπου ἐὰν κηρυχθῇ τὸ εὐαγγέλιον εἰς ὅλον τὸν κόσμον, ...			
e 211	Mt 26,14	τότε πορευθεὶς εἷς τῶν δώδεκα, **ὁ λεγόμενος Ἰούδας** **Ἰσκαριώτης**, πρὸς τοὺς ἀρχιερεῖς	Mk 14,10	καὶ **Ἰούδας** **Ἰσκαριὼθ** ὁ εἷς τῶν δώδεκα ἀπῆλθεν πρὸς τοὺς ἀρχιερεῖς ...	Lk 22,3	εἰσῆλθεν δὲ σατανᾶς **εἰς Ἰούδαν** **τὸν καλούμενον** **Ἰσκαριώτην**, ὄντα ἐκ τοῦ ἀριθμοῦ τῶν δώδεκα· [4] καὶ ἀπελθὼν συνελάλησεν τοῖς ἀρχιερεῦσιν καὶ στρατηγοῖς ...	
221	Mt 26,17	τῇ δὲ πρώτῃ τῶν ἀζύμων προσῆλθον οἱ μαθηταὶ τῷ Ἰησοῦ **λέγοντες**· ποῦ θέλεις ἑτοιμάσωμέν σοι φαγεῖν τὸ πάσχα;	Mk 14,12	καὶ τῇ πρώτῃ ἡμέρᾳ τῶν ἀζύμων, ὅτε τὸ πάσχα ἔθυον, **λέγουσιν** αὐτῷ οἱ μαθηταὶ αὐτοῦ· ποῦ θέλεις ἀπελθόντες ἑτοιμάσωμεν ἵνα φάγῃς τὸ πάσχα;	Lk 22,9	[7] ἦλθεν δὲ ἡ ἡμέρα τῶν ἀζύμων, [ἐν] ᾗ ἔδει θύεσθαι τὸ πάσχα· [8] ... πορευθέντες ἑτοιμάσατε ἡμῖν τὸ πάσχα ἵνα φάγωμεν. [9] οἱ δὲ **εἶπαν** αὐτῷ· ποῦ θέλεις ἑτοιμάσωμεν;	
121	Mt 26,18	ὁ δὲ **εἶπεν**· ὑπάγετε εἰς τὴν πόλιν ...	Mk 14,13	καὶ ἀποστέλλει δύο τῶν μαθητῶν αὐτοῦ καὶ **λέγει** αὐτοῖς· ὑπάγετε εἰς τὴν πόλιν, ...	Lk 22,10	ὁ δὲ **εἶπεν** αὐτοῖς· ἰδοὺ εἰσελθόντων ὑμῶν εἰς τὴν πόλιν ...	
222	Mt 26,18	... ὁ διδάσκαλος **λέγει**· ὁ καιρός μου ἐγγύς ἐστιν, πρὸς σὲ ποιῶ τὸ πάσχα μετὰ τῶν μαθητῶν μου.	Mk 14,14	... ὁ διδάσκαλος **λέγει**· ποῦ ἐστιν τὸ κατάλυμά μου ὅπου τὸ πάσχα μετὰ τῶν μαθητῶν μου φάγω;	Lk 22,11	... **λέγει** σοι ὁ διδάσκαλος· ποῦ ἐστιν τὸ κατάλυμα ὅπου τὸ πάσχα μετὰ τῶν μαθητῶν μου φάγω;	

u w 221	Mt 26,21	... ἀμὴν λέγω ὑμῖν ὅτι εἷς ἐξ ὑμῶν παραδώσει με.	Mk 14,18	... ἀμὴν λέγω ὑμῖν ὅτι εἷς ἐξ ὑμῶν παραδώσει με ὁ ἐσθίων μετ' ἐμοῦ.	Lk 22,21 → Mt 26,23 → Mk 14,20	πλὴν ἰδοὺ ἡ χεὶρ τοῦ παραδιδόντος με μετ' ἐμοῦ ἐπὶ τῆς τραπέζης·	→ Jn 13,21
a 221	Mt 26,22 ↓ Mt 26,25	καὶ λυπούμενοι σφόδρα ἤρξαντο λέγειν αὐτῷ εἷς ἕκαστος· μήτι ἐγώ εἰμι, κύριε;	Mk 14,19	ἤρξαντο λυπεῖσθαι καὶ λέγειν αὐτῷ εἷς κατὰ εἷς· μήτι ἐγώ;	Lk 22,23	καὶ αὐτοὶ ἤρξαντο συζητεῖν πρὸς ἑαυτοὺς τὸ τίς ἄρα εἴη ἐξ αὐτῶν ὁ τοῦτο μέλλων πράσσειν.	→ Jn 13,22 → Jn 13,25
200	Mt 26,25 ↑ Mt 26,22	ἀποκριθεὶς δὲ Ἰούδας ὁ παραδιδοὺς αὐτὸν εἶπεν· μήτι ἐγώ εἰμι, ῥαββί; λέγει αὐτῷ· σὺ εἶπας.					→ Jn 13,27
u w 002					Lk 22,16 ↓ Mt 26,29 ↓ Mk 14,25 ↓ Lk 22,18	λέγω γὰρ ὑμῖν ὅτι οὐ μὴ φάγω αὐτὸ ἕως ὅτου πληρωθῇ ἐν τῇ βασιλείᾳ τοῦ θεοῦ.	
w u 222	Mt 26,29	λέγω δὲ ὑμῖν, οὐ μὴ πίω ἀπ' ἄρτι ἐκ τούτου τοῦ γενήματος τῆς ἀμπέλου ...	Mk 14,25	ἀμὴν λέγω ὑμῖν ὅτι οὐκέτι οὐ μὴ πίω ἐκ τοῦ γενήματος τῆς ἀμπέλου ...	Lk 22,18 ↑ Lk 22,16	λέγω γὰρ ὑμῖν, [ὅτι] οὐ μὴ πίω ἀπὸ τοῦ νῦν ἀπὸ τοῦ γενήματος τῆς ἀμπέλου ...	
112	Mt 26,26 → Mt 14,19	... λαβὼν ὁ Ἰησοῦς ἄρτον καὶ εὐλογήσας ἔκλασεν καὶ δοὺς τοῖς μαθηταῖς εἶπεν· λάβετε φάγετε, τοῦτό ἐστιν τὸ σῶμά μου.	Mk 14,22 → Mk 6,41	... λαβὼν ἄρτον εὐλογήσας ἔκλασεν καὶ ἔδωκεν αὐτοῖς καὶ εἶπεν· λάβετε, τοῦτό ἐστιν τὸ σῶμά μου.	Lk 22,19 → Lk 9,16	καὶ λαβὼν ἄρτον εὐχαριστήσας ἔκλασεν καὶ ἔδωκεν αὐτοῖς λέγων· τοῦτό ἐστιν τὸ σῶμά μου τὸ ὑπὲρ ὑμῶν διδόμενον· ...	→ 1Cor 11,23-24
212	Mt 26,27 → Lk 22,17	καὶ λαβὼν ποτήριον καὶ εὐχαριστήσας ἔδωκεν αὐτοῖς λέγων· πίετε ἐξ αὐτοῦ πάντες, [28] τοῦτο γάρ ἐστιν τὸ αἷμά μου τῆς διαθήκης ...	Mk 14,24 → Lk 22,17	[23] καὶ λαβὼν ποτήριον εὐχαριστήσας ἔδωκεν αὐτοῖς, καὶ ἔπιον ἐξ αὐτοῦ πάντες. [24] καὶ εἶπεν αὐτοῖς· τοῦτό ἐστιν τὸ αἷμά μου τῆς διαθήκης ...	Lk 22,20	καὶ τὸ ποτήριον ὡσαύτως μετὰ τὸ δειπνῆσαι, λέγων· τοῦτο τὸ ποτήριον ἡ καινὴ διαθήκη ἐν τῷ αἵματί μου, ...	→ 1Cor 11,25
w u 222	Mt 26,29	λέγω δὲ ὑμῖν, οὐ μὴ πίω ἀπ' ἄρτι ἐκ τούτου τοῦ γενήματος τῆς ἀμπέλου ...	Mk 14,25	ἀμὴν λέγω ὑμῖν ὅτι οὐκέτι οὐ μὴ πίω ἐκ τοῦ γενήματος τῆς ἀμπέλου ...	Lk 22,18 ↑ Lk 22,16	λέγω γὰρ ὑμῖν, [ὅτι] οὐ μὴ πίω ἀπὸ τοῦ νῦν ἀπὸ τοῦ γενήματος τῆς ἀμπέλου ...	
u 220	Mt 26,31	τότε λέγει αὐτοῖς ὁ Ἰησοῦς· πάντες ὑμεῖς σκανδαλισθήσεσθε ἐν ἐμοὶ ἐν τῇ νυκτὶ ταύτῃ, ...	Mk 14,27	καὶ λέγει αὐτοῖς ὁ Ἰησοῦς ὅτι πάντες σκανδαλισθήσεσθε, ...			
121 u w 222	Mt 26,34	ἔφη αὐτῷ ὁ Ἰησοῦς· ἀμὴν λέγω σοι ὅτι ἐν ταύτῃ τῇ νυκτὶ πρὶν ἀλέκτορα φωνῆσαι τρὶς ἀπαρνήσῃ με.	Mk 14,30 (2)	καὶ λέγει αὐτῷ ὁ Ἰησοῦς· ἀμὴν λέγω σοι ὅτι σὺ σήμερον ταύτῃ τῇ νυκτὶ πρὶν ἢ δὶς ἀλέκτορα φωνῆσαι τρίς με ἀπαρνήσῃ.	Lk 22,34	ὁ δὲ εἶπεν· λέγω σοι, Πέτρε, οὐ φωνήσει σήμερον ἀλέκτωρ ἕως τρίς με ἀπαρνήσῃ εἰδέναι.	→ Jn 13,38

u w 002					Lk 22,37	**λέγω** γὰρ ὑμῖν ὅτι τοῦτο τὸ γεγραμμένον δεῖ τελεσθῆναι ἐν ἐμοί, ...	
210 120	Mt 26,35 → Lk 22,33	**λέγει** αὐτῷ ὁ Πέτρος· κἂν δέῃ με σὺν σοὶ ἀποθανεῖν, οὐ μή σε ἀπαρνήσομαι. ὁμοίως καὶ πάντες οἱ μαθηταὶ **εἶπαν.**	Mk 14,31 → Lk 22,33	ὁ δὲ ἐκπερισσῶς **ἐλάλει·** ἐὰν δέῃ με συναποθανεῖν σοι, οὐ μή σε ἀπαρνήσομαι. ὡσαύτως δὲ καὶ πάντες **ἔλεγον.**			→ Jn 13,37
e 211 221	Mt 26,36 (2)	[30] καὶ ὑμνήσαντες ἐξῆλθον εἰς τὸ ὄρος τῶν ἐλαιῶν. [31] ... [36] τότε ἔρχεται μετ᾽ αὐτῶν ὁ Ἰησοῦς **εἰς χωρίον** **λεγόμενον Γεθσημανὶ** **καὶ** **λέγει** τοῖς μαθηταῖς· καθίσατε αὐτοῦ ἕως [οὗ] ἀπελθὼν ἐκεῖ προσεύξωμαι.	Mk 14,32	[26] καὶ ὑμνήσαντες ἐξῆλθον εἰς τὸ ὄρος τῶν ἐλαιῶν. [27] ... [32] καὶ ἔρχονται **εἰς χωρίον οὗ τὸ** **ὄνομα Γεθσημανὶ** **καὶ** **λέγει** τοῖς μαθηταῖς αὐτοῦ· καθίσατε ὧδε ἕως προσεύξωμαι.	Lk 22,40 ↓ Mt 26,41 ↓ Mk 14,38 ↓ Lk 22,46	[39] καὶ ἐξελθὼν ἐπορεύθη κατὰ τὸ ἔθος εἰς τὸ ὄρος τῶν ἐλαιῶν, ἠκολούθησαν δὲ αὐτῷ καὶ οἱ μαθηταί. [40] γενόμενος δὲ **ἐπὶ τοῦ τόπου** **εἶπεν** αὐτοῖς· προσεύχεσθε μὴ εἰσελθεῖν εἰς πειρασμόν.	
220	Mt 26,38	τότε **λέγει** αὐτοῖς· *περίλυπός ἐστιν ἡ* *ψυχή μου* ἕως θανάτου· ... ➤ Ps 42,6.12/43,5	Mk 14,34	καὶ **λέγει** αὐτοῖς· *περίλυπός ἐστιν ἡ* *ψυχή μου* ἕως θανάτου· ... ➤ Ps 42,6.12/43,5			→ Jn 12,27
222	Mt 26,39	... καὶ **λέγων·** πάτερ μου, εἰ δυνατόν ἐστιν, παρελθάτω ἀπ᾽ ἐμοῦ τὸ ποτήριον τοῦτο· ...	Mk 14,36	καὶ **ἔλεγεν·** αββα ὁ πατήρ, πάντα δυνατά σοι· παρένεγκε τὸ ποτήριον τοῦτο ἀπ᾽ ἐμοῦ· ...	Lk 22,42	**λέγων·** πάτερ, εἰ βούλει παρένεγκε τοῦτο τὸ ποτήριον ἀπ᾽ ἐμοῦ· ...	→ Jn 18,11
221	Mt 26,40	καὶ ἔρχεται πρὸς τοὺς μαθητὰς καὶ εὑρίσκει αὐτοὺς καθεύδοντας, καὶ **λέγει** τῷ Πέτρῳ· οὕτως οὐκ ἰσχύσατε μίαν ὥραν γρηγορῆσαι μετ᾽ ἐμοῦ; [41] γρηγορεῖτε καὶ προσεύχεσθε, ...	Mk 14,37	καὶ ἔρχεται καὶ εὑρίσκει αὐτοὺς καθεύδοντας, καὶ **λέγει** τῷ Πέτρῳ· Σίμων, καθεύδεις; οὐκ ἴσχυσας μίαν ὥραν γρηγορῆσαι; [38] γρηγορεῖτε καὶ προσεύχεσθε, ...	Lk 22,46 ↑ Lk 22,40	[45] ... ἐλθὼν πρὸς τοὺς μαθητὰς εὗρεν κοιμωμένους αὐτοὺς ἀπὸ τῆς λύπης, [46] καὶ **εἶπεν** αὐτοῖς· τί καθεύδετε; ἀναστάντες προσεύχεσθε, ...	
210	Mt 26,42 → Mt 6,10	πάλιν ἐκ δευτέρου ἀπελθὼν προσηύξατο **λέγων·** πάτερ μου, εἰ οὐ δύναται τοῦτο παρελθεῖν ἐὰν μὴ αὐτὸ πίω, γενηθήτω τὸ θέλημά σου.	Mk 14,39	καὶ πάλιν ἀπελθὼν προσηύξατο τὸν αὐτὸν λόγον **εἰπών.**			
220	Mt 26,45	τότε ἔρχεται πρὸς τοὺς μαθητὰς καὶ **λέγει** αὐτοῖς· καθεύδετε [τὸ] λοιπὸν καὶ ἀναπαύεσθε· ...	Mk 14,41	καὶ ἔρχεται τὸ τρίτον καὶ **λέγει** αὐτοῖς· καθεύδετε τὸ λοιπὸν καὶ ἀναπαύεσθε· ...			

	Mt		Mk		Lk		
e 112	Mt 26,47	καὶ ἔτι αὐτοῦ λαλοῦντος ἰδοὺ Ἰούδας εἷς τῶν δώδεκα ἦλθεν καὶ μετ' αὐτοῦ ὄχλος πολὺς ...	Mk 14,43	καὶ εὐθὺς ἔτι αὐτοῦ λαλοῦντος παραγίνεται Ἰούδας εἷς τῶν δώδεκα καὶ μετ' αὐτοῦ ὄχλος ...	Lk 22,47	ἔτι αὐτοῦ λαλοῦντος ἰδοὺ ὄχλος, καὶ ὁ **λεγόμενος** Ἰούδας εἷς τῶν δώδεκα προήρχετο αὐτοὺς ↔	→ Jn 18,3
220	Mt 26,48	ὁ δὲ παραδιδοὺς αὐτὸν ἔδωκεν αὐτοῖς σημεῖον **λέγων**· ὃν ἂν φιλήσω αὐτός ἐστιν, κρατήσατε αὐτόν.	Mk 14,44	δεδώκει δὲ ὁ παραδιδοὺς αὐτὸν σύσσημον αὐτοῖς **λέγων**· ὃν ἂν φιλήσω αὐτός ἐστιν, κρατήσατε αὐτὸν καὶ ἀπάγετε ἀσφαλῶς.			
121	Mt 26,49	καὶ εὐθέως προσελθὼν τῷ Ἰησοῦ **εἶπεν**· χαῖρε, ῥαββί, καὶ κατεφίλησεν αὐτόν.	Mk 14,45	καὶ ἐλθὼν εὐθὺς προσελθὼν αὐτῷ **λέγει**· ῥαββί, καὶ κατεφίλησεν αὐτόν.	Lk 22,47	↔ καὶ ἤγγισεν τῷ Ἰησοῦ φιλῆσαι αὐτόν.	**→ Jn 18,5**
200	Mt 26,52	τότε **λέγει** αὐτῷ ὁ Ἰησοῦς· ἀπόστρεψον τὴν μάχαιράν σου εἰς τὸν τόπον αὐτῆς· ...			Lk 22,51	ἀποκριθεὶς δὲ ὁ Ἰησοῦς **εἶπεν**· ἐᾶτε ἕως τούτου· καὶ ἁψάμενος τοῦ ὠτίου ἰάσατο αὐτόν.	→ Jn 18,11
120	Mt 26,61	[60] καὶ οὐχ εὗρον πολλῶν προσελθόντων ψευδομαρτύρων. ὕστερον δὲ προσελθόντες δύο [61] **εἶπαν**·	Mk 14,57	καί τινες ἀναστάντες ἐψευδομαρτύρουν κατ' αὐτοῦ **λέγοντες**			
u 120	↓ Mt 27,40	οὗτος **ἔφη**· δύναμαι καταλῦσαι τὸν ναὸν τοῦ θεοῦ ...	Mk 14,58 ↓ Mk 15,29	ὅτι ἡμεῖς ἠκούσαμεν αὐτοῦ **λέγοντος** ὅτι ἐγὼ καταλύσω τὸν ναὸν τοῦτον τὸν χειροποίητον ...			→ Jn 2,19 **→ Acts 6,14** → GTh 71
j 120	Mt 26,62	καὶ ἀναστὰς ὁ ἀρχιερεὺς **εἶπεν** αὐτῷ· οὐδὲν ἀποκρίνῃ τί οὗτοί σου καταμαρτυροῦσιν;	Mk 14,60	καὶ ἀναστὰς ὁ ἀρχιερεὺς εἰς μέσον ἐπηρώτησεν τὸν Ἰησοῦν **λέγων**· οὐκ ἀποκρίνῃ οὐδέν τί οὗτοί σου καταμαρτυροῦσιν;			
j 122	Mt 26,63 ↓ Mt 27,41 ↓ Mt 27,42	... καὶ ὁ ἀρχιερεὺς **εἶπεν** αὐτῷ· ἐξορκίζω σε κατὰ τοῦ θεοῦ τοῦ ζῶντος ἵνα ἡμῖν εἴπῃς εἰ σὺ εἶ ὁ χριστὸς ὁ υἱὸς τοῦ θεοῦ.	Mk 14,61 ↓ Mk 15,31 ↓ Mk 15,32	... πάλιν ὁ ἀρχιερεὺς ἐπηρώτα αὐτὸν καὶ **λέγει** αὐτῷ· σὺ εἶ ὁ χριστὸς ὁ υἱὸς τοῦ εὐλογητοῦ;	Lk 22,67 ↓ Lk 22,70 ↓ Lk 23,35	[66] ... συνήχθη τὸ πρεσβυτέριον τοῦ λαοῦ, ἀρχιερεῖς τε καὶ γραμματεῖς, καὶ ἀπήγαγον αὐτὸν εἰς τὸ συνέδριον αὐτῶν [67] **λέγοντες**· εἰ σὺ εἶ ὁ χριστός, εἰπὸν ἡμῖν.	**→ Jn 10,24**
211	Mt 26,64 (2)	**λέγει** αὐτῷ ὁ Ἰησοῦς· σὺ εἶπας· πλὴν	Mk 14,62	ὁ δὲ Ἰησοῦς **εἶπεν**·		**εἶπεν** δὲ αὐτοῖς· ...	
w 211		**λέγω** ὑμῖν· ἀπ' ἄρτι ὄψεσθε *τὸν υἱὸν τοῦ ἀνθρώπου* καθήμενον ἐκ δεξιῶν τῆς δυνάμεως καὶ *ἐρχόμενον ἐπὶ τῶν νεφελῶν τοῦ οὐρανοῦ.* ➤ Dan 7,13	↓ Lk 22,70	ἐγώ εἰμι, καὶ ὄψεσθε *τὸν υἱὸν τοῦ ἀνθρώπου* ἐκ δεξιῶν καθήμενον τῆς δυνάμεως καὶ *ἐρχόμενον μετὰ τῶν νεφελῶν τοῦ οὐρανοῦ.* ➤ Dan 7,13		[68] ... [69] ἀπὸ τοῦ νῦν δὲ ἔσται ὁ υἱὸς τοῦ ἀνθρώπου καθήμενος ἐκ δεξιῶν τῆς δυνάμεως τοῦ θεοῦ.	→ Jn 10,25

221	**Mt 26,65**	τότε ὁ ἀρχιερεὺς διέρρηξεν τὰ ἱμάτια αὐτοῦ **λέγων·** ἐβλασφήμησεν· τί ἔτι χρείαν ἔχομεν μαρτύρων; ...	**Mk 14,63**	ὁ δὲ ἀρχιερεὺς διαρρήξας τοὺς χιτῶνας αὐτοῦ **λέγει·** τί ἔτι χρείαν ἔχομεν μαρτύρων; ...	**Lk 22,71**	οἱ δὲ **εἶπαν·** τί ἔτι ἔχομεν μαρτυρίας χρείαν; ...	
a j 222	**Mt 26,68**	[67] τότε ἐνέπτυσαν εἰς τὸ πρόσωπον αὐτοῦ καὶ ἐκολάφισαν αὐτόν, οἱ δὲ ἐράπισαν [68] **λέγοντες·** προφήτευσον ἡμῖν, χριστέ, τίς ἐστιν ὁ παίσας σε;	**Mk 14,65**	καὶ ἤρξαντό τινες ἐμπτύειν αὐτῷ καὶ περικαλύπτειν αὐτοῦ τὸ πρόσωπον καὶ κολαφίζειν αὐτὸν καὶ **λέγειν** αὐτῷ· προφήτευσον, καὶ οἱ ὑπηρέται ῥαπίσμασιν αὐτὸν ἔλαβον.	**Lk 22,64**	[63] καὶ οἱ ἄνδρες οἱ συνέχοντες αὐτὸν ἐνέπαιζον αὐτῷ δέροντες, [64] καὶ περικαλύψαντες αὐτὸν ἐπηρώτων **λέγοντες·** προφήτευσον, τίς ἐστιν ὁ παίσας σε;	
221	**Mt 26,69**	... καὶ προσῆλθεν αὐτῷ μία παιδίσκη **λέγουσα·** καὶ σὺ ἦσθα μετὰ Ἰησοῦ τοῦ Γαλιλαίου.	**Mk 14,67**	[66] ... ἔρχεται μία τῶν παιδισκῶν τοῦ ἀρχιερέως [67] καὶ ἰδοῦσα τὸν Πέτρον θερμαινόμενον ἐμβλέψασα αὐτῷ **λέγει·** καὶ σὺ μετὰ τοῦ Ναζαρηνοῦ ἦσθα τοῦ Ἰησοῦ.	**Lk 22,56**	ἰδοῦσα δὲ αὐτὸν παιδίσκη τις καθήμενον πρὸς τὸ φῶς καὶ ἀτενίσασα αὐτῷ **εἶπεν·** καὶ οὗτος σὺν αὐτῷ ἦν.	→ Jn 18,17
222 221	**Mt 26,70** **(2)**	ὁ δὲ ἠρνήσατο ἔμπροσθεν πάντων **λέγων·** οὐκ οἶδα τί **λέγεις.**	**Mk 14,68** **(2)**	ὁ δὲ ἠρνήσατο **λέγων·** οὔτε οἶδα οὔτε ἐπίσταμαι σὺ τί **λέγεις.** ...	**Lk 22,57**	ὁ δὲ ἠρνήσατο **λέγων·** οὐκ οἶδα αὐτόν, γύναι.	→ Jn 18,17
a u 221	**Mt 26,71**	... εἶδεν αὐτὸν ἄλλη καὶ **λέγει** τοῖς ἐκεῖ· οὗτος ἦν μετὰ Ἰησοῦ τοῦ Ναζωραίου.	**Mk 14,69**	καὶ ἡ παιδίσκη ἰδοῦσα αὐτὸν ἤρξατο πάλιν **λέγειν** τοῖς παρεστῶσιν ὅτι οὗτος ἐξ αὐτῶν ἐστιν.	**Lk 22,58**	καὶ μετὰ βραχὺ ἕτερος ἰδὼν αὐτὸν **ἔφη·** καὶ σὺ ἐξ αὐτῶν εἶ. ...	→ Jn 18,25
122	**Mt 26,73**	μετὰ μικρὸν δὲ προσελθόντες οἱ ἑστῶτες **εἶπον** τῷ Πέτρῳ· ἀληθῶς καὶ σὺ ἐξ αὐτῶν εἶ, καὶ γὰρ ἡ λαλιά σου δῆλόν σε ποιεῖ.	**Mk 14,70**	... καὶ μετὰ μικρὸν πάλιν οἱ παρεστῶτες **ἔλεγον** τῷ Πέτρῳ· ἀληθῶς ἐξ αὐτῶν εἶ, καὶ γὰρ Γαλιλαῖος εἶ.	**Lk 22,59**	καὶ διαστάσης ὡσεὶ ὥρας μιᾶς ἄλλος τις διϊσχυρίζετο **λέγων·** ἐπ' ἀληθείας καὶ οὗτος μετ' αὐτοῦ ἦν, καὶ γὰρ Γαλιλαῖός ἐστιν.	→ Jn 18,26
122	**Mt 26,74**	τότε ἤρξατο καταθεματίζειν καὶ ὀμνύειν ὅτι οὐκ οἶδα τὸν ἄνθρωπον. καὶ εὐθέως ἀλέκτωρ ἐφώνησεν.	**Mk 14,71**	ὁ δὲ ἤρξατο ἀναθεματίζειν καὶ ὀμνύναι ὅτι οὐκ οἶδα τὸν ἄνθρωπον τοῦτον ὃν **λέγετε.** [72] καὶ εὐθὺς ἐκ δευτέρου ἀλέκτωρ ἐφώνησεν. ...	**Lk 22,60**	εἶπεν δὲ ὁ Πέτρος· ἄνθρωπε, οὐκ οἶδα ὃ **λέγεις.** καὶ παραχρῆμα ἔτι λαλοῦντος αὐτοῦ ἐφώνησεν ἀλέκτωρ.	→ Jn 18,27
a j 222	**Mt 26,68**	[67] τότε ἐνέπτυσαν εἰς τὸ πρόσωπον αὐτοῦ καὶ ἐκολάφισαν αὐτόν, οἱ δὲ ἐράπισαν [68] **λέγοντες·** προφήτευσον ἡμῖν, χριστέ, τίς ἐστιν ὁ παίσας σε;	**Mk 14,65**	καὶ ἤρξαντό τινες ἐμπτύειν αὐτῷ καὶ περικαλύπτειν αὐτοῦ τὸ πρόσωπον καὶ κολαφίζειν αὐτὸν καὶ **λέγειν** αὐτῷ· προφήτευσον, καὶ οἱ ὑπηρέται ῥαπίσμασιν αὐτὸν ἔλαβον.	**Lk 22,64**	[63] καὶ οἱ ἄνδρες οἱ συνέχοντες αὐτὸν ἐνέπαιζον αὐτῷ δέροντες, [64] καὶ περικαλύψαντες αὐτὸν ἐπηρώτων **λέγοντες·** προφήτευσον, τίς ἐστιν ὁ παίσας σε;	
002					**Lk 22,65**	καὶ ἕτερα πολλὰ βλασφημοῦντες **ἔλεγον** εἰς αὐτόν.	

j 122	**Mt 26,63** ↓ Mt 27,41 ↓ Mt 27,42	... καὶ ὁ ἀρχιερεὺς **εἶπεν** αὐτῷ· ἐξορκίζω σε κατὰ τοῦ θεοῦ τοῦ ζῶντος ἵνα ἡμῖν εἴπῃς εἰ σὺ εἶ ὁ χριστὸς ὁ υἱὸς τοῦ θεοῦ.	**Mk 14,61** ↓ Mk 15,31 ↓ Mk 15,32	... πάλιν ὁ ἀρχιερεὺς ἐπηρώτα αὐτὸν καὶ **λέγει** αὐτῷ· σὺ εἶ ὁ χριστὸς ὁ υἱὸς τοῦ εὐλογητοῦ;	**Lk 22,67** ↓ Lk 22,70 ↓ Lk 23,35	[66] ... συνήχθη τὸ πρεσβυτέριον τοῦ λαοῦ, ἀρχιερεῖς τε καὶ γραμματεῖς, καὶ ἀπήγαγον αὐτὸν εἰς τὸ συνέδριον αὐτῶν [67] **λέγοντες**· εἰ σὺ εἶ ὁ χριστός, εἰπὸν ἡμῖν. ...	→ Jn 10,24
u 112	**Mt 26,64** (2)	... σὺ **εἶπας**· ...	**Mk 14,62**	... ἐγώ εἰμι, ...	**Lk 22,70** ↑ Lk 22,67 → Mt 27,43	... ὑμεῖς **λέγετε** ὅτι ἐγώ εἰμι.	→ Jn 10,36
200	**Mt 27,4**	[3] ... Ἰούδας ... ἔστρεψεν τὰ τριάκοντα ἀργύρια τοῖς ἀρχιερεῦσιν καὶ πρεσβυτέροις [4] **λέγων**· ἥμαρτον παραδοὺς αἷμα ἀθῷον. ...					
t x 200	**Mt 27,9**	τότε ἐπληρώθη τὸ ῥηθὲν διὰ Ἰερεμίου τοῦ προφήτου **λέγοντος**· *καὶ ἔλαβον τὰ τριάκοντα ἀργύρια, ...* ➤ Zech 11,13					
112 v 112	**Mt 27,12** ↓ Mk 15,4	καὶ ἐν τῷ κατηγορεῖσθαι αὐτὸν ὑπὸ τῶν ἀρχιερέων καὶ πρεσβυτέρων οὐδὲν ἀπεκρίνατο.	**Mk 15,3**	καὶ κατηγόρουν αὐτοῦ οἱ ἀρχιερεῖς πολλά.	**Lk 23,2** (2) → Lk 20,20 ⇨ Lk 23,10 → Lk 23,14 ↑ Lk 20,25	ἤρξαντο δὲ κατηγορεῖν αὐτοῦ **λέγοντες**· τοῦτον εὕραμεν διαστρέφοντα τὸ ἔθνος ἡμῶν καὶ κωλύοντα φόρους Καίσαρι διδόναι καὶ **λέγοντα** ἑαυτὸν χριστὸν βασιλέα εἶναι.	→ Jn 19,12 → Acts 17,7
j 212 f 121 222	**Mt 27,11** (2)	... καὶ ἐπηρώτησεν αὐτὸν ὁ ἡγεμὼν **λέγων**· σὺ εἶ ὁ βασιλεὺς τῶν Ἰουδαίων; ὁ δὲ Ἰησοῦς **ἔφη**· σὺ **λέγεις**.	**Mk 15,2** (2)	καὶ ἐπηρώτησεν αὐτὸν ὁ Πιλᾶτος· σὺ εἶ ὁ βασιλεὺς τῶν Ἰουδαίων; ὁ δὲ ἀποκριθεὶς αὐτῷ **λέγει**· σὺ **λέγεις**.	**Lk 23,3** (2)	ὁ δὲ Πιλᾶτος ἠρώτησεν αὐτὸν **λέγων**· σὺ εἶ ὁ βασιλεὺς τῶν Ἰουδαίων; ὁ δὲ ἀποκριθεὶς αὐτῷ **ἔφη**· σὺ **λέγεις**.	→ Jn 18,33 → Jn 18,37
j 220	**Mt 27,13**	τότε **λέγει** αὐτῷ ὁ Πιλᾶτος· οὐκ ἀκούεις πόσα σου καταμαρτυροῦσιν;	**Mk 15,4** ↑ Mt 27,12	ὁ δὲ Πιλᾶτος πάλιν ἐπηρώτα αὐτὸν **λέγων**· οὐκ ἀποκρίνῃ οὐδέν; ἴδε πόσα σου κατηγοροῦσιν.	**Lk 23,9**	ἐπηρώτα δὲ αὐτὸν ἐν λόγοις ἱκανοῖς, ...	→ Jn 19,9-10 Mt/Mk: before Pilate; Lk: before Herod
u 002					**Lk 23,5**	οἱ δὲ ἐπίσχυον **λέγοντες** ὅτι ἀνασείει τὸν λαὸν διδάσκων καθ' ὅλης τῆς Ἰουδαίας, ...	

e 221	**Mt 27,16** → Mt 27,26	εἶχον δὲ τότε δέσμιον ἐπίσημον **λεγόμενον** [Ἰησοῦν] Βαραββᾶν.	**Mk 15,7** → Mk 15,15	ἦν δὲ **ὁ λεγόμενος** Βαραββᾶς μετὰ τῶν στασιαστῶν δεδεμένος οἵτινες ἐν τῇ στάσει φόνον πεποιήκεισαν.	**Lk 23,19** → Lk 23,25	ὅστις ἦν διὰ στάσιν τινὰ γενομένην ἐν τῇ πόλει καὶ φόνον βληθεὶς ἐν τῇ φυλακῇ.	→ **Jn 18,40**
f 120 e 210	**Mt 27,17** → Mt 27,21	... **εἶπεν** αὐτοῖς ὁ Πιλᾶτος· τίνα θέλετε ἀπολύσω ὑμῖν, [Ἰησοῦν τὸν] Βαραββᾶν ἢ Ἰησοῦν **τὸν λεγόμενον** χριστόν;	**Mk 15,9**	ὁ δὲ Πιλᾶτος ἀπεκρίθη αὐτοῖς **λέγων·** θέλετε ἀπολύσω ὑμῖν τὸν βασιλέα τῶν Ἰουδαίων;			→ Jn 18,39
200	**Mt 27,19**	... ἀπέστειλεν πρὸς αὐτὸν ἡ γυνὴ αὐτοῦ **λέγουσα·** μηδὲν σοὶ καὶ τῷ δικαίῳ ἐκείνῳ· ...					
n 112	**Mt 27,20**	οἱ δὲ ἀρχιερεῖς καὶ οἱ πρεσβύτεροι ἔπεισαν τοὺς ὄχλους ἵνα αἰτήσωνται τὸν Βαραββᾶν, τὸν δὲ Ἰησοῦν ἀπολέσωσιν.	**Mk 15,11**	οἱ δὲ ἀρχιερεῖς ἀνέσεισαν τὸν ὄχλον ἵνα μᾶλλον τὸν Βαραββᾶν ἀπολύσῃ αὐτοῖς.	**Lk 23,18**	ἀνέκραγον δὲ παμπληθεὶ **λέγοντες·** αἶρε τοῦτον, ἀπόλυσον δὲ ἡμῖν τὸν Βαραββᾶν·	→ **Jn 18,40** → Acts 21,36
f 221 e d 221	**Mt 27,22** (3)	**λέγει** αὐτοῖς ὁ Πιλᾶτος· τί οὖν ποιήσω Ἰησοῦν **τὸν λεγόμενον** χριστόν;	**Mk 15,12** (2)	ὁ δὲ Πιλᾶτος πάλιν ἀποκριθεὶς **ἔλεγεν** αὐτοῖς· τί οὖν [θέλετε] ποιήσω **[ὃν λέγετε]** τὸν βασιλέα τῶν Ἰουδαίων;	**Lk 23,20**	πάλιν δὲ ὁ Πιλᾶτος **προσεφώνησεν** αὐτοῖς θέλων ἀπολῦσαι τὸν Ἰησοῦν·	→ **Jn 19,12**
q 212		**λέγουσιν** πάντες· σταυρωθήτω.	**Mk 15,13**	οἱ δὲ πάλιν **ἔκραξαν·** σταύρωσον αὐτόν.	**Lk 23,21**	οἱ δὲ **ἐπεφώνουν λέγοντες·** σταύρου, σταύρου αὐτόν.	→ **Jn 19,6**
121	**Mt 27,23**	ὁ δὲ **ἔφη·** τί γὰρ κακὸν ἐποίησεν;	**Mk 15,14**	ὁ δὲ Πιλᾶτος **ἔλεγεν** αὐτοῖς· τί γὰρ ἐποίησεν κακόν;	**Lk 23,22** → Lk 23,4 → Lk 23,14 → Lk 23,16	ὁ δὲ τρίτον **εἶπεν** πρὸς αὐτούς· τί γὰρ κακὸν ἐποίησεν οὗτος; οὐδὲν αἴτιον θανάτου εὗρον ἐν αὐτῷ· παιδεύσας οὖν αὐτὸν ἀπολύσω.	→ **Jn 19,6** → Acts 13,28
n 211		οἱ δὲ περισσῶς ἔκραζον **λέγοντες·** σταυρωθήτω.		οἱ δὲ περισσῶς ἔκραξαν· σταύρωσον αὐτόν.	**Lk 23,23**	οἱ δὲ ἐπέκειντο φωναῖς μεγάλαις αἰτούμενοι αὐτὸν σταυρωθῆναι, ...	→ **Jn 19,15**
200	**Mt 27,24**	... λαβὼν ὕδωρ ἀπενίψατο τὰς χεῖρας ἀπέναντι τοῦ ὄχλου **λέγων·** ἀθῷός εἰμι ἀπὸ τοῦ αἵματος τούτου· ὑμεῖς ὄψεσθε.					→ Acts 18,6 → Acts 20,26

	Mt		Mk		Lk		
210	**Mt 27,29**	... καὶ γονυπετήσαντες ἔμπροσθεν αὐτοῦ ἐνέπαιξαν αὐτῷ **λέγοντες·** χαῖρε, βασιλεῦ τῶν Ἰουδαίων	**Mk 15,18**	καὶ ἤρξαντο ἀσπάζεσθαι αὐτόν· χαῖρε, βασιλεῦ τῶν Ἰουδαίων·			→ Jn 19,3
a 002					**Lk 23,30**	τότε ἄρξονται ***λέγειν*** *τοῖς ὄρεσιν· πέσετε* *ἐφ᾽ ἡμᾶς*, ... ➤ Hos 10,8	
e 211 *e* 211	**Mt 27,33** **(2)**	καὶ ἐλθόντες **εἰς τόπον λεγόμενον** **Γολγοθᾶ,** ὅ ἐστιν Κρανίου Τόπος **λεγόμενος**	**Mk 15,22**	καὶ φέρουσιν αὐτὸν **ἐπὶ τὸν Γολγοθᾶν** **τόπον,** ὅ ἐστιν **μεθερμηνευόμενον** Κρανίου Τόπος.	**Lk 23,33**	καὶ ὅτε ἦλθον **ἐπὶ τὸν** **τόπον** **τὸν καλούμενον** Κρανίον, ...	→ Jn 19,17
002					**Lk 23,34**	[[ὁ δὲ Ἰησοῦς **ἔλεγεν·** πάτερ, ἄφες αὐτοῖς, οὐ γὰρ οἴδασιν τί ποιοῦσιν.]] ...	→ Acts 3,17 → Acts 7,60 → Acts 13,27 Lk 23,34a is textcritically uncertain.
220	**Mt 27,40** ↑ Mt 26,61	[39] οἱ δὲ παραπορευόμενοι ἐβλασφήμουν αὐτὸν κινοῦντες τὰς κεφαλὰς αὐτῶν [40] καὶ **λέγοντες·** ὁ καταλύων τὸν ναὸν καὶ ἐν τρισὶν ἡμέραις οἰκοδομῶν, ...	**Mk 15,29** ↑ Mk 14,58	καὶ οἱ παραπορευόμενοι ἐβλασφήμουν αὐτὸν κινοῦντες τὰς κεφαλὰς αὐτῶν καὶ **λέγοντες·** οὐὰ ὁ καταλύων τὸν ναὸν καὶ οἰκοδομῶν ἐν τρισὶν ἡμέραις			→ Jn 2,19 → Acts 6,14
222	**Mt 27,41** ↑ Mt 26,63 ↓ Mt 27,40 ↓ Lk 23,37	ὁμοίως καὶ οἱ ἀρχιερεῖς ἐμπαίζοντες μετὰ τῶν γραμματέων καὶ πρεσβυτέρων **ἔλεγον·** [42] ἄλλους ἔσωσεν, ἑαυτὸν οὐ δύναται σῶσαι· βασιλεὺς Ἰσραήλ ἐστιν, καταβάτω νῦν ἀπὸ τοῦ σταυροῦ ...	**Mk 15,31** ↑ Mk 14,61 ↓ Mk 15,30 ↓ Lk 23,37	ὁμοίως καὶ οἱ ἀρχιερεῖς ἐμπαίζοντες πρὸς ἀλλήλους μετὰ τῶν γραμματέων **ἔλεγον·** ἄλλους ἔσωσεν, ἑαυτὸν οὐ δύναται σῶσαι· [32] ὁ χριστὸς ὁ βασιλεὺς Ἰσραὴλ καταβάτω νῦν ἀπὸ τοῦ σταυροῦ, ...	**Lk 23,35** ↑ Lk 22,67 ↓ Lk 23,39	... ἐξεμυκτήριζον δὲ καὶ οἱ ἄρχοντες **λέγοντες·** ἄλλους ἔσωσεν, σωσάτω ἑαυτόν, εἰ οὗτός ἐστιν ὁ χριστὸς τοῦ θεοῦ ὁ ἐκλεκτός.	
002	Mt 27,42	[39] οἱ δὲ παραπορευόμενοι ... [40] καὶ λέγοντες· ... σῶσον σεαυτόν, εἰ υἱὸς εἶ τοῦ θεοῦ, ... [42] ... βασιλεὺς Ἰσραήλ ἐστιν, καταβάτω νῦν ἀπὸ τοῦ σταυροῦ ...	Mk 15,32	[29] καὶ οἱ παραπορευόμενοι ... καὶ λέγοντες· ... [30] σῶσον σεαυτὸν ... [32] ὁ χριστὸς ὁ βασιλεὺς Ἰσραὴλ καταβάτω νῦν ἀπὸ τοῦ σταυροῦ, ...	**Lk 23,37** ↑ Lk 23,35 ↓ Lk 23,39	[36] ἐνέπαιξαν δὲ αὐτῷ οἱ στρατιῶται προσερχόμενοι, ... [37] καὶ **λέγοντες·** εἰ σὺ εἶ ὁ βασιλεὺς τῶν Ἰουδαίων, σῶσον σεαυτόν.	
112	**Mt 27,44**	τὸ δ᾽ αὐτὸ καὶ οἱ λῃσταὶ οἱ συσταυρωθέντες σὺν αὐτῷ ὠνείδιζον αὐτόν.	**Mk 15,32**	... καὶ οἱ συνεσταυρωμένοι σὺν αὐτῷ ὠνείδιζον αὐτόν.	**Lk 23,39** ↑ Lk 23,35 ↑ Lk 23,37	εἷς δὲ τῶν κρεμασθέντων κακούργων ἐβλασφήμει αὐτὸν **λέγων·** οὐχὶ σὺ εἶ ὁ χριστός; σῶσον σεαυτὸν καὶ ἡμᾶς.	
002					**Lk 23,42**	καὶ **ἔλεγεν·** Ἰησοῦ, μνήσθητί μου ὅταν ἔλθῃς εἰς τὴν βασιλείαν σου.	
w 002					**Lk 23,43**	καὶ εἶπεν αὐτῷ· ἀμήν σοι **λέγω,** σήμερον μετ᾽ ἐμοῦ ἔσῃ ἐν τῷ παραδείσῳ.	

r 210	**Mt 27,46**	περὶ δὲ τὴν ἐνάτην ὥραν ἀνεβόησεν ὁ Ἰησοῦς φωνῇ μεγάλῃ **λέγων·** *ηλι ηλι λεμα* *σαβαχθανι; ...* ➤ Ps 22,2	**Mk 15,34**	καὶ τῇ ἐνάτῃ ὥρᾳ ἐβόησεν ὁ Ἰησοῦς φωνῇ μεγάλῃ· *ελωι ελωι λεμα* *σαβαχθανι; ...* ➤ Ps 22,2			
u 220	**Mt 27,47**	τινὲς δὲ τῶν ἐκεῖ ἑστηκότων ἀκούσαντες **ἔλεγον** ὅτι Ἠλίαν φωνεῖ οὗτος.	**Mk 15,35**	καί τινες τῶν παρεστηκότων ἀκούσαντες **ἔλεγον·** ἴδε Ἠλίαν φωνεῖ.			
220	**Mt 27,49**	[48] ... ἐπότιζεν αὐτόν. [49] οἱ δὲ λοιποὶ **ἔλεγον·** ἄφες ἴδωμεν εἰ ἔρχεται Ἠλίας σώσων αὐτόν.	**Mk 15,36**	... ἐπότιζεν αὐτὸν **λέγων·** ἄφετε ἴδωμεν εἰ ἔρχεται Ἠλίας καθελεῖν αὐτόν.			
212	**Mt 27,54**	ὁ δὲ ἑκατόνταρχος καὶ οἱ μετ' αὐτοῦ τηροῦντες τὸν Ἰησοῦν ἰδόντες τὸν σεισμὸν καὶ τὰ γενόμενα ἐφοβήθησαν σφόδρα, **λέγοντες·** ἀληθῶς θεοῦ υἱὸς ἦν οὗτος.	**Mk 15,39**	ἰδὼν δὲ ὁ κεντυρίων ὁ παρεστηκὼς ἐξ ἐναντίας αὐτοῦ ὅτι οὕτως ἐξέπνευσεν **εἶπεν·** ἀληθῶς οὗτος ὁ ἄνθρωπος υἱὸς θεοῦ ἦν.	**Lk 23,47**	ἰδὼν δὲ ὁ ἑκατοντάρχης τὸ γενόμενον ἐδόξαζεν τὸν θεὸν **λέγων·** ὄντως ὁ ἄνθρωπος οὗτος δίκαιος ἦν.	
200	**Mt 27,63** → Mt 12,40	[62] ... συνήχθησαν οἱ ἀρχιερεῖς καὶ οἱ Φαρισαῖοι πρὸς Πιλᾶτον [63] **λέγοντες·** κύριε, ἐμνήσθημεν ὅτι ἐκεῖνος ὁ πλάνος εἶπεν ἔτι ζῶν· μετὰ τρεῖς ἡμέρας ἐγείρομαι.					
c 020			**Mk 16,3**	καὶ **ἔλεγον** πρὸς ἑαυτάς· τίς ἀποκυλίσει ἡμῖν τὸν λίθον ἐκ τῆς θύρας τοῦ μνημείου;			
121	**Mt 28,5**	ἀποκριθεὶς δὲ ὁ ἄγγελος **εἶπεν** ταῖς γυναιξίν· μὴ φοβεῖσθε ὑμεῖς, οἶδα γὰρ ὅτι Ἰησοῦν τὸν ἐσταυρωμένον ζητεῖτε·	**Mk 16,6**	ὁ δὲ **λέγει** αὐταῖς· μὴ ἐκθαμβεῖσθε· Ἰησοῦν ζητεῖτε τὸν Ναζαρηνὸν τὸν ἐσταυρωμένον· ...	**Lk 24,5** ↓ Lk 24,23	... **εἶπαν** πρὸς αὐτάς· τί ζητεῖτε τὸν ζῶντα μετὰ τῶν νεκρῶν·	
p u 002	→ Mt 16,21 ↑ Mt 17,22 → Mt 20,18-19		→ Mk 8,31 ↑ **Mk 9,31** → Mk 10,33-34		**Lk 24,7** → Lk 9,22 ↑ Lk 9,44 → Lk 17,25 → Lk 18,31-33 → Lk 24,26 → Lk 24,46	[6] ... μνήσθητε ὡς ἐλάλησεν ὑμῖν ἔτι ὢν ἐν τῇ Γαλιλαίᾳ [7] **λέγων** τὸν υἱὸν τοῦ ἀνθρώπου ὅτι δεῖ παραδοθῆναι εἰς χεῖρας ἀνθρώπων ἁμαρτωλῶν ...	
c 002	**Mt 28,1** → Mt 27,56 → Mt 27,61	... ἦλθεν Μαριὰμ ἡ Μαγδαληνὴ καὶ ἡ ἄλλη Μαρία θεωρῆσαι τὸν τάφον.	**Mk 16,1** → Mk 15,40 → Mk 15,47	... Μαρία ἡ Μαγδαληνὴ καὶ Μαρία ἡ [τοῦ] Ἰακώβου καὶ Σαλώμη ἠγόρασαν ἀρώματα ἵνα ἐλθοῦσαι ἀλείψωσιν αὐτόν.	**Lk 24,10** → Lk 24,1 → Lk 8,2-3 → Lk 23,55-56	ἦσαν δὲ ἡ Μαγδαληνὴ Μαρία καὶ Ἰωάννα καὶ Μαρία ἡ Ἰακώβου καὶ αἱ λοιπαὶ σὺν αὐταῖς. **ἔλεγον** πρὸς τοὺς ἀποστόλους ταῦτα	→ Jn 20,18
200	**Mt 28,9**	καὶ ἰδοὺ Ἰησοῦς ὑπήντησεν αὐταῖς **λέγων·** χαίρετε. ...					→ **Jn 20,16**

	Mt	Mk	Lk	
200	**Mt 28,10** τότε **λέγει** αὐταῖς ὁ Ἰησοῦς· μὴ φοβεῖσθε· ...			→ Jn 20,17
200	**Mt 28,13** [12] ... ἀργύρια ἱκανὰ ἔδωκαν τοῖς στρατιώταις [13] **λέγοντες·** εἴπατε ὅτι οἱ μαθηταὶ αὐτοῦ νυκτὸς ἐλθόντες ἔκλεψαν αὐτὸν ἡμῶν κοιμωμένων.			
v 002 *v* 002			**Lk 24,23 (2)** καὶ μὴ εὑροῦσαι τὸ σῶμα αὐτοῦ ἦλθον **λέγουσαι** καὶ ὀπτασίαν ἀγγέλων ἑωρακέναι, ↑ Lk 24,5 οἳ **λέγουσιν** αὐτὸν ζῆν.	
002			**Lk 24,29** ↑ Lk 9,12 καὶ παρεβιάσαντο αὐτὸν **λέγοντες·** μεῖνον μεθ' ἡμῶν, ὅτι πρὸς ἑσπέραν ἐστὶν καὶ κέκλικεν ἤδη ἡ ἡμέρα. ...	
u 002			**Lk 24,34** [33] ... εὗρον ἠθροισμένους τοὺς ἕνδεκα καὶ τοὺς σὺν αὐτοῖς, [34] **λέγοντας** ὅτι ὄντως ἠγέρθη ὁ κύριος καὶ ὤφθη Σίμωνι.	→ 1Cor 15,4-5
002			**Lk 24,36** ... αὐτὸς ἔστη ἐν μέσῳ αὐτῶν καὶ **λέγει** αὐτοῖς· εἰρήνη ὑμῖν.	→ Jn 20,19
p 200	**Mt 28,18** → Mt 11,27 → Lk 10,22 καὶ προσελθὼν ὁ Ἰησοῦς ἐλάλησεν αὐτοῖς **λέγων·** ἐδόθη μοι πᾶσα ἐξουσία ἐν οὐρανῷ καὶ ἐπὶ [τῆς] γῆς.			

a ἄρχομαι λέγειν
b λέγειν ἐν ἑαυτῷ
c λέγω πρός τινα
d λέγω with double accusative
e λεγόμενος, λέγεται
f λέγω and ἀποκρίνομαι
g λέγω and δια-, συλλογίζομαι
h λέγω and διδάσκω, λέγω and ἐν τῇ διδαχῇ
j λέγω and (ἐπ)ερωτάω
k λέγω and (ἐπι-, προσ-, συγ-)καλέω
l λέγω and παρακαλέω
m λέγω and κηρύσσω
n λέγω and (ἀνα)κράζω, κραυγάζω
p λέγω and (συλ)λαλέω
q λέγω and (ἐπι-, προσ-)φωνέω
r λέγω and φωνή
s λέγω and διαστέλλομαι, ἐντέλλομαι, ἐπιτιμάω, παραγγέλλω
t λέγω and προφήτης / προφητεία / προφητεύω
u λέγω (...) ὅτι
v λέγω and infinitive
w λέγω ὑμῖν, ὑμῖν λέγω, σοὶ λέγω, λέγω σοί (introducing a speech)
x λέγω with reference to scripture

	Acts 1,3	... δι' ἡμερῶν τεσσεράκοντα ὀπτανόμενος αὐτοῖς καὶ **λέγων** τὰ περὶ τῆς βασιλείας τοῦ θεοῦ·	*j*	**Acts 1,6**	οἱ μὲν οὖν συνελθόντες ἠρώτων αὐτὸν **λέγοντες·** κύριε, εἰ ἐν τῷ χρόνῳ τούτῳ ἀποκαθιστάνεις τὴν βασιλείαν τῷ Ἰσραήλ;	**Acts 2,7**	ἐξίσταντο δὲ καὶ ἐθαύμαζον **λέγοντες·** οὐχ ἰδοὺ ἅπαντες οὗτοί εἰσιν οἱ λαλοῦντες Γαλιλαῖοι;

c **Acts 2,12** ἐξίσταντο δὲ πάντες καὶ διηπόρουν, ἄλλος πρὸς ἄλλον
λέγοντες·
τί θέλει τοῦτο εἶναι;

u **Acts 2,13** ἕτεροι δὲ διαχλευάζοντες
ἔλεγον
ὅτι γλεύκους μεμεστωμένοι εἰσίν.

x **Acts 2,17** *καὶ ἔσται* ἐν ταῖς ἐσχάταις ἡμέραις,
λέγει
ὁ θεός, *ἐκχεῶ ἀπὸ τοῦ πνεύματός μου ἐπὶ πᾶσαν σάρκα, ...*
➤ Joel 3,1 LXX

x **Acts 2,25** Δαυὶδ γὰρ
λέγει
εἰς αὐτόν· *προορώμην τὸν κύριον ἐνώπιόν μου διὰ παντός, ...*
➤ Ps 15,8 LXX

x **Acts 2,34** οὐ γὰρ Δαυὶδ ἀνέβη εἰς τοὺς οὐρανούς,
λέγει
δὲ αὐτός· *εἶπεν [ὁ] κύριος τῷ κυρίῳ μου· κάθου ἐκ δεξιῶν μου*
➤ Ps 109,1 LXX

l **Acts 2,40** ... καὶ παρεκάλει αὐτοὺς
λέγων·
σώθητε ἀπὸ τῆς γενεᾶς τῆς σκολιᾶς ταύτης.

e **Acts 3,2** καί τις ἀνὴρ χωλὸς ..., ὃν ἐτίθουν καθ᾽ ἡμέραν πρὸς τὴν θύραν τοῦ ἱεροῦ
τὴν λεγομένην
Ὡραίαν τοῦ αἰτεῖν ἐλεημοσύνην ...

c x **Acts 3,25** ὑμεῖς ἐστε οἱ υἱοὶ τῶν προφητῶν καὶ τῆς διαθήκης ἧς διέθετο ὁ θεὸς πρὸς τοὺς πατέρας ὑμῶν
λέγων
πρὸς Ἀβραάμ· *καὶ ἐν τῷ σπέρματί σου [ἐν]ευλογηθήσονται πᾶσαι αἱ πατριαὶ τῆς γῆς.*
➤ Gen 22,18

Acts 4,16 [15] ... συνέβαλλον πρὸς ἀλλήλους
[16] λέγοντες·
τί ποιήσωμεν τοῖς ἀνθρώποις τούτοις; ...

v **Acts 4,32** ... καὶ οὐδὲ εἷς τι τῶν ὑπαρχόντων αὐτῷ
ἔλεγεν
ἴδιον εἶναι ἀλλ᾽ ἦν αὐτοῖς ἅπαντα κοινά.

u **Acts 5,23** [22] ... ἀναστρέψαντες δὲ ἀπήγγειλαν
[23] λέγοντες
ὅτι τὸ δεσμωτήριον εὕρομεν κεκλεισμένον ἐν πάσῃ ἀσφαλείᾳ ...

j **Acts 5,28** [27] ... καὶ ἐπηρώτησεν αὐτοὺς ὁ ἀρχιερεὺς
[28] λέγων·
[οὐ] παραγγελίᾳ παρηγγείλαμεν ὑμῖν μὴ διδάσκειν ἐπὶ τῷ ὀνόματι τούτῳ, ...

v **Acts 5,36** ... ἀνέστη Θευδᾶς
λέγων
εἶναί τινα ἑαυτόν, ᾧ προσεκλίθη ἀνδρῶν ἀριθμὸς ὡς τετρακοσίων· ...

w **Acts 5,38** καὶ τὰ νῦν
λέγω
ὑμῖν, ἀπόστητε ἀπὸ τῶν ἀνθρώπων τούτων ...

e **Acts 6,9** ἀνέστησαν δέ τινες τῶν ἐκ τῆς συναγωγῆς
τῆς λεγομένης
Λιβερτίνων ...

u **Acts 6,11** τότε ὑπέβαλον ἄνδρας
λέγοντας
ὅτι ἀκηκόαμεν αὐτοῦ λαλοῦντος ῥήματα βλάσφημα εἰς Μωϋσῆν καὶ τὸν θεόν.

Acts 6,13 ἔστησάν τε μάρτυρας ψευδεῖς
λέγοντας·
ὁ ἄνθρωπος οὗτος οὐ παύεται λαλῶν ῥήματα κατὰ τοῦ τόπου τοῦ ἁγίου [τούτου] καὶ τοῦ νόμου·

u **Acts 6,14** ἀκηκόαμεν γὰρ αὐτοῦ
→ Mt 26,61
→ Mk 14,58
→ Mt 27,40
→ Mk 15,29
λέγοντος
ὅτι Ἰησοῦς ὁ Ναζωραῖος οὗτος καταλύσει τὸν τόπον τοῦτον ...

t x **Acts 7,48** ἀλλ᾽ οὐχ ὁ ὕψιστος ἐν χειροποιήτοις κατοικεῖ, καθὼς ὁ προφήτης
λέγει·

Acts 7,49 *ὁ οὐρανός μοι θρόνος, ἡ δὲ γῆ ὑποπόδιον τῶν ποδῶν μου· ποῖον οἶκον οἰκοδομήσετέ μοι,*
→ Mt 5,34-35
λέγει
κύριος, ἢ τίς τόπος τῆς καταπαύσεώς μου;
➤ Isa 66,1

k **Acts 7,59** καὶ ἐλιθοβόλουν τὸν Στέφανον ἐπικαλούμενον καὶ
→ Lk 23,46
λέγοντα·
κύριε Ἰησοῦ, δέξαι τὸ πνεῦμά μου.

Acts 8,6 προσεῖχον δὲ οἱ ὄχλοι
τοῖς λεγομένοις
ὑπὸ τοῦ Φιλίππου ...

v **Acts 8,9** ἀνὴρ δέ τις ὀνόματι Σίμων ... ἐξιστάνων τὸ ἔθνος τῆς Σαμαρείας,
λέγων
εἶναί τινα ἑαυτὸν μέγαν,

Acts 8,10 ᾧ προσεῖχον πάντες ἀπὸ μικροῦ ἕως μεγάλου
λέγοντες·
οὗτός ἐστιν ἡ δύναμις τοῦ θεοῦ ἡ καλουμένη μεγάλη.

Acts 8,19 [18] ... ὁ Σίμων ... προσήνεγκεν αὐτοῖς χρήματα
[19] λέγων·
δότε κἀμοὶ τὴν ἐξουσίαν ταύτην ...

p **Acts 8,26** ἄγγελος δὲ κυρίου ἐλάλησεν πρὸς Φίλιππον
λέγων·
ἀνάστηθι καὶ πορεύου ...

t **Acts 8,34** ... δέομαί σου, περὶ τίνος ὁ προφήτης
λέγει
τοῦτο; ...

r **Acts 9,4** καὶ πεσὼν ἐπὶ τὴν γῆν ἤκουσεν φωνὴν
λέγουσαν
αὐτῷ· Σαοὺλ Σαούλ, τί με διώκεις;

Acts 9,21 ἐξίσταντο δὲ πάντες οἱ ἀκούοντες καὶ
ἔλεγον·
οὐχ οὗτός ἐστιν ὁ πορθήσας εἰς Ἰερουσαλὴμ τοὺς ἐπικαλουμένους τὸ ὄνομα τοῦτο, ...;

e **Acts 9,36** ἐν Ἰόππῃ δέ τις ἦν μαθήτρια ὀνόματι Ταβιθά, ἣ διερμηνευομένη
λέγεται
Δορκάς· ...

Acts 10,26 ὁ δὲ Πέτρος ἤγειρεν αὐτὸν
λέγων·
ἀνάστηθι· καὶ ἐγὼ αὐτὸς ἄνθρωπός εἰμι.

d **Acts 10,28** ... κἀμοὶ ὁ θεὸς ἔδειξεν μηδένα κοινὸν ἢ ἀκάθαρτον
λέγειν
ἄνθρωπον·

u **Acts 11,3** [2] ... διεκρίνοντο πρὸς αὐτὸν οἱ ἐκ περιτομῆς
[3] λέγοντες
ὅτι εἰσῆλθες πρὸς ἄνδρας ἀκροβυστίαν ἔχοντας καὶ συνέφαγες αὐτοῖς.

Acts 11,4 ἀρξάμενος δὲ Πέτρος ἐξετίθετο αὐτοῖς καθεξῆς
λέγων·
[5] ἐγὼ ἤμην ἐν πόλει Ἰόππῃ προσευχόμενος ...

r **Acts 11,7** ἤκουσα δὲ καὶ φωνῆς
λεγούσης
μοι· ἀναστάς, Πέτρε, θῦσον καὶ φάγε.

Acts 11,16 ἐμνήσθην δὲ τοῦ ῥήματος
→ Mt 3,11 τοῦ κυρίου ὡς
→ Mk 1,8 **ἔλεγεν·**
→ **Lk 3,16** Ἰωάννης μὲν ἐβάπτισεν
→ Acts 1,5 ὕδατι, ...

Acts 11,18 ἀκούσαντες δὲ ταῦτα
ἡσύχασαν καὶ ἐδόξασαν
τὸν θεὸν
λέγοντες·
ἄρα καὶ τοῖς ἔθνεσιν
ὁ θεὸς τὴν μετάνοιαν
εἰς ζωὴν ἔδωκεν.

Acts 12,7 ... πατάξας δὲ τὴν πλευρὰν
τοῦ Πέτρου ἤγειρεν αὐτὸν
λέγων·
ἀνάστα ἐν τάχει. ...

Acts 12,8 ... καὶ
λέγει
αὐτῷ· περιβαλοῦ τὸ
ἱμάτιόν σου καὶ
ἀκολούθει μοι.

Acts 12,15 ... οἱ δὲ
ἔλεγον·
ὁ ἄγγελός ἐστιν αὐτοῦ.

Acts 13,15 ... ἀπέστειλαν
(2) οἱ ἀρχισυνάγωγοι
πρὸς αὐτοὺς
λέγοντες·
ἄνδρες ἀδελφοί, εἴ τίς
ἐστιν ἐν ὑμῖν λόγος
παρακλήσεως πρὸς τὸν
λαόν,
λέγετε.

Acts 13,25 ὡς δὲ ἐπλήρου Ἰωάννης
τὸν δρόμον,
ἔλεγεν·
τί ἐμὲ ὑπονοεῖτε εἶναι; ...

x **Acts 13,35** διότι καὶ ἐν ἑτέρῳ
λέγει·
οὐ δώσεις τὸν ὅσιόν σου
ἰδεῖν διαφθοράν.
➤ Ps 16,10

r **Acts 14,11** οἵ τε ὄχλοι ἰδόντες
ὃ ἐποίησεν Παῦλος
ἐπῆραν τὴν φωνὴν αὐτῶν
Λυκαονιστὶ
λέγοντες·
οἱ θεοὶ ὁμοιωθέντες
ἀνθρώποις κατέβησαν
πρὸς ἡμᾶς

n **Acts 14,15** [14] ... Βαρναβᾶς καὶ
Παῦλος ... κράζοντες
[15] καὶ
λέγοντες·
ἄνδρες, τί ταῦτα ποιεῖτε; ...

Acts 14,18 καὶ ταῦτα
λέγοντες
μόλις κατέπαυσαν τοὺς
ὄχλους τοῦ μὴ θύειν
αὐτοῖς.

u **Acts 15,5** ἐξανέστησαν δέ τινες
τῶν ἀπὸ τῆς αἱρέσεως
τῶν Φαρισαίων
πεπιστευκότες
λέγοντες
ὅτι δεῖ περιτέμνειν
αὐτοὺς παραγγέλλειν τε
τηρεῖν τὸν νόμον
Μωϋσέως.

f **Acts 15,13** μετὰ δὲ τὸ σιγῆσαι αὐτοὺς
ἀπεκρίθη Ἰάκωβος
λέγων·
ἄνδρες ἀδελφοί,
ἀκούσατέ μου.

Acts 15,17 ... *καὶ πάντα τὰ ἔθνη*
ἐφ᾽ οὓς ἐπικέκληται τὸ
ὄνομά μου ἐπ᾽ αὐτούς,
λέγει
κύριος ποιῶν ταῦτα
➤ Amos 9,12 LXX

l **Acts 16,9** ... ἀνὴρ Μακεδών τις ἦν
ἑστὼς καὶ παρακαλῶν
αὐτὸν καὶ
λέγων·
διαβὰς εἰς Μακεδονίαν
βοήθησον ἡμῖν.

l **Acts 16,15** ... παρεκάλεσεν
λέγουσα·
εἰ κεκρίκατέ με πιστὴν
τῷ κυρίῳ εἶναι,
εἰσελθόντες εἰς τὸν οἶκόν
μου μένετε· ...

n **Acts 16,17** αὕτη κατακολουθοῦσα
τῷ Παύλῳ καὶ ἡμῖν
ἔκραζεν
λέγουσα·
οὗτοι οἱ ἄνθρωποι δοῦλοι
τοῦ θεοῦ τοῦ ὑψίστου
εἰσίν, ...

q r **Acts 16,28** ἐφώνησεν δὲ μεγάλῃ
φωνῇ [ὁ] Παῦλος
λέγων·
μηδὲν πράξῃς σεαυτῷ
κακόν, ἅπαντες γάρ
ἐσμεν ἐνθάδε.

Acts 16,35 ἡμέρας δὲ γενομένης
ἀπέστειλαν οἱ στρατηγοὶ
τοὺς ῥαβδούχους
λέγοντες·
ἀπόλυσον τοὺς
ἀνθρώπους ἐκείνους.

v **Acts 17,7** ... καὶ οὗτοι πάντες
→ **Lk 23,2** ἀπέναντι τῶν δογμάτων
Καίσαρος πράσσουσι
βασιλέα ἕτερον
λέγοντες
εἶναι Ἰησοῦν.

Acts 17,18 τινὲς δὲ καὶ τῶν
(2) Ἐπικουρείων καὶ
Στοϊκῶν φιλοσόφων
συνέβαλλον αὐτῷ, καί
τινες
ἔλεγον· ↔

Acts 17,18 ↔ τί ἂν θέλοι
(2) ὁ σπερμολόγος οὗτος
λέγειν; ...

Acts 17,19 ἐπιλαβόμενοί τε αὐτοῦ
ἐπὶ τὸν Ἄρειον πάγον
ἤγαγον
λέγοντες·
δυνάμεθα γνῶναι τίς
ἡ καινὴ αὕτη ἡ ὑπὸ σοῦ
λαλουμένη διδαχή;

Acts 17,21 Ἀθηναῖοι δὲ πάντες καὶ
οἱ ἐπιδημοῦντες ξένοι εἰς
οὐδὲν ἕτερον ηὐκαίρουν ἢ
λέγειν
τι ἢ ἀκούειν τι
καινότερον.

u **Acts 18,13** [12] ... ἤγαγον αὐτὸν ἐπὶ
τὸ βῆμα
[13] **λέγοντες**
ὅτι παρὰ τὸν νόμον
ἀναπείθει οὗτος τοὺς
ἀνθρώπους σέβεσθαι τὸν
θεόν.

Acts 19,4 ... Ἰωάννης ἐβάπτισεν
→ **Mt 3,2** βάπτισμα μετανοίας
→ Mk 1,4 τῷ λαῷ
→ Lk 3,3 **λέγων**
→ Acts 13,24 εἰς τὸν ἐρχόμενον
→ Mt 3,11 μετ᾽ αὐτὸν ἵνα
→ Mk 1,8 πιστεύσωσιν, τοῦτ᾽ ἔστιν
→ **Lk 3,16** εἰς τὸν Ἰησοῦν.

Acts 19,13 ἐπεχείρησαν δέ τινες ...
→ Lk 9,49 ὀνομάζειν ἐπὶ τοὺς
ἔχοντας τὰ πνεύματα
τὰ πονηρὰ τὸ ὄνομα
τοῦ κυρίου Ἰησοῦ
λέγοντες·
ὁρκίζω ὑμᾶς τὸν Ἰησοῦν
ὃν Παῦλος κηρύσσει.

u **Acts 19,26** ... ὁ Παῦλος οὗτος πείσας
μετέστησεν ἱκανὸν ὄχλον
λέγων
ὅτι οὐκ εἰσὶν θεοὶ οἱ διὰ
χειρῶν γινόμενοι.

n **Acts 19,28** ἀκούσαντες δὲ καὶ
γενόμενοι πλήρεις θυμοῦ
ἔκραζον
λέγοντες·
μεγάλη ἡ Ἄρτεμις
Ἐφεσίων.

u **Acts 20,23** πλὴν ὅτι τὸ πνεῦμα τὸ
ἅγιον κατὰ πόλιν
διαμαρτύρεταί μοι
λέγον
ὅτι δεσμὰ καὶ θλίψεις με
μένουσιν.

v **Acts 21,4** ... οἵτινες τῷ Παύλῳ
ἔλεγον
διὰ τοῦ πνεύματος
μὴ ἐπιβαίνειν
εἰς Ἱεροσόλυμα.

Acts 21,11 ... τάδε
λέγει
τὸ πνεῦμα τὸ ἅγιον· τὸν ἄνδρα οὗ ἐστιν ἡ ζώνη αὕτη, οὕτως δήσουσιν ἐν Ἰερουσαλὴμ οἱ Ἰουδαῖοι ...

h v Acts 21,21 ... ἀποστασίαν διδάσκεις ἀπὸ Μωϋσέως τοὺς κατὰ τὰ ἔθνη πάντας Ἰουδαίους
λέγων
μὴ περιτέμνειν αὐτοὺς τὰ τέκνα μηδὲ τοῖς ἔθεσιν περιπατεῖν.

Acts 21,23 τοῦτο οὖν ποίησον ὅ σοι
λέγομεν·
εἰσὶν ἡμῖν ἄνδρες τέσσαρες εὐχὴν ἔχοντες ἐφ᾽ ἑαυτῶν.

Acts 21,37 μέλλων τε εἰσάγεσθαι εἰς τὴν παρεμβολὴν ὁ Παῦλος
λέγει
τῷ χιλιάρχῳ· εἰ ἔξεστίν μοι εἰπεῖν τι πρὸς σέ; ...

q Acts 21,40 ... πολλῆς δὲ σιγῆς γενομένης προσεφώνησεν τῇ Ἑβραΐδι διαλέκτῳ
λέγων·
[41] ἄνδρες ἀδελφοὶ καὶ πατέρες, ἀκούσατέ μου τῆς πρὸς ὑμᾶς νυνὶ ἀπολογίας.

r Acts 22,7 ἔπεσά τε εἰς τὸ ἔδαφος καὶ ἤκουσα φωνῆς
λεγούσης
μοι· Σαοὺλ Σαούλ, τί με διώκεις;

Acts 22,18 καὶ ἰδεῖν αὐτὸν
λέγοντά
μοι· σπεῦσον καὶ ἔξελθε ἐν τάχει ἐξ Ἰερουσαλήμ, ...

r Acts 22,22 ἤκουον δὲ αὐτοῦ ἄχρι τούτου τοῦ λόγου καὶ ἐπῆραν τὴν φωνὴν αὐτῶν
λέγοντες·
αἶρε ἀπὸ τῆς γῆς τὸν τοιοῦτον, οὐ γὰρ καθῆκεν αὐτὸν ζῆν.

Acts 22,26 ἀκούσας δὲ ὁ ἑκατοντάρχης προσελθὼν τῷ χιλιάρχῳ ἀπήγγειλεν
λέγων·
τί μέλλεις ποιεῖν; ...

Acts 22,27 προσελθὼν δὲ ὁ χιλίαρχος εἶπεν αὐτῷ·
λέγε
μοι, σὺ Ῥωμαῖος εἶ; ...

v Acts 23,8 Σαδδουκαῖοι μὲν γὰρ
λέγουσιν
μὴ εἶναι ἀνάστασιν μήτε ἄγγελον μήτε πνεῦμα, ...

Acts 23,9 ... καὶ ἀναστάντες τινὲς τῶν γραμματέων τοῦ μέρους τῶν Φαρισαίων διεμάχοντο
λέγοντες·
οὐδὲν κακὸν εὑρίσκομεν ἐν τῷ ἀνθρώπῳ τούτῳ· ...

v Acts 23,12 ... ποιήσαντες συστροφὴν οἱ Ἰουδαῖοι ἀνεθεμάτισαν ἑαυτοὺς
λέγοντες
μήτε φαγεῖν μήτε πίειν ἕως οὗ ἀποκτείνωσιν τὸν Παῦλον.

Acts 23,30 ... παραγγείλας καὶ τοῖς κατηγόροις
λέγειν
[τὰ] πρὸς αὐτὸν ἐπὶ σοῦ.

Acts 24,2 κληθέντος δὲ αὐτοῦ ἤρξατο κατηγορεῖν ὁ Τέρτυλλος
λέγων·
πολλῆς εἰρήνης τυγχάνοντες διὰ σοῦ ...

f Acts 24,10 ἀπεκρίθη τε ὁ Παῦλος νεύσαντος αὐτῷ τοῦ ἡγεμόνος
λέγειν·
ἐκ πολλῶν ἐτῶν ὄντα σε κριτὴν τῷ ἔθνει τούτῳ ...

d Acts 24,14 ... κατὰ τὴν ὁδὸν ἣν
λέγουσιν
αἵρεσιν, οὕτως λατρεύω τῷ πατρῴῳ θεῷ ...

Acts 25,14 ... ὁ Φῆστος τῷ βασιλεῖ ἀνέθετο τὰ κατὰ τὸν Παῦλον
λέγων·
ἀνήρ τίς ἐστιν καταλελειμμένος ὑπὸ Φήλικος δέσμιος

Acts 25,20 ἀπορούμενος δὲ ἐγὼ τὴν περὶ τούτων ζήτησιν
ἔλεγον
εἰ βούλοιτο πορεύεσθαι εἰς Ἱεροσόλυμα κἀκεῖ κρίνεσθαι περὶ τούτων.

Acts 26,1 Ἀγρίππας δὲ πρὸς τὸν Παῦλον ἔφη· ἐπιτρέπεταί σοι περὶ σεαυτοῦ
λέγειν. ...

c r Acts 26,14 πάντων τε καταπεσόντων ἡμῶν εἰς τὴν γῆν ἤκουσα φωνὴν
λέγουσαν
πρός με τῇ Ἑβραΐδι διαλέκτῳ· Σαοὺλ Σαούλ, τί με διώκεις; ...

Acts 26,22 ... ἕστηκα μαρτυρόμενος μικρῷ τε καὶ μεγάλῳ οὐδὲν ἐκτὸς
λέγων
ὧν τε οἱ προφῆται ἐλάλησαν μελλόντων γίνεσθαι καὶ Μωϋσῆς

p u Acts 26,31 καὶ ἀναχωρήσαντες ἐλάλουν πρὸς ἀλλήλους
λέγοντες
ὅτι οὐδὲν θανάτου ἢ δεσμῶν ἄξιον [τι] πράσσει ὁ ἄνθρωπος οὗτος.

Acts 27,10 [9] ... παρῄνει ὁ Παῦλος
[10] λέγων
αὐτοῖς· ἄνδρες, θεωρῶ ὅτι μετὰ ὕβρεως καὶ πολλῆς ζημίας οὐ μόνον τοῦ φορτίου καὶ τοῦ πλοίου ἀλλὰ καὶ τῶν ψυχῶν ἡμῶν μέλλειν ἔσεσθαι τὸν πλοῦν.

Acts 27,11 ὁ δὲ ἑκατοντάρχης τῷ κυβερνήτῃ καὶ τῷ ναυκλήρῳ μᾶλλον ἐπείθετο ἢ
τοῖς ὑπὸ Παύλου λεγομένοις.

Acts 27,24 [23] παρέστη γάρ μοι ... ἄγγελος
[24] λέγων·
μὴ φοβοῦ, Παῦλε, Καίσαρί σε δεῖ παραστῆναι, ...

l Acts 27,33 ... παρεκάλει ὁ Παῦλος ἅπαντας μεταλαβεῖν τροφῆς
λέγων·
τεσσαρεσκαιδεκάτην σήμερον ἡμέραν προσδοκῶντες ἄσιτοι διατελεῖτε μηθὲν προσλαβόμενοι·

c Acts 28,4 ... πρὸς ἀλλήλους
ἔλεγον·
πάντως φονεύς ἐστιν ὁ ἄνθρωπος οὗτος ...

v Acts 28,6 ... μεταβαλόμενοι
ἔλεγον
αὐτὸν εἶναι θεόν.

c Acts 28,17 ... συνελθόντων δὲ αὐτῶν
ἔλεγεν
πρὸς αὐτούς· ἐγώ, ἄνδρες ἀδελφοί, οὐδὲν ἐναντίον ποιήσας τῷ λαῷ ἢ τοῖς ἔθεσι τοῖς πατρῴοις ...

Acts 28,24 καὶ οἱ μὲν ἐπείθοντο
τοῖς λεγομένοις,
οἱ δὲ ἠπίστουν·

p t x Acts 28,26 → Mt 13,14 → Mk 4,12 → Lk 8,10 [25] ... καλῶς τὸ πνεῦμα τὸ ἅγιον ἐλάλησεν διὰ Ἠσαΐου τοῦ προφήτου πρὸς τοὺς πατέρας ὑμῶν
[26] λέγων·
πορεύθητι πρὸς τὸν λαὸν τοῦτον καὶ εἰπόν· ἀκοῇ ἀκούσετε καὶ οὐ μὴ συνῆτε καὶ βλέποντες βλέψετε καὶ οὐ μὴ ἴδητε·
➤ Isa 6,9 LXX

εἶπον	Syn 560	Mt 182	Mk 83	Lk 295	Acts 125	Jn 205	1-3John 4	Paul 13	Eph	Col 1
	NT 927	2Thess	1/2Tim	Tit 1	Heb 6	Jas 5	1Pet	2Pet	Jude 1	Rev 6

aorist indicative active of λέγω (λέγω p. 238; ἐρῶ, ἐρρέθη [future indicative active or aorist passive] p. 351)

	triple tradition																	double tradition			Sondergut		
		+Mt / +Lk			–Mt / –Lk			traditions not taken over by Mt / Lk							subtotals								
code	222	211	112	212	221	122	121	022	012	021	220	120	210	020	Σ^{+}	Σ^{-}	Σ	202	201	102	200	002	total
Mt	16	18^{+}		27^{+}	9	10^{-}	10^{-}				14	10^{-}	22^{+}		67^{+}	30^{-}	106	17	13		46		**182**
Mk	16				9	10	10	6		3	14	10		5			83						**83**
Lk	16		43^{+}	27^{+}	9^{-}	10	10^{-}	6	8^{+}	3^{-}					78^{+}	22^{-}	110	17		31		137	**295**

- *a* εἶπειν ἐν ἑαυτῷ, ~ ἐν τῇ καρδίᾳ
- *b* εἶπον and ἀποκρίνομαι (except d)
- *c* εἶπον πρός τινα (except d)
- *d* ἀποκρίνομαι and εἶπον πρός τινα
- *e* εἶπον ἵνα
- *f* εἶπον and (προσ-, συγ)καλέω/-ομαι
- *g* εἶπον and λέγω
- *h* εἶπον and (ἀνα-, προσ)φονέω
- *j* εἶπον and φωνή, εἶπον and κραυγή
- *k* εἶπον and infinitive
- *l* εἶπον (...) ὅτι
- *m* εἶπον with reference to scripture

c 002			**Lk 1,13**	εἶπεν δὲ πρὸς αὐτὸν ὁ ἄγγελος· μὴ φοβοῦ, Ζαχαρία, ...
c 002			**Lk 1,18**	καὶ εἶπεν Ζαχαρίας πρὸς τὸν ἄγγελον· κατὰ τί γνώσομαι τοῦτο; ...
b 002			**Lk 1,19**	καὶ ἀποκριθεὶς ὁ ἄγγελος εἶπεν αὐτῷ· ἐγώ εἰμι Γαβριὴλ ...
c 002			**Lk 1,28**	καὶ εἰσελθὼν πρὸς αὐτὴν εἶπεν· χαῖρε, κεχαριτωμένη, ὁ κύριος μετὰ σοῦ.
002			**Lk 1,30** → Mt 1,20	καὶ εἶπεν ὁ ἄγγελος αὐτῇ· μὴ φοβοῦ, Μαριάμ, ...
c 002			**Lk 1,34**	εἶπεν δὲ Μαριὰμ πρὸς τὸν ἄγγελον· πῶς ἔσται τοῦτο, ἐπεὶ ἄνδρα οὐ γινώσκω;
b 002			**Lk 1,35** → Mt 1,18 → Mt 1,20	καὶ ἀποκριθεὶς ὁ ἄγγελος εἶπεν αὐτῇ· πνεῦμα ἅγιον ἐπελεύσεται ἐπὶ σὲ ...
002			**Lk 1,38**	εἶπεν δὲ Μαριάμ· ἰδοὺ ἡ δούλη κυρίου· ...
h j 002			**Lk 1,42**	[41] ... ἡ Ἐλισάβετ, [42] καὶ ἀνεφώνησεν κραυγῇ μεγάλῃ καὶ εἶπεν· εὐλογημένη σὺ ἐν γυναιξὶν καὶ εὐλογημένος ὁ καρπὸς τῆς κοιλίας σου.

	Mt		Mk		Lk		
002					Lk 1,46	καὶ **εἶπεν** Μαριάμ· μεγαλύνει ἡ ψυχή μου τὸν κύριον	
b 002					Lk 1,60	καὶ ἀποκριθεῖσα ἡ μήτηρ αὐτοῦ **εἶπεν**· οὐχί, ἀλλὰ κληθήσεται Ἰωάννης.	
c l 002					Lk 1,61	καὶ **εἶπαν** πρὸς αὐτὴν ὅτι οὐδείς ἐστιν ἐκ τῆς συγγενείας σου ὃς καλεῖται τῷ ὀνόματι τούτῳ.	
002					Lk 2,10	καὶ **εἶπεν** αὐτοῖς ὁ ἄγγελος· μὴ φοβεῖσθε, ...	
002					Lk 2,28	... καὶ εὐλόγησεν τὸν θεὸν καὶ **εἶπεν**· [29] νῦν ἀπολύεις τὸν δοῦλόν σου, δέσποτα, κατὰ τὸ ῥῆμά σου ἐν εἰρήνῃ·	
c 002					Lk 2,34	καὶ εὐλόγησεν αὐτοὺς Συμεὼν καὶ **εἶπεν** πρὸς Μαριὰμ τὴν μητέρα αὐτοῦ· ἰδοὺ οὗτος κεῖται εἰς πτῶσιν καὶ ἀνάστασιν πολλῶν ἐν τῷ Ἰσραὴλ ...	
200	Mt 2,5	οἱ δὲ **εἶπαν** αὐτῷ· ἐν Βηθλέεμ τῆς Ἰουδαίας· ...					
200	Mt 2,8	καὶ πέμψας αὐτοὺς εἰς Βηθλέεμ **εἶπεν**· πορευθέντες ἐξετάσατε ἀκριβῶς περὶ τοῦ παιδίου· ...					
200	Mt 2,13	... φεῦγε εἰς Αἴγυπτον καὶ ἴσθι ἐκεῖ ἕως ἂν **εἴπω** σοι· ...					
c 002					Lk 2,48	... καὶ **εἶπεν** πρὸς αὐτὸν ἡ μήτηρ αὐτοῦ· τέκνον, τί ἐποίησας ἡμῖν οὕτως; ...	
c 002					Lk 2,49	καὶ **εἶπεν** πρὸς αὐτούς· τί ὅτι ἐζητεῖτέ με; ...	

201	**Mt 3,7** → Mt 12,34 → Mt 23,33	ἰδὼν δὲ πολλοὺς τῶν Φαρισαίων καὶ Σαδδουκαίων ἐρχομένους ἐπὶ τὸ βάπτισμα αὐτοῦ **εἶπεν** αὐτοῖς· γεννήματα ἐχιδνῶν, ...	**Lk 3,7** → Mk 1,5	**ἔλεγεν** οὖν τοῖς ἐκπορευομένοις ὄχλοις βαπτισθῆναι ὑπ᾽ αὐτοῦ· γεννήματα ἐχιδνῶν, ...
c 002			**Lk 3,12**	ἦλθον δὲ καὶ τελῶναι βαπτισθῆναι καὶ **εἶπαν** πρὸς αὐτόν· διδάσκαλε, τί ποιήσωμεν;
c 002			**Lk 3,13**	ὁ δὲ **εἶπεν** πρὸς αὐτούς· μηδὲν πλέον παρὰ τὸ διατεταγμένον ὑμῖν πράσσετε.
002			**Lk 3,14**	ἐπηρώτων δὲ αὐτὸν καὶ στρατευόμενοι λέγοντες· τί ποιήσωμεν καὶ ἡμεῖς; καὶ **εἶπεν** αὐτοῖς· μηδένα διασείσητε ...
d 200	**Mt 3,15**	ἀποκριθεὶς δὲ ὁ Ἰησοῦς **εἶπεν** πρὸς αὐτόν· ἄφες ἄρτι, ...		
202 *e* 202	**Mt 4,3** (2) → Mt 27,40	καὶ προσελθὼν ὁ πειράζων **εἶπεν** αὐτῷ· εἰ υἱὸς εἶ τοῦ θεοῦ, **εἰπὲ** ἵνα οἱ λίθοι οὗτοι ἄρτοι γένωνται.	**Lk 4,3** (2)	**εἶπεν** δὲ αὐτῷ ὁ διάβολος· εἰ υἱὸς εἶ τοῦ θεοῦ, **εἰπὲ** τῷ λίθῳ τούτῳ ἵνα γένηται ἄρτος.
b 201	**Mt 4,4**	ὁ δὲ ἀποκριθεὶς **εἶπεν·** γέγραπται· *οὐκ ἐπ᾽ ἄρτῳ μόνῳ* *ζήσεται ὁ ἄνθρωπος*, ... ➤ Deut 8,3	**Lk 4,4**	καὶ ἀπεκρίθη πρὸς αὐτὸν ὁ Ἰησοῦς· γέγραπται ὅτι *οὐκ ἐπ᾽ ἄρτῳ μόνῳ* *ζήσεται ὁ ἄνθρωπος.* ➤ Deut 8,3
202	**Mt 4,9**	καὶ **εἶπεν** αὐτῷ· ταῦτά σοι πάντα δώσω, ...	**Lk 4,6**	καὶ **εἶπεν** αὐτῷ ὁ διάβολος· σοὶ δώσω τὴν ἐξουσίαν ταύτην ἅπασαν ...
b 102	**Mt 4,10** ↓ Mt 16,23 ↓ Mk 8,33	τότε **λέγει** αὐτῷ ὁ Ἰησοῦς· ὕπαγε, σατανᾶ· γέγραπται γάρ· *κύριον τὸν θεόν σου* *προσκυνήσεις καὶ αὐτῷ* μόνῳ *λατρεύσεις.* ➤ Deut 6,13 LXX/10,20	**Lk 4,8**	καὶ ἀποκριθεὶς ὁ Ἰησοῦς **εἶπεν** αὐτῷ· γέγραπται· *κύριον τὸν θεόν σου* *προσκυνήσεις καὶ αὐτῷ* μόνῳ *λατρεύσεις.* ➤ Deut 6,13 LXX/10,20
102	**Mt 4,6** → Mt 27,40	[5] ... καὶ ἔστησεν αὐτὸν ἐπὶ τὸ πτερύγιον τοῦ ἱεροῦ [6] καὶ **λέγει** αὐτῷ· εἰ υἱὸς εἶ τοῦ θεοῦ, βάλε σεαυτὸν κάτω· ...	**Lk 4,9**	... καὶ ἔστησεν ἐπὶ τὸ πτερύγιον τοῦ ἱεροῦ καὶ **εἶπεν** αὐτῷ· εἰ υἱὸς εἶ τοῦ θεοῦ, βάλε σεαυτὸν ἐντεῦθεν κάτω·

	Mt		Mk		Lk		
b l 102	**Mt 4,7**	**ἔφη** αὐτῷ ὁ Ἰησοῦς· πάλιν γέγραπται· *οὐκ ἐκπειράσεις* *κύριον τὸν θεόν σου.* ➤ Deut 6,16 LXX			**Lk 4,12**	καὶ ἀποκριθεὶς **εἶπεν** αὐτῷ ὁ Ἰησοῦς ὅτι εἴρηται· *οὐκ ἐκπειράσεις* *κύριον τὸν θεόν σου.* ➤ Deut 6,16 LXX	
c 002					**Lk 4,23**	καὶ **εἶπεν** πρὸς αὐτούς· πάντως ἐρεῖτέ μοι τὴν παραβολὴν ταύτην· ἰατρέ, θεράπευσον σεαυτόν· ...	
212	**Mt 13,57**	... ὁ δὲ Ἰησοῦς **εἶπεν** αὐτοῖς· οὐκ ἔστιν προφήτης ἄτιμος εἰ μὴ ἐν τῇ πατρίδι ...	**Mk 6,4**	καὶ **ἔλεγεν** αὐτοῖς ὁ Ἰησοῦς ὅτι οὐκ ἔστιν προφήτης ἄτιμος εἰ μὴ ἐν τῇ πατρίδι αὐτοῦ ...	**Lk 4,24**	**εἶπεν** δέ· ἀμὴν λέγω ὑμῖν ὅτι οὐδεὶς προφήτης δεκτός ἐστιν ἐν τῇ πατρίδι αὐτοῦ.	→ Jn 4,44 → GTh 31 (POxy 1)
c l 012			**Mk 1,38**	καὶ **λέγει** αὐτοῖς· ἄγωμεν ἀλλαχοῦ εἰς τὰς ἐχομένας κωμοπόλεις, ἵνα καὶ ἐκεῖ κηρύξω· ...	**Lk 4,43**	ὁ δὲ **εἶπεν** πρὸς αὐτοὺς ὅτι καὶ ταῖς ἑτέραις πόλεσιν εὐαγγελίσασθαί με δεῖ τὴν βασιλείαν τοῦ θεοῦ, ...	
c 002					**Lk 5,4**	ὡς δὲ ἐπαύσατο λαλῶν, **εἶπεν** πρὸς τὸν Σίμωνα· ἐπανάγαγε εἰς τὸ βάθος ...	→ Jn 21,6
b 002					**Lk 5,5**	καὶ ἀποκριθεὶς Σίμων **εἶπεν·** ἐπιστάτα, δι' ὅλης νυκτὸς κοπιάσαντες οὐδὲν ἐλάβομεν· ...	→ Jn 21,3
c 122	**Mt 4,19**	καὶ **λέγει** αὐτοῖς· δεῦτε ὀπίσω μου, καὶ ποιήσω ὑμᾶς ἁλιεῖς ἀνθρώπων.	**Mk 1,17**	καὶ **εἶπεν** αὐτοῖς ὁ Ἰησοῦς· δεῦτε ὀπίσω μου, καὶ ποιήσω ὑμᾶς γενέσθαι ἁλιεῖς ἀνθρώπων.	**Lk 5,10**	... καὶ **εἶπεν** πρὸς τὸν Σίμωνα ὁ Ἰησοῦς· μὴ φοβοῦ· ἀπὸ τοῦ νῦν ἀνθρώπους ἔσῃ ζωγρῶν.	
222	**Mt 8,4**	καὶ λέγει αὐτῷ ὁ Ἰησοῦς· ὅρα μηδενὶ **εἴπῃς,** ἀλλὰ ὕπαγε σεαυτὸν δεῖξον τῷ ἱερεῖ, ... ➤ Lev 13,49; 14,2-4	**Mk 1,44**	καὶ λέγει αὐτῷ· ὅρα μηδενὶ μηδὲν **εἴπῃς,** ἀλλὰ ὕπαγε σεαυτὸν δεῖξον τῷ ἱερεῖ ... ➤ Lev 13,49; 14,2-4	**Lk 5,14** ↓ Lk 17,14	καὶ αὐτὸς παρήγγειλεν αὐτῷ μηδενὶ **εἰπεῖν,** ἀλλὰ ἀπελθὼν δεῖξον σεαυτὸν τῷ ἱερεῖ ... ➤ Lev 13,49; 14,2-4	
212	**Mt 9,2**	... καὶ ἰδὼν ὁ Ἰησοῦς τὴν πίστιν αὐτῶν **εἶπεν** τῷ παραλυτικῷ· θάρσει, τέκνον, ἀφίενταί σου αἱ ἁμαρτίαι.	**Mk 2,5**	καὶ ἰδὼν ὁ Ἰησοῦς τὴν πίστιν αὐτῶν **λέγει** τῷ παραλυτικῷ· τέκνον, ἀφίενταί σου αἱ ἁμαρτίαι.	**Lk 5,20** ↓ Lk 7,48	καὶ ἰδὼν τὴν πίστιν αὐτῶν **εἶπεν·** ἄνθρωπε, ἀφέωνταί σοι αἱ ἁμαρτίαι σου.	
d 212	**Mt 9,4** ↓ Mt 12,25	καὶ ἰδὼν ὁ Ἰησοῦς τὰς ἐνθυμήσεις αὐτῶν **εἶπεν·** ἱνατί ἐνθυμεῖσθε πονηρὰ ἐν ταῖς καρδίαις ὑμῶν;	**Mk 2,8**	καὶ εὐθὺς ἐπιγνοὺς ὁ Ἰησοῦς τῷ πνεύματι αὐτοῦ ὅτι οὕτως διαλογίζονται ἐν ἑαυτοῖς **λέγει** αὐτοῖς· τί ταῦτα διαλογίζεσθε ἐν ταῖς καρδίαις ὑμῶν;	**Lk 5,22** ↓ Lk 11,17 ↓ Lk 6,8	ἐπιγνοὺς δὲ ὁ Ἰησοῦς τοὺς διαλογισμοὺς αὐτῶν ἀποκριθεὶς **εἶπεν** πρὸς αὐτούς· τί διαλογίζεσθε ἐν ταῖς καρδίαις ὑμῶν;	

		Mt		Mk		Lk	
222 222	Mt 9,5 (2)	τί γάρ ἐστιν εὐκοπώτερον, εἰπεῖν· ἀφίενταί σου αἱ ἁμαρτίαι, ἢ εἰπεῖν· ἔγειρε καὶ περιπάτει;	Mk 2,9 (2)	τί ἐστιν εὐκοπώτερον, εἰπεῖν τῷ παραλυτικῷ· ἀφίενταί σου αἱ ἁμαρτίαι, ἢ εἰπεῖν· ἔγειρε καὶ ἆρον τὸν κράβαττόν σου καὶ περιπάτει;	Lk 5,23 (2)	τί ἐστιν εὐκοπώτερον, εἰπεῖν· ἀφέωνταί σοι αἱ ἁμαρτίαι σου, ἢ εἰπεῖν· ἔγειρε καὶ περιπάτει;	
112	Mt 9,6	ἵνα δὲ εἰδῆτε ὅτι ἐξουσίαν ἔχει ὁ υἱὸς τοῦ ἀνθρώπου ἐπὶ τῆς γῆς ἀφιέναι ἁμαρτίας - τότε λέγει τῷ παραλυτικῷ· ἐγερθεὶς ἆρόν σου τὴν κλίνην καὶ ὕπαγε εἰς τὸν οἶκόν σου.	Mk 2,10	ἵνα δὲ εἰδῆτε ὅτι ἐξουσίαν ἔχει ὁ υἱὸς τοῦ ἀνθρώπου ἀφιέναι ἁμαρτίας ἐπὶ τῆς γῆς - λέγει τῷ παραλυτικῷ· [11] σοὶ λέγω, ἔγειρε ἆρον τὸν κράβαττόν σου καὶ ὕπαγε εἰς τὸν οἶκόν σου.	Lk 5,24	ἵνα δὲ εἰδῆτε ὅτι ὁ υἱὸς τοῦ ἀνθρώπου ἐξουσίαν ἔχει ἐπὶ τῆς γῆς ἀφιέναι ἁμαρτίας - εἶπεν τῷ παραλελυμένῳ· σοὶ λέγω, ἔγειρε καὶ ἄρας τὸ κλινίδιόν σου πορεύου εἰς τὸν οἶκόν σου.	
112	Mt 9,9	καὶ παράγων ὁ Ἰησοῦς ἐκεῖθεν εἶδεν ἄνθρωπον καθήμενον ἐπὶ τὸ τελώνιον, Μαθθαῖον λεγόμενον, καὶ λέγει αὐτῷ· ἀκολούθει μοι. ...	Mk 2,14	καὶ παράγων εἶδεν Λευὶν τὸν τοῦ Ἁλφαίου καθήμενον ἐπὶ τὸ τελώνιον, καὶ λέγει αὐτῷ· ἀκολούθει μοι. ...	Lk 5,27	καὶ μετὰ ταῦτα ἐξῆλθεν καὶ ἐθεάσατο τελώνην ὀνόματι Λευὶν καθήμενον ἐπὶ τὸ τελώνιον, καὶ εἶπεν αὐτῷ· ἀκολούθει μοι.	
d 212	Mt 9,12	ὁ δὲ ἀκούσας εἶπεν· οὐ χρείαν ἔχουσιν οἱ ἰσχύοντες ἰατροῦ ἀλλ' οἱ κακῶς ἔχοντες.	Mk 2,17	καὶ ἀκούσας ὁ Ἰησοῦς λέγει αὐτοῖς [ὅτι] οὐ χρείαν ἔχουσιν οἱ ἰσχύοντες ἰατροῦ ἀλλ' οἱ κακῶς ἔχοντες· ...	Lk 5,31	καὶ ἀποκριθεὶς ὁ Ἰησοῦς εἶπεν πρὸς αὐτούς· οὐ χρείαν ἔχουσιν οἱ ὑγιαίνοντες ἰατροῦ ἀλλὰ οἱ κακῶς ἔχοντες·	
c 112	Mt 9,14	τότε προσέρχονται αὐτῷ οἱ μαθηταὶ Ἰωάννου λέγοντες· διὰ τί ἡμεῖς καὶ οἱ Φαρισαῖοι νηστεύομεν [πολλά], ...	Mk 2,18	καὶ ἦσαν οἱ μαθηταὶ Ἰωάννου καὶ οἱ Φαρισαῖοι νηστεύοντες. καὶ ἔρχονται καὶ λέγουσιν αὐτῷ· διὰ τί οἱ μαθηταὶ Ἰωάννου καὶ οἱ μαθηταὶ τῶν Φαρισαίων νηστεύουσιν, ...	Lk 5,33	οἱ δὲ εἶπαν πρὸς αὐτόν· οἱ μαθηταὶ Ἰωάννου νηστεύουσιν πυκνὰ καὶ δεήσεις ποιοῦνται ὁμοίως καὶ οἱ τῶν Φαρισαίων, ...	→ GTh 104
c 222	Mt 9,15	καὶ εἶπεν αὐτοῖς ὁ Ἰησοῦς· μὴ δύνανται οἱ υἱοὶ τοῦ νυμφῶνος πενθεῖν ἐφ' ὅσον μετ' αὐτῶν ἐστιν ὁ νυμφίος; ...	Mk 2,19	καὶ εἶπεν αὐτοῖς ὁ Ἰησοῦς· μὴ δύνανται οἱ υἱοὶ τοῦ νυμφῶνος ἐν ᾧ ὁ νυμφίος μετ' αὐτῶν ἐστιν νηστεύειν; ...	Lk 5,34	ὁ δὲ Ἰησοῦς εἶπεν πρὸς αὐτούς· μὴ δύνασθε τοὺς υἱοὺς τοῦ νυμφῶνος ἐν ᾧ ὁ νυμφίος μετ' αὐτῶν ἐστιν ποιῆσαι νηστεῦσαι;	→ GTh 104
212	Mt 12,2	οἱ δὲ Φαρισαῖοι ἰδόντες εἶπαν αὐτῷ· ἰδοὺ οἱ μαθηταί σου ποιοῦσιν ὃ οὐκ ἔξεστιν ποιεῖν ἐν σαββάτῳ.	Mk 2,24	καὶ οἱ Φαρισαῖοι ἔλεγον αὐτῷ· ἴδε τί ποιοῦσιν τοῖς σάββασιν ὃ οὐκ ἔξεστιν;	Lk 6,2	τινὲς δὲ τῶν Φαρισαίων εἶπαν· τί ποιεῖτε ὃ οὐκ ἔξεστιν τοῖς σάββασιν;	
d 212	Mt 12,3	ὁ δὲ εἶπεν αὐτοῖς· οὐκ ἀνέγνωτε τί ἐποίησεν Δαυὶδ ...	Mk 2,25	καὶ λέγει αὐτοῖς· οὐδέποτε ἀνέγνωτε τί ἐποίησεν Δαυίδ, ...	Lk 6,3	καὶ ἀποκριθεὶς πρὸς αὐτοὺς εἶπεν ὁ Ἰησοῦς· οὐδὲ τοῦτο ἀνέγνωτε ὃ ἐποίησεν Δαυὶδ ...	

012			Mk 3,3	καὶ λέγει τῷ ἀνθρώπῳ τῷ τὴν ξηρὰν χεῖρα ἔχοντι· ἔγειρε εἰς τὸ μέσον.	Lk 6,8 ↑ Lk 5,22 ↓ Mt 12,25 ↓ Lk 11,17	αὐτὸς δὲ ᾔδει τοὺς διαλογισμοὺς αὐτῶν, εἶπεν δὲ τῷ ἀνδρὶ τῷ ξηρὰν ἔχοντι τὴν χεῖρα· ἔγειρε καὶ στῆθι εἰς τὸ μέσον· ...	
c 112	Mt 12,12	... ὥστε ἔξεστιν τοῖς σάββασιν καλῶς ποιεῖν.	Mk 3,4	καὶ λέγει αὐτοῖς· ἔξεστιν τοῖς σάββασιν ἀγαθὸν ποιῆσαι ἢ κακοποιῆσαι, ...	Lk 6,9 → Lk 13,14 ↓ Lk 14,3	εἶπεν δὲ ὁ Ἰησοῦς πρὸς αὐτούς· ἐπερωτῶ ὑμᾶς εἰ ἔξεστιν τῷ σαββάτῳ ἀγαθοποιῆσαι ἢ κακοποιῆσαι, ...	
112	Mt 12,13	τότε λέγει τῷ ἀνθρώπῳ· ἔκτεινόν σου τὴν χεῖρα. ...	Mk 3,5	καὶ περιβλεψάμενος αὐτοὺς μετ᾽ ὀργῆς, συλλυπούμενος ἐπὶ τῇ πωρώσει τῆς καρδίας αὐτῶν λέγει τῷ ἀνθρώπῳ· ἔκτεινον τὴν χεῖρα. ...	Lk 6,10 ↓ Lk 13,12	καὶ περιβλεψάμενος πάντας αὐτοὺς εἶπεν αὐτῷ· ἔκτεινον τὴν χεῖρά σου. ...	
e 020			Mk 3,9	καὶ εἶπεν τοῖς μαθηταῖς αὐτοῦ ἵνα πλοιάριον προσκαρτερῇ αὐτῷ διὰ τὸν ὄχλον ...			
201	Mt 5,11	μακάριοί ἐστε ὅταν ὀνειδίσωσιν ὑμᾶς καὶ διώξωσιν καὶ εἴπωσιν πᾶν πονηρὸν καθ᾽ ὑμῶν [ψευδόμενοι] ἕνεκεν ἐμοῦ.			Lk 6,22	μακάριοί ἐστε ὅταν μισήσωσιν ὑμᾶς οἱ ἄνθρωποι καὶ ὅταν ἀφορίσωσιν ὑμᾶς καὶ ὀνειδίσωσιν καὶ ἐκβάλωσιν τὸ ὄνομα ὑμῶν ὡς πονηρὸν ἕνεκα τοῦ υἱοῦ τοῦ ἀνθρώπου·	→ GTh 68 → GTh 69,1
002					Lk 6,26	οὐαὶ ὅταν ὑμᾶς καλῶς εἴπωσιν πάντες οἱ ἄνθρωποι· ...	
200 200	Mt 5,22 (2)	... πᾶς ὁ ὀργιζόμενος τῷ ἀδελφῷ αὐτοῦ ἔνοχος ἔσται τῇ κρίσει· ὃς δ᾽ ἂν εἴπῃ τῷ ἀδελφῷ αὐτοῦ· ῥακά, ἔνοχος ἔσται τῷ συνεδρίῳ· ὃς δ᾽ ἂν εἴπῃ· μωρέ, ἔνοχος ἔσται εἰς τὴν γέενναν τοῦ πυρός.					
102	Mt 15,14	ἄφετε αὐτούς· τυφλοί εἰσιν ὁδηγοί [τυφλῶν]· τυφλὸς δὲ τυφλὸν ἐὰν ὁδηγῇ, ἀμφότεροι εἰς βόθυνον πεσοῦνται.			Lk 6,39	εἶπεν δὲ καὶ παραβολὴν αὐτοῖς· μήτι δύναται τυφλὸς τυφλὸν ὁδηγεῖν; οὐχὶ ἀμφότεροι εἰς βόθυνον ἐμπεσοῦνται;	→ GTh 34
222	Mt 8,4	καὶ λέγει αὐτῷ ὁ Ἰησοῦς· ὅρα μηδενὶ εἴπῃς, ἀλλὰ ὕπαγε σεαυτὸν δεῖξον τῷ ἱερεῖ, ... ➤ Lev 13,49; 14,2-4	Mk 1,44	καὶ λέγει αὐτῷ· ὅρα μηδενὶ μηδὲν εἴπῃς, ἀλλὰ ὕπαγε σεαυτὸν δεῖξον τῷ ἱερεῖ ... ➤ Lev 13,49; 14,2-4	Lk 5,14 ↓ Lk 17,14	καὶ αὐτὸς παρήγγειλεν αὐτῷ μηδενὶ εἰπεῖν, ἀλλὰ ἀπελθὼν δεῖξον σεαυτὸν τῷ ἱερεῖ ... ➤ Lev 13,49; 14,2-4	

		Mt		Mk		Lk	
202	**Mt 8,8**	... ἀλλὰ μόνον **εἰπὲ** λόγῳ, καὶ ἰαθήσεται ὁ παῖς μου.			**Lk 7,7**	... ἀλλὰ **εἰπὲ** λόγῳ, καὶ ἰαθήτω ὁ παῖς μου.	→ Jn 4,49
202	**Mt 8,10**	ἀκούσας δὲ ὁ Ἰησοῦς ἐθαύμασεν καὶ **εἶπεν** τοῖς ἀκολουθοῦσιν· ἀμὴν λέγω ὑμῖν, παρ' οὐδενὶ τοσαύτην πίστιν ἐν τῷ Ἰσραὴλ εὗρον.			**Lk 7,9**	ἀκούσας δὲ ταῦτα ὁ Ἰησοῦς ἐθαύμασεν αὐτὸν καὶ στραφεὶς τῷ ἀκολουθοῦντι αὐτῷ ὄχλῳ **εἶπεν**· λέγω ὑμῖν, οὐδὲ ἐν τῷ Ἰσραὴλ τοσαύτην πίστιν εὗρον.	
201	**Mt 8,13**	καὶ **εἶπεν** ὁ Ἰησοῦς τῷ ἑκατοντάρχῃ· ὕπαγε, ὡς ἐπίστευσας γενηθήτω σοι. καὶ ἰάθη ὁ παῖς [αὐτοῦ] ἐν τῇ ὥρᾳ ἐκείνῃ.			**Lk 7,10** → Mk 7,30	 καὶ ὑποστρέψαντες εἰς τὸν οἶκον οἱ πεμφθέντες εὗρον τὸν δοῦλον ὑγιαίνοντα.	**→ Jn 4,50** → Jn 4,51
c 202	**Mt 8,19**	καὶ προσελθὼν εἷς γραμματεὺς **εἶπεν** αὐτῷ· διδάσκαλε, ἀκολουθήσω σοι ὅπου ἐὰν ἀπέρχῃ.			**Lk 9,57**	καὶ πορευομένων αὐτῶν ἐν τῇ ὁδῷ **εἶπέν** τις πρὸς αὐτόν· ἀκολουθήσω σοι ὅπου ἐὰν ἀπέρχῃ.	
202	**Mt 8,21**	ἕτερος δὲ τῶν μαθητῶν [αὐτοῦ] **εἶπεν** αὐτῷ· κύριε, ἐπίτρεψόν μοι πρῶτον ἀπελθεῖν καὶ θάψαι τὸν πατέρα μου. [22] ὁ δὲ Ἰησοῦς λέγει αὐτῷ· ἀκολούθει μοι, ...			**Lk 9,59** **(2)**	εἶπεν δὲ πρὸς ἕτερον· ἀκολούθει μοι. ὁ δὲ **εἶπεν**· [κύριε,] ἐπίτρεψόν μοι ἀπελθόντι πρῶτον θάψαι τὸν πατέρα μου.	
211	**Mt 8,32**	καὶ **εἶπεν** αὐτοῖς· ὑπάγετε. ...	**Mk 5,13**	καὶ ἐπέτρεψεν αὐτοῖς. ...	**Lk 8,32**	... καὶ ἐπέτρεψεν αὐτοῖς.	
212	**Mt 9,2**	... καὶ ἰδὼν ὁ Ἰησοῦς τὴν πίστιν αὐτῶν **εἶπεν** τῷ παραλυτικῷ· θάρσει, τέκνον, ἀφίενταί σου αἱ ἁμαρτίαι.	**Mk 2,5**	καὶ ἰδὼν ὁ Ἰησοῦς τὴν πίστιν αὐτῶν **λέγει** τῷ παραλυτικῷ· τέκνον, ἀφίενταί σου αἱ ἁμαρτίαι.	**Lk 5,20** ↓ Lk 7,48	καὶ ἰδὼν τὴν πίστιν αὐτῶν **εἶπεν**· ἄνθρωπε, ἀφέωνταί σοι αἱ ἁμαρτίαι σου.	
a 211	**Mt 9,3**	καὶ ἰδού τινες τῶν γραμματέων **εἶπαν** ἐν ἑαυτοῖς· οὗτος βλασφημεῖ.	**Mk 2,6**	ἦσαν δέ τινες τῶν γραμματέων ἐκεῖ καθήμενοι καὶ **διαλογιζόμενοι** ἐν ταῖς καρδίαις αὐτῶν· [7] τί οὗτος οὕτως λαλεῖ; βλασφημεῖ· ...	**Lk 5,21** → Lk 7,49	καὶ ἤρξαντο **διαλογίζεσθαι** οἱ γραμματεῖς καὶ οἱ Φαρισαῖοι λέγοντες· τίς ἐστιν οὗτος ὃς λαλεῖ βλασφημίας; ...	
d 212	**Mt 9,4** ↓ Mt 12,25	καὶ ἰδὼν ὁ Ἰησοῦς τὰς ἐνθυμήσεις αὐτῶν **εἶπεν**· ἱνατί ἐνθυμεῖσθε πονηρὰ ἐν ταῖς καρδίαις ὑμῶν;	**Mk 2,8**	καὶ εὐθὺς ἐπιγνοὺς ὁ Ἰησοῦς τῷ πνεύματι αὐτοῦ ὅτι οὕτως διαλογίζονται ἐν ἑαυτοῖς **λέγει** αὐτοῖς· τί ταῦτα διαλογίζεσθε ἐν ταῖς καρδίαις ὑμῶν;	**Lk 5,22** ↓ Lk 11,17 ↑ Lk 6,8	ἐπιγνοὺς δὲ ὁ Ἰησοῦς τοὺς διαλογισμοὺς αὐτῶν ἀποκριθεὶς **εἶπεν** πρὸς αὐτούς· τί διαλογίζεσθε ἐν ταῖς καρδίαις ὑμῶν;	

222 222	Mt 9,5 (2)	τί γάρ ἐστιν εὐκοπώτερον, **εἰπεῖν·** ἀφίενταί σου αἱ ἁμαρτίαι, ἢ **εἰπεῖν·** ἔγειρε καὶ περιπάτει;	Mk 2,9 (2)	τί ἐστιν εὐκοπώτερον, **εἰπεῖν** τῷ παραλυτικῷ· ἀφίενταί σου αἱ ἁμαρτίαι, ἢ **εἰπεῖν·** ἔγειρε καὶ ἆρον τὸν κράβαττόν σου καὶ περιπάτει;	Lk 5,23 (2)	τί ἐστιν εὐκοπώτερον, **εἰπεῖν·** ἀφέωνταί σοι αἱ ἁμαρτίαι σου, ἢ **εἰπεῖν·** ἔγειρε καὶ περιπάτει;	
d 212	Mt 9,12	ὁ δὲ ἀκούσας **εἶπεν·** οὐ χρείαν ἔχουσιν οἱ ἰσχύοντες ἰατροῦ ἀλλ' οἱ κακῶς ἔχοντες.	Mk 2,17	καὶ ἀκούσας ὁ Ἰησοῦς **λέγει** αὐτοῖς [ὅτι] οὐ χρείαν ἔχουσιν οἱ ἰσχύοντες ἰατροῦ ἀλλ' οἱ κακῶς ἔχοντες· ...	Lk 5,31	καὶ ἀποκριθεὶς ὁ Ἰησοῦς **εἶπεν** πρὸς αὐτούς· οὐ χρείαν ἔχουσιν οἱ ὑγιαίνοντες ἰατροῦ ἀλλὰ οἱ κακῶς ἔχοντες·	
c 222	Mt 9,15	καὶ **εἶπεν** αὐτοῖς ὁ Ἰησοῦς· μὴ δύνανται οἱ υἱοὶ τοῦ νυμφῶνος πενθεῖν ἐφ' ὅσον μετ' αὐτῶν ἐστιν ὁ νυμφίος; ...	Mk 2,19	καὶ **εἶπεν** αὐτοῖς ὁ Ἰησοῦς· μὴ δύνανται οἱ υἱοὶ τοῦ νυμφῶνος ἐν ᾧ ὁ νυμφίος μετ' αὐτῶν ἐστιν νηστεύειν; ...	Lk 5,34	ὁ δὲ Ἰησοῦς **εἶπεν** πρὸς αὐτούς· μὴ δύνασθε τοὺς υἱοὺς τοῦ νυμφῶνος ἐν ᾧ ὁ νυμφίος μετ' αὐτῶν ἐστιν ποιῆσαι νηστεῦσαι;	→ GTh 104
222	Mt 9,22	... καὶ ἰδὼν αὐτὴν **εἶπεν·** θάρσει, θύγατερ· ἡ πίστις σου σέσωκέν σε. ...	Mk 5,34	ὁ δὲ **εἶπεν** αὐτῇ· θυγάτηρ, ἡ πίστις σου σέσωκέν σε· ...	Lk 8,48	ὁ δὲ **εἶπεν** αὐτῇ· θυγάτηρ, ἡ πίστις σου σέσωκέν σε· ...	
g 202	Mt 10,27	ὃ λέγω ὑμῖν ἐν τῇ σκοτίᾳ **εἴπατε** ἐν τῷ φωτί, ...			Lk 12,3	ἀνθ' ὧν ὅσα ἐν τῇ σκοτίᾳ **εἴπατε** ἐν τῷ φωτὶ ἀκουσθήσεται, ...	→ GTh 33,1 (POxy 1)
002					Lk 7,13	καὶ ἰδὼν αὐτὴν ὁ κύριος ἐσπλαγχνίσθη ἐπ' αὐτῇ καὶ **εἶπεν** αὐτῇ· μὴ κλαῖε.	
002					Lk 7,14	... οἱ δὲ βαστάζοντες ἔστησαν, καὶ **εἶπεν·** νεανίσκε, σοὶ λέγω, ἐγέρθητι.	
201	Mt 11,3	[2] ὁ δὲ Ἰωάννης ... πέμψας διὰ τῶν μαθητῶν αὐτοῦ [3] **εἶπεν** αὐτῷ· σὺ εἶ ὁ ἐρχόμενος ἢ ἕτερον προσδοκῶμεν;			Lk 7,19	[18] ... καὶ προσκαλεσάμενος δύο τινὰς τῶν μαθητῶν αὐτοῦ ὁ Ἰωάννης [19] ἔπεμψεν πρὸς τὸν κύριον **λέγων·** σὺ εἶ ὁ ἐρχόμενος ἢ ἄλλον προσδοκῶμεν;	
c 002					Lk 7,20	παραγενόμενοι δὲ πρὸς αὐτὸν οἱ ἄνδρες **εἶπαν·** Ἰωάννης ὁ βαπτιστὴς ἀπέστειλεν ἡμᾶς πρὸς σὲ λέγων· σὺ εἶ ὁ ἐρχόμενος ἢ ἄλλον προσδοκῶμεν;	
b 202	Mt 11,4	καὶ ἀποκριθεὶς ὁ Ἰησοῦς **εἶπεν** αὐτοῖς· πορευθέντες ἀπαγγείλατε Ἰωάννῃ ἃ ἀκούετε καὶ βλέπετε·			Lk 7,22	καὶ ἀποκριθεὶς **εἶπεν** αὐτοῖς· πορευθέντες ἀπαγγείλατε Ἰωάννῃ ἃ εἴδετε καὶ ἠκούσατε· ...	

a g 002					**Lk 7,39**	ἰδὼν δὲ ὁ Φαρισαῖος ὁ καλέσας αὐτὸν **εἶπεν** ἐν ἑαυτῷ λέγων· οὗτος εἰ ἦν προφήτης, ἐγίνωσκεν ἂν τίς καὶ ποταπὴ ἡ γυνὴ ἥτις ἅπτεται αὐτοῦ, ...	
d 002 002 002					**Lk 7,40** (3) → Mt 26,6 → Mk 14,3	καὶ ἀποκριθεὶς ὁ Ἰησοῦς **εἶπεν** πρὸς αὐτόν· Σίμων, ἔχω σοί τι **εἰπεῖν.** ὁ δέ· διδάσκαλε, **εἰπέ** ...	
b 002 002					**Lk 7,43** (2)	ἀποκριθεὶς Σίμων **εἶπεν·** ὑπολαμβάνω ὅτι ᾧ τὸ πλεῖον ἐχαρίσατο. ὁ δὲ **εἶπεν** αὐτῷ· ὀρθῶς ἔκρινας.	
002					**Lk 7,48** ↑ Mt 9,2 ↑ Mk 2,5 ↑ Lk 5,20	**εἶπεν** δὲ αὐτῇ· ἀφέωνταί σου αἱ ἁμαρτίαι.	
c 002					**Lk 7,50**	**εἶπεν** δὲ πρὸς τὴν γυναῖκα· ἡ πίστις σου σέσωκέν σε· πορεύου εἰς εἰρήνην.	
b 202	**Mt 11,25**	ἐν ἐκείνῳ τῷ καιρῷ ἀποκριθεὶς ὁ Ἰησοῦς **εἶπεν·** ἐξομολογοῦμαί σοι, πάτερ, ...			**Lk 10,21**	ἐν αὐτῇ τῇ ὥρᾳ ἠγαλλιάσατο [ἐν] τῷ πνεύματι τῷ ἁγίῳ καὶ **εἶπεν·** ἐξομολογοῦμαί σοι, πάτερ, ...	
212	**Mt 12,2**	οἱ δὲ Φαρισαῖοι ἰδόντες **εἶπαν** αὐτῷ· ἰδοὺ οἱ μαθηταί σου ποιοῦσιν ὃ οὐκ ἔξεστιν ποιεῖν ἐν σαββάτῳ.	**Mk 2,24**	καὶ οἱ Φαρισαῖοι **ἔλεγον** αὐτῷ· ἴδε τί ποιοῦσιν τοῖς σάββασιν ὃ οὐκ ἔξεστιν;	**Lk 6,2**	τινὲς δὲ τῶν Φαρισαίων **εἶπαν·** τί ποιεῖτε ὃ οὐκ ἔξεστιν τοῖς σάββασιν;	
d 212	**Mt 12,3**	ὁ δὲ **εἶπεν** αὐτοῖς· οὐκ ἀνέγνωτε τί ἐποίησεν Δαυὶδ ...	**Mk 2,25**	καὶ **λέγει** αὐτοῖς· οὐδέποτε ἀνέγνωτε τί ἐποίησεν Δαυίδ, ...	**Lk 6,3**	καὶ ἀποκριθεὶς πρὸς αὐτοὺς **εἶπεν** ὁ Ἰησοῦς· οὐδὲ τοῦτο ἀνέγνωτε ὃ ἐποίησεν Δαυὶδ ...	
c 202	**Mt 12,11**	ὁ δὲ **εἶπεν** αὐτοῖς· τίς ἔσται ἐξ ὑμῶν ἄνθρωπος ὃς ἕξει πρόβατον ἓν καὶ ἐὰν ἐμπέσῃ τοῦτο τοῖς σάββασιν εἰς βόθυνον, οὐχὶ κρατήσει αὐτὸ καὶ ἐγερεῖ;			**Lk 14,5** ↓ Lk 13,15	καὶ πρὸς αὐτοὺς **εἶπεν·** τίνος ὑμῶν υἱὸς ἢ βοῦς εἰς φρέαρ πεσεῖται, καὶ οὐκ εὐθέως ἀνασπάσει αὐτὸν ἐν ἡμέρᾳ τοῦ σαββάτου;	
 202	**Mt 12,24** ⇩ Mt 9,34	οἱ δὲ Φαρισαῖοι ἀκούσαντες **εἶπον·** οὗτος οὐκ ἐκβάλλει τὰ δαιμόνια εἰ μὴ ἐν τῷ Βεελζεβοὺλ ἄρχοντι τῶν δαιμονίων.	**Mk 3,22**	καὶ οἱ γραμματεῖς οἱ ἀπὸ Ἱεροσολύμων καταβάντες **ἔλεγον** ὅτι Βεελζεβοὺλ ἔχει, καὶ ὅτι ἐν τῷ ἄρχοντι τῶν δαιμονίων ἐκβάλλει τὰ δαιμόνια.	**Lk 11,15** → Lk 11,18	τινὲς δὲ ἐξ αὐτῶν **εἶπον·** ἐν Βεελζεβοὺλ τῷ ἄρχοντι τῶν δαιμονίων ἐκβάλλει τὰ δαιμόνια·	Mk-Q overlap

		Mt		Mk		Lk	
202	Mt 12,25 ↑ Mt 9,4	εἰδὼς δὲ τὰς ἐνθυμήσεις αὐτῶν **εἶπεν** αὐτοῖς· πᾶσα βασιλεία μερισθεῖσα καθ' ἑαυτῆς ἐρημοῦται ...	Mk 3,23	καὶ προσκαλεσάμενος αὐτοὺς ἐν παραβολαῖς **ἔλεγεν** αὐτοῖς· πῶς δύναται σατανᾶς σατανᾶν ἐκβάλλειν; [24] καὶ ἐὰν βασιλεία ἐφ' ἑαυτὴν μερισθῇ, οὐ δύναται σταθῆναι ἡ βασιλεία ἐκείνη·	Lk 11,17 ↑ Lk 5,22 ↑ Lk 6,8	αὐτὸς δὲ εἰδὼς αὐτῶν τὰ διανοήματα **εἶπεν** αὐτοῖς· πᾶσα βασιλεία ἐφ' ἑαυτὴν διαμερισθεῖσα ἐρημοῦται ...	Mk-Q overlap
201 201	Mt 12,32 (2) → Mk 3,28	καὶ ὃς ἐὰν **εἴπῃ** λόγον κατὰ τοῦ υἱοῦ τοῦ ἀνθρώπου, ἀφεθήσεται αὐτῷ· ὃς δ' ἂν **εἴπῃ** κατὰ τοῦ πνεύματος τοῦ ἁγίου, οὐκ ἀφεθήσεται αὐτῷ οὔτε ἐν τούτῳ τῷ αἰῶνι οὔτε ἐν τῷ μέλλοντι.	Mk 3,29	ὃς δ' ἂν **βλασφημήσῃ** εἰς τὸ πνεῦμα τὸ ἅγιον, οὐκ ἔχει ἄφεσιν εἰς τὸν αἰῶνα, ἀλλὰ ἔνοχός ἐστιν αἰωνίου ἁμαρτήματος.	Lk 12,10 → Mk 3,28	καὶ πᾶς ὃς **ἐρεῖ** λόγον εἰς τὸν υἱὸν τοῦ ἀνθρώπου, ἀφεθήσεται αὐτῷ· τῷ δὲ εἰς τὸ ἅγιον πνεῦμα **βλασφημήσαντι** οὐκ ἀφεθήσεται.	→ GTh 44 Mk-Q overlap
b 201	Mt 12,39 ⇩ Mt 16,2.4	ὁ δὲ ἀποκριθεὶς **εἶπεν** αὐτοῖς· γενεὰ πονηρὰ καὶ μοιχαλὶς σημεῖον ἐπιζητεῖ, ...	Mk 8,12	καὶ ἀναστενάξας τῷ πνεύματι αὐτοῦ **λέγει·** τί ἡ γενεὰ αὕτη ζητεῖ σημεῖον; ...	Lk 11,29	τῶν δὲ ὄχλων ἐπαθροιζομένων ἤρξατο **λέγειν·** ἡ γενεὰ αὕτη γενεὰ πονηρά ἐστιν· σημεῖον ζητεῖ, ...	Mk-Q overlap
211	Mt 12,47	[**εἶπεν** δέ τις αὐτῷ· ἰδοὺ ἡ μήτηρ σου καὶ οἱ ἀδελφοί σου ἔξω ἑστήκασιν ζητοῦντές σοι λαλῆσαι.]	Mk 3,32	... καὶ **λέγουσιν** αὐτῷ· ἰδοὺ ἡ μήτηρ σου καὶ οἱ ἀδελφοί σου [καὶ αἱ ἀδελφαί σου] ἔξω ζητοῦσίν σε.	Lk 8,20	**ἀπηγγέλη** δὲ αὐτῷ· ἡ μήτηρ σου καὶ οἱ ἀδελφοί σου ἑστήκασιν ἔξω ἰδεῖν θέλοντές σε.	→ GTh 99 Mt 12,47 is textcritically uncertain.
b d 212	Mt 12,48	ὁ δὲ ἀποκριθεὶς **εἶπεν** τῷ λέγοντι αὐτῷ· τίς ἐστιν ἡ μήτηρ μου καὶ τίνες εἰσὶν οἱ ἀδελφοί μου;	Mk 3,33	καὶ ἀποκριθεὶς αὐτοῖς **λέγει·** τίς ἐστιν ἡ μήτηρ μου καὶ οἱ ἀδελφοί [μου];	Lk 8,21	ὁ δὲ ἀποκριθεὶς **εἶπεν** πρὸς αὐτούς· ...	→ GTh 99
210	Mt 12,49	καὶ ἐκτείνας τὴν χεῖρα αὐτοῦ ἐπὶ τοὺς μαθητὰς αὐτοῦ **εἶπεν·** ἰδοὺ ἡ μήτηρ μου καὶ οἱ ἀδελφοί μου·	Mk 3,34	καὶ περιβλεψάμενος τοὺς περὶ αὐτὸν κύκλῳ καθημένους **λέγει·** ἴδε ἡ μήτηρ μου καὶ οἱ ἀδελφοί μου.			→ GTh 99
112	Mt 13,3	[2] καὶ συνήχθησαν πρὸς αὐτὸν ὄχλοι πολλοί, ... [3] καὶ **ἐλάλησεν** αὐτοῖς πολλὰ ἐν παραβολαῖς λέγων· ἰδοὺ ἐξῆλθεν ὁ σπείρων τοῦ σπείρειν.	Mk 4,2	[1] ... καὶ συνάγεται πρὸς αὐτὸν ὄχλος πλεῖστος, ... [2] καὶ **ἐδίδασκεν** αὐτοὺς ἐν παραβολαῖς πολλὰ καὶ ἔλεγεν αὐτοῖς ἐν τῇ διδαχῇ αὐτοῦ· [3] ἀκούετε. ἰδοὺ ἐξῆλθεν ὁ σπείρων σπεῖραι.	Lk 8,4 ⇨ Lk 5,3	συνιόντος δὲ ὄχλου πολλοῦ καὶ τῶν κατὰ πόλιν ἐπιπορευομένων πρὸς αὐτὸν **εἶπεν** διὰ παραβολῆς· [5] ἐξῆλθεν ὁ σπείρων τοῦ σπεῖραι τὸν σπόρον αὐτοῦ. ...	→ GTh 9
211	Mt 13,10	καὶ προσελθόντες οἱ μαθηταὶ **εἶπαν** αὐτῷ· διὰ τί ἐν παραβολαῖς λαλεῖς αὐτοῖς;	Mk 4,10 ↓ Mk 7,17	καὶ ὅτε ἐγένετο κατὰ μόνας, **ἠρώτων** αὐτὸν οἱ περὶ αὐτὸν σὺν τοῖς δώδεκα τὰς παραβολάς.	Lk 8,9 ↓ Mk 7,17	**ἐπηρώτων** δὲ αὐτὸν οἱ μαθηταὶ αὐτοῦ τίς αὕτη εἴη ἡ παραβολή.	

	Mt		Mk		Lk		
b 212	**Mt 13,11**	ὁ δὲ ἀποκριθεὶς **εἶπεν** αὐτοῖς· ὅτι ὑμῖν δέδοται γνῶναι τὰ μυστήρια τῆς βασιλείας τῶν οὐρανῶν, ...	**Mk 4,11**	καὶ **ἔλεγεν** αὐτοῖς· ὑμῖν τὸ μυστήριον δέδοται τῆς βασιλείας τοῦ θεοῦ· ...	**Lk 8,10**	ὁ δὲ **εἶπεν·** ὑμῖν δέδοται γνῶναι τὰ μυστήρια τῆς βασιλείας τοῦ θεοῦ, ...	→ GTh 62,1
200	**Mt 13,27**	προσελθόντες δὲ οἱ δοῦλοι τοῦ οἰκοδεσπότου **εἶπον** αὐτῷ· κύριε, οὐχὶ καλὸν σπέρμα ἔσπειρας ἐν τῷ σῷ ἀγρῷ; ...					→ GTh 57
b 200	**Mt 13,37**	ὁ δὲ ἀποκριθεὶς **εἶπεν·** ὁ σπείρων τὸ καλὸν σπέρμα ἐστὶν ὁ υἱὸς τοῦ ἀνθρώπου					
200	**Mt 13,52**	ὁ δὲ **εἶπεν** αὐτοῖς· διὰ τοῦτο πᾶς γραμματεὺς μαθητευθεὶς τῇ βασιλείᾳ τῶν οὐρανῶν ὅμοιός ἐστιν ἀνθρώπῳ οἰκοδεσπότῃ, ...					
b d 212	**Mt 12,48**	ὁ δὲ ἀποκριθεὶς **εἶπεν** τῷ λέγοντι αὐτῷ· τίς ἐστιν ἡ μήτηρ μου καὶ τίνες εἰσὶν οἱ ἀδελφοί μου; [49] ... [50] ὅστις γὰρ ἂν ποιήσῃ τὸ θέλημα τοῦ πατρός μου τοῦ ἐν οὐρανοῖς αὐτός μου ἀδελφὸς καὶ ἀδελφὴ καὶ μήτηρ ἐστίν.	**Mk 3,33**	καὶ ἀποκριθεὶς αὐτοῖς **λέγει·** τίς ἐστιν ἡ μήτηρ μου καὶ οἱ ἀδελφοί [μου]; [34] ... [35] ὃς [γὰρ] ἂν ποιήσῃ τὸ θέλημα τοῦ θεοῦ, οὗτος ἀδελφός μου καὶ ἀδελφὴ καὶ μήτηρ ἐστίν.	**Lk 8,21** ↓ Lk 11,28	ὁ δὲ ἀποκριθεὶς **εἶπεν** πρὸς αὐτούς· μήτηρ μου καὶ ἀδελφοί μου οὗτοί εἰσιν οἱ τὸν λόγον τοῦ θεοῦ ἀκούοντες καὶ ποιοῦντες.	→ GTh 99
c 112	**Mt 8,18**	ἰδὼν δὲ ὁ Ἰησοῦς ὄχλον περὶ αὐτὸν ἐκέλευσεν ἀπελθεῖν εἰς τὸ πέραν.	**Mk 4,35**	καὶ **λέγει** αὐτοῖς ἐν ἐκείνῃ τῇ ἡμέρᾳ ὀψίας γενομένης· διέλθωμεν εἰς τὸ πέραν.	**Lk 8,22** → Mt 8,23 → Mk 4,36	ἐγένετο δὲ ἐν μιᾷ τῶν ἡμερῶν καὶ αὐτὸς ἐνέβη εἰς πλοῖον καὶ οἱ μαθηταὶ αὐτοῦ καὶ **εἶπεν** πρὸς αὐτούς· διέλθωμεν εἰς τὸ πέραν τῆς λίμνης, ...	
121	**Mt 8,26**	... τότε ἐγερθεὶς ἐπετίμησεν τοῖς ἀνέμοις καὶ τῇ θαλάσσῃ, καὶ ἐγένετο γαλήνη μεγάλη.	**Mk 4,39**	καὶ διεγερθεὶς ἐπετίμησεν τῷ ἀνέμῳ καὶ **εἶπεν** τῇ θαλάσσῃ· σιώπα, πεφίμωσο. καὶ ἐκόπασεν ὁ ἄνεμος καὶ ἐγένετο γαλήνη μεγάλη.	**Lk 8,24**	... ὁ δὲ διεγερθεὶς ἐπετίμησεν τῷ ἀνέμῳ καὶ τῷ κλύδωνι τοῦ ὕδατος· καὶ ἐπαύσαντο καὶ ἐγένετο γαλήνη.	
122	**Mt 8,26**	καὶ **λέγει** αὐτοῖς· τί δειλοί ἐστε, ὀλιγόπιστοι; ...	**Mk 4,40**	καὶ **εἶπεν** αὐτοῖς· τί δειλοί ἐστε; οὔπω ἔχετε πίστιν;	**Lk 8,25**	**εἶπεν** δὲ αὐτοῖς· ποῦ ἡ πίστις ὑμῶν; ...	
j 112	**Mt 8,29**	καὶ ἰδοὺ ἔκραξαν **λέγοντες·** τί ἡμῖν καὶ σοί, υἱὲ τοῦ θεοῦ; ...	**Mk 5,7** → Mk 1,23-24	καὶ κράξας φωνῇ μεγάλῃ **λέγει·** τί ἐμοὶ καὶ σοί, Ἰησοῦ υἱὲ τοῦ θεοῦ τοῦ ὑψίστου; ...	**Lk 8,28** → Lk 4,33-34	ἰδὼν δὲ τὸν Ἰησοῦν ἀνακράξας προσέπεσεν αὐτῷ καὶ φωνῇ μεγάλῃ **εἶπεν·** τί ἐμοὶ καὶ σοί, Ἰησοῦ υἱὲ τοῦ θεοῦ τοῦ ὑψίστου; ...	

012			**Mk 5,9**	καὶ ἐπηρώτα αὐτόν· τί ὄνομά σοι; καὶ λέγει αὐτῷ· λεγιὼν ὄνομά μοι, ...	**Lk 8,30**	ἐπηρώτησεν δὲ αὐτὸν ὁ Ἰησοῦς· τί σοι ὄνομά ἐστιν; ὁ δὲ εἶπεν· λεγιών, ...	
112	**Mt 9,22**	ὁ δὲ Ἰησοῦς στραφεὶς ...	**Mk 5,30** ↓Lk 8,46	καὶ εὐθὺς ὁ Ἰησοῦς ἐπιγνοὺς ἐν ἑαυτῷ τὴν ἐξ αὐτοῦ δύναμιν ἐξελθοῦσαν ἐπιστραφεὶς ἐν τῷ ὄχλῳ ἔλεγεν· τίς μου ἥψατο τῶν ἱματίων;	**Lk 8,45** **(2)**	καὶ εἶπεν ὁ Ἰησοῦς· τίς ὁ ἁψάμενός μου;	
012			**Mk 5,31**	καὶ ἔλεγον αὐτῷ οἱ μαθηταὶ αὐτοῦ· βλέπεις τὸν ὄχλον συνθλίβοντά σε		ἀρνουμένων δὲ πάντων εἶπεν ὁ Πέτρος· ἐπιστάτα, οἱ ὄχλοι συνέχουσίν σε καὶ ἀποθλίβουσιν.	
012				καὶ λέγεις· τίς μου ἥψατο;	**Lk 8,46** ↑Mk 5,30	ὁ δὲ Ἰησοῦς εἶπεν· ἥψατό μού τις, ἐγὼ γὰρ ἔγνων δύναμιν ἐξεληλυθυῖαν ἀπ' ἐμοῦ.	
021			**Mk 5,33**	ἡ δὲ γυνὴ φοβηθεῖσα καὶ τρέμουσα, εἰδυῖα ὃ γέγονεν αὐτῇ, ἦλθεν καὶ προσέπεσεν αὐτῷ καὶ εἶπεν αὐτῷ πᾶσαν τὴν ἀλήθειαν.	**Lk 8,47** →Mt 9,21 →Mk 5,28 →Mk 5,29	ἰδοῦσα δὲ ἡ γυνὴ ὅτι οὐκ ἔλαθεν, τρέμουσα ἦλθεν καὶ προσπεσοῦσα αὐτῷ δι' ἣν αἰτίαν ἥψατο αὐτοῦ ἀπήγγειλεν ἐνώπιον παντὸς τοῦ λαοῦ καὶ ὡς ἰάθη παραχρῆμα.	
222	**Mt 9,22**	... καὶ ἰδὼν αὐτὴν εἶπεν· θάρσει, θύγατερ· ἡ πίστις σου σέσωκέν σε. ...	**Mk 5,34**	ὁ δὲ εἶπεν αὐτῇ· θυγάτηρ, ἡ πίστις σου σέσωκέν σε· ...	**Lk 8,48**	ὁ δὲ εἶπεν αὐτῇ· θυγάτηρ, ἡ πίστις σου σέσωκέν σε· ...	
112	**Mt 9,24**	ἔλεγεν· ἀναχωρεῖτε, οὐ γὰρ ἀπέθανεν τὸ κοράσιον ἀλλὰ καθεύδει. ...	**Mk 5,39**	καὶ εἰσελθὼν λέγει αὐτοῖς· τί θορυβεῖσθε καὶ κλαίετε; τὸ παιδίον οὐκ ἀπέθανεν ἀλλὰ καθεύδει.	**Lk 8,52**	... ὁ δὲ εἶπεν· μὴ κλαίετε, οὐ γὰρ ἀπέθανεν ἀλλὰ καθεύδει.	
012			**Mk 5,43**	καὶ διεστείλατο αὐτοῖς πολλὰ ἵνα μηδεὶς γνοῖ τοῦτο,	**Lk 8,56**	... ὁ δὲ παρήγγειλεν αὐτοῖς μηδενὶ εἰπεῖν τὸ γεγονός.	
k 021				καὶ εἶπεν δοθῆναι αὐτῇ φαγεῖν.	**Lk 8,55**	... καὶ διέταξεν αὐτῇ δοθῆναι φαγεῖν.	
212	**Mt 13,57**	... ὁ δὲ Ἰησοῦς εἶπεν αὐτοῖς· οὐκ ἔστιν προφήτης ἄτιμος εἰ μὴ ἐν τῇ πατρίδι	**Mk 6,4**	καὶ ἔλεγεν αὐτοῖς ὁ Ἰησοῦς ὅτι οὐκ ἔστιν προφήτης ἄτιμος εἰ μὴ ἐν τῇ πατρίδι αὐτοῦ ...	**Lk 4,24**	εἶπεν δέ· ἀμὴν λέγω ὑμῖν ὅτι οὐδεὶς προφήτης δεκτός ἐστιν ἐν τῇ πατρίδι αὐτοῦ.	→Jn 4,44 →GTh 31 (POxy 1)
c 112	**Mt 10,5**	τούτους τοὺς δώδεκα ἀπέστειλεν ὁ Ἰησοῦς παραγγείλας αὐτοῖς λέγων· ... [9] μὴ κτήσησθε ... [10] ... μηδὲ ῥάβδον·	**Mk 6,8**	καὶ παρήγγειλεν αὐτοῖς ἵνα μηδὲν αἴρωσιν εἰς ὁδὸν εἰ μὴ ῥάβδον μόνον, ...	**Lk 9,3** →Lk 10,4	καὶ εἶπεν πρὸς αὐτούς· μηδὲν αἴρετε εἰς τὴν ὁδόν, μήτε ῥάβδον ...	

	Mt		Mk		Lk		
212	**Mt 14,2** → Mk 6,14	καὶ **εἶπεν** τοῖς παισὶν αὐτοῦ· οὗτός ἐστιν Ἰωάννης ὁ βαπτιστής· αὐτὸς ἠγέρθη ἀπὸ τῶν νεκρῶν ...	**Mk 6,16** → Mk 6,27	ἀκούσας δὲ ὁ Ἡρῴδης **ἔλεγεν·** ὃν ἐγὼ ἀπεκεφάλισα Ἰωάννην, οὗτος ἠγέρθη.	**Lk 9,9** → Lk 23,8	**εἶπεν** δὲ Ἡρῴδης· Ἰωάννην ἐγὼ ἀπεκεφάλισα· τίς δέ ἐστιν οὗτος περὶ οὗ ἀκούω τοιαῦτα; ...	
	Mt 14,6	... καὶ ἤρεσεν τῷ Ἡρῴδῃ	**Mk 6,22**	... ἤρεσεν τῷ Ἡρῴδῃ καὶ τοῖς συνανακειμένοις.			
020				**εἶπεν** ὁ βασιλεὺς τῷ κορασίῳ· αἴτησόν με ὃ ἐὰν θέλῃς, καὶ δώσω σοι·			
120	**Mt 14,8**	ἡ δὲ προβιβασθεῖσα ὑπὸ τῆς μητρὸς αὐτῆς·	**Mk 6,24** (2)	καὶ ἐξελθοῦσα **εἶπεν** τῇ μητρὶ αὐτῆς· τί αἰτήσωμαι;			
120		δός μοι, φησίν, ὧδε ἐπὶ πίνακι τὴν κεφαλὴν Ἰωάννου τοῦ βαπτιστοῦ.		ἡ δὲ **εἶπεν·** τὴν κεφαλὴν Ἰωάννου τοῦ βαπτίζοντος. [25] καὶ εἰσελθοῦσα εὐθὺς μετὰ σπουδῆς πρὸς τὸν βασιλέα ᾐτήσατο λέγουσα· θέλω ἵνα ἐξαυτῆς δῷς μοι ἐπὶ πίνακι τὴν κεφαλὴν Ἰωάννου τοῦ βαπτιστοῦ.			
112	**Mt 14,15**	ὀψίας δὲ γενομένης προσῆλθον αὐτῷ οἱ μαθηταὶ **λέγοντες·** ἔρημός ἐστιν ὁ τόπος καὶ ἡ ὥρα ἤδη παρῆλθεν· ἀπόλυσον τοὺς ὄχλους, ...	**Mk 6,35**	καὶ ἤδη ὥρας πολλῆς γενομένης προσελθόντες αὐτῷ οἱ μαθηταὶ αὐτοῦ **ἔλεγον** ὅτι ἔρημός ἐστιν ὁ τόπος καὶ ἤδη ὥρα πολλή· [36] ἀπόλυσον αὐτούς, ...	**Lk 9,12** → Lk 24,29	ἡ δὲ ἡμέρα ἤρξατο κλίνειν· προσελθόντες δὲ οἱ δώδεκα **εἶπαν** αὐτῷ· ἀπόλυσον τὸν ὄχλον, ... ὅτι ὧδε ἐν ἐρήμῳ τόπῳ ἐσμέν.	
b c 222	**Mt 14,16** → Mt 15,33	ὁ δὲ [Ἰησοῦς] **εἶπεν** αὐτοῖς· οὐ χρείαν ἔχουσιν ἀπελθεῖν, δότε αὐτοῖς ὑμεῖς φαγεῖν.	**Mk 6,37** → Mk 8,4	ὁ δὲ ἀποκριθεὶς **εἶπεν** αὐτοῖς· δότε αὐτοῖς ὑμεῖς φαγεῖν.	**Lk 9,13** (2)	**εἶπεν** δὲ πρὸς αὐτούς· δότε αὐτοῖς ὑμεῖς φαγεῖν.	
112	→ Mt 14,15	[17] οἱ δὲ λέγουσιν αὐτῷ· οὐκ ἔχομεν ὧδε εἰ μὴ πέντε ἄρτους καὶ δύο ἰχθύας.	→ Mk 6,36	καὶ **λέγουσιν** αὐτῷ· ἀπελθόντες ἀγοράσωμεν δηναρίων διακοσίων ἄρτους καὶ δώσομεν αὐτοῖς φαγεῖν; [38] ὁ δὲ λέγει αὐτοῖς· πόσους ἄρτους ἔχετε; ὑπάγετε ἴδετε. καὶ γνόντες λέγουσιν· πέντε, καὶ δύο ἰχθύας.	↑ Lk 9,12	οἱ δὲ **εἶπαν·** οὐκ εἰσὶν ἡμῖν πλεῖον ἢ ἄρτοι πέντε καὶ ἰχθύες δύο, εἰ μήτι πορευθέντες ἡμεῖς ἀγοράσωμεν εἰς πάντα τὸν λαὸν τοῦτον βρώματα.	→ Jn 6,5 → Jn 6,7
200	**Mt 14,18**	ὁ δὲ **εἶπεν·** φέρετέ μοι ὧδε αὐτούς.					
c 112	**Mt 14,19** → Mt 15,35	καὶ **κελεύσας** τοὺς ὄχλους ἀνακλιθῆναι ἐπὶ τοῦ χόρτου, ...	**Mk 6,39** → Mk 8,6	καὶ **ἐπέταξεν** αὐτοῖς ἀνακλῖναι πάντας συμπόσια συμπόσια ἐπὶ τῷ χλωρῷ χόρτῳ.	**Lk 9,14**	... **εἶπεν** δὲ πρὸς τοὺς μαθητὰς αὐτοῦ· κατακλίνατε αὐτοὺς κλισίας ...	→ Jn 6,10

	Mt		Mk		Lk		
b 200	**Mt 14,28**	ἀποκριθεὶς δὲ αὐτῷ ὁ Πέτρος **εἶπεν·** κύριε, εἰ σὺ εἶ, κέλευσόν με ἐλθεῖν πρὸς σὲ ἐπὶ τὰ ὕδατα.					
200	**Mt 14,29**	ὁ δὲ **εἶπεν·** ἐλθέ. ...					
b 220	**Mt 15,3**	ὁ δὲ ἀποκριθεὶς **εἶπεν** αὐτοῖς· διὰ τί καὶ ὑμεῖς παραβαίνετε τὴν ἐντολὴν τοῦ θεοῦ διὰ τὴν παράδοσιν ὑμῶν; [4] ... [7] ὑποκριταί, καλῶς ἐπροφήτευσεν περὶ ὑμῶν Ἠσαΐας ...	**Mk 7,6**	ὁ δὲ **εἶπεν** αὐτοῖς· καλῶς ἐπροφήτευσεν Ἠσαΐας περὶ ὑμῶν τῶν ὑποκριτῶν, ... [9] ... καλῶς ἀθετεῖτε τὴν ἐντολὴν τοῦ θεοῦ, ἵνα τὴν παράδοσιν ὑμῶν στήσητε.			
			Mk 7,8	ἀφέντες τὴν ἐντολὴν τοῦ θεοῦ κρατεῖτε τὴν παράδοσιν τῶν ἀνθρώπων.			
m 220	**Mt 15,4**	ὁ γὰρ θεὸς **εἶπεν·** *τίμα τὸν πατέρα καὶ* *τὴν μητέρα, ...* ➤ Exod 20,12/Deut 5,16	**Mk 7,10**	Μωϋσῆς γὰρ **εἶπεν·** *τίμα τὸν πατέρα σου καὶ* *τὴν μητέρα σου, ...* ➤ Exod 20,12/Deut 5,16			
220	**Mt 15,5**	ὑμεῖς δὲ λέγετε· ὃς ἂν **εἴπῃ** τῷ πατρὶ ἢ τῇ μητρί· δῶρον ὃ ἐὰν ἐξ ἐμοῦ ὠφεληθῇς	**Mk 7,11**	ὑμεῖς δὲ λέγετε· ἐὰν **εἴπῃ** ἄνθρωπος τῷ πατρὶ ἢ τῇ μητρί· κορβᾶν, ὅ ἐστιν δῶρον, ὃ ἐὰν ἐξ ἐμοῦ ὠφεληθῇς			
f 210	**Mt 15,10**	καὶ προσκαλεσάμενος τὸν ὄχλον **εἶπεν** αὐτοῖς· ἀκούετε καὶ συνίετε·	**Mk 7,14**	καὶ προσκαλεσάμενος πάλιν τὸν ὄχλον **ἔλεγεν** αὐτοῖς· ἀκούσατέ μου πάντες καὶ σύνετε.			
b 200	**Mt 15,13**	ὁ δὲ ἀποκριθεὶς **εἶπεν·** πᾶσα φυτεία ἣν οὐκ ἐφύτευσεν ὁ πατήρ μου ὁ οὐράνιος ἐκριζωθήσεται.					
b 210	**Mt 15,15**	ἀποκριθεὶς δὲ ὁ Πέτρος **εἶπεν** αὐτῷ· φράσον ἡμῖν τὴν παραβολήν [ταύτην].	**Mk 7,17** ↑ Mk 4,10 ↑ Lk 8,9 → Mt 15,12	καὶ ὅτε εἰσῆλθεν εἰς οἶκον ἀπὸ τοῦ ὄχλου, **ἐπηρώτων** αὐτὸν οἱ μαθηταὶ αὐτοῦ τὴν παραβολήν.			
210	**Mt 15,16**	ὁ δὲ **εἶπεν·** ἀκμὴν καὶ ὑμεῖς ἀσύνετοί ἐστε;	**Mk 7,18**	καὶ **λέγει** αὐτοῖς· οὕτως καὶ ὑμεῖς ἀσύνετοί ἐστε; ...			
b 200	**Mt 15,24** → Mt 10,6	ὁ δὲ ἀποκριθεὶς **εἶπεν·** οὐκ ἀπεστάλην εἰ μὴ εἰς τὰ πρόβατα τὰ ἀπολωλότα οἴκου Ἰσραήλ.					

b 210	**Mt 15,26**	ὁ δὲ ἀποκριθεὶς εἶπεν· οὐκ ἔστιν καλὸν λαβεῖν τὸν ἄρτον τῶν τέκνων καὶ βαλεῖν τοῖς κυναρίοις.	**Mk 7,27**	καὶ ἔλεγεν αὐτῇ· ἄφες πρῶτον χορτασθῆναι τὰ τέκνα, οὐ γάρ ἐστιν καλὸν λαβεῖν τὸν ἄρτον τῶν τέκνων καὶ τοῖς κυναρίοις βαλεῖν.			
210	**Mt 15,27**	ἡ δὲ εἶπεν· ναὶ κύριε, καὶ γὰρ τὰ κυνάρια ἐσθίει ἀπὸ τῶν ψιχίων τῶν πιπτόντων ἀπὸ τῆς τραπέζης τῶν κυρίων αὐτῶν.	**Mk 7,28**	ἡ δὲ ἀπεκρίθη καὶ λέγει αὐτῷ· κύριε· καὶ τὰ κυνάρια ὑποκάτω τῆς τραπέζης ἐσθίουσιν ἀπὸ τῶν ψιχίων τῶν παιδίων.			
b 220	**Mt 15,28**	τότε ἀποκριθεὶς ὁ Ἰησοῦς εἶπεν αὐτῇ· ὦ γύναι, μεγάλη σου ἡ πίστις· γενηθήτω σοι ὡς θέλεις. ...	**Mk 7,29**	καὶ εἶπεν αὐτῇ· διὰ τοῦτον τὸν λόγον ὕπαγε, ἐξελήλυθεν ἐκ τῆς θυγατρός σου τὸ δαιμόνιον.			
f 210	**Mt 15,32**	ὁ δὲ Ἰησοῦς προσκαλεσάμενος τοὺς μαθητὰς αὐτοῦ εἶπεν· σπλαγχνίζομαι ἐπὶ τὸν ὄχλον, ...	**Mk 8,1**	... προσκαλεσάμενος τοὺς μαθητὰς λέγει αὐτοῖς· [2] σπλαγχνίζομαι ἐπὶ τὸν ὄχλον, ...			
220	**Mt 15,34** → Mt 14,17 ↓ Mk 8,7	καὶ λέγει αὐτοῖς ὁ Ἰησοῦς· πόσους ἄρτους ἔχετε; οἱ δὲ εἶπαν· ἑπτὰ καὶ ὀλίγα ἰχθύδια.	**Mk 8,5** → Mk 6,38	καὶ ἠρώτα αὐτούς· πόσους ἔχετε ἄρτους; οἱ δὲ εἶπαν· ἑπτά.	↑ Lk 9,13		
k 020			**Mk 8,7** ↑ Mt 15,34 → Mt 15,36	καὶ εἶχον ἰχθύδια ὀλίγα· καὶ εὐλογήσας αὐτὰ εἶπεν καὶ ταῦτα παρατιθέναι.			
b 210	**Mt 16,2** ⇑ Mt 12,39	ὁ δὲ ἀποκριθεὶς εἶπεν αὐτοῖς· [ὀψίας γενομένης λέγετε· εὐδία, πυρράζει γὰρ ὁ οὐρανός·]	**Mk 8,12**	καὶ ἀναστενάξας τῷ πνεύματι αὐτοῦ λέγει·	**Lk 12,54**	ἔλεγεν δὲ καὶ τοῖς ὄχλοις· ὅταν ἴδητε [τὴν] νεφέλην ἀνατέλλουσαν ἐπὶ δυσμῶν, εὐθέως λέγετε ὅτι ὄμβρος ἔρχεται, καὶ γίνεται οὕτως·	Mt 16,2b is textcritically uncertain.
	Mt 16,4 ⇑ Mt 12,39	γενεὰ πονηρὰ καὶ μοιχαλὶς σημεῖον ἐπιζητεῖ, ...		τί ἡ γενεὰ αὕτη ζητεῖ σημεῖον; ...	**Lk 11,29**	τῶν δὲ ὄχλων ἐπαθροιζομένων ἤρξατο λέγειν· ἡ γενεὰ αὕτη γενεὰ πονηρά ἐστιν· σημεῖον ζητεῖ, ...	Mk-Q overlap
211	**Mt 16,6** ⇓ Mt 16,11	ὁ δὲ Ἰησοῦς εἶπεν αὐτοῖς· ὁρᾶτε καὶ προσέχετε ἀπὸ τῆς ζύμης τῶν Φαρισαίων καὶ Σαδδουκαίων.	**Mk 8,15**	καὶ διεστέλλετο αὐτοῖς λέγων· ὁρᾶτε, βλέπετε ἀπὸ τῆς ζύμης τῶν Φαρισαίων καὶ τῆς ζύμης Ἡρῴδου.	**Lk 12,1** ↓ Mt 16,12	... ἤρξατο λέγειν πρὸς τοὺς μαθητὰς αὐτοῦ πρῶτον· προσέχετε ἑαυτοῖς ἀπὸ τῆς ζύμης, ἥτις ἐστὶν ὑπόκρισις, τῶν Φαρισαίων.	
210	**Mt 16,8**	γνοὺς δὲ ὁ Ἰησοῦς εἶπεν· τί διαλογίζεσθε ἐν ἑαυτοῖς, ὀλιγόπιστοι, ὅτι ἄρτους οὐκ ἔχετε;	**Mk 8,17**	καὶ γνοὺς λέγει αὐτοῖς· τί διαλογίζεσθε ὅτι ἄρτους οὐκ ἔχετε; ...			

	Mt		Mk		Lk		
210	**Mt 16,11** ⇑ Mt 16,6 ⇑ Mk 8,15 ⇑ Lk 12,1	πῶς οὐ νοεῖτε ὅτι οὐ περὶ ἄρτων **εἶπον** ὑμῖν; προσέχετε δὲ ἀπὸ τῆς ζύμης τῶν Φαρισαίων καὶ Σαδδουκαίων.	**Mk 8,21**	καὶ ἔλεγεν αὐτοῖς· οὔπω συνίετε;			
k 200	**Mt 16,12** ↑ Lk 12,1	τότε συνῆκαν ὅτι **οὐκ εἶπεν** προσέχειν ἀπὸ τῆς ζύμης τῶν ἄρτων ἀλλὰ ἀπὸ τῆς διδαχῆς τῶν Φαρισαίων καὶ Σαδδουκαίων.					
g b 222	**Mt 16,14** ↑ Mt 14,2	οἱ δὲ **εἶπαν**· οἱ μὲν Ἰωάννην τὸν βαπτιστήν, ἄλλοι δὲ Ἠλίαν, ἕτεροι δὲ Ἰερεμίαν ἢ ἕνα τῶν προφητῶν.	**Mk 8,28** → Mk 6,14	οἱ δὲ **εἶπαν** αὐτῷ λέγοντες [ὅτι] Ἰωάννην τὸν βαπτιστήν, καὶ ἄλλοι Ἠλίαν, ἄλλοι δὲ ὅτι εἷς τῶν προφητῶν.	**Lk 9,19** → Lk 9,7	οἱ δὲ ἀποκριθέντες **εἶπαν**· Ἰωάννην τὸν βαπτιστήν, ἄλλοι δὲ Ἠλίαν, ἄλλοι δὲ ὅτι προφήτης τις τῶν ἀρχαίων ἀνέστη.	→ GTh 13
112	**Mt 16,15**	**λέγει** αὐτοῖς· ὑμεῖς δὲ τίνα με λέγετε εἶναι;	**Mk 8,29**	καὶ αὐτὸς **ἐπηρώτα** αὐτούς· ὑμεῖς δὲ τίνα με λέγετε εἶναι;	**Lk 9,20** (2)	**εἶπεν** δὲ αὐτοῖς· ὑμεῖς δὲ τίνα με λέγετε εἶναι;	→ GTh 13
b 212	**Mt 16,16** → Mt 14,33	ἀποκριθεὶς δὲ Σίμων Πέτρος **εἶπεν**· σὺ εἶ ὁ χριστὸς ὁ υἱὸς τοῦ θεοῦ τοῦ ζῶντος.		ἀποκριθεὶς ὁ Πέτρος **λέγει** αὐτῷ· σὺ εἶ ὁ χριστός.		Πέτρος δὲ ἀποκριθεὶς **εἶπεν**· τὸν χριστὸν τοῦ θεοῦ.	→ Jn 6,68-69 → GTh 13
b 200	**Mt 16,17**	ἀποκριθεὶς δὲ ὁ Ἰησοῦς **εἶπεν** αὐτῷ· μακάριος εἶ, Σίμων Βαριωνᾶ, ...					
l 211	**Mt 16,20**	τότε διεστείλατο τοῖς μαθηταῖς ἵνα μηδενὶ **εἴπωσιν** ὅτι αὐτός ἐστιν ὁ χριστός.	**Mk 8,30**	καὶ ἐπετίμησεν αὐτοῖς ἵνα μηδενὶ **λέγωσιν** περὶ αὐτοῦ.	**Lk 9,21**	ὁ δὲ ἐπιτιμήσας αὐτοῖς παρήγγειλεν μηδενὶ **λέγειν** τοῦτο	→ GTh 13
l 112	**Mt 16,21** ↓ Mt 17,22 → Mt 20,18b-19	ἀπὸ τότε ἤρξατο ὁ Ἰησοῦς **δεικνύειν** τοῖς μαθηταῖς αὐτοῦ ὅτι δεῖ αὐτὸν εἰς Ἱεροσόλυμα ἀπελθεῖν καὶ πολλὰ παθεῖν ...	**Mk 8,31** ↓ Mk 9,31 → Mk 10,33b-34	καὶ ἤρξατο **διδάσκειν** αὐτοὺς ὅτι δεῖ τὸν υἱὸν τοῦ ἀνθρώπου πολλὰ παθεῖν ...	**Lk 9,22** ↓ Lk 9,44 → Lk 17,25 → Lk 18,31b-33 → Lk 24,7 → Lk 24,26 ↓ Lk 24,46	**εἰπὼν** ὅτι δεῖ τὸν υἱὸν τοῦ ἀνθρώπου πολλὰ παθεῖν ...	
210	**Mt 16,23** ↑ Mt 4,10	ὁ δὲ στραφεὶς **εἶπεν** τῷ Πέτρῳ· ὕπαγε ὀπίσω μου, σατανᾶ· ...	**Mk 8,33** ↑ Mt 4,10	ὁ δὲ ἐπιστραφεὶς καὶ ἰδὼν τοὺς μαθητὰς αὐτοῦ ἐπετίμησεν Πέτρῳ καὶ **λέγει**· ὕπαγε ὀπίσω μου, σατανᾶ, ...			

a εἶπειν ἐν ἑαυτῷ, ~ ἐν τῇ καρδίᾳ
b εἶπον and ἀποκρίνομαι (except d)
c εἶπον πρός τινα (except d)
d ἀποκρίνομαι and εἶπον πρός τινα
e εἶπον ἵνα
f εἶπον and (προσ-, συγ)καλέω/-ομαι
g εἶπον and λέγω
h εἶπον and (ἀνα-, προσ)φονέω
j εἶπον and φωνή, εἶπον and κραυγή
k εἶπον and infinitive
l εἶπον (...) ὅτι
m εἶπον with reference to scripture

f 221	**Mt 16,24** ⇩ Mt 10,38	τότε ὁ Ἰησοῦς **εἶπεν** τοῖς μαθηταῖς αὐτοῦ· εἴ τις θέλει ὀπίσω μου ἐλθεῖν, ἀπαρνησάσθω ἑαυτὸν καὶ ἀράτω τὸν σταυρὸν αὐτοῦ καὶ ἀκολουθείτω μοι.	**Mk 8,34**	καὶ προσκαλεσάμενος τὸν ὄχλον σὺν τοῖς μαθηταῖς αὐτοῦ **εἶπεν** αὐτοῖς· εἴ τις θέλει ὀπίσω μου ἀκολουθεῖν, ἀπαρνησάσθω ἑαυτὸν καὶ ἀράτω τὸν σταυρὸν αὐτοῦ καὶ ἀκολουθείτω μοι.	**Lk 9,23** ⇩ Lk 14,27	**ἔλεγεν** δὲ πρὸς πάντας· εἴ τις θέλει ὀπίσω μου ἔρχεσθαι, ἀρνησάσθω ἑαυτὸν καὶ ἀράτω τὸν σταυρὸν αὐτοῦ καθ' ἡμέραν, καὶ ἀκολουθείτω μοι.	→ GTh 55 Mk-Q overlap
	Mt 10,38 ⇧ **Mt 16,24**	καὶ ὃς οὐ λαμβάνει τὸν σταυρὸν αὐτοῦ καὶ ἀκολουθεῖ ὀπίσω μου, οὐκ ἔστιν μου ἄξιος.			**Lk 14,27** ⇧ Lk 9,23	ὅστις οὐ βαστάζει τὸν σταυρὸν ἑαυτοῦ καὶ ἔρχεται ὀπίσω μου οὐ δύναται εἶναί μου μαθητής.	→ GTh 55 → GTh 101 Mk-Q overlap
b c 212	**Mt 17,4**	ἀποκριθεὶς δὲ ὁ Πέτρος **εἶπεν** τῷ Ἰησοῦ· κύριε, καλόν ἐστιν ἡμᾶς ὧδε εἶναι· ...	**Mk 9,5**	καὶ ἀποκριθεὶς ὁ Πέτρος **λέγει** τῷ Ἰησοῦ· ῥαββί, καλόν ἐστιν ἡμᾶς ὧδε εἶναι, ...	**Lk 9,33**	... **εἶπεν** ὁ Πέτρος πρὸς τὸν Ἰησοῦν· ἐπιστάτα, καλόν ἐστιν ἡμᾶς ὧδε εἶναι, ...	
200	**Mt 17,7**	καὶ προσῆλθεν ὁ Ἰησοῦς καὶ ἁψάμενος αὐτῶν **εἶπεν·** ἐγέρθητε καὶ μὴ φοβεῖσθε.					
211	**Mt 17,9**	... ἐνετείλατο αὐτοῖς ὁ Ἰησοῦς λέγων· μηδενὶ **εἴπητε** τὸ ὅραμα ἕως οὗ ὁ υἱὸς τοῦ ἀνθρώπου ἐκ νεκρῶν ἐγερθῇ.	**Mk 9,9**	... διεστείλατο αὐτοῖς ἵνα μηδενὶ ἃ εἶδον **διηγήσωνται,** εἰ μὴ ὅταν ὁ υἱὸς τοῦ ἀνθρώπου ἐκ νεκρῶν ἀναστῇ.	**Lk 9,36**	... καὶ αὐτοὶ ἐσίγησαν καὶ οὐδενὶ **ἀπήγγειλαν** ἐν ἐκείναις ταῖς ἡμέραις οὐδὲν ὧν ἑώρακαν.	
b 210	**Mt 17,11**	ὁ δὲ ἀποκριθεὶς **εἶπεν·** *Ἠλίας* μὲν *ἔρχεται καὶ* *ἀποκαταστήσει* πάντα· ➤ Mal 3,23-24	**Mk 9,12**	ὁ δὲ **ἔφη** αὐτοῖς· Ἠλίας μὲν ἐλθὼν πρῶτον ἀποκαθιστάνει πάντα· ...			→ Acts 3,21
200	**Mt 17,13**	τότε συνῆκαν οἱ μαθηταὶ ὅτι περὶ Ἰωάννου τοῦ βαπτιστοῦ **εἶπεν** αὐτοῖς.					
e 121	**Mt 17,16**	καὶ προσήνεγκα αὐτὸν τοῖς μαθηταῖς σου, καὶ οὐκ ἠδυνήθησαν αὐτὸν θεραπεῦσαι.	**Mk 9,18**	... καὶ **εἶπα** τοῖς μαθηταῖς σου ἵνα αὐτὸ ἐκβάλωσιν, καὶ οὐκ ἴσχυσαν.	**Lk 9,40**	καὶ **ἐδεήθην** τῶν μαθητῶν σου ἵνα ἐκβάλωσιν αὐτό, καὶ οὐκ ἠδυνήθησαν.	
b 212	**Mt 17,17**	ἀποκριθεὶς δὲ ὁ Ἰησοῦς **εἶπεν·** ὦ γενεὰ ἄπιστος καὶ διεστραμμένη, ἕως πότε μεθ' ὑμῶν ἔσομαι; ...	**Mk 9,19**	ὁ δὲ ἀποκριθεὶς αὐτοῖς **λέγει·** ὦ γενεὰ ἄπιστος, ἕως πότε πρὸς ὑμᾶς ἔσομαι; ...	**Lk 9,41**	ἀποκριθεὶς δὲ ὁ Ἰησοῦς **εἶπεν·** ὦ γενεὰ ἄπιστος καὶ διεστραμμένη, ἕως πότε ἔσομαι πρὸς ὑμᾶς ...	
020			**Mk 9,21**	... πόσος χρόνος ἐστὶν ὡς τοῦτο γέγονεν αὐτῷ; ὁ δὲ **εἶπεν·** ἐκ παιδιόθεν·			
020			**Mk 9,23** ↓ Mt 17,20 ↓ Lk 17,6 ↓ Mt 21,21 ↓ Mk 11,23	ὁ δὲ Ἰησοῦς **εἶπεν** αὐτῷ· τὸ εἰ δύνῃ, πάντα δυνατὰ τῷ πιστεύοντι.			

	Mt		Mk		Lk		
210	**Mt 17,19**	τότε προσελθόντες οἱ μαθηταὶ τῷ Ἰησοῦ κατ' ἰδίαν **εἶπον**· διὰ τί ἡμεῖς οὐκ ἠδυνήθημεν ἐκβαλεῖν αὐτό;	**Mk 9,28**	καὶ εἰσελθόντος αὐτοῦ εἰς οἶκον οἱ μαθηταὶ αὐτοῦ κατ' ἰδίαν **ἐπηρώτων** αὐτόν· ὅτι ἡμεῖς οὐκ ἠδυνήθημεν ἐκβαλεῖν αὐτό;			
120	**Mt 17,20**	ὁ δὲ **λέγει** αὐτοῖς· διὰ τὴν ὀλιγοπιστίαν ὑμῶν· ...	**Mk 9,29**	καὶ **εἶπεν** αὐτοῖς· τοῦτο τὸ γένος ἐν οὐδενὶ δύναται ἐξελθεῖν εἰ μὴ ἐν προσευχῇ.			
c 212	**Mt 17,22** ↑ Mt 16,21 ↓ Mt 20,17 → Mt 20,18b-19	συστρεφομένων δὲ αὐτῶν ἐν τῇ Γαλιλαίᾳ **εἶπεν** αὐτοῖς ὁ Ἰησοῦς· μέλλει ὁ υἱὸς τοῦ ἀνθρώπου παραδίδοσθαι εἰς χεῖρας ἀνθρώπων	**Mk 9,31** ↑ Mk 8,31 → Mk 10,33b-34	ἐδίδασκεν γὰρ τοὺς μαθητὰς αὐτοῦ καὶ **ἔλεγεν** αὐτοῖς ὅτι ὁ υἱὸς τοῦ ἀνθρώπου παραδίδοται εἰς χεῖρας ἀνθρώπων, ...	**Lk 9,43** ↑ Lk 9,22 → Lk 17,25 → Lk 18,31b-33 → Lk 24,7 → Lk 24,26 ↓ Lk 24,46	... πάντων δὲ θαυμαζόντων ἐπὶ πᾶσιν οἷς ἐποίει **εἶπεν** πρὸς τοὺς μαθητὰς αὐτοῦ· [44] ... ὁ γὰρ υἱὸς τοῦ ἀνθρώπου μέλλει παραδίδοσθαι εἰς χεῖρας ἀνθρώπων.	
200	**Mt 17,24**	... προσῆλθον οἱ τὰ δίδραχμα λαμβάνοντες τῷ Πέτρῳ καὶ **εἶπαν**· ὁ διδάσκαλος ὑμῶν οὐ τελεῖ [τὰ] δίδραχμα;					
200	**Mt 17,26**	**εἰπόντος** δέ· ἀπὸ τῶν ἀλλοτρίων, ἔφη αὐτῷ ὁ Ἰησοῦς· ἄρα γε ἐλεύθεροί εἰσιν οἱ υἱοί.					
f 222	**Mt 18,3**	[2] καὶ προσκαλεσάμενος παιδίον ἔστησεν αὐτὸ ἐν μέσῳ αὐτῶν [3] καὶ **εἶπεν**· ἀμὴν λέγω ὑμῖν, ἐὰν μὴ στραφῆτε καὶ γένησθε ὡς τὰ παιδία, οὐ μὴ εἰσέλθητε εἰς τὴν βασιλείαν τῶν οὐρανῶν. [4] ... [5] καὶ ὃς ἐὰν δέξηται ἓν παιδίον τοιοῦτο ἐπὶ τῷ ὀνόματί μου, ἐμὲ δέχεται.	**Mk 9,36**	καὶ λαβὼν παιδίον ἔστησεν αὐτὸ ἐν μέσῳ αὐτῶν καὶ ἐναγκαλισάμενος αὐτὸ **εἶπεν** αὐτοῖς· [37] ὃς ἂν ἓν τῶν τοιούτων παιδίων δέξηται ἐπὶ τῷ ὀνόματί μου, ἐμὲ δέχεται· ... [10,15] ἀμὴν λέγω ὑμῖν, ὃς ἂν μὴ δέξηται τὴν βασιλείαν τοῦ θεοῦ ὡς παιδίον, οὐ μὴ εἰσέλθῃ εἰς αὐτήν.	**Lk 9,48**	[47] ... ἐπιλαβόμενος παιδίον ἔστησεν αὐτὸ παρ' ἑαυτῷ [48] καὶ **εἶπεν** αὐτοῖς· ὃς ἐὰν δέξηται τοῦτο τὸ παιδίον ἐπὶ τῷ ὀνόματί μου, ἐμὲ δέχεται· ... [18,17] ἀμὴν λέγω ὑμῖν, ὃς ἂν μὴ δέξηται τὴν βασιλείαν τοῦ θεοῦ ὡς παιδίον, οὐ μὴ εἰσέλθῃ εἰς αὐτήν.	→ GTh 22
b 012			**Mk 9,38**	**ἔφη** αὐτῷ ὁ Ἰωάννης· διδάσκαλε, εἴδομέν τινα ἐν τῷ ὀνόματί σου ἐκβάλλοντα δαιμόνια ...	**Lk 9,49**	ἀποκριθεὶς δὲ Ἰωάννης **εἶπεν**· ἐπιστάτα, εἴδομέν τινα ἐν τῷ ὀνόματί σου ἐκβάλλοντα δαιμόνια ...	→ Acts 19,13
c 022			**Mk 9,39**	ὁ δὲ Ἰησοῦς **εἶπεν**· μὴ κωλύετε αὐτόν. ...	**Lk 9,50**	**εἶπεν** δὲ πρὸς αὐτὸν ὁ Ἰησοῦς· μὴ κωλύετε· ...	
200	**Mt 18,17**	ἐὰν δὲ παρακούσῃ αὐτῶν, **εἰπὲ** τῇ ἐκκλησίᾳ· ...					

201	**Mt 18,21** → Mt 18,15	τότε προσελθὼν ὁ Πέτρος **εἶπεν** αὐτῷ· κύριε, ποσάκις ἁμαρτήσει εἰς ἐμὲ ὁ ἀδελφός μου καὶ ἀφήσω αὐτῷ; ἕως ἑπτάκις; [22] λέγει αὐτῷ ὁ Ἰησοῦς· οὐ λέγω σοι ἕως ἑπτάκις ἀλλὰ ἕως ἑβδομηκοντάκις ἑπτά.	**Lk 17,4** → Lk 17,3	καὶ ἐὰν ἑπτάκις τῆς ἡμέρας ἁμαρτήσῃ εἰς σὲ καὶ ἑπτάκις ἐπιστρέψῃ πρὸς σὲ λέγων· μετανοῶ, ἀφήσεις αὐτῷ.	
002 *k* 002			**Lk 9,54** (2)	ἰδόντες δὲ οἱ μαθηταὶ Ἰάκωβος καὶ Ἰωάννης **εἶπαν·** κύριε, θέλεις **εἴπωμεν** *πῦρ καταβῆναι ἀπὸ τοῦ οὐρανοῦ καὶ ἀναλῶσαι αὐτούς;* ➤ 2Kings 1,10.12	
c 202	**Mt 8,19**	καὶ προσελθὼν εἷς γραμματεὺς **εἶπεν** αὐτῷ· διδάσκαλε, ἀκολουθήσω σοι ὅπου ἐὰν ἀπέρχῃ.	**Lk 9,57**	καὶ πορευομένων αὐτῶν ἐν τῇ ὁδῷ **εἶπέν** τις πρὸς αὐτόν· ἀκολουθήσω σοι ὅπου ἐὰν ἀπέρχῃ.	
102	**Mt 8,20**	καὶ **λέγει** αὐτῷ ὁ Ἰησοῦς· αἱ ἀλώπεκες φωλεοὺς ἔχουσιν ...	**Lk 9,58**	καὶ **εἶπεν** αὐτῷ ὁ Ἰησοῦς· αἱ ἀλώπεκες φωλεοὺς ἔχουσιν ...	→ GTh 86
c 102 202	**Mt 8,21**	ἕτερος δὲ τῶν μαθητῶν [αὐτοῦ] **εἶπεν** αὐτῷ· κύριε, ἐπίτρεψόν μοι πρῶτον ἀπελθεῖν καὶ θάψαι τὸν πατέρα μου.	**Lk 9,59** (2) ↓ Mt 8,22	**εἶπεν** δὲ πρὸς ἕτερον· ἀκολούθει μοι. ὁ δὲ **εἶπεν·** [κύριε,] ἐπίτρεψόν μοι ἀπελθόντι πρῶτον θάψαι τὸν πατέρα μου.	
102	**Mt 8,22** ↑ Lk 9,59	ὁ δὲ Ἰησοῦς **λέγει** αὐτῷ· ἀκολούθει μοι, καὶ ἄφες τοὺς νεκροὺς θάψαι τοὺς ἑαυτῶν νεκρούς.	**Lk 9,60**	**εἶπεν** δὲ αὐτῷ· ἄφες τοὺς νεκροὺς θάψαι τοὺς ἑαυτῶν νεκρούς, σὺ δὲ ἀπελθὼν διάγγελλε τὴν βασιλείαν τοῦ θεοῦ.	
002			**Lk 9,61**	**εἶπεν** δὲ καὶ ἕτερος· ἀκολουθήσω σοι, κύριε· πρῶτον δὲ ἐπίτρεψόν μοι ἀποτάξασθαι τοῖς εἰς τὸν οἶκόν μου.	
c 002			**Lk 9,62**	**εἶπεν** δὲ [πρὸς αὐτὸν] ὁ Ἰησοῦς· οὐδεὶς ἐπιβαλὼν τὴν χεῖρα ἐπ' ἄροτρον καὶ βλέπων εἰς τὰ ὀπίσω εὔθετός ἐστιν τῇ βασιλείᾳ τοῦ θεοῦ.	

	Mt		Mk		Lk		
102	**Mt 10,14**	... ἐξερχόμενοι ἔξω τῆς οἰκίας ἢ τῆς πόλεως ἐκείνης ἐκτινάξατε τὸν κονιορτὸν τῶν ποδῶν ὑμῶν.	**Mk 6,11**	... ἐκπορευόμενοι ἐκεῖθεν ἐκτινάξατε τὸν χοῦν τὸν ὑποκάτω τῶν ποδῶν ὑμῶν εἰς μαρτύριον αὐτοῖς.	**Lk 10,10** ⇨ Lk 9,5	... ἐξελθόντες εἰς τὰς πλατείας αὐτῆς **εἴπατε·** [11] καὶ τὸν κονιορτὸν τὸν κολληθέντα ἡμῖν ἐκ τῆς πόλεως ὑμῶν εἰς τοὺς πόδας ἀπομασσόμεθα ὑμῖν· ...	Mk-Q overlap
002					**Lk 10,18**	**εἶπεν** δὲ αὐτοῖς· ἐθεώρουν τὸν σατανᾶν ὡς ἀστραπὴν ἐκ τοῦ οὐρανοῦ πεσόντα.	
b 202	**Mt 11,25**	ἐν ἐκείνῳ τῷ καιρῷ ἀποκριθεὶς ὁ Ἰησοῦς **εἶπεν·** ἐξομολογοῦμαί σοι, πάτερ, ...			**Lk 10,21**	ἐν αὐτῇ τῇ ὥρᾳ ἠγαλλιάσατο [ἐν] τῷ πνεύματι τῷ ἁγίῳ καὶ **εἶπεν·** ἐξομολογοῦμαί σοι, πάτερ, ...	
102	**Mt 13,16**	ὑμῶν δὲ μακάριοι οἱ ὀφθαλμοὶ ὅτι βλέπουσιν καὶ τὰ ὦτα ὑμῶν ὅτι ἀκούουσιν.			**Lk 10,23**	καὶ στραφεὶς πρὸς τοὺς μαθητὰς κατ' ἰδίαν **εἶπεν·** μακάριοι οἱ ὀφθαλμοὶ οἱ βλέποντες ἃ βλέπετε.	→ GTh 38 (POxy 655 - restoration)
c 112	**Mt 22,37**	ὁ δὲ **ἔφη** αὐτῷ·	**Mk 12,29**	**ἀπεκρίθη** ὁ Ἰησοῦς ὅτι πρώτη ἐστίν· *ἄκουε, Ἰσραήλ, κύριος ὁ θεὸς ἡμῶν κύριος εἷς ἐστιν,* ➢ Deut 6,4	**Lk 10,26**	ὁ δὲ **εἶπεν** πρὸς αὐτόν· ἐν τῷ νόμῳ τί γέγραπται; πῶς ἀναγινώσκεις;	
b m 112		*ἀγαπήσεις κύριον τὸν θεόν σου* ... ➢ Deut 6,5	**Mk 12,30**	*καὶ ἀγαπήσεις κύριον τὸν θεόν σου* ... ➢ Deut 6,5	**Lk 10,27**	ὁ δὲ ἀποκριθεὶς **εἶπεν·** *ἀγαπήσεις κύριον τὸν θεόν σου* ... ➢ Deut 6,5	
022			**Mk 12,34**	καὶ ὁ Ἰησοῦς ἰδὼν [αὐτὸν] ὅτι νουνεχῶς ἀπεκρίθη **εἶπεν** αὐτῷ· οὐ μακρὰν εἶ ἀπὸ τῆς βασιλείας τοῦ θεοῦ. ...	**Lk 10,28**	**εἶπεν** δὲ αὐτῷ· ὀρθῶς ἀπεκρίθης· τοῦτο ποίει καὶ ζήσῃ.	
c 002					**Lk 10,29**	ὁ δὲ θέλων δικαιῶσαι ἑαυτὸν **εἶπεν** πρὸς τὸν Ἰησοῦν· καὶ τίς ἐστίν μου πλησίον;	
002					**Lk 10,30**	ὑπολαβὼν ὁ Ἰησοῦς **εἶπεν·** ἄνθρωπός τις κατέβαινεν ἀπὸ Ἰερουσαλὴμ εἰς Ἰεριχὼ ...	
002					**Lk 10,35**	καὶ ἐπὶ τὴν αὔριον ἐκβαλὼν ἔδωκεν δύο δηνάρια τῷ πανδοχεῖ καὶ **εἶπεν·** ἐπιμελήθητι αὐτοῦ, ...	

002 002					Lk 10,37 (2)	ὁ δὲ **εἶπεν·** ὁ ποιήσας τὸ ἔλεος μετ' αὐτοῦ. **εἶπεν** δὲ αὐτῷ ὁ Ἰησοῦς· πορεύου καὶ σὺ ποίει ὁμοίως.	
002 *e* 002					Lk 10,40 (2)	... ἐπιστᾶσα δὲ **εἶπεν·** κύριε, οὐ μέλει σοι ὅτι ἡ ἀδελφή μου μόνην με κατέλιπεν διακονεῖν; **εἰπὲ** οὖν αὐτῇ ἵνα μοι συναντιλάβηται.	
b 002					Lk 10,41	ἀποκριθεὶς δὲ **εἶπεν** αὐτῇ ὁ κύριος· Μάρθα Μάρθα, μεριμνᾷς καὶ θορυβάζῃ περὶ πολλά	
c 002					Lk 11,1	... ὡς ἐπαύσατο, **εἶπέν** τις τῶν μαθητῶν αὐτοῦ πρὸς αὐτόν· κύριε, δίδαξον ἡμᾶς προσεύχεσθαι, ...	
102	Mt 6,9	οὕτως οὖν προσεύχεσθε ὑμεῖς· Πάτερ ἡμῶν ὁ ἐν τοῖς οὐρανοῖς· ...			Lk 11,2	**εἶπεν** δὲ αὐτοῖς· ὅταν προσεύχησθε λέγετε· Πάτερ, ...	
c 002 002					Lk 11,5 (2)	καὶ **εἶπεν** πρὸς αὐτούς· τίς ἐξ ὑμῶν ἕξει φίλον καὶ πορεύσεται πρὸς αὐτὸν μεσονυκτίου καὶ **εἴπῃ** αὐτῷ· φίλε, χρῆσόν μοι τρεῖς ἄρτους	
b 002					Lk 11,7	κἀκεῖνος ἔσωθεν ἀποκριθεὶς **εἴπῃ·** μή μοι κόπους πάρεχε· ...	
202	Mt 12,24 ⇩ Mt 9,34 Mt 9,34 ⇧ Mt 12,24	οἱ δὲ Φαρισαῖοι ἀκούσαντες **εἶπον·** οὗτος οὐκ ἐκβάλλει τὰ δαιμόνια εἰ μὴ ἐν τῷ Βεελζεβοὺλ ἄρχοντι τῶν δαιμονίων. οἱ δὲ Φαρισαῖοι **ἔλεγον·** ἐν τῷ ἄρχοντι τῶν δαιμονίων ἐκβάλλει τὰ δαιμόνια.	Mk 3,22	καὶ οἱ γραμματεῖς οἱ ἀπὸ Ἱεροσολύμων καταβάντες **ἔλεγον** ὅτι Βεελζεβοὺλ ἔχει, καὶ ὅτι ἐν τῷ ἄρχοντι τῶν δαιμονίων ἐκβάλλει τὰ δαιμόνια.	Lk 11,15 → Lk 11,18	τινὲς δὲ ἐξ αὐτῶν **εἶπον·** ἐν Βεελζεβοὺλ τῷ ἄρχοντι τῶν δαιμονίων ἐκβάλλει τὰ δαιμόνια·	Mk-Q overlap

	Mt		Mk		Lk		
202	Mt 12,25 ↑ Mt 9,4	εἰδὼς δὲ τὰς ἐνθυμήσεις αὐτῶν **εἶπεν** αὐτοῖς· πᾶσα βασιλεία μερισθεῖσα καθ' ἑαυτῆς ἐρημοῦται ...	Mk 3,23	καὶ προσκαλεσάμενος αὐτοὺς ἐν παραβολαῖς **ἔλεγεν** αὐτοῖς· πῶς δύναται σατανᾶς σατανᾶν ἐκβάλλειν; [24] καὶ ἐὰν βασιλεία ἐφ' ἑαυτὴν μερισθῇ, οὐ δύναται σταθῆναι ἡ βασιλεία ἐκείνη·	Lk 11,17 ↑ Lk 5,22 ↑ Lk 6,8	αὐτὸς δὲ εἰδὼς αὐτῶν τὰ διανοήματα **εἶπεν** αὐτοῖς· πᾶσα βασιλεία ἐφ' ἑαυτὴν διαμερισθεῖσα ἐρημοῦται ...	Mk-Q overlap
j 002					Lk 11,27 → Lk 1,48	... ἐπάρασά τις φωνὴν γυνὴ ἐκ τοῦ ὄχλου **εἶπεν** αὐτῷ· μακαρία ἡ κοιλία ἡ βαστάσασά σε ...	→ GTh 79
002					Lk 11,28 ↑ Mt 12,50 ↑ Mk 3,35 ↑ Lk 8,21 → Lk 1,45	αὐτὸς δὲ **εἶπεν**· μενοῦν μακάριοι οἱ ἀκούοντες τὸν λόγον τοῦ θεοῦ καὶ φυλάσσοντες.	→ GTh 79
c 102	Mt 23,25 → Mk 7,4	οὐαὶ ὑμῖν, γραμματεῖς καὶ Φαρισαῖοι ὑποκριταί, ὅτι καθαρίζετε τὸ ἔξωθεν τοῦ ποτηρίου καὶ τῆς παροψίδος, ...			Lk 11,39 → Mk 7,4	**εἶπεν** δὲ ὁ κύριος πρὸς αὐτόν· νῦν ὑμεῖς οἱ Φαρισαῖοι τὸ ἔξωθεν τοῦ ποτηρίου καὶ τοῦ πίνακος καθαρίζετε, ...	→ GTh 89
102	Mt 23,4	δεσμεύουσιν δὲ φορτία βαρέα [καὶ δυσβάστακτα] καὶ ἐπιτιθέασιν ἐπὶ τοὺς ὤμους τῶν ἀνθρώπων, ...			Lk 11,46	ὁ δὲ **εἶπεν**· καὶ ὑμῖν τοῖς νομικοῖς οὐαί, ὅτι φορτίζετε τοὺς ἀνθρώπους φορτία δυσβάστακτα, ...	
102	Mt 23,34	διὰ τοῦτο ἰδοὺ ἐγὼ ἀποστέλλω πρὸς ὑμᾶς προφήτας καὶ σοφοὺς καὶ γραμματεῖς· ...			Lk 11,49	διὰ τοῦτο καὶ ἡ σοφία τοῦ θεοῦ **εἶπεν**· ἀποστελῶ εἰς αὐτοὺς προφήτας καὶ ἀποστόλους, ...	
g 202	Mt 10,27	ὃ λέγω ὑμῖν ἐν τῇ σκοτίᾳ **εἴπατε** ἐν τῷ φωτί, ...			Lk 12,3	ἀνθ' ὧν ὅσα ἐν τῇ σκοτίᾳ **εἴπατε** ἐν τῷ φωτὶ ἀκουσθήσεται, ...	→ GTh 33,1 (POxy 1)
102	Mt 10,19	ὅταν δὲ παραδῶσιν ὑμᾶς, μὴ μεριμνήσητε πῶς ἢ τί **λαλήσητε**·	Mk 13,11	καὶ ὅταν ἄγωσιν ὑμᾶς παραδιδόντες, μὴ προμεριμνᾶτε τί **λαλήσητε**,	Lk 12,11 ⇨ Lk 21,14-15 → Lk 21,12	ὅταν δὲ εἰσφέρωσιν ὑμᾶς ἐπὶ τὰς συναγωγὰς καὶ τὰς ἀρχὰς καὶ τὰς ἐξουσίας, μὴ μεριμνήσητε πῶς ἢ τί ἀπολογήσησθε ἢ τί **εἴπητε**·	Mk-Q overlap
102		δοθήσεται γὰρ ὑμῖν ἐν ἐκείνῃ τῇ ὥρᾳ τί **λαλήσητε**·		ἀλλ' ὃ ἐὰν δοθῇ ὑμῖν ἐν ἐκείνῃ τῇ ὥρᾳ τοῦτο **λαλεῖτε**· ...	Lk 12,12 ⇨ Lk 21,15	τὸ γὰρ ἅγιον πνεῦμα διδάξει ὑμᾶς ἐν αὐτῇ τῇ ὥρᾳ ἃ δεῖ **εἰπεῖν**.	→ Jn 14,26
002 *k* 002					Lk 12,13 (2)	**εἶπεν** δέ τις ἐκ τοῦ ὄχλου αὐτῷ· διδάσκαλε, **εἰπὲ** τῷ ἀδελφῷ μου μερίσασθαι μετ' ἐμοῦ τὴν κληρονομίαν.	→ GTh 72
002					Lk 12,14	ὁ δὲ **εἶπεν** αὐτῷ· ἄνθρωπε, τίς με κατέστησεν κριτὴν ἢ μεριστὴν ἐφ' ὑμᾶς;	→ GTh 72

c 002			Lk 12,15	εἶπεν δὲ πρὸς αὐτούς· ὁρᾶτε καὶ φυλάσσεσθε ἀπὸ πάσης πλεονεξίας, ...	
c g 002			Lk 12,16	εἶπεν δὲ παραβολὴν πρὸς αὐτοὺς λέγων· ἀνθρώπου τινὸς πλουσίου εὐφόρησεν ἡ χώρα.	→ GTh 63
002			Lk 12,18	καὶ εἶπεν· τοῦτο ποιήσω, καθελῶ μου τὰς ἀποθήκας καὶ μείζονας οἰκοδομήσω, ...	→ GTh 63
002			Lk 12,20	εἶπεν δὲ αὐτῷ ὁ θεός· ἄφρων, ταύτῃ τῇ νυκτὶ τὴν ψυχήν σου ἀπαιτοῦσιν ἀπὸ σοῦ· ...	→ GTh 63
c 102	Mt 6,25	διὰ τοῦτο λέγω ὑμῖν· μὴ μεριμνᾶτε τῇ ψυχῇ ὑμῶν τί φάγητε [ἢ τί πίητε], ...	Lk 12,22	εἶπεν δὲ πρὸς τοὺς μαθητάς [αὐτοῦ]· διὰ τοῦτο λέγω ὑμῖν· μὴ μεριμνᾶτε τῇ ψυχῇ τί φάγητε, ...	→ GTh 36 (POxy 655)
002			Lk 12,41	εἶπεν δὲ ὁ Πέτρος· κύριε, πρὸς ἡμᾶς τὴν παραβολὴν ταύτην λέγεις ἢ καὶ πρὸς πάντας;	
102	Mt 24,45	τίς ἄρα ἐστὶν ὁ πιστὸς δοῦλος καὶ φρόνιμος ...	Lk 12,42	καὶ εἶπεν ὁ κύριος· τίς ἄρα ἐστὶν ὁ πιστὸς οἰκονόμος ὁ φρόνιμος, ...	
a 202	Mt 24,48	ἐὰν δὲ εἴπῃ ὁ κακὸς δοῦλος ἐκεῖνος ἐν τῇ καρδίᾳ αὐτοῦ· χρονίζει μου ὁ κύριος	Lk 12,45	ἐὰν δὲ εἴπῃ ὁ δοῦλος ἐκεῖνος ἐν τῇ καρδίᾳ αὐτοῦ· χρονίζει ὁ κύριός μου ἔρχεσθαι, ...	
b 002			Lk 13,2	καὶ ἀποκριθεὶς εἶπεν αὐτοῖς· δοκεῖτε ὅτι οἱ Γαλιλαῖοι οὗτοι ἁμαρτωλοὶ παρὰ πάντας τοὺς Γαλιλαίους ἐγένοντο, ὅτι ταῦτα πεπόνθασιν;	
c 002			Lk 13,7	εἶπεν δὲ πρὸς τὸν ἀμπελουργόν· ἰδοὺ τρία ἔτη ἀφ' οὗ ἔρχομαι ζητῶν καρπὸν ἐν τῇ συκῇ ταύτῃ καὶ οὐχ εὑρίσκω· ...	
h 002			Lk 13,12 ↑ Mt 12,13 ↑ Mk 3,5 ↑ Lk 6,10	ἰδὼν δὲ αὐτὴν ὁ Ἰησοῦς προσεφώνησεν καὶ εἶπεν αὐτῇ· γύναι, ἀπολέλυσαι τῆς ἀσθενείας σου	

	Mt		Mk	Lk		
b 002				**Lk 13,15** ↑ Mt 12,11 ↓ Lk 14,5	ἀπεκρίθη δὲ αὐτῷ ὁ κύριος καὶ **εἶπεν**· ὑποκριταί, ἕκαστος ὑμῶν τῷ σαββάτῳ οὐ λύει τὸν βοῦν αὐτοῦ ἢ τὸν ὄνον ἀπὸ τῆς φάτνης καὶ ἀπαγαγὼν ποτίζει;	
102	**Mt 13,33**	ἄλλην παραβολὴν **ἐλάλησεν** αὐτοῖς· ὁμοία ἐστὶν ἡ βασιλεία τῶν οὐρανῶν ζύμῃ, ...		**Lk 13,20**	καὶ πάλιν **εἶπεν**· τίνι ὁμοιώσω τὴν βασιλείαν τοῦ θεοῦ; [21] ὁμοία ἐστὶν ζύμῃ, ...	→ GTh 96
002 *c* 002				**Lk 13,23** **(2)** → Mt 7,14	**εἶπεν** δέ τις αὐτῷ· κύριε, εἰ ὀλίγοι οἱ σῳζόμενοι; ὁ δὲ **εἶπεν** πρὸς αὐτούς·	
	Mt 7,13	εἰσέλθατε διὰ τῆς στενῆς πύλης· ...		**Lk 13,24**	ἀγωνίζεσθε εἰσελθεῖν διὰ τῆς στενῆς θύρας, ...	
002 002				**Lk 13,32** **(2)**	καὶ **εἶπεν** αὐτοῖς· πορευθέντες **εἴπατε** τῇ ἀλώπεκι ταύτῃ· ἰδοὺ ἐκβάλλω δαιμόνια ...	
202	**Mt 23,39**	... οὐ μή με ἴδητε ἀπ' ἄρτι ἕως ἂν **εἴπητε**· *εὐλογημένος ὁ ἐρχόμενος* *ἐν ὀνόματι κυρίου.* ➤ Ps 118,26		**Lk 13,35**	... οὐ μὴ ἴδητέ με ἕως [ἥξει ὅτε] **εἴπητε**· *εὐλογημένος ὁ ἐρχόμενος* *ἐν ὀνόματι κυρίου.* ➤ Ps 118,26	
d g 002				**Lk 14,3** ↑ Mt 12,12 ↑ Mk 3,4 ↑ Lk 6,9 → Lk 13,14	καὶ ἀποκριθεὶς ὁ Ἰησοῦς **εἶπεν** πρὸς τοὺς νομικοὺς καὶ Φαρισαίους λέγων· ἔξεστιν τῷ σαββάτῳ θεραπεῦσαι ἢ οὔ;	
c 202	**Mt 12,11**	ὁ δὲ **εἶπεν** αὐτοῖς· τίς ἔσται ἐξ ὑμῶν ἄνθρωπος ὃς ἕξει πρόβατον ἓν καὶ ἐὰν ἐμπέσῃ τοῦτο τοῖς σάββασιν εἰς βόθυνον, οὐχὶ κρατήσει αὐτὸ καὶ ἐγερεῖ;		**Lk 14,5** ↑ Lk 13,15	καὶ πρὸς αὐτοὺς **εἶπεν**· τίνος ὑμῶν υἱὸς ἢ βοῦς εἰς φρέαρ πεσεῖται, καὶ οὐκ εὐθέως ἀνασπάσει αὐτὸν ἐν ἡμέρᾳ τοῦ σαββάτου;	
002				**Lk 14,15** ↓ Mt 22,2 → Lk 22,30	ἀκούσας δέ τις τῶν συνανακειμένων ταῦτα **εἶπεν** αὐτῷ· μακάριος ὅστις φάγεται ἄρτον ἐν τῇ βασιλείᾳ τοῦ θεοῦ.	
b g 202	**Mt 22,1** ↑ Lk 14,15	καὶ ἀποκριθεὶς ὁ Ἰησοῦς πάλιν **εἶπεν** ἐν παραβολαῖς αὐτοῖς λέγων· [2] ὡμοιώθη ἡ βασιλεία τῶν οὐρανῶν ἀνθρώπῳ βασιλεῖ, ὅστις ἐποίησεν γάμους τῷ υἱῷ αὐτοῦ.		**Lk 14,16**	ὁ δὲ **εἶπεν** αὐτῷ· ἄνθρωπός τις ἐποίει δεῖπνον μέγα, καὶ ἐκάλεσεν πολλούς	

202	Mt 22,4	[3] καὶ ἀπέστειλεν τοὺς δούλους αὐτοῦ καλέσαι τοὺς κεκλημένους εἰς τοὺς γάμους, καὶ οὐκ ἤθελον ἐλθεῖν. [4] πάλιν ἀπέστειλεν ἄλλους δούλους λέγων· **εἴπατε** τοῖς κεκλημένοις· ἰδοὺ τὸ ἄριστόν μου ἡτοίμακα, οἱ ταῦροί μου καὶ τὰ σιτιστὰ τεθυμένα καὶ πάντα ἕτοιμα· δεῦτε εἰς τοὺς γάμους.		Lk 14,17	καὶ ἀπέστειλεν τὸν δοῦλον αὐτοῦ τῇ ὥρᾳ τοῦ δείπνου **εἰπεῖν** τοῖς κεκλημένοις· ἔρχεσθε, ὅτι ἤδη ἕτοιμά ἐστιν.	→ GTh 64
102	Mt 22,5	οἱ δὲ ἀμελήσαντες ἀπῆλθον, ὃς μὲν εἰς τὸν ἴδιον ἀγρόν,		Lk 14,18	καὶ ἤρξαντο ἀπὸ μιᾶς πάντες παραιτεῖσθαι. ὁ πρῶτος **εἶπεν** αὐτῷ· ἀγρὸν ἠγόρασα καὶ ἔχω ἀνάγκην ἐξελθὼν ἰδεῖν αὐτόν· ἐρωτῶ σε, ἔχε με παρῃτημένον.	→ GTh 64
102		ὃς δὲ ἐπὶ τὴν ἐμπορίαν αὐτοῦ·		Lk 14,19	καὶ ἕτερος **εἶπεν**· ζεύγη βοῶν ἠγόρασα πέντε καὶ πορεύομαι δοκιμάσαι αὐτά· ἐρωτῶ σε, ἔχε με παρῃτημένον.	→ GTh 64
002				Lk 14,20	καὶ ἕτερος **εἶπεν**· γυναῖκα ἔγημα καὶ διὰ τοῦτο οὐ δύναμαι ἐλθεῖν.	→ GTh 64
102	Mt 22,8	[7] ὁ δὲ βασιλεὺς ὠργίσθη ... [8] τότε **λέγει** τοῖς δούλοις αὐτοῦ· ...		Lk 14,21	... τότε ὀργισθεὶς ὁ οἰκοδεσπότης **εἶπεν** τῷ δούλῳ αὐτοῦ· ἔξελθε ταχέως εἰς τὰς πλατείας καὶ ῥύμας τῆς πόλεως, ...	→ GTh 64
002				Lk 14,22	καὶ **εἶπεν** ὁ δοῦλος· κύριε, γέγονεν ὃ ἐπέταξας, καὶ ἔτι τόπος ἐστίν.	
c 102	Mt 22,9	πορεύεσθε οὖν ἐπὶ τὰς διεξόδους τῶν ὁδῶν καὶ ὅσους ἐὰν εὕρητε καλέσατε εἰς τοὺς γάμους.		Lk 14,23 → Mt 22,10 → Lk 16,16	καὶ **εἶπεν** ὁ κύριος πρὸς τὸν δοῦλον· ἔξελθε εἰς τὰς ὁδοὺς καὶ φραγμοὺς καὶ ἀνάγκασον εἰσελθεῖν, ...	→ GTh 64
c 002				Lk 14,25	συνεπορεύοντο δὲ αὐτῷ ὄχλοι πολλοί, καὶ στραφεὶς **εἶπεν** πρὸς αὐτούς·	
	Mt 10,37 ↓ Mt 19,29	ὁ φιλῶν πατέρα ἢ μητέρα ὑπὲρ ἐμὲ ...	↓ Mk 10,29	Lk 14,26 ↓ Lk 18,29	εἴ τις ἔρχεται πρός με καὶ οὐ μισεῖ τὸν πατέρα ἑαυτοῦ καὶ τὴν μητέρα ...	→ GTh 55 → GTh 101

c g 002			Lk 15,3	**εἶπεν** δὲ πρὸς αὐτοὺς τὴν παραβολὴν ταύτην λέγων·	
	Mt 18,12	τί ὑμῖν δοκεῖ; ἐὰν γένηταί τινι ἀνθρώπῳ ἑκατὸν πρόβατα καὶ πλανηθῇ ἓν ἐξ αὐτῶν, ...	Lk 15,4	τίς ἄνθρωπος ἐξ ὑμῶν ἔχων ἑκατὸν πρόβατα καὶ ἀπολέσας ἐξ αὐτῶν ἓν ...	→ GTh 107
002			Lk 15,11 → Mt 21,28a	**εἶπεν** δέ· ἄνθρωπός τις εἶχεν δύο υἱούς.	
002			Lk 15,12	καὶ **εἶπεν** ὁ νεώτερος αὐτῶν τῷ πατρί· πάτερ, δός μοι τὸ ἐπιβάλλον μέρος τῆς οὐσίας. ...	
002			Lk 15,21	**εἶπεν** δὲ ὁ υἱὸς αὐτῷ· πάτερ, ἥμαρτον εἰς τὸν οὐρανὸν καὶ ἐνώπιόν σου, ...	
c 002			Lk 15,22	**εἶπεν** δὲ ὁ πατὴρ πρὸς τοὺς δούλους αὐτοῦ· ταχὺ ἐξενέγκατε στολὴν τὴν πρώτην ...	
l 002			Lk 15,27	ὁ δὲ **εἶπεν** αὐτῷ ὅτι ὁ ἀδελφός σου ἥκει, ...	
b 002			Lk 15,29	ὁ δὲ ἀποκριθεὶς **εἶπεν** τῷ πατρὶ αὐτοῦ· ἰδοὺ τοσαῦτα ἔτη δουλεύω σοι ...	
002			Lk 15,31	ὁ δὲ **εἶπεν** αὐτῷ· τέκνον, σὺ πάντοτε μετ' ἐμοῦ εἶ, καὶ πάντα τὰ ἐμὰ σά ἐστιν·	
h 002			Lk 16,2	καὶ φωνήσας αὐτὸν **εἶπεν** αὐτῷ· τί τοῦτο ἀκούω περὶ σοῦ; ...	
a 002			Lk 16,3	**εἶπεν** δὲ ἐν ἑαυτῷ ὁ οἰκονόμος· τί ποιήσω, ...	
002 002			Lk 16,6 (2)	ὁ δὲ **εἶπεν·** ἑκατὸν βάτους ἐλαίου. ὁ δὲ **εἶπεν** αὐτῷ· δέξαι σου τὰ γράμματα καὶ καθίσας ταχέως γράψον πεντήκοντα.	

	Mt		Mk		Lk		
002 002					Lk 16,7 (2)	ἔπειτα ἑτέρῳ εἶπεν· σὺ δὲ πόσον ὀφείλεις; ὁ δὲ εἶπεν· ἑκατὸν κόρους σίτου. λέγει αὐτῷ· δέξαι σου τὰ γράμματα καὶ γράψον ὀγδοήκοντα.	
002					Lk 16,15 ↓ Lk 18,9 → Lk 18,14 → Lk 20,20	καὶ εἶπεν αὐτοῖς· ὑμεῖς ἐστε οἱ δικαιοῦντες ἑαυτοὺς ἐνώπιον τῶν ἀνθρώπων, ...	
h 002					Lk 16,24	καὶ αὐτὸς φωνήσας εἶπεν· πάτερ Ἀβραάμ, ἐλέησόν με ...	
002					Lk 16,25	εἶπεν δὲ Ἀβραάμ· τέκνον, μνήσθητι ὅτι ἀπέλαβες τὰ ἀγαθά σου ἐν τῇ ζωῇ σου, ...	
002					Lk 16,27	εἶπεν δέ· ἐρωτῶ σε οὖν, πάτερ, ἵνα πέμψῃς αὐτὸν εἰς τὸν οἶκον τοῦ πατρός μου	
002					Lk 16,30	ὁ δὲ εἶπεν· οὐχί, πάτερ Ἀβραάμ, ἀλλ' ἐάν τις ἀπὸ νεκρῶν πορευθῇ πρὸς αὐτοὺς μετανοήσουσιν.	
002					Lk 16,31	εἶπεν δὲ αὐτῷ· εἰ Μωϋσέως καὶ τῶν προφητῶν οὐκ ἀκούουσιν, οὐδ' ἐάν τις ἐκ νεκρῶν ἀναστῇ πεισθήσονται.	
c 102	Mt 18,7	οὐαὶ τῷ κόσμῳ ἀπὸ τῶν σκανδάλων· ἀνάγκη γὰρ ἐλθεῖν τὰ σκάνδαλα, ...			Lk 17,1	εἶπεν δὲ πρὸς τοὺς μαθητὰς αὐτοῦ· ἀνένδεκτόν ἐστιν τοῦ τὰ σκάνδαλα μὴ ἐλθεῖν, ...	
002					Lk 17,5	καὶ εἶπαν οἱ ἀπόστολοι τῷ κυρίῳ· πρόσθες ἡμῖν πίστιν.	
102	Mt 17,20	... ἀμὴν γὰρ λέγω ὑμῖν, ἐὰν ἔχητε πίστιν ὡς κόκκον σινάπεως, ἐρεῖτε τῷ ὄρει τούτῳ, μετάβα ἔνθεν ἐκεῖ, καὶ μεταβήσεται· καὶ οὐδὲν ἀδυνατήσει ὑμῖν.	Mk 11,22 ↑ Mk 9,23	καὶ ἀποκριθεὶς ὁ Ἰησοῦς λέγει αὐτοῖς· ἔχετε πίστιν θεοῦ. [23] ἀμὴν λέγω ὑμῖν ὅτι ὃς ἂν εἴπῃ τῷ ὄρει τούτῳ· ἄρθητι καὶ βλήθητι εἰς τὴν θάλασσαν, καὶ μὴ διακριθῇ ἐν τῇ καρδίᾳ αὐτοῦ ἀλλὰ πιστεύῃ ὅτι ὃ λαλεῖ γίνεται, ἔσται αὐτῷ.	Lk 17,6 ↓ Mt 21,21 ↓ Mk 11,23	εἶπεν δὲ ὁ κύριος· εἰ ἔχετε πίστιν ὡς κόκκον σινάπεως, ἐλέγετε ἂν τῇ συκαμίνῳ [ταύτῃ]· ἐκριζώθητι καὶ φυτεύθητι ἐν τῇ θαλάσσῃ· καὶ ὑπήκουσεν ἂν ὑμῖν.	→ GTh 48 → GTh 106
002					Lk 17,14 ↑ Mt 8,4 ↑ Mk 1,44 ↑ Lk 5,14	καὶ ἰδὼν εἶπεν αὐτοῖς· πορευθέντες ἐπιδείξατε ἑαυτοὺς τοῖς ἱερεῦσιν. ... ➤ Lev 13,49; 14,2-4	

	Mt	Mk	Lk	
b 002			**Lk 17,17** ἀποκριθεὶς δὲ ὁ Ἰησοῦς **εἶπεν·** οὐχὶ οἱ δέκα ἐκαθαρίσθησαν; ...	
002			**Lk 17,19** καὶ **εἶπεν** αὐτῷ· ἀναστὰς πορεύου· ...	
b 002			**Lk 17,20** ἐπερωτηθεὶς δὲ ὑπὸ τῶν Φαρισαίων πότε ἔρχεται ἡ βασιλεία τοῦ θεοῦ ἀπεκρίθη αὐτοῖς καὶ **εἶπεν·** οὐκ ἔρχεται ἡ βασιλεία τοῦ θεοῦ μετὰ παρατηρήσεως	→ GTh 3 **(POxy 654)** → GTh 113
c 002			**Lk 17,22** **εἶπεν** δὲ πρὸς τοὺς μαθητάς· ἐλεύσονται ἡμέραι ...	
102	**Mt 24,28** ὅπου ἐὰν ᾖ τὸ πτῶμα, ἐκεῖ συναχθήσονται οἱ ἀετοί.		**Lk 17,37** ... ὁ δὲ **εἶπεν** αὐτοῖς· ὅπου τὸ σῶμα, ἐκεῖ καὶ οἱ ἀετοὶ ἐπισυναχθήσονται.	
a 002			**Lk 18,4** ... μετὰ δὲ ταῦτα **εἶπεν** ἐν ἑαυτῷ· εἰ καὶ τὸν θεὸν οὐ φοβοῦμαι ...	
002			**Lk 18,6** **εἶπεν** δὲ ὁ κύριος· ἀκούσατε τί ὁ κριτὴς τῆς ἀδικίας λέγει·	
c 002			**Lk 18,9** ↑ Lk 16,15 → Lk 20,20 **εἶπεν** δὲ καὶ πρός τινας τοὺς πεποιθότας ἐφ' ἑαυτοῖς ὅτι εἰσὶν δίκαιοι ...	
b 220	**Mt 19,4** ὁ δὲ ἀποκριθεὶς **εἶπεν·** οὐκ ἀνέγνωτε ὅτι ὁ κτίσας ἀπ' ἀρχῆς *ἄρσεν καὶ θῆλυ ἐποίησεν αὐτούς;* ➤ Gen 1,27	**Mk 10,3** ↓ Mt 19,7 ὁ δὲ ἀποκριθεὶς **εἶπεν** αὐτοῖς· τί ὑμῖν ἐνετείλατο Μωϋσῆς; [4] ... [6] ἀπὸ δὲ ἀρχῆς κτίσεως *ἄρσεν καὶ θῆλυ ἐποίησεν αὐτούς·* ➤ Gen 1,27		
120	**Mt 19,7** ↑ Mk 10,3 → Mt 5,31 **λέγουσιν** αὐτῷ· τί οὖν Μωϋσῆς ἐνετείλατο δοῦναι βιβλίον ἀποστασίου καὶ ἀπολῦσαι [αὐτήν]; ➤ Deut 24,1.2	**Mk 10,4** οἱ δὲ **εἶπαν·** ἐπέτρεψεν Μωϋσῆς βιβλίον ἀποστασίου γράψαι καὶ ἀπολῦσαι. ➤ Deut 24,1.2		
120	**Mt 19,8** **λέγει** αὐτοῖς ὅτι Μωϋσῆς πρὸς τὴν σκληροκαρδίαν ὑμῶν ἐπέτρεψεν ὑμῖν ἀπολῦσαι τὰς γυναῖκας ὑμῶν, ...	**Mk 10,5** ὁ δὲ Ἰησοῦς **εἶπεν** αὐτοῖς· πρὸς τὴν σκληροκαρδίαν ὑμῶν ἔγραψεν ὑμῖν τὴν ἐντολὴν ταύτην.		
210	**Mt 19,5** καὶ **εἶπεν·** *ἕνεκα τούτου καταλείψει ἄνθρωπος τὸν πατέρα καὶ τὴν μητέρα ...* ➤ Gen 2,24 LXX	**Mk 10,7** *ἕνεκεν τούτου καταλείψει ἄνθρωπος τὸν πατέρα αὐτοῦ καὶ τὴν μητέρα ...* ➤ Gen 2,24 LXX		

	Mt		Mk		Lk		
200	Mt 19,11	ὁ δὲ **εἶπεν** αὐτοῖς· οὐ πάντες χωροῦσιν τὸν λόγον [τοῦτον] ἀλλ' οἷς δέδοται.					
221	Mt 19,14	ὁ δὲ Ἰησοῦς **εἶπεν**· ἄφετε τὰ παιδία καὶ μὴ κωλύετε αὐτὰ ἐλθεῖν πρός με, ...	Mk 10,14	ἰδὼν δὲ ὁ Ἰησοῦς ἠγανάκτησεν καὶ **εἶπεν** αὐτοῖς· ἄφετε τὰ παιδία ἔρχεσθαι πρός με, μὴ κωλύετε αὐτά, ...	Lk 18,16	ὁ δὲ Ἰησοῦς προσεκαλέσατο αὐτὰ **λέγων**· ἄφετε τὰ παιδία ἔρχεσθαι πρός με καὶ μὴ κωλύετε αὐτά, ...	→ GTh 22
211	Mt 19,16 → Mt 22,35-36	καὶ ἰδοὺ εἷς προσελθὼν αὐτῷ **εἶπεν**· διδάσκαλε, τί ἀγαθὸν ποιήσω ἵνα σχῶ ζωὴν αἰώνιον;	Mk 10,17 → Mk 12,28	... προσδραμὼν εἷς καὶ γονυπετήσας αὐτὸν **ἐπηρώτα** αὐτόν· διδάσκαλε ἀγαθέ, τί ποιήσω ἵνα ζωὴν αἰώνιον κληρονομήσω;	Lk 18,18 ⇨ Lk 10,25	καὶ **ἐπηρώτησέν** τις αὐτὸν ἄρχων λέγων· διδάσκαλε ἀγαθέ, τί ποιήσας ζωὴν αἰώνιον κληρονομήσω;	
222	Mt 19,17	ὁ δὲ **εἶπεν** αὐτῷ· τί με ἐρωτᾷς περὶ τοῦ ἀγαθοῦ; εἷς ἐστιν ὁ ἀγαθός· ...	Mk 10,18	ὁ δὲ Ἰησοῦς **εἶπεν** αὐτῷ· τί με λέγεις ἀγαθόν; οὐδεὶς ἀγαθὸς εἰ μὴ εἷς ὁ θεός.	Lk 18,19	**εἶπεν** δὲ αὐτῷ ὁ Ἰησοῦς· τί με λέγεις ἀγαθόν; οὐδεὶς ἀγαθὸς εἰ μὴ εἷς ὁ θεός.	
211	Mt 19,18	... ὁ δὲ Ἰησοῦς **εἶπεν**· τὸ *οὐ φονεύσεις, οὐ μοιχεύσεις, οὐ κλέψεις, οὐ ψευδομαρτυρήσεις* ➤ Exod 20,13-16/Deut 5,17-20	Mk 10,19	... *μὴ φονεύσῃς, μὴ μοιχεύσῃς, μὴ κλέψῃς, μὴ ψευδομαρτυρήσῃς*, ... ➤ Exod 20,13-16/Deut 5,17-20	Lk 18,20	... *μὴ μοιχεύσῃς, μὴ φονεύσῃς, μὴ κλέψῃς, μὴ ψευδομαρτυρήσῃς*, ... ➤ Exod 20,13-16/Deut 5,17-20	
112	Mt 19,20	**λέγει** αὐτῷ ὁ νεανίσκος· πάντα ταῦτα ἐφύλαξα· τί ἔτι ὑστερῶ;	Mk 10,20	ὁ δὲ **ἔφη** αὐτῷ· διδάσκαλε, ταῦτα πάντα ἐφυλαξάμην ἐκ νεότητός μου.	Lk 18,21	ὁ δὲ **εἶπεν**· ταῦτα πάντα ἐφύλαξα ἐκ νεότητος.	
122	Mt 19,21	**ἔφη** αὐτῷ ὁ Ἰησοῦς· εἰ θέλεις τέλειος εἶναι, ὕπαγε πώλησόν σου τὰ ὑπάρχοντα καὶ δὸς [τοῖς] πτωχοῖς, ...	Mk 10,21 ↑ Mt 19,20	ὁ δὲ Ἰησοῦς ἐμβλέψας αὐτῷ ἠγάπησεν αὐτὸν καὶ **εἶπεν** αὐτῷ· ἕν σε ὑστερεῖ· ὕπαγε, ὅσα ἔχεις πώλησον καὶ δὸς [τοῖς] πτωχοῖς, ...	Lk 18,22	ἀκούσας δὲ ὁ Ἰησοῦς **εἶπεν** αὐτῷ· ἔτι ἕν σοι λείπει· πάντα ὅσα ἔχεις πώλησον καὶ διάδος πτωχοῖς, ...	→ Acts 2,45
212	Mt 19,23	ὁ δὲ Ἰησοῦς **εἶπεν** τοῖς μαθηταῖς αὐτοῦ· ἀμὴν λέγω ὑμῖν ὅτι πλούσιος δυσκόλως εἰσελεύσεται εἰς τὴν βασιλείαν τῶν οὐρανῶν.	Mk 10,23	καὶ περιβλεψάμενος ὁ Ἰησοῦς **λέγει** τοῖς μαθηταῖς αὐτοῦ· πῶς δυσκόλως οἱ τὰ χρήματα ἔχοντες εἰς τὴν βασιλείαν τοῦ θεοῦ εἰσελεύσονται.	Lk 18,24	ἰδὼν δὲ αὐτὸν ὁ Ἰησοῦς [περίλυπον γενόμενον] **εἶπεν**· πῶς δυσκόλως οἱ τὰ χρήματα ἔχοντες εἰς τὴν βασιλείαν τοῦ θεοῦ εἰσπορεύονται·	
112	Mt 19,25	ἀκούσαντες δὲ οἱ μαθηταὶ ἐξεπλήσσοντο σφόδρα **λέγοντες**· τίς ἄρα δύναται σωθῆναι;	Mk 10,26	οἱ δὲ περισσῶς ἐξεπλήσσοντο **λέγοντες** πρὸς ἑαυτούς· καὶ τίς δύναται σωθῆναι;	Lk 18,26	**εἶπαν** δὲ οἱ ἀκούσαντες· καὶ τίς δύναται σωθῆναι;	
212	Mt 19,26	ἐμβλέψας δὲ ὁ Ἰησοῦς **εἶπεν** αὐτοῖς· παρὰ ἀνθρώποις τοῦτο ἀδύνατόν ἐστιν, παρὰ δὲ θεῷ πάντα δυνατά.	Mk 10,27	ἐμβλέψας αὐτοῖς ὁ Ἰησοῦς **λέγει**· παρὰ ἀνθρώποις ἀδύνατον, ἀλλ' οὐ παρὰ θεῷ· πάντα γὰρ δυνατὰ παρὰ τῷ θεῷ.	Lk 18,27	ὁ δὲ **εἶπεν**· τὰ ἀδύνατα παρὰ ἀνθρώποις δυνατὰ παρὰ τῷ θεῷ ἐστιν.	

b 212	**Mt 19,27**	τότε ἀποκριθεὶς ὁ Πέτρος **εἶπεν** αὐτῷ· ἰδοὺ ἡμεῖς ἀφήκαμεν πάντα καὶ ἠκολουθήσαμέν σοι· τί ἄρα ἔσται ἡμῖν;	**Mk 10,28**	ἤρξατο **λέγειν** ὁ Πέτρος αὐτῷ· ἰδοὺ ἡμεῖς ἀφήκαμεν πάντα καὶ ἠκολουθήκαμέν σοι.	**Lk 18,28**	**εἶπεν** δὲ ὁ Πέτρος· ἰδοὺ ἡμεῖς ἀφέντες τὰ ἴδια ἠκολουθήσαμέν σοι.	
212	**Mt 19,28** ↓Lk 22,28	ὁ δὲ Ἰησοῦς **εἶπεν** αὐτοῖς· ἀμὴν λέγω ὑμῖν ὅτι ὑμεῖς οἱ ἀκολουθήσαντές μοι ... [29] καὶ πᾶς ὅστις ἀφῆκεν οἰκίας ἢ ἀδελφοὺς ἢ ἀδελφὰς ...	**Mk 10,29**	**ἔφη** ὁ Ἰησοῦς· ἀμὴν λέγω ὑμῖν, οὐδείς ἐστιν ὃς ἀφῆκεν οἰκίαν ἢ ἀδελφοὺς ἢ ἀδελφὰς ...	**Lk 18,29** **Lk 22,28** ↑**Mt 19,28**	ὁ δὲ **εἶπεν** αὐτοῖς· ἀμὴν λέγω ὑμῖν ὅτι οὐδείς ἐστιν ὃς ἀφῆκεν οἰκίαν ἢ γυναῖκα ἢ ἀδελφοὺς ... ὑμεῖς δέ ἐστε οἱ διαμεμενηκότες μετ᾽ ἐμοῦ ἐν τοῖς πειρασμοῖς μου·	
200	**Mt 20,4**	καὶ ἐκείνοις **εἶπεν**· ὑπάγετε καὶ ὑμεῖς εἰς τὸν ἀμπελῶνα, ...					
b 200	**Mt 20,13**	ὁ δὲ ἀποκριθεὶς ἑνὶ αὐτῶν **εἶπεν**· ἑταῖρε, οὐκ ἀδικῶ σε· ...					
c 212	**Mt 20,17** ↑Mt 16,21 ↑**Mt 17,22**	... παρέλαβεν τοὺς δώδεκα [μαθητὰς] κατ᾽ ἰδίαν καὶ ἐν τῇ ὁδῷ **εἶπεν** αὐτοῖς· [18] ἰδοὺ ἀναβαίνομεν εἰς Ἱεροσόλυμα, ...	**Mk 10,32** ↑Mk 8,31 ↑Mk 9,31	... καὶ παραλαβὼν πάλιν τοὺς δώδεκα ἤρξατο αὐτοῖς **λέγειν** τὰ μέλλοντα αὐτῷ συμβαίνειν, [33] ὅτι ἰδοὺ ἀναβαίνομεν εἰς Ἱεροσόλυμα, ...	**Lk 18,31** ↑**Lk 9,22** ↑Lk 9,44 →Lk 17,25 →Lk 24,7 ↓**Lk 24,46**	παραλαβὼν δὲ τοὺς δώδεκα **εἶπεν** πρὸς αὐτούς· ἰδοὺ ἀναβαίνομεν εἰς Ἰερουσαλήμ, ...	
220	**Mt 20,21** **(2)**	ὁ δὲ **εἶπεν** αὐτῇ· τί θέλεις;	**Mk 10,36**	ὁ δὲ **εἶπεν** αὐτοῖς· τί θέλετέ [με] ποιήσω ὑμῖν;			
120 *e* 210		**λέγει** αὐτῷ· **εἰπὲ** ἵνα καθίσωσιν οὗτοι οἱ δύο υἱοί μου εἷς ἐκ δεξιῶν σου καὶ εἷς ἐξ εὐωνύμων σου ἐν τῇ βασιλείᾳ σου.	**Mk 10,37**	οἱ δὲ **εἶπαν** αὐτῷ· **δὸς** ἡμῖν ἵνα εἷς σου ἐκ δεξιῶν καὶ εἷς ἐξ ἀριστερῶν καθίσωμεν ἐν τῇ δόξῃ σου.			

[a] εἶπειν ἐν ἑαυτῷ, ~ ἐν τῇ καρδίᾳ
[b] εἶπον and ἀποκρίνομαι (except d)
[c] εἶπον πρός τινα (except d)
[d] ἀποκρίνομαι and εἶπον πρός τινα
[e] εἶπον ἵνα
[f] εἶπον and (προσ-, συγ)καλέω/-ομαι
[g] εἶπον and λέγω
[h] εἶπον and (ἀνα-, προσ)φονέω
[j] εἶπον and φωνή, εἶπον and κραυγή
[k] εἶπον and infinitive
[l] εἶπον (...) ὅτι
[m] εἶπον with reference to scripture

		Mt		Mk		Lk	
b 220	Mt 20,22	ἀποκριθεὶς δὲ ὁ Ἰησοῦς **εἶπεν·** οὐκ οἴδατε τί αἰτεῖσθε. δύνασθε πιεῖν τὸ ποτήριον ὃ ἐγὼ μέλλω πίνειν;	Mk 10,38	ὁ δὲ Ἰησοῦς **εἶπεν** αὐτοῖς· οὐκ οἴδατε τί αἰτεῖσθε. δύνασθε πιεῖν τὸ ποτήριον ὃ ἐγὼ πίνω ἢ τὸ βάπτισμα ὃ ἐγὼ βαπτίζομαι βαπτισθῆναι;	Lk 12,50	βάπτισμα δὲ ἔχω βαπτισθῆναι, καὶ πῶς συνέχομαι ἕως ὅτου τελεσθῇ.	
120		**λέγουσιν** αὐτῷ· δυνάμεθα.	Mk 10,39 (2)	οἱ δὲ **εἶπαν** αὐτῷ· δυνάμεθα.			
120	Mt 20,23	**λέγει** αὐτοῖς· τὸ μὲν ποτήριόν μου πίεσθε, ...		ὁ δὲ Ἰησοῦς **εἶπεν** αὐτοῖς· τὸ ποτήριον ὃ ἐγὼ πίνω πίεσθε καὶ τὸ βάπτισμα ὃ ἐγὼ βαπτίζομαι βαπτισθήσεσθε			
f 212	Mt 20,25	ὁ δὲ Ἰησοῦς προσκαλεσάμενος αὐτοὺς **εἶπεν·** οἴδατε ὅτι οἱ ἄρχοντες τῶν ἐθνῶν κατακυριεύουσιν αὐτῶν ...	Mk 10,42	καὶ προσκαλεσάμενος αὐτοὺς ὁ Ἰησοῦς **λέγει** αὐτοῖς· οἴδατε ὅτι οἱ δοκοῦντες ἄρχειν τῶν ἐθνῶν κατακυριεύουσιν αὐτῶν ...	Lk 22,25	ὁ δὲ **εἶπεν** αὐτοῖς· οἱ βασιλεῖς τῶν ἐθνῶν κυριεύουσιν αὐτῶν ...	
h 121	Mt 20,32	καὶ στὰς ὁ Ἰησοῦς ἐφώνησεν αὐτοὺς	Mk 10,49	καὶ στὰς ὁ Ἰησοῦς **εἶπεν·** φωνήσατε αὐτόν. καὶ φωνοῦσιν τὸν τυφλὸν λέγοντες αὐτῷ· θάρσει, ἔγειρε, φωνεῖ σε.	Lk 18,40	σταθεὶς δὲ ὁ Ἰησοῦς **ἐκέλευσεν** αὐτὸν ἀχθῆναι πρὸς αὐτόν.	
h b 221	⇩ Mt 9,28	καὶ **εἶπεν·** τί θέλετε ποιήσω ὑμῖν;	Mk 10,51 (2)	[50] ὁ δὲ ἀποβαλὼν τὸ ἱμάτιον αὐτοῦ ἀναπηδήσας ἦλθεν πρὸς τὸν Ἰησοῦν. [51] καὶ ἀποκριθεὶς αὐτῷ ὁ Ἰησοῦς **εἶπεν·** τί σοι θέλεις ποιήσω;		ἐγγίσαντος δὲ αὐτοῦ **ἐπηρώτησεν** αὐτόν· [41] τί σοι θέλεις ποιήσω; ↔	
122	Mt 20,33 ⇩ Mt 9,28	**λέγουσιν** αὐτῷ· κύριε, ἵνα ἀνοιγῶσιν οἱ ὀφθαλμοὶ ἡμῶν.		ὁ δὲ τυφλὸς **εἶπεν** αὐτῷ· ραββουνι, ἵνα ἀναβλέψω.	Lk 18,41	↔ ὁ δὲ **εἶπεν·** κύριε, ἵνα ἀναβλέψω.	
	Mt 9,28 ⇧ Mt 20,32	... καὶ **λέγει** αὐτοῖς ὁ Ἰησοῦς· πιστεύετε ὅτι δύναμαι τοῦτο ποιῆσαι;					
	⇧ Mt 20,33	**λέγουσιν** αὐτῷ· ναὶ κύριε.					

	Mt		Mk		Lk		
122	**Mt 20,34** ⇩ Mt 9,29 → Mk 8,23 → Mk 8,25	σπλαγχνισθεὶς δὲ ὁ Ἰησοῦς ἥψατο τῶν ὀμμάτων αὐτῶν, καὶ εὐθέως ἀνέβλεψαν καὶ ἠκολούθησαν αὐτῷ.	**Mk 10,52**	καὶ ὁ Ἰησοῦς **εἶπεν** αὐτῷ· ὕπαγε, ἡ πίστις σου σέσωκέν σε. καὶ εὐθὺς ἀνέβλεψεν, καὶ ἠκολούθει αὐτῷ ἐν τῇ ὁδῷ.	**Lk 18,42**	καὶ ὁ Ἰησοῦς **εἶπεν** αὐτῷ· ἀνάβλεψον· ἡ πίστις σου σέσωκέν σε. [43] καὶ παραχρῆμα ἀνέβλεψεν καὶ ἠκολούθει αὐτῷ ...	
	Mt 9,29 ⇧ Mt 20,34	τότε ἥψατο τῶν ὀφθαλμῶν αὐτῶν **λέγων·** κατὰ τὴν πίστιν ὑμῶν γενηθήτω ὑμῖν. [30] καὶ ἠνεῴχθησαν αὐτῶν οἱ ὀφθαλμοί. ...					
c 002					**Lk 19,5**	... ἀναβλέψας ὁ Ἰησοῦς **εἶπεν** πρὸς αὐτόν· Ζακχαῖε, σπεύσας κατάβηθι, ...	
c 002					**Lk 19,8**	σταθεὶς δὲ Ζακχαῖος **εἶπεν** πρὸς τὸν κύριον· ἰδοὺ τὰ ἡμίσιά μου τῶν ὑπαρχόντων, κύριε, τοῖς πτωχοῖς δίδωμι, ...	
c l 002					**Lk 19,9** → Lk 13,16	**εἶπεν** δὲ πρὸς αὐτὸν ὁ Ἰησοῦς ὅτι σήμερον σωτηρία τῷ οἴκῳ τούτῳ ἐγένετο, ...	
002					**Lk 19,11**	ἀκουόντων δὲ αὐτῶν ταῦτα προσθεὶς **εἶπεν** παραβολὴν διὰ τὸ ἐγγὺς εἶναι Ἰερουσαλὴμ αὐτὸν καὶ δοκεῖν αὐτοὺς ὅτι παραχρῆμα μέλλει ἡ βασιλεία τοῦ θεοῦ ἀναφαίνεσθαι.	
102	**Mt 25,14**	ὥσπερ γὰρ ἄνθρωπος ἀποδημῶν ↔	**Mk 13,34**	ὡς ἄνθρωπος ἀπόδημος ἀφεὶς τὴν οἰκίαν αὐτοῦ	**Lk 19,12**	**εἶπεν** οὖν· ἄνθρωπός τις εὐγενὴς ἐπορεύθη εἰς χώραν μακρὰν λαβεῖν ἑαυτῷ βασιλείαν καὶ ὑποστρέψαι.	Mk-Q overlap
c 102	**Mt 25,15**	↔ [14] ἐκάλεσεν τοὺς ἰδίους δούλους καὶ παρέδωκεν αὐτοῖς τὰ ὑπάρχοντα αὐτοῦ, [15] καὶ ᾧ μὲν ἔδωκεν πέντε τάλαντα, ᾧ δὲ δύο, ᾧ δὲ ἕν, ἑκάστῳ κατὰ τὴν ἰδίαν δύναμιν, καὶ ἀπεδήμησεν. ...		καὶ δοὺς τοῖς δούλοις αὐτοῦ τὴν ἐξουσίαν ἑκάστῳ τὸ ἔργον αὐτοῦ, καὶ τῷ θυρωρῷ ἐνετείλατο ἵνα γρηγορῇ.	**Lk 19,13**	καλέσας δὲ δέκα δούλους ἑαυτοῦ ἔδωκεν αὐτοῖς δέκα μνᾶς καὶ **εἶπεν** πρὸς αὐτούς· πραγματεύσασθε ἐν ᾧ ἔρχομαι.	Mk-Q overlap
k 102	**Mt 25,19**	μετὰ δὲ πολὺν χρόνον ἔρχεται ὁ κύριος τῶν δούλων ἐκείνων καὶ συναίρει λόγον μετ᾽ αὐτῶν.			**Lk 19,15**	καὶ ἐγένετο ἐν τῷ ἐπανελθεῖν αὐτὸν λαβόντα τὴν βασιλείαν καὶ **εἶπεν** φωνηθῆναι αὐτῷ τοὺς δούλους τούτους οἷς δεδώκει τὸ ἀργύριον, ἵνα γνοῖ τί διεπραγματεύσαντο.	

102	Mt 25,21	**ἔφη** αὐτῷ ὁ κύριος αὐτοῦ· εὖ, δοῦλε ἀγαθὲ καὶ πιστέ, ἐπὶ ὀλίγα ἦς πιστός, ἐπὶ πολλῶν σε καταστήσω· ...			Lk 19,17	καὶ **εἶπεν** αὐτῷ· εὖγε, ἀγαθὲ δοῦλε, ὅτι ἐν ἐλαχίστῳ πιστὸς ἐγένου, ἴσθι ἐξουσίαν ἔχων ἐπάνω δέκα πόλεων.	
102	Mt 25,23 → Mt 24,47	**ἔφη** αὐτῷ ὁ κύριος αὐτοῦ· εὖ, δοῦλε ἀγαθὲ καὶ πιστέ, ἐπὶ ὀλίγα ἦς πιστός, ἐπὶ πολλῶν σε καταστήσω· ...			Lk 19,19	**εἶπεν** δὲ καὶ τούτῳ· καὶ σὺ ἐπάνω γίνου πέντε πόλεων.	
102	Mt 25,28	ἄρατε οὖν ἀπ' αὐτοῦ τὸ τάλαντον καὶ δότε τῷ ἔχοντι τὰ δέκα τάλαντα·			Lk 19,24	καὶ τοῖς παρεστῶσιν **εἶπεν·** ἄρατε ἀπ' αὐτοῦ τὴν μνᾶν καὶ δότε τῷ τὰς δέκα μνᾶς ἔχοντι	
002					Lk 19,25	καὶ **εἶπαν** αὐτῷ· κύριε, ἔχει δέκα μνᾶς	
112	Mt 21,1	καὶ ὅτε ἤγγισαν εἰς Ἱεροσόλυμα καὶ ἦλθον εἰς Βηθφαγὴ ...	Mk 11,1	καὶ ὅτε ἐγγίζουσιν εἰς Ἱεροσόλυμα εἰς Βηθφαγὴ καὶ Βηθανίαν ...	Lk 19,28	καὶ **εἰπὼν** ταῦτα ἐπορεύετο ἔμπροσθεν ἀναβαίνων εἰς Ἱεροσόλυμα. [29] καὶ ἐγένετο ὡς ἤγγισεν εἰς Βηθφαγὴ καὶ Βηθανία[ν] ...	→ Jn 12,12
221 121	Mt 21,3	καὶ ἐάν τις ὑμῖν **εἴπῃ** τι, **ἐρεῖτε** ὅτι ὁ κύριος αὐτῶν χρείαν ἔχει· εὐθὺς δὲ ἀποστελεῖ αὐτούς.	Mk 11,3 (2)	καὶ ἐάν τις ὑμῖν **εἴπῃ·** τί ποιεῖτε τοῦτο; **εἴπατε·** ὁ κύριος αὐτοῦ χρείαν ἔχει, καὶ εὐθὺς αὐτὸν ἀποστέλλει πάλιν ὧδε.	Lk 19,31	καὶ ἐάν τις ὑμᾶς **ἐρωτᾷ·** διὰ τί λύετε; οὕτως **ἐρεῖτε·** ὅτι ὁ κύριος αὐτοῦ χρείαν ἔχει.	
200	Mt 21,5	***εἴπατε*** *τῇ θυγατρὶ Σιών· ἰδοὺ ὁ βασιλεύς σου ἔρχεταί σοι ...* ➤ Isa 62,11; Zech 9,9					→ Jn 12,15
112	Mt 21,6 ↓ Mk 11,6	πορευθέντες δὲ οἱ μαθηταὶ καὶ ποιήσαντες καθὼς **συνέταξεν** αὐτοῖς ὁ Ἰησοῦς	Mk 11,4	καὶ ἀπῆλθον καὶ εὗρον πῶλον δεδεμένον πρὸς θύραν ἔξω ἐπὶ τοῦ ἀμφόδου ↔	Lk 19,32 ↓ Mk 11,6	ἀπελθόντες δὲ οἱ ἀπεσταλμένοι εὗρον καθὼς **εἶπεν** αὐτοῖς.	
c 012			Mk 11,5	↔ [4] καὶ λύουσιν αὐτόν. [5] καί τινες τῶν ἐκεῖ ἑστηκότων **ἔλεγον** αὐτοῖς· τί ποιεῖτε λύοντες τὸν πῶλον;	Lk 19,33	λυόντων δὲ αὐτῶν τὸν πῶλον **εἶπαν** οἱ κύριοι αὐτοῦ πρὸς αὐτούς· τί λύετε τὸν πῶλον;	
022 021			Mk 11,6 (2) ↑ Mt 21,6 ↑ Lk 19,32	οἱ δὲ **εἶπαν** αὐτοῖς καθὼς **εἶπεν** ὁ Ἰησοῦς, καὶ ἀφῆκαν αὐτούς.	Lk 19,34	οἱ δὲ **εἶπαν·** ὅτι ὁ κύριος αὐτοῦ χρείαν ἔχει.	

	Mt		Mk		Lk		
c 002					**Lk 19,39** ↓ Mt 21,16	καί τινες τῶν Φαρισαίων ἀπὸ τοῦ ὄχλου **εἶπαν** πρὸς αὐτόν· διδάσκαλε, ἐπιτίμησον τοῖς μαθηταῖς σου.	→ Jn 12,19
b 002					**Lk 19,40** ↓ Mt 21,16	καὶ ἀποκριθεὶς **εἶπεν·** λέγω ὑμῖν, ἐὰν οὗτοι σιωπήσουσιν, οἱ λίθοι κράξουσιν.	
b 120	**Mt 21,19**	... οὐδὲν εὗρεν ἐν αὐτῇ εἰ μὴ φύλλα μόνον, καὶ **λέγει** αὐτῇ· μηκέτι ἐκ σοῦ καρπὸς γένηται εἰς τὸν αἰῶνα. ...	**Mk 11,14**	[13] ... οὐδὲν εὗρεν εἰ μὴ φύλλα· ... [14] καὶ ἀποκριθεὶς **εἶπεν** αὐτῇ· μηκέτι εἰς τὸν αἰῶνα ἐκ σοῦ μηδεὶς καρπὸν φάγοι. ...			
200	**Mt 21,16** ↑ Lk 19,39 ↑ Lk 19,40	καὶ **εἶπαν** αὐτῷ· ἀκούεις τί οὗτοι λέγουσιν; ὁ δὲ Ἰησοῦς λέγει αὐτοῖς· ναί· οὐδέποτε ἀνέγνωτε ὅτι *ἐκ στόματος νηπίων καὶ* *θηλαζόντων κατηρτίσω* *αἶνον;* ➤ Ps 8,3 LXX					
b 210	**Mt 21,21** (2)	ἀποκριθεὶς δὲ ὁ Ἰησοῦς **εἶπεν** αὐτοῖς·	**Mk 11,22**	καὶ ἀποκριθεὶς ὁ Ἰησοῦς **λέγει** αὐτοῖς· ↔			
220	↑ Lk 17,6	ἀμὴν λέγω ὑμῖν, ἐὰν ἔχητε πίστιν καὶ μὴ διακριθῆτε, οὐ μόνον τὸ τῆς συκῆς ποιήσετε, ἀλλὰ κἂν τῷ ὄρει τούτῳ **εἴπητε·** ἄρθητι καὶ βλήθητι εἰς τὴν θάλασσαν, γενήσεται·	**Mk 11,23** ↑ Mk 9,23	↔ [22] ἔχετε πίστιν θεοῦ. [23] ἀμὴν λέγω ὑμῖν ὅτι ὃς ἂν **εἴπῃ** τῷ ὄρει τούτῳ· ἄρθητι καὶ βλήθητι εἰς τὴν θάλασσαν, καὶ μὴ διακριθῇ ἐν τῇ καρδίᾳ αὐτοῦ ἀλλὰ πιστεύῃ ὅτι ὃ λαλεῖ γίνεται, ἔσται αὐτῷ.	↑ Lk 17,6		→ GTh 48 → GTh 106
g c 112 112	**Mt 21,23**	... προσῆλθον αὐτῷ διδάσκοντι οἱ ἀρχιερεῖς καὶ οἱ πρεσβύτεροι τοῦ λαοῦ **λέγοντες·** ἐν ποίᾳ ἐξουσίᾳ ταῦτα ποιεῖς; ...	**Mk 11,28**	[27] ... ἔρχονται πρὸς αὐτὸν οἱ ἀρχιερεῖς καὶ οἱ γραμματεῖς καὶ οἱ πρεσβύτεροι [28] καὶ **ἔλεγον** αὐτῷ· ἐν ποίᾳ ἐξουσίᾳ ταῦτα ποιεῖς; ...	**Lk 20,2** (2)	[1] ... ἐπέστησαν οἱ ἀρχιερεῖς καὶ οἱ γραμματεῖς σὺν τοῖς πρεσβυτέροις [2] καὶ **εἶπαν λέγοντες** πρὸς αὐτόν· **εἰπὸν** ἡμῖν ἐν ποίᾳ ἐξουσίᾳ ταῦτα ποιεῖς, ...	
b d 222 212	**Mt 21,24** (2)	ἀποκριθεὶς δὲ ὁ Ἰησοῦς **εἶπεν** αὐτοῖς· ἐρωτήσω ὑμᾶς κἀγὼ λόγον ἕνα, ὃν ἐὰν **εἴπητέ** μοι κἀγὼ ὑμῖν ἐρῶ ἐν ποίᾳ ἐξουσίᾳ ταῦτα ποιῶ·	**Mk 11,29**	ὁ δὲ Ἰησοῦς **εἶπεν** αὐτοῖς· ἐπερωτήσω ὑμᾶς ἕνα λόγον, καὶ **ἀποκρίθητέ** μοι καὶ ἐρῶ ὑμῖν ἐν ποίᾳ ἐξουσίᾳ ταῦτα ποιῶ·	**Lk 20,3** (2)	ἀποκριθεὶς δὲ **εἶπεν** πρὸς αὐτούς· ἐρωτήσω ὑμᾶς κἀγὼ λόγον, καὶ **εἴπατέ** μοι·	

g 222	Mt 21,25	... οἱ δὲ διελογίζοντο ἐν ἑαυτοῖς λέγοντες· ἐὰν **εἴπωμεν·** ἐξ οὐρανοῦ, ἐρεῖ ἡμῖν· διὰ τί οὖν οὐκ ἐπιστεύσατε αὐτῷ;	Mk 11,31	καὶ διελογίζοντο πρὸς ἑαυτοὺς λέγοντες· ἐὰν **εἴπωμεν·** ἐξ οὐρανοῦ, ἐρεῖ· διὰ τί [οὖν] οὐκ ἐπιστεύσατε αὐτῷ;	Lk 20,5	οἱ δὲ συνελογίσαντο πρὸς ἑαυτοὺς λέγοντες ὅτι ἐὰν **εἴπωμεν·** ἐξ οὐρανοῦ, ἐρεῖ· διὰ τί οὐκ ἐπιστεύσατε αὐτῷ;	
222	Mt 21,26	ἐὰν δὲ **εἴπωμεν·** ἐξ ἀνθρώπων, φοβούμεθα τὸν ὄχλον, πάντες γὰρ ὡς προφήτην ἔχουσιν τὸν Ἰωάννην.	Mk 11,32	ἀλλὰ **εἴπωμεν·** ἐξ ἀνθρώπων; - ἐφοβοῦντο τὸν ὄχλον· ἅπαντες γὰρ εἶχον τὸν Ἰωάννην ὄντως ὅτι προφήτης ἦν.	Lk 20,6	ἐὰν δὲ **εἴπωμεν·** ἐξ ἀνθρώπων, ὁ λαὸς ἅπας καταλιθάσει ἡμᾶς, πεπεισμένος γάρ ἐστιν Ἰωάννην προφήτην εἶναι.	
b 211	Mt 21,27	καὶ ἀποκριθέντες τῷ Ἰησοῦ **εἶπαν·** οὐκ οἴδαμεν.	Mk 11,33	καὶ ἀποκριθέντες τῷ Ἰησοῦ **λέγουσιν·** οὐκ οἴδαμεν.	Lk 20,7	καὶ ἀπεκρίθησαν μὴ εἰδέναι πόθεν.	
112		**ἔφη** αὐτοῖς καὶ αὐτός· οὐδὲ ἐγὼ λέγω ὑμῖν ἐν ποίᾳ ἐξουσίᾳ ταῦτα ποιῶ.		καὶ ὁ Ἰησοῦς **λέγει** αὐτοῖς· οὐδὲ ἐγὼ λέγω ὑμῖν ἐν ποίᾳ ἐξουσίᾳ ταῦτα ποιῶ.	Lk 20,8	καὶ ὁ Ἰησοῦς **εἶπεν** αὐτοῖς· οὐδὲ ἐγὼ λέγω ὑμῖν ἐν ποίᾳ ἐξουσίᾳ ταῦτα ποιῶ.	
200	Mt 21,28	... καὶ προσελθὼν τῷ πρώτῳ **εἶπεν·** τέκνον, ὕπαγε σήμερον ἐργάζου ἐν τῷ ἀμπελῶνι.					
b 200	Mt 21,29	ὁ δὲ ἀποκριθεὶς **εἶπεν·** οὐ θέλω, ὕστερον δὲ μεταμεληθεὶς ἀπῆλθεν.					
200 b 200	Mt 21,30 (2)	προσελθὼν δὲ τῷ ἑτέρῳ **εἶπεν** ὡσαύτως. ὁ δὲ ἀποκριθεὶς **εἶπεν·** ἐγώ, κύριε· καὶ οὐκ ἀπῆλθεν.					
112	Mt 21,37	ὕστερον δὲ ἀπέστειλεν πρὸς αὐτοὺς τὸν υἱὸν αὐτοῦ **λέγων·** ἐντραπήσονται τὸν υἱόν μου.	Mk 12,6	ἔτι ἕνα εἶχεν, υἱὸν ἀγαπητόν· ἀπέστειλεν αὐτὸν ἔσχατον πρὸς αὐτοὺς **λέγων** ὅτι ἐντραπήσονται τὸν υἱόν μου.	Lk 20,13	**εἶπεν** δὲ ὁ κύριος τοῦ ἀμπελῶνος· τί ποιήσω; πέμψω τὸν υἱόν μου τὸν ἀγαπητόν· ἴσως τοῦτον ἐντραπήσονται.	→ GTh 65
a c l 221	Mt 21,38	οἱ δὲ γεωργοὶ ἰδόντες τὸν υἱὸν **εἶπον ἐν** **ἑαυτοῖς·** οὗτός ἐστιν ὁ κληρονόμος· δεῦτε ἀποκτείνωμεν αὐτὸν ...	Mk 12,7	ἐκεῖνοι δὲ οἱ γεωργοὶ **πρὸς** **ἑαυτοὺς εἶπαν** ὅτι οὗτός ἐστιν ὁ κληρονόμος· δεῦτε ἀποκτείνωμεν αὐτόν, ...	Lk 20,14	ἰδόντες δὲ αὐτὸν οἱ γεωργοὶ **διελογίζοντο πρὸς** **ἀλλήλους λέγοντες·** οὗτός ἐστιν ὁ κληρονόμος· ἀποκτείνωμεν αὐτόν, ...	→ GTh 65
112	Mt 21,41 → Mt 21,43	... κακοὺς κακῶς ἀπολέσει αὐτοὺς καὶ τὸν ἀμπελῶνα ἐκδώσεται ἄλλοις γεωργοῖς, ...	Mk 12,9	... ἐλεύσεται καὶ ἀπολέσει τοὺς γεωργοὺς καὶ δώσει τὸν ἀμπελῶνα ἄλλοις.	Lk 20,16	ἐλεύσεται καὶ ἀπολέσει τοὺς γεωργοὺς τούτους καὶ δώσει τὸν ἀμπελῶνα ἄλλοις. ἀκούσαντες δὲ **εἶπαν·** μὴ γένοιτο.	→ GTh 65

	Mt		Mk		Lk		
112	Mt 21,42	**λέγει** αὐτοῖς ὁ Ἰησοῦς· οὐδέποτε ἀνέγνωτε ἐν ταῖς γραφαῖς· *λίθον ὃν ἀπεδοκίμασαν οἱ οἰκοδομοῦντες, οὗτος ἐγενήθη εἰς κεφαλὴν γωνίας·* ... ➤ Ps 118,22	Mk 12,10	οὐδὲ τὴν γραφὴν ταύτην ἀνέγνωτε· *λίθον ὃν ἀπεδοκίμασαν οἱ οἰκοδομοῦντες, οὗτος ἐγενήθη εἰς κεφαλὴν γωνίας·* ➤ Ps 118,22	Lk 20,17	ὁ δὲ ἐμβλέψας αὐτοῖς **εἶπεν·** τί οὖν ἐστιν τὸ γεγραμμένον τοῦτο· *λίθον ὃν ἀπεδοκίμασαν οἱ οἰκοδομοῦντες, οὗτος ἐγενήθη εἰς κεφαλὴν γωνίας;* ➤ Ps 118,22	→ Acts 4,11 → GTh 66
c 122	Mt 21,45 → Mk 11,18	καὶ ἀκούσαντες οἱ ἀρχιερεῖς καὶ οἱ Φαρισαῖοι τὰς παραβολὰς αὐτοῦ ἔγνωσαν ὅτι περὶ αὐτῶν **λέγει·**	Mk 12,12	... ἔγνωσαν γὰρ ὅτι πρὸς αὐτοὺς τὴν παραβολὴν **εἶπεν.** ...	Lk 20,19	... οἱ γραμματεῖς καὶ οἱ ἀρχιερεῖς ... ἔγνωσαν γὰρ ὅτι πρὸς αὐτοὺς **εἶπεν** τὴν παραβολὴν ταύτην.	
b g 202	Mt 22,1 ↑ Lk 14,15	καὶ ἀποκριθεὶς ὁ Ἰησοῦς πάλιν **εἶπεν** ἐν παραβολαῖς αὐτοῖς λέγων· [2] ὡμοιώθη ἡ βασιλεία τῶν οὐρανῶν ἀνθρώπῳ βασιλεῖ, ὅστις ἐποίησεν γάμους τῷ υἱῷ αὐτοῦ.			Lk 14,16	ὁ δὲ **εἶπεν** αὐτῷ· ἄνθρωπός τις ἐποίει δεῖπνον μέγα, καὶ ἐκάλεσεν πολλούς	
202	Mt 22,4	[3] καὶ ἀπέστειλεν τοὺς δούλους αὐτοῦ καλέσαι τοὺς κεκλημένους εἰς τοὺς γάμους, καὶ οὐκ ἤθελον ἐλθεῖν. [4] πάλιν ἀπέστειλεν ἄλλους δούλους λέγων· **εἴπατε** τοῖς κεκλημένοις· ἰδοὺ τὸ ἄριστόν μου ἡτοίμακα, οἱ ταῦροί μου καὶ τὰ σιτιστὰ τεθυμένα καὶ πάντα ἕτοιμα· δεῦτε εἰς τοὺς γάμους.			Lk 14,17	καὶ ἀπέστειλεν τὸν δοῦλον αὐτοῦ τῇ ὥρᾳ τοῦ δείπνου **εἰπεῖν** τοῖς κεκλημένοις· ἔρχεσθε, ὅτι ἤδη ἕτοιμά ἐστιν.	→ GTh 64
200	Mt 22,13	τότε ὁ βασιλεὺς **εἶπεν** τοῖς διακόνοις· δήσαντες αὐτοῦ πόδας καὶ χεῖρας ἐκβάλετε αὐτὸν εἰς τὸ σκότος τὸ ἐξώτερον· ...					
211	Mt 22,17	**εἰπὲ** οὖν ἡμῖν τί σοι δοκεῖ· ἔξεστιν δοῦναι κῆνσον Καίσαρι ἢ οὔ;	Mk 12,14	... ἔξεστιν δοῦναι κῆνσον Καίσαρι ἢ οὔ; δῶμεν ἢ μὴ δῶμεν;	Lk 20,22	ἔξεστιν ἡμᾶς Καίσαρι φόρον δοῦναι ἢ οὔ;	→ GTh 100
c 222	Mt 22,18	γνοὺς δὲ ὁ Ἰησοῦς τὴν πονηρίαν αὐτῶν **εἶπεν·** τί με πειράζετε, ὑποκριταί; [19] ἐπιδείξατέ μοι τὸ νόμισμα τοῦ κήνσου. ↔	Mk 12,15	ὁ δὲ εἰδὼς αὐτῶν τὴν ὑπόκρισιν **εἶπεν** αὐτοῖς· τί με πειράζετε; φέρετέ μοι δηνάριον ἵνα ἴδω.	Lk 20,23	κατανοήσας δὲ αὐτῶν τὴν πανουργίαν **εἶπεν** πρὸς αὐτούς· [24] δείξατέ μοι δηνάριον· ↔	→ GTh 100

	Mt		Mk		Lk		
122	Mt 22,21	↔ [19] οἱ δὲ προσήνεγκαν αὐτῷ δηνάριον. [20] καὶ λέγει αὐτοῖς· τίνος ἡ εἰκὼν αὕτη καὶ ἡ ἐπιγραφή; [21] **λέγουσιν** αὐτῷ· Καίσαρος.	Mk 12,16	οἱ δὲ ἤνεγκαν. καὶ λέγει αὐτοῖς· τίνος ἡ εἰκὼν αὕτη καὶ ἡ ἐπιγραφή; οἱ δὲ **εἶπαν** αὐτῷ· Καίσαρος.	Lk 20,24	↔ τίνος ἔχει εἰκόνα καὶ ἐπιγραφήν; οἱ δὲ **εἶπαν**· Καίσαρος.	→ GTh 100
c 122		τότε **λέγει** αὐτοῖς· ἀπόδοτε οὖν τὰ Καίσαρος Καίσαρι καὶ τὰ τοῦ θεοῦ τῷ θεῷ.	Mk 12,17	ὁ δὲ Ἰησοῦς **εἶπεν** αὐτοῖς· τὰ Καίσαρος ἀπόδοτε Καίσαρι καὶ τὰ τοῦ θεοῦ τῷ θεῷ. ...	Lk 20,25 → Lk 23,2	ὁ δὲ **εἶπεν** πρὸς αὐτούς· τοίνυν ἀπόδοτε τὰ Καίσαρος Καίσαρι καὶ τὰ τοῦ θεοῦ τῷ θεῷ.	→ GTh 100
m 211	Mt 22,24	... διδάσκαλε, Μωϋσῆς **εἶπεν**· *ἐάν τις ἀποθάνῃ μὴ ἔχων τέκνα*, ... ➤ Deut 25,5	Mk 12,19	διδάσκαλε, Μωϋσῆς **ἔγραψεν** ἡμῖν ὅτι *ἐάν τινος ἀδελφὸς ἀποθάνῃ* καὶ καταλίπῃ γυναῖκα *καὶ μὴ ἀφῇ τέκνον*, ... ➤ Deut 25,5	Lk 20,28	... διδάσκαλε, Μωϋσῆς **ἔγραψεν** ἡμῖν, *ἐάν τινος ἀδελφὸς ἀποθάνῃ* ἔχων γυναῖκα, καὶ οὗτος *ἄτεκνος ᾖ*, ... ➤ Deut 25,5	
b 212	Mt 22,29	ἀποκριθεὶς δὲ ὁ Ἰησοῦς **εἶπεν** αὐτοῖς· πλανᾶσθε μὴ εἰδότες τὰς γραφὰς μηδὲ τὴν δύναμιν τοῦ θεοῦ·	Mk 12,24	**ἔφη** αὐτοῖς ὁ Ἰησοῦς· οὐ διὰ τοῦτο πλανᾶσθε μὴ εἰδότες τὰς γραφὰς μηδὲ τὴν δύναμιν τοῦ θεοῦ;	Lk 20,34	καὶ **εἶπεν** αὐτοῖς ὁ Ἰησοῦς· οἱ υἱοὶ τοῦ αἰῶνος τούτου γαμοῦσιν καὶ γαμίσκονται	
g m 121	Mt 22,31	περὶ δὲ τῆς ἀναστάσεως τῶν νεκρῶν οὐκ ἀνέγνωτε τὸ ῥηθὲν ὑμῖν ὑπὸ τοῦ θεοῦ λέγοντος· [32] *ἐγώ εἰμι ὁ θεὸς Ἀβραὰμ καὶ ὁ θεὸς Ἰσαὰκ καὶ ὁ θεὸς Ἰακώβ*; ... ➤ Exod 3,6	Mk 12,26	περὶ δὲ τῶν νεκρῶν ὅτι ἐγείρονται οὐκ ἀνέγνωτε ἐν τῇ βίβλῳ Μωϋσέως ἐπὶ τοῦ βάτου πῶς **εἶπεν** αὐτῷ ὁ θεὸς λέγων· *ἐγὼ ὁ θεὸς Ἀβραὰμ καὶ [ὁ] θεὸς Ἰσαὰκ καὶ [ὁ] θεὸς Ἰακώβ*; ➤ Exod 3,6	Lk 20,37	ὅτι δὲ ἐγείρονται οἱ νεκροί, καὶ Μωϋσῆς ἐμήνυσεν ἐπὶ τῆς βάτου, ὡς λέγει *κύριον τὸν θεὸν Ἀβραὰμ καὶ θεὸν Ἰσαὰκ καὶ θεὸν Ἰακώβ*· ➤ Exod 3,6	
b 022 l 022			Mk 12,32 (2)	καὶ **εἶπεν** αὐτῷ ὁ γραμματεύς· καλῶς, διδάσκαλε, ἐπ᾽ ἀληθείας **εἶπες** ὅτι *εἷς ἐστιν καὶ οὐκ ἔστιν ἄλλος πλὴν αὐτοῦ*· ➤ Deut 6,4	Lk 20,39 (2) ↑ Mk 12,28	ἀποκριθέντες δέ τινες τῶν γραμματέων **εἶπαν**· διδάσκαλε, καλῶς **εἶπας**.	
b 022			Mk 12,34	καὶ ὁ Ἰησοῦς ἰδὼν [αὐτὸν] ὅτι νουνεχῶς ἀπεκρίθη **εἶπεν** αὐτῷ· οὐ μακρὰν εἶ ἀπὸ τῆς βασιλείας τοῦ θεοῦ. ...	Lk 10,28	**εἶπεν** δὲ αὐτῷ· ὀρθῶς ἀπεκρίθης· τοῦτο ποίει καὶ ζήσῃ.	
c 112	Mt 22,42	[41] συνηγμένων δὲ τῶν Φαρισαίων ἐπηρώτησεν αὐτοὺς ὁ Ἰησοῦς [42] **λέγων**· τί ὑμῖν δοκεῖ περὶ τοῦ χριστοῦ; τίνος υἱός ἐστιν; λέγουσιν αὐτῷ· τοῦ Δαυίδ.	Mk 12,35	καὶ ἀποκριθεὶς ὁ Ἰησοῦς **ἔλεγεν** διδάσκων ἐν τῷ ἱερῷ· πῶς λέγουσιν οἱ γραμματεῖς ὅτι ὁ χριστὸς υἱὸς Δαυίδ ἐστιν;	Lk 20,41	**εἶπεν** δὲ πρὸς αὐτούς· πῶς λέγουσιν τὸν χριστὸν εἶναι Δαυὶδ υἱόν;	

	Mt		Mk		Lk		
m 121	**Mt 22,43**	... πῶς οὖν Δαυὶδ ἐν πνεύματι καλεῖ αὐτὸν κύριον **λέγων·**	**Mk 12,36** **(2)**	αὐτὸς Δαυὶδ **εἶπεν** ἐν τῷ πνεύματι τῷ ἁγίῳ·	**Lk 20,42**	αὐτὸς γὰρ Δαυὶδ **λέγει** ἐν βίβλῳ ψαλμῶν·	
222	**Mt 22,44** ↓ Mt 26,64	***εἶπεν*** *κύριος τῷ κυρίῳ μου· κάθου ἐκ δεξιῶν μου* ...; ➤ Ps 110,1	↓ Mk 14,62	***εἶπεν*** *κύριος τῷ κυρίῳ μου· κάθου ἐκ δεξιῶν μου,* ... ➤ Ps 110,1	↓ Lk 22,69	***εἶπεν*** *κύριος τῷ κυρίῳ μου· κάθου ἐκ δεξιῶν μου* ➤ Ps 110,1	
112	**Mt 23,2**	[1] τότε ὁ Ἰησοῦς ἐλάλησεν τοῖς ὄχλοις καὶ τοῖς μαθηταῖς αὐτοῦ **[2] λέγων·** ἐπὶ τῆς Μωϋσέως καθέδρας ἐκάθισαν οἱ γραμματεῖς καὶ οἱ Φαρισαῖοι.	**Mk 12,38**	[37] ... καὶ [ὁ] πολὺς ὄχλος ἤκουεν αὐτοῦ ἡδέως. [38] καὶ ἐν τῇ διδαχῇ αὐτοῦ **ἔλεγεν·** βλέπετε ἀπὸ τῶν γραμματέων ...	**Lk 20,45**	ἀκούοντος δὲ παντὸς τοῦ λαοῦ **εἶπεν** τοῖς μαθηταῖς [αὐτοῦ], [46] προσέχετε ἀπὸ τῶν γραμματέων ...	
200	**Mt 23,3**	πάντα οὖν ὅσα ἐὰν **εἴπωσιν** ὑμῖν ποιήσατε καὶ τηρεῖτε, ...					
202	**Mt 23,39**	... οὐ μή με ἴδητε ἀπ' ἄρτι ἕως ἂν **εἴπητε·** *εὐλογημένος ὁ ἐρχόμενος ἐν ὀνόματι κυρίου.* ➤ Ps 118,26			**Lk 13,35**	... οὐ μὴ ἴδητέ με ἕως [ἥξει ὅτε] **εἴπητε·** *εὐλογημένος ὁ ἐρχόμενος ἐν ὀνόματι κυρίου.* ➤ Ps 118,26	
f 022			**Mk 12,43**	καὶ προσκαλεσάμενος τοὺς μαθητὰς αὐτοῦ **εἶπεν** αὐτοῖς· ἀμὴν λέγω ὑμῖν ὅτι ἡ χήρα αὕτη ἡ πτωχὴ πλεῖον πάντων ἔβαλεν τῶν βαλλόντων εἰς τὸ γαζοφυλάκιον·	**Lk 21,3**	καὶ **εἶπεν·** ἀληθῶς λέγω ὑμῖν ὅτι ἡ χήρα αὕτη ἡ πτωχὴ πλεῖον πάντων ἔβαλεν·	
b 222	**Mt 24,2**	[1] ... καὶ προσῆλθον οἱ μαθηταὶ αὐτοῦ ἐπιδεῖξαι αὐτῷ τὰς οἰκοδομὰς τοῦ ἱεροῦ. [2] ὁ δὲ ἀποκριθεὶς **εἶπεν** αὐτοῖς· οὐ βλέπετε ταῦτα πάντα; ἀμὴν λέγω ὑμῖν, οὐ μὴ ἀφεθῇ ὧδε λίθος ἐπὶ λίθον ὃς οὐ καταλυθήσεται.	**Mk 13,2**	[1] ... λέγει αὐτῷ εἷς τῶν μαθητῶν αὐτοῦ· διδάσκαλε, ἴδε ποταποὶ λίθοι καὶ ποταπαὶ οἰκοδομαί. [2] καὶ ὁ Ἰησοῦς **εἶπεν** αὐτῷ· βλέπεις ταύτας τὰς μεγάλας οἰκοδομάς; οὐ μὴ ἀφεθῇ ὧδε λίθος ἐπὶ λίθον ὃς οὐ μὴ καταλυθῇ.	**Lk 21,5**	καί τινων λεγόντων περὶ τοῦ ἱεροῦ ὅτι λίθοις καλοῖς καὶ ἀναθήμασιν κεκόσμηται **εἶπεν·** [6] ταῦτα ἃ θεωρεῖτε ἐλεύσονται ἡμέραι ἐν αἷς οὐκ ἀφεθήσεται λίθος ἐπὶ λίθῳ ὃς οὐ καταλυθήσεται.	
221	**Mt 24,3**	... προσῆλθον αὐτῷ οἱ μαθηταὶ κατ' ἰδίαν λέγοντες· **εἰπὲ** ἡμῖν, πότε ταῦτα ἔσται καὶ τί τὸ σημεῖον τῆς σῆς παρουσίας καὶ συντελείας τοῦ αἰῶνος;	**Mk 13,4**	[3] ... ἐπηρώτα αὐτὸν κατ' ἰδίαν Πέτρος καὶ Ἰάκωβος καὶ Ἰωάννης καὶ Ἀνδρέας· **[4] εἰπὸν** ἡμῖν, πότε ταῦτα ἔσται καὶ τί τὸ σημεῖον ὅταν μέλλῃ ταῦτα συντελεῖσθαι πάντα;	**Lk 21,7**	ἐπηρώτησαν δὲ αὐτὸν λέγοντες· διδάσκαλε, πότε οὖν ταῦτα ἔσται καὶ τί τὸ σημεῖον ὅταν μέλλῃ ταῦτα γίνεσθαι;	
b 212	**Mt 24,4**	καὶ ἀποκριθεὶς ὁ Ἰησοῦς **εἶπεν** αὐτοῖς· βλέπετε μή τις ὑμᾶς πλανήσῃ·	**Mk 13,5**	ὁ δὲ Ἰησοῦς ἤρξατο **λέγειν** αὐτοῖς· βλέπετε μή τις ὑμᾶς πλανήσῃ·	**Lk 21,8**	ὁ δὲ **εἶπεν·** βλέπετε μὴ πλανηθῆτε· ...	
220	**Mt 24,23** ⇩ Mt 24,26	τότε ἐάν τις ὑμῖν **εἴπῃ·** ἰδοὺ ὧδε ὁ χριστός, ἤ· ὧδε, μὴ πιστεύσητε·	**Mk 13,21** → Mt 24,5 → Mk 13,6 → Lk 21,8	καὶ τότε ἐάν τις ὑμῖν **εἴπῃ·** ἴδε ὧδε ὁ χριστός, ἴδε ἐκεῖ, μὴ πιστεύετε·	↓ Lk 17,23 → Lk 17,21		→ GTh 113

	Mt		Mk		Lk		
201	Mt 24,26 ⇑ Mt 24,23	ἐὰν οὖν εἴπωσιν ὑμῖν· ἰδοὺ ἐν τῇ ἐρήμῳ ἐστίν, μὴ ἐξέλθητε· ἰδοὺ ἐν τοῖς ταμείοις, μὴ πιστεύσητε·	Mk 13,21 → Mt 24,5 → Mk 13,6 → Lk 21,8	καὶ τότε ἐάν τις ὑμῖν εἴπῃ· ἴδε ὧδε ὁ χριστός, ἴδε ἐκεῖ, μὴ πιστεύετε·	Lk 17,23 → Lk 17,21	καὶ ἐροῦσιν ὑμῖν· ἰδοὺ ἐκεῖ, [ἤ·] ἰδοὺ ὧδε· μὴ ἀπέλθητε μηδὲ διώξητε.	→ GTh 113
112	Mt 24,32	ἀπὸ δὲ τῆς συκῆς μάθετε τὴν παραβολήν· ...	Mk 13,28	ἀπὸ δὲ τῆς συκῆς μάθετε τὴν παραβολήν· ...	Lk 21,29	καὶ εἶπεν παραβολὴν αὐτοῖς· ἴδετε τὴν συκῆν καὶ πάντα τὰ δένδρα·	
a 202	Mt 24,48	ἐὰν δὲ εἴπῃ ὁ κακὸς δοῦλος ἐκεῖνος ἐν τῇ καρδίᾳ αὐτοῦ· χρονίζει μου ὁ κύριος			Lk 12,45	ἐὰν δὲ εἴπῃ ὁ δοῦλος ἐκεῖνος ἐν τῇ καρδίᾳ αὐτοῦ· χρονίζει ὁ κύριός μου ἔρχεσθαι, ...	
200	Mt 25,8	αἱ δὲ μωραὶ ταῖς φρονίμοις εἶπαν· δότε ἡμῖν ἐκ τοῦ ἐλαίου ὑμῶν, ...					
b 200	Mt 25,12 → Mt 7,23	ὁ δὲ ἀποκριθεὶς εἶπεν· ἀμὴν λέγω ὑμῖν, οὐκ οἶδα ὑμᾶς.			Lk 13,25 → Lk 13,27	... καὶ ἀποκριθεὶς ἐρεῖ ὑμῖν· οὐκ οἶδα ὑμᾶς πόθεν ἐστέ.	
201	Mt 25,22	προσελθὼν [δὲ] καὶ ὁ τὰ δύο τάλαντα εἶπεν· κύριε, δύο τάλαντά μοι παρέδωκας· ἴδε ἄλλα δύο τάλαντα ἐκέρδησα.			Lk 19,18	καὶ ἦλθεν ὁ δεύτερος λέγων· ἡ μνᾶ σου, κύριε, ἐποίησεν πέντε μνᾶς.	
201	Mt 25,24	προσελθὼν δὲ καὶ ὁ τὸ ἓν τάλαντον εἰληφὼς εἶπεν· κύριε, ἔγνων σε ὅτι σκληρὸς εἶ ἄνθρωπος, ...			Lk 19,20 → Mt 25,25	καὶ ὁ ἕτερος ἦλθεν λέγων· κύριε, ... [21] ἐφοβούμην γάρ σε, ὅτι ἄνθρωπος αὐστηρὸς εἶ, ...	
b 201	Mt 25,26	ἀποκριθεὶς δὲ ὁ κύριος αὐτοῦ εἶπεν αὐτῷ· πονηρὲ δοῦλε καὶ ὀκνηρέ, ...			Lk 19,22	λέγει αὐτῷ· ἐκ τοῦ στόματός σου κρίνω σε, πονηρὲ δοῦλε. ...	
200	Mt 26,1	καὶ ἐγένετο ὅτε ἐτέλεσεν ὁ Ἰησοῦς πάντας τοὺς λόγους τούτους, εἶπεν τοῖς μαθηταῖς αὐτοῦ·					
220	Mt 26,10	γνοὺς δὲ ὁ Ἰησοῦς εἶπεν αὐτοῖς· τί κόπους παρέχετε τῇ γυναικί; ...	Mk 14,6	ὁ δὲ Ἰησοῦς εἶπεν· ἄφετε αὐτήν· τί αὐτῇ κόπους παρέχετε; ...			→ Jn 12,7
211	Mt 26,15	[14] τότε πορευθεὶς εἷς τῶν δώδεκα, ὁ λεγόμενος Ἰούδας Ἰσκαριώτης, πρὸς τοὺς ἀρχιερεῖς [15] εἶπεν· τί θέλετέ μοι δοῦναι, κἀγὼ ὑμῖν παραδώσω αὐτόν; ...	Mk 14,10	καὶ Ἰούδας Ἰσκαριὼθ ὁ εἷς τῶν δώδεκα ἀπῆλθεν πρὸς τοὺς ἀρχιερεῖς ἵνα αὐτὸν παραδοῖ αὐτοῖς.	Lk 22,4	[3] εἰσῆλθεν δὲ σατανᾶς εἰς Ἰούδαν τὸν καλούμενον Ἰσκαριώτην, ὄντα ἐκ τοῦ ἀριθμοῦ τῶν δώδεκα· [4] καὶ ἀπελθὼν συνελάλησεν τοῖς ἀρχιερεῦσιν καὶ στρατηγοῖς τὸ πῶς αὐτοῖς παραδῷ αὐτόν.	

112	Mt 26,17	τῇ δὲ πρώτῃ τῶν ἀζύμων	Mk 14,13 ↓ Mk 14,13	[12] καὶ τῇ πρώτῃ ἡμέρᾳ τῶν ἀζύμων, ὅτε τὸ πάσχα ἔθυον,	Lk 22,8 ↓ Mk 14,13	[7] ἦλθεν δὲ ἡ ἡμέρα τῶν ἀζύμων, [ἐν] ᾗ ἔδει θύεσθαι τὸ πάσχα· [8] καὶ ἀπέστειλεν Πέτρον καὶ Ἰωάννην **εἰπών**· πορευθέντες ἑτοιμάσατε ἡμῖν τὸ πάσχα ἵνα φάγωμεν.	
112		προσῆλθον οἱ μαθηταὶ τῷ Ἰησοῦ **λέγοντες**· ποῦ θέλεις ἑτοιμάσωμέν σοι φαγεῖν τὸ πάσχα;		**λέγουσιν** αὐτῷ οἱ μαθηταὶ αὐτοῦ· ποῦ θέλεις ἀπελθόντες ἑτοιμάσωμεν ἵνα φάγῃς τὸ πάσχα;	Lk 22,9	οἱ δὲ **εἶπαν** αὐτῷ· ποῦ θέλεις ἑτοιμάσωμεν;	
212	Mt 26,18 (2)	ὁ δὲ **εἶπεν**· ὑπάγετε εἰς τὴν πόλιν πρὸς τὸν δεῖνα	↑ Lk 22,8	[13] καὶ ἀποστέλλει δύο τῶν μαθητῶν αὐτοῦ καὶ **λέγει** αὐτοῖς· ὑπάγετε εἰς τὴν πόλιν, καὶ ἀπαντήσει ὑμῖν ἄνθρωπος κεράμιον ὕδατος βαστάζων· ἀκολουθήσατε αὐτῷ	Lk 22,10	ὁ δὲ **εἶπεν** αὐτοῖς· ἰδοὺ εἰσελθόντων ὑμῶν εἰς τὴν πόλιν συναντήσει ὑμῖν ἄνθρωπος κεράμιον ὕδατος βαστάζων· ἀκολουθήσατε αὐτῷ εἰς τὴν οἰκίαν ↔	
l 221		καὶ **εἴπατε** αὐτῷ· ὁ διδάσκαλος λέγει· ὁ καιρός μου ἐγγύς ἐστιν, πρὸς σὲ ποιῶ τὸ πάσχα μετὰ τῶν μαθητῶν μου.	Mk 14,14	καὶ ὅπου ἐὰν εἰσέλθῃ **εἴπατε** τῷ οἰκοδεσπότῃ ὅτι ὁ διδάσκαλος λέγει· ποῦ ἐστιν τὸ κατάλυμά μου ὅπου τὸ πάσχα μετὰ τῶν μαθητῶν μου φάγω;	Lk 22,11	↔ [10] εἰς ἣν εἰσπορεύεται. [11] καὶ **ἐρεῖτε** τῷ οἰκοδεσπότῃ τῆς οἰκίας· λέγει σοι ὁ διδάσκαλος· ποῦ ἐστιν τὸ κατάλυμα ὅπου τὸ πάσχα μετὰ τῶν μαθητῶν μου φάγω;	
121	Mt 26,19	καὶ ἐποίησαν οἱ μαθηταὶ ὡς **συνέταξεν** αὐτοῖς ὁ Ἰησοῦς καὶ ἡτοίμασαν τὸ πάσχα.	Mk 14,16	καὶ ἐξῆλθον οἱ μαθηταὶ καὶ ἦλθον εἰς τὴν πόλιν καὶ εὗρον καθὼς **εἶπεν** αὐτοῖς καὶ ἡτοίμασαν τὸ πάσχα.	Lk 22,13	ἀπελθόντες δὲ εὗρον καθὼς **εἰρήκει** αὐτοῖς καὶ ἡτοίμασαν τὸ πάσχα.	
221	Mt 26,21	καὶ ἐσθιόντων αὐτῶν **εἶπεν**· ἀμὴν λέγω ὑμῖν ὅτι εἷς ἐξ ὑμῶν παραδώσει με.	Mk 14,18	... καὶ ἐσθιόντων ὁ Ἰησοῦς **εἶπεν**· ἀμὴν λέγω ὑμῖν ὅτι εἷς ἐξ ὑμῶν παραδώσει με ὁ ἐσθίων μετ' ἐμοῦ.	Lk 22,21 ↓ Mt 26,23 ↓ Mk 14,20	πλὴν ἰδοὺ ἡ χεὶρ τοῦ παραδιδόντος με μετ' ἐμοῦ ἐπὶ τῆς τραπέζης·	→ Jn 13,21
b 220	Mt 26,23 ↑ Lk 22,21	ὁ δὲ ἀποκριθεὶς **εἶπεν**· ὁ ἐμβάψας μετ' ἐμοῦ τὴν χεῖρα ἐν τῷ τρυβλίῳ οὗτός με παραδώσει.	Mk 14,20 ↑ Lk 22,21	ὁ δὲ **εἶπεν** αὐτοῖς· εἷς τῶν δώδεκα, ὁ ἐμβαπτόμενος μετ' ἐμοῦ εἰς τὸ τρύβλιον.			→ Jn 13,26
b 200	Mt 26,25 (2)	ἀποκριθεὶς δὲ Ἰούδας ὁ παραδιδοὺς αὐτὸν **εἶπεν**·					→ Jn 13,26
200	→ Mt 26,22	μήτι ἐγώ εἰμι, ῥαββί; λέγει αὐτῷ· σὺ **εἶπας**.					→ Jn 13,27

c 002					**Lk 22,15**	καὶ **εἶπεν** πρὸς αὐτούς· ἐπιθυμίᾳ ἐπεθύμησα τοῦτο τὸ πάσχα φαγεῖν μεθ' ὑμῶν πρὸ τοῦ με παθεῖν·	
002					**Lk 22,17** ↓ Mt 26,27 ↓ Mk 14,23 ↓ **Mk 14,24**	καὶ δεξάμενος ποτήριον εὐχαριστήσας **εἶπεν·** λάβετε τοῦτο καὶ διαμερίσατε εἰς ἑαυτούς·	
221	**Mt 26,26** → Mt 14,19	... λαβὼν ὁ Ἰησοῦς ἄρτον καὶ εὐλογήσας ἔκλασεν καὶ δοὺς τοῖς μαθηταῖς **εἶπεν·** λάβετε φάγετε, τοῦτό ἐστιν τὸ σῶμά μου.	**Mk 14,22** → Mk 6,41	... λαβὼν ἄρτον εὐλογήσας ἔκλασεν καὶ ἔδωκεν αὐτοῖς καὶ **εἶπεν·** λάβετε, τοῦτό ἐστιν τὸ σῶμά μου.	**Lk 22,19** → Lk 9,16	καὶ λαβὼν ἄρτον εὐχαριστήσας ἔκλασεν καὶ ἔδωκεν αὐτοῖς **λέγων·** τοῦτό ἐστιν τὸ σῶμά μου τὸ ὑπὲρ ὑμῶν διδόμενον· ...	→ 1Cor 11,23 → **1Cor 11,24**
121	**Mt 26,27** ↑ **Lk 22,17**	καὶ λαβὼν ποτήριον καὶ εὐχαριστήσας ἔδωκεν αὐτοῖς **λέγων·** πίετε ἐξ αὐτοῦ πάντες, [28] τοῦτο γάρ ἐστιν τὸ αἷμά μου τῆς διαθήκης ...	**Mk 14,24** ↑ **Lk 22,17**	[23] καὶ λαβὼν ποτήριον εὐχαριστήσας ἔδωκεν αὐτοῖς, καὶ ἔπιον ἐξ αὐτοῦ πάντες. [24] καὶ **εἶπεν** αὐτοῖς· τοῦτό ἐστιν τὸ αἷμά μου τῆς διαθήκης ...	**Lk 22,20**	καὶ τὸ ποτήριον ὡσαύτως μετὰ τὸ δειπνῆσαι, **λέγων·** τοῦτο τὸ ποτήριον ἡ καινὴ διαθήκη ἐν τῷ αἵματί μου, ...	→ 1Cor 11,25
f 212	**Mt 20,25**	ὁ δὲ Ἰησοῦς προσκαλεσάμενος αὐτοὺς **εἶπεν·** οἴδατε ὅτι οἱ ἄρχοντες τῶν ἐθνῶν κατακυριεύουσιν αὐτῶν ...	**Mk 10,42**	καὶ προσκαλεσάμενος αὐτοὺς ὁ Ἰησοῦς **λέγει** αὐτοῖς· οἴδατε ὅτι οἱ δοκοῦντες ἄρχειν τῶν ἐθνῶν κατακυριεύουσιν αὐτῶν ...	**Lk 22,25**	ὁ δὲ **εἶπεν** αὐτοῖς· οἱ βασιλεῖς τῶν ἐθνῶν κυριεύουσιν αὐτῶν ...	
b 212	**Mt 26,33**	ἀποκριθεὶς δὲ ὁ Πέτρος **εἶπεν** αὐτῷ· εἰ πάντες σκανδαλισθήσονται ἐν σοί, ἐγὼ οὐδέποτε σκανδαλισθήσομαι.	**Mk 14,29**	ὁ δὲ Πέτρος **ἔφη** αὐτῷ· εἰ καὶ πάντες σκανδαλισθήσονται, ἀλλ' οὐκ ἐγώ.	**Lk 22,33** ↓ Mt 26,35 ↓ Mk 14,31	ὁ δὲ **εἶπεν** αὐτῷ· κύριε, μετὰ σοῦ ἕτοιμός εἰμι καὶ εἰς φυλακὴν καὶ εἰς θάνατον πορεύεσθαι.	→ Jn 13,37
112	**Mt 26,34**	**ἔφη** αὐτῷ ὁ Ἰησοῦς· ἀμὴν λέγω σοι ὅτι ἐν ταύτῃ τῇ νυκτὶ πρὶν ἀλέκτορα φωνῆσαι τρὶς ἀπαρνήσῃ με.	**Mk 14,30**	καὶ **λέγει** αὐτῷ ὁ Ἰησοῦς· ἀμὴν λέγω σοι ὅτι σὺ σήμερον ταύτῃ τῇ νυκτὶ πρὶν ἢ δὶς ἀλέκτορα φωνῆσαι τρίς με ἀπαρνήσῃ.	**Lk 22,34**	ὁ δὲ **εἶπεν·** λέγω σοι, Πέτρε, οὐ φωνήσει σήμερον ἀλέκτωρ ἕως τρίς με ἀπαρνήσῃ εἰδέναι.	→ Jn 13,38
002 002					**Lk 22,35** **(2)** → Mt 10,9-10 → Mk 6,8b-9 → Lk 9,3b → Lk 10,4	καὶ **εἶπεν** αὐτοῖς· ὅτε ἀπέστειλα ὑμᾶς ἄτερ βαλλαντίου καὶ πήρας καὶ ὑποδημάτων, μή τινος ὑστερήσατε; οἱ δὲ **εἶπαν·** οὐθενός.	
002					**Lk 22,36** → Lk 9,3b → Lk 10,4	**εἶπεν** δὲ αὐτοῖς· ἀλλὰ νῦν ὁ ἔχων βαλλάντιον ἀράτω, ὁμοίως καὶ πήραν, ...	

002 002					Lk 22,38 (2) ↓ Lk 22,49	οἱ δὲ **εἶπαν**· κύριε, ἰδοὺ μάχαιραι ὧδε δύο. ὁ δὲ **εἶπεν** αὐτοῖς· ἱκανόν ἐστιν.	
210	Mt 26,35 ↑ Lk 22,33	λέγει αὐτῷ ὁ Πέτρος· κἂν δέῃ με σὺν σοὶ ἀποθανεῖν, οὐ μή σε ἀπαρνήσομαι. ὁμοίως καὶ πάντες οἱ μαθηταὶ **εἶπαν**.	Mk 14,31 ↑ Lk 22,33	ὁ δὲ ἐκπερισσῶς ἐλάλει· ἐὰν δέῃ με συναποθανεῖν σοι, οὐ μή σε ἀπαρνήσομαι. ὡσαύτως δὲ καὶ πάντες **ἔλεγον**.			→ Jn 13,37
112	Mt 26,36	τότε ἔρχεται μετ' αὐτῶν ὁ Ἰησοῦς εἰς χωρίον λεγόμενον Γεθσημανὶ καὶ **λέγει** τοῖς μαθηταῖς· καθίσατε αὐτοῦ ἕως [οὗ] ἀπελθὼν ἐκεῖ προσεύξωμαι.	Mk 14,32	καὶ ἔρχονται εἰς χωρίον οὗ τὸ ὄνομα Γεθσημανὶ καὶ **λέγει** τοῖς μαθηταῖς αὐτοῦ· καθίσατε ὧδε ἕως προσεύξωμαι.	Lk 22,40 ↓ Mt 26,41 ↓ Mk 14,38 ↓ Lk 22,46	[39] ... ἠκολούθησαν δὲ αὐτῷ καὶ οἱ μαθηταί. [40] γενόμενος δὲ ἐπὶ τοῦ τόπου **εἶπεν** αὐτοῖς· προσεύχεσθε μὴ εἰσελθεῖν εἰς πειρασμόν.	
112	Mt 26,40	καὶ ἔρχεται πρὸς τοὺς μαθητὰς καὶ εὑρίσκει αὐτοὺς καθεύδοντας, καὶ **λέγει** τῷ Πέτρῳ· οὕτως οὐκ ἰσχύσατε μίαν ὥραν γρηγορῆσαι μετ' ἐμοῦ; [41] γρηγορεῖτε καὶ προσεύχεσθε, ...	Mk 14,37	καὶ ἔρχεται καὶ εὑρίσκει αὐτοὺς καθεύδοντας, καὶ **λέγει** τῷ Πέτρῳ· Σίμων, καθεύδεις; οὐκ ἴσχυσας μίαν ὥραν γρηγορῆσαι; [38] γρηγορεῖτε καὶ προσεύχεσθε, ...	Lk 22,46 ↑ Lk 22,40	[45] ... ἐλθὼν πρὸς τοὺς μαθητὰς εὗρεν κοιμωμένους αὐτοὺς ἀπὸ τῆς λύπης, [46] καὶ **εἶπεν** αὐτοῖς· τί καθεύδετε; ἀναστάντες προσεύχεσθε, ...	
120	Mt 26,42 → Mt 6,10 → Lk 22,42	πάλιν ἐκ δευτέρου ἀπελθὼν προσηύξατο **λέγων**· πάτερ μου, εἰ οὐ δύναται τοῦτο παρελθεῖν ἐὰν μὴ αὐτὸ πίω, γενηθήτω τὸ θέλημά σου.	Mk 14,39	καὶ πάλιν ἀπελθὼν προσηύξατο τὸν αὐτὸν λόγον **εἰπών**.			
210	Mt 26,44	καὶ ἀφεὶς αὐτοὺς πάλιν ἀπελθὼν προσηύξατο ἐκ τρίτου τὸν αὐτὸν λόγον **εἰπὼν** πάλιν. [45] τότε ἔρχεται πρὸς τοὺς μαθητὰς καὶ λέγει αὐτοῖς· ...	Mk 14,41	καὶ ἔρχεται τὸ τρίτον καὶ λέγει αὐτοῖς· ...			
211	Mt 26,49	καὶ εὐθέως προσελθὼν τῷ Ἰησοῦ **εἶπεν**· χαῖρε, ῥαββί, καὶ κατεφίλησεν αὐτόν.	Mk 14,45	καὶ ἐλθὼν εὐθὺς προσελθὼν αὐτῷ **λέγει**· ῥαββί, καὶ κατεφίλησεν αὐτόν.	Lk 22,47	... καὶ ἤγγισεν τῷ Ἰησοῦ φιλῆσαι αὐτόν.	→ Jn 18,5
212	Mt 26,50 → Lk 22,54	ὁ δὲ Ἰησοῦς **εἶπεν** αὐτῷ· ἑταῖρε, ἐφ' ὃ πάρει. τότε προσελθόντες ἐπέβαλον τὰς χεῖρας ἐπὶ τὸν Ἰησοῦν καὶ ἐκράτησαν αὐτόν.	Mk 14,46 → Lk 22,54	οἱ δὲ ἐπέβαλον τὰς χεῖρας αὐτῷ καὶ ἐκράτησαν αὐτόν.	Lk 22,48	Ἰησοῦς δὲ **εἶπεν** αὐτῷ· Ἰούδα, φιλήματι τὸν υἱὸν τοῦ ἀνθρώπου παραδίδως;	→ Jn 18,12

002	→ Mt 26,51		→ Mk 14,47		**Lk 22,49** ↑ Lk 22,38 → Lk 22,50	ἰδόντες δὲ οἱ περὶ αὐτὸν τὸ ἐσόμενον **εἶπαν·** κύριε, εἰ πατάξομεν ἐν μαχαίρῃ;	
b 002	**Mt 26,52**	τότε **λέγει** αὐτῷ ὁ Ἰησοῦς· ἀπόστρεψον τὴν μάχαιράν σου εἰς τὸν τόπον αὐτῆς· ...			**Lk 22,51**	ἀποκριθεὶς δὲ ὁ Ἰησοῦς **εἶπεν·** ἐᾶτε ἕως τούτου· καὶ ἁψάμενος τοῦ ὠτίου ἰάσατο αὐτόν.	→ **Jn 18,11**
b c 222	**Mt 26,55**	ἐν ἐκείνῃ τῇ ὥρᾳ **εἶπεν** ὁ Ἰησοῦς τοῖς ὄχλοις· ὡς ἐπὶ λῃστὴν ἐξήλθατε μετὰ μαχαιρῶν καὶ ξύλων συλλαβεῖν με; ...	**Mk 14,48**	καὶ ἀποκριθεὶς ὁ Ἰησοῦς **εἶπεν** αὐτοῖς· ὡς ἐπὶ λῃστὴν ἐξήλθατε μετὰ μαχαιρῶν καὶ ξύλων συλλαβεῖν με;	**Lk 22,52** → Lk 22,54	**εἶπεν** δὲ Ἰησοῦς πρὸς τοὺς παραγενομένους ἐπ' αὐτὸν ἀρχιερεῖς καὶ στρατηγοὺς τοῦ ἱεροῦ καὶ πρεσβυτέρους· ὡς ἐπὶ λῃστὴν ἐξήλθατε μετὰ μαχαιρῶν καὶ ξύλων;	
	Mt 26,47	... ἰδοὺ Ἰούδας εἷς τῶν δώδεκα ἦλθεν καὶ μετ' αὐτοῦ ὄχλος πολὺς μετὰ μαχαιρῶν καὶ ξύλων ἀπὸ τῶν ἀρχιερέων καὶ πρεσβυτέρων τοῦ λαοῦ.	Mk 14,43	... παραγίνεται Ἰούδας εἷς τῶν δώδεκα καὶ μετ' αὐτοῦ ὄχλος μετὰ μαχαιρῶν καὶ ξύλων παρὰ τῶν ἀρχιερέων καὶ τῶν γραμματέων καὶ τῶν πρεσβυτέρων.			
112	**Mt 26,69**	... καὶ προσῆλθεν αὐτῷ μία παιδίσκη **λέγουσα·** καὶ σὺ ἦσθα μετὰ Ἰησοῦ τοῦ Γαλιλαίου.	**Mk 14,67**	[66] ... ἔρχεται μία τῶν παιδισκῶν τοῦ ἀρχιερέως [67] καὶ ἰδοῦσα τὸν Πέτρον θερμαινόμενον ἐμβλέψασα αὐτῷ **λέγει·** καὶ σὺ μετὰ τοῦ Ναζαρηνοῦ ἦσθα τοῦ Ἰησοῦ.	**Lk 22,56**	ἰδοῦσα δὲ αὐτὸν παιδίσκη τις καθήμενον πρὸς τὸ φῶς καὶ ἀτενίσασα αὐτῷ **εἶπεν·** καὶ οὗτος σὺν αὐτῷ ἦν.	→ Jn 18,17
112	**Mt 26,74**	τότε ἤρξατο καταθεματίζειν καὶ ὀμνύειν ὅτι οὐκ οἶδα τὸν ἄνθρωπον. ...	**Mk 14,71**	ὁ δὲ ἤρξατο ἀναθεματίζειν καὶ ὀμνύναι ὅτι οὐκ οἶδα τὸν ἄνθρωπον τοῦτον ὃν λέγετε.	**Lk 22,60**	**εἶπεν** δὲ ὁ Πέτρος· ἄνθρωπε, οὐκ οἶδα ὃ λέγεις. ...	→ Jn 18,27
l 122	**Mt 26,75**	καὶ ἐμνήσθη ὁ Πέτρος τοῦ ῥήματος Ἰησοῦ **εἰρηκότος** ὅτι πρὶν ἀλέκτορα φωνῆσαι τρὶς ἀπαρνήσῃ με· ...	**Mk 14,72**	... καὶ ἀνεμνήσθη ὁ Πέτρος τὸ ῥῆμα ὡς **εἶπεν** αὐτῷ ὁ Ἰησοῦς ὅτι πρὶν ἀλέκτορα φωνῆσαι δὶς τρίς με ἀπαρνήσῃ· ...	**Lk 22,61**	... καὶ ὑπεμνήσθη ὁ Πέτρος τοῦ ῥήματος τοῦ κυρίου ὡς **εἶπεν** αὐτῷ ὅτι πρὶν ἀλέκτορα φωνῆσαι σήμερον ἀπαρνήσῃ με τρίς.	
210	**Mt 26,61**	[60] καὶ οὐχ εὗρον πολλῶν προσελθόντων ψευδομαρτύρων. ὕστερον δὲ προσελθόντες δύο **[61] εἶπαν·** οὗτος ἔφη· δύναμαι καταλῦσαι τὸν ναὸν τοῦ θεοῦ καὶ διὰ τριῶν ἡμερῶν οἰκοδομῆσαι.	**Mk 14,57**	καί τινες ἀναστάντες ἐψευδομαρτύρουν κατ' αὐτοῦ **λέγοντες** [58] ὅτι ἡμεῖς ἠκούσαμεν αὐτοῦ λέγοντος ὅτι ἐγὼ καταλύσω τὸν ναὸν τοῦτον τὸν χειροποίητον καὶ διὰ τριῶν ἡμερῶν ἄλλον ἀχειροποίητον οἰκοδομήσω.			→ **Jn 2,19**

210	Mt 26,62	καὶ ἀναστὰς ὁ ἀρχιερεὺς **εἶπεν** αὐτῷ· οὐδὲν ἀποκρίνῃ τί οὗτοί σου καταμαρτυροῦσιν;	Mk 14,60	καὶ ἀναστὰς ὁ ἀρχιερεὺς εἰς μέσον ἐπηρώτησεν τὸν Ἰησοῦν **λέγων·** οὐκ ἀποκρίνῃ οὐδέν τί οὗτοί σου καταμαρτυροῦσιν;			
211	Mt 26,63 (2)	... καὶ ὁ ἀρχιερεὺς **εἶπεν** αὐτῷ·	Mk 14,61	... πάλιν ὁ ἀρχιερεὺς ἐπηρώτα αὐτὸν καὶ **λέγει** αὐτῷ·	Lk 22,67 (3)	[66] ... συνήχθη τὸ πρεσβυτέριον τοῦ λαοῦ, ἀρχιερεῖς τε καὶ γραμματεῖς, καὶ ἀπήγαγον αὐτὸν εἰς τὸ συνέδριον αὐτῶν [67] **λέγοντες·**	
212	↓ Mt 27,43	ἐξορκίζω σε κατὰ τοῦ θεοῦ τοῦ ζῶντος ἵνα ἡμῖν **εἴπῃς** εἰ σὺ εἶ ὁ χριστὸς ὁ υἱὸς τοῦ θεοῦ.	→ Mk 15,32	σὺ εἶ ὁ χριστὸς ὁ υἱὸς τοῦ εὐλογητοῦ;	⇩ Lk 22,70 → Lk 23,35	εἰ σὺ εἶ ὁ χριστός, **εἰπὸν** ἡμῖν.	→ Jn 10,24
122	Mt 26,64	**λέγει** αὐτῷ ὁ Ἰησοῦς· ↔	Mk 14,62	ὁ δὲ Ἰησοῦς **εἶπεν·** ↔		**εἶπεν** δὲ αὐτοῖς·	
002						ἐὰν ὑμῖν **εἴπω** οὐ μὴ πιστεύσητε· [68] ἐὰν δὲ ἐρωτήσω, οὐ μὴ ἀποκριθῆτε.	
112	Mt 26,64		Mk 14,62		Lk 22,70 ⇧ Lk 22,67 ↓ Mt 27,43	**εἶπαν** δὲ πάντες· σὺ οὖν εἶ ὁ υἱὸς τοῦ θεοῦ; ὁ δὲ πρὸς αὐτοὺς ἔφη· ὑμεῖς	→ Jn 10,36
211	↑ Mt 22,44	↔ σὺ **εἶπας·** πλὴν λέγω ὑμῖν· ἀπ᾽ ἄρτι ὄψεσθε *τὸν υἱὸν τοῦ ἀνθρώπου* καθήμενον ἐκ δεξιῶν τῆς δυνάμεως καὶ *ἐρχόμενον* *ἐπὶ τῶν νεφελῶν* *τοῦ οὐρανοῦ.* ➤ Dan 7,13	↑ Mk 12,36	↔ ἐγώ εἰμι, καὶ ὄψεσθε *τὸν υἱὸν τοῦ ἀνθρώπου* ἐκ δεξιῶν καθήμενον τῆς δυνάμεως καὶ *ἐρχόμενον* *μετὰ τῶν νεφελῶν* *τοῦ οὐρανοῦ.* ➤ Dan 7,13	↑ Lk 20,42	**λέγετε** ὅτι ἐγώ εἰμι. [22,69] ἀπὸ τοῦ νῦν δὲ ἔσται ὁ υἱὸς τοῦ ἀνθρώπου καθήμενος ἐκ δεξιῶν τῆς δυνάμεως τοῦ θεοῦ.	
112	Mt 26,65	τότε ὁ ἀρχιερεὺς διέρρηξεν τὰ ἱμάτια αὐτοῦ **λέγων·** ἐβλασφήμησεν· τί ἔτι χρείαν ἔχομεν μαρτύρων; ἴδε νῦν ἠκούσατε τὴν βλασφημίαν·	Mk 14,63	ὁ δὲ ἀρχιερεὺς διαρρήξας τοὺς χιτῶνας αὐτοῦ **λέγει·** τί ἔτι χρείαν ἔχομεν μαρτύρων; [64] ἠκούσατε τῆς βλασφημίας· ↔	Lk 22,71	οἱ δὲ **εἶπαν·** τί ἔτι ἔχομεν μαρτυρίας χρείαν; αὐτοὶ γὰρ ἠκούσαμεν ἀπὸ τοῦ στόματος αὐτοῦ.	
b 210	Mt 26,66 → Lk 24,20	τί ὑμῖν δοκεῖ; οἱ δὲ ἀποκριθέντες **εἶπαν·** ἔνοχος θανάτου ἐστίν.	Mk 14,64 → Lk 24,20	↔ τί ὑμῖν φαίνεται; οἱ δὲ πάντες **κατέκριναν** αὐτὸν ἔνοχον εἶναι θανάτου.			
211	Mt 26,73	μετὰ μικρὸν δὲ προσελθόντες οἱ ἑστῶτες **εἶπον** τῷ Πέτρῳ· ἀληθῶς καὶ σὺ ἐξ αὐτῶν εἶ, καὶ γὰρ ἡ λαλιά σου δῆλόν σε ποιεῖ.	Mk 14,70	... καὶ μετὰ μικρὸν πάλιν οἱ παρεστῶτες **ἔλεγον** τῷ Πέτρῳ· ἀληθῶς ἐξ αὐτῶν εἶ, καὶ γὰρ Γαλιλαῖος εἶ.	Lk 22,59	καὶ διαστάσης ὡσεὶ ὥρας μιᾶς ἄλλος τις διϊσχυρίζετο **λέγων·** ἐπ᾽ ἀληθείας καὶ οὗτος μετ᾽ αὐτοῦ ἦν, καὶ γὰρ Γαλιλαῖός ἐστιν.	→ Jn 18,26

	Mt		Mk		Lk		
l 122	Mt 26,75	καὶ ἐμνήσθη ὁ Πέτρος τοῦ ῥήματος Ἰησοῦ εἰρηκότος ὅτι πρὶν ἀλέκτορα φωνῆσαι τρὶς ἀπαρνήσῃ με· ...	Mk 14,72	... καὶ ἀνεμνήσθη ὁ Πέτρος τὸ ῥῆμα ὡς εἶπεν αὐτῷ ὁ Ἰησοῦς ὅτι πρὶν ἀλέκτορα φωνῆσαι δὶς τρίς με ἀπαρνήσῃ· ...	Lk 22,61	... καὶ ὑπεμνήσθη ὁ Πέτρος τοῦ ῥήματος τοῦ κυρίου ὡς εἶπεν αὐτῷ ὅτι πρὶν ἀλέκτορα φωνῆσαι σήμερον ἀπαρνήσῃ με τρίς.	
200	Mt 27,4	... ἥμαρτον παραδοὺς αἷμα ἀθῷον. οἱ δὲ εἶπαν· τί πρὸς ἡμᾶς; σὺ ὄψῃ.					
200	Mt 27,6	οἱ δὲ ἀρχιερεῖς λαβόντες τὰ ἀργύρια εἶπαν· οὐκ ἔξεστιν βαλεῖν αὐτὰ εἰς τὸν κορβανᾶν, ἐπεὶ τιμὴ αἵματός ἐστιν.					
c 002					Lk 23,4 ↓ Lk 23,14 ↓ Mt 27,23 ↓ Mk 15,14 ↓ Lk 23,22	ὁ δὲ Πιλᾶτος εἶπεν πρὸς τοὺς ἀρχιερεῖς καὶ τοὺς ὄχλους· οὐδὲν εὑρίσκω αἴτιον ἐν τῷ ἀνθρώπῳ τούτῳ.	→ **Jn 18,38** → Acts 13,28
c f 002					Lk 23,14 → Lk 23,2 ↑ Lk 23,4 ↓ Mt 27,23 ↓ Mk 15,14 ↓ Lk 23,22	[13] Πιλᾶτος δὲ συγκαλεσάμενος τοὺς ἀρχιερεῖς καὶ τοὺς ἄρχοντας καὶ τὸν λαὸν [14] εἶπεν πρὸς αὐτούς· προσηνέγκατέ μοι τὸν ἄνθρωπον τοῦτον ὡς ἀποστρέφοντα τὸν λαόν, ...	→ Acts 13,28
210	Mt 27,17 ↓ Mt 27,21	συνηγμένων οὖν αὐτῶν εἶπεν αὐτοῖς ὁ Πιλᾶτος· τίνα θέλετε ἀπολύσω ὑμῖν, [Ἰησοῦν τὸν] Βαραββᾶν ἢ Ἰησοῦν τὸν λεγόμενον χριστόν;	Mk 15,9	ὁ δὲ Πιλᾶτος ἀπεκρίθη αὐτοῖς λέγων· θέλετε ἀπολύσω ὑμῖν τὸν βασιλέα τῶν Ἰουδαίων;			→ Jn 18,39
b 200 200	Mt 27,21 (2) ↑ Mt 27,17	ἀποκριθεὶς δὲ ὁ ἡγεμὼν εἶπεν αὐτοῖς· τίνα θέλετε ἀπὸ τῶν δύο ἀπολύσω ὑμῖν; οἱ δὲ εἶπαν· τὸν Βαραββᾶν.	Mk 15,12	ὁ δὲ Πιλᾶτος πάλιν ἀποκριθεὶς ἔλεγεν αὐτοῖς· τί οὖν [θέλετε] ποιήσω [ὃν λέγετε] τὸν βασιλέα τῶν Ἰουδαίων;			
c 112	Mt 27,23	ὁ δὲ ἔφη· τί γὰρ κακὸν ἐποίησεν; ...	Mk 15,14	ὁ δὲ Πιλᾶτος ἔλεγεν αὐτοῖς· τί γὰρ ἐποίησεν κακόν; ...	Lk 23,22 ↑ Lk 23,4 ↑ Lk 23,14 → Lk 23,16	ὁ δὲ τρίτον εἶπεν πρὸς αὐτούς· τί γὰρ κακὸν ἐποίησεν οὗτος; οὐδὲν αἴτιον θανάτου εὗρον ἐν αὐτῷ· παιδεύσας οὖν αὐτὸν ἀπολύσω.	→ Jn 19,6 → Acts 13,28
b 200	Mt 27,25	καὶ ἀποκριθεὶς πᾶς ὁ λαὸς εἶπεν· τὸ αἷμα αὐτοῦ ἐφ' ἡμᾶς καὶ ἐπὶ τὰ τέκνα ἡμῶν.					→ Acts 5,28 → **Acts 18,6**

	Mt	Mk	Lk	
002			**Lk 23,28** στραφεὶς δὲ πρὸς αὐτὰς [ὁ] Ἰησοῦς **εἶπεν·** θυγατέρες Ἰερουσαλήμ, ...	
l 200	**Mt 27,43** *πέποιθεν ἐπὶ τὸν θεόν,* ↑Mt 26,63-64 *ῥυσάσθω νῦν εἰ θέλει* ↑Mk 14,61-62 *αὐτόν·* ↑Lk 22,70 **εἶπεν** γὰρ ὅτι θεοῦ εἰμι υἱός. ➤ Ps 22,9			
002			**Lk 23,43** καὶ **εἶπεν** αὐτῷ· ἀμήν σοι λέγω, σήμερον μετ' ἐμοῦ ἔσῃ ἐν τῷ παραδείσῳ.	
h j 112 112	**Mt 27,50** ὁ δὲ Ἰησοῦς πάλιν κράξας φωνῇ μεγάλῃ ἀφῆκεν τὸ πνεῦμα.	**Mk 15,37** ὁ δὲ Ἰησοῦς ἀφεὶς φωνὴν μεγάλην ἐξέπνευσεν.	**Lk 23,46** (2) καὶ φωνήσας φωνῇ μεγάλῃ ὁ Ἰησοῦς **εἶπεν·** *πάτερ, εἰς χεῖράς σου* *παρατίθεμαι τὸ πνεῦμά* *μου.* τοῦτο δὲ **εἰπὼν** ἐξέπνευσεν. ➤ Ps 31,6	→ **Jn 19,30** → Acts 7,59
121	**Mt 27,54** ὁ δὲ ἑκατόνταρχος καὶ οἱ μετ' αὐτοῦ τηροῦντες τὸν Ἰησοῦν ἰδόντες τὸν σεισμὸν καὶ τὰ γενόμενα ἐφοβήθησαν σφόδρα, **λέγοντες·** ἀληθῶς θεοῦ υἱὸς ἦν οὗτος.	**Mk 15,39** ἰδὼν δὲ ὁ κεντυρίων ὁ παρεστηκὼς ἐξ ἐναντίας αὐτοῦ ὅτι οὕτως ἐξέπνευσεν **εἶπεν·** ἀληθῶς οὗτος ὁ ἄνθρωπος υἱὸς θεοῦ ἦν.	**Lk 23,47** ἰδὼν δὲ ὁ ἑκατοντάρχης τὸ γενόμενον ἐδόξαζεν τὸν θεὸν **λέγων·** ὄντως ὁ ἄνθρωπος οὗτος δίκαιος ἦν.	
200	**Mt 27,63** ... κύριε, ἐμνήσθημεν ὅτι → Mt 12,40 ἐκεῖνος ὁ πλάνος **εἶπεν** ἔτι ζῶν· μετὰ τρεῖς ἡμέρας ἐγείρομαι.			
200	**Mt 27,64** ... μήποτε ἐλθόντες οἱ μαθηταὶ αὐτοῦ κλέψωσιν αὐτὸν καὶ **εἴπωσιν** τῷ λαῷ· ἠγέρθη ἀπὸ τῶν νεκρῶν, ...			
b c 212	**Mt 28,5** ἀποκριθεὶς δὲ ὁ ἄγγελος **εἶπεν** ταῖς γυναιξίν· μὴ φοβεῖσθε ὑμεῖς, οἶδα γὰρ ὅτι Ἰησοῦν τὸν ἐσταυρωμένον ζητεῖτε·	**Mk 16,6** ὁ δὲ **λέγει** αὐταῖς· μὴ ἐκθαμβεῖσθε· Ἰησοῦν ζητεῖτε τὸν Ναζαρηνὸν τὸν ἐσταυρωμένον·	**Lk 24,5** → Lk 24,23 ... **εἶπαν** πρὸς αὐτάς· τί ζητεῖτε τὸν ζῶντα μετὰ τῶν νεκρῶν·	
211	**Mt 28,6** οὐκ ἔστιν ὧδε, ἠγέρθη γὰρ καθὼς **εἶπεν·** δεῦτε ἴδετε τὸν τόπον ὅπου ἔκειτο.	ἠγέρθη, οὐκ ἔστιν ὧδε· ἴδε ὁ τόπος ὅπου ἔθηκαν αὐτόν.	**Lk 24,6** οὐκ ἔστιν ὧδε, ἀλλὰ → Lk 24,23 ἠγέρθη. μνήσθητε ὡς **ἐλάλησεν** ὑμῖν ἔτι ὢν ἐν τῇ Γαλιλαίᾳ	
l 220 220	**Mt 28,7** (2) καὶ ταχὺ πορευθεῖσαι **εἴπατε** τοῖς μαθηταῖς αὐτοῦ ὅτι ἠγέρθη ἀπὸ τῶν νεκρῶν, καὶ ἰδοὺ προάγει ὑμᾶς → Mt 26,32 εἰς τὴν Γαλιλαίαν, ἐκεῖ → Mt 28,10.16 αὐτὸν ὄψεσθε· ἰδοὺ **εἶπον** ὑμῖν.	**Mk 16,7** (2) ἀλλὰ ὑπάγετε **εἴπατε** τοῖς μαθηταῖς αὐτοῦ καὶ τῷ Πέτρῳ ὅτι προάγει ὑμᾶς → Mk 14,28 εἰς τὴν Γαλιλαίαν· ἐκεῖ αὐτὸν ὄψεσθε, καθὼς **εἶπεν** ὑμῖν.		→ **Jn 20,17** → Jn 21,1

	Mt		Mk		Lk		
121	Mt 28,8	καὶ ἀπελθοῦσαι ταχὺ ἀπὸ τοῦ μνημείου μετὰ φόβου καὶ χαρᾶς μεγάλης ἔδραμον **ἀπαγγεῖλαι** τοῖς μαθηταῖς αὐτοῦ.	Mk 16,8	καὶ ἐξελθοῦσαι ἔφυγον ἀπὸ τοῦ μνημείου, εἶχεν γὰρ αὐτὰς τρόμος καὶ ἔκστασις· καὶ οὐδενὶ **οὐδὲν εἶπαν·** ἐφοβοῦντο γάρ.	Lk 24,9	καὶ ὑποστρέψασαι ἀπὸ τοῦ μνημείου **ἀπήγγειλαν** ταῦτα πάντα τοῖς ἕνδεκα καὶ πᾶσιν τοῖς λοιποῖς.	→ Jn 20,2 → Jn 20,18
l 200	Mt 28,13	λέγοντες· **εἴπατε** ὅτι οἱ μαθηταὶ αὐτοῦ νυκτὸς ἐλθόντες ἔκλεψαν αὐτὸν ἡμῶν κοιμωμένων.					
c 002					Lk 24,17	**εἶπεν** δὲ πρὸς αὐτούς· τίνες οἱ λόγοι οὗτοι οὓς ἀντιβάλλετε πρὸς ἀλλήλους περιπατοῦντες; ...	
d 002					Lk 24,18	ἀποκριθεὶς δὲ εἷς ὀνόματι Κλεοπᾶς **εἶπεν** πρὸς αὐτόν· σὺ μόνος παροικεῖς Ἰερουσαλὴμ καὶ οὐκ ἔγνως τὰ γενόμενα ἐν αὐτῇ ἐν ταῖς ἡμέραις ταύταις;	
002 002					Lk 24,19 (2)	καὶ **εἶπεν** αὐτοῖς· ποῖα; οἱ δὲ **εἶπαν** αὐτῷ· τὰ περὶ Ἰησοῦ τοῦ Ναζαρηνοῦ, ...	
002					Lk 24,24 → Lk 24,12	... καὶ εὗρον οὕτως καθὼς καὶ αἱ γυναῖκες **εἶπον,** αὐτὸν δὲ οὐκ εἶδον.	
c 002					Lk 24,25	καὶ αὐτὸς **εἶπεν** πρὸς αὐτούς· ὦ ἀνόητοι καὶ βραδεῖς τῇ καρδίᾳ τοῦ πιστεύειν ...	
c 002					Lk 24,32	καὶ **εἶπαν** πρὸς ἀλλήλους· οὐχὶ ἡ καρδία ἡμῶν καιομένη ἦν [ἐν ἡμῖν] ...	
002					Lk 24,38	καὶ **εἶπεν** αὐτοῖς· τί τεταραγμένοι ἐστὲ ...	
002					Lk 24,40	καὶ τοῦτο **εἰπὼν** ἔδειξεν αὐτοῖς τὰς χεῖρας καὶ τοὺς πόδας.	→ Jn 20,20 → Jn 20,27
002					Lk 24,41	ἔτι δὲ ἀπιστούντων αὐτῶν ἀπὸ τῆς χαρᾶς καὶ θαυμαζόντων **εἶπεν** αὐτοῖς· ἔχετέ τι βρώσιμον ἐνθάδε;	→ Jn 20,20 → Jn 20,27 → Jn 21,5

c 002			Lk 24,44	εἶπεν δὲ πρὸς αὐτούς· οὗτοι οἱ λόγοι μου οὓς ἐλάλησα πρὸς ὑμᾶς ἔτι ὢν σὺν ὑμῖν, ...
l 002	↑ Mt 16,21 ↑ **Mt 17,22** → Mt 20,18b-19	↑ Mk 8,31 ↑ Mk 9,31 → Mk 10,33b-34	Lk 24,46 ↑ Lk 9,22 ↑ Lk 9,44 → Lk 17,25 → Lk 18,31b-33 → Lk 24,7	καὶ εἶπεν αὐτοῖς ὅτι οὕτως γέγραπται παθεῖν τὸν χριστὸν ...

a εἶπειν ἐν ἑαυτῷ, ~ ἐν τῇ καρδίᾳ
b εἶπον and ἀποκρίνομαι (except d)
c εἶπον πρός τινα (except d)
d ἀποκρίνομαι and εἶπον πρός τινα
e εἶπον ἵνα
f εἶπον and (προσ-, συγ)καλέω/-ομαι
g εἶπον and λέγω
h εἶπον and (ἀνα-, προσ)φονέω
j εἶπον and φωνή, εἶπον and κραυγή
k εἶπον and infinitive
l εἶπον (...) ὅτι
m εἶπον with reference to scripture

c **Acts 1,7** εἶπεν
δὲ πρὸς αὐτούς· οὐχ ὑμῶν ἐστιν γνῶναι χρόνους ἢ καιροὺς ...

Acts 1,9 (→ Lk 9,51, → Lk 24,51) καὶ ταῦτα
εἰπὼν
βλεπόντων αὐτῶν ἐπήρθη καὶ νεφέλη ὑπέλαβεν αὐτὸν ἀπὸ τῶν ὀφθαλμῶν αὐτῶν.

Acts 1,11 οἳ καὶ
εἶπαν·
ἄνδρες Γαλιλαῖοι, τί ἑστήκατε [ἐμ]βλέποντες εἰς τὸν οὐρανόν; ...

Acts 1,15 ... ἀναστὰς Πέτρος ἐν μέσῳ τῶν ἀδελφῶν
εἶπεν·
ἦν τε ὄχλος ὀνομάτων ἐπὶ τὸ αὐτὸ ὡσεὶ ἑκατὸν εἴκοσι·

Acts 1,24 καὶ προσευξάμενοι
εἶπαν·
σὺ κύριε καρδιογνῶστα πάντων, ἀνάδειξον ὃν ἐξελέξω ἐκ τούτων τῶν δύο ἕνα

c **Acts 2,29** ἄνδρες ἀδελφοί, ἐξὸν
εἰπεῖν
μετὰ παρρησίας πρὸς ὑμᾶς περὶ τοῦ πατριάρχου Δαυίδ ...

Acts 2,34 οὐ γὰρ Δαυὶδ ἀνέβη εἰς τοὺς οὐρανούς, λέγει δὲ αὐτός·
εἶπεν
[ὁ] κύριος τῷ κυρίῳ μου· κάθου ἐκ δεξιῶν μου
➤ Ps 109,1 LXX

c **Acts 2,37** ἀκούσαντες δὲ κατενύγησαν τὴν καρδίαν
εἶπόν
τε πρὸς τὸν Πέτρον καὶ τοὺς λοιποὺς ἀποστόλους· τί ποιήσωμεν, ἄνδρες ἀδελφοί;

Acts 3,4 ἀτενίσας δὲ Πέτρος εἰς αὐτὸν σὺν τῷ Ἰωάννῃ
εἶπεν·
βλέψον εἰς ἡμᾶς.

Acts 3,6 εἶπεν
δὲ Πέτρος· ἀργύριον καὶ χρυσίον οὐχ ὑπάρχει μοι, ...

l m **Acts 3,22** Μωϋσῆς μὲν
εἶπεν
ὅτι *προφήτην ὑμῖν ἀναστήσει κύριος ὁ θεὸς ὑμῶν ἐκ τῶν ἀδελφῶν ὑμῶν ὡς ἐμέ· ...*
➤ Deut 18,15

c **Acts 4,8** τότε Πέτρος πλησθεὶς πνεύματος ἁγίου
εἶπεν
πρὸς αὐτούς· ἄρχοντες τοῦ λαοῦ καὶ πρεσβύτεροι

d **Acts 4,19** ὁ δὲ Πέτρος καὶ Ἰωάννης ἀποκριθέντες
εἶπον
πρὸς αὐτούς· εἰ δίκαιόν ἐστιν ἐνώπιον τοῦ θεοῦ ὑμῶν ἀκούειν μᾶλλον ἢ τοῦ θεοῦ, κρίνατε·

c **Acts 4,23** ... ἀπήγγειλαν ὅσα πρὸς αὐτοὺς οἱ ἀρχιερεῖς καὶ οἱ πρεσβύτεροι
εἶπαν.

j **Acts 4,24** οἱ δὲ ἀκούσαντες ὁμοθυμαδὸν ἦραν φωνὴν πρὸς τὸν θεὸν καὶ
εἶπαν·
δέσποτα, *σὺ ὁ ποιήσας τὸν οὐρανὸν καὶ τὴν γῆν ...*
➤ 2Kings 19,15/Isa 37,16/ Neh 9,6/Exod 20,11/Ps 146,6

m **Acts 4,25** (→ Mt 22,43, → **Mk 12,36**, → **Lk 20,42**) ὁ τοῦ πατρὸς ἡμῶν διὰ πνεύματος ἁγίου στόματος Δαυὶδ παιδός σου
εἰπών·
ἱνατί ἐφρύαξαν ἔθνη καὶ λαοὶ ἐμελέτησαν κενά;
➤ Ps 2,1 LXX

Acts 5,3 εἶπεν
δὲ ὁ Πέτρος· Ἁνανία, διὰ τί ἐπλήρωσεν ὁ σατανᾶς τὴν καρδίαν σου, ...

Acts 5,8 (2) ἀπεκρίθη δὲ πρὸς αὐτὴν Πέτρος·
εἰπέ
μοι, εἰ τοσούτου τὸ χωρίον ἀπέδοσθε; ἡ δὲ
εἶπεν·
ναί, τοσούτου.

Acts 5,19 ἄγγελος δὲ κυρίου ... ἐξαγαγών τε αὐτοὺς
εἶπεν·
[20] πορεύεσθε καὶ σταθέντες λαλεῖτε ἐν τῷ ἱερῷ τῷ λαῷ πάντα τὰ ῥήματα τῆς ζωῆς ταύτης.

b **Acts 5,29** ἀποκριθεὶς δὲ Πέτρος καὶ οἱ ἀπόστολοι
εἶπαν·
πειθαρχεῖν δεῖ θεῷ μᾶλλον ἢ ἀνθρώποις.

c **Acts 5,35** εἶπέν
τε πρὸς αὐτούς· ἄνδρες Ἰσραηλῖται, προσέχετε ἑαυτοῖς ἐπὶ τοῖς ἀνθρώποις τούτοις τί μέλλετε πράσσειν.

f **Acts 6,2** προσκαλεσάμενοι δὲ οἱ δώδεκα τὸ πλῆθος τῶν μαθητῶν
εἶπαν·
οὐκ ἀρεστόν ἐστιν ἡμᾶς καταλείψαντας τὸν λόγον τοῦ θεοῦ διακονεῖν τραπέζαις.

Acts 7,1 εἶπεν
δὲ ὁ ἀρχιερεύς· εἰ ταῦτα οὕτως ἔχει;

c m **Acts 7,3** καὶ
εἶπεν
πρὸς αὐτόν· *ἔξελθε ἐκ τῆς γῆς σου ...*
➤ Gen 12,1

m **Acts 7,7** *καὶ τὸ ἔθνος ᾧ ἐὰν δουλεύσουσιν κρινῶ ἐγώ,* ὁ θεὸς
εἶπεν,
καὶ μετὰ ταῦτα ἐξελεύσονται καὶ λατρεύσουσίν μοι ἐν τῷ τόπῳ τούτῳ.
➤ Gen 15,14

Acts 7,26 ... ὤφθη αὐτοῖς μαχομένοις καὶ συνήλλασσεν αὐτοὺς εἰς εἰρήνην
εἰπών·
ἄνδρες, ἀδελφοί ἐστε· ἱνατί ἀδικεῖτε ἀλλήλους;

m **Acts 7,27** ὁ δὲ ἀδικῶν τὸν πλησίον ἀπώσατο αὐτὸν
εἰπών·
τίς σε κατέστησεν ἄρχοντα καὶ δικαστὴν ἐφ' ἡμῶν;
➤ Exod 2,14

m **Acts 7,33** **εἶπεν**
δὲ αὐτῷ ὁ κύριος· *λῦσον τὸ ὑπόδημα τῶν ποδῶν σου, ...*
➤ Exod 3,5

m **Acts 7,35** τοῦτον τὸν Μωϋσῆν ὃν ἠρνήσαντο
εἰπόντες·
τίς σε κατέστησεν ἄρχοντα καὶ δικαστήν; ...
➤ Exod 2,14

m **Acts 7,37** οὗτός ἐστιν ὁ Μωϋσῆς ὁ
εἴπας
τοῖς υἱοῖς Ἰσραήλ· *προφήτην ὑμῖν ἀναστήσει ὁ θεὸς ἐκ τῶν ἀδελφῶν ὑμῶν ὡς ἐμέ.*
➤ Deut 18,15

m **Acts 7,40** **εἰπόντες**
τῷ Ἀαρών· *ποίησον ἡμῖν θεοὺς οἳ προπορεύσονται ἡμῶν· ...*
➤ Exod 32,1.23

Acts 7,56 καὶ
→ Lk 22,69
εἶπεν·
ἰδοὺ θεωρῶ τοὺς οὐρανοὺς διηνοιγμένους ...

Acts 7,60 ... κύριε, μὴ στήσῃς αὐτοῖς ταύτην τὴν ἁμαρτίαν. καὶ τοῦτο
[[→ Lk 23,34a]]
εἰπὼν
ἐκοιμήθη.

c **Acts 8,20** Πέτρος δὲ
εἶπεν
πρὸς αὐτόν· τὸ ἀργύριόν σου σὺν σοὶ εἴη εἰς ἀπώλειαν ...

b **Acts 8,24** ἀποκριθεὶς δὲ ὁ Σίμων
εἶπεν·
δεήθητε ὑμεῖς ὑπὲρ ἐμοῦ πρὸς τὸν κύριον ὅπως μηδὲν ἐπέλθῃ ἐπ' ἐμὲ ὧν εἰρήκατε.

Acts 8,29 **εἶπεν**
δὲ τὸ πνεῦμα τῷ Φιλίππῳ· πρόσελθε καὶ κολλήθητι τῷ ἅρματι τούτῳ.

Acts 8,30 ... ὁ Φίλιππος ἤκουσεν αὐτοῦ ἀναγινώσκοντος Ἠσαΐαν τὸν προφήτην καὶ
εἶπεν·
ἆρά γε γινώσκεις ἃ ἀναγινώσκεις;

Acts 8,31 ὁ δὲ
εἶπεν·
πῶς γὰρ ἂν δυναίμην ἐὰν μή τις ὁδηγήσει με; ...

b **Acts 8,34** ἀποκριθεὶς δὲ ὁ εὐνοῦχος τῷ Φιλίππῳ
εἶπεν·
δέομαί σου, περὶ τίνος ὁ προφήτης λέγει τοῦτο; ...

Acts 9,5 **εἶπεν**
δέ· τίς εἶ, κύριε; ὁ δέ· ἐγώ εἰμι Ἰησοῦς ὃν σὺ διώκεις·

c **Acts 9,10 (2)** ἦν δέ τις μαθητὴς ἐν Δαμασκῷ ὀνόματι Ἁνανίας, καὶ
εἶπεν
πρὸς αὐτὸν ἐν ὁράματι ὁ κύριος· Ἁνανία. ὁ δὲ
εἶπεν·
ἰδοὺ ἐγώ, κύριε.

c **Acts 9,15** **εἶπεν**
δὲ πρὸς αὐτὸν ὁ κύριος· πορεύου, ...

Acts 9,17 ἀπῆλθεν δὲ Ἁνανίας ... καὶ ἐπιθεὶς ἐπ' αὐτὸν τὰς χεῖρας
εἶπεν·
Σαοὺλ ἀδελφέ, ὁ κύριος ἀπέσταλκέν με, ...

Acts 9,34 καὶ
εἶπεν
αὐτῷ ὁ Πέτρος· Αἰνέα, ἰᾶταί σε Ἰησοῦς Χριστός· ...

Acts 9,40 ... καὶ ἐπιστρέψας πρὸς τὸ σῶμα
εἶπεν·
Ταβιθά, ἀνάστηθι. ...

Acts 10,3 εἶδεν ἐν ὁράματι ... ἄγγελον τοῦ θεοῦ εἰσελθόντα πρὸς αὐτὸν καὶ
εἰπόντα
αὐτῷ· Κορνήλιε.

Acts 10,4 (2) ὁ δὲ ἀτενίσας αὐτῷ καὶ ἔμφοβος γενόμενος
εἶπεν·
τί ἐστιν, κύριε;
→ Lk 1,13
εἶπεν
δὲ αὐτῷ· αἱ προσευχαί σου καὶ αἱ ἐλεημοσύναι σου ἀνέβησαν εἰς μνημόσυνον ἔμπροσθεν τοῦ θεοῦ.

Acts 10,14 ὁ δὲ Πέτρος
εἶπεν·
μηδαμῶς, κύριε, ὅτι οὐδέποτε ἔφαγον πᾶν κοινὸν καὶ ἀκάθαρτον.

Acts 10,19 τοῦ δὲ Πέτρου διενθυμουμένου περὶ τοῦ ὁράματος
εἶπεν
[αὐτῷ] τὸ πνεῦμα· ἰδοὺ ἄνδρες τρεῖς ζητοῦντές σε

c **Acts 10,21** καταβὰς δὲ Πέτρος πρὸς τοὺς ἄνδρας
εἶπεν·
ἰδοὺ ἐγώ εἰμι ὃν ζητεῖτε· ...

Acts 10,22 οἱ δὲ
→ Lk 7,5
εἶπαν·
Κορνήλιος ἑκατοντάρχης, ἀνὴρ δίκαιος καὶ φοβούμενος τὸν θεόν, ...

Acts 10,34 ἀνοίξας δὲ Πέτρος τὸ στόμα
εἶπεν·
ἐπ' ἀληθείας καταλαμβάνομαι ὅτι οὐκ ἔστιν προσωπολήμπτης ὁ θεός

Acts 11,8 **εἶπον**
δέ· μηδαμῶς, κύριε, ὅτι κοινὸν ἢ ἀκάθαρτον οὐδέποτε εἰσῆλθεν εἰς τὸ στόμα μου.

k **Acts 11,12** **εἶπεν**
δὲ τὸ πνεῦμά μοι συνελθεῖν αὐτοῖς μηδὲν διακρίναντα. ...

Acts 11,13 ἀπήγγειλεν δὲ ἡμῖν πῶς εἶδεν [τὸν] ἄγγελον ἐν τῷ οἴκῳ αὐτοῦ σταθέντα καὶ
εἰπόντα·
ἀπόστειλον εἰς Ἰόππην καὶ μετάπεμψαι Σίμωνα τὸν ἐπικαλούμενον Πέτρον

c **Acts 12,8** **εἶπεν**
δὲ ὁ ἄγγελος πρὸς αὐτόν· ζῶσαι καὶ ὑπόδησαι τὰ σανδάλιά σου. ...

Acts 12,11 καὶ ὁ Πέτρος ἐν ἑαυτῷ γενόμενος
εἶπεν·
νῦν οἶδα ἀληθῶς ὅτι ἐξαπέστειλεν [ὁ] κύριος τὸν ἄγγελον αὐτοῦ ...

c **Acts 12,15** οἱ δὲ πρὸς αὐτὴν
εἶπαν·
μαίνῃ. ἡ δὲ διϊσχυρίζετο
οὕτως ἔχειν. ...

Acts 12,17 ... διηγήσατο [αὐτοῖς]
πῶς ὁ κύριος αὐτὸν
ἐξήγαγεν ἐκ τῆς φυλακῆς
εἶπέν
τε· ἀπαγγείλατε Ἰακώβῳ
καὶ τοῖς ἀδελφοῖς ταῦτα. ...

Acts 13,2 λειτουργούντων δὲ
αὐτῶν τῷ κυρίῳ καὶ
νηστευόντων
εἶπεν
τὸ πνεῦμα τὸ ἅγιον·
ἀφορίσατε δή μοι τὸν
Βαρναβᾶν καὶ Σαῦλον
εἰς τὸ ἔργον
ὃ προσκέκλημαι αὐτούς.

Acts 13,10 **εἶπεν·**
ὦ πλήρης παντὸς δόλου
καὶ πάσης ῥᾳδιουργίας, ...

Acts 13,16 ἀναστὰς δὲ Παῦλος καὶ
κατασείσας τῇ χειρὶ
εἶπεν·
ἄνδρες Ἰσραηλῖται καὶ
οἱ φοβούμενοι τὸν θεόν,
ἀκούσατε.

m **Acts 13,22** ... ἤγειρεν τὸν Δαυὶδ
αὐτοῖς εἰς βασιλέα ᾧ καὶ
εἶπεν
μαρτυρήσας· εὗρον Δαυὶδ
τὸν τοῦ Ἰεσσαί, ἄνδρα
κατὰ τὴν καρδίαν μου, ...
➢ Ps 89,21/1Sam 13,14/Isa 44,28

Acts 13,46 παρρησιασάμενοί τε
ὁ Παῦλος καὶ
ὁ Βαρναβᾶς
εἶπαν·
ὑμῖν ἦν ἀναγκαῖον
πρῶτον λαληθῆναι τὸν
λόγον τοῦ θεοῦ· ...

j **Acts 14,10** **εἶπεν**
μεγάλῃ φωνῇ· ἀνάστηθι
ἐπὶ τοὺς πόδας σου
ὀρθός. ...

c **Acts 15,7** πολλῆς δὲ ζητήσεως
γενομένης ἀναστὰς
Πέτρος
εἶπεν
πρὸς αὐτούς· ἄνδρες
ἀδελφοί, ὑμεῖς
ἐπίστασθε ...

c **Acts 15,36** μετὰ δέ τινας ἡμέρας
εἶπεν
πρὸς Βαρναβᾶν Παῦλος·
ἐπιστρέψαντες δὴ
ἐπισκεψώμεθα τοὺς
ἀδελφοὺς ...

Acts 16,18 ... διαπονηθεὶς δὲ Παῦλος
καὶ ἐπιστρέψας τῷ
πνεύματι
εἶπεν·
παραγγέλλω σοι ἐν
ὀνόματι Ἰησοῦ Χριστοῦ
ἐξελθεῖν ἀπ᾽ αὐτῆς· ...

Acts 16,20 καὶ προσαγαγόντες
αὐτοὺς τοῖς στρατηγοῖς
εἶπαν·
οὗτοι οἱ ἄνθρωποι
ἐκταράσσουσιν ἡμῶν τὴν
πόλιν, Ἰουδαῖοι
ὑπάρχοντες

Acts 16,31 οἱ δὲ
εἶπαν·
πίστευσον ἐπὶ τὸν κύριον
Ἰησοῦν καὶ σωθήσῃ σὺ
καὶ ὁ οἶκός σου.

Acts 17,32 ἀκούσαντες δὲ
ἀνάστασιν νεκρῶν οἱ μὲν
ἐχλεύαζον, οἱ δὲ
εἶπαν·
ἀκουσόμεθά σου περὶ
τούτου καὶ πάλιν.

c **Acts 18,6** ἀντιτασσομένων δὲ
→ Lk 9,5 αὐτῶν καὶ
→ Lk 10,11 βλασφημούντων
→ Mt 27,24 ἐκτιναξάμενος τὰ ἱμάτια
→ **Mt 27,25** **εἶπεν**
→ Acts 20,26 πρὸς αὐτούς· τὸ αἷμα
ὑμῶν ἐπὶ τὴν κεφαλὴν
ὑμῶν· ...

Acts 18,9 **εἶπεν**
δὲ ὁ κύριος ἐν νυκτὶ
δι᾽ ὁράματος τῷ Παύλῳ·
μὴ φοβοῦ, ἀλλὰ λάλει
καὶ μὴ σιωπήσῃς

c **Acts 18,14** μέλλοντος δὲ τοῦ Παύλου
ἀνοίγειν τὸ στόμα
εἶπεν
ὁ Γαλλίων πρὸς τοὺς
Ἰουδαίους· εἰ μὲν ἦν
ἀδίκημά τι ἢ ῥᾳδιούργημα
πονηρόν, ὦ Ἰουδαῖοι,
κατὰ λόγον ἂν
ἀνεσχόμην ὑμῶν

Acts 18,21 ἀλλὰ ἀποταξάμενος καὶ
εἰπών·
πάλιν ἀνακάμψω πρὸς
ὑμᾶς τοῦ θεοῦ θέλοντος,
ἀνήχθη ἀπὸ τῆς Ἐφέσου

c **Acts 19,2** **εἶπέν**
τε πρὸς αὐτούς· εἰ
πνεῦμα ἅγιον ἐλάβετε
πιστεύσαντες; ...

Acts 19,3 **εἶπέν**
(2) τε· εἰς τί οὖν
ἐβαπτίσθητε; οἱ δὲ
εἶπαν·
εἰς τὸ Ἰωάννου
βάπτισμα.

Acts 19,4 **εἶπεν**
→ Mt 3,2 δὲ Παῦλος· Ἰωάννης
→ Mk 1,4 ἐβάπτισεν βάπτισμα
→ Lk 3,3 μετανοίας τῷ λαῷ ...
→ Acts 13,24
→ Mt 3,11
→ Mk 1,8
→ Lk 3,16

b **Acts 19,15** ἀποκριθὲν δὲ τὸ πνεῦμα
τὸ πονηρὸν
εἶπεν
αὐτοῖς· τὸν [μὲν] Ἰησοῦν
γινώσκω καὶ τὸν Παῦλον
ἐπίσταμαι, ὑμεῖς δὲ τίνες
ἐστέ;

l **Acts 19,21** ... ἔθετο ὁ Παῦλος
ἐν τῷ πνεύματι διελθὼν
τὴν Μακεδονίαν καὶ
Ἀχαΐαν πορεύεσθαι
εἰς Ἱεροσόλυμα
εἰπὼν
ὅτι μετὰ τὸ γενέσθαι με
ἐκεῖ δεῖ με καὶ Ῥώμην
ἰδεῖν.

Acts 19,25 οὓς συναθροίσας καὶ
τοὺς περὶ τὰ τοιαῦτα
ἐργάτας
εἶπεν·
ἄνδρες, ἐπίστασθε ὅτι
ἐκ ταύτης τῆς ἐργασίας
ἡ εὐπορία ἡμῖν ἐστιν

Acts 19,40 ... καὶ ταῦτα
εἰπὼν
ἀπέλυσεν τὴν ἐκκλησίαν.

Acts 20,10 καταβὰς δὲ ὁ Παῦλος
ἐπέπεσεν αὐτῷ καὶ
συμπεριλαβὼν
εἶπεν·
μὴ θορυβεῖσθε, ἡ γὰρ
ψυχὴ αὐτοῦ ἐν αὐτῷ
ἐστιν.

Acts 20,18 ὡς δὲ παρεγένοντο πρὸς
αὐτὸν
εἶπεν
αὐτοῖς· ὑμεῖς ἐπίστασθε, ...

Acts 20,35 ... μνημονεύειν τε τῶν
λόγων τοῦ κυρίου Ἰησοῦ
ὅτι αὐτὸς
εἶπεν·
μακάριόν ἐστιν μᾶλλον
διδόναι ἢ λαμβάνειν.

Acts 20,36 καὶ ταῦτα
εἰπὼν
θεὶς τὰ γόνατα αὐτοῦ
σὺν πᾶσιν αὐτοῖς
προσηύξατο.

Acts 21,11 ... δήσας ἑαυτοῦ τοὺς
πόδας καὶ τὰς χεῖρας
εἶπεν·
τάδε λέγει τὸ πνεῦμα τὸ
ἅγιον· ...

Acts 21,14 μὴ πειθομένου δὲ αὐτοῦ ἡσυχάσαμεν
εἰπόντες·
τοῦ κυρίου τὸ θέλημα γινέσθω.

Acts 21,20 οἱ δὲ ἀκούσαντες ἐδόξαζον τὸν θεόν
εἶπόν
τε αὐτῷ· θεωρεῖς, ἀδελφέ, πόσαι μυριάδες εἰσὶν ἐν τοῖς Ἰουδαίοις τῶν πεπιστευκότων ...

c **Acts 21,37** ... εἰ ἔξεστίν μοι
εἰπεῖν
τι πρὸς σέ; ὁ δὲ ἔφη· Ἑλληνιστὶ γινώσκεις;

Acts 21,39 **εἶπεν**
δὲ ὁ Παῦλος· ἐγὼ ἄνθρωπος μέν εἰμι Ἰουδαῖος, ...

c **Acts 22,8** ἐγὼ δὲ ἀπεκρίθην· τίς εἶ, κύριε;
εἶπέν
τε πρός με· ἐγώ εἰμι Ἰησοῦς ὁ Ναζωραῖος, ὃν σὺ διώκεις.

Acts 22,10 (2) **εἶπον**
δέ· τί ποιήσω, κύριε;
c ὁ δὲ κύριος
εἶπεν
πρός με· ἀναστὰς πορεύου εἰς Δαμασκόν ...

Acts 22,13 ἐλθὼν πρός με καὶ ἐπιστὰς
εἶπέν
μοι· Σαοὺλ ἀδελφέ, ἀνάβλεψον. ...

Acts 22,14 ὁ δὲ
εἶπεν·
ὁ θεὸς τῶν πατέρων ἡμῶν προεχειρίσατό σε γνῶναι τὸ θέλημα αὐτοῦ ...

Acts 22,19 κἀγὼ
εἶπον·
κύριε, αὐτοὶ ἐπίστανται ὅτι ἐγὼ ἤμην φυλακίζων καὶ δέρων ...

c **Acts 22,21** καὶ
εἶπεν
πρός με· πορεύου, ὅτι ἐγὼ εἰς ἔθνη μακρὰν ἐξαποστελῶ σε.

k **Acts 22,24** ἐκέλευσεν ὁ χιλίαρχος εἰσάγεσθαι αὐτὸν εἰς τὴν παρεμβολήν,
εἴπας
μάστιξιν ἀνετάζεσθαι αὐτὸν ...

c **Acts 22,25** ὡς δὲ προέτειναν αὐτὸν τοῖς ἱμᾶσιν,
εἶπεν
πρὸς τὸν ἑστῶτα ἑκατόνταρχον ὁ Παῦλος· εἰ ἄνθρωπον Ῥωμαῖον καὶ ἀκατάκριτον ἔξεστιν ὑμῖν μαστίζειν;

Acts 22,27 προσελθὼν δὲ ὁ χιλίαρχος
εἶπεν
αὐτῷ· λέγε μοι, σὺ Ῥωμαῖος εἶ; ...

Acts 23,1 ἀτενίσας δὲ ὁ Παῦλος τῷ συνεδρίῳ
εἶπεν·
ἄνδρες ἀδελφοί, ἐγὼ πάσῃ συνειδήσει ἀγαθῇ πεπολίτευμαι τῷ θεῷ ...

c **Acts 23,3** τότε ὁ Παῦλος πρὸς αὐτὸν
εἶπεν·
τύπτειν σε μέλλει ὁ θεός, τοῖχε κεκονιαμένε· ...

Acts 23,4 οἱ δὲ παρεστῶτες
εἶπαν·
τὸν ἀρχιερέα τοῦ θεοῦ λοιδορεῖς;

Acts 23,7 τοῦτο δὲ αὐτοῦ
εἰπόντος
ἐγένετο στάσις τῶν Φαρισαίων καὶ Σαδδουκαίων ...

Acts 23,11 τῇ δὲ ἐπιούσῃ νυκτὶ ἐπιστὰς αὐτῷ ὁ κύριος
εἶπεν·
θάρσει· ...

Acts 23,14 οἵτινες προσελθόντες τοῖς ἀρχιερεῦσιν καὶ τοῖς πρεσβυτέροις
εἶπαν·
ἀναθέματι ἀνεθεματίσαμεν ἑαυτοὺς μηδενὸς γεύσασθαι ἕως οὗ ἀποκτείνωμεν τὸν Παῦλον.

l **Acts 23,20** **εἶπεν**
δὲ ὅτι οἱ Ἰουδαῖοι συνέθεντο τοῦ ἐρωτῆσαί σε ὅπως αὔριον τὸν Παῦλον καταγάγῃς εἰς τὸ συνέδριον ...

f **Acts 23,23** καὶ προσκαλεσάμενος δύο [τινὰς] τῶν ἑκατονταρχῶν
εἶπεν·
ἑτοιμάσατε στρατιώτας διακοσίους, ...

Acts 24,20 ἢ αὐτοὶ οὗτοι
εἰπάτωσαν
τί εὗρον ἀδίκημα στάντος μου ἐπὶ τοῦ συνεδρίου

Acts 24,22 ἀνεβάλετο δὲ αὐτοὺς ὁ Φῆλιξ, ἀκριβέστερον εἰδὼς τὰ περὶ τῆς ὁδοῦ
εἴπας·
ὅταν Λυσίας ὁ χιλίαρχος καταβῇ, διαγνώσομαι τὰ καθ' ὑμᾶς·

b **Acts 25,9** ὁ Φῆστος δὲ θέλων τοῖς Ἰουδαίοις χάριν καταθέσθαι ἀποκριθεὶς τῷ Παύλῳ
εἶπεν·
θέλεις εἰς Ἱεροσόλυμα ἀναβὰς ἐκεῖ περὶ τούτων κριθῆναι ἐπ' ἐμοῦ;

Acts 25,10 **εἶπεν**
δὲ ὁ Παῦλος· ἐπὶ τοῦ βήματος Καίσαρός ἑστώς εἰμι, οὗ με δεῖ κρίνεσθαι. ...

Acts 26,15 (2) ἐγὼ δὲ
εἶπα·
τίς εἶ, κύριε; ὁ δὲ κύριος
εἶπεν·
ἐγώ εἰμι Ἰησοῦς ὃν σὺ διώκεις.

Acts 27,21 ... τότε σταθεὶς ὁ Παῦλος ἐν μέσῳ αὐτῶν
εἶπεν·
ἔδει μέν, ὦ ἄνδρες, πειθαρχήσαντάς μοι ...

Acts 27,31 **εἶπεν**
ὁ Παῦλος τῷ ἑκατοντάρχῃ καὶ τοῖς στρατιώταις· ἐὰν μὴ οὗτοι μείνωσιν ἐν τῷ πλοίῳ, ὑμεῖς σωθῆναι οὐ δύνασθε.

Acts 27,35 **εἴπας**
δὲ ταῦτα καὶ λαβὼν ἄρτον εὐχαρίστησεν τῷ θεῷ ...

c **Acts 28,21** οἱ δὲ πρὸς αὐτὸν
εἶπαν·
ἡμεῖς οὔτε γράμματα περὶ σοῦ ἐδεξάμεθα ἀπὸ τῆς Ἰουδαίας ...

Acts 28,25 ἀσύμφωνοι δὲ ὄντες πρὸς ἀλλήλους ἀπελύοντο
εἰπόντος
τοῦ Παύλου ῥῆμα ἕν, ...

Acts 28,26 → Mt 13,13-14 → Mk 4,12 → Lk 8,10de
... πορεύθητι πρὸς τὸν λαὸν τοῦτον καὶ
εἰπόν·
ἀκοῇ ἀκούσετε καὶ οὐ μὴ συνῆτε καὶ βλέποντες βλέψετε καὶ οὐ μὴ ἴδητε·
➤ Isa 6,9 LXX

ἐρῶ, ἐρρέθην	Syn 51	Mt 30	Mk 2	Lk 19	Acts 7	Jn 6	1-3John	Paul 20	Eph	Col
	NT 96	2Thess	1/2Tim	Tit	Heb 6	Jas 1	1Pet	2Pet	Jude	Rev 5

future indicative active or aorist passive of λέγω (λέγω p. 238; εἶπον [aorist active] p. 300)

	triple tradition																double tradition			Sondergut		
		+Mt / +Lk			–Mt / –Lk			traditions not taken over by Mt / Lk							subtotals							
code	222	211	112	212	221	122	121	022	012	021	220	120	210	020	Σ^+	Σ^-	Σ	202	201	102	200	002	total
Mt	1	4^+		1^+	1										5^+		7		3		20		**30**
Mk	1				1												2						**2**
Lk	1		2^+	1^+	1^-										3^+	1^-	4			4		11	**19**

[a] τὸ εἰρημένον
[b] τὸ ῥηθέν (except c)
[c] τὸ ῥηθέν and λέγω, ὁ ῥηθείς and λέγω (Matthew only)
[d] ἐρῶ and λέγω (except c)
[e] ἐρῶ and ἀποκρίνομαι, ἐπερωτάω
[f] ἐρῶ and καλέω
[g] ἐρῶ (...) ὅτι
[h] ἐρῶ with reference to scripture

c h 200	**Mt 1,22** τοῦτο δὲ ὅλον γέγονεν ἵνα πληρωθῇ **τὸ ῥηθὲν** ὑπὸ κυρίου διὰ τοῦ προφήτου λέγοντος· [23] *ἰδοὺ ἡ παρθένος ἐν γαστρὶ ἕξει ...* ➤ Isa 7,14 LXX			
a h 002			**Lk 2,24** καὶ τοῦ δοῦναι θυσίαν **κατὰ τὸ εἰρημένον** ἐν τῷ νόμῳ κυρίου, *ζεῦγος τρυγόνων ἢ δύο νοσσοὺς περιστερῶν.* ➤ Lev 5,11; 12,8	
c h 200	**Mt 2,15** καὶ ἦν ἐκεῖ ἕως τῆς τελευτῆς Ἡρῴδου· ἵνα πληρωθῇ **τὸ ῥηθὲν** ὑπὸ κυρίου διὰ τοῦ προφήτου λέγοντος· *ἐξ Αἰγύπτου ἐκάλεσα τὸν υἱόν μου.* ➤ Hos 11,1			
c h 200	**Mt 2,17** τότε ἐπληρώθη **τὸ ῥηθὲν** διὰ Ἰερεμίου τοῦ προφήτου λέγοντος· [18] *φωνὴ ἐν Ῥαμὰ ἠκούσθη, κλαυθμὸς καὶ ὀδυρμὸς* πολύς· ... ➤ Jer 31,15			
b g h 200	**Mt 2,23** → Lk 2,39 καὶ ἐλθὼν κατῴκησεν εἰς πόλιν λεγομένην Ναζαρέτ· ὅπως πληρωθῇ **τὸ ῥηθὲν** διὰ τῶν προφητῶν ὅτι Ναζωραῖος κληθήσεται.			
c h 211	**Mt 3,3** οὗτος γάρ ἐστιν **ὁ ῥηθεὶς** διὰ Ἠσαΐου τοῦ προφήτου λέγοντος· *φωνὴ βοῶντος ἐν τῇ ἐρήμῳ· ...* ➤ Isa 40,3 LXX	**Mk 1,2** → Mt 11,10 → Lk 7,27 καθὼς **γέγραπται** ἐν τῷ Ἠσαΐᾳ τῷ προφήτῃ· *ἰδοὺ ἀποστέλλω τὸν ἄγγελόν μου ...* [3] *φωνὴ βοῶντος ἐν τῇ ἐρήμῳ· ...* ➤ Exod 23,20/Mal 3,1	**Lk 3,4** ὡς **γέγραπται** ἐν βίβλῳ λόγων Ἠσαΐου τοῦ προφήτου· *φωνὴ βοῶντος ἐν τῇ ἐρήμῳ· ...* ➤ Isa 40,3 LXX	

	Mt		Mk		Lk		
h 102	**Mt 4,7**	ἔφη αὐτῷ ὁ Ἰησοῦς· πάλιν **γέγραπται·** *οὐκ ἐκπειράσεις κύριον* *τὸν θεόν σου.* ➤ Deut 6,16 LXX			**Lk 4,12**	καὶ ἀποκριθεὶς εἶπεν αὐτῷ ὁ Ἰησοῦς ὅτι **εἴρηται·** *οὐκ ἐκπειράσεις κύριον* *τὸν θεόν σου.* ➤ Deut 6,16 LXX	
c h 200	**Mt 4,14**	ἵνα πληρωθῇ **τὸ ῥηθὲν** διὰ Ἠσαΐου τοῦ προφήτου λέγοντος· [15] *γῆ Ζαβουλὼν* καὶ *γῆ Νεφθαλίμ, ὁδὸν* *θαλάσσης,* *πέραν τοῦ Ἰορδάνου,* *Γαλιλαία τῶν ἐθνῶν* ➤ Isa 8,23					
002					**Lk 4,23**	καὶ εἶπεν πρὸς αὐτούς· πάντως **ἐρεῖτέ** μοι τὴν παραβολὴν ταύτην· ἰατρέ, θεράπευσον σεαυτόν· ὅσα ἠκούσαμεν γενόμενα εἰς τὴν Καφαρναοὺμ ποίησον καὶ ὧδε ἐν τῇ πατρίδι σου.	
h 200	**Mt 5,21**	ἠκούσατε ὅτι **ἐρρέθη** τοῖς ἀρχαίοις· *οὐ φονεύσεις·* ὃς δ' ἂν φονεύσῃ, ἔνοχος ἔσται τῇ κρίσει. ➤ Exod 20,13/Deut 5,17					
h 200	**Mt 5,27**	ἠκούσατε ὅτι **ἐρρέθη·** *οὐ μοιχεύσεις.* ➤ Exod 20,14/Deut 5,18					
h 200	**Mt 5,31** → Mt 19,7 → Mk 10,4	**ἐρρέθη** δέ· ὃς ἂν ἀπολύσῃ τὴν γυναῖκα αὐτοῦ, δότω αὐτῇ ἀποστάσιον. ➤ Deut 24,1ff.					
h 200	**Mt 5,33**	πάλιν ἠκούσατε ὅτι **ἐρρέθη** τοῖς ἀρχαίοις· οὐκ ἐπιορκήσεις, ἀποδώσεις δὲ τῷ κυρίῳ τοὺς ὅρκους σου. ➤ Lev 19,12; Num 30,3; Deut 23,22 LXX					
h 200	**Mt 5,38**	ἠκούσατε ὅτι **ἐρρέθη·** *ὀφθαλμὸν ἀντὶ ὀφθαλμοῦ* καὶ *ὀδόντα ἀντὶ ὀδόντος.* ➤ Exod 21,24/Lev 24,20/Deut 19,21					
h 200	**Mt 5,43**	ἠκούσατε ὅτι **ἐρρέθη·** *ἀγαπήσεις τὸν πλησίον* *σου* καὶ μισήσεις τὸν ἐχθρόν σου. ➤ Lev 19,18					
201	**Mt 7,4**	ἢ πῶς **ἐρεῖς** τῷ ἀδελφῷ σου· ἄφες ἐκβάλω τὸ κάρφος ἐκ τοῦ ὀφθαλμοῦ σου, ...			**Lk 6,42**	πῶς **δύνασαι λέγειν** τῷ ἀδελφῷ σου· ἀδελφέ, ἄφες ἐκβάλω τὸ κάρφος τὸ ἐν τῷ ὀφθαλμῷ σου, ...	→ GTh 26

	Mt		Mk		Lk		
201	**Mt 7,22** → Mt 25,11	πολλοὶ **ἐροῦσίν** μοι ἐν ἐκείνῃ τῇ ἡμέρᾳ· κύριε κύριε, οὐ τῷ σῷ ὀνόματι ἐπροφητεύσαμεν, ...			**Lk 13,26**	τότε ἄρξεσθε **λέγειν·** ἐφάγομεν ἐνώπιόν σου καὶ ἐπίομεν ...	
c h 200	**Mt 8,17**	ὅπως πληρωθῇ **τὸ ῥηθὲν** διὰ Ἠσαΐου τοῦ προφήτου λέγοντος· *αὐτὸς τὰς ἀσθενείας ἡμῶν ἔλαβεν ...* ➤ Isa 53,4					
c h 200	**Mt 12,17**	ἵνα πληρωθῇ **τὸ ῥηθὲν** διὰ Ἠσαΐου τοῦ προφήτου λέγοντος· [18] *ἰδοὺ ὁ παῖς μου ὃν ἡρέτισα, ὁ ἀγαπητός μου ...* ➤ Isa 42,1					
200	**Mt 13,30**	... καὶ ἐν καιρῷ τοῦ θερισμοῦ **ἐρῶ** τοῖς θερισταῖς· συλλέξατε πρῶτον τὰ ζιζάνια ...					→ GTh 57
c h 200	**Mt 13,35**	ὅπως πληρωθῇ **τὸ ῥηθὲν** διὰ τοῦ προφήτου λέγοντος· *ἀνοίξω ἐν παραβολαῖς τὸ στόμα μου, ...* ➤ Ps 78,2					
201	**Mt 17,20** → Mt 21,21	... ἐὰν ἔχητε πίστιν ὡς κόκκον σινάπεως, **ἐρεῖτε** τῷ ὄρει τούτῳ, μετάβα ἔνθεν ἐκεῖ, καὶ μεταβήσεται· καὶ οὐδὲν ἀδυνατήσει ὑμῖν.	**Mk 11,23** → Mk 9,23	[22] ... ἔχετε πίστιν θεοῦ. [23] ἀμὴν λέγω ὑμῖν ὅτι ὃς ἂν **εἴπῃ** τῷ ὄρει τούτῳ· ἄρθητι καὶ βλήθητι εἰς τὴν θάλασσαν, καὶ μὴ διακριθῇ ἐν τῇ καρδίᾳ αὐτοῦ ἀλλὰ πιστεύῃ ὅτι ὃ λαλεῖ γίνεται, ἔσται αὐτῷ.	**Lk 17,6**	... εἰ ἔχετε πίστιν ὡς κόκκον σινάπεως, **ἐλέγετε** ἂν τῇ συκαμίνῳ [ταύτῃ]· ἐκριζώθητι καὶ φυτεύθητι ἐν τῇ θαλάσσῃ· καὶ ὑπήκουσεν ἂν ὑμῖν.	→ GTh 48 → GTh 106
102	**Mt 12,32** → Mk 3,28	καὶ ὃς ἐὰν **εἴπῃ** λόγον κατὰ τοῦ υἱοῦ τοῦ ἀνθρώπου, ἀφεθήσεται αὐτῷ· ὃς δ᾽ ἂν εἴπῃ κατὰ τοῦ πνεύματος τοῦ ἁγίου, οὐκ ἀφεθήσεται αὐτῷ ...	**Mk 3,29**	ὃς δ᾽ ἂν βλασφημήσῃ εἰς τὸ πνεῦμα τὸ ἅγιον, οὐκ ἔχει ἄφεσιν ...	**Lk 12,10** → Mk 3,28	καὶ πᾶς ὃς **ἐρεῖ** λόγον εἰς τὸν υἱὸν τοῦ ἀνθρώπου, ἀφεθήσεται αὐτῷ· τῷ δὲ εἰς τὸ ἅγιον πνεῦμα βλασφημήσαντι οὐκ ἀφεθήσεται.	→ GTh 44 Mk-Q overlap
002					**Lk 12,19**	καὶ **ἐρῶ** τῇ ψυχῇ μου· ψυχή, ἔχεις πολλὰ ἀγαθὰ κείμενα εἰς ἔτη πολλά· ἀναπαύου, φάγε, πίε, εὐφραίνου.	→ GTh 63
e 002	**Mt 25,12** ↓ Mt 7,23	ὁ δὲ ἀποκριθεὶς **εἶπεν·** ἀμὴν λέγω ὑμῖν, οὐκ οἶδα ὑμᾶς.			**Lk 13,25** ↓ Lk 13,27	... καὶ ἀποκριθεὶς **ἐρεῖ** ὑμῖν· οὐκ οἶδα ὑμᾶς πόθεν ἐστέ.	

	Mt		Mk		Lk		
d 102	**Mt 7,23** → Mt 13,41 ↑ Mt 25,12 ↓ Mt 25,41	καὶ τότε **ὁμολογήσω** αὐτοῖς ὅτι οὐδέποτε ἔγνων ὑμᾶς· *ἀποχωρεῖτε ἀπ' ἐμοῦ οἱ ἐργαζόμενοι τὴν ἀνομίαν.* ➤ Ps 6,9/1Macc 3,6			**Lk 13,27** ↑ Lk 13,25	καὶ **ἐρεῖ** λέγων ὑμῖν· οὐκ οἶδα [ὑμᾶς] πόθεν ἐστέ· *ἀπόστητε ἀπ' ἐμοῦ, πάντες ἐργάται ἀδικίας.* ➤ Ps 6,9/1Macc 3,6	
f 002					**Lk 14,9**	καὶ ἐλθὼν ὁ σὲ καὶ αὐτὸν καλέσας **ἐρεῖ** σοι· δὸς τούτῳ τόπον, ...	
f 002					**Lk 14,10**	ἀλλ' ὅταν κληθῇς, πορευθεὶς ἀνάπεσε εἰς τὸν ἔσχατον τόπον, ἵνα ὅταν ἔλθῃ ὁ κεκληκώς σε **ἐρεῖ** σοι· φίλε, προσανάβηθι ἀνώτερον· ...	
002					**Lk 15,18**	ἀναστὰς πορεύσομαι πρὸς τὸν πατέρα μου καὶ **ἐρῶ** αὐτῷ· πάτερ, ἥμαρτον εἰς τὸν οὐρανὸν καὶ ἐνώπιόν σου	
002					**Lk 17,7**	τίς δὲ ἐξ ὑμῶν δοῦλον ἔχων ἀροτριῶντα ἢ ποιμαίνοντα, ὃς εἰσελθόντι ἐκ τοῦ ἀγροῦ **ἐρεῖ** αὐτῷ· εὐθέως παρελθὼν ἀνάπεσε,	
002					**Lk 17,8**	ἀλλ' οὐχὶ **ἐρεῖ** αὐτῷ· ἑτοίμασον τί δειπνήσω καὶ περιζωσάμενος διακόνει μοι ἕως φάγω καὶ πίω, καὶ μετὰ ταῦτα φάγεσαι καὶ πίεσαι σύ;	
002					**Lk 17,21** → Mt 24,23 ↓ Mt 24,26 ↓ Mk 13,21 ↓ Lk 17,23	οὐδὲ **ἐροῦσιν**· ἰδοὺ ὧδε ἤ· ἐκεῖ, ἰδοὺ γὰρ ἡ βασιλεία τοῦ θεοῦ ἐντὸς ὑμῶν ἐστιν.	→ GTh 3 (POxy 654) → GTh 113
102	**Mt 24,26** ⇨ Mt 24,23	ἐὰν οὖν **εἴπωσιν** ὑμῖν· ἰδοὺ ἐν τῇ ἐρήμῳ ἐστίν, μὴ ἐξέλθητε· ἰδοὺ ἐν τοῖς ταμείοις, μὴ πιστεύσητε·	**Mk 13,21** → Mt 24,5 → Mk 13,6 → Lk 21,8	καὶ τότε ἐάν τις ὑμῖν **εἴπῃ**· ἴδε ὧδε ὁ χριστός, ἴδε ἐκεῖ, μὴ πιστεύετε·	**Lk 17,23** ↑ Lk 17,21	καὶ **ἐροῦσιν** ὑμῖν· ἰδοὺ ἐκεῖ, [ἤ·] ἰδοὺ ὧδε· μὴ ἀπέλθητε μηδὲ διώξητε.	→ GTh 113
g 212	**Mt 21,3**	καὶ ἐάν τις ὑμῖν εἴπῃ τι, **ἐρεῖτε** ὅτι ὁ κύριος αὐτῶν χρείαν ἔχει· εὐθὺς δὲ ἀποστελεῖ αὐτούς.	**Mk 11,3**	καὶ ἐάν τις ὑμῖν εἴπῃ· τί ποιεῖτε τοῦτο; **εἴπατε**· ὁ κύριος αὐτοῦ χρείαν ἔχει, καὶ εὐθὺς αὐτὸν ἀποστέλλει πάλιν ὧδε.	**Lk 19,31**	καὶ ἐάν τις ὑμᾶς ἐρωτᾷ· διὰ τί λύετε; οὕτως **ἐρεῖτε**· ὅτι ὁ κύριος αὐτοῦ χρείαν ἔχει.	

c h 200	**Mt 21,4**	τοῦτο δὲ γέγονεν ἵνα πληρωθῇ **τὸ ῥηθὲν** διὰ τοῦ προφήτου λέγοντος· [5] *εἴπατε* *τῇ θυγατρὶ Σιών· ἰδοὺ* *ὁ βασιλεύς σου ἔρχεταί* *σοι ...* ➤ Isa 62,11; Zech 9,9					→ Jn 12,14-15
e 221	**Mt 21,24**	ἀποκριθεὶς δὲ ὁ Ἰησοῦς εἶπεν αὐτοῖς· ἐρωτήσω ὑμᾶς κἀγὼ λόγον ἕνα, ὃν ἐὰν εἴπητέ μοι κἀγὼ ὑμῖν **ἐρῶ** ἐν ποίᾳ ἐξουσίᾳ ταῦτα ποιῶ·	**Mk 11,29**	ὁ δὲ Ἰησοῦς εἶπεν αὐτοῖς· ἐπερωτήσω ὑμᾶς ἕνα λόγον, καὶ ἀποκρίθητέ μοι καὶ **ἐρῶ** ὑμῖν ἐν ποίᾳ ἐξουσίᾳ ταῦτα ποιῶ·	**Lk 20,3**	ἀποκριθεὶς δὲ εἶπεν πρὸς αὐτούς· ἐρωτήσω ὑμᾶς κἀγὼ λόγον, καὶ εἴπατέ μοι·	
222	**Mt 21,25**	... οἱ δὲ διελογίζοντο ἐν ἑαυτοῖς λέγοντες· ἐὰν εἴπωμεν· ἐξ οὐρανοῦ, **ἐρεῖ** ἡμῖν· διὰ τί οὖν οὐκ ἐπιστεύσατε αὐτῷ;	**Mk 11,31**	καὶ διελογίζοντο πρὸς ἑαυτοὺς λέγοντες· ἐὰν εἴπωμεν· ἐξ οὐρανοῦ, **ἐρεῖ·** διὰ τί [οὖν] οὐκ ἐπιστεύσατε αὐτῷ;	**Lk 20,5**	οἱ δὲ συνελογίσαντο πρὸς ἑαυτοὺς λέγοντες ὅτι ἐὰν εἴπωμεν· ἐξ οὐρανοῦ, **ἐρεῖ·** διὰ τί οὐκ ἐπιστεύσατε αὐτῷ;	
c h 211	**Mt 22,31**	περὶ δὲ τῆς ἀναστάσεως τῶν νεκρῶν οὐκ ἀνέγνωτε **τὸ ῥηθὲν** ὑμῖν ὑπὸ τοῦ θεοῦ λέγοντος· [32] *ἐγώ εἰμι* *ὁ θεὸς Ἀβραὰμ καὶ* *ὁ θεὸς Ἰσαὰκ καὶ* *ὁ θεὸς Ἰακώβ;* ➤ Exod 3,6	**Mk 12,26**	περὶ δὲ τῶν νεκρῶν ὅτι ἐγείρονται οὐκ ἀνέγνωτε ἐν τῇ βίβλῳ Μωϋσέως ἐπὶ τοῦ βάτου πῶς εἶπεν αὐτῷ ὁ θεὸς λέγων· *ἐγὼ* *ὁ θεὸς Ἀβραὰμ καὶ* *[ὁ] θεὸς Ἰσαὰκ καὶ* *[ὁ] θεὸς Ἰακώβ;* ➤ Exod 3,6	**Lk 20,37**	ὅτι δὲ ἐγείρονται οἱ νεκροί, καὶ Μωϋσῆς ἐμήνυσεν ἐπὶ τῆς βάτου, ὡς λέγει *κύριον* *τὸν θεὸν Ἀβραὰμ καὶ* *θεὸν Ἰσαὰκ καὶ* *θεὸν Ἰακώβ·* ➤ Exod 3,6	
b h 211	**Mt 24,15**	ὅταν οὖν ἴδητε *τὸ βδέλυγμα* *τῆς ἐρημώσεως* **τὸ ῥηθὲν** διὰ Δανιὴλ τοῦ προφήτου ἑστὸς ἐν τόπῳ ἁγίῳ, ὁ ἀναγινώσκων νοείτω ➤ Dan 9,27/11,31/12,11	**Mk 13,14**	ὅταν δὲ ἴδητε *τὸ βδέλυγμα* *τῆς ἐρημώσεως* ἑστηκότα ὅπου οὐ δεῖ, ὁ ἀναγινώσκων νοείτω, ... ➤ Dan 9,27/11,31/12,11	**Lk 21,20** → Lk 19,43	ὅταν δὲ ἴδητε κυκλουμένην ὑπὸ στρατοπέδων Ἰερουσαλήμ, τότε γνῶτε ὅτι ἤγγικεν ἡ ἐρήμωσις αὐτῆς.	
200	**Mt 25,34**	τότε **ἐρεῖ** ὁ βασιλεὺς τοῖς ἐκ δεξιῶν αὐτοῦ· δεῦτε, οἱ εὐλογημένοι τοῦ πατρός μου, ...					
e 200	**Mt 25,40**	καὶ ἀποκριθεὶς ὁ βασιλεὺς **ἐρεῖ** αὐτοῖς· ἀμὴν λέγω ὑμῖν, ἐφ' ὅσον ἐποιήσατε ἑνὶ τούτων τῶν ἀδελφῶν μου τῶν ἐλαχίστων, ἐμοὶ ἐποιήσατε.					
200	**Mt 25,41** ↑ Mt 7,23 ↑ Lk 13,27	τότε **ἐρεῖ** καὶ τοῖς ἐξ εὐωνύμων· πορεύεσθε ἀπ' ἐμοῦ [οἱ] κατηραμένοι εἰς τὸ πῦρ τὸ αἰώνιον ...					

112	**Mt 26,18**	... **εἴπατε** αὐτῷ· ὁ διδάσκαλος λέγει· ὁ καιρός μου ἐγγύς ἐστιν, πρὸς σὲ ποιῶ τὸ πάσχα μετὰ τῶν μαθητῶν μου.	**Mk 14,14**	... **εἴπατε** τῷ οἰκοδεσπότῃ ὅτι ὁ διδάσκαλος λέγει· ποῦ ἐστιν τὸ κατάλυμά μου ὅπου τὸ πάσχα μετὰ τῶν μαθητῶν μου φάγω;	**Lk 22,11**	... **ἐρεῖτε** τῷ οἰκοδεσπότῃ τῆς οἰκίας· λέγει σοι ὁ διδάσκαλος· ποῦ ἐστιν τὸ κατάλυμα ὅπου τὸ πάσχα μετὰ τῶν μαθητῶν μου φάγω;
112	**Mt 26,19**	καὶ ἐποίησαν οἱ μαθηταὶ ὡς **συνέταξεν** αὐτοῖς ὁ Ἰησοῦς καὶ ἡτοίμασαν τὸ πάσχα.	**Mk 14,16**	καὶ ἐξῆλθον οἱ μαθηταὶ καὶ ἦλθον εἰς τὴν πόλιν καὶ εὗρον καθὼς **εἶπεν** αὐτοῖς καὶ ἡτοίμασαν τὸ πάσχα.	**Lk 22,13**	ἀπελθόντες δὲ εὗρον καθὼς **εἰρήκει** αὐτοῖς καὶ ἡτοίμασαν τὸ πάσχα.
g 211	**Mt 26,75**	καὶ ἐμνήσθη ὁ Πέτρος τοῦ ῥήματος Ἰησοῦ **εἰρηκότος** ὅτι πρὶν ἀλέκτορα φωνῆσαι τρὶς ἀπαρνήσῃ με· ...	**Mk 14,72**	... καὶ ἀνεμνήσθη ὁ Πέτρος τὸ ῥῆμα **ὡς εἶπεν αὐτῷ** ὁ Ἰησοῦς ὅτι πρὶν ἀλέκτορα φωνῆσαι δὶς τρίς με ἀπαρνήσῃ· ...	**Lk 22,61**	... καὶ ὑπεμνήσθη ὁ Πέτρος τοῦ ῥήματος τοῦ κυρίου **ὡς εἶπεν αὐτῷ** ὅτι πρὶν ἀλέκτορα φωνῆσαι σήμερον ἀπαρνήσῃ με τρίς.
c h 200	**Mt 27,9**	τότε ἐπληρώθη **τὸ ῥηθὲν** διὰ Ἰερεμίου τοῦ προφήτου λέγοντος· *καὶ ἔλαβον τὰ* *τριάκοντα ἀργύρια, ...* ➤ Zech 11,13				
002					**Lk 23,29** → Mt 24,19 → Mk 13,17 → Lk 21,23	ὅτι ἰδοὺ ἔρχονται ἡμέραι ἐν αἷς **ἐροῦσιν·** μακάριαι αἱ στεῖραι καὶ αἱ κοιλίαι αἳ οὐκ ἐγέννησαν καὶ μαστοὶ οἳ οὐκ ἔθρεψαν.

a h **Acts 2,16** ἀλλὰ τοῦτό ἐστιν **τὸ εἰρημένον** διὰ τοῦ προφήτου Ἰωήλ· [17] *καὶ ἔσται* ἐν ταῖς ἐσχάταις ἡμέραις, λέγει ὁ θεός, *ἐκχεῶ ἀπὸ τοῦ πνεύματός μου ἐπὶ πᾶσαν σάρκα, ...*
➤ Joel 3,1 LXX

Acts 8,24 ἀποκριθεὶς δὲ ὁ Σίμων εἶπεν· δεήθητε ὑμεῖς ὑπὲρ ἐμοῦ πρὸς τὸν κύριον ὅπως μηδὲν ἐπέλθῃ ἐπ' ἐμὲ ὧν **εἰρήκατε.**

g h **Acts 13,34** ὅτι δὲ ἀνέστησεν αὐτὸν ἐκ νεκρῶν μηκέτι μέλλοντα ὑποστρέφειν εἰς διαφθοράν, οὕτως **εἴρηκεν** ὅτι δώσω *ὑμῖν τὰ ὅσια Δαυὶδ τὰ πιστά.*
➤ Isa 55,3 LXX

a h **Acts 13,40** βλέπετε οὖν μὴ ἐπέλθῃ **τὸ εἰρημένον** ἐν τοῖς προφήταις· [41] *ἴδετε, οἱ καταφρονηταί, καὶ θαυμάσατε καὶ ἀφανίσθητε, ...*
➤ Hab 1,5 LXX

Acts 17,28 ἐν αὐτῷ γὰρ ζῶμεν καὶ κινούμεθα καὶ ἐσμέν, ὡς καί τινες τῶν καθ' ὑμᾶς ποιητῶν **εἰρήκασιν·** τοῦ γὰρ καὶ γένος ἐσμέν.

g **Acts 20,38** ὀδυνώμενοι μάλιστα ἐπὶ τῷ λόγῳ ᾧ **εἰρήκει,** ὅτι οὐκέτι μέλλουσιν τὸ πρόσωπον αὐτοῦ θεωρεῖν. ...

Acts 23,5 ἔφη τε ὁ Παῦλος· οὐκ ᾔδειν, ἀδελφοί, ὅτι ἐστὶν ἀρχιερεύς· γέγραπται γὰρ ὅτι *ἄρχοντα τοῦ λαοῦ σου* ***οὐκ ἐρεῖς*** *κακῶς.*
➤ Exod 22,27

λεῖος

	Mt	Mk	Lk	Acts	Jn	1-3John	Paul	Eph	Col
Syn 1			1						
NT 1	2Thess	1/2Tim	Tit	Heb	Jas	1Pet	2Pet	Jude	Rev

smooth; level

	Mt	Mk	Lk	
002			**Lk 3,5** ... *καὶ ἔσται τὰ σκολιὰ εἰς εὐθείαν καὶ αἱ τραχεῖαι* ***εἰς ὁδοὺς λείας·*** ➤ Isa 40,4 LXX	

λείπω

	Mt	Mk	Lk	Acts	Jn	1-3John	Paul	Eph	Col
Syn 1			1						
NT 6	2Thess	1/2Tim	Tit 2	Heb	Jas 3	1Pet	2Pet	Jude	Rev

be, do without; lack; be in need, want (of); fall short

	Mt	Mk	Lk	
112	**Mt 19,21** → Mt 6,20 ἔφη αὐτῷ ὁ Ἰησοῦς· εἰ θέλεις τέλειος εἶναι, ὕπαγε πώλησόν σου τὰ ὑπάρχοντα καὶ δὸς [τοῖς] πτωχοῖς, καὶ ἕξεις θησαυρὸν ἐν οὐρανοῖς, καὶ δεῦρο ἀκολούθει μοι.	**Mk 10,21** ὁ δὲ Ἰησοῦς ἐμβλέψας αὐτῷ ἠγάπησεν αὐτὸν καὶ εἶπεν αὐτῷ· ἕν σε **ὑστερεῖ·** ὕπαγε, ὅσα ἔχεις πώλησον καὶ δὸς [τοῖς] πτωχοῖς, καὶ ἕξεις θησαυρὸν ἐν οὐρανῷ, καὶ δεῦρο ἀκολούθει μοι.	**Lk 18,22** → Lk 12,33 ἀκούσας δὲ ὁ Ἰησοῦς εἶπεν αὐτῷ· ἔτι ἕν σοι **λείπει·** πάντα ὅσα ἔχεις πώλησον καὶ διάδος πτωχοῖς, καὶ ἕξεις θησαυρὸν ἐν [τοῖς] οὐρανοῖς, καὶ δεῦρο ἀκολούθει μοι.	→ Acts 2,45

λειτουργία

	Mt	Mk	Lk	Acts	Jn	1-3John	Paul	Eph	Col
Syn 1			1				3		
NT 6	2Thess	1/2Tim	Tit	Heb 2	Jas	1Pet	2Pet	Jude	Rev

service

	Mt	Mk	Lk	
002			**Lk 1,23** καὶ ἐγένετο ὡς ἐπλήσθησαν **αἱ ἡμέραι τῆς λειτουργίας αὐτοῦ,** ἀπῆλθεν εἰς τὸν οἶκον αὐτοῦ.	

λεμα

	Mt	Mk	Lk	Acts	Jn	1-3John	Paul	Eph	Col
Syn 2	1	1							
NT 2	2Thess	1/2Tim	Tit	Heb	Jas	1Pet	2Pet	Jude	Rev

Aramaic: why?

	Mt	Mk	Lk	
220	**Mt 27,46** περὶ δὲ τὴν ἐνάτην ὥραν ἀνεβόησεν ὁ Ἰησοῦς φωνῇ μεγάλῃ λέγων· *ηλι ηλι* ***λεμα*** *σαβαχθανι;* τοῦτ᾽ ἔστιν· *θεέ μου θεέ μου, ἱνατί με ἐγκατέλιπες;* ➤ Ps 22,2	**Mk 15,34** καὶ τῇ ἐνάτῃ ὥρᾳ ἐβόησεν ὁ Ἰησοῦς φωνῇ μεγάλῃ· *ελωι ελωι* ***λεμα*** *σαβαχθανι;* ὅ ἐστιν μεθερμηνευόμενον *ὁ θεός μου ὁ θεός μου, εἰς τί ἐγκατέλιπές με;* ➤ Ps 22,2		

λέπρα	Syn 4	Mt 1	Mk 1	Lk 2	Acts	Jn	1-3John	Paul	Eph	Col
	NT 4	2Thess	1/2Tim	Tit	Heb	Jas	1Pet	2Pet	Jude	Rev

leprosy

code	Mt		Mk		Lk		
112	**Mt 8,2**	καὶ ἰδοὺ **λεπρὸς** προσελθὼν προσεκύνει αὐτῷ ...	**Mk 1,40**	καὶ ἔρχεται πρὸς αὐτὸν **λεπρὸς** παρακαλῶν αὐτὸν [καὶ γονυπετῶν] ...	**Lk 5,12** → Lk 17,12-13 → Lk 17,16	... καὶ ἰδοὺ ἀνὴρ **πλήρης λέπρας**· ἰδὼν δὲ τὸν Ἰησοῦν, πεσὼν ἐπὶ πρόσωπον ἐδεήθη αὐτοῦ ...	
222	**Mt 8,3**	... καὶ εὐθέως ἐκαθαρίσθη **αὐτοῦ ἡ λέπρα.**	**Mk 1,42**	καὶ εὐθὺς ἀπῆλθεν ἀπ' αὐτοῦ **ἡ λέπρα,** καὶ ἐκαθαρίσθη.	**Lk 5,13** → Lk 17,14	... καὶ εὐθέως **ἡ λέπρα** ἀπῆλθεν ἀπ' αὐτοῦ.	

λεπρός	Syn 9	Mt 4	Mk 2	Lk 3	Acts	Jn	1-3John	Paul	Eph	Col
	NT 9	2Thess	1/2Tim	Tit	Heb	Jas	1Pet	2Pet	Jude	Rev

leprous

	triple tradition																	double tradition			Sondergut		
		+Mt / +Lk			–Mt / –Lk			traditions not taken over by Mt / Lk							subtotals								
code	222	211	112	212	221	122	121	022	012	021	220	120	210	020	Σ⁺	Σ⁻	Σ	202	201	102	200	002	total
Mt					1						1						2	1	1				4
Mk					1						1						2						2
Lk					1⁻											1⁻		1				2	3

code	Mt		Mk		Lk		
002					**Lk 4,27**	καὶ **πολλοὶ λεπροὶ** ἦσαν ἐν τῷ Ἰσραὴλ ἐπὶ Ἐλισαίου τοῦ προφήτου, καὶ οὐδεὶς αὐτῶν ἐκαθαρίσθη εἰ μὴ Ναιμὰν ὁ Σύρος.	
221	**Mt 8,2**	καὶ ἰδοὺ **λεπρὸς** προσελθὼν προσεκύνει αὐτῷ ...	**Mk 1,40**	καὶ ἔρχεται πρὸς αὐτὸν **λεπρὸς** παρακαλῶν αὐτὸν [καὶ γονυπετῶν] ...	**Lk 5,12** ↓ Lk 17,12	... καὶ ἰδοὺ ἀνὴρ **πλήρης λέπρας**· ἰδὼν δὲ τὸν Ἰησοῦν, πεσὼν ἐπὶ πρόσωπον ἐδεήθη αὐτοῦ ...	
201	**Mt 10,8**	[7] πορευόμενοι δὲ κηρύσσετε λέγοντες ὅτι ἤγγικεν ἡ βασιλεία τῶν οὐρανῶν. [8] ἀσθενοῦντας θεραπεύετε, νεκροὺς ἐγείρετε, **λεπροὺς** καθαρίζετε, δαιμόνια ἐκβάλλετε· δωρεὰν ἐλάβετε, δωρεὰν δότε.			**Lk 10,9**	καὶ θεραπεύετε τοὺς ἐν αὐτῇ ἀσθενεῖς καὶ λέγετε αὐτοῖς· ἤγγικεν ἐφ' ὑμᾶς ἡ βασιλεία τοῦ θεοῦ.	→ GTh 14,4
202	**Mt 11,5** → Mt 15,31	*τυφλοὶ ἀναβλέπουσιν* καὶ χωλοὶ περιπατοῦσιν, **λεπροὶ** καθαρίζονται καὶ *κωφοὶ ἀκούουσιν,* καὶ *νεκροὶ ἐγείρονται* καὶ πτωχοὶ εὐαγγελίζονται· ➤ Isa 29,18; 35,5-6; 42,18; 26,19			**Lk 7,22** → Lk 4,18	... *τυφλοὶ ἀναβλέπουσιν,* χωλοὶ περιπατοῦσιν, **λεπροὶ** καθαρίζονται καὶ *κωφοὶ ἀκούουσιν,* *νεκροὶ ἐγείρονται,* πτωχοὶ εὐαγγελίζονται· ➤ Isa 29,18; 35,5-6; 42,18; 26,19	

002					Lk 17,12 ↑ Mt 8,2 ↑ Mk 1,40 ↑ Lk 5,12	καὶ εἰσερχομένου αὐτοῦ εἴς τινα κώμην ἀπήντησαν [αὐτῷ] **δέκα λεπροὶ ἄνδρες,** οἳ ἔστησαν πόρρωθεν	
220	**Mt 26,6** → Lk 7,40	τοῦ δὲ Ἰησοῦ γενομένου ἐν Βηθανίᾳ **ἐν οἰκίᾳ Σίμωνος** **τοῦ λεπροῦ,** [7] ... αὐτοῦ ἀνακειμένου.	**Mk 14,3** → Lk 7,40	καὶ ὄντος αὐτοῦ ἐν Βηθανίᾳ **ἐν τῇ οἰκίᾳ Σίμωνος** **τοῦ λεπροῦ,** κατακειμένου αὐτοῦ ...	Lk 7,36	ἠρώτα δέ τις αὐτὸν τῶν Φαρισαίων ἵνα φάγῃ μετ᾽ αὐτοῦ, καὶ εἰσελθὼν **εἰς τὸν οἶκον** **τοῦ Φαρισαίου** κατεκλίθη.	→ Jn 12,1-2

λεπτόν

λεπτόν	Syn 3	Mt	Mk 1	Lk 2	Acts	Jn	1-3John	Paul	Eph	Col
	NT 3	2Thess	1/2Tim	Tit	Heb	Jas	1Pet	2Pet	Jude	Rev

small copper coin

102	**Mt 5,26**	... οὐ μὴ ἐξέλθῃς ἐκεῖθεν, ἕως ἂν ἀποδῷς **τὸν ἔσχατον** **κοδράντην.**			**Lk 12,59**	... οὐ μὴ ἐξέλθῃς ἐκεῖθεν, ἕως καὶ **τὸ ἔσχατον** **λεπτὸν** ἀποδῷς.	
022			**Mk 12,42**	καὶ ἐλθοῦσα μία χήρα πτωχὴ ἔβαλεν **λεπτὰ δύο,** ὅ ἐστιν κοδράντης.	**Lk 21,2**	εἶδεν δέ τινα χήραν πενιχρὰν βάλλουσαν ἐκεῖ **λεπτὰ δύο**	

Λευί(ς)

Λευί(ς)	Syn 5	Mt	Mk 1	Lk 4	Acts	Jn	1-3John	Paul	Eph	Col
	NT 8	2Thess	1/2Tim	Tit	Heb 2	Jas	1Pet	2Pet	Jude	Rev 1

Levi

	triple tradition																	double tradition			Sondergut		
		+Mt / +Lk			–Mt / –Lk			traditions not taken over by Mt / Lk							subtotals								
code	222	211	112	212	221	122	121	022	012	021	220	120	210	020	Σ⁺	Σ⁻	Σ	202	201	102	200	002	total
Mt						1⁻										1⁻							
Mk						1											1						1
Lk			1⁺			1									1⁺		2					2	4

[a] Λευί, son of Melchi   [b] Λευί, son of Simeon   [c] Λευίς, son of Alphaeus

a 002	**Mt 1,15**	Ἐλιοὺδ δὲ ἐγέννησεν τὸν Ἐλεάζαρ, Ἐλεάζαρ δὲ ἐγέννησεν τὸν Ματθάν, ...			**Lk 3,24**	τοῦ Μαθθὰτ **τοῦ Λευὶ** τοῦ Μελχὶ ...	
b 002					**Lk 3,29**	... τοῦ Ἐλιέζερ τοῦ Ἰωρὶμ τοῦ Μαθθὰτ **τοῦ Λευὶ** [30] τοῦ Συμεὼν ...	
c 122	**Mt 9,9**	καὶ παράγων ὁ Ἰησοῦς ἐκεῖθεν εἶδεν ἄνθρωπον καθήμενον ἐπὶ τὸ τελώνιον, **Μαθθαῖον** λεγόμενον, καὶ λέγει αὐτῷ· ἀκολούθει μοι. ...	**Mk 2,14**	καὶ παράγων εἶδεν **Λευὶν** τὸν τοῦ Ἁλφαίου καθήμενον ἐπὶ τὸ τελώνιον, καὶ λέγει αὐτῷ· ἀκολούθει μοι. ...	**Lk 5,27**	καὶ μετὰ ταῦτα ἐξῆλθεν καὶ ἐθεάσατο τελώνην ὀνόματι **Λευὶν** καθήμενον ἐπὶ τὸ τελώνιον, καὶ εἶπεν αὐτῷ· ἀκολούθει μοι.	

	Mt		Mk		Lk		
c 112	Mt 9,10	καὶ ἐγένετο αὐτοῦ ἀνακειμένου ἐν τῇ οἰκίᾳ, καὶ ἰδοὺ πολλοὶ τελῶναι καὶ ἁμαρτωλοὶ ἐλθόντες συνανέκειντο τῷ Ἰησοῦ καὶ τοῖς μαθηταῖς αὐτοῦ.	Mk 2,15	καὶ γίνεται κατακεῖσθαι αὐτὸν ἐν τῇ οἰκίᾳ αὐτοῦ, καὶ πολλοὶ τελῶναι καὶ ἁμαρτωλοὶ συνανέκειντο τῷ Ἰησοῦ καὶ τοῖς μαθηταῖς αὐτοῦ· ...	Lk 5,29 → Lk 15,1	καὶ ἐποίησεν δοχὴν μεγάλην **Λευὶς** αὐτῷ ἐν τῇ οἰκίᾳ αὐτοῦ, καὶ ἦν ὄχλος πολὺς τελωνῶν καὶ ἄλλων οἳ ἦσαν μετ᾽ αὐτῶν κατακείμενοι.	

Λευίτης

Syn 1	Mt	Mk	Lk 1	Acts 1	Jn 1	1-3John	Paul	Eph	Col
NT 3	2Thess	1/2Tim	Tit	Heb	Jas	1Pet	2Pet	Jude	Rev

Levite

			Lk		
002			Lk 10,32	ὁμοίως δὲ καὶ **Λευίτης** [γενόμενος] κατὰ τὸν τόπον ἐλθὼν καὶ ἰδὼν ἀντιπαρῆλθεν.	

Acts 4,36 Ἰωσὴφ δὲ ὁ ἐπικληθεὶς Βαρναβᾶς ἀπὸ τῶν ἀποστόλων, ὅ ἐστιν μεθερμηνευόμενον υἱὸς παρακλήσεως, **Λευίτης**, Κύπριος τῷ γένει

λευκαίνω

Syn 1	Mt	Mk 1	Lk	Acts	Jn	1-3John	Paul	Eph	Col
NT 2	2Thess	1/2Tim	Tit	Heb	Jas	1Pet	2Pet	Jude	Rev 1

make white

	Mt		Mk		Lk		
121	Mt 17,2	... τὰ δὲ ἱμάτια αὐτοῦ ἐγένετο λευκὰ ὡς τὸ φῶς.	Mk 9,3	καὶ τὰ ἱμάτια αὐτοῦ ἐγένετο στίλβοντα λευκὰ λίαν, οἷα γναφεὺς ἐπὶ τῆς γῆς οὐ δύναται οὕτως **λευκᾶναι**.	Lk 9,29	... καὶ ὁ ἱματισμὸς αὐτοῦ λευκὸς ἐξαστράπτων.	

λευκός

Syn 6	Mt 3	Mk 2	Lk 1	Acts 1	Jn 2	1-3John	Paul	Eph	Col
NT 25	2Thess	1/2Tim	Tit	Heb	Jas	1Pet	2Pet	Jude	Rev 16

bright; shining; gleaming; white

	triple tradition																	double tradition			Sondergut		
		+Mt / +Lk			–Mt / –Lk			traditions not taken over by Mt / Lk							subtotals								
code	*222*	*211*	*112*	*212*	*221*	*122*	*121*	*022*	*012*	*021*	*220*	*120*	*210*	*020*	Σ⁺	Σ⁻	Σ	*202*	*201*	*102*	*200*	*002*	total
Mt	1																1				2		**3**
Mk	1									1							2						**2**
Lk	1									1⁻						1⁻	1						**1**

	Mt			
200	Mt 5,36	[34] ... μὴ ὀμόσαι ὅλως· ... [36] μήτε ἐν τῇ κεφαλῇ σου ὀμόσῃς, ὅτι οὐ δύνασαι μίαν τρίχα **λευκὴν** ποιῆσαι ἢ μέλαιναν.		

222	**Mt 17,2**	... τὰ δὲ ἱμάτια αὐτοῦ ἐγένετο **λευκὰ** ὡς τὸ φῶς.	**Mk 9,3**	καὶ τὰ ἱμάτια αὐτοῦ ἐγένετο στίλβοντα **λευκὰ λίαν,** οἷα γναφεὺς ἐπὶ τῆς γῆς οὐ δύναται οὕτως λευκᾶναι.	**Lk 9,29**	... καὶ ὁ ἱματισμὸς αὐτοῦ **λευκὸς** ἐξαστράπτων.	
200	**Mt 28,3**	ἦν δὲ ἡ εἰδέα αὐτοῦ ὡς ἀστραπὴ καὶ **τὸ ἔνδυμα αὐτοῦ** **λευκὸν** ὡς χιών.	**Mk 16,5**	... εἶδον νεανίσκον καθήμενον ἐν τοῖς δεξιοῖς περιβεβλημένον **στολὴν λευκήν, ...**	**Lk 24,4** → Lk 24,23	... ἰδοὺ ἄνδρες δύο ἐπέστησαν αὐταῖς **ἐν ἐσθῆτι ἀστραπτούσῃ.**	→ Jn 20,12
021	**Mt 28,3**	ἦν δὲ ἡ εἰδέα αὐτοῦ ὡς ἀστραπὴ καὶ **τὸ ἔνδυμα αὐτοῦ λευκὸν** ὡς χιών.	**Mk 16,5**	... εἶδον νεανίσκον καθήμενον ἐν τοῖς δεξιοῖς περιβεβλημένον **στολὴν λευκήν, ...**	**Lk 24,4** → Lk 24,23	... ἰδοὺ ἄνδρες δύο ἐπέστησαν αὐταῖς **ἐν ἐσθῆτι** **ἀστραπτούσῃ.**	→ Jn 20,12

Acts 1,10 ... καὶ ἰδοὺ ἄνδρες δύο
παρειστήκεισαν αὐτοῖς
ἐν ἐσθήσεσι λευκαῖς

ληνός

Syn 1	Mt 1	Mk	Lk	Acts	Jn	1-3John	Paul	Eph	Col
NT 5	2Thess	1/2Tim	Tit	Heb	Jas	1Pet	2Pet	Jude	Rev 4

wine-press

211	**Mt 21,33**	... ἄνθρωπος ἦν οἰκοδεσπότης ὅστις ἐφύτευσεν ἀμπελῶνα καὶ φραγμὸν αὐτῷ περιέθηκεν καὶ ὤρυξεν ἐν αὐτῷ **ληνὸν** καὶ ᾠκοδόμησεν πύργον καὶ ἐξέδετο αὐτὸν γεωργοῖς καὶ ἀπεδήμησεν.	**Mk 12,1**	... ἀμπελῶνα ἄνθρωπος ἐφύτευσεν καὶ περιέθηκεν φραγμὸν καὶ ὤρυξεν **ὑπολήνιον** καὶ ᾠκοδόμησεν πύργον καὶ ἐξέδετο αὐτὸν γεωργοῖς καὶ ἀπεδήμησεν.	**Lk 20,9**	... ἄνθρωπός [τις] ἐφύτευσεν ἀμπελῶνα καὶ ἐξέδετο αὐτὸν γεωργοῖς καὶ ἀπεδήμησεν χρόνους ἱκανούς.	→ GTh 65

λῆρος

Syn 1	Mt	Mk	Lk 1	Acts	Jn	1-3John	Paul	Eph	Col
NT 1	2Thess	1/2Tim	Tit	Heb	Jas	1Pet	2Pet	Jude	Rev

idle talk; nonsense; humbug

002					**Lk 24,11**	καὶ ἐφάνησαν ἐνώπιον αὐτῶν **ὡσεὶ λῆρος** τὰ ῥήματα ταῦτα, καὶ ἠπίστουν αὐταῖς.	

ληστής	Syn 11	Mt 4	Mk 3	Lk 4	Acts	Jn 3	1-3John	Paul 1	Eph	Col
	NT 15	2Thess	1/2Tim	Tit	Heb	Jas	1Pet	2Pet	Jude	Rev

robber; highwayman; bandit; revolutionary; insurrectionist

	triple tradition																	double tradition			Sondergut		
		+Mt / +Lk			–Mt / –Lk			traditions not taken over by Mt / Lk							subtotals								
code	*222*	*211*	*112*	*212*	*221*	*122*	*121*	*022*	*012*	*021*	*220*	*120*	*210*	*020*	Σ⁺	Σ⁻	Σ	*202*	*201*	*102*	*200*	*002*	total
Mt	2	1⁺			1										1⁺		4						**4**
Mk	2				1												3						**3**
Lk	2				1⁻											1⁻	2					2	**4**

code		Mt		Mk		Lk	
002					**Lk 10,30**	ὑπολαβὼν ὁ Ἰησοῦς εἶπεν· ἄνθρωπός τις κατέβαινεν ἀπὸ Ἰερουσαλὴμ εἰς Ἰεριχὼ καὶ **λῃσταῖς** περιέπεσεν, οἳ καὶ ἐκδύσαντες αὐτὸν καὶ πληγὰς ἐπιθέντες ἀπῆλθον ἀφέντες ἡμιθανῆ.	
002					**Lk 10,36**	τίς τούτων τῶν τριῶν πλησίον δοκεῖ σοι γεγονέναι τοῦ ἐμπεσόντος **εἰς τοὺς λῃστάς;**	
222	**Mt 21,13**	... γέγραπται· *ὁ οἶκός μου οἶκος* *προσευχῆς κληθήσεται,* ὑμεῖς δὲ αὐτὸν ποιεῖτε ***σπήλαιον λῃστῶν.*** ➤ Isa 56,7; Jer 7,11	**Mk 11,17**	... οὐ γέγραπται ὅτι *ὁ οἶκός μου οἶκος* *προσευχῆς κληθήσεται* *πᾶσιν τοῖς ἔθνεσιν;* ὑμεῖς δὲ πεποιήκατε αὐτὸν ***σπήλαιον λῃστῶν.*** ➤ Isa 56,7; Jer 7,11	**Lk 19,46**	... γέγραπται· *καὶ ἔσται ὁ οἶκός μου* *οἶκος προσευχῆς,* ὑμεῖς δὲ αὐτὸν ἐποιήσατε ***σπήλαιον λῃστῶν.*** ➤ Isa 56,7; Jer 7,11	→ Jn 2,16
222	**Mt 26,55**	ἐν ἐκείνῃ τῇ ὥρᾳ εἶπεν ὁ Ἰησοῦς τοῖς ὄχλοις· **ὡς ἐπὶ λῃστὴν** ἐξήλθατε μετὰ μαχαιρῶν καὶ ξύλων συλλαβεῖν με; ...	**Mk 14,48**	καὶ ἀποκριθεὶς ὁ Ἰησοῦς εἶπεν αὐτοῖς· **ὡς ἐπὶ λῃστὴν** ἐξήλθατε μετὰ μαχαιρῶν καὶ ξύλων συλλαβεῖν με;	**Lk 22,52** → Lk 22,54 ↓ Mt 26,47 ↓ Mk 14,43	εἶπεν δὲ Ἰησοῦς πρὸς τοὺς παραγενομένους ἐπ' αὐτὸν ἀρχιερεῖς καὶ στρατηγοὺς τοῦ ἱεροῦ καὶ πρεσβυτέρους· **ὡς ἐπὶ λῃστὴν** ἐξήλθατε μετὰ μαχαιρῶν καὶ ξύλων;	
	Mt 26,47	καὶ ἔτι αὐτοῦ λαλοῦντος ἰδοὺ Ἰούδας εἷς τῶν δώδεκα ἦλθεν καὶ μετ' αὐτοῦ ὄχλος πολὺς μετὰ μαχαιρῶν καὶ ξύλων ἀπὸ τῶν ἀρχιερέων καὶ πρεσβυτέρων τοῦ λαοῦ.	**Mk 14,43**	καὶ εὐθὺς ἔτι αὐτοῦ λαλοῦντος παραγίνεται Ἰούδας εἷς τῶν δώδεκα καὶ μετ' αὐτοῦ ὄχλος μετὰ μαχαιρῶν καὶ ξύλων παρὰ τῶν ἀρχιερέων καὶ τῶν γραμματέων καὶ τῶν πρεσβυτέρων.			
221	**Mt 27,38** → Lk 23,32	τότε σταυροῦνται σὺν αὐτῷ **δύο λῃσταί,** εἷς ἐκ δεξιῶν καὶ εἷς ἐξ εὐωνύμων.	**Mk 15,27** → Lk 23,32	καὶ σὺν αὐτῷ σταυροῦσιν **δύο λῃστάς,** ἕνα ἐκ δεξιῶν καὶ ἕνα ἐξ εὐωνύμων αὐτοῦ.	**Lk 23,33** → Lk 22,37	... ἐκεῖ ἐσταύρωσαν αὐτὸν καὶ **τοὺς κακούργους,** ὃν μὲν ἐκ δεξιῶν ὃν δὲ ἐξ ἀριστερῶν.	→ Jn 19,18
211	**Mt 27,44**	τὸ δ' αὐτὸ καὶ **οἱ λῃσταὶ** **οἱ συσταυρωθέντες** **σὺν αὐτῷ** ὠνείδιζον αὐτόν.	**Mk 15,32**	 **... καὶ** **οἱ συνεσταυρωμένοι** **σὺν αὐτῷ** ὠνείδιζον αὐτόν.	**Lk 23,39** → Lk 23,35 → Lk 23,36	 **εἷς δὲ** **τῶν κρεμασθέντων** **κακούργων** ἐβλασφήμει αὐτὸν ...	

λίαν	Syn 9	Mt 4	Mk 4	Lk 1	Acts	Jn	1-3John 2	Paul	Eph	Col
	NT 12	2Thess	1/2Tim 1	Tit	Heb	Jas	1Pet	2Pet	Jude	Rev

very (much); exceedingly

	triple tradition																	double tradition			Sondergut		
		+Mt / +Lk			−Mt / −Lk			traditions not taken over by Mt / Lk							subtotals								
code	*222*	*211*	*112*	*212*	*221*	*122*	*121*	*022*	*012*	*021*	*220*	*120*	*210*	*020*	Σ^+	Σ^-	Σ	*202*	*201*	*102*	*200*	*002*	total
Mt		1^+					2^-					1^-	1^+		2^+	3^-	2		1		1		**4**
Mk							2			1		1					4						**4**
Lk							2^-			1^-						3^-						1	**1**

a λίαν with a verb

a 200	**Mt 2,16**	τότε Ἡρῴδης ἰδὼν ὅτι ἐνεπαίχθη ὑπὸ τῶν μάγων ἐθυμώθη **λίαν,** καὶ ἀποστείλας ἀνεῖλεν πάντας τοὺς παῖδας τοὺς ἐν Βηθλέεμ καὶ ἐν πᾶσι τοῖς ὁρίοις αὐτῆς ἀπὸ διετοῦς καὶ κατωτέρω, ...					
201	**Mt 4,8**	πάλιν παραλαμβάνει αὐτὸν ὁ διάβολος **εἰς ὄρος ὑψηλὸν** **λίαν** καὶ δείκνυσιν αὐτῷ πάσας τὰς βασιλείας τοῦ κόσμου ...			**Lk 4,5**	καὶ ἀναγαγὼν αὐτὸν ἔδειξεν αὐτῷ πάσας τὰς βασιλείας τῆς οἰκουμένης ...	
021			**Mk 1,35** → Mk 1,45	**καὶ πρωῒ ἔννυχα λίαν** ἀναστὰς ἐξῆλθεν καὶ ἀπῆλθεν εἰς ἔρημον τόπον κἀκεῖ προσηύχετο.	**Lk 4,42** → Lk 5,16	**γενομένης δὲ ἡμέρας** ἐξελθὼν ἐπορεύθη εἰς ἔρημον τόπον· ...	
211	**Mt 8,28**	... ὑπήντησαν αὐτῷ δύο δαιμονιζόμενοι ἐκ τῶν μνημείων ἐξερχόμενοι, **χαλεποὶ λίαν,** ὥστε μὴ ἰσχύειν τινὰ παρελθεῖν διὰ τῆς ὁδοῦ ἐκείνης.	**Mk 5,3**	[2] ... εὐθὺς ὑπήντησεν αὐτῷ ἐκ τῶν μνημείων ἄνθρωπος ἐν πνεύματι ἀκαθάρτῳ, [3] ὃς τὴν κατοίκησιν εἶχεν ἐν τοῖς μνήμασιν, καὶ οὐδὲ ἁλύσει οὐκέτι οὐδεὶς ἐδύνατο αὐτὸν δῆσαι [4] διὰ τὸ αὐτὸν πολλάκις πέδαις καὶ ἁλύσεσιν δεδέσθαι καὶ διεσπάσθαι ὑπ᾽ αὐτοῦ τὰς ἁλύσεις καὶ τὰς πέδας συντετρῖφθαι, καὶ οὐδεὶς ἴσχυεν αὐτὸν δαμάσαι·	**Lk 8,27**	... ὑπήντησεν ἀνήρ τις ἐκ τῆς πόλεως ἔχων δαιμόνια καὶ χρόνῳ ἱκανῷ οὐκ ἐνεδύσατο ἱμάτιον καὶ ἐν οἰκίᾳ οὐκ ἔμενεν ἀλλ᾽ ἐν τοῖς μνήμασιν. [29] ... πολλοῖς γὰρ χρόνοις συνηρπάκει αὐτὸν καὶ ἐδεσμεύετο ἁλύσεσιν καὶ πέδαις φυλασσόμενος καὶ διαρρήσσων τὰ δεσμὰ ...	
a 120	**Mt 14,33** → Mt 16,16	[32] καὶ ἀναβάντων αὐτῶν εἰς τὸ πλοῖον ἐκόπασεν ὁ ἄνεμος. [33] οἱ δὲ ἐν τῷ πλοίῳ προσεκύνησαν αὐτῷ λέγοντες· ἀληθῶς θεοῦ υἱὸς εἶ.	**Mk 6,51**	καὶ ἀνέβη πρὸς αὐτοὺς εἰς τὸ πλοῖον καὶ ἐκόπασεν ὁ ἄνεμος, καὶ **λίαν** [ἐκ περισσοῦ] ἐν ἑαυτοῖς ἐξίσταντο·			

		Mt		Mk		Lk	
121	Mt 17,2	... τὰ δὲ ἱμάτια αὐτοῦ ἐγένετο **λευκὰ** ὡς τὸ φῶς.	Mk 9,3	καὶ τὰ ἱμάτια αὐτοῦ ἐγένετο στίλβοντα **λευκὰ λίαν,** οἷα γναφεὺς ἐπὶ τῆς γῆς οὐ δύναται οὕτως λευκᾶναι.	Lk 9,29	... καὶ ὁ ἱματισμὸς αὐτοῦ **λευκὸς** ἐξαστράπτων.	
a 210	Mt 27,14	καὶ οὐκ ἀπεκρίθη αὐτῷ πρὸς οὐδὲ ἓν ῥῆμα, ὥστε θαυμάζειν τὸν ἡγεμόνα **λίαν.**	Mk 15,5	ὁ δὲ Ἰησοῦς οὐκέτι οὐδὲν ἀπεκρίθη, ὥστε θαυμάζειν τὸν Πιλᾶτον.	Lk 23,9	ἐπηρώτα δὲ αὐτὸν ἐν λόγοις ἱκανοῖς, αὐτὸς δὲ οὐδὲν ἀπεκρίνατο αὐτῷ.	Mt/Mk: before Pilate; Lk: before Herod
a 002					Lk 23,8 → Lk 9,9	ὁ δὲ Ἡρῴδης ἰδὼν τὸν Ἰησοῦν ἐχάρη **λίαν,** ἦν γὰρ ἐξ ἱκανῶν χρόνων θέλων ἰδεῖν αὐτὸν διὰ τὸ ἀκούειν περὶ αὐτοῦ, καὶ ἤλπιζέν τι σημεῖον ἰδεῖν ὑπ᾽ αὐτοῦ γινόμενον.	
121	Mt 28,1	... **τῇ ἐπιφωσκούσῃ** εἰς μίαν σαββάτων ἦλθεν Μαριὰμ ἡ Μαγδαληνὴ καὶ ἡ ἄλλη Μαρία θεωρῆσαι τὸν τάφον.	Mk 16,2	καὶ **λίαν πρωῒ** τῇ μιᾷ τῶν σαββάτων ἔρχονται ἐπὶ τὸ μνημεῖον ἀνατείλαντος τοῦ ἡλίου.	Lk 24,1 → Lk 24,22	τῇ δὲ μιᾷ τῶν σαββάτων **ὄρθρου βαθέως** ἐπὶ τὸ μνῆμα ἦλθον φέρουσαι ἃ ἡτοίμασαν ἀρώματα.	→ Jn 20,1

λίβανος	Syn 1	Mt 1	Mk	Lk	Acts	Jn	1-3John	Paul	Eph	Col
	NT 2	2Thess	1/2Tim	Tit	Heb	Jas	1Pet	2Pet	Jude	Rev 1

frankincense

		Mt		Mk		Lk	
200	Mt 2,11	... καὶ ἀνοίξαντες τοὺς θησαυροὺς αὐτῶν προσήνεγκαν αὐτῷ δῶρα, χρυσὸν καὶ **λίβανον** καὶ σμύρναν.					

λιθοβολέω	Syn 3	Mt 2	Mk	Lk 1	Acts 3	Jn	1-3John	Paul	Eph	Col
	NT 7	2Thess	1/2Tim	Tit	Heb 1	Jas	1Pet	2Pet	Jude	Rev

throw stones; stone (to death)

		Mt		Mk		Lk	
211	Mt 21,35 → Mt 22,6	καὶ λαβόντες οἱ γεωργοὶ τοὺς δούλους αὐτοῦ ὃν μὲν ἔδειραν, ὃν δὲ **ἐλιθοβόλησαν.**	Mk 12,5 → Mt 21,34	[3] καὶ λαβόντες αὐτὸν ἔδειραν καὶ ἀπέστειλαν κενόν. [4] ... [5] καὶ ἄλλον ἀπέστειλεν· κἀκεῖνον ἀπέκτειναν, καὶ πολλοὺς ἄλλους, οὓς μὲν δέροντες, οὓς δὲ **ἀποκτέννοντες.**	Lk 20,12	[10] ... οἱ δὲ γεωργοὶ ἐξαπέστειλαν αὐτὸν δείραντες κενόν. [11] ... [12] καὶ προσέθετο τρίτον πέμψαι· οἱ δὲ καὶ τοῦτον τραυματίσαντες ἐξέβαλον.	→ GTh 65
202	Mt 23,37	Ἰερουσαλὴμ Ἰερουσαλήμ, ἡ ἀποκτείνουσα τοὺς προφήτας καὶ **λιθοβολοῦσα** τοὺς ἀπεσταλμένους πρὸς αὐτήν, ...			Lk 13,34	Ἰερουσαλὴμ Ἰερουσαλήμ, ἡ ἀποκτείνουσα τοὺς προφήτας καὶ **λιθοβολοῦσα** τοὺς ἀπεσταλμένους πρὸς αὐτήν, ...	

Acts 7,58	Acts 7,59 → Mt 27,50 → Mk 15,37 → Lk 23,46	Acts 14,5
καὶ ἐκβαλόντες ἔξω τῆς πόλεως **ἐλιθοβόλουν.** καὶ οἱ μάρτυρες ἀπέθεντο τὰ ἱμάτια αὐτῶν παρὰ τοὺς πόδας νεανίου καλουμένου Σαύλου,	καὶ **ἐλιθοβόλουν** τὸν Στέφανον ἐπικαλούμενον καὶ λέγοντα· κύριε Ἰησοῦ, δέξαι τὸ πνεῦμά μου.	ὡς δὲ ἐγένετο ὁρμὴ τῶν ἐθνῶν τε καὶ Ἰουδαίων σὺν τοῖς ἄρχουσιν αὐτῶν ὑβρίσαι καὶ **λιθοβολῆσαι** αὐτούς

λίθος	Syn 33	Mt 11	Mk 8	Lk 14	Acts 2	Jn 6	1-3John	Paul 4	Eph	Col
	NT 58	2Thess	1/2Tim	Tit	Heb	Jas	1Pet 5	2Pet	Jude	Rev 8

stone

	triple tradition																	double tradition			Sondergut		
		+Mt / +Lk			−Mt / −Lk			traditions not taken over by Mt / Lk							subtotals								
code	222	211	112	212	221	122	121	022	012	021	220	120	210	020	Σ^+	Σ^-	Σ	202	201	102	200	002	total
Mt	3				1	1^-										1^-	4	3	1		3		**11**
Mk	3				1	1		1		1				1			8						**8**
Lk	3		2^+		1^-	1		1		1^-					2^+	2^-	7	3				4	**14**

Mk-Q overlap: 112: Mt 18,6 / Mk 9,42 / Lk 17,2 (?)

code	Mt	Mk	Lk
202	**Mt 3,9** ... δύναται ὁ θεὸς **ἐκ τῶν λίθων τούτων** ἐγεῖραι τέκνα τῷ Ἀβραάμ.		**Lk 3,8** ... δύναται ὁ θεὸς **ἐκ τῶν λίθων τούτων** ἐγεῖραι τέκνα τῷ Ἀβραάμ.
202	**Mt 4,3** → Mt 27,40 καὶ προσελθὼν ὁ πειράζων εἶπεν αὐτῷ· εἰ υἱὸς εἶ τοῦ θεοῦ, εἰπὲ ἵνα **οἱ λίθοι οὗτοι** ἄρτοι γένωνται.		**Lk 4,3** εἶπεν δὲ αὐτῷ ὁ διάβολος· εἰ υἱὸς εἶ τοῦ θεοῦ, εἰπὲ **τῷ λίθῳ τούτῳ** ἵνα γένηται ἄρτος.
202	**Mt 4,6** ... *ἐπὶ χειρῶν ἀροῦσίν* *σε, μήποτε προσκόψῃς* ***πρὸς λίθον*** *τὸν πόδα σου.* ➤ Ps 91,12		**Lk 4,11** ... *ἐπὶ χειρῶν ἀροῦσίν* *σε, μήποτε προσκόψῃς* ***πρὸς λίθον*** *τὸν πόδα σου.* ➤ Ps 91,12
201	**Mt 7,9** ἢ τίς ἐστιν ἐξ ὑμῶν ἄνθρωπος, ὃν αἰτήσει ὁ υἱὸς αὐτοῦ ἄρτον, μὴ **λίθον** ἐπιδώσει αὐτῷ; [10] ἢ καὶ ἰχθὺν αἰτήσει, μὴ ὄφιν ἐπιδώσει αὐτῷ;		**Lk 11,12** [11] τίνα δὲ ἐξ ὑμῶν τὸν πατέρα αἰτήσει ὁ υἱὸς ἰχθύν, καὶ ἀντὶ ἰχθύος ὄφιν αὐτῷ ἐπιδώσει; [12] ἢ καὶ αἰτήσει ᾠόν, ἐπιδώσει αὐτῷ **σκορπίον;**
021		**Mk 5,5** καὶ διὰ παντὸς νυκτὸς καὶ ἡμέρας ἐν τοῖς μνήμασιν καὶ ἐν τοῖς ὄρεσιν ἦν κράζων καὶ κατακόπτων ἑαυτὸν **λίθοις.**	**Lk 8,29** ... ἠλαύνετο ὑπὸ τοῦ δαιμονίου εἰς τὰς ἐρήμους.

		Mt		Mk		Lk	
112	Mt 18,6 → Mt 18,10	ὃς δ᾽ ἂν σκανδαλίσῃ ἕνα τῶν μικρῶν τούτων τῶν πιστευόντων εἰς ἐμέ, συμφέρει αὐτῷ ἵνα κρεμασθῇ **μύλος ὀνικὸς** περὶ τὸν τράχηλον αὐτοῦ καὶ καταποντισθῇ ἐν τῷ πελάγει τῆς θαλάσσης.	Mk 9,42	καὶ ὃς ἂν σκανδαλίσῃ ἕνα τῶν μικρῶν τούτων τῶν πιστευόντων [εἰς ἐμέ], καλόν ἐστιν αὐτῷ μᾶλλον εἰ περίκειται **μύλος ὀνικὸς** περὶ τὸν τράχηλον αὐτοῦ καὶ βέβληται εἰς τὴν θάλασσαν.	Lk 17,2	λυσιτελεῖ αὐτῷ εἰ **λίθος μυλικὸς** περίκειται περὶ τὸν τράχηλον αὐτοῦ καὶ ἔρριπται εἰς τὴν θάλασσαν ἢ ἵνα σκανδαλίσῃ τῶν μικρῶν τούτων ἕνα.	Mk-Q overlap?
002					Lk 19,40 → Mt 21,15-16	... λέγω ὑμῖν, ἐὰν οὗτοι σιωπήσουσιν, **οἱ λίθοι** κράξουσιν.	
002 002					Lk 19,44 (2) ↓ Mt 24,2 ↓ Mk 13,2 ↓ Lk 21,6 → Lk 21,24	καὶ ἐδαφιοῦσίν σε καὶ τὰ τέκνα σου ἐν σοί, καὶ οὐκ ἀφήσουσιν **λίθον** **ἐπὶ λίθον** ἐν σοί, ἀνθ᾽ ὧν οὐκ ἔγνως τὸν καιρὸν τῆς ἐπισκοπῆς σου.	
222	Mt 21,42	... οὐδέποτε ἀνέγνωτε ἐν ταῖς γραφαῖς· ***λίθον*** *ὃν ἀπεδοκίμασαν* *οἱ οἰκοδομοῦντες,* *οὗτος ἐγενήθη εἰς* *κεφαλὴν γωνίας·* ... ➤ Ps 118,22	Mk 12,10	οὐδὲ τὴν γραφὴν ταύτην ἀνέγνωτε· ***λίθον*** *ὃν ἀπεδοκίμασαν* *οἱ οἰκοδομοῦντες,* *οὗτος ἐγενήθη εἰς* *κεφαλὴν γωνίας·* ➤ Ps 118,22	Lk 20,17	... τί οὖν ἐστιν τὸ γεγραμμένον τοῦτο· ***λίθον*** *ὃν ἀπεδοκίμασαν* *οἱ οἰκοδομοῦντες,* *οὗτος ἐγενήθη εἰς* *κεφαλὴν γωνίας;* ➤ Ps 118,22	→ Acts 4,11 → GTh 66
200	Mt 21,44 ↓ Lk 20,18	[καὶ ὁ πεσὼν **ἐπὶ τὸν λίθον τοῦτον** συνθλασθήσεται· ἐφ᾽ ὃν δ᾽ ἂν πέσῃ λικμήσει αὐτόν.]					Mt 21,44 is textcritically uncertain.
002					Lk 20,18 ↑ [Mt 21,44]	πᾶς ὁ πεσὼν **ἐπ᾽ ἐκεῖνον τὸν λίθον** συνθλασθήσεται· ἐφ᾽ ὃν δ᾽ ἂν πέσῃ, λικμήσει αὐτόν.	
122	Mt 24,1	... καὶ προσῆλθον οἱ μαθηταὶ αὐτοῦ ἐπιδεῖξαι αὐτῷ τὰς οἰκοδομὰς τοῦ ἱεροῦ.	Mk 13,1	... λέγει αὐτῷ εἷς τῶν μαθητῶν αὐτοῦ· διδάσκαλε, ἴδε **ποταποὶ λίθοι** καὶ ποταπαὶ οἰκοδομαί.	Lk 21,5	καί τινων λεγόντων περὶ τοῦ ἱεροῦ ὅτι **λίθοις καλοῖς** καὶ ἀναθήμασιν κεκόσμηται ...	
222 222	Mt 24,2 (2)	... οὐ βλέπετε ταῦτα πάντα; ἀμὴν λέγω ὑμῖν, οὐ μὴ ἀφεθῇ ὧδε **λίθος** **ἐπὶ λίθον** ὃς οὐ καταλυθήσεται.	Mk 13,2 (2)	... βλέπεις ταύτας τὰς μεγάλας οἰκοδομάς; οὐ μὴ ἀφεθῇ ὧδε **λίθος** **ἐπὶ λίθον** ὃς οὐ μὴ καταλυθῇ.	Lk 21,6 (2) ↑ Lk 19,44	ταῦτα ἃ θεωρεῖτε ἐλεύσονται ἡμέραι ἐν αἷς οὐκ ἀφεθήσεται **λίθος** **ἐπὶ λίθῳ** ὃς οὐ καταλυθήσεται.	
112	Mt 26,39	καὶ προελθὼν **μικρὸν** ἔπεσεν ἐπὶ πρόσωπον αὐτοῦ προσευχόμενος ...	Mk 14,35	καὶ προελθὼν **μικρὸν** ἔπιπτεν ἐπὶ τῆς γῆς καὶ προσηύχετο ...	Lk 22,41	καὶ αὐτὸς ἀπεσπάσθη ἀπ᾽ αὐτῶν **ὡσεὶ λίθου βολὴν** καὶ θεὶς τὰ γόνατα προσηύχετο	

	Mt		Mk		Lk		
221	**Mt 27,60**	καὶ ἔθηκεν αὐτὸ ἐν τῷ καινῷ αὐτοῦ μνημείῳ ὃ ἐλατόμησεν ἐν τῇ πέτρᾳ καὶ προσκυλίσας **λίθον μέγαν** τῇ θύρᾳ τοῦ μνημείου ἀπῆλθεν.	**Mk 15,46**	... καὶ ἔθηκεν αὐτὸν ἐν μνημείῳ ὃ ἦν λελατομημένον ἐκ πέτρας καὶ προσεκύλισεν **λίθον** ἐπὶ τὴν θύραν τοῦ μνημείου.	**Lk 23,53**	... καὶ ἔθηκεν αὐτὸν ἐν μνήματι λαξευτῷ οὗ οὐκ ἦν οὐδεὶς οὔπω κείμενος.	→ Jn 19,41
200	**Mt 27,66**	οἱ δὲ πορευθέντες ἠσφαλίσαντο τὸν τάφον σφραγίσαντες **τὸν λίθον** μετὰ τῆς κουστωδίας.					
020			**Mk 16,3**	καὶ ἔλεγον πρὸς ἑαυτάς· τίς ἀποκυλίσει ἡμῖν **τὸν λίθον** ἐκ τῆς θύρας τοῦ μνημείου;			
200	**Mt 28,2**	... ἄγγελος γὰρ κυρίου καταβὰς ἐξ οὐρανοῦ καὶ προσελθὼν ἀπεκύλισεν **τὸν λίθον** καὶ ἐκάθητο ἐπάνω αὐτοῦ.	Mk 16,4	καὶ ἀναβλέψασαι θεωροῦσιν ὅτι ἀποκεκύλισται **ὁ λίθος·** ἦν γὰρ μέγας σφόδρα.	Lk 24,2	εὗρον δὲ **τὸν λίθον** ἀποκεκυλισμένον ἀπὸ τοῦ μνημείου	→ Jn 20,1
022	Mt 28,2	... ἄγγελος γὰρ κυρίου καταβὰς ἐξ οὐρανοῦ καὶ προσελθὼν ἀπεκύλισεν **τὸν λίθον** καὶ ἐκάθητο ἐπάνω αὐτοῦ.	**Mk 16,4**	καὶ ἀναβλέψασαι θεωροῦσιν ὅτι ἀποκεκύλισται **ὁ λίθος·** ἦν γὰρ μέγας σφόδρα.	**Lk 24,2**	εὗρον δὲ **τὸν λίθον** ἀποκεκυλισμένον ἀπὸ τοῦ μνημείου	→ Jn 20,1

Acts 4,11
→ Mt 21,42
→ Mk 12,10
→ Lk 20,17

οὗτός ἐστιν
ὁ λίθος,
ὁ ἐξουθενηθεὶς ὑφ' ὑμῶν
τῶν οἰκοδόμων,
ὁ γενόμενος
εἰς κεφαλὴν γωνίας.
➢ Ps 118,22

Acts 17,29 γένος οὖν ὑπάρχοντες
τοῦ θεοῦ οὐκ ὀφείλομεν
νομίζειν χρυσῷ ἢ
ἀργύρῳ ἢ
λίθῳ,
χαράγματι τέχνης καὶ
ἐνθυμήσεως ἀνθρώπου,
τὸ θεῖον εἶναι ὅμοιον.

λικμάω

Syn	Mt	Mk	Lk	Acts	Jn	1-3John	Paul	Eph	Col
2	1		1						
NT	**2Thess**	**1/2Tim**	**Tit**	**Heb**	**Jas**	**1Pet**	**2Pet**	**Jude**	**Rev**
2									

crush

	Mt		Mk		Lk		
200	**Mt 21,44** ↓ Lk 20,18	[καὶ ὁ πεσὼν ἐπὶ τὸν λίθον τοῦτον συνθλασθήσεται· ἐφ' ὃν δ' ἂν πέσῃ **λικμήσει** αὐτόν.]					Mt 21,44 is textcritically uncertain.
002					**Lk 20,18** ↑ [Mt 21,44]	πᾶς ὁ πεσὼν ἐπ' ἐκεῖνον τὸν λίθον συνθλασθήσεται· ἐφ' ὃν δ' ἂν πέσῃ, **λικμήσει** αὐτόν.	

λίμνη	Syn 5	Mt	Mk	Lk 5	Acts	Jn	1-3John	Paul	Eph	Col
	NT 11	2Thess	1/2Tim	Tit	Heb	Jas	1Pet	2Pet	Jude	Rev 6

lake

code	Mt		Mk		Lk		
002	Mt 4,18	περιπατῶν δὲ παρὰ τὴν θάλασσαν τῆς Γαλιλαίας	Mk 1,16	καὶ παράγων παρὰ τὴν θάλασσαν τῆς Γαλιλαίας	Lk 5,1 → Mt 13,1-2 → Mk 4,1	... καὶ αὐτὸς ἦν ἑστὼς παρὰ τὴν λίμνην Γεννησαρέτ	
002		εἶδεν δύο ἀδελφούς, Σίμωνα τὸν λεγόμενον Πέτρον καὶ Ἀνδρέαν τὸν ἀδελφὸν αὐτοῦ, βάλλοντας ἀμφίβληστρον εἰς τὴν θάλασσαν· ἦσαν γὰρ ἁλιεῖς.		εἶδεν Σίμωνα καὶ Ἀνδρέαν τὸν ἀδελφὸν Σίμωνος ἀμφιβάλλοντας ἐν τῇ θαλάσσῃ· ἦσαν γὰρ ἁλιεῖς.	Lk 5,2 → Mt 4,21 → Mk 1,19	καὶ εἶδεν δύο πλοῖα ἑστῶτα παρὰ τὴν λίμνην· οἱ δὲ ἁλιεῖς ἀπ᾽ αὐτῶν ἀποβάντες ἔπλυνον τὰ δίκτυα.	→ Jn 1,40-42
112	Mt 8,18	ἰδὼν δὲ ὁ Ἰησοῦς ὄχλον περὶ αὐτὸν ἐκέλευσεν ἀπελθεῖν εἰς τὸ πέραν.	Mk 4,35	καὶ λέγει αὐτοῖς ἐν ἐκείνῃ τῇ ἡμέρᾳ ὀψίας γενομένης· διέλθωμεν εἰς τὸ πέραν.	Lk 8,22 → Mt 8,23 → Mk 4,36	ἐγένετο δὲ ἐν μιᾷ τῶν ἡμερῶν καὶ αὐτὸς ἐνέβη εἰς πλοῖον καὶ οἱ μαθηταὶ αὐτοῦ καὶ εἶπεν πρὸς αὐτούς· διέλθωμεν εἰς τὸ πέραν τῆς λίμνης, καὶ ἀνήχθησαν.	
112	Mt 8,24	καὶ ἰδοὺ σεισμὸς μέγας ἐγένετο ἐν τῇ θαλάσσῃ, ὥστε τὸ πλοῖον καλύπτεσθαι ὑπὸ τῶν κυμάτων, ...	Mk 4,37	καὶ γίνεται λαῖλαψ μεγάλη ἀνέμου, καὶ τὰ κύματα ἐπέβαλλεν εἰς τὸ πλοῖον, ὥστε ἤδη γεμίζεσθαι τὸ πλοῖον.	Lk 8,23	... καὶ κατέβη λαῖλαψ ἀνέμου εἰς τὴν λίμνην, καὶ συνεπληροῦντο καὶ ἐκινδύνευον.	
112	Mt 8,32	... καὶ ἰδοὺ ὥρμησεν πᾶσα ἡ ἀγέλη κατὰ τοῦ κρημνοῦ εἰς τὴν θάλασσαν καὶ ἀπέθανον ἐν τοῖς ὕδασιν.	Mk 5,13	... καὶ ὥρμησεν ἡ ἀγέλη κατὰ τοῦ κρημνοῦ εἰς τὴν θάλασσαν, ὡς δισχίλιοι, καὶ ἐπνίγοντο ἐν τῇ θαλάσσῃ.	Lk 8,33	... καὶ ὥρμησεν ἡ ἀγέλη κατὰ τοῦ κρημνοῦ εἰς τὴν λίμνην καὶ ἀπεπνίγη.	

λιμός, ὁ, ἡ	Syn 6	Mt 1	Mk 1	Lk 4	Acts 2	Jn	1-3John	Paul 2	Eph	Col
	NT 12	2Thess	1/2Tim	Tit	Heb	Jas	1Pet	2Pet	Jude	Rev 2

hunger; famine

	triple tradition																	double tradition			Sonder-gut		
		+Mt / +Lk			−Mt / −Lk			traditions not taken over by Mt / Lk							subtotals								
code	222	211	112	212	221	122	121	022	012	021	220	120	210	020	Σ⁺	Σ⁻	Σ	202	201	102	200	002	total
Mt	1																1						1
Mk	1																1						1
Lk	1																1					3	4

code	Mt		Mk		Lk		
002					Lk 4,25	... πολλαὶ χῆραι ἦσαν ἐν ταῖς ἡμέραις Ἠλίου ἐν τῷ Ἰσραήλ, ὅτε ἐκλείσθη ὁ οὐρανὸς ἐπὶ ἔτη τρία καὶ μῆνας ἕξ, ὡς ἐγένετο λιμὸς μέγας ἐπὶ πᾶσαν τὴν γῆν	

002			Lk 15,14 δαπανήσαντος δὲ αὐτοῦ πάντα ἐγένετο **λιμὸς ἰσχυρὰ** κατὰ τὴν χώραν ἐκείνην, καὶ αὐτὸς ἤρξατο ὑστερεῖσθαι.	
002			Lk 15,17 ... πόσοι μίσθιοι τοῦ πατρός μου περισσεύονται ἄρτων, ἐγὼ δὲ **λιμῷ** ὧδε ἀπόλλυμαι.	
222	Mt 24,7 ... καὶ ἔσονται **λιμοὶ** καὶ σεισμοὶ κατὰ τόπους· [8] πάντα δὲ ταῦτα ἀρχὴ ὠδίνων.	Mk 13,8 ... ἔσονται σεισμοὶ κατὰ τόπους, ἔσονται **λιμοί·** ἀρχὴ ὠδίνων ταῦτα.	Lk 21,11 →Lk 21,25 σεισμοί τε μεγάλοι καὶ κατὰ τόπους **λιμοὶ** καὶ λοιμοὶ ἔσονται, φόβητρά τε καὶ ἀπ' οὐρανοῦ σημεῖα μεγάλα ἔσται.	→ Acts 2,19

Acts 11,28 ἀναστὰς δὲ εἷς ἐξ αὐτῶν ὀνόματι Ἅγαβος ἐσήμανεν διὰ τοῦ πνεύματος
λιμὸν μεγάλην
μέλλειν ἔσεσθαι ἐφ' ὅλην τὴν οἰκουμένην, ἥτις ἐγένετο ἐπὶ Κλαυδίου.

λίνον

Syn	Mt	Mk	Lk	Acts	Jn	1-3John	Paul	Eph	Col
1	1								
NT	**2Thess**	**1/2Tim**	**Tit**	**Heb**	**Jas**	**1Pet**	**2Pet**	**Jude**	**Rev**
2									1

flax; linen; lamp-wick; linen garment

200	Mt 12,20 *κάλαμον συντετριμμένον οὐ κατεάξει καὶ* ***λίνον τυφόμενον*** *οὐ σβέσει, ἕως ἂν ἐκβάλῃ* εἰς νῖκος τὴν *κρίσιν.* ➤ Isa 42,3-4	

λογίζομαι

Syn	Mt	Mk	Lk	Acts	Jn	1-3John	Paul	Eph	Col
1			1	1	1		33		
NT	**2Thess**	**1/2Tim**	**Tit**	**Heb**	**Jas**	**1Pet**	**2Pet**	**Jude**	**Rev**
40		1		1	1	1			

reckon; calculate; count; take into account; evaluate; estimate; look upon as; consider; think (about); ponder; let one's mind dwell on; believe; be of the opinion

002			Lk 22,37 →Mt 27,38 →Mk 15,27 →Lk 23,33 λέγω γὰρ ὑμῖν ὅτι τοῦτο τὸ γεγραμμένον δεῖ τελεσθῆναι ἐν ἐμοί, τό· *καὶ μετὰ ἀνόμων* ***ἐλογίσθη·*** καὶ γὰρ τὸ περὶ ἐμοῦ τέλος ἔχει. ➤ Isa 53,12	→ Jn 19,18

Acts 19,27 οὐ μόνον δὲ τοῦτο κινδυνεύει ἡμῖν τὸ μέρος εἰς ἀπελεγμὸν ἐλθεῖν ἀλλὰ καὶ τὸ τῆς μεγάλης θεᾶς Ἀρτέμιδος ἱερὸν εἰς οὐθὲν
λογισθῆναι,
μέλλειν τε καὶ καθαιρεῖσθαι τῆς μεγαλειότητος αὐτῆς ἣν ὅλη ἡ Ἀσία καὶ ἡ οἰκουμένη σέβεται.

λόγος	Syn 88	Mt 33	Mk 23	Lk 32	Acts 65	Jn 40	1-3John 7	Paul 48	Eph 4	Col 7
	NT 329	2Thess 5	1/2Tim 15	Tit 5	Heb 12	Jas 5	1Pet 6	2Pet 4	Jude	Rev 18

speaking; word; saying; message; teaching; talk; conversation; question; preaching; Word; account; settlement of an account; value; reason; grounds; charge; matter; thing; book

	triple tradition																	double tradition			Sondergut		
		+Mt / +Lk			–Mt / –Lk			traditions not taken over by Mt / Lk							subtotals								
code	222	211	112	212	221	122	121	022	012	021	220	120	210	020	Σ^+	Σ^-	Σ	202	201	102	200	002	total
Mt	5	3^+			5	3^-					1	5^-	2^+		5^+	8^-	16	3	4		10		**33**
Mk	5				5	3		1		2	1	5		1			23						**23**
Lk	5		6^+		5^-	3		1	1^+	2^-					7^+	7^-	16	3				13	**32**

a λόγοι (plural)
b λόγον λαλέω
c λόγον λέγω, λόγῳ λέγω
d λόγον ποιέω
e ἀποδίδωμι λόγον
f ἀποκρίνομαι λόγον
g συναίρω λόγον
h λόγῳ, ἐν λόγῳ
j λόγος τοῦ θεοῦ
k λόγος τοῦ κυρίου
l λόγος with reference to the gospel message (except j, k; see also m)
m λόγος with reference to Jesus' teaching (see also l)
n λόγος with reference to scripture

l 002					**Lk 1,2**	καθὼς παρέδοσαν ἡμῖν οἱ ἀπ' ἀρχῆς αὐτόπται καὶ **ὑπηρέται γενόμενοι** **τοῦ λόγου**	
a l 002					**Lk 1,4**	ἵνα ἐπιγνῷς περὶ ὧν κατηχήθης **λόγων** τὴν ἀσφάλειαν.	
a 002					**Lk 1,20**	... ἀνθ' ὧν οὐκ ἐπίστευσας **τοῖς λόγοις μου,** οἵτινες πληρωθήσονται εἰς τὸν καιρὸν αὐτῶν.	
002					**Lk 1,29**	ἡ δὲ **ἐπὶ τῷ λόγῳ** διεταράχθη καὶ διελογίζετο ποταπὸς εἴη ὁ ἀσπασμὸς οὗτος.	
a n 112	**Mt 3,3**	οὗτος γάρ ἐστιν ὁ ῥηθεὶς **διὰ** **Ἠσαΐου** **τοῦ προφήτου** λέγοντος· *φωνὴ βοῶντος* *ἐν τῇ ἐρήμῳ· ...* ➤ Isa 40,3 LXX	**Mk 1,2** ⇨ Mt 11,10 ⇨ Lk 7,27	καθὼς γέγραπται **ἐν** **τῷ Ἠσαΐᾳ** **τῷ προφήτῃ·** *ἰδοὺ ἀποστέλλω τὸν* *ἄγγελόν μου ...* [3] *φωνὴ βοῶντος* *ἐν τῇ ἐρήμῳ· ...* ➤ Exod 23,20/Mal 3,1 ➤ Isa 40,3 LXX	**Lk 3,4**	ὡς γέγραπται **ἐν βίβλῳ λόγων** **Ἠσαΐου** **τοῦ προφήτου·** *φωνὴ βοῶντος* *ἐν τῇ ἐρήμῳ· ...* ➤ Isa 40,3 LXX	
a m 112	**Mt 13,54**	... ὥστε ἐκπλήσσεσθαι αὐτοὺς καὶ λέγειν· ...	**Mk 6,2**	... καὶ πολλοὶ ἀκούοντες ἐξεπλήσσοντο λέγοντες· ...	**Lk 4,22**	καὶ πάντες ἐμαρτύρουν αὐτῷ καὶ ἐθαύμαζον **ἐπὶ τοῖς λόγοις** **τῆς χάριτος** τοῖς ἐκπορευομένοις ἐκ τοῦ στόματος αὐτοῦ καὶ ἔλεγον· ...	

m 112	**Mt 7,29**	[28] ... ἐξεπλήσσοντο οἱ ὄχλοι ἐπὶ τῇ διδαχῇ αὐτοῦ· [29] ἦν γὰρ διδάσκων αὐτοὺς ὡς ἐξουσίαν ἔχων καὶ οὐχ ὡς οἱ γραμματεῖς αὐτῶν.	**Mk 1,22** ↓ Mk 1,27	καὶ ἐξεπλήσσοντο ἐπὶ τῇ διδαχῇ αὐτοῦ· ἦν γὰρ διδάσκων αὐτοὺς ὡς ἐξουσίαν ἔχων καὶ οὐχ ὡς οἱ γραμματεῖς.	**Lk 4,32** ↓ Lk 4,36	καὶ ἐξεπλήσσοντο ἐπὶ τῇ διδαχῇ αὐτοῦ, ὅτι ἐν ἐξουσίᾳ ἦν **ὁ λόγος αὐτοῦ.**	
m 012	↑ Mt 7,29		**Mk 1,27** ↑ Mk 1,22	... τί ἐστιν **τοῦτο;** **διδαχὴ καινὴ** κατ' ἐξουσίαν· καὶ τοῖς πνεύμασι τοῖς ἀκαθάρτοις ἐπιτάσσει, καὶ ὑπακούουσιν αὐτῷ.	**Lk 4,36** ↑ Lk 4,32	... τίς **ὁ λόγος οὗτος** ὅτι ἐν ἐξουσίᾳ καὶ δυνάμει ἐπιτάσσει τοῖς ἀκαθάρτοις πνεύμασιν καὶ ἐξέρχονται;	
j 002	**Mt 4,18**	περιπατῶν δὲ παρὰ τὴν θάλασσαν τῆς Γαλιλαίας ...	**Mk 1,16**	καὶ παράγων παρὰ τὴν θάλασσαν τῆς Γαλιλαίας ...	**Lk 5,1** → Mt 13,1-2 → Mk 4,1 → Lk 8,4	ἐγένετο δὲ ἐν τῷ τὸν ὄχλον ἐπικεῖσθαι αὐτῷ καὶ ἀκούειν **τὸν λόγον τοῦ θεοῦ** καὶ αὐτὸς ἦν ἑστὼς παρὰ τὴν λίμνην Γεννησαρέτ	
022			**Mk 1,45** → Mt 9,31	ὁ δὲ ἐξελθὼν ἤρξατο κηρύσσειν πολλὰ καὶ διαφημίζειν **τὸν λόγον,** ὥστε μηκέτι αὐτὸν δύνασθαι φανερῶς εἰς πόλιν εἰσελθεῖν, ...	**Lk 5,15** ↓ Lk 7,17	διήρχετο δὲ μᾶλλον **ὁ λόγος** περὶ αὐτοῦ, ...	
b m 021			**Mk 2,2** → Mk 3,20	καὶ συνήχθησαν πολλοὶ ὥστε μηκέτι χωρεῖν μηδὲ τὰ πρὸς τὴν θύραν, καὶ **ἐλάλει αὐτοῖς** **τὸν λόγον.**	**Lk 5,17**	καὶ ἐγένετο ἐν μιᾷ τῶν ἡμερῶν καὶ αὐτὸς **ἦν διδάσκων, ...**	
201	**Mt 5,32** ⇩ Mt 19,9	ἐγὼ δὲ λέγω ὑμῖν ὅτι πᾶς ὁ ἀπολύων τὴν γυναῖκα αὐτοῦ **παρεκτὸς λόγου** **πορνείας** ποιεῖ αὐτὴν μοιχευθῆναι, καὶ ὃς ἐὰν ἀπολελυμένην γαμήσῃ, μοιχᾶται.			**Lk 16,18**	πᾶς ὁ ἀπολύων τὴν γυναῖκα αὐτοῦ καὶ γαμῶν ἑτέραν μοιχεύει, καὶ ὁ ἀπολελυμένην ἀπὸ ἀνδρὸς γαμῶν μοιχεύει.	→ 1Cor 7,10-11 Mk-Q overlap
	Mt 19,9 ⇧ Mt 5,32	λέγω δὲ ὑμῖν ὅτι ὃς ἂν ἀπολύσῃ τὴν γυναῖκα αὐτοῦ **μὴ ἐπὶ πορνείᾳ** καὶ γαμήσῃ ἄλλην μοιχᾶται.	**Mk 10,11**	καὶ λέγει αὐτοῖς· ὃς ἂν ἀπολύσῃ τὴν γυναῖκα αὐτοῦ καὶ γαμήσῃ ἄλλην μοιχᾶται ἐπ' αὐτήν· [12] καὶ ἐὰν αὐτὴ ἀπολύσασα τὸν ἄνδρα αὐτῆς γαμήσῃ ἄλλον μοιχᾶται.			
200	**Mt 5,37**	ἔστω δὲ **ὁ λόγος ὑμῶν** ναὶ ναί, οὒ οὔ· τὸ δὲ περισσὸν τούτων ἐκ τοῦ πονηροῦ ἐστιν.					
a d *m* 202	**Mt 7,24**	πᾶς οὖν ὅστις ἀκούει **μου τοὺς λόγους** **τούτους** καὶ ποιεῖ αὐτούς, ὁμοιωθήσεται ἀνδρὶ φρονίμῳ, ...			**Lk 6,47**	πᾶς ὁ ἐρχόμενος πρός με καὶ ἀκούων **μου τῶν λόγων** καὶ ποιῶν αὐτούς, ὑποδείξω ὑμῖν τίνι ἐστὶν ὅμοιος· [48] ὅμοιός ἐστιν ἀνθρώπῳ ...	

	Mt		Mk		Lk		
a d m 201	Mt 7,26	καὶ πᾶς ὁ ἀκούων μου τοὺς λόγους τούτους καὶ μὴ ποιῶν αὐτοὺς ὁμοιωθήσεται ἀνδρὶ μωρῷ, ...			Lk 6,49	ὁ δὲ ἀκούσας καὶ μὴ ποιήσας ὅμοιός ἐστιν ἀνθρώπῳ ...	
a m 201	Mt 7,28 ↑ Lk 4,32	καὶ ἐγένετο ὅτε ἐτέλεσεν ὁ Ἰησοῦς τοὺς λόγους τούτους,			Lk 7,1	ἐπειδὴ ἐπλήρωσεν πάντα τὰ ῥήματα αὐτοῦ εἰς τὰς ἀκοὰς τοῦ λαοῦ, ...	
	→ Mt 22,33 → Mk 11,18 ↑ Lk 7,1	ἐξεπλήσσοντο οἱ ὄχλοι ἐπὶ τῇ διδαχῇ αὐτοῦ·	Mk 1,22	καὶ ἐξεπλήσσοντο ἐπὶ τῇ διδαχῇ αὐτοῦ· ...	Lk 4,32	καὶ ἐξεπλήσσοντο ἐπὶ τῇ διδαχῇ αὐτοῦ, ...	
c h 202	Mt 8,8	... κύριε, οὐκ εἰμὶ ἱκανὸς ἵνα μου ὑπὸ τὴν στέγην εἰσέλθῃς, ἀλλὰ μόνον εἰπὲ λόγῳ, καὶ ἰαθήσεται ὁ παῖς μου.			Lk 7,7	[6] ... κύριε, μὴ σκύλλου, οὐ γὰρ ἱκανός εἰμι ἵνα ὑπὸ τὴν στέγην μου εἰσέλθῃς· [7] διὸ οὐδὲ ἐμαυτὸν ἠξίωσα πρὸς σὲ ἐλθεῖν· ἀλλὰ εἰπὲ λόγῳ, καὶ ἰαθήτω ὁ παῖς μου.	→ Jn 4,49
h 211	Mt 8,16 ⇨ Mt 4,24	... καὶ ἐξέβαλεν τὰ πνεύματα λόγῳ καὶ πάντας τοὺς κακῶς ἔχοντας ἐθεράπευσεν	Mk 1,34 → Mk 3,11	καὶ ἐθεράπευσεν πολλοὺς κακῶς ἔχοντας ποικίλαις νόσοις καὶ δαιμόνια πολλὰ ἐξέβαλεν, καὶ οὐκ ἤφιεν λαλεῖν τὰ δαιμόνια, ...	Lk 4,41 → Lk 6,18	[40] ... ὁ δὲ ἑνὶ ἑκάστῳ αὐτῶν τὰς χεῖρας ἐπιτιθεὶς ἐθεράπευεν αὐτούς. [41] ἐξήρχετο δὲ καὶ δαιμόνια ἀπὸ πολλῶν κρ[αυγ]άζοντα καὶ λέγοντα ὅτι σὺ εἶ ὁ υἱὸς τοῦ θεοῦ. καὶ ἐπιτιμῶν οὐκ εἴα αὐτὰ λαλεῖν, ...	
a 211	Mt 10,14	καὶ ὃς ἂν μὴ δέξηται ὑμᾶς μηδὲ ἀκούσῃ τοὺς λόγους ὑμῶν, ἐξερχόμενοι ἔξω τῆς οἰκίας ἢ τῆς πόλεως ἐκείνης ἐκτινάξατε τὸν κονιορτὸν τῶν ποδῶν ὑμῶν.	Mk 6,11	καὶ ὃς ἂν τόπος μὴ δέξηται ὑμᾶς μηδὲ ἀκούσωσιν ὑμῶν, ἐκπορευόμενοι ἐκεῖθεν ἐκτινάξατε τὸν χοῦν τὸν ὑποκάτω τῶν ποδῶν ὑμῶν εἰς μαρτύριον αὐτοῖς.	Lk 9,5 ⇩ Lk 10,10-11	καὶ ὅσοι ἂν μὴ δέχωνται ὑμᾶς, ἐξερχόμενοι ἀπὸ τῆς πόλεως ἐκείνης τὸν κονιορτὸν ἀπὸ τῶν ποδῶν ὑμῶν ἀποτινάσσετε εἰς μαρτύριον ἐπ᾽ αὐτούς.	→ Acts 13,51 → Acts 18,6 Mk-Q overlap
					Lk 10,10 ⇧ Lk 9,5 → Lk 10,8	εἰς ἣν δ᾽ ἂν πόλιν εἰσέλθητε καὶ μὴ δέχωνται ὑμᾶς, ἐξελθόντες εἰς τὰς πλατείας αὐτῆς εἴπατε· [11] καὶ τὸν κονιορτὸν τὸν κολληθέντα ἡμῖν ἐκ τῆς πόλεως ὑμῶν εἰς τοὺς πόδας ἀπομασσόμεθα ὑμῖν· ...	
002					Lk 7,17 ↑ Lk 5,15	καὶ ἐξῆλθεν ὁ λόγος οὗτος ἐν ὅλῃ τῇ Ἰουδαίᾳ περὶ αὐτοῦ καὶ πάσῃ τῇ περιχώρῳ.	

	Mt		Mk		Lk		
c 202	**Mt 12,32** → Mk 3,28	καὶ ὃς ἐὰν εἴπῃ **λόγον** κατὰ τοῦ υἱοῦ τοῦ ἀνθρώπου, ἀφεθήσεται αὐτῷ· ὃς δ' ἂν εἴπῃ κατὰ τοῦ πνεύματος τοῦ ἁγίου, οὐκ ἀφεθήσεται αὐτῷ ...	**Mk 3,29**	ὃς δ' ἂν βλασφημήσῃ εἰς τὸ πνεῦμα τὸ ἅγιον, οὐκ ἔχει ἄφεσιν ...	**Lk 12,10** → Mk 3,28	καὶ πᾶς ὃς ἐρεῖ **λόγον** εἰς τὸν υἱὸν τοῦ ἀνθρώπου, ἀφεθήσεται αὐτῷ· τῷ δὲ εἰς τὸ ἅγιον πνεῦμα βλασφημήσαντι οὐκ ἀφεθήσεται.	→ GTh 44 Mk-Q overlap
e 200	**Mt 12,36**	λέγω δὲ ὑμῖν ὅτι πᾶν ῥῆμα ἀργὸν ὃ λαλήσουσιν οἱ ἄνθρωποι ἀποδώσουσιν περὶ αὐτοῦ **λόγον** ἐν ἡμέρᾳ κρίσεως·					
a 200 *a* 200	**Mt 12,37** **(2)**	**ἐκ γὰρ τῶν λόγων σου** δικαιωθήσῃ, καὶ **ἐκ τῶν λόγων σου** καταδικασθήσῃ.					
m j 122	**Mt 13,18**	ὑμεῖς οὖν ἀκούσατε τὴν παραβολὴν τοῦ σπείραντος.	**Mk 4,14**	ὁ σπείρων **τὸν λόγον** σπείρει.	**Lk 8,11**	... ὁ σπόρος ἐστὶν **ὁ λόγος τοῦ θεοῦ.**	
m 221 *m* 122	**Mt 13,19**	παντὸς ἀκούοντος **τὸν λόγον** **τῆς βασιλείας** καὶ μὴ συνιέντος, ἔρχεται ὁ πονηρὸς καὶ ἁρπάζει **τὸ ἐσπαρμένον** ἐν τῇ καρδίᾳ αὐτοῦ, οὗτός ἐστιν ὁ παρὰ τὴν ὁδὸν σπαρείς.	**Mk 4,15** **(2)**	οὗτοι δέ εἰσιν οἱ παρὰ τὴν ὁδόν· ὅπου σπείρεται **ὁ λόγος** καὶ ὅταν ἀκούσωσιν, εὐθὺς ἔρχεται ὁ σατανᾶς καὶ αἴρει **τὸν λόγον** **τὸν ἐσπαρμένον** εἰς αὐτούς.	**Lk 8,12**	οἱ δὲ παρὰ τὴν ὁδόν εἰσιν οἱ ἀκούσαντες, εἶτα ἔρχεται ὁ διάβολος καὶ αἴρει **τὸν λόγον** ἀπὸ τῆς καρδίας αὐτῶν, ἵνα μὴ πιστεύσαντες σωθῶσιν.	
m 222	**Mt 13,20**	ὁ δὲ ἐπὶ τὰ πετρώδη σπαρείς, οὗτός ἐστιν ὁ **τὸν λόγον** ἀκούων καὶ εὐθὺς μετὰ χαρᾶς λαμβάνων αὐτόν,	**Mk 4,16**	καὶ οὗτοί εἰσιν οἱ ἐπὶ τὰ πετρώδη σπειρόμενοι, οἳ ὅταν ἀκούσωσιν **τὸν λόγον** εὐθὺς μετὰ χαρᾶς λαμβάνουσιν αὐτόν,	**Lk 8,13**	οἱ δὲ ἐπὶ τῆς πέτρας οἳ ὅταν ἀκούσωσιν μετὰ χαρᾶς δέχονται **τὸν λόγον,**	
m 221	**Mt 13,21**	οὐκ ἔχει δὲ ῥίζαν ἐν ἑαυτῷ ἀλλὰ πρόσκαιρός ἐστιν, γενομένης δὲ θλίψεως ἢ διωγμοῦ **διὰ τὸν λόγον** εὐθὺς σκανδαλίζεται.	**Mk 4,17**	καὶ οὐκ ἔχουσιν ῥίζαν ἐν ἑαυτοῖς ἀλλὰ πρόσκαιροί εἰσιν, εἶτα γενομένης θλίψεως ἢ διωγμοῦ **διὰ τὸν λόγον** εὐθὺς σκανδαλίζονται.		καὶ οὗτοι ῥίζαν οὐκ ἔχουσιν, οἳ πρὸς καιρὸν πιστεύουσιν καὶ ἐν καιρῷ πειρασμοῦ ἀφίστανται.	

m 221	Mt 13,22 (2)	ὁ δὲ εἰς τὰς ἀκάνθας σπαρείς, οὗτός ἐστιν ὁ **τὸν λόγον** ἀκούων,	Mk 4,18	καὶ ἄλλοι εἰσὶν οἱ εἰς τὰς ἀκάνθας σπειρόμενοι· οὗτοί εἰσιν οἱ **τὸν λόγον** ἀκούσαντες,	Lk 8,14	τὸ δὲ εἰς τὰς ἀκάνθας πεσόν, οὗτοί εἰσιν οἱ ἀκούσαντες,	
m 221		καὶ ἡ μέριμνα τοῦ αἰῶνος καὶ ἡ ἀπάτη τοῦ πλούτου συμπνίγει **τὸν λόγον** καὶ ἄκαρπος γίνεται.		καὶ αἱ μέριμναι τοῦ αἰῶνος καὶ ἡ ἀπάτη τοῦ πλούτου καὶ αἱ περὶ τὰ λοιπὰ ἐπιθυμίαι εἰσπορευόμεναι συμπνίγουσιν **τὸν λόγον** καὶ ἄκαρπος γίνεται.	Lk 8,14	καὶ ὑπὸ μεριμνῶν καὶ πλούτου καὶ ἡδονῶν τοῦ βίου πορευόμενοι συμπνίγονται καὶ οὐ τελεσφοροῦσιν.	
m 222	Mt 13,23	ὁ δὲ ἐπὶ τὴν καλὴν γῆν σπαρείς, οὗτός ἐστιν ὁ **τὸν λόγον** ἀκούων καὶ συνιείς, ὃς δὴ καρποφορεῖ καὶ ποιεῖ ὃ μὲν ἑκατόν, ὃ δὲ ἑξήκοντα, ὃ δὲ τριάκοντα.	Mk 4,20	καὶ ἐκεῖνοί εἰσιν οἱ ἐπὶ τὴν γῆν τὴν καλὴν σπαρέντες, οἵτινες ἀκούουσιν **τὸν λόγον** καὶ παραδέχονται καὶ καρποφοροῦσιν ἓν τριάκοντα καὶ ἓν ἑξήκοντα καὶ ἓν ἑκατόν.	Lk 8,15	τὸ δὲ ἐν τῇ καλῇ γῇ, οὗτοί εἰσιν οἵτινες ἐν καρδίᾳ καλῇ καὶ ἀγαθῇ ἀκούσαντες **τὸν λόγον** κατέχουσιν καὶ καρποφοροῦσιν ἐν ὑπομονῇ.	
b m 120	Mt 13,34	**ταῦτα πάντα** ἐλάλησεν ὁ Ἰησοῦς ἐν παραβολαῖς τοῖς ὄχλοις, ...	Mk 4,33	καὶ τοιαύταις παραβολαῖς πολλαῖς ἐλάλει αὐτοῖς **τὸν λόγον,** καθὼς ἠδύναντο ἀκούειν·			
d j 112	Mt 12,50 → Mt 7,21	ὅστις γὰρ ἂν ποιήσῃ **τὸ θέλημα** **τοῦ πατρός μου** τοῦ ἐν οὐρανοῖς αὐτός μου ἀδελφὸς καὶ ἀδελφὴ καὶ μήτηρ ἐστίν.	Mk 3,35	ὃς [γὰρ] ἂν ποιήσῃ **τὸ θέλημα** **τοῦ θεοῦ,** οὗτος ἀδελφός μου καὶ ἀδελφὴ καὶ μήτηρ ἐστίν.	Lk 8,21 → Lk 6,46 ↓ Lk 11,28	... μήτηρ μου καὶ ἀδελφοί μου οὗτοί εἰσιν οἱ **τὸν λόγον** **τοῦ θεοῦ** ἀκούοντες καὶ ποιοῦντες.	→ Jn 15,14 → GTh 99
b 021			Mk 5,36	ὁ δὲ Ἰησοῦς παρακούσας **τὸν λόγον** **λαλούμενον** λέγει τῷ ἀρχισυναγώγῳ· μὴ φοβοῦ, μόνον πίστευε.	Lk 8,50	ὁ δὲ Ἰησοῦς ἀκούσας ἀπεκρίθη αὐτῷ· μὴ φοβοῦ, μόνον πίστευσον, καὶ σωθήσεται.	
j 220	Mt 15,6	... καὶ ἠκυρώσατε **τὸν λόγον τοῦ θεοῦ** διὰ τὴν παράδοσιν ὑμῶν.	Mk 7,13	ἀκυροῦντες **τὸν λόγον τοῦ θεοῦ** τῇ παραδόσει ὑμῶν ᾗ παρεδώκατε· ...			
m 200	Mt 15,12 → Mk 7,17	τότε προσελθόντες οἱ μαθηταὶ λέγουσιν αὐτῷ· οἶδας ὅτι οἱ Φαρισαῖοι ἀκούσαντες **τὸν λόγον** ἐσκανδαλίσθησαν;					
f 200	Mt 15,23	ὁ δὲ οὐκ ἀπεκρίθη αὐτῇ **λόγον.** καὶ προσελθόντες οἱ μαθηταὶ αὐτοῦ ἠρώτουν αὐτὸν λέγοντες· ἀπόλυσον αὐτήν, ὅτι κράζει ὄπισθεν ἡμῶν.					

		Mt		Mk		Lk	
120	**Mt 15,28**	τότε ἀποκριθεὶς ὁ Ἰησοῦς εἶπεν αὐτῇ· ὦ γύναι, μεγάλη σου ἡ πίστις· γενηθήτω σοι ὡς θέλεις. ...	**Mk 7,29**	καὶ εἶπεν αὐτῇ· **διὰ τοῦτον τὸν λόγον** ὕπαγε, ἐξελήλυθεν ἐκ τῆς θυγατρός σου τὸ δαιμόνιον.			
b m 120	**Mt 16,22**	καὶ προσλαβόμενος αὐτὸν ὁ Πέτρος ἤρξατο ἐπιτιμᾶν αὐτῷ λέγων· ἵλεώς σοι, κύριε· οὐ μὴ ἔσται σοι τοῦτο.	**Mk 8,32**	καὶ παρρησίᾳ **τὸν λόγον** ἐλάλει. καὶ προσλαβόμενος ὁ Πέτρος αὐτὸν ἤρξατο ἐπιτιμᾶν αὐτῷ.			
a m 122	**Mt 16,27** ↓ Mt 10,33 → Mt 24,30 → Mt 25,31	μέλλει γὰρ ὁ υἱὸς τοῦ ἀνθρώπου ἔρχεσθαι ἐν τῇ δόξῃ τοῦ πατρὸς αὐτοῦ μετὰ τῶν ἀγγέλων αὐτοῦ, καὶ τότε *ἀποδώσει ἑκάστῳ* *κατὰ τὴν πρᾶξιν αὐτοῦ.* ➤ Ps 62,13/Prov 24,12/Sir 35,22 LXX	**Mk 8,38** → Mk 13,26	ὃς γὰρ ἐὰν ἐπαισχυνθῇ με καὶ **τοὺς ἐμοὺς λόγους** ἐν τῇ γενεᾷ ταύτῃ τῇ μοιχαλίδι καὶ ἁμαρτωλῷ, καὶ ὁ υἱὸς τοῦ ἀνθρώπου ἐπαισχυνθήσεται αὐτόν, ὅταν ἔλθῃ ἐν τῇ δόξῃ τοῦ πατρὸς αὐτοῦ μετὰ τῶν ἀγγέλων τῶν ἁγίων.	**Lk 9,26** ⇩ Lk 12,9 → Lk 21,27	ὃς γὰρ ἂν ἐπαισχυνθῇ με καὶ **τοὺς ἐμοὺς λόγους,** τοῦτον ὁ υἱὸς τοῦ ἀνθρώπου ἐπαισχυνθήσεται, ὅταν ἔλθῃ ἐν τῇ δόξῃ αὐτοῦ καὶ τοῦ πατρὸς καὶ τῶν ἁγίων ἀγγέλων.	Mk-Q overlap
	Mt 10,33 ↑ Mt 16,27	ὅστις δ' ἂν ἀρνήσηταί με ἔμπροσθεν τῶν ἀνθρώπων, ...			**Lk 12,9** ⇧ Lk 9,26	ὁ δὲ ἀρνησάμενός με ἐνώπιον τῶν ἀνθρώπων ...	
a 112	**Mt 17,1**	καὶ μεθ' ἡμέρας ἓξ παραλαμβάνει ὁ Ἰησοῦς τὸν Πέτρον καὶ Ἰάκωβον καὶ Ἰωάννην τὸν ἀδελφὸν αὐτοῦ καὶ ἀναφέρει αὐτοὺς εἰς ὄρος ὑψηλὸν κατ' ἰδίαν.	**Mk 9,2**	καὶ μετὰ ἡμέρας ἓξ παραλαμβάνει ὁ Ἰησοῦς τὸν Πέτρον καὶ τὸν Ἰάκωβον καὶ τὸν Ἰωάννην καὶ ἀναφέρει αὐτοὺς εἰς ὄρος ὑψηλὸν κατ' ἰδίαν μόνους. ...	**Lk 9,28**	ἐγένετο δὲ **μετὰ τοὺς λόγους** **τούτους ὡσεὶ** ἡμέραι ὀκτὼ [καὶ] παραλαβὼν Πέτρον καὶ Ἰωάννην καὶ Ἰάκωβον ἀνέβη εἰς τὸ ὄρος προσεύξασθαι.	
m 020			**Mk 9,10**	καὶ **τὸν λόγον** ἐκράτησαν πρὸς ἑαυτοὺς συζητοῦντες τί ἐστιν τὸ ἐκ νεκρῶν ἀναστῆναι.			
a m 112	**Mt 17,22** → Mt 16,21 → Mt 20,18-19	... εἶπεν αὐτοῖς ὁ Ἰησοῦς· μέλλει ὁ υἱὸς τοῦ ἀνθρώπου παραδίδοσθαι εἰς χεῖρας ἀνθρώπων	**Mk 9,31** → Mk 8,31 → Mk 10,33-34	... ἔλεγεν αὐτοῖς ὅτι ὁ υἱὸς τοῦ ἀνθρώπου παραδίδοται εἰς χεῖρας ἀνθρώπων, ...	**Lk 9,44** → Lk 9,22 → Lk 17,25 → Lk 18,31-33 → Lk 24,7 → Lk 24,26 → Lk 24,46	θέσθε ὑμεῖς εἰς τὰ ὦτα ὑμῶν **τοὺς λόγους τούτους·** ὁ γὰρ υἱὸς τοῦ ἀνθρώπου μέλλει παραδίδοσθαι εἰς χεῖρας ἀνθρώπων.	
g 200	**Mt 18,23**	διὰ τοῦτο ὡμοιώθη ἡ βασιλεία τῶν οὐρανῶν ἀνθρώπῳ βασιλεῖ, ὃς ἠθέλησεν συνᾶραι **λόγον** μετὰ τῶν δούλων αὐτοῦ.					
m 002					**Lk 10,39**	καὶ τῇδε ἦν ἀδελφὴ καλουμένη Μαριάμ, [ἣ] καὶ παρακαθεσθεῖσα πρὸς τοὺς πόδας τοῦ κυρίου ἤκουεν **τὸν λόγον αὐτοῦ.**	

	Mt		Mk		Lk		
j 002					**Lk 11,28** ↑ Mt 12,50 ↑ Mk 3,35 ↑ Lk 8,21 → Lk 1,45	... μενοῦν μακάριοι οἱ ἀκούοντες **τὸν λόγον τοῦ θεοῦ** καὶ φυλάσσοντες.	→ GTh 79
c 202	**Mt 12,32** → Mk 3,28	καὶ ὃς ἐὰν εἴπῃ **λόγον** κατὰ τοῦ υἱοῦ τοῦ ἀνθρώπου, ἀφεθήσεται αὐτῷ· ὃς δ' ἂν εἴπῃ κατὰ τοῦ πνεύματος τοῦ ἁγίου, οὐκ ἀφεθήσεται αὐτῷ ...	**Mk 3,29**	ὃς δ' ἂν βλασφημήσῃ εἰς τὸ πνεῦμα τὸ ἅγιον, οὐκ ἔχει ἄφεσιν ...	**Lk 12,10** → Mk 3,28	καὶ πᾶς ὃς ἐρεῖ **λόγον** εἰς τὸν υἱὸν τοῦ ἀνθρώπου, ἀφεθήσεται αὐτῷ· τῷ δὲ εἰς τὸ ἅγιον πνεῦμα βλασφημήσαντι οὐκ ἀφεθήσεται.	→ GTh 44 Mk-Q overlap
e 002					**Lk 16,2**	καὶ φωνήσας αὐτὸν εἶπεν αὐτῷ· τί τοῦτο ἀκούω περὶ σοῦ; ἀπόδος **τὸν λόγον τῆς οἰκονομίας σου,** οὐ γὰρ δύνῃ ἔτι οἰκονομεῖν.	
a m 210	**Mt 19,1** → Lk 9,51	καὶ ἐγένετο ὅτε ἐτέλεσεν ὁ Ἰησοῦς **τοὺς λόγους τούτους,** μετῆρεν ἀπὸ τῆς Γαλιλαίας καὶ ἦλθεν εἰς τὰ ὅρια τῆς Ἰουδαίας πέραν τοῦ Ἰορδάνου.	**Mk 10,1** → Lk 9,51	καὶ ἐκεῖθεν ἀναστὰς ἔρχεται εἰς τὰ ὅρια τῆς Ἰουδαίας [καὶ] πέραν τοῦ Ἰορδάνου, ...			
m 200	**Mt 19,11**	... οὐ πάντες χωροῦσιν **τὸν λόγον [τοῦτον]** ἀλλ' οἷς δέδοται.					
m 221	**Mt 19,22**	ἀκούσας δὲ ὁ νεανίσκος **τὸν λόγον** ἀπῆλθεν λυπούμενος· ἦν γὰρ ἔχων κτήματα πολλά.	**Mk 10,22**	ὁ δὲ στυγνάσας **ἐπὶ τῷ λόγῳ** ἀπῆλθεν λυπούμενος· ἦν γὰρ ἔχων κτήματα πολλά.	**Lk 18,23**	ὁ δὲ ἀκούσας **ταῦτα** περίλυπος ἐγενήθη· ἦν γὰρ πλούσιος σφόδρα.	
a m 120	**Mt 19,24**	πάλιν δὲ λέγω ὑμῖν, ...	**Mk 10,24**	οἱ δὲ μαθηταὶ ἐθαμβοῦντο **ἐπὶ τοῖς λόγοις αὐτοῦ.** ὁ δὲ Ἰησοῦς πάλιν ἀποκριθεὶς λέγει αὐτοῖς· ...			
222	**Mt 21,24**	... ἐρωτήσω ὑμᾶς κἀγὼ **λόγον ἕνα,** ὃν ἐὰν εἴπητέ μοι κἀγὼ ὑμῖν ἐρῶ ἐν ποίᾳ ἐξουσίᾳ ταῦτα ποιῶ·	**Mk 11,29**	... ἐπερωτήσω ὑμᾶς **ἕνα λόγον,** καὶ ἀποκρίθητέ μοι καὶ ἐρῶ ὑμῖν ἐν ποίᾳ ἐξουσίᾳ ταῦτα ποιῶ·	**Lk 20,3**	... ἐρωτήσω ὑμᾶς κἀγὼ **λόγον,** καὶ εἴπατέ μοι·	
h 222	**Mt 22,15** → Mt 26,4	τότε πορευθέντες οἱ Φαρισαῖοι συμβούλιον ἔλαβον ὅπως αὐτὸν παγιδεύσωσιν **ἐν λόγῳ.** [16] καὶ ἀποστέλλουσιν αὐτῷ τοὺς μαθητὰς αὐτῶν μετὰ τῶν Ἡρῳδιανῶν ...	**Mk 12,13**	καὶ ἀποστέλλουσιν πρὸς αὐτόν τινας τῶν Φαρισαίων καὶ τῶν Ἡρῳδιανῶν ἵνα αὐτὸν ἀγρεύσωσιν **λόγῳ.**	**Lk 20,20** → Lk 6,7 → Lk 11,53-54 → Lk 16,15 → Lk 18,9 → Lk 23,2	καὶ παρατηρήσαντες ἀπέστειλαν ἐγκαθέτους ὑποκρινομένους ἑαυτοὺς δικαίους εἶναι, ἵνα ἐπιλάβωνται αὐτοῦ **λόγου,** ὥστε παραδοῦναι αὐτὸν τῇ ἀρχῇ καὶ τῇ ἐξουσίᾳ τοῦ ἡγεμόνος.	
f 211	**Mt 22,46**	καὶ οὐδεὶς ἐδύνατο ἀποκριθῆναι αὐτῷ **λόγον** οὐδὲ ἐτόλμησέν τις ἀπ' ἐκείνης τῆς ἡμέρας ἐπερωτῆσαι αὐτὸν οὐκέτι.	**Mk 12,34**	... καὶ οὐδεὶς οὐκέτι ἐτόλμα αὐτὸν ἐπερωτῆσαι.	**Lk 20,40**	οὐκέτι γὰρ ἐτόλμων ἐπερωτᾶν αὐτὸν οὐδέν.	

	Mt		Mk		Lk		
a m 222	**Mt 24,35** → Mt 5,18	ὁ οὐρανὸς καὶ ἡ γῆ παρελεύσεται, οἱ δὲ λόγοι μου οὐ μὴ παρέλθωσιν.	**Mk 13,31**	ὁ οὐρανὸς καὶ ἡ γῆ παρελεύσονται, οἱ δὲ λόγοι μου οὐ μὴ παρελεύσονται.	**Lk 21,33** → Lk 16,17	ὁ οὐρανὸς καὶ ἡ γῆ παρελεύσονται, οἱ δὲ λόγοι μου οὐ μὴ παρελεύσονται.	→ GTh 11,1
g 201	**Mt 25,19**	μετὰ δὲ πολὺν χρόνον ἔρχεται ὁ κύριος τῶν δούλων ἐκείνων καὶ συναίρει λόγον μετ᾽ αὐτῶν.			**Lk 19,15**	καὶ ἐγένετο ἐν τῷ ἐπανελθεῖν αὐτὸν λαβόντα τὴν βασιλείαν καὶ εἶπεν φωνηθῆναι αὐτῷ τοὺς δούλους τούτους οἷς δεδώκει τὸ ἀργύριον, ἵνα γνοῖ τί διεπραγματεύσαντο.	
a m 200	**Mt 26,1**	καὶ ἐγένετο ὅτε ἐτέλεσεν ὁ Ἰησοῦς πάντας τοὺς λόγους τούτους, εἶπεν τοῖς μαθηταῖς αὐτοῦ·					
c 120	**Mt 26,42** → Mt 6,10 → Lk 22,42	πάλιν ἐκ δευτέρου ἀπελθὼν προσηύξατο λέγων· πάτερ μου, εἰ οὐ δύναται τοῦτο παρελθεῖν ἐὰν μὴ αὐτὸ πίω, γενηθήτω τὸ θέλημά σου.	**Mk 14,39**	καὶ πάλιν ἀπελθὼν προσηύξατο τὸν αὐτὸν λόγον εἰπών.			
c 210	**Mt 26,44**	καὶ ἀφεὶς αὐτοὺς πάλιν ἀπελθὼν προσηύξατο ἐκ τρίτου τὸν αὐτὸν λόγον εἰπὼν πάλιν. [45] τότε ἔρχεται πρὸς τοὺς μαθητὰς καὶ λέγει αὐτοῖς· ...	**Mk 14,41**	καὶ ἔρχεται τὸ τρίτον καὶ λέγει αὐτοῖς· ...			
a h 002	Mt 27,13	τότε λέγει αὐτῷ ὁ Πιλᾶτος· οὐκ ἀκούεις πόσα σου καταμαρτυροῦσιν; [14] καὶ οὐκ ἀπεκρίθη αὐτῷ πρὸς οὐδὲ ἓν ῥῆμα, ...	Mk 15,4	ὁ δὲ Πιλᾶτος πάλιν ἐπηρώτα αὐτὸν λέγων· οὐκ ἀποκρίνῃ οὐδέν; ἴδε πόσα σου κατηγοροῦσιν. [5] ὁ δὲ Ἰησοῦς οὐκέτι οὐδὲν ἀπεκρίθη, ...	**Lk 23,9**	ἐπηρώτα δὲ αὐτὸν ἐν λόγοις ἱκανοῖς, αὐτὸς δὲ οὐδὲν ἀπεκρίνατο αὐτῷ.	Mt/Mk: before Pilate; Lk: before Herod
200	**Mt 28,15**	οἱ δὲ λαβόντες τὰ ἀργύρια ἐποίησαν ὡς ἐδιδάχθησαν. καὶ διεφημίσθη ὁ λόγος οὗτος παρὰ Ἰουδαίοις μέχρι τῆς σήμερον [ἡμέρας].					
a 002					**Lk 24,17**	εἶπεν δὲ πρὸς αὐτούς· τίνες οἱ λόγοι οὗτοι οὓς ἀντιβάλλετε πρὸς ἀλλήλους περιπατοῦντες; ...	
h 002					**Lk 24,19**	... τὰ περὶ Ἰησοῦ τοῦ Ναζαρηνοῦ, ὃς ἐγένετο ἀνὴρ προφήτης δυνατὸς ἐν ἔργῳ καὶ λόγῳ ἐναντίον τοῦ θεοῦ καὶ παντὸς τοῦ λαοῦ	→ Acts 2,22 → Acts 10,38
a b m 002					**Lk 24,44**	εἶπεν δὲ πρὸς αὐτούς· οὗτοι οἱ λόγοι μου οὓς ἐλάλησα πρὸς ὑμᾶς ἔτι ὢν σὺν ὑμῖν, ...	

d m **Acts 1,1** **τὸν μὲν πρῶτον λόγον** ἐποιησάμην περὶ πάντων, ὦ Θεόφιλε, ὧν ἤρξατο ὁ Ἰησοῦς ποιεῖν τε καὶ διδάσκειν

a **Acts 2,22** → Lk 24,19 ἄνδρες Ἰσραηλῖται, ἀκούσατε **τοὺς λόγους τούτους·** Ἰησοῦν τὸν Ναζωραῖον, ἄνδρα ἀποδεδειγμένον ἀπὸ τοῦ θεοῦ εἰς ὑμᾶς δυνάμεσι καὶ τέρασι καὶ σημείοις οἷς ἐποίησεν δι᾿ αὐτοῦ ὁ θεὸς ἐν μέσῳ ὑμῶν καθὼς αὐτοὶ οἴδατε

a h **Acts 2,40** **ἑτέροις τε λόγοις πλείοσιν** διεμαρτύρατο καὶ παρεκάλει αὐτοὺς ...

l **Acts 2,41** οἱ μὲν οὖν ἀποδεξάμενοι **τὸν λόγον αὐτοῦ** ἐβαπτίσθησαν ...

l **Acts 4,4** πολλοὶ δὲ τῶν ἀκουσάντων **τὸν λόγον** ἐπίστευσαν καὶ ἐγενήθη [ὁ] ἀριθμὸς τῶν ἀνδρῶν [ὡς] χιλιάδες πέντε.

b l **Acts 4,29** καὶ τὰ νῦν, κύριε, ἔπιδε ἐπὶ τὰς ἀπειλὰς αὐτῶν καὶ δὸς τοῖς δούλοις σου μετὰ παρρησίας πάσης λαλεῖν **τὸν λόγον σου**

b j **Acts 4,31** ... καὶ ἐπλήσθησαν ἅπαντες τοῦ ἁγίου πνεύματος καὶ ἐλάλουν **τὸν λόγον τοῦ θεοῦ** μετὰ παρρησίας.

a **Acts 5,5** ἀκούων δὲ ὁ Ἁνανίας **τοὺς λόγους τούτους** πεσὼν ἐξέψυξεν, καὶ ἐγένετο φόβος μέγας ἐπὶ πάντας τοὺς ἀκούοντας.

a **Acts 5,24** ὡς δὲ ἤκουσαν **τοὺς λόγους τούτους** ὅ τε στρατηγὸς τοῦ ἱεροῦ καὶ οἱ ἀρχιερεῖς, διηπόρουν περὶ αὐτῶν τί ἂν γένοιτο τοῦτο.

j **Acts 6,2** ... οὐκ ἀρεστόν ἐστιν ἡμᾶς καταλείψαντας **τὸν λόγον τοῦ θεοῦ** διακονεῖν τραπέζαις.

l **Acts 6,4** ἡμεῖς δὲ τῇ προσευχῇ καὶ **τῇ διακονίᾳ τοῦ λόγου** προσκαρτερήσομεν.

Acts 6,5 καὶ ἤρεσεν **ὁ λόγος** ἐνώπιον παντὸς τοῦ πλήθους καὶ ἐξελέξαντο Στέφανον, ...

j **Acts 6,7** καὶ **ὁ λόγος τοῦ θεοῦ** ηὔξανεν καὶ ἐπληθύνετο ὁ ἀριθμὸς τῶν μαθητῶν ἐν Ἰερουσαλὴμ σφόδρα, ...

a h **Acts 7,22** καὶ ἐπαιδεύθη Μωϋσῆς [ἐν] πάσῃ σοφίᾳ Αἰγυπτίων, ἦν δὲ δυνατὸς **ἐν λόγοις καὶ ἔργοις αὐτοῦ.**

Acts 7,29 ἔφυγεν δὲ Μωϋσῆς **ἐν τῷ λόγῳ τούτῳ** καὶ ἐγένετο πάροικος ἐν γῇ Μαδιάμ, οὗ ἐγέννησεν υἱοὺς δύο.

l **Acts 8,4** οἱ μὲν οὖν διασπαρέντες διῆλθον εὐαγγελιζόμενοι **τὸν λόγον.**

j **Acts 8,14** ἀκούσαντες δὲ οἱ ἐν Ἱεροσολύμοις ἀπόστολοι ὅτι δέδεκται ἡ Σαμάρεια **τὸν λόγον τοῦ θεοῦ,** ἀπέστειλαν πρὸς αὐτοὺς Πέτρον καὶ Ἰωάννην

Acts 8,21 οὐκ ἔστιν σοι μερὶς οὐδὲ κλῆρος **ἐν τῷ λόγῳ τούτῳ,** ἡ γὰρ καρδία σου οὐκ ἔστιν εὐθεῖα ἔναντι τοῦ θεοῦ.

b k **Acts 8,25** οἱ μὲν οὖν διαμαρτυράμενοι καὶ λαλήσαντες **τὸν λόγον τοῦ κυρίου** ὑπέστρεφον εἰς Ἱεροσόλυμα, πολλάς τε κώμας τῶν Σαμαριτῶν εὐηγγελίζοντο.

h **Acts 10,29** διὸ καὶ ἀναντιρρήτως ἦλθον μεταπεμφθείς. πυνθάνομαι οὖν **τίνι λόγῳ** μετεπέμψασθέ με;

l **Acts 10,36** **τὸν λόγον** [ὃν] ἀπέστειλεν τοῖς υἱοῖς Ἰσραὴλ εὐαγγελιζόμενος εἰρήνην διὰ Ἰησοῦ Χριστοῦ, οὗτός ἐστιν πάντων κύριος

l **Acts 10,44** ἔτι λαλοῦντος τοῦ Πέτρου τὰ ῥήματα ταῦτα ἐπέπεσεν τὸ πνεῦμα τὸ ἅγιον ἐπὶ πάντας τοὺς ἀκούοντας **τὸν λόγον.**

j **Acts 11,1** ἤκουσαν δὲ οἱ ἀπόστολοι καὶ οἱ ἀδελφοὶ οἱ ὄντες κατὰ τὴν Ἰουδαίαν ὅτι καὶ τὰ ἔθνη ἐδέξαντο **τὸν λόγον τοῦ θεοῦ.**

b l **Acts 11,19** οἱ μὲν οὖν διασπαρέντες ἀπὸ τῆς θλίψεως τῆς γενομένης ἐπὶ Στεφάνῳ διῆλθον ἕως Φοινίκης καὶ Κύπρου καὶ Ἀντιοχείας μηδενὶ λαλοῦντες **τὸν λόγον** εἰ μὴ μόνον Ἰουδαίοις.

Acts 11,22 ἠκούσθη δὲ **ὁ λόγος** εἰς τὰ ὦτα τῆς ἐκκλησίας τῆς οὔσης ἐν Ἰερουσαλὴμ περὶ αὐτῶν καὶ ἐξαπέστειλαν Βαρναβᾶν [διελθεῖν] ἕως Ἀντιοχείας.

j **Acts 12,24** **ὁ δὲ λόγος τοῦ θεοῦ** ηὔξανεν καὶ ἐπληθύνετο.

j **Acts 13,5** καὶ γενόμενοι ἐν Σαλαμῖνι κατήγγελλον **τὸν λόγον τοῦ θεοῦ** ἐν ταῖς συναγωγαῖς τῶν Ἰουδαίων. ...

j **Acts 13,7** ... οὗτος προσκαλεσάμενος Βαρναβᾶν καὶ Σαῦλον ἐπεζήτησεν ἀκοῦσαι **τὸν λόγον τοῦ θεοῦ.**

Acts 13,15 ... ἄνδρες ἀδελφοί, εἴ **τίς ἐστιν ἐν ὑμῖν λόγος παρακλήσεως** πρὸς τὸν λαόν, λέγετε.

l **Acts 13,26** ἄνδρες ἀδελφοί, υἱοὶ γένους Ἀβραὰμ καὶ οἱ ἐν ὑμῖν φοβούμενοι τὸν θεόν, ἡμῖν **ὁ λόγος τῆς σωτηρίας ταύτης** ἐξαπεστάλη.

k **Acts 13,44** τῷ δὲ ἐρχομένῳ σαββάτῳ σχεδὸν πᾶσα ἡ πόλις συνήχθη ἀκοῦσαι **τὸν λόγον τοῦ κυρίου.**

b j **Acts 13,46** ... ὑμῖν ἦν ἀναγκαῖον πρῶτον λαληθῆναι **τὸν λόγον τοῦ θεοῦ·** ...

k **Acts 13,48** ἀκούοντα δὲ τὰ ἔθνη ἔχαιρον καὶ ἐδόξαζον **τὸν λόγον τοῦ κυρίου** καὶ ἐπίστευσαν ὅσοι ἦσαν τεταγμένοι εἰς ζωὴν αἰώνιον·

k **Acts 13,49** διεφέρετο δὲ **ὁ λόγος τοῦ κυρίου** δι᾿ ὅλης τῆς χώρας.

l **Acts 14,3** ἱκανὸν μὲν οὖν χρόνον
διέτριψαν
παρρησιαζόμενοι ἐπὶ τῷ
κυρίῳ τῷ μαρτυροῦντι
**[ἐπὶ] τῷ λόγῳ τῆς
χάριτος αὐτοῦ, ...**

Acts 14,12 ... τὸν δὲ Παῦλον Ἑρμῆν,
ἐπειδὴ αὐτὸς ἦν
**ὁ ἡγούμενος
τοῦ λόγου.**

b l **Acts 14,25** καὶ λαλήσαντες
ἐν Πέργῃ
τὸν λόγον
κατέβησαν εἰς Ἀττάλειαν·

Acts 15,6 συνήχθησάν τε
οἱ ἀπόστολοι καὶ
οἱ πρεσβύτεροι ἰδεῖν
**περὶ τοῦ λόγου
τούτου.**

l **Acts 15,7** ... ἐξελέξατο ὁ θεὸς
διὰ τοῦ στόματός μου
ἀκοῦσαι τὰ ἔθνη
**τὸν λόγον
τοῦ εὐαγγελίου**
καὶ πιστεῦσαι.

a n **Acts 15,15** καὶ τούτῳ συμφωνοῦσιν
**οἱ λόγοι
τῶν προφητῶν**
καθὼς γέγραπται·

a h **Acts 15,24** ἐπειδὴ ἠκούσαμεν ὅτι
τινὲς ἐξ ἡμῶν [ἐξελθόντες]
ἐτάραξαν ὑμᾶς
λόγοις
ἀνασκευάζοντες τὰς
ψυχὰς ὑμῶν οἷς οὐ
διεστειλάμεθα

Acts 15,27 ἀπεστάλκαμεν οὖν
Ἰούδαν καὶ Σιλᾶν καὶ
αὐτοὺς
διὰ λόγου
ἀπαγγέλλοντας τὰ αὐτά.

Acts 15,32 Ἰούδας τε καὶ Σιλᾶς καὶ
αὐτοὶ προφῆται ὄντες
διὰ λόγου πολλοῦ
παρεκάλεσαν τοὺς
ἀδελφοὺς καὶ
ἐπεστήριξαν

k **Acts 15,35** ... καὶ εὐαγγελιζόμενοι
μετὰ καὶ ἑτέρων πολλῶν
**τὸν λόγον
τοῦ κυρίου.**

k **Acts 15,36** ... ἐπιστρέψαντες δὴ
ἐπισκεψώμεθα τοὺς
ἀδελφοὺς κατὰ πόλιν
πᾶσαν ἐν αἷς
κατηγγείλαμεν
τὸν λόγον τοῦ κυρίου
πῶς ἔχουσιν.

b l **Acts 16,6** διῆλθον δὲ τὴν Φρυγίαν
καὶ Γαλατικὴν χώραν
κωλυθέντες ὑπὸ τοῦ ἁγίου
πνεύματος λαλῆσαι
τὸν λόγον
ἐν τῇ Ἀσίᾳ·

b k **Acts 16,32** καὶ ἐλάλησαν αὐτῷ
τὸν λόγον τοῦ κυρίου
σὺν πᾶσιν τοῖς ἐν τῇ
οἰκίᾳ αὐτοῦ.

a **Acts 16,36** ἀπήγγειλεν δὲ
ὁ δεσμοφύλαξ
**τοὺς λόγους
[τούτους]**
πρὸς τὸν Παῦλον ὅτι
ἀπέσταλκαν οἱ στρατηγοὶ
ἵνα ἀπολυθῆτε· νῦν οὖν
ἐξελθόντες πορεύεσθε
ἐν εἰρήνῃ.

l **Acts 17,11** οὗτοι δὲ ἦσαν
εὐγενέστεροι τῶν
ἐν Θεσσαλονίκῃ,
οἵτινες ἐδέξαντο
τὸν λόγον
μετὰ πάσης προθυμίας
καθ' ἡμέραν
ἀνακρίνοντες τὰς γραφὰς
εἰ ἔχοι ταῦτα οὕτως.

j **Acts 17,13** ὡς δὲ ἔγνωσαν οἱ ἀπὸ τῆς
Θεσσαλονίκης Ἰουδαῖοι
ὅτι καὶ ἐν τῇ Βεροίᾳ
κατηγγέλη ὑπὸ τοῦ
Παύλου
ὁ λόγος τοῦ θεοῦ, ...

l **Acts 18,5** ὡς δὲ κατῆλθον ἀπὸ τῆς
Μακεδονίας ὅ τε Σιλᾶς
καὶ ὁ Τιμόθεος, συνείχετο
τῷ λόγῳ
ὁ Παῦλος
διαμαρτυρόμενος τοῖς
Ἰουδαίοις εἶναι τὸν
χριστὸν Ἰησοῦν.

j **Acts 18,11** ἐκάθισεν δὲ ἐνιαυτὸν καὶ
μῆνας ἓξ διδάσκων ἐν
αὐτοῖς
τὸν λόγον τοῦ θεοῦ.

Acts 18,14 ... εἰ μὲν ἦν ἀδίκημά τι ἢ
ῥᾳδιούργημα πονηρόν,
ὦ Ἰουδαῖοι,
κατὰ λόγον
ἂν ἀνεσχόμην ὑμῶν,

Acts 18,15 εἰ δὲ ζητήματά ἐστιν
περὶ λόγου
καὶ ὀνομάτων καὶ νόμου
τοῦ καθ' ὑμᾶς, ὄψεσθε
αὐτοί· κριτὴς ἐγὼ τούτων
οὐ βούλομαι εἶναι.

k **Acts 19,10** τοῦτο δὲ ἐγένετο ἐπὶ ἔτη
δύο, ὥστε πάντας τοὺς
κατοικοῦντας τὴν Ἀσίαν
ἀκοῦσαι
**τὸν λόγον
τοῦ κυρίου,**
Ἰουδαίους τε καὶ
Ἕλληνας.

k **Acts 19,20** οὕτως κατὰ κράτος
τοῦ κυρίου ὁ λόγος
ηὔξανεν καὶ ἴσχυεν.

Acts 19,38 εἰ μὲν οὖν Δημήτριος καὶ
οἱ σὺν αὐτῷ τεχνῖται
ἔχουσι πρός τινα
λόγον,
ἀγοραῖοι ἄγονται καὶ
ἀνθύπατοί εἰσιν,
ἐγκαλείτωσαν ἀλλήλοις.

e **Acts 19,40** καὶ γὰρ κινδυνεύομεν
ἐγκαλεῖσθαι στάσεως
περὶ τῆς σήμερον,
μηδενὸς αἰτίου
ὑπάρχοντος περὶ οὗ [οὐ]
δυνησόμεθα ἀποδοῦναι
λόγον
περὶ τῆς συστροφῆς
ταύτης. καὶ ταῦτα εἰπὼν
ἀπέλυσεν τὴν ἐκκλησίαν.

h **Acts 20,2** διελθὼν δὲ τὰ μέρη
ἐκεῖνα καὶ παρακαλέσας
αὐτοὺς
λόγῳ πολλῷ
ἦλθεν εἰς τὴν Ἑλλάδα

l **Acts 20,7** ... ὁ Παῦλος διελέγετο
αὐτοῖς μέλλων ἐξιέναι τῇ
ἐπαύριον, παρέτεινέν τε
τὸν λόγον
μέχρι μεσονυκτίου.

Acts 20,24 ἀλλ'
οὐδενὸς λόγου
ποιοῦμαι τὴν ψυχὴν
τιμίαν ἐμαυτῷ ὡς
τελειῶσαι τὸν δρόμον
μου καὶ τὴν διακονίαν ἣν
ἔλαβον παρὰ τοῦ κυρίου
Ἰησοῦ, ...

l **Acts 20,32** καὶ τὰ νῦν παρατίθεμαι
ὑμᾶς τῷ θεῷ καὶ
**τῷ λόγῳ τῆς χάριτος
αὐτοῦ, ...**

a k **Acts 20,35** πάντα ὑπέδειξα ὑμῖν ὅτι
οὕτως κοπιῶντας δεῖ
ἀντιλαμβάνεσθαι
τῶν ἀσθενούντων,
μνημονεύειν τε
**τῶν λόγων
τοῦ κυρίου Ἰησοῦ**
ὅτι αὐτὸς εἶπεν·
μακάριόν ἐστιν μᾶλλον
διδόναι ἢ λαμβάνειν.

c **Acts 20,38** ὀδυνώμενοι μάλιστα
ἐπὶ τῷ λόγῳ
ᾧ εἰρήκει, ὅτι οὐκέτι
μέλλουσιν τὸ πρόσωπον
αὐτοῦ θεωρεῖν. ...

Acts 22,22 ἤκουον δὲ αὐτοῦ
**ἄχρι τούτου
τοῦ λόγου**
καὶ ἐπῆραν τὴν φωνὴν
αὐτῶν λέγοντες· ...

λοιμός

λοιμός	Syn	Mt	Mk	Lk	Acts	Jn	1-3John	Paul	Eph	Col
	1			1	1					
	NT	2Thess	1/2Tim	Tit	Heb	Jas	1Pet	2Pet	Jude	Rev
	2									

pestilence; pestilential

112	**Mt 24,7**	... καὶ ἔσονται λιμοὶ καὶ σεισμοὶ κατὰ τόπους· [8] πάντα δὲ ταῦτα ἀρχὴ ὠδίνων.	**Mk 13,8**	... ἔσονται σεισμοὶ κατὰ τόπους, ἔσονται λιμοί· ἀρχὴ ὠδίνων ταῦτα.	**Lk 21,11** → Lk 21,25	σεισμοί τε μεγάλοι καὶ κατὰ τόπους λιμοὶ καὶ **λοιμοὶ** ἔσονται, φόβητρά τε καὶ ἀπ' οὐρανοῦ σημεῖα μεγάλα ἔσται.	→ Acts 2,19

Acts 24,5 εὑρόντες γὰρ τὸν ἄνδρα
τοῦτον
λοιμὸν
καὶ κινοῦντα στάσεις
πᾶσιν τοῖς Ἰουδαίοις τοῖς
κατὰ τὴν οἰκουμένην
πρωτοστάτην τε τῆς τῶν
Ναζωραίων αἱρέσεως

λοιπός

λοιπός	Syn	Mt	Mk	Lk	Acts	Jn	1-3John	Paul	Eph	Col
	12	4	2	6	6			21	2	
	NT	2Thess	1/2Tim	Tit	Heb	Jas	1Pet	2Pet	Jude	Rev
	54	1	2		1			1		8

remaining; left; other

	triple tradition																	double tradition			Sondergut		
		+Mt / +Lk			−Mt / −Lk			traditions not taken over by Mt / Lk							subtotals								
code	222	211	112	212	221	122	121	022	012	021	220	120	210	020	Σ⁺	Σ⁻	Σ	202	201	102	200	002	total
Mt							1⁻				1		1⁺		1⁺	1⁻	2				2		**4**
Mk							1				1						2						**2**
Lk			2⁺				1⁻								2⁺	1⁻	2			1		3	**6**

112	**Mt 13,11**	... ὅτι ὑμῖν δέδοται γνῶναι τὰ μυστήρια τῆς βασιλείας τῶν οὐρανῶν, **ἐκείνοις δὲ** οὐ δέδοται. [12] ... [13] διὰ τοῦτο ἐν παραβολαῖς αὐτοῖς λαλῶ, ...	**Mk 4,11**	... ὑμῖν τὸ μυστήριον δέδοται τῆς βασιλείας τοῦ θεοῦ· **ἐκείνοις δὲ τοῖς ἔξω** ἐν παραβολαῖς τὰ πάντα γίνεται	**Lk 8,10**	... ὑμῖν δέδοται γνῶναι τὰ μυστήρια τῆς βασιλείας τοῦ θεοῦ, **τοῖς δὲ λοιποῖς** ἐν παραβολαῖς, ...	→ GTh 62,1
121	**Mt 13,22**	ὁ δὲ εἰς τὰς ἀκάνθας σπαρείς, οὗτός ἐστιν ὁ τὸν λόγον ἀκούων, καὶ ἡ μέριμνα τοῦ αἰῶνος καὶ ἡ ἀπάτη τοῦ πλούτου συμπνίγει τὸν λόγον καὶ ἄκαρπος γίνεται.	**Mk 4,19**	[18] καὶ ἄλλοι εἰσὶν οἱ εἰς τὰς ἀκάνθας σπειρόμενοι· οὗτοί εἰσιν οἱ τὸν λόγον ἀκούσαντες, [19] καὶ αἱ μέριμναι τοῦ αἰῶνος καὶ ἡ ἀπάτη τοῦ πλούτου καὶ **αἱ περὶ τὰ λοιπὰ** **ἐπιθυμίαι** εἰσπορευόμεναι συμπνίγουσιν τὸν λόγον καὶ ἄκαρπος γίνεται.	**Lk 8,14**	τὸ δὲ εἰς τὰς ἀκάνθας πεσόν, οὗτοί εἰσιν οἱ ἀκούσαντες, καὶ ὑπὸ μεριμνῶν καὶ πλούτου καὶ **ἡδονῶν τοῦ βίου** πορευόμενοι συμπνίγονται καὶ οὐ τελεσφοροῦσιν.	
102	**Mt 6,28**	καὶ **περὶ ἐνδύματος** τί μεριμνᾶτε; καταμάθετε τὰ κρίνα τοῦ ἀγροῦ πῶς αὐξάνουσιν· ...			**Lk 12,26**	εἰ οὖν οὐδὲ ἐλάχιστον δύνασθε, τί **περὶ τῶν λοιπῶν** μεριμνᾶτε; [27] κατανοήσατε τὰ κρίνα πῶς αὐξάνει· ...	

	Mt		Mk		Lk		
002					**Lk 18,9** → Lk 16,15 → Lk 20,20	εἶπεν δὲ καὶ πρός τινας τοὺς πεποιθότας ἐφ' ἑαυτοῖς ὅτι εἰσὶν δίκαιοι καὶ ἐξουθενοῦντας **τοὺς λοιποὺς** τὴν παραβολὴν ταύτην·	
002					**Lk 18,11**	... ὁ θεός, εὐχαριστῶ σοι ὅτι οὐκ εἰμὶ **ὥσπερ οἱ λοιποὶ** **τῶν ἀνθρώπων,** ἅρπαγες, ἄδικοι, μοιχοί, ἢ καὶ ὡς οὗτος ὁ τελώνης·	
200	**Mt 22,6** → Mt 21,35 → Mk 12,5 → Lk 20,12	**οἱ δὲ λοιποὶ** κρατήσαντες τοὺς δούλους αὐτοῦ ὕβρισαν καὶ ἀπέκτειναν.					→ GTh 64
200	**Mt 25,11** → Mt 7,22	ὕστερον δὲ ἔρχονται καὶ **αἱ λοιπαὶ παρθένοι** λέγουσαι· κύριε κύριε, ἄνοιξον ἡμῖν.			**Lk 13,25**	... καὶ ἄρξησθε ἔξω ἑστάναι καὶ κρούειν τὴν θύραν λέγοντες· κύριε, ἄνοιξον ἡμῖν, ...	
220	**Mt 26,45**	... καθεύδετε **[τὸ] λοιπὸν** καὶ ἀναπαύεσθε· ...	**Mk 14,41**	... καθεύδετε **τὸ λοιπὸν** καὶ ἀναπαύεσθε· ...			
210	**Mt 27,49** → Lk 23,36	[48] ... λαβὼν σπόγγον πλήσας τε ὄξους καὶ περιθεὶς καλάμῳ ἐπότιζεν αὐτόν. **[49] οἱ δὲ λοιποὶ** ἔλεγον· ἄφες ἴδωμεν εἰ ἔρχεται Ἠλίας σώσων αὐτόν.	**Mk 15,36** → Lk 23,36	... γεμίσας σπόγγον ὄξους περιθεὶς καλάμῳ ἐπότιζεν αὐτὸν λέγων· ἄφετε ἴδωμεν εἰ ἔρχεται Ἠλίας καθελεῖν αὐτόν.			
112	**Mt 28,8**	καὶ ἀπελθοῦσαι ταχὺ ἀπὸ τοῦ μνημείου μετὰ φόβου καὶ χαρᾶς μεγάλης ἔδραμον ἀπαγγεῖλαι τοῖς μαθηταῖς αὐτοῦ.	**Mk 16,8**	καὶ ἐξελθοῦσαι ἔφυγον ἀπὸ τοῦ μνημείου, εἶχεν γὰρ αὐτὰς τρόμος καὶ ἔκστασις· καὶ οὐδενὶ οὐδὲν εἶπαν· ἐφοβοῦντο γάρ.	**Lk 24,9**	καὶ ὑποστρέψασαι ἀπὸ τοῦ μνημείου ἀπήγγειλαν ταῦτα πάντα τοῖς ἕνδεκα καὶ **πᾶσιν τοῖς λοιποῖς.**	→ Jn 20,2.18
002	**Mt 28,1** → Mt 27,56 → Mt 27,61	... ἦλθεν Μαριὰμ ἡ Μαγδαληνὴ καὶ ἡ ἄλλη Μαρία ...	**Mk 16,1** → Mk 15,40 → Mk 15,47	... Μαρία ἡ Μαγδαληνὴ καὶ Μαρία ἡ [τοῦ] Ἰακώβου καὶ Σαλώμη ...	**Lk 24,10** → Lk 24,1 → Lk 8,2-3	ἦσαν δὲ ἡ Μαγδαληνὴ Μαρία καὶ Ἰωάννα καὶ Μαρία ἡ Ἰακώβου καὶ **αἱ λοιπαὶ** σὺν αὐταῖς. ...	→ Jn 20,18

Acts 2,37 ... εἶπόν τε πρὸς τὸν Πέτρον καὶ **τοὺς λοιποὺς ἀποστόλους**· τί ποιήσωμεν, ἄνδρες ἀδελφοί;

Acts 5,13 **τῶν δὲ λοιπῶν οὐδεὶς** ἐτόλμα κολλᾶσθαι αὐτοῖς, ἀλλ' ἐμεγάλυνεν αὐτοὺς ὁ λαός.

Acts 17,9 καὶ λαβόντες τὸ ἱκανὸν παρὰ τοῦ Ἰάσονος καὶ **τῶν λοιπῶν** ἀπέλυσαν αὐτούς.

Acts 27,20 μήτε δὲ ἡλίου μήτε ἄστρων ἐπιφαινόντων ἐπὶ πλείονας ἡμέρας, χειμῶνός τε οὐκ ὀλίγου ἐπικειμένου, **λοιπὸν** περιῃρεῖτο ἐλπὶς πᾶσα τοῦ σῴζεσθαι ἡμᾶς.

Acts 27,44 [43] ὁ δὲ ἑκατοντάρχης ... ἐκέλευσέν τε τοὺς δυναμένους κολυμβᾶν ἀπορίψαντας πρώτους ἐπὶ τὴν γῆν ἐξιέναι [44] καὶ **τοὺς λοιποὺς** οὓς μὲν ἐπὶ σανίσιν, οὓς δὲ ἐπί τινων τῶν ἀπὸ τοῦ πλοίου. ...

Acts 28,9 τούτου δὲ γενομένου καὶ **οἱ λοιποὶ** οἱ ἐν τῇ νήσῳ ἔχοντες ἀσθενείας προσήρχοντο καὶ ἐθεραπεύοντο

λύκος	Syn 3	Mt 2	Mk	Lk 1	Acts 1	Jn 2	1-3John	Paul	Eph	Col
	NT 6	2Thess	1/2Tim	Tit	Heb	Jas	1Pet	2Pet	Jude	Rev

wolf

200	**Mt 7,15** προσέχετε ἀπὸ τῶν ψευδοπροφητῶν, οἵτινες ἔρχονται πρὸς ὑμᾶς ἐν ἐνδύμασιν προβάτων, ἔσωθεν δέ εἰσιν **λύκοι ἅρπαγες.**			
202	**Mt 10,16** ἰδοὺ ἐγὼ ἀποστέλλω ὑμᾶς ὡς πρόβατα **ἐν μέσῳ λύκων·** ...		**Lk 10,3** ὑπάγετε· ἰδοὺ ἀποστέλλω ὑμᾶς ὡς ἄρνας **ἐν μέσῳ λύκων.**	

Acts 20,29 ἐγὼ οἶδα ὅτι
εἰσελεύσονται
μετὰ τὴν ἄφιξίν μου
λύκοι βαρεῖς
εἰς ὑμᾶς μὴ φειδόμενοι
τοῦ ποιμνίου

λυπέω	Syn 8	Mt 6	Mk 2	Lk	Acts	Jn 2	1-3John	Paul 14	Eph 1	Col
	NT 26	2Thess	1/2Tim	Tit	Heb	Jas	1Pet 1	2Pet	Jude	Rev

active: grieve; pain; *passive:* become sad, sorrowful, distressed; be sad, distressed, grieve

	triple tradition																	double tradition			Sondergut		
		+Mt / +Lk			–Mt / –Lk			traditions not taken over by Mt / Lk							subtotals								
code	*222*	*211*	*112*	*212*	*221*	*122*	*121*	*022*	*012*	*021*	*220*	*120*	*210*	*020*	Σ⁺	Σ⁻	Σ	*202*	*201*	*102*	*200*	*002*	total
Mt		1^+			2								2^+		3^+		5				1		**6**
Mk					2												2						**2**
Lk					2^-											2^-							

210	**Mt 14,9** καὶ **λυπηθεὶς** ὁ βασιλεὺς διὰ τοὺς ὅρκους καὶ τοὺς συνανακειμένους ἐκέλευσεν δοθῆναι	**Mk 6,26** καὶ **περίλυπος γενόμενος** ὁ βασιλεὺς διὰ τοὺς ὅρκους καὶ τοὺς ἀνακειμένους οὐκ ἠθέλησεν ἀθετῆσαι αὐτήν·		
211	**Mt 17,23** καὶ ἀποκτενοῦσιν αὐτόν, καὶ τῇ τρίτῃ ἡμέρᾳ ἐγερθήσεται. καὶ **ἐλυπήθησαν** σφόδρα.	**Mk 9,32** → Lk 18,34 [31] ... καὶ ἀποκτενοῦσιν αὐτόν, καὶ ἀποκτανθεὶς μετὰ τρεῖς ἡμέρας ἀναστήσεται. [32] οἱ δὲ ἠγνόουν τὸ ῥῆμα, καὶ **ἐφοβοῦντο** αὐτὸν ἐπερωτῆσαι.	**Lk 9,45** → Lk 18,34 οἱ δὲ ἠγνόουν τὸ ῥῆμα τοῦτο καὶ ἦν παρακεκαλυμμένον ἀπ' αὐτῶν ἵνα μὴ αἴσθωνται αὐτό, καὶ **ἐφοβοῦντο** ἐρωτῆσαι αὐτὸν περὶ τοῦ ῥήματος τούτου.	
200	**Mt 18,31** ἰδόντες οὖν οἱ σύνδουλοι αὐτοῦ τὰ γενόμενα **ἐλυπήθησαν** σφόδρα καὶ ἐλθόντες διεσάφησαν τῷ κυρίῳ ἑαυτῶν πάντα τὰ γενόμενα.			

	Mt		Mk		Lk		
221	Mt 19,22	ἀκούσας δὲ ὁ νεανίσκος τὸν λόγον ἀπῆλθεν **λυπούμενος·** ἦν γὰρ ἔχων κτήματα πολλά.	Mk 10,22	ὁ δὲ στυγνάσας ἐπὶ τῷ λόγῳ ἀπῆλθεν **λυπούμενος·** ἦν γὰρ ἔχων κτήματα πολλά.	Lk 18,23	ὁ δὲ ἀκούσας ταῦτα **περίλυπος ἐγενήθη·** ἦν γὰρ πλούσιος σφόδρα.	
221	Mt 26,22 → Mt 26,25	καὶ **λυπούμενοι** σφόδρα ἤρξαντο λέγειν αὐτῷ εἷς ἕκαστος· μήτι ἐγώ εἰμι, κύριε;	Mk 14,19	ἤρξαντο **λυπεῖσθαι** καὶ λέγειν αὐτῷ εἷς κατὰ εἷς· μήτι ἐγώ;	Lk 22,23	καὶ αὐτοὶ ἤρξαντο συζητεῖν πρὸς ἑαυτοὺς τὸ τίς ἄρα εἴη ἐξ αὐτῶν ὁ τοῦτο μέλλων πράσσειν.	→ Jn 13,22.25
210	Mt 26,37	καὶ παραλαβὼν τὸν Πέτρον καὶ τοὺς δύο υἱοὺς Ζεβεδαίου ἤρξατο **λυπεῖσθαι** καὶ ἀδημονεῖν.	Mk 14,33	καὶ παραλαμβάνει τὸν Πέτρον καὶ [τὸν] Ἰάκωβον καὶ [τὸν] Ἰωάννην μετ' αὐτοῦ καὶ ἤρξατο **ἐκθαμβεῖσθαι** καὶ ἀδημονεῖν			

λύπη

Syn	Mt	Mk	Lk	Acts	Jn	1-3John	Paul	Eph	Col
1			1		4		9		
NT	2Thess	1/2Tim	Tit	Heb	Jas	1Pet	2Pet	Jude	Rev
16				1		1			

grief; sorrow; pain; affliction

	Mt		Mk		Lk		
112	Mt 26,40	καὶ ἔρχεται πρὸς τοὺς μαθητὰς καὶ εὑρίσκει αὐτοὺς καθεύδοντας, ...	Mk 14,37	καὶ ἔρχεται καὶ εὑρίσκει αὐτοὺς καθεύδοντας, ...	Lk 22,45	καὶ ἀναστὰς ἀπὸ τῆς προσευχῆς ἐλθὼν πρὸς τοὺς μαθητὰς εὗρεν κοιμωμένους αὐτοὺς **ἀπὸ τῆς λύπης**	

Λυσανίας

Syn	Mt	Mk	Lk	Acts	Jn	1-3John	Paul	Eph	Col
1			1						
NT	2Thess	1/2Tim	Tit	Heb	Jas	1Pet	2Pet	Jude	Rev
1									

Lysanias

	Mt		Mk		Lk		
002					Lk 3,1	... καὶ τετρααρχοῦντος τῆς Γαλιλαίας Ἡρῴδου, Φιλίππου δὲ τοῦ ἀδελφοῦ αὐτοῦ τετρααρχοῦντος τῆς Ἰτουραίας καὶ Τραχωνίτιδος χώρας, καὶ **Λυσανίου** τῆς Ἀβιληνῆς τετρααρχοῦντος	

λυσιτελέω

λυσιτελέω	Syn 1	Mt	Mk	Lk 1	Acts	Jn	1-3John	Paul	Eph	Col
	NT 1	2Thess	1/2Tim	Tit	Heb	Jas	1Pet	2Pet	Jude	Rev

be advantageous; be better

	Mt		Mk		Lk		
112	**Mt 18,6** → Mt 18,10	ὃς δ' ἂν σκανδαλίσῃ ἕνα τῶν μικρῶν τούτων τῶν πιστευόντων εἰς ἐμέ, **συμφέρει** αὐτῷ ἵνα κρεμασθῇ μύλος ὀνικὸς περὶ τὸν τράχηλον αὐτοῦ καὶ καταποντισθῇ ἐν τῷ πελάγει τῆς θαλάσσης.	**Mk 9,42**	καὶ ὃς ἂν σκανδαλίσῃ ἕνα τῶν μικρῶν τούτων τῶν πιστευόντων [εἰς ἐμέ], **καλόν ἐστιν** αὐτῷ μᾶλλον εἰ περίκειται μύλος ὀνικὸς περὶ τὸν τράχηλον αὐτοῦ καὶ βέβληται εἰς τὴν θάλασσαν.	**Lk 17,2**	**λυσιτελεῖ** αὐτῷ εἰ λίθος μυλικὸς περίκειται περὶ τὸν τράχηλον αὐτοῦ καὶ ἔρριπται εἰς τὴν θάλασσαν ἢ ἵνα σκανδαλίσῃ τῶν μικρῶν τούτων ἕνα.	Mk-Q overlap?

λύτρον

λύτρον	Syn 2	Mt 1	Mk 1	Lk	Acts	Jn	1-3John	Paul	Eph	Col
	NT 2	2Thess	1/2Tim	Tit	Heb	Jas	1Pet	2Pet	Jude	Rev

price of release; ransom

	Mt		Mk		Lk		
221	**Mt 20,28** → Mt 26,28	ὥσπερ ὁ υἱὸς τοῦ ἀνθρώπου οὐκ ἦλθεν διακονηθῆναι ἀλλὰ διακονῆσαι καὶ δοῦναι τὴν ψυχὴν αὐτοῦ **λύτρον** ἀντὶ πολλῶν.	**Mk 10,45** → Mk 14,24	καὶ γὰρ ὁ υἱὸς τοῦ ἀνθρώπου οὐκ ἦλθεν διακονηθῆναι ἀλλὰ διακονῆσαι καὶ δοῦναι τὴν ψυχὴν αὐτοῦ **λύτρον** ἀντὶ πολλῶν.	**Lk 22,27** → Lk 12,37	τίς γὰρ μείζων, ὁ ἀνακείμενος ἢ ὁ διακονῶν; οὐχὶ ὁ ἀνακείμενος; ἐγὼ δὲ ἐν μέσῳ ὑμῶν εἰμι ὡς ὁ διακονῶν.	→ Jn 13,13-14

λυτρόομαι

λυτρόομαι	Syn 1	Mt	Mk	Lk 1	Acts	Jn	1-3John	Paul	Eph	Col
	NT 3	2Thess	1/2Tim	Tit 1	Heb	Jas	1Pet 1	2Pet	Jude	Rev

free by paying a ransom; redeem; set free; rescue

	Mt		Mk		Lk		
002					**Lk 24,21**	ἡμεῖς δὲ ἠλπίζομεν ὅτι αὐτός ἐστιν ὁ μέλλων **λυτροῦσθαι** τὸν Ἰσραήλ· ...	

λύτρωσις

λύτρωσις	Syn 2	Mt	Mk	Lk 2	Acts	Jn	1-3John	Paul	Eph	Col
	NT 3	2Thess	1/2Tim	Tit	Heb 1	Jas	1Pet	2Pet	Jude	Rev

ransoming; releasing; redemption

	Mt		Mk		Lk		
002					**Lk 1,68**	εὐλογητὸς κύριος ὁ θεὸς τοῦ Ἰσραήλ, ὅτι ἐπεσκέψατο καὶ ἐποίησεν **λύτρωσιν** τῷ λαῷ αὐτοῦ	
002					**Lk 2,38**	... καὶ ἐλάλει περὶ αὐτοῦ πᾶσιν τοῖς προσδεχομένοις **λύτρωσιν** **Ἰερουσαλήμ.**	

λυχνία

Syn 4	Mt 1	Mk 1	Lk 2	Acts	Jn	1-3John	Paul	Eph	Col
NT 12	2Thess	1/2Tim	Tit	Heb 1	Jas	1Pet	2Pet	Jude	Rev 7

lampstand

Mk-Q overlap: 022: Mt 5,15 / Mk 4,21 / Lk 8,16 202: Mt 5,15 / Mk 4,21 / Lk 11,33

code	Mt		Mk		Lk		
022			**Mk 4,21** ⇩ Mt 5,15	... μήτι ἔρχεται ὁ λύχνος ἵνα ὑπὸ τὸν μόδιον τεθῇ ἢ ὑπὸ τὴν κλίνην; οὐχ ἵνα **ἐπὶ τὴν λυχνίαν** τεθῇ;	**Lk 8,16** ⇩ Lk 11,33	οὐδεὶς δὲ λύχνον ἅψας καλύπτει αὐτὸν σκεύει ἢ ὑποκάτω κλίνης τίθησιν, ἀλλ' **ἐπὶ λυχνίας** τίθησιν, ἵνα οἱ εἰσπορευόμενοι βλέπωσιν τὸ φῶς.	→ GTh 33,2-3 Mk-Q overlap
202	**Mt 5,15** ⇧ Mk 4,21	οὐδὲ καίουσιν λύχνον καὶ τιθέασιν αὐτὸν ὑπὸ τὸν μόδιον ἀλλ' **ἐπὶ τὴν λυχνίαν,** καὶ λάμπει πᾶσιν τοῖς ἐν τῇ οἰκίᾳ.			**Lk 11,33** ⇧ Lk 8,16	οὐδεὶς λύχνον ἅψας εἰς κρύπτην τίθησιν [οὐδὲ ὑπὸ τὸν μόδιον] ἀλλ' **ἐπὶ τὴν λυχνίαν,** ἵνα οἱ εἰσπορευόμενοι τὸ φῶς βλέπωσιν.	→ GTh 33,2-3 Mk-Q overlap. Mt 5,15 counted as Q tradition.

λύχνος

Syn 9	Mt 2	Mk 1	Lk 6	Acts	Jn 1	1-3John	Paul	Eph	Col
NT 14	2Thess	1/2Tim	Tit	Heb	Jas	1Pet	2Pet 1	Jude	Rev 3

lamp

	triple tradition																	double tradition			Sondergut		
		+Mt / +Lk			−Mt / −Lk			traditions not taken over by Mt / Lk							subtotals								
code	222	211	112	212	221	122	121	022	012	021	220	120	210	020	Σ⁺	Σ⁻	Σ	202	201	102	200	002	total
Mt																		2					**2**
Mk								1									1						**1**
Lk								1									1	2				3	**6**

Mk-Q overlap: 022: Mt 5,15 / Mk 4,21 / Lk 8,16 202: Mt 5,15 / Mk 4,21 / Lk 11,33

code	Mt		Mk		Lk		
022			**Mk 4,21** ⇩ Mt 5,15	... μήτι ἔρχεται **ὁ λύχνος** ἵνα ὑπὸ τὸν μόδιον τεθῇ ἢ ὑπὸ τὴν κλίνην; οὐχ ἵνα ἐπὶ τὴν λυχνίαν τεθῇ;	**Lk 8,16** ⇩ Lk 11,33	οὐδεὶς δὲ **λύχνον** ἅψας καλύπτει αὐτὸν σκεύει ἢ ὑποκάτω κλίνης τίθησιν, ἀλλ' ἐπὶ λυχνίας τίθησιν, ἵνα οἱ εἰσπορευόμενοι βλέπωσιν τὸ φῶς.	→ GTh 33,2-3 Mk-Q overlap
202	**Mt 5,15** ⇧ Mk 4,21	οὐδὲ καίουσιν **λύχνον** καὶ τιθέασιν αὐτὸν ὑπὸ τὸν μόδιον ἀλλ' ἐπὶ τὴν λυχνίαν, καὶ λάμπει πᾶσιν τοῖς ἐν τῇ οἰκίᾳ.			**Lk 11,33** ⇧ Lk 8,16	οὐδεὶς **λύχνον** ἅψας εἰς κρύπτην τίθησιν [οὐδὲ ὑπὸ τὸν μόδιον] ἀλλ' ἐπὶ τὴν λυχνίαν, ἵνα οἱ εἰσπορευόμενοι τὸ φῶς βλέπωσιν.	→ GTh 33,2-3 Mk-Q overlap. Mt 5,15 counted as Q tradition.
202	**Mt 6,22**	**ὁ λύχνος τοῦ σώματός** ἐστιν ὁ ὀφθαλμός. ἐὰν οὖν ᾖ ὁ ὀφθαλμός σου ἁπλοῦς, ὅλον τὸ σῶμά σου φωτεινὸν ἔσται·			**Lk 11,34**	**ὁ λύχνος τοῦ σώματός** ἐστιν ὁ ὀφθαλμός σου. ὅταν ὁ ὀφθαλμός σου ἁπλοῦς ᾖ, καὶ ὅλον τὸ σῶμά σου φωτεινόν ἐστιν· ...	→ GTh 24 (POxy 655 - restoration)

code	Mt	Mk	Lk	
002			**Lk 11,36** → Lk 11,35 εἰ οὖν τὸ σῶμά σου ὅλον φωτεινόν, μὴ ἔχον μέρος τι σκοτεινόν, ἔσται φωτεινὸν ὅλον ὡς ὅταν **ὁ λύχνος** τῇ ἀστραπῇ φωτίζῃ σε.	→ GTh 24 (POxy 655 - restoration)
002			**Lk 12,35** → Lk 21,36 ἔστωσαν *ὑμῶν αἱ ὀσφύες περιεζωσμέναι* καὶ **οἱ λύχνοι** καιόμενοι· ➤ Exod 12,11	→ GTh 21,7 → GTh 103
002			**Lk 15,8** ἢ τίς γυνὴ δραχμὰς ἔχουσα δέκα ἐὰν ἀπολέσῃ δραχμὴν μίαν, οὐχὶ ἅπτει **λύχνον** καὶ σαροῖ τὴν οἰκίαν καὶ ζητεῖ ἐπιμελῶς ἕως οὗ εὕρῃ;	

λύω	Syn 18	Mt 6	Mk 5	Lk 7	Acts 6	Jn 6	1-3John	Paul 1	Eph 1	Col
	NT 42	2Thess	1/2Tim	Tit	Heb	Jas	1Pet 3	2Pet 1	Jude	Rev 6

loose; untie; set free; free; release; break up; destroy; tear down; bring to an end; abolish; do away with

	triple tradition																	double tradition			Sondergut		
		+Mt / +Lk			–Mt / –Lk			traditions not taken over by Mt / Lk							subtotals								
code	*222*	*211*	*112*	*212*	*221*	*122*	*121*	*022*	*012*	*021*	*220*	*120*	*210*	*020*	Σ⁺	Σ⁻	Σ	*202*	*201*	*102*	*200*	*002*	total
Mt	1																1				5		**6**
Mk	1							2						2			5						**5**
Lk	1		1⁺					2							1⁺		4			1		2	**7**

Mk-Q overlap: 020: Mt 3,11 / Mk 1,7 / Lk 3,16 — 102: Mt 3,11 / Mk 1,7 / Lk 3,16

code	Mt	Mk	Lk	
020	**Mt 3,11** ἐγὼ μὲν ὑμᾶς βαπτίζω ἐν ὕδατι εἰς μετάνοιαν, ὁ δὲ ὀπίσω μου ἐρχόμενος ἰσχυρότερός μού ἐστιν, οὗ οὐκ εἰμὶ ἱκανὸς τὰ ὑποδήματα **βαστάσαι·** αὐτὸς ὑμᾶς βαπτίσει ἐν πνεύματι ἁγίῳ καὶ πυρί·	**Mk 1,7** ... ἔρχεται ὁ ἰσχυρότερός μου ὀπίσω μου, οὗ οὐκ εἰμὶ ἱκανὸς κύψας **λῦσαι** τὸν ἱμάντα τῶν ὑποδημάτων αὐτοῦ. [8] ἐγὼ ἐβάπτισα ὑμᾶς ὕδατι, αὐτὸς δὲ βαπτίσει ὑμᾶς ἐν πνεύματι ἁγίῳ.	**Lk 3,16** ... ἐγὼ μὲν ὕδατι βαπτίζω ὑμᾶς· ἔρχεται δὲ ὁ ἰσχυρότερός μου, οὗ οὐκ εἰμὶ ἱκανὸς **λῦσαι** τὸν ἱμάντα τῶν ὑποδημάτων αὐτοῦ· αὐτὸς ὑμᾶς βαπτίσει ἐν πνεύματι ἁγίῳ καὶ πυρί·	→ Jn 1,26 **→ Jn 1,27** → Acts 1,5 → Acts 11,16 → Acts 13,24 **→ Acts 13,25** → Acts 19,4 Mk-Q overlap
102	**Mt 3,11** ἐγὼ μὲν ὑμᾶς βαπτίζω ἐν ὕδατι εἰς μετάνοιαν, ὁ δὲ ὀπίσω μου ἐρχόμενος ἰσχυρότερός μού ἐστιν, οὗ οὐκ εἰμὶ ἱκανὸς τὰ ὑποδήματα **βαστάσαι·** αὐτὸς ὑμᾶς βαπτίσει ἐν πνεύματι ἁγίῳ καὶ πυρί·	**Mk 1,7** ... ἔρχεται ὁ ἰσχυρότερός μου ὀπίσω μου, οὗ οὐκ εἰμὶ ἱκανὸς κύψας **λῦσαι** τὸν ἱμάντα τῶν ὑποδημάτων αὐτοῦ. [8] ἐγὼ ἐβάπτισα ὑμᾶς ὕδατι, αὐτὸς δὲ βαπτίσει ὑμᾶς ἐν πνεύματι ἁγίῳ.	**Lk 3,16** ... ἐγὼ μὲν ὕδατι βαπτίζω ὑμᾶς· ἔρχεται δὲ ὁ ἰσχυρότερός μου, οὗ οὐκ εἰμὶ ἱκανὸς **λῦσαι** τὸν ἱμάντα τῶν ὑποδημάτων αὐτοῦ· αὐτὸς ὑμᾶς βαπτίσει ἐν πνεύματι ἁγίῳ καὶ πυρί·	→ Jn 1,26 **→ Jn 1,27** → Acts 1,5 → Acts 11,16 → Acts 13,24 **→ Acts 13,25** → Acts 19,4 Mk-Q overlap

	Mt		Mk		Lk		
200	Mt 5,19	ὃς ἐὰν οὖν **λύσῃ** μίαν τῶν ἐντολῶν τούτων τῶν ἐλαχίστων καὶ διδάξῃ οὕτως τοὺς ἀνθρώπους, ἐλάχιστος κληθήσεται ἐν τῇ βασιλείᾳ τῶν οὐρανῶν· ...					
020			Mk 7,35 → Mt 15,30	καὶ [εὐθέως] ἠνοίγησαν αὐτοῦ αἱ ἀκοαί, καὶ **ἐλύθη** ὁ δεσμὸς τῆς γλώσσης αὐτοῦ καὶ ἐλάλει ὀρθῶς.			
200 200	Mt 16,19 (2) → Mt 23,13 → Lk 11,52 ↓ Mt 18,18	δώσω σοι τὰς κλεῖδας τῆς βασιλείας τῶν οὐρανῶν, καὶ ὃ ἐὰν δήσῃς ἐπὶ τῆς γῆς ἔσται δεδεμένον ἐν τοῖς οὐρανοῖς, καὶ ὃ ἐὰν **λύσῃς** ἐπὶ τῆς γῆς ἔσται **λελυμένον** ἐν τοῖς οὐρανοῖς.					→ Jn 20,23
200 200	Mt 18,18 (2) ↑ Mt 16,19	ἀμὴν λέγω ὑμῖν· ὅσα ἐὰν δήσητε ἐπὶ τῆς γῆς ἔσται δεδεμένα ἐν οὐρανῷ, καὶ ὅσα ἐὰν **λύσητε** ἐπὶ τῆς γῆς ἔσται **λελυμένα** ἐν οὐρανῷ.					→ Jn 20,23
002					Lk 13,15 → Mt 12,11 → Lk 14,5	ἀπεκρίθη δὲ αὐτῷ ὁ κύριος καὶ εἶπεν· ὑποκριταί, ἕκαστος ὑμῶν τῷ σαββάτῳ **οὐ λύει** τὸν βοῦν αὐτοῦ ἢ τὸν ὄνον ἀπὸ τῆς φάτνης καὶ ἀπαγαγὼν ποτίζει;	
002					Lk 13,16 → Lk 4,18 → Lk 19,9	ταύτην δὲ θυγατέρα Ἀβραὰμ οὖσαν, ἣν ἔδησεν ὁ σατανᾶς ἰδοὺ δέκα καὶ ὀκτὼ ἔτη, οὐκ ἔδει **λυθῆναι** ἀπὸ τοῦ δεσμοῦ τούτου τῇ ἡμέρᾳ τοῦ σαββάτου;	→ Acts 10,38
222	Mt 21,2	... καὶ εὐθέως εὑρήσετε ὄνον δεδεμένην καὶ πῶλον μετ᾽ αὐτῆς· **λύσαντες** ἀγάγετέ μοι.	Mk 11,2	... εὑρήσετε πῶλον δεδεμένον ἐφ᾽ ὃν οὐδεὶς οὔπω ἀνθρώπων ἐκάθισεν· **λύσατε** αὐτὸν καὶ φέρετε.	Lk 19,30	... εὑρήσετε πῶλον δεδεμένον, ἐφ᾽ ὃν οὐδεὶς πώποτε ἀνθρώπων ἐκάθισεν, καὶ **λύσαντες** αὐτὸν ἀγάγετε.	
112	Mt 21,3	καὶ ἐάν τις ὑμῖν εἴπῃ τι, ἐρεῖτε ὅτι ὁ κύριος αὐτῶν χρείαν ἔχει· ...	Mk 11,3	καὶ ἐάν τις ὑμῖν εἴπῃ· τί **ποιεῖτε τοῦτο;** εἴπατε· ὁ κύριος αὐτοῦ χρείαν ἔχει, ...	Lk 19,31	καὶ ἐάν τις ὑμᾶς ἐρωτᾷ· διὰ τί **λύετε;** οὕτως ἐρεῖτε· ὅτι ὁ κύριος αὐτοῦ χρείαν ἔχει.	

	Mt	Mk	Lk	
	Mt 21,6 → Mk 11,6 πορευθέντες δὲ οἱ μαθηταὶ καὶ ποιήσαντες καθὼς συνέταξεν αὐτοῖς ὁ Ἰησοῦς	**Mk 11,4** καὶ ἀπῆλθον καὶ εὗρον πῶλον δεδεμένον πρὸς θύραν ἔξω ἐπὶ τοῦ ἀμφόδου καὶ	**Lk 19,32** → Mk 11,6 ἀπελθόντες δὲ οἱ ἀπεσταλμένοι εὗρον καθὼς εἶπεν αὐτοῖς.	
022		**λύουσιν** αὐτόν.	**Lk 19,33 (2)** **λυόντων** δὲ αὐτῶν τὸν πῶλον	
022		**Mk 11,5** καί τινες τῶν ἐκεῖ ἑστηκότων ἔλεγον αὐτοῖς· τί **ποιεῖτε λύοντες** τὸν πῶλον;	εἶπαν οἱ κύριοι αὐτοῦ πρὸς αὐτούς· τί **λύετε** τὸν πῶλον;	

Acts 2,24 ὃν ὁ θεὸς ἀνέστησεν **λύσας** τὰς ὠδῖνας τοῦ θανάτου, καθότι οὐκ ἦν δυνατὸν κρατεῖσθαι αὐτὸν ὑπ' αὐτοῦ.

Acts 7,33 εἶπεν δὲ αὐτῷ ὁ κύριος· ***λῦσον*** *τὸ ὑπόδημα τῶν ποδῶν σου, ὁ γὰρ τόπος ἐφ' ᾧ ἕστηκας γῆ ἁγία ἐστίν.* ➢ Exod 3,5

Acts 13,25 → Mt 3,11 → Mk 1,7 → Lk 3,16 → Jn 1,27 ὡς δὲ ἐπλήρου Ἰωάννης τὸν δρόμον, ἔλεγεν· τί ἐμὲ ὑπονοεῖτε εἶναι; οὐκ εἰμὶ ἐγώ· ἀλλ' ἰδοὺ ἔρχεται μετ' ἐμὲ οὗ οὐκ εἰμὶ ἄξιος τὸ ὑπόδημα τῶν ποδῶν **λῦσαι**.

Acts 13,43 **λυθείσης** δὲ τῆς συναγωγῆς ἠκολούθησαν πολλοὶ τῶν Ἰουδαίων καὶ τῶν σεβομένων προσηλύτων τῷ Παύλῳ καὶ τῷ Βαρναβᾷ, ...

Acts 22,30 τῇ δὲ ἐπαύριον βουλόμενος γνῶναι τὸ ἀσφαλές, τὸ τί κατηγορεῖται ὑπὸ τῶν Ἰουδαίων, **ἔλυσεν** αὐτὸν καὶ ἐκέλευσεν συνελθεῖν τοὺς ἀρχιερεῖς καὶ πᾶν τὸ συνέδριον, ...

Acts 27,41 ... ἡ δὲ πρύμνα **ἐλύετο** ὑπὸ τῆς βίας [τῶν κυμάτων].

# Λώτ	Syn 3	Mt	Mk	Lk 3	Acts	Jn	1-3John	Paul	Eph	Col
	NT 4	2Thess	1/2Tim	Tit	Heb	Jas	1Pet	2Pet 1	Jude	Rev

Lot

		Lk	
002		**Lk 17,28** ὁμοίως καθὼς ἐγένετο **ἐν ταῖς ἡμέραις Λώτ**· ἤσθιον, ἔπινον, ἠγόραζον, ἐπώλουν, ἐφύτευον, ᾠκοδόμουν·	
002		**Lk 17,29** ᾗ δὲ ἡμέρᾳ ἐξῆλθεν **Λώτ** ἀπὸ Σοδόμων, ἔβρεξεν πῦρ καὶ θεῖον ἀπ' οὐρανοῦ καὶ ἀπώλεσεν πάντας.	
002		**Lk 17,32** μνημονεύετε **τῆς γυναικὸς Λώτ**.	

M

Μάαθ

Μάαθ	Syn 1	Mt	Mk	Lk 1	Acts	Jn	1-3John	Paul	Eph	Col
	NT 1	2Thess	1/2Tim	Tit	Heb	Jas	1Pet	2Pet	Jude	Rev

Maath

code	Mt	Mk	Lk	
002			**Lk 3,26** [25] ... τοῦ Ναγγαὶ **[26] τοῦ Μάαθ** τοῦ Ματταθίου ...	

Μαγαδάν

Μαγαδάν	Syn 1	Mt 1	Mk	Lk	Acts	Jn	1-3John	Paul	Eph	Col
	NT 1	2Thess	1/2Tim	Tit	Heb	Jas	1Pet	2Pet	Jude	Rev

Magadan

code	Mt	Mk	Lk
210	**Mt 15,39** καὶ ἀπολύσας τοὺς ὄχλους ἐνέβη εἰς τὸ πλοῖον, καὶ ἦλθεν **εἰς τὰ ὅρια** **Μαγαδάν.**	**Mk 8,10** καὶ εὐθὺς ἐμβὰς εἰς τὸ πλοῖον μετὰ τῶν μαθητῶν αὐτοῦ ἦλθεν **εἰς τὰ μέρη** **Δαλμανουθά.**	

Μαγδαληνή

Μαγδαληνή	Syn 8	Mt 3	Mk 3	Lk 2	Acts	Jn 3	1-3John	Paul	Eph	Col
	NT 11	2Thess	1/2Tim	Tit	Heb	Jas	1Pet	2Pet	Jude	Rev

Magdalene

	triple tradition																	double tradition			Sondergut		
		+Mt / +Lk			−Mt / −Lk			traditions not taken over by Mt / Lk							subtotals								
code	222	211	112	212	221	122	121	022	012	021	220	120	210	020	Σ^+	Σ^-	Σ	202	201	102	200	002	total
Mt	1				1						1						3						**3**
Mk	1				1						1						3						**3**
Lk	1				1^-											1^-	1					1	**2**

002			**Lk 8,2** ↓ Mt 27,56 ↓ Mk 15,40 ↓ Lk 23,49.55 ↓ Lk 24,10 καὶ γυναῖκές τινες αἳ ἦσαν τεθεραπευμέναι ἀπὸ πνευμάτων πονηρῶν καὶ ἀσθενειῶν, Μαρία ἡ καλουμένη **Μαγδαληνή,** ἀφ᾽ ἧς δαιμόνια ἑπτὰ ἐξεληλύθει	
	Mt 27,55 ἦσαν δὲ ἐκεῖ γυναῖκες πολλαὶ ἀπὸ μακρόθεν θεωροῦσαι, ...	**Mk 15,40** ἦσαν δὲ καὶ γυναῖκες ἀπὸ μακρόθεν θεωροῦσαι,	**Lk 23,49** ↑ Lk 8,2 ↓ Lk 23,55 εἱστήκεισαν δὲ πάντες οἱ γνωστοὶ αὐτῷ ἀπὸ μακρόθεν καὶ γυναῖκες ...	→ Jn 19,25
220	**Mt 27,56** ↓ Mt 27,61 ↓ Mt 28,1 ἐν αἷς ἦν **Μαρία ἡ Μαγδαληνὴ** καὶ Μαρία ἡ τοῦ Ἰακώβου καὶ Ἰωσὴφ μήτηρ καὶ ἡ μήτηρ τῶν υἱῶν Ζεβεδαίου.	↓ Mk 15,47 ↓ Mk 16,1 ἐν αἷς καὶ **Μαρία ἡ Μαγδαληνὴ** καὶ Μαρία ἡ Ἰακώβου τοῦ μικροῦ καὶ Ἰωσῆτος μήτηρ καὶ Σαλώμη		→ Jn 19,25

	Mt		Mk		Lk		
221	**Mt 27,61** ↑ Mt 27,56 ↓ Mt 28,1 ↓ Lk 24,10	ἦν δὲ ἐκεῖ **Μαριὰμ ἡ Μαγδαληνὴ** καὶ ἡ ἄλλη Μαρία καθήμεναι ἀπέναντι τοῦ τάφου.	**Mk 15,47** ↑ Mk 15,40 ↓ Mk 16,1 ↓ Lk 24,10	**ἡ δὲ Μαρία ἡ Μαγδαληνὴ** καὶ Μαρία ἡ Ἰωσῆτος ἐθεώρουν ποῦ τέθειται.	**Lk 23,55** ↑ Lk 8,2 ↑ Lk 23,49	κατακολουθήσασαι δὲ αἱ γυναῖκες, αἵτινες ἦσαν συνεληλυθυῖαι ἐκ τῆς Γαλιλαίας αὐτῷ, ἐθεάσαντο τὸ μνημεῖον καὶ ὡς ἐτέθη τὸ σῶμα αὐτοῦ	
222	**Mt 28,1** ↑ Mt 27,56 ↑ Mt 27,61	ὀψὲ δὲ σαββάτων, τῇ ἐπιφωσκούσῃ εἰς μίαν σαββάτων ἦλθεν **Μαριὰμ ἡ Μαγδαληνὴ** καὶ ἡ ἄλλη Μαρία θεωρῆσαι τὸν τάφον.	**Mk 16,1** ↑ Mk 15,40 ↑ Mk 15,47	καὶ διαγενομένου τοῦ σαββάτου **Μαρία ἡ Μαγδαληνὴ** καὶ Μαρία ἡ [τοῦ] Ἰακώβου καὶ Σαλώμη ἠγόρασαν ἀρώματα ἵνα ἐλθοῦσαι ἀλείψωσιν αὐτόν. [2] καὶ λίαν πρωῒ τῇ μιᾷ τῶν σαββάτων ἔρχονται ἐπὶ τὸ μνημεῖον ἀνατείλαντος τοῦ ἡλίου.	**Lk 24,10** ↑ Lk 8,2	[23,56] ὑποστρέψασαι δὲ ἡτοίμασαν ἀρώματα καὶ μύρα. ... [24,1] τῇ δὲ μιᾷ τῶν σαββάτων ὄρθρου βαθέως ἐπὶ τὸ μνῆμα ἦλθον φέρουσαι ἃ ἡτοίμασαν ἀρώματα. [2] ... [10] ἦσαν δὲ **ἡ Μαγδαληνὴ Μαρία** καὶ Ἰωάννα καὶ Μαρία ἡ Ἰακώβου καὶ αἱ λοιπαὶ σὺν αὐταῖς. ...	→ Jn 20,18

μάγος

	Syn	Mt	Mk	Lk	Acts	Jn	1-3John	Paul	Eph	Col
	4	4			2					
	NT	2Thess	1/2Tim	Tit	Heb	Jas	1Pet	2Pet	Jude	Rev
	6									

Magus; magician

200	**Mt 2,1**	τοῦ δὲ Ἰησοῦ γεννηθέντος ἐν Βηθλέεμ τῆς Ἰουδαίας ἐν ἡμέραις Ἡρῴδου τοῦ βασιλέως, ἰδοὺ **μάγοι** ἀπὸ ἀνατολῶν παρεγένοντο εἰς Ἱεροσόλυμα	
200	**Mt 2,7**	τότε Ἡρῴδης λάθρᾳ καλέσας **τοὺς μάγους** ἠκρίβωσεν παρ' αὐτῶν τὸν χρόνον τοῦ φαινομένου ἀστέρος	
200 200	**Mt 2,16** (2)	τότε Ἡρῴδης ἰδὼν ὅτι ἐνεπαίχθη **ὑπὸ τῶν μάγων** ἐθυμώθη λίαν, καὶ ἀπο- στείλας ἀνεῖλεν πάντας τοὺς παῖδας τοὺς ἐν Βηθλέεμ καὶ ἐν πᾶσι τοῖς ὁρίοις αὐτῆς ἀπὸ διετοῦς καὶ κατωτέρω, κατὰ τὸν χρόνον ὃν ἠκρίβωσεν **παρὰ τῶν μάγων.**	

Acts 13,6	διελθόντες δὲ ὅλην τὴν νῆσον ἄχρι Πάφου εὗρον ἄνδρα τινὰ **μάγον** ψευδοπροφήτην Ἰουδαῖον ᾧ ὄνομα Βαριησοῦ	**Acts 13,8**	ἀνθίστατο δὲ αὐτοῖς Ἐλύμας **ὁ μάγος,** οὕτως γὰρ μεθερμηνεύεται τὸ ὄνομα αὐτοῦ, ...

μαθητεύω	Syn 3	Mt 3	Mk	Lk	Acts 1	Jn	1-3John	Paul	Eph	Col
	NT 4	2Thess	1/2Tim	Tit	Heb	Jas	1Pet	2Pet	Jude	Rev

passive: become a disciple; *transitive active:* make a disciple of; teach

code	Mt	Mk	Lk	
200	**Mt 13,52** → Mt 12,35 → Lk 6,45 ... διὰ τοῦτο πᾶς γραμματεὺς **μαθητευθεὶς** τῇ βασιλείᾳ τῶν οὐρανῶν ὅμοιός ἐστιν ἀνθρώπῳ οἰκοδεσπότῃ, ὅστις ἐκβάλλει ἐκ τοῦ θησαυροῦ αὐτοῦ καινὰ καὶ παλαιά.			
211	**Mt 27,57** ... ἦλθεν ἄνθρωπος πλούσιος ἀπὸ Ἁριμαθαίας, τοὔνομα Ἰωσήφ, ὃς καὶ αὐτὸς **ἐμαθητεύθη** **τῷ Ἰησοῦ·**	**Mk 15,43** ἐλθὼν Ἰωσὴφ [ὁ] ἀπὸ Ἁριμαθαίας εὐσχήμων βουλευτής, ὃς καὶ αὐτὸς **ἦν προσδεχόμενος** **τὴν βασιλείαν** **τοῦ θεοῦ, ...**	**Lk 23,51** [50] καὶ ἰδοὺ ἀνὴρ ὀνόματι Ἰωσὴφ βουλευτὴς ὑπάρχων [καὶ] ἀνὴρ ἀγαθὸς καὶ δίκαιος [51] ... ἀπὸ Ἁριμαθαίας πόλεως τῶν Ἰουδαίων, ὃς **προσεδέχετο** **τὴν βασιλείαν** **τοῦ θεοῦ**	→ Jn 19,38
200	**Mt 28,19** → Mt 24,14 → Mk 13,10 → Lk 24,47 πορευθέντες οὖν **μαθητεύσατε** πάντα τὰ ἔθνη, βαπτίζοντες αὐτοὺς εἰς τὸ ὄνομα τοῦ πατρὸς καὶ τοῦ υἱοῦ καὶ τοῦ ἁγίου πνεύματος, [20] διδάσκοντες αὐτοὺς τηρεῖν πάντα ὅσα ἐνετειλάμην ὑμῖν· ...			

Acts 14,21 εὐαγγελισάμενοί τε τὴν πόλιν
ἐκείνην καὶ
μαθητεύσαντες
ἱκανοὺς ὑπέστρεψαν εἰς τὴν
Λύστραν καὶ εἰς Ἰκόνιον καὶ
εἰς Ἀντιόχειαν

μαθητής	Syn 155	Mt 72	Mk 46	Lk 37	Acts 28	Jn 78	1-3John	Paul	Eph	Col
	NT 261	2Thess	1/2Tim	Tit	Heb	Jas	1Pet	2Pet	Jude	Rev

learner; pupil; apprentice; disciple

	triple tradition																	double tradition			Sondergut		
		+Mt / +Lk			–Mt / –Lk			traditions not taken over by Mt / Lk							subtotals								
code	222	211	112	212	221	122	121	022	012	021	220	120	210	020	Σ+	Σ–	Σ	202	201	102	200	002	total
Mt	7	14^+		4^+	11	4^-	5^-				8	6^-	11^+		29^+	15^-	55	3	3		11		**72**
Mk	7				11	4	5			2	8	6		3			46						**46**
Lk	7		4^+	4^+	11^-	4	5^-		1^+	2^-					9^+	18^-	20	3		6		8	**37**

[a] the μαθηταί of John the Baptist
[b] the μαθηταί of the Pharisees
[c] οἱ δώδεκα μαθηταί
[d] εἷς / τις (ἐκ) τῶν μαθητῶν
[e] μαθητής and διδάσκαλος
[f] μαθηταί and ὄχλος / πλῆθος

code	Mt	Mk	Lk	
221	**Mt 9,10** ... καὶ ἰδοὺ πολλοὶ τελῶναι καὶ ἁμαρτωλοὶ ἐλθόντες συνανέκειντο τῷ Ἰησοῦ καὶ **τοῖς μαθηταῖς** **αὐτοῦ.**	**Mk 2,15** ... καὶ πολλοὶ τελῶναι καὶ ἁμαρτωλοὶ συνανέκειντο τῷ Ἰησοῦ καὶ **τοῖς μαθηταῖς** **αὐτοῦ· ...**	**Lk 5,29** → Lk 15,1 ... καὶ ἦν ὄχλος πολὺς τελωνῶν καὶ ἄλλων οἳ ἦσαν μετ᾽ αὐτῶν κατακείμενοι.	

	Mt		Mk		Lk		
e 222	Mt 9,11	καὶ ἰδόντες οἱ Φαρισαῖοι ἔλεγον **τοῖς μαθηταῖς αὐτοῦ·** διὰ τί μετὰ τῶν τελωνῶν καὶ ἁμαρτωλῶν ἐσθίει ὁ διδάσκαλος ὑμῶν;	Mk 2,16	καὶ οἱ γραμματεῖς τῶν Φαρισαίων ἰδόντες ὅτι ἐσθίει μετὰ τῶν ἁμαρτωλῶν καὶ τελωνῶν ἔλεγον **τοῖς μαθηταῖς αὐτοῦ·** ὅτι μετὰ τῶν τελωνῶν καὶ ἁμαρτωλῶν ἐσθίει;	Lk 5,30 → Lk 15,2 → Lk 19,7	καὶ ἐγόγγυζον οἱ Φαρισαῖοι καὶ οἱ γραμματεῖς αὐτῶν **πρὸς τοὺς μαθητὰς αὐτοῦ** λέγοντες· διὰ τί μετὰ τῶν τελωνῶν καὶ ἁμαρτωλῶν ἐσθίετε καὶ πίνετε;	
a 221 a 122 b 121 221	Mt 9,14 (2)	τότε προσέρχονται αὐτῷ **οἱ μαθηταὶ Ἰωάννου** λέγοντες· διὰ τί **ἡμεῖς** καὶ **οἱ Φαρισαῖοι** νηστεύομεν [πολλά], **οἱ δὲ μαθηταί σου** οὐ νηστεύουσιν;	Mk 2,18 (4)	καὶ ἦσαν **οἱ μαθηταὶ Ἰωάννου** καὶ οἱ Φαρισαῖοι νηστεύοντες. καὶ ἔρχονται καὶ λέγουσιν αὐτῷ· διὰ τί **οἱ μαθηταὶ Ἰωάννου** καὶ **οἱ μαθηταὶ** **τῶν Φαρισαίων** νηστεύουσιν, **οἱ δὲ σοὶ μαθηταὶ** οὐ νηστεύουσιν;	Lk 5,33	 οἱ δὲ εἶπαν πρὸς αὐτόν· **οἱ μαθηταὶ Ἰωάννου** νηστεύουσιν πυκνὰ καὶ δεήσεις ποιοῦνται ὁμοίως καὶ **οἱ** **τῶν Φαρισαίων,** **οἱ δὲ σοὶ** ἐσθίουσιν καὶ πίνουσιν.	→ GTh 104
 222	Mt 12,1	... **οἱ δὲ μαθηταὶ αὐτοῦ** ἐπείνασαν καὶ ἤρξαντο τίλλειν στάχυας καὶ ἐσθίειν.	Mk 2,23	... καὶ **οἱ μαθηταὶ αὐτοῦ** ἤρξαντο ὁδὸν ποιεῖν τίλλοντες τοὺς στάχυας.	Lk 6,1	... καὶ ἔτιλλον **οἱ μαθηταὶ αὐτοῦ** καὶ ἤσθιον τοὺς στάχυας ψώχοντες ταῖς χερσίν.	
 012	Mt 10,1 ↓ Mk 6,7 ↓ Lk 9,1	καὶ προσκαλεσάμενος **τοὺς δώδεκα μαθητὰς αὐτοῦ** ...	Mk 3,13	... καὶ προσκαλεῖται **οὓς ἤθελεν** αὐτός, καὶ ἀπῆλθον πρὸς αὐτόν. [14] καὶ ἐποίησεν δώδεκα, [οὓς καὶ ἀποστόλους ὠνόμασεν] ...	Lk 6,13	... προσεφώνησεν **τοὺς μαθητὰς αὐτοῦ,** καὶ ἐκλεξάμενος ἀπ᾽ αὐτῶν δώδεκα, οὓς καὶ ἀποστόλους ὠνόμασεν·	
f 122	Mt 12,15 → Mt 4,25	ὁ δὲ Ἰησοῦς γνοὺς ἀνεχώρησεν ἐκεῖθεν. καὶ ἠκολούθησαν αὐτῷ [ὄχλοι] πολλοί, ...	Mk 3,7	καὶ ὁ Ἰησοῦς **μετὰ τῶν μαθητῶν αὐτοῦ** ἀνεχώρησεν πρὸς τὴν θάλασσαν, καὶ πολὺ πλῆθος ἀπὸ τῆς Γαλιλαίας [ἠκολούθησεν], ...	Lk 6,17	καὶ καταβὰς μετ᾽ αὐτῶν ἔστη ἐπὶ τόπου πεδινοῦ, **καὶ ὄχλος πολὺς μαθητῶν αὐτοῦ,** καὶ πλῆθος πολὺ τοῦ λαοῦ ...	
f 020			Mk 3,9 → Mt 13,2 → Mk 4,1 → Lk 5,1.3	καὶ εἶπεν **τοῖς μαθηταῖς αὐτοῦ** ἵνα πλοιάριον προσκαρτερῇ αὐτῷ διὰ τὸν ὄχλον ἵνα μὴ θλίβωσιν αὐτόν·			
 202	Mt 5,1	... προσῆλθαν αὐτῷ **οἱ μαθηταὶ αὐτοῦ·** [2] καὶ ἀνοίξας τὸ στόμα αὐτοῦ ἐδίδασκεν αὐτοὺς λέγων·			Lk 6,20	καὶ αὐτὸς ἐπάρας τοὺς ὀφθαλμοὺς αὐτοῦ **εἰς τοὺς μαθητὰς αὐτοῦ** ἔλεγεν·	

		Mt		Mk		Lk	
e 202	Mt 10,24	οὐκ ἔστιν μαθητὴς ὑπὲρ τὸν διδάσκαλον οὐδὲ δοῦλος ὑπὲρ τὸν κύριον αὐτοῦ.			Lk 6,40	οὐκ ἔστιν μαθητὴς ὑπὲρ τὸν διδάσκαλον· ...	
f 002					Lk 7,11	καὶ ἐγένετο ἐν τῷ ἑξῆς ἐπορεύθη εἰς πόλιν καλουμένην Ναΐν καὶ συνεπορεύοντο αὐτῷ οἱ μαθηταὶ αὐτοῦ καὶ ὄχλος πολύς.	
201	Mt 8,21	ἕτερος δὲ τῶν μαθητῶν [αὐτοῦ] εἶπεν αὐτῷ· κύριε, ἐπίτρεψόν μοι πρῶτον ἀπελθεῖν καὶ θάψαι τὸν πατέρα μου.			Lk 9,59 → Mt 8,22	εἶπεν δὲ πρὸς ἕτερον· ἀκολούθει μοι. ὁ δὲ εἶπεν· [κύριε,] ἐπίτρεψόν μοι ἀπελθόντι πρῶτον θάψαι τὸν πατέρα μου.	
212	Mt 8,23	καὶ ἐμβάντι αὐτῷ εἰς τὸ πλοῖον ἠκολούθησαν αὐτῷ οἱ μαθηταὶ αὐτοῦ.	Mk 4,36	... παραλαμβάνουσιν αὐτὸν ὡς ἦν ἐν τῷ πλοίῳ, καὶ ἄλλα πλοῖα ἦν μετ᾽ αὐτοῦ.	Lk 8,22	... καὶ αὐτὸς ἐνέβη εἰς πλοῖον καὶ οἱ μαθηταὶ αὐτοῦ ...	
221	Mt 9,10	... καὶ ἰδοὺ πολλοὶ τελῶναι καὶ ἁμαρτωλοὶ ἐλθόντες συνανέκειντο τῷ Ἰησοῦ καὶ τοῖς μαθηταῖς αὐτοῦ.	Mk 2,15	... καὶ πολλοὶ τελῶναι καὶ ἁμαρτωλοὶ συνανέκειντο τῷ Ἰησοῦ καὶ τοῖς μαθηταῖς αὐτοῦ· ...	Lk 5,29 → Lk 15,1	... καὶ ἦν ὄχλος πολὺς τελωνῶν καὶ ἄλλων οἳ ἦσαν μετ᾽ αὐτῶν κατακείμενοι.	
e 222	Mt 9,11	καὶ ἰδόντες οἱ Φαρισαῖοι ἔλεγον τοῖς μαθηταῖς αὐτοῦ· διὰ τί μετὰ τῶν τελωνῶν καὶ ἁμαρτωλῶν ἐσθίει ὁ διδάσκαλος ὑμῶν;	Mk 2,16	καὶ οἱ γραμματεῖς τῶν Φαρισαίων ἰδόντες ὅτι ἐσθίει μετὰ τῶν ἁμαρτωλῶν καὶ τελωνῶν ἔλεγον τοῖς μαθηταῖς αὐτοῦ· ὅτι μετὰ τῶν τελωνῶν καὶ ἁμαρτωλῶν ἐσθίει;	Lk 5,30 → Lk 15,2 → Lk 19,7	καὶ ἐγόγγυζον οἱ Φαρισαῖοι καὶ οἱ γραμματεῖς αὐτῶν πρὸς τοὺς μαθητὰς αὐτοῦ λέγοντες· διὰ τί μετὰ τῶν τελωνῶν καὶ ἁμαρτωλῶν ἐσθίετε καὶ πίνετε;	
a 221 221	Mt 9,14 (2)	τότε προσέρχονται αὐτῷ οἱ μαθηταὶ Ἰωάννου λέγοντες· διὰ τί ἡμεῖς καὶ οἱ Φαρισαῖοι νηστεύομεν [πολλά], οἱ δὲ μαθηταί σου οὐ νηστεύουσιν;	Mk 2,18 (4)	καὶ ἦσαν οἱ μαθηταὶ Ἰωάννου καὶ οἱ Φαρισαῖοι νηστεύοντες. καὶ ἔρχονται καὶ λέγουσιν αὐτῷ· διὰ τί οἱ μαθηταὶ Ἰωάννου καὶ οἱ μαθηταὶ τῶν Φαρισαίων νηστεύουσιν, οἱ δὲ σοὶ μαθηταὶ οὐ νηστεύουσιν;	Lk 5,33	οἱ δὲ εἶπαν πρὸς αὐτόν· οἱ μαθηταὶ Ἰωάννου νηστεύουσιν πυκνὰ καὶ δεήσεις ποιοῦνται ὁμοίως καὶ οἱ τῶν Φαρισαίων, οἱ δὲ σοὶ ἐσθίουσιν καὶ πίνουσιν.	→ GTh 104 → GTh 104
211	Mt 9,19	καὶ ἐγερθεὶς ὁ Ἰησοῦς ἠκολούθησεν αὐτῷ καὶ οἱ μαθηταὶ αὐτοῦ.	Mk 5,24	καὶ ἀπῆλθεν μετ᾽ αὐτοῦ. καὶ ἠκολούθει αὐτῷ ὄχλος πολὺς καὶ συνέθλιβον αὐτόν.	Lk 8,42	... ἐν δὲ τῷ ὑπάγειν αὐτὸν οἱ ὄχλοι συνέπνιγον αὐτόν.	
201	Mt 9,37	τότε λέγει τοῖς μαθηταῖς αὐτοῦ· ὁ μὲν θερισμὸς πολύς, οἱ δὲ ἐργάται ὀλίγοι·			Lk 10,2	ἔλεγεν δὲ πρὸς αὐτούς· ὁ μὲν θερισμὸς πολύς, οἱ δὲ ἐργάται ὀλίγοι· ...	→ GTh 73

c 211	Mt 10,1 ↑ Mk 3,13	καὶ προσκαλεσάμενος τοὺς δώδεκα μαθητὰς αὐτοῦ ἔδωκεν αὐτοῖς ἐξουσίαν πνευμάτων ἀκαθάρτων ὥστε ἐκβάλλειν αὐτὰ καὶ θεραπεύειν πᾶσαν νόσον καὶ πᾶσαν μαλακίαν.	Mk 6,7 → Mk 3,14-15 → Mt 10,5 → Lk 9,2	καὶ προσκαλεῖται τοὺς δώδεκα καὶ ἤρξατο αὐτοὺς ἀποστέλλειν δύο δύο καὶ ἐδίδου αὐτοῖς ἐξουσίαν τῶν πνευμάτων τῶν ἀκαθάρτων	Lk 9,1 → Lk 10,1	συγκαλεσάμενος δὲ τοὺς δώδεκα ἔδωκεν αὐτοῖς δύναμιν καὶ ἐξουσίαν ἐπὶ πάντα τὰ δαιμόνια καὶ νόσους θεραπεύειν	
e 202	Mt 10,24	οὐκ ἔστιν μαθητὴς ὑπὲρ τὸν διδάσκαλον οὐδὲ δοῦλος ὑπὲρ τὸν κύριον αὐτοῦ.			Lk 6,40	οὐκ ἔστιν μαθητὴς ὑπὲρ τὸν διδάσκαλον·	
e 201	Mt 10,25	ἀρκετὸν τῷ μαθητῇ ἵνα γένηται ὡς ὁ διδάσκαλος αὐτοῦ καὶ ὁ δοῦλος ὡς ὁ κύριος αὐτοῦ. ...				κατηρτισμένος δὲ πᾶς ἔσται ὡς ὁ διδάσκαλος αὐτοῦ.	
210	Mt 10,42	καὶ ὃς ἂν ποτίσῃ ἕνα τῶν μικρῶν τούτων ποτήριον ψυχροῦ μόνον εἰς ὄνομα μαθητοῦ, ἀμὴν λέγω ὑμῖν, οὐ μὴ ἀπολέσῃ τὸν μισθὸν αὐτοῦ.	Mk 9,41	ὃς γὰρ ἂν ποτίσῃ ὑμᾶς ποτήριον ὕδατος ἐν ὀνόματι ὅτι Χριστοῦ ἐστε, ἀμὴν λέγω ὑμῖν ὅτι οὐ μὴ ἀπολέσῃ τὸν μισθὸν αὐτοῦ.			
c 200	Mt 11,1	καὶ ἐγένετο ὅτε ἐτέλεσεν ὁ Ἰησοῦς διατάσσων τοῖς δώδεκα μαθηταῖς αὐτοῦ, μετέβη ἐκεῖθεν τοῦ διδάσκειν καὶ κηρύσσειν ἐν ταῖς πόλεσιν αὐτῶν.					
a 102 a 202	Mt 11,2	ὁ δὲ Ἰωάννης ἀκούσας ἐν τῷ δεσμωτηρίῳ τὰ ἔργα τοῦ Χριστοῦ πέμψας διὰ τῶν μαθητῶν αὐτοῦ [3] εἶπεν αὐτῷ· ...			Lk 7,18 (2)	καὶ ἀπήγγειλαν Ἰωάννῃ οἱ μαθηταὶ αὐτοῦ περὶ πάντων τούτων. καὶ προσκαλεσάμενος δύο τινὰς τῶν μαθητῶν αὐτοῦ ὁ Ἰωάννης [19] ἔπεμψεν πρὸς τὸν κύριον λέγων· ...	
222	Mt 12,1	... οἱ δὲ μαθηταὶ αὐτοῦ ἐπείνασαν καὶ ἤρξαντο τίλλειν στάχυας καὶ ἐσθίειν.	Mk 2,23	... καὶ οἱ μαθηταὶ αὐτοῦ ἤρξαντο ὁδὸν ποιεῖν τίλλοντες τοὺς στάχυας.	Lk 6,1	... καὶ ἔτιλλον οἱ μαθηταὶ αὐτοῦ καὶ ἤσθιον τοὺς στάχυας ψώχοντες ταῖς χερσίν.	
211	Mt 12,2	οἱ δὲ Φαρισαῖοι ἰδόντες εἶπαν αὐτῷ· ἰδοὺ οἱ μαθηταί σου ποιοῦσιν ὃ οὐκ ἔξεστιν ποιεῖν ἐν σαββάτῳ.	Mk 2,24	καὶ οἱ Φαρισαῖοι ἔλεγον αὐτῷ· ἴδε τί ποιοῦσιν τοῖς σάββασιν ὃ οὐκ ἔξεστιν;	Lk 6,2	τινὲς δὲ τῶν Φαρισαίων εἶπαν· τί ποιεῖτε ὃ οὐκ ἔξεστιν τοῖς σάββασιν;	
210	Mt 12,49	καὶ ἐκτείνας τὴν χεῖρα αὐτοῦ ἐπὶ τοὺς μαθητὰς αὐτοῦ εἶπεν· ἰδοὺ ἡ μήτηρ μου καὶ οἱ ἀδελφοί μου·	Mk 3,34	καὶ περιβλεψάμενος τοὺς περὶ αὐτὸν κύκλῳ καθημένους λέγει· ἴδε ἡ μήτηρ μου καὶ οἱ ἀδελφοί μου.			→ GTh 99

212	**Mt 13,10**	καὶ προσελθόντες οἱ μαθηταὶ εἶπαν αὐτῷ· διὰ τί ἐν παραβολαῖς λαλεῖς αὐτοῖς;	**Mk 4,10** ↓Mk 7,17	... ἠρώτων αὐτὸν οἱ περὶ αὐτὸν σὺν τοῖς δώδεκα τὰς παραβολάς.	**Lk 8,9** ↓Mk 7,17	ἐπηρώτων δὲ αὐτὸν οἱ μαθηταὶ αὐτοῦ τίς αὕτη εἴη ἡ παραβολή.	
120	**Mt 13,34** ↓Mt 13,36	... καὶ χωρὶς παραβολῆς οὐδὲν ἐλάλει αὐτοῖς	**Mk 4,34**	χωρὶς δὲ παραβολῆς οὐκ ἐλάλει αὐτοῖς, κατ' ἰδίαν δὲ τοῖς ἰδίοις μαθηταῖς ἐπέλυεν πάντα.			
200	**Mt 13,36** ↑Mt 13,34 ↑Mk 4,34	... καὶ προσῆλθον αὐτῷ οἱ μαθηταὶ αὐτοῦ λέγοντες· διασάφησον ἡμῖν τὴν παραβολὴν τῶν ζιζανίων τοῦ ἀγροῦ.					
212	**Mt 8,23**	καὶ ἐμβάντι αὐτῷ εἰς τὸ πλοῖον ἠκολούθησαν αὐτῷ οἱ μαθηταὶ αὐτοῦ.	**Mk 4,36**	... παραλαμβάνουσιν αὐτὸν ὡς ἦν ἐν τῷ πλοίῳ, καὶ ἄλλα πλοῖα ἦν μετ' αὐτοῦ.	**Lk 8,22**	... καὶ αὐτὸς ἐνέβη εἰς πλοῖον καὶ οἱ μαθηταὶ αὐτοῦ ...	
021			**Mk 5,31**	καὶ ἔλεγον αὐτῷ οἱ μαθηταὶ αὐτοῦ· βλέπεις τὸν ὄχλον συνθλίβοντά σε ...	**Lk 8,45**	... ἀρνουμένων δὲ πάντων εἶπεν ὁ Πέτρος· ἐπιστάτα, οἱ ὄχλοι συνέχουσίν σε καὶ ἀποθλίβουσιν.	
121	**Mt 13,54**	καὶ ἐλθὼν εἰς τὴν πατρίδα αὐτοῦ ...	**Mk 6,1**	... καὶ ἔρχεται εἰς τὴν πατρίδα αὐτοῦ, καὶ ἀκολουθοῦσιν αὐτῷ οἱ μαθηταὶ αὐτοῦ.	**Lk 4,16**	καὶ ἦλθεν εἰς Ναζαρά, οὗ ἦν τεθραμμένος ...	
a 220	**Mt 14,12**	καὶ προσελθόντες οἱ μαθηταὶ αὐτοῦ ἦραν τὸ πτῶμα καὶ ἔθαψαν αὐτό[ν] καὶ ἐλθόντες ἀπήγγειλαν τῷ Ἰησοῦ.	**Mk 6,29**	καὶ ἀκούσαντες οἱ μαθηταὶ αὐτοῦ ἦλθον καὶ ἦραν τὸ πτῶμα αὐτοῦ καὶ ἔθηκαν αὐτὸ ἐν μνημείῳ.			
221	**Mt 14,15**	... προσῆλθον αὐτῷ οἱ μαθηταὶ λέγοντες· ἔρημός ἐστιν ὁ τόπος καὶ ἡ ὥρα ἤδη παρῆλθεν· ...	**Mk 6,35**	... προσελθόντες αὐτῷ οἱ μαθηταὶ αὐτοῦ ἔλεγον ὅτι ἔρημός ἐστιν ὁ τόπος καὶ ἤδη ὥρα πολλή·	**Lk 9,12**	... προσελθόντες δὲ οἱ δώδεκα εἶπαν αὐτῷ· ... ὅτι ὧδε ἐν ἐρήμῳ τόπῳ ἐσμέν.	
112	**Mt 14,19** **(2)** →Mt 15,35	καὶ κελεύσας τοὺς ὄχλους ἀνακλιθῆναι ἐπὶ τοῦ χόρτου,	**Mk 6,39** ↓Mk 8,6	καὶ ἐπέταξεν αὐτοῖς ἀνακλῖναι πάντας συμπόσια συμπόσια ἐπὶ τῷ χλωρῷ χόρτῳ.	**Lk 9,14**	... εἶπεν δὲ πρὸς τοὺς μαθητὰς αὐτοῦ· κατακλίνατε αὐτοὺς κλισίας ...	→Jn 6,10
f 222 *f* 211	↓Mt 15,36 ↓Mt 26,26	λαβὼν τοὺς πέντε ἄρτους καὶ τοὺς δύο ἰχθύας, ἀναβλέψας εἰς τὸν οὐρανὸν εὐλόγησεν καὶ κλάσας ἔδωκεν τοῖς μαθηταῖς τοὺς ἄρτους οἱ δὲ μαθηταὶ τοῖς ὄχλοις.	**Mk 6,41** ↓Mk 8,6 ↓Mk 14,22	καὶ λαβὼν τοὺς πέντε ἄρτους καὶ τοὺς δύο ἰχθύας ἀναβλέψας εἰς τὸν οὐρανὸν εὐλόγησεν καὶ κατέκλασεν τοὺς ἄρτους καὶ ἐδίδου τοῖς μαθηταῖς [αὐτοῦ] ἵνα παρατιθῶσιν αὐτοῖς, καὶ τοὺς δύο ἰχθύας ἐμέρισεν πᾶσιν.	**Lk 9,16** ↓Lk 22,19	λαβὼν δὲ τοὺς πέντε ἄρτους καὶ τοὺς δύο ἰχθύας ἀναβλέψας εἰς τὸν οὐρανὸν εὐλόγησεν αὐτοὺς καὶ κατέκλασεν καὶ ἐδίδου τοῖς μαθηταῖς παραθεῖναι τῷ ὄχλῳ.	→Jn 6,11

	Mt		Mk		Lk	
220	**Mt 14,22** → Mt 15,39	καὶ εὐθέως ἠνάγκασεν **τοὺς μαθητὰς** ἐμβῆναι εἰς τὸ πλοῖον ...	**Mk 6,45** → Mk 8,10	καὶ εὐθὺς ἠνάγκασεν **τοὺς μαθητὰς αὐτοῦ** ἐμβῆναι εἰς τὸ πλοῖον ...		→ **Jn 6,16** → Jn 6,17
210	**Mt 14,26**	**οἱ δὲ μαθηταὶ** ἰδόντες αὐτὸν ἐπὶ τῆς θαλάσσης περιπατοῦντα ἐταράχθησαν λέγοντες ὅτι φάντασμά ἐστιν, ...	**Mk 6,49**	**οἱ δὲ** ἰδόντες αὐτὸν ἐπὶ τῆς θαλάσσης περιπατοῦντα ἔδοξαν ὅτι φάντασμά ἐστιν, ...		→ Jn 6,19
d 020			**Mk 7,2** → Lk 11,38	καὶ ἰδόντες **τινὰς τῶν μαθητῶν αὐτοῦ** ὅτι κοιναῖς χερσίν, τοῦτ' ἔστιν ἀνίπτοις, ἐσθίουσιν τοὺς ἄρτους		
220	**Mt 15,2**	διὰ τί **οἱ μαθηταί σου** παραβαίνουσιν τὴν παράδοσιν τῶν πρεσβυτέρων; ...	**Mk 7,5**	... διὰ τί οὐ περιπατοῦσιν **οἱ μαθηταί σου** κατὰ τὴν παράδοσιν τῶν πρεσβυτέρων, ...		
200	**Mt 15,12** ↓ **Mk 7,17**	τότε προσελθόντες **οἱ μαθηταὶ** λέγουσιν αὐτῷ· οἶδας ὅτι οἱ Φαρισαῖοι ἀκούσαντες τὸν λόγον ἐσκανδαλίσθησαν;				
120	**Mt 15,15**	ἀποκριθεὶς δὲ **ὁ Πέτρος** εἶπεν αὐτῷ· φράσον ἡμῖν τὴν παραβολήν [ταύτην].	**Mk 7,17** → Mk 4,10 ↑ **Lk 8,9** ↑ **Mt 15,12**	... ἐπηρώτων αὐτὸν **οἱ μαθηταὶ αὐτοῦ** τὴν παραβολήν.		
200	**Mt 15,23**	... καὶ προσελθόντες **οἱ μαθηταὶ αὐτοῦ** ἠρώτουν αὐτὸν λέγοντες· ἀπόλυσον αὐτήν, ὅτι κράζει ὄπισθεν ἡμῶν.				
220	**Mt 15,32**	ὁ δὲ Ἰησοῦς προσκαλεσάμενος **τοὺς μαθητὰς αὐτοῦ** εἶπεν· σπλαγχνίζομαι ἐπὶ τὸν ὄχλον, ...	**Mk 8,1**	... προσκαλεσάμενος **τοὺς μαθητὰς** λέγει αὐτοῖς· [2] σπλαγχνίζομαι ἐπὶ τὸν ὄχλον, ...		
220	**Mt 15,33** → Mt 14,16	καὶ λέγουσιν αὐτῷ **οἱ μαθηταί·** πόθεν ἡμῖν ἐν ἐρημίᾳ ἄρτοι τοσοῦτοι ὥστε χορτάσαι ὄχλον τοσοῦτον;	**Mk 8,4** → Mk 6,37	καὶ ἀπεκρίθησαν αὐτῷ **οἱ μαθηταὶ αὐτοῦ** ὅτι πόθεν τούτους δυνήσεταί τις ὧδε χορτάσαι ἄρτων ἐπ' ἐρημίας;	→ Lk 9,13	
f 220 *f* 210	**Mt 15,36** **(2)** ↑ **Mt 14,19** → Mk 8,7	ἔλαβεν τοὺς ἑπτὰ ἄρτους καὶ τοὺς ἰχθύας καὶ εὐχαριστήσας ἔκλασεν καὶ ἐδίδου **τοῖς μαθηταῖς,** **οἱ δὲ μαθηταὶ** τοῖς ὄχλοις.	**Mk 8,6** ↑ **Mk 6,41**	... καὶ λαβὼν τοὺς ἑπτὰ ἄρτους εὐχαριστήσας ἔκλασεν καὶ ἐδίδου **τοῖς μαθηταῖς αὐτοῦ** ἵνα παρατιθῶσιν, καὶ παρέθηκαν τῷ ὄχλῳ.	↑ **Lk 9,16**	
120	**Mt 15,39**	καὶ ἀπολύσας τοὺς ὄχλους ἐνέβη εἰς τὸ πλοῖον, καὶ ἦλθεν εἰς τὰ ὅρια Μαγαδάν.	**Mk 8,10**	καὶ εὐθὺς ἐμβὰς εἰς τὸ πλοῖον **μετὰ τῶν μαθητῶν αὐτοῦ** ἦλθεν εἰς τὰ μέρη Δαλμανουθά.		

	Mt		Mk		Lk		
210	Mt 16,5	[6] ... καὶ καταλιπὼν αὐτοὺς ἀπῆλθεν. [5] καὶ ἐλθόντες **οἱ μαθηταὶ** εἰς τὸ πέραν ἐπελάθοντο ἄρτους λαβεῖν.	Mk 8,13	καὶ ἀφεὶς αὐτοὺς πάλιν ἐμβὰς ἀπῆλθεν εἰς τὸ πέραν. [14] καὶ ἐπελάθοντο λαβεῖν ἄρτους ...			
122 221	Mt 16,13	ἐλθὼν δὲ ὁ Ἰησοῦς εἰς τὰ μέρη Καισαρείας τῆς Φιλίππου ἠρώτα **τοὺς μαθητὰς αὐτοῦ** λέγων· τίνα λέγουσιν οἱ ἄνθρωποι εἶναι τὸν υἱὸν τοῦ ἀνθρώπου;	Mk 8,27 (2)	καὶ ἐξῆλθεν ὁ Ἰησοῦς καὶ **οἱ μαθηταὶ αὐτοῦ** εἰς τὰς κώμας Καισαρείας τῆς Φιλίππου· καὶ ἐν τῇ ὁδῷ ἐπηρώτα **τοὺς μαθητὰς αὐτοῦ** λέγων αὐτοῖς· τίνα με λέγουσιν οἱ ἄνθρωποι εἶναι;	Lk 9,18 → Mt 14,23 → Mk 6,46	καὶ ἐγένετο ἐν τῷ εἶναι αὐτὸν προσευχόμενον κατὰ μόνας συνῆσαν αὐτῷ **οἱ μαθηταί,** καὶ ἐπηρώτησεν **αὐτοὺς** λέγων· τίνα με λέγουσιν οἱ ὄχλοι εἶναι;	→ GTh 13
211	Mt 16,20	τότε διεστείλατο **τοῖς μαθηταῖς** ἵνα μηδενὶ εἴπωσιν ὅτι αὐτός ἐστιν ὁ χριστός.	Mk 8,30	καὶ ἐπετίμησεν **αὐτοῖς** ἵνα μηδενὶ λέγωσιν περὶ αὐτοῦ.	Lk 9,21	ὁ δὲ ἐπιτιμήσας **αὐτοῖς** παρήγγειλεν μηδενὶ λέγειν τοῦτο	→ GTh 13
211	Mt 16,21 ↓ Mt 17,22 → Mt 20,18	ἀπὸ τότε ἤρξατο ὁ Ἰησοῦς δεικνύειν **τοῖς μαθηταῖς αὐτοῦ** ὅτι δεῖ αὐτὸν εἰς Ἱεροσόλυμα ἀπελθεῖν καὶ πολλὰ παθεῖν ...	Mk 8,31 ↓ Mk 9,31 → Mk 10,33	καὶ ἤρξατο διδάσκειν **αὐτοὺς** ὅτι δεῖ τὸν υἱὸν τοῦ ἀνθρώπου πολλὰ παθεῖν ...	Lk 9,22 ↓ Lk 9,43.44 → Lk 17,25 → Lk 18,31-33 → Lk 24,7 → Lk 24,26 → Lk 24,46	εἰπὼν ὅτι δεῖ τὸν υἱὸν τοῦ ἀνθρώπου πολλὰ παθεῖν ...	
120	Mt 16,23 → Mt 4,10	ὁ δὲ στραφεὶς εἶπεν τῷ Πέτρῳ· ὕπαγε ὀπίσω μου, σατανᾶ· ...	Mk 8,33 → Mt 4,10	ὁ δὲ ἐπιστραφεὶς καὶ ἰδὼν **τοὺς μαθητὰς αὐτοῦ** ἐπετίμησεν Πέτρῳ καὶ λέγει· ὕπαγε ὀπίσω μου, σατανᾶ, ...			
f 221	Mt 16,24 ⇩ Mt 10,38	τότε ὁ Ἰησοῦς εἶπεν **τοῖς μαθηταῖς αὐτοῦ·** εἴ τις θέλει ὀπίσω μου ἐλθεῖν, ἀπαρνησάσθω ἑαυτὸν καὶ ἀράτω τὸν σταυρὸν αὐτοῦ καὶ ἀκολουθείτω μοι.	Mk 8,34	καὶ προσκαλεσάμενος **τὸν ὄχλον σὺν τοῖς μαθηταῖς αὐτοῦ** εἶπεν αὐτοῖς· εἴ τις θέλει ὀπίσω μου ἀκολουθεῖν, ἀπαρνησάσθω ἑαυτὸν καὶ ἀράτω τὸν σταυρὸν αὐτοῦ καὶ ἀκολουθείτω μοι.	Lk 9,23 ⇩ Lk 14,27	ἔλεγεν δὲ **πρὸς πάντας·** εἴ τις θέλει ὀπίσω μου ἔρχεσθαι, ἀρνησάσθω ἑαυτὸν καὶ ἀράτω τὸν σταυρὸν αὐτοῦ καθ' ἡμέραν, καὶ ἀκολουθείτω μοι.	→ GTh 55 Mk-Q overlap
200	Mt 17,6 → Mk 9,6	καὶ ἀκούσαντες **οἱ μαθηταὶ** ἔπεσαν ἐπὶ πρόσωπον αὐτῶν καὶ ἐφοβήθησαν σφόδρα.					
210	Mt 17,10	καὶ ἐπηρώτησαν αὐτὸν **οἱ μαθηταὶ** λέγοντες· τί οὖν οἱ γραμματεῖς λέγουσιν ὅτι *Ἠλίαν δεῖ ἐλθεῖν πρῶτον;* ➤ Mal 3,23-24	Mk 9,11	καὶ ἐπηρώτων αὐτὸν λέγοντες· ὅτι λέγουσιν οἱ γραμματεῖς ὅτι *Ἠλίαν δεῖ ἐλθεῖν πρῶτον;* ➤ Mal 3,23-24			
200	Mt 17,13	τότε συνῆκαν **οἱ μαθηταὶ** ὅτι περὶ Ἰωάννου τοῦ βαπτιστοῦ εἶπεν αὐτοῖς.					

f 121	**Mt 17,14**	[9] καὶ καταβαινόντων αὐτῶν ἐκ τοῦ ὄρους ... [14] καὶ ἐλθόντων **πρὸς** **τὸν ὄχλον ...**	**Mk 9,14**	[9] καὶ καταβαινόντων αὐτῶν ἐκ τοῦ ὄρους ... [14] καὶ ἐλθόντες **πρὸς τοὺς μαθητὰς** **εἶδον ὄχλον πολὺν** περὶ αὐτοὺς καὶ γραμματεῖς συζητοῦντας πρὸς αὐτούς. [15] καὶ εὐθὺς πᾶς ὁ ὄχλος ἰδόντες αὐτὸν ἐξεθαμβήθησαν καὶ προστρέχοντες ἠσπάζοντο αὐτόν.	**Lk 9,37**	ἐγένετο δὲ τῇ ἑξῆς ἡμέρᾳ κατελθόντων αὐτῶν ἀπὸ τοῦ ὄρους συνήντησεν αὐτῷ ὄχλος πολύς.	
222	**Mt 17,16**	καὶ προσήνεγκα αὐτὸν **τοῖς μαθηταῖς σου,** καὶ οὐκ ἠδυνήθησαν αὐτὸν θεραπεῦσαι.	**Mk 9,18**	... καὶ εἶπα **τοῖς μαθηταῖς σου** ἵνα αὐτὸ ἐκβάλωσιν, καὶ οὐκ ἴσχυσαν.	**Lk 9,40**	καὶ ἐδεήθην **τῶν μαθητῶν σου** ἵνα ἐκβάλωσιν αὐτό, καὶ οὐκ ἠδυνήθησαν.	
220	**Mt 17,19**	τότε προσελθόντες **οἱ μαθηταὶ** τῷ Ἰησοῦ κατ' ἰδίαν εἶπον· διὰ τί ἡμεῖς οὐκ ἠδυνήθημεν ἐκβαλεῖν αὐτό;	**Mk 9,28**	καὶ εἰσελθόντος αὐτοῦ εἰς οἶκον **οἱ μαθηταὶ αὐτοῦ** κατ' ἰδίαν ἐπηρώτων αὐτόν· ὅτι ἡμεῖς οὐκ ἠδυνήθημεν ἐκβαλεῖν αὐτό;			
122	**Mt 17,22** ↑ Mt 16,21 → Mt 20,18	... εἶπεν **αὐτοῖς** ὁ Ἰησοῦς· μέλλει ὁ υἱὸς τοῦ ἀνθρώπου παραδίδοσθαι εἰς χεῖρας ἀνθρώπων	**Mk 9,31** ↑ Mk 8,31 → Mk 10,33	ἐδίδασκεν γὰρ **τοὺς μαθητὰς** **αὐτοῦ** καὶ ἔλεγεν αὐτοῖς ὅτι ὁ υἱὸς τοῦ ἀνθρώπου παραδίδοται εἰς χεῖρας ἀνθρώπων, ...	**Lk 9,43** ↑ Lk 9,22 → Lk 17,25 → Lk 18,31 → Lk 24,7 → Lk 24,26 → Lk 24,46	... εἶπεν **πρὸς τοὺς μαθητὰς** **αὐτοῦ·** [44] θέσθε ὑμεῖς εἰς τὰ ὦτα ὑμῶν τοὺς λόγους τούτους· ὁ γὰρ υἱὸς τοῦ ἀνθρώπου μέλλει παραδίδοσθαι εἰς χεῖρας ἀνθρώπων.	
211	**Mt 18,1**	ἐν ἐκείνῃ τῇ ὥρᾳ προσῆλθον **οἱ μαθηταὶ** τῷ Ἰησοῦ λέγοντες· τίς ἄρα μείζων ἐστὶν ἐν τῇ βασιλείᾳ τῶν οὐρανῶν;	**Mk 9,34**	[33] ... τί ἐν τῇ ὁδῷ διελογίζεσθε; [34] οἱ δὲ ἐσιώπων· **πρὸς ἀλλήλους** γὰρ διελέχθησαν ἐν τῇ ὁδῷ τίς μείζων.	**Lk 9,46** → Lk 22,24	εἰσῆλθεν δὲ διαλογισμὸς **ἐν αὐτοῖς,** τὸ τίς ἂν εἴη μείζων αὐτῶν.	→ GTh 12
002					**Lk 9,54**	ἰδόντες δὲ **οἱ μαθηταὶ** Ἰάκωβος καὶ Ἰωάννης εἶπαν· κύριε, θέλεις εἴπωμεν *πῦρ καταβῆναι* *ἀπὸ τοῦ οὐρανοῦ καὶ* *ἀναλῶσαι αὐτούς;* ➤ 2Kings 1,10.12	
102	**Mt 13,16**	 ὑμῶν δὲ μακάριοι οἱ ὀφθαλμοὶ ὅτι βλέπουσιν καὶ τὰ ὦτα ὑμῶν ὅτι ἀκούουσιν.			**Lk 10,23**	καὶ στραφεὶς **πρὸς τοὺς μαθητὰς** **κατ' ἰδίαν εἶπεν·** μακάριοι οἱ ὀφθαλμοὶ οἱ βλέποντες ἃ βλέπετε.	→ GTh 38 (POxy 655 - restoration)

[a] the μαθηταί of John the Baptist
[b] the μαθηταί of the Pharisees
[c] οἱ δώδεκα μαθηταί
[d] εἷς / τις (ἐκ) τῶν μαθητῶν
[e] μαθητής and διδάσκαλος
[f] μαθηταί and ὄχλος / πλῆθος

	Mt		Mk		Lk		
d 002 a 002					Lk 11,1 (2)	καὶ ἐγένετο ἐν τῷ εἶναι αὐτὸν ἐν τόπῳ τινὶ προσευχόμενον, ὡς ἐπαύσατο, εἶπέν **τις τῶν μαθητῶν αὐτοῦ** πρὸς αὐτόν· κύριε, δίδαξον ἡμᾶς προσεύχεσθαι, καθὼς καὶ Ἰωάννης ἐδίδαξεν **τοὺς μαθητὰς αὐτοῦ.**	
f 112	Mt 16,6 ⇨ Mt 16,11	ὁ δὲ Ἰησοῦς εἶπεν **αὐτοῖς·** ὁρᾶτε καὶ προσέχετε ἀπὸ τῆς ζύμης τῶν Φαρισαίων καὶ Σαδδουκαίων.	Mk 8,15	καὶ διεστέλλετο **αὐτοῖς** λέγων· ὁρᾶτε, βλέπετε ἀπὸ τῆς ζύμης τῶν Φαρισαίων καὶ τῆς ζύμης Ἡρῴδου.	Lk 12,1 → Mt 16,12	ἐν οἷς ἐπισυναχθεισῶν τῶν μυριάδων τοῦ ὄχλου, ὥστε καταπατεῖν ἀλλήλους, ἤρξατο λέγειν **πρὸς τοὺς μαθητὰς αὐτοῦ** πρῶτον· προσέχετε ἑαυτοῖς ἀπὸ τῆς ζύμης, ἥτις ἐστὶν ὑπόκρισις, τῶν Φαρισαίων.	
102	Mt 6,25	διὰ τοῦτο λέγω ὑμῖν· μὴ μεριμνᾶτε τῇ ψυχῇ ὑμῶν τί φάγητε [ἢ τί πίητε], ...			Lk 12,22	εἶπεν δὲ **πρὸς τοὺς μαθητάς [αὐτοῦ]·** διὰ τοῦτο λέγω ὑμῖν· μὴ μεριμνᾶτε τῇ ψυχῇ τί φάγητε, ...	→ GTh 36 (POxy 655)
102	Mt 10,37 → Mt 19,29	ὁ φιλῶν πατέρα ἢ μητέρα ὑπὲρ ἐμὲ οὐκ ἔστιν μου ἄξιος, καὶ ὁ φιλῶν υἱὸν ἢ θυγατέρα ὑπὲρ ἐμὲ οὐκ ἔστιν **μου ἄξιος·**	→ Mk 10,29		Lk 14,26 → Lk 18,29	εἴ τις ἔρχεται πρός με καὶ οὐ μισεῖ τὸν πατέρα ἑαυτοῦ καὶ τὴν μητέρα καὶ τὴν γυναῖκα καὶ τὰ τέκνα καὶ τοὺς ἀδελφοὺς καὶ τὰς ἀδελφὰς ἔτι τε καὶ τὴν ψυχὴν ἑαυτοῦ, οὐ δύναται εἶναί **μου μαθητής.**	→ GTh 55 → GTh 101
102	Mt 10,38 ⇧ Mt 16,24	καὶ ὃς οὐ λαμβάνει τὸν σταυρὸν αὐτοῦ καὶ ἀκολουθεῖ ὀπίσω μου, οὐκ ἔστιν **μου ἄξιος.**	Mk 8,34	... εἴ τις θέλει ὀπίσω μου ἀκολουθεῖν, ἀπαρνησάσθω ἑαυτὸν καὶ ἀράτω τὸν σταυρὸν αὐτοῦ καὶ ἀκολουθείτω μοι.	Lk 14,27 ⇧ Lk 9,23	ὅστις οὐ βαστάζει τὸν σταυρὸν ἑαυτοῦ καὶ ἔρχεται ὀπίσω μου οὐ δύναται εἶναί **μου μαθητής.**	→ GTh 55 → GTh 101 Mk-Q overlap
002					Lk 14,33 → Lk 12,33	οὕτως οὖν πᾶς ἐξ ὑμῶν ὃς οὐκ ἀποτάσσεται πᾶσιν τοῖς ἑαυτοῦ ὑπάρχουσιν οὐ δύναται εἶναί **μου μαθητής.**	
002					Lk 16,1	ἔλεγεν δὲ καὶ **πρὸς τοὺς μαθητάς·** ἄνθρωπός τις ἦν πλούσιος ὃς εἶχεν οἰκονόμον, καὶ οὗτος διεβλήθη αὐτῷ ὡς διασκορπίζων τὰ ὑπάρχοντα αὐτοῦ.	
102	Mt 18,7	οὐαὶ τῷ κόσμῳ ἀπὸ τῶν σκανδάλων· ἀνάγκη γὰρ ἐλθεῖν τὰ σκάνδαλα, πλὴν οὐαὶ τῷ ἀνθρώπῳ δι' οὗ τὸ σκάνδαλον ἔρχεται.			Lk 17,1	εἶπεν δὲ **πρὸς τοὺς μαθητὰς αὐτοῦ·** ἀνένδεκτόν ἐστιν τοῦ τὰ σκάνδαλα μὴ ἐλθεῖν, πλὴν οὐαὶ δι' οὗ ἔρχεται·	

002					Lk 17,22	εἶπεν δὲ **πρὸς τοὺς μαθητάς·** ἐλεύσονται ἡμέραι ὅτε ἐπιθυμήσετε μίαν τῶν ἡμερῶν τοῦ υἱοῦ τοῦ ἀνθρώπου ἰδεῖν καὶ οὐκ ὄψεσθε.	
020			Mk 10,10	καὶ εἰς τὴν οἰκίαν πάλιν **οἱ μαθηταὶ** περὶ τούτου ἐπηρώτων αὐτόν.			
200	Mt 19,10	λέγουσιν αὐτῷ **οἱ μαθηταὶ [αὐτοῦ]·** εἰ οὕτως ἐστὶν ἡ αἰτία τοῦ ἀνθρώπου μετὰ τῆς γυναικός, οὐ συμφέρει γαμῆσαι.					
222	Mt 19,13	τότε προσηνέχθησαν αὐτῷ παιδία ἵνα τὰς χεῖρας ἐπιθῇ αὐτοῖς καὶ προσεύξηται· **οἱ δὲ μαθηταὶ** ἐπετίμησαν αὐτοῖς.	Mk 10,13	καὶ προσέφερον αὐτῷ παιδία ἵνα αὐτῶν ἅψηται· **οἱ δὲ μαθηταὶ** ἐπετίμησαν αὐτοῖς.	Lk 18,15	προσέφερον δὲ αὐτῷ καὶ τὰ βρέφη ἵνα αὐτῶν ἅπτηται· ἰδόντες δὲ **οἱ μαθηταὶ** ἐπετίμων αὐτοῖς.	→ GTh 22
221	Mt 19,23	ὁ δὲ Ἰησοῦς εἶπεν **τοῖς μαθηταῖς αὐτοῦ·** ἀμὴν λέγω ὑμῖν ὅτι πλούσιος δυσκόλως εἰσελεύσεται εἰς τὴν βασιλείαν τῶν οὐρανῶν.	Mk 10,23	καὶ περιβλεψάμενος ὁ Ἰησοῦς λέγει **τοῖς μαθηταῖς αὐτοῦ·** πῶς δυσκόλως οἱ τὰ χρήματα ἔχοντες εἰς τὴν βασιλείαν τοῦ θεοῦ εἰσελεύσονται.	Lk 18,24	ἰδὼν δὲ αὐτὸν ὁ Ἰησοῦς [περίλυπον γενόμενον] εἶπεν· πῶς δυσκόλως οἱ τὰ χρήματα ἔχοντες εἰς τὴν βασιλείαν τοῦ θεοῦ εἰσπορεύονται·	
120	Mt 19,24	πάλιν δὲ λέγω ὑμῖν, ...	Mk 10,24	**οἱ δὲ μαθηταὶ** ἐθαμβοῦντο ἐπὶ τοῖς λόγοις αὐτοῦ. ὁ δὲ Ἰησοῦς πάλιν ἀποκριθεὶς λέγει αὐτοῖς· τέκνα, πῶς δύσκολόν ἐστιν εἰς τὴν βασιλείαν τοῦ θεοῦ εἰσελθεῖν·			
211	Mt 19,25	**ἀκούσαντες δὲ οἱ μαθηταὶ** ἐξεπλήσσοντο σφόδρα λέγοντες· τίς ἄρα δύναται σωθῆναι;	Mk 10,26	**οἱ δὲ** περισσῶς ἐξεπλήσσοντο λέγοντες πρὸς ἑαυτούς· καὶ τίς δύναται σωθῆναι;	Lk 18,26	εἶπαν **δὲ οἱ ἀκούσαντες·** καὶ τίς δύναται σωθῆναι;	
c 211	Mt 20,17	... παρέλαβεν **τοὺς δώδεκα [μαθητὰς]** κατ' ἰδίαν καὶ ἐν τῇ ὁδῷ εἶπεν αὐτοῖς·	Mk 10,32	... καὶ παραλαβὼν πάλιν **τοὺς δώδεκα** ἤρξατο αὐτοῖς λέγειν τὰ μέλλοντα αὐτῷ συμβαίνειν	Lk 18,31	παραλαβὼν δὲ **τοὺς δώδεκα** εἶπεν πρὸς αὐτούς· ...	
f 121	Mt 20,29 ⇩ Mt 9,27	καὶ ἐκπορευομένων αὐτῶν ἀπὸ Ἰεριχὼ ἠκολούθησεν αὐτῷ ὄχλος πολύς. [30] καὶ ἰδοὺ δύο τυφλοὶ καθήμενοι παρὰ τὴν ὁδόν ...	Mk 10,46	καὶ ἔρχονται εἰς Ἰεριχώ. καὶ ἐκπορευομένου αὐτοῦ ἀπὸ Ἰεριχὼ καὶ **τῶν μαθητῶν αὐτοῦ** καὶ ὄχλου ἱκανοῦ ὁ υἱὸς Τιμαίου Βαρτιμαῖος, τυφλὸς προσαίτης, ἐκάθητο παρὰ τὴν ὁδόν.	Lk 18,35	ἐγένετο δὲ ἐν τῷ ἐγγίζειν αὐτὸν εἰς Ἰεριχὼ τυφλός τις ἐκάθητο παρὰ τὴν ὁδὸν ἐπαιτῶν.	
	Mt 9,27 ⇧ Mt 20,29-30	καὶ παράγοντι ἐκεῖθεν τῷ Ἰησοῦ ἠκολούθησαν [αὐτῷ] δύο τυφλοὶ ...					

222	Mt 21,1	καὶ ὅτε ἤγγισαν εἰς Ἱεροσόλυμα καὶ ἦλθον εἰς Βηθφαγὴ εἰς τὸ ὄρος τῶν ἐλαιῶν, τότε Ἰησοῦς ἀπέστειλεν **δύο μαθητὰς**	Mk 11,1	καὶ ὅτε ἐγγίζουσιν εἰς Ἱεροσόλυμα εἰς Βηθφαγὴ καὶ Βηθανίαν πρὸς τὸ ὄρος τῶν ἐλαιῶν, ἀποστέλλει **δύο τῶν μαθητῶν αὐτοῦ**	Lk 19,29	καὶ ἐγένετο ὡς ἤγγισεν εἰς Βηθφαγὴ καὶ Βηθανία[ν] πρὸς τὸ ὄρος τὸ καλούμενον Ἐλαιῶν, ἀπέστειλεν **δύο τῶν μαθητῶν**	
211	Mt 21,6 → Mk 11,6	πορευθέντες δὲ **οἱ μαθηταὶ** καὶ ποιήσαντες καθὼς συνέταξεν αὐτοῖς ὁ Ἰησοῦς	Mk 11,4	καὶ ἀπῆλθον καὶ εὗρον πῶλον δεδεμένον πρὸς θύραν ἔξω ἐπὶ τοῦ ἀμφόδου καὶ λύουσιν αὐτόν.	Lk 19,32 → Mk 11,6	ἀπελθόντες δὲ **οἱ ἀπεσταλμένοι** εὗρον καθὼς εἶπεν αὐτοῖς. [33] λυόντων δὲ αὐτῶν τὸν πῶλον ...	
f 112	Mt 21,9	 **οἱ δὲ ὄχλοι οἱ προάγοντες αὐτὸν καὶ οἱ ἀκολουθοῦντες** ἔκραζον λέγοντες· ...	Mk 11,9	 **καὶ οἱ προάγοντες καὶ οἱ ἀκολουθοῦντες** ἔκραζον· ...	Lk 19,37	... ἤρξαντο **ἅπαν τὸ πλῆθος τῶν μαθητῶν** χαίροντες αἰνεῖν τὸν θεὸν φωνῇ μεγάλῃ περὶ πασῶν ὧν εἶδον δυνάμεων, [38] λέγοντες· ...	→ Jn 12,13
ef 002					Lk 19,39 → Mt 21,15-16	καί τινες τῶν Φαρισαίων ἀπὸ τοῦ ὄχλου εἶπαν πρὸς αὐτόν· διδάσκαλε, ἐπιτίμησον **τοῖς μαθηταῖς σου.**	→ Jn 12,19
120	Mt 21,19	... μηκέτι ἐκ σοῦ καρπὸς γένηται εἰς τὸν αἰῶνα. ↔	Mk 11,14	... μηκέτι εἰς τὸν αἰῶνα ἐκ σοῦ μηδεὶς καρπὸν φάγοι. καὶ ἤκουον **οἱ μαθηταὶ αὐτοῦ.**			
210	Mt 21,20	↔ [19] καὶ ἐξηράνθη παραχρῆμα ἡ συκῆ. [20] καὶ ἰδόντες **οἱ μαθηταὶ** ἐθαύμασαν λέγοντες· πῶς παραχρῆμα ἐξηράνθη ἡ συκῆ;	Mk 11,21 ↑ Mt 21,19 ↑ Mk 11,14	[20] καὶ παραπορευόμενοι πρωῒ εἶδον τὴν συκῆν ἐξηραμμένην ἐκ ῥιζῶν. [21] καὶ ἀναμνησθεὶς **ὁ Πέτρος** λέγει αὐτῷ· ῥαββί, ἴδε ἡ συκῆ ἣν κατηράσω ἐξήρανται.			
b 211	Mt 22,16	[15] τότε πορευθέντες οἱ Φαρισαῖοι συμβούλιον ἔλαβον ὅπως αὐτὸν παγιδεύσωσιν ἐν λόγῳ. [16] καὶ ἀποστέλλουσιν αὐτῷ **τοὺς μαθητὰς αὐτῶν μετὰ τῶν Ἡρῳδιανῶν** ...	Mk 12,13	 καὶ ἀποστέλλουσιν πρὸς αὐτόν **τινας τῶν Φαρισαίων καὶ τῶν Ἡρῳδιανῶν** ἵνα αὐτὸν ἀγρεύσωσιν λόγῳ.	Lk 20,20 → Lk 16,14 → Lk 18,9	 καὶ παρατηρήσαντες ἀπέστειλαν **ἐγκαθέτους** ὑποκρινομένους ἑαυτοὺς δικαίους εἶναι, ἵνα ἐπιλάβωνται αὐτοῦ λόγου, ...	
f 212	Mt 23,1	τότε ὁ Ἰησοῦς ἐλάλησεν τοῖς ὄχλοις καὶ **τοῖς μαθηταῖς αὐτοῦ** [2] λέγων· ...	Mk 12,37	 ... καὶ [ὁ] πολὺς ὄχλος ἤκουεν αὐτοῦ ἡδέως. [38] καὶ ἐν τῇ διδαχῇ αὐτοῦ ἔλεγεν· ...	Lk 20,45	ἀκούοντος δὲ παντὸς τοῦ λαοῦ εἶπεν **τοῖς μαθηταῖς [αὐτοῦ]**	

		Mt		Mk		Lk	
021			Mk 12,43	καὶ προσκαλεσάμενος **τοὺς μαθητὰς αὐτοῦ** εἶπεν αὐτοῖς· ἀμὴν λέγω ὑμῖν ὅτι ἡ χήρα αὕτη ἡ πτωχὴ πλεῖον πάντων ἔβαλεν τῶν βαλλόντων εἰς τὸ γαζοφυλάκιον·	Lk 21,3	καὶ εἶπεν· ἀληθῶς λέγω ὑμῖν ὅτι ἡ χήρα αὕτη ἡ πτωχὴ πλεῖον πάντων ἔβαλεν·	
de 221	Mt 24,1	καὶ ἐξελθὼν ὁ Ἰησοῦς ἀπὸ τοῦ ἱεροῦ ἐπορεύετο, καὶ προσῆλθον **οἱ μαθηταὶ αὐτοῦ** ἐπιδεῖξαι αὐτῷ τὰς οἰκοδομὰς τοῦ ἱεροῦ.	Mk 13,1	καὶ ἐκπορευομένου αὐτοῦ ἐκ τοῦ ἱεροῦ λέγει αὐτῷ **εἷς τῶν μαθητῶν αὐτοῦ·** διδάσκαλε, ἴδε ποταποὶ λίθοι καὶ ποταπαὶ οἰκοδομαί.	Lk 21,5	καί **τινων λεγόντων** περὶ τοῦ ἱεροῦ ὅτι λίθοις καλοῖς καὶ ἀναθήμασιν κεκόσμηται ...	
211	Mt 24,3	... προσῆλθον αὐτῷ **οἱ μαθηταὶ** κατ' ἰδίαν λέγοντες· ...	Mk 13,3	... ἐπηρώτα αὐτὸν κατ' ἰδίαν **Πέτρος καὶ Ἰάκωβος καὶ Ἰωάννης καὶ Ἀνδρέας·**	Lk 21,7	ἐπηρώτησαν δὲ αὐτὸν λέγοντες· ...	
200	Mt 26,1	καὶ ἐγένετο ὅτε ἐτέλεσεν ὁ Ἰησοῦς πάντας τοὺς λόγους τούτους, εἶπεν **τοῖς μαθηταῖς αὐτοῦ·**					
210	Mt 26,8	ἰδόντες δὲ **οἱ μαθηταὶ** ἠγανάκτησαν λέγοντες· εἰς τί ἡ ἀπώλεια αὕτη;	Mk 14,4	ἦσαν δέ **τινες** ἀγανακτοῦντες πρὸς ἑαυτούς· εἰς τί ἡ ἀπώλεια αὕτη τοῦ μύρου γέγονεν;			→ Jn 12,4
221	Mt 26,17 ↓ Lk 22,9	τῇ δὲ πρώτῃ τῶν ἀζύμων προσῆλθον **οἱ μαθηταὶ** τῷ Ἰησοῦ λέγοντες· ποῦ θέλεις ἑτοιμάσωμέν σοι φαγεῖν τὸ πάσχα;	Mk 14,12 ↓ Lk 22,9	καὶ τῇ πρώτῃ ἡμέρᾳ τῶν ἀζύμων, ὅτε τὸ πάσχα ἔθυον, λέγουσιν αὐτῷ **οἱ μαθηταὶ αὐτοῦ·** ποῦ θέλεις ἀπελθόντες ἑτοιμάσωμεν ἵνα φάγῃς τὸ πάσχα;	Lk 22,9 ↓ Lk 22,9	[7] ἦλθεν δὲ ἡ ἡμέρα τῶν ἀζύμων, [ἐν] ᾗ ἔδει θύεσθαι τὸ πάσχα·	
121		 [18] ὁ δὲ εἶπεν· ὑπάγετε εἰς τὴν πόλιν πρὸς τὸν δεῖνα ↔	Mk 14,13	καὶ ἀποστέλλει **δύο τῶν μαθητῶν αὐτοῦ** καὶ λέγει αὐτοῖς· ὑπάγετε εἰς τὴν πόλιν, καὶ ἀπαντήσει ὑμῖν ἄνθρωπος κεράμιον ὕδατος βαστάζων· ...	Lk 22,8 ↑ Mt 26,17 ↑ Mk 14,12	καὶ ἀπέστειλεν **Πέτρον καὶ Ἰωάννην** εἰπών· πορευθέντες ἑτοιμάσατε ἡμῖν τὸ πάσχα ἵνα φάγωμεν. [9] οἱ δὲ εἶπαν αὐτῷ· ποῦ θέλεις ἑτοιμάσωμεν; [10] ὁ δὲ εἶπεν αὐτοῖς· ἰδοὺ εἰσελθόντων ὑμῶν εἰς τὴν πόλιν συναντήσει ὑμῖν ἄνθρωπος κεράμιον ὕδατος βαστάζων· ...	
e 222	Mt 26,18	↔ καὶ εἴπατε αὐτῷ· ὁ διδάσκαλος λέγει· ὁ καιρός μου ἐγγύς ἐστιν, πρὸς σὲ ποιῶ τὸ πάσχα **μετὰ τῶν μαθητῶν μου.**	Mk 14,14	... εἴπατε τῷ οἰκοδεσπότῃ ὅτι ὁ διδάσκαλος λέγει· ποῦ ἐστιν τὸ κατάλυμά μου ὅπου τὸ πάσχα **μετὰ τῶν μαθητῶν μου** φάγω;	Lk 22,11	καὶ ἐρεῖτε τῷ οἰκοδεσπότῃ τῆς οἰκίας· λέγει σοι ὁ διδάσκαλος· ποῦ ἐστιν τὸ κατάλυμα ὅπου τὸ πάσχα **μετὰ τῶν μαθητῶν μου** φάγω;	
221	Mt 26,19	καὶ ἐποίησαν **οἱ μαθηταὶ** ὡς συνέταξεν αὐτοῖς ὁ Ἰησοῦς καὶ ἡτοίμασαν τὸ πάσχα.	Mk 14,16	καὶ ἐξῆλθον **οἱ μαθηταὶ** καὶ ἦλθον εἰς τὴν πόλιν καὶ εὗρον καθὼς εἶπεν αὐτοῖς καὶ ἡτοίμασαν τὸ πάσχα.	Lk 22,13	ἀπελθόντες δὲ εὗρον καθὼς εἰρήκει αὐτοῖς καὶ ἡτοίμασαν τὸ πάσχα.	

211	**Mt 26,26** ↑ Mt 14,19	... λαβὼν ὁ Ἰησοῦς ἄρτον καὶ εὐλογήσας ἔκλασεν καὶ δοὺς **τοῖς μαθηταῖς** εἶπεν· λάβετε φάγετε, τοῦτό ἐστιν τὸ σῶμά μου.	**Mk 14,22** ↑ Mk 6,41	... λαβὼν ἄρτον εὐλογήσας ἔκλασεν καὶ ἔδωκεν **αὐτοῖς** καὶ εἶπεν· λάβετε, τοῦτό ἐστιν τὸ σῶμά μου.	**Lk 22,19** ↑ Lk 9,16	καὶ λαβὼν ἄρτον εὐχαριστήσας ἔκλασεν καὶ ἔδωκεν **αὐτοῖς** λέγων· τοῦτό ἐστιν τὸ σῶμά μου τὸ ὑπὲρ ὑμῶν διδόμενον· ...	→ 1Cor 11,23-24
112	**Mt 26,30**	καὶ ὑμνήσαντες ἐξῆλθον εἰς τὸ ὄρος τῶν ἐλαιῶν.	**Mk 14,26**	καὶ ὑμνήσαντες ἐξῆλθον εἰς τὸ ὄρος τῶν ἐλαιῶν.	**Lk 22,39** ↓ Mt 26,36 ↓ Mk 14,32	καὶ ἐξελθὼν ἐπορεύθη κατὰ τὸ ἔθος εἰς τὸ ὄρος τῶν ἐλαιῶν, ἠκολούθησαν δὲ αὐτῷ καὶ **οἱ μαθηταί.**	→ Jn 18,1
210	**Mt 26,35** → Lk 22,33	λέγει αὐτῷ ὁ Πέτρος· κἂν δέῃ με σὺν σοὶ ἀποθανεῖν, οὐ μή σε ἀπαρνήσομαι. ὁμοίως καὶ **πάντες οἱ μαθηταὶ** εἶπαν.	**Mk 14,31** → Lk 22,33	ὁ δὲ ἐκπερισσῶς ἐλάλει· ἐὰν δέῃ με συναποθανεῖν σοι, οὐ μή σε ἀπαρνήσομαι. ὡσαύτως δὲ καὶ **πάντες** ἔλεγον.			→ Jn 13,37
221	**Mt 26,36** ↑ Lk 22,39	τότε ἔρχεται μετ᾽ αὐτῶν ὁ Ἰησοῦς εἰς χωρίον λεγόμενον Γεθσημανὶ καὶ λέγει **τοῖς μαθηταῖς·** καθίσατε αὐτοῦ ἕως [οὗ] ἀπελθὼν ἐκεῖ προσεύξωμαι.	**Mk 14,32** ↑ Lk 22,39	καὶ ἔρχονται εἰς χωρίον οὗ τὸ ὄνομα Γεθσημανὶ καὶ λέγει **τοῖς μαθηταῖς αὐτοῦ·** καθίσατε ὧδε ἕως προσεύξωμαι.	**Lk 22,40** → Mt 26,41 → Mk 14,38 → Lk 22,46	γενόμενος δὲ ἐπὶ τοῦ τόπου εἶπεν **αὐτοῖς·** προσεύχεσθε μὴ εἰσελθεῖν εἰς πειρασμόν.	
212	**Mt 26,40**	καὶ ἔρχεται **πρὸς τοὺς μαθητὰς** καὶ εὑρίσκει αὐτοὺς καθεύδοντας, ...	**Mk 14,37**	καὶ ἔρχεται καὶ εὑρίσκει αὐτοὺς καθεύδοντας, ...	**Lk 22,45**	καὶ ἀναστὰς ἀπὸ τῆς προσευχῆς ἐλθὼν **πρὸς τοὺς μαθητὰς** εὗρεν κοιμωμένους αὐτοὺς ἀπὸ τῆς λύπης	
210	**Mt 26,45**	τότε ἔρχεται **πρὸς τοὺς μαθητὰς** καὶ λέγει αὐτοῖς· καθεύδετε [τὸ] λοιπὸν καὶ ἀναπαύεσθε· ...	**Mk 14,41**	καὶ ἔρχεται τὸ τρίτον καὶ λέγει αὐτοῖς· καθεύδετε τὸ λοιπὸν καὶ ἀναπαύεσθε· ...			
210	**Mt 26,56**	... τότε **οἱ μαθηταὶ πάντες** ἀφέντες αὐτὸν ἔφυγον.	**Mk 14,50**	καὶ ἀφέντες αὐτὸν ἔφυγον **πάντες.**			
200	**Mt 27,64**	κέλευσον οὖν ἀσφαλισθῆναι τὸν τάφον ἕως τῆς τρίτης ἡμέρας, μήποτε ἐλθόντες **οἱ μαθηταὶ αὐτοῦ** κλέψωσιν αὐτὸν καὶ εἴπωσιν τῷ λαῷ· ...					
220	**Mt 28,7** → Mt 26,32 → Mt 28,10 ↓ Mt 28,16	καὶ ταχὺ πορευθεῖσαι εἴπατε **τοῖς μαθηταῖς αὐτοῦ** ὅτι ἠγέρθη ἀπὸ τῶν νεκρῶν, καὶ ἰδοὺ προάγει ὑμᾶς εἰς τὴν Γαλιλαίαν, ...	**Mk 16,7** → Mk 14,28	ἀλλὰ ὑπάγετε εἴπατε **τοῖς μαθηταῖς αὐτοῦ** καὶ τῷ Πέτρῳ ὅτι προάγει ὑμᾶς εἰς τὴν Γαλιλαίαν· ...			→ Jn 20,17 → Jn 21,1
211	**Mt 28,8**	καὶ ἀπελθοῦσαι ταχὺ ἀπὸ τοῦ μνημείου μετὰ φόβου καὶ χαρᾶς μεγάλης ἔδραμον ἀπαγγεῖλαι **τοῖς μαθηταῖς αὐτοῦ.**	**Mk 16,8**	καὶ ἐξελθοῦσαι ἔφυγον ἀπὸ τοῦ μνημείου, εἶχεν γὰρ αὐτὰς τρόμος καὶ ἔκστασις· καὶ **οὐδενὶ** οὐδὲν εἶπαν· ἐφοβοῦντο γάρ.	**Lk 24,9**	καὶ ὑποστρέψασαι ἀπὸ τοῦ μνημείου ἀπήγγειλαν ταῦτα πάντα **τοῖς ἕνδεκα** καὶ πᾶσιν τοῖς λοιποῖς.	→ Jn 20,2.18

200	**Mt 28,13**	λέγοντες· εἴπατε ὅτι **οἱ μαθηταὶ αὐτοῦ** νυκτὸς ἐλθόντες ἔκλεψαν αὐτὸν ἡμῶν κοιμωμένων.		
200	**Mt 28,16** ↑ Mt 28,7 ↑ Mk 16,7 → Mt 28,10	**οἱ δὲ ἕνδεκα μαθηταὶ** ἐπορεύθησαν εἰς τὴν Γαλιλαίαν εἰς τὸ ὄρος οὗ ἐτάξατο αὐτοῖς ὁ Ἰησοῦς		

Acts 6,1 ἐν δὲ ταῖς ἡμέραις ταύταις πληθυνόντων **τῶν μαθητῶν** ἐγένετο γογγυσμὸς τῶν Ἑλληνιστῶν πρὸς τοὺς Ἑβραίους, ...

f **Acts 6,2** προσκαλεσάμενοι δὲ οἱ δώδεκα **τὸ πλῆθος τῶν μαθητῶν** εἶπαν· οὐκ ἀρεστόν ἐστιν ἡμᾶς καταλείψαντας τὸν λόγον τοῦ θεοῦ διακονεῖν τραπέζαις.

f **Acts 6,7** καὶ ὁ λόγος τοῦ θεοῦ ηὔξανεν καὶ ἐπληθύνετο **ὁ ἀριθμὸς τῶν μαθητῶν** ἐν Ἰερουσαλὴμ σφόδρα, πολύς τε ὄχλος τῶν ἱερέων ὑπήκουον τῇ πίστει.

Acts 9,1 ὁ δὲ Σαῦλος ἔτι ἐμπνέων ἀπειλῆς καὶ φόνου **εἰς τοὺς μαθητὰς τοῦ κυρίου,** προσελθὼν τῷ ἀρχιερεῖ

Acts 9,10 ἦν δέ **τις μαθητὴς** ἐν Δαμασκῷ ὀνόματι Ἁνανίας, καὶ εἶπεν πρὸς αὐτὸν ἐν ὁράματι ὁ κύριος· Ἁνανία. ...

Acts 9,19 καὶ λαβὼν τροφὴν ἐνίσχυσεν. ἐγένετο δὲ **μετὰ τῶν ἐν Δαμασκῷ μαθητῶν** ἡμέρας τινάς

Acts 9,25 λαβόντες δὲ **οἱ μαθηταὶ αὐτοῦ** νυκτὸς διὰ τοῦ τείχους καθῆκαν αὐτὸν χαλάσαντες ἐν σπυρίδι.

Acts 9,26 (2) παραγενόμενος δὲ εἰς Ἰερουσαλὴμ ἐπείραζεν κολλᾶσθαι **τοῖς μαθηταῖς,** καὶ πάντες ἐφοβοῦντο αὐτὸν μὴ πιστεύοντες ὅτι ἐστὶν **μαθητής.**

Acts 9,38 ἐγγὺς δὲ οὔσης Λύδδας τῇ Ἰόππῃ **οἱ μαθηταὶ** ἀκούσαντες ὅτι Πέτρος ἐστὶν ἐν αὐτῇ ...

f **Acts 11,26** ... χρηματίσαι τε πρώτως ἐν Ἀντιοχείᾳ **τοὺς μαθητὰς** Χριστιανούς.

d **Acts 11,29** **τῶν δὲ μαθητῶν,** καθὼς εὐπορεῖτό τις, ὥρισαν ἕκαστος αὐτῶν εἰς διακονίαν πέμψαι τοῖς κατοικοῦσιν ἐν τῇ Ἰουδαίᾳ ἀδελφοῖς·

Acts 13,52 **οἵ τε μαθηταὶ** ἐπληροῦντο χαρᾶς καὶ πνεύματος ἁγίου.

Acts 14,20 κυκλωσάντων δὲ **τῶν μαθητῶν** αὐτὸν ἀναστὰς εἰσῆλθεν εἰς τὴν πόλιν. καὶ τῇ ἐπαύριον ἐξῆλθεν σὺν τῷ Βαρναβᾷ εἰς Δέρβην.

Acts 14,22 ἐπιστηρίζοντες **τὰς ψυχὰς τῶν μαθητῶν,** παρακαλοῦντες ἐμμένειν τῇ πίστει καὶ ὅτι διὰ πολλῶν θλίψεων δεῖ ἡμᾶς εἰσελθεῖν εἰς τὴν βασιλείαν τοῦ θεοῦ.

Acts 14,28 διέτριβον δὲ χρόνον οὐκ ὀλίγον **σὺν τοῖς μαθηταῖς.**

Acts 15,10 νῦν οὖν τί πειράζετε τὸν θεὸν ἐπιθεῖναι ζυγὸν **ἐπὶ τὸν τράχηλον τῶν μαθητῶν** ὃν οὔτε οἱ πατέρες ἡμῶν οὔτε ἡμεῖς ἰσχύσαμεν βαστάσαι;

Acts 16,1 ... καὶ ἰδοὺ **μαθητής τις** ἦν ἐκεῖ ὀνόματι Τιμόθεος, ...

Acts 18,23 καὶ ποιήσας χρόνον τινὰ ἐξῆλθεν διερχόμενος καθεξῆς τὴν Γαλατικὴν χώραν καὶ Φρυγίαν, ἐπιστηρίζων **πάντας τοὺς μαθητάς.**

Acts 18,27 βουλομένου δὲ αὐτοῦ διελθεῖν εἰς τὴν Ἀχαΐαν, προτρεψάμενοι οἱ ἀδελφοὶ ἔγραψαν **τοῖς μαθηταῖς** ἀποδέξασθαι αὐτόν, ...

a **Acts 19,1** ἐγένετο δὲ ἐν τῷ τὸν Ἀπολλῶ εἶναι ἐν Κορίνθῳ Παῦλον διελθόντα τὰ ἀνωτερικὰ μέρη [κατ]ελθεῖν εἰς Ἔφεσον καὶ εὑρεῖν **τινας μαθητάς**

Acts 19,9 ὡς δέ τινες ἐσκληρύνοντο καὶ ἠπείθουν κακολογοῦντες τὴν ὁδὸν ἐνώπιον τοῦ πλήθους, ἀποστὰς ἀπ᾽ αὐτῶν ἀφώρισεν **τοὺς μαθητάς** καθ᾽ ἡμέραν διαλεγόμενος ἐν τῇ σχολῇ Τυράννου.

Acts 19,30 Παύλου δὲ βουλομένου εἰσελθεῖν εἰς τὸν δῆμον οὐκ εἴων αὐτὸν **οἱ μαθηταί·**

Acts 20,1 μετὰ δὲ τὸ παύσασθαι τὸν θόρυβον μεταπεμψάμενος ὁ Παῦλος **τοὺς μαθητὰς** καὶ παρακαλέσας, ἀσπασάμενος ἐξῆλθεν πορεύεσθαι εἰς Μακεδονίαν.

Acts 20,30 καὶ ἐξ ὑμῶν αὐτῶν ἀναστήσονται ἄνδρες λαλοῦντες διεστραμμένα τοῦ ἀποσπᾶν **τοὺς μαθητὰς** ὀπίσω αὐτῶν.

Acts 21,4 ἀνευρόντες δὲ **τοὺς μαθητὰς** ἐπεμείναμεν αὐτοῦ ἡμέρας ἑπτά, οἵτινες τῷ Παύλῳ ἔλεγον διὰ τοῦ πνεύματος μὴ ἐπιβαίνειν εἰς Ἱεροσόλυμα.

Acts 21,16 (2) συνῆλθον δὲ καὶ **τῶν μαθητῶν** ἀπὸ Καισαρείας σὺν ἡμῖν, ἄγοντες παρ᾽ ᾧ ξενισθῶμεν Μνάσωνί τινι Κυπρίῳ, **ἀρχαίῳ μαθητῇ.**

Μαθθαῖος	Syn 4	Mt 2	Mk 1	Lk 1	Acts 1	Jn	1-3John	Paul	Eph	Col
	NT 5	2Thess	1/2Tim	Tit	Heb	Jas	1Pet	2Pet	Jude	Rev

Matthew

211	Mt 9,9	καὶ παράγων ὁ Ἰησοῦς ἐκεῖθεν εἶδεν ἄνθρωπον καθήμενον ἐπὶ τὸ τελώνιον, **Μαθθαῖον** λεγόμενον, καὶ λέγει αὐτῷ· ἀκολούθει μοι. ...	Mk 2,14	καὶ παράγων εἶδεν **Λευὶν** τὸν τοῦ Ἁλφαίου καθήμενον ἐπὶ τὸ τελώνιον, καὶ λέγει αὐτῷ· ἀκολούθει μοι. ...	Lk 5,27	καὶ μετὰ ταῦτα ἐξῆλθεν καὶ ἐθεάσατο τελώνην ὀνόματι **Λευὶν** καθήμενον ἐπὶ τὸ τελώνιον, καὶ εἶπεν αὐτῷ· ἀκολούθει μοι.	
222	Mt 10,3	Φίλιππος καὶ Βαρθολομαῖος, Θωμᾶς καὶ **Μαθθαῖος** **ὁ τελώνης,** Ἰάκωβος ὁ τοῦ Ἁλφαίου ...	Mk 3,18	... καὶ Φίλιππον καὶ Βαρθολομαῖον καὶ **Μαθθαῖον** καὶ Θωμᾶν καὶ Ἰάκωβον τὸν τοῦ Ἁλφαίου ...	Lk 6,15	[14] ... καὶ Φίλιππον καὶ Βαρθολομαῖον [15] καὶ **Μαθθαῖον** καὶ Θωμᾶν καὶ Ἰάκωβον Ἁλφαίου ...	

Acts 1,13 ... Φίλιππος καὶ Θωμᾶς,
Βαρθολομαῖος καὶ
Μαθθαῖος,
Ἰάκωβος Ἁλφαίου ...

Μαθθάτ	Syn 2	Mt	Mk	Lk 2	Acts	Jn	1-3John	Paul	Eph	Col
	NT 2	2Thess	1/2Tim	Tit	Heb	Jas	1Pet	2Pet	Jude	Rev

Matthat

002	Mt 1,15	... Ἐλεάζαρ δὲ ἐγέννησεν τὸν Ματθάν, Ματθὰν δὲ ἐγέννησεν τὸν Ἰακώβ, [16] Ἰακὼβ δὲ ἐγέννησεν τὸν Ἰωσὴφ τὸν ἄνδρα Μαρίας, ...	Lk 3,24	[23] ... Ἰωσὴφ τοῦ Ἠλὶ **[24] τοῦ Μαθθὰτ** τοῦ Λευὶ ...	
002			Lk 3,29	τοῦ Ἰησοῦ τοῦ Ἐλιέζερ τοῦ Ἰωρὶμ **τοῦ Μαθθὰτ** τοῦ Λευὶ	

Μαθουσαλά	Syn 1	Mt	Mk	Lk 1	Acts	Jn	1-3John	Paul	Eph	Col
	NT 1	2Thess	1/2Tim	Tit	Heb	Jas	1Pet	2Pet	Jude	Rev

Methuselah

002			Lk 3,37	[36] ... τοῦ Σαλὰ **[37] τοῦ Μαθουσαλὰ** τοῦ Ἑνὼχ ...	

μακαρίζω	Syn 1	Mt	Mk	Lk 1	Acts	Jn	1-3John	Paul	Eph	Col
	NT 2	2Thess	1/2Tim	Tit	Heb	Jas 1	1Pet	2Pet	Jude	Rev

call blessed, happy, fortunate; consider blessed, happy, fortunate

code	Mt		Mk		Lk		
002					Lk 1,48 → Lk 1,45 → Lk 11,27	ὅτι ἐπέβλεψεν ἐπὶ τὴν ταπείνωσιν τῆς δούλης αὐτοῦ. ἰδοὺ γὰρ ἀπὸ τοῦ νῦν **μακαριοῦσίν** με πᾶσαι αἱ γενεαί	

μακάριος	Syn 28	Mt 13	Mk	Lk 15	Acts 2	Jn 2	1-3John	Paul 4	Eph	Col
	NT 50	2Thess	1/2Tim 2	Tit 1	Heb	Jas 2	1Pet 2	2Pet	Jude	Rev 7

blessed; happy; fortunate

	triple tradition																double tradition			Sonder-gut		
		+Mt / +Lk			−Mt / −Lk			traditions not taken over by Mt / Lk							subtotals							
code	222	211	112	212	221	122	121	022	012	021	220	120	210	020	Σ+	Σ−	Σ	202	201	102	200	002	total
Mt																		7			6		13
Mk																							
Lk																		7				8	15

code	Mt		Mk		Lk		
002					Lk 1,45 → Lk 1,48 ↓ Lk 11,28	καὶ **μακαρία** ἡ πιστεύσασα ὅτι ἔσται τελείωσις τοῖς λελαλημένοις αὐτῇ παρὰ κυρίου.	
202	Mt 5,3	[1] ... καὶ καθίσαντος αὐτοῦ προσῆλθαν αὐτῷ οἱ μαθηταὶ αὐτοῦ· [2] καὶ ἀνοίξας τὸ στόμα αὐτοῦ ἐδίδασκεν αὐτοὺς λέγων· [3] **μακάριοι** οἱ πτωχοὶ τῷ πνεύματι, ὅτι αὐτῶν ἐστιν ἡ βασιλεία τῶν οὐρανῶν.			Lk 6,20	καὶ αὐτὸς ἐπάρας τοὺς ὀφθαλμοὺς αὐτοῦ εἰς τοὺς μαθητὰς αὐτοῦ ἔλεγεν· **μακάριοι** οἱ πτωχοί, ὅτι ὑμετέρα ἐστὶν ἡ βασιλεία τοῦ θεοῦ.	→ GTh 54
202	Mt 5,4	**μακάριοι** οἱ πενθοῦντες, ὅτι αὐτοὶ παρακληθήσονται.			Lk 6,21 (2)	... **μακάριοι** οἱ κλαίοντες νῦν, ὅτι γελάσετε.	
200	Mt 5,5	**μακάριοι** οἱ πραεῖς, ὅτι αὐτοὶ κληρονομήσουσιν τὴν γῆν.					
202	Mt 5,6	**μακάριοι** οἱ πεινῶντες καὶ διψῶντες τὴν δικαιοσύνην, ὅτι αὐτοὶ χορτασθήσονται.			Lk 6,21 (2)	**μακάριοι** οἱ πεινῶντες νῦν, ὅτι χορτασθήσεσθε.	→ GTh 69,2
202	Mt 5,4	**μακάριοι** οἱ πενθοῦντες, ὅτι αὐτοὶ παρακληθήσονται.				**μακάριοι** οἱ κλαίοντες νῦν, ὅτι γελάσετε.	
200	Mt 5,7	**μακάριοι** οἱ ἐλεήμονες, ὅτι αὐτοὶ ἐλεηθήσονται.					

200	**Mt 5,8**	**μακάριοι** οἱ καθαροὶ τῇ καρδίᾳ, ὅτι αὐτοὶ τὸν θεὸν ὄψονται.			
200	**Mt 5,9**	**μακάριοι** οἱ εἰρηνοποιοί, ὅτι αὐτοὶ υἱοὶ θεοῦ κληθήσονται.			
200	**Mt 5,10**	**μακάριοι** οἱ δεδιωγμένοι ἕνεκεν δικαιοσύνης, ὅτι αὐτῶν ἐστιν ἡ βασιλεία τῶν οὐρανῶν.			→ GTh 69,1 → GTh 68
202	**Mt 5,11**	**μακάριοί** ἐστε ὅταν ὀνειδίσωσιν ὑμᾶς καὶ διώξωσιν ...	**Lk 6,22**	**μακάριοί** ἐστε ὅταν μισήσωσιν ὑμᾶς οἱ ἄνθρωποι καὶ ὅταν ἀφορίσωσιν ὑμᾶς καὶ ὀνειδίσωσιν ...	→ GTh 68 → GTh 69,1
202	**Mt 11,6**	καὶ **μακάριός** ἐστιν ὃς ἐὰν μὴ σκανδαλισθῇ ἐν ἐμοί.	**Lk 7,23**	καὶ **μακάριός** ἐστιν ὃς ἐὰν μὴ σκανδαλισθῇ ἐν ἐμοί.	
202	**Mt 13,16**	ὑμῶν δὲ **μακάριοι** οἱ ὀφθαλμοὶ ὅτι βλέπουσιν καὶ τὰ ὦτα ὑμῶν ὅτι ἀκούουσιν.	**Lk 10,23**	... **μακάριοι** οἱ ὀφθαλμοὶ οἱ βλέποντες ἃ βλέπετε.	→ GTh 38 (POxy 655 - restoration)
200	**Mt 16,17**	ἀποκριθεὶς δὲ ὁ Ἰησοῦς εἶπεν αὐτῷ· **μακάριος** εἶ, Σίμων Βαριωνᾶ, ὅτι σὰρξ καὶ αἷμα οὐκ ἀπεκάλυψέν σοι ἀλλ᾽ ὁ πατήρ μου ὁ ἐν τοῖς οὐρανοῖς.			
002			**Lk 11,27** → Lk 1,48	ἐγένετο δὲ ἐν τῷ λέγειν αὐτὸν ταῦτα ἐπάρασά τις φωνὴν γυνὴ ἐκ τοῦ ὄχλου εἶπεν αὐτῷ· **μακαρία** ἡ κοιλία ἡ βαστάσασά σε καὶ μαστοὶ οὓς ἐθήλασας.	→ GTh 79
002			**Lk 11,28** → Mt 12,50 → Mk 3,35 → Lk 8,21 ↑ Lk 1,45	αὐτὸς δὲ εἶπεν· μενοῦν **μακάριοι** οἱ ἀκούοντες τὸν λόγον τοῦ θεοῦ καὶ φυλάσσοντες.	→ GTh 79
002			**Lk 12,37** → Lk 21,36 → Lk 22,27 → Lk 22,30	**μακάριοι** οἱ δοῦλοι ἐκεῖνοι, οὓς ἐλθὼν ὁ κύριος εὑρήσει γρηγοροῦντας· ἀμὴν λέγω ὑμῖν ὅτι περιζώσεται καὶ ἀνακλινεῖ αὐτοὺς καὶ παρελθὼν διακονήσει αὐτοῖς.	
002			**Lk 12,38** → Mt 24,42 → Mk 13,35-36 → Mt 24,44 → Lk 12,40 → Lk 21,36	κἂν ἐν τῇ δευτέρᾳ κἂν ἐν τῇ τρίτῃ φυλακῇ ἔλθῃ καὶ εὕρῃ οὕτως, **μακάριοί** εἰσιν ἐκεῖνοι.	
202	**Mt 24,46**	**μακάριος** ὁ δοῦλος ἐκεῖνος ὃν ἐλθὼν ὁ κύριος αὐτοῦ εὑρήσει οὕτως ποιοῦντα·	**Lk 12,43**	**μακάριος** ὁ δοῦλος ἐκεῖνος, ὃν ἐλθὼν ὁ κύριος αὐτοῦ εὑρήσει ποιοῦντα οὕτως·	

	Mt		Mk		Lk		
002					**Lk 14,14**	καὶ **μακάριος** ἔσῃ, ὅτι οὐκ ἔχουσιν ἀνταποδοῦναί σοι, ἀνταποδοθήσεται γάρ σοι ἐν τῇ ἀναστάσει τῶν δικαίων.	
002					**Lk 14,15** → Mt 22,2 → Lk 22,30	ἀκούσας δέ τις τῶν συνανακειμένων ταῦτα εἶπεν αὐτῷ· **μακάριος** ὅστις φάγεται ἄρτον ἐν τῇ βασιλείᾳ τοῦ θεοῦ.	
002					**Lk 23,29** → Mt 24,19 → Mk 13,17 → Lk 21,23	ὅτι ἰδοὺ ἔρχονται ἡμέραι ἐν αἷς ἐροῦσιν· **μακάριαι** αἱ στεῖραι καὶ αἱ κοιλίαι αἳ οὐκ ἐγέννησαν καὶ μαστοὶ οἳ οὐκ ἔθρεψαν.	

Acts 20,35 ... μνημονεύειν τε τῶν λόγων τοῦ κυρίου Ἰησοῦ ὅτι αὐτὸς εἶπεν· **μακάριόν** ἐστιν μᾶλλον διδόναι ἢ λαμβάνειν.

Acts 26,2 περὶ πάντων ὧν ἐγκαλοῦμαι ὑπὸ Ἰουδαίων, βασιλεῦ Ἀγρίππα, ἥγημαι ἐμαυτὸν **μακάριον** ἐπὶ σοῦ μέλλων σήμερον ἀπολογεῖσθαι

μακράν	Syn	Mt	Mk	Lk	Acts	Jn	1-3John	Paul	Eph	Col
	4	1	1	2	3	1			2	
	NT	2Thess	1/2Tim	Tit	Heb	Jas	1Pet	2Pet	Jude	Rev
	10									

far (away)

	Mt		Mk		Lk		
002					**Lk 7,6** → Mt 8,7	ὁ δὲ Ἰησοῦς ἐπορεύετο σὺν αὐτοῖς. ἤδη δὲ αὐτοῦ **οὐ μακρὰν** ἀπέχοντος ἀπὸ τῆς οἰκίας ἔπεμψεν φίλους ὁ ἑκατοντάρχης ...	
211	**Mt 8,30**	ἦν δὲ **μακρὰν ἀπ᾽ αὐτῶν** ἀγέλη χοίρων πολλῶν βοσκομένη.	**Mk 5,11**	ἦν δὲ **ἐκεῖ** πρὸς τῷ ὄρει ἀγέλη χοίρων μεγάλη βοσκομένη·	**Lk 8,32**	ἦν δὲ **ἐκεῖ** ἀγέλη χοίρων ἱκανῶν βοσκομένη ἐν τῷ ὄρει· ...	
002					**Lk 15,20**	καὶ ἀναστὰς ἦλθεν πρὸς τὸν πατέρα ἑαυτοῦ. ἔτι δὲ αὐτοῦ **μακρὰν** ἀπέχοντος εἶδεν αὐτὸν ὁ πατὴρ αὐτοῦ καὶ ἐσπλαγχνίσθη ...	
021			**Mk 12,34**	καὶ ὁ Ἰησοῦς ἰδὼν [αὐτὸν] ὅτι νουνεχῶς ἀπεκρίθη εἶπεν αὐτῷ· **οὐ μακρὰν** εἶ ἀπὸ τῆς βασιλείας τοῦ θεοῦ. ...	**Lk 10,28**	εἶπεν δὲ αὐτῷ· ὀρθῶς ἀπεκρίθης· τοῦτο ποίει καὶ ζήσῃ.	

Acts 2,39 ὑμῖν γάρ ἐστιν
ἡ ἐπαγγελία καὶ
τοῖς τέκνοις ὑμῶν καὶ
πᾶσιν τοῖς εἰς
μακρὰν,
ὅσους ἂν προσκαλέσηται
κύριος ὁ θεὸς ἡμῶν.

Acts 17,27 ζητεῖν τὸν θεὸν, εἰ ἄρα
γε ψηλαφήσειαν αὐτὸν
καὶ εὕροιεν, καί γε
οὐ μακρὰν
ἀπὸ ἑνὸς ἑκάστου
ἡμῶν ὑπάρχοντα.

Acts 22,21 καὶ εἶπεν πρός με·
πορεύου, ὅτι ἐγὼ εἰς ἔθνη
μακρὰν
ἐξαποστελῶ σε.

μακρόθεν	Syn 11	Mt 2	Mk 5	Lk 4	Acts	Jn	1-3John	Paul	Eph	Col
	NT 14	2Thess	1/2Tim	Tit	Heb	Jas	1Pet	2Pet	Jude	Rev 3

from far away; from a distance

	triple tradition																	double tradition			Sondergut		
		+Mt / +Lk			–Mt / –Lk			traditions not taken over by Mt / Lk							subtotals								
code	*222*	*211*	*112*	*212*	*221*	*122*	*121*	*022*	*012*	*021*	*220*	*120*	*210*	*020*	Σ⁺	Σ⁻	Σ	*202*	*201*	*102*	*200*	*002*	total
Mt	2						1^-					2^-				3^-	2						**2**
Mk	2						1					2					5						**5**
Lk	2						1^-									1^-	2					2	**4**

[a] ἀπὸ μακρόθεν

a 121	**Mt 8,29** καὶ ἰδοὺ ἔκραξαν λέγοντες· ...	**Mk 5,6** καὶ ἰδὼν τὸν Ἰησοῦν **ἀπὸ μακρόθεν** ἔδραμεν καὶ προσεκύνησεν αὐτῷ [7] καὶ κράξας φωνῇ μεγάλῃ λέγει· ...	**Lk 8,28** ἰδὼν δὲ τὸν Ἰησοῦν ἀνακράξας προσέπεσεν αὐτῷ καὶ φωνῇ μεγάλῃ εἶπεν· ...	
a 120	**Mt 15,32** → Mt 14,15 ... καὶ ἀπολῦσαι αὐτοὺς νήστεις οὐ θέλω, μήποτε ἐκλυθῶσιν ἐν τῇ ὁδῷ.	**Mk 8,3** → Mk 6,36 καὶ ἐὰν ἀπολύσω αὐτοὺς νήστεις εἰς οἶκον αὐτῶν, ἐκλυθήσονται ἐν τῇ ὁδῷ· καί τινες αὐτῶν **ἀπὸ μακρόθεν** ἥκασιν.	→ Lk 9,12	
a 002			**Lk 16,23** ... ὁρᾷ Ἀβραὰμ **ἀπὸ μακρόθεν** καὶ Λάζαρον ἐν τοῖς κόλποις αὐτοῦ.	
002			**Lk 18,13** ὁ δὲ τελώνης **μακρόθεν** ἑστὼς οὐκ ἤθελεν οὐδὲ τοὺς ὀφθαλμοὺς ἐπᾶραι εἰς τὸν οὐρανόν, ἀλλ' ἔτυπτεν τὸ στῆθος αὐτοῦ λέγων· ὁ θεός, ἱλάσθητί μοι τῷ ἁμαρτωλῷ.	
120	**Mt 21,19** → Lk 13,6 καὶ ἰδὼν συκῆν μίαν **ἐπὶ τῆς ὁδοῦ** ἦλθεν ἐπ' αὐτὴν ...	**Mk 11,13** → Lk 13,6 καὶ ἰδὼν συκῆν **ἀπὸ μακρόθεν** ἔχουσαν φύλλα ἦλθεν, ...		
a 222	**Mt 26,58** ὁ δὲ Πέτρος ἠκολούθει αὐτῷ **ἀπὸ μακρόθεν ...**	**Mk 14,54** καὶ ὁ Πέτρος **ἀπὸ μακρόθεν** ἠκολούθησεν αὐτῷ ...	**Lk 22,54** ... ὁ δὲ Πέτρος ἠκολούθει **μακρόθεν.**	→ Jn 18,15
a 222	**Mt 27,55** → Mt 27,61 ἦσαν δὲ ἐκεῖ γυναῖκες πολλαὶ **ἀπὸ μακρόθεν** θεωροῦσαι, ...	**Mk 15,40** → Mk 15,47 ἦσαν δὲ καὶ γυναῖκες **ἀπὸ μακρόθεν** θεωροῦσαι, ...	**Lk 23,49** → Lk 8,2-3 → Lk 23,55 εἱστήκεισαν δὲ πάντες οἱ γνωστοὶ αὐτῷ **ἀπὸ μακρόθεν** καὶ γυναῖκες ...	→ Jn 19,25

μακροθυμέω

Syn	Mt	Mk	Lk	Acts	Jn	1-3John	Paul	Eph	Col
3	2		1				2		
NT	2Thess	1/2Tim	Tit	Heb	Jas	1Pet	2Pet	Jude	Rev
10				1	3		1		

have patience; wait; be patient; be forbearing; *Lk 18,7 (perhaps):* delay long

	Mt	Mk	Lk	
200	**Mt 18,26** πεσὼν οὖν ὁ δοῦλος προσεκύνει αὐτῷ λέγων· **μακροθύμησον** ἐπ' ἐμοί, καὶ πάντα ἀποδώσω σοι.			
200	**Mt 18,29** πεσὼν οὖν ὁ σύνδουλος αὐτοῦ παρεκάλει αὐτὸν λέγων· **μακροθύμησον** ἐπ' ἐμοί, καὶ ἀποδώσω σοι.			
002			**Lk 18,7** ὁ δὲ θεὸς οὐ μὴ ποιήσῃ τὴν ἐκδίκησιν τῶν ἐκλεκτῶν αὐτοῦ τῶν βοώντων αὐτῷ ἡμέρας καὶ νυκτός, καὶ **μακροθυμεῖ** ἐπ' αὐτοῖς;	

μακρός

Syn	Mt	Mk	Lk	Acts	Jn	1-3John	Paul	Eph	Col
4		1	3						
NT	2Thess	1/2Tim	Tit	Heb	Jas	1Pet	2Pet	Jude	Rev
4									

long; far away; distant

	Mt	Mk	Lk	
002			**Lk 15,13** καὶ μετ' οὐ πολλὰς ἡμέρας συναγαγὼν πάντα ὁ νεώτερος υἱὸς ἀπεδήμησεν **εἰς χώραν μακρὰν** καὶ ἐκεῖ διεσκόρπισεν τὴν οὐσίαν αὐτοῦ ζῶν ἀσώτως.	
102	**Mt 25,14** ὥσπερ γὰρ ἄνθρωπος ἀποδημῶν ...	**Mk 13,34** ὡς ἄνθρωπος ἀπόδημος ἀφεὶς τὴν οἰκίαν αὐτοῦ ...	**Lk 19,12** ... ἄνθρωπός τις εὐγενὴς ἐπορεύθη **εἰς χώραν μακρὰν** λαβεῖν ἑαυτῷ βασιλείαν καὶ ὑποστρέψαι.	Mk-Q overlap
022		**Mk 12,40** οἱ κατεσθίοντες τὰς οἰκίας τῶν χηρῶν καὶ προφάσει **μακρὰ** προσευχόμενοι· οὗτοι λήμψονται περισσότερον κρίμα.	**Lk 20,47** οἳ κατεσθίουσιν τὰς οἰκίας τῶν χηρῶν καὶ προφάσει **μακρὰ** προσεύχονται· οὗτοι λήμψονται περισσότερον κρίμα.	Mt 23,14 is textcritically uncertain.

μαλακία

Syn	Mt	Mk	Lk	Acts	Jn	1-3John	Paul	Eph	Col
3	3								
NT	2Thess	1/2Tim	Tit	Heb	Jas	1Pet	2Pet	Jude	Rev
3									

softness; weakness; ailment; sickness

	Mt		Mk		Lk		
211	**Mt 4,23** ⇩ Mt 9,35 → Mk 1,21	καὶ περιῆγεν ἐν ὅλῃ τῇ Γαλιλαίᾳ διδάσκων ἐν ταῖς συναγωγαῖς αὐτῶν καὶ κηρύσσων τὸ εὐαγγέλιον τῆς βασιλείας καὶ θεραπεύων πᾶσαν νόσον καὶ **πᾶσαν μαλακίαν** ἐν τῷ λαῷ.	**Mk 1,39** → Mk 1,14 ↓ Mk 6,6	καὶ ἦλθεν κηρύσσων εἰς τὰς συναγωγὰς αὐτῶν εἰς ὅλην τὴν Γαλιλαίαν καὶ τὰ δαιμόνια ἐκβάλλων.	**Lk 4,44** → Lk 4,15 ↓ Lk 8,1	καὶ ἦν κηρύσσων εἰς τὰς συναγωγὰς τῆς Ἰουδαίας.	
210	**Mt 9,35** ⇧ Mt 4,23 → Mk 1,21	καὶ περιῆγεν ὁ Ἰησοῦς τὰς πόλεις πάσας καὶ τὰς κώμας διδάσκων ἐν ταῖς συναγωγαῖς αὐτῶν καὶ κηρύσσων τὸ εὐαγγέλιον τῆς βασιλείας καὶ θεραπεύων πᾶσαν νόσον καὶ **πᾶσαν μαλακίαν.**	**Mk 6,6** ↑ Mk 1,39	... καὶ περιῆγεν τὰς κώμας κύκλῳ διδάσκων.	**Lk 8,1** → Lk 4,15 ↑ Lk 4,44 → Lk 13,22	καὶ ἐγένετο ἐν τῷ καθεξῆς καὶ αὐτὸς διώδευεν κατὰ πόλιν καὶ κώμην κηρύσσων καὶ εὐαγγελιζόμενος τὴν βασιλείαν τοῦ θεοῦ καὶ οἱ δώδεκα σὺν αὐτῷ	
211	**Mt 10,1** → Mk 3,13	καὶ προσκαλεσάμενος τοὺς δώδεκα μαθητὰς αὐτοῦ ἔδωκεν αὐτοῖς ἐξουσίαν πνευμάτων ἀκαθάρτων ὥστε ἐκβάλλειν αὐτὰ καὶ θεραπεύειν πᾶσαν νόσον καὶ **πᾶσαν μαλακίαν.**	**Mk 6,7** → Mk 3,14-15 → Mt 10,5 → Lk 9,2	καὶ προσκαλεῖται τοὺς δώδεκα καὶ ἤρξατο αὐτοὺς ἀποστέλλειν δύο δύο καὶ ἐδίδου αὐτοῖς ἐξουσίαν τῶν πνευμάτων τῶν ἀκαθάρτων	**Lk 9,1** → Lk 10,1	συγκαλεσάμενος δὲ τοὺς δώδεκα ἔδωκεν αὐτοῖς δύναμιν καὶ ἐξουσίαν ἐπὶ πάντα τὰ δαιμόνια καὶ νόσους θεραπεύειν	

μαλακός

Syn	Mt	Mk	Lk	Acts	Jn	1-3John	Paul	Eph	Col
3	2		1				1		
NT	2Thess	1/2Tim	Tit	Heb	Jas	1Pet	2Pet	Jude	Rev
4									

soft; effeminate

	Mt		Mk		Lk		
202	**Mt 11,8** (2)	ἀλλὰ τί ἐξήλθατε ἰδεῖν; ἄνθρωπον **ἐν μαλακοῖς** ἠμφιεσμένον;			**Lk 7,25**	ἀλλὰ τί ἐξήλθατε ἰδεῖν; ἄνθρωπον **ἐν μαλακοῖς ἱματίοις** ἠμφιεσμένον;	→ GTh 78
201		ἰδοὺ οἱ **τὰ μαλακὰ** φοροῦντες ἐν τοῖς οἴκοις τῶν βασιλέων εἰσίν.				ἰδοὺ οἱ **ἐν ἱματισμῷ ἐνδόξῳ** καὶ τρυφῇ ὑπάρχοντες ἐν τοῖς βασιλείοις εἰσίν.	

Μαλελεήλ

Syn	Mt	Mk	Lk	Acts	Jn	1-3John	Paul	Eph	Col
1			1						
NT	2Thess	1/2Tim	Tit	Heb	Jas	1Pet	2Pet	Jude	Rev
1									

Mahalaleel

	Mt		Mk		Lk		
002					**Lk 3,37**	... τοῦ Ἰάρετ **τοῦ Μαλελεήλ** τοῦ Καϊνὰμ	

μᾶλλον	Syn 19	Mt 9	Mk 5	Lk 5	Acts 7	Jn 4	1-3John	Paul 38	Eph 3	Col
	NT 81	2Thess	1/2Tim 3	Tit	Heb 6	Jas	1Pet	2Pet 1	Jude	Rev

more; rather; to a greater degree; for a better reason; sooner; more (surely); more (certainly)

	triple tradition																	double tradition			Sondergut		
		+Mt / +Lk			–Mt / –Lk			traditions not taken over by Mt / Lk							subtotals								
code	*222*	*211*	*112*	*212*	*221*	*122*	*121*	*022*	*012*	*021*	*220*	*120*	*210*	*020*	Σ^+	Σ^-	Σ	*202*	*201*	*102*	*200*	*002*	total
Mt		1^+				1^-	2^-								1^+	3^-	1	3	2		3		**9**
Mk						1	2			1				1			5						**5**
Lk						1	2^-		1^+	1^-					1^+	3^-	2	3					**5**

Mk-Q overlap: 121: Mt 18,6 / Mk 9,42 / Lk 17,2 (?)

a πολλῷ μᾶλλον

b πόσῳ μᾶλλον

012			**Mk 1,45** → Mt 9,31	ὁ δὲ ἐξελθὼν ἤρξατο κηρύσσειν πολλὰ καὶ διαφημίζειν τὸν λόγον, ὥστε μηκέτι αὐτὸν δύνασθαι φανερῶς εἰς πόλιν εἰσελθεῖν, ...	**Lk 5,15** → Lk 6,18 → Lk 7,17	διήρχετο δὲ **μᾶλλον** ὁ λόγος περὶ αὐτοῦ, ...	
b 202	**Mt 7,11**	εἰ οὖν ὑμεῖς πονηροὶ ὄντες οἴδατε δόματα ἀγαθὰ διδόναι τοῖς τέκνοις ὑμῶν, **πόσῳ μᾶλλον** ὁ πατὴρ ὑμῶν ὁ ἐν τοῖς οὐρανοῖς δώσει ἀγαθὰ τοῖς αἰτοῦσιν αὐτόν.			**Lk 11,13**	εἰ οὖν ὑμεῖς πονηροὶ ὑπάρχοντες οἴδατε δόματα ἀγαθὰ διδόναι τοῖς τέκνοις ὑμῶν, **πόσῳ μᾶλλον** ὁ πατὴρ [ὁ] ἐξ οὐρανοῦ δώσει πνεῦμα ἅγιον τοῖς αἰτοῦσιν αὐτόν.	
b 202	**Mt 6,26**	... καὶ ὁ πατὴρ ὑμῶν ὁ οὐράνιος τρέφει αὐτά· οὐχ ὑμεῖς **μᾶλλον** διαφέρετε αὐτῶν;			**Lk 12,24**	... καὶ ὁ θεὸς τρέφει αὐτούς· **πόσῳ μᾶλλον** ὑμεῖς διαφέρετε τῶν πετεινῶν.	
a b 202	**Mt 6,30**	εἰ δὲ τὸν χόρτον τοῦ ἀγροῦ σήμερον ὄντα καὶ αὔριον εἰς κλίβανον βαλλόμενον ὁ θεὸς οὕτως ἀμφιέννυσιν, **οὐ πολλῷ μᾶλλον** ὑμᾶς, ὀλιγόπιστοι;			**Lk 12,28**	εἰ δὲ ἐν ἀγρῷ τὸν χόρτον ὄντα σήμερον καὶ αὔριον εἰς κλίβανον βαλλόμενον ὁ θεὸς οὕτως ἀμφιέζει, **πόσῳ μᾶλλον** ὑμᾶς, ὀλιγόπιστοι.	→ GTh 36,2 (only POxy 655)
b 202	**Mt 7,11**	εἰ οὖν ὑμεῖς πονηροὶ ὄντες οἴδατε δόματα ἀγαθὰ διδόναι τοῖς τέκνοις ὑμῶν, **πόσῳ μᾶλλον** ὁ πατὴρ ὑμῶν ὁ ἐν τοῖς οὐρανοῖς δώσει ἀγαθὰ τοῖς αἰτοῦσιν αὐτόν.			**Lk 11,13**	εἰ οὖν ὑμεῖς πονηροὶ ὑπάρχοντες οἴδατε δόματα ἀγαθὰ διδόναι τοῖς τέκνοις ὑμῶν, **πόσῳ μᾶλλον** ὁ πατὴρ [ὁ] ἐξ οὐρανοῦ δώσει πνεῦμα ἅγιον τοῖς αἰτοῦσιν αὐτόν.	
200	**Mt 10,6** → Mt 15,24	πορεύεσθε δὲ **μᾶλλον** πρὸς τὰ πρόβατα τὰ ἀπολωλότα οἴκου Ἰσραήλ.					
b 200	**Mt 10,25**	... εἰ τὸν οἰκοδεσπότην Βεελζεβοὺλ ἐπεκάλεσαν, **πόσῳ μᾶλλον** τοὺς οἰκιακοὺς αὐτοῦ.					

	Mt		Mk		Lk		
201	Mt 10,28	... φοβεῖσθε δὲ μᾶλλον τὸν δυνάμενον καὶ ψυχὴν καὶ σῶμα ἀπολέσαι ἐν γεέννῃ.			Lk 12,5	ὑποδείξω δὲ ὑμῖν τίνα φοβηθῆτε· φοβήθητε τὸν μετὰ τὸ ἀποκτεῖναι ἔχοντα ἐξουσίαν ἐμβαλεῖν εἰς τὴν γέενναν· ...	
021			Mk 5,26	καὶ πολλὰ παθοῦσα ὑπὸ πολλῶν ἰατρῶν καὶ δαπανήσασα τὰ παρ' αὐτῆς πάντα καὶ μηδὲν ὠφεληθεῖσα ἀλλὰ μᾶλλον εἰς τὸ χεῖρον ἐλθοῦσα	Lk 8,43	καὶ γυνὴ οὖσα ἐν ῥύσει αἵματος ἀπὸ ἐτῶν δώδεκα, ἥτις [ἰατροῖς προσαναλώσασα ὅλον τὸν βίον] οὐκ ἴσχυσεν ἀπ' οὐδενὸς θεραπευθῆναι	
020			Mk 7,36	καὶ διεστείλατο αὐτοῖς ἵνα μηδενὶ λέγωσιν· ὅσον δὲ αὐτοῖς διεστέλλετο, αὐτοὶ μᾶλλον περισσότερον ἐκήρυσσον.			
121	Mt 18,6 → Mt 18,10	ὃς δ' ἂν σκανδαλίσῃ ἕνα τῶν μικρῶν τούτων τῶν πιστευόντων εἰς ἐμέ, συμφέρει αὐτῷ ἵνα κρεμασθῇ μύλος ὀνικὸς περὶ τὸν τράχηλον αὐτοῦ καὶ καταποντισθῇ ἐν τῷ πελάγει τῆς θαλάσσης.	Mk 9,42	καὶ ὃς ἂν σκανδαλίσῃ ἕνα τῶν μικρῶν τούτων τῶν πιστευόντων [εἰς ἐμέ], καλόν ἐστιν αὐτῷ μᾶλλον εἰ περίκειται μύλος ὀνικὸς περὶ τὸν τράχηλον αὐτοῦ καὶ βέβληται εἰς τὴν θάλασσαν.	Lk 17,2	λυσιτελεῖ αὐτῷ εἰ λίθος μυλικὸς περίκειται περὶ τὸν τράχηλον αὐτοῦ καὶ ἔρριπται εἰς τὴν θάλασσαν ἢ ἵνα σκανδαλίσῃ τῶν μικρῶν τούτων ἕνα.	Mk-Q overlap?
201	Mt 18,13	καὶ ἐὰν γένηται εὑρεῖν αὐτό, ἀμὴν λέγω ὑμῖν ὅτι χαίρει ἐπ' αὐτῷ μᾶλλον ἢ ἐπὶ τοῖς ἐνενήκοντα ἐννέα τοῖς μὴ πεπλανημένοις.			Lk 15,7 → Lk 15,10	[5] καὶ εὑρὼν ἐπιτίθησιν ἐπὶ τοὺς ὤμους αὐτοῦ χαίρων [6] ... [7] λέγω ὑμῖν ὅτι οὕτως χαρὰ ἐν τῷ οὐρανῷ ἔσται ἐπὶ ἑνὶ ἁμαρτωλῷ μετανοοῦντι ἢ ἐπὶ ἐνενήκοντα ἐννέα δικαίοις οἵτινες οὐ χρείαν ἔχουσιν μετανοίας.	→ GTh 107
a 122	Mt 20,31	ὁ δὲ ὄχλος ἐπετίμησεν αὐτοῖς ἵνα σιωπήσωσιν· οἱ δὲ μεῖζον ἔκραξαν λέγοντες· ἐλέησον ἡμᾶς, κύριε, υἱὸς Δαυίδ.	Mk 10,48	καὶ ἐπετίμων αὐτῷ πολλοὶ ἵνα σιωπήσῃ· ὁ δὲ πολλῷ μᾶλλον ἔκραζεν· υἱὲ Δαυίδ, ἐλέησόν με.	Lk 18,39	καὶ οἱ προάγοντες ἐπετίμων αὐτῷ ἵνα σιγήσῃ, αὐτὸς δὲ πολλῷ μᾶλλον ἔκραζεν· υἱὲ Δαυίδ, ἐλέησόν με.	
200	Mt 25,9	ἀπεκρίθησαν δὲ αἱ φρόνιμοι λέγουσαι· μήποτε οὐ μὴ ἀρκέσῃ ἡμῖν καὶ ὑμῖν· πορεύεσθε μᾶλλον πρὸς τοὺς πωλοῦντας καὶ ἀγοράσατε ἑαυταῖς.					
121	Mt 27,20	οἱ δὲ ἀρχιερεῖς καὶ οἱ πρεσβύτεροι ἔπεισαν τοὺς ὄχλους ἵνα αἰτήσωνται τὸν Βαραββᾶν, τὸν δὲ Ἰησοῦν ἀπολέσωσιν.	Mk 15,11	οἱ δὲ ἀρχιερεῖς ἀνέσεισαν τὸν ὄχλον ἵνα μᾶλλον τὸν Βαραββᾶν ἀπολύσῃ αὐτοῖς.	Lk 23,18	ἀνέκραγον δὲ παμπληθεὶ λέγοντες· αἶρε τοῦτον, ἀπόλυσον δὲ ἡμῖν τὸν Βαραββᾶν·	→ Jn 18,40

	Mt		Mk		Lk		
211	**Mt 27,24**	ἰδὼν δὲ ὁ Πιλᾶτος ὅτι οὐδὲν ὠφελεῖ ἀλλὰ **μᾶλλον** θόρυβος γίνεται, λαβὼν ὕδωρ ἀπενίψατο τὰς χεῖρας ἀπέναντι τοῦ ὄχλου λέγων· ἀθῷός εἰμι ἀπὸ τοῦ αἵματος τούτου· ὑμεῖς ὄψεσθε.	**Mk 15,15**	ὁ δὲ Πιλᾶτος βουλόμενος τῷ ὄχλῳ τὸ ἱκανὸν ποιῆσαι ...	**Lk 23,24**	καὶ Πιλᾶτος ἐπέκρινεν γενέσθαι τὸ αἴτημα αὐτῶν·	→ Acts 18,6

Acts 4,19 ὁ δὲ Πέτρος καὶ Ἰωάννης ἀποκριθέντες εἶπον πρὸς αὐτούς· εἰ δίκαιόν ἐστιν ἐνώπιον τοῦ θεοῦ ὑμῶν ἀκούειν **μᾶλλον** ἢ τοῦ θεοῦ, κρίνατε·

Acts 5,14 **μᾶλλον** δὲ προσετίθεντο πιστεύοντες τῷ κυρίῳ, ...

Acts 5,29 ἀποκριθεὶς δὲ Πέτρος καὶ οἱ ἀπόστολοι εἶπαν· πειθαρχεῖν δεῖ θεῷ **μᾶλλον** ἢ ἀνθρώποις.

Acts 9,22 Σαῦλος δὲ **μᾶλλον** ἐνεδυναμοῦτο καὶ συνέχυννεν [τοὺς] Ἰουδαίους τοὺς κατοικοῦντας ἐν Δαμασκῷ συμβιβάζων ὅτι οὗτός ἐστιν ὁ χριστός.

Acts 20,35 ... μνημονεύειν τε τῶν λόγων τοῦ κυρίου Ἰησοῦ ὅτι αὐτὸς εἶπεν· μακάριόν ἐστιν **μᾶλλον** διδόναι ἢ λαμβάνειν.

Acts 22,2 ἀκούσαντες δὲ ὅτι τῇ Ἑβραΐδι διαλέκτῳ προσεφώνει αὐτοῖς, **μᾶλλον** παρέσχον ἡσυχίαν. ...

Acts 27,11 ὁ δὲ ἑκατοντάρχης τῷ κυβερνήτῃ καὶ τῷ ναυκλήρῳ **μᾶλλον** ἐπείθετο ἢ τοῖς ὑπὸ Παύλου λεγομένοις.

μαμωνᾶς

	Syn	Mt	Mk	Lk	Acts	Jn	1-3John	Paul	Eph	Col
	4	1		3						
	NT	2Thess	1/2Tim	Tit	Heb	Jas	1Pet	2Pet	Jude	Rev
	4									

wealth; property

	Mt		Mk		Lk		
002					**Lk 16,9** → Lk 12,33	... ἑαυτοῖς ποιήσατε φίλους **ἐκ τοῦ μαμωνᾶ τῆς ἀδικίας,** ἵνα ὅταν ἐκλίπῃ δέξωνται ὑμᾶς εἰς τὰς αἰωνίους σκηνάς.	
002					**Lk 16,11**	εἰ οὖν **ἐν τῷ ἀδίκῳ μαμωνᾷ** πιστοὶ οὐκ ἐγένεσθε, τὸ ἀληθινὸν τίς ὑμῖν πιστεύσει;	
202	**Mt 6,24**	... οὐ δύνασθε θεῷ δουλεύειν καὶ **μαμωνᾷ.**			**Lk 16,13**	... οὐ δύνασθε θεῷ δουλεύειν καὶ **μαμωνᾷ.**	→ GTh 47,1-2

Μανασσῆς

	Syn	Mt	Mk	Lk	Acts	Jn	1-3John	Paul	Eph	Col
	2	2								
	NT	2Thess	1/2Tim	Tit	Heb	Jas	1Pet	2Pet	Jude	Rev
	3									1

Manasseh

	Mt		
200 200	**Mt 1,10 (2)**	Ἑζεκίας δὲ ἐγέννησεν **τὸν Μανασσῆ, Μανασσῆς** δὲ ἐγέννησεν τὸν Ἀμώς, ...	

μανθάνω	Syn 4	Mt 3	Mk 1	Lk	Acts 1	Jn 2	1-3John	Paul 7	Eph 1	Col 1
	NT 25	2Thess	1/2Tim 6	Tit 1	Heb 1	Jas	1Pet	2Pet	Jude	Rev 1

learn; find out; appropriate to oneself

	Mt		Mk		Lk		
211	**Mt 9,13** ⇨ Mt 12,7	πορευθέντες δὲ **μάθετε** τί ἐστιν· *ἔλεος θέλω καὶ οὐ θυσίαν·* οὐ γὰρ ἦλθον καλέσαι δικαίους ἀλλὰ ἁμαρτωλούς. ➤ Hos 6,6	**Mk 2,17**	... οὐκ ἦλθον καλέσαι δικαίους ἀλλὰ ἁμαρτωλούς.	**Lk 5,32**	οὐκ ἐλήλυθα καλέσαι δικαίους ἀλλὰ ἁμαρτωλοὺς εἰς μετάνοιαν.	
200	**Mt 11,29**	ἄρατε τὸν ζυγόν μου ἐφ' ὑμᾶς καὶ **μάθετε** ἀπ' ἐμοῦ, ὅτι πραΰς εἰμι καὶ ταπεινὸς τῇ καρδίᾳ, ...					→ GTh 90
221	**Mt 24,32**	ἀπὸ δὲ τῆς συκῆς **μάθετε** τὴν παραβολήν· ὅταν ἤδη ὁ κλάδος αὐτῆς γένηται ἁπαλὸς καὶ τὰ φύλλα ἐκφύῃ, γινώσκετε ὅτι ἐγγὺς τὸ θέρος·	**Mk 13,28**	ἀπὸ δὲ τῆς συκῆς **μάθετε** τὴν παραβολήν· ὅταν ἤδη ὁ κλάδος αὐτῆς ἁπαλὸς γένηται καὶ ἐκφύῃ τὰ φύλλα, γινώσκετε ὅτι ἐγγὺς τὸ θέρος ἐστίν·	**Lk 21,29**	καὶ εἶπεν παραβολὴν αὐτοῖς· ἴδετε τὴν συκῆν καὶ πάντα τὰ δένδρα· [30] ὅταν προβάλωσιν ἤδη, βλέποντες ἀφ' ἑαυτῶν γινώσκετε ὅτι ἤδη ἐγγὺς τὸ θέρος ἐστίν·	

Acts 23,27 τὸν ἄνδρα τοῦτον συλλημφθέντα ὑπὸ τῶν Ἰουδαίων καὶ μέλλοντα ἀναιρεῖσθαι ὑπ' αὐτῶν ἐπιστὰς σὺν τῷ στρατεύματι ἐξειλάμην,
μαθὼν
ὅτι Ῥωμαῖός ἐστιν·

μαργαρίτης	Syn 3	Mt 3	Mk	Lk	Acts	Jn	1-3John	Paul	Eph	Col
	NT 9	2Thess	1/2Tim 1	Tit	Heb	Jas	1Pet	2Pet	Jude	Rev 5

pearl

	Mt		
200	**Mt 7,6**	μὴ δῶτε τὸ ἅγιον τοῖς κυσὶν μηδὲ βάλητε **τοὺς μαργαρίτας ὑμῶν** ἔμπροσθεν τῶν χοίρων, μήποτε καταπατήσουσιν αὐτοὺς ἐν τοῖς ποσὶν αὐτῶν καὶ στραφέντες ῥήξωσιν ὑμᾶς.	→ GTh 93
200	**Mt 13,45**	πάλιν ὁμοία ἐστὶν ἡ βασιλεία τῶν οὐρανῶν ἀνθρώπῳ ἐμπόρῳ ζητοῦντι **καλοὺς μαργαρίτας·**	→ GTh 76,1-2
200	**Mt 13,46**	εὑρὼν δὲ **ἕνα πολύτιμον μαργαρίτην** ἀπελθὼν πέπρακεν πάντα ὅσα εἶχεν καὶ ἠγόρασεν αὐτόν.	→ GTh 76,1-2

Μάρθα	Syn 4	Mt	Mk	Lk 4	Acts	Jn 9	1-3John	Paul	Eph	Col
	NT 13	2Thess	1/2Tim	Tit	Heb	Jas	1Pet	2Pet	Jude	Rev

Martha

002			**Lk 10,38** ἐν δὲ τῷ πορεύεσθαι αὐτοὺς αὐτὸς εἰσῆλθεν εἰς κώμην τινά· γυνὴ δέ τις ὀνόματι **Μάρθα** ὑπεδέξατο αὐτόν.	
002			**Lk 10,40** ἡ δὲ **Μάρθα** περιεσπᾶτο περὶ πολλὴν διακονίαν· ἐπιστᾶσα δὲ εἶπεν· κύριε, οὐ μέλει σοι ὅτι ἡ ἀδελφή μου μόνην με κατέλιπεν διακονεῖν; εἰπὲ οὖν αὐτῇ ἵνα μοι συναντιλάβηται.	
002 002			**Lk 10,41 (2)** ἀποκριθεὶς δὲ εἶπεν αὐτῇ ὁ κύριος· **Μάρθα Μάρθα,** μεριμνᾷς καὶ θορυβάζῃ περὶ πολλά	

Μαρία, Μαριάμ	Syn 35	Mt 11	Mk 7	Lk 17	Acts 2	Jn 15	1-3John	Paul 1	Eph	Col
	NT 53	2Thess	1/2Tim	Tit	Heb	Jas	1Pet	2Pet	Jude	Rev

Mary

	triple tradition																	double tradition			Sondergut		
		+Mt / +Lk			–Mt / –Lk			traditions not taken over by Mt / Lk							subtotals								
code	*222*	*211*	*112*	*212*	*221*	*122*	*121*	*022*	*012*	*021*	*220*	*120*	*210*	*020*	Σ^+	Σ^-	Σ	*202*	*201*	*102*	*200*	*002*	total
Mt	2				3						2						7				4		**11**
Mk	2				3						2						7						**7**
Lk	2				3^-											3^-	2					15	**17**

a Μαρία, mother of Jesus
b Μαρία ἡ Μαγδαληνή
c Μαρία ἡ (τοῦ) Ἰακώβου ... μήτηρ, ἡ ἄλλη Μαρία
d Μαρία, sister of Martha
e Μαρία, mother of John Mark (Acts only)

a 200	**Mt 1,16** ↓Mt 13,55 ↓Mk 6,3 Ἰακὼβ δὲ ἐγέννησεν τὸν Ἰωσὴφ **τὸν ἄνδρα Μαρίας,** ἐξ ἧς ἐγεννήθη Ἰησοῦς ὁ λεγόμενος χριστός.		**Lk 3,23** →Lk 4,22 καὶ αὐτὸς ἦν Ἰησοῦς ἀρχόμενος ὡσεὶ ἐτῶν τριάκοντα, ὢν υἱός, ὡς ἐνομίζετο, Ἰωσὴφ τοῦ Ἠλὶ	
a 002			**Lk 1,27** ↓Mt 1,18 ↓Mt 1,20 πρὸς παρθένον ἐμνηστευμένην ἀνδρὶ ᾧ ὄνομα Ἰωσὴφ ἐξ οἴκου Δαυὶδ καὶ τὸ ὄνομα τῆς παρθένου **Μαριάμ.**	
a 002			**Lk 1,30** ↓Mt 1,20 καὶ εἶπεν ὁ ἄγγελος αὐτῇ· μὴ φοβοῦ, **Μαριάμ,** εὗρες γὰρ χάριν παρὰ τῷ θεῷ.	

	Mt		Mk		Lk		
a 002					**Lk 1,34**	εἶπεν δὲ **Μαριὰμ** πρὸς τὸν ἄγγελον· πῶς ἔσται τοῦτο, ἐπεὶ ἄνδρα οὐ γινώσκω;	
a 002					**Lk 1,38**	εἶπεν δὲ **Μαριάμ·** ἰδοὺ ἡ δούλη κυρίου· γένοιτό μοι κατὰ τὸ ῥῆμά σου. ...	
a 002					**Lk 1,39**	ἀναστᾶσα δὲ **Μαριὰμ** ἐν ταῖς ἡμέραις ταύταις ἐπορεύθη εἰς τὴν ὀρεινὴν μετὰ σπουδῆς εἰς πόλιν Ἰούδα	
a 002					**Lk 1,41**	καὶ ἐγένετο ὡς ἤκουσεν **τὸν ἀσπασμὸν τῆς Μαρίας** ἡ Ἐλισάβετ, ἐσκίρτησεν τὸ βρέφος ἐν τῇ κοιλίᾳ αὐτῆς, ...	
a 002					**Lk 1,46**	καὶ εἶπεν **Μαριάμ·** μεγαλύνει ἡ ψυχή μου τὸν κύριον	
a 002					**Lk 1,56**	ἔμεινεν δὲ **Μαριὰμ** σὺν αὐτῇ ὡς μῆνας τρεῖς, καὶ ὑπέστρεψεν εἰς τὸν οἶκον αὐτῆς.	
a 200	**Mt 1,18** ↑ Lk 1,27 → Lk 1,35	τοῦ δὲ Ἰησοῦ Χριστοῦ ἡ γένεσις οὕτως ἦν. μνηστευθείσης τῆς μητρὸς αὐτοῦ **Μαρίας** τῷ Ἰωσήφ, πρὶν ἢ συνελθεῖν αὐτοὺς εὑρέθη ἐν γαστρὶ ἔχουσα ἐκ πνεύματος ἁγίου.					
a 200	**Mt 1,20** ↑ Lk 1,27 ↑ Lk 1,30 → Lk 1,35	... Ἰωσὴφ υἱὸς Δαυίδ, μὴ φοβηθῇς παραλαβεῖν **Μαριὰμ** τὴν γυναῖκά σου, τὸ γὰρ ἐν αὐτῇ γεννηθὲν ἐκ πνεύματός ἐστιν ἁγίου·					
a 002					**Lk 2,5**	ἀπογράψασθαι **σὺν Μαριὰμ τῇ ἐμνηστευμένῃ** αὐτῷ, οὔσῃ ἐγκύῳ.	
a 002					**Lk 2,16**	καὶ ἦλθαν σπεύσαντες καὶ ἀνεῦραν τήν τε **Μαριὰμ** καὶ τὸν Ἰωσὴφ καὶ τὸ βρέφος κείμενον ἐν τῇ φάτνῃ·	
a 002					**Lk 2,19** → Lk 2,51	**ἡ δὲ Μαριὰμ** πάντα συνετήρει τὰ ῥήματα ταῦτα συμβάλλουσα ἐν τῇ καρδίᾳ αὐτῆς.	

	Mt		Mk		Lk		
a 002					Lk 2,34	καὶ εὐλόγησεν αὐτοὺς Συμεὼν καὶ εἶπεν **πρὸς Μαριὰμ** τὴν μητέρα αὐτοῦ· ἰδοὺ οὗτος κεῖται εἰς πτῶσιν καὶ ἀνάστασιν πολλῶν ἐν τῷ Ἰσραὴλ καὶ εἰς σημεῖον ἀντιλεγόμενον -	
a 200	Mt 2,11	καὶ ἐλθόντες εἰς τὴν οἰκίαν εἶδον τὸ παιδίον **μετὰ Μαρίας τῆς μητρὸς αὐτοῦ,** καὶ πεσόντες προσεκύνησαν αὐτῷ καὶ ἀνοίξαντες τοὺς θησαυροὺς αὐτῶν προσήνεγκαν αὐτῷ δῶρα, χρυσὸν καὶ λίβανον καὶ σμύρναν.					
b 002					Lk 8,2 ↓Mt 27,56 ↓Mk 15,40 ↓Lk 23,49 ↓Lk 23,55 ↓Lk 24,10	καὶ γυναῖκές τινες αἳ ἦσαν τεθεραπευμέναι ἀπὸ πνευμάτων πονηρῶν καὶ ἀσθενειῶν, **Μαρία** ἡ καλουμένη Μαγδαληνή, ἀφ' ἧς δαιμόνια ἑπτὰ ἐξεληλύθει	
a 221	Mt 13,55 ↑Mt 1,16	οὐχ οὗτός ἐστιν ὁ τοῦ τέκτονος υἱός; **οὐχ ἡ μήτηρ αὐτοῦ λέγεται Μαριὰμ** καὶ οἱ ἀδελφοὶ αὐτοῦ Ἰάκωβος καὶ Ἰωσὴφ καὶ Σίμων καὶ Ἰούδας;	Mk 6,3 ↑Mt 1,16	οὐχ οὗτός ἐστιν ὁ τέκτων, **ὁ υἱὸς τῆς Μαρίας** καὶ ἀδελφὸς Ἰακώβου καὶ Ἰωσῆτος καὶ Ἰούδα καὶ Σίμωνος; ...	Lk 4,22 →Lk 3,23	... οὐχὶ **υἱός ἐστιν Ἰωσὴφ** οὗτος;	→ Jn 6,42
d 002					Lk 10,39	καὶ τῇδε ἦν ἀδελφὴ καλουμένη **Μαριάμ,** [ἣ] καὶ παρακαθεσθεῖσα πρὸς τοὺς πόδας τοῦ κυρίου ἤκουεν τὸν λόγον αὐτοῦ.	
d 002					Lk 10,42	ἑνὸς δέ ἐστιν χρεία· **Μαριὰμ** γὰρ τὴν ἀγαθὴν μερίδα ἐξελέξατο ἥτις οὐκ ἀφαιρεθήσεται αὐτῆς.	
	Mt 27,55	ἦσαν δὲ ἐκεῖ γυναῖκες πολλαὶ ἀπὸ μακρόθεν θεωροῦσαι, ...	Mk 15,40 (2)	ἦσαν δὲ καὶ γυναῖκες ἀπὸ μακρόθεν θεωροῦσαι,	Lk 23,49 ↑Lk 8,2	εἱστήκεισαν δὲ πάντες οἱ γνωστοὶ αὐτῷ ἀπὸ μακρόθεν καὶ γυναῖκες ...	
b 220 *c* 220	Mt 27,56 (2) ↓Mt 27,61 ↓Mt 28,1 ↓Lk 24,10	ἐν αἷς ἦν **Μαρία ἡ Μαγδαληνὴ** καὶ **Μαρία ἡ τοῦ Ἰακώβου καὶ Ἰωσὴφ μήτηρ** καὶ ἡ μήτηρ τῶν υἱῶν Ζεβεδαίου.	↓Mk 15,47 ↓Mk 16,1 ↓Lk 24,10	ἐν αἷς καὶ **Μαρία ἡ Μαγδαληνὴ** καὶ **Μαρία ἡ Ἰακώβου τοῦ μικροῦ καὶ Ἰωσῆτος μήτηρ** καὶ Σαλώμη			→ Jn 19,25

b 221 c 221	**Mt 27,61** (2) ↑ Mt 27,56 ↓ Mt 28,1 ↓ Lk 24,10	ἦν δὲ ἐκεῖ **Μαριὰμ** **ἡ Μαγδαληνὴ** **καὶ** **ἡ ἄλλη Μαρία** καθήμεναι ἀπέναντι τοῦ τάφου.	**Mk 15,47** (2) ↑ Mk 15,40 ↓ Mk 16,1 ↓ Lk 24,10	**ἡ δὲ Μαρία** **ἡ Μαγδαληνὴ** **καὶ** **Μαρία** **ἡ Ἰωσῆτος** ἐθεώρουν ποῦ τέθειται.	**Lk 23,55** ↑ Lk 8,2 → Lk 23,49b	κατακολουθήσασαι δὲ **αἱ γυναῖκες,** αἵτινες ἦσαν συνεληλυθυῖαι ἐκ τῆς Γαλιλαίας αὐτῷ, ἐθεάσαντο τὸ μνημεῖον καὶ ὡς ἐτέθη τὸ σῶμα αὐτοῦ	
b 222 c 222	**Mt 28,1** (2) ↑ Mt 27,56 ↑ Mt 27,61	ὀψὲ δὲ σαββάτων, τῇ ἐπιφωσκούσῃ εἰς μίαν σαββάτων ἦλθεν **Μαριὰμ ἡ Μαγδαληνὴ** **καὶ** **ἡ ἄλλη Μαρία** θεωρῆσαι τὸν τάφον.	**Mk 16,1** (2) ↑ Mk 15,40 ↑ Mk 15,47	καὶ διαγενομένου τοῦ σαββάτου **Μαρία ἡ Μαγδαληνὴ** **καὶ** **Μαρία** **ἡ [τοῦ] Ἰακώβου** καὶ Σαλώμη ἠγόρασαν ἀρώματα ἵνα ἐλθοῦσαι ἀλείψωσιν αὐτόν. [2] καὶ λίαν πρωῒ τῇ μιᾷ τῶν σαββάτων ἔρχονται ἐπὶ τὸ μνημεῖον ἀνατείλαντος τοῦ ἡλίου.	**Lk 24,10** (2) ↑ Lk 8,2	[23,56] ὑποστρέψασαι δὲ ἡτοίμασαν ἀρώματα καὶ μύρα. ... [24,1] τῇ δὲ μιᾷ τῶν σαββάτων ὄρθρου βαθέως ἐπὶ τὸ μνῆμα ἦλθον φέρουσαι ἃ ἡτοίμασαν ἀρώματα. [2] ... [10] ἦσαν δὲ **ἡ Μαγδαληνὴ Μαρία** καὶ Ἰωάννα καὶ **Μαρία** **ἡ Ἰακώβου** καὶ αἱ λοιπαὶ σὺν αὐταῖς. ...	→ Jn 20,18

a	**Acts 1,14** → Lk 8,2 → Lk 24,53	οὗτοι πάντες ἦσαν προσκαρτεροῦντες ὁμοθυμαδὸν τῇ προσευχῇ σὺν γυναιξὶν καὶ **Μαριὰμ** τῇ μητρὶ τοῦ Ἰησοῦ καὶ τοῖς ἀδελφοῖς αὐτοῦ.	e	**Acts 12,12**	συνιδών τε ἦλθεν **ἐπὶ τὴν οἰκίαν** **τῆς Μαρίας** τῆς μητρὸς Ἰωάννου τοῦ ἐπικαλουμένου Μάρκου, οὗ ἦσαν ἱκανοὶ συνηθροισμένοι καὶ προσευχόμενοι.

μαρτυρέω

	Syn 2	Mt 1	Mk	Lk 1	Acts 11	Jn 33	1-3John 10	Paul 5	Eph	Col 1
	NT 76	2Thess	1/2Tim 2	Tit	Heb 8	Jas	1Pet	2Pet	Jude	Rev 4

bear witness (to); be a witness; declare; confirm; testify favorably; speak well (of); approve (of); be a witness (unto death); be martyred; *passive:* be witnessed; have witness borne; be well spoken of; be approved

112	**Mt 13,54**	... ὥστε ἐκπλήσσεσθαι αὐτοὺς ...	**Mk 6,2**	... καὶ πολλοὶ ἀκούοντες ἐξεπλήσσοντο ...	**Lk 4,22**	καὶ πάντες **ἐμαρτύρουν** αὐτῷ καὶ ἐθαύμαζον ἐπὶ τοῖς λόγοις τῆς χάριτος ...	
201	**Mt 23,31**	ὥστε **μαρτυρεῖτε ἑαυτοῖς** ὅτι υἱοί ἐστε τῶν φονευσάντων τοὺς προφήτας. [32] καὶ ὑμεῖς πληρώσατε τὸ μέτρον τῶν πατέρων ὑμῶν.			**Lk 11,48**	ἄρα **μάρτυρές ἐστε** καὶ συνευδοκεῖτε τοῖς ἔργοις τῶν πατέρων ὑμῶν, ὅτι αὐτοὶ μὲν ἀπέκτειναν αὐτούς, ὑμεῖς δὲ οἰκοδομεῖτε.	

Acts 6,3 ἐπισκέψασθε δέ, ἀδελφοί, ἄνδρας ἐξ ὑμῶν **μαρτυρουμένους** ἑπτά, πλήρεις πνεύματος καὶ σοφίας, οὓς καταστήσομεν ἐπὶ τῆς χρείας ταύτης

Acts 10,22 → Lk 7,5 ... Κορνήλιος ἑκατοντάρχης, ἀνὴρ δίκαιος καὶ φοβούμενος τὸν θεόν, **μαρτυρούμενός** τε ὑπὸ ὅλου τοῦ ἔθνους τῶν Ἰουδαίων, ...

Acts 10,43 τούτῳ πάντες οἱ προφῆται **μαρτυροῦσιν** ἄφεσιν ἁμαρτιῶν λαβεῖν διὰ τοῦ ὀνόματος αὐτοῦ πάντα τὸν πιστεύοντα εἰς αὐτόν.

Acts 13,22 καὶ μεταστήσας αὐτὸν ἤγειρεν τὸν Δαυὶδ αὐτοῖς εἰς βασιλέα ᾧ καὶ εἶπεν **μαρτυρήσας·** εὗρον Δαυὶδ τὸν τοῦ Ἰεσσαί, ἄνδρα κατὰ τὴν καρδίαν μου, ὃς ποιήσει πάντα τὰ θελήματά μου.
➤ Ps 89,21/1Sam 13,14/Isa 44,28

Acts 14,3 ἱκανὸν μὲν οὖν χρόνον διέτριψαν παρρησιαζόμενοι ἐπὶ τῷ κυρίῳ **τῷ μαρτυροῦντι** [ἐπὶ] τῷ λόγῳ τῆς χάριτος αὐτοῦ, διδόντι σημεῖα καὶ τέρατα γίνεσθαι διὰ τῶν χειρῶν αὐτῶν.

Acts 15,8 καὶ ὁ καρδιογνώστης θεὸς **ἐμαρτύρησεν** αὐτοῖς δοὺς τὸ πνεῦμα τὸ ἅγιον καθὼς καὶ ἡμῖν

Acts 16,2 [1] ... Τιμόθεος, υἱὸς γυναικὸς Ἰουδαίας πιστῆς, πατρὸς δὲ Ἕλληνος, [2] ὃς **ἐμαρτυρεῖτο** ὑπὸ τῶν ἐν Λύστροις καὶ Ἰκονίῳ ἀδελφῶν.

Acts 22,5 ὡς καὶ ὁ ἀρχιερεὺς **μαρτυρεῖ** μοι καὶ πᾶν τὸ πρεσβυτέριον, ...

Acts 22,12 Ἀνανίας δέ τις, ἀνὴρ εὐλαβὴς κατὰ τὸν νόμον, **μαρτυρούμενος** ὑπὸ πάντων τῶν κατοικούντων Ἰουδαίων

Acts 23,11 τῇ δὲ ἐπιούσῃ νυκτὶ ἐπιστὰς αὐτῷ ὁ κύριος εἶπεν· θάρσει· ὡς γὰρ διεμαρτύρω τὰ περὶ ἐμοῦ εἰς Ἰερουσαλήμ, οὕτω σε δεῖ καὶ εἰς Ῥώμην **μαρτυρῆσαι.**

Acts 26,5 προγινώσκοντές με ἄνωθεν, ἐὰν θέλωσι **μαρτυρεῖν,** ὅτι κατὰ τὴν ἀκριβεστάτην αἵρεσιν τῆς ἡμετέρας θρησκείας ἔζησα Φαρισαῖος.

# μαρτυρία	Syn 4	Mt	Mk 3	Lk 1	Acts 1	Jn 14	1-3John 7	Paul	Eph	Col
	NT 37	2Thess	1/2Tim 1	Tit 1	Heb	Jas	1Pet	2Pet	Jude	Rev 9

testimony; testifying; attestation

120	**Mt 26,59**	οἱ δὲ ἀρχιερεῖς καὶ τὸ συνέδριον ὅλον ἐζήτουν **ψευδομαρτυρίαν** κατὰ τοῦ Ἰησοῦ ὅπως αὐτὸν θανατώσωσιν,	**Mk 14,55**	οἱ δὲ ἀρχιερεῖς καὶ ὅλον τὸ συνέδριον ἐζήτουν κατὰ τοῦ Ἰησοῦ **μαρτυρίαν** εἰς τὸ θανατῶσαι αὐτόν, ↔			
120	**Mt 26,60**	καὶ οὐχ εὗρον πολλῶν προσελθόντων ψευδομαρτύρων. ...	**Mk 14,56**	↔ [55] καὶ οὐχ ηὕρισκον· [56] πολλοὶ γὰρ ἐψευδομαρτύρουν κατ' αὐτοῦ, καὶ ἴσαι **αἱ μαρτυρίαι** οὐκ ἦσαν.			
020			**Mk 14,59**	καὶ οὐδὲ οὕτως ἴση ἦν **ἡ μαρτυρία αὐτῶν.**			
112	**Mt 26,65**	... τί ἔτι χρείαν ἔχομεν **μαρτύρων;** ἴδε νῦν ἠκούσατε τὴν βλασφημίαν·	**Mk 14,63**	... τί ἔτι χρείαν ἔχομεν **μαρτύρων;** [64] ἠκούσατε τῆς βλασφημίας· ...	**Lk 22,71**	... τί ἔτι ἔχομεν **μαρτυρίας** χρείαν; αὐτοὶ γὰρ ἠκούσαμεν ἀπὸ τοῦ στόματος αὐτοῦ.	

Acts 22,18 καὶ ἰδεῖν αὐτὸν λέγοντά μοι· σπεῦσον καὶ ἔξελθε ἐν τάχει ἐξ Ἰερουσαλήμ, διότι οὐ παραδέξονταί **σου μαρτυρίαν** περὶ ἐμοῦ.

μαρτύριον

	Syn	Mt	Mk	Lk	Acts	Jn	1-3John	Paul	Eph	Col
	9	3	3	3	2			2		
	NT	2Thess	1/2Tim	Tit	Heb	Jas	1Pet	2Pet	Jude	Rev
	19	1	2		1	1				1

that which serves as testimony, proof; testimony; proof

	triple tradition																	double tradition			Sondergut		
		+Mt / +Lk			–Mt / –Lk			traditions not taken over by Mt / Lk							subtotals								
code	222	211	112	212	221	122	121	022	012	021	220	120	210	020	Σ⁺	Σ⁻	Σ	202	201	102	200	002	total
Mt	2					1⁻							1⁺		1⁺	1⁻	3						3
Mk	2					1											3						3
Lk	2					1											3						3

a εἰς μαρτύριον

b ἡ σκηνὴ τοῦ μαρτυρίου (Acts only)

code	Mt		Mk		Lk		
a 222	**Mt 8,4**	... ὕπαγε σεαυτὸν δεῖξον τῷ ἱερεῖ, καὶ προσένεγκον τὸ δῶρον ὃ προσέταξεν Μωϋσῆς, **εἰς μαρτύριον** αὐτοῖς. ➤ Lev 13,49; 14,2-4	**Mk 1,44**	... ὕπαγε σεαυτὸν δεῖξον τῷ ἱερεῖ καὶ προσένεγκε περὶ τοῦ καθαρισμοῦ σου ἃ προσέταξεν Μωϋσῆς, **εἰς μαρτύριον** αὐτοῖς. ➤ Lev 13,49; 14,2-4	**Lk 5,14** → Lk 17,14	... ἀπελθὼν δεῖξον σεαυτὸν τῷ ἱερεῖ καὶ προσένεγκε περὶ τοῦ καθαρισμοῦ σου καθὼς προσέταξεν Μωϋσῆς, **εἰς μαρτύριον** αὐτοῖς. ➤ Lev 13,49; 14,2-4	
a 122	**Mt 10,14**	... ἐξερχόμενοι ἔξω τῆς οἰκίας ἢ τῆς πόλεως ἐκείνης ἐκτινάξατε τὸν κονιορτὸν τῶν ποδῶν ὑμῶν.	**Mk 6,11**	... ἐκπορευόμενοι ἐκεῖθεν ἐκτινάξατε τὸν χοῦν τὸν ὑποκάτω τῶν ποδῶν ὑμῶν **εἰς μαρτύριον** αὐτοῖς.	**Lk 9,5** ⇩ Lk 10,11	... ἐξερχόμενοι ἀπὸ τῆς πόλεως ἐκείνης τὸν κονιορτὸν ἀπὸ τῶν ποδῶν ὑμῶν ἀποτινάσσετε **εἰς μαρτύριον** ἐπ᾿ αὐτούς.	→ Acts 13,51 → Acts 18,6 Mk-Q overlap
					Lk 10,11 ⇧ Lk 9,5 → Lk 10,9	καὶ τὸν κονιορτὸν τὸν κολληθέντα ἡμῖν ἐκ τῆς πόλεως ὑμῶν εἰς τοὺς πόδας ἀπομασσόμεθα ὑμῖν· ...	
a 222	**Mt 10,18**	καὶ ἐπὶ ἡγεμόνας δὲ καὶ βασιλεῖς ἀχθήσεσθε ἕνεκεν ἐμοῦ **εἰς μαρτύριον** αὐτοῖς καὶ τοῖς ἔθνεσιν.	**Mk 13,9** ↓ Mt 24,14	... καὶ ἐπὶ ἡγεμόνων καὶ βασιλέων σταθήσεσθε ἕνεκεν ἐμοῦ **εἰς μαρτύριον** αὐτοῖς.	**Lk 21,13**	[12] ... ἀπαγομένους ἐπὶ βασιλεῖς καὶ ἡγεμόνας ἕνεκεν τοῦ ὀνόματός μου· [13] ἀποβήσεται ὑμῖν **εἰς μαρτύριον.**	
a 210	**Mt 24,14** ↑ Mt 10,18 ↑ Mk 13,9 ↑ Lk 21,13 → Mt 28,19	καὶ κηρυχθήσεται τοῦτο τὸ εὐαγγέλιον τῆς βασιλείας ἐν ὅλῃ τῇ οἰκουμένῃ **εἰς μαρτύριον** πᾶσιν τοῖς ἔθνεσιν, καὶ τότε ἥξει τὸ τέλος.	**Mk 13,10**	καὶ εἰς πάντα τὰ ἔθνη πρῶτον δεῖ κηρυχθῆναι τὸ εὐαγγέλιον.			

Acts 4,33 καὶ δυνάμει μεγάλῃ ἀπεδίδουν **τὸ μαρτύριον** οἱ ἀπόστολοι τῆς ἀναστάσεως τοῦ κυρίου Ἰησοῦ, χάρις τε μεγάλη ἦν ἐπὶ πάντας αὐτούς.

Acts 7,44 **ἡ σκηνὴ τοῦ μαρτυρίου** ἦν τοῖς πατράσιν ἡμῶν ἐν τῇ ἐρήμῳ καθὼς διετάξατο ὁ λαλῶν τῷ Μωϋσῇ ποιῆσαι αὐτὴν κατὰ τὸν τύπον ὃν ἑωράκει·

μάρτυς	Syn 5	Mt 2	Mk 1	Lk 2	Acts 13	Jn	1-3John	Paul 6	Eph	Col
	NT 35	2Thess	1/2Tim 3	Tit	Heb 2	Jas	1Pet 1	2Pet	Jude	Rev 5

witness

	Mt	Mk	Lk
200	**Mt 18,16** ἐὰν δὲ μὴ ἀκούσῃ, παράλαβε μετὰ σοῦ ἔτι ἕνα ἢ δύο, ἵνα *ἐπὶ στόματος* ***δύο μαρτύρων*** *ἢ τριῶν σταθῇ πᾶν ῥῆμα·* ➤ Deut 19,15		
102	**Mt 23,31** ὥστε **μαρτυρεῖτε ἑαυτοῖς** ὅτι υἱοί ἐστε τῶν φονευσάντων τοὺς προφήτας. [32] καὶ ὑμεῖς πληρώσατε τὸ μέτρον τῶν πατέρων ὑμῶν.		**Lk 11,48** ἄρα **μάρτυρές ἐστε** καὶ συνευδοκεῖτε τοῖς ἔργοις τῶν πατέρων ὑμῶν, ὅτι αὐτοὶ μὲν ἀπέκτειναν αὐτούς, ὑμεῖς δὲ οἰκοδομεῖτε.
221	**Mt 26,65** ... τί ἔτι χρείαν ἔχομεν **μαρτύρων;** ἴδε νῦν ἠκούσατε τὴν βλασφημίαν·	**Mk 14,63** ... τί ἔτι χρείαν ἔχομεν **μαρτύρων;** [64] ἠκούσατε τῆς βλασφημίας· ...	**Lk 22,71** ... τί ἔτι ἔχομεν **μαρτυρίας** χρείαν; αὐτοὶ γὰρ ἠκούσαμεν ἀπὸ τοῦ στόματος αὐτοῦ.
002			**Lk 24,48** [47] καὶ κηρυχθῆναι ἐπὶ τῷ ὀνόματι αὐτοῦ μετάνοιαν εἰς ἄφεσιν ἁμαρτιῶν εἰς πάντα τὰ ἔθνη. ἀρξάμενοι ἀπὸ Ἰερουσαλήμ· [48] ὑμεῖς **μάρτυρες** τούτων.

Acts 1,8 (→ Lk 24,49; → Acts 2,33) ... καὶ ἔσεσθέ **μου μάρτυρες** ἔν τε Ἰερουσαλὴμ καὶ [ἐν] πάσῃ τῇ Ἰουδαίᾳ καὶ Σαμαρείᾳ καὶ ἕως ἐσχάτου τῆς γῆς.

Acts 1,22 (→ Lk 9,51; → Lk 24,51) ἀρξάμενος ἀπὸ τοῦ βαπτίσματος Ἰωάννου ἕως τῆς ἡμέρας ἧς ἀνελήμφθη ἀφ᾽ ἡμῶν, **μάρτυρα τῆς ἀναστάσεως αὐτοῦ** σὺν ἡμῖν γενέσθαι ἕνα τούτων.

Acts 2,32 τοῦτον τὸν Ἰησοῦν ἀνέστησεν ὁ θεός, οὗ πάντες ἡμεῖς ἐσμεν **μάρτυρες·**

Acts 3,15 τὸν δὲ ἀρχηγὸν τῆς ζωῆς ἀπεκτείνατε ὃν ὁ θεὸς ἤγειρεν ἐκ νεκρῶν, οὗ ἡμεῖς **μάρτυρές** ἐσμεν.

Acts 5,32 καὶ ἡμεῖς ἐσμεν **μάρτυρες τῶν ῥημάτων τούτων** καὶ τὸ πνεῦμα τὸ ἅγιον ὃ ἔδωκεν ὁ θεὸς τοῖς πειθαρχοῦσιν αὐτῷ.

Acts 6,13 ἔστησάν τε **μάρτυρας ψευδεῖς** λέγοντας· ὁ ἄνθρωπος οὗτος οὐ παύεται λαλῶν ῥήματα κατὰ τοῦ τόπου τοῦ ἁγίου [τούτου] καὶ τοῦ νόμου·

Acts 7,58 καὶ ἐκβαλόντες ἔξω τῆς πόλεως ἐλιθοβόλουν. καὶ **οἱ μάρτυρες** ἀπέθεντο τὰ ἱμάτια αὐτῶν παρὰ τοὺς πόδας νεανίου καλουμένου Σαύλου

Acts 10,39 καὶ ἡμεῖς **μάρτυρες πάντων** ὧν ἐποίησεν ἔν τε τῇ χώρᾳ τῶν Ἰουδαίων καὶ [ἐν] Ἰερουσαλήμ. ...

Acts 10,41 οὐ παντὶ τῷ λαῷ, ἀλλὰ **μάρτυσιν** τοῖς προκεχειροτονημένοις ὑπὸ τοῦ θεοῦ, ἡμῖν, οἵτινες συνεφάγομεν καὶ συνεπίομεν αὐτῷ μετὰ τὸ ἀναστῆναι αὐτὸν ἐκ νεκρῶν·

Acts 13,31 ... οἵτινες [νῦν] εἰσιν **μάρτυρες αὐτοῦ** πρὸς τὸν λαόν.

Acts 22,15 ὅτι ἔσῃ **μάρτυς** αὐτῷ πρὸς πάντας ἀνθρώπους ὧν ἑώρακας καὶ ἤκουσας.

Acts 22,20 καὶ ὅτε ἐξεχύννετο **τὸ αἷμα Στεφάνου τοῦ μάρτυρός σου,** καὶ αὐτὸς ἤμην ἐφεστὼς καὶ συνευδοκῶν καὶ φυλάσσων τὰ ἱμάτια τῶν ἀναιρούντων αὐτόν.

Acts 26,16 ἀλλὰ ἀνάστηθι καὶ στῆθι ἐπὶ τοὺς πόδας σου· εἰς τοῦτο γὰρ ὤφθην σοι, προχειρίσασθαί σε ὑπηρέτην καὶ **μάρτυρα** ὧν τε εἶδές [με] ὧν τε ὀφθήσομαί σοι

μαστιγόω	Syn 5	Mt 3	Mk 1	Lk 1	Acts	Jn 1	1-3John	Paul	Eph	Col
	NT 7	2Thess	1/2Tim	Tit	Heb 1	Jas	1Pet	2Pet	Jude	Rev

whip; flog; scourge; punish; chastise

	triple tradition																	double tradition			Sondergut		
		+Mt / +Lk			–Mt / –Lk			traditions not taken over by Mt / Lk							subtotals								
code	222	211	112	212	221	122	121	022	012	021	220	120	210	020	Σ⁺	Σ⁻	Σ	202	201	102	200	002	total
Mt	1	1⁺													1⁺		2		1				3
Mk	1																1						1
Lk	1																1						1

code	Mt	Mk	Lk	
211	**Mt 10,17** (⇩ Mt 24,9; ↓ Mt 23,34) προσέχετε δὲ ἀπὸ τῶν ἀνθρώπων· παραδώσουσιν γὰρ ὑμᾶς εἰς συνέδρια καὶ ἐν ταῖς συναγωγαῖς αὐτῶν **μαστιγώσουσιν** ὑμᾶς· **Mt 24,9** (⇧ Mt 10,17) τότε παραδώσουσιν ὑμᾶς εἰς θλῖψιν καὶ ἀποκτενοῦσιν ὑμᾶς, καὶ ἔσεσθε μισούμενοι ὑπὸ πάντων τῶν ἐθνῶν διὰ τὸ ὄνομά μου.	**Mk 13,9** βλέπετε δὲ ὑμεῖς ἑαυτούς· παραδώσουσιν ὑμᾶς εἰς συνέδρια καὶ εἰς συναγωγὰς **δαρήσεσθε ...**	**Lk 21,12** (→ Lk 11,49; → Lk 12,11) πρὸ δὲ τούτων πάντων ἐπιβαλοῦσιν ἐφ' ὑμᾶς τὰς χεῖρας αὐτῶν καὶ διώξουσιν, παραδιδόντες εἰς τὰς συναγωγὰς καὶ φυλακάς, ...	
222	**Mt 20,19** (→ Mt 16,21; → Mt 17,22-23) [18] ... ὁ υἱὸς τοῦ ἀνθρώπου παραδοθήσεται τοῖς ἀρχιερεῦσιν καὶ γραμματεῦσιν, καὶ κατακρινοῦσιν αὐτὸν θανάτῳ [19] καὶ παραδώσουσιν αὐτὸν τοῖς ἔθνεσιν εἰς τὸ ἐμπαῖξαι καὶ **μαστιγῶσαι** καὶ σταυρῶσαι, καὶ τῇ τρίτῃ ἡμέρᾳ ἐγερθήσεται.	**Mk 10,34** (→ Mk 8,31; → Mk 9,31) [33] ... ὁ υἱὸς τοῦ ἀνθρώπου παραδοθήσεται τοῖς ἀρχιερεῦσιν καὶ τοῖς γραμματεῦσιν, καὶ κατακρινοῦσιν αὐτὸν θανάτῳ καὶ παραδώσουσιν αὐτὸν τοῖς ἔθνεσιν [34] καὶ ἐμπαίξουσιν αὐτῷ καὶ ἐμπτύσουσιν αὐτῷ καὶ **μαστιγώσουσιν** αὐτὸν καὶ ἀποκτενοῦσιν, καὶ μετὰ τρεῖς ἡμέρας ἀναστήσεται.	**Lk 18,33** (→ Lk 9,22; → Lk 9,44; → Lk 17,25; → Lk 24,7; → Lk 24,26; → Lk 24,46) [31] ... τελεσθήσεται πάντα τὰ γεγραμμένα διὰ τῶν προφητῶν τῷ υἱῷ τοῦ ἀνθρώπου· [32] παραδοθήσεται γὰρ τοῖς ἔθνεσιν καὶ ἐμπαιχθήσεται καὶ ὑβρισθήσεται καὶ ἐμπτυσθήσεται [33] καὶ **μαστιγώσαντες** ἀποκτενοῦσιν αὐτόν, καὶ τῇ ἡμέρᾳ τῇ τρίτῃ ἀναστήσεται.	
201	**Mt 23,34** (→ Mt 5,12; ↑ Mt 10,17; → Mt 10,23) διὰ τοῦτο ἰδοὺ ἐγὼ ἀποστέλλω πρὸς ὑμᾶς προφήτας καὶ σοφοὺς καὶ γραμματεῖς· ἐξ αὐτῶν ἀποκτενεῖτε καὶ σταυρώσετε καὶ ἐξ αὐτῶν **μαστιγώσετε** ἐν ταῖς συναγωγαῖς ὑμῶν καὶ διώξετε ἀπὸ πόλεως εἰς πόλιν·		**Lk 11,49** (→ Lk 6,23) διὰ τοῦτο καὶ ἡ σοφία τοῦ θεοῦ εἶπεν· ἀποστελῶ εἰς αὐτοὺς προφήτας καὶ ἀποστόλους, καὶ ἐξ αὐτῶν ἀποκτενοῦσιν καὶ διώξουσιν	

μάστιξ	Syn 4	Mt	Mk 3	Lk 1	Acts 1	Jn	1-3John	Paul	Eph	Col
	NT 6	2Thess	1/2Tim	Tit	Heb 1	Jas	1Pet	2Pet	Jude	Rev

whip; lash; lashing; lashes; torment; suffering

	Mt		Mk		Lk		
021			**Mk 3,10**	... ὥστε ἐπιπίπτειν αὐτῷ ἵνα αὐτοῦ ἅψωνται ὅσοι εἶχον **μάστιγας.**	**Lk 6,19** → Mk 5,30 → Lk 8,46	καὶ πᾶς ὁ ὄχλος ἐζήτουν ἅπτεσθαι αὐτοῦ, ὅτι δύναμις παρ' αὐτοῦ ἐξήρχετο καὶ ἰᾶτο πάντας.	
002					**Lk 7,21** → Lk 6,18	ἐν ἐκείνῃ τῇ ὥρᾳ ἐθεράπευσεν πολλοὺς **ἀπὸ νόσων καὶ μαστίγων καὶ πνευμάτων πονηρῶν** καὶ τυφλοῖς πολλοῖς ἐχαρίσατο βλέπειν.	
121	**Mt 9,22** ↓ Mk 5,34	... καὶ ἐσώθη ἡ γυνὴ ἀπὸ τῆς ὥρας ἐκείνης.	**Mk 5,29** → Lk 8,47	καὶ εὐθὺς ἐξηράνθη ἡ πηγὴ τοῦ αἵματος αὐτῆς καὶ ἔγνω τῷ σώματι ὅτι ἴαται **ἀπὸ τῆς μάστιγος.**	**Lk 8,44**	... καὶ παραχρῆμα ἔστη ἡ ῥύσις τοῦ αἵματος αὐτῆς.	
121	**Mt 9,22**	... θάρσει, θύγατερ· ἡ πίστις σου σέσωκέν σε. ...	**Mk 5,34** ↑ Mt 9,22fin	... θυγάτηρ, ἡ πίστις σου σέσωκέν σε· ὕπαγε εἰς εἰρήνην καὶ ἴσθι ὑγιὴς **ἀπὸ τῆς μάστιγός σου.**	**Lk 8,48**	... θυγάτηρ, ἡ πίστις σου σέσωκέν σε· πορεύου εἰς εἰρήνην.	

Acts 22,24 ἐκέλευσεν ὁ χιλίαρχος εἰσάγεσθαι αὐτὸν εἰς τὴν παρεμβολήν, εἴπας **μάστιξιν** ἀνετάζεσθαι αὐτὸν ἵνα ἐπιγνῷ δι' ἣν αἰτίαν οὕτως ἐπεφώνουν αὐτῷ.

μαστός	Syn 2	Mt	Mk	Lk 2	Acts	Jn	1-3John	Paul	Eph	Col
	NT 3	2Thess	1/2Tim	Tit	Heb	Jas	1Pet	2Pet	Jude	Rev 1

breast

	Mt		Mk		Lk		
002					**Lk 11,27** → Lk 1,48	... μακαρία ἡ κοιλία ἡ βαστάσασά σε καὶ **μαστοὶ** οὓς ἐθήλασας.	→ GTh 79
002					**Lk 23,29** → Mt 24,19 → Mk 13,17 → Lk 21,23	ὅτι ἰδοὺ ἔρχονται ἡμέραι ἐν αἷς ἐροῦσιν· μακάριαι αἱ στεῖραι καὶ αἱ κοιλίαι αἳ οὐκ ἐγέννησαν καὶ **μαστοὶ** οἳ οὐκ ἔθρεψαν.	

μάτην

	Syn 2	Mt 1	Mk 1	Lk	Acts	Jn	1-3John	Paul	Eph	Col
	NT 2	2Thess	1/2Tim	Tit	Heb	Jas	1Pet	2Pet	Jude	Rev

in vain; in no end

	Mt	Mk	Lk	
220	**Mt 15,9** *μάτην* *δὲ σέβονταί με* *διδάσκοντες* *διδασκαλίας ἐντάλματα* *ἀνθρώπων.* ➤ Isa 29,13 LXX	**Mk 7,7** *μάτην* *δὲ σέβονταί με* *διδάσκοντες* *διδασκαλίας ἐντάλματα* *ἀνθρώπων.* ➤ Isa 29,13 LXX		

Ματθάν

	Syn 2	Mt 2	Mk	Lk	Acts	Jn	1-3John	Paul	Eph	Col
	NT 2	2Thess	1/2Tim	Tit	Heb	Jas	1Pet	2Pet	Jude	Rev

Matthan

	Mt	Mk	Lk	
200 200	**Mt 1,15 (2)** ... Ἐλεάζαρ δὲ ἐγέννησεν **τὸν Ματθάν,** **Ματθὰν** δὲ ἐγέννησεν τὸν Ἰακώβ, [16] Ἰακὼβ δὲ ἐγέννησεν τὸν Ἰωσὴφ τὸν ἄνδρα Μαρίας, ...		**Lk 3,24** [23] ... Ἰωσὴφ τοῦ Ἠλὶ [24] τοῦ Μαθθὰτ τοῦ Λευὶ ...	

Ματταθά

	Syn 1	Mt	Mk	Lk 1	Acts	Jn	1-3John	Paul	Eph	Col
	NT 1	2Thess	1/2Tim	Tit	Heb	Jas	1Pet	2Pet	Jude	Rev

Matthat

	Mt	Mk	Lk	
002	**Mt 1,6** Ἰεσσαὶ δὲ ἐγέννησεν τὸν Δαυὶδ τὸν βασιλέα. Δαυὶδ δὲ ἐγέννησεν τὸν Σολομῶνα ἐκ τῆς τοῦ Οὐρίου, [7] Σολομὼν δὲ ἐγέννησεν τὸν Ῥοβοάμ, Ῥοβοὰμ δὲ ἐγέννησεν τὸν Ἀβιά, ...		**Lk 3,31** ... τοῦ Μεννὰ **τοῦ Ματταθὰ** τοῦ Ναθὰμ τοῦ Δαυὶδ [32] τοῦ Ἰεσσαὶ ...	

Ματταθίας

	Syn 2	Mt	Mk	Lk 2	Acts	Jn	1-3John	Paul	Eph	Col
	NT 2	2Thess	1/2Tim	Tit	Heb	Jas	1Pet	2Pet	Jude	Rev

Mattathias

	Mt	Mk	Lk	
002			**Lk 3,25** [24] ... τοῦ Ἰωσὴφ **[25] τοῦ Ματταθίου** τοῦ Ἀμὼς ...	
002			**Lk 3,26** τοῦ Μάαθ **τοῦ Ματταθίου** τοῦ Σεμεΐν ...	

μάχαιρα	Syn 15	Mt 7	Mk 3	Lk 5	Acts 2	Jn 2	1-3John	Paul 2	Eph 1	Col
	NT 29	2Thess	1/2Tim	Tit	Heb 3	Jas	1Pet	2Pet	Jude	Rev 4

sword; saber

	triple tradition																double tradition			Sondergut		
		+Mt / +Lk			−Mt / −Lk			traditions not taken over by Mt / Lk							subtotals							
code	222	211	112	212	221	122	121	022	012	021	220	120	210	020	Σ⁺	Σ⁻	Σ	202	201	102	200	002	total
Mt	1				2												3		1		3		**7**
Mk	1				2												3						**3**
Lk	1				2⁻											2⁻	1					4	**5**

code	Mt	Mk	Lk	
201	**Mt 10,34** μὴ νομίσητε ὅτι ἦλθον βαλεῖν εἰρήνην ἐπὶ τὴν γῆν· οὐκ ἦλθον βαλεῖν εἰρήνην ἀλλὰ **μάχαιραν.**		**Lk 12,51** δοκεῖτε ὅτι εἰρήνην παρεγενόμην δοῦναι ἐν τῇ γῇ; οὐχί, λέγω ὑμῖν, ἀλλ' **ἢ διαμερισμόν.**	→ GTh 16
002			**Lk 21,24** → Lk 19,44 καὶ πεσοῦνται **στόματι μαχαίρης** καὶ αἰχμαλωτισθήσονται εἰς τὰ ἔθνη πάντα, ...	
002			**Lk 22,36** ... καὶ ὁ μὴ ἔχων πωλησάτω τὸ ἱμάτιον αὐτοῦ καὶ ἀγορασάτω **μάχαιραν.**	
002			**Lk 22,38** ↓ Lk 22,49 οἱ δὲ εἶπαν· κύριε, ἰδοὺ **μάχαιραι ὧδε δύο.** ὁ δὲ εἶπεν αὐτοῖς· ἱκανόν ἐστιν.	
221	**Mt 26,47** ↓ Lk 22,52 ... ἰδοὺ Ἰούδας εἷς τῶν δώδεκα ἦλθεν καὶ μετ' αὐτοῦ ὄχλος πολὺς **μετὰ μαχαιρῶν** **καὶ ξύλων** ἀπὸ τῶν ἀρχιερέων καὶ πρεσβυτέρων τοῦ λαοῦ.	**Mk 14,43** ↓ Lk 22,52 ... παραγίνεται Ἰούδας εἷς τῶν δώδεκα καὶ μετ' αὐτοῦ ὄχλος **μετὰ μαχαιρῶν** **καὶ ξύλων** παρὰ τῶν ἀρχιερέων καὶ τῶν γραμματέων καὶ τῶν πρεσβυτέρων.	**Lk 22,47** ... ἰδοὺ ὄχλος, καὶ ὁ λεγόμενος Ἰούδας εἷς τῶν δώδεκα προήρχετο αὐτοὺς ...	→ Jn 18,3
002			**Lk 22,49** ↑ Lk 22,38 ἰδόντες δὲ οἱ περὶ αὐτὸν τὸ ἐσόμενον εἶπαν· κύριε, εἰ πατάξομεν **ἐν μαχαίρῃ;**	
221	**Mt 26,51** καὶ ἰδοὺ εἷς τῶν μετὰ Ἰησοῦ ἐκτείνας τὴν χεῖρα ἀπέσπασεν **τὴν μάχαιραν αὐτοῦ** καὶ πατάξας τὸν δοῦλον τοῦ ἀρχιερέως ἀφεῖλεν αὐτοῦ τὸ ὠτίον.	**Mk 14,47** εἷς δέ [τις] τῶν παρεστηκότων σπασάμενος **τὴν μάχαιραν** ἔπαισεν τὸν δοῦλον τοῦ ἀρχιερέως καὶ ἀφεῖλεν αὐτοῦ τὸ ὠτάριον.	**Lk 22,50** καὶ ἐπάταξεν εἷς τις ἐξ αὐτῶν τοῦ ἀρχιερέως τὸν δοῦλον καὶ ἀφεῖλεν τὸ οὖς αὐτοῦ τὸ δεξιόν.	**→ Jn 18,10**
200 200 200	**Mt 26,52 (3)** τότε λέγει αὐτῷ ὁ Ἰησοῦς· ἀπόστρεψον **τὴν μάχαιράν σου** εἰς τὸν τόπον αὐτῆς· πάντες γὰρ οἱ λαβόντες **μάχαιραν** **ἐν μαχαίρῃ** ἀπολοῦνται.		**Lk 22,51** ἀποκριθεὶς δὲ ὁ Ἰησοῦς εἶπεν· ἐᾶτε ἕως τούτου· καὶ ἁψάμενος τοῦ ὠτίου ἰάσατο αὐτόν.	**→ Jn 18,11**

	Mt		Mk		Lk		
222	Mt 26,55	... ὡς ἐπὶ λῃστὴν ἐξήλθατε **μετὰ μαχαιρῶν καὶ ξύλων** συλλαβεῖν με; ...	Mk 14,48	... ὡς ἐπὶ λῃστὴν ἐξήλθατε **μετὰ μαχαιρῶν καὶ ξύλων** συλλαβεῖν με;	Lk 22,52 → Lk 22,54 ↑ Mt 26,47 ↑ Mk 14,43	... ὡς ἐπὶ λῃστὴν ἐξήλθατε **μετὰ μαχαιρῶν καὶ ξύλων;**	

Acts 12,2 [1] κατ᾽ ἐκεῖνον δὲ τὸν καιρὸν ἐπέβαλεν Ἡρῴδης ὁ βασιλεὺς τὰς χεῖρας κακῶσαί τινας τῶν ἀπὸ τῆς ἐκκλησίας. [2] ἀνεῖλεν δὲ Ἰάκωβον τὸν ἀδελφὸν Ἰωάννου **μαχαίρῃ.**

Acts 16,27 ἔξυπνος δὲ γενόμενος ὁ δεσμοφύλαξ καὶ ἰδὼν ἀνεῳγμένας τὰς θύρας τῆς φυλακῆς, σπασάμενος **[τὴν] μάχαιραν** ἤμελλεν ἑαυτὸν ἀναιρεῖν νομίζων ἐκπεφευγέναι τοὺς δεσμίους.

με → ἐγώ

μεγαλειότης

	Syn 1	Mt	Mk	Lk 1	Acts 1	Jn	1-3John	Paul	Eph	Col
	NT 3	2Thess	1/2Tim	Tit	Heb	Jas	1Pet	2Pet 1	Jude	Rev

grandeur; sublimity; majesty

	Mt	Mk	Lk		
002			Lk 9,43	ἐξεπλήσσοντο δὲ πάντες **ἐπὶ τῇ μεγαλειότητι τοῦ θεοῦ.** ...	

Acts 19,27 οὐ μόνον δὲ τοῦτο κινδυνεύει ἡμῖν τὸ μέρος εἰς ἀπελεγμὸν ἐλθεῖν ἀλλὰ καὶ τὸ τῆς μεγάλης θεᾶς Ἀρτέμιδος ἱερὸν εἰς οὐθὲν λογισθῆναι, μέλλειν τε καὶ καθαιρεῖσθαι **τῆς μεγαλειότητος αὐτῆς** ...

μεγαλύνω

	Syn 3	Mt 1	Mk	Lk 2	Acts 3	Jn	1-3John	Paul 2	Eph	Col
	NT 8	2Thess	1/2Tim	Tit	Heb	Jas	1Pet	2Pet	Jude	Rev

make large, long; magnify; exalt; glorify; praise; extol

	Mt	Mk	Lk		
002			Lk 1,46	καὶ εἶπεν Μαριάμ· **μεγαλύνει** ἡ ψυχή μου τὸν κύριον, [47] καὶ ἠγαλλίασεν τὸ πνεῦμά μου ἐπὶ τῷ θεῷ τῷ σωτῆρί μου	
002			Lk 1,58	καὶ ἤκουσαν οἱ περίοικοι καὶ οἱ συγγενεῖς αὐτῆς ὅτι **ἐμεγάλυνεν** κύριος τὸ ἔλεος αὐτοῦ μετ᾽ αὐτῆς καὶ συνέχαιρον αὐτῇ.	

code	Mt	Mk	Lk
200	**Mt 23,5** → Mt 6,1 → Mk 12,38 → Lk 20,46 πάντα δὲ τὰ ἔργα αὐτῶν ποιοῦσιν πρὸς τὸ θεαθῆναι τοῖς ἀνθρώποις· πλατύνουσιν γὰρ τὰ φυλακτήρια αὐτῶν καὶ **μεγαλύνουσιν** τὰ κράσπεδα		

Acts 5,13 τῶν δὲ λοιπῶν οὐδεὶς ἐτόλμα κολλᾶσθαι αὐτοῖς, ἀλλ' **ἐμεγάλυνεν** αὐτοὺς ὁ λαός.

Acts 10,46 ἤκουον γὰρ αὐτῶν λαλούντων γλώσσαις καὶ **μεγαλυνόντων** τὸν θεόν. ...

Acts 19,17 ... καὶ ἐπέπεσεν φόβος ἐπὶ πάντας αὐτοὺς καὶ **ἐμεγαλύνετο** τὸ ὄνομα τοῦ κυρίου Ἰησοῦ.

μέγας

	Syn	Mt	Mk	Lk	Acts	Jn	1-3John	Paul	Eph	Col
	61	20	15	26	31	5		4	1	
	NT	2Thess	1/2Tim	Tit	Heb	Jas	1Pet	2Pet	Jude	Rev
	194		3	1	6	1			1	80

large; great; sublime; important (see also μεῖζον and μείζων, p. 437)

	triple tradition														subtotals			double tradition			Sondergut		
		+Mt / +Lk			−Mt / −Lk			traditions not taken over by Mt / Lk															
code	*222*	*211*	*112*	*212*	*221*	*122*	*121*	*022*	*012*	*021*	*220*	*120*	*210*	*020*	Σ^+	Σ^-	Σ	*202*	*201*	*102*	*200*	*002*	total
Mt	1	3^+		1^+	4	1^-	3^-				1		4^+		8^+	4^-	14	1			5		**20**
Mk	1				4	1	3	1		3	1			1			15						**15**
Lk	1		8^+	1^+	4^-	1	3^-	1	1^+	3^-					10^+	10^-	13	1		1		11	**26**

[a] φόβος μέγας   [b] φωνή / κραυγὴ μεγάλη   [c] χαρὰ μεγάλη

code	Mt	Mk	Lk
002			**Lk 1,15** ἔσται γὰρ **μέγας** ἐνώπιον [τοῦ] κυρίου, *καὶ οἶνον καὶ σίκερα οὐ μὴ πίῃ*, καὶ πνεύματος ἁγίου πλησθήσεται ἔτι ἐκ κοιλίας μητρὸς αὐτοῦ ➤ Num 6,3; Lev 10,9
002			**Lk 1,32** οὗτος ἔσται **μέγας** καὶ υἱὸς ὑψίστου κληθήσεται καὶ δώσει αὐτῷ κύριος ὁ θεὸς τὸν θρόνον Δαυὶδ τοῦ πατρὸς αὐτοῦ
b 002			**Lk 1,42** καὶ ἀνεφώνησεν **κραυγῇ μεγάλῃ** καὶ εἶπεν· εὐλογημένη σὺ ἐν γυναιξὶν καὶ εὐλογημένος ὁ καρπὸς τῆς κοιλίας σου.
002			**Lk 1,49** ὅτι ἐποίησέν μοι **μεγάλα** ὁ δυνατός. καὶ ἅγιον τὸ ὄνομα αὐτοῦ
a 002			**Lk 2,9** καὶ ἄγγελος κυρίου ἐπέστη αὐτοῖς καὶ δόξα κυρίου περιέλαμψεν αὐτούς, καὶ ἐφοβήθησαν **φόβον μέγαν**.
c 002			**Lk 2,10** καὶ εἶπεν αὐτοῖς ὁ ἄγγελος· μὴ φοβεῖσθε, ἰδοὺ γὰρ εὐαγγελίζομαι ὑμῖν **χαρὰν μεγάλην** ἥτις ἔσται παντὶ τῷ λαῷ

	Mt		Mk		Lk		
c 200	**Mt 2,10**	ἰδόντες δὲ τὸν ἀστέρα ἐχάρησαν **χαρὰν μεγάλην** σφόδρα.					
200	**Mt 4,16** → Lk 1,79	*ὁ λαὸς ὁ καθήμενος* *ἐν σκότει* ***φῶς εἶδεν μέγα,*** *καὶ τοῖς καθημένοις ἐν* *χώρᾳ καὶ σκιᾷ θανάτου* *φῶς ἀνέτειλεν* αὐτοῖς. ➢ Isa 9,1					
002					**Lk 4,25**	... πολλαὶ χῆραι ἦσαν ἐν ταῖς ἡμέραις Ἠλίου ἐν τῷ Ἰσραήλ, ὅτε ἐκλείσθη ὁ οὐρανὸς ἐπὶ ἔτη τρία καὶ μῆνας ἕξ, ὡς ἐγένετο **λιμὸς μέγας** ἐπὶ πᾶσαν τὴν γῆν	
b 012	↓ Mt 8,29		**Mk 1,23** ↓ Mk 5,7	καὶ εὐθὺς ἦν ἐν τῇ συναγωγῇ αὐτῶν ἄνθρωπος ἐν πνεύματι ἀκαθάρτῳ, καὶ ἀνέκραξεν [24] λέγων· τί ἡμῖν καὶ σοί, Ἰησοῦ Ναζαρηνέ; ἦλθες ἀπολέσαι ἡμᾶς; οἶδά σε τίς εἶ, ὁ ἅγιος τοῦ θεοῦ.	**Lk 4,33** ↓ Lk 8,28	καὶ ἐν τῇ συναγωγῇ ἦν ἄνθρωπος ἔχων πνεῦμα δαιμονίου ἀκαθάρτου καὶ ἀνέκραξεν **φωνῇ μεγάλῃ·** [34] ἔα, τί ἡμῖν καὶ σοί, Ἰησοῦ Ναζαρηνέ; ἦλθες ἀπολέσαι ἡμᾶς; οἶδά σε τίς εἶ, ὁ ἅγιος τοῦ θεοῦ.	
b 021			**Mk 1,26**	καὶ σπαράξαν αὐτὸν τὸ πνεῦμα τὸ ἀκάθαρτον καὶ φωνῆσαν **φωνῇ μεγάλῃ** ἐξῆλθεν ἐξ αὐτοῦ.	**Lk 4,35**	... καὶ ῥίψαν αὐτὸν τὸ δαιμόνιον εἰς τὸ μέσον ἐξῆλθεν ἀπ' αὐτοῦ μηδὲν βλάψαν αὐτόν.	
112	**Mt 8,14**	καὶ ἐλθὼν ὁ Ἰησοῦς εἰς τὴν οἰκίαν Πέτρου εἶδεν τὴν πενθερὰν αὐτοῦ βεβλημένην καὶ **πυρέσσουσαν·**	**Mk 1,30**	[29] ... ἦλθον εἰς τὴν οἰκίαν Σίμωνος καὶ Ἀνδρέου μετὰ Ἰακώβου καὶ Ἰωάννου. [30] ἡ δὲ πενθερὰ Σίμωνος κατέκειτο **πυρέσσουσα, ...**	**Lk 4,38**	... εἰσῆλθεν εἰς τὴν οἰκίαν Σίμωνος. πενθερὰ δὲ τοῦ Σίμωνος ἦν συνεχομένη **πυρετῷ μεγάλῳ ...**	
112	**Mt 9,10**	καὶ ἐγένετο αὐτοῦ ἀνακειμένου ἐν τῇ οἰκίᾳ, ...	**Mk 2,15**	καὶ γίνεται κατακεῖσθαι αὐτὸν ἐν τῇ οἰκίᾳ αὐτοῦ, ...	**Lk 5,29**	καὶ ἐποίησεν **δοχὴν μεγάλην** Λευὶς αὐτῷ ἐν τῇ οἰκίᾳ αὐτοῦ, ...	
200	**Mt 5,19**	... ὃς δ' ἂν ποιήσῃ καὶ διδάξῃ, οὗτος **μέγας** κληθήσεται ἐν τῇ βασιλείᾳ τῶν οὐρανῶν.					
200	**Mt 5,35**	[34] ... μὴ ὀμόσαι ὅλως· ... [35] μήτε ἐν τῇ γῇ, ὅτι ὑποπόδιόν ἐστιν τῶν ποδῶν αὐτοῦ, μήτε εἰς Ἱεροσόλυμα, ὅτι πόλις ἐστὶν **τοῦ μεγάλου** **βασιλέως**					→ Acts 7,49

202	Mt 7,27	[26] ... ὁμοιωθήσεται ἀνδρὶ μωρῷ, ὅστις ᾠκοδόμησεν αὐτοῦ τὴν οἰκίαν ἐπὶ τὴν ἄμμον. [27] καὶ κατέβη ἡ βροχὴ καὶ ἦλθον οἱ ποταμοὶ καὶ ἔπνευσαν οἱ ἄνεμοι καὶ προσέκοψαν τῇ οἰκίᾳ ἐκείνῃ, καὶ ἔπεσεν, καὶ ἦν ἡ πτῶσις αὐτῆς **μεγάλη.**			Lk 6,49	... ὅμοιός ἐστιν ἀνθρώπῳ οἰκοδομήσαντι οἰκίαν ἐπὶ τὴν γῆν χωρὶς θεμελίου, ᾗ προσέρηξεν ὁ ποταμός, καὶ εὐθὺς συνέπεσεν καὶ ἐγένετο τὸ ῥῆγμα τῆς οἰκίας ἐκείνης **μέγα.**	
002					Lk 7,16	ἔλαβεν δὲ φόβος πάντας καὶ ἐδόξαζον τὸν θεὸν λέγοντες ὅτι **προφήτης μέγας** ἠγέρθη ἐν ἡμῖν καὶ ὅτι ἐπεσκέψατο ὁ θεὸς τὸν λαὸν αὐτοῦ.	
020	Mt 13,32	... ὅταν δὲ αὐξηθῇ μεῖζον τῶν λαχάνων ἐστὶν καὶ γίνεται **δένδρον,** ὥστε ἐλθεῖν *τὰ πετεινὰ τοῦ οὐρανοῦ* *καὶ κατασκηνοῦν* *ἐν τοῖς κλάδοις αὐτοῦ.* ➤ Ps 103,12 LXX	Mk 4,32	... ἀναβαίνει καὶ γίνεται μεῖζον πάντων τῶν λαχάνων καὶ ποιεῖ **κλάδους μεγάλους,** ὥστε δύνασθαι ὑπὸ τὴν σκιὰν αὐτοῦ *τὰ πετεινὰ τοῦ οὐρανοῦ* *κατασκηνοῦν.* ➤ Ps 103,12 LXX	Lk 13,19	... καὶ ηὔξησεν καὶ ἐγένετο **εἰς δένδρον,** καὶ *τὰ πετεινὰ τοῦ οὐρανοῦ* *κατεσκήνωσεν* *ἐν τοῖς κλάδοις αὐτοῦ.* ➤ Ps 103,12 LXX	→ GTh 20 Mk-Q overlap
221	Mt 8,24	καὶ ἰδοὺ **σεισμὸς μέγας** ἐγένετο ἐν τῇ θαλάσσῃ, ὥστε τὸ πλοῖον καλύπτεσθαι ὑπὸ τῶν κυμάτων, ...	Mk 4,37	καὶ γίνεται **λαῖλαψ μεγάλη** **ἀνέμου,** καὶ τὰ κύματα ἐπέβαλλεν εἰς τὸ πλοῖον, ὥστε ἤδη γεμίζεσθαι τὸ πλοῖον.	Lk 8,23	... καὶ κατέβη **λαῖλαψ** **ἀνέμου** εἰς τὴν λίμνην, καὶ συνεπληροῦντο καὶ ἐκινδύνευον.	
221	Mt 8,26	... τότε ἐγερθεὶς ἐπετίμησεν τοῖς ἀνέμοις καὶ τῇ θαλάσσῃ, καὶ ἐγένετο **γαλήνη μεγάλη.**	Mk 4,39	καὶ διεγερθεὶς ἐπετίμησεν τῷ ἀνέμῳ καὶ εἶπεν τῇ θαλάσσῃ· σιώπα, πεφίμωσο. καὶ ἐκόπασεν ὁ ἄνεμος καὶ ἐγένετο **γαλήνη μεγάλη.**	Lk 8,24	... ὁ δὲ διεγερθεὶς ἐπετίμησεν τῷ ἀνέμῳ καὶ τῷ κλύδωνι τοῦ ὕδατος· καὶ ἐπαύσαντο καὶ ἐγένετο **γαλήνη.**	
a 121	Mt 8,27	οἱ δὲ ἄνθρωποι ἐθαύμασαν λέγοντες· ποταπός ἐστιν οὗτος ὅτι καὶ οἱ ἄνεμοι καὶ ἡ θάλασσα αὐτῷ ὑπακούουσιν;	Mk 4,41	καὶ ἐφοβήθησαν **φόβον μέγαν** καὶ ἔλεγον πρὸς ἀλλήλους· τίς ἄρα οὗτός ἐστιν ὅτι καὶ ὁ ἄνεμος καὶ ἡ θάλασσα ὑπακούει αὐτῷ;	Lk 8,25	... φοβηθέντες δὲ ἐθαύμασαν, λέγοντες πρὸς ἀλλήλους· τίς ἄρα οὗτός ἐστιν ὅτι καὶ τοῖς ἀνέμοις ἐπιτάσσει καὶ τῷ ὕδατι, καὶ ὑπακούουσιν αὐτῷ;	
b 122	Mt 8,29	καὶ ἰδοὺ ἔκραξαν λέγοντες· τί ἡμῖν καὶ σοί, υἱὲ τοῦ θεοῦ; ἦλθες ὧδε πρὸ καιροῦ βασανίσαι ἡμᾶς;	Mk 5,7 ↑ Mk 1,23-24	[6] καὶ ἰδὼν τὸν Ἰησοῦν ἀπὸ μακρόθεν ἔδραμεν καὶ προσεκύνησεν αὐτῷ [7] καὶ κράξας **φωνῇ μεγάλῃ** λέγει· τί ἐμοὶ καὶ σοί, Ἰησοῦ υἱὲ τοῦ θεοῦ τοῦ ὑψίστου; ὁρκίζω σε τὸν θεόν, μή με βασανίσῃς.	Lk 8,28 ↑ Lk 4,33	ἰδὼν δὲ τὸν Ἰησοῦν ἀνακράξας προσέπεσεν αὐτῷ καὶ **φωνῇ μεγάλῃ** εἶπεν· τί ἐμοὶ καὶ σοί, Ἰησοῦ υἱὲ τοῦ θεοῦ τοῦ ὑψίστου; δέομαί σου, μή με βασανίσῃς.	
121	Mt 8,30	ἦν δὲ μακρὰν ἀπ' αὐτῶν **ἀγέλη χοίρων** **πολλῶν** βοσκομένη.	Mk 5,11	ἦν δὲ ἐκεῖ πρὸς τῷ ὄρει **ἀγέλη χοίρων** **μεγάλη** βοσκομένη·	Lk 8,32	ἦν δὲ ἐκεῖ **ἀγέλη χοίρων** **ἱκανῶν** βοσκομένη ἐν τῷ ὄρει· ...	

	Mt		Mk		Lk		
a 112	Mt 8,34	... ἰδόντες αὐτὸν παρεκάλεσαν ὅπως μεταβῇ ἀπὸ τῶν ὁρίων αὐτῶν.	Mk 5,17	καὶ ἤρξαντο παρακαλεῖν αὐτὸν ἀπελθεῖν ἀπὸ τῶν ὁρίων αὐτῶν.	Lk 8,37	καὶ ἠρώτησεν αὐτὸν ἅπαν τὸ πλῆθος τῆς περιχώρου τῶν Γερασηνῶν ἀπελθεῖν ἀπ' αὐτῶν, ὅτι **φόβῳ μεγάλῳ** συνείχοντο· ...	
021			Mk 5,42	... καὶ ἐξέστησαν [εὐθὺς] **ἐκστάσει μεγάλῃ.**	Lk 8,56	καὶ ἐξέστησαν οἱ γονεῖς αὐτῆς· ...	
210	Mt 15,28	τότε ἀποκριθεὶς ὁ Ἰησοῦς εἶπεν αὐτῇ· ὦ γύναι, **μεγάλη** σου ἡ πίστις· γενηθήτω σοι ὡς θέλεις. ...	Mk 7,29	καὶ εἶπεν αὐτῇ· διὰ τοῦτον τὸν λόγον ὕπαγε, ἐξελήλυθεν ἐκ τῆς θυγατρός σου τὸ δαιμόνιον.			
112	Mt 18,5 ⇨ Mt 10,40 → Mt 10,41	καὶ ὃς ἐὰν δέξηται ἓν παιδίον τοιοῦτο ἐπὶ τῷ ὀνόματί μου, ἐμὲ δέχεται.	Mk 9,37	ὃς ἂν ἓν τῶν τοιούτων παιδίων δέξηται ἐπὶ τῷ ὀνόματί μου, ἐμὲ δέχεται· καὶ ὃς ἂν ἐμὲ δέχηται, οὐκ ἐμὲ δέχεται ἀλλὰ τὸν ἀποστείλαντά με.	Lk 9,48 ⇨ Lk 10,16	... ὃς ἐὰν δέξηται τοῦτο τὸ παιδίον ἐπὶ τῷ ὀνόματί μου, ἐμὲ δέχεται· καὶ ὃς ἂν ἐμὲ δέξηται, δέχεται τὸν ἀποστείλαντά με· ὁ γὰρ μικρότερος ἐν πᾶσιν ὑμῖν ὑπάρχων οὗτός ἐστιν **μέγας.**	→ Jn 5,23 → Jn 12,44-45 → Jn 13,20
102	Mt 22,2 → Lk 14,15	ὡμοιώθη ἡ βασιλεία τῶν οὐρανῶν ἀνθρώπῳ βασιλεῖ, ὅστις ἐποίησεν **γάμους** τῷ υἱῷ αὐτοῦ.			Lk 14,16	... ἄνθρωπός τις ἐποίει **δεῖπνον μέγα,** καὶ ἐκάλεσεν πολλούς	→ GTh 64
002					Lk 16,26	καὶ ἐν πᾶσι τούτοις μεταξὺ ἡμῶν καὶ ὑμῶν **χάσμα μέγα** ἐστήρικται, ὅπως οἱ θέλοντες διαβῆναι ἔνθεν πρὸς ὑμᾶς μὴ δύνωνται, μηδὲ ἐκεῖθεν πρὸς ἡμᾶς διαπερῶσιν.	
b 002					Lk 17,15	εἷς δὲ ἐξ αὐτῶν, ἰδὼν ὅτι ἰάθη, ὑπέστρεψεν **μετὰ φωνῆς μεγάλης** δοξάζων τὸν θεόν	
221	Mt 20,25	... οἴδατε ὅτι οἱ ἄρχοντες τῶν ἐθνῶν κατακυριεύουσιν αὐτῶν καὶ **οἱ μεγάλοι** κατεξουσιάζουσιν αὐτῶν.	Mk 10,42	... οἴδατε ὅτι οἱ δοκοῦντες ἄρχειν τῶν ἐθνῶν κατακυριεύουσιν αὐτῶν καὶ **οἱ μεγάλοι** **αὐτῶν** κατεξουσιάζουσιν αὐτῶν.	Lk 22,25	... οἱ βασιλεῖς τῶν ἐθνῶν κυριεύουσιν αὐτῶν καὶ **οἱ ἐξουσιάζοντες** **αὐτῶν** εὐεργέται καλοῦνται.	
221	Mt 20,26 ⇩ Mt 23,11 Mt 23,11 ⇧ Mt 20,26	οὐχ οὕτως ἔσται ἐν ὑμῖν, ἀλλ' ὃς ἐὰν θέλῃ ἐν ὑμῖν **μέγας** γενέσθαι ἔσται ὑμῶν διάκονος ὁ δὲ **μείζων** ὑμῶν ἔσται ὑμῶν διάκονος.	Mk 10,43 ⇨ Mk 9,35	οὐχ οὕτως δέ ἐστιν ἐν ὑμῖν, ἀλλ' ὃς ἂν θέλῃ **μέγας** γενέσθαι ἐν ὑμῖν ἔσται ὑμῶν διάκονος	Lk 22,26	ὑμεῖς δὲ οὐχ οὕτως, ἀλλ' **ὁ μείζων** ἐν ὑμῖν γινέσθω ὡς ὁ νεώτερος ...	

	Mt		Mk		Lk		
b 112	**Mt 21,9**	οἱ δὲ ὄχλοι οἱ προάγοντες αὐτὸν καὶ οἱ ἀκολουθοῦντες ἔκραζον ...	**Mk 11,9**	καὶ οἱ προάγοντες καὶ οἱ ἀκολουθοῦντες ἔκραζον· ...	**Lk 19,37**	... ἤρξαντο ἅπαν τὸ πλῆθος τῶν μαθητῶν χαίροντες αἰνεῖν τὸν θεὸν **φωνῇ μεγάλῃ** περὶ πασῶν ὧν εἶδον δυνάμεων	→ Jn 12,13
211	**Mt 22,36** → Mt 19,16	διδάσκαλε, ποία ἐντολὴ **μεγάλη ἐν τῷ νόμῳ;**	**Mk 12,28** → Mk 10,17	... ποία ἐστὶν ἐντολὴ **πρώτη πάντων;**	**Lk 10,25** ⇨ Lk 18,18	... διδάσκαλε, τί ποιήσας ζωὴν αἰώνιον κληρονομήσω;	
210	**Mt 22,38**	αὕτη ἐστὶν **ἡ μεγάλη καὶ πρώτη ἐντολή.**	**Mk 12,31**				
	Mt 22,39	δευτέρα δὲ ὁμοία αὐτῇ· *ἀγαπήσεις τὸν πλησίον* *σου ὡς σεαυτόν.* ➤ Lev 19,18	→ Mt 22,40	δευτέρα αὕτη· *ἀγαπήσεις τὸν πλησίον* *σου ὡς σεαυτόν.* μείζων τούτων ἄλλη ἐντολὴ οὐκ ἔστιν. ➤ Lev 19,18	**Lk 10,27**	... *καὶ τὸν πλησίον* *σου ὡς σεαυτόν.* ➤ Lev 19,18	→ GTh 25
121	**Mt 24,2**	... οὐ βλέπετε **ταῦτα πάντα;** ἀμὴν λέγω ὑμῖν, οὐ μὴ ἀφεθῇ ὧδε λίθος ἐπὶ λίθον ὃς οὐ καταλυθήσεται.	**Mk 13,2**	... βλέπεις **ταύτας τὰς μεγάλας οἰκοδομάς;** οὐ μὴ ἀφεθῇ ὧδε λίθος ἐπὶ λίθον ὃς οὐ μὴ καταλυθῇ.	**Lk 21,6** → Lk 19,44	**ταῦτα** ἃ θεωρεῖτε ἐλεύσονται ἡμέραι ἐν αἷς οὐκ ἀφεθήσεται λίθος ἐπὶ λίθῳ ὃς οὐ καταλυθήσεται.	
112 112	**Mt 24,7**	ἐγερθήσεται γὰρ ἔθνος ἐπὶ ἔθνος καὶ βασιλεία ἐπὶ βασιλείαν καὶ ἔσονται λιμοὶ καὶ **σεισμοὶ** κατὰ τόπους·	**Mk 13,8**	ἐγερθήσεται γὰρ ἔθνος ἐπ' ἔθνος καὶ βασιλεία ἐπὶ βασιλείαν, ἔσονται **σεισμοὶ** κατὰ τόπους, ἔσονται λιμοί· ...	**Lk 21,11** **(2)** → Lk 21,25	**σεισμοί τε μεγάλοι** καὶ κατὰ τόπους λιμοὶ καὶ λοιμοὶ ἔσονται, φόβητρά τε καὶ ἀπ' οὐρανοῦ **σημεῖα μεγάλα** ἔσται.	→ Acts 2,19
212	**Mt 24,21**	ἔσται γὰρ τότε **θλῖψις μεγάλη** οἵα οὐ γέγονεν ἀπ' ἀρχῆς κόσμου ἕως τοῦ νῦν οὐδ' οὐ μὴ γένηται.	**Mk 13,19**	ἔσονται γὰρ αἱ ἡμέραι ἐκεῖναι **θλῖψις** οἵα οὐ γέγονεν τοιαύτη ἀπ' ἀρχῆς κτίσεως ἣν ἔκτισεν ὁ θεὸς ἕως τοῦ νῦν καὶ οὐ μὴ γένηται.	**Lk 21,23**	... ἔσται γὰρ **ἀνάγκη μεγάλη** ἐπὶ τῆς γῆς καὶ ὀργὴ τῷ λαῷ τούτῳ	
210	**Mt 24,24** → Mt 24,5 → Mt 24,11	ἐγερθήσονται γὰρ ψευδόχριστοι καὶ ψευδοπροφῆται καὶ δώσουσιν **σημεῖα μεγάλα** καὶ τέρατα ὥστε πλανῆσαι, εἰ δυνατόν, καὶ τοὺς ἐκλεκτούς·	**Mk 13,22** → Mk 13,6	ἐγερθήσονται γὰρ ψευδόχριστοι καὶ ψευδοπροφῆται καὶ δώσουσιν **σημεῖα** καὶ τέρατα πρὸς τὸ ἀποπλανᾶν, εἰ δυνατόν, τοὺς ἐκλεκτούς.	→ Lk 21,8		
210	**Mt 24,31** → Mt 13,41	καὶ ἀποστελεῖ τοὺς ἀγγέλους αὐτοῦ **μετὰ σάλπιγγος μεγάλης,** καὶ ἐπισυνάξουσιν τοὺς ἐκλεκτοὺς αὐτοῦ ἐκ τῶν τεσσάρων ἀνέμων ἀπ' ἄκρων οὐρανῶν ἕως [τῶν] ἄκρων αὐτῶν.	**Mk 13,27**	καὶ τότε ἀποστελεῖ τοὺς ἀγγέλους καὶ ἐπισυνάξει τοὺς ἐκλεκτοὺς [αὐτοῦ] ἐκ τῶν τεσσάρων ἀνέμων ἀπ' ἄκρου γῆς ἕως ἄκρου οὐρανοῦ.			

022			Mk 14,15	καὶ αὐτὸς ὑμῖν δείξει ἀνάγαιον μέγα ἐστρωμένον ἕτοιμον· καὶ ἐκεῖ ἑτοιμάσατε ἡμῖν.	Lk 22,12	κἀκεῖνος ὑμῖν δείξει ἀνάγαιον μέγα ἐστρωμένον· ἐκεῖ ἑτοιμάσατε.	
b 112	Mt 27,23	... οἱ δὲ περισσῶς ἔκραζον λέγοντες· σταυρωθήτω.	Mk 15,14	... οἱ δὲ περισσῶς ἔκραξαν· σταύρωσον αὐτόν.	Lk 23,23	οἱ δὲ ἐπέκειντο φωναῖς μεγάλαις αἰτούμενοι αὐτὸν σταυρωθῆναι, καὶ κατίσχυον αἱ φωναὶ αὐτῶν.	→ Jn 19,15
b 220	Mt 27,46	περὶ δὲ τὴν ἐνάτην ὥραν ἀνεβόησεν ὁ Ἰησοῦς φωνῇ μεγάλῃ λέγων· *ηλι ηλι λεμα σαβαχθανι;* τοῦτ᾽ ἔστιν· *θεέ μου θεέ μου, ἱνατί με ἐγκατέλιπες;* ➤ Ps 22,2	Mk 15,34	καὶ τῇ ἐνάτῃ ὥρᾳ ἐβόησεν ὁ Ἰησοῦς φωνῇ μεγάλῃ· *ελωι ελωι λεμα σαβαχθανι;* ὅ ἐστιν μεθερμηνευόμενον *ὁ θεός μου ὁ θεός μου, εἰς τί ἐγκατέλιπές με;* ➤ Ps 22,2			
b 222	Mt 27,50	ὁ δὲ Ἰησοῦς πάλιν κράξας φωνῇ μεγάλῃ ἀφῆκεν τὸ πνεῦμα.	Mk 15,37	ὁ δὲ Ἰησοῦς ἀφεὶς φωνὴν μεγάλην ἐξέπνευσεν.	Lk 23,46	καὶ φωνήσας φωνῇ μεγάλῃ ὁ Ἰησοῦς εἶπεν· πάτερ, *εἰς χεῖράς σου παρατίθεμαι τὸ πνεῦμά μου.* τοῦτο δὲ εἰπὼν ἐξέπνευσεν. ➤ Ps 31,6	→ Jn 19,30 → Acts 7,59 → Acts 7,60
211	Mt 27,60	καὶ ἔθηκεν αὐτὸ ἐν τῷ καινῷ αὐτοῦ μνημείῳ ὃ ἐλατόμησεν ἐν τῇ πέτρᾳ καὶ προσκυλίσας λίθον μέγαν τῇ θύρᾳ τοῦ μνημείου ἀπῆλθεν.	Mk 15,46	... καὶ ἔθηκεν αὐτὸν ἐν μνημείῳ ὃ ἦν λελατομημένον ἐκ πέτρας καὶ προσεκύλισεν λίθον ἐπὶ τὴν θύραν τοῦ μνημείου.	Lk 23,53	... καὶ ἔθηκεν αὐτὸν ἐν μνήματι λαξευτῷ οὗ οὐκ ἦν οὐδεὶς οὔπω κείμενος.	→ Jn 19,41
200	Mt 28,2 ↓ Mk 16,4 ↓ Lk 24,2	καὶ ἰδοὺ σεισμὸς ἐγένετο μέγας· ἄγγελος γὰρ κυρίου καταβὰς ἐξ οὐρανοῦ καὶ προσελθὼν ἀπεκύλισεν τὸν λίθον καὶ ἐκάθητο ἐπάνω αὐτοῦ.					→ Jn 20,1
021			Mk 16,4 ↑ Mt 28,2	καὶ ἀναβλέψασαι θεωροῦσιν ὅτι ἀποκεκύλισται ὁ λίθος· ἦν γὰρ μέγας σφόδρα.	Lk 24,2 ↑ Mt 28,2	εὗρον δὲ τὸν λίθον ἀποκεκυλισμένον ἀπὸ τοῦ μνημείου	→ Jn 20,1
c 211	Mt 28,8	καὶ ἀπελθοῦσαι ταχὺ ἀπὸ τοῦ μνημείου μετὰ φόβου καὶ χαρᾶς μεγάλης ἔδραμον ἀπαγγεῖλαι τοῖς μαθηταῖς αὐτοῦ.	Mk 16,8	καὶ ἐξελθοῦσαι ἔφυγον ἀπὸ τοῦ μνημείου, εἶχεν γὰρ αὐτὰς τρόμος καὶ ἔκστασις· καὶ οὐδενὶ οὐδὲν εἶπαν· ἐφοβοῦντο γάρ.	Lk 24,9	καὶ ὑποστρέψασαι ἀπὸ τοῦ μνημείου ἀπήγγειλαν ταῦτα πάντα τοῖς ἕνδεκα καὶ πᾶσιν τοῖς λοιποῖς.	→ Jn 20,2.18
c 002					Lk 24,52	καὶ αὐτοὶ προσκυνήσαντες αὐτὸν ὑπέστρεψαν εἰς Ἰερουσαλὴμ μετὰ χαρᾶς μεγάλης	→ Acts 1,12

	Acts 2,20	*ὁ ἥλιος μεταστραφήσεται εἰς σκότος καὶ ἡ σελήνη εἰς αἷμα πρὶν ἐλθεῖν* **ἡμέραν κυρίου τὴν μεγάλην καὶ ἐπιφανῆ.** ➤ Joel 3,4 LXX
	Acts 4,33 (2)	καὶ **δυνάμει μεγάλῃ** ἀπεδίδουν τὸ μαρτύριον οἱ ἀπόστολοι τῆς ἀναστάσεως τοῦ κυρίου Ἰησοῦ, **χάρις τε μεγάλη** ἦν ἐπὶ πάντας αὐτούς.
a	**Acts 5,5**	ἀκούων δὲ ὁ Ἁνανίας τοὺς λόγους τούτους πεσὼν ἐξέψυξεν, καὶ ἐγένετο **φόβος μέγας** ἐπὶ πάντας τοὺς ἀκούοντας.
a	**Acts 5,11**	καὶ ἐγένετο **φόβος μέγας** ἐφ' ὅλην τὴν ἐκκλησίαν καὶ ἐπὶ πάντας τοὺς ἀκούοντας ταῦτα.
	Acts 6,8	Στέφανος δὲ πλήρης χάριτος καὶ δυνάμεως ἐποίει **τέρατα καὶ σημεῖα μεγάλα** ἐν τῷ λαῷ.
	Acts 7,11	ἦλθεν δὲ λιμὸς ἐφ' ὅλην τὴν Αἴγυπτον καὶ Χανάαν καὶ **θλῖψις μεγάλη,** καὶ οὐχ ηὕρισκον χορτάσματα οἱ πατέρες ἡμῶν.
b	**Acts 7,57**	κράξαντες δὲ **φωνῇ μεγάλῃ** συνέσχον τὰ ὦτα αὐτῶν καὶ ὥρμησαν ὁμοθυμαδὸν ἐπ' αὐτόν
b	**Acts 7,60** [[→ Lk 23,34a]] → Mt 27,50 → Mk 15,37 → Lk 23,46	θεὶς δὲ τὰ γόνατα ἔκραξεν **φωνῇ μεγάλῃ·** κύριε, μὴ στήσῃς αὐτοῖς ταύτην τὴν ἁμαρτίαν. ...
	Acts 8,1	... ἐγένετο δὲ ἐν ἐκείνῃ τῇ ἡμέρᾳ **διωγμὸς μέγας** ἐπὶ τὴν ἐκκλησίαν τὴν ἐν Ἱεροσολύμοις, ...
	Acts 8,2	συνεκόμισαν δὲ τὸν Στέφανον ἄνδρες εὐλαβεῖς καὶ ἐποίησαν **κοπετὸν μέγαν** ἐπ' αὐτῷ.
b	**Acts 8,7**	πολλοὶ γὰρ τῶν ἐχόντων πνεύματα ἀκάθαρτα βοῶντα **φωνῇ μεγάλῃ** ἐξήρχοντο, πολλοὶ δὲ παραλελυμένοι καὶ χωλοὶ ἐθεραπεύθησαν·
	Acts 8,9	ἀνὴρ δέ τις ὀνόματι Σίμων προϋπῆρχεν ἐν τῇ πόλει μαγεύων καὶ ἐξιστάνων τὸ ἔθνος τῆς Σαμαρείας, λέγων εἶναί **τινα ἑαυτὸν μέγαν,**
	Acts 8,10 (2)	ᾧ προσεῖχον πάντες ἀπὸ μικροῦ **ἕως μεγάλου** λέγοντες· οὗτός ἐστιν **ἡ δύναμις τοῦ θεοῦ ἡ καλουμένη μεγάλη.**
	Acts 8,13	... θεωρῶν τε **σημεῖα καὶ δυνάμεις μεγάλας γινομένας** ἐξίστατο.
	Acts 10,11	καὶ θεωρεῖ τὸν οὐρανὸν ἀνεῳγμένον καὶ καταβαῖνον σκεῦός τι **ὡς ὀθόνην μεγάλην** τέσσαρσιν ἀρχαῖς καθιέμενον ἐπὶ τῆς γῆς
	Acts 11,5	ἐγὼ ἤμην ἐν πόλει Ἰόππῃ προσευχόμενος καὶ εἶδον ἐν ἐκστάσει ὅραμα, καταβαῖνον σκεῦός τι **ὡς ὀθόνην μεγάλην** τέσσαρσιν ἀρχαῖς καθιεμένην ἐκ τοῦ οὐρανοῦ, καὶ ἦλθεν ἄχρι ἐμοῦ.
	Acts 11,28	ἀναστὰς δὲ εἷς ἐξ αὐτῶν ὀνόματι Ἅγαβος ἐσήμανεν διὰ τοῦ πνεύματος **λιμὸν μεγάλην** μέλλειν ἔσεσθαι ἐφ' ὅλην τὴν οἰκουμένην, ἥτις ἐγένετο ἐπὶ Κλαυδίου.
b	**Acts 14,10**	εἶπεν **μεγάλῃ φωνῇ·** ἀνάστηθι ἐπὶ τοὺς πόδας σου ὀρθός. καὶ ἥλατο καὶ περιεπάτει.
c	**Acts 15,3**	οἱ μὲν οὖν προπεμφθέντες ὑπὸ τῆς ἐκκλησίας διήρχοντο τήν τε Φοινίκην καὶ Σαμάρειαν ἐκδιηγούμενοι τὴν ἐπιστροφὴν τῶν ἐθνῶν καὶ ἐποίουν **χαρὰν μεγάλην** πᾶσιν τοῖς ἀδελφοῖς.
	Acts 16,26	ἄφνω δὲ **σεισμὸς ἐγένετο μέγας** ὥστε σαλευθῆναι τὰ θεμέλια τοῦ δεσμωτηρίου· ...
b	**Acts 16,28**	ἐφώνησεν δὲ **μεγάλῃ φωνῇ** [ὁ] Παῦλος λέγων· μηδὲν πράξῃς σεαυτῷ κακόν, ἅπαντες γάρ ἐσμεν ἐνθάδε.
	Acts 19,27	οὐ μόνον δὲ τοῦτο κινδυνεύει ἡμῖν τὸ μέρος εἰς ἀπελεγμὸν ἐλθεῖν ἀλλὰ καὶ **τὸ τῆς μεγάλης θεᾶς Ἀρτέμιδος ἱερὸν** εἰς οὐθὲν λογισθῆναι, ...
	Acts 19,28	ἀκούσαντες δὲ καὶ γενόμενοι πλήρεις θυμοῦ ἔκραζον λέγοντες· **μεγάλη** ἡ Ἄρτεμις Ἐφεσίων.
	Acts 19,34	ἐπιγνόντες δὲ ὅτι Ἰουδαῖός ἐστιν, φωνὴ ἐγένετο μία ἐκ πάντων ὡς ἐπὶ ὥρας δύο κραζόντων· **μεγάλη** ἡ Ἄρτεμις Ἐφεσίων.
	Acts 19,35	... ἄνδρες Ἐφέσιοι, τίς γάρ ἐστιν ἀνθρώπων ὃς οὐ γινώσκει τὴν Ἐφεσίων πόλιν **νεωκόρον οὖσαν τῆς μεγάλης Ἀρτέμιδος** καὶ τοῦ διοπετοῦς;
b	**Acts 23,9**	ἐγένετο δὲ **κραυγὴ μεγάλη,** καὶ ἀναστάντες τινὲς τῶν γραμματέων τοῦ μέρους τῶν Φαρισαίων ...
	Acts 26,22	ἐπικουρίας οὖν τυχὼν τῆς ἀπὸ τοῦ θεοῦ ἄχρι τῆς ἡμέρας ταύτης ἕστηκα μαρτυρόμενος μικρῷ τε καὶ **μεγάλῳ** οὐδὲν ἐκτὸς λέγων ὧν τε οἱ προφῆται ἐλάλησαν μελλόντων γίνεσθαι καὶ Μωϋσῆς
b	**Acts 26,24**	ταῦτα δὲ αὐτοῦ ἀπολογουμένου ὁ Φῆστος **μεγάλῃ τῇ φωνῇ** φησιν· μαίνῃ, Παῦλε· τὰ πολλά σε γράμματα εἰς μανίαν περιτρέπει.
	Acts 26,29	ὁ δὲ Παῦλος· εὐξαίμην ἂν τῷ θεῷ καὶ ἐν ὀλίγῳ καὶ **ἐν μεγάλῳ** οὐ μόνον σὲ ἀλλὰ καὶ πάντας τοὺς ἀκούοντάς μου σήμερον γενέσθαι τοιούτους ὁποῖος καὶ ἐγώ εἰμι ...

μεγιστάν	Syn 1	Mt	Mk 1	Lk	Acts	Jn	1-3John	Paul	Eph	Col
	NT 3	2Thess	1/2Tim	Tit	Heb	Jas	1Pet	2Pet	Jude	Rev 2

great man; courtier; magnate

	Mt		Mk		Lk		
120	**Mt 14,6**	γενεσίοις δὲ γενομένοις τοῦ Ἡρῴδου ...	**Mk 6,21**	καὶ γενομένης ἡμέρας εὐκαίρου ὅτε Ἡρῴδης τοῖς γενεσίοις αὐτοῦ δεῖπνον ἐποίησεν **τοῖς μεγιστᾶσιν αὐτοῦ** καὶ τοῖς χιλιάρχοις καὶ τοῖς πρώτοις τῆς Γαλιλαίας			

μεθερμηνεύω	Syn 4	Mt 1	Mk 3	Lk	Acts 2	Jn 2	1-3John	Paul	Eph	Col
	NT 8	2Thess	1/2Tim	Tit	Heb	Jas	1Pet	2Pet	Jude	Rev

translate

	Mt		Mk		Lk		
200	**Mt 1,23**	*ἰδοὺ ἡ παρθένος ἐν γαστρὶ ἕξει καὶ τέξεται υἱόν, καὶ καλέσουσιν τὸ ὄνομα αὐτοῦ Ἐμμανουήλ,* ὅ ἐστιν **μεθερμηνευόμενον** *μεθ' ἡμῶν ὁ θεός.* ➤ Isa 7,14 LXX; 8,8.10 LXX					
121	**Mt 9,25**	... ἐκράτησεν τῆς χειρὸς αὐτῆς, ...	**Mk 5,41**	καὶ κρατήσας τῆς χειρὸς τοῦ παιδίου λέγει αὐτῇ· ταλιθα κουμ, ὅ ἐστιν **μεθερμηνευόμενον·** τὸ κοράσιον, σοὶ λέγω, ἔγειρε.	**Lk 8,54**	αὐτὸς δὲ κρατήσας τῆς χειρὸς αὐτῆς ἐφώνησεν λέγων· ἡ παῖς, ἔγειρε.	
121	**Mt 27,33**	καὶ ἐλθόντες εἰς τόπον λεγόμενον Γολγοθᾶ, ὅ ἐστιν Κρανίου Τόπος **λεγόμενος**	**Mk 15,22**	καὶ φέρουσιν αὐτὸν ἐπὶ τὸν Γολγοθᾶν τόπον, ὅ ἐστιν **μεθερμηνευόμενον** Κρανίου Τόπος.	**Lk 23,33**	καὶ ὅτε ἦλθον ἐπὶ τὸν τόπον **τὸν καλούμενον** Κρανίον, ...	→ Jn 19,17
120	**Mt 27,46**	περὶ δὲ τὴν ἐνάτην ὥραν ἀνεβόησεν ὁ Ἰησοῦς φωνῇ μεγάλῃ λέγων· *ηλι ηλι λεμα σαβαχθανι;* τοῦτ' ἔστιν· *θεέ μου θεέ μου, ἱνατί με ἐγκατέλιπες;* ➤ Ps 22,2	**Mk 15,34**	καὶ τῇ ἐνάτῃ ὥρᾳ ἐβόησεν ὁ Ἰησοῦς φωνῇ μεγάλῃ· *ελωι ελωι λεμα σαβαχθανι;* ὅ ἐστιν **μεθερμηνευόμενον** *ὁ θεός μου ὁ θεός μου, εἰς τί ἐγκατέλιπές με;* ➤ Ps 22,2			

Acts 4,36 Ἰωσὴφ δὲ ὁ ἐπικληθεὶς Βαρναβᾶς ἀπὸ τῶν ἀποστόλων, ὅ ἐστιν **μεθερμηνευόμενον** υἱὸς παρακλήσεως, Λευίτης, Κύπριος τῷ γένει

Acts 13,8 ἀνθίστατο δὲ αὐτοῖς Ἐλύμας ὁ μάγος, οὕτως γὰρ **μεθερμηνεύεται** τὸ ὄνομα αὐτοῦ, ζητῶν διαστρέψαι τὸν ἀνθύπατον ἀπὸ τῆς πίστεως.

μέθη

Syn 1	Mt	Mk	Lk 1	Acts	Jn	1-3John	Paul 2	Eph	Col
NT 3	2Thess	1/2Tim	Tit	Heb	Jas	1Pet	2Pet	Jude	Rev

drunkenness

002		Lk 21,34 → Mt 24,49 → Lk 12,45 → Mk 13,33 → Mk 13,36	προσέχετε δὲ ἑαυτοῖς μήποτε βαρηθῶσιν ὑμῶν αἱ καρδίαι ἐν κραιπάλῃ καὶ **μέθῃ** καὶ μερίμναις βιωτικαῖς καὶ ἐπιστῇ ἐφ' ὑμᾶς αἰφνίδιος ἡ ἡμέρα ἐκείνη

μεθίστημι

Syn 1	Mt	Mk	Lk 1	Acts 2	Jn	1-3John	Paul 1	Eph	Col 1
NT 5	2Thess	1/2Tim	Tit	Heb	Jas	1Pet	2Pet	Jude	Rev

remove from one place to another; bring to a different point of view; cause someone to change one's position

002		Lk 16,4	ἔγνων τί ποιήσω, ἵνα ὅταν **μετασταθῶ** ἐκ τῆς οἰκονομίας δέξωνταί με εἰς τοὺς οἴκους αὐτῶν.

Acts 13,22 [21] ... ἔδωκεν αὐτοῖς ὁ θεὸς τὸν Σαοὺλ υἱὸν Κίς, ἄνδρα ἐκ φυλῆς Βενιαμίν, ἔτη τεσσεράκοντα. [22] καὶ **μεταστήσας** αὐτὸν ἤγειρεν τὸν Δαυὶδ αὐτοῖς εἰς βασιλέα ...

Acts 19,26 καὶ θεωρεῖτε καὶ ἀκούετε ὅτι οὐ μόνον Ἐφέσου ἀλλὰ σχεδὸν πάσης τῆς Ἀσίας ὁ Παῦλος οὗτος πείσας **μετέστησεν** ἱκανὸν ὄχλον λέγων ὅτι οὐκ εἰσὶν θεοὶ οἱ διὰ χειρῶν γινόμενοι.

μεθύσκομαι

Syn 1	Mt	Mk	Lk 1	Acts	Jn	1-3John	Paul 1	Eph 1	Col
NT 3	2Thess	1/2Tim	Tit	Heb	Jas	1Pet	2Pet	Jude	Rev

get drunk; become intoxicated

102	Mt 24,49	[48] ... χρονίζει μου ὁ κύριος, [49] καὶ ἄρξηται τύπτειν τοὺς συνδούλους αὐτοῦ, ἐσθίῃ δὲ καὶ πίνῃ **μετὰ τῶν μεθυόντων**	Lk 12,45 → Lk 21,34	... χρονίζει ὁ κύριός μου ἔρχεσθαι, καὶ ἄρξηται τύπτειν τοὺς παῖδας καὶ τὰς παιδίσκας, ἐσθίειν τε καὶ πίνειν καὶ **μεθύσκεσθαι**

μεθύω

	Syn	Mt	Mk	Lk	Acts	Jn	1-3John	Paul	Eph	Col
	1	1			1	1		2		
	NT	2Thess	1/2Tim	Tit	Heb	Jas	1Pet	2Pet	Jude	Rev
	7									2

be drunk

201	**Mt 24,49** [48] ... χρονίζει μου ὁ κύριος, [49] καὶ ἄρξηται τύπτειν τοὺς συνδούλους αὐτοῦ, ἐσθίῃ δὲ καὶ πίνῃ **μετὰ τῶν μεθυόντων**		**Lk 12,45** → Lk 21,34 ... χρονίζει ὁ κύριός μου ἔρχεσθαι, καὶ ἄρξηται τύπτειν τοὺς παῖδας καὶ τὰς παιδίσκας, ἐσθίειν τε καὶ πίνειν καὶ **μεθύσκεσθαι**	

Acts 2,15 οὐ γὰρ ὡς ὑμεῖς
ὑπολαμβάνετε οὗτοι
μεθύουσιν,
ἔστιν γὰρ ὥρα τρίτη
τῆς ἡμέρας

μείγνυμι, μειγνύω → μίγνυμι, μιγνύω

μεῖζον

	Syn	Mt	Mk	Lk	Acts	Jn	1-3John	Paul	Eph	Col
	1	1								
	NT	2Thess	1/2Tim	Tit	Heb	Jas	1Pet	2Pet	Jude	Rev
	1									

comparative neuter of μέγας (adverb)

211	**Mt 20,31** ὁ δὲ ὄχλος ἐπετίμησεν αὐτοῖς ἵνα σιωπήσωσιν· οἱ δὲ **μεῖζον** ἔκραξαν λέγοντες· ἐλέησον ἡμᾶς, κύριε, υἱὸς Δαυίδ.	**Mk 10,48** καὶ ἐπετίμων αὐτῷ πολλοὶ ἵνα σιωπήσῃ· ὁ δὲ **πολλῷ μᾶλλον** ἔκραζεν· υἱὲ Δαυίδ, ἐλέησόν με.	**Lk 18,39** καὶ οἱ προάγοντες ἐπετίμων αὐτῷ ἵνα σιγήσῃ, αὐτὸς δὲ **πολλῷ μᾶλλον** ἔκραζεν· υἱὲ Δαυίδ, ἐλέησόν με.	

μείζων

	Syn	Mt	Mk	Lk	Acts	Jn	1-3John	Paul	Eph	Col
	19	9	3	7		13	4	4		
	NT	2Thess	1/2Tim	Tit	Heb	Jas	1Pet	2Pet	Jude	Rev
	47				4	2		1		

comparative/superlative of μέγας (p. 428)

	triple tradition																double tradition			Sondergut		
		+Mt / +Lk			–Mt / –Lk			traditions not taken over by Mt / Lk							subtotals							
code	*222*	*211*	*112*	*212*	*221*	*122*	*121*	*022*	*012*	*021*	*220*	*120*	*210*	*020*	Σ^+	Σ^-	Σ	*202*	*201*	*102*	*200*	*002*	total
Mt	1											1^-				1^-	1	2	1		5		**9**
Mk	1											1		1			3						**3**
Lk	1		2^+												2^+		3	2				2	**7**

202	**Mt 11,11 (2)** ἀμὴν λέγω ὑμῖν· οὐκ ἐγήγερται ἐν γεννητοῖς γυναικῶν **μείζων**		**Lk 7,28 (2)** λέγω ὑμῖν, **μείζων**	→ GTh 46
	Ἰωάννου τοῦ βαπτιστοῦ· ὁ δὲ μικρότερος ἐν τῇ βασιλείᾳ τῶν οὐρανῶν		ἐν γεννητοῖς γυναικῶν Ἰωάννου οὐδείς ἐστιν· ὁ δὲ μικρότερος ἐν τῇ βασιλείᾳ τοῦ θεοῦ	
202	**μείζων αὐτοῦ** ἐστιν.		**μείζων αὐτοῦ** ἐστιν.	

	Mt		Mk		Lk		
200	**Mt 12,6** → Mt 12,41-42 → Lk 11,31-32	λέγω δὲ ὑμῖν ὅτι τοῦ ἱεροῦ **μεῖζόν** ἐστιν ὧδε.					
020	**Mt 13,32**	[31] ... κόκκῳ σινάπεως, ... [32] ὃ μικρότερον μέν ἐστιν πάντων τῶν σπερμάτων, ὅταν δὲ αὐξηθῇ **μεῖζον** **τῶν λαχάνων** ἐστὶν καὶ γίνεται δένδρον, ...	**Mk 4,32**	[31] ... κόκκῳ σινάπεως, ... μικρότερον ὂν πάντων τῶν σπερμάτων τῶν ἐπὶ τῆς γῆς, [32] καὶ ὅταν σπαρῇ, ἀναβαίνει καὶ γίνεται **μεῖζον πάντων** **τῶν λαχάνων** καὶ ποιεῖ κλάδους μεγάλους, ...	**Lk 13,19**	... κόκκῳ σινάπεως, ... καὶ ηὔξησεν καὶ ἐγένετο εἰς δένδρον, ...	→ GTh 20 Mk-Q overlap
201	**Mt 13,32**	[31] ... κόκκῳ σινάπεως, ... [32] ὃ μικρότερον μέν ἐστιν πάντων τῶν σπερμάτων, ὅταν δὲ αὐξηθῇ **μεῖζον** **τῶν λαχάνων** ἐστὶν καὶ γίνεται δένδρον, ...	**Mk 4,32**	[31] ... κόκκῳ σινάπεως, ... μικρότερον ὂν πάντων τῶν σπερμάτων τῶν ἐπὶ τῆς γῆς, [32] καὶ ὅταν σπαρῇ, ἀναβαίνει καὶ γίνεται **μεῖζον πάντων** **τῶν λαχάνων** καὶ ποιεῖ κλάδους μεγάλους, ...	**Lk 13,19**	... κόκκῳ σινάπεως, ... καὶ ηὔξησεν καὶ ἐγένετο εἰς δένδρον, ...	→ GTh 20 Mk-Q overlap
222	**Mt 18,1**	ἐν ἐκείνῃ τῇ ὥρᾳ προσῆλθον οἱ μαθηταὶ τῷ Ἰησοῦ λέγοντες· τίς ἄρα **μείζων** ἐστὶν ἐν τῇ βασιλείᾳ τῶν οὐρανῶν;	**Mk 9,34**	[33] ... καὶ ἐν τῇ οἰκίᾳ γενόμενος ἐπηρώτα αὐτούς· τί ἐν τῇ ὁδῷ διελογίζεσθε; [34] οἱ δὲ ἐσιώπων· πρὸς ἀλλήλους γὰρ διελέχθησαν ἐν τῇ ὁδῷ τίς **μείζων.**	**Lk 9,46** ↓ Lk 22,24	εἰσῆλθεν δὲ διαλογισμὸς ἐν αὐτοῖς, τὸ τίς ἂν εἴη **μείζων αὐτῶν.**	→ GTh 12
200	**Mt 18,4** → Mt 23,12 → Lk 14,11 → Lk 18,14	ὅστις οὖν ταπεινώσει ἑαυτὸν ὡς τὸ παιδίον τοῦτο, οὗτός ἐστιν **ὁ μείζων** ἐν τῇ βασιλείᾳ τῶν οὐρανῶν.					
002					**Lk 12,18**	καὶ εἶπεν· τοῦτο ποιήσω, καθελῶ μου τὰς ἀποθήκας καὶ **μείζονας** οἰκοδομήσω, καὶ συνάξω ἐκεῖ πάντα τὸν σῖτον καὶ τὰ ἀγαθά μου	→ GTh 63
120	**Mt 22,38** → Mt 22,37	αὕτη ἐστὶν ἡ μεγάλη καὶ πρώτη ἐντολή.	**Mk 12,31**				
	Mt 22,39	δευτέρα δὲ ὁμοία αὐτῇ· *ἀγαπήσεις τὸν πλησίον* *σου ὡς σεαυτόν.* ➤ Lev 19,18	→ Mk 12,29	δευτέρα αὕτη· *ἀγαπήσεις τὸν πλησίον* *σου ὡς σεαυτόν.* ➤ Lev 19,18	**Lk 10,27**	... *καὶ τὸν πλησίον* *σου ὡς σεαυτόν.* ➤ Lev 19,18	→ GTh 25
			↑ Mt 22,38 → Mt 22,40	**μείζων τούτων** ἄλλη ἐντολὴ οὐκ ἔστιν.			
200	**Mt 23,11** ⇩ Mt 20,26	**ὁ δὲ μείζων ὑμῶν** ἔσται ὑμῶν διάκονος.	**Mk 10,43** ⇨ Mk 9,35	οὐχ οὕτως δέ ἐστιν ἐν ὑμῖν, ἀλλ' ὃς ἂν θέλῃ **μέγας γενέσθαι ἐν ὑμῖν** ἔσται ὑμῶν διάκονος	**Lk 22,26**	ὑμεῖς δὲ οὐχ οὕτως, ἀλλ' **ὁ μείζων ἐν ὑμῖν** γινέσθω ὡς ὁ νεώτερος ...	

	Mt	Mk	Lk	
200	**Mt 23,17** μωροὶ καὶ τυφλοί, τίς γὰρ **μείζων** ἐστίν, ὁ χρυσὸς ἢ ὁ ναὸς ὁ ἁγιάσας τὸν χρυσόν;			
200	**Mt 23,19** τυφλοί, τί γὰρ **μεῖζον,** τὸ δῶρον ἢ τὸ θυσιαστήριον τὸ ἁγιάζον τὸ δῶρον;			
002			**Lk 22,24** ↑ Lk 9,46 ἐγένετο δὲ καὶ φιλονεικία ἐν αὐτοῖς, τὸ τίς αὐτῶν δοκεῖ εἶναι **μείζων.**	
112	**Mt 20,26** ⇧ Mt 23,11 οὐχ οὕτως ἔσται ἐν ὑμῖν, ἀλλ' ὃς ἐὰν θέλῃ ἐν ὑμῖν **μέγας** γενέσθαι ἔσται ὑμῶν διάκονος	**Mk 10,43** ⇨ Mk 9,35 οὐχ οὕτως δέ ἐστιν ἐν ὑμῖν, ἀλλ' ὃς ἂν θέλῃ **μέγας** γενέσθαι ἐν ὑμῖν ἔσται ὑμῶν διάκονος	**Lk 22,26** ὑμεῖς δὲ οὐχ οὕτως, ἀλλ' **ὁ μείζων** ἐν ὑμῖν γινέσθω ὡς ὁ νεώτερος ...	
112	**Mt 20,28** ὥσπερ ὁ υἱὸς τοῦ ἀνθρώπου οὐκ ἦλθεν διακονηθῆναι ἀλλὰ διακονῆσαι καὶ δοῦναι τὴν ψυχὴν αὐτοῦ λύτρον ἀντὶ πολλῶν.	**Mk 10,45** καὶ γὰρ ὁ υἱὸς τοῦ ἀνθρώπου οὐκ ἦλθεν διακονηθῆναι ἀλλὰ διακονῆσαι καὶ δοῦναι τὴν ψυχὴν αὐτοῦ λύτρον ἀντὶ πολλῶν.	**Lk 22,27** → Lk 12,37 τίς γὰρ **μείζων,** ὁ ἀνακείμενος ἢ ὁ διακονῶν; οὐχὶ ὁ ἀνακείμενος; ἐγὼ δὲ ἐν μέσῳ ὑμῶν εἰμι ὡς ὁ διακονῶν.	→ Jn 13,13-14

μέλας

Syn 1	Mt 1	Mk	Lk	Acts	Jn	1-3John 2	Paul 1	Eph	Col
NT 6	2Thess	1/2Tim	Tit	Heb	Jas	1Pet	2Pet	Jude	Rev 2

black

	Mt	Mk	Lk	
200	**Mt 5,36** [34] ... μὴ ὀμόσαι ὅλως· ... [36] μήτε ἐν τῇ κεφαλῇ σου ὀμόσῃς, ὅτι οὐ δύνασαι μίαν τρίχα λευκὴν ποιῆσαι ἢ **μέλαιναν.**			

Μελεά

Syn 1	Mt	Mk	Lk 1	Acts	Jn	1-3John	Paul	Eph	Col
NT 1	2Thess	1/2Tim	Tit	Heb	Jas	1Pet	2Pet	Jude	Rev

Melea

	Mt	Mk	Lk	
002	**Mt 1,6** ... Δαυὶδ δὲ ἐγέννησεν τὸν Σολομῶνα ἐκ τῆς τοῦ Οὐρίου, [7] Σολομὼν δὲ ἐγέννησεν τὸν Ῥοβοάμ, Ῥοβοὰμ δὲ ἐγέννησεν τὸν Ἀβιά, Ἀβιὰ δὲ ἐγέννησεν τὸν Ἀσάφ		**Lk 3,31** [30] ... τοῦ Ἐλιακὶμ **[31] τοῦ Μελεὰ** τοῦ Μεννὰ τοῦ Ματταθὰ τοῦ Ναθὰμ τοῦ Δαυὶδ	

μέλει	Syn 4	Mt 1	Mk 2	Lk 1	Acts 1	Jn 2	1-3John	Paul 2	Eph	Col
	NT 10	2Thess	1/2Tim	Tit	Heb	Jas	1Pet 1	2Pet	Jude	Rev

it is a care to someone; it is a concern to someone

a οὐ μέλει

a 121	Mt 8,25	καὶ προσελθόντες ἤγειραν αὐτὸν λέγοντες· κύριε, σῶσον, ἀπολλύμεθα.	Mk 4,38	... καὶ ἐγείρουσιν αὐτὸν καὶ λέγουσιν αὐτῷ· διδάσκαλε, **οὐ μέλει** σοι ὅτι ἀπολλύμεθα;	Lk 8,24	προσελθόντες δὲ διήγειραν αὐτὸν λέγοντες· ἐπιστάτα ἐπιστάτα, ἀπολλύμεθα. ...	
a 002					Lk 10,40	ἡ δὲ Μάρθα περιεσπᾶτο περὶ πολλὴν διακονίαν· ἐπιστᾶσα δὲ εἶπεν· κύριε, **οὐ μέλει** σοι ὅτι ἡ ἀδελφή μου μόνην με κατέλιπεν διακονεῖν; εἰπὲ οὖν αὐτῇ ἵνα μοι συναντιλάβηται.	
a 221	Mt 22,16	... διδάσκαλε, οἴδαμεν ὅτι ἀληθὴς εἶ καὶ τὴν ὁδὸν τοῦ θεοῦ ἐν ἀληθείᾳ διδάσκεις καὶ **οὐ μέλει** σοι περὶ οὐδενός, οὐ γὰρ βλέπεις εἰς πρόσωπον ἀνθρώπων	Mk 12,14	... διδάσκαλε, οἴδαμεν ὅτι ἀληθὴς εἶ καὶ **οὐ μέλει** σοι περὶ οὐδενός· οὐ γὰρ βλέπεις εἰς πρόσωπον ἀνθρώπων, ἀλλ' ἐπ' ἀληθείας τὴν ὁδὸν τοῦ θεοῦ διδάσκεις· ...	Lk 20,21	... διδάσκαλε, οἴδαμεν ὅτι ὀρθῶς λέγεις καὶ διδάσκεις καὶ οὐ λαμβάνεις πρόσωπον, ἀλλ' ἐπ' ἀληθείας τὴν ὁδὸν τοῦ θεοῦ διδάσκεις·	→ Jn 3,2

Acts 18,17 ἐπιλαβόμενοι δὲ πάντες Σωσθένην τὸν ἀρχισυνάγωγον ἔτυπτον ἔμπροσθεν τοῦ βήματος· καὶ οὐδὲν τούτων τῷ Γαλλίωνι **ἔμελεν**.

μέλι	Syn 2	Mt 1	Mk 1	Lk	Acts	Jn	1-3John	Paul	Eph	Col
	NT 4	2Thess	1/2Tim	Tit	Heb	Jas	1Pet	2Pet	Jude	Rev 2

honey

220	Mt 3,4 → Lk 7,33	... ἡ δὲ τροφὴ ἦν αὐτοῦ ἀκρίδες καὶ **μέλι ἄγριον**.	Mk 1,6 → Lk 7,33	... καὶ ἐσθίων ἀκρίδας καὶ **μέλι ἄγριον**.		

μέλλω	Syn 23	Mt 9	Mk 2	Lk 12	Acts 34	Jn 12	1-3John	Paul 8	Eph 1	Col 1
	NT 109	2Thess	1/2Tim 4	Tit	Heb 9	Jas 1	1Pet 1	2Pet 2	Jude	Rev 13

be on the point of; be about to; be destined; be inevitable; intend; propose; have in mind; is destined; will certainly; delay; *participle:* future; to come

	triple tradition																	double tradition			Sondergut		
		+Mt / +Lk			−Mt / −Lk			traditions not taken over by Mt / Lk							subtotals								
code	222	211	112	212	221	122	121	022	012	021	220	120	210	020	Σ^{+}	Σ^{-}	Σ	202	201	102	200	002	total
Mt		2^{+}		1^{+}		1^{-}	1^{-}						3^{+}		6^{+}	2^{-}	6	1			2		**9**
Mk						1	1										2						**2**
Lk			3^{+}	1^{+}		1	1^{-}								4^{+}	1^{-}	5	1		1		5	**12**

a ὁ μέλλων

b μέλλω of divine destiny

	Mt		Mk		Lk		
200	**Mt 2,13**	... ἐγερθεὶς παράλαβε τὸ παιδίον καὶ τὴν μητέρα αὐτοῦ καὶ φεῦγε εἰς Αἴγυπτον καὶ ἴσθι ἐκεῖ ἕως ἂν εἴπω σοι· **μέλλει** γὰρ Ἡρῴδης ζητεῖν τὸ παιδίον τοῦ ἀπολέσαι αὐτό.					
a 202	**Mt 3,7** → Mt 12,34 → Mt 23,33	... γεννήματα ἐχιδνῶν, τίς ὑπέδειξεν ὑμῖν φυγεῖν **ἀπὸ τῆς μελλούσης ὀργῆς;**			**Lk 3,7** → Mk 1,5	... γεννήματα ἐχιδνῶν, τίς ὑπέδειξεν ὑμῖν φυγεῖν **ἀπὸ τῆς μελλούσης ὀργῆς;**	
102	**Mt 8,6**	[5] ... ἑκατόνταρχος ... [6] καὶ λέγων· κύριε, ὁ παῖς μου βέβληται ἐν τῇ οἰκίᾳ παραλυτικός, δεινῶς βασανιζόμενος.			**Lk 7,2**	ἑκατοντάρχου δέ τινος δοῦλος κακῶς ἔχων **ἤμελλεν** τελευτᾶν, ὃς ἦν αὐτῷ ἔντιμος.	→ Jn 4,47
a 200	**Mt 11,14** ↓ Mt 17,12 ↓ Mk 9,13 → Lk 1,17	καὶ εἰ θέλετε δέξασθαι, αὐτός ἐστιν Ἠλίας **ὁ μέλλων** ἔρχεσθαι.					
a 210	**Mt 12,32** → Mk 3,28	[31] ... ἡ δὲ τοῦ πνεύματος βλασφημία οὐκ ἀφεθήσεται. [32] ... ὃς δ' ἂν εἴπῃ κατὰ τοῦ πνεύματος τοῦ ἁγίου, οὐκ ἀφεθήσεται αὐτῷ **οὔτε ἐν τούτῳ τῷ αἰῶνι οὔτε ἐν τῷ μέλλοντι.**	**Mk 3,29**	ὃς δ' ἂν βλασφημήσῃ εἰς τὸ πνεῦμα τὸ ἅγιον, οὐκ ἔχει ἄφεσιν **εἰς τὸν αἰῶνα,** ἀλλὰ ἔνοχός ἐστιν αἰωνίου ἁμαρτήματος.	**Lk 12,10** → Mk 3,28	... τῷ δὲ εἰς τὸ ἅγιον πνεῦμα βλασφημήσαντι οὐκ ἀφεθήσεται.	→ GTh 44 Mk-Q overlap

b 211	**Mt 16,27** ↓ Mt 10,33 → Mt 24,30 → Mt 25,31	**μέλλει** γὰρ ὁ υἱὸς τοῦ ἀνθρώπου ἔρχεσθαι ἐν τῇ δόξῃ τοῦ πατρὸς αὐτοῦ μετὰ τῶν ἀγγέλων αὐτοῦ, καὶ τότε *ἀποδώσει ἑκάστῳ κατὰ τὴν πρᾶξιν αὐτοῦ.* ➢ Ps 62,13/Prov 24,12/Sir 35,22 LXX	**Mk 8,38** → Mk 13,26	ὃς γὰρ ἐὰν ἐπαισχυνθῇ με καὶ τοὺς ἐμοὺς λόγους ἐν τῇ γενεᾷ ταύτῃ τῇ μοιχαλίδι καὶ ἁμαρτωλῷ, καὶ ὁ υἱὸς τοῦ ἀνθρώπου ἐπαισχυνθήσεται αὐτόν, ὅταν ἔλθῃ ἐν τῇ δόξῃ τοῦ πατρὸς αὐτοῦ μετὰ τῶν ἀγγέλων τῶν ἁγίων.	**Lk 9,26** ⇩ Lk 12,9 → Lk 21,27	ὃς γὰρ ἂν ἐπαισχυνθῇ με καὶ τοὺς ἐμοὺς λόγους, τοῦτον ὁ υἱὸς τοῦ ἀνθρώπου ἐπαισχυνθήσεται, ὅταν ἔλθῃ ἐν τῇ δόξῃ αὐτοῦ καὶ τοῦ πατρὸς καὶ τῶν ἁγίων ἀγγέλων.	Mk-Q overlap
	Mt 10,33 ⇧ Mt 16,27	ὅστις δ' ἂν ἀρνήσηταί με ἔμπροσθεν τῶν ἀνθρώπων, ἀρνήσομαι κἀγὼ αὐτὸν ἔμπροσθεν τοῦ πατρός μου τοῦ ἐν [τοῖς] οὐρανοῖς.			**Lk 12,9** ⇧ Lk 9,26	ὁ δὲ ἀρνησάμενός με ἐνώπιον τῶν ἀνθρώπων ἀπαρνηθήσεται ἐνώπιον τῶν ἀγγέλων τοῦ θεοῦ.	
b 112	**Mt 17,3**	καὶ ἰδοὺ ὤφθη αὐτοῖς Μωϋσῆς καὶ Ἠλίας συλλαλοῦντες μετ' αὐτοῦ.	**Mk 9,4**	καὶ ὤφθη αὐτοῖς Ἠλίας σὺν Μωϋσεῖ καὶ ἦσαν συλλαλοῦντες τῷ Ἰησοῦ.	**Lk 9,31**	[30] καὶ ἰδοὺ ἄνδρες δύο συνελάλουν αὐτῷ, οἵτινες ἦσαν Μωϋσῆς καὶ Ἠλίας, [31] οἳ ὀφθέντες ἐν δόξῃ ἔλεγον τὴν ἔξοδον αὐτοῦ, ἣν **ἤμελλεν** πληροῦν ἐν Ἰερουσαλήμ.	
b 210	**Mt 17,12**	... οὕτως καὶ ὁ υἱὸς τοῦ ἀνθρώπου **μέλλει** πάσχειν ὑπ' αὐτῶν.	**Mk 9,12**	... καὶ πῶς γέγραπται ἐπὶ τὸν υἱὸν τοῦ ἀνθρώπου ἵνα πολλὰ πάθῃ καὶ ἐξουδενηθῇ;			
b 212	**Mt 17,22** → Mt 16,21 → Mt 20,18-19	... εἶπεν αὐτοῖς ὁ Ἰησοῦς· **μέλλει** ὁ υἱὸς τοῦ ἀνθρώπου παραδίδοσθαι εἰς χεῖρας ἀνθρώπων	**Mk 9,31** → Mk 8,31 → Mk 10,33-34	... ἔλεγεν αὐτοῖς ὅτι ὁ υἱὸς τοῦ ἀνθρώπου παραδίδοται εἰς χεῖρας ἀνθρώπων, ...	**Lk 9,44** → Lk 9,22 → Lk 17,25 → Lk 18,31-33 → Lk 24,7 → Lk 24,26 → Lk 24,46	θέσθε ὑμεῖς εἰς τὰ ὦτα ὑμῶν τοὺς λόγους τούτους· ὁ γὰρ υἱὸς τοῦ ἀνθρώπου **μέλλει** παραδίδοσθαι εἰς χεῖρας ἀνθρώπων.	
002					**Lk 10,1** → Mt 10,1 → Mk 6,7 → Lk 9,1	μετὰ δὲ ταῦτα ἀνέδειξεν ὁ κύριος ἑτέρους ἑβδομήκοντα [δύο] καὶ ἀπέστειλεν αὐτοὺς ἀνὰ δύο [δύο] πρὸ προσώπου αὐτοῦ εἰς πᾶσαν πόλιν καὶ τόπον οὗ **ἤμελλεν** αὐτὸς ἔρχεσθαι.	
a 002					**Lk 13,9**	κἂν μὲν ποιήσῃ καρπὸν **εἰς τὸ μέλλον·** εἰ δὲ μή γε, ἐκκόψεις αὐτήν.	
a b 121	**Mt 20,17**	... παρέλαβεν τοὺς δώδεκα [μαθητὰς] κατ' ἰδίαν καὶ ἐν τῇ ὁδῷ εἶπεν αὐτοῖς·	**Mk 10,32**	... καὶ παραλαβὼν πάλιν τοὺς δώδεκα ἤρξατο αὐτοῖς λέγειν **τὰ μέλλοντα** αὐτῷ συμβαίνειν	**Lk 18,31**	παραλαβὼν δὲ τοὺς δώδεκα εἶπεν πρὸς αὐτούς· ...	
b 210	**Mt 20,22**	... οὐκ οἴδατε τί αἰτεῖσθε. δύνασθε πιεῖν τὸ ποτήριον ὃ ἐγὼ **μέλλω πίνειν;** ...	**Mk 10,38**	... οὐκ οἴδατε τί αἰτεῖσθε. δύνασθε πιεῖν τὸ ποτήριον ὃ ἐγὼ **πίνω** ἢ τὸ βάπτισμα ὃ ἐγὼ βαπτίζομαι βαπτισθῆναι;	**Lk 12,50**	βάπτισμα δὲ ἔχω βαπτισθῆναι, καὶ πῶς συνέχομαι ἕως ὅτου τελεσθῇ.	

	Mt		Mk		Lk		
002					Lk 19,4	καὶ προδραμὼν εἰς τὸ ἔμπροσθεν ἀνέβη ἐπὶ συκομορέαν ἵνα ἴδῃ αὐτὸν ὅτι ἐκείνης **ἤμελλεν** διέρχεσθαι.	
002					Lk 19,11	ἀκουόντων δὲ αὐτῶν ταῦτα προσθεὶς εἶπεν παραβολὴν διὰ τὸ ἐγγὺς εἶναι Ἰερουσαλὴμ αὐτὸν καὶ δοκεῖν αὐτοὺς ὅτι παραχρῆμα **μέλλει** ἡ βασιλεία τοῦ θεοῦ ἀναφαίνεσθαι.	
b 122	Mt 24,3	... εἰπὲ ἡμῖν, πότε ταῦτα ἔσται καὶ τί τὸ σημεῖον τῆς σῆς παρουσίας καὶ συντελείας τοῦ αἰῶνος;	Mk 13,4	εἰπὸν ἡμῖν, πότε ταῦτα ἔσται καὶ τί τὸ σημεῖον ὅταν **μέλλῃ** ταῦτα συντελεῖσθαι πάντα;	Lk 21,7	... διδάσκαλε, πότε οὖν ταῦτα ἔσται καὶ τί τὸ σημεῖον ὅταν **μέλλῃ** ταῦτα γίνεσθαι;	
211	Mt 24,6	**μελλήσετε δὲ ἀκούειν** πολέμους καὶ ἀκοὰς πολέμων· ὁρᾶτε μὴ θροεῖσθε· δεῖ γὰρ γενέσθαι, ἀλλ᾽ οὔπω ἐστὶν τὸ τέλος.	Mk 13,7	**ὅταν δὲ ἀκούσητε** πολέμους καὶ ἀκοὰς πολέμων, μὴ θροεῖσθε· δεῖ γενέσθαι, ἀλλ᾽ οὔπω τὸ τέλος.	Lk 21,9	**ὅταν δὲ ἀκούσητε** πολέμους καὶ ἀκαταστασίας, μὴ πτοηθῆτε· δεῖ γὰρ ταῦτα γενέσθαι πρῶτον, ἀλλ᾽ οὐκ εὐθέως τὸ τέλος.	
a b 112	Mt 25,13 → Mt 24,42 → Mt 24,44 → Mt 24,50	γρηγορεῖτε οὖν, ὅτι οὐκ οἴδατε τὴν ἡμέραν οὐδὲ τὴν ὥραν.	Mk 13,33 → Lk 21,34	βλέπετε, ἀγρυπνεῖτε· οὐκ οἴδατε γὰρ πότε ὁ καιρός ἐστιν.	Lk 21,36 → Lk 18,1	ἀγρυπνεῖτε δὲ ἐν παντὶ καιρῷ δεόμενοι ἵνα κατισχύσητε ἐκφυγεῖν **ταῦτα πάντα τὰ μέλλοντα** γίνεσθαι καὶ σταθῆναι ἔμπροσθεν τοῦ υἱοῦ τοῦ ἀνθρώπου.	
a 112	Mt 26,22 → Mt 26,25	καὶ λυπούμενοι σφόδρα ἤρξαντο λέγειν αὐτῷ εἷς ἕκαστος· μήτι ἐγώ εἰμι, κύριε;	Mk 14,19	ἤρξαντο λυπεῖσθαι καὶ λέγειν αὐτῷ εἷς κατὰ εἷς· μήτι ἐγώ;	Lk 22,23	καὶ αὐτοὶ ἤρξαντο συζητεῖν πρὸς ἑαυτοὺς τὸ τίς ἄρα εἴη ἐξ αὐτῶν **ὁ τοῦτο μέλλων** πράσσειν.	→ Jn 13,22.25
a b 002					Lk 24,21	ἡμεῖς δὲ ἠλπίζομεν ὅτι αὐτός ἐστιν **ὁ μέλλων** λυτροῦσθαι τὸν Ἰσραήλ· ἀλλά γε καὶ σὺν πᾶσιν τούτοις τρίτην ταύτην ἡμέραν ἄγει ἀφ᾽ οὗ ταῦτα ἐγένετο.	

a **Acts 3,3** ὃς ἰδὼν Πέτρον καὶ Ἰωάννην **μέλλοντας** εἰσιέναι εἰς τὸ ἱερὸν, ἠρώτα ἐλεημοσύνην λαβεῖν.

Acts 5,35 ... ἄνδρες Ἰσραηλῖται, προσέχετε ἑαυτοῖς ἐπὶ τοῖς ἀνθρώποις τούτοις τί **μέλλετε** πράσσειν.

Acts 11,28 ἀναστὰς δὲ εἷς ἐξ αὐτῶν ὀνόματι Ἅγαβος ἐσήμανεν διὰ τοῦ πνεύματος λιμὸν μεγάλην **μέλλειν** ἔσεσθαι ἐφ᾽ ὅλην τὴν οἰκουμένην, ...

Acts 12,6 ὅτε δὲ **ἤμελλεν** προαγαγεῖν αὐτὸν ὁ Ἡρῴδης, τῇ νυκτὶ ἐκείνῃ ἦν ὁ Πέτρος κοιμώμενος μεταξὺ δύο στρατιωτῶν ...

a b **Acts 13,34** ὅτι δὲ ἀνέστησεν αὐτὸν ἐκ νεκρῶν μηκέτι **μέλλοντα** ὑποστρέφειν εἰς διαφθοράν, οὕτως εἴρηκεν ὅτι δώσω *ὑμῖν τὰ ὅσια Δαυὶδ τὰ πιστά.*
➤ Isa 55,3 LXX

Acts 16,27 ἔξυπνος δὲ γενόμενος ὁ δεσμοφύλαξ καὶ ἰδὼν ἀνεῳγμένας τὰς θύρας τῆς φυλακῆς, σπασάμενος [τὴν] μάχαιραν
ἤμελλεν
ἑαυτὸν ἀναιρεῖν νομίζων ἐκπεφευγέναι τοὺς δεσμίους.

b Acts 17,31 καθότι ἔστησεν ἡμέραν ἐν ᾗ
μέλλει
κρίνειν τὴν οἰκουμένην ἐν δικαιοσύνῃ, ...

a Acts 18,14 **μέλλοντος**
δὲ τοῦ Παύλου ἀνοίγειν τὸ στόμα εἶπεν ὁ Γαλλίων πρὸς τοὺς Ἰουδαίους· ...

Acts 19,27 οὐ μόνον δὲ τοῦτο κινδυνεύει ἡμῖν τὸ μέρος εἰς ἀπελεγμὸν ἐλθεῖν ἀλλὰ καὶ τὸ τῆς μεγάλης θεᾶς Ἀρτέμιδος ἱερὸν εἰς οὐθὲν λογισθῆναι,
μέλλειν
τε καὶ καθαιρεῖσθαι τῆς μεγαλειότητος αὐτῆς ἣν ὅλη ἡ Ἀσία καὶ ἡ οἰκουμένη σέβεται.

a Acts 20,3 ποιήσας τε μῆνας τρεῖς· γενομένης ἐπιβουλῆς αὐτῷ ὑπὸ τῶν Ἰουδαίων
μέλλοντι
ἀνάγεσθαι εἰς τὴν Συρίαν, ἐγένετο γνώμης τοῦ ὑποστρέφειν διὰ Μακεδονίας.

a Acts 20,7 ἐν δὲ τῇ μιᾷ τῶν σαββάτων συνηγμένων ἡμῶν κλάσαι ἄρτον, ὁ Παῦλος διελέγετο αὐτοῖς
μέλλων
ἐξιέναι τῇ ἐπαύριον, παρέτεινέν τε τὸν λόγον μέχρι μεσονυκτίου.

a Acts 20,13 (2) ἡμεῖς δὲ προελθόντες ἐπὶ τὸ πλοῖον ἀνήχθημεν ἐπὶ τὴν Ἆσσον ἐκεῖθεν
μέλλοντες
ἀναλαμβάνειν τὸν Παῦλον· οὕτως γὰρ
a διατεταγμένος ἦν
μέλλων
αὐτὸς πεζεύειν.

b Acts 20,38 ὀδυνώμενοι μάλιστα ἐπὶ τῷ λόγῳ ᾧ εἰρήκει, ὅτι **οὐκέτι μέλλουσιν τὸ πρόσωπον αὐτοῦ θεωρεῖν. ...**

Acts 21,27 ὡς δὲ
ἔμελλον
αἱ ἑπτὰ ἡμέραι συντελεῖσθαι, οἱ ἀπὸ τῆς Ἀσίας Ἰουδαῖοι θεασάμενοι αὐτὸν ἐν τῷ ἱερῷ ...

a Acts 21,37 **μέλλων**
τε εἰσάγεσθαι εἰς τὴν παρεμβολὴν ὁ Παῦλος λέγει τῷ χιλιάρχῳ· ...

Acts 22,16 καὶ νῦν τί
μέλλεις;
ἀναστὰς βάπτισαι καὶ ἀπόλουσαι τὰς ἁμαρτίας σου ἐπικαλεσάμενος τὸ ὄνομα αὐτοῦ.

Acts 22,26 ἀκούσας δὲ ὁ ἑκατοντάρχης προσελθὼν τῷ χιλιάρχῳ ἀπήγγειλεν λέγων· τί
μέλλεις
ποιεῖν; ὁ γὰρ ἄνθρωπος οὗτος Ῥωμαῖός ἐστιν.

a Acts 22,29 εὐθέως οὖν ἀπέστησαν ἀπ' αὐτοῦ
οἱ μέλλοντες
αὐτὸν ἀνετάζειν, ...

Acts 23,3 τότε ὁ Παῦλος πρὸς αὐτὸν εἶπεν· τύπτειν σε
μέλλει
ὁ θεός, τοῖχε κεκονιαμένε· ...

a Acts 23,15 νῦν οὖν ὑμεῖς ἐμφανίσατε τῷ χιλιάρχῳ σὺν τῷ συνεδρίῳ ὅπως καταγάγῃ αὐτὸν εἰς ὑμᾶς ὡς
μέλλοντας
διαγινώσκειν ἀκριβέστερον τὰ περὶ αὐτοῦ· ...

a Acts 23,20 εἶπεν δὲ ὅτι οἱ Ἰουδαῖοι συνέθεντο τοῦ ἐρωτῆσαί σε ὅπως αὔριον τὸν Παῦλον καταγάγῃς εἰς τὸ συνέδριον ὡς
μέλλον
τι ἀκριβέστερον πυνθάνεσθαι περὶ αὐτοῦ.

a Acts 23,27 τὸν ἄνδρα τοῦτον συλλημφθέντα ὑπὸ τῶν Ἰουδαίων καὶ
μέλλοντα
ἀναιρεῖσθαι ὑπ' αὐτῶν ἐπιστὰς σὺν τῷ στρατεύματι ἐξειλάμην, μαθὼν ὅτι Ῥωμαῖός ἐστιν·

b Acts 24,15 ἐλπίδα ἔχων εἰς τὸν θεόν ἣν καὶ αὐτοὶ οὗτοι προσδέχονται, ἀνάστασιν
μέλλειν
ἔσεσθαι δικαίων τε καὶ ἀδίκων.

a b Acts 24,25 διαλεγομένου δὲ αὐτοῦ περὶ δικαιοσύνης καὶ ἐγκρατείας καὶ **τοῦ κρίματος τοῦ μέλλοντος,** ἔμφοβος γενόμενος ὁ Φῆλιξ ἀπεκρίθη· ...

Acts 25,4 ὁ μὲν οὖν Φῆστος ἀπεκρίθη τηρεῖσθαι τὸν Παῦλον εἰς Καισάρειαν, ἑαυτὸν δὲ
μέλλειν
ἐν τάχει ἐκπορεύεσθαι·

a Acts 26,2 περὶ πάντων ὧν ἐγκαλοῦμαι ὑπὸ Ἰουδαίων, βασιλεῦ Ἀγρίππα, ἥγημαι ἐμαυτὸν μακάριον ἐπὶ σοῦ
μέλλων
σήμερον ἀπολογεῖσθαι

a b Acts 26,22 ἐπικουρίας οὖν τυχὼν τῆς ἀπὸ τοῦ θεοῦ ἄχρι τῆς ἡμέρας ταύτης ἕστηκα μαρτυρόμενος μικρῷ τε καὶ μεγάλῳ οὐδὲν ἐκτὸς λέγων ὧν τε οἱ προφῆται ἐλάλησαν
μελλόντων
γίνεσθαι καὶ Μωϋσῆς,

b Acts 26,23 εἰ παθητὸς ὁ χριστός, εἰ πρῶτος ἐξ ἀναστάσεως νεκρῶν φῶς
μέλλει
καταγγέλλειν τῷ τε λαῷ καὶ τοῖς ἔθνεσιν.

a Acts 27,2 ἐπιβάντες δὲ πλοίῳ Ἀδραμυττηνῷ
μέλλοντι
πλεῖν εἰς τοὺς κατὰ τὴν Ἀσίαν τόπους ἀνήχθημεν ὄντος σὺν ἡμῖν Ἀριστάρχου Μακεδόνος Θεσσαλονικέως.

Acts 27,10 λέγων αὐτοῖς· ἄνδρες, θεωρῶ ὅτι μετὰ ὕβρεως καὶ πολλῆς ζημίας οὐ μόνον τοῦ φορτίου καὶ τοῦ πλοίου ἀλλὰ καὶ τῶν ψυχῶν ἡμῶν
μέλλειν
ἔσεσθαι τὸν πλοῦν.

a Acts 27,30 τῶν δὲ ναυτῶν ζητούντων φυγεῖν ἐκ τοῦ πλοίου καὶ χαλασάντων τὴν σκάφην εἰς τὴν θάλασσαν προφάσει ὡς ἐκ πρῴρης ἀγκύρας
μελλόντων
ἐκτείνειν

Acts 27,33 ἄχρι δὲ οὗ ἡμέρα
ἤμελλεν
γίνεσθαι παρεκάλει ὁ Παῦλος ἅπαντας μεταλαβεῖν τροφῆς ...

Acts 28,6 οἱ δὲ προσεδόκων αὐτὸν
μέλλειν
πίμπρασθαι ἢ καταπίπτειν ἄφνω νεκρόν. ...

μέλος

Syn 2	Mt 2	Mk	Lk	Acts	Jn	1-3John	Paul 26	Eph 2	Col 1
NT 34	2Thess	1/2Tim	Tit	Heb	Jas 3	1Pet	2Pet	Jude	Rev

member; part; limb

200	**Mt 5,29** ⇨ Mt 18,9 ... συμφέρει γάρ σοι ἵνα ἀπόληται **ἓν τῶν μελῶν σου** καὶ μὴ ὅλον τὸ σῶμά σου βληθῇ εἰς γέενναν.	**Mk 9,47** ... καλόν σέ ἐστιν μονόφθαλμον εἰσελθεῖν εἰς τὴν βασιλείαν τοῦ θεοῦ ἢ δύο ὀφθαλμοὺς ἔχοντα βληθῆναι εἰς τὴν γέενναν		
200	**Mt 5,30** ⇨ Mt 18,8 ... συμφέρει γάρ σοι ἵνα ἀπόληται **ἓν τῶν μελῶν σου** καὶ μὴ ὅλον τὸ σῶμά σου εἰς γέενναν ἀπέλθῃ.	**Mk 9,43** ... καλόν ἐστίν σε κυλλὸν εἰσελθεῖν εἰς τὴν ζωὴν ἢ τὰς δύο χεῖρας ἔχοντα ἀπελθεῖν εἰς τὴν γέενναν, εἰς τὸ πῦρ τὸ ἄσβεστον.		

Μελχί

Syn 2	Mt	Mk	Lk 2	Acts	Jn	1-3John	Paul	Eph	Col
NT 2	2Thess	1/2Tim	Tit	Heb	Jas	1Pet	2Pet	Jude	Rev

Melchi

002	**Mt 1,15** ... Ἐλεάζαρ δὲ ἐγέννησεν τὸν Ματθάν, ...		**Lk 3,24** τοῦ Μαθθὰτ τοῦ Λευὶ **τοῦ Μελχὶ** τοῦ Ἰανναὶ ...	
002			**Lk 3,28** [27] ... τοῦ Νηρὶ [28] **τοῦ Μελχὶ** τοῦ Ἀδδὶ ...	

μέν

Syn 35	Mt 20	Mk 5	Lk 10	Acts 48	Jn 8	1-3John	Paul 55	Eph 1	Col 1
NT 179	2Thess	1/2Tim 3	Tit	Heb 20	Jas 1	1Pet 4	2Pet	Jude 3	Rev

particle indicating contrast, emphasis or continuation; μέν ... δέ to be sure ... but; on the one hand ... on the other hand; μέν ... ἀλλά to be sure ... but; μέν ... πλήν indeed ... but; μέν οὖν so; then; now; indeed

	triple tradition																	double tradition			Sondergut		
		+Mt / +Lk			–Mt / –Lk			traditions not taken over by Mt / Lk							subtotals								
code	*222*	*211*	*112*	*212*	*221*	*122*	*121*	*022*	*012*	*021*	*220*	*120*	*210*	*020*	Σ⁺	Σ⁻	Σ	*202*	*201*	*102*	*200*	*002*	total
Mt	2	4^+			1		1^-				1		2^+		6^+	1^-	10	2	6		2		**20**
Mk	2				1		1				1						5						**5**
Lk	2		1^+		1^-		1^-								1^+	2^-	3	2		1		4	**10**

[a] μὲν οὖν (Luke/Acts only) [b] μέν without δέ / ἀλλά / πλήν [c] μὲν οὖν without δέ / ἀλλά / πλήν (Acts only)

202	**Mt 3,11** ἐγὼ **μὲν** ὑμᾶς βαπτίζω ἐν ὕδατι εἰς μετάνοιαν, ὁ δὲ ὀπίσω μου ἐρχόμενος ἰσχυρότερός μού ἐστιν, οὗ οὐκ εἰμὶ ἱκανὸς τὰ ὑποδήματα βαστάσαι· αὐτὸς ὑμᾶς βαπτίσει ἐν πνεύματι ἁγίῳ καὶ πυρί·	**Mk 1,8** [7] ἔρχεται ὁ ἰσχυρότερός μου ὀπίσω μου, οὗ οὐκ εἰμὶ ἱκανὸς κύψας λῦσαι τὸν ἱμάντα τῶν ὑποδημάτων αὐτοῦ. [8] ἐγὼ ἐβάπτισα ὑμᾶς ὕδατι, αὐτὸς δὲ βαπτίσει ὑμᾶς ἐν πνεύματι ἁγίῳ.	**Lk 3,16** → Lk 12,49 ... ἐγὼ **μὲν** ὕδατι βαπτίζω ὑμᾶς· ἔρχεται δὲ ὁ ἰσχυρότερός μου, οὗ οὐκ εἰμὶ ἱκανὸς λῦσαι τὸν ἱμάντα τῶν ὑποδημάτων αὐτοῦ· αὐτὸς ὑμᾶς βαπτίσει ἐν πνεύματι ἁγίῳ καὶ πυρί·	→ Jn 1,26-27 **→ Acts 1,5** **→ Acts 11,16** → Acts 19,4 Mk-Q overlap

a 002					Lk 3,18	πολλὰ **μὲν** οὖν καὶ ἕτερα παρακαλῶν εὐηγγελίζετο τὸν λαόν. [19] ὁ δὲ Ἡρῴδης ὁ τετραάρχης, ...	
202	Mt 9,37	τότε λέγει τοῖς μαθηταῖς αὐτοῦ· ὁ **μὲν** θερισμὸς πολύς, οἱ δὲ ἐργάται ὀλίγοι·			Lk 10,2	ἔλεγεν δὲ πρὸς αὐτούς· ὁ **μὲν** θερισμὸς πολύς, οἱ δὲ ἐργάται ὀλίγοι· ...	→ GTh 73
201	Mt 10,13	καὶ ἐὰν **μὲν** ᾖ ἡ οἰκία ἀξία, ἐλθάτω ἡ εἰρήνη ὑμῶν ἐπ' αὐτήν, ἐὰν δὲ μὴ ᾖ ἀξία, ἡ εἰρήνη ὑμῶν πρὸς ὑμᾶς ἐπιστραφήτω.			Lk 10,6	καὶ ἐὰν ἐκεῖ ᾖ υἱὸς εἰρήνης, ἐπαναπαήσεται ἐπ' αὐτὸν ἡ εἰρήνη ὑμῶν· εἰ δὲ μή γε, ἐφ' ὑμᾶς ἀνακάμψει.	
b 222	Mt 13,4	καὶ ἐν τῷ σπείρειν αὐτὸν ἃ **μὲν** ἔπεσεν παρὰ τὴν ὁδόν, καὶ ἐλθόντα τὰ πετεινὰ κατέφαγεν αὐτά. [5] ἄλλα δὲ ἔπεσεν ἐπὶ τὰ πετρώδη ...	Mk 4,4	καὶ ἐγένετο ἐν τῷ σπείρειν ὃ **μὲν** ἔπεσεν παρὰ τὴν ὁδόν, καὶ ἦλθεν τὰ πετεινὰ καὶ κατέφαγεν αὐτό. [5] καὶ ἄλλο ἔπεσεν ἐπὶ τὸ πετρῶδες ...	Lk 8,5	... καὶ ἐν τῷ σπείρειν αὐτὸν ὃ **μὲν** ἔπεσεν παρὰ τὴν ὁδὸν καὶ κατεπατήθη, καὶ τὰ πετεινὰ τοῦ οὐρανοῦ κατέφαγεν αὐτό. [6] καὶ ἕτερον κατέπεσεν ἐπὶ τὴν πέτραν, ...	→ GTh 9
211	Mt 13,8	ἄλλα δὲ ἔπεσεν ἐπὶ τὴν γῆν τὴν καλὴν καὶ ἐδίδου καρπόν, ὃ **μὲν** ἑκατόν, ὃ δὲ ἑξήκοντα, ὃ δὲ τριάκοντα.	Mk 4,8	καὶ ἄλλα ἔπεσεν εἰς τὴν γῆν τὴν καλὴν καὶ ἐδίδου καρπὸν ἀναβαίνοντα καὶ αὐξανόμενα καὶ ἔφερεν ἓν τριάκοντα καὶ ἓν ἑξήκοντα καὶ ἓν ἑκατόν.	Lk 8,8	καὶ ἕτερον ἔπεσεν εἰς τὴν γῆν τὴν ἀγαθὴν καὶ φυὲν ἐποίησεν καρπὸν ἑκατονταπλασίονα. ...	→ GTh 9
211	Mt 13,23	ὁ δὲ ἐπὶ τὴν καλὴν γῆν σπαρείς, οὗτός ἐστιν ὁ τὸν λόγον ἀκούων καὶ συνιείς, ὃς δὴ καρποφορεῖ καὶ ποιεῖ ὃ **μὲν** ἑκατόν, ὃ δὲ ἑξήκοντα, ὃ δὲ τριάκοντα.	Mk 4,20	καὶ ἐκεῖνοί εἰσιν οἱ ἐπὶ τὴν γῆν τὴν καλὴν σπαρέντες, οἵτινες ἀκούουσιν τὸν λόγον καὶ παραδέχονται καὶ καρποφοροῦσιν ἓν τριάκοντα καὶ ἓν ἑξήκοντα καὶ ἓν ἑκατόν.	Lk 8,15	τὸ δὲ ἐν τῇ καλῇ γῇ, οὗτοί εἰσιν οἵτινες ἐν καρδίᾳ καλῇ καὶ ἀγαθῇ ἀκούσαντες τὸν λόγον κατέχουσιν καὶ καρποφοροῦσιν ἐν ὑπομονῇ.	
	Mt 13,31	... κόκκῳ σινάπεως, ὃν λαβὼν ἄνθρωπος ἔσπειρεν ἐν τῷ ἀγρῷ αὐτοῦ·	Mk 4,31	... κόκκῳ σινάπεως, ὃς ὅταν σπαρῇ ἐπὶ τῆς γῆς, ↔	Lk 13,19	... κόκκῳ σινάπεως, ὃν λαβὼν ἄνθρωπος ἔβαλεν εἰς κῆπον ἑαυτοῦ,	Mk-Q overlap
210	Mt 13,32	ὃ μικρότερον **μέν** ἐστιν πάντων τῶν σπερμάτων,	Mk 4,31	↔ μικρότερον ὂν πάντων τῶν σπερμάτων τῶν ἐπὶ τῆς γῆς,			→ GTh 20
		ὅταν δὲ αὐξηθῇ μεῖζον τῶν λαχάνων ἐστὶν καὶ γίνεται δένδρον, ...	Mk 4,32	καὶ ὅταν σπαρῇ, ἀναβαίνει καὶ γίνεται μεῖζον πάντων τῶν λαχάνων καὶ ποιεῖ κλάδους μεγάλους, ...		καὶ ηὔξησεν καὶ ἐγένετο εἰς δένδρον, ...	Mk-Q overlap

	Mt		Mk		Lk		
201	Mt 16,3	[... τὸ μὲν πρόσωπον τοῦ οὐρανοῦ γινώσκετε διακρίνειν, τὰ δὲ σημεῖα τῶν καιρῶν οὐ δύνασθε;]			Lk 12,56	ὑποκριταί, τὸ πρόσωπον τῆς γῆς καὶ τοῦ οὐρανοῦ οἴδατε δοκιμάζειν, τὸν καιρὸν δὲ τοῦτον πῶς οὐκ οἴδατε δοκιμάζειν;	→ GTh 91 Mt 16,3 is textcritically uncertain.
211	Mt 16,14 → Mt 14,2	οἱ δὲ εἶπαν· οἱ μὲν Ἰωάννην τὸν βαπτιστήν, ἄλλοι δὲ Ἠλίαν, ἕτεροι δὲ Ἰερεμίαν ἢ ἕνα τῶν προφητῶν.	Mk 8,28 → Mk 6,14-15	οἱ δὲ εἶπαν αὐτῷ λέγοντες [ὅτι] Ἰωάννην τὸν βαπτιστήν, καὶ ἄλλοι Ἠλίαν, ἄλλοι δὲ ὅτι εἷς τῶν προφητῶν.	Lk 9,19 → Lk 9,7-8	οἱ δὲ ἀποκριθέντες εἶπαν· Ἰωάννην τὸν βαπτιστήν, ἄλλοι δὲ Ἠλίαν, ἄλλοι δὲ ὅτι προφήτης τις τῶν ἀρχαίων ἀνέστη.	→ GTh 13
220	Mt 17,11	ὁ δὲ ἀποκριθεὶς εἶπεν· *Ἠλίας* μὲν *ἔρχεται καὶ* *ἀποκαταστήσει* πάντα· [12] λέγω δὲ ὑμῖν ὅτι Ἠλίας ἤδη ἦλθεν, ... ➤ Mal 3,23-24	Mk 9,12	ὁ δὲ ἔφη αὐτοῖς· Ἠλίας μὲν ἐλθὼν πρῶτον ἀποκαθιστάνει πάντα· ... [13] ἀλλὰ λέγω ὑμῖν ὅτι καὶ Ἠλίας ἐλήλυθεν, ...			→ Acts 3,21
202	Mt 9,37	τότε λέγει τοῖς μαθηταῖς αὐτοῦ· ὁ μὲν θερισμὸς πολύς, οἱ δὲ ἐργάται ὀλίγοι·			Lk 10,2	ἔλεγεν δὲ πρὸς αὐτούς· ὁ μὲν θερισμὸς πολύς, οἱ δὲ ἐργάται ὀλίγοι· ...	→ GTh 73
102	Mt 23,32	[31] ὥστε μαρτυρεῖτε ἑαυτοῖς ὅτι υἱοί ἐστε τῶν φονευσάντων τοὺς προφήτας. [32] καὶ ὑμεῖς πληρώσατε τὸ μέτρον τῶν πατέρων ὑμῶν.			Lk 11,48	ἄρα μάρτυρές ἐστε καὶ συνευδοκεῖτε τοῖς ἔργοις τῶν πατέρων ὑμῶν, ὅτι αὐτοὶ μὲν ἀπέκτειναν αὐτούς, ὑμεῖς δὲ οἰκοδομεῖτε.	
002					Lk 13,9	κἂν μὲν ποιήσῃ καρπὸν εἰς τὸ μέλλον· εἰ δὲ μή γε, ἐκκόψεις αὐτήν.	
210	Mt 20,23	λέγει αὐτοῖς· τὸ μὲν ποτήριόν μου πίεσθε, τὸ δὲ καθίσαι ἐκ δεξιῶν μου καὶ ἐξ εὐωνύμων οὐκ ἔστιν ἐμὸν [τοῦτο] δοῦναι, ἀλλ᾽ οἷς ἡτοίμασται ὑπὸ τοῦ πατρός μου.	Mk 10,39	... ὁ δὲ Ἰησοῦς εἶπεν αὐτοῖς· τὸ ποτήριον ὃ ἐγὼ πίνω πίεσθε καὶ τὸ βάπτισμα ὃ ἐγὼ βαπτίζομαι βαπτισθήσεσθε, [40] τὸ δὲ καθίσαι ἐκ δεξιῶν μου ἢ ἐξ εὐωνύμων οὐκ ἔστιν ἐμὸν δοῦναι, ἀλλ᾽ οἷς ἡτοίμασται.			

	Mt		Mk		Lk		
211	Mt 21,35	καὶ λαβόντες οἱ γεωργοὶ τοὺς δούλους αὐτοῦ ὃν μὲν ἔδειραν,	Mk 12,3	καὶ λαβόντες αὐτὸν ἔδειραν καὶ ἀπέστειλαν κενόν.	Lk 20,10	... οἱ δὲ γεωργοὶ ἐξαπέστειλαν αὐτὸν δείραντες κενόν.	→ GTh 65
121	→ Mt 22,6	ὃν δὲ ἀπέκτειναν, ὃν δὲ ἐλιθοβόλησαν.	Mk 12,5 → Mt 21,34	καὶ ἄλλον ἀπέστειλεν· κἀκεῖνον ἀπέκτειναν, καὶ πολλοὺς ἄλλους, οὓς μὲν δέροντες, οὓς δὲ ἀποκτέννοντες.	Lk 20,12	καὶ προσέθετο τρίτον πέμψαι· οἱ δὲ καὶ τοῦτον τραυματίσαντες ἐξέβαλον.	→ GTh 65
201	Mt 22,5	οἱ δὲ ἀμελήσαντες ἀπῆλθον, ὃς μὲν εἰς τὸν ἴδιον ἀγρόν, ὃς δὲ ἐπὶ τὴν ἐμπορίαν αὐτοῦ·			Lk 14,18	καὶ ἤρξαντο ἀπὸ μιᾶς πάντες παραιτεῖσθαι. ὁ πρῶτος εἶπεν αὐτῷ· ἀγρὸν ἠγόρασα καὶ ἔχω ἀνάγκην ἐξελθὼν ἰδεῖν αὐτόν· ἐρωτῶ σε, ἔχε με παρῃτημένον. [19] καὶ ἕτερος εἶπεν· ζεύγη βοῶν ἠγόρασα πέντε ...	→ GTh 64
201	Mt 22,8	τότε λέγει τοῖς δούλοις αὐτοῦ· ὁ μὲν γάμος ἕτοιμός ἐστιν, οἱ δὲ κεκλημένοι οὐκ ἦσαν ἄξιοι·			Lk 14,24	[21] ... εἶπεν τῷ δούλῳ αὐτοῦ· ... [24] λέγω γὰρ ὑμῖν ὅτι οὐδεὶς τῶν ἀνδρῶν ἐκείνων τῶν κεκλημένων γεύσεταί μου τοῦ δείπνου.	→ GTh 64
201	Mt 23,27	οὐαὶ ὑμῖν, γραμματεῖς καὶ Φαρισαῖοι ὑποκριταί, ὅτι παρομοιάζετε τάφοις κεκονιαμένοις, οἵτινες ἔξωθεν μὲν φαίνονται ὡραῖοι, ἔσωθεν δὲ γέμουσιν ὀστέων νεκρῶν καὶ πάσης ἀκαθαρσίας.			Lk 11,44	οὐαὶ ὑμῖν, ὅτι ἐστὲ ὡς τὰ μνημεῖα τὰ ἄδηλα, καὶ οἱ ἄνθρωποι [οἱ] περιπατοῦντες ἐπάνω οὐκ οἴδασιν.	
200	Mt 23,28	οὕτως καὶ ὑμεῖς ἔξωθεν μὲν φαίνεσθε τοῖς ἀνθρώποις δίκαιοι, ἔσωθεν δέ ἐστε μεστοὶ ὑποκρίσεως καὶ ἀνομίας.					
201	Mt 25,15	[14] ὥσπερ γὰρ ἄνθρωπος ἀποδημῶν ἐκάλεσεν τοὺς ἰδίους δούλους καὶ παρέδωκεν αὐτοῖς τὰ ὑπάρχοντα αὐτοῦ, [15] καὶ ᾧ μὲν ἔδωκεν πέντε τάλαντα, ᾧ δὲ δύο, ᾧ δὲ ἕν, ἑκάστῳ κατὰ τὴν ἰδίαν δύναμιν, καὶ ἀπεδήμησεν. ...	Mk 13,34	ὡς ἄνθρωπος ἀπόδημος ἀφεὶς τὴν οἰκίαν αὐτοῦ καὶ δοὺς τοῖς δούλοις αὐτοῦ τὴν ἐξουσίαν ἑκάστῳ τὸ ἔργον αὐτοῦ, καὶ τῷ θυρωρῷ ἐνετείλατο ἵνα γρηγορῇ.	Lk 19,13	[12] ἄνθρωπός τις εὐγενὴς ἐπορεύθη εἰς χώραν μακρὰν ... [13] καλέσας δὲ δέκα δούλους ἑαυτοῦ ἔδωκεν αὐτοῖς δέκα μνᾶς καὶ εἶπεν πρὸς αὐτούς· πραγματεύσασθε ἐν ᾧ ἔρχομαι.	Mk-Q overlap
200	Mt 25,33	καὶ στήσει τὰ μὲν πρόβατα ἐκ δεξιῶν αὐτοῦ, τὰ δὲ ἐρίφια ἐξ εὐωνύμων.					

222	**Mt 26,24**	ὁ **μὲν** υἱὸς τοῦ ἀνθρώπου ὑπάγει καθὼς γέγραπται περὶ αὐτοῦ, οὐαὶ δὲ τῷ ἀνθρώπῳ ἐκείνῳ δι᾽ οὗ ὁ υἱὸς τοῦ ἀνθρώπου παραδίδοται· ...	**Mk 14,21**	ὅτι ὁ **μὲν** υἱὸς τοῦ ἀνθρώπου ὑπάγει καθὼς γέγραπται περὶ αὐτοῦ, οὐαὶ δὲ τῷ ἀνθρώπῳ ἐκείνῳ δι᾽ οὗ ὁ υἱὸς τοῦ ἀνθρώπου παραδίδοται· ...	**Lk 22,22**	ὅτι ὁ υἱὸς **μὲν** τοῦ ἀνθρώπου κατὰ τὸ ὡρισμένον πορεύεται, πλὴν οὐαὶ τῷ ἀνθρώπῳ ἐκείνῳ δι᾽ οὗ παραδίδοται.	
221	**Mt 26,41**	γρηγορεῖτε καὶ προσεύχεσθε, ἵνα μὴ εἰσέλθητε εἰς πειρασμόν· τὸ **μὲν** πνεῦμα πρόθυμον ἡ δὲ σὰρξ ἀσθενής.	**Mk 14,38**	γρηγορεῖτε καὶ προσεύχεσθε, ἵνα μὴ ἔλθητε εἰς πειρασμόν· τὸ **μὲν** πνεῦμα πρόθυμον ἡ δὲ σὰρξ ἀσθενής.	**Lk 22,46** → Lk 22,40	... ἀναστάντες προσεύχεσθε, ἵνα μὴ εἰσέλθητε εἰς πειρασμόν.	
112	**Mt 27,38** → Lk 23,32	τότε σταυροῦνται σὺν αὐτῷ δύο λῃσταί, **εἷς** ἐκ δεξιῶν καὶ εἷς ἐξ εὐωνύμων.	**Mk 15,27** → Lk 23,32	καὶ σὺν αὐτῷ σταυροῦσιν δύο λῃστάς, **ἕνα** ἐκ δεξιῶν καὶ ἕνα ἐξ εὐωνύμων αὐτοῦ.	**Lk 23,33** → Lk 22,37	... ἐκεῖ ἐσταύρωσαν αὐτὸν καὶ τοὺς κακούργους, **ὃν μὲν** ἐκ δεξιῶν ὃν δὲ ἐξ ἀριστερῶν.	→ Jn 19,18
002					**Lk 23,41**	καὶ ἡμεῖς **μὲν** δικαίως, ἄξια γὰρ ὧν ἐπράξαμεν ἀπολαμβάνομεν· οὗτος δὲ οὐδὲν ἄτοπον ἔπραξεν.	
002					**Lk 23,56**	... καὶ τὸ **μὲν** σάββατον ἡσύχασαν κατὰ τὴν ἐντολήν.	
	Mt 28,1	... τῇ ἐπιφωσκούσῃ εἰς μίαν σαββάτων ...	**Mk 16,2**	καὶ λίαν πρωῒ τῇ μιᾷ τῶν σαββάτων ...	**Lk 24,1**	τῇ δὲ μιᾷ τῶν σαββάτων ὄρθρου βαθέως ...	→ Jn 20,1

[a] μὲν οὖν (Luke/Acts only)

[b] μέν without δέ / ἀλλά / πλήν

[c] μὲν οὖν without δέ / ἀλλά / πλήν (Acts only)

[b] **Acts 1,1** τὸν
μὲν
πρῶτον λόγον ἐποιησάμην
περὶ πάντων, ὦ Θεόφιλε,
ὧν ἤρξατο ὁ Ἰησοῦς
ποιεῖν τε καὶ διδάσκειν

Acts 1,5 (→ Mt 3,11; → Mk 1,8; → **Lk 3,16**; → **Acts 11,16**; → Acts 19,4) ὅτι Ἰωάννης
μὲν
ἐβάπτισεν ὕδατι,
ὑμεῖς δὲ ἐν πνεύματι
βαπτισθήσεσθε ἁγίῳ
οὐ μετὰ πολλὰς
ταύτας ἡμέρας.

[a] **Acts 1,6** οἱ
μὲν
οὖν συνελθόντες ἠρώτων
αὐτὸν λέγοντες· κύριε,
εἰ ἐν τῷ χρόνῳ τούτῳ
ἀποκαθιστάνεις τὴν
βασιλείαν τῷ Ἰσραήλ;
[7] εἶπεν δὲ πρὸς αὐτούς· ...

[c] **Acts 1,18** (→ Mt 27,7) οὗτος
μὲν
οὖν ἐκτήσατο χωρίον
ἐκ μισθοῦ τῆς ἀδικίας
καὶ πρηνὴς γενόμενος
ἐλάκησεν μέσος καὶ
ἐξεχύθη πάντα τὰ
σπλάγχνα αὐτοῦ·

[a] **Acts 2,41** οἱ
μὲν
οὖν ἀποδεξάμενοι
τὸν λόγον αὐτοῦ
ἐβαπτίσθησαν καὶ
προσετέθησαν ἐν τῇ
ἡμέρᾳ ἐκείνῃ ψυχαὶ
ὡσεὶ τρισχίλιαι.
[42] ἦσαν δὲ
προσκαρτεροῦντες ...

[b] **Acts 3,13** ... ἐδόξασεν τὸν παῖδα
αὐτοῦ Ἰησοῦν ὃν ὑμεῖς
μὲν
παρεδώκατε καὶ
ἠρνήσασθε κατὰ
πρόσωπον Πιλάτου,
κρίναντος ἐκείνου
ἀπολύειν·

[b] **Acts 3,21** (→ Lk 1,70; → **Mt 17,11**; → **Mk 9,12**) [20] ... χριστὸν Ἰησοῦν,
[21] ὃν δεῖ οὐρανὸν
μὲν
δέξασθαι ἄχρι χρόνων
ἀποκαταστάσεως
πάντων ὧν ἐλάλησεν
ὁ θεὸς διὰ στόματος
τῶν ἁγίων ἀπ᾽ αἰῶνος
αὐτοῦ προφητῶν.

Acts 3,22 Μωϋσῆς
μὲν
εἶπεν ὅτι *προφήτην ὑμῖν
ἀναστήσει κύριος ὁ θεὸς
ὑμῶν* ...
[24] καὶ πάντες δὲ οἱ
προφῆται ἀπὸ Σαμουὴλ
καὶ τῶν καθεξῆς ὅσοι
ἐλάλησαν καὶ
κατήγγειλαν
τὰς ἡμέρας ταύτας.
➤ Deut 18,15

Acts 4,16 ... τί ποιήσωμεν τοῖς ἀνθρώποις τούτοις; ὅτι
μὲν
γὰρ γνωστὸν σημεῖον γέγονεν δι' αὐτῶν πᾶσιν τοῖς κατοικοῦσιν Ἰερουσαλὴμ φανερὸν καὶ οὐ δυνάμεθα ἀρνεῖσθαι· [17] ἀλλ' ἵνα μὴ ἐπὶ πλεῖον διανεμηθῇ εἰς τὸν λαόν ...

c **Acts 5,41** οἱ
μὲν
οὖν ἐπορεύοντο χαίροντες ἀπὸ προσώπου τοῦ συνεδρίου, ὅτι κατηξιώθησαν ὑπὲρ τοῦ ὀνόματος ἀτιμασθῆναι

a **Acts 8,4** οἱ
μὲν
οὖν διασπαρέντες διῆλθον εὐαγγελιζόμενοι τὸν λόγον. [5] Φίλιππος δὲ κατελθὼν εἰς [τὴν] πόλιν τῆς Σαμαρείας ἐκήρυσσεν αὐτοῖς τὸν Χριστόν.

a **Acts 8,25** οἱ
μὲν
οὖν διαμαρτυράμενοι καὶ λαλήσαντες τὸν λόγον τοῦ κυρίου ὑπέστρεφον εἰς Ἱεροσόλυμα, πολλάς τε κώμας τῶν Σαμαριτῶν εὐηγγελίζοντο. [26] ἄγγελος δὲ κυρίου ἐλάλησεν πρὸς Φίλιππον ...

Acts 9,7 οἱ δὲ ἄνδρες οἱ συνοδεύοντες αὐτῷ εἱστήκεισαν ἐνεοί, ἀκούοντες
μὲν
τῆς φωνῆς μηδένα δὲ θεωροῦντες.

a **Acts 9,31** ἡ
μὲν
οὖν ἐκκλησία ... εἶχεν εἰρήνην ... [32] ἐγένετο δὲ Πέτρον διερχόμενον διὰ πάντων κατελθεῖν καὶ πρὸς τοὺς ἁγίους τοὺς κατοικοῦντας Λύδδα.

Acts 11,16 ἐμνήσθην δὲ τοῦ ῥήματος τοῦ κυρίου ὡς ἔλεγεν· Ἰωάννης
→ **Mt 3,11** → Mk 1,8 → **Lk 3,16** → **Acts 1,5** → Acts 19,4
μὲν
ἐβάπτισεν ὕδατι, ὑμεῖς δὲ βαπτισθήσεσθε ἐν πνεύματι ἁγίῳ.

a **Acts 11,19** οἱ
μὲν
οὖν διασπαρέντες ἀπὸ τῆς θλίψεως τῆς γενομένης ἐπὶ Στεφάνῳ διῆλθον ἕως Φοινίκης καὶ Κύπρου καὶ Ἀντιοχείας μηδενὶ λαλοῦντες τὸν λόγον εἰ μὴ μόνον Ἰουδαίοις. [20] ἦσαν δέ τινες ἐξ αὐτῶν ἄνδρες Κύπριοι καὶ Κυρηναῖοι, ...

a **Acts 12,5** ὁ
μὲν
οὖν Πέτρος ἐτηρεῖτο ἐν τῇ φυλακῇ· προσευχὴ δὲ ἦν ἐκτενῶς γινομένη ὑπὸ τῆς ἐκκλησίας πρὸς τὸν θεὸν περὶ αὐτοῦ.

c **Acts 13,4** αὐτοὶ
μὲν
οὖν ἐκπεμφθέντες ὑπὸ τοῦ ἁγίου πνεύματος κατῆλθον εἰς Σελεύκειαν, ἐκεῖθέν τε ἀπέπλευσαν εἰς Κύπρον

Acts 13,36 Δαυὶδ
μὲν
γὰρ ἰδίᾳ γενεᾷ ὑπηρετήσας τῇ τοῦ θεοῦ βουλῇ ἐκοιμήθη καὶ προσετέθη πρὸς τοὺς πατέρας αὐτοῦ καὶ εἶδεν διαφθοράν· [37] ὃν δὲ ὁ θεὸς ἤγειρεν, οὐκ εἶδεν διαφθοράν.

a **Acts 14,3** ἱκανὸν
μὲν
οὖν χρόνον διέτριψαν παρρησιαζόμενοι ἐπὶ τῷ κυρίῳ ...

Acts 14,4 ἐσχίσθη δὲ τὸ πλῆθος τῆς πόλεως, καὶ οἱ
μὲν
ἦσαν σὺν τοῖς Ἰουδαίοις, οἱ δὲ σὺν τοῖς ἀποστόλοις.

a **Acts 15,3** οἱ
μὲν
οὖν προπεμφθέντες ὑπὸ τῆς ἐκκλησίας διήρχοντο τήν τε Φοινίκην καὶ Σαμάρειαν ... [4] παραγενόμενοι δὲ εἰς Ἰερουσαλὴμ ...

a **Acts 15,30** οἱ
μὲν
οὖν ἀπολυθέντες κατῆλθον εἰς Ἀντιόχειαν, καὶ συναγαγόντες τὸ πλῆθος ἐπέδωκαν τὴν ἐπιστολήν. [31] ἀναγνόντες δὲ ἐχάρησαν ἐπὶ τῇ παρακλήσει.

a **Acts 16,5** αἱ
μὲν
οὖν ἐκκλησίαι ἐστερεοῦντο τῇ πίστει καὶ ἐπερίσσευον τῷ ἀριθμῷ καθ' ἡμέραν. [6] διῆλθον δὲ τὴν Φρυγίαν καὶ Γαλατικὴν χώραν ...

a **Acts 17,12** πολλοὶ
μὲν
οὖν ἐξ αὐτῶν ἐπίστευσαν καὶ τῶν Ἑλληνίδων γυναικῶν τῶν εὐσχημόνων καὶ ἀνδρῶν οὐκ ὀλίγοι. [13] ὡς δὲ ἔγνωσαν οἱ ἀπὸ τῆς Θεσσαλονίκης Ἰουδαῖοι ...

a **Acts 17,17** διελέγετο
μὲν
οὖν ἐν τῇ συναγωγῇ τοῖς Ἰουδαίοις καὶ τοῖς σεβομένοις καὶ ἐν τῇ ἀγορᾷ κατὰ πᾶσαν ἡμέραν πρὸς τοὺς παρατυγχάνοντας. [18] τινὲς δὲ καὶ τῶν Ἐπικουρείων καὶ Στοϊκῶν φιλοσόφων συνέβαλλον αὐτῷ, ...

c **Acts 17,30** τοὺς
μὲν
οὖν χρόνους τῆς ἀγνοίας ὑπεριδὼν ὁ θεός, τὰ νῦν παραγγέλλει τοῖς ἀνθρώποις πάντας πανταχοῦ μετανοεῖν

Acts 17,32 ἀκούσαντες δὲ ἀνάστασιν νεκρῶν οἱ
μὲν
ἐχλεύαζον, οἱ δὲ εἶπαν· ἀκουσόμεθά σου περὶ τούτου καὶ πάλιν.

Acts 18,14 μέλλοντος δὲ τοῦ Παύλου ἀνοίγειν τὸ στόμα εἶπεν ὁ Γαλλίων πρὸς τοὺς Ἰουδαίους· εἰ
μὲν
ἦν ἀδίκημά τι ἢ ῥᾳδιούργημα πονηρόν, ὦ Ἰουδαῖοι, κατὰ λόγον ἂν ἀνεσχόμην ὑμῶν, [15] εἰ δὲ ζητήματά ἐστιν περὶ λόγου καὶ ὀνομάτων καὶ νόμου ...

Acts 19,15 ἀποκριθὲν δὲ τὸ πνεῦμα τὸ πονηρὸν εἶπεν αὐτοῖς· τὸν
[μὲν]
Ἰησοῦν γινώσκω καὶ τὸν Παῦλον ἐπίσταμαι, ὑμεῖς δὲ τίνες ἐστέ;

c **Acts 19,32** ἄλλοι
μὲν
οὖν ἄλλο τι ἔκραζον· ἦν γὰρ ἡ ἐκκλησία συγκεχυμένη ...

a **Acts 19,38** εἰ
μὲν
οὖν Δημήτριος καὶ
οἱ σὺν αὐτῷ τεχνῖται
ἔχουσι πρός τινα λόγον,
ἀγοραῖοι ἄγονται καὶ
ἀνθύπατοί εἰσιν,
ἐγκαλείτωσαν ἀλλήλοις.
[39] εἰ δέ τι περαιτέρω
ἐπιζητεῖτε, ἐν τῇ ἐννόμῳ
ἐκκλησίᾳ ἐπιλυθήσεται.

Acts 21,39 εἶπεν δὲ ὁ Παῦλος·
ἐγὼ ἄνθρωπος
μέν
εἰμι Ἰουδαῖος, Ταρσεὺς
τῆς Κιλικίας, οὐκ
ἀσήμου πόλεως πολίτης·
δέομαι δέ σου, ἐπίτρεψόν
μοι λαλῆσαι πρὸς τὸν
λαόν.

Acts 22,9 οἱ δὲ σὺν ἐμοὶ ὄντες τὸ
μὲν
φῶς ἐθεάσαντο
τὴν δὲ φωνὴν οὐκ ἤκουσαν
τοῦ λαλοῦντός μοι.

Acts 23,8 Σαδδουκαῖοι
μὲν
γὰρ λέγουσιν μὴ εἶναι
ἀνάστασιν μήτε ἄγγελον
μήτε πνεῦμα, Φαρισαῖοι
δὲ ὁμολογοῦσιν τὰ
ἀμφότερα.

c **Acts 23,18** ὁ
μὲν
οὖν παραλαβὼν αὐτὸν
ἤγαγεν πρὸς τὸν
χιλίαρχον καὶ φησίν·
ὁ δέσμιος Παῦλος
προσκαλεσάμενός με
ἠρώτησεν τοῦτον τὸν
νεανίσκον ἀγαγεῖν πρὸς
σέ ἔχοντά τι λαλῆσαί σοι.

c **Acts 23,22** ὁ
μὲν
οὖν χιλίαρχος ἀπέλυσε
τὸν νεανίσκον
παραγγείλας μηδενὶ
ἐκλαλῆσαι ὅτι ταῦτα
ἐνεφάνισας πρός με.

a **Acts 23,31** οἱ
μὲν
οὖν στρατιῶται κατὰ
τὸ διατεταγμένον αὐτοῖς
ἀναλαβόντες τὸν Παῦλον
ἤγαγον διὰ νυκτὸς εἰς
τὴν Ἀντιπατρίδα,
[32] τῇ δὲ ἐπαύριον ...
ὑπέστρεψαν ...

a **Acts 25,4** ὁ
μὲν
οὖν Φῆστος ἀπεκρίθη
τηρεῖσθαι τὸν Παῦλον
εἰς Καισάρειαν,
ἑαυτὸν δὲ μέλλειν ἐν
τάχει ἐκπορεύεσθαι·

a **Acts 25,11** εἰ
μὲν
οὖν ἀδικῶ καὶ ἄξιον
θανάτου πέπραχά τι,
οὐ παραιτοῦμαι τὸ
ἀποθανεῖν·
εἰ δὲ οὐδέν ἐστιν ὧν
οὗτοι κατηγοροῦσίν μου, ...

c **Acts 26,4** τὴν
μὲν
οὖν βίωσίν μου [τὴν] ἐκ
νεότητος τὴν ἀπ' ἀρχῆς
γενομένην ἐν τῷ ἔθνει
μου ἔν τε Ἱεροσολύμοις
ἴσασι πάντες [οἱ]
Ἰουδαῖοι

c **Acts 26,9** ἐγὼ
μὲν
οὖν ἔδοξα ἐμαυτῷ πρὸς
τὸ ὄνομα Ἰησοῦ τοῦ
Ναζωραίου δεῖν πολλὰ
ἐναντία πρᾶξαι

b **Acts 27,21** ... ἔδει
μέν,
ὦ ἄνδρες,
πειθαρχήσαντάς μοι μὴ
ἀνάγεσθαι ἀπὸ τῆς
Κρήτης κερδῆσαί τε τὴν
ὕβριν ταύτην καὶ τὴν
ζημίαν. [22] καὶ τὰ νῦν
παραινῶ ὑμᾶς εὐθυμεῖν· ...

Acts 27,41 περιπεσόντες δὲ εἰς
τόπον διθάλασσον
ἐπέκειλαν τὴν ναῦν καὶ ἡ
μὲν
πρῷρα ἐρείσασα ἔμεινεν
ἀσάλευτος,
ἡ δὲ πρύμνα ἐλύετο ὑπὸ
τῆς βίας [τῶν κυμάτων].

Acts 27,44 καὶ τοὺς λοιποὺς οὓς
μὲν
ἐπὶ σανίσιν,
οὓς δὲ ἐπί τινων τῶν
ἀπὸ τοῦ πλοίου. ...

a **Acts 28,5** ὁ
μὲν
οὖν ἀποτινάξας
τὸ θηρίον εἰς τὸ πῦρ
ἔπαθεν οὐδὲν κακόν,
[6] οἱ δὲ προσεδόκων
αὐτὸν μέλλειν
πίμπρασθαι
ἢ καταπίπτειν
ἄφνω νεκρόν. ...

b **Acts 28,22** ἀξιοῦμεν δὲ παρὰ σοῦ
ἀκοῦσαι ἃ φρονεῖς, περὶ
μὲν
γὰρ τῆς αἱρέσεως ταύτης
γνωστὸν ἡμῖν ἐστιν ὅτι
πανταχοῦ ἀντιλέγεται.

Acts 28,24 καὶ οἱ
μὲν
ἐπείθοντο τοῖς
λεγομένοις,
οἱ δὲ ἠπίστουν·

Μεννά	Syn 1	Mt	Mk	Lk 1	Acts	Jn	1-3John	Paul	Eph	Col
	NT 1	2Thess	1/2Tim	Tit	Heb	Jas	1Pet	2Pet	Jude	Rev

Menna

	Mt 1,6	Lk 3,31
002	... Δαυὶδ δὲ ἐγέννησεν τὸν Σολομῶνα ἐκ τῆς τοῦ Οὐρίου, [7] Σολομὼν δὲ ἐγέννησεν τὸν Ῥοβοάμ, Ῥοβοὰμ δὲ ἐγέννησεν τὸν Ἀβιά, ...	τοῦ Μελεὰ **τοῦ Μεννὰ** τοῦ Ματταθὰ τοῦ Ναθὰμ τοῦ Δαυὶδ

μενοῦν	Syn 1	Mt	Mk	Lk 1	Acts	Jn	1-3John	Paul	Eph	Col
	NT 1	2Thess	1/2Tim	Tit	Heb	Jas	1Pet	2Pet	Jude	Rev

rather; on the contrary

002					**Lk 11,28** → Mt 12,50 → Mk 3,35 → Lk 8,21 → Lk 1,45	αὐτὸς δὲ εἶπεν· **μενοῦν** μακάριοι οἱ ἀκούοντες τὸν λόγον τοῦ θεοῦ καὶ φυλάσσοντες.	→ GTh 79

μένω	Syn 12	Mt 3	Mk 2	Lk 7	Acts 13	Jn 40	1-3John 27	Paul 13	Eph	Col
	NT 118	2Thess	1/2Tim 4	Tit	Heb 6	Jas	1Pet 2	2Pet	Jude	Rev 1

remain; stay; live; dwell; lodge; continue; abide; last; persist; *transitive:* wait for; await; threaten someone

	triple tradition																	double tradition			Sondergut		
		+Mt / +Lk			–Mt / –Lk			traditions not taken over by Mt / Lk							subtotals								
code	*222*	*211*	*112*	*212*	*221*	*122*	*121*	*022*	*012*	*021*	*220*	*120*	*210*	*020*	Σ^+	Σ^-	Σ	*202*	*201*	*102*	*200*	*002*	total
Mt	1										1						2		1				**3**
Mk	1										1						2						**2**
Lk	1		1$^+$												1$^+$		2			1		4	**7**

002					**Lk 1,56**	**ἔμεινεν** δὲ Μαριὰμ σὺν αὐτῇ ὡς μῆνας τρεῖς, ...	
112	**Mt 8,28**	... ὑπήντησαν αὐτῷ δύο δαιμονιζόμενοι ἐκ τῶν μνημείων ἐξερχόμενοι, ...	**Mk 5,3**	[2] ... εὐθὺς ὑπήντησεν αὐτῷ ἐκ τῶν μνημείων ἄνθρωπος ἐν πνεύματι ἀκαθάρτῳ, [3] ὃς τὴν κατοίκησιν εἶχεν ἐν τοῖς μνήμασιν, καὶ οὐδὲ ἁλύσει οὐκέτι οὐδεὶς ἐδύνατο αὐτὸν δῆσαι	**Lk 8,27**	... ὑπήντησεν ἀνήρ τις ἐκ τῆς πόλεως ἔχων δαιμόνια καὶ χρόνῳ ἱκανῷ οὐκ ἐνεδύσατο ἱμάτιον καὶ ἐν οἰκίᾳ **οὐκ ἔμενεν** ἀλλ᾽ ἐν τοῖς μνήμασιν.	
222	**Mt 10,11** ⇨ Lk 10,8	εἰς ἣν δ᾽ ἂν πόλιν ἢ κώμην εἰσέλθητε, ἐξετάσατε τίς ἐν αὐτῇ ἄξιός ἐστιν· κἀκεῖ **μείνατε** ἕως ἂν ἐξέλθητε.	**Mk 6,10**	... ὅπου ἐὰν εἰσέλθητε εἰς οἰκίαν, ἐκεῖ **μένετε** ἕως ἂν ἐξέλθητε ἐκεῖθεν.	**Lk 9,4** ⇩ Lk 10,7	καὶ εἰς ἣν ἂν οἰκίαν εἰσέλθητε, ἐκεῖ **μένετε** καὶ ἐκεῖθεν ἐξέρχεσθε.	→ GTh 14,4 Mk-Q overlap
102	**Mt 10,12**	εἰσερχόμενοι δὲ εἰς τὴν οἰκίαν ...			**Lk 10,7** ⇧ Lk 9,4	[5] εἰς ἣν δ᾽ ἂν εἰσέλθητε οἰκίαν, ... [7] ἐν αὐτῇ δὲ τῇ οἰκίᾳ **μένετε,** ἐσθίοντες καὶ πίνοντες τὰ παρ᾽ αὐτῶν· ... μὴ μεταβαίνετε ἐξ οἰκίας εἰς οἰκίαν.	→ GTh 14,4 Mk-Q overlap
201	**Mt 11,23**	καὶ σύ, Καφαρναούμ, μὴ ἕως οὐρανοῦ ὑψωθήσῃ; *ἕως ᾅδου καταβήσῃ·* ὅτι εἰ ἐν Σοδόμοις ἐγενήθησαν αἱ δυνάμεις αἱ γενόμεναι ἐν σοί, **ἔμεινεν** ἂν μέχρι τῆς σήμερον. ➢ Isa 14,13.15			**Lk 10,15**	καὶ σύ, Καφαρναούμ, μὴ ἕως οὐρανοῦ ὑψωθήσῃ; *ἕως τοῦ ᾅδου καταβήσῃ.* ➢ Isa 14,13.15	
002					**Lk 19,5**	... Ζακχαῖε, σπεύσας κατάβηθι, σήμερον γὰρ ἐν τῷ οἴκῳ σου δεῖ με **μεῖναι.**	

code	Mt		Mk		Lk		
220	**Mt 26,38**	... *περίλυπός ἐστιν ἡ ψυχή μου* ἕως θανάτου· **μείνατε** ὧδε καὶ γρηγορεῖτε μετ' ἐμοῦ. ➤ Ps 42,6.12/43,5	**Mk 14,34**	... *περίλυπός ἐστιν ἡ ψυχή μου* ἕως θανάτου· **μείνατε** ὧδε καὶ γρηγορεῖτε. ➤ Ps 42,6.12/43,5			→ Jn 12,27
002					**Lk 24,29 (2)** → Lk 9,12	καὶ παρεβιάσαντο αὐτὸν λέγοντες· **μεῖνον** μεθ' ἡμῶν, ὅτι πρὸς ἑσπέραν ἐστὶν καὶ κέκλικεν ἤδη ἡ ἡμέρα.	
002						καὶ εἰσῆλθεν **τοῦ μεῖναι** σὺν αὐτοῖς.	

Acts 5,4 (2) οὐχὶ **μένον** σοὶ **ἔμενεν** καὶ πραθὲν ἐν τῇ σῇ ἐξουσίᾳ ὑπῆρχεν; ...

Acts 9,43 ἐγένετο δὲ ἡμέρας ἱκανὰς **μεῖναι** ἐν Ἰόππῃ παρά τινι Σίμωνι βυρσεῖ.

Acts 16,15 ... εἰ κεκρίκατέ με πιστὴν τῷ κυρίῳ εἶναι, εἰσελθόντες εἰς τὸν οἶκόν μου **μένετε**· καὶ παρεβιάσατο ἡμᾶς.

Acts 18,3 καὶ διὰ τὸ ὁμότεχνον εἶναι **ἔμενεν** παρ' αὐτοῖς, καὶ ἠργάζετο· ...

Acts 18,20 ἐρωτώντων δὲ αὐτῶν ἐπὶ πλείονα χρόνον **μεῖναι** οὐκ ἐπένευσεν

Acts 20,5 οὗτοι δὲ προελθόντες **ἔμενον** ἡμᾶς ἐν Τρῳάδι

Acts 20,23 πλὴν ὅτι τὸ πνεῦμα τὸ ἅγιον κατὰ πόλιν διαμαρτύρεταί μοι λέγον ὅτι δεσμὰ καὶ θλίψεις με **μένουσιν**.

Acts 21,7 ... καὶ ἀσπασάμενοι τοὺς ἀδελφοὺς **ἐμείναμεν** ἡμέραν μίαν παρ' αὐτοῖς.

Acts 21,8 ... καὶ εἰσελθόντες εἰς τὸν οἶκον Φιλίππου τοῦ εὐαγγελιστοῦ, ὄντος ἐκ τῶν ἑπτὰ, **ἐμείναμεν** παρ' αὐτῷ.

Acts 27,31 ... ἐὰν μὴ οὗτοι **μείνωσιν** ἐν τῷ πλοίῳ, ὑμεῖς σωθῆναι οὐ δύνασθε.

Acts 27,41 ... ἐπέκειλαν τὴν ναῦν καὶ ἡ μὲν πρῷρα ἐρείσασα **ἔμεινεν** ἀσάλευτος, ἡ δὲ πρύμνα ἐλύετο ὑπὸ τῆς βίας [τῶν κυμάτων].

Acts 28,16 ὅτε δὲ εἰσήλθομεν εἰς Ῥώμην, ἐπετράπη τῷ Παύλῳ **μένειν** καθ' ἑαυτὸν σὺν τῷ φυλάσσοντι αὐτὸν στρατιώτῃ.

μερίζω

	Syn	Mt	Mk	Lk	Acts	Jn	1-3John	Paul	Eph	Col
	8	3	4	1				5		
	NT	2Thess	1/2Tim	Tit	Heb	Jas	1Pet	2Pet	Jude	Rev
	14				1					

divide; separate; distribute; deal out; assign; apportion; *middle:* share something with someone

	triple tradition																	double tradition			Sondergut		
		+Mt / +Lk			–Mt / –Lk			traditions not taken over by Mt / Lk							subtotals								
code	222	211	112	212	221	122	121	022	012	021	220	120	210	020	Σ⁺	Σ⁻	Σ	202	201	102	200	002	total
Mt							1⁻									1⁻			3				3
Mk							1							3			4						4
Lk							1⁻									1⁻						1	1

code	Mt		Mk		Lk		
020	**Mt 12,25 (2)**	... πᾶσα βασιλεία **μερισθεῖσα** καθ' ἑαυτῆς ἐρημοῦται	**Mk 3,24**	καὶ ἐὰν βασιλεία ἐφ' ἑαυτὴν **μερισθῇ**, οὐ δύναται σταθῆναι ἡ βασιλεία ἐκείνη·	**Lk 11,17**	... πᾶσα βασιλεία ἐφ' ἑαυτὴν **διαμερισθεῖσα** ἐρημοῦται	Mk-Q overlap
020		καὶ πᾶσα πόλις ἢ οἰκία **μερισθεῖσα** καθ' ἑαυτῆς οὐ σταθήσεται.	**Mk 3,25**	καὶ ἐὰν οἰκία ἐφ' ἑαυτὴν **μερισθῇ**, οὐ δυνήσεται ἡ οἰκία ἐκείνη σταθῆναι.		καὶ οἶκος ἐπὶ οἶκον πίπτει.	Mk-Q overlap

	Mt		Mk		Lk		
020	Mt 12,26	καὶ εἰ ὁ σατανᾶς τὸν σατανᾶν ἐκβάλλει, ἐφ' ἑαυτὸν **ἐμερίσθη·** πῶς οὖν σταθήσεται ἡ βασιλεία αὐτοῦ;	**Mk 3,26**	καὶ εἰ ὁ σατανᾶς ἀνέστη ἐφ' ἑαυτὸν καὶ **ἐμερίσθη,** οὐ δύναται στῆναι ἀλλὰ τέλος ἔχει.	Lk 11,18	εἰ δὲ καὶ ὁ σατανᾶς ἐφ' ἑαυτὸν **διεμερίσθη,** πῶς σταθήσεται ἡ βασιλεία αὐτοῦ; ...	Mk-Q overlap
201	**Mt 12,25 (2)**	... πᾶσα βασιλεία **μερισθεῖσα** καθ' ἑαυτῆς ἐρημοῦται	Mk 3,24	καὶ ἐὰν βασιλεία ἐφ' ἑαυτὴν **μερισθῇ,** οὐ δύναται σταθῆναι ἡ βασιλεία ἐκείνη·	**Lk 11,17**	... πᾶσα βασιλεία ἐφ' ἑαυτὴν **διαμερισθεῖσα** ἐρημοῦται	Mk-Q overlap
201		καὶ πᾶσα πόλις ἢ οἰκία **μερισθεῖσα** καθ' ἑαυτῆς οὐ σταθήσεται.	Mk 3,25	καὶ ἐὰν οἰκία ἐφ' ἑαυτὴν **μερισθῇ,** οὐ δυνήσεται ἡ οἰκία ἐκείνη σταθῆναι.		καὶ οἶκος ἐπὶ οἶκον πίπτει.	Mk-Q overlap
201	**Mt 12,26**	καὶ εἰ ὁ σατανᾶς τὸν σατανᾶν ἐκβάλλει, ἐφ' ἑαυτὸν **ἐμερίσθη·** πῶς οὖν σταθήσεται ἡ βασιλεία αὐτοῦ;	Mk 3,26	καὶ εἰ ὁ σατανᾶς ἀνέστη ἐφ' ἑαυτὸν καὶ **ἐμερίσθη,** οὐ δύναται στῆναι ἀλλὰ τέλος ἔχει.	**Lk 11,18**	εἰ δὲ καὶ ὁ σατανᾶς ἐφ' ἑαυτὸν **διεμερίσθη,** πῶς σταθήσεται ἡ βασιλεία αὐτοῦ; ...	Mk-Q overlap
121	**Mt 14,19** → Mt 15,36 → Mt 26,26	... καὶ κλάσας ἔδωκεν τοῖς μαθηταῖς τοὺς ἄρτους οἱ δὲ μαθηταὶ τοῖς ὄχλοις.	**Mk 6,41** → Mk 8,6-7 → Mk 14,22	... καὶ κατέκλασεν τοὺς ἄρτους καὶ ἐδίδου τοῖς μαθηταῖς [αὐτοῦ] ἵνα παρατιθῶσιν αὐτοῖς, καὶ τοὺς δύο ἰχθύας **ἐμέρισεν** πᾶσιν.	**Lk 9,16** → Lk 22,19	... καὶ κατέκλασεν καὶ ἐδίδου τοῖς μαθηταῖς παραθεῖναι τῷ ὄχλῳ.	→ Jn 6,11
002					**Lk 12,13**	εἶπεν δέ τις ἐκ τοῦ ὄχλου αὐτῷ· διδάσκαλε, εἰπὲ τῷ ἀδελφῷ μου **μερίσασθαι** μετ' ἐμοῦ τὴν κληρονομίαν.	→ GTh 72

μέριμνα	Syn	Mt	Mk	Lk	Acts	Jn	1-3John	Paul	Eph	Col
	4	1	1	2				1		
	NT	2Thess	1/2Tim	Tit	Heb	Jas	1Pet	2Pet	Jude	Rev
	6						1			

anxiety; worry; care

	Mt		Mk		Lk		
222	**Mt 13,22**	... οὗτός ἐστιν ὁ τὸν λόγον ἀκούων, καὶ **ἡ μέριμνα** **τοῦ αἰῶνος** καὶ ἡ ἀπάτη τοῦ πλούτου συμπνίγει τὸν λόγον καὶ ἄκαρπος γίνεται.	**Mk 4,19**	[18] ... οὗτοί εἰσιν οἱ τὸν λόγον ἀκούσαντες, [19] καὶ **αἱ μέριμναι** **τοῦ αἰῶνος** καὶ ἡ ἀπάτη τοῦ πλούτου καὶ αἱ περὶ τὰ λοιπὰ ἐπιθυμίαι εἰσπορευόμεναι συμπνίγουσιν τὸν λόγον καὶ ἄκαρπος γίνεται.	**Lk 8,14**	... οὗτοί εἰσιν οἱ ἀκούσαντες, καὶ **ὑπὸ μεριμνῶν** καὶ πλούτου καὶ ἡδονῶν τοῦ βίου πορευόμενοι συμπνίγονται καὶ οὐ τελεσφοροῦσιν.	
002					**Lk 21,34** → Mt 24,49 → Lk 12,45 → Mk 13,33 → Mk 13,36	προσέχετε δὲ ἑαυτοῖς μήποτε βαρηθῶσιν ὑμῶν αἱ καρδίαι ἐν κραιπάλῃ καὶ μέθῃ καὶ **μερίμναις βιωτικαῖς** καὶ ἐπιστῇ ἐφ' ὑμᾶς αἰφνίδιος ἡ ἡμέρα ἐκείνη	

μεριμνάω	Syn 12	Mt 7	Mk	Lk 5	Acts	Jn	1-3John	Paul 7	Eph	Col
	NT 19	2Thess	1/2Tim	Tit	Heb	Jas	1Pet	2Pet	Jude	Rev

have anxiety; be anxious; be (unduly) concerned; care for; be concerned about

	triple tradition																	double tradition			Sondergut		
		+Mt / +Lk			−Mt / −Lk			traditions not taken over by Mt / Lk							subtotals								
code	222	211	112	212	221	122	121	022	012	021	220	120	210	020	Σ⁺	Σ⁻	Σ	202	201	102	200	002	total
Mt																		4	1		2		7
Mk																							
Lk																		4				1	5

code	Mt		Mk		Lk		
002					Lk 10,41	ἀποκριθεὶς δὲ εἶπεν αὐτῇ ὁ κύριος· Μάρθα Μάρθα, **μεριμνᾷς** καὶ θορυβάζῃ περὶ πολλά	
202	Mt 10,19	ὅταν δὲ παραδῶσιν ὑμᾶς, **μὴ μεριμνήσητε** πῶς ἢ τί λαλήσητε· ...	Mk 13,11	καὶ ὅταν ἄγωσιν ὑμᾶς παραδιδόντες, **μὴ προμεριμνᾶτε** τί λαλήσητε, ...	Lk 12,11 ⇩ Lk 21,14 → Lk 21,12	ὅταν δὲ εἰσφέρωσιν ὑμᾶς ἐπὶ τὰς συναγωγὰς καὶ τὰς ἀρχὰς καὶ τὰς ἐξουσίας, **μὴ μεριμνήσητε** πῶς ἢ τί ἀπολογήσησθε ἢ τί εἴπητε·	Mk-Q overlap
202	Mt 6,25	διὰ τοῦτο λέγω ὑμῖν· **μὴ μεριμνᾶτε** τῇ ψυχῇ ὑμῶν τί φάγητε [ἢ τί πίητε], μηδὲ τῷ σώματι ὑμῶν τί ἐνδύσησθε. ...			Lk 12,22	... διὰ τοῦτο λέγω ὑμῖν· **μὴ μεριμνᾶτε** τῇ ψυχῇ τί φάγητε, μηδὲ τῷ σώματι τί ἐνδύσησθε.	→ GTh 36 **(POxy 655)**
202	Mt 6,27	τίς δὲ ἐξ ὑμῶν **μεριμνῶν** δύναται προσθεῖναι ἐπὶ τὴν ἡλικίαν αὐτοῦ πῆχυν ἕνα;			Lk 12,25	τίς δὲ ἐξ ὑμῶν **μεριμνῶν** δύναται ἐπὶ τὴν ἡλικίαν αὐτοῦ προσθεῖναι πῆχυν;	→ GTh 36,4 (only POxy 655)
202	Mt 6,28	καὶ περὶ ἐνδύματος τί **μεριμνᾶτε;** ...			Lk 12,26	εἰ οὖν οὐδὲ ἐλάχιστον δύνασθε, τί περὶ τῶν λοιπῶν **μεριμνᾶτε;**	
201	Mt 6,31	**μὴ οὖν μεριμνήσητε** λέγοντες· τί φάγωμεν; ἤ· τί πίωμεν; ἤ· τί περιβαλώμεθα;			Lk 12,29	καὶ ὑμεῖς **μὴ ζητεῖτε** τί φάγητε καὶ τί πίητε, καὶ μὴ μετεωρίζεσθε·	
200 200	Mt 6,34 (2)	**μὴ οὖν μεριμνήσητε** εἰς τὴν αὔριον, ἡ γὰρ αὔριον **μεριμνήσει** ἑαυτῆς· ἀρκετὸν τῇ ἡμέρᾳ ἡ κακία αὐτῆς.					
202	Mt 10,19	ὅταν δὲ παραδῶσιν ὑμᾶς, **μὴ μεριμνήσητε** πῶς ἢ τί λαλήσητε· ...	Mk 13,11	καὶ ὅταν ἄγωσιν ὑμᾶς παραδιδόντες, **μὴ προμεριμνᾶτε** τί λαλήσητε, ...	Lk 12,11 ⇩ Lk 21,14 → Lk 21,12	ὅταν δὲ εἰσφέρωσιν ὑμᾶς ἐπὶ τὰς συναγωγὰς καὶ τὰς ἀρχὰς καὶ τὰς ἐξουσίας, **μὴ μεριμνήσητε** πῶς ἢ τί ἀπολογήσησθε ἢ τί εἴπητε·	Mk-Q overlap
					Lk 21,14 ⇧ Lk 12,11	θέτε οὖν ἐν ταῖς καρδίαις ὑμῶν **μὴ προμελετᾶν** ἀπολογηθῆναι·	

μερίς	Syn 1	Mt	Mk	Lk 1	Acts 2	Jn	1-3John	Paul 1	Eph	Col 1
	NT 5	2Thess	1/2Tim	Tit	Heb	Jas	1Pet	2Pet	Jude	Rev

part; share; portion

002			**Lk 10,42** ἑνὸς δέ ἐστιν χρεία· Μαριὰμ γὰρ **τὴν ἀγαθὴν μερίδα** ἐξελέξατο ἥτις οὐκ ἀφαιρεθήσεται αὐτῆς.	

Acts 8,21 οὐκ ἔστιν σοι
μερὶς
οὐδὲ κλῆρος ἐν τῷ λόγῳ
τούτῳ, ἡ γὰρ καρδία σου
οὐκ ἔστιν εὐθεῖα ἔναντι
τοῦ θεοῦ.

Acts 16,12 κἀκεῖθεν εἰς Φιλίππους,
ἥτις ἐστὶν
**πρώτη[ς] μερίδος τῆς
Μακεδονίας πόλις,**
κολωνία. ἦμεν δὲ ἐν
ταύτῃ τῇ πόλει δια-
τρίβοντες ἡμέρας τινάς.

μεριστής	Syn 1	Mt	Mk	Lk 1	Acts	Jn	1-3John	Paul	Eph	Col
	NT 1	2Thess	1/2Tim	Tit	Heb	Jas	1Pet	2Pet	Jude	Rev

divider; arbitrator

002			**Lk 12,14** ὁ δὲ εἶπεν αὐτῷ· ἄνθρωπε, τίς με κατέστησεν κριτὴν ἢ **μεριστὴν** ἐφ' ὑμᾶς;	→ GTh 72

μέρος	Syn 9	Mt 4	Mk 1	Lk 4	Acts 7	Jn 4	1-3John	Paul 14	Eph 2	Col 1
	NT 42	2Thess	1/2Tim	Tit	Heb 1	Jas	1Pet	2Pet	Jude	Rev 4

part; region; district; side; piece; party; branch; line of business; matter; affair; share

	triple tradition																	double tradition			Sondergut		
		+Mt / +Lk			–Mt / –Lk			traditions not taken over by Mt / Lk							subtotals								
code	*222*	*211*	*112*	*212*	*221*	*122*	*121*	*022*	*012*	*021*	*220*	*120*	*210*	*020*	Σ^+	Σ^-	Σ	*202*	*201*	*102*	*200*	*002*	total
Mt		1^+										1^-	1^+		2^+	1^-	2	1			1		**4**
Mk												1					1						**1**
Lk																		1				3	**4**

a τὰ μέρη with place name

a 200	**Mt 2,22** → Lk 2,39 ... χρηματισθεὶς δὲ κατ' ὄναρ ἀνεχώρησεν **εἰς τὰ μέρη τῆς Γαλιλαίας**			
a 210	**Mt 15,21** καὶ ἐξελθὼν ἐκεῖθεν ὁ Ἰησοῦς ἀνεχώρησεν **εἰς τὰ μέρη Τύρου καὶ Σιδῶνος.**	**Mk 7,24** → Mt 15,22 ἐκεῖθεν δὲ ἀναστὰς ἀπῆλθεν **εἰς τὰ ὅρια Τύρου.** ...		
a 120	**Mt 15,39** καὶ ἀπολύσας τοὺς ὄχλους ἐνέβη εἰς τὸ πλοῖον, καὶ ἦλθεν **εἰς τὰ ὅρια Μαγαδάν.**	**Mk 8,10** καὶ εὐθὺς ἐμβὰς εἰς τὸ πλοῖον μετὰ τῶν μαθητῶν αὐτοῦ ἦλθεν **εἰς τὰ μέρη Δαλμανουθά.**		

	Mt		Mk		Lk		
a 211	Mt 16,13	ἐλθὼν δὲ ὁ Ἰησοῦς **εἰς τὰ μέρη Καισαρείας τῆς Φιλίππου** ἠρώτα τοὺς μαθητὰς αὐτοῦ λέγων· τίνα λέγουσιν οἱ ἄνθρωποι εἶναι τὸν υἱὸν τοῦ ἀνθρώπου;	Mk 8,27	καὶ ἐξῆλθεν ὁ Ἰησοῦς καὶ οἱ μαθηταὶ αὐτοῦ **εἰς τὰς κώμας Καισαρείας τῆς Φιλίππου·** καὶ ἐν τῇ ὁδῷ ἐπηρώτα τοὺς μαθητὰς αὐτοῦ λέγων αὐτοῖς· τίνα με λέγουσιν οἱ ἄνθρωποι εἶναι;	Lk 9,18 → Mt 14,23 → Mk 6,46	καὶ ἐγένετο ἐν τῷ εἶναι αὐτὸν προσευχόμενον κατὰ μόνας συνῆσαν αὐτῷ οἱ μαθηταί, καὶ ἐπηρώτησεν αὐτοὺς λέγων· τίνα με λέγουσιν οἱ ὄχλοι εἶναι;	→ GTh 13
002					Lk 11,36 → Lk 11,35	εἰ οὖν τὸ σῶμά σου ὅλον φωτεινόν, μὴ ἔχον **μέρος τι σκοτεινόν,** ἔσται φωτεινὸν ὅλον ὡς ὅταν ὁ λύχνος τῇ ἀστραπῇ φωτίζῃ σε.	→ GTh 24 (POxy 655 - restoration)
202	Mt 24,51	καὶ διχοτομήσει αὐτὸν καὶ **τὸ μέρος αὐτοῦ** μετὰ τῶν ὑποκριτῶν θήσει· ...			Lk 12,46	... καὶ διχοτομήσει αὐτὸν καὶ **τὸ μέρος αὐτοῦ** μετὰ τῶν ἀπίστων θήσει.	
002					Lk 15,12	... πάτερ, δός μοι **τὸ ἐπιβάλλον μέρος τῆς οὐσίας.** ὁ δὲ διεῖλεν αὐτοῖς τὸν βίον.	
002					Lk 24,42	οἱ δὲ ἐπέδωκαν αὐτῷ **ἰχθύος ὀπτοῦ μέρος·**	

a **Acts 2,10** [9] ... καὶ οἱ κατοικοῦντες τὴν Μεσοποταμίαν, ... [10] Φρυγίαν τε καὶ Παμφυλίαν, Αἴγυπτον καὶ **τὰ μέρη τῆς Λιβύης τῆς κατὰ Κυρήνην,** καὶ οἱ ἐπιδημοῦντες Ῥωμαῖοι

Acts 5,2 καὶ ἐνοσφίσατο ἀπὸ τῆς τιμῆς, συνειδυίης καὶ τῆς γυναικός, καὶ ἐνέγκας **μέρος τι** παρὰ τοὺς πόδας τῶν ἀποστόλων ἔθηκεν.

Acts 19,1 ... Παῦλον διελθόντα **τὰ ἀνωτερικὰ μέρη** [κατ]ελθεῖν εἰς Ἔφεσον καὶ εὑρεῖν τινας μαθητάς

Acts 19,27 οὐ μόνον δὲ τοῦτο κινδυνεύει ἡμῖν **τὸ μέρος** εἰς ἀπελεγμὸν ἐλθεῖν ἀλλὰ καὶ τὸ τῆς μεγάλης θεᾶς Ἀρτέμιδος ἱερὸν εἰς οὐθὲν λογισθῆναι, ...

Acts 20,2 διελθὼν δὲ **τὰ μέρη ἐκεῖνα** καὶ παρακαλέσας αὐτοὺς λόγῳ πολλῷ ἦλθεν εἰς τὴν Ἑλλάδα

Acts 23,6 γνοὺς δὲ ὁ Παῦλος ὅτι **τὸ ἓν μέρος** ἐστὶν Σαδδουκαίων τὸ δὲ ἕτερον Φαρισαίων ...

Acts 23,9 ἐγένετο δὲ κραυγὴ μεγάλη, καὶ ἀναστάντες **τινὲς τῶν γραμματέων τοῦ μέρους τῶν Φαρισαίων** διεμάχοντο λέγοντες· οὐδὲν κακὸν εὑρίσκομεν ἐν τῷ ἀνθρώπῳ τούτῳ· εἰ δὲ πνεῦμα ἐλάλησεν αὐτῷ ἢ ἄγγελος;

μέσον

	Syn 23	Mt 6	Mk 5	Lk 12	Acts 8	Jn 2	1-3John	Paul 5	Eph	Col 1
	NT 49	2Thess 1	1/2Tim	Tit	Heb 1	Jas	1Pet	2Pet	Jude	Rev 8

the middle (*the substantive neuter of* μέσος, p. 461)

	triple tradition																	double tradition			Sondergut		
		+Mt / +Lk			−Mt / −Lk			traditions not taken over by Mt / Lk							subtotals								
code	222	211	112	212	221	122	121	022	012	021	220	120	210	020	Σ^+	Σ^-	Σ	202	201	102	200	002	total
Mt					1							3^-	1^+		1^+	3^-	2	1			3		**6**
Mk					1			1				3					5						**5**
Lk			4^+		1^-			1	2^+						6^+	1^-	7	1				4	**12**

a ἀνὰ μέσον *b* εἰς (τὸ) μέσον *c* ἐν μέσῳ *d* ἐν τῷ μέσῳ

code	Mt		Mk		Lk		
c 002					**Lk 2,46**	... εὗρον αὐτὸν ἐν τῷ ἱερῷ καθεζόμενον **ἐν μέσῳ τῶν διδασκάλων** καὶ ἀκούοντα αὐτῶν καὶ ἐπερωτῶντα αὐτούς·	
002					**Lk 4,30**	αὐτὸς δὲ διελθὼν **διὰ μέσου αὐτῶν** ἐπορεύετο.	
b 012			**Mk 1,26**	καὶ σπαράξαν αὐτὸν τὸ πνεῦμα τὸ ἀκάθαρτον καὶ φωνῆσαν φωνῇ μεγάλῃ ἐξῆλθεν ἐξ αὐτοῦ.	**Lk 4,35**	... καὶ ῥίψαν αὐτὸν τὸ δαιμόνιον **εἰς τὸ μέσον** ἐξῆλθεν ἀπ' αὐτοῦ μηδὲν βλάψαν αὐτόν.	
b 012			**Mk 2,4**	... ἀπεστέγασαν τὴν στέγην ὅπου ἦν, καὶ ἐξορύξαντες χαλῶσι τὸν κράβαττον ὅπου ὁ παραλυτικὸς κατέκειτο.	**Lk 5,19**	... ἀναβάντες ἐπὶ τὸ δῶμα διὰ τῶν κεράμων καθῆκαν αὐτὸν σὺν τῷ κλινιδίῳ **εἰς τὸ μέσον** ἔμπροσθεν τοῦ Ἰησοῦ.	
b 022			**Mk 3,3**	καὶ λέγει τῷ ἀνθρώπῳ τῷ τὴν ξηρὰν χεῖρα ἔχοντι· ἔγειρε **εἰς τὸ μέσον.**	**Lk 6,8**	... εἶπεν δὲ τῷ ἀνδρὶ τῷ ξηρὰν ἔχοντι τὴν χεῖρα· ἔγειρε καὶ στῆθι **εἰς τὸ μέσον·** καὶ ἀναστὰς ἔστη.	
c 202	**Mt 10,16**	ἰδοὺ ἐγὼ ἀποστέλλω ὑμᾶς ὡς πρόβατα **ἐν μέσῳ λύκων·** ...			**Lk 10,3**	ὑπάγετε· ἰδοὺ ἀποστέλλω ὑμᾶς ὡς ἄρνας **ἐν μέσῳ λύκων.**	
c 112	**Mt 13,7**	ἄλλα δὲ ἔπεσεν **ἐπὶ τὰς ἀκάνθας,** καὶ ἀνέβησαν αἱ ἄκανθαι καὶ ἔπνιξαν αὐτά.	**Mk 4,7**	καὶ ἄλλο ἔπεσεν **εἰς τὰς ἀκάνθας,** καὶ ἀνέβησαν αἱ ἄκανθαι καὶ συνέπνιξαν αὐτό, καὶ καρπὸν οὐκ ἔδωκεν.	**Lk 8,7**	καὶ ἕτερον ἔπεσεν **ἐν μέσῳ τῶν ἀκανθῶν,** καὶ συμφυεῖσαι αἱ ἄκανθαι ἀπέπνιξαν αὐτό.	→ GTh 9
a 200	**Mt 13,25**	ἐν δὲ τῷ καθεύδειν τοὺς ἀνθρώπους ἦλθεν αὐτοῦ ὁ ἐχθρὸς καὶ ἐπέσπειρεν ζιζάνια **ἀνὰ μέσον τοῦ σίτου** καὶ ἀπῆλθεν.					→ GTh 57
200	**Mt 13,49**	... ἐξελεύσονται οἱ ἄγγελοι καὶ ἀφοριοῦσιν τοὺς πονηροὺς **ἐκ μέσου τῶν δικαίων**					

d 210	**Mt 14,6**	... ὠρχήσατο ἡ θυγάτηρ τῆς Ἡρῳδιάδος **ἐν τῷ μέσῳ** καὶ ἤρεσεν τῷ Ἡρῴδῃ	**Mk 6,22**	καὶ εἰσελθούσης τῆς θυγατρὸς αὐτοῦ Ἡρῳδιάδος καὶ ὀρχησαμένης ἤρεσεν τῷ Ἡρῴδῃ ...			
c 120	**Mt 14,24**	[23] ... ὀψίας δὲ γενομένης μόνος ἦν ἐκεῖ. [24] τὸ δὲ πλοῖον ἤδη σταδίους πολλοὺς **ἀπὸ τῆς γῆς** ...	**Mk 6,47**	καὶ ὀψίας γενομένης ἦν τὸ πλοῖον **ἐν μέσῳ τῆς θαλάσσης,** καὶ αὐτὸς μόνος ἐπὶ τῆς γῆς.			
a 120	**Mt 15,29**	καὶ μεταβὰς ἐκεῖθεν ὁ Ἰησοῦς ἦλθεν παρὰ τὴν θάλασσαν τῆς Γαλιλαίας, καὶ ἀναβὰς εἰς τὸ ὄρος ἐκάθητο ἐκεῖ.	**Mk 7,31**	καὶ πάλιν ἐξελθὼν ἐκ τῶν ὁρίων Τύρου ἦλθεν διὰ Σιδῶνος εἰς τὴν θάλασσαν τῆς Γαλιλαίας **ἀνὰ μέσον τῶν ὁρίων Δεκαπόλεως.**			
c 221	**Mt 18,2**	καὶ προσκαλεσάμενος παιδίον ἔστησεν αὐτὸ **ἐν μέσῳ αὐτῶν** [3] καὶ εἶπεν· ...	**Mk 9,36**	καὶ λαβὼν παιδίον ἔστησεν αὐτὸ **ἐν μέσῳ αὐτῶν** καὶ ἐναγκαλισάμενος αὐτὸ εἶπεν αὐτοῖς·	**Lk 9,47**	... ἐπιλαβόμενος παιδίον ἔστησεν αὐτὸ **παρ' ἑαυτῷ** [48] καὶ εἶπεν αὐτοῖς· ...	→ GTh 22
c 200	**Mt 18,20**	οὗ γάρ εἰσιν δύο ἢ τρεῖς συνηγμένοι εἰς τὸ ἐμὸν ὄνομα, ἐκεῖ εἰμι **ἐν μέσῳ αὐτῶν.**					→ GTh 30 (POxy 1) → GTh 48 → GTh 106
c 202	**Mt 10,16**	ἰδοὺ ἐγὼ ἀποστέλλω ὑμᾶς ὡς πρόβατα **ἐν μέσῳ λύκων·** ...			**Lk 10,3**	ὑπάγετε· ἰδοὺ ἀποστέλλω ὑμᾶς ὡς ἄρνας **ἐν μέσῳ λύκων.**	
002					**Lk 17,11** → Mt 19,1 → Mk 10,1	καὶ ἐγένετο ἐν τῷ πορεύεσθαι εἰς Ἰερουσαλὴμ καὶ αὐτὸς διήρχετο **διὰ μέσον Σαμαρείας καὶ Γαλιλαίας.**	
c 112	**Mt 24,16**	τότε οἱ ἐν τῇ Ἰουδαίᾳ φευγέτωσαν εἰς τὰ ὄρη	**Mk 13,14**	... τότε οἱ ἐν τῇ Ἰουδαίᾳ φευγέτωσαν εἰς τὰ ὄρη	**Lk 21,21**	τότε οἱ ἐν τῇ Ἰουδαίᾳ φευγέτωσαν εἰς τὰ ὄρη καὶ οἱ **ἐν μέσῳ αὐτῆς** ἐκχωρείτωσαν ...	
c 112	**Mt 20,28**	ὥσπερ ὁ υἱὸς τοῦ ἀνθρώπου οὐκ ἦλθεν διακονηθῆναι ἀλλὰ διακονῆσαι καὶ δοῦναι τὴν ψυχὴν αὐτοῦ λύτρον ἀντὶ πολλῶν.	**Mk 10,45**	καὶ γὰρ ὁ υἱὸς τοῦ ἀνθρώπου οὐκ ἦλθεν διακονηθῆναι ἀλλὰ διακονῆσαι καὶ δοῦναι τὴν ψυχὴν αὐτοῦ λύτρον ἀντὶ πολλῶν.	**Lk 22,27** → Lk 12,37	τίς γὰρ μείζων, ὁ ἀνακείμενος ἢ ὁ διακονῶν; οὐχὶ ὁ ἀνακείμενος; ἐγὼ δὲ **ἐν μέσῳ ὑμῶν** εἰμι ὡς ὁ διακονῶν.	→ Jn 13,13-14
c 112	**Mt 26,58**	ὁ δὲ Πέτρος ἠκολούθει αὐτῷ ἀπὸ μακρόθεν **ἕως τῆς αὐλῆς τοῦ ἀρχιερέως** καὶ εἰσελθὼν ἔσω ἐκάθητο μετὰ τῶν ὑπηρετῶν ἰδεῖν τὸ τέλος.	**Mk 14,54**	καὶ ὁ Πέτρος ἀπὸ μακρόθεν ἠκολούθησεν αὐτῷ **ἕως ἔσω εἰς τὴν αὐλὴν τοῦ ἀρχιερέως** καὶ ἦν συγκαθήμενος μετὰ τῶν ὑπηρετῶν καὶ θερμαινόμενος πρὸς τὸ φῶς.	**Lk 22,55**	[54] ... ὁ δὲ Πέτρος ἠκολούθει μακρόθεν. [55] περιαψάντων δὲ πῦρ **ἐν μέσῳ τῆς αὐλῆς** καὶ συγκαθισάντων ἐκάθητο ὁ Πέτρος μέσος αὐτῶν.	→ Jn 18,18

b 120	Mt 26,62	καὶ ἀναστὰς ὁ ἀρχιερεὺς εἶπεν αὐτῷ· οὐδὲν ἀποκρίνῃ τί οὗτοί σου καταμαρτυροῦσιν;	Mk 14,60	καὶ ἀναστὰς ὁ ἀρχιερεὺς **εἰς μέσον** ἐπηρώτησεν τὸν Ἰησοῦν λέγων· οὐκ ἀποκρίνῃ οὐδέν τί οὗτοί σου καταμαρτυροῦσιν;			
c 002					Lk 24,36	ταῦτα δὲ αὐτῶν λαλούντων αὐτὸς ἔστη **ἐν μέσῳ αὐτῶν** καὶ λέγει αὐτοῖς· εἰρήνη ὑμῖν.	→ Jn 20,19

c **Acts 1,15** καὶ ἐν ταῖς ἡμέραις ταύταις ἀναστὰς Πέτρος **ἐν μέσῳ τῶν ἀδελφῶν** εἶπεν· ...

c **Acts 2,22** (→ Lk 24,19) ... Ἰησοῦν τὸν Ναζωραῖον, ἄνδρα ἀποδεδειγμένον ἀπὸ τοῦ θεοῦ εἰς ὑμᾶς δυνάμεσι καὶ τέρασι καὶ σημείοις οἷς ἐποίησεν δι' αὐτοῦ ὁ θεὸς **ἐν μέσῳ ὑμῶν** καθὼς αὐτοὶ οἴδατε

d **Acts 4,7** καὶ στήσαντες αὐτοὺς **ἐν τῷ μέσῳ** ἐπυνθάνοντο· ἐν ποίᾳ δυνάμει ἢ ἐν ποίῳ ὀνόματι ἐποιήσατε τοῦτο ὑμεῖς;

c **Acts 17,22** σταθεὶς δὲ [ὁ] Παῦλος **ἐν μέσῳ τοῦ Ἀρείου πάγου** ἔφη· ...

Acts 17,33 οὕτως ὁ Παῦλος ἐξῆλθεν **ἐκ μέσου αὐτῶν.**

Acts 23,10 ... ἐκέλευσεν τὸ στράτευμα καταβὰν ἁρπάσαι αὐτὸν **ἐκ μέσου αὐτῶν** ἄγειν τε εἰς τὴν παρεμβολήν.

c **Acts 27,21** πολλῆς τε ἀσιτίας ὑπαρχούσης τότε σταθεὶς ὁ Παῦλος **ἐν μέσῳ αὐτῶν** εἶπεν· ...

Acts 27,27 ὡς δὲ τεσσαρεσκαιδεκάτη νὺξ ἐγένετο διαφερομένων ἡμῶν ἐν τῷ Ἀδρίᾳ, **κατὰ μέσον τῆς νυκτὸς** ὑπενόουν οἱ ναῦται προσάγειν τινὰ αὐτοῖς χώραν.

μεσονύκτιον	Syn 2	Mt	Mk 1	Lk 1	Acts 2	Jn	1-3John	Paul	Eph	Col
	NT 4	2Thess	1/2Tim	Tit	Heb	Jas	1Pet	2Pet	Jude	Rev

midnight

002					Lk 11,5	καὶ εἶπεν πρὸς αὐτούς· τίς ἐξ ὑμῶν ἕξει φίλον καὶ πορεύσεται πρὸς αὐτὸν **μεσονυκτίου** καὶ εἴπῃ αὐτῷ· φίλε, χρῆσόν μοι τρεῖς ἄρτους	
120	Mt 24,42 → Mt 24,44 → Mt 24,50 → Mt 25,13	γρηγορεῖτε οὖν, ὅτι οὐκ οἴδατε ποίᾳ ἡμέρᾳ ὁ κύριος ὑμῶν ἔρχεται.	Mk 13,35 → Lk 12,38	γρηγορεῖτε οὖν· οὐκ οἴδατε γὰρ πότε ὁ κύριος τῆς οἰκίας ἔρχεται, ἢ ὀψὲ ἢ **μεσονύκτιον** ἢ ἀλεκτοροφωνίας ἢ πρωΐ			

Acts 16,25 **κατὰ δὲ τὸ μεσονύκτιον** Παῦλος καὶ Σιλᾶς προσευχόμενοι ὕμνουν τὸν θεόν, ἐπηκροῶντο δὲ αὐτῶν οἱ δέσμιοι.

Acts 20,7 ἐν δὲ τῇ μιᾷ τῶν σαββάτων συνηγμένων ἡμῶν κλάσαι ἄρτον, ὁ Παῦλος διελέγετο αὐτοῖς μέλλων ἐξιέναι τῇ ἐπαύριον, παρέτεινέν τε τὸν λόγον **μέχρι μεσονυκτίου.**

μέσος

Syn 3	Mt 1	Mk	Lk 2	Acts 2	Jn 2	1-3John	Paul	Eph	Col
NT 7	2Thess	1/2Tim	Tit	Heb	Jas	1Pet	2Pet	Jude	Rev

middle; in the middle (*as adjective* - see also μέσον, p. 458)

code	Mt	Mk	Lk	
200	**Mt 25,6** **μέσης δὲ νυκτὸς** κραυγὴ γέγονεν· ἰδοὺ ὁ νυμφίος, ἐξέρχεσθε εἰς ἀπάντησιν [αὐτοῦ].			
112	**Mt 26,58** ὁ δὲ Πέτρος ... εἰσελθὼν ἔσω ἐκάθητο **μετὰ τῶν ὑπηρετῶν** ἰδεῖν τὸ τέλος.	**Mk 14,54** καὶ ὁ Πέτρος ... ἦν συγκαθήμενος **μετὰ τῶν ὑπηρετῶν** ...	**Lk 22,55** ... συγκαθισάντων ἐκάθητο ὁ Πέτρος **μέσος αὐτῶν.**	→ Jn 18,18
112	**Mt 27,51** καὶ ἰδοὺ τὸ καταπέτασμα τοῦ ναοῦ ἐσχίσθη **ἀπ' ἄνωθεν ἕως κάτω** εἰς δύο ...	**Mk 15,38** καὶ τὸ καταπέτασμα τοῦ ναοῦ ἐσχίσθη εἰς δύο **ἀπ' ἄνωθεν ἕως κάτω.**	**Lk 23,45** → Lk 23,44 ... ἐσχίσθη δὲ τὸ καταπέτασμα τοῦ ναοῦ **μέσον.**	

Acts 1,18 → Mt 27,7 ... καὶ πρηνὴς γενόμενος ἐλάκησεν **μέσος** καὶ ἐξεχύθη πάντα τὰ σπλάγχνα αὐτοῦ·

Acts 26,13 **ἡμέρας μέσης** κατὰ τὴν ὁδὸν εἶδον, βασιλεῦ, οὐρανόθεν ὑπὲρ τὴν λαμπρότητα τοῦ ἡλίου περιλάμψαν με φῶς ...

μεστός

Syn 1	Mt 1	Mk	Lk	Acts	Jn 3	1-3John	Paul 2	Eph	Col
NT 9	2Thess	1/2Tim	Tit	Heb	Jas 2	1Pet	2Pet 1	Jude	Rev

full

code	Mt	Mk	Lk	
200	**Mt 23,28** οὕτως καὶ ὑμεῖς ἔξωθεν μὲν φαίνεσθε τοῖς ἀνθρώποις δίκαιοι, ἔσωθεν δέ ἐστε **μεστοὶ ὑποκρίσεως καὶ ἀνομίας.**			

μετά

Syn 186	Mt 71	Mk 52	Lk 63	Acts 65	Jn 55	1-3John 9	Paul 40	Eph 7	Col 2
NT 465	2Thess 5	1/2Tim 15	Tit 4	Heb 23	Jas	1Pet 2	2Pet 1	Jude	Rev 51

preposition: with genitive: with; in company with; among; by; in; on the side of; against; *with accusative:* after; behind

	triple tradition																double tradition			Sondergut		
		+Mt / +Lk			–Mt / –Lk			traditions not taken over by Mt / Lk							subtotals							
code	222	211	112	212	221	122	121	022	012	021	220	120	210	020	Σ+	Σ−	Σ	202	201	102	200	002	total
Mt	8	13^+		1^+	10	2^-	17^-				3	8^-	6^+		20^+	27^-	41	6	5		19		**71**
Mk	8				10	2	17			4	3	8					52						**52**
Lk	8		8^+	1^+	10^-	2	17^-		2^+	4^-					11^+	31^-	21	6		3		33	**63**

[a] οἱ μετά τινος as a substantive
[b] μεθ' ἑαυτοῦ, μεθ' ἑαυτῶν
[c] μετ' ἀλλήλων
[d] μετά and κατά with genitive
[e] εἶναι μετά τινος be with someone (see also f)
[f] μετά and the person assured of God's or Jesus' helpful presence (see also e)
[g] μετὰ τό and infinitive
[h] μετὰ ταῦτα
[j] μετά with accusative: after (except h)

code	Mt	Mk	Lk	
j 200	**Mt 1,12** **μετὰ δὲ τὴν μετοικεσίαν Βαβυλῶνος** Ἰεχονίας ἐγέννησεν τὸν Σαλαθιήλ, ...		**Lk 3,27** ... τοῦ Σαλαθιὴλ τοῦ Νηρὶ	

j 002				Lk 1,24	**μετὰ δὲ ταύτας τὰς ἡμέρας** συνέλαβεν Ἐλισάβετ ἡ γυνὴ αὐτοῦ καὶ περιέκρυβεν ἑαυτὴν μῆνας πέντε ...	
f 002				Lk 1,28	καὶ εἰσελθὼν πρὸς αὐτὴν εἶπεν· χαῖρε, κεχαριτωμένη, ὁ κύριος **μετὰ σοῦ.**	
002				Lk 1,39	ἀναστᾶσα δὲ Μαριὰμ ἐν ταῖς ἡμέραις ταύταις ἐπορεύθη εἰς τὴν ὀρεινὴν **μετὰ σπουδῆς** εἰς πόλιν Ἰούδα	
f 002				Lk 1,58	καὶ ἤκουσαν οἱ περίοικοι καὶ οἱ συγγενεῖς αὐτῆς ὅτι ἐμεγάλυνεν κύριος τὸ ἔλεος αὐτοῦ **μετ' αὐτῆς** καὶ συνέχαιρον αὐτῇ.	
ef 002				Lk 1,66	καὶ ἔθεντο πάντες οἱ ἀκούσαντες ἐν τῇ καρδίᾳ αὐτῶν λέγοντες· τί ἄρα τὸ παιδίον τοῦτο ἔσται; καὶ γὰρ χεὶρ κυρίου ἦν **μετ' αὐτοῦ.**	
f 002				Lk 1,72	ποιῆσαι ἔλεος **μετὰ τῶν πατέρων ἡμῶν** καὶ μνησθῆναι διαθήκης ἁγίας αὐτοῦ	
f 200	Mt 1,23	*ἰδοὺ ἡ παρθένος ἐν γαστρὶ ἕξει καὶ τέξεται υἱόν, καὶ καλέσουσιν τὸ ὄνομα αὐτοῦ Ἐμμανουήλ,* ὅ ἐστιν μεθερμηνευόμενον ***μεθ' ἡμῶν*** *ὁ θεός.* ➤ Isa 7,14 LXX; 8,8.10 LXX				
002				Lk 2,36	καὶ ἦν Ἅννα προφῆτις, θυγάτηρ Φανουήλ, ἐκ φυλῆς Ἀσήρ· αὕτη προβεβηκυῖα ἐν ἡμέραις πολλαῖς, ζήσασα **μετὰ ἀνδρὸς** ἔτη ἑπτὰ ἀπὸ τῆς παρθενίας αὐτῆς	
200	Mt 2,3 → Mt 21,10	ἀκούσας δὲ ὁ βασιλεὺς Ἡρῴδης ἐταράχθη καὶ πᾶσα Ἱεροσόλυμα **μετ' αὐτοῦ**				
200	Mt 2,11	καὶ ἐλθόντες εἰς τὴν οἰκίαν εἶδον τὸ παιδίον **μετὰ Μαρίας τῆς μητρὸς αὐτοῦ,** καὶ πεσόντες προσεκύνησαν αὐτῷ ...				

j 002					Lk 2,46	καὶ ἐγένετο **μετὰ ἡμέρας τρεῖς** εὗρον αὐτὸν ἐν τῷ ἱερῷ καθεζόμενον ἐν μέσῳ τῶν διδασκάλων καὶ ἀκούοντα αὐτῶν καὶ ἐπερωτῶντα αὐτούς·	
002					Lk 2,51	καὶ κατέβη **μετ᾽ αὐτῶν** καὶ ἦλθεν εἰς Ναζαρὲθ καὶ ἦν ὑποτασσόμενος αὐτοῖς. ...	
120	Mt 4,11	τότε ἀφίησιν αὐτὸν ὁ διάβολος, καὶ ἰδοὺ ἄγγελοι προσῆλθον καὶ διηκόνουν αὐτῷ.	Mk 1,13	... πειραζόμενος ὑπὸ τοῦ σατανᾶ, καὶ ἦν **μετὰ τῶν θηρίων,** καὶ οἱ ἄγγελοι διηκόνουν αὐτῷ.	Lk 4,13	καὶ συντελέσας πάντα πειρασμὸν ὁ διάβολος ἀπέστη ἀπ᾽ αὐτοῦ ἄχρι καιροῦ.	
g 121	Mt 4,12 → Lk 3,20	ἀκούσας δὲ ὅτι Ἰωάννης **παρεδόθη** ἀνεχώρησεν εἰς τὴν Γαλιλαίαν.	Mk 1,14 → Lk 3,20	**μετὰ δὲ** **τὸ παραδοθῆναι** τὸν Ἰωάννην ἦλθεν ὁ Ἰησοῦς εἰς τὴν Γαλιλαίαν ...	Lk 4,14	καὶ ὑπέστρεψεν ὁ Ἰησοῦς ἐν τῇ δυνάμει τοῦ πνεύματος εἰς τὴν Γαλιλαίαν. ...	→ Jn 4,3
211	Mt 4,21 → Lk 5,2	καὶ προβὰς ἐκεῖθεν εἶδεν ἄλλους δύο ἀδελφούς, Ἰάκωβον τὸν τοῦ Ζεβεδαίου καὶ Ἰωάννην τὸν ἀδελφὸν αὐτοῦ, ἐν τῷ πλοίῳ **μετὰ Ζεβεδαίου** **τοῦ πατρὸς αὐτῶν** καταρτίζοντας τὰ δίκτυα αὐτῶν, καὶ ἐκάλεσεν αὐτούς.	Mk 1,19 → Lk 5,2	καὶ προβὰς ὀλίγον εἶδεν Ἰάκωβον τὸν τοῦ Ζεβεδαίου καὶ Ἰωάννην τὸν ἀδελφὸν αὐτοῦ, καὶ αὐτοὺς ἐν τῷ πλοίῳ καταρτίζοντας τὰ δίκτυα, [20] καὶ εὐθὺς ἐκάλεσεν αὐτούς. ↔	Lk 5,10	ὁμοίως δὲ καὶ Ἰάκωβον καὶ Ἰωάννην υἱοὺς Ζεβεδαίου, οἳ ἦσαν κοινωνοὶ τῷ Σίμωνι. καὶ εἶπεν πρὸς τὸν Σίμωνα ὁ Ἰησοῦς· ...	
121	Mt 4,22	οἱ δὲ εὐθέως ἀφέντες τὸ πλοῖον καὶ τὸν πατέρα αὐτῶν ἠκολούθησαν αὐτῷ.	Mk 1,20	↔ καὶ ἀφέντες τὸν πατέρα αὐτῶν Ζεβεδαῖον ἐν τῷ πλοίῳ **μετὰ τῶν μισθωτῶν** ἀπῆλθον ὀπίσω αὐτοῦ.	Lk 5,11 → Mk 1,18 → Lk 5,28	καὶ καταγαγόντες τὰ πλοῖα ἐπὶ τὴν γῆν ἀφέντες πάντα ἠκολούθησαν αὐτῷ.	
121	Mt 8,14	καὶ ἐλθὼν ὁ Ἰησοῦς εἰς τὴν οἰκίαν Πέτρου ...	Mk 1,29	... ἦλθον εἰς τὴν οἰκίαν Σίμωνος καὶ Ἀνδρέου **μετὰ Ἰακώβου καὶ** **Ἰωάννου.**	Lk 4,38	... εἰσῆλθεν εἰς τὴν οἰκίαν Σίμωνος. ...	
a 021			Mk 1,36	καὶ κατεδίωξεν αὐτὸν **Σίμων καὶ** **οἱ μετ᾽ αὐτοῦ**	Lk 4,42	... καὶ **οἱ ὄχλοι** ἐπεζήτουν αὐτὸν ...	
h 012			Mk 2,13 → Mt 13,1 → Mk 4,1	καὶ ἐξῆλθεν πάλιν παρὰ τὴν θάλασσαν· ...	Lk 5,27	καὶ **μετὰ ταῦτα** ἐξῆλθεν ...	
e 112	Mt 9,10	... καὶ ἰδοὺ πολλοὶ τελῶναι καὶ ἁμαρτωλοὶ ἐλθόντες συνανέκειντο **τῷ Ἰησοῦ καὶ τοῖς** **μαθηταῖς αὐτοῦ.**	Mk 2,15	... καὶ πολλοὶ τελῶναι καὶ ἁμαρτωλοὶ συνανέκειντο **τῷ Ἰησοῦ καὶ τοῖς** **μαθηταῖς αὐτοῦ· ...**	Lk 5,29 → Lk 15,1	... καὶ ἦν ὄχλος πολὺς τελωνῶν καὶ ἄλλων οἳ ἦσαν **μετ᾽ αὐτῶν** κατακείμενοι.	

	Mt		Mk		Lk		
121 222	**Mt 9,11**	καὶ ἰδόντες οἱ Φαρισαῖοι ἔλεγον τοῖς μαθηταῖς αὐτοῦ· διὰ τί **μετὰ τῶν τελωνῶν καὶ ἁμαρτωλῶν** ἐσθίει ὁ διδάσκαλος ὑμῶν;	**Mk 2,16** (2)	καὶ οἱ γραμματεῖς τῶν Φαρισαίων ἰδόντες ὅτι ἐσθίει **μετὰ τῶν ἁμαρτωλῶν καὶ τελωνῶν** ἔλεγον τοῖς μαθηταῖς αὐτοῦ· ὅτι **μετὰ τῶν τελωνῶν καὶ ἁμαρτωλῶν** ἐσθίει;	**Lk 5,30** → Lk 15,2 → Lk 19,7	καὶ ἐγόγγυζον οἱ Φαρισαῖοι καὶ οἱ γραμματεῖς αὐτῶν πρὸς τοὺς μαθητὰς αὐτοῦ λέγοντες· διὰ τί **μετὰ τῶν τελωνῶν καὶ ἁμαρτωλῶν** ἐσθίετε καὶ πίνετε;	
e 222 121	**Mt 9,15**	... μὴ δύνανται οἱ υἱοὶ τοῦ νυμφῶνος πενθεῖν ἐφ' ὅσον **μετ' αὐτῶν** ἐστιν ὁ νυμφίος; ...	**Mk 2,19** (2)	... μὴ δύνανται οἱ υἱοὶ τοῦ νυμφῶνος ἐν ᾧ ὁ νυμφίος **μετ' αὐτῶν** ἐστιν νηστεύειν; ὅσον χρόνον ἔχουσιν τὸν νυμφίον **μετ' αὐτῶν** οὐ δύνανται νηστεύειν.	**Lk 5,34**	... μὴ δύνασθε τοὺς υἱοὺς τοῦ νυμφῶνος ἐν ᾧ ὁ νυμφίος **μετ' αὐτῶν** ἐστιν ποιῆσαι νηστεῦσαι;	→ GTh 104
a e 222	**Mt 12,3**	... οὐκ ἀνέγνωτε τί ἐποίησεν Δαυὶδ ὅτε ἐπείνασεν καὶ **οἱ μετ' αὐτοῦ,**	**Mk 2,25**	... οὐδέποτε ἀνέγνωτε τί ἐποίησεν Δαυίδ, ὅτε χρείαν ἔσχεν καὶ ἐπείνασεν αὐτὸς καὶ **οἱ μετ' αὐτοῦ,**	**Lk 6,3**	... οὐδὲ τοῦτο ἀνέγνωτε ὃ ἐποίησεν Δαυὶδ ὅτε ἐπείνασεν αὐτὸς καὶ **οἱ μετ' αὐτοῦ** [ὄντες],	
a 212	**Mt 12,4**	... καὶ τοὺς ἄρτους τῆς προθέσεως ἔφαγον, ὃ οὐκ ἐξὸν ἦν αὐτῷ φαγεῖν οὐδὲ **τοῖς μετ' αὐτοῦ** εἰ μὴ τοῖς ἱερεῦσιν μόνοις;	**Mk 2,26**	... καὶ τοὺς ἄρτους τῆς προθέσεως ἔφαγεν, οὓς οὐκ ἔξεστιν φαγεῖν εἰ μὴ τοὺς ἱερεῖς, καὶ ἔδωκεν καὶ **τοῖς σὺν αὐτῷ οὖσιν;**	**Lk 6,4**	... καὶ τοὺς ἄρτους τῆς προθέσεως λαβὼν ἔφαγεν καὶ ἔδωκεν **τοῖς μετ' αὐτοῦ,** οὓς οὐκ ἔξεστιν φαγεῖν εἰ μὴ μόνους τοὺς ἱερεῖς;	
121	**Mt 12,13**	τότε λέγει τῷ ἀνθρώπῳ· ἔκτεινόν σου τὴν χεῖρα. ...	**Mk 3,5**	καὶ περιβλεψάμενος αὐτοὺς **μετ' ὀργῆς,** συλλυπούμενος ἐπὶ τῇ πωρώσει τῆς καρδίας αὐτῶν λέγει τῷ ἀνθρώπῳ· ἔκτεινον τὴν χεῖρα. ...	**Lk 6,10** → Lk 13,12	καὶ περιβλεψάμενος πάντας αὐτοὺς εἶπεν αὐτῷ· ἔκτεινον τὴν χεῖρά σου. ...	
121	**Mt 12,14** → Mt 26,4	ἐξελθόντες δὲ οἱ Φαρισαῖοι συμβούλιον ἔλαβον κατ' αὐτοῦ ὅπως αὐτὸν ἀπολέσωσιν.	**Mk 3,6** → Mk 14,1b	καὶ ἐξελθόντες οἱ Φαρισαῖοι εὐθὺς **μετὰ τῶν Ἡρῳδιανῶν** συμβούλιον ἐδίδουν κατ' αὐτοῦ ὅπως αὐτὸν ἀπολέσωσιν.	**Lk 6,11** → Lk 4,28 → Lk 13,17 → Lk 14,6 → Lk 22,2	[7] ... οἱ γραμματεῖς καὶ οἱ Φαρισαῖοι ... [11] αὐτοὶ δὲ ἐπλήσθησαν ἀνοίας καὶ διελάλουν πρὸς ἀλλήλους τί ἂν ποιήσαιεν τῷ Ἰησοῦ.	
122	**Mt 12,15** → Mt 4,25	ὁ δὲ Ἰησοῦς γνοὺς ἀνεχώρησεν ἐκεῖθεν. καὶ ἠκολούθησαν αὐτῷ [ὄχλοι] πολλοί, ...	**Mk 3,7**	καὶ ὁ Ἰησοῦς **μετὰ τῶν μαθητῶν αὐτοῦ** ἀνεχώρησεν πρὸς τὴν θάλασσαν, καὶ πολὺ πλῆθος ἀπὸ τῆς Γαλιλαίας [ἠκολούθησεν], ...	**Lk 6,17**	καὶ καταβὰς **μετ' αὐτῶν ἔστη ἐπὶ τόπου πεδινοῦ, καὶ ὄχλος πολὺς μαθητῶν αὐτοῦ,** καὶ πλῆθος πολὺ τοῦ λαοῦ ...	

	Mt		Mk		Lk		
e 202	**Mt 5,25** → Mt 18,34	ἴσθι εὐνοῶν τῷ ἀντιδίκῳ σου ταχὺ, ἕως ὅτου εἶ **μετ' αὐτοῦ** ἐν τῇ ὁδῷ, μήποτέ σε παραδῷ ὁ ἀντίδικος τῷ κριτῇ ...			**Lk 12,58**	ὡς γὰρ ὑπάγεις **μετὰ τοῦ ἀντιδίκου σου** ἐπ' ἄρχοντα, ἐν τῇ ὁδῷ δὸς ἐργασίαν ἀπηλλάχθαι ἀπ' αὐτοῦ, μήποτε κατασύρῃ σε πρὸς τὸν κριτήν, ...	
200	**Mt 5,41**	καὶ ὅστις σε ἀγγαρεύσει μίλιον ἕν, ὕπαγε **μετ' αὐτοῦ** δύο.					
201	**Mt 8,11**	... πολλοὶ ἀπὸ ἀνατολῶν καὶ δυσμῶν ἥξουσιν καὶ ἀνακλιθήσονται **μετὰ Ἀβραὰμ καὶ Ἰσαὰκ καὶ Ἰακὼβ** ἐν τῇ βασιλείᾳ τῶν οὐρανῶν, [12] οἱ δὲ υἱοὶ τῆς βασιλείας ἐκβληθήσονται εἰς τὸ σκότος τὸ ἐξώτερον· ἐκεῖ ἔσται ὁ κλαυθμὸς καὶ ὁ βρυγμὸς τῶν ὀδόντων.			**Lk 13,28**	ἐκεῖ ἔσται ὁ κλαυθμὸς καὶ ὁ βρυγμὸς τῶν ὀδόντων, ὅταν ὄψεσθε **Ἀβραὰμ καὶ Ἰσαὰκ καὶ Ἰακὼβ καὶ πάντας τοὺς προφήτας** ἐν τῇ βασιλείᾳ τοῦ θεοῦ, ὑμᾶς δὲ ἐκβαλλομένους ἔξω. [29] καὶ ἥξουσιν ἀπὸ ἀνατολῶν καὶ δυσμῶν καὶ ἀπὸ βορρᾶ καὶ νότου καὶ ἀνακλιθήσονται ἐν τῇ βασιλείᾳ τοῦ θεοῦ.	
222	**Mt 9,11**	καὶ ἰδόντες οἱ Φαρισαῖοι ἔλεγον τοῖς μαθηταῖς αὐτοῦ· διὰ τί **μετὰ τῶν τελωνῶν καὶ ἁμαρτωλῶν** ἐσθίει ὁ διδάσκαλος ὑμῶν;	**Mk 2,16** (2)	καὶ οἱ γραμματεῖς τῶν Φαρισαίων ἰδόντες ὅτι ἐσθίει μετὰ τῶν ἁμαρτωλῶν καὶ τελωνῶν ἔλεγον τοῖς μαθηταῖς αὐτοῦ· ὅτι **μετὰ τῶν τελωνῶν καὶ ἁμαρτωλῶν** ἐσθίει;	**Lk 5,30** → Lk 15,2 → Lk 19,7	καὶ ἐγόγγυζον οἱ Φαρισαῖοι καὶ οἱ γραμματεῖς αὐτῶν πρὸς τοὺς μαθητὰς αὐτοῦ λέγοντες· διὰ τί **μετὰ τῶν τελωνῶν καὶ ἁμαρτωλῶν** ἐσθίετε καὶ πίνετε;	
e 222	**Mt 9,15**	... μὴ δύνανται οἱ υἱοὶ τοῦ νυμφῶνος πενθεῖν ἐφ' ὅσον **μετ' αὐτῶν** ἐστιν ὁ νυμφίος; ...	**Mk 2,19** (2)	... μὴ δύνανται οἱ υἱοὶ τοῦ νυμφῶνος ἐν ᾧ ὁ νυμφίος **μετ' αὐτῶν** ἐστιν νηστεύειν; ὅσον χρόνον ἔχουσιν τὸν νυμφίον μετ' αὐτῶν οὐ δύνανται νηστεύειν.	**Lk 5,34**	... μὴ δύνασθε τοὺς υἱοὺς τοῦ νυμφῶνος ἐν ᾧ ὁ νυμφίος **μετ' αὐτῶν** ἐστιν ποιῆσαι νηστεῦσαι;	→ GTh 104
e 121	**Mt 10,1** → Mk 3,13	καὶ προσκαλεσάμενος τοὺς δώδεκα μαθητὰς αὐτοῦ ... [5] τούτους τοὺς δώδεκα ἀπέστειλεν ὁ Ἰησοῦς ...	**Mk 3,14** ↓ Mk 5,18 → Mk 6,7 → Mt 10,5	καὶ ἐποίησεν δώδεκα, [οὓς καὶ ἀποστόλους ὠνόμασεν] ἵνα ὦσιν **μετ' αὐτοῦ** καὶ ἵνα ἀποστέλλῃ αὐτοὺς κηρύσσειν	**Lk 6,13**	... καὶ ἐκλεξάμενος ἀπ' αὐτῶν δώδεκα, οὓς καὶ ἀποστόλους ὠνόμασεν·	
002	**Mt 26,6** → Lk 7,40	 τοῦ δὲ Ἰησοῦ γενομένου ἐν Βηθανίᾳ ἐν οἰκίᾳ Σίμωνος τοῦ λεπροῦ, [7] ... αὐτοῦ ἀνακειμένου.	**Mk 14,3** → Lk 7,40	καὶ ὄντος αὐτοῦ ἐν Βηθανίᾳ ἐν τῇ οἰκίᾳ Σίμωνος τοῦ λεπροῦ, κατακειμένου αὐτοῦ ...	**Lk 7,36**	ἠρώτα δέ τις αὐτὸν τῶν Φαρισαίων ἵνα φάγῃ **μετ' αὐτοῦ,** καὶ εἰσελθὼν εἰς τὸν οἶκον τοῦ Φαρισαίου κατεκλίθη.	→ Jn 12,1-2
a e 222	**Mt 12,3**	... οὐκ ἀνέγνωτε τί ἐποίησεν Δαυὶδ ὅτε ἐπείνασεν καὶ **οἱ μετ' αὐτοῦ,**	**Mk 2,25**	... οὐδέποτε ἀνέγνωτε τί ἐποίησεν Δαυίδ, ὅτε χρείαν ἔσχεν καὶ ἐπείνασεν αὐτὸς καὶ **οἱ μετ' αὐτοῦ,**	**Lk 6,3**	... οὐδὲ τοῦτο ἀνέγνωτε ὃ ἐποίησεν Δαυὶδ ὅτε ἐπείνασεν αὐτὸς καὶ **οἱ μετ' αὐτοῦ** [ὄντες],	

	Mt		Mk		Lk		
a 212	Mt 12,4	... καὶ τοὺς ἄρτους τῆς προθέσεως ἔφαγον, ὃ οὐκ ἐξὸν ἦν αὐτῷ φαγεῖν οὐδὲ **τοῖς μετ' αὐτοῦ** εἰ μὴ τοῖς ἱερεῦσιν μόνοις;	Mk 2,26	... καὶ τοὺς ἄρτους τῆς προθέσεως ἔφαγεν, οὓς οὐκ ἔξεστιν φαγεῖν εἰ μὴ τοὺς ἱερεῖς, καὶ ἔδωκεν καὶ **τοῖς σὺν αὐτῷ οὖσιν;**	Lk 6,4	... καὶ τοὺς ἄρτους τῆς προθέσεως λαβὼν ἔφαγεν καὶ ἔδωκεν **τοῖς μετ' αὐτοῦ,** οὓς οὐκ ἔξεστιν φαγεῖν εἰ μὴ μόνους τοὺς ἱερεῖς;	
d e 202 202	Mt 12,30 (2)	ὁ μὴ ὢν **μετ' ἐμοῦ** κατ' ἐμοῦ ἐστιν, καὶ ὁ μὴ συνάγων **μετ' ἐμοῦ** σκορπίζει.	→ Mk 9,40		Lk 11,23 (2) → Lk 9,50	ὁ μὴ ὢν **μετ' ἐμοῦ** κατ' ἐμοῦ ἐστιν, καὶ ὁ μὴ συνάγων **μετ' ἐμοῦ** σκορπίζει.	
   202	Mt 12,41	ἄνδρες Νινευῖται ἀναστήσονται ἐν τῇ κρίσει **μετὰ τῆς γενεᾶς ταύτης** καὶ κατακρινοῦσιν αὐτήν, ...			Lk 11,32	ἄνδρες Νινευῖται ἀναστήσονται ἐν τῇ κρίσει **μετὰ τῆς γενεᾶς ταύτης** καὶ κατακρινοῦσιν αὐτήν· ...	
  202	Mt 12,42	βασίλισσα νότου ἐγερθήσεται ἐν τῇ κρίσει **μετὰ** **τῆς γενεᾶς ταύτης** καὶ κατακρινεῖ αὐτήν, ...			Lk 11,31	βασίλισσα νότου ἐγερθήσεται ἐν τῇ κρίσει **μετὰ τῶν ἀνδρῶν** **τῆς γενεᾶς ταύτης** καὶ κατακρινεῖ αὐτούς, ...	
b 201	Mt 12,45 → Mk 9,25	τότε πορεύεται καὶ παραλαμβάνει **μεθ' ἑαυτοῦ** ἑπτὰ ἕτερα πνεύματα πονηρότερα ἑαυτοῦ καὶ εἰσελθόντα κατοικεῖ ἐκεῖ· ...			Lk 11,26 → Mk 9,25	τότε πορεύεται καὶ παραλαμβάνει ἕτερα πνεύματα πονηρότερα ἑαυτοῦ ἑπτὰ καὶ εἰσελθόντα κατοικεῖ ἐκεῖ· ...	
     222	Mt 13,20	ὁ δὲ ἐπὶ τὰ πετρώδη σπαρείς, οὗτός ἐστιν ὁ τὸν λόγον ἀκούων καὶ εὐθὺς **μετὰ χαρᾶς** λαμβάνων αὐτόν	Mk 4,16	καὶ οὗτοί εἰσιν οἱ ἐπὶ τὰ πετρώδη σπειρόμενοι, οἳ ὅταν ἀκούσωσιν τὸν λόγον εὐθὺς **μετὰ χαρᾶς** λαμβάνουσιν αὐτόν	Lk 8,13	οἱ δὲ ἐπὶ τῆς πέτρας οἳ ὅταν ἀκούσωσιν **μετὰ χαρᾶς** δέχονται τὸν λόγον, ...	
e 121	Mt 8,23	καὶ ἐμβάντι αὐτῷ εἰς τὸ πλοῖον ἠκολούθησαν αὐτῷ οἱ μαθηταὶ αὐτοῦ.	Mk 4,36	καὶ ἀφέντες τὸν ὄχλον παραλαμβάνουσιν αὐτὸν ὡς ἦν ἐν τῷ πλοίῳ, καὶ ἄλλα πλοῖα ἦν **μετ' αὐτοῦ.**	Lk 8,22	... καὶ αὐτὸς ἐνέβη εἰς πλοῖον καὶ οἱ μαθηταὶ αὐτοῦ ...	
e 021			Mk 5,18 ↑ Mk 3,14	... παρεκάλει αὐτὸν ὁ δαιμονισθεὶς ἵνα **μετ' αὐτοῦ** ᾖ.	Lk 8,38	ἐδεῖτο δὲ αὐτοῦ ὁ ἀνὴρ ἀφ' οὗ ἐξεληλύθει τὰ δαιμόνια εἶναι **σὺν αὐτῷ· ...**	
  121	Mt 9,19	καὶ ἐγερθεὶς ὁ Ἰησοῦς ἠκολούθησεν **αὐτῷ** καὶ οἱ μαθηταὶ αὐτοῦ.	Mk 5,24	καὶ ἀπῆλθεν **μετ' αὐτοῦ.** καὶ ἠκολούθει αὐτῷ ὄχλος πολὺς καὶ συνέθλιβον αὐτόν.	Lk 8,42	... ἐν δὲ τῷ ὑπάγειν αὐτὸν οἱ ὄχλοι συνέπνιγον αὐτόν.	

021			**Mk 5,37**	καὶ οὐκ ἀφῆκεν οὐδένα **μετ' αὐτοῦ** συνακολουθῆσαι εἰ μὴ τὸν Πέτρον καὶ Ἰάκωβον καὶ Ἰωάννην τὸν ἀδελφὸν Ἰακώβου.	**Lk 8,51**	... οὐκ ἀφῆκεν εἰσελθεῖν τινα **σὺν αὐτῷ** εἰ μὴ Πέτρον καὶ Ἰωάννην καὶ Ἰάκωβον	
a 021			**Mk 5,40**	... παραλαμβάνει τὸν πατέρα τοῦ παιδίου καὶ τὴν μητέρα καὶ **τοὺς μετ' αὐτοῦ** ...		καὶ τὸν πατέρα τῆς παιδὸς καὶ τὴν μητέρα.	
210	**Mt 14,7**	ὅθεν **μεθ' ὅρκου** ὡμολόγησεν αὐτῇ δοῦναι ὃ ἐὰν αἰτήσηται.	**Mk 6,23**	καὶ ὤμοσεν αὐτῇ [πολλά], ὅ τι ἐάν με αἰτήσῃς δώσω σοι ἕως ἡμίσους τῆς βασιλείας μου.			
120	**Mt 14,8**	... δός μοι, φησίν, ὧδε ἐπὶ πίνακι τὴν κεφαλὴν Ἰωάννου τοῦ βαπτιστοῦ.	**Mk 6,25**	καὶ εἰσελθοῦσα εὐθὺς **μετὰ σπουδῆς** πρὸς τὸν βασιλέα ᾐτήσατο λέγουσα· θέλω ἵνα ἐξαυτῆς δῷς μοι ἐπὶ πίνακι τὴν κεφαλὴν Ἰωάννου τοῦ βαπτιστοῦ.			
120	**Mt 14,27**	εὐθὺς δὲ ἐλάλησεν [ὁ Ἰησοῦς] αὐτοῖς λέγων· θαρσεῖτε, ἐγώ εἰμι· μὴ φοβεῖσθε.	**Mk 6,50**	... ὁ δὲ εὐθὺς ἐλάλησεν **μετ' αὐτῶν,** καὶ λέγει αὐτοῖς· θαρσεῖτε, ἐγώ εἰμι· μὴ φοβεῖσθε.			→ Jn 6,20
b 210	**Mt 15,30** → Mt 4,24b → Mt 8,16	καὶ προσῆλθον αὐτῷ ὄχλοι πολλοὶ ἔχοντες **μεθ' ἑαυτῶν** χωλούς, τυφλούς, κυλλούς, κωφούς, καὶ ἑτέρους πολλοὺς καὶ ἔρριψαν αὐτοὺς παρὰ τοὺς πόδας αὐτοῦ, ...	**Mk 7,32** → Mk 1,32	καὶ φέρουσιν αὐτῷ κωφὸν καὶ μογιλάλον καὶ παρακαλοῦσιν αὐτὸν ἵνα ἐπιθῇ αὐτῷ τὴν χεῖρα.			
120	**Mt 15,39**	καὶ ἀπολύσας τοὺς ὄχλους ἐνέβη εἰς τὸ πλοῖον, καὶ ἦλθεν εἰς τὰ ὅρια Μαγαδάν.	**Mk 8,10**	καὶ εὐθὺς ἐμβὰς εἰς τὸ πλοῖον **μετὰ τῶν μαθητῶν αὐτοῦ** ἦλθεν εἰς τὰ μέρη Δαλμανουθά.			
b 120	**Mt 16,5**	καὶ ἐλθόντες οἱ μαθηταὶ εἰς τὸ πέραν ἐπελάθοντο ἄρτους λαβεῖν.	**Mk 8,14**	καὶ ἐπελάθοντο λαβεῖν ἄρτους καὶ εἰ μὴ ἕνα ἄρτον οὐκ εἶχον **μεθ' ἑαυτῶν** ἐν τῷ πλοίῳ.			
j 121	**Mt 16,21** ↓ Mt 17,22-23 → Mt 20,18 ↓ Mt 20,19	ἀπὸ τότε ἤρξατο ὁ Ἰησοῦς δεικνύειν τοῖς μαθηταῖς αὐτοῦ ὅτι δεῖ αὐτὸν εἰς Ἱεροσόλυμα ἀπελθεῖν καὶ πολλὰ παθεῖν ἀπὸ τῶν πρεσβυτέρων καὶ ἀρχιερέων καὶ γραμματέων καὶ ἀποκτανθῆναι καὶ **τῇ τρίτῃ ἡμέρᾳ** ἐγερθῆναι.	**Mk 8,31** ↓ Mk 9,31 ↓ Mk 10,34	καὶ ἤρξατο διδάσκειν αὐτοὺς ὅτι δεῖ τὸν υἱὸν τοῦ ἀνθρώπου πολλὰ παθεῖν καὶ ἀποδοκιμασθῆναι ὑπὸ τῶν πρεσβυτέρων καὶ τῶν ἀρχιερέων καὶ τῶν γραμματέων καὶ ἀποκτανθῆναι καὶ **μετὰ τρεῖς ἡμέρας** ἀναστῆναι·	**Lk 9,22** ↓ Lk 9,44 → Lk 17,25 ↓ Lk 18,33 → Lk 24,7 → Lk 24,26 → Lk 24,46	εἰπὼν ὅτι δεῖ τὸν υἱὸν τοῦ ἀνθρώπου πολλὰ παθεῖν καὶ ἀποδοκιμασθῆναι ἀπὸ τῶν πρεσβυτέρων καὶ ἀρχιερέων καὶ γραμματέων καὶ ἀποκτανθῆναι καὶ **τῇ τρίτῃ ἡμέρᾳ** ἐγερθῆναι.	

	Mt		Mk		Lk		
221	Mt 16,27 → Mt 10,33 ↓ Mt 24,30 ↓ Mt 25,31	μέλλει γὰρ ὁ υἱὸς τοῦ ἀνθρώπου ἔρχεσθαι ἐν τῇ δόξῃ τοῦ πατρὸς αὐτοῦ **μετὰ τῶν ἀγγέλων αὐτοῦ,** καὶ τότε *ἀποδώσει ἑκάστῳ κατὰ τὴν πρᾶξιν αὐτοῦ.* ➤ Ps 62,13/Prov 24,12/Sir 35,22 LXX	Mk 8,38 ↓ Mk 13,26	... καὶ ὁ υἱὸς τοῦ ἀνθρώπου ἐπαισχυνθήσεται αὐτὸν, ὅταν ἔλθῃ ἐν τῇ δόξῃ τοῦ πατρὸς αὐτοῦ **μετὰ τῶν ἀγγέλων τῶν ἁγίων.**	Lk 9,26 ⇩ Lk 12,9 ↓ Lk 21,27	... τοῦτον ὁ υἱὸς τοῦ ἀνθρώπου ἐπαισχυνθήσεται, ὅταν ἔλθῃ ἐν τῇ δόξῃ αὐτοῦ καὶ τοῦ πατρὸς καὶ **τῶν ἁγίων ἀγγέλων.**	Mk-Q overlap
	Mt 10,33 ↑ Mt 16,27	ὅστις δ' ἂν ἀρνήσηταί με ἔμπροσθεν τῶν ἀνθρώπων, ἀρνήσομαι κἀγὼ αὐτὸν **ἔμπροσθεν τοῦ πατρός μου** τοῦ ἐν [τοῖς] οὐρανοῖς.			Lk 12,9 ⇧ Lk 9,26	ὁ δὲ ἀρνησάμενός με ἐνώπιον τῶν ἀνθρώπων ἀπαρνηθήσεται **ἐνώπιον τῶν ἀγγέλων τοῦ θεοῦ.**	
j 222	Mt 17,1	καὶ **μεθ'** **ἡμέρας ἓξ** παραλαμβάνει ὁ Ἰησοῦς τὸν Πέτρον καὶ Ἰάκωβον καὶ Ἰωάννην τὸν ἀδελφὸν αὐτοῦ καὶ ἀναφέρει αὐτοὺς εἰς ὄρος ὑψηλὸν κατ' ἰδίαν.	Mk 9,2	καὶ **μετὰ** **ἡμέρας ἓξ** παραλαμβάνει ὁ Ἰησοῦς τὸν Πέτρον καὶ τὸν Ἰάκωβον καὶ τὸν Ἰωάννην καὶ ἀναφέρει αὐτοὺς εἰς ὄρος ὑψηλὸν κατ' ἰδίαν μόνους. ...	Lk 9,28	ἐγένετο δὲ **μετὰ τοὺς λόγους τούτους ὡσεὶ ἡμέραι ὀκτὼ** [καὶ] παραλαβὼν Πέτρον καὶ Ἰωάννην καὶ Ἰάκωβον ἀνέβη εἰς τὸ ὄρος προσεύξασθαι.	
211	Mt 17,3 → Lk 9,31	καὶ ἰδοὺ ὤφθη αὐτοῖς Μωϋσῆς καὶ Ἠλίας συλλαλοῦντες **μετ' αὐτοῦ.**	Mk 9,4 → Lk 9,31	καὶ ὤφθη αὐτοῖς Ἠλίας σὺν Μωϋσεῖ καὶ ἦσαν συλλαλοῦντες **τῷ Ἰησοῦ.**	Lk 9,30	καὶ ἰδοὺ ἄνδρες δύο συνελάλουν **αὐτῷ,** οἵτινες ἦσαν Μωϋσῆς καὶ Ἠλίας	
b 121	Mt 17,8	ἐπάραντες δὲ τοὺς ὀφθαλμοὺς αὐτῶν οὐδένα εἶδον εἰ μὴ αὐτὸν Ἰησοῦν μόνον.	Mk 9,8	καὶ ἐξάπινα περιβλεψάμενοι οὐκέτι οὐδένα εἶδον ἀλλὰ τὸν Ἰησοῦν μόνον **μεθ' ἑαυτῶν.**	Lk 9,36	καὶ ἐν τῷ γενέσθαι τὴν φωνὴν εὑρέθη Ἰησοῦς μόνος. ...	
112	Mt 17,15	... σεληνιάζεται καὶ κακῶς πάσχει· ...	Mk 9,18	[17] ... ἔχοντα πνεῦμα ἄλαλον· [18] καὶ ὅπου ἐὰν αὐτὸν καταλάβῃ ῥήσσει αὐτόν, καὶ **ἀφρίζει** καὶ τρίζει τοὺς ὀδόντας καὶ ξηραίνεται· ...	Lk 9,39	καὶ ἰδοὺ πνεῦμα λαμβάνει αὐτὸν καὶ ἐξαίφνης κράζει καὶ σπαράσσει αὐτὸν **μετὰ ἀφροῦ** καὶ μόγις ἀποχωρεῖ ἀπ' αὐτοῦ συντρῖβον αὐτόν·	
ef 211	Mt 17,17	... ὦ γενεὰ ἄπιστος καὶ διεστραμμένη, ἕως πότε **μεθ' ὑμῶν** ἔσομαι; ἕως πότε ἀνέξομαι ὑμῶν; ...	Mk 9,19	... ὦ γενεὰ ἄπιστος, ἕως πότε **πρὸς ὑμᾶς** ἔσομαι; ἕως πότε ἀνέξομαι ὑμῶν; ...	Lk 9,41	... ὦ γενεὰ ἄπιστος καὶ διεστραμμένη, ἕως πότε ἔσομαι **πρὸς ὑμᾶς** καὶ ἀνέξομαι ὑμῶν; ...	
j 121	Mt 17,23 ↑ Mt 16,21 → Mt 20,18 ↓ Mt 20,19	[22] ... μέλλει ὁ υἱὸς τοῦ ἀνθρώπου παραδίδοσθαι εἰς χεῖρας ἀνθρώπων, [23] καὶ ἀποκτενοῦσιν αὐτόν, καὶ **τῇ τρίτῃ ἡμέρᾳ** ἐγερθήσεται. ...	Mk 9,31 ↑ Mk 8,31 ↓ Mk 10,34	... ὁ υἱὸς τοῦ ἀνθρώπου παραδίδοται εἰς χεῖρας ἀνθρώπων, καὶ ἀποκτενοῦσιν αὐτόν, καὶ ἀποκτανθεὶς **μετὰ τρεῖς ἡμέρας** ἀναστήσεται.	Lk 9,44 ↑ Lk 9,22 → Lk 17,25 ↓ Lk 18,33 → Lk 24,7 → Lk 24,26 → Lk 24,46	... ὁ γὰρ υἱὸς τοῦ ἀνθρώπου μέλλει παραδίδοσθαι εἰς χεῖρας ἀνθρώπων.	
012			Mk 9,38	... διδάσκαλε, εἴδομέν τινα ἐν τῷ ὀνόματί σου ἐκβάλλοντα δαιμόνια καὶ ἐκωλύομεν αὐτόν, ὅτι οὐκ ἠκολούθει **ἡμῖν.**	Lk 9,49	... ἐπιστάτα, εἴδομέν τινα ἐν τῷ ὀνόματί σου ἐκβάλλοντα δαιμόνια καὶ ἐκωλύομεν αὐτὸν, ὅτι οὐκ ἀκολουθεῖ **μεθ' ἡμῶν.**	→ Acts 19,13

200	**Mt 18,16**	ἐὰν δὲ μὴ ἀκούσῃ, παράλαβε **μετὰ σοῦ** ἔτι ἕνα ἢ δύο, ἵνα *ἐπὶ στόματος δύο μαρτύρων ἢ τριῶν σταθῇ πᾶν ῥῆμα·* ➤ Deut 19,15				
200	**Mt 18,23**	διὰ τοῦτο ὡμοιώθη ἡ βασιλεία τῶν οὐρανῶν ἀνθρώπῳ βασιλεῖ, ὃς ἠθέλησεν συνᾶραι λόγον **μετὰ τῶν δούλων αὐτοῦ.**				
h 002				**Lk 10,1** ↑ Mt 10,1 → Mk 6,7 → Lk 9,1	**μετὰ δὲ ταῦτα** ἀνέδειξεν ὁ κύριος ἑτέρους ἑβδομήκοντα [δύο] καὶ ἀπέστειλεν αὐτοὺς ἀνὰ δύο [δύο] ...	
002				**Lk 10,17** → Lk 9,10	ὑπέστρεψαν δὲ οἱ ἑβδομήκοντα [δύο] **μετὰ χαρᾶς** λέγοντες· κύριε, καὶ τὰ δαιμόνια ὑποτάσσεται ἡμῖν ἐν τῷ ὀνόματί σου.	
002				**Lk 10,37**	ὁ δὲ εἶπεν· ὁ ποιήσας τὸ ἔλεος **μετ᾽ αὐτοῦ.** εἶπεν δὲ αὐτῷ ὁ Ἰησοῦς· πορεύου καὶ σὺ ποίει ὁμοίως.	
002				**Lk 11,7**	... ἤδη ἡ θύρα κέκλεισται καὶ τὰ παιδία μου **μετ᾽ ἐμοῦ** εἰς τὴν κοίτην εἰσίν· οὐ δύναμαι ἀναστὰς δοῦναί σοι.	
d e 202 / 202	**Mt 12,30** (2)	ὁ μὴ ὢν **μετ᾽ ἐμοῦ** κατ᾽ ἐμοῦ ἐστιν, καὶ ὁ μὴ συνάγων **μετ᾽ ἐμοῦ** σκορπίζει.	→ Mk 9,40	**Lk 11,23** (2) → Lk 9,50	ὁ μὴ ὢν **μετ᾽ ἐμοῦ** κατ᾽ ἐμοῦ ἐστιν, καὶ ὁ μὴ συνάγων **μετ᾽ ἐμοῦ** σκορπίζει.	
202	**Mt 12,42**	βασίλισσα νότου ἐγερθήσεται ἐν τῇ κρίσει **μετὰ τῆς γενεᾶς ταύτης** καὶ κατακρινεῖ αὐτήν, ...		**Lk 11,31**	βασίλισσα νότου ἐγερθήσεται ἐν τῇ κρίσει **μετὰ τῶν ἀνδρῶν τῆς γενεᾶς ταύτης** καὶ κατακρινεῖ αὐτούς, ...	
202	**Mt 12,41**	ἄνδρες Νινευῖται ἀναστήσονται ἐν τῇ κρίσει **μετὰ τῆς γενεᾶς ταύτης** καὶ κατακρινοῦσιν αὐτήν, ...		**Lk 11,32**	ἄνδρες Νινευῖται ἀναστήσονται ἐν τῇ κρίσει **μετὰ τῆς γενεᾶς ταύτης** καὶ κατακρινοῦσιν αὐτήν· ...	

[a] οἱ μετά τινος as a substantive
[b] μεθ᾽ ἑαυτοῦ, μεθ᾽ ἑαυτῶν
[c] μετ᾽ ἀλλήλων
[d] μετά and κατά with genitive
[e] εἶναι μετά τινος be with someone (see also f)
[f] μετά and the person assured of God's or Jesus' helpful presence (see also e)
[g] μετὰ τό and infinitive
[h] μετὰ ταῦτα
[j] μετά with accusative: after (except h)

h 102	Mt 10,28	καὶ μὴ φοβεῖσθε ἀπὸ τῶν ἀποκτεννόντων τὸ σῶμα, τὴν δὲ ψυχὴν μὴ δυναμένων ἀποκτεῖναι·	Lk 12,4	λέγω δὲ ὑμῖν τοῖς φίλοις μου, μὴ φοβηθῆτε ἀπὸ τῶν ἀποκτεινόντων τὸ σῶμα καὶ **μετὰ ταῦτα** μὴ ἐχόντων περισσότερόν τι ποιῆσαι.	
g 102		φοβεῖσθε δὲ μᾶλλον τὸν δυνάμενον καὶ ψυχὴν καὶ σῶμα ἀπολέσαι ἐν γεέννῃ.	Lk 12,5	ὑποδείξω δὲ ὑμῖν τίνα φοβηθῆτε· φοβήθητε τὸν **μετὰ τὸ ἀποκτεῖναι** ἔχοντα ἐξουσίαν ἐμβαλεῖν εἰς τὴν γέενναν· ...	
002			Lk 12,13	... διδάσκαλε, εἰπὲ τῷ ἀδελφῷ μου μερίσασθαι **μετ' ἐμοῦ** τὴν κληρονομίαν.	→ GTh 72
202	Mt 24,51	καὶ διχοτομήσει αὐτὸν καὶ τὸ μέρος αὐτοῦ **μετὰ τῶν ὑποκριτῶν** θήσει· ἐκεῖ ἔσται ὁ κλαυθμὸς καὶ ὁ βρυγμὸς τῶν ὀδόντων.	Lk 12,46	... καὶ διχοτομήσει αὐτὸν καὶ τὸ μέρος αὐτοῦ **μετὰ τῶν ἀπίστων** θήσει.	
e 202	Mt 5,25	ἴσθι εὐνοῶν τῷ ἀντιδίκῳ σου ταχὺ, ἕως ὅτου εἶ **μετ' αὐτοῦ** ἐν τῇ ὁδῷ, μήποτέ σε παραδῷ ὁ ἀντίδικος τῷ κριτῇ ...	Lk 12,58	ὡς γὰρ ὑπάγεις **μετὰ τοῦ ἀντιδίκου σου** ἐπ' ἄρχοντα, ἐν τῇ ὁδῷ δὸς ἐργασίαν ἀπηλλάχθαι ἀπ' αὐτοῦ, μήποτε κατασύρῃ σε πρὸς τὸν κριτήν, ...	
002			Lk 13,1	... περὶ τῶν Γαλιλαίων ὧν τὸ αἷμα Πιλᾶτος ἔμιξεν **μετὰ τῶν θυσιῶν αὐτῶν.**	
002			Lk 14,9	... δὸς τούτῳ τόπον, καὶ τότε ἄρξῃ **μετὰ αἰσχύνης** τὸν ἔσχατον τόπον κατέχειν.	
002			Lk 14,31	... εἰ δυνατός ἐστιν ἐν δέκα χιλιάσιν ὑπαντῆσαι τῷ **μετὰ εἴκοσι χιλιάδων** ἐρχομένῳ ἐπ' αὐτόν;	
j 002			Lk 15,13	καὶ **μετ' οὐ πολλὰς ἡμέρας** συναγαγὼν πάντα ὁ νεώτερος υἱὸς ἀπεδήμησεν εἰς χώραν μακρὰν ...	
002			Lk 15,29	... καὶ ἐμοὶ οὐδέποτε ἔδωκας ἔριφον ἵνα **μετὰ τῶν φίλων μου** εὐφρανθῶ·	
002			Lk 15,30	ὅτε δὲ ὁ υἱός σου οὗτος ὁ καταφαγών σου τὸν βίον **μετὰ πορνῶν** ἦλθεν, ἔθυσας αὐτῷ τὸν σιτευτὸν μόσχον.	

	Mt		Mk		Lk		
e 002					Lk 15,31	... τέκνον, σὺ πάντοτε **μετ' ἐμοῦ** εἶ, καὶ πάντα τὰ ἐμὰ σά ἐστιν·	
h 002					Lk 17,8	ἀλλ' οὐχὶ ἐρεῖ αὐτῷ· ἑτοίμασον τί δειπνήσω καὶ περιζωσάμενος διακόνει μοι ἕως φάγω καὶ πίω, καὶ **μετὰ ταῦτα** φάγεσαι καὶ πίεσαι σύ;	
002					Lk 17,15	εἷς δὲ ἐξ αὐτῶν, ἰδὼν ὅτι ἰάθη, ὑπέστρεψεν **μετὰ φωνῆς μεγάλης** δοξάζων τὸν θεόν	
002					Lk 17,20	ἐπερωτηθεὶς δὲ ὑπὸ τῶν Φαρισαίων πότε ἔρχεται ἡ βασιλεία τοῦ θεοῦ ἀπεκρίθη αὐτοῖς καὶ εἶπεν· οὐκ ἔρχεται ἡ βασιλεία τοῦ θεοῦ **μετὰ παρατηρήσεως**	→ GTh 3,3 (POxy 654) → GTh 113
h 002					Lk 18,4	καὶ οὐκ ἤθελεν ἐπὶ χρόνον. **μετὰ δὲ ταῦτα** εἶπεν ἐν ἑαυτῷ· εἰ καὶ τὸν θεὸν οὐ φοβοῦμαι οὐδὲ ἄνθρωπον ἐντρέπομαι	
200	Mt 19,10	... εἰ οὕτως ἐστὶν ἡ αἰτία τοῦ ἀνθρώπου **μετὰ τῆς γυναικός,** οὐ συμφέρει γαμῆσαι.					
121	Mt 19,29 → Mt 10,37	... ἑκατονταπλασίονα λήμψεται καὶ ζωὴν αἰώνιον κληρονομήσει.	Mk 10,30	ἐὰν μὴ λάβῃ ἑκατονταπλασίονα νῦν ἐν τῷ καιρῷ τούτῳ οἰκίας καὶ ἀδελφοὺς καὶ ἀδελφὰς καὶ μητέρας καὶ τέκνα καὶ ἀγροὺς **μετὰ διωγμῶν,** καὶ ἐν τῷ αἰῶνι τῷ ἐρχομένῳ ζωὴν αἰώνιον.	Lk 18,30 → Lk 14,26	ὃς οὐχὶ μὴ [ἀπο]λάβῃ πολλαπλασίονα ἐν τῷ καιρῷ τούτῳ καὶ ἐν τῷ αἰῶνι τῷ ἐρχομένῳ ζωὴν αἰώνιον.	
200	Mt 20,2	συμφωνήσας δὲ **μετὰ τῶν ἐργατῶν** ἐκ δηναρίου τὴν ἡμέραν ...					
j 121	Mt 20,19 ↑ Mt 16,21 ↑ Mt 17,22-23	... καὶ μαστιγῶσαι καὶ σταυρῶσαι, καὶ **τῇ τρίτῃ ἡμέρᾳ** ἐγερθήσεται.	Mk 10,34 ↑ Mk 8,31 ↑ Mk 9,31	... καὶ μαστιγώσουσιν αὐτὸν καὶ ἀποκτενοῦσιν, καὶ **μετὰ τρεῖς ἡμέρας** ἀναστήσεται.	Lk 18,33 ↑ Lk 9,22 ↑ Lk 9,44 → Lk 17,25 → Lk 24,7 → Lk 24,26 → Lk 24,46	καὶ μαστιγώσαντες ἀποκτενοῦσιν αὐτόν, καὶ **τῇ ἡμέρᾳ τῇ τρίτῃ** ἀναστήσεται.	
210	Mt 20,20	τότε προσῆλθεν αὐτῷ **ἡ μήτηρ τῶν υἱῶν Ζεβεδαίου μετὰ τῶν υἱῶν αὐτῆς ...**	Mk 10,35	καὶ προσπορεύονται αὐτῷ **Ἰάκωβος καὶ Ἰωάννης οἱ υἱοὶ Ζεβεδαίου ...**			
211	Mt 21,2	... καὶ εὐθέως εὑρήσετε ὄνον δεδεμένην καὶ πῶλον **μετ' αὐτῆς·** λύσαντες ἀγάγετέ μοι.	Mk 11,2	... εὑρήσετε πῶλον δεδεμένον ἐφ' ὃν οὐδεὶς οὔπω ἀνθρώπων ἐκάθισεν· λύσατε αὐτὸν καὶ φέρετε.	Lk 19,30	... εὑρήσετε πῶλον δεδεμένον, ἐφ' ὃν οὐδεὶς πώποτε ἀνθρώπων ἐκάθισεν, καὶ λύσαντες αὐτὸν ἀγάγετε.	

120	Mt 21,17	καὶ καταλιπὼν αὐτοὺς ἐξῆλθεν ἔξω τῆς πόλεως εἰς Βηθανίαν, καὶ ηὐλίσθη ἐκεῖ.	Mk 11,11	... ὀψίας ἤδη οὔσης τῆς ὥρας, ἐξῆλθεν εἰς Βηθανίαν **μετὰ τῶν δώδεκα.**	Lk 21,37 → Mk 11,19	... τὰς δὲ νύκτας ἐξερχόμενος ηὐλίζετο εἰς τὸ ὄρος τὸ καλούμενον Ἐλαιῶν·	→ [[Jn 8,1]]
211	Mt 22,16	[15] τότε πορευθέντες οἱ Φαρισαῖοι συμβούλιον ἔλαβον ὅπως αὐτὸν παγιδεύσωσιν ἐν λόγῳ. [16] καὶ ἀποστέλλουσιν αὐτῷ τοὺς μαθητὰς αὐτῶν **μετὰ τῶν Ἡρῳδιανῶν** λέγοντες· ...	Mk 12,13	καὶ ἀποστέλλουσιν πρὸς αὐτόν τινας τῶν Φαρισαίων καὶ **τῶν Ἡρῳδιανῶν** ἵνα αὐτὸν ἀγρεύσωσιν λόγῳ.	Lk 20,20 → Lk 16,14 → Lk 18,9	[19] ... οἱ γραμματεῖς καὶ οἱ ἀρχιερεῖς ... [20] καὶ παρατηρήσαντες ἀπέστειλαν ἐγκαθέτους ὑποκρινομένους ἑαυτοὺς δικαίους εἶναι, ἵνα ἐπιλάβωνται αὐτοῦ λόγου, ὥστε παραδοῦναι αὐτὸν τῇ ἀρχῇ καὶ τῇ ἐξουσίᾳ τοῦ ἡγεμόνος.	
j 221	Mt 24,29	εὐθέως δὲ **μετὰ τὴν θλῖψιν τῶν ἡμερῶν ἐκείνων** *ὁ ἥλιος σκοτισθήσεται, καὶ ἡ σελήνη οὐ δώσει τὸ φέγγος αὐτῆς, ...* ➢ Isa 13,10; 34,4	Mk 13,24	ἀλλὰ **ἐν ἐκείναις ταῖς ἡμέραις μετὰ τὴν θλῖψιν ἐκείνην** *ὁ ἥλιος σκοτισθήσεται, καὶ ἡ σελήνη οὐ δώσει τὸ φέγγος αὐτῆς* ➢ Isa 13,10	Lk 21,25 → Lk 21,11	καὶ ἔσονται σημεῖα ἐν ἡλίῳ καὶ σελήνῃ ...	→ Acts 2,19
222	Mt 24,30 ↑ Mt 16,27 ↓ Mt 25,31	... καὶ ὄψονται *τὸν υἱὸν τοῦ ἀνθρώπου ἐρχόμενον ἐπὶ τῶν νεφελῶν τοῦ οὐρανοῦ* **μετὰ δυνάμεως καὶ δόξης πολλῆς·** ➢ Dan 7,13-14	Mk 13,26 ↑ Mk 8,38	καὶ τότε ὄψονται *τὸν υἱὸν τοῦ ἀνθρώπου ἐρχόμενον ἐν νεφέλαις* **μετὰ δυνάμεως πολλῆς καὶ δόξης.** ➢ Dan 7,13-14	Lk 21,27 ↑ Lk 9,26	καὶ τότε ὄψονται *τὸν υἱὸν τοῦ ἀνθρώπου ἐρχόμενον ἐν νεφέλῃ* **μετὰ δυνάμεως καὶ δόξης πολλῆς.** ➢ Dan 7,13-14	
210	Mt 24,31 → Mt 13,41	καὶ ἀποστελεῖ τοὺς ἀγγέλους αὐτοῦ **μετὰ σάλπιγγος μεγάλης,** καὶ ἐπισυνάξουσιν τοὺς ἐκλεκτοὺς αὐτοῦ ἐκ τῶν τεσσάρων ἀνέμων ἀπ' ἄκρων οὐρανῶν ἕως [τῶν] ἄκρων αὐτῶν.	Mk 13,27	καὶ τότε ἀποστελεῖ τοὺς ἀγγέλους καὶ ἐπισυνάξει τοὺς ἐκλεκτοὺς [αὐτοῦ] ἐκ τῶν τεσσάρων ἀνέμων ἀπ' ἄκρου γῆς ἕως ἄκρου οὐρανοῦ.			
201	Mt 24,49	[48] ... χρονίζει μου ὁ κύριος, [49] καὶ ἄρξηται τύπτειν τοὺς συνδούλους αὐτοῦ, ἐσθίῃ δὲ καὶ πίνῃ **μετὰ τῶν μεθυόντων**			Lk 12,45 → Lk 21,34	... χρονίζει ὁ κύριός μου ἔρχεσθαι, καὶ ἄρξηται τύπτειν τοὺς παῖδας καὶ τὰς παιδίσκας, ἐσθίειν τε καὶ πίνειν καὶ **μεθύσκεσθαι,**	
202	Mt 24,51	καὶ διχοτομήσει αὐτὸν καὶ τὸ μέρος αὐτοῦ **μετὰ τῶν ὑποκριτῶν** θήσει· ἐκεῖ ἔσται ὁ κλαυθμὸς καὶ ὁ βρυγμὸς τῶν ὀδόντων.			Lk 12,46	... καὶ διχοτομήσει αὐτὸν καὶ τὸ μέρος αὐτοῦ **μετὰ τῶν ἀπίστων** θήσει.	
b 200	Mt 25,3	αἱ γὰρ μωραὶ λαβοῦσαι τὰς λαμπάδας αὐτῶν οὐκ ἔλαβον **μεθ' ἑαυτῶν** ἔλαιον.					
200	Mt 25,4	αἱ δὲ φρόνιμοι ἔλαβον ἔλαιον ἐν τοῖς ἀγγείοις **μετὰ τῶν λαμπάδων ἑαυτῶν.**					

	Mt		Mk		Lk		
200	Mt 25,10	... ἦλθεν ὁ νυμφίος, καὶ αἱ ἕτοιμοι εἰσῆλθον μετ' αὐτοῦ εἰς τοὺς γάμους καὶ ἐκλείσθη ἡ θύρα.			Lk 13,25	ἀφ' οὗ ἂν ἐγερθῇ ὁ οἰκοδεσπότης καὶ ἀποκλείσῃ τὴν θύραν ...	
j 201 201	Mt 25,19 (2)	μετὰ δὲ πολὺν χρόνον ἔρχεται ὁ κύριος τῶν δούλων ἐκείνων καὶ συναίρει λόγον μετ' αὐτῶν.			Lk 19,15	καὶ ἐγένετο ἐν τῷ ἐπανελθεῖν αὐτὸν λαβόντα τὴν βασιλείαν καὶ εἶπεν φωνηθῆναι αὐτῷ τοὺς δούλους τούτους οἷς δεδώκει τὸ ἀργύριον, ἵνα γνοῖ τί διεπραγματεύσαντο.	
200	Mt 25,31 ↑ Mt 16,27 ↑ Mt 24,30 ↑ Mk 8,38 ↑ Lk 9,26 ↑ Mk 13,26 ↑ Lk 21,27	ὅταν δὲ ἔλθῃ ὁ υἱὸς τοῦ ἀνθρώπου ἐν τῇ δόξῃ αὐτοῦ καὶ πάντες οἱ ἄγγελοι μετ' αὐτοῦ, τότε καθίσει ἐπὶ θρόνου δόξης αὐτοῦ·					
j 221	Mt 26,2	οἴδατε ὅτι μετὰ δύο ἡμέρας τὸ πάσχα γίνεται, ...	Mk 14,1	ἦν δὲ τὸ πάσχα καὶ τὰ ἄζυμα μετὰ δύο ἡμέρας. ...	Lk 22,1	ἤγγιζεν δὲ ἡ ἑορτὴ τῶν ἀζύμων ἡ λεγομένη πάσχα.	
b 220	Mt 26,11	πάντοτε γὰρ τοὺς πτωχοὺς ἔχετε μεθ' ἑαυτῶν, ἐμὲ δὲ οὐ πάντοτε ἔχετε·	Mk 14,7	πάντοτε γὰρ τοὺς πτωχοὺς ἔχετε μεθ' ἑαυτῶν καὶ ὅταν θέλητε δύνασθε αὐτοῖς εὖ ποιῆσαι, ἐμὲ δὲ οὐ πάντοτε ἔχετε.			→ Jn 12,8
222	Mt 26,18	... εἴπατε αὐτῷ· ὁ διδάσκαλος λέγει· ὁ καιρός μου ἐγγύς ἐστιν, πρὸς σὲ ποιῶ τὸ πάσχα μετὰ τῶν μαθητῶν μου.	Mk 14,14	... εἴπατε τῷ οἰκοδεσπότῃ ὅτι ὁ διδάσκαλος λέγει· ποῦ ἐστιν τὸ κατάλυμά μου ὅπου τὸ πάσχα μετὰ τῶν μαθητῶν μου φάγω;	Lk 22,11	... ἐρεῖτε τῷ οἰκοδεσπότῃ τῆς οἰκίας· λέγει σοι ὁ διδάσκαλος· ποῦ ἐστιν τὸ κατάλυμα ὅπου τὸ πάσχα μετὰ τῶν μαθητῶν μου φάγω;	
221	Mt 26,20	ὀψίας δὲ γενομένης ἀνέκειτο μετὰ τῶν δώδεκα.	Mk 14,17	καὶ ὀψίας γενομένης ἔρχεται μετὰ τῶν δώδεκα. [18] καὶ ἀνακειμένων αὐτῶν ...	Lk 22,14	καὶ ὅτε ἐγένετο ἡ ὥρα, ἀνέπεσεν καὶ οἱ ἀπόστολοι σὺν αὐτῷ.	
122	Mt 26,21	... ἀμὴν λέγω ὑμῖν ὅτι εἷς ἐξ ὑμῶν παραδώσει με.	Mk 14,18	... ἀμὴν λέγω ὑμῖν ὅτι εἷς ἐξ ὑμῶν παραδώσει με ὁ ἐσθίων μετ' ἐμοῦ.	Lk 22,21 ↓ Mt 26,23 ↓ Mk 14,20	πλὴν ἰδοὺ ἡ χεὶρ τοῦ παραδιδόντος με μετ' ἐμοῦ ἐπὶ τῆς τραπέζης·	→ Jn 13,21
220	Mt 26,23 ↓ Lk 22,21	... ὁ ἐμβάψας μετ' ἐμοῦ τὴν χεῖρα ἐν τῷ τρυβλίῳ οὗτός με παραδώσει.	Mk 14,20 ↓ Lk 22,21	... εἷς τῶν δώδεκα, ὁ ἐμβαπτόμενος μετ' ἐμοῦ εἰς τὸ τρύβλιον.			→ Jn 13,26
002					Lk 22,15	... ἐπιθυμίᾳ ἐπεθύμησα τοῦτο τὸ πάσχα φαγεῖν μεθ' ὑμῶν πρὸ τοῦ με παθεῖν·	

g 112	**Mt 26,27** → Lk 22,17	καὶ λαβὼν ποτήριον καὶ εὐχαριστήσας ἔδωκεν αὐτοῖς λέγων· πίετε ἐξ αὐτοῦ πάντες, [27] τοῦτο γάρ ἐστιν τὸ αἷμά μου τῆς διαθήκης τὸ περὶ πολλῶν ἐκχυννόμενον εἰς ἄφεσιν ἁμαρτιῶν.	**Mk 14,23** → Lk 22,17	καὶ λαβὼν ποτήριον εὐχαριστήσας ἔδωκεν αὐτοῖς, καὶ ἔπιον ἐξ αὐτοῦ πάντες. [24] καὶ εἶπεν αὐτοῖς· τοῦτό ἐστιν τὸ αἷμά μου τῆς διαθήκης τὸ ἐκχυννόμενον ὑπὲρ πολλῶν.	**Lk 22,20**	καὶ τὸ ποτήριον ὡσαύτως **μετὰ τὸ δειπνῆσαι,** λέγων· τοῦτο τὸ ποτήριον ἡ καινὴ διαθήκη ἐν τῷ αἵματί μου, τὸ ὑπὲρ ὑμῶν ἐκχυννόμενον.	→ 1Cor 11,25
f 211	**Mt 26,29**	... οὐ μὴ πίω ἀπ᾽ ἄρτι ἐκ τούτου τοῦ γενήματος τῆς ἀμπέλου ἕως τῆς ἡμέρας ἐκείνης ὅταν αὐτὸ πίνω **μεθ᾽ ὑμῶν** καινὸν ἐν τῇ βασιλείᾳ τοῦ πατρός μου.	**Mk 14,25**	... οὐκέτι οὐ μὴ πίω ἐκ τοῦ γενήματος τῆς ἀμπέλου ἕως τῆς ἡμέρας ἐκείνης ὅταν αὐτὸ πίνω καινὸν ἐν τῇ βασιλείᾳ τοῦ θεοῦ.	**Lk 22,18** → Lk 22,16	... οὐ μὴ πίω ἀπὸ τοῦ νῦν ἀπὸ τοῦ γενήματος τῆς ἀμπέλου ἕως οὗ ἡ βασιλεία τοῦ θεοῦ ἔλθῃ.	
122	**Mt 26,21**	... ἀμὴν λέγω ὑμῖν ὅτι εἷς ἐξ ὑμῶν παραδώσει με.	**Mk 14,18**	... ἀμὴν λέγω ὑμῖν ὅτι εἷς ἐξ ὑμῶν παραδώσει με ὁ ἐσθίων **μετ᾽ ἐμοῦ.**	**Lk 22,21** ↑ Mt 26,23 ↑ Mk 14,20	πλὴν ἰδοὺ ἡ χεὶρ τοῦ παραδιδόντος με **μετ᾽ ἐμοῦ** ἐπὶ τῆς τραπέζης·	→ Jn 13,21
102	**Mt 19,28**	... ὑμεῖς οἱ ἀκολουθήσαντές **μοι ...**			**Lk 22,28**	ὑμεῖς δέ ἐστε οἱ διαμεμενηκότες **μετ᾽ ἐμοῦ** ἐν τοῖς πειρασμοῖς μου·	
112	**Mt 26,33**	ἀποκριθεὶς δὲ ὁ Πέτρος εἶπεν αὐτῷ· εἰ πάντες σκανδαλισθήσονται ἐν σοί, ἐγὼ οὐδέποτε σκανδαλισθήσομαι.	**Mk 14,29**	ὁ δὲ Πέτρος ἔφη αὐτῷ· εἰ καὶ πάντες σκανδαλισθήσονται, ἀλλ᾽ οὐκ ἐγώ.	**Lk 22,33** → Mt 26,35 → Mk 14,31	ὁ δὲ εἶπεν αὐτῷ· κύριε, **μετὰ σοῦ** ἕτοιμός εἰμι καὶ εἰς φυλακὴν καὶ εἰς θάνατον πορεύεσθαι.	→ Jn 13,37
002					**Lk 22,37** → Mt 27,38 → Mk 15,27 → Lk 23,33	... τοῦτο τὸ γεγραμμένον δεῖ τελεσθῆναι ἐν ἐμοί, τό· *καὶ* ***μετὰ ἀνόμων*** *ἐλογίσθη·* καὶ γὰρ τὸ περὶ ἐμοῦ τέλος ἔχει. ➤ Isa 53,12	→ Jn 19,18
g 220	**Mt 26,32** → Mt 28,7	**μετὰ δὲ τὸ ἐγερθῆναί** με προάξω ὑμᾶς εἰς τὴν Γαλιλαίαν.	**Mk 14,28** → Mk 16,7	**ἀλλὰ μετὰ τὸ ἐγερθῆναί** με προάξω ὑμᾶς εἰς τὴν Γαλιλαίαν.			
211	**Mt 26,36** → Lk 22,39	τότε ἔρχεται **μετ᾽ αὐτῶν** ὁ Ἰησοῦς εἰς χωρίον λεγόμενον Γεθσημανὶ καὶ λέγει τοῖς μαθηταῖς· ...	**Mk 14,32** → Lk 22,39	καὶ ἔρχονται εἰς χωρίον οὗ τὸ ὄνομα Γεθσημανὶ καὶ λέγει τοῖς μαθηταῖς αὐτοῦ· ...	**Lk 22,40**	γενόμενος δὲ ἐπὶ τοῦ τόπου εἶπεν αὐτοῖς· ...	
120	**Mt 26,37**	καὶ παραλαβὼν τὸν Πέτρον καὶ τοὺς δύο υἱοὺς Ζεβεδαίου ἤρξατο λυπεῖσθαι καὶ ἀδημονεῖν.	**Mk 14,33**	καὶ παραλαμβάνει τὸν Πέτρον καὶ [τὸν] Ἰάκωβον καὶ [τὸν] Ἰωάννην **μετ᾽ αὐτοῦ** καὶ ἤρξατο ἐκθαμβεῖσθαι καὶ ἀδημονεῖν			
210	**Mt 26,38**	... *περίλυπός ἐστιν ἡ ψυχή μου* ἕως θανάτου· μείνατε ὧδε καὶ γρηγορεῖτε **μετ᾽ ἐμοῦ.** ➤ Ps 42,6.12/43,5	**Mk 14,34**	... *περίλυπός ἐστιν ἡ ψυχή μου* ἕως θανάτου· μείνατε ὧδε καὶ γρηγορεῖτε. ➤ Ps 42,6.12/43,5			→ Jn 12,27

211	Mt 26,40	... οὕτως οὐκ ἰσχύσατε μίαν ὥραν γρηγορῆσαι **μετ' ἐμοῦ;** [41] γρηγορεῖτε καὶ προσεύχεσθε, ἵνα μὴ εἰσέλθητε εἰς πειρασμόν· ...	Mk 14,37	... Σίμων, καθεύδεις; οὐκ ἴσχυσας μίαν ὥραν γρηγορῆσαι; [38] γρηγορεῖτε καὶ προσεύχεσθε, ἵνα μὴ ἔλθητε εἰς πειρασμόν· ...	Lk 22,46	... τί καθεύδετε; ἀναστάντες προσεύχεσθε, ἵνα μὴ εἰσέλθητε εἰς πειρασμόν.	
221 221	Mt 26,47 (2) ↓ Lk 22,52	καὶ ἔτι αὐτοῦ λαλοῦντος ἰδοὺ Ἰούδας εἷς τῶν δώδεκα ἦλθεν καὶ **μετ' αὐτοῦ** ὄχλος πολὺς **μετὰ μαχαιρῶν καὶ ξύλων** ἀπὸ τῶν ἀρχιερέων καὶ πρεσβυτέρων τοῦ λαοῦ.	Mk 14,43 (2) ↓ Lk 22,52	καὶ εὐθὺς ἔτι αὐτοῦ λαλοῦντος παραγίνεται Ἰούδας εἷς τῶν δώδεκα καὶ **μετ' αὐτοῦ** ὄχλος **μετὰ μαχαιρῶν καὶ ξύλων** παρὰ τῶν ἀρχιερέων καὶ τῶν γραμματέων καὶ τῶν πρεσβυτέρων.	Lk 22,47	ἔτι αὐτοῦ λαλοῦντος ἰδοὺ ὄχλος, καὶ ὁ λεγόμενος Ἰούδας εἷς τῶν δώδεκα προήρχετο αὐτοὺς ...	→ Jn 18,3
a 211	Mt 26,51	καὶ ἰδοὺ **εἷς** **τῶν μετὰ Ἰησοῦ** ἐκτείνας τὴν χεῖρα ἀπέσπασεν τὴν μάχαιραν αὐτοῦ καὶ πατάξας τὸν δοῦλον τοῦ ἀρχιερέως ἀφεῖλεν αὐτοῦ τὸ ὠτίον.	Mk 14,47	**εἷς δέ [τις]** **τῶν παρεστηκότων** σπασάμενος τὴν μάχαιραν ἔπαισεν τὸν δοῦλον τοῦ ἀρχιερέως καὶ ἀφεῖλεν αὐτοῦ τὸ ὠτάριον.	Lk 22,50	[49] ... κύριε, εἰ πατάξομεν ἐν μαχαίρῃ; [50] καὶ ἐπάταξεν **εἷς τις** **ἐξ αὐτῶν** τοῦ ἀρχιερέως τὸν δοῦλον καὶ ἀφεῖλεν τὸ οὖς αὐτοῦ τὸ δεξιόν.	→ Jn 18,10
222	Mt 26,55	... ὡς ἐπὶ λῃστὴν ἐξήλθατε **μετὰ μαχαιρῶν** **καὶ ξύλων** συλλαβεῖν με;	Mk 14,48	... ὡς ἐπὶ λῃστὴν ἐξήλθατε **μετὰ μαχαιρῶν** **καὶ ξύλων** συλλαβεῖν με;	Lk 22,52 ↑ Mt 26,47 ↑ Mk 14,43	... ὡς ἐπὶ λῃστὴν ἐξήλθατε **μετὰ μαχαιρῶν** **καὶ ξύλων;**	
e 112		καθ' ἡμέραν ἐν τῷ ἱερῷ ἐκαθεζόμην διδάσκων καὶ οὐκ ἐκρατήσατέ με.	Mk 14,49	καθ' ἡμέραν ἤμην **πρὸς ὑμᾶς** ἐν τῷ ἱερῷ διδάσκων καὶ οὐκ ἐκρατήσατέ με· ...	Lk 22,53	καθ' ἡμέραν ὄντος μου **μεθ' ὑμῶν** ἐν τῷ ἱερῷ οὐκ ἐξετείνατε τὰς χεῖρας ἐπ' ἐμέ, ...	→ Jn 14,30 → Jn 18,20
221	Mt 26,58	ὁ δὲ Πέτρος ... εἰσελθὼν ἔσω ἐκάθητο **μετὰ τῶν ὑπηρετῶν** ἰδεῖν τὸ τέλος.	Mk 14,54	καὶ ὁ Πέτρος ... ἦν συγκαθήμενος **μετὰ τῶν ὑπηρετῶν** ...	Lk 22,55	... συγκαθισάντων ἐκάθητο ὁ Πέτρος **μέσος αὐτῶν.**	→ Jn 18,18
121	Mt 26,64 → Mt 22,44	... ἀπ' ἄρτι ὄψεσθε *τὸν υἱὸν τοῦ ἀνθρώπου* καθήμενον ἐκ δεξιῶν τῆς δυνάμεως καὶ *ἐρχόμενον* ***ἐπὶ τῶν νεφελῶν*** ***τοῦ οὐρανοῦ.*** ➤ Dan 7,13	Mk 14,62 → Mk 12,36	... ὄψεσθε *τὸν υἱὸν τοῦ ἀνθρώπου* ἐκ δεξιῶν καθήμενον τῆς δυνάμεως καὶ *ἐρχόμενον* ***μετὰ τῶν νεφελῶν*** ***τοῦ οὐρανοῦ.*** ➤ Dan 7,13	Lk 22,69 → Lk 20,42	ἀπὸ τοῦ νῦν δὲ ἔσται ὁ υἱὸς τοῦ ἀνθρώπου καθήμενος ἐκ δεξιῶν τῆς δυνάμεως τοῦ θεοῦ.	→ Acts 7,56
e 221	Mt 26,69	... καὶ προσῆλθεν αὐτῷ μία παιδίσκη λέγουσα· καὶ σὺ **ἦσθα μετὰ Ἰησοῦ** **τοῦ Γαλιλαίου.**	Mk 14,67	[66] ... ἔρχεται μία τῶν παιδισκῶν τοῦ ἀρχιερέως [67] καὶ ἰδοῦσα τὸν Πέτρον θερμαινόμενον ἐμβλέψασα αὐτῷ λέγει· καὶ σὺ **μετὰ τοῦ Ναζαρηνοῦ** **ἦσθα τοῦ Ἰησοῦ.**	Lk 22,56	ἰδοῦσα δὲ αὐτὸν παιδίσκη τις καθήμενον πρὸς τὸ φῶς καὶ ἀτενίσασα αὐτῷ εἶπεν· καὶ οὗτος **σὺν αὐτῷ** **ἦν.**	→ Jn 18,17

j 112 e 211	**Mt 26,71**	ἐξελθόντα δὲ εἰς τὸν πυλῶνα εἶδεν αὐτὸν ἄλλη καὶ λέγει τοῖς ἐκεῖ· οὗτος ἦν **μετὰ Ἰησοῦ τοῦ Ναζωραίου.**	**Mk 14,69**	[68] ... καὶ ἐξῆλθεν ἔξω εἰς τὸ προαύλιον ... [69] καὶ ἡ παιδίσκη ἰδοῦσα αὐτὸν ἤρξατο πάλιν λέγειν τοῖς παρεστῶσιν ὅτι οὗτος **ἐξ αὐτῶν** ἐστιν.	**Lk 22,58**	καὶ **μετὰ βραχὺ** ἕτερος ἰδὼν αὐτὸν ἔφη· καὶ σὺ **ἐξ αὐτῶν** εἶ.	→ Jn 18,25
211	**Mt 26,72**	καὶ πάλιν ἠρνήσατο **μετὰ ὅρκου** ὅτι οὐκ οἶδα τὸν ἄνθρωπον.	**Mk 14,70**	ὁ δὲ πάλιν ἠρνεῖτο.		ὁ δὲ Πέτρος ἔφη· ἄνθρωπε, οὐκ εἰμί.	→ Jn 18,25
j 221 e 112	**Mt 26,73**	**μετὰ μικρὸν** δὲ προσελθόντες οἱ ἑστῶτες εἶπον τῷ Πέτρῳ· ἀληθῶς καὶ σὺ **ἐξ αὐτῶν** εἶ, καὶ γὰρ ἡ λαλιά σου δῆλόν σε ποιεῖ.		καὶ **μετὰ μικρὸν** πάλιν οἱ παρεστῶτες ἔλεγον τῷ Πέτρῳ· ἀληθῶς **ἐξ αὐτῶν** εἶ, καὶ γὰρ Γαλιλαῖος εἶ.	**Lk 22,59**	καὶ **διαστάσης ὡσεὶ ὥρας μιᾶς** ἄλλος τις διϊσχυρίζετο λέγων· ἐπ᾽ ἀληθείας καὶ οὗτος **μετ᾽ αὐτοῦ** ἦν, καὶ γὰρ Γαλιλαῖός ἐστιν.	**→ Jn 18,26**
120	**Mt 27,1**	πρωΐας δὲ γενομένης συμβούλιον ἔλαβον πάντες οἱ ἀρχιερεῖς **καὶ οἱ πρεσβύτεροι τοῦ λαοῦ** κατὰ τοῦ Ἰησοῦ ὥστε θανατῶσαι αὐτόν·	**Mk 15,1**	καὶ εὐθὺς πρωῒ συμβούλιον ποιήσαντες οἱ ἀρχιερεῖς **μετὰ τῶν πρεσβυτέρων καὶ γραμματέων** καὶ ὅλον τὸ συνέδριον, ...	**Lk 22,66** → Mt 26,57 → Mk 14,53	καὶ ὡς ἐγένετο ἡμέρα, συνήχθη τὸ πρεσβυτέριον τοῦ λαοῦ, ἀρχιερεῖς τε καὶ γραμματεῖς, καὶ ἀπήγαγον αὐτὸν εἰς τὸ συνέδριον αὐτῶν	
c 002					**Lk 23,12**	ἐγένοντο δὲ φίλοι ὅ τε Ἡρῴδης καὶ ὁ Πιλᾶτος ἐν αὐτῇ τῇ ἡμέρᾳ **μετ᾽ ἀλλήλων·** προϋπῆρχον γὰρ ἐν ἔχθρᾳ ὄντες πρὸς αὐτούς.	
121	**Mt 27,16** → Mt 27,26	εἶχον δὲ τότε δέσμιον ἐπίσημον λεγόμενον [Ἰησοῦν] Βαραββᾶν.	**Mk 15,7** → Mk 15,15	ἦν δὲ ὁ λεγόμενος Βαραββᾶς **μετὰ τῶν στασιαστῶν** δεδεμένος οἵτινες ἐν τῇ στάσει φόνον πεποιήκεισαν.	**Lk 23,19** → Lk 23,25	ὅστις ἦν διὰ στάσιν τινὰ γενομένηνἐν τῇ πόλει καὶ φόνον βληθεὶς ἐν τῇ φυλακῇ.	→ Jn 18,40
210	**Mt 27,34**	ἔδωκαν αὐτῷ πιεῖν **οἶνον μετὰ χολῆς μεμιγμένον·** καὶ γευσάμενος οὐκ ἠθέλησεν πιεῖν.	**Mk 15,23**	καὶ ἐδίδουν αὐτῷ **ἐσμυρνισμένον οἶνον·** ὃς δὲ οὐκ ἔλαβεν.			
221	**Mt 27,41** → Mt 27,40	ὁμοίως καὶ οἱ ἀρχιερεῖς ἐμπαίζοντες **μετὰ τῶν γραμματέων καὶ πρεσβυτέρων** ἔλεγον· [42] ἄλλους ἔσωσεν, ἑαυτὸν οὐ δύναται σῶσαι· βασιλεὺς Ἰσραήλ ἐστιν, καταβάτω νῦν ἀπὸ τοῦ σταυροῦ	**Mk 15,31** → Mk 15,30	ὁμοίως καὶ οἱ ἀρχιερεῖς ἐμπαίζοντες πρὸς ἀλλήλους **μετὰ τῶν γραμματέων** ἔλεγον· ἄλλους ἔσωσεν, ἑαυτὸν οὐ δύναται σῶσαι· [32] ὁ χριστὸς ὁ βασιλεὺς Ἰσραὴλ καταβάτω νῦν ἀπὸ τοῦ σταυροῦ, ...	**Lk 23,35** → Lk 23,37 → Lk 23,39	... ἐξεμυκτήριζον δὲ καὶ οἱ ἄρχοντες λέγοντες· ἄλλους ἔσωσεν, σωσάτω ἑαυτόν, εἰ οὗτός ἐστιν ὁ χριστὸς τοῦ θεοῦ ὁ ἐκλεκτός.	
e 002					**Lk 23,43**	καὶ εἶπεν αὐτῷ· ἀμήν σοι λέγω, σήμερον **μετ᾽ ἐμοῦ** ἔσῃ ἐν τῷ παραδείσῳ.	

j 200	Mt 27,53	καὶ ἐξελθόντες ἐκ τῶν μνημείων **μετὰ τὴν ἔγερσιν αὐτοῦ** εἰσῆλθον εἰς τὴν ἁγίαν πόλιν ...					
211	Mt 27,54	ὁ δὲ ἑκατόνταρχος καὶ **οἱ μετ᾽ αὐτοῦ τηροῦντες** τὸν Ἰησοῦν ἰδόντες τὸν σεισμὸν καὶ τὰ γενόμενα ἐφοβήθησαν σφόδρα, λέγοντες· ἀληθῶς θεοῦ υἱὸς ἦν οὗτος.	Mk 15,39	ἰδὼν δὲ ὁ κεντυρίων ὁ παρεστηκὼς ἐξ ἐναντίας αὐτοῦ ὅτι οὕτως ἐξέπνευσεν εἶπεν· ἀληθῶς οὗτος ὁ ἄνθρωπος υἱὸς θεοῦ ἦν.	Lk 23,47	ἰδὼν δὲ ὁ ἑκατοντάρχης τὸ γενόμενον ἐδόξαζεν τὸν θεὸν λέγων· ὄντως ὁ ἄνθρωπος οὗτος δίκαιος ἦν.	
j 200	Mt 27,62	τῇ δὲ ἐπαύριον, ἥτις ἐστὶν **μετὰ τὴν παρασκευήν,** συνήχθησαν οἱ ἀρχιερεῖς καὶ οἱ Φαρισαῖοι πρὸς Πιλᾶτον					
j 200	Mt 27,63 → Mt 12,40	... κύριε, ἐμνήσθημεν ὅτι ἐκεῖνος ὁ πλάνος εἶπεν ἔτι ζῶν· **μετὰ τρεῖς ἡμέρας** ἐγείρομαι.					
200	Mt 27,66	οἱ δὲ πορευθέντες ἠσφαλίσαντο τὸν τάφον σφραγίσαντες τὸν λίθον **μετὰ τῆς κουστωδίας.**					
112	Mt 28,5	... μὴ φοβεῖσθε ὑμεῖς, οἶδα γὰρ ὅτι Ἰησοῦν τὸν ἐσταυρωμένον ζητεῖτε·	Mk 16,6	... μὴ ἐκθαμβεῖσθε· Ἰησοῦν ζητεῖτε τὸν Ναζαρηνὸν τὸν ἐσταυρωμένον· ...	Lk 24,5 → Lk 24,23	... τί ζητεῖτε τὸν ζῶντα **μετὰ τῶν νεκρῶν·**	
211	Mt 28,8	καὶ ἀπελθοῦσαι ταχὺ ἀπὸ τοῦ μνημείου **μετὰ φόβου καὶ χαρᾶς μεγάλης** ἔδραμον ἀπαγγεῖλαι τοῖς μαθηταῖς αὐτοῦ.	Mk 16,8	καὶ ἐξελθοῦσαι ἔφυγον ἀπὸ τοῦ μνημείου, εἶχεν γὰρ αὐτὰς **τρόμος καὶ ἔκστασις·** καὶ οὐδενὶ οὐδὲν εἶπαν· ἐφοβοῦντο γάρ.	Lk 24,9	καὶ ὑποστρέψασαι ἀπὸ τοῦ μνημείου ἀπήγγειλαν ταῦτα πάντα τοῖς ἕνδεκα καὶ πᾶσιν τοῖς λοιποῖς.	→ Jn 20,2.18
200	Mt 28,12	καὶ συναχθέντες **μετὰ τῶν πρεσβυτέρων** συμβούλιόν τε λαβόντες ἀργύρια ἱκανὰ ἔδωκαν τοῖς στρατιώταις					
002					Lk 24,29 → Lk 9,12	καὶ παρεβιάσαντο αὐτὸν λέγοντες· μεῖνον **μεθ᾽ ἡμῶν,** ὅτι πρὸς ἑσπέραν ἐστὶν καὶ κέκλικεν ἤδη ἡ ἡμέρα. ...	
002					Lk 24,30	καὶ ἐγένετο ἐν τῷ κατακλιθῆναι αὐτὸν **μετ᾽ αὐτῶν** λαβὼν τὸν ἄρτον εὐλόγησεν καὶ κλάσας ἐπεδίδου αὐτοῖς	

	Mt	Mk	Lk	
ef 200	**Mt 28,20** → Lk 24,47 διδάσκοντες αὐτοὺς τηρεῖν πάντα ὅσα ἐνετειλάμην ὑμῖν· καὶ ἰδοὺ ἐγὼ **μεθ' ὑμῶν** εἰμι πάσας τὰς ἡμέρας ἕως τῆς συντελείας τοῦ αἰῶνος.			
002			**Lk 24,52** καὶ αὐτοὶ προσκυνήσαντες αὐτὸν ὑπέστρεψαν εἰς Ἰερουσαλὴμ **μετὰ χαρᾶς μεγάλης**	→ Acts 1,12

a οἱ μετά τινος as a substantive
b μεθ' ἑαυτοῦ, μεθ' ἑαυτῶν
c μετ' ἀλλήλων
d μετά and κατά with genitive
e εἶναι μετά τινος be with someone (see also f)
f μετά and the person assured of God's or Jesus' helpful presence (see also e)
g μετὰ τό and infinitive
h μετὰ ταῦτα
j μετά with accusative: after (except h)

g **Acts 1,3** οἷς καὶ παρέστησεν ἑαυτὸν ζῶντα **μετὰ τὸ παθεῖν** αὐτὸν ἐν πολλοῖς τεκμηρίοις, ...

j **Acts 1,5** → Mt 3,11 → Mk 1,8 → Lk 3,16 → Acts 11,16 ὅτι Ἰωάννης μὲν ἐβάπτισεν ὕδατι, ὑμεῖς δὲ ἐν πνεύματι βαπτισθήσεσθε ἁγίῳ **οὐ μετὰ πολλὰς ταύτας ἡμέρας.**

Acts 1,26 ... καὶ ἔπεσεν ὁ κλῆρος ἐπὶ Μαθθίαν καὶ συγκατεψηφίσθη **μετὰ τῶν ἕνδεκα ἀποστόλων.**

Acts 2,28 *ἐγνώρισάς μοι ὁδοὺς ζωῆς, πληρώσεις με εὐφροσύνης* ***μετὰ τοῦ προσώπου σου.*** ➤ Ps 15,11 LXX

Acts 2,29 ἄνδρες ἀδελφοί, ἐξὸν εἰπεῖν **μετὰ παρρησίας** πρὸς ὑμᾶς περὶ τοῦ πατριάρχου Δαυίδ ...

Acts 4,29 καὶ τὰ νῦν, κύριε, ἔπιδε ἐπὶ τὰς ἀπειλὰς αὐτῶν καὶ δὸς τοῖς δούλοις σου **μετὰ παρρησίας πάσης** λαλεῖν τὸν λόγον σου

Acts 4,31 ... καὶ ἐπλήσθησαν ἅπαντες τοῦ ἁγίου πνεύματος καὶ ἐλάλουν τὸν λόγον τοῦ θεοῦ **μετὰ παρρησίας.**

Acts 5,26 τότε ἀπελθὼν ὁ στρατηγὸς σὺν τοῖς ὑπηρέταις ἦγεν αὐτούς **οὐ μετὰ βίας,** ἐφοβοῦντο γὰρ τὸν λαόν μὴ λιθασθῶσιν.

j **Acts 5,37** **μετὰ τοῦτον** ἀνέστη Ἰούδας ὁ Γαλιλαῖος ἐν ταῖς ἡμέραις τῆς ἀπογραφῆς ...

g **Acts 7,4** ... κἀκεῖθεν **μετὰ τὸ ἀποθανεῖν** τὸν πατέρα αὐτοῦ μετῴκισεν αὐτὸν εἰς τὴν γῆν ταύτην εἰς ἣν ὑμεῖς νῦν κατοικεῖτε,

j **Acts 7,5** καὶ οὐκ ἔδωκεν αὐτῷ κληρονομίαν ἐν αὐτῇ οὐδὲ βῆμα ποδὸς καὶ ἐπηγγείλατο *δοῦναι αὐτῷ εἰς κατάσχεσιν αὐτὴν καὶ τῷ σπέρματι αὐτοῦ* ***μετ' αὐτόν,*** οὐκ ὄντος αὐτῷ τέκνου. ➤ Gen 48,4

h **Acts 7,7** *καὶ τὸ ἔθνος ᾧ ἐὰν δουλεύσουσιν κρινῶ ἐγώ,* ὁ θεὸς εἶπεν, *καὶ* ***μετὰ ταῦτα*** *ἐξελεύσονται* καὶ λατρεύσουσίν μοι ἐν τῷ τόπῳ τούτῳ. ➤ Gen 15,14

ef **Acts 7,9** καὶ οἱ πατριάρχαι ζηλώσαντες τὸν Ἰωσὴφ ἀπέδοντο εἰς Αἴγυπτον. καὶ ἦν ὁ θεὸς **μετ' αὐτοῦ**

Acts 7,38 οὗτός ἐστιν ὁ γενόμενος ἐν τῇ ἐκκλησίᾳ ἐν τῇ ἐρήμῳ **μετὰ τοῦ ἀγγέλου** τοῦ λαλοῦντος αὐτῷ ἐν τῷ ὄρει Σινᾶ καὶ τῶν πατέρων ἡμῶν, ...

Acts 7,45 ἣν καὶ εἰσήγαγον διαδεξάμενοι οἱ πατέρες ἡμῶν **μετὰ Ἰησοῦ** ἐν τῇ κατασχέσει τῶν ἐθνῶν, ...

Acts 9,19 καὶ λαβὼν τροφὴν ἐνίσχυσεν. ἐγένετο δὲ **μετὰ τῶν ἐν Δαμασκῷ μαθητῶν** ἡμέρας τινάς

e **Acts 9,28** καὶ ἦν **μετ' αὐτῶν** εἰσπορευόμενος καὶ ἐκπορευόμενος εἰς Ἰερουσαλήμ, ...

e **Acts 9,39** ἀναστὰς δὲ Πέτρος ... καὶ παρέστησαν αὐτῷ πᾶσαι αἱ χῆραι κλαίουσαι καὶ ἐπιδεικνύμεναι χιτῶνας καὶ ἱμάτια ὅσα ἐποίει **μετ' αὐτῶν** οὖσα ἡ Δορκάς.

j **Acts 10,37** → Lk 23,5 ... ἀρξάμενος ἀπὸ τῆς Γαλιλαίας **μετὰ τὸ βάπτισμα** ὃ ἐκήρυξεν Ἰωάννης,

ef **Acts 10,38** → Lk 3,22 → Lk 4,18 → Lk 13,16 → Lk 24,19 Ἰησοῦν τὸν ἀπὸ Ναζαρέθ, ὡς ἔχρισεν αὐτὸν ὁ θεὸς πνεύματι ἁγίῳ καὶ δυνάμει, ὃς διῆλθεν εὐεργετῶν καὶ ἰώμενος πάντας τοὺς καταδυναστευομένους ὑπὸ τοῦ διαβόλου, ὅτι ὁ θεὸς ἦν **μετ' αὐτοῦ.**

g **Acts 10,41** ... ἡμῖν, οἵτινες συνεφάγομεν καὶ συνεπίομεν αὐτῷ **μετὰ τὸ ἀναστῆναι** αὐτὸν ἐκ νεκρῶν·

ef **Acts 11,21** καὶ ἦν χεὶρ κυρίου **μετ' αὐτῶν,** πολύς τε ἀριθμὸς ὁ πιστεύσας ἐπέστρεψεν ἐπὶ τὸν κύριον.

j **Acts 12,4** ὃν καὶ πιάσας ἔθετο εἰς φυλακὴν παραδοὺς τέσσαρσιν τετραδίοις στρατιωτῶν φυλάσσειν αὐτόν, βουλόμενος
μετὰ τὸ πάσχα
ἀναγαγεῖν αὐτὸν τῷ λαῷ.

j **Acts 13,15** **μετὰ δὲ τὴν ἀνάγνωσιν τοῦ νόμου καὶ τῶν προφητῶν**
ἀπέστειλαν οἱ ἀρχισυνάγωγοι πρὸς αὐτοὺς λέγοντες· ...

Acts 13,17 ... καὶ
μετὰ βραχίονος ὑψηλοῦ
ἐξήγαγεν αὐτοὺς ἐξ αὐτῆς

h **Acts 13,20** ... καὶ
μετὰ ταῦτα
ἔδωκεν κριτὰς ἕως Σαμουὴλ [τοῦ] προφήτου.

j **Acts 13,25** ὡς δὲ ἐπλήρου Ἰωάννης τὸν δρόμον, ἔλεγεν· τί ἐμὲ ὑπονοεῖτε εἶναι; οὐκ εἰμὶ ἐγώ· ἀλλ᾽ ἰδοὺ ἔρχεται
→ Mt 3,11 → Mk 1,7 → Lk 3,16 → Jn 1,27
μετ᾽ ἐμὲ
οὗ οὐκ εἰμὶ ἄξιος τὸ ὑπόδημα τῶν ποδῶν λῦσαι.

Acts 14,23 χειροτονήσαντες δὲ αὐτοῖς κατ᾽ ἐκκλησίαν πρεσβυτέρους, προσευξάμενοι
μετὰ νηστειῶν
παρέθεντο αὐτοὺς τῷ κυρίῳ εἰς ὃν πεπιστεύκεισαν.

f **Acts 14,27** παραγενόμενοι δὲ καὶ συναγαγόντες τὴν ἐκκλησίαν ἀνήγγελλον ὅσα ἐποίησεν ὁ θεὸς
μετ᾽ αὐτῶν
καὶ ὅτι ἤνοιξεν τοῖς ἔθνεσιν θύραν πίστεως.

f **Acts 15,4** ... παρεδέχθησαν ἀπὸ τῆς ἐκκλησίας καὶ τῶν ἀποστόλων καὶ τῶν πρεσβυτέρων, ἀνήγγειλάν τε ὅσα ὁ θεὸς ἐποίησεν
μετ᾽ αὐτῶν.

g **Acts 15,13** **μετὰ δὲ τὸ σιγῆσαι**
αὐτοὺς ἀπεκρίθη Ἰάκωβος λέγων· ἄνδρες ἀδελφοί, ἀκούσατέ μου.

h **Acts 15,16** ***μετὰ ταῦτα***
ἀναστρέψω καὶ ἀνοικοδομήσω τὴν σκηνὴν Δαυὶδ τὴν πεπτωκυῖαν ...
➤ Jer 12,15; Amos 9,11 LXX

Acts 15,33 ποιήσαντες δὲ χρόνον ἀπελύθησαν
μετ᾽ εἰρήνης
ἀπὸ τῶν ἀδελφῶν πρὸς τοὺς ἀποστείλαντας αὐτούς.

Acts 15,35 Παῦλος δὲ καὶ Βαρναβᾶς διέτριβον ἐν Ἀντιοχείᾳ διδάσκοντες καὶ εὐαγγελιζόμενοι
μετὰ καὶ ἑτέρων πολλῶν
τὸν λόγον τοῦ κυρίου.

j **Acts 15,36** **μετὰ δέ τινας ἡμέρας**
εἶπεν πρὸς Βαρναβᾶν Παῦλος· ...

Acts 17,11 ... οἵτινες ἐδέξαντο τὸν λόγον
μετὰ πάσης προθυμίας
καθ᾽ ἡμέραν ἀνακρίνοντες τὰς γραφὰς εἰ ἔχοι ταῦτα οὕτως.

h **Acts 18,1** **μετὰ ταῦτα**
χωρισθεὶς ἐκ τῶν Ἀθηνῶν ἦλθεν εἰς Κόρινθον.

ef **Acts 18,10** διότι ἐγώ εἰμι
μετὰ σοῦ
καὶ οὐδεὶς ἐπιθήσεταί σοι τοῦ κακῶσαί σε, διότι λαός ἐστί μοι πολὺς ἐν τῇ πόλει ταύτῃ.

j **Acts 19,4** ... Ἰωάννης ἐβάπτισεν βάπτισμα μετανοίας τῷ λαῷ λέγων εἰς τὸν ἐρχόμενον
→ Mt 3,1-2 → Mk 1,4 → Lk 3,3 → Acts 13,24 → Mt 3,11 → Mk 1,8 → Lk 3,16
μετ᾽ αὐτὸν
ἵνα πιστεύσωσιν, τοῦτ᾽ ἔστιν εἰς τὸν Ἰησοῦν.

g **Acts 19,21** ὡς δὲ ἐπληρώθη ταῦτα, ἔθετο ὁ Παῦλος ἐν τῷ πνεύματι διελθὼν τὴν Μακεδονίαν καὶ Ἀχαΐαν πορεύεσθαι εἰς Ἱεροσόλυμα εἰπὼν ὅτι
μετὰ τὸ γενέσθαι
με ἐκεῖ δεῖ με καὶ Ῥώμην ἰδεῖν.

g **Acts 20,1** **μετὰ δὲ τὸ παύσασθαι**
τὸν θόρυβον μεταπεμψάμενος ὁ Παῦλος τοὺς μαθητὰς καὶ παρακαλέσας, ...

j **Acts 20,6** ἡμεῖς δὲ ἐξεπλεύσαμεν
μετὰ τὰς ἡμέρας τῶν ἀζύμων
ἀπὸ Φιλίππων ...

Acts 20,18 ... ὑμεῖς ἐπίστασθε, ἀπὸ πρώτης ἡμέρας ἀφ᾽ ἧς ἐπέβην εἰς τὴν Ἀσίαν, πῶς
μεθ᾽ ὑμῶν
τὸν πάντα χρόνον ἐγενόμην,

Acts 20,19 δουλεύων τῷ κυρίῳ
μετὰ πάσης ταπεινοφροσύνης καὶ δακρύων καὶ πειρασμῶν τῶν συμβάντων
μοι ἐν ταῖς ἐπιβουλαῖς τῶν Ἰουδαίων

j **Acts 20,29** ἐγὼ οἶδα ὅτι εἰσελεύσονται
μετὰ τὴν ἄφιξίν μου
λύκοι βαρεῖς εἰς ὑμᾶς μὴ φειδόμενοι τοῦ ποιμνίου

Acts 20,31 ... τριετίαν νύκτα καὶ ἡμέραν οὐκ ἐπαυσάμην
μετὰ δακρύων
νουθετῶν ἕνα ἕκαστον.

e **Acts 20,34** αὐτοὶ γινώσκετε ὅτι ταῖς χρείαις μου καὶ τοῖς οὖσιν
μετ᾽ ἐμοῦ
ὑπηρέτησαν αἱ χεῖρες αὗται.

j **Acts 21,15** **μετὰ δὲ τὰς ἡμέρας ταύτας**
ἐπισκευασάμενοι ἀνεβαίνομεν εἰς Ἱεροσόλυμα·

j **Acts 24,1** (2) **μετὰ δὲ πέντε ἡμέρας**
κατέβη ὁ ἀρχιερεὺς Ἁνανίας
μετὰ πρεσβυτέρων τινῶν καὶ ῥήτορος Τερτύλλου τινός,
οἵτινες ἐνεφάνισαν τῷ ἡγεμόνι κατὰ τοῦ Παύλου.

Acts 24,3 πάντῃ τε καὶ πανταχοῦ ἀποδεχόμεθα, κράτιστε Φῆλιξ,
μετὰ πάσης εὐχαριστίας.

Acts 24,18 (2) ἐν αἷς εὗρόν με ἡγνισμένον ἐν τῷ ἱερῷ
οὐ μετὰ ὄχλου
οὐδὲ μετὰ θορύβου

j **Acts 24,24** **μετὰ δὲ ἡμέρας τινὰς**
παραγενόμενος ὁ Φῆλιξ σὺν Δρουσίλλῃ τῇ ἰδίᾳ γυναικὶ οὔσῃ Ἰουδαίᾳ μετεπέμψατο τὸν Παῦλον ...

j	**Acts 25,1**	Φῆστος οὖν ἐπιβὰς τῇ ἐπαρχείᾳ **μετὰ τρεῖς ἡμέρας** ἀνέβη εἰς Ἱεροσόλυμα ἀπὸ Καισαρείας
	Acts 25,12	τότε ὁ Φῆστος συλλαλήσας **μετὰ τοῦ συμβουλίου** ἀπεκρίθη· Καίσαρα ἐπικέκλησαι, ἐπὶ Καίσαρα πορεύσῃ.
	Acts 25,23	τῇ οὖν ἐπαύριον ἐλθόντος τοῦ Ἀγρίππα καὶ τῆς Βερνίκης **μετὰ πολλῆς φαντασίας** καὶ εἰσελθόντων εἰς τὸ ἀκροατήριον ...
	Acts 26,12	ἐν οἷς πορευόμενος εἰς τὴν Δαμασκὸν **μετ' ἐξουσίας καὶ ἐπιτροπῆς τῆς τῶν ἀρχιερέων**
	Acts 27,10	λέγων αὐτοῖς· ἄνδρες, θεωρῶ ὅτι **μετὰ ὕβρεως καὶ πολλῆς ζημίας** οὐ μόνον τοῦ φορτίου καὶ τοῦ πλοίου ἀλλὰ καὶ τῶν ψυχῶν ἡμῶν μέλλειν ἔσεσθαι τὸν πλοῦν.
j	**Acts 27,14**	**μετ' οὐ πολὺ** δὲ ἔβαλεν κατ' αὐτῆς ἄνεμος τυφωνικὸς ὁ καλούμενος εὐρακύλων·
	Acts 27,24	λέγων· μὴ φοβοῦ, Παῦλε, Καίσαρί σε δεῖ παραστῆναι, καὶ ἰδοὺ κεχάρισταί σοι ὁ θεὸς πάντας τοὺς πλέοντας **μετὰ σοῦ**.
j	**Acts 28,11**	**μετὰ δὲ τρεῖς μῆνας** ἀνήχθημεν ἐν πλοίῳ παρακεχειμακότι ἐν τῇ νήσῳ, Ἀλεξανδρίνῳ, παρασήμῳ Διοσκούροις.
j	**Acts 28,13**	ὅθεν περιελόντες κατηντήσαμεν εἰς Ῥήγιον. καὶ **μετὰ μίαν ἡμέραν** ἐπιγενομένου νότου δευτεραῖοι ἤλθομεν εἰς Ποτιόλους
j	**Acts 28,17**	ἐγένετο δὲ **μετὰ ἡμέρας τρεῖς** συγκαλέσασθαι αὐτὸν τοὺς ὄντας τῶν Ἰουδαίων πρώτους· ...
	Acts 28,31	κηρύσσων τὴν βασιλείαν τοῦ θεοῦ καὶ διδάσκων τὰ περὶ τοῦ κυρίου Ἰησοῦ Χριστοῦ **μετὰ πάσης παρρησίας** ἀκωλύτως.

# μεταβαίνω	Syn 7	Mt 6	Mk	Lk 1	Acts 1	Jn 3	1-3John 1	Paul	Eph	Col
	NT 12	2Thess	1/2Tim	Tit	Heb	Jas	1Pet	2Pet	Jude	Rev

go, pass over; change one's place of residence

	triple tradition																	double tradition			Sondergut		
		+Mt / +Lk			−Mt / −Lk			traditions not taken over by Mt / Lk							subtotals								
code	*222*	*211*	*112*	*212*	*221*	*122*	*121*	*022*	*012*	*021*	*220*	*120*	*210*	*020*	Σ^+	Σ^-	Σ	*202*	*201*	*102*	*200*	*002*	total
Mt		2^+											1^+		3^+		3		2		1		**6**
Mk																							
Lk																				1			**1**

211	**Mt 8,34**	... καὶ ἰδόντες αὐτὸν παρεκάλεσαν ὅπως **μεταβῇ** ἀπὸ τῶν ὁρίων αὐτῶν.	**Mk 5,17**	καὶ ἤρξαντο παρακαλεῖν αὐτὸν **ἀπελθεῖν** ἀπὸ τῶν ὁρίων αὐτῶν.	**Lk 8,37**	καὶ ἠρώτησεν αὐτὸν ἅπαν τὸ πλῆθος τῆς περιχώρου τῶν Γερασηνῶν **ἀπελθεῖν** ἀπ' αὐτῶν, ...
200	**Mt 11,1**	καὶ ἐγένετο ὅτε ἐτέλεσεν ὁ Ἰησοῦς διατάσσων τοῖς δώδεκα μαθηταῖς αὐτοῦ, **μετέβη** ἐκεῖθεν τοῦ διδάσκειν καὶ κηρύσσειν ἐν ταῖς πόλεσιν αὐτῶν.				
211	**Mt 12,9**	καὶ **μεταβὰς** ἐκεῖθεν ἦλθεν εἰς τὴν συναγωγὴν αὐτῶν·	**Mk 3,1**	καὶ εἰσῆλθεν πάλιν εἰς τὴν συναγωγήν. ...	**Lk 6,6** → Lk 13,10 → Lk 14,1	ἐγένετο δὲ ἐν ἑτέρῳ σαββάτῳ εἰσελθεῖν αὐτὸν εἰς τὴν συναγωγὴν καὶ διδάσκειν. ...

	Mt	Mk	Lk	
210	**Mt 15,29** καὶ **μεταβὰς** ἐκεῖθεν ὁ Ἰησοῦς ἦλθεν παρὰ τὴν θάλασσαν τῆς Γαλιλαίας, ...	**Mk 7,31** καὶ πάλιν **ἐξελθὼν** ἐκ τῶν ὁρίων Τύρου ἦλθεν διὰ Σιδῶνος εἰς τὴν θάλασσαν τῆς Γαλιλαίας ...		
201	**Mt 17,20 (2)** → Mt 21,21 ... διὰ τὴν ὀλιγοπιστίαν ὑμῶν· ἀμὴν γὰρ λέγω ὑμῖν, ἐὰν ἔχητε πίστιν ὡς κόκκον σινάπεως, ἐρεῖτε τῷ ὄρει τούτῳ, **μετάβα** ἔνθεν ἐκεῖ, καὶ	**Mk 11,23** → Mk 9,23 [22] ... ἔχετε πίστιν θεοῦ. [23] ἀμὴν λέγω ὑμῖν ὅτι ὃς ἂν εἴπῃ τῷ ὄρει τούτῳ· **ἄρθητι** καὶ βλήθητι εἰς τὴν θάλασσαν, καὶ μὴ διακριθῇ ἐν τῇ καρδίᾳ αὐτοῦ ἀλλὰ πιστεύῃ ὅτι ὃ λαλεῖ γίνεται,	**Lk 17,6** ... εἰ ἔχετε πίστιν ὡς κόκκον σινάπεως, ἐλέγετε ἂν τῇ συκαμίνῳ [ταύτῃ]· **ἐκριζώθητι** καὶ φυτεύθητι ἐν τῇ θαλάσσῃ· καὶ	→ GTh 48 → GTh 106
201	**μεταβήσεται·** καὶ οὐδὲν ἀδυνατήσει ὑμῖν.	**ἔσται αὐτῷ.**	**ὑπήκουσεν** ἂν ὑμῖν.	
102	**Mt 10,10** ... ἄξιος γὰρ ὁ ἐργάτης τῆς τροφῆς αὐτοῦ.		**Lk 10,7** ἐν αὐτῇ δὲ τῇ οἰκίᾳ μένετε, ἐσθίοντες καὶ πίνοντες τὰ παρ' αὐτῶν· ἄξιος γὰρ ὁ ἐργάτης τοῦ μισθοῦ αὐτοῦ. **μὴ μεταβαίνετε** ἐξ οἰκίας εἰς οἰκίαν.	→ GTh 14,4 Mk-Q overlap
	Mt 10,11 ... κἀκεῖ μείνατε ἕως ἂν ἐξέλθητε.	**Mk 6,10** ... ἐκεῖ μένετε ἕως ἂν ἐξέλθητε ἐκεῖθεν.	**Lk 9,4** ... ἐκεῖ μένετε καὶ ἐκεῖθεν ἐξέρχεσθε.	

Acts 18,7 καὶ
μεταβὰς
ἐκεῖθεν εἰσῆλθεν εἰς
οἰκίαν τινὸς ὀνόματι
Τιτίου Ἰούστου
σεβομένου τὸν θεόν, ...

μεταδίδωμι	Syn 1	Mt	Mk	Lk 1	Acts	Jn	1-3John	Paul 3	Eph 1	Col
	NT 5	2Thess	1/2Tim	Tit	Heb	Jas	1Pet	2Pet	Jude	Rev

give (a part of); impart; share

	Mt	Mk	Lk	
002			**Lk 3,11** ... ὁ ἔχων δύο χιτῶνας **μεταδότω** τῷ μὴ ἔχοντι, καὶ ὁ ἔχων βρώματα ὁμοίως ποιείτω.	

μεταίρω	Syn 2	Mt 2	Mk	Lk	Acts	Jn	1-3John	Paul	Eph	Col
	NT 2	2Thess	1/2Tim	Tit	Heb	Jas	1Pet	2Pet	Jude	Rev

go away

	Mt	Mk	Lk	
210	**Mt 13,53** καὶ ἐγένετο ὅτε ἐτέλεσεν ὁ Ἰησοῦς τὰς παραβολὰς ταύτας, **μετῆρεν** ἐκεῖθεν.	**Mk 6,1** καὶ **ἐξῆλθεν** ἐκεῖθεν		
	Mt 13,54 καὶ ἐλθὼν εἰς τὴν πατρίδα αὐτοῦ ...	καὶ ἔρχεται εἰς τὴν πατρίδα αὐτοῦ, ...	**Lk 4,16** καὶ ἦλθεν εἰς Ναζαρά, οὗ ἦν τεθραμμένος ...	

	Mt		Mk		Lk		
210	**Mt 19,1** → Lk 9,51	καὶ ἐγένετο ὅτε ἐτέλεσεν ὁ Ἰησοῦς τοὺς λόγους τούτους, **μετῆρεν** ἀπὸ τῆς Γαλιλαίας καὶ ἦλθεν εἰς τὰ ὅρια τῆς Ἰουδαίας πέραν τοῦ Ἰορδάνου.	**Mk 10,1** → Lk 9,51	καὶ ἐκεῖθεν **ἀναστὰς** ἔρχεται εἰς τὰ ὅρια τῆς Ἰουδαίας [καὶ] πέραν τοῦ Ἰορδάνου, ...			

μεταμέλομαι	Syn 3	Mt 3	Mk	Lk	Acts	Jn	1-3John	Paul 2	Eph	Col
	NT 6	2Thess	1/2Tim	Tit	Heb 1	Jas	1Pet	2Pet	Jude	Rev

(feel) regret; repent

	Mt		Mk		Lk		
200	**Mt 21,29**	ὁ δὲ ἀποκριθεὶς εἶπεν· οὐ θέλω, ὕστερον δὲ **μεταμεληθεὶς** ἀπῆλθεν.					
201	**Mt 21,32**	ἦλθεν γὰρ Ἰωάννης πρὸς ὑμᾶς ἐν ὁδῷ δικαιοσύνης, καὶ οὐκ ἐπιστεύσατε αὐτῷ, οἱ δὲ τελῶναι καὶ αἱ πόρναι ἐπίστευσαν αὐτῷ· ὑμεῖς δὲ ἰδόντες **οὐδὲ μετεμελήθητε** ὕστερον τοῦ πιστεῦσαι αὐτῷ.			**Lk 7,30**	[29] καὶ πᾶς ὁ λαὸς ἀκούσας καὶ οἱ τελῶναι ἐδικαίωσαν τὸν θεόν βαπτισθέντες τὸ βάπτισμα Ἰωάννου· [30] οἱ δὲ Φαρισαῖοι καὶ οἱ νομικοὶ τὴν βουλὴν τοῦ θεοῦ ἠθέτησαν εἰς ἑαυτούς μὴ βαπτισθέντες ὑπ' αὐτοῦ.	
200	**Mt 27,3**	τότε ἰδὼν Ἰούδας ὁ παραδιδοὺς αὐτὸν ὅτι κατεκρίθη, **μεταμεληθεὶς** ἔστρεψεν τὰ τριάκοντα ἀργύρια τοῖς ἀρχιερεῦσιν καὶ πρεσβυτέροις					

μεταμορφόομαι	Syn 2	Mt 1	Mk 1	Lk	Acts	Jn	1-3John	Paul 2	Eph	Col
	NT 4	2Thess	1/2Tim	Tit	Heb	Jas	1Pet	2Pet	Jude	Rev

be transformed; be transfigured

	Mt		Mk		Lk		
221	**Mt 17,2** → Mt 28,3	καὶ **μετεμορφώθη** **ἔμπροσθεν αὐτῶν,** **καὶ ἔλαμψεν** **τὸ πρόσωπον** **αὐτοῦ ὡς ὁ ἥλιος,** τὰ δὲ ἱμάτια αὐτοῦ ἐγένετο λευκὰ ὡς τὸ φῶς.	**Mk 9,2**	... καὶ **μετεμορφώθη** **ἔμπροσθεν αὐτῶν,** [3] καὶ τὰ ἱμάτια αὐτοῦ ἐγένετο στίλβοντα λευκὰ λίαν, ...	**Lk 9,29**	καὶ **ἐγένετο ἐν τῷ** **προσεύχεσθαι** **αὐτὸν τὸ εἶδος** **τοῦ προσώπου αὐτοῦ** **ἕτερον** καὶ ὁ ἱματισμὸς αὐτοῦ λευκὸς ἐξαστράπτων.	

μετανοέω	Syn 16	Mt 5	Mk 2	Lk 9	Acts 5	Jn	1-3John	Paul 1	Eph	Col
	NT 34	2Thess	1/2Tim	Tit	Heb	Jas	1Pet	2Pet	Jude	Rev 12

change one’s mind; feel remorse; repent; be converted

	triple tradition																	double tradition			Sondergut		
		+Mt / +Lk			−Mt / −Lk			traditions not taken over by Mt / Lk							subtotals								
code	222	211	112	212	221	122	121	022	012	021	220	120	210	020	Σ⁺	Σ⁻	Σ	202	201	102	200	002	total
Mt		1⁺									1				1⁺		2	2			1		**5**
Mk										1	1						2						**2**
Lk										1⁻						1⁻		2		3		4	**9**

code	Mt		Mk		Lk		
211	**Mt 3,2**	[1] ... παραγίνεται Ἰωάννης ὁ βαπτιστὴς κηρύσσων ἐν τῇ ἐρήμῳ τῆς Ἰουδαίας [2] [καὶ] λέγων· **μετανοεῖτε·** ἤγγικεν γὰρ ἡ βασιλεία τῶν οὐρανῶν.	**Mk 1,4**	ἐγένετο Ἰωάννης [ὁ] βαπτίζων ἐν τῇ ἐρήμῳ καὶ κηρύσσων **βάπτισμα μετανοίας** εἰς ἄφεσιν ἁμαρτιῶν.	**Lk 3,3**	καὶ ἦλθεν εἰς πᾶσαν [τὴν] περίχωρον τοῦ Ἰορδάνου κηρύσσων **βάπτισμα μετανοίας** εἰς ἄφεσιν ἁμαρτιῶν	→ Acts 13,24 → Acts 19,4
	Mt 4,17 → Mt 4,23 → Mt 9,35	ἀπὸ τότε ἤρξατο ὁ Ἰησοῦς κηρύσσειν	**Mk 1,14** → Mk 1,39 → Mk 6,6	μετὰ δὲ τὸ παραδοθῆναι τὸν Ἰωάννην ἦλθεν ὁ Ἰησοῦς εἰς τὴν Γαλιλαίαν κηρύσσων τὸ εὐαγγέλιον τοῦ θεοῦ	**Lk 4,15** → Lk 4,44 → Lk 8,1	καὶ αὐτὸς ἐδίδασκεν ἐν ταῖς συναγωγαῖς αὐτῶν δοξαζόμενος ὑπὸ πάντων.	
220		καὶ λέγειν· **μετανοεῖτε·** ἤγγικεν γὰρ ἡ βασιλεία τῶν οὐρανῶν.	**Mk 1,15**	καὶ λέγων ὅτι πεπλήρωται ὁ καιρὸς καὶ ἤγγικεν ἡ βασιλεία τοῦ θεοῦ· **μετανοεῖτε** καὶ πιστεύετε ἐν τῷ εὐαγγελίῳ.			
200	**Mt 11,20**	τότε ἤρξατο ὀνειδίζειν τὰς πόλεις ἐν αἷς ἐγένοντο αἱ πλεῖσται δυνάμεις αὐτοῦ, ὅτι **οὐ μετενόησαν·**					
202	**Mt 11,21**	οὐαί σοι, Χοραζίν, οὐαί σοι, Βηθσαϊδά· ὅτι εἰ ἐν Τύρῳ καὶ Σιδῶνι ἐγένοντο αἱ δυνάμεις αἱ γενόμεναι ἐν ὑμῖν, πάλαι ἂν ἐν σάκκῳ καὶ σποδῷ **μετενόησαν.**			**Lk 10,13**	οὐαί σοι, Χοραζίν, οὐαί σοι, Βηθσαϊδά· ὅτι εἰ ἐν Τύρῳ καὶ Σιδῶνι ἐγενήθησαν αἱ δυνάμεις αἱ γενόμεναι ἐν ὑμῖν, πάλαι ἂν ἐν σάκκῳ καὶ σποδῷ καθήμενοι **μετενόησαν.**	
202	**Mt 12,41** → Mt 12,6	ἄνδρες Νινευῖται ἀναστήσονται ἐν τῇ κρίσει μετὰ τῆς γενεᾶς ταύτης καὶ κατακρινοῦσιν αὐτήν, ὅτι **μετενόησαν** εἰς τὸ κήρυγμα Ἰωνᾶ, καὶ ἰδοὺ πλεῖον Ἰωνᾶ ὧδε.			**Lk 11,32**	ἄνδρες Νινευῖται ἀναστήσονται ἐν τῇ κρίσει μετὰ τῆς γενεᾶς ταύτης καὶ κατακρινοῦσιν αὐτήν· ὅτι **μετενόησαν** εἰς τὸ κήρυγμα Ἰωνᾶ, καὶ ἰδοὺ πλεῖον Ἰωνᾶ ὧδε.	
021			**Mk 6,12**	καὶ ἐξελθόντες ἐκήρυξαν ἵνα **μετανοῶσιν,** [13] καὶ δαιμόνια πολλὰ ἐξέβαλλον, καὶ ἤλειφον ἐλαίῳ πολλοὺς ἀρρώστους καὶ ἐθεράπευον.	**Lk 9,6**	ἐξερχόμενοι δὲ διήρχοντο κατὰ τὰς κώμας εὐαγγελιζόμενοι καὶ θεραπεύοντες πανταχοῦ.	

code	Mt ref	Mt text	Lk ref	Lk text	other
002			Lk 13,3	οὐχί, λέγω ὑμῖν, ἀλλ' ἐὰν **μὴ μετανοῆτε** πάντες ὁμοίως ἀπολεῖσθε.	
002			Lk 13,5	οὐχί, λέγω ὑμῖν, ἀλλ' ἐὰν **μὴ μετανοῆτε** πάντες ὡσαύτως ἀπολεῖσθε.	
102	Mt 18,13	καὶ ἐὰν γένηται εὑρεῖν αὐτό, ἀμὴν λέγω ὑμῖν ὅτι χαίρει **ἐπ' αὐτῷ** μᾶλλον ἢ ἐπὶ τοῖς ἐνενήκοντα ἐννέα τοῖς μὴ πεπλανημένοις.	Lk 15,7 ↓Lk 15,10	[5] καὶ εὑρὼν ἐπιτίθησιν ἐπὶ τοὺς ὤμους αὐτοῦ χαίρων [6] ... [7] λέγω ὑμῖν ὅτι οὕτως χαρὰ ἐν τῷ οὐρανῷ ἔσται **ἐπὶ ἑνὶ ἁμαρτωλῷ μετανοοῦντι** ἢ ἐπὶ ἐνενήκοντα ἐννέα δικαίοις οἵτινες οὐ χρείαν ἔχουσιν μετανοίας.	→ GTh 107
002			Lk 15,10 ↑Lk 15,7	οὕτως, λέγω ὑμῖν, γίνεται χαρὰ ἐνώπιον τῶν ἀγγέλων τοῦ θεοῦ **ἐπὶ ἑνὶ ἁμαρτωλῷ μετανοοῦντι.**	
002			Lk 16,30	ὁ δὲ εἶπεν· οὐχί, πάτερ Ἀβραάμ, ἀλλ' ἐάν τις ἀπὸ νεκρῶν πορευθῇ πρὸς αὐτοὺς **μετανοήσουσιν.**	
102	Mt 18,15 ↓Mt 18,21-22	ἐὰν δὲ ἁμαρτήσῃ [εἰς σὲ] ὁ ἀδελφός σου, ὕπαγε ἔλεγξον αὐτὸν μεταξὺ σοῦ καὶ αὐτοῦ μόνου. ἐάν σου **ἀκούσῃ,** ἐκέρδησας τὸν ἀδελφόν σου·	Lk 17,3 ↓Lk 17,4	προσέχετε ἑαυτοῖς. ἐὰν ἁμάρτῃ ὁ ἀδελφός σου ἐπιτίμησον αὐτῷ, καὶ ἐὰν **μετανοήσῃ** ἄφες αὐτῷ.	
102	Mt 18,21 ↑Mt 18,15	τότε προσελθὼν ὁ Πέτρος εἶπεν αὐτῷ· κύριε, ποσάκις ἁμαρτήσει εἰς ἐμὲ ὁ ἀδελφός μου καὶ ἀφήσω αὐτῷ; ἕως ἑπτάκις; [22] λέγει αὐτῷ ὁ Ἰησοῦς· οὐ λέγω σοι ἕως ἑπτάκις ἀλλὰ ἕως ἑβδομηκοντάκις ἑπτά.	Lk 17,4 ↑Lk 17,3	καὶ ἐὰν ἑπτάκις τῆς ἡμέρας ἁμαρτήσῃ εἰς σὲ καὶ ἑπτάκις ἐπιστρέψῃ πρὸς σὲ λέγων· **μετανοῶ,** ἀφήσεις αὐτῷ.	

Acts 2,38 Πέτρος δὲ πρὸς αὐτούς· **μετανοήσατε,** [φησίν,] καὶ βαπτισθήτω ἕκαστος ὑμῶν ἐπὶ τῷ ὀνόματι Ἰησοῦ Χριστοῦ εἰς ἄφεσιν τῶν ἁμαρτιῶν ὑμῶν καὶ λήμψεσθε τὴν δωρεὰν τοῦ ἁγίου πνεύματος.

Acts 3,19 **μετανοήσατε** οὖν καὶ ἐπιστρέψατε εἰς τὸ ἐξαλειφθῆναι ὑμῶν τὰς ἁμαρτίας

Acts 8,22 **μετανόησον** οὖν ἀπὸ τῆς κακίας σου ταύτης καὶ δεήθητι τοῦ κυρίου, εἰ ἄρα ἀφεθήσεταί σοι ἡ ἐπίνοια τῆς καρδίας σου

Acts 17,30 τοὺς μὲν οὖν χρόνους τῆς ἀγνοίας ὑπεριδὼν ὁ θεός, τὰ νῦν παραγγέλλει τοῖς ἀνθρώποις πάντας πανταχοῦ **μετανοεῖν**

Acts 26,20 → Lk 3,8 ἀλλὰ τοῖς ἐν Δαμασκῷ πρῶτόν τε καὶ Ἱεροσολύμοις, πᾶσάν τε τὴν χώραν τῆς Ἰουδαίας καὶ τοῖς ἔθνεσιν ἀπήγγελλον **μετανοεῖν** καὶ ἐπιστρέφειν ἐπὶ τὸν θεόν, ἄξια τῆς μετανοίας ἔργα πράσσοντας.

μετάνοια	Syn 8	Mt 2	Mk 1	Lk 5	Acts 6	Jn	1-3John	Paul 3	Eph	Col
	NT 22	2Thess	1/2Tim 1	Tit	Heb 3	Jas	1Pet	2Pet 1	Jude	Rev

change of mind; repentance; turning about; conversion

	triple tradition																	double tradition			Sondergut		
		+Mt / +Lk			–Mt / –Lk			traditions not taken over by Mt / Lk							subtotals								
code	222	211	112	212	221	122	121	022	012	021	220	120	210	020	Σ⁺	Σ⁻	Σ	202	201	102	200	002	total
Mt						1^-										1^-		1	1				2
Mk						1											1						1
Lk			1^+			1									1^+		2	1		1		1	5

code	Mt		Mk		Lk		
122	**Mt 3,2** → Lk 3,2	[1] ... παραγίνεται Ἰωάννης ὁ βαπτιστὴς κηρύσσων ἐν τῇ ἐρήμῳ τῆς Ἰουδαίας [2] [καὶ] λέγων· **μετανοεῖτε·** ἤγγικεν γὰρ ἡ βασιλεία τῶν οὐρανῶν.	**Mk 1,4** → Lk 3,2	ἐγένετο Ἰωάννης [ὁ] βαπτίζων ἐν τῇ ἐρήμῳ καὶ κηρύσσων **βάπτισμα μετανοίας** εἰς ἄφεσιν ἁμαρτιῶν.	**Lk 3,3** → Mt 3,5	καὶ ἦλθεν εἰς πᾶσαν [τὴν] περίχωρον τοῦ Ἰορδάνου κηρύσσων **βάπτισμα μετανοίας** εἰς ἄφεσιν ἁμαρτιῶν	→ **Acts 13,24** → **Acts 19,4**
202	**Mt 3,8**	ποιήσατε οὖν καρπὸν ἄξιον **τῆς μετανοίας**			**Lk 3,8**	ποιήσατε οὖν καρποὺς ἀξίους **τῆς μετανοίας** ...	→ **Acts 26,20**
201	**Mt 3,11**	ἐγὼ μὲν ὑμᾶς βαπτίζω ἐν ὕδατι **εἰς μετάνοιαν**, ...	**Mk 1,8**	ἐγὼ ἐβάπτισα ὑμᾶς ὕδατι, ...	**Lk 3,16**	... ἐγὼ μὲν ὕδατι βαπτίζω ὑμᾶς· ...	→ Jn 1,26 → Acts 1,5 → Acts 11,16 → **Acts 13,24** → **Acts 19,4** Mk-Q overlap
112	**Mt 9,13**	... οὐ γὰρ ἦλθον καλέσαι δικαίους ἀλλὰ ἁμαρτωλούς.	**Mk 2,17**	... οὐκ ἦλθον καλέσαι δικαίους ἀλλὰ ἁμαρτωλούς.	**Lk 5,32**	οὐκ ἐλήλυθα καλέσαι δικαίους ἀλλὰ ἁμαρτωλοὺς **εἰς μετάνοιαν.**	
102	**Mt 18,13**	... ἢ ἐπὶ τοῖς ἐνενήκοντα ἐννέα τοῖς μὴ πεπλανημένοις.			**Lk 15,7** → Lk 15,10	... ἢ ἐπὶ ἐνενήκοντα ἐννέα δικαίοις οἵτινες οὐ χρείαν ἔχουσιν **μετανοίας.**	→ GTh 107
002					**Lk 24,47** → Mt 28,19-20	καὶ κηρυχθῆναι ἐπὶ τῷ ὀνόματι αὐτοῦ **μετάνοιαν** εἰς ἄφεσιν ἁμαρτιῶν εἰς πάντα τὰ ἔθνη. ...	

Acts 5,31 τοῦτον ὁ θεὸς ἀρχηγὸν καὶ σωτῆρα ὕψωσεν τῇ δεξιᾷ αὐτοῦ [τοῦ] δοῦναι **μετάνοιαν** τῷ Ἰσραὴλ καὶ ἄφεσιν ἁμαρτιῶν.

Acts 11,18 ... ἄρα καὶ τοῖς ἔθνεσιν ὁ θεὸς **τὴν μετάνοιαν** εἰς ζωὴν ἔδωκεν.

Acts 13,24 (→ Mt 3,1-2; → **Mk 1,4**; → **Lk 3,3**; → **Acts 19,4**) προκηρύξαντος Ἰωάννου πρὸ προσώπου τῆς εἰσόδου αὐτοῦ **βάπτισμα μετανοίας** παντὶ τῷ λαῷ Ἰσραήλ.

Acts 19,4 (→ Mt 3,1-2; → **Mk 1,4**; → **Lk 3,3**; → **Mt 3,11**; → Mk 1,8; → Lk 3,16; → **Acts 13,24**) ... Ἰωάννης ἐβάπτισεν **βάπτισμα μετανοίας** τῷ λαῷ λέγων εἰς τὸν ἐρχόμενον μετ' αὐτὸν ἵνα πιστεύσωσιν, τοῦτ' ἔστιν εἰς τὸν Ἰησοῦν.

Acts 20,21 διαμαρτυρόμενος Ἰουδαίοις τε καὶ Ἕλλησιν τὴν εἰς θεὸν **μετάνοιαν** καὶ πίστιν εἰς τὸν κύριον ἡμῶν Ἰησοῦν.

Acts 26,20 (→ **Mt 3,8**; → **Lk 3,8**) ἀλλὰ τοῖς ἐν Δαμασκῷ πρῶτόν τε καὶ Ἱεροσολύμοις, πᾶσάν τε τὴν χώραν τῆς Ἰουδαίας καὶ τοῖς ἔθνεσιν ἀπήγγελλον μετανοεῖν καὶ ἐπιστρέφειν ἐπὶ τὸν θεόν, ἄξια **τῆς μετανοίας** ἔργα πράσσοντας.

μεταξύ	Syn 4	Mt 2	Mk	Lk 2	Acts 3	Jn 1	1-3John	Paul 1	Eph	Col
	NT 9	2Thess	1/2Tim	Tit	Heb	Jas	1Pet	2Pet	Jude	Rev

between; in the middle of

	Mt	Mk	Lk	
201	**Mt 18,15** → Mt 18,21-22 ἐὰν δὲ ἁμαρτήσῃ [εἰς σὲ] ὁ ἀδελφός σου, ὕπαγε ἔλεγξον αὐτὸν **μεταξὺ σοῦ καὶ** **αὐτοῦ μόνου.** ἐάν σου ἀκούσῃ, ἐκέρδησας τὸν ἀδελφόν σου·		**Lk 17,3** → Lk 17,4 ... ἐὰν ἁμάρτῃ ὁ ἀδελφός σου ἐπιτίμησον αὐτῷ, καὶ ἐὰν μετανοήσῃ ἄφες αὐτῷ.	
202	**Mt 23,35** ... ἀπὸ τοῦ αἵματος Ἅβελ τοῦ δικαίου ἕως τοῦ αἵματος Ζαχαρίου υἱοῦ Βαραχίου, ὃν ἐφονεύσατε **μεταξὺ** **τοῦ ναοῦ καὶ** **τοῦ θυσιαστηρίου.**		**Lk 11,51** ἀπὸ αἵματος Ἅβελ ἕως αἵματος Ζαχαρίου τοῦ ἀπολομένου **μεταξὺ** **τοῦ θυσιαστηρίου** **καὶ τοῦ οἴκου· ...**	
002			**Lk 16,26** καὶ ἐν πᾶσι τούτοις **μεταξὺ ἡμῶν** **καὶ ὑμῶν** χάσμα μέγα ἐστήρικται, ...	

Acts 12,6 ὅτε δὲ ἤμελλεν προ- αγαγεῖν αὐτὸν ὁ Ἡρῴδης, τῇ νυκτὶ ἐκείνῃ ἦν ὁ Πέτρος κοιμώμενος **μεταξὺ δύο** **στρατιωτῶν** δεδεμένος ἁλύσεσιν δυσίν φύλακές τε πρὸ τῆς θύρας ἐτήρουν τὴν φυλακήν.	**Acts 13,42** ἐξιόντων δὲ αὐτῶν παρεκάλουν **εἰς τὸ μεταξὺ** **σάββατον** λαληθῆναι αὐτοῖς τὰ ῥήματα ταῦτα.	**Acts 15,9** καὶ οὐθὲν διέκρινεν **μεταξὺ ἡμῶν** **τε καὶ αὐτῶν** τῇ πίστει καθαρίσας τὰς καρδίας αὐτῶν.

μετεωρίζομαι	Syn 1	Mt	Mk	Lk 1	Acts	Jn	1-3John	Paul	Eph	Col
	NT 1	2Thess	1/2Tim	Tit	Heb	Jas	1Pet	2Pet	Jude	Rev

be anxious; be worried

	Mt	Mk	Lk	
102	**Mt 6,31** μὴ οὖν μεριμνήσητε λέγοντες· τί φάγωμεν; ἤ· τί πίωμεν; ἤ· τί περιβαλώμεθα;		**Lk 12,29** καὶ ὑμεῖς μὴ ζητεῖτε τί φάγητε καὶ τί πίητε, καὶ **μὴ μετεωρίζεσθε·**	

μετοικεσία	Syn 4	Mt 4	Mk	Lk	Acts	Jn	1-3John	Paul	Eph	Col
	NT 4	2Thess	1/2Tim	Tit	Heb	Jas	1Pet	2Pet	Jude	Rev

removal to another place of habitation; deportation

	Mt	
200	**Mt 1,11** Ἰωσίας δὲ ἐγέννησεν τὸν Ἰεχονίαν καὶ τοὺς ἀδελφοὺς αὐτοῦ **ἐπὶ τῆς μετοικεσίας** **Βαβυλῶνος.**	

	Mt	Mk	Lk	
200	**Mt 1,12** **μετὰ δὲ τὴν μετοικεσίαν Βαβυλῶνος** Ἰεχονίας ἐγέννησεν τὸν Σαλαθιήλ, Σαλαθιὴλ δὲ ἐγέννησεν τὸν Ζοροβαβέλ		**Lk 3,27** ... τοῦ Ζοροβαβὲλ τοῦ Σαλαθιὴλ τοῦ Νηρὶ	
 200 200	**Mt 1,17** (2) πᾶσαι οὖν αἱ γενεαὶ ἀπὸ Ἀβραὰμ ἕως Δαυὶδ γενεαὶ δεκατέσσαρες, καὶ ἀπὸ Δαυὶδ **ἕως τῆς μετοικεσίας Βαβυλῶνος** γενεαὶ δεκατέσσαρες, καὶ **ἀπὸ τῆς μετοικεσίας Βαβυλῶνος** ἕως τοῦ Χριστοῦ γενεαὶ δεκατέσσαρες.			

μέτοχος	Syn	Mt	Mk	Lk	Acts	Jn	1-3John	Paul	Eph	Col
	1			1						
	NT	2Thess	1/2Tim	Tit	Heb	Jas	1Pet	2Pet	Jude	Rev
	6				5					

sharing; participation; partner; companion

	Mt	Mk	Lk	
002			**Lk 5,7** καὶ κατένευσαν **τοῖς μετόχοις** ἐν τῷ ἑτέρῳ πλοίῳ τοῦ ἐλθόντας συλλαβέσθαι αὐτοῖς· ...	

μετρέω	Syn	Mt	Mk	Lk	Acts	Jn	1-3John	Paul	Eph	Col
	5	2	2	1				1		
	NT	2Thess	1/2Tim	Tit	Heb	Jas	1Pet	2Pet	Jude	Rev
	11									5

measure; take the dimensions of; give out; deal out; apportion

	Mt	Mk	Lk	
  202 201	**Mt 7,2** (2) ἐν ᾧ γὰρ κρίματι κρίνετε κριθήσεσθε, καὶ ἐν ᾧ μέτρῳ **μετρεῖτε** **μετρηθήσεται** ὑμῖν.	**Mk 4,24** (2) ... ἐν ᾧ μέτρῳ **μετρεῖτε** **μετρηθήσεται** ὑμῖν καὶ προστεθήσεται ὑμῖν.	**Lk 6,38** ... ᾧ γὰρ μέτρῳ **μετρεῖτε** **ἀντιμετρηθήσεται** ὑμῖν.	Mk-Q overlap
 020 020	**Mt 7,2** (2) ἐν ᾧ γὰρ κρίματι κρίνετε κριθήσεσθε, καὶ ἐν ᾧ μέτρῳ **μετρεῖτε** **μετρηθήσεται** ὑμῖν.	**Mk 4,24** (2) ... ἐν ᾧ μέτρῳ **μετρεῖτε** **μετρηθήσεται** ὑμῖν καὶ προστεθήσεται ὑμῖν.	**Lk 6,38** ... ᾧ γὰρ μέτρῳ **μετρεῖτε** **ἀντιμετρηθήσεται** ὑμῖν.	Mk-Q overlap

μέτρον

	Syn	Mt	Mk	Lk	Acts	Jn	1-3John	Paul	Eph	Col
μέτρον	5	2	1	2		1		3	3	
	NT	2Thess	1/2Tim	Tit	Heb	Jas	1Pet	2Pet	Jude	Rev
	14									2

measure

	Mt		Mk		Lk		
002					**Lk 6,38** (2)	δίδοτε, καὶ δοθήσεται ὑμῖν· **μέτρον καλὸν πεπιεσμένον σεσαλευμένον ὑπερεκχυννόμενον** δώσουσιν εἰς τὸν κόλπον ὑμῶν·	
202	**Mt 7,2**	ἐν ᾧ γὰρ κρίματι κρίνετε κριθήσεσθε, καὶ **ἐν ᾧ μέτρῳ** μετρεῖτε μετρηθήσεται ὑμῖν.	Mk 4,24	... ἐν ᾧ μέτρῳ μετρεῖτε μετρηθήσεται ὑμῖν καὶ προστεθήσεται ὑμῖν.		**ᾧ γὰρ μέτρῳ** μετρεῖτε ἀντιμετρηθήσεται ὑμῖν.	Mk-Q overlap
020	Mt 7,2	ἐν ᾧ γὰρ κρίματι κρίνετε κριθήσεσθε, καὶ ἐν ᾧ μέτρῳ μετρεῖτε μετρηθήσεται ὑμῖν.	**Mk 4,24**	**... ἐν ᾧ μέτρῳ** μετρεῖτε μετρηθήσεται ὑμῖν καὶ προστεθήσεται ὑμῖν.	Lk 6,38 (2)	... ᾧ γὰρ μέτρῳ μετρεῖτε ἀντιμετρηθήσεται ὑμῖν.	Mk-Q overlap
201	**Mt 23,32**	[31] ὥστε μαρτυρεῖτε ἑαυτοῖς ὅτι υἱοί ἐστε τῶν φονευσάντων τοὺς προφήτας. [32] καὶ ὑμεῖς πληρώσατε **τὸ μέτρον τῶν πατέρων ὑμῶν.**			**Lk 11,48**	ἄρα μάρτυρές ἐστε καὶ συνευδοκεῖτε **τοῖς ἔργοις τῶν πατέρων ὑμῶν,** ὅτι αὐτοὶ μὲν ἀπέκτειναν αὐτούς, ὑμεῖς δὲ οἰκοδομεῖτε.	

μέχρι, μέχρις

	Syn	Mt	Mk	Lk	Acts	Jn	1-3John	Paul	Eph	Col
μέχρι, μέχρις	4	2	1	1	2			5	1	
	NT	2Thess	1/2Tim	Tit	Heb	Jas	1Pet	2Pet	Jude	Rev
	17		2		3					

until

	Mt		Mk		Lk		
201	**Mt 11,23**	καὶ σύ, Καφαρναούμ, μὴ ἕως οὐρανοῦ ὑψωθήσῃ; *ἕως ᾅδου καταβήσῃ·* ὅτι εἰ ἐν Σοδόμοις ἐγενήθησαν αἱ δυνάμεις αἱ γενόμεναι ἐν σοί, ἔμεινεν ἂν **μέχρι τῆς σήμερον.** ➢ Isa 14,13.15			**Lk 10,15**	καὶ σύ, Καφαρναούμ, μὴ ἕως οὐρανοῦ ὑψωθήσῃ; *ἕως τοῦ ᾅδου καταβήσῃ.* ➢ Isa 14,13.15	
102	**Mt 11,13** → Mt 5,17	πάντες γὰρ οἱ προφῆται καὶ ὁ νόμος **ἕως Ἰωάννου** ἐπροφήτευσαν·			**Lk 16,16**	ὁ νόμος καὶ οἱ προφῆται **μέχρι Ἰωάννου· ...**	
121	**Mt 24,34** → Mt 16,28	ἀμὴν λέγω ὑμῖν ὅτι οὐ μὴ παρέλθῃ ἡ γενεὰ αὕτη **ἕως ἂν** πάντα ταῦτα γένηται.	**Mk 13,30** → Mk 9,1	ἀμὴν λέγω ὑμῖν ὅτι οὐ μὴ παρέλθῃ ἡ γενεὰ αὕτη **μέχρις οὗ** ταῦτα πάντα γένηται.	**Lk 21,32** → Lk 9,27	ἀμὴν λέγω ὑμῖν ὅτι οὐ μὴ παρέλθῃ ἡ γενεὰ αὕτη **ἕως ἂν** πάντα γένηται.	
200	**Mt 28,15**	... καὶ διεφημίσθη ὁ λόγος οὗτος παρὰ Ἰουδαίοις **μέχρι τῆς σήμερον [ἡμέρας].**					

Acts 10,30 καὶ ὁ Κορνήλιος ἔφη· ἀπὸ τετάρτης ἡμέρας **μέχρι ταύτης τῆς ὥρας** ἤμην τὴν ἐνάτην προσευχόμενος ἐν τῷ οἴκῳ μου, ...

Acts 20,7 ἐν δὲ τῇ μιᾷ τῶν σαββάτων συνηγμένων ἡμῶν κλάσαι ἄρτον, ὁ Παῦλος διελέγετο αὐτοῖς μέλλων ἐξιέναι τῇ ἐπαύριον, παρέτεινέν τε τὸν λόγον **μέχρι μεσονυκτίου.**

μή

μή	Syn 344	Mt 128	Mk 76	Lk 140	Acts 64	Jn 117	1-3John 27	Paul 273	Eph 16	Col 10
	NT 1041	2Thess 11	1/2Tim 28	Tit 14	Heb 40	Jas 24	1Pet 14	2Pet 6	Jude 3	Rev 50

not; *generally used with non-indicative verbs*; *used in questions when a negative answer is expected; used with* οὐ *for emphasis or solemn assertion*

	triple tradition																	double tradition			Sondergut		
		+Mt / +Lk			–Mt / –Lk			traditions not taken over by Mt / Lk							subtotals								
code	*222*	*211*	*112*	*212*	*221*	*122*	*121*	*022*	*012*	*021*	*220*	*120*	*210*	*020*	Σ^+	Σ^-	Σ	*202*	*201*	*102*	*200*	*002*	total
Mt	18	6^+			10	12^-	9^-				12	4^-	5^+		11^+	25^-	51	27	10		40		**128**
Mk	18				10	12	9	5		1	12	4		5			76						**76**
Lk	18		11^+		10^-	12	9^-	5	3^+	1^-					14^+	20^-	49	27		15		49	**140**

Mk-Q overlap: 221: Mt 12,29 / Mk 3,27 / Lk 11,22 (?)
221: Mt 10,10 / Mk 6,8 / Lk 9,3
102: Mt 10,10 / Mk 6,8 / Lk 10,4
222: Mt 10,14 / Mk 6,11 / Lk 9,5
102: Mt 10,14 / Mk 6,11 / Lk 10,10
202: Mt 10,19 / Mk 13,11 / Lk 12,11
122: Mt 10,19 / Mk 13,11 / Lk 21,14

- *a* ἐὰν (...) μή
- *b* ὅς / ὅσος / ὅστις ἂν (ἐὰν) (...) μή
- *c* εἰ (...) μή with finite verb
- *d* εἰ μή = only
- *e* εἰ δὲ μή, εἰ δὲ μή γε
- *f* ἵνα (...) μή
- *g* ὅπως (...) μή
- *h* μή που (Acts only)
- *j* οὐ μή / οὐχι μή and aorist subjunctive
- *k* οὐ μή and future indicative
- *l* (τὸ) μή and infinitive
- *m* μή and participle
- *n* μή and optative
- *p* βλέπω μή, φοβέομαι μή, and similar phrases
- *q* μή as interrogative

002 — **Lk 1,13** εἶπεν δὲ πρὸς αὐτὸν ὁ ἄγγελος· **μὴ φοβοῦ,** Ζαχαρία, διότι εἰσηκούσθη ἡ δέησίς σου, ... → Acts 10,4

j 002 — **Lk 1,15** ἔσται γὰρ μέγας ἐνώπιον [τοῦ] κυρίου, *καὶ οἶνον καὶ σίκερα* ***οὐ μὴ πίῃ,*** καὶ πνεύματος ἁγίου πλησθήσεται ἔτι ἐκ κοιλίας μητρὸς αὐτοῦ ➤ Num 6,3; Lev 10,9

m 002 — **Lk 1,20** καὶ ἰδοὺ ἔσῃ σιωπῶν καὶ **μὴ δυνάμενος** λαλῆσαι ἄχρι ἧς ἡμέρας γένηται ταῦτα, ...

002 — **Lk 1,30** ↓ Mt 1,20 καὶ εἶπεν ὁ ἄγγελος αὐτῇ· **μὴ φοβοῦ,** Μαριάμ, εὗρες γὰρ χάριν παρὰ τῷ θεῷ.

m 200 — **Mt 1,19** Ἰωσὴφ δὲ ὁ ἀνὴρ αὐτῆς, δίκαιος ὢν καὶ **μὴ θέλων** αὐτὴν δειγματίσαι, ἐβουλήθη λάθρα ἀπολῦσαι αὐτήν.

	Mt		Mk		Lk		
200	Mt 1,20 → Lk 1,27 ↑ Lk 1,30	... ἰδοὺ ἄγγελος κυρίου κατ' ὄναρ ἐφάνη αὐτῷ λέγων· Ἰωσὴφ υἱὸς Δαυίδ, **μὴ φοβηθῇς** παραλαβεῖν Μαριὰμ τὴν γυναῖκά σου, ...					
002					Lk 2,10	καὶ εἶπεν αὐτοῖς ὁ ἄγγελος· **μὴ φοβεῖσθε,** ἰδοὺ γὰρ εὐαγγελίζομαι ὑμῖν χαρὰν μεγάλην ἥτις ἔσται παντὶ τῷ λαῷ	
l 002					Lk 2,26	καὶ ἦν αὐτῷ κεχρηματισμένον ὑπὸ τοῦ πνεύματος τοῦ ἁγίου **μὴ ἰδεῖν** θάνατον πρὶν [ἢ] ἂν ἴδῃ τὸν χριστὸν κυρίου.	
l 200	Mt 2,12	καὶ χρηματισθέντες κατ' ὄναρ **μὴ ἀνακάμψαι** πρὸς Ἡρῴδην, ...					
m 002					Lk 2,45	καὶ **μὴ εὑρόντες** ὑπέστρεψαν εἰς Ἰερουσαλὴμ ἀναζητοῦντες αὐτόν.	
202	Mt 3,9	καὶ **μὴ δόξητε** λέγειν ἐν ἑαυτοῖς· πατέρα ἔχομεν τὸν Ἀβραάμ. ...			Lk 3,8	... καὶ **μὴ ἄρξησθε** λέγειν ἐν ἑαυτοῖς· πατέρα ἔχομεν τὸν Ἀβραάμ. ...	
m 202	Mt 3,10 ⇩ Mt 7,19	... πᾶν οὖν δένδρον **μὴ ποιοῦν** καρπὸν καλὸν ἐκκόπτεται καὶ εἰς πῦρ βάλλεται.			Lk 3,9	... πᾶν οὖν δένδρον **μὴ ποιοῦν** καρπὸν καλὸν ἐκκόπτεται καὶ εἰς πῦρ βάλλεται.	
m 002					Lk 3,11	... ὁ ἔχων δύο χιτῶνας μεταδότω τῷ **μὴ ἔχοντι,** καὶ ὁ ἔχων βρώματα ὁμοίως ποιείτω.	
d 002					Lk 4,26	καὶ πρὸς οὐδεμίαν αὐτῶν ἐπέμφθη Ἠλίας **εἰ μὴ** εἰς Σάρεπτα τῆς Σιδωνίας πρὸς γυναῖκα χήραν.	
d 002					Lk 4,27	καὶ πολλοὶ λεπροὶ ἦσαν ἐν τῷ Ἰσραὴλ ἐπὶ Ἐλισαίου τοῦ προφήτου, καὶ οὐδεὶς αὐτῶν ἐκαθαρίσθη **εἰ μὴ** Ναιμὰν ὁ Σύρος.	
l 012			Mk 1,37	καὶ εὗρον αὐτὸν καὶ λέγουσιν αὐτῷ ὅτι πάντες ζητοῦσίν σε.	Lk 4,42 → Mk 1,45	... καὶ κατεῖχον αὐτὸν τοῦ **μὴ πορεύεσθαι** ἀπ' αὐτῶν.	

112	**Mt 4,19**	καὶ λέγει αὐτοῖς· δεῦτε ὀπίσω μου, καὶ ποιήσω ὑμᾶς ἁλιεῖς ἀνθρώπων.	**Mk 1,17**	καὶ εἶπεν αὐτοῖς ὁ Ἰησοῦς· δεῦτε ὀπίσω μου, καὶ ποιήσω ὑμᾶς γενέσθαι ἁλιεῖς ἀνθρώπων.	**Lk 5,10**	... καὶ εἶπεν πρὸς τὸν Σίμωνα ὁ Ἰησοῦς· **μὴ φοβοῦ·** ἀπὸ τοῦ νῦν ἀνθρώπους ἔσῃ ζωγρῶν.	
m 022			**Mk 2,4**	καὶ **μὴ δυνάμενοι** προσενέγκαι αὐτῷ διὰ τὸν ὄχλον ...	**Lk 5,19**	καὶ **μὴ εὑρόντες** ποίας εἰσενέγκωσιν αὐτὸν διὰ τὸν ὄχλον, ...	
d 122	**Mt 9,3**	... οὗτος βλασφημεῖ.	**Mk 2,7**	τί οὗτος οὕτως λαλεῖ; βλασφημεῖ· τίς δύναται ἀφιέναι ἁμαρτίας **εἰ μὴ** εἷς ὁ θεός;	**Lk 5,21** → Lk 7,49	... τίς ἐστιν οὗτος ὃς λαλεῖ βλασφημίας; τίς δύναται ἁμαρτίας ἀφεῖναι **εἰ μὴ** μόνος ὁ θεός;	
q 222	**Mt 9,15**	καὶ εἶπεν αὐτοῖς ὁ Ἰησοῦς· **μὴ δύνανται** οἱ υἱοὶ τοῦ νυμφῶνος πενθεῖν ἐφ᾽ ὅσον μετ᾽ αὐτῶν ἐστιν ὁ νυμφίος;	**Mk 2,19**	καὶ εἶπεν αὐτοῖς ὁ Ἰησοῦς· **μὴ δύνανται** οἱ υἱοὶ τοῦ νυμφῶνος ἐν ᾧ ὁ νυμφίος μετ᾽ αὐτῶν ἐστιν νηστεύειν; ...	**Lk 5,34**	ὁ δὲ Ἰησοῦς εἶπεν πρὸς αὐτούς· **μὴ δύνασθε** τοὺς υἱοὺς τοῦ νυμφῶνος ἐν ᾧ ὁ νυμφίος μετ᾽ αὐτῶν ἐστιν ποιῆσαι νηστεῦσαι;	→ GTh 104
e 122	**Mt 9,16**	οὐδεὶς δὲ ἐπιβάλλει ἐπίβλημα ῥάκους ἀγνάφου ἐπὶ ἱματίῳ παλαιῷ· αἴρει **γὰρ** τὸ πλήρωμα αὐτοῦ ἀπὸ τοῦ ἱματίου καὶ χεῖρον σχίσμα γίνεται.	**Mk 2,21**	οὐδεὶς ἐπίβλημα ῥάκους ἀγνάφου ἐπιράπτει ἐπὶ ἱμάτιον παλαιόν· **εἰ δὲ μή,** αἴρει τὸ πλήρωμα ἀπ᾽ αὐτοῦ τὸ καινὸν τοῦ παλαιοῦ, καὶ χεῖρον σχίσμα γίνεται.	**Lk 5,36**	... οὐδεὶς ἐπίβλημα ἀπὸ ἱματίου καινοῦ σχίσας ἐπιβάλλει ἐπὶ ἱμάτιον παλαιόν· **εἰ δὲ μή γε,** καὶ τὸ καινὸν σχίσει καὶ τῷ παλαιῷ οὐ συμφωνήσει τὸ ἐπίβλημα τὸ ἀπὸ τοῦ καινοῦ.	→ GTh 47,5
e 222	**Mt 9,17**	οὐδὲ βάλλουσιν οἶνον νέον εἰς ἀσκοὺς παλαιούς· **εἰ δὲ μή γε,** ῥήγνυνται οἱ ἀσκοὶ καὶ ὁ οἶνος ἐκχεῖται καὶ οἱ ἀσκοὶ ἀπόλλυνται· ...	**Mk 2,22**	καὶ οὐδεὶς βάλλει οἶνον νέον εἰς ἀσκοὺς παλαιούς· **εἰ δὲ μή,** ῥήξει ὁ οἶνος τοὺς ἀσκοὺς καὶ ὁ οἶνος ἀπόλλυται καὶ οἱ ἀσκοί· ...	**Lk 5,37**	καὶ οὐδεὶς βάλλει οἶνον νέον εἰς ἀσκοὺς παλαιούς· **εἰ δὲ μή γε,** ῥήξει ὁ οἶνος ὁ νέος τοὺς ἀσκοὺς καὶ αὐτὸς ἐκχυθήσεται καὶ οἱ ἀσκοὶ ἀπολοῦνται·	→ GTh 47,4
d 222	**Mt 12,4**	... καὶ τοὺς ἄρτους τῆς προθέσεως ἔφαγον, ὃ οὐκ ἐξὸν ἦν αὐτῷ φαγεῖν οὐδὲ τοῖς μετ᾽ αὐτοῦ **εἰ μὴ** τοῖς ἱερεῦσιν μόνοις;	**Mk 2,26**	... καὶ τοὺς ἄρτους τῆς προθέσεως ἔφαγεν, οὓς οὐκ ἔξεστιν φαγεῖν **εἰ μὴ** τοὺς ἱερεῖς, καὶ ἔδωκεν καὶ τοῖς σὺν αὐτῷ οὖσιν;	**Lk 6,4**	... καὶ τοὺς ἄρτους τῆς προθέσεως λαβὼν ἔφαγεν καὶ ἔδωκεν τοῖς μετ᾽ αὐτοῦ, οὓς οὐκ ἔξεστιν φαγεῖν **εἰ μὴ** μόνους τοὺς ἱερεῖς;	
f 020			**Mk 3,9** → Mt 13,2 → Mk 4,1 → Lk 5,1.3	καὶ εἶπεν τοῖς μαθηταῖς αὐτοῦ ἵνα πλοιάριον προσκαρτερῇ αὐτῷ διὰ τὸν ὄχλον ἵνα **μὴ θλίβωσιν** αὐτόν·			
f 220	**Mt 12,16**	καὶ ἐπετίμησεν αὐτοῖς ἵνα **μὴ** φανερὸν αὐτὸν ποιήσωσιν	**Mk 3,12** → Mk 1,34	καὶ πολλὰ ἐπετίμα αὐτοῖς ἵνα **μὴ** αὐτὸν φανερὸν ποιήσωσιν.	**Lk 4,41**	... καὶ ἐπιτιμῶν **οὐκ** εἴα αὐτὰ λαλεῖν, ὅτι ᾔδεισαν τὸν χριστὸν αὐτὸν εἶναι.	

	Mt		Mk		Lk		
d 201	**Mt 5,13**	ὑμεῖς ἐστε τὸ ἅλας τῆς γῆς· ἐὰν δὲ τὸ ἅλας μωρανθῇ, ἐν τίνι ἁλισθήσεται; εἰς οὐδὲν ἰσχύει ἔτι **εἰ μὴ** βληθὲν ἔξω καταπατεῖσθαι ὑπὸ τῶν ἀνθρώπων.	**Mk 9,50**	καλὸν τὸ ἅλας· ἐὰν δὲ τὸ ἅλας ἄναλον γένηται, ἐν τίνι αὐτὸ ἀρτύσετε; ...	**Lk 14,35**	[34] καλὸν οὖν τὸ ἅλας· ἐὰν δὲ καὶ τὸ ἅλας μωρανθῇ, ἐν τίνι ἀρτυθήσεται; [35] οὔτε εἰς γῆν οὔτε εἰς κοπρίαν εὔθετόν ἐστιν, ἔξω βάλλουσιν αὐτό. ...	Mk-Q overlap
200	**Mt 5,17** → Mt 11,13 → Lk 16,16	**μὴ νομίσητε** ὅτι ἦλθον καταλῦσαι τὸν νόμον ἢ τοὺς προφήτας· οὐκ ἦλθον καταλῦσαι ἀλλὰ πληρῶσαι.					
j 201	**Mt 5,18** ↓ Mt 24,35	... ἕως ἂν παρέλθῃ ὁ οὐρανὸς καὶ ἡ γῆ, ἰῶτα ἓν ἢ μία κεραία **οὐ μὴ παρέλθῃ** ἀπὸ τοῦ νόμου ἕως ἂν πάντα γένηται.	↓ Mk 13,31		**Lk 16,17** ↓ Lk 21,33	εὐκοπώτερον δέ ἐστιν τὸν οὐρανὸν καὶ τὴν γῆν παρελθεῖν ἢ τοῦ νόμου μίαν κεραίαν **πεσεῖν**.	
a 200 *j* 200	**Mt 5,20** **(2)**	λέγω γὰρ ὑμῖν ὅτι **ἐὰν μὴ περισσεύσῃ** ὑμῶν ἡ δικαιοσύνη πλεῖον τῶν γραμματέων καὶ Φαρισαίων, **οὐ μὴ εἰσέλθητε** εἰς τὴν βασιλείαν τῶν οὐρανῶν.					→ GTh 27 **(POxy 1)**
j 202	**Mt 5,26** → Mt 18,34	ἀμὴν λέγω σοι, **οὐ μὴ ἐξέλθῃς** ἐκεῖθεν, ἕως ἂν ἀποδῷς τὸν ἔσχατον κοδράντην.			**Lk 12,59**	λέγω σοι, **οὐ μὴ ἐξέλθῃς** ἐκεῖθεν, ἕως καὶ τὸ ἔσχατον λεπτὸν ἀποδῷς.	
f 200	**Mt 5,29** ⇨ Mt 18,9	... συμφέρει γάρ σοι ἵνα ἀπόληται ἓν τῶν μελῶν σου **καὶ μὴ** ὅλον τὸ σῶμά σου βληθῇ εἰς γέενναν.	**Mk 9,47**	... καλόν σέ ἐστιν μονόφθαλμον εἰσελθεῖν εἰς τὴν βασιλείαν τοῦ θεοῦ ἢ δύο ὀφθαλμοὺς ἔχοντα βληθῆναι εἰς τὴν γέενναν			
f 200	**Mt 5,30** ⇨ Mt 18,8	... συμφέρει γάρ σοι ἵνα ἀπόληται ἓν τῶν μελῶν σου **καὶ μὴ** ὅλον τὸ σῶμά σου εἰς γέενναν ἀπέλθῃ.	**Mk 9,43**	... καλόν ἐστίν σε κυλλὸν εἰσελθεῖν εἰς τὴν ζωὴν ἢ τὰς δύο χεῖρας ἔχοντα ἀπελθεῖν εἰς τὴν γέενναν, εἰς τὸ πῦρ τὸ ἄσβεστον.			
l 200	**Mt 5,34** → Mt 23,22	ἐγὼ δὲ λέγω ὑμῖν **μὴ ὀμόσαι** ὅλως· μήτε ἐν τῷ οὐρανῷ, ὅτι θρόνος ἐστὶν τοῦ θεοῦ					→ Acts 7,49
l 201	**Mt 5,39**	ἐγὼ δὲ λέγω ὑμῖν **μὴ ἀντιστῆναι** τῷ πονηρῷ· ἀλλ' ὅστις σε ῥαπίζει εἰς τὴν δεξιὰν σιαγόνα [σου], στρέψον αὐτῷ καὶ τὴν ἄλλην·			**Lk 6,29**	τῷ τύπτοντί σε ἐπὶ τὴν σιαγόνα πάρεχε καὶ τὴν ἄλλην,	
102	**Mt 5,40**	καὶ τῷ θέλοντί σοι κριθῆναι καὶ τὸν χιτῶνά σου λαβεῖν, **ἄφες** αὐτῷ καὶ τὸ ἱμάτιον·				καὶ ἀπὸ τοῦ αἴροντός σου τὸ ἱμάτιον καὶ τὸν χιτῶνα **μὴ κωλύσῃς**.	

202	**Mt 5,42** → Lk 6,34 → Lk 6,35	τῷ αἰτοῦντί σε δός, καὶ τὸν θέλοντα ἀπὸ σοῦ δανίσασθαι μὴ ἀποστραφῇς.		**Lk 6,30**	παντὶ αἰτοῦντί σε δίδου, καὶ ἀπὸ τοῦ αἴροντος τὰ σὰ μὴ ἀπαίτει.	→ GTh 95
l 200 *e* 200	**Mt 6,1** **(2)** → Mt 23,5	προσέχετε [δὲ] τὴν δικαιοσύνην ὑμῶν μὴ ποιεῖν ἔμπροσθεν τῶν ἀνθρώπων πρὸς τὸ θεαθῆναι αὐτοῖς· εἰ δὲ μή γε, μισθὸν οὐκ ἔχετε παρὰ τῷ πατρὶ ὑμῶν τῷ ἐν τοῖς οὐρανοῖς.				
200	**Mt 6,2**	ὅταν οὖν ποιῇς ἐλεημοσύνην, μὴ σαλπίσῃς ἔμπροσθέν σου, ὥσπερ οἱ ὑποκριταὶ ποιοῦσιν ἐν ταῖς συναγωγαῖς καὶ ἐν ταῖς ῥύμαις, ...				→ GTh 6 **(POxy 654)**
200	**Mt 6,3**	σοῦ δὲ ποιοῦντος ἐλεημοσύνην μὴ γνώτω ἡ ἀριστερά σου τί ποιεῖ ἡ δεξιά σου				→ GTh 6 **(POxy 654)** → GTh 62,2
200	**Mt 6,7**	προσευχόμενοι δὲ μὴ βατταλογήσητε ὥσπερ οἱ ἐθνικοί, ...				
200	**Mt 6,8** → Mt 6,32 → Lk 12,30	μὴ οὖν ὁμοιωθῆτε αὐτοῖς· οἶδεν γὰρ ὁ πατὴρ ὑμῶν ὧν χρείαν ἔχετε πρὸ τοῦ ὑμᾶς αἰτῆσαι αὐτόν.				
202	**Mt 6,13**	καὶ μὴ εἰσενέγκῃς ἡμᾶς εἰς πειρασμόν, ...		**Lk 11,4**	... καὶ μὴ εἰσενέγκῃς ἡμᾶς εἰς πειρασμόν.	
a 200	**Mt 6,15** ↓ Mt 18,35	ἐὰν δὲ μὴ ἀφῆτε τοῖς ἀνθρώποις, οὐδὲ ὁ πατὴρ ὑμῶν ἀφήσει τὰ παραπτώματα ὑμῶν.				Mk 11,26 is textcritically uncertain.
200	**Mt 6,16**	ὅταν δὲ νηστεύητε, μὴ γίνεσθε ὡς οἱ ὑποκριταὶ σκυθρωποί, ...				→ GTh 6 **(POxy 654)** → GTh 27 **(POxy 1)**
g 200	**Mt 6,18**	ὅπως μὴ φανῇς τοῖς ἀνθρώποις νηστεύων ἀλλὰ τῷ πατρί σου τῷ ἐν τῷ κρυφαίῳ· ...				→ GTh 6 **(POxy 654)** → GTh 27 **(POxy 1)**
200	**Mt 6,19** ↓ Lk 12,21 ↓ Lk 12,33	μὴ θησαυρίζετε ὑμῖν θησαυροὺς ἐπὶ τῆς γῆς, ...				
202	**Mt 6,25**	διὰ τοῦτο λέγω ὑμῖν· μὴ μεριμνᾶτε τῇ ψυχῇ ὑμῶν τί φάγητε [ἢ τί πίητε], μηδὲ τῷ σώματι ὑμῶν τί ἐνδύσησθε. ...		**Lk 12,22**	... διὰ τοῦτο λέγω ὑμῖν· μὴ μεριμνᾶτε τῇ ψυχῇ τί φάγητε, μηδὲ τῷ σώματι τί ἐνδύσησθε.	→ GTh 36 **(POxy 655)**

	Mt		Mk	Lk		
202	Mt 6,31	μὴ οὖν μεριμνήσητε λέγοντες· τί φάγωμεν; ἤ· τί πίωμεν; ἤ· τί περιβαλώμεθα;		Lk 12,29 (2)	καὶ ὑμεῖς μὴ ζητεῖτε τί φάγητε καὶ τί πίητε, καὶ μὴ μετεωρίζεσθε·	
200	Mt 6,34	μὴ οὖν μεριμνήσητε εἰς τὴν αὔριον, ἡ γὰρ αὔριον μεριμνήσει ἑαυτῆς· ...				
202 *fj* 202 102 *j* 102	Mt 7,1 (2)	μὴ κρίνετε, ἵνα μὴ κριθῆτε·		Lk 6,37 (4)	καὶ μὴ κρίνετε, καὶ οὐ μὴ κριθῆτε· καὶ μὴ καταδικάζετε, καὶ οὐ μὴ καταδικασθῆτε. ἀπολύετε, καὶ ἀπολυθήσεσθε·	
200	Mt 7,6	μὴ δῶτε τὸ ἅγιον τοῖς κυσὶν μηδὲ βάλητε τοὺς μαργαρίτας ὑμῶν ἔμπροσθεν τῶν χοίρων, ...				→ GTh 93
q 201	Mt 7,9	ἢ τίς ἐστιν ἐξ ὑμῶν ἄνθρωπος, ὃν αἰτήσει ὁ υἱὸς αὐτοῦ ἄρτον, μὴ λίθον ἐπιδώσει αὐτῷ;		Lk 11,12	[11] τίνα δὲ ἐξ ὑμῶν τὸν πατέρα αἰτήσει ὁ υἱὸς	
q 201	Mt 7,10	ἢ καὶ ἰχθὺν αἰτήσει, μὴ ὄφιν ἐπιδώσει αὐτῷ;			ἰχθύν, καὶ ἀντὶ ἰχθύος ὄφιν αὐτῷ ἐπιδώσει; [12] ἢ καὶ αἰτήσει ᾠόν, ἐπιδώσει αὐτῷ σκορπίον;	
m 200	Mt 7,19 ⇧ Mt 3,10	πᾶν δένδρον μὴ ποιοῦν καρπὸν καλὸν ἐκκόπτεται καὶ εἰς πῦρ βάλλεται.		Lk 3,9	... πᾶν οὖν δένδρον μὴ ποιοῦν καρπὸν καλὸν ἐκκόπτεται καὶ εἰς πῦρ βάλλεται.	
m 202	Mt 7,26	καὶ πᾶς ὁ ἀκούων μου τοὺς λόγους τούτους καὶ μὴ ποιῶν αὐτοὺς ὁμοιωθήσεται ἀνδρὶ μωρῷ, ὅστις ᾠκοδόμησεν αὐτοῦ τὴν οἰκίαν ἐπὶ τὴν ἄμμον.		Lk 6,49	ὁ δὲ ἀκούσας καὶ μὴ ποιήσας ὅμοιός ἐστιν ἀνθρώπῳ οἰκοδομήσαντι οἰκίαν ἐπὶ τὴν γῆν χωρὶς θεμελίου, ...	
102	Mt 8,8	... κύριε, οὐκ εἰμὶ ἱκανὸς ἵνα μου ὑπὸ τὴν στέγην εἰσέλθῃς, ...		Lk 7,6	... κύριε, μὴ σκύλλου, οὐ γὰρ ἱκανός εἰμι ἵνα ὑπὸ τὴν στέγην μου εἰσέλθῃς·	→ Jn 4,49
002				Lk 7,13	καὶ ἰδὼν αὐτὴν ὁ κύριος ἐσπλαγχνίσθη ἐπ' αὐτῇ καὶ εἶπεν αὐτῇ· μὴ κλαῖε.	

	Mt		Mk		Lk		
l 211	**Mt 8,28**	... δύο δαιμονιζόμενοι ... χαλεποὶ λίαν, ὥστε **μὴ ἰσχύειν τινὰ** παρελθεῖν διὰ τῆς ὁδοῦ ἐκείνης.	**Mk 5,4**	[2] ... ἄνθρωπος ἐν πνεύματι ἀκαθάρτῳ, [3] ... [4] διὰ τὸ αὐτὸν πολλάκις πέδαις καὶ ἁλύσεσιν δεδέσθαι καὶ διεσπάσθαι ὑπ᾽ αὐτοῦ τὰς ἁλύσεις καὶ τὰς πέδας συντετρῖφθαι, καὶ **οὐδεὶς ἴσχυεν** αὐτὸν δαμάσαι·	**Lk 8,29**	[27] ... ἀνήρ τις ἐκ τῆς πόλεως ἔχων δαιμόνια ... [29] ... πολλοῖς γὰρ χρόνοις συνηρπάκει αὐτὸν καὶ ἐδεσμεύετο ἁλύσεσιν καὶ πέδαις φυλασσόμενος καὶ διαρρήσσων τὰ δεσμὰ ...	
q 222	**Mt 9,15**	καὶ εἶπεν αὐτοῖς ὁ Ἰησοῦς· **μὴ δύνανται** οἱ υἱοὶ τοῦ νυμφῶνος πενθεῖν ἐφ᾽ ὅσον μετ᾽ αὐτῶν ἐστιν ὁ νυμφίος;	**Mk 2,19**	καὶ εἶπεν αὐτοῖς ὁ Ἰησοῦς· **μὴ δύνανται** οἱ υἱοὶ τοῦ νυμφῶνος ἐν ᾧ ὁ νυμφίος μετ᾽ αὐτῶν ἐστιν νηστεύειν; ...	**Lk 5,34**	ὁ δὲ Ἰησοῦς εἶπεν πρὸς αὐτούς· **μὴ δύνασθε** τοὺς υἱοὺς τοῦ νυμφῶνος ἐν ᾧ ὁ νυμφίος μετ᾽ αὐτῶν ἐστιν ποιῆσαι νηστεῦσαι;	→ GTh 104
e 222	**Mt 9,17**	οὐδὲ βάλλουσιν οἶνον νέον εἰς ἀσκοὺς παλαιούς· **εἰ δὲ μή γε,** ῥήγνυνται οἱ ἀσκοὶ καὶ ὁ οἶνος ἐκχεῖται καὶ οἱ ἀσκοὶ ἀπόλλυνται· ...	**Mk 2,22**	καὶ οὐδεὶς βάλλει οἶνον νέον εἰς ἀσκοὺς παλαιούς· **εἰ δὲ μή,** ῥήξει ὁ οἶνος τοὺς ἀσκοὺς καὶ ὁ οἶνος ἀπόλλυται καὶ οἱ ἀσκοί· ...	**Lk 5,37**	καὶ οὐδεὶς βάλλει οἶνον νέον εἰς ἀσκοὺς παλαιούς· **εἰ δὲ μή γε,** ῥήξει ὁ οἶνος ὁ νέος τοὺς ἀσκοὺς καὶ αὐτὸς ἐκχυθήσεται καὶ οἱ ἀσκοὶ ἀπολοῦνται·	→ GTh 47,4
m 220	**Mt 9,36** → Mt 14,14	... ὅτι ἦσαν ἐσκυλμένοι καὶ ἐρριμμένοι *ὡσεὶ πρόβατα* ***μὴ ἔχοντα*** *ποιμένα.* ➤ Num 27,17/Jdt 11,19/2Chron 18,16	**Mk 6,34**	... ὅτι ἦσαν *ὡς πρόβατα* ***μὴ ἔχοντα*** *ποιμένα, ...* ➤ Num 27,17/Jdt 11,19/2Chron 18,16			
200 200	**Mt 10,5** • (2)	... εἰς ὁδὸν ἐθνῶν **μὴ ἀπέλθητε** καὶ εἰς πόλιν Σαμαριτῶν **μὴ εἰσέλθητε·**					
202	**Mt 10,9**	**μὴ κτήσησθε** χρυσὸν μηδὲ ἄργυρον μηδὲ χαλκὸν εἰς τὰς ζώνας ὑμῶν,	**Mk 6,8** (4)	... ἵνα **μηδὲν αἴρωσιν** εἰς ὁδὸν εἰ μὴ ῥάβδον μόνον, μὴ ἄρτον, μὴ πήραν, μὴ εἰς τὴν ζώνην χαλκόν	**Lk 10,4** (3) ⇩ Lk 9,3 ↓ Lk 22,35-36	**μὴ βαστάζετε** βαλλάντιον, μὴ πήραν, ...	Mk-Q overlap
221	**Mt 10,10**	**μὴ πήραν** εἰς ὁδὸν μηδὲ δύο χιτῶνας μηδὲ ὑποδήματα μηδὲ ῥάβδον· ...	**Mk 6,8** (4)	... ἵνα μηδὲν αἴρωσιν εἰς ὁδὸν εἰ μὴ ῥάβδον μόνον, μὴ ἄρτον, **μὴ πήραν,** μὴ εἰς τὴν ζώνην χαλκόν, [9] ἀλλὰ ὑποδεδεμένους σανδάλια, καὶ μὴ ἐνδύσησθε δύο χιτῶνας.	**Lk 9,3** ⇩ Lk 10,4 ↓ Lk 22,35-36	... μηδὲν αἴρετε εἰς τὴν ὁδόν, μήτε ῥάβδον **μήτε πήραν** μήτε ἄρτον μήτε ἀργύριον μήτε [ἀνὰ] δύο χιτῶνας ἔχειν.	Mk-Q overlap
a e 202	**Mt 10,13**	καὶ ἐὰν μὲν ᾖ ἡ οἰκία ἀξία, ἐλθάτω ἡ εἰρήνη ὑμῶν ἐπ᾽ αὐτήν, **ἐὰν δὲ μὴ ᾖ ἀξία,** ἡ εἰρήνη ὑμῶν πρὸς ὑμᾶς ἐπιστραφήτω.			**Lk 10,6**	καὶ ἐὰν ἐκεῖ ᾖ υἱὸς εἰρήνης, ἐπαναπαήσεται ἐπ᾽ αὐτὸν ἡ εἰρήνη ὑμῶν· **εἰ δὲ μή γε,** ἐφ᾽ ὑμᾶς ἀνακάμψει.	

a ἐὰν (...) μή
b ὅς / ὅσος / ὅστις ἂν (ἐὰν) (...) μή
c εἰ (...) μή with finite verb
d εἰ μή = only
e εἰ δὲ μή, εἰ δὲ μή γε
f ἵνα (...) μή
g ὅπως (...) μή
h μή που (Acts only)
j οὐ μή / οὐχι μή and aorist subjunctive
k οὐ μή and future indicative
l (τὸ) μή and infinitive
m μή and participle
n μή and optative
p βλέπω μή, φοβέομαι μή, and similar phrases
q μή as interrogative

	Mt		Mk		Lk		
b 222	**Mt 10,14**	καὶ ὃς ἂν **μὴ δέξηται** ὑμᾶς μηδὲ ἀκούσῃ τοὺς λόγους ὑμῶν, ἐξερχόμενοι ἔξω τῆς οἰκίας ἢ τῆς πόλεως ἐκείνης ἐκτινάξατε τὸν κονιορτὸν τῶν ποδῶν ὑμῶν.	**Mk 6,11**	καὶ ὃς ἂν τόπος **μὴ δέξηται** ὑμᾶς μηδὲ ἀκούσωσιν ὑμῶν, ἐκπορευόμενοι ἐκεῖθεν ἐκτινάξατε τὸν χοῦν τὸν ὑποκάτω τῶν ποδῶν ὑμῶν εἰς μαρτύριον αὐτοῖς.	**Lk 9,5** ⇩ Lk 10,10	καὶ ὅσοι ἂν **μὴ δέχωνται** ὑμᾶς, ἐξερχόμενοι ἀπὸ τῆς πόλεως ἐκείνης τὸν κονιορτὸν ἀπὸ τῶν ποδῶν ὑμῶν ἀποτινάσσετε εἰς μαρτύριον ἐπ᾽ αὐτούς.	→ Acts 13,51 → Acts 18,6 Mk-Q overlap
202	**Mt 10,19**	ὅταν δὲ παραδῶσιν ὑμᾶς, **μὴ μεριμνήσητε** πῶς ἢ τί λαλήσητε· ...	Mk 13,11	καὶ ὅταν ἄγωσιν ὑμᾶς παραδιδόντες, **μὴ προμεριμνᾶτε** τί λαλήσητε, ...	**Lk 12,11** ⇩ Lk 21,14 → Lk 21,12	ὅταν δὲ εἰσφέρωσιν ὑμᾶς ἐπὶ τὰς συναγωγὰς καὶ τὰς ἀρχὰς καὶ τὰς ἐξουσίας, **μὴ μεριμνήσητε** πῶς ἢ τί ἀπολογήσησθε ἢ τί εἴπητε·	Mk-Q overlap
j 200	**Mt 10,23** → Mt 23,34 → Lk 11,49	ὅταν δὲ διώκωσιν ὑμᾶς ἐν τῇ πόλει ταύτῃ, φεύγετε εἰς τὴν ἑτέραν· ἀμὴν γὰρ λέγω ὑμῖν, **οὐ μὴ τελέσητε** τὰς πόλεις τοῦ Ἰσραὴλ ἕως ἂν ἔλθῃ ὁ υἱὸς τοῦ ἀνθρώπου.					
201	**Mt 10,26**	**μὴ οὖν φοβηθῆτε** αὐτούς· οὐδὲν γάρ ἐστιν κεκαλυμμένον ὃ οὐκ ἀποκαλυφθήσεται καὶ κρυπτὸν ὃ οὐ γνωσθήσεται.	Mk 4,22	οὐ γάρ ἐστιν κρυπτὸν ἐὰν μὴ ἵνα φανερωθῇ, οὐδὲ ἐγένετο ἀπόκρυφον ἀλλ᾽ ἵνα ἔλθῃ εἰς φανερόν.	**Lk 12,2** ⇩ Lk 8,17	οὐδὲν δὲ συγκεκαλυμμένον ἐστὶν ὃ οὐκ ἀποκαλυφθήσεται καὶ κρυπτὸν ὃ οὐ γνωσθήσεται.	→ GTh 5 → GTh 6,5-6 (POxy 654) Mk-Q overlap
202 m 202	**Mt 10,28** (2)	καὶ **μὴ φοβεῖσθε** ἀπὸ τῶν ἀποκτεννόντων τὸ σῶμα, τὴν δὲ ψυχὴν **μὴ δυναμένων** ἀποκτεῖναι· ...			**Lk 12,4** (2)	λέγω δὲ ὑμῖν τοῖς φίλοις μου, **μὴ φοβηθῆτε** ἀπὸ τῶν ἀποκτεινόντων τὸ σῶμα καὶ μετὰ ταῦτα **μὴ ἐχόντων** περισσότερόν τι ποιῆσαι.	
202	**Mt 10,31**	**μὴ οὖν φοβεῖσθε·** πολλῶν στρουθίων διαφέρετε ὑμεῖς.			**Lk 12,7**	... **μὴ φοβεῖσθε·** πολλῶν στρουθίων διαφέρετε.	
201	**Mt 10,34**	**μὴ νομίσητε** ὅτι ἦλθον βαλεῖν εἰρήνην ἐπὶ τὴν γῆν· οὐκ ἦλθον βαλεῖν εἰρήνην ἀλλὰ μάχαιραν.			**Lk 12,51**	**δοκεῖτε** ὅτι εἰρήνην παρεγενόμην δοῦναι ἐν τῇ γῇ; οὐχί, λέγω ὑμῖν, ἀλλ᾽ ἢ διαμερισμόν.	→ GTh 16
j 220	**Mt 10,42**	καὶ ὃς ἂν ποτίσῃ ἕνα τῶν μικρῶν τούτων ποτήριον ψυχροῦ μόνον εἰς ὄνομα μαθητοῦ, ἀμὴν λέγω ὑμῖν, **οὐ μὴ ἀπολέσῃ** τὸν μισθὸν αὐτοῦ.	**Mk 9,41**	ὃς γὰρ ἂν ποτίσῃ ὑμᾶς ποτήριον ὕδατος ἐν ὀνόματι ὅτι Χριστοῦ ἐστε, ἀμὴν λέγω ὑμῖν ὅτι **οὐ μὴ ἀπολέσῃ** τὸν μισθὸν αὐτοῦ.			
b 202	**Mt 11,6**	καὶ μακάριός ἐστιν ὃς ἐὰν **μὴ σκανδαλισθῇ** ἐν ἐμοί.			**Lk 7,23**	καὶ μακάριός ἐστιν ὃς ἐὰν **μὴ σκανδαλισθῇ** ἐν ἐμοί.	

	Mt		Mk		Lk		
m 102	Mt 21,32	ἦλθεν γὰρ Ἰωάννης πρὸς ὑμᾶς ἐν ὁδῷ δικαιοσύνης, καὶ οὐκ ἐπιστεύσατε αὐτῷ, ...			Lk 7,30	οἱ δὲ Φαρισαῖοι καὶ οἱ νομικοὶ τὴν βουλὴν τοῦ θεοῦ ἠθέτησαν εἰς ἑαυτούς **μὴ βαπτισθέντες** ὑπ᾽ αὐτοῦ.	
m 102	Mt 11,18	ἦλθεν γὰρ Ἰωάννης **μήτε ἐσθίων** μήτε πίνων, καὶ λέγουσιν· δαιμόνιον ἔχει·			Lk 7,33 → Mt 3,4 → Mk 1,6	ἐλήλυθεν γὰρ Ἰωάννης ὁ βαπτιστὴς **μὴ ἐσθίων** ἄρτον μήτε πίνων οἶνον, καὶ λέγετε· δαιμόνιον ἔχει.	
m 002					Lk 7,42	**μὴ ἐχόντων** αὐτῶν ἀποδοῦναι ἀμφοτέροις ἐχαρίσατο. ...	
q 202	Mt 11,23	καὶ σύ, Καφαρναούμ, **μὴ** ἕως οὐρανοῦ ὑψωθήσῃ; *ἕως ᾅδου καταβήσῃ·* ... ➤ Isa 14,13.15			Lk 10,15	καὶ σύ, Καφαρναούμ, **μὴ** ἕως οὐρανοῦ ὑψωθήσῃ; *ἕως τοῦ ᾅδου καταβήσῃ.* ➤ Isa 14,13.15	
d 202 d 202	Mt 11,27 (2) → Mt 28,18	πάντα μοι παρεδόθη ὑπὸ τοῦ πατρός μου, καὶ οὐδεὶς ἐπιγινώσκει τὸν υἱὸν **εἰ μὴ** ὁ πατήρ, οὐδὲ τὸν πατέρα τις ἐπιγινώσκει **εἰ μὴ** ὁ υἱὸς καὶ ᾧ ἐὰν βούληται ὁ υἱὸς ἀποκαλύψαι.			Lk 10,22 (2) → Mt 28,18	πάντα μοι παρεδόθη ὑπὸ τοῦ πατρός μου, καὶ οὐδεὶς γινώσκει τίς ἐστιν ὁ υἱὸς **εἰ μὴ** ὁ πατήρ, καὶ τίς ἐστιν ὁ πατὴρ **εἰ μὴ** ὁ υἱὸς καὶ ᾧ ἐὰν βούληται ὁ υἱὸς ἀποκαλύψαι.	→ GTh 61,3
d 222	Mt 12,4	... καὶ τοὺς ἄρτους τῆς προθέσεως ἔφαγον, ὃ οὐκ ἐξὸν ἦν αὐτῷ φαγεῖν οὐδὲ τοῖς μετ᾽ αὐτοῦ **εἰ μὴ** τοῖς ἱερεῦσιν μόνοις;	Mk 2,26	... καὶ τοὺς ἄρτους τῆς προθέσεως ἔφαγεν, οὓς οὐκ ἔξεστιν φαγεῖν **εἰ μὴ** τοὺς ἱερεῖς, καὶ ἔδωκεν καὶ τοῖς σὺν αὐτῷ οὖσιν;	Lk 6,4	... καὶ τοὺς ἄρτους τῆς προθέσεως λαβὼν ἔφαγεν καὶ ἔδωκεν τοῖς μετ᾽ αὐτοῦ, οὓς οὐκ ἔξεστιν φαγεῖν **εἰ μὴ** μόνους τοὺς ἱερεῖς;	
f 220	Mt 12,16	καὶ ἐπετίμησεν αὐτοῖς ἵνα **μὴ** φανερὸν αὐτὸν ποιήσωσιν	Mk 3,12 → Mk 1,34	καὶ πολλὰ ἐπετίμα αὐτοῖς ἵνα **μὴ** αὐτὸν φανερὸν ποιήσωσιν.	Lk 4,41	... καὶ ἐπιτιμῶν **οὐκ** εἴα αὐτὰ λαλεῖν, ὅτι ᾔδεισαν τὸν χριστὸν αὐτὸν εἶναι.	
l 020			Mk 3,20 → Mk 2,2	... καὶ συνέρχεται πάλιν [ὁ] ὄχλος, ὥστε **μὴ δύνασθαι** αὐτοὺς μηδὲ ἄρτον φαγεῖν.			
d 201	Mt 12,24 ⇩ Mt 9,34	... οὗτος οὐκ ἐκβάλλει τὰ δαιμόνια **εἰ μὴ** ἐν τῷ Βεελζεβοὺλ ἄρχοντι τῶν δαιμονίων.			Lk 11,15 → Lk 11,18	 ... ἐν Βεελζεβοὺλ τῷ ἄρχοντι τῶν δαιμονίων ἐκβάλλει τὰ δαιμόνια·	Mk-Q overlap
	Mt 9,34 ⇧ Mt 12,24 → Lk 11,18	... ἐν τῷ ἄρχοντι τῶν δαιμονίων ἐκβάλλει τὰ δαιμόνια.	Mk 3,22	... Βεελζεβοὺλ ἔχει, καὶ ὅτι ἐν τῷ ἄρχοντι τῶν δαιμονίων ἐκβάλλει τὰ δαιμόνια.			

	Mt		Mk		Lk		
a 221	Mt 12,29	ἢ πῶς δύναταί τις εἰσελθεῖν εἰς τὴν οἰκίαν τοῦ ἰσχυροῦ καὶ τὰ σκεύη αὐτοῦ ἁρπάσαι, ἐὰν μὴ πρῶτον δήσῃ τὸν ἰσχυρόν; καὶ τότε τὴν οἰκίαν αὐτοῦ διαρπάσει.	Mk 3,27	ἀλλʼ οὐ δύναται οὐδεὶς εἰς τὴν οἰκίαν τοῦ ἰσχυροῦ εἰσελθὼν τὰ σκεύη αὐτοῦ διαρπάσαι, ἐὰν μὴ πρῶτον τὸν ἰσχυρὸν δήσῃ, καὶ τότε τὴν οἰκίαν αὐτοῦ διαρπάσει.	Lk 11,22	[21] ὅταν ὁ ἰσχυρὸς καθωπλισμένος φυλάσσῃ τὴν ἑαυτοῦ αὐλήν, ἐν εἰρήνῃ ἐστὶν τὰ ὑπάρχοντα αὐτοῦ· [22] ἐπὰν δὲ ἰσχυρότερος αὐτοῦ ἐπελθὼν νικήσῃ αὐτόν, τὴν πανοπλίαν αὐτοῦ αἴρει ἐφʼ ᾗ ἐπεποίθει, καὶ τὰ σκῦλα αὐτοῦ διαδίδωσιν.	→ GTh 21,5 → GTh 35 Mk-Q overlap?
m 202 m 202	Mt 12,30 (2)	ὁ μὴ ὢν μετʼ ἐμοῦ κατʼ ἐμοῦ ἐστιν, καὶ ὁ μὴ συνάγων μετʼ ἐμοῦ σκορπίζει.	↓ Mk 9,40		Lk 11,23 (2) ↓ Lk 9,50	ὁ μὴ ὢν μετʼ ἐμοῦ κατʼ ἐμοῦ ἐστιν, καὶ ὁ μὴ συνάγων μετʼ ἐμοῦ σκορπίζει.	
d 202	Mt 12,39 ⇩ Mt 16,4	... γενεὰ πονηρὰ καὶ μοιχαλὶς σημεῖον ἐπιζητεῖ, καὶ σημεῖον οὐ δοθήσεται αὐτῇ εἰ μὴ τὸ σημεῖον Ἰωνᾶ τοῦ προφήτου.	Mk 8,12	... τί ἡ γενεὰ αὕτη ζητεῖ σημεῖον; ἀμὴν λέγω ὑμῖν, εἰ δοθήσεται τῇ γενεᾷ ταύτῃ σημεῖον.	Lk 11,29	... ἡ γενεὰ αὕτη γενεὰ πονηρά ἐστιν· σημεῖον ζητεῖ, καὶ σημεῖον οὐ δοθήσεται αὐτῇ εἰ μὴ τὸ σημεῖον Ἰωνᾶ.	Mk-Q overlap
l 221	Mt 13,5	ἄλλα δὲ ἔπεσεν ἐπὶ τὰ πετρώδη ὅπου οὐκ εἶχεν γῆν πολλήν, καὶ εὐθέως ἐξανέτειλεν διὰ τὸ μὴ ἔχειν βάθος γῆς·	Mk 4,5	καὶ ἄλλο ἔπεσεν ἐπὶ τὸ πετρῶδες ὅπου οὐκ εἶχεν γῆν πολλήν, καὶ εὐθὺς ἐξανέτειλεν διὰ τὸ μὴ ἔχειν βάθος γῆς·	Lk 8,6	καὶ ἕτερον κατέπεσεν ἐπὶ τὴν πέτραν, καὶ φυὲν	→ GTh 9
l 222	Mt 13,6	ἡλίου δὲ ἀνατείλαντος ἐκαυματίσθη καὶ διὰ τὸ μὴ ἔχειν ῥίζαν ἐξηράνθη.	Mk 4,6	καὶ ὅτε ἀνέτειλεν ὁ ἥλιος ἐκαυματίσθη καὶ διὰ τὸ μὴ ἔχειν ῥίζαν ἐξηράνθη.		ἐξηράνθη διὰ τὸ μὴ ἔχειν ἰκμάδα.	→ GTh 9
f 122 f 122	Mt 13,13 ↓ Mt 13,14	διὰ τοῦτο ἐν παραβολαῖς αὐτοῖς λαλῶ, ὅτι βλέποντες οὐ βλέπουσιν καὶ ἀκούοντες οὐκ ἀκούουσιν οὐδὲ συνίουσιν· ➤ Isa 6,9	Mk 4,12 (2) → Mk 8,18	[11] ... ἐκείνοις δὲ τοῖς ἔξω ἐν παραβολαῖς τὰ πάντα γίνεται, [12] ἵνα βλέποντες βλέπωσιν καὶ μὴ ἴδωσιν, καὶ ἀκούοντες ἀκούωσιν καὶ μὴ συνιῶσιν, μήποτε ἐπιστρέψωσιν καὶ ἀφεθῇ αὐτοῖς. ➤ Isa 6,9-10	Lk 8,10 (2)	... τοῖς δὲ λοιποῖς ἐν παραβολαῖς, ἵνα βλέποντες μὴ βλέπωσιν καὶ ἀκούοντες μὴ συνιῶσιν. ➤ Isa 6,9	→ Jn 12,40 → Acts 28,26
j 200 j 200	Mt 13,14 (2) ↑ Mt 13,13 ↑ Mk 4,12 ↑ Lk 8,10	καὶ ἀναπληροῦται αὐτοῖς ἡ προφητεία Ἠσαΐου ἡ λέγουσα· *ἀκοῇ ἀκούσετε καὶ* *οὐ μὴ συνῆτε,* *καὶ βλέποντες βλέψετε καὶ* *οὐ μὴ ἴδητε.* ➤ Isa 6,9 LXX					→ Jn 12,40 → Acts 28,26
m 211 f 112	Mt 13,19	παντὸς ἀκούοντος τὸν λόγον τῆς βασιλείας καὶ μὴ συνιέντος, ἔρχεται ὁ πονηρὸς καὶ ἁρπάζει τὸ ἐσπαρμένον ἐν τῇ καρδίᾳ αὐτοῦ, ...	Mk 4,15	... ὅταν ἀκούσωσιν, εὐθὺς ἔρχεται ὁ σατανᾶς καὶ αἴρει τὸν λόγον τὸν ἐσπαρμένον εἰς αὐτούς.	Lk 8,12	... οἱ ἀκούσαντες, εἶτα ἔρχεται ὁ διάβολος καὶ αἴρει τὸν λόγον ἀπὸ τῆς καρδίας αὐτῶν, ἵνα μὴ πιστεύσαντες σωθῶσιν.	

a 021 j 012	Mt 10,26	... οὐδὲν γάρ ἐστιν κεκαλυμμένον ὃ **οὐκ** ἀποκαλυφθήσεται καὶ κρυπτὸν ὃ **οὐ γνωσθήσεται**.	Mk 4,22	οὐ γάρ ἐστιν κρυπτὸν **ἐὰν μὴ** ἵνα φανερωθῇ, οὐδὲ ἐγένετο ἀπόκρυφον ἀλλ᾽ ἵνα ἔλθῃ εἰς φανερόν.	Lk 8,17 ⇧ Lk 12,2	οὐ γάρ ἐστιν κρυπτὸν ὃ **οὐ** φανερὸν γενήσεται οὐδὲ ἀπόκρυφον ὃ **οὐ μὴ γνωσθῇ** καὶ εἰς φανερὸν ἔλθῃ.	→ GTh 5 → GTh 6,5-6 (POxy 654) Mk-Q overlap
b 112	Mt 13,12 ⇩ Mt 25,29	ὅστις γὰρ ἔχει, δοθήσεται αὐτῷ καὶ περισσευθήσεται· ὅστις δὲ **οὐκ ἔχει**, καὶ ὃ ἔχει ἀρθήσεται ἀπ᾽ αὐτοῦ.	Mk 4,25	ὃς γὰρ ἔχει, δοθήσεται αὐτῷ· καὶ ὃς **οὐκ ἔχει**, καὶ ὃ ἔχει ἀρθήσεται ἀπ᾽ αὐτοῦ.	Lk 8,18 ⇩ Lk 19,26	... ὃς ἂν γὰρ ἔχῃ, δοθήσεται αὐτῷ· καὶ ὃς ἂν **μὴ ἔχῃ**, καὶ ὃ δοκεῖ ἔχειν ἀρθήσεται ἀπ᾽ αὐτοῦ.	→ GTh 41 Mk-Q overlap
122	Mt 8,29	... τί ἡμῖν καὶ σοί, υἱὲ τοῦ θεοῦ; ἦλθες ὧδε πρὸ καιροῦ **βασανίσαι ἡμᾶς**;	Mk 5,7 → Mk 1,24	... τί ἐμοὶ καὶ σοί, Ἰησοῦ υἱὲ τοῦ θεοῦ τοῦ ὑψίστου; ὁρκίζω σε τὸν θεόν, **μή με βασανίσῃς**.	Lk 8,28 → Lk 4,34	... τί ἐμοὶ καὶ σοί, Ἰησοῦ υἱὲ τοῦ θεοῦ τοῦ ὑψίστου; δέομαί σου, **μή με βασανίσῃς**.	
f 022			Mk 5,10	καὶ παρεκάλει αὐτὸν πολλὰ ἵνα **μὴ αὐτὰ ἀποστείλῃ** ἔξω τῆς χώρας.	Lk 8,31	καὶ παρεκάλουν αὐτὸν ἵνα **μὴ ἐπιτάξῃ αὐτοῖς** εἰς τὴν ἄβυσσον ἀπελθεῖν.	
022			Mk 5,36	ὁ δὲ Ἰησοῦς παρακούσας τὸν λόγον λαλούμενον λέγει τῷ ἀρχισυναγώγῳ· **μὴ φοβοῦ**, μόνον πίστευε.	Lk 8,50	ὁ δὲ Ἰησοῦς ἀκούσας ἀπεκρίθη αὐτῷ· **μὴ φοβοῦ**, μόνον πίστευσον, καὶ σωθήσεται.	
d 022			Mk 5,37	καὶ οὐκ ἀφῆκεν οὐδένα μετ᾽ αὐτοῦ συνακολουθῆσαι **εἰ μὴ** τὸν Πέτρον καὶ Ἰάκωβον καὶ Ἰωάννην τὸν ἀδελφὸν Ἰακώβου.	Lk 8,51	... οὐκ ἀφῆκεν εἰσελθεῖν τινα σὺν αὐτῷ **εἰ μὴ** Πέτρον καὶ Ἰωάννην καὶ Ἰάκωβον ...	
112	Mt 9,24	ἔλεγεν· ἀναχωρεῖτε, οὐ γὰρ ἀπέθανεν τὸ κοράσιον ἀλλὰ καθεύδει. ...	Mk 5,39	καὶ εἰσελθὼν λέγει αὐτοῖς· τί θορυβεῖσθε καὶ **κλαίετε**; τὸ παιδίον οὐκ ἀπέθανεν ἀλλὰ καθεύδει.	Lk 8,52	... ὁ δὲ εἶπεν· **μὴ κλαίετε**, οὐ γὰρ ἀπέθανεν ἀλλὰ καθεύδει.	
d 221	Mt 13,57	... οὐκ ἔστιν προφήτης ἄτιμος **εἰ μὴ** ἐν τῇ πατρίδι καὶ ἐν τῇ οἰκίᾳ αὐτοῦ.	Mk 6,4	... οὐκ ἔστιν προφήτης ἄτιμος **εἰ μὴ** ἐν τῇ πατρίδι αὐτοῦ καὶ ἐν τοῖς συγγενεῦσιν αὐτοῦ καὶ ἐν τῇ οἰκίᾳ αὐτοῦ.	Lk 4,24	... ἀμὴν λέγω ὑμῖν ὅτι οὐδεὶς προφήτης δεκτός ἐστιν ἐν τῇ πατρίδι αὐτοῦ.	→ Jn 4,44 → GTh 31 (POxy 1)
c 120	Mt 13,58	καὶ οὐκ ἐποίησεν ἐκεῖ δυνάμεις πολλὰς διὰ τὴν ἀπιστίαν αὐτῶν.	Mk 6,5	καὶ οὐκ ἐδύνατο ἐκεῖ ποιῆσαι οὐδεμίαν δύναμιν, **εἰ μὴ** ὀλίγοις ἀρρώστοις ἐπιθεὶς τὰς χεῖρας ἐθεράπευσεν· [6] καὶ ἐθαύμαζεν διὰ τὴν ἀπιστίαν αὐτῶν. ...			

	Mt		Mk		Lk		
d 121 121	Mt 10,9 ↓ Mk 6,8	μὴ κτήσησθε χρυσὸν μηδὲ ἄργυρον μηδὲ χαλκὸν εἰς τὰς ζώνας ὑμῶν,	Mk 6,8 (4)	... ἵνα μηδὲν αἴρωσιν εἰς ὁδὸν εἰ μὴ ῥάβδον μόνον, μὴ ἄρτον,	Lk 9,3 ⇩ Lk 10,4	... μηδὲν αἴρετε εἰς τὴν ὁδόν, μήτε ῥάβδον μήτε πήραν	Mk-Q overlap
221 121	Mt 10,10	μὴ πήραν εἰς ὁδὸν	↑ Mt 10,9	μὴ πήραν, μὴ εἰς τὴν ζώνην χαλκόν,	↓ Lk 22,35-36	μήτε ἄρτον μήτε ἀργύριον	
121		μηδὲ δύο χιτῶνας μηδὲ ὑποδήματα μηδὲ ῥάβδον· ...	Mk 6,9	ἀλλὰ ὑποδεδεμένους σανδάλια, καὶ μὴ ἐνδύσησθε δύο χιτῶνας.	⇩ Lk 10,4 ↓ Lk 22,35-36	μήτε [ἀνὰ] δύο χιτῶνας ἔχειν.	Mk-Q overlap
b 222	Mt 10,14	καὶ ὃς ἂν μὴ δέξηται ὑμᾶς μηδὲ ἀκούσῃ τοὺς λόγους ὑμῶν, ἐξερχόμενοι ἔξω τῆς οἰκίας ἢ τῆς πόλεως ἐκείνης ἐκτινάξατε τὸν κονιορτὸν τῶν ποδῶν ὑμῶν.	Mk 6,11	καὶ ὃς ἂν τόπος μὴ δέξηται ὑμᾶς μηδὲ ἀκούσωσιν ὑμῶν, ἐκπορευόμενοι ἐκεῖθεν ἐκτινάξατε τὸν χοῦν τὸν ὑποκάτω τῶν ποδῶν ὑμῶν εἰς μαρτύριον αὐτοῖς.	Lk 9,5 ⇩ Lk 10,10	καὶ ὅσοι ἂν μὴ δέχωνται ὑμᾶς, ἐξερχόμενοι ἀπὸ τῆς πόλεως ἐκείνης τὸν κονιορτὸν ἀπὸ τῶν ποδῶν ὑμῶν ἀποτινάσσετε εἰς μαρτύριον ἐπ' αὐτούς.	→ Acts 13,51 → Acts 18,6 Mk-Q overlap
m 220	Mt 9,36 → Mt 14,14	... ὅτι ἦσαν ἐσκυλμένοι καὶ ἐρριμμένοι *ὡσεὶ πρόβατα* *μὴ ἔχοντα* *ποιμένα.* ➤ Num 27,17/Jdt 11,19/2Chron 18,16	Mk 6,34	... ὅτι ἦσαν *ὡς πρόβατα* *μὴ ἔχοντα* *ποιμένα*, ... ➤ Num 27,17/Jdt 11,19/2Chron 18,16			
d 211	Mt 14,17 → Mt 15,34	... οὐκ ἔχομεν ὧδε εἰ μὴ πέντε ἄρτους καὶ δύο ἰχθύας.	Mk 6,38 → Mk 8,5	... ὁ δὲ λέγει αὐτοῖς· πόσους ἄρτους ἔχετε; ὑπάγετε ἴδετε. καὶ γνόντες λέγουσιν· πέντε, καὶ δύο ἰχθύας.	Lk 9,13	... οὐκ εἰσὶν ἡμῖν πλεῖον ἢ ἄρτοι πέντε καὶ ἰχθύες δύο, ...	→ Jn 6,9
220	Mt 14,27	εὐθὺς δὲ ἐλάλησεν [ὁ Ἰησοῦς] αὐτοῖς λέγων· θαρσεῖτε, ἐγώ εἰμι· μὴ φοβεῖσθε.	Mk 6,50	... ὁ δὲ εὐθὺς ἐλάλησεν μετ' αὐτῶν, καὶ λέγει αὐτοῖς· θαρσεῖτε, ἐγώ εἰμι· μὴ φοβεῖσθε.			→ Jn 6,20
a 020			Mk 7,3	- οἱ γὰρ Φαρισαῖοι καὶ πάντες οἱ Ἰουδαῖοι ἐὰν μὴ πυγμῇ νίψωνται τὰς χεῖρας οὐκ ἐσθίουσιν, ...			
a 020			Mk 7,4 → Mt 23,25 → Lk 11,39	καὶ ἀπ' ἀγορᾶς ἐὰν μὴ βαπτίσωνται οὐκ ἐσθίουσιν, ...			
k 210	Mt 15,6	οὐ μὴ τιμήσει τὸν πατέρα αὐτοῦ· ...	Mk 7,12	οὐκέτι ἀφίετε αὐτὸν οὐδὲν ποιῆσαι τῷ πατρὶ ἢ τῇ μητρί			
d 200	Mt 15,24 → Mt 10,6	... οὐκ ἀπεστάλην εἰ μὴ εἰς τὰ πρόβατα τὰ ἀπολωλότα οἴκου Ἰσραήλ.					

	Mt		Mk		Lk		
m 120	Mt 15,32	ὁ δὲ Ἰησοῦς προσκαλεσάμενος τοὺς μαθητὰς αὐτοῦ εἶπεν· σπλαγχνίζομαι ἐπὶ τὸν ὄχλον, ...	Mk 8,1	ἐν ἐκείναις ταῖς ἡμέραις πάλιν πολλοῦ ὄχλου ὄντος καὶ **μὴ ἐχόντων** τί φάγωσιν, προσκαλεσάμενος τοὺς μαθητὰς λέγει αὐτοῖς· [2] σπλαγχνίζομαι ἐπὶ τὸν ὄχλον, ...			
d 210	Mt 16,4 ⇑ Mt 12,39	γενεὰ πονηρὰ καὶ μοιχαλὶς σημεῖον ἐπιζητεῖ, καὶ σημεῖον οὐ δοθήσεται αὐτῇ **εἰ μὴ** τὸ σημεῖον Ἰωνᾶ. ...	Mk 8,12	... τί ἡ γενεὰ αὕτη ζητεῖ σημεῖον; ἀμὴν λέγω ὑμῖν, εἰ δοθήσεται τῇ γενεᾷ ταύτῃ σημεῖον.	Lk 11,29	... ἡ γενεὰ αὕτη γενεὰ πονηρά ἐστιν· σημεῖον ζητεῖ, καὶ σημεῖον οὐ δοθήσεται αὐτῇ **εἰ μὴ** τὸ σημεῖον Ἰωνᾶ.	Mk-Q overlap
d 120	Mt 16,5	καὶ ἐλθόντες οἱ μαθηταὶ εἰς τὸ πέραν ἐπελάθοντο ἄρτους λαβεῖν.	Mk 8,14	καὶ ἐπελάθοντο λαβεῖν ἄρτους καὶ **εἰ μὴ** ἕνα ἄρτον οὐκ εἶχον μεθ᾽ ἑαυτῶν ἐν τῷ πλοίῳ.			
k 210	Mt 16,22	καὶ προσλαβόμενος αὐτὸν ὁ Πέτρος ἤρξατο ἐπιτιμᾶν αὐτῷ λέγων· ἵλεώς σοι, κύριε· **οὐ μὴ ἔσται** σοι τοῦτο.	Mk 8,32	... καὶ προσλαβόμενος ὁ Πέτρος αὐτὸν ἤρξατο ἐπιτιμᾶν αὐτῷ.			
j 222	Mt 16,28 ↓ Mt 24,34	... εἰσίν τινες τῶν ὧδε ἑστώτων οἵτινες **οὐ μὴ γεύσωνται** θανάτου ἕως ἂν ἴδωσιν τὸν υἱὸν τοῦ ἀνθρώπου ἐρχόμενον ἐν τῇ βασιλείᾳ αὐτοῦ.	Mk 9,1 ↓ Mk 13,30	... εἰσίν τινες ὧδε τῶν ἑστηκότων οἵτινες **οὐ μὴ γεύσωνται** θανάτου ἕως ἂν ἴδωσιν τὴν βασιλείαν τοῦ θεοῦ ἐληλυθυῖαν ἐν δυνάμει.	Lk 9,27 ↓ Lk 21,32	... εἰσίν τινες τῶν αὐτοῦ ἑστηκότων οἳ **οὐ μὴ γεύσωνται** θανάτου ἕως ἂν ἴδωσιν τὴν βασιλείαν τοῦ θεοῦ.	→ Jn 21,22-23
	Mt 17,4	... κύριε, καλόν ἐστιν ἡμᾶς ὧδε εἶναι· εἰ θέλεις, ποιήσω ὧδε τρεῖς σκηνάς, σοὶ μίαν καὶ Μωϋσεῖ μίαν καὶ Ἠλίᾳ μίαν.	Mk 9,5	... ῥαββί, καλόν ἐστιν ἡμᾶς ὧδε εἶναι, καὶ ποιήσωμεν τρεῖς σκηνάς, σοὶ μίαν καὶ Μωϋσεῖ μίαν καὶ Ἠλίᾳ μίαν.	Lk 9,33	... ἐπιστάτα, καλόν ἐστιν ἡμᾶς ὧδε εἶναι, καὶ ποιήσωμεν σκηνὰς τρεῖς, μίαν σοὶ καὶ μίαν Μωϋσεῖ καὶ μίαν Ἠλίᾳ,	
m 012			Mk 9,6 → Mt 17,6	**οὐ γὰρ ᾔδει** τί ἀποκριθῇ, ἔκφοβοι γὰρ ἐγένοντο.		**μὴ εἰδὼς** ὃ λέγει.	
200	Mt 17,7	καὶ προσῆλθεν ὁ Ἰησοῦς καὶ ἁψάμενος αὐτῶν εἶπεν· ἐγέρθητε καὶ **μὴ φοβεῖσθε.**					
d 211	Mt 17,8	ἐπάραντες δὲ τοὺς ὀφθαλμοὺς αὐτῶν οὐδένα εἶδον **εἰ μὴ** αὐτὸν Ἰησοῦν μόνον.	Mk 9,8	καὶ ἐξάπινα περιβλεψάμενοι οὐκέτι οὐδένα εἶδον **ἀλλὰ** τὸν Ἰησοῦν μόνον μεθ᾽ ἑαυτῶν.	Lk 9,36	καὶ ἐν τῷ γενέσθαι τὴν φωνὴν εὑρέθη Ἰησοῦς μόνος.	
d 121	Mt 17,9	... ἐνετείλατο αὐτοῖς ὁ Ἰησοῦς λέγων· μηδενὶ εἴπητε τὸ ὅραμα **ἕως οὗ** ὁ υἱὸς τοῦ ἀνθρώπου ἐκ νεκρῶν ἐγερθῇ.	Mk 9,9	... διεστείλατο αὐτοῖς ἵνα μηδενὶ ἃ εἶδον διηγήσωνται, **εἰ μὴ ὅταν** ὁ υἱὸς τοῦ ἀνθρώπου ἐκ νεκρῶν ἀναστῇ.		καὶ αὐτοὶ ἐσίγησαν καὶ οὐδενὶ ἀπήγγειλαν ἐν ἐκείναις ταῖς ἡμέραις οὐδὲν ὧν ἑώρακαν.	

		Mt		Mk		Lk	
d 120	**Mt 17,20**	ὁ δὲ λέγει αὐτοῖς· διὰ τὴν ὀλιγοπιστίαν ὑμῶν· ...	**Mk 9,29**	καὶ εἶπεν αὐτοῖς· τοῦτο τὸ γένος ἐν οὐδενὶ δύναται ἐξελθεῖν **εἰ μὴ** ἐν προσευχῇ.			
f 112	**Mt 17,23**	... καὶ ἐλυπήθησαν σφόδρα.	**Mk 9,32** → Lk 18,34	οἱ δὲ ἠγνόουν τὸ ῥῆμα, καὶ ἐφοβοῦντο αὐτὸν ἐπερωτῆσαι.	**Lk 9,45** → Lk 18,34	οἱ δὲ ἠγνόουν τὸ ῥῆμα τοῦτο καὶ ἦν παρακεκαλυμμένον ἀπ᾽ αὐτῶν ἵνα **μὴ αἴσθωνται** αὐτό, καὶ ἐφοβοῦντο ἐρωτῆσαι αὐτὸν περὶ τοῦ ῥήματος τούτου.	
f 200	**Mt 17,27**	ἵνα δὲ **μὴ σκανδαλίσωμεν** αὐτούς, πορευθεὶς εἰς θάλασσαν βάλε ἄγκιστρον ...					
a b 222 *j* 222	**Mt 18,3** (2)	... ἀμὴν λέγω ὑμῖν, **ἐὰν μὴ στραφῆτε** καὶ γένησθε ὡς τὰ παιδία, **οὐ μὴ εἰσέλθητε** εἰς τὴν βασιλείαν τῶν οὐρανῶν.	**Mk 10,15** (2)	ἀμὴν λέγω ὑμῖν, **ὃς ἂν μὴ δέξηται** τὴν βασιλείαν τοῦ θεοῦ ὡς παιδίον, **οὐ μὴ εἰσέλθῃ** εἰς αὐτήν.	**Lk 18,17** (2)	ἀμὴν λέγω ὑμῖν, **ὃς ἂν μὴ δέξηται** τὴν βασιλείαν τοῦ θεοῦ ὡς παιδίον, **οὐ μὴ εἰσέλθῃ** εἰς αὐτήν.	→ Jn 3,3 → GTh 22 → GTh 46
022			**Mk 9,39**	ὁ δὲ Ἰησοῦς εἶπεν· **μὴ κωλύετε** αὐτόν. ... [40] ὃς γὰρ οὐκ ἔστιν καθ᾽ ἡμῶν, ὑπὲρ ἡμῶν ἐστιν.	**Lk 9,50** ↓ Lk 11,23	εἶπεν δὲ πρὸς αὐτὸν ὁ Ἰησοῦς· **μὴ κωλύετε·** ὃς γὰρ οὐκ ἔστιν καθ᾽ ὑμῶν, ὑπὲρ ὑμῶν ἐστιν.	
j 220	**Mt 10,42**	καὶ ὃς ἂν ποτίσῃ ἕνα τῶν μικρῶν τούτων ποτήριον ψυχροῦ μόνον εἰς ὄνομα μαθητοῦ, ἀμὴν λέγω ὑμῖν, **οὐ μὴ ἀπολέσῃ** τὸν μισθὸν αὐτοῦ.	**Mk 9,41**	ὃς γὰρ ἂν ποτίσῃ ὑμᾶς ποτήριον ὕδατος ἐν ὀνόματι ὅτι Χριστοῦ ἐστε, ἀμὴν λέγω ὑμῖν ὅτι **οὐ μὴ ἀπολέσῃ** τὸν μισθὸν αὐτοῦ.			
p 200	**Mt 18,10** → Mt 18,6 → Mk 9,42 → Lk 17,2	ὁρᾶτε **μὴ καταφρονήσητε** ἑνὸς τῶν μικρῶν τούτων· λέγω γὰρ ὑμῖν ὅτι οἱ ἄγγελοι αὐτῶν ἐν οὐρανοῖς διὰ παντὸς βλέπουσι τὸ πρόσωπον τοῦ πατρός μου τοῦ ἐν οὐρανοῖς.					
m 201	**Mt 18,13**	... ἢ ἐπὶ τοῖς ἐνενήκοντα ἐννέα τοῖς **μὴ πεπλανημένοις.**			**Lk 15,7** → Lk 15,10	... ἢ ἐπὶ ἐνενήκοντα ἐννέα δικαίοις οἵτινες **οὐ χρείαν ἔχουσιν μετανοίας.**	→ GTh 107
a 200	**Mt 18,16**	**ἐὰν δὲ μὴ ἀκούσῃ,** παράλαβε μετὰ σοῦ ἔτι ἕνα ἢ δύο, ...					
m 200	**Mt 18,25**	**μὴ ἔχοντος** δὲ αὐτοῦ ἀποδοῦναι ἐκέλευσεν αὐτὸν ὁ κύριος πραθῆναι ...					
a 200	**Mt 18,35** ↑ Mt 6,15	οὕτως καὶ ὁ πατήρ μου ὁ οὐράνιος ποιήσει ὑμῖν, **ἐὰν μὴ ἀφῆτε** ἕκαστος τῷ ἀδελφῷ αὐτοῦ ἀπὸ τῶν καρδιῶν ὑμῶν.					

202	Mt 10,9	μὴ κτήσησθε χρυσὸν μηδὲ ἄργυρον μηδὲ χαλκὸν εἰς τὰς ζώνας ὑμῶν,	Mk 6,8 (4)	... ἵνα μηδὲν αἴρωσιν εἰς ὁδὸν εἰ μὴ ῥάβδον μόνον, μὴ ἄρτον,	Lk 10,4 (3) ⇑ Lk 9,3 ↓ Lk 22,35-36	μὴ βαστάζετε βαλλάντιον,	Mk-Q overlap
102	Mt 10,10 ↑ Mk 6,8	μὴ πήραν εἰς ὁδὸν	↑ Mt 10,9	μὴ πήραν, μὴ εἰς τὴν ζώνην χαλκόν,		μὴ πήραν,	Mt 10,10 counted as Markan tradition.
102		μηδὲ δύο χιτῶνας μηδὲ ὑποδήματα μηδὲ ῥάβδον· ...	Mk 6,9	ἀλλὰ ὑποδεδεμένους σανδάλια, καὶ μὴ ἐνδύσησθε δύο χιτῶνας.		μὴ ὑποδήματα, καὶ μηδένα κατὰ τὴν ὁδὸν ἀσπάσησθε.	
a e 202	Mt 10,13	καὶ ἐὰν μὲν ᾖ ἡ οἰκία ἀξία, ἐλθάτω ἡ εἰρήνη ὑμῶν ἐπ' αὐτήν, ἐὰν δὲ μὴ ᾖ ἀξία, ἡ εἰρήνη ὑμῶν πρὸς ὑμᾶς ἐπιστραφήτω.			Lk 10,6	καὶ ἐὰν ἐκεῖ ᾖ υἱὸς εἰρήνης, ἐπαναπαήσεται ἐπ' αὐτὸν ἡ εἰρήνη ὑμῶν· εἰ δὲ μή γε, ἐφ' ὑμᾶς ἀνακάμψει.	
102	Mt 10,10	... ἄξιος γὰρ ὁ ἐργάτης τῆς τροφῆς αὐτοῦ.			Lk 10,7	ἐν αὐτῇ δὲ τῇ οἰκίᾳ μένετε, ἐσθίοντες καὶ πίνοντες τὰ παρ' αὐτῶν· ἄξιος γὰρ ὁ ἐργάτης τοῦ μισθοῦ αὐτοῦ. μὴ μεταβαίνετε ἐξ οἰκίας εἰς οἰκίαν.	→ GTh 14,4 Mk-Q overlap
	Mt 10,11	... κἀκεῖ μείνατε ἕως ἂν ἐξέλθητε.	Mk 6,10	... ἐκεῖ μένετε ἕως ἂν ἐξέλθητε ἐκεῖθεν.	Lk 9,4	... ἐκεῖ μένετε καὶ ἐκεῖθεν ἐξέρχεσθε.	
b 102	Mt 10,14	καὶ ὃς ἂν μὴ δέξηται ὑμᾶς μηδὲ ἀκούσῃ τοὺς λόγους ὑμῶν, ἐξερχόμενοι ἔξω τῆς οἰκίας ἢ τῆς πόλεως ἐκείνης ἐκτινάξατε τὸν κονιορτὸν τῶν ποδῶν ὑμῶν.	Mk 6,11	καὶ ὃς ἂν τόπος μὴ δέξηται ὑμᾶς μηδὲ ἀκούσωσιν ὑμῶν, ἐκπορευόμενοι ἐκεῖθεν ἐκτινάξατε τὸν χοῦν τὸν ὑποκάτω τῶν ποδῶν ὑμῶν εἰς μαρτύριον αὐτοῖς.	Lk 10,10 ⇑ Lk 9,5 → Lk 10,8	εἰς ἣν δ' ἂν πόλιν εἰσέλθητε καὶ μὴ δέχωνται ὑμᾶς, ἐξελθόντες εἰς τὰς πλατείας αὐτῆς εἴπατε· [11] καὶ τὸν κονιορτὸν τὸν κολληθέντα ἡμῖν ἐκ τῆς πόλεως ὑμῶν εἰς τοὺς πόδας ἀπομασσόμεθα ὑμῖν· ...	Mk-Q overlap. Mt 10,14 counted as Markan tradition.
q 202	Mt 11,23	καὶ σύ, Καφαρναούμ, μὴ ἕως οὐρανοῦ ὑψωθήσῃ; *ἕως ᾅδου καταβήσῃ·* ... ➤ Isa 14,13.15			Lk 10,15	καὶ σύ, Καφαρναούμ, μὴ ἕως οὐρανοῦ ὑψωθήσῃ; *ἕως τοῦ ᾅδου καταβήσῃ.* ➤ Isa 14,13.15	
j 002					Lk 10,19	ἰδοὺ δέδωκα ὑμῖν τὴν ἐξουσίαν τοῦ πατεῖν ἐπάνω ὄφεων καὶ σκορπίων, καὶ ἐπὶ πᾶσαν τὴν δύναμιν τοῦ ἐχθροῦ, καὶ οὐδὲν ὑμᾶς οὐ μὴ ἀδικήσῃ.	
002					Lk 10,20	πλὴν ἐν τούτῳ μὴ χαίρετε ὅτι τὰ πνεύματα ὑμῖν ὑποτάσσεται, χαίρετε δὲ ὅτι τὰ ὀνόματα ὑμῶν ἐγγέγραπται ἐν τοῖς οὐρανοῖς.	

	Mt		Mk		Lk		
d 202 d 202	**Mt 11,27** **(2)** → Mt 28,18	πάντα μοι παρεδόθη ὑπὸ τοῦ πατρός μου, καὶ οὐδεὶς ἐπιγινώσκει τὸν υἱὸν **εἰ μὴ** ὁ πατήρ, οὐδὲ τὸν πατέρα τις ἐπιγινώσκει **εἰ μὴ** ὁ υἱὸς καὶ ᾧ ἐὰν βούληται ὁ υἱὸς ἀποκαλύψαι.			**Lk 10,22** **(2)** → Mt 28,18	πάντα μοι παρεδόθη ὑπὸ τοῦ πατρός μου, καὶ οὐδεὶς γινώσκει τίς ἐστιν ὁ υἱὸς **εἰ μὴ** ὁ πατήρ, καὶ τίς ἐστιν ὁ πατὴρ **εἰ μὴ** ὁ υἱὸς καὶ ᾧ ἐὰν βούληται ὁ υἱὸς ἀποκαλύψαι.	→ GTh 61,3
 202	**Mt 6,13**	καὶ **μὴ εἰσενέγκῃς** ἡμᾶς εἰς πειρασμόν, ...			**Lk 11,4**	... καὶ **μὴ εἰσενέγκῃς** ἡμᾶς εἰς πειρασμόν.	
  002					**Lk 11,7**	κἀκεῖνος ἔσωθεν ἀποκριθεὶς εἴπῃ· **μή μοι κόπους** **πάρεχε·** ἤδη ἡ θύρα κέκλεισται ...	
m 202 m 202	**Mt 12,30** **(2)**	ὁ **μὴ** ὢν μετ᾽ ἐμοῦ κατ᾽ ἐμοῦ ἐστιν, καὶ ὁ **μὴ συνάγων** μετ᾽ ἐμοῦ σκορπίζει.	↑ Mk 9,40		**Lk 11,23** **(2)** ↑ Lk 9,50	ὁ **μὴ** ὢν μετ᾽ ἐμοῦ κατ᾽ ἐμοῦ ἐστιν, καὶ ὁ **μὴ συνάγων** μετ᾽ ἐμοῦ σκορπίζει.	
m 102	**Mt 12,43**	ὅταν δὲ τὸ ἀκάθαρτον πνεῦμα ἐξέλθῃ ἀπὸ τοῦ ἀνθρώπου, διέρχεται δι᾽ ἀνύδρων τόπων ζητοῦν ἀνάπαυσιν καὶ **οὐχ εὑρίσκει.**			**Lk 11,24**	ὅταν τὸ ἀκάθαρτον πνεῦμα ἐξέλθῃ ἀπὸ τοῦ ἀνθρώπου, διέρχεται δι᾽ ἀνύδρων τόπων ζητοῦν ἀνάπαυσιν καὶ **μὴ εὑρίσκον·** ...	
d 202	**Mt 12,39** ⇧ Mt 16,4	... γενεὰ πονηρὰ καὶ μοιχαλὶς σημεῖον ἐπιζητεῖ, καὶ σημεῖον οὐ δοθήσεται αὐτῇ **εἰ μὴ** τὸ σημεῖον Ἰωνᾶ τοῦ προφήτου.	**Mk 8,12**	... τί ἡ γενεὰ αὕτη ζητεῖ σημεῖον; ἀμὴν λέγω ὑμῖν, εἰ δοθήσεται τῇ γενεᾷ ταύτῃ σημεῖον.	**Lk 11,29**	... ἡ γενεὰ αὕτη γενεὰ πονηρά ἐστιν· σημεῖον ζητεῖ, καὶ σημεῖον οὐ δοθήσεται αὐτῇ **εἰ μὴ** τὸ σημεῖον Ἰωνᾶ.	Mk-Q overlap
p 102	**Mt 6,23**	... εἰ οὖν τὸ φῶς τὸ ἐν σοὶ σκότος ἐστίν, τὸ σκότος πόσον.			**Lk 11,35** ↓ Lk 11,36	σκόπει οὖν **μὴ** τὸ φῶς τὸ ἐν σοὶ σκότος ἐστίν.	→ GTh 24 (POxy 655 - restoration)
m 002					**Lk 11,36** ↑ Lk 11,35	εἰ οὖν τὸ σῶμά σου ὅλον φωτεινόν, **μὴ ἔχον** μέρος τι σκοτεινόν, ἔσται φωτεινὸν ὅλον ὡς ὅταν ὁ λύχνος τῇ ἀστραπῇ φωτίζῃ σε.	→ GTh 24 (POxy 655 - restoration)
l 202	**Mt 23,23**	... ταῦτα [δὲ] ἔδει ποιῆσαι κἀκεῖνα **μὴ ἀφιέναι.**			**Lk 11,42**	... ταῦτα δὲ ἔδει ποιῆσαι κἀκεῖνα **μὴ παρεῖναι.**	
  202 m 202	**Mt 10,28** **(2)**	καὶ **μὴ φοβεῖσθε** ἀπὸ τῶν ἀποκτεννόντων τὸ σῶμα, τὴν δὲ ψυχὴν **μὴ δυναμένων** ἀποκτεῖναι· ...			**Lk 12,4** **(2)**	λέγω δὲ ὑμῖν τοῖς φίλοις μου, **μὴ φοβηθῆτε** ἀπὸ τῶν ἀποκτεινόντων τὸ σῶμα καὶ μετὰ ταῦτα **μὴ ἐχόντων** περισσότερόν τι ποιῆσαι.	

	Mt		Mk		Lk		
202	**Mt 10,31**	[30] ὑμῶν δὲ καὶ αἱ τρίχες τῆς κεφαλῆς πᾶσαι ἠριθμημέναι εἰσίν. [31] **μὴ οὖν φοβεῖσθε·** πολλῶν στρουθίων διαφέρετε ὑμεῖς.			**Lk 12,7**	ἀλλὰ καὶ αἱ τρίχες τῆς κεφαλῆς ὑμῶν πᾶσαι ἠρίθμηνται. **μὴ φοβεῖσθε·** πολλῶν στρουθίων διαφέρετε.	
202	**Mt 10,19**	ὅταν δὲ παραδῶσιν ὑμᾶς, **μὴ μεριμνήσητε** πῶς ἢ τί λαλήσητε· ...	**Mk 13,11**	καὶ ὅταν ἄγωσιν ὑμᾶς παραδιδόντες, **μὴ προμεριμνᾶτε** τί λαλήσητε, ...	**Lk 12,11** ⇩ Lk 21,14 → Lk 21,12	ὅταν δὲ εἰσφέρωσιν ὑμᾶς ἐπὶ τὰς συναγωγὰς καὶ τὰς ἀρχὰς καὶ τὰς ἐξουσίας, **μὴ μεριμνήσητε** πῶς ἢ τί ἀπολογήσησθε ἢ τί εἴπητε·	Mk-Q overlap
m 002					**Lk 12,21** ↑ Mt 6,19	οὕτως ὁ θησαυρίζων ἑαυτῷ καὶ **μὴ εἰς θεὸν πλουτῶν.**	→ GTh 63
202	**Mt 6,25**	διὰ τοῦτο λέγω ὑμῖν· **μὴ μεριμνᾶτε** τῇ ψυχῇ ὑμῶν τί φάγητε [ἢ τί πίητε], μηδὲ τῷ σώματι ὑμῶν τί ἐνδύσησθε. ...			**Lk 12,22**	... διὰ τοῦτο λέγω ὑμῖν· **μὴ μεριμνᾶτε** τῇ ψυχῇ τί φάγητε, μηδὲ τῷ σώματι τί ἐνδύσησθε.	→ GTh 36 (POxy 655)
202 102	**Mt 6,31**	**μὴ οὖν μεριμνήσητε** λέγοντες· τί φάγωμεν; ἤ· τί πίωμεν; ἤ· τί περιβαλώμεθα;			**Lk 12,29** (2)	καὶ ὑμεῖς **μὴ ζητεῖτε** τί φάγητε καὶ τί πίητε, καὶ **μὴ μετεωρίζεσθε·**	
002					**Lk 12,32**	**μὴ φοβοῦ,** τὸ μικρὸν ποίμνιον, ὅτι εὐδόκησεν ὁ πατὴρ ὑμῶν δοῦναι ὑμῖν τὴν βασιλείαν.	
m 102	**Mt 6,20** → Mt 19,21	θησαυρίζετε δὲ ὑμῖν θησαυροὺς ἐν οὐρανῷ, ...	→ Mk 10,21		**Lk 12,33** ↑ Mt 6,19 → Lk 14,33 → Lk 16,9 → Lk 18,22	πωλήσατε τὰ ὑπάρχοντα ὑμῶν καὶ δότε ἐλεημοσύνην· ποιήσατε ἑαυτοῖς βαλλάντια **μὴ παλαιούμενα,** θησαυρὸν ἀνέκλειπτον ἐν τοῖς οὐρανοῖς, ...	→ Acts 2,45 → GTh 76,3
m 002					**Lk 12,47**	ἐκεῖνος δὲ ὁ δοῦλος ὁ γνοὺς τὸ θέλημα τοῦ κυρίου αὐτοῦ καὶ **μὴ ἑτοιμάσας** ἢ ποιήσας πρὸς τὸ θέλημα αὐτοῦ δαρήσεται πολλάς·	
m 002					**Lk 12,48**	**ὁ δὲ μὴ γνούς,** ποιήσας δὲ ἄξια πληγῶν δαρήσεται ὀλίγας. ...	
j 202	**Mt 5,26**	ἀμὴν λέγω σοι, **οὐ μὴ ἐξέλθῃς** ἐκεῖθεν, ἕως ἂν ἀποδῷς τὸν ἔσχατον κοδράντην.			**Lk 12,59**	λέγω σοι, **οὐ μὴ ἐξέλθῃς** ἐκεῖθεν, ἕως καὶ τὸ ἔσχατον λεπτὸν ἀποδῷς.	
a 002					**Lk 13,3**	οὐχί, λέγω ὑμῖν, **ἀλλ' ἐὰν μὴ μετανοῆτε** πάντες ὁμοίως ἀπολεῖσθε.	

	Mt		Mk	Lk		
a 002				**Lk 13,5**	οὐχί, λέγω ὑμῖν, **ἀλλ᾽ ἐὰν μὴ μετανοῆτε** πάντες ὡσαύτως ἀπολεῖσθε.	
e 002				**Lk 13,9**	κἂν μὲν ποιήσῃ καρπὸν εἰς τὸ μέλλον· **εἰ δὲ μή γε,** ἐκκόψεις αὐτήν.	
m 002				**Lk 13,11** → Mt 12,10 → Mk 3,1 → Lk 6,6 → Lk 14,2	καὶ ἰδοὺ γυνὴ πνεῦμα ἔχουσα ἀσθενείας ἔτη δεκαοκτὼ καὶ ἦν συγκύπτουσα καὶ **μὴ δυναμένη** ἀνακύψαι εἰς τὸ παντελές.	
002				**Lk 13,14** → Mt 12,12 → Mk 3,4 → Lk 6,9 → Lk 14,3	... ἓξ ἡμέραι εἰσὶν ἐν αἷς δεῖ ἐργάζεσθαι· ἐν αὐταῖς οὖν ἐρχόμενοι θεραπεύεσθε καὶ **μὴ τῇ ἡμέρᾳ τοῦ σαββάτου.**	
j 202	**Mt 23,39**	λέγω γὰρ ὑμῖν, **οὐ μή με ἴδητε** ἀπ᾽ ἄρτι ἕως ἂν εἴπητε· *εὐλογημένος ὁ ἐρχόμενος ἐν ὀνόματι κυρίου.* ➤ Ps 118,26		**Lk 13,35**	... λέγω [δὲ] ὑμῖν, **οὐ μὴ ἴδητέ με** ἕως [ἥξει ὅτε] εἴπητε· *εὐλογημένος ὁ ἐρχόμενος ἐν ὀνόματι κυρίου.* ➤ Ps 118,26	
002				**Lk 14,8**	ὅταν κληθῇς ὑπό τινος εἰς γάμους, **μὴ κατακλιθῇς** εἰς τὴν πρωτοκλισίαν, ...	
002				**Lk 14,12**	... ὅταν ποιῇς ἄριστον ἢ δεῖπνον, **μὴ φώνει** τοὺς φίλους σου μηδὲ τοὺς ἀδελφούς σου μηδὲ τοὺς συγγενεῖς σου μηδὲ γείτονας πλουσίους, μήποτε καὶ αὐτοὶ ἀντικαλέσωσίν σε καὶ γένηται ἀνταπόδομά σοι.	
m 002				**Lk 14,29**	ἵνα μήποτε θέντος αὐτοῦ θεμέλιον καὶ **μὴ ἰσχύοντος** ἐκτελέσαι πάντες οἱ θεωροῦντες ἄρξωνται αὐτῷ ἐμπαίζειν	
e 002				**Lk 14,32**	**εἰ δὲ μή γε,** ἔτι αὐτοῦ πόρρω ὄντος πρεσβείαν ἀποστείλας ἐρωτᾷ τὰ πρὸς εἰρήνην.	
g 002				**Lk 16,26**	καὶ ἐν πᾶσι τούτοις μεταξὺ ἡμῶν καὶ ὑμῶν χάσμα μέγα ἐστήρικται, ὅπως οἱ θέλοντες διαβῆναι ἔνθεν πρὸς ὑμᾶς **μὴ δύνωνται,** μηδὲ ἐκεῖθεν πρὸς ἡμᾶς διαπερῶσιν.	

	Mt		Mk		Lk		
f 002					Lk 16,28	ἔχω γὰρ πέντε ἀδελφούς, ὅπως διαμαρτύρηται αὐτοῖς, ἵνα **μὴ καὶ αὐτοὶ ἔλθωσιν** εἰς τὸν τόπον τοῦτον τῆς βασάνου.	
l 102	Mt 18,7	... ἀνάγκη γὰρ **ἐλθεῖν** τὰ σκάνδαλα, πλὴν οὐαὶ τῷ ἀνθρώπῳ δι᾽ οὗ τὸ σκάνδαλον ἔρχεται.			Lk 17,1	... ἀνένδεκτόν ἐστιν τοῦ τὰ σκάνδαλα **μὴ ἐλθεῖν**, πλὴν οὐαὶ δι᾽ οὗ ἔρχεται·	
q 002					Lk 17,9	**μὴ ἔχει** χάριν τῷ δούλῳ ὅτι ἐποίησεν τὰ διαταχθέντα;	
d 002					Lk 17,18	οὐχ εὑρέθησαν ὑποστρέψαντες δοῦναι δόξαν τῷ θεῷ **εἰ μὴ** ὁ ἀλλογενὴς οὗτος;	
202	Mt 24,26 (2) ⇩ Mt 24,23	ἐὰν οὖν εἴπωσιν ὑμῖν· ἰδοὺ ἐν τῇ ἐρήμῳ ἐστίν, **μὴ ἐξέλθητε**· ἰδοὺ ἐν τοῖς ταμείοις, μὴ πιστεύσητε·	Mk 13,21 → Mt 24,5 → Mk 13,6 ↓ Lk 21,8	καὶ τότε ἐάν τις ὑμῖν εἴπῃ· ἴδε ὧδε ὁ χριστός, ἴδε ἐκεῖ, μὴ πιστεύετε·	Lk 17,23 → Lk 17,21	καὶ ἐροῦσιν ὑμῖν· ἰδοὺ ἐκεῖ, [ἤ·] ἰδοὺ ὧδε· **μὴ ἀπέλθητε** μηδὲ διώξητε.	→ GTh 113
222	Mt 24,17	ὁ ἐπὶ τοῦ δώματος **μὴ καταβάτω** ἆραι τὰ ἐκ τῆς οἰκίας αὐτοῦ,	Mk 13,15	ὁ [δὲ] ἐπὶ τοῦ δώματος **μὴ καταβάτω** μηδὲ εἰσελθάτω ἆραί τι ἐκ τῆς οἰκίας αὐτοῦ,	Lk 17,31 (2)	... ὃς ἔσται ἐπὶ τοῦ δώματος καὶ τὰ σκεύη αὐτοῦ ἐν τῇ οἰκίᾳ, **μὴ καταβάτω** ἆραι αὐτά,	
222	Mt 24,18	καὶ ὁ ἐν τῷ ἀγρῷ **μὴ ἐπιστρεψάτω** ὀπίσω ἆραι τὸ ἱμάτιον αὐτοῦ.	Mk 13,16	καὶ ὁ εἰς τὸν ἀγρὸν **μὴ ἐπιστρεψάτω** εἰς τὰ ὀπίσω ἆραι τὸ ἱμάτιον αὐτοῦ.	↓ Lk 21,21	καὶ ὁ ἐν ἀγρῷ ὁμοίως **μὴ ἐπιστρεψάτω** εἰς τὰ ὀπίσω.	
l 002					Lk 18,1 → Lk 21,36	ἔλεγεν δὲ παραβολὴν αὐτοῖς πρὸς τὸ δεῖν πάντοτε προσεύχεσθαι αὐτοὺς καὶ **μὴ ἐγκακεῖν**,	
m 002 *m* 002					Lk 18,2 (2)	... κριτής τις ἦν ἔν τινι πόλει τὸν θεὸν **μὴ φοβούμενος** καὶ ἄνθρωπον **μὴ ἐντρεπόμενος**.	
f 002					Lk 18,5	διά γε τὸ παρέχειν μοι κόπον τὴν χήραν ταύτην ἐκδικήσω αὐτήν, ἵνα **μὴ εἰς τέλος** ἐρχομένη ὑπωπιάζῃ με.	
j 002					Lk 18,7	ὁ δὲ θεὸς **οὐ μὴ ποιήσῃ** τὴν ἐκδίκησιν τῶν ἐκλεκτῶν αὐτοῦ ...;	
220	Mt 19,6	... ὃ οὖν ὁ θεὸς συνέζευξεν ἄνθρωπος **μὴ χωριζέτω**.	Mk 10,9	ὃ οὖν ὁ θεὸς συνέζευξεν ἄνθρωπος **μὴ χωριζέτω**.			

		Mt		Mk		Lk	
b 210	Mt 19,9 ⇩ Mt 5,32	λέγω δὲ ὑμῖν ὅτι ὃς ἂν ἀπολύσῃ τὴν γυναῖκα αὐτοῦ μὴ ἐπὶ πορνείᾳ καὶ γαμήσῃ ἄλλην μοιχᾶται.	Mk 10,11 → Mk 10,12	καὶ λέγει αὐτοῖς· ὃς ἂν ἀπολύσῃ τὴν γυναῖκα αὐτοῦ καὶ γαμήσῃ ἄλλην μοιχᾶται ἐπ᾽ αὐτήν·			→ 1Cor 7,10-11 Mk-Q overlap
	Mt 5,32 ⇧ Mt 19,9	... πᾶς ὁ ἀπολύων τὴν γυναῖκα αὐτοῦ παρεκτὸς λόγου πορνείας ποιεῖ αὐτὴν μοιχευθῆναι, ...			Lk 16,18	πᾶς ὁ ἀπολύων τὴν γυναῖκα αὐτοῦ καὶ γαμῶν ἑτέραν μοιχεύει, ...	
222	Mt 19,14	... ἄφετε τὰ παιδία καὶ μὴ κωλύετε αὐτὰ ἐλθεῖν πρός με, τῶν γὰρ τοιούτων ἐστὶν ἡ βασιλεία τῶν οὐρανῶν.	Mk 10,14	... ἄφετε τὰ παιδία ἔρχεσθαι πρός με, μὴ κωλύετε αὐτά, τῶν γὰρ τοιούτων ἐστὶν ἡ βασιλεία τοῦ θεοῦ.	Lk 18,16	... ἄφετε τὰ παιδία ἔρχεσθαι πρός με καὶ μὴ κωλύετε αὐτά, τῶν γὰρ τοιούτων ἐστὶν ἡ βασιλεία τοῦ θεοῦ.	→ GTh 22
a b 222 j 222	Mt 18,3 (2)	... ἀμὴν λέγω ὑμῖν, ἐὰν μὴ στραφῆτε καὶ γένησθε ὡς τὰ παιδία, οὐ μὴ εἰσέλθητε εἰς τὴν βασιλείαν τῶν οὐρανῶν.	Mk 10,15 (2)	ἀμὴν λέγω ὑμῖν, ὃς ἂν μὴ δέξηται τὴν βασιλείαν τοῦ θεοῦ ὡς παιδίον, οὐ μὴ εἰσέλθῃ εἰς αὐτήν.	Lk 18,17 (2)	ἀμὴν λέγω ὑμῖν, ὃς ἂν μὴ δέξηται τὴν βασιλείαν τοῦ θεοῦ ὡς παιδίον, οὐ μὴ εἰσέλθῃ εἰς αὐτήν.	→ Jn 3,3 → GTh 22 → GTh 46
d 122	Mt 19,17	... τί με ἐρωτᾷς περὶ τοῦ ἀγαθοῦ; εἷς ἐστιν ὁ ἀγαθός· ...	Mk 10,18	... τί με λέγεις ἀγαθόν; οὐδεὶς ἀγαθὸς εἰ μὴ εἷς ὁ θεός.	Lk 18,19	... τί με λέγεις ἀγαθόν; οὐδεὶς ἀγαθὸς εἰ μὴ εἷς ὁ θεός.	
 122 122 122 122 121	Mt 19,18	... ὁ δὲ Ἰησοῦς εἶπεν· τὸ *οὐ φονεύσεις,* *οὐ μοιχεύσεις,* *οὐ κλέψεις,* *οὐ ψευδομαρτυρήσεις* [19] *τίμα τὸν πατέρα* *καὶ τὴν μητέρα,* ... ➤ Exod 20,12-16/Deut 5,16-20	Mk 10,19 (5)	τὰς ἐντολὰς οἶδας· *μὴ φονεύσῃς,* *μὴ μοιχεύσῃς,* *μὴ κλέψῃς,* *μὴ ψευδομαρτυρήσῃς,* *μὴ ἀποστερήσῃς,* *τίμα τὸν πατέρα σου* *καὶ τὴν μητέρα.* ➤ Exod 20,12-16/Deut 5,16-20; Sir 4,1 LXX	Lk 18,20 (4)	τὰς ἐντολὰς οἶδας· *μὴ μοιχεύσῃς,* *μὴ φονεύσῃς,* *μὴ κλέψῃς,* *μὴ ψευδομαρτυρήσῃς,* *τίμα τὸν πατέρα σου καὶ* *τὴν μητέρα.* ➤ Exod 20,12-16/Deut 5,16-20 LXX	
a j 122	Mt 19,29	... ἑκατονταπλασίονα λήμψεται καὶ ζωὴν αἰώνιον κληρονομήσει.	Mk 10,30	 ἐὰν μὴ λάβῃ ἑκατονταπλασίονα νῦν ἐν τῷ καιρῷ τούτῳ ... καὶ ἐν τῷ αἰῶνι τῷ ἐρχομένῳ ζωὴν αἰώνιον.	Lk 18,30	 ὃς οὐχὶ μὴ [ἀπο]λάβῃ πολλαπλασίονα ἐν τῷ καιρῷ τούτῳ καὶ ἐν τῷ αἰῶνι τῷ ἐρχομένῳ ζωὴν αἰώνιον.	
m 202	Mt 25,29 ⇧ Mt 13,12	τῷ γὰρ ἔχοντι παντὶ δοθήσεται καὶ περισσευθήσεται, τοῦ δὲ μὴ ἔχοντος καὶ ὃ ἔχει ἀρθήσεται ἀπ᾽ αὐτοῦ.	Mk 4,25	ὃς γὰρ ἔχει, δοθήσεται αὐτῷ· καὶ ὃς οὐκ ἔχει, καὶ ὃ ἔχει ἀρθήσεται ἀπ᾽ αὐτοῦ.	Lk 19,26 ⇧ Lk 8,18	λέγω ὑμῖν ὅτι παντὶ τῷ ἔχοντι δοθήσεται, ἀπὸ δὲ τοῦ μὴ ἔχοντος καὶ ὃ ἔχει ἀρθήσεται.	→ GTh 41 Mk-Q overlap
m 002					Lk 19,27	πλὴν τοὺς ἐχθρούς μου τούτους τοὺς μὴ θελήσαντάς με βασιλεῦσαι ἐπ᾽ αὐτοὺς ἀγάγετε ὧδε καὶ κατασφάξατε αὐτοὺς ἔμπροσθέν μου.	

d 220	Mt 21,19 → Lk 13,6	καὶ ἰδὼν συκῆν μίαν ἐπὶ τῆς ὁδοῦ ἦλθεν ἐπ' αὐτὴν καὶ οὐδὲν εὗρεν ἐν αὐτῇ **εἰ μὴ** φύλλα μόνον, ...	Mk 11,13 → Lk 13,6	καὶ ἰδὼν συκῆν ἀπὸ μακρόθεν ἔχουσαν φύλλα ἦλθεν, εἰ ἄρα τι εὑρήσει ἐν αὐτῇ, καὶ ἐλθὼν ἐπ' αὐτὴν οὐδὲν εὗρεν **εἰ μὴ** φύλλα· ὁ γὰρ καιρὸς οὐκ ἦν σύκων.			
a b 220	Mt 21,21 ↓ Mt 17,20 ↓ Lk 17,6	... ἀμὴν λέγω ὑμῖν, ἐὰν ἔχητε πίστιν καὶ **μὴ διακριθῆτε,** οὐ μόνον τὸ τῆς συκῆς ποιήσετε, ἀλλὰ κἂν τῷ ὄρει τούτῳ εἴπητε· ἄρθητι καὶ βλήθητι εἰς τὴν θάλασσαν, γενήσεται·	Mk 11,23 ↓ Mt 17,20 ↓ Lk 17,6 → Mk 9,23	[22] ... ἔχετε πίστιν θεοῦ. [23] ἀμὴν λέγω ὑμῖν ὅτι ὃς ἂν εἴπῃ τῷ ὄρει τούτῳ· ἄρθητι καὶ βλήθητι εἰς τὴν θάλασσαν, καὶ **μὴ διακριθῇ** ἐν τῇ καρδίᾳ αὐτοῦ ἀλλὰ πιστεύῃ ὅτι ὃ λαλεῖ γίνεται, ἔσται αὐτῷ.			→ GTh 48 → GTh 106
	Mt 17,20 ↑ Mt 21,21	... ἀμὴν γὰρ λέγω ὑμῖν, ἐὰν ἔχητε πίστιν ὡς κόκκον σινάπεως, ἐρεῖτε τῷ ὄρει τούτῳ, μετάβα ἔνθεν ἐκεῖ, καὶ μεταβήσεται· καὶ οὐδὲν ἀδυνατήσει ὑμῖν.			Lk 17,6	... εἰ ἔχετε πίστιν ὡς κόκκον σινάπεως, ἐλέγετε ἂν τῇ συκαμίνῳ [ταύτῃ]· ἐκριζώθητι καὶ φυτεύθητι ἐν τῇ θαλάσσῃ· καὶ ὑπήκουσεν ἂν ὑμῖν.	→ GTh 48 → GTh 106
l 112	Mt 21,27	καὶ ἀποκριθέντες τῷ Ἰησοῦ εἶπαν· **οὐκ οἴδαμεν.** ἔφη αὐτοῖς καὶ αὐτός· οὐδὲ ἐγὼ λέγω ὑμῖν ἐν ποίᾳ ἐξουσίᾳ ταῦτα ποιῶ.	Mk 11,33	καὶ ἀποκριθέντες τῷ Ἰησοῦ λέγουσιν· **οὐκ οἴδαμεν.** καὶ ὁ Ἰησοῦς λέγει αὐτοῖς· οὐδὲ ἐγὼ λέγω ὑμῖν ἐν ποίᾳ ἐξουσίᾳ ταῦτα ποιῶ.	Lk 20,7	καὶ ἀπεκρίθησαν **μὴ εἰδέναι** πόθεν. [8] καὶ ὁ Ἰησοῦς εἶπεν αὐτοῖς· οὐδὲ ἐγὼ λέγω ὑμῖν ἐν ποίᾳ ἐξουσίᾳ ταῦτα ποιῶ.	
n 112	Mt 21,41 → Mt 21,43	... κακοὺς κακῶς ἀπολέσει αὐτοὺς καὶ τὸν ἀμπελῶνα ἐκδώσεται ἄλλοις γεωργοῖς, οἵτινες ἀποδώσουσιν αὐτῷ τοὺς καρποὺς ἐν τοῖς καιροῖς αὐτῶν.	Mk 12,9	... ἐλεύσεται καὶ ἀπολέσει τοὺς γεωργοὺς καὶ δώσει τὸν ἀμπελῶνα ἄλλοις.	Lk 20,16	ἐλεύσεται καὶ ἀπολέσει τοὺς γεωργοὺς τούτους καὶ δώσει τὸν ἀμπελῶνα ἄλλοις. ἀκούσαντες δὲ εἶπαν· **μὴ γένοιτο.**	→ GTh 65
m 200	Mt 22,12	... ἑταῖρε, πῶς εἰσῆλθες ὧδε **μὴ ἔχων** ἔνδυμα γάμου; ...					
121	Mt 22,17	... ἔξεστιν δοῦναι κῆνσον Καίσαρι ἢ οὔ;	Mk 12,14	... ἔξεστιν δοῦναι κῆνσον Καίσαρι ἢ οὔ; δῶμεν ἢ **μὴ δῶμεν;**	Lk 20,22	ἔξεστιν ἡμᾶς Καίσαρι φόρον δοῦναι ἢ οὔ;	→ GTh 100
l 222	Mt 22,23	ἐν ἐκείνῃ τῇ ἡμέρᾳ προσῆλθον αὐτῷ Σαδδουκαῖοι, λέγοντες **μὴ εἶναι** ἀνάστασιν, καὶ ἐπηρώτησαν αὐτὸν	Mk 12,18	καὶ ἔρχονται Σαδδουκαῖοι πρὸς αὐτόν, οἵτινες λέγουσιν ἀνάστασιν **μὴ εἶναι,** καὶ ἐπηρώτων αὐτὸν ...	Lk 20,27	προσελθόντες δέ τινες τῶν Σαδδουκαίων, οἱ [ἀντι]λέγοντες ἀνάστασιν **μὴ εἶναι,** ἐπηρώτησαν αὐτὸν	
m a 221	Mt 22,24	... *ἐάν τις ἀποθάνῃ* ***μὴ ἔχων τέκνα,*** *ἐπιγαμβρεύσει ὁ ἀδελφὸς αὐτοῦ τὴν γυναῖκα αὐτοῦ καὶ ἀναστήσει σπέρμα τῷ ἀδελφῷ αὐτοῦ·* ➤ Deut 25,5; Gen 38,8	Mk 12,19	... *ἐάν τινος ἀδελφὸς ἀποθάνῃ* καὶ καταλίπῃ γυναῖκα *καὶ* ***μὴ ἀφῇ τέκνον,*** ἵνα *λάβῃ ὁ ἀδελφὸς αὐτοῦ τὴν γυναῖκα καὶ ἐξαναστήσῃ σπέρμα τῷ ἀδελφῷ αὐτοῦ.* ➤ Deut 25,5; Gen 38,8	Lk 20,28	... *ἐάν τινος ἀδελφὸς ἀποθάνῃ* ἔχων γυναῖκα, καὶ οὗτος **ἄτεκνος ᾖ,** ἵνα *λάβῃ ὁ ἀδελφὸς αὐτοῦ τὴν γυναῖκα καὶ ἐξαναστήσῃ σπέρμα τῷ ἀδελφῷ αὐτοῦ.* ➤ Deut 25,5; Gen 38,8	

m 211	**Mt 22,25**	ἦσαν δὲ παρ' ἡμῖν ἑπτὰ ἀδελφοί· καὶ ὁ πρῶτος γήμας ἐτελεύτησεν, καὶ **μὴ ἔχων σπέρμα** ἀφῆκεν τὴν γυναῖκα αὐτοῦ τῷ ἀδελφῷ αὐτοῦ·	**Mk 12,20**	ἑπτὰ ἀδελφοὶ ἦσαν· καὶ ὁ πρῶτος ἔλαβεν γυναῖκα καὶ ἀποθνῄσκων **οὐκ ἀφῆκεν σπέρμα·**	**Lk 20,29**	ἑπτὰ οὖν ἀδελφοὶ ἦσαν· καὶ ὁ πρῶτος λαβὼν γυναῖκα ἀπέθανεν **ἄτεκνος·**	
m 121	**Mt 22,26**	ὁμοίως καὶ ὁ δεύτερος καὶ ὁ τρίτος ἕως τῶν ἑπτά.	**Mk 12,21**	καὶ ὁ δεύτερος ἔλαβεν αὐτὴν καὶ ἀπέθανεν **μὴ καταλιπὼν** σπέρμα· καὶ ὁ τρίτος ὡσαύτως· [22] καὶ οἱ ἑπτὰ οὐκ ἀφῆκαν σπέρμα. ...	**Lk 20,31**	[30] καὶ ὁ δεύτερος [31] καὶ ὁ τρίτος ἔλαβεν αὐτήν, ὡσαύτως δὲ καὶ οἱ ἑπτὰ **οὐ κατέλιπον** τέκνα καὶ ἀπέθανον.	
m 221	**Mt 22,29**	ἀποκριθεὶς δὲ ὁ Ἰησοῦς εἶπεν αὐτοῖς· πλανᾶσθε **μὴ εἰδότες** τὰς γραφὰς μηδὲ τὴν δύναμιν τοῦ θεοῦ·	**Mk 12,24**	ἔφη αὐτοῖς ὁ Ἰησοῦς· οὐ διὰ τοῦτο πλανᾶσθε **μὴ εἰδότες** τὰς γραφὰς μηδὲ τὴν δύναμιν τοῦ θεοῦ;	**Lk 20,34**	καὶ εἶπεν αὐτοῖς ὁ Ἰησοῦς· οἱ υἱοὶ τοῦ αἰῶνος τούτου γαμοῦσιν καὶ γαμίσκονται	
200	**Mt 23,3**	πάντα οὖν ὅσα ἐὰν εἴπωσιν ὑμῖν ποιήσατε καὶ τηρεῖτε, κατὰ δὲ τὰ ἔργα αὐτῶν **μὴ ποιεῖτε·** λέγουσιν γὰρ καὶ οὐ ποιοῦσιν.					
200	**Mt 23,8**	ὑμεῖς δὲ **μὴ κληθῆτε** ῥαββί· εἷς γάρ ἐστιν ὑμῶν ὁ διδάσκαλος, πάντες δὲ ὑμεῖς ἀδελφοί ἐστε.					
200	**Mt 23,9**	καὶ πατέρα **μὴ καλέσητε** ὑμῶν ἐπὶ τῆς γῆς, εἷς γάρ ἐστιν ὑμῶν ὁ πατὴρ ὁ οὐράνιος.					
l 202	**Mt 23,23**	... ταῦτα [δὲ] ἔδει ποιῆσαι κἀκεῖνα **μὴ ἀφιέναι.**			**Lk 11,42**	... ταῦτα δὲ ἔδει ποιῆσαι κἀκεῖνα **μὴ παρεῖναι.**	
j 202	**Mt 23,39**	λέγω γὰρ ὑμῖν, **οὐ μή με ἴδητε** ἀπ' ἄρτι ἕως ἂν εἴπητε· *εὐλογημένος ὁ ἐρχόμενος ἐν ὀνόματι κυρίου.* ➢ Ps 118,26			**Lk 13,35**	... λέγω [δὲ] ὑμῖν, **οὐ μὴ ἴδητέ με** ἕως [ἥξει ὅτε] εἴπητε· *εὐλογημένος ὁ ἐρχόμενος ἐν ὀνόματι κυρίου.* ➢ Ps 118,26	
j 221 j 121	**Mt 24,2**	... οὐ βλέπετε ταῦτα πάντα; ἀμὴν λέγω ὑμῖν, **οὐ μὴ ἀφεθῇ** ὧδε λίθος ἐπὶ λίθον ὃς **οὐ καταλυθήσεται.**	**Mk 13,2** **(2)**	... βλέπεις ταύτας τὰς μεγάλας οἰκοδομάς; **οὐ μὴ ἀφεθῇ** ὧδε λίθος ἐπὶ λίθον ὃς **οὐ μὴ καταλυθῇ.**	**Lk 21,6** → Lk 19,44	ταῦτα ἃ θεωρεῖτε ἐλεύσονται ἡμέραι ἐν αἷς **οὐκ ἀφεθήσεται** λίθος ἐπὶ λίθῳ ὃς **οὐ καταλυθήσεται.**	
p 222	**Mt 24,4**	καὶ ἀποκριθεὶς ὁ Ἰησοῦς εἶπεν αὐτοῖς· βλέπετε **μή τις ὑμᾶς πλανήσῃ·**	**Mk 13,5**	ὁ δὲ Ἰησοῦς ἤρξατο λέγειν αὐτοῖς· βλέπετε **μή τις ὑμᾶς πλανήσῃ·**	**Lk 21,8** **(2)**	ὁ δὲ εἶπεν· βλέπετε **μὴ πλανηθῆτε·**	
112	**Mt 24,5** ↓ Mt 24,23 ↓ Mt 24,26 → Mt 24,11	πολλοὶ γὰρ ἐλεύσονται ἐπὶ τῷ ὀνόματί μου λέγοντες· ἐγώ εἰμι ὁ χριστός, καὶ πολλοὺς πλανήσουσιν.	**Mk 13,6** ↓ Mk 13,21	πολλοὶ ἐλεύσονται ἐπὶ τῷ ὀνόματί μου λέγοντες ὅτι ἐγώ εἰμι, καὶ πολλοὺς πλανήσουσιν.	↑ Lk 17,23	πολλοὶ γὰρ ἐλεύσονται ἐπὶ τῷ ὀνόματί μου λέγοντες· ἐγώ εἰμι, καί· ὁ καιρὸς ἤγγικεν. **μὴ πορευθῆτε** ὀπίσω αὐτῶν.	

	Mt		Mk		Lk		
p 222	**Mt 24,6**	μελλήσετε δὲ ἀκούειν πολέμους καὶ ἀκοὰς πολέμων· ὁρᾶτε **μὴ θροεῖσθε·** δεῖ γὰρ γενέσθαι, ἀλλ' οὔπω ἐστὶν τὸ τέλος.	**Mk 13,7**	ὅταν δὲ ἀκούσητε πολέμους καὶ ἀκοὰς πολέμων, **μὴ θροεῖσθε·** δεῖ γενέσθαι, ἀλλ' οὔπω τὸ τέλος.	**Lk 21,9**	ὅταν δὲ ἀκούσητε πολέμους καὶ ἀκαταστασίας, **μὴ πτοηθῆτε·** δεῖ γὰρ ταῦτα γενέσθαι πρῶτον, ἀλλ' οὐκ εὐθέως τὸ τέλος.	
l 122	**Mt 10,19**	ὅταν δὲ παραδῶσιν ὑμᾶς, **μὴ μεριμνήσητε** πῶς ἢ τί λαλήσητε· ...	**Mk 13,11**	καὶ ὅταν ἄγωσιν ὑμᾶς παραδιδόντες, **μὴ προμεριμνᾶτε** τί λαλήσητε, ...	**Lk 21,14** ⇑ Lk 12,11	θέτε οὖν ἐν ταῖς καρδίαις ὑμῶν **μὴ προμελετᾶν** ἀπολογηθῆναι·	Mk-Q overlap. Mt 10,19 counted as Q tradition.
j 002					**Lk 21,18** ↑ Mt 10,30 ↑ Lk 12,7	καὶ θρὶξ ἐκ τῆς κεφαλῆς ὑμῶν **οὐ μὴ ἀπόληται.**	→ Acts 27,34
112	**Mt 24,16**	τότε οἱ ἐν τῇ Ἰουδαίᾳ φευγέτωσαν εἰς τὰ ὄρη,	**Mk 13,14**	... τότε οἱ ἐν τῇ Ἰουδαίᾳ φευγέτωσαν εἰς τὰ ὄρη,	**Lk 21,21** ↑ Lk 17,31	τότε οἱ ἐν τῇ Ἰουδαίᾳ φευγέτωσαν εἰς τὰ ὄρη καὶ οἱ ἐν μέσῳ αὐτῆς ἐκχωρείτωσαν καὶ οἱ ἐν ταῖς χώραις **μὴ εἰσερχέσθωσαν** εἰς αὐτήν	
222	**Mt 24,17**	ὁ ἐπὶ τοῦ δώματος **μὴ καταβάτω** ἆραι τὰ ἐκ τῆς οἰκίας αὐτοῦ,	**Mk 13,15**	ὁ [δὲ] ἐπὶ τοῦ δώματος **μὴ καταβάτω** μηδὲ εἰσελθάτω ἆραί τι ἐκ τῆς οἰκίας αὐτοῦ,	**Lk 17,31** **(2)**	... ὃς ἔσται ἐπὶ τοῦ δώματος καὶ τὰ σκεύη αὐτοῦ ἐν τῇ οἰκίᾳ, **μὴ καταβάτω** ἆραι αὐτά,	
222	**Mt 24,18**	καὶ ὁ ἐν τῷ ἀγρῷ **μὴ ἐπιστρεψάτω** ὀπίσω ἆραι τὸ ἱμάτιον αὐτοῦ.	**Mk 13,16**	καὶ ὁ εἰς τὸν ἀγρὸν **μὴ ἐπιστρεψάτω** εἰς τὰ ὀπίσω ἆραι τὸ ἱμάτιον αὐτοῦ.	↑ Lk 21,21	καὶ ὁ ἐν ἀγρῷ ὁμοίως **μὴ ἐπιστρεψάτω** εἰς τὰ ὀπίσω.	
f 220	**Mt 24,20**	προσεύχεσθε δὲ ἵνα **μὴ γένηται** ἡ φυγὴ ὑμῶν χειμῶνος μηδὲ σαββάτῳ.	**Mk 13,18**	προσεύχεσθε δὲ ἵνα **μὴ γένηται** χειμῶνος·			
j 221	**Mt 24,21**	ἔσται γὰρ τότε θλῖψις μεγάλη οἵα οὐ γέγονεν ἀπ' ἀρχῆς κόσμου ἕως τοῦ νῦν οὐδ' **οὐ μὴ γένηται.**	**Mk 13,19**	ἔσονται γὰρ αἱ ἡμέραι ἐκεῖναι θλῖψις οἵα οὐ γέγονεν τοιαύτη ἀπ' ἀρχῆς κτίσεως ἣν ἔκτισεν ὁ θεὸς ἕως τοῦ νῦν καὶ **οὐ μὴ γένηται.**	**Lk 21,23**	... ἔσται γὰρ ἀνάγκη μεγάλη ἐπὶ τῆς γῆς καὶ ὀργὴ τῷ λαῷ τούτῳ	
c 220	**Mt 24,22**	καὶ **εἰ μὴ** ἐκολοβώθησαν αἱ ἡμέραι ἐκεῖναι, οὐκ ἂν ἐσώθη πᾶσα σάρξ· ...	**Mk 13,20**	καὶ **εἰ μὴ** ἐκολόβωσεν κύριος τὰς ἡμέρας, οὐκ ἂν ἐσώθη πᾶσα σάρξ· ...			
220	**Mt 24,23** ↑ Mt 24,5 ⇓ Mt 24,26	τότε ἐάν τις ὑμῖν εἴπῃ· ἰδοὺ ὧδε ὁ χριστός, ἤ· ὧδε, **μὴ πιστεύσητε·**	**Mk 13,21** ↑ Mk 13,6	καὶ τότε ἐάν τις ὑμῖν εἴπῃ· ἴδε ὧδε ὁ χριστός, ἴδε ἐκεῖ, **μὴ πιστεύετε·**	→ Lk 17,21 ↑ Lk 17,23 ↑ Lk 21,8		→ GTh 113
202 201	**Mt 24,26** **(2)** ⇑ Mt 24,23	ἐὰν οὖν εἴπωσιν ὑμῖν· ἰδοὺ ἐν τῇ ἐρήμῳ ἐστίν, **μὴ ἐξέλθητε·** ἰδοὺ ἐν τοῖς ταμείοις, **μὴ πιστεύσητε·**	**Mk 13,21** ↑ Mt 24,5 ↑ Mk 13,6 ↑ Lk 21,8	καὶ τότε ἐάν τις ὑμῖν εἴπῃ· ἴδε ὧδε ὁ χριστός, ἴδε ἐκεῖ, μὴ πιστεύετε·	**Lk 17,23** → Lk 17,21	καὶ ἐροῦσιν ὑμῖν· ἰδοὺ ἐκεῖ, [ἤ·] ἰδοὺ ὧδε· **μὴ ἀπέλθητε** **μηδὲ διώξητε.**	→ GTh 113
j 222	**Mt 24,34** ↑ Mt 16,28	ἀμὴν λέγω ὑμῖν ὅτι **οὐ μὴ παρέλθῃ** ἡ γενεὰ αὕτη ἕως ἂν πάντα ταῦτα γένηται.	**Mk 13,30** ↑ Mk 9,1	ἀμὴν λέγω ὑμῖν ὅτι **οὐ μὴ παρέλθῃ** ἡ γενεὰ αὕτη μέχρις οὗ ταῦτα πάντα γένηται.	**Lk 21,32** ↑ Lk 9,27	ἀμὴν λέγω ὑμῖν ὅτι **οὐ μὴ παρέλθῃ** ἡ γενεὰ αὕτη ἕως ἂν πάντα γένηται.	

	Mt		Mk		Lk		
j k 222	Mt 24,35 ↑ Mt 5,18	ὁ οὐρανὸς καὶ ἡ γῆ παρελεύσεται, οἱ δὲ λόγοι μου **οὐ μὴ παρέλθωσιν.**	Mk 13,31	ὁ οὐρανὸς καὶ ἡ γῆ παρελεύσονται, οἱ δὲ λόγοι μου **οὐ μὴ παρελεύσονται.**	Lk 21,33 ↑ Lk 16,17	ὁ οὐρανὸς καὶ ἡ γῆ παρελεύσονται, οἱ δὲ λόγοι μου **οὐ μὴ παρελεύσονται.**	→ GTh 11,1
d 220	Mt 24,36	περὶ δὲ τῆς ἡμέρας ἐκείνης καὶ ὥρας οὐδεὶς οἶδεν, οὐδὲ οἱ ἄγγελοι τῶν οὐρανῶν οὐδὲ ὁ υἱός, **εἰ μὴ** ὁ πατὴρ μόνος.	Mk 13,32	περὶ δὲ τῆς ἡμέρας ἐκείνης ἢ τῆς ὥρας οὐδεὶς οἶδεν, οὐδὲ οἱ ἄγγελοι ἐν οὐρανῷ οὐδὲ ὁ υἱός, **εἰ μὴ** ὁ πατήρ.			
m 020			Mk 13,36 → Lk 12,38 → Lk 21,34-35	**μὴ ἐλθὼν** ἐξαίφνης εὕρῃ ὑμᾶς καθεύδοντας.			
j 200	Mt 25,9	ἀπεκρίθησαν δὲ αἱ φρόνιμοι λέγουσαι· μήποτε **οὐ μὴ ἀρκέσῃ** ἡμῖν καὶ ὑμῖν· ...					
m 202	Mt 25,29 ⇑ Mt 13,12	τῷ γὰρ ἔχοντι παντὶ δοθήσεται καὶ περισσευθήσεται, **τοῦ δὲ μὴ ἔχοντος** καὶ ὃ ἔχει ἀρθήσεται ἀπ' αὐτοῦ.	Mk 4,25	ὃς γὰρ ἔχει, δοθήσεται αὐτῷ· **καὶ ὃς οὐκ ἔχει,** καὶ ὃ ἔχει ἀρθήσεται ἀπ' αὐτοῦ.	Lk 19,26 ⇑ Lk 8,18	λέγω ὑμῖν ὅτι παντὶ τῷ ἔχοντι δοθήσεται, **ἀπὸ δὲ τοῦ μὴ ἔχοντος** καὶ ὃ ἔχει ἀρθήσεται.	→ GTh 41 Mk-Q overlap
221 f 211	Mt 26,5 (2)	[3] τότε συνήχθησαν οἱ ἀρχιερεῖς καὶ οἱ πρεσβύτεροι τοῦ λαοῦ ... [4] καὶ συνεβουλεύσαντο ἵνα τὸν Ἰησοῦν δόλῳ κρατήσωσιν καὶ ἀποκτείνωσιν· [5] ἔλεγον δέ· **μὴ ἐν τῇ ἑορτῇ,** **ἵνα μὴ θόρυβος** **γένηται ἐν τῷ λαῷ.**	Mk 14,2	[1] ... καὶ ἐζήτουν οἱ ἀρχιερεῖς καὶ οἱ γραμματεῖς πῶς αὐτὸν ἐν δόλῳ κρατήσαντες ἀποκτείνωσιν· [2] ἔλεγον γάρ· **μὴ ἐν τῇ ἑορτῇ,** **μήποτε ἔσται** **θόρυβος τοῦ λαοῦ.**	Lk 22,2	καὶ ἐζήτουν οἱ ἀρχιερεῖς καὶ οἱ γραμματεῖς τὸ πῶς ἀνέλωσιν αὐτόν, **ἐφοβοῦντο γὰρ** **τὸν λαόν.**	
j 002					Lk 22,16 ↓ Mt 26,29 ↓ Mk 14,25 ↓ Lk 22,18	λέγω γὰρ ὑμῖν ὅτι **οὐ μὴ φάγω** αὐτὸ ἕως ὅτου πληρωθῇ ἐν τῇ βασιλείᾳ τοῦ θεοῦ.	
j 222	Mt 26,29	λέγω δὲ ὑμῖν, **οὐ μὴ πίω** ἀπ' ἄρτι ἐκ τούτου τοῦ γενήματος τῆς ἀμπέλου ...	Mk 14,25	ἀμὴν λέγω ὑμῖν ὅτι **οὐκέτι οὐ μὴ πίω** ἐκ τοῦ γενήματος τῆς ἀμπέλου ...	Lk 22,18 ↑ Lk 22,16	λέγω γὰρ ὑμῖν, [ὅτι] **οὐ μὴ πίω** ἀπὸ τοῦ νῦν ἀπὸ τοῦ γενήματος τῆς ἀμπέλου ...	
f 002					Lk 22,32	ἐγὼ δὲ ἐδεήθην περὶ σοῦ ἵνα **μὴ ἐκλίπῃ** ἡ πίστις σου· ...	
q 002					Lk 22,35 ↑ Mt 10,9-10 ↑ Mk 6,8-9 ↑ Lk 9,3 ↑ Lk 10,4	καὶ εἶπεν αὐτοῖς· ὅτε ἀπέστειλα ὑμᾶς ἄτερ βαλλαντίου καὶ πήρας καὶ ὑποδημάτων, **μή τινος** **ὑστερήσατε;** οἱ δὲ εἶπαν· οὐθενός.	
m 002					Lk 22,36 ↑ Lk 9,3 ↑ Lk 10,4	εἶπεν δὲ αὐτοῖς· ἀλλὰ νῦν ὁ ἔχων βαλλάντιον ἀράτω, ὁμοίως καὶ πήραν, καὶ **ὁ μὴ ἔχων** πωλησάτω τὸ ἱμάτιον αὐτοῦ καὶ ἀγορασάτω μάχαιραν.	

	Mt		Mk		Lk		
k 220	**Mt 26,35** → Lk 22,33	... κἂν δέῃ με σὺν σοὶ ἀποθανεῖν, **οὐ μή σε ἀπαρνήσομαι.** ὁμοίως καὶ πάντες οἱ μαθηταὶ εἶπαν.	**Mk 14,31** → Lk 22,33	... ἐὰν δέῃ με συναποθανεῖν σοι, **οὐ μή σε ἀπαρνήσομαι.** ὡσαύτως δὲ καὶ πάντες ἔλεγον.			→ Jn 13,37
l 112	**Mt 26,36**	... καθίσατε αὐτοῦ ἕως [οὗ] ἀπελθὼν ἐκεῖ προσεύξωμαι.	**Mk 14,32**	... καθίσατε ὧδε ἕως προσεύξωμαι.	**Lk 22,40** ↓ Mt 26,41 ↓ Mk 14,38 ↓ Lk 22,46	... προσεύχεσθε **μὴ εἰσελθεῖν** εἰς πειρασμόν.	
112	**Mt 26,39**	... παρελθάτω ἀπ' ἐμοῦ τὸ ποτήριον τοῦτο· πλὴν **οὐχ ὡς ἐγὼ θέλω** ἀλλ' ὡς σύ.	**Mk 14,36**	... παρένεγκε τὸ ποτήριον τοῦτο ἀπ' ἐμοῦ· ἀλλ' **οὐ τί ἐγὼ θέλω** ἀλλὰ τί σύ.	**Lk 22,42** ↓ Mt 26,42	... παρένεγκε τοῦτο τὸ ποτήριον ἀπ' ἐμοῦ· πλὴν **μὴ τὸ θέλημά μου** ἀλλὰ τὸ σὸν γινέσθω.	→ Jn 18,11 → Acts 21,14
f 222	**Mt 26,41**	γρηγορεῖτε καὶ προσεύχεσθε, ἵνα **μὴ εἰσέλθητε** εἰς πειρασμόν· ...	**Mk 14,38**	γρηγορεῖτε καὶ προσεύχεσθε, ἵνα **μὴ ἔλθητε** εἰς πειρασμόν· ...	**Lk 22,46** ↑ Lk 22,40	... ἀναστάντες προσεύχεσθε, ἵνα **μὴ εἰσέλθητε** εἰς πειρασμόν.	
a 210	**Mt 26,42** → Mt 6,10 ↑ Lk 22,42	πάλιν ἐκ δευτέρου ἀπελθὼν προσηύξατο λέγων· πάτερ μου, εἰ οὐ δύναται τοῦτο παρελθεῖν **ἐὰν μὴ** αὐτὸ πίω, γενηθήτω τὸ θέλημά σου.	**Mk 14,39**	καὶ πάλιν ἀπελθὼν προσηύξατο τὸν αὐτὸν λόγον εἰπών.			
	Mt 26,64	[63] ... καὶ ὁ ἀρχιερεὺς εἶπεν αὐτῷ· ἐξορκίζω σε κατὰ τοῦ θεοῦ τοῦ ζῶντος ἵνα ἡμῖν εἴπῃς εἰ σὺ εἶ ὁ χριστὸς ὁ υἱὸς τοῦ θεοῦ. [64] λέγει αὐτῷ ὁ Ἰησοῦς· ↔	**Mk 14,62**	[61] ... πάλιν ὁ ἀρχιερεὺς ἐπηρώτα αὐτὸν καὶ λέγει αὐτῷ· σὺ εἶ ὁ χριστὸς ὁ υἱὸς τοῦ εὐλογητοῦ; [62] ὁ δὲ Ἰησοῦς εἶπεν· ↔	**Lk 22,67** ⇩ Lk 22,70	λέγοντες· εἰ σὺ εἶ ὁ χριστός, εἰπὸν ἡμῖν. εἶπεν δὲ αὐτοῖς·	→ Jn 10,25
j 002						ἐὰν ὑμῖν εἴπω **οὐ μὴ πιστεύσητε·**	
j 002					**Lk 22,68**	ἐὰν δὲ ἐρωτήσω, **οὐ μὴ ἀποκριθῆτε.**	
	Mt 26,64	↔ σὺ εἶπας· ...	**Mk 14,62**	↔ ἐγώ εἰμι, ...	**Lk 22,70** ⇧ Lk 22,67	εἶπαν δὲ πάντες· σὺ οὖν εἶ ὁ υἱὸς τοῦ θεοῦ; ὁ δὲ πρὸς αὐτοὺς ἔφη· ὑμεῖς λέγετε ὅτι ἐγώ εἰμι.	→ Jn 10,36
002					**Lk 23,28**	... θυγατέρες Ἰερουσαλήμ, **μὴ κλαίετε** ἐπ' ἐμέ· πλὴν ἐφ' ἑαυτὰς κλαίετε καὶ ἐπὶ τὰ τέκνα ὑμῶν	
221	**Mt 28,5**	ἀποκριθεὶς δὲ ὁ ἄγγελος εἶπεν ταῖς γυναιξίν· **μὴ φοβεῖσθε ὑμεῖς,** οἶδα γὰρ ὅτι Ἰησοῦν τὸν ἐσταυρωμένον ζητεῖτε·	**Mk 16,6**	ὁ δὲ λέγει αὐταῖς· **μὴ ἐκθαμβεῖσθε·** Ἰησοῦν ζητεῖτε τὸν Ναζαρηνὸν τὸν ἐσταυρωμένον· ...	**Lk 24,5** ↓ Lk 24,23	... εἶπαν πρὸς αὐτάς· τί ζητεῖτε τὸν ζῶντα μετὰ τῶν νεκρῶν·	
200	**Mt 28,10** → Mt 28,7 → Mk 16,7 → Mt 28,16	τότε λέγει αὐταῖς ὁ Ἰησοῦς· **μὴ φοβεῖσθε·** ὑπάγετε ἀπαγγείλατε τοῖς ἀδελφοῖς μου ἵνα ἀπέλθωσιν εἰς τὴν Γαλιλαίαν, κἀκεῖ με ὄψονται.					→ Jn 20,17

l 002		Lk 24,16	οἱ δὲ ὀφθαλμοὶ αὐτῶν ἐκρατοῦντο τοῦ **μὴ ἐπιγνῶναι** αὐτόν.
m 002		Lk 24,23 ↑ Mt 28,5 ↑ Mk 16,6 ↑ Lk 24,5	καὶ **μὴ εὑροῦσαι** τὸ σῶμα αὐτοῦ ἦλθον λέγουσαι καὶ ὀπτασίαν ἀγγέλων ἑωρακέναι, ...

a ἐὰν (...) μή
b ὅς / ὅσος / ὅστις ἂν (ἐὰν) (...) μή
c εἰ (...) μή with finite verb
d εἰ μή = only
e εἰ δὲ μή, εἰ δὲ μή γε
f ἵνα (...) μή
g ὅπως (...) μή
h μή που (Acts only)
j οὐ μή / οὐχὶ μή and aorist subjunctive
k οὐ μή and future indicative
l (τὸ) μή and infinitive
m μή and participle
n μή and optative
p βλέπω μή, φοβέομαι μή, and similar phrases
q μή as interrogative

l **Acts 1,4** καὶ συναλιζόμενος παρήγγειλεν αὐτοῖς ἀπὸ Ἱεροσολύμων **μὴ χωρίζεσθαι** ἀλλὰ περιμένειν τὴν ἐπαγγελίαν τοῦ πατρὸς ἣν ἠκούσατέ μου

Acts 1,20 γέγραπται γὰρ ἐν βίβλῳ ψαλμῶν· *γενηθήτω ἡ ἔπαυλις αὐτοῦ ἔρημος καὶ* ***μὴ ἔστω*** *ὁ κατοικῶν ἐν αὐτῇ, καί· τὴν ἐπισκοπὴν αὐτοῦ λαβέτω ἕτερος.* ➢ Ps 69,26; Ps 109,8

f **Acts 2,25** Δαυὶδ γὰρ λέγει εἰς αὐτόν· *προορώμην τὸν κύριον ἐνώπιόν μου διὰ παντός, ὅτι ἐκ δεξιῶν μού ἐστιν ἵνα* ***μὴ σαλευθῶ.*** ➢ Ps 15,8 LXX

b **Acts 3,23** *ἔσται δὲ πᾶσα ψυχὴ* ***ἥτις ἐὰν μὴ ἀκούσῃ*** *τοῦ προφήτου ἐκείνου ἐξολεθρευθήσεται ἐκ τοῦ λαοῦ.* ➢ Lev 23,29

f **Acts 4,17** ἀλλ᾽ ἵνα **μὴ ἐπὶ πλεῖον** διανεμηθῇ εἰς τὸν λαόν ἀπειλησώμεθα αὐτοῖς μηκέτι λαλεῖν ἐπὶ τῷ ὀνόματι τούτῳ μηδενὶ ἀνθρώπων.

l **Acts 4,18** καὶ καλέσαντες αὐτοὺς παρήγγειλαν τὸ καθόλου **μὴ φθέγγεσθαι** μηδὲ διδάσκειν ἐπὶ τῷ ὀνόματι τοῦ Ἰησοῦ.

l **Acts 4,20** οὐ δυνάμεθα γὰρ ἡμεῖς ἃ εἴδαμεν καὶ ἠκούσαμεν **μὴ λαλεῖν.**

m **Acts 5,7** ἐγένετο δὲ ὡς ὡρῶν τριῶν διάστημα καὶ ἡ γυνὴ αὐτοῦ **μὴ εἰδυῖα** τὸ γεγονὸς εἰσῆλθεν.

p **Acts 5,26** τότε ἀπελθὼν ὁ στρατηγὸς σὺν τοῖς ὑπηρέταις ἦγεν αὐτούς οὐ μετὰ βίας, ἐφοβοῦντο γὰρ τὸν λαόν **μὴ λιθασθῶσιν.**

l **Acts 5,28** ... [οὐ] παραγγελίᾳ παρηγγείλαμεν ὑμῖν **μὴ διδάσκειν** ἐπὶ τῷ ὀνόματι τούτῳ, καὶ ἰδοὺ πεπληρώκατε τὴν Ἰερουσαλὴμ τῆς διδαχῆς ὑμῶν ...

l **Acts 5,40** καὶ προσκαλεσάμενοι τοὺς ἀποστόλους δείραντες παρήγγειλαν **μὴ λαλεῖν** ἐπὶ τῷ ὀνόματι τοῦ Ἰησοῦ καὶ ἀπέλυσαν.

l **Acts 7,19** οὗτος κατασοφισάμενος τὸ γένος ἡμῶν ἐκάκωσεν τοὺς πατέρας [ἡμῶν] τοῦ ποιεῖν τὰ βρέφη ἔκθετα αὐτῶν **εἰς τὸ μὴ ζῳογονεῖσθαι.**

q **Acts 7,28** ***μὴ ἀνελεῖν*** *με σὺ θέλεις ὃν τρόπον ἀνεῖλες ἐχθὲς τὸν Αἰγύπτιον;* ➢ Exod 2,14

q **Acts 7,42** ... καθὼς γέγραπται ἐν βίβλῳ τῶν προφητῶν· ***μὴ σφάγια καὶ θυσίας*** *προσηνέγκατέ μοι ἔτη τεσσεράκοντα ἐν τῇ ἐρήμῳ, οἶκος Ἰσραήλ;* ➢ Amos 5,25 LXX

Acts 7,60 [[→ Lk 23,34a]] θεὶς δὲ τὰ γόνατα ἔκραξεν φωνῇ μεγάλῃ· κύριε, **μὴ στήσῃς** αὐτοῖς ταύτην τὴν ἁμαρτίαν. καὶ τοῦτο εἰπὼν ἐκοιμήθη.

a **Acts 8,31** ... πῶς γὰρ ἂν δυναίμην **ἐὰν μή** τις ὁδηγήσει με; ...

m **Acts 9,9** καὶ ἦν ἡμέρας τρεῖς **μὴ βλέπων** καὶ οὐκ ἔφαγεν οὐδὲ ἔπιεν.

m **Acts 9,26** παραγενόμενος δὲ εἰς Ἰερουσαλὴμ ἐπείραζεν κολλᾶσθαι τοῖς μαθηταῖς, καὶ πάντες ἐφοβοῦντο αὐτόν **μὴ πιστεύοντες** ὅτι ἐστὶν μαθητής.

Acts 9,38 ... ἀπέστειλαν δύο ἄνδρας πρὸς αὐτὸν παρακαλοῦντες· **μὴ ὀκνήσῃς** διελθεῖν ἕως ἡμῶν.

Acts 10,15 καὶ φωνὴ πάλιν ἐκ δευτέρου πρὸς αὐτόν· ἃ ὁ θεὸς ἐκαθάρισεν, σὺ **μὴ κοίνου.**

l **Acts 10,47** μήτι τὸ ὕδωρ δύναται κωλῦσαί τις τοῦ **μὴ βαπτισθῆναι** τούτους, οἵτινες τὸ πνεῦμα τὸ ἅγιον ἔλαβον ὡς καὶ ἡμεῖς;

Acts 11,9 ἀπεκρίθη δὲ φωνὴ ἐκ δευτέρου ἐκ τοῦ οὐρανοῦ· ἃ ὁ θεὸς ἐκαθάρισεν, σὺ **μὴ κοίνου.**

d **Acts 11,19** οἱ μὲν οὖν διασπαρέντες ἀπὸ τῆς θλίψεως τῆς γενομένης ἐπὶ Στεφάνῳ διῆλθον ἕως Φοινίκης καὶ Κύπρου καὶ Ἀντιοχείας μηδενὶ λαλοῦντες τὸν λόγον
εἰ μὴ
μόνον Ἰουδαίοις.

m **Acts 12,19** Ἡρῴδης δὲ ἐπιζητήσας αὐτὸν καὶ
μὴ εὑρών,
ἀνακρίνας τοὺς φύλακας ἐκέλευσεν ἀπαχθῆναι, ...

m **Acts 13,11** καὶ νῦν ἰδοὺ χεὶρ κυρίου ἐπὶ σὲ καὶ ἔσῃ τυφλὸς
μὴ βλέπων
τὸν ἥλιον ἄχρι καιροῦ. ...

p **Acts 13,40** βλέπετε οὖν
μὴ ἐπέλθῃ
τὸ εἰρημένον ἐν τοῖς προφήταις·

j **Acts 13,41** ... *ἔργον ἐργάζομαι ἐγὼ ἐν ταῖς ἡμέραις ὑμῶν,* ἔργον *ὃ*
οὐ μὴ πιστεύσητε
ἐάν τις ἐκδιηγῆται ὑμῖν.
➢ Hab 1,5 LXX

l **Acts 14,18** καὶ ταῦτα λέγοντες μόλις κατέπαυσαν τοὺς ὄχλους τοῦ
μὴ θύειν
αὐτοῖς.

a **Acts 15,1** καί τινες κατελθόντες ἀπὸ τῆς Ἰουδαίας ἐδίδασκον τοὺς ἀδελφοὺς ὅτι,
ἐὰν μὴ
περιτμηθῆτε τῷ ἔθει τῷ Μωϋσέως, οὐ δύνασθε σωθῆναι.

l **Acts 15,19** διὸ ἐγὼ κρίνω
μὴ παρενοχλεῖν
τοῖς ἀπὸ τῶν ἐθνῶν ἐπιστρέφουσιν ἐπὶ τὸν θεόν

m **Acts 15,38 (2)** Παῦλος δὲ ἠξίου, τὸν ἀποστάντα ἀπ' αὐτῶν ἀπὸ Παμφυλίας καὶ
μὴ συνελθόντα
αὐτοῖς εἰς τὸ ἔργον

l **μὴ συμπαραλαμβάνειν**
τοῦτον.

m **Acts 17,6** **μὴ εὑρόντες**
δὲ αὐτοὺς ἔσυρον Ἰάσονα καί τινας ἀδελφοὺς ἐπὶ τοὺς πολιτάρχας ...

Acts 18,9 (2) εἶπεν δὲ ὁ κύριος ἐν νυκτὶ δι' ὁράματος τῷ Παύλῳ·
μὴ φοβοῦ,
ἀλλὰ λάλει καὶ
μὴ σιωπήσῃς

l **Acts 19,31** τινὲς δὲ καὶ τῶν Ἀσιαρχῶν, ὄντες αὐτῷ φίλοι, πέμψαντες πρὸς αὐτὸν παρεκάλουν
μὴ δοῦναι
ἑαυτὸν εἰς τὸ θέατρον.

Acts 20,10 καταβὰς δὲ ὁ Παῦλος ἐπέπεσεν αὐτῷ καὶ συμπεριλαβὼν εἶπεν·
μὴ θορυβεῖσθε,
ἡ γὰρ ψυχὴ αὐτοῦ ἐν αὐτῷ ἐστιν.

g **Acts 20,16** κεκρίκει γὰρ ὁ Παῦλος παραπλεῦσαι τὴν Ἔφεσον, ὅπως
μὴ γένηται
αὐτῷ χρονοτριβῆσαι ἐν τῇ Ἀσίᾳ· ...

l **Acts 20,20** ὡς οὐδὲν ὑπεστειλάμην τῶν συμφερόντων τοῦ
μὴ ἀναγγεῖλαι
ὑμῖν καὶ διδάξαι ὑμᾶς δημοσίᾳ καὶ κατ' οἴκους

m **Acts 20,22** καὶ νῦν ἰδοὺ δεδεμένος ἐγὼ τῷ πνεύματι πορεύομαι εἰς Ἰερουσαλὴμ τὰ ἐν αὐτῇ συναντήσοντά μοι
μὴ εἰδώς

l **Acts 20,27** οὐ γὰρ ὑπεστειλάμην τοῦ
μὴ ἀναγγεῖλαι
πᾶσαν τὴν βουλὴν τοῦ θεοῦ ὑμῖν.

m **Acts 20,29** ἐγὼ οἶδα ὅτι εἰσελεύσονται μετὰ τὴν ἄφιξίν μου λύκοι βαρεῖς εἰς ὑμᾶς
μὴ φειδόμενοι
τοῦ ποιμνίου

l **Acts 21,4** ἀνευρόντες δὲ τοὺς μαθητὰς ἐπεμείναμεν αὐτοῦ ἡμέρας ἑπτά, οἵτινες τῷ Παύλῳ ἔλεγον διὰ τοῦ πνεύματος
μὴ ἐπιβαίνειν
εἰς Ἱεροσόλυμα.

l **Acts 21,12** ὡς δὲ ἠκούσαμεν ταῦτα, παρεκαλοῦμεν ἡμεῖς τε καὶ οἱ ἐντόπιοι τοῦ
μὴ ἀναβαίνειν
αὐτὸν εἰς Ἰερουσαλήμ.

m **Acts 21,14** **μὴ πειθομένου**
δὲ αὐτοῦ ἡσυχάσαμεν εἰπόντες· τοῦ κυρίου τὸ θέλημα γινέσθω.
→ Mt 26,39
→ Mk 14,36
→ **Lk 22,42**

l **Acts 21,21** κατηχήθησαν δὲ περὶ σοῦ ὅτι ἀποστασίαν διδάσκεις ἀπὸ Μωϋσέως τοὺς κατὰ τὰ ἔθνη πάντας Ἰουδαίους λέγων
μὴ περιτέμνειν
αὐτοὺς τὰ τέκνα μηδὲ τοῖς ἔθεσιν περιπατεῖν.

m **Acts 21,34** ἄλλοι δὲ ἄλλο τι ἐπεφώνουν ἐν τῷ ὄχλῳ.
μὴ δυναμένου
δὲ αὐτοῦ γνῶναι τὸ ἀσφαλὲς διὰ τὸν θόρυβον ἐκέλευσεν ἄγεσθαι αὐτὸν εἰς τὴν παρεμβολήν.

l **Acts 23,8** Σαδδουκαῖοι μὲν γὰρ λέγουσιν
μὴ εἶναι
ἀνάστασιν μήτε ἄγγελον μήτε πνεῦμα, ...

p **Acts 23,10** πολλῆς δὲ γινομένης στάσεως φοβηθεὶς ὁ χιλίαρχος
μὴ διασπασθῇ
ὁ Παῦλος ὑπ' αὐτῶν ...

Acts 23,21 σὺ οὖν
μὴ πεισθῇς
αὐτοῖς· ἐνεδρεύουσιν γὰρ αὐτὸν ἐξ αὐτῶν ἄνδρες πλείους τεσσεράκοντα, ...

f **Acts 24,4** ἵνα δὲ
μὴ ἐπὶ πλεῖόν
σε ἐγκόπτω, παρακαλῶ ἀκοῦσαί σε ἡμῶν συντόμως τῇ σῇ ἐπιεικείᾳ.

l **Acts 25,24** ... θεωρεῖτε τοῦτον περὶ οὗ ἅπαν τὸ πλῆθος τῶν Ἰουδαίων ἐνέτυχόν μοι ἔν τε Ἱεροσολύμοις καὶ ἐνθάδε βοῶντες
μὴ δεῖν αὐτὸν ζῆν μηκέτι.

l **Acts 25,27** ἄλογον γάρ μοι δοκεῖ πέμποντα δέσμιον
μὴ καὶ τὰς κατ' αὐτοῦ αἰτίας σημᾶναι.

c **Acts 26,32** Ἀγρίππας δὲ τῷ Φήστῳ ἔφη· ἀπολελύσθαι ἐδύνατο ὁ ἄνθρωπος οὗτος
εἰ μὴ
ἐπεκέκλητο Καίσαρα.

m **Acts 27,7** ἐν ἱκαναῖς δὲ ἡμέραις βραδυπλοοῦντες καὶ μόλις γενόμενοι κατὰ τὴν Κνίδον,
μὴ προσεῶντος
ἡμᾶς τοῦ ἀνέμου ὑπεπλεύσαμεν τὴν Κρήτην κατὰ Σαλμώνην

m **Acts 27,15** συναρπασθέντος δὲ τοῦ πλοίου καὶ
μὴ δυναμένου
ἀντοφθαλμεῖν τῷ ἀνέμῳ ἐπιδόντες ἐφερόμεθα.

p	**Acts 27,17**	ἣν ἄραντες βοηθείαις ἐχρῶντο ὑποζωννύντες τὸ πλοῖον, φοβούμενοί τε **μὴ εἰς τὴν Σύρτιν ἐκπέσωσιν,** χαλάσαντες τὸ σκεῦος οὕτως ἐφέροντο.
l	**Acts 27,21**	... ἔδει μέν, ὦ ἄνδρες, πειθαρχήσαντάς μοι **μὴ ἀνάγεσθαι** ἀπὸ τῆς Κρήτης ...
	Acts 27,24	λέγων· **μὴ φοβοῦ,** Παῦλε, Καίσαρί σε δεῖ παραστῆναι, ...
h *p*	**Acts 27,29**	φοβούμενοί τε **μή που** κατὰ τραχεῖς τόπους ἐκπέσωμεν, ἐκ πρύμνης ῥίψαντες ἀγκύρας τέσσαρας ηὔχοντο ἡμέραν γενέσθαι.
a	**Acts 27,31**	εἶπεν ὁ Παῦλος τῷ ἑκατοντάρχῃ καὶ τοῖς στρατιώταις· **ἐὰν μὴ** οὗτοι μείνωσιν ἐν τῷ πλοίῳ, ὑμεῖς σωθῆναι οὐ δύνασθε.
	Acts 27,42	τῶν δὲ στρατιωτῶν βουλὴ ἐγένετο ἵνα τοὺς δεσμώτας ἀποκτείνωσιν, **μή τις ἐκκολυμβήσας διαφύγῃ.**
j *j*	**Acts 28,26 (2)** → Mt 13,14 → Mk 4,12 → Lk 8,10	λέγων· *πορεύθητι πρὸς τὸν λαὸν τοῦτον καὶ εἰπόν· ἀκοῇ ἀκούσετε καὶ* ***οὐ μὴ συνῆτε*** *καὶ βλέποντες βλέψετε καὶ* ***οὐ μὴ ἴδητε·*** ➤ Isa 6,9 LXX

μηδέ	Syn 24	Mt 11	Mk 6	Lk 7	Acts 2	Jn 2	1-3John 2	Paul 12	Eph 2	Col 2
	NT 56	2Thess 2	1/2Tim 4	Tit	Heb 1	Jas	1Pet 3	2Pet	Jude	Rev

and not; but not; nor; not even

	triple tradition																		double tradition			Sondergut		
		+Mt / +Lk			–Mt / –Lk			traditions not taken over by Mt / Lk							subtotals									
code	*222*	*211*	*112*	*212*	*221*	*122*	*121*	*022*	*012*	*021*	*220*	*120*	*210*	*020*	Σ^+	Σ^-	Σ	*202*	*201*	*102*	*200*	*002*	total
Mt		4^+			2		1^-						1^+		5^+	1^-	7	1	1		2		**11**
Mk					2		1			1				2			6						**6**
Lk					2^-		1^-			1^-						4^-		1		1		5	**7**

a μηδέ and aorist subjunctive

b μηδέ and infinitive

	Mt		Mk		Lk		
a 002					**Lk 3,14**	ἐπηρώτων δὲ αὐτὸν καὶ στρατευόμενοι λέγοντες· τί ποιήσωμεν καὶ ἡμεῖς; καὶ εἶπεν αὐτοῖς· μηδένα διασείσητε **μηδὲ συκοφαντήσητε** καὶ ἀρκεῖσθε τοῖς ὀψωνίοις ὑμῶν.	
021			**Mk 2,2** ↓ Mk 3,20	καὶ συνήχθησαν πολλοὶ ὥστε μηκέτι χωρεῖν **μηδὲ τὰ πρὸς τὴν θύραν,** καὶ ἐλάλει αὐτοῖς τὸν λόγον.	**Lk 5,17**	καὶ ἐγένετο ἐν μιᾷ τῶν ἡμερῶν καὶ αὐτὸς ἦν διδάσκων, ...	
b 020			**Mk 3,20** ↑ Mk 2,2	... καὶ συνέρχεται πάλιν [ὁ] ὄχλος, ὥστε μὴ δύνασθαι αὐτοὺς **μηδὲ ἄρτον φαγεῖν.**			
202	**Mt 6,25**	διὰ τοῦτο λέγω ὑμῖν· μὴ μεριμνᾶτε τῇ ψυχῇ ὑμῶν τί φάγητε [ἢ τί πίητε], **μηδὲ τῷ σώματι ὑμῶν** τί ἐνδύσησθε. ...			**Lk 12,22**	... διὰ τοῦτο λέγω ὑμῖν· μὴ μεριμνᾶτε τῇ ψυχῇ τί φάγητε, **μηδὲ τῷ σώματι** τί ἐνδύσησθε.	→ GTh 36 (POxy 655)
a 200	**Mt 7,6**	μὴ δῶτε τὸ ἅγιον τοῖς κυσὶν **μηδὲ βάλητε** τοὺς μαργαρίτας ὑμῶν ἔμπροσθεν τῶν χοίρων, ...					→ GTh 93

	Mt		Mk		Lk		
a 211 a 211	**Mt 10,9** (2)	μὴ κτήσησθε χρυσὸν μηδὲ ἄργυρον μηδὲ χαλκὸν εἰς τὰς ζώνας ὑμῶν,	**Mk 6,8**	... ἵνα μηδὲν αἴρωσιν εἰς ὁδὸν εἰ μὴ ῥάβδον μόνον, μὴ ἄρτον, μὴ πήραν, μὴ εἰς τὴν ζώνην χαλκόν,	**Lk 9,3** ⇩ Lk 10,4 → Lk 22,35-36	... μηδὲν αἴρετε εἰς τὴν ὁδόν, μήτε ῥάβδον μήτε πήραν μήτε ἄρτον μήτε ἀργύριον	Mk-Q overlap
a 211	**Mt 10,10** (3)	μὴ πήραν εἰς ὁδὸν μηδὲ δύο χιτῶνας	**Mk 6,9**	ἀλλὰ ὑποδεδεμένους σανδάλια, καὶ μὴ ἐνδύσησθε δύο χιτῶνας.		μήτε [ἀνὰ] δύο χιτῶνας ἔχειν.	Mk-Q overlap
a 201		μηδὲ ὑποδήματα			**Lk 10,4**	μὴ βαστάζετε βαλλάντιον, μὴ πήραν, μὴ ὑποδήματα, καὶ μηδένα κατὰ τὴν ὁδὸν ἀσπάσησθε.	
a 211		μηδὲ ῥάβδον· ...	**Mk 6,8**	... εἰ μὴ ῥάβδον μόνον, ...	**Lk 9,3**	... μήτε ῥάβδον ...	
a 221	**Mt 10,14**	καὶ ὃς ἂν μὴ δέξηται ὑμᾶς μηδὲ ἀκούσῃ τοὺς λόγους ὑμῶν, ἐξερχόμενοι ἔξω τῆς οἰκίας ἢ τῆς πόλεως ἐκείνης ἐκτινάξατε τὸν κονιορτὸν τῶν ποδῶν ὑμῶν.	**Mk 6,11**	καὶ ὃς ἂν τόπος μὴ δέξηται ὑμᾶς μηδὲ ἀκούσωσιν ὑμῶν, ἐκπορευόμενοι ἐκεῖθεν ἐκτινάξατε τὸν χοῦν τὸν ὑποκάτω τῶν ποδῶν ὑμῶν εἰς μαρτύριον αὐτοῖς.	**Lk 9,5** ⇩ Lk 10,10-11	καὶ ὅσοι ἂν μὴ δέχωνται ὑμᾶς, ἐξερχόμενοι ἀπὸ τῆς πόλεως ἐκείνης τὸν κονιορτὸν ἀπὸ τῶν ποδῶν ὑμῶν ἀποτινάσσετε εἰς μαρτύριον ἐπ᾽ αὐτούς.	→ Acts 13,51 → Acts 18,6 Mk-Q overlap
					Lk 10,10 ⇧ Lk 9,5 → Lk 10,8	εἰς ἣν δ᾽ ἂν πόλιν εἰσέλθητε καὶ μὴ δέχωνται ὑμᾶς, ἐξελθόντες εἰς τὰς πλατείας αὐτῆς εἴπατε· [11] καὶ τὸν κονιορτὸν τὸν κολληθέντα ἡμῖν ἐκ τῆς πόλεως ὑμῶν εἰς τοὺς πόδας ἀπομασσόμεθα ὑμῖν· ...	
a 020			**Mk 8,26**	καὶ ἀπέστειλεν αὐτὸν εἰς οἶκον αὐτοῦ λέγων· μηδὲ εἰς τὴν κώμην εἰσέλθῃς.			
002 002 002					**Lk 14,12** (3)	... ὅταν ποιῇς ἄριστον ἢ δεῖπνον, μὴ φώνει τοὺς φίλους σου μηδὲ τοὺς ἀδελφούς σου μηδὲ τοὺς συγγενεῖς σου μηδὲ γείτονας πλουσίους, μήποτε καὶ αὐτοὶ ἀντικαλέσωσίν σε καὶ γένηται ἀνταπόδομά σοι.	
002					**Lk 16,26**	... ὅπως οἱ θέλοντες διαβῆναι ἔνθεν πρὸς ὑμᾶς μὴ δύνωνται, μηδὲ ἐκεῖθεν πρὸς ἡμᾶς διαπερῶσιν.	
a 102	**Mt 24,26** ⇨ Mt 24,23	ἐὰν οὖν εἴπωσιν ὑμῖν· ἰδοὺ ἐν τῇ ἐρήμῳ ἐστίν, μὴ ἐξέλθητε· ἰδοὺ ἐν τοῖς ταμείοις, μὴ πιστεύσητε·	**Mk 13,21** → Mt 24,5 → Mk 13,6 → Lk 21,8	καὶ τότε ἐάν τις ὑμῖν εἴπῃ· ἴδε ὧδε ὁ χριστός, ἴδε ἐκεῖ, μὴ πιστεύετε·	**Lk 17,23** → Lk 17,21	καὶ ἐροῦσιν ὑμῖν· ἰδοὺ ἐκεῖ, [ἤ·] ἰδοὺ ὧδε· μὴ ἀπέλθητε μηδὲ διώξητε.	→ GTh 113

code	Mt		Mk		Lk		
221	**Mt 22,29**	ἀποκριθεὶς δὲ ὁ Ἰησοῦς εἶπεν αὐτοῖς· πλανᾶσθε μὴ εἰδότες τὰς γραφὰς **μηδὲ τὴν δύναμιν τοῦ θεοῦ·**	**Mk 12,24**	ἔφη αὐτοῖς ὁ Ἰησοῦς· οὐ διὰ τοῦτο πλανᾶσθε μὴ εἰδότες τὰς γραφὰς **μηδὲ τὴν δύναμιν τοῦ θεοῦ;**	**Lk 20,34**	καὶ εἶπεν αὐτοῖς ὁ Ἰησοῦς· οἱ υἱοὶ τοῦ αἰῶνος τούτου γαμοῦσιν καὶ γαμίσκονται	
a 200	**Mt 23,10**	**μηδὲ κληθῆτε** καθηγηταί, ὅτι καθηγητὴς ὑμῶν ἐστιν εἷς ὁ Χριστός.					→ GTh 13,4-5
121	**Mt 24,17**	ὁ ἐπὶ τοῦ δώματος μὴ καταβάτω ἆραι τὰ ἐκ τῆς οἰκίας αὐτοῦ	**Mk 13,15**	ὁ [δὲ] ἐπὶ τοῦ δώματος μὴ καταβάτω **μηδὲ εἰσελθάτω** ἆραί τι ἐκ τῆς οἰκίας αὐτοῦ	**Lk 17,31**	ἐν ἐκείνῃ τῇ ἡμέρᾳ ὃς ἔσται ἐπὶ τοῦ δώματος καὶ τὰ σκεύη αὐτοῦ ἐν τῇ οἰκίᾳ, μὴ καταβάτω ἆραι αὐτά, ...	
a 210	**Mt 24,20**	προσεύχεσθε δὲ ἵνα μὴ γένηται ἡ φυγὴ ὑμῶν χειμῶνος **μηδὲ σαββάτῳ.**	**Mk 13,18**	προσεύχεσθε δὲ ἵνα μὴ γένηται χειμῶνος·			

b	**Acts 4,18**	καὶ καλέσαντες αὐτοὺς παρήγγειλαν τὸ καθόλου μὴ φθέγγεσθαι **μηδὲ διδάσκειν** ἐπὶ τῷ ὀνόματι τοῦ Ἰησοῦ.	*b*	**Acts 21,21**	... λέγων μὴ περιτέμνειν αὐτοὺς τὰ τέκνα **μηδὲ τοῖς ἔθεσιν περιπατεῖν.**

μηδείς	Syn	Mt	Mk	Lk	Acts	Jn	1-3John	Paul	Eph	Col
	23	5	9	9	21		2	22	1	2
	NT	2Thess	1/2Tim	Tit	Heb	Jas	1Pet	2Pet	Jude	Rev
	89	2	5	4	1	3	1			2

no; nobody; nothing

	triple tradition																	double tradition			Sondergut		
		+Mt / +Lk			–Mt / –Lk			traditions not taken over by Mt / Lk							subtotals								
code	*222*	*211*	*112*	*212*	*221*	*122*	*121*	*022*	*012*	*021*	*220*	*120*	*210*	*020*	Σ⁺	Σ⁻	Σ	*202*	*201*	*102*	*200*	*002*	total
Mt	2				1		1⁻					1⁻				2⁻	3				2		**5**
Mk	2				1		1	2		1		1		1			9						**9**
Lk	2				1⁻		1⁻	2	1⁺	1⁻					1⁺	3⁻	5			1		3	**9**

code	Mt		Mk		Lk		
002					**Lk 3,13** → Lk 19,8	ὁ δὲ εἶπεν πρὸς αὐτούς· **μηδὲν πλέον** παρὰ τὸ διατεταγμένον ὑμῖν πράσσετε.	
002					**Lk 3,14**	ἐπηρώτων δὲ αὐτὸν καὶ στρατευόμενοι λέγοντες· τί ποιήσωμεν καὶ ἡμεῖς; καὶ εἶπεν αὐτοῖς· **μηδένα** διασείσητε μηδὲ συκοφαντήσητε καὶ ἀρκεῖσθε τοῖς ὀψωνίοις ὑμῶν.	
012			**Mk 1,26**	καὶ σπαράξαν αὐτὸν τὸ πνεῦμα τὸ ἀκάθαρτον καὶ φωνῆσαν φωνῇ μεγάλῃ ἐξῆλθεν ἐξ αὐτοῦ.	**Lk 4,35**	... καὶ ῥίψαν αὐτὸν τὸ δαιμόνιον εἰς τὸ μέσον ἐξῆλθεν ἀπ' αὐτοῦ **μηδὲν** βλάψαν αὐτόν.	

222 121	**Mt 8,4**	καὶ λέγει αὐτῷ ὁ Ἰησοῦς· ὅρα **μηδενὶ** εἴπῃς, ἀλλὰ ὕπαγε σεαυτὸν δεῖξον τῷ ἱερεῖ, ... ➤ Lev 13,49; 14,2-4	**Mk 1,44** (2)	καὶ λέγει αὐτῷ· ὅρα **μηδενὶ** **μηδὲν** εἴπῃς, ἀλλὰ ὕπαγε σεαυτὸν δεῖξον τῷ ἱερεῖ ... ➤ Lev 13,49; 14,2-4	**Lk 5,14** → Lk 17,14	καὶ αὐτὸς παρήγγειλεν αὐτῷ **μηδενὶ** εἰπεῖν, ἀλλὰ ἀπελθὼν δεῖξον σεαυτὸν τῷ ἱερεῖ ... ➤ Lev 13,49; 14,2-4	
002	Mt 5,44	ἐγὼ δὲ λέγω ὑμῖν· ἀγαπᾶτε τοὺς ἐχθροὺς ὑμῶν καὶ προσεύχεσθε ὑπὲρ τῶν διωκόντων ὑμᾶς			**Lk 6,35** ⇨ Lk 6,27-28 → Mt 5,42	πλὴν ἀγαπᾶτε τοὺς ἐχθροὺς ὑμῶν καὶ ἀγαθοποιεῖτε καὶ δανίζετε **μηδὲν** ἀπελπίζοντες· ...	→ GTh 95
200	**Mt 9,30** ⇨ Mt 20,34	καὶ ἠνεῴχθησαν αὐτῶν οἱ ὀφθαλμοί. καὶ ἐνεβριμήθη αὐτοῖς ὁ Ἰησοῦς λέγων· ὁρᾶτε **μηδεὶς** γινωσκέτω. [31] οἱ δὲ ἐξελθόντες διεφήμισαν αὐτὸν ἐν ὅλῃ τῇ γῇ ἐκείνῃ.	Mk 10,52	καὶ εὐθὺς ἀνέβλεψεν, καὶ ἠκολούθει αὐτῷ ἐν τῇ ὁδῷ.	Lk 18,43	καὶ παραχρῆμα ἀνέβλεψεν καὶ ἠκολούθει αὐτῷ δοξάζων τὸν θεόν. καὶ πᾶς ὁ λαὸς ἰδὼν ἔδωκεν αἶνον τῷ θεῷ.	
021			**Mk 5,26**	καὶ πολλὰ παθοῦσα ὑπὸ πολλῶν ἰατρῶν καὶ δαπανήσασα τὰ παρ' αὐτῆς πάντα καὶ **μηδὲν** ὠφεληθεῖσα ἀλλὰ μᾶλλον εἰς τὸ χεῖρον ἐλθοῦσα	**Lk 8,43**	... ἥτις [ἰατροῖς προσαναλώσασα ὅλον τὸν βίον] **οὐκ** ἴσχυσεν ἀπ' οὐδενὸς θεραπευθῆναι	
022			**Mk 5,43**	καὶ διεστείλατο αὐτοῖς πολλὰ ἵνα **μηδεὶς** γνοῖ τοῦτο, ...	**Lk 8,56**	... ὁ δὲ παρήγγειλεν αὐτοῖς **μηδενὶ** εἰπεῖν τὸ γεγονός.	
022	Mt 10,9	[5] ... παραγγείλας αὐτοῖς λέγων· ... [9] **μὴ** κτήσησθε χρυσὸν μηδὲ ἄργυρον μηδὲ χαλκὸν εἰς τὰς ζώνας ὑμῶν, [10] μὴ πήραν εἰς ὁδὸν μηδὲ δύο χιτῶνας μηδὲ ὑποδήματα μηδὲ ῥάβδον· ...	**Mk 6,8**	καὶ παρήγγειλεν αὐτοῖς ἵνα **μηδὲν** αἴρωσιν εἰς ὁδὸν εἰ μὴ ῥάβδον μόνον, μὴ ἄρτον, μὴ πήραν, μὴ εἰς τὴν ζώνην χαλκόν, [9] ἀλλὰ ὑποδεδεμένους σανδάλια, καὶ μὴ ἐνδύσησθε δύο χιτῶνας.	**Lk 9,3** ⇩ Lk 10,4 → Lk 22,35-36	καὶ εἶπεν πρὸς αὐτούς· **μηδὲν** αἴρετε εἰς τὴν ὁδόν, μήτε ῥάβδον μήτε πήραν μήτε ἄρτον μήτε ἀργύριον μήτε [ἀνὰ] δύο χιτῶνας ἔχειν.	Mk-Q overlap
					Lk 10,4 ⇧ Lk 9,3 → Lk 22,35-36	**μὴ** βαστάζετε βαλλάντιον, μὴ πήραν, μὴ ὑποδήματα, καὶ μηδένα κατὰ τὴν ὁδὸν ἀσπάσησθε.	
020			**Mk 7,36**	καὶ διεστείλατο αὐτοῖς ἵνα **μηδενὶ** λέγωσιν· ὅσον δὲ αὐτοῖς διεστέλλετο, αὐτοὶ μᾶλλον περισσότερον ἐκήρυσσον.			
222	**Mt 16,20**	τότε διεστείλατο τοῖς μαθηταῖς ἵνα **μηδενὶ** εἴπωσιν ὅτι αὐτός ἐστιν ὁ χριστός.	**Mk 8,30**	καὶ ἐπετίμησεν αὐτοῖς ἵνα **μηδενὶ** λέγωσιν περὶ αὐτοῦ.	**Lk 9,21**	ὁ δὲ ἐπιτιμήσας αὐτοῖς παρήγγειλεν **μηδενὶ** λέγειν τοῦτο	→ GTh 13

221	**Mt 17,9**	... ἐνετείλατο αὐτοῖς ὁ Ἰησοῦς λέγων· **μηδενὶ** εἴπητε τὸ ὅραμα ἕως οὗ ὁ υἱὸς τοῦ ἀνθρώπου ἐκ νεκρῶν ἐγερθῇ.	**Mk 9,9**	... διεστείλατο αὐτοῖς ἵνα **μηδενὶ** ἃ εἶδον διηγήσωνται, εἰ μὴ ὅταν ὁ υἱὸς τοῦ ἀνθρώπου ἐκ νεκρῶν ἀναστῇ.	**Lk 9,36**	... καὶ αὐτοὶ ἐσίγησαν καὶ **οὐδενὶ** ἀπήγγειλαν ἐν ἐκείναις ταῖς ἡμέραις οὐδὲν ὧν ἑώρακαν.	
102	**Mt 10,10**	[9] μὴ κτήσησθε χρυσὸν μηδὲ ἄργυρον μηδὲ χαλκὸν εἰς τὰς ζώνας ὑμῶν, [10] μὴ πήραν εἰς ὁδὸν μηδὲ δύο χιτῶνας μηδὲ ὑποδήματα μηδὲ ῥάβδον· ...	**Mk 6,9**	[8] ... ἵνα μηδὲν αἴρωσιν εἰς ὁδὸν εἰ μὴ ῥάβδον μόνον, μὴ ἄρτον, μὴ πήραν, μὴ εἰς τὴν ζώνην χαλκόν, [9] ἀλλὰ ὑποδεδεμένους σανδάλια, καὶ μὴ ἐνδύσησθε δύο χιτῶνας.	**Lk 10,4** ⇑ Lk 9,3 → Lk 22,35-36	μὴ βαστάζετε βαλλάντιον, μὴ πήραν, μὴ ὑποδήματα, καὶ **μηδένα** κατὰ τὴν ὁδὸν ἀσπάσησθε.	Mk-Q overlap
120	**Mt 21,19** → Mk 11,20	... μηκέτι ἐκ σοῦ καρπὸς γένηται εἰς τὸν αἰῶνα. ...	**Mk 11,14**	... μηκέτι εἰς τὸν αἰῶνα ἐκ σοῦ **μηδεὶς** καρπὸν φάγοι. ...			
200	**Mt 27,19**	καθημένου δὲ αὐτοῦ ἐπὶ τοῦ βήματος ἀπέστειλεν πρὸς αὐτὸν ἡ γυνὴ αὐτοῦ λέγουσα· **μηδὲν** σοὶ καὶ τῷ δικαίῳ ἐκείνῳ· πολλὰ γὰρ ἔπαθον σήμερον κατ' ὄναρ δι' αὐτόν.					

Acts 4,17 ... ἀπειλησώμεθα αὐτοῖς μηκέτι λαλεῖν ἐπὶ τῷ ὀνόματι τούτῳ
μηδενὶ ἀνθρώπων.

Acts 4,21 ... ἀπέλυσαν αὐτούς,
μηδὲν
εὑρίσκοντες τὸ πῶς κολάσωνται αὐτούς, ...

Acts 8,24 ... δεήθητε ὑμεῖς ὑπὲρ ἐμοῦ πρὸς τὸν κύριον ὅπως
μηδὲν
ἐπέλθῃ ἐπ' ἐμὲ ὧν εἰρήκατε.

Acts 9,7 οἱ δὲ ἄνδρες οἱ συνοδεύοντες αὐτῷ εἱστήκεισαν ἐνεοί, ἀκούοντες μὲν τῆς φωνῆς
μηδένα
δὲ θεωροῦντες.

Acts 10,20 ἀλλὰ ἀναστὰς κατάβηθι καὶ πορεύου σὺν αὐτοῖς
μηδὲν
διακρινόμενος ὅτι ἐγὼ ἀπέσταλκα αὐτούς.

Acts 10,28 ... κἀμοὶ ὁ θεὸς ἔδειξεν
μηδένα
κοινὸν ἢ ἀκάθαρτον λέγειν ἄνθρωπον·

Acts 11,12 εἶπεν δὲ τὸ πνεῦμά μοι συνελθεῖν αὐτοῖς
μηδὲν
διακρίναντα. ...

Acts 11,19 οἱ μὲν οὖν διασπαρέντες ἀπὸ τῆς θλίψεως τῆς γενομένης ἐπὶ Στεφάνῳ διῆλθον ἕως Φοινίκης καὶ Κύπρου καὶ Ἀντιοχείας
μηδενὶ
λαλοῦντες τὸν λόγον εἰ μὴ μόνον Ἰουδαίοις.

Acts 13,28 (→ Lk 23,4; → Lk 23,14; → Lk 23,22) καὶ
μηδεμίαν αἰτίαν θανάτου
εὑρόντες ᾐτήσαντο Πιλᾶτον ἀναιρεθῆναι αὐτόν.

Acts 15,28 ἔδοξεν γὰρ τῷ πνεύματι τῷ ἁγίῳ καὶ ἡμῖν
μηδὲν πλέον
ἐπιτίθεσθαι ὑμῖν βάρος πλὴν τούτων τῶν ἐπάναγκες

Acts 16,28 ἐφώνησεν δὲ μεγάλῃ φωνῇ [ὁ] Παῦλος λέγων·
μηδὲν
πράξῃς σεαυτῷ κακόν, ἅπαντες γάρ ἐσμεν ἐνθάδε.

Acts 19,36 ἀναντιρρήτων οὖν ὄντων τούτων δέον ἐστὶν ὑμᾶς κατεσταλμένους ὑπάρχειν καὶ
μηδὲν προπετὲς
πράσσειν.

Acts 19,40 καὶ γὰρ κινδυνεύομεν ἐγκαλεῖσθαι στάσεως περὶ τῆς σήμερον,
μηδενὸς αἰτίου
ὑπάρχοντος περὶ οὗ [οὐ] δυνησόμεθα ἀποδοῦναι λόγον περὶ τῆς συστροφῆς ταύτης. ...

Acts 23,14 ... ἀναθέματι ἀνεθεματίσαμεν ἑαυτοὺς
μηδενὸς
γεύσασθαι ἕως οὗ ἀποκτείνωμεν τὸν Παῦλον.

Acts 23,22 ὁ μὲν οὖν χιλίαρχος ἀπέλυσε τὸν νεανίσκον παραγγείλας
μηδενὶ
ἐκλαλῆσαι ὅτι ταῦτα ἐνεφάνισας πρός με.

Acts 23,29 ὃν εὗρον ἐγκαλούμενον περὶ ζητημάτων τοῦ νόμου αὐτῶν,
μηδὲν δὲ ἄξιον θανάτου ἢ δεσμῶν ἔχοντα ἔγκλημα.

Acts 24,23 διαταξάμενος τῷ ἑκατοντάρχῃ τηρεῖσθαι αὐτὸν ἔχειν τε ἄνεσιν καὶ
μηδένα
κωλύειν τῶν ἰδίων αὐτοῦ ὑπηρετεῖν αὐτῷ.

Acts 25,17 συνελθόντων οὖν [αὐτῶν] ἐνθάδε
ἀναβολὴν μηδεμίαν
ποιησάμενος τῇ ἑξῆς καθίσας ἐπὶ τοῦ βήματος ἐκέλευσα ἀχθῆναι τὸν ἄνδρα·

Acts 25,25 ἐγὼ δὲ κατελαβόμην
μηδὲν ἄξιον αὐτὸν θανάτου
πεπραχέναι, αὐτοῦ δὲ τούτου ἐπικαλεσαμένου τὸν Σεβαστὸν ἔκρινα πέμπειν.

Acts 28,6 ... ἐπὶ πολὺ δὲ αὐτῶν προσδοκώντων καὶ θεωρούντων
μηδὲν ἄτοπον
εἰς αὐτὸν γινόμενον μεταβαλόμενοι ἔλεγον αὐτὸν εἶναι θεόν.

Acts 28,18 οἵτινες ἀνακρίναντές με ἐβούλοντο ἀπολῦσαι διὰ τὸ
μηδεμίαν αἰτίαν θανάτου
ὑπάρχειν ἐν ἐμοί.

# μηκέτι	Syn 6	Mt 1	Mk 4	Lk 1	Acts 3	Jn 1	1-3John	Paul 6	Eph 3	Col
	NT 21	2Thess	1/2Tim 1	Tit	Heb	Jas	1Pet 1	2Pet	Jude	Rev

no longer; not from now on

	triple tradition																	double tradition			Sondergut		
		+Mt / +Lk			−Mt / −Lk			traditions not taken over by Mt / Lk							subtotals								
code	*222*	*211*	*112*	*212*	*221*	*122*	*121*	*022*	*012*	*021*	*220*	*120*	*210*	*020*	Σ+	Σ−	Σ	*202*	*201*	*102*	*200*	*002*	total
Mt							1^-				1					1^-	1						**1**
Mk							1			2	1						4						**4**
Lk							1^-		1^+	2^-					1^+	3^-	1						**1**

code	Mt	Mk	Lk	
021		**Mk 1,45** →Mt 9,31 ὁ δὲ ἐξελθὼν ἤρξατο κηρύσσειν πολλὰ καὶ διαφημίζειν τὸν λόγον, ὥστε **μηκέτι** αὐτὸν δύνασθαι φανερῶς εἰς πόλιν εἰσελθεῖν, ...	**Lk 5,15** →Lk 6,18 →Lk 7,17 διήρχετο δὲ μᾶλλον ὁ λόγος περὶ αὐτοῦ, ...	
021		**Mk 2,2** →Mk 3,20 καὶ συνήχθησαν πολλοὶ ὥστε **μηκέτι** χωρεῖν μηδὲ τὰ πρὸς τὴν θύραν, καὶ ἐλάλει αὐτοῖς τὸν λόγον.	**Lk 5,17** καὶ ἐγένετο ἐν μιᾷ τῶν ἡμερῶν καὶ αὐτὸς ἦν διδάσκων, ...	
012		**Mk 5,35** →Lk 7,6 ἔτι αὐτοῦ λαλοῦντος ἔρχονται ἀπὸ τοῦ ἀρχισυναγώγου λέγοντες ὅτι ἡ θυγάτηρ σου ἀπέθανεν· **τί ἔτι** σκύλλεις τὸν διδάσκαλον;	**Lk 8,49** →Lk 7,6 ἔτι αὐτοῦ λαλοῦντος ἔρχεταί τις παρὰ τοῦ ἀρχισυναγώγου λέγων ὅτι τέθνηκεν ἡ θυγάτηρ σου· **μηκέτι** σκύλλε τὸν διδάσκαλον.	
121	**Mt 17,18** καὶ ἐπετίμησεν αὐτῷ ὁ Ἰησοῦς ...	**Mk 9,25** →Mt 12,43-45 →Lk 11,24-26 ἰδὼν δὲ ὁ Ἰησοῦς ὅτι ἐπισυντρέχει ὄχλος, ἐπετίμησεν τῷ πνεύματι τῷ ἀκαθάρτῳ λέγων αὐτῷ· τὸ ἄλαλον καὶ κωφὸν πνεῦμα, ἐγὼ ἐπιτάσσω σοι, ἔξελθε ἐξ αὐτοῦ καὶ **μηκέτι** εἰσέλθῃς εἰς αὐτόν.	**Lk 9,42** ... ἐπετίμησεν δὲ ὁ Ἰησοῦς τῷ πνεύματι τῷ ἀκαθάρτῳ ...	

	Mt	Mk	Lk	
220	**Mt 21,19** → Mk 11,20 ... καὶ λέγει αὐτῇ· **μηκέτι** ἐκ σοῦ καρπὸς γένηται εἰς τὸν αἰῶνα. ...	**Mk 11,14** καὶ ἀποκριθεὶς εἶπεν αὐτῇ· **μηκέτι** εἰς τὸν αἰῶνα ἐκ σοῦ μηδεὶς καρπὸν φάγοι. ...		

Acts 4,17 ἀλλ' ἵνα μὴ ἐπὶ πλεῖον διανεμηθῇ εἰς τὸν λαόν ἀπειλησώμεθα αὐτοῖς **μηκέτι** λαλεῖν ἐπὶ τῷ ὀνόματι τούτῳ μηδενὶ ἀνθρώπων.

Acts 13,34 ὅτι δὲ ἀνέστησεν αὐτὸν ἐκ νεκρῶν **μηκέτι** μέλλοντα ὑποστρέφειν εἰς διαφθοράν, οὕτως εἴρηκεν ὅτι δώσω *ὑμῖν τὰ ὅσια Δαυὶδ τὰ πιστά.*
➤ Isa 55,3 LXX

Acts 25,24 ... θεωρεῖτε τοῦτον περὶ οὗ ἅπαν τὸ πλῆθος τῶν Ἰουδαίων ἐνέτυχόν μοι ἔν τε Ἱεροσολύμοις καὶ ἐνθάδε βοῶντες μὴ δεῖν αὐτὸν ζῆν **μηκέτι**.

μηκύνω

Syn	Mt	Mk	Lk	Acts	Jn	1-3John	Paul	Eph	Col
1		1							
NT	**2Thess**	**1/2Tim**	**Tit**	**Heb**	**Jas**	**1Pet**	**2Pet**	**Jude**	**Rev**
1									

middle: become long; grow (long)

	Mt	Mk	Lk	
020		**Mk 4,27** καὶ καθεύδῃ καὶ ἐγείρηται νύκτα καὶ ἡμέραν, καὶ ὁ σπόρος βλαστᾷ καὶ **μηκύνηται** ὡς οὐκ οἶδεν αὐτός.		

μήν

Syn	Mt	Mk	Lk	Acts	Jn	1-3John	Paul	Eph	Col
5			5	5			1		
NT	**2Thess**	**1/2Tim**	**Tit**	**Heb**	**Jas**	**1Pet**	**2Pet**	**Jude**	**Rev**
18					1				6

month; new moon

	Mt	Mk	Lk	
002			**Lk 1,24** μετὰ δὲ ταύτας τὰς ἡμέρας συνέλαβεν Ἐλισάβετ ἡ γυνὴ αὐτοῦ καὶ περιέκρυβεν ἑαυτὴν **μῆνας πέντε** ...	
002			**Lk 1,26** **ἐν δὲ τῷ μηνὶ τῷ ἕκτῳ** ἀπεστάλη ὁ ἄγγελος Γαβριὴλ ἀπὸ τοῦ θεοῦ εἰς πόλιν τῆς Γαλιλαίας ᾗ ὄνομα Ναζαρὲθ	
002			**Lk 1,36** ... αὐτὴ συνείληφεν υἱὸν ἐν γήρει αὐτῆς καὶ οὗτος **μὴν ἕκτος** ἐστὶν αὐτῇ τῇ καλουμένῃ στείρᾳ·	
002			**Lk 1,56** ἔμεινεν δὲ Μαριὰμ σὺν αὐτῇ **ὡς μῆνας τρεῖς,** καὶ ὑπέστρεψεν εἰς τὸν οἶκον αὐτῆς.	
002			**Lk 4,25** ... πολλαὶ χῆραι ἦσαν ἐν ταῖς ἡμέραις Ἠλίου ἐν τῷ Ἰσραήλ, ὅτε ἐκλείσθη ὁ οὐρανὸς **ἐπὶ ἔτη τρία καὶ μῆνας ἕξ,** ὡς ἐγένετο λιμὸς μέγας ἐπὶ πᾶσαν τὴν γῆν	

Acts 7,20 ἐν ᾧ καιρῷ ἐγεννήθη Μωϋσῆς καὶ ἦν ἀστεῖος τῷ θεῷ· ὃς ἀνετράφη **μῆνας τρεῖς** ἐν τῷ οἴκῳ τοῦ πατρός, [21] ἐκτεθέντος δὲ αὐτοῦ ἀνείλατο αὐτὸν ἡ θυγάτηρ Φαραὼ ...

Acts 18,11 ἐκάθισεν δὲ **ἐνιαυτὸν καὶ μῆνας ἓξ** διδάσκων ἐν αὐτοῖς τὸν λόγον τοῦ θεοῦ.

Acts 19,8 εἰσελθὼν δὲ εἰς τὴν συναγωγὴν ἐπαρρησιάζετο **ἐπὶ μῆνας τρεῖς** διαλεγόμενος ...

Acts 20,3 [2] ... ἦλθεν εἰς τὴν Ἑλλάδα [3] ποιήσας τε **μῆνας τρεῖς**· ...

Acts 28,11 **μετὰ δὲ τρεῖς μῆνας** ἀνήχθημεν ἐν πλοίῳ παρακεχειμακότι ἐν τῇ νήσῳ, Ἀλεξανδρίνῳ, παρασήμῳ Διοσκούροις.

μηνύω

	Syn 1	Mt	Mk	Lk 1	Acts 1	Jn 1	1-3John	Paul 1	Eph	Col
	NT 4	2Thess	1/2Tim	Tit	Heb	Jas	1Pet	2Pet	Jude	Rev

make known; reveal

code	Mt	Mk	Lk
112	**Mt 22,31** περὶ δὲ τῆς ἀναστάσεως τῶν νεκρῶν οὐκ ἀνέγνωτε τὸ ῥηθὲν ὑμῖν ὑπὸ τοῦ θεοῦ λέγοντος· [32] *ἐγώ εἰμι ὁ θεὸς Ἀβραὰμ καὶ ὁ θεὸς Ἰσαὰκ καὶ ὁ θεὸς Ἰακώβ*; ... ➤ Exod 3,6	**Mk 12,26** περὶ δὲ τῶν νεκρῶν ὅτι ἐγείρονται οὐκ ἀνέγνωτε ἐν τῇ βίβλῳ Μωϋσέως ἐπὶ τοῦ βάτου πῶς εἶπεν αὐτῷ ὁ θεὸς λέγων· *ἐγὼ ὁ θεὸς Ἀβραὰμ καὶ [ὁ] θεὸς Ἰσαὰκ καὶ [ὁ] θεὸς Ἰακώβ*; ➤ Exod 3,6	**Lk 20,37** ὅτι δὲ ἐγείρονται οἱ νεκροί, καὶ Μωϋσῆς **ἐμήνυσεν** ἐπὶ τῆς βάτου, ὡς λέγει *κύριον τὸν θεὸν Ἀβραὰμ καὶ θεὸν Ἰσαὰκ καὶ θεὸν Ἰακώβ*· ➤ Exod 3,6

Acts 23,30 **μηνυθείσης** δέ μοι ἐπιβουλῆς εἰς τὸν ἄνδρα ἔσεσθαι ἐξαυτῆς ἔπεμψα πρὸς σέ ...

μήποτε

	Syn 17	Mt 8	Mk 2	Lk 7	Acts 2	Jn 1	1-3John	Paul	Eph	Col
	NT 25	2Thess	1/2Tim 1	Tit	Heb 4	Jas	1Pet	2Pet	Jude	Rev

lest; that ... not; otherwise; whether perhaps; perhaps; never

	triple tradition																	double tradition			Sonder-gut		
		+Mt / +Lk			−Mt / −Lk			traditions not taken over by Mt / Lk							subtotals								
code	222	211	112	212	221	122	121	022	012	021	220	120	210	020	Σ⁺	Σ⁻	Σ	202	201	102	200	002	total
Mt							2^-						1^+		1^+	2^-	1	2			5		8
Mk							2										2						2
Lk							2^-									2^-		2				5	7

code	Mt	Mk	Lk
002			**Lk 3,15** προσδοκῶντος δὲ τοῦ λαοῦ καὶ διαλογιζομένων πάντων ἐν ταῖς καρδίαις αὐτῶν περὶ τοῦ Ἰωάννου, **μήποτε** αὐτὸς εἴη ὁ χριστός
202	**Mt 4,6** ... γέγραπται γὰρ ὅτι *τοῖς ἀγγέλοις αὐτοῦ ἐντελεῖται περὶ σοῦ καὶ ἐπὶ χειρῶν ἀροῦσίν σε,* ***μήποτε*** *προσκόψῃς πρὸς λίθον τὸν πόδα σου.* ➤ Ps 91,11-12		**Lk 4,11** [10] γέγραπται γὰρ ὅτι *τοῖς ἀγγέλοις αὐτοῦ ἐντελεῖται περὶ σοῦ τοῦ διαφυλάξαι σε* [11] καὶ ὅτι *ἐπὶ χειρῶν ἀροῦσίν σε,* ***μήποτε*** *προσκόψῃς πρὸς λίθον τὸν πόδα σου.* ➤ Ps 91,11-12

	Mt		Mk		Lk		
202	**Mt 5,25** → Mt 18,34	ἴσθι εὐνοῶν τῷ ἀντιδίκῳ σου ταχὺ, ἕως ὅτου εἶ μετ' αὐτοῦ ἐν τῇ ὁδῷ, μήποτέ σε παραδῷ ὁ ἀντίδικος τῷ κριτῇ καὶ ὁ κριτὴς τῷ ὑπηρέτῃ, καὶ εἰς φυλακὴν βληθήσῃ·			**Lk 12,58**	ὡς γὰρ ὑπάγεις μετὰ τοῦ ἀντιδίκου σου ἐπ' ἄρχοντα, ἐν τῇ ὁδῷ δὸς ἐργασίαν ἀπηλλάχθαι ἀπ' αὐτοῦ, μήποτε κατασύρῃ σε πρὸς τὸν κριτήν, καὶ ὁ κριτής σε παραδώσει τῷ πράκτορι, καὶ ὁ πράκτωρ σε βαλεῖ εἰς φυλακήν.	
200	**Mt 7,6**	μὴ δῶτε τὸ ἅγιον τοῖς κυσὶν μηδὲ βάλητε τοὺς μαργαρίτας ὑμῶν ἔμπροσθεν τῶν χοίρων, μήποτε καταπατήσουσιν αὐτοὺς ἐν τοῖς ποσὶν αὐτῶν καὶ στραφέντες ῥήξωσιν ὑμᾶς.					→ GTh 93
121	**Mt 13,13** ↓ Mt 13,15	... ὅτι βλέποντες οὐ βλέπουσιν καὶ ἀκούοντες οὐκ ἀκούουσιν οὐδὲ συνίουσιν· ➤ Isa 6,9	**Mk 4,12** → Mk 8,18	ἵνα βλέποντες βλέπωσιν καὶ μὴ ἴδωσιν, καὶ ἀκούοντες ἀκούωσιν καὶ μὴ συνιῶσιν, μήποτε ἐπιστρέψωσιν καὶ ἀφεθῇ αὐτοῖς. ➤ Isa 6,9-10	**Lk 8,10**	... ἵνα βλέποντες μὴ βλέπωσιν καὶ ἀκούοντες μὴ συνιῶσιν. ➤ Isa 6,9	→ Jn 12,40 → Acts 28,26
200	**Mt 13,15** ↑ Mk 4,12	*ἐπαχύνθη γὰρ ἡ καρδία* *τοῦ λαοῦ τούτου, καὶ* *τοῖς ὠσὶν βαρέως* *ἤκουσαν καὶ τοὺς* *ὀφθαλμοὺς αὐτῶν* *ἐκάμμυσαν,* *μήποτε* *ἴδωσιν τοῖς ὀφθαλμοῖς* *καὶ τοῖς ὠσὶν ἀκούσωσιν* *καὶ τῇ καρδίᾳ συνῶσιν* *καὶ ἐπιστρέψωσιν* *καὶ ἰάσομαι αὐτούς.* ➤ Isa 6,10 LXX					→ Jn 12,40 → **Acts 28,27**
200	**Mt 13,29**	ὁ δέ φησιν· οὔ, μήποτε συλλέγοντες τὰ ζιζάνια ἐκριζώσητε ἅμα αὐτοῖς τὸν σῖτον.					→ GTh 57
210	**Mt 15,32** → Mt 14,15	... καὶ ἀπολῦσαι αὐτοὺς νήστεις οὐ θέλω, μήποτε ἐκλυθῶσιν ἐν τῇ ὁδῷ.	**Mk 8,3** → Mk 6,36	καὶ ἐὰν ἀπολύσω αὐτοὺς νήστεις εἰς οἶκον αὐτῶν, ἐκλυθήσονται ἐν τῇ ὁδῷ· ...	→ Lk 9,12		
002					**Lk 14,8**	ὅταν κληθῇς ὑπό τινος εἰς γάμους, μὴ κατακλιθῇς εἰς τὴν πρωτοκλισίαν, μήποτε ἐντιμότερός σου ᾖ κεκλημένος ὑπ' αὐτοῦ	

	Mt		Mk		Lk		
002					Lk 14,12	ἔλεγεν δὲ καὶ τῷ κεκληκότι αὐτόν· ὅταν ποιῇς ἄριστον ἢ δεῖπνον, μὴ φώνει τοὺς φίλους σου μηδὲ τοὺς ἀδελφούς σου μηδὲ τοὺς συγγενεῖς σου μηδὲ γείτονας πλουσίους, **μήποτε** καὶ αὐτοὶ ἀντικαλέσωσίν σε καὶ γένηται ἀνταπόδομά σοι.	
002					Lk 14,29	[28] ... οὐχὶ πρῶτον καθίσας ψηφίζει τὴν δαπάνην, εἰ ἔχει εἰς ἀπαρτισμόν; [29] ἵνα **μήποτε** θέντος αὐτοῦ θεμέλιον καὶ μὴ ἰσχύοντος ἐκτελέσαι πάντες οἱ θεωροῦντες ἄρξωνται αὐτῷ ἐμπαίζειν	
002					Lk 21,34 → Mt 24,49 → Lk 12,45 → Mk 13,33 → Mk 13,36	προσέχετε δὲ ἑαυτοῖς **μήποτε** βαρηθῶσιν ὑμῶν αἱ καρδίαι ἐν κραιπάλῃ καὶ μέθῃ καὶ μερίμναις βιωτικαῖς καὶ ἐπιστῇ ἐφ' ὑμᾶς αἰφνίδιος ἡ ἡμέρα ἐκείνη	
200	Mt 25,9	ἀπεκρίθησαν δὲ αἱ φρόνιμοι λέγουσαι· **μήποτε** οὐ μὴ ἀρκέσῃ ἡμῖν καὶ ὑμῖν· ...					
121	Mt 26,5	ἔλεγον δέ· μὴ ἐν τῇ ἑορτῇ, **ἵνα μὴ** θόρυβος γένηται ἐν τῷ λαῷ.	Mk 14,2	ἔλεγον γάρ· μὴ ἐν τῇ ἑορτῇ, **μήποτε** ἔσται θόρυβος τοῦ λαοῦ.	Lk 22,2	... ἐφοβοῦντο γὰρ τὸν λαόν.	
200	Mt 27,64 → Mt 28,7	κέλευσον οὖν ἀσφαλισθῆναι τὸν τάφον ἕως τῆς τρίτης ἡμέρας, **μήποτε** ἐλθόντες οἱ μαθηταὶ αὐτοῦ κλέψωσιν αὐτὸν ...					

Acts 5,39 εἰ δὲ ἐκ θεοῦ ἐστιν,
οὐ δυνήσεσθε
καταλῦσαι αὐτούς,
μήποτε
καὶ θεομάχοι εὑρεθῆτε.
ἐπείσθησαν δὲ αὐτῷ

Acts 28,27 *ἐπαχύνθη γὰρ ἡ καρδία*
→ Mt 13,15 *τοῦ λαοῦ τούτου καὶ*
τοῖς ὠσὶν βαρέως
ἤκουσαν καὶ τοὺς
ὀφθαλμοὺς αὐτῶν
ἐκάμμυσαν·
μήποτε
ἴδωσιν τοῖς ὀφθαλμοῖς
καὶ τοῖς ὠσὶν ἀκούσωσιν
καὶ τῇ καρδίᾳ συνῶσιν
καὶ ἐπιστρέψωσιν,
καὶ ἰάσομαι αὐτούς.
➤ Isa 6,10 LXX

μήτε	Syn 12	Mt 6	Mk	Lk 6	Acts 8	Jn	1-3John	Paul	Eph	Col
	NT 34	2Thess 3	1/2Tim 2	Tit	Heb 2	Jas 3	1Pet	2Pet	Jude	Rev 4

and not; μήτε ... μήτε not ... and not; neither ... nor

	triple tradition																	double tradition			Sondergut		
		+Mt / +Lk			−Mt / −Lk			traditions not taken over by Mt / Lk							subtotals								
code	222	211	112	212	221	122	121	022	012	021	220	120	210	020	Σ⁺	Σ⁻	Σ	202	201	102	200	002	total
Mt																		1	1		4		6
Mk																							
Lk			5⁺												5⁺		5	1					6

code	Mt	Mk	Lk	
200	**Mt 5,34** → Mt 23,22 ἐγὼ δὲ λέγω ὑμῖν μὴ ὀμόσαι ὅλως· μήτε ἐν τῷ οὐρανῷ, ὅτι θρόνος ἐστὶν τοῦ θεοῦ,			→ Acts 7,49
200 200	**Mt 5,35 (2)** μήτε ἐν τῇ γῇ, ὅτι ὑποπόδιόν ἐστιν τῶν ποδῶν αὐτοῦ, μήτε εἰς Ἱεροσόλυμα, ὅτι πόλις ἐστὶν τοῦ μεγάλου βασιλέως,			→ Acts 7,49
200	**Mt 5,36** μήτε ἐν τῇ κεφαλῇ σου ὀμόσῃς, ὅτι οὐ δύνασαι μίαν τρίχα λευκὴν ποιῆσαι ἢ μέλαιναν.			
201 202	**Mt 11,18 (2)** ἦλθεν γὰρ Ἰωάννης μήτε ἐσθίων μήτε πίνων, καὶ λέγουσιν· δαιμόνιον ἔχει·		**Lk 7,33** → Mt 3,4 → Mk 1,6 ἐλήλυθεν γὰρ Ἰωάννης ὁ βαπτιστὴς μὴ ἐσθίων ἄρτον μήτε πίνων οἶνον, καὶ λέγετε· δαιμόνιον ἔχει.	
112	**Mt 10,9** ↓ Mk 6,8 μὴ κτήσησθε χρυσὸν μηδὲ ἄργυρον μηδὲ χαλκὸν εἰς τὰς ζώνας ὑμῶν,	**Mk 6,8** ... μηδὲν αἴρωσιν εἰς ὁδὸν εἰ μὴ ῥάβδον μόνον,	**Lk 9,3 (5)** ⇩ Lk 10,4 → Lk 22,35-36 ... μηδὲν αἴρετε εἰς τὴν ὁδόν, μήτε ῥάβδον	Mk-Q overlap
112 112 112	**Mt 10,10** μὴ πήραν εἰς ὁδὸν	μὴ ἄρτον, μὴ πήραν, ↑ Mt 10,9 μὴ εἰς τὴν ζώνην χαλκόν,	μήτε πήραν μήτε ἄρτον μήτε ἀργύριον	
112	μηδὲ δύο χιτῶνας μηδὲ ὑποδήματα μηδὲ ῥάβδον· ...	**Mk 6,9** ἀλλὰ ὑποδεδεμένους σανδάλια, καὶ μὴ ἐνδύσησθε δύο χιτῶνας.	μήτε [ἀνὰ] δύο χιτῶνας ἔχειν.	Mk-Q overlap
			Lk 10,4 ⇧ Lk 9,3 → Lk 22,35-36 μὴ βαστάζετε βαλλάντιον, μὴ πήραν, μὴ ὑποδήματα, καὶ μηδένα κατὰ τὴν ὁδὸν ἀσπάσησθε.	

Acts 23,8 (2) Σαδδουκαῖοι μὲν γὰρ λέγουσιν μὴ εἶναι ἀνάστασιν
μήτε
ἄγγελον
μήτε
πνεῦμα, Φαρισαῖοι δὲ ὁμολογοῦσιν τὰ ἀμφότερα.

Acts 23,12 (2) γενομένης δὲ ἡμέρας ποιήσαντες συστροφὴν οἱ Ἰουδαῖοι ἀνεθεμάτισαν ἑαυτοὺς λέγοντες
μήτε φαγεῖν
μήτε πίειν
ἕως οὗ ἀποκτείνωσιν τὸν Παῦλον.

Acts 23,21 (2) ... ἐνεδρεύουσιν γὰρ αὐτὸν ἐξ αὐτῶν ἄνδρες πλείους τεσσεράκοντα, οἵτινες ἀνεθεμάτισαν ἑαυτοὺς
μήτε φαγεῖν
μήτε πιεῖν
ἕως οὗ ἀνέλωσιν αὐτόν, ...

Acts 27,20 (2) **μήτε δὲ ἡλίου**
μήτε ἄστρων
ἐπιφαινόντων ἐπὶ πλείονας ἡμέρας, χειμῶνός τε οὐκ ὀλίγου ἐπικειμένου, ...

# μήτηρ	Syn 60	Mt 26	Mk 17	Lk 17	Acts 4	Jn 11	1-3John	Paul 3	Eph 2	Col
	NT 83	2Thess	1/2Tim 2	Tit	Heb	Jas	1Pet	2Pet	Jude	Rev 1

mother

	triple tradition																	double tradition			Sondergut		
		+Mt / +Lk			–Mt / –Lk			traditions not taken over by Mt / Lk							subtotals								
code	222	211	112	212	221	122	121	022	012	021	220	120	210	020	Σ+	Σ−	Σ	202	201	102	200	002	total
Mt	4	1+			2		1−				8	1−	2+		3+	2−	17	2			7		**26**
Mk	4				2		1	1			8	1					17						**17**
Lk	4				2−		1−	1								3−	5	2		1		9	**17**

a ἐκ κοιλίας μητρός
b μήτηρ and πατήρ
c μήτηρ and ἀδελφός / ἀδελφή
d μήτηρ and θυγάτηρ / κοράσιον
e μήτηρ and υἱός
f μήτηρ and παιδίον / τέκνον / παῖς
g μήτηρ (τοῦ Ἰησοῦ) (the mother of Jesus)

code	Mt	Mk	Lk	
a 002			**Lk 1,15** ἔσται γὰρ μέγας ἐνώπιον [τοῦ] κυρίου, *καὶ οἶνον καὶ σίκερα οὐ μὴ πίῃ*, καὶ πνεύματος ἁγίου πλησθήσεται ἔτι **ἐκ κοιλίας μητρὸς αὐτοῦ** ➤ Num 6,3; Lev 10,9	
g 002			**Lk 1,43** καὶ πόθεν μοι τοῦτο ἵνα ἔλθῃ **ἡ μήτηρ τοῦ κυρίου μου** πρὸς ἐμέ;	
f 002			**Lk 1,60** [59] ... ἦλθον περιτεμεῖν τὸ παιδίον καὶ ἐκάλουν αὐτὸ ἐπὶ τῷ ὀνόματι τοῦ πατρὸς αὐτοῦ Ζαχαρίαν. [60] καὶ ἀποκριθεῖσα **ἡ μήτηρ αὐτοῦ** εἶπεν· οὐχί, ἀλλὰ κληθήσεται Ἰωάννης.	
g 200	**Mt 1,18** →Lk 1,27 →Lk 1,35 τοῦ δὲ Ἰησοῦ Χριστοῦ ἡ γένεσις οὕτως ἦν. μνηστευθείσης **τῆς μητρὸς αὐτοῦ** Μαρίας τῷ Ἰωσήφ, πρὶν ἢ συνελθεῖν αὐτοὺς εὑρέθη ἐν γαστρὶ ἔχουσα ἐκ πνεύματος ἁγίου.			

	Mt		Mk		Lk		
b g 002					Lk 2,33	καὶ ἦν ὁ πατὴρ αὐτοῦ καὶ **ἡ μήτηρ** θαυμάζοντες ἐπὶ τοῖς λαλουμένοις περὶ αὐτοῦ.	
g 002					Lk 2,34	καὶ εὐλόγησεν αὐτοὺς Συμεὼν καὶ εἶπεν πρὸς Μαριὰμ **τὴν μητέρα αὐτοῦ·** ἰδοὺ οὗτος κεῖται εἰς πτῶσιν καὶ ἀνάστασιν πολλῶν ἐν τῷ Ἰσραὴλ καὶ εἰς σημεῖον ἀντιλεγόμενον -	
f g 200	Mt 2,11	καὶ ἐλθόντες εἰς τὴν οἰκίαν εἶδον τὸ παιδίον **μετὰ Μαρίας** **τῆς μητρὸς αὐτοῦ,** καὶ πεσόντες προσεκύνησαν αὐτῷ ...					
f g 200	Mt 2,13	... ἐγερθεὶς παράλαβε τὸ παιδίον καὶ **τὴν μητέρα αὐτοῦ** καὶ φεῦγε εἰς Αἴγυπτον ...					
f g 200	Mt 2,14	ὁ δὲ ἐγερθεὶς παρέλαβεν τὸ παιδίον καὶ **τὴν μητέρα αὐτοῦ** νυκτὸς καὶ ἀνεχώρησεν εἰς Αἴγυπτον					
f g 200	Mt 2,20	... ἐγερθεὶς παράλαβε τὸ παιδίον καὶ **τὴν μητέρα αὐτοῦ** καὶ πορεύου εἰς γῆν Ἰσραήλ· ...					
f g 200	Mt 2,21	ὁ δὲ ἐγερθεὶς παρέλαβεν τὸ παιδίον καὶ **τὴν μητέρα αὐτοῦ** καὶ εἰσῆλθεν εἰς γῆν Ἰσραήλ.					
b f g 002					Lk 2,48	καὶ ἰδόντες αὐτὸν ἐξεπλάγησαν, καὶ εἶπεν πρὸς αὐτὸν **ἡ μήτηρ αὐτοῦ·** τέκνον, τί ἐποίησας ἡμῖν οὕτως; ἰδοὺ ὁ πατήρ σου κἀγὼ ὀδυνώμενοι ἐζητοῦμέν σε.	
g 002					Lk 2,51 → Lk 2,19	καὶ κατέβη μετ' αὐτῶν καὶ ἦλθεν εἰς Ναζαρὲθ καὶ ἦν ὑποτασσόμενος αὐτοῖς. καὶ **ἡ μήτηρ αὐτοῦ** διετήρει πάντα τὰ ῥήματα ἐν τῇ καρδίᾳ αὐτῆς.	
b d 202	Mt 10,35 → Lk 12,52 → Mt 10,21 → Mk 13,12 → Lk 21,16	ἦλθον γὰρ διχάσαι ἄνθρωπον *κατὰ τοῦ πατρὸς αὐτοῦ* καὶ *θυγατέρα* ***κατὰ τῆς μητρὸς αὐτῆς*** καὶ *νύμφην* *κατὰ τῆς πενθερᾶς αὐτῆς* ➢ Micah 7,6			Lk 12,53 (2) → Lk 12,52	διαμερισθήσονται πατὴρ ἐπὶ υἱῷ καὶ *υἱὸς* ἐπὶ *πατρί*, μήτηρ ἐπὶ τὴν θυγατέρα καὶ *θυγάτηρ* ***ἐπὶ τὴν μητέρα,*** πενθερὰ ἐπὶ τὴν νύμφην αὐτῆς καὶ *νύμφη* *ἐπὶ τὴν πενθεράν.* ➢ Micah 7,6	→ GTh 16

	Mt		Mk		Lk		
b d e c f 202	Mt 10,37 ↓Mt 19,29	ὁ φιλῶν πατέρα ἢ **μητέρα** ὑπὲρ ἐμὲ οὐκ ἔστιν μου ἄξιος, καὶ ὁ φιλῶν υἱὸν ἢ θυγατέρα ὑπὲρ ἐμὲ οὐκ ἔστιν μου ἄξιος·	↓Mk 10,29		Lk 14,26 ↓Lk 18,29	εἴ τις ἔρχεται πρός με καὶ οὐ μισεῖ τὸν πατέρα ἑαυτοῦ καὶ **τὴν μητέρα** καὶ τὴν γυναῖκα καὶ τὰ τέκνα καὶ τοὺς ἀδελφοὺς καὶ τὰς ἀδελφὰς ἔτι τε καὶ τὴν ψυχὴν ἑαυτοῦ, οὐ δύναται εἶναί μου μαθητής.	→ GTh 55 → GTh 101
e 002					Lk 7,12	ὡς δὲ ἤγγισεν τῇ πύλῃ τῆς πόλεως, καὶ ἰδοὺ ἐξεκομίζετο τεθνηκὼς μονογενὴς υἱὸς **τῇ μητρὶ αὐτοῦ** καὶ αὐτὴ ἦν χήρα, ...	
002					Lk 7,15 → Lk 9,42	καὶ ἀνεκάθισεν ὁ νεκρὸς καὶ ἤρξατο λαλεῖν, καὶ ἔδωκεν αὐτὸν **τῇ μητρὶ αὐτοῦ.** ➤ 1Kings 17,23	
c g 222	Mt 12,46	ἔτι αὐτοῦ λαλοῦντος τοῖς ὄχλοις ἰδοὺ **ἡ μήτηρ** καὶ οἱ ἀδελφοὶ αὐτοῦ εἱστήκεισαν ἔξω ζητοῦντες αὐτῷ λαλῆσαι.	Mk 3,31	καὶ ἔρχεται **ἡ μήτηρ αὐτοῦ** καὶ οἱ ἀδελφοὶ αὐτοῦ καὶ ἔξω στήκοντες ἀπέστειλαν πρὸς αὐτὸν καλοῦντες αὐτόν.	Lk 8,19	παρεγένετο δὲ πρὸς αὐτὸν **ἡ μήτηρ** καὶ οἱ ἀδελφοὶ αὐτοῦ καὶ οὐκ ἠδύναντο συντυχεῖν αὐτῷ διὰ τὸν ὄχλον.	→ GTh 99
c g 222	Mt 12,47	[εἶπεν δέ τις αὐτῷ· ἰδοὺ **ἡ μήτηρ σου** καὶ οἱ ἀδελφοί σου ἔξω ἑστήκασιν ζητοῦντές σοι λαλῆσαι.]	Mk 3,32	καὶ ἐκάθητο περὶ αὐτὸν ὄχλος, καὶ λέγουσιν αὐτῷ· ἰδοὺ **ἡ μήτηρ σου** καὶ οἱ ἀδελφοί σου [καὶ αἱ ἀδελφαί σου] ἔξω ζητοῦσίν σε.	Lk 8,20	ἀπηγγέλη δὲ αὐτῷ· **ἡ μήτηρ σου** καὶ οἱ ἀδελφοί σου ἑστήκασιν ἔξω ἰδεῖν θέλοντές σε.	→ GTh 99 Mt 12,47 is textcritically uncertain.
c g 221	Mt 12,48	ὁ δὲ ἀποκριθεὶς εἶπεν τῷ λέγοντι αὐτῷ· τίς ἐστιν **ἡ μήτηρ μου** καὶ τίνες εἰσὶν οἱ ἀδελφοί μου;	Mk 3,33	καὶ ἀποκριθεὶς αὐτοῖς λέγει· τίς ἐστιν **ἡ μήτηρ μου** καὶ οἱ ἀδελφοί [μου];	Lk 8,21	ὁ δὲ ἀποκριθεὶς εἶπεν πρὸς αὐτούς· ↔	→ GTh 99
c g 220	Mt 12,49	καὶ ἐκτείνας τὴν χεῖρα αὐτοῦ ἐπὶ τοὺς μαθητὰς αὐτοῦ εἶπεν· ἰδοὺ **ἡ μήτηρ μου** καὶ οἱ ἀδελφοί μου·	Mk 3,34	καὶ περιβλεψάμενος τοὺς περὶ αὐτὸν κύκλῳ καθημένους λέγει· ἴδε **ἡ μήτηρ μου** καὶ οἱ ἀδελφοί μου.			→ GTh 99
c g 222	Mt 12,50 → Mt 7,21	ὅστις γὰρ ἂν ποιήσῃ τὸ θέλημα τοῦ πατρός μου τοῦ ἐν οὐρανοῖς αὐτός μου ἀδελφὸς καὶ ἀδελφὴ καὶ **μήτηρ** ἐστίν.	Mk 3,35	ὃς [γὰρ] ἂν ποιήσῃ τὸ θέλημα τοῦ θεοῦ, οὗτος ἀδελφός μου καὶ ἀδελφὴ καὶ **μήτηρ** ἐστίν.	Lk 8,21 → Lk 6,46 → Lk 11,28	↔ **μήτηρ μου** καὶ ἀδελφοί μου οὗτοί εἰσιν οἱ τὸν λόγον τοῦ θεοῦ ἀκούοντες καὶ ποιοῦντες.	→ Jn 15,14 → GTh 99
b f 022			Mk 5,40	[37] καὶ οὐκ ἀφῆκεν οὐδένα μετ᾽ αὐτοῦ συνακολουθῆσαι εἰ μὴ τὸν Πέτρον καὶ Ἰάκωβον καὶ Ἰωάννην τὸν ἀδελφὸν Ἰακώβου. [40] ... παραλαμβάνει τὸν πατέρα τοῦ παιδίου καὶ **τὴν μητέρα** καὶ τοὺς μετ᾽ αὐτοῦ ...	Lk 8,51	... οὐκ ἀφῆκεν εἰσελθεῖν τινα σὺν αὐτῷ εἰ μὴ Πέτρον καὶ Ἰωάννην καὶ Ἰάκωβον καὶ τὸν πατέρα τῆς παιδὸς καὶ **τὴν μητέρα.**	

	Mt		Mk		Lk		
c g 211	**Mt 13,55** → Mt 1,16	οὐχ οὗτός ἐστιν ὁ τοῦ τέκτονος υἱός; **οὐχ ἡ μήτηρ αὐτοῦ λέγεται Μαριὰμ** καὶ οἱ ἀδελφοὶ αὐτοῦ Ἰάκωβος καὶ Ἰωσὴφ καὶ Σίμων καὶ Ἰούδας;	**Mk 6,3** → Mt 1,16	οὐχ οὗτός ἐστιν ὁ τέκτων, **ὁ υἱὸς τῆς Μαρίας** καὶ ἀδελφὸς Ἰακώβου καὶ Ἰωσῆτος καὶ Ἰούδα καὶ Σίμωνος; καὶ οὐκ εἰσὶν αἱ ἀδελφαὶ αὐτοῦ ὧδε πρὸς ἡμᾶς; ...	**Lk 4,22** → Lk 3,23	... οὐχὶ υἱός ἐστιν Ἰωσὴφ οὗτος;	→ Jn 6,42
220	**Mt 14,8**	ἡ δὲ προβιβασθεῖσα **ὑπὸ τῆς μητρὸς αὐτῆς·** δός μοι, φησίν, ὧδε ἐπὶ πίνακι τὴν κεφαλὴν Ἰωάννου τοῦ βαπτιστοῦ.	**Mk 6,24**	καὶ ἐξελθοῦσα εἶπεν **τῇ μητρὶ αὐτῆς·** τί αἰτήσωμαι; ἡ δὲ εἶπεν· τὴν κεφαλὴν Ἰωάννου τοῦ βαπτίζοντος. [25] καὶ εἰσελθοῦσα εὐθὺς μετὰ σπουδῆς πρὸς τὸν βασιλέα ᾐτήσατο λέγουσα· θέλω ἵνα ἐξαυτῆς δῷς μοι ἐπὶ πίνακι τὴν κεφαλὴν Ἰωάννου τοῦ βαπτιστοῦ.			
d 220	**Mt 14,11**	καὶ ἠνέχθη ἡ κεφαλὴ αὐτοῦ ἐπὶ πίνακι καὶ ἐδόθη τῷ κορασίῳ, καὶ ἤνεγκεν **τῇ μητρὶ αὐτῆς.**	**Mk 6,28**	καὶ ἤνεγκεν τὴν κεφαλὴν αὐτοῦ ἐπὶ πίνακι καὶ ἔδωκεν αὐτὴν τῷ κορασίῳ, καὶ τὸ κοράσιον ἔδωκεν αὐτὴν **τῇ μητρὶ αὐτῆς.**			
b 220 *b* 220	**Mt 15,4** (2)	ὁ γὰρ θεὸς εἶπεν· *τίμα τὸν πατέρα καὶ* ***τὴν μητέρα,*** καί· *ὁ κακολογῶν πατέρα ἢ* ***μητέρα*** *θανάτῳ τελευτάτω·* ➤ Exod 20,12/Deut 5,16 ➤ Exod 21,17/Lev 20,9	**Mk 7,10** (2)	Μωϋσῆς γὰρ εἶπεν· *τίμα τὸν πατέρα σου καὶ* ***τὴν μητέρα σου,*** καί· *ὁ κακολογῶν πατέρα ἢ* ***μητέρα*** *θανάτῳ τελευτάτω.* ➤ Exod 20,12/Deut 5,16 ➤ Exod 21,17/Lev 20,9			
b 220	**Mt 15,5**	ὑμεῖς δὲ λέγετε· ὃς ἂν εἴπῃ τῷ πατρὶ ἢ **τῇ μητρί·** δῶρον ὃ ἐὰν ἐξ ἐμοῦ ὠφεληθῇς,	**Mk 7,11**	ὑμεῖς δὲ λέγετε· ἐὰν εἴπῃ ἄνθρωπος τῷ πατρὶ ἢ **τῇ μητρί·** κορβᾶν, ὅ ἐστιν δῶρον, ὃ ἐὰν ἐξ ἐμοῦ ὠφεληθῇς,			
b 120	**Mt 15,6**	οὐ μὴ τιμήσει τὸν πατέρα αὐτοῦ· ...	**Mk 7,12**	οὐκέτι ἀφίετε αὐτὸν οὐδὲν ποιῆσαι τῷ πατρὶ ἢ **τῇ μητρί**			
b d 102 *b d* 202	**Mt 10,35** → Lk 12,52	ἦλθον γὰρ διχάσαι ἄνθρωπον *κατὰ τοῦ πατρὸς αὐτοῦ* καὶ *θυγατέρα* ***κατὰ τῆς μητρὸς αὐτῆς*** καὶ *νύμφην* *κατὰ τῆς πενθερᾶς αὐτῆς* ➤ Micah 7,6			**Lk 12,53** (2) → Lk 12,52 → Mt 10,21 → Mk 13,12 → Lk 21,16	διαμερισθήσονται πατὴρ ἐπὶ υἱῷ καὶ *υἱὸς ἐπὶ πατρί,* **μήτηρ** ἐπὶ τὴν θυγατέρα καὶ *θυγάτηρ* ***ἐπὶ τὴν μητέρα,*** πενθερὰ ἐπὶ τὴν νύμφην αὐτῆς καὶ *νύμφη ἐπὶ τὴν πενθεράν.* ➤ Micah 7,6	→ GTh 16
b d *e c* *f* 202	**Mt 10,37** ↓ Mt 19,29	ὁ φιλῶν πατέρα ἢ **μητέρα** ὑπὲρ ἐμὲ οὐκ ἔστιν μου ἄξιος, καὶ ὁ φιλῶν υἱὸν ἢ θυγατέρα ὑπὲρ ἐμὲ οὐκ ἔστιν μου ἄξιος·	↓ Mk 10,29		**Lk 14,26** ↓ Lk 18,29	εἴ τις ἔρχεται πρός με καὶ οὐ μισεῖ τὸν πατέρα ἑαυτοῦ καὶ **τὴν μητέρα** καὶ τὴν γυναῖκα καὶ τὰ τέκνα καὶ τοὺς ἀδελφοὺς καὶ τὰς ἀδελφὰς ἔτι τε καὶ τὴν ψυχὴν ἑαυτοῦ, οὐ δύναται εἶναί μου μαθητής.	→ GTh 55 → GTh 101

	Mt		Mk		Lk		
b 220	**Mt 19,5**	*... ἕνεκα τούτου καταλείψει ἄνθρωπος τὸν πατέρα καὶ* ***τὴν μητέρα*** *καὶ κολληθήσεται τῇ γυναικὶ αὐτοῦ, ...* ➤ Gen 2,24 LXX	**Mk 10,7**	*ἕνεκεν τούτου καταλείψει ἄνθρωπος τὸν πατέρα αὐτοῦ καὶ* ***τὴν μητέρα*** *[καὶ προσκολληθήσεται πρὸς τὴν γυναῖκα αὐτοῦ]* ➤ Gen 2,24 LXX			
a 200	**Mt 19,12**	εἰσὶν γὰρ εὐνοῦχοι οἵτινες **ἐκ κοιλίας μητρὸς** ἐγεννήθησαν οὕτως, ...					
b 222	**Mt 19,19**	*τίμα τὸν πατέρα καὶ* ***τὴν μητέρα,*** *καί ἀγαπήσεις τὸν πλησίον σου ὡς σεαυτόν.* ➤ Exod 20,12/Deut 5,16; Lev 19,18	**Mk 10,19**	*... τίμα τὸν πατέρα σου καὶ* ***τὴν μητέρα.*** ➤ Exod 20,12/Deut 5,16 LXX	**Lk 18,20**	*... τίμα τὸν πατέρα σου καὶ* ***τὴν μητέρα.*** ➤ Exod 20,12/Deut 5,16 LXX	→ GTh 25
b c f 221	**Mt 19,29** ↑ Mt 10,37	καὶ πᾶς ὅστις ἀφῆκεν οἰκίας ἢ ἀδελφοὺς ἢ ἀδελφὰς ἢ **πατέρα ἢ μητέρα** ἢ τέκνα ἢ ἀγροὺς ἕνεκεν τοῦ ὀνόματός μου,	**Mk 10,29**	... οὐδείς ἐστιν ὃς ἀφῆκεν οἰκίαν ἢ ἀδελφοὺς ἢ ἀδελφὰς ἢ **μητέρα ἢ πατέρα** ἢ τέκνα ἢ ἀγροὺς ἕνεκεν ἐμοῦ καὶ ἕνεκεν τοῦ εὐαγγελίου,	**Lk 18,29** ↑ Lk 14,26	... οὐδείς ἐστιν ὃς ἀφῆκεν οἰκίαν ἢ γυναῖκα ἢ ἀδελφοὺς ἢ **γονεῖς** ἢ τέκνα ἕνεκεν τῆς βασιλείας τοῦ θεοῦ,	→ GTh 55 → GTh 101
c f 121		ἑκατονταπλασίονα λήμψεται καὶ ζωὴν αἰώνιον κληρονομήσει.	**Mk 10,30**	ἐὰν μὴ λάβῃ ἑκατονταπλασίονα νῦν ἐν τῷ καιρῷ τούτῳ οἰκίας καὶ ἀδελφοὺς καὶ ἀδελφὰς καὶ **μητέρας** καὶ τέκνα καὶ ἀγροὺς μετὰ διωγμῶν, καὶ ἐν τῷ αἰῶνι τῷ ἐρχομένῳ ζωὴν αἰώνιον.	**Lk 18,30**	ὃς οὐχὶ μὴ [ἀπο]λάβῃ πολλαπλασίονα ἐν τῷ καιρῷ τούτῳ καὶ ἐν τῷ αἰῶνι τῷ ἐρχομένῳ ζωὴν αἰώνιον.	→ GTh 55 → GTh 101
e 210	**Mt 20,20**	τότε προσῆλθεν αὐτῷ **ἡ μήτηρ τῶν υἱῶν Ζεβεδαίου μετὰ τῶν υἱῶν αὐτῆς** προσκυνοῦσα καὶ αἰτοῦσά τι ἀπ' αὐτοῦ.	**Mk 10,35**	καὶ προσπορεύονται αὐτῷ **Ἰάκωβος καὶ Ἰωάννης οἱ υἱοὶ Ζεβεδαίου** λέγοντες αὐτῷ· διδάσκαλε, θέλομεν ἵνα ὃ ἐὰν αἰτήσωμέν σε ποιήσῃς ἡμῖν.			
220 *e* 210	**Mt 27,56 (2)** → Mt 27,61 → Mt 28,1	ἐν αἷς ἦν Μαρία ἡ Μαγδαληνὴ καὶ **Μαρία ἡ τοῦ Ἰακώβου καὶ Ἰωσὴφ μήτηρ** **καὶ** **ἡ μήτηρ τῶν υἱῶν Ζεβεδαίου.**	**Mk 15,40** → Mk 15,47 → Mk 16,1	... ἐν αἷς καὶ Μαρία ἡ Μαγδαληνὴ καὶ **Μαρία ἡ Ἰακώβου τοῦ μικροῦ καὶ Ἰωσῆτος μήτηρ** καὶ Σαλώμη			→ **Jn 19,25**

c *g*	**Acts 1,14** → Lk 8,2-3 → Lk 24,53	οὗτοι πάντες ἦσαν προσκαρτεροῦντες ὁμοθυμαδὸν τῇ προσευχῇ σὺν γυναιξὶν καὶ Μαριὰμ **τῇ μητρὶ τοῦ Ἰησοῦ** καὶ τοῖς ἀδελφοῖς αὐτοῦ.	*a*	**Acts 3,2**	καί τις ἀνὴρ χωλὸς **ἐκ κοιλίας μητρὸς αὐτοῦ** ὑπάρχων ἐβαστάζετο, ...	*a*	**Acts 14,8**	καί τις ἀνὴρ ἀδύνατος ἐν Λύστροις τοῖς ποσὶν ἐκάθητο, χωλὸς **ἐκ κοιλίας μητρὸς αὐτοῦ** ὃς οὐδέποτε περιεπάτησεν.
				Acts 12,12	... ἦλθεν ἐπὶ τὴν οἰκίαν τῆς Μαρίας **τῆς μητρὸς Ἰωάννου** τοῦ ἐπικαλουμένου Μάρκου, ...			

μήτι	Syn 8	Mt 4	Mk 2	Lk 2	Acts 1	Jn 3	1-3John	Paul 5	Eph	Col
	NT 18	2Thess	1/2Tim	Tit	Heb	Jas 1	1Pet	2Pet	Jude	Rev

used in questions to indicate the expectation of a negative answer; sometimes used to indicate that the questioner is in doubt regarding the answer; εἰ μήτι unless indeed; unless perhaps

	triple tradition																		double tradition			Sondergut		
		+Mt / +Lk			−Mt / −Lk			traditions not taken over by Mt / Lk							subtotals								
code	222	211	112	212	221	122	121	022	012	021	220	120	210	020	Σ⁺	Σ⁻	Σ	202	201	102	200	002	total
Mt					1												1		1		2		**4**
Mk					1					1							2						**2**
Lk			1⁺		1⁻					1⁻					1⁺	2⁻	1			1			**2**

code	Mt	Mk	Lk	
102	**Mt 15,14** ἄφετε αὐτούς· τυφλοί εἰσιν ὁδηγοί [τυφλῶν]· τυφλὸς δὲ τυφλὸν ἐὰν ὁδηγῇ, ἀμφότεροι εἰς βόθυνον πεσοῦνται.		**Lk 6,39** εἶπεν δὲ καὶ παραβολὴν αὐτοῖς· **μήτι δύναται** τυφλὸς τυφλὸν ὁδηγεῖν; οὐχὶ ἀμφότεροι εἰς βόθυνον ἐμπεσοῦνται;	→ GTh 34
201	**Mt 7,16** ⇨ Mt 7,20 ⇨ Mt 12,33 ἀπὸ τῶν καρπῶν αὐτῶν ἐπιγνώσεσθε αὐτούς. **μήτι συλλέγουσιν ἀπὸ ἀκανθῶν** σταφυλὰς ἢ ἀπὸ τριβόλων σῦκα;		**Lk 6,44** ἕκαστον γὰρ δένδρον ἐκ τοῦ ἰδίου καρποῦ γινώσκεται· **οὐ γὰρ ἐξ ἀκανθῶν συλλέγουσιν** σῦκα οὐδὲ ἐκ βάτου σταφυλὴν τρυγῶσιν.	→ GTh 45,1
200	**Mt 12,23** ⇨ Mt 9,33 καὶ ἐξίσταντο πάντες οἱ ὄχλοι καὶ ἔλεγον· **μήτι οὗτός ἐστιν** ὁ υἱὸς Δαυίδ;		**Lk 11,14** ... καὶ ἐθαύμασαν οἱ ὄχλοι.	
021	 **Mt 5,15** οὐδὲ καίουσιν λύχνον καὶ τιθέασιν αὐτὸν ὑπὸ τὸν μόδιον ...	**Mk 4,21** ... **μήτι ἔρχεται** ὁ λύχνος ἵνα ὑπὸ τὸν μόδιον τεθῇ ἢ ὑπὸ τὴν κλίνην; ...	**Lk 8,16** ⇩ Lk 11,33 οὐδεὶς δὲ λύχνον ἅψας καλύπτει αὐτὸν σκεύει ἢ ὑποκάτω κλίνης τίθησιν, ... **Lk 11,33** ⇧ Lk 8,16 οὐδεὶς λύχνον ἅψας εἰς κρύπτην τίθησιν [οὐδὲ ὑπὸ τὸν μόδιον] ...	→ GTh 33,2-3 Mk-Q overlap
112	**Mt 14,16** → Mt 14,15 → Mt 15,33 ὁ δὲ [Ἰησοῦς] εἶπεν αὐτοῖς· οὐ χρείαν ἔχουσιν ἀπελθεῖν, δότε αὐτοῖς ὑμεῖς φαγεῖν. [17] οἱ δὲ λέγουσιν αὐτῷ· οὐκ ἔχομεν ὧδε εἰ μὴ πέντε ἄρτους καὶ δύο ἰχθύας.	**Mk 6,37** → Mk 6,36 → Mk 8,4 ὁ δὲ ἀποκριθεὶς εἶπεν αὐτοῖς· δότε αὐτοῖς ὑμεῖς φαγεῖν. καὶ λέγουσιν αὐτῷ· **ἀπελθόντες ἀγοράσωμεν** δηναρίων διακοσίων ἄρτους καὶ δώσομεν αὐτοῖς φαγεῖν; [38] ὁ δὲ λέγει αὐτοῖς· πόσους ἄρτους ἔχετε; ὑπάγετε ἴδετε. καὶ γνόντες λέγουσιν· πέντε, καὶ δύο ἰχθύας.	**Lk 9,13** → Lk 9,12 εἶπεν δὲ πρὸς αὐτούς· δότε αὐτοῖς ὑμεῖς φαγεῖν. οἱ δὲ εἶπαν· οὐκ εἰσὶν ἡμῖν πλεῖον ἢ ἄρτοι πέντε καὶ ἰχθύες δύο, **εἰ μήτι πορευθέντες ἡμεῖς ἀγοράσωμεν** εἰς πάντα τὸν λαὸν τοῦτον βρώματα.	→ Jn 6,5 → Jn 6,7
221	**Mt 26,22** ↓ Mt 26,25 καὶ λυπούμενοι σφόδρα ἤρξαντο λέγειν αὐτῷ εἷς ἕκαστος· **μήτι ἐγώ εἰμι,** κύριε;	**Mk 14,19** ἤρξαντο λυπεῖσθαι καὶ λέγειν αὐτῷ εἷς κατὰ εἷς· **μήτι ἐγώ;**	**Lk 22,23** καὶ αὐτοὶ ἤρξαντο συζητεῖν πρὸς ἑαυτοὺς τὸ τίς ἄρα εἴη ἐξ αὐτῶν ὁ τοῦτο μέλλων πράσσειν.	→ Jn 13,22.25

	Mt	Mk	Lk	
200	**Mt 26,25** ↑ Mt 26,22 ἀποκριθεὶς δὲ Ἰούδας ὁ παραδιδοὺς αὐτὸν εἶπεν· μήτι ἐγώ εἰμι, ῥαββί; λέγει αὐτῷ· σὺ εἶπας.			→ Jn 13,26-27

Acts 10,47 μήτι τὸ ὕδωρ δύναται κωλῦσαί τις τοῦ μὴ βαπτισθῆναι τούτους, οἵτινες τὸ πνεῦμα τὸ ἅγιον ἔλαβον ὡς καὶ ἡμεῖς;

μήτρα	Syn 1	Mt	Mk	Lk 1	Acts	Jn	1-3John	Paul 1	Eph	Col
	NT 2	2Thess	1/2Tim	Tit	Heb	Jas	1Pet	2Pet	Jude	Rev

womb

	Mt	Mk	Lk	
002			**Lk 2,23** καθὼς γέγραπται ἐν νόμῳ κυρίου ὅτι *πᾶν ἄρσεν διανοῖγον μήτραν ἅγιον τῷ κυρίῳ κληθήσεται* ➤ Exod 13,2.12.15	

μίγνυμι, μιγνύω	Syn 2	Mt 1	Mk	Lk 1	Acts	Jn	1-3John	Paul	Eph	Col
	NT 4	2Thess	1/2Tim	Tit	Heb	Jas	1Pet	2Pet	Jude	Rev 2

mix; mingle

	Mt	Mk	Lk	
002			**Lk 13,1** παρῆσαν δέ τινες ἐν αὐτῷ τῷ καιρῷ ἀπαγγέλλοντες αὐτῷ περὶ τῶν Γαλιλαίων ὧν τὸ αἷμα Πιλᾶτος ἔμιξεν μετὰ τῶν θυσιῶν αὐτῶν.	
210	**Mt 27,34** ἔδωκαν αὐτῷ πιεῖν οἶνον μετὰ χολῆς μεμιγμένον· καὶ γευσάμενος οὐκ ἠθέλησεν πιεῖν.	**Mk 15,23** καὶ ἐδίδουν αὐτῷ ἐσμυρνισμένον οἶνον· ὃς δὲ οὐκ ἔλαβεν.		

μικρός	Syn 18	Mt 8	Mk 5	Lk 5	Acts 2	Jn 11	1-3John	Paul 4	Eph	Col
	NT 46	2Thess	1/2Tim	Tit	Heb 2	Jas 1	1Pet	2Pet	Jude	Rev 8

small; the little one; the child; insignificant; short; a short distance; a little way; a short time; a little while

	triple tradition																	double tradition			Sondergut		
		+Mt / +Lk			–Mt / –Lk			traditions not taken over by Mt / Lk							subtotals								
code	222	211	112	212	221	122	121	022	012	021	220	120	210	020	Σ⁺	Σ⁻	Σ	202	201	102	200	002	total
Mt	1				2						1	1⁻	1⁺		1⁺	1⁻	5	1			2		**8**
Mk	1				2						1	1					5						**5**
Lk	1		1⁺		2⁻										1⁺	2⁻	2	1				2	**5**

Mk-Q overlap: 222: Mt 18,6 / Mk 9,42 / Lk 17,2 (?)

a μικρότερος

code	Mt		Mk		Lk		
210	**Mt 10,42**	καὶ ὃς ἂν ποτίσῃ **ἕνα τῶν μικρῶν τούτων** ποτήριον ψυχροῦ μόνον εἰς ὄνομα μαθητοῦ, ἀμὴν λέγω ὑμῖν, οὐ μὴ ἀπολέσῃ τὸν μισθὸν αὐτοῦ.	**Mk 9,41**	ὃς γὰρ ἂν ποτίσῃ **ὑμᾶς** ποτήριον ὕδατος ἐν ὀνόματι ὅτι Χριστοῦ ἐστε, ἀμὴν λέγω ὑμῖν ὅτι οὐ μὴ ἀπολέσῃ τὸν μισθὸν αὐτοῦ.			
a 202	**Mt 11,11**	ἀμὴν λέγω ὑμῖν· οὐκ ἐγήγερται ἐν γεννητοῖς γυναικῶν μείζων Ἰωάννου τοῦ βαπτιστοῦ· **ὁ δὲ μικρότερος** ἐν τῇ βασιλείᾳ τῶν οὐρανῶν μείζων αὐτοῦ ἐστιν.			**Lk 7,28**	λέγω ὑμῖν, μείζων ἐν γεννητοῖς γυναικῶν Ἰωάννου οὐδείς ἐστιν· **ὁ δὲ μικρότερος** ἐν τῇ βασιλείᾳ τοῦ θεοῦ μείζων αὐτοῦ ἐστιν.	→ GTh 46
	Mt 13,31	... κόκκῳ σινάπεως, ὃν λαβὼν ἄνθρωπος ἔσπειρεν ἐν τῷ ἀγρῷ αὐτοῦ·	Mk 4,31	... κόκκῳ σινάπεως, ὃς ὅταν σπαρῇ ἐπὶ τῆς γῆς, ↔	**Lk 13,19**	... κόκκῳ σινάπεως, ὃν λαβὼν ἄνθρωπος ἔβαλεν εἰς κῆπον ἑαυτοῦ,	→ GTh 20 Mk-Q overlap
a 220	**Mt 13,32**	**ὃ μικρότερον** μέν ἐστιν πάντων τῶν σπερμάτων,	**Mk 4,31**	**↔ μικρότερον** ὂν πάντων τῶν σπερμάτων τῶν ἐπὶ τῆς γῆς,			
		ὅταν δὲ αὐξηθῇ μεῖζον τῶν λαχάνων ἐστὶν καὶ γίνεται δένδρον, ...	Mk 4,32	καὶ ὅταν σπαρῇ, ἀναβαίνει καὶ γίνεται μεῖζον πάντων τῶν λαχάνων καὶ ποιεῖ κλάδους μεγάλους, ...		καὶ ηὔξησεν καὶ ἐγένετο εἰς δένδρον, ...	→ GTh 20 Mk-Q overlap
112	**Mt 18,5** ⇨ Mt 10,40 → Mt 10,41	καὶ ὃς ἐὰν δέξηται ἓν παιδίον τοιοῦτο ἐπὶ τῷ ὀνόματί μου, ἐμὲ δέχεται.	**Mk 9,37**	ὃς ἂν ἓν τῶν τοιούτων παιδίων δέξηται ἐπὶ τῷ ὀνόματί μου, ἐμὲ δέχεται· καὶ ὃς ἂν ἐμὲ δέχηται, οὐκ ἐμὲ δέχεται ἀλλὰ τὸν ἀποστείλαντά με.	**Lk 9,48** ⇨ Lk 10,16	... ὃς ἐὰν δέξηται τοῦτο τὸ παιδίον ἐπὶ τῷ ὀνόματί μου, ἐμὲ δέχεται· καὶ ὃς ἂν ἐμὲ δέξηται, δέχεται τὸν ἀποστείλαντά με· **ὁ γὰρ μικρότερος** ἐν πᾶσιν ὑμῖν ὑπάρχων οὗτός ἐστιν μέγας.	→ Jn 5,23 → Jn 12,44-45 → Jn 13,20
002					**Lk 12,32**	μὴ φοβοῦ, **τὸ μικρὸν ποίμνιον,** ὅτι εὐδόκησεν ὁ πατὴρ ὑμῶν δοῦναι ὑμῖν τὴν βασιλείαν.	

	Mt		Mk		Lk		
222	**Mt 18,6** ↓ Mt 18,10	ὃς δ' ἂν σκανδαλίσῃ **ἕνα τῶν μικρῶν τούτων** τῶν πιστευόντων εἰς ἐμέ, συμφέρει αὐτῷ ἵνα κρεμασθῇ μύλος ὀνικὸς περὶ τὸν τράχηλον αὐτοῦ καὶ καταποντισθῇ ἐν τῷ πελάγει τῆς θαλάσσης.	**Mk 9,42**	καὶ ὃς ἂν σκανδαλίσῃ **ἕνα τῶν μικρῶν τούτων** τῶν πιστευόντων [εἰς ἐμέ], καλόν ἐστιν αὐτῷ μᾶλλον εἰ περίκειται μύλος ὀνικὸς περὶ τὸν τράχηλον αὐτοῦ καὶ βέβληται εἰς τὴν θάλασσαν.	**Lk 17,2**	λυσιτελεῖ αὐτῷ εἰ λίθος μυλικὸς περίκειται περὶ τὸν τράχηλον αὐτοῦ καὶ ἔρριπται εἰς τὴν θάλασσαν ἢ ἵνα σκανδαλίσῃ **τῶν μικρῶν τούτων ἕνα.**	Mk-Q overlap?
200	**Mt 18,10** ↑ Mt 18,6 ↑ Mk 9,42 ↑ Lk 17,2	ὁρᾶτε μὴ καταφρονήσητε **ἑνὸς τῶν μικρῶν τούτων·** λέγω γὰρ ὑμῖν ὅτι οἱ ἄγγελοι αὐτῶν ἐν οὐρανοῖς διὰ παντὸς βλέπουσι τὸ πρόσωπον τοῦ πατρός μου τοῦ ἐν οὐρανοῖς.					
200	**Mt 18,14** → Lk 15,7	οὕτως οὐκ ἔστιν θέλημα ἔμπροσθεν τοῦ πατρὸς ὑμῶν τοῦ ἐν οὐρανοῖς ἵνα ἀπόληται **ἓν τῶν μικρῶν τούτων.**					
002					**Lk 19,3**	καὶ ἐζήτει ἰδεῖν τὸν Ἰησοῦν τίς ἐστιν καὶ οὐκ ἠδύνατο ἀπὸ τοῦ ὄχλου, ὅτι τῇ ἡλικίᾳ **μικρὸς** ἦν.	
221	**Mt 26,39**	καὶ προελθὼν **μικρὸν** ἔπεσεν ἐπὶ πρόσωπον αὐτοῦ προσευχόμενος ...	**Mk 14,35**	καὶ προελθὼν **μικρὸν** ἔπιπτεν ἐπὶ τῆς γῆς καὶ προσηύχετο ...	**Lk 22,41**	καὶ αὐτὸς ἀπεσπάσθη ἀπ' αὐτῶν **ὡσεὶ λίθου βολὴν** καὶ θεὶς τὰ γόνατα προσηύχετο	
221	**Mt 26,73**	**μετὰ μικρὸν** δὲ προσελθόντες οἱ ἑστῶτες εἶπον τῷ Πέτρῳ· ἀληθῶς καὶ σὺ ἐξ αὐτῶν εἶ, ...	**Mk 14,70**	... καὶ **μετὰ μικρὸν** πάλιν οἱ παρεστῶτες ἔλεγον τῷ Πέτρῳ· ἀληθῶς ἐξ αὐτῶν εἶ, ...	**Lk 22,59**	καὶ **διαστάσης ὡσεὶ ὥρας μιᾶς** ἄλλος τις διϊσχυρίζετο λέγων· ἐπ' ἀληθείας καὶ οὗτος μετ' αὐτοῦ ἦν, ...	→ Jn 18,26
120	**Mt 27,56** → Mt 27,61 → Mt 28,1	ἐν αἷς ἦν Μαρία ἡ Μαγδαληνὴ καὶ **Μαρία ἡ τοῦ Ἰακώβου καὶ Ἰωσὴφ μήτηρ** καὶ ἡ μήτηρ τῶν υἱῶν Ζεβεδαίου.	**Mk 15,40** → Mk 15,47 → Mk 16,1	... ἐν αἷς καὶ Μαρία ἡ Μαγδαληνὴ καὶ **Μαρία ἡ Ἰακώβου τοῦ μικροῦ καὶ Ἰωσῆτος μήτηρ** καὶ Σαλώμη			→ Jn 19,25

Acts 8,10 ᾧ προσεῖχον πάντες **ἀπὸ μικροῦ** ἕως μεγάλου λέγοντες· οὗτός ἐστιν ἡ δύναμις τοῦ θεοῦ ἡ καλουμένη μεγάλη.

Acts 26,22 ἐπικουρίας οὖν τυχὼν τῆς ἀπὸ τοῦ θεοῦ ἄχρι τῆς ἡμέρας ταύτης ἕστηκα μαρτυρόμενος **μικρῷ** τε καὶ μεγάλῳ οὐδὲν ἐκτὸς λέγων ὧν τε οἱ προφῆται ἐλάλησαν μελλόντων γίνεσθαι καὶ Μωϋσῆς

μίλιον

μίλιον	Syn 1	Mt 1	Mk	Lk	Acts	Jn	1-3John	Paul	Eph	Col
	NT 1	2Thess	1/2Tim	Tit	Heb	Jas	1Pet	2Pet	Jude	Rev

mile

code	Mt	Mk	Lk	
200	**Mt 5,41** καὶ ὅστις σε ἀγγαρεύσει **μίλιον ἕν,** ὕπαγε μετ' αὐτοῦ δύο.			

μιμνῄσκομαι

μιμνῄσκομαι	Syn 9	Mt 3	Mk	Lk 6	Acts 2	Jn 3	1-3John	Paul 1	Eph	Col
	NT 23	2Thess	1/2Tim 1	Tit	Heb 4	Jas	1Pet	2Pet 1	Jude 1	Rev 1

remind oneself; recall to mind; remember; keep in mind; think of; care for; be concerned about; *passive:* be mentioned; be called to remembrance

	triple tradition																	double tradition			Sondergut		
		+Mt / +Lk			–Mt / –Lk			traditions not taken over by Mt / Lk							subtotals								
code	*222*	*211*	*112*	*212*	*221*	*122*	*121*	*022*	*012*	*021*	*220*	*120*	*210*	*020*	Σ^+	Σ^-	Σ	*202*	*201*	*102*	*200*	*002*	total
Mt		1^+													1^+		1				2		**3**
Mk																							
Lk			1^+												1^+		1					5	**6**

code	Mt	Mk	Lk	
002			**Lk 1,54** ἀντελάβετο Ἰσραὴλ παιδὸς αὐτοῦ, **μνησθῆναι** ἐλέους, [55] καθὼς ἐλάλησεν πρὸς τοὺς πατέρας ἡμῶν, ...	
002			**Lk 1,72** ποιῆσαι ἔλεος μετὰ τῶν πατέρων ἡμῶν καὶ **μνησθῆναι** διαθήκης ἁγίας αὐτοῦ	
200	**Mt 5,23** →Mk 11,25 ἐὰν οὖν προσφέρῃς τὸ δῶρόν σου ἐπὶ τὸ θυσιαστήριον κἀκεῖ **μνησθῇς** ὅτι ὁ ἀδελφός σου ἔχει τι κατὰ σοῦ			
002			**Lk 16,25** εἶπεν δὲ Ἀβραάμ· τέκνον, **μνήσθητι** ὅτι ἀπέλαβες τὰ ἀγαθά σου ἐν τῇ ζωῇ σου, καὶ Λάζαρος ὁμοίως τὰ κακά· ...	
211	**Mt 26,75** καὶ **ἐμνήσθη** ὁ Πέτρος τοῦ ῥήματος Ἰησοῦ εἰρηκότος ὅτι πρὶν ἀλέκτορα φωνῆσαι τρὶς ἀπαρνήσῃ με· ...	**Mk 14,72** ... καὶ **ἀνεμνήσθη** ὁ Πέτρος τὸ ῥῆμα ὡς εἶπεν αὐτῷ ὁ Ἰησοῦς ὅτι πρὶν ἀλέκτορα φωνῆσαι δὶς τρίς με ἀπαρνήσῃ· ...	**Lk 22,61** καὶ στραφεὶς ὁ κύριος ἐνέβλεψεν τῷ Πέτρῳ, καὶ **ὑπεμνήσθη** ὁ Πέτρος τοῦ ῥήματος τοῦ κυρίου ὡς εἶπεν αὐτῷ ὅτι πρὶν ἀλέκτορα φωνῆσαι σήμερον ἀπαρνήσῃ με τρίς.	
002			**Lk 23,42** καὶ ἔλεγεν· Ἰησοῦ, **μνήσθητί** μου ὅταν ἔλθῃς εἰς τὴν βασιλείαν σου.	

code	Mt		Mk		Lk		
200	**Mt 27,63** → Mt 12,40	λέγοντες· κύριε, **ἐμνήσθημεν** ὅτι ἐκεῖνος ὁ πλάνος εἶπεν ἔτι ζῶν· μετὰ τρεῖς ἡμέρας ἐγείρομαι.					
112	**Mt 28,6**	οὐκ ἔστιν ὧδε, ἠγέρθη γὰρ καθὼς εἶπεν· δεῦτε ἴδετε τὸν τόπον ὅπου ἔκειτο.	**Mk 16,6**	... ἠγέρθη, οὐκ ἔστιν ὧδε· ἴδε ὁ τόπος ὅπου ἔθηκαν αὐτόν.	**Lk 24,6** → Lk 24,23	οὐκ ἔστιν ὧδε, ἀλλὰ ἠγέρθη. **μνήσθητε** ὡς ἐλάλησεν ὑμῖν ἔτι ὢν ἐν τῇ Γαλιλαίᾳ	
002					**Lk 24,8**	καὶ **ἐμνήσθησαν** τῶν ῥημάτων αὐτοῦ.	

Acts 10,31 ... Κορνήλιε, εἰσηκούσθη σου ἡ προσευχὴ καὶ αἱ ἐλεημοσύναι σου **ἐμνήσθησαν** ἐνώπιον τοῦ θεοῦ.

Acts 11,16 → Mt 3,11 → Mk 1,8 → Lk 3,16 → Acts 1,5 → Acts 19,4 **ἐμνήσθην** δὲ τοῦ ῥήματος τοῦ κυρίου ὡς ἔλεγεν· Ἰωάννης μὲν ἐβάπτισεν ὕδατι, ὑμεῖς δὲ βαπτισθήσεσθε ἐν πνεύματι ἁγίῳ.

μισέω

	Syn	Mt	Mk	Lk	Acts	Jn	1-3John	Paul	Eph	Col
	13	5	1	7		12	5	2	1	
	NT	2Thess	1/2Tim	Tit	Heb	Jas	1Pet	2Pet	Jude	Rev
	40			1	1				1	4

hate; persecute in hatred; detest; abhor

	triple tradition																		double tradition			Sondergut		
		+Mt / +Lk			–Mt / –Lk			traditions not taken over by Mt / Lk							subtotals								
code	222	211	112	212	221	122	121	022	012	021	220	120	210	020	Σ⁺	Σ⁻	Σ	202	201	102	200	002	total
Mt	1																1	1			3		**5**
Mk	1																1						**1**
Lk	1																1	1		3		2	**7**

002			**Lk 1,71**	σωτηρίαν ἐξ ἐχθρῶν ἡμῶν καὶ **ἐκ χειρὸς πάντων τῶν μισούντων** ἡμᾶς	
102	**Mt 5,11**	μακάριοί ἐστε ὅταν ὀνειδίσωσιν ὑμᾶς καὶ διώξωσιν καὶ εἴπωσιν πᾶν πονηρὸν καθ' ὑμῶν [ψευδόμενοι] ἕνεκεν ἐμοῦ.	**Lk 6,22**	μακάριοί ἐστε ὅταν **μισήσωσιν** ὑμᾶς οἱ ἄνθρωποι καὶ ὅταν ἀφορίσωσιν ὑμᾶς καὶ ὀνειδίσωσιν καὶ ἐκβάλωσιν τὸ ὄνομα ὑμῶν ὡς πονηρὸν ἕνεκα τοῦ υἱοῦ τοῦ ἀνθρώπου·	→ GTh 68 → GTh 69,1
102	**Mt 5,44**	... ἀγαπᾶτε τοὺς ἐχθροὺς ὑμῶν καὶ προσεύχεσθε ὑπὲρ τῶν διωκόντων ὑμᾶς	**Lk 6,27** ⇩ Lk 6,35	... ἀγαπᾶτε τοὺς ἐχθροὺς ὑμῶν, καλῶς ποιεῖτε **τοῖς μισοῦσιν** ὑμᾶς, [28] εὐλογεῖτε τοὺς καταρωμένους ὑμᾶς, προσεύχεσθε περὶ τῶν ἐπηρεαζόντων ὑμᾶς.	
			Lk 6,35 ⇧ Lk 6,27 ⇧ Lk 6,28 → Mt 5,42	πλὴν ἀγαπᾶτε τοὺς ἐχθροὺς ὑμῶν καὶ ἀγαθοποιεῖτε καὶ δανίζετε μηδὲν ἀπελπίζοντες· ...	→ GTh 95

	Mt		Mk		Lk		
200	**Mt 5,43**	ἠκούσατε ὅτι ἐρρέθη· *ἀγαπήσεις τὸν πλησίον σου* καὶ **μισήσεις** τὸν ἐχθρόν σου. ➤ Lev 19,18					
102	**Mt 10,37** → Mt 19,29	ὁ **φιλῶν** πατέρα ἢ μητέρα ὑπὲρ ἐμὲ οὐκ ἔστιν μου ἄξιος, καὶ ὁ φιλῶν υἱὸν ἢ θυγατέρα ὑπὲρ ἐμὲ οὐκ ἔστιν μου ἄξιος·	→ Mk 10,29		**Lk 14,26** → Lk 18,29	εἴ τις ἔρχεται πρός με καὶ **οὐ μισεῖ** τὸν πατέρα ἑαυτοῦ καὶ τὴν μητέρα καὶ τὴν γυναῖκα καὶ τὰ τέκνα καὶ τοὺς ἀδελφοὺς καὶ τὰς ἀδελφὰς ἔτι τε καὶ τὴν ψυχὴν ἑαυτοῦ, οὐ δύναται εἶναί μου μαθητής.	→ GTh 55 → GTh 101
202	**Mt 6,24**	οὐδεὶς δύναται δυσὶ κυρίοις δουλεύειν· ἢ γὰρ τὸν ἕνα **μισήσει** καὶ τὸν ἕτερον ἀγαπήσει, ἢ ἑνὸς ἀνθέξεται καὶ τοῦ ἑτέρου καταφρονήσει. ...			**Lk 16,13**	οὐδεὶς οἰκέτης δύναται δυσὶ κυρίοις δουλεύειν· ἢ γὰρ τὸν ἕνα **μισήσει** καὶ τὸν ἕτερον ἀγαπήσει, ἢ ἑνὸς ἀνθέξεται καὶ τοῦ ἑτέρου καταφρονήσει. ...	→ GTh 47,1-2
002					**Lk 19,14**	οἱ δὲ πολῖται αὐτοῦ **ἐμίσουν** αὐτὸν καὶ ἀπέστειλαν πρεσβείαν ὀπίσω αὐτοῦ λέγοντες· οὐ θέλομεν τοῦτον βασιλεῦσαι ἐφ' ἡμᾶς.	
222	**Mt 10,22** ⇩ Mt 24,9	καὶ ἔσεσθε **μισούμενοι** ὑπὸ πάντων διὰ τὸ ὄνομά μου· ...	**Mk 13,13**	καὶ ἔσεσθε **μισούμενοι** ὑπὸ πάντων διὰ τὸ ὄνομά μου. ...	**Lk 21,17**	καὶ ἔσεσθε **μισούμενοι** ὑπὸ πάντων διὰ τὸ ὄνομά μου.	
200	**Mt 24,9** ⇧ Mt 10,22 → Mt 10,17 → Mk 13,9 ↓ Mt 24,10	... καὶ ἔσεσθε **μισούμενοι** ὑπὸ πάντων τῶν ἐθνῶν διὰ τὸ ὄνομά μου.					
200	**Mt 24,10** → Mt 10,21 → Mk 13,12 → Lk 21,16 ↑ Mt 24,9	καὶ τότε σκανδαλισθήσονται πολλοὶ καὶ ἀλλήλους παραδώσουσιν καὶ **μισήσουσιν** ἀλλήλους·					

μίσθιος	Syn 2	Mt	Mk	Lk 2	Acts	Jn	1-3John	Paul	Eph	Col
	NT 2	2Thess	1/2Tim	Tit	Heb	Jas	1Pet	2Pet	Jude	Rev

day laborer; hired man

	Mt	Mk	Lk		
002			**Lk 15,17**	εἰς ἑαυτὸν δὲ ἐλθὼν ἔφη· **πόσοι μίσθιοι τοῦ πατρός μου** περισσεύονται ἄρτων, ἐγὼ δὲ λιμῷ ὧδε ἀπόλλυμαι.	
002			**Lk 15,19**	οὐκέτι εἰμὶ ἄξιος κληθῆναι υἱός σου· ποίησόν με **ὡς ἕνα τῶν μισθίων σου.**	

μισθόομαι

	Syn	Mt	Mk	Lk	Acts	Jn	1-3John	Paul	Eph	Col
	2	2								
	NT	2Thess	1/2Tim	Tit	Heb	Jas	1Pet	2Pet	Jude	Rev
	2									

hire; engage for oneself

code	Mt	Mk	Lk	
200	**Mt 20,1** ὁμοία γάρ ἐστιν ἡ βασιλεία τῶν οὐρανῶν ἀνθρώπῳ οἰκοδεσπότῃ, ὅστις ἐξῆλθεν ἅμα πρωῒ **μισθώσασθαι** ἐργάτας εἰς τὸν ἀμπελῶνα αὐτοῦ.			
200	**Mt 20,7** λέγουσιν αὐτῷ· ὅτι οὐδεὶς ἡμᾶς **ἐμισθώσατο.** λέγει αὐτοῖς· ὑπάγετε καὶ ὑμεῖς εἰς τὸν ἀμπελῶνα.			

μισθός

	Syn	Mt	Mk	Lk	Acts	Jn	1-3John	Paul	Eph	Col
	14	10	1	3	1	1	1	5		
	NT	2Thess	1/2Tim	Tit	Heb	Jas	1Pet	2Pet	Jude	Rev
	29		1			1		2	1	2

pay; wages; reward; punishment

	triple tradition																	double tradition			Sondergut		
		+Mt / +Lk			−Mt / −Lk			traditions not taken over by Mt / Lk							subtotals								
code	222	211	112	212	221	122	121	022	012	021	220	120	210	020	Σ^+	Σ^-	Σ	202	201	102	200	002	total
Mt											1						1	1	1		7		10
Mk											1						1						1
Lk																		1		2			3

code	Mt	Mk	Lk	
202	**Mt 5,12** χαίρετε καὶ ἀγαλλιᾶσθε, ὅτι **ὁ μισθὸς ὑμῶν** πολὺς ἐν τοῖς οὐρανοῖς· ...		**Lk 6,23** χάρητε ἐν ἐκείνῃ τῇ ἡμέρᾳ καὶ σκιρτήσατε, ἰδοὺ γὰρ **ὁ μισθὸς ὑμῶν** πολὺς ἐν τῷ οὐρανῷ· ...	
102	**Mt 5,45** ὅπως γένησθε υἱοὶ τοῦ πατρὸς ὑμῶν τοῦ ἐν οὐρανοῖς, ὅτι τὸν ἥλιον αὐτοῦ ἀνατέλλει ἐπὶ πονηροὺς καὶ ἀγαθοὺς καὶ βρέχει ἐπὶ δικαίους καὶ ἀδίκους.		**Lk 6,35** ... καὶ ἔσται **ὁ μισθὸς ὑμῶν** πολύς, καὶ ἔσεσθε υἱοὶ ὑψίστου, ὅτι αὐτὸς χρηστός ἐστιν ἐπὶ τοὺς ἀχαρίστους καὶ πονηρούς.	→ GTh 3 (POxy 654)
201	**Mt 5,46** ἐὰν γὰρ ἀγαπήσητε τοὺς ἀγαπῶντας ὑμᾶς, **τίνα μισθὸν** ἔχετε; οὐχὶ καὶ οἱ τελῶναι τὸ αὐτὸ ποιοῦσιν;		**Lk 6,32** καὶ εἰ ἀγαπᾶτε τοὺς ἀγαπῶντας ὑμᾶς, **ποία ὑμῖν χάρις** ἐστίν; καὶ γὰρ οἱ ἁμαρτωλοὶ τοὺς ἀγαπῶντας αὐτοὺς ἀγαπῶσιν. [33] καὶ [γὰρ] ἐὰν ἀγαθοποιῆτε τοὺς ἀγαθοποιοῦντας ὑμᾶς, ποία ὑμῖν χάρις ἐστίν; καὶ οἱ ἁμαρτωλοὶ τὸ αὐτὸ ποιοῦσιν.	

	Mt		Mk		Lk		
200	**Mt 6,1** → Mt 23,5	προσέχετε [δὲ] τὴν δικαιοσύνην ὑμῶν μὴ ποιεῖν ἔμπροσθεν τῶν ἀνθρώπων πρὸς τὸ θεα- θῆναι αὐτοῖς· εἰ δὲ μή γε, **μισθὸν** οὐκ ἔχετε παρὰ τῷ πατρὶ ὑμῶν τῷ ἐν τοῖς οὐρανοῖς.					
200	**Mt 6,2**	ὅταν οὖν ποιῇς ἐλεημο- σύνην, μὴ σαλπίσῃς ἔμπροσθέν σου, ὥσπερ οἱ ὑποκριταὶ ποιοῦσιν ἐν ταῖς συναγωγαῖς καὶ ἐν ταῖς ῥύμαις, ὅπως δοξασθῶσιν ὑπὸ τῶν ἀνθρώπων· ἀμὴν λέγω ὑμῖν, ἀπέχουσιν **τὸν μισθὸν αὐτῶν.**					→ GTh 6 (POxy 654)
200	**Mt 6,5**	καὶ ὅταν προσεύχησθε, οὐκ ἔσεσθε ὡς οἱ ὑποκριταί, ὅτι φιλοῦσιν ἐν ταῖς συναγωγαῖς καὶ ἐν ταῖς γωνίαις τῶν πλατειῶν ἑστῶτες προσ- εύχεσθαι, ὅπως φανῶσιν τοῖς ἀνθρώποις· ἀμὴν λέγω ὑμῖν, ἀπέχουσιν **τὸν μισθὸν αὐτῶν.**					→ GTh 6 (POxy 654)
200	**Mt 6,16**	ὅταν δὲ νηστεύητε, μὴ γίνεσθε ὡς οἱ ὑποκριταὶ σκυθρωποί, ἀφανίζουσιν γὰρ τὰ πρόσωπα αὐτῶν ὅπως φανῶσιν τοῖς ἀνθρώποις νηστεύοντες· ἀμὴν λέγω ὑμῖν, ἀπέχουσιν **τὸν μισθὸν αὐτῶν.**					→ GTh 6 (POxy 654) → GTh 27 (POxy 1)
200 200	**Mt 10,41** **(2)** → Mt 10,40 → Mt 18,5 → Mk 9,37 → Lk 9,48	ὁ δεχόμενος προφήτην εἰς ὄνομα προφήτου **μισθὸν προφήτου** λήμψεται, καὶ ὁ δεχόμενος δίκαιον εἰς ὄνομα δικαίου **μισθὸν δικαίου** λήμψεται.					
220	**Mt 10,42**	καὶ ὃς ἂν ποτίσῃ ἕνα τῶν μικρῶν τούτων ποτήριον ψυχροῦ μόνον εἰς ὄνομα μαθητοῦ, ἀμὴν λέγω ὑμῖν, οὐ μὴ ἀπολέσῃ **τὸν μισθὸν αὐτοῦ.**	**Mk 9,41**	ὃς γὰρ ἂν ποτίσῃ ὑμᾶς ποτήριον ὕδατος ἐν ὀνόματι ὅτι Χριστοῦ ἐστε, ἀμὴν λέγω ὑμῖν ὅτι οὐ μὴ ἀπολέσῃ **τὸν μισθὸν αὐτοῦ.**			
102	**Mt 10,10**	... ἄξιος γὰρ ὁ ἐργάτης **τῆς τροφῆς αὐτοῦ.**			**Lk 10,7**	... ἄξιος γὰρ ὁ ἐργάτης **τοῦ μισθοῦ αὐτοῦ.** ...	→ GTh 14,4
200	**Mt 20,8**	... κάλεσον τοὺς ἐργάτας καὶ ἀπόδος αὐτοῖς **τὸν μισθὸν** ἀρξάμενος ἀπὸ τῶν ἐσχάτων ἕως τῶν πρώτων.					

Acts 1,18
→ Mt 27,7

οὗτος μὲν οὖν ἐκτήσατο χωρίον
ἐκ μισθοῦ
τῆς ἀδικίας
καὶ πρηνὴς γενόμενος ἐλάκησεν
μέσος ...

μισθωτός

Syn 1	Mt	Mk 1	Lk	Acts	Jn 2	1-3John	Paul	Eph	Col
NT 3	2Thess	1/2Tim	Tit	Heb	Jas	1Pet	2Pet	Jude	Rev

hired man

code	Mt		Mk		Lk		
121	Mt 4,22	οἱ δὲ εὐθέως ἀφέντες τὸ πλοῖον καὶ τὸν πατέρα αὐτῶν ἠκολούθησαν αὐτῷ.	Mk 1,20	... καὶ ἀφέντες τὸν πατέρα αὐτῶν Ζεβεδαῖον ἐν τῷ πλοίῳ **μετὰ τῶν μισθωτῶν** ἀπῆλθον ὀπίσω αὐτοῦ.	Lk 5,11 → Mk 1,18 → Lk 5,28	καὶ καταγαγόντες τὰ πλοῖα ἐπὶ τὴν γῆν ἀφέντες πάντα ἠκολούθησαν αὐτῷ.	

μνᾶ

Syn 9	Mt	Mk	Lk 9	Acts	Jn	1-3John	Paul	Eph	Col
NT 9	2Thess	1/2Tim	Tit	Heb	Jas	1Pet	2Pet	Jude	Rev

mina; pound

	triple tradition																	double tradition			Sonder-gut		
		+Mt / +Lk			–Mt / –Lk			traditions not taken over by Mt / Lk							subtotals								
code	222	211	112	212	221	122	121	022	012	021	220	120	210	020	Σ⁺	Σ⁻	Σ	202	201	102	200	002	total
Mt																							
Mk																							
Lk																				8		1	9

code	Mt		Mk		Lk		
102	Mt 25,15	[14] ὥσπερ γὰρ ἄνθρωπος ἀποδημῶν ἐκάλεσεν τοὺς ἰδίους δούλους καὶ παρέδωκεν αὐτοῖς τὰ ὑπάρχοντα αὐτοῦ, [15] καὶ ᾧ μὲν ἔδωκεν **πέντε τάλαντα,** **ᾧ δὲ δύο, ᾧ δὲ ἕν,** ἑκάστῳ κατὰ τὴν ἰδίαν δύναμιν, καὶ ἀπεδήμησεν. ...	Mk 13,34	ὡς ἄνθρωπος ἀπόδημος ἀφεὶς τὴν οἰκίαν αὐτοῦ καὶ δοὺς τοῖς δούλοις αὐτοῦ τὴν ἐξουσίαν ἑκάστῳ **τὸ ἔργον αὐτοῦ,** καὶ τῷ θυρωρῷ ἐνετείλατο ἵνα γρηγορῇ.	Lk 19,13	[12] ἄνθρωπός τις εὐγενὴς ἐπορεύθη εἰς χώραν μακρὰν ... [13] καλέσας δὲ δέκα δούλους ἑαυτοῦ ἔδωκεν αὐτοῖς **δέκα μνᾶς** καὶ εἶπεν πρὸς αὐτούς· πραγματεύσασθε ἐν ᾧ ἔρχομαι.	Mk-Q overlap
102 102	Mt 25,20	καὶ προσελθὼν ὁ τὰ πέντε τάλαντα λαβὼν προσήνεγκεν ἄλλα πέντε τάλαντα λέγων· κύριε, **πέντε τάλαντά** μοι παρέδωκας· ἴδε **ἄλλα πέντε τάλαντα** **ἐκέρδησα.**			Lk 19,16 (2)	παρεγένετο δὲ ὁ πρῶτος λέγων· κύριε, **ἡ μνᾶ σου** **δέκα προσηργάσατο** **μνᾶς.**	
102 102	Mt 25,22	προσελθὼν [δὲ] καὶ ὁ τὰ δύο τάλαντα εἶπεν· κύριε, **δύο τάλαντά** μοι παρέδωκας· ἴδε **ἄλλα δύο τάλαντα** ἐκέρδησα.			Lk 19,18 (2)	καὶ ἦλθεν ὁ δεύτερος λέγων· **ἡ μνᾶ σου,** κύριε, ἐποίησεν **πέντε μνᾶς.**	

code	Mt		Mk		Lk		
102	Mt 25,25	[24] προσελθὼν δὲ καὶ ὁ τὸ ἓν τάλαντον εἰληφὼς εἶπεν· κύριε, ἔγνων σε ὅτι σκληρὸς εἶ ἄνθρωπος, ... [25] καὶ φοβηθεὶς ἀπελθὼν ἔκρυψα τὸ τάλαντόν σου ἐν τῇ γῇ· ἴδε ἔχεις **τὸ σόν.**			Lk 19,20	καὶ ὁ ἕτερος ἦλθεν λέγων· κύριε, ἰδοὺ **ἡ μνᾶ σου** ἣν εἶχον ἀποκειμένην ἐν σουδαρίῳ· [21] ἐφοβούμην γάρ σε, ὅτι ἄνθρωπος αὐστηρὸς εἶ, ...	
102 102	Mt 25,28	ἄρατε οὖν ἀπ' αὐτοῦ **τὸ τάλαντον** καὶ δότε τῷ ἔχοντι **τὰ δέκα τάλαντα·**			Lk 19,24 (2)	καὶ τοῖς παρεστῶσιν εἶπεν· ἄρατε ἀπ' αὐτοῦ **τὴν μνᾶν** καὶ δότε τῷ **τὰς δέκα μνᾶς** ἔχοντι	
002					Lk 19,25	καὶ εἶπαν αὐτῷ· κύριε, ἔχει **δέκα μνᾶς**	

μνῆμα	Syn 5	Mt	Mk 2	Lk 3	Acts 2	Jn	1-3John	Paul	Eph	Col
	NT 8	2Thess	1/2Tim	Tit	Heb	Jas	1Pet	2Pet	Jude	Rev 1

grave; tomb

	triple tradition																	double tradition			Sondergut		
		+Mt / +Lk			–Mt / –Lk			traditions not taken over by Mt / Lk							subtotals								
code	222	211	112	212	221	122	121	022	012	021	220	120	210	020	Σ+	Σ−	Σ	202	201	102	200	002	total
Mt						1^-										1^-							
Mk						1				1							2						**2**
Lk			2^+			1				1^-					2^+	1^-	3						**3**

code	Mt		Mk		Lk		
122	Mt 8,28	... ὑπήντησαν αὐτῷ δύο δαιμονιζόμενοι ἐκ τῶν μνημείων ἐξερχόμενοι, ...	Mk 5,3	[2] ... ὑπήντησεν αὐτῷ ἐκ τῶν μνημείων ἄνθρωπος ἐν πνεύματι ἀκαθάρτῳ, [3] ὃς τὴν κατοίκησιν εἶχεν **ἐν τοῖς μνήμασιν, ...**	Lk 8,27	... ὑπήντησεν ἀνήρ τις ἐκ τῆς πόλεως ἔχων δαιμόνια καὶ χρόνῳ ἱκανῷ οὐκ ἐνεδύσατο ἱμάτιον καὶ ἐν οἰκίᾳ οὐκ ἔμενεν ἀλλ' **ἐν τοῖς μνήμασιν.**	
021			Mk 5,5	καὶ διὰ παντὸς νυκτὸς καὶ ἡμέρας **ἐν τοῖς μνήμασιν** καὶ ἐν τοῖς ὄρεσιν ἦν κράζων καὶ κατακόπτων ἑαυτὸν λίθοις.	Lk 8,29	... ἠλαύνετο ὑπὸ τοῦ δαιμονίου εἰς τὰς ἐρήμους.	
112	Mt 27,60	καὶ ἔθηκεν αὐτὸ **ἐν τῷ καινῷ αὐτοῦ** **μνημείῳ** ὃ ἐλατόμησεν ἐν τῇ πέτρᾳ ...	Mk 15,46	... καὶ ἔθηκεν αὐτὸν **ἐν** **μνημείῳ** ὃ ἦν λελατομημένον ἐκ πέτρας ...	Lk 23,53	... καὶ ἔθηκεν αὐτὸν **ἐν** **μνήματι** λαξευτῷ οὗ οὐκ ἦν οὐδεὶς οὔπω κείμενος.	→ Jn 19,41
112	Mt 28,1 → Mk 16,1 → Lk 24,10	... τῇ ἐπιφωσκούσῃ εἰς μίαν σαββάτων ἦλθεν Μαριὰμ ἡ Μαγδαληνὴ καὶ ἡ ἄλλη Μαρία θεωρῆσαι **τὸν τάφον.**	Mk 16,2	καὶ λίαν πρωῒ τῇ μιᾷ τῶν σαββάτων ἔρχονται **ἐπὶ τὸ μνημεῖον** ἀνατείλαντος τοῦ ἡλίου.	Lk 24,1 → Lk 24,22	τῇ δὲ μιᾷ τῶν σαββάτων ὄρθρου βαθέως **ἐπὶ τὸ μνῆμα** ἦλθον φέρουσαι ἃ ἡτοίμασαν ἀρώματα.	→ Jn 20,1

Acts 2,29	ἄνδρες ἀδελφοί, ἐξὸν εἰπεῖν μετὰ παρρησίας πρὸς ὑμᾶς περὶ τοῦ πατριάρχου Δαυὶδ ὅτι καὶ ἐτελεύτησεν καὶ ἐτάφη, καὶ **τὸ μνῆμα αὐτοῦ** ἔστιν ἐν ἡμῖν ἄχρι τῆς ἡμέρας ταύτης.	**Acts 7,16**	καὶ μετετέθησαν εἰς Συχὲμ καὶ ἐτέθησαν **ἐν τῷ μνήματι** ᾧ ὠνήσατο Ἀβραὰμ τιμῆς ἀργυρίου παρὰ τῶν υἱῶν Ἑμμὼρ ἐν Συχέμ.

μνημεῖον	Syn 23	Mt 7	Mk 8	Lk 8	Acts 1	Jn 16	1-3John	Paul	Eph	Col
	NT 40	2Thess	1/2Tim	Tit	Heb	Jas	1Pet	2Pet	Jude	Rev

monument; memorial; grave; tomb

	triple tradition																double tradition			Sondergut		
		+Mt / +Lk			–Mt / –Lk			traditions not taken over by Mt / Lk							subtotals							
code	222	211	112	212	221	122	121	022	012	021	220	120	210	020	Σ^+	Σ^-	Σ	202	201	102	200	002	total
Mt	1				3		1^-					1^-				2^-	4	1			2		**7**
Mk	1				3		1			1		1		1			8						**8**
Lk	1		1^+		3^-		1^-		1^+	1^-					2^+	5^-	3	1		1		3	**8**

code	Mt		Mk		Lk		
221	**Mt 8,28**	... ὑπήντησαν αὐτῷ δύο δαιμονιζόμενοι **ἐκ τῶν μνημείων** ἐξερχόμενοι, ...	**Mk 5,2**	... εὐθὺς ὑπήντησεν αὐτῷ **ἐκ τῶν μνημείων** ἄνθρωπος ἐν πνεύματι ἀκαθάρτῳ, [3] ὃς τὴν κατοίκησιν εἶχεν ἐν τοῖς μνήμασιν	**Lk 8,27**	... ὑπήντησεν ἀνήρ τις **ἐκ τῆς πόλεως** ἔχων δαιμόνια καὶ χρόνῳ ἱκανῷ οὐκ ἐνεδύσατο ἱμάτιον καὶ ἐν οἰκίᾳ οὐκ ἔμενεν ἀλλ' ἐν τοῖς μνήμασιν.	
120	**Mt 14,12**	καὶ προσελθόντες οἱ μαθηταὶ αὐτοῦ ἦραν τὸ πτῶμα καὶ **ἔθαψαν αὐτό[ν]** ...	**Mk 6,29**	καὶ ἀκούσαντες οἱ μαθηταὶ αὐτοῦ ἦλθον καὶ ἦραν τὸ πτῶμα αὐτοῦ καὶ **ἔθηκαν αὐτὸ** **ἐν μνημείῳ.**			
102	**Mt 23,27**	οὐαὶ ὑμῖν, γραμματεῖς καὶ Φαρισαῖοι ὑποκριταί, ὅτι παρομοιάζετε **τάφοις** **κεκονιαμένοις,** οἵτινες ἔξωθεν μὲν φαίνονται ὡραῖοι, ἔσωθεν δὲ γέμουσιν ὀστέων νεκρῶν καὶ πάσης ἀκαθαρσίας.			**Lk 11,44**	οὐαὶ ὑμῖν, ὅτι ἐστὲ **ὡς τὰ μνημεῖα** **τὰ ἄδηλα,** καὶ οἱ ἄνθρωποι [οἱ] περιπατοῦντες ἐπάνω οὐκ οἴδασιν.	
202	**Mt 23,29**	οὐαὶ ὑμῖν, γραμματεῖς καὶ Φαρισαῖοι ὑποκριταί, ὅτι οἰκοδομεῖτε τοὺς τάφους τῶν προφητῶν καὶ κοσμεῖτε **τὰ μνημεῖα** **τῶν δικαίων,** [30] καὶ λέγετε· εἰ ἤμεθα ἐν ταῖς ἡμέραις τῶν πατέρων ἡμῶν, οὐκ ἂν ἤμεθα αὐτῶν κοινωνοὶ ἐν τῷ αἵματι τῶν προφητῶν.			**Lk 11,47**	οὐαὶ ὑμῖν, ὅτι οἰκοδομεῖτε **τὰ μνημεῖα** **τῶν προφητῶν,** οἱ δὲ πατέρες ὑμῶν ἀπέκτειναν αὐτούς.	

200	**Mt 27,52**	καὶ τὰ μνημεῖα ἀνεῴχθησαν καὶ πολλὰ σώματα τῶν κεκοιμημένων ἁγίων ἠγέρθησαν,					
200	**Mt 27,53**	καὶ ἐξελθόντες ἐκ τῶν μνημείων μετὰ τὴν ἔγερσιν αὐτοῦ εἰσῆλθον εἰς τὴν ἁγίαν πόλιν καὶ ἐνεφανίσθησαν πολλοῖς.					
221 221	**Mt 27,60** (2)	καὶ ἔθηκεν αὐτὸ ἐν τῷ καινῷ αὐτοῦ μνημείῳ ὃ ἐλατόμησεν ἐν τῇ πέτρᾳ καὶ προσκυλίσας λίθον μέγαν τῇ θύρᾳ τοῦ μνημείου ἀπῆλθεν.	**Mk 15,46** (2)	... καὶ ἔθηκεν αὐτὸν ἐν μνημείῳ ὃ ἦν λελατομημένον ἐκ πέτρας καὶ προσεκύλισεν λίθον ἐπὶ τὴν θύραν τοῦ μνημείου.	**Lk 23,53**	... καὶ ἔθηκεν αὐτὸν ἐν μνήματι λαξευτῷ οὗ οὐκ ἦν οὐδεὶς οὔπω κείμενος.	→ Jn 19,41
112	**Mt 27,61** → Mt 27,55-56 ↓ Mt 28,1 → Lk 24,10	ἦν δὲ ἐκεῖ Μαριὰμ ἡ Μαγδαληνὴ καὶ ἡ ἄλλη Μαρία καθήμεναι ἀπέναντι τοῦ τάφου.	**Mk 15,47** → Mk 15,40-41 → Mk 16,1 → Lk 24,10	ἡ δὲ Μαρία ἡ Μαγδαληνὴ καὶ Μαρία ἡ Ἰωσῆτος ἐθεώρουν ποῦ τέθειται.	**Lk 23,55** → Lk 8,2-3 → Lk 23,49	κατακολουθήσασαι δὲ αἱ γυναῖκες, αἵτινες ἦσαν συνεληλυθυῖαι ἐκ τῆς Γαλιλαίας αὐτῷ, ἐθεάσαντο τὸ μνημεῖον καὶ ὡς ἐτέθη τὸ σῶμα αὐτοῦ	
121	**Mt 28,1** → Mk 16,1 → Lk 24,10	... τῇ ἐπιφωσκούσῃ εἰς μίαν σαββάτων ἦλθεν Μαριὰμ ἡ Μαγδαληνὴ καὶ ἡ ἄλλη Μαρία θεωρῆσαι τὸν τάφον.	**Mk 16,2**	καὶ λίαν πρωῒ τῇ μιᾷ τῶν σαββάτων ἔρχονται ἐπὶ τὸ μνημεῖον ἀνατείλαντος τοῦ ἡλίου.	**Lk 24,1** ↓ Lk 24,22	τῇ δὲ μιᾷ τῶν σαββάτων ὄρθρου βαθέως ἐπὶ τὸ μνῆμα ἦλθον φέρουσαι ἃ ἡτοίμασαν ἀρώματα.	→ Jn 20,1
020			**Mk 16,3**	καὶ ἔλεγον πρὸς ἑαυτάς· τίς ἀποκυλίσει ἡμῖν τὸν λίθον ἐκ τῆς θύρας τοῦ μνημείου;			
012	**Mt 28,2**	καὶ ἰδοὺ σεισμὸς ἐγένετο μέγας· ἄγγελος γὰρ κυρίου καταβὰς ἐξ οὐρανοῦ καὶ προσελθὼν ἀπεκύλισεν τὸν λίθον	**Mk 16,4**	καὶ ἀναβλέψασαι θεωροῦσιν ὅτι ἀποκεκύλισται ὁ λίθος· ἦν γὰρ μέγας σφόδρα.	**Lk 24,2**	εὗρον δὲ τὸν λίθον ἀποκεκυλισμένον ἀπὸ τοῦ μνημείου,	→ Jn 20,1
021		καὶ ἐκάθητο ἐπάνω αὐτοῦ. [3] ἦν δὲ ἡ εἰδέα αὐτοῦ ὡς ἀστραπὴ καὶ τὸ ἔνδυμα αὐτοῦ λευκὸν ὡς χιών.	**Mk 16,5**	καὶ εἰσελθοῦσαι εἰς τὸ μνημεῖον εἶδον νεανίσκον καθήμενον ἐν τοῖς δεξιοῖς περιβεβλημένον στολὴν λευκήν, ...	**Lk 24,3** → Lk 24,23	εἰσελθοῦσαι δὲ οὐχ εὗρον τὸ σῶμα τοῦ κυρίου Ἰησοῦ. [4] καὶ ἐγένετο ἐν τῷ ἀπορεῖσθαι αὐτὰς περὶ τούτου καὶ ἰδοὺ ἄνδρες δύο ἐπέστησαν αὐταῖς ἐν ἐσθῆτι ἀστραπτούσῃ.	→ Jn 20,11

222	Mt 28,8	καὶ ἀπελθοῦσαι ταχὺ ἀπὸ τοῦ μνημείου μετὰ φόβου καὶ χαρᾶς μεγάλης ἔδραμον ἀπαγγεῖλαι τοῖς μαθηταῖς αὐτοῦ.	Mk 16,8	καὶ ἐξελθοῦσαι ἔφυγον ἀπὸ τοῦ μνημείου, εἶχεν γὰρ αὐτὰς τρόμος καὶ ἔκστασις· καὶ οὐδενὶ οὐδὲν εἶπαν· ἐφοβοῦντο γάρ.	Lk 24,9	καὶ ὑποστρέψασαι ἀπὸ τοῦ μνημείου ἀπήγγειλαν ταῦτα πάντα τοῖς ἕνδεκα καὶ πᾶσιν τοῖς λοιποῖς.	→ Jn 20,2 → Jn 20,18
002					Lk 24,12 ↓ Lk 24,24	ὁ δὲ Πέτρος ἀναστὰς ἔδραμεν ἐπὶ τὸ μνημεῖον καὶ παρακύψας βλέπει τὰ ὀθόνια μόνα, ...	→ Jn 20,3 → Jn 20,6
002					Lk 24,22 ↑ Mt 28,1 ↑ Mk 16,2 ↑ Lk 24,1	ἀλλὰ καὶ γυναῖκές τινες ἐξ ἡμῶν ἐξέστησαν ἡμᾶς, γενόμεναι ὀρθριναὶ ἐπὶ τὸ μνημεῖον	→ Jn 20,1
002					Lk 24,24 ↑ Lk 24,12	καὶ ἀπῆλθόν τινες τῶν σὺν ἡμῖν ἐπὶ τὸ μνημεῖον, καὶ εὗρον οὕτως καθὼς καὶ αἱ γυναῖκες εἶπον, αὐτὸν δὲ οὐκ εἶδον.	

Acts 13,29 ὡς δὲ ἐτέλεσαν πάντα τὰ περὶ αὐτοῦ γεγραμμένα, καθελόντες ἀπὸ τοῦ ξύλου ἔθηκαν εἰς μνημεῖον.

μνημονεύω	Syn	Mt	Mk	Lk	Acts	Jn	1-3John	Paul	Eph	Col
	3	1	1	1	2	3		3	1	1
	NT	2Thess	1/2Tim	Tit	Heb	Jas	1Pet	2Pet	Jude	Rev
	21	1	1		3					3

remember; keep in mind; think of; mention

	Mt		Mk		Lk		
220	Mt 16,9	οὔπω νοεῖτε, οὐδὲ μνημονεύετε τοὺς πέντε ἄρτους τῶν πεντακισχιλίων καὶ πόσους κοφίνους ἐλάβετε;	Mk 8,18	[17] ... οὔπω νοεῖτε οὐδὲ συνίετε; πεπωρωμένην ἔχετε τὴν καρδίαν ὑμῶν; [18] *ὀφθαλμοὺς ἔχοντες οὐ βλέπετε καὶ ὦτα ἔχοντες οὐκ ἀκούετε;* καὶ οὐ μνημονεύετε, [19] ὅτε τοὺς πέντε ἄρτους ἔκλασα εἰς τοὺς πεντακισχιλίους, πόσους κοφίνους κλασμάτων πλήρεις ἤρατε; ➤ Jer 5,21			
002					Lk 17,32	μνημονεύετε τῆς γυναικὸς Λώτ.	

Acts 20,31 διὸ γρηγορεῖτε μνημονεύοντες ὅτι τριετίαν νύκτα καὶ ἡμέραν οὐκ ἐπαυσάμην μετὰ δακρύων νουθετῶν ἕνα ἕκαστον.

Acts 20,35 πάντα ὑπέδειξα ὑμῖν ὅτι οὕτως κοπιῶντας δεῖ ἀντιλαμβάνεσθαι τῶν ἀσθενούντων, μνημονεύειν τε τῶν λόγων τοῦ κυρίου Ἰησοῦ ὅτι αὐτὸς εἶπεν· μακάριόν ἐστιν μᾶλλον διδόναι ἢ λαμβάνειν.

μνημόσυνον

μνημόσυνον	Syn 2	Mt 1	Mk 1	Lk	Acts 1	Jn	1-3John	Paul	Eph	Col
	NT 3	2Thess	1/2Tim	Tit	Heb	Jas	1Pet	2Pet	Jude	Rev

memory; memorial-offering

	Mt	Mk	Lk	
220	**Mt 26,13** ... ὅπου ἐὰν κηρυχθῇ τὸ εὐαγγέλιον τοῦτο ἐν ὅλῳ τῷ κόσμῳ, λαληθήσεται καὶ ὃ ἐποίησεν αὕτη **εἰς μνημόσυνον αὐτῆς.**	**Mk 14,9** ... ὅπου ἐὰν κηρυχθῇ τὸ εὐαγγέλιον εἰς ὅλον τὸν κόσμον, καὶ ὃ ἐποίησεν αὕτη λαληθήσεται **εἰς μνημόσυνον αὐτῆς.**		

Acts 10,4 → Lk 1,13 ... αἱ προσευχαί σου καὶ αἱ ἐλεημοσύναι σου ἀνέβησαν **εἰς μνημόσυνον** ἔμπροσθεν τοῦ θεοῦ.

μνηστεύομαι

μνηστεύομαι	Syn 3	Mt 1	Mk	Lk 2	Acts	Jn	1-3John	Paul	Eph	Col
	NT 3	2Thess	1/2Tim	Tit	Heb	Jas	1Pet	2Pet	Jude	Rev

be betrothed; become engaged

	Mt	Mk	Lk	
002			**Lk 1,27** ↓ Mt 1,18 → Mt 1,20 [26] ... ἀπεστάλη ὁ ἄγγελος Γαβριὴλ ... **[27] πρὸς παρθένον ἐμνηστευμένην** ἀνδρὶ ᾧ ὄνομα Ἰωσὴφ ἐξ οἴκου Δαυὶδ καὶ τὸ ὄνομα τῆς παρθένου Μαριάμ.	
200	**Mt 1,18** ↑ Lk 1,27 → Lk 1,35 τοῦ δὲ Ἰησοῦ Χριστοῦ ἡ γένεσις οὕτως ἦν. **μνηστευθείσης** τῆς μητρὸς αὐτοῦ Μαρίας τῷ Ἰωσήφ, πρὶν ἢ συνελθεῖν αὐτοὺς εὑρέθη ἐν γαστρὶ ἔχουσα ἐκ πνεύματος ἁγίου.			
002			**Lk 2,5** ἀπογράψασθαι **σὺν Μαριὰμ τῇ ἐμνηστευμένῃ** αὐτῷ, οὔσῃ ἐγκύῳ.	

μογιλάλος

μογιλάλος	Syn 1	Mt	Mk 1	Lk	Acts	Jn	1-3John	Paul	Eph	Col
	NT 1	2Thess	1/2Tim	Tit	Heb	Jas	1Pet	2Pet	Jude	Rev

speaking with difficulty; having an impediment in one's speech

	Mt	Mk	Lk	
120	**Mt 15,30** → Mt 4,24b → Mt 8,16 καὶ προσῆλθον αὐτῷ ὄχλοι πολλοὶ ἔχοντες μεθ' ἑαυτῶν χωλούς, τυφλούς, κυλλούς, κωφούς, καὶ ἑτέρους πολλοὺς καὶ ἔρριψαν αὐτοὺς παρὰ τοὺς πόδας αὐτοῦ, ...	**Mk 7,32** → Mk 1,32 καὶ φέρουσιν αὐτῷ κωφὸν καὶ **μογιλάλον** καὶ παρακαλοῦσιν αὐτὸν ἵνα ἐπιθῇ αὐτῷ τὴν χεῖρα.		

μόγις	Syn 1	Mt	Mk	Lk 1	Acts	Jn	1-3John	Paul	Eph	Col
	NT 1	2Thess	1/2Tim	Tit	Heb	Jas	1Pet	2Pet	Jude	Rev

scarcely; with difficulty

	Mt		Mk		Lk		
112	Mt 17,15	... σεληνιάζεται καὶ κακῶς πάσχει· ...	Mk 9,18	[17] ... ἔχοντα πνεῦμα ἄλαλον· [18] καὶ ὅπου ἐὰν αὐτὸν καταλάβῃ ῥήσσει αὐτόν, καὶ ἀφρίζει καὶ τρίζει τοὺς ὀδόντας καὶ ξηραίνεται· ...	Lk 9,39	καὶ ἰδοὺ πνεῦμα λαμβάνει αὐτὸν καὶ ἐξαίφνης κράζει καὶ σπαράσσει αὐτὸν μετὰ ἀφροῦ καὶ **μόγις** ἀποχωρεῖ ἀπ' αὐτοῦ συντρῖβον αὐτόν·	

μόδιος	Syn 3	Mt 1	Mk 1	Lk 1	Acts	Jn	1-3John	Paul	Eph	Col
	NT 3	2Thess	1/2Tim	Tit	Heb	Jas	1Pet	2Pet	Jude	Rev

peck-measure; bushel; basket

	Mt		Mk		Lk		
021	Mt 5,15	οὐδὲ καίουσιν λύχνον καὶ τιθέασιν αὐτὸν ὑπὸ τὸν μόδιον ἀλλ' ἐπὶ τὴν λυχνίαν, καὶ λάμπει πᾶσιν τοῖς ἐν τῇ οἰκίᾳ.	Mk 4,21	... μήτι ἔρχεται ὁ λύχνος ἵνα **ὑπὸ τὸν μόδιον** τεθῇ ἢ ὑπὸ τὴν κλίνην; οὐχ ἵνα ἐπὶ τὴν λυχνίαν τεθῇ;	Lk 8,16 ⇩ Lk 11,33	οὐδεὶς δὲ λύχνον ἅψας καλύπτει αὐτὸν **σκεύει** ἢ ὑποκάτω κλίνης τίθησιν, ἀλλ' ἐπὶ λυχνίας τίθησιν, ἵνα οἱ εἰσπορευόμενοι βλέπωσιν τὸ φῶς.	→ GTh 33,2-3 Mk-Q overlap
202	Mt 5,15	οὐδὲ καίουσιν λύχνον καὶ τιθέασιν αὐτὸν **ὑπὸ τὸν μόδιον** ἀλλ' ἐπὶ τὴν λυχνίαν, καὶ λάμπει πᾶσιν τοῖς ἐν τῇ οἰκίᾳ.	Mk 4,21	... μήτι ἔρχεται ὁ λύχνος ἵνα ὑπὸ τὸν μόδιον τεθῇ ἢ ὑπὸ τὴν κλίνην; οὐχ ἵνα ἐπὶ τὴν λυχνίαν τεθῇ;	Lk 11,33 ⇧ Lk 8,16	οὐδεὶς λύχνον ἅψας εἰς κρύπτην τίθησιν [οὐδὲ **ὑπὸ τὸν μόδιον]** ἀλλ' ἐπὶ τὴν λυχνίαν, ἵνα οἱ εἰσπορευόμενοι τὸ φῶς βλέπωσιν.	→ GTh 33,2-3 Mk-Q overlap

μοι → ἐγώ

μοιχαλίς	Syn 3	Mt 2	Mk 1	Lk	Acts	Jn	1-3John	Paul 2	Eph	Col
	NT 7	2Thess	1/2Tim	Tit	Heb	Jas 1	1Pet	2Pet 1	Jude	Rev

adulteress; adulterous

	Mt		Mk		Lk		
201	Mt 12,39 ⇩ Mt 16,4	ὁ δὲ ἀποκριθεὶς εἶπεν αὐτοῖς· **γενεὰ πονηρὰ καὶ μοιχαλὶς** σημεῖον ἐπιζητεῖ, καὶ σημεῖον οὐ δοθήσεται αὐτῇ εἰ μὴ τὸ σημεῖον Ἰωνᾶ τοῦ προφήτου.	Mk 8,12	καὶ ἀναστενάξας τῷ πνεύματι αὐτοῦ λέγει· τί ἡ γενεὰ αὕτη ζητεῖ σημεῖον; ἀμὴν λέγω ὑμῖν, εἰ δοθήσεται τῇ γενεᾷ ταύτῃ σημεῖον.	Lk 11,29	τῶν δὲ ὄχλων ἐπαθροιζομένων ἤρξατο λέγειν· **ἡ γενεὰ αὕτη γενεὰ πονηρά ἐστιν·** σημεῖον ζητεῖ, καὶ σημεῖον οὐ δοθήσεται αὐτῇ εἰ μὴ τὸ σημεῖον Ἰωνᾶ.	
210	Mt 16,4 ⇧ Mt 12,39	**γενεὰ πονηρὰ καὶ μοιχαλὶς** σημεῖον ἐπιζητεῖ, καὶ σημεῖον οὐ δοθήσεται αὐτῇ εἰ μὴ τὸ σημεῖον Ἰωνᾶ. ...	Mk 8,12	... τί **ἡ γενεὰ αὕτη** ζητεῖ σημεῖον; ἀμὴν λέγω ὑμῖν, εἰ δοθήσεται τῇ γενεᾷ ταύτῃ σημεῖον.	Lk 11,29	... ἡ γενεὰ αὕτη γενεὰ πονηρά ἐστιν· σημεῖον ζητεῖ, καὶ σημεῖον οὐ δοθήσεται αὐτῇ εἰ μὴ τὸ σημεῖον Ἰωνᾶ.	Mk-Q overlap

121	**Mt 16,27** ↓ Mt 10,33 → Mt 24,30 → Mt 25,31	μέλλει γὰρ ὁ υἱὸς τοῦ ἀνθρώπου ἔρχεσθαι ἐν τῇ δόξῃ τοῦ πατρὸς αὐτοῦ μετὰ τῶν ἀγγέλων αὐτοῦ, καὶ τότε *ἀποδώσει ἑκάστῳ κατὰ τὴν πρᾶξιν αὐτοῦ.* ➤ Ps 62,13/Prov 24,12/Sir 35,22 LXX	**Mk 8,38** → Mk 13,26	ὃς γὰρ ἐὰν ἐπαισχυνθῇ με καὶ τοὺς ἐμοὺς λόγους **ἐν τῇ γενεᾷ ταύτῃ τῇ μοιχαλίδι καὶ ἁμαρτωλῷ,** καὶ ὁ υἱὸς τοῦ ἀνθρώπου ἐπαισχυνθήσεται αὐτόν, ὅταν ἔλθῃ ἐν τῇ δόξῃ τοῦ πατρὸς αὐτοῦ μετὰ τῶν ἀγγέλων τῶν ἁγίων.	**Lk 9,26** ⇩ Lk 12,9 → Lk 21,27	ὃς γὰρ ἂν ἐπαισχυνθῇ με καὶ τοὺς ἐμοὺς λόγους, τοῦτον ὁ υἱὸς τοῦ ἀνθρώπου ἐπαισχυνθήσεται, ὅταν ἔλθῃ ἐν τῇ δόξῃ αὐτοῦ καὶ τοῦ πατρὸς καὶ τῶν ἁγίων ἀγγέλων.	Mk-Q overlap
	Mt 10,33 ↑ Mt 16,27	ὅστις δ' ἂν ἀρνήσηταί με **ἔμπροσθεν τῶν ἀνθρώπων,** ἀρνήσομαι κἀγὼ αὐτὸν ἔμπροσθεν τοῦ πατρός μου τοῦ ἐν [τοῖς] οὐρανοῖς.			**Lk 12,9** ⇧ Lk 9,26	ὁ δὲ ἀρνησάμενός με **ἐνώπιον τῶν ἀνθρώπων** ἀπαρνηθήσεται ἐνώπιον τῶν ἀγγέλων τοῦ θεοῦ.	

μοιχάομαι

	Syn	Mt	Mk	Lk	Acts	Jn	1-3John	Paul	Eph	Col
	4	2	2							
	NT	2Thess	1/2Tim	Tit	Heb	Jas	1Pet	2Pet	Jude	Rev
	4									

be caused to commit adultery; be an adulterer, adulteress; commit adultery

201	**Mt 5,32** ⇩ Mt 19,9	... πᾶς ὁ ἀπολύων τὴν γυναῖκα αὐτοῦ παρεκτὸς λόγου πορνείας ποιεῖ αὐτὴν μοιχευθῆναι, καὶ ὃς ἐὰν ἀπολελυμένην γαμήσῃ, **μοιχᾶται.**	Mk 10,11 ↓ Mk 10,12	... ὃς ἂν ἀπολύσῃ τὴν γυναῖκα αὐτοῦ καὶ γαμήσῃ ἄλλην μοιχᾶται ἐπ' αὐτήν·	**Lk 16,18**	πᾶς ὁ ἀπολύων τὴν γυναῖκα αὐτοῦ καὶ γαμῶν ἑτέραν μοιχεύει, καὶ ὁ ἀπολελυμένην ἀπὸ ἀνδρὸς γαμῶν **μοιχεύει.**	→ 1Cor 7,10-11 Mk-Q overlap
220	**Mt 19,9** ⇧ Mt 5,32	... ὃς ἂν ἀπολύσῃ τὴν γυναῖκα αὐτοῦ μὴ ἐπὶ πορνείᾳ καὶ γαμήσῃ ἄλλην **μοιχᾶται.**	**Mk 10,11** ↓ Mk 10,12	... ὃς ἂν ἀπολύσῃ τὴν γυναῖκα αὐτοῦ καὶ γαμήσῃ ἄλλην **μοιχᾶται** ἐπ' αὐτήν·	Lk 16,18	πᾶς ὁ ἀπολύων τὴν γυναῖκα αὐτοῦ καὶ γαμῶν ἑτέραν **μοιχεύει,** καὶ ὁ ἀπολελυμένην ἀπὸ ἀνδρὸς γαμῶν μοιχεύει.	→ 1Cor 7,10-11 Mk-Q overlap
020			**Mk 10,12** ↑ Mt 5,32 ↑ Mt 19,9 ↑ Lk 16,18 ↑ Mk 10,11	καὶ ἐὰν αὐτὴ ἀπολύσασα τὸν ἄνδρα αὐτῆς γαμήσῃ ἄλλον **μοιχᾶται.**			

μοιχεία

	Syn	Mt	Mk	Lk	Acts	Jn	1-3John	Paul	Eph	Col
	2	1	1							
	NT	2Thess	1/2Tim	Tit	Heb	Jas	1Pet	2Pet	Jude	Rev
	2									

adultery

220	**Mt 15,19**	ἐκ γὰρ τῆς καρδίας ἐξέρχονται διαλογισμοὶ πονηροί, φόνοι, **μοιχεῖαι,** πορνεῖαι, κλοπαί, ψευδομαρτυρίαι, βλασφημίαι.	**Mk 7,22**	[21] ἔσωθεν γὰρ ἐκ τῆς καρδίας τῶν ἀνθρώπων οἱ διαλογισμοὶ οἱ κακοὶ ἐκπορεύονται, πορνεῖαι, κλοπαί, φόνοι, [22] **μοιχεῖαι,** πλεονεξίαι, πονηρίαι, δόλος, ἀσέλγεια, ὀφθαλμὸς πονηρός, βλασφημία, ὑπερηφανία, ἀφροσύνη·			→ GTh 14,5

μοιχεύω

μοιχεύω	Syn 8	Mt 4	Mk 1	Lk 3	Acts	Jn	1-3John	Paul 3	Eph	Col
	NT 14	2Thess	1/2Tim	Tit	Heb	Jas 2	1Pet	2Pet	Jude	Rev 1

commit adultery

	triple tradition																	double tradition			Sondergut		
		+Mt / +Lk			–Mt / –Lk			traditions not taken over by Mt / Lk							subtotals								
code	222	211	112	212	221	122	121	022	012	021	220	120	210	020	Σ⁺	Σ⁻	Σ	202	201	102	200	002	total
Mt	1																1	1			2		4
Mk	1																1						1
Lk	1																1	1		1			3

code	Mt	Mk	Lk	
200	**Mt 5,27** ἠκούσατε ὅτι ἐρρέθη· *οὐ μοιχεύσεις.* ➤ Exod 20,14/Deut 5,18			
200	**Mt 5,28** ἐγὼ δὲ λέγω ὑμῖν ὅτι πᾶς ὁ βλέπων γυναῖκα πρὸς τὸ ἐπιθυμῆσαι αὐτὴν ἤδη **ἐμοίχευσεν** αὐτὴν ἐν τῇ καρδίᾳ αὐτοῦ.			
202 / 102	**Mt 5,32** ⇩ Mt 19,9 ... πᾶς ὁ ἀπολύων τὴν γυναῖκα αὐτοῦ παρεκτὸς λόγου πορνείας **ποιεῖ αὐτὴν μοιχευθῆναι,** καὶ ὃς ἐὰν ἀπολελυμένην γαμήσῃ, **μοιχᾶται.**		**Lk 16,18 (2)** πᾶς ὁ ἀπολύων τὴν γυναῖκα αὐτοῦ καὶ γαμῶν ἑτέραν **μοιχεύει,** καὶ ὁ ἀπολελυμένην ἀπὸ ἀνδρὸς γαμῶν **μοιχεύει.**	→ 1Cor 7,10-11 Mk-Q overlap
	Mt 19,9 ⇧ Mt 5,32 ... ὃς ἂν ἀπολύσῃ τὴν γυναῖκα αὐτοῦ μὴ ἐπὶ πορνείᾳ καὶ γαμήσῃ ἄλλην **μοιχᾶται.**	**Mk 10,11** → Mk 10,12 ... ὃς ἂν ἀπολύσῃ τὴν γυναῖκα αὐτοῦ καὶ γαμήσῃ ἄλλην **μοιχᾶται** ἐπ' αὐτήν·		
222	**Mt 19,18** ... τὸ *οὐ φονεύσεις,* ***οὐ μοιχεύσεις,*** *οὐ κλέψεις, οὐ ψευδομαρτυρήσεις,* [19] *τίμα τὸν πατέρα καὶ τὴν μητέρα, ...* ➤ Exod 20,12-16/Deut 5,16-20	**Mk 10,19** τὰς ἐντολὰς οἶδας· *μὴ φονεύσῃς,* ***μὴ μοιχεύσῃς,*** *μὴ κλέψῃς, μὴ ψευδομαρτυρήσῃς, μὴ ἀποστερήσῃς, τίμα τὸν πατέρα σου καὶ τὴν μητέρα.* ➤ Exod 20,12-16/Deut 5,16-20; Sir 4,1 LXX	**Lk 18,20** τὰς ἐντολὰς οἶδας· ***μὴ μοιχεύσῃς,*** *μὴ φονεύσῃς, μὴ κλέψῃς, μὴ ψευδομαρτυρήσῃς, τίμα τὸν πατέρα σου καὶ τὴν μητέρα.* ➤ Exod 20,12-16/Deut 5,16-20 LXX	

μοιχός

μοιχός	Syn 1	Mt	Mk	Lk 1	Acts	Jn	1-3John	Paul 1	Eph	Col
	NT 3	2Thess	1/2Tim	Tit	Heb 1	Jas	1Pet	2Pet	Jude	Rev

adulterer

code	Mt	Mk	Lk	
002			**Lk 18,11** ... ὁ θεός, εὐχαριστῶ σοι ὅτι οὐκ εἰμὶ ὥσπερ οἱ λοιποὶ τῶν ἀνθρώπων, ἅρπαγες, ἄδικοι, **μοιχοί,** ἢ καὶ ὡς οὗτος ὁ τελώνης·	

μονογενής

Syn 3	Mt	Mk	Lk 3	Acts	Jn 4	1-3John 1	Paul	Eph	Col
NT 9	2Thess	1/2Tim	Tit	Heb 1	Jas	1Pet	2Pet	Jude	Rev

unique (in kind); only

002					**Lk 7,12**	ὡς δὲ ἤγγισεν τῇ πύλῃ τῆς πόλεως, καὶ ἰδοὺ ἐξεκομίζετο **τεθνηκὼς μονογενὴς υἱὸς** τῇ μητρὶ αὐτοῦ καὶ αὐτὴ ἦν χήρα, ...	
112	**Mt 9,18**	... λέγων ὅτι **ἡ θυγάτηρ μου** ἄρτι ἐτελεύτησεν· ἀλλὰ ἐλθὼν ἐπίθες τὴν χεῖρά σου ἐπ' αὐτήν, καὶ ζήσεται.	**Mk 5,23**	καὶ παρακαλεῖ αὐτὸν πολλὰ λέγων ὅτι **τὸ θυγάτριόν μου** ἐσχάτως ἔχει, ἵνα ἐλθὼν ἐπιθῇς τὰς χεῖρας αὐτῇ ἵνα σωθῇ καὶ ζήσῃ.	**Lk 8,42** → Mk 5,42	... παρεκάλει αὐτὸν εἰσελθεῖν εἰς τὸν οἶκον αὐτοῦ, [42] ὅτι **θυγάτηρ μονογενὴς** ἦν αὐτῷ ὡς ἐτῶν δώδεκα καὶ αὐτὴ ἀπέθνῃσκεν. ...	
112	**Mt 17,15**	καὶ λέγων· κύριε, ἐλέησόν μου τὸν υἱόν, ὅτι σεληνιάζεται καὶ κακῶς πάσχει· ...	**Mk 9,17**	... διδάσκαλε, ἤνεγκα τὸν υἱόν μου πρὸς σέ, ἔχοντα πνεῦμα ἄλαλον· [18] καὶ ὅπου ἐὰν αὐτὸν καταλάβῃ ...	**Lk 9,38**	... διδάσκαλε, δέομαί σου ἐπιβλέψαι ἐπὶ τὸν υἱόν μου, ὅτι **μονογενής** μοί ἐστιν, [39] καὶ ἰδοὺ πνεῦμα λαμβάνει αὐτὸν ...	

μόνον

Syn 10	Mt 7	Mk 2	Lk 1	Acts 8	Jn 5	1-3John 2	Paul 31	Eph 1	Col
NT 66	2Thess 1	1/2Tim 3	Tit	Heb 2	Jas 2	1Pet 1	2Pet	Jude	Rev

only; alone

	triple tradition																	double tradition			Sondergut		
		+Mt / +Lk			–Mt / –Lk			traditions not taken over by Mt / Lk							subtotals								
code	222	211	112	212	221	122	121	022	012	021	220	120	210	020	Σ+	Σ−	Σ	202	201	102	200	002	total
Mt							1^-						5^+		5^+	1^-	5		2				7
Mk							1	1									2						2
Lk							1^-	1								1^-	1						1

[a] οὐ μόνον (δὲ) ... ἀλλά see also μόνος a

[b] εἰ μὴ (...) μόνον see also μόνος b

201	**Mt 5,47**	καὶ ἐὰν ἀσπάσησθε τοὺς ἀδελφοὺς ὑμῶν **μόνον,** τί περισσὸν ποιεῖτε; οὐχὶ καὶ οἱ ἐθνικοὶ τὸ αὐτὸ ποιοῦσιν;			**Lk 6,34** → Mt 5,42	καὶ ἐὰν δανίσητε παρ' ὧν ἐλπίζετε λαβεῖν, ποία ὑμῖν χάρις [ἐστίν]; καὶ ἁμαρτωλοὶ ἁμαρτωλοῖς δανίζουσιν ἵνα ἀπολάβωσιν τὰ ἴσα.	→ GTh 95
201	**Mt 8,8**	... κύριε, οὐκ εἰμὶ ἱκανὸς ἵνα μου ὑπὸ τὴν στέγην εἰσέλθῃς, ἀλλὰ **μόνον** εἰπὲ λόγῳ, καὶ ἰαθήσεται ὁ παῖς μου.			**Lk 7,7**	[6] κύριε, μὴ σκύλλου, οὐ γὰρ ἱκανός εἰμι ἵνα ὑπὸ τὴν στέγην μου εἰσέλθῃς· [7] διὸ οὐδὲ ἐμαυτὸν ἠξίωσα πρὸς σὲ ἐλθεῖν· ἀλλὰ εἰπὲ λόγῳ, καὶ ἰαθήτω ὁ παῖς μου.	→ Jn 4,49

	Mt		Mk		Lk		
210	**Mt 9,21** → Lk 8,47	ἔλεγεν γὰρ ἐν ἑαυτῇ· ἐὰν **μόνον** ἅψωμαι τοῦ ἱματίου αὐτοῦ σωθήσομαι.	**Mk 5,28** → Lk 8,47	ἔλεγεν γὰρ ὅτι ἐὰν ἅψωμαι κἂν τῶν ἱματίων αὐτοῦ σωθήσομαι.			
210	**Mt 10,42**	καὶ ὃς ἂν ποτίσῃ ἕνα τῶν μικρῶν τούτων ποτήριον ψυχροῦ **μόνον** εἰς ὄνομα μαθητοῦ, ἀμὴν λέγω ὑμῖν, οὐ μὴ ἀπολέσῃ τὸν μισθὸν αὐτοῦ.	**Mk 9,41**	ὃς γὰρ ἂν ποτίσῃ ὑμᾶς ποτήριον ὕδατος ἐν ὀνόματι ὅτι Χριστοῦ ἐστε, ἀμὴν λέγω ὑμῖν ὅτι οὐ μὴ ἀπολέσῃ τὸν μισθὸν αὐτοῦ.			
022			**Mk 5,36**	ὁ δὲ Ἰησοῦς παρακούσας τὸν λόγον λαλούμενον λέγει τῷ ἀρχισυναγώγῳ· μὴ φοβοῦ, **μόνον** πίστευε.	**Lk 8,50**	ὁ δὲ Ἰησοῦς ἀκούσας ἀπεκρίθη αὐτῷ· μὴ φοβοῦ, **μόνον** πίστευσον, καὶ σωθήσεται.	
b 121	**Mt 10,10**	[9] μὴ κτήσησθε χρυσὸν μηδὲ ἄργυρον μηδὲ χαλκὸν εἰς τὰς ζώνας ὑμῶν, [10] μὴ πήραν εἰς ὁδὸν μηδὲ δύο χιτῶνας μηδὲ ὑποδήματα μηδὲ ῥάβδον· ...	**Mk 6,8**	... μηδὲν αἴρωσιν εἰς ὁδὸν εἰ μὴ ῥάβδον **μόνον,** μὴ ἄρτον, μὴ πήραν, μὴ εἰς τὴν ζώνην χαλκόν, [9] ἀλλὰ ὑποδεδεμένους σανδάλια, καὶ μὴ ἐνδύσησθε δύο χιτῶνας.	**Lk 9,3** ⇩ Lk 10,4 **Lk 10,4** ⇧ Lk 9,3 → Lk 22,35-36	... μηδὲν αἴρετε εἰς τὴν ὁδόν, μήτε ῥάβδον μήτε πήραν μήτε ἄρτον μήτε ἀργύριον μήτε [ἀνὰ] δύο χιτῶνας ἔχειν. μὴ βαστάζετε βαλλάντιον, μὴ πήραν, μὴ ὑποδήματα, καὶ μηδένα κατὰ τὴν ὁδὸν ἀσπάσησθε.	Mk-Q overlap
210	**Mt 14,36** → Mt 9,20	καὶ παρεκάλουν αὐτὸν ἵνα **μόνον** ἅψωνται τοῦ κρασπέδου τοῦ ἱματίου αὐτοῦ· ...	**Mk 6,56** → Mk 5,27	... καὶ παρεκάλουν αὐτὸν ἵνα **κἂν** τοῦ κρασπέδου τοῦ ἱματίου αὐτοῦ ἅψωνται· ...	→ Lk 8,44		
b 210	**Mt 21,19** → Lk 13,6	καὶ ἰδὼν συκῆν μίαν ἐπὶ τῆς ὁδοῦ ἦλθεν ἐπ᾽ αὐτὴν καὶ οὐδὲν εὗρεν ἐν αὐτῇ εἰ μὴ φύλλα **μόνον, ...**	**Mk 11,13** → Lk 13,6	καὶ ἰδὼν συκῆν ἀπὸ μακρόθεν ἔχουσαν φύλλα ἦλθεν, εἰ ἄρα τι εὑρήσει ἐν αὐτῇ, καὶ ἐλθὼν ἐπ᾽ αὐτὴν οὐδὲν εὗρεν εἰ μὴ φύλλα· ὁ γὰρ καιρὸς οὐκ ἦν σύκων.			
a 210	**Mt 21,21** → Mt 17,20 → Lk 17,6	... ἀμὴν λέγω ὑμῖν, ἐὰν ἔχητε πίστιν καὶ μὴ διακριθῆτε, **οὐ μόνον** τὸ τῆς συκῆς ποιήσετε, ἀλλὰ κἂν τῷ ὄρει τούτῳ εἴπητε· ἄρθητι καὶ βλήθητι εἰς τὴν θάλασσαν, γενήσεται·	**Mk 11,23** → Mt 17,20 → Lk 17,6 → Mk 9,23	[22] ... ἔχετε πίστιν θεοῦ. [23] ἀμὴν λέγω ὑμῖν ὅτι ὃς ἂν εἴπῃ τῷ ὄρει τούτῳ· ἄρθητι καὶ βλήθητι εἰς τὴν θάλασσαν, καὶ μὴ διακριθῇ ἐν τῇ καρδίᾳ αὐτοῦ ἀλλὰ πιστεύῃ ὅτι ὃ λαλεῖ γίνεται, ἔσται αὐτῷ.			→ GTh 48 → GTh 106

Acts 8,16 [15] οἵτινες καταβάντες προσηύξαντο περὶ αὐτῶν ὅπως λάβωσιν πνεῦμα ἅγιον· [16] οὐδέπω γὰρ ἦν ἐπ᾽ οὐδενὶ αὐτῶν ἐπιπεπτωκός, **μόνον** δὲ βεβαπτισμένοι ὑπῆρχον εἰς τὸ ὄνομα τοῦ κυρίου Ἰησοῦ.

b **Acts 11,19** ... μηδενὶ λαλοῦντες τὸν λόγον εἰ μὴ **μόνον** Ἰουδαίοις.

Acts 18,25 οὗτος ἦν κατηχημένος τὴν ὁδὸν τοῦ κυρίου καὶ ζέων τῷ πνεύματι ἐλάλει καὶ ἐδίδασκεν ἀκριβῶς τὰ περὶ τοῦ Ἰησοῦ, ἐπιστάμενος **μόνον** τὸ βάπτισμα Ἰωάννου·

a **Acts 19,26** καὶ θεωρεῖτε καὶ ἀκούετε ὅτι **οὐ μόνον** Ἐφέσου ἀλλὰ σχεδὸν πάσης τῆς Ἀσίας ὁ Παῦλος οὗτος πείσας μετέστησεν ἱκανὸν ὄχλον λέγων ὅτι οὐκ εἰσὶν θεοὶ οἱ διὰ χειρῶν γινόμενοι.

a **Acts 19,27** **οὐ μόνον** δὲ τοῦτο κινδυνεύει ἡμῖν τὸ μέρος εἰς ἀπελεγμὸν ἐλθεῖν ἀλλὰ καὶ τὸ τῆς μεγάλης θεᾶς Ἀρτέμιδος ἱερὸν εἰς οὐθὲν λογισθῆναι, ...

a **Acts 21,13** ... ἐγὼ γὰρ **οὐ μόνον** δεθῆναι ἀλλὰ καὶ ἀποθανεῖν εἰς Ἰερουσαλὴμ ἑτοίμως ἔχω ὑπὲρ τοῦ ὀνόματος τοῦ κυρίου Ἰησοῦ.

a **Acts 26,29** ὁ δὲ Παῦλος· εὐξαίμην ἂν τῷ θεῷ καὶ ἐν ὀλίγῳ καὶ ἐν μεγάλῳ **οὐ μόνον** σὲ ἀλλὰ καὶ πάντας τοὺς ἀκούοντάς μου σήμερον γενέσθαι τοιούτους ὁποῖος καὶ ἐγώ εἰμι παρεκτὸς τῶν δεσμῶν τούτων.

a **Acts 27,10** λέγων αὐτοῖς· ἄνδρες, θεωρῶ ὅτι μετὰ ὕβρεως καὶ πολλῆς ζημίας **οὐ μόνον** τοῦ φορτίου καὶ τοῦ πλοίου ἀλλὰ καὶ τῶν ψυχῶν ἡμῶν μέλλειν ἔσεσθαι τὸν πλοῦν.

μόνος

	Syn	Mt	Mk	Lk	Acts	Jn	1-3John	Paul	Eph	Col
	20	7	4	9		9	1	8		1
	NT	2Thess	1/2Tim	Tit	Heb	Jas	1Pet	2Pet	Jude	Rev
	47		4		1				2	1

only; alone; deserted; helpless; isolated; by itself

	triple tradition																	double tradition			Sondergut		
		+Mt / +Lk			–Mt / –Lk			traditions not taken over by Mt / Lk							subtotals								
code	*222*	*211*	*112*	*212*	*221*	*122*	*121*	*022*	*012*	*021*	*220*	*120*	*210*	*020*	Σ⁺	Σ⁻	Σ	*202*	*201*	*102*	*200*	*002*	total
Mt	1			1^+			2^-				1		1^+		2^+	2^-	4	2	1				**7**
Mk	1						2				1						4						**4**
Lk	1		2^+	1^+			2^-								3^+	2^-	4	2				3	**9**

a οὐ ... μόνος (...) ἀλλά see also μόνον a
b εἰ μὴ (...) μόνος see also μόνον b
c αὐτὸς μόνος
d κατὰ μόνας

a 202 **Mt 4,4** ... γέγραπται· *οὐκ ἐπ᾽ ἄρτῳ μόνῳ ζήσεται ὁ ἄνθρωπος, ἀλλ᾽ ἐπὶ παντὶ ῥήματι ἐκπορευομένῳ διὰ στόματος θεοῦ.* ➤ Deut 8,3

Lk 4,4 ... γέγραπται ὅτι *οὐκ ἐπ᾽ ἄρτῳ μόνῳ ζήσεται ὁ ἄνθρωπος.* ➤ Deut 8,3

c 202 **Mt 4,10** → Mt 16,23 → Mk 8,33 ... ὕπαγε, σατανᾶ· γέγραπται γάρ· *κύριον τὸν θεόν σου προσκυνήσεις καὶ* ***αὐτῷ μόνῳ*** *λατρεύσεις.* ➤ Deut 6,13 LXX/10,20

Lk 4,8 ... γέγραπται· *κύριον τὸν θεόν σου προσκυνήσεις καὶ* ***αὐτῷ μόνῳ*** *λατρεύσεις.* ➤ Deut 6,13 LXX/10,20

b 112 **Mt 9,3** ... οὗτος βλασφημεῖ.

Mk 2,7 τί οὗτος οὕτως λαλεῖ; βλασφημεῖ· τίς δύναται ἀφιέναι ἁμαρτίας εἰ μὴ **εἷς ὁ θεός;**

Lk 5,21 → Lk 7,49 → Lk 18,19 ... τίς ἐστιν οὗτος ὃς λαλεῖ βλασφημίας; τίς δύναται ἁμαρτίας ἀφεῖναι εἰ μὴ **μόνος ὁ θεός;**

	Mt		Mk		Lk		
b 212	**Mt 12,4**	... καὶ τοὺς ἄρτους τῆς προθέσεως ἔφαγον, ὃ οὐκ ἐξὸν ἦν αὐτῷ φαγεῖν οὐδὲ τοῖς μετ᾽ αὐτοῦ εἰ μὴ **τοῖς ἱερεῦσιν μόνοις;**	**Mk 2,26**	... καὶ τοὺς ἄρτους τῆς προθέσεως ἔφαγεν, οὓς οὐκ ἔξεστιν φαγεῖν εἰ μὴ **τοὺς ἱερεῖς,** καὶ ἔδωκεν καὶ τοῖς σὺν αὐτῷ οὖσιν;	**Lk 6,4**	... καὶ τοὺς ἄρτους τῆς προθέσεως λαβὼν ἔφαγεν καὶ ἔδωκεν τοῖς μετ᾽ αὐτοῦ, οὓς οὐκ ἔξεστιν φαγεῖν εἰ μὴ **μόνους τοὺς ἱερεῖς;**	
d 121	**Mt 13,10**	καὶ προσελθόντες οἱ μαθηταὶ εἶπαν αὐτῷ· διὰ τί ἐν παραβολαῖς λαλεῖς αὐτοῖς;	**Mk 4,10** → Mk 7,17	καὶ ὅτε ἐγένετο **κατὰ μόνας,** ἠρώτων αὐτὸν οἱ περὶ αὐτὸν σὺν τοῖς δώδεκα τὰς παραβολάς.	**Lk 8,9** → Mk 7,17	ἐπηρώτων δὲ αὐτὸν οἱ μαθηταὶ αὐτοῦ τίς αὕτη εἴη ἡ παραβολή.	
c 220	**Mt 14,23**	... ἀνέβη εἰς τὸ ὄρος κατ᾽ ἰδίαν προσεύξασθαι. ὀψίας δὲ γενομένης **μόνος** ἦν ἐκεῖ. [24] τὸ δὲ πλοῖον ἤδη σταδίους πολλοὺς ἀπὸ τῆς γῆς ...	**Mk 6,47**	[46] ... ἀπῆλθεν εἰς τὸ ὄρος προσεύξασθαι. [47] καὶ ὀψίας γενομένης ἦν τὸ πλοῖον ἐν μέσῳ τῆς θαλάσσης, καὶ **αὐτὸς μόνος** ἐπὶ τῆς γῆς.			
d 112	**Mt 16,13**	ἐλθὼν δὲ ὁ Ἰησοῦς εἰς τὰ μέρη Καισαρείας τῆς Φιλίππου ἠρώτα τοὺς μαθητὰς αὐτοῦ λέγων· τίνα λέγουσιν οἱ ἄνθρωποι εἶναι τὸν υἱὸν τοῦ ἀνθρώπου;	**Mk 8,27**	καὶ ἐξῆλθεν ὁ Ἰησοῦς καὶ οἱ μαθηταὶ αὐτοῦ εἰς τὰς κώμας Καισαρείας τῆς Φιλίππου· καὶ ἐν τῇ ὁδῷ ἐπηρώτα τοὺς μαθητὰς αὐτοῦ λέγων αὐτοῖς· τίνα με λέγουσιν οἱ ἄνθρωποι εἶναι;	**Lk 9,18** ↑ Mt 14,23 ↑ Mk 6,46	καὶ ἐγένετο ἐν τῷ εἶναι αὐτὸν προσευχόμενον **κατὰ μόνας** συνῆσαν αὐτῷ οἱ μαθηταί, καὶ ἐπηρώτησεν αὐτοὺς λέγων· τίνα με λέγουσιν οἱ ὄχλοι εἶναι;	→ GTh 13
121	**Mt 17,1**	... παραλαμβάνει ὁ Ἰησοῦς τὸν Πέτρον καὶ Ἰάκωβον καὶ Ἰωάννην τὸν ἀδελφὸν αὐτοῦ καὶ ἀναφέρει αὐτοὺς εἰς ὄρος ὑψηλὸν κατ᾽ ἰδίαν.	**Mk 9,2**	... παραλαμβάνει ὁ Ἰησοῦς τὸν Πέτρον καὶ τὸν Ἰάκωβον καὶ τὸν Ἰωάννην καὶ ἀναφέρει αὐτοὺς εἰς ὄρος ὑψηλὸν κατ᾽ ἰδίαν **μόνους.** ...	**Lk 9,28**	... παραλαβὼν Πέτρον καὶ Ἰωάννην καὶ Ἰάκωβον ἀνέβη εἰς τὸ ὄρος προσεύξασθαι.	
b c 222	**Mt 17,8**	ἐπάραντες δὲ τοὺς ὀφθαλμοὺς αὐτῶν οὐδένα εἶδον εἰ μὴ **αὐτὸν Ἰησοῦν μόνον.**	**Mk 9,8**	καὶ ἐξάπινα περιβλεψάμενοι οὐκέτι οὐδένα εἶδον ἀλλὰ **τὸν Ἰησοῦν μόνον** μεθ᾽ ἑαυτῶν.	**Lk 9,36**	καὶ ἐν τῷ γενέσθαι τὴν φωνὴν εὑρέθη **Ἰησοῦς μόνος.** ...	
c 201	**Mt 18,15** → Mt 18,21-22	ἐὰν δὲ ἁμαρτήσῃ [εἰς σὲ] ὁ ἀδελφός σου, ὕπαγε ἔλεγξον αὐτὸν **μεταξὺ σοῦ καὶ** **αὐτοῦ μόνου.** ἐάν σου ἀκούσῃ, ἐκέρδησας τὸν ἀδελφόν σου·			**Lk 17,3** → Lk 17,4	... ἐὰν ἁμάρτῃ ὁ ἀδελφός σου ἐπιτίμησον αὐτῷ, καὶ ἐὰν μετανοήσῃ ἄφες αὐτῷ.	
002					**Lk 10,40**	... κύριε, οὐ μέλει σοι ὅτι ἡ ἀδελφή μου **μόνην με** κατέλιπεν διακονεῖν; ...	
b 210	**Mt 24,36**	περὶ δὲ τῆς ἡμέρας ἐκείνης καὶ ὥρας οὐδεὶς οἶδεν, οὐδὲ οἱ ἄγγελοι τῶν οὐρανῶν οὐδὲ ὁ υἱός, εἰ μὴ **ὁ πατὴρ μόνος.**	**Mk 13,32**	περὶ δὲ τῆς ἡμέρας ἐκείνης ἢ τῆς ὥρας οὐδεὶς οἶδεν, οὐδὲ οἱ ἄγγελοι ἐν οὐρανῷ οὐδὲ ὁ υἱός, εἰ μὴ **ὁ πατήρ.**			

	Mt		Mk		Lk		
002					Lk 24,12 → Lk 24,24	ὁ δὲ Πέτρος ἀναστὰς ἔδραμεν ἐπὶ τὸ μνημεῖον καὶ παρακύψας βλέπει **τὰ ὀθόνια μόνα,** καὶ ἀπῆλθεν πρὸς ἑαυτὸν θαυμάζων τὸ γεγονός.	→ Jn 20,3-10
002					Lk 24,18	ἀποκριθεὶς δὲ εἷς ὀνόματι Κλεοπᾶς εἶπεν πρὸς αὐτόν· σὺ **μόνος παροικεῖς Ἰερουσαλὴμ** καὶ οὐκ ἔγνως τὰ γενόμενα ἐν αὐτῇ ἐν ταῖς ἡμέραις ταύταις;	

μονόφθαλμος	Syn 2	Mt 1	Mk 1	Lk	Acts	Jn	1-3John	Paul	Eph	Col
	NT 2	2Thess	1/2Tim	Tit	Heb	Jas	1Pet	2Pet	Jude	Rev

one-eyed

	Mt		Mk		Lk		
220	Mt 18,9 ⇩ Mt 5,29	καὶ εἰ ὁ ὀφθαλμός σου σκανδαλίζει σε, ἔξελε αὐτὸν καὶ βάλε ἀπὸ σοῦ· καλόν σοί ἐστιν **μονόφθαλμον** εἰς τὴν ζωὴν εἰσελθεῖν ἢ δύο ὀφθαλμοὺς ἔχοντα βληθῆναι εἰς τὴν γέενναν τοῦ πυρός.	Mk 9,47	καὶ ἐὰν ὁ ὀφθαλμός σου σκανδαλίζῃ σε, ἔκβαλε αὐτόν· καλόν σέ ἐστιν **μονόφθαλμον** εἰσελθεῖν εἰς τὴν βασιλείαν τοῦ θεοῦ ἢ δύο ὀφθαλμοὺς ἔχοντα βληθῆναι εἰς τὴν γέενναν			
	Mt 5,29 ⇧ Mt 18,9	εἰ δὲ ὁ ὀφθαλμός σου ὁ δεξιὸς σκανδαλίζει σε, ἔξελε αὐτὸν καὶ βάλε ἀπὸ σοῦ· συμφέρει γάρ σοι ἵνα ἀπόληται ἓν τῶν μελῶν σου καὶ μὴ ὅλον τὸ σῶμά σου βληθῇ εἰς γέενναν.					

μόσχος	Syn 3	Mt	Mk	Lk 3	Acts	Jn	1-3John	Paul	Eph	Col
	NT 6	2Thess	1/2Tim	Tit	Heb 2	Jas	1Pet	2Pet	Jude	Rev 1

calf; young bull, ox

	Mt		Mk		Lk		
002					Lk 15,23	καὶ φέρετε **τὸν μόσχον τὸν σιτευτόν,** θύσατε, καὶ φαγόντες εὐφρανθῶμεν	
002					Lk 15,27	ὁ δὲ εἶπεν αὐτῷ ὅτι ὁ ἀδελφός σου ἥκει, καὶ ἔθυσεν ὁ πατήρ σου **τὸν μόσχον τὸν σιτευτόν,** ὅτι ὑγιαίνοντα αὐτὸν ἀπέλαβεν.	
002					Lk 15,30	ὅτε δὲ ὁ υἱός σου οὗτος ὁ καταφαγών σου τὸν βίον μετὰ πορνῶν ἦλθεν, ἔθυσας αὐτῷ **τὸν σιτευτὸν μόσχον.**	

μου → ἐγώ

μυλικός

μυλικός	Syn 1	Mt	Mk	Lk 1	Acts	Jn	1-3John	Paul	Eph	Col
	NT 1	2Thess	1/2Tim	Tit	Heb	Jas	1Pet	2Pet	Jude	Rev

belonging to a mill

	Mt		Mk		Lk		
112	Mt 18,6 → Mt 18,10	ὃς δ᾽ ἂν σκανδαλίσῃ ἕνα τῶν μικρῶν τούτων τῶν πιστευόντων εἰς ἐμέ, συμφέρει αὐτῷ ἵνα κρεμασθῇ **μύλος ὀνικὸς** περὶ τὸν τράχηλον αὐτοῦ καὶ καταποντισθῇ ἐν τῷ πελάγει τῆς θαλάσσης.	Mk 9,42	καὶ ὃς ἂν σκανδαλίσῃ ἕνα τῶν μικρῶν τούτων τῶν πιστευόντων [εἰς ἐμέ], καλόν ἐστιν αὐτῷ μᾶλλον εἰ περίκειται **μύλος ὀνικὸς** περὶ τὸν τράχηλον αὐτοῦ καὶ βέβληται εἰς τὴν θάλασσαν.	Lk 17,2	λυσιτελεῖ αὐτῷ εἰ **λίθος μυλικὸς** περίκειται περὶ τὸν τράχηλον αὐτοῦ καὶ ἔρριπται εἰς τὴν θάλασσαν ἢ ἵνα σκανδαλίσῃ τῶν μικρῶν τούτων ἕνα.	Mk-Q overlap?

μύλος

μύλος	Syn 3	Mt 2	Mk 1	Lk	Acts	Jn	1-3John	Paul	Eph	Col
	NT 4	2Thess	1/2Tim	Tit	Heb	Jas	1Pet	2Pet	Jude	Rev 1

mill; millstone

	Mt		Mk		Lk		
221	Mt 18,6 → Mt 18,10	ὃς δ᾽ ἂν σκανδαλίσῃ ἕνα τῶν μικρῶν τούτων τῶν πιστευόντων εἰς ἐμέ, συμφέρει αὐτῷ ἵνα κρεμασθῇ **μύλος ὀνικὸς** περὶ τὸν τράχηλον αὐτοῦ καὶ καταποντισθῇ ἐν τῷ πελάγει τῆς θαλάσσης.	Mk 9,42	καὶ ὃς ἂν σκανδαλίσῃ ἕνα τῶν μικρῶν τούτων τῶν πιστευόντων [εἰς ἐμέ], καλόν ἐστιν αὐτῷ μᾶλλον εἰ περίκειται **μύλος ὀνικὸς** περὶ τὸν τράχηλον αὐτοῦ καὶ βέβληται εἰς τὴν θάλασσαν.	Lk 17,2	λυσιτελεῖ αὐτῷ εἰ **λίθος μυλικὸς** περίκειται περὶ τὸν τράχηλον αὐτοῦ καὶ ἔρριπται εἰς τὴν θάλασσαν ἢ ἵνα σκανδαλίσῃ τῶν μικρῶν τούτων ἕνα.	Mk-Q overlap?
201	Mt 24,41	δύο ἀλήθουσαι **ἐν τῷ μύλῳ,** μία παραλαμβάνεται καὶ μία ἀφίεται.			Lk 17,35	ἔσονται δύο ἀλήθουσαι **ἐπὶ τὸ αὐτό,** ἡ μία παραλημφθήσεται, ἡ δὲ ἑτέρα ἀφεθήσεται.	→ GTh 61,1

μυριάς

μυριάς	Syn 1	Mt	Mk	Lk 1	Acts 2	Jn	1-3John	Paul	Eph	Col
	NT 8	2Thess	1/2Tim	Tit	Heb 1	Jas	1Pet	2Pet	Jude 1	Rev 3

ten thousand; myriad

	Mt		Mk		Lk		
112	Mt 16,6 ⇨ Mt 16,11	ὁ δὲ Ἰησοῦς εἶπεν αὐτοῖς· ὁρᾶτε καὶ προσέχετε ἀπὸ τῆς ζύμης τῶν Φαρισαίων καὶ Σαδδουκαίων.	Mk 8,15	καὶ διεστέλλετο αὐτοῖς λέγων· ὁρᾶτε, βλέπετε ἀπὸ τῆς ζύμης τῶν Φαρισαίων καὶ τῆς ζύμης Ἡρῴδου.	Lk 12,1 → Mt 16,12	ἐν οἷς ἐπισυναχθεισῶν **τῶν μυριάδων** **τοῦ ὄχλου,** ὥστε καταπατεῖν ἀλλήλους, ἤρξατο λέγειν πρὸς τοὺς μαθητὰς αὐτοῦ πρῶτον· προσέχετε ἑαυτοῖς ἀπὸ τῆς ζύμης, ἥτις ἐστὶν ὑπόκρισις, τῶν Φαρισαίων.	

Acts 19,19 ἱκανοὶ δὲ τῶν τὰ περίεργα πραξάντων συνενέγκαντες τὰς βίβλους κατέκαιον ἐνώπιον πάντων, καὶ συνεψήφισαν τὰς τιμὰς αὐτῶν καὶ εὗρον **ἀργυρίου μυριάδας πέντε.**	**Acts 21,20** οἱ δὲ ἀκούσαντες ἐδόξαζον τὸν θεὸν εἶπόν τε αὐτῷ· θεωρεῖς, ἀδελφέ, **πόσαι μυριάδες** εἰσὶν ἐν τοῖς Ἰουδαίοις τῶν πεπιστευκότων καὶ πάντες ζηλωταὶ τοῦ νόμου ὑπάρχουσιν·

μυρίζω

	Syn	Mt	Mk	Lk	Acts	Jn	1-3John	Paul	Eph	Col
μυρίζω	1		1							
	NT	2Thess	1/2Tim	Tit	Heb	Jas	1Pet	2Pet	Jude	Rev
	1									

anoint

120	**Mt 26,12** **βαλοῦσα γὰρ αὕτη τὸ μύρον τοῦτο** ἐπὶ τοῦ σώματός μου πρὸς τὸ ἐνταφιάσαι με ἐποίησεν.	**Mk 14,8** ... προέλαβεν **μυρίσαι** τὸ σῶμά μου εἰς τὸν ἐνταφιασμόν.		→ Jn 12,7

μύριοι

	Syn	Mt	Mk	Lk	Acts	Jn	1-3John	Paul	Eph	Col
μύριοι	1	1						2		
	NT	2Thess	1/2Tim	Tit	Heb	Jas	1Pet	2Pet	Jude	Rev
	3									

ten thousand

	Mt		
200	**Mt 18,24** ἀρξαμένου δὲ αὐτοῦ συναίρειν προσηνέχθη αὐτῷ **εἷς ὀφειλέτης μυρίων ταλάντων.**		

μύρον

	Syn	Mt	Mk	Lk	Acts	Jn	1-3John	Paul	Eph	Col
μύρον	9	2	3	4		4				
	NT	2Thess	1/2Tim	Tit	Heb	Jas	1Pet	2Pet	Jude	Rev
	14									1

ointment; perfume

	triple tradition																	double tradition			Sondergut		
		+Mt / +Lk			−Mt / −Lk			traditions not taken over by Mt / Lk							subtotals								
code	222	211	112	212	221	122	121	022	012	021	220	120	210	020	Σ^+	Σ^-	Σ	202	201	102	200	002	total
Mt											1	2^-	1^+		1^+	2^-	2						2
Mk											1	2					3						3
Lk			1^+												1^+		1					3	4

	Mt	Mk	Lk	
002	**Mt 26,7** προσῆλθεν αὐτῷ γυνὴ ἔχουσα **ἀλάβαστρον μύρου βαρυτίμου**	**Mk 14,3** ... ἦλθεν γυνὴ ἔχουσα **ἀλάβαστρον μύρου νάρδου πιστικῆς πολυτελοῦς,**	**Lk 7,37** καὶ ἰδοὺ γυνὴ ἥτις ἦν ἐν τῇ πόλει ἁμαρτωλός, ... κομίσασα **ἀλάβαστρον μύρου**	→ Jn 12,3
002	καὶ κατέχεεν ἐπὶ τῆς κεφαλῆς ...	συντρίψασα τὴν ἀλάβαστρον κατέχεεν αὐτοῦ τῆς κεφαλῆς.	**Lk 7,38** ... καὶ κατεφίλει τοὺς πόδας αὐτοῦ καὶ ἤλειφεν **τῷ μύρῳ.**	→ Jn 12,3
002			**Lk 7,46** ἐλαίῳ τὴν κεφαλήν μου οὐκ ἤλειψας· αὕτη δὲ **μύρῳ** ἤλειψεν τοὺς πόδας μου.	

220	**Mt 26,7**	προσῆλθεν αὐτῷ γυνὴ ἔχουσα ἀλάβαστρον μύρου βαρυτίμου ...	**Mk 14,3**	... ἦλθεν γυνὴ ἔχουσα ἀλάβαστρον μύρου νάρδου πιστικῆς πολυτελοῦς, ...	**Lk 7,37**	καὶ ἰδοὺ γυνὴ ἥτις ἦν ἐν τῇ πόλει ἁμαρτωλός, ... κομίσασα ἀλάβαστρον μύρου	→ **Jn 12,3**
120	**Mt 26,8**	ἰδόντες δὲ οἱ μαθηταὶ ἠγανάκτησαν λέγοντες· εἰς τί ἡ ἀπώλεια αὕτη;	**Mk 14,4**	ἦσαν δέ τινες ἀγανακτοῦντες πρὸς ἑαυτούς· εἰς τί ἡ ἀπώλεια αὕτη τοῦ μύρου γέγονεν;			→ Jn 12,4
120	**Mt 26,9**	ἐδύνατο γὰρ τοῦτο πραθῆναι πολλοῦ καὶ δοθῆναι πτωχοῖς.	**Mk 14,5**	ἠδύνατο γὰρ τοῦτο τὸ μύρον πραθῆναι ἐπάνω δηναρίων τριακοσίων καὶ δοθῆναι τοῖς πτωχοῖς· καὶ ἐνεβριμῶντο αὐτῇ.			→ **Jn 12,5**
210	**Mt 26,12**	βαλοῦσα γὰρ αὕτη τὸ μύρον τοῦτο ἐπὶ τοῦ σώματός μου πρὸς τὸ ἐνταφιάσαι με ἐποίησεν.	**Mk 14,8**	... προέλαβεν μυρίσαι τὸ σῶμά μου εἰς τὸν ἐνταφιασμόν.			→ Jn 12,7
112	**Mt 28,1** → Mt 27,56 → Mt 27,61	ὀψὲ δὲ σαββάτων, ...	**Mk 16,1** → Lk 24,1 → Mk 15,40 → Mk 15,47	καὶ διαγενομένου τοῦ σαββάτου Μαρία ἡ Μαγδαληνὴ καὶ Μαρία ἡ [τοῦ] Ἰακώβου καὶ Σαλώμη ἠγόρασαν ἀρώματα ἵνα ἐλθοῦσαι ἀλείψωσιν αὐτόν.	**Lk 23,56** → Lk 24,1	ὑποστρέψασαι δὲ ἡτοίμασαν ἀρώματα καὶ μύρα. καὶ τὸ μὲν σάββατον ἡσύχασαν κατὰ τὴν ἐντολήν.	→ Jn 19,39-40 → Jn 20,1

μυστήριον

Syn	Mt	Mk	Lk	Acts	Jn	1-3John	Paul	Eph	Col
3	1	1	1				8	6	4
NT	2Thess	1/2Tim	Tit	Heb	Jas	1Pet	2Pet	Jude	Rev
28	1	2							4

secret; secret rite; secret teaching; mystery

	Mt		Mk		Lk		
222	**Mt 13,11**	... ὑμῖν δέδοται γνῶναι τὰ μυστήρια τῆς βασιλείας τῶν οὐρανῶν, ἐκείνοις δὲ οὐ δέδοται. [12] ... [13] διὰ τοῦτο ἐν παραβολαῖς αὐτοῖς λαλῶ, ...	**Mk 4,11**	... ὑμῖν τὸ μυστήριον δέδοται τῆς βασιλείας τοῦ θεοῦ· ἐκείνοις δὲ τοῖς ἔξω ἐν παραβολαῖς τὰ πάντα γίνεται	**Lk 8,10**	... ὑμῖν δέδοται γνῶναι τὰ μυστήρια τῆς βασιλείας τοῦ θεοῦ, τοῖς δὲ λοιποῖς ἐν παραβολαῖς, ...	→ GTh 62,1

μωραίνω

Syn	Mt	Mk	Lk	Acts	Jn	1-3John	Paul	Eph	Col
2	1		1				2		
NT	2Thess	1/2Tim	Tit	Heb	Jas	1Pet	2Pet	Jude	Rev
4									

make foolish; show to be foolish; make tasteless; *passive:* become tasteless; become insipid

	Mt		Mk		Lk		
202	**Mt 5,13**	ὑμεῖς ἐστε τὸ ἅλας τῆς γῆς· ἐὰν δὲ τὸ ἅλας μωρανθῇ, ἐν τίνι ἁλισθήσεται; ...	**Mk 9,50**	καλὸν τὸ ἅλας· ἐὰν δὲ τὸ ἅλας ἄναλον γένηται, ἐν τίνι αὐτὸ ἀρτύσετε; ...	**Lk 14,34**	καλὸν οὖν τὸ ἅλας· ἐὰν δὲ καὶ τὸ ἅλας μωρανθῇ, ἐν τίνι ἀρτυθήσεται;	Mk-Q overlap

μωρός	Syn 6	Mt 6	Mk	Lk	Acts	Jn	1-3John	Paul 4	Eph	Col
	NT 12	2Thess	1/2Tim 1	Tit 1	Heb	Jas	1Pet	2Pet	Jude	Rev

foolish; stupid

200	**Mt 5,22** ἐγὼ δὲ λέγω ὑμῖν ὅτι πᾶς ὁ ὀργιζόμενος τῷ ἀδελφῷ αὐτοῦ ἔνοχος ἔσται τῇ κρίσει· ὃς δ᾽ ἂν εἴπῃ τῷ ἀδελφῷ αὐτοῦ· ῥακά, ἔνοχος ἔσται τῷ συνεδρίῳ· ὃς δ᾽ ἂν εἴπῃ· **μωρέ,** ἔνοχος ἔσται εἰς τὴν γέενναν τοῦ πυρός.			
201	**Mt 7,26** ... ὁμοιωθήσεται **ἀνδρὶ μωρῷ,** ὅστις ᾠκοδόμησεν αὐτοῦ τὴν οἰκίαν ἐπὶ τὴν ἄμμον.		**Lk 6,49** ... ὅμοιός ἐστιν **ἀνθρώπῳ** οἰκοδομήσαντι οἰκίαν ἐπὶ τὴν γῆν χωρὶς θεμελίου, ...	
200	**Mt 23,17** **μωροὶ** καὶ τυφλοί, τίς γὰρ μείζων ἐστίν, ὁ χρυσὸς ἢ ὁ ναὸς ὁ ἁγιάσας τὸν χρυσόν;			
200	**Mt 25,2** πέντε δὲ ἐξ αὐτῶν ἦσαν **μωραὶ** καὶ πέντε φρόνιμοι.			
200	**Mt 25,3** **αἱ γὰρ μωραὶ** λαβοῦσαι τὰς λαμπάδας αὐτῶν οὐκ ἔλαβον μεθ᾽ ἑαυτῶν ἔλαιον.			
200	**Mt 25,8** **αἱ δὲ μωραὶ** ταῖς φρονίμοις εἶπαν· δότε ἡμῖν ἐκ τοῦ ἐλαίου ὑμῶν, ὅτι αἱ λαμπάδες ἡμῶν σβέννυνται.			

Μωϋσῆς	Syn 25	Mt 7	Mk 8	Lk 10	Acts 19	Jn 12	1-3John	Paul 9	Eph	Col
	NT 79	2Thess	1/2Tim 1	Tit	Heb 11	Jas	1Pet	2Pet	Jude 1	Rev 1

Moses

	triple tradition																double tradition			Sondergut		
		+Mt / +Lk			–Mt / –Lk			traditions not taken over by Mt / Lk							subtotals							
code	222	211	112	212	221	122	121	022	012	021	220	120	210	020	Σ⁺	Σ⁻	Σ	202	201	102	200	002	total
Mt	4	1^+				1^-					1	2^-	1^+		2^+	3^-	7						**7**
Mk	4					1					1	2					8						**8**
Lk	4					1											5					5	**10**

[a] Μωϋσῆς and νόμος (Luke/Acts only; see also c)
[b] Μωϋσῆς and προφῆται (Luke/Acts only)
[c] νόμος Μωϋσέως and προφῆται (Luke/Acts only)

a 002			**Lk 2,22** καὶ ὅτε ἐπλήσθησαν αἱ ἡμέραι τοῦ καθαρισμοῦ αὐτῶν **κατὰ τὸν νόμον** **Μωϋσέως,** ἀνήγαγον αὐτὸν εἰς Ἱεροσόλυμα παραστῆσαι τῷ κυρίῳ	

	Mt		Mk		Lk		
222	**Mt 8,4**	καὶ λέγει αὐτῷ ὁ Ἰησοῦς· ὅρα μηδενὶ εἴπῃς, ἀλλὰ ὕπαγε σεαυτὸν δεῖξον τῷ ἱερεῖ, καὶ προσένεγκον τὸ δῶρον ὃ προσέταξεν **Μωϋσῆς**, εἰς μαρτύριον αὐτοῖς. ➤ Lev 13,49; 14,2-4	**Mk 1,44**	καὶ λέγει αὐτῷ· ὅρα μηδενὶ μηδὲν εἴπῃς, ἀλλὰ ὕπαγε σεαυτὸν δεῖξον τῷ ἱερεῖ καὶ προσένεγκε περὶ τοῦ καθαρισμοῦ σου ἃ προσέταξεν **Μωϋσῆς**, εἰς μαρτύριον αὐτοῖς. ➤ Lev 13,49; 14,2-4	**Lk 5,14** → Lk 17,14	καὶ αὐτὸς παρήγγειλεν αὐτῷ μηδενὶ εἰπεῖν, ἀλλὰ ἀπελθὼν δεῖξον σεαυτὸν τῷ ἱερεῖ καὶ προσένεγκε περὶ τοῦ καθαρισμοῦ σου καθὼς προσέταξεν **Μωϋσῆς**, εἰς μαρτύριον αὐτοῖς. ➤ Lev 13,49; 14,2-4	
120	**Mt 15,4**	ὁ γὰρ **θεὸς** εἶπεν· *τίμα τὸν πατέρα* *καὶ τὴν μητέρα, ...* ➤ Exod 20,12/Deut 5,16	**Mk 7,10**	**Μωϋσῆς** γὰρ εἶπεν· *τίμα τὸν πατέρα σου* *καὶ τὴν μητέρα σου, ...* ➤ Exod 20,12/Deut 5,16			
222	**Mt 17,3** → Lk 9,31	καὶ ἰδοὺ ὤφθη αὐτοῖς **Μωϋσῆς** καὶ Ἠλίας συλλαλοῦντες μετ᾽ αὐτοῦ.	**Mk 9,4** → Lk 9,31	καὶ ὤφθη αὐτοῖς Ἠλίας **σὺν Μωϋσεῖ** καὶ ἦσαν συλλαλοῦντες τῷ Ἰησοῦ.	**Lk 9,30**	καὶ ἰδοὺ ἄνδρες δύο συνελάλουν αὐτῷ, οἵτινες ἦσαν **Μωϋσῆς** καὶ Ἠλίας	
222	**Mt 17,4**	ἀποκριθεὶς δὲ ὁ Πέτρος εἶπεν τῷ Ἰησοῦ· κύριε, καλόν ἐστιν ἡμᾶς ὧδε εἶναι· εἰ θέλεις, ποιήσω ὧδε τρεῖς σκηνάς, σοὶ μίαν καὶ **Μωϋσεῖ** μίαν καὶ Ἠλίᾳ μίαν.	**Mk 9,5**	καὶ ἀποκριθεὶς ὁ Πέτρος λέγει τῷ Ἰησοῦ· ῥαββί, καλόν ἐστιν ἡμᾶς ὧδε εἶναι, καὶ ποιήσωμεν τρεῖς σκηνάς, σοὶ μίαν καὶ **Μωϋσεῖ** μίαν καὶ Ἠλίᾳ μίαν.	**Lk 9,33**	... εἶπεν ὁ Πέτρος πρὸς τὸν Ἰησοῦν· ἐπιστάτα, καλόν ἐστιν ἡμᾶς ὧδε εἶναι, καὶ ποιήσωμεν σκηνὰς τρεῖς, μίαν σοὶ καὶ μίαν **Μωϋσεῖ** καὶ μίαν Ἠλίᾳ, ...	
b 002					**Lk 16,29**	λέγει δὲ Ἀβραάμ· ἔχουσι **Μωϋσέα** καὶ τοὺς προφήτας· ἀκουσάτωσαν αὐτῶν.	
b 002					**Lk 16,31**	εἶπεν δὲ αὐτῷ· εἰ **Μωϋσέως** καὶ τῶν προφητῶν οὐκ ἀκούουσιν, οὐδ᾽ ἐάν τις ἐκ νεκρῶν ἀναστῇ πεισθήσονται.	
120	**Mt 19,4**	ὁ δὲ ἀποκριθεὶς εἶπεν· οὐκ ἀνέγνωτε ...	**Mk 10,3**	ὁ δὲ ἀποκριθεὶς εἶπεν αὐτοῖς· τί ὑμῖν ἐνετείλατο **Μωϋσῆς**;			
220	**Mt 19,7** → Mt 5,31	λέγουσιν αὐτῷ· τί οὖν **Μωϋσῆς** ἐνετείλατο δοῦναι βιβλίον ἀποστασίου καὶ ἀπολῦσαι [αὐτήν]; ➤ Deut 24,1.2	**Mk 10,4**	οἱ δὲ εἶπαν· ἐπέτρεψεν **Μωϋσῆς** βιβλίον ἀποστασίου γράψαι καὶ ἀπολῦσαι. ➤ Deut 24,1.2			
210	**Mt 19,8**	λέγει αὐτοῖς ὅτι **Μωϋσῆς** πρὸς τὴν σκληροκαρδίαν ὑμῶν ἐπέτρεψεν ὑμῖν ἀπολῦσαι τὰς γυναῖκας ὑμῶν, ἀπ᾽ ἀρχῆς δὲ οὐ γέγονεν οὕτως.	**Mk 10,5**	ὁ δὲ Ἰησοῦς εἶπεν αὐτοῖς· πρὸς τὴν σκληροκαρδίαν ὑμῶν ἔγραψεν ὑμῖν τὴν ἐντολὴν ταύτην.			

		Mt		Mk		Lk	
222	**Mt 22,24**	... διδάσκαλε, **Μωϋσῆς** εἶπεν· *ἐάν* *τις ἀποθάνῃ* *μὴ ἔχων τέκνα,* *ἐπιγαμβρεύσει* *ὁ ἀδελφὸς αὐτοῦ* *τὴν γυναῖκα αὐτοῦ καὶ* *ἀναστήσει σπέρμα* *τῷ ἀδελφῷ αὐτοῦ·* ➤ Deut 25,5; Gen 38,8	**Mk 12,19**	διδάσκαλε, **Μωϋσῆς** ἔγραψεν ἡμῖν ὅτι *ἐάν* *τινος ἀδελφὸς ἀποθάνῃ* καὶ καταλίπῃ γυναῖκα *καὶ μὴ ἀφῇ τέκνον,* ἵνα *λάβῃ ὁ ἀδελφὸς αὐτοῦ* *τὴν γυναῖκα καὶ* *ἐξαναστήσῃ σπέρμα* *τῷ ἀδελφῷ αὐτοῦ.* ➤ Deut 25,5; Gen 38,8	**Lk 20,28**	... διδάσκαλε, **Μωϋσῆς** ἔγραψεν ἡμῖν, *ἐάν τινος* *ἀδελφὸς ἀποθάνῃ* ἔχων γυναῖκα, καὶ οὗτος *ἄτεκνος ᾖ,* ἵνα *λάβῃ ὁ ἀδελφὸς αὐτοῦ* *τὴν γυναῖκα καὶ* *ἐξαναστήσῃ σπέρμα* *τῷ ἀδελφῷ αὐτοῦ.* ➤ Deut 25,5; Gen 38,8	
122	**Mt 22,31**	περὶ δὲ τῆς ἀναστάσεως τῶν νεκρῶν οὐκ ἀνέγνωτε **τὸ ῥηθὲν** ὑμῖν ὑπὸ τοῦ θεοῦ λέγοντος· [32] *ἐγώ εἰμι* *ὁ θεὸς Ἀβραὰμ καὶ* *ὁ θεὸς Ἰσαὰκ καὶ* *ὁ θεὸς Ἰακώβ;* ... ➤ Exod 3,6	**Mk 12,26**	περὶ δὲ τῶν νεκρῶν ὅτι ἐγείρονται οὐκ ἀνέγνωτε **ἐν τῇ βίβλῳ** **Μωϋσέως** ἐπὶ τοῦ βάτου πῶς εἶπεν αὐτῷ ὁ θεὸς λέγων· *ἐγὼ* *ὁ θεὸς Ἀβραὰμ καὶ* *[ὁ] θεὸς Ἰσαὰκ καὶ* *[ὁ] θεὸς Ἰακώβ;* ➤ Exod 3,6	**Lk 20,37**	ὅτι δὲ ἐγείρονται οἱ νεκροί, καὶ **Μωϋσῆς** ἐμήνυσεν ἐπὶ τῆς βάτου, ὡς λέγει *κύριον* *τὸν θεὸν Ἀβραὰμ καὶ* *θεὸν Ἰσαὰκ καὶ* *θεὸν Ἰακώβ·* ➤ Exod 3,6	
211	**Mt 23,2**	[1] τότε ὁ Ἰησοῦς ἐλάλησεν τοῖς ὄχλοις καὶ τοῖς μαθηταῖς αὐτοῦ [2] λέγων· **ἐπὶ τῆς Μωϋσέως** **καθέδρας** ἐκάθισαν οἱ γραμματεῖς καὶ οἱ Φαρισαῖοι.	**Mk 12,38**	[37] ... καὶ [ὁ] πολὺς ὄχλος ἤκουεν αὐτοῦ ἡδέως. [38] καὶ ἐν τῇ διδαχῇ αὐτοῦ ἔλεγεν· βλέπετε ἀπὸ τῶν γραμματέων ...	**Lk 20,45**	ἀκούοντος δὲ παντὸς τοῦ λαοῦ εἶπεν τοῖς μαθηταῖς [αὐτοῦ], [46] προσέχετε ἀπὸ τῶν γραμματέων ...	
b 002					**Lk 24,27** ↓ Lk 24,44	καὶ ἀρξάμενος **ἀπὸ Μωϋσέως** καὶ ἀπὸ πάντων τῶν προφητῶν διερμήνευσεν αὐτοῖς ἐν πάσαις ταῖς γραφαῖς τὰ περὶ ἑαυτοῦ.	
c 002					**Lk 24,44** ↑ Lk 24,27	εἶπεν δὲ πρὸς αὐτούς· οὗτοι οἱ λόγοι μου οὓς ἐλάλησα πρὸς ὑμᾶς ἔτι ὢν σὺν ὑμῖν, ὅτι δεῖ πληρωθῆναι πάντα τὰ γεγραμμένα **ἐν τῷ νόμῳ Μωϋσέως** **καὶ τοῖς προφήταις** **καὶ ψαλμοῖς** περὶ ἐμοῦ.	

[a] Μωϋσῆς and νόμος (Luke/Acts only; see also c)

[b] Μωϋσῆς and προφῆται (Luke/Acts only)

[c] νόμος Μωϋσέως and προφῆται (Luke/Acts only)

Acts 3,22 **Μωϋσῆς** μὲν εἶπεν ὅτι *προφήτην ὑμῖν ἀναστήσει κύριος ὁ θεὸς ὑμῶν ἐκ τῶν ἀδελφῶν ὑμῶν ὡς ἐμέ·* ... ➤ Deut 18,15

Acts 6,11 τότε ὑπέβαλον ἄνδρας λέγοντας ὅτι ἀκηκόαμεν αὐτοῦ λαλοῦντος ῥήματα βλάσφημα **εἰς Μωϋσῆν** καὶ τὸν θεόν.

Acts 6,14 (→ Mt 26,61; → Mk 14,58; → Mt 27,40; → Mk 15,29) ἀκηκόαμεν γὰρ αὐτοῦ λέγοντος ὅτι Ἰησοῦς ὁ Ναζωραῖος οὗτος καταλύσει τὸν τόπον τοῦτον καὶ ἀλλάξει τὰ ἔθη ἃ παρέδωκεν ἡμῖν **Μωϋσῆς**.

Acts 7,20 ἐν ᾧ καιρῷ ἐγεννήθη **Μωϋσῆς** καὶ ἦν ἀστεῖος τῷ θεῷ· ὃς ἀνετράφη μῆνας τρεῖς ἐν τῷ οἴκῳ τοῦ πατρός

Acts 7,22 καὶ ἐπαιδεύθη **Μωϋσῆς** [ἐν] πάσῃ σοφίᾳ Αἰγυπτίων, ἦν δὲ δυνατὸς ἐν λόγοις καὶ ἔργοις αὐτοῦ.

Acts 7,29 ἔφυγεν δὲ **Μωϋσῆς** ἐν τῷ λόγῳ τούτῳ καὶ ἐγένετο πάροικος ἐν γῇ Μαδιάμ, οὗ ἐγέννησεν υἱοὺς δύο.

Acts 7,31 ὁ δὲ **Μωϋσῆς**
ἰδὼν ἐθαύμαζεν τὸ ὅραμα, προσερχομένου δὲ αὐτοῦ κατανοῆσαι ἐγένετο φωνὴ κυρίου·

Acts 7,32 *ἐγὼ ὁ θεὸς τῶν πατέρων σου, ὁ θεὸς Ἀβραὰμ καὶ Ἰσαὰκ καὶ Ἰακώβ.* ἔντρομος δὲ γενόμενος
Μωϋσῆς
οὐκ ἐτόλμα κατανοῆσαι.
➢ Exod 3,6

Acts 7,35 **τοῦτον τὸν Μωϋσῆν**
ὃν ἠρνήσαντο εἰπόντες· *τίς σε κατέστησεν ἄρχοντα καὶ δικαστήν;* τοῦτον ὁ θεὸς [καὶ] ἄρχοντα καὶ λυτρωτὴν ἀπέσταλκεν σὺν χειρὶ ἀγγέλου τοῦ ὀφθέντος αὐτῷ ἐν τῇ βάτῳ.
➢ Exod 2,14

Acts 7,37 οὗτός ἐστιν
ὁ Μωϋσῆς
ὁ εἴπας τοῖς υἱοῖς Ἰσραήλ· *προφήτην ὑμῖν ἀναστήσει ὁ θεὸς ἐκ τῶν ἀδελφῶν ὑμῶν ὡς ἐμέ.*
➢ Deut 18,15

Acts 7,40 εἰπόντες τῷ Ἀαρών· *ποίησον ἡμῖν θεοὺς οἳ προπορεύσονται ἡμῶν·*
ὁ γὰρ Μωϋσῆς οὗτος,
ὃς ἐξήγαγεν ἡμᾶς ἐκ γῆς Αἰγύπτου, οὐκ οἴδαμεν τί ἐγένετο αὐτῷ.
➢ Exod 32,1.23

Acts 7,44 ἡ σκηνὴ τοῦ μαρτυρίου ἦν τοῖς πατράσιν ἡμῶν ἐν τῇ ἐρήμῳ καθὼς διετάξατο ὁ λαλῶν
τῷ Μωϋσῇ
ποιῆσαι αὐτὴν κατὰ τὸν τύπον ὃν ἑωράκει·

a **Acts 13,38** γνωστὸν οὖν ἔστω ὑμῖν, ἄνδρες ἀδελφοί, ὅτι διὰ τούτου ὑμῖν ἄφεσις ἁμαρτιῶν καταγγέλλεται, [καὶ] ἀπὸ πάντων ὧν οὐκ ἠδυνήθητε
ἐν νόμῳ Μωϋσέως
δικαιωθῆναι,
[39] ἐν τούτῳ πᾶς ὁ πιστεύων δικαιοῦται.

Acts 15,1 καί τινες κατελθόντες ἀπὸ τῆς Ἰουδαίας ἐδίδασκον τοὺς ἀδελφοὺς ὅτι, ἐὰν μὴ περιτμηθῆτε τῷ ἔθει
τῷ Μωϋσέως,
οὐ δύνασθε σωθῆναι.

a **Acts 15,5** ἐξανέστησαν δέ τινες τῶν ἀπὸ τῆς αἱρέσεως τῶν Φαρισαίων πεπιστευκότες λέγοντες ὅτι δεῖ περιτέμνειν αὐτοὺς παραγγέλλειν τε τηρεῖν
τὸν νόμον Μωϋσέως.

Acts 15,21 **Μωϋσῆς**
γὰρ ἐκ γενεῶν ἀρχαίων κατὰ πόλιν τοὺς κηρύσσοντας αὐτὸν ἔχει ἐν ταῖς συναγωγαῖς κατὰ πᾶν σάββατον ἀναγινωσκόμενος.

Acts 21,21 κατηχήθησαν δὲ περὶ σοῦ ὅτι ἀποστασίαν διδάσκεις
ἀπὸ Μωϋσέως
τοὺς κατὰ τὰ ἔθνη πάντας Ἰουδαίους λέγων μὴ περιτέμνειν αὐτοὺς τὰ τέκνα μηδὲ τοῖς ἔθεσιν περιπατεῖν.

b **Acts 26,22** ἐπικουρίας οὖν τυχὼν τῆς ἀπὸ τοῦ θεοῦ ἄχρι τῆς ἡμέρας ταύτης ἕστηκα μαρτυρόμενος μικρῷ τε καὶ μεγάλῳ οὐδὲν ἐκτὸς λέγων ὧν τε οἱ προφῆται ἐλάλησαν μελλόντων γίνεσθαι καὶ
Μωϋσῆς

c **Acts 28,23** ταξάμενοι δὲ αὐτῷ ἡμέραν ἦλθον πρὸς αὐτὸν εἰς τὴν ξενίαν πλείονες οἷς ἐξετίθετο διαμαρτυρόμενος τὴν βασιλείαν τοῦ θεοῦ, πείθων τε αὐτοὺς περὶ τοῦ Ἰησοῦ
ἀπό τε τοῦ νόμου Μωϋσέως καὶ τῶν προφητῶν,
ἀπὸ πρωῒ ἕως ἑσπέρας.

N

Ναασσών	Syn 3	Mt 2	Mk	Lk 1	Acts	Jn	1-3John	Paul	Eph	Col
	NT 3	2Thess	1/2Tim	Tit	Heb	Jas	1Pet	2Pet	Jude	Rev

Nahshon

200 200	**Mt 1,4 (2)**	... Ἀμιναδὰβ δὲ ἐγέννησεν **τὸν Ναασσών, Ναασσὼν** δὲ ἐγέννησεν τὸν Σαλμών	**Lk 3,32**	... τοῦ Σαλὰ **τοῦ Ναασσὼν** [33] τοῦ Ἀμιναδὰβ ...	
002	**Mt 1,4 (2)**	... Ἀμιναδὰβ δὲ ἐγέννησεν τὸν Ναασσών, **Ναασσὼν** δὲ ἐγέννησεν τὸν Σαλμών	**Lk 3,32**	... τοῦ Σαλὰ **τοῦ Ναασσὼν** [33] τοῦ Ἀμιναδὰβ ...	

Ναγγαί	Syn 1	Mt	Mk	Lk 1	Acts	Jn	1-3John	Paul	Eph	Col
	NT 1	2Thess	1/2Tim	Tit	Heb	Jas	1Pet	2Pet	Jude	Rev

Naggai

002		**Lk 3,25**	... τοῦ Ἑσλὶ **τοῦ Ναγγαὶ** [26] τοῦ Μάαθ ...	

Ναζαρά, Ναζαρέθ, Ναζαρέτ	Syn 9	Mt 3	Mk 1	Lk 5	Acts 1	Jn 2	1-3John	Paul	Eph	Col
	NT 12	2Thess	1/2Tim	Tit	Heb	Jas	1Pet	2Pet	Jude	Rev

Nazareth

	triple tradition																		double tradition			Sondergut		
		+Mt / +Lk			–Mt / –Lk			traditions not taken over by Mt / Lk							subtotals								
code	*222*	*211*	*112*	*212*	*221*	*122*	*121*	*022*	*012*	*021*	*220*	*120*	*210*	*020*	Σ^+	Σ^-	Σ	*202*	*201*	*102*	*200*	*002*	total
Mt							1^-									1^-					3		**3**
Mk							1										1						**1**
Lk			1^+				1^-								1^+	1^-	1					4	**5**

a Ναζαρά

002		**Lk 1,26**	ἐν δὲ τῷ μηνὶ τῷ ἕκτῳ ἀπεστάλη ὁ ἄγγελος Γαβριὴλ ἀπὸ τοῦ θεοῦ εἰς πόλιν τῆς Γαλιλαίας ᾗ ὄνομα **Ναζαρὲθ**	

	Mt		Mk		Lk		
002					**Lk 2,4**	ἀνέβη δὲ καὶ Ἰωσὴφ ἀπὸ τῆς Γαλιλαίας ἐκ πόλεως **Ναζαρὲθ** εἰς τὴν Ἰουδαίαν εἰς πόλιν Δαυὶδ ἥτις καλεῖται Βηθλέεμ, ...	
002					**Lk 2,39** ↓ Mt 2,23	καὶ ὡς ἐτέλεσαν πάντα τὰ κατὰ τὸν νόμον κυρίου, ἐπέστρεψαν εἰς τὴν Γαλιλαίαν εἰς πόλιν ἑαυτῶν **Ναζαρέθ.**	
200	**Mt 2,23** ↑ Lk 2,39	καὶ ἐλθὼν κατῴκησεν εἰς πόλιν λεγομένην **Ναζαρέτ·** ὅπως πληρωθῇ τὸ ῥηθὲν διὰ τῶν προφητῶν ὅτι Ναζωραῖος κληθήσεται.					
002					**Lk 2,51**	καὶ κατέβη μετ' αὐτῶν καὶ ἦλθεν **εἰς Ναζαρὲθ** καὶ ἦν ὑποτασσόμενος αὐτοῖς. ...	
121	**Mt 3,13**	τότε παραγίνεται ὁ Ἰησοῦς **ἀπὸ τῆς Γαλιλαίας** ἐπὶ τὸν Ἰορδάνην πρὸς τὸν Ἰωάννην τοῦ βαπτισθῆναι ὑπ' αὐτοῦ.	**Mk 1,9**	καὶ ἐγένετο ἐν ἐκείναις ταῖς ἡμέραις ἦλθεν Ἰησοῦς **ἀπὸ Ναζαρὲτ τῆς Γαλιλαίας** καὶ ἐβαπτίσθη εἰς τὸν Ἰορδάνην ὑπὸ Ἰωάννου.	**Lk 3,21**	ἐγένετο δὲ ἐν τῷ βαπτισθῆναι ἅπαντα τὸν λαὸν καὶ Ἰησοῦ βαπτισθέντος ...	
a 200	**Mt 4,13** ↓ Lk 4,16	καὶ καταλιπὼν **τὴν Ναζαρὰ** ἐλθὼν κατῴκησεν εἰς Καφαρναοὺμ τὴν παραθαλασσίαν ἐν ὁρίοις Ζαβουλὼν καὶ Νεφθαλίμ·	Mk 1,21	καὶ εἰσπορεύονται εἰς Καφαρναούμ· ...	Lk 4,31	καὶ κατῆλθεν εἰς Καφαρναοὺμ πόλιν τῆς Γαλιλαίας. ...	→ Jn 2,12
a 112	**Mt 13,54**	καὶ ἐλθὼν **εἰς τὴν πατρίδα αὐτοῦ** ἐδίδασκεν αὐτοὺς ἐν τῇ συναγωγῇ αὐτῶν, ...	**Mk 6,1**	καὶ ἐξῆλθεν ἐκεῖθεν καὶ ἔρχεται **εἰς τὴν πατρίδα αὐτοῦ,** καὶ ἀκολουθοῦσιν αὐτῷ οἱ μαθηταὶ αὐτοῦ. [2] καὶ γενομένου σαββάτου ἤρξατο διδάσκειν ἐν τῇ συναγωγῇ, ...	**Lk 4,16** ↑ Mt 4,13	καὶ ἦλθεν **εἰς Ναζαρά, οὗ ἦν τεθραμμένος** καὶ εἰσῆλθεν κατὰ τὸ εἰωθὸς αὐτῷ ἐν τῇ ἡμέρᾳ τῶν σαββάτων εἰς τὴν συναγωγὴν καὶ ἀνέστη ἀναγνῶναι.	
200	**Mt 21,11**	οἱ δὲ ὄχλοι ἔλεγον· οὗτός ἐστιν ὁ προφήτης Ἰησοῦς ὁ **ἀπὸ Ναζαρὲθ τῆς Γαλιλαίας.**					

Acts 10,38 → Lk 3,22 → Lk 4,18 → Lk 24,19	Ἰησοῦν τὸν **ἀπὸ Ναζαρέθ,** ὡς ἔχρισεν αὐτὸν ὁ θεὸς πνεύματι ἁγίῳ καὶ δυνάμει, ...

Ναζαρηνός	Syn 6	Mt	Mk 4	Lk 2	Acts	Jn	1-3John	Paul	Eph	Col
	NT 6	2Thess	1/2Tim	Tit	Heb	Jas	1Pet	2Pet	Jude	Rev

Nazarene; inhabitant of Nazareth

	triple tradition																	double tradition			Sondergut		
		+Mt / +Lk			−Mt / −Lk			traditions not taken over by Mt / Lk							subtotals								
code	222	211	112	212	221	122	121	022	012	021	220	120	210	020	Σ⁺	Σ⁻	Σ	202	201	102	200	002	total
Mt							3^-									3^-							
Mk							3	1									4						4
Lk							3^-	1								3^-	1					1	2

code	Mt		Mk		Lk		
022	→ Mt 8,29		**Mk 1,24** → Mk 5,7	... τί ἡμῖν καὶ σοί, Ἰησοῦ Ναζαρηνέ; ἦλθες ἀπολέσαι ἡμᾶς; οἶδά σε τίς εἶ, ὁ ἅγιος τοῦ θεοῦ.	**Lk 4,34** → Lk 8,28	ἔα, τί ἡμῖν καὶ σοί, Ἰησοῦ Ναζαρηνέ; ἦλθες ἀπολέσαι ἡμᾶς; οἶδά σε τίς εἶ, ὁ ἅγιος τοῦ θεοῦ.	
121	**Mt 20,30** ⇩ Mt 9,27	καὶ ἰδοὺ δύο τυφλοὶ καθήμενοι παρὰ τὴν ὁδόν ἀκούσαντες ὅτι Ἰησοῦς παράγει, ...	**Mk 10,47**	[46] ... ὁ υἱὸς Τιμαίου Βαρτιμαῖος, τυφλὸς προσαίτης, ἐκάθητο παρὰ τὴν ὁδόν. [47] καὶ ἀκούσας ὅτι Ἰησοῦς ὁ Ναζαρηνός ἐστιν ...	**Lk 18,37**	[35] ... τυφλός τις ἐκάθητο παρὰ τὴν ὁδὸν ἐπαιτῶν. [36] ἀκούσας δὲ ὄχλου διαπορευομένου ἐπυνθάνετο τί εἴη τοῦτο. [37] ἀπήγγειλαν δὲ αὐτῷ ὅτι Ἰησοῦς ὁ Ναζωραῖος παρέρχεται.	
	Mt 9,27 ⇧ Mt 20,30	καὶ παράγοντι ἐκεῖθεν τῷ Ἰησοῦ ἠκολούθησαν [αὐτῷ] δύο τυφλοὶ ...					
121	**Mt 26,69**	... καὶ προσῆλθεν αὐτῷ μία παιδίσκη λέγουσα· καὶ σὺ ἦσθα μετὰ Ἰησοῦ τοῦ Γαλιλαίου.	**Mk 14,67**	[66] ... ἔρχεται μία τῶν παιδισκῶν τοῦ ἀρχιερέως [67] καὶ ἰδοῦσα τὸν Πέτρον θερμαινόμενον ἐμβλέψασα αὐτῷ λέγει· καὶ σὺ μετὰ τοῦ Ναζαρηνοῦ ἦσθα τοῦ Ἰησοῦ.	**Lk 22,56**	ἰδοῦσα δὲ αὐτὸν παιδίσκη τις καθήμενον πρὸς τὸ φῶς καὶ ἀτενίσασα αὐτῷ εἶπεν· καὶ οὗτος σὺν αὐτῷ ἦν.	→ Jn 18,17
121	**Mt 28,5**	... μὴ φοβεῖσθε ὑμεῖς, οἶδα γὰρ ὅτι Ἰησοῦν τὸν ἐσταυρωμένον ζητεῖτε·	**Mk 16,6**	... μὴ ἐκθαμβεῖσθε· Ἰησοῦν ζητεῖτε τὸν Ναζαρηνὸν τὸν ἐσταυρωμένον· ...	**Lk 24,5** → Lk 24,23	... τί ζητεῖτε τὸν ζῶντα μετὰ τῶν νεκρῶν·	
002					**Lk 24,19**	καὶ εἶπεν αὐτοῖς· ποῖα; οἱ δὲ εἶπαν αὐτῷ· τὰ περὶ Ἰησοῦ τοῦ Ναζαρηνοῦ, ὃς ἐγένετο ἀνὴρ προφήτης δυνατὸς ἐν ἔργῳ καὶ λόγῳ ...	→ Acts 2,22 → Acts 10,38

Ναζωραῖος	Syn 3	Mt 2	Mk	Lk 1	Acts 7	Jn 3	1-3John	Paul	Eph	Col
	NT 13	2Thess	1/2Tim	Tit	Heb	Jas	1Pet	2Pet	Jude	Rev

Nazorean; Nazarene

	Mt		Mk		Lk		
200	**Mt 2,23** → Lk 2,39	καὶ ἐλθὼν κατῴκησεν εἰς πόλιν λεγομένην Ναζαρέτ· ὅπως πληρωθῇ τὸ ῥηθὲν διὰ τῶν προφητῶν ὅτι **Ναζωραῖος** κληθήσεται.					
112	**Mt 20,30** ⇩ Mt 9,27	καὶ ἰδοὺ δύο τυφλοὶ καθήμενοι παρὰ τὴν ὁδόν ἀκούσαντες ὅτι **Ἰησοῦς** παράγει, ...	**Mk 10,47**	[46] ... ὁ υἱὸς Τιμαίου Βαρτιμαῖος, τυφλὸς προσαίτης, ἐκάθητο παρὰ τὴν ὁδόν. [47] καὶ ἀκούσας ὅτι **Ἰησοῦς ὁ Ναζαρηνός** ἐστιν ...	**Lk 18,37**	[35] ... τυφλός τις ἐκάθητο παρὰ τὴν ὁδὸν ἐπαιτῶν. [36] ἀκούσας δὲ ὄχλου διαπορευομένου ἐπυνθάνετο τί εἴη τοῦτο. [37] ἀπήγγειλαν δὲ αὐτῷ ὅτι **Ἰησοῦς ὁ Ναζωραῖος** παρέρχεται.	
	Mt 9,27 ⇧ Mt 20,30	καὶ παράγοντι ἐκεῖθεν **τῷ Ἰησοῦ** ἠκολούθησαν [αὐτῷ] δύο τυφλοὶ ...					
211	**Mt 26,71**	... εἶδεν αὐτὸν ἄλλη καὶ λέγει τοῖς ἐκεῖ· οὗτος ἦν **μετὰ Ἰησοῦ τοῦ Ναζωραίου.**	**Mk 14,69**	καὶ ἡ παιδίσκη ἰδοῦσα αὐτὸν ἤρξατο πάλιν λέγειν τοῖς παρεστῶσιν ὅτι οὗτος **ἐξ αὐτῶν** ἐστιν.	**Lk 22,58**	καὶ μετὰ βραχὺ ἕτερος ἰδὼν αὐτὸν ἔφη· καὶ σὺ **ἐξ αὐτῶν** εἶ. ...	→ Jn 18,25

Acts 2,22
→ Lk 24,19

ἄνδρες Ἰσραηλῖται, ἀκούσατε τοὺς λόγους τούτους·
Ἰησοῦν τὸν Ναζωραῖον,
ἄνδρα ἀποδεδειγμένον ἀπὸ τοῦ θεοῦ εἰς ὑμᾶς ...

Acts 3,6

... ὃ δὲ ἔχω τοῦτό σοι δίδωμι·
ἐν τῷ ὀνόματι Ἰησοῦ Χριστοῦ τοῦ Ναζωραίου
[ἔγειρε καὶ] περιπάτει.

Acts 4,10

γνωστὸν ἔστω πᾶσιν ὑμῖν καὶ παντὶ τῷ λαῷ Ἰσραὴλ ὅτι
ἐν τῷ ὀνόματι Ἰησοῦ Χριστοῦ τοῦ Ναζωραίου
ὃν ὑμεῖς ἐσταυρώσατε, ... ἐν τούτῳ οὗτος παρέστηκεν ἐνώπιον ὑμῶν ὑγιής.

Acts 6,14
→ Mt 26,61
→ Mk 14,58
→ Mt 27,40
→ Mk 15,29

ἀκηκόαμεν γὰρ αὐτοῦ λέγοντος ὅτι
Ἰησοῦς ὁ Ναζωραῖος οὗτος
καταλύσει τὸν τόπον τοῦτον καὶ ἀλλάξει τὰ ἔθη ἃ παρέδωκεν ἡμῖν Μωϋσῆς.

Acts 22,8

... εἶπέν τε πρός με· ἐγώ εἰμι
Ἰησοῦς ὁ Ναζωραῖος,
ὃν σὺ διώκεις.

Acts 24,5

εὑρόντες γὰρ τὸν ἄνδρα τοῦτον λοιμὸν καὶ κινοῦντα στάσεις πᾶσιν τοῖς Ἰουδαίοις τοῖς κατὰ τὴν οἰκουμένην πρωτοστάτην τε
τῆς τῶν Ναζωραίων αἱρέσεως

Acts 26,9

ἐγὼ μὲν οὖν ἔδοξα ἐμαυτῷ
πρὸς τὸ ὄνομα Ἰησοῦ τοῦ Ναζωραίου
δεῖν πολλὰ ἐναντία πρᾶξαι

Ναθάμ	Syn 1	Mt	Mk	Lk 1	Acts	Jn	1-3John	Paul	Eph	Col
	NT 1	2Thess	1/2Tim	Tit	Heb	Jas	1Pet	2Pet	Jude	Rev

Nathan

002	Mt 1,6	... Δαυὶδ δὲ ἐγέννησεν τὸν Σολομῶνα ἐκ τῆς τοῦ Οὐρίου, [7] Σολομὼν δὲ ἐγέννησεν τὸν Ῥοβοάμ	Lk 3,31	... τοῦ Ματταθὰ τοῦ Ναθὰμ τοῦ Δαυὶδ	

ναί	Syn 13	Mt 9	Mk	Lk 4	Acts 2	Jn 3	1-3John	Paul 9	Eph	Col
	NT 33	2Thess	1/2Tim	Tit	Heb	Jas 2	1Pet	2Pet	Jude	Rev 4

yes; indeed; certainly; quite so

	triple tradition																	double tradition			Sondergut		
		+Mt / +Lk			−Mt / −Lk			traditions not taken over by Mt / Lk							subtotals								
code	222	211	112	212	221	122	121	022	012	021	220	120	210	020	Σ+	Σ−	Σ	202	201	102	200	002	total
Mt													1+		1+		1	2			6		9
Mk																							
Lk																		2		2			4

200 200	Mt 5,37 (2)	ἔστω δὲ ὁ λόγος ὑμῶν ναὶ ναί, οὒ οὔ· τὸ δὲ περισσὸν τούτων ἐκ τοῦ πονηροῦ ἐστιν.					→ Jas 5,12
200	Mt 9,28 ⇨ Mt 20,32-33	... καὶ λέγει αὐτοῖς ὁ Ἰησοῦς· πιστεύετε ὅτι δύναμαι τοῦτο ποιῆσαι; λέγουσιν αὐτῷ· ναὶ κύριε.	Mk 10,51	καὶ ἀποκριθεὶς αὐτῷ ὁ Ἰησοῦς εἶπεν· τί σοι θέλεις ποιήσω; ὁ δὲ τυφλὸς εἶπεν αὐτῷ· ῥαββουνι, ἵνα ἀναβλέψω.	Lk 18,41	[40] ... ἐπηρώτησεν αὐτόν· [41] τί σοι θέλεις ποιήσω; ὁ δὲ εἶπεν· κύριε, ἵνα ἀναβλέψω.	
202	Mt 11,9	ἀλλὰ τί ἐξήλθατε ἰδεῖν; προφήτην; ναὶ λέγω ὑμῖν, καὶ περισσότερον προφήτου.			Lk 7,26	ἀλλὰ τί ἐξήλθατε ἰδεῖν; προφήτην; ναὶ λέγω ὑμῖν, καὶ περισσότερον προφήτου.	
202	Mt 11,26	ναὶ ὁ πατήρ, ὅτι οὕτως εὐδοκία ἐγένετο ἔμπροσθέν σου.			Lk 10,21	... ναὶ ὁ πατήρ, ὅτι οὕτως εὐδοκία ἐγένετο ἔμπροσθέν σου.	
200	Mt 13,51	συνήκατε ταῦτα πάντα; λέγουσιν αὐτῷ· ναί.					
210	Mt 15,27	ἡ δὲ εἶπεν· ναὶ κύριε, καὶ γὰρ τὰ κυνάρια ἐσθίει ἀπὸ τῶν ψιχίων τῶν πιπτόντων ἀπὸ τῆς τραπέζης τῶν κυρίων αὐτῶν.	Mk 7,28	ἡ δὲ ἀπεκρίθη καὶ λέγει αὐτῷ· κύριε· καὶ τὰ κυνάρια ὑποκάτω τῆς τραπέζης ἐσθίουσιν ἀπὸ τῶν ψιχίων τῶν παιδίων.			

	Mt		Mk		Lk		
200	Mt 17,25	[24] ... ὁ διδάσκαλος ὑμῶν οὐ τελεῖ [τὰ] δίδραχμα; [25] λέγει· **ναί.** ...					
102	Mt 23,36	**ἀμὴν** λέγω ὑμῖν, ἥξει ταῦτα πάντα ἐπὶ τὴν γενεὰν ταύτην.			Lk 11,51	... **ναὶ** λέγω ὑμῖν, ἐκζητηθήσεται ἀπὸ τῆς γενεᾶς ταύτης.	
102	Mt 10,28	... φοβεῖσθε δὲ μᾶλλον τὸν δυνάμενον καὶ ψυχὴν καὶ σῶμα ἀπολέσαι ἐν γεέννῃ.			Lk 12,5	ὑποδείξω δὲ ὑμῖν τίνα φοβηθῆτε· φοβήθητε τὸν μετὰ τὸ ἀποκτεῖναι ἔχοντα ἐξουσίαν ἐμβαλεῖν εἰς τὴν γέενναν· **ναὶ** λέγω ὑμῖν, τοῦτον φοβήθητε.	
200	Mt 21,16 → Lk 19,39-40	καὶ εἶπαν αὐτῷ· ἀκούεις τί οὗτοι λέγουσιν; ὁ δὲ Ἰησοῦς λέγει αὐτοῖς· **ναί·** οὐδέποτε ἀνέγνωτε ὅτι *ἐκ στόματος νηπίων καὶ θηλαζόντων κατηρτίσω αἶνον;* ➤ Ps 8,3 LXX					

Acts 5,8 ἀπεκρίθη δὲ πρὸς αὐτὴν Πέτρος· εἰπέ μοι, εἰ τοσούτου τὸ χωρίον ἀπέδοσθε; ἡ δὲ εἶπεν· **ναί,** τοσούτου.

Acts 22,27 προσελθὼν δὲ ὁ χιλίαρχος εἶπεν αὐτῷ· λέγε μοι, σὺ Ῥωμαῖος εἶ; ὁ δὲ ἔφη· **ναί.**

Ναιμάν	Syn 1	Mt	Mk	Lk 1	Acts	Jn	1-3John	Paul	Eph	Col
	NT 1	2Thess	1/2Tim	Tit	Heb	Jas	1Pet	2Pet	Jude	Rev

Naaman

	Mt		Mk		Lk		
002					Lk 4,27	καὶ πολλοὶ λεπροὶ ἦσαν ἐν τῷ Ἰσραὴλ ἐπὶ Ἐλισαίου τοῦ προφήτου, καὶ οὐδεὶς αὐτῶν ἐκαθαρίσθη εἰ μὴ **Ναιμὰν ὁ Σύρος.**	

Ναΐν	Syn 1	Mt	Mk	Lk 1	Acts	Jn	1-3John	Paul	Eph	Col
	NT 1	2Thess	1/2Tim	Tit	Heb	Jas	1Pet	2Pet	Jude	Rev

Nain

	Mt		Mk		Lk		
002					Lk 7,11	καὶ ἐγένετο ἐν τῷ ἑξῆς ἐπορεύθη εἰς πόλιν καλουμένην **Ναΐν** καὶ συνεπορεύοντο αὐτῷ οἱ μαθηταὶ αὐτοῦ καὶ ὄχλος πολύς.	

ναός	Syn 16	Mt 9	Mk 3	Lk 4	Acts 2	Jn 3	1-3John	Paul 6	Eph 1	Col
	NT 45	2Thess 1	1/2Tim	Tit	Heb	Jas	1Pet	2Pet	Jude	Rev 16

temple

	triple tradition																	double tradition			Sondergut		
		+Mt / +Lk			–Mt / –Lk			traditions not taken over by Mt / Lk							subtotals								
code	222	211	112	212	221	122	121	022	012	021	220	120	210	020	Σ⁺	Σ⁻	Σ	202	201	102	200	002	total
Mt	1										2						3		1		5		9
Mk	1										2						3						3
Lk	1																1					3	4

code	Mt		Mk		Lk		
002					Lk 1,9	κατὰ τὸ ἔθος τῆς ἱερατείας ἔλαχε τοῦ θυμιᾶσαι εἰσελθὼν **εἰς τὸν ναὸν τοῦ κυρίου**	
002					Lk 1,21	καὶ ἦν ὁ λαὸς προσδοκῶν τὸν Ζαχαρίαν καὶ ἐθαύμαζον ἐν τῷ χρονίζειν **ἐν τῷ ναῷ** αὐτόν.	
002					Lk 1,22	ἐξελθὼν δὲ οὐκ ἐδύνατο λαλῆσαι αὐτοῖς, καὶ ἐπέγνωσαν ὅτι ὀπτασίαν ἑώρακεν **ἐν τῷ ναῷ·** καὶ αὐτὸς ἦν διανεύων αὐτοῖς, καὶ διέμενεν κωφός.	
200 200	Mt 23,16 (2)	οὐαὶ ὑμῖν, ὁδηγοὶ τυφλοὶ οἱ λέγοντες· ὃς ἂν ὀμόσῃ **ἐν τῷ ναῷ,** οὐδέν ἐστιν· ὃς δ' ἂν ὀμόσῃ **ἐν τῷ χρυσῷ τοῦ ναοῦ** ὀφείλει.					
200	Mt 23,17	μωροὶ καὶ τυφλοί, τίς γὰρ μείζων ἐστίν, ὁ χρυσὸς ἢ **ὁ ναὸς** ὁ ἁγιάσας τὸν χρυσόν;					
200	Mt 23,21	καὶ ὁ ὀμόσας **ἐν τῷ ναῷ** ὀμνύει ἐν αὐτῷ καὶ ἐν τῷ κατοικοῦντι αὐτόν·					
201	Mt 23,35	... ἀπὸ τοῦ αἵματος Ἅβελ τοῦ δικαίου ἕως τοῦ αἵματος Ζαχαρίου υἱοῦ Βαραχίου, ὃν ἐφονεύσατε **μεταξὺ τοῦ ναοῦ καὶ τοῦ θυσιαστηρίου.**			Lk 11,51	ἀπὸ αἵματος Ἅβελ ἕως αἵματος Ζαχαρίου τοῦ ἀπολομένου **μεταξὺ τοῦ θυσιαστηρίου καὶ τοῦ οἴκου· ...**	
220	Mt 26,61 ↓ Mt 27,40	... δύναμαι καταλῦσαι **τὸν ναὸν τοῦ θεοῦ** καὶ διὰ τριῶν ἡμερῶν οἰκοδομῆσαι.	Mk 14,58 ↓ Mk 15,29	... ἐγὼ καταλύσω **τὸν ναὸν τοῦτον τὸν χειροποίητον** καὶ διὰ τριῶν ἡμερῶν ἄλλον ἀχειροποίητον οἰκοδομήσω.			→ Jn 2,19 → Acts 6,14 → GTh 71

	Mt		Mk		Lk		
200	Mt 27,5	καὶ ῥίψας τὰ ἀργύρια **εἰς τὸν ναὸν** ἀνεχώρησεν, καὶ ἀπελθὼν ἀπήγξατο.					
220	Mt 27,40 ↑ Mt 26,61	καὶ λέγοντες· ὁ καταλύων **τὸν ναὸν** καὶ ἐν τρισὶν ἡμέραις οἰκοδομῶν, ...	Mk 15,29 ↑ Mk 14,58	... καὶ λέγοντες· οὐὰ ὁ καταλύων **τὸν ναὸν** καὶ οἰκοδομῶν ἐν τρισὶν ἡμέραις			→ Jn 2,19 → Acts 6,14
222	Mt 27,51	καὶ ἰδοὺ **τὸ καταπέτασμα** **τοῦ ναοῦ** ἐσχίσθη ἀπ' ἄνωθεν ἕως κάτω εἰς δύο ...	Mk 15,38	καὶ **τὸ καταπέτασμα** **τοῦ ναοῦ** ἐσχίσθη εἰς δύο ἀπ' ἄνωθεν ἕως κάτω.	Lk 23,45	... ἐσχίσθη δὲ **τὸ καταπέτασμα** **τοῦ ναοῦ** μέσον.	

Acts 17,24	ὁ θεὸς ὁ ποιήσας τὸν κόσμον καὶ πάντα τὰ ἐν αὐτῷ, οὗτος οὐρανοῦ καὶ γῆς ὑπάρχων κύριος οὐκ **ἐν χειροποιήτοις ναοῖς** κατοικεῖ	Acts 19,24	Δημήτριος γάρ τις ὀνόματι, ἀργυροκόπος, ποιῶν **ναοὺς ἀργυροῦς Ἀρτέμιδος** παρείχετο τοῖς τεχνίταις οὐκ ὀλίγην ἐργασίαν

Ναούμ

Syn 1	Mt	Mk	Lk 1	Acts	Jn	1-3John	Paul	Eph	Col
NT 1	2Thess	1/2Tim	Tit	Heb	Jas	1Pet	2Pet	Jude	Rev

Nahum

	Mt		Mk		Lk		
002					Lk 3,25	... τοῦ Ἀμὼς **τοῦ Ναοὺμ** τοῦ Ἑσλὶ ...	

νάρδος

Syn 1	Mt	Mk 1	Lk	Acts	Jn 1	1-3John	Paul	Eph	Col
NT 2	2Thess	1/2Tim	Tit	Heb	Jas	1Pet	2Pet	Jude	Rev

(spike-)nard; oil of nard

	Mt		Mk		Lk		
120	Mt 26,7	προσῆλθεν αὐτῷ γυνὴ ἔχουσα **ἀλάβαστρον μύρου** **βαρυτίμου ...**	Mk 14,3	... ἦλθεν γυνὴ ἔχουσα **ἀλάβαστρον μύρου** **νάρδου πιστικῆς** **πολυτελοῦς, ...**	Lk 7,37	καὶ ἰδοὺ γυνὴ ἥτις ἦν ἐν τῇ πόλει ἁμαρτωλός, ... κομίσασα **ἀλάβαστρον μύρου**	→ Jn 12,3

Ναχώρ

Syn 1	Mt	Mk	Lk 1	Acts	Jn	1-3John	Paul	Eph	Col
NT 1	2Thess	1/2Tim	Tit	Heb	Jas	1Pet	2Pet	Jude	Rev

Nahor

	Mt		Mk		Lk		
002	Mt 1,2	Ἀβραὰμ ἐγέννησεν τὸν Ἰσαάκ, ...			Lk 3,34	... τοῦ Ἰσαὰκ τοῦ Ἀβραὰμ τοῦ Θάρα **τοῦ Ναχὼρ** [35] τοῦ Σερούχ ...	

νεανίσκος	Syn 5	Mt 2	Mk 2	Lk 1	Acts 4	Jn	1-3John 2	Paul	Eph	Col
	NT 11	2Thess	1/2Tim	Tit	Heb	Jas	1Pet	2Pet	Jude	Rev

youth; young man; servant

	Mt		Mk		Lk		
002					Lk 7,14	καὶ προσελθὼν ἥψατο τῆς σοροῦ, οἱ δὲ βαστάζοντες ἔστησαν, καὶ εἶπεν· **νεανίσκε,** σοὶ λέγω, ἐγέρθητι.	
211	Mt 19,20	λέγει αὐτῷ **ὁ νεανίσκος·** πάντα ταῦτα ἐφύλαξα· ...	Mk 10,20	ὁ δὲ ἔφη αὐτῷ· διδάσκαλε, ταῦτα πάντα ἐφυλαξάμην ἐκ νεότητός μου.	Lk 18,21	ὁ δὲ εἶπεν· ταῦτα πάντα ἐφύλαξα ἐκ νεότητος.	
211	Mt 19,22	ἀκούσας δὲ **ὁ νεανίσκος** τὸν λόγον ἀπῆλθεν λυπούμενος· ἦν γὰρ ἔχων κτήματα πολλά.	Mk 10,22	ὁ δὲ στυγνάσας ἐπὶ τῷ λόγῳ ἀπῆλθεν λυπούμενος· ἦν γὰρ ἔχων κτήματα πολλά.	Lk 18,23	ὁ δὲ ἀκούσας ταῦτα περίλυπος ἐγενήθη· ἦν γὰρ πλούσιος σφόδρα.	
020			Mk 14,51	καὶ **νεανίσκος τις** συνηκολούθει αὐτῷ περιβεβλημένος σινδόνα ἐπὶ γυμνοῦ, καὶ κρατοῦσιν αὐτόν·			
021	Mt 28,3	[2] ... ἄγγελος γὰρ κυρίου καταβὰς ἐξ οὐρανοῦ ... [3] ἦν δὲ ἡ εἰδέα αὐτοῦ ὡς ἀστραπὴ καὶ τὸ ἔνδυμα αὐτοῦ λευκὸν ὡς χιών.	Mk 16,5	καὶ εἰσελθοῦσαι εἰς τὸ μνημεῖον εἶδον **νεανίσκον** καθήμενον ἐν τοῖς δεξιοῖς περιβεβλημένον στολὴν λευκήν, ...	Lk 24,4 → Lk 24,23	καὶ ἐγένετο ἐν τῷ ἀπορεῖσθαι αὐτὰς περὶ τούτου καὶ ἰδοὺ **ἄνδρες δύο** ἐπέστησαν αὐταῖς ἐν ἐσθῆτι ἀστραπτούσῃ.	→ Jn 20,12

Acts 2,17 *καὶ ἔσται* ἐν ταῖς ἐσχάταις ἡμέραις, λέγει ὁ θεός, *ἐκχεῶ ἀπὸ τοῦ πνεύματός μου ἐπὶ πᾶσαν σάρκα, καὶ προφητεύσουσιν οἱ υἱοὶ ὑμῶν καὶ αἱ θυγατέρες ὑμῶν καὶ* ***οἱ νεανίσκοι ὑμῶν*** *ὁράσεις ὄψονται καὶ οἱ πρεσβύτεροι ὑμῶν ἐνυπνίοις ἐνυπνιασθήσονται·*
➤ Joel 3,1 LXX

Acts 5,10 ἔπεσεν δὲ παραχρῆμα πρὸς τοὺς πόδας αὐτοῦ καὶ ἐξέψυξεν· εἰσελθόντες δὲ **οἱ νεανίσκοι** εὗρον αὐτὴν νεκρὰν καὶ ἐξενέγκαντες ἔθαψαν πρὸς τὸν ἄνδρα αὐτῆς

Acts 23,18 ... ὁ δέσμιος Παῦλος προσκαλεσάμενός με ἠρώτησεν **τοῦτον τὸν νεανίσκον** ἀγαγεῖν πρὸς σέ ἔχοντά τι λαλῆσαί σοι.

Acts 23,22 ὁ μὲν οὖν χιλίαρχος ἀπέλυσε **τὸν νεανίσκον** παραγγείλας μηδενὶ ἐκλαλῆσαι ὅτι ταῦτα ἐνεφάνισας πρός με.

νεκρός	Syn 33	Mt 12	Mk 7	Lk 14	Acts 17	Jn 8	1-3John	Paul 34	Eph 4	Col 3
	NT 128	2Thess	1/2Tim 2	Tit	Heb 7	Jas 3	1Pet 4	2Pet	Jude	Rev 13

dead; the dead

	triple tradition																	double tradition			Sondergut		
		+Mt / +Lk			–Mt / –Lk			traditions not taken over by Mt / Lk							subtotals								
code	222	211	112	212	221	122	121	022	012	021	220	120	210	020	Σ^+	Σ^-	Σ	202	201	102	200	002	total
Mt	2	1^+			1	1^-	1^-						1^+		2^+	2^-	5	3	2		2		**12**
Mk	2				1	1	1	1						1			7						**7**
Lk	2		1^+		1^-	1	1^-	1							1^+	2^-	5	3				6	**14**

[a] (ἡ) ἀνάστασις (ἡ) (ἐκ) (τῶν) νεκρῶν (see also g)
[b] νεκρός and (ἀνα-)ζάω
[c] νεκρός and ἐγείρω
[d] νεκρός and ἀνίστημι (intransitive)
[e] νεκρός and ἀνίστημι (transitive)
[f] ἀπὸ (τῶν) νεκρῶν
[g] ἐκ νεκρῶν (see also a)

code	Mt		Mk		Lk		
002					**Lk 7,15** ↓ Lk 9,42	καὶ ἀνεκάθισεν ὁ **νεκρὸς** καὶ ἤρξατο λαλεῖν, καὶ ἔδωκεν αὐτὸν τῇ μητρὶ αὐτοῦ. ➤ 1Kings 17,23	
202 202	**Mt 8,22** **(2)**	... καὶ ἄφες **τοὺς νεκροὺς** θάψαι **τοὺς ἑαυτῶν νεκρούς.**			**Lk 9,60** **(2)**	... ἄφες **τοὺς νεκροὺς** θάψαι **τοὺς ἑαυτῶν νεκρούς, ...**	
c 201	**Mt 10,8**	[7] πορευόμενοι δὲ κηρύσσετε λέγοντες ὅτι ἤγγικεν ἡ βασιλεία τῶν οὐρανῶν. [8] ἀσθενοῦντας θεραπεύετε, **νεκροὺς** ἐγείρετε, λεπροὺς καθαρίζετε, δαιμόνια ἐκβάλλετε· ...			**Lk 10,9**	καὶ θεραπεύετε τοὺς ἐν αὐτῇ ἀσθενεῖς καὶ λέγετε αὐτοῖς· ἤγγικεν ἐφ' ὑμᾶς ἡ βασιλεία τοῦ θεοῦ.	→ GTh 14,4
c 202	**Mt 11,5** → Mt 15,31	*τυφλοὶ ἀναβλέπουσιν* καὶ χωλοὶ περιπατοῦσιν, λεπροὶ καθαρίζονται καὶ *κωφοὶ ἀκούουσιν*, καὶ ***νεκροὶ*** *ἐγείρονται* καὶ πτωχοὶ εὐαγγελίζονται· ➤ Isa 29,18; 35,5-6; 42,18; 26,19			**Lk 7,22** → Lk 4,18	... *τυφλοὶ ἀναβλέπουσιν*, χωλοὶ περιπατοῦσιν, λεπροὶ καθαρίζονται καὶ *κωφοὶ ἀκούουσιν*, ***νεκροὶ*** *ἐγείρονται*, πτωχοὶ εὐαγγελίζονται· ➤ Isa 29,18; 35,5-6; 42,18; 26,19	
	Mt 14,1	ἐν ἐκείνῳ τῷ καιρῷ ἤκουσεν Ἡρῴδης ὁ τετραάρχης τὴν ἀκοὴν Ἰησοῦ,	**Mk 6,14**	καὶ ἤκουσεν ὁ βασιλεὺς Ἡρῴδης, φανερὸν γὰρ ἐγένετο τὸ ὄνομα αὐτοῦ,	**Lk 9,7**	ἤκουσεν δὲ Ἡρῴδης ὁ τετραάρχης τὰ γινόμενα πάντα	
c g 022			→ Mk 8,28 ↓ Mt 14,2	καὶ ἔλεγον ὅτι Ἰωάννης ὁ βαπτίζων ἐγήγερται **ἐκ νεκρῶν** καὶ διὰ τοῦτο ἐνεργοῦσιν αἱ δυνάμεις ἐν αὐτῷ.	→ Lk 9,19	καὶ διηπόρει διὰ τὸ λέγεσθαι ὑπό τινων ὅτι Ἰωάννης ἠγέρθη **ἐκ νεκρῶν**	
c f 211	**Mt 14,2** → Mt 16,14 ↑ Mk 6,14	καὶ εἶπεν τοῖς παισὶν αὐτοῦ· οὗτός ἐστιν Ἰωάννης ὁ βαπτιστής· αὐτὸς ἠγέρθη **ἀπὸ τῶν νεκρῶν** καὶ διὰ τοῦτο αἱ δυνάμεις ἐνεργοῦσιν ἐν αὐτῷ.	**Mk 6,16** → Mk 6,27	ἀκούσας δὲ ὁ Ἡρῴδης ἔλεγεν· ὃν ἐγὼ ἀπεκεφάλισα Ἰωάννην, οὗτος ἠγέρθη.	**Lk 9,9** → Lk 23,8	εἶπεν δὲ Ἡρῴδης· Ἰωάννην ἐγὼ ἀπεκεφάλισα· τίς δέ ἐστιν οὗτος περὶ οὗ ἀκούω τοιαῦτα; καὶ ἐζήτει ἰδεῖν αὐτόν.	

c d *g* 221	**Mt 17,9**	... ἐνετείλατο αὐτοῖς ὁ Ἰησοῦς λέγων· μηδενὶ εἴπητε τὸ ὅραμα ἕως οὗ ὁ υἱὸς τοῦ ἀνθρώπου **ἐκ νεκρῶν** ἐγερθῇ.	**Mk 9,9**	... διεστείλατο αὐτοῖς ἵνα μηδενὶ ἃ εἶδον διηγήσωνται, εἰ μὴ ὅταν ὁ υἱὸς τοῦ ἀνθρώπου **ἐκ νεκρῶν** ἀναστῇ.	**Lk 9,36**	... καὶ αὐτοὶ ἐσίγησαν καὶ οὐδενὶ ἀπήγγειλαν ἐν ἐκείναις ταῖς ἡμέραις οὐδὲν ὧν ἑώρακαν.	
d g 020			**Mk 9,10**	καὶ τὸν λόγον ἐκράτησαν πρὸς ἑαυτοὺς συζητοῦντες τί ἐστιν τὸ **ἐκ νεκρῶν** ἀναστῆναι.			
121	**Mt 17,18**	καὶ ἐπετίμησεν αὐτῷ ὁ Ἰησοῦς καὶ ἐξῆλθεν ἀπ᾽ αὐτοῦ τὸ δαιμόνιον καὶ ἐθεραπεύθη ὁ παῖς ἀπὸ τῆς ὥρας ἐκείνης.	**Mk 9,26**	[25] ἰδὼν δὲ ὁ Ἰησοῦς ὅτι ἐπισυντρέχει ὄχλος, ἐπετίμησεν τῷ πνεύματι τῷ ἀκαθάρτῳ ... [26] καὶ κράξας καὶ πολλὰ σπαράξας ἐξῆλθεν· καὶ ἐγένετο **ὡσεὶ νεκρός,** ὥστε τοὺς πολλοὺς λέγειν ὅτι ἀπέθανεν. [27] ὁ δὲ Ἰησοῦς κρατήσας τῆς χειρὸς αὐτοῦ ἤγειρεν αὐτόν, καὶ ἀνέστη.	**Lk 9,42** ↑ Lk 7,15	 ... ἐπετίμησεν δὲ ὁ Ἰησοῦς τῷ πνεύματι τῷ ἀκαθάρτῳ καὶ ἰάσατο τὸν παῖδα καὶ ἀπέδωκεν αὐτὸν τῷ πατρὶ αὐτοῦ.	
202 202	**Mt 8,22** **(2)**	... καὶ ἄφες **τοὺς νεκροὺς** θάψαι **τοὺς ἑαυτῶν** **νεκρούς.**			**Lk 9,60** **(2)**	... ἄφες **τοὺς νεκροὺς** θάψαι **τοὺς ἑαυτῶν** **νεκρούς, ...**	
b 002					**Lk 15,24** ↓ Lk 15,32	ὅτι οὗτος ὁ υἱός μου **νεκρὸς** ἦν καὶ ἀνέζησεν, ἦν ἀπολωλὼς καὶ εὑρέθη. καὶ ἤρξαντο εὐφραίνεσθαι.	
b 002					**Lk 15,32** ↑ Lk 15,24	εὐφρανθῆναι δὲ καὶ χαρῆναι ἔδει, ὅτι ὁ ἀδελφός σου οὗτος **νεκρὸς** ἦν καὶ ἔζησεν, καὶ ἀπολωλὼς καὶ εὑρέθη.	
f 002					**Lk 16,30**	ὁ δὲ εἶπεν· οὐχί, πάτερ Ἀβραάμ, ἀλλ᾽ ἐάν τις **ἀπὸ νεκρῶν** πορευθῇ πρὸς αὐτοὺς μετανοήσουσιν.	
d g 002					**Lk 16,31**	εἶπεν δὲ αὐτῷ· εἰ Μωϋσέως καὶ τῶν προφητῶν οὐκ ἀκούουσιν, οὐδ᾽ ἐάν τις **ἐκ νεκρῶν** ἀναστῇ πεισθήσονται.	
d a *g* 122	**Mt 22,30**	 **ἐν γὰρ τῇ** **ἀναστάσει** οὔτε γαμοῦσιν οὔτε γαμίζονται, ..	**Mk 12,25**	ὅταν γὰρ **ἐκ νεκρῶν** **ἀναστῶσιν** οὔτε γαμοῦσιν οὔτε γαμίζονται, ...	**Lk 20,35**	οἱ δὲ καταξιωθέντες τοῦ αἰῶνος ἐκείνου τυχεῖν καὶ **τῆς ἀναστάσεως** **τῆς ἐκ νεκρῶν** οὔτε γαμοῦσιν οὔτε γαμίζονται·	

a c 222	**Mt 22,31**	**περὶ δὲ τῆς ἀναστάσεως τῶν νεκρῶν** οὐκ ἀνέγνωτε τὸ ῥηθὲν ὑμῖν ὑπὸ τοῦ θεοῦ λέγοντος·	**Mk 12,26**	**περὶ δὲ τῶν νεκρῶν ὅτι ἐγείρονται** οὐκ ἀνέγνωτε ἐν τῇ βίβλῳ Μωϋσέως ἐπὶ τοῦ βάτου πῶς εἶπεν αὐτῷ ὁ θεὸς λέγων· ↔	**Lk 20,37**	**ὅτι δὲ ἐγείρονται οἱ νεκροί,** καὶ Μωϋσῆς ἐμήνυσεν ἐπὶ τῆς βάτου, ὡς λέγει ↔	
b 222	**Mt 22,32**	*ἐγώ εἰμι ὁ θεὸς Ἀβραὰμ καὶ ὁ θεὸς Ἰσαὰκ καὶ ὁ θεὸς Ἰακώβ;* οὐκ ἔστιν [ὁ] θεὸς **νεκρῶν** ἀλλὰ ζώντων. ➤ Exod 3,6	**Mk 12,27**	↔ [26] *ἐγὼ ὁ θεὸς Ἀβραὰμ καὶ [ὁ] θεὸς Ἰσαὰκ καὶ [ὁ] θεὸς Ἰακώβ;* [27] οὐκ ἔστιν θεὸς **νεκρῶν** ἀλλὰ ζώντων· πολὺ πλανᾶσθε. ➤ Exod 3,6	**Lk 20,38**	↔ [37] *κύριον τὸν θεὸν Ἀβραὰμ καὶ θεὸν Ἰσαὰκ καὶ θεὸν Ἰακώβ·* [38] θεὸς δὲ οὐκ ἔστιν **νεκρῶν** ἀλλὰ ζώντων, πάντες γὰρ αὐτῷ ζῶσιν. ➤ Exod 3,6	
201	**Mt 23,27**	οὐαὶ ὑμῖν, γραμματεῖς καὶ Φαρισαῖοι ὑποκριταί, ὅτι παρομοιάζετε τάφοις κεκονιαμένοις, οἵτινες ἔξωθεν μὲν φαίνονται ὡραῖοι, ἔσωθεν δὲ γέμουσιν **ὀστέων νεκρῶν** καὶ πάσης ἀκαθαρσίας.			**Lk 11,44**	οὐαὶ ὑμῖν, ὅτι ἐστὲ ὡς τὰ μνημεῖα τὰ ἄδηλα, καὶ οἱ ἄνθρωποι [οἱ] περιπατοῦντες ἐπάνω οὐκ οἴδασιν.	
c f 200	**Mt 27,64** ↓ Mt 28,7	κέλευσον οὖν ἀσφαλισθῆναι τὸν τάφον ἕως τῆς τρίτης ἡμέρας, μήποτε ἐλθόντες οἱ μαθηταὶ αὐτοῦ κλέψωσιν αὐτὸν καὶ εἴπωσιν τῷ λαῷ· ἠγέρθη **ἀπὸ τῶν νεκρῶν,** καὶ ἔσται ἡ ἐσχάτη πλάνη χείρων τῆς πρώτης.					
200	**Mt 28,4**	ἀπὸ δὲ τοῦ φόβου αὐτοῦ ἐσείσθησαν οἱ τηροῦντες καὶ ἐγενήθησαν **ὡς νεκροί.**	Mk 16,5	... καὶ ἐξεθαμβήθησαν.	Lk 24,5 → Lk 24,23	ἐμφόβων δὲ γενομένων αὐτῶν καὶ κλινουσῶν τὰ πρόσωπα εἰς τὴν γῆν ...	
b 112	**Mt 28,5**	... μὴ φοβεῖσθε ὑμεῖς, οἶδα γὰρ ὅτι Ἰησοῦν τὸν ἐσταυρωμένον ζητεῖτε·	**Mk 16,6**	... μὴ ἐκθαμβεῖσθε· Ἰησοῦν ζητεῖτε τὸν Ναζαρηνὸν τὸν ἐσταυρωμένον· ...	**Lk 24,5** → Lk 24,23	... τί ζητεῖτε τὸν ζῶντα **μετὰ τῶν νεκρῶν·**	
c f 210	**Mt 28,7** → Mt 26,32 ↑ Mt 27,64 → Mt 28,10.16	καὶ ταχὺ πορευθεῖσαι εἴπατε τοῖς μαθηταῖς αὐτοῦ ὅτι ἠγέρθη **ἀπὸ τῶν νεκρῶν,** καὶ ἰδοὺ προάγει ὑμᾶς εἰς τὴν Γαλιλαίαν, ...	**Mk 16,7** → Mk 14,28	ἀλλὰ ὑπάγετε εἴπατε τοῖς μαθηταῖς αὐτοῦ καὶ τῷ Πέτρῳ ὅτι προάγει ὑμᾶς εἰς τὴν Γαλιλαίαν· ...			→ Jn 20,17 → Jn 21,1
d g 002	→ Mt 16,21 → Mt 17,22-23 → Mt 20,18-19		→ Mk 8,31 → Mk 9,31 → Mk 10,33-34		**Lk 24,46** → Lk 9,22 → Lk 9,44 → Lk 17,25 → Lk 18,31-33 → Lk 24,7 → Lk 24,26	... οὕτως γέγραπται παθεῖν τὸν χριστὸν καὶ ἀναστῆναι **ἐκ νεκρῶν** τῇ τρίτῃ ἡμέρᾳ	

c g **Acts 3,15** τὸν δὲ ἀρχηγὸν τῆς ζωῆς ἀπεκτείνατε ὃν ὁ θεὸς ἤγειρεν **ἐκ νεκρῶν,** οὗ ἡμεῖς μάρτυρές ἐσμεν.

a g **Acts 4,2** διαπονούμενοι διὰ τὸ διδάσκειν αὐτοὺς τὸν λαὸν καὶ καταγγέλλειν ἐν τῷ Ἰησοῦ **τὴν ἀνάστασιν τὴν ἐκ νεκρῶν**

c g **Acts 4,10** γνωστὸν ἔστω πᾶσιν ὑμῖν καὶ παντὶ τῷ λαῷ Ἰσραὴλ ὅτι ἐν τῷ ὀνόματι Ἰησοῦ Χριστοῦ τοῦ Ναζωραίου ὃν ὑμεῖς ἐσταυρώσατε, ὃν ὁ θεὸς ἤγειρεν **ἐκ νεκρῶν,** ἐν τούτῳ οὗτος παρέστηκεν ἐνώπιον ὑμῶν ὑγιής.

	Acts 5,10	ἔπεσεν δὲ παραχρῆμα πρὸς τοὺς πόδας αὐτοῦ καὶ ἐξέψυξεν· εἰσελθόντες δὲ οἱ νεανίσκοι εὗρον αὐτὴν **νεκρὰν** καὶ ἐξενέγκαντες ἔθαψαν πρὸς τὸν ἄνδρα αὐτῆς
d *g*	**Acts 10,41**	οὐ παντὶ τῷ λαῷ, ἀλλὰ μάρτυσιν τοῖς προκεχειροτονημένοις ὑπὸ τοῦ θεοῦ, ἡμῖν, οἵτινες συνεφάγομεν καὶ συνεπίομεν αὐτῷ μετὰ τὸ ἀναστῆναι αὐτὸν **ἐκ νεκρῶν**·
b	**Acts 10,42**	... οὗτός ἐστιν **ὁ ὡρισμένος ὑπὸ τοῦ θεοῦ κριτὴς ζώντων καὶ νεκρῶν.**
c *g*	**Acts 13,30**	ὁ δὲ θεὸς ἤγειρεν αὐτὸν **ἐκ νεκρῶν**
e *g*	**Acts 13,34**	ὅτι δὲ ἀνέστησεν αὐτὸν **ἐκ νεκρῶν** μηκέτι μέλλοντα ὑποστρέφειν εἰς διαφθοράν, οὕτως εἴρηκεν ὅτι δώσω *ὑμῖν τὰ ὅσια Δαυὶδ τὰ πιστά.* ➤ Isa 55,3 LXX
d *g*	**Acts 17,3**	διανοίγων καὶ παρατιθέμενος ὅτι τὸν χριστὸν ἔδει παθεῖν καὶ ἀναστῆναι **ἐκ νεκρῶν** καὶ ὅτι οὗτός ἐστιν ὁ χριστός [ὁ] Ἰησοῦς ὃν ἐγὼ καταγγέλλω ὑμῖν.
e *g*	**Acts 17,31**	καθότι ἔστησεν ἡμέραν ἐν ᾗ μέλλει κρίνειν τὴν οἰκουμένην ἐν δικαιοσύνῃ, ἐν ἀνδρὶ ᾧ ὥρισεν, πίστιν παρασχὼν πᾶσιν ἀναστήσας αὐτὸν **ἐκ νεκρῶν.**
a	**Acts 17,32**	ἀκούσαντες δὲ **ἀνάστασιν νεκρῶν** οἱ μὲν ἐχλεύαζον, ...
	Acts 20,9	... κατενεχθεὶς ἀπὸ τοῦ ὕπνου ἔπεσεν ἀπὸ τοῦ τριστέγου κάτω καὶ ἤρθη **νεκρός.**
a	**Acts 23,6**	... ἄνδρες ἀδελφοί, ἐγὼ Φαρισαῖός εἰμι, υἱὸς Φαρισαίων, περὶ ἐλπίδος καὶ **ἀναστάσεως νεκρῶν** [ἐγὼ] κρίνομαι.
a	**Acts 24,21**	ἢ περὶ μιᾶς ταύτης φωνῆς ἧς ἐκέκραξα ἐν αὐτοῖς ἑστὼς ὅτι **περὶ ἀναστάσεως νεκρῶν** ἐγὼ κρίνομαι σήμερον ἐφ' ὑμῶν.
c	**Acts 26,8**	τί ἄπιστον κρίνεται παρ' ὑμῖν εἰ ὁ θεὸς **νεκροὺς** ἐγείρει;
a	**Acts 26,23**	εἰ παθητὸς ὁ χριστός, εἰ πρῶτος **ἐξ ἀναστάσεως νεκρῶν** φῶς μέλλει καταγγέλλειν τῷ τε λαῷ καὶ τοῖς ἔθνεσιν.
	Acts 28,6	οἱ δὲ προσεδόκων αὐτὸν μέλλειν πίμπρασθαι ἢ καταπίπτειν ἄφνω **νεκρόν.** ...

νέος

νέος	Syn	Mt	Mk	Lk	Acts	Jn	1-3John	Paul	Eph	Col
	11	2	2	7	2	1		1		1
	NT	2Thess	1/2Tim	Tit	Heb	Jas	1Pet	2Pet	Jude	Rev
	24		4	2	1		1			

new; fresh; young; young people; young men

	triple tradition																	double tradition			Sondergut		
		+Mt / +Lk			−Mt / −Lk			traditions not taken over by Mt / Lk							subtotals								
code	*222*	*211*	*112*	*212*	*221*	*122*	*121*	*022*	*012*	*021*	*220*	*120*	*210*	*020*	Σ⁺	Σ⁻	Σ	*202*	*201*	*102*	*200*	*002*	total
Mt	2																2						**2**
Mk	2																2						**2**
Lk	2		2⁺												2⁺		4					3	**7**

code		Mt		Mk		Lk	
222 112	**Mt 9,17** **(2)**	οὐδὲ βάλλουσιν **οἶνον νέον** εἰς ἀσκοὺς παλαιούς· εἰ δὲ μή γε, ῥήγνυνται οἱ ἀσκοὶ καὶ ὁ οἶνος ἐκχεῖται καὶ οἱ ἀσκοὶ ἀπόλλυνται·	**Mk 2,22** **(2)**	καὶ οὐδεὶς βάλλει **οἶνον νέον** εἰς ἀσκοὺς παλαιούς· εἰ δὲ μή, ῥήξει **ὁ οἶνος** τοὺς ἀσκοὺς καὶ ὁ οἶνος ἀπόλλυται καὶ οἱ ἀσκοί·	**Lk 5,37** **(2)**	καὶ οὐδεὶς βάλλει **οἶνον νέον** εἰς ἀσκοὺς παλαιούς· εἰ δὲ μή γε, ῥήξει **ὁ οἶνος ὁ νέος** τοὺς ἀσκοὺς καὶ αὐτὸς ἐκχυθήσεται καὶ οἱ ἀσκοὶ ἀπολοῦνται·	→ GTh 47,4
222		ἀλλὰ βάλλουσιν **οἶνον νέον** εἰς ἀσκοὺς καινούς, καὶ ἀμφότεροι συντηροῦνται.		ἀλλὰ **οἶνον νέον** εἰς ἀσκοὺς καινούς.	**Lk 5,38**	ἀλλὰ **οἶνον νέον** εἰς ἀσκοὺς καινοὺς βλητέον.	→ GTh 47,4
002					**Lk 5,39**	[καὶ] οὐδεὶς πιὼν παλαιὸν θέλει **νέον**· λέγει γάρ· ὁ παλαιὸς χρηστός ἐστιν.	→ GTh 47,3

002					**Lk 15,12**	καὶ εἶπεν **ὁ νεώτερος αὐτῶν** τῷ πατρί· πάτερ, δός μοι τὸ ἐπιβάλλον μέρος τῆς οὐσίας. ...	
002					**Lk 15,13**	καὶ μετ᾽ οὐ πολλὰς ἡμέρας συναγαγὼν πάντα **ὁ νεώτερος υἱὸς** ἀπεδήμησεν εἰς χώραν μακρὰν ...	
112	**Mt 20,26** ⇩ Mt 23,11	οὐχ οὕτως ἔσται ἐν ὑμῖν, ἀλλ᾽ ὃς ἐὰν θέλῃ ἐν ὑμῖν μέγας γενέσθαι ἔσται **ὑμῶν διάκονος,** [27] καὶ ὃς ἂν θέλῃ ἐν ὑμῖν εἶναι πρῶτος ἔσται ὑμῶν δοῦλος·	**Mk 10,43** ⇩ Mk 9,35	οὐχ οὕτως δέ ἐστιν ἐν ὑμῖν, ἀλλ᾽ ὃς ἂν θέλῃ μέγας γενέσθαι ἐν ὑμῖν ἔσται **ὑμῶν διάκονος,** [44] καὶ ὃς ἂν θέλῃ ἐν ὑμῖν εἶναι πρῶτος ἔσται πάντων δοῦλος·	**Lk 22,26**	ὑμεῖς δὲ οὐχ οὕτως, ἀλλ᾽ ὁ μείζων ἐν ὑμῖν γινέσθω **ὡς ὁ νεώτερος** καὶ ὁ ἡγούμενος ὡς ὁ διακονῶν.	
			Mk 9,35 ↑ Mt 20,26-27 ⇧ Mk 10,43-44 ↑ **Lk 22,26** ↓ Mt 23,11 → Mk 10,31	... εἴ τις θέλει πρῶτος εἶναι, ἔσται **πάντων ἔσχατος καὶ πάντων διάκονος.**			
	Mt 23,11 ⇧ Mt 20,26	ὁ δὲ μείζων ὑμῶν ἔσται **ὑμῶν διάκονος.**					

Acts 5,6 ἀναστάντες δὲ
οἱ νεώτεροι
συνέστειλαν αὐτὸν καὶ ἐξενέγκαντες ἔθαψαν.

Acts 16,11 ἀναχθέντες δὲ ἀπὸ Τρῳάδος εὐθυδρομήσαμεν εἰς Σαμοθρᾴκην, τῇ δὲ ἐπιούσῃ
εἰς Νέαν πόλιν

νεότης	Syn 2	Mt	Mk 1	Lk 1	Acts 1	Jn	1-3John	Paul	Eph	Col
	NT 4	2Thess	1/2Tim 1	Tit	Heb	Jas	1Pet	2Pet	Jude	Rev

youth

122	**Mt 19,20**	... πάντα ταῦτα ἐφύλαξα· τί ἔτι ὑστερῶ;	**Mk 10,20**	... διδάσκαλε, ταῦτα πάντα ἐφυλαξάμην **ἐκ νεότητός μου.** [21] ὁ δὲ Ἰησοῦς ... εἶπεν αὐτῷ· ἕν σε ὑστερεῖ· ...	**Lk 18,21**	... ταῦτα πάντα ἐφύλαξα **ἐκ νεότητος.** [22] ὁ δὲ Ἰησοῦς ... εἶπεν αὐτῷ· ἕν σε ὑστερεῖ· ...	

Acts 26,4 τὴν μὲν οὖν βίωσίν μου [τὴν]
ἐκ νεότητος
τὴν ἀπ᾽ ἀρχῆς γενομένην ἐν τῷ ἔθνει μου ἔν τε Ἱεροσολύμοις ἴσασι πάντες [οἱ] Ἰουδαῖοι

νεφέλη

	Syn 13	Mt 4	Mk 4	Lk 5	Acts 1	Jn	1-3John	Paul 3	Eph	Col
	NT 25	2Thess	1/2Tim	Tit	Heb	Jas	1Pet	2Pet	Jude 1	Rev 7

cloud

	triple tradition																	double tradition			Sondergut		
		+Mt / +Lk			–Mt / –Lk			traditions not taken over by Mt / Lk							subtotals								
code	222	211	112	212	221	122	121	022	012	021	220	120	210	020	Σ^+	Σ^-	Σ	202	201	102	200	002	total
Mt	3				1												4						**4**
Mk	3				1												4						**4**
Lk	3		1^+		1^-										1^+	1^-	4			1			**5**

code	Mt	Mk	Lk	
222	**Mt 17,5** (2) ἔτι αὐτοῦ λαλοῦντος ἰδοὺ **νεφέλη φωτεινὴ** ἐπεσκίασεν αὐτούς,	**Mk 9,7** (2) καὶ ἐγένετο **νεφέλη** ἐπισκιάζουσα αὐτοῖς,	**Lk 9,34** (2) ταῦτα δὲ αὐτοῦ λέγοντος ἐγένετο **νεφέλη** καὶ ἐπεσκίαζεν αὐτούς·	
112			ἐφοβήθησαν δὲ ἐν τῷ εἰσελθεῖν αὐτοὺς **εἰς τὴν νεφέλην.**	
222	→ Mt 3,17 καὶ ἰδοὺ φωνὴ **ἐκ τῆς νεφέλης** λέγουσα· οὗτός ἐστιν ὁ υἱός μου ὁ ἀγαπητός, ἐν ᾧ εὐδόκησα· ἀκούετε αὐτοῦ.	→ Mk 1,11 καὶ ἐγένετο φωνὴ **ἐκ τῆς νεφέλης·** οὗτός ἐστιν ὁ υἱός μου ὁ ἀγαπητός, ἀκούετε αὐτοῦ.	**Lk 9,35** → Lk 3,22 καὶ φωνὴ ἐγένετο **ἐκ τῆς νεφέλης** λέγουσα· οὗτός ἐστιν ὁ υἱός μου ὁ ἐκλελεγμένος, αὐτοῦ ἀκούετε.	→ Jn 12,28
102	**Mt 16,2** ... [ὀψίας γενομένης λέγετε· εὐδία, πυρράζει γὰρ ὁ οὐρανός·]		**Lk 12,54** ... ὅταν ἴδητε **[τὴν] νεφέλην** ἀνατέλλουσαν ἐπὶ δυσμῶν, εὐθέως λέγετε ὅτι ὄμβρος ἔρχεται, καὶ γίνεται οὕτως·	→ GTh 91 Mt 16,2b is textcritically uncertain.
222	**Mt 24,30** → Mt 16,27 → Mt 25,31 ... καὶ ὄψονται *τὸν υἱὸν τοῦ ἀνθρώπου ἐρχόμενον* ***ἐπὶ τῶν νεφελῶν τοῦ οὐρανοῦ*** μετὰ δυνάμεως καὶ δόξης πολλῆς· ➤ Dan 7,13-14	**Mk 13,26** → Mk 8,38 καὶ τότε ὄψονται *τὸν υἱὸν τοῦ ἀνθρώπου ἐρχόμενον* ***ἐν νεφέλαις*** μετὰ δυνάμεως πολλῆς καὶ δόξης. ➤ Dan 7,13-14	**Lk 21,27** → Lk 9,26 καὶ τότε ὄψονται *τὸν υἱὸν τοῦ ἀνθρώπου ἐρχόμενον* ***ἐν νεφέλῃ*** μετὰ δυνάμεως καὶ δόξης πολλῆς. ➤ Dan 7,13-14	
221	**Mt 26,64** → Mt 22,44 → Mt 27,42-43 ... ἀπ' ἄρτι ὄψεσθε *τὸν υἱὸν τοῦ ἀνθρώπου* καθήμενον ἐκ δεξιῶν τῆς δυνάμεως καὶ *ἐρχόμενον* ***ἐπὶ τῶν νεφελῶν τοῦ οὐρανοῦ.*** ➤ Dan 7,13	**Mk 14,62** → Mk 12,36 → Mk 15,32 ... ὄψεσθε *τὸν υἱὸν τοῦ ἀνθρώπου* ἐκ δεξιῶν καθήμενον τῆς δυνάμεως καὶ *ἐρχόμενον* ***μετὰ τῶν νεφελῶν τοῦ οὐρανοῦ.*** ➤ Dan 7,13	**Lk 22,69** → Lk 20,42 → Lk 23,35 ἀπὸ τοῦ νῦν δὲ ἔσται ὁ υἱὸς τοῦ ἀνθρώπου καθήμενος ἐκ δεξιῶν τῆς δυνάμεως τοῦ θεοῦ.	→ Acts 7,56

Acts 1,9 → Lk 9,51 → Lk 24,51 καὶ ταῦτα εἰπὼν βλεπόντων αὐτῶν ἐπήρθη καὶ **νεφέλη** ὑπέλαβεν αὐτὸν ἀπὸ τῶν ὀφθαλμῶν αὐτῶν.

Νεφθαλίμ

Νεφθαλίμ	Syn	Mt	Mk	Lk	Acts	Jn	1-3John	Paul	Eph	Col
	2	2								
	NT	2Thess	1/2Tim	Tit	Heb	Jas	1Pet	2Pet	Jude	Rev
	3									1

Naphtali

	Mt		Mk		Lk		
200	**Mt 4,13**	καὶ καταλιπὼν τὴν Ναζαρὰ ἐλθὼν κατῴκησεν εἰς Καφαρναοὺμ τὴν παραθαλασσίαν ἐν ὁρίοις Ζαβουλὼν καὶ **Νεφθαλίμ**·	**Mk 1,21**	καὶ εἰσπορεύονται εἰς Καφαρναούμ· ...	**Lk 4,31**	καὶ κατῆλθεν εἰς Καφαρναοὺμ πόλιν τῆς Γαλιλαίας. ...	→ Jn 2,12
200	**Mt 4,15**	*γῆ Ζαβουλὼν καὶ γῆ **Νεφθαλίμ**, ὁδὸν θαλάσσης, πέραν τοῦ Ἰορδάνου, Γαλιλαία τῶν ἐθνῶν* ➤ Isa 8,23					

νήθω

νήθω	Syn	Mt	Mk	Lk	Acts	Jn	1-3John	Paul	Eph	Col
	2	1		1						
	NT	2Thess	1/2Tim	Tit	Heb	Jas	1Pet	2Pet	Jude	Rev
	2									

spin

	Mt		Mk		Lk		
202	**Mt 6,28**	... καταμάθετε τὰ κρίνα τοῦ ἀγροῦ πῶς αὐξάνουσιν· οὐ κοπιῶσιν οὐδὲ **νήθουσιν**·			**Lk 12,27**	κατανοήσατε τὰ κρίνα πῶς αὐξάνει· οὐ κοπιᾷ οὐδὲ **νήθει**· ...	→ GTh 36,2-3 (only POxy 655)

νήπιος

νήπιος	Syn	Mt	Mk	Lk	Acts	Jn	1-3John	Paul	Eph	Col
	3	2		1				10	1	
	NT	2Thess	1/2Tim	Tit	Heb	Jas	1Pet	2Pet	Jude	Rev
	15				1					

infant; minor; not yet of age

	Mt		Mk		Lk		
202	**Mt 11,25**	... ἐξομολογοῦμαί σοι, πάτερ, κύριε τοῦ οὐρανοῦ καὶ τῆς γῆς, ὅτι ἔκρυψας ταῦτα ἀπὸ σοφῶν καὶ συνετῶν καὶ ἀπεκάλυψας αὐτὰ **νηπίοις**·			**Lk 10,21**	... ἐξομολογοῦμαί σοι, πάτερ, κύριε τοῦ οὐρανοῦ καὶ τῆς γῆς, ὅτι ἀπέκρυψας ταῦτα ἀπὸ σοφῶν καὶ συνετῶν καὶ ἀπεκάλυψας αὐτὰ **νηπίοις**· ...	→ GTh 4 (POxy 654)
200	**Mt 21,16** → Lk 19,39-40	καὶ εἶπαν αὐτῷ· ἀκούεις τί οὗτοι λέγουσιν; ὁ δὲ Ἰησοῦς λέγει αὐτοῖς· ναί· οὐδέποτε ἀνέγνωτε ὅτι *ἐκ στόματος **νηπίων** καὶ θηλαζόντων κατηρτίσω αἶνον;* ➤ Ps 8,3 LXX					

Νηρί

Νηρί	Syn 1	Mt	Mk	Lk 1	Acts	Jn	1-3John	Paul	Eph	Col
	NT 1	2Thess	1/2Tim	Tit	Heb	Jas	1Pet	2Pet	Jude	Rev

Neri

code	Mt	Mk	Lk	
002	**Mt 1,12** [11] Ἰωσίας δὲ ἐγέννησεν τὸν Ἰεχονίαν καὶ τοὺς ἀδελφοὺς αὐτοῦ ... [12] μετὰ δὲ τὴν μετοικεσίαν Βαβυλῶνος Ἰεχονίας ἐγέννησεν τὸν Σαλαθιήλ, ...		**Lk 3,27** ... τοῦ Σαλαθιὴλ **τοῦ Νηρὶ** [28] τοῦ Μελχὶ ...	

νηστεία

νηστεία	Syn 1	Mt	Mk	Lk 1	Acts 2	Jn	1-3John	Paul 2	Eph	Col
	NT 5	2Thess	1/2Tim	Tit	Heb	Jas	1Pet	2Pet	Jude	Rev

fasting; abstention from food

code	Mt	Mk	Lk	
002			**Lk 2,37** καὶ αὐτὴ χήρα ἕως ἐτῶν ὀγδοήκοντα τεσσάρων, ἣ οὐκ ἀφίστατο τοῦ ἱεροῦ **νηστείαις** καὶ δεήσεσιν λατρεύουσα νύκτα καὶ ἡμέραν.	

Acts 14,23 χειροτονήσαντες δὲ αὐτοῖς κατ᾽ ἐκκλησίαν πρεσβυτέρους, προσευξάμενοι
μετὰ νηστειῶν
παρέθεντο αὐτοὺς τῷ κυρίῳ εἰς ὃν πεπιστεύκεισαν.

Acts 27,9 ἱκανοῦ δὲ χρόνου διαγενομένου καὶ ὄντος ἤδη ἐπισφαλοῦς τοῦ πλοὸς διὰ τὸ καὶ
τὴν νηστείαν
ἤδη παρεληλυθέναι παρῄνει ὁ Παῦλος

νηστεύω

νηστεύω	Syn 18	Mt 8	Mk 6	Lk 4	Acts 2	Jn	1-3John	Paul	Eph	Col
	NT 20	2Thess	1/2Tim	Tit	Heb	Jas	1Pet	2Pet	Jude	Rev

to fast

	triple tradition																	double tradition			Sondergut		
		+Mt / +Lk			–Mt / –Lk			traditions not taken over by Mt / Lk							subtotals								
code	222	211	112	212	221	122	121	022	012	021	220	120	210	020	Σ⁺	Σ⁻	Σ	202	201	102	200	002	total
Mt	2				1	1^-	2^-									3^-	3		1		4		**8**
Mk	2				1	1	2										6						**6**
Lk	2				1^-	1	2^-									3^-	3					1	**4**

code	Mt	Mk	Lk	
201	**Mt 4,2** [1] ... πειρασθῆναι ὑπὸ τοῦ διαβόλου. [2] καὶ **νηστεύσας** ἡμέρας τεσσεράκοντα καὶ νύκτας τεσσεράκοντα ὕστερον ἐπείνασεν.	**Mk 1,13** καὶ ἦν ἐν τῇ ἐρήμῳ τεσσεράκοντα ἡμέρας πειραζόμενος ὑπὸ τοῦ σατανᾶ, ...	**Lk 4,2** ἡμέρας τεσσεράκοντα πειραζόμενος ὑπὸ τοῦ διαβόλου. καὶ **οὐκ ἔφαγεν οὐδὲν** ἐν ταῖς ἡμέραις ἐκείναις καὶ συντελεσθεισῶν αὐτῶν ἐπείνασεν.	Mk-Q overlap

200	Mt 6,16 (2)	ὅταν δὲ νηστεύητε,					→ GTh 6 (POxy 654) → GTh 27 (POxy 1)
200		μὴ γίνεσθε ὡς οἱ ὑποκριταὶ σκυθρωποί, ἀφανίζουσιν γὰρ τὰ πρόσωπα αὐτῶν ὅπως φανῶσιν τοῖς ἀνθρώποις νηστεύοντες· ἀμὴν λέγω ὑμῖν, ἀπέχουσιν τὸν μισθὸν αὐτῶν.					
200	Mt 6,17	σὺ δὲ νηστεύων ἄλειψαί σου τὴν κεφαλὴν καὶ τὸ πρόσωπόν σου νίψαι,					→ GTh 6 (POxy 654)
200	Mt 6,18	ὅπως μὴ φανῇς τοῖς ἀνθρώποις νηστεύων ἀλλὰ τῷ πατρί σου τῷ ἐν τῷ κρυφαίῳ· καὶ ὁ πατήρ σου ὁ βλέπων ἐν τῷ κρυφαίῳ ἀποδώσει σοι.					
121	Mt 9,14 (2)		Mk 2,18 (3)	καὶ ἦσαν οἱ μαθηταὶ Ἰωάννου καὶ οἱ Φαρισαῖοι νηστεύοντες.	Lk 5,33		
		τότε προσέρχονται αὐτῷ οἱ μαθηταὶ Ἰωάννου λέγοντες· διὰ τί ἡμεῖς καὶ		καὶ ἔρχονται καὶ λέγουσιν αὐτῷ· διὰ τί οἱ μαθηταὶ Ἰωάννου καὶ		οἱ δὲ εἶπαν πρὸς αὐτόν· οἱ μαθηταὶ Ἰωάννου	
222		οἱ Φαρισαῖοι νηστεύομεν [πολλά],		οἱ μαθηταὶ τῶν Φαρισαίων νηστεύουσιν,		νηστεύουσιν πυκνὰ καὶ δεήσεις ποιοῦνται ὁμοίως καὶ οἱ τῶν Φαρισαίων,	
221		οἱ δὲ μαθηταί σου οὐ νηστεύουσιν;		οἱ δὲ σοὶ μαθηταὶ οὐ νηστεύουσιν;		οἱ δὲ σοὶ ἐσθίουσιν καὶ πίνουσιν.	→ GTh 104
122	Mt 9,15	καὶ εἶπεν αὐτοῖς ὁ Ἰησοῦς· μὴ δύνανται οἱ υἱοὶ τοῦ νυμφῶνος πενθεῖν ἐφ᾽ ὅσον μετ᾽ αὐτῶν ἐστιν ὁ νυμφίος;	Mk 2,19 (2)	καὶ εἶπεν αὐτοῖς ὁ Ἰησοῦς· μὴ δύνανται οἱ υἱοὶ τοῦ νυμφῶνος ἐν ᾧ ὁ νυμφίος μετ᾽ αὐτῶν ἐστιν νηστεύειν;	Lk 5,34	ὁ δὲ Ἰησοῦς εἶπεν πρὸς αὐτούς· μὴ δύνασθε τοὺς υἱοὺς τοῦ νυμφῶνος ἐν ᾧ ὁ νυμφίος μετ᾽ αὐτῶν ἐστιν ποιῆσαι νηστεῦσαι;	→ GTh 104
121				ὅσον χρόνον ἔχουσιν τὸν νυμφίον μετ᾽ αὐτῶν οὐ δύνανται νηστεύειν.			
222		ἐλεύσονται δὲ ἡμέραι ὅταν ἀπαρθῇ ἀπ᾽ αὐτῶν ὁ νυμφίος, καὶ τότε νηστεύσουσιν.	Mk 2,20	ἐλεύσονται δὲ ἡμέραι ὅταν ἀπαρθῇ ἀπ᾽ αὐτῶν ὁ νυμφίος, καὶ τότε νηστεύσουσιν ἐν ἐκείνῃ τῇ ἡμέρᾳ.	Lk 5,35	ἐλεύσονται δὲ ἡμέραι, καὶ ὅταν ἀπαρθῇ ἀπ᾽ αὐτῶν ὁ νυμφίος, τότε νηστεύσουσιν ἐν ἐκείναις ταῖς ἡμέραις.	→ GTh 104
002					Lk 18,12	νηστεύω δὶς τοῦ σαββάτου, ἀποδεκατῶ πάντα ὅσα κτῶμαι.	

Acts 13,2	λειτουργούντων δὲ αὐτῶν τῷ κυρίῳ καὶ **νηστευόντων** εἶπεν τὸ πνεῦμα τὸ ἅγιον· ἀφορίσατε δή μοι τὸν Βαρναβᾶν καὶ Σαῦλον ...	**Acts 13,3**	τότε **νηστεύσαντες** καὶ προσευξάμενοι καὶ ἐπιθέντες τὰς χεῖρας αὐτοῖς ἀπέλυσαν.

νῆστις

	Syn	Mt	Mk	Lk	Acts	Jn	1-3John	Paul	Eph	Col
	2	1	1							
	NT	2Thess	1/2Tim	Tit	Heb	Jas	1Pet	2Pet	Jude	Rev
	2									

not eating; hungry

220	**Mt 15,32** → Mt 14,15	... σπλαγχνίζομαι ἐπὶ τὸν ὄχλον, ὅτι ἤδη ἡμέραι τρεῖς προσμένουσίν μοι καὶ οὐκ ἔχουσιν τί φάγωσιν· καὶ ἀπολῦσαι αὐτοὺς **νήστεις** οὐ θέλω, μήποτε ἐκλυθῶσιν ἐν τῇ ὁδῷ.	**Mk 8,3** → Mk 6,36	[2] σπλαγχνίζομαι ἐπὶ τὸν ὄχλον, ὅτι ἤδη ἡμέραι τρεῖς προσμένουσίν μοι καὶ οὐκ ἔχουσιν τί φάγωσιν· [3] καὶ ἐὰν ἀπολύσω αὐτοὺς **νήστεις** εἰς οἶκον αὐτῶν, ἐκλυθήσονται ἐν τῇ ὁδῷ· καί τινες αὐτῶν ἀπὸ μακρόθεν ἥκασιν.	→ Lk 9,12	

νικάω

	Syn	Mt	Mk	Lk	Acts	Jn	1-3John	Paul	Eph	Col
	1			1		1	6	3		
	NT	2Thess	1/2Tim	Tit	Heb	Jas	1Pet	2Pet	Jude	Rev
	28									17

intransitive: be victor; prevail; conquer; *transitive:* conquer; overcome; vanquish; *passive:* be conquered; be beaten

112	**Mt 12,29**	ἢ πῶς δύναταί τις εἰσελθεῖν εἰς τὴν οἰκίαν τοῦ ἰσχυροῦ καὶ τὰ σκεύη αὐτοῦ ἁρπάσαι, ἐὰν μὴ πρῶτον **δήσῃ** τὸν ἰσχυρόν; καὶ τότε τὴν οἰκίαν αὐτοῦ διαρπάσει.	**Mk 3,27**	ἀλλ' οὐ δύναται οὐδεὶς εἰς τὴν οἰκίαν τοῦ ἰσχυροῦ εἰσελθὼν τὰ σκεύη αὐτοῦ διαρπάσαι, ἐὰν μὴ πρῶτον τὸν ἰσχυρὸν **δήσῃ**, καὶ τότε τὴν οἰκίαν αὐτοῦ διαρπάσει.	**Lk 11,22**	[21] ὅταν ὁ ἰσχυρὸς καθωπλισμένος φυλάσσῃ τὴν ἑαυτοῦ αὐλήν, ἐν εἰρήνῃ ἐστὶν τὰ ὑπάρχοντα αὐτοῦ· [22] ἐπὰν δὲ ἰσχυρότερος αὐτοῦ ἐπελθὼν **νικήσῃ** αὐτόν, τὴν πανοπλίαν αὐτοῦ αἴρει ἐφ' ᾗ ἐπεποίθει, καὶ τὰ σκῦλα αὐτοῦ διαδίδωσιν.	→ GTh 21,5 → GTh 35 Mk-Q overlap?

νῖκος

	Syn	Mt	Mk	Lk	Acts	Jn	1-3John	Paul	Eph	Col
	1	1						3		
	NT	2Thess	1/2Tim	Tit	Heb	Jas	1Pet	2Pet	Jude	Rev
	4									

victory

200	**Mt 12,20**	*κάλαμον συντετριμμένον οὐ κατεάξει καὶ λίνον τυφόμενον οὐ σβέσει, ἕως ἂν ἐκβάλῃ* **εἰς νῖκος** *τὴν κρίσιν.* ➤ Isa 42,3-4	

Νινευίτης	Syn 3	Mt 1	Mk	Lk 2	Acts	Jn	1-3John	Paul	Eph	Col
	NT 3	2Thess	1/2Tim	Tit	Heb	Jas	1Pet	2Pet	Jude	Rev

Ninevite; inhabitant of Nineveh

	Mt		Mk		Lk		
102	**Mt 12,40** → Mt 27,63	ὥσπερ γὰρ *ἦν Ἰωνᾶς* *ἐν τῇ κοιλίᾳ τοῦ κήτους τρεῖς ἡμέρας καὶ τρεῖς νύκτας,* οὕτως ἔσται ὁ υἱὸς τοῦ ἀνθρώπου ἐν τῇ καρδίᾳ τῆς γῆς τρεῖς ἡμέρας καὶ τρεῖς νύκτας. ➤ Jonah 2,1			**Lk 11,30**	καθὼς γὰρ ἐγένετο Ἰωνᾶς **τοῖς Νινευίταις** σημεῖον, οὕτως ἔσται καὶ ὁ υἱὸς τοῦ ἀνθρώπου τῇ γενεᾷ ταύτῃ.	
202	**Mt 12,41**	**ἄνδρες Νινευῖται** ἀναστήσονται ἐν τῇ κρίσει μετὰ τῆς γενεᾶς ταύτης καὶ κατακρινοῦσιν αὐτήν, ...			**Lk 11,32**	**ἄνδρες Νινευῖται** ἀναστήσονται ἐν τῇ κρίσει μετὰ τῆς γενεᾶς ταύτης καὶ κατακρινοῦσιν αὐτήν· ...	

νίπτω	Syn 3	Mt 2	Mk 1	Lk	Acts	Jn 13	1-3John	Paul	Eph	Col
	NT 17	2Thess	1/2Tim 1	Tit	Heb	Jas	1Pet	2Pet	Jude	Rev

active: wash; *middle:* wash oneself; wash for oneself

	Mt		Mk		Lk		
200	**Mt 6,17**	σὺ δὲ νηστεύων ἄλειψαί σου τὴν κεφαλὴν καὶ τὸ πρόσωπόν σου **νίψαι**					→ GTh 6 (POxy 654) → GTh 27 (POxy 1)
020			**Mk 7,3**	- οἱ γὰρ Φαρισαῖοι καὶ πάντες οἱ Ἰουδαῖοι ἐὰν μὴ πυγμῇ **νίψωνται** τὰς χεῖρας οὐκ ἐσθίουσιν, κρατοῦντες τὴν παράδοσιν τῶν πρεσβυτέρων			
210	**Mt 15,2** → Mt 15,20	διὰ τί οἱ μαθηταί σου παραβαίνουσιν τὴν παράδοσιν τῶν πρεσβυτέρων; **οὐ γὰρ νίπτονται τὰς χεῖρας [αὐτῶν]** ὅταν ἄρτον ἐσθίωσιν.	**Mk 7,5**	... διὰ τί οὐ περιπατοῦσιν οἱ μαθηταί σου κατὰ τὴν παράδοσιν τῶν πρεσβυτέρων, **ἀλλὰ κοιναῖς χερσὶν** ἐσθίουσιν τὸν ἄρτον;			

νοέω	Syn 7	Mt 4	Mk 3	Lk	Acts	Jn 1	1-3John	Paul 1	Eph 2	Col
	NT 14	2Thess	1/2Tim 2	Tit	Heb 1	Jas	1Pet	2Pet	Jude	Rev

perceive; apprehend; understand; gain an insight into; consider; take note of; think (over); imagine

	triple tradition																	double tradition			Sondergut		
		+Mt / +Lk			–Mt / –Lk			traditions not taken over by Mt / Lk							subtotals								
code	222	211	112	212	221	122	121	022	012	021	220	120	210	020	Σ^+	Σ^-	Σ	202	201	102	200	002	total
Mt					1						2		1^+		1^+		4						**4**
Mk					1						2						3						**3**
Lk					1^-											1^-							

code	Mt		Mk		Lk		
220	**Mt 15,17**	οὐ νοεῖτε ὅτι πᾶν τὸ εἰσπορευόμενον εἰς τὸ στόμα εἰς τὴν κοιλίαν χωρεῖ καὶ εἰς ἀφεδρῶνα ἐκβάλλεται;	**Mk 7,18**	... οὐ νοεῖτε ὅτι πᾶν τὸ ἔξωθεν εἰσπορευόμενον εἰς τὸν ἄνθρωπον οὐ δύναται αὐτὸν κοινῶσαι, [19] ὅτι οὐκ εἰσπορεύεται αὐτοῦ εἰς τὴν καρδίαν ἀλλ' εἰς τὴν κοιλίαν, καὶ εἰς τὸν ἀφεδρῶνα ἐκπορεύεται, καθαρίζων πάντα τὰ βρώματα;			→ GTh 14,5
220	**Mt 16,9**	[8] ... τί διαλογίζεσθε ἐν ἑαυτοῖς, ὀλιγόπιστοι, ὅτι ἄρτους οὐκ ἔχετε; [9] οὔπω νοεῖτε, οὐδὲ μνημονεύετε τοὺς πέντε ἄρτους τῶν πεντακισχιλίων καὶ πόσους κοφίνους ἐλάβετε;	**Mk 8,17** → Mk 6,52	... τί διαλογίζεσθε ὅτι ἄρτους οὐκ ἔχετε; οὔπω νοεῖτε οὐδὲ συνίετε; πεπωρωμένην ἔχετε τὴν καρδίαν ὑμῶν; [18] ... καὶ οὐ μνημονεύετε, ὅτε τοὺς πέντε ἄρτους ἔκλασα εἰς τοὺς πεντακισχιλίους, πόσους κοφίνους κλασμάτων πλήρεις ἤρατε;			
210	**Mt 16,11** ⇨ Mt 16,6 ⇨ Mk 8,15 ⇨ Lk 12,1	πῶς οὐ νοεῖτε ὅτι οὐ περὶ ἄρτων εἶπον ὑμῖν; προσέχετε δὲ ἀπὸ τῆς ζύμης τῶν Φαρισαίων καὶ Σαδδουκαίων.	**Mk 8,21**	... οὔπω συνίετε;			
221	**Mt 24,15**	ὅταν οὖν ἴδητε *τὸ βδέλυγμα* *τῆς ἐρημώσεως* τὸ ῥηθὲν διὰ Δανιὴλ τοῦ προφήτου ἑστὸς ἐν τόπῳ ἁγίῳ, ὁ ἀναγινώσκων νοείτω ➤ Dan 9,27/11,31/12,11	**Mk 13,14**	ὅταν δὲ ἴδητε *τὸ βδέλυγμα* *τῆς ἐρημώσεως* ἑστηκότα ὅπου οὐ δεῖ, ὁ ἀναγινώσκων νοείτω, ... ➤ Dan 9,27/11,31/12,11	**Lk 21,20** → Lk 19,43	ὅταν δὲ ἴδητε κυκλουμένην ὑπὸ στρατοπέδων Ἰερουσαλήμ, τότε γνῶτε ὅτι ἤγγικεν ἡ ἐρήμωσις αὐτῆς.	

νομίζω	Syn	Mt	Mk	Lk	Acts	Jn	1-3John	Paul	Eph	Col
	5	3		2	7			2		
	NT	2Thess	1/2Tim	Tit	Heb	Jas	1Pet	2Pet	Jude	Rev
	15		1							

think; believe; hold; consider

	Mt		Mk	Lk		
002				Lk 2,44	**νομίσαντες** δὲ αὐτὸν εἶναι ἐν τῇ συνοδίᾳ ἦλθον ἡμέρας ὁδὸν καὶ ἀνεζήτουν αὐτὸν ἐν τοῖς συγγενεῦσιν καὶ τοῖς γνωστοῖς	
002	Mt 1,16 → Mt 13,55 → Mk 6,3	Ἰακὼβ δὲ ἐγέννησεν τὸν Ἰωσὴφ τὸν ἄνδρα Μαρίας, ἐξ ἧς ἐγεννήθη Ἰησοῦς ὁ λεγόμενος χριστός.		Lk 3,23 → Lk 4,22	καὶ αὐτὸς ἦν Ἰησοῦς ἀρχόμενος ὡσεὶ ἐτῶν τριάκοντα, ὢν υἱός, **ὡς ἐνομίζετο,** Ἰωσὴφ τοῦ Ἠλὶ	
200	Mt 5,17 → Mt 11,13 → Lk 16,16	**μὴ νομίσητε** ὅτι ἦλθον καταλῦσαι τὸν νόμον ἢ τοὺς προφήτας· οὐκ ἦλθον καταλῦσαι ἀλλὰ πληρῶσαι.				
201	Mt 10,34	**μὴ νομίσητε** ὅτι ἦλθον βαλεῖν εἰρήνην ἐπὶ τὴν γῆν· οὐκ ἦλθον βαλεῖν εἰρήνην ἀλλὰ μάχαιραν.		Lk 12,51	**δοκεῖτε** ὅτι εἰρήνην παρεγενόμην δοῦναι ἐν τῇ γῇ; οὐχί, λέγω ὑμῖν, ἀλλ᾽ ἢ διαμερισμόν.	→ GTh 16
200	Mt 20,10	καὶ ἐλθόντες οἱ πρῶτοι **ἐνόμισαν** ὅτι πλεῖον λήμψονται· καὶ ἔλαβον [τὸ] ἀνὰ δηνάριον καὶ αὐτοί.				

Acts 7,25 **ἐνόμιζεν** δὲ συνιέναι τοὺς ἀδελφοὺς [αὐτοῦ] ὅτι ὁ θεὸς διὰ χειρὸς αὐτοῦ δίδωσιν σωτηρίαν αὐτοῖς· οἱ δὲ οὐ συνῆκαν.

Acts 8,20 Πέτρος δὲ εἶπεν πρὸς αὐτόν· τὸ ἀργύριόν σου σὺν σοὶ εἴη εἰς ἀπώλειαν ὅτι τὴν δωρεὰν τοῦ θεοῦ **ἐνόμισας** διὰ χρημάτων κτᾶσθαι·

Acts 14,19 ... καὶ λιθάσαντες τὸν Παῦλον ἔσυρον ἔξω τῆς πόλεως **νομίζοντες** αὐτὸν τεθνηκέναι.

Acts 16,13 τῇ τε ἡμέρᾳ τῶν σαββάτων ἐξήλθομεν ἔξω τῆς πύλης παρὰ ποταμὸν οὗ **ἐνομίζομεν** προσευχὴν εἶναι, ...

Acts 16,27 ... σπασάμενος [τὴν] μάχαιραν ἤμελλεν ἑαυτὸν ἀναιρεῖν **νομίζων** ἐκπεφευγέναι τοὺς δεσμίους.

Acts 17,29 γένος οὖν ὑπάρχοντες τοῦ θεοῦ οὐκ ὀφείλομεν **νομίζειν** χρυσῷ ἢ ἀργύρῳ ἢ λίθῳ, χαράγματι τέχνης καὶ ἐνθυμήσεως ἀνθρώπου, τὸ θεῖον εἶναι ὅμοιον.

Acts 21,29 ἦσαν γὰρ προεωρακότες Τρόφιμον τὸν Ἐφέσιον ἐν τῇ πόλει σὺν αὐτῷ, ὃν **ἐνόμιζον** ὅτι εἰς τὸ ἱερὸν εἰσήγαγεν ὁ Παῦλος.

νομικός	Syn 7	Mt 1	Mk	Lk 6	Acts	Jn	1-3John	Paul	Eph	Col
	NT 9	2Thess	1/2Tim	Tit 2	Heb	Jas	1Pet	2Pet	Jude	Rev

pertaining to the law; learned in the law; legal expert; jurist; lawyer

	triple tradition																	double tradition			Sonder-gut		
		+Mt / +Lk			−Mt / −Lk			traditions not taken over by Mt / Lk							subtotals								
code	222	211	112	212	221	122	121	022	012	021	220	120	210	020	Σ⁺	Σ⁻	Σ	202	201	102	200	002	total
Mt				1⁺											1⁺		1						1
Mk																							
Lk				1⁺											1⁺		1			3		2	6

a νομικοί and Φαρισαῖοι

code	Mt	Mk	Lk	
a 102	**Mt 21,32** ἦλθεν γὰρ Ἰωάννης πρὸς ὑμᾶς ἐν ὁδῷ δικαιοσύνης, καὶ οὐκ ἐπιστεύσατε αὐτῷ, οἱ δὲ τελῶναι καὶ αἱ πόρναι ἐπίστευσαν αὐτῷ· ...		**Lk 7,30** [29] καὶ πᾶς ὁ λαὸς ἀκούσας καὶ οἱ τελῶναι ἐδικαίωσαν τὸν θεόν βαπτισθέντες τὸ βάπτισμα Ἰωάννου· [30] οἱ δὲ Φαρισαῖοι καὶ **οἱ νομικοὶ** τὴν βουλὴν τοῦ θεοῦ ἠθέτησαν εἰς ἑαυτούς μὴ βαπτισθέντες ὑπ' αὐτοῦ.	
a 212	**Mt 22,35** [34] οἱ δὲ Φαρισαῖοι ἀκούσαντες ὅτι ἐφίμωσεν τοὺς Σαδδουκαίους συνήχθησαν ἐπὶ τὸ αὐτό, [35] καὶ ἐπηρώτησεν **εἷς ἐξ αὐτῶν [νομικὸς]** πειράζων αὐτόν·	**Mk 12,28** → Lk 20,39 καὶ προσελθὼν **εἷς τῶν γραμματέων** ἀκούσας αὐτῶν συζητούντων, ἰδὼν ὅτι καλῶς ἀπεκρίθη αὐτοῖς ἐπηρώτησεν αὐτόν· ...	**Lk 10,25** καὶ ἰδοὺ **νομικός τις** ἀνέστη ἐκπειράζων αὐτὸν ...	
002			**Lk 11,45** ἀποκριθεὶς δέ **τις τῶν νομικῶν** λέγει αὐτῷ· διδάσκαλε, ταῦτα λέγων καὶ ἡμᾶς ὑβρίζεις.	
102	**Mt 23,4** δεσμεύουσιν δὲ φορτία βαρέα [καὶ δυσβάστακτα] καὶ ἐπιτιθέασιν ἐπὶ τοὺς ὤμους τῶν ἀνθρώπων, αὐτοὶ δὲ τῷ δακτύλῳ αὐτῶν οὐ θέλουσιν κινῆσαι αὐτά.		**Lk 11,46** ὁ δὲ εἶπεν· καὶ ὑμῖν **τοῖς νομικοῖς** οὐαί, ὅτι φορτίζετε τοὺς ἀνθρώπους φορτία δυσβάστακτα, καὶ αὐτοὶ ἑνὶ τῶν δακτύλων ὑμῶν οὐ προσψαύετε τοῖς φορτίοις.	
102	**Mt 23,13** → Mt 16,19 οὐαὶ δὲ ὑμῖν, **γραμματεῖς** καὶ Φαρισαῖοι ὑποκριταί, ὅτι κλείετε τὴν βασιλείαν τῶν οὐρανῶν ἔμπροσθεν τῶν ἀνθρώπων· ...		**Lk 11,52** οὐαὶ ὑμῖν **τοῖς νομικοῖς,** ὅτι ἤρατε τὴν κλεῖδα τῆς γνώσεως· ...	→ GTh 39,1-2 (POxy 655) → GTh 102
a 002			**Lk 14,3** → Mt 12,12 → Mk 3,4 → Lk 6,7.9 → Lk 13,14 καὶ ἀποκριθεὶς ὁ Ἰησοῦς εἶπεν **πρὸς τοὺς νομικοὺς καὶ Φαρισαίους** λέγων· ἔξεστιν τῷ σαββάτῳ θεραπεῦσαι ἢ οὔ;	

νόμισμα

	Syn 1	Mt 1	Mk	Lk	Acts	Jn	1-3John	Paul	Eph	Col
	NT 1	2Thess	1/2Tim	Tit	Heb	Jas	1Pet	2Pet	Jude	Rev

coin

	Mt	Mk	Lk	
211	**Mt 22,19** ἐπιδείξατέ μοι **τὸ νόμισμα τοῦ κήνσου.** οἱ δὲ προσήνεγκαν αὐτῷ δηνάριον.	**Mk 12,15** ... τί με πειράζετε; φέρετέ μοι **δηνάριον** ἵνα ἴδω. [16] οἱ δὲ ἤνεγκαν. ...	**Lk 20,24** δείξατέ μοι **δηνάριον**· ...	→ GTh 100

νομοδιδάσκαλος

	Syn 1	Mt	Mk	Lk 1	Acts 1	Jn	1-3John	Paul	Eph	Col
	NT 3	2Thess	1/2Tim 1	Tit	Heb	Jas	1Pet	2Pet	Jude	Rev

teacher of the law

	Mt	Mk	Lk	
012		**Mk 2,2** → Mk 3,20 καὶ συνήχθησαν πολλοὶ ὥστε μηκέτι χωρεῖν μηδὲ τὰ πρὸς τὴν θύραν, καὶ ἐλάλει αὐτοῖς τὸν λόγον.	**Lk 5,17** → Lk 5,21 → Mk 2,6 καὶ ἐγένετο ἐν μιᾷ τῶν ἡμερῶν καὶ αὐτὸς ἦν διδάσκων, καὶ ἦσαν καθήμενοι Φαρισαῖοι καὶ **νομοδιδάσκαλοι** οἳ ἦσαν ἐληλυθότες ἐκ πάσης κώμης τῆς Γαλιλαίας καὶ Ἰουδαίας καὶ Ἰερουσαλήμ· ...	

Acts 5,34 ἀναστὰς δέ τις ἐν τῷ συνεδρίῳ Φαρισαῖος ὀνόματι Γαμαλιήλ, **νομοδιδάσκαλος τίμιος** παντὶ τῷ λαῷ, ἐκέλευσεν ἔξω βραχὺ τοὺς ἀνθρώπους ποιῆσαι

νόμος

	Syn 17	Mt 8	Mk	Lk 9	Acts 17	Jn 14	1-3John	Paul 118	Eph 1	Col
	NT 193	2Thess	1/2Tim 2	Tit	Heb 14	Jas 10	1Pet	2Pet	Jude	Rev

law; rule; principle; norm; law (Jewish sacred writings: Pentateuch; Holy Scripture)

	triple tradition																	double tradition			Sondergut		
		+Mt / +Lk			–Mt / –Lk			traditions not taken over by Mt / Lk							subtotals								
code	222	211	112	212	221	122	121	022	012	021	220	120	210	020	Σ+	Σ−	Σ	202	201	102	200	002	total
Mt		1^+													1^+		1	2	2		3		**8**
Mk																							
Lk			1^+												1^+		1	2				6	**9**

a νόμος and κύριος
b νόμος and Μωϋσῆς
c νόμος and προφῆται
d νόμος and ἀναγινώσκω, ἀνάγνωσις
e νόμος and γράφω

	Mt	Mk	Lk	
b 002			**Lk 2,22** καὶ ὅτε ἐπλήσθησαν αἱ ἡμέραι τοῦ καθαρισμοῦ αὐτῶν **κατὰ τὸν νόμον Μωϋσέως,** ἀνήγαγον αὐτὸν εἰς Ἱεροσόλυμα παραστῆσαι τῷ κυρίῳ,	

a 002					Lk 2,23	καθὼς γέγραπται **ἐν νόμῳ κυρίου** ὅτι *πᾶν ἄρσεν διανοῖγον μήτραν ἅγιον τῷ κυρίῳ κληθήσεται,* ➢ Exod 13,2.12.15	
a 002					Lk 2,24	καὶ τοῦ δοῦναι θυσίαν κατὰ τὸ εἰρημένον **ἐν τῷ νόμῳ κυρίου,** *ζεῦγος τρυγόνων ἢ δύο νοσσοὺς περιστερῶν.* ➢ Lev 5,11; 12,8	
002					Lk 2,27	... καὶ ἐν τῷ εἰσαγαγεῖν τοὺς γονεῖς τὸ παιδίον Ἰησοῦν τοῦ ποιῆσαι αὐτοὺς **κατὰ τὸ εἰθισμένον τοῦ νόμου** περὶ αὐτοῦ	
a 002					Lk 2,39 → Mt 2,22-23	καὶ ὡς ἐτέλεσαν **πάντα τὰ κατὰ τὸν νόμον κυρίου,** ἐπέστρεψαν εἰς τὴν Γαλιλαίαν εἰς πόλιν ἑαυτῶν Ναζαρέθ.	
c 200	Mt 5,17 ↓ Mt 11,13 ↓ Lk 16,16	μὴ νομίσητε ὅτι ἦλθον καταλῦσαι **τὸν νόμον** ἢ τοὺς προφήτας· οὐκ ἦλθον καταλῦσαι ἀλλὰ πληρῶσαι.					
202	Mt 5,18 → Mt 24,35	ἀμὴν γὰρ λέγω ὑμῖν· ἕως ἂν παρέλθῃ ὁ οὐρανὸς καὶ ἡ γῆ, ἰῶτα ἓν ἢ μία κεραία οὐ μὴ παρέλθῃ **ἀπὸ τοῦ νόμου** ἕως ἂν πάντα γένηται.	→ Mk 13,31		Lk 16,17 → Lk 21,33	εὐκοπώτερον δέ ἐστιν τὸν οὐρανὸν καὶ τὴν γῆν παρελθεῖν ἢ **τοῦ νόμου** μίαν κεραίαν πεσεῖν.	
c 201	Mt 7,12 ↓ Mt 22,40	πάντα οὖν ὅσα ἐὰν θέλητε ἵνα ποιῶσιν ὑμῖν οἱ ἄνθρωποι, οὕτως καὶ ὑμεῖς ποιεῖτε αὐτοῖς· οὗτος γάρ ἐστιν **ὁ νόμος** καὶ οἱ προφῆται.			Lk 6,31	καὶ καθὼς θέλετε ἵνα ποιῶσιν ὑμῖν οἱ ἄνθρωποι ποιεῖτε αὐτοῖς ὁμοίως.	
d e 112	Mt 22,37	ὁ δὲ ἔφη αὐτῷ· *ἀγαπήσεις κύριον τὸν θεόν σου ...* ➢ Deut 6,5	Mk 12,29	ἀπεκρίθη ὁ Ἰησοῦς ὅτι πρώτη ἐστίν· *ἄκουε, Ἰσραήλ, κύριος ὁ θεὸς ἡμῶν κύριος εἷς ἐστιν,* [30] *καὶ ἀγαπήσεις κύριον τὸν θεόν σου ...* ➢ Deut 6,4-5	Lk 10,26	ὁ δὲ εἶπεν πρὸς αὐτόν· **ἐν τῷ νόμῳ** τί γέγραπται; πῶς ἀναγινώσκεις; [27] ... *ἀγαπήσεις κύριον τὸν θεόν σου ...* ➢ Deut 6,5	
c 202	Mt 11,13 ↑ Mt 5,17	πάντες γὰρ οἱ προφῆται καὶ **ὁ νόμος** ἕως Ἰωάννου ἐπροφήτευσαν·			Lk 16,16	**ὁ νόμος** καὶ οἱ προφῆται μέχρι Ἰωάννου· ...	
202	Mt 5,18 → Mt 24,35	ἀμὴν γὰρ λέγω ὑμῖν· ἕως ἂν παρέλθῃ ὁ οὐρανὸς καὶ ἡ γῆ, ἰῶτα ἓν ἢ μία κεραία οὐ μὴ παρέλθῃ **ἀπὸ τοῦ νόμου** ἕως ἂν πάντα γένηται.	→ Mk 13,31		Lk 16,17 → Lk 21,33	εὐκοπώτερον δέ ἐστιν τὸν οὐρανὸν καὶ τὴν γῆν παρελθεῖν ἢ **τοῦ νόμου** μίαν κεραίαν πεσεῖν.	

	Mt		Mk		Lk		
d 200	**Mt 12,5**	ἢ οὐκ ἀνέγνωτε **ἐν τῷ νόμῳ** ὅτι τοῖς σάββασιν οἱ ἱερεῖς ἐν τῷ ἱερῷ τὸ σάββατον βεβηλοῦσιν καὶ ἀναίτιοί εἰσιν;					
211	**Mt 22,36** → Mt 19,16	διδάσκαλε, ποία ἐντολὴ **μεγάλη ἐν τῷ νόμῳ;**	**Mk 12,28** → Mk 10,17	... ποία ἐστὶν ἐντολὴ **πρώτη πάντων;**	**Lk 10,25** ⇨ Lk 18,18	... διδάσκαλε, τί ποιήσας ζωὴν αἰώνιον κληρονομήσω;	
c 200	**Mt 22,40** ↑ Mt 7,12 → Mt 22,38 → Mk 12,31b	ἐν ταύταις ταῖς δυσὶν ἐντολαῖς **ὅλος ὁ νόμος** κρέμαται καὶ οἱ προφῆται.					
201	**Mt 23,23**	... καὶ ἀφήκατε **τὰ βαρύτερα τοῦ νόμου,** τὴν κρίσιν καὶ τὸ ἔλεος καὶ τὴν πίστιν· ταῦτα [δὲ] ἔδει ποιῆσαι κἀκεῖνα μὴ ἀφιέναι.			**Lk 11,42**	... καὶ παρέρχεσθε τὴν κρίσιν καὶ τὴν ἀγάπην τοῦ θεοῦ· ταῦτα δὲ ἔδει ποιῆσαι κἀκεῖνα μὴ παρεῖναι.	
b c e 002					**Lk 24,44** → Lk 24,27	... οὗτοι οἱ λόγοι μου οὓς ἐλάλησα πρὸς ὑμᾶς ἔτι ὢν σὺν ὑμῖν, ὅτι δεῖ πληρωθῆναι πάντα τὰ γεγραμμένα **ἐν τῷ νόμῳ Μωϋσέως καὶ τοῖς προφήταις καὶ ψαλμοῖς** περὶ ἐμοῦ.	

Acts 6,13 ... ὁ ἄνθρωπος οὗτος οὐ παύεται λαλῶν ῥήματα **κατὰ τοῦ τόπου τοῦ ἁγίου [τούτου] καὶ τοῦ νόμου·**

Acts 7,53 οἵτινες ἐλάβετε **τὸν νόμον** εἰς διαταγὰς ἀγγέλων καὶ οὐκ ἐφυλάξατε.

c d **Acts 13,15** **μετὰ δὲ τὴν ἀνάγνωσιν τοῦ νόμου καὶ τῶν προφητῶν** ἀπέστειλαν οἱ ἀρχισυνάγωγοι πρὸς αὐτοὺς λέγοντες· ...

b **Acts 13,38** γνωστὸν οὖν ἔστω ὑμῖν, ἄνδρες ἀδελφοί, ὅτι διὰ τούτου ὑμῖν ἄφεσις ἁμαρτιῶν καταγγέλλεται, [καὶ] ἀπὸ πάντων ὧν οὐκ ἠδυνήθητε **ἐν νόμῳ Μωϋσέως** δικαιωθῆναι

b **Acts 15,5** ἐξανέστησαν δέ τινες τῶν ἀπὸ τῆς αἱρέσεως τῶν Φαρισαίων πεπιστευκότες λέγοντες ὅτι δεῖ περιτέμνειν αὐτοὺς παραγγέλλειν τε τηρεῖν **τὸν νόμον Μωϋσέως.**

Acts 18,13 λέγοντες ὅτι **παρὰ τὸν νόμον** ἀναπείθει οὗτος τοὺς ἀνθρώπους σέβεσθαι τὸν θεόν.

Acts 18,15 εἰ δὲ ζητήματά ἐστιν περὶ λόγου καὶ ὀνομάτων καὶ **νόμου τοῦ καθ' ὑμᾶς,** ὄψεσθε αὐτοί· κριτὴς ἐγὼ τούτων οὐ βούλομαι εἶναι.

Acts 21,20 ... θεωρεῖς, ἀδελφέ, πόσαι μυριάδες εἰσὶν ἐν τοῖς Ἰουδαίοις τῶν πεπιστευκότων καὶ πάντες **ζηλωταὶ τοῦ νόμου** ὑπάρχουσιν·

Acts 21,24 ... καὶ γνώσονται πάντες ὅτι ὧν κατήχηνται περὶ σοῦ οὐδέν ἐστιν ἀλλὰ στοιχεῖς καὶ αὐτὸς φυλάσσων **τὸν νόμον.**

Acts 21,28 ... οὗτός ἐστιν ὁ ἄνθρωπος ὁ **κατὰ τοῦ λαοῦ καὶ τοῦ νόμου καὶ τοῦ τόπου τούτου** πάντας πανταχῇ διδάσκων, ...

Acts 22,3 ... ἀνατεθραμμένος δὲ ἐν τῇ πόλει ταύτῃ, παρὰ τοὺς πόδας Γαμαλιὴλ πεπαιδευμένος **κατὰ ἀκρίβειαν τοῦ πατρῴου νόμου,** ...

Acts 22,12 Ἁνανίας δέ τις, ἀνὴρ εὐλαβὴς **κατὰ τὸν νόμον,** μαρτυρούμενος ὑπὸ πάντων τῶν κατοικούντων Ἰουδαίων

Acts 23,3 ... καὶ σὺ κάθῃ κρίνων με **κατὰ τὸν νόμον** καὶ παρανομῶν κελεύεις με τύπτεσθαι;

Acts 23,29 ὃν εὗρον ἐγκαλούμενον **περὶ ζητημάτων τοῦ νόμου αὐτῶν,** μηδὲν δὲ ἄξιον θανάτου ἢ δεσμῶν ἔχοντα ἔγκλημα.

c e **Acts 24,14** ὁμολογῶ δὲ τοῦτό σοι ὅτι κατὰ τὴν ὁδὸν ἣν λέγουσιν αἵρεσιν, οὕτως λατρεύω τῷ πατρῴῳ θεῷ πιστεύων πᾶσι τοῖς **κατὰ τὸν νόμον** καὶ τοῖς ἐν τοῖς προφήταις γεγραμμένοις

	Acts 25,8	τοῦ Παύλου ἀπολογουμένου ὅτι οὔτε **εἰς τὸν νόμον τῶν Ἰουδαίων** οὔτε εἰς τὸ ἱερὸν οὔτε εἰς Καίσαρά τι ἥμαρτον.	*b* *c* **Acts 28,23**	... διαμαρτυρόμενος τὴν βασιλείαν τοῦ θεοῦ, πείθων τε αὐτοὺς περὶ τοῦ Ἰησοῦ **ἀπό τε τοῦ νόμου Μωϋσέως καὶ τῶν προφητῶν,** ἀπὸ πρωῒ ἕως ἑσπέρας.

νόσος	Syn 10	Mt 5	Mk 1	Lk 4	Acts 1	Jn	1-3John	Paul	Eph	Col
	NT 11	2Thess	1/2Tim	Tit	Heb	Jas	1Pet	2Pet	Jude	Rev

disease; illness

	triple tradition																	double tradition			Sondergut		
		+Mt / +Lk			–Mt / –Lk			traditions not taken over by Mt / Lk							subtotals								
code	*222*	*211*	*112*	*212*	*221*	*122*	*121*	*022*	*012*	*021*	*220*	*120*	*210*	*020*	Σ^{+}	Σ^{-}	Σ	*202*	*201*	*102*	*200*	*002*	total
Mt		1^{+}		1^{+}			1^{-}						1^{+}		3^{+}	1^{-}	3				2		**5**
Mk							1										1						**1**
Lk			1^{+}	1^{+}			1^{-}		1^{+}						3^{+}	1^{-}	3					1	**4**

a νόσος and μαλακία

112	**Mt 8,16** ⇩ Mt 4,24 ↓ Mt 12,15 → Mt 15,30	ὀψίας δὲ γενομένης προσήνεγκαν αὐτῷ δαιμονιζομένους πολλούς·	**Mk 1,32** ↓ Mk 3,10 → Mk 7,32	ὀψίας δὲ γενομένης, ὅτε ἔδυ ὁ ἥλιος, ἔφερον πρὸς αὐτὸν πάντας τοὺς κακῶς ἔχοντας καὶ τοὺς δαιμονιζομένους·	**Lk 4,40** ↓ Lk 6,18	δύνοντος δὲ τοῦ ἡλίου ἅπαντες ὅσοι εἶχον ἀσθενοῦντας **νόσοις ποικίλαις** ἤγαγον αὐτοὺς πρὸς αὐτόν·
121		καὶ ἐξέβαλεν τὰ πνεύματα λόγῳ καὶ πάντας τοὺς κακῶς ἔχοντας ἐθεράπευσεν	**Mk 1,34**	καὶ ἐθεράπευσεν πολλοὺς κακῶς ἔχοντας **ποικίλαις νόσοις** καὶ δαιμόνια πολλὰ ἐξέβαλεν, ...		ὁ δὲ ἑνὶ ἑκάστῳ αὐτῶν τὰς χεῖρας ἐπιτιθεὶς ἐθεράπευεν αὐτούς. [41] ἐξήρχετο δὲ καὶ δαιμόνια ἀπὸ πολλῶν ...
a 211	**Mt 4,23** ⇩ Mt 9,35 → Mk 1,21	καὶ περιῆγεν ἐν ὅλῃ τῇ Γαλιλαίᾳ διδάσκων ἐν ταῖς συναγωγαῖς αὐτῶν καὶ κηρύσσων τὸ εὐαγγέλιον τῆς βασιλείας καὶ θεραπεύων **πᾶσαν νόσον** καὶ πᾶσαν μαλακίαν ἐν τῷ λαῷ.	**Mk 1,39** → Mk 1,14 ↓ Mk 6,6	καὶ ἦλθεν κηρύσσων εἰς τὰς συναγωγὰς αὐτῶν εἰς ὅλην τὴν Γαλιλαίαν καὶ τὰ δαιμόνια ἐκβάλλων.	**Lk 4,44** → Lk 4,15 ↓ Lk 8,1	καὶ ἦν κηρύσσων εἰς τὰς συναγωγὰς τῆς Ἰουδαίας.
200	**Mt 4,24** ⇧ Mt 8,16 ↓ Mt 12,15	... καὶ προσήνεγκαν αὐτῷ πάντας τοὺς κακῶς ἔχοντας **ποικίλαις νόσοις** καὶ βασάνοις συνεχομένους [καὶ] δαιμονιζομένους καὶ σεληνιαζομένους καὶ παραλυτικούς, ...	**Mk 1,32** ↓ Mk 3,10 → Mk 7,32	ὀψίας δὲ γενομένης, ὅτε ἔδυ ὁ ἥλιος, ἔφερον πρὸς αὐτὸν πάντας τοὺς κακῶς ἔχοντας καὶ τοὺς δαιμονιζομένους·	**Lk 4,40** ↓ Lk 6,18	δύνοντος δὲ τοῦ ἡλίου ἅπαντες ὅσοι εἶχον ἀσθενοῦντας **νόσοις ποικίλαις** ἤγαγον αὐτοὺς πρὸς αὐτόν· ...

012			**Mk 3,8**	... πλῆθος πολὺ ἀκούοντες ὅσα ἐποίει ἦλθον πρὸς αὐτόν.	**Lk 6,18** → Lk 5,15 ↓ Lk 7,21	οἳ ἦλθον ἀκοῦσαι αὐτοῦ καὶ ἰαθῆναι **ἀπὸ τῶν νόσων αὐτῶν·**	
	Mt 12,15 ↑ Mt 4,24 ↑ Mt 8,16	... καὶ ἠκολούθησαν αὐτῷ [ὄχλοι] πολλοί, καὶ ἐθεράπευσεν αὐτοὺς πάντας	**Mk 3,10** ↑ Mk 1,34	πολλοὺς γὰρ ἐθεράπευσεν, ὥστε ἐπιπίπτειν αὐτῷ ἵνα αὐτοῦ ἅψωνται ὅσοι εἶχον μάστιγας.	↑ Lk 4,40 → Mk 3,11	καὶ οἱ ἐνοχλούμενοι ἀπὸ πνευμάτων ἀκαθάρτων ἐθεραπεύοντο	
200	**Mt 8,17**	ὅπως πληρωθῇ τὸ ῥηθὲν διὰ Ἠσαΐου τοῦ προφήτου λέγοντος· *αὐτὸς τὰς ἀσθενείας ἡμῶν ἔλαβεν καὶ* ***τὰς νόσους*** *ἐβάστασεν.* ➤ Isa 53,4					
a 210	**Mt 9,35** ⇑ Mt 4,23 → Mk 1,21	καὶ περιῆγεν ὁ Ἰησοῦς τὰς πόλεις πάσας καὶ τὰς κώμας διδάσκων ἐν ταῖς συναγωγαῖς αὐτῶν καὶ κηρύσσων τὸ εὐαγγέλιον τῆς βασιλείας καὶ θεραπεύων **πᾶσαν νόσον** καὶ πᾶσαν μαλακίαν.	**Mk 6,6** ↑ Mk 1,39	... καὶ περιῆγεν τὰς κώμας κύκλῳ διδάσκων.	**Lk 8,1** → Lk 4,15 ↑ Lk 4,44 → Lk 13,22	καὶ ἐγένετο ἐν τῷ καθεξῆς καὶ αὐτὸς διώδευεν κατὰ πόλιν καὶ κώμην κηρύσσων καὶ εὐαγγελιζόμενος τὴν βασιλείαν τοῦ θεοῦ καὶ οἱ δώδεκα σὺν αὐτῷ	
002					**Lk 7,21** ↑ Lk 6,18	ἐν ἐκείνῃ τῇ ὥρᾳ ἐθεράπευσεν πολλοὺς **ἀπὸ νόσων** καὶ μαστίγων καὶ πνευμάτων πονηρῶν καὶ τυφλοῖς πολλοῖς ἐχαρίσατο βλέπειν.	
a 212	**Mt 10,1** → Mk 3,13	καὶ προσκαλεσάμενος τοὺς δώδεκα μαθητὰς αὐτοῦ ἔδωκεν αὐτοῖς ἐξουσίαν πνευμάτων ἀκαθάρτων ὥστε ἐκβάλλειν αὐτὰ καὶ θεραπεύειν **πᾶσαν νόσον** καὶ πᾶσαν μαλακίαν.	**Mk 6,7** → Mk 3,14-15 → Mt 10,5 → Lk 9,2	καὶ προσκαλεῖται τοὺς δώδεκα καὶ ἤρξατο αὐτοὺς ἀποστέλλειν δύο δύο καὶ ἐδίδου αὐτοῖς ἐξουσίαν τῶν πνευμάτων τῶν ἀκαθάρτων	**Lk 9,1** → Lk 10,1	συγκαλεσάμενος δὲ τοὺς δώδεκα ἔδωκεν αὐτοῖς δύναμιν καὶ ἐξουσίαν ἐπὶ πάντα τὰ δαιμόνια καὶ **νόσους** θεραπεύειν	

Acts 19,12 ὥστε καὶ ἐπὶ τοὺς ἀσθενοῦντας ἀποφέρεσθαι ἀπὸ τοῦ χρωτὸς αὐτοῦ σουδάρια ἢ σιμικίνθια καὶ ἀπαλλάσσεσθαι ἀπ᾽ αὐτῶν **τὰς νόσους,** τά τε πνεύματα τὰ πονηρὰ ἐκπορεύεσθαι.

νοσσιά	Syn 1	Mt	Mk	Lk 1	Acts	Jn	1-3John	Paul	Eph	Col
	NT 1	2Thess	1/2Tim	Tit	Heb	Jas	1Pet	2Pet	Jude	Rev

brood

	Mt		Mk	Lk		
102	Mt 23,37	... ποσάκις ἠθέλησα ἐπισυναγαγεῖν τὰ τέκνα σου, ὃν τρόπον ὄρνις ἐπισυνάγει **τὰ νοσσία αὐτῆς** ὑπὸ τὰς πτέρυγας, καὶ οὐκ ἠθελήσατε.		Lk 13,34	... ποσάκις ἠθέλησα ἐπισυνάξαι τὰ τέκνα σου ὃν τρόπον ὄρνις **τὴν ἑαυτῆς νοσσιὰν** ὑπὸ τὰς πτέρυγας, καὶ οὐκ ἠθελήσατε.	

νοσσίον	Syn 1	Mt 1	Mk	Lk	Acts	Jn	1-3John	Paul	Eph	Col
	NT 1	2Thess	1/2Tim	Tit	Heb	Jas	1Pet	2Pet	Jude	Rev

the young

	Mt		Mk	Lk		
201	Mt 23,37	... ποσάκις ἠθέλησα ἐπισυναγαγεῖν τὰ τέκνα σου, ὃν τρόπον ὄρνις ἐπισυνάγει **τὰ νοσσία αὐτῆς** ὑπὸ τὰς πτέρυγας, καὶ οὐκ ἠθελήσατε.		Lk 13,34	... ποσάκις ἠθέλησα ἐπισυνάξαι τὰ τέκνα σου ὃν τρόπον ὄρνις **τὴν ἑαυτῆς νοσσιὰν** ὑπὸ τὰς πτέρυγας, καὶ οὐκ ἠθελήσατε.	

νοσσός	Syn 1	Mt	Mk	Lk 1	Acts	Jn	1-3John	Paul	Eph	Col
	NT 1	2Thess	1/2Tim	Tit	Heb	Jas	1Pet	2Pet	Jude	Rev

young

	Mt		Mk	Lk		
002				Lk 2,24	καὶ τοῦ δοῦναι θυσίαν κατὰ τὸ εἰρημένον ἐν τῷ νόμῳ κυρίου, *ζεῦγος τρυγόνων ἢ* ***δύο νοσσοὺς*** *περιστερῶν.* ➤ Lev 5,11; 12,8	

νότος	Syn 4	Mt 1	Mk	Lk 3	Acts 2	Jn	1-3John	Paul	Eph	Col
	NT 7	2Thess	1/2Tim	Tit	Heb	Jas	1Pet	2Pet	Jude	Rev 1

south wind; southwest wind; south

	Mt		Mk	Lk		
202	Mt 12,42	**βασίλισσα νότου** ἐγερθήσεται ἐν τῇ κρίσει μετὰ τῆς γενεᾶς ταύτης καὶ κατακρινεῖ αὐτήν, ...		Lk 11,31	**βασίλισσα νότου** ἐγερθήσεται ἐν τῇ κρίσει μετὰ τῶν ἀνδρῶν τῆς γενεᾶς ταύτης καὶ κατακρινεῖ αὐτούς, ...	
102	Mt 16,3	[καὶ πρωΐ· σήμερον χειμών, πυρράζει γὰρ στυγνάζων ὁ οὐρανός. ...]		Lk 12,55	καὶ ὅταν **νότον** πνέοντα, λέγετε ὅτι καύσων ἔσται, καὶ γίνεται.	Mt 16,3 is textcritically uncertain.

	Mt	Mk	Lk	
102	**Mt 8,11** → Lk 13,28 ... πολλοὶ ἀπὸ ἀνατολῶν καὶ δυσμῶν ἥξουσιν καὶ ἀνακλιθήσονται μετὰ Ἀβραὰμ καὶ Ἰσαὰκ καὶ Ἰακὼβ ἐν τῇ βασιλείᾳ τῶν οὐρανῶν		**Lk 13,29** καὶ ἥξουσιν ἀπὸ ἀνατολῶν καὶ δυσμῶν καὶ **ἀπὸ βορρᾶ καὶ νότου** καὶ ἀνακλιθήσονται ἐν τῇ βασιλείᾳ τοῦ θεοῦ.	

Acts 27,13 ὑποπνεύσαντος δὲ
νότου
δόξαντες τῆς προθέσεως
κεκρατηκέναι, ἄραντες
ἆσσον παρελέγοντο τὴν
Κρήτην.

Acts 28,13 ... καὶ μετὰ μίαν ἡμέραν
ἐπιγενομένου
νότου
δευτεραῖοι ἤλθομεν
εἰς Ποτιόλους

νουνεχῶς	Syn 1	Mt	Mk 1	Lk	Acts	Jn	1-3John	Paul	Eph	Col
	NT 1	2Thess	1/2Tim	Tit	Heb	Jas	1Pet	2Pet	Jude	Rev

wisely; thoughtfully

	Mt	Mk	Lk	
021		**Mk 12,34** καὶ ὁ Ἰησοῦς ἰδὼν [αὐτὸν] ὅτι **νουνεχῶς** ἀπεκρίθη εἶπεν αὐτῷ· οὐ μακρὰν εἶ ἀπὸ τῆς βασιλείας τοῦ θεοῦ. ...	**Lk 10,28** εἶπεν δὲ αὐτῷ· **ὀρθῶς** ἀπεκρίθης· τοῦτο ποίει καὶ ζήσῃ.	

νοῦς	Syn 1	Mt	Mk	Lk 1	Acts	Jn	1-3John	Paul 14	Eph 2	Col 1
	NT 24	2Thess 1	1/2Tim 2	Tit 1	Heb	Jas	1Pet	2Pet	Jude	Rev 2

understanding; mind; intellect; attitude; way of thinking; thought; opinion; decree

	Mt	Mk	Lk	
002			**Lk 24,45** τότε διήνοιξεν αὐτῶν **τὸν νοῦν** τοῦ συνιέναι τὰς γραφάς·	

νύμφη	Syn 3	Mt 1	Mk	Lk 2	Acts	Jn 1	1-3John	Paul	Eph	Col
	NT 8	2Thess	1/2Tim	Tit	Heb	Jas	1Pet	2Pet	Jude	Rev 4

bride; daughter-in-law

	Mt	Mk	Lk	
102	**Mt 10,35** → Lk 12,52 ἦλθον γὰρ διχάσαι ἄνθρωπον *κατὰ τοῦ πατρὸς αὐτοῦ* καὶ *θυγατέρα* *κατὰ τῆς μητρὸς αὐτῆς*		**Lk 12,53 (2)** → Lk 12,52 → Mt 10,21 → Mk 13,12 → Lk 21,16 διαμερισθήσονται πατὴρ ἐπὶ υἱῷ καὶ *υἱὸς* ἐπὶ *πατρί*, μήτηρ ἐπὶ τὴν θυγατέρα καὶ *θυγάτηρ* *ἐπὶ τὴν μητέρα*, πενθερὰ **ἐπὶ τὴν νύμφην αὐτῆς**	→ GTh 16
202	καὶ ***νύμφην*** *κατὰ τῆς πενθερᾶς αὐτῆς* ➤ Micah 7,6		καὶ ***νύμφη*** *ἐπὶ τὴν πενθεράν.* ➤ Micah 7,6	→ GTh 16

νυμφίος	Syn 11	Mt 6	Mk 3	Lk 2	Acts	Jn 4	1-3John	Paul	Eph	Col
	NT 16	2Thess	1/2Tim	Tit	Heb	Jas	1Pet	2Pet	Jude	Rev 1

bridegroom

	triple tradition																	double tradition			Sondergut		
		+Mt / +Lk			−Mt / −Lk			traditions not taken over by Mt / Lk							subtotals								
code	222	211	112	212	221	122	121	022	012	021	220	120	210	020	Σ^+	Σ^-	Σ	202	201	102	200	002	total
Mt	2						1^-									1^-	2				4		**6**
Mk	2						1										3						**3**
Lk	2						1^-									1^-	2						**2**

code	Mt		Mk		Lk		
222	**Mt 9,15 (2)**	καὶ εἶπεν αὐτοῖς ὁ Ἰησοῦς· μὴ δύνανται οἱ υἱοὶ τοῦ νυμφῶνος πενθεῖν ἐφ' ὅσον μετ' αὐτῶν ἐστιν **ὁ νυμφίος;**	**Mk 2,19 (2)**	καὶ εἶπεν αὐτοῖς ὁ Ἰησοῦς· μὴ δύνανται οἱ υἱοὶ τοῦ νυμφῶνος ἐν ᾧ **ὁ νυμφίος** μετ' αὐτῶν ἐστιν νηστεύειν;	**Lk 5,34**	ὁ δὲ Ἰησοῦς εἶπεν πρὸς αὐτούς· μὴ δύνασθε τοὺς υἱοὺς τοῦ νυμφῶνος ἐν ᾧ **ὁ νυμφίος** μετ' αὐτῶν ἐστιν ποιῆσαι νηστεῦσαι;	→ GTh 104
121				ὅσον χρόνον ἔχουσιν **τὸν νυμφίον** μετ' αὐτῶν οὐ δύνανται νηστεύειν.			
222		ἐλεύσονται δὲ ἡμέραι ὅταν ἀπαρθῇ ἀπ' αὐτῶν **ὁ νυμφίος,** καὶ τότε νηστεύσουσιν.	**Mk 2,20**	ἐλεύσονται δὲ ἡμέραι ὅταν ἀπαρθῇ ἀπ' αὐτῶν **ὁ νυμφίος,** καὶ τότε νηστεύσουσιν ἐν ἐκείνῃ τῇ ἡμέρᾳ.	**Lk 5,35**	ἐλεύσονται δὲ ἡμέραι, καὶ ὅταν ἀπαρθῇ ἀπ' αὐτῶν **ὁ νυμφίος,** τότε νηστεύσουσιν ἐν ἐκείναις ταῖς ἡμέραις.	→ GTh 104
200	**Mt 25,1**	τότε ὁμοιωθήσεται ἡ βασιλεία τῶν οὐρανῶν δέκα παρθένοις, αἵτινες λαβοῦσαι τὰς λαμπάδας ἑαυτῶν ἐξῆλθον **εἰς ὑπάντησιν** **τοῦ νυμφίου.**					
200	**Mt 25,5**	χρονίζοντος δὲ **τοῦ νυμφίου** ἐνύσταξαν πᾶσαι καὶ ἐκάθευδον.					
200	**Mt 25,6**	μέσης δὲ νυκτὸς κραυγὴ γέγονεν· ἰδοὺ **ὁ νυμφίος,** ἐξέρχεσθε εἰς ἀπάντησιν [αὐτοῦ].					
200	**Mt 25,10**	ἀπερχομένων δὲ αὐτῶν ἀγοράσαι ἦλθεν **ὁ νυμφίος,** καὶ αἱ ἕτοιμοι εἰσῆλθον μετ' αὐτοῦ εἰς τοὺς γάμους καὶ ἐκλείσθη ἡ θύρα.			**Lk 13,25**	ἀφ' οὗ ἂν ἐγερθῇ **ὁ οἰκοδεσπότης** καὶ ἀποκλείσῃ τὴν θύραν ...	

νυμφών	Syn 3	Mt 1	Mk 1	Lk 1	Acts	Jn	1-3John	Paul	Eph	Col
	NT 3	2Thess	1/2Tim	Tit	Heb	Jas	1Pet	2Pet	Jude	Rev

bridal chamber

code	Mt		Mk		Lk		
222	Mt 9,15	καὶ εἶπεν αὐτοῖς ὁ Ἰησοῦς· μὴ δύνανται οἱ υἱοὶ τοῦ νυμφῶνος πενθεῖν ἐφ' ὅσον μετ' αὐτῶν ἐστιν ὁ νυμφίος; ...	Mk 2,19	καὶ εἶπεν αὐτοῖς ὁ Ἰησοῦς· μὴ δύνανται οἱ υἱοὶ τοῦ νυμφῶνος ἐν ᾧ ὁ νυμφίος μετ' αὐτῶν ἐστιν νηστεύειν; ὅσον χρόνον ἔχουσιν τὸν νυμφίον μετ' αὐτῶν οὐ δύνανται νηστεύειν.	Lk 5,34	ὁ δὲ Ἰησοῦς εἶπεν πρὸς αὐτούς· μὴ δύνασθε τοὺς υἱοὺς τοῦ νυμφῶνος ἐν ᾧ ὁ νυμφίος μετ' αὐτῶν ἐστιν ποιῆσαι νηστεῦσαι;	→ GTh 104

νῦν	Syn 21	Mt 4	Mk 3	Lk 14	Acts 25	Jn 28	1-3John 5	Paul 39	Eph 4	Col 2
	NT 146	2Thess 1	1/2Tim 4	Tit 1	Heb 5	Jas 3	1Pet 5	2Pet 2	Jude 1	Rev

now; at the present; then; indeed

	triple tradition																	double tradition			Sondergut		
		+Mt / +Lk			–Mt / –Lk			traditions not taken over by Mt / Lk							subtotals								
code	222	211	112	212	221	122	121	022	012	021	220	120	210	020	Σ⁺	Σ⁻	Σ	202	201	102	200	002	total
Mt		1^+			2		1^-								1^+	1^-	3				1		**4**
Mk					2		1										3						**3**
Lk			3^+		2^-		1^-								3^+	3^-	3			3		8	**14**

a ἀπὸ τοῦ νῦν   *b* ἕως τοῦ νῦν   *c* τὰ νῦν, τὸ νῦν ἔχον (Acts only)

code	Mt		Mk		Lk		
a 002					Lk 1,48 → Lk 1,45 → Lk 11,27	ὅτι ἐπέβλεψεν ἐπὶ τὴν ταπείνωσιν τῆς δούλης αὐτοῦ. ἰδοὺ γὰρ ἀπὸ τοῦ νῦν μακαριοῦσίν με πᾶσαι αἱ γενεαί	
002					Lk 2,29	νῦν ἀπολύεις τὸν δοῦλόν σου, δέσποτα, κατὰ τὸ ῥῆμά σου ἐν εἰρήνῃ·	
a 112	Mt 4,19	... δεῦτε ὀπίσω μου, καὶ ποιήσω ὑμᾶς ἁλιεῖς ἀνθρώπων.	Mk 1,17	... δεῦτε ὀπίσω μου, καὶ ποιήσω ὑμᾶς γενέσθαι ἁλιεῖς ἀνθρώπων.	Lk 5,10	... μὴ φοβοῦ· ἀπὸ τοῦ νῦν ἀνθρώπους ἔσῃ ζωγρῶν.	
102	Mt 5,6	μακάριοι οἱ πεινῶντες καὶ διψῶντες τὴν δικαιοσύνην, ὅτι αὐτοὶ χορτασθήσονται.			Lk 6,21 (2)	μακάριοι οἱ πεινῶντες νῦν, ὅτι χορτασθήσεσθε.	→ GTh 69,2
102	Mt 5,4	μακάριοι οἱ πενθοῦντες, ὅτι αὐτοὶ παρακληθήσονται.				μακάριοι οἱ κλαίοντες νῦν, ὅτι γελάσετε.	

	Mt		Mk		Lk		
002 002					**Lk 6,25** **(2)**	οὐαὶ ὑμῖν, οἱ ἐμπεπλησμένοι νῦν, ὅτι πεινάσετε. οὐαί, οἱ γελῶντες νῦν, ὅτι πενθήσετε καὶ κλαύσετε.	
102	**Mt 23,25** → Mk 7,4	οὐαὶ ὑμῖν, γραμματεῖς καὶ Φαρισαῖοι ὑποκριταί, ὅτι καθαρίζετε τὸ ἔξωθεν τοῦ ποτηρίου καὶ τῆς παροψίδος, ἔσωθεν δὲ γέμουσιν ἐξ ἁρπαγῆς καὶ ἀκρασίας.			**Lk 11,39** → Mk 7,4	εἶπεν δὲ ὁ κύριος πρὸς αὐτόν· νῦν ὑμεῖς οἱ Φαρισαῖοι τὸ ἔξωθεν τοῦ ποτηρίου καὶ τοῦ πίνακος καθαρίζετε, τὸ δὲ ἔσωθεν ὑμῶν γέμει ἁρπαγῆς καὶ πονηρίας.	→ GTh 89
a 002					**Lk 12,52** → Mt 10,35 → Lk 12,53	ἔσονται γὰρ ἀπὸ τοῦ νῦν πέντε ἐν ἑνὶ οἴκῳ διαμεμερισμένοι, ...	→ GTh 16
002					**Lk 16,25**	... τέκνον, μνήσθητι ὅτι ἀπέλαβες τὰ ἀγαθά σου ἐν τῇ ζωῇ σου, καὶ Λάζαρος ὁμοίως τὰ κακά· νῦν δὲ ὧδε παρακαλεῖται, σὺ δὲ ὀδυνᾶσαι.	
121	**Mt 19,29**	... ἑκατονταπλασίονα λήμψεται καὶ ζωὴν αἰώνιον κληρονομήσει.	**Mk 10,30**	ἐὰν μὴ λάβῃ ἑκατονταπλασίονα νῦν ἐν τῷ καιρῷ τούτῳ οἰκίας καὶ ἀδελφοὺς καὶ ἀδελφὰς καὶ μητέρας καὶ τέκνα καὶ ἀγροὺς μετὰ διωγμῶν, καὶ ἐν τῷ αἰῶνι τῷ ἐρχομένῳ ζωὴν αἰώνιον.	**Lk 18,30**	ὃς οὐχὶ μὴ [ἀπο]λάβῃ πολλαπλασίονα ἐν τῷ καιρῷ τούτῳ καὶ ἐν τῷ αἰῶνι τῷ ἐρχομένῳ ζωὴν αἰώνιον.	
002					**Lk 19,42**	λέγων ὅτι εἰ ἔγνως ἐν τῇ ἡμέρᾳ ταύτῃ καὶ σὺ τὰ πρὸς εἰρήνην· νῦν δὲ ἐκρύβη ἀπὸ ὀφθαλμῶν σου.	
b 221	**Mt 24,21**	ἔσται γὰρ τότε θλῖψις μεγάλη οἵα οὐ γέγονεν ἀπ᾽ ἀρχῆς κόσμου ἕως τοῦ νῦν οὐδ᾽ οὐ μὴ γένηται.	**Mk 13,19**	ἔσονται γὰρ αἱ ἡμέραι ἐκεῖναι θλῖψις οἵα οὐ γέγονεν τοιαύτη ἀπ᾽ ἀρχῆς κτίσεως ἣν ἔκτισεν ὁ θεὸς ἕως τοῦ νῦν καὶ οὐ μὴ γένηται.	**Lk 21,23**	... ἐν ἐκείναις ταῖς ἡμέραις· ἔσται γὰρ ἀνάγκη μεγάλη ἐπὶ τῆς γῆς καὶ ὀργὴ τῷ λαῷ τούτῳ	
a 112	**Mt 26,29**	λέγω δὲ ὑμῖν, οὐ μὴ πίω ἀπ᾽ ἄρτι ἐκ τούτου τοῦ γενήματος τῆς ἀμπέλου ...	**Mk 14,25**	ἀμὴν λέγω ὑμῖν ὅτι οὐκέτι οὐ μὴ πίω ἐκ τοῦ γενήματος τῆς ἀμπέλου ...	**Lk 22,18** → Lk 22,16	λέγω γὰρ ὑμῖν, [ὅτι] οὐ μὴ πίω ἀπὸ τοῦ νῦν ἀπὸ τοῦ γενήματος τῆς ἀμπέλου ...	
002					**Lk 22,36** → Lk 9,3 → Lk 10,4	εἶπεν δὲ αὐτοῖς· ἀλλὰ νῦν ὁ ἔχων βαλλάντιον ἀράτω, ὁμοίως καὶ πήραν, καὶ ὁ μὴ ἔχων πωλησάτω τὸ ἱμάτιον αὐτοῦ καὶ ἀγορασάτω μάχαιραν.	

	Mt	Mk	Lk	Acts
a 112	**Mt 26,64** → Mt 22,44 → Mt 27,42-43 ... πλὴν λέγω ὑμῖν· ἀπ᾽ ἄρτι ὄψεσθε *τὸν υἱὸν τοῦ ἀνθρώπου* καθήμενον ἐκ δεξιῶν τῆς δυνάμεως καὶ *ἐρχόμενον ἐπὶ τῶν* *νεφελῶν τοῦ οὐρανοῦ.* ➤ Dan 7,13	**Mk 14,62** → Mk 12,36 → Mk 15,32 ... καὶ ὄψεσθε *τὸν υἱὸν τοῦ ἀνθρώπου* ἐκ δεξιῶν καθήμενον τῆς δυνάμεως καὶ *ἐρχόμενον μετὰ τῶν* *νεφελῶν τοῦ οὐρανοῦ.* ➤ Dan 7,13	**Lk 22,69** → Lk 20,42 → Lk 23,35 ἀπὸ τοῦ νῦν δὲ ἔσται ὁ υἱὸς τοῦ ἀνθρώπου καθήμενος ἐκ δεξιῶν τῆς δυνάμεως τοῦ θεοῦ.	→ Acts 7,56
211	**Mt 26,65** τότε ὁ ἀρχιερεὺς ... λέγων· ἐβλασφήμησεν· τί ἔτι χρείαν ἔχομεν μαρτύρων; ἴδε νῦν ἠκούσατε τὴν βλασφημίαν·	**Mk 14,64** [63] ὁ δὲ ἀρχιερεὺς ... λέγει· τί ἔτι χρείαν ἔχομεν μαρτύρων; [64] ἠκούσατε τῆς βλασφημίας· ...	**Lk 22,71** οἱ δὲ εἶπαν· τί ἔτι ἔχομεν μαρτυρίας χρείαν; αὐτοὶ γὰρ ἠκούσαμεν ἀπὸ τοῦ στόματος αὐτοῦ.	
221	**Mt 27,42** → Mt 26,63-64 → Mt 27,40 [41] ὁμοίως καὶ οἱ ἀρχιερεῖς ἐμπαίζοντες μετὰ τῶν γραμματέων καὶ πρεσβυτέρων ἔλεγον· [42] ἄλλους ἔσωσεν, ἑαυτὸν οὐ δύναται σῶσαι· βασιλεὺς Ἰσραήλ ἐστιν, καταβάτω νῦν ἀπὸ τοῦ σταυροῦ καὶ πιστεύσομεν ἐπ᾽ αὐτόν.	**Mk 15,32** → Mk 14,61-62 → Mk 15,30 [31] ὁμοίως καὶ οἱ ἀρχιερεῖς ἐμπαίζοντες πρὸς ἀλλήλους μετὰ τῶν γραμματέων ἔλεγον· ἄλλους ἔσωσεν, ἑαυτὸν οὐ δύναται σῶσαι· [32] ὁ χριστὸς ὁ βασιλεὺς Ἰσραὴλ καταβάτω νῦν ἀπὸ τοῦ σταυροῦ, ἵνα ἴδωμεν καὶ πιστεύσωμεν. ...	**Lk 23,35** → Lk 22,67 → Lk 23,37 → Lk 23,39 ... ἐξεμυκτήριζον δὲ καὶ οἱ ἄρχοντες λέγοντες· ἄλλους ἔσωσεν, σωσάτω ἑαυτόν, εἰ οὗτός ἐστιν ὁ χριστὸς τοῦ θεοῦ ὁ ἐκλεκτός.	
200	**Mt 27,43** → Mt 26,63-64 → Mk 14,61-62 → Lk 22,70 *πέποιθεν ἐπὶ τὸν θεόν,* *ῥυσάσθω* *νῦν* *εἰ θέλει αὐτόν·* εἶπεν γὰρ ὅτι θεοῦ εἰμι υἱός. ➤ Ps 22,9			

Acts 3,17 [[→ Lk 23,34a]] καὶ
νῦν,
ἀδελφοί, οἶδα ὅτι κατὰ ἄγνοιαν ἐπράξατε ὥσπερ καὶ οἱ ἄρχοντες ὑμῶν·

c **Acts 4,29** καὶ
τὰ νῦν,
κύριε, ἔπιδε ἐπὶ τὰς ἀπειλὰς αὐτῶν καὶ δὸς τοῖς δούλοις σου μετὰ παρρησίας πάσης λαλεῖν τὸν λόγον σου

c **Acts 5,38** καὶ
τὰ νῦν
λέγω ὑμῖν, ἀπόστητε ἀπὸ τῶν ἀνθρώπων τούτων καὶ ἄφετε αὐτούς· ...

Acts 7,4 ... κἀκεῖθεν μετὰ τὸ ἀποθανεῖν τὸν πατέρα αὐτοῦ μετῴκισεν αὐτὸν εἰς τὴν γῆν ταύτην εἰς ἣν ὑμεῖς
νῦν
κατοικεῖτε

Acts 7,34 *ἰδὼν εἶδον τὴν κάκωσιν τοῦ λαοῦ μου τοῦ ἐν Αἰγύπτῳ καὶ τοῦ στεναγμοῦ αὐτῶν ἤκουσα, καὶ κατέβην ἐξελέσθαι αὐτούς· καὶ*
νῦν
δεῦρο ἀποστείλω σε εἰς Αἴγυπτον.
➤ Exod 3,7-8.10

Acts 7,52 τίνα τῶν προφητῶν οὐκ ἐδίωξαν οἱ πατέρες ὑμῶν; καὶ ἀπέκτειναν τοὺς προκαταγγείλαντας περὶ τῆς ἐλεύσεως τοῦ δικαίου, οὗ
νῦν
ὑμεῖς προδόται καὶ φονεῖς ἐγένεσθε

Acts 10,5 καὶ
νῦν
πέμψον ἄνδρας εἰς Ἰόππην καὶ μετάπεμψαι Σίμωνά τινα ὃς ἐπικαλεῖται Πέτρος·

Acts 10,33 ἐξαυτῆς οὖν ἔπεμψα πρὸς σέ, σύ τε καλῶς ἐποίησας παραγενόμενος.
νῦν
οὖν πάντες ἡμεῖς ἐνώπιον τοῦ θεοῦ πάρεσμεν ἀκοῦσαι πάντα τὰ προστεταγμένα σοι ὑπὸ τοῦ κυρίου.

Acts 12,11 καὶ ὁ Πέτρος ἐν ἑαυτῷ γενόμενος εἶπεν·
νῦν
οἶδα ἀληθῶς ὅτι ἐξαπέστειλεν [ὁ] κύριος τὸν ἄγγελον αὐτοῦ ...

Acts 13,11 καὶ
νῦν
ἰδοὺ χεὶρ κυρίου ἐπὶ σὲ καὶ ἔσῃ τυφλὸς μὴ βλέπων τὸν ἥλιον ἄχρι καιροῦ. ...

Acts 13,31 ὃς ὤφθη ἐπὶ ἡμέρας πλείους τοῖς συναναβᾶσιν αὐτῷ ἀπὸ τῆς Γαλιλαίας εἰς Ἰερουσαλήμ, οἵτινες
[νῦν]
εἰσιν μάρτυρες αὐτοῦ πρὸς τὸν λαόν.

Acts 15,10 νῦν
οὖν τί πειράζετε τὸν θεόν ἐπιθεῖναι ζυγὸν ἐπὶ τὸν τράχηλον τῶν μαθητῶν ὃν οὔτε οἱ πατέρες ἡμῶν οὔτε ἡμεῖς ἰσχύσαμεν βαστάσαι;

Acts 16,36 ἀπήγγειλεν δὲ ὁ δεσμοφύλαξ τοὺς λόγους [τούτους] πρὸς τὸν Παῦλον ὅτι ἀπέσταλκαν οἱ στρατηγοὶ ἵνα ἀπολυθῆτε·
νῦν
οὖν ἐξελθόντες πορεύεσθε ἐν εἰρήνῃ.

Acts 16,37 ὁ δὲ Παῦλος ἔφη πρὸς αὐτούς· δείραντες ἡμᾶς δημοσίᾳ ἀκατακρίτους, ἀνθρώπους Ῥωμαίους ὑπάρχοντας, ἔβαλαν εἰς φυλακήν, καὶ
νῦν
λάθρᾳ ἡμᾶς ἐκβάλλουσιν; οὐ γάρ, ἀλλὰ ἐλθόντες αὐτοὶ ἡμᾶς ἐξαγαγέτωσαν.

c **Acts 17,30** τοὺς μὲν οὖν χρόνους τῆς ἀγνοίας ὑπεριδὼν ὁ θεὸς,
τὰ νῦν
παραγγέλλει τοῖς ἀνθρώποις πάντας πανταχοῦ μετανοεῖν

a **Acts 18,6** → Mt 10,14 → Mk 6,11 → Lk 9,5 → Lk 10,11 → Mt 27,24-25 → Acts 20,2
... ἐκτιναξάμενος τὰ ἱμάτια εἶπεν πρὸς αὐτούς· τὸ αἷμα ὑμῶν ἐπὶ τὴν κεφαλὴν ὑμῶν· καθαρὸς ἐγώ
ἀπὸ τοῦ νῦν
εἰς τὰ ἔθνη πορεύσομαι.

Acts 20,22 καὶ
νῦν
ἰδοὺ δεδεμένος ἐγὼ τῷ πνεύματι πορεύομαι εἰς Ἰερουσαλὴμ τὰ ἐν αὐτῇ συναντήσοντά μοι μὴ εἰδώς

Acts 20,25 καὶ
νῦν
ἰδοὺ ἐγὼ οἶδα ὅτι οὐκέτι ὄψεσθε τὸ πρόσωπόν μου ὑμεῖς πάντες ἐν οἷς διῆλθον κηρύσσων τὴν βασιλείαν.

c **Acts 20,32** καὶ
τὰ νῦν
παρατίθεμαι ὑμᾶς τῷ θεῷ καὶ τῷ λόγῳ τῆς χάριτος αὐτοῦ, τῷ δυναμένῳ οἰκοδομῆσαι καὶ δοῦναι τὴν κληρονομίαν ἐν τοῖς ἡγιασμένοις πᾶσιν.

Acts 22,16 καὶ
νῦν
τί μέλλεις; ἀναστὰς βάπτισαι καὶ ἀπόλουσαι τὰς ἁμαρτίας σου ἐπικαλεσάμενος τὸ ὄνομα αὐτοῦ.

Acts 23,15 νῦν
οὖν ὑμεῖς ἐμφανίσατε τῷ χιλιάρχῳ σὺν τῷ συνεδρίῳ ὅπως καταγάγῃ αὐτὸν εἰς ὑμᾶς ...

Acts 23,21 ... ἐνεδρεύουσιν γὰρ αὐτὸν ἐξ αὐτῶν ἄνδρες πλείους τεσσεράκοντα, οἵτινες ἀνεθεμάτισαν ἑαυτοὺς μήτε φαγεῖν μήτε πιεῖν ἕως οὗ ἀνέλωσιν αὐτόν, καὶ
νῦν
εἰσιν ἕτοιμοι προσδεχόμενοι τὴν ἀπὸ σοῦ ἐπαγγελίαν.

c **Acts 24,25** ... ἔμφοβος γενόμενος ὁ Φῆλιξ ἀπεκρίθη·
τὸ νῦν ἔχον
πορεύου, καιρὸν δὲ μεταλαβὼν μετακαλέσομαί σε

Acts 26,6 καὶ
νῦν
ἐπ' ἐλπίδι τῆς εἰς τοὺς πατέρας ἡμῶν ἐπαγγελίας γενομένης ὑπὸ τοῦ θεοῦ ἕστηκα κρινόμενος

c **Acts 27,22** καὶ
τὰ νῦν
παραινῶ ὑμᾶς εὐθυμεῖν· ἀποβολὴ γὰρ ψυχῆς οὐδεμία ἔσται ἐξ ὑμῶν πλὴν τοῦ πλοίου.

νύξ

νύξ	Syn	Mt	Mk	Lk	Acts	Jn	1-3John	Paul	Eph	Col
	20	9	4	7	16	6		8		
	NT	2Thess	1/2Tim	Tit	Heb	Jas	1Pet	2Pet	Jude	Rev
	61	1	2							8

night; νυκτός at night; in the night-time

	triple tradition																	double tradition			Sondergut		
		+Mt / +Lk			–Mt / –Lk			traditions not taken over by Mt / Lk							subtotals								
code	*222*	*211*	*112*	*212*	*221*	*122*	*121*	*022*	*012*	*021*	*220*	*120*	*210*	*020*	Σ⁺	Σ⁻	Σ	*202*	*201*	*102*	*200*	*002*	total
Mt					1						1		1^+		1^+		3		3		3		**9**
Mk					1					1	1			1			4						**4**
Lk					1^-					1^-						2^-				1		6	**7**

a νυκτὸς καὶ ἡμέρας, ἡμέρας (...) καὶ νυκτός
b νύξ and ἡμέρα
c φυλακὴ τῆς νυκτός
d διὰ (...) νυκτός, δι' ὅλης νυκτός, διὰ παντὸς νυκτός

002		**Lk 2,8** καὶ ποιμένες ἦσαν ἐν τῇ χώρᾳ τῇ αὐτῇ ἀγραυλοῦντες καὶ φυλάσσοντες φυλακὰς **τῆς νυκτὸς** ἐπὶ τὴν ποίμνην αὐτῶν.

b 002					Lk 2,37	καὶ αὐτὴ χήρα ἕως ἐτῶν ὀγδοήκοντα τεσσάρων, ἣ οὐκ ἀφίστατο τοῦ ἱεροῦ νηστείαις καὶ δεήσεσιν λατρεύουσα **νύκτα** καὶ ἡμέραν.	
200	Mt 2,14	ὁ δὲ ἐγερθεὶς παρέλαβεν τὸ παιδίον καὶ τὴν μητέρα αὐτοῦ **νυκτὸς** καὶ ἀνεχώρησεν εἰς Αἴγυπτον					
b 201	Mt 4,2	[1] τότε ὁ Ἰησοῦς ἀνήχθη εἰς τὴν ἔρημον ὑπὸ τοῦ πνεύματος πειρασθῆναι ὑπὸ τοῦ διαβόλου. [2] καὶ νηστεύσας ἡμέρας τεσσεράκοντα καὶ **νύκτας τεσσεράκοντα** ὕστερον ἐπείνασεν.	Mk 1,13	[12] καὶ εὐθὺς τὸ πνεῦμα αὐτὸν ἐκβάλλει εἰς τὴν ἔρημον. [13] καὶ ἦν ἐν τῇ ἐρήμῳ τεσσεράκοντα ἡμέρας πειραζόμενος ὑπὸ τοῦ σατανᾶ, ...	Lk 4,2	[1] Ἰησοῦς δὲ ... ἤγετο ἐν τῷ πνεύματι ἐν τῇ ἐρήμῳ [2] ἡμέρας τεσσεράκοντα πειραζόμενος ὑπὸ τοῦ διαβόλου. καὶ οὐκ ἔφαγεν οὐδὲν ἐν ταῖς ἡμέραις ἐκείναις καὶ συντελεσθεισῶν αὐτῶν ἐπείνασεν.	Mk-Q overlap
d 002					Lk 5,5	καὶ ἀποκριθεὶς Σίμων εἶπεν· ἐπιστάτα, **δι' ὅλης νυκτὸς** κοπιάσαντες οὐδὲν ἐλάβομεν· ἐπὶ δὲ τῷ ῥήματί σου χαλάσω τὰ δίκτυα.	→ Jn 21,3
b 201 b 201	Mt 12,40 (2) → Mt 27,63	ὥσπερ γὰρ *ἦν Ἰωνᾶς ἐν τῇ κοιλίᾳ τοῦ κήτους τρεῖς ἡμέρας καὶ* ***τρεῖς νύκτας,*** οὕτως ἔσται ὁ υἱὸς τοῦ ἀνθρώπου ἐν τῇ καρδίᾳ τῆς γῆς τρεῖς ἡμέρας καὶ **τρεῖς νύκτας.** ≻ Jonah 2,1			Lk 11,30	καθὼς γὰρ ἐγένετο Ἰωνᾶς τοῖς Νινευίταις σημεῖον, οὕτως ἔσται καὶ ὁ υἱὸς τοῦ ἀνθρώπου τῇ γενεᾷ ταύτῃ.	
b 020			Mk 4,27	καὶ καθεύδῃ καὶ ἐγείρηται **νύκτα** καὶ ἡμέραν, καὶ ὁ σπόρος βλαστᾷ καὶ μηκύνηται ὡς οὐκ οἶδεν αὐτός.			
a 021			Mk 5,5	καὶ διὰ παντὸς **νυκτὸς** καὶ ἡμέρας ἐν τοῖς μνήμασιν καὶ ἐν τοῖς ὄρεσιν ἦν κράζων καὶ κατακόπτων ἑαυτὸν λίθοις.	Lk 8,29	... ἠλαύνετο ὑπὸ τοῦ δαιμονίου εἰς τὰς ἐρήμους.	
c 220	Mt 14,25	**τετάρτῃ δὲ φυλακῇ τῆς νυκτὸς** ἦλθεν πρὸς αὐτοὺς περιπατῶν ἐπὶ τὴν θάλασσαν.	Mk 6,48	... **περὶ τετάρτην φυλακὴν τῆς νυκτὸς** ἔρχεται πρὸς αὐτοὺς περιπατῶν ἐπὶ τῆς θαλάσσης καὶ ἤθελεν παρελθεῖν αὐτούς.			→ Jn 6,19

	Mt		Mk		Lk		
002					Lk 12,20	εἶπεν δὲ αὐτῷ ὁ θεός· ἄφρων, ταύτῃ τῇ νυκτὶ τὴν ψυχήν σου ἀπαιτοῦσιν ἀπὸ σοῦ· ἃ δὲ ἡτοίμασας, τίνι ἔσται;	→ GTh 63
102	Mt 24,40	τότε δύο ἔσονται ἐν τῷ ἀγρῷ, εἷς παραλαμβάνεται καὶ εἷς ἀφίεται·			Lk 17,34	λέγω ὑμῖν, ταύτῃ τῇ νυκτὶ ἔσονται δύο ἐπὶ κλίνης μιᾶς, ὁ εἷς παραλημφθήσεται καὶ ὁ ἕτερος ἀφεθήσεται·	→ GTh 61,1
a 002					Lk 18,7	ὁ δὲ θεὸς οὐ μὴ ποιήσῃ τὴν ἐκδίκησιν τῶν ἐκλεκτῶν αὐτοῦ τῶν βοώντων αὐτῷ ἡμέρας καὶ νυκτός, καὶ μακροθυμεῖ ἐπ' αὐτοῖς;	
200	Mt 25,6	μέσης δὲ νυκτὸς κραυγὴ γέγονεν· ἰδοὺ ὁ νυμφίος, ἐξέρχεσθε εἰς ἀπάντησιν [αὐτοῦ].					
b 002	Mt 21,17	καὶ καταλιπὼν αὐτοὺς ἐξῆλθεν ἔξω τῆς πόλεως εἰς Βηθανίαν, καὶ ηὐλίσθη ἐκεῖ.	Mk 11,11	καὶ εἰσῆλθεν εἰς Ἱεροσόλυμα εἰς τὸ ἱερὸν καὶ περιβλεψάμενος πάντα, ὀψίας ἤδη οὔσης τῆς ὥρας, ἐξῆλθεν εἰς Βηθανίαν μετὰ τῶν δώδεκα.	Lk 21,37 → Mk 11,19 → Lk 19,47	ἦν δὲ τὰς ἡμέρας ἐν τῷ ἱερῷ διδάσκων, τὰς δὲ νύκτας ἐξερχόμενος ηὐλίζετο εἰς τὸ ὄρος τὸ καλούμενον Ἐλαιῶν·	→ [[Jn 8,1]]
210	Mt 26,31	τότε λέγει αὐτοῖς ὁ Ἰησοῦς· πάντες ὑμεῖς σκανδαλισθήσεσθε ἐν ἐμοὶ ἐν τῇ νυκτὶ ταύτῃ, γέγραπται γάρ· *πατάξω* *τὸν ποιμένα, καὶ* *διασκορπισθήσονται τὰ* *πρόβατα τῆς ποίμνης.* ➤ Zech 13,7	Mk 14,27	καὶ λέγει αὐτοῖς ὁ Ἰησοῦς ὅτι πάντες σκανδαλισθήσεσθε, ὅτι γέγραπται· *πατάξω* *τὸν ποιμένα, καὶ* *τὰ πρόβατα* *διασκορπισθήσονται.* ➤ Zech 13,7			
221	Mt 26,34	ἔφη αὐτῷ ὁ Ἰησοῦς· ἀμὴν λέγω σοι ὅτι ἐν ταύτῃ τῇ νυκτὶ πρὶν ἀλέκτορα φωνῆσαι τρὶς ἀπαρνήσῃ με.	Mk 14,30	καὶ λέγει αὐτῷ ὁ Ἰησοῦς· ἀμὴν λέγω σοι ὅτι σὺ σήμερον ταύτῃ τῇ νυκτὶ πρὶν ἢ δὶς ἀλέκτορα φωνῆσαι τρίς με ἀπαρνήσῃ.	Lk 22,34	ὁ δὲ εἶπεν· λέγω σοι, Πέτρε, οὐ φωνήσει σήμερον ἀλέκτωρ ἕως τρίς με ἀπαρνήσῃ εἰδέναι.	→ Jn 13,38
200	Mt 28,13	λέγοντες· εἴπατε ὅτι οἱ μαθηταὶ αὐτοῦ νυκτὸς ἐλθόντες ἔκλεψαν αὐτὸν ἡμῶν κοιμωμένων.					

d **Acts 5,19** ἄγγελος δὲ κυρίου
διὰ νυκτὸς
ἀνοίξας τὰς θύρας τῆς
φυλακῆς ἐξαγαγών τε
αὐτοὺς εἶπεν·

a **Acts 9,24** ἐγνώσθη δὲ τῷ Σαύλῳ
ἡ ἐπιβουλὴ αὐτῶν.
παρετηροῦντο δὲ καὶ τὰς
πύλας ἡμέρας τε καὶ
νυκτὸς
ὅπως αὐτὸν ἀνέλωσιν·

Acts 9,25 λαβόντες δὲ οἱ μαθηταὶ
αὐτοῦ
νυκτὸς
διὰ τοῦ τείχους καθῆκαν
αὐτὸν χαλάσαντες
ἐν σπυρίδι.

Acts 12,6 ὅτε δὲ ἤμελλεν προαγαγεῖν αὐτὸν ὁ Ἡρῴδης, **τῇ νυκτὶ ἐκείνῃ** ἦν ὁ Πέτρος κοιμώμενος μεταξὺ δύο στρατιωτῶν ...

d **Acts 16,9** καὶ ὅραμα **διὰ [τῆς] νυκτὸς** τῷ Παύλῳ ὤφθη, ἀνὴρ Μακεδών τις ἦν ἑστὼς καὶ παρακαλῶν αὐτὸν ...

Acts 16,33 καὶ παραλαβὼν αὐτοὺς **ἐν ἐκείνῃ τῇ ὥρᾳ τῆς νυκτὸς** ἔλουσεν ἀπὸ τῶν πληγῶν, καὶ ἐβαπτίσθη αὐτὸς καὶ οἱ αὐτοῦ πάντες παραχρῆμα

d **Acts 17,10** οἱ δὲ ἀδελφοὶ εὐθέως **διὰ νυκτὸς** ἐξέπεμψαν τόν τε Παῦλον καὶ τὸν Σιλᾶν εἰς Βέροιαν, ...

Acts 18,9 εἶπεν δὲ ὁ κύριος **ἐν νυκτὶ** δι' ὁράματος τῷ Παύλῳ· μὴ φοβοῦ, ἀλλὰ λάλει καὶ μὴ σιωπήσῃς

b **Acts 20,31** διὸ γρηγορεῖτε μνημονεύοντες ὅτι τριετίαν **νύκτα** καὶ ἡμέραν οὐκ ἐπαυσάμην μετὰ δακρύων νουθετῶν ἕνα ἕκαστον.

Acts 23,11 **τῇ δὲ ἐπιούσῃ νυκτὶ** ἐπιστὰς αὐτῷ ὁ κύριος εἶπεν· θάρσει· ὡς γὰρ διεμαρτύρω τὰ περὶ ἐμοῦ εἰς Ἰερουσαλὴμ, οὕτω σε δεῖ καὶ εἰς Ῥώμην μαρτυρῆσαι.

Acts 23,23 ... ἑτοιμάσατε στρατιώτας διακοσίους, ὅπως πορευθῶσιν ἕως Καισαρείας, καὶ ἱππεῖς ἑβδομήκοντα καὶ δεξιολάβους διακοσίους, **ἀπὸ τρίτης ὥρας τῆς νυκτός**

d **Acts 23,31** οἱ μὲν οὖν στρατιῶται κατὰ τὸ διατεταγμένον αὐτοῖς ἀναλαβόντες τὸν Παῦλον ἤγαγον **διὰ νυκτὸς** εἰς τὴν Ἀντιπατρίδα

b **Acts 26,7** εἰς ἣν τὸ δωδεκάφυλον ἡμῶν ἐν ἐκτενείᾳ **νύκτα** καὶ ἡμέραν λατρεῦον ἐλπίζει καταντῆσαι, περὶ ἧς ἐλπίδος ἐγκαλοῦμαι ὑπὸ Ἰουδαίων, βασιλεῦ.

Acts 27,23 παρέστη γάρ μοι **ταύτῃ τῇ νυκτὶ** τοῦ θεοῦ, οὗ εἰμι [ἐγώ] ᾧ καὶ λατρεύω, ἄγγελος

Acts 27,27 (2) ὡς δὲ **τεσσαρεσκαιδεκάτη νὺξ** ἐγένετο διαφερομένων ἡμῶν ἐν τῷ Ἀδρίᾳ, κατὰ **μέσον τῆς νυκτὸς** ὑπενόουν οἱ ναῦται προσάγειν τινὰ αὐτοῖς χώραν.

νυστάζω

	Syn	Mt	Mk	Lk	Acts	Jn	1-3John	Paul	Eph	Col
νυστάζω	1	1								
	NT	**2Thess**	**1/2Tim**	**Tit**	**Heb**	**Jas**	**1Pet**	**2Pet**	**Jude**	**Rev**
	2							1		

nod; become drowsy; doze; be sleepy; be idle

	Mt	Mk	Lk	
200	**Mt 25,5** χρονίζοντος δὲ τοῦ νυμφίου **ἐνύσταξαν** πᾶσαι καὶ ἐκάθευδον.			

Νῶε

	Syn	Mt	Mk	Lk	Acts	Jn	1-3John	Paul	Eph	Col
Νῶε	5	2		3						
	NT	**2Thess**	**1/2Tim**	**Tit**	**Heb**	**Jas**	**1Pet**	**2Pet**	**Jude**	**Rev**
	8				1		1	1		

Noah

	Mt	Mk	Lk	
002			**Lk 3,36** ... τοῦ Σὴμ **τοῦ Νῶε** τοῦ Λάμεχ	
202	**Mt 24,37** ὥσπερ γὰρ **αἱ ἡμέραι τοῦ Νῶε,** οὕτως ἔσται ἡ παρουσία τοῦ υἱοῦ τοῦ ἀνθρώπου.		**Lk 17,26** καὶ καθὼς ἐγένετο **ἐν ταῖς ἡμέραις Νῶε,** οὕτως ἔσται καὶ ἐν ταῖς ἡμέραις τοῦ υἱοῦ τοῦ ἀνθρώπου·	
202	**Mt 24,38** ὡς γὰρ ἦσαν ἐν ταῖς ἡμέραις [ἐκείναις] ταῖς πρὸ τοῦ κατακλυσμοῦ τρώγοντες καὶ πίνοντες, γαμοῦντες καὶ γαμίζοντες, ἄχρι ἧς ἡμέρας εἰσῆλθεν **Νῶε** εἰς τὴν κιβωτόν		**Lk 17,27** ἤσθιον, ἔπινον, ἐγάμουν, ἐγαμίζοντο, ἄχρι ἧς ἡμέρας εἰσῆλθεν **Νῶε** εἰς τὴν κιβωτόν, ...	

ξένος	Syn	Mt	Mk	Lk	Acts	Jn	1-3John	Paul	Eph	Col
	5	5			2		1	1	2	
	NT	2Thess	1/2Tim	Tit	Heb	Jas	1Pet	2Pet	Jude	Rev
	14				2		1			

strange; foreign; surprising; unheard of; stranger; alien; the host

	Mt		
200	Mt 25,35	ἐπείνασα γὰρ καὶ ἐδώκατέ μοι φαγεῖν, ἐδίψησα καὶ ἐποτίσατέ με, **ξένος** ἤμην καὶ συνηγάγετέ με	
200	Mt 25,38	πότε δέ σε εἴδομεν **ξένον** καὶ συνηγάγομεν, ἢ γυμνὸν καὶ περιεβάλομεν;	
200	Mt 25,43	**ξένος** ἤμην καὶ οὐ συνηγάγετέ με, γυμνὸς καὶ οὐ περιεβάλετέ με, ...	
200	Mt 25,44	τότε ἀποκριθήσονται καὶ αὐτοὶ λέγοντες· κύριε, πότε σε εἴδομεν πεινῶντα ἢ διψῶντα ἢ **ξένον** ἢ γυμνὸν ἢ ἀσθενῆ ἢ ἐν φυλακῇ καὶ οὐ διηκονήσαμέν σοι;	
200	Mt 27,7	συμβούλιον δὲ λαβόντες ἠγόρασαν ἐξ αὐτῶν τὸν ἀγρὸν τοῦ κεραμέως εἰς ταφὴν **τοῖς ξένοις.**	→ Acts 1,18

Acts 17,18 ... τί ἂν θέλοι
ὁ σπερμολόγος οὗτος
λέγειν; οἱ δέ·
ξένων δαιμονίων
δοκεῖ καταγγελεὺς εἶναι,
ὅτι τὸν Ἰησοῦν καὶ τὴν
ἀνάστασιν εὐηγγελίζετο.

Acts 17,21 Ἀθηναῖοι δὲ πάντες
καὶ
οἱ ἐπιδημοῦντες
ξένοι
εἰς οὐδὲν ἕτερον
ηὐκαίρουν ἢ λέγειν τι ἢ
ἀκούειν τι καινότερον.

ξέστης	Syn 1	Mt	Mk 1	Lk	Acts	Jn	1-3John	Paul	Eph	Col
	NT 1	2Thess	1/2Tim	Tit	Heb	Jas	1Pet	2Pet	Jude	Rev

pitcher; jug

code	Mt	Mk	Lk	
020		**Mk 7,4** → Mt 23,25 → Lk 11,39 καὶ ἀπ' ἀγορᾶς ἐὰν μὴ βαπτίσωνται οὐκ ἐσθίουσιν, καὶ ἄλλα πολλά ἐστιν ἃ παρέλαβον κρατεῖν, βαπτισμοὺς ποτηρίων καὶ **ξεστῶν** καὶ χαλκίων [καὶ κλινῶν] -		

ξηραίνω	Syn 10	Mt 3	Mk 6	Lk 1	Acts	Jn 1	1-3John	Paul	Eph	Col
	NT 15	2Thess	1/2Tim	Tit	Heb	Jas 1	1Pet 1	2Pet	Jude	Rev 2

active: dry; dry out; *passive:* become dry; dry up; wither

	triple tradition																	double tradition			Sondergut		
		+Mt / +Lk			−Mt / −Lk			traditions not taken over by Mt / Lk							subtotals								
code	222	211	112	212	221	122	121	022	012	021	220	120	210	020	Σ⁺	Σ⁻	Σ	202	201	102	200	002	total
Mt	1						3^-				2					3^-	3						**3**
Mk	1						3				2						6						**6**
Lk	1						3^-									3^-	1						**1**

code	Mt		Mk		Lk		
121	**Mt 12,10**	[9] ... ἦλθεν εἰς τὴν συναγωγὴν αὐτῶν· [10] καὶ ἰδοὺ ἄνθρωπος χεῖρα ἔχων **ξηράν.** ...	**Mk 3,1**	καὶ εἰσῆλθεν πάλιν εἰς τὴν συναγωγήν. καὶ ἦν ἐκεῖ ἄνθρωπος **ἐξηραμμένην** ἔχων τὴν χεῖρα.	**Lk 6,6** → Lk 13,11 → Lk 14,1-2	... εἰσελθεῖν αὐτὸν εἰς τὴν συναγωγὴν καὶ διδάσκειν. καὶ ἦν ἄνθρωπος ἐκεῖ καὶ ἡ χεὶρ αὐτοῦ ἡ δεξιὰ ἦν **ξηρά.**	
222	**Mt 13,6**	[5] ἄλλα δὲ ἔπεσεν ἐπὶ τὰ πετρώδη ὅπου οὐκ εἶχεν γῆν πολλήν, καὶ εὐθέως ἐξανέτειλεν διὰ τὸ μὴ ἔχειν βάθος γῆς· [6] ἡλίου δὲ ἀνατείλαντος ἐκαυματίσθη καὶ διὰ τὸ μὴ ἔχειν ῥίζαν **ἐξηράνθη.**	**Mk 4,6**	[5] καὶ ἄλλο ἔπεσεν ἐπὶ τὸ πετρῶδες ὅπου οὐκ εἶχεν γῆν πολλήν, καὶ εὐθὺς ἐξανέτειλεν διὰ τὸ μὴ ἔχειν βάθος γῆς· [6] καὶ ὅτε ἀνέτειλεν ὁ ἥλιος ἐκαυματίσθη καὶ διὰ τὸ μὴ ἔχειν ῥίζαν **ἐξηράνθη.**	**Lk 8,6**	καὶ ἕτερον κατέπεσεν ἐπὶ τὴν πέτραν, καὶ φυὲν **ἐξηράνθη** διὰ τὸ μὴ ἔχειν ἰκμάδα.	→ GTh 9
121	**Mt 9,22** → Mk 5,34	... καὶ ἐσώθη ἡ γυνὴ ἀπὸ τῆς ὥρας ἐκείνης.	**Mk 5,29** → Lk 8,47	καὶ εὐθὺς **ἐξηράνθη** ἡ πηγὴ τοῦ αἵματος αὐτῆς καὶ ἔγνω τῷ σώματι ὅτι ἴαται ἀπὸ τῆς μάστιγος.	**Lk 8,44**	... καὶ παραχρῆμα **ἔστη** ἡ ῥύσις τοῦ αἵματος αὐτῆς.	
121	**Mt 17,15**	... σεληνιάζεται καὶ κακῶς πάσχει· ...	**Mk 9,18**	[17] ... ἔχοντα πνεῦμα ἄλαλον· [18] καὶ ὅπου ἐὰν αὐτὸν καταλάβῃ ῥήσσει αὐτόν, καὶ ἀφρίζει καὶ τρίζει τοὺς ὀδόντας καὶ **ξηραίνεται·** ...	**Lk 9,39**	καὶ ἰδοὺ πνεῦμα λαμβάνει αὐτὸν καὶ ἐξαίφνης κράζει καὶ σπαράσσει αὐτὸν μετὰ ἀφροῦ καὶ μόγις ἀποχωρεῖ ἀπ' αὐτοῦ συντρῖβον αὐτόν·	

code	Mt		Mk		Lk	
	Mt 21,19	... μηκέτι ἐκ σοῦ καρπὸς γένηται εἰς τὸν αἰῶνα.	**Mk 11,14**	... μηκέτι εἰς τὸν αἰῶνα ἐκ σοῦ μηδεὶς καρπὸν φάγοι. καὶ ἤκουον οἱ μαθηταὶ αὐτοῦ.		
220		καὶ **ἐξηράνθη** παραχρῆμα ἡ συκῆ. [20] καὶ ἰδόντες ↔	**Mk 11,20**	καὶ παραπορευόμενοι πρωῒ εἶδον τὴν συκῆν **ἐξηραμμένην** ἐκ ῥιζῶν.		
220	**Mt 21,20**	↔ οἱ μαθηταὶ ἐθαύμασαν λέγοντες· πῶς παραχρῆμα **ἐξηράνθη** ἡ συκῆ;	**Mk 11,21**	καὶ ἀναμνησθεὶς ὁ Πέτρος λέγει αὐτῷ· ῥαββί, ἴδε ἡ συκῆ ἣν κατηράσω **ἐξήρανται.**		

ξηρός	Syn 6	Mt 2	Mk 1	Lk 3	Acts	Jn 1	1-3John	Paul	Eph	Col
	NT 8	2Thess	1/2Tim	Tit	Heb 1	Jas	1Pet	2Pet	Jude	Rev

dry; dried

	triple tradition																	double tradition			Sondergut		
		+Mt / +Lk			–Mt / –Lk			traditions not taken over by Mt / Lk							subtotals								
code	*222*	*211*	*112*	*212*	*221*	*122*	*121*	*022*	*012*	*021*	*220*	*120*	*210*	*020*	Σ⁺	Σ⁻	Σ	*202*	*201*	*102*	*200*	*002*	total
Mt				1⁺											1⁺		1				1		**2**
Mk								1									1						**1**
Lk				1⁺				1							1⁺		2					1	**3**

code	Mt		Mk		Lk	
212	**Mt 12,10**	[9] ... ἦλθεν εἰς τὴν συναγωγὴν αὐτῶν· [10] καὶ ἰδοὺ ἄνθρωπος χεῖρα ἔχων **ξηράν.** ...	**Mk 3,1**	καὶ εἰσῆλθεν πάλιν εἰς τὴν συναγωγήν. καὶ ἦν ἐκεῖ ἄνθρωπος **ἐξηραμμένην** ἔχων τὴν χεῖρα.	**Lk 6,6** → Lk 13,11 → Lk 14,1-2	... εἰσελθεῖν αὐτὸν εἰς τὴν συναγωγὴν καὶ διδάσκειν. καὶ ἦν ἄνθρωπος ἐκεῖ καὶ ἡ χεὶρ αὐτοῦ ἡ δεξιὰ ἦν **ξηρά.**
022			**Mk 3,3**	καὶ λέγει τῷ ἀνθρώπῳ **τῷ τὴν ξηρὰν χεῖρα ἔχοντι·** ἔγειρε εἰς τὸ μέσον.	**Lk 6,8** → Lk 5,22 → Mt 12,25 → Lk 11,17	... εἶπεν δὲ τῷ ἀνδρὶ **τῷ ξηρὰν ἔχοντι τὴν χεῖρα·** ἔγειρε καὶ στῆθι εἰς τὸ μέσον· ...
200	**Mt 23,15**	οὐαὶ ὑμῖν, γραμματεῖς καὶ Φαρισαῖοι ὑποκριταί, ὅτι περιάγετε τὴν θάλασσαν καὶ **τὴν ξηρὰν** ποιῆσαι ἕνα προσήλυτον, καὶ ὅταν γένηται ποιεῖτε αὐτὸν υἱὸν γεέννης διπλότερον ὑμῶν.				
002					**Lk 23,31**	ὅτι εἰ ἐν τῷ ὑγρῷ ξύλῳ ταῦτα ποιοῦσιν, **ἐν τῷ ξηρῷ** τί γένηται;

ξύλον	Syn 6	Mt 2	Mk 2	Lk 2	Acts 4	Jn	1-3John	Paul 2	Eph	Col
	NT 20	2Thess	1/2Tim	Tit	Heb	Jas	1Pet 1	2Pet	Jude	Rev 7

wood; pole; club; cudgel; cross; tree

	Mt		Mk		Lk		
221	Mt 26,47 ↓ Lk 22,52	... ἰδοὺ Ἰούδας εἷς τῶν δώδεκα ἦλθεν καὶ μετ᾽ αὐτοῦ ὄχλος πολὺς **μετὰ μαχαιρῶν καὶ ξύλων** ἀπὸ τῶν ἀρχιερέων καὶ πρεσβυτέρων τοῦ λαοῦ.	Mk 14,43 ↓ Lk 22,52	... παραγίνεται Ἰούδας εἷς τῶν δώδεκα καὶ μετ᾽ αὐτοῦ ὄχλος **μετὰ μαχαιρῶν καὶ ξύλων** παρὰ τῶν ἀρχιερέων καὶ τῶν γραμματέων καὶ τῶν πρεσβυτέρων.	Lk 22,47	... ἰδοὺ ὄχλος, καὶ ὁ λεγόμενος Ἰούδας εἷς τῶν δώδεκα προήρχετο αὐτοὺς ...	→ Jn 18,3
222	Mt 26,55	... ὡς ἐπὶ λῃστὴν ἐξήλθατε **μετὰ μαχαιρῶν καὶ ξύλων** συλλαβεῖν με; ...	Mk 14,48	... ὡς ἐπὶ λῃστὴν ἐξήλθατε **μετὰ μαχαιρῶν καὶ ξύλων** συλλαβεῖν με;	Lk 22,52 → Lk 22,54 ↑ Mt 26,47 ↑ Mk 14,43	... ὡς ἐπὶ λῃστὴν ἐξήλθατε **μετὰ μαχαιρῶν καὶ ξύλων;**	
002					Lk 23,31	ὅτι εἰ **ἐν τῷ ὑγρῷ ξύλῳ** ταῦτα ποιοῦσιν, ἐν τῷ ξηρῷ τί γένηται;	

Acts 5,30 ὁ θεὸς τῶν πατέρων ἡμῶν ἤγειρεν Ἰησοῦν ὃν ὑμεῖς διεχειρίσασθε κρεμάσαντες **ἐπὶ ξύλου·**

Acts 10,39 καὶ ἡμεῖς μάρτυρες πάντων ὧν ἐποίησεν ἔν τε τῇ χώρᾳ τῶν Ἰουδαίων καὶ [ἐν] Ἰερουσαλήμ. ὃν καὶ ἀνεῖλαν κρεμάσαντες **ἐπὶ ξύλου**

Acts 13,29 ὡς δὲ ἐτέλεσαν πάντα τὰ περὶ αὐτοῦ γεγραμμένα, καθελόντες **ἀπὸ τοῦ ξύλου** ἔθηκαν εἰς μνημεῖον.

Acts 16,24 ὃς παραγγελίαν τοιαύτην λαβὼν ἔβαλεν αὐτοὺς εἰς τὴν ἐσωτέραν φυλακὴν καὶ τοὺς πόδας ἠσφαλίσατο αὐτῶν **εἰς τὸ ξύλον.**

ὁ, ἡ, τό		It was necessary to refrain from including the instances of ὁ, ἡ, τό.

the; this; that

ὀγδοήκοντα	Syn 2	Mt	Mk	Lk 2	Acts	Jn	1-3John	Paul	Eph	Col
	NT 2	2Thess	1/2Tim	Tit	Heb	Jas	1Pet	2Pet	Jude	Rev

eighty

			Lk 2,37	καὶ αὐτὴ χήρα **ἕως ἐτῶν ὀγδοήκοντα τεσσάρων,** ἣ οὐκ ἀφίστατο τοῦ ἱεροῦ νηστείαις καὶ δεήσεσιν λατρεύουσα νύκτα καὶ ἡμέραν.	
002					
			Lk 16,7	ἔπειτα ἑτέρῳ εἶπεν· σὺ δὲ πόσον ὀφείλεις; ὁ δὲ εἶπεν· ἑκατὸν κόρους σίτου. λέγει αὐτῷ· δέξαι σου τὰ γράμματα καὶ γράψον **ὀγδοήκοντα.**	
002					

ὄγδοος	Syn 1	Mt	Mk	Lk 1	Acts 1	Jn	1-3John	Paul	Eph	Col
	NT 5	2Thess	1/2Tim	Tit	Heb	Jas	1Pet	2Pet 1	Jude	Rev 2

eighth

			Lk 1,59	καὶ ἐγένετο **ἐν τῇ ἡμέρᾳ τῇ ὀγδόῃ** ἦλθον περιτεμεῖν τὸ παιδίον ...	
002					

Acts 7,8 ... καὶ οὕτως ἐγέννησεν τὸν Ἰσαὰκ καὶ περιέτεμεν αὐτὸν **τῇ ἡμέρᾳ τῇ ὀγδόῃ,** καὶ Ἰσαὰκ τὸν Ἰακώβ, καὶ Ἰακὼβ τοὺς δώδεκα πατριάρχας.

ὅδε

Syn 1	Mt	Mk	Lk 1	Acts 1	Jn	1-3John	Paul	Eph	Col
NT 10	2Thess	1/2Tim	Tit	Heb	Jas 1	1Pet	2Pet	Jude	Rev 7

this (one); he; she; it

	Mt	Mk	Lk	
002			**Lk 10,39** [38] ... γυνὴ δέ τις ὀνόματι Μάρθα ὑπεδέξατο αὐτόν. [39] καὶ **τῇδε** ἦν ἀδελφὴ καλουμένη Μαριάμ, ...	

Acts 21,11 καὶ ἐλθὼν πρὸς ἡμᾶς καὶ ἄρας τὴν ζώνην τοῦ Παύλου, δήσας ἑαυτοῦ τοὺς πόδας καὶ τὰς χεῖρας εἶπεν· **τάδε** λέγει τὸ πνεῦμα τὸ ἅγιον· τὸν ἄνδρα οὗ ἐστιν ἡ ζώνη αὕτη, οὕτως δήσουσιν ἐν Ἰερουσαλὴμ οἱ Ἰουδαῖοι καὶ παραδώσουσιν εἰς χεῖρας ἐθνῶν.

→ Mt 17,22
→ Mk 9,31
→ Lk 9,44
→ Lk 24,7

ὁδεύω

Syn 1	Mt	Mk	Lk 1	Acts	Jn	1-3John	Paul	Eph	Col
NT 1	2Thess	1/2Tim	Tit	Heb	Jas	1Pet	2Pet	Jude	Rev

go; travel

	Mt	Mk	Lk	
002			**Lk 10,33** Σαμαρίτης δέ τις **ὁδεύων** ἦλθεν κατ' αὐτὸν καὶ ἰδὼν ἐσπλαγχνίσθη	

ὁδηγέω

Syn 2	Mt 1	Mk	Lk 1	Acts 1	Jn 1	1-3John	Paul	Eph	Col
NT 5	2Thess	1/2Tim	Tit	Heb	Jas	1Pet	2Pet	Jude	Rev 1

lead; guide; conduct

	Mt	Mk	Lk	
202	**Mt 15,14** ... τυφλοί εἰσιν ὁδηγοί [τυφλῶν]· τυφλὸς δὲ τυφλὸν ἐὰν **ὁδηγῇ**, ἀμφότεροι εἰς βόθυνον πεσοῦνται.		**Lk 6,39** ... μήτι δύναται τυφλὸς τυφλὸν **ὁδηγεῖν**; οὐχὶ ἀμφότεροι εἰς βόθυνον ἐμπεσοῦνται;	→ GTh 34

Acts 8,31 ... πῶς γὰρ ἂν δυναίμην ἐὰν μή τις **ὁδηγήσει** με; ...

ὁδηγός

Syn 3	Mt 3	Mk	Lk	Acts 1	Jn	1-3John	Paul 1	Eph	Col
NT 5	2Thess	1/2Tim	Tit	Heb	Jas	1Pet	2Pet	Jude	Rev

leader; guide

	Mt	Mk	Lk	
201	**Mt 15,14** ... τυφλοί εἰσιν **ὁδηγοί [τυφλῶν]**· τυφλὸς δὲ τυφλὸν ἐὰν ὁδηγῇ, ἀμφότεροι εἰς βόθυνον πεσοῦνται.		**Lk 6,39** ... μήτι δύναται τυφλὸς τυφλὸν ὁδηγεῖν; οὐχὶ ἀμφότεροι εἰς βόθυνον ἐμπεσοῦνται;	→ GTh 34

code	Mt	Mk	Lk	
200	**Mt 23,16** οὐαὶ ὑμῖν, **ὁδηγοὶ τυφλοὶ** οἱ λέγοντες· ὃς ἂν ὀμόσῃ ἐν τῷ ναῷ, οὐδέν ἐστιν· ὃς δ' ἂν ὀμόσῃ ἐν τῷ χρυσῷ τοῦ ναοῦ ὀφείλει.			
200	**Mt 23,24** **ὁδηγοὶ τυφλοί,** οἱ διϋλίζοντες τὸν κώνωπα, τὴν δὲ κάμηλον καταπίνοντες.			

Acts 1,16 ἄνδρες ἀδελφοί, ἔδει πληρωθῆναι τὴν γραφὴν ἣν προεῖπεν τὸ πνεῦμα τὸ ἅγιον διὰ στόματος Δαυὶδ περὶ Ἰούδα **τοῦ γενομένου ὁδηγοῦ** τοῖς συλλαβοῦσιν Ἰησοῦν

ὁδός

	Mt	Mk	Lk	Acts	Jn	1-3John	Paul	Eph	Col
Syn 58	22	16	20	20	4		6		
	2Thess	**1/2Tim**	**Tit**	**Heb**	**Jas**	**1Pet**	**2Pet**	**Jude**	**Rev**
NT 101				3	3		4	1	2

way; road; highway; journey; way of life; way of acting; way of conduct

	triple tradition																	double tradition			Sondergut		
		+Mt / +Lk			–Mt / –Lk			traditions not taken over by Mt / Lk							subtotals								
code	*222*	*211*	*112*	*212*	*221*	*122*	*121*	*022*	*012*	*021*	*220*	*120*	*210*	*020*	Σ⁺	Σ⁻	Σ	*202*	*201*	*102*	*200*	*002*	total
Mt	7	2⁺			1		6⁻				1		1⁺		3⁺	6⁻	12	3	3		4		**22**
Mk	7				1		6				1			1			16						**16**
Lk	7				1⁻		6⁻									7⁻	7	3		2		8	**20**

[a] παρὰ τὴν ὁδόν
[b] ἐν τῇ ὁδῷ
[c] εἰς (τὴν) ὁδόν, εἰς (τὰς) ὁδούς
[d] κατὰ τὴν ὁδόν
[e] ὁδὸς τοῦ θεοῦ
[f] ὁδὸς (τοῦ) κυρίου, ~ αὐτοῦ (= κυρίου)
[g] ὁδοί (plural)
[h] ὁδός as term for the Christian belief (Acts only)

code	Mt	Mk	Lk	
f g 002			**Lk 1,76** ↓Lk 3,4 ↓Lk 7,27 καὶ σὺ δέ, παιδίον, προφήτης ὑψίστου κληθήσῃ· προπορεύσῃ γὰρ ἐνώπιον κυρίου ἑτοιμάσαι **ὁδοὺς αὐτοῦ**	→ Acts 13,24
c 002			**Lk 1,79** ἐπιφᾶναι τοῖς ἐν σκότει καὶ σκιᾷ θανάτου καθημένοις, τοῦ κατευθῦναι τοὺς πόδας ἡμῶν **εἰς ὁδὸν εἰρήνης.**	
200	**Mt 2,12** καὶ χρηματισθέντες κατ' ὄναρ μὴ ἀνακάμψαι πρὸς Ἡρῴδην, **δι' ἄλλης ὁδοῦ** ἀνεχώρησαν εἰς τὴν χώραν αὐτῶν.			
002			**Lk 2,44** νομίσαντες δὲ αὐτὸν εἶναι ἐν τῇ συνοδίᾳ ἦλθον **ἡμέρας ὁδὸν** καὶ ἀνεζήτουν αὐτὸν ἐν τοῖς συγγενεῦσιν καὶ τοῖς γνωστοῖς	

020	Mt 11,10	... *ἰδοὺ ἐγὼ ἀποστέλλω τὸν ἄγγελόν μου πρὸ προσώπου* σου, *ὃς κατασκευάσει* **τὴν ὁδόν σου** *ἔμπροσθέν* σου. ➤ Exod 23,20/Mal 3,1	Mk 1,2 → Mt 3,3 → Lk 3,4	... *ἰδοὺ ἀποστέλλω τὸν ἄγγελόν μου πρὸ προσώπου* σου, *ὃς κατασκευάσει* **τὴν ὁδόν σου·** ➤ Exod 23,20/Mal 3,1	Lk 7,27	... *ἰδοὺ ἀποστέλλω τὸν ἄγγελόν μου πρὸ προσώπου* σου, *ὃς κατασκευάσει* **τὴν ὁδόν σου** *ἔμπροσθέν* σου. ➤ Exod 23,20/Mal 3,1	Mk-Q overlap
f 222	Mt 3,3	... *φωνὴ βοῶντος ἐν τῇ ἐρήμῳ· ἑτοιμάσατε* **τὴν ὁδὸν κυρίου,** *εὐθείας ποιεῖτε τὰς τρίβους* αὐτοῦ. ➤ Isa 40,3 LXX	Mk 1,3	*φωνὴ βοῶντος ἐν τῇ ἐρήμῳ· ἑτοιμάσατε* **τὴν ὁδὸν κυρίου,** *εὐθείας ποιεῖτε τὰς τρίβους* αὐτοῦ ➤ Isa 40,3 LXX	Lk 3,4 → Lk 1,17 ↑ Lk 1,76 ↓ Lk 7,27	... *φωνὴ βοῶντος ἐν τῇ ἐρήμῳ· ἑτοιμάσατε* **τὴν ὁδὸν κυρίου,** *εὐθείας ποιεῖτε τὰς τρίβους* αὐτοῦ· ➤ Isa 40,3 LXX	→ Jn 1,23 → Acts 13,24
c g 002					Lk 3,5	*πᾶσα φάραγξ πληρωθή-σεται καὶ πᾶν ὄρος καὶ βουνὸς ταπεινωθήσεται, καὶ ἔσται τὰ σκολιὰ εἰς εὐθείαν καὶ αἱ τραχεῖαι* **εἰς ὁδοὺς λείας·** ➤ Isa 40,4 LXX	
200	Mt 4,15	*γῆ Ζαβουλὼν* καὶ *γῆ Νεφθαλίμ,* **ὁδὸν θαλάσσης,** *πέραν τοῦ Ἰορδάνου, Γαλιλαία τῶν ἐθνῶν* ➤ Isa 8,23					
121	Mt 12,1	... οἱ δὲ μαθηταὶ αὐτοῦ ἐπείνασαν καὶ ἤρξαντο τίλλειν στάχυας καὶ ἐσθίειν.	Mk 2,23	... καὶ οἱ μαθηταὶ αὐτοῦ ἤρξαντο **ὁδὸν** ποιεῖν τίλλοντες τοὺς στάχυας.	Lk 6,1	... καὶ ἔτιλλον οἱ μαθηταὶ αὐτοῦ καὶ ἤσθιον τοὺς στάχυας ψώχοντες ταῖς χερσίν.	
b 202	Mt 5,25	ἴσθι εὐνοῶν τῷ ἀντιδίκῳ σου ταχὺ, ἕως ὅτου εἶ μετ᾽ αὐτοῦ **ἐν τῇ ὁδῷ,** μήποτέ σε παραδῷ ὁ ἀντίδικος τῷ κριτῇ ...			Lk 12,58	ὡς γὰρ ὑπάγεις μετὰ τοῦ ἀντιδίκου σου ἐπ᾽ ἄρχοντα, **ἐν τῇ ὁδῷ** δὸς ἐργασίαν ἀπηλλάχθαι ἀπ᾽ αὐτοῦ, μήποτε κατασύρῃ σε πρὸς τὸν κριτήν, ...	
201	Mt 7,13	εἰσέλθατε διὰ τῆς στενῆς πύλης· ὅτι πλατεῖα ἡ πύλη καὶ εὐρύχωρος **ἡ ὁδὸς** ἡ ἀπάγουσα εἰς τὴν ἀπώλειαν, καὶ πολλοί εἰσιν οἱ εἰσερχόμενοι δι᾽ αὐτῆς·			Lk 13,24	ἀγωνίζεσθε εἰσελθεῖν διὰ τῆς στενῆς θύρας,	
201	Mt 7,14 → Lk 13,23	τί στενὴ ἡ πύλη καὶ τεθλιμμένη **ἡ ὁδὸς** ἡ ἀπάγουσα εἰς τὴν ζωὴν καὶ ὀλίγοι εἰσὶν οἱ εὑρίσκοντες αὐτήν.				ὅτι πολλοί, λέγω ὑμῖν, ζητήσουσιν εἰσελθεῖν καὶ οὐκ ἰσχύσουσιν.	
211	Mt 8,28	... δύο δαιμονιζόμενοι ... χαλεποὶ λίαν, ὥστε μὴ ἰσχύειν τινὰ παρελθεῖν **διὰ τῆς ὁδοῦ ἐκείνης.**	Mk 5,4	[2] ... ἄνθρωπος ἐν πνεύματι ἀκαθάρτῳ, [3] ... [4] διὰ τὸ αὐτὸν πολλάκις πέδαις καὶ ἁλύσεσιν δεδέσθαι καὶ διεσπάσθαι ὑπ᾽ αὐτοῦ τὰς ἁλύσεις καὶ τὰς πέδας συντετρῖφθαι, καὶ οὐδεὶς ἴσχυεν αὐτὸν δαμάσαι·	Lk 8,29	[27] ... ἀνήρ τις ἐκ τῆς πόλεως ἔχων δαιμόνια ... [29] ... πολλοῖς γὰρ χρόνοις συνηρπάκει αὐτὸν καὶ ἐδεσμεύετο ἁλύσεσιν καὶ πέδαις φυλασσόμενος καὶ διαρρήσσων τὰ δεσμὰ ...	

c 200	**Mt 10,5**	... παραγγείλας αὐτοῖς λέγων· **εἰς ὁδὸν ἐθνῶν** μὴ ἀπέλθητε καὶ εἰς πόλιν Σαμαριτῶν μὴ εἰσέλθητε·	**Mk 6,8**	καὶ παρήγγειλεν αὐτοῖς ...	**Lk 9,3**	καὶ εἶπεν πρὸς αὐτούς· ...	
c 222	**Mt 10,10**	[9] μὴ κτήσησθε χρυσὸν μηδὲ ἄργυρον μηδὲ χαλκὸν εἰς τὰς ζώνας ὑμῶν, [10] μὴ πήραν **εἰς ὁδὸν** μηδὲ δύο χιτῶνας μηδὲ ὑποδήματα μηδὲ ῥάβδον· ...	**Mk 6,8**	... μηδὲν αἴρωσιν **εἰς ὁδὸν** εἰ μὴ ῥάβδον μόνον, μὴ ἄρτον, μὴ πήραν, μὴ εἰς τὴν ζώνην χαλκόν, [9] ἀλλὰ ὑποδεδεμένους σανδάλια, καὶ μὴ ἐνδύσησθε δύο χιτῶνας.	**Lk 9,3** ⇩ Lk 10,4 → Lk 22,35-36	μηδὲν αἴρετε **εἰς τὴν ὁδόν,** μήτε ῥάβδον μήτε πήραν μήτε ἄρτον μήτε ἀργύριον μήτε [ἀνὰ] δύο χιτῶνας ἔχειν.	
202	**Mt 11,10**	... *ἰδοὺ ἐγὼ ἀποστέλλω* *τὸν ἄγγελόν μου* *πρὸ προσώπου* σου, *ὃς κατασκευάσει* ***τὴν ὁδόν σου*** *ἔμπροσθέν* σου. ➤ Exod 23,20/Mal 3,1	Mk 1,2 → Mt 3,3 → Lk 3,4	... *ἰδοὺ ἀποστέλλω* *τὸν ἄγγελόν μου* *πρὸ προσώπου* σου, *ὃς κατασκευάσει* ***τὴν ὁδόν*** σου· ➤ Exod 23,20/Mal 3,1	**Lk 7,27** ↑ Lk 1,76 ↑ Lk 3,4	... *ἰδοὺ ἀποστέλλω* *τὸν ἄγγελόν μου* *πρὸ προσώπου* σου, *ὃς κατασκευάσει* ***τὴν ὁδόν σου*** *ἔμπροσθέν* σου. ➤ Exod 23,20/Mal 3,1	→ Acts 13,24 Mk-Q overlap
a 222	**Mt 13,4**	καὶ ἐν τῷ σπείρειν αὐτὸν ἃ μὲν ἔπεσεν **παρὰ τὴν ὁδόν,** καὶ ἐλθόντα τὰ πετεινὰ κατέφαγεν αὐτά.	**Mk 4,4**	καὶ ἐγένετο ἐν τῷ σπείρειν ὃ μὲν ἔπεσεν **παρὰ τὴν ὁδόν,** καὶ ἦλθεν τὰ πετεινὰ καὶ κατέφαγεν αὐτό.	**Lk 8,5**	... καὶ ἐν τῷ σπείρειν αὐτὸν ὃ μὲν ἔπεσεν **παρὰ τὴν ὁδὸν** καὶ κατεπατήθη, καὶ τὰ πετεινὰ τοῦ οὐρανοῦ κατέφαγεν αὐτό.	→ GTh 9
a 222	**Mt 13,19**	παντὸς ἀκούοντος τὸν λόγον τῆς βασιλείας καὶ μὴ συνιέντος, ἔρχεται ὁ πονηρὸς καὶ ἁρπάζει τὸ ἐσπαρμένον ἐν τῇ καρδίᾳ αὐτοῦ, οὗτός ἐστιν **ὁ παρὰ τὴν ὁδὸν** **σπαρείς.**	**Mk 4,15**	οὗτοι δέ εἰσιν **οἱ παρὰ τὴν ὁδόν·** ὅπου σπείρεται ὁ λόγος καὶ ὅταν ἀκούσωσιν, εὐθὺς ἔρχεται ὁ σατανᾶς καὶ αἴρει τὸν λόγον τὸν ἐσπαρμένον εἰς αὐτούς.	**Lk 8,12**	**οἱ δὲ παρὰ τὴν ὁδόν** εἰσιν οἱ ἀκούσαντες, εἶτα ἔρχεται ὁ διάβολος καὶ αἴρει τὸν λόγον ἀπὸ τῆς καρδίας αὐτῶν, ἵνα μὴ πιστεύσαντες σωθῶσιν.	
c 222	**Mt 10,10**	[9] μὴ κτήσησθε χρυσὸν μηδὲ ἄργυρον μηδὲ χαλκὸν εἰς τὰς ζώνας ὑμῶν, [10] μὴ πήραν **εἰς ὁδὸν** μηδὲ δύο χιτῶνας μηδὲ ὑποδήματα μηδὲ ῥάβδον· ...	**Mk 6,8**	... μηδὲν αἴρωσιν **εἰς ὁδὸν** εἰ μὴ ῥάβδον μόνον, μὴ ἄρτον, μὴ πήραν, μὴ εἰς τὴν ζώνην χαλκόν, [9] ἀλλὰ ὑποδεδεμένους σανδάλια, καὶ μὴ ἐνδύσησθε δύο χιτῶνας.	**Lk 9,3** ⇩ Lk 10,4 → Lk 22,35-36	μηδὲν αἴρετε **εἰς τὴν ὁδόν,** μήτε ῥάβδον μήτε πήραν μήτε ἄρτον μήτε ἀργύριον μήτε [ἀνὰ] δύο χιτῶνας ἔχειν.	
b 220	**Mt 15,32** → Mt 14,15	... καὶ ἀπολῦσαι αὐτοὺς νήστεις οὐ θέλω, μήποτε ἐκλυθῶσιν **ἐν τῇ ὁδῷ.**	**Mk 8,3** → Mk 6,36	καὶ ἐὰν ἀπολύσω αὐτοὺς νήστεις εἰς οἶκον αὐτῶν, ἐκλυθήσονται **ἐν τῇ ὁδῷ·** ...	→ Lk 9,12		

	Mt		Mk		Lk		
b 121	**Mt 16,13**	ἐλθὼν δὲ ὁ Ἰησοῦς εἰς τὰ μέρη Καισαρείας τῆς Φιλίππου ἠρώτα τοὺς μαθητὰς αὐτοῦ λέγων· τίνα λέγουσιν οἱ ἄνθρωποι εἶναι τὸν υἱὸν τοῦ ἀνθρώπου;	**Mk 8,27**	καὶ ἐξῆλθεν ὁ Ἰησοῦς καὶ οἱ μαθηταὶ αὐτοῦ εἰς τὰς κώμας Καισαρείας τῆς Φιλίππου· καὶ **ἐν τῇ ὁδῷ** ἐπηρώτα τοὺς μαθητὰς αὐτοῦ λέγων αὐτοῖς· τίνα με λέγουσιν οἱ ἄνθρωποι εἶναι;	**Lk 9,18** → Mt 14,23 → Mk 6,46	καὶ ἐγένετο ἐν τῷ εἶναι αὐτὸν προσευχόμενον κατὰ μόνας συνῆσαν αὐτῷ οἱ μαθηταί, καὶ ἐπηρώτησεν αὐτοὺς λέγων· τίνα με λέγουσιν οἱ ὄχλοι εἶναι;	→ GTh 13
b 121	**Mt 18,1**	ἐν ἐκείνῃ τῇ ὥρᾳ προσῆλθον	**Mk 9,33**	... καὶ ἐν τῇ οἰκίᾳ γενόμενος ἐπηρώτα αὐτούς· τί **ἐν τῇ ὁδῷ** διελογίζεσθε;	**Lk 9,46**	εἰσῆλθεν δὲ διαλογισμὸς	
b 121		οἱ μαθηταὶ τῷ Ἰησοῦ λέγοντες· τίς ἄρα μείζων ἐστὶν ἐν τῇ βασιλείᾳ τῶν οὐρανῶν;	**Mk 9,34**	οἱ δὲ ἐσιώπων· πρὸς ἀλλήλους γὰρ διελέχθησαν **ἐν τῇ ὁδῷ** τίς μείζων.	→ Lk 22,24	ἐν αὐτοῖς, τὸ τίς ἂν εἴη μείζων αὐτῶν.	→ GTh 12
b 102	**Mt 8,19**	καὶ προσελθὼν εἷς γραμματεὺς εἶπεν αὐτῷ· διδάσκαλε, ἀκολουθήσω σοι ὅπου ἐὰν ἀπέρχῃ.			**Lk 9,57**	καὶ πορευομένων αὐτῶν **ἐν τῇ ὁδῷ** εἶπέν τις πρὸς αὐτόν· ἀκολουθήσω σοι ὅπου ἐὰν ἀπέρχῃ.	
d 102	**Mt 10,10**	[9] μὴ κτήσησθε χρυσὸν μηδὲ ἄργυρον μηδὲ χαλκὸν εἰς τὰς ζώνας ὑμῶν, [10] μὴ πήραν εἰς ὁδὸν μηδὲ δύο χιτῶνας μηδὲ ὑποδήματα μηδὲ ῥάβδον· ...	**Mk 6,9**	[8] ... ἵνα μηδὲν αἴρωσιν εἰς ὁδὸν εἰ μὴ ῥάβδον μόνον, μὴ ἄρτον, μὴ πήραν, μὴ εἰς τὴν ζώνην χαλκόν, [9] ἀλλὰ ὑποδεδεμένους σανδάλια, καὶ μὴ ἐνδύσησθε δύο χιτῶνας.	**Lk 10,4** ⇧ Lk 9,3 → Lk 22,35-36	μὴ βαστάζετε βαλλάντιον, μὴ πήραν, μὴ ὑποδήματα, καὶ μηδένα **κατὰ τὴν ὁδὸν** ἀσπάσησθε.	Mk-Q overlap
b 002					**Lk 10,31**	κατὰ συγκυρίαν δὲ ἱερεύς τις κατέβαινεν **ἐν τῇ ὁδῷ ἐκείνῃ** καὶ ἰδὼν αὐτὸν ἀντιπαρῆλθεν·	
002					**Lk 11,6**	ἐπειδὴ φίλος μου παρεγένετο **ἐξ ὁδοῦ** πρός με καὶ οὐκ ἔχω ὃ παραθήσω αὐτῷ·	
b 202	**Mt 5,25**	ἴσθι εὐνοῶν τῷ ἀντιδίκῳ σου ταχὺ, ἕως ὅτου εἶ μετ' αὐτοῦ **ἐν τῇ ὁδῷ,** μήποτέ σε παραδῷ ὁ ἀντίδικος τῷ κριτῇ ...			**Lk 12,58**	ὡς γὰρ ὑπάγεις μετὰ τοῦ ἀντιδίκου σου ἐπ' ἄρχοντα, **ἐν τῇ ὁδῷ** δὸς ἐργασίαν ἀπηλλάχθαι ἀπ' αὐτοῦ, μήποτε κατασύρῃ σε πρὸς τὸν κριτήν, ...	

	Mt		Mk		Lk		
c g 202	**Mt 22,9**	πορεύεσθε οὖν **ἐπὶ τὰς διεξόδους τῶν ὁδῶν** καὶ ὅσους ἐὰν εὕρητε καλέσατε εἰς τοὺς γάμους.			**Lk 14,23** ↓ Mt 22,10 ⇩ Lk 14,21 → Lk 16,16	... ἔξελθε **εἰς τὰς ὁδοὺς καὶ φραγμοὺς** καὶ ἀνάγκασον εἰσελθεῖν, ...	→ GTh 64
					Lk 14,21 ↓ Mt 22,9 ⇧ Lk 14,23 → Lk 14,13	... ἔξελθε ταχέως **εἰς τὰς πλατείας καὶ ῥύμας τῆς πόλεως,** καὶ τοὺς πτωχοὺς καὶ ἀναπείρους καὶ τυφλοὺς καὶ χωλοὺς εἰσάγαγε ὧδε.	→ GTh 64
c 121	**Mt 19,16** → Mt 22,35-36	καὶ ἰδοὺ εἷς προσελθὼν αὐτῷ εἶπεν· διδάσκαλε, τί ἀγαθὸν ποιήσω ἵνα σχῶ ζωὴν αἰώνιον;	**Mk 10,17** → Mk 12,28 → Mt 19,15	καὶ ἐκπορευομένου αὐτοῦ **εἰς ὁδὸν** προσδραμὼν εἷς καὶ γονυπετήσας αὐτὸν ἐπηρώτα αὐτόν· διδάσκαλε ἀγαθέ, τί ποιήσω ἵνα ζωὴν αἰώνιον κληρονομήσω;	**Lk 18,18** ⇨ Lk 10,25	καὶ ἐπηρώτησέν τις αὐτὸν ἄρχων λέγων· διδάσκαλε ἀγαθέ, τί ποιήσας ζωὴν αἰώνιον κληρονομήσω;	
b 221	**Mt 20,17**	καὶ ἀναβαίνων ὁ Ἰησοῦς εἰς Ἱεροσόλυμα παρέλαβεν τοὺς δώδεκα [μαθητὰς] κατ' ἰδίαν καὶ **ἐν τῇ ὁδῷ** εἶπεν αὐτοῖς·	**Mk 10,32**	ἦσαν δὲ **ἐν τῇ ὁδῷ** ἀναβαίνοντες εἰς Ἱεροσόλυμα, καὶ ἦν προάγων αὐτοὺς ὁ Ἰησοῦς, καὶ ἐθαμβοῦντο, οἱ δὲ ἀκολουθοῦντες ἐφοβοῦντο. καὶ παραλαβὼν πάλιν τοὺς δώδεκα ἤρξατο αὐτοῖς λέγειν ...	**Lk 18,31**	παραλαβὼν δὲ τοὺς δώδεκα εἶπεν πρὸς αὐτούς· ...	
a 222	**Mt 20,30** ⇩ Mt 9,27	καὶ ἰδοὺ δύο τυφλοὶ καθήμενοι **παρὰ τὴν ὁδόν ...**	**Mk 10,46**	... ὁ υἱὸς Τιμαίου Βαρτιμαῖος, τυφλὸς προσαίτης, ἐκάθητο **παρὰ τὴν ὁδόν.**	**Lk 18,35**	... τυφλός τις ἐκάθητο **παρὰ τὴν ὁδὸν** ἐπαιτῶν.	
	Mt 9,27 ⇧ Mt 20,30	καὶ παράγοντι ἐκεῖθεν τῷ Ἰησοῦ ἠκολούθησαν [αὐτῷ] δύο τυφλοὶ ...					
b 121	**Mt 20,34** ⇩ Mt 9,30	... καὶ εὐθέως ἀνέβλεψαν καὶ ἠκολούθησαν αὐτῷ.	**Mk 10,52**	... καὶ εὐθὺς ἀνέβλεψεν, καὶ ἠκολούθει αὐτῷ **ἐν τῇ ὁδῷ.**	**Lk 18,43**	καὶ παραχρῆμα ἀνέβλεψεν καὶ ἠκολούθει αὐτῷ δοξάζων τὸν θεόν. ...	
	Mt 9,30 ⇧ Mt 20,34	καὶ ἠνεῴχθησαν αὐτῶν οἱ ὀφθαλμοί. ... [31] οἱ δὲ ἐξελθόντες διεφήμισαν αὐτὸν ἐν ὅλῃ τῇ γῇ ἐκείνῃ.					
b c 222	**Mt 21,8** (2)	ὁ δὲ πλεῖστος ὄχλος ἔστρωσαν ἑαυτῶν τὰ ἱμάτια **ἐν τῇ ὁδῷ,**	**Mk 11,8**	καὶ πολλοὶ τὰ ἱμάτια αὐτῶν ἔστρωσαν **εἰς τὴν ὁδόν,**	**Lk 19,36**	πορευομένου δὲ αὐτοῦ ὑπεστρώννυον τὰ ἱμάτια αὐτῶν **ἐν τῇ ὁδῷ.**	→ Jn 12,13
b 211		ἄλλοι δὲ ἔκοπτον κλάδους ἀπὸ τῶν δένδρων καὶ ἐστρώννυον **ἐν τῇ ὁδῷ.**		ἄλλοι δὲ στιβάδας κόψαντες ἐκ τῶν ἀγρῶν.			
210	**Mt 21,19** → Lk 13,6	καὶ ἰδὼν συκῆν μίαν **ἐπὶ τῆς ὁδοῦ** ἦλθεν ἐπ' αὐτὴν ...	**Mk 11,13** → Lk 13,6	καὶ ἰδὼν συκῆν **ἀπὸ μακρόθεν** ἔχουσαν φύλλα ἦλθεν, ...			

	Mt		Mk		Lk		
201	**Mt 21,32**	ἦλθεν γὰρ Ἰωάννης πρὸς ὑμᾶς **ἐν ὁδῷ δικαιοσύνης,** καὶ οὐκ ἐπιστεύσατε αὐτῷ, ...			**Lk 7,30**	οἱ δὲ Φαρισαῖοι καὶ οἱ νομικοὶ τὴν βουλὴν τοῦ θεοῦ ἠθέτησαν εἰς ἑαυτοὺς μὴ βαπτισθέντες ὑπ᾽ αὐτοῦ.	
g c 202	**Mt 22,9**	πορεύεσθε οὖν **ἐπὶ τὰς διεξόδους** **τῶν ὁδῶν** καὶ ὅσους ἐὰν εὕρητε καλέσατε εἰς τοὺς γάμους.			**Lk 14,23** ↓ Mt 22,10 ⇑ Lk 14,21 → Lk 16,16	... ἔξελθε **εἰς τὰς ὁδοὺς καὶ** **φραγμοὺς** καὶ ἀνάγκασον εἰσελθεῖν, ἵνα γεμισθῇ μου ὁ οἶκος·	→ GTh 64
c g 200	**Mt 22,10** ↑ Lk 14,23	καὶ ἐξελθόντες οἱ δοῦλοι ἐκεῖνοι **εἰς τὰς ὁδοὺς** συνήγαγον πάντας οὓς εὗρον, πονηρούς τε καὶ ἀγαθούς· ...					→ GTh 64
e 222	**Mt 22,16**	... διδάσκαλε, οἴδαμεν ὅτι ἀληθὴς εἶ καὶ **τὴν ὁδὸν τοῦ θεοῦ** ἐν ἀληθείᾳ διδάσκεις καὶ οὐ μέλει σοι περὶ οὐδενός. οὐ γὰρ βλέπεις εἰς πρόσωπον ἀνθρώπων	**Mk 12,14**	... διδάσκαλε, οἴδαμεν ὅτι ἀληθὴς εἶ καὶ οὐ μέλει σοι περὶ οὐδενός· οὐ γὰρ βλέπεις εἰς πρόσωπον ἀνθρώπων, ἀλλ᾽ ἐπ᾽ ἀληθείας **τὴν ὁδὸν τοῦ θεοῦ** διδάσκεις· ...	**Lk 20,21**	... διδάσκαλε, οἴδαμεν ὅτι ὀρθῶς λέγεις καὶ διδάσκεις καὶ οὐ λαμβάνεις πρόσωπον, ἀλλ᾽ ἐπ᾽ ἀληθείας **τὴν ὁδὸν τοῦ θεοῦ** διδάσκεις·	→ Jn 3,2
b 002					**Lk 24,32**	... οὐχὶ ἡ καρδία ἡμῶν καιομένη ἦν [ἐν ἡμῖν] ὡς ἐλάλει ἡμῖν **ἐν τῇ ὁδῷ,** ὡς διήνοιγεν ἡμῖν τὰς γραφάς;	
b 002					**Lk 24,35**	καὶ αὐτοὶ ἐξηγοῦντο **τὰ ἐν τῇ ὁδῷ** καὶ ὡς ἐγνώσθη αὐτοῖς ἐν τῇ κλάσει τοῦ ἄρτου.	

[a] παρὰ τὴν ὁδόν
[b] ἐν τῇ ὁδῷ
[c] εἰς (τὴν) ὁδόν, εἰς (τὰς) ὁδούς
[d] κατὰ τὴν ὁδόν
[e] ὁδὸς τοῦ θεοῦ
[f] ὁδὸς (τοῦ) κυρίου, ~ αὐτοῦ (= κυρίου)
[g] ὁδοί (plural)
[h] ὁδός as term for the Christian belief (Acts only)

Acts 1,12 (→ Lk 24,52) τότε ὑπέστρεψαν εἰς Ἰερουσαλὴμ ἀπὸ ὄρους τοῦ καλουμένου Ἐλαιῶνος, ὅ ἐστιν ἐγγὺς Ἰερουσαλὴμ **σαββάτου ἔχον ὁδόν.**

g **Acts 2,28** *ἐγνώρισάς μοι* ***ὁδοὺς ζωῆς,*** *πληρώσεις με εὐφροσύνης μετὰ τοῦ προσώπου σου.* ➤ Ps 15,11 LXX

Acts 8,26 ... ἀνάστηθι καὶ πορεύου κατὰ μεσημβρίαν **ἐπὶ τὴν ὁδὸν** τὴν καταβαίνουσαν ἀπὸ Ἰερουσαλὴμ εἰς Γάζαν, ...

d **Acts 8,36** ὡς δὲ ἐπορεύοντο **κατὰ τὴν ὁδόν,** ἦλθον ἐπί τι ὕδωρ, καί φησιν ὁ εὐνοῦχος· ἰδοὺ ὕδωρ, τί κωλύει με βαπτισθῆναι;

Acts 8,39 ... πνεῦμα κυρίου ἥρπασεν τὸν Φίλιππον, καὶ οὐκ εἶδεν αὐτὸν οὐκέτι ὁ εὐνοῦχος, ἐπορεύετο γὰρ **τὴν ὁδὸν αὐτοῦ** χαίρων.

h **Acts 9,2** ᾐτήσατο παρ᾽ αὐτοῦ ἐπιστολὰς εἰς Δαμασκὸν πρὸς τὰς συναγωγάς, ὅπως ἐάν **τινας εὕρῃ τῆς ὁδοῦ ὄντας,** ἄνδρας τε καὶ γυναῖκας, δεδεμένους ἀγάγῃ εἰς Ἰερουσαλήμ.

b **Acts 9,17** ... Σαοὺλ ἀδελφέ, ὁ κύριος ἀπέσταλκέν με, Ἰησοῦς ὁ ὀφθείς σοι **ἐν τῇ ὁδῷ** ᾗ ἤρχου, ὅπως ἀναβλέψῃς καὶ πλησθῇς πνεύματος ἁγίου.

b **Acts 9,27** ... καὶ διηγήσατο αὐτοῖς πῶς
ἐν τῇ ὁδῷ
εἶδεν τὸν κύριον ...

f g **Acts 13,10** ... ἐχθρὲ πάσης δικαιοσύνης, οὐ παύσῃ διαστρέφων
τὰς ὁδοὺς [τοῦ] κυρίου τὰς εὐθείας;

g **Acts 14,16** ὃς ἐν ταῖς παρῳχημέναις γενεαῖς εἴασεν πάντα τὰ ἔθνη πορεύεσθαι
ταῖς ὁδοῖς αὐτῶν·

Acts 16,17 αὕτη κατακολουθοῦσα τῷ Παύλῳ καὶ ἡμῖν ἔκραζεν λέγουσα· οὗτοι οἱ ἄνθρωποι δοῦλοι τοῦ θεοῦ τοῦ ὑψίστου εἰσίν, οἵτινες καταγγέλλουσιν ὑμῖν
ὁδὸν σωτηρίας.

f **Acts 18,25** οὗτος ἦν κατηχημένος
τὴν ὁδὸν τοῦ κυρίου
καὶ ζέων τῷ πνεύματι ἐλάλει καὶ ἐδίδασκεν ἀκριβῶς τὰ περὶ τοῦ Ἰησοῦ, ἐπιστάμενος μόνον τὸ βάπτισμα Ἰωάννου·

e **Acts 18,26** ... ἀκούσαντες δὲ αὐτοῦ Πρίσκιλλα καὶ Ἀκύλας προσελάβοντο αὐτὸν καὶ ἀκριβέστερον αὐτῷ ἐξέθεντο
τὴν ὁδὸν [τοῦ θεοῦ].

h **Acts 19,9** ὡς δέ τινες ἐσκληρύνοντο καὶ ἠπείθουν κακολογοῦντες
τὴν ὁδὸν
ἐνώπιον τοῦ πλήθους, ἀποστὰς ἀπ' αὐτῶν ἀφώρισεν τοὺς μαθητάς καθ' ἡμέραν διαλεγόμενος ἐν τῇ σχολῇ Τυράννου.

h **Acts 19,23** ἐγένετο δὲ κατὰ τὸν καιρὸν ἐκεῖνον τάραχος οὐκ ὀλίγος
περὶ τῆς ὁδοῦ.

h **Acts 22,4** [3] ... ζηλωτὴς ὑπάρχων τοῦ θεοῦ καθὼς πάντες ὑμεῖς ἐστε σήμερον· [4] ὃς
ταύτην τὴν ὁδὸν
ἐδίωξα ἄχρι θανάτου δεσμεύων καὶ παραδιδοὺς εἰς φυλακὰς ἄνδρας τε καὶ γυναῖκας

d h **Acts 24,14** ὁμολογῶ δὲ τοῦτό σοι ὅτι
κατὰ τὴν ὁδὸν
ἣν λέγουσιν αἵρεσιν, οὕτως λατρεύω τῷ πατρῴῳ θεῷ πιστεύων πᾶσι τοῖς κατὰ τὸν νόμον καὶ τοῖς ἐν τοῖς προφήταις γεγραμμένοις

h **Acts 24,22** ἀνεβάλετο δὲ αὐτοὺς ὁ Φῆλιξ, ἀκριβέστερον εἰδὼς
τὰ περὶ τῆς ὁδοῦ
εἴπας· ὅταν Λυσίας ὁ χιλίαρχος καταβῇ, διαγνώσομαι τὰ καθ' ὑμᾶς·

d **Acts 25,3** αἰτούμενοι χάριν κατ' αὐτοῦ ὅπως μεταπέμψηται αὐτὸν εἰς Ἰερουσαλήμ, ἐνέδραν ποιοῦντες ἀνελεῖν αὐτὸν
κατὰ τὴν ὁδόν.

d **Acts 26,13** ἡμέρας μέσης
κατὰ τὴν ὁδὸν
εἶδον, βασιλεῦ, οὐρανόθεν ὑπὲρ τὴν λαμπρότητα τοῦ ἡλίου περιλάμψαν με φῶς καὶ τοὺς σὺν ἐμοὶ πορευομένους.

ὀδούς	Syn 10	Mt 8	Mk 1	Lk 1	Acts 1	Jn	1-3John	Paul	Eph	Col
	NT 12	2Thess	1/2Tim	Tit	Heb	Jas	1Pet	2Pet	Jude	Rev 1

tooth

	triple tradition																	double tradition			Sondergut		
		+Mt / +Lk			–Mt / –Lk			traditions not taken over by Mt / Lk							subtotals								
code	222	211	112	212	221	122	121	022	012	021	220	120	210	020	Σ⁺	Σ⁻	Σ	202	201	102	200	002	total
Mt							1^-									1^-		1	1		6		8
Mk							1										1						1
Lk							1^-									1^-		1					1

[a] ὁ βρυγμὸς τῶν ὀδόντων

Mt 5,38 (2) ἠκούσατε ὅτι ἐρρέθη·
ὀφθαλμὸν ἀντὶ ὀφθαλμοῦ
καὶ
200 ***ὀδόντα***
200 ***ἀντὶ ὀδόντος.***
➤ Exod 21,24/Lev 24,20/Deut 19,21

	Mt		Mk		Lk		
a 202	**Mt 8,12**	[11] ... πολλοὶ ἀπὸ ἀνατολῶν καὶ δυσμῶν ἥξουσιν καὶ ἀνακλιθήσονται μετὰ Ἀβραὰμ καὶ Ἰσαὰκ καὶ Ἰακὼβ ἐν τῇ βασιλείᾳ τῶν οὐρανῶν, [12] οἱ δὲ υἱοὶ τῆς βασιλείας ἐκβληθήσονται εἰς τὸ σκότος τὸ ἐξώτερον· ἐκεῖ ἔσται ὁ κλαυθμὸς καὶ ὁ βρυγμὸς τῶν ὀδόντων.			**Lk 13,28**	ἐκεῖ ἔσται ὁ κλαυθμὸς καὶ ὁ βρυγμὸς τῶν ὀδόντων, ὅταν ὄψεσθε Ἀβραὰμ καὶ Ἰσαὰκ καὶ Ἰακὼβ καὶ πάντας τοὺς προφήτας ἐν τῇ βασιλείᾳ τοῦ θεοῦ, ὑμᾶς δὲ ἐκβαλλομένους ἔξω. [29] καὶ ἥξουσιν ἀπὸ ἀνατολῶν καὶ δυσμῶν καὶ ἀπὸ βορρᾶ καὶ νότου καὶ ἀνακλιθήσονται ἐν τῇ βασιλείᾳ τοῦ θεοῦ.	
a 200	**Mt 13,42** → Mt 25,46	καὶ *βαλοῦσιν αὐτοὺς εἰς τὴν κάμινον τοῦ πυρός·* ἐκεῖ ἔσται ὁ κλαυθμὸς καὶ ὁ βρυγμὸς τῶν ὀδόντων. ➤ Dan 3,6					
a 200	**Mt 13,50** → Mt 25,46	καὶ *βαλοῦσιν αὐτοὺς εἰς τὴν κάμινον τοῦ πυρός·* ἐκεῖ ἔσται ὁ κλαυθμὸς καὶ ὁ βρυγμὸς τῶν ὀδόντων. ➤ Dan 3,6					
121	**Mt 17,15**	... σεληνιάζεται καὶ κακῶς πάσχει· ...	**Mk 9,18**	[17] ... ἔχοντα πνεῦμα ἄλαλον· [18] καὶ ὅπου ἐὰν αὐτὸν καταλάβῃ ῥήσσει αὐτόν, καὶ ἀφρίζει καὶ τρίζει τοὺς ὀδόντας καὶ ξηραίνεται· ...	**Lk 9,39**	καὶ ἰδοὺ πνεῦμα λαμβάνει αὐτὸν καὶ ἐξαίφνης κράζει καὶ σπαράσσει αὐτὸν μετὰ ἀφροῦ καὶ μόγις ἀποχωρεῖ ἀπ' αὐτοῦ συντρῖβον αὐτόν·	
a 200	**Mt 22,13**	... δήσαντες αὐτοῦ πόδας καὶ χεῖρας ἐκβάλετε αὐτὸν εἰς τὸ σκότος τὸ ἐξώτερον· ἐκεῖ ἔσται ὁ κλαυθμὸς καὶ ὁ βρυγμὸς τῶν ὀδόντων.					
a 201	**Mt 24,51**	καὶ διχοτομήσει αὐτὸν καὶ τὸ μέρος αὐτοῦ μετὰ τῶν ὑποκριτῶν θήσει· ἐκεῖ ἔσται ὁ κλαυθμὸς καὶ ὁ βρυγμὸς τῶν ὀδόντων.			**Lk 12,46**	... καὶ διχοτομήσει αὐτὸν καὶ τὸ μέρος αὐτοῦ μετὰ τῶν ἀπίστων θήσει.	
a 200	**Mt 25,30**	καὶ τὸν ἀχρεῖον δοῦλον ἐκβάλετε εἰς τὸ σκότος τὸ ἐξώτερον· ἐκεῖ ἔσται ὁ κλαυθμὸς καὶ ὁ βρυγμὸς τῶν ὀδόντων.					

Acts 7,54 ἀκούοντες δὲ ταῦτα διεπρίοντο ταῖς καρδίαις αὐτῶν καὶ ἔβρυχον
τοὺς ὀδόντας
ἐπ' αὐτόν.

ὀδυνάομαι	Syn 3	Mt	Mk	Lk 3	Acts 1	Jn	1-3John	Paul	Eph	Col
	NT 4	2Thess	1/2Tim	Tit	Heb	Jas	1Pet	2Pet	Jude	Rev

feel pain

	Mt	Mk	Lk	
002			**Lk 2,48** ... ἰδοὺ ὁ πατήρ σου κἀγὼ **ὀδυνώμενοι** ἐζητοῦμέν σε.	
002			**Lk 16,24** ... πάτερ Ἀβραάμ, ἐλέησόν με καὶ πέμψον Λάζαρον ἵνα βάψῃ τὸ ἄκρον τοῦ δακτύλου αὐτοῦ ὕδατος καὶ καταψύξῃ τὴν γλῶσσάν μου, ὅτι **ὀδυνῶμαι** ἐν τῇ φλογὶ ταύτῃ.	
002			**Lk 16,25** → Lk 6,24 εἶπεν δὲ Ἀβραάμ· τέκνον, μνήσθητι ὅτι ἀπέλαβες τὰ ἀγαθά σου ἐν τῇ ζωῇ σου, καὶ Λάζαρος ὁμοίως τὰ κακά· νῦν δὲ ὧδε παρακαλεῖται, σὺ δὲ **ὀδυνᾶσαι**.	

Acts 20,38 **ὀδυνώμενοι** μάλιστα ἐπὶ τῷ λόγῳ ᾧ εἰρήκει, ὅτι οὐκέτι μέλλουσιν τὸ πρόσωπον αὐτοῦ θεωρεῖν. ...

ὀδυρμός	Syn 1	Mt 1	Mk	Lk	Acts	Jn	1-3John	Paul 1	Eph	Col
	NT 2	2Thess	1/2Tim	Tit	Heb	Jas	1Pet	2Pet	Jude	Rev

lamentation; mourning

	Mt	Mk	Lk	
200	**Mt 2,18** *φωνὴ ἐν Ῥαμὰ ἠκούσθη, κλαυθμὸς καὶ* ***ὀδυρμὸς πολύς·*** *Ῥαχὴλ κλαίουσα τὰ τέκνα αὐτῆς, καὶ οὐκ ἤθελεν παρακληθῆναι, ὅτι οὐκ εἰσίν.* ➤ Jer 31,15			

Ὀζίας	Syn 2	Mt 2	Mk	Lk	Acts	Jn	1-3John	Paul	Eph	Col
	NT 2	2Thess	1/2Tim	Tit	Heb	Jas	1Pet	2Pet	Jude	Rev

Uzziah

	Mt	Mk	Lk	
200	**Mt 1,8** ... Ἰωρὰμ δὲ ἐγέννησεν **τὸν Ὀζίαν**,			
200	**Mt 1,9** **Ὀζίας** δὲ ἐγέννησεν τὸν Ἰωαθάμ, ...			

ὅθεν	Syn 5	Mt 4	Mk	Lk 1	Acts 3	Jn	1-3John 1	Paul	Eph	Col
	NT 15	2Thess	1/2Tim	Tit	Heb 6	Jas	1Pet	2Pet	Jude	Rev

from where; whence; from which; from which fact

	triple tradition																	double tradition			Sondergut		
		+Mt / +Lk			−Mt / −Lk			traditions not taken over by Mt / Lk							subtotals								
code	222	211	112	212	221	122	121	022	012	021	220	120	210	020	Σ⁺	Σ⁻	Σ	202	201	102	200	002	total
Mt													1⁺		1⁺		1	1	2				4
Mk																							
Lk																		1					1

202	**Mt 12,44** → Mk 9,25 τότε λέγει· εἰς τὸν οἶκόν μου ἐπιστρέψω ὅθεν ἐξῆλθον· ...		**Lk 11,24** → Mk 9,25 ... [τότε] λέγει· ὑποστρέψω εἰς τὸν οἶκόν μου ὅθεν ἐξῆλθον·	
210	**Mt 14,7** ὅθεν μεθ' ὅρκου ὡμολόγησεν αὐτῇ δοῦναι ὃ ἐὰν αἰτήσηται.	**Mk 6,23** καὶ ὤμοσεν αὐτῇ [πολλά], ὅ τι ἐάν με αἰτήσῃς δώσω σοι ἕως ἡμίσους τῆς βασιλείας μου.		
201	**Mt 25,24** ... ἔγνων σε ὅτι σκληρὸς εἶ ἄνθρωπος, θερίζων ὅπου οὐκ ἔσπειρας καὶ συνάγων ὅθεν οὐ διεσκόρπισας		**Lk 19,21** ἐφοβούμην γάρ σε, ὅτι ἄνθρωπος αὐστηρὸς εἶ, αἴρεις ὃ οὐκ ἔθηκας καὶ θερίζεις ὃ οὐκ ἔσπειρας.	
201	**Mt 25,26** ... ᾔδεις ὅτι θερίζω ὅπου οὐκ ἔσπειρα καὶ συνάγω ὅθεν οὐ διεσκόρπισα;		**Lk 19,22** ... ᾔδεις ὅτι ἐγὼ ἄνθρωπος αὐστηρός εἰμι, αἴρων ὃ οὐκ ἔθηκα καὶ θερίζων ὃ οὐκ ἔσπειρα;	

Acts 14,26 κἀκεῖθεν ἀπέπλευσαν εἰς Ἀντιόχειαν, ὅθεν ἦσαν παραδεδομένοι τῇ χάριτι τοῦ θεοῦ εἰς τὸ ἔργον ὃ ἐπλήρωσαν.

Acts 26,19 ὅθεν, βασιλεῦ Ἀγρίππα, οὐκ ἐγενόμην ἀπειθὴς τῇ οὐρανίῳ ὀπτασίᾳ

Acts 28,13 ὅθεν περιελόντες κατηντήσαμεν εἰς Ῥήγιον. ...

ὀθόνιον	Syn 1	Mt	Mk	Lk 1	Acts	Jn 4	1-3John	Paul	Eph	Col
	NT 5	2Thess	1/2Tim	Tit	Heb	Jas	1Pet	2Pet	Jude	Rev

linen cloth; linen bandage

002			**Lk 24,12** → Lk 24,24 ὁ δὲ Πέτρος ἀναστὰς ἔδραμεν ἐπὶ τὸ μνημεῖον καὶ παρακύψας βλέπει τὰ ὀθόνια μόνα, καὶ ἀπῆλθεν πρὸς ἑαυτὸν θαυμάζων τὸ γεγονός.	→ Jn 20,5-7

οἶδα	Syn 70	Mt 24	Mk 21	Lk 25	Acts 19	Jn 84	1-3John 16	Paul 80	Eph 5	Col 4
	NT 318	2Thess 3	1/2Tim 9	Tit 2	Heb 3	Jas 4	1Pet 2	2Pet 3	Jude 2	Rev 12

know; be (intimately) acquainted with; stand in a (close) relation; understand (how); can; be able; recognize; come to know; experience

	triple tradition																	double tradition			Sondergut		
		+Mt / +Lk			–Mt / –Lk			traditions not taken over by Mt / Lk							subtotals								
code	222	211	112	212	221	122	121	022	012	021	220	120	210	020	Σ⁺	Σ⁻	Σ	202	201	102	200	002	total
Mt	5	3⁺			3	1⁻	2⁻				3	2⁻	1⁺		4⁺	5⁻	15	5			4		**24**
Mk	5				3	1	2	3		1	3	2		1			21						**21**
Lk	5		3⁺		3⁻	1	2⁻	3	1⁺	1⁻					4⁺	6⁻	13	5		4		3	**25**

a οἶδα ὅτι
b οἶδα and interrogative pronoun
c οἶδα and relative pronoun
d οἶδα and infinitive
e οἶδα περί τινος

code	Mt		Mk		Lk		
a 002					**Lk 2,49**	καὶ εἶπεν πρὸς αὐτούς· τί ὅτι ἐζητεῖτέ με; οὐκ ᾔδειτε ὅτι ἐν τοῖς τοῦ πατρός μου δεῖ εἶναί με;	
b 022	→ Mt 8,29		**Mk 1,24** ↓ Mk 1,34 ↓ Mk 3,11 → Mk 5,7	... τί ἡμῖν καὶ σοί, Ἰησοῦ Ναζαρηνέ; ἦλθες ἀπολέσαι ἡμᾶς; οἶδά σε τίς εἶ, ὁ ἅγιος τοῦ θεοῦ.	**Lk 4,34** → Lk 8,28	ἔα, τί ἡμῖν καὶ σοί, Ἰησοῦ Ναζαρηνέ; ἦλθες ἀπολέσαι ἡμᾶς; οἶδά σε τίς εἶ, ὁ ἅγιος τοῦ θεοῦ.	
d 022			**Mk 1,34** ↓ Mt 12,16 ↓ Mk 3,11-12	... καὶ οὐκ ἤφιεν λαλεῖν τὰ δαιμόνια, ὅτι ᾔδεισαν αὐτόν.	**Lk 4,41**	... καὶ ἐπιτιμῶν οὐκ εἴα αὐτὰ λαλεῖν, ὅτι ᾔδεισαν τὸν χριστὸν αὐτὸν εἶναι.	
			Mk 3,11 ↑ Mk 1,34	καὶ τὰ πνεύματα τὰ ἀκάθαρτα, ὅταν αὐτὸν ἐθεώρουν, προσέπιπτον αὐτῷ καὶ ἔκραζον λέγοντες ὅτι σὺ εἶ ὁ υἱὸς τοῦ θεοῦ.			
	Mt 12,16	καὶ ἐπετίμησεν αὐτοῖς ἵνα μὴ φανερὸν αὐτὸν ποιήσωσιν	**Mk 3,12** ↑ Mk 1,34	καὶ πολλὰ ἐπετίμα αὐτοῖς ἵνα μὴ αὐτὸν φανερὸν ποιήσωσιν.			
c 200	**Mt 6,8** ↓ Mt 6,32 ↓ Lk 12,30	μὴ οὖν ὁμοιωθῆτε αὐτοῖς· οἶδεν γὰρ ὁ πατὴρ ὑμῶν ὧν χρείαν ἔχετε πρὸ τοῦ ὑμᾶς αἰτῆσαι αὐτόν.					
a 202	**Mt 6,32** ↑ Mt 6,8	πάντα γὰρ ταῦτα τὰ ἔθνη ἐπιζητοῦσιν· οἶδεν γὰρ ὁ πατὴρ ὑμῶν ὁ οὐράνιος ὅτι χρῄζετε τούτων ἁπάντων.			**Lk 12,30**	ταῦτα γὰρ πάντα τὰ ἔθνη τοῦ κόσμου ἐπιζητοῦσιν, ὑμῶν δὲ ὁ πατὴρ οἶδεν ὅτι χρῄζετε τούτων.	
d 202	**Mt 7,11**	εἰ οὖν ὑμεῖς πονηροὶ ὄντες οἴδατε δόματα ἀγαθὰ διδόναι τοῖς τέκνοις ὑμῶν, πόσῳ μᾶλλον ὁ πατὴρ ὑμῶν ὁ ἐν τοῖς οὐρανοῖς δώσει ἀγαθὰ τοῖς αἰτοῦσιν αὐτόν.			**Lk 11,13**	εἰ οὖν ὑμεῖς πονηροὶ ὑπάρχοντες οἴδατε δόματα ἀγαθὰ διδόναι τοῖς τέκνοις ὑμῶν, πόσῳ μᾶλλον ὁ πατὴρ [ὁ] ἐξ οὐρανοῦ δώσει πνεῦμα ἅγιον τοῖς αἰτοῦσιν αὐτόν.	

	Mt		Mk		Lk		
a 222	**Mt 9,6**	ἵνα δὲ **εἰδῆτε** ὅτι ἐξουσίαν ἔχει ὁ υἱὸς τοῦ ἀνθρώπου ἐπὶ τῆς γῆς ἀφιέναι ἁμαρτίας - τότε λέγει τῷ παραλυτικῷ· ...	**Mk 2,10**	ἵνα δὲ **εἰδῆτε** ὅτι ἐξουσίαν ἔχει ὁ υἱὸς τοῦ ἀνθρώπου ἀφιέναι ἁμαρτίας ἐπὶ τῆς γῆς - λέγει τῷ παραλυτικῷ·	**Lk 5,24**	ἵνα δὲ **εἰδῆτε** ὅτι ὁ υἱὸς τοῦ ἀνθρώπου ἐξουσίαν ἔχει ἐπὶ τῆς γῆς ἀφιέναι ἁμαρτίας - εἶπεν τῷ παραλελυμένῳ· ...	
012			**Mk 3,3**	καὶ λέγει τῷ ἀνθρώπῳ τῷ τὴν ξηρὰν χεῖρα ἔχοντι· ἔγειρε εἰς τὸ μέσον.	**Lk 6,8** → Lk 5,22 ↓ Lk 9,47 ↓ Mt 12,25 ↓ Lk 11,17	αὐτὸς δὲ **ᾔδει** τοὺς διαλογισμοὺς αὐτῶν, εἶπεν δὲ τῷ ἀνδρὶ τῷ ξηρὰν ἔχοντι τὴν χεῖρα· ἔγειρε καὶ στῆθι εἰς τὸ μέσον· ...	
202	**Mt 12,25** → Mt 9,4	**εἰδὼς** δὲ τὰς ἐνθυμήσεις αὐτῶν εἶπεν αὐτοῖς· πᾶσα βασιλεία μερισθεῖσα καθ᾽ ἑαυτῆς ἐρημοῦται ...	**Mk 3,23**	καὶ προσκαλεσάμενος αὐτοὺς ἐν παραβολαῖς ἔλεγεν αὐτοῖς· πῶς δύναται σατανᾶς σατανᾶν ἐκβάλλειν; [24] καὶ ἐὰν βασιλεία ἐφ᾽ ἑαυτὴν μερισθῇ, οὐ δύναται σταθῆναι ἡ βασιλεία ἐκείνη·	**Lk 11,17** → Lk 5,22 ↑ Lk 6,8 ↓ Lk 9,47	αὐτὸς δὲ **εἰδὼς** αὐτῶν τὰ διανοήματα εἶπεν αὐτοῖς· πᾶσα βασιλεία ἐφ᾽ ἑαυτὴν διαμερισθεῖσα ἐρημοῦται ...	Mk-Q overlap
121	**Mt 13,18**	ὑμεῖς οὖν ἀκούσατε τὴν παραβολὴν τοῦ σπείραντος.	**Mk 4,13**	καὶ λέγει αὐτοῖς· **οὐκ οἴδατε** τὴν παραβολὴν ταύτην, καὶ πῶς πάσας τὰς παραβολὰς γνώσεσθε;	**Lk 8,11**	ἔστιν δὲ αὕτη ἡ παραβολή· ...	
020			**Mk 4,27**	καὶ καθεύδῃ καὶ ἐγείρηται νύκτα καὶ ἡμέραν, καὶ ὁ σπόρος βλαστᾷ καὶ μηκύνηται ὡς **οὐκ οἶδεν** αὐτός.			
c 021			**Mk 5,33**	ἡ δὲ γυνὴ φοβηθεῖσα καὶ τρέμουσα, **εἰδυῖα** ὃ γέγονεν αὐτῇ, ἦλθεν καὶ προσέπεσεν αὐτῷ καὶ εἶπεν αὐτῷ πᾶσαν τὴν ἀλήθειαν.	**Lk 8,47** → Mt 9,21 → Mk 5,28 → Mk 5,29	ἰδοῦσα δὲ ἡ γυνὴ ὅτι οὐκ ἔλαθεν, τρέμουσα ἦλθεν καὶ προσπεσοῦσα αὐτῷ δι᾽ ἣν αἰτίαν ἥψατο αὐτοῦ ἀπήγγειλεν ἐνώπιον παντὸς τοῦ λαοῦ καὶ ὡς ἰάθη παραχρῆμα.	
a 112	**Mt 9,24**	... καὶ κατεγέλων αὐτοῦ.	**Mk 5,40**	καὶ κατεγέλων αὐτοῦ. ...	**Lk 8,53**	καὶ κατεγέλων αὐτοῦ, **εἰδότες** ὅτι ἀπέθανεν.	
120	**Mt 14,5**	[3] ὁ γὰρ Ἡρῴδης ... [5] ... θέλων αὐτὸν ἀποκτεῖναι ἐφοβήθη τὸν ὄχλον, ὅτι ὡς προφήτην αὐτὸν εἶχον.	**Mk 6,20**	ὁ γὰρ Ἡρῴδης ἐφοβεῖτο τὸν Ἰωάννην, **εἰδὼς** αὐτὸν ἄνδρα δίκαιον καὶ ἅγιον, καὶ συνετήρει αὐτόν, καὶ ἀκούσας αὐτοῦ πολλὰ ἠπόρει, καὶ ἡδέως αὐτοῦ ἤκουεν.			
a 200	**Mt 15,12** → Mk 7,17	τότε προσελθόντες οἱ μαθηταὶ λέγουσιν αὐτῷ· **οἶδας** ὅτι οἱ Φαρισαῖοι ἀκούσαντες τὸν λόγον ἐσκανδαλίσθησαν;					

	Mt		Mk		Lk		
	Mt 17,4	... κύριε, καλόν ἐστιν ἡμᾶς ὧδε εἶναι· εἰ θέλεις, ποιήσω ὧδε τρεῖς σκηνάς, σοὶ μίαν καὶ Μωϋσεῖ μίαν καὶ Ἠλίᾳ μίαν.	Mk 9,5	... ῥαββί, καλόν ἐστιν ἡμᾶς ὧδε εἶναι, καὶ ποιήσωμεν τρεῖς σκηνάς, σοὶ μίαν καὶ Μωϋσεῖ μίαν καὶ Ἠλίᾳ μίαν.	Lk 9,33	... ἐπιστάτα, καλόν ἐστιν ἡμᾶς ὧδε εἶναι, καὶ ποιήσωμεν σκηνὰς τρεῖς, μίαν σοὶ καὶ μίαν Μωϋσεῖ καὶ μίαν Ἠλίᾳ,	
b c 022			Mk 9,6 → Mt 17,6	**οὐ γὰρ ᾔδει** τί ἀποκριθῇ, ἔκφοβοι γὰρ ἐγένοντο.		**μὴ εἰδὼς** ὃ λέγει.	
112	Mt 18,2	καὶ προσκαλεσάμενος παιδίον ἔστησεν αὐτὸ ἐν μέσῳ αὐτῶν	Mk 9,36	καὶ λαβὼν παιδίον ἔστησεν αὐτὸ ἐν μέσῳ αὐτῶν ...	Lk 9,47 ↑ Lk 6,8 ↓ Lk 11,17	ὁ δὲ Ἰησοῦς **εἰδὼς** τὸν διαλογισμὸν τῆς καρδίας αὐτῶν, ἐπιλαβόμενος παιδίον ἔστησεν αὐτὸ παρ' ἑαυτῷ	→ GTh 22
d 202	Mt 7,11	εἰ οὖν ὑμεῖς πονηροὶ ὄντες **οἴδατε** δόματα ἀγαθὰ διδόναι τοῖς τέκνοις ὑμῶν, πόσῳ μᾶλλον ὁ πατὴρ ὑμῶν ὁ ἐν τοῖς οὐρανοῖς δώσει ἀγαθὰ τοῖς αἰτοῦσιν αὐτόν.			Lk 11,13	εἰ οὖν ὑμεῖς πονηροὶ ὑπάρχοντες **οἴδατε** δόματα ἀγαθὰ διδόναι τοῖς τέκνοις ὑμῶν, πόσῳ μᾶλλον ὁ πατὴρ [ὁ] ἐξ οὐρανοῦ δώσει πνεῦμα ἅγιον τοῖς αἰτοῦσιν αὐτόν.	
202	Mt 12,25 → Mt 9,4	**εἰδὼς** δὲ τὰς ἐνθυμήσεις αὐτῶν εἶπεν αὐτοῖς· πᾶσα βασιλεία μερισθεῖσα καθ' ἑαυτῆς ἐρημοῦται ...	Mk 3,23	καὶ προσκαλεσάμενος αὐτοὺς ἐν παραβολαῖς ἔλεγεν αὐτοῖς· πῶς δύναται σατανᾶς σατανᾶν ἐκβάλλειν; [24] καὶ ἐὰν βασιλεία ἐφ' ἑαυτὴν μερισθῇ, οὐ δύναται σταθῆναι ἡ βασιλεία ἐκείνη·	Lk 11,17 → Lk 5,22 ↑ Lk 6,8 ↑ Lk 9,47	αὐτὸς δὲ **εἰδὼς** αὐτῶν τὰ διανοήματα εἶπεν αὐτοῖς· πᾶσα βασιλεία ἐφ' ἑαυτὴν διαμερισθεῖσα ἐρημοῦται ...	Mk-Q overlap
102	Mt 23,27	οὐαὶ ὑμῖν, γραμματεῖς καὶ Φαρισαῖοι ὑποκριταί, ὅτι παρομοιάζετε τάφοις κεκονιαμένοις, οἵτινες ἔξωθεν μὲν φαίνονται ὡραῖοι, ἔσωθεν δὲ γέμουσιν ὀστέων νεκρῶν καὶ πάσης ἀκαθαρσίας.			Lk 11,44	οὐαὶ ὑμῖν, ὅτι ἐστὲ ὡς τὰ μνημεῖα τὰ ἄδηλα, καὶ οἱ ἄνθρωποι [οἱ] περιπατοῦντες ἐπάνω **οὐκ οἴδασιν.**	
a 202	Mt 6,32 ↑ Mt 6,8	πάντα γὰρ ταῦτα τὰ ἔθνη ἐπιζητοῦσιν· **οἶδεν** γὰρ ὁ πατὴρ ὑμῶν ὁ οὐράνιος ὅτι χρῄζετε τούτων ἁπάντων.			Lk 12,30	ταῦτα γὰρ πάντα τὰ ἔθνη τοῦ κόσμου ἐπιζητοῦσιν, ὑμῶν δὲ ὁ πατὴρ **οἶδεν** ὅτι χρῄζετε τούτων.	
b 202	Mt 24,43	ἐκεῖνο δὲ γινώσκετε ὅτι εἰ **ᾔδει** ὁ οἰκοδεσπότης ποίᾳ φυλακῇ ὁ κλέπτης ἔρχεται, ἐγρηγόρησεν ἂν καὶ οὐκ ἂν εἴασεν διορυχθῆναι τὴν οἰκίαν αὐτοῦ.			Lk 12,39	τοῦτο δὲ γινώσκετε ὅτι εἰ **ᾔδει** ὁ οἰκοδεσπότης ποίᾳ ὥρᾳ ὁ κλέπτης ἔρχεται, οὐκ ἂν ἀφῆκεν διορυχθῆναι τὸν οἶκον αὐτοῦ.	→ GTh 21,5 → GTh 103

	Mt		Mk		Lk		
d 102 *d* 102	**Mt 16,3**	[... τὸ μὲν πρόσωπον τοῦ οὐρανοῦ **γινώσκετε** διακρίνειν, τὰ δὲ σημεῖα τῶν καιρῶν **οὐ δύνασθε;**]			**Lk 12,56** (2)	ὑποκριταί, τὸ πρόσωπον τῆς γῆς καὶ τοῦ οὐρανοῦ **οἴδατε** δοκιμάζειν, τὸν καιρὸν δὲ τοῦτον πῶς **οὐκ οἴδατε** δοκιμάζειν;	→ GTh 91 Mt 16,3 is textcritically uncertain.
b 002	**Mt 25,12** ↓ Mt 7,23	[11] ὕστερον δὲ ἔρχονται καὶ αἱ λοιπαὶ παρθένοι λέγουσαι· κύριε κύριε, ἄνοιξον ἡμῖν. [12] ὁ δὲ ἀποκριθεὶς εἶπεν· ἀμὴν λέγω ὑμῖν, **οὐκ οἶδα** ὑμᾶς.			**Lk 13,25** ↓ Lk 13,27	... καὶ ἄρξησθε ἔξω ἑστάναι καὶ κρούειν τὴν θύραν λέγοντες· κύριε, ἄνοιξον ἡμῖν, καὶ ἀποκριθεὶς ἐρεῖ ὑμῖν· **οὐκ οἶδα** ὑμᾶς πόθεν ἐστέ.	
b 102	**Mt 7,23** → Mt 13,41 ↓ Mt 25,12 → Mt 25,41	καὶ τότε ὁμολογήσω αὐτοῖς ὅτι **οὐδέποτε ἔγνων** ὑμᾶς· *ἀποχωρεῖτε ἀπ᾽ ἐμοῦ* *οἱ ἐργαζόμενοι* *τὴν ἀνομίαν.* ➤ Ps 6,9/1Macc 3,6			**Lk 13,27** ↑ Lk 13,25	καὶ ἐρεῖ λέγων ὑμῖν· **οὐκ οἶδα** [ὑμᾶς] πόθεν ἐστέ· *ἀπόστητε ἀπ᾽ ἐμοῦ,* *πάντες ἐργάται* *ἀδικίας.* ➤ Ps 6,9/1Macc 3,6	
122	**Mt 19,17**	... τί με ἐρωτᾷς περὶ τοῦ ἀγαθοῦ; εἷς ἐστιν ὁ ἀγαθός· εἰ δὲ θέλεις εἰς τὴν ζωὴν εἰσελθεῖν, τήρησον τὰς ἐντολάς. [18] λέγει αὐτῷ· ποίας; ὁ δὲ Ἰησοῦς εἶπεν· τὸ *οὐ φονεύσεις,* *οὐ μοιχεύσεις,* *οὐ κλέψεις,* *οὐ ψευδομαρτυρήσεις,* [19] *τίμα τὸν πατέρα καὶ* *τὴν μητέρα, ...* ➤ Exod 20,12-16/Deut 5,16-20 LXX	**Mk 10,19**	[18] ... τί με λέγεις ἀγαθόν; οὐδεὶς ἀγαθὸς εἰ μὴ εἷς ὁ θεός. [19] τὰς ἐντολὰς **οἶδας·** *μὴ φονεύσῃς,* *μὴ μοιχεύσῃς,* *μὴ κλέψῃς,* *μὴ ψευδομαρτυρήσῃς,* *μὴ ἀποστερήσῃς,* *τίμα τὸν πατέρα σου καὶ* *τὴν μητέρα.* ➤ Exod 20,12-16/Deut 5,16-20; Sir 4,1 LXX	**Lk 18,20**	[19] ... τί με λέγεις ἀγαθόν; οὐδεὶς ἀγαθὸς εἰ μὴ εἷς ὁ θεός. [20] τὰς ἐντολὰς **οἶδας·** *μὴ μοιχεύσῃς,* *μὴ φονεύσῃς,* *μὴ κλέψῃς,* *μὴ ψευδομαρτυρήσῃς,* *τίμα τὸν πατέρα σου καὶ* *τὴν μητέρα.* ➤ Exod 20,12-16/Deut 5,16-20 LXX	
b 220	**Mt 20,22**	ἀποκριθεὶς δὲ ὁ Ἰησοῦς εἶπεν· **οὐκ οἴδατε** τί αἰτεῖσθε. δύνασθε πιεῖν τὸ ποτήριον ὃ ἐγὼ μέλλω πίνειν; ...	**Mk 10,38**	ὁ δὲ Ἰησοῦς εἶπεν αὐτοῖς· **οὐκ οἴδατε** τί αἰτεῖσθε. δύνασθε πιεῖν τὸ ποτήριον ὃ ἐγὼ πίνω ἢ τὸ βάπτισμα ὃ ἐγὼ βαπτίζομαι βαπτισθῆναι;	**Lk 12,50**	βάπτισμα δὲ ἔχω βαπτισθῆναι, καὶ πῶς συνέχομαι ἕως ὅτου τελεσθῇ.	
a 221	**Mt 20,25**	ὁ δὲ Ἰησοῦς προσκαλεσάμενος αὐτοὺς εἶπεν· **οἴδατε** ὅτι οἱ ἄρχοντες τῶν ἐθνῶν κατακυριεύουσιν αὐτῶν καὶ οἱ μεγάλοι κατεξουσιάζουσιν αὐτῶν.	**Mk 10,42**	καὶ προσκαλεσάμενος αὐτοὺς ὁ Ἰησοῦς λέγει αὐτοῖς· **οἴδατε** ὅτι οἱ δοκοῦντες ἄρχειν τῶν ἐθνῶν κατακυριεύουσιν αὐτῶν καὶ οἱ μεγάλοι αὐτῶν κατεξουσιάζουσιν αὐτῶν.	**Lk 22,25**	ὁ δὲ εἶπεν αὐτοῖς· οἱ βασιλεῖς τῶν ἐθνῶν κυριεύουσιν αὐτῶν καὶ οἱ ἐξουσιάζοντες αὐτῶν εὐεργέται καλοῦνται.	
a 202	**Mt 25,26**	... πονηρὲ δοῦλε καὶ ὀκνηρέ, **ᾔδεις** ὅτι θερίζω ὅπου οὐκ ἔσπειρα καὶ συνάγω ὅθεν οὐ διεσκόρπισα;			**Lk 19,22**	... ἐκ τοῦ στόματός σου κρίνω σε, πονηρὲ δοῦλε. **ᾔδεις** ὅτι ἐγὼ ἄνθρωπος αὐστηρός εἰμι, αἴρων ὃ οὐκ ἔθηκα καὶ θερίζων ὃ οὐκ ἔσπειρα;	

	Mt		Mk		Lk		
b 222	**Mt 21,27**	καὶ ἀποκριθέντες τῷ Ἰησοῦ εἶπαν· **οὐκ οἴδαμεν.** ἔφη αὐτοῖς καὶ αὐτός· οὐδὲ ἐγὼ λέγω ὑμῖν ἐν ποίᾳ ἐξουσίᾳ ταῦτα ποιῶ.	**Mk 11,33**	καὶ ἀποκριθέντες τῷ Ἰησοῦ λέγουσιν· **οὐκ οἴδαμεν.** καὶ ὁ Ἰησοῦς λέγει αὐτοῖς· οὐδὲ ἐγὼ λέγω ὑμῖν ἐν ποίᾳ ἐξουσίᾳ ταῦτα ποιῶ.	**Lk 20,7**	καὶ ἀπεκρίθησαν **μὴ εἰδέναι** πόθεν. [8] καὶ ὁ Ἰησοῦς εἶπεν αὐτοῖς· οὐδὲ ἐγὼ λέγω ὑμῖν ἐν ποίᾳ ἐξουσίᾳ ταῦτα ποιῶ.	
a 222	**Mt 22,16**	... διδάσκαλε, **οἴδαμεν** ὅτι ἀληθὴς εἶ καὶ τὴν ὁδὸν τοῦ θεοῦ ἐν ἀληθείᾳ διδάσκεις καὶ οὐ μέλει σοι περὶ οὐδενός. οὐ γὰρ βλέπεις εἰς πρόσωπον ἀνθρώπων	**Mk 12,14**	... διδάσκαλε, **οἴδαμεν** ὅτι ἀληθὴς εἶ καὶ οὐ μέλει σοι περὶ οὐδενός· οὐ γὰρ βλέπεις εἰς πρόσωπον ἀνθρώπων, ἀλλ᾽ ἐπ᾽ ἀληθείας τὴν ὁδὸν τοῦ θεοῦ διδάσκεις· ...	**Lk 20,21**	... διδάσκαλε, **οἴδαμεν** ὅτι ὀρθῶς λέγεις καὶ διδάσκεις καὶ οὐ λαμβάνεις πρόσωπον, ἀλλ᾽ ἐπ᾽ ἀληθείας τὴν ὁδὸν τοῦ θεοῦ διδάσκεις·	→ Jn 3,2
 121	**Mt 22,18**	 **γνοὺς** δὲ ὁ Ἰησοῦς τὴν πονηρίαν αὐτῶν εἶπεν· τί με πειράζετε, ὑποκριταί; [19] ἐπιδείξατέ μοι τὸ νόμισμα τοῦ κήνσου. ...	**Mk 12,15**	ὁ δὲ **εἰδὼς** αὐτῶν τὴν ὑπόκρισιν εἶπεν αὐτοῖς· τί με πειράζετε; φέρετέ μοι δηνάριον ἵνα ἴδω.	**Lk 20,23**	 **κατανοήσας** δὲ αὐτῶν τὴν πανουργίαν εἶπεν πρὸς αὐτούς· [24] δείξατέ μοι δηνάριον· ...	→ GTh 100
  221	**Mt 22,29**	ἀποκριθεὶς δὲ ὁ Ἰησοῦς εἶπεν αὐτοῖς· πλανᾶσθε **μὴ εἰδότες** τὰς γραφὰς μηδὲ τὴν δύναμιν τοῦ θεοῦ·	**Mk 12,24**	ἔφη αὐτοῖς ὁ Ἰησοῦς· οὐ διὰ τοῦτο πλανᾶσθε **μὴ εἰδότες** τὰς γραφὰς μηδὲ τὴν δύναμιν τοῦ θεοῦ;	**Lk 20,34**	καὶ εἶπεν αὐτοῖς ὁ Ἰησοῦς· οἱ υἱοὶ τοῦ αἰῶνος τούτου γαμοῦσιν καὶ γαμίσκονται	
e 220	**Mt 24,36**	περὶ δὲ τῆς ἡμέρας ἐκείνης καὶ ὥρας οὐδεὶς **οἶδεν,** οὐδὲ οἱ ἄγγελοι τῶν οὐρανῶν οὐδὲ ὁ υἱός, εἰ μὴ ὁ πατὴρ μόνος.	**Mk 13,32**	περὶ δὲ τῆς ἡμέρας ἐκείνης ἢ τῆς ὥρας οὐδεὶς **οἶδεν,** οὐδὲ οἱ ἄγγελοι ἐν οὐρανῷ οὐδὲ ὁ υἱός, εἰ μὴ ὁ πατήρ.			
b 221	**Mt 25,13** ↓ Mt 24,42 → Mt 24,44 → Mt 24,50	γρηγορεῖτε οὖν, ὅτι **οὐκ οἴδατε** τὴν ἡμέραν οὐδὲ τὴν ὥραν.	**Mk 13,33** → Lk 21,34	βλέπετε, ἀγρυπνεῖτε· **οὐκ οἴδατε** γὰρ πότε ὁ καιρός ἐστιν.	**Lk 21,36** → Lk 18,1	ἀγρυπνεῖτε δὲ ἐν παντὶ καιρῷ δεόμενοι ἵνα κατισχύσητε ἐκφυγεῖν ταῦτα πάντα τὰ μέλλοντα γίνεσθαι καὶ σταθῆναι ἔμπροσθεν τοῦ υἱοῦ τοῦ ἀνθρώπου.	
b 220	**Mt 24,42** → Mt 24,44 → Mt 24,50 ↓ Mt 25,13	γρηγορεῖτε οὖν, ὅτι **οὐκ οἴδατε** ποίᾳ ἡμέρᾳ ὁ κύριος ὑμῶν ἔρχεται.	**Mk 13,35** → Lk 12,38	γρηγορεῖτε οὖν· **οὐκ οἴδατε** γὰρ πότε ὁ κύριος τῆς οἰκίας ἔρχεται, ἢ ὀψὲ ἢ μεσονύκτιον ἢ ἀλεκτοροφωνίας ἢ πρωΐ			
b 202	**Mt 24,43**	ἐκεῖνο δὲ γινώσκετε ὅτι εἰ **ᾔδει** ὁ οἰκοδεσπότης ποίᾳ φυλακῇ ὁ κλέπτης ἔρχεται, ἐγρηγόρησεν ἂν καὶ οὐκ ἂν εἴασεν διορυχθῆναι τὴν οἰκίαν αὐτοῦ.			**Lk 12,39**	τοῦτο δὲ γινώσκετε ὅτι εἰ **ᾔδει** ὁ οἰκοδεσπότης ποίᾳ ὥρᾳ ὁ κλέπτης ἔρχεται, οὐκ ἂν ἀφῆκεν διορυχθῆναι τὸν οἶκον αὐτοῦ.	→ GTh 21,5 → GTh 103

b 200	Mt 25,12 ↑ Mt 7,23	[11] ὕστερον δὲ ἔρχονται καὶ αἱ λοιπαὶ παρθένοι λέγουσαι· κύριε κύριε, ἄνοιξον ἡμῖν. [12] ὁ δὲ ἀποκριθεὶς εἶπεν· ἀμὴν λέγω ὑμῖν, **οὐκ οἶδα** ὑμᾶς.			Lk 13,25 ↑ Lk 13,27	... καὶ ἄρξησθε ἔξω ἑστάναι καὶ κρούειν τὴν θύραν λέγοντες· κύριε, ἄνοιξον ἡμῖν, καὶ ἀποκριθεὶς ἐρεῖ ὑμῖν· **οὐκ οἶδα** ὑμᾶς πόθεν ἐστέ.	
b 221	Mt 25,13 ↑ Mt 24,42 → Mt 24,44 → Mt 24,50	γρηγορεῖτε οὖν, ὅτι **οὐκ οἴδατε** τὴν ἡμέραν οὐδὲ τὴν ὥραν.	Mk 13,33 → Lk 21,34	βλέπετε, ἀγρυπνεῖτε· **οὐκ οἴδατε** γὰρ πότε ὁ καιρός ἐστιν.	Lk 21,36 → Lk 18,1	ἀγρυπνεῖτε δὲ ἐν παντὶ καιρῷ δεόμενοι ἵνα κατισχύσητε ἐκφυγεῖν ταῦτα πάντα τὰ μέλλοντα γίνεσθαι καὶ σταθῆναι ἔμπροσθεν τοῦ υἱοῦ τοῦ ἀνθρώπου.	
a 202	Mt 25,26	... πονηρὲ δοῦλε καὶ ὀκνηρέ, **ᾔδεις** ὅτι θερίζω ὅπου οὐκ ἔσπειρα καὶ συνάγω ὅθεν οὐ διεσκόρπισα;			Lk 19,22	... ἐκ τοῦ στόματός σου κρίνω σε, πονηρὲ δοῦλε. **ᾔδεις** ὅτι ἐγὼ ἄνθρωπος αὐστηρός εἰμι, αἴρων ὃ οὐκ ἔθηκα καὶ θερίζων ὃ οὐκ ἔσπειρα;	
a 211	Mt 26,2	**οἴδατε** ὅτι μετὰ δύο ἡμέρας τὸ πάσχα γίνεται, ...	Mk 14,1	ἦν δὲ τὸ πάσχα καὶ τὰ ἄζυμα μετὰ δύο ἡμέρας. ...	Lk 22,1	ἤγγιζεν δὲ ἡ ἑορτὴ τῶν ἀζύμων ἡ λεγομένη πάσχα.	
112	Mt 26,34	... ἀμὴν λέγω σοι ὅτι ἐν ταύτῃ τῇ νυκτὶ πρὶν ἀλέκτορα φωνῆσαι τρὶς ἀπαρνήσῃ με.	Mk 14,30	... ἀμὴν λέγω σοι ὅτι σὺ σήμερον ταύτῃ τῇ νυκτὶ πρὶν ἢ δὶς ἀλέκτορα φωνῆσαι τρίς με ἀπαρνήσῃ.	Lk 22,34	... λέγω σοι, Πέτρε, οὐ φωνήσει σήμερον ἀλέκτωρ ἕως τρίς με ἀπαρνήσῃ **εἰδέναι.**	→ Jn 13,38
b 120	Mt 26,43	καὶ ἐλθὼν πάλιν εὗρεν αὐτοὺς καθεύδοντας, ἦσαν γὰρ αὐτῶν οἱ ὀφθαλμοὶ βεβαρημένοι.	Mk 14,40	καὶ πάλιν ἐλθὼν εὗρεν αὐτοὺς καθεύδοντας, ἦσαν γὰρ αὐτῶν οἱ ὀφθαλμοὶ καταβαρυνόμενοι, καὶ **οὐκ ᾔδεισαν** τί ἀποκριθῶσιν αὐτῷ.			
b 222	Mt 26,70	ὁ δὲ ἠρνήσατο ἔμπροσθεν πάντων λέγων· **οὐκ οἶδα** τί λέγεις.	Mk 14,68	ὁ δὲ ἠρνήσατο λέγων· **οὔτε οἶδα** οὔτε ἐπίσταμαι σὺ τί λέγεις. ...	Lk 22,57	ὁ δὲ ἠρνήσατο λέγων· **οὐκ οἶδα** αὐτόν, γύναι.	→ Jn 18,17
211	Mt 26,72	[71] ... οὗτος ἦν μετὰ Ἰησοῦ τοῦ Ναζωραίου. [72] καὶ πάλιν ἠρνήσατο μετὰ ὅρκου ὅτι **οὐκ οἶδα** τὸν ἄνθρωπον.	Mk 14,70	[69] ... οὗτος ἐξ αὐτῶν ἐστιν. [70] ὁ δὲ πάλιν ἠρνεῖτο. ...	Lk 22,58	... καὶ σὺ ἐξ αὐτῶν εἶ. ὁ δὲ Πέτρος ἔφη· ἄνθρωπε, **οὐκ εἰμί.**	→ Jn 18,25
c 222	Mt 26,74	τότε ἤρξατο καταθεματίζειν καὶ ὀμνύειν ὅτι **οὐκ οἶδα** τὸν ἄνθρωπον. καὶ εὐθέως ἀλέκτωρ ἐφώνησεν.	Mk 14,71	ὁ δὲ ἤρξατο ἀναθεματίζειν καὶ ὀμνύναι ὅτι **οὐκ οἶδα** τὸν ἄνθρωπον τοῦτον ὃν λέγετε. [72] καὶ εὐθὺς ἐκ δευτέρου ἀλέκτωρ ἐφώνησεν. ...	Lk 22,60	εἶπεν δὲ ὁ Πέτρος· ἄνθρωπε, **οὐκ οἶδα** ὃ λέγεις. καὶ παραχρῆμα ἔτι λαλοῦντος αὐτοῦ ἐφώνησεν ἀλέκτωρ.	→ Jn 18,27
a 210	Mt 27,18	**ᾔδει** γὰρ ὅτι διὰ φθόνον παρέδωκαν αὐτόν.	Mk 15,10	**ἐγίνωσκεν** γὰρ ὅτι διὰ φθόνον παραδεδώκεισαν αὐτὸν οἱ ἀρχιερεῖς.			

	Mt		Mk		Lk	
b 002					Lk 23,34	[[ὁ δὲ Ἰησοῦς ἔλεγεν· πάτερ, ἄφες αὐτοῖς, **οὐ γὰρ οἴδασιν** τί ποιοῦσιν.]] ...	→ Acts 3,17 → Acts 7,60 → Acts 13,27 Lk 23,34a is textcritically uncertain.
200	Mt 27,65	ἔφη αὐτοῖς ὁ Πιλᾶτος· ἔχετε κουστωδίαν· ὑπάγετε ἀσφαλίσασθε ὡς **οἴδατε.**					
a 211	Mt 28,5	ἀποκριθεὶς δὲ ὁ ἄγγελος εἶπεν ταῖς γυναιξίν· μὴ φοβεῖσθε ὑμεῖς, **οἶδα** γὰρ ὅτι Ἰησοῦν τὸν ἐσταυρωμένον ζητεῖτε·	Mk 16,6	ὁ δὲ λέγει αὐταῖς· μὴ ἐκθαμβεῖσθε· Ἰησοῦν ζητεῖτε τὸν Ναζαρηνὸν τὸν ἐσταυρωμένον· ...	Lk 24,5 → Lk 24,23	ἐμφόβων δὲ γενομένων αὐτῶν καὶ κλινουσῶν τὰ πρόσωπα εἰς τὴν γῆν εἶπαν πρὸς αὐτάς· τί ζητεῖτε τὸν ζῶντα μετὰ τῶν νεκρῶν·	

Acts 2,22 → Lk 24,19 — ... Ἰησοῦν τὸν Ναζωραῖον, ἄνδρα ἀποδεδειγμένον ἀπὸ τοῦ θεοῦ εἰς ὑμᾶς δυνάμεσι καὶ τέρασι καὶ σημείοις οἷς ἐποίησεν δι᾽ αὐτοῦ ὁ θεὸς ἐν μέσῳ ὑμῶν καθὼς αὐτοὶ **οἴδατε**

a **Acts 2,30** — προφήτης οὖν ὑπάρχων καὶ **εἰδὼς** ὅτι ὅρκῳ ὤμοσεν αὐτῷ ὁ θεὸς ἐκ καρποῦ τῆς ὀσφύος αὐτοῦ καθίσαι ἐπὶ τὸν θρόνον αὐτοῦ
➢ Ps 132,11

Acts 3,16 — καὶ ἐπὶ τῇ πίστει τοῦ ὀνόματος αὐτοῦ τοῦτον ὃν θεωρεῖτε καὶ **οἴδατε,** ἐστερέωσεν τὸ ὄνομα αὐτοῦ, καὶ ἡ πίστις ἡ δι᾽ αὐτοῦ ἔδωκεν αὐτῷ τὴν ὁλοκληρίαν ταύτην ἀπέναντι πάντων ὑμῶν.

a **Acts 3,17** [[→ Lk 23,34a]] — καὶ νῦν, ἀδελφοί, **οἶδα** ὅτι κατὰ ἄγνοιαν ἐπράξατε ὥσπερ καὶ οἱ ἄρχοντες ὑμῶν·

Acts 5,7 — ἐγένετο δὲ ὡς ὡρῶν τριῶν διάστημα καὶ ἡ γυνὴ αὐτοῦ **μὴ εἰδυῖα** τὸ γεγονὸς εἰσῆλθεν.

Acts 7,18 — ἄχρι οὗ *ἀνέστη βασιλεὺς ἕτερος [ἐπ᾽ Αἴγυπτον] ὃς* ***οὐκ ᾔδει*** *τὸν Ἰωσήφ.*
➢ Exod 1,8 LXX

b **Acts 7,40** — εἰπόντες τῷ Ἀαρών· *ποίησον ἡμῖν θεοὺς οἳ προπορεύσονται ἡμῶν· ὁ γὰρ Μωϋσῆς οὗτος, ὃς ἐξήγαγεν ἡμᾶς ἐκ γῆς Αἰγύπτου,* ***οὐκ οἴδαμεν*** *τί ἐγένετο αὐτῷ.*
➢ Exod 32,1.23

Acts 10,37 — ὑμεῖς **οἴδατε** τὸ γενόμενον ῥῆμα καθ᾽ ὅλης τῆς Ἰουδαίας, ...

a **Acts 12,9** — καὶ ἐξελθὼν ἠκολούθει καὶ **οὐκ ᾔδει** ὅτι ἀληθές ἐστιν τὸ γινόμενον διὰ τοῦ ἀγγέλου· ...

a **Acts 12,11** — καὶ ὁ Πέτρος ἐν ἑαυτῷ γενόμενος εἶπεν· νῦν **οἶδα** ἀληθῶς ὅτι ἐξαπέστειλεν [ὁ] κύριος τὸν ἄγγελον αὐτοῦ καὶ ἐξείλατό με ἐκ χειρὸς Ἡρῴδου καὶ πάσης τῆς προσδοκίας τοῦ λαοῦ τῶν Ἰουδαίων.

a **Acts 16,3** — τοῦτον ἠθέλησεν ὁ Παῦλος σὺν αὐτῷ ἐξελθεῖν, καὶ λαβὼν περιέτεμεν αὐτὸν διὰ τοὺς Ἰουδαίους τοὺς ὄντας ἐν τοῖς τόποις ἐκείνοις· **ᾔδεισαν** γὰρ ἅπαντες ὅτι Ἕλλην ὁ πατὴρ αὐτοῦ ὑπῆρχεν.

b **Acts 19,32** — ἄλλοι μὲν οὖν ἄλλο τι ἔκραζον· ἦν γὰρ ἡ ἐκκλησία συγκεχυμένη καὶ οἱ πλείους **οὐκ ᾔδεισαν** τίνος ἕνεκα συνεληλύθεισαν.

a **Acts 20,22** — καὶ νῦν ἰδοὺ δεδεμένος ἐγὼ τῷ πνεύματι πορεύομαι εἰς Ἰερουσαλὴμ τὰ ἐν αὐτῇ συναντήσοντά μοι **μὴ εἰδώς,** [23] πλὴν ὅτι τὸ πνεῦμα τὸ ἅγιον κατὰ πόλιν διαμαρτύρεταί μοι λέγον ὅτι δεσμὰ καὶ θλίψεις με μένουσιν.

a **Acts 20,25** — καὶ νῦν ἰδοὺ ἐγὼ **οἶδα** ὅτι οὐκέτι ὄψεσθε τὸ πρόσωπόν μου ὑμεῖς πάντες ἐν οἷς διῆλθον κηρύσσων τὴν βασιλείαν.

a **Acts 20,29** — ἐγὼ **οἶδα** ὅτι εἰσελεύσονται μετὰ τὴν ἄφιξίν μου λύκοι βαρεῖς εἰς ὑμᾶς μὴ φειδόμενοι τοῦ ποιμνίου

a **Acts 23,5** — ἔφη τε ὁ Παῦλος· **οὐκ ᾔδειν,** ἀδελφοί, ὅτι ἐστὶν ἀρχιερεύς· ...

Acts 24,22 — ἀνεβάλετο δὲ αὐτοὺς ὁ Φῆλιξ, ἀκριβέστερον **εἰδὼς** τὰ περὶ τῆς ὁδοῦ εἴπας· ὅταν Λυσίας ὁ χιλίαρχος καταβῇ, διαγνώσομαι τὰ καθ᾽ ὑμᾶς·

Acts 26,4 — τὴν μὲν οὖν βίωσίν μου [τὴν] ἐκ νεότητος τὴν ἀπ᾽ ἀρχῆς γενομένην ἐν τῷ ἔθνει μου ἔν τε Ἱεροσολύμοις **ἴσασι** πάντες [οἱ] Ἰουδαῖοι

a **Acts 26,27** — πιστεύεις, βασιλεῦ Ἀγρίππα, τοῖς προφήταις; **οἶδα** ὅτι πιστεύεις.

οἰκετεία

Syn	Mt	Mk	Lk	Acts	Jn	1-3John	Paul	Eph	Col
1	1								
NT	2Thess	1/2Tim	Tit	Heb	Jas	1Pet	2Pet	Jude	Rev
1									

the slaves in the household

201	**Mt 24,45** τίς ἄρα ἐστὶν ὁ πιστὸς δοῦλος καὶ φρόνιμος ὃν κατέστησεν ὁ κύριος **ἐπὶ τῆς οἰκετείας αὐτοῦ** τοῦ δοῦναι αὐτοῖς τὴν τροφὴν ἐν καιρῷ;	**Lk 12,42** ... τίς ἄρα ἐστὶν ὁ πιστὸς οἰκονόμος ὁ φρόνιμος, ὃν καταστήσει ὁ κύριος **ἐπὶ τῆς θεραπείας αὐτοῦ** τοῦ διδόναι ἐν καιρῷ [τὸ] σιτομέτριον;	

οἰκέτης

Syn	Mt	Mk	Lk	Acts	Jn	1-3John	Paul	Eph	Col
1			1	1			1		
NT	2Thess	1/2Tim	Tit	Heb	Jas	1Pet	2Pet	Jude	Rev
4						1			

(house) slave; domestic

102	**Mt 6,24** **οὐδεὶς** δύναται δυσὶ κυρίοις δουλεύειν· ...	**Lk 16,13** **οὐδεὶς οἰκέτης** δύναται δυσὶ κυρίοις δουλεύειν· ...	→ GTh 47,1-2

Acts 10,7 ὡς δὲ ἀπῆλθεν ὁ ἄγγελος
ὁ λαλῶν αὐτῷ, φωνήσας
δύο τῶν οἰκετῶν
καὶ στρατιώτην εὐσεβῆ τῶν
προσκαρτερούντων αὐτῷ

οἰκία

Syn	Mt	Mk	Lk	Acts	Jn	1-3John	Paul	Eph	Col
67	25	18	24	12	5	1	5		
NT	2Thess	1/2Tim	Tit	Heb	Jas	1Pet	2Pet	Jude	Rev
93		3							

house; household; family

	triple tradition																	double tradition			Sondergut		
		+Mt / +Lk			–Mt / –Lk			traditions not taken over by Mt / Lk							subtotals								
code	222	211	112	212	221	122	121	022	012	021	220	120	210	020	Σ⁺	Σ⁻	Σ	202	201	102	200	002	total
Mt	4	1^+		1^+	3		2^-				1	2^-	1^+		3^+	4^-	11	5	5		4		**25**
Mk	4				3		2	2			1	2		4			18						**18**
Lk	4		4^+	1^+	3^-		2^-	2							5^+	5^-	11	5		3		5	**24**

Mk-Q overlap: 221: Mt 12,29 / Mk 3,27 / Lk 11,21 (?) 221: Mt 12,29 / Mk 3,27 / Lk 11,22 (?)

[a] οἰκίαν οἰκοδομέω
[b] κύριος / οἰκοδεσπότης and οἰκία
[c] οἰκία and genitive referring to the owner of the house
[d] οἰκία and ἀγρός / χωρίον
[e] οἰκία and πόλις
[f] (εἰσ-)ἔρχομαι εἰς (τὴν) οἰκίαν

	Mt	Mk	Lk	
f 200	**Mt 2,11** καὶ ἐλθόντες **εἰς τὴν οἰκίαν** εἶδον τὸ παιδίον μετὰ Μαρίας τῆς μητρὸς αὐτοῦ, ...			
c f 222	**Mt 8,14** καὶ ἐλθὼν ὁ Ἰησοῦς **εἰς τὴν οἰκίαν Πέτρου** εἶδεν τὴν πενθερὰν αὐτοῦ βεβλημένην καὶ πυρέσσουσαν·	**Mk 1,29** καὶ εὐθὺς ἐκ τῆς συναγωγῆς ἐξελθόντες ἦλθον **εἰς τὴν οἰκίαν Σίμωνος καὶ Ἀνδρέου** μετὰ Ἰακώβου καὶ Ἰωάννου. [30] ἡ δὲ πενθερὰ Σίμωνος κατέκειτο πυρέσσουσα, ...	**Lk 4,38** ἀναστὰς δὲ ἀπὸ τῆς συναγωγῆς εἰσῆλθεν **εἰς τὴν οἰκίαν Σίμωνος.** πενθερὰ δὲ τοῦ Σίμωνος ἦν συνεχομένη πυρετῷ μεγάλῳ ...	

c 222	**Mt 9,10**	καὶ ἐγένετο αὐτοῦ ἀνακειμένου **ἐν τῇ οἰκίᾳ,** καὶ ἰδοὺ πολλοὶ τελῶναι καὶ ἁμαρτωλοὶ ἐλθόντες συνανέκειντο τῷ Ἰησοῦ ...	**Mk 2,15**	καὶ γίνεται κατακεῖσθαι αὐτὸν **ἐν τῇ οἰκίᾳ αὐτοῦ,** καὶ πολλοὶ τελῶναι καὶ ἁμαρτωλοὶ συνανέκειντο τῷ Ἰησοῦ ...	**Lk 5,29** → Lk 15,1	καὶ ἐποίησεν δοχὴν μεγάλην Λευὶς αὐτῷ **ἐν τῇ οἰκίᾳ αὐτοῦ,** καὶ ἦν ὄχλος πολὺς τελωνῶν καὶ ἄλλων οἳ ἦσαν μετ' αὐτῶν κατακείμενοι.	
201	**Mt 5,15**	οὐδὲ καίουσιν λύχνον καὶ τιθέασιν αὐτὸν ὑπὸ τὸν μόδιον ἀλλ' ἐπὶ τὴν λυχνίαν, καὶ λάμπει **πᾶσιν τοῖς ἐν τῇ** **οἰκίᾳ.**			**Lk 11,33** ⇩ Lk 8,16	οὐδεὶς λύχνον ἅψας εἰς κρύπτην τίθησιν [οὐδὲ ὑπὸ τὸν μόδιον] ἀλλ' ἐπὶ τὴν λυχνίαν, ἵνα οἱ εἰσπορευόμενοι τὸ φῶς βλέπωσιν.	→ GTh 33,2-3 Mk-Q overlap
			Mk 4,21	... μήτι ἔρχεται ὁ λύχνος ἵνα ὑπὸ τὸν μόδιον τεθῇ ἢ ὑπὸ τὴν κλίνην; οὐχ ἵνα ἐπὶ τὴν λυχνίαν τεθῇ;	**Lk 8,16** ⇧ Lk 11,33	οὐδεὶς δὲ λύχνον ἅψας καλύπτει αὐτὸν σκεύει ἢ ὑποκάτω κλίνης τίθησιν, ἀλλ' ἐπὶ λυχνίας τίθησιν, ἵνα οἱ εἰσπορευόμενοι βλέπωσιν τὸ φῶς.	→ GTh 33,2-3
a c 202	**Mt 7,24**	... ὁμοιωθήσεται ἀνδρὶ φρονίμῳ, ὅστις ᾠκοδόμησεν **αὐτοῦ τὴν οἰκίαν** ἐπὶ τὴν πέτραν·			**Lk 6,48** **(2)**	ὅμοιός ἐστιν ἀνθρώπῳ οἰκοδομοῦντι **οἰκίαν** ὃς ἔσκαψεν καὶ ἐβάθυνεν καὶ ἔθηκεν θεμέλιον ἐπὶ τὴν πέτραν·	
a 202	**Mt 7,25**	καὶ κατέβη ἡ βροχὴ καὶ ἦλθον οἱ ποταμοὶ καὶ ἔπνευσαν οἱ ἄνεμοι καὶ προσέπεσαν **τῇ οἰκίᾳ ἐκείνῃ,** καὶ οὐκ ἔπεσεν, τεθεμελίωτο γὰρ ἐπὶ τὴν πέτραν.				πλημμύρης δὲ γενομένης προσέρηξεν ὁ ποταμὸς **τῇ οἰκίᾳ ἐκείνῃ,** καὶ οὐκ ἴσχυσεν σαλεῦσαι αὐτὴν διὰ τὸ καλῶς οἰκοδομῆσθαι αὐτήν.	
a c 202	**Mt 7,26**	... ὁμοιωθήσεται ἀνδρὶ μωρῷ, ὅστις ᾠκοδόμησεν **αὐτοῦ τὴν οἰκίαν** ἐπὶ τὴν ἄμμον.			**Lk 6,49** **(2)**	... ὅμοιός ἐστιν ἀνθρώπῳ οἰκοδομήσαντι **οἰκίαν** ἐπὶ τὴν γῆν χωρὶς θεμελίου,	
202	**Mt 7,27**	καὶ κατέβη ἡ βροχὴ καὶ ἦλθον οἱ ποταμοὶ καὶ ἔπνευσαν οἱ ἄνεμοι καὶ προσέκοψαν **τῇ οἰκίᾳ ἐκείνῃ,** καὶ ἔπεσεν, καὶ ἦν ἡ πτῶσις αὐτῆς μεγάλη.				ᾗ προσέρηξεν ὁ ποταμός, καὶ εὐθὺς συνέπεσεν καὶ ἐγένετο τὸ ῥῆγμα **τῆς οἰκίας ἐκείνης** μέγα.	
201	**Mt 8,6**	[5] ... ἑκατόνταρχος ... [6] ... κύριε, ὁ παῖς μου βέβληται **ἐν τῇ οἰκίᾳ** παραλυτικός, δεινῶς βασανιζόμενος.			**Lk 7,2**	ἑκατοντάρχου δέ τινος δοῦλος κακῶς ἔχων ἤμελλεν τελευτᾶν, ὃς ἦν αὐτῷ ἔντιμος.	→ Jn 4,46-47
002					**Lk 7,6** → Mt 8,7	... ἤδη δὲ αὐτοῦ οὐ μακρὰν ἀπέχοντος **ἀπὸ τῆς οἰκίας** ἔπεμψεν φίλους ὁ ἑκατοντάρχης ...	

cf 222	**Mt 8,14**	καὶ ἐλθὼν ὁ Ἰησοῦς **εἰς τὴν οἰκίαν** **Πέτρου** εἶδεν τὴν πενθερὰν αὐτοῦ βεβλημένην καὶ πυρέσσουσαν·	**Mk 1,29**	καὶ εὐθὺς ἐκ τῆς συναγωγῆς ἐξελθόντες ἦλθον **εἰς τὴν οἰκίαν** **Σίμωνος καὶ Ἀνδρέου** μετὰ Ἰακώβου καὶ Ἰωάννου. [30] ἡ δὲ πενθερὰ Σίμωνος κατέκειτο πυρέσσουσα, ...	**Lk 4,38**	ἀναστὰς δὲ ἀπὸ τῆς συναγωγῆς εἰσῆλθεν **εἰς τὴν οἰκίαν** **Σίμωνος.** πενθερὰ δὲ τοῦ Σίμωνος ἦν συνεχομένη πυρετῷ μεγάλῳ ...	
c 222	**Mt 9,10**	καὶ ἐγένετο αὐτοῦ ἀνακειμένου **ἐν τῇ οἰκίᾳ,** καὶ ἰδοὺ πολλοὶ τελῶναι καὶ ἁμαρτωλοὶ ἐλθόντες συνανέκειντο τῷ Ἰησοῦ ...	**Mk 2,15**	καὶ γίνεται κατακεῖσθαι αὐτὸν **ἐν τῇ οἰκίᾳ αὐτοῦ,** καὶ πολλοὶ τελῶναι καὶ ἁμαρτωλοὶ συνανέκειντο τῷ Ἰησοῦ ...	**Lk 5,29** → Lk 15,1	καὶ ἐποίησεν δοχὴν μεγάλην Λευὶς αὐτῷ **ἐν τῇ οἰκίᾳ αὐτοῦ,** καὶ ἦν ὄχλος πολὺς τελωνῶν καὶ ἄλλων οἳ ἦσαν μετ' αὐτῶν κατακείμενοι.	
cf 212	**Mt 9,23**	καὶ ἐλθὼν ὁ Ἰησοῦς **εἰς τὴν οἰκίαν τοῦ** **ἄρχοντος** καὶ ἰδὼν τοὺς αὐλητὰς καὶ τὸν ὄχλον θορυβούμενον	**Mk 5,38**	[37] καὶ οὐκ ἀφῆκεν οὐδένα μετ' αὐτοῦ συνακολουθῆσαι εἰ μὴ τὸν Πέτρον καὶ Ἰάκωβον καὶ Ἰωάννην τὸν ἀδελφὸν Ἰακώβου. [38] καὶ ἔρχονται **εἰς τὸν οἶκον τοῦ** **ἀρχισυναγώγου,** καὶ θεωρεῖ θόρυβον καὶ κλαίοντας καὶ ἀλαλάζοντας πολλά	**Lk 8,51**	ἐλθὼν δὲ **εἰς τὴν οἰκίαν** οὐκ ἀφῆκεν εἰσελθεῖν τινα σὺν αὐτῷ εἰ μὴ Πέτρον καὶ Ἰωάννην καὶ Ἰάκωβον ... [52] ἔκλαιον δὲ πάντες καὶ ἐκόπτοντο αὐτήν. ...	
f 200	**Mt 9,28**	ἐλθόντι δὲ **εἰς τὴν οἰκίαν** προσῆλθον αὐτῷ οἱ τυφλοί, ...	**Mk 10,49**	καὶ στὰς ὁ Ἰησοῦς εἶπεν· φωνήσατε αὐτόν. ... [50] ὁ δὲ ἀποβαλὼν τὸ ἱμάτιον αὐτοῦ ἀναπηδήσας ἦλθεν πρὸς τὸν Ἰησοῦν.	**Lk 18,40**	σταθεὶς δὲ ὁ Ἰησοῦς ἐκέλευσεν αὐτὸν ἀχθῆναι πρὸς αὐτόν. ἐγγίσαντος δὲ αὐτοῦ ...	
f 202	**Mt 10,12**	**εἰσερχόμενοι δὲ εἰς** **τὴν οἰκίαν** ἀσπάσασθε αὐτήν·	**Mk 6,10**	... **ὅπου ἐὰν εἰσέλθητε** **εἰς οἰκίαν,** ἐκεῖ μένετε ἕως ἂν ἐξέλθητε ἐκεῖθεν.	**Lk 10,5** ⇩ Lk 9,4	**εἰς ἣν δ' ἂν** **εἰσέλθητε οἰκίαν,** πρῶτον λέγετε· εἰρήνη τῷ οἴκῳ τούτῳ.	Mk-Q overlap
201	**Mt 10,13**	καὶ ἐὰν μὲν ᾖ **ἡ οἰκία** ἀξία, ἐλθάτω ἡ εἰρήνη ὑμῶν ἐπ' αὐτήν, ἐὰν δὲ μὴ ᾖ ἀξία, ἡ εἰρήνη ὑμῶν πρὸς ὑμᾶς ἐπιστραφήτω.			**Lk 10,6**	καὶ ἐὰν **ἐκεῖ** ᾖ υἱὸς εἰρήνης, ἐπαναπαήσεται ἐπ' αὐτὸν ἡ εἰρήνη ὑμῶν· εἰ δὲ μή γε, ἐφ' ὑμᾶς ἀνακάμψει.	
e 211	**Mt 10,14**	καὶ ὃς ἂν μὴ δέξηται ὑμᾶς μηδὲ ἀκούσῃ τοὺς λόγους ὑμῶν, ἐξερχόμενοι **ἔξω τῆς οἰκίας ἢ τῆς** **πόλεως ἐκείνης** ἐκτινάξατε τὸν κονιορτὸν τῶν ποδῶν ὑμῶν.	**Mk 6,11**	καὶ ὃς ἂν τόπος μὴ δέξηται ὑμᾶς μηδὲ ἀκούσωσιν ὑμῶν, ἐκπορευόμενοι **ἐκεῖθεν** ἐκτινάξατε τὸν χοῦν τὸν ὑποκάτω τῶν ποδῶν ὑμῶν εἰς μαρτύριον αὐτοῖς.	**Lk 9,5** ⇩ Lk 10,10-11	καὶ ὅσοι ἂν μὴ δέχωνται ὑμᾶς, ἐξερχόμενοι **ἀπὸ** **τῆς πόλεως ἐκείνης** τὸν κονιορτὸν ἀπὸ τῶν ποδῶν ὑμῶν ἀποτινάσσετε εἰς μαρτύριον ἐπ' αὐτούς.	→ Acts 13,51 → Acts 18,6 Mk-Q overlap
					Lk 10,10 ⇧ Lk 9,5 → Lk 10,8	εἰς ἣν δ' ἂν πόλιν εἰσέλθητε καὶ μὴ δέχωνται ὑμᾶς, ἐξελθόντες **εἰς τὰς πλατείας αὐτῆς** εἴπατε· [11] καὶ τὸν κονιορτὸν τὸν κολληθέντα ἡμῖν ἐκ τῆς πόλεως ὑμῶν εἰς τοὺς πόδας ἀπομασσόμεθα ὑμῖν· ...	

c 002	Mt 26,7	[6] τοῦ δὲ Ἰησοῦ γενομένου ἐν Βηθανίᾳ ἐν οἰκίᾳ Σίμωνος τοῦ λεπροῦ, [7] προσῆλθεν αὐτῷ γυνὴ ἔχουσα ἀλάβαστρον μύρου βαρυτίμου ... αὐτοῦ ἀνακειμένου.	Mk 14,3	καὶ ὄντος αὐτοῦ ἐν Βηθανίᾳ ἐν τῇ οἰκίᾳ Σίμωνος τοῦ λεπροῦ, κατακειμένου αὐτοῦ ἦλθεν γυνὴ ἔχουσα ἀλάβαστρον μύρου νάρδου πιστικῆς πολυτελοῦς, ...	Lk 7,37	[36] ... καὶ εἰσελθὼν εἰς τὸν οἶκον τοῦ Φαρισαίου κατεκλίθη. [37] καὶ ἰδοὺ γυνὴ ἥτις ἦν ἐν τῇ πόλει ἁμαρτωλός, καὶ ἐπιγνοῦσα ὅτι κατάκειται ἐν τῇ οἰκίᾳ τοῦ Φαρισαίου, κομίσασα ἀλάβαστρον μύρου	→ Jn 12,3
cf 002					Lk 7,44	... εἰσῆλθόν σου εἰς τὴν οἰκίαν, ὕδωρ μοι ἐπὶ πόδας οὐκ ἔδωκας· ...	
e 020 020	Mt 12,25	... πᾶσα βασιλεία μερισθεῖσα καθ' ἑαυτῆς ἐρημοῦται καὶ πᾶσα πόλις ἢ οἰκία μερισθεῖσα καθ' ἑαυτῆς οὐ σταθήσεται.	Mk 3,25 (2)	[24] καὶ ἐὰν βασιλεία ἐφ' ἑαυτὴν μερισθῇ, οὐ δύναται σταθῆναι ἡ βασιλεία ἐκείνη· [25] καὶ ἐὰν οἰκία ἐφ' ἑαυτὴν μερισθῇ, οὐ δυνήσεται ἡ οἰκία ἐκείνη σταθῆναι.	Lk 11,17	... πᾶσα βασιλεία ἐφ' ἑαυτὴν διαμερισθεῖσα ἐρημοῦται καὶ οἶκος ἐπὶ οἶκον πίπτει.	Mk-Q overlap
e 201	Mt 12,25	... πᾶσα βασιλεία μερισθεῖσα καθ' ἑαυτῆς ἐρημοῦται καὶ πᾶσα πόλις ἢ οἰκία μερισθεῖσα καθ' ἑαυτῆς οὐ σταθήσεται.	Mk 3,25 (2)	[24] καὶ ἐὰν βασιλεία ἐφ' ἑαυτὴν μερισθῇ, οὐ δύναται σταθῆναι ἡ βασιλεία ἐκείνη· [25] καὶ ἐὰν οἰκία ἐφ' ἑαυτὴν μερισθῇ, οὐ δυνήσεται ἡ οἰκία ἐκείνη σταθῆναι.	Lk 11,17	... πᾶσα βασιλεία ἐφ' ἑαυτὴν διαμερισθεῖσα ἐρημοῦται καὶ οἶκος ἐπὶ οἶκον πίπτει.	Mk-Q overlap
cf 221	Mt 12,29 (2)	ἢ πῶς δύναταί τις εἰσελθεῖν εἰς τὴν οἰκίαν τοῦ ἰσχυροῦ καὶ τὰ σκεύη αὐτοῦ ἁρπάσαι,	Mk 3,27 (2)	ἀλλ' οὐ δύναται οὐδεὶς εἰς τὴν οἰκίαν τοῦ ἰσχυροῦ εἰσελθὼν τὰ σκεύη αὐτοῦ διαρπάσαι,	Lk 11,21	ὅταν ὁ ἰσχυρὸς καθωπλισμένος φυλάσσῃ τὴν ἑαυτοῦ αὐλήν, ἐν εἰρήνῃ ἐστὶν τὰ ὑπάρχοντα αὐτοῦ·	→ GTh 21,5 → GTh 35 Mk-Q overlap?
c 221		ἐὰν μὴ πρῶτον δήσῃ τὸν ἰσχυρόν; καὶ τότε τὴν οἰκίαν αὐτοῦ διαρπάσει.		ἐὰν μὴ πρῶτον τὸν ἰσχυρὸν δήσῃ, καὶ τότε τὴν οἰκίαν αὐτοῦ διαρπάσει.	Lk 11,22	ἐπὰν δὲ ἰσχυρότερος αὐτοῦ ἐπελθὼν νικήσῃ αὐτόν, τὴν πανοπλίαν αὐτοῦ αἴρει ἐφ' ᾗ ἐπεποίθει, καὶ τὰ σκῦλα αὐτοῦ διαδίδωσιν.	Mk-Q overlap?
210	Mt 13,1 → Lk 5,1	ἐν τῇ ἡμέρᾳ ἐκείνῃ ἐξελθὼν ὁ Ἰησοῦς τῆς οἰκίας ἐκάθητο παρὰ τὴν θάλασσαν·	Mk 4,1 → Mk 2,13 → Mk 3,9 → Lk 5,1	καὶ πάλιν ἤρξατο διδάσκειν παρὰ τὴν θάλασσαν· ...			
f 200	Mt 13,36	τότε ἀφεὶς τοὺς ὄχλους ἦλθεν εἰς τὴν οἰκίαν. καὶ προσῆλθον αὐτῷ οἱ μαθηταὶ αὐτοῦ ...					

112	**Mt 8,28**	... ὑπήντησαν αὐτῷ δύο δαιμονιζόμενοι ἐκ τῶν μνημείων ἐξερχόμενοι, ...	**Mk 5,3**	[2] ... εὐθὺς ὑπήντησεν αὐτῷ ἐκ τῶν μνημείων ἄνθρωπος ἐν πνεύματι ἀκαθάρτῳ, [3] ὃς τὴν κατοίκησιν εἶχεν ἐν τοῖς μνήμασιν, καὶ οὐδὲ ἁλύσει οὐκέτι οὐδεὶς ἐδύνατο αὐτὸν δῆσαι	**Lk 8,27**	... ὑπήντησεν ἀνήρ τις ἐκ τῆς πόλεως ἔχων δαιμόνια καὶ χρόνῳ ἱκανῷ οὐκ ἐνεδύσατο ἱμάτιον καὶ **ἐν οἰκίᾳ** οὐκ ἔμενεν ἀλλ᾽ ἐν τοῖς μνήμασιν.	
cf 212	**Mt 9,23**	καὶ ἐλθὼν ὁ Ἰησοῦς **εἰς τὴν οἰκίαν τοῦ ἄρχοντος** καὶ ἰδὼν τοὺς αὐλητὰς καὶ τὸν ὄχλον θορυβούμενον	**Mk 5,38**	[37] καὶ οὐκ ἀφῆκεν οὐδένα μετ᾽ αὐτοῦ συνακολουθῆσαι εἰ μὴ τὸν Πέτρον καὶ Ἰάκωβον καὶ Ἰωάννην τὸν ἀδελφὸν Ἰακώβου. [38] καὶ ἔρχονται **εἰς τὸν οἶκον τοῦ ἀρχισυναγώγου,** καὶ θεωρεῖ θόρυβον καὶ κλαίοντας καὶ ἀλαλάζοντας πολλά	**Lk 8,51** → Mk 5,40	ἐλθὼν δὲ **εἰς τὴν οἰκίαν** οὐκ ἀφῆκεν εἰσελθεῖν τινα σὺν αὐτῷ εἰ μὴ Πέτρον καὶ Ἰωάννην καὶ Ἰάκωβον ... [52] ἔκλαιον δὲ πάντες καὶ ἐκόπτοντο αὐτήν. ...	
c 221	**Mt 13,57**	... οὐκ ἔστιν προφήτης ἄτιμος εἰ μὴ ἐν τῇ πατρίδι καὶ **ἐν τῇ οἰκίᾳ αὐτοῦ.**	**Mk 6,4**	... οὐκ ἔστιν προφήτης ἄτιμος εἰ μὴ ἐν τῇ πατρίδι αὐτοῦ καὶ ἐν τοῖς συγγενεῦσιν αὐτοῦ καὶ **ἐν τῇ οἰκίᾳ αὐτοῦ.**	**Lk 4,24**	... οὐδεὶς προφήτης δεκτός ἐστιν ἐν τῇ πατρίδι αὐτοῦ.	→ Jn 4,44 → GTh 31 (POxy 1)
f 022	**Mt 10,11** ⇨ Lk 10,8	**εἰς ἣν δ᾽ ἂν πόλιν ἢ κώμην** εἰσέλθητε, ἐξετάσατε τίς ἐν αὐτῇ ἄξιός ἐστιν· ↔	**Mk 6,10**	... ὅπου ἐὰν εἰσέλθητε **εἰς οἰκίαν,**	**Lk 9,4** ⇩ Lk 10,5 ⇩ Lk 10,7	καὶ **εἰς ἣν ἂν οἰκίαν** εἰσέλθητε,	→ GTh 14,4 Mk-Q overlap
	Mt 10,11	↔ κἀκεῖ μείνατε ἕως ἂν ἐξέλθητε.		ἐκεῖ μένετε ἕως ἂν ἐξέλθητε ἐκεῖθεν.		ἐκεῖ μένετε καὶ ἐκεῖθεν ἐξέρχεσθε.	
f	**Mt 10,12**	**εἰσερχόμενοι δὲ εἰς τὴν οἰκίαν** ἀσπάσασθε αὐτήν·			**Lk 10,5** ⇧ Lk 9,4	**εἰς ἣν δ᾽ ἂν εἰσέλθητε οἰκίαν,** πρῶτον λέγετε· εἰρήνη τῷ οἴκῳ τούτῳ.	Mk-Q overlap
f 120	**Mt 15,21**	καὶ ἐξελθὼν ἐκεῖθεν ὁ Ἰησοῦς ἀνεχώρησεν εἰς τὰ μέρη Τύρου καὶ Σιδῶνος.	**Mk 7,24** → Mt 15,22	ἐκεῖθεν δὲ ἀναστὰς ἀπῆλθεν εἰς τὰ ὅρια Τύρου. καὶ εἰσελθὼν **εἰς οἰκίαν** οὐδένα ἤθελεν γνῶναι, καὶ οὐκ ἠδυνήθη λαθεῖν·			
f 200	**Mt 17,25**	... καὶ ἐλθόντα **εἰς τὴν οἰκίαν** προέφθασεν αὐτὸν ὁ Ἰησοῦς λέγων· τί σοι δοκεῖ, Σίμων; ...					
121	**Mt 18,1**	ἐν ἐκείνῃ τῇ ὥρᾳ προσῆλθον οἱ μαθηταὶ τῷ Ἰησοῦ λέγοντες· τίς ἄρα μείζων ἐστὶν ἐν τῇ βασιλείᾳ τῶν οὐρανῶν;	**Mk 9,33** → Lk 22,24	... καὶ **ἐν τῇ οἰκίᾳ** γενόμενος ἐπηρώτα αὐτούς· τί ἐν τῇ ὁδῷ διελογίζεσθε; [34] οἱ δὲ ἐσιώπων· πρὸς ἀλλήλους γὰρ διελέχθησαν ἐν τῇ ὁδῷ τίς μείζων.	**Lk 9,46**	εἰσῆλθεν δὲ διαλογισμὸς ἐν αὐτοῖς, τὸ τίς ἂν εἴη μείζων αὐτῶν.	

	Mt		Mk		Lk		
f 202	Mt 10,12	εἰσερχόμενοι δὲ εἰς τὴν οἰκίαν ἀσπάσασθε αὐτήν·	Mk 6,10	... ὅπου ἐὰν εἰσέλθητε εἰς οἰκίαν,	Lk 10,5 ⇧ Lk 9,4	εἰς ἣν δ' ἂν εἰσέλθητε οἰκίαν, πρῶτον λέγετε· εἰρήνη τῷ οἴκῳ τούτῳ.	Mk-Q overlap
102 102 102	Mt 10,10	... ἄξιος γὰρ ὁ ἐργάτης τῆς τροφῆς αὐτοῦ.			Lk 10,7 (3) ⇧ Lk 9,4	ἐν αὐτῇ δὲ τῇ οἰκίᾳ μένετε, ἐσθίοντες καὶ πίνοντες τὰ παρ' αὐτῶν· ἄξιος γὰρ ὁ ἐργάτης τοῦ μισθοῦ αὐτοῦ. μὴ μεταβαίνετε ἐξ οἰκίας εἰς οἰκίαν.	Mk-Q overlap
f	Mt 10,11 ⇨ Lk 10,8	εἰς ἣν δ' ἂν πόλιν ἢ κώμην εἰσέλθητε, ... κἀκεῖ μείνατε ἕως ἂν ἐξέλθητε.		ἐκεῖ μένετε ἕως ἂν ἐξέλθητε ἐκεῖθεν.	Lk 9,4 ⇧ Lk 10,5.7	καὶ εἰς ἣν ἂν οἰκίαν εἰσέλθητε, ἐκεῖ μένετε καὶ ἐκεῖθεν ἐξέρχεσθε.	→ GTh 14,4 Mk-Q overlap
002					Lk 15,8	ἢ τίς γυνὴ δραχμὰς ἔχουσα δέκα ἐὰν ἀπολέσῃ δραχμὴν μίαν, οὐχὶ ἅπτει λύχνον καὶ σαροῖ τὴν οἰκίαν καὶ ζητεῖ ἐπιμελῶς ἕως οὗ εὕρῃ;	
002					Lk 15,25	ἦν δὲ ὁ υἱὸς αὐτοῦ ὁ πρεσβύτερος ἐν ἀγρῷ· καὶ ὡς ἐρχόμενος ἤγγισεν τῇ οἰκίᾳ, ἤκουσεν συμφωνίας καὶ χορῶν	
d 222	Mt 24,17	ὁ ἐπὶ τοῦ δώματος μὴ καταβάτω ἆραι τὰ ἐκ τῆς οἰκίας αὐτοῦ, [18] καὶ ὁ ἐν τῷ ἀγρῷ μὴ ἐπιστρεψάτω ὀπίσω ἆραι τὸ ἱμάτιον αὐτοῦ.	Mk 13,15	ὁ [δὲ] ἐπὶ τοῦ δώματος μὴ καταβάτω μηδὲ εἰσελθάτω ἆραί τι ἐκ τῆς οἰκίας αὐτοῦ, [16] καὶ ὁ εἰς τὸν ἀγρὸν μὴ ἐπιστρεψάτω εἰς τὰ ὀπίσω ἆραι τὸ ἱμάτιον αὐτοῦ.	Lk 17,31	ἐν ἐκείνῃ τῇ ἡμέρᾳ ὃς ἔσται ἐπὶ τοῦ δώματος καὶ τὰ σκεύη αὐτοῦ ἐν τῇ οἰκίᾳ, μὴ καταβάτω ἆραι αὐτά, καὶ ὁ ἐν ἀγρῷ ὁμοίως μὴ ἐπιστρεψάτω εἰς τὰ ὀπίσω.	
020			Mk 10,10	καὶ εἰς τὴν οἰκίαν πάλιν οἱ μαθηταὶ περὶ τούτου ἐπηρώτων αὐτόν.			
d 222	Mt 19,29 → Mt 10,37	καὶ πᾶς ὅστις ἀφῆκεν οἰκίας ἢ ἀδελφοὺς ἢ ἀδελφὰς ἢ πατέρα ἢ μητέρα ἢ τέκνα ἢ ἀγροὺς ἕνεκεν τοῦ ὀνόματός μου,	Mk 10,29	... οὐδείς ἐστιν ὃς ἀφῆκεν οἰκίαν ἢ ἀδελφοὺς ἢ ἀδελφὰς ἢ μητέρα ἢ πατέρα ἢ τέκνα ἢ ἀγροὺς ἕνεκεν ἐμοῦ καὶ ἕνεκεν τοῦ εὐαγγελίου,	Lk 18,29 → Lk 14,26	... οὐδείς ἐστιν ὃς ἀφῆκεν οἰκίαν ἢ γυναῖκα ἢ ἀδελφοὺς ἢ γονεῖς ἢ τέκνα ἕνεκεν τῆς βασιλείας τοῦ θεοῦ,	→ GTh 55 → GTh 101
d 121		ἑκατονταπλασίονα λήμψεται καὶ ζωὴν αἰώνιον κληρονομήσει.	Mk 10,30	ἐὰν μὴ λάβῃ ἑκατονταπλασίονα νῦν ἐν τῷ καιρῷ τούτῳ οἰκίας καὶ ἀδελφοὺς καὶ ἀδελφὰς καὶ μητέρας καὶ τέκνα καὶ ἀγροὺς μετὰ διωγμῶν, καὶ ἐν τῷ αἰῶνι τῷ ἐρχομένῳ ζωὴν αἰώνιον.	Lk 18,30	ὃς οὐχὶ μὴ [ἀπο]λάβῃ πολλαπλασίονα ἐν τῷ καιρῷ τούτῳ καὶ ἐν τῷ αἰῶνι τῷ ἐρχομένῳ ζωὴν αἰώνιον.	

	Mt		Mk		Lk		
c 022			Mk 12,40	οἱ κατεσθίοντες **τὰς οἰκίας τῶν χηρῶν** καὶ προφάσει μακρὰ προσευχόμενοι· οὗτοι λήμψονται περισσότερον κρίμα.	Lk 20,47	οἳ κατεσθίουσιν **τὰς οἰκίας τῶν χηρῶν** καὶ προφάσει μακρὰ προσεύχονται· οὗτοι λήμψονται περισσότερον κρίμα.	Mt 23,14 is textcritically uncertain.
c d 222	Mt 24,17	ὁ ἐπὶ τοῦ δώματος μὴ καταβάτω ἆραι **τὰ ἐκ τῆς οἰκίας αὐτοῦ,** [18] καὶ ὁ ἐν τῷ ἀγρῷ μὴ ἐπιστρεψάτω ὀπίσω ἆραι τὸ ἱμάτιον αὐτοῦ.	Mk 13,15	ὁ [δὲ] ἐπὶ τοῦ δώματος μὴ καταβάτω μηδὲ εἰσελθάτω ἆραί **τι ἐκ τῆς οἰκίας αὐτοῦ,** [16] καὶ ὁ εἰς τὸν ἀγρὸν μὴ ἐπιστρεψάτω εἰς τὰ ὀπίσω ἆραι τὸ ἱμάτιον αὐτοῦ.	Lk 17,31	ἐν ἐκείνῃ τῇ ἡμέρᾳ ὃς ἔσται ἐπὶ τοῦ δώματος καὶ **τὰ σκεύη αὐτοῦ ἐν τῇ οἰκίᾳ,** μὴ καταβάτω ἆραι αὐτά, καὶ ὁ ἐν ἀγρῷ ὁμοίως μὴ ἐπιστρεψάτω εἰς τὰ ὀπίσω.	
c 020	Mt 25,14	ὥσπερ γὰρ ἄνθρωπος ἀποδημῶν ἐκάλεσεν τοὺς ἰδίους δούλους καὶ παρέδωκεν αὐτοῖς τὰ ὑπάρχοντα αὐτοῦ, [15] καὶ ᾧ μὲν ἔδωκεν πέντε τάλαντα, ...	Mk 13,34	ὡς ἄνθρωπος ἀπόδημος ἀφεὶς **τὴν οἰκίαν αὐτοῦ** καὶ δοὺς τοῖς δούλοις αὐτοῦ τὴν ἐξουσίαν ...	Lk 19,12	... ἄνθρωπός τις εὐγενὴς ἐπορεύθη εἰς χώραν μακρὰν ... [13] καλέσας δὲ δέκα δούλους ἑαυτοῦ ἔδωκεν αὐτοῖς δέκα μνᾶς ...	Mk-Q overlap
b 120	Mt 24,42 → Mt 24,44 → Mt 24,50 → Mt 25,13	γρηγορεῖτε οὖν, ὅτι οὐκ οἴδατε ποίᾳ ἡμέρᾳ **ὁ κύριος ὑμῶν** ἔρχεται.	Mk 13,35 → Lk 12,38	γρηγορεῖτε οὖν· οὐκ οἴδατε γὰρ πότε **ὁ κύριος τῆς οἰκίας** ἔρχεται, ἢ ὀψὲ ἢ μεσονύκτιον ἢ ἀλεκτοροφωνίας ἢ πρωΐ			
b c 201	Mt 24,43	... εἰ ᾔδει ὁ οἰκοδεσπότης ποίᾳ φυλακῇ ὁ κλέπτης ἔρχεται, ἐγρηγόρησεν ἂν καὶ οὐκ ἂν εἴασεν διορυχθῆναι **τὴν οἰκίαν αὐτοῦ.**			Lk 12,39	... εἰ ᾔδει ὁ οἰκοδεσπότης ποίᾳ ὥρᾳ ὁ κλέπτης ἔρχεται, οὐκ ἂν ἀφῆκεν διορυχθῆναι **τὸν οἶκον αὐτοῦ.**	→ GTh 21,5 → GTh 103
c 220	Mt 26,6 → Lk 7,40	τοῦ δὲ Ἰησοῦ γενομένου ἐν Βηθανίᾳ **ἐν οἰκίᾳ Σίμωνος τοῦ λεπροῦ,** [7] ... αὐτοῦ ἀνακειμένου.	Mk 14,3 → Lk 7,40	καὶ ὄντος αὐτοῦ ἐν Βηθανίᾳ **ἐν τῇ οἰκίᾳ Σίμωνος τοῦ λεπροῦ,** κατακειμένου αὐτοῦ ...	Lk 7,36	ἠρώτα δέ τις αὐτὸν τῶν Φαρισαίων ἵνα φάγῃ μετ' αὐτοῦ, καὶ εἰσελθὼν **εἰς τὸν οἶκον τοῦ Φαρισαίου** κατεκλίθη.	→ Jn 12,1-2
112	Mt 26,18	... ὑπάγετε εἰς τὴν πόλιν πρὸς τὸν δεῖνα	Mk 14,13	... ὑπάγετε εἰς τὴν πόλιν, καὶ ἀπαντήσει ὑμῖν ἄνθρωπος κεράμιον ὕδατος βαστάζων· ἀκολουθήσατε αὐτῷ [14] καὶ ὅπου ἐὰν εἰσέλθῃ ↔	Lk 22,10	... ἰδοὺ εἰσελθόντων ὑμῶν εἰς τὴν πόλιν συναντήσει ὑμῖν ἄνθρωπος κεράμιον ὕδατος βαστάζων· ἀκολουθήσατε αὐτῷ **εἰς τὴν οἰκίαν** εἰς ἣν εἰσπορεύεται.	
b 112		καὶ εἴπατε **αὐτῷ·** ὁ διδάσκαλος λέγει· ὁ καιρός μου ἐγγύς ἐστιν, πρὸς σὲ ποιῶ τὸ πάσχα μετὰ τῶν μαθητῶν μου.	Mk 14,14	↔ εἴπατε **τῷ οἰκοδεσπότῃ** ὅτι ὁ διδάσκαλος λέγει· ποῦ ἐστιν τὸ κατάλυμά μου ὅπου τὸ πάσχα μετὰ τῶν μαθητῶν μου φάγω;	Lk 22,11	καὶ ἐρεῖτε **τῷ οἰκοδεσπότῃ τῆς οἰκίας·** λέγει σοι ὁ διδάσκαλος· ποῦ ἐστιν τὸ κατάλυμα ὅπου τὸ πάσχα μετὰ τῶν μαθητῶν μου φάγω;	
c 112	Mt 26,57	οἱ δὲ κρατήσαντες τὸν Ἰησοῦν ἀπήγαγον **πρὸς Καϊάφαν τὸν ἀρχιερέα,** ... [58] ὁ δὲ Πέτρος ἠκολούθει αὐτῷ ἀπὸ μακρόθεν ...	Mk 14,53	καὶ ἀπήγαγον τὸν Ἰησοῦν **πρὸς τὸν ἀρχιερέα,** ... [54] καὶ ὁ Πέτρος ἀπὸ μακρόθεν ἠκολούθησεν αὐτῷ ...	Lk 22,54 → Mt 26,50 → Mk 14,46	συλλαβόντες δὲ αὐτὸν ἤγαγον καὶ εἰσήγαγον **εἰς τὴν οἰκίαν τοῦ ἀρχιερέως·** ὁ δὲ Πέτρος ἠκολούθει μακρόθεν.	→ Jn 18,12-15

a οἰκίαν οἰκοδομέω
b κύριος / οἰκοδεσπότης and οἰκία
c οἰκία and genitive referring to the owner of the house
d οἰκία and ἀγρός / χωρίον
e οἰκία and πόλις
f (εἰσ-)ἔρχομαι εἰς (τὴν) οἰκίαν

d	**Acts 4,34**	... ὅσοι γὰρ **κτήτορες χωρίων ἢ οἰκιῶν** ὑπῆρχον, πωλοῦντες ἔφερον τὰς τιμὰς τῶν πιπρασκομένων
c	**Acts 9,11**	... ἀναστὰς πορεύθητι ἐπὶ τὴν ῥύμην τὴν καλουμένην Εὐθεῖαν καὶ ζήτησον **ἐν οἰκίᾳ Ἰούδα** Σαῦλον ὀνόματι Ταρσέα· ἰδοὺ γὰρ προσεύχεται
f	**Acts 9,17**	ἀπῆλθεν δὲ Ἁνανίας καὶ εἰσῆλθεν **εἰς τὴν οἰκίαν** καὶ ἐπιθεὶς ἐπ' αὐτὸν τὰς χεῖρας ...
	Acts 10,6	οὗτος ξενίζεται παρά τινι Σίμωνι βυρσεῖ, ᾧ ἐστιν **οἰκία** παρὰ θάλασσαν.
c	**Acts 10,17**	... ἰδοὺ οἱ ἄνδρες οἱ ἀπεσταλμένοι ὑπὸ τοῦ Κορνηλίου διερωτήσαντες **τὴν οἰκίαν τοῦ Σίμωνος** ἐπέστησαν ἐπὶ τὸν πυλῶνα
c	**Acts 10,32**	πέμψον οὖν εἰς Ἰόππην καὶ μετακάλεσαι Σίμωνα ὃς ἐπικαλεῖται Πέτρος, οὗτος ξενίζεται **ἐν οἰκίᾳ Σίμωνος βυρσέως** παρὰ θάλασσαν.
	Acts 11,11	καὶ ἰδοὺ ἐξαυτῆς τρεῖς ἄνδρες ἐπέστησαν **ἐπὶ τὴν οἰκίαν** ἐν ᾗ ἦμεν, ἀπεσταλμένοι ἀπὸ Καισαρείας πρός με.
c	**Acts 12,12**	συνιδών τε ἦλθεν **ἐπὶ τὴν οἰκίαν τῆς Μαρίας** τῆς μητρὸς Ἰωάννου τοῦ ἐπικαλουμένου Μάρκου, ...
c	**Acts 16,32**	καὶ ἐλάλησαν αὐτῷ τὸν λόγον τοῦ κυρίου **σὺν πᾶσιν τοῖς ἐν τῇ οἰκίᾳ αὐτοῦ.**
c	**Acts 17,5**	ζηλώσαντες δὲ οἱ Ἰουδαῖοι ... ἐθορύβουν τὴν πόλιν καὶ ἐπιστάντες **τῇ οἰκίᾳ Ἰάσονος** ἐζήτουν αὐτοὺς προαγαγεῖν εἰς τὸν δῆμον·
c f	**Acts 18,7 (2)**	καὶ μεταβὰς ἐκεῖθεν εἰσῆλθεν **εἰς οἰκίαν τινὸς ὀνόματι Τιτίου Ἰούστου σεβομένου** τὸν θεόν, οὗ **ἡ οἰκία** ἦν συνομοροῦσα τῇ συναγωγῇ.

οἰκιακός

Syn	Mt	Mk	Lk	Acts	Jn	1-3John	Paul	Eph	Col
2	2								
NT	2Thess	1/2Tim	Tit	Heb	Jas	1Pet	2Pet	Jude	Rev
2									

member of a household

200	**Mt 10,25**	... εἰ τὸν οἰκοδεσπότην Βεελζεβοὺλ ἐπεκάλεσαν, πόσῳ μᾶλλον **τοὺς οἰκιακοὺς αὐτοῦ.**	
200	**Mt 10,36**	καὶ *ἐχθροὶ τοῦ ἀνθρώπου* ***οἱ οἰκιακοὶ αὐτοῦ.*** ➤ Micah 7,6	→ GTh 16

οἰκοδεσπότης

Syn	Mt	Mk	Lk	Acts	Jn	1-3John	Paul	Eph	Col
12	7	1	4						
NT	2Thess	1/2Tim	Tit	Heb	Jas	1Pet	2Pet	Jude	Rev
12									

the master of the house

	triple tradition																	double tradition			Sondergut		
		+Mt / +Lk			–Mt / –Lk			traditions not taken over by Mt / Lk							subtotals								
code	*222*	*211*	*112*	*212*	*221*	*122*	*121*	*022*	*012*	*021*	*220*	*120*	*210*	*020*	Σ⁺	Σ⁻	Σ	*202*	*201*	*102*	*200*	*002*	total
Mt		1⁺				1⁻									1⁺	1⁻	1	1			5		**7**
Mk						1											1						**1**
Lk						1											1	1		1		1	**4**

200	**Mt 10,25**	... εἰ **τὸν οἰκοδεσπότην** Βεελζεβοὺλ ἐπεκάλεσαν, πόσῳ μᾶλλον τοὺς οἰκιακοὺς αὐτοῦ.	

	Mt		Mk		Lk		
200	Mt 13,27	προσελθόντες δὲ οἱ δοῦλοι τοῦ οἰκοδεσπότου εἶπον αὐτῷ· κύριε, οὐχὶ καλὸν σπέρμα ἔσπειρας ἐν τῷ σῷ ἀγρῷ; ...					→ GTh 57
200	Mt 13,52 → Mt 12,35 → Lk 6,45	... διὰ τοῦτο πᾶς γραμματεὺς μαθητευθεὶς τῇ βασιλείᾳ τῶν οὐρανῶν ὅμοιός ἐστιν ἀνθρώπῳ οἰκοδεσπότῃ, ὅστις ἐκβάλλει ἐκ τοῦ θησαυροῦ αὐτοῦ καινὰ καὶ παλαιά.					
200	Mt 20,1	ὁμοία γάρ ἐστιν ἡ βασιλεία τῶν οὐρανῶν ἀνθρώπῳ οἰκοδεσπότῃ, ὅστις ἐξῆλθεν ἅμα πρωῒ μισθώσασθαι ἐργάτας εἰς τὸν ἀμπελῶνα αὐτοῦ.					
200	Mt 20,11	λαβόντες δὲ ἐγόγγυζον κατὰ τοῦ οἰκοδεσπότου					
211	Mt 21,33	ἄλλην παραβολὴν ἀκούσατε. ἄνθρωπος ἦν οἰκοδεσπότης ὅστις ἐφύτευσεν ἀμπελῶνα ...	Mk 12,1	καὶ ἤρξατο αὐτοῖς ἐν παραβολαῖς λαλεῖν· ἀμπελῶνα ἄνθρωπος ἐφύτευσεν ...	Lk 20,9	ἤρξατο δὲ πρὸς τὸν λαὸν λέγειν τὴν παραβολὴν ταύτην· ἄνθρωπός [τις] ἐφύτευσεν ἀμπελῶνα ...	→ GTh 65
202	Mt 24,43	ἐκεῖνο δὲ γινώσκετε ὅτι εἰ ᾔδει ὁ οἰκοδεσπότης ποίᾳ φυλακῇ ὁ κλέπτης ἔρχεται, ἐγρηγόρησεν ἂν καὶ οὐκ ἂν εἴασεν διορυχθῆναι τὴν οἰκίαν αὐτοῦ.			Lk 12,39	τοῦτο δὲ γινώσκετε ὅτι εἰ ᾔδει ὁ οἰκοδεσπότης ποίᾳ ὥρᾳ ὁ κλέπτης ἔρχεται, οὐκ ἂν ἀφῆκεν διορυχθῆναι τὸν οἶκον αὐτοῦ.	→ GTh 21,5 → GTh 103
002	Mt 25,10	ἀπερχομένων δὲ αὐτῶν ἀγοράσαι ἦλθεν ὁ νυμφίος, καὶ αἱ ἕτοιμοι εἰσῆλθον μετ' αὐτοῦ εἰς τοὺς γάμους καὶ ἐκλείσθη ἡ θύρα.			Lk 13,25	ἀφ' οὗ ἂν ἐγερθῇ ὁ οἰκοδεσπότης καὶ ἀποκλείσῃ τὴν θύραν ...	
102	Mt 22,7	ὁ δὲ βασιλεὺς ὠργίσθη καὶ πέμψας τὰ στρατεύματα αὐτοῦ ἀπώλεσεν τοὺς φονεῖς ἐκείνους καὶ τὴν πόλιν αὐτῶν ἐνέπρησεν. [8] τότε λέγει τοῖς δούλοις αὐτοῦ· ...			Lk 14,21	... τότε ὀργισθεὶς ὁ οἰκοδεσπότης εἶπεν τῷ δούλῳ αὐτοῦ·	→ GTh 64
					→ Mt 22,9 ⇨ Lk 14,23 → Lk 14,13	ἔξελθε ταχέως εἰς τὰς πλατείας καὶ ῥύμας τῆς πόλεως, καὶ τοὺς πτωχοὺς καὶ ἀναπείρους καὶ τυφλοὺς καὶ χωλοὺς εἰσάγαγε ὧδε.	

122	**Mt 26,18**	... εἴπατε **αὐτῷ·** ὁ διδάσκαλος λέγει· ὁ καιρός μου ἐγγύς ἐστιν, πρὸς σὲ ποιῶ τὸ πάσχα μετὰ τῶν μαθητῶν μου.	**Mk 14,14**	... εἴπατε **τῷ οἰκοδεσπότῃ** ὅτι ὁ διδάσκαλος λέγει· ποῦ ἐστιν τὸ κατάλυμά μου ὅπου τὸ πάσχα μετὰ τῶν μαθητῶν μου φάγω;	**Lk 22,11**	... ἐρεῖτε **τῷ οἰκοδεσπότῃ** **τῆς οἰκίας·** λέγει σοι ὁ διδάσκαλος· ποῦ ἐστιν τὸ κατάλυμα ὅπου τὸ πάσχα μετὰ τῶν μαθητῶν μου φάγω;	

οἰκοδομέω	Syn 24	Mt 8	Mk 4	Lk 12	Acts 4	Jn 1	1-3John	Paul 9	Eph	Col
	NT 40	2Thess	1/2Tim	Tit	Heb	Jas	1Pet 2	2Pet	Jude	Rev

build; erect; build up again; restore; benefit; strengthen; establish

	triple tradition																	double tradition			Sonder-gut		
		+Mt / +Lk			–Mt / –Lk			traditions not taken over by Mt / Lk							subtotals								
code	*222*	*211*	*112*	*212*	*221*	*122*	*121*	*022*	*012*	*021*	*220*	*120*	*210*	*020*	Σ+	Σ−	Σ	*202*	*201*	*102*	*200*	*002*	total
Mt	1				1						2						4	3			1		**8**
Mk	1				1						2						4						**4**
Lk	1				1−											1−	1	3		2		6	**12**

002			**Lk 4,29**	καὶ ἀναστάντες ἐξέβαλον αὐτὸν ἔξω τῆς πόλεως καὶ ἤγαγον αὐτὸν ἕως ὀφρύος τοῦ ὄρους ἐφ' οὗ ἡ πόλις **ᾠκοδόμητο** αὐτῶν, ὥστε κατακρημνίσαι αὐτόν·	
202	**Mt 7,24**	... ὁμοιωθήσεται ἀνδρὶ φρονίμῳ, ὅστις **ᾠκοδόμησεν** αὐτοῦ τὴν οἰκίαν ἐπὶ τὴν πέτραν·	**Lk 6,48** (2)	ὅμοιός ἐστιν ἀνθρώπῳ **οἰκοδομοῦντι** οἰκίαν ὃς ἔσκαψεν καὶ ἐβάθυνεν καὶ ἔθηκεν θεμέλιον ἐπὶ τὴν πέτραν·	
102	**Mt 7,25**	καὶ κατέβη ἡ βροχὴ καὶ ἦλθον οἱ ποταμοὶ καὶ ἔπνευσαν οἱ ἄνεμοι καὶ προσέπεσαν τῇ οἰκίᾳ ἐκείνῃ, καὶ οὐκ ἔπεσεν, **τεθεμελίωτο γὰρ** **ἐπὶ τὴν πέτραν.**		πλημμύρης δὲ γενομένης προσέρηξεν ὁ ποταμὸς τῇ οἰκίᾳ ἐκείνῃ, καὶ οὐκ ἴσχυσεν σαλεῦσαι αὐτὴν **διὰ τὸ καλῶς** **οἰκοδομῆσθαι αὐτήν.**	
202	**Mt 7,26**	καὶ πᾶς ὁ ἀκούων μου τοὺς λόγους τούτους καὶ μὴ ποιῶν αὐτοὺς ὁμοιωθήσεται ἀνδρὶ μωρῷ, ὅστις **ᾠκοδόμησεν** αὐτοῦ τὴν οἰκίαν ἐπὶ τὴν ἄμμον.	**Lk 6,49**	ὁ δὲ ἀκούσας καὶ μὴ ποιήσας ὅμοιός ἐστιν ἀνθρώπῳ **οἰκοδομήσαντι** οἰκίαν ἐπὶ τὴν γῆν χωρὶς θεμελίου, ...	
002			**Lk 7,5**	ἀγαπᾷ γὰρ τὸ ἔθνος ἡμῶν καὶ τὴν συναγωγὴν αὐτὸς **ᾠκοδόμησεν** ἡμῖν.	→ Acts 10,2.22
200	**Mt 16,18**	κἀγὼ δέ σοι λέγω ὅτι σὺ εἶ Πέτρος, καὶ ἐπὶ ταύτῃ τῇ πέτρᾳ **οἰκοδομήσω** μου τὴν ἐκκλησίαν καὶ πύλαι ᾅδου οὐ κατισχύσουσιν αὐτῆς.			

	Mt		Mk		Lk		
202	**Mt 23,29**	οὐαὶ ὑμῖν, γραμματεῖς καὶ Φαρισαῖοι ὑποκριταί, ὅτι **οἰκοδομεῖτε** τοὺς τάφους τῶν προφητῶν καὶ κοσμεῖτε τὰ μνημεῖα τῶν δικαίων, [30] καὶ λέγετε· εἰ ἤμεθα ἐν ταῖς ἡμέραις τῶν πατέρων ἡμῶν, οὐκ ἂν ἤμεθα αὐτῶν κοινωνοὶ ἐν τῷ αἵματι τῶν προφητῶν.			**Lk 11,47**	οὐαὶ ὑμῖν, ὅτι **οἰκοδομεῖτε** τὰ μνημεῖα τῶν προφητῶν, οἱ δὲ πατέρες ὑμῶν ἀπέκτειναν αὐτούς.	
102	**Mt 23,32**	[31] ὥστε μαρτυρεῖτε ἑαυτοῖς ὅτι υἱοί ἐστε τῶν φονευσάντων τοὺς προφήτας. [32] καὶ ὑμεῖς πληρώσατε τὸ μέτρον τῶν πατέρων ὑμῶν.			**Lk 11,48**	ἄρα μάρτυρές ἐστε καὶ συνευδοκεῖτε τοῖς ἔργοις τῶν πατέρων ὑμῶν, ὅτι αὐτοὶ μὲν ἀπέκτειναν αὐτούς, ὑμεῖς δὲ **οἰκοδομεῖτε.**	
002					**Lk 12,18**	καὶ εἶπεν· τοῦτο ποιήσω, καθελῶ μου τὰς ἀποθήκας καὶ μείζονας **οἰκοδομήσω,** καὶ συνάξω ἐκεῖ πάντα τὸν σῖτον καὶ τὰ ἀγαθά μου	→ GTh 63
002					**Lk 14,28**	τίς γὰρ ἐξ ὑμῶν θέλων πύργον **οἰκοδομῆσαι** οὐχὶ πρῶτον καθίσας ψηφίζει τὴν δαπάνην, εἰ ἔχει εἰς ἀπαρτισμόν;	
002					**Lk 14,30**	λέγοντες ὅτι οὗτος ὁ ἄνθρωπος ἤρξατο **οἰκοδομεῖν** καὶ οὐκ ἴσχυσεν ἐκτελέσαι.	
002					**Lk 17,28**	ὁμοίως καθὼς ἐγένετο ἐν ταῖς ἡμέραις Λώτ· ἤσθιον, ἔπινον, ἠγόραζον, ἐπώλουν, ἐφύτευον, **ᾠκοδόμουν·**	
221	**Mt 21,33**	... ἄνθρωπος ἦν οἰκοδεσπότης ὅστις ἐφύτευσεν ἀμπελῶνα καὶ φραγμὸν αὐτῷ περιέθηκεν καὶ ὤρυξεν ἐν αὐτῷ ληνὸν καὶ **ᾠκοδόμησεν** πύργον καὶ ἐξέδετο αὐτὸν γεωργοῖς καὶ ἀπεδήμησεν.	**Mk 12,1**	... ἀμπελῶνα ἄνθρωπος ἐφύτευσεν καὶ περιέθηκεν φραγμὸν καὶ ὤρυξεν ὑπολήνιον καὶ **ᾠκοδόμησεν** πύργον καὶ ἐξέδετο αὐτὸν γεωργοῖς καὶ ἀπεδήμησεν.	**Lk 20,9**	... ἄνθρωπός [τις] ἐφύτευσεν ἀμπελῶνα καὶ ἐξέδετο αὐτὸν γεωργοῖς καὶ ἀπεδήμησεν χρόνους ἱκανούς.	→ GTh 65
222	**Mt 21,42**	... *λίθον ὃν* *ἀπεδοκίμασαν* ***οἱ οἰκοδομοῦντες,*** *οὗτος ἐγενήθη εἰς* *κεφαλὴν γωνίας·* ... ➤ Ps 118,22	**Mk 12,10**	... *λίθον ὃν* *ἀπεδοκίμασαν* ***οἱ οἰκοδομοῦντες,*** *οὗτος ἐγενήθη εἰς* *κεφαλὴν γωνίας·* ➤ Ps 118,22	**Lk 20,17**	... *λίθον ὃν* *ἀπεδοκίμασαν* ***οἱ οἰκοδομοῦντες,*** *οὗτος ἐγενήθη εἰς* *κεφαλὴν γωνίας;* ➤ Ps 118,22	→ Acts 4,11 → GTh 66

	Mt		Mk		Lk		
202	**Mt 23,29**	οὐαὶ ὑμῖν, γραμματεῖς καὶ Φαρισαῖοι ὑποκριταί, ὅτι **οἰκοδομεῖτε** τοὺς τάφους τῶν προφητῶν καὶ κοσμεῖτε τὰ μνημεῖα τῶν δικαίων, [30] καὶ λέγετε· εἰ ἤμεθα ἐν ταῖς ἡμέραις τῶν πατέρων ἡμῶν, οὐκ ἂν ἤμεθα αὐτῶν κοινωνοὶ ἐν τῷ αἵματι τῶν προφητῶν.			**Lk 11,47**	οὐαὶ ὑμῖν, ὅτι **οἰκοδομεῖτε** τὰ μνημεῖα τῶν προφητῶν, οἱ δὲ πατέρες ὑμῶν ἀπέκτειναν αὐτούς.	
220	**Mt 26,61** ↓ Mt 27,40	... οὗτος ἔφη· δύναμαι καταλῦσαι τὸν ναὸν τοῦ θεοῦ καὶ διὰ τριῶν ἡμερῶν **οἰκοδομῆσαι.**	**Mk 14,58** ↓ Mk 15,29	ὅτι ἡμεῖς ἠκούσαμεν αὐτοῦ λέγοντος ὅτι ἐγὼ καταλύσω τὸν ναὸν τοῦτον τὸν χειροποίητον καὶ διὰ τριῶν ἡμερῶν ἄλλον ἀχειροποίητον **οἰκοδομήσω.**			→ Jn 2,19 → Acts 6,14 → GTh 71
220	**Mt 27,40** ↑ Mt 26,61	... ὁ καταλύων τὸν ναὸν καὶ ἐν τρισὶν ἡμέραις **οἰκοδομῶν, ...**	**Mk 15,29** ↑ Mk 14,58	... οὐὰ ὁ καταλύων τὸν ναὸν καὶ **οἰκοδομῶν** ἐν τρισὶν ἡμέραις			→ Jn 2,19 → Acts 6,14

Acts 7,47 Σολομῶν δὲ **οἰκοδόμησεν** αὐτῷ οἶκον.

Acts 7,49 (→ Mt 5,34-35) *ὁ οὐρανός μοι θρόνος, ἡ δὲ γῆ ὑποπόδιον τῶν ποδῶν μου· ποῖον οἶκον* ***οἰκοδομήσετέ*** *μοι, λέγει κύριος, ἢ τίς τόπος τῆς καταπαύσεώς μου;* ➤ Isa 66,1

Acts 9,31 ἡ μὲν οὖν ἐκκλησία καθ' ὅλης τῆς Ἰουδαίας καὶ Γαλιλαίας καὶ Σαμαρείας εἶχεν εἰρήνην **οἰκοδομουμένη** καὶ πορευομένη τῷ φόβῳ τοῦ κυρίου καὶ τῇ παρακλήσει τοῦ ἁγίου πνεύματος ἐπληθύνετο.

Acts 20,32 καὶ τὰ νῦν παρατίθεμαι ὑμᾶς τῷ θεῷ καὶ τῷ λόγῳ τῆς χάριτος αὐτοῦ, τῷ δυναμένῳ **οἰκοδομῆσαι** καὶ δοῦναι τὴν κληρονομίαν ἐν τοῖς ἡγιασμένοις πᾶσιν.

οἰκοδομή	Syn 3	Mt 1	Mk 2	Lk	Acts	Jn	1-3John	Paul 11	Eph 4	Col
	NT 18	2Thess	1/2Tim	Tit	Heb	Jas	1Pet	2Pet	Jude	Rev

edifying; edification; building up; building; edifice

	Mt		Mk		Lk		
221	**Mt 24,1**	καὶ ἐξελθὼν ὁ Ἰησοῦς ἀπὸ τοῦ ἱεροῦ ἐπορεύετο, καὶ προσῆλθον οἱ μαθηταὶ αὐτοῦ ἐπιδεῖξαι αὐτῷ **τὰς οἰκοδομὰς** **τοῦ ἱεροῦ.**	**Mk 13,1**	καὶ ἐκπορευομένου αὐτοῦ ἐκ τοῦ ἱεροῦ λέγει αὐτῷ εἷς τῶν μαθητῶν αὐτοῦ· διδάσκαλε, ἴδε ποταποὶ λίθοι καὶ **ποταπαὶ οἰκοδομαί.**	**Lk 21,5**	καί τινων λεγόντων **περὶ τοῦ ἱεροῦ** ὅτι λίθοις καλοῖς καὶ ἀναθήμασιν κεκόσμηται ...	
121	**Mt 24,2**	... οὐ βλέπετε **ταῦτα πάντα;** ἀμὴν λέγω ὑμῖν, οὐ μὴ ἀφεθῇ ὧδε λίθος ἐπὶ λίθον ὃς οὐ καταλυθήσεται.	**Mk 13,2**	... βλέπεις **ταύτας τὰς μεγάλας** **οἰκοδομάς;** οὐ μὴ ἀφεθῇ ὧδε λίθος ἐπὶ λίθον ὃς οὐ μὴ καταλυθῇ.	**Lk 21,6** → Lk 19,44	**ταῦτα** ἃ θεωρεῖτε ἐλεύσονται ἡμέραι ἐν αἷς οὐκ ἀφεθήσεται λίθος ἐπὶ λίθῳ ὃς οὐ καταλυθήσεται.	

οἰκονομέω

	Syn	Mt	Mk	Lk	Acts	Jn	1-3John	Paul	Eph	Col
	1			1						
	NT	2Thess	1/2Tim	Tit	Heb	Jas	1Pet	2Pet	Jude	Rev
	1									

be manager

002		**Lk 16,2** ... τί τοῦτο ἀκούω περὶ σοῦ; ἀπόδος τὸν λόγον τῆς οἰκονομίας σου, οὐ γὰρ δύνῃ ἔτι **οἰκονομεῖν.**	

οἰκονομία

	Syn	Mt	Mk	Lk	Acts	Jn	1-3John	Paul	Eph	Col
	3			3				1	3	1
	NT	2Thess	1/2Tim	Tit	Heb	Jas	1Pet	2Pet	Jude	Rev
	9		1							

management; direction; office; plan of salvation; (God's) arrangements for (man's) salvation; training

002		**Lk 16,2** ... τί τοῦτο ἀκούω περὶ σοῦ; ἀπόδος **τὸν λόγον τῆς οἰκονομίας σου,** οὐ γὰρ δύνῃ ἔτι οἰκονομεῖν.	
002		**Lk 16,3** εἶπεν δὲ ἐν ἑαυτῷ ὁ οἰκονόμος· τί ποιήσω, ὅτι ὁ κύριός μου ἀφαιρεῖται **τὴν οἰκονομίαν** ἀπ' ἐμοῦ; σκάπτειν οὐκ ἰσχύω, ἐπαιτεῖν αἰσχύνομαι.	
002		**Lk 16,4** ἔγνων τί ποιήσω, ἵνα ὅταν μετασταθῶ **ἐκ τῆς οἰκονομίας** δέξωνταί με εἰς τοὺς οἴκους αὐτῶν.	

οἰκονόμος

	Syn	Mt	Mk	Lk	Acts	Jn	1-3John	Paul	Eph	Col
	4			4				4		
	NT	2Thess	1/2Tim	Tit	Heb	Jas	1Pet	2Pet	Jude	Rev
	10			1			1			

(house-)steward; manager

102	**Mt 24,45** τίς ἄρα ἐστὶν **ὁ πιστὸς δοῦλος καὶ φρόνιμος** ὃν κατέστησεν ὁ κύριος ἐπὶ τῆς οἰκετείας αὐτοῦ τοῦ δοῦναι αὐτοῖς τὴν τροφὴν ἐν καιρῷ;	**Lk 12,42** καὶ εἶπεν ὁ κύριος· τίς ἄρα ἐστὶν **ὁ πιστὸς οἰκονόμος ὁ φρόνιμος,** ὃν καταστήσει ὁ κύριος ἐπὶ τῆς θεραπείας αὐτοῦ τοῦ διδόναι ἐν καιρῷ [τὸ] σιτομέτριον;	
002		**Lk 16,1** ... ἄνθρωπός τις ἦν πλούσιος ὃς εἶχεν **οἰκονόμον,** καὶ οὗτος διεβλήθη αὐτῷ ὡς διασκορπίζων τὰ ὑπάρχοντα αὐτοῦ.	

	Mt	Mk	Lk	
002			**Lk 16,3** εἶπεν δὲ ἐν ἑαυτῷ **ὁ οἰκονόμος·** τί ποιήσω, ὅτι ὁ κύριός μου ἀφαιρεῖται τὴν οἰκονομίαν ἀπ᾽ ἐμοῦ; ...	
002			**Lk 16,8** καὶ ἐπῄνεσεν ὁ κύριος **τὸν οἰκονόμον τῆς ἀδικίας** ὅτι φρονίμως ἐποίησεν· ...	

οἶκος

	Syn	Mt	Mk	Lk	Acts	Jn	1-3John	Paul	Eph	Col
	56	10	13	33	25	4		6		1
	NT	2Thess	1/2Tim	Tit	Heb	Jas	1Pet	2Pet	Jude	Rev
	113		7	1	11		2			

house; dwelling; city; habitation; household; family; descendants; nation; property; possessions

	triple tradition																	double tradition			Sondergut		
		+Mt / +Lk			–Mt / –Lk			traditions not taken over by Mt / Lk							subtotals								
code	*222*	*211*	*112*	*212*	*221*	*122*	*121*	*022*	*012*	*021*	*220*	*120*	*210*	*020*	Σ⁺	Σ⁻	Σ	*202*	*201*	*102*	*200*	*002*	total
Mt	4			1⁺			2⁻					4⁻			1⁺	6⁻	5	2	1		2		**10**
Mk	4						2	1				4		2			13						**13**
Lk	4		1⁺	1⁺			2⁻	1							2⁺	2⁻	7	2		7		17	**33**

[a] οἶκος (τοῦ) θεοῦ; οἶκος = the temple
[b] οἶκος Ἰσραήλ, οἶκος Ἰακώβ
[c] οἶκος Δαυίδ
[d] οἶκος and genitive referring to the owner of the house
[e] κατ᾽ οἶκον, κατ᾽ οἴκους, κατὰ τοὺς οἴκους (Acts only)

	Mt	Mk	Lk	
d 002			**Lk 1,23** καὶ ἐγένετο ὡς ἐπλήσθησαν αἱ ἡμέραι τῆς λειτουργίας αὐτοῦ, ἀπῆλθεν **εἰς τὸν οἶκον αὐτοῦ.**	
c 002			**Lk 1,27** → Mt 1,18 → Mt 1,20 [26] ... ἀπεστάλη ὁ ἄγγελος Γαβριὴλ ... [27] πρὸς παρθένον ἐμνηστευμένην ἀνδρὶ ᾧ ὄνομα Ἰωσὴφ **ἐξ οἴκου Δαυὶδ** καὶ τὸ ὄνομα τῆς παρθένου Μαριάμ.	
b 002			**Lk 1,33** → Lk 22,29 καὶ βασιλεύσει **ἐπὶ τὸν οἶκον Ἰακὼβ** εἰς τοὺς αἰῶνας ...	
d 002			**Lk 1,40** καὶ εἰσῆλθεν **εἰς τὸν οἶκον Ζαχαρίου** καὶ ἠσπάσατο τὴν Ἐλισάβετ.	
d 002			**Lk 1,56** ἔμεινεν δὲ Μαριὰμ σὺν αὐτῇ ὡς μῆνας τρεῖς, καὶ ὑπέστρεψεν **εἰς τὸν οἶκον αὐτῆς.**	
c 002			**Lk 1,69** καὶ ἤγειρεν κέρας σωτηρίας ἡμῖν **ἐν οἴκῳ Δαυὶδ παιδὸς αὐτοῦ**	
c 002			**Lk 2,4** ἀνέβη δὲ καὶ Ἰωσὴφ ... εἰς πόλιν Δαυὶδ ἥτις καλεῖται Βηθλέεμ, διὰ τὸ εἶναι αὐτὸν **ἐξ οἴκου καὶ πατριᾶς Δαυίδ**	

	Mt		Mk		Lk		
121	Mt 9,1	... καὶ ἦλθεν εἰς τὴν ἰδίαν πόλιν.	Mk 2,1 ↓ Mk 3,20	καὶ εἰσελθὼν πάλιν εἰς Καφαρναοὺμ δι᾽ ἡμερῶν ἠκούσθη ὅτι ἐν οἴκῳ ἐστίν.	Lk 5,17	καὶ ἐγένετο ἐν μιᾷ τῶν ἡμερῶν καὶ αὐτὸς ἦν διδάσκων, ...	
d 222	Mt 9,6	... ἐγερθεὶς ἆρόν σου τὴν κλίνην καὶ ὕπαγε εἰς τὸν οἶκόν σου.	Mk 2,11	σοὶ λέγω, ἔγειρε ἆρον τὸν κράβαττόν σου καὶ ὕπαγε εἰς τὸν οἶκόν σου.	Lk 5,24	... σοὶ λέγω, ἔγειρε καὶ ἄρας τὸ κλινίδιόν σου πορεύου εἰς τὸν οἶκόν σου.	→ Jn 5,8
d 212	Mt 9,7	καὶ ἐγερθεὶς ἀπῆλθεν εἰς τὸν οἶκον αὐτοῦ.	Mk 2,12	καὶ ἠγέρθη καὶ εὐθὺς ἄρας τὸν κράβαττον ἐξῆλθεν ἔμπροσθεν πάντων, ...	Lk 5,25	καὶ παραχρῆμα ἀναστὰς ἐνώπιον αὐτῶν, ἄρας ἐφ᾽ ὃ κατέκειτο, ἀπῆλθεν εἰς τὸν οἶκον αὐτοῦ δοξάζων τὸν θεόν.	→ Jn 5,9
b 200	Mt 10,6 ↓ Mt 15,24	πορεύεσθε δὲ μᾶλλον πρὸς τὰ πρόβατα τὰ ἀπολωλότα οἴκου Ἰσραήλ.					
d 201	Mt 11,8	... ἰδοὺ οἱ τὰ μαλακὰ φοροῦντες ἐν τοῖς οἴκοις τῶν βασιλέων εἰσίν.			Lk 7,25	... ἰδοὺ οἱ ἐν ἱματισμῷ ἐνδόξῳ καὶ τρυφῇ ὑπάρχοντες ἐν τοῖς βασιλείοις εἰσίν.	→ GTh 78
a 222	Mt 12,4	πῶς εἰσῆλθεν εἰς τὸν οἶκον τοῦ θεοῦ καὶ τοὺς ἄρτους τῆς προθέσεως ἔφαγον, ...	Mk 2,26	πῶς εἰσῆλθεν εἰς τὸν οἶκον τοῦ θεοῦ ἐπὶ Ἀβιαθὰρ ἀρχιερέως καὶ τοὺς ἄρτους τῆς προθέσεως ἔφαγεν, ...	Lk 6,4	[ὡς] εἰσῆλθεν εἰς τὸν οἶκον τοῦ θεοῦ καὶ τοὺς ἄρτους τῆς προ- θέσεως λαβὼν ἔφαγεν ...	
102	Mt 8,13	... ὕπαγε, ὡς ἐπίστευσας γενηθήτω σοι. καὶ ἰάθη ὁ παῖς [αὐτοῦ] ἐν τῇ ὥρᾳ ἐκείνῃ.			Lk 7,10 ↓ Mk 7,30	καὶ ὑποστρέψαντες εἰς τὸν οἶκον οἱ πεμφθέντες εὗρον τὸν δοῦλον ὑγιαίνοντα.	→ Jn 4,50-51
d 002	Mt 26,6 → Lk 7,40	τοῦ δὲ Ἰησοῦ γενομένου ἐν Βηθανίᾳ ἐν οἰκίᾳ Σίμωνος τοῦ λεπροῦ, [7] ... αὐτοῦ ἀνακειμένου.	Mk 14,3 → Lk 7,40	καὶ ὄντος αὐτοῦ ἐν Βηθανίᾳ ἐν τῇ οἰκίᾳ Σίμωνος τοῦ λεπροῦ, κατακειμένου αὐτοῦ ...	Lk 7,36	ἠρώτα δέ τις αὐτὸν τῶν Φαρισαίων ἵνα φάγῃ μετ᾽ αὐτοῦ, καὶ εἰσελθὼν εἰς τὸν οἶκον τοῦ Φαρισαίου κατεκλίθη.	→ Jn 12,1-2
020			Mk 3,20 ↑ Mk 2,1 → Mk 2,2	καὶ ἔρχεται εἰς οἶκον· καὶ συνέρχεται πάλιν [ὁ] ὄχλος, ...			
d 202	Mt 12,44 → Mk 9,25	τότε λέγει· εἰς τὸν οἶκόν μου ἐπιστρέψω ὅθεν ἐξῆλθον· ...			Lk 11,24 → Mk 9,25	... [τότε] λέγει· ὑποστρέψω εἰς τὸν οἶκόν μου ὅθεν ἐξῆλθον·	
022			Mk 5,19	... ὕπαγε εἰς τὸν οἶκόν σου πρὸς τοὺς σοὺς καὶ ἀπάγγειλον αὐτοῖς ὅσα ὁ κύριός σοι πεποίηκεν καὶ ἠλέησέν σε.	Lk 8,39	ὑπόστρεφε εἰς τὸν οἶκόν σου, καὶ διηγοῦ ὅσα σοι ἐποίησεν ὁ θεός. ...	

	Mt		Mk		Lk		
d 112	**Mt 9,18**	... λέγων ὅτι ἡ θυγάτηρ μου ἄρτι ἐτελεύτησεν· ἀλλὰ ἐλθὼν ἐπίθες τὴν χεῖρά σου ἐπ' αὐτήν, καὶ ζήσεται.	**Mk 5,23**	[22] ... Ἰάϊρος ... [23] καὶ παρακαλεῖ αὐτὸν πολλὰ λέγων ὅτι τὸ θυγάτριόν μου ἐσχάτως ἔχει, ἵνα ἐλθὼν ἐπιθῇς τὰς χεῖρας αὐτῇ ἵνα σωθῇ καὶ ζήσῃ.	**Lk 8,41** → Mk 5,42	... Ἰάϊρος ... παρεκάλει αὐτὸν εἰσελθεῖν **εἰς τὸν οἶκον αὐτοῦ,** [42] ὅτι θυγάτηρ μονογενὴς ἦν αὐτῷ ὡς ἐτῶν δώδεκα καὶ αὐτὴ ἀπέθνῃσκεν. ...	
d 121	**Mt 9,23**	καὶ ἐλθὼν ὁ Ἰησοῦς **εἰς τὴν οἰκίαν τοῦ ἄρχοντος** ...	**Mk 5,38**	[37] καὶ οὐκ ἀφῆκεν οὐδένα μετ' αὐτοῦ συνακολουθῆσαι εἰ μὴ τὸν Πέτρον καὶ Ἰάκωβον καὶ Ἰωάννην τὸν ἀδελφὸν Ἰακώβου. [38] καὶ ἔρχονται **εἰς τὸν οἶκον τοῦ ἀρχισυναγώγου,** ...	**Lk 8,51**	ἐλθὼν δὲ **εἰς τὴν οἰκίαν** οὐκ ἀφῆκεν εἰσελθεῖν τινα σὺν αὐτῷ εἰ μὴ Πέτρον καὶ Ἰωάννην καὶ Ἰάκωβον ...	
120	**Mt 15,15**	ἀποκριθεὶς δὲ ὁ Πέτρος εἶπεν αὐτῷ· φράσον ἡμῖν τὴν παραβολήν [ταύτην].	**Mk 7,17** → Mk 4,10 → Lk 8,9 → Mt 15,12	καὶ ὅτε εἰσῆλθεν **εἰς οἶκον** ἀπὸ τοῦ ὄχλου, ἐπηρώτων αὐτὸν οἱ μαθηταὶ αὐτοῦ τὴν παραβολήν.			
b 200	**Mt 15,24** ↑ Mt 10,6	... οὐκ ἀπεστάλην εἰ μὴ **εἰς τὰ πρόβατα τὰ ἀπολωλότα οἴκου Ἰσραήλ.**					
d 120	**Mt 15,28**	... καὶ ἰάθη ἡ θυγάτηρ αὐτῆς ἀπὸ τῆς ὥρας ἐκείνης.	**Mk 7,30** ↑ Lk 7,10	καὶ ἀπελθοῦσα **εἰς τὸν οἶκον αὐτῆς** εὗρεν τὸ παιδίον βεβλημένον ἐπὶ τὴν κλίνην καὶ τὸ δαιμόνιον ἐξεληλυθός.			
d 120	**Mt 15,32** → Mt 14,15	... καὶ ἀπολῦσαι αὐτοὺς νήστεις οὐ θέλω, μήποτε ἐκλυθῶσιν ἐν τῇ ὁδῷ.	**Mk 8,3** → Mk 6,36	καὶ ἐὰν ἀπολύσω αὐτοὺς νήστεις **εἰς οἶκον αὐτῶν,** ἐκλυθήσονται ἐν τῇ ὁδῷ· καί τινες αὐτῶν ἀπὸ μακρόθεν ἥκασιν.	→ Lk 9,12		
d 020			**Mk 8,26**	καὶ ἀπέστειλεν αὐτὸν **εἰς οἶκον αὐτοῦ** λέγων· μηδὲ εἰς τὴν κώμην εἰσέλθῃς.			
120	**Mt 17,19**	τότε προσελθόντες οἱ μαθηταὶ τῷ Ἰησοῦ κατ' ἰδίαν εἶπον· διὰ τί ἡμεῖς οὐκ ἠδυνήθημεν ἐκβαλεῖν αὐτό;	**Mk 9,28**	καὶ εἰσελθόντος αὐτοῦ **εἰς οἶκον** οἱ μαθηταὶ αὐτοῦ κατ' ἰδίαν ἐπηρώτων αὐτόν· ὅτι ἡμεῖς οὐκ ἠδυνήθημεν ἐκβαλεῖν αὐτό;			
d 002					**Lk 9,61**	... πρῶτον δὲ ἐπίτρεψόν μοι ἀποτάξασθαι τοῖς **εἰς τὸν οἶκόν μου.**	

	Mt		Mk		Lk		
102	**Mt 10,12**	εἰσερχόμενοι δὲ εἰς τὴν οἰκίαν ἀσπάσασθε αὐτήν·			**Lk 10,5** ⇩ Lk 9,4	εἰς ἣν δ' ἂν εἰσέλθητε οἰκίαν, πρῶτον λέγετε· εἰρήνη **τῷ οἴκῳ τούτῳ.** [6] ... [7] ἐν αὐτῇ δὲ τῇ οἰκίᾳ μένετε, ...	Mk-Q overlap
	Mt 10,11	**εἰς ἣν δ' ἂν πόλιν ἢ κώμην** εἰσέλθητε, ἐξετάσατε τίς ἐν αὐτῇ ἄξιός ἐστιν· κἀκεῖ μείνατε ἕως ἂν ἐξέλθητε.	**Mk 6,10**	... ὅπου ἐὰν εἰσέλθητε **εἰς οἰκίαν,** ἐκεῖ μένετε ἕως ἂν ἐξέλθητε ἐκεῖθεν.	**Lk 9,4** ⇧ **Lk 10,5** ⇧ Lk 10,7	καὶ **εἰς ἣν ἂν οἰκίαν** εἰσέλθητε, ἐκεῖ μένετε καὶ ἐκεῖθεν ἐξέρχεσθε.	→ GTh 14,4
102 102	**Mt 12,25**	... πᾶσα βασιλεία μερισθεῖσα καθ' ἑαυτῆς ἐρημοῦται καὶ **πᾶσα πόλις ἢ οἰκία** μερισθεῖσα καθ' ἑαυτῆς οὐ σταθήσεται.	**Mk 3,25**	[24] καὶ ἐὰν βασιλεία ἐφ' ἑαυτὴν μερισθῇ, οὐ δύναται σταθῆναι ἡ βασιλεία ἐκείνη· [25] καὶ ἐὰν **οἰκία** ἐφ' ἑαυτὴν μερισθῇ, οὐ δυνήσεται ἡ οἰκία ἐκείνη σταθῆναι.	**Lk 11,17** **(2)**	... πᾶσα βασιλεία ἐφ' ἑαυτὴν διαμερισθεῖσα ἐρημοῦται καὶ **οἶκος** **ἐπὶ οἶκον** πίπτει.	Mk-Q overlap
d 202	**Mt 12,44**	τότε λέγει· **εἰς τὸν οἶκόν μου** ἐπιστρέψω ὅθεν ἐξῆλθον· ...			**Lk 11,24**	... [τότε] λέγει· ὑποστρέψω **εἰς τὸν οἶκόν μου** ὅθεν ἐξῆλθον·	
a 102	**Mt 23,35**	... ἀπὸ τοῦ αἵματος Ἅβελ τοῦ δικαίου ἕως τοῦ αἵματος Ζαχαρίου υἱοῦ Βαραχίου, ὃν ἐφονεύσατε **μεταξὺ** **τοῦ ναοῦ καὶ** **τοῦ θυσιαστηρίου.**			**Lk 11,51**	ἀπὸ αἵματος Ἅβελ ἕως αἵματος Ζαχαρίου τοῦ ἀπολομένου **μεταξὺ** **τοῦ θυσιαστηρίου** **καὶ τοῦ οἴκου· ...**	
d 102	**Mt 24,43**	... εἰ ᾔδει ὁ οἰκοδεσπότης ποίᾳ φυλακῇ ὁ κλέπτης ἔρχεται, ἐγρηγόρησεν ἂν καὶ οὐκ ἂν εἴασεν διορυχθῆναι **τὴν οἰκίαν αὐτοῦ.**			**Lk 12,39**	... εἰ ᾔδει ὁ οἰκοδεσπότης ποίᾳ ὥρᾳ ὁ κλέπτης ἔρχεται, οὐκ ἂν ἀφῆκεν διορυχθῆναι **τὸν οἶκον αὐτοῦ.**	→ GTh 21,5 → GTh 103
002					**Lk 12,52** → Mt 10,35 → Lk 12,53	ἔσονται γὰρ ἀπὸ τοῦ νῦν πέντε **ἐν ἑνὶ οἴκῳ** διαμεμερισμένοι, τρεῖς ἐπὶ δυσὶν καὶ δύο ἐπὶ τρισίν	→ GTh 16
d 202	**Mt 23,38**	ἰδοὺ ἀφίεται ὑμῖν **ὁ οἶκος ὑμῶν** ἔρημος.			**Lk 13,35**	ἰδοὺ ἀφίεται ὑμῖν **ὁ οἶκος ὑμῶν. ...**	
d 002					**Lk 14,1** → Mt 12,9-10 → Mk 3,1-2 → Lk 6,6-7 → Lk 13,10	καὶ ἐγένετο ἐν τῷ ἐλθεῖν αὐτὸν **εἰς οἶκόν τινος τῶν ἀρχόντων [τῶν] Φαρισαίων** σαββάτῳ φαγεῖν ἄρτον ...	
d 102	**Mt 22,10**	[9] πορεύεσθε οὖν ἐπὶ τὰς διεξόδους τῶν ὁδῶν καὶ ὅσους ἐὰν εὕρητε καλέσατε εἰς τοὺς γάμους. [10] καὶ ἐξελθόντες οἱ δοῦλοι ἐκεῖνοι εἰς τὰς ὁδοὺς συνήγαγον πάντας οὓς εὗρον, πονηρούς τε καὶ ἀγαθούς· καὶ ἐπλήσθη **ὁ γάμος** ἀνακειμένων.			**Lk 14,23** ⇨ Lk 14,21 → Lk 16,16	... ἔξελθε εἰς τὰς ὁδοὺς καὶ φραγμοὺς καὶ ἀνάγκασον εἰσελθεῖν, ἵνα γεμισθῇ **μου ὁ οἶκος·**	→ GTh 64

	Mt		Mk		Lk		
002					Lk 15,6	καὶ ἐλθὼν **εἰς τὸν οἶκον** συγκαλεῖ τοὺς φίλους καὶ τοὺς γείτονας ...	
d 002					Lk 16,4	ἔγνων τί ποιήσω, ἵνα ὅταν μετασταθῶ ἐκ τῆς οἰκονομίας δέξωνταί με **εἰς τοὺς οἴκους αὐτῶν.**	
d 002					Lk 16,27	... ἐρωτῶ σε οὖν, πάτερ, ἵνα πέμψῃς αὐτὸν **εἰς τὸν οἶκον τοῦ πατρός μου**	
d 002					Lk 18,14 → Lk 16,15	λέγω ὑμῖν, κατέβη οὗτος δεδικαιωμένος **εἰς τὸν οἶκον αὐτοῦ** παρ' ἐκεῖνον· ...	
d 002					Lk 19,5	... Ζακχαῖε, σπεύσας κατάβηθι, σήμερον γὰρ **ἐν τῷ οἴκῳ σου** δεῖ με μεῖναι.	
002					Lk 19,9 → Lk 13,16	... σήμερον σωτηρία **τῷ οἴκῳ τούτῳ** ἐγένετο, καθότι καὶ αὐτὸς υἱὸς Ἀβραάμ ἐστιν·	
a d 222 *a* 222	Mt 21,13 (2)	... γέγραπται· ***ὁ οἶκός μου*** ***οἶκος προσευχῆς*** *κληθήσεται,* ὑμεῖς δὲ αὐτὸν ποιεῖτε *σπήλαιον λῃστῶν.* ➤ Isa 56,7; Jer 7,11	Mk 11,17 (2)	... οὐ γέγραπται ὅτι ***ὁ οἶκός μου*** ***οἶκος προσευχῆς*** *κληθήσεται πᾶσιν τοῖς ἔθνεσιν;* ὑμεῖς δὲ πεποιήκατε αὐτὸν *σπήλαιον λῃστῶν.* ➤ Isa 56,7; Jer 7,11	Lk 19,46 (2)	... γέγραπται· *καὶ ἔσται* ***ὁ οἶκός μου*** ***οἶκος προσευχῆς,*** ὑμεῖς δὲ αὐτὸν ἐποιήσατε *σπήλαιον λῃστῶν.* ➤ Isa 56,7; Jer 7,11	→ Jn 2,16-17
d 202	Mt 23,38	ἰδοὺ ἀφίεται ὑμῖν **ὁ οἶκος ὑμῶν** ἔρημος.			Lk 13,35	ἰδοὺ ἀφίεται ὑμῖν **ὁ οἶκος ὑμῶν.** ...	

[a] οἶκος (τοῦ) θεοῦ; οἶκος = the temple
[b] οἶκος Ἰσραήλ, οἶκος Ἰακώβ
[c] οἶκος Δαυίδ
[d] οἶκος and genitive referring to the owner of the house
[e] κατ' οἶκον, κατ' οἴκους, κατὰ τοὺς οἴκους (Acts only)

Acts 2,2 καὶ ἐγένετο ἄφνω ἐκ τοῦ οὐρανοῦ ἦχος ὥσπερ φερομένης πνοῆς βιαίας καὶ ἐπλήρωσεν **ὅλον τὸν οἶκον** οὗ ἦσαν καθήμενοι

b **Acts 2,36** ἀσφαλῶς οὖν γινωσκέτω **πᾶς οἶκος Ἰσραὴλ** ὅτι καὶ κύριον αὐτὸν καὶ χριστὸν ἐποίησεν ὁ θεός, τοῦτον τὸν Ἰησοῦν ὃν ὑμεῖς ἐσταυρώσατε.

e **Acts 2,46** → Lk 24,53 καθ' ἡμέραν τε προσκαρτεροῦντες ὁμοθυμαδὸν ἐν τῷ ἱερῷ, κλῶντές τε **κατ' οἶκον** ἄρτον, μετελάμβανον τροφῆς ἐν ἀγαλλιάσει καὶ ἀφελότητι καρδίας

e **Acts 5,42** πᾶσάν τε ἡμέραν ἐν τῷ ἱερῷ καὶ **κατ' οἶκον** οὐκ ἐπαύοντο διδάσκοντες καὶ εὐαγγελιζόμενοι τὸν χριστόν Ἰησοῦν.

d **Acts 7,10** ... καὶ κατέστησεν αὐτὸν ἡγούμενον ἐπ' Αἴγυπτον καὶ **[ἐφ'] ὅλον τὸν οἶκον αὐτοῦ.**

d **Acts 7,20** ἐν ᾧ καιρῷ ἐγεννήθη Μωϋσῆς καὶ ἦν ἀστεῖος τῷ θεῷ· ὃς ἀνετράφη μῆνας τρεῖς **ἐν τῷ οἴκῳ τοῦ πατρός**

b **Acts 7,42** ... καθὼς γέγραπται ἐν βίβλῳ τῶν προφητῶν· *μὴ σφάγια καὶ θυσίας προσηνέγκατέ μοι ἔτη τεσσεράκοντα ἐν τῇ ἐρήμῳ,* ***οἶκος Ἰσραήλ;*** ➤ Amos 5,25 LXX

b **Acts 7,46** ὃς εὗρεν χάριν ἐνώπιον τοῦ θεοῦ καὶ ᾐτήσατο εὑρεῖν σκήνωμα **τῷ οἴκῳ Ἰακώβ.**

a **Acts 7,47** Σολομῶν δὲ οἰκοδόμησεν αὐτῷ **οἶκον.**

a **Acts 7,49** → Mt 5,34-35 *ὁ οὐρανός μοι θρόνος, ἡ δὲ γῆ ὑποπόδιον τῶν ποδῶν μου·* ***ποῖον οἶκον*** *οἰκοδομήσετέ μοι, λέγει κύριος, ἢ τίς τόπος τῆς καταπαύσεώς μου;* ➤ Isa 66,1

e **Acts 8,3** Σαῦλος δὲ ἐλυμαίνετο τὴν ἐκκλησίαν
κατὰ τοὺς οἴκους
εἰσπορευόμενος, σύρων τε ἄνδρας καὶ γυναῖκας παρεδίδου εἰς φυλακήν.

d **Acts 10,2** → Lk 7,5 [1] ... Κορνήλιος ... [2] εὐσεβὴς καὶ φοβούμενος τὸν θεὸν
σὺν παντὶ τῷ οἴκῳ αὐτοῦ,
ποιῶν ἐλεημοσύνας πολλὰς τῷ λαῷ καὶ δεόμενος τοῦ θεοῦ διὰ παντός

d **Acts 10,22** ... Κορνήλιος ... ἐχρηματίσθη ὑπὸ ἀγγέλου ἁγίου μεταπέμψασθαί σε
εἰς τὸν οἶκον αὐτοῦ
καὶ ἀκοῦσαι ῥήματα παρὰ σοῦ.

d **Acts 10,30** ... ἀπὸ τετάρτης ἡμέρας μέχρι ταύτης τῆς ὥρας ἤμην τὴν ἐνάτην προσευχόμενος
ἐν τῷ οἴκῳ μου,
καὶ ἰδοὺ ἀνὴρ ἔστη ἐνώπιόν μου ἐν ἐσθῆτι λαμπρᾷ

d **Acts 11,12** ... ἦλθον δὲ σὺν ἐμοὶ καὶ οἱ ἓξ ἀδελφοὶ οὗτοι καὶ εἰσήλθομεν
εἰς τὸν οἶκον τοῦ ἀνδρός.

d **Acts 11,13** ἀπήγγειλεν δὲ ἡμῖν πῶς εἶδεν [τὸν] ἄγγελον
ἐν τῷ οἴκῳ αὐτοῦ
σταθέντα καὶ εἰπόντα· ...

d **Acts 11,14** ὃς λαλήσει ῥήματα πρὸς σὲ ἐν οἷς σωθήσῃ σὺ καὶ
πᾶς ὁ οἶκός σου.

d **Acts 16,15 (2)** [14] ... Λυδία ... [15] ὡς δὲ ἐβαπτίσθη καὶ
ὁ οἶκος αὐτῆς,
παρεκάλεσεν λέγουσα· εἰ κεκρίκατέ με πιστὴν τῷ κυρίῳ εἶναι, εἰσελθόντες
εἰς τὸν οἶκόν μου
μένετε· καὶ παρεβιάσατο ἡμᾶς.

d **Acts 16,31** ... πίστευσον ἐπὶ τὸν κύριον Ἰησοῦν καὶ σωθήσῃ σὺ καὶ
ὁ οἶκός σου.

Acts 16,34 ἀναγαγών τε αὐτοὺς
εἰς τὸν οἶκον
παρέθηκεν τράπεζαν καὶ ἠγαλλιάσατο πανοικεὶ πεπιστευκὼς τῷ θεῷ.

d **Acts 18,8** Κρίσπος δὲ ὁ ἀρχισυνάγωγος ἐπίστευσεν τῷ κυρίῳ
σὺν ὅλῳ τῷ οἴκῳ αὐτοῦ,
καὶ πολλοὶ τῶν Κορινθίων ἀκούοντες ἐπίστευον καὶ ἐβαπτίζοντο.

Acts 19,16 ... ὥστε γυμνοὺς καὶ τετραυματισμένους ἐκφυγεῖν
ἐκ τοῦ οἴκου ἐκείνου.

e **Acts 20,20** ὡς οὐδὲν ὑπεστειλάμην τῶν συμφερόντων τοῦ μὴ ἀναγγεῖλαι ὑμῖν καὶ διδάξαι ὑμᾶς δημοσίᾳ καὶ
κατ' οἴκους

d **Acts 21,8** τῇ δὲ ἐπαύριον ἐξελθόντες ἤλθομεν εἰς Καισάρειαν καὶ εἰσελθόντες
εἰς τὸν οἶκον Φιλίππου τοῦ εὐαγγελιστοῦ,
ὄντος ἐκ τῶν ἑπτά, ἐμείναμεν παρ' αὐτῷ.

οἰκουμένη

Syn 4	Mt 1	Mk	Lk 3	Acts 5	Jn	1-3John	Paul 1	Eph	Col
NT 15	2Thess	1/2Tim	Tit	Heb 2	Jas	1Pet	2Pet	Jude	Rev 3

the inhabited earth; world; humankind; Roman Empire

a ὅλη / πᾶσα ἡ οἰκουμένη

	Mt		Mk		Lk		
a 002					**Lk 2,1**	ἐγένετο δὲ ἐν ταῖς ἡμέραις ἐκείναις ἐξῆλθεν δόγμα παρὰ Καίσαρος Αὐγούστου ἀπογράφεσθαι **πᾶσαν τὴν οἰκουμένην.**	
102	**Mt 4,8**	... δείκνυσιν αὐτῷ **πάσας τὰς βασιλείας τοῦ κόσμου ...**			**Lk 4,5**	... ἔδειξεν αὐτῷ **πάσας τὰς βασιλείας τῆς οἰκουμένης** ἐν στιγμῇ χρόνου	
a 210	**Mt 24,14** → Mt 10,18 → Mk 13,9 → Lk 21,13 → Mt 28,19	καὶ κηρυχθήσεται τοῦτο τὸ εὐαγγέλιον τῆς βασιλείας **ἐν ὅλῃ τῇ οἰκουμένῃ** εἰς μαρτύριον πᾶσιν τοῖς ἔθνεσιν, καὶ τότε ἥξει τὸ τέλος.	**Mk 13,10**	καὶ εἰς πάντα τὰ ἔθνη πρῶτον δεῖ κηρυχθῆναι τὸ εὐαγγέλιον.			

	Mt 24,29	Mk 13,25	Lk 21,26	
112	... *καὶ αἱ δυνάμεις τῶν οὐρανῶν* σαλευθήσονται. ➤ Isa 34,4	... *καὶ αἱ δυνάμεις αἱ ἐν τοῖς οὐρανοῖς* σαλευθήσονται. ➤ Isa 34,4	ἀποψυχόντων ἀνθρώπων ἀπὸ φόβου καὶ προσδοκίας τῶν ἐπερχομένων **τῇ οἰκουμένῃ,** *αἱ γὰρ δυνάμεις τῶν οὐρανῶν* σαλευθήσονται. ➤ Isa 34,4	

a **Acts 11,28** ἀναστὰς δὲ εἷς ἐξ αὐτῶν ὀνόματι Ἅγαβος ἐσήμανεν διὰ τοῦ πνεύματος λιμὸν μεγάλην μέλλειν ἔσεσθαι **ἐφ᾽ ὅλην τὴν οἰκουμένην,** ἥτις ἐγένετο ἐπὶ Κλαυδίου.

Acts 17,6 μὴ εὑρόντες δὲ αὐτοὺς ἔσυρον Ἰάσονα καί τινας ἀδελφοὺς ἐπὶ τοὺς πολιτάρχας βοῶντες ὅτι οἱ **τὴν οἰκουμένην** ἀναστατώσαντες οὗτοι καὶ ἐνθάδε πάρεισιν

Acts 17,31 καθότι ἔστησεν ἡμέραν ἐν ᾗ μέλλει κρίνειν **τὴν οἰκουμένην** ἐν δικαιοσύνῃ, ἐν ἀνδρὶ ᾧ ὥρισεν, πίστιν παρασχὼν πᾶσιν ἀναστήσας αὐτὸν ἐκ νεκρῶν.

Acts 19,27 ... μέλλειν τε καὶ καθαιρεῖσθαι τῆς μεγαλειότητος αὐτῆς ἣν **ὅλη ἡ Ἀσία καὶ ἡ οἰκουμένη** σέβεται.

Acts 24,5 εὑρόντες γὰρ τὸν ἄνδρα τοῦτον λοιμὸν καὶ κινοῦντα στάσεις πᾶσιν τοῖς Ἰουδαίοις τοῖς **κατὰ τὴν οἰκουμένην** πρωτοστάτην τε τῆς τῶν Ναζωραίων αἱρέσεως

οἰκτίρμων

Syn	Mt	Mk	Lk	Acts	Jn	1-3John	Paul	Eph	Col
2			2						
NT	2Thess	1/2Tim	Tit	Heb	Jas	1Pet	2Pet	Jude	Rev
3					1				

merciful; compassionate

	Mt 5,48	Lk 6,36 (2)	
102	ἔσεσθε οὖν ὑμεῖς **τέλειοι**	γίνεσθε **οἰκτίρμονες**	
	ὡς ὁ πατὴρ ὑμῶν ὁ οὐράνιος	καθὼς [καὶ] ὁ πατὴρ ὑμῶν	
102	**τέλειός** ἐστιν.	**οἰκτίρμων** ἐστίν.	

οἰνοπότης

Syn	Mt	Mk	Lk	Acts	Jn	1-3John	Paul	Eph	Col
2	1		1						
NT	2Thess	1/2Tim	Tit	Heb	Jas	1Pet	2Pet	Jude	Rev
2									

wine-drinker; drunkard

	Mt 11,19	Lk 7,34	
202	ἦλθεν ὁ υἱὸς τοῦ ἀνθρώπου ἐσθίων καὶ πίνων, καὶ λέγουσιν· ἰδοὺ ἄνθρωπος φάγος καὶ **οἰνοπότης,** τελωνῶν φίλος καὶ ἁμαρτωλῶν. ...	ἐλήλυθεν ὁ υἱὸς τοῦ ἀνθρώπου ἐσθίων καὶ πίνων, καὶ λέγετε· ἰδοὺ ἄνθρωπος φάγος καὶ **οἰνοπότης,** φίλος τελωνῶν καὶ ἁμαρτωλῶν.	

οἶνος	Syn 15	Mt 4	Mk 5	Lk 6	Acts	Jn 6	1-3John	Paul 1	Eph 1	Col
	NT 34	2Thess	1/2Tim 2	Tit 1	Heb	Jas	1Pet	2Pet	Jude	Rev 8

wine

	triple tradition																	double tradition			Sondergut		
		+Mt / +Lk			–Mt / –Lk			traditions not taken over by Mt / Lk							subtotals								
code	*222*	*211*	*112*	*212*	*221*	*122*	*121*	*022*	*012*	*021*	*220*	*120*	*210*	*020*	Σ⁺	Σ⁻	Σ	*202*	*201*	*102*	*200*	*002*	total
Mt	2				1	1⁻					1					1⁻	4						**4**
Mk	2				1	1					1						5						**5**
Lk	2				1⁻	1										1⁻	3			1		2	**6**

code	Mt		Mk		Lk		
002					**Lk 1,15** ↓ Lk 7,33	ἔσται γὰρ μέγας ἐνώπιον [τοῦ] κυρίου, *καὶ* **οἶνον** *καὶ σίκερα οὐ μὴ πίῃ,* καὶ πνεύματος ἁγίου πλησθήσεται ἔτι ἐκ κοιλίας μητρὸς αὐτοῦ ➤ Num 6,3; Lev 10,9	
222 122 221	**Mt 9,17** (3)	οὐδὲ βάλλουσιν **οἶνον νέον** εἰς ἀσκοὺς παλαιούς· εἰ δὲ μή γε, ῥήγνυνται οἱ ἀσκοὶ καὶ **ὁ οἶνος** ἐκχεῖται καὶ οἱ ἀσκοὶ ἀπόλλυνται·	**Mk 2,22** (4)	καὶ οὐδεὶς βάλλει **οἶνον νέον** εἰς ἀσκοὺς παλαιούς· εἰ δὲ μή, ῥήξει **ὁ οἶνος** τοὺς ἀσκοὺς καὶ **ὁ οἶνος** ἀπόλλυται καὶ οἱ ἀσκοί·	**Lk 5,37** (2)	καὶ οὐδεὶς βάλλει **οἶνον νέον** εἰς ἀσκοὺς παλαιούς· εἰ δὲ μή γε, ῥήξει **ὁ οἶνος ὁ νέος** τοὺς ἀσκοὺς καὶ **αὐτὸς** ἐκχυθήσεται καὶ οἱ ἀσκοὶ ἀπολοῦνται·	→ GTh 47,4
222		ἀλλὰ βάλλουσιν **οἶνον νέον** εἰς ἀσκοὺς καινούς, καὶ ἀμφότεροι συντηροῦνται.		ἀλλὰ **οἶνον νέον** εἰς ἀσκοὺς καινούς.	**Lk 5,38**	ἀλλὰ **οἶνον νέον** εἰς ἀσκοὺς καινοὺς βλητέον.	→ GTh 47,4
102	**Mt 11,18**	ἦλθεν γὰρ Ἰωάννης μήτε ἐσθίων μήτε πίνων, καὶ λέγουσιν· δαιμόνιον ἔχει·			**Lk 7,33** → Mt 3,4 → Mk 1,6 ↑ Lk 1,15	ἐλήλυθεν γὰρ Ἰωάννης ὁ βαπτιστὴς μὴ ἐσθίων ἄρτον μήτε πίνων **οἶνον,** καὶ λέγετε· δαιμόνιον ἔχει.	
002					**Lk 10,34**	καὶ προσελθὼν κατέδησεν τὰ τραύματα αὐτοῦ ἐπιχέων ἔλαιον καὶ **οἶνον,** ἐπιβιβάσας δὲ αὐτὸν ἐπὶ τὸ ἴδιον κτῆνος ἤγαγεν αὐτὸν εἰς πανδοχεῖον καὶ ἐπεμελήθη αὐτοῦ.	
220	**Mt 27,34**	ἔδωκαν αὐτῷ πιεῖν **οἶνον μετὰ χολῆς** **μεμιγμένον·** καὶ γευσάμενος οὐκ ἠθέλησεν πιεῖν.	**Mk 15,23**	καὶ ἐδίδουν αὐτῷ **ἐσμυρνισμένον** **οἶνον·** ὃς δὲ οὐκ ἔλαβεν.			

οἷος	Syn 3	Mt 1	Mk 2	Lk	Acts	Jn	1-3John	Paul 8	Eph	Col
	NT 14	2Thess	1/2Tim 2	Tit	Heb	Jas	1Pet	2Pet	Jude	Rev 1

of what sort; (such) as

121	Mt 17,2	... τὰ δὲ ἱμάτια αὐτοῦ ἐγένετο λευκὰ ὡς τὸ φῶς.	Mk 9,3	καὶ τὰ ἱμάτια αὐτοῦ ἐγένετο στίλβοντα λευκὰ λίαν, **οἷα** γναφεὺς ἐπὶ τῆς γῆς οὐ δύναται οὕτως λευκᾶναι.	Lk 9,29	... καὶ ὁ ἱματισμὸς αὐτοῦ λευκὸς ἐξαστράπτων.	
221	Mt 24,21	ἔσται γὰρ τότε θλῖψις μεγάλη **οἵα** οὐ γέγονεν ἀπ᾽ ἀρχῆς κόσμου ἕως τοῦ νῦν οὐδ᾽ οὐ μὴ γένηται.	Mk 13,19	ἔσονται γὰρ αἱ ἡμέραι ἐκεῖναι θλῖψις **οἵα** οὐ γέγονεν τοιαύτη ἀπ᾽ ἀρχῆς κτίσεως ἣν ἔκτισεν ὁ θεὸς ἕως τοῦ νῦν καὶ οὐ μὴ γένηται.	Lk 21,23	... ἔσται γὰρ ἀνάγκη μεγάλη ἐπὶ τῆς γῆς καὶ ὀργὴ τῷ λαῷ τούτῳ	

ὀκνηρός	Syn 1	Mt 1	Mk	Lk	Acts	Jn	1-3John	Paul 2	Eph	Col
	NT 3	2Thess	1/2Tim	Tit	Heb	Jas	1Pet	2Pet	Jude	Rev

idle; lazy; indolent; causing fear, reluctance

201	Mt 25,26	ἀποκριθεὶς δὲ ὁ κύριος αὐτοῦ εἶπεν αὐτῷ· **πονηρὲ δοῦλε καὶ** **ὀκνηρέ,** ᾔδεις ὅτι θερίζω ὅπου οὐκ ἔσπειρα καὶ συνάγω ὅθεν οὐ διεσκόρπισα;			Lk 19,22	λέγει αὐτῷ· ἐκ τοῦ στόματός σου κρίνω σε, **πονηρὲ δοῦλε.** ᾔδεις ὅτι ἐγὼ ἄνθρωπος αὐστηρός εἰμι, αἴρων ὃ οὐκ ἔθηκα καὶ θερίζων ὃ οὐκ ἔσπειρα;	

ὀκτώ	Syn 3	Mt	Mk	Lk 3	Acts 2	Jn 2	1-3John	Paul	Eph	Col
	NT 8	2Thess	1/2Tim	Tit	Heb	Jas	1Pet 1	2Pet	Jude	Rev

eight

002					Lk 2,21 → Mt 1,25 → Lk 1,31	καὶ ὅτε ἐπλήσθησαν **ἡμέραι ὀκτὼ** τοῦ περιτεμεῖν αὐτὸν καὶ ἐκλήθη τὸ ὄνομα αὐτοῦ Ἰησοῦς, ...	
112	Mt 17,1	καὶ **μεθ᾽** **ἡμέρας ἓξ** παραλαμβάνει ὁ Ἰησοῦς τὸν Πέτρον καὶ Ἰάκωβον καὶ Ἰωάννην τὸν ἀδελφὸν αὐτοῦ καὶ ἀναφέρει αὐτοὺς εἰς ὄρος ὑψηλὸν κατ᾽ ἰδίαν.	Mk 9,2	καὶ **μετὰ** **ἡμέρας ἓξ** παραλαμβάνει ὁ Ἰησοῦς τὸν Πέτρον καὶ τὸν Ἰάκωβον καὶ τὸν Ἰωάννην καὶ ἀναφέρει αὐτοὺς εἰς ὄρος ὑψηλὸν κατ᾽ ἰδίαν μόνους. ...	Lk 9,28	ἐγένετο δὲ **μετὰ τοὺς λόγους** **τούτους ὡσεὶ ἡμέραι** **ὀκτὼ** [καὶ] παραλαβὼν Πέτρον καὶ Ἰωάννην καὶ Ἰάκωβον ἀνέβη εἰς τὸ ὄρος προσεύξασθαι.	

code	Mt	Mk	Lk	
002			**Lk 13,16** → Lk 4,18 → Lk 19,9 ταύτην δὲ θυγατέρα Ἀβραὰμ οὖσαν, ἣν ἔδησεν ὁ σατανᾶς ἰδοὺ **δέκα καὶ ὀκτὼ ἔτη,** οὐκ ἔδει λυθῆναι ἀπὸ τοῦ δεσμοῦ τούτου τῇ ἡμέρᾳ τοῦ σαββάτου;	→ Acts 10,38

Acts 9,33 εὗρεν δὲ ἐκεῖ ἄνθρωπόν
τινα ὀνόματι Αἰνέαν
ἐξ ἐτῶν ὀκτὼ
κατακείμενον ἐπὶ
κραβάττου, ...

Acts 25,6 διατρίψας δὲ ἐν αὐτοῖς
ἡμέρας οὐ πλείους
ὀκτὼ ἢ δέκα
καταβὰς
εἰς Καισάρειαν, ...

ὀλιγοπιστία

	Mt	Mk	Lk	Acts	Jn	1-3John	Paul	Eph	Col
Syn 1	1								
NT 1	2Thess	1/2Tim	Tit	Heb	Jas	1Pet	2Pet	Jude	Rev

littleness, poverty of faith

code	Mt	Mk	Lk
210	**Mt 17,20** ὁ δὲ λέγει αὐτοῖς· **διὰ τὴν** **ὀλιγοπιστίαν ὑμῶν·** ...	**Mk 9,29** καὶ εἶπεν αὐτοῖς· τοῦτο τὸ γένος ἐν οὐδενὶ δύναται ἐξελθεῖν εἰ μὴ ἐν προσευχῇ.	

ὀλιγόπιστος

	Mt	Mk	Lk	Acts	Jn	1-3John	Paul	Eph	Col
Syn 5	4	·	1						
NT 5	2Thess	1/2Tim	Tit	Heb	Jas	1Pet	2Pet	Jude	Rev

of little faith, trust

	triple tradition																	double tradition			Sondergut		
		+Mt / +Lk			–Mt / –Lk			traditions not taken over by Mt / Lk							subtotals								
code	222	211	112	212	221	122	121	022	012	021	220	120	210	020	Σ⁺	Σ⁻	Σ	202	201	102	200	002	total
Mt		1⁺											1⁺		2⁺		2	1			1		**4**
Mk																							
Lk																		1					**1**

code	Mt	Mk	Lk	
202	**Mt 6,30** εἰ δὲ τὸν χόρτον τοῦ ἀγροῦ σήμερον ὄντα καὶ αὔριον εἰς κλίβανον βαλλόμενον ὁ θεὸς οὕτως ἀμφιέννυσιν, οὐ πολλῷ μᾶλλον ὑμᾶς, **ὀλιγόπιστοι;**		**Lk 12,28** εἰ δὲ ἐν ἀγρῷ τὸν χόρτον ὄντα σήμερον καὶ αὔριον εἰς κλίβανον βαλλόμενον ὁ θεὸς οὕτως ἀμφιέζει, πόσῳ μᾶλλον ὑμᾶς, **ὀλιγόπιστοι.**	→ GTh 36,2 (only POxy 655)
211	**Mt 8,26** ... τί δειλοί ἐστε, **ὀλιγόπιστοι;** ...	**Mk 4,40** ... τί δειλοί ἐστε; οὔπω ἔχετε πίστιν;	**Lk 8,25** ... ποῦ ἡ πίστις ὑμῶν; ...	
200	**Mt 14,31** εὐθέως δὲ ὁ Ἰησοῦς ἐκτείνας τὴν χεῖρα ἐπελάβετο αὐτοῦ καὶ λέγει αὐτῷ· **ὀλιγόπιστε,** εἰς τί ἐδίστασας;			
210	**Mt 16,8** γνοὺς δὲ ὁ Ἰησοῦς εἶπεν· τί διαλογίζεσθε ἐν ἑαυτοῖς, **ὀλιγόπιστοι,** ὅτι ἄρτους οὐκ ἔχετε;	**Mk 8,17** καὶ γνοὺς λέγει αὐτοῖς· τί διαλογίζεσθε ὅτι ἄρτους οὐκ ἔχετε; ...		

ὀλίγος	Syn 16	Mt 6	Mk 4	Lk 6	Acts 10	Jn	1-3John	Paul 1	Eph 1	Col
	NT 40	2Thess	1/2Tim 2	Tit	Heb 1	Jas 1	1Pet 4	2Pet	Jude	Rev 4

little; small; short; *plural:* few; a little (of distance, time ...)

	triple tradition																	double tradition			Sondergut		
		+Mt / +Lk			–Mt / –Lk			traditions not taken over by Mt / Lk							subtotals								
code	222	211	112	212	221	122	121	022	012	021	220	120	210	020	Σ^+	Σ^-	Σ	202	201	102	200	002	total
Mt							1^-					1^-	1^+		1^+	2^-	1	1	3		1		6
Mk							1					1		2			4						4
Lk							1^-									1^-		1				5	6

a ὀλίγον (adverb)
b ἐπὶ ὀλίγα
c οὐκ ὀλίγος (Acts only)
d ἐν ὀλίγῳ (Acts only)

a 002	Mt 13,2	καὶ συνήχθησαν πρὸς αὐτὸν ὄχλοι πολλοί, ὥστε αὐτὸν εἰς πλοῖον ἐμβάντα καθῆσθαι, καὶ πᾶς ὁ ὄχλος ἐπὶ τὸν αἰγιαλὸν εἱστήκει. [3] καὶ ἐλάλησεν αὐτοῖς ...	Mk 4,1 → Mk 3,9	... καὶ συνάγεται πρὸς αὐτὸν ὄχλος πλεῖστος, ὥστε αὐτὸν εἰς πλοῖον ἐμβάντα καθῆσθαι ἐν τῇ θαλάσσῃ, καὶ πᾶς ὁ ὄχλος πρὸς τὴν θάλασσαν ἐπὶ τῆς γῆς ἦσαν. [2] καὶ ἐδίδασκεν αὐτοὺς ...	Lk 5,3 ⇨ Lk 8,4	[1] ἐγένετο δὲ ἐν τῷ τὸν ὄχλον ἐπικεῖσθαι αὐτῷ ... [3] ἐμβὰς δὲ εἰς ἓν τῶν πλοίων, ὃ ἦν Σίμωνος, ἠρώτησεν αὐτὸν ἀπὸ τῆς γῆς ἐπαναγαγεῖν **ὀλίγον·** καθίσας δὲ ἐκ τοῦ πλοίου ἐδίδασκεν τοὺς ὄχλους.	
a 121	Mt 4,21	καὶ προβὰς **ἐκεῖθεν** εἶδεν ἄλλους δύο ἀδελφούς, Ἰάκωβον τὸν τοῦ Ζεβεδαίου καὶ Ἰωάννην τὸν ἀδελφὸν αὐτοῦ, ...	Mk 1,19	καὶ προβὰς **ὀλίγον** εἶδεν Ἰάκωβον τὸν τοῦ Ζεβεδαίου καὶ Ἰωάννην τὸν ἀδελφὸν αὐτοῦ, ...	Lk 5,10	ὁμοίως δὲ καὶ Ἰάκωβον καὶ Ἰωάννην υἱοὺς Ζεβεδαίου, ...	
201	Mt 7,14 → Lk 13,23	[13] εἰσέλθατε διὰ τῆς στενῆς πύλης· ὅτι πλατεῖα ἡ πύλη καὶ εὐρύχωρος ἡ ὁδὸς ἡ ἀπάγουσα εἰς τὴν ἀπώλειαν, καὶ πολλοί εἰσιν οἱ εἰσερχόμενοι δι᾽ αὐτῆς· [14] τί στενὴ ἡ πύλη καὶ τεθλιμμένη ἡ ὁδὸς ἡ ἀπάγουσα εἰς τὴν ζωὴν καὶ **ὀλίγοι** εἰσὶν οἱ εὑρίσκοντες αὐτήν.			Lk 13,24	ἀγωνίζεσθε εἰσελθεῖν διὰ τῆς στενῆς θύρας, ὅτι πολλοί, λέγω ὑμῖν, ζητήσουσιν εἰσελθεῖν καὶ οὐκ ἰσχύσουσιν.	
002 *a* 002					Lk 7,47 (2)	οὗ χάριν λέγω σοι, ἀφέωνται αἱ ἁμαρτίαι αὐτῆς αἱ πολλαί, ὅτι ἠγάπησεν πολύ· ᾧ δὲ **ὀλίγον** ἀφίεται, **ὀλίγον** ἀγαπᾷ.	
202	Mt 9,37	... ὁ μὲν θερισμὸς πολύς, οἱ δὲ ἐργάται **ὀλίγοι·**			Lk 10,2	... ὁ μὲν θερισμὸς πολύς, οἱ δὲ ἐργάται **ὀλίγοι·** ...	→ GTh 73
120	Mt 13,58	καὶ οὐκ ἐποίησεν ἐκεῖ δυνάμεις πολλὰς ...	Mk 6,5	καὶ οὐκ ἐδύνατο ἐκεῖ ποιῆσαι οὐδεμίαν δύναμιν, εἰ μὴ **ὀλίγοις ἀρρώστοις** ἐπιθεὶς τὰς χεῖρας ἐθεράπευσεν·			

	Mt		Mk		Lk		
a 020			**Mk 6,31**	καὶ λέγει αὐτοῖς· δεῦτε ὑμεῖς αὐτοὶ κατ᾽ ἰδίαν εἰς ἔρημον τόπον καὶ ἀναπαύσασθε **ὀλίγον**. ...			
210	**Mt 15,34** → Mt 14,17 ↓ Mk 8,7	καὶ λέγει αὐτοῖς ὁ Ἰησοῦς· πόσους ἄρτους ἔχετε; οἱ δὲ εἶπαν· ἑπτὰ καὶ **ὀλίγα ἰχθύδια**.	**Mk 8,5** → Mk 6,38	καὶ ἠρώτα αὐτούς· πόσους ἔχετε ἄρτους; οἱ δὲ εἶπαν· ἑπτά.	→ Lk 9,13		
020			**Mk 8,7** ↑ Mt 15,34 → Mt 15,36	καὶ εἶχον **ἰχθύδια ὀλίγα**· καὶ εὐλογήσας αὐτὰ εἶπεν καὶ ταῦτα παρατιθέναι.			
002					**Lk 12,48**	ὁ δὲ μὴ γνούς, ποιήσας δὲ ἄξια πληγῶν δαρήσεται **ὀλίγας**. ...	
002					**Lk 13,23** ↑ Mt 7,14	εἶπεν δέ τις αὐτῷ· κύριε, εἰ **ὀλίγοι** οἱ σῳζόμενοι; ...	
200	**Mt 22,14**	πολλοὶ γάρ εἰσιν κλητοί, **ὀλίγοι** δὲ ἐκλεκτοί.					→ GTh 23
b 201	**Mt 25,21** → Mt 24,47	... εὖ, δοῦλε ἀγαθὲ καὶ πιστέ, **ἐπὶ ὀλίγα** ἦς πιστός, ἐπὶ πολλῶν σε καταστήσω· ...			**Lk 19,17** → Lk 16,10	... εὖγε, ἀγαθὲ δοῦλε, ὅτι **ἐν ἐλαχίστῳ** πιστὸς ἐγένου, ἴσθι ἐξουσίαν ἔχων ἐπάνω δέκα πόλεων.	
b 201	**Mt 25,23** → Mt 24,47	ἔφη αὐτῷ ὁ κύριος αὐτοῦ· εὖ, δοῦλε ἀγαθὲ καὶ πιστέ, **ἐπὶ ὀλίγα** ἦς πιστός, ἐπὶ πολλῶν σε καταστήσω· εἴσελθε εἰς τὴν χαρὰν τοῦ κυρίου σου.			**Lk 19,19**	εἶπεν δὲ καὶ τούτῳ· καὶ σὺ ἐπάνω γίνου πέντε πόλεων.	

c **Acts 12,18** γενομένης δὲ ἡμέρας ἦν **τάραχος οὐκ ὀλίγος** ἐν τοῖς στρατιώταις τί ἄρα ὁ Πέτρος ἐγένετο.

c **Acts 14,28** διέτριβον δὲ **χρόνον οὐκ ὀλίγον** σὺν τοῖς μαθηταῖς.

c **Acts 15,2** γενομένης δὲ **στάσεως καὶ ζητήσεως οὐκ ὀλίγης** τῷ Παύλῳ καὶ τῷ Βαρναβᾷ πρὸς αὐτούς, ἔταξαν ἀναβαίνειν Παῦλον καὶ Βαρναβᾶν ...

c **Acts 17,4** καί τινες ἐξ αὐτῶν ἐπείσθησαν καὶ προσεκληρώθησαν τῷ Παύλῳ καὶ τῷ Σιλᾷ, τῶν τε σεβομένων Ἑλλήνων πλῆθος πολύ, **γυναικῶν τε τῶν πρώτων οὐκ ὀλίγαι**.

c **Acts 17,12** πολλοὶ μὲν οὖν ἐξ αὐτῶν ἐπίστευσαν καὶ **τῶν Ἑλληνίδων γυναικῶν τῶν εὐσχημόνων καὶ ἀνδρῶν οὐκ ὀλίγοι**.

c **Acts 19,23** ἐγένετο δὲ κατὰ τὸν καιρὸν ἐκεῖνον **τάραχος οὐκ ὀλίγος** περὶ τῆς ὁδοῦ.

c **Acts 19,24** Δημήτριος γάρ τις ὀνόματι, ἀργυροκόπος, ποιῶν ναοὺς ἀργυροῦς Ἀρτέμιδος παρείχετο τοῖς τεχνίταις **οὐκ ὀλίγην ἐργασίαν**

d **Acts 26,28** ὁ δὲ Ἀγρίππας πρὸς τὸν Παῦλον· **ἐν ὀλίγῳ** με πείθεις Χριστιανὸν ποιῆσαι.

d **Acts 26,29** ὁ δὲ Παῦλος· εὐξαίμην ἂν τῷ θεῷ καὶ **ἐν ὀλίγῳ** καὶ ἐν μεγάλῳ οὐ μόνον σὲ ἀλλὰ καὶ πάντας τοὺς ἀκούοντάς μου σήμερον γενέσθαι τοιούτους ὁποῖος καὶ ἐγώ εἰμι παρεκτὸς τῶν δεσμῶν τούτων.

c **Acts 27,20** μήτε δὲ ἡλίου μήτε ἄστρων ἐπιφαινόντων ἐπὶ πλείονας ἡμέρας, **χειμῶνός τε οὐκ ὀλίγου** ἐπικειμένου, λοιπὸν περιῃρεῖτο ἐλπὶς πᾶσα τοῦ σῴζεσθαι ἡμᾶς.

ὁλοκαύτωμα	Syn 1	Mt	Mk 1	Lk	Acts	Jn	1-3John	Paul	Eph	Col
	NT 3	2Thess	1/2Tim	Tit	Heb 2	Jas	1Pet	2Pet	Jude	Rev

whole burnt offering

code	Mt		Mk		Lk		
020			**Mk 12,33**	καὶ τὸ *ἀγαπᾶν αὐτὸν ἐξ ὅλης τῆς καρδίας καὶ ἐξ ὅλης τῆς συνέσεως καὶ ἐξ ὅλης τῆς ἰσχύος* καὶ *τὸ ἀγαπᾶν τὸν πλησίον ὡς ἑαυτὸν* περισσότερόν ἐστιν **πάντων τῶν ὁλοκαυτωμάτων καὶ θυσιῶν.** ➤ Deut 6,5; Josh 22,5 LXX ➤ Lev 19,18			

ὅλος	Syn 57	Mt 22	Mk 18	Lk 17	Acts 19	Jn 6	1-3John 2	Paul 13	Eph	Col
	NT 109	2Thess	1/2Tim	Tit 1	Heb 2	Jas 4	1Pet	2Pet	Jude	Rev 5

whole; entire; complete

	triple tradition																	double tradition			Sondergut		
		+Mt / +Lk			–Mt / –Lk			traditions not taken over by Mt / Lk							subtotals								
code	*222*	*211*	*112*	*212*	*221*	*122*	*121*	*022*	*012*	*021*	*220*	*120*	*210*	*020*	Σ⁺	Σ⁻	Σ	*202*	*201*	*102*	*200*	*002*	total
Mt	4				1	2⁻					4	1⁻	2⁺		2⁺	3⁻	11	2	1		8		**22**
Mk	4				1	2				2	4	1		4			18						**18**
Lk	4		1⁺		1⁻	2			2⁺	2⁻					3⁺	3⁻	9	2				6	**17**

[a] ὅλος with expressions of place

[b] ὅλος with expressions of time

code	Mt		Mk		Lk		
a 002					**Lk 1,65**	καὶ ἐγένετο ἐπὶ πάντας φόβος τοὺς περιοικοῦντας αὐτούς, καὶ **ἐν ὅλῃ τῇ ὀρεινῇ τῆς Ἰουδαίας** διελαλεῖτο πάντα τὰ ῥήματα ταῦτα	
200	**Mt 1,22**	**τοῦτο δὲ ὅλον** γέγονεν ἵνα πληρωθῇ τὸ ῥηθὲν ὑπὸ κυρίου διὰ τοῦ προφήτου λέγοντος·					
a 112	**Mt 4,12** → Lk 3,20	ἀκούσας δὲ ὅτι Ἰωάννης παρεδόθη ἀνεχώρησεν εἰς τὴν Γαλιλαίαν.	**Mk 1,14** ↓ Mt 1,39 → Lk 3,20	μετὰ δὲ τὸ παραδοθῆναι τὸν Ἰωάννην ἦλθεν ὁ Ἰησοῦς εἰς τὴν Γαλιλαίαν κηρύσσων τὸ εὐαγγέλιον τοῦ θεοῦ	**Lk 4,14** ↓ Mt 4,24 ↓ Mt 9,26 ↓ Mk 1,28 ↓ Lk 4,37	καὶ ὑπέστρεψεν ὁ Ἰησοῦς ἐν τῇ δυνάμει τοῦ πνεύματος εἰς τὴν Γαλιλαίαν. καὶ φήμη ἐξῆλθεν **καθ' ὅλης τῆς περιχώρου** περὶ αὐτοῦ.	→ Jn 4,3
a 021	**Mt 4,24** ↓ Mt 9,26 → Mk 3,8	καὶ ἀπῆλθεν ἡ ἀκοὴ αὐτοῦ **εἰς ὅλην τὴν Συρίαν· ...**	**Mk 1,28**	καὶ ἐξῆλθεν ἡ ἀκοὴ αὐτοῦ εὐθὺς πανταχοῦ **εἰς ὅλην τὴν περίχωρον τῆς Γαλιλαίας.**	**Lk 4,37** ↑ Lk 4,14	καὶ ἐξεπορεύετο ἦχος περὶ αὐτοῦ **εἰς πάντα τόπον τῆς περιχώρου.**	
a 020			**Mk 1,33**	καὶ ἦν **ὅλη ἡ πόλις** ἐπισυνηγμένη πρὸς τὴν θύραν.			

	Mt		Mk		Lk		
a 221	**Mt 4,23** ⇩ Mt 9,35 → Mk 1,21	καὶ περιῆγεν ἐν ὅλῃ τῇ Γαλιλαίᾳ διδάσκων ἐν ταῖς συναγωγαῖς αὐτῶν καὶ κηρύσσων τὸ εὐαγγέλιον τῆς βασιλείας καὶ θεραπεύων πᾶσαν νόσον καὶ πᾶσαν μαλακίαν ἐν τῷ λαῷ.	**Mk 1,39** ↑ Mk 1,14 ↓ Mk 6,6	καὶ ἦλθεν κηρύσσων εἰς τὰς συναγωγὰς αὐτῶν εἰς ὅλην τὴν Γαλιλαίαν καὶ τὰ δαιμόνια ἐκβάλλων.	**Lk 4,44** → Lk 4,15 ↓ Lk 8,1	καὶ ἦν κηρύσσων εἰς τὰς συναγωγὰς τῆς Ἰουδαίας.	
	Mt 9,35 ⇧ Mt 4,23 → Mk 1,21	καὶ περιῆγεν ὁ Ἰησοῦς τὰς πόλεις πάσας καὶ τὰς κώμας διδάσκων ἐν ταῖς συναγωγαῖς αὐτῶν καὶ κηρύσσων τὸ εὐαγγέλιον τῆς βασιλείας ...	**Mk 6,6** ↑ Mk 1,39	... καὶ περιῆγεν τὰς κώμας κύκλῳ διδάσκων.	**Lk 8,1** → Lk 4,15 ↑ Lk 4,44 → Lk 13,22	καὶ ἐγένετο ἐν τῷ καθεξῆς καὶ αὐτὸς διώδευεν κατὰ πόλιν καὶ κώμην κηρύσσων καὶ εὐαγγελιζόμενος τὴν βασιλείαν τοῦ θεοῦ καὶ οἱ δώδεκα σὺν αὐτῷ	
b 002					**Lk 5,5**	καὶ ἀποκριθεὶς Σίμων εἶπεν· ἐπιστάτα, δι' ὅλης νυκτὸς κοπιάσαντες οὐδὲν ἐλάβομεν· ἐπὶ δὲ τῷ ῥήματί σου χαλάσω τὰ δίκτυα.	→ Jn 21,3
a 200	**Mt 4,24** ↓ Mt 9,26 → Mk 3,8	καὶ ἀπῆλθεν ἡ ἀκοὴ αὐτοῦ εἰς ὅλην τὴν Συρίαν· ...	**Mk 1,28**	καὶ ἐξῆλθεν ἡ ἀκοὴ αὐτοῦ εὐθὺς πανταχοῦ εἰς ὅλην τὴν περίχωρον τῆς Γαλιλαίας.	**Lk 4,37** ↑ Lk 4,14	καὶ ἐξεπορεύετο ἦχος περὶ αὐτοῦ εἰς πάντα τόπον τῆς περιχώρου.	
200	**Mt 5,29** ⇨ Mt 18,9	εἰ δὲ ὁ ὀφθαλμός σου ὁ δεξιὸς σκανδαλίζει σε, ἔξελε αὐτὸν καὶ βάλε ἀπὸ σοῦ· συμφέρει γάρ σοι ἵνα ἀπόληται ἓν τῶν μελῶν σου καὶ μὴ ὅλον τὸ σῶμά σου βληθῇ εἰς γέενναν.	**Mk 9,47**	καὶ ἐὰν ὁ ὀφθαλμός σου σκανδαλίζῃ σε, ἔκβαλε αὐτόν· καλόν σέ ἐστιν μονόφθαλμον εἰσελθεῖν εἰς τὴν βασιλείαν τοῦ θεοῦ ἢ δύο ὀφθαλμοὺς ἔχοντα βληθῆναι εἰς τὴν γέενναν			
200	**Mt 5,30** ⇨ Mt 18,8	καὶ εἰ ἡ δεξιά σου χεὶρ σκανδαλίζει σε, ἔκκοψον αὐτὴν καὶ βάλε ἀπὸ σοῦ· συμφέρει γάρ σοι ἵνα ἀπόληται ἓν τῶν μελῶν σου καὶ μὴ ὅλον τὸ σῶμά σου εἰς γέενναν ἀπέλθῃ.	**Mk 9,43**	καὶ ἐὰν σκανδαλίζῃ σε ἡ χείρ σου, ἀπόκοψον αὐτήν· καλόν ἐστίν σε κυλλὸν εἰσελθεῖν εἰς τὴν ζωὴν ἢ τὰς δύο χεῖρας ἔχοντα ἀπελθεῖν εἰς τὴν γέενναν, εἰς τὸ πῦρ τὸ ἄσβεστον.			
202	**Mt 6,22**	ὁ λύχνος τοῦ σώματός ἐστιν ὁ ὀφθαλμός. ἐὰν οὖν ᾖ ὁ ὀφθαλμός σου ἁπλοῦς, ὅλον τὸ σῶμά σου φωτεινὸν ἔσται·			**Lk 11,34**	ὁ λύχνος τοῦ σώματός ἐστιν ὁ ὀφθαλμός σου. ὅταν ὁ ὀφθαλμός σου ἁπλοῦς ᾖ, καὶ ὅλον τὸ σῶμά σου φωτεινόν ἐστιν·	→ GTh 24 (POxy 655 - restoration)
201	**Mt 6,23**	ἐὰν δὲ ὁ ὀφθαλμός σου πονηρὸς ᾖ, ὅλον τὸ σῶμά σου σκοτεινὸν ἔσται. ...				ἐπὰν δὲ πονηρὸς ᾖ, καὶ τὸ σῶμά σου σκοτεινόν.	
a 200	**Mt 9,26** ↑ Mt 4,24 ↑ Mk 1,28 ↑ Lk 4,14 ↑ Lk 4,37 ↓ Mt 9,31	καὶ ἐξῆλθεν ἡ φήμη αὕτη εἰς ὅλην τὴν γῆν ἐκείνην.					
a 200	**Mt 9,31** ↑ Mt 9,26 → Mk 1,45	οἱ δὲ ἐξελθόντες διεφήμισαν αὐτὸν ἐν ὅλῃ τῇ γῇ ἐκείνῃ.					

a 002					**Lk 7,17** → Lk 5,15	καὶ ἐξῆλθεν ὁ λόγος οὗτος **ἐν ὅλῃ τῇ Ἰουδαίᾳ** περὶ αὐτοῦ καὶ πάσῃ τῇ περιχώρῳ.	
202	**Mt 13,33**	... ζύμῃ, ἣν λαβοῦσα γυνὴ ἐνέκρυψεν εἰς ἀλεύρου σάτα τρία ἕως οὗ ἐζυμώθη **ὅλον.**			**Lk 13,21**	... ζύμῃ, ἣν λαβοῦσα γυνὴ [ἐν]έκρυψεν εἰς ἀλεύρου σάτα τρία ἕως οὗ ἐζυμώθη **ὅλον.**	→ GTh 96
a 012			**Mk 5,20**	καὶ ἀπῆλθεν καὶ ἤρξατο κηρύσσειν **ἐν τῇ Δεκαπόλει** ὅσα ἐποίησεν αὐτῷ ὁ Ἰησοῦς, ...	**Lk 8,39**	... καὶ ἀπῆλθεν **καθ' ὅλην τὴν πόλιν** κηρύσσων ὅσα ἐποίησεν αὐτῷ ὁ Ἰησοῦς.	
	Mt 9,20	καὶ ἰδοὺ γυνὴ αἱμορροοῦσα δώδεκα ἔτη ...	**Mk 5,25**	καὶ γυνὴ οὖσα ἐν ῥύσει αἵματος δώδεκα ἔτη	**Lk 8,43**	καὶ γυνὴ οὖσα ἐν ῥύσει αἵματος ἀπὸ ἐτῶν δώδεκα,	
012			**Mk 5,26**	καὶ πολλὰ παθοῦσα ὑπὸ πολλῶν ἰατρῶν καὶ δαπανήσασα **τὰ παρ' αὐτῆς πάντα** καὶ μηδὲν ὠφεληθεῖσα ἀλλὰ μᾶλλον εἰς τὸ χεῖρον ἐλθοῦσα		ἥτις [ἰατροῖς προσαναλώσασα **ὅλον τὸν βίον**] οὐκ ἴσχυσεν ἀπ' οὐδενὸς θεραπευθῆναι	
a 220	**Mt 14,35**	... ἀπέστειλαν **εἰς ὅλην τὴν περίχωρον ἐκείνην** καὶ προσήνεγκαν αὐτῷ πάντας τοὺς κακῶς ἔχοντας	**Mk 6,55**	περιέδραμον **ὅλην τὴν χώραν ἐκείνην** καὶ ἤρξαντο ἐπὶ τοῖς κραβάττοις τοὺς κακῶς ἔχοντας περιφέρειν ὅπου ἤκουον ὅτι ἐστίν.			
a 222	**Mt 16,26**	τί γὰρ ὠφεληθήσεται ἄνθρωπος ἐὰν **τὸν κόσμον ὅλον** κερδήσῃ τὴν δὲ ψυχὴν αὐτοῦ ζημιωθῇ; ...	**Mk 8,36**	τί γὰρ ὠφελεῖ ἄνθρωπον κερδῆσαι **τὸν κόσμον ὅλον** καὶ ζημιωθῆναι τὴν ψυχὴν αὐτοῦ;	**Lk 9,25**	τί γὰρ ὠφελεῖται ἄνθρωπος κερδήσας **τὸν κόσμον ὅλον** ἑαυτὸν δὲ ἀπολέσας ἢ ζημιωθείς;	
b 200	**Mt 20,6**	... καὶ λέγει αὐτοῖς· τί ὧδε ἑστήκατε **ὅλην τὴν ἡμέραν** ἀργοί;					
222 222 222 122	**Mt 22,37** **(3)**	*... ἀγαπήσεις κύριον τὸν θεόν σου* ***ἐν ὅλῃ τῇ καρδίᾳ σου*** *καὶ* ***ἐν ὅλῃ τῇ ψυχῇ σου*** *καὶ* ***ἐν ὅλῃ τῇ διανοίᾳ σου·*** [38] ... [39] δευτέρα δὲ ὁμοία αὐτῇ· *ἀγαπήσεις τὸν πλησίον σου ὡς σεαυτόν.* ➢ Deut 6,5; Josh 22,5 LXX ➢ Lev 19,18	**Mk 12,30** **(4)**	*καὶ ἀγαπήσεις κύριον τὸν θεόν σου* ***ἐξ ὅλης τῆς καρδίας σου*** *καὶ* ***ἐξ ὅλης τῆς ψυχῆς σου*** *καὶ* ***ἐξ ὅλης τῆς διανοίας σου*** *καὶ* ***ἐξ ὅλης τῆς ἰσχύος σου.*** [31] δευτέρα αὕτη· *ἀγαπήσεις τὸν πλησίον σου ὡς σεαυτόν. ...* ➢ Deut 6,5; Josh 22,5 LXX ➢ Lev 19,18	**Lk 10,27** **(4)**	*... ἀγαπήσεις κύριον τὸν θεόν σου* ***ἐξ ὅλης [τῆς] καρδίας σου*** *καὶ* ***ἐν ὅλῃ τῇ ψυχῇ σου*** *καὶ* ***ἐν ὅλῃ τῇ ἰσχύϊ σου*** *καὶ* ***ἐν ὅλῃ τῇ διανοίᾳ σου,*** *καὶ* *τὸν πλησίον σου ὡς σεαυτόν.* ➢ Deut 6,5; Josh 22,5 LXX ➢ Lev 19,18	

	Mt		Mk		Lk		
200	Mt 22,40 → Mt 7,12 → Mt 22,38 → Mk 12,31b	ἐν ταύταις ταῖς δυσὶν ἐντολαῖς **ὅλος ὁ νόμος** κρέμαται καὶ οἱ προφῆται.					
020 020 020			Mk 12,33 (3)	καὶ τὸ *ἀγαπᾶν αὐτὸν* ***ἐξ ὅλης τῆς καρδίας*** *καὶ* ***ἐξ ὅλης τῆς συνέσεως*** *καὶ* ***ἐξ ὅλης τῆς ἰσχύος*** καὶ τὸ *ἀγαπᾶν τὸν πλησίον ὡς ἑαυτὸν* περισσότερόν ἐστιν πάντων τῶν ὁλοκαυτωμάτων καὶ θυσιῶν. ➤ Deut 6,5; Josh 22,5 LXX ➤ Lev 19,18			
202	Mt 6,22	ὁ λύχνος τοῦ σώματός ἐστιν ὁ ὀφθαλμός. ἐὰν οὖν ᾖ ὁ ὀφθαλμός σου ἁπλοῦς, **ὅλον τὸ σῶμά σου** φωτεινὸν ἔσται· [23] ἐὰν δὲ ὁ ὀφθαλμός σου πονηρὸς ᾖ, ὅλον τὸ σῶμά σου σκοτεινὸν ἔσται.			Lk 11,34	ὁ λύχνος τοῦ σώματός ἐστιν ὁ ὀφθαλμός σου. ὅταν ὁ ὀφθαλμός σου ἁπλοῦς ᾖ, καὶ **ὅλον τὸ σῶμά σου** φωτεινόν ἐστιν· ἐπὰν δὲ πονηρὸς ᾖ, καὶ τὸ σῶμά σου σκοτεινόν.	→ GTh 24 (POxy 655 - restoration)
002 002					Lk 11,36 (2) → Lk 11,35	εἰ οὖν **τὸ σῶμά σου ὅλον** φωτεινόν, μὴ ἔχον μέρος τι σκοτεινόν, ἔσται **φωτεινὸν ὅλον** ὡς ὅταν ὁ λύχνος τῇ ἀστραπῇ φωτίζῃ σε.	→ GTh 24 (POxy 655 - restoration)
202	Mt 13,33	... ζύμῃ, ἣν λαβοῦσα γυνὴ ἐνέκρυψεν εἰς ἀλεύρου σάτα τρία ἕως οὗ ἐζυμώθη **ὅλον.**			Lk 13,21	... ζύμῃ, ἣν λαβοῦσα γυνὴ [ἐν]έκρυψεν εἰς ἀλεύρου σάτα τρία ἕως οὗ ἐζυμώθη **ὅλον.**	→ GTh 96
021			Mk 12,44	πάντες γὰρ ἐκ τοῦ περισσεύοντος αὐτοῖς ἔβαλον, αὕτη δὲ ἐκ τῆς ὑστερήσεως αὐτῆς **πάντα ὅσα εἶχεν ἔβαλεν ὅλον τὸν βίον αὐτῆς.**	Lk 21,4	πάντες γὰρ οὗτοι ἐκ τοῦ περισσεύοντος αὐτοῖς ἔβαλον εἰς τὰ δῶρα, αὕτη δὲ ἐκ τοῦ ὑστερήματος αὐτῆς **πάντα τὸν βίον ὃν εἶχεν ἔβαλεν.**	
a 210	Mt 24,14 → Mt 10,18 → Mk 13,9 → Lk 21,13 → Mt 28,19	καὶ κηρυχθήσεται τοῦτο τὸ εὐαγγέλιον τῆς βασιλείας **ἐν ὅλῃ τῇ οἰκουμένῃ** εἰς μαρτύριον πᾶσιν τοῖς ἔθνεσιν, καὶ τότε ἥξει τὸ τέλος.	Mk 13,10	καὶ εἰς πάντα τὰ ἔθνη πρῶτον δεῖ κηρυχθῆναι τὸ εὐαγγέλιον.			

	Mt		Mk		Lk		
a 220	**Mt 26,13**	... ὅπου ἐὰν κηρυχθῇ τὸ εὐαγγέλιον τοῦτο **ἐν ὅλῳ τῷ κόσμῳ,** λαληθήσεται καὶ ὃ ἐποίησεν αὕτη εἰς μνημόσυνον αὐτῆς.	**Mk 14,9**	... ὅπου ἐὰν κηρυχθῇ τὸ εὐαγγέλιον **εἰς ὅλον τὸν κόσμον,** καὶ ὃ ἐποίησεν αὕτη λαληθήσεται εἰς μνημόσυνον αὐτῆς.			
210	**Mt 26,56**	[55] ... καθ' ἡμέραν ἐν τῷ ἱερῷ ἐκαθεζόμην διδάσκων καὶ οὐκ ἐκρατήσατέ με. **[56] τοῦτο δὲ ὅλον** γέγονεν ἵνα πληρωθῶσιν αἱ γραφαὶ τῶν προφητῶν. ...	**Mk 14,49**	καθ' ἡμέραν ἤμην πρὸς ὑμᾶς ἐν τῷ ἱερῷ διδάσκων καὶ οὐκ ἐκρατήσατέ με· ἀλλ' ἵνα πληρωθῶσιν αἱ γραφαί.			
220	**Mt 26,59**	οἱ δὲ ἀρχιερεῖς καὶ **τὸ συνέδριον ὅλον** ἐζήτουν ψευδομαρτυρίαν κατὰ τοῦ Ἰησοῦ ὅπως αὐτὸν θανατώσωσιν	**Mk 14,55**	οἱ δὲ ἀρχιερεῖς καὶ **ὅλον τὸ συνέδριον** ἐζήτουν κατὰ τοῦ Ἰησοῦ μαρτυρίαν εἰς τὸ θανατῶσαι αὐτόν, ...			
120	**Mt 27,1**	πρωΐας δὲ γενομένης συμβούλιον ἔλαβον πάντες οἱ ἀρχιερεῖς καὶ οἱ πρεσβύτεροι τοῦ λαοῦ κατὰ τοῦ Ἰησοῦ ὥστε θανατῶσαι αὐτόν·	**Mk 15,1**	καὶ εὐθὺς πρωῒ συμβούλιον ποιήσαντες οἱ ἀρχιερεῖς μετὰ τῶν πρεσβυτέρων καὶ γραμματέων καὶ **ὅλον τὸ συνέδριον,** ...	**Lk 22,66** → Mt 26,57 → Mk 14,53	καὶ ὡς ἐγένετο ἡμέρα, συνήχθη τὸ πρεσβυτέριον τοῦ λαοῦ, ἀρχιερεῖς τε καὶ γραμματεῖς, καὶ ἀπήγαγον αὐτὸν εἰς τὸ συνέδριον αὐτῶν	
a 002					**Lk 23,5**	οἱ δὲ ἐπίσχυον λέγοντες ὅτι ἀνασείει τὸν λαὸν διδάσκων **καθ' ὅλης** **τῆς Ἰουδαίας,** καὶ ἀρξάμενος ἀπὸ τῆς Γαλιλαίας ἕως ὧδε.	→ Acts 10,37
220	**Mt 27,27** → Lk 23,11	τότε οἱ στρατιῶται τοῦ ἡγεμόνος παραλαβόντες τὸν Ἰησοῦν εἰς τὸ πραιτώριον συνήγαγον ἐπ' αὐτὸν **ὅλην τὴν σπεῖραν.**	**Mk 15,16** → Lk 23,11	οἱ δὲ στρατιῶται ἀπήγαγον αὐτὸν ἔσω τῆς αὐλῆς, ὅ ἐστιν πραιτώριον, καὶ συγκαλοῦσιν **ὅλην τὴν σπεῖραν.**			
a 122	**Mt 27,45**	ἀπὸ δὲ ἕκτης ὥρας σκότος ἐγένετο **ἐπὶ πᾶσαν τὴν γῆν** ἕως ὥρας ἐνάτης.	**Mk 15,33**	καὶ γενομένης ὥρας ἕκτης σκότος ἐγένετο **ἐφ' ὅλην τὴν γῆν** ἕως ὥρας ἐνάτης.	**Lk 23,44** → Lk 23,45	καὶ ἦν ἤδη ὡσεὶ ὥρα ἕκτη καὶ σκότος ἐγένετο **ἐφ' ὅλην τὴν γῆν** ἕως ὥρας ἐνάτης	

a **Acts 2,2** καὶ ἐγένετο ἄφνω ἐκ τοῦ οὐρανοῦ ἦχος ὥσπερ φερομένης πνοῆς βιαίας καὶ ἐπλήρωσεν **ὅλον τὸν οἶκον** οὗ ἦσαν καθήμενοι

Acts 2,47 αἰνοῦντες τὸν θεὸν καὶ ἔχοντες χάριν **πρὸς ὅλον τὸν λαόν.** ὁ δὲ κύριος προσετίθει τοὺς σῳζομένους καθ' ἡμέραν ἐπὶ τὸ αὐτό.

Acts 5,11 καὶ ἐγένετο φόβος μέγας **ἐφ' ὅλην τὴν ἐκκλησίαν** καὶ ἐπὶ πάντας τοὺς ἀκούοντας ταῦτα.

Acts 7,10 ... καὶ κατέστησεν αὐτὸν ἡγούμενον ἐπ' Αἴγυπτον καὶ **[ἐφ'] ὅλον τὸν οἶκον αὐτοῦ.**

a **Acts 7,11** ἦλθεν δὲ λιμὸς **ἐφ' ὅλην τὴν Αἴγυπτον** καὶ Χανάαν καὶ θλῖψις μεγάλη, ...

a **Acts 9,31** ἡ μὲν οὖν ἐκκλησία **καθ' ὅλης τῆς Ἰουδαίας καὶ Γαλιλαίας καὶ Σαμαρείας** εἶχεν εἰρήνην ...

a **Acts 9,42** γνωστὸν δὲ ἐγένετο **καθ' ὅλης τῆς Ἰόππης** καὶ ἐπίστευσαν πολλοὶ ἐπὶ τὸν κύριον.

Acts 10,22 → Lk 7,5 ... Κορνήλιος ἑκατοντάρχης, ἀνὴρ δίκαιος καὶ φοβούμενος τὸν θεὸν, μαρτυρούμενός τε **ὑπὸ ὅλου τοῦ ἔθνους τῶν Ἰουδαίων,** ἐχρηματίσθη ὑπὸ ἀγγέλου ἁγίου μεταπέμψασθαί σε εἰς τὸν οἶκον αὐτοῦ ...

a **Acts 10,37** ὑμεῖς οἴδατε τὸ γενόμενον ῥῆμα **καθ' ὅλης τῆς Ἰουδαίας,** ἀρξάμενος ἀπὸ τῆς Γαλιλαίας μετὰ τὸ βάπτισμα ὃ ἐκήρυξεν Ἰωάννης
→ Lk 23,5

b **Acts 11,26** ... ἐγένετο δὲ αὐτοῖς καὶ **ἐνιαυτὸν ὅλον** συναχθῆναι ἐν τῇ ἐκκλησίᾳ καὶ διδάξαι ὄχλον ἱκανόν, ...

a **Acts 11,28** ἀναστὰς δὲ εἷς ἐξ αὐτῶν ὀνόματι Ἅγαβος ἐσήμανεν διὰ τοῦ πνεύματος λιμὸν μεγάλην μέλλειν ἔσεσθαι **ἐφ' ὅλην τὴν οἰκουμένην,** ἥτις ἐγένετο ἐπὶ Κλαυδίου.

a **Acts 13,6** διελθόντες δὲ **ὅλην τὴν νῆσον** ἄχρι Πάφου εὗρον ἄνδρα τινὰ μάγον ψευδοπροφήτην Ἰουδαῖον ᾧ ὄνομα Βαριησοῦ

a **Acts 13,49** διεφέρετο δὲ ὁ λόγος τοῦ κυρίου **δι' ὅλης τῆς χώρας.**

Acts 15,22 τότε ἔδοξε τοῖς ἀποστόλοις καὶ τοῖς πρεσβυτέροις **σὺν ὅλῃ τῇ ἐκκλησίᾳ** ἐκλεξαμένους ἄνδρας ἐξ αὐτῶν πέμψαι εἰς Ἀντιόχειαν σὺν τῷ Παύλῳ καὶ Βαρναβᾷ, ...

Acts 18,8 Κρίσπος δὲ ὁ ἀρχισυνάγωγος ἐπίστευσεν τῷ κυρίῳ **σὺν ὅλῳ τῷ οἴκῳ αὐτοῦ,** καὶ πολλοὶ τῶν Κορινθίων ἀκούοντες ἐπίστευον καὶ ἐβαπτίζοντο.

a **Acts 19,27** ... μέλλειν τε καὶ καθαιρεῖσθαι τῆς μεγαλειότητος αὐτῆς ἣν **ὅλη ἡ Ἀσία** καὶ ἡ οἰκουμένη σέβεται.

a **Acts 21,30** ἐκινήθη τε **ἡ πόλις ὅλη** καὶ ἐγένετο συνδρομὴ τοῦ λαοῦ, ...

a **Acts 21,31** ζητούντων τε αὐτὸν ἀποκτεῖναι ἀνέβη φάσις τῷ χιλιάρχῳ τῆς σπείρης ὅτι **ὅλη συγχύννεται Ἰερουσαλήμ.**

b **Acts 28,30** ἐνέμεινεν δὲ **διετίαν ὅλην** ἐν ἰδίῳ μισθώματι ...

ὅλως

	Syn	Mt	Mk	Lk	Acts	Jn	1-3John	Paul	Eph	Col
	1	1						3		
	NT	2Thess	1/2Tim	Tit	Heb	Jas	1Pet	2Pet	Jude	Rev
	4									

generally speaking; actually; everywhere

	Mt		
200	**Mt 5,34** ἐγὼ δὲ λέγω ὑμῖν μὴ ὀμόσαι **ὅλως·** μήτε ἐν τῷ οὐρανῷ, ὅτι θρόνος ἐστὶν τοῦ θεοῦ → Mt 23,22		→ Acts 7,49

ὄμβρος

	Syn	Mt	Mk	Lk	Acts	Jn	1-3John	Paul	Eph	Col
	1			1						
	NT	2Thess	1/2Tim	Tit	Heb	Jas	1Pet	2Pet	Jude	Rev
	1									

rain-storm; thunderstorm

102	**Mt 16,2** ... [ὀψίας γενομένης λέγετε· **εὐδία,** πυρράζει γὰρ ὁ οὐρανός·]	**Lk 12,54** ... ὅταν ἴδητε [τὴν] νεφέλην ἀνατέλλουσαν ἐπὶ δυσμῶν, εὐθέως λέγετε ὅτι **ὄμβρος ἔρχεται,** καὶ γίνεται οὕτως·	Mt 16,2b is textcritically uncertain.

ὁμιλέω	Syn 2	Mt	Mk	Lk 2	Acts 2	Jn	1-3John	Paul	Eph	Col
	NT 4	2Thess	1/2Tim	Tit	Heb	Jas	1Pet	2Pet	Jude	Rev

speak; converse; address

	Mt	Mk	Lk	
002			**Lk 24,14** καὶ αὐτοὶ **ὡμίλουν** πρὸς ἀλλήλους περὶ πάντων τῶν συμβεβηκότων τούτων.	
002			**Lk 24,15** καὶ ἐγένετο **ἐν τῷ ὁμιλεῖν** αὐτοὺς καὶ συζητεῖν καὶ αὐτὸς Ἰησοῦς ἐγγίσας συνεπορεύετο αὐτοῖς	

Acts 20,11 ἀναβὰς δὲ καὶ κλάσας
τὸν ἄρτον καὶ
γευσάμενος
ἐφ᾽ ἱκανόν τε
ὁμιλήσας
ἄχρι αὐγῆς,
οὕτως ἐξῆλθεν.

Acts 24,26 ἅμα καὶ ἐλπίζων ὅτι
χρήματα δοθήσεται
αὐτῷ ὑπὸ τοῦ Παύλου·
διὸ καὶ πυκνότερον
αὐτὸν μεταπεμπόμενος
ὡμίλει
αὐτῷ.

ὄμμα	Syn 2	Mt 1	Mk 1	Lk	Acts	Jn	1-3John	Paul	Eph	Col
	NT 2	2Thess	1/2Tim	Tit	Heb	Jas	1Pet	2Pet	Jude	Rev

eye

	Mt	Mk	Lk	
020		**Mk 8,23** ↓ Mt 9,29 ↓ Mt 20,34 → Mk 7,33 καὶ ἐπιλαβόμενος τῆς χειρὸς τοῦ τυφλοῦ ἐξήνεγκεν αὐτὸν ἔξω τῆς κώμης καὶ πτύσας **εἰς τὰ ὄμματα** **αὐτοῦ,** ἐπιθεὶς τὰς χεῖρας αὐτῷ ἐπηρώτα αὐτόν· εἴ τι βλέπεις;		→ Jn 9,6
211	**Mt 20,34** ↑ Mk 8,23 ⇩ Mt 9,29 → Mk 8,25 σπλαγχνισθεὶς δὲ ὁ Ἰησοῦς ἥψατο **τῶν ὀμμάτων αὐτῶν,** καὶ εὐθέως ἀνέβλεψαν καὶ ἠκολούθησαν αὐτῷ. **Mt 9,29** ⇧ Mt 20,34 ↑ Mk 8,23 τότε ἥψατο **τῶν ὀφθαλμῶν αὐτῶν** λέγων· κατὰ τὴν πίστιν ὑμῶν γενηθήτω ὑμῖν.	**Mk 10,52** καὶ ὁ Ἰησοῦς εἶπεν αὐτῷ· ὕπαγε, ἡ πίστις σου σέσωκέν σε. καὶ εὐθὺς ἀνέβλεψεν, καὶ ἠκολούθει αὐτῷ ἐν τῇ ὁδῷ.	**Lk 18,42** καὶ ὁ Ἰησοῦς εἶπεν αὐτῷ· ἀνάβλεψον· ἡ πίστις σου σέσωκέν σε. [43] καὶ παραχρῆμα ἀνέβλεψεν καὶ ἠκολούθει αὐτῷ ...	

ὀμνύω, ὄμνυμι	Syn 16	Mt 13	Mk 2	Lk 1	Acts 1	Jn	1-3John	Paul	Eph	Col
	NT 26	2Thess	1/2Tim	Tit	Heb 7	Jas 1	1Pet	2Pet	Jude	Rev 1

swear; take an oath

	triple tradition																	double tradition			Sondergut		
		+Mt / +Lk			–Mt / –Lk			traditions not taken over by Mt / Lk							subtotals								
code	222	211	112	212	221	122	121	022	012	021	220	120	210	020	Σ+	Σ−	Σ	202	201	102	200	002	total
Mt					1							1^-				1^-	1				12		**13**
Mk					1							1					2						**2**
Lk					1^-											1^-						1	**1**

[a] ὄμνυμι

[b] ὀμνύω and ὅρκος

b 002			**Lk 1,73** ὅρκον ὃν **ὤμοσεν** πρὸς Ἀβραὰμ τὸν πατέρα ἡμῶν, τοῦ δοῦναι ἡμῖν [74] ἀφόβως ἐκ χειρὸς ἐχθρῶν ῥυσθέντας λατρεύειν αὐτῷ	
200	**Mt 5,34** ↓ Mt 23,22 ἐγὼ δὲ λέγω ὑμῖν **μὴ ὀμόσαι** ὅλως· μήτε ἐν τῷ οὐρανῷ, ὅτι θρόνος ἐστὶν τοῦ θεοῦ, [35] μήτε ἐν τῇ γῇ, ὅτι ὑποπόδιόν ἐστιν τῶν ποδῶν αὐτοῦ, μήτε εἰς Ἱεροσόλυμα, ὅτι πόλις ἐστὶν τοῦ μεγάλου βασιλέως			→ Acts 7,49
200	**Mt 5,36** μήτε ἐν τῇ κεφαλῇ σου **ὀμόσῃς,** ὅτι οὐ δύνασαι μίαν τρίχα λευκὴν ποιῆσαι ἢ μέλαιναν.			
120	**Mt 14,7** ὅθεν **μεθ᾽ ὅρκου ὡμολόγησεν** αὐτῇ δοῦναι ὃ ἐὰν αἰτήσηται.	**Mk 6,23** καὶ **ὤμοσεν** αὐτῇ [πολλά], ὅ τι ἐάν με αἰτήσῃς δώσω σοι ἕως ἡμίσους τῆς βασιλείας μου.		
200 200	**Mt 23,16 (2)** οὐαὶ ὑμῖν, ὁδηγοὶ τυφλοὶ οἱ λέγοντες· ὃς ἂν **ὀμόσῃ** ἐν τῷ ναῷ, οὐδέν ἐστιν· ὃς δ᾽ ἂν **ὀμόσῃ** ἐν τῷ χρυσῷ τοῦ ναοῦ ὀφείλει.			
200 200	**Mt 23,18 (2)** καί· ὃς ἂν **ὀμόσῃ** ἐν τῷ θυσιαστηρίῳ, οὐδέν ἐστιν· ὃς δ᾽ ἂν **ὀμόσῃ** ἐν τῷ δώρῳ τῷ ἐπάνω αὐτοῦ, ὀφείλει.			

code	Mt		Mk		Lk		
200 200	**Mt 23,20** (2)	ὁ οὖν **ὀμόσας** ἐν τῷ θυσιαστηρίῳ **ὀμνύει** ἐν αὐτῷ καὶ ἐν πᾶσι τοῖς ἐπάνω αὐτοῦ·					
200 200	**Mt 23,21** (2)	καὶ ὁ **ὀμόσας** ἐν τῷ ναῷ **ὀμνύει** ἐν αὐτῷ καὶ ἐν τῷ κατοικοῦντι αὐτόν·					
200 200	**Mt 23,22** (2) ↑ Mt 5,34	καὶ ὁ **ὀμόσας** ἐν τῷ οὐρανῷ **ὀμνύει** ἐν τῷ θρόνῳ τοῦ θεοῦ καὶ ἐν τῷ καθημένῳ ἐπάνω αὐτοῦ.					
a 221	**Mt 26,74**	τότε ἤρξατο καταθεματίζειν καὶ **ὀμνύειν** ὅτι οὐκ οἶδα τὸν ἄνθρωπον. ...	**Mk 14,71**	ὁ δὲ ἤρξατο ἀναθεματίζειν καὶ **ὀμνύναι** ὅτι οὐκ οἶδα τὸν ἄνθρωπον τοῦτον ὃν λέγετε.	**Lk 22,60**	εἶπεν δὲ ὁ Πέτρος· ἄνθρωπε, οὐκ οἶδα ὃ λέγεις. ...	→ Jn 18,27

b **Acts 2,30** προφήτης οὖν ὑπάρχων καὶ εἰδὼς ὅτι ὅρκῳ **ὤμοσεν** αὐτῷ ὁ θεὸς ἐκ καρποῦ τῆς ὀσφύος αὐτοῦ καθίσαι ἐπὶ τὸν θρόνον αὐτοῦ
➤ Ps 132,11

ὅμοιος	Syn 18	Mt 9	Mk	Lk 9	Acts 1	Jn 2	1-3John 1	Paul 1	Eph	Col
	NT 45	2Thess	1/2Tim	Tit	Heb	Jas	1Pet	2Pet	Jude 1	Rev 21

of the same nature; like; similar

	triple tradition																	double tradition			Sondergut		
		+Mt / +Lk			−Mt / −Lk			traditions not taken over by Mt / Lk							subtotals								
code	222	211	112	212	221	122	121	022	012	021	220	120	210	020	Σ+	Σ−	Σ	202	201	102	200	002	total
Mt		1+													1+		1	3			5		9
Mk																							
Lk																		3		5		1	9

a ὁμοία (γάρ) ἐστιν ἡ βασιλεία

102	**Mt 7,24**	πᾶς οὖν ὅστις ἀκούει μου τοὺς λόγους τούτους καὶ ποιεῖ αὐτούς,	**Lk 6,47**	πᾶς ὁ ἐρχόμενος πρός με καὶ ἀκούων μου τῶν λόγων καὶ ποιῶν αὐτούς, ὑποδείξω ὑμῖν τίνι **ἐστὶν ὅμοιος·**	
102		**ὁμοιωθήσεται** ἀνδρὶ φρονίμῳ, ὅστις ᾠκοδόμησεν αὐτοῦ τὴν οἰκίαν ἐπὶ τὴν πέτραν·	**Lk 6,48**	**ὅμοιός ἐστιν** ἀνθρώπῳ οἰκοδομοῦντι οἰκίαν ὃς ἔσκαψεν καὶ ἐβάθυνεν καὶ ἔθηκεν θεμέλιον ἐπὶ τὴν πέτραν· ...	

	Mt		Mk		Lk		
102	Mt 7,26	καὶ πᾶς ὁ ἀκούων μου τοὺς λόγους τούτους καὶ μὴ ποιῶν αὐτοὺς **ὁμοιωθήσεται** ἀνδρὶ μωρῷ, ὅστις ᾠκοδόμησεν αὐτοῦ τὴν οἰκίαν ἐπὶ τὴν ἄμμον.			Lk 6,49	ὁ δὲ ἀκούσας καὶ μὴ ποιήσας **ὅμοιός ἐστιν** ἀνθρώπῳ οἰκοδομήσαντι οἰκίαν ἐπὶ τὴν γῆν χωρὶς θεμελίου, ...	
102	Mt 11,16	τίνι δὲ ὁμοιώσω τὴν γενεὰν ταύτην;			Lk 7,31	τίνι οὖν ὁμοιώσω τοὺς ἀνθρώπους τῆς γενεᾶς ταύτης καὶ τίνι **εἰσὶν ὅμοιοι;**	
202		**ὁμοία ἐστὶν** παιδίοις καθημένοις ἐν ταῖς ἀγοραῖς ...			Lk 7,32	**ὅμοιοί εἰσιν** παιδίοις τοῖς ἐν ἀγορᾷ καθημένοις ...	
a 202	Mt 13,31	ἄλλην παραβολὴν παρέθηκεν αὐτοῖς λέγων· **ὁμοία ἐστὶν** ἡ βασιλεία τῶν οὐρανῶν κόκκῳ σινάπεως, ὃν λαβὼν ἄνθρωπος ἔσπειρεν ἐν τῷ ἀγρῷ αὐτοῦ·	Mk 4,31	[30] ... πῶς ὁμοιώσωμεν τὴν βασιλείαν τοῦ θεοῦ ἢ ἐν τίνι αὐτὴν παραβολῇ θῶμεν; **[31] ὡς** κόκκῳ σινάπεως, ὃς ὅταν σπαρῇ ἐπὶ τῆς γῆς, ...	Lk 13,19	[18] ... τίνι ὁμοία ἐστὶν ἡ βασιλεία τοῦ θεοῦ καὶ τίνι ὁμοιώσω αὐτήν; **[19] ὁμοία ἐστὶν** κόκκῳ σινάπεως, ὃν λαβὼν ἄνθρωπος ἔβαλεν εἰς κῆπον ἑαυτοῦ, ...	→ GTh 20 Mk-Q overlap
a 202	Mt 13,33	ἄλλην παραβολὴν ἐλάλησεν αὐτοῖς· **ὁμοία ἐστὶν** ἡ βασιλεία τῶν οὐρανῶν ζύμῃ, ἣν λαβοῦσα γυνὴ ἐνέκρυψεν εἰς ἀλεύρου σάτα τρία ἕως οὗ ἐζυμώθη ὅλον.			Lk 13,21	[20] ... τίνι ὁμοιώσω τὴν βασιλείαν τοῦ θεοῦ; **[21] ὁμοία ἐστὶν** ζύμῃ, ἣν λαβοῦσα γυνὴ [ἐν]έκρυψεν εἰς ἀλεύρου σάτα τρία ἕως οὗ ἐζυμώθη ὅλον.	→ GTh 96
a 200	Mt 13,44	**ὁμοία ἐστὶν** ἡ βασιλεία τῶν οὐρανῶν θησαυρῷ κεκρυμμένῳ ἐν τῷ ἀγρῷ, ...					→ GTh 109
a 200	Mt 13,45	πάλιν **ὁμοία ἐστὶν** ἡ βασιλεία τῶν οὐρανῶν ἀνθρώπῳ ἐμπόρῳ ζητοῦντι καλοὺς μαργαρίτας·					→ GTh 76,1-2
a 200	Mt 13,47	πάλιν **ὁμοία ἐστὶν** ἡ βασιλεία τῶν οὐρανῶν σαγήνῃ βληθείσῃ εἰς τὴν θάλασσαν καὶ ἐκ παντὸς γένους συναγαγούσῃ·					→ GTh 8
200	Mt 13,52 → Mt 12,35 → Lk 6,45	... διὰ τοῦτο πᾶς γραμματεὺς μαθητευθεὶς τῇ βασιλείᾳ τῶν οὐρανῶν **ὅμοιός ἐστιν** ἀνθρώπῳ οἰκοδεσπότῃ, ὅστις ἐκβάλλει ἐκ τοῦ θησαυροῦ αὐτοῦ καινὰ καὶ παλαιά.					
002					Lk 12,36 → Lk 21,36	καὶ ὑμεῖς **ὅμοιοι** ἀνθρώποις προσδεχομένοις τὸν κύριον ἑαυτῶν ...	

a 102	Mt 13,31	ἄλλην παραβολὴν παρέθηκεν αὐτοῖς λέγων·	Mk 4,30	... πῶς **ὁμοιώσωμεν** τὴν βασιλείαν τοῦ θεοῦ ἢ ἐν τίνι αὐτὴν παραβολῇ θῶμεν;	Lk 13,18	... τίνι **ὁμοία ἐστὶν** ἡ βασιλεία τοῦ θεοῦ καὶ τίνι ὁμοιώσω αὐτήν;	→ GTh 20 Mk-Q overlap
a 202		**ὁμοία ἐστὶν** ἡ βασιλεία τῶν οὐρανῶν κόκκῳ σινάπεως, ὃν λαβὼν ἄνθρωπος ἔσπειρεν ἐν τῷ ἀγρῷ αὐτοῦ·	Mk 4,31	ὡς κόκκῳ σινάπεως, ὃς ὅταν σπαρῇ ἐπὶ τῆς γῆς, ...	Lk 13,19	**ὁμοία ἐστὶν** κόκκῳ σινάπεως, ὃν λαβὼν ἄνθρωπος ἔβαλεν εἰς κῆπον ἑαυτοῦ, ...	→ GTh 20 Mk-Q overlap
a 202	Mt 13,33	ἄλλην παραβολὴν ἐλάλησεν αὐτοῖς· **ὁμοία ἐστὶν** ἡ βασιλεία τῶν οὐρανῶν ζύμῃ, ἣν λαβοῦσα γυνὴ ἐνέκρυψεν εἰς ἀλεύρου σάτα τρία ἕως οὗ ἐζυμώθη ὅλον.			Lk 13,21	[20] ... τίνι ὁμοιώσω τὴν βασιλείαν τοῦ θεοῦ; [21] **ὁμοία ἐστὶν** ζύμῃ, ἣν λαβοῦσα γυνὴ [ἐν]έκρυψεν εἰς ἀλεύρου σάτα τρία ἕως οὗ ἐζυμώθη ὅλον.	→ GTh 96
a 200	Mt 20,1	**ὁμοία γάρ ἐστιν** ἡ βασιλεία τῶν οὐρανῶν ἀνθρώπῳ οἰκοδεσπότῃ, ὅστις ἐξῆλθεν ἅμα πρωῒ μισθώσασθαι ἐργάτας εἰς τὸν ἀμπελῶνα αὐτοῦ.					
211	Mt 22,39	δευτέρα δὲ **ὁμοία** αὐτῇ· *ἀγαπήσεις τὸν πλησίον σου ὡς σεαυτόν.* ➢ Lev 19,18	Mk 12,31	δευτέρα αὕτη· *ἀγαπήσεις τὸν πλησίον σου ὡς σεαυτόν.* ... ➢ Lev 19,18	Lk 10,27	ὁ δὲ ἀποκριθεὶς εἶπεν· ... *καὶ τὸν πλησίον σου ὡς σεαυτόν.* ➢ Lev 19,18	→ GTh 25

Acts 17,29 γένος οὖν ὑπάρχοντες τοῦ θεοῦ οὐκ ὀφείλομεν νομίζειν χρυσῷ ἢ ἀργύρῳ ἢ λίθῳ, χαράγματι τέχνης καὶ ἐνθυμήσεως ἀνθρώπου, τὸ θεῖον εἶναι **ὅμοιον.**

ὁμοιόω	Syn 12	Mt 8	Mk 1	Lk 3	Acts 1	Jn	1-3John	Paul 1	Eph	Col
	NT 15	2Thess	1/2Tim	Tit	Heb 1	Jas	1Pet	2Pet	Jude	Rev

make like; *passive:* become like; be like; compare someone with something

	triple tradition																	double tradition			Sondergut		
		+Mt / +Lk			–Mt / –Lk			traditions not taken over by Mt / Lk							subtotals								
code	*222*	*211*	*112*	*212*	*221*	*122*	*121*	*022*	*012*	*021*	*220*	*120*	*210*	*020*	Σ+	Σ−	Σ	*202*	*201*	*102*	*200*	*002*	total
Mt																		1	3		4		**8**
Mk														1			1						**1**
Lk																		1		2			**3**

a ὁμοιόω active

b ὁμοιόω and βασιλεία

200	Mt 6,8 → Mt 6,32 → Lk 12,30	[7] προσευχόμενοι δὲ μὴ βατταλογήσητε ὥσπερ οἱ ἐθνικοί, δοκοῦσιν γὰρ ὅτι ἐν τῇ πολυλογίᾳ αὐτῶν εἰσακουσθήσονται. [8] **μὴ οὖν ὁμοιωθῆτε** αὐτοῖς· οἶδεν γὰρ ὁ πατὴρ ὑμῶν ὧν χρείαν ἔχετε πρὸ τοῦ ὑμᾶς αἰτῆσαι αὐτόν.	

	Mt		Mk		Lk		
201	Mt 7,24	πᾶς οὖν ὅστις ἀκούει μου τοὺς λόγους τούτους καὶ ποιεῖ αὐτούς, **ὁμοιωθήσεται** ἀνδρὶ φρονίμῳ, ὅστις ᾠκοδόμησεν αὐτοῦ τὴν οἰκίαν ἐπὶ τὴν πέτραν·			Lk 6,48	[47] πᾶς ὁ ἐρχόμενος πρός με καὶ ἀκούων μου τῶν λόγων καὶ ποιῶν αὐτούς, ὑποδείξω ὑμῖν τίνι ἐστὶν ὅμοιος· [48] **ὅμοιός ἐστιν** ἀνθρώπῳ οἰκοδομοῦντι οἰκίαν ὃς ἔσκαψεν καὶ ἐβάθυνεν καὶ ἔθηκεν θεμέλιον ἐπὶ τὴν πέτραν· ...	
201	Mt 7,26	καὶ πᾶς ὁ ἀκούων μου τοὺς λόγους τούτους καὶ μὴ ποιῶν αὐτοὺς **ὁμοιωθήσεται** ἀνδρὶ μωρῷ, ὅστις ᾠκοδόμησεν αὐτοῦ τὴν οἰκίαν ἐπὶ τὴν ἄμμον.			Lk 6,49	ὁ δὲ ἀκούσας καὶ μὴ ποιήσας **ὅμοιός ἐστιν** ἀνθρώπῳ οἰκοδομήσαντι οἰκίαν ἐπὶ τὴν γῆν χωρὶς θεμελίου, ...	
a 202	Mt 11,16	τίνι δὲ **ὁμοιώσω** τὴν γενεὰν ταύτην; ὁμοία ἐστὶν παιδίοις καθημένοις ἐν ταῖς ἀγοραῖς ...			Lk 7,31	τίνι οὖν **ὁμοιώσω** τοὺς ἀνθρώπους τῆς γενεᾶς ταύτης καὶ τίνι εἰσὶν ὅμοιοι; [32] ὅμοιοί εἰσιν παιδίοις τοῖς ἐν ἀγορᾷ καθημένοις ...	
b 200	Mt 13,24	ἄλλην παραβολὴν παρέθηκεν αὐτοῖς λέγων· **ὡμοιώθη** ἡ βασιλεία τῶν οὐρανῶν ἀνθρώπῳ σπείραντι καλὸν σπέρμα ἐν τῷ ἀγρῷ αὐτοῦ.					→ GTh 57
a b 020	Mt 13,31	ἄλλην παραβολὴν παρέθηκεν αὐτοῖς λέγων· ὁμοία ἐστὶν ἡ βασιλεία τῶν οὐρανῶν κόκκῳ σινάπεως, ...	Mk 4,30	καὶ ἔλεγεν· πῶς **ὁμοιώσωμεν** τὴν βασιλείαν τοῦ θεοῦ ἢ ἐν τίνι αὐτὴν παραβολῇ θῶμεν; [31] ὡς κόκκῳ σινάπεως, ...	Lk 13,18	ἔλεγεν οὖν· τίνι **ὁμοία ἐστὶν** ἡ βασιλεία τοῦ θεοῦ καὶ τίνι ὁμοιώσω αὐτήν; [19] ὁμοία ἐστὶν κόκκῳ σινάπεως, ...	→ GTh 20 Mk-Q overlap
b 200	Mt 18,23	διὰ τοῦτο **ὡμοιώθη** ἡ βασιλεία τῶν οὐρανῶν ἀνθρώπῳ βασιλεῖ, ὃς ἠθέλησεν συνᾶραι λόγον μετὰ τῶν δούλων αὐτοῦ.					
a b 102	Mt 13,31	**ἄλλην παραβολὴν** **παρέθηκεν** αὐτοῖς λέγων· ὁμοία ἐστὶν ἡ βασιλεία τῶν οὐρανῶν κόκκῳ σινάπεως, ...	Mk 4,30	καὶ ἔλεγεν· πῶς ὁμοιώσωμεν τὴν βασιλείαν τοῦ θεοῦ ἢ **ἐν τίνι αὐτὴν παραβολῇ** **θῶμεν;** [31] ὡς κόκκῳ σινάπεως, ...	Lk 13,18	ἔλεγεν οὖν· τίνι ὁμοία ἐστὶν ἡ βασιλεία τοῦ θεοῦ καὶ **τίνι ὁμοιώσω αὐτήν;** [19] ὁμοία ἐστὶν κόκκῳ σινάπεως, ...	→ GTh 20 Mk-Q overlap
a b 102	Mt 13,33	ἄλλην παραβολὴν ἐλάλησεν αὐτοῖς· ὁμοία ἐστὶν ἡ βασιλεία τῶν οὐρανῶν ζύμῃ, ...			Lk 13,20	καὶ πάλιν εἶπεν· τίνι **ὁμοιώσω** τὴν βασιλείαν τοῦ θεοῦ; [21] ὁμοία ἐστὶν ζύμῃ, ...	→ GTh 96
b 201	Mt 22,2 → Lk 14,15	**ὡμοιώθη** ἡ βασιλεία τῶν οὐρανῶν ἀνθρώπῳ βασιλεῖ, ὅστις ἐποίησεν γάμους τῷ υἱῷ αὐτοῦ.			Lk 14,16	... ἄνθρωπός τις ἐποίει δεῖπνον μέγα, καὶ ἐκάλεσεν πολλούς	→ GTh 64

b 200	**Mt 25,1**	τότε **ὁμοιωθήσεται** ἡ βασιλεία τῶν οὐρανῶν δέκα παρθένοις, αἵτινες λαβοῦσαι τὰς λαμπάδας ἑαυτῶν ἐξῆλθον εἰς ὑπάντησιν τοῦ νυμφίου.	

Acts 14,11 οἵ τε ὄχλοι ἰδόντες
ὃ ἐποίησεν Παῦλος
ἐπῆραν τὴν φωνὴν
αὐτῶν Λυκαονιστὶ
λέγοντες· οἱ θεοὶ
ὁμοιωθέντες
ἀνθρώποις
κατέβησαν πρὸς ἡμᾶς

ὁμοίως	**Syn** 15	Mt 3	Mk 1	Lk 11	Acts	Jn 3	1-3John	Paul 4	Eph	Col
	NT 30	2Thess	1/2Tim	Tit	Heb 1	Jas 1	1Pet 3	2Pet	Jude 1	Rev 2

likewise; so; similarly; in the same way

	triple tradition																	double tradition			Sondergut		
		+Mt / +Lk			–Mt / –Lk			traditions not taken over by Mt / Lk							subtotals								
code	*222*	*211*	*112*	*212*	*221*	*122*	*121*	*022*	*012*	*021*	*220*	*120*	*210*	*020*	Σ^+	Σ^-	Σ	*202*	*201*	*102*	*200*	*002*	total
Mt		1^+			1								1^+		2^+		3						**3**
Mk					1												1						**1**
Lk			3^+		1^-										3^+	1^-	3			1		7	**11**

code	Mt		Mk		Lk		
002					**Lk 3,11**	... ὁ ἔχων δύο χιτῶνας μεταδότω τῷ μὴ ἔχοντι, καὶ ὁ ἔχων βρώματα **ὁμοίως** ποιείτω.	
112	**Mt 4,21**	καὶ προβὰς ἐκεῖθεν εἶδεν ἄλλους δύο ἀδελφούς, Ἰάκωβον τὸν τοῦ Ζεβεδαίου καὶ Ἰωάννην τὸν ἀδελφὸν αὐτοῦ, ...	**Mk 1,19**	καὶ προβὰς ὀλίγον εἶδεν Ἰάκωβον τὸν τοῦ Ζεβεδαίου καὶ Ἰωάννην τὸν ἀδελφὸν αὐτοῦ, ...	**Lk 5,10**	[9] θάμβος γὰρ περιέσχεν αὐτὸν καὶ πάντας τοὺς σὺν αὐτῷ ἐπὶ τῇ ἄγρᾳ τῶν ἰχθύων ὧν συνέλαβον, [10] **ὁμοίως** δὲ καὶ Ἰάκωβον καὶ Ἰωάννην υἱοὺς Ζεβεδαίου, ...	
112	**Mt 9,14**	... διὰ τί ἡμεῖς καὶ οἱ Φαρισαῖοι νηστεύομεν [πολλά], οἱ δὲ μαθηταί σου οὐ νηστεύουσιν;	**Mk 2,18**	... διὰ τί οἱ μαθηταὶ Ἰωάννου καὶ οἱ μαθηταὶ τῶν Φαρισαίων νηστεύουσιν, οἱ δὲ σοὶ μαθηταὶ οὐ νηστεύουσιν;	**Lk 5,33**	... οἱ μαθηταὶ Ἰωάννου νηστεύουσιν πυκνὰ καὶ δεήσεις ποιοῦνται **ὁμοίως** καὶ οἱ τῶν Φαρισαίων, οἱ δὲ σοὶ ἐσθίουσιν καὶ πίνουσιν.	→ GTh 104
102	**Mt 7,12**	πάντα οὖν ὅσα ἐὰν θέλητε ἵνα ποιῶσιν ὑμῖν οἱ ἄνθρωποι, **οὕτως** καὶ ὑμεῖς ποιεῖτε αὐτοῖς· ...			**Lk 6,31**	καὶ καθὼς θέλετε ἵνα ποιῶσιν ὑμῖν οἱ ἄνθρωποι ποιεῖτε αὐτοῖς **ὁμοίως**.	

	Mt		Mk		Lk		
002					**Lk 10,32**	**ὁμοίως** δὲ καὶ Λευίτης [γενόμενος] κατὰ τὸν τόπον ἐλθὼν καὶ ἰδὼν ἀντιπαρῆλθεν.	
002					**Lk 10,37**	ὁ δὲ εἶπεν· ὁ ποιήσας τὸ ἔλεος μετ' αὐτοῦ. εἶπεν δὲ αὐτῷ ὁ Ἰησοῦς· πορεύου καὶ σὺ ποίει **ὁμοίως**.	
002					**Lk 13,3**	οὐχί, λέγω ὑμῖν, ἀλλ' ἐὰν μὴ μετανοῆτε πάντες **ὁμοίως** ἀπολεῖσθε.	
002					**Lk 16,25**	εἶπεν δὲ Ἀβραάμ· τέκνον, μνήσθητι ὅτι ἀπέλαβες τὰ ἀγαθά σου ἐν τῇ ζωῇ σου, καὶ Λάζαρος **ὁμοίως** τὰ κακά· νῦν δὲ ὧδε παρακαλεῖται, σὺ δὲ ὀδυνᾶσαι.	
002					**Lk 17,28**	**ὁμοίως** καθὼς ἐγένετο ἐν ταῖς ἡμέραις Λώτ· ἤσθιον, ἔπινον, ἠγόραζον, ἐπώλουν, ἐφύτευον, ᾠκοδόμουν·	
112	**Mt 24,18**	καὶ ὁ ἐν τῷ ἀγρῷ μὴ ἐπιστρεψάτω ὀπίσω ἆραι τὸ ἱμάτιον αὐτοῦ.	**Mk 13,16**	καὶ ὁ εἰς τὸν ἀγρὸν μὴ ἐπιστρεψάτω εἰς τὰ ὀπίσω ἆραι τὸ ἱμάτιον αὐτοῦ.	**Lk 17,31** → Lk 21,21	... καὶ ὁ ἐν ἀγρῷ **ὁμοίως** μὴ ἐπιστρεψάτω εἰς τὰ ὀπίσω.	
211	**Mt 22,26**	**ὁμοίως** καὶ ὁ δεύτερος καὶ ὁ τρίτος ἕως τῶν ἑπτά.	**Mk 12,21**	καὶ ὁ δεύτερος ἔλαβεν αὐτὴν καὶ ἀπέθανεν μὴ καταλιπὼν σπέρμα· καὶ ὁ τρίτος ὡσαύτως· [22] καὶ οἱ ἑπτὰ οὐκ ἀφῆκαν σπέρμα. ...	**Lk 20,30**	καὶ ὁ δεύτερος [31] καὶ ὁ τρίτος ἔλαβεν αὐτήν, ὡσαύτως δὲ καὶ οἱ ἑπτὰ οὐ κατέλιπον τέκνα καὶ ἀπέθανον.	
002					**Lk 22,36** → Lk 9,3 → Lk 10,4	... ἀλλὰ νῦν ὁ ἔχων βαλλάντιον ἀράτω, **ὁμοίως** καὶ πήραν, καὶ ὁ μὴ ἔχων πωλησάτω τὸ ἱμάτιον αὐτοῦ καὶ ἀγορασάτω μάχαιραν.	
210	**Mt 26,35** → Lk 22,33	... κἂν δέῃ με σὺν σοὶ ἀποθανεῖν, οὐ μή σε ἀπαρνήσομαι. **ὁμοίως** καὶ πάντες οἱ μαθηταὶ εἶπαν.	**Mk 14,31** → Lk 22,33	... ἐὰν δέῃ με συναποθανεῖν σοι, οὐ μή σε ἀπαρνήσομαι. **ὡσαύτως** δὲ καὶ πάντες ἔλεγον.			→ Jn 13,37
221	**Mt 27,41** → Mt 27,40	**ὁμοίως** καὶ οἱ ἀρχιερεῖς ἐμπαίζοντες μετὰ τῶν γραμματέων καὶ πρεσβυτέρων ἔλεγον· [42] ἄλλους ἔσωσεν, ἑαυτὸν οὐ δύναται σῶσαι·	**Mk 15,31** → Mk 15,30	**ὁμοίως** καὶ οἱ ἀρχιερεῖς ἐμπαίζοντες πρὸς ἀλλήλους μετὰ τῶν γραμματέων ἔλεγον· ἄλλους ἔσωσεν, ἑαυτὸν οὐ δύναται σῶσαι·	**Lk 23,35** → Lk 23,37 → Lk 23,39	... ἐξεμυκτήριζον δὲ καὶ οἱ ἄρχοντες λέγοντες· ἄλλους ἔσωσεν, σωσάτω ἑαυτόν, ...	

ὁμολογέω	Syn 6	Mt 4	Mk	Lk 2	Acts 3	Jn 4	1-3John 6	Paul 2	Eph	Col
	NT 26	2Thess	1/2Tim 1	Tit 1	Heb 2	Jas	1Pet	2Pet	Jude	Rev 1

promise; assure; agree; admit; confess; declare (publicly); acknowledge; confess that one is something; praise

	triple tradition																	double tradition			Sondergut		
		+Mt / +Lk			–Mt / –Lk			traditions not taken over by Mt / Lk							subtotals								
code	222	211	112	212	221	122	121	022	012	021	220	120	210	020	Σ⁺	Σ⁻	Σ	202	201	102	200	002	total
Mt													1⁺		1⁺		1	2	1				4
Mk																							
Lk																		2					2

code	Mt	Mk	Lk	
201	**Mt 7,23** →Mt 13,41 →Mt 25,12 →Mt 25,41 καὶ τότε **ὁμολογήσω** αὐτοῖς ὅτι οὐδέποτε ἔγνων ὑμᾶς· *ἀποχωρεῖτε ἀπ᾽ ἐμοῦ* *οἱ ἐργαζόμενοι* *τὴν ἀνομίαν.* ➤ Ps 6,9/1Macc 3,6		**Lk 13,27** →Lk 13,25 καὶ **ἐρεῖ** λέγων ὑμῖν· οὐκ οἶδα [ὑμᾶς] πόθεν ἐστέ· *ἀπόστητε ἀπ᾽ ἐμοῦ,* *πάντες ἐργάται* *ἀδικίας.* ➤ Ps 6,9/1Macc 3,6	
202	**Mt 10,32** (2) πᾶς οὖν ὅστις **ὁμολογήσει** ἐν ἐμοὶ ἔμπροσθεν τῶν ἀνθρώπων,		**Lk 12,8** (2) λέγω δὲ ὑμῖν, πᾶς ὃς ἂν **ὁμολογήσῃ** ἐν ἐμοὶ ἔμπροσθεν τῶν ἀνθρώπων,	
202	**ὁμολογήσω** κἀγὼ ἐν αὐτῷ ἔμπροσθεν τοῦ πατρός μου τοῦ ἐν [τοῖς] οὐρανοῖς·		καὶ ὁ υἱὸς τοῦ ἀνθρώπου **ὁμολογήσει** ἐν αὐτῷ ἔμπροσθεν τῶν ἀγγέλων τοῦ θεοῦ·	
210	**Mt 14,7** ὅθεν **μεθ᾽ ὅρκου** **ὡμολόγησεν** αὐτῇ δοῦναι ὃ ἐὰν αἰτήσηται.	**Mk 6,23** καὶ **ὤμοσεν** αὐτῇ [πολλά], ὅ τι ἐάν με αἰτήσῃς δώσω σοι ἕως ἡμίσους τῆς βασιλείας μου.		

Acts 7,17 καθὼς δὲ ἤγγιζεν ὁ χρόνος τῆς ἐπαγγελίας ἧς **ὡμολόγησεν** ὁ θεὸς τῷ Ἀβραάμ, ηὔξησεν ὁ λαὸς καὶ ἐπληθύνθη ἐν Αἰγύπτῳ

Acts 23,8 Σαδδουκαῖοι μὲν γὰρ λέγουσιν μὴ εἶναι ἀνάστασιν μήτε ἄγγελον μήτε πνεῦμα, Φαρισαῖοι δὲ **ὁμολογοῦσιν** τὰ ἀμφότερα.

Acts 24,14 **ὁμολογῶ** δὲ τοῦτό σοι ὅτι κατὰ τὴν ὁδὸν ἣν λέγουσιν αἵρεσιν, οὕτως λατρεύω τῷ πατρῴῳ θεῷ πιστεύων πᾶσι τοῖς κατὰ τὸν νόμον καὶ τοῖς ἐν τοῖς προφήταις γεγραμμένοις

ὄναρ	Syn 6	Mt 6	Mk	Lk	Acts	Jn	1-3John	Paul	Eph	Col
	NT 6	2Thess	1/2Tim	Tit	Heb	Jas	1Pet	2Pet	Jude	Rev

dream

a κατ᾽ ὄναρ

code	Mt	Mk	Lk	
a 200	**Mt 1,20** →Lk 1,27 →Lk 1,30 ... ἰδοὺ ἄγγελος κυρίου **κατ᾽ ὄναρ** ἐφάνη αὐτῷ λέγων· Ἰωσὴφ υἱὸς Δαυίδ, μὴ φοβηθῇς παραλαβεῖν Μαριὰμ τὴν γυναῖκά σου, ...			

	Mt		Mk		Lk		
a 200	Mt 2,12	καὶ χρηματισθέντες **κατ' ὄναρ** μὴ ἀνακάμψαι πρὸς Ἡρῴδην, δι' ἄλλης ὁδοῦ ἀνεχώρησαν εἰς τὴν χώραν αὐτῶν.					
a 200	Mt 2,13	... ἰδοὺ ἄγγελος κυρίου φαίνεται **κατ' ὄναρ** τῷ Ἰωσὴφ λέγων· ἐγερθεὶς παράλαβε τὸ παιδίον καὶ τὴν μητέρα αὐτοῦ καὶ φεῦγε εἰς Αἴγυπτον ...					
a 200	Mt 2,19	... ἰδοὺ ἄγγελος κυρίου φαίνεται **κατ' ὄναρ** τῷ Ἰωσὴφ ἐν Αἰγύπτῳ [20] λέγων· ἐγερθεὶς παράλαβε τὸ παιδίον καὶ τὴν μητέρα αὐτοῦ καὶ πορεύου εἰς γῆν Ἰσραήλ· ...					
a 200	Mt 2,22 → Lk 2,39	... χρηματισθεὶς δὲ **κατ' ὄναρ** ἀνεχώρησεν εἰς τὰ μέρη τῆς Γαλιλαίας					
a 200	Mt 27,19	... μηδὲν σοὶ καὶ τῷ δικαίῳ ἐκείνῳ· πολλὰ γὰρ ἔπαθον σήμερον **κατ' ὄναρ** δι' αὐτόν.					

ὀνειδίζω	Syn 5	Mt 3	Mk 1	Lk 1	Acts	Jn	1-3John	Paul 1	Eph	Col
	NT 8	2Thess	1/2Tim	Tit	Heb	Jas 1	1Pet 1	2Pet	Jude	Rev

reproach; revile; heap insults upon; reproach (justifiably)

	Mt		Mk		Lk		
202	Mt 5,11	μακάριοί ἐστε ὅταν **ὀνειδίσωσιν** ὑμᾶς καὶ διώξωσιν καὶ εἴπωσιν πᾶν πονηρὸν καθ' ὑμῶν [ψευδόμενοι] ἕνεκεν ἐμοῦ.			Lk 6,22	μακάριοί ἐστε ὅταν μισήσωσιν ὑμᾶς οἱ ἄνθρωποι καὶ ὅταν ἀφορίσωσιν ὑμᾶς καὶ **ὀνειδίσωσιν** καὶ ἐκβάλωσιν τὸ ὄνομα ὑμῶν ὡς πονηρὸν ἕνεκα τοῦ υἱοῦ τοῦ ἀνθρώπου·	→ GTh 68 → GTh 69,1
200	Mt 11,20	τότε ἤρξατο **ὀνειδίζειν** τὰς πόλεις ἐν αἷς ἐγένοντο αἱ πλεῖσται δυνάμεις αὐτοῦ, ὅτι οὐ μετενόησαν·					
221	Mt 27,44	τὸ δ' αὐτὸ καὶ οἱ λῃσταὶ οἱ συσταυρωθέντες σὺν αὐτῷ **ὠνείδιζον** αὐτόν.	Mk 15,32	... καὶ οἱ συνεσταυρωμένοι σὺν αὐτῷ **ὠνείδιζον** αὐτόν.	Lk 23,39 → Lk 23,35 → Lk 23,36 → Lk 23,37	εἷς δὲ τῶν κρεμασθέντων κακούργων **ἐβλασφήμει** αὐτὸν λέγων· οὐχὶ σὺ εἶ ὁ χριστός; σῶσον σεαυτὸν καὶ ἡμᾶς.	

ὄνειδος	Syn 1	Mt	Mk	Lk 1	Acts	Jn	1-3John	Paul	Eph	Col
	NT 1	2Thess	1/2Tim	Tit	Heb	Jas	1Pet	2Pet	Jude	Rev

disgrace; reproach; insult

code	Mt	Mk	Lk	
002			**Lk 1,25** ὅτι οὕτως μοι πεποίηκεν κύριος ἐν ἡμέραις αἷς ἐπεῖδεν ἀφελεῖν **ὄνειδός μου** ἐν ἀνθρώποις.	

ὀνικός	Syn 2	Mt 1	Mk 1	Lk	Acts	Jn	1-3John	Paul	Eph	Col
	NT 2	2Thess	1/2Tim	Tit	Heb	Jas	1Pet	2Pet	Jude	Rev

pertaining to a donkey; (mill-stone) worked by donkey-power

code	Mt	Mk	Lk	
221	**Mt 18,6** →Mt 18,10 ὃς δ' ἂν σκανδαλίσῃ ἕνα τῶν μικρῶν τούτων τῶν πιστευόντων εἰς ἐμέ, συμφέρει αὐτῷ ἵνα κρεμασθῇ **μύλος ὀνικὸς** περὶ τὸν τράχηλον αὐτοῦ καὶ καταποντισθῇ ἐν τῷ πελάγει τῆς θαλάσσης.	**Mk 9,42** καὶ ὃς ἂν σκανδαλίσῃ ἕνα τῶν μικρῶν τούτων τῶν πιστευόντων [εἰς ἐμέ], καλόν ἐστιν αὐτῷ μᾶλλον εἰ περίκειται **μύλος ὀνικὸς** περὶ τὸν τράχηλον αὐτοῦ καὶ βέβληται εἰς τὴν θάλασσαν.	**Lk 17,2** λυσιτελεῖ αὐτῷ εἰ **λίθος μυλικὸς** περίκειται περὶ τὸν τράχηλον αὐτοῦ καὶ ἔρριπται εἰς τὴν θάλασσαν ἢ ἵνα σκανδαλίσῃ τῶν μικρῶν τούτων ἕνα.	Mk-Q overlap?

ὄνομα	Syn 71	Mt 23	Mk 14	Lk 34	Acts 60	Jn 25	1-3John 5	Paul 15	Eph 2	Col 1
	NT 230	2Thess 2	1/2Tim 2	Tit	Heb 4	Jas 3	1Pet 2	2Pet	Jude	Rev 38

name; title; category; person; the (well-known) name; reputation; fame (including Mt 27,57 τοὔνομα)

	triple tradition																double tradition			Sondergut		
		+Mt / +Lk			–Mt / –Lk			traditions not taken over by Mt / Lk							subtotals							
code	222	211	112	212	221	122	121	022	012	021	220	120	210	020	Σ+	Σ–	Σ	202	201	102	200	002	total
Mt	4	3^+		1^+		1^-	4^-				1				4^+	5^-	9	2	3		9		**23**
Mk	4					1	4	2		1	1			1			14						**14**
Lk	4		2^+	1^+		1	4^-	2		1^-					3^+	5^-	10	2		1		21	**34**

a ὄνομα and (ἐπι)καλέω
b ὄνομα and proper name (except c)
c ὄνομα and καλέω and proper name
d εἰς (...) ὄνομα
e ὄνομα τοῦ θεοῦ, ~ τοῦ πατρός
f ὄνομα κυρίου name of the Lord (God)
g ὄνομά μου, ~ σου, ὄνομα αὐτοῦ of God's name
h ὄνομα Ἰησοῦ Χριστοῦ
j ὄνομα (...) Ἰησοῦ (except k)
k ὄνομα τοῦ κυρίου Ἰησοῦ
l ὄνομα τοῦ κυρίου (except k)
m ὄνομα τοῦ κυρίου ἡμῶν Ἰησοῦ Χριστοῦ
n ὄνομά μου, ~ σου, ὄνομα αὐτοῦ etc. of Jesus' name
p τοὔνομα

code	Mt	Mk	Lk	
b 002			**Lk 1,5 (2)** ἐγένετο ἐν ταῖς ἡμέραις Ἡρῴδου βασιλέως τῆς Ἰουδαίας ἱερεύς τις **ὀνόματι** Ζαχαρίας ἐξ ἐφημερίας Ἀβιά,	
b 002			καὶ γυνὴ αὐτῷ ἐκ τῶν θυγατέρων Ἀαρὼν καὶ **τὸ ὄνομα αὐτῆς** Ἐλισάβετ.	

	Mt	Mk	Lk	
c 002			**Lk 1,13** ... καὶ ἡ γυνή σου Ἐλισάβετ γεννήσει υἱόν σοι καὶ καλέσεις **τὸ ὄνομα αὐτοῦ** Ἰωάννην.	
b 002			**Lk 1,26** ἐν δὲ τῷ μηνὶ τῷ ἕκτῳ ἀπεστάλη ὁ ἄγγελος Γαβριὴλ ἀπὸ τοῦ θεοῦ εἰς πόλιν τῆς Γαλιλαίας ᾗ **ὄνομα** Ναζαρὲθ	
b 002 *b* 002			**Lk 1,27 (2)** → Mt 1,18 → Mt 1,20 πρὸς παρθένον ἐμνηστευμένην ἀνδρὶ ᾧ **ὄνομα** Ἰωσὴφ ἐξ οἴκου Δαυὶδ καὶ **τὸ ὄνομα τῆς παρθένου** Μαριάμ.	
c 002			**Lk 1,31** ↓ Mt 1,21 ↓ Mt 1,25 ↓ Lk 2,21 καὶ ἰδοὺ συλλήμψῃ ἐν γαστρὶ καὶ τέξῃ υἱὸν καὶ καλέσεις **τὸ ὄνομα αὐτοῦ** Ἰησοῦν.	
g 002			**Lk 1,49** ὅτι ἐποίησέν μοι μεγάλα ὁ δυνατός. καὶ ἅγιον **τὸ ὄνομα αὐτοῦ**	
c 002			**Lk 1,59** καὶ ἐγένετο ἐν τῇ ἡμέρᾳ τῇ ὀγδόῃ ἦλθον περιτεμεῖν τὸ παιδίον καὶ ἐκάλουν αὐτὸ **ἐπὶ τῷ ὀνόματι τοῦ πατρὸς αὐτοῦ** Ζαχαρίαν.	
a 002			**Lk 1,61** καὶ εἶπαν πρὸς αὐτὴν ὅτι οὐδείς ἐστιν ἐκ τῆς συγγενείας σου ὃς καλεῖται **τῷ ὀνόματι τούτῳ.**	
b 002			**Lk 1,63** καὶ αἰτήσας πινακίδιον ἔγραψεν λέγων· Ἰωάννης ἐστὶν **ὄνομα αὐτοῦ.** καὶ ἐθαύμασαν πάντες.	
c 200	**Mt 1,21** ↑ Lk 1,31 τέξεται δὲ υἱόν, καὶ καλέσεις **τὸ ὄνομα αὐτοῦ** Ἰησοῦν· αὐτὸς γὰρ σώσει τὸν λαὸν αὐτοῦ ἀπὸ τῶν ἁμαρτιῶν αὐτῶν.			
c 200	**Mt 1,23** *ἰδοὺ ἡ παρθένος ἐν γαστρὶ ἕξει καὶ τέξεται υἱόν, καὶ καλέσουσιν* ***τὸ ὄνομα αὐτοῦ*** *Ἐμμανουήλ,* ὅ ἐστιν μεθερμηνευόμενον *μεθ' ἡμῶν ὁ θεός.* ➤ Isa 7,14 LXX; 8,8.10 LXX			
c 200	**Mt 1,25** ↑ Lk 1,31 ↓ Lk 2,21 καὶ οὐκ ἐγίνωσκεν αὐτὴν ἕως οὗ ἔτεκεν υἱόν· καὶ ἐκάλεσεν **τὸ ὄνομα αὐτοῦ** Ἰησοῦν.			

	Mt		Mk		Lk		
c 002					Lk 2,21 ↑ Mt 1,25 ↑ Lk 1,31	καὶ ὅτε ἐπλήσθησαν ἡμέραι ὀκτὼ τοῦ περιτεμεῖν αὐτὸν καὶ ἐκλήθη **τὸ ὄνομα αὐτοῦ** Ἰησοῦς, τὸ κληθὲν ὑπὸ τοῦ ἀγγέλου πρὸ τοῦ συλλημφθῆναι αὐτὸν ἐν τῇ κοιλίᾳ.	
b 002					Lk 2,25	καὶ ἰδοὺ ἄνθρωπος ἦν ἐν Ἰερουσαλὴμ ᾧ **ὄνομα** Συμεὼν ...	
b 112	Mt 9,9	καὶ παράγων ὁ Ἰησοῦς ἐκεῖθεν εἶδεν ἄνθρωπον καθήμενον ἐπὶ τὸ τελώνιον, Μαθθαῖον λεγόμενον, καὶ λέγει αὐτῷ· ἀκολούθει μοι. ...	Mk 2,14	καὶ παράγων εἶδεν Λευὶν τὸν τοῦ Ἁλφαίου καθήμενον ἐπὶ τὸ τελώνιον, καὶ λέγει αὐτῷ· ἀκολούθει μοι. ...	Lk 5,27	καὶ μετὰ ταῦτα ἐξῆλθεν καὶ ἐθεάσατο τελώνην **ὀνόματι** Λευὶν καθήμενον ἐπὶ τὸ τελώνιον, καὶ εἶπεν αὐτῷ· ἀκολούθει μοι.	
     102	Mt 5,11	μακάριοί ἐστε ὅταν ὀνειδίσωσιν ὑμᾶς καὶ διώξωσιν καὶ **εἴπωσιν πᾶν πονηρὸν** **καθ᾽ ὑμῶν** [ψευδόμενοι] ἕνεκεν ἐμοῦ.			Lk 6,22	μακάριοί ἐστε ὅταν μισήσωσιν ὑμᾶς οἱ ἄνθρωποι καὶ ὅταν ἀφορίσωσιν ὑμᾶς καὶ ὀνειδίσωσιν καὶ **ἐκβάλωσιν τὸ ὄνομα** **ὑμῶν ὡς πονηρὸν** ἕνεκα τοῦ υἱοῦ τοῦ ἀνθρώπου·	→ GTh 68 → GTh 69,1
g 202	Mt 6,9	... Πάτερ ἡμῶν ὁ ἐν τοῖς οὐρανοῖς· ἁγιασθήτω **τὸ ὄνομά σου·** [10] ἐλθέτω ἡ βασιλεία σου· ...			Lk 11,2	... Πάτερ, ἁγιασθήτω **τὸ ὄνομά σου·** ἐλθέτω ἡ βασιλεία σου·	
n 201 n 201 n 201	Mt 7,22 (3) → Mt 25,11	πολλοὶ ἐροῦσίν μοι ἐν ἐκείνῃ τῇ ἡμέρᾳ· κύριε κύριε, οὐ **τῷ σῷ ὀνόματι** ἐπροφητεύσαμεν, καὶ **τῷ σῷ ὀνόματι** δαιμόνια ἐξεβάλομεν, καὶ **τῷ σῷ ὀνόματι** δυνάμεις πολλὰς ἐποιήσαμεν;			Lk 13,26	τότε ἄρξεσθε λέγειν· ἐφάγομεν **ἐνώπιόν σου** καὶ ἐπίομεν καὶ ἐν ταῖς πλατείαις ἡμῶν ἐδίδαξας·	
 211 b 121	Mt 10,2	 **τῶν δὲ δώδεκα** **ἀποστόλων τὰ** **ὀνόματά** ἐστιν ταῦτα· πρῶτος Σίμων **ὁ λεγόμενος** Πέτρος	Mk 3,16	[καὶ ἐποίησεν **τοὺς δώδεκα,]** καὶ **ἐπέθηκεν ὄνομα** τῷ Σίμωνι Πέτρον,	Lk 6,14	 Σίμωνα, ὃν καὶ **ὠνόμασεν** Πέτρον,	→ Jn 1,40-42
b 121		καὶ Ἀνδρέας ὁ ἀδελφὸς αὐτοῦ, καὶ Ἰάκωβος ὁ τοῦ Ζεβεδαίου καὶ Ἰωάννης ὁ ἀδελφὸς αὐτοῦ	Mk 3,17	 καὶ Ἰάκωβον τὸν τοῦ Ζεβεδαίου καὶ Ἰωάννην τὸν ἀδελφὸν τοῦ Ἰακώβου καὶ ἐπέθηκεν αὐτοῖς **ὀνόμα[τα]** Βοανηργές, ὅ ἐστιν υἱοὶ βροντῆς· [18] καὶ Ἀνδρέαν ...		καὶ Ἀνδρέαν τὸν ἀδελφὸν αὐτοῦ, καὶ Ἰάκωβον καὶ Ἰωάννην ...	

n 222	**Mt 10,22** ⇩ Mt 24,9	καὶ ἔσεσθε μισούμενοι ὑπὸ πάντων **διὰ τὸ ὄνομά μου·** ...	**Mk 13,13**	καὶ ἔσεσθε μισούμενοι ὑπὸ πάντων **διὰ τὸ ὄνομά μου.** ...	**Lk 21,17**	καὶ ἔσεσθε μισούμενοι ὑπὸ πάντων **διὰ τὸ ὄνομά μου.** ...	
d 200 d 200	**Mt 10,41** **(2)** ↓ Mt 10,40 ↓ Mt 18,5 ↓ Mk 9,37 ↓ Lk 9,48	ὁ δεχόμενος προφήτην **εἰς ὄνομα προφήτου** μισθὸν προφήτου λήμψεται, καὶ ὁ δεχόμενος δίκαιον **εἰς ὄνομα δικαίου** μισθὸν δικαίου λήμψεται.					
d 220	**Mt 10,42**	καὶ ὃς ἂν ποτίσῃ ἕνα τῶν μικρῶν τούτων ποτήριον ψυχροῦ μόνον **εἰς ὄνομα μαθητοῦ,** ἀμὴν λέγω ὑμῖν, οὐ μὴ ἀπολέσῃ τὸν μισθὸν αὐτοῦ.	**Mk 9,41**	ὃς γὰρ ἂν ποτίσῃ ὑμᾶς ποτήριον ὕδατος **ἐν ὀνόματι ὅτι** **Χριστοῦ ἐστε,** ἀμὴν λέγω ὑμῖν ὅτι οὐ μὴ ἀπολέσῃ τὸν μισθὸν αὐτοῦ.			
n 200	**Mt 12,21**	*καὶ* ***τῷ ὀνόματι αὐτοῦ*** *ἔθνη ἐλπιοῦσιν.* ➤ Isa 42,4					
022 b 021			**Mk 5,9** **(2)**	καὶ ἐπηρώτα αὐτόν· τί **ὄνομά** σοι; καὶ λέγει αὐτῷ· λεγιὼν **ὄνομά** μοι, ὅτι πολλοί ἐσμεν.	**Lk 8,30**	ἐπηρώτησεν δὲ αὐτὸν ὁ Ἰησοῦς· τί σοι **ὄνομά** ἐστιν; ὁ δὲ εἶπεν· λεγιών, ὅτι εἰσῆλθεν δαιμόνια πολλὰ εἰς αὐτόν.	
b 122	**Mt 9,18**	... ἰδοὺ ἄρχων εἷς ἐλθὼν προσεκύνει αὐτῷ ...	**Mk 5,22**	καὶ ἔρχεται εἷς τῶν ἀρχισυναγώγων, **ὀνόματι** Ἰάϊρος, καὶ ἰδὼν αὐτὸν πίπτει πρὸς τοὺς πόδας αὐτοῦ	**Lk 8,41**	καὶ ἰδοὺ ἦλθεν ἀνὴρ ᾧ **ὄνομα** Ἰάϊρος καὶ οὗτος ἄρχων τῆς συναγωγῆς ὑπῆρχεν, καὶ πεσὼν παρὰ τοὺς πόδας [τοῦ] Ἰησοῦ ...	
n 121	**Mt 14,1**	ἐν ἐκείνῳ τῷ καιρῷ ἤκουσεν Ἡρῴδης ὁ τετραάρχης **τὴν ἀκοὴν** **Ἰησοῦ,** ...	**Mk 6,14**	καὶ ἤκουσεν ὁ βασιλεὺς Ἡρῴδης, **φανερὸν γὰρ ἐγένετο** **τὸ ὄνομα αὐτοῦ,** ...	**Lk 9,7**	ἤκουσεν δὲ Ἡρῴδης ὁ τετραάρχης **τὰ γινόμενα** **πάντα** ...	
n 222	**Mt 18,5** ⇩ Mt 10,40 ↑ Mt 10,41	καὶ ὃς ἐὰν δέξηται ἓν παιδίον τοιοῦτο **ἐπὶ τῷ ὀνόματί μου,** ἐμὲ δέχεται.	**Mk 9,37**	ὃς ἂν ἓν τῶν τοιούτων παιδίων δέξηται **ἐπὶ τῷ ὀνόματί μου,** ἐμὲ δέχεται· ...	**Lk 9,48** ⇩ Lk 10,16	... ὃς ἐὰν δέξηται τοῦτο τὸ παιδίον **ἐπὶ τῷ ὀνόματί μου,** ἐμὲ δέχεται· ...	→ Jn 5,23 → Jn 12,44-45 → Jn 13,20
	Mt 10,40 ⇧ Mt 18,5 ↑ Mt 10,41	ὁ δεχόμενος ὑμᾶς ἐμὲ δέχεται, ...			**Lk 10,16** ⇧ Lk 9,48	ὁ ἀκούων ὑμῶν ἐμοῦ ἀκούει, καὶ ὁ ἀθετῶν ὑμᾶς ἐμὲ ἀθετεῖ· ...	→ Jn 5,23 → Jn 12,44-45 → Jn 13,20
n 022			**Mk 9,38**	... διδάσκαλε, εἴδομέν τινα **ἐν τῷ ὀνόματί σου** ἐκβάλλοντα δαιμόνια καὶ ἐκωλύομεν αὐτόν, ὅτι οὐκ ἠκολούθει ἡμῖν.	**Lk 9,49**	... ἐπιστάτα, εἴδομέν τινα **ἐν τῷ ὀνόματί σου** ἐκβάλλοντα δαιμόνια καὶ ἐκωλύομεν αὐτὸν, ὅτι οὐκ ἀκολουθεῖ μεθ' ἡμῶν.	→ **Acts 19,13**
			Mk 9,39	ὁ δὲ Ἰησοῦς εἶπεν· μὴ κωλύετε αὐτόν.	**Lk 9,50**	εἶπεν δὲ πρὸς αὐτὸν ὁ Ἰησοῦς· μὴ κωλύετε· ...	
n 020				οὐδεὶς γάρ ἐστιν ὃς ποιήσει δύναμιν **ἐπὶ τῷ ὀνόματί μου** καὶ δυνήσεται ταχὺ κακολογῆσαί με·			

d 220	**Mt 10,42**	καὶ ὃς ἂν ποτίσῃ ἕνα τῶν μικρῶν τούτων ποτήριον ψυχροῦ μόνον **εἰς ὄνομα μαθητοῦ,** ἀμὴν λέγω ὑμῖν, οὐ μὴ ἀπολέσῃ τὸν μισθὸν αὐτοῦ.	**Mk 9,41**	ὃς γὰρ ἂν ποτίσῃ ὑμᾶς ποτήριον ὕδατος **ἐν ὀνόματι ὅτι Χριστοῦ ἐστε,** ἀμὴν λέγω ὑμῖν ὅτι οὐ μὴ ἀπολέσῃ τὸν μισθὸν αὐτοῦ.			
d n 200	**Mt 18,20**	οὗ γάρ εἰσιν δύο ἢ τρεῖς συνηγμένοι **εἰς τὸ ἐμὸν ὄνομα,** ἐκεῖ εἰμι ἐν μέσῳ αὐτῶν.					→ GTh 30 (POxy 1) → GTh 48 → GTh 106
n 002					**Lk 10,17**	... κύριε, καὶ τὰ δαιμόνια ὑποτάσσεται ἡμῖν **ἐν τῷ ὀνόματί σου.**	
002					**Lk 10,20**	πλὴν ἐν τούτῳ μὴ χαίρετε ὅτι τὰ πνεύματα ὑμῖν ὑποτάσσεται, χαίρετε δὲ ὅτι **τὰ ὀνόματα ὑμῶν** ἐγγέγραπται ἐν τοῖς οὐρανοῖς.	
b 002					**Lk 10,38**	ἐν δὲ τῷ πορεύεσθαι αὐτοὺς αὐτὸς εἰσῆλθεν εἰς κώμην τινά· γυνὴ δέ τις **ὀνόματι** Μάρθα ὑπεδέξατο αὐτόν.	
g 202	**Mt 6,9**	... Πάτερ ἡμῶν ὁ ἐν τοῖς οὐρανοῖς· ἁγιασθήτω **τὸ ὄνομά σου·** [10] ἐλθέτω ἡ βασιλεία σου· ...			**Lk 11,2**	... Πάτερ, ἁγιασθήτω **τὸ ὄνομά σου·** ἐλθέτω ἡ βασιλεία σου·	
f 202	**Mt 23,39**	λέγω γὰρ ὑμῖν, οὐ μή με ἴδητε ἀπ' ἄρτι ἕως ἂν εἴπητε· *εὐλογημένος ὁ ἐρχόμενος* ***ἐν ὀνόματι κυρίου.*** ➤ Ps 118,26			**Lk 13,35**	... λέγω [δὲ] ὑμῖν, οὐ μὴ ἴδητέ με ἕως [ἥξει ὅτε] εἴπητε· *εὐλογημένος ὁ ἐρχόμενος* ***ἐν ὀνόματι κυρίου.*** ➤ Ps 118,26	
b 002					**Lk 16,20**	πτωχὸς δέ τις **ὀνόματι** Λάζαρος ἐβέβλητο πρὸς τὸν πυλῶνα αὐτοῦ εἱλκωμένος	
n 211	**Mt 19,29** → Mt 10,37	καὶ πᾶς ὅστις ἀφῆκεν οἰκίας ἢ ἀδελφοὺς ἢ ἀδελφὰς ἢ πατέρα ἢ μητέρα ἢ τέκνα ἢ ἀγροὺς **ἕνεκεν τοῦ ὀνόματός μου, ...**	**Mk 10,29**	... οὐδείς ἐστιν ὃς ἀφῆκεν οἰκίαν ἢ ἀδελφοὺς ἢ ἀδελφὰς ἢ μητέρα ἢ πατέρα ἢ τέκνα ἢ ἀγροὺς **ἕνεκεν ἐμοῦ καὶ ἕνεκεν τοῦ εὐαγγελίου**	**Lk 18,29** → Lk 14,26	... οὐδείς ἐστιν ὃς ἀφῆκεν οἰκίαν ἢ γυναῖκα ἢ ἀδελφοὺς ἢ γονεῖς ἢ τέκνα **ἕνεκεν τῆς βασιλείας τοῦ θεοῦ**	→ GTh 55 → GTh 101
c 002					**Lk 19,2**	καὶ ἰδοὺ ἀνὴρ **ὀνόματι** καλούμενος Ζακχαῖος, καὶ αὐτὸς ἦν ἀρχιτελώνης καὶ αὐτὸς πλούσιος·	

f 222	Mt 21,9	... ὡσαννὰ τῷ υἱῷ Δαυίδ· εὐλογημένος ὁ ἐρχόμενος **ἐν ὀνόματι κυρίου·** ὡσαννὰ ἐν τοῖς ὑψίστοις. ➤ Ps 118,25-26; ➤ Ps 148,1/Job 16,19	Mk 11,9	... ὡσαννά· εὐλογημένος ὁ ἐρχόμενος **ἐν ὀνόματι κυρίου·** [10] εὐλογημένη ἡ ἐρχομένη βασιλεία τοῦ πατρὸς ἡμῶν Δαυίδ· ὡσαννὰ ἐν τοῖς ὑψίστοις. ➤ Ps 118,25-26; ➤ Ps 148,1/Job 16,19	Lk 19,38	... εὐλογημένος ὁ ἐρχόμενος, ὁ βασιλεὺς **ἐν ὀνόματι κυρίου·** ἐν οὐρανῷ εἰρήνη καὶ δόξα ἐν ὑψίστοις. ➤ Ps 118,26	→ Jn 12,13
f 202	Mt 23,39	λέγω γὰρ ὑμῖν, οὐ μή με ἴδητε ἀπ' ἄρτι ἕως ἂν εἴπητε· εὐλογημένος ὁ ἐρχόμενος **ἐν ὀνόματι κυρίου.** ➤ Ps 118,26			Lk 13,35	... λέγω [δὲ] ὑμῖν, οὐ μὴ ἴδητέ με ἕως [ἥξει ὅτε] εἴπητε· εὐλογημένος ὁ ἐρχόμενος **ἐν ὀνόματι κυρίου.** ➤ Ps 118,26	
n 222	Mt 24,5 → Mt 24,23-24 → Mt 24,26 → Mt 24,11	πολλοὶ γὰρ ἐλεύσονται **ἐπὶ τῷ ὀνόματί μου** λέγοντες· ἐγώ εἰμι ὁ χριστός, ...	Mk 13,6 → Mk 13,21-22	πολλοὶ ἐλεύσονται **ἐπὶ τῷ ὀνόματί μου** λέγοντες ὅτι ἐγώ εἰμι, ...	Lk 21,8 → Lk 17,23	... πολλοὶ γὰρ ἐλεύσονται **ἐπὶ τῷ ὀνόματί μου** λέγοντες· ἐγώ εἰμι, ...	
n 112	Mt 10,18	καὶ ἐπὶ ἡγεμόνας δὲ καὶ βασιλεῖς ἀχθήσεσθε **ἕνεκεν ἐμοῦ** εἰς μαρτύριον αὐτοῖς καὶ τοῖς ἔθνεσιν.	Mk 13,9	... καὶ ἐπὶ ἡγεμόνων καὶ βασιλέων σταθήσεσθε **ἕνεκεν ἐμοῦ** εἰς μαρτύριον αὐτοῖς.	Lk 21,12 → Lk 12,11	... ἀπαγομένους ἐπὶ βασιλεῖς καὶ ἡγεμόνας **ἕνεκεν τοῦ ὀνόματός μου·** [13] ἀποβήσεται ὑμῖν εἰς μαρτύριον.	
n 222	Mt 10,22 ⇩ Mt 24,9	καὶ ἔσεσθε μισούμενοι ὑπὸ πάντων **διὰ τὸ ὄνομά μου·** ...	Mk 13,13	καὶ ἔσεσθε μισούμενοι ὑπὸ πάντων **διὰ τὸ ὄνομά μου.** ...	Lk 21,17	καὶ ἔσεσθε μισούμενοι ὑπὸ πάντων **διὰ τὸ ὄνομά μου.** ...	
n 200	Mt 24,9 ⇧ Mt 10,22 → Mt 10,17 → Mk 13,9 → Mt 24,10	... καὶ ἔσεσθε μισούμενοι ὑπὸ πάντων τῶν ἐθνῶν **διὰ τὸ ὄνομά μου.**					
b 121	Mt 26,36	[30] καὶ ὑμνήσαντες ἐξῆλθον εἰς τὸ ὄρος τῶν ἐλαιῶν. [31] ... [36] τότε ἔρχεται μετ' αὐτῶν ὁ Ἰησοῦς **εἰς χωρίον λεγόμενον Γεθσημανὶ** καὶ λέγει τοῖς μαθηταῖς· καθίσατε αὐτοῦ ἕως [οὗ] ἀπελθὼν ἐκεῖ προσεύξωμαι.	Mk 14,32	[26] καὶ ὑμνήσαντες ἐξῆλθον εἰς τὸ ὄρος τῶν ἐλαιῶν. [27] ... [32] καὶ ἔρχονται **εἰς χωρίον οὗ τὸ ὄνομα Γεθσημανὶ** καὶ λέγει τοῖς μαθηταῖς αὐτοῦ· καθίσατε ὧδε ἕως προσεύξωμαι.	Lk 22,40 → Mt 26,41 → Mk 14,38 → Lk 22,46	[39] καὶ ἐξελθὼν ἐπορεύθη κατὰ τὸ ἔθος εἰς τὸ ὄρος τῶν ἐλαιῶν, ἠκολούθησαν δὲ αὐτῷ καὶ οἱ μαθηταί. [40] γενόμενος δὲ **ἐπὶ τοῦ τόπου** εἶπεν αὐτοῖς· προσεύχεσθε μὴ εἰσελθεῖν εἰς πειρασμόν.	
b 211	Mt 27,32	ἐξερχόμενοι δὲ εὗρον ἄνθρωπον Κυρηναῖον **ὀνόματι** Σίμωνα, τοῦτον ἠγγάρευσαν ἵνα ἄρῃ τὸν σταυρὸν αὐτοῦ.	Mk 15,21	καὶ ἀγγαρεύουσιν παράγοντά τινα Σίμωνα Κυρηναῖον ἐρχόμενον ἀπ' ἀγροῦ, τὸν πατέρα Ἀλεξάνδρου καὶ Ῥούφου, ἵνα ἄρῃ τὸν σταυρὸν αὐτοῦ.	Lk 23,26	... ἐπιλαβόμενοι Σίμωνά τινα Κυρηναῖον ἐρχόμενον ἀπ' ἀγροῦ ἐπέθηκαν αὐτῷ τὸν σταυρὸν φέρειν ὄπισθεν τοῦ Ἰησοῦ.	
b p 212	Mt 27,57	... ἦλθεν ἄνθρωπος πλούσιος ἀπὸ Ἁριμαθαίας, **τοὔνομα** Ἰωσήφ, ὃς καὶ αὐτὸς ἐμαθητεύθη τῷ Ἰησοῦ·	Mk 15,43	ἐλθὼν Ἰωσὴφ [ὁ] ἀπὸ Ἁριμαθαίας εὐσχήμων βουλευτής, ὃς καὶ αὐτὸς ἦν προσδεχόμενος τὴν βασιλείαν τοῦ θεοῦ, ...	Lk 23,50	καὶ ἰδοὺ ἀνὴρ **ὀνόματι** Ἰωσὴφ βουλευτὴς ὑπάρχων [καὶ] ἀνὴρ ἀγαθὸς καὶ δίκαιος [51] ... ἀπὸ Ἁριμαθαίας πόλεως τῶν Ἰουδαίων, ὃς προσεδέχετο τὴν βασιλείαν τοῦ θεοῦ	→ Jn 19,38

code	Mt		Mk		Lk		
b 002					Lk 24,13	καὶ ἰδοὺ δύο ἐξ αὐτῶν ἐν αὐτῇ τῇ ἡμέρᾳ ἦσαν πορευόμενοι εἰς κώμην ἀπέχουσαν σταδίους ἑξήκοντα ἀπὸ Ἰερουσαλήμ, ᾗ **ὄνομα** Ἐμμαοῦς	
b 002					Lk 24,18	ἀποκριθεὶς δὲ εἷς **ὀνόματι** Κλεοπᾶς εἶπεν πρὸς αὐτόν· σὺ μόνος παροικεῖς Ἰερουσαλὴμ καὶ οὐκ ἔγνως τὰ γενόμενα ἐν αὐτῇ ἐν ταῖς ἡμέραις ταύταις;	
n 002					Lk 24,47 ↓ Mt 28,19	καὶ κηρυχθῆναι **ἐπὶ τῷ ὀνόματι αὐτοῦ** μετάνοιαν εἰς ἄφεσιν ἁμαρτιῶν εἰς πάντα τὰ ἔθνη. ...	
d e n 200	Mt 28,19 → Mt 24,14 → Mk 13,10 ↑ Lk 24,47	πορευθέντες οὖν μαθητεύσατε πάντα τὰ ἔθνη, βαπτίζοντες αὐτοὺς **εἰς τὸ ὄνομα τοῦ πατρὸς καὶ τοῦ υἱοῦ καὶ τοῦ ἁγίου πνεύματος**					

a ὄνομα and (ἐπι)καλέω
b ὄνομα and proper name (except c)
c ὄνομα and καλέω and proper name
d εἰς (...) ὄνομα
e ὄνομα τοῦ θεοῦ, ~ τοῦ πατρός
f ὄνομα κυρίου name of the Lord (God)
g ὄνομά μου, ~ σου, ὄνομα αὐτοῦ of God's name
h ὄνομα Ἰησοῦ Χριστοῦ
j ὄνομα (...) Ἰησοῦ (except k)
k ὄνομα τοῦ κυρίου Ἰησοῦ
l ὄνομα τοῦ κυρίου (except k)
m ὄνομα τοῦ κυρίου ἡμῶν Ἰησοῦ Χριστοῦ
n ὄνομά μου, ~ σου, ὄνομα αὐτοῦ etc. of Jesus' name
p τοὔνομα

Acts 1,15 ... ἦν τε **ὄχλος ὀνομάτων** ἐπὶ τὸ αὐτὸ ὡσεὶ ἑκατὸν εἴκοσι·

a f **Acts 2,21** *καὶ ἔσται πᾶς ὃς ἂν ἐπικαλέσηται* ***τὸ ὄνομα κυρίου*** *σωθήσεται.*
➤ Joel 3,5 LXX

h **Acts 2,38** ... μετανοήσατε, [φησίν,] καὶ βαπτισθήτω ἕκαστος ὑμῶν **ἐπὶ τῷ ὀνόματι Ἰησοῦ Χριστοῦ** εἰς ἄφεσιν τῶν ἁμαρτιῶν ὑμῶν καὶ λήμψεσθε τὴν δωρεὰν τοῦ ἁγίου πνεύματος.

h **Acts 3,6** ... ἀργύριον καὶ χρυσίον οὐχ ὑπάρχει μοι, ὃ δὲ ἔχω τοῦτό σοι δίδωμι· **ἐν τῷ ὀνόματι Ἰησοῦ Χριστοῦ τοῦ Ναζωραίου** [ἔγειρε καὶ] περιπάτει.

n **Acts 3,16 (2)** καὶ **ἐπὶ τῇ πίστει τοῦ ὀνόματος αὐτοῦ** τοῦτον ὃν θεωρεῖτε καὶ οἴδατε, ἐστερέωσεν
n **τὸ ὄνομα αὐτοῦ,** καὶ ἡ πίστις ἡ δι' αὐτοῦ ἔδωκεν αὐτῷ τὴν ὁλοκληρίαν ταύτην ἀπέναντι πάντων ὑμῶν.

Acts 4,7 καὶ στήσαντες αὐτοὺς ἐν τῷ μέσῳ ἐπυνθάνοντο· ἐν ποίᾳ δυνάμει ἢ **ἐν ποίῳ ὀνόματι** ἐποιήσατε τοῦτο ὑμεῖς;

h **Acts 4,10** γνωστὸν ἔστω πᾶσιν ὑμῖν καὶ παντὶ τῷ λαῷ Ἰσραὴλ ὅτι **ἐν τῷ ὀνόματι Ἰησοῦ Χριστοῦ τοῦ Ναζωραίου** ὃν ὑμεῖς ἐσταυρώσατε, ὃν ὁ θεὸς ἤγειρεν ἐκ νεκρῶν, ἐν τούτῳ οὗτος παρέστηκεν ἐνώπιον ὑμῶν ὑγιής.

Acts 4,12 καὶ οὐκ ἔστιν ἐν ἄλλῳ οὐδενὶ ἡ σωτηρία, **οὐδὲ γὰρ ὄνομά ἐστιν ἕτερον** ὑπὸ τὸν οὐρανὸν τὸ δεδομένον ἐν ἀνθρώποις ἐν ᾧ δεῖ σωθῆναι ἡμᾶς.

n **Acts 4,17** ἀλλ' ἵνα μὴ ἐπὶ πλεῖον διανεμηθῇ εἰς τὸν λαόν ἀπειλησώμεθα αὐτοῖς μηκέτι λαλεῖν **ἐπὶ τῷ ὀνόματι τούτῳ** μηδενὶ ἀνθρώπων.

j **Acts 4,18** καὶ καλέσαντες αὐτοὺς παρήγγειλαν τὸ καθόλου μὴ φθέγγεσθαι μηδὲ διδάσκειν **ἐπὶ τῷ ὀνόματι τοῦ Ἰησοῦ.**

j **Acts 4,30** ἐν τῷ τὴν χεῖρά [σου] ἐκτείνειν σε εἰς ἴασιν καὶ σημεῖα καὶ τέρατα γίνεσθαι **διὰ τοῦ ὀνόματος τοῦ ἁγίου παιδός σου Ἰησοῦ.**

b **Acts 5,1** ἀνὴρ δέ τις Ἁνανίας
ὀνόματι
σὺν Σαπφίρῃ τῇ γυναικὶ αὐτοῦ ἐπώλησεν κτῆμα

n **Acts 5,28** ... [οὐ] παραγγελίᾳ παρηγγείλαμεν ὑμῖν μὴ διδάσκειν
ἐπὶ τῷ ὀνόματι τούτῳ,
καὶ ἰδοὺ πεπληρώκατε τὴν Ἰερουσαλὴμ τῆς διδαχῆς ὑμῶν ...

b **Acts 5,34** ἀναστὰς δέ τις ἐν τῷ συνεδρίῳ Φαρισαῖος
ὀνόματι
Γαμαλιήλ, νομοδιδάσκαλος τίμιος παντὶ τῷ λαῷ, ἐκέλευσεν ἔξω βραχὺ τοὺς ἀνθρώπους ποιῆσαι

j **Acts 5,40** καὶ προσκαλεσάμενοι τοὺς ἀποστόλους δείραντες παρήγγειλαν μὴ λαλεῖν
ἐπὶ τῷ ὀνόματι τοῦ Ἰησοῦ
καὶ ἀπέλυσαν.

n **Acts 5,41** οἱ μὲν οὖν ἐπορεύοντο χαίροντες ἀπὸ προσώπου τοῦ συνεδρίου, ὅτι κατηξιώθησαν
ὑπὲρ τοῦ ὀνόματος
ἀτιμασθῆναι

b **Acts 8,9** ἀνὴρ δέ τις
ὀνόματι
Σίμων προϋπῆρχεν ἐν τῇ πόλει μαγεύων καὶ ἐξιστάνων τὸ ἔθνος τῆς Σαμαρείας, λέγων εἶναί τινα ἑαυτὸν μέγαν

h **Acts 8,12** ὅτε δὲ ἐπίστευσαν τῷ Φιλίππῳ εὐαγγελιζομένῳ περὶ τῆς βασιλείας τοῦ θεοῦ καὶ
τοῦ ὀνόματος Ἰησοῦ Χριστοῦ,
ἐβαπτίζοντο ἄνδρες τε καὶ γυναῖκες.

k **Acts 8,16** οὐδέπω γὰρ ἦν ἐπ' οὐδενὶ αὐτῶν ἐπιπεπτωκός, μόνον δὲ βεβαπτισμένοι ὑπῆρχον
εἰς τὸ ὄνομα τοῦ κυρίου Ἰησοῦ.

b **Acts 9,10** ἦν δέ τις μαθητὴς ἐν Δαμασκῷ
ὀνόματι
Ἁνανίας, ...

b **Acts 9,11** ὁ δὲ κύριος πρὸς αὐτόν· ἀναστὰς πορεύθητι ἐπὶ τὴν ῥύμην τὴν καλουμένην Εὐθεῖαν καὶ ζήτησον ἐν οἰκίᾳ Ἰούδα Σαῦλον
ὀνόματι
Ταρσέα· ...

b **Acts 9,12** καὶ εἶδεν ἄνδρα [ἐν ὁράματι] Ἁνανίαν
ὀνόματι
εἰσελθόντα καὶ ἐπιθέντα αὐτῷ [τὰς] χεῖρας ὅπως ἀναβλέψῃ.

a n **Acts 9,14** καὶ ὧδε ἔχει ἐξουσίαν παρὰ τῶν ἀρχιερέων δῆσαι πάντας τοὺς ἐπικαλουμένους
τὸ ὄνομά σου.

n **Acts 9,15** εἶπεν δὲ πρὸς αὐτὸν ὁ κύριος· πορεύου, ὅτι σκεῦος ἐκλογῆς ἐστίν μοι οὗτος τοῦ βαστάσαι
τὸ ὄνομά μου
ἐνώπιον ἐθνῶν τε καὶ βασιλέων υἱῶν τε Ἰσραήλ·

n **Acts 9,16** ἐγὼ γὰρ ὑποδείξω αὐτῷ ὅσα δεῖ αὐτὸν
ὑπὲρ τοῦ ὀνόματός μου
παθεῖν.

a n **Acts 9,21** ... οὐχ οὗτός ἐστιν ὁ πορθήσας εἰς Ἰερουσαλὴμ τοὺς ἐπικαλουμένους
τὸ ὄνομα τοῦτο,
καὶ ὧδε εἰς τοῦτο ἐληλύθει ἵνα δεδεμένους αὐτοὺς ἀγάγῃ ἐπὶ τοὺς ἀρχιερεῖς;

j **Acts 9,27** ... καὶ πῶς ἐν Δαμασκῷ ἐπαρρησιάσατο
ἐν τῷ ὀνόματι τοῦ Ἰησοῦ.

l **Acts 9,28** καὶ ἦν μετ' αὐτῶν εἰσπορευόμενος καὶ ἐκπορευόμενος εἰς Ἰερουσαλήμ, παρρησιαζόμενος
ἐν τῷ ὀνόματι τοῦ κυρίου

b **Acts 9,33** εὗρεν δὲ ἐκεῖ ἄνθρωπόν τινα
ὀνόματι
Αἰνέαν ἐξ ἐτῶν ὀκτὼ κατακείμενον ἐπὶ κραβάττου, ὃς ἦν παραλελυμένος.

b **Acts 9,36** ἐν Ἰόππῃ δέ τις ἦν μαθήτρια
ὀνόματι
Ταβιθά, ἣ διερμηνευομένη λέγεται Δορκάς· ...

b **Acts 10,1** ἀνὴρ δέ τις ἐν Καισαρείᾳ
ὀνόματι
Κορνήλιος, ἑκατοντάρχης ἐκ σπείρης τῆς καλουμένης Ἰταλικῆς

n **Acts 10,43** τούτῳ πάντες οἱ προφῆται μαρτυροῦσιν ἄφεσιν ἁμαρτιῶν λαβεῖν
διὰ τοῦ ὀνόματος αὐτοῦ
πάντα τὸν πιστεύοντα εἰς αὐτόν.

h **Acts 10,48** προσέταξεν δὲ αὐτοὺς
ἐν τῷ ὀνόματι Ἰησοῦ Χριστοῦ
βαπτισθῆναι. ...

b **Acts 11,28** ἀναστὰς δὲ εἷς ἐξ αὐτῶν
ὀνόματι
Ἅγαβος ἐσήμανεν διὰ τοῦ πνεύματος λιμὸν μεγάλην μέλλειν ἔσεσθαι ἐφ' ὅλην τὴν οἰκουμένην, ἥτις ἐγένετο ἐπὶ Κλαυδίου.

b **Acts 12,13** κρούσαντος δὲ αὐτοῦ τὴν θύραν τοῦ πυλῶνος προσῆλθεν παιδίσκη ὑπακοῦσαι
ὀνόματι
Ῥόδη

b **Acts 13,6** διελθόντες δὲ ὅλην τὴν νῆσον ἄχρι Πάφου εὗρον ἄνδρα τινὰ μάγον ψευδοπροφήτην Ἰουδαῖον ᾧ
ὄνομα
Βαριησοῦ

b **Acts 13,8** ἀνθίστατο δὲ αὐτοῖς Ἐλύμας ὁ μάγος, οὕτως γὰρ μεθερμηνεύεται
τὸ ὄνομα αὐτοῦ,
ζητῶν διαστρέψαι τὸν ἀνθύπατον ἀπὸ τῆς πίστεως.

g **Acts 15,14** Συμεὼν ἐξηγήσατο καθὼς πρῶτον ὁ θεὸς ἐπεσκέψατο λαβεῖν ἐξ ἐθνῶν λαὸν
τῷ ὀνόματι αὐτοῦ.

a g **Acts 15,17** *ὅπως ἂν ἐκζητήσωσιν οἱ κατάλοιποι τῶν ἀνθρώπων τὸν κύριον καὶ πάντα τὰ ἔθνη ἐφ' οὓς ἐπικέκληται*
τὸ ὄνομά μου
ἐπ' αὐτούς, λέγει κύριος ποιῶν ταῦτα
➤ Amos 9,12 LXX

m **Acts 15,26** ἀνθρώποις παραδεδωκόσι τὰς ψυχὰς αὐτῶν
ὑπὲρ τοῦ ὀνόματος τοῦ κυρίου ἡμῶν Ἰησοῦ Χριστοῦ.

b **Acts 16,1** κατήντησεν δὲ [καὶ] εἰς Δέρβην καὶ εἰς Λύστραν. καὶ ἰδοὺ μαθητής τις ἦν ἐκεῖ **ὀνόματι** Τιμόθεος, υἱὸς γυναικὸς Ἰουδαίας πιστῆς, πατρὸς δὲ Ἕλληνος

b **Acts 16,14** καί τις γυνὴ **ὀνόματι** Λυδία, πορφυρόπωλις πόλεως Θυατείρων σεβομένη τὸν θεόν, ἤκουεν, ...

h **Acts 16,18** ... παραγγέλλω σοι **ἐν ὀνόματι Ἰησοῦ Χριστοῦ** ἐξελθεῖν ἀπ᾽ αὐτῆς· καὶ ἐξῆλθεν αὐτῇ τῇ ὥρᾳ.

b **Acts 17,34** τινὲς δὲ ἄνδρες κολληθέντες αὐτῷ ἐπίστευσαν, ἐν οἷς καὶ Διονύσιος ὁ Ἀρεοπαγίτης καὶ γυνὴ **ὀνόματι** Δάμαρις καὶ ἕτεροι σὺν αὐτοῖς.

b **Acts 18,2** καὶ εὑρών τινα Ἰουδαῖον **ὀνόματι** Ἀκύλαν, Ποντικὸν τῷ γένει προσφάτως ἐληλυθότα ἀπὸ τῆς Ἰταλίας καὶ Πρίσκιλλαν γυναῖκα αὐτοῦ, ...

b **Acts 18,7** καὶ μεταβὰς ἐκεῖθεν εἰσῆλθεν εἰς οἰκίαν τινὸς **ὀνόματι** Τιτίου Ἰούστου σεβομένου τὸν θεόν, οὗ ἡ οἰκία ἦν συνομοροῦσα τῇ συναγωγῇ.

Acts 18,15 εἰ δὲ ζητήματά ἐστιν περὶ λόγου καὶ **ὀνομάτων** καὶ νόμου τοῦ καθ᾽ ὑμᾶς, ὄψεσθε αὐτοί· κριτὴς ἐγὼ τούτων οὐ βούλομαι εἶναι.

b **Acts 18,24** Ἰουδαῖος δέ τις Ἀπολλῶς **ὀνόματι**, Ἀλεξανδρεὺς τῷ γένει, ἀνὴρ λόγιος, κατήντησεν εἰς Ἔφεσον, δυνατὸς ὢν ἐν ταῖς γραφαῖς.

k **Acts 19,5** ἀκούσαντες δὲ ἐβαπτίσθησαν **εἰς τὸ ὄνομα τοῦ κυρίου Ἰησοῦ**

k **Acts 19,13** ἐπεχείρησαν δέ τινες καὶ τῶν περιερχομένων Ἰουδαίων ἐξορκιστῶν ὀνομάζειν ἐπὶ τοὺς ἔχοντας τὰ πνεύματα τὰ πονηρὰ **τὸ ὄνομα τοῦ κυρίου Ἰησοῦ** λέγοντες· ὁρκίζω ὑμᾶς τὸν Ἰησοῦν ὃν Παῦλος κηρύσσει.

k **Acts 19,17** τοῦτο δὲ ἐγένετο γνωστὸν πᾶσιν Ἰουδαίοις τε καὶ Ἕλλησιν τοῖς κατοικοῦσιν τὴν Ἔφεσον καὶ ἐπέπεσεν φόβος ἐπὶ πάντας αὐτοὺς καὶ ἐμεγαλύνετο **τὸ ὄνομα τοῦ κυρίου Ἰησοῦ.**

b **Acts 19,24** Δημήτριος γάρ τις **ὀνόματι**, ἀργυροκόπος, ποιῶν ναοὺς ἀργυροῦς Ἀρτέμιδος παρείχετο τοῖς τεχνίταις οὐκ ὀλίγην ἐργασίαν

b **Acts 20,9** καθεζόμενος δέ τις νεανίας **ὀνόματι** Εὔτυχος ἐπὶ τῆς θυρίδος, ...

b **Acts 21,10** ἐπιμενόντων δὲ ἡμέρας πλείους κατῆλθέν τις ἀπὸ τῆς Ἰουδαίας προφήτης **ὀνόματι** Ἅγαβος

k **Acts 21,13** ... ἐγὼ γὰρ οὐ μόνον δεθῆναι ἀλλὰ καὶ ἀποθανεῖν εἰς Ἰερουσαλὴμ ἑτοίμως ἔχω **ὑπὲρ τοῦ ὀνόματος τοῦ κυρίου Ἰησοῦ.**

a n **Acts 22,16** καὶ νῦν τί μέλλεις; ἀναστὰς βάπτισαι καὶ ἀπόλουσαι τὰς ἁμαρτίας σου ἐπικαλεσάμενος **τὸ ὄνομα αὐτοῦ.**

j **Acts 26,9** ἐγὼ μὲν οὖν ἔδοξα ἐμαυτῷ **πρὸς τὸ ὄνομα Ἰησοῦ τοῦ Ναζωραίου** δεῖν πολλὰ ἐναντία πρᾶξαι

b **Acts 27,1** ... παρεδίδουν τόν τε Παῦλον καί τινας ἑτέρους δεσμώτας ἑκατοντάρχῃ **ὀνόματι** Ἰουλίῳ σπείρης Σεβαστῆς.

b **Acts 28,7** ἐν δὲ τοῖς περὶ τὸν τόπον ἐκεῖνον ὑπῆρχεν χωρία τῷ πρώτῳ τῆς νήσου **ὀνόματι** Ποπλίῳ, ὃς ἀναδεξάμενος ἡμᾶς τρεῖς ἡμέρας φιλοφρόνως ἐξένισεν.

ὀνομάζω	Syn 3	Mt	Mk 1	Lk 2	Acts 1	Jn	1-3John	Paul 2	Eph 3	Col
	NT 10	2Thess	1/2Tim 1	Tit	Heb	Jas	1Pet	2Pet	Jude	Rev

give a name; call; name; name a name; use a name; use a word

	Mt 10,1		Mk 3,14		Lk 6,13	
122	**Mt 10,1** → Mk 3,13	καὶ προσκαλεσάμενος τοὺς δώδεκα μαθητὰς αὐτοῦ ...	**Mk 3,14** → Mk 6,7 → Mt 10,5	καὶ ἐποίησεν δώδεκα, [οὓς καὶ ἀποστόλους **ὠνόμασεν**] ἵνα ὦσιν μετ᾽ αὐτοῦ καὶ ἵνα ἀποστέλλῃ αὐτοὺς κηρύσσειν	**Lk 6,13**	... καὶ ἐκλεξάμενος ἀπ᾽ αὐτῶν δώδεκα, οὓς καὶ ἀποστόλους **ὠνόμασεν·**

112	Mt 10,2	τῶν δὲ δώδεκα ἀποστόλων τὰ ὀνόματά ἐστιν ταῦτα· πρῶτος Σίμων **ὁ λεγόμενος** Πέτρος ...	Mk 3,16	... καὶ **ἐπέθηκεν ὄνομα** τῷ Σίμωνι Πέτρον	Lk 6,14	Σίμωνα, ὃν καὶ **ὠνόμασεν** Πέτρον, ...	→ Jn 1,40-42

Acts 19,13 ἐπεχείρησαν δέ τινες καὶ τῶν περιερχομένων Ἰουδαίων ἐξορκιστῶν **ὀνομάζειν** ἐπὶ τοὺς ἔχοντας τὰ πνεύματα τὰ πονηρὰ τὸ ὄνομα τοῦ κυρίου Ἰησοῦ λέγοντες· ὁρκίζω ὑμᾶς τὸν Ἰησοῦν ὃν Παῦλος κηρύσσει.

ὄνος

	Syn	Mt	Mk	Lk	Acts	Jn	1-3John	Paul	Eph	Col
	4	3		1		1				
	NT	2Thess	1/2Tim	Tit	Heb	Jas	1Pet	2Pet	Jude	Rev
	5									

donkey; ass; she-ass

002					Lk 13,15 → Mt 12,11 → Lk 14,5	... ὑποκριταί, ἕκαστος ὑμῶν τῷ σαββάτῳ οὐ λύει τὸν βοῦν αὐτοῦ ἢ **τὸν ὄνον** ἀπὸ τῆς φάτνης καὶ ἀπαγαγὼν ποτίζει;	
211	Mt 21,2	... πορεύεσθε εἰς τὴν κώμην τὴν κατέναντι ὑμῶν, καὶ εὐθέως εὑρήσετε **ὄνον δεδεμένην καὶ πῶλον** μετ᾽ αὐτῆς· λύσαντες ἀγάγετέ μοι.	Mk 11,2	... ὑπάγετε εἰς τὴν κώμην τὴν κατέναντι ὑμῶν, καὶ εὐθὺς εἰσπορευόμενοι εἰς αὐτὴν εὑρήσετε **πῶλον δεδεμένον** ἐφ᾽ ὃν οὐδεὶς οὔπω ἀνθρώπων ἐκάθισεν· λύσατε αὐτὸν καὶ φέρετε.	Lk 19,30	... ὑπάγετε εἰς τὴν κατέναντι κώμην, ἐν ᾗ εἰσπορευόμενοι εὑρήσετε **πῶλον δεδεμένον,** ἐφ᾽ ὃν οὐδεὶς πώποτε ἀνθρώπων ἐκάθισεν, καὶ λύσαντες αὐτὸν ἀγάγετε.	
200	Mt 21,5	*εἴπατε τῇ θυγατρὶ Σιών· ἰδοὺ ὁ βασιλεύς σου ἔρχεταί σοι πραῢς καὶ ἐπιβεβηκὼς* ***ἐπὶ ὄνον καὶ ἐπὶ πῶλον υἱὸν ὑποζυγίου.*** ➤ Isa 62,11; Zech 9,9					→ Jn 12,15
211	Mt 21,7	ἤγαγον **τὴν ὄνον καὶ τὸν πῶλον** καὶ ἐπέθηκαν ἐπ᾽ αὐτῶν τὰ ἱμάτια, καὶ ἐπεκάθισεν ἐπάνω αὐτῶν.	Mk 11,7	καὶ φέρουσιν **τὸν πῶλον** πρὸς τὸν Ἰησοῦν καὶ ἐπιβάλλουσιν αὐτῷ τὰ ἱμάτια αὐτῶν, καὶ ἐκάθισεν ἐπ᾽ αὐτόν.	Lk 19,35	καὶ ἤγαγον **αὐτὸν** πρὸς τὸν Ἰησοῦν καὶ ἐπιρίψαντες αὐτῶν τὰ ἱμάτια ἐπὶ τὸν πῶλον ἐπεβίβασαν τὸν Ἰησοῦν.	

ὄντως	Syn 3	Mt	Mk 1	Lk 2	Acts	Jn 1	1-3John	Paul 2	Eph	Col
	NT 10	2Thess	1/2Tim 4	Tit	Heb	Jas	1Pet	2Pet	Jude	Rev

really; certainly; in truth

121	**Mt 21,26**	... φοβούμεθα τὸν ὄχλον, πάντες γὰρ ὡς προφήτην ἔχουσιν τὸν Ἰωάννην.	**Mk 11,32**	... - ἐφοβοῦντο τὸν ὄχλον· ἅπαντες γὰρ εἶχον τὸν Ἰωάννην **ὄντως** ὅτι προφήτης ἦν.	**Lk 20,6**	... ὁ λαὸς ἅπας καταλιθάσει ἡμᾶς, πεπεισμένος γάρ ἐστιν Ἰωάννην προφήτην εἶναι.	
112	**Mt 27,54**	ὁ δὲ ἑκατόνταρχος καὶ οἱ μετ' αὐτοῦ τηροῦντες τὸν Ἰησοῦν ἰδόντες τὸν σεισμὸν καὶ τὰ γενόμενα ἐφοβήθησαν σφόδρα, λέγοντες· **ἀληθῶς** θεοῦ υἱὸς ἦν οὗτος.	**Mk 15,39**	ἰδὼν δὲ ὁ κεντυρίων ὁ παρεστηκὼς ἐξ ἐναντίας αὐτοῦ ὅτι οὕτως ἐξέπνευσεν εἶπεν· **ἀληθῶς** οὗτος ὁ ἄνθρωπος υἱὸς θεοῦ ἦν.	**Lk 23,47**	ἰδὼν δὲ ὁ ἑκατοντάρχης τὸ γενόμενον ἐδόξαζεν τὸν θεὸν λέγων· **ὄντως** ὁ ἄνθρωπος οὗτος δίκαιος ἦν.	
002					**Lk 24,34**	λέγοντας ὅτι **ὄντως** ἠγέρθη ὁ κύριος καὶ ὤφθη Σίμωνι.	→ 1Cor 15,4-5

ὄξος	Syn 3	Mt 1	Mk 1	Lk 1	Acts	Jn 3	1-3John	Paul	Eph	Col
	NT 6	2Thess	1/2Tim	Tit	Heb	Jas	1Pet	2Pet	Jude	Rev

sour wine; wine vinegar

002	**Mt 27,48**	καὶ εὐθέως δραμὼν εἷς ἐξ αὐτῶν καὶ λαβὼν σπόγγον πλήσας τε **ὄξους** καὶ περιθεὶς καλάμῳ ἐπότιζεν αὐτόν.	**Mk 15,36**	δραμὼν δέ τις [καὶ] γεμίσας σπόγγον **ὄξους** περιθεὶς καλάμῳ ἐπότιζεν αὐτὸν ...	**Lk 23,36** → Lk 23,39	ἐνέπαιξαν δὲ αὐτῷ καὶ οἱ στρατιῶται προσερχόμενοι, **ὄξος** προσφέροντες αὐτῷ	→ **Jn 19,29**
220	**Mt 27,48**	καὶ εὐθέως δραμὼν εἷς ἐξ αὐτῶν καὶ λαβὼν σπόγγον πλήσας τε **ὄξους** καὶ περιθεὶς καλάμῳ ἐπότιζεν αὐτόν.	**Mk 15,36**	δραμὼν δέ τις [καὶ] γεμίσας σπόγγον **ὄξους** περιθεὶς καλάμῳ ἐπότιζεν αὐτὸν ...	**Lk 23,36** → Lk 23,39	ἐνέπαιξαν δὲ αὐτῷ καὶ οἱ στρατιῶται προσερχόμενοι, **ὄξος** προσφέροντες αὐτῷ	→ **Jn 19,29**

ὄπισθεν	Syn 5	Mt 2	Mk 1	Lk 2	Acts	Jn	1-3John	Paul	Eph	Col
	NT 7	2Thess	1/2Tim	Tit	Heb	Jas	1Pet	2Pet	Jude	Rev 2

from behind; behind; after

222	**Mt 9,20** → Mt 14,36	καὶ ἰδοὺ γυνὴ αἱμορροοῦσα δώδεκα ἔτη προσελθοῦσα **ὄπισθεν** ἥψατο τοῦ κρασπέδου τοῦ ἱματίου αὐτοῦ·	**Mk 5,27** → Mk 6,56	[25] καὶ γυνὴ οὖσα ἐν ῥύσει αἵματος δώδεκα ἔτη ... [27] ἀκούσασα περὶ τοῦ Ἰησοῦ, ἐλθοῦσα ἐν τῷ ὄχλῳ **ὄπισθεν** ἥψατο τοῦ ἱματίου αὐτοῦ·	**Lk 8,44**	[43] καὶ γυνὴ οὖσα ἐν ῥύσει αἵματος ἀπὸ ἐτῶν δώδεκα, ... [44] προσελθοῦσα **ὄπισθεν** ἥψατο τοῦ κρασπέδου τοῦ ἱματίου αὐτοῦ ...	

code	Mt	Mk	Lk	
200	**Mt 15,23** ... καὶ προσελθόντες οἱ μαθηταὶ αὐτοῦ ἠρώτουν αὐτὸν λέγοντες· ἀπόλυσον αὐτήν, ὅτι κράζει **ὄπισθεν** ἡμῶν.			
112	**Mt 27,32** → Mt 10,38 → Mt 16,24 ἐξερχόμενοι δὲ εὗρον ἄνθρωπον Κυρηναῖον ὀνόματι Σίμωνα, τοῦτον ἠγγάρευσαν ἵνα ἄρῃ τὸν σταυρὸν αὐτοῦ.	**Mk 15,21** → Mk 8,34 καὶ ἀγγαρεύουσιν παράγοντά τινα Σίμωνα Κυρηναῖον ἐρχόμενον ἀπ' ἀγροῦ, τὸν πατέρα Ἀλεξάνδρου καὶ Ῥούφου, ἵνα ἄρῃ τὸν σταυρὸν αὐτοῦ.	**Lk 23,26** → Lk 9,23 → Lk 14,27 ... ἐπιλαβόμενοι Σίμωνά τινα Κυρηναῖον ἐρχόμενον ἀπ' ἀγροῦ ἐπέθηκαν αὐτῷ τὸν σταυρὸν φέρειν **ὄπισθεν τοῦ Ἰησοῦ.**	

ὀπίσω

Syn 19	Mt 6	Mk 6	Lk 7	Acts 2	Jn 7	1-3John	Paul 1	Eph	Col
NT 35	2Thess	1/2Tim 1	Tit	Heb	Jas	1Pet	2Pet 1	Jude 1	Rev 3

behind; back; after

	triple tradition																	double tradition			Sondergut		
		+Mt / +Lk			–Mt / –Lk			traditions not taken over by Mt / Lk							subtotals								
code	222	211	112	212	221	122	121	022	012	021	220	120	210	020	Σ^+	Σ^-	Σ	202	201	102	200	002	total
Mt	2				1		1^-				1					1^-	4	1	1				**6**
Mk	2				1		1				1			1			6						**6**
Lk	2		1^+		1^-		1^-								1^+	2^-	3	1				3	**7**

[a] εἰς τὰ ὀπίσω

code	Mt	Mk	Lk	
020	**Mt 3,11** ἐγὼ μὲν ὑμᾶς βαπτίζω ἐν ὕδατι εἰς μετάνοιαν, ὁ δὲ **ὀπίσω μου** ἐρχόμενος ἰσχυρότερός μού ἐστιν, οὗ οὐκ εἰμὶ ἱκανὸς τὰ ὑποδήματα βαστάσαι· αὐτὸς ὑμᾶς βαπτίσει ἐν πνεύματι ἁγίῳ καὶ πυρί·	**Mk 1,7** ... ἔρχεται ὁ ἰσχυρότερός μου **ὀπίσω μου,** οὗ οὐκ εἰμὶ ἱκανὸς κύψας λῦσαι τὸν ἱμάντα τῶν ὑποδημάτων αὐτοῦ. [8] ἐγὼ ἐβάπτισα ὑμᾶς ὕδατι, αὐτὸς δὲ βαπτίσει ὑμᾶς ἐν πνεύματι ἁγίῳ.	**Lk 3,16** ... ἐγὼ μὲν ὕδατι βαπτίζω ὑμᾶς· ἔρχεται δὲ ὁ ἰσχυρότερός μου, οὗ οὐκ εἰμὶ ἱκανὸς λῦσαι τὸν ἱμάντα τῶν ὑποδημάτων αὐτοῦ· αὐτὸς ὑμᾶς βαπτίσει ἐν πνεύματι ἁγίῳ καὶ πυρί·	**→ Jn 1,27** → Jn 1,26 → Acts 1,5 → Acts 11,16 → Acts 13,25 → Acts 19,4 Mk-Q overlap
201	**Mt 3,11** ἐγὼ μὲν ὑμᾶς βαπτίζω ἐν ὕδατι εἰς μετάνοιαν, ὁ δὲ **ὀπίσω μου** ἐρχόμενος ἰσχυρότερός μού ἐστιν, οὗ οὐκ εἰμὶ ἱκανὸς τὰ ὑποδήματα βαστάσαι· αὐτὸς ὑμᾶς βαπτίσει ἐν πνεύματι ἁγίῳ καὶ πυρί·	**Mk 1,7** ... ἔρχεται ὁ ἰσχυρότερός μου **ὀπίσω μου,** οὗ οὐκ εἰμὶ ἱκανὸς κύψας λῦσαι τὸν ἱμάντα τῶν ὑποδημάτων αὐτοῦ. [8] ἐγὼ ἐβάπτισα ὑμᾶς ὕδατι, αὐτὸς δὲ βαπτίσει ὑμᾶς ἐν πνεύματι ἁγίῳ.	**Lk 3,16** ... ἐγὼ μὲν ὕδατι βαπτίζω ὑμᾶς· ἔρχεται δὲ ὁ ἰσχυρότερός μου, οὗ οὐκ εἰμὶ ἱκανὸς λῦσαι τὸν ἱμάντα τῶν ὑποδημάτων αὐτοῦ· αὐτὸς ὑμᾶς βαπτίσει ἐν πνεύματι ἁγίῳ καὶ πυρί·	**→ Jn 1,27** → Jn 1,26 → Acts 1,5 → Acts 11,16 → Acts 13,25 → Acts 19,4 Mk-Q overlap
221	**Mt 4,19** ... δεῦτε **ὀπίσω μου,** καὶ ποιήσω ὑμᾶς ἁλιεῖς ἀνθρώπων.	**Mk 1,17** ... δεῦτε **ὀπίσω μου,** καὶ ποιήσω ὑμᾶς γενέσθαι ἁλιεῖς ἀνθρώπων.	**Lk 5,10** ... μὴ φοβοῦ· ἀπὸ τοῦ νῦν ἀνθρώπους ἔσῃ ζωγρῶν.	
121	**Mt 4,22** οἱ δὲ εὐθέως ἀφέντες τὸ πλοῖον καὶ τὸν πατέρα αὐτῶν **ἠκολούθησαν αὐτῷ.**	**Mk 1,20** ... καὶ ἀφέντες τὸν πατέρα αὐτῶν Ζεβεδαῖον ἐν τῷ πλοίῳ μετὰ τῶν μισθωτῶν **ἀπῆλθον ὀπίσω αὐτοῦ.**	**Lk 5,11** → Mk 1,18 → Lk 5,28 καὶ καταγαγόντες τὰ πλοῖα ἐπὶ τὴν γῆν ἀφέντες πάντα **ἠκολούθησαν αὐτῷ.**	

	Mt		Mk		Lk		
202	**Mt 10,38** ⇩ Mt 16,24 → Mt 27,32	καὶ ὃς οὐ λαμβάνει τὸν σταυρὸν αὐτοῦ καὶ ἀκολουθεῖ **ὀπίσω μου,** οὐκ ἔστιν μου ἄξιος.	**Mk 8,34** → Mk 15,21	... εἴ τις θέλει **ὀπίσω μου** ἀκολουθεῖν, ἀπαρνησάσθω ἑαυτὸν καὶ ἀράτω τὸν σταυρὸν αὐτοῦ καὶ ἀκολουθείτω μοι.	**Lk 14,27** ⇩ Lk 9,23 → Lk 23,26	ὅστις οὐ βαστάζει τὸν σταυρὸν ἑαυτοῦ καὶ ἔρχεται **ὀπίσω μου** οὐ δύναται εἶναί μου μαθητής.	→ GTh 55 → GTh 101 Mk-Q overlap
002	**Mt 26,7**	... καὶ κατέχεεν ἐπὶ τῆς κεφαλῆς ...	**Mk 14,3**	... συντρίψασα τὴν ἀλάβαστρον κατέχεεν αὐτοῦ τῆς κεφαλῆς.	**Lk 7,38**	καὶ στᾶσα **ὀπίσω** παρὰ τοὺς πόδας αὐτοῦ κλαίουσα τοῖς δάκρυσιν ἤρξατο βρέχειν τοὺς πόδας αὐτοῦ καὶ ταῖς θριξὶν τῆς κεφαλῆς αὐτῆς ἐξέμασσεν καὶ κατεφίλει τοὺς πόδας αὐτοῦ καὶ ἤλειφεν τῷ μύρῳ.	→ Jn 12,3
220	**Mt 16,23** → Mt 4,10	... ὕπαγε **ὀπίσω μου,** σατανᾶ· σκάνδαλον εἶ ἐμοῦ, ὅτι οὐ φρονεῖς τὰ τοῦ θεοῦ ἀλλὰ τὰ τῶν ἀνθρώπων.	**Mk 8,33** → Mt 4,10	... ὕπαγε **ὀπίσω μου,** σατανᾶ, ὅτι οὐ φρονεῖς τὰ τοῦ θεοῦ ἀλλὰ τὰ τῶν ἀνθρώπων.			
222	**Mt 16,24** ⇧ Mt 10,38 → Mt 27,32	... εἴ τις θέλει **ὀπίσω μου** ἐλθεῖν, ἀπαρνησάσθω ἑαυτὸν καὶ ἀράτω τὸν σταυρὸν αὐτοῦ καὶ ἀκολουθείτω μοι.	**Mk 8,34** → Mk 15,21	... εἴ τις θέλει **ὀπίσω μου** ἀκολουθεῖν, ἀπαρνησάσθω ἑαυτὸν καὶ ἀράτω τὸν σταυρὸν αὐτοῦ καὶ ἀκολουθείτω μοι.	**Lk 9,23** ⇩ Lk 14,27 → Lk 23,26	... εἴ τις θέλει **ὀπίσω μου** ἔρχεσθαι, ἀρνησάσθω ἑαυτὸν καὶ ἀράτω τὸν σταυρὸν αὐτοῦ καθ' ἡμέραν, καὶ ἀκολουθείτω μοι.	→ GTh 55 Mk-Q overlap
a 002					**Lk 9,62**	... οὐδεὶς ἐπιβαλὼν τὴν χεῖρα ἐπ' ἄροτρον καὶ βλέπων **εἰς τὰ ὀπίσω** εὔθετός ἐστιν τῇ βασιλείᾳ τοῦ θεοῦ.	
202	**Mt 10,38** ⇧ Mt 16,24 → Mt 27,32	καὶ ὃς οὐ λαμβάνει τὸν σταυρὸν αὐτοῦ καὶ ἀκολουθεῖ **ὀπίσω μου,** οὐκ ἔστιν μου ἄξιος.	**Mk 8,34** → Mk 15,21	... εἴ τις θέλει **ὀπίσω μου** ἀκολουθεῖν, ἀπαρνησάσθω ἑαυτὸν καὶ ἀράτω τὸν σταυρὸν αὐτοῦ καὶ ἀκολουθείτω μοι.	**Lk 14,27** ⇧ Lk 9,23 → Lk 23,26	ὅστις οὐ βαστάζει τὸν σταυρὸν ἑαυτοῦ καὶ ἔρχεται **ὀπίσω μου** οὐ δύναται εἶναί μου μαθητής.	→ GTh 55 → GTh 101 Mk-Q overlap
a 222	**Mt 24,18**	καὶ ὁ ἐν τῷ ἀγρῷ μὴ ἐπιστρεψάτω **ὀπίσω** ἆραι τὸ ἱμάτιον αὐτοῦ.	**Mk 13,16**	καὶ ὁ εἰς τὸν ἀγρὸν μὴ ἐπιστρεψάτω **εἰς τὰ ὀπίσω** ἆραι τὸ ἱμάτιον αὐτοῦ.	**Lk 17,31** → Lk 21,21	... καὶ ὁ ἐν ἀγρῷ ὁμοίως μὴ ἐπιστρεψάτω **εἰς τὰ ὀπίσω.** [32] μνημονεύετε τῆς γυναικὸς Λώτ.	
002					**Lk 19,14**	οἱ δὲ πολῖται αὐτοῦ ἐμίσουν αὐτὸν καὶ ἀπέστειλαν πρεσβείαν **ὀπίσω αὐτοῦ** λέγοντες· οὐ θέλομεν τοῦτον βασιλεῦσαι ἐφ' ἡμᾶς.	
112	**Mt 24,5** → Mt 24,23-24 → Mt 24,26 → Mt 24,11	πολλοὶ γὰρ ἐλεύσονται ἐπὶ τῷ ὀνόματί μου λέγοντες· ἐγώ εἰμι ὁ χριστός, καὶ πολλοὺς πλανήσουσιν.	**Mk 13,6** → Mk 13,21-22	πολλοὶ ἐλεύσονται ἐπὶ τῷ ὀνόματί μου λέγοντες ὅτι ἐγώ εἰμι, καὶ πολλοὺς πλανήσουσιν.	**Lk 21,8** → Lk 17,23	... πολλοὶ γὰρ ἐλεύσονται ἐπὶ τῷ ὀνόματί μου λέγοντες· ἐγώ εἰμι, καί· ὁ καιρὸς ἤγγικεν. μὴ πορευθῆτε **ὀπίσω αὐτῶν.**	

Acts 5,37 μετὰ τοῦτον ἀνέστη Ἰούδας ὁ Γαλιλαῖος ἐν ταῖς ἡμέραις τῆς ἀπογραφῆς καὶ ἀπέστησεν λαὸν **ὀπίσω αὐτοῦ·** κἀκεῖνος ἀπώλετο καὶ πάντες ὅσοι ἐπείθοντο αὐτῷ διεσκορπίσθησαν.

Acts 20,30 καὶ ἐξ ὑμῶν αὐτῶν ἀναστήσονται ἄνδρες λαλοῦντες διεστραμμένα τοῦ ἀποσπᾶν τοὺς μαθητὰς **ὀπίσω αὐτῶν.**

ὅπου

Syn 33	Mt 13	Mk 15	Lk 5	Acts 2	Jn 30	1-3John	Paul 2	Eph	Col 1
NT 82	2Thess	1/2Tim	Tit	Heb 3	Jas 2	1Pet	2Pet 1	Jude	Rev 8

where; whenever; wherever; there; in so far as; since

	triple tradition																	double tradition			Sondergut		
		+Mt / +Lk			–Mt / –Lk			traditions not taken over by Mt / Lk							subtotals								
code	*222*	*211*	*112*	*212*	*221*	*122*	*121*	*022*	*012*	*021*	*220*	*120*	*210*	*020*	Σ^+	Σ^-	Σ	*202*	*201*	*102*	*200*	*002*	total
Mt		1^+			2	1^-	5^-				1	2^-			1^+	8^-	4	4	3		2		**13**
Mk					2	1	5			3	1	2		1			15						**15**
Lk					2^-	1	5^-			3^-						10^-	1	4					**5**

[a] ὅπου ἐάν, ὅπου ἄν

[b] ὅπου and ἐκεῖ

code	Mt	Mk	Lk	
021		**Mk 2,4 (2)** καὶ μὴ δυνάμενοι προσενέγκαι αὐτῷ διὰ τὸν ὄχλον ἀπεστέγασαν τὴν στέγην **ὅπου** ἦν,	**Lk 5,19** καὶ μὴ εὑρόντες ποίας εἰσενέγκωσιν αὐτὸν διὰ τὸν ὄχλον, ἀναβάντες ἐπὶ τὸ δῶμα	
021		καὶ ἐξορύξαντες χαλῶσι τὸν κράβαττον **ὅπου** ὁ παραλυτικὸς κατέκειτο.	διὰ τῶν κεράμων καθῆκαν αὐτὸν σὺν τῷ κλινιδίῳ εἰς τὸ μέσον ἔμπροσθεν τοῦ Ἰησοῦ.	
200	**Mt 6,19 (2)** → Lk 12,21 ↓ Lk 12,33 μὴ θησαυρίζετε ὑμῖν θησαυροὺς ἐπὶ τῆς γῆς, **ὅπου** σὴς καὶ βρῶσις ἀφανίζει καὶ			
200	**ὅπου** κλέπται διορύσσουσιν καὶ κλέπτουσιν·			
201	**Mt 6,20 (2)** → Mt 19,21 θησαυρίζετε δὲ ὑμῖν θησαυροὺς ἐν οὐρανῷ, **ὅπου** οὔτε σὴς οὔτε βρῶσις ἀφανίζει,	→ Mk 10,21	**Lk 12,33** ↑ Mt 6,19 → Lk 14,33 → Lk 16,9 → Lk 18,22 ... ποιήσατε ἑαυτοῖς βαλλάντια μὴ παλαιούμενα, θησαυρὸν ἀνέκλειπτον ἐν τοῖς οὐρανοῖς,	→ Acts 2,45 → GTh 76,3
202	καὶ **ὅπου** κλέπται οὐ διορύσσουσιν οὐδὲ κλέπτουσιν·		**ὅπου** κλέπτης οὐκ ἐγγίζει οὐδὲ σὴς διαφθείρει·	→ Acts 2,45 → GTh 76,3
b 202	**Mt 6,21** **ὅπου** γάρ ἐστιν ὁ θησαυρός σου, ἐκεῖ ἔσται καὶ ἡ καρδία σου.		**Lk 12,34** **ὅπου** γάρ ἐστιν ὁ θησαυρὸς ὑμῶν, ἐκεῖ καὶ ἡ καρδία ὑμῶν ἔσται.	

	Mt		Mk		Lk		
a 202	**Mt 8,19**	... διδάσκαλε, ἀκολουθήσω σοι ὅπου ἐὰν ἀπέρχῃ.			**Lk 9,57**	... ἀκολουθήσω σοι ὅπου ἐὰν ἀπέρχῃ.	
221	**Mt 13,5**	ἄλλα δὲ ἔπεσεν ἐπὶ τὰ πετρώδη ὅπου οὐκ εἶχεν γῆν πολλήν, καὶ εὐθέως ἐξανέτειλεν διὰ τὸ μὴ ἔχειν βάθος γῆς·	**Mk 4,5**	καὶ ἄλλο ἔπεσεν ἐπὶ τὸ πετρῶδες ὅπου οὐκ εἶχεν γῆν πολλήν, καὶ εὐθὺς ἐξανέτειλεν διὰ τὸ μὴ ἔχειν βάθος γῆς·	**Lk 8,6**	καὶ ἕτερον κατέπεσεν ἐπὶ τὴν πέτραν, καὶ φυὲν ...	→ GTh 9
121	**Mt 13,19**	παντὸς ἀκούοντος τὸν λόγον τῆς βασιλείας καὶ μὴ συνιέντος, ἔρχεται ὁ πονηρὸς καὶ ἁρπάζει τὸ ἐσπαρμένον ἐν τῇ καρδίᾳ αὐτοῦ, οὗτός ἐστιν ὁ παρὰ τὴν ὁδὸν σπαρείς.	**Mk 4,15**	οὗτοι δέ εἰσιν οἱ παρὰ τὴν ὁδόν· ὅπου σπείρεται ὁ λόγος καὶ ὅταν ἀκούσωσιν, εὐθὺς ἔρχεται ὁ σατανᾶς καὶ αἴρει τὸν λόγον τὸν ἐσπαρμένον εἰς αὐτούς.	**Lk 8,12**	οἱ δὲ παρὰ τὴν ὁδόν εἰσιν οἱ ἀκούσαντες, εἶτα ἔρχεται ὁ διάβολος καὶ αἴρει τὸν λόγον ἀπὸ τῆς καρδίας αὐτῶν, ἵνα μὴ πιστεύσαντες σωθῶσιν.	
121	**Mt 9,25**	... εἰσελθὼν ἐκράτησεν τῆς χειρὸς αὐτῆς, ...	**Mk 5,40**	... αὐτὸς δὲ ... εἰσπορεύεται ὅπου ἦν τὸ παιδίον. [41] καὶ κρατήσας τῆς χειρὸς τοῦ παιδίου ...	**Lk 8,54**	αὐτὸς δὲ κρατήσας τῆς χειρὸς αὐτῆς ...	
a b 021	**Mt 10,11** ⇨ Lk 10,8	εἰς ἣν δ' ἂν πόλιν ἢ κώμην εἰσέλθητε, ἐξετάσατε τίς ἐν αὐτῇ ἄξιός ἐστιν· ↔	**Mk 6,10**	... ὅπου ἐὰν εἰσέλθητε εἰς οἰκίαν,	**Lk 9,4** ⇩ Lk 10,5.7	καὶ εἰς ἣν ἂν οἰκίαν εἰσέλθητε,	→ GTh 14,4 Mk-Q overlap
	Mt 10,11 **Mt 10,12**	↔ κἀκεῖ μείνατε ἕως ἂν ἐξέλθητε. εἰσερχόμενοι δὲ εἰς τὴν οἰκίαν ἀσπάσασθε αὐτήν·		ἐκεῖ μένετε ἕως ἂν ἐξέλθητε ἐκεῖθεν.	 **Lk 10,5** ⇧ Lk 9,4	ἐκεῖ μένετε καὶ ἐκεῖθεν ἐξέρχεσθε. εἰς ἣν δ' ἂν εἰσέλθητε οἰκίαν, πρῶτον λέγετε· εἰρήνη τῷ οἴκῳ τούτῳ. [7] ἐν αὐτῇ δὲ τῇ οἰκίᾳ μένετε, ...	 Mk-Q overlap
120	**Mt 14,35**	... οἱ ἄνδρες τοῦ τόπου ἐκείνου ἀπέστειλαν εἰς ὅλην τὴν περίχωρον ἐκείνην καὶ προσήνεγκαν αὐτῷ πάντας τοὺς κακῶς ἔχοντας,	**Mk 6,55**	περιέδραμον ὅλην τὴν χώραν ἐκείνην καὶ ἤρξαντο ἐπὶ τοῖς κραβάττοις τοὺς κακῶς ἔχοντας περιφέρειν ὅπου ἤκουον ὅτι ἐστίν.			
a 120	**Mt 14,36** → Mt 9,20	καὶ παρεκάλουν αὐτὸν ἵνα μόνον ἅψωνται τοῦ κρασπέδου τοῦ ἱματίου αὐτοῦ· ...	**Mk 6,56** → Mk 5,27	καὶ ὅπου ἂν εἰσεπορεύετο εἰς κώμας ἢ εἰς πόλεις ἢ εἰς ἀγρούς, ἐν ταῖς ἀγοραῖς ἐτίθεσαν τοὺς ἀσθενοῦντας, καὶ παρεκάλουν αὐτὸν ἵνα κἂν τοῦ κρασπέδου τοῦ ἱματίου αὐτοῦ ἅψωνται· ...	→ Lk 8,44		
a 121	**Mt 17,15**	... σεληνιάζεται καὶ κακῶς πάσχει· ...	**Mk 9,18**	[17] ... ἔχοντα πνεῦμα ἄλαλον· [18] καὶ ὅπου ἐὰν αὐτὸν καταλάβῃ ...	**Lk 9,39**	καὶ ἰδοὺ πνεῦμα λαμβάνει αὐτὸν ...	
020			**Mk 9,48**	ὅπου *ὁ σκώληξ αὐτῶν οὐ τελευτᾷ καὶ τὸ πῦρ οὐ σβέννυται.* ➤ Isa 66,24			

	Mt		Mk		Lk		
a 202	**Mt 8,19**	... διδάσκαλε, ἀκολουθήσω σοι ὅπου ἐὰν ἀπέρχῃ.			**Lk 9,57**	... ἀκολουθήσω σοι ὅπου ἐὰν ἀπέρχῃ.	
202	**Mt 6,20** **(2)** → Mt 19,21	θησαυρίζετε δὲ ὑμῖν θησαυροὺς ἐν οὐρανῷ, ὅπου οὔτε σὴς οὔτε βρῶσις ἀφανίζει, καὶ ὅπου κλέπται οὐ διορύσσουσιν οὐδὲ κλέπτουσιν·	→ Mk 10,21		**Lk 12,33** ↑ Mt 6,19 → Lk 14,33 → Lk 16,9 → Lk 18,22	... ποιήσατε ἑαυτοῖς βαλλάντια μὴ παλαιούμενα, θησαυρὸν ἀνέκλειπτον ἐν τοῖς οὐρανοῖς, ὅπου κλέπτης οὐκ ἐγγίζει οὐδὲ σὴς διαφθείρει·	→ Acts 2,45 → GTh 76,3
b 202	**Mt 6,21**	ὅπου γάρ ἐστιν ὁ θησαυρός σου, ἐκεῖ ἔσται καὶ ἡ καρδία σου.			**Lk 12,34**	ὅπου γάρ ἐστιν ὁ θησαυρὸς ὑμῶν, ἐκεῖ καὶ ἡ καρδία ὑμῶν ἔσται.	
a b 202	**Mt 24,28**	ὅπου ἐὰν ᾖ τὸ πτῶμα, ἐκεῖ συναχθήσονται οἱ ἀετοί.			**Lk 17,37**	... ὅπου τὸ σῶμα, ἐκεῖ καὶ οἱ ἀετοὶ ἐπισυναχθήσονται.	
121	**Mt 24,15**	ὅταν οὖν ἴδητε *τὸ* *βδέλυγμα τῆς ἐρημώσεως* τὸ ῥηθὲν διὰ Δανιὴλ τοῦ προφήτου ἑστὸς ἐν τόπῳ ἁγίῳ, ὁ ἀναγινώσκων νοείτω ➤ Dan 9,27/11,31/12,11	**Mk 13,14**	ὅταν δὲ ἴδητε *τὸ* *βδέλυγμα τῆς ἐρημώσεως* ἑστηκότα ὅπου οὐ δεῖ, ὁ ἀναγινώσκων νοείτω, ... ➤ Dan 9,27/11,31/12,11	**Lk 21,20** → Lk 19,43	ὅταν δὲ ἴδητε κυκλουμένην ὑπὸ στρατοπέδων Ἰερουσαλήμ, τότε γνῶτε ὅτι ἤγγικεν ἡ ἐρήμωσις αὐτῆς.	
201	**Mt 25,24**	... ἔγνων σε ὅτι σκληρὸς εἶ ἄνθρωπος, θερίζων ὅπου οὐκ ἔσπειρας καὶ συνάγων ὅθεν οὐ διεσκόρπισας			**Lk 19,21** → Mt 25,25	ἐφοβούμην γάρ σε, ὅτι ἄνθρωπος αὐστηρὸς εἶ, αἴρεις ὃ οὐκ ἔθηκας καὶ θερίζεις ὃ οὐκ ἔσπειρας.	
201	**Mt 25,26**	... πονηρὲ δοῦλε καὶ ὀκνηρέ, ᾔδεις ὅτι θερίζω ὅπου οὐκ ἔσπειρα καὶ συνάγω ὅθεν οὐ διεσκόρπισα;			**Lk 19,22**	... πονηρὲ δοῦλε. ᾔδεις ὅτι ἐγὼ ἄνθρωπος αὐστηρός εἰμι, αἴρων ὃ οὐκ ἔθηκα καὶ θερίζων ὃ οὐκ ἔσπειρα;	
a 220	**Mt 26,13**	ἀμὴν λέγω ὑμῖν, ὅπου ἐὰν κηρυχθῇ τὸ εὐαγγέλιον τοῦτο ἐν ὅλῳ τῷ κόσμῳ, λαληθήσεται καὶ ὃ ἐποίησεν αὕτη εἰς μνημόσυνον αὐτῆς.	**Mk 14,9**	ἀμὴν δὲ λέγω ὑμῖν, ὅπου ἐὰν κηρυχθῇ τὸ εὐαγγέλιον εἰς ὅλον τὸν κόσμον, καὶ ὃ ἐποίησεν αὕτη λαληθήσεται εἰς μνημόσυνον αὐτῆς.			
a 121	**Mt 26,18**		**Mk 14,14** **(2)**	[13] ... ἀκολουθήσατε αὐτῷ [14] καὶ ὅπου ἐὰν εἰσέλθῃ	**Lk 22,10**	... ἀκολουθήσατε αὐτῷ εἰς τὴν οἰκίαν εἰς ἣν εἰσπορεύεται.	
122		... εἴπατε αὐτῷ· ὁ διδάσκαλος λέγει· ὁ καιρός μου ἐγγύς ἐστιν, πρὸς σὲ ποιῶ τὸ πάσχα μετὰ τῶν μαθητῶν μου.		εἴπατε τῷ οἰκοδεσπότῃ ὅτι ὁ διδάσκαλος λέγει· ποῦ ἐστιν τὸ κατάλυμά μου ὅπου τὸ πάσχα μετὰ τῶν μαθητῶν μου φάγω;	**Lk 22,11**	καὶ ἐρεῖτε τῷ οἰκοδεσπότῃ τῆς οἰκίας· λέγει σοι ὁ διδάσκαλος· ποῦ ἐστιν τὸ κατάλυμα ὅπου τὸ πάσχα μετὰ τῶν μαθητῶν μου φάγω;	

211	**Mt 26,57**	οἱ δὲ κρατήσαντες τὸν Ἰησοῦν ἀπήγαγον πρὸς Καϊάφαν τὸν ἀρχιερέα, **ὅπου** οἱ γραμματεῖς καὶ οἱ πρεσβύτεροι συνήχθησαν.	**Mk 14,53**	καὶ ἀπήγαγον τὸν Ἰησοῦν πρὸς τὸν ἀρχιερέα, καὶ συνέρχονται πάντες οἱ ἀρχιερεῖς καὶ οἱ πρεσβύτεροι καὶ οἱ γραμματεῖς.	**Lk 22,54** → Mt 26,50 → Mk 14,46 → Lk 22,52 **Lk 22,66** → Mt 27,1 → Mk 15,1	συλλαβόντες δὲ αὐτὸν ἤγαγον καὶ εἰσήγαγον εἰς τὴν οἰκίαν τοῦ ἀρχιερέως· ... καὶ ὡς ἐγένετο ἡμέρα, συνήχθη τὸ πρεσβυτέριον τοῦ λαοῦ, ἀρχιερεῖς τε καὶ γραμματεῖς, ...	→ Jn 18,12-14
221	**Mt 28,6**	οὐκ ἔστιν ὧδε, ἠγέρθη γὰρ καθὼς εἶπεν· δεῦτε ἴδετε τὸν τόπον **ὅπου** ἔκειτο.	**Mk 16,6**	... ἠγέρθη, οὐκ ἔστιν ὧδε· ἴδε ὁ τόπος **ὅπου** ἔθηκαν αὐτόν.	**Lk 24,6** → Lk 24,23	οὐκ ἔστιν ὧδε, ἀλλὰ ἠγέρθη. ...	

Acts 17,1 διοδεύσαντες δὲ τὴν Ἀμφίπολιν καὶ τὴν Ἀπολλωνίαν ἦλθον εἰς Θεσσαλονίκην **ὅπου** ἦν συναγωγὴ τῶν Ἰουδαίων.

Acts 20,6 ἡμεῖς δὲ ἐξεπλεύσαμεν μετὰ τὰς ἡμέρας τῶν ἀζύμων ἀπὸ Φιλίππων καὶ ἤλθομεν πρὸς αὐτοὺς εἰς τὴν Τρῳάδα ἄχρι ἡμερῶν πέντε, **ὅπου** διετρίψαμεν ἡμέρας ἑπτά.

ὀπτασία

	Syn	Mt	Mk	Lk	Acts	Jn	1-3John	Paul	Eph	Col
	2			2	1			1		
	NT	2Thess	1/2Tim	Tit	Heb	Jas	1Pet	2Pet	Jude	Rev
	4									

vision

002	**Lk 1,22**	ἐξελθὼν δὲ οὐκ ἐδύνατο λαλῆσαι αὐτοῖς, καὶ ἐπέγνωσαν ὅτι **ὀπτασίαν** ἑώρακεν ἐν τῷ ναῷ· ...	
002	**Lk 24,23** → Mt 28,2-6 → Mk 16,5-6 → Lk 24,3-6	καὶ μὴ εὑροῦσαι τὸ σῶμα αὐτοῦ ἦλθον λέγουσαι καὶ **ὀπτασίαν ἀγγέλων** ἑωρακέναι, οἳ λέγουσιν αὐτὸν ζῆν.	

Acts 26,19 ὅθεν, βασιλεῦ Ἀγρίππα, οὐκ ἐγενόμην ἀπειθὴς **τῇ οὐρανίῳ ὀπτασίᾳ**

ὀπτός

	Syn	Mt	Mk	Lk	Acts	Jn	1-3John	Paul	Eph	Col
	1			1						
	NT	2Thess	1/2Tim	Tit	Heb	Jas	1Pet	2Pet	Jude	Rev
	1									

roasted; baked; broiled

002	**Lk 24,42**	οἱ δὲ ἐπέδωκαν αὐτῷ **ἰχθύος ὀπτοῦ μέρος·**	

ὅπως	Syn 25	Mt 17	Mk 1	Lk 7	Acts 14	Jn 1	1-3John	Paul 8	Eph	Col
	NT 53	2Thess 1	1/2Tim	Tit	Heb 2	Jas 1	1Pet 1	2Pet	Jude	Rev

how; in what way; in order that

	triple tradition																	double tradition			Sondergut		
		+Mt / +Lk			–Mt / –Lk			traditions not taken over by Mt / Lk							subtotals								
code	222	211	112	212	221	122	121	022	012	021	220	120	210	020	Σ^+	Σ^-	Σ	202	201	102	200	002	total
Mt		2^+			1								1^+		3^+		4	1	2		10		**17**
Mk					1												1						**1**
Lk					1^-											1^-		1		1		5	**7**

[a] ὅπως ἄν [b] ὅπως after verba orandi [c] ὅπως πληρωθῇ

	Mt	Mk	Lk	
a 002			**Lk 2,35** καὶ σοῦ [δὲ] αὐτῆς τὴν ψυχὴν διελεύσεται ῥομφαία - **ὅπως ἄν** ἀποκαλυφθῶσιν ἐκ πολλῶν καρδιῶν διαλογισμοί.	
200	**Mt 2,8** ... ἐὰν δὲ εὕρητε, ἀπαγγείλατέ μοι, **ὅπως** κἀγὼ ἐλθὼν προσκυνήσω αὐτῷ.			
c 200	**Mt 2,23** → Lk 2,39 καὶ ἐλθὼν κατῴκησεν εἰς πόλιν λεγομένην Ναζαρέτ· **ὅπως** πληρωθῇ τὸ ῥηθὲν διὰ τῶν προφητῶν ὅτι Ναζωραῖος κληθήσεται.			
200	**Mt 5,16** οὕτως λαμψάτω τὸ φῶς ὑμῶν ἔμπροσθεν τῶν ἀνθρώπων, **ὅπως** ἴδωσιν ὑμῶν τὰ καλὰ ἔργα ...			
201	**Mt 5,45** [44] ἀγαπᾶτε τοὺς ἐχθροὺς ὑμῶν ... [45] **ὅπως** γένησθε υἱοὶ τοῦ πατρὸς ὑμῶν τοῦ ἐν οὐρανοῖς, ...		**Lk 6,35** [27] ... ἀγαπᾶτε τοὺς ἐχθροὺς ὑμῶν, ... [35] πλὴν ἀγαπᾶτε τοὺς ἐχθροὺς ὑμῶν ... **καὶ** ἔσεσθε υἱοὶ ὑψίστου, ...	→ GTh 3 (POxy 654)
200	**Mt 6,2** ὅταν οὖν ποιῇς ἐλεημοσύνην, μὴ σαλπίσῃς ἔμπροσθέν σου, ὥσπερ οἱ ὑποκριταὶ ποιοῦσιν ἐν ταῖς συναγωγαῖς καὶ ἐν ταῖς ῥύμαις, **ὅπως** δοξασθῶσιν ὑπὸ τῶν ἀνθρώπων· ...			→ GTh 6 (POxy 654)
200	**Mt 6,4** [3] σοῦ δὲ ποιοῦντος ἐλεημοσύνην μὴ γνώτω ἡ ἀριστερά σου τί ποιεῖ ἡ δεξιά σου, [4] **ὅπως** ᾖ σου ἡ ἐλεημοσύνη ἐν τῷ κρυπτῷ· ...			→ GTh 6 (POxy 654)

		Mt		Mk		Lk	
200	**Mt 6,5**	καὶ ὅταν προσεύχησθε, οὐκ ἔσεσθε ὡς οἱ ὑποκριταί, ὅτι φιλοῦσιν ἐν ταῖς συναγωγαῖς καὶ ἐν ταῖς γωνίαις τῶν πλατειῶν ἑστῶτες προσεύχεσθαι, ὅπως φανῶσιν τοῖς ἀνθρώποις· ...					→ GTh 6 (POxy 654)
200	**Mt 6,16**	ὅταν δὲ νηστεύητε, μὴ γίνεσθε ὡς οἱ ὑποκριταὶ σκυθρωποί, ἀφανίζουσιν γὰρ τὰ πρόσωπα αὐτῶν ὅπως φανῶσιν τοῖς ἀνθρώποις νηστεύοντες· ...					→ GTh 6 (POxy 654) → GTh 27 (POxy 1)
200	**Mt 6,18**	[17] σὺ δὲ νηστεύων ἄλειψαί σου τὴν κεφαλὴν καὶ τὸ πρόσωπόν σου νίψαι, [18] ὅπως μὴ φανῇς τοῖς ἀνθρώποις νηστεύων ἀλλὰ τῷ πατρί σου τῷ ἐν τῷ κρυφαίῳ· ...					→ GTh 6 (POxy 654) → GTh 27 (POxy 1)
b 102	**Mt 8,7** → Lk 7,6	καὶ λέγει αὐτῷ· ἐγὼ ἐλθὼν θεραπεύσω αὐτόν.			**Lk 7,3**	ἀκούσας δὲ περὶ τοῦ Ἰησοῦ ἀπέστειλεν πρὸς αὐτὸν πρεσβυτέρους τῶν Ἰουδαίων ἐρωτῶν αὐτὸν ὅπως ἐλθὼν διασώσῃ τὸν δοῦλον αὐτοῦ.	→ Jn 4,47
	Mt 8,17	[16] ... καὶ ἐξέβαλεν τὰ πνεύματα λόγῳ καὶ πάντας τοὺς κακῶς ἔχοντας ἐθεράπευσεν,	**Mk 1,34**	καὶ ἐθεράπευσεν πολλοὺς κακῶς ἔχοντας ποικίλαις νόσοις καὶ δαιμόνια πολλὰ ἐξέβαλεν, ...	**Lk 4,40**	... ὁ δὲ ἑνὶ ἑκάστῳ αὐτῶν τὰς χεῖρας ἐπιτιθεὶς ἐθεράπευεν αὐτούς. [41] ἐξήρχετο δὲ καὶ δαιμόνια ἀπὸ πολλῶν ...	
c 200		[17] ὅπως πληρωθῇ τὸ ῥηθὲν διὰ Ἠσαΐου τοῦ προφήτου λέγοντος· *αὐτὸς τὰς* *ἀσθενείας ἡμῶν ἔλαβεν* *καὶ τὰς νόσους* *ἐβάστασεν.* ➤ Isa 53,4					
b 211	**Mt 8,34**	... καὶ ἰδόντες αὐτὸν παρεκάλεσαν ὅπως μεταβῇ ἀπὸ τῶν ὁρίων αὐτῶν.	**Mk 5,17**	καὶ ἤρξαντο παρακαλεῖν αὐτὸν ἀπελθεῖν ἀπὸ τῶν ὁρίων αὐτῶν.	**Lk 8,37**	καὶ ἠρώτησεν αὐτὸν ἅπαν τὸ πλῆθος τῆς περιχώρου τῶν Γερασηνῶν ἀπελθεῖν ἀπ᾽ αὐτῶν, ...	
b 202	**Mt 9,38**	δεήθητε οὖν τοῦ κυρίου τοῦ θερισμοῦ ὅπως ἐκβάλῃ ἐργάτας εἰς τὸν θερισμὸν αὐτοῦ.			**Lk 10,2**	... δεήθητε οὖν τοῦ κυρίου τοῦ θερισμοῦ ὅπως ἐργάτας ἐκβάλῃ εἰς τὸν θερισμὸν αὐτοῦ.	→ GTh 73
221	**Mt 12,14** → Mt 26,4	ἐξελθόντες δὲ οἱ Φαρισαῖοι συμβούλιον ἔλαβον κατ᾽ αὐτοῦ ὅπως αὐτὸν ἀπολέσωσιν.	**Mk 3,6** → Mk 14,1	καὶ ἐξελθόντες οἱ Φαρισαῖοι εὐθὺς μετὰ τῶν Ἡρῳδιανῶν συμβούλιον ἐδίδουν κατ᾽ αὐτοῦ ὅπως αὐτὸν ἀπολέσωσιν.	**Lk 6,11** → Lk 4,28 → Lk 13,17 → Lk 14,6 → Lk 22,2	αὐτοὶ δὲ ἐπλήσθησαν ἀνοίας καὶ διελάλουν πρὸς ἀλλήλους τί ἂν ποιήσαιεν τῷ Ἰησοῦ.	

	Mt 13,35	[34] ... καὶ χωρὶς παραβολῆς οὐδὲν ἐλάλει αὐτοῖς,	**Mk 4,34**	χωρὶς δὲ παραβολῆς οὐκ ἐλάλει αὐτοῖς, ...			
c 200		[35] **ὅπως** πληρωθῇ τὸ ῥηθὲν διὰ τοῦ προφήτου λέγοντος· *ἀνοίξω ἐν παραβολαῖς* *τὸ στόμα μου, ἐρεύξομαι* *κεκρυμμένα ἀπὸ* *καταβολῆς* [κόσμου]. ➤ Ps 78,2					
b 002					**Lk 11,37** → Mt 15,1 → Mk 7,1	ἐν δὲ τῷ λαλῆσαι ἐρωτᾷ αὐτὸν Φαρισαῖος **ὅπως** ἀριστήσῃ παρ' αὐτῷ· εἰσελθὼν δὲ ἀνέπεσεν.	
002					**Lk 16,26**	καὶ ἐν πᾶσι τούτοις μεταξὺ ἡμῶν καὶ ὑμῶν χάσμα μέγα ἐστήρικται, **ὅπως** οἱ θέλοντες διαβῆναι ἔνθεν πρὸς ὑμᾶς μὴ δύνωνται, μηδὲ ἐκεῖθεν πρὸς ἡμᾶς διαπερῶσιν.	
002					**Lk 16,28**	ἔχω γὰρ πέντε ἀδελφούς, **ὅπως** διαμαρτύρηται αὐτοῖς, ἵνα μὴ καὶ αὐτοὶ ἔλθωσιν εἰς τὸν τόπον τοῦτον τῆς βασάνου.	
211	**Mt 22,15** → Mt 26,4	τότε πορευθέντες οἱ Φαρισαῖοι συμβούλιον ἔλαβον **ὅπως** αὐτὸν παγιδεύσωσιν ἐν λόγῳ. [16] καὶ ἀποστέλλουσιν αὐτῷ τοὺς μαθητὰς αὐτῶν μετὰ τῶν Ἡρῳδιανῶν ...	**Mk 12,13**	καὶ ἀποστέλλουσιν πρὸς αὐτόν τινας τῶν Φαρισαίων καὶ τῶν Ἡρῳδιανῶν **ἵνα** αὐτὸν ἀγρεύσωσιν λόγῳ.	**Lk 20,20** → Lk 16,15 → Lk 18,9 → Lk 23,2	καὶ παρατηρήσαντες ἀπέστειλαν ἐγκαθέτους ὑποκρινομένους ἑαυτοὺς δικαίους εἶναι, **ἵνα** ἐπιλάβωνται αὐτοῦ λόγου, ὥστε παραδοῦναι αὐτὸν τῇ ἀρχῇ καὶ τῇ ἐξουσίᾳ τοῦ ἡγεμόνος.	
201	**Mt 23,35**	[34] διὰ τοῦτο ἰδοὺ ἐγὼ ἀποστέλλω πρὸς ὑμᾶς προφήτας καὶ σοφοὺς καὶ γραμματεῖς· ἐξ αὐτῶν ἀποκτενεῖτε ... καὶ διώξετε ἀπὸ πόλεως εἰς πόλιν· [35] **ὅπως** ἔλθῃ ἐφ' ὑμᾶς πᾶν αἷμα δίκαιον ἐκχυννόμενον ἐπὶ τῆς γῆς ...			**Lk 11,50**	[49] διὰ τοῦτο καὶ ἡ σοφία τοῦ θεοῦ εἶπεν· ἀποστελῶ εἰς αὐτοὺς προφήτας καὶ ἀποστόλους, καὶ ἐξ αὐτῶν ἀποκτενοῦσιν καὶ διώξουσιν, [50] **ἵνα** ἐκζητηθῇ τὸ αἷμα πάντων τῶν προφητῶν τὸ ἐκκεχυμένον ἀπὸ καταβολῆς κόσμου ἀπὸ τῆς γενεᾶς ταύτης	
210	**Mt 26,59**	οἱ δὲ ἀρχιερεῖς καὶ τὸ συνέδριον ὅλον ἐζήτουν ψευδομαρτυρίαν κατὰ τοῦ Ἰησοῦ **ὅπως αὐτὸν** **θανατώσωσιν**	**Mk 14,55**	οἱ δὲ ἀρχιερεῖς καὶ ὅλον τὸ συνέδριον ἐζήτουν κατὰ τοῦ Ἰησοῦ μαρτυρίαν **εἰς τὸ θανατῶσαι** **αὐτόν, ...**			

002		Lk 24,20 → Mt 26,66 → Mk 14,64	[19] ... ἀνὴρ προφήτης δυνατὸς ἐν ἔργῳ καὶ λόγῳ ἐναντίον τοῦ θεοῦ καὶ παντὸς τοῦ λαοῦ, [20] **ὅπως** τε παρέδωκαν αὐτὸν οἱ ἀρχιερεῖς καὶ οἱ ἄρχοντες ἡμῶν εἰς κρίμα θανάτου καὶ ἐσταύρωσαν αὐτόν.	

[a] **Acts 3,20** [19] μετανοήσατε οὖν καὶ ἐπιστρέψατε εἰς τὸ ἐξαλειφθῆναι ὑμῶν τὰς ἁμαρτίας,
[20] **ὅπως ἂν**
ἔλθωσιν καιροὶ ἀναψύξεως ἀπὸ προσώπου τοῦ κυρίου ...

[b] **Acts 8,15** οἵτινες καταβάντες προσηύξαντο περὶ αὐτῶν
ὅπως
λάβωσιν πνεῦμα ἅγιον·

[b] **Acts 8,24** ... δεήθητε ὑμεῖς ὑπὲρ ἐμοῦ πρὸς τὸν κύριον
ὅπως
μηδὲν ἐπέλθῃ ἐπ᾽ ἐμὲ ὧν εἰρήκατε.

Acts 9,2 ᾐτήσατο παρ᾽ αὐτοῦ ἐπιστολὰς εἰς Δαμασκὸν πρὸς τὰς συναγωγάς,
ὅπως
ἐάν τινας εὕρῃ τῆς ὁδοῦ ὄντας, ἄνδρας τε καὶ γυναῖκας, δεδεμένους ἀγάγῃ εἰς Ἰερουσαλήμ.

Acts 9,12 καὶ εἶδεν ἄνδρα [ἐν ὁράματι] Ἁνανίαν ὀνόματι εἰσελθόντα καὶ ἐπιθέντα αὐτῷ [τὰς] χεῖρας
ὅπως
ἀναβλέψῃ.

Acts 9,17 ... Σαοὺλ ἀδελφέ, ὁ κύριος ἀπέσταλκέν με, Ἰησοῦς ὁ ὀφθείς σοι ἐν τῇ ὁδῷ ᾗ ἤρχου,
ὅπως
ἀναβλέψῃς καὶ πλησθῇς πνεύματος ἁγίου.

Acts 9,24 ἐγνώσθη δὲ τῷ Σαύλῳ ἡ ἐπιβουλὴ αὐτῶν. παρετηροῦντο δὲ καὶ τὰς πύλας ἡμέρας τε καὶ νυκτὸς
ὅπως
αὐτὸν ἀνέλωσιν·

[a] **Acts 15,17** [16] ... *ἀνοικοδομήσω τὴν σκηνὴν Δαυὶδ τὴν πεπτωκυῖαν καὶ τὰ κατεσκαμμένα αὐτῆς ἀνοικοδομήσω καὶ ἀνορθώσω αὐτήν,*
[17] ***ὅπως ἂν***
ἐκζητήσωσιν οἱ κατάλοιποι τῶν ἀνθρώπων τὸν κύριον καὶ πάντα τὰ ἔθνη ἐφ᾽ οὓς ἐπικέκληται τὸ ὄνομά μου ἐπ᾽ αὐτούς, λέγει κύριος ποιῶν ταῦτα
➤ Jer 12,15
➤ Amos 9,11-12 LXX

Acts 20,16 κεκρίκει γὰρ ὁ Παῦλος παραπλεῦσαι τὴν Ἔφεσον,
ὅπως
μὴ γένηται αὐτῷ χρονοτριβῆσαι ἐν τῇ Ἀσίᾳ· ...

Acts 23,15 νῦν οὖν ὑμεῖς ἐμφανίσατε τῷ χιλιάρχῳ σὺν τῷ συνεδρίῳ
ὅπως
καταγάγῃ αὐτὸν εἰς ὑμᾶς ὡς μέλλοντας διαγινώσκειν ἀκριβέστερον τὰ περὶ αὐτοῦ· ...

[b] **Acts 23,20** εἶπεν δὲ ὅτι οἱ Ἰουδαῖοι συνέθεντο τοῦ ἐρωτῆσαί σε
ὅπως
αὔριον τὸν Παῦλον καταγάγῃς εἰς τὸ συνέδριον ὡς μέλλον τι ἀκριβέστερον πυνθάνεσθαι περὶ αὐτοῦ.

Acts 23,23 ... ἑτοιμάσατε στρατιώτας διακοσίους,
ὅπως
πορευθῶσιν ἕως Καισαρείας, ...

[b] **Acts 25,3** [2] ... παρεκάλουν αὐτὸν [3] αἰτούμενοι χάριν κατ᾽ αὐτοῦ
ὅπως
μεταπέμψηται αὐτὸν εἰς Ἰερουσαλήμ, ...

Acts 25,26 περὶ οὗ ἀσφαλές τι γράψαι τῷ κυρίῳ οὐκ ἔχω, διὸ προήγαγον αὐτὸν ἐφ᾽ ὑμῶν καὶ μάλιστα ἐπὶ σοῦ, βασιλεῦ Ἀγρίππα,
ὅπως
τῆς ἀνακρίσεως γενομένης σχῶ τί γράψω·

ὅραμα	Syn 1	Mt 1	Mk	Lk	Acts 11	Jn	1-3John	Paul	Eph	Col
	NT 12	2Thess	1/2Tim	Tit	Heb	Jas	1Pet	2Pet	Jude	Rev

vision

[a] ἐν ὁράματι (Acts only)

211	Mt 17,9	... ἐνετείλατο αὐτοῖς ὁ Ἰησοῦς λέγων· μηδενὶ εἴπητε **τὸ ὅραμα** ἕως οὗ ὁ υἱὸς τοῦ ἀνθρώπου ἐκ νεκρῶν ἐγερθῇ.	Mk 9,9	... διεστείλατο αὐτοῖς ἵνα μηδενὶ **ἃ εἶδον** διηγήσωνται, εἰ μὴ ὅταν ὁ υἱὸς τοῦ ἀνθρώπου ἐκ νεκρῶν ἀναστῇ.	Lk 9,36	... καὶ αὐτοὶ ἐσίγησαν καὶ οὐδενὶ ἀπήγγειλαν ἐν ἐκείναις ταῖς ἡμέραις οὐδὲν **ὧν ἑώρακαν.**	

Acts 7,31 ὁ δὲ Μωϋσῆς ἰδὼν
ἐθαύμαζεν
τὸ ὅραμα,
προσερχομένου δὲ αὐτοῦ
κατανοῆσαι ἐγένετο
φωνὴ κυρίου·

[a] **Acts 9,10** ἦν δέ τις μαθητὴς
ἐν Δαμασκῷ ὀνόματι
Ἁνανίας, καὶ εἶπεν
πρὸς αὐτὸν
ἐν ὁράματι
ὁ κύριος· Ἁνανία. ...

[a] **Acts 9,12** καὶ εἶδεν ἄνδρα
[ἐν ὁράματι]
Ἁνανίαν ὀνόματι
εἰσελθόντα καὶ ἐπιθέντα
αὐτῷ [τὰς] χεῖρας ὅπως
ἀναβλέψῃ.

[a] **Acts 10,3** εἶδεν
ἐν ὁράματι
φανερῶς ὡσεὶ περὶ ὥραν
ἐνάτην τῆς ἡμέρας
ἄγγελον τοῦ θεοῦ ...

Acts 10,17 ὡς δὲ ἐν ἑαυτῷ διηπόρει
ὁ Πέτρος τί ἂν εἴη
τὸ ὅραμα
ὃ εἶδεν, ἰδοὺ οἱ ἄνδρες οἱ
ἀπεσταλμένοι ὑπὸ τοῦ
Κορνηλίου διερωτή-
σαντες τὴν οἰκίαν τοῦ
Σίμωνος ἐπέστησαν
ἐπὶ τὸν πυλῶνα

Acts 10,19 τοῦ δὲ Πέτρου
διενθυμουμένου
περὶ τοῦ ὁράματος
εἶπεν [αὐτῷ] τὸ πνεῦμα·
ἰδοὺ ἄνδρες τρεῖς
ζητοῦντές σε

Acts 11,5 ἐγὼ ἤμην ἐν πόλει
Ἰόππῃ προσευχόμενος
καὶ εἶδον ἐν ἐκστάσει
ὅραμα, ...

Acts 12,9 καὶ ἐξελθὼν ἠκολούθει
καὶ οὐκ ᾔδει ὅτι ἀληθές
ἐστιν τὸ γινόμενον διὰ
τοῦ ἀγγέλου· ἐδόκει δὲ
ὅραμα
βλέπειν.

Acts 16,9 καὶ
ὅραμα
διὰ [τῆς] νυκτὸς τῷ
Παύλῳ ὤφθη, ἀνὴρ
Μακεδών τις ἦν ἑστὼς
καὶ παρακαλῶν αὐτὸν
καὶ λέγων· διαβὰς εἰς
Μακεδονίαν βοήθησον
ἡμῖν.

Acts 16,10 ὡς δὲ
τὸ ὅραμα
εἶδεν, εὐθέως ἐζητήσαμεν
ἐξελθεῖν εἰς Μακεδονίαν
συμβιβάζοντες ὅτι
προσκέκληται ἡμᾶς
ὁ θεὸς εὐαγγελίσασθαι
αὐτούς.

Acts 18,9 εἶπεν δὲ ὁ κύριος
ἐν νυκτὶ
δι' ὁράματος
τῷ Παύλῳ· μὴ φοβοῦ,
ἀλλὰ λάλει καὶ
μὴ σιωπήσῃς

ὁράω, εἶδον, ὄψομαι, ὤφθη	Syn 205	Mt 72	Mk 52	Lk 81	Acts 66	Jn 67	1-3John 11	Paul 23	Eph	Col 2
	NT 456	2Thess	1/2Tim 4	Tit	Heb 10	Jas 2	1Pet 3	2Pet	Jude	Rev 63

see; catch sight of; notice; experience; witness; notice; recognize; understand; (mentally) look at, upon; *intransitive:* look on, at; see to; take care; be on one's guard; *passive:* become visible; appear

	triple tradition																	double tradition			Sondergut		
		+Mt / +Lk			−Mt / −Lk			traditions not taken over by Mt / Lk							subtotals								
code	*222*	*211*	*112*	*212*	*221*	*122*	*121*	*022*	*012*	*021*	*220*	*120*	*210*	*020*	Σ⁺	Σ⁻	Σ	*202*	*201*	*102*	*200*	*002*	total
Mt	8	12⁺		1⁺	9	6⁻	11⁻				7	4⁻	1⁺		14⁺	21⁻	38	5	3		26		**72**
Mk	8				9	6	11	1		4	7	4		2			52						**52**
Lk	8		10⁺	1⁺	9⁻	6	11⁻	1	3⁺	4⁻					14⁺	24⁻	29	5		4		43	**81**

Mk-Q overlap: 221: Mt 3,16 / Mk 1,10 / Lk 3,21 (?)

εἶδον (aorist active) p. 687; ὄψομαι, ὤφθη (future indicative active or aorist passive) p. 705

ὁράω	Syn 14	Mt 5	Mk 3	Lk 6	Acts 3	Jn 20	1-3John 7	Paul 2	Eph	Col 2
	NT 55	2Thess	1/2Tim	Tit	Heb 3	Jas 1	1Pet 1	2Pet	Jude	Rev 2

	triple tradition																	double tradition			Sondergut		
		+Mt / +Lk			−Mt / −Lk			traditions not taken over by Mt / Lk							subtotals								
code	*222*	*211*	*112*	*212*	*221*	*122*	*121*	*022*	*012*	*021*	*220*	*120*	*210*	*020*	Σ⁺	Σ⁻	Σ	*202*	*201*	*102*	*200*	*002*	total
Mt		1⁺			2										1⁺		3				2		**5**
Mk					2									1			3						**3**
Lk			2⁺		2⁻										2⁺	2⁻	2					4	**6**

[a] ὅρα μή, ὁρᾶτε μή
[b] ὁράω ὀπτασίαν
[c] ὁράω and accusative with participle
[d] ὁράω and εἶδον (only Jn 20,29)
[e] ὁράω and βλέπω
[f] ὁράω and ὀφθαλμός

b		**Lk 1,22** ἐξελθὼν δὲ οὐκ ἐδύνατο λαλῆσαι αὐτοῖς, καὶ ἐπέγνωσαν ὅτι ὀπτασίαν **ἑώρακεν** ἐν τῷ ναῷ· ...
002		

a 221	**Mt 8,4**	καὶ λέγει αὐτῷ ὁ Ἰησοῦς· **ὅρα** μηδενὶ εἴπῃς, ἀλλὰ ὕπαγε σεαυτὸν δεῖξον τῷ ἱερεῖ, ... ➤ Lev 13,49; 14,2-4	**Mk 1,44**	καὶ λέγει αὐτῷ· **ὅρα** μηδενὶ μηδὲν εἴπῃς, ἀλλὰ ὕπαγε σεαυτὸν δεῖξον τῷ ἱερεῖ ... ➤ Lev 13,49; 14,2-4	**Lk 5,14** → Lk 17,14	καὶ αὐτὸς παρήγγειλεν αὐτῷ μηδενὶ εἰπεῖν, ἀλλὰ ἀπελθὼν δεῖξον σεαυτὸν τῷ ἱερεῖ ... ➤ Lev 13,49; 14,2-4	
a 200	**Mt 9,30** ⇨ Mt 20,34	καὶ ἠνεῴχθησαν αὐτῶν οἱ ὀφθαλμοί. καὶ ἐνεβριμήθη αὐτοῖς ὁ Ἰησοῦς λέγων· **ὁρᾶτε** μηδεὶς γινωσκέτω.	**Mk 10,52**	... καὶ εὐθὺς ἀνέβλεψεν, καὶ ἠκολούθει αὐτῷ ἐν τῇ ὁδῷ.	**Lk 18,43**	καὶ παραχρῆμα ἀνέβλεψεν καὶ ἠκολούθει αὐτῷ δοξάζων τὸν θεόν. ...	
e 221	**Mt 16,6** ⇨ Mt 16,11	ὁ δὲ Ἰησοῦς εἶπεν αὐτοῖς· **ὁρᾶτε** καὶ προσέχετε ἀπὸ τῆς ζύμης τῶν Φαρισαίων καὶ Σαδδουκαίων.	**Mk 8,15**	καὶ διεστέλλετο αὐτοῖς λέγων· **ὁρᾶτε,** βλέπετε ἀπὸ τῆς ζύμης τῶν Φαρισαίων καὶ τῆς ζύμης Ἡρῴδου.	**Lk 12,1** → Mt 16,12	... ἤρξατο λέγειν πρὸς τοὺς μαθητὰς αὐτοῦ πρῶτον· προσέχετε ἑαυτοῖς ἀπὸ τῆς ζύμης, ἥτις ἐστὶν ὑπόκρισις, τῶν Φαρισαίων.	
c e 020			**Mk 8,24**	καὶ ἀναβλέψας ἔλεγεν· βλέπω τοὺς ἀνθρώπους ὅτι ὡς δένδρα **ὁρῶ** περιπατοῦντας.			
    112	**Mt 17,9**	... ἐνετείλατο αὐτοῖς ὁ Ἰησοῦς λέγων· μηδενὶ εἴπητε **τὸ ὅραμα** ἕως οὗ ὁ υἱὸς τοῦ ἀνθρώπου ἐκ νεκρῶν ἐγερθῇ.	**Mk 9,9**	... διεστείλατο αὐτοῖς ἵνα μηδενὶ **ἃ εἶδον** διηγήσωνται, εἰ μὴ ὅταν ὁ υἱὸς τοῦ ἀνθρώπου ἐκ νεκρῶν ἀναστῇ.	**Lk 9,36**	... καὶ αὐτοὶ ἐσίγησαν καὶ οὐδενὶ ἀπήγγειλαν ἐν ἐκείναις ταῖς ἡμέραις οὐδὲν **ὧν ἑώρακαν.**	
a 200	**Mt 18,10** → Mt 18,6 → Mk 9,42 → Lk 17,2	**ὁρᾶτε** μὴ καταφρονήσητε ἑνὸς τῶν μικρῶν τούτων· ...					
002					**Lk 12,15**	εἶπεν δὲ πρὸς αὐτούς· **ὁρᾶτε** καὶ φυλάσσεσθε ἀπὸ πάσης πλεονεξίας, ...	
f 002					**Lk 16,23**	καὶ ἐν τῷ ᾅδῃ ἐπάρας τοὺς ὀφθαλμοὺς αὐτοῦ, ὑπάρχων ἐν βασάνοις, **ὁρᾷ** Ἀβραὰμ ἀπὸ μακρόθεν καὶ Λάζαρον ἐν τοῖς κόλποις αὐτοῦ.	
a 211	**Mt 24,6**	μελλήσετε δὲ ἀκούειν πολέμους καὶ ἀκοὰς πολέμων· **ὁρᾶτε** μὴ θροεῖσθε· δεῖ γὰρ γενέσθαι, ἀλλ᾽ οὔπω ἐστὶν τὸ τέλος.	**Mk 13,7**	ὅταν δὲ ἀκούσητε πολέμους καὶ ἀκοὰς πολέμων, μὴ θροεῖσθε· δεῖ γενέσθαι, ἀλλ᾽ οὔπω τὸ τέλος.	**Lk 21,9**	ὅταν δὲ ἀκούσητε πολέμους καὶ ἀκαταστασίας, μὴ πτοηθῆτε· δεῖ γὰρ ταῦτα γενέσθαι πρῶτον, ἀλλ᾽ οὐκ εὐθέως τὸ τέλος.	

code	Mt	Mk	Lk	Jn
112	**Mt 27,55** → Mt 27,61 ἦσαν δὲ ἐκεῖ γυναῖκες πολλαὶ ἀπὸ μακρόθεν **θεωροῦσαι,** αἵτινες ἠκολούθησαν τῷ Ἰησοῦ ἀπὸ τῆς Γαλιλαίας διακονοῦσαι αὐτῷ·	**Mk 15,40** → Mk 15,47 ἦσαν δὲ καὶ γυναῖκες ἀπὸ μακρόθεν **θεωροῦσαι, ...** [41] αἳ ὅτε ἦν ἐν τῇ Γαλιλαίᾳ ἠκολούθουν αὐτῷ καὶ διηκόνουν αὐτῷ, ...	**Lk 23,49** → Lk 8,2-3 → Lk 23,55 εἱστήκεισαν δὲ πάντες οἱ γνωστοὶ αὐτῷ ἀπὸ μακρόθεν καὶ γυναῖκες αἱ συνακολουθοῦσαι αὐτῷ ἀπὸ τῆς Γαλιλαίας **ὁρῶσαι** ταῦτα.	→ Jn 19,25
b 002			**Lk 24,23** → Mt 28,2-6 → Mk 16,5-6 → Lk 24,3-6 καὶ μὴ εὑροῦσαι τὸ σῶμα αὐτοῦ ἦλθον λέγουσαι καὶ ὀπτασίαν ἀγγέλων **ἑωρακέναι,** οἳ λέγουσιν αὐτὸν ζῆν.	

Acts 7,44 ἡ σκηνὴ τοῦ μαρτυρίου ἦν τοῖς πατράσιν ἡμῶν ἐν τῇ ἐρήμῳ καθὼς διετάξατο ὁ λαλῶν τῷ Μωϋσῇ ποιῆσαι αὐτὴν κατὰ τὸν τύπον ὃν **ἑωράκει·**

c **Acts 8,23** εἰς γὰρ χολὴν πικρίας καὶ σύνδεσμον ἀδικίας **ὁρῶ** σε ὄντα.

Acts 22,15 ὅτι ἔσῃ μάρτυς αὐτῷ πρὸς πάντας ἀνθρώπους ὧν **ἑώρακας** καὶ ἤκουσας.

εἶδον

	Syn 171	Mt 59	Mk 45	Lk 67	Acts 50	Jn 37	1-3John 3	Paul 16	Eph	Col
	NT 343	2Thess	1/2Tim 3	Tit	Heb 4	Jas 1	1Pet 2	2Pet	Jude	Rev 56

aorist active of ὁράω (ὁράω p. 685; ὄψομαι, ὤφθη [future indicative active or aorist passive] p. 705)

	triple tradition																	double tradition			Sondergut		
		+Mt / +Lk			–Mt / –Lk			traditions not taken over by Mt / Lk							subtotals								
code	*222*	*211*	*112*	*212*	*221*	*122*	*121*	*022*	*012*	*021*	*220*	*120*	*210*	*020*	Σ^+	Σ^-	Σ	*202*	*201*	*102*	*200*	*002*	total
Mt	6	11^+		1^+	7	5^-	12^-				5	4^-	1^+		13^+	21^-	31	5	3		20		**59**
Mk	6				7	5	12	1		4	5	4		1			45						**45**
Lk	6		9^+	1^+	7^-	5	12^-	1	3^+	4^-					13^+	23^-	25	5		3		34	**67**

Mk-Q overlap: 221: Mt 3,16 / Mk 1,10 / Lk 3,21 (?)

a εἶδον ὅτι
b εἶδον and ὅραμα (Acts only)
c εἶδον and accusative with participle
d εἶδον and ὁράω, ὄψομαι (Luke/Acts only)
e εἶδον and (ἀνα-, ἐμ-, περι)βλέπω, θεάομαι, θεωρέω, ἀτενίζω
f εἶδον and ὀφθαλμός
g ἴδε, ἴδετε (see also ἴδε)
h εἶδον σημεῖον
j εἶδον and ἀκούω
k εἶδον and indirect interrogative

code	Mt	Mk	Lk	Jn
002			**Lk 1,12** καὶ ἐταράχθη Ζαχαρίας **ἰδὼν** καὶ φόβος ἐπέπεσεν ἐπ᾽ αὐτόν.	
002			**Lk 2,15** ... οἱ ποιμένες ἐλάλουν πρὸς ἀλλήλους· διέλθωμεν δὴ ἕως Βηθλέεμ καὶ **ἴδωμεν** τὸ ῥῆμα τοῦτο τὸ γεγονὸς ὃ ὁ κύριος ἐγνώρισεν ἡμῖν.	
002			**Lk 2,17** **ἰδόντες** δὲ ἐγνώρισαν περὶ τοῦ ῥήματος τοῦ λαληθέντος αὐτοῖς περὶ τοῦ παιδίου τούτου.	

	Mt		Mk		Lk		
j 002					**Lk 2,20**	καὶ ὑπέστρεψαν οἱ ποιμένες δοξάζοντες καὶ αἰνοῦντες τὸν θεὸν ἐπὶ πᾶσιν οἷς ἤκουσαν καὶ **εἶδον** καθὼς ἐλαλήθη πρὸς αὐτούς.	
002 002					**Lk 2,26** **(2)**	καὶ ἦν αὐτῷ κεχρηματισμένον ὑπὸ τοῦ πνεύματος τοῦ ἁγίου **μὴ ἰδεῖν** θάνατον πρὶν [ἢ] ἂν **ἴδῃ** τὸν χριστὸν κυρίου.	
f 002					**Lk 2,30**	ὅτι **εἶδον** οἱ ὀφθαλμοί μου τὸ σωτήριόν σου	
200	**Mt 2,2**	λέγοντες· ποῦ ἐστιν ὁ τεχθεὶς βασιλεὺς τῶν Ἰουδαίων; **εἴδομεν** γὰρ αὐτοῦ τὸν ἀστέρα ἐν τῇ ἀνατολῇ ...					
200	**Mt 2,9**	οἱ δὲ ἀκούσαντες τοῦ βασιλέως ἐπορεύθησαν καὶ ἰδοὺ ὁ ἀστὴρ, ὃν **εἶδον** ἐν τῇ ἀνατολῇ, προῆγεν αὐτοὺς, ...					
200	**Mt 2,10**	**ἰδόντες** δὲ τὸν ἀστέρα ἐχάρησαν χαρὰν μεγάλην σφόδρα.					
200	**Mt 2,11**	καὶ ἐλθόντες εἰς τὴν οἰκίαν **εἶδον** τὸ παιδίον μετὰ Μαρίας τῆς μητρὸς αὐτοῦ, ...					
a 200	**Mt 2,16**	τότε Ἡρῴδης **ἰδὼν** ὅτι ἐνεπαίχθη ὑπὸ τῶν μάγων ἐθυμώθη λίαν, ...					
002					**Lk 2,48**	καὶ **ἰδόντες** αὐτὸν ἐξεπλάγησαν, καὶ εἶπεν πρὸς αὐτὸν ἡ μήτηρ αὐτοῦ· τέκνον, τί ἐποίησας ἡμῖν οὕτως; ...	
c 201	**Mt 3,7** → Mt 12,34 → Mt 23,33	**ἰδὼν** δὲ πολλοὺς τῶν Φαρισαίων καὶ Σαδδουκαίων ἐρχομένους ἐπὶ τὸ βάπτισμα αὐτοῦ εἶπεν αὐτοῖς· γεννήματα ἐχιδνῶν, ...			**Lk 3,7** → Mk 1,5	ἔλεγεν οὖν τοῖς ἐκπορευομένοις ὄχλοις βαπτισθῆναι ὑπ᾽ αὐτοῦ· γεννήματα ἐχιδνῶν, ...	

		Mt		Mk		Lk	
c 221	**Mt 3,16**	βαπτισθεὶς δὲ ὁ Ἰησοῦς εὐθὺς ἀνέβη ἀπὸ τοῦ ὕδατος· καὶ ἰδοὺ ἠνεῴχθησαν [αὐτῷ] οἱ οὐρανοί, καὶ **εἶδεν** [τὸ] πνεῦμα [τοῦ] θεοῦ καταβαῖνον ὡσεὶ περιστερὰν [καὶ] ἐρχόμενον ἐπ᾽ αὐτόν·	**Mk 1,10**	καὶ εὐθὺς ἀναβαίνων ἐκ τοῦ ὕδατος **εἶδεν** σχιζομένους τοὺς οὐρανοὺς καὶ τὸ πνεῦμα ὡς περιστερὰν καταβαῖνον εἰς αὐτόν·	**Lk 3,21**	ἐγένετο δὲ ἐν τῷ βαπτισθῆναι ἅπαντα τὸν λαὸν καὶ Ἰησοῦ βαπτισθέντος καὶ προσευχομένου ἀνεῳχθῆναι τὸν οὐρανὸν [22] καὶ καταβῆναι τὸ πνεῦμα τὸ ἅγιον σωματικῷ εἴδει ὡς περιστερὰν ἐπ᾽ αὐτόν, ...	Mk-Q overlap?
200	**Mt 4,16** → Lk 1,79	*ὁ λαὸς ὁ καθήμενος* *ἐν σκότει φῶς* ***εἶδεν*** *μέγα, καὶ τοῖς* *καθημένοις ἐν χώρᾳ* *καὶ σκιᾷ θανάτου* *φῶς ἀνέτειλεν* αὐτοῖς. ➤ Isa 9,1					
c 220	**Mt 4,18**	περιπατῶν δὲ παρὰ τὴν θάλασσαν τῆς Γαλιλαίας **εἶδεν** δύο ἀδελφούς, Σίμωνα τὸν λεγόμενον Πέτρον καὶ Ἀνδρέαν τὸν ἀδελφὸν αὐτοῦ, βάλλοντας ἀμφίβληστρον εἰς τὴν θάλασσαν· ἦσαν γὰρ ἁλιεῖς.	**Mk 1,16**	καὶ παράγων παρὰ τὴν θάλασσαν τῆς Γαλιλαίας **εἶδεν** Σίμωνα καὶ Ἀνδρέαν τὸν ἀδελφὸν Σίμωνος ἀμφιβάλλοντας ἐν τῇ θαλάσσῃ· ἦσαν γὰρ ἁλιεῖς.	**Lk 5,2** ↓ Mt 4,21 ↓ Mk 1,19	[1] ... αὐτὸς ἦν ἑστὼς παρὰ τὴν λίμνην Γεννησαρέτ [2] καὶ **εἶδεν** δύο πλοῖα ἑστῶτα παρὰ τὴν λίμνην· οἱ δὲ ἁλιεῖς ἀπ᾽ αὐτῶν ἀποβάντες ἔπλυνον τὰ δίκτυα. [3] ἐμβὰς δὲ εἰς ἓν τῶν πλοίων, ὃ ἦν Σίμωνος, ἠρώτησεν αὐτὸν ἀπὸ τῆς γῆς ἐπαναγαγεῖν ὀλίγον· ...	→ Jn 1,40-42
c 002	Mt 4,18	περιπατῶν δὲ παρὰ τὴν θάλασσαν τῆς Γαλιλαίας **εἶδεν** δύο ἀδελφούς, Σίμωνα τὸν λεγόμενον Πέτρον καὶ Ἀνδρέαν τὸν ἀδελφὸν αὐτοῦ, βάλλοντας ἀμφίβληστρον εἰς τὴν θάλασσαν· ἦσαν γὰρ ἁλιεῖς.	Mk 1,16	καὶ παράγων παρὰ τὴν θάλασσαν τῆς Γαλιλαίας **εἶδεν** Σίμωνα καὶ Ἀνδρέαν τὸν ἀδελφὸν Σίμωνος ἀμφιβάλλοντας ἐν τῇ θαλάσσῃ· ἦσαν γὰρ ἁλιεῖς.	**Lk 5,2** ↑ Mt 4,21 ↑ Mk 1,19	[1] ... αὐτὸς ἦν ἑστὼς παρὰ τὴν λίμνην Γεννησαρέτ [2] καὶ **εἶδεν** δύο πλοῖα ἑστῶτα παρὰ τὴν λίμνην· οἱ δὲ ἁλιεῖς ἀπ᾽ αὐτῶν ἀποβάντες ἔπλυνον τὰ δίκτυα.	→ Jn 1,40-42
002					**Lk 5,8**	**ἰδὼν** δὲ Σίμων Πέτρος προσέπεσεν τοῖς γόνασιν Ἰησοῦ λέγων· ἔξελθε ἀπ᾽ ἐμοῦ, ὅτι ἀνὴρ ἁμαρτωλός εἰμι, κύριε.	
c 221	**Mt 4,21** ↓ Lk 5,2	καὶ προβὰς ἐκεῖθεν **εἶδεν** ἄλλους δύο ἀδελφούς, Ἰάκωβον τὸν τοῦ Ζεβεδαίου καὶ Ἰωάννην τὸν ἀδελφὸν αὐτοῦ, ἐν τῷ πλοίῳ μετὰ Ζεβεδαίου τοῦ πατρὸς αὐτῶν καταρτίζοντας τὰ δίκτυα αὐτῶν, ...	**Mk 1,19** ↓ Lk 5,2	καὶ προβὰς ὀλίγον **εἶδεν** Ἰάκωβον τὸν τοῦ Ζεβεδαίου καὶ Ἰωάννην τὸν ἀδελφὸν αὐτοῦ, καὶ αὐτοὺς ἐν τῷ πλοίῳ καταρτίζοντας τὰ δίκτυα	**Lk 5,10**	ὁμοίως δὲ καὶ Ἰάκωβον καὶ Ἰωάννην υἱοὺς Ζεβεδαίου, οἳ ἦσαν κοινωνοὶ τῷ Σίμωνι. ...	
112	**Mt 8,2**	καὶ ἰδοὺ λεπρὸς προσελθὼν προσεκύνει αὐτῷ ...	**Mk 1,40**	καὶ ἔρχεται πρὸς αὐτὸν λεπρὸς παρακαλῶν αὐτὸν [καὶ γονυπετῶν] ...	**Lk 5,12** → Lk 17,12.16	... καὶ ἰδοὺ ἀνὴρ πλήρης λέπρας· **ἰδὼν** δὲ τὸν Ἰησοῦν, πεσὼν ἐπὶ πρόσωπον ἐδεήθη αὐτοῦ ...	
211	**Mt 5,1**	**ἰδὼν** δὲ τοὺς ὄχλους ἀνέβη εἰς τὸ ὄρος, ...	**Mk 3,13**	καὶ ἀναβαίνει εἰς τὸ ὄρος ...	**Lk 6,12**	ἐγένετο δὲ ἐν ταῖς ἡμέραις ταύταις ἐξελθεῖν αὐτὸν εἰς τὸ ὄρος ...	

	Mt		Mk		Lk		
   200	**Mt 5,16**	οὕτως λαμψάτω τὸ φῶς ὑμῶν ἔμπροσθεν τῶν ἀνθρώπων, ὅπως ἴδωσιν ὑμῶν τὰ καλὰ ἔργα ...					
c 211	**Mt 8,14**	καὶ ἐλθὼν ὁ Ἰησοῦς εἰς τὴν οἰκίαν Πέτρου εἶδεν τὴν πενθερὰν αὐτοῦ βεβλημένην καὶ πυρέσσουσαν·	**Mk 1,30**	[29] ... ἦλθον εἰς τὴν οἰκίαν Σίμωνος καὶ Ἀνδρέου μετὰ Ἰακώβου καὶ Ἰωάννου. [30] ἡ δὲ πενθερὰ Σίμωνος κατέκειτο πυρέσσουσα, ...	**Lk 4,38**	... εἰσῆλθεν εἰς τὴν οἰκίαν Σίμωνος. πενθερὰ δὲ τοῦ Σίμωνος ἦν συνεχομένη πυρετῷ μεγάλῳ ...	
    211	**Mt 8,18**	 ἰδὼν δὲ ὁ Ἰησοῦς ὄχλον περὶ αὐτὸν ἐκέλευσεν ἀπελθεῖν εἰς τὸ πέραν.	**Mk 4,35**	 καὶ λέγει αὐτοῖς ἐν ἐκείνῃ τῇ ἡμέρᾳ ὀψίας γενομένης· διέλθωμεν εἰς τὸ πέραν.	**Lk 8,22** → Mt 8,23 → Mk 4,36	ἐγένετο δὲ ἐν μιᾷ τῶν ἡμερῶν καὶ αὐτὸς ἐνέβη εἰς πλοῖον καὶ οἱ μαθηταὶ αὐτοῦ καὶ εἶπεν πρὸς αὐτούς· διέλθωμεν εἰς τὸ πέραν τῆς λίμνης, καὶ ἀνήχθησαν.	
 211	**Mt 8,34**	... καὶ ἰδόντες αὐτὸν παρεκάλεσαν ὅπως μεταβῇ ἀπὸ τῶν ὁρίων αὐτῶν.	**Mk 5,17**	καὶ ἤρξαντο παρακαλεῖν αὐτὸν ἀπελθεῖν ἀπὸ τῶν ὁρίων αὐτῶν.	**Lk 8,37**	καὶ ἠρώτησεν αὐτὸν ἅπαν τὸ πλῆθος τῆς περιχώρου τῶν Γερασηνῶν ἀπελθεῖν ἀπ᾽ αὐτῶν, ...	
 222	**Mt 9,2**	... καὶ ἰδὼν ὁ Ἰησοῦς τὴν πίστιν αὐτῶν εἶπεν τῷ παραλυτικῷ· θάρσει, τέκνον, ἀφίενταί σου αἱ ἁμαρτίαι.	**Mk 2,5**	καὶ ἰδὼν ὁ Ἰησοῦς τὴν πίστιν αὐτῶν λέγει τῷ παραλυτικῷ· τέκνον, ἀφίενταί σου αἱ ἁμαρτίαι.	**Lk 5,20** → Lk 7,48	καὶ ἰδὼν τὴν πίστιν αὐτῶν εἶπεν· ἄνθρωπε, ἀφέωνταί σοι αἱ ἁμαρτίαι σου.	
 211	**Mt 9,4** → Mt 12,25	καὶ ἰδὼν ὁ Ἰησοῦς τὰς ἐνθυμήσεις αὐτῶν εἶπεν· ἱνατί ἐνθυμεῖσθε πονηρὰ ἐν ταῖς καρδίαις ὑμῶν;	**Mk 2,8**	καὶ εὐθὺς ἐπιγνοὺς ὁ Ἰησοῦς τῷ πνεύματι αὐτοῦ ὅτι οὕτως διαλογίζονται ἐν ἑαυτοῖς λέγει αὐτοῖς· τί ταῦτα διαλογίζεσθε ἐν ταῖς καρδίαις ὑμῶν;	**Lk 5,22** → Lk 11,17 → Lk 6,8	 ἐπιγνοὺς δὲ ὁ Ἰησοῦς τοὺς διαλογισμοὺς αὐτῶν ἀποκριθεὶς εἶπεν πρὸς αὐτούς· τί διαλογίζεσθε ἐν ταῖς καρδίαις ὑμῶν;	
211 122	**Mt 9,8**	ἰδόντες δὲ οἱ ὄχλοι ἐφοβήθησαν καὶ ἐδόξασαν τὸν θεὸν τὸν δόντα ἐξουσίαν τοιαύτην τοῖς ἀνθρώποις.	**Mk 2,12**	 ... ὥστε ἐξίστασθαι πάντας καὶ δοξάζειν τὸν θεὸν λέγοντας ὅτι οὕτως οὐδέποτε εἴδομεν.	**Lk 5,26**	 καὶ ἔκστασις ἔλαβεν ἅπαντας καὶ ἐδόξαζον τὸν θεὸν καὶ ἐπλήσθησαν φόβου λέγοντες ὅτι εἴδομεν παράδοξα σήμερον.	
c 221	**Mt 9,9**	καὶ παράγων ὁ Ἰησοῦς ἐκεῖθεν εἶδεν ἄνθρωπον καθήμενον ἐπὶ τὸ τελώνιον, Μαθθαῖον λεγόμενον, ...	**Mk 2,14**	καὶ παράγων εἶδεν Λευὶν τὸν τοῦ Ἁλφαίου καθήμενον ἐπὶ τὸ τελώνιον, ...	**Lk 5,27**	... καὶ ἐθεάσατο τελώνην ὀνόματι Λευὶν καθήμενον ἐπὶ τὸ τελώνιον, ...	

	Mt		Mk		Lk		
a 221	**Mt 9,11**	καὶ **ἰδόντες** οἱ Φαρισαῖοι ἔλεγον τοῖς μαθηταῖς αὐτοῦ· διὰ τί μετὰ τῶν τελωνῶν καὶ ἁμαρτωλῶν ἐσθίει ὁ διδάσκαλος ὑμῶν;	**Mk 2,16**	καὶ οἱ γραμματεῖς τῶν Φαρισαίων **ἰδόντες** ὅτι ἐσθίει μετὰ τῶν ἁμαρτωλῶν καὶ τελωνῶν ἔλεγον τοῖς μαθηταῖς αὐτοῦ· ὅτι μετὰ τῶν τελωνῶν καὶ ἁμαρτωλῶν ἐσθίει;	**Lk 5,30** → Lk 15,2 ↓ Lk 19,7	καὶ ἐγόγγυζον οἱ Φαρισαῖοι καὶ οἱ γραμματεῖς αὐτῶν πρὸς τοὺς μαθητὰς αὐτοῦ λέγοντες· διὰ τί μετὰ τῶν τελωνῶν καὶ ἁμαρτωλῶν ἐσθίετε καὶ πίνετε;	
002					**Lk 7,13**	καὶ **ἰδὼν** αὐτὴν ὁ κύριος ἐσπλαγχνίσθη ἐπ' αὐτῇ καὶ εἶπεν αὐτῇ· μὴ κλαῖε.	
e 221	**Mt 9,22**	ὁ δὲ Ἰησοῦς στραφεὶς καὶ **ἰδὼν** αὐτὴν εἶπεν· θάρσει, θύγατερ· ἡ πίστις σου σέσωκέν σε. ...	**Mk 5,32**	[30] καὶ εὐθὺς ὁ Ἰησοῦς ... ἐπιστραφεὶς ἐν τῷ ὄχλῳ ἔλεγεν· τίς μου ἥψατο τῶν ἱματίων; [31] ... [32] καὶ περιεβλέπετο **ἰδεῖν** τὴν τοῦτο ποιήσασαν. [33] ... [34] ὁ δὲ εἶπεν αὐτῇ· θυγάτηρ, ἡ πίστις σου σέσωκέν σε· ...	**Lk 8,45**	καὶ εἶπεν ὁ Ἰησοῦς· τίς ὁ ἁψάμενός μου; ... [48] ὁ δὲ εἶπεν αὐτῇ· θυγάτηρ, ἡ πίστις σου σέσωκέν σε· ...	
c 211	**Mt 9,23**	καὶ ἐλθὼν ὁ Ἰησοῦς εἰς τὴν οἰκίαν τοῦ ἄρχοντος καὶ **ἰδὼν** τοὺς αὐλητὰς καὶ τὸν ὄχλον θορυβούμενον	**Mk 5,38**	καὶ ἔρχονται εἰς τὸν οἶκον τοῦ ἀρχισυναγώγου, καὶ **θεωρεῖ** θόρυβον καὶ κλαίοντας καὶ ἀλαλάζοντας πολλά	**Lk 8,52**	[51] ἐλθὼν δὲ εἰς τὴν οἰκίαν ... [52] ἔκλαιον δὲ πάντες καὶ ἐκόπτοντο αὐτήν. ...	
200	**Mt 9,36** ⇩ Mt 14,14	**ἰδὼν** δὲ τοὺς ὄχλους ἐσπλαγχνίσθη περὶ αὐτῶν, ...	**Mk 6,34**	καὶ ἐξελθὼν **εἶδεν** πολὺν ὄχλον, καὶ ἐσπλαγχνίσθη ἐπ' αὐτούς, ...			
j 102	**Mt 11,4**	... πορευθέντες ἀπαγγείλατε Ἰωάννῃ ἃ ἀκούετε καὶ **βλέπετε·**			**Lk 7,22**	... πορευθέντες ἀπαγγείλατε Ἰωάννῃ ἃ **εἴδετε** καὶ ἠκούσατε· ...	
c e 202	**Mt 11,8**	[7] ... τί ἐξήλθατε εἰς τὴν ἔρημον θεάσασθαι; ... [8] ἀλλὰ τί ἐξήλθατε **ἰδεῖν;** ἄνθρωπον ἐν μαλακοῖς ἠμφιεσμένον; ...			**Lk 7,25**	[24] ... τί ἐξήλθατε εἰς τὴν ἔρημον θεάσασθαι; ... [25] ἀλλὰ τί ἐξήλθατε **ἰδεῖν;** ἄνθρωπον ἐν μαλακοῖς ἱματίοις ἠμφιεσμένον; ...	→ GTh 78
202	**Mt 11,9**	ἀλλὰ τί ἐξήλθατε **ἰδεῖν;** προφήτην; ...			**Lk 7,26**	ἀλλὰ τί ἐξήλθατε **ἰδεῖν;** προφήτην; ...	
002					**Lk 7,39**	**ἰδὼν** δὲ ὁ Φαρισαῖος ὁ καλέσας αὐτὸν εἶπεν ἐν ἑαυτῷ λέγων· οὗτος εἰ ἦν προφήτης, ἐγίνωσκεν ἂν τίς καὶ ποταπὴ ἡ γυνὴ ἥτις ἅπτεται αὐτοῦ, ὅτι ἁμαρτωλός ἐστιν.	

211	**Mt 12,2**	οἱ δὲ Φαρισαῖοι **ἰδόντες** εἶπαν αὐτῷ· ἰδοὺ οἱ μαθηταί σου ποιοῦσιν ὃ οὐκ ἔξεστιν ποιεῖν ἐν σαββάτῳ.	**Mk 2,24**	καὶ οἱ Φαρισαῖοι ἔλεγον αὐτῷ· ἴδε τί ποιοῦσιν τοῖς σάββασιν ὃ οὐκ ἔξεστιν;	**Lk 6,2**	τινὲς δὲ τῶν Φαρισαίων εἶπαν· τί ποιεῖτε ὃ οὐκ ἔξεστιν τοῖς σάββασιν;	
h 201	**Mt 12,38** ⇩ Mt 16,1	τότε ἀπεκρίθησαν αὐτῷ τινες τῶν γραμματέων καὶ Φαρισαίων λέγοντες· διδάσκαλε, θέλομεν ἀπὸ σοῦ σημεῖον **ἰδεῖν.**			**Lk 11,16**	ἕτεροι δὲ πειράζοντες σημεῖον ἐξ οὐρανοῦ ἐζήτουν παρ' αὐτοῦ.	Mk-Q overlap
	Mt 16,1 ⇧ Mt 12,38	καὶ προσελθόντες οἱ Φαρισαῖοι καὶ Σαδδουκαῖοι πειράζοντες ἐπηρώτησαν αὐτὸν σημεῖον ἐκ τοῦ οὐρανοῦ **ἐπιδεῖξαι** αὐτοῖς.	**Mk 8,11**	καὶ ἐξῆλθον οἱ Φαρισαῖοι καὶ ἤρξαντο συζητεῖν αὐτῷ, ζητοῦντες παρ' αὐτοῦ σημεῖον ἀπὸ τοῦ οὐρανοῦ, πειράζοντες αὐτόν.			
e j 121	**Mt 13,13** ↓ Mt 13,14-15	διὰ τοῦτο ἐν παραβολαῖς αὐτοῖς λαλῶ, ὅτι βλέποντες οὐ βλέπουσιν καὶ ἀκούοντες οὐκ ἀκούουσιν οὐδὲ συνίουσιν· ➢ Isa 6,9	**Mk 4,12** → Mk 8,18	[11] ... ἐκείνοις δὲ τοῖς ἔξω ἐν παραβολαῖς τὰ πάντα γίνεται, [12] ἵνα βλέποντες βλέπωσιν καὶ **μὴ ἴδωσιν,** καὶ ἀκούοντες ἀκούωσιν καὶ μὴ συνιῶσιν, ... ➢ Isa 6,9-10	**Lk 8,10**	... τοῖς δὲ λοιποῖς ἐν παραβολαῖς, ἵνα βλέποντες μὴ βλέπωσιν καὶ ἀκούοντες μὴ συνιῶσιν. ➢ Isa 6,9	→ Jn 12,40 → Acts 28,26
e j 200	**Mt 13,14** ↑ Mt 13,13 ↑ Mk 4,12 ↑ Lk 8,10	καὶ ἀναπληροῦται αὐτοῖς ἡ προφητεία Ἠσαΐου ἡ λέγουσα· *ἀκοῇ ἀκούσετε καὶ* *οὐ μὴ συνῆτε, καὶ* *βλέποντες βλέψετε καὶ* ***οὐ μὴ ἴδητε.*** ➢ Isa 6,9 LXX					→ Jn 12,40 → Acts 28,26
f j 200	**Mt 13,15** ↑ Mk 4,12	*ἐπαχύνθη γὰρ ἡ καρδία* *τοῦ λαοῦ τούτου, καὶ* *τοῖς ὠσὶν βαρέως* *ἤκουσαν καὶ τοὺς* *ὀφθαλμοὺς αὐτῶν* *ἐκάμμυσαν,* ***μήποτε ἴδωσιν*** *τοῖς ὀφθαλμοῖς καὶ τοῖς* *ὠσὶν ἀκούσωσιν καὶ τῇ* *καρδίᾳ συνῶσιν καὶ* *ἐπιστρέψωσιν καὶ* *ἰάσομαι αὐτούς.* ➢ Isa 6,10 LXX					→ Jn 12,40 → Acts 28,27
e 202 *j* 202	**Mt 13,17** **(2)**	ἀμὴν γὰρ λέγω ὑμῖν ὅτι πολλοὶ προφῆται καὶ δίκαιοι ἐπεθύμησαν **ἰδεῖν** ἃ βλέπετε καὶ **οὐκ εἶδαν,** καὶ ἀκοῦσαι ἃ ἀκούετε καὶ οὐκ ἤκουσαν.			**Lk 10,24** **(2)**	λέγω γὰρ ὑμῖν ὅτι πολλοὶ προφῆται καὶ βασιλεῖς ἠθέλησαν **ἰδεῖν** ἃ ὑμεῖς βλέπετε καὶ **οὐκ εἶδαν,** καὶ ἀκοῦσαι ἃ ἀκούετε καὶ οὐκ ἤκουσαν.	→ GTh 38 (POxy 655 - restoration)
112	**Mt 12,47**	[... ἰδοὺ ἡ μήτηρ σου καὶ οἱ ἀδελφοί σου ἔξω ἑστήκασιν **ζητοῦντές** σοι λαλῆσαι.]	**Mk 3,32**	... ἰδοὺ ἡ μήτηρ σου καὶ οἱ ἀδελφοί σου [καὶ αἱ ἀδελφαί σου] ἔξω **ζητοῦσίν** σε.	**Lk 8,20**	... ἡ μήτηρ σου καὶ οἱ ἀδελφοί σου ἑστήκασιν ἔξω **ἰδεῖν θέλοντές** σε.	→ GTh 99 Mt 12,47 is textcritically uncertain.

	Mt		Mk		Lk	
122	**Mt 8,29**	καὶ ἰδοὺ ἔκραξαν λέγοντες· τί ἡμῖν καὶ σοί, υἱὲ τοῦ θεοῦ; ...	**Mk 5,6**	καὶ **ἰδὼν** τὸν Ἰησοῦν ἀπὸ μακρόθεν ἔδραμεν καὶ προσεκύνησεν αὐτῷ [7] καὶ κράξας φωνῇ μεγάλῃ λέγει· τί ἐμοὶ καὶ σοί, Ἰησοῦ υἱὲ τοῦ θεοῦ τοῦ ὑψίστου; ...	**Lk 8,28**	**ἰδὼν** δὲ τὸν Ἰησοῦν ἀνακράξας προσέπεσεν αὐτῷ καὶ φωνῇ μεγάλῃ εἶπεν· τί ἐμοὶ καὶ σοί, Ἰησοῦ υἱὲ τοῦ θεοῦ τοῦ ὑψίστου; ...
112	**Mt 8,33**	οἱ δὲ βόσκοντες ἔφυγον, καὶ ἀπελθόντες εἰς τὴν πόλιν ἀπήγγειλαν πάντα ...	**Mk 5,14**	καὶ οἱ βόσκοντες αὐτοὺς ἔφυγον καὶ ἀπήγγειλαν εἰς τὴν πόλιν καὶ εἰς τοὺς ἀγρούς·	**Lk 8,34**	**ἰδόντες** δὲ οἱ βόσκοντες τὸ γεγονὸς ἔφυγον καὶ ἀπήγγειλαν εἰς τὴν πόλιν καὶ εἰς τοὺς ἀγρούς.
k 122	**Mt 8,34**	καὶ ἰδοὺ πᾶσα ἡ πόλις ἐξῆλθεν εἰς ὑπάντησιν τῷ Ἰησοῦ ...		καὶ ἦλθον **ἰδεῖν** τί ἐστιν τὸ γεγονός [15] καὶ ἔρχονται πρὸς τὸν Ἰησοῦν, ...	**Lk 8,35**	ἐξῆλθον δὲ **ἰδεῖν** τὸ γεγονὸς καὶ ἦλθον πρὸς τὸν Ἰησοῦν ...
122	**Mt 8,33**	... καὶ τὰ τῶν δαιμονιζομένων.	**Mk 5,16**	καὶ διηγήσαντο αὐτοῖς **οἱ ἰδόντες** πῶς ἐγένετο τῷ δαιμονιζομένῳ καὶ περὶ τῶν χοίρων.	**Lk 8,36**	ἀπήγγειλαν δὲ αὐτοῖς **οἱ ἰδόντες** πῶς ἐσώθη ὁ δαιμονισθείς.
121	**Mt 9,18**	ταῦτα αὐτοῦ λαλοῦντος αὐτοῖς, ἰδοὺ ἄρχων εἷς ἐλθὼν προσεκύνει αὐτῷ ...	**Mk 5,22**	καὶ ἔρχεται εἷς τῶν ἀρχισυναγώγων, ὀνόματι Ἰάϊρος, καὶ **ἰδὼν** αὐτὸν πίπτει πρὸς τοὺς πόδας αὐτοῦ	**Lk 8,41**	καὶ ἰδοὺ ἦλθεν ἀνὴρ ᾧ ὄνομα Ἰάϊρος καὶ οὗτος ἄρχων τῆς συναγωγῆς ὑπῆρχεν, καὶ πεσὼν παρὰ τοὺς πόδας [τοῦ] Ἰησοῦ
e 221	**Mt 9,22**	ὁ δὲ Ἰησοῦς στραφεὶς καὶ **ἰδὼν** αὐτὴν ↔	**Mk 5,32**	[30] καὶ εὐθὺς ὁ Ἰησοῦς ... ἐπιστραφεὶς ἐν τῷ ὄχλῳ ἔλεγεν· τίς μου ἥψατο τῶν ἱματίων; [31] ... [32] καὶ περιεβλέπετο **ἰδεῖν** τὴν τοῦτο ποιήσασαν.	**Lk 8,45**	καὶ εἶπεν ὁ Ἰησοῦς· τίς ὁ ἁψάμενός μου; ...
a 012			**Mk 5,33**	ἡ δὲ γυνὴ φοβηθεῖσα καὶ τρέμουσα, εἰδυῖα ὃ γέγονεν αὐτῇ, ἦλθεν καὶ προσέπεσεν αὐτῷ ...	**Lk 8,47** → Mt 9,21 → Mk 5,28	**ἰδοῦσα** δὲ ἡ γυνὴ ὅτι οὐκ ἔλαθεν, τρέμουσα ἦλθεν καὶ προσπεσοῦσα αὐτῷ ...
	Mt 9,22	↔ εἶπεν· θάρσει, θύγατερ· ἡ πίστις σου σέσωκέν σε. ...	**Mk 5,34**	ὁ δὲ εἶπεν αὐτῇ· θυγάτηρ, ἡ πίστις σου σέσωκέν σε· ...	**Lk 8,48**	ὁ δὲ εἶπεν αὐτῇ· θυγάτηρ, ἡ πίστις σου σέσωκέν σε· ...
112	**Mt 14,2** → Mk 6,14 → Lk 9,7	καὶ εἶπεν τοῖς παισὶν αὐτοῦ· οὗτός ἐστιν Ἰωάννης ὁ βαπτιστής· αὐτὸς ἠγέρθη ἀπὸ τῶν νεκρῶν καὶ διὰ τοῦτο αἱ δυνάμεις ἐνεργοῦσιν ἐν αὐτῷ.	**Mk 6,16** → Mk 6,27	ἀκούσας δὲ ὁ Ἡρῴδης ἔλεγεν· ὃν ἐγὼ ἀπεκεφάλισα Ἰωάννην, οὗτος ἠγέρθη.	**Lk 9,9** ↓ Lk 23,8	εἶπεν δὲ Ἡρῴδης· Ἰωάννην ἐγὼ ἀπεκεφάλισα· τίς δέ ἐστιν οὗτος περὶ οὗ ἀκούω τοιαῦτα; καὶ ἐζήτει **ἰδεῖν** αὐτόν.

c 121	**Mt 14,13**	... καὶ ἀκούσαντες οἱ ὄχλοι ἠκολούθησαν αὐτῷ πεζῇ ἀπὸ τῶν πόλεων.	**Mk 6,33**	καὶ **εἶδον** αὐτοὺς ὑπάγοντας καὶ ἐπέγνωσαν πολλοὶ καὶ πεζῇ ἀπὸ πασῶν τῶν πόλεων συνέδραμον ...	**Lk 9,11**	 οἱ δὲ ὄχλοι γνόντες ἠκολούθησαν αὐτῷ·	→ Jn 6,2
221	**Mt 14,14** ⇑ Mt 9,36 → Mt 15,32	καὶ ἐξελθὼν **εἶδεν** πολὺν ὄχλον, καὶ ἐσπλαγχνίσθη ἐπ' αὐτοῖς καὶ ἐθεράπευσεν τοὺς ἀρρώστους αὐτῶν.	**Mk 6,34** → Mk 8,2	καὶ ἐξελθὼν **εἶδεν** πολὺν ὄχλον, καὶ ἐσπλαγχνίσθη ἐπ' αὐτοὺς, ὅτι ἦσαν *ὡς* *πρόβατα* *μὴ ἔχοντα ποιμένα,* καὶ ἤρξατο διδάσκειν αὐτοὺς πολλά. ➢ Num 27,17/Jdt 11,19/2Chron 18,16	**Lk 9,11**	 ... καὶ ἀποδεξάμενος αὐτοὺς ἐλάλει αὐτοῖς περὶ τῆς βασιλείας τοῦ θεοῦ, καὶ τοὺς χρείαν ἔχοντας θεραπείας ἰᾶτο.	
	Mt 9,36 ⇑ Mt 14,14	**ἰδὼν** δὲ τοὺς ὄχλους ἐσπλαγχνίσθη περὶ αὐτῶν, ὅτι ἦσαν ἐσκυλμένοι καὶ ἐρριμμένοι *ὡσεὶ πρόβατα μὴ ἔχοντα* *ποιμένα.* ➢ Num 27,17/Jdt 11,19/2Chron 18,16					
g 121	**Mt 14,17** → Mt 15,34	οἱ δὲ λέγουσιν αὐτῷ· οὐκ ἔχομεν ὧδε εἰ μὴ πέντε ἄρτους καὶ δύο ἰχθύας.	**Mk 6,38** → Mk 8,5	ὁ δὲ λέγει αὐτοῖς· πόσους ἄρτους ἔχετε; ὑπάγετε **ἴδετε.** καὶ γνόντες λέγουσιν· πέντε, καὶ δύο ἰχθύας.	**Lk 9,13**	 ... οὐκ εἰσὶν ἡμῖν πλεῖον ἢ ἄρτοι πέντε καὶ ἰχθύες δύο, ...	→ Jn 6,7.9
c 120	**Mt 14,24**	 ... βασανιζόμενον ὑπὸ τῶν κυμάτων, ἦν γὰρ ἐναντίος ὁ ἄνεμος.	**Mk 6,48**	καὶ **ἰδὼν** αὐτοὺς βασανιζομένους ἐν τῷ ἐλαύνειν, ἦν γὰρ ὁ ἄνεμος ἐναντίος αὐτοῖς, ...			→ Jn 6,18
c 220	**Mt 14,26**	οἱ δὲ μαθηταὶ **ἰδόντες** αὐτὸν ἐπὶ τῆς θαλάσσης περιπατοῦντα ἐταράχθησαν λέγοντες ὅτι φάντασμά ἐστιν, καὶ ἀπὸ τοῦ φόβου ἔκραξαν.	**Mk 6,49**	οἱ δὲ **ἰδόντες** αὐτὸν ἐπὶ τῆς θαλάσσης περιπατοῦντα ἔδοξαν ὅτι φάντασμά ἐστιν, καὶ ἀνέκραξαν·			→ Jn 6,19
120	**Mt 14,27**	 εὐθὺς δὲ ἐλάλησεν [ὁ Ἰησοῦς] αὐτοῖς λέγων· θαρσεῖτε, ἐγώ εἰμι· μὴ φοβεῖσθε.	**Mk 6,50**	πάντες γὰρ αὐτὸν **εἶδον** καὶ ἐταράχθησαν. ὁ δὲ εὐθὺς ἐλάλησεν μετ' αὐτῶν, καὶ λέγει αὐτοῖς· θαρσεῖτε, ἐγώ εἰμι· μὴ φοβεῖσθε.			→ Jn 6,20
a 020			**Mk 7,2** ↓ Lk 11,38	καὶ **ἰδόντες** τινὰς τῶν μαθητῶν αὐτοῦ ὅτι κοιναῖς χερσίν, τοῦτ' ἔστιν ἀνίπτοις, ἐσθίουσιν τοὺς ἄρτους			
120	**Mt 16,23** → Mt 4,10	ὁ δὲ στραφεὶς εἶπεν τῷ Πέτρῳ· ὕπαγε ὀπίσω μου, σατανᾶ· ...	**Mk 8,33** → Mt 4,10	ὁ δὲ ἐπιστραφεὶς καὶ **ἰδὼν** τοὺς μαθητὰς αὐτοῦ ἐπετίμησεν Πέτρῳ καὶ λέγει· ὕπαγε ὀπίσω μου, σατανᾶ, ...			

	Mt		Mk		Lk		
c 222	**Mt 16,28** → Mt 24,34	... εἰσίν τινες τῶν ὧδε ἑστώτων οἵτινες οὐ μὴ γεύσωνται θανάτου ἕως ἂν **ἴδωσιν** τὸν υἱὸν τοῦ ἀνθρώπου ἐρχόμενον ἐν τῇ βασιλείᾳ αὐτοῦ.	**Mk 9,1** → Mk 13,30	... εἰσίν τινες ὧδε τῶν ἑστηκότων οἵτινες οὐ μὴ γεύσωνται θανάτου ἕως ἂν **ἴδωσιν** τὴν βασιλείαν τοῦ θεοῦ ἐληλυθυῖαν ἐν δυνάμει.	**Lk 9,27** → Lk 21,32	... εἰσίν τινες τῶν αὐτοῦ ἑστηκότων οἳ οὐ μὴ γεύσωνται θανάτου ἕως ἂν **ἴδωσιν** τὴν βασιλείαν τοῦ θεοῦ.	→ Jn 21,22-23
c 002					**Lk 9,32**	... διαγρηγορήσαντες δὲ **εἶδον** τὴν δόξαν αὐτοῦ καὶ τοὺς δύο ἄνδρας τοὺς συνεστῶτας αὐτῷ.	
f e 221	**Mt 17,8**	ἐπάραντες δὲ τοὺς ὀφθαλμοὺς αὐτῶν οὐδένα **εἶδον** εἰ μὴ αὐτὸν Ἰησοῦν μόνον.	**Mk 9,8**	καὶ ἐξάπινα περιβλεψάμενοι οὐκέτι οὐδένα **εἶδον** ἀλλὰ τὸν Ἰησοῦν μόνον μεθ' ἑαυτῶν.	**Lk 9,36**	καὶ ἐν τῷ γενέσθαι τὴν φωνὴν **εὑρέθη** Ἰησοῦς μόνος. ...	
121	**Mt 17,9**	... ἐνετείλατο αὐτοῖς ὁ Ἰησοῦς λέγων· μηδενὶ εἴπητε **τὸ ὅραμα** ἕως οὗ ὁ υἱὸς τοῦ ἀνθρώπου ἐκ νεκρῶν ἐγερθῇ.	**Mk 9,9**	... διεστείλατο αὐτοῖς ἵνα μηδενὶ **ἃ εἶδον** διηγήσωνται, εἰ μὴ ὅταν ὁ υἱὸς τοῦ ἀνθρώπου ἐκ νεκρῶν ἀναστῇ.	**Lk 9,36**	... καὶ αὐτοὶ ἐσίγησαν καὶ οὐδενὶ ἀπήγγειλαν ἐν ἐκείναις ταῖς ἡμέραις οὐδὲν **ὧν ἑώρακαν.**	
c 121	**Mt 17,14**	[9] καὶ καταβαινόντων αὐτῶν ἐκ τοῦ ὄρους ... [14] καὶ ἐλθόντων πρὸς τὸν ὄχλον ...	**Mk 9,14**	[9] καὶ καταβαινόντων αὐτῶν ἐκ τοῦ ὄρους ... [14] καὶ ἐλθόντες πρὸς τοὺς μαθητὰς **εἶδον** ὄχλον πολὺν περὶ αὐτοὺς καὶ γραμματεῖς συζητοῦντας πρὸς αὐτούς.	**Lk 9,37**	ἐγένετο δὲ τῇ ἑξῆς ἡμέρᾳ κατελθόντων αὐτῶν ἀπὸ τοῦ ὄρους	
021			**Mk 9,15**	καὶ εὐθὺς πᾶς ὁ ὄχλος **ἰδόντες** αὐτὸν ἐξεθαμβήθησαν καὶ προστρέχοντες ἠσπάζοντο αὐτόν.		συνήντησεν αὐτῷ ὄχλος πολύς.	
021			**Mk 9,20**	καὶ ἤνεγκαν αὐτὸν πρὸς αὐτόν. καὶ **ἰδὼν** αὐτὸν τὸ πνεῦμα εὐθὺς συνεσπάραξεν αὐτόν, καὶ πεσὼν ἐπὶ τῆς γῆς ἐκυλίετο ἀφρίζων.	**Lk 9,42**	ἔτι δὲ προσερχομένου αὐτοῦ ἔρρηξεν αὐτὸν τὸ δαιμόνιον καὶ συνεσπάραξεν·	
a 121	**Mt 17,18**	καὶ ἐπετίμησεν αὐτῷ ὁ Ἰησοῦς ...	**Mk 9,25**	**ἰδὼν** δὲ ὁ Ἰησοῦς ὅτι ἐπισυντρέχει ὄχλος, ἐπετίμησεν τῷ πνεύματι τῷ ἀκαθάρτῳ ...		ἐπετίμησεν δὲ ὁ Ἰησοῦς τῷ πνεύματι τῷ ἀκαθάρτῳ ...	
c 022			**Mk 9,38**	ἔφη αὐτῷ ὁ Ἰωάννης· διδάσκαλε, **εἴδομέν** τινα ἐν τῷ ὀνόματί σου ἐκβάλλοντα δαιμόνια καὶ ἐκωλύομεν αὐτόν, ὅτι οὐκ ἠκολούθει ἡμῖν.	**Lk 9,49**	ἀποκριθεὶς δὲ Ἰωάννης εἶπεν· ἐπιστάτα, **εἴδομέν** τινα ἐν τῷ ὀνόματί σου ἐκβάλλοντα δαιμόνια καὶ ἐκωλύομεν αὐτόν, ὅτι οὐκ ἀκολουθεῖ μεθ' ἡμῶν.	→ Acts 19,13

200	Mt 18,31	ἰδόντες οὖν οἱ σύνδουλοι αὐτοῦ τὰ γενόμενα ἐλυπήθησαν σφόδρα ...			
002			Lk 9,54	ἰδόντες δὲ οἱ μαθηταὶ Ἰάκωβος καὶ Ἰωάννης εἶπαν· κύριε, θέλεις εἴπωμεν *πῦρ καταβῆναι ἀπὸ τοῦ οὐρανοῦ καὶ ἀναλῶσαι αὐτούς;* ➤ 2Kings 1,10.12	
e 202 j 202	Mt 13,17 (2)	ἀμὴν γὰρ λέγω ὑμῖν ὅτι πολλοὶ προφῆται καὶ δίκαιοι ἐπεθύμησαν ἰδεῖν ἃ βλέπετε καὶ οὐκ εἶδαν, καὶ ἀκοῦσαι ἃ ἀκούετε καὶ οὐκ ἤκουσαν.	Lk 10,24 (2)	λέγω γὰρ ὑμῖν ὅτι πολλοὶ προφῆται καὶ βασιλεῖς ἠθέλησαν ἰδεῖν ἃ ὑμεῖς βλέπετε καὶ οὐκ εἶδαν, καὶ ἀκοῦσαι ἃ ἀκούετε καὶ οὐκ ἤκουσαν.	→ GTh 38 (POxy 655 - restoration)
002			Lk 10,31	κατὰ συγκυρίαν δὲ ἱερεύς τις κατέβαινεν ἐν τῇ ὁδῷ ἐκείνῃ καὶ ἰδὼν αὐτὸν ἀντιπαρῆλθεν·	
002			Lk 10,32	ὁμοίως δὲ καὶ Λευίτης [γενόμενος] κατὰ τὸν τόπον ἐλθὼν καὶ ἰδὼν ἀντιπαρῆλθεν.	
002			Lk 10,33	Σαμαρίτης δέ τις ὁδεύων ἦλθεν κατ᾽ αὐτὸν καὶ ἰδὼν ἐσπλαγχνίσθη	
002			Lk 11,38 ↑ Mk 7,2	ὁ δὲ Φαρισαῖος ἰδὼν ἐθαύμασεν ὅτι οὐ πρῶτον ἐβαπτίσθη πρὸ τοῦ ἀρίστου.	
c 102	Mt 16,2	... [ὀψίας γενομένης λέγετε· εὐδία, πυρράζει γὰρ ὁ οὐρανός·]	Lk 12,54	... ὅταν ἴδητε [τὴν] νεφέλην ἀνατέλλουσαν ἐπὶ δυσμῶν, εὐθέως λέγετε ὅτι ὄμβρος ἔρχεται, καὶ γίνεται οὕτως·	→ GTh 91 Mt 16,2b is textcritically uncertain.
002			Lk 13,12 → Mt 12,13 → Mk 3,5 → Lk 6,10	ἰδὼν δὲ αὐτὴν ὁ Ἰησοῦς προσεφώνησεν καὶ εἶπεν αὐτῇ· γύναι, ἀπολέλυσαι τῆς ἀσθενείας σου	
202	Mt 23,39	λέγω γὰρ ὑμῖν, οὐ μή με ἴδητε ἀπ᾽ ἄρτι ἕως ἂν εἴπητε· *εὐλογημένος ὁ ἐρχόμενος ἐν ὀνόματι κυρίου.* ➤ Ps 118,26	Lk 13,35	... λέγω [δὲ] ὑμῖν, οὐ μὴ ἴδητέ με ἕως [ἥξει ὅτε] εἴπητε· *εὐλογημένος ὁ ἐρχόμενος ἐν ὀνόματι κυρίου.* ➤ Ps 118,26	

	Mt		Mk		Lk		
102	Mt 22,5	οἱ δὲ ἀμελήσαντες ἀπῆλθον, ὃς μὲν εἰς τὸν ἴδιον ἀγρόν, ...			Lk 14,18	καὶ ἤρξαντο ἀπὸ μιᾶς πάντες παραιτεῖσθαι. ὁ πρῶτος εἶπεν αὐτῷ· ἀγρὸν ἠγόρασα καὶ ἔχω ἀνάγκην ἐξελθὼν **ἰδεῖν** αὐτόν· ἐρωτῶ σε, ἔχε με παρῃτημένον.	→ GTh 64
002					Lk 15,20	... ἔτι δὲ αὐτοῦ μακρὰν ἀπέχοντος **εἶδεν** αὐτὸν ὁ πατὴρ αὐτοῦ καὶ ἐσπλαγχνίσθη ...	
002					Lk 17,14 → Mt 8,3-4 → Mk 1,42.44 → Lk 5,13-14	καὶ **ἰδὼν** εἶπεν αὐτοῖς· πορευθέντες ἐπιδείξατε ἑαυτοὺς τοῖς ἱερεῦσιν. ... ➤ Lev 13,49; 14,2-4	
a 002					Lk 17,15	εἷς δὲ ἐξ αὐτῶν, **ἰδὼν** ὅτι ἰάθη, ὑπέστρεψεν μετὰ φωνῆς μεγάλης δοξάζων τὸν θεόν	
d 002					Lk 17,22	εἶπεν δὲ πρὸς τοὺς μαθητάς· ἐλεύσονται ἡμέραι ὅτε ἐπιθυμήσετε μίαν τῶν ἡμερῶν τοῦ υἱοῦ τοῦ ἀνθρώπου **ἰδεῖν** καὶ οὐκ ὄψεσθε.	
112	Mt 19,13	τότε προσηνέχθησαν αὐτῷ παιδία ἵνα τὰς χεῖρας ἐπιθῇ αὐτοῖς καὶ προσεύξηται· οἱ δὲ μαθηταὶ ἐπετίμησαν αὐτοῖς.	Mk 10,13	καὶ προσέφερον αὐτῷ παιδία ἵνα αὐτῶν ἅψηται· οἱ δὲ μαθηταὶ ἐπετίμησαν αὐτοῖς.	Lk 18,15	προσέφερον δὲ αὐτῷ καὶ τὰ βρέφη ἵνα αὐτῶν ἅπτηται· **ἰδόντες** δὲ οἱ μαθηταὶ ἐπετίμων αὐτοῖς.	→ GTh 22
121	Mt 19,14	ὁ δὲ Ἰησοῦς εἶπεν· ἄφετε τὰ παιδία καὶ μὴ κωλύετε αὐτὰ ἐλθεῖν πρός με, ...	Mk 10,14	**ἰδὼν** δὲ ὁ Ἰησοῦς ἠγανάκτησεν καὶ εἶπεν αὐτοῖς· ἄφετε τὰ παιδία ἔρχεσθαι πρός με, μὴ κωλύετε αὐτά, ...	Lk 18,16	ὁ δὲ Ἰησοῦς προσεκαλέσατο αὐτὰ λέγων· ἄφετε τὰ παιδία ἔρχεσθαι πρός με καὶ μὴ κωλύετε αὐτά, ...	→ GTh 22
c 112	Mt 19,23	ὁ δὲ Ἰησοῦς εἶπεν τοῖς μαθηταῖς αὐτοῦ· ἀμὴν λέγω ὑμῖν ὅτι πλούσιος δυσκόλως εἰσελεύσεται εἰς τὴν βασιλείαν τῶν οὐρανῶν.	Mk 10,23	καὶ **περιβλεψάμενος** ὁ Ἰησοῦς λέγει τοῖς μαθηταῖς αὐτοῦ· πῶς δυσκόλως οἱ τὰ χρήματα ἔχοντες εἰς τὴν βασιλείαν τοῦ θεοῦ εἰσελεύσονται.	Lk 18,24	**ἰδὼν** δὲ αὐτὸν ὁ Ἰησοῦς [περίλυπον γενόμενον] εἶπεν· πῶς δυσκόλως οἱ τὰ χρήματα ἔχοντες εἰς τὴν βασιλείαν τοῦ θεοῦ εἰσπορεύονται·	
c 200	Mt 20,3	καὶ ἐξελθὼν περὶ τρίτην ὥραν **εἶδεν** ἄλλους ἑστῶτας ἐν τῇ ἀγορᾷ ἀργούς					

	Mt		Mk		Lk		
112	**Mt 20,34** ⇩ Mt 9,30 → Mk 8,23 → Mk 8,25	... καὶ εὐθέως ἀνέβλεψαν καὶ ἠκολούθησαν αὐτῷ.	**Mk 10,52**	... καὶ εὐθὺς ἀνέβλεψεν, καὶ ἠκολούθει αὐτῷ ἐν τῇ ὁδῷ.	**Lk 18,43**	καὶ παραχρῆμα ἀνέβλεψεν καὶ ἠκολούθει αὐτῷ δοξάζων τὸν θεόν. καὶ πᾶς ὁ λαὸς **ἰδὼν** ἔδωκεν αἶνον τῷ θεῷ.	
	Mt 9,30 ⇧ Mt 20,34	καὶ ἠνεῴχθησαν αὐτῶν οἱ ὀφθαλμοί. καὶ ἐνεβριμήθη αὐτοῖς ὁ Ἰησοῦς λέγων· ὁρᾶτε μηδεὶς γινωσκέτω. [31] οἱ δὲ ἐξελθόντες διεφήμισαν αὐτὸν ἐν ὅλῃ τῇ γῇ ἐκείνῃ.					
k 002					**Lk 19,3**	καὶ ἐζήτει **ἰδεῖν** τὸν Ἰησοῦν τίς ἐστιν καὶ οὐκ ἠδύνατο ἀπὸ τοῦ ὄχλου, ὅτι τῇ ἡλικίᾳ μικρὸς ἦν.	
002					**Lk 19,4**	καὶ προδραμὼν εἰς τὸ ἔμπροσθεν ἀνέβη ἐπὶ συκομορέαν ἵνα **ἴδῃ** αὐτὸν ὅτι ἐκείνης ἤμελλεν διέρχεσθαι.	
002					**Lk 19,7** ↑ Mt 9,11 ↑ Mk 2,16 ↑ Lk 5,30 → Lk 15,2	καὶ **ἰδόντες** πάντες διεγόγγυζον λέγοντες ὅτι παρὰ ἁμαρτωλῷ ἀνδρὶ εἰσῆλθεν καταλῦσαι.	
112	**Mt 21,9**	οἱ δὲ ὄχλοι οἱ προάγοντες αὐτὸν καὶ οἱ ἀκολουθοῦντες ἔκραζον λέγοντες· *ὡσαννὰ* τῷ υἱῷ Δαυίδ· *εὐλογημένος* *ὁ ἐρχόμενος* *ἐν ὀνόματι κυρίου*· ... ➤ Ps 118,25-26	**Mk 11,9**	καὶ οἱ προάγοντες καὶ οἱ ἀκολουθοῦντες ἔκραζον· *ὡσαννά*· *εὐλογημένος* *ὁ ἐρχόμενος* *ἐν ὀνόματι κυρίου*· ➤ Ps 118,25-26	**Lk 19,37**	... ἤρξαντο ἅπαν τὸ πλῆθος τῶν μαθητῶν χαίροντες αἰνεῖν τὸν θεὸν φωνῇ μεγάλῃ περὶ πασῶν ὧν **εἶδον** δυνάμεων, [38] λέγοντες· *εὐλογημένος* *ὁ ἐρχόμενος*, ὁ βασιλεὺς *ἐν ὀνόματι κυρίου*· ... ➤ Ps 118,26	→ Jn 12,13
002					**Lk 19,41** → Mt 21,10 → Mk 11,11	καὶ ὡς ἤγγισεν **ἰδὼν** τὴν πόλιν ἔκλαυσεν ἐπ᾽ αὐτήν	
c 200	**Mt 21,15**	**ἰδόντες** δὲ οἱ ἀρχιερεῖς καὶ οἱ γραμματεῖς τὰ θαυμάσια ἃ ἐποίησεν καὶ τοὺς παῖδας τοὺς κράζοντας ἐν τῷ ἱερῷ καὶ λέγοντας· ὡσαννὰ τῷ υἱῷ Δαυίδ, ...					
c 220	**Mt 21,19** → Lk 13,6	καὶ **ἰδὼν** συκῆν μίαν ἐπὶ τῆς ὁδοῦ ἦλθεν ἐπ᾽ αὐτὴν καὶ οὐδὲν εὗρεν ἐν αὐτῇ εἰ μὴ φύλλα μόνον, ...	**Mk 11,13** → Lk 13,6	καὶ **ἰδὼν** συκῆν ἀπὸ μακρόθεν ἔχουσαν φύλλα ἦλθεν, εἰ ἄρα τι εὑρήσει ἐν αὐτῇ, καὶ ἐλθὼν ἐπ᾽ αὐτὴν οὐδὲν εὗρεν εἰ μὴ φύλλα· ...			

	Mt		Mk		Lk		
c 220	**Mt 21,20**	[19] ... καὶ ἐξηράνθη παραχρῆμα ἡ συκῆ. [20] καὶ ἰδόντες οἱ μαθηταὶ ἐθαύμασαν λέγοντες· πῶς παραχρῆμα ἐξηράνθη ἡ συκῆ;	**Mk 11,20** → Mt 21,19c → Mk 11,14	καὶ παραπορευόμενοι πρωῒ εἶδον τὴν συκῆν ἐξηραμμένην ἐκ ῥιζῶν. [21] καὶ ἀναμνησθεὶς ὁ Πέτρος λέγει αὐτῷ· ῥαββί, ἴδε ἡ συκῆ ἣν κατηράσω ἐξήρανται.			
201	**Mt 21,32**	ἦλθεν γὰρ Ἰωάννης πρὸς ὑμᾶς ἐν ὁδῷ δικαιοσύνης, καὶ οὐκ ἐπιστεύσατε αὐτῷ, οἱ δὲ τελῶναι καὶ αἱ πόρναι ἐπίστευσαν αὐτῷ· ὑμεῖς δὲ ἰδόντες οὐδὲ μετεμελήθητε ὕστερον τοῦ πιστεῦσαι αὐτῷ.			**Lk 7,30**	[29] καὶ πᾶς ὁ λαὸς ἀκούσας καὶ οἱ τελῶναι ἐδικαίωσαν τὸν θεόν βαπτισθέντες τὸ βάπτισμα Ἰωάννου· [30] οἱ δὲ Φαρισαῖοι καὶ οἱ νομικοὶ τὴν βουλὴν τοῦ θεοῦ ἠθέτησαν εἰς ἑαυτούς μὴ βαπτισθέντες ὑπ᾽ αὐτοῦ.	
212	**Mt 21,38**	οἱ δὲ γεωργοὶ ἰδόντες τὸν υἱὸν εἶπον ἐν ἑαυτοῖς· οὗτός ἐστιν ὁ κληρονόμος· δεῦτε ἀποκτείνωμεν αὐτὸν καὶ σχῶμεν τὴν κληρονομίαν αὐτοῦ	**Mk 12,7**	ἐκεῖνοι δὲ οἱ γεωργοὶ πρὸς ἑαυτοὺς εἶπαν ὅτι οὗτός ἐστιν ὁ κληρονόμος· δεῦτε ἀποκτείνωμεν αὐτόν, καὶ ἡμῶν ἔσται ἡ κληρονομία.	**Lk 20,14**	ἰδόντες δὲ αὐτὸν οἱ γεωργοὶ διελογίζοντο πρὸς ἀλλήλους λέγοντες· οὗτός ἐστιν ὁ κληρονόμος· ἀποκτείνωμεν αὐτόν, ἵνα ἡμῶν γένηται ἡ κληρονομία.	→ GTh 65
c e 200	**Mt 22,11**	εἰσελθὼν δὲ ὁ βασιλεὺς θεάσασθαι τοὺς ἀνακειμένους εἶδεν ἐκεῖ ἄνθρωπον οὐκ ἐνδεδυμένον ἔνδυμα γάμου					
121	**Mt 22,18**	γνοὺς δὲ ὁ Ἰησοῦς τὴν πονηρίαν αὐτῶν εἶπεν· τί με πειράζετε, ὑποκριταί; [19] ἐπιδείξατέ μοι τὸ νόμισμα τοῦ κήνσου. ...	**Mk 12,15**	ὁ δὲ εἰδὼς αὐτῶν τὴν ὑπόκρισιν εἶπεν αὐτοῖς· τί με πειράζετε; φέρετέ μοι δηνάριον ἵνα ἴδω.	**Lk 20,23**	κατανοήσας δὲ αὐτῶν τὴν πανουργίαν εἶπεν πρὸς αὐτούς· [24] δείξατέ μοι δηνάριον· ...	→ GTh 100
a 121	**Mt 22,34** → Mt 19,16	οἱ δὲ Φαρισαῖοι ἀκούσαντες ὅτι ἐφίμωσεν τοὺς Σαδδουκαίους συνήχθησαν ἐπὶ τὸ αὐτό, [35] καὶ ἐπηρώτησεν εἷς ἐξ αὐτῶν [νομικὸς] πειράζων αὐτόν· [36] διδάσκαλε, ποία ἐντολὴ μεγάλη ἐν τῷ νόμῳ;	**Mk 12,28** → Lk 20,39 → Mk 10,17	καὶ προσελθὼν εἷς τῶν γραμματέων ἀκούσας αὐτῶν συζητούντων, ἰδὼν ὅτι καλῶς ἀπεκρίθη αὐτοῖς ἐπηρώτησεν αὐτόν· ποία ἐστὶν ἐντολὴ πρώτη πάντων;	**Lk 10,25** ⇨ Lk 18,18	καὶ ἰδοὺ νομικός τις ἀνέστη ἐκπειράζων αὐτὸν λέγων· διδάσκαλε, τί ποιήσας ζωὴν αἰώνιον κληρονομήσω;	
a 021			**Mk 12,34**	καὶ ὁ Ἰησοῦς ἰδὼν [αὐτὸν] ὅτι νουνεχῶς ἀπεκρίθη εἶπεν αὐτῷ· οὐ μακρὰν εἶ ἀπὸ τῆς βασιλείας τοῦ θεοῦ. ...	**Lk 10,28**	εἶπεν δὲ αὐτῷ· ὀρθῶς ἀπεκρίθης· τοῦτο ποίει καὶ ζήσῃ.	

202	Mt 23,39	λέγω γὰρ ὑμῖν, οὐ μή με ἴδητε ἀπ' ἄρτι ἕως ἂν εἴπητε· *εὐλογημένος ὁ ἐρχόμενος* *ἐν ὀνόματι κυρίου.* ➢ Ps 118,26			Lk 13,35	... λέγω [δὲ] ὑμῖν, οὐ μὴ ἴδητέ με ἕως [ἥξει ὅτε] εἴπητε· *εὐλογημένος ὁ ἐρχόμενος* *ἐν ὀνόματι κυρίου.* ➢ Ps 118,26	
c e 012			Mk 12,41	καὶ καθίσας κατέναντι τοῦ γαζοφυλακίου ἐθεώρει πῶς ὁ ὄχλος βάλλει χαλκὸν εἰς τὸ γαζοφυλάκιον. καὶ πολλοὶ πλούσιοι ἔβαλλον πολλά·	Lk 21,1	ἀναβλέψας δὲ εἶδεν τοὺς βάλλοντας εἰς τὸ γαζοφυλάκιον τὰ δῶρα αὐτῶν πλουσίους.	
c 012			Mk 12,42	καὶ ἐλθοῦσα μία χήρα πτωχὴ ἔβαλεν λεπτὰ δύο, ὅ ἐστιν κοδράντης.	Lk 21,2	εἶδεν δέ τινα χήραν πενιχρὰν βάλλουσαν ἐκεῖ λεπτὰ δύο	
g k 121	Mt 24,1	καὶ ἐξελθὼν ὁ Ἰησοῦς ἀπὸ τοῦ ἱεροῦ ἐπορεύετο, καὶ προσῆλθον οἱ μαθηταὶ αὐτοῦ ἐπιδεῖξαι αὐτῷ τὰς οἰκοδομὰς τοῦ ἱεροῦ.	Mk 13,1	καὶ ἐκπορευομένου αὐτοῦ ἐκ τοῦ ἱεροῦ λέγει αὐτῷ εἷς τῶν μαθητῶν αὐτοῦ· διδάσκαλε, ἴδε ποταποὶ λίθοι καὶ ποταπαὶ οἰκοδομαί.	Lk 21,5	καί τινων λεγόντων περὶ τοῦ ἱεροῦ ὅτι λίθοις καλοῖς καὶ ἀναθήμασιν κεκόσμηται ...	
c 222	Mt 24,15	ὅταν οὖν ἴδητε *τὸ βδέλυγμα τῆς* *ἐρημώσεως* τὸ ῥηθὲν διὰ Δανιὴλ τοῦ προφήτου ἑστὸς ἐν τόπῳ ἁγίῳ, ὁ ἀναγινώσκων νοείτω ➢ Dan 9,27/11,31/12,11	Mk 13,14	ὅταν δὲ ἴδητε *τὸ βδέλυγμα τῆς* *ἐρημώσεως* ἑστηκότα ὅπου οὐ δεῖ, ὁ ἀναγινώσκων νοείτω, ... ➢ Dan 9,27/11,31/12,11	Lk 21,20 → Lk 19,43	ὅταν δὲ ἴδητε κυκλουμένην ὑπὸ στρατοπέδων Ἰερουσαλήμ, τότε γνῶτε ὅτι ἤγγικεν ἡ ἐρήμωσις αὐτῆς.	
g 112	Mt 24,32	ἀπὸ δὲ τῆς συκῆς μάθετε τὴν παραβολήν· ὅταν ἤδη ὁ κλάδος αὐτῆς γένηται ἁπαλὸς καὶ τὰ φύλλα ἐκφύῃ, γινώσκετε ὅτι ἐγγὺς τὸ θέρος·	Mk 13,28	ἀπὸ δὲ τῆς συκῆς μάθετε τὴν παραβολήν· ὅταν ἤδη ὁ κλάδος αὐτῆς ἁπαλὸς γένηται καὶ ἐκφύῃ τὰ φύλλα, γινώσκετε ὅτι ἐγγὺς τὸ θέρος ἐστίν·	Lk 21,29	καὶ εἶπεν παραβολὴν αὐτοῖς· ἴδετε τὴν συκῆν καὶ πάντα τὰ δένδρα· [30] ὅταν προβάλωσιν ἤδη, βλέποντες ἀφ' ἑαυτῶν γινώσκετε ὅτι ἤδη ἐγγὺς τὸ θέρος ἐστίν·	
c 222	Mt 24,33	οὕτως καὶ ὑμεῖς, ὅταν ἴδητε πάντα ταῦτα, γινώσκετε ὅτι ἐγγύς ἐστιν ἐπὶ θύραις.	Mk 13,29	οὕτως καὶ ὑμεῖς, ὅταν ἴδητε ταῦτα γινόμενα, γινώσκετε ὅτι ἐγγύς ἐστιν ἐπὶ θύραις.	Lk 21,31	οὕτως καὶ ὑμεῖς, ὅταν ἴδητε ταῦτα γινόμενα, γινώσκετε ὅτι ἐγγύς ἐστιν ἡ βασιλεία τοῦ θεοῦ.	
c 200	Mt 25,37	τότε ἀποκριθήσονται αὐτῷ οἱ δίκαιοι λέγοντες· κύριε, πότε σε εἴδομεν πεινῶντα καὶ ἐθρέψαμεν, ἢ διψῶντα καὶ ἐποτίσαμεν;					
c 200	Mt 25,38	πότε δέ σε εἴδομεν ξένον καὶ συνηγάγομεν, ἢ γυμνὸν καὶ περιεβάλομεν;					
c 200	Mt 25,39	πότε δέ σε εἴδομεν ἀσθενοῦντα ἢ ἐν φυλακῇ καὶ ἤλθομεν πρός σε;					

c 200	**Mt 25,44**	... κύριε, πότε σε **εἴδομεν** πεινῶντα ἢ διψῶντα ἢ ξένον ἢ γυμνὸν ἢ ἀσθενῆ ἢ ἐν φυλακῇ καὶ οὐ διηκονήσαμέν σοι;					
210	**Mt 26,8**	**ἰδόντες** δὲ οἱ μαθηταὶ ἠγανάκτησαν λέγοντες· εἰς τί ἡ ἀπώλεια αὕτη;	**Mk 14,4**	ἦσαν δέ τινες ἀγανακτοῦντες πρὸς ἑαυτούς· εἰς τί ἡ ἀπώλεια αὕτη τοῦ μύρου γέγονεν;			→ Jn 12,4
002	→ Mt 26,51		→ Mk 14,47		**Lk 22,49** → Lk 22,38 → Lk 22,50	**ἰδόντες** δὲ οἱ περὶ αὐτὸν τὸ ἐσόμενον εἶπαν· κύριε, εἰ πατάξομεν ἐν μαχαίρῃ;	
211	**Mt 26,58**	ὁ δὲ Πέτρος ... εἰσελθὼν ἔσω ἐκάθητο μετὰ τῶν ὑπηρετῶν **ἰδεῖν** τὸ τέλος.	**Mk 14,54**	καὶ ὁ Πέτρος ... ἦν συγκαθήμενος μετὰ τῶν ὑπηρετῶν καὶ θερμαινόμενος πρὸς τὸ φῶς.	**Lk 22,55**	... συγκαθισάντων ἐκάθητο ὁ Πέτρος μέσος αὐτῶν.	→ Jn 18,18
c e 122	**Mt 26,69**	ὁ δὲ Πέτρος ἐκάθητο ἔξω ἐν τῇ αὐλῇ· καὶ προσῆλθεν αὐτῷ μία παιδίσκη λέγουσα· καὶ σὺ ἦσθα μετὰ Ἰησοῦ τοῦ Γαλιλαίου.	**Mk 14,67**	[66] καὶ ὄντος τοῦ Πέτρου κάτω ἐν τῇ αὐλῇ ἔρχεται μία τῶν παιδισκῶν τοῦ ἀρχιερέως [67] καὶ **ἰδοῦσα** τὸν Πέτρον θερμαινόμενον ἐμβλέψασα αὐτῷ λέγει· καὶ σὺ μετὰ τοῦ Ναζαρηνοῦ ἦσθα τοῦ Ἰησοῦ.	**Lk 22,56**	**ἰδοῦσα** δὲ αὐτὸν παιδίσκη τις καθήμενον πρὸς τὸ φῶς καὶ ἀτενίσασα αὐτῷ εἶπεν· καὶ οὗτος σὺν αὐτῷ ἦν.	→ Jn 18,17
222	**Mt 26,71**	... **εἶδεν** αὐτὸν ἄλλη καὶ λέγει τοῖς ἐκεῖ· οὗτος ἦν μετὰ Ἰησοῦ τοῦ Ναζωραίου.	**Mk 14,69**	καὶ ἡ παιδίσκη **ἰδοῦσα** αὐτὸν ἤρξατο πάλιν λέγειν τοῖς παρεστῶσιν ὅτι οὗτος ἐξ αὐτῶν ἐστιν.	**Lk 22,58**	καὶ μετὰ βραχὺ ἕτερος **ἰδὼν** αὐτὸν ἔφη· καὶ σὺ ἐξ αὐτῶν εἶ. ...	→ Jn 18,25
a 200	**Mt 27,3**	τότε **ἰδὼν** Ἰούδας ὁ παραδιδοὺς αὐτὸν ὅτι κατεκρίθη, ...					
g k 120	**Mt 27,13**	τότε λέγει αὐτῷ ὁ Πιλᾶτος· οὐκ ἀκούεις πόσα σου καταμαρτυροῦσιν;	**Mk 15,4** → Mt 27,12	ὁ δὲ Πιλᾶτος πάλιν ἐπηρώτα αὐτὸν λέγων· οὐκ ἀποκρίνῃ οὐδέν; **ἴδε** πόσα σου κατηγοροῦσιν.	Lk 23,9	ἐπηρώτα δὲ αὐτὸν ἐν λόγοις ἱκανοῖς, αὐτὸς δὲ οὐδὲν ἀπεκρίνατο αὐτῷ.	→ Jn 19,9-10 Mt/Mk: before Pilate; Lk: before Herod
002 j 002 c h 002					**Lk 23,8** **(3)** ↑ Lk 9,9	ὁ δὲ Ἡρῴδης **ἰδὼν** τὸν Ἰησοῦν ἐχάρη λίαν, ἦν γὰρ ἐξ ἱκανῶν χρόνων θέλων **ἰδεῖν** αὐτὸν διὰ τὸ ἀκούειν περὶ αὐτοῦ, καὶ ἤλπιζέν τι σημεῖον **ἰδεῖν** ὑπ' αὐτοῦ γινόμενον.	

	Mt		Mk		Lk		
a 211	Mt 27,24	**ἰδὼν** δὲ ὁ Πιλᾶτος ὅτι οὐδὲν ὠφελεῖ ἀλλὰ μᾶλλον θόρυβος γίνεται, λαβὼν ὕδωρ ἀπενίψατο τὰς χεῖρας ἀπέναντι τοῦ ὄχλου λέγων· ἀθῷός εἰμι ἀπὸ τοῦ αἵματος τούτου· ὑμεῖς ὄψεσθε.	Mk 15,15	ὁ δὲ Πιλᾶτος βουλόμενος τῷ ὄχλῳ τὸ ἱκανὸν ποιῆσαι ...	Lk 23,24	καὶ Πιλᾶτος ἐπέκρινεν γενέσθαι τὸ αἴτημα αὐτῶν·	→ Acts 18,6
121	Mt 27,42 → Mt 26,63-64	... βασιλεὺς Ἰσραήλ ἐστιν, καταβάτω νῦν ἀπὸ τοῦ σταυροῦ καὶ πιστεύσομεν ἐπ' αὐτόν.	Mk 15,32 → Mk 14,61-62	ὁ χριστὸς ὁ βασιλεὺς Ἰσραὴλ καταβάτω νῦν ἀπὸ τοῦ σταυροῦ, ἵνα **ἴδωμεν** καὶ πιστεύσωμεν. ...	Lk 23,35 → Lk 22,67 → Lk 23,37 → Lk 23,39	... εἰ οὗτός ἐστιν ὁ χριστὸς τοῦ θεοῦ ὁ ἐκλεκτός.	
k 220	Mt 27,49	... ἄφες **ἴδωμεν** εἰ ἔρχεται Ἠλίας σώσων αὐτόν.	Mk 15,36	... ἄφετε **ἴδωμεν** εἰ ἔρχεται Ἠλίας καθελεῖν αὐτόν.			
a 222	Mt 27,54	ὁ δὲ ἑκατόνταρχος καὶ οἱ μετ' αὐτοῦ τηροῦντες τὸν Ἰησοῦν **ἰδόντες** τὸν σεισμὸν καὶ τὰ γενόμενα ἐφοβήθησαν σφόδρα, λέγοντες· ἀληθῶς θεοῦ υἱὸς ἦν οὗτος.	Mk 15,39	**ἰδὼν** δὲ ὁ κεντυρίων ὁ παρεστηκὼς ἐξ ἐναντίας αὐτοῦ ὅτι οὕτως ἐξέπνευσεν εἶπεν· ἀληθῶς οὗτος ὁ ἄνθρωπος υἱὸς θεοῦ ἦν.	Lk 23,47	**ἰδὼν** δὲ ὁ ἑκατοντάρχης τὸ γενόμενον ἐδόξαζεν τὸν θεὸν λέγων· ὄντως ὁ ἄνθρωπος οὗτος δίκαιος ἦν.	
c 021	Mt 28,3	[2] ... ἄγγελος γὰρ κυρίου καταβὰς ἐξ οὐρανοῦ ... [3] ἦν δὲ ἡ εἰδέα αὐτοῦ ὡς ἀστραπὴ καὶ τὸ ἔνδυμα αὐτοῦ λευκὸν ὡς χιών.	Mk 16,5	καὶ εἰσελθοῦσαι εἰς τὸ μνημεῖον **εἶδον** νεανίσκον καθήμενον ἐν τοῖς δεξιοῖς περιβεβλημένον στολὴν λευκήν, ...	Lk 24,4 → Lk 24,23	καὶ ἐγένετο ἐν τῷ ἀπορεῖσθαι αὐτὰς περὶ τούτου **καὶ ἰδοὺ** ἄνδρες δύο ἐπέστησαν αὐταῖς ἐν ἐσθῆτι ἀστραπτούσῃ.	→ Jn 20,12
g 211	Mt 28,6	οὐκ ἔστιν ὧδε, ἠγέρθη γὰρ καθὼς εἶπεν· **δεῦτε ἴδετε** τὸν τόπον ὅπου ἔκειτο.	Mk 16,6	... ἠγέρθη, οὐκ ἔστιν ὧδε· **ἴδε** ὁ τόπος ὅπου ἔθηκαν αὐτόν.	Lk 24,6 → Lk 24,23	οὐκ ἔστιν ὧδε, ἀλλὰ ἠγέρθη. μνήσθητε ὡς ἐλάλησεν ὑμῖν ἔτι ὢν ἐν τῇ Γαλιλαίᾳ	
002					Lk 24,24 → Lk 24,12	καὶ ἀπῆλθόν τινες τῶν σὺν ἡμῖν ἐπὶ τὸ μνημεῖον, καὶ εὗρον οὕτως καθὼς καὶ αἱ γυναῖκες εἶπον, αὐτὸν δὲ **οὐκ εἶδον**.	
g 002 *a e g* 002					Lk 24,39 (2)	**ἴδετε** τὰς χεῖράς μου καὶ τοὺς πόδας μου ὅτι ἐγώ εἰμι αὐτός· ψηλαφήσατέ με καὶ **ἴδετε**, ὅτι πνεῦμα σάρκα καὶ ὀστέα οὐκ ἔχει καθὼς ἐμὲ θεωρεῖτε ἔχοντα.	→ Jn 20,20.27
200	Mt 28,17	καὶ **ἰδόντες** αὐτὸν προσεκύνησαν, οἱ δὲ ἐδίστασαν.					

[a] εἶδον ὅτι
[b] εἶδον and ὅραμα (Acts only)
[c] εἶδον and accusative with participle
[d] εἶδον and ὁράω, ὄψομαι (Luke/Acts only)
[e] εἶδον and (ἀνα-, ἐμ-, περι)βλέπω, θεάομαι, θεωρέω, ἀτενίζω
[f] εἶδον and ὀφθαλμός
[g] ἴδε, ἴδετε (see also ἴδε)
[h] εἶδον σημεῖον
[j] εἶδον and ἀκούω
[k] εἶδον and indirect interrogative

Acts 2,27 *ὅτι οὐκ ἐγκαταλείψεις τὴν ψυχήν μου εἰς ᾅδην οὐδὲ δώσεις τὸν ὅσιόν σου* **ἰδεῖν** *διαφθοράν.*
➤ Ps 15,10 LXX

Acts 2,31 προϊδὼν ἐλάλησεν περὶ τῆς ἀναστάσεως τοῦ Χριστοῦ ὅτι οὔτε ἐγκατελείφθη εἰς ᾅδην οὔτε ἡ σὰρξ αὐτοῦ **εἶδεν** διαφθοράν.
➤ Ps 16,10

c **Acts 3,3** [2] ... ἀνήρ χωλὸς ... [3] ὃς **ἰδὼν** Πέτρον καὶ Ἰωάννην μέλλοντας εἰσιέναι εἰς τὸ ἱερὸν, ἠρώτα ἐλεημοσύνην λαβεῖν.

c **Acts 3,9** καὶ **εἶδεν** πᾶς ὁ λαὸς αὐτὸν περιπατοῦντα καὶ αἰνοῦντα τὸν θεόν·

Acts 3,12 **ἰδὼν** δὲ ὁ Πέτρος ἀπεκρίνατο πρὸς τὸν λαόν· ἄνδρες Ἰσραηλῖται, ...

j **Acts 4,20** οὐ δυνάμεθα γὰρ ἡμεῖς ἃ **εἴδαμεν** καὶ ἠκούσαμεν μὴ λαλεῖν.

e **Acts 6,15** καὶ ἀτενίσαντες εἰς αὐτὸν πάντες οἱ καθεζόμενοι ἐν τῷ συνεδρίῳ **εἶδον** τὸ πρόσωπον αὐτοῦ ὡσεὶ πρόσωπον ἀγγέλου.

c **Acts 7,24** [22] ... Μωϋσῆς ... [24] καὶ **ἰδών** τινα ἀδικούμενον ἠμύνατο καὶ ἐποίησεν ἐκδίκησιν τῷ καταπονουμένῳ πατάξας τὸν Αἰγύπτιον.

b **Acts 7,31** ὁ δὲ Μωϋσῆς **ἰδὼν** ἐθαύμαζεν τὸ ὅραμα, προσερχομένου δὲ αὐτοῦ κατανοῆσαι ἐγένετο φωνὴ κυρίου·

j **Acts 7,34 (2)** *ἰδὼν* **εἶδον** *τὴν κάκωσιν τοῦ λαοῦ μου τοῦ ἐν Αἰγύπτῳ καὶ τοῦ στεναγμοῦ αὐτῶν ἤκουσα, καὶ κατέβην ἐξελέσθαι αὐτούς· ...*
➤ Exod 3,7-8.10

c e **Acts 7,55** ὑπάρχων δὲ πλήρης πνεύματος ἁγίου ἀτενίσας εἰς τὸν οὐρανὸν **εἶδεν** δόξαν θεοῦ καὶ Ἰησοῦν ἑστῶτα ἐκ δεξιῶν τοῦ θεοῦ

a **Acts 8,18** **ἰδὼν** δὲ ὁ Σίμων ὅτι διὰ τῆς ἐπιθέσεως τῶν χειρῶν τῶν ἀποστόλων δίδοται τὸ πνεῦμα, προσήνεγκεν αὐτοῖς χρήματα

Acts 8,39 ὅτε δὲ ἀνέβησαν ἐκ τοῦ ὕδατος, πνεῦμα κυρίου ἥρπασεν τὸν Φίλιππον, καὶ **οὐκ εἶδεν** αὐτὸν οὐκέτι ὁ εὐνοῦχος, ἐπορεύετο γὰρ τὴν ὁδὸν αὐτοῦ χαίρων.

b c **Acts 9,12** καὶ **εἶδεν** ἄνδρα [ἐν ὁράματι] Ἁνανίαν ὀνόματι εἰσελθόντα καὶ ἐπιθέντα αὐτῷ [τὰς] χεῖρας ὅπως ἀναβλέψῃ.

Acts 9,27 Βαρναβᾶς δὲ ἐπιλαβόμενος αὐτὸν ἤγαγεν πρὸς τοὺς ἀποστόλους καὶ διηγήσατο αὐτοῖς πῶς ἐν τῇ ὁδῷ **εἶδεν** τὸν κύριον καὶ ὅτι ἐλάλησεν αὐτῷ καὶ πῶς ἐν Δαμασκῷ ἐπαρρησιάσατο ἐν τῷ ὀνόματι τοῦ Ἰησοῦ.

Acts 9,35 καὶ **εἶδαν** αὐτὸν πάντες οἱ κατοικοῦντες Λύδδα καὶ τὸν Σαρῶνα, οἵτινες ἐπέστρεψαν ἐπὶ τὸν κύριον.

f **Acts 9,40** ... Ταβιθά, ἀνάστηθι. ἡ δὲ ἤνοιξεν τοὺς ὀφθαλμοὺς αὐτῆς, καὶ **ἰδοῦσα** τὸν Πέτρον ἀνεκάθισεν.

b c **Acts 10,3** **εἶδεν** ἐν ὁράματι φανερῶς ὡσεὶ περὶ ὥραν ἐνάτην τῆς ἡμέρας ἄγγελον τοῦ θεοῦ εἰσελθόντα πρὸς αὐτὸν καὶ εἰπόντα αὐτῷ· Κορνήλιε.

b **Acts 10,17** ὡς δὲ ἐν ἑαυτῷ διηπόρει ὁ Πέτρος τί ἂν εἴη τὸ ὅραμα ὃ **εἶδεν,** ἰδοὺ οἱ ἄνδρες οἱ ἀπεσταλμένοι ὑπὸ τοῦ Κορνηλίου διερωτήσαντες τὴν οἰκίαν τοῦ Σίμωνος ἐπέστησαν ἐπὶ τὸν πυλῶνα

b c **Acts 11,5** ἐγὼ ἤμην ἐν πόλει Ἰόππῃ προσευχόμενος καὶ **εἶδον** ἐν ἐκστάσει ὅραμα, καταβαῖνον σκεῦός τι ὡς ὀθόνην μεγάλην τέσσαρσιν ἀρχαῖς καθιεμένην ἐκ τοῦ οὐρανοῦ, ...

e **Acts 11,6** εἰς ἣν ἀτενίσας κατενόουν καὶ **εἶδον** τὰ τετράποδα τῆς γῆς καὶ τὰ θηρία καὶ τὰ ἑρπετὰ καὶ τὰ πετεινὰ τοῦ οὐρανοῦ.

c **Acts 11,13** ἀπήγγειλεν δὲ ἡμῖν πῶς **εἶδεν** [τὸν] ἄγγελον ἐν τῷ οἴκῳ αὐτοῦ σταθέντα καὶ εἰπόντα· ἀπόστειλον εἰς Ἰόππην καὶ μετάπεμψαι Σίμωνα τὸν ἐπικαλούμενον Πέτρον

Acts 11,23 ὃς παραγενόμενος καὶ **ἰδὼν** τὴν χάριν [τὴν] τοῦ θεοῦ, ἐχάρη καὶ παρεκάλει πάντας τῇ προθέσει τῆς καρδίας προσμένειν τῷ κυρίῳ.

a **Acts 12,3** **ἰδὼν** δὲ ὅτι ἀρεστόν ἐστιν τοῖς Ἰουδαίοις, προσέθετο συλλαβεῖν καὶ Πέτρον, ...

Acts 12,16 ὁ δὲ Πέτρος ἐπέμενεν κρούων· ἀνοίξαντες δὲ **εἶδαν** αὐτὸν καὶ ἐξέστησαν.

Acts 13,12 τότε
ἰδὼν
ὁ ἀνθύπατος τὸ γεγονὸς ἐπίστευσεν ἐκπλησσόμενος ἐπὶ τῇ διδαχῇ τοῦ κυρίου.

Acts 13,35 διότι καὶ ἐν ἑτέρῳ λέγει· *οὐ δώσεις τὸν ὅσιόν σου*
ἰδεῖν
διαφθοράν.
➤ Ps 16,10

Acts 13,36 Δαυὶδ μὲν γὰρ ἰδίᾳ γενεᾷ ὑπηρετήσας τῇ τοῦ θεοῦ βουλῇ ἐκοιμήθη καὶ προσετέθη πρὸς τοὺς πατέρας αὐτοῦ καὶ
εἶδεν
διαφθοράν·

Acts 13,37 ὃν δὲ ὁ θεὸς ἤγειρεν,
οὐκ εἶδεν
διαφθοράν.

g **Acts 13,41** ***ἴδετε,***
οἱ καταφρονηταί, καὶ θαυμάσατε καὶ ἀφανίσθητε, ὅτι ἔργον ἐργάζομαι ἐγὼ ἐν ταῖς ἡμέραις ὑμῶν, ἔργον *ὃ οὐ μὴ πιστεύσητε ἐάν τις ἐκδιηγῆται ὑμῖν.*
➤ Hab 1,5 LXX

Acts 13,45 **ἰδόντες**
δὲ οἱ Ἰουδαῖοι τοὺς ὄχλους ἐπλήσθησαν ζήλου καὶ ἀντέλεγον τοῖς ὑπὸ Παύλου λαλουμένοις βλασφημοῦντες.

a e **Acts 14,9** οὗτος ἤκουσεν τοῦ Παύλου λαλοῦντος· ὃς ἀτενίσας αὐτῷ καὶ
ἰδὼν
ὅτι ἔχει πίστιν τοῦ σωθῆναι

Acts 14,11 οἵ τε ὄχλοι
ἰδόντες
ὃ ἐποίησεν Παῦλος ἐπῆραν τὴν φωνὴν αὐτῶν Λυκαονιστὶ λέγοντες· οἱ θεοὶ ὁμοιωθέντες ἀνθρώποις κατέβησαν πρὸς ἡμᾶς

Acts 15,6 συνήχθησάν τε οἱ ἀπόστολοι καὶ οἱ πρεσβύτεροι
ἰδεῖν
περὶ τοῦ λόγου τούτου.

b **Acts 16,10** ὡς δὲ τὸ ὅραμα
εἶδεν,
εὐθέως ἐζητήσαμεν ἐξελθεῖν εἰς Μακεδονίαν συμβιβάζοντες ὅτι προσκέκληται ἡμᾶς ὁ θεὸς εὐαγγελίσασθαι αὐτούς.

a **Acts 16,19** **ἰδόντες**
δὲ οἱ κύριοι αὐτῆς ὅτι ἐξῆλθεν ἡ ἐλπὶς τῆς ἐργασίας αὐτῶν, ...

c **Acts 16,27** ἔξυπνος δὲ γενόμενος ὁ δεσμοφύλαξ καὶ
ἰδὼν
ἀνεῳγμένας τὰς θύρας τῆς φυλακῆς, σπασάμενος [τὴν] μάχαιραν ἤμελλεν ἑαυτὸν ἀναιρεῖν νομίζων ἐκπεφευγέναι τοὺς δεσμίους.

Acts 16,40 ἐξελθόντες δὲ ἀπὸ τῆς φυλακῆς εἰσῆλθον πρὸς τὴν Λυδίαν καὶ
ἰδόντες
παρεκάλεσαν τοὺς ἀδελφοὺς καὶ ἐξῆλθαν.

Acts 19,21 ὡς δὲ ἐπληρώθη ταῦτα, ἔθετο ὁ Παῦλος ἐν τῷ πνεύματι διελθὼν τὴν Μακεδονίαν καὶ Ἀχαΐαν πορεύεσθαι εἰς Ἱεροσόλυμα εἰπὼν ὅτι μετὰ τὸ γενέσθαι με ἐκεῖ δεῖ με καὶ Ῥώμην
ἰδεῖν.

Acts 21,32 ὃς ἐξαυτῆς παραλαβὼν στρατιώτας καὶ ἑκατοντάρχας κατέδραμεν ἐπ᾽ αὐτούς,
οἱ δὲ ἰδόντες
τὸν χιλίαρχον καὶ τοὺς στρατιώτας ἐπαύσαντο τύπτοντες τὸν Παῦλον.

j **Acts 22,14** ... ὁ θεὸς τῶν πατέρων ἡμῶν προεχειρίσατό σε γνῶναι τὸ θέλημα αὐτοῦ καὶ
ἰδεῖν
τὸν δίκαιον καὶ ἀκοῦσαι φωνὴν ἐκ τοῦ στόματος αὐτοῦ

c **Acts 22,18** [17] ἐγένετο δέ μοι ὑποστρέψαντι εἰς Ἰερουσαλὴμ καὶ προσευχομένου μου ἐν τῷ ἱερῷ γενέσθαι με ἐν ἐκστάσει [18] καὶ
ἰδεῖν
αὐτὸν λέγοντά μοι· σπεῦσον καὶ ἔξελθε ἐν τάχει ἐξ Ἰερουσαλήμ, διότι οὐ παραδέξονταί σου μαρτυρίαν περὶ ἐμοῦ.

c **Acts 26,13** ἡμέρας μέσης κατὰ τὴν ὁδὸν
εἶδον,
βασιλεῦ, οὐρανόθεν ὑπὲρ τὴν λαμπρότητα τοῦ ἡλίου περιλάμψαν με φῶς καὶ τοὺς σὺν ἐμοὶ πορευομένους.

d **Acts 26,16** ... εἰς τοῦτο γὰρ ὤφθην σοι, προχειρίσασθαί σε ὑπηρέτην καὶ μάρτυρα ὧν τε
εἶδές
[με] ὧν τε ὀφθήσομαί σοι

c **Acts 28,4** ὡς δὲ
εἶδον
οἱ βάρβαροι κρεμάμενον τὸ θηρίον ἐκ τῆς χειρὸς αὐτοῦ, πρὸς ἀλλήλους ἔλεγον· πάντως φονεύς ἐστιν ὁ ἄνθρωπος οὗτος ὃν διασωθέντα ἐκ τῆς θαλάσσης ἡ δίκη ζῆν οὐκ εἴασεν.

Acts 28,15 κἀκεῖθεν οἱ ἀδελφοὶ ἀκούσαντες τὰ περὶ ἡμῶν ἦλθαν εἰς ἀπάντησιν ἡμῖν ἄχρι Ἀππίου φόρου καὶ Τριῶν ταβερνῶν, οὓς
ἰδὼν
ὁ Παῦλος εὐχαριστήσας τῷ θεῷ ἔλαβε θάρσος.

Acts 28,20 διὰ ταύτην οὖν τὴν αἰτίαν παρεκάλεσα ὑμᾶς
ἰδεῖν
καὶ προσλαλῆσαι, ἕνεκεν γὰρ τῆς ἐλπίδος τοῦ Ἰσραὴλ τὴν ἅλυσιν ταύτην περίκειμαι.

e j **Acts 28,26** λέγων· *πορεύθητι πρὸς τὸν λαὸν τοῦτον καὶ εἰπόν· ἀκοῇ ἀκούσετε καὶ οὐ μὴ συνῆτε καὶ βλέποντες βλέψετε καὶ*
→ Mt 13,14
→ Mk 4,12
→ Lk 8,10
οὐ μὴ ἴδητε·
➤ Isa 6,9 LXX

f j **Acts 28,27** *ἐπαχύνθη γὰρ ἡ καρδία τοῦ λαοῦ τούτου καὶ τοῖς ὠσὶν βαρέως ἤκουσαν καὶ τοὺς ὀφθαλμοὺς αὐτῶν ἐκάμμυσαν·*
→ Mt 13,15
μήποτε ἴδωσιν
τοῖς ὀφθαλμοῖς καὶ τοῖς ὠσὶν ἀκούσωσιν καὶ τῇ καρδίᾳ συνῶσιν καὶ ἐπιστρέψωσιν, καὶ ἰάσομαι αὐτούς.
➤ Isa 6,10 LXX

ὄψομαι, ὤφθη	Syn 20	Mt 8	Mk 4	Lk 8	Acts 13	Jn 10	1-3John 1	Paul 5	Eph	Col
	NT 58	2Thess	1/2Tim 1	Tit	Heb 3	Jas	1Pet	2Pet	Jude	Rev 5

future indicative active or aorist passive of ὁράω (ὁράω p. 685; εἶδον [aorist active] p. 687)

	triple tradition																	double tradition			Sondergut		
		+Mt / +Lk			–Mt / –Lk			traditions not taken over by Mt / Lk							subtotals								
code	222	211	112	212	221	122	121	022	012	021	220	120	210	020	Σ^+	Σ^-	Σ	202	201	102	200	002	total
Mt	2				1						1						4				4		**8**
Mk	2				1						1						4						**4**
Lk	2				1^-											1^-	2			1		5	**8**

a ὤφθη κτλ. (aorist passive)
b ὄψομαι ὅρασιν, ~ ὅραμα

c ὄψομαι and accusative with participle
d ὄψομαι and εἶδον

code	Mt		Mk		Lk		
a 002					**Lk 1,11**	**ὤφθη** δὲ αὐτῷ ἄγγελος κυρίου ἑστὼς ἐκ δεξιῶν τοῦ θυσιαστηρίου τοῦ θυμιάματος.	
002					**Lk 3,6**	*καὶ* ***ὄψεται*** *πᾶσα σὰρξ τὸ σωτήριον τοῦ θεοῦ.* ➤ Isa 40,5 LXX	
200	**Mt 5,8**	μακάριοι οἱ καθαροὶ τῇ καρδίᾳ, ὅτι αὐτοὶ τὸν θεὸν **ὄψονται.**					
a 222	**Mt 17,3**	καὶ ἰδοὺ **ὤφθη** αὐτοῖς Μωϋσῆς καὶ Ἠλίας συλλαλοῦντες μετ' αὐτοῦ.	**Mk 9,4**	καὶ **ὤφθη** αὐτοῖς Ἠλίας σὺν Μωϋσεῖ καὶ ἦσαν συλλαλοῦντες τῷ Ἰησοῦ.	**Lk 9,31**	[30] καὶ ἰδοὺ ἄνδρες δύο συνελάλουν αὐτῷ, οἵτινες ἦσαν Μωϋσῆς καὶ Ἠλίας, **[31] οἳ ὀφθέντες** ἐν δόξῃ ἔλεγον τὴν ἔξοδον αὐτοῦ, ἣν ἤμελλεν πληροῦν ἐν Ἰερουσαλήμ.	
c 102	**Mt 8,11**	... πολλοὶ ἀπὸ ἀνατολῶν καὶ δυσμῶν ἥξουσιν καὶ ἀνακλιθήσονται μετὰ Ἀβραὰμ καὶ Ἰσαὰκ καὶ Ἰακὼβ ἐν τῇ βασιλείᾳ τῶν οὐρανῶν, [12] οἱ δὲ υἱοὶ τῆς βασιλείας ἐκβληθήσονται εἰς τὸ σκότος τὸ ἐξώτερον· ἐκεῖ ἔσται ὁ κλαυθμὸς καὶ ὁ βρυγμὸς τῶν ὀδόντων.			**Lk 13,28**	ἐκεῖ ἔσται ὁ κλαυθμὸς καὶ ὁ βρυγμὸς τῶν ὀδόντων, ὅταν **ὄψεσθε** Ἀβραὰμ καὶ Ἰσαὰκ καὶ Ἰακὼβ καὶ πάντας τοὺς προφήτας ἐν τῇ βασιλείᾳ τοῦ θεοῦ, ὑμᾶς δὲ ἐκβαλλομένους ἔξω. [29] καὶ ἥξουσιν ἀπὸ ἀνατολῶν καὶ δυσμῶν καὶ ἀπὸ βορρᾶ καὶ νότου καὶ ἀνακλιθήσονται ἐν τῇ βασιλείᾳ τοῦ θεοῦ.	
d 002					**Lk 17,22**	... ἐλεύσονται ἡμέραι ὅτε ἐπιθυμήσετε μίαν τῶν ἡμερῶν τοῦ υἱοῦ τοῦ ἀνθρώπου ἰδεῖν καὶ **οὐκ ὄψεσθε.**	

	Mt		Mk		Lk		
c 222	**Mt 24,30** → Mt 16,27 → Mt 25,31	... καὶ **ὄψονται** *τὸν υἱὸν τοῦ ἀνθρώπου ἐρχόμενον ἐπὶ τῶν νεφελῶν τοῦ οὐρανοῦ* μετὰ δυνάμεως καὶ δόξης πολλῆς· ➤ Dan 7,13-14	**Mk 13,26** → Mk 8,38	καὶ τότε **ὄψονται** *τὸν υἱὸν τοῦ ἀνθρώπου ἐρχόμενον ἐν νεφέλαις* μετὰ δυνάμεως πολλῆς καὶ δόξης. ➤ Dan 7,13-14	**Lk 21,27** → Lk 9,26	καὶ τότε **ὄψονται** *τὸν υἱὸν τοῦ ἀνθρώπου ἐρχόμενον ἐν νεφέλῃ* μετὰ δυνάμεως καὶ δόξης πολλῆς. ➤ Dan 7,13-14	
a 002					**Lk 22,43**	[[**ὤφθη** δὲ αὐτῷ ἄγγελος ἀπ' οὐρανοῦ ἐνισχύων αὐτόν.]]	Lk 22,43 is textcritically uncertain.
c 221	**Mt 26,64** → Mt 22,44 → Mt 27,42-43	... ἀπ' ἄρτι **ὄψεσθε** *τὸν υἱὸν τοῦ ἀνθρώπου* καθήμενον ἐκ δεξιῶν τῆς δυνάμεως καὶ *ἐρχόμενον ἐπὶ τῶν νεφελῶν τοῦ οὐρανοῦ.* ➤ Dan 7,13	**Mk 14,62** → Mk 12,36 → Mk 15,32	... καὶ **ὄψεσθε** *τὸν υἱὸν τοῦ ἀνθρώπου* ἐκ δεξιῶν καθήμενον τῆς δυνάμεως καὶ *ἐρχόμενον μετὰ τῶν νεφελῶν τοῦ οὐρανοῦ.* ➤ Dan 7,13	**Lk 22,69** → Lk 20,42 → Lk 23,35	ἀπὸ τοῦ νῦν δὲ **ἔσται** ὁ υἱὸς τοῦ ἀνθρώπου καθήμενος ἐκ δεξιῶν τῆς δυνάμεως τοῦ θεοῦ.	→ Acts 7,56
200	**Mt 27,4**	λέγων· ἥμαρτον παραδοὺς αἷμα ἀθῷον. οἱ δὲ εἶπαν· τί πρὸς ἡμᾶς; σὺ **ὄψῃ.**					
200	**Mt 27,24**	... ἀθῷός εἰμι ἀπὸ τοῦ αἵματος τούτου· ὑμεῖς **ὄψεσθε.**					→ Acts 18,6 → Acts 20,26
220	**Mt 28,7** → Mt 26,32 → Mt 27,64 ↓ Mt 28,10 → Mt 28,16	καὶ ταχὺ πορευθεῖσαι εἴπατε τοῖς μαθηταῖς αὐτοῦ ὅτι ἠγέρθη ἀπὸ τῶν νεκρῶν, καὶ ἰδοὺ προάγει ὑμᾶς εἰς τὴν Γαλιλαίαν, ἐκεῖ αὐτὸν **ὄψεσθε·** ἰδοὺ εἶπον ὑμῖν.	**Mk 16,7** → Mk 14,28	ἀλλὰ ὑπάγετε εἴπατε τοῖς μαθηταῖς αὐτοῦ καὶ τῷ Πέτρῳ ὅτι προάγει ὑμᾶς εἰς τὴν Γαλιλαίαν· ἐκεῖ αὐτὸν **ὄψεσθε,** καθὼς εἶπεν ὑμῖν.			→ Jn 20,17 → Jn 21,1
200	**Mt 28,10** ↑ Mt 28,7 ↑ Mk 16,7 → Mt 28,16	τότε λέγει αὐταῖς ὁ Ἰησοῦς· μὴ φοβεῖσθε· ὑπάγετε ἀπαγγείλατε τοῖς ἀδελφοῖς μου ἵνα ἀπέλθωσιν εἰς τὴν Γαλιλαίαν, κἀκεῖ με **ὄψονται.**					→ Jn 20,17
a 002					**Lk 24,34**	λέγοντας ὅτι ὄντως ἠγέρθη ὁ κύριος καὶ **ὤφθη** Σίμωνι.	**→ 1Cor 15,5**

a **Acts 2,3** καὶ **ὤφθησαν** αὐτοῖς διαμεριζόμεναι γλῶσσαι ὡσεὶ πυρὸς καὶ ἐκάθισεν ἐφ' ἕνα ἕκαστον αὐτῶν

b **Acts 2,17** ... *καὶ προφητεύσουσιν οἱ υἱοὶ ὑμῶν καὶ αἱ θυγατέρες ὑμῶν καὶ οἱ νεανίσκοι ὑμῶν ὁράσεις* **ὄψονται** *καὶ οἱ πρεσβύτεροι ὑμῶν ἐνυπνίοις ἐνυπνιασθήσονται·* ➤ Joel 3,1 LXX

a **Acts 7,2** ... ὁ θεὸς τῆς δόξης **ὤφθη** τῷ πατρὶ ἡμῶν Ἀβραὰμ ὄντι ἐν τῇ Μεσοποταμίᾳ ...

a **Acts 7,26** τῇ τε ἐπιούσῃ ἡμέρᾳ **ὤφθη** αὐτοῖς μαχομένοις καὶ συνήλλασσεν αὐτοὺς εἰς εἰρήνην ...

a **Acts 7,30** καὶ πληρωθέντων ἐτῶν τεσσεράκοντα **ὤφθη** αὐτῷ ἐν τῇ ἐρήμῳ τοῦ ὄρους Σινᾶ ἄγγελος ἐν φλογὶ πυρὸς βάτου. ➤ Exod 3,2

a **Acts 7,35** τοῦτον τὸν Μωϋσῆν ὃν ἠρνήσαντο εἰπόντες· *τίς σε κατέστησεν ἄρχοντα καὶ δικαστήν;* τοῦτον ὁ θεὸς [καὶ] ἄρχοντα καὶ λυτρωτὴν ἀπέσταλκεν **σὺν χειρὶ ἀγγέλου τοῦ ὀφθέντος** αὐτῷ ἐν τῇ βάτῳ. ➤ Exod 2,14

a **Acts 9,17** ... Σαοὺλ ἀδελφέ, ὁ κύριος ἀπέσταλκέν με, Ἰησοῦς ὁ **ὀφθείς** σοι ἐν τῇ ὁδῷ ᾗ ἤρχου, ...

a	**Acts 13,31**	ὃς **ὤφθη** ἐπὶ ἡμέρας πλείους τοῖς συναναβᾶσιν αὐτῷ ἀπὸ τῆς Γαλιλαίας εἰς Ἰερουσαλήμ, ...
a *b*	**Acts 16,9**	καὶ ὅραμα διὰ [τῆς] νυκτὸς τῷ Παύλῳ **ὤφθη,** ἀνὴρ Μακεδών τις ἦν ἑστὼς καὶ παρακαλῶν αὐτὸν ...
	Acts 18,15	εἰ δὲ ζητήματά ἐστιν περὶ λόγου καὶ ὀνομάτων καὶ νόμου τοῦ καθ' ὑμᾶς, **ὄψεσθε** αὐτοί· κριτὴς ἐγὼ τούτων οὐ βούλομαι εἶναι.
	Acts 20,25	καὶ νῦν ἰδοὺ ἐγὼ οἶδα ὅτι **οὐκέτι ὄψεσθε** τὸ πρόσωπόν μου ὑμεῖς πάντες ἐν οἷς διῆλθον κηρύσσων τὴν βασιλείαν.
a *d*	**Acts 26,16 (2)**	ἀλλὰ ἀνάστηθι καὶ στῆθι ἐπὶ τοὺς πόδας σου· εἰς τοῦτο γὰρ **ὤφθην** σοι, προχειρίσασθαί σε ὑπηρέτην καὶ μάρτυρα ὧν τε εἶδές [με] ὧν τε **ὀφθήσομαί** σοι

ὀργή

Syn 4	Mt 1	Mk 1	Lk 2	Acts	Jn 1	1-3John	Paul 15	Eph 3	Col 2
NT 36	2Thess	1/2Tim 1	Tit	Heb 2	Jas 2	1Pet	2Pet	Jude	Rev 6

anger; indignation; wrath; judgment

code	Mt		Mk		Lk		
202	**Mt 3,7** → Mt 12,34 → Mt 23,33	... γεννήματα ἐχιδνῶν, τίς ὑπέδειξεν ὑμῖν φυγεῖν **ἀπὸ τῆς μελλούσης ὀργῆς;**			**Lk 3,7** → Mk 1,5	... γεννήματα ἐχιδνῶν, τίς ὑπέδειξεν ὑμῖν φυγεῖν **ἀπὸ τῆς μελλούσης ὀργῆς;**	
121	**Mt 12,13**	τότε λέγει τῷ ἀνθρώπῳ· ἔκτεινόν σου τὴν χεῖρα. ...	**Mk 3,5**	καὶ περιβλεψάμενος αὐτοὺς **μετ' ὀργῆς,** συλλυπούμενος ἐπὶ τῇ πωρώσει τῆς καρδίας αὐτῶν λέγει τῷ ἀνθρώπῳ· ἔκτεινον τὴν χεῖρα. ...	**Lk 6,10** → Lk 13,12-13	καὶ περιβλεψάμενος πάντας αὐτοὺς εἶπεν αὐτῷ· ἔκτεινον τὴν χεῖρά σου. ...	
112	**Mt 24,21**	ἔσται γὰρ τότε θλῖψις μεγάλη οἵα οὐ γέγονεν ἀπ' ἀρχῆς κόσμου ἕως τοῦ νῦν οὐδ' οὐ μὴ γένηται.	**Mk 13,19**	ἔσονται γὰρ αἱ ἡμέραι ἐκεῖναι θλῖψις οἵα οὐ γέγονεν τοιαύτη ἀπ' ἀρχῆς κτίσεως ἣν ἔκτισεν ὁ θεὸς ἕως τοῦ νῦν καὶ οὐ μὴ γένηται.	**Lk 21,23**	... ἔσται γὰρ ἀνάγκη μεγάλη ἐπὶ τῆς γῆς καὶ **ὀργὴ** τῷ λαῷ τούτῳ	

ὀργίζομαι

Syn 5	Mt 3	Mk	Lk 2	Acts	Jn	1-3John	Paul	Eph 1	Col
NT 8	2Thess	1/2Tim	Tit	Heb	Jas	1Pet	2Pet	Jude	Rev 2

be angry

	triple tradition																		double tradition			Sondergut		
		+Mt / +Lk			–Mt / –Lk			traditions not taken over by Mt / Lk						subtotals										
code	222	211	112	212	221	122	121	022	012	021	220	120	210	020	Σ⁺	Σ⁻	Σ	202	201	102	200	002	total
Mt																		1			2		3
Mk																							
Lk																		1				1	2

200	**Mt 5,22**	ἐγὼ δὲ λέγω ὑμῖν ὅτι **πᾶς ὁ ὀργιζόμενος** τῷ ἀδελφῷ αὐτοῦ ἔνοχος ἔσται τῇ κρίσει· ὃς δ' ἂν εἴπῃ τῷ ἀδελφῷ αὐτοῦ· ῥακά, ἔνοχος ἔσται τῷ συνεδρίῳ· ὃς δ' ἂν εἴπῃ· μωρέ, ἔνοχος ἔσται εἰς τὴν γέενναν τοῦ πυρός.	

	Mt	Mk	Lk	
200	**Mt 18,34** → Mt 5,25-26 → Lk 12,58-59 καὶ **ὀργισθεὶς** ὁ κύριος αὐτοῦ παρέδωκεν αὐτὸν τοῖς βασανισταῖς ἕως οὗ ἀποδῷ πᾶν τὸ ὀφειλόμενον.			
202	**Mt 22,7** ὁ δὲ βασιλεὺς **ὠργίσθη** καὶ πέμψας τὰ στρατεύματα αὐτοῦ ἀπώλεσεν τοὺς φονεῖς ἐκείνους καὶ τὴν πόλιν αὐτῶν ἐνέπρησεν. [8] τότε λέγει τοῖς δούλοις αὐτοῦ· ...		**Lk 14,21** ... τότε **ὀργισθεὶς** ὁ οἰκοδεσπότης εἶπεν τῷ δούλῳ αὐτοῦ· ...	→ GTh 64
002			**Lk 15,28** **ὠργίσθη** δὲ καὶ οὐκ ἤθελεν εἰσελθεῖν, ὁ δὲ πατὴρ αὐτοῦ ἐξελθὼν παρεκάλει αὐτόν.	

ὀρεινός

	Syn	Mt	Mk	Lk	Acts	Jn	1-3John	Paul	Eph	Col
	2			2						
	NT	2Thess	1/2Tim	Tit	Heb	Jas	1Pet	2Pet	Jude	Rev
	2									

hilly; mountainous

	Mt	Mk	Lk	
002			**Lk 1,39** ἀναστᾶσα δὲ Μαριὰμ ἐν ταῖς ἡμέραις ταύταις ἐπορεύθη **εἰς τὴν ὀρεινὴν** μετὰ σπουδῆς εἰς πόλιν Ἰούδα	
002			**Lk 1,65** καὶ ἐγένετο ἐπὶ πάντας φόβος τοὺς περιοικοῦντας αὐτούς, καὶ **ἐν ὅλῃ τῇ ὀρεινῇ** **τῆς Ἰουδαίας** διελαλεῖτο πάντα τὰ ῥήματα ταῦτα	

ὀρθρίζω

	Syn	Mt	Mk	Lk	Acts	Jn	1-3John	Paul	Eph	Col
	1			1						
	NT	2Thess	1/2Tim	Tit	Heb	Jas	1Pet	2Pet	Jude	Rev
	1									

be, get up very early in the morning

	Mt	Mk	Lk	
002			**Lk 21,38** → Lk 19,47-48 καὶ πᾶς ὁ λαὸς **ὤρθριζεν** πρὸς αὐτὸν ἐν τῷ ἱερῷ ἀκούειν αὐτοῦ.	→ [[Jn 8,2]]

ὀρθρινός

	Syn	Mt	Mk	Lk	Acts	Jn	1-3John	Paul	Eph	Col
ὀρθρινός	1			1						
	NT	2Thess	1/2Tim	Tit	Heb	Jas	1Pet	2Pet	Jude	Rev
	1									

early in the morning

	Mt	Mk	Lk	
002			**Lk 24,22** → Mt 28,1 → Mk 16,1-2 → Lk 24,1 ἀλλὰ καὶ γυναῖκές τινες ἐξ ἡμῶν ἐξέστησαν ἡμᾶς, γενόμεναι **ὀρθριναὶ** ἐπὶ τὸ μνημεῖον	→ Jn 20,1

ὄρθρος

	Syn	Mt	Mk	Lk	Acts	Jn	1-3John	Paul	Eph	Col
ὄρθρος	1			1	1					
	NT	2Thess	1/2Tim	Tit	Heb	Jas	1Pet	2Pet	Jude	Rev
	2									

dawn; early morning

	Mt	Mk	Lk	
112	**Mt 28,1** ... **τῇ ἐπιφωσκούσῃ** εἰς μίαν σαββάτων ἦλθεν Μαριὰμ ἡ Μαγδαληνὴ καὶ ἡ ἄλλη Μαρία θεωρῆσαι τὸν τάφον.	**Mk 16,2** καὶ **λίαν πρωῒ** τῇ μιᾷ τῶν σαββάτων ἔρχονται ἐπὶ τὸ μνημεῖον ἀνατείλαντος τοῦ ἡλίου.	**Lk 24,1** → Lk 24,22 τῇ δὲ μιᾷ τῶν σαββάτων **ὄρθρου βαθέως** ἐπὶ τὸ μνῆμα ἦλθον φέρουσαι ἃ ἡτοίμασαν ἀρώματα.	→ Jn 20,1

Acts 5,21 ἀκούσαντες δὲ εἰσῆλθον **ὑπὸ τὸν ὄρθρον** εἰς τὸ ἱερὸν καὶ ἐδίδασκον. ...

ὀρθῶς

	Syn	Mt	Mk	Lk	Acts	Jn	1-3John	Paul	Eph	Col
ὀρθῶς	4		1	3						
	NT	2Thess	1/2Tim	Tit	Heb	Jas	1Pet	2Pet	Jude	Rev
	4									

rightly; correctly

	Mt	Mk	Lk	
002			**Lk 7,43** ἀποκριθεὶς Σίμων εἶπεν· ὑπολαμβάνω ὅτι ᾧ τὸ πλεῖον ἐχαρίσατο. ὁ δὲ εἶπεν αὐτῷ· **ὀρθῶς** ἔκρινας.	
020		**Mk 7,35** → Mt 15,30 καὶ [εὐθέως] ἠνοίγησαν αὐτοῦ αἱ ἀκοαί, καὶ ἐλύθη ὁ δεσμὸς τῆς γλώσσης αὐτοῦ καὶ ἐλάλει **ὀρθῶς**.		
012		**Mk 12,34** καὶ ὁ Ἰησοῦς ἰδὼν [αὐτὸν] ὅτι **νουνεχῶς** ἀπεκρίθη εἶπεν αὐτῷ· οὐ μακρὰν εἶ ἀπὸ τῆς βασιλείας τοῦ θεοῦ. ...	**Lk 10,28** εἶπεν δὲ αὐτῷ· **ὀρθῶς** ἀπεκρίθης· τοῦτο ποίει καὶ ζήσῃ.	

	Mt		Mk		Lk		
112	Mt 22,16	... διδάσκαλε, οἴδαμεν ὅτι **ἀληθὴς** εἶ καὶ τὴν ὁδὸν τοῦ θεοῦ ἐν ἀληθείᾳ διδάσκεις καὶ οὐ μέλει σοι περὶ οὐδενός. οὐ γὰρ βλέπεις εἰς πρόσωπον ἀνθρώπων	Mk 12,14	... διδάσκαλε, οἴδαμεν ὅτι **ἀληθὴς** εἶ καὶ οὐ μέλει σοι περὶ οὐδενός· οὐ γὰρ βλέπεις εἰς πρόσωπον ἀνθρώπων, ἀλλ' ἐπ' ἀληθείας τὴν ὁδὸν τοῦ θεοῦ διδάσκεις· ...	Lk 20,21	... διδάσκαλε, οἴδαμεν ὅτι **ὀρθῶς** λέγεις καὶ διδάσκεις καὶ οὐ λαμβάνεις πρόσωπον, ἀλλ' ἐπ' ἀληθείας τὴν ὁδὸν τοῦ θεοῦ διδάσκεις·	→ Jn 3,2

ὅρια

ὅρια	Syn 11	Mt 6	Mk 5	Lk	Acts 1	Jn	1-3John	Paul	Eph	Col
	NT 12	2Thess	1/2Tim	Tit	Heb	Jas	1Pet	2Pet	Jude	Rev

plural of ὅριον (boundary): region; district

	triple tradition																	double tradition			Sondergut		
		+Mt / +Lk			–Mt / –Lk			traditions not taken over by Mt / Lk							subtotals								
code	*222*	*211*	*112*	*212*	*221*	*122*	*121*	*022*	*012*	*021*	*220*	*120*	*210*	*020*	Σ⁺	Σ⁻	Σ	*202*	*201*	*102*	*200*	*002*	total
Mt					1						1	3^-	2^+		2^+	3^-	4				2		**6**
Mk					1						1	3					5						**5**
Lk					1^-											1^-							

[a] ὅρια with place name

	Mt		Mk		Lk		
200	Mt 2,16	... καὶ ἀποστείλας ἀνεῖλεν πάντας τοὺς παῖδας τοὺς ἐν Βηθλέεμ καὶ **ἐν πᾶσι τοῖς ὁρίοις αὐτῆς** ἀπὸ διετοῦς καὶ κατωτέρω, κατὰ τὸν χρόνον ὃν ἠκρίβωσεν παρὰ τῶν μάγων.					
a 200	Mt 4,13	καὶ καταλιπὼν τὴν Ναζαρὰ ἐλθὼν κατῴκησεν εἰς Καφαρναοὺμ τὴν παραθαλασσίαν **ἐν ὁρίοις Ζαβουλὼν καὶ Νεφθαλίμ·**	Mk 1,21	καὶ εἰσπορεύονται εἰς Καφαρναούμ· ...	Lk 4,31	καὶ κατῆλθεν εἰς Καφαρναοὺμ πόλιν τῆς Γαλιλαίας. ...	→ Jn 2,12
221	Mt 8,34	... καὶ ἰδόντες αὐτὸν παρεκάλεσαν ὅπως μεταβῇ **ἀπὸ τῶν ὁρίων αὐτῶν.**	Mk 5,17	καὶ ἤρξαντο παρακαλεῖν αὐτὸν ἀπελθεῖν **ἀπὸ τῶν ὁρίων αὐτῶν.**	Lk 8,37	καὶ ἠρώτησεν αὐτὸν ἅπαν τὸ πλῆθος τῆς περιχώρου τῶν Γερασηνῶν ἀπελθεῖν **ἀπ' αὐτῶν, ...**	
a 120	Mt 15,21	καὶ ἐξελθὼν ἐκεῖθεν ὁ Ἰησοῦς ἀνεχώρησεν **εἰς τὰ μέρη Τύρου καὶ Σιδῶνος.**	Mk 7,24 ↓ Mt 15,22	ἐκεῖθεν δὲ ἀναστὰς ἀπῆλθεν **εἰς τὰ ὅρια Τύρου. ...**			
210	Mt 15,22 ↑ Mk 7,24 → Mk 7,26	καὶ ἰδοὺ γυνὴ Χαναναία **ἀπὸ τῶν ὁρίων ἐκείνων** ἐξελθοῦσα ἔκραζεν λέγουσα· ἐλέησόν με, κύριε υἱὸς Δαυίδ· ἡ θυγάτηρ μου κακῶς δαιμονίζεται.	Mk 7,25	ἀλλ' εὐθὺς ἀκούσασα γυνὴ περὶ αὐτοῦ, ἧς εἶχεν τὸ θυγάτριον αὐτῆς πνεῦμα ἀκάθαρτον, ...			

a 120 *a* 120	**Mt 15,29**	καὶ μεταβὰς **ἐκεῖθεν** ὁ Ἰησοῦς ἦλθεν παρὰ τὴν θάλασσαν τῆς Γαλιλαίας, καὶ ἀναβὰς εἰς τὸ ὄρος ἐκάθητο ἐκεῖ.	**Mk 7,31** (2)	καὶ πάλιν ἐξελθὼν **ἐκ τῶν ὁρίων Τύρου** ἦλθεν διὰ Σιδῶνος εἰς τὴν θάλασσαν τῆς Γαλιλαίας **ἀνὰ μέσον τῶν ὁρίων** **Δεκαπόλεως.**			
a 210	**Mt 15,39**	καὶ ἀπολύσας τοὺς ὄχλους ἐνέβη εἰς τὸ πλοῖον, καὶ ἦλθεν **εἰς τὰ ὅρια** **Μαγαδάν.**	**Mk 8,10**	καὶ εὐθὺς ἐμβὰς εἰς τὸ πλοῖον μετὰ τῶν μαθητῶν αὐτοῦ ἦλθεν **εἰς τὰ μέρη** **Δαλμανουθά.**			
a 220	**Mt 19,1** → Lk 9,51	... μετῆρεν ἀπὸ τῆς Γαλιλαίας καὶ ἦλθεν **εἰς τὰ ὅρια** **τῆς Ἰουδαίας** πέραν τοῦ Ἰορδάνου.	**Mk 10,1** → Lk 9,51	καὶ ἐκεῖθεν ἀναστὰς ἔρχεται **εἰς τὰ ὅρια** **τῆς Ἰουδαίας** [καὶ] πέραν τοῦ Ἰορδάνου, ...			

Acts 13,50 .. καὶ ἐπήγειραν διωγμὸν ἐπὶ τὸν Παῦλον καὶ Βαρναβᾶν καὶ ἐξέβαλον αὐτοὺς **ἀπὸ τῶν ὁρίων αὐτῶν.**

ὁρίζω

Syn	Mt	Mk	Lk	Acts	Jn	1-3John	Paul	Eph	Col
1			1	5			1		
NT	2Thess	1/2Tim	Tit	Heb	Jas	1Pet	2Pet	Jude	Rev
8				1					

determine; appoint; fix; set; appoint; designate; declare

112	**Mt 26,24**	ὁ μὲν υἱὸς τοῦ ἀνθρώπου ὑπάγει **καθὼς γέγραπται** περὶ αὐτοῦ, οὐαὶ δὲ τῷ ἀνθρώπῳ ἐκείνῳ δι' οὗ ὁ υἱὸς τοῦ ἀνθρώπου παραδίδοται· ...	**Mk 14,21**	ὅτι ὁ μὲν υἱὸς τοῦ ἀνθρώπου ὑπάγει **καθὼς γέγραπται** περὶ αὐτοῦ, οὐαὶ δὲ τῷ ἀνθρώπῳ ἐκείνῳ δι' οὗ ὁ υἱὸς τοῦ ἀνθρώπου παραδίδοται· ...	**Lk 22,22**	ὅτι ὁ υἱὸς μὲν τοῦ ἀνθρώπου **κατὰ τὸ ὡρισμένον** πορεύεται, πλὴν οὐαὶ τῷ ἀνθρώπῳ ἐκείνῳ δι' οὗ παραδίδοται.	

Acts 2,23 [22] ... Ἰησοῦν τὸν Ναζωραῖον, ... [23] τοῦτον **τῇ ὡρισμένῃ βουλῇ καὶ προγνώσει τοῦ θεοῦ** ἔκδοτον διὰ χειρὸς ἀνόμων προσπήξαντες ἀνείλατε

Acts 10,42 καὶ παρήγγειλεν ἡμῖν κηρύξαι τῷ λαῷ καὶ διαμαρτύρασθαι ὅτι οὗτός ἐστιν **ὁ ὡρισμένος ὑπὸ τοῦ θεοῦ κριτὴς ζώντων καὶ νεκρῶν.**

Acts 11,29 τῶν δὲ μαθητῶν, καθὼς εὐπορεῖτό τις, **ὥρισαν** ἕκαστος αὐτῶν εἰς διακονίαν πέμψαι τοῖς κατοικοῦσιν ἐν τῇ Ἰουδαίᾳ ἀδελφοῖς·

Acts 17,26 ἐποίησέν τε ἐξ ἑνὸς πᾶν ἔθνος ἀνθρώπων κατοικεῖν ἐπὶ παντὸς προσώπου τῆς γῆς, **ὁρίσας** προστεταγμένους καιροὺς καὶ τὰς ὁροθεσίας τῆς κατοικίας αὐτῶν

Acts 17,31 καθότι ἔστησεν ἡμέραν ἐν ᾗ μέλλει κρίνειν τὴν οἰκουμένην ἐν δικαιοσύνῃ, ἐν ἀνδρὶ ᾧ **ὥρισεν,** πίστιν παρασχὼν πᾶσιν ἀναστήσας αὐτὸν ἐκ νεκρῶν.

ὁρκίζω

	Syn	Mt	Mk	Lk	Acts	Jn	1-3John	Paul	Eph	Col
	1		1		1					
	NT	2Thess	1/2Tim	Tit	Heb	Jas	1Pet	2Pet	Jude	Rev
	2									

adjure; implore

code	Mt		Mk		Lk		
121	**Mt 8,29**	... τί ἡμῖν καὶ σοί, υἱὲ τοῦ θεοῦ; ἦλθες ὧδε πρὸ καιροῦ βασανίσαι ἡμᾶς;	**Mk 5,7** → Mk 1,24	... τί ἐμοὶ καὶ σοί, Ἰησοῦ υἱὲ τοῦ θεοῦ τοῦ ὑψίστου; **ὁρκίζω** σε τὸν θεόν, μή με βασανίσῃς.	**Lk 8,28** → Lk 4,34	... τί ἐμοὶ καὶ σοί, Ἰησοῦ υἱὲ τοῦ θεοῦ τοῦ ὑψίστου; **δέομαί** σου, μή με βασανίσῃς.	

Acts 19,13 ἐπεχείρησαν δέ τινες
καὶ τῶν περιερχομένων
Ἰουδαίων ἐξορκιστῶν
ὀνομάζειν ἐπὶ τοὺς
ἔχοντας τὰ πνεύματα
τὰ πονηρὰ τὸ ὄνομα τοῦ
κυρίου Ἰησοῦ λέγοντες·
ὁρκίζω
ὑμᾶς τὸν Ἰησοῦν ὃν
Παῦλος κηρύσσει.

ὅρκος

	Syn	Mt	Mk	Lk	Acts	Jn	1-3John	Paul	Eph	Col
	6	4	1	1	1					
	NT	2Thess	1/2Tim	Tit	Heb	Jas	1Pet	2Pet	Jude	Rev
	10				2	1				

oath

	triple tradition																	double tradition			Sondergut		
		+Mt / +Lk			–Mt / –Lk			traditions not taken over by Mt / Lk							subtotals								
code	222	211	112	212	221	122	121	022	012	021	220	120	210	020	Σ⁺	Σ⁻	Σ	202	201	102	200	002	total
Mt		1⁺									1		1⁺		2⁺		3				1		**4**
Mk											1						1						**1**
Lk																						1	**1**

a ὅρκον and ὀμνύω (Luke/Acts only)

code	Mt		Mk		Lk		
a 002					**Lk 1,73**	**ὅρκον** ὃν ὤμοσεν πρὸς Ἀβραὰμ τὸν πατέρα ἡμῶν, τοῦ δοῦναι ἡμῖν [74] ἀφόβως ἐκ χειρὸς ἐχθρῶν ῥυσθέντας λατρεύειν αὐτῷ	
200	**Mt 5,33**	πάλιν ἠκούσατε ὅτι ἐρρέθη τοῖς ἀρχαίοις· οὐκ ἐπιορκήσεις, ἀποδώσεις δὲ τῷ κυρίῳ **τοὺς ὅρκους σου.** ➤ Lev 19,12; Num 30,3; Deut 23,22 LXX					
210	**Mt 14,7**	ὅθεν **μεθ' ὅρκου** **ὡμολόγησεν** αὐτῇ δοῦναι ὃ ἐὰν αἰτήσηται.	**Mk 6,23**	καὶ **ὤμοσεν** αὐτῇ [πολλά], ὅ τι ἐάν με αἰτήσῃς δώσω σοι ἕως ἡμίσους τῆς βασιλείας μου.			

220	**Mt 14,9**	καὶ λυπηθεὶς ὁ βασιλεὺς **διὰ τοὺς ὅρκους** καὶ τοὺς συνανακειμένους ἐκέλευσεν δοθῆναι	**Mk 6,26**	καὶ περίλυπος γενόμενος ὁ βασιλεὺς **διὰ τοὺς ὅρκους** καὶ τοὺς ἀνακειμένους οὐκ ἠθέλησεν ἀθετῆσαι αὐτήν·			
211	**Mt 26,72**	καὶ πάλιν ἠρνήσατο **μετὰ ὅρκου** ὅτι οὐκ οἶδα τὸν ἄνθρωπον.	**Mk 14,70**	ὁ δὲ πάλιν ἠρνεῖτο. ...	**Lk 22,58**	... ὁ δὲ Πέτρος ἔφη· ἄνθρωπε, οὐκ εἰμί.	→ Jn 18,25

a **Acts 2,30** προφήτης οὖν ὑπάρχων καὶ εἰδὼς ὅτι **ὅρκῳ** ὤμοσεν αὐτῷ ὁ θεὸς ἐκ καρποῦ τῆς ὀσφύος αὐτοῦ καθίσαι ἐπὶ τὸν θρόνον αὐτοῦ
➢ Ps 132,11

ὁρμάω

ὁρμάω	Syn 3	Mt 1	Mk 1	Lk 1	Acts 2	Jn	1-3John	Paul	Eph	Col
	NT 5	2Thess	1/2Tim	Tit	Heb	Jas	1Pet	2Pet	Jude	Rev

set out; rush (headlong)

222	**Mt 8,32**	... οἱ δὲ ἐξελθόντες ἀπῆλθον εἰς τοὺς χοίρους· καὶ ἰδοὺ **ὥρμησεν** πᾶσα ἡ ἀγέλη κατὰ τοῦ κρημνοῦ εἰς τὴν θάλασσαν καὶ ἀπέθανον ἐν τοῖς ὕδασιν.	**Mk 5,13**	... καὶ ἐξελθόντα τὰ πνεύματα τὰ ἀκάθαρτα εἰσῆλθον εἰς τοὺς χοίρους, καὶ **ὥρμησεν** ἡ ἀγέλη κατὰ τοῦ κρημνοῦ εἰς τὴν θάλασσαν, ὡς δισχίλιοι, καὶ ἐπνίγοντο ἐν τῇ θαλάσσῃ.	**Lk 8,33**	ἐξελθόντα δὲ τὰ δαιμόνια ἀπὸ τοῦ ἀνθρώπου εἰσῆλθον εἰς τοὺς χοίρους, καὶ **ὥρμησεν** ἡ ἀγέλη κατὰ τοῦ κρημνοῦ εἰς τὴν λίμνην καὶ ἀπεπνίγη.	

Acts 7,57 κράξαντες δὲ φωνῇ μεγάλῃ συνέσχον τὰ ὦτα αὐτῶν καὶ **ὥρμησαν** ὁμοθυμαδὸν ἐπ᾽ αὐτόν

Acts 19,29 καὶ ἐπλήσθη ἡ πόλις τῆς συγχύσεως, **ὥρμησάν** τε ὁμοθυμαδὸν εἰς τὸ θέατρον συναρπάσαντες Γάϊον καὶ Ἀρίσταρχον Μακεδόνας, συνεκδήμους Παύλου.

ὄρνις

ὄρνις	Syn 2	Mt 1	Mk	Lk 1	Acts	Jn	1-3John	Paul	Eph	Col
	NT 2	2Thess	1/2Tim	Tit	Heb	Jas	1Pet	2Pet	Jude	Rev

bird; hen

202	**Mt 23,37**	... ποσάκις ἠθέλησα ἐπισυναγαγεῖν τὰ τέκνα σου, ὃν τρόπον **ὄρνις** ἐπισυνάγει τὰ νοσσία αὐτῆς ὑπὸ τὰς πτέρυγας, καὶ οὐκ ἠθελήσατε.			**Lk 13,34**	... ποσάκις ἠθέλησα ἐπισυνάξαι τὰ τέκνα σου ὃν τρόπον **ὄρνις** τὴν ἑαυτῆς νοσσιὰν ὑπὸ τὰς πτέρυγας, καὶ οὐκ ἠθελήσατε.	

ὄρος	Syn 39	Mt 16	Mk 11	Lk 12	Acts 3	Jn 4	1-3John	Paul 3	Eph	Col
	NT 62	2Thess	1/2Tim	Tit	Heb 4	Jas	1Pet	2Pet 1	Jude	Rev 8

mountain; hill; *plural:* hills; mountains; mountainous country

	triple tradition																	double tradition			Sondergut		
		+Mt / +Lk			–Mt / –Lk			traditions not taken over by Mt / Lk							subtotals								
code	*222*	*211*	*112*	*212*	*221*	*122*	*121*	*022*	*012*	*021*	*220*	*120*	*210*	*020*	Σ^+	Σ^-	Σ	*202*	*201*	*102*	*200*	*002*	total
Mt	6				1	1^-					2		1^+		1^+	1^-	10		3		3		**16**
Mk	6				1	1				1	2						11						**11**
Lk	6		1^+		1^-	1				1^-					1^+	2^-	8					4	**12**

[a] ὄρος τῶν ἐλαιῶν
[b] ὄρος τὸ καλούμενον Ἐλαιῶν, ~ τὸ καλούμενον Ἐλαιών
[c] τὰ ὄρη (plural)

code	Mt		Mk		Lk		
002					**Lk 3,5**	*πᾶσα φάραγξ πληρωθήσεται καὶ* ***πᾶν ὄρος*** *καὶ βουνὸς ταπεινωθήσεται, καὶ ἔσται τὰ σκολιὰ εἰς εὐθείαν καὶ αἱ τραχεῖαι εἰς ὁδοὺς λείας·* ➤ Isa 40,4 LXX	
201	**Mt 4,8**	πάλιν παραλαμβάνει αὐτὸν ὁ διάβολος **εἰς ὄρος ὑψηλὸν λίαν** καὶ δείκνυσιν αὐτῷ πάσας τὰς βασιλείας τοῦ κόσμου ...			**Lk 4,5**	καὶ ἀναγαγὼν αὐτὸν ἔδειξεν αὐτῷ πάσας τὰς βασιλείας τῆς οἰκουμένης ...	
002					**Lk 4,29**	... ἤγαγον αὐτὸν **ἕως ὀφρύος τοῦ ὄρους** ἐφ᾽ οὗ ἡ πόλις ᾠκοδόμητο αὐτῶν, ...	
222	**Mt 5,1**	ἰδὼν δὲ τοὺς ὄχλους ἀνέβη **εἰς τὸ ὄρος,** καὶ καθίσαντος αὐτοῦ ...	**Mk 3,13**	καὶ ἀναβαίνει **εἰς τὸ ὄρος** ...	**Lk 6,12**	ἐγένετο δὲ ἐν ταῖς ἡμέραις ταύταις ἐξελθεῖν αὐτὸν **εἰς τὸ ὄρος** προσεύξασθαι, καὶ ἦν διανυκτερεύων ἐν τῇ προσευχῇ τοῦ θεοῦ.	
200	**Mt 5,14**	ὑμεῖς ἐστε τὸ φῶς τοῦ κόσμου. οὐ δύναται πόλις κρυβῆναι **ἐπάνω ὄρους** κειμένη·					→ Jn 8,12 → GTh 32 **(POxy 1)**
200	**Mt 8,1**	καταβάντος δὲ αὐτοῦ **ἀπὸ τοῦ ὄρους** ἠκολούθησαν αὐτῷ ὄχλοι πολλοί.					
c 021			**Mk 5,5**	καὶ διὰ παντὸς νυκτὸς καὶ ἡμέρας ἐν τοῖς μνήμασιν καὶ **ἐν τοῖς ὄρεσιν** ἦν κράζων καὶ κατακόπτων ἑαυτὸν λίθοις.	**Lk 8,29**	... ἠλαύνετο ὑπὸ τοῦ δαιμονίου **εἰς τὰς ἐρήμους.**	

	Mt		Mk		Lk		
122	Mt 8,30	ἦν δὲ μακρὰν ἀπ' αὐτῶν ἀγέλη χοίρων πολλῶν βοσκομένη.	Mk 5,11	ἦν δὲ ἐκεῖ πρὸς τῷ ὄρει ἀγέλη χοίρων μεγάλη βοσκομένη·	Lk 8,32	ἦν δὲ ἐκεῖ ἀγέλη χοίρων ἱκανῶν βοσκομένη ἐν τῷ ὄρει· ...	
220	Mt 14,23 → Mt 15,39	καὶ ἀπολύσας τοὺς ὄχλους ἀνέβη εἰς τὸ ὄρος κατ' ἰδίαν προσεύξασθαι. ...	Mk 6,46 → Mk 8,9	καὶ ἀποταξάμενος αὐτοῖς ἀπῆλθεν εἰς τὸ ὄρος προσεύξασθαι.			→ Jn 6,15
210	Mt 15,29	καὶ μεταβὰς ἐκεῖθεν ὁ Ἰησοῦς ἦλθεν παρὰ τὴν θάλασσαν τῆς Γαλιλαίας, καὶ ἀναβὰς εἰς τὸ ὄρος ἐκάθητο ἐκεῖ.	Mk 7,31	καὶ πάλιν ἐξελθὼν ἐκ τῶν ὁρίων Τύρου ἦλθεν διὰ Σιδῶνος εἰς τὴν θάλασσαν τῆς Γαλιλαίας ἀνὰ μέσον τῶν ὁρίων Δεκαπόλεως.			
222	Mt 17,1	... παραλαμβάνει ὁ Ἰησοῦς τὸν Πέτρον καὶ Ἰάκωβον καὶ Ἰωάννην τὸν ἀδελφὸν αὐτοῦ καὶ ἀναφέρει αὐτοὺς εἰς ὄρος ὑψηλὸν κατ' ἰδίαν.	Mk 9,2	... παραλαμβάνει ὁ Ἰησοῦς τὸν Πέτρον καὶ τὸν Ἰάκωβον καὶ τὸν Ἰωάννην καὶ ἀναφέρει αὐτοὺς εἰς ὄρος ὑψηλὸν κατ' ἰδίαν μόνους. ...	Lk 9,28	... παραλαβὼν Πέτρον καὶ Ἰωάννην καὶ Ἰάκωβον ἀνέβη εἰς τὸ ὄρος προσεύξασθαι.	
222	Mt 17,9	καὶ καταβαινόντων αὐτῶν ἐκ τοῦ ὄρους ...	Mk 9,9	καὶ καταβαινόντων αὐτῶν ἐκ τοῦ ὄρους ...	Lk 9,37	ἐγένετο δὲ τῇ ἑξῆς ἡμέρᾳ κατελθόντων αὐτῶν ἀπὸ τοῦ ὄρους ...	
201	Mt 17,20 ↓ Mt 21,21	... ἐὰν ἔχητε πίστιν ὡς κόκκον σινάπεως, ἐρεῖτε τῷ ὄρει τούτῳ, μετάβα ἔνθεν ἐκεῖ, καὶ μεταβήσεται· καὶ οὐδὲν ἀδυνατήσει ὑμῖν.	Mk 11,23 → Mk 9,23	[22] ... ἔχετε πίστιν θεοῦ. [23] ἀμὴν λέγω ὑμῖν ὅτι ὃς ἂν εἴπῃ τῷ ὄρει τούτῳ· ἄρθητι καὶ βλήθητι εἰς τὴν θάλασσαν, καὶ μὴ διακριθῇ ἐν τῇ καρδίᾳ αὐτοῦ ἀλλὰ πιστεύῃ ὅτι ὃ λαλεῖ γίνεται, ἔσται αὐτῷ.	Lk 17,6	... εἰ ἔχετε πίστιν ὡς κόκκον σινάπεως, ἐλέγετε ἂν τῇ συκαμίνῳ [ταύτῃ]· ἐκριζώθητι καὶ φυτεύθητι ἐν τῇ θαλάσσῃ· καὶ ὑπήκουσεν ἂν ὑμῖν.	→ GTh 48 → GTh 106
c 201	Mt 18,12	... οὐχὶ ἀφήσει τὰ ἐνενήκοντα ἐννέα ἐπὶ τὰ ὄρη καὶ πορευθεὶς ζητεῖ τὸ πλανώμενον;			Lk 15,4	... οὐ καταλείπει τὰ ἐνενήκοντα ἐννέα ἐν τῇ ἐρήμῳ καὶ πορεύεται ἐπὶ τὸ ἀπολωλὸς ἕως εὕρῃ αὐτό;	→ GTh 107
a b 222	Mt 21,1	καὶ ὅτε ἤγγισαν εἰς Ἱεροσόλυμα καὶ ἦλθον εἰς Βηθφαγὴ εἰς τὸ ὄρος τῶν ἐλαιῶν, τότε Ἰησοῦς ἀπέστειλεν δύο μαθητὰς	Mk 11,1	καὶ ὅτε ἐγγίζουσιν εἰς Ἱεροσόλυμα εἰς Βηθφαγὴ καὶ Βηθανίαν πρὸς τὸ ὄρος τῶν ἐλαιῶν, ἀποστέλλει δύο τῶν μαθητῶν αὐτοῦ	Lk 19,29	καὶ ἐγένετο ὡς ἤγγισεν εἰς Βηθφαγὴ καὶ Βηθανία[ν] πρὸς τὸ ὄρος τὸ καλούμενον Ἐλαιῶν, ἀπέστειλεν δύο τῶν μαθητῶν	
a 112	Mt 21,9	οἱ δὲ ὄχλοι οἱ προάγοντες αὐτὸν καὶ οἱ ἀκολουθοῦντες ἔκραζον ...	Mk 11,9	καὶ οἱ προάγοντες καὶ οἱ ἀκολουθοῦντες ἔκραζον· ...	Lk 19,37	ἐγγίζοντος δὲ αὐτοῦ ἤδη πρὸς τῇ καταβάσει τοῦ ὄρους τῶν ἐλαιῶν ἤρξαντο ἅπαν τὸ πλῆθος τῶν μαθητῶν χαίροντες αἰνεῖν τὸν θεὸν φωνῇ μεγάλῃ περὶ πασῶν ὧν εἶδον δυνάμεων	→ Jn 12,13

	Mt		Mk		Lk		
220	**Mt 21,21** ↑ Mt 17,20 ↑ Lk 17,6	... ἀμὴν λέγω ὑμῖν, ἐὰν ἔχητε πίστιν καὶ μὴ διακριθῆτε, οὐ μόνον τὸ τῆς συκῆς ποιήσετε, ἀλλὰ κἂν **τῷ ὄρει τούτῳ** εἴπητε· ἄρθητι καὶ βλήθητι εἰς τὴν θάλασσαν, γενήσεται·	**Mk 11,23** ↑ Mt 17,20 ↑ Lk 17,6 → Mk 9,23	[22] ... ἔχετε πίστιν θεοῦ. [23] ἀμὴν λέγω ὑμῖν ὅτι ὃς ἂν εἴπῃ **τῷ ὄρει τούτῳ·** ἄρθητι καὶ βλήθητι εἰς τὴν θάλασσαν, καὶ μὴ διακριθῇ ἐν τῇ καρδίᾳ αὐτοῦ ἀλλὰ πιστεύῃ ὅτι ὃ λαλεῖ γίνεται, ἔσται αὐτῷ.			→ GTh 48 → GTh 106
a 221	**Mt 24,3**	καθημένου δὲ αὐτοῦ **ἐπὶ τοῦ ὄρους τῶν ἐλαιῶν** προσῆλθον αὐτῷ οἱ μαθηταὶ κατ᾽ ἰδίαν λέγοντες· ...	**Mk 13,3**	καὶ καθημένου αὐτοῦ **εἰς τὸ ὄρος τῶν ἐλαιῶν** κατέναντι τοῦ ἱεροῦ ἐπηρώτα αὐτὸν κατ᾽ ἰδίαν Πέτρος καὶ Ἰάκωβος καὶ Ἰωάννης καὶ Ἀνδρέας·	**Lk 21,7**	ἐπηρώτησαν δὲ αὐτὸν λέγοντες· ...	
c 222	**Mt 24,16**	τότε οἱ ἐν τῇ Ἰουδαίᾳ φευγέτωσαν **εἰς τὰ ὄρη**	**Mk 13,14**	... τότε οἱ ἐν τῇ Ἰουδαίᾳ φευγέτωσαν **εἰς τὰ ὄρη**	**Lk 21,21** → Lk 17,31	τότε οἱ ἐν τῇ Ἰουδαίᾳ φευγέτωσαν **εἰς τὰ ὄρη** ...	
b 002	Mt 21,17	καὶ καταλιπὼν αὐτοὺς ἐξῆλθεν ἔξω τῆς πόλεως **εἰς Βηθανίαν,** καὶ ηὐλίσθη ἐκεῖ.	Mk 11,11	... ὀψίας ἤδη οὔσης τῆς ὥρας, ἐξῆλθεν **εἰς Βηθανίαν** μετὰ τῶν δώδεκα.	**Lk 21,37** → Mk 11,19 → Lk 19,47	ἦν δὲ τὰς ἡμέρας ἐν τῷ ἱερῷ διδάσκων, τὰς δὲ νύκτας ἐξερχόμενος ηὐλίζετο **εἰς τὸ ὄρος τὸ καλούμενον Ἐλαιῶν·**	→ [[Jn 8,1]]
a 222	**Mt 26,30**	καὶ ὑμνήσαντες ἐξῆλθον **εἰς τὸ ὄρος τῶν ἐλαιῶν.**	**Mk 14,26**	καὶ ὑμνήσαντες ἐξῆλθον **εἰς τὸ ὄρος τῶν ἐλαιῶν.**	**Lk 22,39**	καὶ ἐξελθὼν ἐπορεύθη κατὰ τὸ ἔθος **εἰς τὸ ὄρος τῶν ἐλαιῶν,** ...	→ Jn 18,1
c 002					**Lk 23,30**	τότε ἄρξονται *λέγειν* ***τοῖς ὄρεσιν·*** *πέσετε ἐφ᾽ ἡμᾶς, καὶ τοῖς βουνοῖς· καλύψατε ἡμᾶς·* ➤ Hos 10,8	
200	**Mt 28,16** → Mt 28,7 → Mk 16,7 → Mt 28,10	οἱ δὲ ἕνδεκα μαθηταὶ ἐπορεύθησαν εἰς τὴν Γαλιλαίαν **εἰς τὸ ὄρος** οὗ ἐτάξατο αὐτοῖς ὁ Ἰησοῦς					

b **Acts 1,12** (→ Lk 24,52) τότε ὑπέστρεψαν εἰς Ἰερουσαλὴμ **ἀπὸ ὄρους τοῦ καλουμένου Ἐλαιῶνος,** ὅ ἐστιν ἐγγὺς Ἰερουσαλὴμ σαββάτου ἔχον ὁδόν.

Acts 7,30 καὶ πληρωθέντων ἐτῶν τεσσεράκοντα ὤφθη αὐτῷ **ἐν τῇ ἐρήμῳ τοῦ ὄρους Σινᾶ** ἄγγελος ἐν φλογὶ πυρὸς βάτου.
➤ Exod 3,2

Acts 7,38 οὗτός ἐστιν ὁ γενόμενος ἐν τῇ ἐκκλησίᾳ ἐν τῇ ἐρήμῳ μετὰ τοῦ ἀγγέλου τοῦ λαλοῦντος αὐτῷ **ἐν τῷ ὄρει Σινᾶ** καὶ τῶν πατέρων ἡμῶν, ὃς ἐδέξατο λόγια ζῶντα δοῦναι ἡμῖν

ὀρύσσω

Syn 3	Mt 2	Mk 1	Lk	Acts	Jn	1-3John	Paul	Eph	Col
NT 3	2Thess	1/2Tim	Tit	Heb	Jas	1Pet	2Pet	Jude	Rev

dig (up)

	Mt	Mk	Lk	
221	**Mt 21,33** ... ἄνθρωπος ἦν οἰκοδεσπότης ὅστις ἐφύτευσεν ἀμπελῶνα καὶ φραγμὸν αὐτῷ περιέθηκεν καὶ **ὤρυξεν** ἐν αὐτῷ ληνὸν καὶ ᾠκοδόμησεν πύργον καὶ ἐξέδετο αὐτὸν γεωργοῖς καὶ ἀπεδήμησεν.	**Mk 12,1** ... ἀμπελῶνα ἄνθρωπος ἐφύτευσεν καὶ περιέθηκεν φραγμὸν καὶ **ὤρυξεν** ὑπολήνιον καὶ ᾠκοδόμησεν πύργον καὶ ἐξέδετο αὐτὸν γεωργοῖς καὶ ἀπεδήμησεν.	**Lk 20,9** ... ἄνθρωπός [τις] ἐφύτευσεν ἀμπελῶνα καὶ ἐξέδετο αὐτὸν γεωργοῖς καὶ ἀπεδήμησεν χρόνους ἱκανούς.	→ GTh 65
200	**Mt 25,18** → Lk 19,20 ὁ δὲ τὸ ἓν λαβὼν ἀπελθὼν **ὤρυξεν** γῆν καὶ ἔκρυψεν τὸ ἀργύριον τοῦ κυρίου αὐτοῦ.			

ὀρχέομαι

Syn 4	Mt 2	Mk 1	Lk 1	Acts	Jn	1-3John	Paul	Eph	Col
NT 4	2Thess	1/2Tim	Tit	Heb	Jas	1Pet	2Pet	Jude	Rev

dance

	Mt	Mk	Lk	
202	**Mt 11,17** λέγουσιν· ηὐλήσαμεν ὑμῖν καὶ **οὐκ ὠρχήσασθε,** ἐθρηνήσαμεν καὶ οὐκ ἐκόψασθε.		**Lk 7,32** ... λέγει· ηὐλήσαμεν ὑμῖν καὶ **οὐκ ὠρχήσασθε·** ἐθρηνήσαμεν καὶ οὐκ ἐκλαύσατε.	
220	**Mt 14,6** ... **ὠρχήσατο** ἡ θυγάτηρ τῆς Ἡρῳδιάδος ἐν τῷ μέσῳ καὶ ἤρεσεν τῷ Ἡρῴδῃ	**Mk 6,22** καὶ εἰσελθούσης τῆς θυγατρὸς αὐτοῦ Ἡρῳδιάδος καὶ **ὀρχησαμένης** ἤρεσεν τῷ Ἡρῴδῃ καὶ τοῖς συνανακειμένοις. ...		

ὅς	Syn 400	Mt 125	Mk 86	Lk 189	Acts 224	Jn 154	1-3John 38	Paul 241	Eph 33	Col 37
	NT 1396	2Thess 12	1/2Tim 42	Tit 9	Heb 74	Jas 7	1Pet 30	2Pet 19	Jude 6	Rev 70

relative pronoun: who; which; what; that; he; she; it; *demonstrative pronoun:* this (one)

	triple tradition																	double tradition			Sondergut		
		+Mt / +Lk			–Mt / –Lk			traditions not taken over by Mt / Lk							subtotals								
code	*222*	*211*	*112*	*212*	*221*	*122*	*121*	*022*	*012*	*021*	*220*	*120*	*210*	*020*	Σ^+	Σ^-	Σ	*202*	*201*	*102*	*200*	*002*	total
Mt	11	15^+			8	12^-	14^-				10	17^-	4^+		19^+	43^-	48	28	13		36		**125**
Mk	11				8	12	14	2		3	10	17		9			86						**86**
Lk	11		31^+		8^-	12	14^-	2	10^+	3^-					41^+	25^-	66	28		25		70	**189**

Mk-Q overlap: 211: Mt 3,17 / Mk 1,11 / Lk 3,22 (?)
221: Mt 10,14 / Mk 6,11 / Lk 9,5
102: Mt 10,14 / Mk 6,11 / Lk 10,10
221: Mt 18,6 / Mk 9,42 / Lk 17,2 (?)
112: Mt 12,29 / Mk 3,27 / Lk 11,22 (?)

a πᾶς (...) ὅς
b ὅς (...) μέν
c ὅς δέ (except g)
d ὅς (...) γάρ
e ὅς καί, ὅς τε
f ὅς (...) οὖν
g ὃς δ᾽ ἄν, ὃς (γὰρ) ἄν, ὃς (γὰρ) ἐάν
h οὗτος ... ὅς, ὅς ... οὗτος
j ἐκεῖνος ..., ὅς
k τίς ..., ὅς
l τις ..., ὅς (Luke/Acts only)
m ὅς with pleonastic pronoun
n ὅ ἐστιν
p ἀνθ᾽ ὧν
q ἐν ᾧ, ἐν οἷς
r ἄχρι (δὲ) οὗ, ἄχρι ἧς ἡμέρας
s ἕως οὗ
t ἀφ᾽ οὗ, ἀφ᾽ ἧς

002			**Lk 1,4**	ἵνα ἐπιγνῷς **περὶ ὧν** κατηχήθης λόγων τὴν ἀσφάλειαν.	
200	**Mt 1,16** → Mt 13,55 → Mk 6,3	Ἰακὼβ δὲ ἐγέννησεν τὸν Ἰωσὴφ τὸν ἄνδρα Μαρίας, **ἐξ ἧς** ἐγεννήθη Ἰησοῦς ὁ λεγόμενος χριστός.	**Lk 3,23** → Lk 4,22	καὶ αὐτὸς ἦν Ἰησοῦς ἀρχόμενος ὡσεὶ ἐτῶν τριάκοντα, ὢν υἱός, ὡς ἐνομίζετο, Ἰωσὴφ τοῦ Ἠλὶ	
r 002 *p* 002			**Lk 1,20** **(2)**	καὶ ἰδοὺ ἔσῃ σιωπῶν καὶ μὴ δυνάμενος λαλῆσαι **ἄχρι ἧς ἡμέρας** γένηται ταῦτα, **ἀνθ᾽ ὧν** οὐκ ἐπίστευσας τοῖς λόγοις μου, οἵτινες πληρωθήσονται εἰς τὸν καιρὸν αὐτῶν.	
002			**Lk 1,25**	ὅτι οὕτως μοι πεποίηκεν κύριος ἐν ἡμέραις **αἷς** ἐπεῖδεν ἀφελεῖν ὄνειδός μου ἐν ἀνθρώποις.	
002			**Lk 1,26**	ἐν δὲ τῷ μηνὶ τῷ ἕκτῳ ἀπεστάλη ὁ ἄγγελος Γαβριὴλ ἀπὸ τοῦ θεοῦ εἰς πόλιν τῆς Γαλιλαίας **ᾗ** ὄνομα Ναζαρὲθ	
002			**Lk 1,27** → Mt 1,18 → Mt 1,20	πρὸς παρθένον ἐμνηστευμένην ἀνδρὶ **ᾧ** ὄνομα Ἰωσὴφ ἐξ οἴκου Δαυὶδ καὶ τὸ ὄνομα τῆς παρθένου Μαριάμ.	

	Mt		Mk		Lk		
002					**Lk 1,61**	καὶ εἶπαν πρὸς αὐτὴν ὅτι οὐδείς ἐστιν ἐκ τῆς συγγενείας σου ὃς καλεῖται τῷ ὀνόματι τούτῳ.	
002					**Lk 1,73**	ὅρκον ὃν ὤμοσεν πρὸς Ἀβραὰμ τὸν πατέρα ἡμῶν, τοῦ δοῦναι ἡμῖν	
q 002					**Lk 1,78**	διὰ σπλάγχνα ἐλέους θεοῦ ἡμῶν, ἐν οἷς ἐπισκέψεται ἡμᾶς ἀνατολὴ ἐξ ὕψους	
n 200	**Mt 1,23**	... *καὶ καλέσουσιν τὸ ὄνομα αὐτοῦ Ἐμμανουήλ,* ὅ ἐστιν μεθερμηνευόμενον *μεθ' ἡμῶν ὁ θεός.* ➤ Isa 7,14 LXX; 8,8.10 LXX					
s 200	**Mt 1,25** → Lk 1,31 → Lk 2,21	καὶ οὐκ ἐγίνωσκεν αὐτὴν ἕως οὗ ἔτεκεν υἱόν· καὶ ἐκάλεσεν τὸ ὄνομα αὐτοῦ Ἰησοῦν.					
002					**Lk 2,11**	ὅτι ἐτέχθη ὑμῖν σήμερον σωτὴρ ὅς ἐστιν χριστὸς κύριος ἐν πόλει Δαυίδ.	
h 002					**Lk 2,15**	... διέλθωμεν δὴ ἕως Βηθλέεμ καὶ ἴδωμεν τὸ ῥῆμα τοῦτο τὸ γεγονὸς ὃ ὁ κύριος ἐγνώρισεν ἡμῖν.	
a 002					**Lk 2,20**	καὶ ὑπέστρεψαν οἱ ποιμένες δοξάζοντες καὶ αἰνοῦντες τὸν θεὸν ἐπὶ πᾶσιν οἷς ἤκουσαν καὶ εἶδον καθὼς ἐλαλήθη πρὸς αὐτούς.	
002					**Lk 2,25**	καὶ ἰδοὺ ἄνθρωπος ἦν ἐν Ἰερουσαλὴμ ᾧ ὄνομα Συμεὼν ...	
002					**Lk 2,31**	[30] ... εἶδον οἱ ὀφθαλμοί μου τὸ σωτήριόν σου, [31] ὃ ἡτοίμασας κατὰ πρόσωπον πάντων τῶν λαῶν	
002					**Lk 2,37**	καὶ αὐτὴ χήρα ἕως ἐτῶν ὀγδοήκοντα τεσσάρων, ἣ οὐκ ἀφίστατο τοῦ ἱεροῦ νηστείαις καὶ δεήσεσιν λατρεύουσα νύκτα καὶ ἡμέραν.	

200	**Mt 2,9**	... καὶ ἰδοὺ ὁ ἀστὴρ, ὃν εἶδον ἐν τῇ ἀνατολῇ, προῆγεν αὐτοὺς, ...					
200	**Mt 2,16**	... κατὰ τὸν χρόνον ὃν ἠκρίβωσεν παρὰ τῶν μάγων.					
002					**Lk 2,50**	καὶ αὐτοὶ οὐ συνῆκαν τὸ ῥῆμα ὃ ἐλάλησεν αὐτοῖς.	
020	Mt 11,10 (2)	... *ἰδοὺ ἐγὼ ἀποστέλλω* *τὸν ἄγγελόν μου* *πρὸ προσώπου* σου, *ὃς* *κατασκευάσει* *τὴν ὁδόν σου ἔμπροσθέν* σου. ➢ Exod 23,20/Mal 3,1	**Mk 1,2** → Mt 3,3 → Lk 3,4	... *ἰδοὺ ἀποστέλλω* *τὸν ἄγγελόν μου* *πρὸ προσώπου* σου, *ὃς* *κατασκευάσει* *τὴν ὁδόν* σου· ➢ Exod 23,20/Mal 3,1	Lk 7,27 (2)	... *ἰδοὺ ἀποστέλλω* *τὸν ἄγγελόν μου* *πρὸ προσώπου* σου, *ὃς* *κατασκευάσει* *τὴν ὁδόν σου ἔμπροσθέν* σου. ➢ Exod 23,20/Mal 3,1	Mk-Q overlap
m 020	Mt 3,11	... ὁ δὲ ὀπίσω μου ἐρχόμενος ἰσχυρότερός μού ἐστιν, οὗ οὐκ εἰμὶ ἱκανὸς τὰ ὑποδήματα βαστάσαι· ...	**Mk 1,7**	... ἔρχεται ὁ ἰσχυρότερός μου ὀπίσω μου, οὗ οὐκ εἰμὶ ἱκανὸς κύψας λῦσαι τὸν ἱμάντα τῶν ὑποδημάτων αὐτοῦ.	Lk 3,16	... ἔρχεται δὲ ὁ ἰσχυρότερός μου, οὗ οὐκ εἰμὶ ἱκανὸς λῦσαι τὸν ἱμάντα τῶν ὑποδημάτων αὐτοῦ· ...	→ Jn 1,27 → Acts 13,25 Mk-Q overlap
m 202	**Mt 3,11**	... ὁ δὲ ὀπίσω μου ἐρχόμενος ἰσχυρότερός μού ἐστιν, οὗ οὐκ εἰμὶ ἱκανὸς τὰ ὑποδήματα βαστάσαι· ...	Mk 1,7	... ἔρχεται ὁ ἰσχυρότερός μου ὀπίσω μου, οὗ οὐκ εἰμὶ ἱκανὸς κύψας λῦσαι τὸν ἱμάντα τῶν ὑποδημάτων αὐτοῦ.	**Lk 3,16**	... ἔρχεται δὲ ὁ ἰσχυρότερός μου, οὗ οὐκ εἰμὶ ἱκανὸς λῦσαι τὸν ἱμάντα τῶν ὑποδημάτων αὐτοῦ· ...	→ Jn 1,27 → Acts 13,25 Mk-Q overlap
m 202	**Mt 3,12**	οὗ τὸ πτύον ἐν τῇ χειρὶ αὐτοῦ καὶ διακαθαριεῖ τὴν ἅλωνα αὐτοῦ, ...			**Lk 3,17**	οὗ τὸ πτύον ἐν τῇ χειρὶ αὐτοῦ διακαθᾶραι τὴν ἅλωνα αὐτοῦ ...	
112	**Mt 14,3**	ὁ γὰρ Ἡρῴδης κρατήσας τὸν Ἰωάννην ἔδησεν [αὐτὸν] καὶ ἐν φυλακῇ ἀπέθετο διὰ Ἡρῳδιάδα τὴν γυναῖκα Φιλίππου τοῦ ἀδελφοῦ αὐτοῦ·	**Mk 6,17**	αὐτὸς γὰρ ὁ Ἡρῴδης ἀποστείλας ἐκράτησεν τὸν Ἰωάννην καὶ ἔδησεν αὐτὸν ἐν φυλακῇ διὰ Ἡρῳδιάδα τὴν γυναῖκα Φιλίππου τοῦ ἀδελφοῦ αὐτοῦ, ὅτι αὐτὴν ἐγάμησεν·	**Lk 3,19** → Mt 14,4 → Mk 6,18	ὁ δὲ Ἡρῴδης ὁ τετραάρχης, ἐλεγχόμενος ὑπ' αὐτοῦ περὶ Ἡρῳδιάδος τῆς γυναικὸς τοῦ ἀδελφοῦ αὐτοῦ καὶ περὶ πάντων ὧν ἐποίησεν πονηρῶν ὁ Ἡρῴδης, [20] ... κατέκλεισεν τὸν Ἰωάννην ἐν φυλακῇ.	
h q 211	**Mt 3,17** ↓ Mt 17,5 ↓ Mt 12,18	... οὗτός ἐστιν ὁ υἱός μου ὁ ἀγαπητός, ἐν ᾧ εὐδόκησα.	**Mk 1,11** ↓ Mk 9,7	... σὺ εἶ ὁ υἱός μου ὁ ἀγαπητός, ἐν σοὶ εὐδόκησα.	**Lk 3,22** ↓ Lk 9,35	... σὺ εἶ ὁ υἱός μου ὁ ἀγαπητός, ἐν σοὶ εὐδόκησα.	→ Jn 1,34 → Jn 12,28 Mk-Q overlap?
g 102	**Mt 4,9**	καὶ εἶπεν αὐτῷ· ταῦτά σοι πάντα δώσω, ἐὰν πεσὼν προσκυνήσῃς μοι.			**Lk 4,6**	καὶ εἶπεν αὐτῷ ὁ διάβολος· σοὶ δώσω τὴν ἐξουσίαν ταύτην ἅπασαν καὶ τὴν δόξαν αὐτῶν, ὅτι ἐμοὶ παραδέδοται καὶ ᾧ ἐὰν θέλω δίδωμι αὐτήν· [7] σὺ οὖν ἐὰν προσκυνήσῃς ἐνώπιον ἐμοῦ, ἔσται σοῦ πᾶσα.	

	Mt		Mk		Lk		
002					Lk 4,18 → Lk 3,22	πνεῦμα κυρίου ἐπ' ἐμὲ **οὗ εἵνεκεν** ἔχρισέν με ... ➤ Isa 61,1 LXX; 58,6	→ Acts 4,27 → Acts 10,38
002					Lk 4,29	... ἤγαγον αὐτὸν ἕως ὀφρύος τοῦ ὄρους **ἐφ' οὗ** ἡ πόλις ᾠκοδόμητο αὐτῶν, ὥστε κατακρημνίσαι αὐτόν·	
002	Mt 4,18	... εἶδεν δύο ἀδελφούς, Σίμωνα τὸν λεγόμενον Πέτρον καὶ Ἀνδρέαν τὸν ἀδελφὸν αὐτοῦ, ...	Mk 1,16	... εἶδεν Σίμωνα καὶ Ἀνδρέαν τὸν ἀδελφὸν Σίμωνος ...	Lk 5,3	ἐμβὰς δὲ εἰς ἓν τῶν πλοίων, **ὃ** ἦν Σίμωνος, ἠρώτησεν αὐτὸν ἀπὸ τῆς γῆς ἐπαναγαγεῖν ὀλίγον· ...	→ Jn 1,40
002					Lk 5,9	θάμβος γὰρ περιέσχεν αὐτὸν καὶ πάντας τοὺς σὺν αὐτῷ ἐπὶ τῇ ἄγρᾳ τῶν ἰχθύων **ὧν** συνέλαβον,	
112	Mt 4,21 → Lk 5,2	καὶ προβὰς ἐκεῖθεν εἶδεν ἄλλους δύο ἀδελφούς, Ἰάκωβον τὸν τοῦ Ζεβεδαίου καὶ Ἰωάννην τὸν ἀδελφὸν αὐτοῦ, ...	Mk 1,19 → Lk 5,2	καὶ προβὰς ὀλίγον εἶδεν Ἰάκωβον τὸν τοῦ Ζεβεδαίου καὶ Ἰωάννην τὸν ἀδελφὸν αὐτοῦ, ...	Lk 5,10	ὁμοίως δὲ καὶ Ἰάκωβον καὶ Ἰωάννην υἱοὺς Ζεβεδαίου, **οἳ** ἦσαν κοινωνοὶ τῷ Σίμωνι. ...	
221	Mt 8,4	... ὕπαγε σεαυτὸν δεῖξον τῷ ἱερεῖ, καὶ προσένεγκον τὸ δῶρον **ὃ** προσέταξεν Μωϋσῆς, εἰς μαρτύριον αὐτοῖς. ➤ Lev 13,49; 14,2-4	Mk 1,44	... ὕπαγε σεαυτὸν δεῖξον τῷ ἱερεῖ καὶ προσένεγκε περὶ τοῦ καθαρισμοῦ σου **ἃ** προσέταξεν Μωϋσῆς, εἰς μαρτύριον αὐτοῖς. ➤ Lev 13,49; 14,2-4	Lk 5,14 → Lk 17,14	... ἀπελθὼν δεῖξον σεαυτὸν τῷ ἱερεῖ καὶ προσένεγκε περὶ τοῦ καθαρισμοῦ σου **καθὼς** προσέταξεν Μωϋσῆς, εἰς μαρτύριον αὐτοῖς. ➤ Lev 13,49; 14,2-4	
012			Mk 2,2 → Mk 3,20	καὶ συνήχθησαν πολλοὶ ὥστε μηκέτι χωρεῖν μηδὲ τὰ πρὸς τὴν θύραν, καὶ ἐλάλει αὐτοῖς τὸν λόγον.	Lk 5,17 → Mk 2,6	καὶ ἐγένετο ἐν μιᾷ τῶν ἡμερῶν καὶ αὐτὸς ἦν διδάσκων, καὶ ἦσαν καθήμενοι Φαρισαῖοι καὶ νομοδιδάσκαλοι **οἳ** ἦσαν ἐληλυθότες ἐκ πάσης κώμης τῆς Γαλιλαίας καὶ Ἰουδαίας καὶ Ἰερουσαλήμ· ...	
112	Mt 9,2	καὶ ἰδοὺ προσέφερον αὐτῷ παραλυτικὸν ἐπὶ κλίνης βεβλημένον. ...	Mk 2,3	καὶ ἔρχονται φέροντες πρὸς αὐτὸν παραλυτικὸν αἰρόμενον ὑπὸ τεσσάρων.	Lk 5,18	καὶ ἰδοὺ ἄνδρες φέροντες ἐπὶ κλίνης ἄνθρωπον **ὃς** ἦν παραλελυμένος καὶ ἐζήτουν αὐτὸν εἰσενεγκεῖν καὶ θεῖναι [αὐτὸν] ἐνώπιον αὐτοῦ.	
h k 112	Mt 9,3	καὶ ἰδού τινες τῶν γραμματέων εἶπαν ἐν ἑαυτοῖς· οὗτος βλασφημεῖ.	Mk 2,7	[6] ἦσαν δέ τινες τῶν γραμματέων ἐκεῖ καθήμενοι καὶ διαλογιζόμενοι ἐν ταῖς καρδίαις αὐτῶν· [7] τί οὗτος οὕτως λαλεῖ; βλασφημεῖ· ...	Lk 5,21 ↓ Lk 7,49	καὶ ἤρξαντο διαλογίζεσθαι οἱ γραμματεῖς καὶ οἱ Φαρισαῖοι λέγοντες· τίς ἐστιν οὗτος **ὃς** λαλεῖ βλασφημίας; ...	

112	**Mt 9,7**	καὶ ἐγερθεὶς ἀπῆλθεν εἰς τὸν οἶκον αὐτοῦ.	**Mk 2,12**	καὶ ἠγέρθη καὶ εὐθὺς ἄρας **τὸν κράβαττον** ἐξῆλθεν ἔμπροσθεν πάντων, ...	**Lk 5,25**	καὶ παραχρῆμα ἀναστὰς ἐνώπιον αὐτῶν, ἄρας **ἐφ᾽ ὃ κατέκειτο,** ἀπῆλθεν εἰς τὸν οἶκον αὐτοῦ δοξάζων τὸν θεόν.	→ Jn 5,9
112	**Mt 9,10**	καὶ ἐγένετο αὐτοῦ ἀνακειμένου ἐν τῇ οἰκίᾳ, καὶ ἰδοὺ πολλοὶ τελῶναι καὶ ἁμαρτωλοὶ ἐλθόντες συνανέκειντο τῷ Ἰησοῦ καὶ τοῖς μαθηταῖς αὐτοῦ.	**Mk 2,15**	καὶ γίνεται κατακεῖσθαι αὐτὸν ἐν τῇ οἰκίᾳ αὐτοῦ, καὶ πολλοὶ τελῶναι καὶ ἁμαρτωλοὶ συνανέκειντο τῷ Ἰησοῦ καὶ τοῖς μαθηταῖς αὐτοῦ· ...	**Lk 5,29** → Lk 15,1	καὶ ἐποίησεν δοχὴν μεγάλην Λευὶς αὐτῷ ἐν τῇ οἰκίᾳ αὐτοῦ, καὶ ἦν ὄχλος πολὺς τελωνῶν καὶ ἄλλων **οἳ** ἦσαν μετ᾽ αὐτῶν κατακείμενοι.	
q 122	**Mt 9,15**	... μὴ δύνανται οἱ υἱοὶ τοῦ νυμφῶνος πενθεῖν **ἐφ᾽ ὅσον** μετ᾽ αὐτῶν ἐστιν ὁ νυμφίος; ...	**Mk 2,19**	... μὴ δύνανται οἱ υἱοὶ τοῦ νυμφῶνος **ἐν ᾧ** ὁ νυμφίος μετ᾽ αὐτῶν ἐστιν νηστεύειν; ...	**Lk 5,34**	... μὴ δύνασθε τοὺς υἱοὺς τοῦ νυμφῶνος **ἐν ᾧ** ὁ νυμφίος μετ᾽ αὐτῶν ἐστιν ποιῆσαι νηστεῦσαι;	→ GTh 104
k 222	**Mt 12,2**	οἱ δὲ Φαρισαῖοι ἰδόντες εἶπαν αὐτῷ· ἰδοὺ οἱ μαθηταί σου ποιοῦσιν ὃ οὐκ ἔξεστιν ποιεῖν ἐν σαββάτῳ.	**Mk 2,24**	καὶ οἱ Φαρισαῖοι ἔλεγον αὐτῷ· ἴδε τί ποιοῦσιν τοῖς σάββασιν ὃ οὐκ ἔξεστιν;	**Lk 6,2**	τινὲς δὲ τῶν Φαρισαίων εἶπαν· τί ποιεῖτε ὃ οὐκ ἔξεστιν τοῖς σάββασιν;	
h 112	**Mt 12,3**	ὁ δὲ εἶπεν αὐτοῖς· οὐκ ἀνέγνωτε **τί** ἐποίησεν Δαυὶδ ὅτε ἐπείνασεν καὶ οἱ μετ᾽ αὐτοῦ,	**Mk 2,25**	καὶ λέγει αὐτοῖς· οὐδέποτε ἀνέγνωτε **τί** ἐποίησεν Δαυίδ, ὅτε χρείαν ἔσχεν καὶ ἐπείνασεν αὐτὸς καὶ οἱ μετ᾽ αὐτοῦ,	**Lk 6,3**	καὶ ἀποκριθεὶς πρὸς αὐτοὺς εἶπεν ὁ Ἰησοῦς· οὐδὲ τοῦτο ἀνέγνωτε ὃ ἐποίησεν Δαυὶδ ὅτε ἐπείνασεν αὐτὸς καὶ οἱ μετ᾽ αὐτοῦ [ὄντες],	
222	**Mt 12,4**	... καὶ τοὺς ἄρτους τῆς προθέσεως ἔφαγον, ὃ οὐκ ἐξὸν ἦν αὐτῷ φαγεῖν οὐδὲ τοῖς μετ᾽ αὐτοῦ εἰ μὴ τοῖς ἱερεῦσιν μόνοις;	**Mk 2,26**	... καὶ τοὺς ἄρτους τῆς προθέσεως ἔφαγεν, **οὓς** οὐκ ἔξεστιν φαγεῖν εἰ μὴ τοὺς ἱερεῖς, καὶ ἔδωκεν καὶ τοῖς σὺν αὐτῷ οὖσιν;	**Lk 6,4**	... καὶ τοὺς ἄρτους τῆς προθέσεως λαβὼν ἔφαγεν καὶ ἔδωκεν τοῖς μετ᾽ αὐτοῦ, **οὓς** οὐκ ἔξεστιν φαγεῖν εἰ μὴ μόνους τοὺς ἱερεῖς;	
021	**Mt 10,1** → Mk 6,7	καὶ προσκαλεσάμενος **τοὺς δώδεκα μαθητὰς αὐτοῦ** ἔδωκεν αὐτοῖς ἐξουσίαν ...	**Mk 3,13**	... καὶ προσκαλεῖται **οὓς ἤθελεν** αὐτός, καὶ ἀπῆλθον πρὸς αὐτόν.	**Lk 6,13**	... προσεφώνησεν **τοὺς μαθητὰς αὐτοῦ,**	
e 022			**Mk 3,14** → Mk 6,7	καὶ ἐποίησεν δώδεκα, **[οὓς καὶ** ἀποστόλους ὠνόμασεν] ...		καὶ ἐκλεξάμενος ἀπ᾽ αὐτῶν δώδεκα, **οὓς καὶ** ἀποστόλους ὠνόμασεν·	
e 112	**Mt 10,2**	τῶν δὲ δώδεκα ἀποστόλων τὰ ὀνόματά ἐστιν ταῦτα· πρῶτος Σίμων ὁ λεγόμενος Πέτρος ...	**Mk 3,16**	... καὶ ἐπέθηκεν ὄνομα τῷ Σίμωνι Πέτρον,	**Lk 6,14**	Σίμωνα, **ὃν καὶ** ὠνόμασεν Πέτρον, ...	→ Jn 1,42
n 121	**Mt 10,2**	... καὶ Ἰάκωβος ὁ τοῦ Ζεβεδαίου καὶ Ἰωάννης ὁ ἀδελφὸς αὐτοῦ	**Mk 3,17**	καὶ Ἰάκωβον τὸν τοῦ Ζεβεδαίου καὶ Ἰωάννην τὸν ἀδελφὸν τοῦ Ἰακώβου καὶ ἐπέθηκεν αὐτοῖς ὀνόμα[τα] Βοανηργές, **ὅ** ἐστιν υἱοὶ βροντῆς·		καὶ Ἰάκωβον καὶ Ἰωάννην ...	

e 122	**Mt 10,4**	... καὶ Ἰούδας ὁ Ἰσκαριώτης ὁ **καὶ** παραδοὺς αὐτόν.	**Mk 3,19**	καὶ Ἰούδαν Ἰσκαριώθ, **ὃς καὶ** παρέδωκεν αὐτόν.	**Lk 6,16**	... καὶ Ἰούδαν Ἰσκαριώθ, **ὃς** ἐγένετο προδότης.	
012			**Mk 3,8**	... πλῆθος πολὺ ἀκούοντες ὅσα ἐποίει ἦλθον πρὸς αὐτόν.	**Lk 6,18** → Lk 5,15 → Lk 7,21	**οἳ** ἦλθον ἀκοῦσαι αὐτοῦ καὶ ἰαθῆναι ἀπὸ τῶν νόσων αὐτῶν· ...	
f g 200 *g h* 200	**Mt 5,19** **(2)**	**ὃς ἐὰν** οὖν λύσῃ μίαν τῶν ἐντολῶν τούτων τῶν ἐλαχίστων καὶ διδάξῃ οὕτως τοὺς ἀνθρώπους, ἐλάχιστος κληθήσεται ἐν τῇ βασιλείᾳ τῶν οὐρανῶν· **ὃς δ᾽ ἂν** ποιήσῃ καὶ διδάξῃ, οὗτος μέγας κληθήσεται ἐν τῇ βασιλείᾳ τῶν οὐρανῶν.					
g 200	**Mt 5,21**	ἠκούσατε ὅτι ἐρρέθη τοῖς ἀρχαίοις· *οὐ φονεύσεις·* **ὃς δ᾽ ἂν** φονεύσῃ, ἔνοχος ἔσται τῇ κρίσει. ➤ Exod 20,13/Deut 5,17					
g 200 *g* 200	**Mt 5,22** **(2)**	ἐγὼ δὲ λέγω ὑμῖν ὅτι πᾶς ὁ ὀργιζόμενος τῷ ἀδελφῷ αὐτοῦ ἔνοχος ἔσται τῇ κρίσει· **ὃς δ᾽ ἂν** εἴπῃ τῷ ἀδελφῷ αὐτοῦ· ῥακά, ἔνοχος ἔσται τῷ συνεδρίῳ· **ὃς δ᾽ ἂν** εἴπῃ· μωρέ, ἔνοχος ἔσται εἰς τὴν γέενναν τοῦ πυρός.					
g 200	**Mt 5,31** → Mt 19,7 → Mk 10,4	ἐρρέθη δέ· **ὃς ἂν** ἀπολύσῃ τὴν γυναῖκα αὐτοῦ, δότω αὐτῇ ἀποστάσιον. ➤ Deut 24,1ff.					
g 201	**Mt 5,32** ⇩ Mt 19,9	... πᾶς ὁ ἀπολύων τὴν γυναῖκα αὐτοῦ παρεκτὸς λόγου πορνείας ποιεῖ αὐτὴν μοιχευθῆναι, καὶ **ὃς ἐὰν** ἀπολελυμένην γαμήσῃ, μοιχᾶται.	**Mk 10,11**	... ὃς ἂν ἀπολύσῃ τὴν γυναῖκα αὐτοῦ καὶ γαμήσῃ ἄλλην μοιχᾶται ἐπ᾽ αὐτήν· [12] καὶ ἐὰν αὐτὴ ἀπολύσασα τὸν ἄνδρα αὐτῆς γαμήσῃ ἄλλον μοιχᾶται.	**Lk 16,18**	πᾶς ὁ ἀπολύων τὴν γυναῖκα αὐτοῦ καὶ γαμῶν ἑτέραν μοιχεύει, καὶ ὁ ἀπολελυμένην ἀπὸ ἀνδρὸς γαμῶν μοιχεύει.	→ 1Cor 7,10-11 Mk-Q overlap
102	**Mt 5,47**	καὶ ἐὰν ἀσπάσησθε **τοὺς ἀδελφοὺς ὑμῶν** μόνον, τί περισσὸν ποιεῖτε; ...			**Lk 6,34** → Mt 5,42	καὶ ἐὰν δανίσητε **παρ᾽ ὧν ἐλπίζετε λαβεῖν,** ποία ὑμῖν χάρις [ἐστίν]; ...	→ GTh 95
200	**Mt 6,8** → Mt 6,32 → Lk 12,30	μὴ οὖν ὁμοιωθῆτε αὐτοῖς· οἶδεν γὰρ ὁ πατὴρ ὑμῶν **ὧν** χρείαν ἔχετε πρὸ τοῦ ὑμᾶς αἰτῆσαι αὐτόν.					

	Mt		Mk		Lk		
d q 201 *q d* 202	**Mt 7,2** (2)	ἐν ᾧ γὰρ κρίματι κρίνετε κριθήσεσθε, καὶ **ἐν ᾧ μέτρῳ** μετρεῖτε μετρηθήσεται ὑμῖν.	**Mk 4,24**	... ἐν ᾧ μέτρῳ μετρεῖτε μετρηθήσεται ὑμῖν καὶ προστεθήσεται ὑμῖν.	**Lk 6,38**	... **ᾧ γὰρ μέτρῳ** μετρεῖτε ἀντιμετρηθήσεται ὑμῖν.	Mk-Q overlap
k 201	**Mt 7,9**	ἢ τίς ἐστιν ἐξ ὑμῶν ἄνθρωπος, **ὃν** αἰτήσει ὁ υἱὸς αὐτοῦ ἄρτον, μὴ λίθον ἐπιδώσει αὐτῷ; [10] ἢ καὶ ἰχθὺν αἰτήσει, μὴ ὄφιν ἐπιδώσει αὐτῷ;			**Lk 11,11**	τίνα δὲ ἐξ ὑμῶν τὸν πατέρα αἰτήσει ὁ υἱὸς ἰχθύν, καὶ ἀντὶ ἰχθύος ὄφιν αὐτῷ ἐπιδώσει; [12] ἢ καὶ αἰτήσει ᾠόν, ἐπιδώσει αὐτῷ σκορπίον;	
102	**Mt 7,21** ↓ Mt 12,50	οὐ πᾶς ὁ λέγων μοι· κύριε κύριε, εἰσελεύσεται εἰς τὴν βασιλείαν τῶν οὐρανῶν, ἀλλ' ὁ ποιῶν **τὸ θέλημα** **τοῦ πατρός μου** τοῦ ἐν τοῖς οὐρανοῖς.	↓ Mk 3,35		**Lk 6,46** ↓ Lk 8,21	τί δέ με καλεῖτε· κύριε κύριε, καὶ οὐ ποιεῖτε **ἃ λέγω;**	
102	**Mt 7,24**	... ὁμοιωθήσεται ἀνδρὶ φρονίμῳ, ὅστις ᾠκοδόμησεν αὐτοῦ τὴν οἰκίαν ἐπὶ τὴν πέτραν·			**Lk 6,48**	ὅμοιός ἐστιν ἀνθρώπῳ οἰκοδομοῦντι οἰκίαν **ὃς** ἔσκαψεν καὶ ἐβάθυνεν καὶ ἔθηκεν θεμέλιον ἐπὶ τὴν πέτραν· ...	
102	**Mt 7,27**	[26] καὶ πᾶς ὁ ἀκούων μου τοὺς λόγους τούτους καὶ μὴ ποιῶν αὐτοὺς ὁμοιωθήσεται ἀνδρὶ μωρῷ, ὅστις ᾠκοδόμησεν αὐτοῦ τὴν οἰκίαν ἐπὶ τὴν ἄμμον. [27] καὶ κατέβη ἡ βροχὴ καὶ ἦλθον οἱ ποταμοὶ καὶ ἔπνευσαν οἱ ἄνεμοι καὶ προσέκοψαν τῇ οἰκίᾳ ἐκείνῃ, καὶ ἔπεσεν, καὶ ἦν ἡ πτῶσις αὐτῆς μεγάλη.			**Lk 6,49**	ὁ δὲ ἀκούσας καὶ μὴ ποιήσας ὅμοιός ἐστιν ἀνθρώπῳ οἰκοδομήσαντι οἰκίαν ἐπὶ τὴν γῆν χωρὶς θεμελίου, **ᾗ** προσέρηξεν ὁ ποταμός, καὶ εὐθὺς συνέπεσεν καὶ ἐγένετο τὸ ῥῆγμα τῆς οἰκίας ἐκείνης μέγα.	
221	**Mt 8,4**	... ὕπαγε σεαυτὸν δεῖξον τῷ ἱερεῖ, καὶ προσένεγκον τὸ δῶρον **ὃ** προσέταξεν Μωϋσῆς, εἰς μαρτύριον αὐτοῖς. ➤ Lev 13,49; 14,2-4	**Mk 1,44**	... ὕπαγε σεαυτὸν δεῖξον τῷ ἱερεῖ καὶ προσένεγκε περὶ τοῦ καθαρισμοῦ σου **ἃ** προσέταξεν Μωϋσῆς, εἰς μαρτύριον αὐτοῖς. ➤ Lev 13,49; 14,2-4	**Lk 5,14** → Lk 17,14	... ἀπελθὼν δεῖξον σεαυτὸν τῷ ἱερεῖ καὶ προσένεγκε περὶ τοῦ καθαρισμοῦ σου **καθὼς** προσέταξεν Μωϋσῆς, εἰς μαρτύριον αὐτοῖς. ➤ Lev 13,49; 14,2-4	
102	**Mt 8,6**	[5] ... ἑκατόνταρχος ... [6] καὶ λέγων· κύριε, ὁ παῖς μου βέβληται ἐν τῇ οἰκίᾳ παραλυτικός, δεινῶς βασανιζόμενος.			**Lk 7,2**	ἑκατοντάρχου δέ τινος δοῦλος κακῶς ἔχων ἤμελλεν τελευτᾶν, **ὃς** ἦν αὐτῷ ἔντιμος.	→ Jn 4,46

002					Lk 7,4	οἱ δὲ παραγενόμενοι πρὸς τὸν Ἰησοῦν παρεκάλουν αὐτὸν σπουδαίως λέγοντες ὅτι ἄξιός ἐστιν ᾧ παρέξῃ τοῦτο·	
g 202	**Mt 10,11**	εἰς ἣν δ' ἂν πόλιν ἢ κώμην εἰσέλθητε, ἐξετάσατε τίς ἐν αὐτῇ ἄξιός ἐστιν· ...			**Lk 10,8** ↓ Lk 10,10	[7] ἐν αὐτῇ δὲ τῇ οἰκίᾳ μένετε, ... [8] καὶ εἰς ἣν ἂν πόλιν εἰσέρχησθε καὶ δέχωνται ὑμᾶς, ἐσθίετε τὰ παρατιθέμενα ὑμῖν	→ GTh 14,4
g 221	**Mt 10,14**	καὶ ὃς ἂν μὴ δέξηται ὑμᾶς μηδὲ ἀκούσῃ τοὺς λόγους ὑμῶν, ...	**Mk 6,11**	καὶ ὃς ἂν τόπος μὴ δέξηται ὑμᾶς μηδὲ ἀκούσωσιν ὑμῶν, ...	**Lk 9,5** ⇩ Lk 10,10	καὶ ὅσοι ἂν μὴ δέχωνται ὑμᾶς, ...	Mk-Q overlap
202 202	**Mt 10,26** (2)	... οὐδὲν γάρ ἐστιν κεκαλυμμένον ὃ οὐκ ἀποκαλυφθήσεται καὶ κρυπτὸν ὃ οὐ γνωσθήσεται.	Mk 4,22	οὐ γάρ ἐστιν κρυπτὸν ἐὰν μὴ ἵνα φανερωθῇ, οὐδὲ ἐγένετο ἀπόκρυφον ἀλλ' ἵνα ἔλθῃ εἰς φανερόν.	**Lk 12,2** (2) ⇩ Lk 8,17	οὐδὲν δὲ συγκεκαλυμμένον ἐστὶν ὃ οὐκ ἀποκαλυφθήσεται καὶ κρυπτὸν ὃ οὐ γνωσθήσεται.	→ GTh 5 → GTh 6,5-6 **(POxy 654)** Mk-Q overlap
201 202	**Mt 10,27** (2)	ὃ λέγω ὑμῖν ἐν τῇ σκοτίᾳ εἴπατε ἐν τῷ φωτί, καὶ ὃ εἰς τὸ οὖς ἀκούετε κηρύξατε ἐπὶ τῶν δωμάτων.			**Lk 12,3** (2)	ἀνθ' ὧν ὅσα ἐν τῇ σκοτίᾳ εἴπατε ἐν τῷ φωτὶ ἀκουσθήσεται, καὶ ὃ πρὸς τὸ οὖς ἐλαλήσατε ἐν τοῖς ταμείοις κηρυχθήσεται ἐπὶ τῶν δωμάτων.	→ GTh 33,1 **(POxy 1)**
201	**Mt 10,38** ⇩ Mt 16,24	καὶ ὃς οὐ λαμβάνει τὸν σταυρὸν αὐτοῦ καὶ ἀκολουθεῖ ὀπίσω μου, οὐκ ἔστιν μου ἄξιος.			**Lk 14,27** ⇩ Lk 9,23	ὅστις οὐ βαστάζει τὸν σταυρὸν ἑαυτοῦ καὶ ἔρχεται ὀπίσω μου οὐ δύναται εἶναί μου μαθητής.	→ GTh 55 → GTh 101 Mk-Q overlap
	Mt 16,24 ⇧ Mt 10,38	... εἴ τις θέλει ὀπίσω μου ἐλθεῖν, ἀπαρνησάσθω ἑαυτὸν καὶ ἀράτω τὸν σταυρὸν αὐτοῦ καὶ ἀκολουθείτω μοι.	**Mk 8,34**	... εἴ τις θέλει ὀπίσω μου ἀκολουθεῖν, ἀπαρνησάσθω ἑαυτὸν καὶ ἀράτω τὸν σταυρὸν αὐτοῦ καὶ ἀκολουθείτω μοι.	**Lk 9,23** ⇧ Lk 14,27	... εἴ τις θέλει ὀπίσω μου ἔρχεσθαι, ἀρνησάσθω ἑαυτὸν καὶ ἀράτω τὸν σταυρὸν αὐτοῦ καθ' ἡμέραν, καὶ ἀκολουθείτω μοι.	
g d 220	**Mt 10,42**	καὶ ὃς ἂν ποτίσῃ ἕνα τῶν μικρῶν τούτων ποτήριον ψυχροῦ μόνον εἰς ὄνομα μαθητοῦ, ἀμὴν λέγω ὑμῖν, οὐ μὴ ἀπολέσῃ τὸν μισθὸν αὐτοῦ.	**Mk 9,41**	ὃς γὰρ ἂν ποτίσῃ ὑμᾶς ποτήριον ὕδατος ἐν ὀνόματι ὅτι Χριστοῦ ἐστε, ἀμὴν λέγω ὑμῖν ὅτι οὐ μὴ ἀπολέσῃ τὸν μισθὸν αὐτοῦ.			
202	**Mt 11,4**	... πορευθέντες ἀπαγγείλατε Ἰωάννῃ ἃ ἀκούετε καὶ βλέπετε·			**Lk 7,22**	... πορευθέντες ἀπαγγείλατε Ἰωάννῃ ἃ εἴδετε καὶ ἠκούσατε· ...	

	Mt		Mk		Lk		
g 202	**Mt 11,6**	καὶ μακάριός ἐστιν **ὃς ἐὰν** μὴ σκανδαλισθῇ ἐν ἐμοί.			**Lk 7,23**	καὶ μακάριός ἐστιν **ὃς ἐὰν** μὴ σκανδαλισθῇ ἐν ἐμοί.	
h 202 202	**Mt 11,10** **(2)**	οὗτός ἐστιν **περὶ οὗ** γέγραπται· *ἰδοὺ ἐγὼ ἀποστέλλω* *τὸν ἄγγελόν μου* *πρὸ προσώπου* σου, *ὃς* *κατασκευάσει* *τὴν ὁδόν σου* *ἔμπροσθέν* σου. ➤ Exod 23,20/Mal 3,1	**Mk 1,2** → Mt 3,3 → Lk 3,4	καθὼς γέγραπται ἐν τῷ Ἠσαΐᾳ τῷ προφήτῃ· *ἰδοὺ ἀποστέλλω* *τὸν ἄγγελόν μου* *πρὸ προσώπου* σου, *ὃς* *κατασκευάσει* *τὴν ὁδόν* σου· ➤ Exod 23,20/Mal 3,1	**Lk 7,27** **(2)**	οὗτός ἐστιν **περὶ οὗ** γέγραπται· *ἰδοὺ ἀποστέλλω* *τὸν ἄγγελόν μου* *πρὸ προσώπου* σου, *ὃς* *κατασκευάσει* *τὴν ὁδόν σου* *ἔμπροσθέν* σου. ➤ Exod 23,20/Mal 3,1	Mk-Q overlap
202	**Mt 11,16**	... ὁμοία ἐστὶν παιδίοις καθημένοις ἐν ταῖς ἀγοραῖς **ἃ** προσφωνοῦντα τοῖς ἑτέροις [17] λέγουσιν· ηὐλήσαμεν ὑμῖν καὶ οὐκ ὠρχήσασθε, ἐθρηνήσαμεν καὶ οὐκ ἐκόψασθε.			**Lk 7,32**	ὅμοιοί εἰσιν παιδίοις τοῖς ἐν ἀγορᾷ καθημένοις καὶ προσφωνοῦσιν ἀλλήλοις **ἃ** λέγει· ηὐλήσαμεν ὑμῖν καὶ οὐκ ὠρχήσασθε· ἐθρηνήσαμεν καὶ οὐκ ἐκλαύσατε.	
002					**Lk 7,43**	ἀποκριθεὶς Σίμων εἶπεν· ὑπολαμβάνω ὅτι **ᾧ** τὸ πλεῖον ἐχαρίσατο. ...	
t 002					**Lk 7,45**	φίλημά μοι οὐκ ἔδωκας· αὕτη δὲ **ἀφ᾽ ἧς** εἰσῆλθον οὐ διέλιπεν καταφιλοῦσά μου τοὺς πόδας.	
002 *c* 002					**Lk 7,47** **(2)**	**οὗ χάριν** λέγω σοι, ἀφέωνται αἱ ἁμαρτίαι αὐτῆς αἱ πολλαί, ὅτι ἠγάπησεν πολύ· **ᾧ δὲ** ὀλίγον ἀφίεται, ὀλίγον ἀγαπᾷ.	
e h *k* 002					**Lk 7,49** ↑ Mt 9,3 ↑ Mk 2,6-7 ↑ Lk 5,21	καὶ ἤρξαντο οἱ συνανακείμενοι λέγειν ἐν ἑαυτοῖς· τίς οὗτός ἐστιν **ὃς καὶ** ἁμαρτίας ἀφίησιν;	
q 200	**Mt 11,20**	τότε ἤρξατο ὀνειδίζειν τὰς πόλεις **ἐν αἷς** ἐγένοντο αἱ πλεῖσται δυνάμεις αὐτοῦ, ὅτι οὐ μετενόησαν·					

a πᾶς (...) ὅς
b ὅς (...) μέν
c ὅς δέ (except g)
d ὅς (...) γάρ
e ὅς καί, ὅς τε
f ὅς (...) οὖν
g ὃς δ᾽ ἄν, ὃς (γὰρ) ἄν, ὃς (γὰρ) ἐάν
h οὗτος ... ὅς, ὅς ... οὗτος
j ἐκεῖνος ..., ὅς
k τίς ..., ὅς

g 202	**Mt 11,27** → Mt 28,18	πάντα μοι παρεδόθη ὑπὸ τοῦ πατρός μου, καὶ οὐδεὶς ἐπιγινώσκει τὸν υἱὸν εἰ μὴ ὁ πατήρ, οὐδὲ τὸν πατέρα τις ἐπιγινώσκει εἰ μὴ ὁ υἱὸς καὶ ᾧ ἐὰν βούληται ὁ υἱὸς ἀποκαλύψαι.			**Lk 10,22** → Mt 28,18	πάντα μοι παρεδόθη ὑπὸ τοῦ πατρός μου, καὶ οὐδεὶς γινώσκει τίς ἐστιν ὁ υἱὸς εἰ μὴ ὁ πατήρ, καὶ τίς ἐστιν ὁ πατὴρ εἰ μὴ ὁ υἱὸς καὶ ᾧ ἐὰν βούληται ὁ υἱὸς ἀποκαλύψαι.	→ GTh 61,3
l 002 t 002					**Lk 8,2** **(2)** ↓ Mt 27,56 ↓ Mk 15,40-41 ↓ Lk 23,49 → Lk 23,55 → Lk 24,10	καὶ γυναῖκές τινες αἳ ἦσαν τεθεραπευμέναι ἀπὸ πνευμάτων πονηρῶν καὶ ἀσθενειῶν, Μαρία ἡ καλουμένη Μαγδαληνή, ἀφ᾽ ἧς δαιμόνια ἑπτὰ ἐξεληλύθει	
k 222	**Mt 12,2**	οἱ δὲ Φαρισαῖοι ἰδόντες εἶπαν αὐτῷ· ἰδοὺ οἱ μαθηταί σου ποιοῦσιν ὃ οὐκ ἔξεστιν ποιεῖν ἐν σαββάτῳ.	**Mk 2,24**	καὶ οἱ Φαρισαῖοι ἔλεγον αὐτῷ· ἴδε τί ποιοῦσιν τοῖς σάββασιν ὃ οὐκ ἔξεστιν;	**Lk 6,2**	τινὲς δὲ τῶν Φαρισαίων εἶπαν· τί ποιεῖτε ὃ οὐκ ἔξεστιν τοῖς σάββασιν;	
    222	**Mt 12,4**	... καὶ τοὺς ἄρτους τῆς προθέσεως ἔφαγον, ὃ οὐκ ἐξὸν ἦν αὐτῷ φαγεῖν οὐδὲ τοῖς μετ᾽ αὐτοῦ εἰ μὴ τοῖς ἱερεῦσιν μόνοις;	**Mk 2,26**	... καὶ τοὺς ἄρτους τῆς προθέσεως ἔφαγεν, οὓς οὐκ ἔξεστιν φαγεῖν εἰ μὴ τοὺς ἱερεῖς, καὶ ἔδωκεν καὶ τοῖς σὺν αὐτῷ οὖσιν;	**Lk 6,4**	... καὶ τοὺς ἄρτους τῆς προθέσεως λαβὼν ἔφαγεν καὶ ἔδωκεν τοῖς μετ᾽ αὐτοῦ, οὓς οὐκ ἔξεστιν φαγεῖν εἰ μὴ μόνους τοὺς ἱερεῖς;	
k 201	**Mt 12,11**	... τίς ἔσται ἐξ ὑμῶν ἄνθρωπος ὃς ἕξει πρόβατον ἓν καὶ ἐὰν ἐμπέσῃ τοῦτο τοῖς σάββασιν εἰς βόθυνον, οὐχὶ κρατήσει αὐτὸ καὶ ἐγερεῖ;			**Lk 14,5** → Lk 13,15	... τίνος ὑμῶν υἱὸς ἢ βοῦς εἰς φρέαρ πεσεῖται, καὶ οὐκ εὐθέως ἀνασπάσει αὐτὸν ἐν ἡμέρᾳ τοῦ σαββάτου;	
 200 200	**Mt 12,18** **(2)** ↑ Mt 3,17 ↑ Mk 1,11 ↑ Lk 3,22 → Mt 3,16 → Mk 1,10	*ἰδοὺ ὁ παῖς μου* *ὃν* *ᾑρέτισα,* *ὁ ἀγαπητός μου* *εἰς ὃν* *εὐδόκησεν ἡ ψυχή μου·* *θήσω τὸ πνεῦμά μου ἐπ᾽* *αὐτόν, καὶ κρίσιν τοῖς* *ἔθνεσιν ἀπαγγελεῖ.* ➤ Isa 42,1					
g 120	**Mt 12,31**	 ... ἡ δὲ τοῦ πνεύματος βλασφημία οὐκ ἀφεθήσεται.	**Mk 3,29** ↓ Mt 12,32 ↓ Lk 12,10	ὃς δ᾽ ἂν βλασφημήσῃ εἰς τὸ πνεῦμα τὸ ἅγιον, οὐκ ἔχει ἄφεσιν ...			→ GTh 44

l τις ..., ὅς (Luke/Acts only)
m ὅς with pleonastic pronoun
n ὅ ἐστιν
p ἀνθ᾽ ὧν
q ἐν ᾧ, ἐν οἷς
r ἄχρι (δὲ) οὗ, ἄχρι ἧς ἡμέρας
s ἕως οὗ
t ἀφ᾽ οὗ, ἀφ᾽ ἧς

	Mt		Mk		Lk		
g a 202 *g* 201	**Mt 12,32** (2)	καὶ ὃς ἐὰν εἴπῃ λόγον κατὰ τοῦ υἱοῦ τοῦ ἀνθρώπου, ἀφεθήσεται αὐτῷ· ὃς δ᾽ ἂν εἴπῃ κατὰ τοῦ πνεύματος τοῦ ἁγίου, οὐκ ἀφεθήσεται αὐτῷ ...	**Mk 3,29**	[28] ... πάντα ἀφεθήσεται τοῖς υἱοῖς τῶν ἀνθρώπων τὰ ἁμαρτήματα καὶ αἱ βλασφημίαι ὅσα ἐὰν βλασφημήσωσιν· [29] ὃς δ᾽ ἂν βλασφημήσῃ εἰς τὸ πνεῦμα τὸ ἅγιον, οὐκ ἔχει ἄφεσιν ...	**Lk 12,10**	καὶ πᾶς ὃς ἐρεῖ λόγον εἰς τὸν υἱὸν τοῦ ἀνθρώπου, ἀφεθήσεται αὐτῷ· τῷ δὲ εἰς τὸ ἅγιον πνεῦμα βλασφημήσαντι οὐκ ἀφεθήσεται.	→ GTh 44 Mk-Q overlap
200	**Mt 12,36**	λέγω δὲ ὑμῖν ὅτι πᾶν ῥῆμα ἀργὸν ὃ λαλήσουσιν οἱ ἄνθρωποι ἀποδώσουσιν περὶ αὐτοῦ λόγον ἐν ἡμέρᾳ κρίσεως·					
d g *h* 121	**Mt 12,50** ↑ Mt 7,21	ὅστις γὰρ ἂν ποιήσῃ τὸ θέλημα τοῦ πατρός μου τοῦ ἐν οὐρανοῖς αὐτός μου ἀδελφὸς καὶ ἀδελφὴ καὶ μήτηρ ἐστίν.	**Mk 3,35**	ὃς [γὰρ] ἂν ποιήσῃ τὸ θέλημα τοῦ θεοῦ, οὗτος ἀδελφός μου καὶ ἀδελφὴ καὶ μήτηρ ἐστίν.	**Lk 8,21** ↑ Lk 6,46 → Lk 11,28	... μήτηρ μου καὶ ἀδελφοί μου οὗτοί εἰσιν οἱ τὸν λόγον τοῦ θεοῦ ἀκούοντες καὶ ποιοῦντες.	→ Jn 15,14 → GTh 99
b 222	**Mt 13,4**	καὶ ἐν τῷ σπείρειν αὐτὸν ἃ μὲν ἔπεσεν παρὰ τὴν ὁδόν, καὶ ἐλθόντα τὰ πετεινὰ κατέφαγεν αὐτά. [5] ἄλλα δὲ ἔπεσεν ἐπὶ τὰ πετρώδη ...	**Mk 4,4**	καὶ ἐγένετο ἐν τῷ σπείρειν ὃ μὲν ἔπεσεν παρὰ τὴν ὁδόν, καὶ ἦλθεν τὰ πετεινὰ καὶ κατέφαγεν αὐτό. [5] καὶ ἄλλο ἔπεσεν ἐπὶ τὸ πετρῶδες ...	**Lk 8,5**	... καὶ ἐν τῷ σπείρειν αὐτὸν ὃ μὲν ἔπεσεν παρὰ τὴν ὁδὸν καὶ κατεπατήθη, καὶ τὰ πετεινὰ τοῦ οὐρανοῦ κατέφαγεν αὐτό. [6] καὶ ἕτερον κατέπεσεν ἐπὶ τὴν πέτραν, ...	→ GTh 9
b 211 *c* 211 *c* 211	**Mt 13,8** (3)	ἄλλα δὲ ἔπεσεν ἐπὶ τὴν γῆν τὴν καλὴν καὶ ἐδίδου καρπόν, ὃ μὲν ἑκατόν, ὃ δὲ ἑξήκοντα, ὃ δὲ τριάκοντα.	**Mk 4,8**	καὶ ἄλλα ἔπεσεν εἰς τὴν γῆν τὴν καλὴν καὶ ἐδίδου καρπὸν ἀναβαίνοντα καὶ αὐξανόμενα καὶ ἔφερεν ἓν τριάκοντα καὶ ἓν ἑξήκοντα καὶ ἓν ἑκατόν.	**Lk 8,8**	καὶ ἕτερον ἔπεσεν εἰς τὴν γῆν τὴν ἀγαθὴν καὶ φυὲν ἐποίησεν καρπὸν ἑκατονταπλασίονα.	→ GTh 9
121	**Mt 13,9**	ὁ ἔχων ὦτα ἀκουέτω.	**Mk 4,9**	καὶ ἔλεγεν· ὃς ἔχει ὦτα ἀκούειν ἀκουέτω.		ταῦτα λέγων ἐφώνει· ὁ ἔχων ὦτα ἀκούειν ἀκουέτω.	→ GTh 9 → GTh 21,11
222	**Mt 13,12** ⇩ Mt 25,29	ὅστις γὰρ ἔχει, δοθήσεται αὐτῷ καὶ περισσευθήσεται· ὅστις δὲ οὐκ ἔχει, καὶ ὃ ἔχει ἀρθήσεται ἀπ᾽ αὐτοῦ.	**Mk 4,25** (3)	ὃς γὰρ ἔχει, δοθήσεται αὐτῷ· καὶ ὃς οὐκ ἔχει, καὶ ὃ ἔχει ἀρθήσεται ἀπ᾽ αὐτοῦ.	**Lk 8,18** (3) ⇩ Lk 19,26	... ὃς ἂν γὰρ ἔχῃ, δοθήσεται αὐτῷ· καὶ ὃς ἂν μὴ ἔχῃ, καὶ ὃ δοκεῖ ἔχειν ἀρθήσεται ἀπ᾽ αὐτοῦ.	→ GTh 41 Mk-Q overlap

		Mt		Mk		Lk	
202 202	**Mt 13,17** **(2)**	ἀμὴν γὰρ λέγω ὑμῖν ὅτι πολλοὶ προφῆται καὶ δίκαιοι ἐπεθύμησαν ἰδεῖν ἃ βλέπετε καὶ οὐκ εἶδαν, καὶ ἀκοῦσαι ἃ ἀκούετε καὶ οὐκ ἤκουσαν.			**Lk 10,24** **(2)**	λέγω γὰρ ὑμῖν ὅτι πολλοὶ προφῆται καὶ βασιλεῖς ἠθέλησαν ἰδεῖν ἃ ὑμεῖς βλέπετε καὶ οὐκ εἶδαν, καὶ ἀκοῦσαι ἃ ἀκούετε καὶ οὐκ ἤκουσαν.	→ GTh 38 (POxy 655 – restoration)
h 122	**Mt 13,20**	ὁ δὲ ἐπὶ τὰ πετρώδη σπαρείς, οὗτός ἐστιν ὁ τὸν λόγον ἀκούων καὶ εὐθὺς μετὰ χαρᾶς λαμβάνων αὐτόν,	**Mk 4,16**	καὶ οὗτοί εἰσιν οἱ ἐπὶ τὰ πετρώδη σπειρόμενοι, οἳ ὅταν ἀκούσωσιν τὸν λόγον εὐθὺς μετὰ χαρᾶς λαμβάνουσιν αὐτόν,	**Lk 8,13** **(2)**	οἱ δὲ ἐπὶ τῆς πέτρας οἳ ὅταν ἀκούσωσιν μετὰ χαρᾶς δέχονται τὸν λόγον,	
h 112	**Mt 13,21**	οὐκ ἔχει δὲ ῥίζαν ἐν ἑαυτῷ ἀλλὰ πρόσκαιρός ἐστιν, γενομένης δὲ θλίψεως ἢ διωγμοῦ διὰ τὸν λόγον εὐθὺς σκανδαλίζεται.	**Mk 4,17**	καὶ οὐκ ἔχουσιν ῥίζαν ἐν ἑαυτοῖς ἀλλὰ πρόσκαιροί εἰσιν, εἶτα γενομένης θλίψεως ἢ διωγμοῦ διὰ τὸν λόγον εὐθὺς σκανδαλίζονται.		καὶ οὗτοι ῥίζαν οὐκ ἔχουσιν, οἳ πρὸς καιρὸν πιστεύουσιν καὶ ἐν καιρῷ πειρασμοῦ ἀφίστανται.	
h 211 *b* 211 *c* 211 *c* 211	**Mt 13,23** **(4)**	ὁ δὲ ἐπὶ τὴν καλὴν γῆν σπαρείς, οὗτός ἐστιν ὁ τὸν λόγον ἀκούων καὶ συνιείς, ὃς δὴ καρποφορεῖ καὶ ποιεῖ ὃ μὲν ἑκατόν, ὃ δὲ ἑξήκοντα, ὃ δὲ τριάκοντα.	**Mk 4,20**	καὶ ἐκεῖνοί εἰσιν οἱ ἐπὶ τὴν γῆν τὴν καλὴν σπαρέντες, οἵτινες ἀκούουσιν τὸν λόγον καὶ παραδέχονται καὶ καρποφοροῦσιν ἓν τριάκοντα καὶ ἓν ἑξήκοντα καὶ ἓν ἑκατόν.	**Lk 8,15**	τὸ δὲ ἐν τῇ καλῇ γῇ, οὗτοί εἰσιν οἵτινες ἐν καρδίᾳ καλῇ καὶ ἀγαθῇ ἀκούσαντες τὸν λόγον κατέχουσιν καὶ καρποφοροῦσιν ἐν ὑπομονῇ.	
012 012	**Mt 10,26** **(2)**	... οὐδὲν γάρ ἐστιν κεκαλυμμένον ὃ οὐκ ἀποκαλυφθήσεται καὶ κρυπτὸν ὃ οὐ γνωσθήσεται.	**Mk 4,22**	οὐ γάρ ἐστιν κρυπτὸν ἐὰν μὴ ἵνα φανερωθῇ, οὐδὲ ἐγένετο ἀπόκρυφον ἀλλ᾽ ἵνα ἔλθῃ εἰς φανερόν.	**Lk 8,17** **(2)** ⇩ Lk 12,2	οὐ γάρ ἐστιν κρυπτὸν ὃ οὐ φανερὸν γενήσεται οὐδὲ ἀπόκρυφον ὃ οὐ μὴ γνωσθῇ καὶ εἰς φανερὸν ἔλθῃ.	→ GTh 5 → GTh 6,5-6 (POxy 654) Mk-Q overlap
q d 020	**Mt 7,2** **(2)**	ἐν ᾧ γὰρ κρίματι κρίνετε κριθήσεσθε, καὶ ἐν ᾧ μέτρῳ μετρεῖτε μετρηθήσεται ὑμῖν.	**Mk 4,24**	... ἐν ᾧ μέτρῳ μετρεῖτε μετρηθήσεται ὑμῖν καὶ προστεθήσεται ὑμῖν.	**Lk 6,38**	... ᾧ γὰρ μέτρῳ μετρεῖτε ἀντιμετρηθήσεται ὑμῖν.	Mk-Q overlap
d g 122 *g* 122 222	**Mt 13,12** ⇩ Mt 25,29	ὅστις γὰρ ἔχει, δοθήσεται αὐτῷ καὶ περισσευθήσεται· ὅστις δὲ οὐκ ἔχει, καὶ ὃ ἔχει ἀρθήσεται ἀπ᾽ αὐτοῦ.	**Mk 4,25** **(3)**	ὃς γὰρ ἔχει, δοθήσεται αὐτῷ· καὶ ὃς οὐκ ἔχει, καὶ ὃ ἔχει ἀρθήσεται ἀπ᾽ αὐτοῦ.	**Lk 8,18** **(3)** ⇩ Lk 19,26	... ὃς ἂν γὰρ ἔχῃ, δοθήσεται αὐτῷ· καὶ ὃς ἂν μὴ ἔχῃ, καὶ ὃ δοκεῖ ἔχειν ἀρθήσεται ἀπ᾽ αὐτοῦ.	→ GTh 41 Mk-Q overlap

020	Mt 13,31	... κόκκῳ σινάπεως, ὃν λαβὼν ἄνθρωπος ἔσπειρεν ἐν τῷ ἀγρῷ αὐτοῦ· [32] ... ὅταν δὲ αὐξηθῇ μεῖζον τῶν λαχάνων ἐστὶν καὶ γίνεται δένδρον, ...	Mk 4,31	... κόκκῳ σινάπεως, ὃς ὅταν σπαρῇ ἐπὶ τῆς γῆς, ... [32] καὶ ὅταν σπαρῇ, ἀναβαίνει καὶ γίνεται μεῖζον πάντων τῶν λαχάνων καὶ ποιεῖ κλάδους μεγάλους, ...	Lk 13,19	... κόκκῳ σινάπεως, ὃν λαβὼν ἄνθρωπος ἔβαλεν εἰς κῆπον ἑαυτοῦ, καὶ ηὔξησεν καὶ ἐγένετο εἰς δένδρον,...	→ GTh 20 Mk-Q overlap
202	Mt 13,31	... κόκκῳ σινάπεως, ὃν λαβὼν ἄνθρωπος ἔσπειρεν ἐν τῷ ἀγρῷ αὐτοῦ·	Mk 4,31	... κόκκῳ σινάπεως, ὃς ὅταν σπαρῇ ἐπὶ τῆς γῆς, ↔	Lk 13,19	... κόκκῳ σινάπεως, ὃν λαβὼν ἄνθρωπος ἔβαλεν εἰς κῆπον ἑαυτοῦ,	→ GTh 20 Mk-Q overlap
b 210	Mt 13,32	ὃ μικρότερον μέν ἐστιν πάντων τῶν σπερμάτων, ὅταν δὲ αὐξηθῇ μεῖζον τῶν λαχάνων ἐστὶν καὶ γίνεται δένδρον,...	Mk 4,31	↔ μικρότερον ὂν πάντων τῶν σπερμάτων τῶν ἐπὶ τῆς γῆς, [32] καὶ ὅταν σπαρῇ, ἀναβαίνει καὶ γίνεται μεῖζον πάντων τῶν λαχάνων καὶ ποιεῖ κλάδους μεγάλους, ...		καὶ ηὔξησεν καὶ ἐγένετο εἰς δένδρον	→ GTh 20 Mk 4,32: Mk-Q overlap
202 *s* 202	Mt 13,33 (2)	ἄλλην παραβολὴν ἐλάλησεν αὐτοῖς· ὁμοία ἐστὶν ἡ βασιλεία τῶν οὐρανῶν ζύμῃ, ἣν λαβοῦσα γυνὴ ἐνέκρυψεν εἰς ἀλεύρου σάτα τρία ἕως οὗ ἐζυμώθη ὅλον.			Lk 13,21 (2)	[20] καὶ πάλιν εἶπεν· τίνι ὁμοιώσω τὴν βασιλείαν τοῦ θεοῦ; [21] ὁμοία ἐστὶν ζύμῃ, ἣν λαβοῦσα γυνὴ [ἐν]έκρυψεν εἰς ἀλεύρου σάτα τρία ἕως οὗ ἐζυμώθη ὅλον.	→ GTh 96
200	Mt 13,44	ὁμοία ἐστὶν ἡ βασιλεία τῶν οὐρανῶν θησαυρῷ κεκρυμμένῳ ἐν τῷ ἀγρῷ, ὃν εὑρὼν ἄνθρωπος ἔκρυψεν, ...					→ GTh 109
200	Mt 13,48	[47] πάλιν ὁμοία ἐστὶν ἡ βασιλεία τῶν οὐρανῶν σαγήνῃ βληθείσῃ εἰς τὴν θάλασσαν καὶ ἐκ παντὸς γένους συναγαγούσῃ· [48] ἣν ὅτε ἐπληρώθη ἀναβιβάσαντες ἐπὶ τὸν αἰγιαλὸν καὶ καθίσαντες συνέλεξαν τὰ καλὰ εἰς ἄγγη, τὰ δὲ σαπρὰ ἔξω ἔβαλον.					→ GTh 8
121	Mt 8,28	... ὑπήντησαν αὐτῷ δύο δαιμονιζόμενοι ἐκ τῶν μνημείων ἐξερχόμενοι, ...	Mk 5,3	[2] ... ὑπήντησεν αὐτῷ ἐκ τῶν μνημείων ἄνθρωπος ἐν πνεύματι ἀκαθάρτῳ, [3] ὃς τὴν κατοίκησιν εἶχεν ἐν τοῖς μνήμασιν, ...	Lk 8,27	... ὑπήντησεν ἀνήρ τις ἐκ τῆς πόλεως ἔχων δαιμόνια καὶ χρόνῳ ἱκανῷ οὐκ ἐνεδύσατο ἱμάτιον καὶ ἐν οἰκίᾳ οὐκ ἔμενεν ἀλλ᾽ ἐν τοῖς μνήμασιν.	

t 112	Mt 8,34	καὶ ἰδοὺ πᾶσα ἡ πόλις ἐξῆλθεν εἰς ὑπάντησιν τῷ Ἰησοῦ ...	Mk 5,15	[14] ... καὶ ἦλθον ἰδεῖν τί ἐστιν τὸ γεγονός [15] καὶ ἔρχονται πρὸς τὸν Ἰησοῦν, καὶ θεωροῦσιν τὸν δαιμονιζόμενον καθήμενον ἱματισμένον ...	Lk 8,35	ἐξῆλθον δὲ ἰδεῖν τὸ γεγονὸς καὶ ἦλθον πρὸς τὸν Ἰησοῦν καὶ εὗρον καθήμενον τὸν ἄνθρωπον **ἀφ' οὗ** τὰ δαιμόνια ἐξῆλθεν ἱματισμένον ...	
t 012			Mk 5,18	... παρεκάλει αὐτὸν ὁ δαιμονισθεὶς ἵνα μετ' αὐτοῦ ᾖ.	Lk 8,38	ἐδεῖτο δὲ αὐτοῦ ὁ ἀνὴρ **ἀφ' οὗ** ἐξεληλύθει τὰ δαιμόνια εἶναι σὺν αὐτῷ· ...	
112	Mt 9,18	... ἰδοὺ ἄρχων εἷς ἐλθὼν προσεκύνει αὐτῷ ...	Mk 5,22	καὶ ἔρχεται εἷς τῶν ἀρχισυναγώγων, ὀνόματι Ἰάϊρος, καὶ ἰδὼν αὐτὸν πίπτει πρὸς τοὺς πόδας αὐτοῦ	Lk 8,41	καὶ ἰδοὺ ἦλθεν ἀνὴρ **ᾧ** ὄνομα Ἰάϊρος καὶ οὗτος ἄρχων τῆς συναγωγῆς ὑπῆρχεν, καὶ πεσὼν παρὰ τοὺς πόδας [τοῦ] Ἰησοῦ ...	
021 012			Mk 5,33	ἡ δὲ γυνὴ φοβηθεῖσα καὶ τρέμουσα, εἰδυῖα ὃ γέγονεν αὐτῇ, ἦλθεν καὶ προσέπεσεν αὐτῷ καὶ εἶπεν αὐτῷ **πᾶσαν τὴν ἀλήθειαν.**	Lk 8,47 → Mt 9,21 → Mk 5,28 → Mk 5,29	ἰδοῦσα δὲ ἡ γυνὴ ὅτι οὐκ ἔλαθεν, τρέμουσα ἦλθεν καὶ προσπεσοῦσα αὐτῷ **δι' ἣν αἰτίαν** ἤψατο αὐτοῦ ἀπήγγειλεν ἐνώπιον παντὸς τοῦ λαοῦ καὶ ὡς ἰάθη παραχρῆμα.	
n 121	Mt 9,25	... ἐκράτησεν τῆς χειρὸς αὐτῆς, ...	Mk 5,41	καὶ κρατήσας τῆς χειρὸς τοῦ παιδίου λέγει αὐτῇ· ταλιθα κουμ, ὅ ἐστιν μεθερμηνευόμενον· τὸ κοράσιον, σοὶ λέγω, ἔγειρε.	Lk 8,54	αὐτὸς δὲ κρατήσας τῆς χειρὸς αὐτῆς ἐφώνησεν λέγων· ἡ παῖς, ἔγειρε.	
g 012	Mt 10,11	**εἰς ἣν δ' ἂν πόλιν ἢ κώμην εἰσέλθητε,** ἐξετάσατε τίς ἐν αὐτῇ ἄξιός ἐστιν· ↔	Mk 6,10	**... ὅπου ἐὰν εἰσέλθητε εἰς οἰκίαν,**	Lk 9,4 ⇩ Lk 10,5 ⇧ Lk 10,7 ⇩ Lk 10,8	**καὶ εἰς ἣν ἂν οἰκίαν εἰσέλθητε,**	→ GTh 14,4 Mk-Q overlap
	Mt 10,11	↔ κἀκεῖ μείνατε ἕως ἂν ἐξέλθητε.		ἐκεῖ μένετε ἕως ἂν ἐξέλθητε ἐκεῖθεν.		ἐκεῖ μένετε καὶ ἐκεῖθεν ἐξέρχεσθε.	
g	Mt 10,12	**εἰσερχόμενοι δὲ εἰς τὴν οἰκίαν** ἀσπάσασθε αὐτήν·			Lk 10,5 ⇧ Lk 9,4	**εἰς ἣν δ' ἂν εἰσέλθητε οἰκίαν,** πρῶτον λέγετε· εἰρήνη τῷ οἴκῳ τούτῳ.	
g 221	Mt 10,14	καὶ **ὃς ἂν** μὴ δέξηται ὑμᾶς μηδὲ ἀκούσῃ τοὺς λόγους ὑμῶν, ...	Mk 6,11	καὶ **ὃς ἂν τόπος** μὴ δέξηται ὑμᾶς μηδὲ ἀκούσωσιν ὑμῶν, ...	Lk 9,5 ⇩ Lk 10,10	καὶ **ὅσοι ἂν** μὴ δέχωνται ὑμᾶς, ...	Mk-Q overlap
h 121 h k 112	Mt 14,2 → Mk 6,14 → Lk 9,7	καὶ εἶπεν τοῖς παισὶν αὐτοῦ· οὗτός ἐστιν Ἰωάννης ὁ βαπτιστής· αὐτὸς ἠγέρθη ἀπὸ τῶν νεκρῶν καὶ διὰ τοῦτο αἱ δυνάμεις ἐνεργοῦσιν ἐν αὐτῷ.	Mk 6,16 → Mk 6,27	ἀκούσας δὲ ὁ Ἡρῴδης ἔλεγεν· **ὃν** ἐγὼ ἀπεκεφάλισα Ἰωάννην, οὗτος ἠγέρθη.	Lk 9,9 → Lk 23,8	εἶπεν δὲ Ἡρῴδης· Ἰωάννην ἐγὼ ἀπεκεφάλισα· τίς δέ ἐστιν οὗτος **περὶ οὗ** ἀκούω τοιαῦτα; καὶ ἐζήτει ἰδεῖν αὐτόν.	

	Mt		Mk		Lk	
     g 020	**Mt 14,6**	 ... ὠρχήσατο ἡ θυγάτηρ τῆς Ἡρῳδιάδος ἐν τῷ μέσῳ καὶ ἤρεσεν τῷ Ἡρῴδῃ	**Mk 6,22**	καὶ εἰσελθούσης τῆς θυγατρὸς αὐτοῦ Ἡρῳδιάδος καὶ ὀρχησαμένης ἤρεσεν τῷ Ἡρῴδῃ καὶ τοῖς συνανακειμένοις. εἶπεν ὁ βασιλεὺς τῷ κορασίῳ· αἴτησόν με ὃ ἐὰν θέλῃς, καὶ δώσω σοι·		
g 210	**Mt 14,7**	ὅθεν μεθ' ὅρκου ὡμολόγησεν αὐτῇ δοῦναι ὃ ἐὰν αἰτήσηται.	**Mk 6,23**	καὶ ὤμοσεν αὐτῇ [πολλά], ὅ τι ἐάν με αἰτήσῃς δώσω σοι ἕως ἡμίσους τῆς βασιλείας μου.		
s 210	**Mt 14,22** → Mt 15,39	... καὶ προάγειν αὐτὸν εἰς τὸ πέραν, ἕως οὗ ἀπολύσῃ τοὺς ὄχλους.	**Mk 6,45** → Mk 8,9	... καὶ προάγειν εἰς τὸ πέραν πρὸς Βηθσαϊδάν, ἕως αὐτὸς ἀπολύει τὸν ὄχλον.		→ Jn 6,16-17
    020			**Mk 7,4** → Mt 23,25 → Lk 11,39	καὶ ἀπ' ἀγορᾶς ἐὰν μὴ βαπτίσωνται οὐκ ἐσθίουσιν, καὶ ἄλλα πολλά ἐστιν ἃ παρέλαβον κρατεῖν, βαπτισμοὺς ποτηρίων καὶ ξεστῶν καὶ χαλκίων [καὶ κλινῶν] -		
g 210 n 120 g 220	**Mt 15,5** (2)	ὑμεῖς δὲ λέγετε· ὃς ἂν εἴπῃ τῷ πατρὶ ἢ τῇ μητρί· δῶρον ὃ ἐὰν ἐξ ἐμοῦ ὠφεληθῇς,	**Mk 7,11** (2)	ὑμεῖς δὲ λέγετε· ἐὰν εἴπῃ ἄνθρωπος τῷ πατρὶ ἢ τῇ μητρί· κορβᾶν, ὅ ἐστιν δῶρον, ὃ ἐὰν ἐξ ἐμοῦ ὠφεληθῇς		
   120	**Mt 15,6**	... καὶ ἠκυρώσατε τὸν λόγον τοῦ θεοῦ διὰ τὴν παράδοσιν ὑμῶν.	**Mk 7,13**	ἀκυροῦντες τὸν λόγον τοῦ θεοῦ τῇ παραδόσει ὑμῶν ᾗ παρεδώκατε· ...		
    120	**Mt 15,11**	 οὐ τὸ εἰσερχόμενον εἰς τὸ στόμα κοινοῖ τὸν ἄνθρωπον, ...	**Mk 7,15**	οὐδέν ἐστιν ἔξωθεν τοῦ ἀνθρώπου εἰσπορευόμενον εἰς αὐτὸν ὃ δύναται κοινῶσαι αὐτόν, ...		→ GTh 14,5
  200	**Mt 15,13**	ὁ δὲ ἀποκριθεὶς εἶπεν· πᾶσα φυτεία ἣν οὐκ ἐφύτευσεν ὁ πατήρ μου ὁ οὐράνιος ἐκριζωθήσεται.				
m 120	**Mt 15,22** → Mk 7,24 → Mk 7,26	καὶ ἰδοὺ γυνὴ Χαναναία ἀπὸ τῶν ὁρίων ἐκείνων ἐξελθοῦσα ἔκραζεν λέγουσα· ἐλέησόν με, κύριε υἱὸς Δαυίδ· ἡ θυγάτηρ μου κακῶς δαιμονίζεται.	**Mk 7,25**	ἀλλ' εὐθὺς ἀκούσασα γυνὴ περὶ αὐτοῦ, ἧς εἶχεν τὸ θυγάτριον αὐτῆς πνεῦμα ἀκάθαρτον, ...		

	Mt		Mk		Lk		
n 020			**Mk 7,34**	καὶ ἀναβλέψας εἰς τὸν οὐρανὸν ἐστέναξεν, καὶ λέγει αὐτῷ· εφφαθα, ὅ ἐστιν διανοίχθητι.			
g 200	**Mt 16,19** **(2)** → Mt 23,13 → Lk 11,52 → Mt 18,18	δώσω σοι τὰς κλεῖδας τῆς βασιλείας τῶν οὐρανῶν, καὶ **ὃ ἐὰν** δήσῃς ἐπὶ τῆς γῆς ἔσται δεδεμένον ἐν τοῖς οὐρανοῖς, καὶ					→ Jn 20,23
g 200		**ὃ ἐὰν** λύσῃς ἐπὶ τῆς γῆς ἔσται λελυμένον ἐν τοῖς οὐρανοῖς.					
d g 222	**Mt 16,25** **(2)** ⇩ Mt 10,39	**ὃς γὰρ ἐὰν** θέλῃ τὴν ψυχὴν αὐτοῦ σῶσαι ἀπολέσει αὐτήν·	**Mk 8,35** **(2)**	**ὃς γὰρ ἐὰν** θέλῃ τὴν ψυχὴν αὐτοῦ σῶσαι ἀπολέσει αὐτήν·	**Lk 9,24** **(2)** ⇩ Lk 17,33	**ὃς γὰρ ἂν** θέλῃ τὴν ψυχὴν αὐτοῦ σῶσαι ἀπολέσει αὐτήν·	→ Jn 12,25 → GTh 55 Mk-Q overlap
g h 222		**ὃς δ' ἂν** ἀπολέσῃ τὴν ψυχὴν αὐτοῦ ἕνεκεν ἐμοῦ εὑρήσει αὐτήν.		**ὃς δ' ἂν** ἀπολέσει τὴν ψυχὴν αὐτοῦ ἕνεκεν ἐμοῦ καὶ τοῦ εὐαγγελίου σώσει αὐτήν.		**ὃς δ' ἂν** ἀπολέσῃ τὴν ψυχὴν αὐτοῦ ἕνεκεν ἐμοῦ, οὗτος σώσει αὐτήν.	
g	**Mt 10,39** ⇧ Mt 16,25	ὁ εὑρὼν τὴν ψυχὴν αὐτοῦ ἀπολέσει αὐτήν,			**Lk 17,33** **(2)** ⇧ Lk 9,24	**ὃς ἐὰν** ζητήσῃ τὴν ψυχὴν αὐτοῦ περιποιήσασθαι ἀπολέσει αὐτήν,	
g		**καὶ** ὁ ἀπολέσας τὴν ψυχὴν αὐτοῦ ἕνεκεν ἐμοῦ εὑρήσει αὐτήν.				**ὃς δ' ἂν** ἀπολέσῃ ζῳογονήσει αὐτήν.	
d g h 122	**Mt 16,27** ↓ Mt 10,33 → Mt 24,30 → Mt 25,31	μέλλει γὰρ ὁ υἱὸς τοῦ ἀνθρώπου ἔρχεσθαι ... καὶ τότε *ἀποδώσει ἑκάστῳ κατὰ τὴν πρᾶξιν αὐτοῦ.* ➤ Ps 62,13/Prov 24,12/Sir 35,22 LXX	**Mk 8,38** → Mk 13,26	**ὃς γὰρ ἐὰν** ἐπαισχυνθῇ με καὶ τοὺς ἐμοὺς λόγους ἐν τῇ γενεᾷ ταύτῃ τῇ μοιχαλίδι καὶ ἁμαρτωλῷ, καὶ ὁ υἱὸς τοῦ ἀνθρώπου ἐπαισχυνθήσεται αὐτόν, ὅταν ἔλθῃ ...	**Lk 9,26** ⇩ Lk 12,9 → Lk 21,27	**ὃς γὰρ ἂν** ἐπαισχυνθῇ με καὶ τοὺς ἐμοὺς λόγους, τοῦτον ὁ υἱὸς τοῦ ἀνθρώπου ἐπαισχυνθήσεται, ὅταν ἔλθῃ ...	Mk-Q overlap
	Mt 10,33 ↑ Mt 16,27	**ὅστις δ' ἂν** ἀρνήσηταί με ἔμπροσθεν τῶν ἀνθρώπων, ἀρνήσομαι κἀγὼ αὐτὸν ἔμπροσθεν τοῦ πατρός μου τοῦ ἐν [τοῖς] οὐρανοῖς.			**Lk 12,9** ⇧ Lk 9,26	ὁ δὲ ἀρνησάμενός με ἐνώπιον τῶν ἀνθρώπων ἀπαρνηθήσεται ἐνώπιον τῶν ἀγγέλων τοῦ θεοῦ.	
l 112	**Mt 16,28** ↓ Mt 24,34	ἀμὴν λέγω ὑμῖν ὅτι εἰσίν τινες τῶν ὧδε ἑστώτων **οἵτινες** οὐ μὴ γεύσωνται θανάτου ...	**Mk 9,1** ↓ Mk 13,30	... ἀμὴν λέγω ὑμῖν ὅτι εἰσίν τινες ὧδε τῶν ἑστηκότων **οἵτινες** οὐ μὴ γεύσωνται θανάτου ...	**Lk 9,27** ↓ Lk 21,32	λέγω δὲ ὑμῖν ἀληθῶς, εἰσίν τινες τῶν αὐτοῦ ἑστηκότων **οἳ** οὐ μὴ γεύσωνται θανάτου ...	→ Jn 21,22-23
  112	**Mt 17,3**	καὶ ἰδοὺ ὤφθη αὐτοῖς Μωϋσῆς καὶ Ἠλίας συλλαλοῦντες μετ' αὐτοῦ.	**Mk 9,4**	καὶ ὤφθη αὐτοῖς Ἠλίας σὺν Μωϋσεῖ καὶ ἦσαν συλλαλοῦντες τῷ Ἰησοῦ.	**Lk 9,31** **(2)**	[30] καὶ ἰδοὺ ἄνδρες δύο συνελάλουν αὐτῷ, οἵτινες ἦσαν Μωϋσῆς καὶ Ἠλίας, **[31] οἳ** ὀφθέντες ἐν δόξῃ ἔλεγον τὴν ἔξοδον αὐτοῦ,	
112						**ἣν** ἤμελλεν πληροῦν ἐν Ἰερουσαλήμ.	

	Mt 17,4	... κύριε, καλόν ἐστιν ἡμᾶς ὧδε εἶναι· εἰ θέλεις, ποιήσω ὧδε τρεῖς σκηνάς, σοὶ μίαν καὶ Μωϋσεῖ μίαν καὶ Ἠλίᾳ μίαν.	**Mk 9,5**	... ῥαββί, καλόν ἐστιν ἡμᾶς ὧδε εἶναι, καὶ ποιήσωμεν τρεῖς σκηνάς, σοὶ μίαν καὶ Μωϋσεῖ μίαν καὶ Ἠλίᾳ μίαν.	**Lk 9,33**	... ἐπιστάτα, καλόν ἐστιν ἡμᾶς ὧδε εἶναι, καὶ ποιήσωμεν σκηνὰς τρεῖς, μίαν σοὶ καὶ μίαν Μωϋσεῖ καὶ μίαν Ἠλίᾳ,	
012			**Mk 9,6** → Mt 17,6	οὐ γὰρ ᾔδει **τί** ἀποκριθῇ, ἔκφοβοι γὰρ ἐγένοντο.		μὴ εἰδὼς **ὃ** λέγει.	
h q 211	**Mt 17,5** ↑ Mt 3,17	... καὶ ἰδοὺ φωνὴ ἐκ τῆς νεφέλης λέγουσα· οὗτός ἐστιν ὁ υἱός μου ὁ ἀγαπητός, **ἐν ᾧ** εὐδόκησα· ἀκούετε αὐτοῦ.	**Mk 9,7** ↑ Mk 1,11	... καὶ ἐγένετο φωνὴ ἐκ τῆς νεφέλης· οὗτός ἐστιν ὁ υἱός μου ὁ ἀγαπητός, ἀκούετε αὐτοῦ.	**Lk 9,35** ↑ Lk 3,22	καὶ φωνὴ ἐγένετο ἐκ τῆς νεφέλης λέγουσα· οὗτός ἐστιν ὁ υἱός μου ὁ ἐκλελεγμένος, αὐτοῦ ἀκούετε.	→ Jn 12,28
  122 *s* 211	**Mt 17,9**	... ἐνετείλατο αὐτοῖς ὁ Ἰησοῦς λέγων· μηδενὶ εἴπητε **τὸ ὅραμα** **ἕως οὗ** ὁ υἱὸς τοῦ ἀνθρώπου ἐκ νεκρῶν ἐγερθῇ.	**Mk 9,9**	... διεστείλατο αὐτοῖς ἵνα μηδενὶ **ἃ εἶδον** διηγήσωνται, **εἰ μὴ ὅταν** ὁ υἱὸς τοῦ ἀνθρώπου ἐκ νεκρῶν ἀναστῇ.	**Lk 9,36**	... καὶ αὐτοὶ ἐσίγησαν καὶ οὐδενὶ ἀπήγγειλαν ἐν ἐκείναις ταῖς ἡμέραις οὐδὲν **ὧν ἑώρακαν.**	
a 002					**Lk 9,43**	... πάντων δὲ θαυμαζόντων ἐπὶ πᾶσιν **οἷς** ἐποίει ...	
g 222 *g* 122	**Mt 18,5** ⇩ Mt 10,40 → Mt 10,41	καὶ **ὃς ἐὰν** δέξηται ἓν παιδίον τοιοῦτο ἐπὶ τῷ ὀνόματί μου, ἐμὲ δέχεται.	**Mk 9,37** **(2)**	 **ὃς ἂν** ἓν τῶν τοιούτων παιδίων δέξηται ἐπὶ τῷ ὀνόματί μου, ἐμὲ δέχεται· **ὃς ἂν** ἐμὲ δέχηται, οὐκ ἐμὲ δέχεται ἀλλὰ τὸν ἀποστείλαντά με.	**Lk 9,48** **(2)** ⇩ Lk 10,16	 ... **ὃς ἐὰν** δέξηται τοῦτο τὸ παιδίον ἐπὶ τῷ ὀνόματί μου, ἐμὲ δέχεται· **ὃς ἂν** ἐμὲ δέξηται, δέχεται τὸν ἀποστείλαντά με· ...	→ Jn 5,23 → Jn 12,44-45 → Jn 13,20
	Mt 10,40 ⇧ **Mt 18,5** → Mt 10,41	ὁ δεχόμενος ὑμᾶς ἐμὲ δέχεται, καὶ ὁ ἐμὲ δεχόμενος δέχεται τὸν ἀποστείλαντά με.			**Lk 10,16** ⇧ **Lk 9,48**	ὁ ἀκούων ὑμῶν ἐμοῦ ἀκούει, καὶ ὁ ἀθετῶν ὑμᾶς ἐμὲ ἀθετεῖ· ὁ δὲ ἐμὲ ἀθετῶν ἀθετεῖ τὸν ἀποστείλαντά με.	→ Jn 13,20 → Jn 5,23 → Jn 12,44-45
			Mk 9,39	... μὴ κωλύετε αὐτόν.	**Lk 9,50**	... μὴ κωλύετε· ↔	
020				οὐδεὶς γάρ ἐστιν **ὃς** ποιήσει δύναμιν ἐπὶ τῷ ὀνόματί μου καὶ δυνήσεται ταχὺ κακολογῆσαί με·			
d 022	→ Mt 12,30		**Mk 9,40**	**ὃς γὰρ** οὐκ ἔστιν καθ' ἡμῶν, ὑπὲρ ἡμῶν ἐστιν.	**Lk 9,50** → Lk 11,23	↔ **ὃς γὰρ** οὐκ ἔστιν καθ' ὑμῶν, ὑπὲρ ὑμῶν ἐστιν.	
g d 220	**Mt 10,42**	**καὶ ὃς ἂν** ποτίσῃ ἕνα τῶν μικρῶν τούτων ποτήριον ψυχροῦ μόνον εἰς ὄνομα μαθητοῦ, ἀμὴν λέγω ὑμῖν, οὐ μὴ ἀπολέσῃ τὸν μισθὸν αὐτοῦ.	**Mk 9,41**	**ὃς γὰρ ἂν** ποτίσῃ ὑμᾶς ποτήριον ὕδατος ἐν ὀνόματι ὅτι Χριστοῦ ἐστε, ἀμὴν λέγω ὑμῖν ὅτι οὐ μὴ ἀπολέσῃ τὸν μισθὸν αὐτοῦ.			

g 221	Mt 18,6 → Mt 18,10	ὃς δ' ἂν σκανδαλίσῃ ἕνα τῶν μικρῶν τούτων τῶν πιστευόντων εἰς ἐμέ, συμφέρει αὐτῷ ἵνα κρεμασθῇ μύλος ὀνικὸς περὶ τὸν τράχηλον αὐτοῦ καὶ καταποντισθῇ ἐν τῷ πελάγει τῆς θαλάσσης.	Mk 9,42	καὶ ὃς ἂν σκανδαλίσῃ ἕνα τῶν μικρῶν τούτων τῶν πιστευόντων [εἰς ἐμέ], καλόν ἐστιν αὐτῷ μᾶλλον εἰ περίκειται μύλος ὀνικὸς περὶ τὸν τράχηλον αὐτοῦ καὶ βέβληται εἰς τὴν θάλασσαν.	Lk 17,2	λυσιτελεῖ αὐτῷ εἰ λίθος μυλικὸς περίκειται περὶ τὸν τράχηλον αὐτοῦ καὶ ἔρριπται εἰς τὴν θάλασσαν ἢ ἵνα σκανδαλίσῃ τῶν μικρῶν τούτων ἕνα.	Mk-Q overlap?
202	Mt 18,7	... ἀνάγκη γὰρ ἐλθεῖν τὰ σκάνδαλα, πλὴν οὐαὶ τῷ ἀνθρώπῳ δι' οὗ τὸ σκάνδαλον ἔρχεται.			Lk 17,1	... ἀνένδεκτόν ἐστιν τοῦ τὰ σκάνδαλα μὴ ἐλθεῖν, πλὴν οὐαὶ δι' οὗ ἔρχεται·	
g 200	Mt 18,19 → Mt 21,22 → Mk 11,24	πάλιν [ἀμὴν] λέγω ὑμῖν ὅτι ἐὰν δύο συμφωνήσωσιν ἐξ ὑμῶν ἐπὶ τῆς γῆς περὶ παντὸς πράγματος οὗ ἐὰν αἰτήσωνται, γενήσεται αὐτοῖς παρὰ τοῦ πατρός μου τοῦ ἐν οὐρανοῖς.					→ GTh 30 (POxy 1) → GTh 48 → GTh 106
200	Mt 18,23	διὰ τοῦτο ὡμοιώθη ἡ βασιλεία τῶν οὐρανῶν ἀνθρώπῳ βασιλεῖ, ὃς ἠθέλησεν συνᾶραι λόγον μετὰ τῶν δούλων αὐτοῦ.					
200	Mt 18,28	ἐξελθὼν δὲ ὁ δοῦλος ἐκεῖνος εὗρεν ἕνα τῶν συνδούλων αὐτοῦ, ὃς ὤφειλεν αὐτῷ ἑκατὸν δηνάρια, ...					
s 200	Mt 18,34 → Mt 5,25-26 → Lk 12,58-59	καὶ ὀργισθεὶς ὁ κύριος αὐτοῦ παρέδωκεν αὐτὸν τοῖς βασανισταῖς ἕως οὗ ἀποδῷ πᾶν τὸ ὀφειλόμενον.					
g 102	Mt 10,12	εἰσερχόμενοι δὲ εἰς τὴν οἰκίαν ἀσπάσασθε αὐτήν·	Mk 6,10	... ὅπου ἐὰν εἰσέλθητε εἰς οἰκίαν, ἐκεῖ μένετε ἕως ἂν ἐξέλθητε ἐκεῖθεν.	Lk 10,5 ⇧ Lk 9,4	εἰς ἣν δ' ἂν εἰσέλθητε οἰκίαν, πρῶτον λέγετε· εἰρήνη τῷ οἴκῳ τούτῳ.	Mk-Q overlap
g 202	Mt 10,11	εἰς ἣν δ' ἂν πόλιν ἢ κώμην εἰσέλθητε, ἐξετάσατε τίς ἐν αὐτῇ ἄξιός ἐστιν· ...			Lk 10,8 ↓ Lk 10,10	καὶ εἰς ἣν ἂν πόλιν εἰσέρχησθε καὶ δέχωνται ὑμᾶς, ἐσθίετε τὰ παρατιθέμενα ὑμῖν	→ GTh 14,4
g 102	Mt 10,14	καὶ ὃς ἂν μὴ δέξηται ὑμᾶς μηδὲ ἀκούσῃ τοὺς λόγους ὑμῶν, ...	Mk 6,11	καὶ ὃς ἂν τόπος μὴ δέξηται ὑμᾶς μηδὲ ἀκούσωσιν ὑμῶν, ...	Lk 10,10 ⇧ Lk 9,5 ↑ Lk 10,8	εἰς ἣν δ' ἂν πόλιν εἰσέλθητε καὶ μὴ δέχωνται ὑμᾶς, ...	Mk-Q overlap. Mt 10,14 counted as Markan tradition.

	Mt		Mk		Lk		
g 202	**Mt 11,27** → Mt 28,18	πάντα μοι παρεδόθη ὑπὸ τοῦ πατρός μου, καὶ οὐδεὶς ἐπιγινώσκει τὸν υἱὸν εἰ μὴ ὁ πατήρ, οὐδὲ τὸν πατέρα τις ἐπιγινώσκει εἰ μὴ ὁ υἱὸς καὶ **ᾧ ἐὰν** βούληται ὁ υἱὸς ἀποκαλύψαι.			**Lk 10,22** → Mt 28,18	πάντα μοι παρεδόθη ὑπὸ τοῦ πατρός μου, καὶ οὐδεὶς γινώσκει τίς ἐστιν ὁ υἱὸς εἰ μὴ ὁ πατήρ, καὶ τίς ἐστιν ὁ πατὴρ εἰ μὴ ὁ υἱὸς καὶ **ᾧ ἐὰν** βούληται ὁ υἱὸς ἀποκαλύψαι.	→ GTh 61,3
102	**Mt 13,16**	ὑμῶν δὲ μακάριοι οἱ ὀφθαλμοὶ ὅτι βλέπουσιν καὶ τὰ ὦτα ὑμῶν ὅτι ἀκούουσιν.			**Lk 10,23**	... μακάριοι οἱ ὀφθαλμοὶ οἱ βλέποντες **ἃ** βλέπετε.	→ GTh 38 (POxy 655 - restoration)
202 202	**Mt 13,17** **(2)**	ἀμὴν γὰρ λέγω ὑμῖν ὅτι πολλοὶ προφῆται καὶ δίκαιοι ἐπεθύμησαν ἰδεῖν **ἃ** βλέπετε καὶ οὐκ εἶδαν, καὶ ἀκοῦσαι **ἃ** ἀκούετε καὶ οὐκ ἤκουσαν.			**Lk 10,24** **(2)**	λέγω γὰρ ὑμῖν ὅτι πολλοὶ προφῆται καὶ βασιλεῖς ἠθέλησαν ἰδεῖν **ἃ** ὑμεῖς βλέπετε καὶ οὐκ εἶδαν, καὶ ἀκοῦσαι **ἃ** ἀκούετε καὶ οὐκ ἤκουσαν.	→ GTh 38 (POxy 655 - restoration)
e 002					**Lk 10,30**	... ἄνθρωπός τις κατέβαινεν ἀπὸ Ἰερουσαλὴμ εἰς Ἰεριχὼ καὶ λησταῖς περιέπεσεν, **οἳ καὶ** ἐκδύσαντες αὐτὸν καὶ πληγὰς ἐπιθέντες ἀπῆλθον ἀφέντες ἡμιθανῆ.	
e 002					**Lk 10,39**	καὶ τῇδε ἦν ἀδελφὴ καλουμένη Μαριάμ, **[ἣ] καὶ** παρακαθεσθεῖσα πρὸς τοὺς πόδας τοῦ κυρίου ἤκουεν τὸν λόγον αὐτοῦ.	
002					**Lk 11,6**	ἐπειδὴ φίλος μου παρεγένετο ἐξ ὁδοῦ πρός με καὶ οὐκ ἔχω **ὃ** παραθήσω αὐτῷ·	
112	**Mt 12,29**	... ἐὰν μὴ πρῶτον δήσῃ τὸν ἰσχυρόν; καὶ τότε τὴν οἰκίαν αὐτοῦ διαρπάσει.	**Mk 3,27**	... ἐὰν μὴ πρῶτον τὸν ἰσχυρὸν δήσῃ, καὶ τότε τὴν οἰκίαν αὐτοῦ διαρπάσει.	**Lk 11,22**	ἐπὰν δὲ ἰσχυρότερος αὐτοῦ ἐπελθὼν νικήσῃ αὐτόν, τὴν πανοπλίαν αὐτοῦ αἴρει **ἐφ᾽ ᾗ** ἐπεποίθει, καὶ τὰ σκῦλα αὐτοῦ διαδίδωσιν.	→ GTh 21,5 → GTh 35 Mk-Q overlap?
002					**Lk 11,27** → Lk 1,48	... μακαρία ἡ κοιλία ἡ βαστάσασά σε καὶ μαστοὶ **οὓς** ἐθήλασας.	→ GTh 79

q 112	Mt 16,6 ⇨ Mt 16,11	ὁ δὲ Ἰησοῦς εἶπεν αὐτοῖς· ὁρᾶτε καὶ προσέχετε ἀπὸ τῆς ζύμης τῶν Φαρισαίων καὶ Σαδδουκαίων.	Mk 8,15	καὶ διεστέλλετο αὐτοῖς λέγων· ὁρᾶτε, βλέπετε ἀπὸ τῆς ζύμης τῶν Φαρισαίων καὶ τῆς ζύμης Ἡρῴδου.	Lk 12,1 → Mt 16,12	ἐν οἷς ἐπισυναχθεισῶν τῶν μυριάδων τοῦ ὄχλου, ὥστε καταπατεῖν ἀλλήλους, ἤρξατο λέγειν πρὸς τοὺς μαθητὰς αὐτοῦ πρῶτον· προσέχετε ἑαυτοῖς ἀπὸ τῆς ζύμης, ἥτις ἐστὶν ὑπόκρισις, τῶν Φαρισαίων.	
202 202	Mt 10,26 (2)	... οὐδὲν γάρ ἐστιν κεκαλυμμένον ὃ οὐκ ἀποκαλυφθήσεται καὶ κρυπτὸν ὃ οὐ γνωσθήσεται.	Mk 4,22	οὐ γάρ ἐστιν κρυπτὸν ἐὰν μὴ ἵνα φανερωθῇ, οὐδὲ ἐγένετο ἀπόκρυφον ἀλλ' ἵνα ἔλθῃ εἰς φανερόν.	Lk 12,2 (2) ⇧ Lk 8,17	οὐδὲν δὲ συγκεκαλυμμένον ἐστὶν ὃ οὐκ ἀποκαλυφθήσεται καὶ κρυπτὸν ὃ οὐ γνωσθήσεται.	→ GTh 5 → GTh 6,5-6 **(POxy 654)** Mk-Q overlap
p 102 202	Mt 10,27 (2)	ὃ λέγω ὑμῖν ἐν τῇ σκοτίᾳ εἴπατε ἐν τῷ φωτί, καὶ ὃ εἰς τὸ οὖς ἀκούετε κηρύξατε ἐπὶ τῶν δωμάτων.			Lk 12,3 (2)	ἀνθ' ὧν ὅσα ἐν τῇ σκοτίᾳ εἴπατε ἐν τῷ φωτὶ ἀκουσθήσεται, καὶ ὃ πρὸς τὸ οὖς ἐλαλήσατε ἐν τοῖς ταμείοις κηρυχθήσεται ἐπὶ τῶν δωμάτων.	→ GTh 33,1 (POxy 1)
a g 102	Mt 10,32	πᾶς οὖν ὅστις ὁμολογήσει ἐν ἐμοὶ ἔμπροσθεν τῶν ἀνθρώπων, ὁμολογήσω κἀγὼ ἐν αὐτῷ ἔμπροσθεν τοῦ πατρός μου τοῦ ἐν [τοῖς] οὐρανοῖς·			Lk 12,8	... πᾶς ὃς ἂν ὁμολογήσῃ ἐν ἐμοὶ ἔμπροσθεν τῶν ἀνθρώπων, καὶ ὁ υἱὸς τοῦ ἀνθρώπου ὁμολογήσει ἐν αὐτῷ ἔμπροσθεν τῶν ἀγγέλων τοῦ θεοῦ·	
g a 202	Mt 12,32 (2) ↑ Mk 3,28	καὶ ὃς ἐὰν εἴπῃ λόγον κατὰ τοῦ υἱοῦ τοῦ ἀνθρώπου, ἀφεθήσεται αὐτῷ· ὃς δ' ἂν εἴπῃ κατὰ τοῦ πνεύματος τοῦ ἁγίου, οὐκ ἀφεθήσεται αὐτῷ ...	Mk 3,29	ὃς δ' ἂν βλασφημήσῃ εἰς τὸ πνεῦμα τὸ ἅγιον, οὐκ ἔχει ἄφεσιν ...	Lk 12,10 ↑ Mk 3,28	καὶ πᾶς ὃς ἐρεῖ λόγον εἰς τὸν υἱὸν τοῦ ἀνθρώπου, ἀφεθήσεται αὐτῷ· τῷ δὲ εἰς τὸ ἅγιον πνεῦμα βλασφημήσαντι οὐκ ἀφεθήσεται.	→ GTh 44 Mk-Q overlap
  102	Mt 10,19	... δοθήσεται γὰρ ὑμῖν ἐν ἐκείνῃ τῇ ὥρᾳ τί λαλήσητε·	Mk 13,11	... ἀλλ' ὃ ἐὰν δοθῇ ὑμῖν ἐν ἐκείνῃ τῇ ὥρᾳ τοῦτο λαλεῖτε· ...	Lk 12,12 ⇩ Lk 21,15	τὸ γὰρ ἅγιον πνεῦμα διδάξει ὑμᾶς ἐν αὐτῇ τῇ ὥρᾳ ἃ δεῖ εἰπεῖν.	→ **Jn 14,26** Mk-Q overlap
c 002					Lk 12,20	εἶπεν δὲ αὐτῷ ὁ θεός· ἄφρων, ταύτῃ τῇ νυκτὶ τὴν ψυχήν σου ἀπαιτοῦσιν ἀπὸ σοῦ· ἃ δὲ ἡτοίμασας, τίνι ἔσται;	→ GTh 63
  102	Mt 6,26	ἐμβλέψατε εἰς τὰ πετεινὰ τοῦ οὐρανοῦ ὅτι οὐ σπείρουσιν οὐδὲ θερίζουσιν οὐδὲ συνάγουσιν εἰς ἀποθήκας, καὶ ὁ πατὴρ ὑμῶν ὁ οὐράνιος τρέφει αὐτά· ...			Lk 12,24	κατανοήσατε τοὺς κόρακας ὅτι οὐ σπείρουσιν οὐδὲ θερίζουσιν, οἷς οὐκ ἔστιν ταμεῖον οὐδὲ ἀποθήκη, καὶ ὁ θεὸς τρέφει αὐτούς· ...	

	Mt		Mk		Lk		
j 002					**Lk 12,37** → Lk 21,36 → Lk 22,30	μακάριοι οἱ δοῦλοι ἐκεῖνοι, **οὓς** ἐλθὼν ὁ κύριος εὑρήσει γρηγοροῦντας· ...	
202	**Mt 24,44** → Mt 24,42 ↓ Mt 24,50 → Mt 25,13	διὰ τοῦτο καὶ ὑμεῖς γίνεσθε ἕτοιμοι, ὅτι **ᾗ οὐ δοκεῖτε ὥρᾳ** ὁ υἱὸς τοῦ ἀνθρώπου ἔρχεται.	→ Mk 13,35		**Lk 12,40** → Lk 12,38	καὶ ὑμεῖς γίνεσθε ἕτοιμοι, ὅτι **ᾗ ὥρᾳ οὐ δοκεῖτε** ὁ υἱὸς τοῦ ἀνθρώπου ἔρχεται.	→ GTh 21,6
k 202	**Mt 24,45**	τίς ἄρα ἐστὶν ὁ πιστὸς δοῦλος καὶ φρόνιμος **ὃν** κατέστησεν ὁ κύριος ἐπὶ τῆς οἰκετείας αὐτοῦ τοῦ δοῦναι αὐτοῖς τὴν τροφὴν ἐν καιρῷ;			**Lk 12,42**	... τίς ἄρα ἐστὶν ὁ πιστὸς οἰκονόμος ὁ φρόνιμος, **ὃν** καταστήσει ὁ κύριος ἐπὶ τῆς θεραπείας αὐτοῦ τοῦ διδόναι ἐν καιρῷ [τὸ] σιτομέτριον;	
j 202	**Mt 24,46**	μακάριος ὁ δοῦλος ἐκεῖνος **ὃν** ἐλθὼν ὁ κύριος αὐτοῦ εὑρήσει οὕτως ποιοῦντα·			**Lk 12,43**	μακάριος ὁ δοῦλος ἐκεῖνος, **ὃν** ἐλθὼν ὁ κύριος αὐτοῦ εὑρήσει ποιοῦντα οὕτως·	
202 202	**Mt 24,50 (2)** → Mt 24,42 ↑ Mt 24,44 → Mt 25,13	ἥξει ὁ κύριος τοῦ δούλου ἐκείνου ἐν ἡμέρᾳ **ᾗ** οὐ προσδοκᾷ καὶ ἐν ὥρᾳ **ᾗ** οὐ γινώσκει			**Lk 12,46 (2)**	ἥξει ὁ κύριος τοῦ δούλου ἐκείνου ἐν ἡμέρᾳ **ᾗ** οὐ προσδοκᾷ καὶ ἐν ὥρᾳ **ᾗ** οὐ γινώσκει, ...	
a 002 002					**Lk 12,48 (2)**	... παντὶ δὲ **ᾧ** ἐδόθη πολύ, πολὺ ζητηθήσεται παρ᾽ αὐτοῦ, καὶ **ᾧ** παρέθεντο πολύ, περισσότερον αἰτήσουσιν αὐτόν.	
002					**Lk 13,1**	παρῆσαν δέ τινες ἐν αὐτῷ τῷ καιρῷ ἀπαγγέλλοντες αὐτῷ περὶ τῶν Γαλιλαίων **ὧν** τὸ αἷμα Πιλᾶτος ἔμιξεν μετὰ τῶν θυσιῶν αὐτῶν.	
j 002					**Lk 13,4**	ἢ ἐκεῖνοι οἱ δεκαοκτὼ **ἐφ᾽ οὓς** ἔπεσεν ὁ πύργος ἐν τῷ Σιλωὰμ καὶ ἀπέκτεινεν αὐτούς, ...	
t 002					**Lk 13,7**	εἶπεν δὲ πρὸς τὸν ἀμπελουργόν· ἰδοὺ τρία ἔτη **ἀφ᾽ οὗ** ἔρχομαι ζητῶν καρπὸν ἐν τῇ συκῇ ταύτῃ καὶ οὐχ εὑρίσκω· ...	
002					**Lk 13,14** → Mt 12,12 → Mk 3,4 → Lk 6,9 → Lk 14,3	... ἔλεγεν τῷ ὄχλῳ ὅτι ἓξ ἡμέραι εἰσὶν **ἐν αἷς** δεῖ ἐργάζεσθαι· ...	

h 002					**Lk 13,16** → Lk 19,9	ταύτην δὲ θυγατέρα Ἀβραὰμ οὖσαν, ἣν ἔδησεν ὁ σατανᾶς ἰδοὺ δέκα καὶ ὀκτὼ ἔτη, οὐκ ἔδει λυθῆναι ἀπὸ τοῦ δεσμοῦ τούτου τῇ ἡμέρᾳ τοῦ σαββάτου;	→ Acts 10,38
202	**Mt 13,31**	... κόκκῳ σινάπεως, ὃν λαβὼν ἄνθρωπος ἔσπειρεν ἐν τῷ ἀγρῷ αὐτοῦ· [32] ... ὅταν δὲ αὐξηθῇ μεῖζον τῶν λαχάνων ἐστὶν καὶ γίνεται δένδρον, ...	**Mk 4,31**	... κόκκῳ σινάπεως, ὃς ὅταν σπαρῇ ἐπὶ τῆς γῆς, ... [32] καὶ ὅταν σπαρῇ, ἀναβαίνει καὶ γίνεται μεῖζον πάντων τῶν λαχάνων καὶ ποιεῖ κλάδους μεγάλους, ...	**Lk 13,19**	... κόκκῳ σινάπεως, ὃν λαβὼν ἄνθρωπος ἔβαλεν εἰς κῆπον ἑαυτοῦ, καὶ ηὔξησεν καὶ ἐγένετο εἰς δένδρον, ...	→ GTh 20 Mk-Q overlap
202 *s* 202	**Mt 13,33** **(2)**	ἄλλην παραβολὴν ἐλάλησεν αὐτοῖς· ὁμοία ἐστὶν ἡ βασιλεία τῶν οὐρανῶν ζύμῃ, ἣν λαβοῦσα γυνὴ ἐνέκρυψεν εἰς ἀλεύρου σάτα τρία ἕως οὗ ἐζυμώθη ὅλον.			**Lk 13,21** **(2)**	[20] καὶ πάλιν εἶπεν· τίνι ὁμοιώσω τὴν βασιλείαν τοῦ θεοῦ; [21] ὁμοία ἐστὶν ζύμῃ, ἣν λαβοῦσα γυνὴ [ἐν]έκρυψεν εἰς ἀλεύρου σάτα τρία ἕως οὗ ἐζυμώθη ὅλον.	→ GTh 96
g t 002	**Mt 25,10**	... ἦλθεν ὁ νυμφίος, καὶ αἱ ἕτοιμοι εἰσῆλθον μετ' αὐτοῦ εἰς τοὺς γάμους καὶ ἐκλείσθη ἡ θύρα.			**Lk 13,25**	ἀφ' οὗ ἂν ἐγερθῇ ὁ οἰκοδεσπότης καὶ ἀποκλείσῃ τὴν θύραν ...	
102 102	**Mt 20,16** ⇩ Mt 19,30	οὕτως ἔσονται οἱ ἔσχατοι πρῶτοι καὶ οἱ πρῶτοι ἔσχατοι.	**Mk 10,31** → Mk 9,35	πολλοὶ δὲ ἔσονται πρῶτοι ἔσχατοι καὶ [οἱ] ἔσχατοι πρῶτοι.	**Lk 13,30** **(2)**	καὶ ἰδοὺ εἰσὶν ἔσχατοι οἳ ἔσονται πρῶτοι, καὶ εἰσὶν πρῶτοι οἳ ἔσονται ἔσχατοι.	→ GTh 4,2 (POxy 654) Mk-Q overlap
	Mt 19,30 ⇧ Mt 20,16	πολλοὶ δὲ ἔσονται πρῶτοι ἔσχατοι καὶ ἔσχατοι πρῶτοι.					
202	**Mt 23,37**	... ποσάκις ἠθέλησα ἐπισυναγαγεῖν τὰ τέκνα σου, ὃν τρόπον ὄρνις ἐπισυνάγει τὰ νοσσία αὐτῆς ὑπὸ τὰς πτέρυγας, καὶ οὐκ ἠθελήσατε.			**Lk 13,34**	... ποσάκις ἠθέλησα ἐπισυνάξαι τὰ τέκνα σου ὃν τρόπον ὄρνις τὴν ἑαυτῆς νοσσιὰν ὑπὸ τὰς πτέρυγας, καὶ οὐκ ἠθελήσατε.	
002					**Lk 14,22**	καὶ εἶπεν ὁ δοῦλος· κύριε, γέγονεν ὃ ἐπέταξας, καὶ ἔτι τόπος ἐστίν.	
a 002					**Lk 14,33** → Lk 12,33	οὕτως οὖν πᾶς ἐξ ὑμῶν ὃς οὐκ ἀποτάσσεται πᾶσιν τοῖς ἑαυτοῦ ὑπάρχουσιν οὐ δύναται εἶναί μου μαθητής.	

s 002			Lk 15,8	ἢ τίς γυνὴ δραχμὰς ἔχουσα δέκα ἐὰν ἀπολέσῃ δραχμὴν μίαν, οὐχὶ ἅπτει λύχνον καὶ σαροῖ τὴν οἰκίαν καὶ ζητεῖ ἐπιμελῶς **ἕως οὗ** εὕρῃ;	
002			Lk 15,9	καὶ εὑροῦσα συγκαλεῖ τὰς φίλας καὶ γείτονας λέγουσα· συγχάρητέ μοι, ὅτι εὗρον τὴν δραχμὴν **ἣν** ἀπώλεσα.	
002			Lk 15,16	καὶ ἐπεθύμει χορτασθῆναι ἐκ τῶν κερατίων **ὧν** ἤσθιον οἱ χοῖροι, καὶ οὐδεὶς ἐδίδου αὐτῷ.	
l 002			Lk 16,1	ἔλεγεν δὲ καὶ πρὸς τοὺς μαθητάς· ἄνθρωπός τις ἦν πλούσιος **ὃς** εἶχεν οἰκονόμον, ...	
202	Mt 18,7	... ἀνάγκη γὰρ ἐλθεῖν τὰ σκάνδαλα, πλὴν οὐαὶ τῷ ἀνθρώπῳ **δι' οὗ** τὸ σκάνδαλον ἔρχεται.	Lk 17,1	... ἀνένδεκτόν ἐστιν τοῦ τὰ σκάνδαλα μὴ ἐλθεῖν, πλὴν οὐαὶ **δι' οὗ** ἔρχεται·	
k 002			Lk 17,7	τίς δὲ ἐξ ὑμῶν δοῦλον ἔχων ἀροτριῶντα ἢ ποιμαίνοντα, **ὃς** εἰσελθόντι ἐκ τοῦ ἀγροῦ ἐρεῖ αὐτῷ· εὐθέως παρελθὼν ἀνάπεσε	
002			Lk 17,10	οὕτως καὶ ὑμεῖς, ὅταν ποιήσητε πάντα τὰ διαταχθέντα ὑμῖν, λέγετε ὅτι δοῦλοι ἀχρεῖοί ἐσμεν, **ὃ** ὠφείλομεν ποιῆσαι πεποιήκαμεν.	
002			Lk 17,12 → Mt 8,2 → Mk 1,40 → Lk 5,12	καὶ εἰσερχομένου αὐτοῦ εἴς τινα κώμην ἀπήντησαν [αὐτῷ] δέκα λεπροὶ ἄνδρες, **οἳ** ἔστησαν πόρρωθεν	
r 202	Mt 24,38	ὡς γὰρ ἦσαν ἐν ταῖς ἡμέραις [ἐκείναις] ταῖς πρὸ τοῦ κατακλυσμοῦ τρώγοντες καὶ πίνοντες, γαμοῦντες καὶ γαμίζοντες, **ἄχρι ἧς ἡμέρας** εἰσῆλθεν Νῶε εἰς τὴν κιβωτόν	Lk 17,27	ἤσθιον, ἔπινον, ἐγάμουν, ἐγαμίζοντο, **ἄχρι ἧς ἡμέρας** εἰσῆλθεν Νῶε εἰς τὴν κιβωτόν, ...	

c 002					Lk 17,29	[28] ὁμοίως καθὼς ἐγένετο ἐν ταῖς ἡμέραις Λώτ· ἤσθιον, ἔπινον, ἠγόραζον, ἐπώλουν, ἐφύτευον, ᾠκοδόμουν· [29] ᾗ δὲ ἡμέρᾳ ἐξῆλθεν Λὼτ ἀπὸ Σοδόμων, ἔβρεξεν πῦρ καὶ θεῖον ἀπ' οὐρανοῦ καὶ ἀπώλεσεν πάντας.	
102	Mt 24,39	... οὕτως ἔσται [καὶ] ἡ παρουσία τοῦ υἱοῦ τοῦ ἀνθρώπου.			Lk 17,30	κατὰ τὰ αὐτὰ ἔσται ᾗ ἡμέρᾳ ὁ υἱὸς τοῦ ἀνθρώπου ἀποκαλύπτεται.	
112	Mt 24,17	ὁ ἐπὶ τοῦ δώματος μὴ καταβάτω ἆραι τὰ ἐκ τῆς οἰκίας αὐτοῦ	Mk 13,15	ὁ [δὲ] ἐπὶ τοῦ δώματος μὴ καταβάτω μηδὲ εἰσελθάτω ἆραί τι ἐκ τῆς οἰκίας αὐτοῦ	Lk 17,31	ἐν ἐκείνῃ τῇ ἡμέρᾳ ὃς ἔσται ἐπὶ τοῦ δώματος καὶ τὰ σκεύη αὐτοῦ ἐν τῇ οἰκίᾳ, μὴ καταβάτω ἆραι αὐτά, ...	
d g 102 g 102	Mt 10,39 ⇧ Mt 16,25	ὁ εὑρὼν τὴν ψυχὴν αὐτοῦ ἀπολέσει αὐτήν, καὶ ὁ ἀπολέσας τὴν ψυχὴν αὐτοῦ ἕνεκεν ἐμοῦ εὑρήσει αὐτήν.	Mk 8,35 (2)	ὃς γὰρ ἐὰν θέλῃ τὴν ψυχὴν αὐτοῦ σῶσαι ἀπολέσει αὐτήν· ὃς δ' ἂν ἀπολέσει τὴν ψυχὴν αὐτοῦ ἕνεκεν ἐμοῦ καὶ τοῦ εὐαγγελίου σώσει αὐτήν.	Lk 17,33 (2) ⇧ Lk 9,24	ὃς ἐὰν ζητήσῃ τὴν ψυχὴν αὐτοῦ περιποιήσασθαι ἀπολέσει αὐτήν, ὃς δ' ἂν ἀπολέσῃ ζῳογονήσει αὐτήν.	→ Jn 12,25 Mk-Q overlap
f 220	Mt 19,6	ὥστε οὐκέτι εἰσὶν δύο ἀλλὰ σὰρξ μία. ὃ οὖν ὁ θεὸς συνέζευξεν ἄνθρωπος μὴ χωριζέτω.	Mk 10,9	[8] ... ὥστε οὐκέτι εἰσὶν δύο ἀλλὰ μία σάρξ. [9] ὃ οὖν ὁ θεὸς συνέζευξεν ἄνθρωπος μὴ χωριζέτω.			
g 220	Mt 19,9 ⇧ Mt 5,32	λέγω δὲ ὑμῖν ὅτι ὃς ἂν ἀπολύσῃ τὴν γυναῖκα αὐτοῦ μὴ ἐπὶ πορνείᾳ καὶ γαμήσῃ ἄλλην μοιχᾶται.	Mk 10,11 → Mk 10,12	... ὃς ἂν ἀπολύσῃ τὴν γυναῖκα αὐτοῦ καὶ γαμήσῃ ἄλλην μοιχᾶται ἐπ' αὐτήν·	Lk 16,18	πᾶς ὁ ἀπολύων τὴν γυναῖκα αὐτοῦ καὶ γαμῶν ἑτέραν μοιχεύει, ...	→ 1Cor 7,10-11 Mk-Q overlap
200	Mt 19,11	ὁ δὲ εἶπεν αὐτοῖς· οὐ πάντες χωροῦσιν τὸν λόγον [τοῦτον] ἀλλ' οἷς δέδοται.					
g 122	Mt 18,3	... ἀμὴν λέγω ὑμῖν, ἐὰν μὴ στραφῆτε καὶ γένησθε ὡς τὰ παιδία, οὐ μὴ εἰσέλθητε εἰς τὴν βασιλείαν τῶν οὐρανῶν.	Mk 10,15	ἀμὴν λέγω ὑμῖν, ὃς ἂν μὴ δέξηται τὴν βασιλείαν τοῦ θεοῦ ὡς παιδίον, οὐ μὴ εἰσέλθῃ εἰς αὐτήν.	Lk 18,17	ἀμὴν λέγω ὑμῖν, ὃς ἂν μὴ δέξηται τὴν βασιλείαν τοῦ θεοῦ ὡς παιδίον, οὐ μὴ εἰσέλθῃ εἰς αὐτήν.	→ Jn 3,3 → GTh 22 → GTh 46

a πᾶς (...) ὅς
b ὅς (...) μέν
c ὅς δέ (except g)
d ὅς (...) γάρ
e ὅς καί, ὅς τε
f ὅς (...) οὖν
g ὃς δ' ἄν, ὃς (γὰρ) ἄν, ὃς (γὰρ) ἐάν
h οὗτος ... ὅς, ὅς ... οὗτος
j ἐκεῖνος ..., ὅς
k τίς ..., ὅς
l τις ..., ὅς (Luke/Acts only)
m ὅς with pleonastic pronoun
n ὅ ἐστιν
p ἀνθ' ὧν
q ἐν ᾧ, ἐν οἷς
r ἄχρι (δὲ) οὗ, ἄχρι ἧς ἡμέρας
s ἕως οὗ
t ἀφ' οὗ, ἀφ' ἧς

	Mt		Mk		Lk		
122	**Mt 19,29** → Mt 10,37	καὶ πᾶς ὅστις ἀφῆκεν οἰκίας ἢ ἀδελφοὺς ἢ ἀδελφὰς ἢ πατέρα ἢ μητέρα ἢ τέκνα ἢ ἀγροὺς ἕνεκεν τοῦ ὀνόματός μου,	**Mk 10,29**	... οὐδείς ἐστιν ὃς ἀφῆκεν οἰκίαν ἢ ἀδελφοὺς ἢ ἀδελφὰς ἢ μητέρα ἢ πατέρα ἢ τέκνα ἢ ἀγροὺς ἕνεκεν ἐμοῦ καὶ ἕνεκεν τοῦ εὐαγγελίου,	**Lk 18,29** → Lk 14,26	... οὐδείς ἐστιν ὃς ἀφῆκεν οἰκίαν ἢ γυναῖκα ἢ ἀδελφοὺς ἢ γονεῖς ἢ τέκνα ἕνεκεν τῆς βασιλείας τοῦ θεοῦ,	→ GTh 55 → GTh 101
112	→ Mt 10,37	ἑκατονταπλασίονα λήμψεται καὶ ζωὴν αἰώνιον κληρονομήσει.	**Mk 10,30**	ἐὰν μὴ λάβῃ ἑκατονταπλασίονα νῦν ἐν τῷ καιρῷ τούτῳ οἰκίας καὶ ἀδελφοὺς καὶ ἀδελφὰς καὶ μητέρας καὶ τέκνα καὶ ἀγροὺς μετὰ διωγμῶν, καὶ ἐν τῷ αἰῶνι τῷ ἐρχομένῳ ζωὴν αἰώνιον.	**Lk 18,30** → Lk 14,26	ὃς οὐχὶ μὴ [ἀπο]λάβῃ πολλαπλασίονα ἐν τῷ καιρῷ τούτῳ καὶ ἐν τῷ αἰῶνι τῷ ἐρχομένῳ ζωὴν αἰώνιον.	→ GTh 55 → GTh 101
g 200	**Mt 20,4**	καὶ ἐκείνοις εἶπεν· ὑπάγετε καὶ ὑμεῖς εἰς τὸν ἀμπελῶνα, καὶ ὃ ἐὰν ᾖ δίκαιον δώσω ὑμῖν.					
200	**Mt 20,15**	[ἢ] οὐκ ἔξεστίν μοι ὃ θέλω ποιῆσαι ἐν τοῖς ἐμοῖς; ...					
g 120	**Mt 20,20**	τότε προσῆλθεν αὐτῷ ἡ μήτηρ τῶν υἱῶν Ζεβεδαίου μετὰ τῶν υἱῶν αὐτῆς προσκυνοῦσα καὶ αἰτοῦσά τι ἀπ' αὐτοῦ.	**Mk 10,35**	καὶ προσπορεύονται αὐτῷ Ἰάκωβος καὶ Ἰωάννης οἱ υἱοὶ Ζεβεδαίου λέγοντες αὐτῷ· διδάσκαλε, θέλομεν ἵνα ὃ ἐὰν αἰτήσωμέν σε ποιήσῃς ἡμῖν.			
220 120	**Mt 20,22**	... οὐκ οἴδατε τί αἰτεῖσθε. δύνασθε πιεῖν τὸ ποτήριον ὃ ἐγὼ μέλλω πίνειν; ...	**Mk 10,38** **(2)**	... οὐκ οἴδατε τί αἰτεῖσθε. δύνασθε πιεῖν τὸ ποτήριον ὃ ἐγὼ πίνω ἢ τὸ βάπτισμα ὃ ἐγὼ βαπτίζομαι βαπτισθῆναι;	**Lk 12,50**	βάπτισμα δὲ ἔχω βαπτισθῆναι, καὶ πῶς συνέχομαι ἕως ὅτου τελεσθῇ.	
120 120	**Mt 20,23**	... τὸ μὲν ποτήριόν μου πίεσθε,	**Mk 10,39** **(2)**	... τὸ ποτήριον ὃ ἐγὼ πίνω πίεσθε καὶ τὸ βάπτισμα ὃ ἐγὼ βαπτίζομαι βαπτισθήσεσθε,			
220		τὸ δὲ καθίσαι ἐκ δεξιῶν μου καὶ ἐξ εὐωνύμων οὐκ ἔστιν ἐμὸν [τοῦτο] δοῦναι, ἀλλ' οἷς ἡτοίμασται ὑπὸ τοῦ πατρός μου.	**Mk 10,40**	τὸ δὲ καθίσαι ἐκ δεξιῶν μου ἢ ἐξ εὐωνύμων οὐκ ἔστιν ἐμὸν δοῦναι, ἀλλ' οἷς ἡτοίμασται.			

	Mt		Mk		Lk		
g 221	**Mt 20,26** ⇩ Mt 23,11	οὐχ οὕτως ἔσται ἐν ὑμῖν, ἀλλ' ὃς ἐὰν θέλῃ ἐν ὑμῖν μέγας γενέσθαι ἔσται ὑμῶν διάκονος,	**Mk 10,43** ⇩ Mk 9,35	οὐχ οὕτως δέ ἐστιν ἐν ὑμῖν, ἀλλ' ὃς ἂν θέλῃ μέγας γενέσθαι ἐν ὑμῖν ἔσται ὑμῶν διάκονος,	**Lk 22,26**	ὑμεῖς δὲ οὐχ οὕτως, ἀλλ' ὁ μείζων ἐν ὑμῖν γινέσθω ὡς ὁ νεώτερος	
g 221	**Mt 20,27**	καὶ ὃς ἂν θέλῃ ἐν ὑμῖν εἶναι πρῶτος ἔσται ὑμῶν δοῦλος·	**Mk 10,44** ⇩ Mk 9,35	καὶ ὃς ἂν θέλῃ ἐν ὑμῖν εἶναι πρῶτος ἔσται πάντων δοῦλος·	↓ Mt 23,11	καὶ ὁ ἡγούμενος ὡς ὁ διακονῶν.	
	Mt 23,11 ⇧ **Mt 20,26**	ὁ δὲ μείζων ὑμῶν ἔσται ὑμῶν διάκονος.					
			Mk 9,35 ↑ **Mt 20,26-27** ⇧ **Mk 10,43-44** → Mk 10,31	... εἴ τις θέλει πρῶτος εἶναι, ἔσται πάντων ἔσχατος καὶ πάντων διάκονος.			
q 102	**Mt 25,15** **(3)**	[14] ... ἐκάλεσεν τοὺς ἰδίους δούλους καὶ παρέδωκεν αὐτοῖς τὰ ὑπάρχοντα αὐτοῦ, [15] καὶ ᾧ μὲν ἔδωκεν πέντε τάλαντα, ᾧ δὲ δύο, ᾧ δὲ ἕν, ἑκάστῳ κατὰ τὴν ἰδίαν δύναμιν, καὶ ἀπεδήμησεν. ...	**Mk 13,34**	... καὶ δοὺς τοῖς δούλοις αὐτοῦ τὴν ἐξουσίαν ἑκάστῳ τὸ ἔργον αὐτοῦ, καὶ τῷ θυρωρῷ ἐνετείλατο ἵνα γρηγορῇ.	**Lk 19,13**	καλέσας δὲ δέκα δούλους ἑαυτοῦ ἔδωκεν αὐτοῖς δέκα μνᾶς καὶ εἶπεν πρὸς αὐτούς· πραγματεύσασθε ἐν ᾧ ἔρχομαι.	Mk-Q overlap
h 102	**Mt 25,19**	μετὰ δὲ πολὺν χρόνον ἔρχεται ὁ κύριος τῶν δούλων ἐκείνων καὶ συναίρει λόγον μετ' αὐτῶν.			**Lk 19,15**	καὶ ἐγένετο ἐν τῷ ἐπανελθεῖν αὐτὸν λαβόντα τὴν βασιλείαν καὶ εἶπεν φωνηθῆναι αὐτῷ τοὺς δούλους τούτους οἷς δεδώκει τὸ ἀργύριον, ἵνα γνοῖ τί διεπραγματεύσαντο.	
102	**Mt 25,25** → Lk 19,21	καὶ φοβηθεὶς ἀπελθὼν ἔκρυψα τὸ τάλαντόν σου ἐν τῇ γῇ· ἴδε ἔχεις τὸ σόν.			**Lk 19,20**	... ἰδοὺ ἡ μνᾶ σου ἣν εἶχον ἀποκειμένην ἐν σουδαρίῳ·	
102 102	**Mt 25,24**	... ἔγνων σε ὅτι σκληρὸς εἶ ἄνθρωπος, θερίζων ὅπου οὐκ ἔσπειρας καὶ συνάγων ὅθεν οὐ διεσκόρπισας			**Lk 19,21** **(2)** → Mt 25,25	ἐφοβούμην γάρ σε, ὅτι ἄνθρωπος αὐστηρὸς εἶ, αἴρεις ὃ οὐκ ἔθηκας καὶ θερίζεις ὃ οὐκ ἔσπειρας.	
102 102	**Mt 25,26**	... πονηρὲ δοῦλε καὶ ὀκνηρέ, ᾔδεις ὅτι θερίζω ὅπου οὐκ ἔσπειρα καὶ συνάγω ὅθεν οὐ διεσκόρπισα;			**Lk 19,22** **(2)**	... πονηρὲ δοῦλε. ᾔδεις ὅτι ἐγὼ ἄνθρωπος αὐστηρός εἰμι, αἴρων ὃ οὐκ ἔθηκα καὶ θερίζων ὃ οὐκ ἔσπειρα;	
202	**Mt 25,29** ⇧ **Mt 13,12**	τῷ γὰρ ἔχοντι παντὶ δοθήσεται καὶ περισσευθήσεται, τοῦ δὲ μὴ ἔχοντος καὶ ὃ ἔχει ἀρθήσεται ἀπ' αὐτοῦ.	**Mk 4,25** **(3)**	ὃς γὰρ ἔχει, δοθήσεται αὐτῷ· καὶ ὃς οὐκ ἔχει, καὶ ὃ ἔχει ἀρθήσεται ἀπ' αὐτοῦ.	**Lk 19,26** ⇧ **Lk 8,18**	λέγω ὑμῖν ὅτι παντὶ τῷ ἔχοντι δοθήσεται, ἀπὸ δὲ τοῦ μὴ ἔχοντος καὶ ὃ ἔχει ἀρθήσεται.	→ GTh 41 Mk-Q overlap

q	Mt 21,2	... πορεύεσθε εἰς τὴν κώμην τὴν κατέναντι ὑμῶν, καὶ εὐθέως	Mk 11,2	... ὑπάγετε εἰς τὴν κώμην τὴν κατέναντι ὑμῶν, καὶ εὐθὺς εἰσπορευόμενοι	Lk 19,30 (2)	... ὑπάγετε εἰς τὴν κατέναντι κώμην,	
112				εἰς αὐτὴν		ἐν ᾗ	
		εὑρήσετε ὄνον δεδεμένην καὶ πῶλον μετ᾽ αὐτῆς·		εὑρήσετε πῶλον δεδεμένον		εἰσπορευόμενοι εὑρήσετε πῶλον δεδεμένον,	
122				ἐφ᾽ ὃν		ἐφ᾽ ὃν	
		λύσαντες ἀγάγετέ μοι.		οὐδεὶς οὔπω ἀνθρώπων ἐκάθισεν· λύσατε αὐτὸν καὶ φέρετε.		οὐδεὶς πώποτε ἀνθρώπων ἐκάθισεν, καὶ λύσαντες αὐτὸν ἀγάγετε.	
	Mt 21,9	οἱ δὲ ὄχλοι οἱ προάγοντες αὐτὸν καὶ οἱ ἀκολουθοῦντες	Mk 11,9	καὶ οἱ προάγοντες καὶ οἱ ἀκολουθοῦντες	Lk 19,37	... ἤρξαντο ἅπαν τὸ πλῆθος τῶν μαθητῶν χαίροντες αἰνεῖν τὸν θεὸν φωνῇ μεγάλῃ περὶ πασῶν	→ Jn 12,13
112						ὧν	
		ἔκραζον λέγοντες· *ὡσαννὰ τῷ υἱῷ Δαυίδ· εὐλογημένος ὁ ἐρχόμενος ἐν ὀνόματι κυρίου·* ... ➤ Ps 118,25-26		ἔκραζον· *ὡσαννά· εὐλογημένος ὁ ἐρχόμενος ἐν ὀνόματι κυρίου·* ➤ Ps 118,25-26		εἶδον δυνάμεων, [38] λέγοντες· *εὐλογημένος ὁ ἐρχόμενος,* ὁ βασιλεὺς *ἐν ὀνόματι κυρίου·* ... ➤ Ps 118,26	
p					Lk 19,44 ↓ Mt 24,2 ↓ Mk 13,2 ↓ Lk 21,6 ↓ Lk 21,24	καὶ ἐδαφιοῦσίν σε καὶ τὰ τέκνα σου ἐν σοί, καὶ οὐκ ἀφήσουσιν λίθον ἐπὶ λίθον ἐν σοί,	
002						ἀνθ᾽ ὧν	
						οὐκ ἔγνως τὸν καιρὸν τῆς ἐπισκοπῆς σου.	
	Mt 21,15	ἰδόντες δὲ οἱ ἀρχιερεῖς καὶ οἱ γραμματεῖς τὰ θαυμάσια					
200		ἃ					
		ἐποίησεν ...					
	Mt 21,20 → Mk 11,20	καὶ ἰδόντες οἱ μαθηταὶ ἐθαύμασαν λέγοντες· πῶς παραχρῆμα	Mk 11,21	καὶ ἀναμνησθεὶς ὁ Πέτρος λέγει αὐτῷ· ῥαββί, ἴδε ἡ συκῆ			
120				ἣν			
		ἐξηράνθη ἡ συκῆ;		κατηράσω ἐξήρανται.			
g	Mt 21,21 ↓ Mt 17,20 ↓ Lk 17,6	... ἀμὴν λέγω ὑμῖν, ἐὰν ἔχητε πίστιν καὶ μὴ διακριθῆτε, οὐ μόνον τὸ τῆς συκῆς ποιήσετε,	Mk 11,23 (2) ↓ Mt 17,20 ↓ Lk 17,6 → Mk 9,23	[22] ... ἔχετε πίστιν θεοῦ. [23] ἀμὴν λέγω ὑμῖν ὅτι			→ GTh 48 → GTh 106
120		ἀλλὰ κἂν		ὃς ἂν			
		τῷ ὄρει τούτῳ εἴπητε· ἄρθητι καὶ βλήθητι εἰς τὴν θάλασσαν,		εἴπῃ τῷ ὄρει τούτῳ· ἄρθητι καὶ βλήθητι εἰς τὴν θάλασσαν, καὶ μὴ διακριθῇ ἐν τῇ καρδίᾳ αὐτοῦ ἀλλὰ πιστεύῃ ὅτι			
120				ὃ			
		γενήσεται·		λαλεῖ γίνεται, ἔσται αὐτῷ.			
	Mt 17,20 ↑ Mt 21,21	... ἀμὴν γὰρ λέγω ὑμῖν, ἐὰν ἔχητε πίστιν ὡς κόκκον σινάπεως, ἐρεῖτε τῷ ὄρει τούτῳ, μετάβα ἔνθεν ἐκεῖ, καὶ μεταβήσεται· ...			Lk 17,6	... εἰ ἔχετε πίστιν ὡς κόκκον σινάπεως, ἐλέγετε ἂν τῇ συκαμίνῳ [ταύτῃ]· ἐκριζώθητι καὶ φυτεύθητι ἐν τῇ θαλάσσῃ· καὶ ὑπήκουσεν ἂν ὑμῖν.	

		Mt		Mk		Lk	
g 211	**Mt 21,24**	... ἐρωτήσω ὑμᾶς κἀγὼ λόγον ἕνα, **ὃν ἐὰν** εἴπητέ μοι κἀγὼ ὑμῖν ἐρῶ ἐν ποίᾳ ἐξουσίᾳ ταῦτα ποιῶ·	**Mk 11,29**	... ἐπερωτήσω ὑμᾶς ἕνα λόγον, καὶ ἀποκρίθητέ μοι καὶ ἐρῶ ὑμῖν ἐν ποίᾳ ἐξουσίᾳ ταῦτα ποιῶ·	**Lk 20,3**	... ἐρωτήσω ὑμᾶς κἀγὼ λόγον, καὶ εἴπατέ μοι·	
b 211	**Mt 21,35** **(3)**	καὶ λαβόντες οἱ γεωργοὶ τοὺς δούλους αὐτοῦ **ὃν μὲν** ἔδειραν,	**Mk 12,3**	καὶ λαβόντες αὐτὸν ἔδειραν καὶ ἀπέστειλαν κενόν.	**Lk 20,10**	... οἱ δὲ γεωργοὶ ἐξαπέστειλαν αὐτὸν δείραντες κενόν.	→ GTh 65
c 211 *b* 121 *c* 221	→ Mt 22,6	 **ὃν δὲ** ἀπέκτειναν, **ὃν δὲ** ἐλιθοβόλησαν.	**Mk 12,5** **(2)**	καὶ ἄλλον ἀπέστειλεν· **κἀκεῖνον** ἀπέκτειναν, καὶ πολλοὺς ἄλλους, **οὓς μὲν** δέροντες, **οὓς δὲ** ἀποκτέννοντες.	**Lk 20,12**	καὶ προσέθετο τρίτον πέμψαι· οἱ δὲ καὶ **τοῦτον** τραυματίσαντες ἐξέβαλον.	
h 222	**Mt 21,42**	... οὐδέποτε ἀνέγνωτε ἐν ταῖς γραφαῖς· *λίθον* ***ὃν*** *ἀπεδοκίμασαν οἱ οἰκοδομοῦντες, οὗτος ἐγενήθη εἰς κεφαλὴν γωνίας·* ... ➤ Ps 118,22	**Mk 12,10**	οὐδὲ τὴν γραφὴν ταύτην ἀνέγνωτε· *λίθον* ***ὃν*** *ἀπεδοκίμασαν οἱ οἰκοδομοῦντες, οὗτος ἐγενήθη εἰς κεφαλὴν γωνίας·* ➤ Ps 118,22	**Lk 20,17**	... τί οὖν ἐστιν τὸ γεγραμμένον τοῦτο· *λίθον* ***ὃν*** *ἀπεδοκίμασαν οἱ οἰκοδομοῦντες, οὗτος ἐγενήθη εἰς κεφαλὴν γωνίας;* ➤ Ps 118,22	→ Acts 4,11 → GTh 66
g 200	**Mt 21,44** ↓ Lk 20,18	[καὶ ὁ πεσὼν ἐπὶ τὸν λίθον τοῦτον συνθλασθήσεται· **ἐφ' ὃν δ' ἂν** πέσῃ λικμήσει αὐτόν.]					Mt 21,44 is textcritically uncertain.
g 002					**Lk 20,18** ↑ [Mt 21,44]	πᾶς ὁ πεσὼν ἐπ' ἐκεῖνον τὸν λίθον συνθλασθήσεται· **ἐφ' ὃν δ' ἂν** πέσῃ, λικμήσει αὐτόν.	
b 201	**Mt 22,5** **(2)**	οἱ δὲ ἀμελήσαντες ἀπῆλθον, **ὃς μὲν** εἰς τὸν ἴδιον ἀγρόν,			**Lk 14,18**	καὶ ἤρξαντο ἀπὸ μιᾶς πάντες παραιτεῖσθαι. **ὁ πρῶτος** εἶπεν αὐτῷ· ἀγρὸν ἠγόρασα καὶ ἔχω ἀνάγκην ἐξελθὼν ἰδεῖν αὐτόν· ἐρωτῶ σε, ἔχε με παρῃτημένον.	→ GTh 64
c 201		**ὃς δὲ** ἐπὶ τὴν ἐμπορίαν αὐτοῦ·			**Lk 14,19**	**καὶ ἕτερος** εἶπεν· ζεύγη βοῶν ἠγόρασα πέντε καὶ πορεύομαι δοκιμάσαι αὐτά· ...	→ GTh 64
a 200	**Mt 22,10** → Lk 14,23	καὶ ἐξελθόντες οἱ δοῦλοι ἐκεῖνοι εἰς τὰς ὁδοὺς συνήγαγον πάντας **οὓς** εὗρον, πονηρούς τε καὶ ἀγαθούς· ...					→ GTh 64

		Mt		Mk		Lk	
h 012			Mk 12,40	[38] ... ἀπὸ τῶν γραμματέων ... [40] οἱ κατεσθίοντες τὰς οἰκίας τῶν χηρῶν καὶ προφάσει μακρὰ προσευχόμενοι· οὗτοι λήμψονται περισσότερον κρίμα.	Lk 20,47	[46] ... ἀπὸ τῶν γραμματέων ... [47] οἳ κατεσθίουσιν τὰς οἰκίας τῶν χηρῶν καὶ προφάσει μακρὰ προσεύχονται· οὗτοι λήμψονται περισσότερον κρίμα.	Mt 23,14 is textcritically uncertain.
g 200 *g* 200	Mt 23,16 (2)	οὐαὶ ὑμῖν, ὁδηγοὶ τυφλοὶ οἱ λέγοντες· ὃς ἂν ὀμόσῃ ἐν τῷ ναῷ, οὐδέν ἐστιν· ὃς δ' ἂν ὀμόσῃ ἐν τῷ χρυσῷ τοῦ ναοῦ ὀφείλει.					
g 200 *g* 200	Mt 23,18 (2)	καί· ὃς ἂν ὀμόσῃ ἐν τῷ θυσιαστηρίῳ, οὐδέν ἐστιν· ὃς δ' ἂν ὀμόσῃ ἐν τῷ δώρῳ τῷ ἐπάνω αὐτοῦ, ὀφείλει.					
201	Mt 23,35	... ἀπὸ τοῦ αἵματος Ἅβελ τοῦ δικαίου ἕως τοῦ αἵματος Ζαχαρίου υἱοῦ Βαραχίου, ὃν ἐφονεύσατε μεταξὺ τοῦ ναοῦ καὶ τοῦ θυσιαστηρίου.			Lk 11,51	ἀπὸ αἵματος Ἅβελ ἕως αἵματος Ζαχαρίου τοῦ ἀπολομένου μεταξὺ τοῦ θυσιαστηρίου καὶ τοῦ οἴκου· ...	
202	Mt 23,37	... ποσάκις ἠθέλησα ἐπισυναγαγεῖν τὰ τέκνα σου, ὃν τρόπον ὄρνις ἐπισυνάγει τὰ νοσσία αὐτῆς ὑπὸ τὰς πτέρυγας, καὶ οὐκ ἠθελήσατε.			Lk 13,34	... ποσάκις ἠθέλησα ἐπισυνάξαι τὰ τέκνα σου ὃν τρόπον ὄρνις τὴν ἑαυτῆς νοσσιὰν ὑπὸ τὰς πτέρυγας, καὶ οὐκ ἠθελήσατε.	
n 021			Mk 12,42	καὶ ἐλθοῦσα μία χήρα πτωχὴ ἔβαλεν λεπτὰ δύο, ὅ ἐστιν κοδράντης.	Lk 21,2	εἶδεν δέ τινα χήραν πενιχρὰν βάλλουσαν ἐκεῖ λεπτὰ δύο	
012			Mk 12,44	... αὕτη δὲ ἐκ τῆς ὑστερήσεως αὐτῆς πάντα ὅσα εἶχεν ἔβαλεν ὅλον τὸν βίον αὐτῆς.	Lk 21,4	... αὕτη δὲ ἐκ τοῦ ὑστερήματος αὐτῆς πάντα τὸν βίον ὃν εἶχεν ἔβαλεν.	
h 112 *q* 112 222	Mt 24,2	... οὐ βλέπετε ταῦτα πάντα; ἀμὴν λέγω ὑμῖν, οὐ μὴ ἀφεθῇ ὧδε λίθος ἐπὶ λίθον ὃς οὐ καταλυθήσεται.	Mk 13,2	... βλέπεις ταύτας τὰς μεγάλας οἰκοδομάς; οὐ μὴ ἀφεθῇ ὧδε λίθος ἐπὶ λίθον ὃς οὐ μὴ καταλυθῇ.	Lk 21,6 (3) ↑ Lk 19,44	ταῦτα ἃ θεωρεῖτε ἐλεύσονται ἡμέραι ἐν αἷς οὐκ ἀφεθήσεται λίθος ἐπὶ λίθῳ ὃς οὐ καταλυθήσεται.	

g h *k* 121 112	**Mt 10,19**	... μὴ μεριμνήσητε πῶς ἢ τί λαλήσητε· δοθήσεται γὰρ ὑμῖν ἐν ἐκείνῃ τῇ ὥρᾳ τί λαλήσητε·	**Mk 13,11**	... μὴ προμεριμνᾶτε τί λαλήσητε, ἀλλ᾽ ὃ ἐὰν δοθῇ ὑμῖν ἐν ἐκείνῃ τῇ ὥρᾳ τοῦτο λαλεῖτε· ...	**Lk 21,15** ⇧ Lk 12,12	θέτε οὖν ἐν ταῖς καρδίαις ὑμῶν μὴ προμελετᾶν ἀπολογηθῆναι· ἐγὼ γὰρ δώσω ὑμῖν στόμα καὶ σοφίαν ᾗ οὐ δυνήσονται ἀντιστῆναι ἢ ἀντειπεῖν ἅπαντες οἱ ἀντικείμενοι ὑμῖν.	Mk-Q overlap → Acts 6,10
					Lk 12,12 ⇧ Lk 21,15	[11] ... μὴ μεριμνήσητε πῶς ἢ τί ἀπολογήσησθε ἢ τί εἴπητε· [12] τὸ γὰρ ἅγιον πνεῦμα διδάξει ὑμᾶς ἐν αὐτῇ τῇ ὥρᾳ ἃ δεῖ εἰπεῖν.	→ Jn 14,26
121	**Mt 24,21**	ἔσται γὰρ τότε θλῖψις μεγάλη οἵα οὐ γέγονεν ἀπ᾽ ἀρχῆς κόσμου ἕως τοῦ νῦν οὐδ᾽ οὐ μὴ γένηται.	**Mk 13,19**	ἔσονται γὰρ αἱ ἡμέραι ἐκεῖναι θλῖψις οἵα οὐ γέγονεν τοιαύτη ἀπ᾽ ἀρχῆς κτίσεως ἣν ἔκτισεν ὁ θεὸς ἕως τοῦ νῦν καὶ οὐ μὴ γένηται.	**Lk 21,23**	... ἔσται γὰρ ἀνάγκη μεγάλη ἐπὶ τῆς γῆς καὶ ὀργὴ τῷ λαῷ τούτῳ,	
r 002					**Lk 21,24** ↑ Lk 19,44	... καὶ Ἰερουσαλὴμ ἔσται πατουμένη ὑπὸ ἐθνῶν, ἄχρι οὗ πληρωθῶσιν καιροὶ ἐθνῶν.	
120	**Mt 24,22**	καὶ εἰ μὴ ἐκολοβώθησαν αἱ ἡμέραι ἐκεῖναι, οὐκ ἂν ἐσώθη πᾶσα σάρξ· διὰ δὲ τοὺς ἐκλεκτοὺς κολοβωθήσονται αἱ ἡμέραι ἐκεῖναι.	**Mk 13,20**	καὶ εἰ μὴ ἐκολόβωσεν κύριος τὰς ἡμέρας, οὐκ ἂν ἐσώθη πᾶσα σάρξ· ἀλλὰ διὰ τοὺς ἐκλεκτοὺς οὓς ἐξελέξατο ἐκολόβωσεν τὰς ἡμέρας.			
121	**Mt 24,34** ↑ Mt 16,28	ἀμὴν λέγω ὑμῖν ὅτι οὐ μὴ παρέλθῃ ἡ γενεὰ αὕτη ἕως ἂν πάντα ταῦτα γένηται.	**Mk 13,30** ↑ Mk 9,1	ἀμὴν λέγω ὑμῖν ὅτι οὐ μὴ παρέλθῃ ἡ γενεὰ αὕτη μέχρις οὗ ταῦτα πάντα γένηται.	**Lk 21,32** ↑ Lk 9,27	ἀμὴν λέγω ὑμῖν ὅτι οὐ μὴ παρέλθῃ ἡ γενεὰ αὕτη ἕως ἂν πάντα γένηται.	
c 020			**Mk 13,37**	ὃ δὲ ὑμῖν λέγω πᾶσιν λέγω, γρηγορεῖτε.			
r 202	**Mt 24,38**	ὡς γὰρ ἦσαν ἐν ταῖς ἡμέραις [ἐκείναις] ταῖς πρὸ τοῦ κατακλυσμοῦ τρώγοντες καὶ πίνοντες, γαμοῦντες καὶ γαμίζοντες, ἄχρι ἧς ἡμέρας εἰσῆλθεν Νῶε εἰς τὴν κιβωτόν			**Lk 17,27**	ἤσθιον, ἔπινον, ἐγάμουν, ἐγαμίζοντο, ἄχρι ἧς ἡμέρας εἰσῆλθεν Νῶε εἰς τὴν κιβωτόν, ...	
202	**Mt 24,44** → Mt 24,42 ↓ Mt 24,50 → Mt 25,13	διὰ τοῦτο καὶ ὑμεῖς γίνεσθε ἕτοιμοι, ὅτι ᾗ οὐ δοκεῖτε ὥρᾳ ὁ υἱὸς τοῦ ἀνθρώπου ἔρχεται.	→ Mk 13,35		**Lk 12,40** → Lk 12,38	καὶ ὑμεῖς γίνεσθε ἕτοιμοι, ὅτι ᾗ ὥρᾳ οὐ δοκεῖτε ὁ υἱὸς τοῦ ἀνθρώπου ἔρχεται.	→ GTh 21,6
k 202	**Mt 24,45**	τίς ἄρα ἐστὶν ὁ πιστὸς δοῦλος καὶ φρόνιμος ὃν κατέστησεν ὁ κύριος ἐπὶ τῆς οἰκετείας αὐτοῦ τοῦ δοῦναι αὐτοῖς τὴν τροφὴν ἐν καιρῷ;			**Lk 12,42**	... τίς ἄρα ἐστὶν ὁ πιστὸς οἰκονόμος ὁ φρόνιμος, ὃν καταστήσει ὁ κύριος ἐπὶ τῆς θεραπείας αὐτοῦ τοῦ διδόναι ἐν καιρῷ [τὸ] σιτομέτριον;	

	Mt		Mk		Lk		
j 202	Mt 24,46	μακάριος ὁ δοῦλος ἐκεῖνος ὃν ἐλθὼν ὁ κύριος αὐτοῦ εὑρήσει οὕτως ποιοῦντα·			Lk 12,43	μακάριος ὁ δοῦλος ἐκεῖνος, ὃν ἐλθὼν ὁ κύριος αὐτοῦ εὑρήσει ποιοῦντα οὕτως·	
202 202	Mt 24,50 (2) → Mt 24,42 ↑ Mt 24,44 → Mt 25,13	ἥξει ὁ κύριος τοῦ δούλου ἐκείνου ἐν ἡμέρᾳ ᾗ οὐ προσδοκᾷ καὶ ἐν ὥρᾳ ᾗ οὐ γινώσκει			Lk 12,46 (2)	ἥξει ὁ κύριος τοῦ δούλου ἐκείνου ἐν ἡμέρᾳ ᾗ οὐ προσδοκᾷ καὶ ἐν ὥρᾳ ᾗ οὐ γινώσκει, ...	
b 201 c 201 c 201	Mt 25,15 (3)	[14] ὥσπερ γὰρ ἄνθρωπος ἀποδημῶν ἐκάλεσεν τοὺς ἰδίους δούλους καὶ παρέδωκεν αὐτοῖς τὰ ὑπάρχοντα αὐτοῦ, [15] καὶ ᾧ μὲν ἔδωκεν πέντε τάλαντα, ᾧ δὲ δύο, ᾧ δὲ ἕν, ἑκάστῳ κατὰ τὴν ἰδίαν δύναμιν, καὶ ἀπεδήμησεν. ...	Mk 13,34	ὡς ἄνθρωπος ἀπόδημος ἀφεὶς τὴν οἰκίαν αὐτοῦ καὶ δοὺς τοῖς δούλοις αὐτοῦ τὴν ἐξουσίαν ἑκάστῳ τὸ ἔργον αὐτοῦ, ...	Lk 19,13	[12] ἄνθρωπός τις εὐγενὴς ἐπορεύθη εἰς χώραν μακρὰν ... [13] καλέσας δὲ δέκα δούλους ἑαυτοῦ ἔδωκεν αὐτοῖς δέκα μνᾶς καὶ εἶπεν πρὸς αὐτούς· πραγματεύσασθε ἐν ᾧ ἔρχομαι.	Mk-Q overlap
202	Mt 25,29 ⇧ Mt 13,12	τῷ γὰρ ἔχοντι παντὶ δοθήσεται καὶ περισσευθήσεται, τοῦ δὲ μὴ ἔχοντος καὶ ὃ ἔχει ἀρθήσεται ἀπ' αὐτοῦ.	Mk 4,25 (3)	ὃς γὰρ ἔχει, δοθήσεται αὐτῷ· καὶ ὃς οὐκ ἔχει, καὶ ὃ ἔχει ἀρθήσεται ἀπ' αὐτοῦ.	Lk 19,26 ⇧ Lk 8,18	λέγω ὑμῖν ὅτι παντὶ τῷ ἔχοντι δοθήσεται, ἀπὸ δὲ τοῦ μὴ ἔχοντος καὶ ὃ ἔχει ἀρθήσεται.	→ GTh 41 Mk-Q overlap
120	Mt 26,12	βαλοῦσα γὰρ αὕτη τὸ μύρον τοῦτο ἐπὶ τοῦ σώματός μου πρὸς τὸ ἐνταφιάσαι με ἐποίησεν.	Mk 14,8	ὃ ἔσχεν ἐποίησεν· προέλαβεν μυρίσαι τὸ σῶμά μου εἰς τὸν ἐνταφιασμόν.			→ Jn 12,7
220	Mt 26,13	ἀμὴν λέγω ὑμῖν, ὅπου ἐὰν κηρυχθῇ τὸ εὐαγγέλιον τοῦτο ἐν ὅλῳ τῷ κόσμῳ, λαληθήσεται καὶ ὃ ἐποίησεν αὕτη εἰς μνημόσυνον αὐτῆς.	Mk 14,9	ἀμὴν δὲ λέγω ὑμῖν, ὅπου ἐὰν κηρυχθῇ τὸ εὐαγγέλιον εἰς ὅλον τὸν κόσμον, καὶ ὃ ἐποίησεν αὕτη λαληθήσεται εἰς μνημόσυνον αὐτῆς.			
q 112	Mt 26,17	τῇ δὲ πρώτῃ τῶν ἀζύμων ...	Mk 14,12	καὶ τῇ πρώτῃ ἡμέρᾳ τῶν ἀζύμων, ὅτε τὸ πάσχα ἔθυον, ...	Lk 22,7	ἦλθεν δὲ ἡ ἡμέρα τῶν ἀζύμων, [ἐν] ᾗ ἔδει θύεσθαι τὸ πάσχα·	→ Jn 13,1
112	Mt 26,18	... εἴπατε αὐτῷ· ὁ διδάσκαλος λέγει· ...	Mk 14,14	[13] ... ἀκολουθήσατε αὐτῷ [14] καὶ ὅπου ἐὰν εἰσέλθῃ εἴπατε τῷ οἰκοδεσπότῃ ὅτι ὁ διδάσκαλος λέγει· ...	Lk 22,10	... ἀκολουθήσατε αὐτῷ εἰς τὴν οἰκίαν εἰς ἣν εἰσπορεύεται. [11] καὶ ἐρεῖτε τῷ οἰκοδεσπότῃ τῆς οἰκίας· λέγει σοι ὁ διδάσκαλος· ...	

s 112	Mt 26,29	... οὐ μὴ πίω ἀπ' ἄρτι ἐκ τούτου τοῦ γενήματος τῆς ἀμπέλου **ἕως τῆς ἡμέρας** **ἐκείνης ὅταν** αὐτὸ πίνω μεθ' ὑμῶν καινὸν ἐν τῇ βασιλείᾳ τοῦ πατρός μου.	Mk 14,25	... οὐκέτι οὐ μὴ πίω ἐκ τοῦ γενήματος τῆς ἀμπέλου **ἕως τῆς ἡμέρας** **ἐκείνης ὅταν** αὐτὸ πίνω καινὸν ἐν τῇ βασιλείᾳ τοῦ θεοῦ.	Lk 22,18 → Lk 22,16	... οὐ μὴ πίω ἀπὸ τοῦ νῦν ἀπὸ τοῦ γενήματος τῆς ἀμπέλου **ἕως οὗ** ἡ βασιλεία τοῦ θεοῦ ἔλθῃ.	
j 222	Mt 26,24	ὁ μὲν υἱὸς τοῦ ἀνθρώπου ὑπάγει καθὼς γέγραπται περὶ αὐτοῦ, οὐαὶ δὲ τῷ ἀνθρώπῳ ἐκείνῳ **δι' οὗ** ὁ υἱὸς τοῦ ἀνθρώπου παραδίδοται· ...	Mk 14,21	ὅτι ὁ μὲν υἱὸς τοῦ ἀνθρώπου ὑπάγει καθὼς γέγραπται περὶ αὐτοῦ, οὐαὶ δὲ τῷ ἀνθρώπῳ ἐκείνῳ **δι' οὗ** ὁ υἱὸς τοῦ ἀνθρώπου παραδίδοται· ...	Lk 22,22	ὅτι ὁ υἱὸς μὲν τοῦ ἀνθρώπου κατὰ τὸ ὡρισμένον πορεύεται, πλὴν οὐαὶ τῷ ἀνθρώπῳ ἐκείνῳ **δι' οὗ** παραδίδοται.	
121	Mt 26,36	[30] καὶ ὑμνήσαντες ἐξῆλθον εἰς τὸ ὄρος τῶν ἐλαιῶν. [31] ... [36] τότε ἔρχεται μετ' αὐτῶν ὁ Ἰησοῦς εἰς χωρίον λεγόμενον Γεθσημανὶ καὶ λέγει τοῖς μαθηταῖς·	Mk 14,32	[26] καὶ ὑμνήσαντες ἐξῆλθον εἰς τὸ ὄρος τῶν ἐλαιῶν. [27] ... [32] καὶ ἔρχονται εἰς χωρίον **οὗ** τὸ ὄνομα Γεθσημανὶ καὶ λέγει τοῖς μαθηταῖς αὐτοῦ·	Lk 22,40	[39] καὶ ἐξελθὼν ἐπορεύθη κατὰ τὸ ἔθος εἰς τὸ ὄρος τῶν ἐλαιῶν, ἠκολούθησαν δὲ αὐτῷ καὶ οἱ μαθηταί. [40] γενόμενος δὲ ἐπὶ τοῦ τόπου εἶπεν αὐτοῖς·	
s 211		καθίσατε αὐτοῦ **ἕως [οὗ]** ἀπελθὼν ἐκεῖ προσεύξωμαι.		καθίσατε ὧδε **ἕως** προσεύξωμαι.	Lk 22,40 → Mt 26,41 → Mk 14,38 → Lk 22,46	προσεύχεσθε μὴ εἰσελθεῖν εἰς πειρασμόν.	
g 220	Mt 26,48	ὁ δὲ παραδιδοὺς αὐτὸν ἔδωκεν αὐτοῖς σημεῖον λέγων· **ὃν ἂν** φιλήσω αὐτός ἐστιν, κρατήσατε αὐτόν.	Mk 14,44	δεδώκει δὲ ὁ παραδιδοὺς αὐτὸν σύσσημον αὐτοῖς λέγων· **ὃν ἂν** φιλήσω αὐτός ἐστιν, κρατήσατε αὐτὸν καὶ ἀπάγετε ἀσφαλῶς.			
211	Mt 26,50 → Lk 22,54	[49] ... καὶ κατεφίλησεν αὐτόν. [50] ὁ δὲ Ἰησοῦς εἶπεν αὐτῷ· ἑταῖρε, **ἐφ' ὃ** πάρει. τότε προσελθόντες ἐπέβαλον τὰς χεῖρας ἐπὶ τὸν Ἰησοῦν καὶ ἐκράτησαν αὐτόν.	Mk 14,46 → Lk 22,54	[45] ... καὶ κατεφίλησεν αὐτόν. [46] οἱ δὲ ἐπέβαλον τὰς χεῖρας αὐτῷ καὶ ἐκράτησαν αὐτόν.	Lk 22,48	[47] ... φιλῆσαι αὐτόν. [48] Ἰησοῦς δὲ εἶπεν αὐτῷ· Ἰούδα, φιλήματι τὸν υἱὸν τοῦ ἀνθρώπου παραδίδως;	→ Jn 18,12
h 122	Mt 26,74	τότε ἤρξατο καταθεματίζειν καὶ ὀμνύειν ὅτι οὐκ οἶδα τὸν ἄνθρωπον. καὶ εὐθέως ἀλέκτωρ ἐφώνησεν.	Mk 14,71	ὁ δὲ ἤρξατο ἀναθεματίζειν καὶ ὀμνύναι ὅτι οὐκ οἶδα τὸν ἄνθρωπον τοῦτον **ὃν** λέγετε. [72] καὶ εὐθὺς ἐκ δευτέρου ἀλέκτωρ ἐφώνησεν. ...	Lk 22,60	εἶπεν δὲ ὁ Πέτρος· ἄνθρωπε, οὐκ οἶδα **ὃ** λέγεις. καὶ παραχρῆμα ἔτι λαλοῦντος αὐτοῦ ἐφώνησεν ἀλέκτωρ.	→ Jn 18,27
200	Mt 27,9	... *καὶ ἔλαβον τὰ* *τριάκοντα ἀργύρια, τὴν* *τιμὴν τοῦ τετιμημένου* ***ὃν*** *ἐτιμήσαντο* ἀπὸ υἱῶν Ἰσραήλ ➤ Zech 11,13					

002					**Lk 23,14** → Lk 23,2 → Lk 23,4 → Mt 27,23 → Mk 15,14 → Lk 23,22	... καὶ ἰδοὺ ἐγὼ ἐνώπιον ὑμῶν ἀνακρίνας οὐθὲν εὗρον ἐν τῷ ἀνθρώπῳ τούτῳ αἴτιον **ὧν** κατηγορεῖτε κατ᾽ αὐτοῦ.	→ Jn 18,38b → Jn 19,4 → Acts 13,28
220	**Mt 27,15**	κατὰ δὲ ἑορτὴν εἰώθει ὁ ἡγεμὼν ἀπολύειν ἕνα τῷ ὄχλῳ δέσμιον **ὃν** ἤθελον.	**Mk 15,6**	κατὰ δὲ ἑορτὴν ἀπέλυεν αὐτοῖς ἕνα δέσμιον **ὃν** παρῃτοῦντο.			→ Jn 18,39 Lk 23,17 is textcritically uncertain.
121	**Mt 27,22**	λέγει αὐτοῖς ὁ Πιλᾶτος· τί οὖν ποιήσω Ἰησοῦν τὸν λεγόμενον χριστόν; ...	**Mk 15,12**	ὁ δὲ Πιλᾶτος πάλιν ἀποκριθεὶς ἔλεγεν αὐτοῖς· τί οὖν [θέλετε] ποιήσω [**ὃν** λέγετε] τὸν βασιλέα τῶν Ἰουδαίων;	**Lk 23,20**	πάλιν δὲ ὁ Πιλᾶτος προσεφώνησεν αὐτοῖς θέλων ἀπολῦσαι τὸν Ἰησοῦν·	→ Jn 19,12
112	**Mt 27,26** → Mt 27,16	τότε ἀπέλυσεν αὐτοῖς τὸν Βαραββᾶν, τὸν δὲ Ἰησοῦν φραγελλώσας παρέδωκεν ἵνα σταυρωθῇ.	**Mk 15,15** → Mk 15,7	... ἀπέλυσεν αὐτοῖς τὸν Βαραββᾶν, καὶ παρέδωκεν τὸν Ἰησοῦν φραγελλώσας ἵνα σταυρωθῇ.	**Lk 23,25** → Lk 23,19	ἀπέλυσεν δὲ τὸν διὰ στάσιν καὶ φόνον βεβλημένον εἰς φυλακὴν **ὃν** ᾐτοῦντο, τὸν δὲ Ἰησοῦν παρέδωκεν τῷ θελήματι αὐτῶν.	→ Jn 19,16
n 120	**Mt 27,27** → Lk 23,11	τότε οἱ στρατιῶται τοῦ ἡγεμόνος παραλαβόντες τὸν Ἰησοῦν εἰς τὸ πραιτώριον συνήγαγον ἐπ᾽ αὐτὸν ὅλην τὴν σπεῖραν.	**Mk 15,16** → Lk 23,11	οἱ δὲ στρατιῶται ἀπήγαγον αὐτὸν ἔσω τῆς αὐλῆς, **ὅ** ἐστιν πραιτώριον, καὶ συγκαλοῦσιν ὅλην τὴν σπεῖραν.			
002					**Lk 23,27**	ἠκολούθει δὲ αὐτῷ πολὺ πλῆθος τοῦ λαοῦ καὶ γυναικῶν **αἳ** ἐκόπτοντο καὶ ἐθρήνουν αὐτόν.	
q 002 002 002					**Lk 23,29** **(3)** → Mt 24,19 → Mk 13,17 → Lk 21,23	ὅτι ἰδοὺ ἔρχονται ἡμέραι **ἐν αἷς** ἐροῦσιν· μακάριαι αἱ στεῖραι καὶ αἱ κοιλίαι **αἳ** οὐκ ἐγέννησαν καὶ μαστοὶ **οἳ** οὐκ ἔθρεψαν.	
n 221	**Mt 27,33**	καὶ ἐλθόντες εἰς τόπον λεγόμενον Γολγοθᾶ, **ὅ** ἐστιν Κρανίου Τόπος λεγόμενος,	**Mk 15,22**	καὶ φέρουσιν αὐτὸν ἐπὶ τὸν Γολγοθᾶν τόπον, **ὅ** ἐστιν μεθερμηνευόμενον Κρανίου Τόπος.	**Lk 23,33** **(2)**	καὶ ὅτε ἦλθον ἐπὶ τὸν τόπον τὸν καλούμενον Κρανίον, ↔	**→ Jn 19,17**
c 120	**Mt 27,34**	ἔδωκαν αὐτῷ πιεῖν οἶνον μετὰ χολῆς μεμιγμένον· καὶ γευσάμενος οὐκ ἠθέλησεν πιεῖν.	**Mk 15,23**	καὶ ἐδίδουν αὐτῷ ἐσμυρνισμένον οἶνον· **ὃς δὲ** οὐκ ἔλαβεν.			

b 112 c 112	**Mt 27,38** → Lk 23,32	[35] σταυρώσαντες δὲ αὐτὸν ... [38] τότε σταυροῦνται σὺν αὐτῷ δύο λῃσταί, **εἷς** ἐκ δεξιῶν καὶ **εἷς** ἐξ εὐωνύμων.	**Mk 15,27** → Lk 23,32	[24] καὶ σταυροῦσιν αὐτὸν ... [27] καὶ σὺν αὐτῷ σταυροῦσιν δύο λῃστάς, **ἕνα** ἐκ δεξιῶν καὶ **ἕνα** ἐξ εὐωνύμων αὐτοῦ.	**Lk 23,33** **(2)** → Lk 22,37	↔ ἐκεῖ ἐσταύρωσαν αὐτὸν καὶ τοὺς κακούργους, **ὃν μὲν** ἐκ δεξιῶν **ὃν δὲ** ἐξ ἀριστερῶν.	→ Jn 19,18
002					**Lk 23,41**	καὶ ἡμεῖς μὲν δικαίως, ἄξια γὰρ **ὧν** ἐπράξαμεν ἀπολαμβάνομεν· ...	
n 120	**Mt 27,46**	περὶ δὲ τὴν ἐνάτην ὥραν ἀνεβόησεν ὁ Ἰησοῦς φωνῇ μεγάλῃ λέγων· *ηλι* *ηλι λεμα σαβαχθανι;* **τοῦτ'** ἔστιν· *θεέ μου θεέ μου,* *ἱνατί με ἐγκατέλιπες;* ➢ Ps 22,2	**Mk 15,34**	καὶ τῇ ἐνάτῃ ὥρᾳ ἐβόησεν ὁ Ἰησοῦς φωνῇ μεγάλῃ· *ελωι ελωι* *λεμα σαβαχθανι;* **ὅ** ἐστιν μεθερμηνευόμενον *ὁ θεός μου ὁ θεός μου,* *εἰς τί ἐγκατέλιπές με;* ➢ Ps 22,2			
	Mt 27,55	ἦσαν δὲ ἐκεῖ γυναῖκες πολλαὶ ἀπὸ μακρόθεν θεωροῦσαι, ...	**Mk 15,40**	ἦσαν δὲ καὶ γυναῖκες ἀπὸ μακρόθεν θεωροῦσαι,	**Lk 23,49**	εἱστήκεισαν δὲ πάντες οἱ γνωστοὶ αὐτῷ ἀπὸ μακρόθεν καὶ γυναῖκες ↔	
q e 220	**Mt 27,56** → Mt 27,61 → Mt 28,1	**ἐν αἷς** ἦν Μαρία ἡ Μαγδαληνὴ καὶ Μαρία ἡ τοῦ Ἰακώβου καὶ Ἰωσὴφ μήτηρ καὶ ἡ μήτηρ τῶν υἱῶν Ζεβεδαίου.	→ Mk 15,47 → Mk 16,1	**ἐν αἷς καὶ** Μαρία ἡ Μαγδαληνὴ καὶ Μαρία ἡ Ἰακώβου τοῦ μικροῦ καὶ Ἰωσῆτος μήτηρ καὶ Σαλώμη,			→ Jn 19,25
121	**Mt 27,55** → Mt 27,61	ἦσαν δὲ ἐκεῖ γυναῖκες πολλαὶ ἀπὸ μακρόθεν θεωροῦσαι, **αἵτινες** ἠκολούθησαν τῷ Ἰησοῦ ἀπὸ τῆς Γαλιλαίας διακονοῦσαι αὐτῷ·	**Mk 15,41** → Mk 15,47	**αἳ** ὅτε ἦν ἐν τῇ Γαλιλαίᾳ ἠκολούθουν αὐτῷ καὶ διηκόνουν αὐτῷ, καὶ ἄλλαι πολλαὶ αἱ συν- αναβᾶσαι αὐτῷ εἰς Ἱεροσόλυμα.	**Lk 23,49** ↑ **Lk 8,2** → Lk 8,3 → Lk 23,55	↔ αἱ συνακολουθοῦσαι αὐτῷ ἀπὸ τῆς Γαλιλαίας ὁρῶσαι ταῦτα.	
n 121	**Mt 27,57**	ὀψίας δὲ γενομένης	**Mk 15,42**	καὶ ἤδη ὀψίας γενομένης, ἐπεὶ ἦν παρασκευή, **ὅ** ἐστιν προσάββατον,	**Lk 23,54**	καὶ ἡμέρα ἦν παρασκευῆς καὶ σάββατον ἐπέφωσκεν.	→ Jn 19,42
e 222		ἦλθεν ἄνθρωπος πλούσιος ἀπὸ Ἁριμαθαίας, τοὔνομα Ἰωσήφ, **ὃς καὶ** αὐτὸς ἐμαθητεύθη τῷ Ἰησοῦ·	**Mk 15,43**	ἐλθὼν Ἰωσὴφ [ὁ] ἀπὸ Ἁριμαθαίας εὐσχήμων βουλευτής, **ὃς καὶ** αὐτὸς ἦν προσδεχόμενος τὴν βασιλείαν τοῦ θεοῦ, ...	**Lk 23,51**	[50] καὶ ἰδοὺ ἀνὴρ ὀνόματι Ἰωσὴφ βουλευτὴς ὑπάρχων ... [51] ... ἀπὸ Ἁριμαθαίας πόλεως τῶν Ἰουδαίων, **ὃς** προσεδέχετο τὴν βασιλείαν τοῦ θεοῦ	→ Jn 19,38
221	**Mt 27,60**	καὶ ἔθηκεν αὐτὸ ἐν τῷ καινῷ αὐτοῦ μνημείῳ **ὃ** ἐλατόμησεν ἐν τῇ πέτρᾳ καὶ προσκυλίσας λίθον μέγαν τῇ θύρᾳ τοῦ μνημείου ἀπῆλθεν.	**Mk 15,46**	... καὶ ἔθηκεν αὐτὸν ἐν μνημείῳ **ὃ** ἦν λελατομημένον ἐκ πέτρας καὶ προσεκύλισεν λίθον ἐπὶ τὴν θύραν τοῦ μνημείου.	**Lk 23,53**	... καὶ ἔθηκεν αὐτὸν ἐν μνήματι λαξευτῷ οὗ οὐκ ἦν οὐδεὶς οὔπω κείμενος.	→ **Jn 19,41**

112	**Mt 28,1**	... τῇ ἐπιφωσκούσῃ εἰς μίαν σαββάτων ἦλθεν ... θεωρῆσαι τὸν τάφον.	**Mk 16,2**	καὶ λίαν πρωῒ τῇ μιᾷ τῶν σαββάτων ἔρχονται ἐπὶ τὸ μνημεῖον ἀνατείλαντος τοῦ ἡλίου.	**Lk 24,1** → Mk 16,1 → Lk 23,56 → Lk 24,22	τῇ δὲ μιᾷ τῶν σαββάτων ὄρθρου βαθέως ἐπὶ τὸ μνῆμα ἦλθον φέρουσαι ἃ ἡτοίμασαν ἀρώματα.	→ Jn 20,1
002					**Lk 24,13**	... εἰς κώμην ἀπέχουσαν σταδίους ἑξήκοντα ἀπὸ Ἰερουσαλήμ, ᾗ ὄνομα Ἐμμαοῦς	
h k 002					**Lk 24,17**	... τίνες οἱ λόγοι οὗτοι οὓς ἀντιβάλλετε πρὸς ἀλλήλους περιπατοῦντες; ...	
002					**Lk 24,19**	καὶ εἶπεν αὐτοῖς· ποῖα; οἱ δὲ εἶπαν αὐτῷ· τὰ περὶ Ἰησοῦ τοῦ Ναζαρηνοῦ, ὃς ἐγένετο ἀνὴρ προφήτης δυνατὸς ἐν ἔργῳ καὶ λόγῳ ἐναντίον τοῦ θεοῦ καὶ παντὸς τοῦ λαοῦ	**→ Acts 2,22** **→ Acts 10,38**
t 002					**Lk 24,21**	... ἀλλά γε καὶ σὺν πᾶσιν τούτοις τρίτην ταύτην ἡμέραν ἄγει ἀφ᾽ οὗ ταῦτα ἐγένετο.	
002					**Lk 24,23** → Mt 28,2-6 → Mk 16,5-6 → Lk 24,3-6	καὶ μὴ εὑροῦσαι τὸ σῶμα αὐτοῦ ἦλθον λέγουσαι καὶ ὀπτασίαν ἀγγέλων ἑωρακέναι, οἳ λέγουσιν αὐτὸν ζῆν.	
a 002					**Lk 24,25**	... ὦ ἀνόητοι καὶ βραδεῖς τῇ καρδίᾳ τοῦ πιστεύειν ἐπὶ πᾶσιν οἷς ἐλάλησαν οἱ προφῆται·	
h 002					**Lk 24,44**	... οὗτοι οἱ λόγοι μου οὓς ἐλάλησα πρὸς ὑμᾶς ἔτι ὢν σὺν ὑμῖν, ...	
s 002					**Lk 24,49**	... ὑμεῖς δὲ καθίσατε ἐν τῇ πόλει ἕως οὗ ἐνδύσησθε ἐξ ὕψους δύναμιν.	→ Acts 1,8 **→ Acts 2,33**

[a] πᾶς (...) ὅς
[b] ὅς (...) μέν
[c] ὅς δέ (except g)
[d] ὅς (...) γάρ
[e] ὅς καί, ὅς τε
[f] ὅς (...) οὖν
[g] ὃς δ᾽ ἄν, ὃς (γὰρ) ἄν, ὃς (γὰρ) ἐάν
[h] οὗτος ... ὅς, ὅς ... οὗτος
[j] ἐκεῖνος ..., ὅς
[k] τίς ..., ὅς
[l] τις ..., ὅς (Luke/Acts only)
[m] ὅς with pleonastic pronoun
[n] ὅ ἐστιν
[p] ἀνθ᾽ ὧν
[q] ἐν ᾧ, ἐν οἷς
[r] ἄχρι (δὲ) οὗ, ἄχρι ἧς ἡμέρας
[s] ἕως οὗ
[t] ἀφ᾽ οὗ, ἀφ᾽ ἧς

a **Acts 1,1** τὸν μὲν πρῶτον λόγον ἐποιησάμην περὶ πάντων, ὦ Θεόφιλε,
ὧν
ἤρξατο ὁ Ἰησοῦς ποιεῖν τε καὶ διδάσκειν,

r **Acts 1,2** **(2)** → Lk 9,51 → Lk 24,51
ἄχρι ἧς ἡμέρας
ἐντειλάμενος τοῖς ἀποστόλοις διὰ πνεύματος ἁγίου
οὓς
ἐξελέξατο ἀνελήμφθη.

e **Acts 1,3** οἷς καὶ
παρέστησεν ἑαυτὸν ζῶντα μετὰ τὸ παθεῖν αὐτὸν ἐν πολλοῖς τεκμηρίοις, ...

Acts 1,4 ... περιμένειν τὴν ἐπαγγελίαν τοῦ πατρὸς
ἣν
ἠκούσατέ μου

Acts 1,7 ... οὐχ ὑμῶν ἐστιν γνῶναι χρόνους ἢ καιροὺς
οὓς
ὁ πατὴρ ἔθετο ἐν τῇ ἰδίᾳ ἐξουσίᾳ

e **Acts 1,11** **(2)** [10] ... ἄνδρες δύο ...
[11] οἳ καὶ
εἶπαν· ἄνδρες Γαλιλαῖοι, τί ἑστήκατε [ἐμ]βλέποντες εἰς τὸν οὐρανόν;
→ Lk 9,51 → Lk 24,51 οὗτος ὁ Ἰησοῦς ὁ ἀναλημφθεὶς ἀφ' ὑμῶν εἰς τὸν οὐρανὸν οὕτως ἐλεύσεται
ὃν τρόπον
ἐθεάσασθε αὐτὸν πορευόμενον εἰς τὸν οὐρανόν.

Acts 1,12 → Lk 24,52 ... ἀπὸ ὄρους τοῦ καλουμένου Ἐλαιῶνος,
ὅ
ἐστιν ἐγγὺς Ἰερουσαλὴμ σαββάτου ἔχον ὁδόν.

Acts 1,16 ἄνδρες ἀδελφοί, ἔδει πληρωθῆναι τὴν γραφὴν
ἣν
προεῖπεν τὸ πνεῦμα τὸ ἅγιον διὰ στόματος Δαυὶδ ...

Acts 1,21 δεῖ οὖν τῶν συνελθόντων ἡμῖν ἀνδρῶν ἐν παντὶ χρόνῳ
ᾧ
εἰσῆλθεν καὶ ἐξῆλθεν ἐφ' ἡμᾶς ὁ κύριος Ἰησοῦς,
[22] ... μάρτυρα τῆς ἀναστάσεως αὐτοῦ σὺν ἡμῖν γενέσθαι ἕνα τούτων.

Acts 1,22 → Lk 9,51 → Lk 24,51 ἀρξάμενος ἀπὸ τοῦ βαπτίσματος Ἰωάννου ἕως τῆς ἡμέρας
ἧς
ἀνελήμφθη ἀφ' ἡμῶν, ...

Acts 1,23 καὶ ἔστησαν δύο, Ἰωσὴφ τὸν καλούμενον Βαρσαββᾶν
ὃς
ἐπεκλήθη Ἰοῦστος, καὶ Μαθθίαν.

Acts 1,24 καὶ προσευξάμενοι εἶπαν· σὺ κύριε καρδιογνῶστα πάντων, ἀνάδειξον
ὃν
ἐξελέξω ἐκ τούτων τῶν δύο ἕνα

h t **Acts 1,25** λαβεῖν τὸν τόπον τῆς διακονίας ταύτης καὶ ἀποστολῆς
ἀφ' ἧς
παρέβη Ἰούδας πορευθῆναι εἰς τὸν τόπον τὸν ἴδιον.

q **Acts 2,8** καὶ πῶς ἡμεῖς ἀκούομεν ἕκαστος τῇ ἰδίᾳ διαλέκτῳ ἡμῶν
ἐν ᾗ
ἐγεννήθημεν;

a g **Acts 2,21** *καὶ ἔσται πᾶς*
ὃς ἂν
ἐπικαλέσηται τὸ ὄνομα κυρίου σωθήσεται.
➤ Joel 3,5 LXX

Acts 2,22 → Lk 24,19 ... Ἰησοῦν τὸν Ναζωραῖον, ἄνδρα ἀποδεδειγμένον ἀπὸ τοῦ θεοῦ εἰς ὑμᾶς δυνάμεσι καὶ τέρασι καὶ σημείοις
οἷς
ἐποίησεν δι' αὐτοῦ ὁ θεὸς ἐν μέσῳ ὑμῶν καθὼς αὐτοὶ οἴδατε

h **Acts 2,24** [23] τοῦτον ...
[24] ὃν
ὁ θεὸς ἀνέστησεν λύσας τὰς ὠδῖνας τοῦ θανάτου, ...

Acts 2,32 τοῦτον τὸν Ἰησοῦν ἀνέστησεν ὁ θεός,
οὗ
πάντες ἡμεῖς ἐσμεν μάρτυρες·

h **Acts 2,33** → Lk 24,49 → Acts 1,8 τῇ δεξιᾷ οὖν τοῦ θεοῦ ὑψωθείς, τήν τε ἐπαγγελίαν τοῦ πνεύματος τοῦ ἁγίου λαβὼν παρὰ τοῦ πατρός, ἐξέχεεν τοῦτο
ὃ
ὑμεῖς [καὶ] βλέπετε καὶ ἀκούετε.

h **Acts 2,36** ... τοῦτον τὸν Ἰησοῦν
ὃν
ὑμεῖς ἐσταυρώσατε.

l **Acts 3,2** καί τις ἀνὴρ χωλὸς ἐκ κοιλίας μητρὸς αὐτοῦ ὑπάρχων ἐβαστάζετο,
ὃν
ἐτίθουν καθ' ἡμέραν πρὸς τὴν θύραν τοῦ ἱεροῦ ...

Acts 3,3 ὃς
ἰδὼν Πέτρον καὶ Ἰωάννην μέλλοντας εἰσιέναι εἰς τὸ ἱερὸν, ἠρώτα ἐλεημοσύνην λαβεῖν.

c h **Acts 3,6** εἶπεν δὲ Πέτρος· ἀργύριον καὶ χρυσίον οὐχ ὑπάρχει μοι,
ὃ δὲ
ἔχω τοῦτό σοι δίδωμι· ...

b **Acts 3,13** *ὁ θεὸς Ἀβραὰμ καὶ [ὁ θεὸς] Ἰσαὰκ καὶ [ὁ θεὸς] Ἰακώβ, ὁ θεὸς τῶν πατέρων ἡμῶν,* ἐδόξασεν τὸν παῖδα αὐτοῦ Ἰησοῦν
ὃν
ὑμεῖς μὲν παρεδώκατε ...
➤ Exod 3,6

Acts 3,15 **(2)** τὸν δὲ ἀρχηγὸν τῆς ζωῆς ἀπεκτείνατε
ὃν
ὁ θεὸς ἤγειρεν ἐκ νεκρῶν,
οὗ
ἡμεῖς μάρτυρές ἐσμεν.

h **Acts 3,16** καὶ ἐπὶ τῇ πίστει τοῦ ὀνόματος αὐτοῦ τοῦτον
ὃν
θεωρεῖτε καὶ οἴδατε, ἐστερέωσεν τὸ ὄνομα αὐτοῦ, ...

Acts 3,18 ὁ δὲ θεὸς,
ἃ
προκατήγγειλεν διὰ στόματος πάντων τῶν προφητῶν παθεῖν τὸν χριστὸν αὐτοῦ ἐπλήρωσεν οὕτως.

Acts 3,21 **(2)** → Lk 1,70 → Mt 17,11 → Mk 9,12 [20] ... χριστὸν Ἰησοῦν,
[21] ὃν
δεῖ οὐρανὸν μὲν δέξασθαι ἄχρι χρόνων ἀποκαταστάσεως πάντων
a ὧν
ἐλάλησεν ὁ θεὸς διὰ στόματος τῶν ἁγίων ἀπ' αἰῶνος αὐτοῦ προφητῶν.

Acts 3,25 ὑμεῖς ἐστε οἱ υἱοὶ τῶν προφητῶν καὶ τῆς διαθήκης
ἧς
διέθετο ὁ θεὸς πρὸς τοὺς πατέρας ὑμῶν λέγων πρὸς Ἀβραάμ· ...

h **Acts 4,10** (2) γνωστὸν ἔστω πᾶσιν ὑμῖν καὶ παντὶ τῷ λαῷ Ἰσραὴλ ὅτι ἐν τῷ ὀνόματι Ἰησοῦ Χριστοῦ τοῦ Ναζωραίου
ὃν
ὑμεῖς ἐσταυρώσατε,

h **ὃν**
ὁ θεὸς ἤγειρεν ἐκ νεκρῶν, ἐν τούτῳ οὗτος παρέστηκεν ἐνώπιον ὑμῶν ὑγιής.

q **Acts 4,12** ... οὐδὲ γὰρ ὄνομά ἐστιν ἕτερον ὑπὸ τὸν οὐρανὸν τὸ δεδομένον ἐν ἀνθρώποις
ἐν ᾧ
δεῖ σωθῆναι ἡμᾶς.

Acts 4,20 οὐ δυνάμεθα γὰρ ἡμεῖς
ἃ
εἴδαμεν καὶ ἠκούσαμεν μὴ λαλεῖν.

Acts 4,22 ἐτῶν γὰρ ἦν πλειόνων τεσσεράκοντα ὁ ἄνθρωπος
ἐφ' ὃν
γεγόνει τὸ σημεῖον τοῦτο τῆς ἰάσεως.

Acts 4,27 → Lk 4,18 συνήχθησαν γὰρ ἐπ' ἀληθείας ἐν τῇ πόλει ταύτῃ ἐπὶ τὸν ἅγιον παῖδά σου Ἰησοῦν
ὃν
ἔχρισας, Ἡρῴδης τε καὶ Πόντιος Πιλᾶτος σὺν ἔθνεσιν καὶ λαοῖς Ἰσραήλ

q **Acts 4,31** καὶ δεηθέντων αὐτῶν ἐσαλεύθη ὁ τόπος
ἐν ᾧ
ἦσαν συνηγμένοι, ...

n **Acts 4,36** Ἰωσὴφ δὲ ὁ ἐπικληθεὶς Βαρναβᾶς ἀπὸ τῶν ἀποστόλων,
ὅ
ἐστιν μεθερμηνευόμενον υἱὸς παρακλήσεως, ...

Acts 5,25 παραγενόμενος δέ τις ἀπήγγειλεν αὐτοῖς ὅτι ἰδοὺ οἱ ἄνδρες
οὓς
ἔθεσθε ἐν τῇ φυλακῇ εἰσὶν ἐν τῷ ἱερῷ ἑστῶτες ...

Acts 5,30 ὁ θεὸς τῶν πατέρων ἡμῶν ἤγειρεν Ἰησοῦν
ὃν
ὑμεῖς διεχειρίσασθε κρεμάσαντες ἐπὶ ξύλου·

Acts 5,32 ... τὸ πνεῦμα τὸ ἅγιον
ὃ
ἔδωκεν ὁ θεὸς τοῖς πειθαρχοῦσιν αὐτῷ.

Acts 5,36 (2) ... ἀνέστη Θευδᾶς λέγων εἶναί τινα ἑαυτόν,
ᾧ
προσεκλίθη ἀνδρῶν ἀριθμὸς ὡς τετρακοσίων·
ὃς
ἀνῃρέθη, ...

Acts 6,3 ἐπισκέψασθε δέ, ἀδελφοί, ἄνδρας ἐξ ὑμῶν μαρτυρουμένους ἑπτά, πλήρεις πνεύματος καὶ σοφίας,
οὓς
καταστήσομεν ἐπὶ τῆς χρείας ταύτης

Acts 6,6 **οὓς**
ἔστησαν ἐνώπιον τῶν ἀποστόλων, καὶ προσευξάμενοι ἐπέθηκαν αὐτοῖς τὰς χεῖρας.

Acts 6,10 καὶ οὐκ ἴσχυον ἀντιστῆναι τῇ σοφίᾳ καὶ τῷ πνεύματι
ᾧ
ἐλάλει.

Acts 6,14 → Mt 26,61 → Mk 14,58 → Mt 27,40 → Mk 15,29 ἀκηκόαμεν γὰρ αὐτοῦ λέγοντος ὅτι Ἰησοῦς ὁ Ναζωραῖος οὗτος καταλύσει τὸν τόπον τοῦτον καὶ ἀλλάξει τὰ ἔθη
ἃ
παρέδωκεν ἡμῖν Μωϋσῆς.

g **Acts 7,3** *... ἔξελθε ἐκ τῆς γῆς σου καὶ [ἐκ] τῆς συγγενείας σου καὶ δεῦρο εἰς τὴν γῆν*
ἣν ἄν
σοι δείξω.
➢ Gen 12,1

h **Acts 7,4** ... κἀκεῖθεν μετὰ τὸ ἀποθανεῖν τὸν πατέρα αὐτοῦ μετῴκισεν αὐτὸν εἰς τὴν γῆν ταύτην
εἰς ἣν
ὑμεῖς νῦν κατοικεῖτε

g **Acts 7,7** *καὶ τὸ ἔθνος*
ᾧ ἐὰν
δουλεύσουσιν κρινῶ ἐγώ, ὁ θεὸς εἶπεν, ...
➢ Gen 15,14

Acts 7,16 καὶ μετετέθησαν εἰς Συχὲμ καὶ ἐτέθησαν ἐν τῷ μνήματι
ᾧ
ὠνήσατο Ἀβραὰμ τιμῆς ἀργυρίου παρὰ τῶν υἱῶν Ἑμμὼρ ἐν Συχέμ.

Acts 7,17 καθὼς δὲ ἤγγιζεν ὁ χρόνος τῆς ἐπαγγελίας
ἧς
ὡμολόγησεν ὁ θεὸς τῷ Ἀβραάμ, ηὔξησεν ὁ λαὸς καὶ ἐπληθύνθη ἐν Αἰγύπτῳ

r **Acts 7,18** (2) **ἄχρι οὗ**
ἀνέστη βασιλεὺς ἕτερος [ἐπ' Αἴγυπτον]
ὃς
οὐκ ᾔδει τὸν Ἰωσήφ.
➢ Exod 1,8 LXX

q **Acts 7,20** (2) **ἐν ᾧ**
καιρῷ ἐγεννήθη Μωϋσῆς καὶ ἦν ἀστεῖος τῷ θεῷ·
ὃς
ἀνετράφη μῆνας τρεῖς ἐν τῷ οἴκῳ τοῦ πατρός

Acts 7,28 *μὴ ἀνελεῖν με σὺ θέλεις*
ὃν τρόπον
ἀνεῖλες ἐχθὲς τὸν Αἰγύπτιον;
➢ Exod 2,14

Acts 7,33 *... λῦσον τὸ ὑπόδημα τῶν ποδῶν σου, ὁ γὰρ τόπος*
ἐφ' ᾧ
ἕστηκας γῆ ἁγία ἐστίν.
➢ Exod 3,5

h **Acts 7,35** τοῦτον τὸν Μωϋσῆν
ὃν
ἠρνήσαντο εἰπόντες· *τίς σε κατέστησεν ἄρχοντα καὶ δικαστήν; ...*
➢ Exod 2,14

h **Acts 7,38** οὗτός ἐστιν ὁ γενόμενος ἐν τῇ ἐκκλησίᾳ ἐν τῇ ἐρήμῳ μετὰ τοῦ ἀγγέλου τοῦ λαλοῦντος αὐτῷ ἐν τῷ ὄρει Σινᾶ καὶ τῶν πατέρων ἡμῶν,
ὃς
ἐδέξατο λόγια ζῶντα δοῦναι ἡμῖν,

h **Acts 7,39** **ᾧ**
οὐκ ἠθέλησαν ὑπήκοοι γενέσθαι οἱ πατέρες ἡμῶν, ...

Acts 7,40 (2) εἰπόντες τῷ Ἀαρών· *ποίησον ἡμῖν θεοὺς*
οἳ
προπορεύσονται ἡμῶν·

h *ὁ γὰρ Μωϋσῆς οὗτος,*
ὃς
ἐξήγαγεν ἡμᾶς ἐκ γῆς Αἰγύπτου, οὐκ οἴδαμεν τί ἐγένετο αὐτῷ.
➢ Exod 32,1.23

Acts 7,43 *καὶ ἀνελάβετε τὴν σκηνὴν τοῦ Μολὸχ καὶ τὸ ἄστρον τοῦ θεοῦ [ὑμῶν] Ῥαιφάν, τοὺς τύπους*
οὓς
ἐποιήσατε προσκυνεῖν αὐτοῖς, ...
➢ Amos 5,26 LXX

Acts 7,44 ἡ σκηνὴ τοῦ μαρτυρίου ἦν τοῖς πατράσιν ἡμῶν ἐν τῇ ἐρήμῳ καθὼς διετάξατο ὁ λαλῶν τῷ Μωϋσῇ ποιῆσαι αὐτὴν κατὰ τὸν τύπον

ὃν

ἑωράκει·

e **Acts 7,45** (2) ἣν καὶ

εἰσήγαγον διαδεξάμενοι οἱ πατέρες ἡμῶν μετὰ Ἰησοῦ ἐν τῇ κατασχέσει τῶν ἐθνῶν,

ὧν

ἐξῶσεν ὁ θεὸς ἀπὸ προσώπου τῶν πατέρων ἡμῶν ἕως τῶν ἡμερῶν Δαυίδ,

Acts 7,46 ὃς

εὗρεν χάριν ἐνώπιον τοῦ θεοῦ καὶ ᾐτήσατο εὑρεῖν σκήνωμα τῷ οἴκῳ Ἰακώβ.

Acts 7,52 ... καὶ ἀπέκτειναν τοὺς προκαταγγείλαντας περὶ τῆς ἐλεύσεως τοῦ δικαίου,

οὗ

νῦν ὑμεῖς προδόται καὶ φονεῖς ἐγένεσθε

Acts 8,6 ... βλέπειν τὰ σημεῖα

ἃ

ἐποίει.

l **Acts 8,10** [9] ἀνὴρ δέ τις ὀνόματι Σίμων ...

[10] ᾧ

προσεῖχον πάντες ἀπὸ μικροῦ ἕως μεγάλου λέγοντες· ...

g **Acts 8,19** ... δότε κἀμοὶ τὴν ἐξουσίαν ταύτην ἵνα

ᾧ ἐὰν

ἐπιθῶ τὰς χεῖρας λαμβάνῃ πνεῦμα ἅγιον.

Acts 8,24 ἀποκριθεὶς δὲ ὁ Σίμων εἶπεν· δεήθητε ὑμεῖς ὑπὲρ ἐμοῦ πρὸς τὸν κύριον ὅπως μηδὲν ἐπέλθῃ ἐπ' ἐμὲ

ὧν

εἰρήκατε.

Acts 8,27 (2) ... καὶ ἰδοὺ ἀνὴρ Αἰθίοψ εὐνοῦχος δυνάστης Κανδάκης βασιλίσσης Αἰθιόπων,

ὃς

ἦν ἐπὶ πάσης τῆς γάζης αὐτῆς,

ὃς

ἐληλύθει προσκυνήσων εἰς Ἰερουσαλήμ

Acts 8,30 ... ἆρά γε γινώσκεις

ἃ

ἀναγινώσκεις;

h **Acts 8,32** ἡ δὲ περιοχὴ τῆς γραφῆς

ἣν

ἀνεγίνωσκεν ἦν αὕτη· ...

Acts 9,5 ... ἐγώ εἰμι Ἰησοῦς

ὃν

σὺ διώκεις·

Acts 9,17 ... ὁ κύριος ἀπέσταλκέν με, Ἰησοῦς ὁ ὀφθείς σοι ἐν τῇ ὁδῷ

ᾗ

ἤρχου, ...

l **Acts 9,33** εὗρεν δὲ ἐκεῖ ἄνθρωπόν τινα ὀνόματι Αἰνέαν ἐξ ἐτῶν ὀκτὼ κατακείμενον ἐπὶ κραβάττου,

ὃς

ἦν παραλελυμένος.

l **Acts 9,36** (2) ἐν Ἰόππῃ δέ τις ἦν μαθήτρια ὀνόματι Ταβιθά,

ἣ

διερμηνευομένη λέγεται Δορκάς·

αὕτη ἦν πλήρης ἔργων ἀγαθῶν καὶ ἐλεημοσυνῶν

ὧν

ἐποίει.

Acts 9,39 ἀναστὰς δὲ Πέτρος συνῆλθεν αὐτοῖς·

ὃν

παραγενόμενον ἀνήγαγον εἰς τὸ ὑπερῷον ...

l **Acts 10,5** καὶ νῦν πέμψον ἄνδρας εἰς Ἰόππην καὶ μετάπεμψαι Σίμωνά τινα

ὃς

ἐπικαλεῖται Πέτρος·

l **Acts 10,6** οὗτος ξενίζεται παρά τινι Σίμωνι βυρσεῖ,

ᾧ

ἐστιν οἰκία παρὰ θάλασσαν.

l q **Acts 10,12** [11] ... σκεῦός τι ὡς ὀθόνην μεγάλην ...

[12] ἐν ᾧ

ὑπῆρχεν πάντα τὰ τετράποδα καὶ ἑρπετὰ τῆς γῆς καὶ πετεινὰ τοῦ οὐρανοῦ.

Acts 10,15 καὶ φωνὴ πάλιν ἐκ δευτέρου πρὸς αὐτόν·

ἃ

ὁ θεὸς ἐκαθάρισεν, σὺ μὴ κοίνου.

k **Acts 10,17** ὡς δὲ ἐν ἑαυτῷ διηπόρει ὁ Πέτρος τί ἂν εἴη τὸ ὅραμα

ὃ

εἶδεν, ...

Acts 10,21 (2) καταβὰς δὲ Πέτρος πρὸς τοὺς ἄνδρας εἶπεν· ἰδοὺ ἐγώ εἰμι

ὃν

ζητεῖτε· τίς ἡ αἰτία

k δι' ἣν

πάρεστε;

Acts 10,32 πέμψον οὖν εἰς Ἰόππην καὶ μετακάλεσαι Σίμωνα

ὃς

ἐπικαλεῖται Πέτρος, ...

Acts 10,36 τὸν λόγον

[ὃν]

ἀπέστειλεν τοῖς υἱοῖς Ἰσραὴλ εὐαγγελιζόμενος εἰρήνην διὰ Ἰησοῦ Χριστοῦ, ...

Acts 10,37 ... ἀρξάμενος ἀπὸ τῆς Γαλιλαίας μετὰ τὸ βάπτισμα

ὃ

ἐκήρυξεν Ἰωάννης,

Acts 10,38 → Lk 4,18 → Lk 24,19 Ἰησοῦν τὸν ἀπὸ Ναζαρέθ, ὡς ἔχρισεν αὐτὸν ὁ θεὸς πνεύματι ἁγίῳ καὶ δυνάμει,

ὃς

διῆλθεν εὐεργετῶν ...

a **Acts 10,39** (2) καὶ ἡμεῖς μάρτυρες πάντων

ὧν

ἐποίησεν ἔν τε τῇ χώρᾳ τῶν Ἰουδαίων καὶ [ἐν] Ἰερουσαλήμ.

e ὃν καὶ

ἀνεῖλαν κρεμάσαντες ἐπὶ ξύλου

l **Acts 11,6** [5] ... σκεῦός τι ὡς ὀθόνην μεγάλην ...

[6] εἰς ἣν

ἀτενίσας κατενόουν καὶ εἶδον τὰ τετράποδα τῆς γῆς καὶ τὰ θηρία καὶ τὰ ἑρπετὰ καὶ τὰ πετεινὰ τοῦ οὐρανοῦ.

Acts 11,9 ἀπεκρίθη δὲ φωνὴ ἐκ δευτέρου ἐκ τοῦ οὐρανοῦ·

ἃ

ὁ θεὸς ἐκαθάρισεν, σὺ μὴ κοίνου.

q **Acts 11,11** καὶ ἰδοὺ ἐξαυτῆς τρεῖς ἄνδρες ἐπέστησαν ἐπὶ τὴν οἰκίαν

ἐν ᾗ

ἦμεν, ἀπεσταλμένοι ἀπὸ Καισαρείας πρός με.

Acts 11,14 (2) [13] Σίμωνα τὸν ἐπικαλούμενον Πέτρον,

[14] ὃς

λαλήσει ῥήματα πρὸς σὲ

q ἐν οἷς

σωθήσῃ σὺ καὶ πᾶς ὁ οἶκός σου.

Acts 11,23 [22] ... Βαρναβᾶν ...
[23] ὃς
παραγενόμενος καὶ ἰδὼν τὴν χάριν [τὴν] τοῦ θεοῦ, ἐχάρη ...

e **Acts 11,30** [29] ... εἰς διακονίαν πέμψαι τοῖς κατοικοῦσιν ἐν τῇ Ἰουδαίᾳ ἀδελφοῖς·
[30] ὃ καὶ
ἐποίησαν ἀποστείλαντες πρὸς τοὺς πρεσβυτέρους διὰ χειρὸς Βαρναβᾶ καὶ Σαύλου.

e **Acts 12,4** [3] ... Πέτρον, ...
[4] ὃν καὶ
πιάσας ἔθετο εἰς φυλακήν ...

p **Acts 12,23** παραχρῆμα δὲ ἐπάταξεν αὐτὸν ἄγγελος κυρίου
ἀνθ᾽ ὧν
οὐκ ἔδωκεν τὴν δόξαν τῷ θεῷ, ...

Acts 13,2 ... ἀφορίσατε δή μοι τὸν Βαρναβᾶν καὶ Σαῦλον εἰς τὸ ἔργον
ὃ
προσκέκλημαι αὐτούς.

l **Acts 13,6** διελθόντες δὲ ὅλην τὴν νῆσον ἄχρι Πάφου εὗρον ἄνδρα τινὰ μάγον ψευδοπροφήτην Ἰουδαῖον
ᾧ
ὄνομα Βαριησοῦ

Acts 13,7 ὃς
ἦν σὺν τῷ ἀνθυπάτῳ Σεργίῳ Παύλῳ, ἀνδρὶ συνετῷ. ...

e **Acts 13,22 (2)** καὶ μεταστήσας αὐτὸν ἤγειρεν τὸν Δαυὶδ αὐτοῖς εἰς βασιλέα
ᾧ καὶ
εἶπεν μαρτυρήσας·
εὗρον Δαυὶδ τὸν τοῦ Ἰεσσαί, ἄνδρα κατὰ τὴν καρδίαν μου,
ὃς
ποιήσει πάντα τὰ θελήματά μου.
➤ Ps 89,21/1Sam 13,14/Isa 44,28

Acts 13,25 →Mt 3,11 →Mk 1,7 →Lk 3,16 →Jn 1,27 ... οὐκ εἰμὶ ἐγώ· ἀλλ᾽ ἰδοὺ ἔρχεται μετ᾽ ἐμὲ
οὗ
οὐκ εἰμὶ ἄξιος τὸ ὑπόδημα τῶν ποδῶν λῦσαι.

Acts 13,31 [30] ὁ δὲ θεὸς ἤγειρεν αὐτὸν ἐκ νεκρῶν,
[31] ὃς
ὤφθη ἐπὶ ἡμέρας πλείους τοῖς συναναβᾶσιν αὐτῷ ...

c **Acts 13,37** [36] Δαυὶδ ... εἶδεν διαφθοράν·
[37] ὃν δὲ
ὁ θεὸς ἤγειρεν, οὐκ εἶδεν διαφθοράν.

a **Acts 13,38** γνωστὸν οὖν ἔστω ὑμῖν, ἄνδρες ἀδελφοί, ὅτι διὰ τούτου ὑμῖν ἄφεσις ἁμαρτιῶν καταγγέλλεται, [καὶ] ἀπὸ πάντων
ὧν
οὐκ ἠδυνήθητε ἐν νόμῳ Μωϋσέως δικαιωθῆναι

Acts 13,41 ... *ὅτι ἔργον ἐργάζομαι ἐγὼ ἐν ταῖς ἡμέραις ὑμῶν,* ἔργον
ὃ
οὐ μὴ πιστεύσητε ἐάν τις ἐκδιηγῆται ὑμῖν.
➤ Hab 1,5 LXX

l **Acts 14,8** καί τις ἀνὴρ ἀδύνατος ἐν Λύστροις τοῖς ποσὶν ἐκάθητο, χωλὸς ἐκ κοιλίας μητρὸς αὐτοῦ
ὃς
οὐδέποτε περιεπάτησεν.

Acts 14,9 οὗτος ἤκουσεν τοῦ Παύλου λαλοῦντος·
ὃς
ἀτενίσας αὐτῷ καὶ ἰδὼν ὅτι ἔχει πίστιν τοῦ σωθῆναι

Acts 14,11 οἵ τε ὄχλοι ἰδόντες
ὃ
ἐποίησεν Παῦλος ἐπῆραν τὴν φωνὴν αὐτῶν Λυκαονιστὶ λέγοντες· ...

Acts 14,15 ... εὐαγγελιζόμενοι ὑμᾶς ἀπὸ τούτων τῶν ματαίων ἐπιστρέφειν ἐπὶ θεὸν ζῶντα,
ὃς
ἐποίησεν τὸν οὐρανὸν καὶ τὴν γῆν καὶ τὴν θάλασσαν καὶ πάντα τὰ ἐν αὐτοῖς·
➤ Exod 20,11/Ps 146,6

Acts 14,16 ὃς
ἐν ταῖς παρῳχημέναις γενεαῖς εἴασεν πάντα τὰ ἔθνη πορεύεσθαι ταῖς ὁδοῖς αὐτῶν·

Acts 14,23 χειροτονήσαντες δὲ αὐτοῖς κατ᾽ ἐκκλησίαν πρεσβυτέρους, προσευξάμενοι μετὰ νηστειῶν παρέθεντο αὐτοὺς τῷ κυρίῳ
εἰς ὃν
πεπιστεύκεισαν.

Acts 14,26 κἀκεῖθεν ἀπέπλευσαν εἰς Ἀντιόχειαν, ὅθεν ἦσαν παραδεδομένοι τῇ χάριτι τοῦ θεοῦ εἰς τὸ ἔργον
ὃ
ἐπλήρωσαν.

Acts 15,10 νῦν οὖν τί πειράζετε τὸν θεόν ἐπιθεῖναι ζυγὸν ἐπὶ τὸν τράχηλον τῶν μαθητῶν
ὃν
οὔτε οἱ πατέρες ἡμῶν οὔτε ἡμεῖς ἰσχύσαμεν βαστάσαι;

Acts 15,11 ἀλλὰ διὰ τῆς χάριτος τοῦ κυρίου Ἰησοῦ πιστεύομεν σωθῆναι
καθ᾽ ὃν
τρόπον κἀκεῖνοι.

m **Acts 15,17** *ὅπως ἂν ἐκζητήσωσιν οἱ κατάλοιποι τῶν ἀνθρώπων τὸν κύριον καὶ πάντα τὰ ἔθνη*
ἐφ᾽ οὓς
ἐπικέκληται τὸ ὄνομά μου ἐπ᾽ αὐτούς, λέγει κύριος ποιῶν ταῦτα
➤ Amos 9,12 LXX

l **Acts 15,24** ἐπειδὴ ἠκούσαμεν ὅτι τινὲς ἐξ ἡμῶν [ἐξελθόντες] ἐτάραξαν ὑμᾶς λόγοις ἀνασκευάζοντες τὰς ψυχὰς ὑμῶν
οἷς
οὐ διεστειλάμεθα

Acts 15,29 ἀπέχεσθαι εἰδωλοθύτων καὶ αἵματος καὶ πνικτῶν καὶ πορνείας,
ἐξ ὧν
διατηροῦντες ἑαυτοὺς εὖ πράξετε. ...

Acts 15,36 ... ἐπιστρέψαντες δὴ ἐπισκεψώμεθα τοὺς ἀδελφοὺς κατὰ πόλιν πᾶσαν
ἐν αἷς
κατηγγείλαμεν τὸν λόγον τοῦ κυρίου πῶς ἔχουσιν.

l **Acts 16,2** [1] ... καὶ ἰδοὺ μαθητής τις ἦν ἐκεῖ ὀνόματι Τιμόθεος, υἱὸς γυναικὸς Ἰουδαίας πιστῆς, πατρὸς δὲ Ἕλληνος,
[2] ὃς
ἐμαρτυρεῖτο ὑπὸ τῶν ἐν Λύστροις καὶ Ἰκονίῳ ἀδελφῶν.

l **Acts 16,14** καί τις γυνὴ ὀνόματι Λυδία, πορφυρόπωλις πόλεως Θυατείρων σεβομένη τὸν θεόν, ἤκουεν,
ἧς
ὁ κύριος διήνοιξεν τὴν καρδίαν προσέχειν τοῖς λαλουμένοις ὑπὸ τοῦ Παύλου.

Acts 16,21 καὶ καταγγέλλουσιν ἔθη
ἃ
οὐκ ἔξεστιν ἡμῖν παραδέχεσθαι οὐδὲ ποιεῖν Ῥωμαίοις οὖσιν.

Acts 16,24 [23] ... τῷ δεσμοφύλακι ...
[24] ὃς
παραγγελίαν τοιαύτην λαβὼν ἔβαλεν αὐτοὺς εἰς τὴν ἐσωτέραν φυλακὴν καὶ τοὺς πόδας ἠσφαλίσατο αὐτῶν εἰς τὸ ξύλον.

h Acts 17,3 ... οὗτός ἐστιν ὁ χριστός [ὁ] Ἰησοῦς
ὃν
ἐγὼ καταγγέλλω ὑμῖν.

l Acts 17,7 [8] ... Ἰάσονα καί τινας ἀδελφοὺς ...
[7] οὓς
ὑποδέδεκται Ἰάσων· ...

q Acts 17,23 (2) διερχόμενος γὰρ καὶ ἀναθεωρῶν τὰ σεβάσματα ὑμῶν εὗρον καὶ βωμὸν
ἐν ᾧ
ἐπεγέγραπτο· Ἀγνώστῳ θεῷ.

fh ὃ
οὖν ἀγνοοῦντες εὐσεβεῖτε, τοῦτο ἐγὼ καταγγέλλω ὑμῖν.

q Acts 17,31 (2) καθότι ἔστησεν ἡμέραν
ἐν ᾗ
μέλλει κρίνειν τὴν οἰκουμένην ἐν δικαιοσύνῃ,
ἐν ἀνδρὶ
ᾧ
ὥρισεν, πίστιν παρασχὼν πᾶσιν ἀναστήσας αὐτὸν ἐκ νεκρῶν.

e l q Acts 17,34 τινὲς δὲ ἄνδρες κολληθέντες αὐτῷ ἐπίστευσαν,
ἐν οἷς καὶ
Διονύσιος ὁ Ἀρεοπαγίτης καὶ γυνὴ ὀνόματι Δάμαρις καὶ ἕτεροι σὺν αὐτοῖς.

l Acts 18,7 καὶ μεταβὰς ἐκεῖθεν εἰσῆλθεν εἰς οἰκίαν τινὸς ὀνόματι Τιτίου Ἰούστου σεβομένου τὸν θεόν,
οὗ
ἡ οἰκία ἦν συνομοροῦσα τῇ συναγωγῇ.

Acts 18,27 ... προτρεψάμενοι οἱ ἀδελφοὶ ἔγραψαν τοῖς μαθηταῖς ἀποδέξασθαι αὐτόν,
ὃς
παραγενόμενος συνεβάλετο πολὺ τοῖς πεπιστευκόσιν διὰ τῆς χάριτος·

Acts 19,13 ... ὁρκίζω ὑμᾶς τὸν Ἰησοῦν
ὃν
Παῦλος κηρύσσει.

q Acts 19,16 καὶ ἐφαλόμενος ὁ ἄνθρωπος ἐπ᾽ αὐτοὺς
ἐν ᾧ
ἦν τὸ πνεῦμα τὸ πονηρὸν κατακυριεύσας ἀμφοτέρων ἴσχυσεν κατ᾽ αὐτῶν ...

Acts 19,25 [24] ... τοῖς τεχνίταις ...
[25] οὓς
συναθροίσας καὶ τοὺς περὶ τὰ τοιαῦτα ἐργάτας εἶπεν· ...

Acts 19,27 ... μέλλειν τε καὶ καθαιρεῖσθαι τῆς μεγαλειότητος αὐτῆς
ἣν
ὅλη ἡ Ἀσία καὶ ἡ οἰκουμένη σέβεται.

k Acts 19,35 ... ἄνδρες Ἐφέσιοι, τίς γάρ ἐστιν ἀνθρώπων
ὃς
οὐ γινώσκει τὴν Ἐφεσίων πόλιν νεωκόρον οὖσαν τῆς μεγάλης Ἀρτέμιδος καὶ τοῦ διοπετοῦς;

Acts 19,40 ... μηδενὸς αἰτίου ὑπάρχοντος
περὶ οὗ
[οὐ] δυνησόμεθα ἀποδοῦναι λόγον περὶ τῆς συστροφῆς ταύτης. ...

t Acts 20,18 ... ὑμεῖς ἐπίστασθε, ἀπὸ πρώτης ἡμέρας
ἀφ᾽ ἧς
ἐπέβην εἰς τὴν Ἀσίαν, πῶς μεθ᾽ ὑμῶν τὸν πάντα χρόνον ἐγενόμην

Acts 20,24 ... τὸν δρόμον μου καὶ τὴν διακονίαν
ἣν
ἔλαβον παρὰ τοῦ κυρίου Ἰησοῦ, ...

a q Acts 20,25 καὶ νῦν ἰδοὺ ἐγὼ οἶδα ὅτι οὐκέτι ὄψεσθε τὸ πρόσωπόν μου ὑμεῖς πάντες
ἐν οἷς
διῆλθον κηρύσσων τὴν βασιλείαν.

q Acts 20,28 (2) προσέχετε ἑαυτοῖς καὶ παντὶ τῷ ποιμνίῳ,
ἐν ᾧ
ὑμᾶς τὸ πνεῦμα τὸ ἅγιον ἔθετο ἐπισκόπους ποιμαίνειν τὴν ἐκκλησίαν τοῦ θεοῦ,
ἣν
περιεποιήσατο διὰ τοῦ αἵματος τοῦ ἰδίου.

Acts 20,38 ὀδυνώμενοι μάλιστα ἐπὶ τῷ λόγῳ
ᾧ
εἰρήκει, ὅτι οὐκέτι μέλλουσιν τὸ πρόσωπον αὐτοῦ θεωρεῖν. ...

Acts 21,11 ... τάδε λέγει τὸ πνεῦμα τὸ ἅγιον· τὸν ἄνδρα
οὗ
ἐστιν ἡ ζώνη αὕτη, οὕτως δήσουσιν ἐν Ἰερουσαλὴμ οἱ Ἰουδαῖοι καὶ παραδώσουσιν εἰς χεῖρας ἐθνῶν.

l Acts 21,16 συνῆλθον δὲ καὶ τῶν μαθητῶν ἀπὸ Καισαρείας σὺν ἡμῖν, ἄγοντες
παρ᾽ ᾧ
ξενισθῶμεν Μνάσωνί τινι Κυπρίῳ, ἀρχαίῳ μαθητῇ.

Acts 21,19 καὶ ἀσπασάμενος αὐτοὺς ἐξηγεῖτο καθ᾽ ἓν ἕκαστον,
ὧν
ἐποίησεν ὁ θεὸς ἐν τοῖς ἔθνεσιν διὰ τῆς διακονίας αὐτοῦ.

h Acts 21,23 τοῦτο οὖν ποίησον
ὅ
σοι λέγομεν· εἰσὶν ἡμῖν ἄνδρες τέσσαρες εὐχὴν ἔχοντες ἐφ᾽ ἑαυτῶν.

Acts 21,24 ... καὶ γνώσονται πάντες ὅτι
ὧν
κατήχηνται περὶ σοῦ οὐδέν ἐστιν ἀλλὰ στοιχεῖς καὶ αὐτὸς φυλάσσων τὸν νόμον.

s Acts 21,26 ... εἰσῄει εἰς τὸ ἱερόν διαγγέλλων τὴν ἐκπλήρωσιν τῶν ἡμερῶν τοῦ ἁγνισμοῦ
ἕως οὗ
προσηνέχθη ὑπὲρ ἑνὸς ἑκάστου αὐτῶν ἡ προσφορά.

Acts 21,29 ἦσαν γὰρ προεωρακότες Τρόφιμον τὸν Ἐφέσιον ἐν τῇ πόλει σὺν αὐτῷ,
ὃν
ἐνόμιζον ὅτι εἰς τὸ ἱερὸν εἰσήγαγεν ὁ Παῦλος.

Acts 21,32 [31] ... τῷ χιλιάρχῳ ...
[32] ὃς
ἐξαυτῆς παραλαβὼν στρατιώτας ...

Acts 22,4 [3] ... ζηλωτὴς ὑπάρχων τοῦ θεοῦ ...
[4] ὃς
ταύτην τὴν ὁδὸν ἐδίωξα ἄχρι θανάτου ...

e **Acts 22,5** ὡς καὶ ὁ ἀρχιερεὺς
μαρτυρεῖ μοι καὶ
πᾶν τὸ πρεσβυτέριον,
παρ᾽ ὧν καὶ
ἐπιστολὰς δεξάμενος
πρὸς τοὺς ἀδελφοὺς εἰς
Δαμασκὸν ἐπορευόμην, ...

Acts 22,8 ... ἐγώ εἰμι Ἰησοῦς
ὁ Ναζωραῖος,
ὃν
σὺ διώκεις.

a **Acts 22,10** ... ἀναστὰς πορεύου
εἰς Δαμασκόν κἀκεῖ
σοι λαληθήσεται
περὶ πάντων
ὧν
τέτακταί σοι ποιῆσαι.

Acts 22,15 ὅτι ἔσῃ μάρτυς αὐτῷ
πρὸς πάντας ἀνθρώπους
ὧν
ἑώρακας καὶ ἤκουσας.

Acts 22,24 ... εἴπας μάστιξιν
ἀνετάζεσθαι αὐτὸν
ἵνα ἐπιγνῷ
δι᾽ ἣν
αἰτίαν οὕτως ἐπεφώνουν
αὐτῷ.

s **Acts 23,12** ... ποιήσαντες συστροφὴν
οἱ Ἰουδαῖοι ἀνεθεμάτισαν
ἑαυτοὺς λέγοντες μήτε
φαγεῖν μήτε πίειν
ἕως οὗ
ἀποκτείνωσιν
τὸν Παῦλον.

s **Acts 23,14** ... ἀναθέματι
ἀνεθεματίσαμεν ἑαυτοὺς
μηδενὸς γεύσασθαι
ἕως οὗ
ἀποκτείνωμεν
τὸν Παῦλον.

k **Acts 23,19** ... τί ἐστιν
ὃ
ἔχεις ἀπαγγεῖλαί μοι;

s **Acts 23,21** ... οἵτινες ἀνεθεμάτισαν
ἑαυτοὺς μήτε φαγεῖν
μήτε πιεῖν
ἕως οὗ
ἀνέλωσιν αὐτόν, ...

Acts 23,28 βουλόμενός τε
ἐπιγνῶναι τὴν αἰτίαν
δι᾽ ἣν
ἐνεκάλουν αὐτῷ,
κατήγαγον εἰς τὸ
συνέδριον αὐτῶν

Acts 23,29 **ὃν**
εὗρον ἐγκαλούμενον
περὶ ζητημάτων τοῦ
νόμου αὐτῶν, ...

e **Acts 24,6** [5] ... τὸν ἄνδρα τοῦτον ...
h (2) **[6] ὃς καὶ**
τὸ ἱερὸν ἐπείρασεν
βεβηλῶσαι
e **ὃν καὶ**
h ἐκρατήσαμεν

Acts 24,8 **παρ᾽ οὗ**
(2) δυνήσῃ αὐτὸς ἀνακρίνας
a περὶ πάντων τούτων
h ἐπιγνῶναι
ὧν
ἡμεῖς κατηγοροῦμεν
αὐτοῦ.

t **Acts 24,11** δυναμένου σου
ἐπιγνῶναι ὅτι
οὐ πλείους εἰσίν μοι
ἡμέραι δώδεκα
ἀφ᾽ ἧς
ἀνέβην προσκυνήσων
εἰς Ἰερουσαλήμ.

Acts 24,13 οὐδὲ παραστῆσαι
δύνανταί σοι
περὶ ὧν
νυνὶ κατηγοροῦσίν μου.

Acts 24,14 ὁμολογῶ δὲ τοῦτό σοι
ὅτι κατὰ τὴν ὁδὸν
ἣν
λέγουσιν αἵρεσιν, ...

e **Acts 24,15** ἐλπίδα ἔχων εἰς τὸν θεόν
ἣν καὶ
αὐτοὶ οὗτοι προσδέχονται,
ἀνάστασιν μέλλειν
ἔσεσθαι δικαίων τε καὶ
ἀδίκων.

q **Acts 24,18** [17] ... προσφοράς,
[18] ἐν αἷς
εὗρόν με ἡγνισμένον
ἐν τῷ ἱερῷ οὐ μετὰ ὄχλου
οὐδὲ μετὰ θορύβου,

l **Acts 24,19** τινὲς δὲ ἀπὸ τῆς Ἀσίας
Ἰουδαῖοι,
οὓς
ἔδει ἐπὶ σοῦ παρεῖναι
καὶ κατηγορεῖν εἴ τι
ἔχοιεν πρὸς ἐμέ.

h **Acts 24,21** ἢ περὶ μιᾶς ταύτης φωνῆς
ἧς
ἐκέκραξα ἐν αὐτοῖς ...

Acts 25,7 ... καταβεβηκότες
Ἰουδαῖοι πολλὰ καὶ
βαρέα αἰτιώματα
καταφέροντες
ἃ
οὐκ ἴσχυον ἀποδεῖξαι

Acts 25,11 ... εἰ δὲ οὐδέν ἐστιν
ὧν
οὗτοι κατηγοροῦσίν μου,
οὐδείς με δύναται αὐτοῖς
χαρίσασθαι· Καίσαρα
ἐπικαλοῦμαι.

l **Acts 25,15** [14] ... ἀνήρ τίς ἐστιν
καταλελειμμένος ὑπὸ
Φήλικος δέσμιος,
[15] περὶ οὗ
γενομένου μου εἰς
Ἱεροσόλυμα ἐνεφάνισαν
οἱ ἀρχιερεῖς καὶ οἱ
πρεσβύτεροι τῶν
Ἰουδαίων αἰτούμενοι
κατ᾽ αὐτοῦ καταδίκην.

Acts 25,16 **πρὸς οὓς**
ἀπεκρίθην ὅτι οὐκ ἔστιν
ἔθος Ῥωμαίοις
χαρίζεσθαί τινα
ἄνθρωπον ...

Acts 25,18 [17] ... τὸν ἄνδρα·
(2) **[18] περὶ οὗ**
σταθέντες οἱ κατήγοροι
οὐδεμίαν αἰτίαν ἔφερον
ὧν
ἐγὼ ὑπενόουν πονηρῶν,

l **Acts 25,19** ζητήματα δέ τινα περὶ
τῆς ἰδίας δεισιδαιμονίας
εἶχον πρὸς αὐτὸν καὶ
περί τινος Ἰησοῦ
τεθνηκότος
ὃν
ἔφασκεν ὁ Παῦλος ζῆν.

s **Acts 25,21** ... ἐκέλευσα τηρεῖσθαι
αὐτὸν
ἕως οὗ
ἀναπέμψω αὐτὸν πρὸς
Καίσαρα.

h **Acts 25,24** ... θεωρεῖτε τοῦτον
περὶ οὗ
ἅπαν τὸ πλῆθος τῶν
Ἰουδαίων ἐνέτυχόν μοι ...

Acts 25,26 **περὶ οὗ**
ἀσφαλές τι γράψαι τῷ
κυρίῳ οὐκ ἔχω, ...

a **Acts 26,2** περὶ πάντων
ὧν
ἐγκαλοῦμαι
ὑπὸ Ἰουδαίων, ...

Acts 26,7 [6] ... ἐπαγγελίας ...
(2) **[7] εἰς ἣν**
τὸ δωδεκάφυλον ἡμῶν
ἐν ἐκτενείᾳ νύκτα καὶ
ἡμέραν λατρεῦον ἐλπίζει
καταντῆσαι,
περὶ ἧς
ἐλπίδος ἐγκαλοῦμαι
ὑπὸ Ἰουδαίων, βασιλεῦ.

e **Acts 26,10** [9] ἐγὼ μὲν οὖν ἔδοξα
ἐμαυτῷ πρὸς τὸ ὄνομα
Ἰησοῦ τοῦ Ναζωραίου
δεῖν πολλὰ ἐναντία
πρᾶξαι,
[10] ὃ καὶ
ἐποίησα
ἐν Ἱεροσολύμοις, ...

q **Acts 26,12** **ἐν οἷς**
πορευόμενος εἰς τὴν
Δαμασκὸν μετ᾽ ἐξουσίας
καὶ ἐπιτροπῆς τῆς τῶν
ἀρχιερέων

Acts 26,15 ... ἐγώ εἰμι Ἰησοῦς
ὃν
σὺ διώκεις.

e **Acts 26,16 (2)** ... εἰς τοῦτο γὰρ ὤφθην σοι, προχειρίσασθαί σε ὑπηρέτην καὶ μάρτυρα
ὧν τε
εἶδές [με]
e **ὧν τε**
ὀφθήσομαί σοι,

Acts 26,17 ἐξαιρούμενός σε ἐκ τοῦ λαοῦ καὶ ἐκ τῶν ἐθνῶν
εἰς οὓς
ἐγὼ ἀποστέλλω σε

e **Acts 26,22** ... οὐδὲν ἐκτὸς λέγων
ὧν τε
οἱ προφῆται ἐλάλησαν μελλόντων γίνεσθαι καὶ Μωϋσῆς

e **Acts 26,26** ἐπίσταται γὰρ περὶ τούτων ὁ βασιλεὺς
πρὸς ὃν καὶ
παρρησιαζόμενος λαλῶ, ...

l **Acts 27,8** μόλις τε παραλεγόμενοι αὐτὴν ἤλθομεν εἰς τόπον τινὰ καλούμενον Καλοὺς λιμένας
ᾧ
ἐγγὺς πόλις ἦν Λασαία.

Acts 27,17 [16] ... ἰσχύσαμεν μόλις περικρατεῖς γενέσθαι τῆς σκάφης,
[17] ἣν
ἄραντες βοηθείαις ἐχρῶντο ὑποζωννύντες τὸ πλοῖον, ...

Acts 27,23 (2) παρέστη γάρ μοι ταύτῃ τῇ νυκτὶ τοῦ θεοῦ,
οὗ
εἰμι [ἐγὼ]
e **ᾧ καὶ**
λατρεύω, ἄγγελος

Acts 27,25 ... πιστεύω γὰρ τῷ θεῷ ὅτι οὕτως ἔσται
καθ' ὃν τρόπον
λελάληταί μοι.

r **Acts 27,33** **ἄχρι δὲ οὗ**
ἡμέρα ἤμελλεν γίνεσθαι παρεκάλει ὁ Παῦλος ἅπαντας μεταλαβεῖν τροφῆς ...

l **Acts 27,39** ὅτε δὲ ἡμέρα ἐγένετο, τὴν γῆν οὐκ ἐπεγίνωσκον, κόλπον δέ τινα κατενόουν ἔχοντα αἰγιαλὸν
εἰς ὃν
ἐβουλεύοντο εἰ δύναιντο ἐξῶσαι τὸ πλοῖον.

b **Acts 27,44 (2)** καὶ τοὺς λοιποὺς
οὓς μὲν
ἐπὶ σανίσιν,
c **οὓς δὲ**
ἐπί τινων τῶν ἀπὸ τοῦ πλοίου. ...

h **Acts 28,4** ... πάντως φονεύς ἐστιν ὁ ἄνθρωπος οὗτος
ὃν
διασωθέντα ἐκ τῆς θαλάσσης ἡ δίκη ζῆν οὐκ εἴασεν.

Acts 28,7 ... Ποπλίῳ,
ὃς
ἀναδεξάμενος ἡμᾶς τρεῖς ἡμέρας φιλοφρόνως ἐξένισεν.

Acts 28,8 ἐγένετο δὲ τὸν πατέρα τοῦ Ποπλίου πυρετοῖς καὶ δυσεντερίῳ συνεχόμενον κατακεῖσθαι,
πρὸς ὃν
ὁ Παῦλος εἰσελθὼν καὶ προσευξάμενος ἐπιθεὶς τὰς χεῖρας αὐτῷ ἰάσατο αὐτόν.

e **Acts 28,10** [9] ... οἱ λοιποὶ οἱ ἐν τῇ νήσῳ ἔχοντες ἀσθενείας ...
[10] οἳ καὶ
πολλαῖς τιμαῖς ἐτίμησαν ἡμᾶς ...

Acts 28,15 κἀκεῖθεν οἱ ἀδελφοὶ ἀκούσαντες τὰ περὶ ἡμῶν ἦλθαν εἰς ἀπάντησιν ἡμῖν ἄχρι Ἀππίου φόρου καὶ Τριῶν ταβερνῶν,
οὓς
ἰδὼν ὁ Παῦλος εὐχαριστήσας τῷ θεῷ ἔλαβε θάρσος.

Acts 28,22 ἀξιοῦμεν δὲ παρὰ σοῦ ἀκοῦσαι
ἃ
φρονεῖς, ...

Acts 28,23 ταξάμενοι δὲ αὐτῷ ἡμέραν ἦλθον πρὸς αὐτὸν εἰς τὴν ξενίαν πλείονες
οἷς
ἐξετίθετο διαμαρτυρόμενος τὴν βασιλείαν τοῦ θεοῦ, ...

ὁσιότης

ὁσιότης	Syn	Mt	Mk	Lk	Acts	Jn	1-3John	Paul	Eph	Col
	1			1					1	
	NT	2Thess	1/2Tim	Tit	Heb	Jas	1Pet	2Pet	Jude	Rev
	2									

devoutness; piety; holiness

002	**Lk 1,75**	**ἐν ὁσιότητι** καὶ δικαιοσύνῃ ἐνώπιον αὐτοῦ πάσαις ταῖς ἡμέραις ἡμῶν.

ὅσος	Syn 39	Mt 15	Mk 14	Lk 10	Acts 17	Jn 10	1-3John	Paul 22	Eph	Col 1
	NT 110	2Thess	1/2Tim 2	Tit	Heb 9	Jas	1Pet	2Pet 1	Jude 2	Rev 7

as great, how great; as far, how far; as long, how long; as much, how much

	triple tradition																	double tradition			Sondergut		
		+Mt / +Lk			–Mt / –Lk			traditions not taken over by Mt / Lk							subtotals								
code	*222*	*211*	*112*	*212*	*221*	*122*	*121*	*022*	*012*	*021*	*220*	*120*	*210*	*020*	Σ⁺	Σ⁻	Σ	*202*	*201*	*102*	*200*	*002*	total
Mt		1^+				1^-	1^-				3	1^-			1^+	3^-	4		2		9		**15**
Mk						1	1	3		4	3	1		1			14						**14**
Lk			2^+			1	1^-	3		4^-					2^+	5^-	6			1		3	**10**

[a] πᾶς / ἅπας (...) ὅσος

[b] ὅσος ἄν, ὅσος ἐάν

[c] πᾶς (...) ὅσος ἄν / ἐάν

002					**Lk 4,23**	... πάντως ἐρεῖτέ μοι τὴν παραβολὴν ταύτην· ἰατρέ, θεράπευσον σεαυτόν· **ὅσα** ἠκούσαμεν γενόμενα εἰς τὴν Καφαρναοὺμ ποίησον καὶ ὧδε ἐν τῇ πατρίδι σου.	
a 112	**Mt 8,16** ⇩ Mt 4,24 → Mt 12,15 → Mt 15,30	ὀψίας δὲ γενομένης προσήνεγκαν αὐτῷ δαιμονιζομένους πολλούς· ...	**Mk 1,32** ↓ Mk 3,10 → Mk 7,32	ὀψίας δὲ γενομένης, ὅτε ἔδυ ὁ ἥλιος, ἔφερον πρὸς αὐτὸν πάντας τοὺς κακῶς ἔχοντας καὶ τοὺς δαιμονιζομένους·	**Lk 4,40** → Lk 6,18	δύνοντος δὲ τοῦ ἡλίου ἅπαντες **ὅσοι** εἶχον ἀσθενοῦντας νόσοις ποικίλαις ἤγαγον αὐτοὺς πρὸς αὐτόν· ...	
	Mt 4,24 ⇧ Mt 8,16	... καὶ προσήνεγκαν αὐτῷ πάντας τοὺς κακῶς ἔχοντας ποικίλαις νόσοις καὶ βασάνοις συνεχομένους [καὶ] δαιμονιζομένους καὶ σεληνιαζομένους καὶ παραλυτικούς, ...					
c 201	**Mt 7,12**	πάντα οὖν **ὅσα ἐὰν** θέλητε ἵνα ποιῶσιν ὑμῖν οἱ ἄνθρωποι, οὕτως καὶ ὑμεῖς ποιεῖτε αὐτοῖς· ...			**Lk 6,31**	καὶ **καθὼς** θέλετε ἵνα ποιῶσιν ὑμῖν οἱ ἄνθρωποι ποιεῖτε αὐτοῖς ὁμοίως.	
211 121	**Mt 9,15**	... μὴ δύνανται οἱ υἱοὶ τοῦ νυμφῶνος πενθεῖν **ἐφ' ὅσον** μετ' αὐτῶν ἐστιν ὁ νυμφίος; ...	**Mk 2,19**	... μὴ δύνανται οἱ υἱοὶ τοῦ νυμφῶνος **ἐν ᾧ** ὁ νυμφίος μετ' αὐτῶν ἐστιν νηστεύειν; **ὅσον χρόνον** ἔχουσιν τὸν νυμφίον μετ' αὐτῶν οὐ δύνανται νηστεύειν.	**Lk 5,34**	... μὴ δύνασθε τοὺς υἱοὺς τοῦ νυμφῶνος **ἐν ᾧ** ὁ νυμφίος μετ' αὐτῶν ἐστιν ποιῆσαι νηστεῦσαι;	→ GTh 104
021			**Mk 3,8**	... πλῆθος πολὺ ἀκούοντες **ὅσα** ἐποίει ἦλθον πρὸς αὐτόν.	**Lk 6,18** → Lk 5,15 → Lk 7,21	 οἳ ἦλθον ἀκοῦσαι αὐτοῦ καὶ ἰαθῆναι ἀπὸ τῶν νόσων αὐτῶν· ...	
021			**Mk 3,10** ↑ Mk 1,32	... ὥστε ἐπιπίπτειν αὐτῷ ἵνα αὐτοῦ ἅψωνται **ὅσοι** εἶχον μάστιγας.	**Lk 6,19** → Mk 5,30 → Lk 8,46	καὶ πᾶς ὁ ὄχλος ἐζήτουν ἅπτεσθαι αὐτοῦ, ὅτι δύναμις παρ' αὐτοῦ ἐξήρχετο καὶ ἰᾶτο πάντας.	

	Mt		Mk		Lk		
c 120	**Mt 12,31**	... πᾶσα ἁμαρτία καὶ βλασφημία ἀφεθήσεται τοῖς ἀνθρώποις, ...	**Mk 3,28** → Mt 12,32 → Lk 12,10	... πάντα ἀφεθήσεται τοῖς υἱοῖς τῶν ἀνθρώπων τὰ ἁμαρτήματα καὶ αἱ βλασφημίαι ὅσα ἐὰν βλασφημήσωσιν·			→ GTh 44
a 200	**Mt 13,44**	... καὶ ἀπὸ τῆς χαρᾶς αὐτοῦ ὑπάγει καὶ πωλεῖ πάντα ὅσα ἔχει καὶ ἀγοράζει τὸν ἀγρὸν ἐκεῖνον.					→ GTh 109
a 200	**Mt 13,46**	εὑρὼν δὲ ἕνα πολύτιμον μαργαρίτην ἀπελθὼν πέπρακεν πάντα ὅσα εἶχεν καὶ ἠγόρασεν αὐτόν.					→ GTh 76,1-2
022			**Mk 5,19**	... ὕπαγε εἰς τὸν οἶκόν σου πρὸς τοὺς σοὺς καὶ ἀπάγγειλον αὐτοῖς ὅσα ὁ κύριός σοι πεποίηκεν καὶ ἠλέησέν σε.	**Lk 8,39** **(2)**	ὑπόστρεφε εἰς τὸν οἶκόν σου, καὶ διηγοῦ ὅσα σοι ἐποίησεν ὁ θεός.	
022			**Mk 5,20**	καὶ ἀπῆλθεν καὶ ἤρξατο κηρύσσειν ἐν τῇ Δεκαπόλει ὅσα ἐποίησεν αὐτῷ ὁ Ἰησοῦς, καὶ πάντες ἐθαύμαζον.		καὶ ἀπῆλθεν καθ' ὅλην τὴν πόλιν κηρύσσων ὅσα ἐποίησεν αὐτῷ ὁ Ἰησοῦς.	
b 112	**Mt 10,14**	καὶ ὃς ἂν μὴ δέξηται ὑμᾶς μηδὲ ἀκούσῃ τοὺς λόγους ὑμῶν, ...	**Mk 6,11**	καὶ ὃς ἂν τόπος μὴ δέξηται ὑμᾶς μηδὲ ἀκούσωσιν ὑμῶν, ...	**Lk 9,5** ⇩ Lk 10,10	καὶ ὅσοι ἂν μὴ δέχωνται ὑμᾶς, ...	Mk-Q overlap
					Lk 10,10 ⇧ **Lk 9,5**	εἰς ἣν δ' ἂν πόλιν εἰσέλθητε καὶ μὴ δέχωνται ὑμᾶς, ...	
a 022 021			**Mk 6,30** **(2)**	καὶ συνάγονται οἱ ἀπόστολοι πρὸς τὸν Ἰησοῦν καὶ ἀπήγγειλαν αὐτῷ πάντα ὅσα ἐποίησαν καὶ ὅσα ἐδίδαξαν.	**Lk 9,10** → Lk 10,17	καὶ ὑποστρέψαντες οἱ ἀπόστολοι διηγήσαντο αὐτῷ ὅσα ἐποίησαν. ...	
b 220	**Mt 14,36** → Mt 9,20	καὶ παρεκάλουν αὐτὸν ἵνα μόνον ἅψωνται τοῦ κρασπέδου τοῦ ἱματίου αὐτοῦ· καὶ ὅσοι ἥψαντο διεσώθησαν.	**Mk 6,56** → Mk 5,27	... καὶ παρεκάλουν αὐτὸν ἵνα κἂν τοῦ κρασπέδου τοῦ ἱματίου αὐτοῦ ἅψωνται· καὶ ὅσοι ἂν ἥψαντο αὐτοῦ ἐσῴζοντο.	→ Lk 8,44		
020			**Mk 7,36**	καὶ διεστείλατο αὐτοῖς ἵνα μηδενὶ λέγωσιν· ὅσον δὲ αὐτοῖς διεστέλλετο, αὐτοὶ μᾶλλον περισσότερον ἐκήρυσσον.			
220	**Mt 17,12** → Mt 11,14 → Lk 1,17	λέγω δὲ ὑμῖν ὅτι Ἠλίας ἤδη ἦλθεν, καὶ οὐκ ἐπέγνωσαν αὐτὸν ἀλλὰ ἐποίησαν ἐν αὐτῷ ὅσα ἠθέλησαν· ...	**Mk 9,13** → Lk 1,17	ἀλλὰ λέγω ὑμῖν ὅτι καὶ Ἠλίας ἐλήλυθεν, καὶ ἐποίησαν αὐτῷ ὅσα ἤθελον, καθὼς γέγραπται ἐπ' αὐτόν.			

	Mt		Mk		Lk		
b 200 b 200	**Mt 18,18** **(2)** → Mt 16,19	ἀμὴν λέγω ὑμῖν· **ὅσα ἐὰν** δήσητε ἐπὶ τῆς γῆς ἔσται δεδεμένα ἐν οὐρανῷ, καὶ **ὅσα ἐὰν** λύσητε ἐπὶ τῆς γῆς ἔσται λελυμένα ἐν οὐρανῷ.					→ Jn 20,23
a 200	**Mt 18,25**	... ἐκέλευσεν αὐτὸν ὁ κύριος πραθῆναι καὶ τὴν γυναῖκα καὶ τὰ τέκνα καὶ πάντα **ὅσα** ἔχει, καὶ ἀποδοθῆναι.					
   002					**Lk 11,8**	... διά γε τὴν ἀναίδειαν αὐτοῦ ἐγερθεὶς δώσει αὐτῷ **ὅσων** χρῄζει.	
 102	**Mt 10,27**	 ὃ λέγω ὑμῖν ἐν τῇ σκοτίᾳ εἴπατε ἐν τῷ φωτί, ...			**Lk 12,3**	ἀνθ' ὧν **ὅσα** ἐν τῇ σκοτίᾳ εἴπατε ἐν τῷ φωτὶ ἀκουσθήσεται, ...	→ GTh 33,1 (POxy 1)
a 002					**Lk 18,12**	νηστεύω δὶς τοῦ σαβ- βάτου, ἀποδεκατῶ πάντα **ὅσα** κτῶμαι.	
a 122	**Mt 19,21**	... ὕπαγε πώλησόν **σου τὰ ὑπάρχοντα** καὶ δὸς [τοῖς] πτωχοῖς, ...	**Mk 10,21**	... ὕπαγε, **ὅσα ἔχεις** πώλησον καὶ δὸς [τοῖς] πτωχοῖς, ...	**Lk 18,22** → Lk 12,33	... πάντα **ὅσα ἔχεις** πώλησον καὶ διάδος πτωχοῖς, ...	→ Acts 2,45
c a 220	**Mt 21,22** → Mt 7,8 → Mt 18,19	καὶ πάντα **ὅσα ἂν** αἰτήσητε ἐν τῇ προσευχῇ πιστεύοντες λήμψεσθε.	**Mk 11,24**	... πάντα **ὅσα** προσεύχεσθε καὶ αἰτεῖσθε, πιστεύετε ὅτι ἐλάβετε, καὶ ἔσται ὑμῖν.	→ Lk 11,10		
b 201	**Mt 22,9**	πορεύεσθε οὖν ἐπὶ τὰς διεξόδους τῶν ὁδῶν καὶ **ὅσους ἐὰν** εὕρητε καλέσατε εἰς τοὺς γάμους.			**Lk 14,23** → Mt 22,10 ⇨ Lk 14,21 → Lk 16,16	... ἔξελθε εἰς τὰς ὁδοὺς καὶ φραγμοὺς καὶ ἀνάγκασον εἰσελθεῖν, ...	→ GTh 64
c 200	**Mt 23,3**	πάντα οὖν **ὅσα ἐὰν** εἴπωσιν ὑμῖν ποιήσατε καὶ τηρεῖτε, κατὰ δὲ τὰ ἔργα αὐτῶν μὴ ποιεῖτε· ...					
a 021			**Mk 12,44**	... αὕτη δὲ ἐκ τῆς ὑστερήσεως αὐτῆς πάντα **ὅσα** εἶχεν ἔβαλεν ὅλον τὸν βίον αὐτῆς.	**Lk 21,4**	... αὕτη δὲ ἐκ τοῦ ὑστερήματος αὐτῆς πάντα τὸν βίον **ὃν** εἶχεν ἔβαλεν.	
 200	**Mt 25,40**	... ἀμὴν λέγω ὑμῖν, **ἐφ' ὅσον** ἐποιήσατε ἑνὶ τούτων τῶν ἀδελφῶν μου τῶν ἐλαχίστων, ἐμοὶ ἐποιήσατε.					
 200	**Mt 25,45**	... ἀμὴν λέγω ὑμῖν, **ἐφ' ὅσον** οὐκ ἐποιήσατε ἑνὶ τούτων τῶν ἐλαχίστων, οὐδὲ ἐμοὶ ἐποιήσατε.					

a 200	**Mt 28,20** → Lk 24,47	διδάσκοντες αὐτοὺς τηρεῖν πάντα **ὅσα** ἐνετειλάμην ὑμῖν· ...	

c **Acts 2,39** ὑμῖν γάρ ἐστιν ἡ ἐπαγγελία καὶ τοῖς τέκνοις ὑμῶν καὶ πᾶσιν τοῖς εἰς μακρὰν, **ὅσους ἂν** προσκαλέσηται κύριος ὁ θεὸς ἡμῶν.

c **Acts 3,22** Μωϋσῆς μὲν εἶπεν ὅτι *προφήτην ὑμῖν ἀναστήσει κύριος ὁ θεὸς ὑμῶν ἐκ τῶν ἀδελφῶν ὑμῶν ὡς ἐμέ· αὐτοῦ ἀκούσεσθε κατὰ πάντα* ***ὅσα ἂν*** *λαλήσῃ* πρὸς ὑμᾶς.
➤ Deut 18,15-20

a **Acts 3,24** καὶ πάντες δὲ οἱ προφῆται ἀπὸ Σαμουὴλ καὶ τῶν καθεξῆς **ὅσοι** ἐλάλησαν καὶ κατήγγειλαν τὰς ἡμέρας ταύτας.

Acts 4,6 καὶ Ἅννας ὁ ἀρχιερεὺς καὶ Καϊάφας καὶ Ἰωάννης καὶ Ἀλέξανδρος καὶ **ὅσοι** ἦσαν ἐκ γένους ἀρχιερατικοῦ

Acts 4,23 ἀπολυθέντες δὲ ἦλθον πρὸς τοὺς ἰδίους καὶ ἀπήγγειλαν **ὅσα** πρὸς αὐτοὺς οἱ ἀρχιερεῖς καὶ οἱ πρεσβύτεροι εἶπαν.

Acts 4,28 ποιῆσαι **ὅσα** ἡ χείρ σου καὶ ἡ βουλή [σου] προώρισεν γενέσθαι.

Acts 4,34 οὐδὲ γὰρ ἐνδεής τις ἦν ἐν αὐτοῖς· **ὅσοι** γὰρ κτήτορες χωρίων ἢ οἰκιῶν ὑπῆρχον, ...

a **Acts 5,36** ... καὶ πάντες **ὅσοι** ἐπείθοντο αὐτῷ διελύθησαν καὶ ἐγένοντο εἰς οὐδέν.

a **Acts 5,37** ... κἀκεῖνος ἀπώλετο καὶ πάντες **ὅσοι** ἐπείθοντο αὐτῷ διεσκορπίσθησαν.

Acts 9,13 ... κύριε, ἤκουσα ἀπὸ πολλῶν περὶ τοῦ ἀνδρὸς τούτου **ὅσα κακὰ** τοῖς ἁγίοις σου ἐποίησεν ἐν Ἰερουσαλήμ·

Acts 9,16 ἐγὼ γὰρ ὑποδείξω αὐτῷ **ὅσα** δεῖ αὐτὸν ὑπὲρ τοῦ ὀνόματός μου παθεῖν.

Acts 9,39 ... πᾶσαι αἱ χῆραι κλαίουσαι καὶ ἐπιδεικνύμεναι χιτῶνας καὶ ἱμάτια **ὅσα** ἐποίει μετ᾽ αὐτῶν οὖσα ἡ Δορκάς.

Acts 10,45 καὶ ἐξέστησαν οἱ ἐκ περιτομῆς πιστοὶ **ὅσοι** συνῆλθαν τῷ Πέτρῳ, ὅτι καὶ ἐπὶ τὰ ἔθνη ἡ δωρεὰ τοῦ ἁγίου πνεύματος ἐκκέχυται·

Acts 13,48 ἀκούοντα δὲ τὰ ἔθνη ἔχαιρον καὶ ἐδόξαζον τὸν λόγον τοῦ κυρίου καὶ ἐπίστευσαν **ὅσοι** ἦσαν τεταγμένοι εἰς ζωὴν αἰώνιον·

Acts 14,27 παραγενόμενοι δὲ καὶ συναγαγόντες τὴν ἐκκλησίαν ἀνήγγελλον **ὅσα** ἐποίησεν ὁ θεὸς μετ᾽ αὐτῶν καὶ ὅτι ἤνοιξεν τοῖς ἔθνεσιν θύραν πίστεως.

Acts 15,4 ... ἀνήγγειλάν τε **ὅσα** ὁ θεὸς ἐποίησεν μετ᾽ αὐτῶν.

Acts 15,12 ἐσίγησεν δὲ πᾶν τὸ πλῆθος καὶ ἤκουον Βαρναβᾶ καὶ Παύλου ἐξηγουμένων **ὅσα ἐποίησεν ὁ θεὸς σημεῖα καὶ τέρατα** ἐν τοῖς ἔθνεσιν δι᾽ αὐτῶν.

ὀστέον, ὀστοῦν

ὀστέον, ὀστοῦν	Syn 2	Mt 1	Mk	Lk 1	Acts	Jn 1	1-3John	Paul	Eph	Col
	NT 4	2Thess	1/2Tim	Tit	Heb 1	Jas	1Pet	2Pet	Jude	Rev

bone

201	**Mt 23,27**	οὐαὶ ὑμῖν, γραμματεῖς καὶ Φαρισαῖοι ὑποκριταί, ὅτι παρομοιάζετε τάφοις κεκονιαμένοις, οἵτινες ἔξωθεν μὲν φαίνονται ὡραῖοι, ἔσωθεν δὲ γέμουσιν **ὀστέων νεκρῶν** καὶ πάσης ἀκαθαρσίας.	**Lk 11,44**	οὐαὶ ὑμῖν, ὅτι ἐστὲ ὡς τὰ μνημεῖα τὰ ἄδηλα, καὶ οἱ ἄνθρωποι [οἱ] περιπατοῦντες ἐπάνω οὐκ οἴδασιν.	
002			**Lk 24,39**	... ψηλαφήσατέ με καὶ ἴδετε, ὅτι πνεῦμα σάρκα καὶ **ὀστέα** οὐκ ἔχει καθὼς ἐμὲ θεωρεῖτε ἔχοντα.	→ Jn 20,20.27

ὅστις	Syn 52	Mt 29	Mk 5	Lk 18	Acts 24	Jn 6	1-3John 1	Paul 26	Eph 4	Col 4
	NT 148	2Thess 1	1/2Tim 6	Tit 1	Heb 10	Jas 2	1Pet 1	2Pet 1	Jude	Rev 9

whoever; every one who; (such a one) who

	triple tradition																	double tradition			Sondergut		
		+Mt / +Lk			–Mt / –Lk			traditions not taken over by Mt / Lk							subtotals								
code	*222*	*211*	*112*	*212*	*221*	*122*	*121*	*022*	*012*	*021*	*220*	*120*	*210*	*020*	Σ^+	Σ^-	Σ	*202*	*201*	*102*	*200*	*002*	total
Mt		7^+			1	1^-	2^-					1^-			7^+	4^-	8		10		11		**29**
Mk					1	1	2					1					5						**5**
Lk			6^+		1^-	1	2^-		1^+						7^+	3^-	8			2		8	**18**

[a] πᾶς (...) ὅστις
[b] ὅστις δέ
[c] ὅστις γάρ
[d] ὅστις οὖν
[e] ὅστις (δ') ἄν, ὅστις ἐάν
[f] οὗτος ..., ὅστις / ὅστις ..., οὗτος
[g] τις ..., ὅστις
[h] ὅστις after cardinal number

002			**Lk 1,20** ... ἀνθ' ὧν οὐκ ἐπίστευσας τοῖς λόγοις μου, **οἵτινες** πληρωθήσονται εἰς τὸν καιρὸν αὐτῶν.	
002			**Lk 2,4** ἀνέβη δὲ καὶ Ἰωσὴφ ἀπὸ τῆς Γαλιλαίας ἐκ πόλεως Ναζαρὲθ εἰς τὴν Ἰουδαίαν εἰς πόλιν Δαυὶδ **ἥτις** καλεῖται Βηθλέεμ, ...	
002			**Lk 2,10** καὶ εἶπεν αὐτοῖς ὁ ἄγγελος· μὴ φοβεῖσθε, ἰδοὺ γὰρ εὐαγγελίζομαι ὑμῖν χαρὰν μεγάλην **ἥτις** ἔσται παντὶ τῷ λαῷ	
200	**Mt 2,6** *... ἐκ σοῦ γὰρ* *ἐξελεύσεται ἡγούμενος,* ***ὅστις*** *ποιμανεῖ τὸν λαόν μου* *τὸν Ἰσραήλ.* ➤ Micah 5,1.3; 2Sam 5,2/1Chron 11,2			
201	**Mt 5,39** ἐγὼ δὲ λέγω ὑμῖν μὴ ἀντιστῆναι τῷ πονηρῷ· ἀλλ' **ὅστις** σε ῥαπίζει εἰς τὴν δεξιὰν σιαγόνα [σου], στρέψον αὐτῷ καὶ τὴν ἄλλην·		**Lk 6,29** τῷ τύπτοντί σε ἐπὶ τὴν σιαγόνα πάρεχε καὶ τὴν ἄλλην, ...	
200	**Mt 5,41** καὶ **ὅστις** σε ἀγγαρεύσει μίλιον ἕν, ὕπαγε μετ' αὐτοῦ δύο.			
200	**Mt 7,15** προσέχετε ἀπὸ τῶν ψευδοπροφητῶν, **οἵτινες** ἔρχονται πρὸς ὑμᾶς ἐν ἐνδύμασιν προβάτων, ἔσωθεν δέ εἰσιν λύκοι ἅρπαγες.			

a 201	Mt 7,24 (2)	πᾶς οὖν ὅστις ἀκούει μου τοὺς λόγους τούτους καὶ ποιεῖ αὐτούς,			Lk 6,47	πᾶς ὁ ἐρχόμενος πρός με καὶ ἀκούων μου τῶν λόγων καὶ ποιῶν αὐτούς, ὑποδείξω ὑμῖν τίνι ἐστὶν ὅμοιος·	
  201		ὁμοιωθήσεται ἀνδρὶ φρονίμῳ, ὅστις ᾠκοδόμησεν αὐτοῦ τὴν οἰκίαν ἐπὶ τὴν πέτραν·			Lk 6,48	ὅμοιός ἐστιν ἀνθρώπῳ οἰκοδομοῦντι οἰκίαν ὃς ἔσκαψεν καὶ ἐβάθυνεν καὶ ἔθηκεν θεμέλιον ἐπὶ τὴν πέτραν· ...	
     201	Mt 7,26	καὶ πᾶς ὁ ἀκούων μου τοὺς λόγους τούτους καὶ μὴ ποιῶν αὐτοὺς ὁμοιωθήσεται ἀνδρὶ μωρῷ, ὅστις ᾠκοδόμησεν αὐτοῦ τὴν οἰκίαν ἐπὶ τὴν ἄμμον.			Lk 6,49	ὁ δὲ ἀκούσας καὶ μὴ ποιήσας ὅμοιός ἐστιν ἀνθρώπῳ οἰκοδομήσαντι οἰκίαν ἐπὶ τὴν γῆν χωρὶς θεμελίου, ...	
a 201	Mt 10,32	πᾶς οὖν ὅστις ὁμολογήσει ἐν ἐμοὶ ἔμπροσθεν τῶν ἀνθρώπων, ὁμολογήσω κἀγὼ ἐν αὐτῷ ἔμπροσθεν τοῦ πατρός μου τοῦ ἐν [τοῖς] οὐρανοῖς·			Lk 12,8	... πᾶς ὃς ἂν ὁμολογήσῃ ἐν ἐμοὶ ἔμπροσθεν τῶν ἀνθρώπων, καὶ ὁ υἱὸς τοῦ ἀνθρώπου ὁμολογήσει ἐν αὐτῷ ἔμπροσθεν τῶν ἀγγέλων τοῦ θεοῦ·	
b e 201	Mt 10,33 ↓ Mt 16,27	ὅστις δ' ἂν ἀρνήσηταί με ἔμπροσθεν τῶν ἀνθρώπων, ἀρνήσομαι κἀγὼ αὐτὸν ἔμπροσθεν τοῦ πατρός μου τοῦ ἐν [τοῖς] οὐρανοῖς.			Lk 12,9 ⇩ Lk 9,26	ὁ δὲ ἀρνησάμενός με ἐνώπιον τῶν ἀνθρώπων ἀπαρνηθήσεται ἐνώπιον τῶν ἀγγέλων τοῦ θεοῦ.	Mk-Q overlap
	Mt 16,27 ↑ Mt 10,33 → Mt 24,30 → Mt 25,31	 μέλλει γὰρ ὁ υἱὸς τοῦ ἀνθρώπου ἔρχεσθαι ἐν τῇ δόξῃ τοῦ πατρὸς αὐτοῦ μετὰ τῶν ἀγγέλων αὐτοῦ, καὶ τότε *ἀποδώσει* *ἑκάστῳ κατὰ τὴν πρᾶξιν αὐτοῦ.* ➤ Ps 62,13/Prov 24,12/Sir 35,22 LXX	Mk 8,38 → Mk 13,26	ὃς γὰρ ἐὰν ἐπαισχυνθῇ με καὶ τοὺς ἐμοὺς λόγους ἐν τῇ γενεᾷ ταύτῃ τῇ μοιχαλίδι καὶ ἁμαρτωλῷ, καὶ ὁ υἱὸς τοῦ ἀνθρώπου ἐπαισχυνθήσεται αὐτόν, ὅταν ἔλθῃ ἐν τῇ δόξῃ τοῦ πατρὸς αὐτοῦ μετὰ τῶν ἀγγέλων τῶν ἁγίων.	Lk 9,26 ⇧ Lk 12,9 → Lk 21,27	ὃς γὰρ ἂν ἐπαισχυνθῇ με καὶ τοὺς ἐμοὺς λόγους, τοῦτον ὁ υἱὸς τοῦ ἀνθρώπου ἐπαισχυνθήσεται, ὅταν ἔλθῃ ἐν τῇ δόξῃ αὐτοῦ καὶ τοῦ πατρὸς καὶ τῶν ἁγίων ἀγγέλων.	
 112	Mt 26,7	προσῆλθεν αὐτῷ γυνὴ ἔχουσα ἀλάβαστρον μύρου βαρυτίμου ...	Mk 14,3	... ἦλθεν γυνὴ ἔχουσα ἀλάβαστρον μύρου νάρδου πιστικῆς πολυτελοῦς, ...	Lk 7,37	καὶ ἰδοὺ γυνὴ ἥτις ἦν ἐν τῇ πόλει ἁμαρτωλός, ... κομίσασα ἀλάβαστρον μύρου	→ Jn 12,3
   002					Lk 7,39	... οὗτος εἰ ἦν προφήτης, ἐγίνωσκεν ἂν τίς καὶ ποταπὴ ἡ γυνὴ ἥτις ἅπτεται αὐτοῦ, ὅτι ἁμαρτωλός ἐστιν.	
    002					Lk 8,3 ↓ Mt 27,55 ↓ Mk 15,41 ↓ Lk 23,49 ↓ Lk 23,55 → Lk 24,10	καὶ Ἰωάννα γυνὴ Χουζᾶ ἐπιτρόπου Ἡρῴδου καὶ Σουσάννα καὶ ἕτεραι πολλαί, αἵτινες διηκόνουν αὐτοῖς ἐκ τῶν ὑπαρχόντων αὐταῖς.	→ Acts 1,14

c e 211	**Mt 12,50** → Mt 7,21	ὅστις γὰρ ἂν ποιήσῃ τὸ θέλημα τοῦ πατρός μου τοῦ ἐν οὐρανοῖς αὐτός μου ἀδελφὸς καὶ ἀδελφὴ καὶ μήτηρ ἐστίν.	**Mk 3,35**	ὃς [γὰρ] ἂν ποιήσῃ τὸ θέλημα τοῦ θεοῦ, οὗτος ἀδελφός μου καὶ ἀδελφὴ καὶ μήτηρ ἐστίν.	**Lk 8,21** → Lk 6,46 → Lk 11,28	... μήτηρ μου καὶ ἀδελφοί μου οὗτοί εἰσιν οἱ τὸν λόγον τοῦ θεοῦ ἀκούοντες καὶ ποιοῦντες.	→ Jn 15,14 → GTh 99
c 211 b 211	**Mt 13,12** **(2)** ⇩ Mt 25,29	ὅστις γὰρ ἔχει, δοθήσεται αὐτῷ καὶ περισσευθήσεται· ὅστις δὲ οὐκ ἔχει, καὶ ὃ ἔχει ἀρθήσεται ἀπ᾽ αὐτοῦ.	**Mk 4,25**	ὃς γὰρ ἔχει, δοθήσεται αὐτῷ· καὶ ὃς οὐκ ἔχει, καὶ ὃ ἔχει ἀρθήσεται ἀπ᾽ αὐτοῦ.	**Lk 8,18** ⇩ Lk 19,26	... ὃς ἂν γὰρ ἔχῃ, δοθήσεται αὐτῷ· καὶ ὃς ἂν μὴ ἔχῃ, καὶ ὃ δοκεῖ ἔχειν ἀρθήσεται ἀπ᾽ αὐτοῦ.	→ GTh 41 Mk-Q overlap
	Mt 25,29 ⇧ **Mt 13,12**	τῷ γὰρ ἔχοντι παντὶ δοθήσεται καὶ περισσευθήσεται, τοῦ δὲ μὴ ἔχοντος καὶ ὃ ἔχει ἀρθήσεται ἀπ᾽ αὐτοῦ.			**Lk 19,26** ⇧ Lk 8,18	λέγω ὑμῖν ὅτι παντὶ τῷ ἔχοντι δοθήσεται, ἀπὸ δὲ τοῦ μὴ ἔχοντος καὶ ὃ ἔχει ἀρθήσεται.	
f 122	**Mt 13,23**	ὁ δὲ ἐπὶ τὴν καλὴν γῆν σπαρείς, οὗτός ἐστιν ὁ τὸν λόγον ἀκούων καὶ συνιείς, ὃς δὴ καρποφορεῖ ...	**Mk 4,20**	καὶ ἐκεῖνοί εἰσιν οἱ ἐπὶ τὴν γῆν τὴν καλὴν σπαρέντες, οἵτινες ἀκούουσιν τὸν λόγον καὶ παραδέχονται καὶ καρποφοροῦσιν ...	**Lk 8,15**	τὸ δὲ ἐν τῇ καλῇ γῇ, οὗτοί εἰσιν οἵτινες ἐν καρδίᾳ καλῇ καὶ ἀγαθῇ ἀκούσαντες τὸν λόγον κατέχουσιν καὶ καρποφοροῦσιν ...	
200	**Mt 13,52** → Mt 12,35 → Lk 6,45	... διὰ τοῦτο πᾶς γραμματεὺς μαθητευθεὶς τῇ βασιλείᾳ τῶν οὐρανῶν ὅμοιός ἐστιν ἀνθρώπῳ οἰκοδεσπότῃ, ὅστις ἐκβάλλει ἐκ τοῦ θησαυροῦ αὐτοῦ καινὰ καὶ παλαιά.					
112	**Mt 8,28**	καὶ ἐλθόντος αὐτοῦ εἰς τὸ πέραν εἰς τὴν χώραν τῶν Γαδαρηνῶν ...	**Mk 5,1**	καὶ ἦλθον εἰς τὸ πέραν τῆς θαλάσσης εἰς τὴν χώραν τῶν Γερασηνῶν.	**Lk 8,26**	καὶ κατέπλευσαν εἰς τὴν χώραν τῶν Γερασηνῶν, ἥτις ἐστὶν ἀντιπέρα τῆς Γαλιλαίας.	
	Mt 9,20	καὶ ἰδοὺ γυνὴ αἱμορροοῦσα δώδεκα ἔτη ...	**Mk 5,25**	καὶ γυνὴ οὖσα ἐν ῥύσει αἵματος δώδεκα ἔτη	**Lk 8,43**	καὶ γυνὴ οὖσα ἐν ῥύσει αἵματος ἀπὸ ἐτῶν δώδεκα,	
012			**Mk 5,26**	καὶ πολλὰ παθοῦσα ὑπὸ πολλῶν ἰατρῶν καὶ δαπανήσασα τὰ παρ᾽ αὐτῆς πάντα καὶ μηδὲν ὠφεληθεῖσα ἀλλὰ μᾶλλον εἰς τὸ χεῖρον ἐλθοῦσα		ἥτις [ἰατροῖς προσαναλώσασα ὅλον τὸν βίον] οὐκ ἴσχυσεν ἀπ᾽ οὐδενὸς θεραπευθῆναι	
e 120	**Mt 14,7**	ὅθεν μεθ᾽ ὅρκου ὡμολόγησεν αὐτῇ δοῦναι ὃ ἐὰν αἰτήσηται.	**Mk 6,23**	καὶ ὤμοσεν αὐτῇ [πολλά], ὅ τι ἐάν με αἰτήσῃς δώσω σοι ἕως ἡμίσους τῆς βασιλείας μου.			

g 221	**Mt 16,28** → Mt 24,34	ἀμὴν λέγω ὑμῖν ὅτι εἰσίν τινες τῶν ὧδε ἑστώτων **οἵτινες** οὐ μὴ γεύσωνται θανάτου ἕως ἂν ἴδωσιν τὸν υἱὸν τοῦ ἀνθρώπου ἐρχόμενον ἐν τῇ βασιλείᾳ αὐτοῦ.	**Mk 9,1** → Mk 13,30	... ἀμὴν λέγω ὑμῖν ὅτι εἰσίν τινες ὧδε τῶν ἑστηκότων **οἵτινες** οὐ μὴ γεύσωνται θανάτου ἕως ἂν ἴδωσιν τὴν βασιλείαν τοῦ θεοῦ ἐληλυθυῖαν ἐν δυνάμει.	**Lk 9,27** → Lk 21,32	λέγω δὲ ὑμῖν ἀληθῶς, εἰσίν τινες τῶν αὐτοῦ ἑστηκότων **οἳ** οὐ μὴ γεύσωνται θανάτου ἕως ἂν ἴδωσιν τὴν βασιλείαν τοῦ θεοῦ.	→ Jn 21,22-23
h 112	**Mt 17,3**	καὶ ἰδοὺ ὤφθη αὐτοῖς Μωϋσῆς καὶ Ἠλίας συλλαλοῦντες μετ' αὐτοῦ.	**Mk 9,4**	καὶ ὤφθη αὐτοῖς Ἠλίας σὺν Μωϋσεῖ καὶ ἦσαν συλλαλοῦντες τῷ Ἰησοῦ.	**Lk 9,30**	καὶ ἰδοὺ ἄνδρες δύο συνελάλουν αὐτῷ, **οἵτινες** ἦσαν Μωϋσῆς καὶ Ἠλίας, [31] οἳ ὀφθέντες ἐν δόξῃ ...	
df 200	**Mt 18,4** ↓ Mt 23,12 ↓ Lk 14,11 → Lk 18,14	**ὅστις** οὖν ταπεινώσει ἑαυτὸν ὡς τὸ παιδίον τοῦτο, οὗτός ἐστιν ὁ μείζων ἐν τῇ βασιλείᾳ τῶν οὐρανῶν.					
e 002					**Lk 10,35**	... ἐπιμελήθητι αὐτοῦ, καὶ **ὅ τι ἂν** προσδαπανήσῃς ἐγὼ ἐν τῷ ἐπανέρχεσθαί με ἀποδώσω σοι.	
002					**Lk 10,42**	ἑνὸς δέ ἐστιν χρεία· Μαριὰμ γὰρ τὴν ἀγαθὴν μερίδα ἐξελέξατο **ἥτις** οὐκ ἀφαιρεθήσεται αὐτῆς.	
112	**Mt 16,6** ⇨ Mt 16,11	... ὁρᾶτε καὶ προσέχετε ἀπὸ τῆς ζύμης τῶν Φαρισαίων καὶ Σαδδουκαίων.	**Mk 8,15**	... ὁρᾶτε, βλέπετε ἀπὸ τῆς ζύμης τῶν Φαρισαίων καὶ τῆς ζύμης Ἡρῴδου.	**Lk 12,1** → Mt 16,12	... προσέχετε ἑαυτοῖς ἀπὸ τῆς ζύμης, **ἥτις** ἐστὶν ὑπόκρισις, τῶν Φαρισαίων.	
002					**Lk 14,15** ↓ Mt 22,2 → Lk 22,30	ἀκούσας δέ τις τῶν συνανακειμένων ταῦτα εἶπεν αὐτῷ· μακάριος **ὅστις** φάγεται ἄρτον ἐν τῇ βασιλείᾳ τοῦ θεοῦ.	
102	**Mt 10,38** ⇩ Mt 16,24	καὶ **ὃς** οὐ λαμβάνει τὸν σταυρὸν αὐτοῦ καὶ ἀκολουθεῖ ὀπίσω μου, οὐκ ἔστιν μου ἄξιος.			**Lk 14,27** ⇩ Lk 9,23	**ὅστις** οὐ βαστάζει τὸν σταυρὸν ἑαυτοῦ καὶ ἔρχεται ὀπίσω μου οὐ δύναται εἶναί μου μαθητής.	→ GTh 55 → GTh 101 Mk-Q overlap
	Mt 16,24 ⇧ Mt 10,38	... εἴ τις θέλει ὀπίσω μου ἐλθεῖν, ἀπαρνησάσθω ἑαυτὸν καὶ ἀράτω τὸν σταυρὸν αὐτοῦ καὶ ἀκολουθείτω μοι.	**Mk 8,34**	... εἴ τις θέλει ὀπίσω μου ἀκολουθεῖν, ἀπαρνησάσθω ἑαυτὸν καὶ ἀράτω τὸν σταυρὸν αὐτοῦ καὶ ἀκολουθείτω μοι.	**Lk 9,23** ⇧ Lk 14,27	... εἴ τις θέλει ὀπίσω μου ἔρχεσθαι, ἀρνησάσθω ἑαυτὸν καὶ ἀράτω τὸν σταυρὸν αὐτοῦ καθ' ἡμέραν, καὶ ἀκολουθείτω μοι.	→ GTh 55
h 102	**Mt 18,13**	καὶ ἐὰν γένηται εὑρεῖν αὐτό, ἀμὴν λέγω ὑμῖν ὅτι χαίρει ἐπ' αὐτῷ μᾶλλον ἢ ἐπὶ τοῖς ἐνενήκοντα ἐννέα τοῖς μὴ πεπλανημένοις.			**Lk 15,7** → Lk 15,10	[5] καὶ εὑρὼν ἐπιτίθησιν ἐπὶ τοὺς ὤμους αὐτοῦ χαίρων [6] ... [7] λέγω ὑμῖν ὅτι οὕτως χαρὰ ἐν τῷ οὐρανῷ ἔσται ἐπὶ ἑνὶ ἁμαρτωλῷ μετανοοῦντι ἢ ἐπὶ ἐνενήκοντα ἐννέα δικαίοις **οἵτινες** οὐ χρείαν ἔχουσιν μετανοίας.	→ GTh 107

	Mt		Mk		Lk		
200 200 200	Mt 19,12 (3)	εἰσὶν γὰρ εὐνοῦχοι **οἵτινες** ἐκ κοιλίας μητρὸς ἐγεννήθησαν οὕτως, καὶ εἰσὶν εὐνοῦχοι **οἵτινες** εὐνουχίσθησαν ὑπὸ τῶν ἀνθρώπων, καὶ εἰσὶν εὐνοῦχοι **οἵτινες** εὐνούχισαν ἑαυτοὺς διὰ τὴν βασιλείαν τῶν οὐρανῶν. ...					
a 211	Mt 19,29 → Mt 10,37	καὶ πᾶς **ὅστις** ἀφῆκεν οἰκίας ἢ ἀδελφοὺς ἢ ἀδελφὰς ἢ πατέρα ἢ μητέρα ἢ τέκνα ἢ ἀγροὺς ἕνεκεν τοῦ ὀνόματός μου, ...	Mk 10,29	... οὐδείς ἐστιν ὃς ἀφῆκεν οἰκίαν ἢ ἀδελφοὺς ἢ ἀδελφὰς ἢ μητέρα ἢ πατέρα ἢ τέκνα ἢ ἀγροὺς ἕνεκεν ἐμοῦ καὶ ἕνεκεν τοῦ εὐαγγελίου	Lk 18,29 → Lk 14,26	... οὐδείς ἐστιν ὃς ἀφῆκεν οἰκίαν ἢ γυναῖκα ἢ ἀδελφοὺς ἢ γονεῖς ἢ τέκνα ἕνεκεν τῆς βασιλείας τοῦ θεοῦ	→ GTh 55 → GTh 101
200	Mt 20,1	ὁμοία γάρ ἐστιν ἡ βασιλεία τῶν οὐρανῶν ἀνθρώπῳ οἰκοδεσπότῃ, **ὅστις** ἐξῆλθεν ἅμα πρωῒ μισθώσασθαι ἐργάτας εἰς τὸν ἀμπελῶνα αὐτοῦ.					
211	Mt 21,33	... ἄνθρωπος ἦν οἰκοδεσπότης **ὅστις** ἐφύτευσεν ἀμπελῶνα ...	Mk 12,1	... ἀμπελῶνα ἄνθρωπος ἐφύτευσεν ...	Lk 20,9	... ἄνθρωπός [τις] ἐφύτευσεν ἀμπελῶνα ...	→ GTh 65
211	Mt 21,41 → Mt 21,43	... κακοὺς κακῶς ἀπολέσει αὐτοὺς καὶ τὸν ἀμπελῶνα ἐκδώσεται ἄλλοις γεωργοῖς, **οἵτινες** ἀποδώσουσιν αὐτῷ τοὺς καρποὺς ἐν τοῖς καιροῖς αὐτῶν.	Mk 12,9	... ἐλεύσεται καὶ ἀπολέσει τοὺς γεωργοὺς καὶ δώσει τὸν ἀμπελῶνα ἄλλοις.	Lk 20,16	ἐλεύσεται καὶ ἀπολέσει τοὺς γεωργοὺς τούτους καὶ δώσει τὸν ἀμπελῶνα ἄλλοις. ἀκούσαντες δὲ εἶπαν· μὴ γένοιτο.	→ GTh 65
201	Mt 22,2 ↑ Lk 14,15	ὡμοιώθη ἡ βασιλεία τῶν οὐρανῶν ἀνθρώπῳ βασιλεῖ, **ὅστις** ἐποίησεν γάμους τῷ υἱῷ αὐτοῦ.			Lk 14,16	 ... ἄνθρωπός τις ἐποίει δεῖπνον μέγα, καὶ ἐκάλεσεν πολλούς	→ GTh 64
121	Mt 22,23	... προσῆλθον αὐτῷ Σαδδουκαῖοι, λέγοντες μὴ εἶναι ἀνάστασιν, ...	Mk 12,18	καὶ ἔρχονται Σαδδουκαῖοι πρὸς αὐτόν, **οἵτινες** λέγουσιν ἀνάστασιν μὴ εἶναι, ...	Lk 20,27	προσελθόντες δέ τινες τῶν Σαδδουκαίων, οἱ [ἀντι]λέγοντες ἀνάστασιν μὴ εἶναι, ...	
b 201 201	Mt 23,12 (2) ↑ Mt 18,4	 **ὅστις** δὲ ὑψώσει ἑαυτὸν ταπεινωθήσεται καὶ **ὅστις** ταπεινώσει ἑαυτὸν ὑψωθήσεται.			Lk 14,11 → Lk 18,14b	ὅτι **πᾶς** ὁ ὑψῶν ἑαυτὸν ταπεινωθήσεται, καὶ ὁ ταπεινῶν ἑαυτὸν ὑψωθήσεται.	

	Mt		Mk		Lk		
201	**Mt 23,27**	οὐαὶ ὑμῖν, γραμματεῖς καὶ Φαρισαῖοι ὑποκριταί, ὅτι παρομοιάζετε τάφοις κεκονιαμένοις, **οἵτινες** ἔξωθεν μὲν φαίνονται ὡραῖοι, ἔσωθεν δὲ γέμουσιν ὀστέων νεκρῶν καὶ πάσης ἀκαθαρσίας.			**Lk 11,44**	οὐαὶ ὑμῖν, ὅτι ἐστὲ ὡς τὰ μνημεῖα τὰ ἄδηλα, καὶ οἱ ἄνθρωποι [οἱ] περιπατοῦντες ἐπάνω οὐκ οἴδασιν.	
h 200	**Mt 25,1**	τότε ὁμοιωθήσεται ἡ βασιλεία τῶν οὐρανῶν δέκα παρθένοις, **αἵτινες** λαβοῦσαι τὰς λαμπάδας ἑαυτῶν ἐξῆλθον εἰς ὑπάντησιν τοῦ νυμφίου.					
112 121	**Mt 27,16** → Mt 27,26	εἶχον δὲ τότε δέσμιον ἐπίσημον λεγόμενον [Ἰησοῦν] Βαραββᾶν.	**Mk 15,7** → Mk 15,15	ἦν δὲ ὁ λεγόμενος Βαραββᾶς μετὰ τῶν στασιαστῶν δεδεμένος **οἵτινες** ἐν τῇ στάσει φόνον πεποιήκεισαν.	**Lk 23,19** → Lk 23,25	**ὅστις** ἦν διὰ στάσιν τινὰ γενομένην ἐν τῇ πόλει καὶ φόνον βληθεὶς ἐν τῇ φυλακῇ.	→ Jn 18,40
211	**Mt 27,55** ↓ Mt 27,61	ἦσαν δὲ ἐκεῖ γυναῖκες πολλαὶ ἀπὸ μακρόθεν θεωροῦσαι, **αἵτινες** ἠκολούθησαν τῷ Ἰησοῦ ἀπὸ τῆς Γαλιλαίας διακονοῦσαι αὐτῷ·	**Mk 15,41** ↓ Mk 15,47	[40] ἦσαν δὲ καὶ γυναῖκες ἀπὸ μακρόθεν θεωροῦσαι, ... [41] **αἳ** ὅτε ἦν ἐν τῇ Γαλιλαίᾳ ἠκολούθουν αὐτῷ καὶ διηκόνουν αὐτῷ, καὶ ἄλλαι πολλαὶ αἱ συναναβᾶσαι αὐτῷ εἰς Ἱεροσόλυμα.	**Lk 23,49** ↑ Lk 8,3 ↓ Lk 23,55	εἱστήκεισαν δὲ πάντες οἱ γνωστοὶ αὐτῷ ἀπὸ μακρόθεν καὶ γυναῖκες αἱ συνακολουθοῦσαι αὐτῷ ἀπὸ τῆς Γαλιλαίας ὁρῶσαι ταῦτα.	
112	**Mt 27,61** ↑ Mt 27,55 → Mt 28,1 → Lk 24,10	ἦν δὲ ἐκεῖ Μαριὰμ ἡ Μαγδαληνὴ καὶ ἡ ἄλλη Μαρία καθήμεναι ἀπέναντι τοῦ τάφου.	**Mk 15,47** ↑ Mk 15,40-41 → Mk 16,1 → Lk 24,10	ἡ δὲ Μαρία ἡ Μαγδαληνὴ καὶ Μαρία ἡ Ἰωσῆτος ἐθεώρουν ποῦ τέθειται.	**Lk 23,55** ↑ Lk 8,3 ↑ Lk 23,49	κατακολουθήσασαι δὲ αἱ γυναῖκες, **αἵτινες** ἦσαν συνεληλυθυῖαι ἐκ τῆς Γαλιλαίας αὐτῷ, ἐθεάσαντο τὸ μνημεῖον καὶ ὡς ἐτέθη τὸ σῶμα αὐτοῦ	
200	**Mt 27,62**	τῇ δὲ ἐπαύριον, **ἥτις** ἐστὶν μετὰ τὴν παρασκευήν, συνήχθησαν οἱ ἀρχιερεῖς καὶ οἱ Φαρισαῖοι πρὸς Πιλᾶτον					

a
e

Acts 3,23 *ἔσται δὲ πᾶσα ψυχὴ*
ἥτις ἐὰν
μὴ ἀκούσῃ τοῦ προφήτου
ἐκείνου ἐξολεθρευθήσεται
ἐκ τοῦ λαοῦ.
➤ Lev 23,29

Acts 5,16 ... φέροντες ἀσθενεῖς
καὶ ὀχλουμένους ὑπὸ
πνευμάτων ἀκαθάρτων,
οἵτινες
ἐθεραπεύοντο ἅπαντες.

Acts 7,53 [52] ... ὑμεῖς προδόται
καὶ φονεῖς ἐγένεσθε,
[53] **οἵτινες**
ἐλάβετε τὸν νόμον εἰς
διαταγὰς ἀγγέλων καὶ
οὐκ ἐφυλάξατε.

Acts 8,15 [14] ... Πέτρον καὶ Ἰωάννην,
[15] **οἵτινες**
καταβάντες προσηύξαντο
περὶ αὐτῶν ὅπως
λάβωσιν πνεῦμα ἅγιον·

Acts 9,6 ἀλλὰ ἀνάστηθι καὶ
εἴσελθε εἰς τὴν πόλιν
καὶ λαληθήσεταί σοι
ὅ τί
σε δεῖ ποιεῖν.

Acts 9,35 καὶ εἶδαν αὐτὸν πάντες
οἱ κατοικοῦντες Λύδδα
καὶ τὸν Σαρῶνα,
οἵτινες
ἐπέστρεψαν
ἐπὶ τὸν κύριον.

Acts 10,41 [40] τοῦτον ὁ θεὸς ἤγειρεν [ἐν] τῇ τρίτῃ ἡμέρᾳ καὶ ἔδωκεν αὐτὸν ἐμφανῆ γενέσθαι, [41] οὐ παντὶ τῷ λαῷ, ἀλλὰ μάρτυσιν τοῖς προκεχειροτονημένοις ὑπὸ τοῦ θεοῦ, ἡμῖν,
οἵτινες
συνεφάγομεν καὶ συνεπίομεν αὐτῷ μετὰ τὸ ἀναστῆναι αὐτὸν ἐκ νεκρῶν·

f **Acts 10,47** μήτι τὸ ὕδωρ δύναται κωλῦσαί τις τοῦ μὴ βαπτισθῆναι τούτους,
οἵτινες
τὸ πνεῦμα τὸ ἅγιον ἔλαβον ὡς καὶ ἡμεῖς;

g **Acts 11,20** ἦσαν δέ τινες ἐξ αὐτῶν ἄνδρες Κύπριοι καὶ Κυρηναῖοι,
οἵτινες
ἐλθόντες εἰς Ἀντιόχειαν ἐλάλουν καὶ πρὸς τοὺς Ἑλληνιστάς εὐαγγελιζόμενοι τὸν κύριον Ἰησοῦν.

Acts 11,28 ... λιμὸν μεγάλην μέλλειν ἔσεσθαι ἐφ᾽ ὅλην τὴν οἰκουμένην,
ἥτις
ἐγένετο ἐπὶ Κλαυδίου.

Acts 12,10 ... ἦλθαν ἐπὶ τὴν πύλην τὴν σιδηρᾶν τὴν φέρουσαν εἰς τὴν πόλιν,
ἥτις
αὐτομάτη ἠνοίγη αὐτοῖς, ...

Acts 13,31 ὃς ὤφθη ἐπὶ ἡμέρας πλείους τοῖς συναναβᾶσιν αὐτῷ ἀπὸ τῆς Γαλιλαίας εἰς Ἰερουσαλήμ,
οἵτινες
[νῦν] εἰσιν μάρτυρες αὐτοῦ πρὸς τὸν λαόν.

Acts 13,43 ... ἠκολούθησαν πολλοὶ τῶν Ἰουδαίων καὶ τῶν σεβομένων προσηλύτων τῷ Παύλῳ καὶ τῷ Βαρναβᾷ,
οἵτινες
προσλαλοῦντες αὐτοῖς ἔπειθον αὐτοὺς προσ-μένειν τῇ χάριτι τοῦ θεοῦ.

Acts 16,12 κἀκεῖθεν εἰς Φιλίππους,
ἥτις
ἐστὶν πρώτη[ς] μερίδος τῆς Μακεδονίας πόλις, κολωνία. ...

g **Acts 16,16** ἐγένετο δὲ πορευομένων ἡμῶν εἰς τὴν προσευχὴν παιδίσκην τινὰ ἔχουσαν πνεῦμα πύθωνα ὑπαντῆσαι ἡμῖν,
ἥτις
ἐργασίαν πολλὴν παρεῖχεν τοῖς κυρίοις αὐτῆς μαντευομένη.

f **Acts 16,17** ... οὗτοι οἱ ἄνθρωποι δοῦλοι τοῦ θεοῦ τοῦ ὑψίστου εἰσίν,
οἵτινες
καταγγέλλουσιν ὑμῖν ὁδὸν σωτηρίας.

Acts 17,10 οἱ δὲ ἀδελφοὶ εὐθέως διὰ νυκτὸς ἐξέπεμψαν τόν τε Παῦλον καὶ τὸν Σιλᾶν εἰς Βέροιαν,
οἵτινες
παραγενόμενοι εἰς τὴν συναγωγὴν τῶν Ἰουδαίων ἀπῄεσαν.

f **Acts 17,11** οὗτοι δὲ ἦσαν εὐγενέστεροι τῶν ἐν Θεσσαλονίκῃ,
οἵτινες
ἐδέξαντο τὸν λόγον μετὰ πάσης προθυμίας καθ᾽ ἡμέραν ἀνακρίνοντες τὰς γραφὰς εἰ ἔχοι ταῦτα οὕτως.

Acts 21,4 ἀνευρόντες δὲ τοὺς μαθητὰς ἐπεμείναμεν αὐτοῦ ἡμέρας ἑπτά,
οἵτινες
τῷ Παύλῳ ἔλεγον διὰ τοῦ πνεύματος μὴ ἐπιβαίνειν εἰς Ἱεροσόλυμα.

h **Acts 23,14** [13] ἦσαν δὲ πλείους τεσσεράκοντα οἱ ταύτην τὴν συνωμοσίαν ποιησάμενοι,
[14] οἵτινες
προσελθόντες τοῖς ἀρχιερεῦσιν καὶ τοῖς πρεσβυτέροις ...

h **Acts 23,21** ... ἐνεδρεύουσιν γὰρ αὐτὸν ἐξ αὐτῶν ἄνδρες πλείους τεσσεράκοντα,
οἵτινες
ἀνεθεμάτισαν ἑαυτοὺς μήτε φαγεῖν μήτε πιεῖν ἕως οὗ ἀνέλωσιν αὐτόν, ...

Acts 23,33 [32] τῇ δὲ ἐπαύριον ἐάσαντες τοὺς ἱππεῖς ἀπέρχεσθαι σὺν αὐτῷ ὑπέστρεψαν εἰς τὴν παρεμβολήν·
[33] οἵτινες
εἰσελθόντες εἰς τὴν Καισάρειαν καὶ ἀναδόντες τὴν ἐπιστολὴν τῷ ἡγεμόνι παρέστησαν καὶ τὸν Παῦλον αὐτῷ.

g **Acts 24,1** μετὰ δὲ πέντε ἡμέρας κατέβη ὁ ἀρχιερεὺς Ἁνανίας μετὰ πρεσβυτέρων τινῶν καὶ ῥήτορος Τερτύλλου τινός,
οἵτινες
ἐνεφάνισαν τῷ ἡγεμόνι κατὰ τοῦ Παύλου.

Acts 28,18 [17] ... παρεδόθην εἰς τὰς χεῖρας τῶν Ῥωμαίων,
[18] οἵτινες
ἀνακρίναντές με ἐβούλοντο ἀπολῦσαι διὰ τὸ μηδεμίαν αἰτίαν θανάτου ὑπάρχειν ἐν ἐμοί.

ὀσφύς	Syn	Mt	Mk	Lk	Acts	Jn	1-3John	Paul	Eph	Col
	3	1	1	1	1				1	
	NT	2Thess	1/2Tim	Tit	Heb	Jas	1Pet	2Pet	Jude	Rev
	8				2		1			

waist; loins

220	**Mt 3,4** → Lk 7,33	αὐτὸς δὲ ὁ Ἰωάννης εἶχεν τὸ ἔνδυμα αὐτοῦ ἀπὸ τριχῶν καμήλου καὶ ζώνην δερματίνην **περὶ τὴν ὀσφὺν αὐτοῦ,** ἡ δὲ τροφὴ ἦν αὐτοῦ ἀκρίδες καὶ μέλι ἄγριον.	**Mk 1,6** → Lk 7,33	καὶ ἦν ὁ Ἰωάννης ἐνδεδυμένος τρίχας καμήλου καὶ ζώνην δερματίνην **περὶ τὴν ὀσφὺν αὐτοῦ,** καὶ ἐσθίων ἀκρίδας καὶ μέλι ἄγριον.	

002			**Lk 12,35** → Lk 21,36 ἔστωσαν *ὑμῶν αἱ ὀσφύες* *περιεζωσμέναι* καὶ οἱ λύχνοι καιόμενοι· ➤ Exod 12,11	→ GTh 21,7 → GTh 103

Acts 2,30 → Lk 1,32 προφήτης οὖν ὑπάρχων
καὶ εἰδὼς ὅτι ὅρκῳ
ὤμοσεν αὐτῷ ὁ θεὸς
ἐκ καρποῦ τῆς
ὀσφύος αὐτοῦ
καθίσαι ἐπὶ τὸν θρόνον
αὐτοῦ
➤ Ps 132,11

ὅταν

	Syn	Mt	Mk	Lk	Acts	Jn	1-3John	Paul	Eph	Col
	69	19	21	29	2	17	1	18		2
	NT	2Thess	1/2Tim	Tit	Heb	Jas	1Pet	2Pet	Jude	Rev
	123	1	1	1	1	1				9

at the time that; whenever; when

	triple tradition																	double tradition			Sondergut		
		+Mt / +Lk			–Mt / –Lk			traditions not taken over by Mt / Lk							subtotals								
code	*222*	*211*	*112*	*212*	*221*	*122*	*121*	*022*	*012*	*021*	*220*	*120*	*210*	*020*	Σ⁺	Σ⁻	Σ	*202*	*201*	*102*	*200*	*002*	total
Mt	4	1^+			1	4^-	5^-					2^-	1^+		2^+	11^-	7	3	2		7		**19**
Mk	4				1	4	5			1		2		4			21						**21**
Lk	4		1^+		1^-	4	5^-			1^-					1^+	7^-	9	3		6		11	**29**

Mk-Q overlap: 202: Mt 10,19 / Mk 13,11 / Lk 12,11 121: Mt 10,19 / Mk 13,11 / Lk 21,14 112: Mt 12,29 / Mk 3,27 / Lk 11,21 (?)

- *a* ὅταν γάρ
- *b* ὅταν δέ
- *c* ὅταν οὖν
- *d* ἵνα (μὴ) ὅταν
- *e* εἰ μὴ ὅταν
- *f* ὃς ὅταν
- *g* ὅταν ..., τότε
- *h* ὅταν ..., εὐθύς / εὐθέως
- *j* ὅταν with present indicative
- *k* ὅταν with imperfect indicative
- *l* ὅταν with future indicative
- *m* ὅταν with aorist indicative

g 222	**Mt 9,15** ... ἐλεύσονται δὲ ἡμέραι **ὅταν** ἀπαρθῇ ἀπ᾽ αὐτῶν ὁ νυμφίος, καὶ τότε νηστεύσουσιν.	**Mk 2,20** ἐλεύσονται δὲ ἡμέραι **ὅταν** ἀπαρθῇ ἀπ᾽ αὐτῶν ὁ νυμφίος, καὶ τότε νηστεύσουσιν ἐν ἐκείνῃ τῇ ἡμέρᾳ.	**Lk 5,35** ἐλεύσονται δὲ ἡμέραι, καὶ **ὅταν** ἀπαρθῇ ἀπ᾽ αὐτῶν ὁ νυμφίος, τότε νηστεύσουσιν ἐν ἐκείναις ταῖς ἡμέραις.	→ GTh 104
k 021		**Mk 3,11** → Mk 1,34 → Lk 6,18 καὶ τὰ πνεύματα τὰ ἀκάθαρτα, **ὅταν** αὐτὸν ἐθεώρουν, προσέπιπτον αὐτῷ καὶ ἔκραζον λέγοντες ὅτι σὺ εἶ ὁ υἱὸς τοῦ θεοῦ.	**Lk 4,41** ἐξήρχετο δὲ καὶ δαιμόνια ἀπὸ πολλῶν κρ[αυγ]άζοντα καὶ λέγοντα ὅτι σὺ εἶ ὁ υἱὸς τοῦ θεοῦ. ...	
102 202	**Mt 5,11** μακάριοί ἐστε **ὅταν** ὀνειδίσωσιν ὑμᾶς καὶ διώξωσιν καὶ εἴπωσιν πᾶν πονηρὸν καθ᾽ ὑμῶν [ψευδόμενοι] ἕνεκεν ἐμοῦ.		**Lk 6,22 (2)** μακάριοί ἐστε **ὅταν** μισήσωσιν ὑμᾶς οἱ ἄνθρωποι καὶ **ὅταν** ἀφορίσωσιν ὑμᾶς καὶ ὀνειδίσωσιν καὶ ἐκβάλωσιν τὸ ὄνομα ὑμῶν ὡς πονηρὸν ἕνεκα τοῦ υἱοῦ τοῦ ἀνθρώπου·	→ GTh 68 → GTh 69,1
002			**Lk 6,26** οὐαὶ **ὅταν** ὑμᾶς καλῶς εἴπωσιν πάντες οἱ ἄνθρωποι· ...	

c 200	**Mt 6,2**	ὅταν οὖν ποιῇς ἐλεημοσύνην, μὴ σαλπίσῃς ἔμπροσθέν σου, ...					→ GTh 6 (POxy 654)
200	**Mt 6,5**	καὶ ὅταν προσεύχησθε, οὐκ ἔσεσθε ὡς οἱ ὑποκριταί, ...					→ GTh 6 (POxy 654)
200	**Mt 6,6**	σὺ δὲ ὅταν προσεύχῃ, εἴσελθε εἰς τὸ ταμεῖόν σου καὶ κλείσας τὴν θύραν σου πρόσευξαι τῷ πατρί σου τῷ ἐν τῷ κρυπτῷ· ...					→ GTh 6 (POxy 654)
b 200	**Mt 6,16**	ὅταν δὲ νηστεύητε, μὴ γίνεσθε ὡς οἱ ὑποκριταὶ σκυθρωποί, ...					→ GTh 6 (POxy 654) → GTh 27 (POxy 1)
g 222	**Mt 9,15**	... ἐλεύσονται δὲ ἡμέραι ὅταν ἀπαρθῇ ἀπ᾽ αὐτῶν ὁ νυμφίος, καὶ τότε νηστεύσουσιν.	**Mk 2,20**	ἐλεύσονται δὲ ἡμέραι ὅταν ἀπαρθῇ ἀπ᾽ αὐτῶν ὁ νυμφίος, καὶ τότε νηστεύσουσιν ἐν ἐκείνῃ τῇ ἡμέρᾳ.	**Lk 5,35**	ἐλεύσονται δὲ ἡμέραι, καὶ ὅταν ἀπαρθῇ ἀπ᾽ αὐτῶν ὁ νυμφίος, τότε νηστεύσουσιν ἐν ἐκείναις ταῖς ἡμέραις.	→ GTh 104
b 202	**Mt 10,19**	ὅταν δὲ παραδῶσιν ὑμᾶς, μὴ μεριμνήσητε πῶς ἢ τί λαλήσητε· ...	Mk 13,11	καὶ ὅταν ἄγωσιν ὑμᾶς παραδιδόντες, μὴ προμεριμνᾶτε τί λαλήσητε, ...	**Lk 12,11** ⇩ Lk 21,14 → Lk 21,12	ὅταν δὲ εἰσφέρωσιν ὑμᾶς ἐπὶ τὰς συναγωγὰς καὶ τὰς ἀρχὰς καὶ τὰς ἐξουσίας, μὴ μεριμνήσητε πῶς ἢ τί ἀπολογήσησθε ἢ τί εἴπητε·	Mk-Q overlap
b 200	**Mt 10,23** → Mt 23,34 → Lk 11,49	ὅταν δὲ διώκωσιν ὑμᾶς ἐν τῇ πόλει ταύτῃ, φεύγετε εἰς τὴν ἑτέραν· ...					
b 202	**Mt 12,43**	ὅταν δὲ τὸ ἀκάθαρτον πνεῦμα ἐξέλθῃ ἀπὸ τοῦ ἀνθρώπου, διέρχεται δι᾽ ἀνύδρων τόπων ...			**Lk 11,24**	ὅταν τὸ ἀκάθαρτον πνεῦμα ἐξέλθῃ ἀπὸ τοῦ ἀνθρώπου, διέρχεται δι᾽ ἀνύδρων τόπων ...	
h 121	**Mt 13,19**	παντὸς ἀκούοντος τὸν λόγον τῆς βασιλείας καὶ μὴ συνιέντος, ἔρχεται ὁ πονηρὸς καὶ ἁρπάζει τὸ ἐσπαρμένον ἐν τῇ καρδίᾳ αὐτοῦ, οὗτός ἐστιν ὁ παρὰ τὴν ὁδὸν σπαρείς.	**Mk 4,15**	οὗτοι δέ εἰσιν οἱ παρὰ τὴν ὁδόν· ὅπου σπείρεται ὁ λόγος καὶ ὅταν ἀκούσωσιν, εὐθὺς ἔρχεται ὁ σατανᾶς καὶ αἴρει τὸν λόγον τὸν ἐσπαρμένον εἰς αὐτούς.	**Lk 8,12**	οἱ δὲ παρὰ τὴν ὁδόν εἰσιν οἱ ἀκούσαντες, εἶτα ἔρχεται ὁ διάβολος καὶ αἴρει τὸν λόγον ἀπὸ τῆς καρδίας αὐτῶν, ἵνα μὴ πιστεύσαντες σωθῶσιν.	
f h 122	**Mt 13,20**	ὁ δὲ ἐπὶ τὰ πετρώδη σπαρείς, οὗτός ἐστιν ὁ τὸν λόγον ἀκούων καὶ εὐθὺς μετὰ χαρᾶς λαμβάνων αὐτόν	**Mk 4,16**	καὶ οὗτοί εἰσιν οἱ ἐπὶ τὰ πετρώδη σπειρόμενοι, οἳ ὅταν ἀκούσωσιν τὸν λόγον εὐθὺς μετὰ χαρᾶς λαμβάνουσιν αὐτόν	**Lk 8,13**	οἱ δὲ ἐπὶ τῆς πέτρας οἳ ὅταν ἀκούσωσιν μετὰ χαρᾶς δέχονται τὸν λόγον, ...	

	Mt		Mk		Lk		
b h 020			**Mk 4,29**	**ὅταν** δὲ παραδοῖ ὁ καρπός, εὐθὺς ἀποστέλλει τὸ δρέπανον, ὅτι παρέστηκεν ὁ θερισμός.			→ GTh 21,10
f 020	Mt 13,31	... κόκκῳ σινάπεως, ὃν λαβὼν ἄνθρωπος ἔσπειρεν ἐν τῷ ἀγρῷ αὐτοῦ·	**Mk 4,31**	... κόκκῳ σινάπεως, ὃς **ὅταν** σπαρῇ ἐπὶ τῆς γῆς, ...	Lk 13,19	... κόκκῳ σινάπεως, ὃν λαβὼν ἄνθρωπος ἔβαλεν εἰς κῆπον ἑαυτοῦ,	→ GTh 20 Mk-Q overlap
020	Mt 13,32	... ὅταν δὲ αὐξηθῇ μεῖζον τῶν λαχάνων ἐστὶν καὶ γίνεται δένδρον, ...	**Mk 4,32**	καὶ **ὅταν** σπαρῇ, ἀναβαίνει καὶ γίνεται μεῖζον πάντων τῶν λαχάνων καὶ ποιεῖ κλάδους μεγάλους, ...		καὶ ηὔξησεν καὶ ἐγένετο εἰς δένδρον, ...	→ GTh 20 Mk-Q overlap
	Mt 13,32	ὃ μικρότερον μέν ἐστιν πάντων τῶν σπερμάτων,	**Mk 4,31**	... μικρότερον ὂν πάντων τῶν σπερμάτων τῶν ἐπὶ τῆς γῆς,			→ GTh 20
b 201		**ὅταν** δὲ αὐξηθῇ μεῖζον τῶν λαχάνων ἐστὶν καὶ γίνεται δένδρον, ...	Mk 4,32	καὶ ὅταν σπαρῇ, ἀναβαίνει καὶ γίνεται μεῖζον πάντων τῶν λαχάνων καὶ ποιεῖ κλάδους μεγάλους, ...	**Lk 13,19**	... καὶ ηὔξησεν καὶ ἐγένετο εἰς δένδρον, ...	→ GTh 20 Mk-Q overlap
210	**Mt 15,2** → Mt 15,20	... οὐ γὰρ νίπτονται τὰς χεῖρας [αὐτῶν] **ὅταν** ἄρτον ἐσθίωσιν.	**Mk 7,5**	... ἀλλὰ κοιναῖς χερσὶν ἐσθίουσιν τὸν ἄρτον;			
122	**Mt 16,27** ↓ Mt 10,33 → Mt 24,30 ↓ Mt 25,31	μέλλει γὰρ ὁ υἱὸς τοῦ ἀνθρώπου ἔρχεσθαι ἐν τῇ δόξῃ τοῦ πατρὸς αὐτοῦ μετὰ τῶν ἀγγέλων αὐτοῦ, καὶ τότε *ἀποδώσει ἑκάστῳ κατὰ* *τὴν πρᾶξιν αὐτοῦ.* ➤ Ps 62,13/Prov 24,12/Sir 35,22 LXX	**Mk 8,38** → Mk 13,26	ὃς γὰρ ἐὰν ἐπαισχυνθῇ με καὶ τοὺς ἐμοὺς λόγους ἐν τῇ γενεᾷ ταύτῃ τῇ μοιχαλίδι καὶ ἁμαρτωλῷ, καὶ ὁ υἱὸς τοῦ ἀνθρώπου ἐπαισχυνθήσεται αὐτὸν, **ὅταν** ἔλθῃ ἐν τῇ δόξῃ τοῦ πατρὸς αὐτοῦ μετὰ τῶν ἀγγέλων τῶν ἁγίων.	**Lk 9,26** ⇩ Lk 12,9 → Lk 21,27	ὃς γὰρ ἂν ἐπαισχυνθῇ με καὶ τοὺς ἐμοὺς λόγους, τοῦτον ὁ υἱὸς τοῦ ἀνθρώπου ἐπαισχυνθήσεται, **ὅταν** ἔλθῃ ἐν τῇ δόξῃ αὐτοῦ καὶ τοῦ πατρὸς καὶ τῶν ἁγίων ἀγγέλων.	Mk-Q overlap
	Mt 10,33 ↑ Mt 16,27	ὅστις δ' ἂν ἀρνήσηταί με ἔμπροσθεν τῶν ἀνθρώπων, ἀρνήσομαι κἀγὼ αὐτὸν ἔμπροσθεν τοῦ πατρός μου τοῦ ἐν [τοῖς] οὐρανοῖς.			Lk 12,9 ⇧ Lk 9,26	ὁ δὲ ἀρνησάμενός με ἐνώπιον τῶν ἀνθρώπων ἀπαρνηθήσεται ἐνώπιον τῶν ἀγγέλων τοῦ θεοῦ.	
e 121	**Mt 17,9**	... ἐνετείλατο αὐτοῖς ὁ Ἰησοῦς λέγων· μηδενὶ εἴπητε τὸ ὅραμα **ἕως οὗ** ὁ υἱὸς τοῦ ἀνθρώπου ἐκ νεκρῶν ἐγερθῇ.	**Mk 9,9**	... διεστείλατο αὐτοῖς ἵνα μηδενὶ ἃ εἶδον διηγήσωνται, **εἰ μὴ ὅταν** ὁ υἱὸς τοῦ ἀνθρώπου ἐκ νεκρῶν ἀναστῇ.	**Lk 9,36**	... καὶ αὐτοὶ ἐσίγησαν καὶ οὐδενὶ ἀπήγγειλαν ἐν ἐκείναις ταῖς ἡμέραις οὐδὲν ὧν ἑώρακαν.	
102	**Mt 6,9**	οὕτως οὖν προσεύχεσθε ὑμεῖς· Πάτερ ἡμῶν ὁ ἐν τοῖς οὐρανοῖς· ἁγιασθήτω τὸ ὄνομά σου·			**Lk 11,2**	εἶπεν δὲ αὐτοῖς· **ὅταν** προσεύχησθε λέγετε· Πάτερ, ἁγιασθήτω τὸ ὄνομά σου· ...	

112	**Mt 12,29**	ἢ πῶς δύναταί τις εἰσελθεῖν εἰς τὴν οἰκίαν τοῦ ἰσχυροῦ καὶ τὰ σκεύη αὐτοῦ ἁρπάσαι, ...; ...	**Mk 3,27**	ἀλλ᾽ οὐ δύναται οὐδεὶς εἰς τὴν οἰκίαν τοῦ ἰσχυροῦ εἰσελθὼν τὰ σκεύη αὐτοῦ διαρπάσαι, ...	**Lk 11,21**	**ὅταν** ὁ ἰσχυρὸς καθωπλισμένος φυλάσσῃ τὴν ἑαυτοῦ αὐλήν, ἐν εἰρήνῃ ἐστὶν τὰ ὑπάρχοντα αὐτοῦ·	→ GTh 21,5 → GTh 35 Mk-Q overlap?
b 202	**Mt 12,43**	**ὅταν** δὲ τὸ ἀκάθαρτον πνεῦμα ἐξέλθῃ ἀπὸ τοῦ ἀνθρώπου, διέρχεται δι᾽ ἀνύδρων τόπων ...			**Lk 11,24**	**ὅταν** τὸ ἀκάθαρτον πνεῦμα ἐξέλθῃ ἀπὸ τοῦ ἀνθρώπου, διέρχεται δι᾽ ἀνύδρων τόπων ...	
102	**Mt 6,22**	ὁ λύχνος τοῦ σώματός ἐστιν ὁ ὀφθαλμός. **ἐὰν** οὖν ᾖ ὁ ὀφθαλμός σου ἁπλοῦς, ὅλον τὸ σῶμά σου φωτεινὸν ἔσται·			**Lk 11,34**	ὁ λύχνος τοῦ σώματός ἐστιν ὁ ὀφθαλμός σου. **ὅταν** ὁ ὀφθαλμός σου ἁπλοῦς ᾖ, καὶ ὅλον τὸ σῶμά σου φωτεινόν ἐστιν· ...	→ GTh 24 (POxy 655 - restoration)
002					**Lk 11,36** → Lk 11,35	εἰ οὖν τὸ σῶμά σου ὅλον φωτεινόν, μὴ ἔχον μέρος τι σκοτεινόν, ἔσται φωτεινὸν ὅλον **ὡς ὅταν** ὁ λύχνος τῇ ἀστραπῇ φωτίζῃ σε.	→ GTh 24 (POxy 655 - restoration)
b 202	**Mt 10,19**	**ὅταν** δὲ παραδῶσιν ὑμᾶς, μὴ μεριμνήσητε πῶς ἢ τί λαλήσητε· ...	**Mk 13,11**	καὶ ὅταν ἄγωσιν ὑμᾶς παραδιδόντες, μὴ προμεριμνᾶτε τί λαλήσητε, ...	**Lk 12,11** ⇩ Lk 21,14 → Lk 21,12	**ὅταν** δὲ εἰσφέρωσιν ὑμᾶς ἐπὶ τὰς συναγωγὰς καὶ τὰς ἀρχὰς καὶ τὰς ἐξουσίας, μὴ μεριμνήσητε πῶς ἢ τί ἀπολογήσησθε ἢ τί εἴπητε·	Mk-Q overlap
h 102	**Mt 16,2**	... [ὀψίας γενομένης λέγετε· εὐδία, πυρράζει γὰρ ὁ οὐρανός·			**Lk 12,54**	... **ὅταν** ἴδητε [τὴν] νεφέλην ἀνατέλλουσαν ἐπὶ δυσμῶν, εὐθέως λέγετε ὅτι ὄμβρος ἔρχεται, καὶ γίνεται οὕτως·	→ GTh 91 Mt 16,2b is textcritically uncertain.
102	**Mt 16,3**	καὶ πρωΐ· σήμερον χειμών, πυρράζει γὰρ στυγνάζων ὁ οὐρανός. ...]			**Lk 12,55**	καὶ **ὅταν** νότον πνέοντα, λέγετε ὅτι καύσων ἔσται, καὶ γίνεται.	→ GTh 91 Mt 16,3 is textcritically uncertain.
l 102	**Mt 8,11**	... πολλοὶ ἀπὸ ἀνατολῶν καὶ δυσμῶν ἥξουσιν καὶ ἀνακλιθήσονται μετὰ Ἀβραὰμ καὶ Ἰσαὰκ καὶ Ἰακὼβ ἐν τῇ βασιλείᾳ τῶν οὐρανῶν, [12] οἱ δὲ υἱοὶ τῆς βασιλείας ἐκβληθήσονται εἰς τὸ σκότος τὸ ἐξώτερον· ἐκεῖ ἔσται ὁ κλαυθμὸς καὶ ὁ βρυγμὸς τῶν ὀδόντων.			**Lk 13,28**	ἐκεῖ ἔσται ὁ κλαυθμὸς καὶ ὁ βρυγμὸς τῶν ὀδόντων, **ὅταν** ὄψεσθε Ἀβραὰμ καὶ Ἰσαὰκ καὶ Ἰακὼβ καὶ πάντας τοὺς προφήτας ἐν τῇ βασιλείᾳ τοῦ θεοῦ, ὑμᾶς δὲ ἐκβαλλομένους ἔξω. [29] καὶ ἥξουσιν ἀπὸ ἀνατολῶν καὶ δυσμῶν καὶ ἀπὸ βορρᾶ καὶ νότου καὶ ἀνακλιθήσονται ἐν τῇ βασιλείᾳ τοῦ θεοῦ.	
002					**Lk 14,8**	**ὅταν** κληθῇς ὑπό τινος εἰς γάμους, μὴ κατακλιθῇς εἰς τὴν πρωτοκλισίαν, ...	

	Mt		Mk		Lk		
002 d 002					Lk 14,10 (2)	ἀλλ' **ὅταν** κληθῇς, πορευθεὶς ἀνάπεσε εἰς τὸν ἔσχατον τόπον, ἵνα **ὅταν** ἔλθῃ ὁ κεκληκώς σε ἐρεῖ σοι· φίλε, προσανάβηθι ἀνώτερον· ...	
002					Lk 14,12	ἔλεγεν δὲ καὶ τῷ κεκληκότι αὐτόν· **ὅταν** ποιῇς ἄριστον ἢ δεῖπνον, μὴ φώνει τοὺς φίλους σου ...	
002					Lk 14,13 → Lk 14,21	ἀλλ' **ὅταν** δοχὴν ποιῇς, κάλει πτωχούς, ἀναπείρους, χωλούς, τυφλούς·	
d 002					Lk 16,4	ἔγνων τί ποιήσω, ἵνα **ὅταν** μετασταθῶ ἐκ τῆς οἰκονομίας δέξωνταί με εἰς τοὺς οἴκους αὐτῶν.	
d 002					Lk 16,9 → Lk 12,33	καὶ ἐγὼ ὑμῖν λέγω, ἑαυτοῖς ποιήσατε φίλους ἐκ τοῦ μαμωνᾶ τῆς ἀδικίας, ἵνα **ὅταν** ἐκλίπῃ δέξωνται ὑμᾶς εἰς τὰς αἰωνίους σκηνάς.	
002					Lk 17,10	οὕτως καὶ ὑμεῖς, **ὅταν** ποιήσητε πάντα τὰ διαταχθέντα ὑμῖν, λέγετε ὅτι δοῦλοι ἀχρεῖοί ἐσμεν, ...	
201	Mt 19,28	... ἐν τῇ παλιγγενεσίᾳ, **ὅταν** καθίσῃ ὁ υἱὸς τοῦ ἀνθρώπου ἐπὶ θρόνου δόξης αὐτοῦ, καθήσεσθε καὶ ὑμεῖς ἐπὶ δώδεκα θρόνους κρίνοντες τὰς δώδεκα φυλὰς τοῦ Ἰσραήλ.			Lk 22,30 → Lk 12,37 → Lk 14,15	... καὶ καθήσεσθε ἐπὶ θρόνων τὰς δώδεκα φυλὰς κρίνοντες τοῦ Ἰσραήλ.	
m 020			Mk 11,19 → Mt 21,17 → Lk 21,37	καὶ **ὅταν** ὀψὲ ἐγένετο, ἐξεπορεύοντο ἔξω τῆς πόλεως.			
j 120	Mt 6,14 → Mt 6,12 → Lk 11,4	ἐὰν γὰρ ἀφῆτε τοῖς ἀνθρώποις τὰ παραπτώματα αὐτῶν, ἀφήσει καὶ ὑμῖν ὁ πατὴρ ὑμῶν ὁ οὐράνιος·	Mk 11,25 → Mt 5,23-24	καὶ **ὅταν** στήκετε προσευχόμενοι, ἀφίετε εἴ τι ἔχετε κατά τινος, ἵνα καὶ ὁ πατὴρ ὑμῶν ὁ ἐν τοῖς οὐρανοῖς ἀφῇ ὑμῖν τὰ παραπτώματα ὑμῶν.			
c 211	Mt 21,40	**ὅταν** οὖν ἔλθῃ ὁ κύριος τοῦ ἀμπελῶνος, τί ποιήσει τοῖς γεωργοῖς ἐκείνοις;	Mk 12,9	τί [οὖν] ποιήσει ὁ κύριος τοῦ ἀμπελῶνος; ...	Lk 20,15	... τί οὖν ποιήσει αὐτοῖς ὁ κύριος τοῦ ἀμπελῶνος;	→ GTh 65

121	Mt 22,28	ἐν τῇ ἀναστάσει οὖν τίνος τῶν ἑπτὰ ἔσται γυνή; ...	Mk 12,23	ἐν τῇ ἀναστάσει [ὅταν ἀναστῶσιν] τίνος αὐτῶν ἔσται γυνή; ...	Lk 20,33	ἡ γυνὴ οὖν ἐν τῇ ἀναστάσει τίνος αὐτῶν γίνεται γυνή; ...	
a 121	Mt 22,30	ἐν γὰρ τῇ ἀναστάσει οὔτε γαμοῦσιν οὔτε γαμίζονται, ...	Mk 12,25	ὅταν γὰρ ἐκ νεκρῶν ἀναστῶσιν οὔτε γαμοῦσιν οὔτε γαμίζονται, ...	Lk 20,35	οἱ δὲ καταξιωθέντες τοῦ αἰῶνος ἐκείνου τυχεῖν καὶ τῆς ἀναστάσεως τῆς ἐκ νεκρῶν οὔτε γαμοῦσιν οὔτε γαμίζονται·	
200	Mt 23,15	... περιάγετε τὴν θάλασσαν καὶ τὴν ξηρὰν ποιῆσαι ἕνα προσήλυτον, καὶ ὅταν γένηται ποιεῖτε αὐτὸν υἱὸν γεέννης διπλότερον ὑμῶν.					
122	Mt 24,3	... εἰπὲ ἡμῖν, πότε ταῦτα ἔσται καὶ τί τὸ σημεῖον τῆς σῆς παρουσίας καὶ συντελείας τοῦ αἰῶνος;	Mk 13,4	εἰπὸν ἡμῖν, πότε ταῦτα ἔσται καὶ τί τὸ σημεῖον ὅταν μέλλῃ ταῦτα συντελεῖσθαι πάντα;	Lk 21,7	... διδάσκαλε, πότε οὖν ταῦτα ἔσται καὶ τί τὸ σημεῖον ὅταν μέλλῃ ταῦτα γίνεσθαι;	
b h 122	Mt 24,6	μελλήσετε δὲ ἀκούειν πολέμους καὶ ἀκοὰς πολέμων· ὁρᾶτε μὴ θροεῖσθε· δεῖ γὰρ γενέσθαι, ἀλλ' οὔπω ἐστὶν τὸ τέλος.	Mk 13,7	ὅταν δὲ ἀκούσητε πολέμους καὶ ἀκοὰς πολέμων, μὴ θροεῖσθε· δεῖ γενέσθαι, ἀλλ' οὔπω τὸ τέλος.	Lk 21,9	ὅταν δὲ ἀκούσητε πολέμους καὶ ἀκαταστασίας, μὴ πτοηθῆτε· δεῖ γὰρ ταῦτα γενέσθαι πρῶτον, ἀλλ' οὐκ εὐθέως τὸ τέλος.	
b 121	Mt 10,19	ὅταν δὲ παραδῶσιν ὑμᾶς, μὴ μεριμνήσητε πῶς ἢ τί λαλήσητε· ...	Mk 13,11	καὶ ὅταν ἄγωσιν ὑμᾶς παραδιδόντες, μὴ προμεριμνᾶτε τί λαλήσητε, ...	Lk 21,14 ⇧ Lk 12,11	θέτε οὖν ἐν ταῖς καρδίαις ὑμῶν μὴ προμελετᾶν ἀπολογηθῆναι·	Mk-Q overlap. Mt 10,19 counted as Q tradition
c b *g* 222	Mt 24,15	ὅταν οὖν ἴδητε *τὸ βδέλυγμα* *τῆς ἐρημώσεως* τὸ ῥηθὲν διὰ Δανιὴλ τοῦ προφήτου ἑστὸς ἐν τόπῳ ἁγίῳ, ὁ ἀναγινώσκων νοείτω, [16] τότε οἱ ἐν τῇ Ἰουδαίᾳ φευγέτωσαν εἰς τὰ ὄρη ➤ Dan 9,27/11,31/12,11	Mk 13,14	ὅταν δὲ ἴδητε *τὸ βδέλυγμα* *τῆς ἐρημώσεως* ἑστηκότα ὅπου οὐ δεῖ, ὁ ἀναγινώσκων νοείτω, τότε οἱ ἐν τῇ Ἰουδαίᾳ φευγέτωσαν εἰς τὰ ὄρη ➤ Dan 9,27/11,31/12,11	Lk 21,20 → Lk 19,43	ὅταν δὲ ἴδητε κυκλουμένην ὑπὸ στρατοπέδων Ἰερουσαλήμ, τότε γνῶτε ὅτι ἤγγικεν ἡ ἐρήμωσις αὐτῆς. [21] τότε οἱ ἐν τῇ Ἰουδαίᾳ φευγέτωσαν εἰς τὰ ὄρη ...	
222	Mt 24,32	ἀπὸ δὲ τῆς συκῆς μάθετε τὴν παραβολήν· ὅταν ἤδη ὁ κλάδος αὐτῆς γένηται ἁπαλὸς καὶ τὰ φύλλα ἐκφύῃ, γινώσκετε ὅτι ἐγγὺς τὸ θέρος·	Mk 13,28	ἀπὸ δὲ τῆς συκῆς μάθετε τὴν παραβολήν· ὅταν ἤδη ὁ κλάδος αὐτῆς ἁπαλὸς γένηται καὶ ἐκφύῃ τὰ φύλλα, γινώσκετε ὅτι ἐγγὺς τὸ θέρος ἐστίν·	Lk 21,30	[29] καὶ εἶπεν παραβολὴν αὐτοῖς· ἴδετε τὴν συκῆν καὶ πάντα τὰ δένδρα· [30] ὅταν προβάλωσιν ἤδη, βλέποντες ἀφ' ἑαυτῶν γινώσκετε ὅτι ἤδη ἐγγὺς τὸ θέρος ἐστίν·	
222	Mt 24,33	οὕτως καὶ ὑμεῖς, ὅταν ἴδητε πάντα ταῦτα, γινώσκετε ὅτι ἐγγύς ἐστιν ἐπὶ θύραις.	Mk 13,29	οὕτως καὶ ὑμεῖς, ὅταν ἴδητε ταῦτα γινόμενα, γινώσκετε ὅτι ἐγγύς ἐστιν ἐπὶ θύραις.	Lk 21,31	οὕτως καὶ ὑμεῖς, ὅταν ἴδητε ταῦτα γινόμενα, γινώσκετε ὅτι ἐγγύς ἐστιν ἡ βασιλεία τοῦ θεοῦ.	

b g 200	**Mt 25,31** ↑ Mt 16,27 → Mt 24,30 ↑ Mk 8,38 → Mk 13,26 ↑ Lk 9,26 → Lk 21,27 ὅταν δὲ ἔλθῃ ὁ υἱὸς τοῦ ἀνθρώπου ἐν τῇ δόξῃ αὐτοῦ καὶ πάντες οἱ ἄγγελοι μετ' αὐτοῦ, τότε καθίσει ἐπὶ θρόνου δόξης αὐτοῦ·			
120	**Mt 26,11** πάντοτε γὰρ τοὺς πτωχοὺς ἔχετε μεθ' ἑαυτῶν, ἐμὲ δὲ οὐ πάντοτε ἔχετε·	**Mk 14,7** πάντοτε γὰρ τοὺς πτωχοὺς ἔχετε μεθ' ἑαυτῶν καὶ ὅταν θέλητε δύνασθε αὐτοῖς εὖ ποιῆσαι, ἐμὲ δὲ οὐ πάντοτε ἔχετε.		→ Jn 12,8
221	**Mt 26,29** ... οὐ μὴ πίω ἀπ' ἄρτι ἐκ τούτου τοῦ γενήματος τῆς ἀμπέλου ἕως τῆς ἡμέρας ἐκείνης ὅταν αὐτὸ πίνω μεθ' ὑμῶν καινὸν ἐν τῇ βασιλείᾳ τοῦ πατρός μου.	**Mk 14,25** ... οὐκέτι οὐ μὴ πίω ἐκ τοῦ γενήματος τῆς ἀμπέλου ἕως τῆς ἡμέρας ἐκείνης ὅταν αὐτὸ πίνω καινὸν ἐν τῇ βασιλείᾳ τοῦ θεοῦ.	**Lk 22,18** → Lk 22,16 ... οὐ μὴ πίω ἀπὸ τοῦ νῦν ἀπὸ τοῦ γενήματος τῆς ἀμπέλου ἕως οὗ ἡ βασιλεία τοῦ θεοῦ ἔλθῃ.	
002			**Lk 23,42** καὶ ἔλεγεν· Ἰησοῦ, μνήσθητί μου ὅταν ἔλθῃς εἰς τὴν βασιλείαν σου.	

Acts 23,35 διακούσομαί σου, ἔφη,
ὅταν
καὶ οἱ κατήγοροί σου παραγένωνται· κελεύσας ἐν τῷ πραιτωρίῳ τοῦ Ἡρῴδου φυλάσσεσθαι αὐτόν.

Acts 24,22 ἀνεβάλετο δὲ αὐτοὺς ὁ Φῆλιξ, ἀκριβέστερον εἰδὼς τὰ περὶ τῆς ὁδοῦ εἴπας·
ὅταν
Λυσίας ὁ χιλίαρχος καταβῇ, διαγνώσομαι τὰ καθ' ὑμᾶς·

ὅτε

Syn	Mt	Mk	Lk	Acts	Jn	1-3John	Paul	Eph	Col
36	12	12	12	10	21		15		1
NT	2Thess	1/2Tim	Tit	Heb	Jas	1Pet	2Pet	Jude	Rev
103	1	1	1	2		1		1	13

when; while; as long as

	triple tradition																	double tradition			Sondergut		
		+Mt / +Lk			–Mt / –Lk			traditions not taken over by Mt / Lk							subtotals								
code	222	211	112	212	221	122	121	022	012	021	220	120	210	020	Σ+	Σ–	Σ	202	201	102	200	002	total
Mt	1	2+			1		5–				1	4–	2+		4+	9–	7		1		4		**12**
Mk	1				1		5				1	4					12						**12**
Lk	1		3+		1–		5–								3+	6–	4			1		7	**12**

[a] ὅτε δέ
[b] ὅτε ..., τότε (Matthew only)
[c] ὅτε with aorist subjunctive (Lk 13,35 only)
[d] καὶ ἐγένετο ὅτε ἐτέλεσεν ὁ Ἰησοῦς ... (Matthew only)

002			**Lk 2,21** → Mt 1,25 → Lk 1,31 καὶ ὅτε ἐπλήσθησαν ἡμέραι ὀκτὼ τοῦ περιτεμεῖν αὐτὸν καὶ ἐκλήθη τὸ ὄνομα αὐτοῦ Ἰησοῦς, ...	

002					Lk 2,22	καὶ ὅτε ἐπλήσθησαν αἱ ἡμέραι τοῦ καθαρισμοῦ αὐτῶν κατὰ τὸν νόμον Μωϋσέως, ἀνήγαγον αὐτὸν εἰς Ἱεροσόλυμα παραστῆσαι τῷ κυρίῳ	
002					Lk 2,42	καὶ ὅτε ἐγένετο ἐτῶν δώδεκα, ἀναβαινόντων αὐτῶν κατὰ τὸ ἔθος τῆς ἑορτῆς	
002					Lk 4,25	... πολλαὶ χῆραι ἦσαν ἐν ταῖς ἡμέραις Ἠλίου ἐν τῷ Ἰσραήλ, ὅτε ἐκλείσθη ὁ οὐρανὸς ἐπὶ ἔτη τρία καὶ μῆνας ἕξ, ὡς ἐγένετο λιμὸς μέγας ἐπὶ πᾶσαν τὴν γῆν	
121	Mt 8,16 ⇨ Mt 4,24 → Mt 12,15 → Mt 15,30	ὀψίας δὲ γενομένης προσήνεγκαν αὐτῷ δαιμονιζομένους πολλούς· ...	Mk 1,32 → Mk 3,10 → Mk 7,32	ὀψίας δὲ γενομένης, ὅτε ἔδυ ὁ ἥλιος, ἔφερον πρὸς αὐτὸν πάντας τοὺς κακῶς ἔχοντας καὶ τοὺς δαιμονιζομένους·	Lk 4,40 → Lk 6,18	δύνοντος δὲ τοῦ ἡλίου ἅπαντες ὅσοι εἶχον ἀσθενοῦντας νόσοις ποικίλαις ἤγαγον αὐτοὺς πρὸς αὐτόν· ...	
222	Mt 12,3	... οὐκ ἀνέγνωτε τί ἐποίησεν Δαυὶδ ὅτε ἐπείνασεν καὶ οἱ μετ' αὐτοῦ	Mk 2,25	... οὐδέποτε ἀνέγνωτε τί ἐποίησεν Δαυίδ, ὅτε χρείαν ἔσχεν καὶ ἐπείνασεν αὐτὸς καὶ οἱ μετ' αὐτοῦ	Lk 6,3	... οὐδὲ τοῦτο ἀνέγνωτε ὃ ἐποίησεν Δαυὶδ ὅτε ἐπείνασεν αὐτὸς καὶ οἱ μετ' αὐτοῦ [ὄντες]	
112	Mt 10,1 → Mk 6,7	καὶ προσκαλεσάμενος τοὺς δώδεκα μαθητὰς αὐτοῦ ...	Mk 3,13	... καὶ προσκαλεῖται οὓς ἤθελεν αὐτός, καὶ ἀπῆλθον πρὸς αὐτόν.	Lk 6,13	καὶ ὅτε ἐγένετο ἡμέρα, προσεφώνησεν τοὺς μαθητὰς αὐτοῦ, ...	
d 201	Mt 7,28	καὶ ἐγένετο ὅτε ἐτέλεσεν ὁ Ἰησοῦς τοὺς λόγους τούτους,			Lk 7,1	ἐπειδὴ ἐπλήρωσεν πάντα τὰ ῥήματα αὐτοῦ εἰς τὰς ἀκοὰς τοῦ λαοῦ, ...	
	→ Mt 22,33 → Mk 11,18	ἐξεπλήσσοντο οἱ ὄχλοι ἐπὶ τῇ διδαχῇ αὐτοῦ·	Mk 1,22	καὶ ἐξεπλήσσοντο ἐπὶ τῇ διδαχῇ αὐτοῦ· ...	Lk 4,32	καὶ ἐξεπλήσσοντο ἐπὶ τῇ διδαχῇ αὐτοῦ, ...	
a 211	Mt 9,25	ὅτε δὲ ἐξεβλήθη ὁ ὄχλος εἰσελθὼν ἐκράτησεν τῆς χειρὸς αὐτῆς, ...	Mk 5,40	... αὐτὸς δὲ ἐκβαλὼν πάντας ... καὶ εἰσπορεύεται ὅπου ἦν τὸ παιδίον. [41] καὶ κρατήσας τῆς χειρὸς τοῦ παιδίου	Lk 8,54	αὐτὸς δὲ κρατήσας τῆς χειρὸς αὐτῆς ...	
d 200	Mt 11,1	καὶ ἐγένετο ὅτε ἐτέλεσεν ὁ Ἰησοῦς διατάσσων τοῖς δώδεκα μαθηταῖς αὐτοῦ, μετέβη ἐκεῖθεν τοῦ διδάσκειν καὶ κηρύσσειν ἐν ταῖς πόλεσιν αὐτῶν.					

	Mt		Mk		Lk		
222	Mt 12,3	... οὐκ ἀνέγνωτε τί ἐποίησεν Δαυὶδ ὅτε ἐπείνασεν καὶ οἱ μετ' αὐτοῦ	Mk 2,25	... οὐδέποτε ἀνέγνωτε τί ἐποίησεν Δαυίδ, ὅτε χρείαν ἔσχεν καὶ ἐπείνασεν αὐτὸς καὶ οἱ μετ' αὐτοῦ	Lk 6,3	... οὐδὲ τοῦτο ἀνέγνωτε ὃ ἐποίησεν Δαυὶδ ὅτε ἐπείνασεν αὐτὸς καὶ οἱ μετ' αὐτοῦ [ὄντες]	
121	Mt 13,6	ἡλίου δὲ ἀνατείλαντος ἐκαυματίσθη καὶ διὰ τὸ μὴ ἔχειν ῥίζαν ἐξηράνθη.	Mk 4,6	καὶ ὅτε ἀνέτειλεν ὁ ἥλιος ἐκαυματίσθη καὶ διὰ τὸ μὴ ἔχειν ῥίζαν ἐξηράνθη.	Lk 8,6	... ἐξηράνθη διὰ τὸ μὴ ἔχειν ἰκμάδα.	→ GTh 9
121	Mt 13,10	καὶ προσελθόντες οἱ μαθηταὶ εἶπαν αὐτῷ· διὰ τί ἐν παραβολαῖς λαλεῖς αὐτοῖς;	Mk 4,10 ↓ Mk 7,17	καὶ ὅτε ἐγένετο κατὰ μόνας, ἠρώτων αὐτὸν οἱ περὶ αὐτὸν σὺν τοῖς δώδεκα τὰς παραβολάς.	Lk 8,9 ↓ Mk 7,17	ἐπηρώτων δὲ αὐτὸν οἱ μαθηταὶ αὐτοῦ τίς αὕτη εἴη ἡ παραβολή.	
a b 200	Mt 13,26	ὅτε δὲ ἐβλάστησεν ὁ χόρτος καὶ καρπὸν ἐποίησεν, τότε ἐφάνη καὶ τὰ ζιζάνια.					→ GTh 57
200	Mt 13,48	ἣν ὅτε ἐπληρώθη ἀναβιβάσαντες ἐπὶ τὸν αἰγιαλὸν καὶ καθίσαντες συνέλεξαν τὰ καλὰ εἰς ἄγγη, τὰ δὲ σαπρὰ ἔξω ἔβαλον.					→ GTh 8
d 210	Mt 13,53	καὶ ἐγένετο ὅτε ἐτέλεσεν ὁ Ἰησοῦς τὰς παραβολὰς ταύτας, μετῆρεν ἐκεῖθεν.	Mk 6,1	καὶ ἐξῆλθεν ἐκεῖθεν ...			
120	Mt 14,6	γενεσίοις δὲ γενομένοις τοῦ Ἡρῴδου ὠρχήσατο ἡ θυγάτηρ τῆς Ἡρῳδιάδος ἐν τῷ μέσῳ καὶ ἤρεσεν τῷ Ἡρῴδῃ	Mk 6,21	καὶ γενομένης ἡμέρας εὐκαίρου ὅτε Ἡρῴδης τοῖς γενεσίοις αὐτοῦ δεῖπνον ἐποίησεν ... [22] καὶ εἰσελθούσης τῆς θυγατρὸς αὐτοῦ Ἡρῳδιάδος καὶ ὀρχησαμένης ἤρεσεν τῷ Ἡρῴδῃ ...			
120	Mt 15,15	ἀποκριθεὶς δὲ ὁ Πέτρος εἶπεν αὐτῷ· φράσον ἡμῖν τὴν παραβολὴν [ταύτην].	Mk 7,17 ↑ Mk 4,10 → Lk 8,9 → Mt 15,12	καὶ ὅτε εἰσῆλθεν εἰς οἶκον ἀπὸ τοῦ ὄχλου, ἐπηρώτων αὐτὸν οἱ μαθηταὶ αὐτοῦ τὴν παραβολήν.			
120	Mt 16,9	... οὐδὲ μνημονεύετε τοὺς πέντε ἄρτους τῶν πεντακισχιλίων καὶ πόσους κοφίνους ἐλάβετε;	Mk 8,19	[18] ... καὶ οὐ μνημονεύετε, [19] ὅτε τοὺς πέντε ἄρτους ἔκλασα εἰς τοὺς πεντακισχιλίους, πόσους κοφίνους κλασμάτων πλήρεις ἤρατε; ...			

120	**Mt 16,10**	οὐδὲ τοὺς ἑπτὰ ἄρτους τῶν τετρακισχιλίων καὶ πόσας σπυρίδας ἐλάβετε;	**Mk 8,20**	ὅτε τοὺς ἑπτὰ εἰς τοὺς τετρακισχιλίους, πόσων σπυρίδων πληρώματα κλασμάτων ἤρατε; ...			
c 102	**Mt 23,39**	λέγω γὰρ ὑμῖν, οὐ μή με ἴδητε ἀπ' ἄρτι ἕως ἂν εἴπητε· *εὐλογημένος* *ὁ ἐρχόμενος ἐν ὀνόματι* *κυρίου.* ➤ Ps 118,26			**Lk 13,35**	... λέγω [δὲ] ὑμῖν, οὐ μὴ ἴδητέ με ἕως [ἥξει ὅτε] εἴπητε· *εὐλογημένος* *ὁ ἐρχόμενος ἐν ὀνόματι* *κυρίου.* ➤ Ps 118,26	
a 002					**Lk 15,30**	ὅτε δὲ ὁ υἱός σου οὗτος ὁ καταφαγών σου τὸν βίον μετὰ πορνῶν ἦλθεν, ἔθυσας αὐτῷ τὸν σιτευτὸν μόσχον.	
002					**Lk 17,22**	... ἐλεύσονται ἡμέραι ὅτε ἐπιθυμήσετε μίαν τῶν ἡμερῶν τοῦ υἱοῦ τοῦ ἀνθρώπου ἰδεῖν καὶ οὐκ ὄψεσθε.	
d 210	**Mt 19,1** → Lk 9,51	καὶ ἐγένετο ὅτε ἐτέλεσεν ὁ Ἰησοῦς τοὺς λόγους τούτους, μετῆρεν ἀπὸ τῆς Γαλιλαίας καὶ ἦλθεν εἰς τὰ ὅρια τῆς Ἰουδαίας πέραν τοῦ Ἰορδάνου.	**Mk 10,1** → Lk 9,51	καὶ ἐκεῖθεν ἀναστὰς ἔρχεται εἰς τὰ ὅρια τῆς Ἰουδαίας [καὶ] πέραν τοῦ Ἰορδάνου, ...			
b 221	**Mt 21,1**	καὶ ὅτε ἤγγισαν εἰς Ἱεροσόλυμα καὶ ἦλθον εἰς Βηθφαγὴ εἰς τὸ ὄρος τῶν ἐλαιῶν, τότε Ἰησοῦς ἀπέστειλεν δύο μαθητὰς	**Mk 11,1**	καὶ ὅτε ἐγγίζουσιν εἰς Ἱεροσόλυμα εἰς Βηθφαγὴ καὶ Βηθανίαν πρὸς τὸ ὄρος τῶν ἐλαιῶν, ἀποστέλλει δύο τῶν μαθητῶν αὐτοῦ	**Lk 19,29**	[28] ... ἀναβαίνων εἰς Ἱεροσόλυμα. [29] καὶ ἐγένετο ὡς ἤγγισεν εἰς Βηθφαγὴ καὶ Βηθανία[ν] πρὸς τὸ ὄρος τὸ καλούμενον Ἐλαιῶν, ἀπέστειλεν δύο τῶν μαθητῶν	
a 211	**Mt 21,34** → Mk 12,5	ὅτε δὲ ἤγγισεν ὁ καιρὸς τῶν καρπῶν, ἀπέστειλεν τοὺς δούλους αὐτοῦ πρὸς τοὺς γεωργοὺς λαβεῖν τοὺς καρποὺς αὐτοῦ.	**Mk 12,2**	καὶ ἀπέστειλεν πρὸς τοὺς γεωργοὺς τῷ καιρῷ δοῦλον ἵνα παρὰ τῶν γεωργῶν λάβῃ ἀπὸ τῶν καρπῶν τοῦ ἀμπελῶνος·	**Lk 20,10**	καὶ καιρῷ ἀπέστειλεν πρὸς τοὺς γεωργοὺς δοῦλον ἵνα ἀπὸ τοῦ καρποῦ τοῦ ἀμπελῶνος δώσουσιν αὐτῷ· ...	→ GTh 65
d 200	**Mt 26,1**	καὶ ἐγένετο ὅτε ἐτέλεσεν ὁ Ἰησοῦς πάντας τοὺς λόγους τούτους, εἶπεν τοῖς μαθηταῖς αὐτοῦ·					
121	**Mt 26,17**	τῇ δὲ πρώτῃ τῶν ἀζύμων προσῆλθον οἱ μαθηταὶ τῷ Ἰησοῦ λέγοντες· ποῦ θέλεις ἑτοιμάσωμέν σοι φαγεῖν τὸ πάσχα;	**Mk 14,12**	καὶ τῇ πρώτῃ ἡμέρᾳ τῶν ἀζύμων, ὅτε τὸ πάσχα ἔθυον, λέγουσιν αὐτῷ οἱ μαθηταὶ αὐτοῦ· ποῦ θέλεις ἀπελθόντες ἑτοιμάσωμεν ἵνα φάγῃς τὸ πάσχα;	**Lk 22,7**	ἦλθεν δὲ ἡ ἡμέρα τῶν ἀζύμων, [ἐν] ᾗ ἔδει θύεσθαι τὸ πάσχα· [8] ... [9] οἱ δὲ εἶπαν αὐτῷ· ποῦ θέλεις ἑτοιμάσωμεν;	→ Jn 13,1

	Mt	Mk	Lk	
112	**Mt 26,20** ὀψίας δὲ γενομένης ἀνέκειτο μετὰ τῶν δώδεκα.	**Mk 14,17** καὶ ὀψίας γενομένης ἔρχεται μετὰ τῶν δώδεκα. [18] καὶ ἀνακειμένων αὐτῶν ...	**Lk 22,14** καὶ ὅτε ἐγένετο ἡ ὥρα, ἀνέπεσεν καὶ οἱ ἀπόστολοι σὺν αὐτῷ.	
002			**Lk 22,35** καὶ εἶπεν αὐτοῖς· → Mt 10,9-10 ὅτε → Mk 6,8-9 ἀπέστειλα ὑμᾶς ἄτερ → Lk 9,3 βαλλαντίου καὶ πήρας → Lk 10,4 καὶ ὑποδημάτων, μή τινος ὑστερήσατε; οἱ δὲ εἶπαν· οὐθενός.	
220	**Mt 27,31** καὶ ὅτε ἐνέπαιξαν αὐτῷ, ἐξέδυσαν αὐτὸν τὴν χλαμύδα ...	**Mk 15,20** καὶ ὅτε ἐνέπαιξαν αὐτῷ, ἐξέδυσαν αὐτὸν τὴν πορφύραν ...		
112	**Mt 27,33** καὶ ἐλθόντες εἰς τόπον λεγόμενον Γολγοθᾶ, ὅ ἐστιν Κρανίου Τόπος λεγόμενος	**Mk 15,22** καὶ φέρουσιν αὐτὸν ἐπὶ τὸν Γολγοθᾶν τόπον, ὅ ἐστιν μεθερμηνευόμενον Κρανίου Τόπος.	**Lk 23,33** καὶ ὅτε ἦλθον ἐπὶ τὸν τόπον τὸν καλούμενον Κρανίον, ...	→ Jn 19,17
121	**Mt 27,55** ἦσαν δὲ ἐκεῖ γυναῖκες → Mt 27,61 πολλαὶ ἀπὸ μακρόθεν θεωροῦσαι, αἵτινες ἠκολούθησαν τῷ Ἰησοῦ ἀπὸ τῆς Γαλιλαίας διακονοῦσαι αὐτῷ·	**Mk 15,41** [40] ἦσαν δὲ καὶ γυναῖκες → Mk 15,47 ἀπὸ μακρόθεν θεωροῦσαι, ... [41] αἳ ὅτε ἦν ἐν τῇ Γαλιλαίᾳ ἠκολούθουν αὐτῷ καὶ διηκόνουν αὐτῷ, καὶ ἄλλαι πολλαὶ αἱ συναναβᾶσαι αὐτῷ εἰς Ἱεροσόλυμα.	**Lk 23,49** εἱστήκεισαν δὲ πάντες → Lk 8,2-3 οἱ γνωστοὶ αὐτῷ ἀπὸ → Lk 23,55 μακρόθεν καὶ γυναῖκες αἱ συνακολουθοῦσαι αὐτῷ ἀπὸ τῆς Γαλιλαίας ὁρῶσαι ταῦτα.	

Acts 1,13 καὶ
ὅτε
εἰσῆλθον, εἰς τὸ ὑπερῷον
ἀνέβησαν οὗ ἦσαν
καταμένοντες, ...

a **Acts 8,12** ὅτε
δὲ ἐπίστευσαν τῷ
Φιλίππῳ εὐαγγελιζομένῳ
περὶ τῆς βασιλείας τοῦ
θεοῦ καὶ τοῦ ὀνόματος
Ἰησοῦ Χριστοῦ,
ἐβαπτίζοντο ἄνδρες τε
καὶ γυναῖκες.

a **Acts 8,39** ὅτε
δὲ ἀνέβησαν ἐκ τοῦ
ὕδατος, πνεῦμα κυρίου
ἥρπασεν τὸν Φίλιππον,
καὶ οὐκ εἶδεν αὐτὸν
οὐκέτι ὁ εὐνοῦχος, ...

a **Acts 11,2** ὅτε
δὲ ἀνέβη Πέτρος εἰς
Ἰερουσαλήμ, διεκρίνοντο
πρὸς αὐτὸν
οἱ ἐκ περιτομῆς

a **Acts 12,6** ὅτε
δὲ ἤμελλεν προαγαγεῖν
αὐτὸν ὁ Ἡρῴδης, τῇ
νυκτὶ ἐκείνῃ ἦν ὁ Πέτρος
κοιμώμενος μεταξὺ δύο
στρατιωτῶν ...

a **Acts 21,5** ὅτε
δὲ ἐγένετο ἡμᾶς
ἐξαρτίσαι τὰς ἡμέρας,
ἐξελθόντες ἐπορευόμεθα
προπεμπόντων ἡμᾶς
πάντων σὺν γυναιξὶ καὶ
τέκνοις ἕως ἔξω τῆς
πόλεως, ...

a **Acts 21,35** ὅτε
δὲ ἐγένετο ἐπὶ τοὺς
ἀναβαθμούς, συνέβη
βαστάζεσθαι αὐτὸν
ὑπὸ τῶν στρατιωτῶν
διὰ τὴν βίαν τοῦ ὄχλου

Acts 22,20 καὶ
ὅτε
ἐξεχύννετο τὸ αἷμα
Στεφάνου τοῦ μάρτυρός
σου, καὶ αὐτὸς ἤμην
ἐφεστὼς καὶ συνευδοκῶν
καὶ φυλάσσων τὰ ἱμάτια
τῶν ἀναιρούντων αὐτόν.

a **Acts 27,39** ὅτε
δὲ ἡμέρα ἐγένετο, τὴν
γῆν οὐκ ἐπεγίνωσκον, ...

a **Acts 28,16** ὅτε
δὲ εἰσήλθομεν εἰς Ῥώμην,
ἐπετράπη τῷ Παύλῳ
μένειν καθ' ἑαυτὸν
σὺν τῷ φυλάσσοντι
αὐτὸν στρατιώτῃ.

ὅτι	Syn 414	Mt 140	Mk 100	Lk 174	Acts 123	Jn 272	1-3John 79	Paul 234	Eph 13	Col 6
	NT 1295	2Thess 11	1/2Tim 19	Tit 1	Heb 18	Jas 16	1Pet 16	2Pet 5	Jude 4	Rev 64

that; because; for; since

	triple tradition																	double tradition			Sondergut		
		+Mt / +Lk			−Mt / −Lk			traditions not taken over by Mt / Lk							subtotals								
code	222	211	112	212	221	122	121	022	012	021	220	120	210	020	Σ+	Σ−	Σ	202	201	102	200	002	total
Mt	11	10^+		3^+	6	7^-	26^-				11	20^-	7^+		20^+	53^-	48	26	11		55		**140**
Mk	11				6	7	26	8		4	11	20		7			100						**100**
Lk	11		9^+	3^+	6^-	7	26^-	8	6^+	4^-					18^+	36^-	44	26		17		87	**174**

[a] ὅτι after interrogative
[b] διὰ τί ...; ὅτι ...
[c] ὅτι with reference to scripture
[d] ὅτι as a causal conjunction
[e] ὅτι perhaps: why?

002		**Lk 1,22**	ἐξελθὼν δὲ οὐκ ἐδύνατο λαλῆσαι αὐτοῖς, καὶ ἐπέγνωσαν **ὅτι** ὀπτασίαν ἑώρακεν ἐν τῷ ναῷ· ...	
002		**Lk 1,25**	[24] ... συνέλαβεν Ἐλισάβετ ἡ γυνὴ αὐτοῦ καὶ περιέκρυβεν ἑαυτὴν μῆνας πέντε λέγουσα [25] **ὅτι** οὕτως μοι πεποίηκεν κύριος ἐν ἡμέραις αἷς ἐπεῖδεν ἀφελεῖν ὄνειδός μου ἐν ἀνθρώποις.	
d 002		**Lk 1,37**	[36] καὶ ἰδοὺ Ἐλισάβετ ἡ συγγενίς σου καὶ αὐτὴ συνείληφεν υἱὸν ἐν γήρει αὐτῆς καὶ οὗτος μὴν ἕκτος ἐστὶν αὐτῇ τῇ καλουμένῃ στείρᾳ· [37] **ὅτι** οὐκ ἀδυνατήσει παρὰ τοῦ θεοῦ πᾶν ῥῆμα.	
002		**Lk 1,45** ↓ Lk 1,48 → Lk 11,28	καὶ μακαρία ἡ πιστεύσασα **ὅτι** ἔσται τελείωσις τοῖς λελαλημένοις αὐτῇ παρὰ κυρίου.	
d 002		**Lk 1,48** ↑ Lk 1,45	[47] καὶ ἠγαλλίασεν τὸ πνεῦμά μου ἐπὶ τῷ θεῷ τῷ σωτῆρί μου, [48] **ὅτι** ἐπέβλεψεν ἐπὶ τὴν ταπείνωσιν τῆς δούλης αὐτοῦ. ἰδοὺ γὰρ ἀπὸ τοῦ νῦν μακαριοῦσίν με πᾶσαι αἱ γενεαί,	
d 002		**Lk 1,49**	**ὅτι** ἐποίησέν μοι μεγάλα ὁ δυνατός. ...	
002		**Lk 1,58**	καὶ ἤκουσαν οἱ περίοικοι καὶ οἱ συγγενεῖς αὐτῆς **ὅτι** ἐμεγάλυνεν κύριος τὸ ἔλεος αὐτοῦ μετ' αὐτῆς καὶ συνέχαιρον αὐτῇ.	

	Mt	Mk	Lk	
002			**Lk 1,61** καὶ εἶπαν πρὸς αὐτὴν ὅτι οὐδείς ἐστιν ἐκ τῆς συγγενείας σου ὃς καλεῖται τῷ ὀνόματι τούτῳ.	
d 002			**Lk 1,68** εὐλογητὸς κύριος ὁ θεὸς τοῦ Ἰσραήλ, ὅτι ἐπεσκέψατο καὶ ἐποίησεν λύτρωσιν τῷ λαῷ αὐτοῦ	
d 002			**Lk 2,11** [10] ... εὐαγγελίζομαι ὑμῖν χαρὰν μεγάλην ἥτις ἔσται παντὶ τῷ λαῷ, [11] ὅτι ἐτέχθη ὑμῖν σήμερον σωτὴρ ὅς ἐστιν χριστὸς κύριος ἐν πόλει Δαυίδ.	
c 002			**Lk 2,23** καθὼς γέγραπται ἐν νόμῳ κυρίου ὅτι *πᾶν ἄρσεν διανοῖγον μήτραν ἅγιον τῷ κυρίῳ κληθήσεται* ➤ Exod 13,2.12.15	
d 002			**Lk 2,30** [29] νῦν ἀπολύεις τὸν δοῦλόν σου, δέσποτα, κατὰ τὸ ῥῆμά σου ἐν εἰρήνῃ· [30] ὅτι εἶδον οἱ ὀφθαλμοί μου τὸ σωτήριόν σου	
200	**Mt 2,16** τότε Ἡρῴδης ἰδὼν ὅτι ἐνεπαίχθη ὑπὸ τῶν μάγων ἐθυμώθη λίαν, ...			
d 200	**Mt 2,18** *φωνὴ ἐν Ῥαμὰ ἠκούσθη, κλαυθμὸς καὶ ὀδυρμὸς πολύς· Ῥαχὴλ κλαίουσα τὰ τέκνα αὐτῆς, καὶ οὐκ ἤθελεν παρακληθῆναι,* *ὅτι* *οὐκ εἰσίν.* ➤ Jer 31,15			
200	**Mt 2,22** ἀκούσας δὲ ὅτι Ἀρχέλαος βασιλεύει τῆς Ἰουδαίας ἀντὶ τοῦ πατρὸς αὐτοῦ Ἡρῴδου ἐφοβήθη ἐκεῖ ἀπελθεῖν· ...			
200	**Mt 2,23** → Lk 2,39 καὶ ἐλθὼν κατῴκησεν εἰς πόλιν λεγομένην Ναζαρέτ· ὅπως πληρωθῇ τὸ ῥηθὲν διὰ τῶν προφητῶν ὅτι Ναζωραῖος κληθήσεται.			
a 002 002			**Lk 2,49 (2)** καὶ εἶπεν πρὸς αὐτούς· τί ὅτι ἐζητεῖτέ με; οὐκ ᾔδειτε ὅτι ἐν τοῖς τοῦ πατρός μου δεῖ εἶναί με;	

202	**Mt 3,9**	... λέγω γὰρ ὑμῖν ὅτι δύναται ὁ θεὸς ἐκ τῶν λίθων τούτων ἐγεῖραι τέκνα τῷ Ἀβραάμ.			**Lk 3,8**	... λέγω γὰρ ὑμῖν ὅτι δύναται ὁ θεὸς ἐκ τῶν λίθων τούτων ἐγεῖραι τέκνα τῷ Ἀβραάμ.	
c 102	**Mt 4,4**	ὁ δὲ ἀποκριθεὶς εἶπεν· γέγραπται· *οὐκ ἐπ᾽ ἄρτῳ μόνῳ ζήσεται ὁ ἄνθρωπος, ἀλλ᾽ ἐπὶ παντὶ ῥήματι ἐκπορευομένῳ διὰ στόματος θεοῦ.* ➤ Deut 8,3			**Lk 4,4**	καὶ ἀπεκρίθη πρὸς αὐτὸν ὁ Ἰησοῦς· γέγραπται ὅτι *οὐκ ἐπ᾽ ἄρτῳ μόνῳ ζήσεται ὁ ἄνθρωπος.* ➤ Deut 8,3	
d 102	**Mt 4,9**	... ταῦτά σοι πάντα δώσω, ἐὰν πεσὼν προσκυνήσῃς μοι.			**Lk 4,6**	... σοὶ δώσω τὴν ἐξουσίαν ταύτην ἅπασαν καὶ τὴν δόξαν αὐτῶν, ὅτι ἐμοὶ παραδέδοται καὶ ᾧ ἐὰν θέλω δίδωμι αὐτήν· [7] σὺ οὖν ἐὰν προσκυνήσῃς ἐνώπιον ἐμοῦ, ἔσται σοῦ πᾶσα.	
c 202	**Mt 4,6**	... γέγραπται γὰρ ὅτι *τοῖς ἀγγέλοις αὐτοῦ ἐντελεῖται περὶ σοῦ*			**Lk 4,10**	γέγραπται γὰρ ὅτι *τοῖς ἀγγέλοις αὐτοῦ ἐντελεῖται περὶ σοῦ τοῦ διαφυλάξαι σε*	
c 102		*καὶ* *ἐπὶ χειρῶν ἀροῦσίν σε, μήποτε προσκόψῃς πρὸς λίθον τὸν πόδα σου.* ➤ Ps 91,11-12			**Lk 4,11**	καὶ ὅτι *ἐπὶ χειρῶν ἀροῦσίν σε, μήποτε προσκόψῃς πρὸς λίθον τὸν πόδα σου.* ➤ Ps 91,11-12	
102	**Mt 4,7**	ἔφη αὐτῷ ὁ Ἰησοῦς· πάλιν γέγραπται· *οὐκ ἐκπειράσεις κύριον τὸν θεόν σου.* ➤ Deut 6,16 LXX			**Lk 4,12**	καὶ ἀποκριθεὶς εἶπεν αὐτῷ ὁ Ἰησοῦς ὅτι εἴρηται· *οὐκ ἐκπειράσεις κύριον τὸν θεόν σου.* ➤ Deut 6,16 LXX	
211	**Mt 4,12** → Lk 3,20	ἀκούσας δὲ ὅτι Ἰωάννης παρεδόθη ἀνεχώρησεν εἰς τὴν Γαλιλαίαν.	**Mk 1,14** → Lk 3,20	μετὰ δὲ τὸ παραδοθῆναι τὸν Ἰωάννην ἦλθεν ὁ Ἰησοῦς εἰς τὴν Γαλιλαίαν ...	**Lk 4,14**	καὶ ὑπέστρεψεν ὁ Ἰησοῦς ἐν τῇ δυνάμει τοῦ πνεύματος εἰς τὴν Γαλιλαίαν. ...	→ Jn 4,3
120	**Mt 4,17**	ἀπὸ τότε ἤρξατο ὁ Ἰησοῦς κηρύσσειν καὶ λέγειν· μετανοεῖτε· ἤγγικεν γὰρ ἡ βασιλεία τῶν οὐρανῶν.	**Mk 1,15**	καὶ λέγων ὅτι πεπλήρωται ὁ καιρὸς καὶ ἤγγικεν ἡ βασιλεία τοῦ θεοῦ· μετανοεῖτε καὶ πιστεύετε ἐν τῷ εὐαγγελίῳ.			
002					**Lk 4,21**	ἤρξατο δὲ λέγειν πρὸς αὐτοὺς ὅτι σήμερον πεπλήρωται ἡ γραφὴ αὕτη ἐν τοῖς ὠσὶν ὑμῶν.	

	Mt		Mk		Lk		
122	**Mt 13,57**	... ὁ δὲ Ἰησοῦς εἶπεν αὐτοῖς· οὐκ ἔστιν προφήτης ἄτιμος εἰ μὴ ἐν τῇ πατρίδι καὶ ἐν τῇ οἰκίᾳ αὐτοῦ.	**Mk 6,4**	καὶ ἔλεγεν αὐτοῖς ὁ Ἰησοῦς **ὅτι** οὐκ ἔστιν προφήτης ἄτιμος εἰ μὴ ἐν τῇ πατρίδι αὐτοῦ καὶ ἐν τοῖς συγγενεῦσιν αὐτοῦ καὶ ἐν τῇ οἰκίᾳ αὐτοῦ.	**Lk 4,24**	εἶπεν δέ· ἀμὴν λέγω ὑμῖν **ὅτι** οὐδεὶς προφήτης δεκτός ἐστιν ἐν τῇ πατρίδι αὐτοῦ.	→ Jn 4,44 → GTh 31 (POxy 1)
d 112	**Mt 7,29**	[28] ... ἐξεπλήσσοντο οἱ ὄχλοι ἐπὶ τῇ διδαχῇ αὐτοῦ· [29] ἦν **γὰρ** διδάσκων αὐτοὺς ὡς ἐξουσίαν ἔχων καὶ οὐχ ὡς οἱ γραμματεῖς αὐτῶν.	**Mk 1,22** ↓ Mk 1,27	καὶ ἐξεπλήσσοντο ἐπὶ τῇ διδαχῇ αὐτοῦ· ἦν **γὰρ** διδάσκων αὐτοὺς ὡς ἐξουσίαν ἔχων καὶ οὐχ ὡς οἱ γραμματεῖς.	**Lk 4,32** ↓ Lk 4,36	καὶ ἐξεπλήσσοντο ἐπὶ τῇ διδαχῇ αὐτοῦ, **ὅτι** ἐν ἐξουσίᾳ ἦν ὁ λόγος αὐτοῦ.	
a 012	↑ Mt 7,29		**Mk 1,27** ↑ Mk 1,22	καὶ ἐθαμβήθησαν ἅπαντες, ὥστε συζητεῖν πρὸς ἑαυτοὺς λέγοντας· τί ἐστιν τοῦτο; διδαχὴ καινὴ κατ' ἐξουσίαν· καὶ τοῖς πνεύμασι τοῖς ἀκαθάρτοις ἐπιτάσσει, καὶ ὑπακούουσιν αὐτῷ.	**Lk 4,36** ↑ Lk 4,32	καὶ ἐγένετο θάμβος ἐπὶ πάντας καὶ συνελάλουν πρὸς ἀλλήλους λέγοντες· τίς ὁ λόγος οὗτος **ὅτι** ἐν ἐξουσίᾳ καὶ δυνάμει ἐπιτάσσει τοῖς ἀκαθάρτοις πνεύμασιν καὶ ἐξέρχονται;	
022			**Mk 3,11** → Lk 6,18	καὶ τὰ πνεύματα τὰ ἀκάθαρτα, ὅταν αὐτὸν ἐθεώρουν, προσέπιπτον αὐτῷ καὶ ἔκραζον λέγοντες **ὅτι** σὺ εἶ ὁ υἱὸς τοῦ θεοῦ.	**Lk 4,41** **(2)** ↓ Mk 1,34	ἐξήρχετο δὲ καὶ δαιμόνια ἀπὸ πολλῶν κρ[αυγ]άζοντα καὶ λέγοντα **ὅτι** σὺ εἶ ὁ υἱὸς τοῦ θεοῦ.	
d 122	**Mt 8,16** ⇩ Mt 4,24	... καὶ ἐξέβαλεν τὰ πνεύματα λόγῳ καὶ πάντας τοὺς κακῶς ἔχοντας ἐθεράπευσεν	**Mk 1,34** ↓ Mk 3,11	καὶ ἐθεράπευσεν πολλοὺς κακῶς ἔχοντας ποικίλαις νόσοις καὶ δαιμόνια πολλὰ ἐξέβαλεν, καὶ οὐκ ἤφιεν λαλεῖν τὰ δαιμόνια, **ὅτι** ᾔδεισαν αὐτόν.	→ Lk 6,18	καὶ ἐπιτιμῶν οὐκ εἴα αὐτὰ λαλεῖν, **ὅτι** ᾔδεισαν τὸν χριστὸν αὐτὸν εἶναι.	
	Mt 4,24 ⇧ Mt 8,16	... καὶ ἐθεράπευσεν αὐτούς.					
	Mt 12,16	καὶ ἐπετίμησεν αὐτοῖς ἵνα μὴ φανερὸν αὐτὸν ποιήσωσιν	**Mk 3,12** ↑ Mk 1,34	καὶ πολλὰ ἐπετίμα αὐτοῖς ἵνα μὴ αὐτὸν φανερὸν ποιήσωσιν.			
021			**Mk 1,37**	καὶ εὗρον αὐτὸν καὶ λέγουσιν αὐτῷ **ὅτι** πάντες ζητοῦσίν σε.	**Lk 4,42** → Mk 1,45	... καὶ ἦλθον ἕως αὐτοῦ καὶ κατεῖχον αὐτὸν τοῦ μὴ πορεύεσθαι ἀπ' αὐτῶν.	
012			**Mk 1,38**	καὶ λέγει αὐτοῖς· ἄγωμεν ἀλλαχοῦ εἰς τὰς ἐχομένας κωμοπόλεις, ἵνα καὶ ἐκεῖ κηρύξω·	**Lk 4,43** **(2)**	ὁ δὲ εἶπεν πρὸς αὐτοὺς **ὅτι** καὶ ταῖς ἑτέραις πόλεσιν εὐαγγελίσασθαί με δεῖ τὴν βασιλείαν τοῦ θεοῦ,	
d 012				εἰς τοῦτο γὰρ ἐξῆλθον.		**ὅτι** ἐπὶ τοῦτο ἀπεστάλην.	

d 002					Lk 5,8	ἰδὼν δὲ Σίμων Πέτρος προσέπεσεν τοῖς γόνασιν Ἰησοῦ λέγων· ἔξελθε ἀπ᾽ ἐμοῦ, ὅτι ἀνὴρ ἁμαρτωλός εἰμι, κύριε.	
121	**Mt 8,2**	καὶ ἰδοὺ λεπρὸς προσελθὼν προσεκύνει αὐτῷ λέγων· κύριε, ἐὰν θέλῃς δύνασαί με καθαρίσαι.	**Mk 1,40**	καὶ ἔρχεται πρὸς αὐτὸν λεπρὸς παρακαλῶν αὐτὸν [καὶ γονυπετῶν] καὶ λέγων αὐτῷ ὅτι ἐὰν θέλῃς δύνασαί με καθαρίσαι.	**Lk 5,12** → Lk 17,12-13 → Lk 17,16	... καὶ ἰδοὺ ἀνὴρ πλήρης λέπρας· ἰδὼν δὲ τὸν Ἰησοῦν, πεσὼν ἐπὶ πρόσωπον ἐδεήθη αὐτοῦ λέγων· κύριε, ἐὰν θέλῃς δύνασαί με καθαρίσαι.	
121	**Mt 9,1**	καὶ ἐμβὰς εἰς πλοῖον διεπέρασεν καὶ ἦλθεν εἰς τὴν ἰδίαν πόλιν.	**Mk 2,1**	καὶ εἰσελθὼν πάλιν εἰς Καφαρναοὺμ δι᾽ ἡμερῶν ἠκούσθη ὅτι ἐν οἴκῳ ἐστίν.	**Lk 5,17**	καὶ ἐγένετο ἐν μιᾷ τῶν ἡμερῶν καὶ αὐτὸς ἦν διδάσκων, ...	
121	**Mt 9,4** → Mt 12,25	καὶ ἰδὼν ὁ Ἰησοῦς τὰς ἐνθυμήσεις αὐτῶν ...	**Mk 2,8**	καὶ εὐθὺς ἐπιγνοὺς ὁ Ἰησοῦς τῷ πνεύματι αὐτοῦ ὅτι οὕτως διαλογίζονται ἐν ἑαυτοῖς ...	**Lk 5,22** → Lk 11,17 → Lk 6,8	ἐπιγνοὺς δὲ ὁ Ἰησοῦς τοὺς διαλογισμοὺς αὐτῶν ...	
222	**Mt 9,6**	ἵνα δὲ εἰδῆτε ὅτι ἐξουσίαν ἔχει ὁ υἱὸς τοῦ ἀνθρώπου ἐπὶ τῆς γῆς ἀφιέναι ἁμαρτίας - τότε λέγει τῷ παραλυτικῷ· ...	**Mk 2,10**	ἵνα δὲ εἰδῆτε ὅτι ἐξουσίαν ἔχει ὁ υἱὸς τοῦ ἀνθρώπου ἀφιέναι ἁμαρτίας ἐπὶ τῆς γῆς - λέγει τῷ παραλυτικῷ·	**Lk 5,24**	ἵνα δὲ εἰδῆτε ὅτι ὁ υἱὸς τοῦ ἀνθρώπου ἐξουσίαν ἔχει ἐπὶ τῆς γῆς ἀφιέναι ἁμαρτίας - εἶπεν τῷ παραλελυμένῳ· ...	
122	**Mt 9,8**	ἰδόντες δὲ οἱ ὄχλοι ἐφοβήθησαν καὶ ἐδόξασαν τὸν θεὸν τὸν δόντα ἐξουσίαν τοιαύτην τοῖς ἀνθρώποις.	**Mk 2,12**	.. ὥστε ἐξίστασθαι πάντας καὶ δοξάζειν τὸν θεὸν λέγοντας ὅτι οὕτως οὐδέποτε εἴδομεν.	**Lk 5,26**	καὶ ἔκστασις ἔλαβεν ἅπαντας καὶ ἐδόξαζον τὸν θεὸν καὶ ἐπλήσθησαν φόβου λέγοντες ὅτι εἴδομεν παράδοξα σήμερον.	
121 *e* 121	**Mt 9,11**	καὶ ἰδόντες οἱ Φαρισαῖοι ἔλεγον τοῖς μαθηταῖς αὐτοῦ· διὰ τί μετὰ τῶν τελωνῶν καὶ ἁμαρτωλῶν ἐσθίει ὁ διδάσκαλος ὑμῶν;	**Mk 2,16** **(2)**	καὶ οἱ γραμματεῖς τῶν Φαρισαίων ἰδόντες ὅτι ἐσθίει μετὰ τῶν ἁμαρτωλῶν καὶ τελωνῶν ἔλεγον τοῖς μαθηταῖς αὐτοῦ· ὅτι μετὰ τῶν τελωνῶν καὶ ἁμαρτωλῶν ἐσθίει;	**Lk 5,30** ↓ Lk 15,2 ↓ Lk 19,7	καὶ ἐγόγγυζον οἱ Φαρισαῖοι καὶ οἱ γραμματεῖς αὐτῶν πρὸς τοὺς μαθητὰς αὐτοῦ λέγοντες· διὰ τί μετὰ τῶν τελωνῶν καὶ ἁμαρτωλῶν ἐσθίετε καὶ πίνετε;	
121	**Mt 9,12**	ὁ δὲ ἀκούσας εἶπεν· οὐ χρείαν ἔχουσιν οἱ ἰσχύοντες ἰατροῦ ἀλλ᾽ οἱ κακῶς ἔχοντες.	**Mk 2,17**	καὶ ἀκούσας ὁ Ἰησοῦς λέγει αὐτοῖς [ὅτι] οὐ χρείαν ἔχουσιν οἱ ἰσχύοντες ἰατροῦ ἀλλ᾽ οἱ κακῶς ἔχοντες· ...	**Lk 5,31**	καὶ ἀποκριθεὶς ὁ Ἰησοῦς εἶπεν πρὸς αὐτούς· οὐ χρείαν ἔχουσιν οἱ ὑγιαίνοντες ἰατροῦ ἀλλὰ οἱ κακῶς ἔχοντες·	
112	**Mt 9,16**	 οὐδεὶς δὲ ἐπιβάλλει ἐπίβλημα ῥάκους ἀγνάφου ἐπὶ ἱματίῳ παλαιῷ· ...	**Mk 2,21**	 οὐδεὶς ἐπίβλημα ῥάκους ἀγνάφου ἐπιράπτει ἐπὶ ἱμάτιον παλαιόν· ...	**Lk 5,36**	ἔλεγεν δὲ καὶ παραβολὴν πρὸς αὐτοὺς ὅτι οὐδεὶς ἐπίβλημα ἀπὸ ἱματίου καινοῦ σχίσας ἐπιβάλλει ἐπὶ ἱμάτιον παλαιόν· ...	→ GTh 47,5

	Mt		Mk		Lk		
d 012			**Mk 3,10**	... ὥστε ἐπιπίπτειν αὐτῷ ἵνα αὐτοῦ ἅψωνται ὅσοι εἶχον μάστιγας.	**Lk 6,19** → Mk 5,30 → Lk 8,46	καὶ πᾶς ὁ ὄχλος ἐζήτουν ἅπτεσθαι αὐτοῦ, ὅτι δύναμις παρ' αὐτοῦ ἐξήρχετο καὶ ἰᾶτο πάντας.	
022			**Mk 3,11** → Lk 6,18	καὶ τὰ πνεύματα τὰ ἀκάθαρτα, ὅταν αὐτὸν ἐθεώρουν, προσέπιπτον αὐτῷ καὶ ἔκραζον λέγοντες ὅτι σὺ εἶ ὁ υἱὸς τοῦ θεοῦ.	**Lk 4,41** **(2)** ↑ Mk 1,34	ἐξήρχετο δὲ καὶ δαιμόνια ἀπὸ πολλῶν κρ[αυγ]άζοντα καὶ λέγοντα ὅτι σὺ εἶ ὁ υἱὸς τοῦ θεοῦ. καὶ ἐπιτιμῶν οὐκ εἴα αὐτὰ λαλεῖν, ὅτι ᾔδεισαν τὸν χριστὸν αὐτὸν εἶναι.	
d 202	**Mt 5,3**	μακάριοι οἱ πτωχοὶ τῷ πνεύματι, ὅτι αὐτῶν ἐστιν ἡ βασιλεία τῶν οὐρανῶν.			**Lk 6,20**	... μακάριοι οἱ πτωχοί, ὅτι ὑμετέρα ἐστὶν ἡ βασιλεία τοῦ θεοῦ.	→ GTh 54
d 202	**Mt 5,4**	μακάριοι οἱ πενθοῦντες, ὅτι αὐτοὶ παρακληθήσονται.			**Lk 6,21** **(2)**	... μακάριοι οἱ κλαίοντες νῦν, ὅτι γελάσετε.	
d 200	**Mt 5,5**	μακάριοι οἱ πραεῖς, ὅτι αὐτοὶ κληρονομήσουσιν τὴν γῆν.					
d 202	**Mt 5,6**	μακάριοι οἱ πεινῶντες καὶ διψῶντες τὴν δικαιοσύνην, ὅτι αὐτοὶ χορτασθήσονται.			**Lk 6,21** **(2)**	μακάριοι οἱ πεινῶντες νῦν, ὅτι χορτασθήσεσθε.	→ GTh 69,2
d 202	**Mt 5,4**	μακάριοι οἱ πενθοῦντες, ὅτι αὐτοὶ παρακληθήσονται.				μακάριοι οἱ κλαίοντες νῦν, ὅτι γελάσετε.	
d 200	**Mt 5,7**	μακάριοι οἱ ἐλεήμονες, ὅτι αὐτοὶ ἐλεηθήσονται.					
d 200	**Mt 5,8**	μακάριοι οἱ καθαροὶ τῇ καρδίᾳ, ὅτι αὐτοὶ τὸν θεὸν ὄψονται.					
d 200	**Mt 5,9**	μακάριοι οἱ εἰρηνοποιοί, ὅτι αὐτοὶ υἱοὶ θεοῦ κληθήσονται.					
d 200	**Mt 5,10**	μακάριοι οἱ δεδιωγμένοι ἕνεκεν δικαιοσύνης, ὅτι αὐτῶν ἐστιν ἡ βασιλεία τῶν οὐρανῶν.					→ GTh 69,1 → GTh 68
d 201	**Mt 5,12**	χαίρετε καὶ ἀγαλλιᾶσθε, ὅτι ὁ μισθὸς ὑμῶν πολὺς ἐν τοῖς οὐρανοῖς· ...			**Lk 6,23**	χάρητε ἐν ἐκείνῃ τῇ ἡμέρᾳ καὶ σκιρτήσατε, ἰδοὺ γὰρ ὁ μισθὸς ὑμῶν πολὺς ἐν τῷ οὐρανῷ· ...	

d 002					**Lk 6,24**	πλὴν οὐαὶ ὑμῖν τοῖς πλουσίοις, ὅτι ἀπέχετε τὴν παράκλησιν ὑμῶν.	
d 002 *d* 002					**Lk 6,25 (2)**	οὐαὶ ὑμῖν, οἱ ἐμπεπλησμένοι νῦν, ὅτι πεινάσετε. οὐαί, οἱ γελῶντες νῦν, ὅτι πενθήσετε καὶ κλαύσετε.	
200	**Mt 5,17** → Mt 11,13 → Lk 16,16	μὴ νομίσητε ὅτι ἦλθον καταλῦσαι τὸν νόμον ἢ τοὺς προφήτας· ...					
200	**Mt 5,20**	λέγω γὰρ ὑμῖν ὅτι ἐὰν μὴ περισσεύσῃ ὑμῶν ἡ δικαιοσύνη πλεῖον τῶν γραμματέων καὶ Φαρισαίων, οὐ μὴ εἰσέλθητε εἰς τὴν βασιλείαν τῶν οὐρανῶν.					→ GTh 27 (POxy 1)
200	**Mt 5,21**	ἠκούσατε ὅτι ἐρρέθη τοῖς ἀρχαίοις· *οὐ φονεύσεις·* ὃς δ' ἂν φονεύσῃ, ἔνοχος ἔσται τῇ κρίσει. ➤ Exod 20,13/Deut 5,17					
200	**Mt 5,22**	ἐγὼ δὲ λέγω ὑμῖν ὅτι πᾶς ὁ ὀργιζόμενος τῷ ἀδελφῷ αὐτοῦ ἔνοχος ἔσται τῇ κρίσει· ...					
200	**Mt 5,23** → Mk 11,25	ἐὰν οὖν προσφέρῃς τὸ δῶρόν σου ἐπὶ τὸ θυσιαστήριον κἀκεῖ μνησθῇς ὅτι ὁ ἀδελφός σου ἔχει τι κατὰ σοῦ					
200	**Mt 5,27**	ἠκούσατε ὅτι ἐρρέθη· *οὐ μοιχεύσεις.* ➤ Exod 20,14/Deut 5,18					
200	**Mt 5,28**	ἐγὼ δὲ λέγω ὑμῖν ὅτι πᾶς ὁ βλέπων γυναῖκα πρὸς τὸ ἐπιθυμῆσαι αὐτὴν ἤδη ἐμοίχευσεν αὐτὴν ἐν τῇ καρδίᾳ αὐτοῦ.					
201	**Mt 5,32** ⇩ Mt 19,9	ἐγὼ δὲ λέγω ὑμῖν ὅτι πᾶς ὁ ἀπολύων τὴν γυναῖκα αὐτοῦ παρεκτὸς λόγου πορνείας ποιεῖ αὐτὴν μοιχευθῆναι, καὶ ὃς ἐὰν ἀπολελυμένην γαμήσῃ, μοιχᾶται.	**Mk 10,11**	καὶ λέγει αὐτοῖς· ὃς ἂν ἀπολύσῃ τὴν γυναῖκα αὐτοῦ καὶ γαμήσῃ ἄλλην μοιχᾶται ἐπ' αὐτήν· [12] καὶ ἐὰν αὐτὴ ἀπολύσασα τὸν ἄνδρα αὐτῆς γαμήσῃ ἄλλον μοιχᾶται.	**Lk 16,18**	πᾶς ὁ ἀπολύων τὴν γυναῖκα αὐτοῦ καὶ γαμῶν ἑτέραν μοιχεύει, καὶ ὁ ἀπολελυμένην ἀπὸ ἀνδρὸς γαμῶν μοιχεύει.	→ 1Cor 7,10-11 Mk-Q overlap

200	**Mt 5,33**	πάλιν ἠκούσατε ὅτι ἐρρέθη τοῖς ἀρχαίοις· οὐκ ἐπιορκήσεις, ἀποδώσεις δὲ τῷ κυρίῳ τοὺς ὅρκους σου. ➢ Lev 19,12; Num 30,3; Deut 23,22 LXX			
d 200	**Mt 5,34** → Mt 23,22	ἐγὼ δὲ λέγω ὑμῖν μὴ ὀμόσαι ὅλως· μήτε ἐν τῷ οὐρανῷ, ὅτι θρόνος ἐστὶν τοῦ θεοῦ,			→ Acts 7,49
d 200 d 200	**Mt 5,35** **(2)**	μήτε ἐν τῇ γῇ, ὅτι ὑποπόδιόν ἐστιν τῶν ποδῶν αὐτοῦ, μήτε εἰς Ἱεροσόλυμα, ὅτι πόλις ἐστὶν τοῦ μεγάλου βασιλέως,			→ Acts 7,49
d 200	**Mt 5,36**	μήτε ἐν τῇ κεφαλῇ σου ὀμόσῃς, ὅτι οὐ δύνασαι μίαν τρίχα λευκὴν ποιῆσαι ἢ μέλαιναν.			
200	**Mt 5,38**	ἠκούσατε ὅτι ἐρρέθη· *ὀφθαλμὸν ἀντὶ ὀφθαλμοῦ* καὶ *ὀδόντα ἀντὶ ὀδόντος.* ➢ Exod 21,24/Lev 24,20/Deut 19,21			
200	**Mt 5,43**	ἠκούσατε ὅτι ἐρρέθη· *ἀγαπήσεις τὸν πλησίον σου* καὶ μισήσεις τὸν ἐχθρόν σου. ➢ Lev 19,18			
d 202	**Mt 5,45**	ὅπως γένησθε υἱοὶ τοῦ πατρὸς ὑμῶν τοῦ ἐν οὐρανοῖς, ὅτι τὸν ἥλιον αὐτοῦ ἀνατέλλει ἐπὶ πονηροὺς καὶ ἀγαθοὺς καὶ βρέχει ἐπὶ δικαίους καὶ ἀδίκους.	**Lk 6,35**	... καὶ ἔσεσθε υἱοὶ ὑψίστου, ὅτι αὐτὸς χρηστός ἐστιν ἐπὶ τοὺς ἀχαρίστους καὶ πονηρούς.	→ GTh 3 **(POxy 654)**
d 200	**Mt 6,5**	καὶ ὅταν προσεύχησθε, οὐκ ἔσεσθε ὡς οἱ ὑποκριταί, ὅτι φιλοῦσιν ἐν ταῖς συναγωγαῖς καὶ ἐν ταῖς γωνίαις τῶν πλατειῶν ἑστῶτες προσεύχεσθαι, ...			→ GTh 6 **(POxy 654)**
200	**Mt 6,7**	προσευχόμενοι δὲ μὴ βατταλογήσητε ὥσπερ οἱ ἐθνικοί, δοκοῦσιν γὰρ ὅτι ἐν τῇ πολυλογίᾳ αὐτῶν εἰσακουσθήσονται.			

202	**Mt 6,26**	ἐμβλέψατε εἰς τὰ πετεινὰ τοῦ οὐρανοῦ ὅτι οὐ σπείρουσιν οὐδὲ θερίζουσιν ...			**Lk 12,24**	κατανοήσατε τοὺς κόρακας ὅτι οὐ σπείρουσιν οὐδὲ θερίζουσιν, ...
201	**Mt 6,29**	λέγω δὲ ὑμῖν ὅτι οὐδὲ Σολομὼν ἐν πάσῃ τῇ δόξῃ αὐτοῦ περιεβάλετο ὡς ἓν τούτων.			**Lk 12,27**	... λέγω δὲ ὑμῖν, οὐδὲ Σολομὼν ἐν πάσῃ τῇ δόξῃ αὐτοῦ περιεβάλετο ὡς ἓν τούτων.
202	**Mt 6,32** → Mt 6,8	πάντα γὰρ ταῦτα τὰ ἔθνη ἐπιζητοῦσιν· οἶδεν γὰρ ὁ πατὴρ ὑμῶν ὁ οὐράνιος ὅτι χρῄζετε τούτων ἁπάντων.			**Lk 12,30**	ταῦτα γὰρ πάντα τὰ ἔθνη τοῦ κόσμου ἐπιζητοῦσιν, ὑμῶν δὲ ὁ πατὴρ οἶδεν ὅτι χρῄζετε τούτων.
d 202	**Mt 7,13**	εἰσέλθατε διὰ τῆς στενῆς πύλης· ὅτι πλατεῖα ἡ πύλη καὶ εὐρύχωρος ἡ ὁδὸς ἡ ἀπάγουσα εἰς τὴν ἀπώλειαν, καὶ πολλοί εἰσιν οἱ εἰσερχόμενοι δι᾽ αὐτῆς· [14] τί στενὴ ἡ πύλη καὶ τεθλιμμένη ἡ ὁδὸς ἡ ἀπάγουσα εἰς τὴν ζωὴν καὶ ὀλίγοι εἰσὶν οἱ εὑρίσκοντες αὐτήν.			**Lk 13,24**	ἀγωνίζεσθε εἰσελθεῖν διὰ τῆς στενῆς θύρας, ὅτι πολλοί, λέγω ὑμῖν, ζητήσουσιν εἰσελθεῖν καὶ οὐκ ἰσχύσουσιν.
201	**Mt 7,23** → Mt 13,41 → Mt 25,12 → Mt 25,41	καὶ τότε ὁμολογήσω αὐτοῖς ὅτι οὐδέποτε ἔγνων ὑμᾶς· *ἀποχωρεῖτε ἀπ᾽ ἐμοῦ οἱ ἐργαζόμενοι τὴν ἀνομίαν.* ➢ Ps 6,9/1Macc 3,6			**Lk 13,27** → Lk 13,25	καὶ ἐρεῖ λέγων ὑμῖν· οὐκ οἶδα [ὑμᾶς] πόθεν ἐστέ· *ἀπόστητε ἀπ᾽ ἐμοῦ, πάντες ἐργάται ἀδικίας.* ➢ Ps 6,9/1Macc 3,6
002					**Lk 7,4**	οἱ δὲ παραγενόμενοι πρὸς τὸν Ἰησοῦν παρεκάλουν αὐτὸν σπουδαίως λέγοντες ὅτι ἄξιός ἐστιν ᾧ παρέξῃ τοῦτο·
201	**Mt 8,11**	λέγω δὲ ὑμῖν ὅτι πολλοὶ ἀπὸ ἀνατολῶν καὶ δυσμῶν ἥξουσιν ...			**Lk 13,29**	 καὶ ἥξουσιν ἀπὸ ἀνατολῶν καὶ δυσμῶν καὶ ἀπὸ βορρᾶ καὶ νότου ...
a 222	**Mt 8,27**	... ποταπός ἐστιν οὗτος ὅτι καὶ οἱ ἄνεμοι καὶ ἡ θάλασσα αὐτῷ ὑπακούουσιν;	**Mk 4,41**	... τίς ἄρα οὗτός ἐστιν ὅτι καὶ ὁ ἄνεμος καὶ ἡ θάλασσα ὑπακούει αὐτῷ;	**Lk 8,25**	... τίς ἄρα οὗτός ἐστιν ὅτι καὶ τοῖς ἀνέμοις ἐπιτάσσει καὶ τῷ ὕδατι, καὶ ὑπακούουσιν αὐτῷ;
222	**Mt 9,6**	ἵνα δὲ εἰδῆτε ὅτι ἐξουσίαν ἔχει ὁ υἱὸς τοῦ ἀνθρώπου ἐπὶ τῆς γῆς ἀφιέναι ἁμαρτίας - τότε λέγει τῷ παραλυτικῷ· ...	**Mk 2,10**	ἵνα δὲ εἰδῆτε ὅτι ἐξουσίαν ἔχει ὁ υἱὸς τοῦ ἀνθρώπου ἀφιέναι ἁμαρτίας ἐπὶ τῆς γῆς - λέγει τῷ παραλυτικῷ·	**Lk 5,24**	ἵνα δὲ εἰδῆτε ὅτι ὁ υἱὸς τοῦ ἀνθρώπου ἐξουσίαν ἔχει ἐπὶ τῆς γῆς ἀφιέναι ἁμαρτίας - εἶπεν τῷ παραλελυμένῳ· ...

	Mt		Mk		Lk		
d 222	**Mt 9,18**	... ἰδοὺ ἄρχων εἷς ἐλθὼν προσεκύνει αὐτῷ λέγων ὅτι ἡ θυγάτηρ μου ἄρτι ἐτελεύτησεν· ἀλλὰ ἐλθὼν ἐπίθες τὴν χεῖρά σου ἐπ' αὐτήν, καὶ ζήσεται.	**Mk 5,23**	[22] καὶ ἔρχεται εἷς τῶν ἀρχισυναγώγων, ὀνόματι Ἰάϊρος, καὶ ἰδὼν αὐτὸν πίπτει πρὸς τοὺς πόδας αὐτοῦ [23] καὶ παρακαλεῖ αὐτὸν πολλὰ λέγων ὅτι τὸ θυγάτριόν μου ἐσχάτως ἔχει, ἵνα ἐλθὼν ἐπιθῇς τὰς χεῖρας αὐτῇ ἵνα σωθῇ καὶ ζήσῃ.	**Lk 8,42** → Mk 5,42	[41] καὶ ἰδοὺ ἦλθεν ἀνὴρ ᾧ ὄνομα Ἰάϊρος καὶ οὗτος ἄρχων τῆς συναγωγῆς ὑπῆρχεν, καὶ πεσὼν παρὰ τοὺς πόδας [τοῦ] Ἰησοῦ παρεκάλει αὐτὸν εἰσελθεῖν εἰς τὸν οἶκον αὐτοῦ, [42] ὅτι θυγάτηρ μονογενὴς ἦν αὐτῷ ὡς ἐτῶν δώδεκα καὶ αὐτὴ ἀπέθνῃσκεν. ...	
     200	**Mt 9,28** ⇨ Mt 20,32-33	ἐλθόντι δὲ εἰς τὴν οἰκίαν προσῆλθον αὐτῷ οἱ τυφλοί, καὶ λέγει αὐτοῖς ὁ Ἰησοῦς· πιστεύετε ὅτι δύναμαι τοῦτο ποιῆσαι; λέγουσιν αὐτῷ· ναὶ κύριε.	**Mk 10,51**	 [50] ... ἦλθεν πρὸς τὸν Ἰησοῦν. [51] καὶ ἀποκριθεὶς αὐτῷ ὁ Ἰησοῦς εἶπεν· τί σοι θέλεις ποιήσω; ὁ δὲ τυφλὸς εἶπεν αὐτῷ· ῥαββουνι, ἵνα ἀναβλέψω.	**Lk 18,41**	[40] σταθεὶς δὲ ὁ Ἰησοῦς ἐκέλευσεν αὐτὸν ἀχθῆναι πρὸς αὐτόν. ἐγγίσαντος δὲ αὐτοῦ ἐπηρώτησεν αὐτόν· [41] τί σοι θέλεις ποιήσω; ὁ δὲ εἶπεν· κύριε, ἵνα ἀναβλέψω.	
d 220	**Mt 9,36** ↓ Mt 14,14	ἰδὼν δὲ τοὺς ὄχλους ἐσπλαγχνίσθη περὶ αὐτῶν, ὅτι ἦσαν ἐσκυλμένοι καὶ ἐρριμμένοι *ὡσεὶ πρόβατα* *μὴ ἔχοντα ποιμένα.* ➤ Num 27,17/Jdt 11,19/2Chron 18,16	**Mk 6,34** ↓ Lk 9,11	καὶ ἐξελθὼν εἶδεν πολὺν ὄχλον, καὶ ἐσπλαγχνίσθη ἐπ' αὐτούς, ὅτι ἦσαν *ὡς πρόβατα* *μὴ ἔχοντα ποιμένα,* ... ➤ Num 27,17/Jdt 11,19/2Chron 18,16			
   201	**Mt 10,7**	πορευόμενοι δὲ κηρύσσετε λέγοντες ὅτι ἤγγικεν ἡ βασιλεία τῶν οὐρανῶν. [8] ἀσθενοῦντας θεραπεύετε, ...			**Lk 10,9** → Lk 9,2 ⇩ Lk 10,11	καὶ θεραπεύετε τοὺς ἐν αὐτῇ ἀσθενεῖς καὶ λέγετε αὐτοῖς· ἤγγικεν ἐφ' ὑμᾶς ἡ βασιλεία τοῦ θεοῦ.	
 202	**Mt 10,34**	μὴ νομίσητε ὅτι ἦλθον βαλεῖν εἰρήνην ἐπὶ τὴν γῆν· ...			**Lk 12,51**	δοκεῖτε ὅτι εἰρήνην παρεγενόμην δοῦναι ἐν τῇ γῇ; ...	→ GTh 16
   002 002					**Lk 7,16** (2)	ἔλαβεν δὲ φόβος πάντας καὶ ἐδόξαζον τὸν θεὸν λέγοντες ὅτι προφήτης μέγας ἠγέρθη ἐν ἡμῖν καὶ ὅτι ἐπεσκέψατο ὁ θεὸς τὸν λαὸν αὐτοῦ.	
     002	**Mt 26,7**	[6] τοῦ δὲ Ἰησοῦ γενομένου ἐν Βηθανίᾳ ἐν οἰκίᾳ Σίμωνος τοῦ λεπροῦ, [7] προσῆλθεν αὐτῷ γυνὴ ἔχουσα ἀλάβαστρον μύρου βαρυτίμου ...	**Mk 14,3**	καὶ ὄντος αὐτοῦ ἐν Βηθανίᾳ ἐν τῇ οἰκίᾳ Σίμωνος τοῦ λεπροῦ, κατακειμένου αὐτοῦ ἦλθεν γυνὴ ἔχουσα ἀλάβαστρον μύρου νάρδου πιστικῆς πολυτελοῦς, ...	**Lk 7,37**	 καὶ ἰδοὺ γυνὴ ἥτις ἦν ἐν τῇ πόλει ἁμαρτωλός, καὶ ἐπιγνοῦσα ὅτι κατάκειται ἐν τῇ οἰκίᾳ τοῦ Φαρισαίου, κομίσασα ἀλάβαστρον μύρου	→ Jn 12,3

002					Lk 7,39	... οὗτος εἰ ἦν προφήτης, ἐγίνωσκεν ἂν τίς καὶ ποταπὴ ἡ γυνὴ ἥτις ἅπτεται αὐτοῦ, ὅτι ἁμαρτωλός ἐστιν.	
002					Lk 7,43	ἀποκριθεὶς Σίμων εἶπεν· ὑπολαμβάνω ὅτι ᾧ τὸ πλεῖον ἐχαρίσατο. ...	
d 002					Lk 7,47	οὗ χάριν λέγω σοι, ἀφέωνται αἱ ἁμαρτίαι αὐτῆς αἱ πολλαί, ὅτι ἠγάπησεν πολύ· ᾧ δὲ ὀλίγον ἀφίεται, ὀλίγον ἀγαπᾷ.	
d 200	Mt 11,20	τότε ἤρξατο ὀνειδίζειν τὰς πόλεις ἐν αἷς ἐγένοντο αἱ πλεῖσται δυνάμεις αὐτοῦ, ὅτι οὐ μετενόησαν·					
d 202	Mt 11,21	οὐαί σοι, Χοραζίν, οὐαί σοι, Βηθσαϊδά· ὅτι εἰ ἐν Τύρῳ καὶ Σιδῶνι ἐγένοντο αἱ δυνάμεις αἱ γενόμεναι ἐν ὑμῖν, πάλαι ἂν ἐν σάκκῳ καὶ σποδῷ μετενόησαν.			Lk 10,13	οὐαί σοι, Χοραζίν, οὐαί σοι, Βηθσαϊδά· ὅτι εἰ ἐν Τύρῳ καὶ Σιδῶνι ἐγενήθησαν αἱ δυνάμεις αἱ γενόμεναι ἐν ὑμῖν, πάλαι ἂν ἐν σάκκῳ καὶ σποδῷ καθήμενοι μετενόησαν.	
d 201	Mt 11,23	καὶ σύ, Καφαρναούμ, μὴ ἕως οὐρανοῦ ὑψωθήσῃ; *ἕως ᾅδου καταβήσῃ·* ὅτι εἰ ἐν Σοδόμοις ἐγενήθησαν αἱ δυνάμεις αἱ γενόμεναι ἐν σοί, ἔμεινεν ἂν μέχρι τῆς σήμερον. ➤ Isa 14,13.15			Lk 10,15	καὶ σύ, Καφαρναούμ, μὴ ἕως οὐρανοῦ ὑψωθήσῃ; *ἕως τοῦ ᾅδου καταβήσῃ.* ➤ Isa 14,13.15	
200	Mt 11,24 ⇩ Mt 10,15	πλὴν λέγω ὑμῖν ὅτι γῇ Σοδόμων ἀνεκτότερον ἔσται ἐν ἡμέρᾳ κρίσεως ἢ σοί.			Lk 10,12	λέγω ὑμῖν ὅτι Σοδόμοις ἐν τῇ ἡμέρᾳ ἐκείνῃ ἀνεκτότερον ἔσται ἢ τῇ πόλει ἐκείνῃ.	
d 202	Mt 11,25	... ἐξομολογοῦμαί σοι, πάτερ, κύριε τοῦ οὐρανοῦ καὶ τῆς γῆς, ὅτι ἔκρυψας ταῦτα ἀπὸ σοφῶν καὶ συνετῶν καὶ ἀπεκάλυψας αὐτὰ νηπίοις·			Lk 10,21 (2)	... ἐξομολογοῦμαί σοι, πάτερ, κύριε τοῦ οὐρανοῦ καὶ τῆς γῆς, ὅτι ἀπέκρυψας ταῦτα ἀπὸ σοφῶν καὶ συνετῶν καὶ ἀπεκάλυψας αὐτὰ νηπίοις·	→ GTh 4 **(POxy 654)**
d 202	Mt 11,26	ναὶ ὁ πατήρ, ὅτι οὕτως εὐδοκία ἐγένετο ἔμπροσθέν σου.				ναὶ ὁ πατήρ, ὅτι οὕτως εὐδοκία ἐγένετο ἔμπροσθέν σου.	
d 200	Mt 11,29	ἄρατε τὸν ζυγόν μου ἐφ᾽ ὑμᾶς καὶ μάθετε ἀπ᾽ ἐμοῦ, ὅτι πραΰς εἰμι καὶ ταπεινὸς τῇ καρδίᾳ, ...					→ GTh 90

	Mt		Mk		Lk		
200	**Mt 12,5**	ἢ οὐκ ἀνέγνωτε ἐν τῷ νόμῳ ὅτι τοῖς σάββασιν οἱ ἱερεῖς ἐν τῷ ἱερῷ τὸ σάββατον βεβηλοῦσιν καὶ ἀναίτιοί εἰσιν;					
200	**Mt 12,6** ↓ Mt 12,41-42 ↓ Lk 11,31-32	λέγω δὲ ὑμῖν ὅτι τοῦ ἱεροῦ μεῖζόν ἐστιν ὧδε.					
020			**Mk 3,21**	καὶ ἀκούσαντες οἱ παρ' αὐτοῦ ἐξῆλθον κρατῆσαι αὐτόν· ἔλεγον γὰρ ὅτι ἐξέστη.			
020 020	**Mt 12,24** ⇩ Mt 9,34 **Mt 9,34** ⇧ Mt 12,24	οἱ δὲ Φαρισαῖοι ἀκούσαντες εἶπον· οὗτος οὐκ ἐκβάλλει τὰ δαιμόνια εἰ μὴ ἐν τῷ Βεελζεβοὺλ ἄρχοντι τῶν δαιμονίων. οἱ δὲ Φαρισαῖοι ἔλεγον· ἐν τῷ ἄρχοντι τῶν δαιμονίων ἐκβάλλει τὰ δαιμόνια.	**Mk 3,22** **(2)**	καὶ οἱ γραμματεῖς οἱ ἀπὸ Ἱεροσολύμων καταβάντες ἔλεγον ὅτι Βεελζεβοὺλ ἔχει, καὶ ὅτι ἐν τῷ ἄρχοντι τῶν δαιμονίων ἐκβάλλει τὰ δαιμόνια.	**Lk 11,15** ↓ Lk 11,18	τινὲς δὲ ἐξ αὐτῶν εἶπον· ἐν Βεελζεβοὺλ τῷ ἄρχοντι τῶν δαιμονίων ἐκβάλλει τὰ δαιμόνια·	Mk-Q overlap
120	**Mt 12,31**	διὰ τοῦτο λέγω ὑμῖν, πᾶσα ἁμαρτία καὶ βλασφημία ἀφεθήσεται τοῖς ἀνθρώποις, ...	**Mk 3,28** ↓ Mt 12,32 ↓ Lk 12,10	ἀμὴν λέγω ὑμῖν ὅτι πάντα ἀφεθήσεται τοῖς υἱοῖς τῶν ἀνθρώπων τὰ ἁμαρτήματα καὶ αἱ βλασφημίαι ὅσα ἐὰν βλασφημήσωσιν·			→ GTh 44
d 020	**Mt 12,32**	καὶ ὃς ἐὰν εἴπῃ λόγον κατὰ τοῦ υἱοῦ τοῦ ἀνθρώπου, ἀφεθήσεται αὐτῷ· ὃς δ' ἂν εἴπῃ κατὰ τοῦ πνεύματος τοῦ ἁγίου, οὐκ ἀφεθήσεται αὐτῷ οὔτε ἐν τούτῳ τῷ αἰῶνι οὔτε ἐν τῷ μέλλοντι.	**Mk 3,29** **Mk 3,30**	ὃς δ' ἂν βλασφημήσῃ εἰς τὸ πνεῦμα τὸ ἅγιον, οὐκ ἔχει ἄφεσιν εἰς τὸν αἰῶνα, ἀλλὰ ἔνοχός ἐστιν αἰωνίου ἁμαρτήματος. ὅτι ἔλεγον· πνεῦμα ἀκάθαρτον ἔχει.	**Lk 12,10**	καὶ πᾶς ὃς ἐρεῖ λόγον εἰς τὸν υἱὸν τοῦ ἀνθρώπου, ἀφεθήσεται αὐτῷ· τῷ δὲ εἰς τὸ ἅγιον πνεῦμα βλασφημήσαντι οὐκ ἀφεθήσεται.	→ GTh 44 Mk-Q overlap
200	**Mt 12,36**	λέγω δὲ ὑμῖν ὅτι πᾶν ῥῆμα ἀργὸν ὃ λαλήσουσιν οἱ ἄνθρωποι ἀποδώσουσιν περὶ αὐτοῦ λόγον ἐν ἡμέρᾳ κρίσεως·					
d 202	**Mt 12,41** ↑ Mt 12,6	ἄνδρες Νινευῖται ἀναστήσονται ἐν τῇ κρίσει μετὰ τῆς γενεᾶς ταύτης καὶ κατακρινοῦσιν αὐτήν, ὅτι μετενόησαν εἰς τὸ κήρυγμα Ἰωνᾶ, καὶ ἰδοὺ πλεῖον Ἰωνᾶ ὧδε.			**Lk 11,32**	ἄνδρες Νινευῖται ἀναστήσονται ἐν τῇ κρίσει μετὰ τῆς γενεᾶς ταύτης καὶ κατακρινοῦσιν αὐτήν· ὅτι μετενόησαν εἰς τὸ κήρυγμα Ἰωνᾶ, καὶ ἰδοὺ πλεῖον Ἰωνᾶ ὧδε.	

	Mt		Mk		Lk		
d 202	Mt 12,42 ↑ Mt 12,6	βασίλισσα νότου ἐγερθήσεται ἐν τῇ κρίσει μετὰ τῆς γενεᾶς ταύτης καὶ κατακρινεῖ αὐτήν, ὅτι ἦλθεν ἐκ τῶν περάτων τῆς γῆς ἀκοῦσαι τὴν σοφίαν Σολομῶνος, καὶ ἰδοὺ πλεῖον Σολομῶνος ὧδε.			Lk 11,31	βασίλισσα νότου ἐγερθήσεται ἐν τῇ κρίσει μετὰ τῶν ἀνδρῶν τῆς γενεᾶς ταύτης καὶ κατακρινεῖ αὐτούς, ὅτι ἦλθεν ἐκ τῶν περάτων τῆς γῆς ἀκοῦσαι τὴν σοφίαν Σολομῶνος, καὶ ἰδοὺ πλεῖον Σολομῶνος ὧδε.	
b 211	Mt 13,11	[10] ... διὰ τί ἐν παραβολαῖς λαλεῖς αὐτοῖς; [11] ὁ δὲ ἀποκριθεὶς εἶπεν αὐτοῖς· ὅτι ὑμῖν δέδοται γνῶναι τὰ μυστήρια τῆς βασιλείας τῶν οὐρανῶν,↔	Mk 4,11	[10] ... ἠρώτων αὐτὸν οἱ περὶ αὐτὸν σὺν τοῖς δώδεκα τὰς παραβολάς. [11] καὶ ἔλεγεν αὐτοῖς· ὑμῖν τὸ μυστήριον δέδοται τῆς βασιλείας τοῦ θεοῦ· ↔	Lk 8,10	[9] ἐπηρώτων δὲ αὐτὸν οἱ μαθηταὶ αὐτοῦ τίς αὕτη εἴη ἡ παραβολή. [10] ὁ δὲ εἶπεν· ὑμῖν δέδοται γνῶναι τὰ μυστήρια τῆς βασιλείας τοῦ θεοῦ,	→ GTh 62,1
d 211	Mt 13,13 → Mt 13,14-15	↔ [11] ἐκείνοις δὲ οὐ δέδοται. [12] ... [13] διὰ τοῦτο ἐν παραβολαῖς αὐτοῖς λαλῶ, ὅτι βλέποντες οὐ βλέπουσιν καὶ ἀκούοντες οὐκ ἀκούουσιν οὐδὲ συνίουσιν· ➤ Isa 6,9	Mk 4,12 → Mk 8,18	↔ [11] ἐκείνοις δὲ τοῖς ἔξω ἐν παραβολαῖς τὰ πάντα γίνεται, [12] ἵνα βλέποντες βλέπωσιν καὶ μὴ ἴδωσιν, καὶ ἀκούοντες ἀκούωσιν καὶ μὴ συνιῶσιν, ... ➤ Isa 6,9-10		τοῖς δὲ λοιποῖς ἐν παραβολαῖς, ἵνα βλέποντες μὴ βλέπωσιν καὶ ἀκούοντες μὴ συνιῶσιν. ➤ Isa 6,9	→ Jn 12,40 → Acts 28,26
d 201 d 201	Mt 13,16 (2)	ὑμῶν δὲ μακάριοι οἱ ὀφθαλμοὶ ὅτι βλέπουσιν καὶ τὰ ὦτα ὑμῶν ὅτι ἀκούουσιν.			Lk 10,23	... μακάριοι οἱ ὀφθαλμοὶ οἱ βλέποντες ἃ βλέπετε.	→ GTh 38 (POxy 655 - restoration)
202	Mt 13,17	ἀμὴν γὰρ λέγω ὑμῖν ὅτι πολλοὶ προφῆται καὶ δίκαιοι ἐπεθύμησαν ἰδεῖν ἃ βλέπετε καὶ οὐκ εἶδαν, καὶ ἀκοῦσαι ἃ ἀκούετε καὶ οὐκ ἤκουσαν.			Lk 10,24	λέγω γὰρ ὑμῖν ὅτι πολλοὶ προφῆται καὶ βασιλεῖς ἠθέλησαν ἰδεῖν ἃ ὑμεῖς βλέπετε καὶ οὐκ εἶδαν, καὶ ἀκοῦσαι ἃ ἀκούετε καὶ οὐκ ἤκουσαν.	→ GTh 38 (POxy 655 - restoration)
d 020			Mk 4,29	ὅταν δὲ παραδοῖ ὁ καρπός, εὐθὺς ἀποστέλλει τὸ δρέπανον, ὅτι παρέστηκεν ὁ θερισμός.			→ GTh 21,10
121	Mt 8,25	καὶ προσελθόντες ἤγειραν αὐτὸν λέγοντες· κύριε, σῶσον, ἀπολλύμεθα.	Mk 4,38	... καὶ ἐγείρουσιν αὐτὸν καὶ λέγουσιν αὐτῷ· διδάσκαλε, οὐ μέλει σοι ὅτι ἀπολλύμεθα;	Lk 8,24	προσελθόντες δὲ διήγειραν αὐτὸν λέγοντες· ἐπιστάτα ἐπιστάτα, ἀπολλύμεθα. ...	
a 222	Mt 8,27	... ποταπός ἐστιν οὗτος ὅτι καὶ οἱ ἄνεμοι καὶ ἡ θάλασσα αὐτῷ ὑπακούουσιν;	Mk 4,41	... τίς ἄρα οὗτός ἐστιν ὅτι καὶ ὁ ἄνεμος καὶ ἡ θάλασσα ὑπακούει αὐτῷ;	Lk 8,25	... τίς ἄρα οὗτός ἐστιν ὅτι καὶ τοῖς ἀνέμοις ἐπιτάσσει καὶ τῷ ὕδατι, καὶ ὑπακούουσιν αὐτῷ;	

d 022			Mk 5,9	καὶ ἐπηρώτα αὐτόν· τί ὄνομά σοι; καὶ λέγει αὐτῷ· λεγιὼν ὄνομά μοι, ὅτι πολλοί ἐσμεν.	Lk 8,30	ἐπηρώτησεν δὲ αὐτὸν ὁ Ἰησοῦς· τί σοι ὄνομά ἐστιν; ὁ δὲ εἶπεν· λεγιών, ὅτι εἰσῆλθεν δαιμόνια πολλὰ εἰς αὐτόν.	
d 112	Mt 8,34	... ἰδόντες αὐτὸν παρεκάλεσαν ὅπως μεταβῇ ἀπὸ τῶν ὁρίων αὐτῶν.	Mk 5,17	καὶ ἤρξαντο παρακαλεῖν αὐτὸν ἀπελθεῖν ἀπὸ τῶν ὁρίων αὐτῶν.	Lk 8,37	καὶ ἠρώτησεν αὐτὸν ἅπαν τὸ πλῆθος τῆς περιχώρου τῶν Γερασηνῶν ἀπελθεῖν ἀπ' αὐτῶν, ὅτι φόβῳ μεγάλῳ συνείχοντο· ...	
d 222	Mt 9,18	... ἰδοὺ ἄρχων εἷς ἐλθὼν προσεκύνει αὐτῷ λέγων ὅτι ἡ θυγάτηρ μου ἄρτι ἐτελεύτησεν· ἀλλὰ ἐλθὼν ἐπίθες τὴν χεῖρά σου ἐπ' αὐτήν, καὶ ζήσεται.	Mk 5,23	[22] καὶ ἔρχεται εἷς τῶν ἀρχισυναγώγων, ὀνόματι Ἰάϊρος, καὶ ἰδὼν αὐτὸν πίπτει πρὸς τοὺς πόδας αὐτοῦ [23] καὶ παρακαλεῖ αὐτὸν πολλὰ λέγων ὅτι τὸ θυγάτριόν μου ἐσχάτως ἔχει, ἵνα ἐλθὼν ἐπιθῇς τὰς χεῖρας αὐτῇ ἵνα σωθῇ καὶ ζήσῃ.	Lk 8,42 → Mk 5,42	[41] καὶ ἰδοὺ ἦλθεν ἀνὴρ ᾧ ὄνομα Ἰάϊρος καὶ οὗτος ἄρχων τῆς συναγωγῆς ὑπῆρχεν, καὶ πεσὼν παρὰ τοὺς πόδας [τοῦ] Ἰησοῦ παρεκάλει αὐτὸν εἰσελθεῖν εἰς τὸν οἶκον αὐτοῦ, [42] ὅτι θυγάτηρ μονογενὴς ἦν αὐτῷ ὡς ἐτῶν δώδεκα καὶ αὐτὴ ἀπέθνῃσκεν. ...	
120	Mt 9,21 ↓ Lk 8,47	ἔλεγεν γὰρ ἐν ἑαυτῇ· ἐὰν μόνον ἅψωμαι τοῦ ἱματίου αὐτοῦ σωθήσομαι.	Mk 5,28 ↓ Lk 8,47	ἔλεγεν γὰρ ὅτι ἐὰν ἅψωμαι κἂν τῶν ἱματίων αὐτοῦ σωθήσομαι.			
121	Mt 9,22 → Mk 5,34	... καὶ ἐσώθη ἡ γυνὴ ἀπὸ τῆς ὥρας ἐκείνης.	Mk 5,29 ↓ Lk 8,47	καὶ εὐθὺς ἐξηράνθη ἡ πηγὴ τοῦ αἵματος αὐτῆς καὶ ἔγνω τῷ σώματι ὅτι ἴαται ἀπὸ τῆς μάστιγος.	Lk 8,44	... καὶ παραχρῆμα ἔστη ἡ ῥύσις τοῦ αἵματος αὐτῆς.	
012			Mk 5,33	ἡ δὲ γυνὴ φοβηθεῖσα καὶ τρέμουσα, εἰδυῖα ὃ γέγονεν αὐτῇ, ἦλθεν καὶ προσέπεσεν αὐτῷ καὶ εἶπεν αὐτῷ πᾶσαν τὴν ἀλήθειαν.	Lk 8,47 ↑ Mt 9,21 ↑ Mk 5,28 ↑ Mk 5,29	ἰδοῦσα δὲ ἡ γυνὴ ὅτι οὐκ ἔλαθεν, τρέμουσα ἦλθεν καὶ προσπεσοῦσα αὐτῷ δι' ἣν αἰτίαν ἥψατο αὐτοῦ ἀπήγγειλεν ἐνώπιον παντὸς τοῦ λαοῦ καὶ ὡς ἰάθη παραχρῆμα.	
022			Mk 5,35 → Lk 7,6	ἔτι αὐτοῦ λαλοῦντος ἔρχονται ἀπὸ τοῦ ἀρχισυναγώγου λέγοντες ὅτι ἡ θυγάτηρ σου ἀπέθανεν· τί ἔτι σκύλλεις τὸν διδάσκαλον;	Lk 8,49 → Lk 7,6	ἔτι αὐτοῦ λαλοῦντος ἔρχεταί τις παρὰ τοῦ ἀρχισυναγώγου λέγων ὅτι τέθνηκεν ἡ θυγάτηρ σου· μηκέτι σκύλλε τὸν διδάσκαλον.	
112	Mt 9,24	... καὶ κατεγέλων αὐτοῦ.	Mk 5,40	καὶ κατεγέλων αὐτοῦ. ...	Lk 8,53	καὶ κατεγέλων αὐτοῦ, εἰδότες ὅτι ἀπέθανεν.	

122	**Mt 13,57**	... ὁ δὲ Ἰησοῦς εἶπεν αὐτοῖς· οὐκ ἔστιν προφήτης ἄτιμος εἰ μὴ ἐν τῇ πατρίδι καὶ ἐν τῇ οἰκίᾳ αὐτοῦ.	**Mk 6,4**	καὶ ἔλεγεν αὐτοῖς ὁ Ἰησοῦς **ὅτι** οὐκ ἔστιν προφήτης ἄτιμος εἰ μὴ ἐν τῇ πατρίδι αὐτοῦ καὶ ἐν τοῖς συγγενεῦσιν αὐτοῦ καὶ ἐν τῇ οἰκίᾳ αὐτοῦ.	**Lk 4,24**	εἶπεν δέ· ἀμὴν λέγω ὑμῖν **ὅτι** οὐδεὶς προφήτης δεκτός ἐστιν ἐν τῇ πατρίδι αὐτοῦ.	→ **Jn 4,44** → GTh 31 (POxy 1)
	Mt 14,1	... ἤκουσεν Ἡρῴδης ὁ τετραάρχης τὴν ἀκοὴν Ἰησοῦ,	**Mk 6,14**	καὶ ἤκουσεν ὁ βασιλεὺς Ἡρῴδης, φανερὸν γὰρ ἐγένετο τὸ ὄνομα αὐτοῦ,	**Lk 9,7**	ἤκουσεν δὲ Ἡρῴδης ὁ τετραάρχης τὰ γινόμενα πάντα	
022	**Mt 14,2** ↓ Mt 16,14 → Mk 6,16 → Lk 9,9	καὶ εἶπεν τοῖς παισὶν αὐτοῦ· οὗτός ἐστιν Ἰωάννης ὁ βαπτιστής· αὐτὸς ἠγέρθη ἀπὸ τῶν νεκρῶν καὶ διὰ τοῦτο αἱ δυνάμεις ἐνεργοῦσιν ἐν αὐτῷ.	↓ **Mk 8,28**	καὶ ἔλεγον **ὅτι** Ἰωάννης ὁ βαπτίζων ἐγήγερται ἐκ νεκρῶν καὶ διὰ τοῦτο ἐνεργοῦσιν αἱ δυνάμεις ἐν αὐτῷ.	↓ **Lk 9,19**	καὶ διηπόρει διὰ τὸ λέγεσθαι ὑπό τινων **ὅτι** Ἰωάννης ἠγέρθη ἐκ νεκρῶν,	
022 022	↓ Mt 16,14		**Mk 6,15** **(2)** ↓ **Mk 8,28**	ἄλλοι δὲ ἔλεγον **ὅτι** Ἠλίας ἐστίν· ἄλλοι δὲ ἔλεγον **ὅτι** προφήτης ὡς εἷς τῶν προφητῶν.	**Lk 9,8** **(2)** ↓ **Lk 9,19**	ὑπό τινων δὲ **ὅτι** Ἠλίας ἐφάνη, ἄλλων δὲ **ὅτι** προφήτης τις τῶν ἀρχαίων ἀνέστη.	
d 121	**Mt 14,3**	ὁ γὰρ Ἡρῴδης κρατήσας τὸν Ἰωάννην ἔδησεν [αὐτὸν] καὶ ἐν φυλακῇ ἀπέθετο διὰ Ἡρῳδιάδα τὴν γυναῖκα Φιλίππου τοῦ ἀδελφοῦ αὐτοῦ·	**Mk 6,17**	αὐτὸς γὰρ ὁ Ἡρῴδης ἀποστείλας ἐκράτησεν τὸν Ἰωάννην καὶ ἔδησεν αὐτὸν ἐν φυλακῇ διὰ Ἡρῳδιάδα τὴν γυναῖκα Φιλίππου τοῦ ἀδελφοῦ αὐτοῦ, **ὅτι** αὐτὴν ἐγάμησεν·	**Lk 3,19** ↓ Mt 14,4 ↓ **Mk 6,18**	ὁ δὲ Ἡρῴδης ὁ τετραάρχης, ἐλεγχόμενος ὑπ' αὐτοῦ περὶ Ἡρῳδιάδος τῆς γυναικὸς τοῦ ἀδελφοῦ αὐτοῦ καὶ περὶ πάντων ὧν ἐποίησεν πονηρῶν ὁ Ἡρῴδης, [20] ... κατέκλεισεν τὸν Ἰωάννην ἐν φυλακῇ.	
120	**Mt 14,4** ↑ Lk 3,19	ἔλεγεν γὰρ ὁ Ἰωάννης αὐτῷ· οὐκ ἔξεστίν σοι ἔχειν αὐτήν.	**Mk 6,18** ↑ Lk 3,19	ἔλεγεν γὰρ ὁ Ἰωάννης τῷ Ἡρῴδῃ **ὅτι** οὐκ ἔξεστίν σοι ἔχειν τὴν γυναῖκα τοῦ ἀδελφοῦ σου.			
d 210	**Mt 14,5**	[3] ὁ γὰρ Ἡρῴδης ... [5] ... θέλων αὐτὸν ἀποκτεῖναι ἐφοβήθη τὸν ὄχλον, **ὅτι** ὡς προφήτην αὐτὸν εἶχον.	**Mk 6,20**	[19] ἡ δὲ Ἡρῳδιὰς ἐνεῖχεν αὐτῷ καὶ ἤθελεν αὐτὸν ἀποκτεῖναι, καὶ οὐκ ἠδύνατο· [20] ὁ γὰρ Ἡρῴδης ἐφοβεῖτο τὸν Ἰωάννην, εἰδὼς αὐτὸν ἄνδρα δίκαιον καὶ ἅγιον, ...			

[a] ὅτι after interrogative
[b] διὰ τί ...; ὅτι ...
[c] ὅτι with reference to scripture
[d] ὅτι as a causal conjunction
[e] ὅτι perhaps: why?

d 220	Mt 9,36 ↓ Mt 14,14	ἰδὼν δὲ τοὺς ὄχλους ἐσπλαγχνίσθη περὶ αὐτῶν, ὅτι ἦσαν ἐσκυλμένοι καὶ ἐρριμμένοι *ὡσεὶ πρόβατα* *μὴ ἔχοντα ποιμένα.* ➤ Num 27,17/Jdt 11,19/2Chron 18,16	Mk 6,34	καὶ ἐξελθὼν εἶδεν πολὺν ὄχλον, καὶ ἐσπλαγχνίσθη ἐπ' αὐτούς, ὅτι ἦσαν *ὡς πρόβατα* *μὴ ἔχοντα ποιμένα,*			
	Mt 14,14 ↑ Mt 9,36 ↓ Mt 15,32	καὶ ἐξελθὼν εἶδεν πολὺν ὄχλον, καὶ ἐσπλαγχνίσθη ἐπ' αὐτοῖς καὶ ἐθεράπευσεν τοὺς ἀρρώστους αὐτῶν.	↓ Mk 8,2	καὶ ἤρξατο διδάσκειν αὐτοὺς πολλά. ➤ Num 27,17/Jdt 11,19/2Chron 18,16	Lk 9,11	... καὶ ἀποδεξάμενος αὐτοὺς ἐλάλει αὐτοῖς περὶ τῆς βασιλείας τοῦ θεοῦ, καὶ τοὺς χρείαν ἔχοντας θεραπείας ἰᾶτο.	
121	Mt 14,15	ὀψίας δὲ γενομένης προσῆλθον αὐτῷ οἱ μαθηταὶ λέγοντες· ἔρημός ἐστιν ὁ τόπος καὶ ἡ ὥρα ἤδη παρῆλθεν·	Mk 6,35	καὶ ἤδη ὥρας πολλῆς γενομένης προσελθόντες αὐτῷ οἱ μαθηταὶ αὐτοῦ ἔλεγον ὅτι ἔρημός ἐστιν ὁ τόπος καὶ ἤδη ὥρα πολλή·	Lk 9,12 ↓ Lk 24,29	ἡ δὲ ἡμέρα ἤρξατο κλίνειν· προσελθόντες δὲ οἱ δώδεκα εἶπαν αὐτῷ·	
d 112	→ Mt 14,16 ↓ Mt 15,32	ἀπόλυσον τοὺς ὄχλους, ἵνα ἀπελθόντες εἰς τὰς κώμας ἀγοράσωσιν ἑαυτοῖς βρώματα.	Mk 6,36 → Mk 6,37 ↓ Mk 8,3	ἀπόλυσον αὐτούς, ἵνα ἀπελθόντες εἰς τοὺς κύκλῳ ἀγροὺς καὶ κώμας ἀγοράσωσιν ἑαυτοῖς τί φάγωσιν.	→ Lk 9,13	ἀπόλυσον τὸν ὄχλον, ἵνα πορευθέντες εἰς τὰς κύκλῳ κώμας καὶ ἀγροὺς καταλύσωσιν καὶ εὕρωσιν ἐπισιτισμόν, ὅτι ὧδε ἐν ἐρήμῳ τόπῳ ἐσμέν.	
220	Mt 14,26	οἱ δὲ μαθηταὶ ἰδόντες αὐτὸν ἐπὶ τῆς θαλάσσης περιπατοῦντα ἐταράχθησαν λέγοντες ὅτι φάντασμά ἐστιν, καὶ ἀπὸ τοῦ φόβου ἔκραξαν.	Mk 6,49	οἱ δὲ ἰδόντες αὐτὸν ἐπὶ τῆς θαλάσσης περιπατοῦντα ἔδοξαν ὅτι φάντασμά ἐστιν, καὶ ἀνέκραξαν·			→ Jn 6,19
120	Mt 14,35	... οἱ ἄνδρες τοῦ τόπου ἐκείνου ἀπέστειλαν εἰς ὅλην τὴν περίχωρον ἐκείνην καὶ προσήνεγκαν αὐτῷ πάντας τοὺς κακῶς ἔχοντας	Mk 6,55	περιέδραμον ὅλην τὴν χώραν ἐκείνην καὶ ἤρξαντο ἐπὶ τοῖς κραβάττοις τοὺς κακῶς ἔχοντας περιφέρειν ὅπου ἤκουον ὅτι ἐστίν.			
020			Mk 7,2 ↓ Lk 11,38	καὶ ἰδόντες τινὰς τῶν μαθητῶν αὐτοῦ ὅτι κοιναῖς χερσίν, τοῦτ' ἔστιν ἀνίπτοις, ἐσθίουσιν τοὺς ἄρτους			
c 120	Mt 15,8	[7] ὑποκριταί, καλῶς ἐπροφήτευσεν περὶ ὑμῶν Ἠσαΐας λέγων· [8] *ὁ λαὸς οὗτος τοῖς* *χείλεσίν με τιμᾷ,* *ἡ δὲ καρδία αὐτῶν* *πόρρω ἀπέχει ἀπ' ἐμοῦ·* ➤ Isa 29,13 LXX	Mk 7,6	... καλῶς ἐπροφήτευσεν Ἠσαΐας περὶ ὑμῶν τῶν ὑποκριτῶν, ὡς γέγραπται [ὅτι] *οὗτος ὁ λαὸς τοῖς* *χείλεσίν με τιμᾷ,* *ἡ δὲ καρδία αὐτῶν* *πόρρω ἀπέχει ἀπ' ἐμοῦ·* ➤ Isa 29,13 LXX			

200	**Mt 15,12** → Mk 7,17	τότε προσελθόντες οἱ μαθηταὶ λέγουσιν αὐτῷ· οἶδας ὅτι οἱ Φαρισαῖοι ἀκούσαντες τὸν λόγον ἐσκανδαλίσθησαν;					
220	**Mt 15,17**	οὐ νοεῖτε ὅτι πᾶν τὸ εἰσπορευόμενον εἰς τὸ στόμα	**Mk 7,18**	... οὐ νοεῖτε ὅτι πᾶν τὸ ἔξωθεν εἰσπορευόμενον εἰς τὸν ἄνθρωπον οὐ δύναται αὐτὸν κοινῶσαι,			→ GTh 14,5
d 120		εἰς τὴν κοιλίαν χωρεῖ καὶ εἰς ἀφεδρῶνα ἐκβάλλεται;	**Mk 7,19**	ὅτι οὐκ εἰσπορεύεται αὐτοῦ εἰς τὴν καρδίαν ἀλλ' εἰς τὴν κοιλίαν, καὶ εἰς τὸν ἀφεδρῶνα ἐκπορεύεται, ...			→ GTh 14,5
120	**Mt 15,18**	τὰ δὲ ἐκπορευόμενα ἐκ τοῦ στόματος ἐκ τῆς καρδίας ἐξέρχεται, κἀκεῖνα κοινοῖ τὸν ἄνθρωπον.	**Mk 7,20**	ἔλεγεν δὲ ὅτι τὸ ἐκ τοῦ ἀνθρώπου ἐκπορευόμενον, ἐκεῖνο κοινοῖ τὸν ἄνθρωπον.			→ GTh 14,5
d 200	**Mt 15,23**	... ἀπόλυσον αὐτήν, ὅτι κράζει ὄπισθεν ἡμῶν.					
d 220	**Mt 15,32** ↑ Mt 14,14	... σπλαγχνίζομαι ἐπὶ τὸν ὄχλον, ὅτι ἤδη ἡμέραι τρεῖς προσμένουσίν μοι καὶ οὐκ ἔχουσιν τί φάγωσιν· ...	**Mk 8,2** ↑ Mk 6,34	σπλαγχνίζομαι ἐπὶ τὸν ὄχλον, ὅτι ἤδη ἡμέραι τρεῖς προσμένουσίν μοι καὶ οὐκ ἔχουσιν τί φάγωσιν·			
120	**Mt 15,33** → Mt 14,16	καὶ λέγουσιν αὐτῷ οἱ μαθηταί· πόθεν ἡμῖν ἐν ἐρημίᾳ ἄρτοι τοσοῦτοι ὥστε χορτάσαι ὄχλον τοσοῦτον;	**Mk 8,4** → Mk 6,37	καὶ ἀπεκρίθησαν αὐτῷ οἱ μαθηταὶ αὐτοῦ ὅτι πόθεν τούτους δυνήσεταί τις ὧδε χορτάσαι ἄρτων ἐπ' ἐρημίας;	→ Lk 9,13		
220	**Mt 16,7**	οἱ δὲ διελογίζοντο ἐν ἑαυτοῖς λέγοντες ὅτι ἄρτους οὐκ ἐλάβομεν.	**Mk 8,16**	καὶ διελογίζοντο πρὸς ἀλλήλους ὅτι ἄρτους οὐκ ἔχουσιν.			
a 220	**Mt 16,8**	γνοὺς δὲ ὁ Ἰησοῦς εἶπεν· τί διαλογίζεσθε ἐν ἑαυτοῖς, ὀλιγόπιστοι, ὅτι ἄρτους οὐκ ἔχετε;	**Mk 8,17**	καὶ γνοὺς λέγει αὐτοῖς· τί διαλογίζεσθε ὅτι ἄρτους οὐκ ἔχετε; ...			
a 210	**Mt 16,11**	πῶς οὐ νοεῖτε ὅτι οὐ περὶ ἄρτων εἶπον ὑμῖν; ...	**Mk 8,21**	καὶ ἔλεγεν αὐτοῖς· οὔπω συνίετε;			
200	**Mt 16,12** → Lk 12,1	τότε συνῆκαν ὅτι οὐκ εἶπεν προσέχειν ἀπὸ τῆς ζύμης τῶν ἄρτων ἀλλὰ ἀπὸ τῆς διδαχῆς τῶν Φαρισαίων καὶ Σαδδουκαίων.					

	Mt		Mk		Lk		
d 020			Mk 8,24	καὶ ἀναβλέψας ἔλεγεν· βλέπω τοὺς ἀνθρώπους ὅτι ὡς δένδρα ὁρῶ περιπατοῦντας.			
121 122	Mt 16,14 ↑ Mt 14,2	οἱ δὲ εἶπαν· οἱ μὲν Ἰωάννην τὸν βαπτιστήν, ἄλλοι δὲ Ἠλίαν, ἕτεροι δὲ Ἰερεμίαν ἢ ἕνα τῶν προφητῶν.	Mk 8,28 (2) ↑ Mk 6,14-15	οἱ δὲ εἶπαν αὐτῷ λέγοντες [ὅτι] Ἰωάννην τὸν βαπτιστήν, καὶ ἄλλοι Ἠλίαν, ἄλλοι δὲ ὅτι εἷς τῶν προφητῶν.	Lk 9,19 ↑ Lk 9,7-8	οἱ δὲ ἀποκριθέντες εἶπαν· Ἰωάννην τὸν βαπτιστήν, ἄλλοι δὲ Ἠλίαν, ἄλλοι δὲ ὅτι προφήτης τις τῶν ἀρχαίων ἀνέστη.	→ GTh 13
d 200	Mt 16,17	... μακάριος εἶ, Σίμων Βαριωνᾶ, ὅτι σὰρξ καὶ αἷμα οὐκ ἀπεκάλυψέν σοι ἀλλ᾽ ὁ πατήρ μου ὁ ἐν τοῖς οὐρανοῖς.					
200	Mt 16,18	κἀγὼ δέ σοι λέγω ὅτι σὺ εἶ Πέτρος, καὶ ἐπὶ ταύτῃ τῇ πέτρᾳ οἰκοδομήσω μου τὴν ἐκκλησίαν ...					
211	Mt 16,20	τότε διεστείλατο τοῖς μαθηταῖς ἵνα μηδενὶ εἴπωσιν ὅτι αὐτός ἐστιν ὁ χριστός.	Mk 8,30	καὶ ἐπετίμησεν αὐτοῖς ἵνα μηδενὶ λέγωσιν περὶ αὐτοῦ.	Lk 9,21	ὁ δὲ ἐπιτιμήσας αὐτοῖς παρήγγειλεν μηδενὶ λέγειν τοῦτο	→ GTh 13
222	Mt 16,21 ↓ Mt 17,22 ↓ Mt 20,17-19	ἀπὸ τότε ἤρξατο ὁ Ἰησοῦς δεικνύειν τοῖς μαθηταῖς αὐτοῦ ὅτι δεῖ αὐτὸν εἰς Ἱεροσόλυμα ἀπελθεῖν καὶ πολλὰ παθεῖν ...	Mk 8,31 ↓ Mk 9,31 ↓ Mk 10,33	καὶ ἤρξατο διδάσκειν αὐτοὺς ὅτι δεῖ τὸν υἱὸν τοῦ ἀνθρώπου πολλὰ παθεῖν ...	Lk 9,22 ↓ Lk 9,44 → Lk 17,25 ↓ Lk 18,31-32 ↓ Lk 24,7 → Lk 24,26 ↓ Lk 24,46	εἰπὼν ὅτι δεῖ τὸν υἱὸν τοῦ ἀνθρώπου πολλὰ παθεῖν ...	
d 220	Mt 16,23 → Mt 4,10	... ὕπαγε ὀπίσω μου, σατανᾶ· σκάνδαλον εἶ ἐμοῦ, ὅτι οὐ φρονεῖς τὰ τοῦ θεοῦ ἀλλὰ τὰ τῶν ἀνθρώπων.	Mk 8,33 → Mt 4,10	... ὕπαγε ὀπίσω μου, σατανᾶ, ὅτι οὐ φρονεῖς τὰ τοῦ θεοῦ ἀλλὰ τὰ τῶν ἀνθρώπων.			
221	Mt 16,28 ↓ Mt 24,34	ἀμὴν λέγω ὑμῖν ὅτι εἰσίν τινες τῶν ὧδε ἑστώτων οἵτινες οὐ μὴ γεύσωνται θανάτου ἕως ἂν ἴδωσιν τὸν υἱὸν τοῦ ἀνθρώπου ἐρχόμενον ἐν τῇ βασιλείᾳ αὐτοῦ.	Mk 9,1 ↓ Mk 13,30	... ἀμὴν λέγω ὑμῖν ὅτι εἰσίν τινες ὧδε τῶν ἑστηκότων οἵτινες οὐ μὴ γεύσωνται θανάτου ἕως ἂν ἴδωσιν τὴν βασιλείαν τοῦ θεοῦ ἐληλυθυῖαν ἐν δυνάμει.	Lk 9,27 ↓ Lk 21,32	λέγω δὲ ὑμῖν ἀληθῶς, εἰσίν τινες τῶν αὐτοῦ ἑστηκότων οἳ οὐ μὴ γεύσωνται θανάτου ἕως ἂν ἴδωσιν τὴν βασιλείαν τοῦ θεοῦ.	→ Jn 21,23
e 120 a c 220	Mt 17,10	καὶ ἐπηρώτησαν αὐτὸν οἱ μαθηταὶ λέγοντες· τί οὖν οἱ γραμματεῖς λέγουσιν ὅτι *Ἠλίαν δεῖ ἐλθεῖν πρῶτον;* ➤ Mal 3,23-24	Mk 9,11 (2)	καὶ ἐπηρώτων αὐτὸν λέγοντες· ὅτι λέγουσιν οἱ γραμματεῖς ὅτι *Ἠλίαν δεῖ ἐλθεῖν πρῶτον;* ➤ Mal 3,23-24			

220	**Mt 17,12** → Mt 11,14 → Lk 1,17	λέγω δὲ ὑμῖν **ὅτι** Ἠλίας ἤδη ἦλθεν, καὶ οὐκ ἐπέγνωσαν αὐτὸν ἀλλὰ ἐποίησαν ἐν αὐτῷ ὅσα ἠθέλησαν· ...	**Mk 9,13** → Lk 1,17	ἀλλὰ λέγω ὑμῖν **ὅτι** καὶ Ἠλίας ἐλήλυθεν, καὶ ἐποίησαν αὐτῷ ὅσα ἤθελον, ...			
200	**Mt 17,13**	τότε συνῆκαν οἱ μαθηταὶ **ὅτι** περὶ Ἰωάννου τοῦ βαπτιστοῦ εἶπεν αὐτοῖς.					
d 212	**Mt 17,15**	... κύριε, ἐλέησόν μου τὸν υἱόν, **ὅτι** σεληνιάζεται καὶ κακῶς πάσχει· ...	**Mk 9,17**	... διδάσκαλε, ἤνεγκα τὸν υἱόν μου πρὸς σέ, ἔχοντα πνεῦμα ἄλαλον· [18] καὶ ὅπου ἐὰν αὐτὸν καταλάβῃ ...	**Lk 9,38**	... διδάσκαλε, δέομαί σου ἐπιβλέψαι ἐπὶ τὸν υἱόν μου, **ὅτι** μονογενής μοί ἐστιν, [39] καὶ ἰδοὺ πνεῦμα λαμβάνει αὐτὸν ...	
121	**Mt 17,18**	καὶ ἐπετίμησεν αὐτῷ ὁ Ἰησοῦς	**Mk 9,25** → Mt 12,43-45 → Lk 11,24-26	ἰδὼν δὲ ὁ Ἰησοῦς **ὅτι** ἐπισυντρέχει ὄχλος, ἐπετίμησεν τῷ πνεύματι τῷ ἀκαθάρτῳ ...	**Lk 9,42**	... ἐπετίμησεν δὲ ὁ Ἰησοῦς τῷ πνεύματι τῷ ἀκαθάρτῳ	
121		καὶ ἐξῆλθεν ἀπ᾽ αὐτοῦ τὸ δαιμόνιον καὶ ἐθεραπεύθη ὁ παῖς ἀπὸ τῆς ὥρας ἐκείνης.	**Mk 9,26**	καὶ κράξας καὶ πολλὰ σπαράξας ἐξῆλθεν· καὶ ἐγένετο ὡσεὶ νεκρός, ὥστε τοὺς πολλοὺς λέγειν **ὅτι** ἀπέθανεν. [27] ὁ δὲ Ἰησοῦς κρατήσας τῆς χειρὸς αὐτοῦ ἤγειρεν αὐτόν, καὶ ἀνέστη.		καὶ ἰάσατο τὸν παῖδα καὶ ἀπέδωκεν αὐτὸν τῷ πατρὶ αὐτοῦ.	
e 120	**Mt 17,19**	τότε προσελθόντες οἱ μαθηταὶ τῷ Ἰησοῦ κατ᾽ ἰδίαν εἶπον· **διὰ τί** ἡμεῖς οὐκ ἠδυνήθημεν ἐκβαλεῖν αὐτό;	**Mk 9,28**	καὶ εἰσελθόντος αὐτοῦ εἰς οἶκον οἱ μαθηταὶ αὐτοῦ κατ᾽ ἰδίαν ἐπηρώτων αὐτόν· **ὅτι** ἡμεῖς οὐκ ἠδυνήθημεν ἐκβαλεῖν αὐτό;			
121	**Mt 17,22** ↑ **Mt 16,21** ↓ Mt 20,18-19	... εἶπεν αὐτοῖς ὁ Ἰησοῦς· μέλλει ὁ υἱὸς τοῦ ἀνθρώπου παραδίδοσθαι εἰς χεῖρας ἀνθρώπων	**Mk 9,31** ↑ **Mk 8,31** ↓ **Mk 10,33**	ἐδίδασκεν γὰρ τοὺς μαθητὰς αὐτοῦ καὶ ἔλεγεν αὐτοῖς **ὅτι** ὁ υἱὸς τοῦ ἀνθρώπου παραδίδοται εἰς χεῖρας ἀνθρώπων, ...	**Lk 9,44** ↑ **Lk 9,22** → Lk 17,25 ↓ Lk 18,31-32 ↓ **Lk 24,7** → Lk 24,26 ↓ **Lk 24,46**	[43] ... εἶπεν πρὸς τοὺς μαθητὰς αὐτοῦ· [44] θέσθε ὑμεῖς εἰς τὰ ὦτα ὑμῶν τοὺς λόγους τούτους· ὁ γὰρ υἱὸς τοῦ ἀνθρώπου μέλλει παραδίδοσθαι εἰς χεῖρας ἀνθρώπων.	
d 022			**Mk 9,38**	... διδάσκαλε, εἴδομέν τινα ἐν τῷ ὀνόματί σου ἐκβάλλοντα δαιμόνια καὶ ἐκωλύομεν αὐτόν, **ὅτι** οὐκ ἠκολούθει ἡμῖν.	**Lk 9,49**	... ἐπιστάτα, εἴδομέν τινα ἐν τῷ ὀνόματί σου ἐκβάλλοντα δαιμόνια καὶ ἐκωλύομεν αὐτόν, **ὅτι** οὐκ ἀκολουθεῖ μεθ᾽ ἡμῶν.	→ Acts 19,13

[a] ὅτι after interrogative
[b] διὰ τί ...; ὅτι ...
[c] ὅτι with reference to scripture
[d] ὅτι as a causal conjunction
[e] ὅτι perhaps: why?

	Mt		Mk		Lk		
d 120 120	**Mt 10,42**	καὶ ὃς ἂν ποτίσῃ ἕνα τῶν μικρῶν τούτων ποτήριον ψυχροῦ μόνον εἰς ὄνομα μαθητοῦ, ἀμὴν λέγω ὑμῖν, οὐ μὴ ἀπολέσῃ τὸν μισθὸν αὐτοῦ.	**Mk 9,41** **(2)**	ὃς γὰρ ἂν ποτίσῃ ὑμᾶς ποτήριον ὕδατος ἐν ὀνόματι **ὅτι** Χριστοῦ ἐστε, ἀμὴν λέγω ὑμῖν **ὅτι** οὐ μὴ ἀπολέσῃ τὸν μισθὸν αὐτοῦ.			
200	**Mt 18,10** → Mt 18,6 → Mk 9,42 → Lk 17,2	ὁρᾶτε μὴ καταφρονήσητε ἑνὸς τῶν μικρῶν τούτων· λέγω γὰρ ὑμῖν **ὅτι** οἱ ἄγγελοι αὐτῶν ἐν οὐρανοῖς διὰ παντὸς βλέπουσι τὸ πρόσωπον τοῦ πατρός μου τοῦ ἐν οὐρανοῖς.					
202	**Mt 18,13**	καὶ ἐὰν γένηται εὑρεῖν αὐτό, ἀμὴν λέγω ὑμῖν **ὅτι** χαίρει ἐπ᾽ αὐτῷ μᾶλλον ἢ ἐπὶ τοῖς ἐνενήκοντα ἐννέα τοῖς μὴ πεπλανημένοις.			**Lk 15,7** → Lk 15,10	[5] καὶ εὑρὼν ἐπιτίθησιν ἐπὶ τοὺς ὤμους αὐτοῦ χαίρων [6] ... [7] λέγω ὑμῖν **ὅτι** οὕτως χαρὰ ἐν τῷ οὐρανῷ ἔσται ἐπὶ ἑνὶ ἁμαρτωλῷ μετανοοῦντι ἢ ἐπὶ ἐνενήκοντα ἐννέα δικαίοις οἵτινες οὐ χρείαν ἔχουσιν μετανοίας.	→ GTh 107
200	**Mt 18,19** ↓ Mt 21,22 ↓ Mk 11,24	πάλιν [ἀμὴν] λέγω ὑμῖν **ὅτι** ἐὰν δύο συμφωνήσωσιν ἐξ ὑμῶν ἐπὶ τῆς γῆς περὶ παντὸς πράγματος οὗ ἐὰν αἰτήσωνται, ...					→ GTh 30 (POxy 1) → GTh 48 → GTh 106
d 002					**Lk 9,53**	καὶ οὐκ ἐδέξαντο αὐτόν, **ὅτι** τὸ πρόσωπον αὐτοῦ ἦν πορευόμενον εἰς Ἰερουσαλήμ.	
102	**Mt 10,14**	... ἐξερχόμενοι ἔξω τῆς οἰκίας ἢ τῆς πόλεως ἐκείνης ἐκτινάξατε τὸν κονιορτὸν τῶν ποδῶν ὑμῶν.			**Lk 10,11** ⇩ Lk 9,5 ↓ Mt 10,7 ↓ Lk 10,9	[10] ... ἐξελθόντες εἰς τὰς πλατείας αὐτῆς εἴπατε· [11] καὶ τὸν κονιορτὸν τὸν κολληθέντα ἡμῖν ἐκ τῆς πόλεως ὑμῶν εἰς τοὺς πόδας ἀπομασσόμεθα ὑμῖν· πλὴν τοῦτο γινώσκετε **ὅτι** ἤγγικεν ἡ βασιλεία τοῦ θεοῦ.	→ Acts 13,51 → Acts 18,6 Mk-Q overlap
			Mk 6,11	καὶ ὃς ἂν τόπος μὴ δέξηται ὑμᾶς μηδὲ ἀκούσωσιν ὑμῶν, ἐκπορευόμενοι ἐκεῖθεν ἐκτινάξατε τὸν χοῦν τὸν ὑποκάτω τῶν ποδῶν ὑμῶν εἰς μαρτύριον αὐτοῖς.	**Lk 9,5** ⇧ **Lk 10,11**	καὶ ὅσοι ἂν μὴ δέχωνται ὑμᾶς, ἐξερχόμενοι ἀπὸ τῆς πόλεως ἐκείνης τὸν κονιορτὸν ἀπὸ τῶν ποδῶν ὑμῶν ἀποτινάσσετε εἰς μαρτύριον ἐπ᾽ αὐτούς.	
	Mt 10,7	πορευόμενοι δὲ κηρύσσετε λέγοντες ὅτι ἤγγικεν ἡ βασιλεία τῶν οὐρανῶν.			**Lk 10,9** → Lk 9,2 ⇧ **Lk 10,11**	... καὶ λέγετε αὐτοῖς· ἤγγικεν ἐφ᾽ ὑμᾶς ἡ βασιλεία τοῦ θεοῦ.	

	Mt		Mk		Lk		
102	Mt 10,15 ⇧ Mt 11,24	ἀμὴν λέγω ὑμῖν, ἀνεκτότερον ἔσται γῇ Σοδόμων καὶ Γομόρρων ἐν ἡμέρᾳ κρίσεως ἢ τῇ πόλει ἐκείνῃ.			Lk 10,12	λέγω ὑμῖν **ὅτι** Σοδόμοις ἐν τῇ ἡμέρᾳ ἐκείνῃ ἀνεκτότερον ἔσται ἢ τῇ πόλει ἐκείνῃ.	
d 202	Mt 11,21	οὐαί σοι, Χοραζίν, οὐαί σοι, Βηθσαϊδά· **ὅτι** εἰ ἐν Τύρῳ καὶ Σιδῶνι ἐγένοντο αἱ δυνάμεις αἱ γενόμεναι ἐν ὑμῖν, πάλαι ἂν ἐν σάκκῳ καὶ σποδῷ μετενόησαν.			Lk 10,13	οὐαί σοι, Χοραζίν, οὐαί σοι, Βηθσαϊδά· **ὅτι** εἰ ἐν Τύρῳ καὶ Σιδῶνι ἐγενήθησαν αἱ δυνάμεις αἱ γενόμεναι ἐν ὑμῖν, πάλαι ἂν ἐν σάκκῳ καὶ σποδῷ καθήμενοι μετενόησαν.	
002 002					Lk 10,20 (2)	πλὴν ἐν τούτῳ μὴ χαίρετε **ὅτι** τὰ πνεύματα ὑμῖν ὑποτάσσεται, χαίρετε δὲ **ὅτι** τὰ ὀνόματα ὑμῶν ἐγγέγραπται ἐν τοῖς οὐρανοῖς.	
d 202	Mt 11,25	... ἐξομολογοῦμαί σοι, πάτερ, κύριε τοῦ οὐρανοῦ καὶ τῆς γῆς, **ὅτι** ἔκρυψας ταῦτα ἀπὸ σοφῶν καὶ συνετῶν καὶ ἀπεκάλυψας αὐτὰ νηπίοις·			Lk 10,21 (2)	... ἐξομολογοῦμαί σοι, πάτερ, κύριε τοῦ οὐρανοῦ καὶ τῆς γῆς, **ὅτι** ἀπέκρυψας ταῦτα ἀπὸ σοφῶν καὶ συνετῶν καὶ ἀπεκάλυψας αὐτὰ νηπίοις·	→ GTh 4 (POxy 654)
d 202	Mt 11,26	ναὶ ὁ πατήρ, **ὅτι** οὕτως εὐδοκία ἐγένετο ἔμπροσθέν σου.				ναὶ ὁ πατήρ, **ὅτι** οὕτως εὐδοκία ἐγένετο ἔμπροσθέν σου.	
202	Mt 13,17	ἀμὴν γὰρ λέγω ὑμῖν **ὅτι** πολλοὶ προφῆται καὶ δίκαιοι ἐπεθύμησαν ἰδεῖν ἃ βλέπετε καὶ οὐκ εἶδαν, καὶ ἀκοῦσαι ἃ ἀκούετε καὶ οὐκ ἤκουσαν.			Lk 10,24	λέγω γὰρ ὑμῖν **ὅτι** πολλοὶ προφῆται καὶ βασιλεῖς ἠθέλησαν ἰδεῖν ἃ ὑμεῖς βλέπετε καὶ οὐκ εἶδαν, καὶ ἀκοῦσαι ἃ ἀκούετε καὶ οὐκ ἤκουσαν.	→ GTh 38 (POxy 655 - restoration)
002					Lk 10,40	... κύριε, οὐ μέλει σοι **ὅτι** ἡ ἀδελφή μου μόνην με κατέλιπεν διακονεῖν; ...	
d 102	Mt 12,26	καὶ εἰ ὁ σατανᾶς τὸν σατανᾶν ἐκβάλλει, ἐφ' ἑαυτὸν ἐμερίσθη· πῶς οὖν σταθήσεται ἡ βασιλεία αὐτοῦ;	Mk 3,26	καὶ εἰ ὁ σατανᾶς ἀνέστη ἐφ' ἑαυτὸν καὶ ἐμερίσθη, οὐ δύναται στῆναι ἀλλὰ τέλος ἔχει.	Lk 11,18 ↑ Mt 9,34 ↑ Mt 12,24 ↑ Mk 3,22 ↑ Lk 11,15	εἰ δὲ καὶ ὁ σατανᾶς ἐφ' ἑαυτὸν διεμερίσθη, πῶς σταθήσεται ἡ βασιλεία αὐτοῦ; **ὅτι** λέγετε ἐν Βεελζεβοὺλ ἐκβάλλειν με τὰ δαιμόνια.	Mk-Q overlap

	Mt		Mk		Lk		
d 202	**Mt 12,42** ↑ Mt 12,6	βασίλισσα νότου ἐγερθήσεται ἐν τῇ κρίσει μετὰ τῆς γενεᾶς ταύτης καὶ κατακρινεῖ αὐτήν, **ὅτι** ἦλθεν ἐκ τῶν περάτων τῆς γῆς ἀκοῦσαι τὴν σοφίαν Σολομῶνος, καὶ ἰδοὺ πλεῖον Σολομῶνος ὧδε.			**Lk 11,31**	βασίλισσα νότου ἐγερθήσεται ἐν τῇ κρίσει μετὰ τῶν ἀνδρῶν τῆς γενεᾶς ταύτης καὶ κατακρινεῖ αὐτούς, **ὅτι** ἦλθεν ἐκ τῶν περάτων τῆς γῆς ἀκοῦσαι τὴν σοφίαν Σολομῶνος, καὶ ἰδοὺ πλεῖον Σολομῶνος ὧδε.	
d 202	**Mt 12,41** ↑ Mt 12,6	ἄνδρες Νινευῖται ἀναστήσονται ἐν τῇ κρίσει μετὰ τῆς γενεᾶς ταύτης καὶ κατακρινοῦσιν αὐτήν, **ὅτι** μετενόησαν εἰς τὸ κήρυγμα Ἰωνᾶ, καὶ ἰδοὺ πλεῖον Ἰωνᾶ ὧδε.			**Lk 11,32**	ἄνδρες Νινευῖται ἀναστήσονται ἐν τῇ κρίσει μετὰ τῆς γενεᾶς ταύτης καὶ κατακρινοῦσιν αὐτήν· **ὅτι** μετενόησαν εἰς τὸ κήρυγμα Ἰωνᾶ, καὶ ἰδοὺ πλεῖον Ἰωνᾶ ὧδε.	
002					**Lk 11,38** ↑ Mk 7,2	ὁ δὲ Φαρισαῖος ἰδὼν ἐθαύμασεν **ὅτι** οὐ πρῶτον ἐβαπτίσθη πρὸ τοῦ ἀρίστου.	
d 202	**Mt 23,23**	οὐαὶ ὑμῖν, γραμματεῖς καὶ Φαρισαῖοι ὑποκριταί, **ὅτι** ἀποδεκατοῦτε τὸ ἡδύοσμον καὶ τὸ ἄνηθον καὶ τὸ κύμινον καὶ ἀφήκατε τὰ βαρύτερα τοῦ νόμου, τὴν κρίσιν καὶ τὸ ἔλεος καὶ τὴν πίστιν· ...			**Lk 11,42**	ἀλλὰ οὐαὶ ὑμῖν τοῖς Φαρισαίοις, **ὅτι** ἀποδεκατοῦτε τὸ ἡδύοσμον καὶ τὸ πήγανον καὶ πᾶν λάχανον καὶ παρέρχεσθε τὴν κρίσιν καὶ τὴν ἀγάπην τοῦ θεοῦ· ...	
d 102	**Mt 23,6**	φιλοῦσιν δὲ τὴν πρωτοκλισίαν ἐν τοῖς δείπνοις καὶ τὰς πρωτοκαθεδρίας ἐν ταῖς συναγωγαῖς [7] καὶ τοὺς ἀσπασμοὺς ἐν ταῖς ἀγοραῖς ...			**Lk 11,43** ⇩ Lk 20,46	οὐαὶ ὑμῖν τοῖς Φαρισαίοις, **ὅτι** ἀγαπᾶτε τὴν πρωτοκαθεδρίαν ἐν ταῖς συναγωγαῖς καὶ τοὺς ἀσπασμοὺς ἐν ταῖς ἀγοραῖς.	Mk-Q overlap
			Mk 12,38	... βλέπετε ἀπὸ τῶν γραμματέων τῶν θελόντων ἐν στολαῖς περιπατεῖν καὶ ἀσπασμοὺς ἐν ταῖς ἀγοραῖς [39] καὶ πρωτοκαθεδρίας ἐν ταῖς συναγωγαῖς καὶ πρωτοκλισίας ἐν τοῖς δείπνοις	**Lk 20,46** ⇧ Lk 11,43	προσέχετε ἀπὸ τῶν γραμματέων τῶν θελόντων περιπατεῖν ἐν στολαῖς καὶ φιλούντων ἀσπασμοὺς ἐν ταῖς ἀγοραῖς καὶ πρωτοκαθεδρίας ἐν ταῖς συναγωγαῖς καὶ πρωτοκλισίας ἐν τοῖς δείπνοις	
d 202	**Mt 23,27**	οὐαὶ ὑμῖν, γραμματεῖς καὶ Φαρισαῖοι ὑποκριταί, **ὅτι** παρομοιάζετε τάφοις κεκονιαμένοις, οἵτινες ἔξωθεν μὲν φαίνονται ὡραῖοι, ἔσωθεν δὲ γέμουσιν ὀστέων νεκρῶν καὶ πάσης ἀκαθαρσίας.			**Lk 11,44**	οὐαὶ ὑμῖν, **ὅτι** ἐστὲ ὡς τὰ μνημεῖα τὰ ἄδηλα, καὶ οἱ ἄνθρωποι [οἱ] περιπατοῦντες ἐπάνω οὐκ οἴδασιν.	

d 102	**Mt 23,4**	 δεσμεύουσιν δὲ φορτία βαρέα [καὶ δυσβάστακτα] καὶ ἐπιτιθέασιν ἐπὶ τοὺς ὤμους τῶν ἀνθρώπων, ...	**Lk 11,46**	ὁ δὲ εἶπεν· καὶ ὑμῖν τοῖς νομικοῖς οὐαί, **ὅτι** φορτίζετε τοὺς ἀνθρώπους φορτία δυσβάστακτα, ...	
d 202	**Mt 23,29**	οὐαὶ ὑμῖν, γραμματεῖς καὶ Φαρισαῖοι ὑποκριταί, **ὅτι** οἰκοδομεῖτε τοὺς τάφους τῶν προφητῶν καὶ κοσμεῖτε τὰ μνημεῖα τῶν δικαίων	**Lk 11,47**	οὐαὶ ὑμῖν, **ὅτι** οἰκοδομεῖτε τὰ μνημεῖα τῶν προφητῶν, ...	
d 102	**Mt 23,32**	[31] ὥστε μαρτυρεῖτε ἑαυτοῖς ὅτι υἱοί ἐστε τῶν φονευσάντων τοὺς προφήτας. [32] καὶ ὑμεῖς πληρώσατε τὸ μέτρον τῶν πατέρων ὑμῶν.	**Lk 11,48**	ἄρα μάρτυρές ἐστε καὶ συνευδοκεῖτε τοῖς ἔργοις τῶν πατέρων ὑμῶν, **ὅτι** αὐτοὶ μὲν ἀπέκτειναν αὐτούς, ὑμεῖς δὲ οἰκοδομεῖτε.	
d 202	**Mt 23,13** → Mt 16,19	οὐαὶ δὲ ὑμῖν, γραμματεῖς καὶ Φαρισαῖοι ὑποκριταί, **ὅτι** κλείετε τὴν βασιλείαν τῶν οὐρανῶν ἔμπροσθεν τῶν ἀνθρώπων· ...	**Lk 11,52**	οὐαὶ ὑμῖν τοῖς νομικοῖς, **ὅτι** ἤρατε τὴν κλεῖδα τῆς γνώσεως· ...	→ GTh 39,1-2 (POxy 655) → GTh 102
d 002			**Lk 12,15**	... ὁρᾶτε καὶ φυλάσσεσθε ἀπὸ πάσης πλεονεξίας, **ὅτι** οὐκ ἐν τῷ περισσεύειν τινὶ ἡ ζωὴ αὐτοῦ ἐστιν ἐκ τῶν ὑπαρχόντων αὐτῷ.	
d 002			**Lk 12,17**	καὶ διελογίζετο ἐν ἑαυτῷ λέγων· τί ποιήσω, **ὅτι** οὐκ ἔχω ποῦ συνάξω τοὺς καρπούς μου;	→ GTh 63
  202	**Mt 6,26**	ἐμβλέψατε εἰς τὰ πετεινὰ τοῦ οὐρανοῦ **ὅτι** οὐ σπείρουσιν οὐδὲ θερίζουσιν ...	**Lk 12,24**	κατανοήσατε τοὺς κόρακας **ὅτι** οὐ σπείρουσιν οὐδὲ θερίζουσιν, ...	
    202	**Mt 6,32** → Mt 6,8	πάντα γὰρ ταῦτα τὰ ἔθνη ἐπιζητοῦσιν· οἶδεν γὰρ ὁ πατὴρ ὑμῶν ὁ οὐράνιος **ὅτι** χρῄζετε τούτων ἁπάντων.	**Lk 12,30**	ταῦτα γὰρ πάντα τὰ ἔθνη τοῦ κόσμου ἐπιζητοῦσιν, ὑμῶν δὲ ὁ πατὴρ οἶδεν **ὅτι** χρῄζετε τούτων.	
d 002			**Lk 12,32**	μὴ φοβοῦ, τὸ μικρὸν ποίμνιον, **ὅτι** εὐδόκησεν ὁ πατὴρ ὑμῶν δοῦναι ὑμῖν τὴν βασιλείαν.	

	Mt		Mk		Lk		
002					**Lk 12,37** → Lk 21,36 → Lk 22,27 → Lk 22,30	μακάριοι οἱ δοῦλοι ἐκεῖνοι, οὓς ἐλθὼν ὁ κύριος εὑρήσει γρηγοροῦντας· ἀμὴν λέγω ὑμῖν ὅτι περιζώσεται καὶ ἀνακλινεῖ αὐτοὺς καὶ παρελθὼν διακονήσει αὐτοῖς.	
202	**Mt 24,43**	ἐκεῖνο δὲ γινώσκετε ὅτι εἰ ᾔδει ὁ οἰκοδεσπότης ποίᾳ φυλακῇ ὁ κλέπτης ἔρχεται, ἐγρηγόρησεν ἂν καὶ οὐκ ἂν εἴασεν διορυχθῆναι τὴν οἰκίαν αὐτοῦ.			**Lk 12,39**	τοῦτο δὲ γινώσκετε ὅτι εἰ ᾔδει ὁ οἰκοδεσπότης ποίᾳ ὥρᾳ ὁ κλέπτης ἔρχεται, οὐκ ἂν ἀφῆκεν διορυχθῆναι τὸν οἶκον αὐτοῦ.	→ GTh 21,5 → GTh 103
d 202	**Mt 24,44** ↓ **Mt 24,42** → Mt 24,50 ↓ **Mt 25,13**	διὰ τοῦτο καὶ ὑμεῖς γίνεσθε ἕτοιμοι, ὅτι ᾗ οὐ δοκεῖτε ὥρᾳ ὁ υἱὸς τοῦ ἀνθρώπου ἔρχεται.	↓ Mk 13,35		**Lk 12,40** → Lk 12,38	καὶ ὑμεῖς γίνεσθε ἕτοιμοι, ὅτι ᾗ ὥρᾳ οὐ δοκεῖτε ὁ υἱὸς τοῦ ἀνθρώπου ἔρχεται.	→ GTh 21,6
202	**Mt 24,47** → Mt 25,21 → Mt 25,23	ἀμὴν λέγω ὑμῖν ὅτι ἐπὶ πᾶσιν τοῖς ὑπάρχουσιν αὐτοῦ καταστήσει αὐτόν.			**Lk 12,44**	ἀληθῶς λέγω ὑμῖν ὅτι ἐπὶ πᾶσιν τοῖς ὑπάρχουσιν αὐτοῦ καταστήσει αὐτόν.	
202	**Mt 10,34**	μὴ νομίσητε ὅτι ἦλθον βαλεῖν εἰρήνην ἐπὶ τὴν γῆν· ...			**Lk 12,51**	δοκεῖτε ὅτι εἰρήνην παρεγενόμην δοῦναι ἐν τῇ γῇ; ...	→ GTh 16
102	**Mt 16,2**	... [ὀψίας γενομένης λέγετε· εὐδία, πυρράζει γὰρ ὁ οὐρανός·]			**Lk 12,54**	... ὅταν ἴδητε [τὴν] νεφέλην ἀνατέλλουσαν ἐπὶ δυσμῶν, εὐθέως λέγετε ὅτι ὄμβρος ἔρχεται, καὶ γίνεται οὕτως·	→ GTh 91 Mt 16,2b is textcritically uncertain.
102	**Mt 16,3**	[καὶ πρωΐ· σήμερον χειμών, πυρράζει γὰρ στυγνάζων ὁ οὐρανός. ...]			**Lk 12,55**	καὶ ὅταν νότον πνέοντα, λέγετε ὅτι καύσων ἔσται, καὶ γίνεται.	→ GTh 91 Mt 16,3 is textcritically uncertain.
002 *d* 002					**Lk 13,2** **(2)**	καὶ ἀποκριθεὶς εἶπεν αὐτοῖς· δοκεῖτε ὅτι οἱ Γαλιλαῖοι οὗτοι ἁμαρτωλοὶ παρὰ πάντας τοὺς Γαλιλαίους ἐγένοντο, ὅτι ταῦτα πεπόνθασιν;	
002					**Lk 13,4**	ἢ ἐκεῖνοι οἱ δεκαοκτὼ ἐφ' οὓς ἔπεσεν ὁ πύργος ἐν τῷ Σιλωὰμ καὶ ἀπέκτεινεν αὐτούς, δοκεῖτε ὅτι αὐτοὶ ὀφειλέται ἐγένοντο παρὰ πάντας τοὺς ἀνθρώπους τοὺς κατοικοῦντας Ἰερουσαλήμ;	

002 002			**Lk 13,14** **(2)** → Mt 12,12 → Mk 3,4 → Lk 6,9 → Lk 14,3	ἀποκριθεὶς δὲ ὁ ἀρχισυνάγωγος, ἀγανακτῶν ὅτι τῷ σαββάτῳ ἐθεράπευσεν ὁ Ἰησοῦς, ἔλεγεν τῷ ὄχλῳ ὅτι ἓξ ἡμέραι εἰσὶν ἐν αἷς δεῖ ἐργάζεσθαι· ἐν αὐταῖς οὖν ἐρχόμενοι θεραπεύεσθε καὶ μὴ τῇ ἡμέρᾳ τοῦ σαββάτου.	
d 202	**Mt 7,13**	εἰσέλθατε διὰ τῆς στενῆς πύλης· ὅτι πλατεῖα ἡ πύλη καὶ εὐρύχωρος ἡ ὁδὸς ἡ ἀπάγουσα εἰς τὴν ἀπώλειαν, καὶ πολλοί εἰσιν οἱ εἰσερχόμενοι δι᾽ αὐτῆς· [14] τί στενὴ ἡ πύλη καὶ τεθλιμμένη ἡ ὁδὸς ἡ ἀπάγουσα εἰς τὴν ζωὴν καὶ ὀλίγοι εἰσὶν οἱ εὑρίσκοντες αὐτήν.	**Lk 13,24**	ἀγωνίζεσθε εἰσελθεῖν διὰ τῆς στενῆς θύρας, ὅτι πολλοί, λέγω ὑμῖν, ζητήσουσιν εἰσελθεῖν καὶ οὐκ ἰσχύσουσιν.	
d 002			**Lk 13,31**	... ἔξελθε καὶ πορεύου ἐντεῦθεν, ὅτι Ἡρῴδης θέλει σε ἀποκτεῖναι.	
d 002			**Lk 13,33**	πλὴν δεῖ με σήμερον καὶ αὔριον καὶ τῇ ἐχομένῃ πορεύεσθαι, ὅτι οὐκ ἐνδέχεται προφήτην ἀπολέσθαι ἔξω Ἰερουσαλήμ.	
d 102	**Mt 23,12** → Mt 18,4	 ὅστις δὲ ὑψώσει ἑαυτὸν ταπεινωθήσεται καὶ ὅστις ταπεινώσει ἑαυτὸν ὑψωθήσεται.	**Lk 14,11** ↓ Lk 18,14	[10] ... φίλε, προσανάβηθι ἀνώτερον· τότε ἔσται σοι δόξα ἐνώπιον πάντων τῶν συνανακειμένων σοι. [11] ὅτι πᾶς ὁ ὑψῶν ἑαυτὸν ταπεινωθήσεται, καὶ ὁ ταπεινῶν ἑαυτὸν ὑψωθήσεται.	
d 002			**Lk 14,14**	καὶ μακάριος ἔσῃ, ὅτι οὐκ ἔχουσιν ἀνταποδοῦναί σοι, ἀνταποδοθήσεται γάρ σοι ἐν τῇ ἀναστάσει τῶν δικαίων.	
d 102	**Mt 22,4**	... εἴπατε τοῖς κεκλημένοις· ἰδοὺ τὸ ἄριστόν μου ἡτοίμακα, οἱ ταῦροί μου καὶ τὰ σιτιστὰ τεθυμένα καὶ πάντα ἕτοιμα· δεῦτε εἰς τοὺς γάμους.	**Lk 14,17**	... εἰπεῖν τοῖς κεκλημένοις· ἔρχεσθε, ὅτι ἤδη ἕτοιμά ἐστιν.	→ GTh 64

102	Mt 22,8	... ὁ μὲν γάμος ἕτοιμός ἐστιν, οἱ δὲ κεκλημένοι οὐκ ἦσαν ἄξιοι·	Lk 14,24	λέγω γὰρ ὑμῖν ὅτι οὐδεὶς τῶν ἀνδρῶν ἐκείνων τῶν κεκλημένων γεύσεταί μου τοῦ δείπνου.	→ GTh 64
002			Lk 14,30	λέγοντες ὅτι οὗτος ὁ ἄνθρωπος ἤρξατο οἰκοδομεῖν καὶ οὐκ ἴσχυσεν ἐκτελέσαι.	
002			Lk 15,2 ↑ Mt 9,11 ↑ Mk 2,16 ↑ Lk 5,30 ↓ Lk 19,7	καὶ διεγόγγυζον οἵ τε Φαρισαῖοι καὶ οἱ γραμματεῖς λέγοντες ὅτι οὗτος ἁμαρτωλοὺς προσδέχεται καὶ συνεσθίει αὐτοῖς.	
d 002			Lk 15,6	καὶ ἐλθὼν εἰς τὸν οἶκον συγκαλεῖ τοὺς φίλους καὶ τοὺς γείτονας λέγων αὐτοῖς· συγχάρητέ μοι, ὅτι εὗρον τὸ πρόβατόν μου τὸ ἀπολωλός.	
202	Mt 18,13	καὶ ἐὰν γένηται εὑρεῖν αὐτό, ἀμὴν λέγω ὑμῖν ὅτι χαίρει ἐπ' αὐτῷ μᾶλλον ἢ ἐπὶ τοῖς ἐνενήκοντα ἐννέα τοῖς μὴ πεπλανημένοις.	Lk 15,7 → Lk 15,10	[5] καὶ εὑρὼν ἐπιτίθησιν ἐπὶ τοὺς ὤμους αὐτοῦ χαίρων [6] ... [7] λέγω ὑμῖν ὅτι οὕτως χαρὰ ἐν τῷ οὐρανῷ ἔσται ἐπὶ ἑνὶ ἁμαρτωλῷ μετανοοῦντι ἢ ἐπὶ ἐνενήκοντα ἐννέα δικαίοις οἵτινες οὐ χρείαν ἔχουσιν μετανοίας.	→ GTh 107
d 002			Lk 15,9	καὶ εὑροῦσα συγκαλεῖ τὰς φίλας καὶ γείτονας λέγουσα· συγχάρητέ μοι, ὅτι εὗρον τὴν δραχμὴν ἣν ἀπώλεσα.	
d 002			Lk 15,24 ↓ Lk 15,32	[23] ... εὐφρανθῶμεν, [24] ὅτι οὗτος ὁ υἱός μου νεκρὸς ἦν καὶ ἀνέζησεν, ...	
002 *d* 002			Lk 15,27 (2)	ὁ δὲ εἶπεν αὐτῷ ὅτι ὁ ἀδελφός σου ἥκει, καὶ ἔθυσεν ὁ πατήρ σου τὸν μόσχον τὸν σιτευτόν, ὅτι ὑγιαίνοντα αὐτὸν ἀπέλαβεν.	
d 002			Lk 15,32 ↑ Lk 15,24	εὐφρανθῆναι δὲ καὶ χαρῆναι ἔδει, ὅτι ὁ ἀδελφός σου οὗτος νεκρὸς ἦν καὶ ἔζησεν, ...	
d 002			Lk 16,3	εἶπεν δὲ ἐν ἑαυτῷ ὁ οἰκονόμος· τί ποιήσω, ὅτι ὁ κύριός μου ἀφαιρεῖται τὴν οἰκονομίαν ἀπ' ἐμοῦ; ...	

d 002 *d* 002		**Lk 16,8** (2)	καὶ ἐπῄνεσεν ὁ κύριος τὸν οἰκονόμον τῆς ἀδικίας ὅτι φρονίμως ἐποίησεν· ὅτι οἱ υἱοὶ τοῦ αἰῶνος τούτου φρονιμώτεροι ὑπὲρ τοὺς υἱοὺς τοῦ φωτὸς εἰς τὴν γενεὰν τὴν ἑαυτῶν εἰσιν.	
d 002		**Lk 16,15** ↓ Lk 18,9.14 → Lk 20,20	... ὁ δὲ θεὸς γινώσκει τὰς καρδίας ὑμῶν· ὅτι τὸ ἐν ἀνθρώποις ὑψηλὸν βδέλυγμα ἐνώπιον τοῦ θεοῦ.	
d 002		**Lk 16,24**	... ἵνα βάψῃ τὸ ἄκρον τοῦ δακτύλου αὐτοῦ ὕδατος καὶ καταψύξῃ τὴν γλῶσσάν μου, ὅτι ὀδυνῶμαι ἐν τῇ φλογὶ ταύτῃ.	
002		**Lk 16,25**	... τέκνον, μνήσθητι ὅτι ἀπέλαβες τὰ ἀγαθά σου ἐν τῇ ζωῇ σου, καὶ Λάζαρος ὁμοίως τὰ κακά· ...	
d 002		**Lk 17,9**	μὴ ἔχει χάριν τῷ δούλῳ ὅτι ἐποίησεν τὰ διαταχθέντα;	
002		**Lk 17,10**	οὕτως καὶ ὑμεῖς, ὅταν ποιήσητε πάντα τὰ διαταχθέντα ὑμῖν, λέγετε ὅτι δοῦλοι ἀχρεῖοί ἐσμεν, ὃ ὠφείλομεν ποιῆσαι πεποιήκαμεν.	
002		**Lk 17,15**	εἷς δὲ ἐξ αὐτῶν, ἰδὼν ὅτι ἰάθη, ὑπέστρεψεν μετὰ φωνῆς μεγάλης δοξάζων τὸν θεόν	
002		**Lk 18,8**	λέγω ὑμῖν ὅτι ποιήσει τὴν ἐκδίκησιν αὐτῶν ἐν τάχει. ...	
002		**Lk 18,9** ↑ Lk 16,15 → Lk 20,20	εἶπεν δὲ καὶ πρός τινας τοὺς πεποιθότας ἐφ᾽ ἑαυτοῖς ὅτι εἰσὶν δίκαιοι καὶ ἐξουθενοῦντας τοὺς λοιποὺς τὴν παραβολὴν ταύτην·	
002		**Lk 18,11**	... ὁ θεός, εὐχαριστῶ σοι ὅτι οὐκ εἰμὶ ὥσπερ οἱ λοιποὶ τῶν ἀνθρώπων, ...	

d 002					Lk 18,14 → Mt 18,4 ↑ Mt 23,12 ↑ Lk 14,11 ↑ Lk 16,15	λέγω ὑμῖν, κατέβη οὗτος δεδικαιωμένος εἰς τὸν οἶκον αὐτοῦ παρ' ἐκεῖνον· ὅτι πᾶς ὁ ὑψῶν ἑαυτὸν ταπεινωθήσεται, ὁ δὲ ταπεινῶν ἑαυτὸν ὑψωθήσεται.	
210	Mt 19,4	... οὐκ ἀνέγνωτε ὅτι ὁ κτίσας ἀπ' ἀρχῆς *ἄρσεν καὶ θῆλυ ἐποίησεν αὐτούς;* ➤ Gen 1,27	Mk 10,6 ↓ Mt 19,8	ἀπὸ δὲ ἀρχῆς κτίσεως *ἄρσεν καὶ θῆλυ ἐποίησεν αὐτούς·* ➤ Gen 1,27			
210	Mt 19,8 ↑ Mk 10,6	λέγει αὐτοῖς ὅτι Μωϋσῆς πρὸς τὴν σκληροκαρδίαν ὑμῶν ἐπέτρεψεν ὑμῖν ἀπολῦσαι τὰς γυναῖκας ὑμῶν, ἀπ' ἀρχῆς δὲ οὐ γέγονεν οὕτως.	Mk 10,5	ὁ δὲ Ἰησοῦς εἶπεν αὐτοῖς· πρὸς τὴν σκληροκαρδίαν ὑμῶν ἔγραψεν ὑμῖν τὴν ἐντολὴν ταύτην.			
210	Mt 19,9 ⇧ Mt 5,32	λέγω δὲ ὑμῖν ὅτι ὃς ἂν ἀπολύσῃ τὴν γυναῖκα αὐτοῦ μὴ ἐπὶ πορνείᾳ καὶ γαμήσῃ ἄλλην μοιχᾶται.	Mk 10,11 ↑ Mk 10,12	... ὃς ἂν ἀπολύσῃ τὴν γυναῖκα αὐτοῦ καὶ γαμήσῃ ἄλλην μοιχᾶται ἐπ' αὐτήν·	Lk 16,18	πᾶς ὁ ἀπολύων τὴν γυναῖκα αὐτοῦ καὶ γαμῶν ἑτέραν μοιχεύει, ...	→ 1Cor 7,10-11 Mk-Q overlap
211	Mt 19,23	ὁ δὲ Ἰησοῦς εἶπεν τοῖς μαθηταῖς αὐτοῦ· ἀμὴν λέγω ὑμῖν ὅτι πλούσιος δυσκόλως εἰσελεύσεται εἰς τὴν βασιλείαν τῶν οὐρανῶν.	Mk 10,23	καὶ περιβλεψάμενος ὁ Ἰησοῦς λέγει τοῖς μαθηταῖς αὐτοῦ· πῶς δυσκόλως οἱ τὰ χρήματα ἔχοντες εἰς τὴν βασιλείαν τοῦ θεοῦ εἰσελεύσονται.	Lk 18,24	ἰδὼν δὲ αὐτὸν ὁ Ἰησοῦς [περίλυπον γενόμενον] εἶπεν· πῶς δυσκόλως οἱ τὰ χρήματα ἔχοντες εἰς τὴν βασιλείαν τοῦ θεοῦ εἰσπορεύονται·	
212	Mt 19,28 ↓ Lk 22,28	ὁ δὲ Ἰησοῦς εἶπεν αὐτοῖς· ἀμὴν λέγω ὑμῖν ὅτι ὑμεῖς οἱ ἀκολουθήσαντές μοι ... [29] καὶ πᾶς ὅστις ἀφῆκεν οἰκίας ...	Mk 10,29	ἔφη ὁ Ἰησοῦς· ἀμὴν λέγω ὑμῖν, οὐδείς ἐστιν ὃς ἀφῆκεν οἰκίαν ...	Lk 18,29	ὁ δὲ εἶπεν αὐτοῖς· ἀμὴν λέγω ὑμῖν ὅτι οὐδείς ἐστιν ὃς ἀφῆκεν οἰκίαν ...	
					Lk 22,28 ↑ Mt 19,28	ὑμεῖς δέ ἐστε οἱ διαμεμενηκότες μετ' ἐμοῦ ἐν τοῖς πειρασμοῖς μου·	
d 200	Mt 20,7	[6] ... τί ὧδε ἑστήκατε ὅλην τὴν ἡμέραν ἀργοί; [7] λέγουσιν αὐτῷ· ὅτι οὐδεὶς ἡμᾶς ἐμισθώσατο. ...					
200	Mt 20,10	καὶ ἐλθόντες οἱ πρῶτοι ἐνόμισαν ὅτι πλεῖον λήμψονται· ...					
d 200	Mt 20,15	... ἢ ὁ ὀφθαλμός σου πονηρός ἐστιν ὅτι ἐγὼ ἀγαθός εἰμι;					

121	**Mt 20,18** ↑ Mt 16,21 ↑ Mt 17,22	[17] ... παρέλαβεν τοὺς δώδεκα [μαθητὰς] κατ᾽ ἰδίαν καὶ ἐν τῇ ὁδῷ εἶπεν αὐτοῖς· [18] ἰδοὺ ἀναβαίνομεν εἰς Ἱεροσόλυμα, καὶ ὁ υἱὸς τοῦ ἀνθρώπου παραδοθήσεται τοῖς ἀρχιερεῦσιν καὶ γραμματεῦσιν, καὶ κατακρινοῦσιν αὐτὸν θανάτῳ [19] καὶ παραδώσουσιν αὐτὸν τοῖς ἔθνεσιν ...	**Mk 10,33** ↑ Mk 8,31 ↑ Mk 9,31	[32] ... καὶ παραλαβὼν πάλιν τοὺς δώδεκα ἤρξατο αὐτοῖς λέγειν τὰ μέλλοντα αὐτῷ συμβαίνειν, [33] ὅτι ἰδοὺ ἀναβαίνομεν εἰς Ἱεροσόλυμα, καὶ ὁ υἱὸς τοῦ ἀνθρώπου παραδοθήσεται τοῖς ἀρχιερεῦσιν καὶ τοῖς γραμματεῦσιν, καὶ κατακρινοῦσιν αὐτὸν θανάτῳ καὶ παραδώσουσιν αὐτὸν τοῖς ἔθνεσιν	**Lk 18,31** ↑ Lk 9,22 ↑ Lk 9,44 → Lk 17,25 ↓ Lk 24,7 → Lk 24,26 ↓ Lk 24,46	παραλαβὼν δὲ τοὺς δώδεκα εἶπεν πρὸς αὐτούς· ἰδοὺ ἀναβαίνομεν εἰς Ἰερουσαλήμ, καὶ τελεσθήσεται πάντα τὰ γεγραμμένα διὰ τῶν προφητῶν τῷ υἱῷ τοῦ ἀνθρώπου· [32] παραδοθήσεται γὰρ τοῖς ἔθνεσιν ...	
221	**Mt 20,25**	ὁ δὲ Ἰησοῦς προσκαλεσάμενος αὐτοὺς εἶπεν· οἴδατε ὅτι οἱ ἄρχοντες τῶν ἐθνῶν κατακυριεύουσιν αὐτῶν ...	**Mk 10,42**	καὶ προσκαλεσάμενος αὐτοὺς ὁ Ἰησοῦς λέγει αὐτοῖς· οἴδατε ὅτι οἱ δοκοῦντες ἄρχειν τῶν ἐθνῶν κατακυριεύουσιν αὐτῶν ...	**Lk 22,25**	ὁ δὲ εἶπεν αὐτοῖς· οἱ βασιλεῖς τῶν ἐθνῶν κυριεύουσιν αὐτῶν ...	
222	**Mt 20,30** ⇩ Mt 9,27	καὶ ἰδοὺ δύο τυφλοὶ καθήμενοι παρὰ τὴν ὁδόν ἀκούσαντες ὅτι Ἰησοῦς παράγει, ἔκραξαν λέγοντες· ἐλέησον ἡμᾶς, [κύριε,] υἱὸς Δαυίδ.	**Mk 10,47**	[46] ... ὁ υἱὸς Τιμαίου Βαρτιμαῖος, τυφλὸς προσαίτης, ἐκάθητο παρὰ τὴν ὁδόν. [47] καὶ ἀκούσας ὅτι Ἰησοῦς ὁ Ναζαρηνός ἐστιν ἤρξατο κράζειν καὶ λέγειν· υἱὲ Δαυὶδ Ἰησοῦ, ἐλέησόν με.	**Lk 18,37**	[35] ... τυφλός τις ἐκάθητο παρὰ τὴν ὁδὸν ἐπαιτῶν. [36] ἀκούσας δὲ ὄχλου διαπορευομένου ἐπυνθάνετο τί εἴη τοῦτο. [37] ἀπήγγειλαν δὲ αὐτῷ ὅτι Ἰησοῦς ὁ Ναζωραῖος παρέρχεται. [38] καὶ ἐβόησεν λέγων· Ἰησοῦ υἱὲ Δαυίδ, ἐλέησόν με.	
	Mt 9,27 ⇧ Mt 20,30	καὶ παράγοντι ἐκεῖθεν τῷ Ἰησοῦ ἠκολούθησαν [αὐτῷ] δύο τυφλοὶ κράζοντες καὶ λέγοντες· ἐλέησον ἡμᾶς, υἱὸς Δαυίδ.					
d 002					**Lk 19,3**	καὶ ἐζήτει ἰδεῖν τὸν Ἰησοῦν τίς ἐστιν καὶ οὐκ ἠδύνατο ἀπὸ τοῦ ὄχλου, ὅτι τῇ ἡλικίᾳ μικρὸς ἦν.	
d 002					**Lk 19,4**	καὶ προδραμὼν εἰς τὸ ἔμπροσθεν ἀνέβη ἐπὶ συκομορέαν ἵνα ἴδῃ αὐτὸν ὅτι ἐκείνης ἤμελλεν διέρχεσθαι.	
002					**Lk 19,7** ↑ Mt 9,11 ↑ Mk 2,16 ↑ Lk 5,30 ↑ Lk 15,2	καὶ ἰδόντες πάντες διεγόγγυζον λέγοντες ὅτι παρὰ ἁμαρτωλῷ ἀνδρὶ εἰσῆλθεν καταλῦσαι.	
002					**Lk 19,9** → Lk 13,16	εἶπεν δὲ πρὸς αὐτὸν ὁ Ἰησοῦς ὅτι σήμερον σωτηρία τῷ οἴκῳ τούτῳ ἐγένετο, καθότι καὶ αὐτὸς υἱὸς Ἀβραάμ ἐστιν·	

	Mt		Mk		Lk		
002					Lk 19,11	ἀκουόντων δὲ αὐτῶν ταῦτα προσθεὶς εἶπεν παραβολὴν διὰ τὸ ἐγγὺς εἶναι Ἰερουσαλὴμ αὐτὸν καὶ δοκεῖν αὐτοὺς ὅτι παραχρῆμα μέλλει ἡ βασιλεία τοῦ θεοῦ ἀναφαίνεσθαι.	
d 102	Mt 25,21 ↓ Mt 24,47	ἔφη αὐτῷ ὁ κύριος αὐτοῦ· εὖ, δοῦλε ἀγαθὲ καὶ πιστέ, ἐπὶ ὀλίγα ἦς πιστός, ἐπὶ πολλῶν σε καταστήσω· ...			Lk 19,17 → Lk 16,10	καὶ εἶπεν αὐτῷ· εὖγε, ἀγαθὲ δοῦλε, ὅτι ἐν ἐλαχίστῳ πιστὸς ἐγένου, ἴσθι ἐξουσίαν ἔχων ἐπάνω δέκα πόλεων.	
d 202	Mt 25,24	... ἔγνων σε ὅτι σκληρὸς εἶ ἄνθρωπος, θερίζων ὅπου οὐκ ἔσπειρας καὶ συνάγων ὅθεν οὐ διεσκόρπισας			Lk 19,21 → Mt 25,25	ἐφοβούμην γάρ σε, ὅτι ἄνθρωπος αὐστηρὸς εἶ, αἴρεις ὃ οὐκ ἔθηκας καὶ θερίζεις ὃ οὐκ ἔσπειρας.	
202	Mt 25,26	ἀποκριθεὶς δὲ ὁ κύριος αὐτοῦ εἶπεν αὐτῷ· πονηρὲ δοῦλε καὶ ὀκνηρέ, ᾔδεις ὅτι θερίζω ὅπου οὐκ ἔσπειρα καὶ συνάγω ὅθεν οὐ διεσκόρπισα;			Lk 19,22	λέγει αὐτῷ· ἐκ τοῦ στόματός σου κρίνω σε, πονηρὲ δοῦλε. ᾔδεις ὅτι ἐγὼ ἄνθρωπος αὐστηρός εἰμι, αἴρων ὃ οὐκ ἔθηκα καὶ θερίζων ὃ οὐκ ἔσπειρα;	
102	Mt 25,29 ⇨ Mt 13,12	τῷ γὰρ ἔχοντι παντὶ δοθήσεται καὶ περισσευθήσεται, ...	Mk 4,25	ὃς γὰρ ἔχει, δοθήσεται αὐτῷ· ...	Lk 19,26 ⇨ Lk 8,18	λέγω ὑμῖν ὅτι παντὶ τῷ ἔχοντι δοθήσεται, ...	→ GTh 41 Mk-Q overlap
b 212	Mt 21,3	καὶ ἐάν τις ὑμῖν εἴπῃ τι, ἐρεῖτε ὅτι ὁ κύριος αὐτῶν χρείαν ἔχει· εὐθὺς δὲ ἀποστελεῖ αὐτούς.	Mk 11,3	καὶ ἐάν τις ὑμῖν εἴπῃ· τί ποιεῖτε τοῦτο; εἴπατε· ὁ κύριος αὐτοῦ χρείαν ἔχει, καὶ εὐθὺς αὐτὸν ἀποστέλλει πάλιν ὧδε.	Lk 19,31	καὶ ἐάν τις ὑμᾶς ἐρωτᾷ· διὰ τί λύετε; οὕτως ἐρεῖτε· ὅτι ὁ κύριος αὐτοῦ χρείαν ἔχει.	
012			Mk 11,6 → Mt 21,6 → Lk 19,32	οἱ δὲ εἶπαν αὐτοῖς καθὼς εἶπεν ὁ Ἰησοῦς, καὶ ἀφῆκαν αὐτούς.	Lk 19,34	οἱ δὲ εἶπαν· ὅτι ὁ κύριος αὐτοῦ χρείαν ἔχει.	
002					Lk 19,42	λέγων ὅτι εἰ ἔγνως ἐν τῇ ἡμέρᾳ ταύτῃ καὶ σὺ τὰ πρὸς εἰρήνην· νῦν δὲ ἐκρύβη ἀπὸ ὀφθαλμῶν σου.	
d 002					Lk 19,43 ↓ Lk 21,20	ὅτι ἥξουσιν ἡμέραι ἐπὶ σὲ καὶ παρεμβαλοῦσιν οἱ ἐχθροί σου χάρακά σοι καὶ περικυκλώσουσίν σε καὶ συνέξουσίν σε πάντοθεν	

		Mt		Mk		Lk	
c 121	**Mt 21,13**	καὶ λέγει αὐτοῖς· γέγραπται· *ὁ οἶκός μου οἶκος προσευχῆς κληθήσεται,* ὑμεῖς δὲ αὐτὸν ποιεῖτε *σπήλαιον λῃστῶν.* ➤ Isa 56,7; Jer 7,11	**Mk 11,17**	καὶ ἐδίδασκεν καὶ ἔλεγεν αὐτοῖς· οὐ γέγραπται **ὅτι** *ὁ οἶκός μου οἶκος προσευχῆς κληθήσεται πᾶσιν τοῖς ἔθνεσιν;* ὑμεῖς δὲ πεποιήκατε αὐτὸν *σπήλαιον λῃστῶν.* ➤ Isa 56,7; Jer 7,11	**Lk 19,46**	λέγων αὐτοῖς· γέγραπται· *καὶ ἔσται ὁ οἶκός μου οἶκος προσευχῆς,* ὑμεῖς δὲ αὐτὸν ἐποιήσατε *σπήλαιον λῃστῶν.* ➤ Isa 56,7; Jer 7,11	→ Jn 2,16
c 200	**Mt 21,16** → Lk 19,39-40	... ναί· οὐδέποτε ἀνέγνωτε **ὅτι** *ἐκ στόματος νηπίων καὶ θηλαζόντων κατηρτίσω αἶνον;* ➤ Ps 8,3 LXX					
120 120	**Mt 21,21** ↓ Mt 17,20 ↓ Lk 17,6	... ἀμὴν λέγω ὑμῖν, ἐὰν ἔχητε πίστιν καὶ μὴ διακριθῆτε, οὐ μόνον τὸ τῆς συκῆς ποιήσετε, ἀλλὰ κἂν τῷ ὄρει τούτῳ εἴπητε· ἄρθητι καὶ βλήθητι εἰς τὴν θάλασσαν, γενήσεται·	**Mk 11,23 (2)** ↓ Mt 17,20 ↓ Lk 17,6 → Mk 9,23	ἀμὴν λέγω ὑμῖν **ὅτι** ὃς ἂν εἴπῃ τῷ ὄρει τούτῳ· ἄρθητι καὶ βλήθητι εἰς τὴν θάλασσαν, καὶ μὴ διακριθῇ ἐν τῇ καρδίᾳ αὐτοῦ ἀλλὰ πιστεύῃ **ὅτι** ὃ λαλεῖ γίνεται, ἔσται αὐτῷ.			→ GTh 48 → GTh 106
	Mt 17,20 ↑ Mt 21,21	... ἀμὴν γὰρ λέγω ὑμῖν, ἐὰν ἔχητε πίστιν ὡς κόκκον σινάπεως, ἐρεῖτε τῷ ὄρει τούτῳ, μετάβα ἔνθεν ἐκεῖ, καὶ μεταβήσεται· καὶ οὐδὲν ἀδυνατήσει ὑμῖν.			**Lk 17,6**	... εἰ ἔχετε πίστιν ὡς κόκκον σινάπεως, ἐλέγετε ἂν τῇ συκαμίνῳ [ταύτῃ]· ἐκριζώθητι καὶ φυτεύθητι ἐν τῇ θαλάσσῃ· καὶ ὑπήκουσεν ἂν ὑμῖν.	
120	**Mt 21,22** → Mt 7,8 ↑ Mt 18,19	καὶ πάντα ὅσα ἂν αἰτήσητε ἐν τῇ προσευχῇ πιστεύοντες λήμψεσθε.	**Mk 11,24**	διὰ τοῦτο λέγω ὑμῖν, πάντα ὅσα προσεύχεσθε καὶ αἰτεῖσθε, πιστεύετε **ὅτι** ἐλάβετε, καὶ ἔσται ὑμῖν.	→ Lk 11,10		
112	**Mt 21,25**	... οἱ δὲ διελογίζοντο ἐν ἑαυτοῖς λέγοντες· ἐὰν εἴπωμεν· ἐξ οὐρανοῦ, ἐρεῖ ἡμῖν· διὰ τί οὖν οὐκ ἐπιστεύσατε αὐτῷ;	**Mk 11,31**	καὶ διελογίζοντο πρὸς ἑαυτοὺς λέγοντες· ἐὰν εἴπωμεν· ἐξ οὐρανοῦ, ἐρεῖ· διὰ τί [οὖν] οὐκ ἐπιστεύσατε αὐτῷ;	**Lk 20,5**	οἱ δὲ συνελογίσαντο πρὸς ἑαυτοὺς λέγοντες **ὅτι** ἐὰν εἴπωμεν· ἐξ οὐρανοῦ, ἐρεῖ· διὰ τί οὐκ ἐπιστεύσατε αὐτῷ;	
121	**Mt 21,26**	... φοβούμεθα τὸν ὄχλον, πάντες γὰρ ὡς προφήτην ἔχουσιν τὸν Ἰωάννην.	**Mk 11,32**	... - ἐφοβοῦντο τὸν ὄχλον· ἅπαντες γὰρ εἶχον τὸν Ἰωάννην ὄντως **ὅτι** προφήτης ἦν.	**Lk 20,6**	... ὁ λαὸς ἅπας καταλιθάσει ἡμᾶς, πεπεισμένος γάρ ἐστιν Ἰωάννην προφήτην εἶναι.	
200	**Mt 21,31**	... ἀμὴν λέγω ὑμῖν **ὅτι** οἱ τελῶναι καὶ αἱ πόρναι προάγουσιν ὑμᾶς εἰς τὴν βασιλείαν τοῦ θεοῦ.					
121	**Mt 21,37**	ὕστερον δὲ ἀπέστειλεν πρὸς αὐτοὺς τὸν υἱὸν αὐτοῦ λέγων· ἐντραπήσονται τὸν υἱόν μου.	**Mk 12,6**	ἔτι ἕνα εἶχεν, υἱὸν ἀγαπητόν· ἀπέστειλεν αὐτὸν ἔσχατον πρὸς αὐτοὺς λέγων **ὅτι** ἐντραπήσονται τὸν υἱόν μου.	**Lk 20,13**	εἶπεν δὲ ὁ κύριος τοῦ ἀμπελῶνος· τί ποιήσω; πέμψω τὸν υἱόν μου τὸν ἀγαπητόν· ἴσως τοῦτον ἐντραπήσονται.	→ GTh 65

	Mt		Mk		Lk		
121	**Mt 21,38**	οἱ δὲ γεωργοὶ ἰδόντες τὸν υἱὸν εἶπον ἐν ἑαυτοῖς· οὗτός ἐστιν ὁ κληρονόμος· δεῦτε ἀποκτείνωμεν αὐτὸν ...	**Mk 12,7**	ἐκεῖνοι δὲ οἱ γεωργοὶ πρὸς ἑαυτοὺς εἶπαν **ὅτι** οὗτός ἐστιν ὁ κληρονόμος· δεῦτε ἀποκτείνωμεν αὐτόν, ...	**Lk 20,14**	ἰδόντες δὲ αὐτὸν οἱ γεωργοὶ διελογίζοντο πρὸς ἀλλήλους λέγοντες· οὗτός ἐστιν ὁ κληρονόμος· ἀποκτείνωμεν αὐτόν, ...	→ GTh 65
200	**Mt 21,43** → Mt 21,41	διὰ τοῦτο λέγω ὑμῖν **ὅτι** ἀρθήσεται ἀφ᾽ ὑμῶν ἡ βασιλεία τοῦ θεοῦ καὶ δοθήσεται ἔθνει ποιοῦντι τοὺς καρποὺς αὐτῆς.					
222	**Mt 21,45** → Mk 11,18	καὶ ἀκούσαντες οἱ ἀρχιερεῖς καὶ οἱ Φαρισαῖοι τὰς παραβολὰς αὐτοῦ ἔγνωσαν **ὅτι** περὶ αὐτῶν λέγει·	**Mk 12,12**	... ἔγνωσαν γὰρ **ὅτι** πρὸς αὐτοὺς τὴν παραβολὴν εἶπεν. ...	**Lk 20,19**	... ἔγνωσαν γὰρ **ὅτι** πρὸς αὐτοὺς εἶπεν τὴν παραβολὴν ταύτην.	
222	**Mt 22,16**	... διδάσκαλε, οἴδαμεν **ὅτι** ἀληθὴς εἶ καὶ τὴν ὁδὸν τοῦ θεοῦ ἐν ἀληθείᾳ διδάσκεις καὶ οὐ μέλει σοι περὶ οὐδενός. οὐ γὰρ βλέπεις εἰς πρόσωπον ἀνθρώπων	**Mk 12,14**	... διδάσκαλε, οἴδαμεν **ὅτι** ἀληθὴς εἶ καὶ οὐ μέλει σοι περὶ οὐδενός· οὐ γὰρ βλέπεις εἰς πρόσωπον ἀνθρώπων, ἀλλ᾽ ἐπ᾽ ἀληθείας τὴν ὁδὸν τοῦ θεοῦ διδάσκεις· ...	**Lk 20,21**	... διδάσκαλε, οἴδαμεν **ὅτι** ὀρθῶς λέγεις καὶ διδάσκεις καὶ οὐ λαμβάνεις πρόσωπον, ἀλλ᾽ ἐπ᾽ ἀληθείας τὴν ὁδὸν τοῦ θεοῦ διδάσκεις·	→ Jn 3,2
c 121	**Mt 22,24**	... διδάσκαλε, Μωϋσῆς εἶπεν· *ἐάν τις* *ἀποθάνῃ* *μὴ ἔχων τέκνα*, ... ➤ Deut 25,5; Gen 38,8	**Mk 12,19**	διδάσκαλε, Μωϋσῆς ἔγραψεν ἡμῖν **ὅτι** *ἐάν τινος ἀδελφὸς* *ἀποθάνῃ* καὶ καταλίπῃ γυναῖκα *καὶ* *μὴ ἀφῇ τέκνον*, ... ➤ Deut 25,5; Gen 38,8	**Lk 20,28**	... διδάσκαλε, Μωϋσῆς ἔγραψεν ἡμῖν, *ἐάν τινος ἀδελφὸς* *ἀποθάνῃ* ἔχων γυναῖκα, καὶ οὗτος *ἄτεκνος ᾖ*, ... ➤ Deut 25,5; Gen 38,8	
122	**Mt 22,31**	περὶ δὲ τῆς ἀναστάσεως τῶν νεκρῶν οὐκ ἀνέγνωτε τὸ ῥηθὲν ὑμῖν ὑπὸ τοῦ θεοῦ λέγοντος·	**Mk 12,26**	περὶ δὲ τῶν νεκρῶν **ὅτι** ἐγείρονται οὐκ ἀνέγνωτε ἐν τῇ βίβλῳ Μωϋσέως ἐπὶ τοῦ βάτου πῶς εἶπεν αὐτῷ ὁ θεὸς λέγων· ...	**Lk 20,37**	**ὅτι** δὲ ἐγείρονται οἱ νεκροί, καὶ Μωϋσῆς ἐμήνυσεν ἐπὶ τῆς βάτου, ὡς λέγει ...	
221	**Mt 22,34**	οἱ δὲ Φαρισαῖοι ἀκούσαντες **ὅτι** ἐφίμωσεν τοὺς Σαδδουκαίους συνήχθησαν ἐπὶ τὸ αὐτό, [35] καὶ ἐπηρώτησεν εἷς ἐξ αὐτῶν [νομικὸς] πειράζων αὐτόν·	**Mk 12,28** → Lk 20,39	καὶ προσελθὼν εἷς τῶν γραμματέων ἀκούσας αὐτῶν συζητούντων, ἰδὼν **ὅτι** καλῶς ἀπεκρίθη αὐτοῖς ἐπηρώτησεν αὐτόν· ...	**Lk 10,25**	καὶ ἰδοὺ νομικός τις ἀνέστη ἐκπειράζων αὐτὸν λέγων· ...	

[a] ὅτι after interrogative
[b] διὰ τί ...; ὅτι ...
[c] ὅτι with reference to scripture
[d] ὅτι as a causal conjunction
[e] ὅτι perhaps: why?

121	**Mt 22,37**	ὁ δὲ ἔφη αὐτῷ· *ἀγαπήσεις* *κύριον τὸν θεόν σου* ... ➤ Deut 6,5	**Mk 12,29**	ἀπεκρίθη ὁ Ἰησοῦς ὅτι πρώτη ἐστίν· *ἄκουε, Ἰσραήλ, κύριος ὁ θεὸς ἡμῶν κύριος εἷς ἐστιν,* [30] *καὶ ἀγαπήσεις* *κύριον τὸν θεόν σου* ... ➤ Deut 6,4-5	**Lk 10,26**	ὁ δὲ εἶπεν πρὸς αὐτόν· ἐν τῷ νόμῳ τί γέγραπται; πῶς ἀναγινώσκεις; [27] ὁ δὲ ἀποκριθεὶς εἶπεν· *ἀγαπήσεις* *κύριον τὸν θεόν σου* ... ➤ Deut 6,5	
c 021			**Mk 12,32**	καὶ εἶπεν αὐτῷ ὁ γραμματεύς· καλῶς, διδάσκαλε, ἐπ' ἀληθείας εἶπες ὅτι *εἷς ἐστιν καὶ οὐκ ἔστιν ἄλλος πλὴν αὐτοῦ·* ➤ Deut 6,4	**Lk 20,39** ↑ Mk 12,28	ἀποκριθέντες δέ τινες τῶν γραμματέων εἶπαν· διδάσκαλε, καλῶς εἶπας.	
021			**Mk 12,34**	καὶ ὁ Ἰησοῦς ἰδὼν [αὐτὸν] ὅτι νουνεχῶς ἀπεκρίθη εἶπεν αὐτῷ· οὐ μακρὰν εἶ ἀπὸ τῆς βασιλείας τοῦ θεοῦ. ...	**Lk 10,28**	 εἶπεν δὲ αὐτῷ· ὀρθῶς ἀπεκρίθης· τοῦτο ποίει καὶ ζήσῃ.	
a 121	**Mt 22,42**	... τί ὑμῖν δοκεῖ περὶ τοῦ χριστοῦ; τίνος υἱός ἐστιν; λέγουσιν αὐτῷ· τοῦ Δαυίδ.	**Mk 12,35**	... πῶς λέγουσιν οἱ γραμματεῖς ὅτι ὁ χριστὸς υἱὸς Δαυίδ ἐστιν;	**Lk 20,41**	... πῶς λέγουσιν τὸν χριστὸν εἶναι Δαυὶδ υἱόν;	
d 200	**Mt 23,10**	μηδὲ κληθῆτε καθηγηταί, ὅτι καθηγητὴς ὑμῶν ἐστιν εἷς ὁ Χριστός.					→ GTh 13,4-5
d 202	**Mt 23,13** → Mt 16,19	οὐαὶ δὲ ὑμῖν, γραμματεῖς καὶ Φαρισαῖοι ὑποκριταί, ὅτι κλείετε τὴν βασιλείαν τῶν οὐρανῶν ἔμπροσθεν τῶν ἀνθρώπων· ...			**Lk 11,52**	οὐαὶ ὑμῖν τοῖς νομικοῖς, ὅτι ἤρατε τὴν κλεῖδα τῆς γνώσεως· ...	→ GTh 39,1-2 (POxy 655) → GTh 102
d 200	**Mt 23,15**	οὐαὶ ὑμῖν, γραμματεῖς καὶ Φαρισαῖοι ὑποκριταί, ὅτι περιάγετε τὴν θάλασσαν καὶ τὴν ξηρὰν ποιῆσαι ἕνα προσήλυτον, ...					
d 202	**Mt 23,23**	οὐαὶ ὑμῖν, γραμματεῖς καὶ Φαρισαῖοι ὑποκριταί, ὅτι ἀποδεκατοῦτε τὸ ἡδύοσμον καὶ τὸ ἄνηθον καὶ τὸ κύμινον καὶ ἀφήκατε τὰ βαρύτερα τοῦ νόμου, τὴν κρίσιν καὶ τὸ ἔλεος καὶ τὴν πίστιν· ...			**Lk 11,42**	ἀλλὰ οὐαὶ ὑμῖν τοῖς Φαρισαίοις, ὅτι ἀποδεκατοῦτε τὸ ἡδύοσμον καὶ τὸ πήγανον καὶ πᾶν λάχανον καὶ παρέρχεσθε τὴν κρίσιν καὶ τὴν ἀγάπην τοῦ θεοῦ· ...	
d 201	**Mt 23,25** → Mk 7,4	οὐαὶ ὑμῖν, γραμματεῖς καὶ Φαρισαῖοι ὑποκριταί, ὅτι καθαρίζετε τὸ ἔξωθεν τοῦ ποτηρίου καὶ τῆς παροψίδος, ἔσωθεν δὲ γέμουσιν ἐξ ἁρπαγῆς καὶ ἀκρασίας.			**Lk 11,39** → Mk 7,4	... νῦν ὑμεῖς οἱ Φαρισαῖοι τὸ ἔξωθεν τοῦ ποτηρίου καὶ τοῦ πίνακος καθαρίζετε, τὸ δὲ ἔσωθεν ὑμῶν γέμει ἁρπαγῆς καὶ πονηρίας.	→ GTh 89

	Mt		Mk		Lk		
d 202	**Mt 23,27**	οὐαὶ ὑμῖν, γραμματεῖς καὶ Φαρισαῖοι ὑποκριταί, ὅτι παρομοιάζετε τάφοις κεκονιαμένοις, οἵτινες ἔξωθεν μὲν φαίνονται ὡραῖοι, ἔσωθεν δὲ γέμουσιν ὀστέων νεκρῶν καὶ πάσης ἀκαθαρσίας.			**Lk 11,44**	οὐαὶ ὑμῖν, ὅτι ἐστὲ ὡς τὰ μνημεῖα τὰ ἄδηλα, καὶ οἱ ἄνθρωποι [οἱ] περιπατοῦντες ἐπάνω οὐκ οἴδασιν.	
d 202	**Mt 23,29**	οὐαὶ ὑμῖν, γραμματεῖς καὶ Φαρισαῖοι ὑποκριταί, ὅτι οἰκοδομεῖτε τοὺς τάφους τῶν προφητῶν καὶ κοσμεῖτε τὰ μνημεῖα τῶν δικαίων			**Lk 11,47**	οὐαὶ ὑμῖν, ὅτι οἰκοδομεῖτε τὰ μνημεῖα τῶν προφητῶν, ...	
201	**Mt 23,31**	ὥστε μαρτυρεῖτε ἑαυτοῖς ὅτι υἱοί ἐστε τῶν φονευσάντων τοὺς προφήτας. [32] καὶ ὑμεῖς πληρώσατε τὸ μέτρον τῶν πατέρων ὑμῶν.			**Lk 11,48**	ἄρα μάρτυρές ἐστε καὶ συνευδοκεῖτε τοῖς ἔργοις τῶν πατέρων ὑμῶν, ὅτι αὐτοὶ μὲν ἀπέκτειναν αὐτούς, ὑμεῖς δὲ οἰκοδομεῖτε.	
022			**Mk 12,43**	... ἀμὴν λέγω ὑμῖν ὅτι ἡ χήρα αὕτη ἡ πτωχὴ πλεῖον πάντων ἔβαλεν τῶν βαλλόντων εἰς τὸ γαζοφυλάκιον·	**Lk 21,3**	... ἀληθῶς λέγω ὑμῖν ὅτι ἡ χήρα αὕτη ἡ πτωχὴ πλεῖον πάντων ἔβαλεν·	
112	**Mt 24,1**	... καὶ προσῆλθον οἱ μαθηταὶ αὐτοῦ ἐπιδεῖξαι αὐτῷ τὰς οἰκοδομὰς τοῦ ἱεροῦ.	**Mk 13,1**	... λέγει αὐτῷ εἷς τῶν μαθητῶν αὐτοῦ· διδάσκαλε, ἴδε ποταποὶ λίθοι καὶ ποταπαὶ οἰκοδομαί.	**Lk 21,5**	καί τινων λεγόντων περὶ τοῦ ἱεροῦ ὅτι λίθοις καλοῖς καὶ ἀναθήμασιν κεκόσμηται ...	
121	**Mt 24,5** → Mt 24,23-24 → Mt 24,26 → Mt 24,11	πολλοὶ γὰρ ἐλεύσονται ἐπὶ τῷ ὀνόματί μου λέγοντες· ἐγώ εἰμι ὁ χριστός, καὶ πολλοὺς πλανήσουσιν.	**Mk 13,6** → Mk 13,21-22	πολλοὶ ἐλεύσονται ἐπὶ τῷ ὀνόματί μου λέγοντες ὅτι ἐγώ εἰμι, καὶ πολλοὺς πλανήσουσιν.	**Lk 21,8** → Lk 17,23	... πολλοὶ γὰρ ἐλεύσονται ἐπὶ τῷ ὀνόματί μου λέγοντες· ἐγώ εἰμι, καί· ὁ καιρὸς ἤγγικεν. μὴ πορευθῆτε ὀπίσω αὐτῶν.	
112	**Mt 24,15**	ὅταν οὖν ἴδητε *τὸ* *βδέλυγμα τῆς ἐρημώσεως* τὸ ῥηθὲν διὰ Δανιὴλ τοῦ προφήτου ἑστὸς ἐν τόπῳ ἁγίῳ, ὁ ἀναγινώσκων νοείτω, [16] τότε οἱ ἐν τῇ Ἰουδαίᾳ φευγέτωσαν εἰς τὰ ὄρη ➤ Dan 9,27/11,31/12,11	**Mk 13,14**	ὅταν δὲ ἴδητε *τὸ* *βδέλυγμα τῆς ἐρημώσεως* ἑστηκότα ὅπου οὐ δεῖ, ὁ ἀναγινώσκων νοείτω, τότε οἱ ἐν τῇ Ἰουδαίᾳ φευγέτωσαν εἰς τὰ ὄρη ➤ Dan 9,27/11,31/12,11	**Lk 21,20** ↑ Lk 19,43	ὅταν δὲ ἴδητε κυκλουμένην ὑπὸ στρατοπέδων Ἰερουσαλήμ, τότε γνῶτε ὅτι ἤγγικεν ἡ ἐρήμωσις αὐτῆς. [21] τότε οἱ ἐν τῇ Ἰουδαίᾳ φευγέτωσαν εἰς τὰ ὄρη καὶ οἱ ἐν μέσῳ αὐτῆς ἐκχωρείτωσαν καὶ οἱ ἐν ταῖς χώραις μὴ εἰσερχέσθωσαν εἰς αὐτήν	
d 002					**Lk 21,22**	ὅτι ἡμέραι ἐκδικήσεως αὗταί εἰσιν τοῦ πλησθῆναι πάντα τὰ γεγραμμένα.	

	Mt		Mk		Lk		
222	**Mt 24,32**	ἀπὸ δὲ τῆς συκῆς μάθετε τὴν παραβολήν· ὅταν ἤδη ὁ κλάδος αὐτῆς γένηται ἁπαλὸς καὶ τὰ φύλλα ἐκφύῃ, γινώσκετε ὅτι ἐγγὺς τὸ θέρος·	**Mk 13,28**	ἀπὸ δὲ τῆς συκῆς μάθετε τὴν παραβολήν· ὅταν ἤδη ὁ κλάδος αὐτῆς ἁπαλὸς γένηται καὶ ἐκφύῃ τὰ φύλλα, γινώσκετε ὅτι ἐγγὺς τὸ θέρος ἐστίν·	**Lk 21,30**	[29] καὶ εἶπεν παραβολὴν αὐτοῖς· ἴδετε τὴν συκῆν καὶ πάντα τὰ δένδρα· [30] ὅταν προβάλωσιν ἤδη, βλέποντες ἀφ' ἑαυτῶν γινώσκετε ὅτι ἤδη ἐγγὺς τὸ θέρος ἐστίν·	
222	**Mt 24,33**	οὕτως καὶ ὑμεῖς, ὅταν ἴδητε πάντα ταῦτα, γινώσκετε ὅτι ἐγγύς ἐστιν ἐπὶ θύραις.	**Mk 13,29**	οὕτως καὶ ὑμεῖς, ὅταν ἴδητε ταῦτα γινόμενα, γινώσκετε ὅτι ἐγγύς ἐστιν ἐπὶ θύραις.	**Lk 21,31**	οὕτως καὶ ὑμεῖς, ὅταν ἴδητε ταῦτα γινόμενα, γινώσκετε ὅτι ἐγγύς ἐστιν ἡ βασιλεία τοῦ θεοῦ.	
222	**Mt 24,34** ↑ Mt 16,28	ἀμὴν λέγω ὑμῖν ὅτι οὐ μὴ παρέλθῃ ἡ γενεὰ αὕτη ἕως ἂν πάντα ταῦτα γένηται.	**Mk 13,30** ↑ Mk 9,1	ἀμὴν λέγω ὑμῖν ὅτι οὐ μὴ παρέλθῃ ἡ γενεὰ αὕτη μέχρις οὗ ταῦτα πάντα γένηται.	**Lk 21,32** ↑ Lk 9,27	ἀμὴν λέγω ὑμῖν ὅτι οὐ μὴ παρέλθῃ ἡ γενεὰ αὕτη ἕως ἂν πάντα γένηται.	
d 210	**Mt 24,42** ↓ Mt 24,44 → Mt 24,50 ↓ Mt 25,13	γρηγορεῖτε οὖν, ὅτι οὐκ οἴδατε ποίᾳ ἡμέρᾳ ὁ κύριος ὑμῶν ἔρχεται.	**Mk 13,35** → Lk 12,38	γρηγορεῖτε οὖν· οὐκ οἴδατε γὰρ πότε ὁ κύριος τῆς οἰκίας ἔρχεται, ἢ ὀψὲ ἢ μεσονύκτιον ἢ ἀλεκτοροφωνίας ἢ πρωΐ			
202	**Mt 24,43**	ἐκεῖνο δὲ γινώσκετε ὅτι εἰ ᾔδει ὁ οἰκοδεσπότης ποίᾳ φυλακῇ ὁ κλέπτης ἔρχεται, ἐγρηγόρησεν ἂν καὶ οὐκ ἂν εἴασεν διορυχθῆναι τὴν οἰκίαν αὐτοῦ.			**Lk 12,39**	τοῦτο δὲ γινώσκετε ὅτι εἰ ᾔδει ὁ οἰκοδεσπότης ποίᾳ ὥρᾳ ὁ κλέπτης ἔρχεται, οὐκ ἂν ἀφῆκεν διορυχθῆναι τὸν οἶκον αὐτοῦ.	→ GTh 21,5 → GTh 103
d 202	**Mt 24,44** ↑ Mt 24,42 → Mt 24,50 ↓ Mt 25,13	διὰ τοῦτο καὶ ὑμεῖς γίνεσθε ἕτοιμοι, ὅτι ᾗ οὐ δοκεῖτε ὥρᾳ ὁ υἱὸς τοῦ ἀνθρώπου ἔρχεται.	↑ Mk 13,35		**Lk 12,40** → Lk 12,38	καὶ ὑμεῖς γίνεσθε ἕτοιμοι, ὅτι ᾗ ὥρᾳ οὐ δοκεῖτε ὁ υἱὸς τοῦ ἀνθρώπου ἔρχεται.	→ GTh 21,6
202	**Mt 24,47** → Mt 25,21 → Mt 25,23	ἀμὴν λέγω ὑμῖν ὅτι ἐπὶ πᾶσιν τοῖς ὑπάρχουσιν αὐτοῦ καταστήσει αὐτόν.			**Lk 12,44**	ἀληθῶς λέγω ὑμῖν ὅτι ἐπὶ πᾶσιν τοῖς ὑπάρχουσιν αὐτοῦ καταστήσει αὐτόν.	
d 200	**Mt 25,8**	αἱ δὲ μωραὶ ταῖς φρονίμοις εἶπαν· δότε ἡμῖν ἐκ τοῦ ἐλαίου ὑμῶν, ὅτι αἱ λαμπάδες ἡμῶν σβέννυνται.					
d 211	**Mt 25,13** ↑ Mt 24,42 ↑ Mt 24,44 → Mt 24,50	γρηγορεῖτε οὖν, ὅτι οὐκ οἴδατε τὴν ἡμέραν οὐδὲ τὴν ὥραν.	**Mk 13,33** → Lk 21,34	βλέπετε, ἀγρυπνεῖτε· οὐκ οἴδατε γὰρ πότε ὁ καιρός ἐστιν.	**Lk 21,36** → Lk 18,1	ἀγρυπνεῖτε δὲ ἐν παντὶ καιρῷ δεόμενοι ἵνα κατισχύσητε ἐκφυγεῖν ταῦτα πάντα τὰ μέλλοντα γίνεσθαι καὶ σταθῆναι ἔμπροσθεν τοῦ υἱοῦ τοῦ ἀνθρώπου.	
d 202	**Mt 25,24**	... ἔγνων σε ὅτι σκληρὸς εἶ ἄνθρωπος, θερίζων ὅπου οὐκ ἔσπειρας καὶ συνάγων ὅθεν οὐ διεσκόρπισας			**Lk 19,21** → Mt 25,25	ἐφοβούμην γάρ σε, ὅτι ἄνθρωπος αὐστηρὸς εἶ, αἴρεις ὃ οὐκ ἔθηκας καὶ θερίζεις ὃ οὐκ ἔσπειρας.	

202	Mt 25,26	ἀποκριθεὶς δὲ ὁ κύριος αὐτοῦ εἶπεν αὐτῷ· πονηρὲ δοῦλε καὶ ὀκνηρέ, ᾔδεις ὅτι θερίζω ὅπου οὐκ ἔσπειρα καὶ συνάγω ὅθεν οὐ διεσκόρπισα;			Lk 19,22	λέγει αὐτῷ· ἐκ τοῦ στόματός σου κρίνω σε, πονηρὲ δοῦλε. ᾔδεις ὅτι ἐγὼ ἄνθρωπος αὐστηρός εἰμι, αἴρων ὃ οὐκ ἔθηκα καὶ θερίζων ὃ οὐκ ἔσπειρα;	
211	Mt 26,2	οἴδατε ὅτι μετὰ δύο ἡμέρας τὸ πάσχα γίνεται, ...	Mk 14,1	ἦν δὲ τὸ πάσχα καὶ τὰ ἄζυμα μετὰ δύο ἡμέρας. ...	Lk 22,1	ἤγγιζεν δὲ ἡ ἑορτὴ τῶν ἀζύμων ἡ λεγομένη πάσχα.	
121	Mt 26,18	... εἴπατε αὐτῷ· ὁ διδάσκαλος λέγει· ὁ καιρός μου ἐγγύς ἐστιν, πρὸς σὲ ποιῶ τὸ πάσχα μετὰ τῶν μαθητῶν μου.	Mk 14,14	... εἴπατε τῷ οἰκοδεσπότῃ ὅτι ὁ διδάσκαλος λέγει· ποῦ ἐστιν τὸ κατάλυμά μου ὅπου τὸ πάσχα μετὰ τῶν μαθητῶν μου φάγω;	Lk 22,11	... ἐρεῖτε τῷ οἰκοδεσπότῃ τῆς οἰκίας· λέγει σοι ὁ διδάσκαλος· ποῦ ἐστιν τὸ κατάλυμα ὅπου τὸ πάσχα μετὰ τῶν μαθητῶν μου φάγω;	
221	Mt 26,21	... ἀμὴν λέγω ὑμῖν ὅτι εἷς ἐξ ὑμῶν παραδώσει με.	Mk 14,18	... ἀμὴν λέγω ὑμῖν ὅτι εἷς ἐξ ὑμῶν παραδώσει με ὁ ἐσθίων μετ᾽ ἐμοῦ.	Lk 22,21 → Mt 26,23 → Mk 14,20	πλὴν ἰδοὺ ἡ χεὶρ τοῦ παραδιδόντος με μετ᾽ ἐμοῦ ἐπὶ τῆς τραπέζης·	→ Jn 13,21
d 122	Mt 26,24	ὁ μὲν υἱὸς τοῦ ἀνθρώπου ὑπάγει καθὼς γέγραπται περὶ αὐτοῦ, οὐαὶ δὲ τῷ ἀνθρώπῳ ἐκείνῳ δι᾽ οὗ ὁ υἱὸς τοῦ ἀνθρώπου παραδίδοται· ...	Mk 14,21	ὅτι ὁ μὲν υἱὸς τοῦ ἀνθρώπου ὑπάγει καθὼς γέγραπται περὶ αὐτοῦ, οὐαὶ δὲ τῷ ἀνθρώπῳ ἐκείνῳ δι᾽ οὗ ὁ υἱὸς τοῦ ἀνθρώπου παραδίδοται· ...	Lk 22,22	ὅτι ὁ υἱὸς μὲν τοῦ ἀνθρώπου κατὰ τὸ ὡρισμένον πορεύεται, πλὴν οὐαὶ τῷ ἀνθρώπῳ ἐκείνῳ δι᾽ οὗ παραδίδοται.	
002					Lk 22,16 ↓ Mt 26,29 ↓ Mk 14,25 ↓ Lk 22,18	λέγω γὰρ ὑμῖν ὅτι οὐ μὴ φάγω αὐτὸ ἕως ὅτου πληρωθῇ ἐν τῇ βασιλείᾳ τοῦ θεοῦ.	
122	Mt 26,29	λέγω δὲ ὑμῖν, οὐ μὴ πίω ἀπ᾽ ἄρτι ἐκ τούτου τοῦ γενήματος τῆς ἀμπέλου ἕως τῆς ἡμέρας ἐκείνης ὅταν αὐτὸ πίνω μεθ᾽ ὑμῶν καινὸν ἐν τῇ βασιλείᾳ τοῦ πατρός μου.	Mk 14,25	ἀμὴν λέγω ὑμῖν ὅτι οὐκέτι οὐ μὴ πίω ἐκ τοῦ γενήματος τῆς ἀμπέλου ἕως τῆς ἡμέρας ἐκείνης ὅταν αὐτὸ πίνω καινὸν ἐν τῇ βασιλείᾳ τοῦ θεοῦ.	Lk 22,18 ↑ Lk 22,16	λέγω γὰρ ὑμῖν, [ὅτι] οὐ μὴ πίω ἀπὸ τοῦ νῦν ἀπὸ τοῦ γενήματος τῆς ἀμπέλου ἕως οὗ ἡ βασιλεία τοῦ θεοῦ ἔλθῃ.	
d 122	Mt 26,24	ὁ μὲν υἱὸς τοῦ ἀνθρώπου ὑπάγει καθὼς γέγραπται περὶ αὐτοῦ, οὐαὶ δὲ τῷ ἀνθρώπῳ ἐκείνῳ δι᾽ οὗ ὁ υἱὸς τοῦ ἀνθρώπου παραδίδοται· ...	Mk 14,21	ὅτι ὁ μὲν υἱὸς τοῦ ἀνθρώπου ὑπάγει καθὼς γέγραπται περὶ αὐτοῦ, οὐαὶ δὲ τῷ ἀνθρώπῳ ἐκείνῳ δι᾽ οὗ ὁ υἱὸς τοῦ ἀνθρώπου παραδίδοται· ...	Lk 22,22	ὅτι ὁ υἱὸς μὲν τοῦ ἀνθρώπου κατὰ τὸ ὡρισμένον πορεύεται, πλὴν οὐαὶ τῷ ἀνθρώπῳ ἐκείνῳ δι᾽ οὗ παραδίδοται.	
002					Lk 22,37 → Mt 27,38 → Mk 15,27 → Lk 23,33	λέγω γὰρ ὑμῖν ὅτι τοῦτο τὸ γεγραμμένον δεῖ τελεσθῆναι ἐν ἐμοί, τό· *καὶ μετὰ ἀνόμων* *ἐλογίσθη·* καὶ γὰρ τὸ περὶ ἐμοῦ τέλος ἔχει. ➤ Isa 53,12	→ Jn 19,18

	Mt		Mk		Lk		
120	Mt 26,31	τότε λέγει αὐτοῖς ὁ Ἰησοῦς· πάντες ὑμεῖς σκανδαλισθήσεσθε ἐν ἐμοὶ ἐν τῇ νυκτὶ ταύτῃ,	Mk 14,27 (2)	καὶ λέγει αὐτοῖς ὁ Ἰησοῦς **ὅτι** πάντες σκανδαλισθήσεσθε,			
d 120		γέγραπται γάρ· *πατάξω τὸν ποιμένα, καὶ* *διασκορπισθήσονται τὰ* *πρόβατα τῆς ποίμνης.* ➤ Zech 13,7		**ὅτι** γέγραπται· *πατάξω τὸν ποιμένα, καὶ* *τὰ πρόβατα* *διασκορπισθήσονται.* ➤ Zech 13,7			
221	Mt 26,34	... ἀμὴν λέγω σοι **ὅτι** ἐν ταύτῃ τῇ νυκτὶ πρὶν ἀλέκτορα φωνῆσαι τρὶς ἀπαρνήσῃ με.	Mk 14,30	... ἀμὴν λέγω σοι **ὅτι** σὺ σήμερον ταύτῃ τῇ νυκτὶ πρὶν ἢ δὶς ἀλέκτορα φωνῆσαι τρίς με ἀπαρνήσῃ.	Lk 22,34	... λέγω σοι, Πέτρε, οὐ φωνήσει σήμερον ἀλέκτωρ ἕως τρίς με ἀπαρνήσῃ εἰδέναι.	→ Jn 13,38
200	Mt 26,53	ἢ δοκεῖς **ὅτι** οὐ δύναμαι παρακαλέσαι τὸν πατέρα μου, καὶ παραστήσει μοι ἄρτι πλείω δώδεκα λεγιῶνας ἀγγέλων;					→ Jn 18,36
200	Mt 26,54	πῶς οὖν πληρωθῶσιν αἱ γραφαὶ **ὅτι** οὕτως δεῖ γενέσθαι;					
222	Mt 26,75	 καὶ ἐμνήσθη ὁ Πέτρος τοῦ ῥήματος Ἰησοῦ εἰρηκότος **ὅτι** πρὶν ἀλέκτορα φωνῆσαι τρὶς ἀπαρνήσῃ με· ...	Mk 14,72	 ... καὶ ἀνεμνήσθη ὁ Πέτρος τὸ ῥῆμα ὡς εἶπεν αὐτῷ ὁ Ἰησοῦς **ὅτι** πρὶν ἀλέκτορα φωνῆσαι δὶς τρίς με ἀπαρνήσῃ· ...	Lk 22,61	καὶ στραφεὶς ὁ κύριος ἐνέβλεψεν τῷ Πέτρῳ, καὶ ὑπεμνήσθη ὁ Πέτρος τοῦ ῥήματος τοῦ κυρίου ὡς εἶπεν αὐτῷ **ὅτι** πρὶν ἀλέκτορα φωνῆσαι σήμερον ἀπαρνήσῃ με τρίς.	
120	Mt 26,61		Mk 14,58 (2)	[57] ... ἐψευδομαρτύρουν κατ' αὐτοῦ λέγοντες [58] **ὅτι**			
120	→ Mt 27,40	ἡμεῖς ἠκούσαμεν (Mk) ... οὗτος ἔφη· δύναμαι καταλῦσαι τὸν ναὸν τοῦ θεοῦ καὶ διὰ τριῶν ἡμερῶν οἰκοδομῆσαι.	→ Mk 15,29	ἡμεῖς ἠκούσαμεν αὐτοῦ λέγοντος **ὅτι** ἐγὼ καταλύσω τὸν ναὸν τοῦτον τὸν χειροποίητον καὶ διὰ τριῶν ἡμερῶν ἄλλον ἀχειροποίητον οἰκοδομήσω.			→ Jn 2,19 → **Acts 6,14** → GTh 71
112	Mt 26,64	λέγει αὐτῷ ὁ Ἰησοῦς· σὺ εἶπας· ...	Mk 14,62	ὁ δὲ Ἰησοῦς εἶπεν· ἐγώ εἰμι, ...	Lk 22,70 ⇨ Lk 22,67 ↓ Mt 27,43	... ὁ δὲ πρὸς αὐτοὺς ἔφη· ὑμεῖς λέγετε **ὅτι** ἐγώ εἰμι.	→ **Jn 10,36**

[a] ὅτι after interrogative
[b] διὰ τί ...; ὅτι ...
[c] ὅτι with reference to scripture
[d] ὅτι as a causal conjunction
[e] ὅτι perhaps: why?

		Mt		Mk		Lk	
121	Mt 26,71	... εἶδεν αὐτὸν ἄλλη καὶ λέγει τοῖς ἐκεῖ· οὗτος ἦν μετὰ Ἰησοῦ τοῦ Ναζωραίου.	Mk 14,69	καὶ ἡ παιδίσκη ἰδοῦσα αὐτὸν ἤρξατο πάλιν λέγειν τοῖς παρεστῶσιν ὅτι οὗτος ἐξ αὐτῶν ἐστιν.	Lk 22,58	καὶ μετὰ βραχὺ ἕτερος ἰδὼν αὐτὸν ἔφη· καὶ σὺ ἐξ αὐτῶν εἶ.	→ Jn 18,25
211	Mt 26,72	καὶ πάλιν ἠρνήσατο μετὰ ὅρκου ὅτι οὐκ οἶδα τὸν ἄνθρωπον. [73] μετὰ μικρὸν δὲ προσελθόντες οἱ ἑστῶτες εἶπον τῷ Πέτρῳ· ἀληθῶς καὶ σὺ ἐξ αὐτῶν εἶ, καὶ γὰρ ἡ λαλιά σου δῆλόν σε ποιεῖ.	Mk 14,70	ὁ δὲ πάλιν ἠρνεῖτο. καὶ μετὰ μικρὸν πάλιν οἱ παρεστῶτες ἔλεγον τῷ Πέτρῳ· ἀληθῶς ἐξ αὐτῶν εἶ, καὶ γὰρ Γαλιλαῖος εἶ.		ὁ δὲ Πέτρος ἔφη· ἄνθρωπε, οὐκ εἰμί. [59] καὶ διαστάσης ὡσεὶ ὥρας μιᾶς ἄλλος τις διϊσχυρίζετο λέγων· ἐπ' ἀληθείας καὶ οὗτος μετ' αὐτοῦ ἦν, καὶ γὰρ Γαλιλαῖός ἐστιν.	→ Jn 18,25
221	Mt 26,74	τότε ἤρξατο καταθεματίζειν καὶ ὀμνύειν ὅτι οὐκ οἶδα τὸν ἄνθρωπον. καὶ εὐθέως ἀλέκτωρ ἐφώνησεν.	Mk 14,71	ὁ δὲ ἤρξατο ἀναθεματίζειν καὶ ὀμνύναι ὅτι οὐκ οἶδα τὸν ἄνθρωπον τοῦτον ὃν λέγετε. [72] καὶ εὐθὺς ἐκ δευτέρου ἀλέκτωρ ἐφώνησεν. ↔	Lk 22,60	εἶπεν δὲ ὁ Πέτρος· ἄνθρωπε, οὐκ οἶδα ὃ λέγεις. καὶ παραχρῆμα ἔτι λαλοῦντος αὐτοῦ ἐφώνησεν ἀλέκτωρ.	→ Jn 18,27
222	Mt 26,75	καὶ ἐμνήσθη ὁ Πέτρος τοῦ ῥήματος Ἰησοῦ εἰρηκότος ὅτι πρὶν ἀλέκτορα φωνῆσαι τρὶς ἀπαρνήσῃ με· ...	Mk 14,72	↔ καὶ ἀνεμνήσθη ὁ Πέτρος τὸ ῥῆμα ὡς εἶπεν αὐτῷ ὁ Ἰησοῦς ὅτι πρὶν ἀλέκτορα φωνῆσαι δὶς τρίς με ἀπαρνήσῃ· ...	Lk 22,61	καὶ στραφεὶς ὁ κύριος ἐνέβλεψεν τῷ Πέτρῳ, καὶ ὑπεμνήσθη ὁ Πέτρος τοῦ ῥήματος τοῦ κυρίου ὡς εἶπεν αὐτῷ ὅτι πρὶν ἀλέκτορα φωνῆσαι σήμερον ἀπαρνήσῃ με τρίς.	
200	Mt 27,3	τότε ἰδὼν Ἰούδας ὁ παραδιδοὺς αὐτὸν ὅτι κατεκρίθη, μεταμεληθεὶς ἔστρεψεν τὰ τριάκοντα ἀργύρια τοῖς ἀρχιερεῦσιν καὶ πρεσβυτέροις					
002					Lk 23,5	οἱ δὲ ἐπίσχυον λέγοντες ὅτι ἀνασείει τὸν λαὸν διδάσκων καθ' ὅλης τῆς Ἰουδαίας, ...	
002					Lk 23,7	καὶ ἐπιγνοὺς ὅτι ἐκ τῆς ἐξουσίας Ἡρῴδου ἐστὶν ἀνέπεμψεν αὐτὸν πρὸς Ἡρῴδην, ...	
220	Mt 27,18	ᾔδει γὰρ ὅτι διὰ φθόνον παρέδωκαν αὐτόν.	Mk 15,10	ἐγίνωσκεν γὰρ ὅτι διὰ φθόνον παραδεδώκεισαν αὐτὸν οἱ ἀρχιερεῖς.			
211	Mt 27,24	ἰδὼν δὲ ὁ Πιλᾶτος ὅτι οὐδὲν ὠφελεῖ ἀλλὰ μᾶλλον θόρυβος γίνεται, λαβὼν ὕδωρ ...	Mk 15,15	ὁ δὲ Πιλᾶτος βουλόμενος τῷ ὄχλῳ τὸ ἱκανὸν ποιῆσαι ...	Lk 23,24	καὶ Πιλᾶτος ἐπέκρινεν γενέσθαι τὸ αἴτημα αὐτῶν·	→ Acts 18,6

	Mt		Mk		Lk		
d 002					**Lk 23,29** → Mt 24,19 → Mk 13,17 → Lk 21,23	[28] ... πλὴν ἐφ' ἑαυτὰς κλαίετε καὶ ἐπὶ τὰ τέκνα ὑμῶν, [29] ὅτι ἰδοὺ ἔρχονται ἡμέραι ἐν αἷς ἐροῦσιν· μακάριαι αἱ στεῖραι καὶ αἱ κοιλίαι αἳ οὐκ ἐγέννησαν καὶ μαστοὶ οἳ οὐκ ἔθρεψαν.	
d 002					**Lk 23,31**	ὅτι εἰ ἐν τῷ ὑγρῷ ξύλῳ ταῦτα ποιοῦσιν, ἐν τῷ ξηρῷ τί γένηται;	
200	**Mt 27,43** ↑ Mt 26,64 ↑ Mk 14,62 ↑ Lk 22,70	*πέποιθεν ἐπὶ τὸν θεόν,* *ῥυσάσθω νῦν εἰ θέλει* *αὐτόν·* εἶπεν γὰρ ὅτι θεοῦ εἰμι υἱός. ➤ Ps 22,9					
d 002					**Lk 23,40**	ἀποκριθεὶς δὲ ὁ ἕτερος ἐπιτιμῶν αὐτῷ ἔφη· οὐδὲ φοβῇ σὺ τὸν θεόν, ὅτι ἐν τῷ αὐτῷ κρίματι εἶ;	
210	**Mt 27,47**	τινὲς δὲ τῶν ἐκεῖ ἑστηκότων ἀκούσαντες ἔλεγον ὅτι Ἠλίαν φωνεῖ οὗτος.	**Mk 15,35**	καί τινες τῶν παρεστηκότων ἀκούσαντες ἔλεγον· ἴδε Ἠλίαν φωνεῖ.			
121	**Mt 27,54**	ὁ δὲ ἑκατόνταρχος καὶ οἱ μετ' αὐτοῦ τηροῦντες τὸν Ἰησοῦν ἰδόντες τὸν σεισμὸν καὶ τὰ γενόμενα ἐφοβήθησαν σφόδρα, λέγοντες· ἀληθῶς θεοῦ υἱὸς ἦν οὗτος.	**Mk 15,39**	ἰδὼν δὲ ὁ κεντυρίων ὁ παρεστηκὼς ἐξ ἐναντίας αὐτοῦ ὅτι οὕτως ἐξέπνευσεν εἶπεν· ἀληθῶς οὗτος ὁ ἄνθρωπος υἱὸς θεοῦ ἦν.	**Lk 23,47**	ἰδὼν δὲ ὁ ἑκατοντάρχης τὸ γενόμενον ἐδόξαζεν τὸν θεὸν λέγων· ὄντως ὁ ἄνθρωπος οὗτος δίκαιος ἦν.	
200	**Mt 27,63** → Mt 12,40	λέγοντες· κύριε, ἐμνήσθημεν ὅτι ἐκεῖνος ὁ πλάνος εἶπεν ἔτι ζῶν· μετὰ τρεῖς ἡμέρας ἐγείρομαι.					
021	**Mt 28,2**	... ἄγγελος γὰρ κυρίου καταβὰς ἐξ οὐρανοῦ καὶ προσελθὼν ἀπεκύλισεν τὸν λίθον καὶ ἐκάθητο ἐπάνω αὐτοῦ.	**Mk 16,4**	καὶ ἀναβλέψασαι θεωροῦσιν ὅτι ἀποκεκύλισται ὁ λίθος· ἦν γὰρ μέγας σφόδρα.	**Lk 24,2**	εὗρον δὲ τὸν λίθον ἀποκεκυλισμένον ἀπὸ τοῦ μνημείου	→ Jn 20,1
211	**Mt 28,5**	... μὴ φοβεῖσθε ὑμεῖς, οἶδα γὰρ ὅτι Ἰησοῦν τὸν ἐσταυρωμένον ζητεῖτε·	**Mk 16,6**	... μὴ ἐκθαμβεῖσθε· Ἰησοῦν ζητεῖτε τὸν Ναζαρηνὸν τὸν ἐσταυρωμένον· ...	**Lk 24,5** → Lk 24,23	... τί ζητεῖτε τὸν ζῶντα μετὰ τῶν νεκρῶν·	

	Mt		Mk		Lk		
002	↑ **Mt 16,21** ↑ Mt 17,22 ↑ Mt 20,17-19		↑ **Mk 8,31** ↑ **Mk 9,31** ↑ **Mk 10,33**		**Lk 24,7** ↑ **Lk 9,22** ↑ Lk 9,44 → Lk 17,25 ↑ Lk 18,31-32 → Lk 24,26 ↓ **Lk 24,46**	λέγων τὸν υἱὸν τοῦ ἀνθρώπου ὅτι δεῖ παραδοθῆναι εἰς χεῖρας ἀνθρώπων ἁμαρτωλῶν καὶ σταυρωθῆναι καὶ τῇ τρίτῃ ἡμέρᾳ ἀναστῆναι.	
220	**Mt 28,7** → Mt 26,32 → Mt 27,64 → Mt 28,10.16	καὶ ταχὺ πορευθεῖσαι εἴπατε τοῖς μαθηταῖς αὐτοῦ ὅτι ἠγέρθη ἀπὸ τῶν νεκρῶν, καὶ ἰδοὺ προάγει ὑμᾶς εἰς τὴν Γαλιλαίαν, ἐκεῖ αὐτὸν ὄψεσθε· ἰδοὺ εἶπον ὑμῖν.	**Mk 16,7** → Mk 14,28	ἀλλὰ ὑπάγετε εἴπατε τοῖς μαθηταῖς αὐτοῦ καὶ τῷ Πέτρῳ ὅτι προάγει ὑμᾶς εἰς τὴν Γαλιλαίαν· ἐκεῖ αὐτὸν ὄψεσθε, καθὼς εἶπεν ὑμῖν.			→ Jn 20,17 → Jn 21,1
200	**Mt 28,13**	λέγοντες· εἴπατε ὅτι οἱ μαθηταὶ αὐτοῦ νυκτὸς ἐλθόντες ἔκλεψαν αὐτὸν ἡμῶν κοιμωμένων.					
002					**Lk 24,21**	ἡμεῖς δὲ ἠλπίζομεν ὅτι αὐτός ἐστιν ὁ μέλλων λυτροῦσθαι τὸν Ἰσραήλ· ...	
d 002					**Lk 24,29** ↑ **Lk 9,12**	καὶ παρεβιάσαντο αὐτὸν λέγοντες· μεῖνον μεθ᾽ ἡμῶν, ὅτι πρὸς ἑσπέραν ἐστὶν καὶ κέκλικεν ἤδη ἡ ἡμέρα. ...	
002					**Lk 24,34**	λέγοντας ὅτι ὄντως ἠγέρθη ὁ κύριος καὶ ὤφθη Σίμωνι.	→ **1Cor 15,4-5**
002 *d* 002					**Lk 24,39** **(2)**	ἴδετε τὰς χεῖράς μου καὶ τοὺς πόδας μου ὅτι ἐγώ εἰμι αὐτός· ψηλαφήσατέ με καὶ ἴδετε, ὅτι πνεῦμα σάρκα καὶ ὀστέα οὐκ ἔχει καθὼς ἐμὲ θεωρεῖτε ἔχοντα.	→ Jn 20,20.27
002					**Lk 24,44** → Lk 24,27	... οὗτοι οἱ λόγοι μου οὓς ἐλάλησα πρὸς ὑμᾶς ἔτι ὢν σὺν ὑμῖν, ὅτι δεῖ πληρωθῆναι πάντα τὰ γεγραμμένα ἐν τῷ νόμῳ Μωϋσέως καὶ τοῖς προφήταις καὶ ψαλμοῖς περὶ ἐμοῦ.	
002	↑ **Mt 16,21** ↑ Mt 17,22 ↑ Mt 20,17-19		↑ **Mk 8,31** ↑ **Mk 9,31** ↑ **Mk 10,33**		**Lk 24,46** ↑ **Lk 9,22** ↑ Lk 9,44 → Lk 17,25 ↑ Lk 18,31-32 ↑ **Lk 24,7** → Lk 24,26	καὶ εἶπεν αὐτοῖς ὅτι οὕτως γέγραπται παθεῖν τὸν χριστὸν καὶ ἀναστῆναι ἐκ νεκρῶν τῇ τρίτῃ ἡμέρᾳ	

a ὅτι after interrogative
b διὰ τί ...; ὅτι ...
c ὅτι with reference to scripture
d ὅτι as a causal conjunction
e ὅτι perhaps: why?

d **Acts 1,5** → Mt 3,11 → Mk 1,8 → Lk 3,16 → Acts 11,16 → Acts 19,4
ὅτι
Ἰωάννης μὲν ἐβάπτισεν ὕδατι, ὑμεῖς δὲ ἐν πνεύματι βαπτισθήσεσθε ἁγίῳ οὐ μετὰ πολλὰς ταύτας ἡμέρας.

d **Acts 1,17**
[16] ... ἔδει πληρωθῆναι τὴν γραφὴν ... περὶ Ἰούδα τοῦ γενομένου ὁδηγοῦ τοῖς συλλαβοῦσιν Ἰησοῦν,
[17] ὅτι
κατηριθμημένος ἦν ἐν ἡμῖν καὶ ἔλαχεν τὸν κλῆρον τῆς διακονίας ταύτης.

d **Acts 2,6**
γενομένης δὲ τῆς φωνῆς ταύτης συνῆλθεν τὸ πλῆθος καὶ συνεχύθη,
ὅτι
ἤκουον εἷς ἕκαστος τῇ ἰδίᾳ διαλέκτῳ λαλούντων αὐτῶν.

Acts 2,13
ἕτεροι δὲ διαχλευάζοντες ἔλεγον
ὅτι
γλεύκους μεμεστωμένοι εἰσίν.

d **Acts 2,25**
Δαυὶδ γὰρ λέγει εἰς αὐτόν· *προορώμην τὸν κύριον ἐνώπιόν μου διὰ παντός,*
ὅτι
ἐκ δεξιῶν μού ἐστιν ἵνα μὴ σαλευθῶ.
➤ Ps 15,8 LXX

d **Acts 2,27**
[26] *διὰ τοῦτο ηὐφράνθη ἡ καρδία μου καὶ ἠγαλλιάσατο ἡ γλῶσσά μου, ἔτι δὲ καὶ ἡ σάρξ μου κατασκηνώσει ἐπ' ἐλπίδι,*
[27] *ὅτι*
οὐκ ἐγκαταλείψεις τὴν ψυχήν μου εἰς ᾅδην οὐδὲ δώσεις τὸν ὅσιόν σου ἰδεῖν διαφθοράν.
➤ Ps 15,9-10 LXX

Acts 2,29
ἄνδρες ἀδελφοί, ἐξὸν εἰπεῖν μετὰ παρρησίας πρὸς ὑμᾶς περὶ τοῦ πατριάρχου Δαυίδ
ὅτι
καὶ ἐτελεύτησεν καὶ ἐτάφη, ...

c **Acts 2,30**
προφήτης οὖν ὑπάρχων καὶ εἰδὼς
ὅτι
ὅρκῳ ὤμοσεν αὐτῷ ὁ θεὸς ἐκ καρποῦ τῆς ὀσφύος αὐτοῦ καθίσαι ἐπὶ τὸν θρόνον αὐτοῦ,
➤ Ps 132,11

c **Acts 2,31**
προϊδὼν ἐλάλησεν περὶ τῆς ἀναστάσεως τοῦ Χριστοῦ
ὅτι
οὔτε ἐγκατελείφθη εἰς ᾅδην οὔτε ἡ σὰρξ αὐτοῦ εἶδεν διαφθοράν.
➤ Ps 16,10

Acts 2,36
ἀσφαλῶς οὖν γινωσκέτω πᾶς οἶκος Ἰσραὴλ
ὅτι
καὶ κύριον αὐτὸν καὶ χριστὸν ἐποίησεν ὁ θεός, τοῦτον τὸν Ἰησοῦν ὃν ὑμεῖς ἐσταυρώσατε.

Acts 3,10
ἐπεγίνωσκον δὲ αὐτὸν
ὅτι
αὐτὸς ἦν ὁ πρὸς τὴν ἐλεημοσύνην καθήμενος ἐπὶ τῇ ὡραίᾳ πύλῃ τοῦ ἱεροῦ ...

Acts 3,17 [[→ Lk 23,34a]]
καὶ νῦν, ἀδελφοί, οἶδα
ὅτι
κατὰ ἄγνοιαν ἐπράξατε ὥσπερ καὶ οἱ ἄρχοντες ὑμῶν·

c **Acts 3,22**
Μωϋσῆς μὲν εἶπεν
ὅτι
προφήτην ὑμῖν ἀναστήσει κύριος ὁ θεὸς ὑμῶν ἐκ τῶν ἀδελφῶν ὑμῶν ὡς ἐμέ· ...
➤ Deut 18,15

Acts 4,10
γνωστὸν ἔστω πᾶσιν ὑμῖν καὶ παντὶ τῷ λαῷ Ἰσραὴλ
ὅτι
ἐν τῷ ὀνόματι Ἰησοῦ Χριστοῦ τοῦ Ναζωραίου ... ἐν τούτῳ οὗτος παρέστηκεν ἐνώπιον ὑμῶν ὑγιής.

Acts 4,13 (2)
θεωροῦντες δὲ τὴν τοῦ Πέτρου παρρησίαν καὶ Ἰωάννου καὶ καταλαβόμενοι
ὅτι
ἄνθρωποι ἀγράμματοί εἰσιν καὶ ἰδιῶται,
ἐθαύμαζον ἐπεγίνωσκόν τε αὐτοὺς
ὅτι
σὺν τῷ Ἰησοῦ ἦσαν

d **Acts 4,16**
... τί ποιήσωμεν τοῖς ἀνθρώποις τούτοις;
ὅτι
μὲν γὰρ γνωστὸν σημεῖον γέγονεν δι' αὐτῶν πᾶσιν τοῖς κατοικοῦσιν Ἰερουσαλὴμ φανερὸν καὶ οὐ δυνάμεθα ἀρνεῖσθαι·

d **Acts 4,21**
οἱ δὲ προσαπειλησάμενοι ἀπέλυσαν αὐτούς, μηδὲν εὑρίσκοντες τὸ πῶς κολάσωνται αὐτούς, διὰ τὸν λαόν,
ὅτι
πάντες ἐδόξαζον τὸν θεὸν ἐπὶ τῷ γεγονότι·

a **Acts 5,4**
οὐχὶ μένον σοὶ ἔμενεν καὶ πραθὲν ἐν τῇ σῇ ἐξουσίᾳ ὑπῆρχεν; τί
ὅτι
ἔθου ἐν τῇ καρδίᾳ σου τὸ πρᾶγμα τοῦτο; ...

a **Acts 5,9**
ὁ δὲ Πέτρος πρὸς αὐτήν· τί
ὅτι
συνεφωνήθη ὑμῖν πειράσαι τὸ πνεῦμα κυρίου; ...

Acts 5,23
[22] ... ἀπήγγειλαν
[23] λέγοντες
ὅτι
τὸ δεσμωτήριον εὕρομεν κεκλεισμένον ἐν πάσῃ ἀσφαλείᾳ ...

Acts 5,25
παραγενόμενος δέ τις ἀπήγγειλεν αὐτοῖς
ὅτι
ἰδοὺ οἱ ἄνδρες οὓς ἔθεσθε ἐν τῇ φυλακῇ εἰσὶν ἐν τῷ ἱερῷ ἑστῶτες καὶ διδάσκοντες τὸν λαόν.

d **Acts 5,38**
καὶ τὰ νῦν λέγω ὑμῖν, ἀπόστητε ἀπὸ τῶν ἀνθρώπων τούτων καὶ ἄφετε αὐτούς·
ὅτι
ἐὰν ᾖ ἐξ ἀνθρώπων ἡ βουλὴ αὕτη ἢ τὸ ἔργον τοῦτο, καταλυθήσεται

d **Acts 5,41**
οἱ μὲν οὖν ἐπορεύοντο χαίροντες ἀπὸ προσώπου τοῦ συνεδρίου,
ὅτι
κατηξιώθησαν ὑπὲρ τοῦ ὀνόματος ἀτιμασθῆναι

d **Acts 6,1** ... ἐγένετο γογγυσμὸς τῶν Ἑλληνιστῶν πρὸς τοὺς Ἑβραίους,
ὅτι
παρεθεωροῦντο ἐν τῇ διακονίᾳ τῇ καθημερινῇ αἱ χῆραι αὐτῶν.

Acts 6,11 τότε ὑπέβαλον ἄνδρας λέγοντας
ὅτι
ἀκηκόαμεν αὐτοῦ λαλοῦντος ῥήματα βλάσφημα εἰς Μωϋσῆν καὶ τὸν θεόν.

Acts 6,14 ἀκηκόαμεν γὰρ αὐτοῦ λέγοντος
→ Mt 26,61
→ **Mk 14,58**
→ Mt 27,40
→ Mk 15,29
ὅτι
Ἰησοῦς ὁ Ναζωραῖος οὗτος καταλύσει τὸν τόπον τοῦτον καὶ ἀλλάξει τὰ ἔθη ἃ παρέδωκεν ἡμῖν Μωϋσῆς.

c **Acts 7,6** ἐλάλησεν δὲ οὕτως ὁ θεὸς
ὅτι
ἔσται τὸ σπέρμα αὐτοῦ πάροικον ἐν γῇ ἀλλοτρίᾳ καὶ δουλώσουσιν αὐτὸ καὶ κακώσουσιν ἔτη τετρακόσια·
➢ Gen 15,13; Exod 2,22

Acts 7,25 ἐνόμιζεν δὲ συνιέναι τοὺς ἀδελφοὺς [αὐτοῦ]
ὅτι
ὁ θεὸς διὰ χειρὸς αὐτοῦ δίδωσιν σωτηρίαν αὐτοῖς· οἱ δὲ οὐ συνῆκαν.

Acts 8,14 ἀκούσαντες δὲ οἱ ἐν Ἱεροσολύμοις ἀπόστολοι
ὅτι
δέδεκται ἡ Σαμάρεια τὸν λόγον τοῦ θεοῦ, ἀπέστειλαν πρὸς αὐτοὺς Πέτρον καὶ Ἰωάννην

Acts 8,18 ἰδὼν δὲ ὁ Σίμων
ὅτι
διὰ τῆς ἐπιθέσεως τῶν χειρῶν τῶν ἀποστόλων δίδοται τὸ πνεῦμα, προσήνεγκεν αὐτοῖς χρήματα

d **Acts 8,20** ... τὸ ἀργύριόν σου σὺν σοὶ εἴη εἰς ἀπώλειαν
ὅτι
τὴν δωρεὰν τοῦ θεοῦ ἐνόμισας διὰ χρημάτων κτᾶσθαι·

d **Acts 8,33** *ἐν τῇ ταπεινώσει [αὐτοῦ] ἡ κρίσις αὐτοῦ ἤρθη· τὴν γενεὰν αὐτοῦ τίς διηγήσεται;*
ὅτι
αἴρεται ἀπὸ τῆς γῆς ἡ ζωὴ αὐτοῦ.
➢ Isa 53,8

d **Acts 9,15** εἶπεν δὲ πρὸς αὐτὸν ὁ κύριος· πορεύου,
ὅτι
σκεῦος ἐκλογῆς ἐστίν μοι οὗτος ...

Acts 9,20 καὶ εὐθέως ἐν ταῖς συναγωγαῖς ἐκήρυσσεν τὸν Ἰησοῦν
ὅτι
οὗτός ἐστιν ὁ υἱὸς τοῦ θεοῦ.

Acts 9,22 Σαῦλος δὲ μᾶλλον ἐνεδυναμοῦτο καὶ συνέχυννεν [τοὺς] Ἰουδαίους τοὺς κατοικοῦντας ἐν Δαμασκῷ συμβιβάζων
ὅτι
οὗτός ἐστιν ὁ χριστός.

Acts 9,26 ... καὶ πάντες ἐφοβοῦντο αὐτὸν μὴ πιστεύοντες
ὅτι
ἐστὶν μαθητής.

Acts 9,27 Βαρναβᾶς ... διηγήσατο αὐτοῖς πῶς ἐν τῇ ὁδῷ εἶδεν τὸν κύριον καὶ
ὅτι
ἐλάλησεν αὐτῷ καὶ πῶς ἐν Δαμασκῷ ἐπαρρησιάσατο ἐν τῷ ὀνόματι τοῦ Ἰησοῦ.

Acts 9,38 ἐγγὺς δὲ οὔσης Λύδδας τῇ Ἰόππῃ οἱ μαθηταὶ ἀκούσαντες
ὅτι
Πέτρος ἐστὶν ἐν αὐτῇ ἀπέστειλαν δύο ἄνδρας πρὸς αὐτὸν ...

d **Acts 10,14** ... μηδαμῶς, κύριε,
ὅτι
οὐδέποτε ἔφαγον πᾶν κοινὸν καὶ ἀκάθαρτον.

d **Acts 10,20** ἀλλὰ ἀναστὰς κατάβηθι καὶ πορεύου σὺν αὐτοῖς μηδὲν διακρινόμενος
ὅτι
ἐγὼ ἀπέσταλκα αὐτούς.

Acts 10,34 ἀνοίξας δὲ Πέτρος τὸ στόμα εἶπεν· ἐπ' ἀληθείας καταλαμβάνομαι
ὅτι
οὐκ ἔστιν προσωπολήμπτης ὁ θεός

d **Acts 10,38** ... καὶ ἰώμενος πάντας τοὺς καταδυναστευομένους ὑπὸ τοῦ διαβόλου,
→ Lk 13,16
ὅτι
ὁ θεὸς ἦν μετ' αὐτοῦ.

Acts 10,42 καὶ παρήγγειλεν ἡμῖν κηρύξαι τῷ λαῷ καὶ διαμαρτύρασθαι
ὅτι
οὗτός ἐστιν ὁ ὡρισμένος ὑπὸ τοῦ θεοῦ κριτὴς ζώντων καὶ νεκρῶν.

Acts 10,45 καὶ ἐξέστησαν οἱ ἐκ περιτομῆς πιστοὶ ὅσοι συνῆλθαν τῷ Πέτρῳ,
ὅτι
καὶ ἐπὶ τὰ ἔθνη ἡ δωρεὰ τοῦ ἁγίου πνεύματος ἐκκέχυται·

Acts 11,1 ἤκουσαν δὲ οἱ ἀπόστολοι καὶ οἱ ἀδελφοὶ οἱ ὄντες κατὰ τὴν Ἰουδαίαν
ὅτι
καὶ τὰ ἔθνη ἐδέξαντο τὸν λόγον τοῦ θεοῦ.

Acts 11,3 [2] ὅτε δὲ ἀνέβη Πέτρος εἰς Ἰερουσαλήμ, διεκρίνοντο πρὸς αὐτὸν οἱ ἐκ περιτομῆς [3] λέγοντες
ὅτι
εἰσῆλθες πρὸς ἄνδρας ἀκροβυστίαν ἔχοντας καὶ συνέφαγες αὐτοῖς.

d **Acts 11,8** εἶπον δέ· μηδαμῶς, κύριε,
ὅτι
κοινὸν ἢ ἀκάθαρτον οὐδέποτε εἰσῆλθεν εἰς τὸ στόμα μου.

d **Acts 11,24** [23] ... παρεκάλει πάντας τῇ προθέσει τῆς καρδίας προσμένειν τῷ κυρίῳ.
[24] ὅτι
ἦν ἀνὴρ ἀγαθὸς καὶ πλήρης πνεύματος ἁγίου καὶ πίστεως. ...

Acts 12,3 ἰδὼν δὲ
ὅτι
ἀρεστόν ἐστιν τοῖς Ἰουδαίοις, προσέθετο συλλαβεῖν καὶ Πέτρον, ...

Acts 12,9 καὶ ἐξελθὼν ἠκολούθει καὶ οὐκ ᾔδει
ὅτι
ἀληθές ἐστιν τὸ γινόμενον διὰ τοῦ ἀγγέλου· ...

Acts 12,11 ... νῦν οἶδα ἀληθῶς
ὅτι
ἐξαπέστειλεν [ὁ] κύριος τὸν ἄγγελον αὐτοῦ ...

Acts 13,33 [32] καὶ ἡμεῖς ὑμᾶς εὐαγγελιζόμεθα τὴν πρὸς τοὺς πατέρας ἐπαγγελίαν γενομένην,
[33] ὅτι
ταύτην ὁ θεὸς ἐκπεπλήρωκεν τοῖς τέκνοις [αὐτῶν] ἡμῖν ἀναστήσας Ἰησοῦν ὡς καὶ ἐν τῷ ψαλμῷ γέγραπται τῷ δευτέρῳ, *υἱός μου εἶ σύ, ἐγὼ σήμερον γεγέννηκά σε.*
➢ Ps 2,7

Acts 13,34 (2) ὅτι
δὲ ἀνέστησεν αὐτὸν ἐκ νεκρῶν μηκέτι μέλλοντα ὑποστρέφειν εἰς διαφθοράν,
c οὕτως εἴρηκεν
ὅτι
δώσω *ὑμῖν τὰ ὅσια Δαυὶδ τὰ πιστά.*
➢ Isa 55,3 LXX

Acts 13,38 γνωστὸν οὖν ἔστω ὑμῖν, ἄνδρες ἀδελφοί,
ὅτι
διὰ τούτου ὑμῖν ἄφεσις ἁμαρτιῶν καταγγέλλεται, ...

d **Acts 13,41** *ἴδετε, οἱ καταφρονηταί, καὶ θαυμάσατε καὶ ἀφανίσθητε,*
ὅτι
ἔργον ἐργάζομαι ἐγὼ ἐν ταῖς ἡμέραις ὑμῶν, ἔργον *ὃ οὐ μὴ πιστεύσητε ἐάν τις ἐκδιηγῆται ὑμῖν.*
➢ Hab 1,5 LXX

Acts 14,9 οὗτος ἤκουσεν τοῦ Παύλου λαλοῦντος· ὃς ἀτενίσας αὐτῷ καὶ ἰδὼν
ὅτι
ἔχει πίστιν τοῦ σωθῆναι

Acts 14,22 ἐπιστηρίζοντες τὰς ψυχὰς τῶν μαθητῶν, παρακαλοῦντες ἐμμένειν τῇ πίστει καὶ
ὅτι
διὰ πολλῶν θλίψεων δεῖ ἡμᾶς εἰσελθεῖν εἰς τὴν βασιλείαν τοῦ θεοῦ.

Acts 14,27 παραγενόμενοι δὲ καὶ συναγαγόντες τὴν ἐκκλησίαν ἀνήγγελλον ὅσα ἐποίησεν ὁ θεὸς μετ' αὐτῶν καὶ
ὅτι
ἤνοιξεν τοῖς ἔθνεσιν θύραν πίστεως.

Acts 15,1 καί τινες κατελθόντες ἀπὸ τῆς Ἰουδαίας ἐδίδασκον τοὺς ἀδελφοὺς
ὅτι,
ἐὰν μὴ περιτμηθῆτε τῷ ἔθει τῷ Μωϋσέως, οὐ δύνασθε σωθῆναι.

Acts 15,5 ἐξανέστησαν δέ τινες τῶν ἀπὸ τῆς αἱρέσεως τῶν Φαρισαίων πεπιστευκότες λέγοντες
ὅτι
δεῖ περιτέμνειν αὐτοὺς παραγγέλλειν τε τηρεῖν τὸν νόμον Μωϋσέως.

Acts 15,7 ... ἄνδρες ἀδελφοί, ὑμεῖς ἐπίστασθε
ὅτι
ἀφ' ἡμερῶν ἀρχαίων ἐν ὑμῖν ἐξελέξατο ὁ θεὸς διὰ τοῦ στόματός μου ἀκοῦσαι τὰ ἔθνη τὸν λόγον τοῦ εὐαγγελίου καὶ πιστεῦσαι.

Acts 15,24 ἐπειδὴ ἠκούσαμεν
ὅτι
τινὲς ἐξ ἡμῶν [ἐξελθόντες] ἐτάραξαν ὑμᾶς λόγοις ἀνασκευάζοντες τὰς ψυχὰς ὑμῶν οἷς οὐ διεστειλάμεθα

Acts 16,3 ... ᾔδεισαν γὰρ ἅπαντες
ὅτι
Ἕλλην ὁ πατὴρ αὐτοῦ ὑπῆρχεν.

Acts 16,10 ὡς δὲ τὸ ὅραμα εἶδεν, εὐθέως ἐζητήσαμεν ἐξελθεῖν εἰς Μακεδονίαν συμβιβάζοντες
ὅτι
προσκέκληται ἡμᾶς ὁ θεὸς εὐαγγελίσασθαι αὐτούς.

Acts 16,19 ἰδόντες δὲ οἱ κύριοι αὐτῆς
ὅτι
ἐξῆλθεν ἡ ἐλπὶς τῆς ἐργασίας αὐτῶν, ἐπιλαβόμενοι τὸν Παῦλον καὶ τὸν Σιλᾶν εἵλκυσαν εἰς τὴν ἀγορὰν ...

Acts 16,36 ἀπήγγειλεν δὲ ὁ δεσμοφύλαξ τοὺς λόγους [τούτους] πρὸς τὸν Παῦλον
ὅτι
ἀπέσταλκαν οἱ στρατηγοὶ ἵνα ἀπολυθῆτε· ...

Acts 16,38 ... ἐφοβήθησαν δὲ ἀκούσαντες
ὅτι
Ῥωμαῖοί εἰσιν

Acts 17,3 (2) διανοίγων καὶ παρατιθέμενος
ὅτι
τὸν χριστὸν ἔδει παθεῖν καὶ ἀναστῆναι ἐκ νεκρῶν καὶ
ὅτι
οὗτός ἐστιν ὁ χριστός [ὁ] Ἰησοῦς ὃν ἐγὼ καταγγέλλω ὑμῖν.

Acts 17,6 μὴ εὑρόντες δὲ αὐτοὺς ἔσυρον Ἰάσονα καί τινας ἀδελφοὺς ἐπὶ τοὺς πολιτάρχας βοῶντες
ὅτι
οἱ τὴν οἰκουμένην ἀναστατώσαντες οὗτοι καὶ ἐνθάδε πάρεισιν

Acts 17,13 ὡς δὲ ἔγνωσαν οἱ ἀπὸ τῆς Θεσσαλονίκης Ἰουδαῖοι
ὅτι
καὶ ἐν τῇ Βεροίᾳ κατηγγέλη ὑπὸ τοῦ Παύλου ὁ λόγος τοῦ θεοῦ, ἦλθον κἀκεῖ ...

d **Acts 17,18** ... ξένων δαιμονίων δοκεῖ καταγγελεὺς εἶναι,
ὅτι
τὸν Ἰησοῦν καὶ τὴν ἀνάστασιν εὐηγγελίζετο.

Acts 18,13 λέγοντες
ὅτι
παρὰ τὸν νόμον ἀναπείθει οὗτος τοὺς ἀνθρώπους σέβεσθαι τὸν θεόν.

Acts 19,21 ... ἔθετο ὁ Παῦλος ἐν τῷ πνεύματι διελθὼν τὴν Μακεδονίαν καὶ Ἀχαΐαν πορεύεσθαι εἰς Ἱεροσόλυμα εἰπὼν
ὅτι
μετὰ τὸ γενέσθαι με ἐκεῖ δεῖ με καὶ Ῥώμην ἰδεῖν.

Acts 19,25 ... ἄνδρες, ἐπίστασθε
ὅτι
ἐκ ταύτης τῆς ἐργασίας ἡ εὐπορία ἡμῖν ἐστιν

Acts 19,26 (2) καὶ θεωρεῖτε καὶ ἀκούετε
ὅτι
οὐ μόνον Ἐφέσου ἀλλὰ σχεδὸν πάσης τῆς Ἀσίας ὁ Παῦλος οὗτος πείσας μετέστησεν ἱκανὸν ὄχλον λέγων
ὅτι
οὐκ εἰσὶν θεοὶ οἱ διὰ χειρῶν γινόμενοι.

Acts 19,34 ἐπιγνόντες δὲ
ὅτι
Ἰουδαῖός ἐστιν, φωνὴ ἐγένετο μία ἐκ πάντων ὡς ἐπὶ ὥρας δύο κραζόντων· μεγάλη ἡ Ἄρτεμις Ἐφεσίων.

Acts 20,23 (2) [22] ... πορεύομαι εἰς Ἰερουσαλὴμ τὰ ἐν αὐτῇ συναντήσοντά μοι μὴ εἰδώς, [23] πλὴν
ὅτι
τὸ πνεῦμα τὸ ἅγιον κατὰ πόλιν διαμαρτύρεταί μοι λέγον
ὅτι
δεσμὰ καὶ θλίψεις με μένουσιν.

Acts 20,25 καὶ νῦν ἰδοὺ ἐγὼ οἶδα
ὅτι
οὐκέτι ὄψεσθε τὸ πρόσωπόν μου ὑμεῖς πάντες ἐν οἷς διῆλθον κηρύσσων τὴν βασιλείαν.

Acts 20,26 → Acts 18,6 διότι μαρτύρομαι ὑμῖν ἐν τῇ σήμερον ἡμέρᾳ
ὅτι
καθαρός εἰμι ἀπὸ τοῦ αἵματος πάντων·

Acts 20,29 ἐγὼ οἶδα
ὅτι
εἰσελεύσονται μετὰ τὴν ἄφιξίν μου λύκοι βαρεῖς εἰς ὑμᾶς μὴ φειδόμενοι τοῦ ποιμνίου

Acts 20,31 διὸ γρηγορεῖτε μνημονεύοντες
ὅτι
τριετίαν νύκτα καὶ ἡμέραν οὐκ ἐπαυσάμην μετὰ δακρύων νουθετῶν ἕνα ἕκαστον.

Acts 20,34 αὐτοὶ γινώσκετε
ὅτι
ταῖς χρείαις μου καὶ τοῖς οὖσιν μετ' ἐμοῦ ὑπηρέτησαν αἱ χεῖρες αὗται.

Acts 20,35 (2) πάντα ὑπέδειξα ὑμῖν
ὅτι
οὕτως κοπιῶντας δεῖ ἀντιλαμβάνεσθαι τῶν ἀσθενούντων, μνημονεύειν τε τῶν λόγων τοῦ κυρίου Ἰησοῦ
d ὅτι
αὐτὸς εἶπεν· μακάριόν ἐστιν μᾶλλον διδόναι ἢ λαμβάνειν.

Acts 20,38 ὀδυνώμενοι μάλιστα ἐπὶ τῷ λόγῳ ᾧ εἰρήκει,
ὅτι
οὐκέτι μέλλουσιν τὸ πρόσωπον αὐτοῦ θεωρεῖν. ...

Acts 21,21 κατηχήθησαν δὲ περὶ σοῦ
ὅτι
ἀποστασίαν διδάσκεις ἀπὸ Μωϋσέως τοὺς κατὰ τὰ ἔθνη πάντας Ἰουδαίους ...

Acts 21,22 τί οὖν ἐστιν; πάντως ἀκούσονται
ὅτι
ἐλήλυθας.

Acts 21,24 ... καὶ γνώσονται πάντες
ὅτι
ὧν κατήχηνται περὶ σοῦ οὐδέν ἐστιν ἀλλὰ στοιχεῖς καὶ αὐτὸς φυλάσσων τὸν νόμον.

Acts 21,29 ἦσαν γὰρ προεωρακότες Τρόφιμον τὸν Ἐφέσιον ἐν τῇ πόλει σὺν αὐτῷ, ὃν ἐνόμιζον
ὅτι
εἰς τὸ ἱερὸν εἰσήγαγεν ὁ Παῦλος.

Acts 21,31 ζητούντων τε αὐτὸν ἀποκτεῖναι ἀνέβη φάσις τῷ χιλιάρχῳ τῆς σπείρης
ὅτι
ὅλη συγχύννεται Ἰερουσαλήμ.

Acts 22,2 ἀκούσαντες δὲ
ὅτι
τῇ Ἑβραΐδι διαλέκτῳ προσεφώνει αὐτοῖς, μᾶλλον παρέσχον ἡσυχίαν. ...

d **Acts 22,15** [14] ... ἀκοῦσαι φωνὴν ἐκ τοῦ στόματος αὐτοῦ,
[15] ὅτι
ἔσῃ μάρτυς αὐτῷ πρὸς πάντας ἀνθρώπους ὧν ἑώρακας καὶ ἤκουσας.

Acts 22,19 ... κύριε, αὐτοὶ ἐπίστανται
ὅτι
ἐγὼ ἤμην φυλακίζων καὶ δέρων κατὰ τὰς συναγωγὰς τοὺς πιστεύοντας ἐπὶ σέ

d **Acts 22,21** καὶ εἶπεν πρός με· πορεύου,
ὅτι
ἐγὼ εἰς ἔθνη μακρὰν ἐξαποστελῶ σε.

Acts 22,29 (2) ... καὶ ὁ χιλίαρχος δὲ ἐφοβήθη ἐπιγνοὺς
ὅτι
Ῥωμαῖός ἐστιν καὶ
ὅτι
αὐτὸν ἦν δεδεκώς.

Acts 23,5 (2) ἔφη τε ὁ Παῦλος· οὐκ ᾔδειν, ἀδελφοί,
ὅτι
ἐστὶν ἀρχιερεύς·
c γέγραπται γὰρ
ὅτι
ἄρχοντα τοῦ λαοῦ σου οὐκ ἐρεῖς κακῶς.
➤ Exod 22,27

Acts 23,6 γνοὺς δὲ ὁ Παῦλος
ὅτι
τὸ ἓν μέρος ἐστὶν Σαδδουκαίων τὸ δὲ ἕτερον Φαρισαίων ἔκραζεν ἐν τῷ συνεδρίῳ· ...

Acts 23,20 εἶπεν δὲ
ὅτι
οἱ Ἰουδαῖοι συνέθεντο τοῦ ἐρωτῆσαί σε ὅπως αὔριον τὸν Παῦλον καταγάγῃς εἰς τὸ συνέδριον ...

Acts 23,22 ὁ μὲν οὖν χιλίαρχος ἀπέλυσε τὸν νεανίσκον παραγγείλας μηδενὶ ἐκλαλῆσαι
ὅτι
ταῦτα ἐνεφάνισας πρός με.

Acts 23,27 ... ἐπιστὰς σὺν τῷ στρατεύματι ἐξειλάμην, μαθὼν
ὅτι
Ῥωμαῖός ἐστιν·

Acts 23,34 ἀναγνοὺς δὲ καὶ ἐπερωτήσας ἐκ ποίας ἐπαρχείας ἐστὶν, καὶ πυθόμενος
ὅτι
ἀπὸ Κιλικίας

Acts 24,11 δυναμένου σου ἐπιγνῶναι
ὅτι
οὐ πλείους εἰσίν μοι ἡμέραι δώδεκα ἀφ' ἧς ἀνέβην προσκυνήσων εἰς Ἰερουσαλήμ.

Acts 24,14 ὁμολογῶ δὲ τοῦτό σοι
ὅτι
κατὰ τὴν ὁδὸν ἣν λέγουσιν αἵρεσιν, οὕτως λατρεύω τῷ πατρῴῳ θεῷ ...

Acts 24,21 ἢ περὶ μιᾶς ταύτης φωνῆς ἧς ἐκέκραξα ἐν αὐτοῖς ἑστὼς
ὅτι
περὶ ἀναστάσεως νεκρῶν ἐγὼ κρίνομαι σήμερον ἐφ' ὑμῶν.

Acts 24,26 ἅμα καὶ ἐλπίζων
ὅτι
χρήματα δοθήσεται αὐτῷ ὑπὸ τοῦ Παύλου· ...

Acts 25,8 τοῦ Παύλου ἀπολογουμένου
ὅτι
οὔτε εἰς τὸν νόμον τῶν Ἰουδαίων οὔτε εἰς τὸ ἱερὸν οὔτε εἰς Καίσαρά τι ἥμαρτον.

Acts 25,16 πρὸς οὓς ἀπεκρίθην
ὅτι
οὐκ ἔστιν ἔθος Ῥωμαίοις χαρίζεσθαί τινα ἄνθρωπον ...

Acts 26,5 προγινώσκοντές με ἄνωθεν, ἐὰν θέλωσι μαρτυρεῖν,
ὅτι
κατὰ τὴν ἀκριβεστάτην αἵρεσιν τῆς ἡμετέρας θρησκείας ἔζησα Φαρισαῖος.

Acts 26,27 πιστεύεις, βασιλεῦ Ἀγρίππα, τοῖς προφήταις; οἶδα
ὅτι
πιστεύεις.

Acts 26,31 καὶ ἀναχωρήσαντες ἐλάλουν πρὸς ἀλλήλους λέγοντες
ὅτι
οὐδὲν θανάτου ἢ δεσμῶν ἄξιον [τι] πράσσει ὁ ἄνθρωπος οὗτος.

Acts 27,10 ... ἄνδρες, θεωρῶ
ὅτι
μετὰ ὕβρεως καὶ πολλῆς ζημίας οὐ μόνον τοῦ φορτίου καὶ τοῦ πλοίου ἀλλὰ καὶ τῶν ψυχῶν ἡμῶν μέλλειν ἔσεσθαι τὸν πλοῦν.

Acts 27,25 διὸ εὐθυμεῖτε, ἄνδρες· πιστεύω γὰρ τῷ θεῷ
ὅτι
οὕτως ἔσται καθ᾽ ὃν τρόπον λελάληταί μοι.

Acts 28,1 καὶ διασωθέντες τότε ἐπέγνωμεν
ὅτι
Μελίτη ἡ νῆσος καλεῖται.

Acts 28,22 ἀξιοῦμεν δὲ παρὰ σοῦ ἀκοῦσαι ἃ φρονεῖς, περὶ μὲν γὰρ τῆς αἱρέσεως ταύτης γνωστὸν ἡμῖν ἐστιν
ὅτι
πανταχοῦ ἀντιλέγεται.

Acts 28,25 ἀσύμφωνοι δὲ ὄντες πρὸς ἀλλήλους ἀπελύοντο εἰπόντος τοῦ Παύλου ῥῆμα ἓν,
ὅτι
καλῶς τὸ πνεῦμα τὸ ἅγιον ἐλάλησεν διὰ Ἠσαΐου τοῦ προφήτου πρὸς τοὺς πατέρας ὑμῶν

Acts 28,28 γνωστὸν οὖν ἔστω ὑμῖν
ὅτι
τοῖς ἔθνεσιν ἀπεστάλη τοῦτο τὸ σωτήριον τοῦ θεοῦ· αὐτοὶ καὶ ἀκούσονται.

ὅτου	Syn 4	Mt 1	Mk	Lk 3	Acts	Jn 1	1-3John	Paul	Eph	Col
	NT 5	2Thess	1/2Tim	Tit	Heb	Jas	1Pet	2Pet	Jude	Rev

genitive of ὅστις: *only* ἕως ὅτου until

	Mt	Mk	Lk	
201	**Mt 5,25** → Mt 18,34 ἴσθι εὐνοῶν τῷ ἀντιδίκῳ σου ταχὺ, **ἕως ὅτου** εἶ μετ᾽ αὐτοῦ ἐν τῇ ὁδῷ, μήποτέ σε παραδῷ ὁ ἀντίδικος τῷ κριτῇ ...		**Lk 12,58** ὡς γὰρ ὑπάγεις μετὰ τοῦ ἀντιδίκου σου ἐπ᾽ ἄρχοντα, ἐν τῇ ὁδῷ δὸς ἐργασίαν ἀπηλλάχθαι ἀπ᾽ αὐτοῦ, μήποτε κατασύρῃ σε πρὸς τὸν κριτήν, ...	
002	**Mt 20,22** ... δύνασθε πιεῖν τὸ ποτήριον ὃ ἐγὼ μέλλω πίνειν; ...	**Mk 10,38** ... δύνασθε πιεῖν τὸ ποτήριον ὃ ἐγὼ πίνω ἢ τὸ βάπτισμα ὃ ἐγὼ βαπτίζομαι βαπτισθῆναι;	**Lk 12,50** βάπτισμα δὲ ἔχω βαπτισθῆναι, καὶ πῶς συνέχομαι **ἕως ὅτου** τελεσθῇ.	
002			**Lk 13,8** ... κύριε, ἄφες αὐτὴν καὶ τοῦτο τὸ ἔτος, **ἕως ὅτου** σκάψω περὶ αὐτὴν καὶ βάλω κόπρια	
002			**Lk 22,16** → Mt 26,29 → Mk 14,25 → Lk 22,18 ... οὐ μὴ φάγω αὐτὸ **ἕως ὅτου** πληρωθῇ ἐν τῇ βασιλείᾳ τοῦ θεοῦ.	

οὗ	Syn	Mt	Mk	Lk	Acts	Jn	1-3John	Paul	Eph	Col
	8	3		5	8			5		1
	NT	2Thess	1/2Tim	Tit	Heb	Jas	1Pet	2Pet	Jude	Rev
	24				1					1

genitive of ὅς: *adverb of place:* where; to which

	triple tradition																	double tradition			Sondergut		
		+Mt / +Lk			–Mt / –Lk			traditions not taken over by Mt / Lk							subtotals								
code	222	211	112	212	221	122	121	022	012	021	220	120	210	020	Σ⁺	Σ⁻	Σ	202	201	102	200	002	total
Mt																					3		3
Mk																							
Lk			2⁺												2⁺		2					3	5

code	Mt		Mk		Lk		
200	**Mt 2,9**	... καὶ ἰδοὺ ὁ ἀστὴρ, ὃν εἶδον ἐν τῇ ἀνατολῇ, προῆγεν αὐτοὺς, ἕως ἐλθὼν ἐστάθη ἐπάνω **οὗ** ἦν τὸ παιδίον.					
112	**Mt 13,54**	καὶ ἐλθὼν **εἰς τὴν πατρίδα αὐτοῦ** ἐδίδασκεν αὐτοὺς ἐν τῇ συναγωγῇ αὐτῶν, ...	**Mk 6,1**	καὶ ἐξῆλθεν ἐκεῖθεν καὶ ἔρχεται **εἰς τὴν πατρίδα αὐτοῦ,** καὶ ἀκολουθοῦσιν αὐτῷ οἱ μαθηταὶ αὐτοῦ. [2] καὶ γενομένου σαββάτου ἤρξατο διδάσκειν ἐν τῇ συναγωγῇ, ...	**Lk 4,16**	καὶ ἦλθεν **εἰς Ναζαρά, οὗ ἦν τεθραμμένος** καὶ εἰσῆλθεν κατὰ τὸ εἰωθὸς αὐτῷ ἐν τῇ ἡμέρᾳ τῶν σαββάτων εἰς τὴν συναγωγὴν καὶ ἀνέστη ἀναγνῶναι.	
002					**Lk 4,17**	καὶ ἐπεδόθη αὐτῷ βιβλίον τοῦ προφήτου Ἠσαΐου καὶ ἀναπτύξας τὸ βιβλίον εὗρεν τὸν τόπον **οὗ** ἦν γεγραμμένον· [18] *πνεῦμα κυρίου ἐπ᾽ ἐμὲ ...* ➤ Isa 61,1 LXX	
200	**Mt 18,20**	**οὗ** γάρ εἰσιν δύο ἢ τρεῖς συνηγμένοι εἰς τὸ ἐμὸν ὄνομα, ἐκεῖ εἰμι ἐν μέσῳ αὐτῶν.					→ GTh 30 (POxy 1) → GTh 48 → GTh 106
002					**Lk 10,1** → Mt 10,1 → Mk 6,7 → Lk 9,1	μετὰ δὲ ταῦτα ἀνέδειξεν ὁ κύριος ἑτέρους ἑβδομή-κοντα [δύο] καὶ ἀπέστει-λεν αὐτοὺς ἀνὰ δύο [δύο] πρὸ προσώπου αὐτοῦ εἰς πᾶσαν πόλιν καὶ τόπον **οὗ** ἤμελλεν αὐτὸς ἔρχεσθαι.	
112	**Mt 27,60**	καὶ ἔθηκεν αὐτὸ ἐν τῷ καινῷ αὐτοῦ μνημείῳ ὃ ἐλατόμησεν ἐν τῇ πέτρᾳ καὶ προσκυλίσας λίθον μέγαν τῇ θύρᾳ τοῦ μνημείου ἀπῆλθεν.	**Mk 15,46**	... καὶ ἔθηκεν αὐτὸν ἐν μνημείῳ ὃ ἦν λελατομημένον ἐκ πέτρας καὶ προσεκύλισεν λίθον ἐπὶ τὴν θύραν τοῦ μνημείου.	**Lk 23,53**	... καὶ ἔθηκεν αὐτὸν ἐν μνήματι λαξευτῷ **οὗ** οὐκ ἦν οὐδεὶς οὔπω κείμενος.	→ Jn 19,41
002					**Lk 24,28**	καὶ ἤγγισαν εἰς τὴν κώμην **οὗ** ἐπορεύοντο, καὶ αὐτὸς προσεποιήσατο πορρώτερον πορεύεσθαι.	

code	Mt	Mk	Lk	
200	**Mt 28,16** → Mt 28,7 → Mk 16,7 → Mt 28,10 οἱ δὲ ἕνδεκα μαθηταὶ ἐπορεύθησαν εἰς τὴν Γαλιλαίαν εἰς τὸ ὄρος οὗ ἐτάξατο αὐτοῖς ὁ Ἰησοῦς			

Acts 1,13 καὶ ὅτε εἰσῆλθον, εἰς τὸ ὑπερῷον ἀνέβησαν
οὗ
ἦσαν καταμένοντες, ...

Acts 2,2 καὶ ἐγένετο ἄφνω ἐκ τοῦ οὐρανοῦ ἦχος ὥσπερ φερομένης πνοῆς βιαίας καὶ ἐπλήρωσεν ὅλον τὸν οἶκον
οὗ
ἦσαν καθήμενοι

Acts 7,29 ἔφυγεν δὲ Μωϋσῆς ἐν τῷ λόγῳ τούτῳ καὶ ἐγένετο πάροικος ἐν γῇ Μαδιάμ,
οὗ
ἐγέννησεν υἱοὺς δύο.

Acts 12,12 συνιδών τε ἦλθεν ἐπὶ τὴν οἰκίαν τῆς Μαρίας τῆς μητρὸς Ἰωάννου τοῦ ἐπικαλουμένου Μάρκου,
οὗ
ἦσαν ἱκανοὶ συνηθροισμένοι καὶ προσευχόμενοι.

Acts 16,13 τῇ τε ἡμέρᾳ τῶν σαββάτων ἐξήλθομεν ἔξω τῆς πύλης παρὰ ποταμὸν
οὗ
ἐνομίζομεν προσευχὴν εἶναι, καὶ καθίσαντες ἐλαλοῦμεν ταῖς συνελθούσαις γυναιξίν.

Acts 20,8 ἦσαν δὲ λαμπάδες ἱκαναὶ ἐν τῷ ὑπερῴῳ
οὗ
ἦμεν συνηγμένοι.

Acts 25,10 εἶπεν δὲ ὁ Παῦλος· ἐπὶ τοῦ βήματος Καίσαρός ἑστώς εἰμι,
οὗ
με δεῖ κρίνεσθαι. ...

Acts 28,14 [13] ... ἤλθομεν εἰς Ποτιόλους,
[14] οὗ
εὑρόντες ἀδελφοὺς παρεκλήθημεν παρ᾽ αὐτοῖς ἐπιμεῖναι ἡμέρας ἑπτά· καὶ οὕτως εἰς τὴν Ῥώμην ἤλθαμεν.

οὔ

Syn	Mt	Mk	Lk	Acts	Jn	1-3John	Paul	Eph	Col
7	4	1	2		3		5		
NT	**2Thess**	**1/2Tim**	**Tit**	**Heb**	**Jas**	**1Pet**	**2Pet**	**Jude**	**Rev**
17					2				

no

	triple tradition																	double tradition			Sonder-gut		
		+Mt / +Lk			−Mt / −Lk			traditions not taken over by Mt / Lk							subtotals								
code	222	211	112	212	221	122	121	022	012	021	220	120	210	020	Σ⁺	Σ⁻	Σ	202	201	102	200	002	total
Mt	1																1				3		4
Mk	1																1						1
Lk	1																1					1	2

code	Mt	Mk	Lk	
200 200	**Mt 5,37 (2)** ἔστω δὲ ὁ λόγος ὑμῶν ναὶ ναί, οὒ οὔ· τὸ δὲ περισσὸν τούτων ἐκ τοῦ πονηροῦ ἐστιν.			
200	**Mt 13,29** [28] ... θέλεις οὖν ἀπελθόντες συλλέξωμεν αὐτά; [29] ὁ δέ φησιν· οὔ, μήποτε συλλέγοντες τὰ ζιζάνια ἐκριζώσητε ἅμα αὐτοῖς τὸν σῖτον.			→ GTh 57
002			**Lk 14,3** → Mt 12,12 → Mk 3,4 → Lk 6,7.9 → Lk 13,14 καὶ ἀποκριθεὶς ὁ Ἰησοῦς εἶπεν πρὸς τοὺς νομικοὺς καὶ Φαρισαίους λέγων· ἔξεστιν τῷ σαββάτῳ θεραπεῦσαι ἢ οὔ;	
222	**Mt 22,17** ... ἔξεστιν δοῦναι κῆνσον Καίσαρι ἢ οὔ;	**Mk 12,14** ... ἔξεστιν δοῦναι κῆνσον Καίσαρι ἢ οὔ; ...	**Lk 20,22** ἔξεστιν ἡμᾶς Καίσαρι φόρον δοῦναι ἢ οὔ;	→ GTh 100

οὐ, οὐκ, οὐχ	Syn 485	Mt 198	Mk 115	Lk 172	Acts 111	Jn 279	1-3John 57	Paul 438	Eph 11	Col 8
	NT 1604	2Thess 8	1/2Tim 21	Tit 1	Heb 66	Jas 25	1Pet 13	2Pet 12	Jude 2	Rev 67

not

	triple tradition																	double tradition			Sondergut		
		+Mt / +Lk			–Mt / –Lk			traditions not taken over by Mt / Lk							subtotals								
code	*222*	*211*	*112*	*212*	*221*	*122*	*121*	*022*	*012*	*021*	*220*	*120*	*210*	*020*	Σ^+	Σ^-	Σ	*202*	*201*	*102*	*200*	*002*	total
Mt	21	12^+		3^+	18	1^-	13^-				21	19^-	14^+		29^+	33^-	89	39	17		53		**198**
Mk	21				18	1	13	5		5	21	19		12			115						**115**
Lk	21		12^+	3^+	18^-	1	13^-	5	5^+	5^-					20^+	36^-	47	39		16		70	**172**

Mk-Q overlap: 121: Mt 12,29 / Mk 3,27 / Lk 11,21 (?)

- [a] οὐ and future indicative as prohibitive
- [b] οὐ interrogative
- [c] οὐ in a double negative
- [d] οὐ μή see also μή k, l, m
- [e] οὐκ ἄν
- [f] οὐ γάρ
- [g] οὐ with participle
- [h] οὐ (μόνον) ..., ἀλλά (καί) ...
- [j] οὐ ..., δέ
- [k] οὐ ..., εἰ μή / οὐ ..., ἐὰν μή
- [l] οὐ and ἕως / μέχρις
- [m] οὐ and ἄνευ / χωρίς / πλήν
- [n] οὐ and ἄλλος
- [p] οὐ and εἷς
- [q] οὐχ ὡς
- [r] εἰ ..., οὐ
- [s] ἐάν ..., οὐ / ἄν ..., οὐ
- [t] ὅταν ..., οὐ ... / οὐ ..., ὅταν ...
- [u] οὐ ... οὐδέ

code	Mt	Mk	Lk	
002			**Lk 1,7** καὶ **οὐκ ἦν** αὐτοῖς τέκνον, καθότι ἦν ἡ Ἐλισάβετ στεῖρα, ...	
d 002			**Lk 1,15** ἔσται γὰρ μέγας ἐνώπιον [τοῦ] κυρίου, *καὶ οἶνον καὶ σίκερα* ***οὐ μὴ πίῃ,*** καὶ πνεύματος ἁγίου πλησθήσεται ἔτι ἐκ κοιλίας μητρὸς αὐτοῦ ➤ Num 6,3; Lev 10,9	
002			**Lk 1,20** καὶ ἰδοὺ ἔσῃ σιωπῶν καὶ μὴ δυνάμενος λαλῆσαι ἄχρι ἧς ἡμέρας γένηται ταῦτα, ἀνθ' ὧν **οὐκ ἐπίστευσας** τοῖς λόγοις μου, ...	
002			**Lk 1,22** ἐξελθὼν δὲ **οὐκ ἐδύνατο** λαλῆσαι αὐτοῖς, καὶ ἐπέγνωσαν ὅτι ὀπτασίαν ἑώρακεν ἐν τῷ ναῷ· ...	
002			**Lk 1,33** → Lk 22,29 ... καὶ τῆς βασιλείας αὐτοῦ **οὐκ ἔσται** τέλος.	
002			**Lk 1,34** ... πῶς ἔσται τοῦτο, ἐπεὶ ἄνδρα **οὐ γινώσκω;**	
002			**Lk 1,37** ὅτι **οὐκ ἀδυνατήσει** παρὰ τοῦ θεοῦ πᾶν ῥῆμα.	
l 200	**Mt 1,25** → Lk 1,31 → Lk 2,21 καὶ **οὐκ ἐγίνωσκεν** αὐτὴν ἕως οὗ ἔτεκεν υἱόν· καὶ ἐκάλεσεν τὸ ὄνομα αὐτοῦ Ἰησοῦν.			

002					Lk 2,7	... καὶ ἀνέκλινεν αὐτὸν ἐν φάτνῃ, διότι **οὐκ ἦν** αὐτοῖς τόπος ἐν τῷ καταλύματι.	
002					Lk 2,37	καὶ αὐτὴ χήρα ἕως ἐτῶν ὀγδοήκοντα τεσσάρων, ἣ **οὐκ ἀφίστατο** τοῦ ἱεροῦ νηστείαις καὶ δεήσεσιν λατρεύουσα νύκτα καὶ ἡμέραν.	
200 200	Mt 2,18 (2)	... *Ῥαχὴλ κλαίουσα τὰ τέκνα αὐτῆς, καὶ* ***οὐκ ἤθελεν*** *παρακληθῆναι, ὅτι* ***οὐκ εἰσίν.*** ➤ Jer 31,15					
002					Lk 2,43	... ὑπέμεινεν Ἰησοῦς ὁ παῖς ἐν Ἰερουσαλήμ, καὶ **οὐκ ἔγνωσαν** οἱ γονεῖς αὐτοῦ.	
b 002					Lk 2,49	καὶ εἶπεν πρὸς αὐτούς· τί ὅτι ἐζητεῖτέ με; **οὐκ ᾔδειτε** ὅτι ἐν τοῖς τοῦ πατρός μου δεῖ εἶναί με;	
002					Lk 2,50	καὶ αὐτοὶ **οὐ συνῆκαν** τὸ ῥῆμα ὃ ἐλάλησεν αὐτοῖς.	
020	Mt 3,11	... ὁ δὲ ὀπίσω μου ἐρχόμενος ἰσχυρότερός μού ἐστιν, οὗ **οὐκ εἰμὶ** ἱκανὸς τὰ ὑποδήματα βαστάσαι· ...	Mk 1,7	... ἔρχεται ὁ ἰσχυρότερός μου ὀπίσω μου, οὗ **οὐκ εἰμὶ** ἱκανὸς κύψας λῦσαι τὸν ἱμάντα τῶν ὑποδημάτων αὐτοῦ.	Lk 3,16	... ἔρχεται δὲ ὁ ἰσχυρότερός μου, οὗ **οὐκ εἰμὶ** ἱκανὸς λῦσαι τὸν ἱμάντα τῶν ὑποδημάτων αὐτοῦ· ...	→ Jn 1,27 → Acts 13,25 Mk-Q overlap
202	Mt 3,11	... ὁ δὲ ὀπίσω μου ἐρχόμενος ἰσχυρότερός μού ἐστιν, οὗ **οὐκ εἰμὶ** ἱκανὸς τὰ ὑποδήματα βαστάσαι· ...	Mk 1,7	... ἔρχεται ὁ ἰσχυρότερός μου ὀπίσω μου, οὗ **οὐκ εἰμὶ** ἱκανὸς κύψας λῦσαι τὸν ἱμάντα τῶν ὑποδημάτων αὐτοῦ.	Lk 3,16	... ἔρχεται δὲ ὁ ἰσχυρότερός μου, οὗ **οὐκ εἰμὶ** ἱκανὸς λῦσαι τὸν ἱμάντα τῶν ὑποδημάτων αὐτοῦ· ...	→ Jn 1,27 → Acts 13,25 Mk-Q overlap
c 102	Mt 4,2	[1] ... πειρασθῆναι ὑπὸ τοῦ διαβόλου. [2] καὶ **νηστεύσας** ἡμέρας τεσσεράκοντα καὶ νύκτας τεσσεράκοντα ὕστερον ἐπείνασεν.	Mk 1,13	καὶ ἦν ἐν τῇ ἐρήμῳ τεσσεράκοντα ἡμέρας πειραζόμενος ὑπὸ τοῦ σατανᾶ, ...	Lk 4,2	ἡμέρας τεσσεράκοντα πειραζόμενος ὑπὸ τοῦ διαβόλου. καὶ **οὐκ ἔφαγεν** οὐδὲν ἐν ταῖς ἡμέραις ἐκείναις καὶ συντελεσθεισῶν αὐτῶν ἐπείνασεν.	Mk-Q overlap
h 202	Mt 4,4	... γέγραπται· ***οὐκ ἐπ' ἄρτῳ μόνῳ*** *ζήσεται ὁ ἄνθρωπος, ἀλλ' ἐπὶ παντὶ ῥήματι ἐκπορευομένῳ διὰ στόματος θεοῦ.* ➤ Deut 8,3			Lk 4,4	... γέγραπται ὅτι ***οὐκ ἐπ' ἄρτῳ μόνῳ*** *ζήσεται ὁ ἄνθρωπος.* ➤ Deut 8,3	

a 202	Mt 4,7	ἔφη αὐτῷ ὁ Ἰησοῦς· πάλιν γέγραπται· *οὐκ ἐκπειράσεις κύριον τὸν θεόν σου.* ➢ Deut 6,16 LXX			Lk 4,12	καὶ ἀποκριθεὶς εἶπεν αὐτῷ ὁ Ἰησοῦς ὅτι εἴρηται· *οὐκ ἐκπειράσεις κύριον τὸν θεόν σου.* ➢ Deut 6,16 LXX	
q 221	Mt 7,29	[28] ... ἐξεπλήσσοντο οἱ ὄχλοι ἐπὶ τῇ διδαχῇ αὐτοῦ· [29] ἦν γὰρ διδάσκων αὐτοὺς ὡς ἐξουσίαν ἔχων καὶ οὐχ ὡς οἱ γραμματεῖς αὐτῶν.	Mk 1,22 → Mk 1,27	καὶ ἐξεπλήσσοντο ἐπὶ τῇ διδαχῇ αὐτοῦ· ἦν γὰρ διδάσκων αὐτοὺς ὡς ἐξουσίαν ἔχων καὶ οὐχ ὡς οἱ γραμματεῖς.	Lk 4,32 → Lk 4,36	καὶ ἐξεπλήσσοντο ἐπὶ τῇ διδαχῇ αὐτοῦ, ὅτι ἐν ἐξουσίᾳ ἦν ὁ λόγος αὐτοῦ.	
022			Mk 1,34 ↓ Mt 12,16 ↓ Mk 3,12	... καὶ οὐκ ἤφιεν λαλεῖν τὰ δαιμόνια, ὅτι ᾔδεισαν αὐτόν.	Lk 4,41	... καὶ ἐπιτιμῶν οὐκ εἴα αὐτὰ λαλεῖν, ὅτι ᾔδεισαν τὸν χριστὸν αὐτὸν εἶναι.	
	Mt 12,16	καὶ ἐπετίμησεν αὐτοῖς ἵνα μὴ φανερὸν αὐτὸν ποιήσωσιν	Mk 3,12 ↑ Mk 1,34	καὶ πολλὰ ἐπετίμα αὐτοῖς ἵνα μὴ αὐτὸν φανερὸν ποιήσωσιν.			
h 222	Mt 9,12	... οὐ χρείαν ἔχουσιν οἱ ἰσχύοντες ἰατροῦ ἀλλ᾽ οἱ κακῶς ἔχοντες.	Mk 2,17 (2)	... οὐ χρείαν ἔχουσιν οἱ ἰσχύοντες ἰατροῦ ἀλλ᾽ οἱ κακῶς ἔχοντες·	Lk 5,31	... οὐ χρείαν ἔχουσιν οἱ ὑγιαίνοντες ἰατροῦ ἀλλὰ οἱ κακῶς ἔχοντες·	
fh 222	Mt 9,13 (2) ⇩ Mt 12,7	πορευθέντες δὲ μάθετε τί ἐστιν· *ἔλεος θέλω καὶ οὐ θυσίαν·* οὐ γὰρ ἦλθον καλέσαι δικαίους ἀλλὰ ἁμαρτωλούς. ➢ Hos 6,6		οὐκ ἦλθον καλέσαι δικαίους ἀλλὰ ἁμαρτωλούς.	Lk 5,32	οὐκ ἐλήλυθα καλέσαι δικαίους ἀλλὰ ἁμαρτωλοὺς εἰς μετάνοιαν.	
221	Mt 9,14	... διὰ τί ἡμεῖς καὶ οἱ Φαρισαῖοι νηστεύομεν [πολλά], οἱ δὲ μαθηταί σου οὐ νηστεύουσιν;	Mk 2,18	... διὰ τί οἱ μαθηταὶ Ἰωάννου καὶ οἱ μαθηταὶ τῶν Φαρισαίων νηστεύουσιν, οἱ δὲ σοὶ μαθηταὶ οὐ νηστεύουσιν;	Lk 5,33	... οἱ μαθηταὶ Ἰωάννου νηστεύουσιν πυκνὰ καὶ δεήσεις ποιοῦνται ὁμοίως καὶ οἱ τῶν Φαρισαίων, οἱ δὲ σοὶ ἐσθίουσιν καὶ πίνουσιν.	→ GTh 104
121	Mt 9,15	... μὴ δύνανται οἱ υἱοὶ τοῦ νυμφῶνος πενθεῖν ἐφ᾽ ὅσον μετ᾽ αὐτῶν ἐστιν ὁ νυμφίος; ...	Mk 2,19	... μὴ δύνανται οἱ υἱοὶ τοῦ νυμφῶνος ἐν ᾧ ὁ νυμφίος μετ᾽ αὐτῶν ἐστιν νηστεύειν; ὅσον χρόνον ἔχουσιν τὸν νυμφίον μετ᾽ αὐτῶν οὐ δύνανται νηστεύειν.	Lk 5,34	... μὴ δύνασθε τοὺς υἱοὺς τοῦ νυμφῶνος ἐν ᾧ ὁ νυμφίος μετ᾽ αὐτῶν ἐστιν ποιῆσαι νηστεῦσαι;	→ GTh 104
112	Mt 9,16	οὐδεὶς δὲ ἐπιβάλλει ἐπίβλημα ῥάκους ἀγνάφου ἐπὶ ἱματίῳ παλαιῷ· αἴρει γὰρ τὸ πλήρωμα αὐτοῦ ἀπὸ τοῦ ἱματίου καὶ χεῖρον σχίσμα γίνεται.	Mk 2,21	οὐδεὶς ἐπίβλημα ῥάκους ἀγνάφου ἐπιράπτει ἐπὶ ἱμάτιον παλαιόν· εἰ δὲ μή, αἴρει τὸ πλήρωμα ἀπ᾽ αὐτοῦ τὸ καινὸν τοῦ παλαιοῦ, καὶ χεῖρον σχίσμα γίνεται.	Lk 5,36	... οὐδεὶς ἐπίβλημα ἀπὸ ἱματίου καινοῦ σχίσας ἐπιβάλλει ἐπὶ ἱμάτιον παλαιόν· εἰ δὲ μή γε, καὶ τὸ καινὸν σχίσει καὶ τῷ παλαιῷ οὐ συμφωνήσει τὸ ἐπίβλημα τὸ ἀπὸ τοῦ καινοῦ.	→ GTh 47,5
222	Mt 12,2	... ἰδοὺ οἱ μαθηταί σου ποιοῦσιν ὃ οὐκ ἔξεστιν ποιεῖν ἐν σαββάτῳ.	Mk 2,24	... ἴδε τί ποιοῦσιν τοῖς σάββασιν ὃ οὐκ ἔξεστιν;	Lk 6,2	... τί ποιεῖτε ὃ οὐκ ἔξεστιν τοῖς σάββασιν;	

	Mt		Mk		Lk		
g k u 222	Mt 12,4	πῶς εἰσῆλθεν εἰς τὸν οἶκον τοῦ θεοῦ καὶ τοὺς ἄρτους τῆς προθέσεως ἔφαγον, ὃ **οὐκ ἐξὸν ἦν** αὐτῷ φαγεῖν οὐδὲ τοῖς μετ᾽ αὐτοῦ εἰ μὴ τοῖς ἱερεῦσιν μόνοις;	Mk 2,26	πῶς εἰσῆλθεν εἰς τὸν οἶκον τοῦ θεοῦ ἐπὶ Ἀβιαθὰρ ἀρχιερέως καὶ τοὺς ἄρτους τῆς προθέσεως ἔφαγεν, οὓς **οὐκ ἔξεστιν** φαγεῖν εἰ μὴ τοὺς ἱερεῖς, καὶ ἔδωκεν καὶ τοῖς σὺν αὐτῷ οὖσιν;	Lk 6,4	[ὡς] εἰσῆλθεν εἰς τὸν οἶκον τοῦ θεοῦ καὶ τοὺς ἄρτους τῆς προθέσεως λαβὼν ἔφαγεν καὶ ἔδωκεν τοῖς μετ᾽ αὐτοῦ, οὓς **οὐκ ἔξεστιν** φαγεῖν εἰ μὴ μόνους τοὺς ἱερεῖς;	
020			Mk 2,27	καὶ ἔλεγεν αὐτοῖς· τὸ σάββατον διὰ τὸν ἄνθρωπον ἐγένετο καὶ **οὐχ** ὁ ἄνθρωπος διὰ τὸ σάββατον·			
u 200	Mt 5,14 → Mt 5,14 → Lk 11,33	ὑμεῖς ἐστε τὸ φῶς τοῦ κόσμου. **οὐ δύναται** πόλις κρυβῆναι ἐπάνω ὄρους κειμένη·					→ Jn 8,12 → GTh 32 (POxy 1)
h 200	Mt 5,17 → Mt 11,13 → Lk 16,16	μὴ νομίσητε ὅτι ἦλθον καταλῦσαι τὸν νόμον ἢ τοὺς προφήτας· **οὐκ ἦλθον** καταλῦσαι ἀλλὰ πληρῶσαι.					
d l 201	Mt 5,18 ↓ Mt 24,35	... ἕως ἂν παρέλθῃ ὁ οὐρανὸς καὶ ἡ γῆ, ἰῶτα ἓν ἢ μία κεραία **οὐ μὴ παρέλθῃ** ἀπὸ τοῦ νόμου ἕως ἂν πάντα γένηται.	↓ Mk 13,31		Lk 16,17 ↓ Lk 21,33	εὐκοπώτερον δέ ἐστιν τὸν οὐρανὸν καὶ τὴν γῆν παρελθεῖν ἢ τοῦ νόμου μίαν κεραίαν **πεσεῖν.**	
d s 200	Mt 5,20	... ἐὰν μὴ περισσεύσῃ ὑμῶν ἡ δικαιοσύνη πλεῖον τῶν γραμματέων καὶ Φαρισαίων, **οὐ μὴ εἰσέλθητε** εἰς τὴν βασιλείαν τῶν οὐρανῶν.					→ GTh 27 (POxy 1)
a 200	Mt 5,21	ἠκούσατε ὅτι ἐρρέθη τοῖς ἀρχαίοις· ***οὐ φονεύσεις·*** ὃς δ᾽ ἂν φονεύσῃ, ἔνοχος ἔσται τῇ κρίσει. ➤ Exod 20,13/Deut 5,17					
d l 202	Mt 5,26 → Mt 18,34	ἀμὴν λέγω σοι, **οὐ μὴ ἐξέλθῃς** ἐκεῖθεν, ἕως ἂν ἀποδῷς τὸν ἔσχατον κοδράντην.			Lk 12,59	λέγω σοι, **οὐ μὴ ἐξέλθῃς** ἐκεῖθεν, ἕως καὶ τὸ ἔσχατον λεπτὸν ἀποδῷς.	
a 200	Mt 5,27	ἠκούσατε ὅτι ἐρρέθη· ***οὐ μοιχεύσεις.*** ➤ Exod 20,14/Deut 5,18					
a j 200	Mt 5,33	πάλιν ἠκούσατε ὅτι ἐρρέθη τοῖς ἀρχαίοις· **οὐκ ἐπιορκήσεις,** ἀποδώσεις δὲ τῷ κυρίῳ τοὺς ὅρκους σου. ➤ Lev 19,12; Num 30,3; Deut 23,22 LXX					

	Mt		Mk	Lk		
200	**Mt 5,36**	[34] ... μὴ ὀμόσαι ὅλως· ... [36] μήτε ἐν τῇ κεφαλῇ σου ὀμόσῃς, ὅτι **οὐ δύνασαι** μίαν τρίχα λευκὴν ποιῆσαι ἢ μέλαιναν.				
r 200	**Mt 6,1** → Mt 23,5	... εἰ δὲ μή γε, μισθὸν **οὐκ ἔχετε** παρὰ τῷ πατρὶ ὑμῶν τῷ ἐν τοῖς οὐρανοῖς.				
a t 200	**Mt 6,5**	καὶ ὅταν προσεύχησθε, **οὐκ ἔσεσθε** ὡς οἱ ὑποκριταί, ὅτι φιλοῦσιν ἐν ταῖς συναγωγαῖς καὶ ἐν ταῖς γωνίαις τῶν πλατειῶν ἑστῶτες προσεύχεσθαι, ...				→ GTh 6,1-4 (POxy 654)
u 202	**Mt 6,20** → Mt 19,21	θησαυρίζετε δὲ ὑμῖν θησαυροὺς ἐν οὐρανῷ, ὅπου οὔτε σὴς οὔτε βρῶσις ἀφανίζει, καὶ ὅπου κλέπται **οὐ διορύσσουσιν** οὐδὲ κλέπτουσιν·	→ Mk 10,21	**Lk 12,33** → Mt 6,19 ↓ **Lk 14,33** → Lk 16,9 → Lk 18,22	... ποιήσατε ἑαυτοῖς βαλλάντια μὴ παλαιούμενα, θησαυρὸν ἀνέκλειπτον ἐν τοῖς οὐρανοῖς, ὅπου κλέπτης **οὐκ ἐγγίζει** οὐδὲ σὴς διαφθείρει·	→ Acts 2,45 → GTh 76,3
202	**Mt 6,24**	... **οὐ δύνασθε** θεῷ δουλεύειν καὶ μαμωνᾷ.		**Lk 16,13**	... **οὐ δύνασθε** θεῷ δουλεύειν καὶ μαμωνᾷ.	→ GTh 47,1-2
u 202 *b* 201	**Mt 6,26** **(2)**	ἐμβλέψατε εἰς τὰ πετεινὰ τοῦ οὐρανοῦ ὅτι **οὐ σπείρουσιν** οὐδὲ θερίζουσιν οὐδὲ συνάγουσιν εἰς ἀποθήκας, καὶ ὁ πατὴρ ὑμῶν ὁ οὐράνιος τρέφει αὐτά· **οὐχ** ὑμεῖς μᾶλλον διαφέρετε αὐτῶν;		**Lk 12,24** **(2)**	κατανοήσατε τοὺς κόρακας ὅτι **οὐ σπείρουσιν** οὐδὲ θερίζουσιν, οἷς οὐκ ἔστιν ταμεῖον οὐδὲ ἀποθήκη, καὶ ὁ θεὸς τρέφει αὐτούς· πόσῳ μᾶλλον ὑμεῖς διαφέρετε τῶν πετεινῶν.	
u 202	**Mt 6,28**	... καταμάθετε τὰ κρίνα τοῦ ἀγροῦ πῶς αὐξάνουσιν· **οὐ κοπιῶσιν** οὐδὲ νήθουσιν·		**Lk 12,27**	κατανοήσατε τὰ κρίνα πῶς αὐξάνει· **οὐ κοπιᾷ** οὐδὲ νήθει· ...	→ GTh 36,2-3 **(only POxy 655)**
b r 201	**Mt 6,30**	εἰ δὲ τὸν χόρτον τοῦ ἀγροῦ σήμερον ὄντα καὶ αὔριον εἰς κλίβανον βαλλόμενον ὁ θεὸς οὕτως ἀμφιέννυσιν, **οὐ πολλῷ μᾶλλον** ὑμᾶς, ὀλιγόπιστοι;		**Lk 12,28**	εἰ δὲ ἐν ἀγρῷ τὸν χόρτον ὄντα σήμερον καὶ αὔριον εἰς κλίβανον βαλλόμενον ὁ θεὸς οὕτως ἀμφιέζει, **πόσῳ μᾶλλον** ὑμᾶς, ὀλιγόπιστοι.	→ GTh 36,2 **(only POxy 655)**
d 102 *d* 102	**Mt 7,1**	μὴ κρίνετε, ἵνα **μὴ κριθῆτε·**		**Lk 6,37** **(2)**	καὶ μὴ κρίνετε, καὶ **οὐ μὴ κριθῆτε·** καὶ μὴ καταδικάζετε, καὶ **οὐ μὴ καταδικασθῆτε.** ἀπολύετε, καὶ ἀπολυθήσεσθε·	

	Mt		Mk	Lk		
u j 202	**Mt 10,24**	**οὐκ ἔστιν** μαθητὴς ὑπὲρ τὸν διδάσκαλον οὐδὲ δοῦλος ὑπὲρ τὸν κύριον αὐτοῦ. [25] ἀρκετὸν τῷ μαθητῇ ἵνα γένηται ὡς ὁ διδάσκαλος αὐτοῦ καὶ ὁ δοῦλος ὡς ὁ κύριος αὐτοῦ. ...		**Lk 6,40**	**οὐκ ἔστιν** μαθητὴς ὑπὲρ τὸν διδάσκαλον· κατηρτισμένος δὲ πᾶς ἔσται ὡς ὁ διδάσκαλος αὐτοῦ.	
202	**Mt 7,3**	τί δὲ βλέπεις τὸ κάρφος τὸ ἐν τῷ ὀφθαλμῷ τοῦ ἀδελφοῦ σου, τὴν δὲ ἐν τῷ σῷ ὀφθαλμῷ δοκὸν **οὐ κατανοεῖς;**		**Lk 6,41**	τί δὲ βλέπεις τὸ κάρφος τὸ ἐν τῷ ὀφθαλμῷ τοῦ ἀδελφοῦ σου, τὴν δὲ δοκὸν τὴν ἐν τῷ ἰδίῳ ὀφθαλμῷ **οὐ κατανοεῖς;**	→ GTh 26
g 102	**Mt 7,4**	ἢ πῶς ἐρεῖς τῷ ἀδελφῷ σου· ἄφες ἐκβάλω τὸ κάρφος ἐκ τοῦ ὀφθαλμοῦ σου, **καὶ ἰδοὺ** ἡ δοκὸς ἐν τῷ ὀφθαλμῷ σοῦ;		**Lk 6,42**	πῶς δύνασαι λέγειν τῷ ἀδελφῷ σου· ἀδελφέ, ἄφες ἐκβάλω τὸ κάρφος τὸ ἐν τῷ ὀφθαλμῷ σου, αὐτὸς τὴν ἐν τῷ ὀφθαλμῷ σοῦ δοκὸν **οὐ βλέπων; ...**	→ GTh 26
u f 202	**Mt 7,18**	**οὐ δύναται** δένδρον ἀγαθὸν καρποὺς πονηροὺς ποιεῖν οὐδὲ δένδρον σαπρὸν καρποὺς καλοὺς ποιεῖν.		**Lk 6,43**	**οὐ γάρ ἐστιν** δένδρον καλὸν ποιοῦν καρπὸν σαπρόν, οὐδὲ πάλιν δένδρον σαπρὸν ποιοῦν καρπὸν καλόν.	
f u 102	**Mt 7,16** ⇨ Mt 7,20 ⇩ Mt 12,33	ἀπὸ τῶν καρπῶν αὐτῶν ἐπιγνώσεσθε αὐτούς. **μήτι συλλέγουσιν** **ἀπὸ ἀκανθῶν** σταφυλὰς ἢ ἀπὸ τριβόλων σῦκα;		**Lk 6,44**	ἕκαστον γὰρ δένδρον ἐκ τοῦ ἰδίου καρποῦ γινώσκεται· **οὐ γὰρ ἐξ ἀκανθῶν** **συλλέγουσιν** σῦκα οὐδὲ ἐκ βάτου σταφυλὴν τρυγῶσιν.	→ GTh 45,1
	Mt 12,33 ⇧ Mt 7,16 ⇨ Mt 7,17	ἢ ποιήσατε τὸ δένδρον καλὸν καὶ τὸν καρπὸν αὐτοῦ καλόν, ἢ ποιήσατε τὸ δένδρον σαπρὸν καὶ τὸν καρπὸν αὐτοῦ σαπρόν· ἐκ γὰρ τοῦ καρποῦ τὸ δένδρον γινώσκεται.				
h 201 102	**Mt 7,21** → Mt 12,50	**οὐ πᾶς** ὁ λέγων μοι· κύριε κύριε, εἰσελεύσεται εἰς τὴν βασιλείαν τῶν οὐρανῶν, ἀλλ' **ὁ ποιῶν** τὸ θέλημα τοῦ πατρός μου τοῦ ἐν τοῖς οὐρανοῖς.	→ Mk 3,35	**Lk 6,46** → Lk 8,21	τί δέ με καλεῖτε· κύριε κύριε, καὶ **οὐ ποιεῖτε** ἃ λέγω;	
b 201	**Mt 7,22** → Mt 25,11	πολλοὶ ἐροῦσίν μοι ἐν ἐκείνῃ τῇ ἡμέρᾳ· κύριε κύριε, **οὐ** τῷ σῷ ὀνόματι ἐπροφητεύσαμεν, καὶ τῷ σῷ ὀνόματι δαιμόνια ἐξεβάλομεν, καὶ τῷ σῷ ὀνόματι δυνάμεις πολλὰς ἐποιήσαμεν;		**Lk 13,26**	τότε ἄρξεσθε λέγειν· ἐφάγομεν ἐνώπιόν σου καὶ ἐπίομεν καὶ ἐν ταῖς πλατείαις ἡμῶν ἐδίδαξας·	

	Mt		Mk		Lk		
202	Mt 7,25	καὶ κατέβη ἡ βροχὴ καὶ ἦλθον οἱ ποταμοὶ καὶ ἔπνευσαν οἱ ἄνεμοι καὶ προσέπεσαν τῇ οἰκίᾳ ἐκείνῃ, καὶ **οὐκ ἔπεσεν,** τεθεμελίωτο γὰρ ἐπὶ τὴν πέτραν.			Lk 6,48	... πλημμύρης δὲ γενομένης προσέρηξεν ὁ ποταμὸς τῇ οἰκίᾳ ἐκείνῃ, καὶ **οὐκ ἴσχυσεν σαλεῦσαι αὐτὴν** διὰ τὸ καλῶς οἰκοδομῆσθαι αὐτήν.	
q 221	Mt 7,29	[28] ... ἐξεπλήσσοντο οἱ ὄχλοι ἐπὶ τῇ διδαχῇ αὐτοῦ· [29] ἦν γὰρ διδάσκων αὐτοὺς ὡς ἐξουσίαν ἔχων καὶ **οὐχ ὡς οἱ γραμματεῖς αὐτῶν.**	Mk 1,22 → Mk 1,27	καὶ ἐξεπλήσσοντο ἐπὶ τῇ διδαχῇ αὐτοῦ· ἦν γὰρ διδάσκων αὐτοὺς ὡς ἐξουσίαν ἔχων καὶ **οὐχ ὡς οἱ γραμματεῖς.**	Lk 4,32 → Lk 4,36	καὶ ἐξεπλήσσοντο ἐπὶ τῇ διδαχῇ αὐτοῦ, ὅτι ἐν ἐξουσίᾳ ἦν ὁ λόγος αὐτοῦ.	
002					Lk 7,6 (2) → Mt 8,7 → Mk 5,35 → Lk 8,49	ὁ δὲ Ἰησοῦς ἐπορεύετο σὺν αὐτοῖς. ἤδη δὲ αὐτοῦ **οὐ μακρὰν** ἀπέχοντος ἀπὸ τῆς οἰκίας ἔπεμψεν φίλους	
hf u 202	Mt 8,8	καὶ ἀποκριθεὶς ὁ ἑκατόνταρχος ἔφη· κύριε, **οὐκ εἰμὶ ἱκανὸς** ἵνα μου ὑπὸ τὴν στέγην εἰσέλθῃς, ἀλλὰ μόνον εἰπὲ λόγῳ, καὶ ἰαθήσεται ὁ παῖς μου.				ὁ ἑκατοντάρχης λέγων αὐτῷ· κύριε, μὴ σκύλλου, **οὐ γὰρ ἱκανός εἰμι** ἵνα ὑπὸ τὴν στέγην μου εἰσέλθῃς· [7] διὸ οὐδὲ ἐμαυτὸν ἠξίωσα πρὸς σὲ ἐλθεῖν· ἀλλὰ εἰπὲ λόγῳ, καὶ ἰαθήτω ὁ παῖς μου.	→ Jn 4,49
202	Mt 8,20	... ὁ δὲ υἱὸς τοῦ ἀνθρώπου **οὐκ ἔχει** ποῦ τὴν κεφαλὴν κλίνῃ.			Lk 9,58	... ὁ δὲ υἱὸς τοῦ ἀνθρώπου **οὐκ ἔχει** ποῦ τὴν κεφαλὴν κλίνῃ.	→ GTh 86
h 222	Mt 9,12	... **οὐ χρείαν ἔχουσιν** οἱ ἰσχύοντες ἰατροῦ ἀλλ' οἱ κακῶς ἔχοντες.	Mk 2,17 (2)	... **οὐ χρείαν ἔχουσιν** οἱ ἰσχύοντες ἰατροῦ ἀλλ' οἱ κακῶς ἔχοντες·	Lk 5,31	... **οὐ χρείαν ἔχουσιν** οἱ ὑγιαίνοντες ἰατροῦ ἀλλὰ οἱ κακῶς ἔχοντες·	
211 fh 222	Mt 9,13 (2) ⇩ Mt 12,7	πορευθέντες δὲ μάθετε τί ἐστιν· *ἔλεος θέλω καὶ* ***οὐ θυσίαν·*** **οὐ γὰρ ἦλθον** καλέσαι δικαίους ἀλλὰ ἁμαρτωλούς. ➤ Hos 6,6		**οὐκ ἦλθον** καλέσαι δικαίους ἀλλὰ ἁμαρτωλούς.	Lk 5,32	**οὐκ ἐλήλυθα** καλέσαι δικαίους ἀλλὰ ἁμαρτωλοὺς εἰς μετάνοιαν.	
221	Mt 9,14	... διὰ τί ἡμεῖς καὶ οἱ Φαρισαῖοι νηστεύομεν [πολλά], οἱ δὲ μαθηταί σου **οὐ νηστεύουσιν;**	Mk 2,18	... διὰ τί οἱ μαθηταὶ Ἰωάννου καὶ οἱ μαθηταὶ τῶν Φαρισαίων νηστεύουσιν, οἱ δὲ σοὶ μαθηταὶ **οὐ νηστεύουσιν;**	Lk 5,33	... οἱ μαθηταὶ Ἰωάννου νηστεύουσιν πυκνὰ καὶ δεήσεις ποιοῦνται ὁμοίως καὶ οἱ τῶν Φαρισαίων, οἱ δὲ σοὶ **ἐσθίουσιν καὶ πίνουσιν.**	→ GTh 104
fh 222	Mt 9,24	... ἀναχωρεῖτε, **οὐ γὰρ ἀπέθανεν** τὸ κοράσιον ἀλλὰ καθεύδει. ...	Mk 5,39	... τί θορυβεῖσθε καὶ κλαίετε; τὸ παιδίον **οὐκ ἀπέθανεν** ἀλλὰ καθεύδει.	Lk 8,52	... μὴ κλαίετε, **οὐ γὰρ ἀπέθανεν** ἀλλὰ καθεύδει.	
fh 220	Mt 10,20 ↓ Lk 12,12	**οὐ γὰρ ὑμεῖς ἐστε** οἱ λαλοῦντες ἀλλὰ τὸ πνεῦμα τοῦ πατρὸς ὑμῶν τὸ λαλοῦν ἐν ὑμῖν.	Mk 13,11	... **οὐ γάρ ἐστε ὑμεῖς** οἱ λαλοῦντες ἀλλὰ τὸ πνεῦμα τὸ ἅγιον.			

	Mt		Mk		Lk		
d l 200	**Mt 10,23** → Mt 23,34 → Lk 11,49	ὅταν δὲ διώκωσιν ὑμᾶς ἐν τῇ πόλει ταύτῃ, φεύγετε εἰς τὴν ἑτέραν· ἀμὴν γὰρ λέγω ὑμῖν, **οὐ μὴ τελέσητε** τὰς πόλεις τοῦ Ἰσραὴλ ἕως ἂν ἔλθῃ ὁ υἱὸς τοῦ ἀνθρώπου.					
u j 202	**Mt 10,24**	**οὐκ ἔστιν** μαθητὴς ὑπὲρ τὸν διδάσκαλον οὐδὲ δοῦλος ὑπὲρ τὸν κύριον αὐτοῦ. [25] ἀρκετὸν τῷ μαθητῇ ἵνα γένηται ὡς ὁ διδάσκαλος αὐτοῦ καὶ ὁ δοῦλος ὡς ὁ κύριος αὐτοῦ. ...			**Lk 6,40**	**οὐκ ἔστιν** μαθητὴς ὑπὲρ τὸν διδάσκαλον· κατηρτισμένος δὲ πᾶς ἔσται ὡς ὁ διδάσκαλος αὐτοῦ.	
  202 202	**Mt 10,26** **(2)**	... οὐδὲν γάρ ἐστιν κεκαλυμμένον **ὃ οὐκ** **ἀποκαλυφθήσεται** καὶ κρυπτὸν **ὃ οὐ γνωσθήσεται.**	**Mk 4,22**	οὐ γάρ ἐστιν κρυπτὸν **ἐὰν μὴ ἵνα φανερωθῇ,** οὐδὲ ἐγένετο ἀπόκρυφον **ἀλλ' ἵνα ἔλθῃ εἰς** **φανερόν.**	**Lk 12,2** **(2)** ⇩ Lk 8,17	οὐδὲν δὲ συγκεκαλυμμένον ἐστὶν **ὃ οὐκ** **ἀποκαλυφθήσεται** καὶ κρυπτὸν **ὃ οὐ γνωσθήσεται.**	→ GTh 5 **(POxy 654)** → GTh 6,5-6 (POxy 654) Mk-Q overlap
m p 202	**Mt 10,29**	οὐχὶ δύο στρουθία ἀσσαρίου πωλεῖται; καὶ ἓν ἐξ αὐτῶν **οὐ πεσεῖται** **ἐπὶ τὴν γῆν** ἄνευ τοῦ πατρὸς ὑμῶν.			**Lk 12,6**	οὐχὶ πέντε στρουθία πωλοῦνται ἀσσαρίων δύο; καὶ ἓν ἐξ αὐτῶν **οὐκ ἔστιν** **ἐπιλελησμένον** ἐνώπιον τοῦ θεοῦ.	
h 201	**Mt 10,34**	μὴ νομίσητε ὅτι ἦλθον βαλεῖν εἰρήνην ἐπὶ τὴν γῆν· **οὐκ ἦλθον** βαλεῖν εἰρήνην ἀλλὰ μάχαιραν.			**Lk 12,51**	δοκεῖτε ὅτι εἰρήνην παρεγενόμην δοῦναι ἐν τῇ γῇ; **οὐχί,** λέγω ὑμῖν, ἀλλ' ἢ διαμερισμόν.	→ GTh 16
    201 *r* 202	**Mt 10,37** **(2)** → Mt 19,29	 ὁ φιλῶν πατέρα ἢ μητέρα ὑπὲρ ἐμὲ **οὐκ ἔστιν** μου ἄξιος, καὶ ὁ φιλῶν υἱὸν ἢ θυγατέρα ὑπὲρ ἐμὲ **οὐκ ἔστιν** μου ἄξιος·	→ Mk 10,29		**Lk 14,26** **(2)** → Lk 18,29	εἴ τις ἔρχεται πρός με καὶ οὐ μισεῖ τὸν πατέρα ἑαυτοῦ καὶ τὴν μητέρα καὶ τὴν γυναῖκα καὶ τὰ τέκνα καὶ τοὺς ἀδελφοὺς καὶ τὰς ἀδελφάς ἔτι τε καὶ τὴν ψυχὴν ἑαυτοῦ, **οὐ δύναται εἶναί** μου μαθητής.	→ GTh 55 → GTh 101
 202 202	**Mt 10,38** **(2)** ⇩ Mt 16,24	καὶ ὃς **οὐ λαμβάνει** τὸν σταυρὸν αὐτοῦ καὶ ἀκολουθεῖ ὀπίσω μου, **οὐκ ἔστιν** μου ἄξιος.			**Lk 14,27** **(2)** ⇩ Lk 9,23	ὅστις **οὐ βαστάζει** τὸν σταυρὸν ἑαυτοῦ καὶ ἔρχεται ὀπίσω μου **οὐ δύναται εἶναί** μου μαθητής.	→ GTh 55 → GTh 101 Mk-Q overlap
	Mt 16,24 **⇧ Mt 10,38**	... εἴ τις θέλει ὀπίσω μου ἐλθεῖν, ἀπαρνησάσθω ἑαυτὸν καὶ **ἀράτω** τὸν σταυρὸν αὐτοῦ καὶ ἀκολουθείτω μοι.	**Mk 8,34**	... εἴ τις θέλει ὀπίσω μου ἀκολουθεῖν, ἀπαρνησάσθω ἑαυτὸν καὶ **ἀράτω** τὸν σταυρὸν αὐτοῦ καὶ ἀκολουθείτω μοι.	**Lk 9,23** **⇩ Lk 14,27**	... εἴ τις θέλει ὀπίσω μου ἔρχεσθαι, ἀρνησάσθω ἑαυτὸν καὶ **ἀράτω** τὸν σταυρὸν αὐτοῦ καθ' ἡμέραν, καὶ ἀκολουθείτω μοι.	

	Mt		Mk		Lk		
d 220	**Mt 10,42**	καὶ ὃς ἂν ποτίσῃ ἕνα τῶν μικρῶν τούτων ποτήριον ψυχροῦ μόνον εἰς ὄνομα μαθητοῦ, ἀμὴν λέγω ὑμῖν, **οὐ μὴ ἀπολέσῃ** τὸν μισθὸν αὐτοῦ.	**Mk 9,41**	ὃς γὰρ ἂν ποτίσῃ ὑμᾶς ποτήριον ὕδατος ἐν ὀνόματι ὅτι Χριστοῦ ἐστε, ἀμὴν λέγω ὑμῖν ὅτι **οὐ μὴ ἀπολέσῃ** τὸν μισθὸν αὐτοῦ.			
201	**Mt 11,11**	ἀμὴν λέγω ὑμῖν· **οὐκ ἐγήγερται** ἐν γεννητοῖς γυναικῶν μείζων Ἰωάννου τοῦ βαπτιστοῦ· ...			**Lk 7,28**	λέγω ὑμῖν, μείζων ἐν γεννητοῖς γυναικῶν Ἰωάννου **οὐδείς ἐστιν·** ...	→ GTh 46
202 202	**Mt 11,17** (2)	... ηὐλήσαμεν ὑμῖν καὶ **οὐκ ὠρχήσασθε,** ἐθρηνήσαμεν καὶ **οὐκ ἐκόψασθε.**			**Lk 7,32** (2)	... ηὐλήσαμεν ὑμῖν καὶ **οὐκ ὠρχήσασθε·** ἐθρηνήσαμεν καὶ **οὐκ ἐκλαύσατε.**	
j 002					**Lk 7,44**	... βλέπεις ταύτην τὴν γυναῖκα; εἰσῆλθόν σου εἰς τὴν οἰκίαν, ὕδωρ μοι ἐπὶ πόδας **οὐκ ἔδωκας·** αὕτη δὲ τοῖς δάκρυσιν ἔβρεξέν μου τοὺς πόδας καὶ ταῖς θριξὶν αὐτῆς ἐξέμαξεν.	
j 002 002					**Lk 7,45** (2)	φίλημά μοι **οὐκ ἔδωκας·** αὕτη δὲ ἀφ᾽ ἧς εἰσῆλθον **οὐ διέλιπεν** καταφιλοῦσά μου τοὺς πόδας.	
j 002					**Lk 7,46**	ἐλαίῳ τὴν κεφαλήν μου **οὐκ ἤλειψας·** αὕτη δὲ μύρῳ ἤλειψεν τοὺς πόδας μου.	
200	**Mt 11,20**	τότε ἤρξατο ὀνειδίζειν τὰς πόλεις ἐν αἷς ἐγένοντο αἱ πλεῖσται δυνάμεις αὐτοῦ, ὅτι **οὐ μετενόησαν·**					
222	**Mt 12,2**	... ἰδοὺ οἱ μαθηταί σου ποιοῦσιν ὃ **οὐκ ἔξεστιν** ποιεῖν ἐν σαββάτῳ.	**Mk 2,24**	... ἴδε τί ποιοῦσιν τοῖς σάββασιν ὃ **οὐκ ἔξεστιν;**	**Lk 6,2**	... τί ποιεῖτε ὃ **οὐκ ἔξεστιν** τοῖς σάββασιν;	
b 211	**Mt 12,3**	ὁ δὲ εἶπεν αὐτοῖς· **οὐκ ἀνέγνωτε** τί ἐποίησεν Δαυὶδ ὅτε ἐπείνασεν καὶ οἱ μετ᾽ αὐτοῦ,	**Mk 2,25**	καὶ λέγει αὐτοῖς· **οὐδέποτε ἀνέγνωτε** τί ἐποίησεν Δαυίδ, ὅτε χρείαν ἔσχεν καὶ ἐπείνασεν αὐτὸς καὶ οἱ μετ᾽ αὐτοῦ,	**Lk 6,3**	καὶ ἀποκριθεὶς πρὸς αὐτοὺς εἶπεν ὁ Ἰησοῦς· **οὐδὲ τοῦτο ἀνέγνωτε** ὃ ἐποίησεν Δαυὶδ ὅτε ἐπείνασεν αὐτὸς καὶ οἱ μετ᾽ αὐτοῦ [ὄντες],	
g k *u* 222	**Mt 12,4**	πῶς εἰσῆλθεν εἰς τὸν οἶκον τοῦ θεοῦ καὶ τοὺς ἄρτους τῆς προθέσεως ἔφαγον, ὃ **οὐκ ἐξὸν ἦν** αὐτῷ φαγεῖν οὐδὲ τοῖς μετ᾽ αὐτοῦ εἰ μὴ τοῖς ἱερεῦσιν μόνοις;	**Mk 2,26**	πῶς εἰσῆλθεν εἰς τὸν οἶκον τοῦ θεοῦ ἐπὶ Ἀβιαθὰρ ἀρχιερέως καὶ τοὺς ἄρτους τῆς προθέσεως ἔφαγεν, οὓς **οὐκ ἔξεστιν** φαγεῖν εἰ μὴ τοὺς ἱερεῖς, καὶ ἔδωκεν καὶ τοῖς σὺν αὐτῷ οὖσιν;	**Lk 6,4**	[ὡς] εἰσῆλθεν εἰς τὸν οἶκον τοῦ θεοῦ καὶ τοὺς ἄρτους τῆς προθέσεως λαβὼν ἔφαγεν καὶ ἔδωκεν τοῖς μετ᾽ αὐτοῦ, οὓς **οὐκ ἔξεστιν** φαγεῖν εἰ μὴ μόνους τοὺς ἱερεῖς;	

b 200	Mt 12,5	ἢ οὐκ ἀνέγνωτε ἐν τῷ νόμῳ ὅτι τοῖς σάββασιν οἱ ἱερεῖς ἐν τῷ ἱερῷ τὸ σάββατον βεβηλοῦσιν καὶ ἀναίτιοί εἰσιν;					
200 e r 200	Mt 12,7 (2) ⇧ Mt 9,13	εἰ δὲ ἐγνώκειτε τί ἐστιν· *ἔλεος θέλω καὶ* *οὐ θυσίαν,* οὐκ ἂν κατεδικάσατε τοὺς ἀναιτίους. ➤ Hos 6,6					
u 200	Mt 12,19	*οὐκ ἐρίσει* *οὐδὲ κραυγάσει,* *οὐδὲ ἀκούσει τις* *ἐν ταῖς πλατείαις* *τὴν φωνὴν αὐτοῦ.* ➤ Isa 42,2					
l 200 l 200	Mt 12,20 (2)	*κάλαμον συντετριμμένον* *οὐ κατεάξει* *καὶ λίνον τυφόμενον* *οὐ σβέσει,* *ἕως ἂν ἐκβάλῃ* εἰς νῖκος τὴν *κρίσιν.* ➤ Isa 42,3-4					
k 201	Mt 12,24 ⇩ Mt 9,34	... οὗτος οὐκ ἐκβάλλει τὰ δαιμόνια εἰ μὴ ἐν τῷ Βεελζεβοὺλ ἄρχοντι τῶν δαιμονίων.			Lk 11,15 → Lk 11,18	... ἐν Βεελζεβοὺλ τῷ ἄρχοντι τῶν δαιμονίων ἐκβάλλει τὰ δαιμόνια·	Mk-Q overlap
	Mt 9,34 ⇧ Mt 12,24 → Lk 11,18	οἱ δὲ Φαρισαῖοι ἔλεγον· ἐν τῷ ἄρχοντι τῶν δαιμονίων ἐκβάλλει τὰ δαιμόνια.	Mk 3,22	καὶ οἱ γραμματεῖς οἱ ἀπὸ Ἱεροσολύμων καταβάντες ἔλεγον ὅτι Βεελζεβοὺλ ἔχει, καὶ ὅτι ἐν τῷ ἄρχοντι τῶν δαιμονίων ἐκβάλλει τὰ δαιμόνια.			
s 020	Mt 12,25	... πᾶσα βασιλεία μερισθεῖσα καθ' ἑαυτῆς ἐρημοῦται	Mk 3,24	καὶ ἐὰν βασιλεία ἐφ' ἑαυτὴν μερισθῇ, οὐ δύναται σταθῆναι ἡ βασιλεία ἐκείνη·	Lk 11,17	... πᾶσα βασιλεία ἐφ' ἑαυτὴν διαμερισθεῖσα ἐρημοῦται	Mk-Q overlap
s 020		καὶ πᾶσα πόλις ἢ οἰκία μερισθεῖσα καθ' ἑαυτῆς οὐ σταθήσεται.	Mk 3,25	καὶ ἐὰν οἰκία ἐφ' ἑαυτὴν μερισθῇ, οὐ δυνήσεται ἡ οἰκία ἐκείνη σταθῆναι.		καὶ οἶκος ἐπὶ οἶκον πίπτει.	Mk-Q overlap
201	Mt 12,25	... πᾶσα βασιλεία μερισθεῖσα καθ' ἑαυτῆς ἐρημοῦται καὶ πᾶσα πόλις ἢ οἰκία μερισθεῖσα καθ' ἑαυτῆς οὐ σταθήσεται.	Mk 3,25	[24] καὶ ἐὰν βασιλεία ἐφ' ἑαυτὴν μερισθῇ, οὐ δύναται σταθῆναι ἡ βασιλεία ἐκείνη· [25] καὶ ἐὰν οἰκία ἐφ' ἑαυτὴν μερισθῇ, οὐ δυνήσεται ἡ οἰκία ἐκείνη σταθῆναι.	Lk 11,17	... πᾶσα βασιλεία ἐφ' ἑαυτὴν διαμερισθεῖσα ἐρημοῦται καὶ οἶκος ἐπὶ οἶκον πίπτει.	Mk-Q overlap
h r 020	Mt 12,26	καὶ εἰ ὁ σατανᾶς τὸν σατανᾶν ἐκβάλλει, ἐφ' ἑαυτὸν ἐμερίσθη· πῶς οὖν σταθήσεται ἡ βασιλεία αὐτοῦ;	Mk 3,26	καὶ εἰ ὁ σατανᾶς ἀνέστη ἐφ' ἑαυτὸν καὶ ἐμερίσθη, οὐ δύναται στῆναι ἀλλὰ τέλος ἔχει.	Lk 11,18	εἰ δὲ καὶ ὁ σατανᾶς ἐφ' ἑαυτὸν διεμερίσθη, πῶς σταθήσεται ἡ βασιλεία αὐτοῦ; ...	Mk-Q overlap

	Mt		Mk		Lk		
c k 121	Mt 12,29	ἢ πῶς **δύναταί** τις εἰσελθεῖν εἰς τὴν οἰκίαν τοῦ ἰσχυροῦ καὶ τὰ σκεύη αὐτοῦ ἁρπάσαι, ἐὰν μὴ πρῶτον δήσῃ τὸν ἰσχυρόν; καὶ τότε τὴν οἰκίαν αὐτοῦ διαρπάσει.	Mk 3,27	ἀλλ᾽ **οὐ δύναται** οὐδεὶς εἰς τὴν οἰκίαν τοῦ ἰσχυροῦ εἰσελθὼν τὰ σκεύη αὐτοῦ διαρπάσαι, ἐὰν μὴ πρῶτον τὸν ἰσχυρὸν δήσῃ, καὶ τότε τὴν οἰκίαν αὐτοῦ διαρπάσει.	Lk 11,21	ὅταν ὁ ἰσχυρὸς καθωπλισμένος φυλάσσῃ τὴν ἑαυτοῦ αὐλήν, ἐν εἰρήνῃ ἐστὶν τὰ ὑπάρχοντα αὐτοῦ· [22] ἐπὰν δὲ ἰσχυρότερος αὐτοῦ ἐπελθὼν νικήσῃ αὐτόν, τὴν πανοπλίαν αὐτοῦ αἴρει ἐφ᾽ ᾗ ἐπεποίθει, καὶ τὰ σκῦλα αὐτοῦ διαδίδωσιν.	→ GTh 21,5 → GTh 35 Mk-Q overlap?
h 220	Mt 12,31	... πᾶσα ἁμαρτία καὶ βλασφημία ἀφεθήσεται τοῖς ἀνθρώποις, ἡ δὲ τοῦ πνεύματος βλασφημία **οὐκ ἀφεθήσεται.**	Mk 3,29 ↓ Mt 12,32 ↓ Lk 12,10	[28] ... πάντα ἀφεθήσεται τοῖς υἱοῖς τῶν ἀνθρώπων τὰ ἁμαρτήματα καὶ αἱ βλασφημίαι ὅσα ἐὰν βλασφημήσωσιν· [29] ὃς δ᾽ ἂν βλασφημήσῃ εἰς τὸ πνεῦμα τὸ ἅγιον, **οὐκ ἔχει ἄφεσιν** ↔			→ GTh 44
202	Mt 12,32 ↑ Mk 3,28	καὶ ὃς ἐὰν εἴπῃ λόγον κατὰ τοῦ υἱοῦ τοῦ ἀνθρώπου, ἀφεθήσεται αὐτῷ· ὃς δ᾽ ἂν εἴπῃ κατὰ τοῦ πνεύματος τοῦ ἁγίου, **οὐκ ἀφεθήσεται** αὐτῷ οὔτε ἐν τούτῳ τῷ αἰῶνι οὔτε ἐν τῷ μέλλοντι.	Mk 3,29	↔ εἰς τὸν αἰῶνα, ἀλλὰ ἔνοχός ἐστιν αἰωνίου ἁμαρτήματος.	Lk 12,10 ↑ Mk 3,28	καὶ πᾶς ὃς ἐρεῖ λόγον εἰς τὸν υἱὸν τοῦ ἀνθρώπου, ἀφεθήσεται αὐτῷ· τῷ δὲ εἰς τὸ ἅγιον πνεῦμα βλασφημήσαντι **οὐκ ἀφεθήσεται.**	→ GTh 44 Mk-Q overlap
k 202	Mt 12,39 ⇩ Mt 16,4	... γενεὰ πονηρὰ καὶ μοιχαλὶς σημεῖον ἐπιζητεῖ, καὶ σημεῖον **οὐ δοθήσεται** αὐτῇ εἰ μὴ τὸ σημεῖον Ἰωνᾶ τοῦ προφήτου.	Mk 8,12	... τί ἡ γενεὰ αὕτη ζητεῖ σημεῖον; ἀμὴν λέγω ὑμῖν, **εἰ δοθήσεται** τῇ γενεᾷ ταύτῃ σημεῖον.	Lk 11,29	... ἡ γενεὰ αὕτη γενεὰ πονηρά ἐστιν· σημεῖον ζητεῖ, καὶ σημεῖον **οὐ δοθήσεται** αὐτῇ εἰ μὴ τὸ σημεῖον Ἰωνᾶ.	Mk-Q overlap
t 201	Mt 12,43	ὅταν δὲ τὸ ἀκάθαρτον πνεῦμα ἐξέλθῃ ἀπὸ τοῦ ἀνθρώπου, διέρχεται δι᾽ ἀνύδρων τόπων ζητοῦν ἀνάπαυσιν καὶ **οὐχ εὑρίσκει.**			Lk 11,24	ὅταν τὸ ἀκάθαρτον πνεῦμα ἐξέλθῃ ἀπὸ τοῦ ἀνθρώπου, διέρχεται δι᾽ ἀνύδρων τόπων ζητοῦν ἀνάπαυσιν καὶ **μὴ εὑρίσκον· ...**	
221	Mt 13,5	ἄλλα δὲ ἔπεσεν ἐπὶ τὰ πετρώδη ὅπου **οὐκ εἶχεν** γῆν πολλήν, καὶ εὐθέως ἐξανέτειλεν διὰ τὸ μὴ ἔχειν βάθος γῆς· [6] ἡλίου δὲ ἀνατείλαντος ἐκαυματίσθη καὶ διὰ τὸ μὴ ἔχειν ῥίζαν ἐξηράνθη.	Mk 4,5	καὶ ἄλλο ἔπεσεν ἐπὶ τὸ πετρῶδες ὅπου **οὐκ εἶχεν** γῆν πολλήν, καὶ εὐθὺς ἐξανέτειλεν διὰ τὸ μὴ ἔχειν βάθος γῆς· [6] καὶ ὅτε ἀνέτειλεν ὁ ἥλιος ἐκαυματίσθη καὶ διὰ τὸ μὴ ἔχειν ῥίζαν ἐξηράνθη.	Lk 8,6	καὶ ἕτερον κατέπεσεν ἐπὶ τὴν πέτραν, καὶ φυὲν ἐξηράνθη διὰ τὸ μὴ ἔχειν ἰκμάδα.	→ GTh 9
121	Mt 13,7	ἄλλα δὲ ἔπεσεν ἐπὶ τὰς ἀκάνθας, καὶ ἀνέβησαν αἱ ἄκανθαι καὶ ἔπνιξαν αὐτά.	Mk 4,7	καὶ ἄλλο ἔπεσεν εἰς τὰς ἀκάνθας, καὶ ἀνέβησαν αἱ ἄκανθαι καὶ συνέπνιξαν αὐτό, καὶ καρπὸν **οὐκ ἔδωκεν.**	Lk 8,7	καὶ ἕτερον ἔπεσεν ἐν μέσῳ τῶν ἀκανθῶν, καὶ συμφυεῖσαι αἱ ἄκανθαι ἀπέπνιξαν αὐτό.	→ GTh 9
211	Mt 13,11	... ὅτι ὑμῖν δέδοται γνῶναι τὰ μυστήρια τῆς βασιλείας τῶν οὐρανῶν, ἐκείνοις δὲ **οὐ δέδοται.** [12] ... [13] διὰ τοῦτο ἐν παραβολαῖς αὐτοῖς λαλῶ, ...	Mk 4,11	... ὑμῖν τὸ μυστήριον δέδοται τῆς βασιλείας τοῦ θεοῦ· ἐκείνοις δὲ τοῖς ἔξω ἐν παραβολαῖς τὰ πάντα γίνεται	Lk 8,10	... ὑμῖν δέδοται γνῶναι τὰ μυστήρια τῆς βασιλείας τοῦ θεοῦ, τοῖς δὲ λοιποῖς ἐν παραβολαῖς, ...	→ GTh 62,1

	Mt		Mk		Lk		
221	Mt 13,12 ⇩ Mt 25,29	ὅστις γὰρ ἔχει, δοθήσεται αὐτῷ καὶ περισσευθήσεται· ὅστις δὲ **οὐκ ἔχει,** καὶ ὃ ἔχει ἀρθήσεται ἀπ᾽ αὐτοῦ.	Mk 4,25	ὃς γὰρ ἔχει, δοθήσεται αὐτῷ· καὶ ὃς **οὐκ ἔχει,** καὶ ὃ ἔχει ἀρθήσεται ἀπ᾽ αὐτοῦ.	Lk 8,18 ⇩ Lk 19,26	... ὃς ἂν γὰρ ἔχῃ, δοθήσεται αὐτῷ· καὶ ὃς ἂν **μὴ ἔχῃ,** καὶ ὃ δοκεῖ ἔχειν ἀρθήσεται ἀπ᾽ αὐτοῦ.	→ GTh 41 Mk-Q overlap
	Mt 25,29 ⇧ Mt 13,12	τῷ γὰρ ἔχοντι παντὶ δοθήσεται καὶ περισσευθήσεται, **τοῦ δὲ μὴ ἔχοντος** καὶ ὃ ἔχει ἀρθήσεται ἀπ᾽ αὐτοῦ.			Lk 19,26 ⇧ Lk 8,18	λέγω ὑμῖν ὅτι παντὶ τῷ ἔχοντι δοθήσεται, **ἀπὸ δὲ τοῦ μὴ ἔχοντος** καὶ ὃ ἔχει ἀρθήσεται.	
211 u 211	Mt 13,13 (2) ↓ Mt 13,14	... ὅτι βλέποντες **οὐ βλέπουσιν** καὶ ἀκούοντες **οὐκ ἀκούουσιν** **οὐδὲ συνίουσιν·** ➢ Isa 6,9	Mk 4,12 ↓ Mk 8,18	ἵνα βλέποντες **βλέπωσιν καὶ** **μὴ ἴδωσιν,** καὶ ἀκούοντες **ἀκούωσιν** **καὶ μὴ συνιῶσιν,** μήποτε ἐπιστρέψωσιν καὶ ἀφεθῇ αὐτοῖς. ➢ Isa 6,9-10	Lk 8,10	... ἵνα βλέποντες **μὴ βλέπωσιν** καὶ ἀκούοντες **μὴ συνιῶσιν.** ➢ Isa 6,9	→ Jn 12,40 → **Acts 28,26**
d 200 d 200	Mt 13,14 (2) ↑ Mt 13,13 ↑ Mk 4,12 ↑ Lk 8,10	καὶ ἀναπληροῦται αὐτοῖς ἡ προφητεία Ἠσαΐου ἡ λέγουσα· *ἀκοῇ ἀκούσετε καὶ* ***οὐ μὴ συνῆτε,*** *καὶ βλέποντες βλέψετε* *καὶ* ***οὐ μὴ ἴδητε.*** ➢ Isa 6,9 LXX					→ Jn 12,40 → **Acts 28,26**
202 202	Mt 13,17 (2)	ἀμὴν γὰρ λέγω ὑμῖν ὅτι πολλοὶ προφῆται καὶ δίκαιοι ἐπεθύμησαν ἰδεῖν ἃ βλέπετε καὶ **οὐκ εἶδαν,** καὶ ἀκοῦσαι ἃ ἀκούετε καὶ **οὐκ ἤκουσαν.**			Lk 10,24 (2)	λέγω γὰρ ὑμῖν ὅτι πολλοὶ προφῆται καὶ βασιλεῖς ἠθέλησαν ἰδεῖν ἃ ὑμεῖς βλέπετε καὶ **οὐκ εἶδαν,** καὶ ἀκοῦσαι ἃ ἀκούετε καὶ **οὐκ ἤκουσαν.**	→ GTh 38 **(POxy 655 - restoration)**
b 121	Mt 13,18	ὑμεῖς οὖν ἀκούσατε τὴν παραβολὴν τοῦ σπείραντος.	Mk 4,13	καὶ λέγει αὐτοῖς· **οὐκ οἴδατε** τὴν παραβολὴν ταύτην, καὶ πῶς πάσας τὰς παραβολὰς γνώσεσθε;	Lk 8,11	ἔστιν δὲ αὕτη ἡ παραβολή· ...	
h 222	Mt 13,21	**οὐκ ἔχει** δὲ ῥίζαν ἐν ἑαυτῷ ἀλλὰ πρόσκαιρός ἐστιν, γενομένης δὲ θλίψεως ἢ διωγμοῦ διὰ τὸν λόγον εὐθὺς σκανδαλίζεται.	Mk 4,17	καὶ **οὐκ ἔχουσιν** ῥίζαν ἐν ἑαυτοῖς ἀλλὰ πρόσκαιροί εἰσιν, εἶτα γενομένης θλίψεως ἢ διωγμοῦ διὰ τὸν λόγον εὐθὺς σκανδαλίζονται.	Lk 8,13	... καὶ οὗτοι ῥίζαν **οὐκ ἔχουσιν,** οἳ πρὸς καιρὸν πιστεύουσιν καὶ ἐν καιρῷ πειρασμοῦ ἀφίστανται.	
112	Mt 13,22	... καὶ ἡ μέριμνα τοῦ αἰῶνος καὶ ἡ ἀπάτη τοῦ πλούτου συμπνίγει τὸν λόγον καὶ **ἄκαρπος γίνεται.**	Mk 4,19	καὶ αἱ μέριμναι τοῦ αἰῶνος καὶ ἡ ἀπάτη τοῦ πλούτου καὶ αἱ περὶ τὰ λοιπὰ ἐπιθυμίαι εἰσπορευόμεναι συμπνίγουσιν τὸν λόγον καὶ **ἄκαρπος γίνεται.**	Lk 8,14	... καὶ ὑπὸ μεριμνῶν καὶ πλούτου καὶ ἡδονῶν τοῦ βίου πορευόμενοι συμπνίγονται καὶ **οὐ τελεσφοροῦσιν.**	

[a] οὐ and future indicative as prohibitive
[b] οὐ interrogative
[c] οὐ in a double negative
[d] οὐ μή see also μή k, l, m
[e] οὐκ ἄν
[f] οὐ γάρ
[g] οὐ with participle
[h] οὐ (μόνον) ..., ἀλλά (καί) ...
[j] οὐ ..., δέ
[k] οὐ ..., εἰ μή / οὐ ..., ἐάν μή

b 021			Mk 4,21	... μήτι ἔρχεται ὁ λύχνος ἵνα ὑπὸ τὸν μόδιον τεθῇ ἢ ὑπὸ τὴν κλίνην; **οὐχ ἵνα** ἐπὶ τὴν λυχνίαν τεθῇ;	Lk 8,16 ⇩ Lk 11,33	οὐδεὶς δὲ λύχνον ἅψας καλύπτει αὐτὸν σκεύει ἢ ὑποκάτω κλίνης τίθησιν, **ἀλλ'** ἐπὶ λυχνίας τίθησιν, ἵνα οἱ εἰσπορευόμενοι βλέπωσιν τὸ φῶς.	→ GTh 33,2-3 Mk-Q overlap
	Mt 5,15	οὐδὲ καίουσιν λύχνον καὶ τιθέασιν αὐτὸν ὑπὸ τὸν μόδιον **ἀλλ'** ἐπὶ τὴν λυχνίαν, καὶ λάμπει πᾶσιν τοῖς ἐν τῇ οἰκίᾳ.			Lk 11,33 ⇧ Lk 8,16	οὐδεὶς λύχνον ἅψας εἰς κρύπτην τίθησιν [οὐδὲ ὑπὸ τὸν μόδιον] **ἀλλ'** ἐπὶ τὴν λυχνίαν, ἵνα οἱ εἰσπορευόμενοι τὸ φῶς βλέπωσιν.	
f k *u* 022 012 *d* 012	Mt 10,26 (2)	... **οὐδὲν γάρ ἐστιν** κεκαλυμμένον ὃ **οὐκ ἀποκαλυφθήσεται** καὶ κρυπτὸν ὃ **οὐ γνωσθήσεται.**	Mk 4,22	**οὐ γάρ ἐστιν** κρυπτὸν **ἐὰν μὴ ἵνα** **φανερωθῇ,** οὐδὲ ἐγένετο ἀπόκρυφον ἀλλ' ἵνα ἔλθῃ εἰς φανερόν.	Lk 8,17 (3) ⇩ Lk 12,2	**οὐ γάρ ἐστιν** κρυπτὸν ὃ **οὐ φανερὸν** **γενήσεται** οὐδὲ ἀπόκρυφον ὃ **οὐ μὴ γνωσθῇ** καὶ εἰς φανερὸν ἔλθῃ.	→ GTh 5 (POxy 654) → GTh 6,5-6 (POxy 654) Mk-Q overlap
    221	Mt 13,12 ⇩ Mt 25,29	ὅστις γὰρ ἔχει, δοθήσεται αὐτῷ καὶ περισσευθήσεται· ὅστις δὲ **οὐκ ἔχει,** καὶ ὃ ἔχει ἀρθήσεται ἀπ' αὐτοῦ.	Mk 4,25	ὃς γὰρ ἔχει, δοθήσεται αὐτῷ· καὶ ὃς **οὐκ ἔχει,** καὶ ὃ ἔχει ἀρθήσεται ἀπ' αὐτοῦ.	Lk 8,18 ⇩ Lk 19,26	... ὃς ἂν γὰρ ἔχῃ, δοθήσεται αὐτῷ· καὶ ὃς ἂν **μὴ ἔχῃ,** καὶ ὃ δοκεῖ ἔχειν ἀρθήσεται ἀπ' αὐτοῦ.	→ GTh 41 Mk-Q overlap
	Mt 25,29 ⇧ Mt 13,12	τῷ γὰρ ἔχοντι παντὶ δοθήσεται καὶ περισσευθήσεται, **τοῦ δὲ μὴ ἔχοντος** καὶ ὃ ἔχει ἀρθήσεται ἀπ' αὐτοῦ.			Lk 19,26 ⇧ Lk 8,18	λέγω ὑμῖν ὅτι παντὶ τῷ ἔχοντι δοθήσεται, **ἀπὸ δὲ τοῦ μὴ ἔχοντος** καὶ ὃ ἔχει ἀρθήσεται.	
    020			Mk 4,27	καὶ καθεύδῃ καὶ ἐγείρηται νύκτα καὶ ἡμέραν, καὶ ὁ σπόρος βλαστᾷ καὶ μηκύνηται ὡς **οὐκ οἶδεν** αὐτός.			
m j 120	Mt 13,34 → Mt 13,36	... καὶ χωρὶς παραβολῆς **οὐδὲν ἐλάλει** αὐτοῖς	Mk 4,34	χωρὶς δὲ παραβολῆς **οὐκ ἐλάλει** αὐτοῖς, κατ' ἰδίαν δὲ τοῖς ἰδίοις μαθηταῖς ἐπέλυεν πάντα.			
  112	Mt 12,46	... ἰδοὺ ἡ μήτηρ καὶ οἱ ἀδελφοὶ αὐτοῦ εἱστήκεισαν ἔξω ζητοῦντες αὐτῷ λαλῆσαι.	Mk 3,31	καὶ ἔρχεται ἡ μήτηρ αὐτοῦ καὶ οἱ ἀδελφοὶ αὐτοῦ καὶ ἔξω στήκοντες ἀπέστειλαν πρὸς αὐτὸν καλοῦντες αὐτόν. [32] καὶ ἐκάθητο περὶ αὐτὸν ὄχλος, ...	Lk 8,19	παρεγένετο δὲ πρὸς αὐτὸν ἡ μήτηρ καὶ οἱ ἀδελφοὶ αὐτοῦ καὶ **οὐκ ἠδύναντο** συντυχεῖν αὐτῷ διὰ τὸν ὄχλον.	→ GTh 99
b 121	Mt 8,25	καὶ προσελθόντες ἤγειραν αὐτὸν λέγοντες· κύριε, σῶσον, ἀπολλύμεθα.	Mk 4,38	... καὶ ἐγείρουσιν αὐτὸν καὶ λέγουσιν αὐτῷ· διδάσκαλε, **οὐ μέλει** σοι ὅτι ἀπολλύμεθα;	Lk 8,24	προσελθόντες δὲ διήγειραν αὐτὸν λέγοντες· ἐπιστάτα ἐπιστάτα, ἀπολλύμεθα. ...	

l οὐ and ἕως / μέχρις
m οὐ and ἄνευ / χωρίς / πλήν
n οὐ and ἄλλος
p οὐ and εἷς
q οὐχ ὡς
r εἰ ..., οὐ
s ἐάν ..., οὐ / ἄν ..., οὐ
t ὅταν ..., οὐ ... / οὐ ..., ὅταν ...
u οὐ ... οὐδέ

	Mt		Mk		Lk		
112	Mt 8,28	... ὑπήντησαν αὐτῷ δύο δαιμονιζόμενοι ἐκ τῶν μνημείων ἐξερχόμενοι, ...	Mk 5,2	... εὐθὺς ὑπήντησεν αὐτῷ ἐκ τῶν μνημείων ἄνθρωπος ἐν πνεύματι ἀκαθάρτῳ,	Lk 8,27 (2)	... ὑπήντησεν ἀνήρ τις ἐκ τῆς πόλεως ἔχων δαιμόνια καὶ χρόνῳ ἱκανῷ **οὐκ ἐνεδύσατο** ἱμάτιον	
h 112			Mk 5,3	ὃς τὴν κατοίκησιν εἶχεν ἐν τοῖς μνήμασιν, καὶ οὐδὲ ἁλύσει οὐκέτι οὐδεὶς ἐδύνατο αὐτὸν δῆσαι		καὶ ἐν οἰκίᾳ **οὐκ ἔμενεν** ἀλλ᾽ ἐν τοῖς μνήμασιν.	
h 021			Mk 5,19	[18] ... παρεκάλει αὐτὸν ὁ δαιμονισθεὶς ἵνα μετ᾽ αὐτοῦ ᾖ. [19] καὶ **οὐκ ἀφῆκεν** αὐτόν, ἀλλὰ λέγει αὐτῷ· ὕπαγε εἰς τὸν οἶκόν σου ...	Lk 8,38	ἐδεῖτο δὲ αὐτοῦ ὁ ἀνὴρ ἀφ᾽ οὗ ἐξεληλύθει τὰ δαιμόνια εἶναι σὺν αὐτῷ· **ἀπέλυσεν δὲ** αὐτὸν λέγων· [39] ὑπόστρεφε εἰς τὸν οἶκόν σου, ...	
c 012			Mk 5,26	καὶ πολλὰ παθοῦσα ὑπὸ πολλῶν ἰατρῶν καὶ δαπανήσασα τὰ παρ᾽ αὐτῆς πάντα καὶ **μηδὲν ὠφεληθεῖσα** ἀλλὰ μᾶλλον εἰς τὸ χεῖρον ἐλθοῦσα	Lk 8,43	... ἥτις [ἰατροῖς προσαναλώσασα ὅλον τὸν βίον] **οὐκ ἴσχυσεν** ἀπ᾽ οὐδενὸς θεραπευθῆναι	
012			Mk 5,33	ἡ δὲ γυνὴ φοβηθεῖσα καὶ τρέμουσα, εἰδυῖα ὃ γέγονεν αὐτῇ, ἦλθεν καὶ προσέπεσεν αὐτῷ καὶ εἶπεν αὐτῷ πᾶσαν τὴν ἀλήθειαν.	Lk 8,47 → Mt 9,21 → Mk 5,28 → Mk 5,29	ἰδοῦσα δὲ ἡ γυνὴ ὅτι **οὐκ ἔλαθεν,** τρέμουσα ἦλθεν καὶ προσπεσοῦσα αὐτῷ δι᾽ ἣν αἰτίαν ἥψατο αὐτοῦ ἀπήγγειλεν ἐνώπιον παντὸς τοῦ λαοῦ καὶ ὡς ἰάθη παραχρῆμα.	
c k 022			Mk 5,37	καὶ **οὐκ ἀφῆκεν** οὐδένα μετ᾽ αὐτοῦ συνακολουθῆσαι εἰ μὴ τὸν Πέτρον καὶ Ἰάκωβον καὶ Ἰωάννην τὸν ἀδελφὸν Ἰακώβου.	Lk 8,51 → Mk 5,40	... **οὐκ ἀφῆκεν** εἰσελθεῖν τινα σὺν αὐτῷ εἰ μὴ Πέτρον καὶ Ἰωάννην καὶ Ἰάκωβον ...	
f h 222	Mt 9,24	... ἀναχωρεῖτε, **οὐ γὰρ ἀπέθανεν** τὸ κοράσιον ἀλλὰ καθεύδει. ...	Mk 5,39	... τί θορυβεῖσθε καὶ κλαίετε; τὸ παιδίον **οὐκ ἀπέθανεν** ἀλλὰ καθεύδει.	Lk 8,52	... μὴ κλαίετε, **οὐ γὰρ ἀπέθανεν** ἀλλὰ καθεύδει.	
b 221 b 211	Mt 13,55 (2) → Mt 1,16	**οὐχ οὗτός ἐστιν ὁ τοῦ τέκτονος υἱός; οὐχ ἡ μήτηρ αὐτοῦ λέγεται Μαριὰμ** καὶ οἱ ἀδελφοὶ αὐτοῦ Ἰάκωβος καὶ Ἰωσὴφ καὶ Σίμων καὶ Ἰούδας;	Mk 6,3 (2) → Mt 1,16	**οὐχ οὗτός ἐστιν ὁ τέκτων, ὁ υἱὸς τῆς Μαρίας** καὶ ἀδελφὸς Ἰακώβου καὶ Ἰωσῆτος καὶ Ἰούδα καὶ Σίμωνος;	Lk 4,22 → Lk 3,23	... **οὐχὶ υἱός ἐστιν Ἰωσὴφ οὗτος;**	→ Jn 6,42
b 120	Mt 13,56	καὶ αἱ ἀδελφαὶ αὐτοῦ **οὐχὶ** πᾶσαι πρὸς ἡμᾶς εἰσιν; ...		καὶ **οὐκ** εἰσὶν αἱ ἀδελφαὶ αὐτοῦ ὧδε πρὸς ἡμᾶς; ...			

k 221	**Mt 13,57**	... ὁ δὲ Ἰησοῦς εἶπεν αὐτοῖς· **οὐκ ἔστιν προφήτης ἄτιμος** εἰ μὴ ἐν τῇ πατρίδι καὶ ἐν τῇ οἰκίᾳ αὐτοῦ.	**Mk 6,4**	καὶ ἔλεγεν αὐτοῖς ὁ Ἰησοῦς ὅτι **οὐκ ἔστιν προφήτης ἄτιμος** εἰ μὴ ἐν τῇ πατρίδι αὐτοῦ καὶ ἐν τοῖς συγγενεῦσιν αὐτοῦ καὶ ἐν τῇ οἰκίᾳ αὐτοῦ.	**Lk 4,24**	εἶπεν δέ· ἀμὴν λέγω ὑμῖν ὅτι **οὐδεὶς προφήτης δεκτός ἐστιν** ἐν τῇ πατρίδι αὐτοῦ.	→ Jn 4,44 → GTh 31 (POxy 1)
c k 220	**Mt 13,58**	καὶ **οὐκ ἐποίησεν ἐκεῖ** δυνάμεις πολλὰς διὰ τὴν ἀπιστίαν αὐτῶν.	**Mk 6,5**	καὶ **οὐκ ἐδύνατο ἐκεῖ ποιῆσαι** οὐδεμίαν δύναμιν, εἰ μὴ ὀλίγοις ἀρρώστοις ἐπιθεὶς τὰς χεῖρας ἐθεράπευσεν· [6] καὶ ἐθαύμαζεν διὰ τὴν ἀπιστίαν αὐτῶν. ...			
220	**Mt 14,4** → Lk 3,19	ἔλεγεν γὰρ ὁ Ἰωάννης αὐτῷ· **οὐκ ἔξεστίν** σοι ἔχειν αὐτήν.	**Mk 6,18** → Lk 3,19	ἔλεγεν γὰρ ὁ Ἰωάννης τῷ Ἡρῴδῃ ὅτι **οὐκ ἔξεστίν** σοι ἔχειν τὴν γυναῖκα τοῦ ἀδελφοῦ σου.			
120	**Mt 14,5**	[3] ὁ γὰρ Ἡρῴδης ... [5] ... θέλων αὐτὸν ἀποκτεῖναι ἐφοβήθη τὸν ὄχλον, ὅτι ὡς προφήτην αὐτὸν εἶχον.	**Mk 6,19**	ἡ δὲ Ἡρῳδιὰς ἐνεῖχεν αὐτῷ καὶ ἤθελεν αὐτὸν ἀποκτεῖναι, καὶ **οὐκ ἠδύνατο·** [20] ὁ γὰρ Ἡρῴδης ἐφοβεῖτο τὸν Ἰωάννην, εἰδὼς αὐτὸν ἄνδρα δίκαιον καὶ ἅγιον			
120	**Mt 14,9**	καὶ λυπηθεὶς ὁ βασιλεὺς διὰ τοὺς ὅρκους καὶ τοὺς συνανακειμένους ἐκέλευσεν δοθῆναι	**Mk 6,26**	καὶ περίλυπος γενόμενος ὁ βασιλεὺς διὰ τοὺς ὅρκους καὶ τοὺς ἀνακειμένους **οὐκ ἠθέλησεν** ἀθετῆσαι αὐτήν·			
211	**Mt 14,16** → Mt 14,15 → Mt 15,33	ὁ δὲ [Ἰησοῦς] εἶπεν αὐτοῖς· **οὐ χρείαν ἔχουσιν** ἀπελθεῖν, δότε αὐτοῖς ὑμεῖς φαγεῖν.	**Mk 6,37** → Mk 6,36 → Mk 8,4	ὁ δὲ ἀποκριθεὶς εἶπεν αὐτοῖς· δότε αὐτοῖς ὑμεῖς φαγεῖν. καὶ λέγουσιν αὐτῷ· ἀπελθόντες ἀγοράσωμεν δηναρίων διακοσίων ἄρτους καὶ δώσομεν αὐτοῖς φαγεῖν;	**Lk 9,13** → Lk 9,12	εἶπεν δὲ πρὸς αὐτούς· δότε αὐτοῖς ὑμεῖς φαγεῖν. οἱ δὲ εἶπαν·	→ Jn 6,5
k 212	**Mt 14,17** → Mt 15,34	οἱ δὲ λέγουσιν αὐτῷ· **οὐκ ἔχομεν** ὧδε εἰ μὴ πέντε ἄρτους καὶ δύο ἰχθύας.	**Mk 6,38** → Mk 8,5	ὁ δὲ λέγει αὐτοῖς· πόσους ἄρτους **ἔχετε;** ὑπάγετε ἴδετε. καὶ γνόντες λέγουσιν· πέντε, καὶ δύο ἰχθύας.		**οὐκ εἰσὶν ἡμῖν** πλεῖον ἢ ἄρτοι πέντε καὶ ἰχθύες δύο, εἰ μήτι πορευθέντες ἡμεῖς ἀγοράσωμεν εἰς πάντα τὸν λαὸν τοῦτον βρώματα.	→ Jn 6,7 → Jn 6,9
f h 020			**Mk 6,52** → Mt 16,9 ↓ Mk 8,17	**οὐ γὰρ συνῆκαν** ἐπὶ τοῖς ἄρτοις, ἀλλ' ἦν αὐτῶν ἡ καρδία πεπωρωμένη.			

	Mt		Mk		Lk	
s 020			Mk 7,3	- οἱ γὰρ Φαρισαῖοι καὶ πάντες οἱ Ἰουδαῖοι ἐὰν μὴ πυγμῇ νίψωνται τὰς χεῖρας **οὐκ ἐσθίουσιν,** κρατοῦντες τὴν παράδοσιν τῶν πρεσβυτέρων,		
s 020			Mk 7,4	καὶ ἀπ᾽ ἀγορᾶς ἐὰν μὴ βαπτίσωνται **οὐκ ἐσθίουσιν,** ...		
h 120 *f t* 210	Mt 15,2 ↓Mt 15,20	διὰ τί οἱ μαθηταί σου **παραβαίνουσιν** τὴν παράδοσιν τῶν πρεσβυτέρων; **οὐ γὰρ νίπτονται τὰς χεῖρας [αὐτῶν]** ὅταν ἄρτον ἐσθίωσιν.	Mk 7,5	... διὰ τί **οὐ περιπατοῦσιν** οἱ μαθηταί σου κατὰ τὴν παράδοσιν τῶν πρεσβυτέρων, **ἀλλὰ κοιναῖς χερσὶν** ἐσθίουσιν τὸν ἄρτον;		
d 210	Mt 15,6	**οὐ μὴ τιμήσει** τὸν πατέρα αὐτοῦ· ...	Mk 7,12	**οὐκέτι ἀφίετε αὐτὸν οὐδὲν ποιῆσαι** τῷ πατρὶ ἢ τῇ μητρί		
g h 210	Mt 15,11	**οὐ** **τὸ εἰσερχόμενον** εἰς τὸ στόμα κοινοῖ τὸν ἄνθρωπον, ἀλλὰ τὸ ἐκπορευόμενον ἐκ τοῦ στόματος τοῦτο κοινοῖ τὸν ἄνθρωπον.	Mk 7,15	**οὐδέν ἐστιν ἔξωθεν τοῦ ἀνθρώπου εἰσπορευόμενον** εἰς αὐτὸν ὃ δύναται κοινῶσαι αὐτόν, ἀλλὰ τὰ ἐκ τοῦ ἀνθρώπου ἐκπορευόμενά ἐστιν τὰ κοινοῦντα τὸν ἄνθρωπον.		→ GTh 14,5
 200	Mt 15,13	... πᾶσα φυτεία ἣν **οὐκ ἐφύτευσεν** ὁ πατήρ μου ὁ οὐράνιος ἐκριζωθήσεται.				
b 220 120	Mt 15,17	**οὐ νοεῖτε** ὅτι πᾶν τὸ εἰσπορευόμενον εἰς τὸ στόμα	Mk 7,18 (2)	... **οὐ νοεῖτε** ὅτι πᾶν τὸ ἔξωθεν εἰσπορευόμενον εἰς τὸν ἄνθρωπον **οὐ δύναται** αὐτὸν κοινῶσαι,		→ GTh 14,5
h 120		 εἰς τὴν κοιλίαν χωρεῖ καὶ εἰς ἀφεδρῶνα ἐκβάλλεται;	Mk 7,19	ὅτι **οὐκ εἰσπορεύεται** αὐτοῦ εἰς τὴν καρδίαν ἀλλ᾽ εἰς τὴν κοιλίαν, καὶ εἰς τὸν ἀφεδρῶνα ἐκπορεύεται, καθαρίζων πάντα τὰ βρώματα;		→ GTh 14,5
  200	Mt 15,20 ↑Mt 15,2	... τὸ δὲ ἀνίπτοις χερσὶν φαγεῖν **οὐ κοινοῖ** τὸν ἄνθρωπον.				
h 120	Mt 15,21	καὶ ἐξελθὼν ἐκεῖθεν ὁ Ἰησοῦς ἀνεχώρησεν εἰς τὰ μέρη Τύρου καὶ Σιδῶνος. [22] καὶ ἰδοὺ γυνὴ ...	Mk 7,24 → Mt 15,22	ἐκεῖθεν δὲ ἀναστὰς ἀπῆλθεν εἰς τὰ ὅρια Τύρου. καὶ εἰσελθὼν εἰς οἰκίαν οὐδένα ἤθελεν γνῶναι, καὶ **οὐκ ἠδυνήθη** λαθεῖν· [25] ἀλλ᾽ εὐθὺς ἀκούσασα γυνὴ περὶ αὐτοῦ, ...		

	Mt		Mk		Lk		
200	**Mt 15,23**	ὁ δὲ οὐκ ἀπεκρίθη αὐτῇ λόγον. ...					
k 200	**Mt 15,24** → Mt 10,6	ὁ δὲ ἀποκριθεὶς εἶπεν· οὐκ ἀπεστάλην εἰ μὴ εἰς τὰ πρόβατα τὰ ἀπολωλότα οἴκου Ἰσραήλ.					
f 220	**Mt 15,26**	... οὐκ ἔστιν καλὸν λαβεῖν τὸν ἄρτον τῶν τέκνων καὶ βαλεῖν τοῖς κυναρίοις.	**Mk 7,27**	... ἄφες πρῶτον χορτασθῆναι τὰ τέκνα, οὐ γάρ ἐστιν καλὸν λαβεῖν τὸν ἄρτον τῶν τέκνων καὶ τοῖς κυναρίοις βαλεῖν.			
220	**Mt 15,32** (2) → Mt 14,14	... σπλαγχνίζομαι ἐπὶ τὸν ὄχλον, ὅτι ἤδη ἡμέραι τρεῖς προσμένουσίν μοι καὶ οὐκ ἔχουσιν τί φάγωσιν·	**Mk 8,2** → Mk 6,34	σπλαγχνίζομαι ἐπὶ τὸν ὄχλον, ὅτι ἤδη ἡμέραι τρεῖς προσμένουσίν μοι καὶ οὐκ ἔχουσιν τί φάγωσιν·			
210	→ Mt 14,15	καὶ ἀπολῦσαι αὐτοὺς νήστεις οὐ θέλω, μήποτε ἐκλυθῶσιν ἐν τῇ ὁδῷ.	**Mk 8,3** → Mk 6,36	καὶ ἐὰν ἀπολύσω αὐτοὺς νήστεις εἰς οἶκον αὐτῶν, ἐκλυθήσονται ἐν τῇ ὁδῷ· ...	→ Lk 9,12		
b 202	**Mt 16,3**	[... τὸ μὲν πρόσωπον τοῦ οὐρανοῦ γινώσκετε διακρίνειν, τὰ δὲ σημεῖα τῶν καιρῶν οὐ δύνασθε;]			**Lk 12,56**	ὑποκριταί, τὸ πρόσωπον τῆς γῆς καὶ τοῦ οὐρανοῦ οἴδατε δοκιμάζειν, τὸν καιρὸν δὲ τοῦτον πῶς οὐκ οἴδατε δοκιμάζειν;	→ GTh 91 Mt 16,3 is textcritically uncertain.
k 210	**Mt 16,4** ⇧ Mt 12,39	γενεὰ πονηρὰ καὶ μοιχαλὶς σημεῖον ἐπιζητεῖ, καὶ σημεῖον οὐ δοθήσεται αὐτῇ εἰ μὴ τὸ σημεῖον Ἰωνᾶ. ...	**Mk 8,12**	... τί ἡ γενεὰ αὕτη ζητεῖ σημεῖον; ἀμὴν λέγω ὑμῖν, εἰ δοθήσεται τῇ γενεᾷ ταύτῃ σημεῖον.	**Lk 11,29**	... ἡ γενεὰ αὕτη γενεὰ πονηρά ἐστιν· σημεῖον ζητεῖ, καὶ σημεῖον οὐ δοθήσεται αὐτῇ εἰ μὴ τὸ σημεῖον Ἰωνᾶ.	Mk-Q overlap
k 120	**Mt 16,5**	καὶ ἐλθόντες οἱ μαθηταὶ εἰς τὸ πέραν ἐπελάθοντο ἄρτους λαβεῖν.	**Mk 8,14**	καὶ ἐπελάθοντο λαβεῖν ἄρτους καὶ εἰ μὴ ἕνα ἄρτον οὐκ εἶχον μεθ᾽ ἑαυτῶν ἐν τῷ πλοίῳ.			
220	**Mt 16,7**	οἱ δὲ διελογίζοντο ἐν ἑαυτοῖς λέγοντες ὅτι ἄρτους οὐκ ἐλάβομεν.	**Mk 8,16**	καὶ διελογίζοντο πρὸς ἀλλήλους ὅτι ἄρτους οὐκ ἔχουσιν.			
220	**Mt 16,8**	... τί διαλογίζεσθε ἐν ἑαυτοῖς, ὀλιγόπιστοι, ὅτι ἄρτους οὐκ ἔχετε; [9] οὔπω νοεῖτε, ↔	**Mk 8,17**	... τί διαλογίζεσθε ὅτι ἄρτους οὐκ ἔχετε; οὔπω νοεῖτε οὐδὲ συνίετε; πεπωρωμένην ἔχετε τὴν καρδίαν ὑμῶν;			
b 120 b 120 b 120	**Mt 16,9**	↔ οὐδὲ μνημονεύετε τοὺς πέντε ἄρτους τῶν πεντακισχιλίων ...	**Mk 8,18** (3) ↑ Mk 4,12	*ὀφθαλμοὺς ἔχοντες* *οὐ βλέπετε* *καὶ ὦτα ἔχοντες* *οὐκ ἀκούετε;* καὶ οὐ μνημονεύετε, [19] ὅτε τοὺς πέντε ἄρτους ἔκλασα εἰς τοὺς πεντακισχιλίους, ... ➤ Jer 5,21			

	Mt		Mk		Lk		
210 j 210	Mt 16,11 (2)	πῶς οὐ νοεῖτε ὅτι οὐ περὶ ἄρτων εἶπον ὑμῖν; προσέχετε δὲ ἀπὸ τῆς ζύμης τῶν Φαρισαίων καὶ Σαδδουκαίων.	Mk 8,21	... οὔπω συνίετε;			
h 200	Mt 16,12 → Lk 12,1	τότε συνῆκαν ὅτι οὐκ εἶπεν προσέχειν ἀπὸ τῆς ζύμης τῶν ἄρτων ἀλλὰ ἀπὸ τῆς διδαχῆς τῶν Φαρισαίων καὶ Σαδδουκαίων.					
h 200	Mt 16,17	... μακάριος εἶ, Σίμων Βαριωνᾶ, ὅτι σὰρξ καὶ αἷμα οὐκ ἀπεκάλυψέν σοι ἀλλ' ὁ πατήρ μου ὁ ἐν τοῖς οὐρανοῖς.					
200	Mt 16,18	... σὺ εἶ Πέτρος, καὶ ἐπὶ ταύτῃ τῇ πέτρᾳ οἰκοδομήσω μου τὴν ἐκκλησίαν καὶ πύλαι ᾅδου οὐ κατισχύσουσιν αὐτῆς.					
d 210	Mt 16,22	καὶ προσλαβόμενος αὐτὸν ὁ Πέτρος ἤρξατο ἐπιτιμᾶν αὐτῷ λέγων· ἵλεώς σοι, κύριε· οὐ μὴ ἔσται σοι τοῦτο.	Mk 8,32	... καὶ προσλαβόμενος ὁ Πέτρος αὐτὸν ἤρξατο ἐπιτιμᾶν αὐτῷ.			
h 220	Mt 16,23 → Mt 4,10	... ὕπαγε ὀπίσω μου, σατανᾶ· σκάνδαλον εἶ ἐμοῦ, ὅτι οὐ φρονεῖς τὰ τοῦ θεοῦ ἀλλὰ τὰ τῶν ἀνθρώπων.	Mk 8,33 → Mt 4,10	... ὕπαγε ὀπίσω μου, σατανᾶ, ὅτι οὐ φρονεῖς τὰ τοῦ θεοῦ ἀλλὰ τὰ τῶν ἀνθρώπων.			
d l 222	Mt 16,28 ↓ Mt 24,34	... εἰσίν τινες τῶν ὧδε ἑστώτων οἵτινες οὐ μὴ γεύσωνται θανάτου ἕως ἂν ἴδωσιν τὸν υἱὸν τοῦ ἀνθρώπου ἐρχόμενον ἐν τῇ βασιλείᾳ αὐτοῦ.	Mk 9,1 ↓ Mk 13,30	... εἰσίν τινες ὧδε τῶν ἑστηκότων οἵτινες οὐ μὴ γεύσωνται θανάτου ἕως ἂν ἴδωσιν τὴν βασιλείαν τοῦ θεοῦ ἐληλυθυῖαν ἐν δυνάμει.	Lk 9,27 ↓ Lk 21,32	... εἰσίν τινες τῶν αὐτοῦ ἑστηκότων οἳ οὐ μὴ γεύσωνται θανάτου ἕως ἂν ἴδωσιν τὴν βασιλείαν τοῦ θεοῦ.	→ Jn 21,22-23
121	Mt 17,2	... τὰ δὲ ἱμάτια αὐτοῦ ἐγένετο λευκὰ ὡς τὸ φῶς.	Mk 9,3	καὶ τὰ ἱμάτια αὐτοῦ ἐγένετο στίλβοντα λευκὰ λίαν, οἷα γναφεὺς ἐπὶ τῆς γῆς οὐ δύναται οὕτως λευκᾶναι.	Lk 9,29	... καὶ ὁ ἱματισμὸς αὐτοῦ λευκὸς ἐξαστράπτων.	
f 021			Mk 9,6 → Mt 17,6	οὐ γὰρ ᾔδει τί ἀποκριθῇ, ἔκφοβοι γὰρ ἐγένοντο.	Lk 9,33	... μὴ εἰδὼς ὃ λέγει.	
h 210	Mt 17,12 → Mt 11,14 → Lk 1,17	... Ἠλίας ἤδη ἦλθεν, καὶ οὐκ ἐπέγνωσαν αὐτὸν ἀλλὰ ἐποίησαν ἐν αὐτῷ ὅσα ἠθέλησαν· ...	Mk 9,13 → Lk 1,17	... καὶ Ἠλίας ἐλήλυθεν, καὶ ἐποίησαν αὐτῷ ὅσα ἤθελον, ...			

	Mt		Mk		Lk		
222	Mt 17,16	καὶ προσήνεγκα αὐτὸν τοῖς μαθηταῖς σου, καὶ **οὐκ ἠδυνήθησαν** αὐτὸν θεραπεῦσαι.	Mk 9,18	... καὶ εἶπα τοῖς μαθηταῖς σου ἵνα αὐτὸ ἐκβάλωσιν, καὶ **οὐκ ἴσχυσαν.**	Lk 9,40	καὶ ἐδεήθην τῶν μαθητῶν σου ἵνα ἐκβάλωσιν αὐτό, καὶ **οὐκ ἠδυνήθησαν.**	
220	Mt 17,19	τότε προσελθόντες οἱ μαθηταὶ τῷ Ἰησοῦ κατ' ἰδίαν εἶπον· διὰ τί ἡμεῖς **οὐκ ἠδυνήθημεν** ἐκβαλεῖν αὐτό;	Mk 9,28	καὶ εἰσελθόντος αὐτοῦ εἰς οἶκον οἱ μαθηταὶ αὐτοῦ κατ' ἰδίαν ἐπηρώτων αὐτόν· ὅτι ἡμεῖς **οὐκ ἠδυνήθημεν** ἐκβαλεῖν αὐτό;			
120	Mt 17,22	συστρεφομένων δὲ αὐτῶν ἐν τῇ Γαλιλαίᾳ ...	Mk 9,30	κἀκεῖθεν ἐξελθόντες παρεπορεύοντο διὰ τῆς Γαλιλαίας, καὶ **οὐκ ἤθελεν** ἵνα τις γνοῖ·			
b 200	Mt 17,24	... προσῆλθον οἱ τὰ δίδραχμα λαμβάνοντες τῷ Πέτρῳ καὶ εἶπαν· ὁ διδάσκαλος ὑμῶν **οὐ τελεῖ** [τὰ] δίδραχμα;					
d s 222	Mt 18,3	... ἀμὴν λέγω ὑμῖν, ἐὰν μὴ στραφῆτε καὶ γένησθε ὡς τὰ παιδία, **οὐ μὴ εἰσέλθητε** εἰς τὴν βασιλείαν τῶν οὐρανῶν.	Mk 10,15	ἀμὴν λέγω ὑμῖν, ὃς ἂν μὴ δέξηται τὴν βασιλείαν τοῦ θεοῦ ὡς παιδίον, **οὐ μὴ εἰσέλθῃ** εἰς αὐτήν.	Lk 18,17	ἀμὴν λέγω ὑμῖν, ὃς ἂν μὴ δέξηται τὴν βασιλείαν τοῦ θεοῦ ὡς παιδίον, **οὐ μὴ εἰσέλθῃ** εἰς αὐτήν.	→ **Jn 3,3** → GTh 22 → GTh 46
h 121	Mt 18,5 ⇩ Mt 10,40 → Mt 10,41	καὶ ὃς ἐὰν δέξηται ἓν παιδίον τοιοῦτο ἐπὶ τῷ ὀνόματί μου, ἐμὲ δέχεται.	Mk 9,37	ὃς ἂν ἓν τῶν τοιούτων παιδίων δέξηται ἐπὶ τῷ ὀνόματί μου, ἐμὲ δέχεται· καὶ ὃς ἂν ἐμὲ δέχηται, **οὐκ ἐμὲ** δέχεται ἀλλὰ τὸν ἀποστείλαντά με.	Lk 9,48 ⇩ Lk 10,16	... ὃς ἐὰν δέξηται τοῦτο τὸ παιδίον ἐπὶ τῷ ὀνόματί μου, ἐμὲ δέχεται· καὶ ὃς ἂν ἐμὲ δέξηται, δέχεται τὸν ἀποστείλαντά με· ...	→ **Jn 5,23** → **Jn 12,44** → Jn 13,20
	Mt 10,40 ⇧ Mt 18,5	ὁ δεχόμενος ὑμᾶς ἐμὲ δέχεται, καὶ ὁ ἐμὲ δεχόμενος δέχεται τὸν ἀποστείλαντά με.			Lk 10,16 ⇧ Lk 9,48	ὁ ἀκούων ὑμῶν ἐμοῦ ἀκούει, καὶ ὁ ἀθετῶν ὑμᾶς ἐμὲ ἀθετεῖ· ὁ δὲ ἐμὲ ἀθετῶν ἀθετεῖ τὸν ἀποστείλαντά με.	
022			Mk 9,38	... διδάσκαλε, εἴδομέν τινα ἐν τῷ ὀνόματί σου ἐκβάλλοντα δαιμόνια καὶ ἐκωλύομεν αὐτόν, ὅτι **οὐκ ἠκολούθει** ἡμῖν.	Lk 9,49	... ἐπιστάτα, εἴδομέν τινα ἐν τῷ ὀνόματί σου ἐκβάλλοντα δαιμόνια καὶ ἐκωλύομεν αὐτὸν, ὅτι **οὐκ ἀκολουθεῖ** μεθ' ἡμῶν.	→ Acts 19,13
022	→ Mt 12,30		Mk 9,40	ὃς γὰρ **οὐκ ἔστιν** καθ' ἡμῶν, ὑπὲρ ἡμῶν ἐστιν.	Lk 9,50 → Lk 11,23	... ὃς γὰρ **οὐκ ἔστιν** καθ' ὑμῶν, ὑπὲρ ὑμῶν ἐστιν.	
d 220	Mt 10,42	καὶ ὃς ἂν ποτίσῃ ἕνα τῶν μικρῶν τούτων ποτήριον ψυχροῦ μόνον εἰς ὄνομα μαθητοῦ, ἀμὴν λέγω ὑμῖν, **οὐ μὴ ἀπολέσῃ** τὸν μισθὸν αὐτοῦ.	Mk 9,41	ὃς γὰρ ἂν ποτίσῃ ὑμᾶς ποτήριον ὕδατος ἐν ὀνόματι ὅτι Χριστοῦ ἐστε, ἀμὴν λέγω ὑμῖν ὅτι **οὐ μὴ ἀπολέσῃ** τὸν μισθὸν αὐτοῦ.			
020 020			Mk 9,48 (2)	ὅπου *ὁ σκώληξ αὐτῶν* ***οὐ τελευτᾷ*** *καὶ τὸ πῦρ* ***οὐ σβέννυται.*** ➤ Isa 66,24			

200	Mt 18,14 ↓Lk 15,7	οὕτως **οὐκ ἔστιν** θέλημα ἔμπροσθεν τοῦ πατρὸς ὑμῶν τοῦ ἐν οὐρανοῖς ἵνα ἀπόληται ἓν τῶν μικρῶν τούτων.			
h l 201	Mt 18,22 → Mt 18,15	[21] ... κύριε, ποσάκις ἁμαρτήσει εἰς ἐμὲ ὁ ἀδελφός μου καὶ ἀφήσω αὐτῷ; ἕως ἑπτάκις; [22] λέγει αὐτῷ ὁ Ἰησοῦς· **οὐ λέγω** σοι ἕως ἑπτάκις ἀλλὰ ἕως ἑβδομηκοντάκις ἑπτά.	Lk 17,4 → Lk 17,3	καὶ ἐὰν ἑπτάκις τῆς ἡμέρας ἁμαρτήσῃ εἰς σὲ καὶ ἑπτάκις ἐπιστρέψῃ πρὸς σὲ λέγων· μετανοῶ, ἀφήσεις αὐτῷ.	
h 200	Mt 18,30	ὁ δὲ **οὐκ ἤθελεν** ἀλλὰ ἀπελθὼν ἔβαλεν αὐτὸν εἰς φυλακὴν ἕως ἀποδῷ τὸ ὀφειλόμενον.			
b 200	Mt 18,33 → Mt 6,12 → Lk 11,4	**οὐκ ἔδει** καὶ σὲ ἐλεῆσαι τὸν σύνδουλόν σου, ὡς κἀγὼ σὲ ἠλέησα;			
002			Lk 9,53	καὶ **οὐκ ἐδέξαντο** αὐτόν, ὅτι τὸ πρόσωπον αὐτοῦ ἦν πορευόμενον εἰς Ἰερουσαλήμ.	
202	Mt 8,20	... ὁ δὲ υἱὸς τοῦ ἀνθρώπου **οὐκ ἔχει** ποῦ τὴν κεφαλὴν κλίνῃ.	Lk 9,58	... ὁ δὲ υἱὸς τοῦ ἀνθρώπου **οὐκ ἔχει** ποῦ τὴν κεφαλὴν κλίνῃ.	→ GTh 86
c d 002			Lk 10,19	ἰδοὺ δέδωκα ὑμῖν τὴν ἐξουσίαν τοῦ πατεῖν ἐπάνω ὄφεων καὶ σκορπίων, καὶ ἐπὶ πᾶσαν τὴν δύναμιν τοῦ ἐχθροῦ, καὶ οὐδὲν ὑμᾶς **οὐ μὴ ἀδικήσῃ.**	
202 202	Mt 13,17 (2)	ἀμὴν γὰρ λέγω ὑμῖν ὅτι πολλοὶ προφῆται καὶ δίκαιοι ἐπεθύμησαν ἰδεῖν ἃ βλέπετε καὶ **οὐκ εἶδαν,** καὶ ἀκοῦσαι ἃ ἀκούετε καὶ **οὐκ ἤκουσαν.**	Lk 10,24 (2)	λέγω γὰρ ὑμῖν ὅτι πολλοὶ προφῆται καὶ βασιλεῖς ἠθέλησαν ἰδεῖν ἃ ὑμεῖς βλέπετε καὶ **οὐκ εἶδαν,** καὶ ἀκοῦσαι ἃ ἀκούετε καὶ **οὐκ ἤκουσαν.**	→ GTh 38 **(POxy 655 - restoration)**
b 002			Lk 10,40	ἡ δὲ Μάρθα περιεσπᾶτο περὶ πολλὴν διακονίαν· ἐπιστᾶσα δὲ εἶπεν· κύριε, **οὐ μέλει** σοι ὅτι ἡ ἀδελφή μου μόνην με κατέλιπεν διακονεῖν; εἰπὲ οὖν αὐτῇ ἵνα μοι συναντιλάβηται.	
a 002			Lk 10,42	ἑνὸς δέ ἐστιν χρεία· Μαριὰμ γὰρ τὴν ἀγαθὴν μερίδα ἐξελέξατο ἥτις **οὐκ ἀφαιρεθήσεται** αὐτῆς.	

	Mt		Mk		Lk		
002					Lk 11,6	ἐπειδὴ φίλος μου παρεγένετο ἐξ ὁδοῦ πρός με καὶ **οὐκ ἔχω** ὃ παραθήσω αὐτῷ·	
002					Lk 11,7	... ἤδη ἡ θύρα κέκλεισται καὶ τὰ παιδία μου μετ' ἐμοῦ εἰς τὴν κοίτην εἰσίν· **οὐ δύναμαι** ἀναστὰς δοῦναί σοι.	
002					Lk 11,8	λέγω ὑμῖν, εἰ καὶ **οὐ δώσει** αὐτῷ ἀναστὰς διὰ τὸ εἶναι φίλον αὐτοῦ, διά γε τὴν ἀναίδειαν αὐτοῦ ἐγερθεὶς δώσει αὐτῷ ὅσων χρῄζει.	
k 202	Mt 12,39 ⇑ Mt 16,4	... γενεὰ πονηρὰ καὶ μοιχαλὶς σημεῖον ἐπιζητεῖ, καὶ σημεῖον **οὐ δοθήσεται** αὐτῇ εἰ μὴ τὸ σημεῖον Ἰωνᾶ τοῦ προφήτου.	Mk 8,12	... τί ἡ γενεὰ αὕτη ζητεῖ σημεῖον; ἀμὴν λέγω ὑμῖν, **εἰ δοθήσεται** τῇ γενεᾷ ταύτῃ σημεῖον.	Lk 11,29	... ἡ γενεὰ αὕτη γενεὰ πονηρά ἐστιν· σημεῖον ζητεῖ, καὶ σημεῖον **οὐ δοθήσεται** αὐτῇ εἰ μὴ τὸ σημεῖον Ἰωνᾶ.	Mk-Q overlap
002					Lk 11,38 → Mk 7,2	ὁ δὲ Φαρισαῖος ἰδὼν ἐθαύμασεν ὅτι **οὐ πρῶτον** ἐβαπτίσθη πρὸ τοῦ ἀρίστου.	
b 102	Mt 23,26	Φαρισαῖε τυφλέ, καθάρισον πρῶτον τὸ ἐντὸς τοῦ ποτηρίου, ἵνα γένηται καὶ τὸ ἐκτὸς αὐτοῦ καθαρόν.			Lk 11,40	ἄφρονες, **οὐχ** ὁ ποιήσας τὸ ἔξωθεν καὶ τὸ ἔσωθεν ἐποίησεν; [41] πλὴν τὰ ἐνόντα δότε ἐλεημοσύνην, καὶ ἰδοὺ πάντα καθαρὰ ὑμῖν ἐστιν.	→ GTh 89
102	Mt 23,27	οὐαὶ ὑμῖν, γραμματεῖς καὶ Φαρισαῖοι ὑποκριταί, ὅτι παρομοιάζετε τάφοις κεκονιαμένοις, οἵτινες ἔξωθεν μὲν φαίνονται ὡραῖοι, ἔσωθεν δὲ γέμουσιν ὀστέων νεκρῶν καὶ πάσης ἀκαθαρσίας.			Lk 11,44	οὐαὶ ὑμῖν, ὅτι ἐστὲ ὡς τὰ μνημεῖα τὰ ἄδηλα, καὶ οἱ ἄνθρωποι [οἱ] περιπατοῦντες ἐπάνω **οὐκ οἴδασιν.**	
p 202	Mt 23,4	δεσμεύουσιν δὲ φορτία βαρέα [καὶ δυσβάστακτα] καὶ ἐπιτιθέασιν ἐπὶ τοὺς ὤμους τῶν ἀνθρώπων, αὐτοὶ δὲ τῷ δακτύλῳ αὐτῶν **οὐ θέλουσιν κινῆσαι** αὐτά.			Lk 11,46	... φορτίζετε τοὺς ἀνθρώπους φορτία δυσβάστακτα, καὶ αὐτοὶ ἑνὶ τῶν δακτύλων ὑμῶν **οὐ προσψαύετε** τοῖς φορτίοις.	
202	Mt 23,13 → Mt 16,19	οὐαὶ δὲ ὑμῖν, γραμματεῖς καὶ Φαρισαῖοι ὑποκριταί, ὅτι κλείετε τὴν βασιλείαν τῶν οὐρανῶν ἔμπροσθεν τῶν ἀνθρώπων· ὑμεῖς γὰρ **οὐκ εἰσέρχεσθε** οὐδὲ τοὺς εἰσερχομένους ἀφίετε εἰσελθεῖν.			Lk 11,52	οὐαὶ ὑμῖν τοῖς νομικοῖς, ὅτι ἤρατε τὴν κλεῖδα τῆς γνώσεως· αὐτοὶ **οὐκ εἰσήλθατε** καὶ τοὺς εἰσερχομένους ἐκωλύσατε.	→ GTh 39,1-2 (POxy 655) → GTh 102

	Mt		Mk		Lk		
  202 202	**Mt 10,26** (2)	... οὐδὲν γάρ ἐστιν κεκαλυμμένον ὃ **οὐκ** **ἀποκαλυφθήσεται** καὶ κρυπτὸν ὃ **οὐ γνωσθήσεται.**	**Mk 4,22**	οὐ γάρ ἐστιν κρυπτὸν **ἐὰν μὴ ἵνα φανερωθῇ,** οὐδὲ ἐγένετο ἀπόκρυφον **ἀλλ' ἵνα ἔλθῃ εἰς** **φανερόν.**	**Lk 12,2** (2) ⇑ Lk 8,17	οὐδὲν δὲ συγκεκαλυμμένον ἐστὶν ὃ **οὐκ** **ἀποκαλυφθήσεται** καὶ κρυπτὸν ὃ **οὐ γνωσθήσεται.**	→ GTh 5 **(POxy 654)** → GTh 6,5-6 (POxy 654) Mk-Q overlap
m p 202	**Mt 10,29**	οὐχὶ δύο στρουθία ἀσσαρίου πωλεῖται; καὶ ἓν ἐξ αὐτῶν **οὐ πεσεῖται** **ἐπὶ τὴν γῆν** ἄνευ τοῦ πατρὸς ὑμῶν.			**Lk 12,6**	οὐχὶ πέντε στρουθία πωλοῦνται ἀσσαρίων δύο; καὶ ἓν ἐξ αὐτῶν **οὐκ ἔστιν** **ἐπιλελησμένον** ἐνώπιον τοῦ θεοῦ.	
     202	**Mt 12,32** ↑ Mk 3,28	καὶ ὃς ἐὰν εἴπῃ λόγον κατὰ τοῦ υἱοῦ τοῦ ἀνθρώπου, ἀφεθήσεται αὐτῷ· ὃς δ' ἂν εἴπῃ κατὰ τοῦ πνεύματος τοῦ ἁγίου, **οὐκ ἀφεθήσεται** αὐτῷ οὔτε ἐν τούτῳ τῷ αἰῶνι οὔτε ἐν τῷ μέλλοντι.	**Mk 3,29**	 ὃς δ' ἂν βλασφημήσῃ εἰς τὸ πνεῦμα τὸ ἅγιον, **οὐκ ἔχει ἄφεσιν** εἰς τὸν αἰῶνα, ἀλλὰ ἔνοχός ἐστιν αἰωνίου ἁμαρτήματος.	**Lk 12,10** ↑ Mk 3,28	καὶ πᾶς ὃς ἐρεῖ λόγον εἰς τὸν υἱὸν τοῦ ἀνθρώπου, ἀφεθήσεται αὐτῷ· τῷ δὲ εἰς τὸ ἅγιον πνεῦμα βλασφημήσαντι **οὐκ ἀφεθήσεται.**	→ GTh 44 Mk-Q overlap
  002					**Lk 12,15**	... ὁρᾶτε καὶ φυλάσσεσθε ἀπὸ πάσης πλεονεξίας, ὅτι **οὐκ** ἐν τῷ περισσεύειν τινὶ ἡ ζωὴ αὐτοῦ ἐστιν ἐκ τῶν ὑπαρχόντων αὐτῷ.	
  002					**Lk 12,17**	καὶ διελογίζετο ἐν ἑαυτῷ λέγων· τί ποιήσω, ὅτι **οὐκ ἔχω** ποῦ συνάξω τοὺς καρπούς μου;	→ GTh 63
u 202 *u* 102	**Mt 6,26** (2)	ἐμβλέψατε εἰς τὰ πετεινὰ τοῦ οὐρανοῦ ὅτι **οὐ σπείρουσιν** οὐδὲ θερίζουσιν **οὐδὲ συνάγουσιν** εἰς ἀποθήκας, καὶ ὁ πατὴρ ὑμῶν ὁ οὐράνιος τρέφει αὐτά· οὐχ ὑμεῖς μᾶλλον διαφέρετε αὐτῶν;			**Lk 12,24** (2)	κατανοήσατε τοὺς κόρακας ὅτι **οὐ σπείρουσιν** οὐδὲ θερίζουσιν, **οἷς οὐκ ἔστιν** ταμεῖον οὐδὲ ἀποθήκη, καὶ ὁ θεὸς τρέφει αὐτούς· πόσῳ μᾶλλον ὑμεῖς διαφέρετε τῶν πετεινῶν.	
u 202	**Mt 6,28**	... καταμάθετε τὰ κρίνα τοῦ ἀγροῦ πῶς αὐξάνουσιν· **οὐ κοπιῶσιν** οὐδὲ νήθουσιν·			**Lk 12,27**	κατανοήσατε τὰ κρίνα πῶς αὐξάνει· **οὐ κοπιᾷ** οὐδὲ νήθει· ...	→ GTh 36,2-3 **(only POxy** **655)**
u 202	**Mt 6,20** → Mt 19,21	θησαυρίζετε δὲ ὑμῖν θησαυροὺς ἐν οὐρανῷ, ὅπου οὔτε σὴς οὔτε βρῶσις ἀφανίζει, καὶ ὅπου κλέπται **οὐ διορύσσουσιν** οὐδὲ κλέπτουσιν·	→ Mk 10,21		**Lk 12,33** → Mt 6,19 ↓ Lk 14,33 → Lk 16,9 → Lk 18,22	... ποιήσατε ἑαυτοῖς βαλλάντια μὴ παλαιούμενα, θησαυρὸν ἀνέκλειπτον ἐν τοῖς οὐρανοῖς, ὅπου κλέπτης **οὐκ ἐγγίζει** οὐδὲ σὴς διαφθείρει·	→ Acts 2,45 → GTh 76,3
e r 202	**Mt 24,43**	ἐκεῖνο δὲ γινώσκετε ὅτι εἰ ᾔδει ὁ οἰκοδεσπότης ποίᾳ φυλακῇ ὁ κλέπτης ἔρχεται, ἐγρηγόρησεν ἂν καὶ **οὐκ ἂν εἴασεν** διορυχθῆναι τὴν οἰκίαν αὐτοῦ.			**Lk 12,39**	τοῦτο δὲ γινώσκετε ὅτι εἰ ᾔδει ὁ οἰκοδεσπότης ποίᾳ ὥρᾳ ὁ κλέπτης ἔρχεται, **οὐκ ἂν ἀφῆκεν** διορυχθῆναι τὸν οἶκον αὐτοῦ.	→ GTh 21,5 → GTh 103

	Mt		Mk	Lk		
202	**Mt 24,44** ↓ Mt 24,42 ↓ Mt 24,50 ↓ Mt 25,13	διὰ τοῦτο καὶ ὑμεῖς γίνεσθε ἕτοιμοι, ὅτι ᾗ **οὐ δοκεῖτε** ὥρᾳ ὁ υἱὸς τοῦ ἀνθρώπου ἔρχεται.	↓ Mk 13,35	**Lk 12,40** → Lk 12,38	καὶ ὑμεῖς γίνεσθε ἕτοιμοι, ὅτι ᾗ ὥρᾳ **οὐ δοκεῖτε** ὁ υἱὸς τοῦ ἀνθρώπου ἔρχεται.	→ GTh 21,6
202 202	**Mt 24,50 (2)** ↓ Mt 24,42 ↓ Mt 24,44 ↓ Mt 25,13	ἥξει ὁ κύριος τοῦ δούλου ἐκείνου ἐν ἡμέρᾳ ᾗ **οὐ προσδοκᾷ** καὶ ἐν ὥρᾳ ᾗ **οὐ γινώσκει**		**Lk 12,46 (2)**	ἥξει ὁ κύριος τοῦ δούλου ἐκείνου ἐν ἡμέρᾳ ᾗ **οὐ προσδοκᾷ** καὶ ἐν ὥρᾳ ᾗ **οὐ γινώσκει**, ...	
b 202	**Mt 16,3**	[... τὸ μὲν πρόσωπον τοῦ οὐρανοῦ γινώσκετε διακρίνειν, τὰ δὲ σημεῖα τῶν καιρῶν **οὐ δύνασθε;**]		**Lk 12,56**	ὑποκριταί, τὸ πρόσωπον τῆς γῆς καὶ τοῦ οὐρανοῦ οἴδατε δοκιμάζειν, τὸν καιρὸν δὲ τοῦτον πῶς **οὐκ οἴδατε** δοκιμάζειν;	→ GTh 91 Mt 16,3 is textcritically uncertain.
002				**Lk 12,57**	τί δὲ καὶ ἀφ᾽ ἑαυτῶν **οὐ κρίνετε** τὸ δίκαιον;	
d l 202	**Mt 5,26**	ἀμὴν λέγω σοι, **οὐ μὴ ἐξέλθῃς** ἐκεῖθεν, ἕως ἂν ἀποδῷς τὸν ἔσχατον κοδράντην.		**Lk 12,59**	λέγω σοι, **οὐ μὴ ἐξέλθῃς** ἐκεῖθεν, ἕως καὶ τὸ ἔσχατον λεπτὸν ἀποδῷς.	
002				**Lk 13,6** ↓ Mt 21,19 ↓ Mk 11,13	... συκῆν εἶχέν τις πεφυτευμένην ἐν τῷ ἀμπελῶνι αὐτοῦ, καὶ ἦλθεν ζητῶν καρπὸν ἐν αὐτῇ καὶ **οὐχ εὗρεν.**	
002				**Lk 13,7**	εἶπεν δὲ πρὸς τὸν ἀμπελουργόν· ἰδοὺ τρία ἔτη ἀφ᾽ οὗ ἔρχομαι ζητῶν καρπὸν ἐν τῇ συκῇ ταύτῃ καὶ **οὐχ εὑρίσκω·** ἔκκοψον [οὖν] αὐτήν, ἱνατί καὶ τὴν γῆν καταργεῖ;	
b 002				**Lk 13,15** ↓ Mt 12,11 ↓ Lk 14,5	ἀπεκρίθη δὲ αὐτῷ ὁ κύριος καὶ εἶπεν· ὑποκριταί, ἕκαστος ὑμῶν τῷ σαββάτῳ **οὐ λύει** τὸν βοῦν αὐτοῦ ἢ τὸν ὄνον ἀπὸ τῆς φάτνης καὶ ἀπαγαγὼν ποτίζει;	
b 002				**Lk 13,16** → Lk 4,18 → Lk 19,9	ταύτην δὲ θυγατέρα Ἀβραὰμ οὖσαν, ἣν ἔδησεν ὁ σατανᾶς ἰδοὺ δέκα καὶ ὀκτὼ ἔτη, **οὐκ ἔδει** λυθῆναι ἀπὸ τοῦ δεσμοῦ τούτου τῇ ἡμέρᾳ τοῦ σαββάτου;	→ Acts 10,38

a οὐ and future indicative as prohibitive
b οὐ interrogative
c οὐ in a double negative
d οὐ μή see also μή k, l, m
e οὐκ ἄν
f οὐ γάρ
g οὐ with participle
h οὐ (μόνον) ..., ἀλλά (καί) ...
j οὐ ..., δέ
k οὐ ..., εἰ μή / οὐ ..., ἐὰν μή
l οὐ and ἕως / μέχρις
m οὐ and ἄνευ / χωρίς / πλήν
n οὐ and ἄλλος
p οὐ and εἷς
q οὐχ ὡς
r εἰ ..., οὐ
s ἐάν ..., οὐ / ἄν ..., οὐ
t ὅταν ..., οὐ ... / οὐ ..., ὅταν ...
u οὐ ... οὐδέ

102	**Mt 7,14**	[13] εἰσέλθατε διὰ τῆς στενῆς πύλης· ὅτι πλατεῖα ἡ πύλη καὶ εὐρύχωρος ἡ ὁδὸς ἡ ἀπάγουσα εἰς τὴν ἀπώλειαν, καὶ πολλοί εἰσιν οἱ εἰσερχόμενοι δι' αὐτῆς· [14] τί στενὴ ἡ πύλη καὶ τεθλιμμένη ἡ ὁδὸς ἡ ἀπάγουσα εἰς τὴν ζωὴν καὶ ὀλίγοι εἰσὶν οἱ εὑρίσκοντες αὐτήν.		**Lk 13,24**	ἀγωνίζεσθε εἰσελθεῖν διὰ τῆς στενῆς θύρας, ὅτι πολλοί, λέγω ὑμῖν, ζητήσουσιν εἰσελθεῖν καὶ **οὐκ ἰσχύσουσιν.**	
002	**Mt 25,12** ↓ Mt 7,23	[11] ὕστερον δὲ ἔρχονται καὶ αἱ λοιπαὶ παρθένοι λέγουσαι· κύριε κύριε, ἄνοιξον ἡμῖν. [12] ὁ δὲ ἀποκριθεὶς εἶπεν· ἀμὴν λέγω ὑμῖν, **οὐκ οἶδα** ὑμᾶς.		**Lk 13,25** ↓ Lk 13,27	... καὶ ἄρξησθε ἔξω ἑστάναι καὶ κρούειν τὴν θύραν λέγοντες· κύριε, ἄνοιξον ἡμῖν, καὶ ἀποκριθεὶς ἐρεῖ ὑμῖν· **οὐκ οἶδα** ὑμᾶς πόθεν ἐστέ.	
102	**Mt 7,23** → Mt 13,41 ↓ **Mt 25,12** → Mt 25,41	καὶ τότε ὁμολογήσω αὐτοῖς ὅτι **οὐδέποτε ἔγνων** ὑμᾶς· *ἀποχωρεῖτε ἀπ' ἐμοῦ* *οἱ ἐργαζόμενοι* *τὴν ἀνομίαν.* ➤ Ps 6,9/1Macc 3,6		**Lk 13,27** ↑ Lk 13,25	καὶ ἐρεῖ λέγων ὑμῖν· **οὐκ οἶδα** [ὑμᾶς] πόθεν ἐστέ· *ἀπόστητε ἀπ' ἐμοῦ,* *πάντες ἐργάται* *ἀδικίας.* ➤ Ps 6,9/1Macc 3,6	
002				**Lk 13,33**	πλὴν δεῖ με σήμερον καὶ αὔριον καὶ τῇ ἐχομένῃ πορεύεσθαι, ὅτι **οὐκ ἐνδέχεται** προφήτην ἀπολέσθαι ἔξω Ἰερουσαλήμ.	
202	**Mt 23,37**	... ποσάκις ἠθέλησα ἐπισυναγαγεῖν τὰ τέκνα σου, ὃν τρόπον ὄρνις ἐπισυνάγει τὰ νοσσία αὐτῆς ὑπὸ τὰς πτέρυγας, καὶ **οὐκ ἠθελήσατε.**		**Lk 13,34**	... ποσάκις ἠθέλησα ἐπισυνάξαι τὰ τέκνα σου ὃν τρόπον ὄρνις τὴν ἑαυτῆς νοσσιὰν ὑπὸ τὰς πτέρυγας, καὶ **οὐκ ἠθελήσατε.**	
d l 202	**Mt 23,39**	λέγω γὰρ ὑμῖν, **οὐ μή με ἴδητε** ἀπ' ἄρτι ἕως ἂν εἴπητε· *εὐλογημένος ὁ ἐρχόμενος* *ἐν ὀνόματι κυρίου.* ➤ Ps 118,26		**Lk 13,35**	... λέγω [δὲ] ὑμῖν, **οὐ μὴ ἴδητέ με** ἕως [ἥξει ὅτε] εἴπητε· *εὐλογημένος ὁ ἐρχόμενος* *ἐν ὀνόματι κυρίου.* ➤ Ps 118,26	
b 102	**Mt 12,11**	... τίς ἔσται ἐξ ὑμῶν ἄνθρωπος ὃς ἕξει πρόβατον ἓν καὶ ἐὰν ἐμπέσῃ τοῦτο τοῖς σάββασιν εἰς βόθυνον, **οὐχὶ κρατήσει** **αὐτὸ καὶ ἐγερεῖ;**		**Lk 14,5** ↑ Lk 13,15	... τίνος ὑμῶν υἱὸς ἢ βοῦς εἰς φρέαρ πεσεῖται, καὶ **οὐκ εὐθέως** **ἀνασπάσει αὐτὸν** ἐν ἡμέρᾳ τοῦ σαββάτου;	
002				**Lk 14,6** → Mt 12,14 → Mk 3,6 → Lk 6,11 → Lk 13,17	καὶ **οὐκ ἴσχυσαν** ἀνταποκριθῆναι πρὸς ταῦτα.	
002				**Lk 14,14**	καὶ μακάριος ἔσῃ, ὅτι **οὐκ ἔχουσιν** ἀνταποδοῦναί σοι, ...	

002					**Lk 14,20**	καὶ ἕτερος εἶπεν· γυναῖκα ἔγημα καὶ διὰ τοῦτο **οὐ δύναμαι** ἐλθεῖν.	→ GTh 64
102 r 202	**Mt 10,37** **(2)** → Mt 19,29	ὁ φιλῶν πατέρα ἢ μητέρα ὑπὲρ ἐμὲ οὐκ ἔστιν μου ἄξιος, καὶ ὁ φιλῶν υἱὸν ἢ θυγατέρα ὑπὲρ ἐμὲ **οὐκ ἔστιν** μου ἄξιος·	→ Mk 10,29		**Lk 14,26** **(2)** → Lk 18,29	εἴ τις ἔρχεται πρός με καὶ **οὐ μισεῖ** τὸν πατέρα ἑαυτοῦ καὶ τὴν μητέρα καὶ τὴν γυναῖκα καὶ τὰ τέκνα καὶ τοὺς ἀδελφοὺς καὶ τὰς ἀδελφὰς ἔτι τε καὶ τὴν ψυχὴν ἑαυτοῦ, **οὐ δύναται εἶναί** μου μαθητής.	→ GTh 55 → GTh 101
202 202	**Mt 10,38** **(2)** ⇑ Mt 16,24	καὶ ὃς **οὐ λαμβάνει** τὸν σταυρὸν αὐτοῦ καὶ ἀκολουθεῖ ὀπίσω μου, **οὐκ ἔστιν** μου ἄξιος.	**Mk 8,34**	... εἴ τις θέλει ὀπίσω μου ἀκολουθεῖν, ἀπαρνησάσθω ἑαυτὸν καὶ **ἀράτω** τὸν σταυρὸν αὐτοῦ καὶ ἀκολουθείτω μοι.	**Lk 14,27** **(2)** ⇑ Lk 9,23	ὅστις **οὐ βαστάζει** τὸν σταυρὸν ἑαυτοῦ καὶ ἔρχεται ὀπίσω μου **οὐ δύναται εἶναί** μου μαθητής.	→ GTh 55 → GTh 101 Mk-Q overlap
002					**Lk 14,30**	λέγοντες ὅτι οὗτος ὁ ἄνθρωπος ἤρξατο οἰκοδομεῖν καὶ **οὐκ ἴσχυσεν** ἐκτελέσαι.	
002 002					**Lk 14,33** **(2)** ↑ Lk 12,33	οὕτως οὖν πᾶς ἐξ ὑμῶν ὃς **οὐκ ἀποτάσσεται** πᾶσιν τοῖς ἑαυτοῦ ὑπάρχουσιν **οὐ δύναται** εἶναί μου μαθητής.	
b p 102	**Mt 18,12**	τί ὑμῖν δοκεῖ; ἐὰν γένηταί τινι ἀνθρώπῳ ἑκατὸν πρόβατα καὶ πλανηθῇ ἓν ἐξ αὐτῶν, **οὐχὶ ἀφήσει** τὰ ἐνενήκοντα ἐννέα ἐπὶ τὰ ὄρη καὶ πορευθεὶς ζητεῖ τὸ πλανώμενον;			**Lk 15,4**	τίς ἄνθρωπος ἐξ ὑμῶν ἔχων ἑκατὸν πρόβατα καὶ ἀπολέσας ἐξ αὐτῶν ἓν **οὐ καταλείπει** τὰ ἐνενήκοντα ἐννέα ἐν τῇ ἐρήμῳ καὶ πορεύεται ἐπὶ τὸ ἀπολωλὸς ἕως εὕρῃ αὐτό;	→ GTh 107
102	**Mt 18,13**	... ἢ ἐπὶ τοῖς ἐνενήκοντα ἐννέα τοῖς **μὴ πεπλανημένοις.**			**Lk 15,7** → Lk 15,10	... ἢ ἐπὶ ἐνενήκοντα ἐννέα δικαίοις οἵτινες **οὐ χρείαν ἔχουσιν μετανοίας.**	→ GTh 107
002					**Lk 15,13**	καὶ **μετ᾽ οὐ πολλὰς ἡμέρας** συναγαγὼν πάντα ὁ νεώτερος υἱὸς ἀπεδήμησεν εἰς χώραν μακρὰν ...	
j 002					**Lk 15,28**	ὠργίσθη δὲ καὶ **οὐκ ἤθελεν** εἰσελθεῖν, ὁ δὲ πατὴρ αὐτοῦ ἐξελθὼν παρεκάλει αὐτόν.	

f 002			Lk 16,2	... ἀπόδος τὸν λόγον τῆς οἰκονομίας σου, **οὐ γὰρ δύνῃ** ἔτι οἰκονομεῖν.	
002			Lk 16,3	... τί ποιήσω, ὅτι ὁ κύριός μου ἀφαιρεῖται τὴν οἰκονομίαν ἀπ' ἐμοῦ; σκάπτειν **οὐκ ἰσχύω,** ἐπαιτεῖν αἰσχύνομαι.	
002			Lk 16,11	εἰ οὖν ἐν τῷ ἀδίκῳ μαμωνᾷ πιστοὶ **οὐκ ἐγένεσθε,** τὸ ἀληθινὸν τίς ὑμῖν πιστεύσει;	
002			Lk 16,12	καὶ εἰ ἐν τῷ ἀλλοτρίῳ πιστοὶ **οὐκ ἐγένεσθε,** τὸ ὑμέτερον τίς ὑμῖν δώσει;	
202	Mt 6,24	... **οὐ δύνασθε** θεῷ δουλεύειν καὶ μαμωνᾷ.	Lk 16,13	... **οὐ δύνασθε** θεῷ δουλεύειν καὶ μαμωνᾷ.	→ GTh 47,1-2
u 002			Lk 16,31	... εἰ Μωϋσέως καὶ τῶν προφητῶν **οὐκ ἀκούουσιν,** οὐδ' ἐάν τις ἐκ νεκρῶν ἀναστῇ πεισθήσονται.	
b k 002			Lk 17,18	**οὐχ εὑρέθησαν** ὑποστρέψαντες δοῦναι δόξαν τῷ θεῷ εἰ μὴ ὁ ἀλλογενὴς οὗτος;	
u 002			Lk 17,20	... **οὐκ ἔρχεται** ἡ βασιλεία τοῦ θεοῦ μετὰ παρατηρήσεως, [21] οὐδὲ ἐροῦσιν· ἰδοὺ ὧδε ἤ· ἐκεῖ, ...	→ GTh 3,3 (POxy 654) → GTh 113
002			Lk 17,22	... ἐλεύσονται ἡμέραι ὅτε ἐπιθυμήσετε μίαν τῶν ἡμερῶν τοῦ υἱοῦ τοῦ ἀνθρώπου ἰδεῖν καὶ **οὐκ ὄψεσθε.**	
002 *u* 002			Lk 18,4 (2)	καὶ **οὐκ ἤθελεν** ἐπὶ χρόνον. μετὰ δὲ ταῦτα εἶπεν ἐν ἑαυτῷ· εἰ καὶ τὸν θεὸν **οὐ φοβοῦμαι** οὐδὲ ἄνθρωπον ἐντρέπομαι	
b 002			Lk 18,7	ὁ δὲ θεὸς **οὐ μὴ ποιήσῃ** τὴν ἐκδίκησιν τῶν ἐκλεκτῶν αὐτοῦ τῶν βοώντων αὐτῷ ἡμέρας καὶ νυκτός, καὶ μακροθυμεῖ ἐπ' αὐτοῖς;	
002			Lk 18,11	... ὁ θεός, εὐχαριστῶ σοι ὅτι **οὐκ εἰμὶ** ὥσπερ οἱ λοιποὶ τῶν ἀνθρώπων, ...	

	Mt		Mk		Lk		
c h 002					Lk 18,13	ὁ δὲ τελώνης μακρόθεν ἑστὼς **οὐκ ἤθελεν** οὐδὲ τοὺς ὀφθαλμοὺς ἐπᾶραι εἰς τὸν οὐρανόν, ἀλλ᾽ ἔτυπτεν τὸ στῆθος αὐτοῦ ...	
b 210	Mt 19,4	... **οὐκ ἀνέγνωτε** ὅτι ὁ κτίσας ἀπ᾽ ἀρχῆς *ἄρσεν καὶ θῆλυ ἐποίησεν αὐτούς;* ➤ Gen 1,27	Mk 10,6 ↓ Mt 19,8	ἀπὸ δὲ ἀρχῆς κτίσεως *ἄρσεν καὶ θῆλυ ἐποίησεν αὐτούς·* ➤ Gen 1,27			
210	Mt 19,8 ↑ Mk 10,6	... Μωϋσῆς πρὸς τὴν σκληροκαρδίαν ὑμῶν ἐπέτρεψεν ὑμῖν ἀπολῦσαι τὰς γυναῖκας ὑμῶν, ἀπ᾽ ἀρχῆς δὲ **οὐ γέγονεν** οὕτως.	Mk 10,5	... πρὸς τὴν σκληροκαρδίαν ὑμῶν ἔγραψεν ὑμῖν τὴν ἐντολὴν ταύτην.			
r 200	Mt 19,10	λέγουσιν αὐτῷ οἱ μαθηταὶ [αὐτοῦ]· εἰ οὕτως ἐστὶν ἡ αἰτία τοῦ ἀνθρώπου μετὰ τῆς γυναικός, **οὐ συμφέρει** γαμῆσαι.					
h 200	Mt 19,11	ὁ δὲ εἶπεν αὐτοῖς· **οὐ πάντες** χωροῦσιν τὸν λόγον [τοῦτον] ἀλλ᾽ οἷς δέδοται.					
d s 222	Mt 18,3	... ἀμὴν λέγω ὑμῖν, ἐὰν μὴ στραφῆτε καὶ γένησθε ὡς τὰ παιδία, **οὐ μὴ εἰσέλθητε** εἰς τὴν βασιλείαν τῶν οὐρανῶν.	Mk 10,15	ἀμὴν λέγω ὑμῖν, ὃς ἂν μὴ δέξηται τὴν βασιλείαν τοῦ θεοῦ ὡς παιδίον, **οὐ μὴ εἰσέλθῃ** εἰς αὐτήν.	Lk 18,17	ἀμὴν λέγω ὑμῖν, ὃς ἂν μὴ δέξηται τὴν βασιλείαν τοῦ θεοῦ ὡς παιδίον, **οὐ μὴ εἰσέλθῃ** εἰς αὐτήν.	→ Jn 3,3 → GTh 22 → GTh 46
a 211 *a* 211 *a* 211 *a* 211	Mt 19,18 (4)	... ὁ δὲ Ἰησοῦς εἶπεν· τὸ ***οὐ φονεύσεις,*** ***οὐ μοιχεύσεις,*** ***οὐ κλέψεις,*** ***οὐ ψευδομαρτυρήσεις*** ➤ Exod 20,13-16/Deut 5,17-20	Mk 10,19	τὰς ἐντολὰς οἶδας· *μὴ φονεύσῃς,* *μὴ μοιχεύσῃς,* *μὴ κλέψῃς,* *μὴ ψευδομαρτυρήσῃς,* *μὴ ἀποστερήσῃς*, ... ➤ Exod 20,13-16/Deut 5,17-20; Sir 4,1 LXX	Lk 18,20	τὰς ἐντολὰς οἶδας· *μὴ μοιχεύσῃς,* *μὴ φονεύσῃς,* *μὴ κλέψῃς,* *μὴ ψευδομαρτυρήσῃς,* ... ➤ Exod 20,13-16/Deut 5,17-20 LXX	
121	Mt 19,26	... παρὰ ἀνθρώποις τοῦτο ἀδύνατόν ἐστιν, παρὰ δὲ θεῷ πάντα δυνατά.	Mk 10,27	... παρὰ ἀνθρώποις ἀδύνατον, **ἀλλ᾽ οὐ παρὰ θεῷ·** πάντα γὰρ δυνατὰ παρὰ τῷ θεῷ.	Lk 18,27	... τὰ ἀδύνατα παρὰ ἀνθρώποις δυνατὰ παρὰ τῷ θεῷ ἐστιν.	
200	Mt 20,13	... ἑταῖρε, **οὐκ ἀδικῶ** σε· οὐχὶ δηναρίου συνεφώνησάς μοι;					
b 200	Mt 20,15	[ἢ] **οὐκ ἔξεστίν** μοι ὃ θέλω ποιῆσαι ἐν τοῖς ἐμοῖς; ...					
002					Lk 18,34 → Mk 9,32 → Lk 9,45	καὶ αὐτοὶ οὐδὲν τούτων συνῆκαν καὶ ἦν τὸ ῥῆμα τοῦτο κεκρυμμένον ἀπ᾽ αὐτῶν καὶ **οὐκ ἐγίνωσκον** τὰ λεγόμενα.	

220	**Mt 20,22**	ἀποκριθεὶς δὲ ὁ Ἰησοῦς εἶπεν· **οὐκ οἴδατε** τί αἰτεῖσθε. δύνασθε πιεῖν τὸ ποτήριον ὃ ἐγὼ μέλλω πίνειν; ...	**Mk 10,38**	ὁ δὲ Ἰησοῦς εἶπεν αὐτοῖς· **οὐκ οἴδατε** τί αἰτεῖσθε. δύνασθε πιεῖν τὸ ποτήριον ὃ ἐγὼ πίνω ἢ τὸ βάπτισμα ὃ ἐγὼ βαπτίζομαι βαπτισθῆναι;	Lk 12,50	βάπτισμα δὲ ἔχω βαπτισθῆναι, καὶ πῶς συνέχομαι ἕως ὅτου τελεσθῇ.	
h 220	**Mt 20,23**	... τὸ δὲ καθίσαι ἐκ δεξιῶν μου καὶ ἐξ εὐωνύμων **οὐκ ἔστιν** ἐμὸν [τοῦτο] δοῦναι, ἀλλ' οἷς ἡτοίμασται ὑπὸ τοῦ πατρός μου.	**Mk 10,40**	τὸ δὲ καθίσαι ἐκ δεξιῶν μου ἢ ἐξ εὐωνύμων **οὐκ ἔστιν** ἐμὸν δοῦναι, ἀλλ' οἷς ἡτοίμασται.			
h 222	**Mt 20,26** ⇩ Mt 23,11	**οὐχ οὕτως** ἔσται ἐν ὑμῖν, ἀλλ' ὃς ἐὰν θέλῃ ἐν ὑμῖν μέγας γενέσθαι ἔσται ὑμῶν διάκονος	**Mk 10,43** ⇨ Mk 9,35	**οὐχ οὕτως** δέ ἐστιν ἐν ὑμῖν, ἀλλ' ὃς ἂν θέλῃ μέγας γενέσθαι ἐν ὑμῖν ἔσται ὑμῶν διάκονος	**Lk 22,26**	ὑμεῖς δὲ **οὐχ οὕτως,** ἀλλ' ὁ μείζων ἐν ὑμῖν γινέσθω ὡς ὁ νεώτερος ...	
	Mt 23,11 ⇧ **Mt 20,26**	ὁ δὲ μείζων ὑμῶν ἔσται ὑμῶν διάκονος.					
h 221	**Mt 20,28**	ὥσπερ ὁ υἱὸς τοῦ ἀνθρώπου **οὐκ ἦλθεν** διακονηθῆναι ἀλλὰ διακονῆσαι ...	**Mk 10,45**	καὶ γὰρ ὁ υἱὸς τοῦ ἀνθρώπου **οὐκ ἦλθεν** διακονηθῆναι ἀλλὰ διακονῆσαι ...	**Lk 22,27** → Lk 12,37	... ἐγὼ δὲ ἐν μέσῳ ὑμῶν εἰμι ὡς ὁ διακονῶν.	→ Jn 13,13-14
002					**Lk 19,3**	καὶ ἐζήτει ἰδεῖν τὸν Ἰησοῦν τίς ἐστιν καὶ **οὐκ ἠδύνατο** ἀπὸ τοῦ ὄχλου, ὅτι τῇ ἡλικίᾳ μικρὸς ἦν.	
002					**Lk 19,14**	... καὶ ἀπέστειλαν πρεσβείαν ὀπίσω αὐτοῦ λέγοντες· **οὐ θέλομεν** τοῦτον βασιλεῦσαι ἐφ' ἡμᾶς.	
202 202	**Mt 25,24** **(2)**	... σκληρὸς εἶ ἄνθρωπος, θερίζων ὅπου **οὐκ ἔσπειρας** καὶ συνάγων ὅθεν **οὐ διεσκόρπισας**			**Lk 19,21** **(2)**	... ἄνθρωπος αὐστηρὸς εἶ, αἴρεις ὃ **οὐκ ἔθηκας** καὶ θερίζεις ὃ **οὐκ ἔσπειρας.**	
202 202	**Mt 25,26** **(2)**	... ᾔδεις ὅτι θερίζω ὅπου **οὐκ ἔσπειρα** καὶ συνάγω ὅθεν **οὐ διεσκόρπισα;**			**Lk 19,22** **(2)**	... ᾔδεις ὅτι ἐγὼ ἄνθρωπος αὐστηρός εἰμι, αἴρων ὃ **οὐκ ἔθηκα** καὶ θερίζων ὃ **οὐκ ἔσπειρα;**	
102	**Mt 25,27**	ἔδει σε οὖν **βαλεῖν** τὰ ἀργύριά μου τοῖς τραπεζίταις, ...			**Lk 19,23**	καὶ διὰ τί **οὐκ ἔδωκάς** μου τὸ ἀργύριον ἐπὶ τράπεζαν; ...	
002 002					**Lk 19,44** **(2)** ↓ **Mt 24,2** ↓ **Mk 13,2** ↓ **Lk 21,6** → Lk 21,24	καὶ ἐδαφιοῦσίν σε καὶ τὰ τέκνα σου ἐν σοί, καὶ **οὐκ ἀφήσουσιν** λίθον ἐπὶ λίθον ἐν σοί, ἀνθ' ὧν **οὐκ ἔγνως** τὸν καιρὸν τῆς ἐπισκοπῆς σου.	

	Mt	Mk	Lk	
120	**Mt 21,19** ↑ Lk 13,6 καὶ ἰδὼν συκῆν μίαν ἐπὶ τῆς ὁδοῦ ἦλθεν ἐπ' αὐτὴν καὶ οὐδὲν εὗρεν ἐν αὐτῇ εἰ μὴ φύλλα μόνον, ...	**Mk 11,13** ↑ Lk 13,6 καὶ ἰδὼν συκῆν ἀπὸ μακρόθεν ἔχουσαν φύλλα ἦλθεν, εἰ ἄρα τι εὑρήσει ἐν αὐτῇ, καὶ ἐλθὼν ἐπ' αὐτὴν οὐδὲν εὗρεν εἰ μὴ φύλλα· ὁ γὰρ καιρὸς **οὐκ ἦν** σύκων.		
020		**Mk 11,16** καὶ **οὐκ ἤφιεν** ἵνα τις διενέγκῃ σκεῦος διὰ τοῦ ἱεροῦ.		
b j 121	**Mt 21,13** καὶ λέγει αὐτοῖς· **γέγραπται·** *ὁ οἶκός μου οἶκος* *προσευχῆς κληθήσεται,* ὑμεῖς δὲ αὐτὸν ποιεῖτε *σπήλαιον λῃστῶν.* ➤ Isa 56,7; Jer 7,11	**Mk 11,17** καὶ ἐδίδασκεν καὶ ἔλεγεν αὐτοῖς· **οὐ γέγραπται** ὅτι *ὁ οἶκός μου οἶκος* *προσευχῆς κληθήσεται* *πᾶσιν τοῖς ἔθνεσιν;* ὑμεῖς δὲ πεποιήκατε αὐτὸν *σπήλαιον λῃστῶν.* ➤ Isa 56,7; Jer 7,11	**Lk 19,46** λέγων αὐτοῖς· **γέγραπται·** *καὶ ἔσται ὁ οἶκός μου* *οἶκος προσευχῆς,* ὑμεῖς δὲ αὐτὸν ἐποιήσατε *σπήλαιον λῃστῶν.* ➤ Isa 56,7; Jer 7,11	→ Jn 2,16
112	**Mt 22,33** ↑ Mt 7,28 ↑ **Mk 1,22** ↑ Lk 4,32 καὶ ἀκούσαντες οἱ ὄχλοι ἐξεπλήσσοντο ἐπὶ τῇ διδαχῇ αὐτοῦ.	**Mk 11,18** ... ἐφοβοῦντο γὰρ αὐτόν, πᾶς γὰρ ὁ ὄχλος ἐξεπλήσσετο ἐπὶ τῇ διδαχῇ αὐτοῦ.	**Lk 19,48** → Lk 21,38 καὶ **οὐχ εὕρισκον** τὸ τί ποιήσωσιν, ὁ λαὸς γὰρ ἅπας ἐξεκρέματο αὐτοῦ ἀκούων.	
h s 210	**Mt 21,21** → Mt 17,20 → Lk 17,6 ... ἀμὴν λέγω ὑμῖν, ἐὰν ἔχητε πίστιν καὶ μὴ διακριθῆτε, **οὐ μόνον** τὸ τῆς συκῆς ποιήσετε, ἀλλὰ κἂν τῷ ὄρει τούτῳ εἴπητε· ἄρθητι καὶ βλήθητι εἰς τὴν θάλασσαν, γενήσεται·	**Mk 11,23** → Mt 17,20 → Lk 17,6 → Mk 9,23 [22] ... ἔχετε πίστιν θεοῦ. [23] ἀμὴν λέγω ὑμῖν ὅτι ὃς ἂν εἴπῃ τῷ ὄρει τούτῳ· ἄρθητι καὶ βλήθητι εἰς τὴν θάλασσαν, καὶ μὴ διακριθῇ ἐν τῇ καρδίᾳ αὐτοῦ ἀλλὰ πιστεύῃ ὅτι ὃ λαλεῖ γίνεται, ἔσται αὐτῷ.		→ GTh 48 → GTh 106
222	**Mt 21,25** ... οἱ δὲ διελογίζοντο ἐν ἑαυτοῖς λέγοντες· ἐὰν εἴπωμεν· ἐξ οὐρανοῦ, ἐρεῖ ἡμῖν· διὰ τί οὖν **οὐκ ἐπιστεύσατε** αὐτῷ;	**Mk 11,31** καὶ διελογίζοντο πρὸς ἑαυτοὺς λέγοντες· ἐὰν εἴπωμεν· ἐξ οὐρανοῦ, ἐρεῖ· διὰ τί [οὖν] **οὐκ ἐπιστεύσατε** αὐτῷ;	**Lk 20,5** οἱ δὲ συνελογίσαντο πρὸς ἑαυτοὺς λέγοντες ὅτι ἐὰν εἴπωμεν· ἐξ οὐρανοῦ, ἐρεῖ· διὰ τί **οὐκ ἐπιστεύσατε** αὐτῷ;	
221	**Mt 21,27** καὶ ἀποκριθέντες τῷ Ἰησοῦ εἶπαν· **οὐκ οἴδαμεν.** ἔφη αὐτοῖς καὶ αὐτός· οὐδὲ ἐγὼ λέγω ὑμῖν ἐν ποίᾳ ἐξουσίᾳ ταῦτα ποιῶ.	**Mk 11,33** καὶ ἀποκριθέντες τῷ Ἰησοῦ λέγουσιν· **οὐκ οἴδαμεν.** καὶ ὁ Ἰησοῦς λέγει αὐτοῖς· οὐδὲ ἐγὼ λέγω ὑμῖν ἐν ποίᾳ ἐξουσίᾳ ταῦτα ποιῶ.	**Lk 20,7** καὶ ἀπεκρίθησαν **μὴ εἰδέναι** πόθεν. [8] καὶ ὁ Ἰησοῦς εἶπεν αὐτοῖς· οὐδὲ ἐγὼ λέγω ὑμῖν ἐν ποίᾳ ἐξουσίᾳ ταῦτα ποιῶ.	
j 200	**Mt 21,29** ὁ δὲ ἀποκριθεὶς εἶπεν· **οὐ θέλω,** ὕστερον δὲ μεταμεληθεὶς ἀπῆλθεν.			
200	**Mt 21,30** προσελθὼν δὲ τῷ ἑτέρῳ εἶπεν ὡσαύτως. ὁ δὲ ἀποκριθεὶς εἶπεν· ἐγώ, κύριε· καὶ **οὐκ ἀπῆλθεν.**			

	Mt		Mk		Lk		
201	Mt 21,32	ἦλθεν γὰρ Ἰωάννης πρὸς ὑμᾶς ἐν ὁδῷ δικαιοσύνης, καὶ **οὐκ ἐπιστεύσατε** αὐτῷ, ...			Lk 7,30	οἱ δὲ Φαρισαῖοι καὶ οἱ νομικοὶ τὴν βουλὴν τοῦ θεοῦ **ἠθέτησαν** εἰς ἑαυτούς μὴ βαπτισθέντες ὑπ᾽ αὐτοῦ.	
201	Mt 22,3	καὶ ἀπέστειλεν τοὺς δούλους αὐτοῦ καλέσαι τοὺς κεκλημένους εἰς τοὺς γάμους, καὶ **οὐκ ἤθελον** ἐλθεῖν.			Lk 14,17	καὶ ἀπέστειλεν τὸν δοῦλον αὐτοῦ τῇ ὥρᾳ τοῦ δείπνου ...	→ GTh 64
201	Mt 22,8	... ὁ μὲν γάμος ἕτοιμός ἐστιν, οἱ δὲ κεκλημένοι **οὐκ ἦσαν** ἄξιοι·			Lk 14,24	λέγω γὰρ ὑμῖν ὅτι οὐδεὶς τῶν ἀνδρῶν ἐκείνων τῶν κεκλημένων γεύσεταί μου τοῦ δείπνου.	→ GTh 64
g 200	Mt 22,11	... ὁ βασιλεὺς ... εἶδεν ἐκεῖ ἄνθρωπον **οὐκ ἐνδεδυμένον** ἔνδυμα γάμου					
c 221 fh 222	Mt 22,16 (2)	... διδάσκαλε, οἴδαμεν ὅτι ἀληθὴς εἶ καὶ τὴν ὁδὸν τοῦ θεοῦ ἐν ἀληθείᾳ διδάσκεις καὶ **οὐ μέλει** σοι περὶ οὐδενός. **οὐ γὰρ βλέπεις** εἰς πρόσωπον ἀνθρώπων	Mk 12,14 (2)	... διδάσκαλε, οἴδαμεν ὅτι ἀληθὴς εἶ καὶ **οὐ μέλει** σοι περὶ οὐδενός· **οὐ γὰρ βλέπεις** εἰς πρόσωπον ἀνθρώπων, ἀλλ᾽ ἐπ᾽ ἀληθείας τὴν ὁδὸν τοῦ θεοῦ διδάσκεις· ...	Lk 20,21	... διδάσκαλε, οἴδαμεν ὅτι ὀρθῶς λέγεις καὶ διδάσκεις **καὶ οὐ λαμβάνεις** πρόσωπον, ἀλλ᾽ ἐπ᾽ ἀληθείας τὴν ὁδὸν τοῦ θεοῦ διδάσκεις·	→ Jn 3,2
112	Mt 22,22 → Mk 12,12	καὶ ἀκούσαντες ἐθαύμασαν, καὶ ἀφέντες αὐτὸν ἀπῆλθαν.	Mk 12,17	... καὶ ἐξεθαύμαζον ἐπ᾽ αὐτῷ.	Lk 20,26	καὶ **οὐκ ἴσχυσαν** ἐπιλαβέσθαι αὐτοῦ ῥήματος ἐναντίον τοῦ λαοῦ καὶ θαυμάσαντες ἐπὶ τῇ ἀποκρίσει αὐτοῦ ἐσίγησαν.	
121	Mt 22,25	ἦσαν δὲ παρ᾽ ἡμῖν ἑπτὰ ἀδελφοί· καὶ ὁ πρῶτος γήμας ἐτελεύτησεν, καὶ **μὴ ἔχων σπέρμα** ...	Mk 12,20	ἑπτὰ ἀδελφοὶ ἦσαν· καὶ ὁ πρῶτος ἔλαβεν γυναῖκα καὶ ἀποθνήσκων **οὐκ ἀφῆκεν σπέρμα·**	Lk 20,29	ἑπτὰ οὖν ἀδελφοὶ ἦσαν· καὶ ὁ πρῶτος λαβὼν γυναῖκα ἀπέθανεν **ἄτεκνος·**	
122	Mt 22,26	ὁμοίως καὶ ὁ δεύτερος καὶ ὁ τρίτος ἕως τῶν ἑπτά. [27] ὕστερον δὲ πάντων ἀπέθανεν ἡ γυνή.	Mk 12,22	[21] καὶ ὁ δεύτερος ἔλαβεν αὐτὴν καὶ ἀπέθανεν μὴ καταλιπὼν σπέρμα· καὶ ὁ τρίτος ὡσαύτως· [22] καὶ οἱ ἑπτὰ **οὐκ ἀφῆκαν** σπέρμα. ἔσχατον πάντων καὶ ἡ γυνὴ ἀπέθανεν.	Lk 20,31	[30] καὶ ὁ δεύτερος [31] καὶ ὁ τρίτος ἔλαβεν αὐτήν, ὡσαύτως δὲ καὶ οἱ ἑπτὰ **οὐ κατέλιπον** τέκνα καὶ ἀπέθανον. [32] ὕστερον καὶ ἡ γυνὴ ἀπέθανεν.	
b 121	Mt 22,29	ἀποκριθεὶς δὲ ὁ Ἰησοῦς εἶπεν αὐτοῖς· πλανᾶσθε μὴ εἰδότες τὰς γραφὰς μηδὲ τὴν δύναμιν τοῦ θεοῦ·	Mk 12,24	ἔφη αὐτοῖς ὁ Ἰησοῦς· **οὐ διὰ τοῦτο** πλανᾶσθε μὴ εἰδότες τὰς γραφὰς μηδὲ τὴν δύναμιν τοῦ θεοῦ;	Lk 20,34	καὶ εἶπεν αὐτοῖς ὁ Ἰησοῦς· οἱ υἱοὶ τοῦ αἰῶνος τούτου γαμοῦσιν καὶ γαμίσκονται	

b 221	Mt 22,31	περὶ δὲ τῆς ἀναστάσεως τῶν νεκρῶν **οὐκ ἀνέγνωτε** τὸ ῥηθὲν ὑμῖν ὑπὸ τοῦ θεοῦ λέγοντος·	Mk 12,26	περὶ δὲ τῶν νεκρῶν ὅτι ἐγείρονται **οὐκ ἀνέγνωτε** ἐν τῇ βίβλῳ Μωϋσέως ἐπὶ τοῦ βάτου πῶς εἶπεν αὐτῷ ὁ θεὸς λέγων· ...	Lk 20,37	ὅτι δὲ ἐγείρονται οἱ νεκροί, καὶ Μωϋσῆς ἐμήνυσεν ἐπὶ τῆς βάτου, ὡς λέγει ...	
h 222	Mt 22,32	... **οὐκ ἔστιν** [ὁ] θεὸς νεκρῶν ἀλλὰ ζώντων.	Mk 12,27	**οὐκ ἔστιν** θεὸς νεκρῶν ἀλλὰ ζώντων· πολὺ πλανᾶσθε.	Lk 20,38	θεὸς δὲ **οὐκ ἔστιν** νεκρῶν ἀλλὰ ζώντων, πάντες γὰρ αὐτῷ ζῶσιν.	
n 120	Mt 22,38	αὕτη **ἐστὶν** ἡ μεγάλη καὶ πρώτη ἐντολή.	Mk 12,31 → Mt 22,40	... μείζων τούτων ἄλλη ἐντολὴ **οὐκ ἔστιν.**			
m n p 021			Mk 12,32	καὶ εἶπεν αὐτῷ ὁ γραμματεύς· καλῶς, διδάσκαλε, ἐπ' ἀληθείας εἶπες ὅτι *εἷς ἐστιν καὶ* ***οὐκ ἔστιν*** *ἄλλος πλὴν αὐτοῦ·* ➤ Deut 6,4	Lk 20,39 → Mk 12,28	ἀποκριθέντες δέ τινες τῶν γραμματέων εἶπαν· διδάσκαλε, καλῶς εἶπας.	
021			Mk 12,34	καὶ ὁ Ἰησοῦς ἰδὼν [αὐτὸν] ὅτι νουνεχῶς ἀπεκρίθη εἶπεν αὐτῷ· **οὐ μακρὰν** εἶ ἀπὸ τῆς βασιλείας τοῦ θεοῦ. ...	Lk 10,28	εἶπεν δὲ αὐτῷ· ὀρθῶς ἀπεκρίθης· τοῦτο ποίει καὶ ζήσῃ.	
200	Mt 23,3	πάντα οὖν ὅσα ἐὰν εἴπωσιν ὑμῖν ποιήσατε καὶ τηρεῖτε, κατὰ δὲ τὰ ἔργα αὐτῶν μὴ ποιεῖτε· λέγουσιν γὰρ καὶ **οὐ ποιοῦσιν.**					
p 202	Mt 23,4	δεσμεύουσιν δὲ φορτία βαρέα [καὶ δυσβάστακτα] καὶ ἐπιτιθέασιν ἐπὶ τοὺς ὤμους τῶν ἀνθρώπων, αὐτοὶ δὲ τῷ δακτύλῳ αὐτῶν **οὐ θέλουσιν κινῆσαι** αὐτά.			Lk 11,46	... φορτίζετε τοὺς ἀνθρώπους φορτία δυσβάστακτα, καὶ αὐτοὶ ἑνὶ τῶν δακτύλων ὑμῶν **οὐ προσψαύετε** τοῖς φορτίοις.	
u 202	Mt 23,13 → Mt 16,19	οὐαὶ δὲ ὑμῖν, γραμματεῖς καὶ Φαρισαῖοι ὑποκριταί, ὅτι κλείετε τὴν βασιλείαν τῶν οὐρανῶν ἔμπροσθεν τῶν ἀνθρώπων· ὑμεῖς γὰρ **οὐκ εἰσέρχεσθε** οὐδὲ τοὺς εἰσερχομένους ἀφίετε εἰσελθεῖν.			Lk 11,52	οὐαὶ ὑμῖν τοῖς νομικοῖς, ὅτι ἤρατε τὴν κλεῖδα τῆς γνώσεως· αὐτοὶ **οὐκ εἰσήλθατε** καὶ τοὺς εἰσερχομένους ἐκωλύσατε.	→ GTh 39,1-2 (POxy 655) → GTh 102
e r 201	Mt 23,30	[29] ... οἰκοδομεῖτε τοὺς τάφους τῶν προφητῶν καὶ κοσμεῖτε τὰ μνημεῖα τῶν δικαίων, [30] καὶ λέγετε· εἰ ἤμεθα ἐν ταῖς ἡμέραις τῶν πατέρων ἡμῶν, **οὐκ ἂν ἤμεθα** αὐτῶν κοινωνοὶ ἐν τῷ αἵματι τῶν προφητῶν.			Lk 11,47	... οἰκοδομεῖτε τὰ μνημεῖα τῶν προφητῶν, οἱ δὲ πατέρες ὑμῶν ἀπέκτειναν αὐτούς.	

	Mt		Mk		Lk		
202	Mt 23,37	... ποσάκις ἠθέλησα ἐπισυναγαγεῖν τὰ τέκνα σου, ὃν τρόπον ὄρνις ἐπισυνάγει τὰ νοσσία αὐτῆς ὑπὸ τὰς πτέρυγας, καὶ **οὐκ ἠθελήσατε.**			Lk 13,34	... ποσάκις ἠθέλησα ἐπισυνάξαι τὰ τέκνα σου ὃν τρόπον ὄρνις τὴν ἑαυτῆς νοσσιὰν ὑπὸ τὰς πτέρυγας, καὶ **οὐκ ἠθελήσατε.**	
d l 202	Mt 23,39	λέγω γὰρ ὑμῖν, **οὐ μή με ἴδητε** ἀπ᾽ ἄρτι ἕως ἂν εἴπητε· *εὐλογημένος ὁ ἐρχόμενος ἐν ὀνόματι κυρίου.* ➤ Ps 118,26			Lk 13,35	... λέγω [δὲ] ὑμῖν, **οὐ μὴ ἴδητέ με** ἕως [ἥξει ὅτε] εἴπητε· *εὐλογημένος ὁ ἐρχόμενος ἐν ὀνόματι κυρίου.* ➤ Ps 118,26	
b 211 *d* 222 *d* 222	Mt 24,2 (3)	ὁ δὲ ἀποκριθεὶς εἶπεν αὐτοῖς· **οὐ βλέπετε** ταῦτα πάντα; ἀμὴν λέγω ὑμῖν, **οὐ μὴ ἀφεθῇ** ὧδε λίθος ἐπὶ λίθον ὃς **οὐ καταλυθήσεται.**	Mk 13,2 (2)	καὶ ὁ Ἰησοῦς εἶπεν αὐτῷ· **βλέπεις** ταύτας τὰς μεγάλας οἰκοδομάς; **οὐ μὴ ἀφεθῇ** ὧδε λίθος ἐπὶ λίθον ὃς **οὐ μὴ καταλυθῇ.**	Lk 21,6 (2) ↑ Lk 19,44	[5] ... εἶπεν· [6] ταῦτα ἃ **θεωρεῖτε** ἐλεύσονται ἡμέραι ἐν αἷς **οὐκ ἀφεθήσεται** λίθος ἐπὶ λίθῳ ὃς **οὐ καταλυθήσεται.**	
112	Mt 24,6	μελλήσετε δὲ ἀκούειν πολέμους καὶ ἀκοὰς πολέμων· ὁρᾶτε μὴ θροεῖσθε· δεῖ γὰρ γενέσθαι, **ἀλλ᾽ οὔπω ἐστὶν τὸ τέλος.**	Mk 13,7	ὅταν δὲ ἀκούσητε πολέμους καὶ ἀκοὰς πολέμων, μὴ θροεῖσθε· δεῖ γενέσθαι, **ἀλλ᾽ οὔπω τὸ τέλος.**	Lk 21,9	ὅταν δὲ ἀκούσητε πολέμους καὶ ἀκαταστασίας, μὴ πτοηθῆτε· δεῖ γὰρ ταῦτα γενέσθαι πρῶτον, **ἀλλ᾽ οὐκ εὐθέως τὸ τέλος.**	
112	Mt 10,19	... δοθήσεται γὰρ ὑμῖν ἐν ἐκείνῃ τῇ ὥρᾳ τί λαλήσητε·	Mk 13,11	... ἀλλ᾽ ὃ ἐὰν δοθῇ ὑμῖν ἐν ἐκείνῃ τῇ ὥρᾳ τοῦτο λαλεῖτε· ↔	Lk 21,15 ⇩ Lk 12,12	ἐγὼ γὰρ δώσω ὑμῖν στόμα καὶ σοφίαν ᾗ **οὐ δυνήσονται** ἀντιστῆναι ἢ ἀντειπεῖν ἅπαντες οἱ ἀντικείμενοι ὑμῖν.	→ Acts 6,10 Mk-Q overlap
					Lk 12,12 ⇧ Lk 21,15	τὸ γὰρ ἅγιον πνεῦμα διδάξει ὑμᾶς ἐν αὐτῇ τῇ ὥρᾳ ἃ δεῖ εἰπεῖν.	→ Jn 14,26
f h 220	Mt 10,20	**οὐ γὰρ ὑμεῖς ἐστε** οἱ λαλοῦντες ἀλλὰ τὸ πνεῦμα τοῦ πατρὸς ὑμῶν τὸ λαλοῦν ἐν ὑμῖν.	Mk 13,11 ↑ Lk 12,12	↔ **οὐ γάρ ἐστε ὑμεῖς** οἱ λαλοῦντες ἀλλὰ τὸ πνεῦμα τὸ ἅγιον.			
d 002					Lk 21,18 → Mt 10,30 → Lk 12,7	καὶ θρὶξ ἐκ τῆς κεφαλῆς ὑμῶν **οὐ μὴ ἀπόληται.**	→ Acts 27,34
121	Mt 24,15	ὅταν οὖν ἴδητε *τὸ βδέλυγμα τῆς ἐρημώσεως* τὸ ῥηθὲν διὰ Δανιὴλ τοῦ προφήτου ἑστὸς **ἐν τόπῳ ἁγίῳ,** ὁ ἀναγινώσκων νοείτω ➤ Dan 9,27/11,31/12,11	Mk 13,14	ὅταν δὲ ἴδητε *τὸ βδέλυγμα τῆς ἐρημώσεως* ἑστηκότα **ὅπου οὐ δεῖ,** ὁ ἀναγινώσκων νοείτω, ... ➤ Dan 9,27/11,31/12,11	Lk 21,20 → Lk 19,43	ὅταν δὲ ἴδητε κυκλουμένην ὑπὸ στρατοπέδων **Ἰερουσαλήμ,** τότε γνῶτε ὅτι ἤγγικεν ἡ ἐρήμωσις αὐτῆς.	
l u 221 *c d* 221	Mt 24,21 (2)	ἔσται γὰρ τότε θλῖψις μεγάλη οἵα **οὐ γέγονεν** ἀπ᾽ ἀρχῆς κόσμου ἕως τοῦ νῦν οὐδ᾽ **οὐ μὴ γένηται.**	Mk 13,19 (2)	ἔσονται γὰρ αἱ ἡμέραι ἐκεῖναι θλῖψις οἵα **οὐ γέγονεν** τοιαύτη ἀπ᾽ ἀρχῆς κτίσεως ἣν ἔκτισεν ὁ θεὸς ἕως τοῦ νῦν καὶ **οὐ μὴ γένηται.**	Lk 21,23	... ἔσται γὰρ ἀνάγκη μεγάλη ἐπὶ τῆς γῆς ...	

	Mt		Mk		Lk		
e r *h* 220	**Mt 24,22**	καὶ εἰ μὴ ἐκολοβώθησαν αἱ ἡμέραι ἐκεῖναι, **οὐκ ἂν ἐσώθη** πᾶσα σάρξ· διὰ δὲ τοὺς ἐκλεκτοὺς κολοβωθήσονται αἱ ἡμέραι ἐκεῖναι.	**Mk 13,20**	καὶ εἰ μὴ ἐκολόβωσεν κύριος τὰς ἡμέρας, **οὐκ ἂν ἐσώθη** πᾶσα σάρξ· ἀλλὰ διὰ τοὺς ἐκλεκτοὺς οὓς ἐξελέξατο ἐκολόβωσεν τὰς ἡμέρας.			
221	**Mt 24,29**	εὐθέως δὲ μετὰ τὴν θλῖψιν τῶν ἡμερῶν ἐκείνων *ὁ ἥλιος* *σκοτισθήσεται,* *καὶ ἡ σελήνη* ***οὐ δώσει*** *τὸ φέγγος αὐτῆς*, ... ➤ Isa 13,10; 34,4	**Mk 13,24**	ἀλλὰ ἐν ἐκείναις ταῖς ἡμέραις μετὰ τὴν θλῖψιν ἐκείνην *ὁ ἥλιος* *σκοτισθήσεται,* *καὶ ἡ σελήνη* ***οὐ δώσει*** *τὸ φέγγος αὐτῆς* ➤ Isa 13,10	**Lk 21,25** → Lk 21,11	καὶ ἔσονται σημεῖα ἐν ἡλίῳ καὶ σελήνῃ ...	→ Acts 2,19
d l 222	**Mt 24,34** ↑ Mt 16,28	ἀμὴν λέγω ὑμῖν ὅτι **οὐ μὴ παρέλθῃ** ἡ γενεὰ αὕτη ἕως ἂν πάντα ταῦτα γένηται.	**Mk 13,30** ↑ Mk 9,1	ἀμὴν λέγω ὑμῖν ὅτι **οὐ μὴ παρέλθῃ** ἡ γενεὰ αὕτη μέχρις οὗ ταῦτα πάντα γένηται.	**Lk 21,32** ↑ Lk 9,27	ἀμὴν λέγω ὑμῖν ὅτι **οὐ μὴ παρέλθῃ** ἡ γενεὰ αὕτη ἕως ἂν πάντα γένηται.	
d 222	**Mt 24,35** ↑ Mt 5,18	ὁ οὐρανὸς καὶ ἡ γῆ παρελεύσεται, οἱ δὲ λόγοι μου **οὐ μὴ παρέλθωσιν.**	**Mk 13,31**	ὁ οὐρανὸς καὶ ἡ γῆ παρελεύσονται, οἱ δὲ λόγοι μου **οὐ μὴ παρελεύσονται.**	**Lk 21,33** ↑ Lk 16,17	ὁ οὐρανὸς καὶ ἡ γῆ παρελεύσονται, οἱ δὲ λόγοι μου **οὐ μὴ παρελεύσονται.**	→ GTh 11,1
u 221	**Mt 25,13** ↓ Mt 24,42 ↓ Mt 24,44 ↓ Mt 24,50	γρηγορεῖτε οὖν, ὅτι **οὐκ οἴδατε** τὴν ἡμέραν οὐδὲ τὴν ὥραν.	**Mk 13,33** → Lk 21,34	βλέπετε, ἀγρυπνεῖτε· **οὐκ οἴδατε** γὰρ πότε ὁ καιρός ἐστιν.	**Lk 21,36** → Lk 18,1	ἀγρυπνεῖτε δὲ ἐν παντὶ καιρῷ δεόμενοι ἵνα κατισχύσητε ἐκφυγεῖν ταῦτα πάντα τὰ μέλλοντα γίνεσθαι καὶ σταθῆναι ἔμπροσθεν τοῦ υἱοῦ τοῦ ἀνθρώπου.	
220	**Mt 24,42** ↓ Mt 24,44 ↓ Mt 24,50 ↓ Mt 25,13	γρηγορεῖτε οὖν, ὅτι **οὐκ οἴδατε** ποίᾳ ἡμέρᾳ ὁ κύριος ὑμῶν ἔρχεται.	**Mk 13,35** → Lk 12,38	γρηγορεῖτε οὖν· **οὐκ οἴδατε** γὰρ πότε ὁ κύριος τῆς οἰκίας ἔρχεται, ἢ ὀψὲ ἢ μεσονύκτιον ἢ ἀλεκτοροφωνίας ἢ πρωΐ			
l 201	**Mt 24,39**	[38] τρώγοντες καὶ πίνοντες, γαμοῦντες καὶ γαμίζοντες, ἄχρι ἧς ἡμέρας εἰσῆλθεν Νῶε εἰς τὴν κιβωτόν, [39] καὶ **οὐκ ἔγνωσαν** ἕως ἦλθεν ὁ κατακλυσμὸς καὶ ἦρεν ἅπαντας, ...			**Lk 17,27**	ἤσθιον, ἔπινον, ἐγάμουν, ἐγαμίζοντο, ἄχρι ἧς ἡμέρας εἰσῆλθεν Νῶε εἰς τὴν κιβωτόν, καὶ ἦλθεν ὁ κατακλυσμὸς καὶ ἀπώλεσεν πάντας.	
e r 202	**Mt 24,43**	ἐκεῖνο δὲ γινώσκετε ὅτι εἰ ᾔδει ὁ οἰκοδεσπότης ποίᾳ φυλακῇ ὁ κλέπτης ἔρχεται, ἐγρηγόρησεν ἂν καὶ **οὐκ ἂν εἴασεν** διορυχθῆναι τὴν οἰκίαν αὐτοῦ.			**Lk 12,39**	τοῦτο δὲ γινώσκετε ὅτι εἰ ᾔδει ὁ οἰκοδεσπότης ποίᾳ ὥρᾳ ὁ κλέπτης ἔρχεται, **οὐκ ἂν ἀφῆκεν** διορυχθῆναι τὸν οἶκον αὐτοῦ.	→ GTh 21,5 → GTh 103
202	**Mt 24,44** ↑ Mt 24,42 ↓ Mt 24,50 ↓ Mt 25,13	διὰ τοῦτο καὶ ὑμεῖς γίνεσθε ἕτοιμοι, ὅτι ᾗ **οὐ δοκεῖτε** ὥρᾳ ὁ υἱὸς τοῦ ἀνθρώπου ἔρχεται.	↑ Mk 13,35		**Lk 12,40** → Lk 12,38	καὶ ὑμεῖς γίνεσθε ἕτοιμοι, ὅτι ᾗ ὥρᾳ **οὐ δοκεῖτε** ὁ υἱὸς τοῦ ἀνθρώπου ἔρχεται.	→ GTh 21,6
202 202	**Mt 24,50** **(2)** ↑ Mt 24,42 ↑ Mt 24,44 ↓ Mt 25,13	ἥξει ὁ κύριος τοῦ δούλου ἐκείνου ἐν ἡμέρᾳ ᾗ **οὐ προσδοκᾷ** καὶ ἐν ὥρᾳ ᾗ **οὐ γινώσκει**			**Lk 12,46** **(2)**	ἥξει ὁ κύριος τοῦ δούλου ἐκείνου ἐν ἡμέρᾳ ᾗ **οὐ προσδοκᾷ** καὶ ἐν ὥρᾳ ᾗ **οὐ γινώσκει, ...**	

	Mt		Mk		Lk		
  200	**Mt 25,3**	αἱ γὰρ μωραὶ λαβοῦσαι τὰς λαμπάδας αὐτῶν **οὐκ ἔλαβον** μεθ᾽ ἑαυτῶν ἔλαιον.					
c d 200	**Mt 25,9**	ἀπεκρίθησαν δὲ αἱ φρόνιμοι λέγουσαι· μήποτε **οὐ μὴ ἀρκέσῃ** ἡμῖν καὶ ὑμῖν· ...					
      200	**Mt 25,12** ↑ Mt 7,23	[11] ὕστερον δὲ ἔρχονται καὶ αἱ λοιπαὶ παρθένοι λέγουσαι· κύριε κύριε, ἄνοιξον ἡμῖν. [12] ὁ δὲ ἀποκριθεὶς εἶπεν· ἀμὴν λέγω ὑμῖν, **οὐκ οἶδα** ὑμᾶς.			**Lk 13,25** ↑ Lk 13,27	... καὶ ἄρξησθε ἔξω ἑστάναι καὶ κρούειν τὴν θύραν λέγοντες· κύριε, ἄνοιξον ἡμῖν, καὶ ἀποκριθεὶς ἐρεῖ ὑμῖν· **οὐκ οἶδα** ὑμᾶς πόθεν ἐστέ.	
u 221	**Mt 25,13** ↑ Mt 24,42 ↑ Mt 24,44 ↑ Mt 24,50	γρηγορεῖτε οὖν, ὅτι **οὐκ οἴδατε** τὴν ἡμέραν οὐδὲ τὴν ὥραν.	**Mk 13,33** → Lk 21,34	βλέπετε, ἀγρυπνεῖτε· **οὐκ οἴδατε** γὰρ πότε ὁ καιρός ἐστιν.	**Lk 21,36** → Lk 18,1	ἀγρυπνεῖτε δὲ ἐν παντὶ καιρῷ δεόμενοι ἵνα κατισχύσητε ἐκφυγεῖν ταῦτα πάντα τὰ μέλλοντα γίνεσθαι καὶ σταθῆναι ἔμπροσθεν τοῦ υἱοῦ τοῦ ἀνθρώπου.	
  202 202	**Mt 25,24** (2)	... σκληρὸς εἶ ἄνθρωπος, θερίζων ὅπου **οὐκ ἔσπειρας** καὶ συνάγων ὅθεν **οὐ διεσκόρπισας**			**Lk 19,21** (2)	... ἄνθρωπος αὐστηρὸς εἶ, αἴρεις ὃ **οὐκ ἔθηκας** καὶ θερίζεις ὃ **οὐκ ἔσπειρας.**	
  202 202	**Mt 25,26** (2)	... ᾔδεις ὅτι θερίζω ὅπου **οὐκ ἔσπειρα** καὶ συνάγω ὅθεν **οὐ διεσκόρπισα;**			**Lk 19,22** (2)	... ᾔδεις ὅτι ἐγὼ ἄνθρωπος αὐστηρός εἰμι, αἴρων ὃ **οὐκ ἔθηκα** καὶ θερίζων ὃ **οὐκ ἔσπειρα;**	
 200 200	**Mt 25,42** (2)	ἐπείνασα γὰρ καὶ **οὐκ ἐδώκατέ** μοι φαγεῖν, ἐδίψησα καὶ **οὐκ ἐποτίσατέ** με,					
 200 200 200	**Mt 25,43** (3)	ξένος ἤμην καὶ **οὐ συνηγάγετέ** με, γυμνὸς καὶ **οὐ περιεβάλετέ** με, ἀσθενὴς καὶ ἐν φυλακῇ καὶ **οὐκ ἐπεσκέψασθέ** με.					
    200	**Mt 25,44**	... κύριε, πότε σε εἴδομεν πεινῶντα ἢ διψῶντα ἢ ξένον ἢ γυμνὸν ἢ ἀσθενῆ ἢ ἐν φυλακῇ καὶ **οὐ διηκονήσαμέν** σοι;					
p u 200	**Mt 25,45**	... ἀμὴν λέγω ὑμῖν, ἐφ᾽ ὅσον **οὐκ ἐποιήσατε** ἑνὶ τούτων τῶν ἐλαχίστων, οὐδὲ ἐμοὶ ἐποιήσατε.					

	Mt		Mk		Lk		
220	Mt 26,11	πάντοτε γὰρ τοὺς πτωχοὺς ἔχετε μεθ' ἑαυτῶν, ἐμὲ δὲ **οὐ πάντοτε** ἔχετε·	Mk 14,7	πάντοτε γὰρ τοὺς πτωχοὺς ἔχετε μεθ' ἑαυτῶν καὶ ὅταν θέλητε δύνασθε αὐτοῖς εὖ ποιῆσαι, ἐμὲ δὲ **οὐ πάντοτε** ἔχετε.			→ Jn 12,8
221	Mt 26,24	... οὐαὶ δὲ τῷ ἀνθρώπῳ ἐκείνῳ δι' οὗ ὁ υἱὸς τοῦ ἀνθρώπου παραδίδοται· καλὸν ἦν αὐτῷ εἰ **οὐκ ἐγεννήθη** ὁ ἄνθρωπος ἐκεῖνος.	Mk 14,21	... οὐαὶ δὲ τῷ ἀνθρώπῳ ἐκείνῳ δι' οὗ ὁ υἱὸς τοῦ ἀνθρώπου παραδίδοται· καλὸν αὐτῷ εἰ **οὐκ ἐγεννήθη** ὁ ἄνθρωπος ἐκεῖνος.	Lk 22,22	... πλὴν οὐαὶ τῷ ἀνθρώπῳ ἐκείνῳ δι' οὗ παραδίδοται.	
d l 002					Lk 22,16 ↓ Mt 26,29 ↓ Mk 14,25 ↓ Lk 22,18	λέγω γὰρ ὑμῖν ὅτι **οὐ μὴ φάγω** αὐτὸ ἕως ὅτου πληρωθῇ ἐν τῇ βασιλείᾳ τοῦ θεοῦ.	
d c l 222	Mt 26,29	λέγω δὲ ὑμῖν, **οὐ μὴ πίω** ἀπ' ἄρτι ἐκ τούτου τοῦ γενήματος τῆς ἀμπέλου ἕως τῆς ἡμέρας ἐκείνης ὅταν αὐτὸ πίνω μεθ' ὑμῶν καινὸν ἐν τῇ βασιλείᾳ τοῦ πατρός μου.	Mk 14,25	ἀμὴν λέγω ὑμῖν ὅτι **οὐκέτι οὐ μὴ πίω** ἐκ τοῦ γενήματος τῆς ἀμπέλου ἕως τῆς ἡμέρας ἐκείνης ὅταν αὐτὸ πίνω καινὸν ἐν τῇ βασιλείᾳ τοῦ θεοῦ.	Lk 22,18 ↑ Lk 22,16	λέγω γὰρ ὑμῖν, [ὅτι] **οὐ μὴ πίω** ἀπὸ τοῦ νῦν ἀπὸ τοῦ γενήματος τῆς ἀμπέλου ἕως οὗ ἡ βασιλεία τοῦ θεοῦ ἔλθῃ.	
h 222	Mt 20,26 ⇧ Mt 23,11	**οὐχ οὕτως** ἔσται ἐν ὑμῖν, ἀλλ' ὃς ἐὰν θέλῃ ἐν ὑμῖν μέγας γενέσθαι ἔσται ὑμῶν διάκονος	Mk 10,43 ⇨ Mk 9,35	**οὐχ οὕτως** δέ ἐστιν ἐν ὑμῖν, ἀλλ' ὃς ἂν θέλῃ μέγας γενέσθαι ἐν ὑμῖν ἔσται ὑμῶν διάκονος	Lk 22,26	ὑμεῖς δὲ **οὐχ οὕτως,** ἀλλ' ὁ μείζων ἐν ὑμῖν γινέσθω ὡς ὁ νεώτερος ...	
l 112	Mt 26,34	... ἀμὴν λέγω σοι ὅτι ἐν ταύτῃ τῇ νυκτὶ πρὶν ἀλέκτορα **φωνῆσαι** τρὶς ἀπαρνήσῃ με.	Mk 14,30	... ἀμὴν λέγω σοι ὅτι σὺ σήμερον ταύτῃ τῇ νυκτὶ πρὶν ἢ δὶς ἀλέκτορα **φωνῆσαι** τρίς με ἀπαρνήσῃ.	Lk 22,34	... λέγω σοι, Πέτρε, **οὐ φωνήσει** σήμερον ἀλέκτωρ ἕως τρίς με ἀπαρνήσῃ εἰδέναι.	→ Jn 13,38
r 121	Mt 26,33	... εἰ πάντες σκανδαλισθήσονται ἐν σοί, **ἐγὼ οὐδέποτε σκανδαλισθήσομαι.**	Mk 14,29	... εἰ καὶ πάντες σκανδαλισθήσονται, **ἀλλ' οὐκ ἐγώ.**	Lk 22,33 ↓ Mt 26,35 ↓ Mk 14,31	... κύριε, μετὰ σοῦ ἕτοιμός εἰμι καὶ εἰς φυλακὴν καὶ εἰς θάνατον πορεύεσθαι.	→ Jn 13,37
d s 220	Mt 26,35 ↑ Lk 22,33	... κἂν δέῃ με σὺν σοὶ ἀποθανεῖν, **οὐ μή σε ἀπαρνήσομαι.** ὁμοίως καὶ πάντες οἱ μαθηταὶ εἶπαν.	Mk 14,31 ↑ Lk 22,33	... ἐὰν δέῃ με συναποθανεῖν σοι, **οὐ μή σε ἀπαρνήσομαι.** ὡσαύτως δὲ καὶ πάντες ἔλεγον.			→ Jn 13,37
h m 221	Mt 26,39	... παρελθάτω ἀπ' ἐμοῦ τὸ ποτήριον τοῦτο· πλὴν **οὐχ ὡς ἐγὼ θέλω** ἀλλ' ὡς σύ.	Mk 14,36	... παρένεγκε τὸ ποτήριον τοῦτο ἀπ' ἐμοῦ· ἀλλ' **οὐ τί ἐγὼ θέλω** ἀλλὰ τί σύ.	Lk 22,42 ↓ Mt 26,42	... παρένεγκε τοῦτο τὸ ποτήριον ἀπ' ἐμοῦ· πλὴν **μὴ τὸ θέλημά μου** ἀλλὰ τὸ σὸν γινέσθω.	→ Jn 18,11 → Acts 21,14
b p 221	Mt 26,40	... οὕτως **οὐκ ἰσχύσατε** μίαν ὥραν γρηγορῆσαι μετ' ἐμοῦ; [41] γρηγορεῖτε καὶ προσεύχεσθε, ἵνα μὴ εἰσέλθητε εἰς πειρασμόν· ...	Mk 14,37	... Σίμων, καθεύδεις; **οὐκ ἴσχυσας** μίαν ὥραν γρηγορῆσαι; [38] γρηγορεῖτε καὶ προσεύχεσθε, ἵνα μὴ ἔλθητε εἰς πειρασμόν· ...	Lk 22,46	... τί καθεύδετε; ἀναστάντες προσεύχεσθε, ἵνα μὴ εἰσέλθητε εἰς πειρασμόν.	

k 210	**Mt 26,42** → Mt 6,10 ↑ Lk 22,42	πάλιν ἐκ δευτέρου ἀπελθὼν προσηύξατο λέγων· πάτερ μου, εἰ **οὐ δύναται** τοῦτο παρελθεῖν ἐὰν μὴ αὐτὸ πίω, γενηθήτω τὸ θέλημά σου.	**Mk 14,39**	καὶ πάλιν ἀπελθὼν προσηύξατο τὸν αὐτὸν λόγον εἰπών.			
120	**Mt 26,43**	καὶ ἐλθὼν πάλιν εὗρεν αὐτοὺς καθεύδοντας, ἦσαν γὰρ αὐτῶν οἱ ὀφθαλμοὶ βεβαρημένοι.	**Mk 14,40**	καὶ πάλιν ἐλθὼν εὗρεν αὐτοὺς καθεύδοντας, ἦσαν γὰρ αὐτῶν οἱ ὀφθαλμοὶ καταβαρυνόμενοι, καὶ **οὐκ ᾔδεισαν** τί ἀποκριθῶσιν αὐτῷ.			
200	**Mt 26,53**	ἢ δοκεῖς ὅτι **οὐ δύναμαι** παρακαλέσαι τὸν πατέρα μου, καὶ παραστήσει μοι ἄρτι πλείω δώδεκα λεγιῶνας ἀγγέλων;					**→ Jn 18,36**
j h 222	**Mt 26,55**	... καθ' ἡμέραν ἐν τῷ ἱερῷ ἐκαθεζόμην διδάσκων καὶ **οὐκ ἐκρατήσατέ** με. [56] τοῦτο δὲ ὅλον γέγονεν ἵνα πληρωθῶσιν αἱ γραφαὶ τῶν προφητῶν. ...	**Mk 14,49**	καθ' ἡμέραν ἤμην πρὸς ὑμᾶς ἐν τῷ ἱερῷ διδάσκων καὶ **οὐκ ἐκρατήσατέ** με· ἀλλ' ἵνα πληρωθῶσιν αἱ γραφαί.	**Lk 22,53**	καθ' ἡμέραν ὄντος μου μεθ' ὑμῶν ἐν τῷ ἱερῷ **οὐκ ἐξετείνατε** τὰς χεῖρας ἐπ' ἐμέ, ἀλλ' αὕτη ἐστὶν ὑμῶν ἡ ὥρα καὶ ἡ ἐξουσία τοῦ σκότους.	→ Jn 18,20
220	**Mt 26,60**	[59] οἱ δὲ ἀρχιερεῖς καὶ τὸ συνέδριον ὅλον ἐζήτουν ψευδομαρτυρίαν κατὰ τοῦ Ἰησοῦ ὅπως αὐτὸν θανατώσωσιν, [60] καὶ **οὐχ εὗρον** πολλῶν προσελθόντων ψευδομαρτύρων. ...	**Mk 14,55**	οἱ δὲ ἀρχιερεῖς καὶ ὅλον τὸ συνέδριον ἐζήτουν κατὰ τοῦ Ἰησοῦ μαρτυρίαν εἰς τὸ θανατῶσαι αὐτόν, καὶ **οὐχ ηὕρισκον**· [56] πολλοὶ γὰρ ἐψευδομαρτύρουν κατ' αὐτοῦ, ↔			
120			**Mk 14,56**	↔ καὶ ἴσαι αἱ μαρτυρίαι **οὐκ ἦσαν**.			
b c 120	**Mt 26,62**	καὶ ἀναστὰς ὁ ἀρχιερεὺς εἶπεν αὐτῷ· **οὐδὲν ἀποκρίνῃ** τί οὗτοί σου καταμαρτυροῦσιν;	**Mk 14,60**	καὶ ἀναστὰς ὁ ἀρχιερεὺς εἰς μέσον ἐπηρώτησεν τὸν Ἰησοῦν λέγων· **οὐκ ἀποκρίνῃ οὐδέν** τί οὗτοί σου καταμαρτυροῦσιν;			
c 120	**Mt 26,63**	ὁ δὲ Ἰησοῦς ἐσιώπα. ...	**Mk 14,61**	ὁ δὲ ἐσιώπα καὶ **οὐκ ἀπεκρίνατο** οὐδέν. ...			
212	**Mt 26,70**	ὁ δὲ ἠρνήσατο ἔμπροσθεν πάντων λέγων· **οὐκ οἶδα** τί λέγεις.	**Mk 14,68**	ὁ δὲ ἠρνήσατο λέγων· **οὔτε οἶδα** οὔτε ἐπίσταμαι σὺ τί λέγεις. ...	**Lk 22,57**	ὁ δὲ ἠρνήσατο λέγων· **οὐκ οἶδα** αὐτόν, γύναι.	**→ Jn 18,17**
212	**Mt 26,72**	[71] ... οὗτος ἦν μετὰ Ἰησοῦ τοῦ Ναζωραίου. [72] καὶ πάλιν ἠρνήσατο μετὰ ὅρκου ὅτι **οὐκ οἶδα** τὸν ἄνθρωπον.	**Mk 14,70**	[69] ... οὗτος ἐξ αὐτῶν ἐστιν. [70] ὁ δὲ πάλιν ἠρνεῖτο. ...	**Lk 22,58**	... καὶ σὺ ἐξ αὐτῶν εἶ. ὁ δὲ Πέτρος ἔφη· ἄνθρωπε, **οὐκ εἰμί**.	**→ Jn 18,25**

222	**Mt 26,74**	τότε ἤρξατο καταθεματίζειν καὶ ὀμνύειν ὅτι **οὐκ οἶδα** τὸν ἄνθρωπον. καὶ εὐθέως ἀλέκτωρ ἐφώνησεν.	**Mk 14,71**	ὁ δὲ ἤρξατο ἀναθεματίζειν καὶ ὀμνύναι ὅτι **οὐκ οἶδα** τὸν ἄνθρωπον τοῦτον ὃν λέγετε. [72] καὶ εὐθὺς ἐκ δευτέρου ἀλέκτωρ ἐφώνησεν. ...	**Lk 22,60**	εἶπεν δὲ ὁ Πέτρος· ἄνθρωπε, **οὐκ οἶδα** ὃ λέγεις. καὶ παραχρῆμα ἔτι λαλοῦντος αὐτοῦ ἐφώνησεν ἀλέκτωρ.	→ Jn 18,27
	Mt 26,64	[63] ... καὶ ὁ ἀρχιερεὺς εἶπεν αὐτῷ· ἐξορκίζω σε κατὰ τοῦ θεοῦ τοῦ ζῶντος ἵνα ἡμῖν εἴπῃς εἰ σὺ εἶ ὁ χριστὸς ὁ υἱὸς τοῦ θεοῦ. [64] λέγει αὐτῷ ὁ Ἰησοῦς· ↔	**Mk 14,62**	[61] ... πάλιν ὁ ἀρχιερεὺς ἐπηρώτα αὐτὸν καὶ λέγει αὐτῷ· σὺ εἶ ὁ χριστὸς ὁ υἱὸς τοῦ εὐλογητοῦ; [62] ὁ δὲ Ἰησοῦς εἶπεν· ↔	**Lk 22,67** ⇩ Lk 22,70	λέγοντες· εἰ σὺ εἶ ὁ χριστός, εἰπὸν ἡμῖν. εἶπεν δὲ αὐτοῖς·	→ Jn 10,25
d s 002						ἐὰν ὑμῖν εἴπω **οὐ μὴ πιστεύσητε·**	
d s 002					**Lk 22,68**	ἐὰν δὲ ἐρωτήσω, **οὐ μὴ ἀποκριθῆτε.**	
	Mt 26,64	↔ σὺ εἶπας· ...	**Mk 14,62**	↔ ἐγώ εἰμι, ...	**Lk 22,70** ⇧ Lk 22,67	εἶπαν δὲ πάντες· σὺ οὖν εἶ ὁ υἱὸς τοῦ θεοῦ; ὁ δὲ πρὸς αὐτοὺς ἔφη· ὑμεῖς λέγετε ὅτι ἐγώ εἰμι.	→ Jn 10,36
200	**Mt 27,6**	οἱ δὲ ἀρχιερεῖς λαβόντες τὰ ἀργύρια εἶπαν· **οὐκ ἔξεστιν** βαλεῖν αὐτὰ εἰς τὸν κορβανᾶν, ἐπεὶ τιμὴ αἵματός ἐστιν.					
b c 220	**Mt 27,13**	[12] καὶ ἐν τῷ κατηγορεῖσθαι αὐτὸν ὑπὸ τῶν ἀρχιερέων καὶ πρεσβυτέρων οὐδὲν ἀπεκρίνατο. [13] τότε λέγει αὐτῷ ὁ Πιλᾶτος· **οὐκ ἀκούεις** πόσα σου καταμαρτυροῦσιν;	**Mk 15,4**	[3] καὶ κατηγόρουν αὐτοῦ οἱ ἀρχιερεῖς πολλά. [4] ὁ δὲ Πιλᾶτος πάλιν ἐπηρώτα αὐτὸν λέγων· **οὐκ ἀποκρίνῃ οὐδέν;** ἴδε πόσα σου κατηγοροῦσιν.	**Lk 23,9**	[2] ἤρξαντο δὲ κατηγορεῖν αὐτοῦ ... [8] ὁ δὲ Ἡρῴδης ... [9] ἐπηρώτα δὲ αὐτὸν ἐν λόγοις ἱκανοῖς,	→ Jn 19,9-10 Mt/Mk: before Pilate; Lk: before Herod
c p 210	**Mt 27,14**	καὶ **οὐκ** **ἀπεκρίθη** αὐτῷ πρὸς οὐδὲ ἓν ῥῆμα, ὥστε θαυμάζειν τὸν ἡγεμόνα λίαν.	**Mk 15,5**	ὁ δὲ Ἰησοῦς **οὐκέτι οὐδὲν** **ἀπεκρίθη,** ὥστε θαυμάζειν τὸν Πιλᾶτον.		αὐτὸς δὲ **οὐδὲν** **ἀπεκρίνατο** αὐτῷ. [10] εἱστήκεισαν δὲ οἱ ἀρχιερεῖς καὶ οἱ γραμματεῖς εὐτόνως κατηγοροῦντες αὐτοῦ.	Mt/Mk: before Pilate; Lk: before Herod
002 002					**Lk 23,29** **(2)** → Mt 24,19 → Mk 13,17 → Lk 21,23	ὅτι ἰδοὺ ἔρχονται ἡμέραι ἐν αἷς ἐροῦσιν· μακάριαι αἱ στεῖραι καὶ αἱ κοιλίαι αἳ **οὐκ ἐγέννησαν** καὶ μαστοὶ οἳ **οὐκ ἔθρεψαν.**	
220	**Mt 27,34**	ἔδωκαν αὐτῷ πιεῖν οἶνον μετὰ χολῆς μεμιγμένον· καὶ γευσάμενος **οὐκ ἠθέλησεν πιεῖν.**	**Mk 15,23**	καὶ ἐδίδουν αὐτῷ ἐσμυρνισμένον οἶνον· ὃς δὲ **οὐκ ἔλαβεν.**			
f 002					**Lk 23,34**	[[ὁ δὲ Ἰησοῦς ἔλεγεν· πάτερ, ἄφες αὐτοῖς, **οὐ γὰρ οἴδασιν** τί ποιοῦσιν.]] ...	→ Acts 3,17 → Acts 7,60 → Acts 13,27 Lk 23,34a is textcritically uncertain.

n 221	**Mt 27,42** → Mt 27,40	ἄλλους ἔσωσεν, ἑαυτὸν **οὐ δύναται** σῶσαι· βασιλεὺς Ἰσραήλ ἐστιν, καταβάτω νῦν ἀπὸ τοῦ σταυροῦ ...	**Mk 15,31** → Mk 15,30	... ἄλλους ἔσωσεν, ἑαυτὸν **οὐ δύναται** σῶσαι· [32] ὁ χριστὸς ὁ βασιλεὺς Ἰσραὴλ καταβάτω νῦν ἀπὸ τοῦ σταυροῦ, ...	**Lk 23,35** → Lk 23,37 → Lk 23,39	... ἄλλους ἔσωσεν, σωσάτω ἑαυτόν, εἰ οὗτός ἐστιν ὁ χριστὸς τοῦ θεοῦ ὁ ἐκλεκτός.	
112	**Mt 27,57**	... ἦλθεν ἄνθρωπος πλούσιος ἀπὸ Ἀριμαθαίας, τοὔνομα Ἰωσήφ, ...	**Mk 15,43**	ἐλθὼν Ἰωσὴφ [ὁ] ἀπὸ Ἀριμαθαίας εὐσχήμων βουλευτής, ...	**Lk 23,51**	[50] καὶ ἰδοὺ ἀνὴρ ὀνόματι Ἰωσὴφ βουλευτὴς ὑπάρχων [καὶ] ἀνὴρ ἀγαθὸς καὶ δίκαιος [51] - οὗτος **οὐκ ἦν** συγκατατεθειμένος τῇ βουλῇ καὶ τῇ πράξει αὐτῶν - ἀπὸ Ἀριμαθαίας πόλεως τῶν Ἰουδαίων, ...	→ Jn 19,38
c 112	**Mt 27,60**	καὶ ἔθηκεν αὐτὸ ἐν τῷ καινῷ αὐτοῦ μνημείῳ ὃ ἐλατόμησεν ἐν τῇ πέτρᾳ καὶ προσκυλίσας λίθον μέγαν τῇ θύρᾳ τοῦ μνημείου ἀπῆλθεν.	**Mk 15,46**	... καὶ ἔθηκεν αὐτὸν ἐν μνημείῳ ὃ ἦν λελατομημένον ἐκ πέτρας καὶ προσεκύλισεν λίθον ἐπὶ τὴν θύραν τοῦ μνημείου.	**Lk 23,53**	... καὶ ἔθηκεν αὐτὸν ἐν μνήματι λαξευτῷ οὗ **οὐκ ἦν** οὐδεὶς οὔπω κείμενος.	→ Jn 19,41
012	Mt 28,2	καὶ ἰδοὺ σεισμὸς ἐγένετο μέγας· ...	**Mk 16,5**	καὶ εἰσελθοῦσαι εἰς τὸ μνημεῖον ...	**Lk 24,3** → Lk 24,23	εἰσελθοῦσαι δὲ **οὐχ εὗρον** τὸ σῶμα τοῦ κυρίου Ἰησοῦ.	→ Jn 20,11
h 222	**Mt 28,6**	**οὐκ ἔστιν** ὧδε, ἠγέρθη γὰρ καθὼς εἶπεν· δεῦτε ἴδετε τὸν τόπον ὅπου ἔκειτο.	**Mk 16,6**	... ἠγέρθη, **οὐκ ἔστιν** ὧδε· ἴδε ὁ τόπος ὅπου ἔθηκαν αὐτόν.	**Lk 24,6** → Lk 24,23	**οὐκ ἔστιν** ὧδε, ἀλλὰ ἠγέρθη. μνήσθητε ὡς ἐλάλησεν ὑμῖν ἔτι ὢν ἐν τῇ Γαλιλαίᾳ	
b 002					**Lk 24,18**	... σὺ μόνος παροικεῖς Ἰερουσαλὴμ καὶ **οὐκ ἔγνως** τὰ γενόμενα ἐν αὐτῇ ἐν ταῖς ἡμέραις ταύταις;	
002					**Lk 24,24** → Lk 24,12	καὶ ἀπῆλθόν τινες τῶν σὺν ἡμῖν ἐπὶ τὸ μνημεῖον, καὶ εὗρον οὕτως καθὼς καὶ αἱ γυναῖκες εἶπον, αὐτὸν δὲ **οὐκ εἶδον.**	
002					**Lk 24,39**	... ψηλαφήσατέ με καὶ ἴδετε, ὅτι πνεῦμα σάρκα καὶ ὀστέα **οὐκ ἔχει** καθὼς ἐμὲ θεωρεῖτε ἔχοντα.	→ Jn 20,20.27

a οὐ and future indicative as prohibitive
b οὐ interrogative
c οὐ in a double negative
d οὐ μή see also μή k, l, m
e οὐκ ἄν
f οὐ γάρ
g οὐ with participle
h οὐ (μόνον) ..., ἀλλά (καί) ...
j οὐ ..., δέ
k οὐ ..., εἰ μή / οὐ ..., ἐὰν μή
l οὐ and ἕως / μέχρις
m οὐ and ἄνευ / χωρίς / πλήν
n οὐ and ἄλλος
p οὐ and εἷς
q οὐχ ὡς
r εἰ ..., οὐ
s ἐάν ..., οὐ / ἄν ..., οὐ
t ὅταν ..., οὐ ... / οὐ ..., ὅταν ...
u οὐ ... οὐδέ

Acts 1,5 ὅτι Ἰωάννης μὲν ἐβάπτισεν ὕδατι, ὑμεῖς δὲ ἐν πνεύματι βαπτισθήσεσθε ἁγίῳ **οὐ μετὰ πολλὰς ταύτας ἡμέρας.**
→ Mt 3,11 → Mk 1,8 → Lk 3,16 → Acts 11,16 → Acts 19,4

h **Acts 1,7** εἶπεν δὲ πρὸς αὐτούς· **οὐχ ὑμῶν ἐστιν** γνῶναι χρόνους ἢ καιροὺς οὓς ὁ πατὴρ ἔθετο ἐν τῇ ἰδίᾳ ἐξουσίᾳ, [8] ἀλλὰ λήμψεσθε δύναμιν ἐπελθόντος τοῦ ἁγίου πνεύματος ἐφ᾽ ὑμᾶς ...

b **Acts 2,7** ἐξίσταντο δὲ καὶ ἐθαύμαζον λέγοντες· **οὐχ** ἰδοὺ ἅπαντες οὗτοί εἰσιν οἱ λαλοῦντες Γαλιλαῖοι;

fh **Acts 2,15** **οὐ γὰρ** ὡς ὑμεῖς ὑπολαμβάνετε οὗτοι μεθύουσιν, ἔστιν γὰρ ὥρα τρίτη τῆς ἡμέρας, [16] ἀλλὰ τοῦτό ἐστιν τὸ εἰρημένον διὰ τοῦ προφήτου Ἰωήλ·

Acts 2,24 ὃν ὁ θεὸς ἀνέστησεν λύσας τὰς ὠδῖνας τοῦ θανάτου, καθότι **οὐκ ἦν** δυνατὸν κρατεῖσθαι αὐτὸν ὑπ᾽ αὐτοῦ.

u **Acts 2,27** *ὅτι* ***οὐκ ἐγκαταλείψεις*** *τὴν ψυχήν μου εἰς ᾅδην οὐδὲ δώσεις τὸν ὅσιόν σου ἰδεῖν διαφθοράν.*
➤ Ps 15,10 LXX

fj **Acts 2,34** **οὐ γὰρ** Δαυὶδ ἀνέβη εἰς τοὺς οὐρανούς, λέγει δὲ αὐτός· *εἶπεν [ὁ] κύριος τῷ κυρίῳ μου· κάθου ἐκ δεξιῶν μου*
➤ Ps 109,1 LXX

j **Acts 3,6** ... ἀργύριον καὶ χρυσίον **οὐχ ὑπάρχει** μοι, ὃ δὲ ἔχω τοῦτό σοι δίδωμι· ...

c n u **Acts 4,12** καὶ **οὐκ ἔστιν** ἐν ἄλλῳ οὐδενὶ ἡ σωτηρία, οὐδὲ γὰρ ὄνομά ἐστιν ἕτερον ὑπὸ τὸν οὐρανὸν τὸ δεδομένον ἐν ἀνθρώποις ἐν ᾧ δεῖ σωθῆναι ἡμᾶς.

h **Acts 4,16** ... ὅτι μὲν γὰρ γνωστὸν σημεῖον γέγονεν δι᾽ αὐτῶν πᾶσιν τοῖς κατοικοῦσιν Ἰερουσαλὴμ φανερὸν καὶ **οὐ δυνάμεθα** ἀρνεῖσθαι· [17] ἀλλ᾽ ἵνα μὴ ἐπὶ πλεῖον διανεμηθῇ εἰς τὸν λαόν

Acts 4,20 **οὐ δυνάμεθα** γὰρ ἡμεῖς ἃ εἴδαμεν καὶ ἠκούσαμεν μὴ λαλεῖν.

h **Acts 5,4** ... τί ὅτι ἔθου ἐν τῇ καρδίᾳ σου τὸ πρᾶγμα τοῦτο; **οὐκ ἐψεύσω** ἀνθρώποις ἀλλὰ τῷ θεῷ.

Acts 5,22 οἱ δὲ παραγενόμενοι ὑπηρέται **οὐχ εὗρον** αὐτοὺς ἐν τῇ φυλακῇ· ...

Acts 5,26 τότε ἀπελθὼν ὁ στρατηγὸς σὺν τοῖς ὑπηρέταις ἦγεν αὐτούς **οὐ μετὰ βίας,** ἐφοβοῦντο γὰρ τὸν λαόν μὴ λιθασθῶσιν.

b **Acts 5,28** λέγων· **[οὐ] παραγγελίᾳ** παρηγγείλαμεν ὑμῖν μὴ διδάσκειν ἐπὶ τῷ ὀνόματι τούτῳ, ...

r **Acts 5,39** εἰ δὲ ἐκ θεοῦ ἐστιν, **οὐ δυνήσεσθε** καταλῦσαι αὐτούς, μήποτε καὶ θεομάχοι εὑρεθῆτε. ...

Acts 5,42 πᾶσάν τε ἡμέραν ἐν τῷ ἱερῷ καὶ κατ᾽ οἶκον **οὐκ ἐπαύοντο** διδάσκοντες καὶ εὐαγγελιζόμενοι τὸν χριστόν Ἰησοῦν.

Acts 6,2 ... **οὐκ ἀρεστόν** ἐστιν ἡμᾶς καταλείψαντας τὸν λόγον τοῦ θεοῦ διακονεῖν τραπέζαις.

Acts 6,10 καὶ **οὐκ ἴσχυον** ἀντιστῆναι τῇ σοφίᾳ καὶ τῷ πνεύματι ᾧ ἐλάλει.

Acts 6,13 ... ὁ ἄνθρωπος οὗτος **οὐ παύεται** λαλῶν ῥήματα κατὰ τοῦ τόπου τοῦ ἁγίου [τούτου] καὶ τοῦ νόμου·

u **Acts 7,5** (2) καὶ **οὐκ ἔδωκεν** αὐτῷ κληρονομίαν ἐν αὐτῇ οὐδὲ βῆμα ποδὸς
g καὶ ἐπηγγείλατο *δοῦναι αὐτῷ εἰς κατάσχεσιν αὐτὴν καὶ τῷ σπέρματι αὐτοῦ μετ᾽ αὐτόν,* **οὐκ ὄντος** αὐτῷ τέκνου.
➤ Gen 48,4

Acts 7,11 ἦλθεν δὲ λιμὸς ἐφ᾽ ὅλην τὴν Αἴγυπτον καὶ Χανάαν καὶ θλῖψις μεγάλη, καὶ **οὐχ ηὕρισκον** χορτάσματα οἱ πατέρες ἡμῶν.

Acts 7,18 ἄχρι οὗ *ἀνέστη βασιλεὺς ἕτερος [ἐπ᾽ Αἴγυπτον] ὃς* ***οὐκ ᾔδει*** *τὸν Ἰωσήφ.*
➤ Exod 1,8 LXX

Acts 7,25 ἐνόμιζεν δὲ συνιέναι τοὺς ἀδελφοὺς [αὐτοῦ] ὅτι ὁ θεὸς διὰ χειρὸς αὐτοῦ δίδωσιν σωτηρίαν αὐτοῖς· οἱ δὲ **οὐ συνῆκαν.**

Acts 7,32 *ἐγὼ ὁ θεὸς τῶν πατέρων σου, ὁ θεὸς Ἀβραὰμ καὶ Ἰσαὰκ καὶ Ἰακώβ.* ἔντρομος δὲ γενόμενος Μωϋσῆς **οὐκ ἐτόλμα** κατανοῆσαι.
➤ Exod 3,6

h **Acts 7,39** ᾧ **οὐκ ἠθέλησαν** ὑπήκοοι γενέσθαι οἱ πατέρες ἡμῶν, ἀλλὰ ἀπώσαντο καὶ ἐστράφησαν ἐν ταῖς καρδίαις αὐτῶν εἰς Αἴγυπτον

Acts 7,40 εἰπόντες τῷ Ἀαρών· *ποίησον ἡμῖν θεοὺς οἳ προπορεύσονται ἡμῶν· ὁ γὰρ Μωϋσῆς οὗτος, ὃς ἐξήγαγεν ἡμᾶς ἐκ γῆς Αἰγύπτου,* ***οὐκ οἴδαμεν*** *τί ἐγένετο αὐτῷ.*
➤ Exod 32,1.23

Acts 7,48 **ἀλλ᾽ οὐχ ὁ ὕψιστος** ἐν χειροποιήτοις κατοικεῖ, καθὼς ὁ προφήτης λέγει·

Acts 7,52 τίνα τῶν προφητῶν **οὐκ ἐδίωξαν** οἱ πατέρες ὑμῶν; ...

Acts 7,53 οἵτινες ἐλάβετε τὸν νόμον εἰς διαταγὰς ἀγγέλων καὶ **οὐκ ἐφυλάξατε.**

u **Acts 8,21** (2) **οὐκ ἔστιν** σοι μερὶς οὐδὲ κλῆρος ἐν τῷ λόγῳ τούτῳ, ἡ γὰρ καρδία σου **οὐκ ἔστιν** εὐθεῖα ἔναντι τοῦ θεοῦ.

Acts 8,32 ... *ὡς πρόβατον ἐπὶ σφαγὴν ἤχθη καὶ ὡς ἀμνὸς ἐναντίον τοῦ κείραντος αὐτὸν ἄφωνος, οὕτως* **οὐκ ἀνοίγει** *τὸ στόμα αὐτοῦ.* ➤ Isa 53,7

c **Acts 8,39** ὅτε δὲ ἀνέβησαν ἐκ τοῦ ὕδατος, πνεῦμα κυρίου ἥρπασεν τὸν Φίλιππον, καὶ **οὐκ εἶδεν** αὐτὸν οὐκέτι ὁ εὐνοῦχος, ἐπορεύετο γὰρ τὴν ὁδὸν αὐτοῦ χαίρων.

u **Acts 9,9** καὶ ἦν ἡμέρας τρεῖς μὴ βλέπων καὶ **οὐκ ἔφαγεν** οὐδὲ ἔπιεν.

b **Acts 9,21** ἐξίσταντο δὲ πάντες οἱ ἀκούοντες καὶ ἔλεγον· **οὐχ οὗτός** ἐστιν ὁ πορθήσας εἰς Ἰερουσαλὴμ τοὺς ἐπικαλουμένους τὸ ὄνομα τοῦτο, ...;

h **Acts 10,34** ... ἐπ' ἀληθείας καταλαμβάνομαι ὅτι **οὐκ ἔστιν** προσωπολήμπτης ὁ θεός, [35] ἀλλ' ἐν παντὶ ἔθνει ὁ φοβούμενος αὐτὸν καὶ ἐργαζόμενος δικαιοσύνην δεκτὸς αὐτῷ ἐστιν.

h **Acts 10,41** [40] τοῦτον ὁ θεὸς ἤγειρεν [ἐν] τῇ τρίτῃ ἡμέρᾳ καὶ ἔδωκεν αὐτὸν ἐμφανῆ γενέσθαι, **[41] οὐ παντὶ τῷ λαῷ,** ἀλλὰ μάρτυσιν τοῖς προκεχειροτονημένοις ὑπὸ τοῦ θεοῦ, ...

Acts 12,9 καὶ ἐξελθὼν ἠκολούθει καὶ **οὐκ ᾔδει** ὅτι ἀληθές ἐστιν τὸ γινόμενον διὰ τοῦ ἀγγέλου· ...

j **Acts 12,14** καὶ ἐπιγνοῦσα τὴν φωνὴν τοῦ Πέτρου ἀπὸ τῆς χαρᾶς **οὐκ ἤνοιξεν** τὸν πυλῶνα, εἰσδραμοῦσα δὲ ἀπήγγειλεν ἑστάναι τὸν Πέτρον πρὸ τοῦ πυλῶνος.

Acts 12,18 γενομένης δὲ ἡμέρας ἦν **τάραχος οὐκ ὀλίγος** ἐν τοῖς στρατιώταις τί ἄρα ὁ Πέτρος ἐγένετο.

Acts 12,22 ὁ δὲ δῆμος ἐπεφώνει· θεοῦ φωνὴ καὶ **οὐκ ἀνθρώπου.**

Acts 12,23 παραχρῆμα δὲ ἐπάταξεν αὐτὸν ἄγγελος κυρίου ἀνθ' ὧν **οὐκ ἔδωκεν** τὴν δόξαν τῷ θεῷ, ...

b **Acts 13,10** ... ἐχθρὲ πάσης δικαιοσύνης, **οὐ παύσῃ** διαστρέφων τὰς ὁδοὺς [τοῦ] κυρίου τὰς εὐθείας;

h **Acts 13,25 (2)** → Mt 3,11 → Mk 1,7 → Lk 3,16 → Jn 1,27 ὡς δὲ ἐπλήρου Ἰωάννης τὸν δρόμον, ἔλεγεν· τί ἐμὲ ὑπονοεῖτε εἶναι; **οὐκ εἰμὶ** ἐγώ· ἀλλ' ἰδοὺ ἔρχεται μετ' ἐμὲ οὗ **οὐκ εἰμὶ** ἄξιος τὸ ὑπόδημα τῶν ποδῶν λῦσαι.

Acts 13,35 διότι καὶ ἐν ἑτέρῳ λέγει· ***οὐ δώσεις*** *τὸν ὅσιόν σου ἰδεῖν διαφθοράν.* ➤ Ps 16,10

Acts 13,37 ὃν δὲ ὁ θεὸς ἤγειρεν, **οὐκ εἶδεν** διαφθοράν.

Acts 13,38 ... [καὶ] ἀπὸ πάντων ὧν **οὐκ ἠδυνήθητε** ἐν νόμῳ Μωϋσέως δικαιωθῆναι

d **Acts 13,41** ... *ἔργον ἐργάζομαι ἐγὼ ἐν ταῖς ἡμέραις ὑμῶν, ἔργον ὃ* ***οὐ μὴ πιστεύσητε*** *ἐάν τις ἐκδιηγῆται ὑμῖν.* ➤ Hab 1,5 LXX

Acts 13,46 ... ἐπειδὴ ἀπωθεῖσθε αὐτὸν καὶ **οὐκ ἀξίους** κρίνετε ἑαυτοὺς τῆς αἰωνίου ζωῆς, ...

Acts 14,17 καίτοι **οὐκ ἀμάρτυρον** αὐτὸν ἀφῆκεν ἀγαθουργῶν, οὐρανόθεν ὑμῖν ὑετοὺς διδοὺς καὶ καιροὺς καρποφόρους, ...

Acts 14,28 διέτριβον δὲ **χρόνον οὐκ ὀλίγον** σὺν τοῖς μαθηταῖς.

s **Acts 15,1** ... ἐὰν μὴ περιτμηθῆτε τῷ ἔθει τῷ Μωϋσέως, **οὐ δύνασθε** σωθῆναι.

Acts 15,2 γενομένης δὲ **στάσεως καὶ ζητήσεως οὐκ ὀλίγης** τῷ Παύλῳ καὶ τῷ Βαρναβᾷ πρὸς αὐτούς, ἔταξαν ἀναβαίνειν Παῦλον καὶ Βαρναβᾶν ...

Acts 15,24 ἐπειδὴ ἠκούσαμεν ὅτι τινὲς ἐξ ἡμῶν [ἐξελθόντες] ἐτάραξαν ὑμᾶς λόγοις ἀνασκευάζοντες τὰς ψυχὰς ὑμῶν οἷς **οὐ διεστειλάμεθα**

Acts 16,7 ἐλθόντες δὲ κατὰ τὴν Μυσίαν ἐπείραζον εἰς τὴν Βιθυνίαν πορευθῆναι, καὶ **οὐκ εἴασεν** αὐτοὺς τὸ πνεῦμα Ἰησοῦ·

u **Acts 16,21** καὶ καταγγέλλουσιν ἔθη ἃ **οὐκ ἔξεστιν** ἡμῖν παραδέχεσθαι οὐδὲ ποιεῖν Ῥωμαίοις οὖσιν.

fh **Acts 16,37** ... δείραντες ἡμᾶς δημοσίᾳ ἀκατακρίτους, ἀνθρώπους Ῥωμαίους ὑπάρχοντας, ἔβαλαν εἰς φυλακήν, καὶ νῦν λάθρᾳ ἡμᾶς ἐκβάλλουσιν; **οὐ γάρ,** ἀλλὰ ἐλθόντες αὐτοὶ ἡμᾶς ἐξαγαγέτωσαν.

Acts 17,4 καί τινες ἐξ αὐτῶν ἐπείσθησαν καὶ προσεκληρώθησαν τῷ Παύλῳ καὶ τῷ Σιλᾷ, τῶν τε σεβομένων Ἑλλήνων πλῆθος πολύ, **γυναικῶν τε τῶν πρώτων οὐκ ὀλίγαι.**

Acts 17,12 πολλοὶ μὲν οὖν ἐξ αὐτῶν ἐπίστευσαν καὶ **τῶν Ἑλληνίδων γυναικῶν τῶν εὐσχημόνων καὶ ἀνδρῶν οὐκ ὀλίγοι.**

u **Acts 17,24** ... οὗτος οὐρανοῦ καὶ γῆς ὑπάρχων κύριος **οὐκ ἐν χειροποιήτοις ναοῖς** κατοικεῖ [25] οὐδὲ ὑπὸ χειρῶν ἀνθρωπίνων θεραπεύεται προσδεόμενός τινος, ...

Acts 17,27 ζητεῖν τὸν θεόν, εἰ ἄρα γε ψηλαφήσειαν αὐτὸν καὶ εὕροιεν, καί γε **οὐ μακρὰν** ἀπὸ ἑνὸς ἑκάστου ἡμῶν ὑπάρχοντα.

Acts 17,29 γένος οὖν ὑπάρχοντες τοῦ θεοῦ **οὐκ ὀφείλομεν** νομίζειν χρυσῷ ἢ ἀργύρῳ ἢ λίθῳ, χαράγματι τέχνης καὶ ἐνθυμήσεως ἀνθρώπου, τὸ θεῖον εἶναι ὅμοιον.

Acts 18,15 ... κριτὴς ἐγὼ τούτων **οὐ βούλομαι** εἶναι.

h **Acts 18,20** ἐρωτώντων δὲ αὐτῶν ἐπὶ πλείονα χρόνον μεῖναι
οὐκ ἐπένευσεν,
[21] ἀλλὰ ἀποταξάμενος καὶ εἰπών· ...

g **Acts 19,11** **δυνάμεις τε**
οὐ τὰς τυχούσας
ὁ θεὸς ἐποίει διὰ τῶν χειρῶν Παύλου

Acts 19,23 ἐγένετο δὲ κατὰ τὸν καιρὸν ἐκεῖνον
τάραχος οὐκ ὀλίγος
περὶ τῆς ὁδοῦ.

Acts 19,24 Δημήτριος γάρ τις ὀνόματι, ἀργυροκόπος, ποιῶν ναοὺς ἀργυροῦς Ἀρτέμιδος παρείχετο τοῖς τεχνίταις
οὐκ ὀλίγην ἐργασίαν

h **Acts 19,26 (2)** καὶ θεωρεῖτε καὶ ἀκούετε ὅτι
οὐ μόνον
Ἐφέσου ἀλλὰ σχεδὸν πάσης τῆς Ἀσίας ὁ Παῦλος οὗτος πείσας μετέστησεν ἱκανὸν ὄχλον λέγων ὅτι
οὐκ εἰσὶν
θεοὶ οἱ διὰ χειρῶν γινόμενοι.

h **Acts 19,27** **οὐ μόνον**
δὲ τοῦτο κινδυνεύει ἡμῖν τὸ μέρος εἰς ἀπελεγμὸν ἐλθεῖν ἀλλὰ καὶ τὸ τῆς μεγάλης θεᾶς Ἀρτέμιδος ἱερὸν εἰς οὐθὲν λογισθῆναι, ...

Acts 19,30 Παύλου δὲ βουλομένου εἰσελθεῖν εἰς τὸν δῆμον
οὐκ εἴων
αὐτὸν οἱ μαθηταί·

Acts 19,32 ἄλλοι μὲν οὖν ἄλλο τι ἔκραζον· ἦν γὰρ ἡ ἐκκλησία συγκεχυμένη καὶ οἱ πλείους
οὐκ ᾔδεισαν
τίνος ἕνεκα συνεληλύθεισαν.

Acts 19,35 ... ἄνδρες Ἐφέσιοι, τίς γάρ ἐστιν ἀνθρώπων ὃς
οὐ γινώσκει
τὴν Ἐφεσίων πόλιν νεωκόρον οὖσαν τῆς μεγάλης Ἀρτέμιδος καὶ τοῦ διοπετοῦς;

c **Acts 19,40** ... μηδενὸς αἰτίου ὑπάρχοντος περὶ οὗ
[οὐ] δυνησόμεθα
ἀποδοῦναι λόγον περὶ τῆς συστροφῆς ταύτης. ...

Acts 20,12 ἤγαγον δὲ τὸν παῖδα ζῶντα καὶ παρεκλήθησαν
οὐ μετρίως.

cf **Acts 20,27** **οὐ γὰρ ὑπεστειλάμην**
τοῦ μὴ ἀναγγεῖλαι πᾶσαν τὴν βουλὴν τοῦ θεοῦ ὑμῖν.

p **Acts 20,31** διὸ γρηγορεῖτε μνημονεύοντες ὅτι τριετίαν νύκτα καὶ ἡμέραν
οὐκ ἐπαυσάμην
μετὰ δακρύων νουθετῶν ἕνα ἕκαστον.

h **Acts 21,13** ... ἐγὼ γὰρ
οὐ μόνον
δεθῆναι ἀλλὰ καὶ ἀποθανεῖν εἰς Ἰερουσαλὴμ ἑτοίμως ἔχω ὑπὲρ τοῦ ὀνόματος τοῦ κυρίου Ἰησοῦ.

b **Acts 21,38** **οὐκ ἄρα σὺ εἶ**
ὁ Αἰγύπτιος ὁ πρὸ τούτων τῶν ἡμερῶν ἀναστατώσας ...;

Acts 21,39 ... ἐγὼ ἄνθρωπος μέν εἰμι Ἰουδαῖος, Ταρσεὺς τῆς Κιλικίας,
οὐκ ἀσήμου πόλεως πολίτης· ...

Acts 22,9 οἱ δὲ σὺν ἐμοὶ ὄντες τὸ μὲν φῶς ἐθεάσαντο τὴν δὲ φωνὴν
οὐκ ἤκουσαν
τοῦ λαλοῦντός μοι.

Acts 22,11 ὡς δὲ
οὐκ ἐνέβλεπον
ἀπὸ τῆς δόξης τοῦ φωτὸς ἐκείνου, ...

Acts 22,18 καὶ ἰδεῖν αὐτὸν λέγοντά μοι· σπεῦσον καὶ ἔξελθε ἐν τάχει ἐξ Ἰερουσαλήμ, διότι
οὐ παραδέξονταί
σου μαρτυρίαν περὶ ἐμοῦ.

f **Acts 22,22** ἤκουον δὲ αὐτοῦ ἄχρι τούτου τοῦ λόγου καὶ ἐπῆραν τὴν φωνὴν αὐτῶν λέγοντες· αἶρε ἀπὸ τῆς γῆς τὸν τοιοῦτον,
οὐ γὰρ καθῆκεν
αὐτὸν ζῆν.

Acts 23,5 (2) ἔφη τε ὁ Παῦλος·
οὐκ ᾔδειν,
ἀδελφοί, ὅτι ἐστὶν ἀρχιερεύς·
a γέγραπται γὰρ ὅτι
ἄρχοντα τοῦ λαοῦ σου
οὐκ ἐρεῖς
κακῶς.
➤ Exod 22,27

Acts 24,11 δυναμένου σου ἐπιγνῶναι ὅτι
οὐ πλείους
εἰσίν μοι ἡμέραι δώδεκα ἀφ᾽ ἧς ἀνέβην προσκυνήσων εἰς Ἰερουσαλήμ.

u **Acts 24,18** ἐν αἷς εὗρόν με ἡγνισμένον ἐν τῷ ἱερῷ
οὐ μετὰ ὄχλου
οὐδὲ μετὰ θορύβου

Acts 25,6 διατρίψας δὲ ἐν αὐτοῖς ἡμέρας
οὐ πλείους
ὀκτὼ ἢ δέκα καταβὰς εἰς Καισάρειαν, τῇ ἐπαύριον καθίσας ἐπὶ τοῦ βήματος ἐκέλευσεν τὸν Παῦλον ἀχθῆναι.

Acts 25,7 ... πολλὰ καὶ βαρέα αἰτιώματα καταφέροντες ἃ
οὐκ ἴσχυον
ἀποδεῖξαι

r **Acts 25,11** εἰ μὲν οὖν ἀδικῶ καὶ ἄξιον θανάτου πέπραχά τι,
οὐ παραιτοῦμαι
τὸ ἀποθανεῖν· ...

Acts 25,16 πρὸς οὓς ἀπεκρίθην ὅτι
οὐκ ἔστιν
ἔθος Ῥωμαίοις χαρίζεσθαί τινα ἄνθρωπον πρὶν ἢ ὁ κατηγορούμενος κατὰ πρόσωπον ἔχοι τοὺς κατηγόρους τόπον τε ἀπολογίας λάβοι περὶ τοῦ ἐγκλήματος.

Acts 25,26 περὶ οὗ ἀσφαλές τι γράψαι τῷ κυρίῳ
οὐκ ἔχω,
διὸ προήγαγον αὐτὸν ἐφ᾽ ὑμῶν καὶ μάλιστα ἐπὶ σοῦ, βασιλεῦ Ἀγρίππα, ...

h **Acts 26,19** ὅθεν, βασιλεῦ Ἀγρίππα,
οὐκ ἐγενόμην
ἀπειθὴς τῇ οὐρανίῳ ὀπτασίᾳ [20] ἀλλὰ τοῖς ἐν Δαμασκῷ πρῶτόν τε καὶ Ἱεροσολύμοις, ...

h **Acts 26,25** ὁ δὲ Παῦλος·
οὐ μαίνομαι,
φησίν, κράτιστε Φῆστε, ἀλλὰ ἀληθείας καὶ σωφροσύνης ῥήματα ἀποφθέγγομαι.

c **Acts 26,26 (2)** ἐπίσταται γὰρ περὶ τούτων ὁ βασιλεὺς πρὸς ὃν καὶ παρρησιαζόμενος λαλῶ, λανθάνειν γὰρ αὐτὸν [τι] τούτων
οὐ πείθομαι
οὐθέν·
f **οὐ γάρ ἐστιν**
ἐν γωνίᾳ πεπραγμένον τοῦτο.

h	**Acts 26,29**	ὁ δὲ Παῦλος· εὐξαίμην ἂν τῷ θεῷ καὶ ἐν ὀλίγῳ καὶ ἐν μεγάλῳ **οὐ μόνον** σὲ ἀλλὰ καὶ πάντας τοὺς ἀκούοντάς μου σήμερον γενέσθαι τοιούτους ὁποῖος καὶ ἐγώ εἰμι παρεκτὸς τῶν δεσμῶν τούτων.
h	**Acts 27,10**	λέγων αὐτοῖς· ἄνδρες, θεωρῶ ὅτι μετὰ ὕβρεως καὶ πολλῆς ζημίας **οὐ μόνον** τοῦ φορτίου καὶ τοῦ πλοίου ἀλλὰ καὶ τῶν ψυχῶν ἡμῶν μέλλειν ἔσεσθαι τὸν πλοῦν.
	Acts 27,14	**μετ᾽ οὐ πολὺ** δὲ ἔβαλεν κατ᾽ αὐτῆς ἄνεμος τυφωνικὸς ὁ καλούμενος εὐρακύλων·
	Acts 27,20	μήτε δὲ ἡλίου μήτε ἄστρων ἐπιφαινόντων ἐπὶ πλείονας ἡμέρας, **χειμῶνός τε οὐκ ὀλίγου** ἐπικειμένου, λοιπὸν περιῃρεῖτο ἐλπὶς πᾶσα τοῦ σῴζεσθαι ἡμᾶς.
s	**Acts 27,31**	... ἐὰν μὴ οὗτοι μείνωσιν ἐν τῷ πλοίῳ, ὑμεῖς σωθῆναι **οὐ δύνασθε.**
j	**Acts 27,39**	ὅτε δὲ ἡμέρα ἐγένετο, τὴν γῆν **οὐκ ἐπεγίνωσκον,** κόλπον δέ τινα κατενόουν ἔχοντα αἰγιαλὸν ...
g	**Acts 28,2**	οἵ τε βάρβαροι παρεῖχον **οὐ τὴν τυχοῦσαν φιλανθρωπίαν** ἡμῖν, ...
	Acts 28,4	... πάντως φονεύς ἐστιν ὁ ἄνθρωπος οὗτος ὃν διασωθέντα ἐκ τῆς θαλάσσης ἡ δίκη ζῆν **οὐκ εἴασεν.**
q	**Acts 28,19**	ἀντιλεγόντων δὲ τῶν Ἰουδαίων ἠναγκάσθην ἐπικαλέσασθαι Καίσαρα **οὐχ ὡς τοῦ ἔθνους μου** ἔχων τι κατηγορεῖν.
d	**Acts 28,26** (2) → Mt 13,13-14 → Mk 4,12 → Lk 8,10	λέγων· *πορεύθητι πρὸς τὸν λαὸν τοῦτον καὶ εἰπόν· ἀκοῇ ἀκούσετε καὶ* ***οὐ μὴ συνῆτε***
d		*καὶ βλέποντες βλέψετε καὶ* ***οὐ μὴ ἴδητε·*** ➤ Isa 6,9 LXX

οὐά	Syn 1	Mt	Mk 1	Lk	Acts	Jn	1-3John	Paul	Eph	Col
	NT 1	2Thess	1/2Tim	Tit	Heb	Jas	1Pet	2Pet	Jude	Rev

aha!

	Mt		Mk		Lk		
120	**Mt 27,40** → Mt 26,61	καὶ λέγοντες· ὁ καταλύων τὸν ναὸν καὶ ἐν τρισὶν ἡμέραις οἰκοδομῶν, ...	**Mk 15,29** → Mk 14,58	... καὶ λέγοντες· **οὐὰ** ὁ καταλύων τὸν ναὸν καὶ οἰκοδομῶν ἐν τρισὶν ἡμέραις			→ Jn 2,19 → Acts 6,14

οὐαί	Syn 30	Mt 13	Mk 2	Lk 15	Acts	Jn	1-3John	Paul 1	Eph	Col
	NT 46	2Thess	1/2Tim	Tit	Heb	Jas	1Pet	2Pet	Jude 1	Rev 14

woe; alas!

	triple tradition																double tradition			Sondergut		
		+Mt / +Lk			–Mt / –Lk			traditions not taken over by Mt / Lk							subtotals							
code	*222*	*211*	*112*	*212*	*221*	*122*	*121*	*022*	*012*	*021*	*220*	*120*	*210*	*020*	Σ^+	Σ^-	Σ	*202*	*201*	*102*	*200*	*002*	total
Mt	2																2	7	2		2		**13**
Mk	2																2						**2**
Lk	2																2	7		2		4	**15**

a οὐαὶ δέ

b πλὴν οὐαί

	Mt	Mk	Lk		
b 002			**Lk 6,24**	πλὴν **οὐαὶ** ὑμῖν τοῖς πλουσίοις, ὅτι ἀπέχετε τὴν παράκλησιν ὑμῶν.	
002			**Lk 6,25** (2)	**οὐαὶ** ὑμῖν, οἱ ἐμπεπλησμένοι νῦν, ὅτι πεινάσετε.	
002				**οὐαί,** οἱ γελῶντες νῦν, ὅτι πενθήσετε καὶ κλαύσετε.	

	Mt		Mk	Lk		
002				**Lk 6,26**	οὐαὶ ὅταν ὑμᾶς καλῶς εἴπωσιν πάντες οἱ ἄνθρωποι· ...	
202 202	**Mt 11,21** **(2)**	οὐαί σοι, Χοραζίν, οὐαί σοι, Βηθσαϊδά· ὅτι εἰ ἐν Τύρῳ καὶ Σιδῶνι ἐγένοντο αἱ δυνάμεις αἱ γενόμεναι ἐν ὑμῖν, πάλαι ἂν ἐν σάκκῳ καὶ σποδῷ μετενόησαν.		**Lk 10,13** **(2)**	οὐαί σοι, Χοραζίν, οὐαί σοι, Βηθσαϊδά· ὅτι εἰ ἐν Τύρῳ καὶ Σιδῶνι ἐγενήθησαν αἱ δυνάμεις αἱ γενόμεναι ἐν ὑμῖν, πάλαι ἂν ἐν σάκκῳ καὶ σποδῷ καθήμενοι μετενόησαν.	
201 *b* 202	**Mt 18,7** **(2)**	οὐαὶ τῷ κόσμῳ ἀπὸ τῶν σκανδάλων· ἀνάγκη γὰρ ἐλθεῖν τὰ σκάνδαλα, πλὴν οὐαὶ τῷ ἀνθρώπῳ δι᾽ οὗ τὸ σκάνδαλον ἔρχεται.		**Lk 17,1**	 ... ἀνένδεκτόν ἐστιν τοῦ τὰ σκάνδαλα μὴ ἐλθεῖν, πλὴν οὐαὶ δι᾽ οὗ ἔρχεται·	
a 202	**Mt 23,13** → Mt 16,19	οὐαὶ δὲ ὑμῖν, γραμματεῖς καὶ Φαρισαῖοι ὑποκριταί, ὅτι κλείετε τὴν βασιλείαν τῶν οὐρανῶν ἔμπροσθεν τῶν ἀνθρώπων· ...		**Lk 11,52**	οὐαὶ ὑμῖν τοῖς νομικοῖς, ὅτι ἤρατε τὴν κλεῖδα τῆς γνώσεως· ...	→ GTh 39,1-2 (POxy 655) → GTh 102
200	**Mt 23,15**	οὐαὶ ὑμῖν, γραμματεῖς καὶ Φαρισαῖοι ὑποκριταί, ὅτι περιάγετε τὴν θάλασσαν καὶ τὴν ξηρὰν ποιῆσαι ἕνα προσήλυτον, ...				
200	**Mt 23,16**	οὐαὶ ὑμῖν, ὁδηγοὶ τυφλοὶ οἱ λέγοντες· ὃς ἂν ὀμόσῃ ἐν τῷ ναῷ, οὐδέν ἐστιν· ὃς δ᾽ ἂν ὀμόσῃ ἐν τῷ χρυσῷ τοῦ ναοῦ ὀφείλει.				
 202	**Mt 23,23**	 οὐαὶ ὑμῖν, γραμματεῖς καὶ Φαρισαῖοι ὑποκριταί, ὅτι ἀποδεκατοῦτε τὸ ἡδύοσμον καὶ τὸ ἄνηθον καὶ τὸ κύμινον καὶ ἀφήκατε τὰ βαρύτερα τοῦ νόμου, τὴν κρίσιν καὶ τὸ ἔλεος καὶ τὴν πίστιν· ...		**Lk 11,42**	ἀλλὰ οὐαὶ ὑμῖν τοῖς Φαρισαίοις, ὅτι ἀποδεκατοῦτε τὸ ἡδύοσμον καὶ τὸ πήγανον καὶ πᾶν λάχανον καὶ παρέρχεσθε τὴν κρίσιν καὶ τὴν ἀγάπην τοῦ θεοῦ· ...	
201	**Mt 23,25** → Mk 7,4	οὐαὶ ὑμῖν, γραμματεῖς καὶ Φαρισαῖοι ὑποκριταί, ὅτι καθαρίζετε τὸ ἔξωθεν τοῦ ποτηρίου καὶ τῆς παροψίδος, ἔσωθεν δὲ γέμουσιν ἐξ ἁρπαγῆς καὶ ἀκρασίας.		**Lk 11,39** → Mk 7,4	 ... νῦν ὑμεῖς οἱ Φαρισαῖοι τὸ ἔξωθεν τοῦ ποτηρίου καὶ τοῦ πίνακος καθαρίζετε, τὸ δὲ ἔσωθεν ὑμῶν γέμει ἁρπαγῆς καὶ πονηρίας.	→ GTh 89

	Mt		Mk		Lk		
102	Mt 23,6	φιλοῦσιν δὲ τὴν πρωτοκλισίαν ἐν τοῖς δείπνοις καὶ τὰς πρωτοκαθεδρίας ἐν ταῖς συναγωγαῖς [7] καὶ τοὺς ἀσπασμοὺς ἐν ταῖς ἀγοραῖς ...			Lk 11,43 ⇩ Lk 20,46	οὐαὶ ὑμῖν τοῖς Φαρισαίοις, ὅτι ἀγαπᾶτε τὴν πρωτοκαθεδρίαν ἐν ταῖς συναγωγαῖς καὶ τοὺς ἀσπασμοὺς ἐν ταῖς ἀγοραῖς.	Mk-Q overlap
			Mk 12,38	... βλέπετε ἀπὸ τῶν γραμματέων τῶν θελόντων ἐν στολαῖς περιπατεῖν καὶ ἀσπασμοὺς ἐν ταῖς ἀγοραῖς [39] καὶ πρωτοκαθεδρίας ἐν ταῖς συναγωγαῖς καὶ πρωτοκλισίας ἐν τοῖς δείπνοις	Lk 20,46 ⇧ Lk 11,43	προσέχετε ἀπὸ τῶν γραμματέων τῶν θελόντων περιπατεῖν ἐν στολαῖς καὶ φιλούντων ἀσπασμοὺς ἐν ταῖς ἀγοραῖς καὶ πρωτοκαθεδρίας ἐν ταῖς συναγωγαῖς καὶ πρωτοκλισίας ἐν τοῖς δείπνοις	
202	Mt 23,27	οὐαὶ ὑμῖν, γραμματεῖς καὶ Φαρισαῖοι ὑποκριταί, ὅτι παρομοιάζετε τάφοις κεκονιαμένοις, ...			Lk 11,44	οὐαὶ ὑμῖν, ὅτι ἐστὲ ὡς τὰ μνημεῖα τὰ ἄδηλα, ...	
102	Mt 23,4	δεσμεύουσιν δὲ φορτία βαρέα [καὶ δυσβάστακτα] καὶ ἐπιτιθέασιν ἐπὶ τοὺς ὤμους τῶν ἀνθρώπων, αὐτοὶ δὲ τῷ δακτύλῳ αὐτῶν οὐ θέλουσιν κινῆσαι αὐτά.			Lk 11,46	ὁ δὲ εἶπεν· καὶ ὑμῖν τοῖς νομικοῖς οὐαί, ὅτι φορτίζετε τοὺς ἀνθρώπους φορτία δυσβάστακτα, καὶ αὐτοὶ ἑνὶ τῶν δακτύλων ὑμῶν οὐ προσψαύετε τοῖς φορτίοις.	
202	Mt 23,29	οὐαὶ ὑμῖν, γραμματεῖς καὶ Φαρισαῖοι ὑποκριταί, ὅτι οἰκοδομεῖτε τοὺς τάφους τῶν προφητῶν καὶ κοσμεῖτε τὰ μνημεῖα τῶν δικαίων, ...			Lk 11,47	οὐαὶ ὑμῖν, ὅτι οἰκοδομεῖτε τὰ μνημεῖα τῶν προφητῶν, ...	
a 202	Mt 23,13 → Mt 16,19	οὐαὶ δὲ ὑμῖν, γραμματεῖς καὶ Φαρισαῖοι ὑποκριταί, ὅτι κλείετε τὴν βασιλείαν τῶν οὐρανῶν ἔμπροσθεν τῶν ἀνθρώπων· ...			Lk 11,52	οὐαὶ ὑμῖν τοῖς νομικοῖς, ὅτι ἤρατε τὴν κλεῖδα τῆς γνώσεως· ...	→ GTh 39,1-2 (POxy 655) → GTh 102
b 202	Mt 18,7 (2)	οὐαὶ τῷ κόσμῳ ἀπὸ τῶν σκανδάλων· ἀνάγκη γὰρ ἐλθεῖν τὰ σκάνδαλα, πλὴν οὐαὶ τῷ ἀνθρώπῳ δι' οὗ τὸ σκάνδαλον ἔρχεται.			Lk 17,1	... ἀνένδεκτόν ἐστιν τοῦ τὰ σκάνδαλα μὴ ἐλθεῖν, πλὴν οὐαὶ δι' οὗ ἔρχεται·	
a 222	Mt 24,19	οὐαὶ δὲ ταῖς ἐν γαστρὶ ἐχούσαις καὶ ταῖς θηλαζούσαις ἐν ἐκείναις ταῖς ἡμέραις.	Mk 13,17	οὐαὶ δὲ ταῖς ἐν γαστρὶ ἐχούσαις καὶ ταῖς θηλαζούσαις ἐν ἐκείναις ταῖς ἡμέραις.	Lk 21,23 → Lk 23,29	οὐαὶ ταῖς ἐν γαστρὶ ἐχούσαις καὶ ταῖς θηλαζούσαις ἐν ἐκείναις ταῖς ἡμέραις· ...	
a b 222	Mt 26,24	ὁ μὲν υἱὸς τοῦ ἀνθρώπου ὑπάγει καθὼς γέγραπται περὶ αὐτοῦ, οὐαὶ δὲ τῷ ἀνθρώπῳ ἐκείνῳ δι' οὗ ὁ υἱὸς τοῦ ἀνθρώπου παραδίδοται· ...	Mk 14,21	ὅτι ὁ μὲν υἱὸς τοῦ ἀνθρώπου ὑπάγει καθὼς γέγραπται περὶ αὐτοῦ, οὐαὶ δὲ τῷ ἀνθρώπῳ ἐκείνῳ δι' οὗ ὁ υἱὸς τοῦ ἀνθρώπου παραδίδοται· ...	Lk 22,22	ὅτι ὁ υἱὸς μὲν τοῦ ἀνθρώπου κατὰ τὸ ὡρισ- μένον πορεύεται, πλὴν οὐαὶ τῷ ἀνθρώπῳ ἐκείνῳ δι' οὗ παραδίδοται.	

οὐδαμῶς	Syn 1	Mt 1	Mk	Lk	Acts	Jn	1-3John	Paul	Eph	Col
	NT 1	2Thess	1/2Tim	Tit	Heb	Jas	1Pet	2Pet	Jude	Rev

by no means

200	**Mt 2,6** *καὶ σύ, Βηθλέεμ,* γῆ Ἰούδα, **οὐδαμῶς** *ἐλαχίστη εἶ ἐν τοῖς* *ἡγεμόσιν Ἰούδα·...* ➤ Micah 5,1		

οὐδέ	Syn 57	Mt 27	Mk 9	Lk 21	Acts 12	Jn 16	1-3John 2	Paul 31	Eph	Col
	NT 141	2Thess 1	1/2Tim 3	Tit	Heb 6	Jas	1Pet 1	2Pet 1	Jude	Rev 11

and not; nor; also not; not either; neither; not even

	triple tradition																	double tradition			Sonder-gut		
		+Mt / +Lk			–Mt / –Lk			traditions not taken over by Mt / Lk							subtotals								
code	*222*	*211*	*112*	*212*	*221*	*122*	*121*	*022*	*012*	*021*	*220*	*120*	*210*	*020*	Σ^+	Σ^-	Σ	*202*	*201*	*102*	*200*	*002*	total
Mt	1	6^+					2^-				2	1^-	3^+		9^+	3^-	12	5	6		4		**27**
Mk	1						2	1			2	1		2			9						**9**
Lk	1		2^+				2^-	1							2^+	2^-	4	5		6		6	**21**

[a] οὐδέ interrogative
[b] οὐδέ in a double negative
[c] οὐδὲ γάρ
[d] οὐδὲ ..., ἀλλά
[e] οὐδὲ ..., εἰ μή
[f] οὐδὲ (...) τις
[g] οὐ ... οὐδέ (... οὐδέ) / οὔπω ... οὐδέ

	Mt	Mk	Lk	
a 112	**Mt 12,3** ὁ δὲ εἶπεν αὐτοῖς· **οὐκ ἀνέγνωτε** τί ἐποίησεν Δαυὶδ ὅτε ἐπείνασεν καὶ οἱ μετ᾽ αὐτοῦ	**Mk 2,25** καὶ λέγει αὐτοῖς· **οὐδέποτε ἀνέγνωτε** τί ἐποίησεν Δαυίδ, ὅτε χρείαν ἔσχεν καὶ ἐπείνασεν αὐτὸς καὶ οἱ μετ᾽ αὐτοῦ	**Lk 6,3** καὶ ἀποκριθεὶς πρὸς αὐτοὺς εἶπεν ὁ Ἰησοῦς· **οὐδὲ τοῦτο ἀνέγνωτε** ὃ ἐποίησεν Δαυὶδ ὅτε ἐπείνασεν αὐτὸς καὶ οἱ μετ᾽ αὐτοῦ [ὄντες]	
d g 201	**Mt 5,15** [14] ... οὐ δύναται πόλις κρυβῆναι ἐπάνω ὄρους κειμένη· **οὐδὲ** **καίουσιν λύχνον** καὶ τιθέασιν αὐτὸν ὑπὸ τὸν μόδιον ἀλλ᾽ ἐπὶ τὴν λυχνίαν, καὶ λάμπει πᾶσιν τοῖς ἐν τῇ οἰκίᾳ.	**Mk 4,21** ... μήτι ἔρχεται ὁ λύχνος ἵνα ὑπὸ τὸν μόδιον τεθῇ ἢ ὑπὸ τὴν κλίνην; οὐχ ἵνα ἐπὶ τὴν λυχνίαν τεθῇ;	**Lk 11,33** ⇩ Lk 8,16 **οὐδεὶς** **λύχνον ἅψας** εἰς κρύπτην τίθησιν [οὐδὲ ὑπὸ τὸν μόδιον] ἀλλ᾽ ἐπὶ τὴν λυχνίαν, ἵνα οἱ εἰσπορευόμενοι τὸ φῶς βλέπωσιν. **Lk 8,16** ⇧ Lk 11,33 **οὐδεὶς δὲ λύχνον ἅψας** καλύπτει αὐτὸν σκεύει ἢ ὑποκάτω κλίνης τίθησιν, ἀλλ᾽ ἐπὶ λυχνίας τίθησιν, ἵνα οἱ εἰσπορευόμενοι βλέπωσιν τὸ φῶς.	→ GTh 33,2-3 Mk-Q overlap
200	**Mt 6,15** → Mt 18,35 ἐὰν δὲ μὴ ἀφῆτε τοῖς ἀνθρώποις, **οὐδὲ ὁ πατὴρ ὑμῶν** ἀφήσει τὰ παραπτώματα ὑμῶν.			Mk 11,26 is textcritically uncertain.

	Mt		Mk		Lk		
g 201	**Mt 6,20** → Mt 19,21	θησαυρίζετε δὲ ὑμῖν θησαυροὺς ἐν οὐρανῷ, ὅπου οὔτε σὴς οὔτε βρῶσις ἀφανίζει, καὶ ὅπου κλέπται οὐ διορύσσουσιν **οὐδὲ κλέπτουσιν·**	→ Mk 10,21		**Lk 12,33** → Mt 6,19 → Lk 14,33 → Lk 16,9 → Lk 18,22	... ποιήσατε ἑαυτοῖς βαλλάντια μὴ παλαιούμενα, θησαυρὸν ἀνέκλειπτον ἐν τοῖς οὐρανοῖς, ὅπου κλέπτης οὐκ ἐγγίζει οὐδὲ σὴς διαφθείρει·	→ Acts 2,45 → GTh 76,3
g 202 g 202	**Mt 6,26** **(2)**	ἐμβλέψατε εἰς τὰ πετεινὰ τοῦ οὐρανοῦ ὅτι οὐ σπείρουσιν **οὐδὲ θερίζουσιν** **οὐδὲ συνάγουσιν εἰς ἀποθήκας, ...**			**Lk 12,24** **(2)**	κατανοήσατε τοὺς κόρακας ὅτι οὐ σπείρουσιν **οὐδὲ θερίζουσιν,** οἷς **οὐκ ἔστιν ταμεῖον** **οὐδὲ ἀποθήκη, ...**	
g 202	**Mt 6,28**	... καταμάθετε τὰ κρίνα τοῦ ἀγροῦ πῶς αὐξάνουσιν· οὐ κοπιῶσιν **οὐδὲ νήθουσιν·**			**Lk 12,27** **(2)**	κατανοήσατε τὰ κρίνα πῶς αὐξάνει· οὐ κοπιᾷ **οὐδὲ νήθει·**	→ GTh 36,2-3 (only POxy 655)
 202	**Mt 6,29**	λέγω δὲ ὑμῖν ὅτι **οὐδὲ Σολομὼν** ἐν πάσῃ τῇ δόξῃ αὐτοῦ περιεβάλετο ὡς ἓν τούτων.				λέγω δὲ ὑμῖν, **οὐδὲ Σολομὼν** ἐν πάσῃ τῇ δόξῃ αὐτοῦ περιεβάλετο ὡς ἓν τούτων.	
g 202	**Mt 7,18**	οὐ δύναται δένδρον ἀγαθὸν καρποὺς πονηροὺς ποιεῖν **οὐδὲ δένδρον σαπρὸν** καρποὺς καλοὺς ποιεῖν.			**Lk 6,43**	οὐ γάρ ἐστιν δένδρον καλὸν ποιοῦν καρπὸν σαπρόν, **οὐδὲ πάλιν δένδρον σαπρὸν** ποιοῦν καρπὸν καλόν.	
g 102	**Mt 7,16**	... μήτι συλλέγουσιν ἀπὸ ἀκανθῶν σταφυλὰς **ἢ ἀπὸ τριβόλων** σῦκα;			**Lk 6,44**	... οὐ γὰρ ἐξ ἀκανθῶν συλλέγουσιν σῦκα **οὐδὲ ἐκ βάτου** σταφυλὴν τρυγῶσιν.	→ GTh 45,1
d g 102	**Mt 8,8**	... κύριε, οὐκ εἰμὶ ἱκανὸς ἵνα μου ὑπὸ τὴν στέγην εἰσέλθῃς, ἀλλὰ μόνον εἰπὲ λόγῳ, καὶ ἰαθήσεται ὁ παῖς μου.			**Lk 7,7**	[6] ... κύριε, μὴ σκύλλου, οὐ γὰρ ἱκανός εἰμι ἵνα ὑπὸ τὴν στέγην μου εἰσέλθῃς· [7] διὸ **οὐδὲ ἐμαυτὸν ἠξίωσα** πρὸς σὲ ἐλθεῖν· ἀλλὰ εἰπὲ λόγῳ, καὶ ἰαθήτω ὁ παῖς μου.	→ Jn 4,49
 102	**Mt 8,10**	... ἀμὴν λέγω ὑμῖν, **παρ' οὐδενὶ** τοσαύτην πίστιν ἐν τῷ Ἰσραὴλ εὗρον.			**Lk 7,9**	... λέγω ὑμῖν, **οὐδὲ** ἐν τῷ Ἰσραὴλ τοσαύτην πίστιν εὗρον.	
d 211	**Mt 9,17**	**οὐδὲ βάλλουσιν** οἶνον νέον εἰς ἀσκοὺς παλαιούς· εἰ δὲ μή γε, ῥήγνυνται οἱ ἀσκοὶ καὶ ὁ οἶνος ἐκχεῖται καὶ οἱ ἀσκοὶ ἀπόλλυνται· ἀλλὰ βάλλουσιν οἶνον νέον εἰς ἀσκοὺς καινούς, καὶ ἀμφότεροι συντηροῦνται.	**Mk 2,22**	**καὶ οὐδεὶς βάλλει** οἶνον νέον εἰς ἀσκοὺς παλαιούς· εἰ δὲ μή, ῥήξει ὁ οἶνος τοὺς ἀσκοὺς καὶ ὁ οἶνος ἀπόλλυται καὶ οἱ ἀσκοί· ἀλλὰ οἶνον νέον εἰς ἀσκοὺς καινούς.	**Lk 5,37**	**καὶ οὐδεὶς βάλλει** οἶνον νέον εἰς ἀσκοὺς παλαιούς· εἰ δὲ μή γε, ῥήξει ὁ οἶνος ὁ νέος τοὺς ἀσκοὺς καὶ αὐτὸς ἐκχυθήσεται καὶ οἱ ἀσκοὶ ἀπολοῦνται· [38] ἀλλὰ οἶνον νέον εἰς ἀσκοὺς καινοὺς βλητέον.	→ GTh 47,4
g 201	**Mt 10,24**	οὐκ ἔστιν μαθητὴς ὑπὲρ τὸν διδάσκαλον **οὐδὲ** δοῦλος ὑπὲρ τὸν κύριον αὐτοῦ.			**Lk 6,40**	οὐκ ἔστιν μαθητὴς ὑπὲρ τὸν διδάσκαλον· ...	

	Mt		Mk		Lk		
e f 201	**Mt 11,27** → Mt 28,18	πάντα μοι παρεδόθη ὑπὸ τοῦ πατρός μου, καὶ οὐδεὶς ἐπιγινώσκει τὸν υἱὸν εἰ μὴ ὁ πατήρ, **οὐδὲ** τὸν πατέρα τις ἐπιγινώσκει εἰ μὴ ὁ υἱὸς καὶ ᾧ ἐὰν βούληται ὁ υἱὸς ἀποκαλύψαι.			**Lk 10,22** → Mt 28,18	πάντα μοι παρεδόθη ὑπὸ τοῦ πατρός μου, καὶ οὐδεὶς γινώσκει τίς ἐστιν ὁ υἱὸς εἰ μὴ ὁ πατήρ, καὶ τίς ἐστιν ὁ πατὴρ εἰ μὴ ὁ υἱὸς καὶ ᾧ ἐὰν βούληται ὁ υἱὸς ἀποκαλύψαι.	→ GTh 61,3
e g 211	**Mt 12,4**	... καὶ τοὺς ἄρτους τῆς προθέσεως ἔφαγον, ὃ οὐκ ἐξὸν ἦν αὐτῷ φαγεῖν **οὐδὲ τοῖς μετ' αὐτοῦ** εἰ μὴ τοῖς ἱερεῦσιν μόνοις;	**Mk 2,26**	... καὶ τοὺς ἄρτους τῆς προθέσεως ἔφαγεν, οὓς οὐκ ἔξεστιν φαγεῖν εἰ μὴ τοὺς ἱερεῖς, καὶ ἔδωκεν καὶ **τοῖς σὺν αὐτῷ οὖσιν;**	**Lk 6,4**	... καὶ τοὺς ἄρτους τῆς προθέσεως λαβὼν ἔφαγεν καὶ ἔδωκεν **τοῖς μετ' αὐτοῦ,** οὓς οὐκ ἔξεστιν φαγεῖν εἰ μὴ μόνους τοὺς ἱερεῖς;	
g 200 *f g* 200	**Mt 12,19** (2)	*οὐκ ἐρίσει* ***οὐδὲ κραυγάσει,*** ***οὐδὲ ἀκούσει*** *τις ἐν ταῖς πλατείαις* *τὴν φωνὴν αὐτοῦ.* ➤ Isa 42,2					
g 211	**Mt 13,13** → Mt 13,14-15	... ὅτι βλέποντες οὐ βλέπουσιν καὶ ἀκούοντες οὐκ ἀκούουσιν **οὐδὲ συνίουσιν·** ➤ Isa 6,9	**Mk 4,12** → Mk 8,18	ἵνα βλέποντες βλέπωσιν καὶ μὴ ἴδωσιν, καὶ ἀκούοντες ἀκούωσιν **καὶ μὴ συνιῶσιν,** μήποτε ἐπιστρέψωσιν καὶ ἀφεθῇ αὐτοῖς. ➤ Isa 6,9-10	**Lk 8,10**	... ἵνα βλέποντες μὴ βλέπωσιν καὶ ἀκούοντες **μὴ συνιῶσιν.** ➤ Isa 6,9	→ Jn 12,40 → Acts 28,26-27
d g 022			**Mk 4,22**	οὐ γάρ ἐστιν κρυπτὸν ἐὰν μὴ ἵνα φανερωθῇ, **οὐδὲ ἐγένετο** **ἀπόκρυφον** ἀλλ' ἵνα ἔλθῃ εἰς φανερόν.	**Lk 8,17** ⇩ Lk 12,2	οὐ γάρ ἐστιν κρυπτὸν ὃ οὐ φανερὸν γενήσεται **οὐδὲ** **ἀπόκρυφον** ὃ οὐ μὴ γνωσθῇ καὶ εἰς φανερὸν ἔλθῃ.	→ GTh 5 → GTh 6,5-6 (POxy 654) Mk-Q overlap
	Mt 10,26	... οὐδὲν γάρ ἐστιν κεκαλυμμένον ὃ οὐκ ἀποκαλυφθήσεται καὶ κρυπτὸν ὃ οὐ γνωσθήσεται.			**Lk 12,2** ⇧ Lk 8,17	οὐδὲν δὲ συγκεκαλυμμένον ἐστὶν ὃ οὐκ ἀποκαλυφθήσεται καὶ κρυπτὸν ὃ οὐ γνωσθήσεται.	
b 121	**Mt 8,28**	... ὑπήντησαν αὐτῷ δύο δαιμονιζόμενοι ἐκ τῶν μνημείων ἐξερχόμενοι, χαλεποὶ λίαν, ...	**Mk 5,3**	[2] ... εὐθὺς ὑπήντησεν αὐτῷ ἐκ τῶν μνημείων ἄνθρωπος ἐν πνεύματι ἀκαθάρτῳ, [3] ὃς τὴν κατοίκησιν εἶχεν ἐν τοῖς μνήμασιν, καὶ **οὐδὲ ἁλύσει** οὐκέτι οὐδεὶς ἐδύνατο αὐτὸν δῆσαι	**Lk 8,27**	... ὑπήντησεν ἀνήρ τις ἐκ τῆς πόλεως ἔχων δαιμόνια καὶ χρόνῳ ἱκανῷ οὐκ ἐνεδύσατο ἱμάτιον καὶ ἐν οἰκίᾳ οὐκ ἔμενεν ἀλλ' ἐν τοῖς μνήμασιν.	
   020			**Mk 6,31**	... ἦσαν γὰρ οἱ ἐρχόμενοι καὶ οἱ ὑπάγοντες πολλοί, καὶ **οὐδὲ φαγεῖν** **εὐκαίρουν.**			

[a] οὐδέ interrogative
[b] οὐδέ in a double negative
[c] οὐδὲ γάρ
[d] οὐδὲ ..., ἀλλά
[e] οὐδὲ ..., εἰ μή
[f] οὐδὲ (...) τις
[g] οὐ ... οὐδέ (... οὐδέ) / οὔπω ... οὐδέ

	Mt		Mk		Lk		
a g 120	**Mt 16,9**	[8] ... τί διαλογίζεσθε ἐν ἑαυτοῖς, ὀλιγόπιστοι, ὅτι ἄρτους οὐκ ἔχετε; [9] οὔπω νοεῖτε,	**Mk 8,17** → Mk 6,52	... τί διαλογίζεσθε ὅτι ἄρτους οὐκ ἔχετε; οὔπω νοεῖτε **οὐδὲ συνίετε;** πεπωρωμένην ἔχετε τὴν καρδίαν ὑμῶν;			
a g 210		**οὐδὲ μνημονεύετε** τοὺς πέντε ἄρτους τῶν πεντακισχιλίων καὶ πόσους κοφίνους ἐλάβετε;	**Mk 8,18** → Mk 4,12	*ὀφθαλμοὺς ἔχοντες οὐ βλέπετε καὶ ὦτα ἔχοντες οὐκ ἀκούετε;* καὶ **οὐ μνημονεύετε,** [19] ὅτε τοὺς πέντε ἄρτους ἔκλασα εἰς τοὺς πεντακισχιλίους, πόσους κοφίνους κλασμάτων πλήρεις ἤρατε; λέγουσιν αὐτῷ· δώδεκα. ➢ Jer 5,21			
a g 210	**Mt 16,10**	**οὐδὲ** τοὺς ἑπτὰ ἄρτους τῶν τετρακισχιλίων καὶ πόσας σπυρίδας ἐλάβετε;	**Mk 8,20**	ὅτε τοὺς ἑπτὰ εἰς τοὺς τετρακισχιλίους, πόσων σπυρίδων πληρώματα κλασμάτων ἤρατε; καὶ λέγουσιν [αὐτῷ]· ἑπτά.			
d 102	**Mt 5,15**	οὐδὲ καίουσιν λύχνον καὶ τιθέασιν αὐτὸν **ὑπὸ τὸν μόδιον** ἀλλ᾽ ἐπὶ τὴν λυχνίαν, καὶ λάμπει πᾶσιν τοῖς ἐν τῇ οἰκίᾳ.	**Mk 4,21**	... μήτι ἔρχεται ὁ λύχνος ἵνα ὑπὸ τὸν μόδιον τεθῇ ἢ ὑπὸ τὴν κλίνην; οὐχ ἵνα ἐπὶ τὴν λυχνίαν τεθῇ;	**Lk 11,33** ⇑ Lk 8,16	οὐδεὶς λύχνον ἅψας εἰς κρύπτην τίθησιν **[οὐδὲ ὑπὸ τὸν μόδιον]** ἀλλ᾽ ἐπὶ τὴν λυχνίαν, ἵνα οἱ εἰσπορευόμενοι τὸ φῶς βλέπωσιν.	→ GTh 33,2-3 Mk-Q overlap
g 202 g 202	**Mt 6,26** **(2)**	ἐμβλέψατε εἰς τὰ πετεινὰ τοῦ οὐρανοῦ ὅτι οὐ σπείρουσιν **οὐδὲ θερίζουσιν** **οὐδὲ συνάγουσιν εἰς ἀποθήκας, ...**			**Lk 12,24** **(2)**	κατανοήσατε τοὺς κόρακας ὅτι οὐ σπείρουσιν **οὐδὲ θερίζουσιν,** οἷς **οὐκ ἔστιν ταμεῖον οὐδὲ ἀποθήκη, ...**	
102	**Mt 6,28**	καὶ περὶ ἐνδύματος τί μεριμνᾶτε; ...			**Lk 12,26**	εἰ οὖν **οὐδὲ ἐλάχιστον δύνασθε,** τί περὶ τῶν λοιπῶν μεριμνᾶτε;	
g 202	**Mt 6,28**	... καταμάθετε τὰ κρίνα τοῦ ἀγροῦ πῶς αὐξάνουσιν· οὐ κοπιῶσιν **οὐδὲ νήθουσιν·**			**Lk 12,27** **(2)**	κατανοήσατε τὰ κρίνα πῶς αὐξάνει· οὐ κοπιᾷ **οὐδὲ νήθει·**	→ GTh 36,2-3 **(only POxy 655)**
202	**Mt 6,29**	λέγω δὲ ὑμῖν ὅτι **οὐδὲ Σολομὼν** ἐν πάσῃ τῇ δόξῃ αὐτοῦ περιεβάλετο ὡς ἓν τούτων.				λέγω δὲ ὑμῖν, **οὐδὲ Σολομὼν** ἐν πάσῃ τῇ δόξῃ αὐτοῦ περιεβάλετο ὡς ἓν τούτων.	
g 102	**Mt 6,20** → Mt 19,21	θησαυρίζετε δὲ ὑμῖν θησαυροὺς ἐν οὐρανῷ, ὅπου **οὔτε σὴς οὔτε βρῶσις ἀφανίζει,** καὶ ὅπου κλέπται οὐ διορύσσουσιν οὐδὲ κλέπτουσιν·	→ Mk 10,21		**Lk 12,33** → Mt 6,19 → Lk 14,33 → Lk 16,9 → Lk 18,22	... ποιήσατε ἑαυτοῖς βαλλάντια μὴ παλαιούμενα, θησαυρὸν ἀνέκλειπτον ἐν τοῖς οὐρανοῖς, ὅπου κλέπτης οὐκ ἐγγίζει **οὐδὲ σὴς διαφθείρει·**	→ Acts 2,45 → GTh 76,3

	Mt		Mk		Lk		
g 002					Lk 16,31	εἶπεν δὲ αὐτῷ· εἰ Μωϋσέως καὶ τῶν προφητῶν οὐκ ἀκούουσιν, **οὐδ᾽** ἐάν τις ἐκ νεκρῶν ἀναστῇ πεισθήσονται.	
g 002					Lk 17,21 → Mt 24,23 → Mk 13,21 → Mt 24,26 → Lk 17,23	[20] ... οὐκ ἔρχεται ἡ βασιλεία τοῦ θεοῦ μετὰ παρατηρήσεως, **[21] οὐδὲ ἐροῦσιν·** ἰδοὺ ὧδε ἤ· ἐκεῖ, ἰδοὺ γὰρ ἡ βασιλεία τοῦ θεοῦ ἐντὸς ὑμῶν ἐστιν.	→ GTh 3,3 (POxy 654) → GTh 113
g 002					Lk 18,4	... μετὰ δὲ ταῦτα εἶπεν ἐν ἑαυτῷ· εἰ καὶ τὸν θεὸν οὐ φοβοῦμαι **οὐδὲ ἄνθρωπον ἐντρέπομαι**	
b d 002					Lk 18,13	ὁ δὲ τελώνης μακρόθεν ἑστὼς οὐκ ἤθελεν **οὐδὲ τοὺς ὀφθαλμοὺς** ἐπᾶραι εἰς τὸν οὐρανόν, ἀλλ᾽ ἔτυπτεν τὸ στῆθος αὐτοῦ λέγων· ὁ θεός, ἱλάσθητί μοι τῷ ἁμαρτωλῷ.	
222	Mt 21,27	... ἔφη αὐτοῖς καὶ αὐτός· **οὐδὲ ἐγὼ λέγω** ὑμῖν ἐν ποίᾳ ἐξουσίᾳ ταῦτα ποιῶ.	Mk 11,33	... καὶ ὁ Ἰησοῦς λέγει αὐτοῖς· **οὐδὲ ἐγὼ λέγω** ὑμῖν ἐν ποίᾳ ἐξουσίᾳ ταῦτα ποιῶ.	Lk 20,8	καὶ ὁ Ἰησοῦς εἶπεν αὐτοῖς· **οὐδὲ ἐγὼ λέγω** ὑμῖν ἐν ποίᾳ ἐξουσίᾳ ταῦτα ποιῶ.	
201	Mt 21,32	ἦλθεν γὰρ Ἰωάννης πρὸς ὑμᾶς ἐν ὁδῷ δικαιοσύνης, καὶ οὐκ ἐπιστεύσατε αὐτῷ, οἱ δὲ τελῶναι καὶ αἱ πόρναι ἐπίστευσαν αὐτῷ· ὑμεῖς δὲ ἰδόντες **οὐδὲ μετεμελήθητε** ὕστερον τοῦ πιστεῦσαι αὐτῷ.			Lk 7,30	[29] καὶ πᾶς ὁ λαὸς ἀκούσας καὶ οἱ τελῶναι ἐδικαίωσαν τὸν θεόν βαπτισθέντες τὸ βάπτισμα Ἰωάννου· [30] οἱ δὲ Φαρισαῖοι καὶ οἱ νομικοὶ τὴν βουλὴν τοῦ θεοῦ ἠθέτησαν εἰς ἑαυτούς μὴ βαπτισθέντες ὑπ᾽ αὐτοῦ.	
a 121	Mt 21,42	... **οὐδέποτε ἀνέγνωτε ἐν ταῖς γραφαῖς·** *λίθον ὃν ἀπεδοκίμασαν οἱ οἰκοδομοῦντες, οὗτος ἐγενήθη εἰς κεφαλὴν γωνίας·* ... ➤ Ps 118,22	Mk 12,10	**οὐδὲ τὴν γραφὴν ταύτην ἀνέγνωτε·** *λίθον ὃν ἀπεδοκίμασαν οἱ οἰκοδομοῦντες, οὗτος ἐγενήθη εἰς κεφαλὴν γωνίας·* ➤ Ps 118,22	Lk 20,17	... **τί οὖν ἐστιν τὸ γεγραμμένον τοῦτο·** *λίθον ὃν ἀπεδοκίμασαν οἱ οἰκοδομοῦντες, οὗτος ἐγενήθη εἰς κεφαλὴν γωνίας;* ➤ Ps 118,22	→ Acts 4,11 → GTh 66
c 112	Mt 22,30	... οὔτε γαμοῦσιν οὔτε γαμίζονται, ἀλλ᾽ ὡς ἄγγελοι ἐν τῷ οὐρανῷ εἰσιν.	Mk 12,25	... οὔτε γαμοῦσιν οὔτε γαμίζονται, ἀλλ᾽ εἰσὶν ὡς ἄγγελοι ἐν τοῖς οὐρανοῖς.	Lk 20,36	[35] ... οὔτε γαμοῦσιν οὔτε γαμίζονται· **[36] οὐδὲ γὰρ ἀποθανεῖν ἔτι δύνανται,** ἰσάγγελοι γάρ εἰσιν καὶ υἱοί εἰσιν θεοῦ τῆς ἀναστάσεως υἱοὶ ὄντες.	
b f 211	Mt 22,46	καὶ οὐδεὶς ἐδύνατο ἀποκριθῆναι αὐτῷ λόγον **οὐδὲ ἐτόλμησέν τις** ἀπ᾽ ἐκείνης τῆς ἡμέρας ἐπερωτῆσαι αὐτὸν οὐκέτι.	Mk 12,34	... καὶ **οὐδεὶς οὐκέτι ἐτόλμα** αὐτὸν ἐπερωτῆσαι.	Lk 20,40	**οὐκέτι γὰρ ἐτόλμων** ἐπερωτᾶν αὐτὸν οὐδέν.	

	Mt		Mk		Lk		
g 201	**Mt 23,13** → Mt 16,19	οὐαὶ δὲ ὑμῖν, γραμματεῖς καὶ Φαρισαῖοι ὑποκριταί, ὅτι κλείετε τὴν βασιλείαν τῶν οὐρανῶν ἔμπροσθεν τῶν ἀνθρώπων· ὑμεῖς γὰρ οὐκ εἰσέρχεσθε **οὐδὲ τοὺς εἰσερχομένους ἀφίετε εἰσελθεῖν.**			**Lk 11,52**	οὐαὶ ὑμῖν τοῖς νομικοῖς, ὅτι ἤρατε τὴν κλεῖδα τῆς γνώσεως· αὐτοὶ οὐκ εἰσήλθατε καὶ **τοὺς εἰσερχομένους ἐκωλύσατε.**	→ GTh 39,1-2 (POxy 655) → GTh 102
b g 211	**Mt 24,21**	ἔσται γὰρ τότε θλῖψις μεγάλη οἵα οὐ γέγονεν ἀπ' ἀρχῆς κόσμου ἕως τοῦ νῦν **οὐδ' οὐ μὴ γένηται.**	**Mk 13,19**	ἔσονται γὰρ αἱ ἡμέραι ἐκεῖναι θλῖψις οἵα οὐ γέγονεν τοιαύτη ἀπ' ἀρχῆς κτίσεως ἣν ἔκτισεν ὁ θεὸς ἕως τοῦ νῦν καὶ **οὐ μὴ γένηται.**	**Lk 21,23**	... ἔσται γὰρ ἀνάγκη μεγάλη ἐπὶ τῆς γῆς καὶ ὀργὴ τῷ λαῷ τούτῳ	
e 220 e 220	**Mt 24,36** **(2)**	περὶ δὲ τῆς ἡμέρας ἐκείνης καὶ ὥρας οὐδεὶς οἶδεν, **οὐδὲ οἱ ἄγγελοι τῶν οὐρανῶν οὐδὲ ὁ υἱός,** εἰ μὴ ὁ πατὴρ μόνος.	**Mk 13,32** **(2)**	περὶ δὲ τῆς ἡμέρας ἐκείνης ἢ τῆς ὥρας οὐδεὶς οἶδεν, **οὐδὲ οἱ ἄγγελοι ἐν οὐρανῷ οὐδὲ ὁ υἱός,** εἰ μὴ ὁ πατήρ.			
g 211	**Mt 25,13** → Mt 24,42 → Mt 24,44 → Mt 24,50	γρηγορεῖτε οὖν, ὅτι οὐκ οἴδατε **τὴν ἡμέραν οὐδὲ τὴν ὥραν.**	**Mk 13,33** → Lk 21,34	βλέπετε, ἀγρυπνεῖτε· οὐκ οἴδατε γὰρ πότε **ὁ καιρός** ἐστιν.	**Lk 21,36** → Lk 18,1	ἀγρυπνεῖτε δὲ ἐν παντὶ καιρῷ δεόμενοι ἵνα κατισχύσητε ἐκφυγεῖν ταῦτα πάντα τὰ μέλλοντα γίνεσθαι καὶ σταθῆναι ἔμπροσθεν τοῦ υἱοῦ τοῦ ἀνθρώπου.	
g 200	**Mt 25,45**	... ἀμὴν λέγω ὑμῖν, ἐφ' ὅσον οὐκ ἐποιήσατε ἑνὶ τούτων τῶν ἐλαχίστων, **οὐδὲ ἐμοὶ ἐποιήσατε.**					
020			**Mk 14,59**	καὶ **οὐδὲ οὕτως ἴση ἦν** ἡ μαρτυρία αὐτῶν.			
b 210	**Mt 27,14**	καὶ οὐκ ἀπεκρίθη αὐτῷ **πρὸς οὐδὲ ἓν ῥῆμα,** ὥστε θαυμάζειν τὸν ἡγεμόνα λίαν.	**Mk 15,5**	ὁ δὲ Ἰησοῦς οὐκέτι **οὐδὲν** ἀπεκρίθη, ὥστε θαυμάζειν τὸν Πιλᾶτον.	Lk 23,9	... αὐτὸς δὲ **οὐδὲν** ἀπεκρίνατο αὐτῷ.	Mt/Mk: before Pilate; Lk: before Herod
002					**Lk 23,15**	[14] ... ἐγὼ ἐνώπιον ὑμῶν ἀνακρίνας οὐθὲν εὗρον ἐν τῷ ἀνθρώπῳ τούτῳ αἴτιον ὧν κατηγορεῖτε κατ' αὐτοῦ. [15] ἀλλ' **οὐδὲ Ἡρῴδης,** ἀνέπεμψεν γὰρ αὐτὸν πρὸς ἡμᾶς, ...	→ Jn 18,38
a 002					**Lk 23,40**	ἀποκριθεὶς δὲ ὁ ἕτερος ἐπιτιμῶν αὐτῷ ἔφη· **οὐδὲ φοβῇ** σὺ τὸν θεόν, ὅτι ἐν τῷ αὐτῷ κρίματι εἶ;	

a οὐδέ interrogative
b οὐδέ in a double negative
c οὐδὲ γάρ
d οὐδὲ ..., ἀλλά
e οὐδὲ ..., εἰ μή
f οὐδὲ (...) τις
g οὐ ... οὐδέ (... οὐδέ) / οὔπω ... οὐδέ

g	**Acts 2,27**	*ὅτι οὐκ ἐγκαταλείψεις τὴν ψυχήν μου εἰς ᾅδην* ***οὐδὲ δώσεις*** *τὸν ὅσιόν σου ἰδεῖν διαφθοράν.* ➤ Ps 15,10 LXX
c g	**Acts 4,12**	καὶ οὐκ ἔστιν ἐν ἄλλῳ οὐδενὶ ἡ σωτηρία, **οὐδὲ γὰρ ὄνομά ἐστιν ἕτερον** ὑπὸ τὸν οὐρανὸν τὸ δεδομένον ἐν ἀνθρώποις ἐν ᾧ δεῖ σωθῆναι ἡμᾶς.
d	**Acts 4,32**	τοῦ δὲ πλήθους τῶν πιστευσάντων ἦν καρδία καὶ ψυχὴ μία, καὶ **οὐδὲ εἷς** τι τῶν ὑπαρχόντων αὐτῷ ἔλεγεν ἴδιον εἶναι ἀλλ' ἦν αὐτοῖς ἅπαντα κοινά.
cf	**Acts 4,34**	**οὐδὲ γὰρ** ἐνδεής τις ἦν ἐν αὐτοῖς· ...
g	**Acts 7,5**	καὶ οὐκ ἔδωκεν αὐτῷ κληρονομίαν ἐν αὐτῇ **οὐδὲ βῆμα ποδὸς** ...
g	**Acts 8,21**	οὐκ ἔστιν σοι μερὶς **οὐδὲ κλῆρος** ἐν τῷ λόγῳ τούτῳ, ἡ γὰρ καρδία σου οὐκ ἔστιν εὐθεῖα ἔναντι τοῦ θεοῦ.
g	**Acts 9,9**	καὶ ἦν ἡμέρας τρεῖς μὴ βλέπων καὶ οὐκ ἔφαγεν **οὐδὲ ἔπιεν.**
g	**Acts 16,21**	καὶ καταγγέλλουσιν ἔθη ἃ οὐκ ἔξεστιν ἡμῖν παραδέχεσθαι **οὐδὲ ποιεῖν** Ῥωμαίοις οὖσιν.
g	**Acts 17,25**	[24] ... οὐκ ἐν χειροποιήτοις ναοῖς κατοικεῖ [25] **οὐδὲ ὑπὸ χειρῶν ἀνθρωπίνων θεραπεύεται** προσδεόμενός τινος, αὐτὸς διδοὺς πᾶσι ζωὴν καὶ πνοὴν καὶ τὰ πάντα·
	Acts 19,2	εἶπέν τε πρὸς αὐτούς· εἰ πνεῦμα ἅγιον ἐλάβετε πιστεύσαντες; οἱ δὲ πρὸς αὐτόν· ἀλλ' **οὐδ' εἰ πνεῦμα ἅγιον ἔστιν ἠκούσαμεν.**
	Acts 24,13	[12] καὶ οὔτε ἐν τῷ ἱερῷ εὗρόν με πρός τινα διαλεγόμενον ἢ ἐπίστασιν ποιοῦντα ὄχλου οὔτε ἐν ταῖς συναγωγαῖς οὔτε κατὰ τὴν πόλιν, [13] **οὐδὲ παραστῆσαι δύνανταί** σοι περὶ ὧν νυνὶ κατηγοροῦσίν μου.
g	**Acts 24,18**	ἐν αἷς εὗρόν με ἡγνισμένον ἐν τῷ ἱερῷ οὐ μετὰ ὄχλου **οὐδὲ μετὰ θορύβου**

οὐδείς	Syn 78	Mt 19	Mk 26	Lk 33	Acts 25	Jn 51	1-3John 2	Paul 41	Eph 1	Col
	NT 225	2Thess	1/2Tim 6	Tit 1	Heb 6	Jas 2	1Pet	2Pet	Jude	Rev 12

no; no one; nobody; nothing; worthless; meaningless; invalid; in no respect; in no way

	triple tradition																	double tradition			Sondergut		
		+Mt / +Lk			–Mt / –Lk			traditions not taken over by Mt / Lk							subtotals								
code	*222*	*211*	*112*	*212*	*221*	*122*	*121*	*022*	*012*	*021*	*220*	*120*	*210*	*020*	Σ^+	Σ^-	Σ	*202*	*201*	*102*	*200*	*002*	total
Mt	1	3^+			2	4^-	6^-				3	8^-	1^+		4^+	18^-	10	3	3		3		**19**
Mk	1				2	4	6			1	3	8		1			26						**26**
Lk	1		6^+		2^-	4	6^-		2^+	1^-					8^+	9^-	13	3		4		13	**33**

Mk-Q overlap: 121: Mt 12,29 / Mk 3,27 / Lk 11,21 (?)

a οὐδείς in a double negative
b οὐδεὶς ..., ἀλλά / οὐδεὶς ..., δέ
c οὐδεὶς ..., εἰ μή / ἐὰν μή
d οὐδεὶς and χωρίς / ἐκτός / πλήν
e εἰ ..., οὐδείς
f οὐδέν (neuter noun)
g οὐδεὶς δέ
h οὐδεὶς γάρ

002			**Lk 1,61** καὶ εἶπαν πρὸς αὐτὴν ὅτι **οὐδείς** ἐστιν ἐκ τῆς συγγενείας σου ὃς καλεῖται τῷ ὀνόματι τούτῳ.	
af 102	**Mt 4,2** [1] ... πειρασθῆναι ὑπὸ τοῦ διαβόλου. [2] καὶ **νηστεύσας** ἡμέρας τεσσεράκοντα καὶ νύκτας τεσσεράκοντα ὕστερον ἐπείνασεν.	**Mk 1,13** καὶ ἦν ἐν τῇ ἐρήμῳ τεσσεράκοντα ἡμέρας πειραζόμενος ὑπὸ τοῦ σατανᾶ, ...	**Lk 4,2** ἡμέρας τεσσεράκοντα πειραζόμενος ὑπὸ τοῦ διαβόλου. καὶ **οὐκ ἔφαγεν οὐδὲν** ἐν ταῖς ἡμέραις ἐκείναις καὶ συντελεσθεισῶν αὐτῶν ἐπείνασεν.	Mk-Q overlap

112	Mt 13,57	... ὁ δὲ Ἰησοῦς εἶπεν αὐτοῖς· **οὐκ ἔστιν προφήτης** ἄτιμος εἰ μὴ ἐν τῇ πατρίδι καὶ ἐν τῇ οἰκίᾳ αὐτοῦ.	Mk 6,4	καὶ ἔλεγεν αὐτοῖς ὁ Ἰησοῦς ὅτι **οὐκ ἔστιν προφήτης** ἄτιμος εἰ μὴ ἐν τῇ πατρίδι αὐτοῦ καὶ ἐν τοῖς συγγενεῦσιν αὐτοῦ καὶ ἐν τῇ οἰκίᾳ αὐτοῦ.	Lk 4,24	εἶπεν δέ· ἀμὴν λέγω ὑμῖν ὅτι **οὐδεὶς προφήτης** δεκτός ἐστιν ἐν τῇ πατρίδι αὐτοῦ.	→ Jn 4,44 → GTh 31 (POxy 1)
c 002					Lk 4,26	καὶ **πρὸς οὐδεμίαν αὐτῶν** ἐπέμφθη Ἠλίας εἰ μὴ εἰς Σάρεπτα τῆς Σιδωνίας πρὸς γυναῖκα χήραν.	
c 002					Lk 4,27	καὶ πολλοὶ λεπροὶ ἦσαν ἐν τῷ Ἰσραὴλ ἐπὶ Ἐλισαίου τοῦ προφήτου, καὶ **οὐδεὶς αὐτῶν** ἐκαθαρίσθη εἰ μὴ Ναιμὰν ὁ Σύρος.	
bf 002					Lk 5,5	... ἐπιστάτα, δι' ὅλης νυκτὸς κοπιάσαντες **οὐδὲν** ἐλάβομεν· ἐπὶ δὲ τῷ ῥήματί σου χαλάσω τὰ δίκτυα.	→ Jn 21,3
g b 222	Mt 9,16	**οὐδεὶς** δὲ ἐπιβάλλει ἐπίβλημα ῥάκους ἀγνάφου ἐπὶ ἱματίῳ παλαιῷ· αἴρει γὰρ τὸ πλήρωμα αὐτοῦ ἀπὸ τοῦ ἱματίου καὶ χεῖρον σχίσμα γίνεται.	Mk 2,21	**οὐδεὶς** ἐπίβλημα ῥάκους ἀγνάφου ἐπιράπτει ἐπὶ ἱμάτιον παλαιόν· εἰ δὲ μή, αἴρει τὸ πλήρωμα ἀπ' αὐτοῦ τὸ καινὸν τοῦ παλαιοῦ, καὶ χεῖρον σχίσμα γίνεται.	Lk 5,36	... **οὐδεὶς** ἐπίβλημα ἀπὸ ἱματίου καινοῦ σχίσας ἐπιβάλλει ἐπὶ ἱμάτιον παλαιόν· εἰ δὲ μή γε, καὶ τὸ καινὸν σχίσει καὶ τῷ παλαιῷ οὐ συμφωνήσει τὸ ἐπίβλημα τὸ ἀπὸ τοῦ καινοῦ.	→ GTh 47,5
b 122	Mt 9,17	**οὐδὲ βάλλουσιν** οἶνον νέον εἰς ἀσκοὺς παλαιούς· εἰ δὲ μή γε, ῥήγνυνται οἱ ἀσκοὶ καὶ ὁ οἶνος ἐκχεῖται καὶ οἱ ἀσκοὶ ἀπόλλυνται· ἀλλὰ βάλλουσιν οἶνον νέον εἰς ἀσκοὺς καινούς, καὶ ἀμφότεροι συντηροῦνται.	Mk 2,22	**καὶ οὐδεὶς βάλλει** οἶνον νέον εἰς ἀσκοὺς παλαιούς· εἰ δὲ μή, ῥήξει ὁ οἶνος τοὺς ἀσκοὺς καὶ ὁ οἶνος ἀπόλλυται καὶ οἱ ἀσκοί· ἀλλὰ οἶνον νέον εἰς ἀσκοὺς καινούς.	Lk 5,37	**καὶ οὐδεὶς βάλλει** οἶνον νέον εἰς ἀσκοὺς παλαιούς· εἰ δὲ μή γε, ῥήξει ὁ οἶνος ὁ νέος τοὺς ἀσκοὺς καὶ αὐτὸς ἐκχυθήσεται καὶ οἱ ἀσκοὶ ἀπολοῦνται· [38] ἀλλὰ οἶνον νέον εἰς ἀσκοὺς καινοὺς βλητέον.	→ GTh 47,4
002					Lk 5,39	[καὶ] **οὐδεὶς** πιὼν παλαιὸν θέλει νέον· λέγει γάρ· ὁ παλαιὸς χρηστός ἐστιν.	→ GTh 47,3
c f 201	Mt 5,13	... ἐὰν δὲ τὸ ἅλας μωρανθῇ, ἐν τίνι ἁλισθήσεται; **εἰς οὐδὲν** ἰσχύει ἔτι εἰ μὴ βληθὲν ἔξω καταπατεῖσθαι ὑπὸ τῶν ἀνθρώπων.	Mk 9,50	... ἐὰν δὲ τὸ ἅλας ἄναλον γένηται, ἐν τίνι αὐτὸ ἀρτύσετε; ...	Lk 14,35	[34] ... ἐὰν δὲ καὶ τὸ ἅλας μωρανθῇ, ἐν τίνι ἀρτυθήσεται; [35] **οὔτε εἰς γῆν** **οὔτε εἰς κοπρίαν** εὔθετόν ἐστιν, ἔξω βάλλουσιν αὐτό. ...	Mk-Q overlap
202	Mt 6,24	**οὐδεὶς** δύναται δυσὶ κυρίοις δουλεύειν· ...			Lk 16,13	**οὐδεὶς οἰκέτης** δύναται δυσὶ κυρίοις δουλεύειν· ...	→ GTh 47,1-2

	Mt		Mk		Lk		
201	Mt 8,10	... ἀμὴν λέγω ὑμῖν, παρ' οὐδενὶ τοσαύτην πίστιν ἐν τῷ Ἰσραὴλ εὗρον.			Lk 7,9	... λέγω ὑμῖν, οὐδὲ ἐν τῷ Ἰσραὴλ τοσαύτην πίστιν εὗρον.	
g b 222	Mt 9,16	οὐδεὶς δὲ ἐπιβάλλει ἐπίβλημα ῥάκους ἀγνάφου ἐπὶ ἱματίῳ παλαιῷ· αἴρει γὰρ τὸ πλήρωμα αὐτοῦ ἀπὸ τοῦ ἱματίου καὶ χεῖρον σχίσμα γίνεται.	Mk 2,21	οὐδεὶς ἐπίβλημα ῥάκους ἀγνάφου ἐπιράπτει ἐπὶ ἱμάτιον παλαιόν· εἰ δὲ μή, αἴρει τὸ πλήρωμα ἀπ' αὐτοῦ τὸ καινὸν τοῦ παλαιοῦ, καὶ χεῖρον σχίσμα γίνεται.	Lk 5,36	... οὐδεὶς ἐπίβλημα ἀπὸ ἱματίου καινοῦ σχίσας ἐπιβάλλει ἐπὶ ἱμάτιον παλαιόν· εἰ δὲ μή γε, καὶ τὸ καινὸν σχίσει καὶ τῷ παλαιῷ οὐ συμφωνήσει τὸ ἐπίβλημα τὸ ἀπὸ τοῦ καινοῦ.	→ GTh 47,5
f h g 202	Mt 10,26	... οὐδὲν γάρ ἐστιν κεκαλυμμένον ὃ οὐκ ἀποκαλυφθήσεται καὶ κρυπτὸν ὃ οὐ γνωσθήσεται.			Lk 12,2 ⇩ Lk 8,17	οὐδὲν δὲ συγκεκαλυμμένον ἐστὶν ὃ οὐκ ἀποκαλυφθήσεται καὶ κρυπτὸν ὃ οὐ γνωσθήσεται.	→ GTh 5 → GTh 6,5-6 (POxy 654) Mk-Q overlap
			Mk 4,22	οὐ γάρ ἐστιν κρυπτὸν ἐὰν μὴ ἵνα φανερωθῇ, οὐδὲ ἐγένετο ἀπόκρυφον ἀλλ' ἵνα ἔλθῃ εἰς φανερόν.	Lk 8,17 ⇩ Lk 12,2	οὐ γάρ ἐστιν κρυπτὸν ὃ οὐ φανερὸν γενήσεται οὐδὲ ἀπόκρυφον ὃ οὐ μὴ γνωσθῇ καὶ εἰς φανερὸν ἔλθῃ.	
102	Mt 11,11	ἀμὴν λέγω ὑμῖν· οὐκ ἐγήγερται ἐν γεννητοῖς γυναικῶν μείζων Ἰωάννου τοῦ βαπτιστοῦ· ...			Lk 7,28	λέγω ὑμῖν, μείζων ἐν γεννητοῖς γυναικῶν Ἰωάννου οὐδείς ἐστιν· ...	→ GTh 46
c 202	Mt 11,27 → Mt 28,18	πάντα μοι παρεδόθη ὑπὸ τοῦ πατρός μου, καὶ οὐδεὶς ἐπιγινώσκει τὸν υἱὸν εἰ μὴ ὁ πατήρ, ...			Lk 10,22 → Mt 28,18	πάντα μοι παρεδόθη ὑπὸ τοῦ πατρός μου, καὶ οὐδεὶς γινώσκει τίς ἐστιν ὁ υἱὸς εἰ μὴ ὁ πατήρ, ...	→ GTh 61,3
a c 121	Mt 12,29	ἢ πῶς δύναταί τις εἰσελθεῖν εἰς τὴν οἰκίαν τοῦ ἰσχυροῦ καὶ τὰ σκεύη αὐτοῦ ἁρπάσαι, ἐὰν μὴ πρῶτον δήσῃ τὸν ἰσχυρόν; καὶ τότε τὴν οἰκίαν αὐτοῦ διαρπάσει.	Mk 3,27	ἀλλ' οὐ δύναται οὐδεὶς εἰς τὴν οἰκίαν τοῦ ἰσχυροῦ εἰσελθὼν τὰ σκεύη αὐτοῦ διαρπάσαι, ἐὰν μὴ πρῶτον τὸν ἰσχυρὸν δήσῃ, καὶ τότε τὴν οἰκίαν αὐτοῦ διαρπάσει.	Lk 11,21	ὅταν ὁ ἰσχυρὸς καθωπλισμένος φυλάσσῃ τὴν ἑαυτοῦ αὐλήν, ἐν εἰρήνῃ ἐστὶν τὰ ὑπάρχοντα αὐτοῦ· [22] ἐπὰν δὲ ἰσχυρότερος αὐτοῦ ἐπελθὼν νικήσῃ αὐτόν, τὴν πανοπλίαν αὐτοῦ αἴρει ἐφ' ᾗ ἐπεποίθει, καὶ τὰ σκῦλα αὐτοῦ διαδίδωσιν.	→ GTh 21,5 → GTh 35 Mk-Q overlap?
b g 012	Mt 5,15	οὐδὲ καίουσιν λύχνον καὶ τιθέασιν αὐτὸν ὑπὸ τὸν μόδιον ἀλλ' ἐπὶ τὴν λυχνίαν, καὶ λάμπει πᾶσιν τοῖς ἐν τῇ οἰκίᾳ.	Mk 4,21	... μήτι ἔρχεται ὁ λύχνος ἵνα ὑπὸ τὸν μόδιον τεθῇ ἢ ὑπὸ τὴν κλίνην; οὐχ ἵνα ἐπὶ τὴν λυχνίαν τεθῇ;	Lk 8,16 ⇩ Lk 11,33	οὐδεὶς δὲ λύχνον ἅψας καλύπτει αὐτὸν σκεύει ἢ ὑποκάτω κλίνης τίθησιν, ἀλλ' ἐπὶ λυχνίας τίθησιν, ἵνα οἱ εἰσπορευόμενοι βλέπωσιν τὸ φῶς.	→ GTh 33,2-3 Mk-Q overlap
d f 210	Mt 13,34 → Mt 13,36	... καὶ χωρὶς παραβολῆς οὐδὲν ἐλάλει αὐτοῖς	Mk 4,34	χωρὶς δὲ παραβολῆς οὐκ ἐλάλει αὐτοῖς, κατ' ἰδίαν δὲ τοῖς ἰδίοις μαθηταῖς ἐπέλυεν πάντα.			

		Mt		Mk		Lk	
a 121	**Mt 8,28**	... δύο δαιμονιζόμενοι ἐκ τῶν μνημείων ἐξερχόμενοι,	**Mk 5,3**	[2] ... ἄνθρωπος ἐν πνεύματι ἀκαθάρτῳ, [3] ὃς τὴν κατοίκησιν εἶχεν ἐν τοῖς μνήμασιν, καὶ οὐδὲ ἁλύσει **οὐκέτι οὐδεὶς** ἐδύνατο αὐτὸν δῆσαι	**Lk 8,27**	... ἀνήρ τις ... ἔχων δαιμόνια καὶ χρόνῳ ἱκανῷ οὐκ ἐνεδύσατο ἱμάτιον καὶ ἐν οἰκίᾳ οὐκ ἔμενεν ἀλλ' ἐν τοῖς μνήμασιν.	
121		χαλεποὶ λίαν, ὥστε **μὴ ἰσχύειν τινὰ** παρελθεῖν διὰ τῆς ὁδοῦ ἐκείνης.	**Mk 5,4**	διὰ τὸ αὐτὸν πολλάκις πέδαις καὶ ἁλύσεσιν δεδέσθαι καὶ διεσπάσθαι ὑπ' αὐτοῦ τὰς ἁλύσεις καὶ τὰς πέδας συντετρῖφθαι, καὶ **οὐδεὶς ἴσχυεν** αὐτὸν δαμάσαι·	**Lk 8,29**	... πολλοῖς γὰρ χρόνοις συνηρπάκει αὐτὸν καὶ ἐδεσμεύετο ἁλύσεσιν καὶ πέδαις φυλασσόμενος καὶ διαρρήσσων τὰ δεσμὰ ...	
a 012			**Mk 5,26**	καὶ πολλὰ παθοῦσα ὑπὸ πολλῶν ἰατρῶν καὶ δαπανήσασα τὰ παρ' αὐτῆς πάντα καὶ **μηδὲν** ὠφεληθεῖσα ἀλλὰ μᾶλλον εἰς τὸ χεῖρον ἐλθοῦσα	**Lk 8,43**	... ἥτις [ἰατροῖς προσαναλώσασα ὅλον τὸν βίον] οὐκ ἴσχυσεν **ἀπ' οὐδενὸς** θεραπευθῆναι	
a c 021			**Mk 5,37**	καὶ οὐκ ἀφῆκεν **οὐδένα** μετ' αὐτοῦ συνακολουθῆσαι εἰ μὴ τὸν Πέτρον καὶ Ἰάκωβον καὶ Ἰωάννην τὸν ἀδελφὸν Ἰακώβου.	**Lk 8,51**	... οὐκ ἀφῆκεν εἰσελθεῖν **τινα** σὺν αὐτῷ εἰ μὴ Πέτρον καὶ Ἰωάννην καὶ Ἰάκωβον ...	
a c 120	**Mt 13,58**	καὶ οὐκ ἐποίησεν ἐκεῖ **δυνάμεις πολλὰς** διὰ τὴν ἀπιστίαν αὐτῶν.	**Mk 6,5**	καὶ οὐκ ἐδύνατο ἐκεῖ ποιῆσαι **οὐδεμίαν δύναμιν,** εἰ μὴ ὀλίγοις ἀρρώστοις ἐπιθεὶς τὰς χεῖρας ἐθεράπευσεν· [6] καὶ ἐθαύμαζεν διὰ τὴν ἀπιστίαν αὐτῶν. ...			
a f 120	**Mt 15,6**	**οὐ μὴ τιμήσει** τὸν πατέρα αὐτοῦ· ...	**Mk 7,12**	**οὐκέτι ἀφίετε αὐτὸν** **οὐδὲν ποιῆσαι** τῷ πατρὶ ἢ τῇ μητρί			
b f 120	**Mt 15,11**	**οὐ** **τὸ εἰσερχόμενον** εἰς τὸ στόμα κοινοῖ τὸν ἄνθρωπον, ἀλλὰ τὸ ἐκπορευόμενον ἐκ τοῦ στόματος τοῦτο κοινοῖ τὸν ἄνθρωπον.	**Mk 7,15**	**οὐδέν ἐστιν ἔξωθεν** **τοῦ ἀνθρώπου** **εἰσπορευόμενον** εἰς αὐτὸν ὃ δύναται κοινῶσαι αὐτόν, ἀλλὰ τὰ ἐκ τοῦ ἀνθρώπου ἐκπορευόμενά ἐστιν τὰ κοινοῦντα τὸν ἄνθρωπον.			→ GTh 14,5
120	**Mt 15,21**	καὶ ἐξελθὼν ἐκεῖθεν ὁ Ἰησοῦς ἀνεχώρησεν εἰς τὰ μέρη Τύρου καὶ Σιδῶνος.	**Mk 7,24** → Mt 15,22	ἐκεῖθεν δὲ ἀναστὰς ἀπῆλθεν εἰς τὰ ὅρια Τύρου. καὶ εἰσελθὼν εἰς οἰκίαν **οὐδένα** ἤθελεν γνῶναι, καὶ οὐκ ἠδυνήθη λαθεῖν·			

	Mt		Mk		Lk		
c a b 221	Mt 17,8	ἐπάραντες δὲ τοὺς ὀφθαλμοὺς αὐτῶν **οὐδένα** εἶδον εἰ μὴ αὐτὸν Ἰησοῦν μόνον.	Mk 9,8	καὶ ἐξάπινα περιβλεψάμενοι **οὐκέτι οὐδένα** εἶδον ἀλλὰ τὸν Ἰησοῦν μόνον μεθ' ἑαυτῶν.	Lk 9,36 (2)	καὶ ἐν τῷ γενέσθαι τὴν φωνὴν εὑρέθη Ἰησοῦς μόνος.	
a 112	Mt 17,9	... ἐνετείλατο αὐτοῖς ὁ Ἰησοῦς λέγων· **μηδενὶ**	Mk 9,9	... διεστείλατο αὐτοῖς ἵνα **μηδενὶ**		καὶ αὐτοὶ ἐσίγησαν καὶ **οὐδενὶ** ἀπήγγειλαν ἐν ἐκείναις ταῖς ἡμέραις	
a f 112		εἴπητε τὸ ὅραμα ἕως οὗ ὁ υἱὸς τοῦ ἀνθρώπου ἐκ νεκρῶν ἐγερθῇ.		ἃ εἶδον διηγήσωνται, εἰ μὴ ὅταν ὁ υἱὸς τοῦ ἀνθρώπου ἐκ νεκρῶν ἀναστῇ.		**οὐδὲν** ὧν ἑώρακαν.	
c f 120	Mt 17,20	... διὰ τὴν ὀλιγοπιστίαν ὑμῶν·	Mk 9,29	... τοῦτο τὸ γένος **ἐν οὐδενὶ** δύναται ἐξελθεῖν εἰ μὴ ἐν προσευχῇ.			
f 201	→ Mt 21,21	ἀμὴν γὰρ λέγω ὑμῖν, ἐὰν ἔχητε πίστιν ὡς κόκκον σινάπεως, ἐρεῖτε τῷ ὄρει τούτῳ, μετάβα ἔνθεν ἐκεῖ, καὶ μεταβήσεται· καὶ **οὐδὲν** ἀδυνατήσει ὑμῖν.	Mk 11,23 → Mk 9,23	[22] ... ἔχετε πίστιν θεοῦ. [23] ἀμὴν λέγω ὑμῖν ὅτι ὃς ἂν εἴπῃ τῷ ὄρει τούτῳ· ἄρθητι καὶ βλήθητι εἰς τὴν θάλασσαν, καὶ μὴ διακριθῇ ἐν τῇ καρδίᾳ αὐτοῦ ἀλλὰ πιστεύῃ ὅτι ὃ λαλεῖ γίνεται, ἔσται αὐτῷ.	Lk 17,6	... εἰ ἔχετε πίστιν ὡς κόκκον σινάπεως, ἐλέγετε ἂν τῇ συκαμίνῳ [ταύτῃ]· ἐκριζώθητι καὶ φυτεύθητι ἐν τῇ θαλάσσῃ· καὶ ὑπήκουσεν ἂν ὑμῖν.	→ GTh 48 → GTh 106
h 020			Mk 9,39	... **οὐδεὶς** γάρ ἐστιν ὃς ποιήσει δύναμιν ἐπὶ τῷ ὀνόματί μου καὶ δυνήσεται ταχὺ κακολογῆσαί με·			
002					Lk 9,62	εἶπεν δὲ [πρὸς αὐτὸν] ὁ Ἰησοῦς· **οὐδεὶς** ἐπιβαλὼν τὴν χεῖρα ἐπ' ἄροτρον καὶ βλέπων εἰς τὰ ὀπίσω εὔθετός ἐστιν τῇ βασιλείᾳ τοῦ θεοῦ.	
a f 002					Lk 10,19	ἰδοὺ δέδωκα ὑμῖν τὴν ἐξουσίαν τοῦ πατεῖν ἐπάνω ὄφεων καὶ σκορπίων, καὶ ἐπὶ πᾶσαν τὴν δύναμιν τοῦ ἐχθροῦ, καὶ **οὐδὲν** ὑμᾶς οὐ μὴ ἀδικήσῃ.	
c 202	Mt 11,27 → Mt 28,18	πάντα μοι παρεδόθη ὑπὸ τοῦ πατρός μου, καὶ **οὐδεὶς** ἐπιγινώσκει τὸν υἱὸν εἰ μὴ ὁ πατήρ, ...			Lk 10,22 → Mt 28,18	πάντα μοι παρεδόθη ὑπὸ τοῦ πατρός μου, καὶ **οὐδεὶς** γινώσκει τίς ἐστιν ὁ υἱὸς εἰ μὴ ὁ πατήρ, ...	→ GTh 61,3
b 102	Mt 5,15	**οὐδὲ** **καίουσιν λύχνον** καὶ τιθέασιν αὐτὸν ὑπὸ τὸν μόδιον ἀλλ' ἐπὶ τὴν λυχνίαν, καὶ λάμπει πᾶσιν τοῖς ἐν τῇ οἰκίᾳ.	Mk 4,21	... **μήτι ἔρχεται ὁ λύχνος** ἵνα ὑπὸ τὸν μόδιον τεθῇ ἢ ὑπὸ τὴν κλίνην; οὐχ ἵνα ἐπὶ τὴν λυχνίαν τεθῇ;	Lk 11,33 ⇑ Lk 8,16	**οὐδεὶς** **λύχνον ἅψας** εἰς κρύπτην τίθησιν [οὐδὲ ὑπὸ τὸν μόδιον] ἀλλ' ἐπὶ τὴν λυχνίαν, ἵνα οἱ εἰσπορευόμενοι τὸ φῶς βλέπωσιν.	→ GTh 33,2-3 Mk-Q overlap

	Mt		Mk		Lk		
f h *g* 202	**Mt 10,26**	... οὐδὲν γάρ ἐστιν κεκαλυμμένον ὃ οὐκ ἀποκαλυφθήσεται καὶ κρυπτὸν ὃ οὐ γνωσθήσεται.	Mk 4,22	οὐ γάρ ἐστιν κρυπτὸν ἐὰν μὴ ἵνα φανερωθῇ, οὐδὲ ἐγένετο ἀπόκρυφον ἀλλ᾽ ἵνα ἔλθῃ εἰς φανερόν.	**Lk 12,2** ⇧ Lk 8,17	οὐδὲν δὲ συγκεκαλυμμένον ἐστὶν ὃ οὐκ ἀποκαλυφθήσεται καὶ κρυπτὸν ὃ οὐ γνωσθήσεται.	→ GTh 5 → GTh 6,5-6 **(POxy 654)** Mk-Q overlap
102	**Mt 22,8**	... ὁ μὲν γάμος ἕτοιμός ἐστιν, οἱ δὲ κεκλημένοι οὐκ ἦσαν ἄξιοι·			**Lk 14,24**	λέγω γὰρ ὑμῖν ὅτι οὐδεὶς τῶν ἀνδρῶν ἐκείνων τῶν κεκλημένων γεύσεταί μου τοῦ δείπνου.	→ GTh 64
002					**Lk 15,16**	καὶ ἐπεθύμει χορτασθῆναι ἐκ τῶν κερατίων ὧν ἤσθιον οἱ χοῖροι, καὶ οὐδεὶς ἐδίδου αὐτῷ.	
202	**Mt 6,24**	οὐδεὶς δύναται δυσὶ κυρίοις δουλεύειν· ...			**Lk 16,13**	οὐδεὶς οἰκέτης δύναται δυσὶ κυρίοις δουλεύειν· ...	→ GTh 47,1-2
c 122	**Mt 19,17**	ὁ δὲ εἶπεν αὐτῷ· τί με ἐρωτᾷς περὶ τοῦ ἀγαθοῦ; εἷς ἐστιν ὁ ἀγαθός· ...	**Mk 10,18**	ὁ δὲ Ἰησοῦς εἶπεν αὐτῷ· τί με λέγεις ἀγαθόν; οὐδεὶς ἀγαθὸς εἰ μὴ εἷς ὁ θεός.	**Lk 18,19**	εἶπεν δὲ αὐτῷ ὁ Ἰησοῦς· τί με λέγεις ἀγαθόν; οὐδεὶς ἀγαθὸς εἰ μὴ εἷς ὁ θεός.	
c 122	**Mt 19,29** → Mt 10,37	καὶ πᾶς ὅστις ἀφῆκεν οἰκίας ἢ ἀδελφοὺς ἢ ἀδελφὰς ἢ πατέρα ἢ μητέρα ἢ τέκνα ἢ ἀγροὺς ἕνεκεν τοῦ ὀνόματός μου, ἑκατονταπλασίονα λήμψεται ...	**Mk 10,29**	... ἀμὴν λέγω ὑμῖν, οὐδείς ἐστιν ὃς ἀφῆκεν οἰκίαν ἢ ἀδελφοὺς ἢ ἀδελφὰς ἢ μητέρα ἢ πατέρα ἢ τέκνα ἢ ἀγροὺς ἕνεκεν ἐμοῦ καὶ ἕνεκεν τοῦ εὐαγγελίου, [30] ἐὰν μὴ λάβῃ ἑκατονταπλασίονα ...	**Lk 18,29** → Lk 14,26	... ἀμὴν λέγω ὑμῖν ὅτι οὐδείς ἐστιν ὃς ἀφῆκεν οἰκίαν ἢ γυναῖκα ἢ ἀδελφοὺς ἢ γονεῖς ἢ τέκνα ἕνεκεν τῆς βασιλείας τοῦ θεοῦ, [30] ὃς οὐχὶ μὴ [ἀπο]λάβῃ πολλαπλασίονα ...	→ GTh 55 → GTh 101
200	**Mt 20,7**	λέγουσιν αὐτῷ· ὅτι οὐδεὶς ἡμᾶς ἐμισθώσατο. ...					
f 002					**Lk 18,34** → Mk 9,32 → Lk 9,45	καὶ αὐτοὶ οὐδὲν τούτων συνῆκαν καὶ ἦν τὸ ῥῆμα τοῦτο κεκρυμμένον ἀπ᾽ αὐτῶν καὶ οὐκ ἐγίνωσκον τὰ λεγόμενα.	
a 122	**Mt 21,2**	... καὶ εὐθέως εὑρήσετε ὄνον δεδεμένην καὶ πῶλον μετ᾽ αὐτῆς· λύσαντες ἀγάγετέ μοι.	**Mk 11,2**	... καὶ εὐθὺς εἰσπορευόμενοι εἰς αὐτὴν εὑρήσετε πῶλον δεδεμένον ἐφ᾽ ὃν οὐδεὶς οὔπω ἀνθρώπων ἐκάθισεν· λύσατε αὐτὸν καὶ φέρετε.	**Lk 19,30**	... ἐν ᾗ εἰσπορευόμενοι εὑρήσετε πῶλον δεδεμένον, ἐφ᾽ ὃν οὐδεὶς πώποτε ἀνθρώπων ἐκάθισεν, καὶ λύσαντες αὐτὸν ἀγάγετε.	
c f 220	**Mt 21,19** → Lk 13,6	καὶ ἰδὼν συκῆν μίαν ἐπὶ τῆς ὁδοῦ ἦλθεν ἐπ᾽ αὐτὴν καὶ οὐδὲν εὗρεν ἐν αὐτῇ εἰ μὴ φύλλα μόνον, ...	**Mk 11,13** → Lk 13,6	καὶ ἰδὼν συκῆν ἀπὸ μακρόθεν ἔχουσαν φύλλα ἦλθεν, εἰ ἄρα τι εὑρήσει ἐν αὐτῇ, καὶ ἐλθὼν ἐπ᾽ αὐτὴν οὐδὲν εὗρεν εἰ μὴ φύλλα· ὁ γὰρ καιρὸς οὐκ ἦν σύκων.			

	Mt		Mk		Lk		
a 221	Mt 22,16	... διδάσκαλε, οἴδαμεν ὅτι ἀληθὴς εἶ καὶ τὴν ὁδὸν τοῦ θεοῦ ἐν ἀληθείᾳ διδάσκεις καὶ οὐ μέλει σοι **περὶ οὐδενός.** οὐ γὰρ βλέπεις εἰς πρόσωπον ἀνθρώπων	Mk 12,14	... διδάσκαλε, οἴδαμεν ὅτι ἀληθὴς εἶ καὶ οὐ μέλει σοι **περὶ οὐδενός·** οὐ γὰρ βλέπεις εἰς πρόσωπον ἀνθρώπων, ἀλλ᾽ ἐπ᾽ ἀληθείας τὴν ὁδὸν τοῦ θεοῦ διδάσκεις· ...	Lk 20,21	... διδάσκαλε, οἴδαμεν ὅτι ὀρθῶς λέγεις καὶ διδάσκεις καὶ οὐ λαμβάνεις πρόσωπον, ἀλλ᾽ ἐπ᾽ ἀληθείας τὴν ὁδὸν τοῦ θεοῦ διδάσκεις·	→ Jn 3,2
211 a 121 af 112	Mt 22,46	καὶ **οὐδεὶς** ἐδύνατο ἀποκριθῆναι αὐτῷ λόγον **οὐδὲ** **ἐτόλμησέν τις** ἀπ᾽ ἐκείνης τῆς ἡμέρας ἐπερωτῆσαι αὐτὸν οὐκέτι.	Mk 12,34	... **καὶ οὐδεὶς οὐκέτι** **ἐτόλμα** αὐτὸν ἐπερωτῆσαι.	Lk 20,40	**οὐκέτι γὰρ** **ἐτόλμων** ἐπερωτᾶν αὐτὸν **οὐδέν.**	
f 200	Mt 23,16	οὐαὶ ὑμῖν, ὁδηγοὶ τυφλοὶ οἱ λέγοντες· ὃς ἂν ὀμόσῃ ἐν τῷ ναῷ, **οὐδέν** ἐστιν· ὃς δ᾽ ἂν ὀμόσῃ ἐν τῷ χρυσῷ τοῦ ναοῦ ὀφείλει.					
f 200	Mt 23,18	καί· ὃς ἂν ὀμόσῃ ἐν τῷ θυσιαστηρίῳ, **οὐδέν** ἐστιν· ὃς δ᾽ ἂν ὀμόσῃ ἐν τῷ δώρῳ τῷ ἐπάνω αὐτοῦ, ὀφείλει.					
c 220	Mt 24,36	περὶ δὲ τῆς ἡμέρας ἐκείνης καὶ ὥρας **οὐδεὶς** οἶδεν, οὐδὲ οἱ ἄγγελοι τῶν οὐρανῶν οὐδὲ ὁ υἱός, εἰ μὴ ὁ πατὴρ μόνος.	Mk 13,32	περὶ δὲ τῆς ἡμέρας ἐκείνης ἢ τῆς ὥρας **οὐδεὶς** οἶδεν, οὐδὲ οἱ ἄγγελοι ἐν οὐρανῷ οὐδὲ ὁ υἱός, εἰ μὴ ὁ πατήρ.			
f a 220	Mt 26,62	καὶ ἀναστὰς ὁ ἀρχιερεὺς εἶπεν αὐτῷ· **οὐδὲν ἀποκρίνῃ** τί οὗτοί σου καταμαρτυροῦσιν;	Mk 14,60	καὶ ἀναστὰς ὁ ἀρχιερεὺς εἰς μέσον ἐπηρώτησεν τὸν Ἰησοῦν λέγων· **οὐκ ἀποκρίνῃ οὐδέν** τί οὗτοί σου καταμαρτυροῦσιν;			
a f 120	Mt 26,63	ὁ δὲ Ἰησοῦς ἐσιώπα. ...	Mk 14,61	ὁ δὲ ἐσιώπα καὶ οὐκ ἀπεκρίνατο **οὐδέν.** ...			
f 211	Mt 27,12 ↓ Mk 15,4	καὶ ἐν τῷ κατηγορεῖσθαι αὐτὸν ὑπὸ τῶν ἀρχιερέων καὶ πρεσβυτέρων **οὐδὲν** ἀπεκρίνατο.	Mk 15,3	καὶ κατηγόρουν αὐτοῦ οἱ ἀρχιερεῖς πολλά.	Lk 23,2 ⇨ Lk 23,10	ἤρξαντο δὲ κατηγορεῖν αὐτοῦ λέγοντες· ...	
a f 120	Mt 27,13	τότε λέγει αὐτῷ ὁ Πιλᾶτος· **οὐκ ἀκούεις** πόσα σου καταμαρτυροῦσιν;	Mk 15,4 ↑ Mt 27,12	ὁ δὲ Πιλᾶτος πάλιν ἐπηρώτα αὐτὸν λέγων· **οὐκ ἀποκρίνῃ οὐδέν;** ἴδε πόσα σου κατηγοροῦσιν.	Lk 23,9	[8] ὁ δὲ Ἡρῴδης ... [9] ἐπηρώτα δὲ αὐτὸν ἐν λόγοις ἱκανοῖς,	→ Jn 19,9-10 Mt/Mk: before Pilate; Lk: before Herod.
a f 120	Mt 27,14	καὶ **οὐκ** **ἀπεκρίθη** αὐτῷ πρὸς οὐδὲ ἓν ῥῆμα, ὥστε θαυμάζειν τὸν ἡγεμόνα λίαν.	Mk 15,5	ὁ δὲ Ἰησοῦς **οὐκέτι οὐδὲν** **ἀπεκρίθη,** ὥστε θαυμάζειν τὸν Πιλᾶτον.		αὐτὸς δὲ **οὐδὲν** **ἀπεκρίνατο** αὐτῷ.	

	Mt		Mk		Lk		
002					Lk 23,4 → Lk 23,14 ↓ Mt 27,23 ↓ Mk 15,14 ↓ Lk 23,22	ὁ δὲ Πιλᾶτος εἶπεν πρὸς τοὺς ἀρχιερεῖς καὶ τοὺς ὄχλους· **οὐδὲν εὑρίσκω αἴτιον** ἐν τῷ ἀνθρώπῳ τούτῳ.	→ Jn 18,38 → Acts 13,28
af 002	Mt 27,14	καὶ **οὐκ ἀπεκρίθη** αὐτῷ πρὸς οὐδὲ ἓν ῥῆμα, ὥστε θαυμάζειν τὸν ἡγεμόνα λίαν.	Mk 15,5	ὁ δὲ Ἰησοῦς **οὐκέτι οὐδὲν ἀπεκρίθη**, ὥστε θαυμάζειν τὸν Πιλᾶτον.	Lk 23,9	... αὐτὸς δὲ **οὐδὲν ἀπεκρίνατο** αὐτῷ.	Mt/Mk: before Pilate; Lk: before Herod
002					Lk 23,15	ἀλλ' οὐδὲ Ἡρῴδης, ἀνέπεμψεν γὰρ αὐτὸν πρὸς ἡμᾶς, καὶ ἰδοὺ **οὐδὲν ἄξιον θανάτου** ἐστὶν πεπραγμένον αὐτῷ·	→ Jn 18,38
112	Mt 27,23	ὁ δὲ ἔφη· τί γὰρ κακὸν ἐποίησεν; ...	Mk 15,14	ὁ δὲ Πιλᾶτος ἔλεγεν αὐτοῖς· τί γὰρ ἐποίησεν κακόν; ...	Lk 23,22 ↑ Lk 23,4 → Lk 23,14 → Lk 23,16	ὁ δὲ τρίτον εἶπεν πρὸς αὐτούς· τί γὰρ κακὸν ἐποίησεν οὗτος; **οὐδὲν αἴτιον θανάτου** εὗρον ἐν αὐτῷ· παιδεύσας οὖν αὐτὸν ἀπολύσω.	→ Jn 19,6 → Acts 13,28
bf 211	Mt 27,24	ἰδὼν δὲ ὁ Πιλᾶτος ὅτι **οὐδὲν** ὠφελεῖ ἀλλὰ μᾶλλον θόρυβος γίνεται, λαβὼν ὕδωρ ἀπενίψατο τὰς χεῖρας ἀπέναντι τοῦ ὄχλου λέγων· ἀθῷός εἰμι ἀπὸ τοῦ αἵματος τούτου· ὑμεῖς ὄψεσθε.	Mk 15,15	ὁ δὲ Πιλᾶτος βουλόμενος τῷ ὄχλῳ τὸ ἱκανὸν ποιῆσαι ...	Lk 23,24	καὶ Πιλᾶτος ἐπέκρινεν γενέσθαι τὸ αἴτημα αὐτῶν·	
002					Lk 23,41	καὶ ἡμεῖς μὲν δικαίως, ἄξια γὰρ ὧν ἐπράξαμεν ἀπολαμβάνομεν· οὗτος δὲ **οὐδὲν ἄτοπον** ἔπραξεν.	
a 112	Mt 27,60	καὶ ἔθηκεν αὐτὸ ἐν τῷ καινῷ αὐτοῦ μνημείῳ ὃ ἐλατόμησεν ἐν τῇ πέτρᾳ καὶ προσκυλίσας λίθον μέγαν τῇ θύρᾳ τοῦ μνημείου ἀπῆλθεν.	Mk 15,46	... καὶ ἔθηκεν αὐτὸν ἐν μνημείῳ ὃ ἦν λελατομημένον ἐκ πέτρας καὶ προσεκύλισεν λίθον ἐπὶ τὴν θύραν τοῦ μνημείου.	Lk 23,53	... καὶ ἔθηκεν αὐτὸν ἐν μνήματι λαξευτῷ οὗ οὐκ ἦν **οὐδεὶς** οὔπω κείμενος.	→ Jn 19,41
a 121 af 121	Mt 28,8	καὶ ἀπελθοῦσαι ταχὺ ἀπὸ τοῦ μνημείου μετὰ φόβου καὶ χαρᾶς μεγάλης ἔδραμον ἀπαγγεῖλαι **τοῖς μαθηταῖς αὐτοῦ**.	Mk 16,8 (2)	καὶ ἐξελθοῦσαι ἔφυγον ἀπὸ τοῦ μνημείου, εἶχεν γὰρ αὐτὰς τρόμος καὶ ἔκστασις· καὶ **οὐδενὶ** **οὐδὲν** εἶπαν· ἐφοβοῦντο γάρ.	Lk 24,9	καὶ ὑποστρέψασαι ἀπὸ τοῦ μνημείου ἀπήγγειλαν **ταῦτα πάντα** **τοῖς ἕνδεκα** καὶ πᾶσιν τοῖς λοιποῖς.	→ Jn 20,2.18

[a] οὐδείς in a double negative
[b] οὐδεὶς ..., ἀλλά / οὐδεὶς ..., δέ
[c] οὐδεὶς ..., εἰ μή / ἐὰν μή
[d] οὐδεὶς and χωρίς / ἐκτός / πλήν
[e] εἰ ..., οὐδείς
[f] οὐδέν (neuter noun)
[g] οὐδεὶς δέ
[h] οὐδεὶς γάρ

a **Acts 4,12** καὶ οὐκ ἔστιν
ἐν ἄλλῳ οὐδενὶ
ἡ σωτηρία, οὐδὲ γὰρ ὄνομά ἐστιν ἕτερον ὑπὸ τὸν οὐρανὸν τὸ δεδομένον ἐν ἀνθρώποις ἐν ᾧ δεῖ σωθῆναι ἡμᾶς.

f **Acts 4,14** τόν τε ἄνθρωπον βλέποντες σὺν αὐτοῖς ἑστῶτα τὸν τεθεραπευμένον
οὐδὲν
εἶχον ἀντειπεῖν.

b **Acts 5,13** **τῶν δὲ λοιπῶν οὐδεὶς**
ἐτόλμα κολλᾶσθαι αὐτοῖς, ἀλλ᾽ ἐμεγάλυνεν αὐτοὺς ὁ λαός.

Acts 5,23 ... τὸ δεσμωτήριον εὕρομεν κεκλεισμένον ἐν πάσῃ ἀσφαλείᾳ καὶ τοὺς φύλακας ἑστῶτας ἐπὶ τῶν θυρῶν, ἀνοίξαντες δὲ ἔσω
οὐδένα
εὕρομεν.

f **Acts 5,36** ... καὶ πάντες ὅσοι ἐπείθοντο αὐτῷ διελύθησαν καὶ ἐγένοντο
εἰς οὐδέν.

a b **Acts 8,16** οὐδέπω γὰρ ἦν
ἐπ᾽ οὐδενὶ αὐτῶν
ἐπιπεπτωκός, μόνον δὲ βεβαπτισμένοι ὑπῆρχον εἰς τὸ ὄνομα τοῦ κυρίου Ἰησοῦ.

f **Acts 9,8** ἠγέρθη δὲ Σαῦλος ἀπὸ τῆς γῆς, ἀνεῳγμένων δὲ τῶν ὀφθαλμῶν αὐτοῦ
οὐδὲν
ἔβλεπεν· ...

Acts 17,21 Ἀθηναῖοι δὲ πάντες καὶ οἱ ἐπιδημοῦντες ξένοι
εἰς οὐδὲν ἕτερον
ηὐκαίρουν ἢ λέγειν τι ἢ ἀκούειν τι καινότερον.

Acts 18,10 διότι ἐγώ εἰμι μετὰ σοῦ καὶ
οὐδεὶς
ἐπιθήσεταί σοι τοῦ κακῶσαί σε, διότι λαός ἐστί μοι πολὺς ἐν τῇ πόλει ταύτῃ.

f **Acts 18,17** ἐπιλαβόμενοι δὲ πάντες Σωσθένην τὸν ἀρχισυνάγωγον ἔτυπτον ἔμπροσθεν τοῦ βήματος· καὶ
οὐδὲν τούτων
τῷ Γαλλίωνι ἔμελεν.

f **Acts 20,20** ὡς
οὐδὲν ὑπεστειλάμην τῶν συμφερόντων
τοῦ μὴ ἀναγγεῖλαι ὑμῖν καὶ διδάξαι ὑμᾶς δημοσίᾳ καὶ κατ᾽ οἴκους

Acts 20,24 ἀλλ᾽
οὐδενὸς λόγου
ποιοῦμαι τὴν ψυχὴν τιμίαν ἐμαυτῷ ὡς τελειῶσαι τὸν δρόμον μου καὶ τὴν διακονίαν ἣν ἔλαβον παρὰ τοῦ κυρίου Ἰησοῦ, ...

Acts 20,33 **ἀργυρίου ἢ χρυσίου ἢ ἱματισμοῦ οὐδενὸς**
ἐπεθύμησα·

bf **Acts 21,24** ... καὶ γνώσονται πάντες ὅτι ὧν κατήχηνται περὶ σοῦ
οὐδέν
ἐστιν ἀλλὰ στοιχεῖς καὶ αὐτὸς φυλάσσων τὸν νόμον.

Acts 23,9 ... καὶ ἀναστάντες τινὲς τῶν γραμματέων τοῦ μέρους τῶν Φαρισαίων διεμάχοντο λέγοντες·
οὐδὲν κακὸν
εὑρίσκομεν ἐν τῷ ἀνθρώπῳ τούτῳ· ...

f **Acts 25,10** ... Ἰουδαίους
οὐδὲν
ἠδίκησα ὡς καὶ σὺ κάλλιον ἐπιγινώσκεις.

f **Acts 25,11 (2)** εἰ μὲν οὖν ἀδικῶ καὶ ἄξιον θανάτου πέπραχά τι, οὐ παραιτοῦμαι τὸ ἀποθανεῖν· εἰ δὲ
οὐδέν
ἐστιν ὧν οὗτοι κατηγοροῦσίν μου,
e **οὐδείς**
με δύναται αὐτοῖς χαρίσασθαι· Καίσαρα ἐπικαλοῦμαι.

Acts 25,18 περὶ οὗ σταθέντες οἱ κατήγοροι
οὐδεμίαν αἰτίαν ἔφερον ὧν ἐγὼ ὑπενόουν πονηρῶν

df **Acts 26,22** ἐπικουρίας οὖν τυχὼν τῆς ἀπὸ τοῦ θεοῦ ἄχρι τῆς ἡμέρας ταύτης ἕστηκα μαρτυρόμενος μικρῷ τε καὶ μεγάλῳ
οὐδὲν ἐκτὸς
λέγων ὧν τε οἱ προφῆται ἐλάλησαν μελλόντων γίνεσθαι καὶ Μωϋσῆς

Acts 26,31 καὶ ἀναχωρήσαντες ἐλάλουν πρὸς ἀλλήλους λέγοντες ὅτι
οὐδὲν θανάτου ἢ δεσμῶν ἄξιον [τι]
πράσσει ὁ ἄνθρωπος οὗτος.

d **Acts 27,22** ... **ἀποβολὴ γὰρ ψυχῆς οὐδεμία**
ἔσται ἐξ ὑμῶν πλὴν τοῦ πλοίου.

h **Acts 27,34** → Lk 12,7 → Lk 21,18 ... τοῦτο γὰρ πρὸς τῆς ὑμετέρας σωτηρίας ὑπάρχει,
οὐδενὸς γὰρ ὑμῶν θρὶξ
ἀπὸ τῆς κεφαλῆς ἀπολεῖται.

Acts 28,5 ὁ μὲν οὖν ἀποτινάξας τὸ θηρίον εἰς τὸ πῦρ ἔπαθεν
οὐδὲν κακόν

Acts 28,17 ... ἐγώ, ἄνδρες ἀδελφοί,
οὐδὲν ἐναντίον
ποιήσας τῷ λαῷ ἢ τοῖς ἔθεσι τοῖς πατρῴοις δέσμιος ἐξ Ἱεροσολύμων παρεδόθην εἰς τὰς χεῖρας τῶν Ῥωμαίων

οὐδέποτε	Syn 9	Mt 5	Mk 2	Lk 2	Acts 3	Jn 1	1-3John	Paul 1	Eph	Col
	NT 16	2Thess	1/2Tim	Tit	Heb 2	Jas	1Pet	2Pet	Jude	Rev

never

	triple tradition																	double tradition			Sondergut		
		+Mt / +Lk			−Mt / −Lk			traditions not taken over by Mt / Lk							subtotals								
code	*222*	*211*	*112*	*212*	*221*	*122*	*121*	*022*	*012*	*021*	*220*	*120*	*210*	*020*	Σ⁺	Σ⁻	Σ	*202*	*201*	*102*	*200*	*002*	total
Mt		2⁺					2⁻								2⁺	2⁻	2		2		1		**5**
Mk							2										2						**2**
Lk							2⁻									2⁻						2	**2**

a οὐδέποτε interrogative

     121	**Mt 9,8**	ἰδόντες δὲ οἱ ὄχλοι ἐφοβήθησαν καὶ ἐδόξασαν τὸν θεὸν τὸν δόντα ἐξουσίαν τοιαύτην τοῖς ἀνθρώποις.	**Mk 2,12**	... ὥστε ἐξίστασθαι πάντας καὶ δοξάζειν τὸν θεὸν λέγοντας ὅτι **οὕτως οὐδέποτε εἴδομεν.**	**Lk 5,26**	καὶ ἔκστασις ἔλαβεν ἅπαντας καὶ ἐδόξαζον τὸν θεὸν καὶ ἐπλήσθησαν φόβου λέγοντες ὅτι **εἴδομεν παράδοξα** σήμερον.	
a 121	**Mt 12,3**	ὁ δὲ εἶπεν αὐτοῖς· **οὐκ ἀνέγνωτε** τί ἐποίησεν Δαυὶδ ὅτε ἐπείνασεν καὶ οἱ μετ᾽ αὐτοῦ	**Mk 2,25**	καὶ λέγει αὐτοῖς· **οὐδέποτε ἀνέγνωτε** τί ἐποίησεν Δαυίδ, ὅτε χρείαν ἔσχεν καὶ ἐπείνασεν αὐτὸς καὶ οἱ μετ᾽ αὐτοῦ	**Lk 6,3**	καὶ ἀποκριθεὶς πρὸς αὐτοὺς εἶπεν ὁ Ἰησοῦς· **οὐδὲ τοῦτο ἀνέγνωτε** ὃ ἐποίησεν Δαυὶδ ὅτε ἐπείνασεν αὐτὸς καὶ οἱ μετ᾽ αὐτοῦ [ὄντες]	
  201	**Mt 7,23** → Mt 13,41 → Mt 25,12 → Mt 25,41	καὶ τότε ὁμολογήσω αὐτοῖς ὅτι **οὐδέποτε ἔγνων** ὑμᾶς· *ἀποχωρεῖτε ἀπ᾽ ἐμοῦ οἱ ἐργαζόμενοι τὴν ἀνομίαν.* ➤ Ps 6,9/1Macc 3,6			**Lk 13,27** → Lk 13,25	καὶ ἐρεῖ λέγων ὑμῖν· **οὐκ οἶδα** [ὑμᾶς] πόθεν ἐστέ· *ἀπόστητε ἀπ᾽ ἐμοῦ, πάντες ἐργάται ἀδικίας.* ➤ Ps 6,9/1Macc 3,6	
     201	**Mt 9,33** ⇨ Mt 12,22-23	καὶ ἐκβληθέντος τοῦ δαιμονίου ἐλάλησεν ὁ κωφός. καὶ ἐθαύμασαν οἱ ὄχλοι λέγοντες· **οὐδέποτε ἐφάνη** οὕτως ἐν τῷ Ἰσραήλ.			**Lk 11,14**	... ἐγένετο δὲ τοῦ δαιμονίου ἐξελθόντος ἐλάλησεν ὁ κωφὸς καὶ ἐθαύμασαν οἱ ὄχλοι.	
  002 002					**Lk 15,29 (2)**	... ἰδοὺ τοσαῦτα ἔτη δουλεύω σοι καὶ **οὐδέποτε ἐντολήν σου παρῆλθον,** καὶ ἐμοὶ **οὐδέποτε ἔδωκας** ἔριφον ἵνα μετὰ τῶν φίλων μου εὐφρανθῶ·	
a 200	**Mt 21,16** → Lk 19,39-40	... ὁ δὲ Ἰησοῦς λέγει αὐτοῖς· ναί· **οὐδέποτε ἀνέγνωτε** ὅτι *ἐκ στόματος νηπίων καὶ θηλαζόντων κατηρτίσω αἶνον;* ➤ Ps 8,3 LXX					

	Mt		Mk		Lk		
a 211	**Mt 21,42**	λέγει αὐτοῖς ὁ Ἰησοῦς· **οὐδέποτε ἀνέγνωτε ἐν ταῖς γραφαῖς·** *λίθον ὃν ἀπεδοκίμασαν οἱ οἰκοδομοῦντες, οὗτος ἐγενήθη εἰς κεφαλὴν γωνίας·* ... ➤ Ps 118,22	**Mk 12,10**	 **οὐδὲ τὴν γραφὴν ταύτην ἀνέγνωτε·** *λίθον ὃν ἀπεδοκίμασαν οἱ οἰκοδομοῦντες, οὗτος ἐγενήθη εἰς κεφαλὴν γωνίας·* ➤ Ps 118,22	**Lk 20,17**	ὁ δὲ ἐμβλέψας αὐτοῖς εἶπεν· **τί οὖν ἐστιν τὸ γεγραμμένον τοῦτο·** *λίθον ὃν ἀπεδοκίμασαν οἱ οἰκοδομοῦντες, οὗτος ἐγενήθη εἰς κεφαλὴν γωνίας;* ➤ Ps 118,22	→ Acts 4,11 → GTh 66
   211	**Mt 26,33**	... εἰ πάντες σκανδαλισθήσονται ἐν σοί, **ἐγὼ οὐδέποτε σκανδαλισθήσομαι.**	**Mk 14,29**	... εἰ καὶ πάντες σκανδαλισθήσονται, **ἀλλ' οὐκ ἐγώ.**	**Lk 22,33** → Mt 26,35 → Mk 14,31	... κύριε, μετὰ σοῦ ἕτοιμός εἰμι καὶ εἰς φυλακὴν καὶ εἰς θάνατον πορεύεσθαι.	→ Jn 13,37

Acts 10,14 ... μηδαμῶς, κύριε, ὅτι **οὐδέποτε ἔφαγον** πᾶν κοινὸν καὶ ἀκάθαρτον.

Acts 11,8 ... μηδαμῶς, κύριε, ὅτι κοινὸν ἢ ἀκάθαρτον **οὐδέποτε εἰσῆλθεν** εἰς τὸ στόμα μου.

Acts 14,8 καί τις ἀνὴρ ἀδύνατος ἐν Λύστροις τοῖς ποσὶν ἐκάθητο, χωλὸς ἐκ κοιλίας μητρὸς αὐτοῦ ὃς **οὐδέποτε περιεπάτησεν.**

οὐθείς	Syn 2	Mt	Mk	Lk 2	Acts 3	Jn	1-3John	Paul 2	Eph	Col
	NT 7	2Thess	1/2Tim	Tit	Heb	Jas	1Pet	2Pet	Jude	Rev

no; no one; nobody; nothing

	Mt	Mk	Lk		
002			**Lk 22,35** → Mt 10,9-10 → Mk 6,8-9 → Lk 9,3 → Lk 10,4	καὶ εἶπεν αὐτοῖς· ὅτε ἀπέστειλα ὑμᾶς ἄτερ βαλλαντίου καὶ πήρας καὶ ὑποδημάτων, μή τινος ὑστερήσατε; οἱ δὲ εἶπαν· **οὐθενός.**	
002			**Lk 23,14** → Lk 23,2 → Lk 23,4 → Mt 27,23 → Mk 15,14 → Lk 23,22	... προσηνέγκατέ μοι τὸν ἄνθρωπον τοῦτον ὡς ἀποστρέφοντα τὸν λαόν, καὶ ἰδοὺ ἐγὼ ἐνώπιον ὑμῶν ἀνακρίνας **οὐθὲν** εὗρον ἐν τῷ ἀνθρώπῳ τούτῳ αἴτιον ὧν κατηγορεῖτε κατ' αὐτοῦ.	→ Jn 18,38b → Jn 19,4 → Acts 13,28

Acts 15,9 καὶ **οὐθὲν** διέκρινεν μεταξὺ ἡμῶν τε καὶ αὐτῶν τῇ πίστει καθαρίσας τὰς καρδίας αὐτῶν.

Acts 19,27 οὐ μόνον δὲ τοῦτο κινδυνεύει ἡμῖν τὸ μέρος εἰς ἀπελεγμὸν ἐλθεῖν ἀλλὰ καὶ τὸ τῆς μεγάλης θεᾶς Ἀρτέμιδος ἱερὸν **εἰς οὐθὲν** λογισθῆναι, μέλλειν τε καὶ καθαιρεῖσθαι τῆς μεγαλειότητος αὐτῆς ἣν ὅλη ἡ Ἀσία καὶ ἡ οἰκουμένη σέβεται.

Acts 26,26 ἐπίσταται γὰρ περὶ τούτων ὁ βασιλεὺς πρὸς ὃν καὶ παρρησιαζόμενος λαλῶ, λανθάνειν γὰρ αὐτὸν [τι] τούτων οὐ πείθομαι **οὐθέν·** οὐ γάρ ἐστιν ἐν γωνίᾳ πεπραγμένον τοῦτο.

# οὐκέτι	Syn 12	Mt 2	Mk 7	Lk 3	Acts 3	Jn 12	1-3John	Paul 14	Eph 1	Col
	NT 47	2Thess	1/2Tim	Tit	Heb 2	Jas	1Pet	2Pet	Jude	Rev 3

no more; no longer; no further

	triple tradition																	double tradition			Sondergut		
		+Mt / +Lk			−Mt / −Lk			traditions not taken over by Mt / Lk							subtotals								
code	*222*	*211*	*112*	*212*	*221*	*122*	*121*	*022*	*012*	*021*	*220*	*120*	*210*	*020*	Σ⁺	Σ⁻	Σ	*202*	*201*	*102*	*200*	*002*	total
Mt	1						3^-				1	2^-				5^-	2						**2**
Mk	1						3				1	2					7						**7**
Lk	1						3^-									3^-	1					2	**3**

a οὐκέτι in a double negative

code	Mt		Mk		Lk		
a 121	**Mt 8,28**	... ὑπήντησαν αὐτῷ δύο δαιμονιζόμενοι ἐκ τῶν μνημείων ἐξερχόμενοι, χαλεποὶ λίαν, ...	**Mk 5,3**	[2] ... εὐθὺς ὑπήντησεν αὐτῷ ἐκ τῶν μνημείων ἄνθρωπος ἐν πνεύματι ἀκαθάρτῳ, [3] ὃς τὴν κατοίκησιν εἶχεν ἐν τοῖς μνήμασιν, καὶ οὐδὲ ἁλύσει **οὐκέτι οὐδεὶς** ἐδύνατο αὐτὸν δῆσαι	**Lk 8,27**	... ὑπήντησεν ἀνήρ τις ἐκ τῆς πόλεως ἔχων δαιμόνια καὶ χρόνῳ ἱκανῷ οὐκ ἐνεδύσατο ἱμάτιον καὶ ἐν οἰκίᾳ οὐκ ἔμενεν ἀλλ' ἐν τοῖς μνήμασιν.	
a 120	**Mt 15,6**	**οὐ μὴ τιμήσει** τὸν πατέρα αὐτοῦ· ...	**Mk 7,12**	**οὐκέτι ἀφίετε αὐτὸν** **οὐδὲν ποιῆσαι** τῷ πατρὶ ἢ τῇ μητρί			
a 121	**Mt 17,8**	ἐπάραντες δὲ τοὺς ὀφθαλμοὺς αὐτῶν **οὐδένα** εἶδον εἰ μὴ αὐτὸν Ἰησοῦν μόνον.	**Mk 9,8**	καὶ ἐξάπινα περιβλεψάμενοι **οὐκέτι οὐδένα** εἶδον ἀλλὰ τὸν Ἰησοῦν μόνον μεθ' ἑαυτῶν.	**Lk 9,36**	καὶ ἐν τῷ γενέσθαι τὴν φωνὴν εὑρέθη Ἰησοῦς μόνος. ...	
002					**Lk 15,19**	[18] ἀναστὰς πορεύσομαι πρὸς τὸν πατέρα μου καὶ ἐρῶ αὐτῷ· πάτερ, ἥμαρτον εἰς τὸν οὐρανὸν καὶ ἐνώπιόν σου, [19] **οὐκέτι εἰμὶ** ἄξιος κληθῆναι υἱός σου· ...	
002					**Lk 15,21**	... πάτερ, ἥμαρτον εἰς τὸν οὐρανὸν καὶ ἐνώπιόν σου, **οὐκέτι εἰμὶ** ἄξιος κληθῆναι υἱός σου.	
220	**Mt 19,6**	[5] ... *καὶ ἔσονται οἱ δύο* *εἰς σάρκα μίαν.* [6] ὥστε **οὐκέτι εἰσὶν** δύο ἀλλὰ σὰρξ μία. ... ➤ Gen 2,24 LXX	**Mk 10,8**	*καὶ ἔσονται οἱ δύο* *εἰς σάρκα μίαν·* ὥστε **οὐκέτι εἰσὶν** δύο ἀλλὰ μία σάρξ. ➤ Gen 2,24 LXX			
a 222	**Mt 22,46**	καὶ οὐδεὶς ἐδύνατο ἀποκριθῆναι αὐτῷ λόγον οὐδὲ ἐτόλμησέν τις ἀπ' ἐκείνης τῆς ἡμέρας ἐπερωτῆσαι αὐτὸν **οὐκέτι.**	**Mk 12,34**	... καὶ οὐδεὶς **οὐκέτι** ἐτόλμα αὐτὸν ἐπερωτῆσαι.	**Lk 20,40**	**οὐκέτι** γὰρ ἐτόλμων ἐπερωτᾶν αὐτὸν οὐδέν.	

	Mt		Mk		Lk		
a 121	**Mt 26,29**	λέγω δὲ ὑμῖν, **οὐ μὴ πίω** ἀπ' ἄρτι ἐκ τούτου τοῦ γενήματος τῆς ἀμπέλου ἕως τῆς ἡμέρας ἐκείνης ὅταν αὐτὸ πίνω μεθ' ὑμῶν καινὸν ἐν τῇ βασιλείᾳ τοῦ πατρός μου.	**Mk 14,25**	ἀμὴν λέγω ὑμῖν ὅτι **οὐκέτι οὐ μὴ πίω** ἐκ τοῦ γενήματος τῆς ἀμπέλου ἕως τῆς ἡμέρας ἐκείνης ὅταν αὐτὸ πίνω καινὸν ἐν τῇ βασιλείᾳ τοῦ θεοῦ.	**Lk 22,18** → Lk 22,16	λέγω γὰρ ὑμῖν, [ὅτι] **οὐ μὴ πίω** ἀπὸ τοῦ νῦν ἀπὸ τοῦ γενήματος τῆς ἀμπέλου ἕως οὗ ἡ βασιλεία τοῦ θεοῦ ἔλθῃ.	
a 120	**Mt 27,14**	καὶ **οὐκ ἀπεκρίθη** αὐτῷ πρὸς οὐδὲ ἓν ῥῆμα, ὥστε θαυμάζειν τὸν ἡγεμόνα λίαν.	**Mk 15,5**	ὁ δὲ Ἰησοῦς **οὐκέτι οὐδὲν ἀπεκρίθη,** ὥστε θαυμάζειν τὸν Πιλᾶτον.	**Lk 23,9**	... αὐτὸς δὲ **οὐδὲν ἀπεκρίνατο** αὐτῷ.	Mt/Mk: before Pilate; Lk: before Herod

a **Acts 8,39** ὅτε δὲ ἀνέβησαν ἐκ τοῦ ὕδατος, πνεῦμα κυρίου ἥρπασεν τὸν Φίλιππον, καὶ **οὐκ εἶδεν αὐτὸν οὐκέτι** ὁ εὐνοῦχος, ἐπορεύετο γὰρ τὴν ὁδὸν αὐτοῦ χαίρων.

Acts 20,25 καὶ νῦν ἰδοὺ ἐγὼ οἶδα ὅτι **οὐκέτι ὄψεσθε** τὸ πρόσωπόν μου ὑμεῖς πάντες ἐν οἷς διῆλθον κηρύσσων τὴν βασιλείαν.

Acts 20,38 ὀδυνώμενοι μάλιστα ἐπὶ τῷ λόγῳ ᾧ εἰρήκει, ὅτι **οὐκέτι μέλλουσιν τὸ πρόσωπον αὐτοῦ θεωρεῖν.** προέπεμπον δὲ αὐτὸν εἰς τὸ πλοῖον.

οὖν

	Syn	Mt	Mk	Lk	Acts	Jn	1-3John	Paul	Eph	Col
	94	56	5	33	61	199	1	91	7	5
	NT	2Thess	1/2Tim	Tit	Heb	Jas	1Pet	2Pet	Jude	Rev
	497	1	7		13	5	6	1		6

so; therefore; consequently; accordingly; then; so; as has been said

	triple tradition																	double tradition			Sondergut		
		+Mt / +Lk			–Mt / –Lk			traditions not taken over by Mt / Lk							subtotals								
code	*222*	*211*	*112*	*212*	*221*	*122*	*121*	*022*	*012*	*021*	*220*	*120*	*210*	*020*	Σ^+	Σ^-	Σ	*202*	*201*	*102*	*200*	*002*	total
Mt	1	6^+		2^+	2						2		3^+		11^+		16	5	14		21		**56**
Mk	1				2						2						5						**5**
Lk	1		6^+	2^+	2^-				1^+						9^+	2^-	10	5		7		11	**33**

a εἰ οὖν
b ἐάν οὖν
c ὅταν οὖν
d μή οὖν
e μὲν οὖν
f οὖν in an interrogative phrase

200	**Mt 1,17**	πᾶσαι **οὖν** αἱ γενεαὶ ἀπὸ Ἀβραὰμ ἕως Δαυὶδ γενεαὶ δεκατέσσαρες, ...			
102	**Mt 3,7** → Mt 12,34 → Mt 23,33	ἰδὼν δὲ πολλοὺς τῶν Φαρισαίων καὶ Σαδδουκαίων ἐρχομένους ἐπὶ τὸ βάπτισμα αὐτοῦ εἶπεν αὐτοῖς· γεννήματα ἐχιδνῶν, ...	**Lk 3,7** → Mk 1,5	ἔλεγεν **οὖν** τοῖς ἐκπορευομένοις ὄχλοις βαπτισθῆναι ὑπ' αὐτοῦ· γεννήματα ἐχιδνῶν, ...	
202	**Mt 3,8**	ποιήσατε **οὖν** καρπὸν ἄξιον τῆς μετανοίας	**Lk 3,8**	ποιήσατε **οὖν** καρποὺς ἀξίους τῆς μετανοίας ...	

202	**Mt 3,10** ⇩ Mt 7,19	ἤδη δὲ ἡ ἀξίνη πρὸς τὴν ῥίζαν τῶν δένδρων κεῖται· πᾶν οὖν δένδρον μὴ ποιοῦν καρπὸν καλὸν ἐκκόπτεται καὶ εἰς πῦρ βάλλεται.	**Lk 3,9**	ἤδη δὲ καὶ ἡ ἀξίνη πρὸς τὴν ῥίζαν τῶν δένδρων κεῖται· πᾶν οὖν δένδρον μὴ ποιοῦν καρπὸν καλὸν ἐκκόπτεται καὶ εἰς πῦρ βάλλεται.	
	Mt 7,19 ⇧ Mt 3,10	πᾶν δένδρον μὴ ποιοῦν καρπὸν καλὸν ἐκκόπτεται καὶ εἰς πῦρ βάλλεται.			
f 002			**Lk 3,10**	καὶ ἐπηρώτων αὐτὸν οἱ ὄχλοι λέγοντες· τί οὖν ποιήσωμεν;	
e 002			**Lk 3,18**	πολλὰ μὲν οὖν καὶ ἕτερα παρακαλῶν εὐηγγελίζετο τὸν λαόν.	
102	**Mt 4,9**	... ταῦτά σοι πάντα δώσω, ἐὰν πεσὼν προσκυνήσῃς μοι.	**Lk 4,7**	[6] ... σοὶ δώσω τὴν ἐξουσίαν ταύτην ἅπασαν ... [7] σὺ οὖν ἐὰν προσκυνήσῃς ἐνώπιον ἐμοῦ, ἔσται σοῦ πᾶσα.	
b 200	**Mt 5,19**	ὃς ἐὰν οὖν λύσῃ μίαν τῶν ἐντολῶν τούτων τῶν ἐλαχίστων ...			
b 200	**Mt 5,23**	ἐὰν οὖν προσφέρῃς τὸ δῶρόν σου ἐπὶ τὸ θυσιαστήριον ...			
201	**Mt 5,48**	ἔσεσθε οὖν ὑμεῖς τέλειοι ὡς ὁ πατὴρ ὑμῶν ὁ οὐράνιος τέλειός ἐστιν.	**Lk 6,36**	γίνεσθε οἰκτίρμονες καθὼς [καὶ] ὁ πατὴρ ὑμῶν οἰκτίρμων ἐστίν.	
c 200	**Mt 6,2**	ὅταν οὖν ποιῇς ἐλεημοσύνην, μὴ σαλπίσῃς ἔμπροσθέν σου, ...			→ GTh 6,1 (POxy 654)
d 200	**Mt 6,8** → Mt 6,32 → Lk 12,30	μὴ οὖν ὁμοιωθῆτε αὐτοῖς· οἶδεν γὰρ ὁ πατὴρ ὑμῶν ὧν χρείαν ἔχετε πρὸ τοῦ ὑμᾶς αἰτῆσαι αὐτόν.			
201	**Mt 6,9**	οὕτως οὖν προσεύχεσθε ὑμεῖς· Πάτερ ἡμῶν ὁ ἐν τοῖς οὐρανοῖς· ἁγιασθήτω τὸ ὄνομά σου·	**Lk 11,2**	... ὅταν προσεύχησθε λέγετε· Πάτερ, ἁγιασθήτω τὸ ὄνομά σου· ...	
b 201	**Mt 6,22**	ὁ λύχνος τοῦ σώματός ἐστιν ὁ ὀφθαλμός. ἐὰν οὖν ᾖ ὁ ὀφθαλμός σου ἁπλοῦς, ὅλον τὸ σῶμά σου φωτεινὸν ἔσται·	**Lk 11,34**	ὁ λύχνος τοῦ σώματός ἐστιν ὁ ὀφθαλμός σου. ὅταν ὁ ὀφθαλμός σου ἁπλοῦς ᾖ, καὶ ὅλον τὸ σῶμά σου φωτεινόν ἐστιν· ...	→ GTh 24 (POxy 655 - restoration)

	Mt		Mk		Lk		
a 202	**Mt 6,23**	... εἰ οὖν τὸ φῶς τὸ ἐν σοὶ σκότος ἐστίν, τὸ σκότος πόσον.			**Lk 11,35** ↓ Lk 11,36	σκόπει οὖν μὴ τὸ φῶς τὸ ἐν σοὶ σκότος ἐστίν.	→ GTh 24 (POxy 655 - restoration)
d 201	**Mt 6,31**	μὴ οὖν μεριμνήσητε λέγοντες· τί φάγωμεν; ἤ· τί πίωμεν; ...			**Lk 12,29**	καὶ ὑμεῖς μὴ ζητεῖτε τί φάγητε καὶ τί πίητε, ...	
d 200	**Mt 6,34**	μὴ οὖν μεριμνήσητε εἰς τὴν αὔριον, ἡ γὰρ αὔριον μεριμνήσει ἑαυτῆς· ...					
a 202	**Mt 7,11**	εἰ οὖν ὑμεῖς πονηροὶ ὄντες οἴδατε δόματα ἀγαθὰ διδόναι τοῖς τέκνοις ὑμῶν, ...			**Lk 11,13**	εἰ οὖν ὑμεῖς πονηροὶ ὑπάρχοντες οἴδατε δόματα ἀγαθὰ διδόναι τοῖς τέκνοις ὑμῶν, ...	
201	**Mt 7,12**	πάντα οὖν ὅσα ἐὰν θέλητε ἵνα ποιῶσιν ὑμῖν οἱ ἄνθρωποι, οὕτως καὶ ὑμεῖς ποιεῖτε αὐτοῖς· ...			**Lk 6,31**	καὶ καθὼς θέλετε ἵνα ποιῶσιν ὑμῖν οἱ ἄνθρωποι ποιεῖτε αὐτοῖς ὁμοίως.	
201	**Mt 7,24**	πᾶς οὖν ὅστις ἀκούει μου τοὺς λόγους τούτους καὶ ποιεῖ αὐτούς, ...			**Lk 6,47**	πᾶς ὁ ἐρχόμενος πρός με καὶ ἀκούων μου τῶν λόγων καὶ ποιῶν αὐτούς, ...	
202	**Mt 9,38**	δεήθητε οὖν τοῦ κυρίου τοῦ θερισμοῦ ὅπως ἐκβάλῃ ἐργάτας εἰς τὸν θερισμὸν αὐτοῦ.			**Lk 10,2**	... δεήθητε οὖν τοῦ κυρίου τοῦ θερισμοῦ ὅπως ἐργάτας ἐκβάλῃ εἰς τὸν θερισμὸν αὐτοῦ.	→ GTh 73
200	**Mt 10,16**	... γίνεσθε οὖν φρόνιμοι ὡς οἱ ὄφεις καὶ ἀκέραιοι ὡς αἱ περιστεραί.					→ GTh 39,3 (POxy 655)
d 201	**Mt 10,26**	μὴ οὖν φοβηθῆτε αὐτούς· οὐδὲν γάρ ἐστιν κεκαλυμμένον ὃ οὐκ ἀποκαλυφθήσεται καὶ κρυπτὸν ὃ οὐ γνωσθήσεται.			**Lk 12,2** ⇩ Lk 8,17	οὐδὲν δὲ συγκεκαλυμμένον ἐστὶν ὃ οὐκ ἀποκαλυφθήσεται καὶ κρυπτὸν ὃ οὐ γνωσθήσεται.	→ GTh 5 → GTh 6,5-6 (POxy 654) Mk-Q overlap
			Mk 4,22	οὐ γάρ ἐστιν κρυπτὸν ἐὰν μὴ ἵνα φανερωθῇ, οὐδὲ ἐγένετο ἀπόκρυφον ἀλλ᾽ ἵνα ἔλθῃ εἰς φανερόν.	**Lk 8,17** ⇧ Lk 12,2	οὐ γάρ ἐστιν κρυπτὸν ὃ οὐ φανερὸν γενήσεται οὐδὲ ἀπόκρυφον ὃ οὐ μὴ γνωσθῇ καὶ εἰς φανερὸν ἔλθῃ.	
d 201	**Mt 10,31**	μὴ οὖν φοβεῖσθε· πολλῶν στρουθίων διαφέρετε ὑμεῖς.			**Lk 12,7**	... μὴ φοβεῖσθε· πολλῶν στρουθίων διαφέρετε.	
201	**Mt 10,32**	πᾶς οὖν ὅστις ὁμολογήσει ἐν ἐμοὶ ἔμπροσθεν τῶν ἀνθρώπων, ...			**Lk 12,8**	... πᾶς ὃς ἂν ὁμολογήσῃ ἐν ἐμοὶ ἔμπροσθεν τῶν ἀνθρώπων, ...	

f 102	**Mt 11,16**	τίνι δὲ ὁμοιώσω τὴν γενεὰν ταύτην; ...			**Lk 7,31**	τίνι οὖν ὁμοιώσω τοὺς ἀνθρώπους τῆς γενεᾶς ταύτης καὶ τίνι εἰσὶν ὅμοιοι;	
f 002					**Lk 7,42**	μὴ ἐχόντων αὐτῶν ἀποδοῦναι ἀμφοτέροις ἐχαρίσατο. τίς οὖν αὐτῶν πλεῖον ἀγαπήσει αὐτόν;	
200	**Mt 12,12**	πόσῳ οὖν διαφέρει ἄνθρωπος προβάτου. ...					
f 201	**Mt 12,26**	καὶ εἰ ὁ σατανᾶς τὸν σατανᾶν ἐκβάλλει, ἐφ' ἑαυτὸν ἐμερίσθη· πῶς οὖν σταθήσεται ἡ βασιλεία αὐτοῦ;	**Mk 3,26**	καὶ εἰ ὁ σατανᾶς ἀνέστη ἐφ' ἑαυτὸν καὶ ἐμερίσθη, οὐ δύναται στῆναι ἀλλὰ τέλος ἔχει.	**Lk 11,18**	εἰ δὲ καὶ ὁ σατανᾶς ἐφ' ἑαυτὸν διεμερίσθη, πῶς σταθήσεται ἡ βασιλεία αὐτοῦ; ...	Mk-Q overlap
211	**Mt 13,18**	ὑμεῖς οὖν ἀκούσατε τὴν παραβολὴν τοῦ σπείραντος.	**Mk 4,13**	... οὐκ οἴδατε τὴν παραβολὴν ταύτην, καὶ πῶς πάσας τὰς παραβολὰς γνώσεσθε;	**Lk 8,11**	ἔστιν δὲ αὕτη ἡ παραβολή· ...	
012			**Mk 4,24**	... βλέπετε τί ἀκούετε. ...	**Lk 8,18**	βλέπετε οὖν πῶς ἀκούετε· ...	
f 200	**Mt 13,27**	... κύριε, οὐχὶ καλὸν σπέρμα ἔσπειρας ἐν τῷ σῷ ἀγρῷ; πόθεν οὖν ἔχει ζιζάνια;					→ GTh 57
f 200	**Mt 13,28**	... θέλεις οὖν ἀπελθόντες συλλέξωμεν αὐτά;					→ GTh 57
200	**Mt 13,40**	ὥσπερ οὖν συλλέγεται τὰ ζιζάνια καὶ πυρὶ [κατα]καίεται, οὕτως ἔσται ἐν τῇ συντελείᾳ τοῦ αἰῶνος·					
f 200	**Mt 13,56**	... πόθεν οὖν τούτῳ ταῦτα πάντα;	**Mk 6,2**	... πόθεν τούτῳ ταῦτα, ...			
f 210	**Mt 17,10**	καὶ ἐπηρώτησαν αὐτὸν οἱ μαθηταὶ λέγοντες· τί οὖν οἱ γραμματεῖς λέγουσιν ὅτι *Ἠλίαν δεῖ ἐλθεῖν* *πρῶτον;* ➤ Mal 3,23-24	**Mk 9,11**	καὶ ἐπηρώτων αὐτὸν λέγοντες· ὅτι λέγουσιν οἱ γραμματεῖς ὅτι *Ἠλίαν δεῖ ἐλθεῖν* *πρῶτον;* ➤ Mal 3,23-24			
200	**Mt 18,4** → Mt 23,12 → Lk 14,11 → Lk 18,14	ὅστις οὖν ταπεινώσει ἑαυτὸν ὡς τὸ παιδίον τοῦτο, οὗτός ἐστιν ὁ μείζων ἐν τῇ βασιλείᾳ τῶν οὐρανῶν.					

200	Mt 18,26	πεσὼν οὖν ὁ δοῦλος προσεκύνει αὐτῷ λέγων· μακροθύμησον ἐπ' ἐμοί, καὶ πάντα ἀποδώσω σοι.			
200	Mt 18,29	πεσὼν οὖν ὁ σύνδουλος αὐτοῦ παρεκάλει αὐτὸν λέγων· μακροθύμησον ἐπ' ἐμοί, καὶ ἀποδώσω σοι.			
200	Mt 18,31	ἰδόντες οὖν οἱ σύνδουλοι αὐτοῦ τὰ γενόμενα ἐλυπήθησαν σφόδρα ...			
202	Mt 9,38	δεήθητε οὖν τοῦ κυρίου τοῦ θερισμοῦ ὅπως ἐκβάλῃ ἐργάτας εἰς τὸν θερισμὸν αὐτοῦ.	Lk 10,2	... δεήθητε οὖν τοῦ κυρίου τοῦ θερισμοῦ ὅπως ἐργάτας ἐκβάλῃ εἰς τὸν θερισμὸν αὐτοῦ.	→ GTh 73
002			Lk 10,40	... κύριε, οὐ μέλει σοι ὅτι ἡ ἀδελφή μου μόνην με κατέλιπεν διακονεῖν; εἰπὲ οὖν αὐτῇ ἵνα μοι συναντιλάβηται.	
a 202	Mt 7,11	εἰ οὖν ὑμεῖς πονηροὶ ὄντες οἴδατε δόματα ἀγαθὰ διδόναι τοῖς τέκνοις ὑμῶν, ...	Lk 11,13	εἰ οὖν ὑμεῖς πονηροὶ ὑπάρχοντες οἴδατε δόματα ἀγαθὰ διδόναι τοῖς τέκνοις ὑμῶν, ...	
a 202	Mt 6,23	... εἰ οὖν τὸ φῶς τὸ ἐν σοὶ σκότος ἐστίν, τὸ σκότος πόσον.	Lk 11,35 ↓ Lk 11,36	σκόπει οὖν μὴ τὸ φῶς τὸ ἐν σοὶ σκότος ἐστίν.	→ GTh 24 (POxy 655 - restoration)
a 002			Lk 11,36 ↑ Lk 11,35	εἰ οὖν τὸ σῶμά σου ὅλον φωτεινόν, μὴ ἔχον μέρος τι σκοτεινόν, ἔσται φωτεινὸν ὅλον ὡς ὅταν ὁ λύχνος τῇ ἀστραπῇ φωτίζῃ σε.	→ GTh 24 (POxy 655 - restoration)
a 102	Mt 6,28	καὶ περὶ ἐνδύματος τί μεριμνᾶτε; καταμάθετε τὰ κρίνα τοῦ ἀγροῦ πῶς αὐξάνουσιν· ...	Lk 12,26	εἰ οὖν οὐδὲ ἐλάχιστον δύνασθε, τί περὶ τῶν λοιπῶν μεριμνᾶτε; [27] κατανοήσατε τὰ κρίνα πῶς αὐξάνει· ...	
002			Lk 13,7	... ἰδοὺ τρία ἔτη ἀφ' οὗ ἔρχομαι ζητῶν καρπὸν ἐν τῇ συκῇ ταύτῃ καὶ οὐχ εὑρίσκω· ἔκκοψον [οὖν] αὐτήν, ἱνατί καὶ τὴν γῆν καταργεῖ;	

002					**Lk 13,14**	... ἓξ ἡμέραι εἰσὶν ἐν αἷς δεῖ ἐργάζεσθαι· ἐν αὐταῖς οὖν ἐρχόμενοι θεραπεύεσθε καὶ μὴ τῇ ἡμέρᾳ τοῦ σαββάτου.	
102	**Mt 13,31**	ἄλλην παραβολὴν παρέθηκεν αὐτοῖς λέγων· ὁμοία ἐστὶν ἡ βασιλεία τῶν οὐρανῶν κόκκῳ σινάπεως, ...	**Mk 4,30**	καὶ ἔλεγεν· πῶς ὁμοιώσωμεν τὴν βασιλείαν τοῦ θεοῦ ἢ ἐν τίνι αὐτὴν παραβολῇ θῶμεν; [31] ὡς κόκκῳ σινάπεως, ...	**Lk 13,18**	ἔλεγεν οὖν· τίνι ὁμοία ἐστὶν ἡ βασιλεία τοῦ θεοῦ καὶ τίνι ὁμοιώσω αὐτήν; [19] ὁμοία ἐστὶν κόκκῳ σινάπεως, ...	→ GTh 20 Mk-Q overlap
002					**Lk 14,33** → Lk 12,33	οὕτως οὖν πᾶς ἐξ ὑμῶν ὃς οὐκ ἀποτάσσεται πᾶσιν τοῖς ἑαυτοῦ ὑπάρχουσιν οὐ δύναται εἶναί μου μαθητής.	→ Acts 2,45
102	**Mt 5,13**	ὑμεῖς ἐστε τὸ ἅλας τῆς γῆς· ἐὰν δὲ τὸ ἅλας μωρανθῇ, ἐν τίνι ἁλισθήσεται; ...	**Mk 9,50**	καλὸν τὸ ἅλας· ἐὰν δὲ τὸ ἅλας ἄναλον γένηται, ἐν τίνι αὐτὸ ἀρτύσετε; ...	**Lk 14,34**	καλὸν οὖν τὸ ἅλας· ἐὰν δὲ καὶ τὸ ἅλας μωρανθῇ, ἐν τίνι ἀρτυθήσεται;	Mk-Q overlap
a 002					**Lk 16,11**	εἰ οὖν ἐν τῷ ἀδίκῳ μαμωνᾷ πιστοὶ οὐκ ἐγένεσθε, τὸ ἀληθινὸν τίς ὑμῖν πιστεύσει;	
002					**Lk 16,27**	... ἐρωτῶ σε οὖν, πάτερ, ἵνα πέμψῃς αὐτὸν εἰς τὸν οἶκον τοῦ πατρός μου	
220	**Mt 19,6**	... ὃ οὖν ὁ θεὸς συνέζευξεν ἄνθρωπος μὴ χωριζέτω.	**Mk 10,9**	ὃ οὖν ὁ θεὸς συνέζευξεν ἄνθρωπος μὴ χωριζέτω.			
f 210	**Mt 19,7** → Mt 5,31	... τί οὖν Μωϋσῆς ἐνετείλατο δοῦναι βιβλίον ἀποστασίου καὶ ἀπολῦσαι [αὐτήν]; ➤ Deut 24,1.2	**Mk 10,4**	 ... ἐπέτρεψεν Μωϋσῆς βιβλίον ἀποστασίου γράψαι καὶ ἀπολῦσαι. ➤ Deut 24,1.2			
102	**Mt 25,14**	 ὥσπερ γὰρ ἄνθρωπος ἀποδημῶν ...	**Mk 13,34**	 ὡς ἄνθρωπος ἀπόδημος ἀφεὶς τὴν οἰκίαν αὐτοῦ ...	**Lk 19,12**	εἶπεν οὖν· ἄνθρωπός τις εὐγενὴς ἐπορεύθη εἰς χώραν μακρὰν λαβεῖν ἑαυτῷ βασιλείαν καὶ ὑποστρέψαι.	Mk-Q overlap
f 221	**Mt 21,25**	... ἐὰν εἴπωμεν· ἐξ οὐρανοῦ, ἐρεῖ ἡμῖν· διὰ τί οὖν οὐκ ἐπιστεύσατε αὐτῷ;	**Mk 11,31**	... ἐὰν εἴπωμεν· ἐξ οὐρανοῦ, ἐρεῖ· διὰ τί [οὖν] οὐκ ἐπιστεύσατε αὐτῷ;	**Lk 20,5**	... ἐὰν εἴπωμεν· ἐξ οὐρανοῦ, ἐρεῖ· διὰ τί οὐκ ἐπιστεύσατε αὐτῷ;	
cf 222	**Mt 21,40**	ὅταν οὖν ἔλθῃ ὁ κύριος τοῦ ἀμπελῶνος, τί ποιήσει τοῖς γεωργοῖς ἐκείνοις;	**Mk 12,9**	τί [οὖν] ποιήσει ὁ κύριος τοῦ ἀμπελῶνος; ...	**Lk 20,15**	... τί οὖν ποιήσει αὐτοῖς ὁ κύριος τοῦ ἀμπελῶνος;	→ GTh 65

	Mt		Mk		Lk		
f 112	Mt 21,42	... οὐδέποτε ἀνέγνωτε ἐν ταῖς γραφαῖς· *λίθον ὃν ἀπεδοκίμασαν οἱ οἰκοδομοῦντες, οὗτος ἐγενήθη εἰς κεφαλὴν γωνίας·* ... ➢ Ps 118,22	Mk 12,10	οὐδὲ τὴν γραφὴν ταύτην ἀνέγνωτε· *λίθον ὃν ἀπεδοκίμασαν οἱ οἰκοδομοῦντες, οὗτος ἐγενήθη εἰς κεφαλὴν γωνίας·* ➢ Ps 118,22	Lk 20,17	... τί **οὖν** ἐστιν τὸ γεγραμμένον τοῦτο· *λίθον ὃν ἀπεδοκίμασαν οἱ οἰκοδομοῦντες, οὗτος ἐγενήθη εἰς κεφαλὴν γωνίας;* ➢ Ps 118,22	→ Acts 4,11 → GTh 66
201	Mt 22,9	πορεύεσθε **οὖν** ἐπὶ τὰς διεξόδους τῶν ὁδῶν καὶ ὅσους ἐὰν εὕρητε καλέσατε εἰς τοὺς γάμους.			Lk 14,23 → Mt 22,10 ⇨ Lk 14,21 → Lk 16,16	... ἔξελθε εἰς τὰς ὁδοὺς καὶ φραγμοὺς καὶ ἀνάγκασον εἰσελθεῖν, ...	→ GTh 64
211	Mt 22,17	εἰπὲ **οὖν** ἡμῖν τί σοι δοκεῖ· ἔξεστιν δοῦναι κῆνσον Καίσαρι ἢ οὔ;	Mk 12,14	... ἔξεστιν δοῦναι κῆνσον Καίσαρι ἢ οὔ; δῶμεν ἢ μὴ δῶμεν;	Lk 20,22	ἔξεστιν ἡμᾶς Καίσαρι φόρον δοῦναι ἢ οὔ;	→ GTh 100
211	Mt 22,21	... ἀπόδοτε **οὖν** τὰ Καίσαρος Καίσαρι καὶ τὰ τοῦ θεοῦ τῷ θεῷ.	Mk 12,17	... τὰ Καίσαρος ἀπόδοτε Καίσαρι καὶ τὰ τοῦ θεοῦ τῷ θεῷ. ...	Lk 20,25 → Lk 23,2	**... τοίνυν** ἀπόδοτε τὰ Καίσαρος Καίσαρι καὶ τὰ τοῦ θεοῦ τῷ θεῷ.	→ GTh 100
112	Mt 22,25	ἦσαν **δὲ** παρ᾽ ἡμῖν ἑπτὰ ἀδελφοί· ...	Mk 12,20	ἑπτὰ ἀδελφοὶ ἦσαν· ...	Lk 20,29	ἑπτὰ **οὖν** ἀδελφοὶ ἦσαν· ...	
f 212	Mt 22,28	ἐν τῇ ἀναστάσει **οὖν** τίνος τῶν ἑπτὰ ἔσται γυνή; πάντες γὰρ ἔσχον αὐτήν·	Mk 12,23	ἐν τῇ ἀναστάσει [ὅταν ἀναστῶσιν] τίνος αὐτῶν ἔσται γυνή; οἱ γὰρ ἑπτὰ ἔσχον αὐτὴν γυναῖκα.	Lk 20,33	ἡ γυνὴ **οὖν** ἐν τῇ ἀναστάσει τίνος αὐτῶν γίνεται γυνή; οἱ γὰρ ἑπτὰ ἔσχον αὐτὴν γυναῖκα.	
f 211	Mt 22,43	... πῶς **οὖν** Δαυὶδ ἐν πνεύματι καλεῖ αὐτὸν κύριον λέγων· [44] *εἶπεν κύριος τῷ κυρίῳ μου· κάθου ἐκ δεξιῶν μου* ...; ➢ Ps 110,1	Mk 12,36	αὐτὸς Δαυὶδ εἶπεν ἐν τῷ πνεύματι τῷ ἁγίῳ· *εἶπεν κύριος τῷ κυρίῳ μου· κάθου ἐκ δεξιῶν μου,* ... ➢ Ps 110,1	Lk 20,42	αὐτὸς γὰρ Δαυὶδ λέγει ἐν βίβλῳ ψαλμῶν· *εἶπεν κύριος τῷ κυρίῳ μου· κάθου ἐκ δεξιῶν μου* ➢ Ps 110,1	
a 212	Mt 22,45	εἰ **οὖν** Δαυὶδ καλεῖ αὐτὸν κύριον, πῶς υἱὸς αὐτοῦ ἐστιν;	Mk 12,37	αὐτὸς Δαυὶδ λέγει αὐτὸν κύριον, καὶ πόθεν αὐτοῦ ἐστιν υἱός; ...	Lk 20,44	Δαυὶδ **οὖν** κύριον αὐτὸν καλεῖ, καὶ πῶς αὐτοῦ υἱός ἐστιν;	
200	Mt 23,3	πάντα **οὖν** ὅσα ἐὰν εἴπωσιν ὑμῖν ποιήσατε καὶ τηρεῖτε, κατὰ δὲ τὰ ἔργα αὐτῶν μὴ ποιεῖτε· ...					
200	Mt 23,20	ὁ **οὖν** ὀμόσας ἐν τῷ θυσιαστηρίῳ ὀμνύει ἐν αὐτῷ καὶ ἐν πᾶσι τοῖς ἐπάνω αὐτοῦ·					

		Mt		Mk		Lk	
f 112	**Mt 24,3**	... εἰπὲ ἡμῖν, πότε ταῦτα ἔσται καὶ τί τὸ σημεῖον τῆς σῆς παρουσίας καὶ συντελείας τοῦ αἰῶνος;	**Mk 13,4**	εἰπὸν ἡμῖν, πότε ταῦτα ἔσται καὶ τί τὸ σημεῖον ὅταν μέλλῃ ταῦτα συντελεῖσθαι πάντα;	**Lk 21,7**	... διδάσκαλε, πότε **οὖν** ταῦτα ἔσται καὶ τί τὸ σημεῖον ὅταν μέλλῃ ταῦτα γίνεσθαι;	
112	**Mt 10,19**	... μὴ μεριμνήσητε πῶς ἢ τί λαλήσητε· ...	**Mk 13,11**	... μὴ προμεριμνᾶτε τί λαλήσητε, ...	**Lk 21,14** ⇨ Lk 12,11	θέτε **οὖν** ἐν ταῖς καρδίαις ὑμῶν μὴ προμελετᾶν ἀπολογηθῆναι·	Mk-Q overlap
c 211	**Mt 24,15**	ὅταν **οὖν** ἴδητε *τὸ βδέλυγμα τῆς ἐρημώσεως* τὸ ῥηθὲν διὰ Δανιὴλ τοῦ προφήτου ἑστὸς ἐν τόπῳ ἁγίῳ, ... ➤ Dan 9,27/11,31/12,11	**Mk 13,14**	ὅταν **δὲ** ἴδητε *τὸ βδέλυγμα τῆς ἐρημώσεως* ἑστηκότα ὅπου οὐ δεῖ, ... ➤ Dan 9,27/11,31/12,11	**Lk 21,20** → Lk 19,43	ὅταν **δὲ** ἴδητε κυκλουμένην ὑπὸ στρατοπέδων Ἰερουσαλήμ, ...	
b 201	**Mt 24,26** ⇨ Mt 24,23	ἐὰν **οὖν** εἴπωσιν ὑμῖν· ἰδοὺ ἐν τῇ ἐρήμῳ ἐστίν, μὴ ἐξέλθητε· ἰδοὺ ἐν τοῖς ταμείοις, μὴ πιστεύσητε·	**Mk 13,21** → Mt 24,5 → Mk 13,6 → Lk 21,8	καὶ τότε ἐάν τις ὑμῖν εἴπῃ· ἴδε ὧδε ὁ χριστός, ἴδε ἐκεῖ, μὴ πιστεύετε·	**Lk 17,23** → Lk 17,21	καὶ ἐροῦσιν ὑμῖν· ἰδοὺ ἐκεῖ, [ἤ·] ἰδοὺ ὧδε· μὴ ἀπέλθητε μηδὲ διώξητε.	→ GTh 113
220	**Mt 24,42** → Mt 24,44 → Mt 24,50 ↓ Mt 25,13	γρηγορεῖτε **οὖν,** ὅτι οὐκ οἴδατε ποίᾳ ἡμέρᾳ ὁ κύριος ὑμῶν ἔρχεται.	**Mk 13,35** → Lk 12,38	γρηγορεῖτε **οὖν·** οὐκ οἴδατε γὰρ πότε ὁ κύριος τῆς οἰκίας ἔρχεται, ...			
211	**Mt 25,13** ↑ Mt 24,42 → Mt 24,44 → Mt 24,50	γρηγορεῖτε **οὖν,** ὅτι οὐκ οἴδατε τὴν ἡμέραν οὐδὲ τὴν ὥραν.	**Mk 13,33** → Lk 21,34	βλέπετε, ἀγρυπνεῖτε· οὐκ οἴδατε γὰρ πότε ὁ καιρός ἐστιν.	**Lk 21,36** → Lk 12,35-38 → Lk 18,1	ἀγρυπνεῖτε δὲ ἐν παντὶ καιρῷ δεόμενοι ἵνα κατισχύσητε ἐκφυγεῖν ταῦτα πάντα τὰ μέλλοντα γίνεσθαι καὶ σταθῆναι ἔμπροσθεν τοῦ υἱοῦ τοῦ ἀνθρώπου.	
201	**Mt 25,27**	ἔδει σε **οὖν** βαλεῖν τὰ ἀργύριά μου τοῖς τραπεζίταις, καὶ ἐλθὼν ἐγὼ ἐκομισάμην ἂν τὸ ἐμὸν σὺν τόκῳ.			**Lk 19,23**	καὶ διὰ τί οὐκ ἔδωκάς μου τὸ ἀργύριον ἐπὶ τράπεζαν; κἀγὼ ἐλθὼν σὺν τόκῳ ἂν αὐτὸ ἔπραξα.	
201	**Mt 25,28**	ἄρατε **οὖν** ἀπ᾽ αὐτοῦ τὸ τάλαντον ...			**Lk 19,24**	... ἄρατε ἀπ᾽ αὐτοῦ τὴν μνᾶν ...	
f 200	**Mt 26,54**	πῶς **οὖν** πληρωθῶσιν αἱ γραφαὶ ὅτι οὕτως δεῖ γενέσθαι;					
f 112	**Mt 26,63** → Mt 27,43	... καὶ ὁ ἀρχιερεὺς εἶπεν αὐτῷ· ἐξορκίζω σε κατὰ τοῦ θεοῦ τοῦ ζῶντος ἵνα ἡμῖν εἴπῃς εἰ σὺ εἶ ὁ χριστὸς ὁ υἱὸς τοῦ θεοῦ. [64] λέγει αὐτῷ ὁ Ἰησοῦς· σὺ εἶπας· ...	**Mk 14,61** → Mk 15,32	... πάλιν ὁ ἀρχιερεὺς ἐπηρώτα αὐτὸν καὶ λέγει αὐτῷ· σὺ εἶ ὁ χριστὸς ὁ υἱὸς τοῦ εὐλογητοῦ; [62] ὁ δὲ Ἰησοῦς εἶπεν· ἐγώ εἰμι, ...	**Lk 22,70**	[67] λέγοντες· εἰ σὺ εἶ ὁ χριστός, εἰπὸν ἡμῖν. ... [70] εἶπαν δὲ πάντες· σὺ **οὖν** εἶ ὁ υἱὸς τοῦ θεοῦ; ὁ δὲ πρὸς αὐτοὺς ἔφη· ὑμεῖς λέγετε ὅτι ἐγώ εἰμι.	→ Jn 10,36

	Mt		Mk		Lk		
002					**Lk 23,16** ↓ Lk 23,22 → Mt 27,26 → Mk 15,15	παιδεύσας **οὖν** αὐτὸν ἀπολύσω.	Lk 23,17 is textcritically uncertain.
210	**Mt 27,17** → Mt 27,21	συνηγμένων **οὖν** αὐτῶν εἶπεν αὐτοῖς ὁ Πιλᾶτος· τίνα θέλετε ἀπολύσω ὑμῖν, [Ἰησοῦν τὸν] Βαραββᾶν ἢ Ἰησοῦν τὸν λεγόμενον χριστόν;	**Mk 15,8**	καὶ ἀναβὰς ὁ ὄχλος ἤρξατο αἰτεῖσθαι καθὼς ἐποίει αὐτοῖς. [9] ὁ δὲ Πιλᾶτος ἀπεκρίθη αὐτοῖς λέγων· θέλετε ἀπολύσω ὑμῖν τὸν βασιλέα τῶν Ἰουδαίων;			
f 221	**Mt 27,22**	λέγει αὐτοῖς ὁ Πιλᾶτος· τί **οὖν** ποιήσω Ἰησοῦν τὸν λεγόμενον χριστόν; ...	**Mk 15,12**	ὁ δὲ Πιλᾶτος πάλιν ἀποκριθεὶς ἔλεγεν αὐτοῖς· τί **οὖν** [θέλετε] ποιήσω [ὃν λέγετε] τὸν βασιλέα τῶν Ἰουδαίων;	**Lk 23,20**	πάλιν δὲ ὁ Πιλᾶτος προσεφώνησεν αὐτοῖς θέλων ἀπολῦσαι τὸν Ἰησοῦν·	→ Jn 19,12
112	**Mt 27,23**	... τί γὰρ κακὸν ἐποίησεν; ...	**Mk 15,14**	... τί γὰρ ἐποίησεν κακόν; ...	**Lk 23,22** → Lk 23,4 → Lk 23,14 ↑ Lk 23,16 → Mt 27,26 → Mk 15,15	... τί γὰρ κακὸν ἐποίησεν οὗτος; οὐδὲν αἴτιον θανάτου εὗρον ἐν αὐτῷ· παιδεύσας **οὖν** αὐτὸν ἀπολύσω.	→ Jn 19,6 → Acts 13,28
200	**Mt 27,64**	κέλευσον **οὖν** ἀσφαλισθῆναι τὸν τάφον ἕως τῆς τρίτης ἡμέρας, ...					
200	**Mt 28,19** → Mt 24,14 → Mk 13,10 → Lk 24,47	πορευθέντες **οὖν** μαθητεύσατε πάντα τὰ ἔθνη, βαπτίζοντες αὐτοὺς ...					

a εἰ οὖν
b ἐάν οὖν
c ὅταν οὖν
d μή οὖν
e μὲν οὖν
f οὖν in an interrogative phrase

e **Acts 1,6** οἱ μὲν
οὖν
συνελθόντες ἠρώτων αὐτὸν λέγοντες· κύριε, εἰ ἐν τῷ χρόνῳ τούτῳ ἀποκαθιστάνεις τὴν βασιλείαν τῷ Ἰσραήλ;

e **Acts 1,18** → Mt 27,7 οὗτος μὲν
οὖν
ἐκτήσατο χωρίον ἐκ μισθοῦ τῆς ἀδικίας ...

Acts 1,21 δεῖ
οὖν
τῶν συνελθόντων ἡμῖν ἀνδρῶν ἐν παντὶ χρόνῳ ...

Acts 2,30 προφήτης
οὖν
ὑπάρχων καὶ εἰδὼς ὅτι ὅρκῳ ὤμοσεν αὐτῷ ὁ θεὸς ἐκ καρποῦ τῆς ὀσφύος αὐτοῦ καθίσαι ἐπὶ τὸν θρόνον αὐτοῦ
➤ Ps 132,11

Acts 2,33 → Lk 24,49 → Acts 1,8 τῇ δεξιᾷ
οὖν
τοῦ θεοῦ ὑψωθείς, τήν τε ἐπαγγελίαν τοῦ πνεύματος τοῦ ἁγίου λαβὼν παρὰ τοῦ πατρός, ἐξέχεεν τοῦτο ὃ ὑμεῖς [καὶ] βλέπετε καὶ ἀκούετε.

Acts 2,36 ἀσφαλῶς
οὖν
γινωσκέτω πᾶς οἶκος Ἰσραὴλ ὅτι καὶ κύριον αὐτὸν καὶ χριστὸν ἐποίησεν ὁ θεός, ...

e **Acts 2,41** οἱ μὲν
οὖν
ἀποδεξάμενοι τὸν λόγον αὐτοῦ ἐβαπτίσθησαν ...

Acts 3,19 μετανοήσατε
οὖν
καὶ ἐπιστρέψατε εἰς τὸ ἐξαλειφθῆναι ὑμῶν τὰς ἁμαρτίας

e **Acts 5,41** οἱ μὲν
οὖν
ἐπορεύοντο χαίροντες ἀπὸ προσώπου τοῦ συνεδρίου, ...

e **Acts 8,4** οἱ μὲν
οὖν
διασπαρέντες διῆλθον εὐαγγελιζόμενοι τὸν λόγον.

Acts 8,22 μετανόησον
οὖν
ἀπὸ τῆς κακίας σου ταύτης ...

e **Acts 8,25** οἱ μὲν
οὖν
διαμαρτυράμενοι καὶ λαλήσαντες τὸν λόγον τοῦ κυρίου ...

e **Acts 9,31** ἡ μὲν
οὖν
ἐκκλησία καθ' ὅλης τῆς Ἰουδαίας καὶ Γαλιλαίας καὶ Σαμαρείας εἶχεν εἰρήνην ...

Acts 10,23 εἰσκαλεσάμενος
οὖν
αὐτοὺς ἐξένισεν. ...

Acts 10,29 ... πυνθάνομαι
οὖν
τίνι λόγῳ μετεπέμψασθέ με;

Acts 10,32 πέμψον
οὖν
εἰς Ἰόππην καὶ μετακάλεσαι Σίμωνα ὃς ἐπικαλεῖται Πέτρος, ...

Acts 10,33 ἐξαυτῆς
(2) οὖν
ἔπεμψα πρὸς σέ, σύ τε καλῶς ἐποίησας παραγενόμενος. νῦν
οὖν
πάντες ἡμεῖς ἐνώπιον τοῦ θεοῦ πάρεσμεν ἀκοῦσαι πάντα τὰ προστεταγμένα σοι ὑπὸ τοῦ κυρίου.

a **Acts 11,17** εἰ
οὖν
τὴν ἴσην δωρεὰν ἔδωκεν αὐτοῖς ὁ θεὸς ὡς καὶ ἡμῖν πιστεύσασιν ἐπὶ τὸν κύριον Ἰησοῦν Χριστόν, ...

e **Acts 11,19** οἱ μὲν
οὖν
διασπαρέντες ἀπὸ τῆς θλίψεως τῆς γενομένης ἐπὶ Στεφάνῳ διῆλθον ἕως Φοινίκης καὶ Κύπρου καὶ Ἀντιοχείας ...

e **Acts 12,5** ὁ μὲν
οὖν
Πέτρος ἐτηρεῖτο ἐν τῇ φυλακῇ· ...

e **Acts 13,4** αὐτοὶ μὲν
οὖν
ἐκπεμφθέντες ὑπὸ τοῦ ἁγίου πνεύματος κατῆλθον εἰς Σελεύκειαν, ἐκεῖθέν τε ἀπέπλευσαν εἰς Κύπρον

Acts 13,38 γνωστὸν
οὖν
ἔστω ὑμῖν, ἄνδρες ἀδελφοί, ὅτι διὰ τούτου ὑμῖν ἄφεσις ἁμαρτιῶν καταγγέλλεται, ...

Acts 13,40 βλέπετε
οὖν
μὴ ἐπέλθῃ τὸ εἰρημένον ἐν τοῖς προφήταις·

e **Acts 14,3** ἱκανὸν μὲν
οὖν
χρόνον διέτριψαν παρρησιαζόμενοι ἐπὶ τῷ κυρίῳ τῷ μαρτυροῦντι [ἐπὶ] τῷ λόγῳ τῆς χάριτος αὐτοῦ, ...

e **Acts 15,3** οἱ μὲν
οὖν
προπεμφθέντες ὑπὸ τῆς ἐκκλησίας διήρχοντο τήν τε Φοινίκην καὶ Σαμάρειαν ...

f **Acts 15,10** νῦν
οὖν
τί πειράζετε τὸν θεὸν ἐπιθεῖναι ζυγὸν ἐπὶ τὸν τράχηλον τῶν μαθητῶν ...

Acts 15,27 ἀπεστάλκαμεν
οὖν
Ἰούδαν καὶ Σιλᾶν καὶ αὐτοὺς διὰ λόγου ἀπαγγέλλοντας τὰ αὐτά.

e **Acts 15,30** οἱ μὲν
οὖν
ἀπολυθέντες κατῆλθον εἰς Ἀντιόχειαν, ...

e **Acts 16,5** αἱ μὲν
οὖν
ἐκκλησίαι ἐστερεοῦντο τῇ πίστει καὶ ἐπερίσσευον τῷ ἀριθμῷ καθ᾽ ἡμέραν.

Acts 16,36 ... νῦν
οὖν
ἐξελθόντες πορεύεσθε ἐν εἰρήνῃ.

e **Acts 17,12** πολλοὶ μὲν
οὖν
ἐξ αὐτῶν ἐπίστευσαν καὶ τῶν Ἑλληνίδων γυναικῶν τῶν εὐσχημόνων καὶ ἀνδρῶν οὐκ ὀλίγοι.

e **Acts 17,17** διελέγετο μὲν
οὖν
ἐν τῇ συναγωγῇ τοῖς Ἰουδαίοις καὶ τοῖς σεβομένοις ...

Acts 17,20 ... βουλόμεθα
οὖν
γνῶναι τίνα θέλει ταῦτα εἶναι.

Acts 17,23 ... βωμὸν ἐν ᾧ ἐπεγέγραπτο· Ἀγνώστῳ θεῷ. ὃ
οὖν
ἀγνοοῦντες εὐσεβεῖτε, τοῦτο ἐγὼ καταγγέλλω ὑμῖν.

Acts 17,29 γένος
οὖν
ὑπάρχοντες τοῦ θεοῦ οὐκ ὀφείλομεν νομίζειν χρυσῷ ἢ ἀργύρῳ ἢ λίθῳ, χαράγματι τέχνης καὶ ἐνθυμήσεως ἀνθρώπου, τὸ θεῖον εἶναι ὅμοιον.

e **Acts 17,30** τοὺς μὲν
οὖν
χρόνους τῆς ἀγνοίας ὑπεριδὼν ὁ θεός, ...

f **Acts 19,3** ... εἰς τί
οὖν
ἐβαπτίσθητε; οἱ δὲ εἶπαν· εἰς τὸ Ἰωάννου βάπτισμα.

e **Acts 19,32** ἄλλοι μὲν
οὖν
ἄλλο τι ἔκραζον· ἦν γὰρ ἡ ἐκκλησία συγκεχυμένη ...

Acts 19,36 ἀναντιρρήτων
οὖν
ὄντων τούτων δέον ἐστὶν ὑμᾶς κατεσταλμένους ὑπάρχειν καὶ μηδὲν προπετὲς πράσσειν.

a *e* **Acts 19,38** εἰ μὲν
οὖν
Δημήτριος καὶ οἱ σὺν αὐτῷ τεχνῖται ἔχουσι πρός τινα λόγον, ...

f **Acts 21,22** τί
οὖν
ἐστιν; πάντως ἀκούσονται ὅτι ἐλήλυθας.

Acts 21,23 τοῦτο
οὖν
ποίησον ὅ σοι λέγομεν· εἰσὶν ἡμῖν ἄνδρες τέσσαρες εὐχὴν ἔχοντες ἐφ᾽ ἑαυτῶν.

Acts 22,29 εὐθέως
οὖν
ἀπέστησαν ἀπ᾽ αὐτοῦ οἱ μέλλοντες αὐτὸν ἀνετάζειν, ...

Acts 23,15 νῦν
οὖν
ὑμεῖς ἐμφανίσατε τῷ χιλιάρχῳ σὺν τῷ συνεδρίῳ ὅπως καταγάγῃ αὐτὸν εἰς ὑμᾶς ...

e **Acts 23,18** ὁ μὲν
οὖν
παραλαβὼν αὐτὸν ἤγαγεν πρὸς τὸν χιλίαρχον ...

Acts 23,21 σὺ
οὖν
μὴ πεισθῇς αὐτοῖς· ἐνεδρεύουσιν γὰρ αὐτὸν ἐξ αὐτῶν ἄνδρες πλείους τεσσεράκοντα, ...

e **Acts 23,22** ὁ μὲν
οὖν
χιλίαρχος ἀπέλυσε τὸν νεανίσκον παραγγείλας μηδενὶ ἐκλαλῆσαι ὅτι ταῦτα ἐνεφάνισας πρός με.

e **Acts 23,31** οἱ μὲν
οὖν
στρατιῶται κατὰ τὸ διατεταγμένον αὐτοῖς ἀναλαβόντες τὸν Παῦλον ...

Acts 25,1 Φῆστος
οὖν
ἐπιβὰς τῇ ἐπαρχείᾳ μετὰ τρεῖς ἡμέρας ἀνέβη εἰς Ἱεροσόλυμα ...

e **Acts 25,4** ὁ μὲν
οὖν
Φῆστος ἀπεκρίθη τηρεῖσθαι τὸν Παῦλον εἰς Καισάρειαν, ...

Acts 25,5 οἱ
οὖν
ἐν ὑμῖν, φησίν, δυνατοὶ συγκαταβάντες εἴ τί ἐστιν ἐν τῷ ἀνδρὶ ἄτοπον κατηγορείτωσαν αὐτοῦ.

e **Acts 25,11** εἰ μὲν
οὖν
ἀδικῶ καὶ ἄξιον θανάτου πέπραχά τι, οὐ παραιτοῦμαι τὸ ἀποθανεῖν· ...

Acts 25,17 συνελθόντων
οὖν
[αὐτῶν] ἐνθάδε ἀναβολὴν μηδεμίαν ποιησάμενος τῇ ἑξῆς καθίσας ἐπὶ τοῦ βήματος ...

Acts 25,23 τῇ
οὖν
ἐπαύριον ἐλθόντος τοῦ Ἀγρίππα καὶ τῆς Βερνίκης μετὰ πολλῆς φαντασίας ...

e **Acts 26,4** τὴν μὲν
οὖν
βίωσίν μου [τὴν] ἐκ νεότητος τὴν ἀπ᾿ ἀρχῆς γενομένην ἐν τῷ ἔθνει μου ἔν τε Ἱεροσολύμοις ἴσασι πάντες [οἱ] Ἰουδαῖοι

e **Acts 26,9** ἐγὼ μὲν
οὖν
ἔδοξα ἐμαυτῷ πρὸς τὸ ὄνομα Ἰησοῦ τοῦ Ναζωραίου δεῖν πολλὰ ἐναντία πρᾶξαι

Acts 26,22 ἐπικουρίας
οὖν
τυχὼν τῆς ἀπὸ τοῦ θεοῦ ἄχρι τῆς ἡμέρας ταύτης ἕστηκα μαρτυρόμενος ...

e **Acts 28,5** ὁ μὲν
οὖν
ἀποτινάξας τὸ θηρίον εἰς τὸ πῦρ ἔπαθεν οὐδὲν κακόν

Acts 28,20 διὰ ταύτην
οὖν
τὴν αἰτίαν παρεκάλεσα ὑμᾶς ἰδεῖν καὶ προσλαλῆσαι, ...

Acts 28,28 γνωστὸν
οὖν
ἔστω ὑμῖν ὅτι τοῖς ἔθνεσιν ἀπεστάλη τοῦτο τὸ σωτήριον τοῦ θεοῦ· ...

οὔπω

	Syn	Mt	Mk	Lk	Acts	Jn	1-3John	Paul	Eph	Col
	8	2	5	1		11	1	2		
	NT	2Thess	1/2Tim	Tit	Heb	Jas	1Pet	2Pet	Jude	Rev
	26				2					2

not yet

	triple tradition																	double tradition			Sondergut		
		+Mt / +Lk			–Mt / –Lk			traditions not taken over by Mt / Lk							subtotals								
code	*222*	*211*	*112*	*212*	*221*	*122*	*121*	*022*	*012*	*021*	*220*	*120*	*210*	*020*	Σ⁺	Σ⁻	Σ	*202*	*201*	*102*	*200*	*002*	total
Mt					1		2^-				1	1^-				3^-	2						**2**
Mk					1		2				1	1					5						**5**
Lk			1^+		1^-		2^-								1^+	3^-	1						**1**

a οὔπω interrogative

b οὔπω in a double negative

a 121	**Mt 8,26** ... τί δειλοί ἐστε, ὀλιγόπιστοι; ...	**Mk 4,40** ... τί δειλοί ἐστε; **οὔπω ἔχετε** πίστιν;	**Lk 8,25** εἶπεν δὲ αὐτοῖς· **ποῦ** ἡ πίστις ὑμῶν; ...	
a 220	**Mt 16,9** [8] ... τί διαλογίζεσθε ἐν ἑαυτοῖς, ὀλιγόπιστοι, ὅτι ἄρτους οὐκ ἔχετε; [9] **οὔπω νοεῖτε,** οὐδὲ μνημονεύετε ...	**Mk 8,17** → Mk 6,52 ... τί διαλογίζεσθε ὅτι ἄρτους οὐκ ἔχετε; **οὔπω νοεῖτε** οὐδὲ συνίετε; πεπωρωμένην ἔχετε τὴν καρδίαν ὑμῶν; [18] ... καὶ οὐ μνημονεύετε, ...		
120	**Mt 16,11** πῶς **οὐ νοεῖτε** ὅτι οὐ περὶ ἄρτων εἶπον ὑμῖν; ...	**Mk 8,21** ... **οὔπω συνίετε;**		

	Mt		Mk		Lk		
b 121	**Mt 21,2**	... καὶ εὐθέως εὑρήσετε ὄνον δεδεμένην καὶ πῶλον μετ᾽ αὐτῆς· λύσαντες ἀγάγετέ μοι.	**Mk 11,2**	... καὶ εὐθὺς εἰσπορευόμενοι εἰς αὐτὴν εὑρήσετε πῶλον δεδεμένον ἐφ᾽ ὃν **οὐδεὶς οὔπω ἀνθρώπων** ἐκάθισεν· λύσατε αὐτὸν καὶ φέρετε.	**Lk 19,30**	... εὑρήσετε πῶλον δεδεμένον, ἐφ᾽ ὃν **οὐδεὶς πώποτε ἀνθρώπων** ἐκάθισεν, καὶ λύσαντες αὐτὸν ἀγάγετε.	
221	**Mt 24,6**	μελλήσετε δὲ ἀκούειν πολέμους καὶ ἀκοὰς πολέμων· ὁρᾶτε μὴ θροεῖσθε· δεῖ γὰρ γενέσθαι, ἀλλ᾽ **οὔπω ἐστὶν τὸ τέλος.**	**Mk 13,7**	ὅταν δὲ ἀκούσητε πολέμους καὶ ἀκοὰς πολέμων, μὴ θροεῖσθε· δεῖ γενέσθαι, ἀλλ᾽ **οὔπω τὸ τέλος.**	**Lk 21,9**	ὅταν δὲ ἀκούσητε πολέμους καὶ ἀκαταστασίας, μὴ πτοηθῆτε· δεῖ γὰρ ταῦτα γενέσθαι πρῶτον, ἀλλ᾽ **οὐκ εὐθέως τὸ τέλος.**	
b 112	**Mt 27,60**	καὶ ἔθηκεν αὐτὸ ἐν τῷ καινῷ αὐτοῦ μνημείῳ ὃ ἐλατόμησεν ἐν τῇ πέτρᾳ ...	**Mk 15,46**	... καὶ ἔθηκεν αὐτὸν ἐν μνημείῳ ὃ ἦν λελατομημένον ἐκ πέτρας ...	**Lk 23,53**	... καὶ ἔθηκεν αὐτὸν ἐν μνήματι λαξευτῷ οὗ οὐκ ἦν οὐδεὶς **οὔπω κείμενος.**	→ Jn 19,41

οὐράνιος

Syn	Mt	Mk	Lk	Acts	Jn	1-3John	Paul	Eph	Col
8	7		1	1					
NT	2Thess	1/2Tim	Tit	Heb	Jas	1Pet	2Pet	Jude	Rev
9									

heavenly; belonging to heaven; coming from heaven; living in heaven

	triple tradition																	double tradition			Sondergut		
		+Mt / +Lk			–Mt / –Lk			traditions not taken over by Mt / Lk							subtotals								
code	*222*	*211*	*112*	*212*	*221*	*122*	*121*	*022*	*012*	*021*	*220*	*120*	*210*	*020*	Σ^+	Σ^-	Σ	*202*	*201*	*102*	*200*	*002*	total
Mt													1^+		1^+		1		3		3		**7**
Mk																							
Lk																						1	**1**

	Mt		Mk		Lk		
002					**Lk 2,13**	καὶ ἐξαίφνης ἐγένετο σὺν τῷ ἀγγέλῳ **πλῆθος στρατιᾶς οὐρανίου** αἰνούντων τὸν θεὸν ...	
201	**Mt 5,48**	ἔσεσθε οὖν ὑμεῖς τέλειοι ὡς **ὁ πατὴρ ὑμῶν** **ὁ οὐράνιος** τέλειός ἐστιν.			**Lk 6,36**	γίνεσθε οἰκτίρμονες καθὼς [καὶ] **ὁ πατὴρ ὑμῶν** οἰκτίρμων ἐστίν.	
210	**Mt 6,14** → Mt 6,12 → Lk 11,4	ἐὰν γὰρ ἀφῆτε τοῖς ἀνθρώποις τὰ παραπτώματα αὐτῶν, ἀφήσει καὶ ὑμῖν **ὁ πατὴρ ὑμῶν** **ὁ οὐράνιος·**	**Mk 11,25** → Mt 5,23-24	καὶ ὅταν στήκετε προσευχόμενοι, ἀφίετε εἴ τι ἔχετε κατά τινος, ἵνα καὶ **ὁ πατὴρ ὑμῶν** **ὁ ἐν τοῖς οὐρανοῖς** ἀφῇ ὑμῖν τὰ παραπτώματα ὑμῶν.			
201	**Mt 6,26**	ἐμβλέψατε εἰς τὰ πετεινὰ τοῦ οὐρανοῦ ὅτι οὐ σπείρουσιν οὐδὲ θερίζουσιν οὐδὲ συνάγουσιν εἰς ἀποθήκας, καὶ **ὁ πατὴρ ὑμῶν** **ὁ οὐράνιος** τρέφει αὐτά· οὐχ ὑμεῖς μᾶλλον διαφέρετε αὐτῶν;			**Lk 12,24**	κατανοήσατε τοὺς κόρακας ὅτι οὐ σπείρουσιν οὐδὲ θερίζουσιν, οἷς οὐκ ἔστιν ταμεῖον οὐδὲ ἀποθήκη, καὶ **ὁ θεὸς** τρέφει αὐτούς· πόσῳ μᾶλλον ὑμεῖς διαφέρετε τῶν πετεινῶν.	

code	Mt		Mk		Lk		
201	**Mt 6,32** → Mt 6,8	πάντα γὰρ ταῦτα τὰ ἔθνη ἐπιζητοῦσιν· οἶδεν γὰρ **ὁ πατὴρ ὑμῶν** **ὁ οὐράνιος** ὅτι χρῄζετε τούτων ἁπάντων.			**Lk 12,30**	ταῦτα γὰρ πάντα τὰ ἔθνη τοῦ κόσμου ἐπιζητοῦσιν, **ὑμῶν δὲ ὁ πατὴρ** οἶδεν ὅτι χρῄζετε τούτων.	
200	**Mt 15,13**	... πᾶσα φυτεία ἣν οὐκ ἐφύτευσεν **ὁ πατήρ μου** **ὁ οὐράνιος** ἐκριζωθήσεται.					
200	**Mt 18,35** → Mt 6,15	οὕτως καὶ **ὁ πατήρ μου** **ὁ οὐράνιος** ποιήσει ὑμῖν, ἐὰν μὴ ἀφῆτε ἕκαστος τῷ ἀδελφῷ αὐτοῦ ἀπὸ τῶν καρδιῶν ὑμῶν.					
200	**Mt 23,9**	καὶ πατέρα μὴ καλέσητε ὑμῶν ἐπὶ τῆς γῆς, εἷς γάρ ἐστιν ὑμῶν ὁ πατὴρ **ὁ οὐράνιος.**					

Acts 26,19 ὅθεν, βασιλεῦ Ἀγρίππα, οὐκ ἐγενόμην ἀπειθὴς **τῇ οὐρανίῳ ὀπτασίᾳ**

οὐρανός	Syn 134	Mt 82	Mk 17	Lk 35	Acts 26	Jn 18	1-3John	Paul 11	Eph 4	Col 5
	NT 272	2Thess 1	1/2Tim	Tit	Heb 10	Jas 2	1Pet 3	2Pet 6	Jude	Rev 52

heaven; sky

	triple tradition																	double tradition			Sondergut		
		+Mt / +Lk			–Mt / –Lk			traditions not taken over by Mt / Lk							subtotals								
code	*222*	*211*	*112*	*212*	*221*	*122*	*121*	*022*	*012*	*021*	*220*	*120*	*210*	*020*	Σ^{+}	Σ^{-}	Σ	*202*	*201*	*102*	*200*	*002*	total
Mt	8	9^{+}			3						3	1^{-}	1^{+}		10^{+}	1^{-}	24	9	19		30		**82**
Mk	8				3						3	1		2			17						**17**
Lk	8		3^{+}		3^{-}										3^{+}	3^{-}	11	9		4		11	**35**

Mk-Q overlap: 222: Mt 3,16 / Mk 1,10 / Lk 3,21 (?) 222: Mt 3,17 / Mk 1,11 / Lk 3,22 (?)

a οὐρανοί (plural; except b and c)
b βασιλεία τῶν οὐρανῶν
c ὁ πατήρ ... ὁ ἐν (τοῖς) οὐρανοῖς
d οὐρανός and γῆ

code	Mt		Mk		Lk		
002					**Lk 2,15**	καὶ ἐγένετο ὡς ἀπῆλθον ἀπ' αὐτῶν **εἰς τὸν οὐρανὸν** οἱ ἄγγελοι, οἱ ποιμένες ἐλάλουν πρὸς ἀλλήλους· ...	
b 211	**Mt 3,2** ↓ Mt 4,17 ↓ Mk 1,15 ↓ Mt 10,7 ↓ Lk 10,9	[1] ... κηρύσσων ... [2] [καὶ] λέγων· μετανοεῖτε· ἤγγικεν γὰρ **ἡ βασιλεία** **τῶν οὐρανῶν.**	**Mk 1,4** → Mt 3,1	... καὶ κηρύσσων βάπτισμα μετανοίας εἰς ἄφεσιν ἁμαρτιῶν.	**Lk 3,3** → Mt 3,1	... κηρύσσων βάπτισμα μετανοίας εἰς ἄφεσιν ἁμαρτιῶν	→ Acts 13,24 → Acts 19,4
a 222	**Mt 3,16**	... καὶ ἰδοὺ ἠνεῴχθησαν [αὐτῷ] **οἱ οὐρανοί,** καὶ εἶδεν [τὸ] πνεῦμα [τοῦ] θεοῦ καταβαῖνον ὡσεὶ περιστερὰν [καὶ] ἐρχόμενον ἐπ' αὐτόν·	**Mk 1,10**	... εἶδεν σχιζομένους **τοὺς οὐρανοὺς** καὶ τὸ πνεῦμα ὡς περιστερὰν καταβαῖνον εἰς αὐτόν·	**Lk 3,21**	ἐγένετο δὲ ... ἀνεῳχθῆναι **τὸν οὐρανὸν** [22] καὶ καταβῆναι τὸ πνεῦμα τὸ ἅγιον σωματικῷ εἴδει ὡς περιστερὰν ἐπ' αὐτόν, ↔	Mk-Q overlap?

	Mt		Mk		Lk		
a 222	**Mt 3,17** → Mt 17,5 → Mt 12,18	καὶ ἰδοὺ φωνὴ **ἐκ τῶν οὐρανῶν** λέγουσα· οὗτός ἐστιν ὁ υἱός μου ὁ ἀγαπητός, ...	**Mk 1,11** → Mk 9,7	καὶ φωνὴ ἐγένετο **ἐκ τῶν οὐρανῶν·** σὺ εἶ ὁ υἱός μου ὁ ἀγαπητός, ...	**Lk 3,22** → Lk 9,35	↔ καὶ φωνὴν **ἐξ οὐρανοῦ** γενέσθαι· σὺ εἶ ὁ υἱός μου ὁ ἀγαπητός, ...	→ Jn 1,34 **→ Jn 12,28** Mk-Q overlap?
b 210	**Mt 4,17** ↑ Mt 3,2 ↓ Mt 10,7 ↓ Lk 10,9	... μετανοεῖτε· ἤγγικεν γὰρ **ἡ βασιλεία** **τῶν οὐρανῶν.**	**Mk 1,15**	... πεπλήρωται ὁ καιρὸς καὶ ἤγγικεν **ἡ βασιλεία** **τοῦ θεοῦ·** μετανοεῖτε καὶ πιστεύετε ἐν τῷ εὐαγγελίῳ.			
d 002					**Lk 4,25**	... πολλαὶ χῆραι ἦσαν ἐν ταῖς ἡμέραις Ἠλίου ἐν τῷ Ἰσραήλ, ὅτε ἐκλείσθη **ὁ οὐρανὸς** ἐπὶ ἔτη τρία καὶ μῆνας ἕξ, ὡς ἐγένετο λιμὸς μέγας ἐπὶ πᾶσαν τὴν γῆν	
b 201	**Mt 5,3**	μακάριοι οἱ πτωχοὶ τῷ πνεύματι, ὅτι αὐτῶν ἐστιν **ἡ βασιλεία** **τῶν οὐρανῶν.**			**Lk 6,20**	... μακάριοι οἱ πτωχοί, ὅτι ὑμετέρα ἐστὶν **ἡ βασιλεία** **τοῦ θεοῦ.**	→ GTh 54
b 200	**Mt 5,10**	μακάριοι οἱ δεδιωγμένοι ἕνεκεν δικαιοσύνης, ὅτι αὐτῶν ἐστιν **ἡ βασιλεία** **τῶν οὐρανῶν.**					→ GTh 69,1 → GTh 68
a 202	**Mt 5,12**	χαίρετε καὶ ἀγαλλιᾶσθε, ὅτι ὁ μισθὸς ὑμῶν πολὺς **ἐν τοῖς οὐρανοῖς·** οὕτως γὰρ ἐδίωξαν τοὺς προφήτας τοὺς πρὸ ὑμῶν.			**Lk 6,23**	χάρητε ἐν ἐκείνῃ τῇ ἡμέρᾳ καὶ σκιρτήσατε, ἰδοὺ γὰρ ὁ μισθὸς ὑμῶν πολὺς **ἐν τῷ οὐρανῷ·** κατὰ τὰ αὐτὰ γὰρ ἐποίουν τοῖς προφήταις οἱ πατέρες αὐτῶν.	→ GTh 69,1 → GTh 68
c 200	**Mt 5,16**	... ὅπως ἴδωσιν ὑμῶν τὰ καλὰ ἔργα καὶ δοξάσωσιν τὸν πατέρα ὑμῶν **τὸν ἐν τοῖς οὐρανοῖς.**					
d 202	**Mt 5,18** ↓ Mt 24,35	... ἕως ἂν παρέλθῃ **ὁ οὐρανὸς** καὶ ἡ γῆ, ἰῶτα ἓν ἢ μία κεραία οὐ μὴ παρέλθῃ ἀπὸ τοῦ νόμου ἕως ἂν πάντα γένηται.	↓ Mk 13,31		**Lk 16,17** ↓ Lk 21,33	εὐκοπώτερον δέ ἐστιν **τὸν οὐρανὸν** καὶ τὴν γῆν παρελθεῖν ἢ τοῦ νόμου μίαν κεραίαν πεσεῖν.	
b 200 *b* 200	**Mt 5,19** **(2)**	ὃς ἐὰν οὖν λύσῃ μίαν τῶν ἐντολῶν τούτων τῶν ἐλαχίστων καὶ διδάξῃ οὕτως τοὺς ἀνθρώπους, ἐλάχιστος κληθήσεται **ἐν τῇ βασιλείᾳ** **τῶν οὐρανῶν·** ὃς δ' ἂν ποιήσῃ καὶ διδάξῃ, οὗτος μέγας κληθήσεται **ἐν τῇ βασιλείᾳ** **τῶν οὐρανῶν.**					
b 200	**Mt 5,20**	... ἐὰν μὴ περισσεύσῃ ὑμῶν ἡ δικαιοσύνη πλεῖον τῶν γραμματέων καὶ Φαρισαίων, οὐ μὴ εἰσέλθητε **εἰς τὴν βασιλείαν** **τῶν οὐρανῶν.**					→ GTh 27 (POxy 1)

	Mt		Mk	Lk		
d 200	**Mt 5,34** ↓ Mt 23,22	... μὴ ὀμόσαι ὅλως· μήτε **ἐν τῷ οὐρανῷ,** ὅτι θρόνος ἐστὶν τοῦ θεοῦ, [35] μήτε ἐν τῇ γῇ, ὅτι ὑποπόδιόν ἐστιν τῶν ποδῶν αὐτοῦ				→ Acts 7,49
c 201	**Mt 5,45**	ὅπως γένησθε **υἱοὶ τοῦ πατρὸς ὑμῶν** **τοῦ ἐν οὐρανοῖς,** ὅτι τὸν ἥλιον αὐτοῦ ἀνατέλλει ἐπὶ πονηροὺς καὶ ἀγαθοὺς καὶ βρέχει ἐπὶ δικαίους καὶ ἀδίκους.		**Lk 6,35**	... καὶ ἔσεσθε **υἱοὶ ὑψίστου,** ὅτι αὐτὸς χρηστός ἐστιν ἐπὶ τοὺς ἀχαρίστους καὶ πονηρούς.	→ GTh 3 (POxy 654)
c 200	**Mt 6,1**	... εἰ δὲ μή γε, μισθὸν οὐκ ἔχετε παρὰ τῷ πατρὶ ὑμῶν **τῷ ἐν τοῖς οὐρανοῖς.**				
c 201	**Mt 6,9**	... Πάτερ ἡμῶν **ὁ ἐν τοῖς οὐρανοῖς·** ἁγιασθήτω τὸ ὄνομά σου·		**Lk 11,2**	... Πάτερ, ἁγιασθήτω τὸ ὄνομά σου·	
d 201	**Mt 6,10** → Mt 26,42	ἐλθέτω ἡ βασιλεία σου· γενηθήτω τὸ θέλημά σου, **ὡς ἐν οὐρανῷ** καὶ ἐπὶ γῆς·			ἐλθέτω ἡ βασιλεία σου·	
d a 202	**Mt 6,20** ↓ Mt 19,21	θησαυρίζετε δὲ ὑμῖν θησαυροὺς **ἐν οὐρανῷ,** ὅπου οὔτε σὴς οὔτε βρῶσις ἀφανίζει, καὶ ὅπου κλέπται οὐ διορύσσουσιν οὐδὲ κλέπτουσιν·	↓ Mk 10,21	**Lk 12,33** → Mt 6,19 → Lk 14,33 → Lk 16,9 ↓ Lk 18,22	... ποιήσατε ἑαυτοῖς βαλλάντια μὴ παλαιούμενα, θησαυρὸν ἀνέκλειπτον **ἐν τοῖς οὐρανοῖς,** ὅπου κλέπτης οὐκ ἐγγίζει οὐδὲ σὴς διαφθείρει·	→ GTh 76,3
201	**Mt 6,26**	ἐμβλέψατε **εἰς τὰ πετεινὰ** **τοῦ οὐρανοῦ** ὅτι οὐ σπείρουσιν οὐδὲ θερίζουσιν οὐδὲ συνάγουσιν εἰς ἀποθήκας, ...		**Lk 12,24**	κατανοήσατε **τοὺς κόρακας** ὅτι οὐ σπείρουσιν οὐδὲ θερίζουσιν, οἷς οὐκ ἔστιν ταμεῖον οὐδὲ ἀποθήκη, ...	
c 202	**Mt 7,11**	... πόσῳ μᾶλλον ὁ πατὴρ ὑμῶν **ὁ ἐν τοῖς οὐρανοῖς** δώσει ἀγαθὰ τοῖς αἰτοῦσιν αὐτόν.		**Lk 11,13**	... πόσῳ μᾶλλον ὁ πατὴρ **[ὁ] ἐξ οὐρανοῦ** δώσει πνεῦμα ἅγιον τοῖς αἰτοῦσιν αὐτόν.	
b 201	**Mt 7,21** **(2)** ↓ Mt 12,50	οὐ πᾶς ὁ λέγων μοι· κύριε κύριε, εἰσελεύσεται **εἰς τὴν βασιλείαν** **τῶν οὐρανῶν,**	↓ Mk 3,35	**Lk 6,46** ↓ Lk 8,21	τί δέ με καλεῖτε· κύριε κύριε,	
c 201		ἀλλ' ὁ ποιῶν τὸ θέλημα τοῦ πατρός μου **τοῦ ἐν τοῖς** **οὐρανοῖς.**			καὶ οὐ ποιεῖτε ἃ λέγω;	

[a] οὐρανοί (plural; except b and c)
[b] βασιλεία τῶν οὐρανῶν
[c] ὁ πατήρ ... ὁ ἐν (τοῖς) οὐρανοῖς
[d] οὐρανός and γῆ

	Mt		Mk		Lk		
b 201	**Mt 8,11**	... πολλοὶ ἀπὸ ἀνατολῶν καὶ δυσμῶν ἥξουσιν καὶ ἀνακλιθήσονται μετὰ Ἀβραὰμ καὶ Ἰσαὰκ καὶ Ἰακὼβ **ἐν τῇ βασιλείᾳ τῶν οὐρανῶν,** [12] οἱ δὲ υἱοὶ τῆς βασιλείας ἐκβληθήσονται εἰς τὸ σκότος τὸ ἐξώτερον· ἐκεῖ ἔσται ὁ κλαυθμὸς καὶ ὁ βρυγμὸς τῶν ὀδόντων.			**Lk 13,29**	[28] ἐκεῖ ἔσται ὁ κλαυθμὸς καὶ ὁ βρυγμὸς τῶν ὀδόντων, ὅταν ὄψεσθε Ἀβραὰμ καὶ Ἰσαὰκ καὶ Ἰακὼβ καὶ πάντας τοὺς προφήτας ἐν τῇ βασιλείᾳ τοῦ θεοῦ, ὑμᾶς δὲ ἐκβαλλομένους ἔξω. [29] καὶ ἥξουσιν ἀπὸ ἀνατολῶν καὶ δυσμῶν καὶ ἀπὸ βορρᾶ καὶ νότου καὶ ἀνακλιθήσονται **ἐν τῇ βασιλείᾳ τοῦ θεοῦ.**	
202	**Mt 8,20**	... αἱ ἀλώπεκες φωλεοὺς ἔχουσιν καὶ **τὰ πετεινὰ τοῦ οὐρανοῦ** κατασκηνώσεις, ὁ δὲ υἱὸς τοῦ ἀνθρώπου οὐκ ἔχει ποῦ τὴν κεφαλὴν κλίνῃ.			**Lk 9,58**	... αἱ ἀλώπεκες φωλεοὺς ἔχουσιν καὶ **τὰ πετεινὰ τοῦ οὐρανοῦ** κατασκηνώσεις, ὁ δὲ υἱὸς τοῦ ἀνθρώπου οὐκ ἔχει ποῦ τὴν κεφαλὴν κλίνῃ.	→ GTh 86
b 201	**Mt 10,7** ↑ Mt 3,2 ↑ Mt 4,17 ↑ Mk 1,15	πορευόμενοι δὲ κηρύσσετε λέγοντες ὅτι ἤγγικεν **ἡ βασιλεία τῶν οὐρανῶν.**			**Lk 10,9** → Lk 9,2 ⇩ Lk 10,11 **Lk 10,11** ⇧ Lk 10,9	... καὶ λέγετε αὐτοῖς· ἤγγικεν ἐφ' ὑμᾶς **ἡ βασιλεία τοῦ θεοῦ.** ... πλὴν τοῦτο γινώσκετε ὅτι ἤγγικεν **ἡ βασιλεία τοῦ θεοῦ.**	
c 201	**Mt 10,32**	... ὁμολογήσω κἀγὼ ἐν αὐτῷ ἔμπροσθεν τοῦ πατρός μου **τοῦ ἐν [τοῖς] οὐρανοῖς·**			**Lk 12,8**	... καὶ ὁ υἱὸς τοῦ ἀνθρώπου ὁμολογήσει ἐν αὐτῷ ἔμπροσθεν τῶν ἀγγέλων τοῦ θεοῦ·	
c 201	**Mt 10,33** ↓ Mt 16,27	... ἀρνήσομαι κἀγὼ αὐτὸν ἔμπροσθεν τοῦ πατρός μου **τοῦ ἐν [τοῖς] οὐρανοῖς.**			**Lk 12,9** ⇩ Lk 9,26	... ἀπαρνηθήσεται ἐνώπιον τῶν ἀγγέλων τοῦ θεοῦ.	Mk-Q overlap
	Mt 16,27 ↑ Mt 10,33 ↓ Mt 24,30 → Mt 25,31	μέλλει γὰρ ὁ υἱὸς τοῦ ἀνθρώπου ἔρχεσθαι ἐν τῇ δόξῃ τοῦ πατρὸς αὐτοῦ μετὰ τῶν ἀγγέλων αὐτοῦ, καὶ τότε *ἀποδώσει ἑκάστῳ κατὰ τὴν πρᾶξιν αὐτοῦ.* ➤ Ps 62,13/Prov 24,12/Sir 35,22 LXX	**Mk 8,38** ↓ Mk 13,26	... καὶ ὁ υἱὸς τοῦ ἀνθρώπου ἐπαισχυνθήσεται αὐτόν, ὅταν ἔλθῃ ἐν τῇ δόξῃ τοῦ πατρὸς αὐτοῦ μετὰ τῶν ἀγγέλων τῶν ἁγίων.	**Lk 9,26** ⇧ Lk 12,9 ↓ Lk 21,27	... τοῦτον ὁ υἱὸς τοῦ ἀνθρώπου ἐπαισχυνθήσεται, ὅταν ἔλθῃ ἐν τῇ δόξῃ αὐτοῦ καὶ τοῦ πατρὸς καὶ τῶν ἁγίων ἀγγέλων.	
b 201	**Mt 11,11**	... ὁ δὲ μικρότερος **ἐν τῇ βασιλείᾳ τῶν οὐρανῶν** μείζων αὐτοῦ ἐστιν.			**Lk 7,28**	... ὁ δὲ μικρότερος **ἐν τῇ βασιλείᾳ τοῦ θεοῦ** μείζων αὐτοῦ ἐστιν.	→ GTh 46
b 201	**Mt 11,12**	ἀπὸ δὲ τῶν ἡμερῶν Ἰωάννου τοῦ βαπτιστοῦ ἕως ἄρτι **ἡ βασιλεία τῶν οὐρανῶν** βιάζεται καὶ βιασταὶ ἁρπάζουσιν αὐτήν.			**Lk 16,16** → Mt 22,9 → Lk 14,23	... ἀπὸ τότε **ἡ βασιλεία τοῦ θεοῦ** εὐαγγελίζεται καὶ πᾶς εἰς αὐτὴν βιάζεται.	

202	Mt 11,23	καὶ σύ, Καφαρναούμ, μὴ ἕως οὐρανοῦ ὑψωθήσῃ; *ἕως ᾅδου καταβήσῃ·* ... ➤ Isa 14,13.15			Lk 10,15	καὶ σύ, Καφαρναούμ, μὴ ἕως οὐρανοῦ ὑψωθήσῃ; *ἕως τοῦ ᾅδου καταβήσῃ.* ➤ Isa 14,13.15	
d 202	Mt 11,25	... ἐξομολογοῦμαί σοι, πάτερ, κύριε τοῦ οὐρανοῦ καὶ τῆς γῆς, ὅτι ἔκρυψας ταῦτα ἀπὸ σοφῶν καὶ συνετῶν καὶ ἀπεκάλυψας αὐτὰ νηπίοις·			Lk 10,21	... ἐξομολογοῦμαί σοι, πάτερ, κύριε τοῦ οὐρανοῦ καὶ τῆς γῆς, ὅτι ἀπέκρυψας ταῦτα ἀπὸ σοφῶν καὶ συνετῶν καὶ ἀπεκάλυψας αὐτὰ νηπίοις· ...	→ Acts 4,24 → GTh 4 (POxy 654)
c 211	Mt 12,50 ↑ Mt 7,21	ὅστις γὰρ ἂν ποιήσῃ τὸ θέλημα τοῦ πατρός μου τοῦ ἐν οὐρανοῖς αὐτός μου ἀδελφὸς καὶ ἀδελφὴ καὶ μήτηρ ἐστίν.	Mk 3,35	ὃς [γὰρ] ἂν ποιήσῃ τὸ θέλημα τοῦ θεοῦ, οὗτος ἀδελφός μου καὶ ἀδελφὴ καὶ μήτηρ ἐστίν.	Lk 8,21 ↑ Lk 6,46 → Lk 11,28	... μήτηρ μου καὶ ἀδελφοί μου οὗτοί εἰσιν οἱ τὸν λόγον τοῦ θεοῦ ἀκούοντες καὶ ποιοῦντες.	→ Jn 15,14 → GTh 99
112	Mt 13,4	καὶ ἐν τῷ σπείρειν αὐτὸν ἃ μὲν ἔπεσεν παρὰ τὴν ὁδόν, καὶ ἐλθόντα τὰ πετεινὰ κατέφαγεν αὐτά.	Mk 4,4	καὶ ἐγένετο ἐν τῷ σπείρειν ὃ μὲν ἔπεσεν παρὰ τὴν ὁδόν, καὶ ἦλθεν τὰ πετεινὰ καὶ κατέφαγεν αὐτό.	Lk 8,5	... καὶ ἐν τῷ σπείρειν αὐτὸν ὃ μὲν ἔπεσεν παρὰ τὴν ὁδὸν καὶ κατεπατήθη, καὶ τὰ πετεινὰ τοῦ οὐρανοῦ κατέφαγεν αὐτό.	→ GTh 9
b 211	Mt 13,11	... ὅτι ὑμῖν δέδοται γνῶναι τὰ μυστήρια τῆς βασιλείας τῶν οὐρανῶν, ἐκείνοις δὲ οὐ δέδοται. [12] ... [13] διὰ τοῦτο ἐν παραβολαῖς αὐτοῖς λαλῶ, ...	Mk 4,11	... ὑμῖν τὸ μυστήριον δέδοται τῆς βασιλείας τοῦ θεοῦ· ἐκείνοις δὲ τοῖς ἔξω ἐν παραβολαῖς τὰ πάντα γίνεται	Lk 8,10	... ὑμῖν δέδοται γνῶναι τὰ μυστήρια τῆς βασιλείας τοῦ θεοῦ, τοῖς δὲ λοιποῖς ἐν παραβολαῖς, ...	→ GTh 62,1
b 200	Mt 13,24	... ὡμοιώθη ἡ βασιλεία τῶν οὐρανῶν ἀνθρώπῳ σπείραντι καλὸν σπέρμα ἐν τῷ ἀγρῷ αὐτοῦ.					→ GTh 57
b 201	Mt 13,31	ἄλλην παραβολὴν παρέθηκεν αὐτοῖς λέγων· ὁμοία ἐστὶν ἡ βασιλεία τῶν οὐρανῶν κόκκῳ σινάπεως, ...	Mk 4,30	καὶ ἔλεγεν· πῶς ὁμοιώσωμεν τὴν βασιλείαν τοῦ θεοῦ ἢ ἐν τίνι αὐτὴν παραβολῇ θῶμεν; [31] ὡς κόκκῳ σινάπεως, ...	Lk 13,18	ἔλεγεν οὖν· τίνι ὁμοία ἐστὶν ἡ βασιλεία τοῦ θεοῦ καὶ τίνι ὁμοιώσω αὐτήν; [19] ὁμοία ἐστὶν κόκκῳ σινάπεως, ...	→ GTh 20 Mk-Q overlap
202	Mt 13,32	... ὅταν δὲ αὐξηθῇ μεῖζον τῶν λαχάνων ἐστὶν καὶ γίνεται δένδρον, ὥστε ἐλθεῖν *τὰ πετεινὰ τοῦ οὐρανοῦ καὶ κατασκηνοῦν ἐν τοῖς κλάδοις αὐτοῦ.* ➤ Ps 103,12 LXX	Mk 4,32	... ἀναβαίνει καὶ γίνεται μεῖζον πάντων τῶν λαχάνων καὶ ποιεῖ κλάδους μεγάλους, ὥστε δύνασθαι ὑπὸ τὴν σκιὰν αὐτοῦ *τὰ πετεινὰ τοῦ οὐρανοῦ κατασκηνοῦν.* ➤ Ps 103,12 LXX	Lk 13,19	... καὶ ηὔξησεν καὶ ἐγένετο εἰς δένδρον, καὶ *τὰ πετεινὰ τοῦ οὐρανοῦ κατεσκήνωσεν ἐν τοῖς κλάδοις αὐτοῦ.* ➤ Ps 103,12 LXX	→ GTh 20 Mk-Q overlap

[a] οὐρανοί (plural; except b and c)
[b] βασιλεία τῶν οὐρανῶν
[c] ὁ πατήρ ... ὁ ἐν (τοῖς) οὐρανοῖς
[d] οὐρανός and γῆ

	Mt		Mk		Lk		
020	Mt 13,32	... ὅταν δὲ αὐξηθῇ μεῖζον τῶν λαχάνων ἐστὶν καὶ γίνεται δένδρον, ὥστε ἐλθεῖν **τὰ πετεινὰ** **τοῦ οὐρανοῦ** *καὶ κατασκηνοῦν* *ἐν τοῖς κλάδοις αὐτοῦ.* ➤ Ps 103,12 LXX	Mk 4,32	καὶ ὅταν σπαρῇ, ἀναβαίνει καὶ γίνεται μεῖζον πάντων τῶν λαχάνων καὶ ποιεῖ κλάδους μεγάλους, ὥστε δύνασθαι ὑπὸ τὴν σκιὰν αὐτοῦ **τὰ πετεινὰ** **τοῦ οὐρανοῦ** *κατασκηνοῦν.* ➤ Ps 103,12 LXX	Lk 13,19	... καὶ ηὔξησεν καὶ ἐγένετο εἰς δένδρον, καὶ **τὰ πετεινὰ** **τοῦ οὐρανοῦ** *κατεσκήνωσεν* *ἐν τοῖς κλάδοις αὐτοῦ.* ➤ Ps 103,12 LXX	→ GTh 20 Mk-Q overlap
b 201	Mt 13,33	... ὁμοία ἐστὶν **ἡ βασιλεία** **τῶν οὐρανῶν** ζύμῃ, ...			Lk 13,20	... τίνι ὁμοιώσω **τὴν βασιλείαν** **τοῦ θεοῦ;** [21] ὁμοία ἐστὶν ζύμῃ, ...	→ GTh 96
b 200	Mt 13,44	ὁμοία ἐστὶν **ἡ βασιλεία** **τῶν οὐρανῶν** θησαυρῷ κεκρυμμένῳ ἐν τῷ ἀγρῷ, ...					→ GTh 109
b 200	Mt 13,45	πάλιν ὁμοία ἐστὶν **ἡ βασιλεία** **τῶν οὐρανῶν** ἀνθρώπῳ ἐμπόρῳ ζητοῦντι καλοὺς μαργαρίτας·					→ GTh 76,1-2
b 200	Mt 13,47	πάλιν ὁμοία ἐστὶν **ἡ βασιλεία** **τῶν οὐρανῶν** σαγήνῃ βληθείσῃ εἰς τὴν θάλασσαν ...					→ GTh 8
b 200	Mt 13,52 → Mt 12,35 → Lk 6,45	... διὰ τοῦτο πᾶς γραμματεὺς μαθητευθεὶς **τῇ βασιλείᾳ** **τῶν οὐρανῶν** ὅμοιός ἐστιν ἀνθρώπῳ οἰκοδεσπότῃ, ...					
222	Mt 14,19 → Mt 15,36 → Mt 26,26	... λαβὼν τοὺς πέντε ἄρτους καὶ τοὺς δύο ἰχθύας, ἀναβλέψας **εἰς τὸν οὐρανὸν** εὐλόγησεν ...	Mk 6,41 → Mk 8,6-7 → Mk 14,22	καὶ λαβὼν τοὺς πέντε ἄρτους καὶ τοὺς δύο ἰχθύας ἀναβλέψας **εἰς τὸν οὐρανὸν** εὐλόγησεν ...	Lk 9,16 → Lk 22,19	λαβὼν δὲ τοὺς πέντε ἄρτους καὶ τοὺς δύο ἰχθύας ἀναβλέψας **εἰς τὸν οὐρανὸν** εὐλόγησεν αὐτοὺς ...	→ Jn 6,11
020			Mk 7,34	καὶ ἀναβλέψας **εἰς τὸν οὐρανὸν** ἐστέναξεν, καὶ λέγει αὐτῷ· εφφαθα, ὅ ἐστιν διανοίχθητι.			
220	Mt 16,1 ⇩ Mt 12,38	καὶ προσελθόντες οἱ Φαρισαῖοι καὶ Σαδδουκαῖοι πειράζοντες ἐπηρώτησαν αὐτὸν σημεῖον **ἐκ τοῦ οὐρανοῦ** ἐπιδεῖξαι αὐτοῖς.	Mk 8,11	καὶ ἐξῆλθον οἱ Φαρισαῖοι καὶ ἤρξαντο συζητεῖν αὐτῷ, ζητοῦντες παρ' αὐτοῦ σημεῖον **ἀπὸ τοῦ οὐρανοῦ,** πειράζοντες αὐτόν.			Mk-Q overlap
	Mt 12,38 ⇧ Mt 16,1	... τινες τῶν γραμματέων καὶ Φαρισαίων λέγοντες· διδάσκαλε, θέλομεν ἀπὸ σοῦ σημεῖον ἰδεῖν.			Lk 11,16	ἕτεροι δὲ πειράζοντες σημεῖον **ἐξ οὐρανοῦ** ἐζήτουν παρ' αὐτοῦ.	

	Mt		Mk		Lk		
201	**Mt 16,2**	... [ὀψίας γενομένης λέγετε· εὐδία, πυρράζει γὰρ **ὁ οὐρανός·]**			**Lk 12,54**	... ὅταν ἴδητε [τὴν] νεφέλην ἀνατέλλουσαν ἐπὶ δυσμῶν, εὐθέως λέγετε ὅτι ὄμβρος ἔρχεται, καὶ γίνεται οὕτως·	→ GTh 91 Mt 16,2b is textcritically uncertain.
201	**Mt 16,3** **(2)**	[καὶ πρωΐ· σήμερον χειμών, πυρράζει γὰρ στυγνάζων **ὁ οὐρανός.**			**Lk 12,55**	καὶ ὅταν νότον πνέοντα, λέγετε ὅτι καύσων ἔσται, καὶ γίνεται.	Mt 16,3 is textcritically uncertain.
d 202		τὸ μὲν **πρόσωπον** **τοῦ οὐρανοῦ** γινώσκετε διακρίνειν, τὰ δὲ σημεῖα τῶν καιρῶν οὐ δύνασθε;]			**Lk 12,56**	ὑποκριταί, **τὸ πρόσωπον τῆς γῆς καὶ τοῦ οὐρανοῦ** οἴδατε δοκιμάζειν, τὸν καιρὸν δὲ τοῦτον πῶς οὐκ οἴδατε δοκιμάζειν;	→ GTh 91
c 200	**Mt 16,17**	... σὰρξ καὶ αἷμα οὐκ ἀπεκάλυψέν σοι ἀλλ' ὁ πατήρ μου **ὁ ἐν τοῖς οὐρανοῖς.**					
b 200 *a d* 200 *a d* 200	**Mt 16,19** **(3)** ↓ Mt 23,13 ↓ Lk 11,52 ↓ Mt 18,18	δώσω σοι τὰς κλεῖδας **τῆς βασιλείας τῶν οὐρανῶν,** καὶ ὃ ἐὰν δήσῃς ἐπὶ τῆς γῆς ἔσται δεδεμένον **ἐν τοῖς οὐρανοῖς,** καὶ ὃ ἐὰν λύσῃς ἐπὶ τῆς γῆς ἔσται λελυμένον **ἐν τοῖς οὐρανοῖς.**					→ Jn 20,23
b 211	**Mt 18,1**	ἐν ἐκείνῃ τῇ ὥρᾳ προσῆλθον οἱ μαθηταὶ τῷ Ἰησοῦ λέγοντες· τίς ἄρα μείζων ἐστὶν **ἐν τῇ βασιλείᾳ τῶν οὐρανῶν;**	**Mk 9,34**	[33] ... τί ἐν τῇ ὁδῷ διελογίζεσθε; [34] οἱ δὲ ἐσιώπων· πρὸς ἀλλήλους γὰρ διελέχθησαν ἐν τῇ ὁδῷ τίς μείζων.	**Lk 9,46** → Lk 22,24	εἰσῆλθεν δὲ διαλογισμὸς ἐν αὐτοῖς, τὸ τίς ἂν εἴη μείζων αὐτῶν.	→ GTh 12
b 211	**Mt 18,3**	... ἐὰν μὴ στραφῆτε καὶ γένησθε ὡς τὰ παιδία, οὐ μὴ εἰσέλθητε **εἰς τὴν βασιλείαν τῶν οὐρανῶν.**	**Mk 10,15**	... ὃς ἂν μὴ δέξηται τὴν βασιλείαν τοῦ θεοῦ ὡς παιδίον, οὐ μὴ εἰσέλθῃ **εἰς αὐτήν.**	**Lk 18,17**	... ὃς ἂν μὴ δέξηται τὴν βασιλείαν τοῦ θεοῦ ὡς παιδίον, οὐ μὴ εἰσέλθῃ **εἰς αὐτήν.**	→ Jn 3,3 → GTh 22 → GTh 46
b 200	**Mt 18,4** → Mt 23,12 → Lk 14,11 → Lk 18,14	ὅστις οὖν ταπεινώσει ἑαυτὸν ὡς τὸ παιδίον τοῦτο, οὗτός ἐστιν ὁ μείζων **ἐν τῇ βασιλείᾳ τῶν οὐρανῶν.**					
a 200 *c* 200	**Mt 18,10** **(2)** → Mt 18,6 → Mk 9,42 → Lk 17,2	ὁρᾶτε μὴ καταφρονήσητε ἑνὸς τῶν μικρῶν τούτων· λέγω γὰρ ὑμῖν ὅτι οἱ ἄγγελοι αὐτῶν **ἐν οὐρανοῖς** διὰ παντὸς βλέπουσι τὸ πρόσωπον τοῦ πατρός μου **τοῦ ἐν οὐρανοῖς.**					
c 200	**Mt 18,14** ↓ Lk 15,7	οὕτως οὐκ ἔστιν θέλημα ἔμπροσθεν τοῦ πατρὸς ὑμῶν **τοῦ ἐν οὐρανοῖς** ἵνα ἀπόληται ἓν τῶν μικρῶν τούτων.					

	Mt		Mk		Lk		
d 200 *d* 200	**Mt 18,18 (2)** ↑ Mt 16,19	... ὅσα ἐὰν δήσητε ἐπὶ τῆς γῆς ἔσται δεδεμένα **ἐν οὐρανῷ,** καὶ ὅσα ἐὰν λύσητε ἐπὶ τῆς γῆς ἔσται λελυμένα **ἐν οὐρανῷ.**					→ Jn 20,23
c d 200	**Mt 18,19** → Mt 21,22 → Mk 11,24	... ἐὰν δύο συμφωνήσωσιν ἐξ ὑμῶν ἐπὶ τῆς γῆς περὶ παντὸς πράγματος οὗ ἐὰν αἰτήσωνται, γενήσεται αὐτοῖς παρὰ τοῦ πατρός μου **τοῦ ἐν οὐρανοῖς.**					→ GTh 30 (POxy 1) → GTh 48 → GTh 106
b 200	**Mt 18,23**	διὰ τοῦτο ὡμοιώθη **ἡ βασιλεία τῶν οὐρανῶν** ἀνθρώπῳ βασιλεῖ, ὃς ἠθέλησεν συνᾶραι λόγον μετὰ τῶν δούλων αὐτοῦ.					
002					**Lk 9,54**	... κύριε, θέλεις εἴπωμεν *πῦρ καταβῆναι* ***ἀπὸ τοῦ οὐρανοῦ*** *καὶ ἀναλῶσαι αὐτούς;* ➢ 2Kings 1,10.12	
202	**Mt 8,20**	... αἱ ἀλώπεκες φωλεοὺς ἔχουσιν καὶ **τὰ πετεινὰ τοῦ οὐρανοῦ** κατασκηνώσεις, ὁ δὲ υἱὸς τοῦ ἀνθρώπου οὐκ ἔχει ποῦ τὴν κεφαλὴν κλίνῃ.			**Lk 9,58**	... αἱ ἀλώπεκες φωλεοὺς ἔχουσιν καὶ **τὰ πετεινὰ τοῦ οὐρανοῦ** κατασκηνώσεις, ὁ δὲ υἱὸς τοῦ ἀνθρώπου οὐκ ἔχει ποῦ τὴν κεφαλὴν κλίνῃ.	→ GTh 86
202	**Mt 11,23**	καὶ σύ, Καφαρναούμ, μὴ **ἕως οὐρανοῦ** ὑψωθήσῃ; *ἕως ᾅδου καταβήσῃ·* ... ➢ Isa 14,13.15			**Lk 10,15**	καὶ σύ, Καφαρναούμ, μὴ **ἕως οὐρανοῦ** ὑψωθήσῃ; *ἕως τοῦ ᾅδου καταβήσῃ.* ➢ Isa 14,13.15	
002					**Lk 10,18**	... ἐθεώρουν τὸν σατανᾶν ὡς ἀστραπὴν **ἐκ τοῦ οὐρανοῦ** πεσόντα.	
a 002					**Lk 10,20**	... χαίρετε δὲ ὅτι τὰ ὀνόματα ὑμῶν ἐγγέγραπται **ἐν τοῖς οὐρανοῖς.**	
d 202	**Mt 11,25**	... ἐξομολογοῦμαί σοι, πάτερ, **κύριε τοῦ οὐρανοῦ καὶ τῆς γῆς,** ὅτι ἔκρυψας ταῦτα ἀπὸ σοφῶν καὶ συνετῶν καὶ ἀπεκάλυψας αὐτὰ νηπίοις·			**Lk 10,21**	... ἐξομολογοῦμαί σοι, πάτερ, **κύριε τοῦ οὐρανοῦ καὶ τῆς γῆς,** ὅτι ἀπέκρυψας ταῦτα ἀπὸ σοφῶν καὶ συνετῶν καὶ ἀπεκάλυψας αὐτὰ νηπίοις· ...	→ **Acts 4,24** → GTh 4 (POxy 654)
c 202	**Mt 7,11**	... πόσῳ μᾶλλον ὁ πατὴρ ὑμῶν **ὁ ἐν τοῖς οὐρανοῖς** δώσει ἀγαθὰ τοῖς αἰτοῦσιν αὐτόν.			**Lk 11,13**	... πόσῳ μᾶλλον ὁ πατὴρ **[ὁ] ἐξ οὐρανοῦ** δώσει πνεῦμα ἅγιον τοῖς αἰτοῦσιν αὐτόν.	
102	**Mt 12,38** ⇧ Mt 16,1	... τινες τῶν γραμματέων καὶ Φαρισαίων λέγοντες· διδάσκαλε, θέλομεν ἀπὸ σοῦ σημεῖον ἰδεῖν.	**Mk 8,11**	καὶ ἐξῆλθον οἱ Φαρισαῖοι καὶ ἤρξαντο συζητεῖν αὐτῷ, ζητοῦντες παρ' αὐτοῦ σημεῖον **ἀπὸ τοῦ οὐρανοῦ,** πειράζοντες αὐτόν.	**Lk 11,16**	ἕτεροι δὲ πειράζοντες σημεῖον **ἐξ οὐρανοῦ** ἐζήτουν παρ' αὐτοῦ.	**Mk-Q overlap**

	Mt		Mk		Lk		
d a 202	**Mt 6,20** ↓ Mt 19,21	θησαυρίζετε δὲ ὑμῖν θησαυροὺς **ἐν οὐρανῷ,** ὅπου οὔτε σὴς οὔτε βρῶσις ἀφανίζει, καὶ ὅπου κλέπται οὐ διορύσσουσιν οὐδὲ κλέπτουσιν·	↓ Mk 10,21		**Lk 12,33** → Mt 6,19 → Lk 14,33 → Lk 16,9 ↓ Lk 18,22	... ποιήσατε ἑαυτοῖς βαλλάντια μὴ παλαιούμενα, θησαυρὸν ἀνέκλειπτον **ἐν τοῖς οὐρανοῖς,** ὅπου κλέπτης οὐκ ἐγγίζει οὐδὲ σὴς διαφθείρει·	→ GTh 76,3
d 202	**Mt 16,3** (2)	**[... τὸ μὲν πρόσωπον τοῦ οὐρανοῦ** γινώσκετε διακρίνειν, τὰ δὲ σημεῖα τῶν καιρῶν οὐ δύνασθε;]			**Lk 12,56**	ὑποκριταί, **τὸ πρόσωπον τῆς γῆς καὶ τοῦ οὐρανοῦ** οἴδατε δοκιμάζειν, τὸν καιρὸν δὲ τοῦτον πῶς οὐκ οἴδατε δοκιμάζειν;	→ GTh 91 Mt 16,3 is textcritically uncertain.
202	**Mt 13,32**	... ὅταν δὲ αὐξηθῇ μεῖζον τῶν λαχάνων ἐστὶν καὶ γίνεται δένδρον, ὥστε ἐλθεῖν ***τὰ πετεινὰ τοῦ οὐρανοῦ*** *καὶ κατασκηνοῦν ἐν τοῖς κλάδοις αὐτοῦ.* ➤ Ps 103,12 LXX	**Mk 4,32**	... ἀναβαίνει καὶ γίνεται μεῖζον πάντων τῶν λαχάνων καὶ ποιεῖ κλάδους μεγάλους, ὥστε δύνασθαι ὑπὸ τὴν σκιὰν αὐτοῦ ***τὰ πετεινὰ τοῦ οὐρανοῦ*** *κατασκηνοῦν.* ➤ Ps 103,12 LXX	**Lk 13,19**	... καὶ ηὔξησεν καὶ ἐγένετο εἰς δένδρον, καὶ ***τὰ πετεινὰ τοῦ οὐρανοῦ*** *κατεσκήνωσεν ἐν τοῖς κλάδοις αὐτοῦ.* ➤ Ps 103,12 LXX	→ GTh 20 Mk-Q overlap
102	**Mt 18,13**	καὶ ἐὰν γένηται εὑρεῖν αὐτό, ἀμὴν λέγω ὑμῖν ὅτι χαίρει ἐπ᾽ αὐτῷ μᾶλλον ἢ ἐπὶ τοῖς ἐνενήκοντα ἐννέα τοῖς μὴ πεπλανημένοις.			**Lk 15,7** → Lk 15,10 ↑ Mt 18,14	[5] καὶ εὑρὼν ἐπιτίθησιν ἐπὶ τοὺς ὤμους αὐτοῦ χαίρων [6] ... [7] λέγω ὑμῖν ὅτι οὕτως χαρὰ **ἐν τῷ οὐρανῷ** ἔσται ἐπὶ ἑνὶ ἁμαρτωλῷ μετανοοῦντι ἢ ἐπὶ ἐνενήκοντα ἐννέα δικαίοις οἵτινες οὐ χρείαν ἔχουσιν μετανοίας.	→ GTh 107
002					**Lk 15,18**	... ἐρῶ αὐτῷ· πάτερ, ἥμαρτον **εἰς τὸν οὐρανὸν** καὶ ἐνώπιόν σου	
002					**Lk 15,21**	... πάτερ, ἥμαρτον **εἰς τὸν οὐρανὸν** καὶ ἐνώπιόν σου, ...	
d 202	**Mt 5,18** ↓ Mt 24,35	... ἕως ἂν παρέλθῃ **ὁ οὐρανὸς** καὶ ἡ γῆ, ἰῶτα ἓν ἢ μία κεραία οὐ μὴ παρέλθῃ ἀπὸ τοῦ νόμου ἕως ἂν πάντα γένηται.	↓ Mk 13,31		**Lk 16,17** ↓ Lk 21,33	εὐκοπώτερον δέ ἐστιν **τὸν οὐρανὸν** καὶ τὴν γῆν παρελθεῖν ἢ τοῦ νόμου μίαν κεραίαν πεσεῖν.	
102 102	**Mt 24,27**	ὥσπερ γὰρ ἡ ἀστραπὴ ἐξέρχεται **ἀπὸ ἀνατολῶν** καὶ φαίνεται **ἕως δυσμῶν,** οὕτως ἔσται ἡ παρουσία τοῦ υἱοῦ τοῦ ἀνθρώπου·			**Lk 17,24** (2)	ὥσπερ γὰρ ἡ ἀστραπὴ ἀστράπτουσα **ἐκ τῆς ὑπὸ τὸν οὐρανὸν** **εἰς τὴν ὑπ᾽ οὐρανὸν** λάμπει, οὕτως ἔσται ὁ υἱὸς τοῦ ἀνθρώπου [ἐν τῇ ἡμέρᾳ αὐτοῦ].	
002					**Lk 17,29**	ᾗ δὲ ἡμέρᾳ ἐξῆλθεν Λὼτ ἀπὸ Σοδόμων, ἔβρεξεν πῦρ καὶ θεῖον **ἀπ᾽ οὐρανοῦ** καὶ ἀπώλεσεν πάντας.	

	Mt		Mk		Lk		
002					Lk 18,13	ὁ δὲ τελώνης μακρόθεν ἑστὼς οὐκ ἤθελεν οὐδὲ τοὺς ὀφθαλμοὺς ἐπᾶραι **εἰς τὸν οὐρανόν, ...**	
b 200	Mt 19,12	... καὶ εἰσὶν εὐνοῦχοι οἵτινες εὐνούχισαν ἑαυτοὺς **διὰ τὴν βασιλείαν τῶν οὐρανῶν. ...**					
b 211	Mt 19,14	... ἄφετε τὰ παιδία καὶ μὴ κωλύετε αὐτὰ ἐλθεῖν πρός με, τῶν γὰρ τοιούτων ἐστὶν **ἡ βασιλεία τῶν οὐρανῶν.**	Mk 10,14	... ἄφετε τὰ παιδία ἔρχεσθαι πρός με, μὴ κωλύετε αὐτά, τῶν γὰρ τοιούτων ἐστὶν **ἡ βασιλεία τοῦ θεοῦ.**	Lk 18,16	... ἄφετε τὰ παιδία ἔρχεσθαι πρός με καὶ μὴ κωλύετε αὐτά, τῶν γὰρ τοιούτων ἐστὶν **ἡ βασιλεία τοῦ θεοῦ.**	→ GTh 22
a 222	Mt 19,21 ↑ Mt 6,20	... εἰ θέλεις τέλειος εἶναι, ὕπαγε πώλησόν σου τὰ ὑπάρχοντα καὶ δὸς [τοῖς] πτωχοῖς, καὶ ἕξεις θησαυρὸν **ἐν οὐρανοῖς,** καὶ δεῦρο ἀκολούθει μοι.	Mk 10,21	... ἕν σε ὑστερεῖ· ὕπαγε, ὅσα ἔχεις πώλησον καὶ δὸς [τοῖς] πτωχοῖς, καὶ ἕξεις θησαυρὸν **ἐν οὐρανῷ,** καὶ δεῦρο ἀκολούθει μοι.	Lk 18,22 ↑ Lk 12,33	... ἔτι ἕν σοι λείπει· πάντα ὅσα ἔχεις πώλησον καὶ διάδος πτωχοῖς, καὶ ἕξεις θησαυρὸν **ἐν [τοῖς] οὐρανοῖς,** καὶ δεῦρο ἀκολούθει μοι.	→ Acts 2,45
b 211	Mt 19,23	... ἀμὴν λέγω ὑμῖν ὅτι πλούσιος δυσκόλως εἰσελεύσεται **εἰς τὴν βασιλείαν τῶν οὐρανῶν.**	Mk 10,23	... πῶς δυσκόλως οἱ τὰ χρήματα ἔχοντες **εἰς τὴν βασιλείαν τοῦ θεοῦ** εἰσελεύσονται.	Lk 18,24	... πῶς δυσκόλως οἱ τὰ χρήματα ἔχοντες **εἰς τὴν βασιλείαν τοῦ θεοῦ** εἰσπορεύονται·	
b 200	Mt 20,1	ὁμοία γάρ ἐστιν **ἡ βασιλεία τῶν οὐρανῶν** ἀνθρώπῳ οἰκοδεσπότῃ, ὅστις ἐξῆλθεν ἅμα πρωῒ μισθώσασθαι ἐργάτας εἰς τὸν ἀμπελῶνα αὐτοῦ.					
112	Mt 21,9	... *ὡσαννὰ* τῷ υἱῷ Δαυίδ· *εὐλογημένος ὁ ἐρχόμενος* *ἐν ὀνόματι κυρίου·* *ὡσαννὰ* *ἐν τοῖς ὑψίστοις.* ➤ Ps 118,25-26 ➤ Ps 148,1/Job 16,19	Mk 11,10	[9] ... *ὡσαννά·* *εὐλογημένος ὁ ἐρχόμενος* *ἐν ὀνόματι κυρίου·* [10] εὐλογημένη ἡ ἐρχομένη βασιλεία τοῦ πατρὸς ἡμῶν Δαυίδ· *ὡσαννὰ* *ἐν τοῖς ὑψίστοις.* ➤ Ps 118,25-26 ➤ Ps 148,1/Job 16,19	Lk 19,38 → Lk 2,14	... *εὐλογημένος ὁ ἐρχόμενος,* ὁ βασιλεὺς *ἐν ὀνόματι κυρίου·* **ἐν οὐρανῷ** εἰρήνη καὶ δόξα ἐν ὑψίστοις. ➤ Ps 118,26	→ Jn 12,13
c 120	Mt 6,14 → Mt 6,12 → Lk 11,4	ἐὰν γὰρ ἀφῆτε τοῖς ἀνθρώποις τὰ παραπτώματα αὐτῶν, ἀφήσει καὶ ὑμῖν **ὁ πατὴρ ὑμῶν ὁ οὐράνιος·**	Mk 11,25 → Mt 5,23-24	καὶ ὅταν στήκετε προσευχόμενοι, ἀφίετε εἴ τι ἔχετε κατά τινος, ἵνα καὶ **ὁ πατὴρ ὑμῶν ὁ ἐν τοῖς οὐρανοῖς** ἀφῇ ὑμῖν τὰ παραπτώματα ὑμῶν.			
222	Mt 21,25 (2)	τὸ βάπτισμα τὸ Ἰωάννου πόθεν ἦν; **ἐξ οὐρανοῦ** ἢ ἐξ ἀνθρώπων;	Mk 11,30	τὸ βάπτισμα τὸ Ἰωάννου **ἐξ οὐρανοῦ** ἦν ἢ ἐξ ἀνθρώπων; ἀποκρίθητέ μοι.	Lk 20,4	τὸ βάπτισμα Ἰωάννου **ἐξ οὐρανοῦ** ἦν ἢ ἐξ ἀνθρώπων;	
222		οἱ δὲ διελογίζοντο ἐν ἑαυτοῖς λέγοντες· ἐὰν εἴπωμεν· **ἐξ οὐρανοῦ,** ἐρεῖ ἡμῖν· διὰ τί οὖν οὐκ ἐπιστεύσατε αὐτῷ;	Mk 11,31	καὶ διελογίζοντο πρὸς ἑαυτοὺς λέγοντες· ἐὰν εἴπωμεν· **ἐξ οὐρανοῦ,** ἐρεῖ· διὰ τί [οὖν] οὐκ ἐπιστεύσατε αὐτῷ;	Lk 20,5	οἱ δὲ συνελογίσαντο πρὸς ἑαυτοὺς λέγοντες ὅτι ἐὰν εἴπωμεν· **ἐξ οὐρανοῦ,** ἐρεῖ· διὰ τί οὐκ ἐπιστεύσατε αὐτῷ;	

	Mt		Mk		Lk		
b 201	**Mt 22,2** → Lk 14,15	ὡμοιώθη **ἡ βασιλεία** **τῶν οὐρανῶν** ἀνθρώπῳ βασιλεῖ, ὅστις ἐποίησεν γάμους τῷ υἱῷ αὐτοῦ.			**Lk 14,16**	ὁ δὲ εἶπεν αὐτῷ· ἄνθρωπός τις ἐποίει δεῖπνον μέγα, ...	→ GTh 64
a 221	**Mt 22,30**	ἐν γὰρ τῇ ἀναστάσει οὔτε γαμοῦσιν οὔτε γαμίζονται, ἀλλ' ὡς ἄγγελοι **ἐν τῷ οὐρανῷ** εἰσιν.	**Mk 12,25**	ὅταν γὰρ ἐκ νεκρῶν ἀναστῶσιν οὔτε γαμοῦσιν οὔτε γαμίζονται, ἀλλ' εἰσὶν ὡς ἄγγελοι **ἐν τοῖς οὐρανοῖς.**	**Lk 20,36**	[35] οἱ δὲ καταξιωθέντες τοῦ αἰῶνος ἐκείνου τυχεῖν καὶ τῆς ἀναστάσεως τῆς ἐκ νεκρῶν οὔτε γαμοῦσιν οὔτε γαμίζονται· [36] οὐδὲ γὰρ ἀποθανεῖν ἔτι δύνανται, ἰσάγγελοι γάρ εἰσιν καὶ υἱοί εἰσιν θεοῦ τῆς ἀναστάσεως υἱοὶ ὄντες.	
b 201	**Mt 23,13** ↑ Mt 16,19	οὐαὶ δὲ ὑμῖν, γραμματεῖς καὶ Φαρισαῖοι ὑποκριταί, ὅτι **κλείετε** **τὴν βασιλείαν** **τῶν οὐρανῶν** ἔμπροσθεν τῶν ἀνθρώπων· ὑμεῖς γὰρ οὐκ εἰσέρχεσθε οὐδὲ τοὺς εἰσερχομένους ἀφίετε εἰσελθεῖν.			**Lk 11,52**	οὐαὶ ὑμῖν τοῖς νομικοῖς, ὅτι **ἤρατε τὴν κλεῖδα** **τῆς γνώσεως·** αὐτοὶ οὐκ εἰσήλθατε καὶ τοὺς εἰσερχομένους ἐκωλύσατε.	→ GTh 39,1-2 (POxy 655) → GTh 102
200	**Mt 23,22** ↑ Mt 5,34	καὶ ὁ ὀμόσας **ἐν τῷ οὐρανῷ** ὀμνύει ἐν τῷ θρόνῳ τοῦ θεοῦ καὶ ἐν τῷ καθημένῳ ἐπάνω αὐτοῦ.					
112	**Mt 24,7**	... καὶ ἔσονται λιμοὶ καὶ σεισμοὶ κατὰ τόπους·	**Mk 13,8**	... ἔσονται σεισμοὶ κατὰ τόπους, ἔσονται λιμοί· ...	**Lk 21,11** ↓ Lk 21,25	σεισμοί τε μεγάλοι καὶ κατὰ τόπους λιμοὶ καὶ λοιμοὶ ἔσονται, φόβητρά τε καὶ **ἀπ' οὐρανοῦ** σημεῖα μεγάλα ἔσται.	→ Acts 2,19
221	**Mt 24,29** (2)	... *ὁ ἥλιος* *σκοτισθήσεται, καὶ* *ἡ σελήνη οὐ δώσει* *τὸ φέγγος αὐτῆς, καὶ* *οἱ ἀστέρες πεσοῦνται* **ἀπὸ τοῦ οὐρανοῦ,**	**Mk 13,25** (2)	[24] ... *ὁ ἥλιος* *σκοτισθήσεται, καὶ* *ἡ σελήνη οὐ δώσει τὸ* *φέγγος αὐτῆς,* [25] *καὶ* *οἱ ἀστέρες ἔσονται* **ἐκ τοῦ οὐρανοῦ** *πίπτοντες,*	**Lk 21,25** ↑ Lk 21,11	καὶ ἔσονται σημεῖα ἐν ἡλίῳ καὶ σελήνῃ καὶ ἄστροις, καὶ ἐπὶ τῆς γῆς συνοχὴ ἐθνῶν ἐν ἀπορίᾳ ἤχους θαλάσσης καὶ σάλου,	→ Acts 2,19
a 222		*καὶ* ***αἱ δυνάμεις*** ***τῶν οὐρανῶν*** σαλευθήσονται. ≻ Isa 13,10; 34,4		*καὶ* ***αἱ δυνάμεις αἱ ἐν*** ***τοῖς οὐρανοῖς*** σαλευθήσονται. ≻ Isa 13,10; 34,4	**Lk 21,26**	ἀποψυχόντων ἀνθρώπων ἀπὸ φόβου καὶ προσδοκίας τῶν ἐπερχομένων τῇ οἰκουμένῃ, **αἱ γὰρ *δυνάμεις*** **τῶν *οὐρανῶν*** σαλευθήσονται. ≻ Isa 34,4	

	Mt		Mk		Lk		
211 d 211	**Mt 24,30** **(2)** → Mt 25,31 ↑ Mt 16,27 → Mt 25,31	καὶ τότε φανήσεται τὸ σημεῖον τοῦ υἱοῦ τοῦ ἀνθρώπου ἐν οὐρανῷ, καὶ τότε κόψονται πᾶσαι αἱ φυλαὶ τῆς γῆς καὶ ὄψονται *τὸν υἱὸν τοῦ* *ἀνθρώπου ἐρχόμενον* *ἐπὶ τῶν νεφελῶν* *τοῦ οὐρανοῦ* μετὰ δυνάμεως καὶ δόξης πολλῆς· ➢ Dan 7,13-14	**Mk 13,26** ↑ Mk 8,38	καὶ τότε ὄψονται *τὸν υἱὸν τοῦ* *ἀνθρώπου ἐρχόμενον* *ἐν νεφέλαις* μετὰ δυνάμεως πολλῆς καὶ δόξης. ➢ Dan 7,13-14	**Lk 21,27** → Lk 9,26	καὶ τότε ὄψονται *τὸν υἱὸν τοῦ* *ἀνθρώπου ἐρχόμενον* *ἐν νεφέλῃ* μετὰ δυνάμεως καὶ δόξης πολλῆς. ➢ Dan 7,13-14	
a d 220	**Mt 24,31** → Mt 13,41	... καὶ ἐπισυνάξουσιν τοὺς ἐκλεκτοὺς αὐτοῦ ἐκ τῶν τεσσάρων ἀνέμων ἀπ' ἄκρων οὐρανῶν ἕως [τῶν] ἄκρων αὐτῶν.	**Mk 13,27**	... καὶ ἐπισυνάξει τοὺς ἐκλεκτοὺς [αὐτοῦ] ἐκ τῶν τεσσάρων ἀνέμων ἀπ' ἄκρου γῆς ἕως ἄκρου οὐρανοῦ.			
d 222	**Mt 24,35** ↑ Mt 5,18	ὁ οὐρανὸς καὶ ἡ γῆ παρελεύσεται, οἱ δὲ λόγοι μου οὐ μὴ παρέλθωσιν.	**Mk 13,31**	ὁ οὐρανὸς καὶ ἡ γῆ παρελεύσονται, οἱ δὲ λόγοι μου οὐ μὴ παρελεύσονται.	**Lk 21,33** ↑ Lk 16,17	ὁ οὐρανὸς καὶ ἡ γῆ παρελεύσονται, οἱ δὲ λόγοι μου οὐ μὴ παρελεύσονται.	→ GTh 11,1
a 220	**Mt 24,36**	περὶ δὲ τῆς ἡμέρας ἐκείνης καὶ ὥρας οὐδεὶς οἶδεν, οὐδὲ οἱ ἄγγελοι τῶν οὐρανῶν οὐδὲ ὁ υἱός, εἰ μὴ ὁ πατὴρ μόνος.	**Mk 13,32**	περὶ δὲ τῆς ἡμέρας ἐκείνης ἢ τῆς ὥρας οὐδεὶς οἶδεν, οὐδὲ οἱ ἄγγελοι ἐν οὐρανῷ οὐδὲ ὁ υἱός, εἰ μὴ ὁ πατήρ.			
b 200	**Mt 25,1**	τότε ὁμοιωθήσεται ἡ βασιλεία τῶν οὐρανῶν δέκα παρθένοις, ...					
002					**Lk 22,43**	[[ὤφθη δὲ αὐτῷ ἄγγελος ἀπ' οὐρανοῦ ἐνισχύων αὐτόν.]]	Lk 22,43 is textcritically uncertain.
221	**Mt 26,64** → Mt 22,44	... ἀπ' ἄρτι ὄψεσθε *τὸν υἱὸν τοῦ ἀνθρώπου* καθήμενον ἐκ δεξιῶν τῆς δυνάμεως καὶ *ἐρχόμενον* *ἐπὶ τῶν νεφελῶν* *τοῦ οὐρανοῦ.* ➢ Dan 7,13	**Mk 14,62** → Mk 12,36	... ὄψεσθε *τὸν υἱὸν τοῦ ἀνθρώπου* ἐκ δεξιῶν καθήμενον τῆς δυνάμεως καὶ *ἐρχόμενον* *μετὰ τῶν νεφελῶν* *τοῦ οὐρανοῦ.* ➢ Dan 7,13	**Lk 22,69** → Lk 20,42	ἀπὸ τοῦ νῦν δὲ ἔσται ὁ υἱὸς τοῦ ἀνθρώπου καθήμενος ἐκ δεξιῶν τῆς δυνάμεως τοῦ θεοῦ.	→ Acts 7,55-56
200	**Mt 28,2**	... ἄγγελος γὰρ κυρίου καταβὰς ἐξ οὐρανοῦ καὶ προσελθὼν ἀπεκύλισεν τὸν λίθον καὶ ἐκάθητο ἐπάνω αὐτοῦ.	**Mk 16,4**	καὶ ἀναβλέψασαι θεωροῦσιν ὅτι ἀποκεκύλισται ὁ λίθος· ἦν γὰρ μέγας σφόδρα. [5] ... εἶδον νεανίσκον ...	**Lk 24,2**	εὗρον δὲ τὸν λίθον ἀποκεκυλισμένον ἀπὸ τοῦ μνημείου, [3] ... [4] ... καὶ ἰδοὺ ἄνδρες δύο ...	→ Jn 20,1
d 200	**Mt 28,18** → Mt 11,27 → Lk 10,22	... ἐδόθη μοι πᾶσα ἐξουσία ἐν οὐρανῷ καὶ ἐπὶ [τῆς] γῆς.					
002					**Lk 24,51** → Lk 9,51	... διέστη ἀπ' αὐτῶν καὶ ἀνεφέρετο εἰς τὸν οὐρανόν.	→ Acts 1,2.9 → Acts 1, 11.22

[a] οὐρανοί (plural; except b and c)
[b] βασιλεία τῶν οὐρανῶν
[c] ὁ πατήρ ... ὁ ἐν (τοῖς) οὐρανοῖς
[d] οὐρανός and γῆ

Acts 1,10 καὶ ὡς ἀτενίζοντες ἦσαν
εἰς τὸν οὐρανὸν
πορευομένου αὐτοῦ, ...

Acts 1,11 (3) ... ἄνδρες Γαλιλαῖοι, τί ἑστήκατε [ἐμ]βλέποντες
εἰς τὸν οὐρανόν;
→ Lk 9,51 → Lk 24,51 οὗτος ὁ Ἰησοῦς ὁ ἀναλημφθεὶς ἀφ' ὑμῶν
εἰς τὸν οὐρανὸν
οὕτως ἐλεύσεται ὃν τρόπον ἐθεάσασθε αὐτὸν πορευόμενον
εἰς τὸν οὐρανόν.

Acts 2,2 καὶ ἐγένετο ἄφνω
ἐκ τοῦ οὐρανοῦ
ἦχος ὥσπερ φερομένης πνοῆς βιαίας ...

Acts 2,5 ἦσαν δὲ εἰς Ἰερουσαλὴμ κατοικοῦντες Ἰουδαῖοι, ἄνδρες εὐλαβεῖς
ἀπὸ παντὸς ἔθνους τῶν ὑπὸ τὸν οὐρανόν.

d Acts 2,19 → Lk 21,11 → Lk 21,25 *καὶ δώσω τέρατα*
ἐν τῷ οὐρανῷ
ἄνω *καὶ* σημεῖα *ἐπὶ τῆς γῆς* κάτω, *αἷμα καὶ πῦρ καὶ ἀτμίδα καπνοῦ.*
➤ Joel 3,3 LXX

a Acts 2,34 οὐ γὰρ Δαυὶδ ἀνέβη
εἰς τοὺς οὐρανούς,
λέγει δὲ αὐτός· *εἶπεν [ὁ] κύριος τῷ κυρίῳ μου· κάθου ἐκ δεξιῶν μου*
➤ Ps 109,1 LXX

Acts 3,21 → Mt 17,11 → Mk 9,12 ὃν δεῖ
οὐρανὸν
μὲν δέξασθαι ἄχρι χρόνων ἀποκαταστάσεως πάντων ...

Acts 4,12 ... οὐδὲ γὰρ ὄνομά ἐστιν ἕτερον
ὑπὸ τὸν οὐρανὸν
τὸ δεδομένον ἐν ἀνθρώποις ἐν ᾧ δεῖ σωθῆναι ἡμᾶς.

d Acts 4,24 → Lk 10,21 ... δέσποτα, *σὺ ὁ ποιήσας*
τὸν οὐρανὸν
καὶ τὴν γῆν καὶ τὴν θάλασσαν καὶ πάντα τὰ ἐν αὐτοῖς
➤ 2Kings 19,15/Isa 37,16/ Neh 9,6/Exod 20,11/Ps 146,6

Acts 7,42 ἔστρεψεν δὲ ὁ θεὸς καὶ παρέδωκεν αὐτοὺς λατρεύειν
τῇ στρατιᾷ τοῦ οὐρανοῦ
καθὼς γέγραπται ἐν βίβλῳ τῶν προφητῶν· ...

d Acts 7,49 → Mt 5,34-35 ***ὁ οὐρανός***
μοι θρόνος, ἡ δὲ γῆ ὑποπόδιον τῶν ποδῶν μου· ...
➤ Isa 66,1

Acts 7,55 ὑπάρχων δὲ πλήρης πνεύματος ἁγίου ἀτενίσας
εἰς τὸν οὐρανὸν
εἶδεν δόξαν θεοῦ καὶ Ἰησοῦν ἑστῶτα ἐκ δεξιῶν τοῦ θεοῦ

a Acts 7,56 → Mt 26,64 → Mk 14,62 → Lk 22,69 ... ἰδοὺ θεωρῶ
τοὺς οὐρανοὺς
διηνοιγμένους καὶ τὸν υἱὸν τοῦ ἀνθρώπου ἐκ δεξιῶν ἑστῶτα τοῦ θεοῦ.

Acts 9,3 ... ἐξαίφνης τε αὐτὸν περιήστραψεν φῶς
ἐκ τοῦ οὐρανοῦ

Acts 10,11 καὶ θεωρεῖ
τὸν οὐρανὸν
ἀνεῳγμένον καὶ καταβαῖνον σκεῦός τι ...

d Acts 10,12 ἐν ᾧ ὑπῆρχεν πάντα τὰ τετράποδα καὶ ἑρπετὰ τῆς γῆς καὶ
πετεινὰ τοῦ οὐρανοῦ.

Acts 10,16 τοῦτο δὲ ἐγένετο ἐπὶ τρὶς καὶ εὐθὺς ἀνελήμφθη τὸ σκεῦος
εἰς τὸν οὐρανόν.

Acts 11,5 ... καταβαῖνον σκεῦός τι ὡς ὀθόνην μεγάλην τέσσαρσιν ἀρχαῖς καθιεμένην
ἐκ τοῦ οὐρανοῦ,
καὶ ἦλθεν ἄχρι ἐμοῦ.

d Acts 11,6 εἰς ἣν ἀτενίσας κατενόουν καὶ εἶδον τὰ τετράποδα τῆς γῆς καὶ τὰ θηρία καὶ τὰ ἑρπετὰ καὶ
τὰ πετεινὰ τοῦ οὐρανοῦ.

Acts 11,9 ἀπεκρίθη δὲ φωνὴ ἐκ δευτέρου
ἐκ τοῦ οὐρανοῦ·
ἃ ὁ θεὸς ἐκαθάρισεν, σὺ μὴ κοίνου.

Acts 11,10 τοῦτο δὲ ἐγένετο ἐπὶ τρίς, καὶ ἀνεσπάσθη πάλιν ἅπαντα
εἰς τὸν οὐρανόν.

d Acts 14,15 ... ἐπιστρέφειν ἐπὶ θεὸν ζῶντα, *ὃς ἐποίησεν*
τὸν οὐρανὸν
καὶ τὴν γῆν καὶ τὴν θάλασσαν καὶ πάντα τὰ ἐν αὐτοῖς·
➤ Exod 20,11/Ps 146,6

d Acts 17,24 ὁ θεὸς ὁ ποιήσας τὸν κόσμον καὶ πάντα τὰ ἐν αὐτῷ, οὗτος
οὐρανοῦ καὶ γῆς ὑπάρχων κύριος
οὐκ ἐν χειροποιήτοις ναοῖς κατοικεῖ

Acts 22,6 ἐγένετο δέ μοι πορευομένῳ καὶ ἐγγίζοντι τῇ Δαμασκῷ περὶ μεσημβρίαν ἐξαίφνης
ἐκ τοῦ οὐρανοῦ
περιαστράψαι φῶς ἱκανὸν περὶ ἐμέ

Οὐρίας	Syn 1	Mt 1	Mk	Lk	Acts	Jn	1-3John	Paul	Eph	Col
	NT 1	2Thess	1/2Tim	Tit	Heb	Jas	1Pet	2Pet	Jude	Rev

Uriah

200	**Mt 1,6** ... Δαυὶδ δὲ ἐγέννησεν τὸν Σολομῶνα **ἐκ τῆς τοῦ Οὐρίου**	**Lk 3,31** ... τοῦ Ναθὰμ τοῦ Δαυὶδ	

οὖς	Syn 18	Mt 7	Mk 4	Lk 7	Acts 5	Jn	1-3John	Paul 3	Eph	Col
	NT 36	2Thess	1/2Tim	Tit	Heb	Jas 1	1Pet 1	2Pet	Jude	Rev 8

ear

	triple tradition																	double tradition			Sondergut		
		+Mt / +Lk			–Mt / –Lk			traditions not taken over by Mt / Lk							subtotals								
code	222	211	112	212	221	122	121	022	012	021	220	120	210	020	Σ⁺	Σ⁻	Σ	202	201	102	200	002	total
Mt	1											1⁻				1⁻	1	1	1		4		7
Mk	1											1		2			4						4
Lk	1		2⁺												2⁺		3	1		1		2	7

[a] οὖς and ἀκούω

[b] οὖς and ὀφθαλμός

code	Mt		Mk		Lk		
002					**Lk 1,44**	ἰδοὺ γὰρ ὡς ἐγένετο ἡ φωνὴ τοῦ ἀσπασμοῦ σου **εἰς τὰ ὦτά μου,** ἐσκίρτησεν ἐν ἀγαλλιάσει τὸ βρέφος ἐν τῇ κοιλίᾳ μου.	
002					**Lk 4,21**	... σήμερον πεπλήρωται ἡ γραφὴ αὕτη **ἐν τοῖς ὠσὶν ὑμῶν.**	
a 202	**Mt 10,27**	ὃ λέγω ὑμῖν ἐν τῇ σκοτίᾳ εἴπατε ἐν τῷ φωτί, καὶ ὃ **εἰς τὸ οὖς** ἀκούετε κηρύξατε ἐπὶ τῶν δωμάτων.			**Lk 12,3**	ἀνθ' ὧν ὅσα ἐν τῇ σκοτίᾳ εἴπατε ἐν τῷ φωτὶ ἀκουσθήσεται, καὶ ὃ **πρὸς τὸ οὖς** ἐλαλήσατε ἐν τοῖς ταμείοις κηρυχθήσεται ἐπὶ τῶν δωμάτων.	→ GTh 33,1 (POxy 1)
a 200	**Mt 11,15**	ὁ ἔχων **ὦτα** ἀκουέτω.					
a 222	**Mt 13,9**	ὁ ἔχων **ὦτα** ἀκουέτω.	**Mk 4,9**	... ὃς ἔχει **ὦτα** ἀκούειν ἀκουέτω.	**Lk 8,8**	... ὁ ἔχων **ὦτα** ἀκούειν ἀκουέτω.	→ GTh 21,11
a b 200 a b 200	**Mt 13,15** **(2)** → Mk 4,12	*ἐπαχύνθη γὰρ ἡ καρδία* *τοῦ λαοῦ τούτου, καὶ* ***τοῖς ὠσὶν*** *βαρέως ἤκουσαν καὶ* *τοὺς ὀφθαλμοὺς αὐτῶν* *ἐκάμμυσαν,* *μήποτε ἴδωσιν* *τοῖς ὀφθαλμοῖς καὶ* ***τοῖς ὠσὶν*** *ἀκούσωσιν καὶ* *τῇ καρδίᾳ συνῶσιν* *καὶ ἐπιστρέψωσιν καὶ* *ἰάσομαι αὐτούς.* ➤ Isa 6,10 LXX					→ Jn 12,40 → **Acts 28,27**
a b 201	**Mt 13,16**	ὑμῶν δὲ μακάριοι οἱ ὀφθαλμοὶ ὅτι βλέπουσιν καὶ **τὰ ὦτα ὑμῶν** ὅτι ἀκούουσιν.			**Lk 10,23**	... μακάριοι οἱ ὀφθαλμοὶ οἱ βλέποντες ἃ βλέπετε.	→ GTh 38 (POxy 655 - restoration)
a 020			**Mk 4,23**	εἴ τις ἔχει **ὦτα** ἀκούειν ἀκουέτω.			

	Mt		Mk		Lk		
a 200	**Mt 13,43** → Mt 25,46	τότε οἱ δίκαιοι ἐκλάμψουσιν ὡς ὁ ἥλιος ἐν τῇ βασιλείᾳ τοῦ πατρὸς αὐτῶν. ὁ ἔχων **ὦτα** ἀκουέτω.					
020			**Mk 7,33** → Mk 8,23	... ἔβαλεν τοὺς δακτύλους αὐτοῦ **εἰς τὰ ὦτα αὐτοῦ** καὶ πτύσας ἥψατο τῆς γλώσσης αὐτοῦ			
a b 120	**Mt 16,9**	... οὐδὲ μνημονεύετε ...	**Mk 8,18** → Mk 4,12	*ὀφθαλμοὺς ἔχοντες οὐ βλέπετε καὶ* ***ὦτα*** *ἔχοντες οὐκ ἀκούετε;* καὶ οὐ μνημονεύετε ➤ Jer 5,21			
112	**Mt 17,22** → Mt 16,21 → Mt 20,18-19	... εἶπεν αὐτοῖς ὁ Ἰησοῦς· μέλλει ὁ υἱὸς τοῦ ἀνθρώπου παραδίδοσθαι εἰς χεῖρας ἀνθρώπων	**Mk 9,31** → Mk 8,31 → Mk 10,33-34	... ἔλεγεν αὐτοῖς ὅτι ὁ υἱὸς τοῦ ἀνθρώπου παραδίδοται εἰς χεῖρας ἀνθρώπων, ...	**Lk 9,44** → Lk 9,22 → Lk 17,25 → Lk 18,31-33 → Lk 24,7 → Lk 24,26 → Lk 24,46	θέσθε ὑμεῖς **εἰς τὰ ὦτα ὑμῶν** τοὺς λόγους τούτους· ὁ γὰρ υἱὸς τοῦ ἀνθρώπου μέλλει παραδίδοσθαι εἰς χεῖρας ἀνθρώπων.	
a 202	**Mt 10,27**	ὃ λέγω ὑμῖν ἐν τῇ σκοτίᾳ εἴπατε ἐν τῷ φωτί, καὶ ὃ **εἰς τὸ οὖς** ἀκούετε κηρύξατε ἐπὶ τῶν δωμάτων.			**Lk 12,3**	ἀνθ᾽ ὧν ὅσα ἐν τῇ σκοτίᾳ εἴπατε ἐν τῷ φωτὶ ἀκουσθήσεται, καὶ ὃ **πρὸς τὸ οὖς** ἐλαλήσατε ἐν τοῖς ταμείοις κηρυχθήσεται ἐπὶ τῶν δωμάτων.	→ GTh 33,1 (POxy 1)
a 102	**Mt 5,13**	ὑμεῖς ἐστε τὸ ἅλας τῆς γῆς· ἐὰν δὲ τὸ ἅλας μωρανθῇ, ἐν τίνι ἁλισθήσεται; εἰς οὐδὲν ἰσχύει ἔτι εἰ μὴ βληθὲν ἔξω καταπατεῖσθαι ὑπὸ τῶν ἀνθρώπων.	**Mk 9,50**	καλὸν τὸ ἅλας· ἐὰν δὲ τὸ ἅλας ἄναλον γένηται, ἐν τίνι αὐτὸ ἀρτύσετε; ...	**Lk 14,35**	[34] καλὸν οὖν τὸ ἅλας· ἐὰν δὲ καὶ τὸ ἅλας μωρανθῇ, ἐν τίνι ἀρτυθήσεται; [35] οὔτε εἰς γῆν οὔτε εἰς κοπρίαν εὔθετόν ἐστιν, ἔξω βάλλουσιν αὐτό. ὁ ἔχων **ὦτα** ἀκούειν ἀκουέτω.	Mk-Q overlap
112	**Mt 26,51**	καὶ ἰδοὺ εἷς τῶν μετὰ Ἰησοῦ ἐκτείνας τὴν χεῖρα ἀπέσπασεν τὴν μάχαιραν αὐτοῦ καὶ πατάξας τὸν δοῦλον τοῦ ἀρχιερέως ἀφεῖλεν **αὐτοῦ τὸ ὠτίον.**	**Mk 14,47**	εἷς δέ [τις] τῶν παρεστηκότων σπασάμενος τὴν μάχαιραν ἔπαισεν τὸν δοῦλον τοῦ ἀρχιερέως καὶ ἀφεῖλεν **αὐτοῦ τὸ ὠτάριον.**	**Lk 22,50**	[49] ... κύριε, εἰ πατάξομεν ἐν μαχαίρῃ; [50] καὶ ἐπάταξεν εἷς τις ἐξ αὐτῶν τοῦ ἀρχιερέως τὸν δοῦλον καὶ ἀφεῖλεν **τὸ οὖς αὐτοῦ τὸ δεξιόν.**	→ Jn 18,10

Acts 7,51 σκληροτράχηλοι καὶ ἀπερίτμητοι καρδίαις καὶ **τοῖς ὠσίν,** ὑμεῖς ἀεὶ τῷ πνεύματι τῷ ἁγίῳ ἀντιπίπτετε ὡς οἱ πατέρες ὑμῶν καὶ ὑμεῖς.

Acts 7,57 κράξαντες δὲ φωνῇ μεγάλῃ συνέσχον **τὰ ὦτα αὐτῶν** καὶ ὥρμησαν ὁμοθυμαδὸν ἐπ᾽ αὐτόν

a **Acts 11,22** ἠκούσθη δὲ ὁ λόγος **εἰς τὰ ὦτα τῆς ἐκκλησίας** τῆς οὔσης ἐν Ἰερουσαλὴμ περὶ αὐτῶν καὶ ἐξαπέστειλαν Βαρναβᾶν [διελθεῖν] ἕως Ἀντιοχείας.

a b **Acts 28,27 (2)** → Mt 13,15
ἐπαχύνθη γὰρ ἡ καρδία τοῦ λαοῦ τούτου καὶ ***τοῖς ὠσὶν*** *βαρέως ἤκουσαν καὶ τοὺς ὀφθαλμοὺς αὐτῶν ἐκάμμυσαν·*
a b *μήποτε ἴδωσιν τοῖς ὀφθαλμοῖς καὶ* ***τοῖς ὠσὶν*** *ἀκούσωσιν καὶ τῇ καρδίᾳ συνῶσιν καὶ ἐπιστρέψωσιν, καὶ ἰάσομαι αὐτούς.*
➤ Isa 6,10 LXX

οὐσία	Syn 2	Mt	Mk	Lk 2	Acts	Jn	1-3John	Paul	Eph	Col
	NT 2	2Thess	1/2Tim	Tit	Heb	Jas	1Pet	2Pet	Jude	Rev

property; wealth

code	Mt		Mk		Lk		
002					Lk 15,12	καὶ εἶπεν ὁ νεώτερος αὐτῶν τῷ πατρί· πάτερ, δός μοι **τὸ ἐπιβάλλον μέρος τῆς οὐσίας.** ὁ δὲ διεῖλεν αὐτοῖς τὸν βίον.	
002					Lk 15,13	... καὶ ἐκεῖ διεσκόρπισεν **τὴν οὐσίαν αὐτοῦ** ζῶν ἀσώτως.	

οὔτε	Syn 14	Mt 6	Mk 4	Lk 4	Acts 14	Jn 9	1-3John 1	Paul 33	Eph	Col
	NT 87	2Thess	1/2Tim	Tit	Heb	Jas 1	1Pet	2Pet	Jude	Rev 15

and not; οὔτε ... οὔτε neither ... nor

	triple tradition																	double tradition			Sonder-gut		
		+Mt / +Lk			–Mt / –Lk			traditions not taken over by Mt / Lk							subtotals								
code	222	211	112	212	221	122	121	022	012	021	220	120	210	020	Σ⁺	Σ⁻	Σ	202	201	102	200	002	total
Mt	2						2^-						2^+		2^+	2^-	4		2				6
Mk	2						2										4						4
Lk	2						2^-									2^-	2			2			4

a οὔτε in a double negative

b οὔτε ..., ἀλλά

code	Mt		Mk		Lk		
  201 201	Mt 6,20 (2) → Mt 19,21	θησαυρίζετε δὲ ὑμῖν θησαυροὺς ἐν οὐρανῷ, ὅπου **οὔτε σὴς** **οὔτε βρῶσις** ἀφανίζει, καὶ ὅπου κλέπται οὐ διορύσσουσιν οὐδὲ κλέπτουσιν·	→ Mk 10,21		Lk 12,33 → Mt 6,19 → Lk 14,33 → Lk 16,9 → Lk 18,22	πωλήσατε τὰ ὑπάρχοντα ὑμῶν καὶ δότε ἐλεημοσύνην· ποιήσατε ἑαυτοῖς βαλλάντια μὴ παλαιούμενα, θησαυρὸν ἀνέκλειπτον ἐν τοῖς οὐρανοῖς, ὅπου κλέπτης οὐκ ἐγγίζει **οὐδὲ σὴς** διαφθείρει·	→ Acts 2,45 → GTh 76,3
a 210 210	Mt 12,32 (2) → Mk 3,28	[31] ... ἡ δὲ τοῦ πνεύματος βλασφημία οὐκ ἀφεθήσεται. [32] ... ὃς δ᾽ ἂν εἴπῃ κατὰ τοῦ πνεύματος τοῦ ἁγίου, οὐκ ἀφεθήσεται αὐτῷ **οὔτε ἐν τούτῳ τῷ αἰῶνι** **οὔτε ἐν τῷ μέλλοντι.**	Mk 3,29	ὃς δ᾽ ἂν βλασφημήσῃ εἰς τὸ πνεῦμα τὸ ἅγιον, οὐκ ἔχει ἄφεσιν **εἰς τὸν αἰῶνα,** ἀλλὰ ἔνοχός ἐστιν αἰωνίου ἁμαρτήματος.	Lk 12,10 → Mk 3,28	... τῷ δὲ εἰς τὸ ἅγιον πνεῦμα βλασφημήσαντι οὐκ ἀφεθήσεται.	→ GTh 44 Mk-Q overlap
 102 102	Mt 5,13	... ἐὰν δὲ τὸ ἅλας μωρανθῇ, ἐν τίνι ἁλισθήσεται; **εἰς οὐδὲν** ἰσχύει ἔτι εἰ μὴ βληθὲν ἔξω καταπατεῖσθαι ὑπὸ τῶν ἀνθρώπων.	Mk 9,50	... ἐὰν δὲ τὸ ἅλας ἄναλον γένηται, ἐν τίνι αὐτὸ ἀρτύσετε; ...	Lk 14,35 (2)	[34] ... ἐὰν δὲ καὶ τὸ ἅλας μωρανθῇ, ἐν τίνι ἀρτυθήσεται; **[35] οὔτε εἰς γῆν** **οὔτε εἰς κοπρίαν** εὔθετόν ἐστιν, ἔξω βάλλουσιν αὐτό. ...	Mk-Q overlap

	Mt 22,30 (2)	**Mk 12,25** (2)	**Lk 20,35** (2)	
	ἐν γὰρ τῇ ἀναστάσει	ὅταν γὰρ ἐκ νεκρῶν ἀναστῶσιν	οἱ δὲ καταξιωθέντες τοῦ αἰῶνος ἐκείνου τυχεῖν καὶ τῆς ἀναστάσεως τῆς ἐκ νεκρῶν	
222	**οὔτε γαμοῦσιν**	**οὔτε γαμοῦσιν**	**οὔτε γαμοῦσιν**	
b	**οὔτε γαμίζονται,**	**οὔτε γαμίζονται,**	**οὔτε γαμίζονται·**	
222	ἀλλ' ὡς ἄγγελοι ἐν τῷ οὐρανῷ εἰσιν.	ἀλλ' εἰσὶν ὡς ἄγγελοι ἐν τοῖς οὐρανοῖς.	[36] οὐδὲ γὰρ ἀποθανεῖν ἔτι δύνανται, ἰσάγγελοι γάρ εἰσιν	
	Mt 26,70	**Mk 14,68** (2)	**Lk 22,57**	→ Jn 18,17
	ὁ δὲ ἠρνήσατο ἔμπροσθεν πάντων λέγων·	ὁ δὲ ἠρνήσατο λέγων·	ὁ δὲ ἠρνήσατο λέγων·	
121	**οὐκ οἶδα**	**οὔτε οἶδα**	**οὐκ οἶδα**	
121		**οὔτε ἐπίσταμαι**		
	τί λέγεις.	σὺ τί λέγεις. ...	αὐτόν, γύναι.	

Acts 2,31 (2) προϊδὼν ἐλάλησεν περὶ τῆς ἀναστάσεως τοῦ Χριστοῦ ὅτι **οὔτε ἐγκατελείφθη** εἰς ᾅδην **οὔτε ἡ σὰρξ αὐτοῦ εἶδεν** διαφθοράν.
➤ Ps 16,10

Acts 15,10 (2) νῦν οὖν τί πειράζετε τὸν θεόν ἐπιθεῖναι ζυγὸν ἐπὶ τὸν τράχηλον τῶν μαθητῶν ὃν **οὔτε οἱ πατέρες ἡμῶν οὔτε ἡμεῖς** ἰσχύσαμεν βαστάσαι;

Acts 19,37 (2) ἠγάγετε γὰρ τοὺς ἄνδρας τούτους **οὔτε ἱεροσύλους οὔτε βλασφημοῦντας** τὴν θεὸν ἡμῶν.

Acts 24,12 (3) καὶ **οὔτε ἐν τῷ ἱερῷ** εὗρόν με πρός τινα διαλεγόμενον ἢ ἐπίστασιν ποιοῦντα ὄχλου **οὔτε ἐν ταῖς συναγωγαῖς οὔτε κατὰ τὴν πόλιν**

Acts 25,8 (3) τοῦ Παύλου ἀπολογουμένου ὅτι **οὔτε εἰς τὸν νόμον τῶν Ἰουδαίων οὔτε εἰς τὸ ἱερὸν οὔτε εἰς Καίσαρά** τι ἥμαρτον.

Acts 28,21 (2) οἱ δὲ πρὸς αὐτὸν εἶπαν· ἡμεῖς **οὔτε γράμματα** περὶ σοῦ ἐδεξάμεθα ἀπὸ τῆς Ἰουδαίας **οὔτε παραγενόμενός τις τῶν ἀδελφῶν** ἀπήγγειλεν ἢ ἐλάλησέν τι περὶ σοῦ πονηρόν.

# οὗτος	**Syn** 452	Mt 147	Mk 76	Lk 229	Acts 236	Jn 237	1-3John 48	Paul 203	Eph 18	Col 8
	NT 1383	2Thess 4	1/2Tim 29	Tit 5	Heb 44	Jas 8	1Pet 11	2Pet 22	Jude 9	Rev 49

this; this one; he; she; it

	triple tradition																double tradition			Sondergut		
		+Mt / +Lk			−Mt / −Lk			traditions not taken over by Mt / Lk							subtotals							
code	*222*	*211*	*112*	*212*	*221*	*122*	*121*	*022*	*012*	*021*	*220*	*120*	*210*	*020*	Σ^+	Σ^-	Σ	*202*	*201*	*102*	*200*	*002*	total
Mt	20	11^+		3^+	10	5^-	11^-				10	9^-	24^+		38^+	25^-	78	20	10		39		**147**
Mk	20				10	5	11	5		2	10	9		4			76						**76**
Lk	20		46^+	3^+	10^-	5	11^-	5	4^+	2^-					53^+	23^-	83	20		14		112	**229**

Mk-Q overlap: 211: Mt 3,17 / Mk 1,11 / Lk 3,22 (?) 222: Mt 18,6 / Mk 9,42 / Lk 17,2 (?)

a οὗτος as adjective coming before a substantive
b οὗτος as adjective following a substantive
c οὗτος ..., ὅς / ὃς ..., οὗτος / ὅστις ..., οὗτος
d ὁ and participle ..., οὗτος
e οὗτος and ἄλλος / ἐκεῖνος / ἕτερος / ὁ μέλλων
f τοῦτ' ἔστιν
g διὰ τοῦτο
h ἕνεκα τούτου, ἕνεκεν τούτου
j μετὰ (...) ταῦτα (Luke/Acts only)
k ἐν τούτῳ

002			**Lk 1,18** καὶ εἶπεν Ζαχαρίας πρὸς τὸν ἄγγελον· κατὰ τί γνώσομαι **τοῦτο;** ἐγὼ γάρ εἰμι πρεσβύτης καὶ ἡ γυνή μου προβεβηκυῖα ἐν ταῖς ἡμέραις αὐτῆς.	

002		**Lk 1,19**	... ἐγώ εἰμι Γαβριὴλ ὁ παρεστηκὼς ἐνώπιον τοῦ θεοῦ καὶ ἀπεστάλην λαλῆσαι πρὸς σὲ καὶ εὐαγγελίσασθαί σοι **ταῦτα**·	
002		**Lk 1,20**	καὶ ἰδοὺ ἔσῃ σιωπῶν καὶ μὴ δυνάμενος λαλῆσαι ἄχρι ἧς ἡμέρας γένηται **ταῦτα**, ἀνθ' ὧν οὐκ ἐπίστευσας τοῖς λόγοις μου, οἵτινες πληρωθήσονται εἰς τὸν καιρὸν αὐτῶν.	
a 002		**Lk 1,24**	**μετὰ δὲ ταύτας** **τὰς ἡμέρας** συνέλαβεν Ἐλισάβετ ἡ γυνὴ αὐτοῦ καὶ περιέκρυβεν ἑαυτὴν μῆνας πέντε ...	
b 002		**Lk 1,29**	ἡ δὲ ἐπὶ τῷ λόγῳ διεταράχθη καὶ διελογίζετο ποταπὸς εἴη **ὁ ἀσπασμὸς οὗτος**.	
002		**Lk 1,32**	**οὗτος** ἔσται μέγας καὶ υἱὸς ὑψίστου κληθήσεται ...	
002		**Lk 1,34**	εἶπεν δὲ Μαριὰμ πρὸς τὸν ἄγγελον· πῶς ἔσται **τοῦτο**, ἐπεὶ ἄνδρα οὐ γινώσκω;	
002		**Lk 1,36**	καὶ ἰδοὺ Ἐλισάβετ ἡ συγγενίς σου καὶ αὐτὴ συνείληφεν υἱὸν ἐν γήρει αὐτῆς καὶ **οὗτος** μὴν ἕκτος ἐστὶν αὐτῇ τῇ καλουμένῃ στείρᾳ·	
b 002		**Lk 1,39**	ἀναστᾶσα δὲ Μαριὰμ **ἐν ταῖς ἡμέραις** **ταύταις** ἐπορεύθη εἰς τὴν ὀρεινὴν μετὰ σπουδῆς εἰς πόλιν Ἰούδα	
002		**Lk 1,43**	καὶ πόθεν μοι **τοῦτο** ἵνα ἔλθῃ ἡ μήτηρ τοῦ κυρίου μου πρὸς ἐμέ;	
b 002		**Lk 1,61**	καὶ εἶπαν πρὸς αὐτὴν ὅτι οὐδείς ἐστιν ἐκ τῆς συγγενείας σου ὃς καλεῖται **τῷ ὀνόματι τούτῳ**.	
b 002		**Lk 1,65**	καὶ ἐγένετο ἐπὶ πάντας φόβος τοὺς περιοικοῦντας αὐτούς, καὶ ἐν ὅλῃ τῇ ὀρεινῇ τῆς Ἰουδαίας διελαλεῖτο **πάντα τὰ ῥήματα** **ταῦτα**,	

	Mt		Mk		Lk		
b 002					Lk 1,66	καὶ ἔθεντο πάντες οἱ ἀκούσαντες ἐν τῇ καρδίᾳ αὐτῶν λέγοντες· τί ἄρα **τὸ παιδίον τοῦτο** ἔσται; καὶ γὰρ χεὶρ κυρίου ἦν μετ' αὐτοῦ.	
200	Mt 1,20	**ταῦτα** δὲ αὐτοῦ ἐνθυμηθέντος ἰδοὺ ἄγγελος κυρίου κατ' ὄναρ ἐφάνη αὐτῷ ...					
a 200	Mt 1,22	**τοῦτο δὲ ὅλον** γέγονεν ἵνα πληρωθῇ τὸ ῥηθὲν ὑπὸ κυρίου διὰ τοῦ προφήτου λέγοντος·					
a 002					Lk 2,2	**αὕτη ἀπογραφὴ** πρώτη ἐγένετο ἡγεμονεύοντος τῆς Συρίας Κυρηνίου.	
002					Lk 2,12	καὶ **τοῦτο** ὑμῖν τὸ σημεῖον, εὑρήσετε βρέφος ἐσπαργανωμένον καὶ κείμενον ἐν φάτνῃ.	
b c 002					Lk 2,15	... διέλθωμεν δὴ ἕως Βηθλέεμ καὶ ἴδωμεν **τὸ ῥῆμα τοῦτο τὸ γεγονὸς** ὃ ὁ κύριος ἐγνώρισεν ἡμῖν.	
b 002					Lk 2,17	ἰδόντες δὲ ἐγνώρισαν περὶ τοῦ ῥήματος τοῦ λαληθέντος αὐτοῖς **περὶ τοῦ παιδίου τούτου.**	
b 002					Lk 2,19 → Lk 2,51	ἡ δὲ Μαριὰμ **πάντα συνετήρει τὰ ῥήματα ταῦτα** συμβάλλουσα ἐν τῇ καρδίᾳ αὐτῆς.	
b 002					Lk 2,25	καὶ ἰδοὺ ἄνθρωπος ἦν ἐν Ἰερουσαλὴμ ᾧ ὄνομα Συμεὼν καὶ **ὁ ἄνθρωπος οὗτος** δίκαιος καὶ εὐλαβής προσδεχόμενος παράκλησιν τοῦ Ἰσραήλ, ...	
002					Lk 2,34	... ἰδοὺ **οὗτος** κεῖται εἰς πτῶσιν καὶ ἀνάστασιν πολλῶν ἐν τῷ Ἰσραὴλ καὶ εἰς σημεῖον ἀντιλεγόμενον -	
002					Lk 2,36	καὶ ἦν Ἅννα προφῆτις, θυγάτηρ Φανουήλ, ἐκ φυλῆς Ἀσήρ· **αὕτη** προβεβηκυῖα ἐν ἡμέραις πολλαῖς, ...	

211	Mt 3,3	οὗτος γάρ ἐστιν ὁ ῥηθεὶς διὰ Ἠσαΐου τοῦ προφήτου λέγοντος· *φωνὴ βοῶντος ἐν τῇ ἐρήμῳ· ...* ➢ Isa 40,3 LXX	Mk 1,2 ↓ Mt 11,10 ↓ Lk 7,27	καθὼς γέγραπται ἐν τῷ Ἠσαΐᾳ τῷ προφήτῃ· *ἰδοὺ ἀποστέλλω τὸν ἄγγελόν μου ...* [3] *φωνὴ βοῶντος ἐν τῇ ἐρήμῳ· ...* ➢ Exod 23,20/Mal 3,1 ➢ Isa 40,3 LXX	Lk 3,4	ὡς γέγραπται ἐν βίβλῳ λόγων Ἠσαΐου τοῦ προφήτου· *φωνὴ βοῶντος ἐν τῇ ἐρήμῳ· ...* ➢ Isa 40,3 LXX	
b 202	Mt 3,9	... δύναται ὁ θεὸς ἐκ τῶν λίθων τούτων ἐγεῖραι τέκνα τῷ Ἀβραάμ.			Lk 3,8	... δύναται ὁ θεὸς ἐκ τῶν λίθων τούτων ἐγεῖραι τέκνα τῷ Ἀβραάμ.	
112	Mt 14,3	ὁ γὰρ Ἡρῴδης κρατήσας τὸν Ἰωάννην ἔδησεν [αὐτὸν] καὶ ἐν φυλακῇ ἀπέθετο ...	Mk 6,17	αὐτὸς γὰρ ὁ Ἡρῴδης ἀποστείλας ἐκράτησεν τὸν Ἰωάννην καὶ ἔδησεν αὐτὸν ἐν φυλακῇ ...	Lk 3,20 → Mt 4,12 → Mk 1,14	[19] ὁ δὲ Ἡρῴδης ὁ τετραάρχης, ... [20] προσέθηκεν καὶ τοῦτο ἐπὶ πᾶσιν [καὶ] κατέκλεισεν τὸν Ἰωάννην ἐν φυλακῇ.	
c 211	Mt 3,17 ↓ Mt 17,5 → Mt 12,18	καὶ ἰδοὺ φωνὴ ἐκ τῶν οὐρανῶν λέγουσα· οὗτός ἐστιν ὁ υἱός μου ὁ ἀγαπητός, ἐν ᾧ εὐδόκησα.	Mk 1,11 ↓ Mk 9,7	καὶ φωνὴ ἐγένετο ἐκ τῶν οὐρανῶν· σὺ εἶ ὁ υἱός μου ὁ ἀγαπητός, ἐν σοὶ εὐδόκησα.	Lk 3,22 ↓ Lk 9,35	... καὶ φωνὴν ἐξ οὐρανοῦ γενέσθαι· σὺ εἶ ὁ υἱός μου ὁ ἀγαπητός, ἐν σοὶ εὐδόκησα.	→ Jn 1,34 → Jn 12,28 Mk-Q overlap?
b 202	Mt 4,3 → Mt 27,40	καὶ προσελθὼν ὁ πειράζων εἶπεν αὐτῷ· εἰ υἱὸς εἶ τοῦ θεοῦ, εἰπὲ ἵνα οἱ λίθοι οὗτοι ἄρτοι γένωνται.			Lk 4,3	εἶπεν δὲ αὐτῷ ὁ διάβολος· εἰ υἱὸς εἶ τοῦ θεοῦ, εἰπὲ τῷ λίθῳ τούτῳ ἵνα γένηται ἄρτος.	
b 202	Mt 4,9	καὶ εἶπεν αὐτῷ· ταῦτά σοι πάντα δώσω, ἐὰν πεσὼν προσκυνήσῃς μοι.			Lk 4,6	καὶ εἶπεν αὐτῷ ὁ διάβολος· σοὶ δώσω τὴν ἐξουσίαν ταύτην ἅπασαν καὶ τὴν δόξαν αὐτῶν, ὅτι ἐμοὶ παραδέδοται καὶ ᾧ ἐὰν θέλω δίδωμι αὐτήν· [7] σὺ οὖν ἐὰν προσκυνήσῃς ἐνώπιον ἐμοῦ, ἔσται σοῦ πᾶσα.	
b 002					Lk 4,21	ἤρξατο δὲ λέγειν πρὸς αὐτοὺς ὅτι σήμερον πεπλήρωται ἡ γραφὴ αὕτη ἐν τοῖς ὠσὶν ὑμῶν.	
222	Mt 13,55 → Mt 1,16	οὐχ οὗτός ἐστιν ὁ τοῦ τέκτονος υἱός; οὐχ ἡ μήτηρ αὐτοῦ λέγεται Μαριὰμ ...	Mk 6,3 → Mt 1,16	οὐχ οὗτός ἐστιν ὁ τέκτων, ὁ υἱὸς τῆς Μαρίας ...	Lk 4,22 → Lk 3,23	... καὶ ἔλεγον· οὐχὶ υἱός ἐστιν Ἰωσὴφ οὗτος;	→ Jn 6,42
b 002					Lk 4,23	... πάντως ἐρεῖτέ μοι τὴν παραβολὴν ταύτην· ἰατρέ, θεράπευσον σεαυτόν· ...	
002	Mt 13,58	καὶ οὐκ ἐποίησεν ἐκεῖ δυνάμεις πολλὰς διὰ τὴν ἀπιστίαν αὐτῶν.	Mk 6,6	[5] καὶ οὐκ ἐδύνατο ἐκεῖ ποιῆσαι οὐδεμίαν δύναμιν, εἰ μὴ ὀλίγοις ἀρρώστοις ἐπιθεὶς τὰς χεῖρας ἐθεράπευσεν· [6] καὶ ἐθαύμαζεν διὰ τὴν ἀπιστίαν αὐτῶν. ...	Lk 4,28 → Lk 6,11	καὶ ἐπλήσθησαν πάντες θυμοῦ ἐν τῇ συναγωγῇ ἀκούοντες ταῦτα	

	Mt		Mk		Lk		
b 022	→ Mt 7,29		Mk 1,27 → Mk 1,22	καὶ ἐθαμβήθησαν ἅπαντες, ὥστε συζητεῖν πρὸς ἑαυτοὺς λέγοντας· τί ἐστιν **τοῦτο;** **διδαχὴ καινὴ** κατ᾽ ἐξουσίαν· καὶ τοῖς πνεύμασι τοῖς ἀκαθάρτοις ἐπιτάσσει, καὶ ὑπακούουσιν αὐτῷ.	Lk 4,36 → Lk 4,32	καὶ ἐγένετο θάμβος ἐπὶ πάντας καὶ συνελάλουν πρὸς ἀλλήλους λέγοντες· τίς **ὁ λόγος οὗτος** ὅτι ἐν ἐξουσίᾳ καὶ δυνάμει ἐπιτάσσει τοῖς ἀκαθάρτοις πνεύμασιν καὶ ἐξέρχονται;	
022			Mk 1,38	... ἄγωμεν ἀλλαχοῦ εἰς τὰς ἐχομένας κωμοπόλεις, ἵνα καὶ ἐκεῖ κηρύξω· **εἰς τοῦτο** γὰρ ἐξῆλθον.	Lk 4,43	... καὶ ταῖς ἑτέραις πόλεσιν εὐαγγελίσασθαί με δεῖ τὴν βασιλείαν τοῦ θεοῦ, ὅτι **ἐπὶ τοῦτο** ἀπεστάλην.	
002					Lk 5,6	καὶ **τοῦτο** ποιήσαντες συνέκλεισαν πλῆθος ἰχθύων πολύ, διερρήσσετο δὲ τὰ δίκτυα αὐτῶν.	→ Jn 21,6 → Jn 21,11
c 222	Mt 9,3	καὶ ἰδού τινες τῶν γραμματέων εἶπαν ἐν ἑαυτοῖς· **οὗτος** βλασφημεῖ.	Mk 2,7	[6] ἦσαν δέ τινες τῶν γραμματέων ἐκεῖ καθήμενοι καὶ διαλογιζόμενοι ἐν ταῖς καρδίαις αὐτῶν· [7] τί **οὗτος** οὕτως λαλεῖ; βλασφημεῖ· τίς δύναται ἀφιέναι ἁμαρτίας εἰ μὴ εἷς ὁ θεός;	Lk 5,21 ↓ Lk 7,49	καὶ ἤρξαντο διαλογίζεσθαι οἱ γραμματεῖς καὶ οἱ Φαρισαῖοι λέγοντες· τίς ἐστιν **οὗτος** ὃς λαλεῖ βλασφημίας; τίς δύναται ἁμαρτίας ἀφεῖναι εἰ μὴ μόνος ὁ θεός;	
121	Mt 9,4 → Mt 12,25	καὶ ἰδὼν ὁ Ἰησοῦς τὰς ἐνθυμήσεις αὐτῶν εἶπεν· ἱνατί ἐνθυμεῖσθε **πονηρὰ** ἐν ταῖς καρδίαις ὑμῶν;	Mk 2,8	καὶ εὐθὺς ἐπιγνοὺς ὁ Ἰησοῦς τῷ πνεύματι αὐτοῦ ὅτι οὕτως διαλογίζονται ἐν ἑαυτοῖς λέγει αὐτοῖς· τί **ταῦτα** διαλογίζεσθε ἐν ταῖς καρδίαις ὑμῶν;	Lk 5,22 → Lk 11,17 → Lk 6,8	ἐπιγνοὺς δὲ ὁ Ἰησοῦς τοὺς διαλογισμοὺς αὐτῶν ἀποκριθεὶς εἶπεν πρὸς αὐτούς· **τί** διαλογίζεσθε ἐν ταῖς καρδίαις ὑμῶν;	
j 012			Mk 2,13 → Mt 13,1 → Mk 4,1	καὶ ἐξῆλθεν πάλιν παρὰ τὴν θάλασσαν· ...	Lk 5,27	καὶ **μετὰ ταῦτα** ἐξῆλθεν ...	
c 112	Mt 12,3	ὁ δὲ εἶπεν αὐτοῖς· οὐκ ἀνέγνωτε τί ἐποίησεν Δαυὶδ ὅτε ἐπείνασεν καὶ οἱ μετ᾽ αὐτοῦ	Mk 2,25	καὶ λέγει αὐτοῖς· οὐδέποτε ἀνέγνωτε τί ἐποίησεν Δαυίδ, ὅτε χρείαν ἔσχεν καὶ ἐπείνασεν αὐτὸς καὶ οἱ μετ᾽ αὐτοῦ	Lk 6,3	καὶ ἀποκριθεὶς πρὸς αὐτοὺς εἶπεν ὁ Ἰησοῦς· οὐδὲ **τοῦτο** ἀνέγνωτε ὃ ἐποίησεν Δαυὶδ ὅτε ἐπείνασεν αὐτὸς καὶ οἱ μετ᾽ αὐτοῦ [ὄντες]	
b 112	Mt 5,1	ἰδὼν δὲ τοὺς ὄχλους ἀνέβη εἰς τὸ ὄρος, ...	Mk 3,13	καὶ ἀναβαίνει εἰς τὸ ὄρος ...	Lk 6,12	ἐγένετο δὲ **ἐν ταῖς ἡμέραις** **ταύταις** ἐξελθεῖν αὐτὸν εἰς τὸ ὄρος προσεύξασθαι, ...	

b 200 c 200	Mt 5,19 (2)	ὃς ἐὰν οὖν λύσῃ **μίαν τῶν ἐντολῶν τούτων τῶν ἐλαχίστων** καὶ διδάξῃ οὕτως τοὺς ἀνθρώπους, ἐλάχιστος κληθήσεται ἐν τῇ βασιλείᾳ τῶν οὐρανῶν· ὃς δ' ἂν ποιήσῃ καὶ διδάξῃ, **οὗτος** μέγας κληθήσεται ἐν τῇ βασιλείᾳ τῶν οὐρανῶν.				
  200	Mt 5,37	ἔστω δὲ ὁ λόγος ὑμῶν ναὶ ναί, οὒ οὔ· **τὸ δὲ περισσὸν τούτων** ἐκ τοῦ πονηροῦ ἐστιν.				
g 202	Mt 6,25	**διὰ τοῦτο** λέγω ὑμῖν· μὴ μεριμνᾶτε τῇ ψυχῇ ὑμῶν τί φάγητε [ἢ τί πίητε], ...		Lk 12,22	... **διὰ τοῦτο** λέγω ὑμῖν· μὴ μεριμνᾶτε τῇ ψυχῇ τί φάγητε, ...	→ GTh 36 (POxy 655)
   202	Mt 6,29	... οὐδὲ Σολομὼν ἐν πάσῃ τῇ δόξῃ αὐτοῦ περιεβάλετο **ὡς ἓν τούτων.**		Lk 12,27	... οὐδὲ Σολομὼν ἐν πάσῃ τῇ δόξῃ αὐτοῦ περιεβάλετο **ὡς ἓν τούτων.**	
202 202	Mt 6,32 (2) → Mt 6,8	**πάντα γὰρ ταῦτα** τὰ ἔθνη ἐπιζητοῦσιν· οἶδεν γὰρ ὁ πατὴρ ὑμῶν ὁ οὐράνιος ὅτι χρῄζετε **τούτων ἁπάντων.**		Lk 12,30 (2)	**ταῦτα γὰρ πάντα** τὰ ἔθνη τοῦ κόσμου ἐπιζητοῦσιν, ὑμῶν δὲ ὁ πατὴρ οἶδεν ὅτι χρῄζετε **τούτων.**	
    202	Mt 6,33	ζητεῖτε δὲ πρῶτον τὴν βασιλείαν [τοῦ θεοῦ] καὶ τὴν δικαιοσύνην αὐτοῦ, καὶ **ταῦτα πάντα** προστεθήσεται ὑμῖν.		Lk 12,31	πλὴν ζητεῖτε τὴν βασιλείαν αὐτοῦ, καὶ **ταῦτα** προστεθήσεται ὑμῖν.	
    201	Mt 7,12 ↓ Mt 22,40	πάντα οὖν ὅσα ἐὰν θέλητε ἵνα ποιῶσιν ὑμῖν οἱ ἄνθρωποι, οὕτως καὶ ὑμεῖς ποιεῖτε αὐτοῖς· **οὗτος** γάρ ἐστιν ὁ νόμος καὶ οἱ προφῆται.		Lk 6,31	καὶ καθὼς θέλετε ἵνα ποιῶσιν ὑμῖν οἱ ἄνθρωποι ποιεῖτε αὐτοῖς ὁμοίως.	
b 201	Mt 7,24	πᾶς οὖν ὅστις ἀκούει **μου τοὺς λόγους τούτους** καὶ ποιεῖ αὐτούς, ὁμοιωθήσεται ἀνδρὶ φρονίμῳ, ...		Lk 6,47	πᾶς ὁ ἐρχόμενος πρός με καὶ ἀκούων **μου τῶν λόγων** καὶ ποιῶν αὐτούς, ὑποδείξω ὑμῖν τίνι ἐστὶν ὅμοιος· [48] ὅμοιός ἐστιν ἀνθρώπῳ ...	
b 201	Mt 7,26	καὶ πᾶς ὁ ἀκούων **μου τοὺς λόγους τούτους** καὶ μὴ ποιῶν αὐτοὺς ὁμοιωθήσεται ἀνδρὶ μωρῷ, ...		Lk 6,49	ὁ δὲ ἀκούσας καὶ μὴ ποιήσας ὅμοιός ἐστιν ἀνθρώπῳ ...	

		Mt		Mk		Lk	
b 201	Mt 7,28 ↓ Lk 4,32	καὶ ἐγένετο ὅτε ἐτέλεσεν ὁ Ἰησοῦς τοὺς λόγους τούτους,			Lk 7,1	ἐπειδὴ ἐπλήρωσεν πάντα τὰ ῥήματα αὐτοῦ εἰς τὰς ἀκοὰς τοῦ λαοῦ, ...	
	→ Mt 22,33 → Mk 11,18 ↑ Lk 7,1	ἐξεπλήσσοντο οἱ ὄχλοι ἐπὶ τῇ διδαχῇ αὐτοῦ·	Mk 1,22	καὶ ἐξεπλήσσοντο ἐπὶ τῇ διδαχῇ αὐτοῦ· ...	Lk 4,32	καὶ ἐξεπλήσσοντο ἐπὶ τῇ διδαχῇ αὐτοῦ, ...	
002					Lk 7,4	οἱ δὲ παραγενόμενοι πρὸς τὸν Ἰησοῦν παρεκάλουν αὐτὸν σπουδαίως λέγοντες ὅτι ἄξιός ἐστιν ᾧ παρέξῃ τοῦτο·	
e 202 202	Mt 8,9 (2)	καὶ γὰρ ἐγὼ ἄνθρωπός εἰμι ὑπὸ ἐξουσίαν, ἔχων ὑπ' ἐμαυτὸν στρατιώτας, καὶ λέγω τούτῳ· πορεύθητι, καὶ πορεύεται, καὶ ἄλλῳ· ἔρχου, καὶ ἔρχεται, καὶ τῷ δούλῳ μου· ποίησον τοῦτο, καὶ ποιεῖ.			Lk 7,8 (2)	καὶ γὰρ ἐγὼ ἄνθρωπός εἰμι ὑπὸ ἐξουσίαν τασσόμενος ἔχων ὑπ' ἐμαυτὸν στρατιώτας, καὶ λέγω τούτῳ· πορεύθητι, καὶ πορεύεται, καὶ ἄλλῳ· ἔρχου, καὶ ἔρχεται, καὶ τῷ δούλῳ μου· ποίησον τοῦτο, καὶ ποιεῖ.	
102	Mt 8,10	ἀκούσας δὲ ὁ Ἰησοῦς ἐθαύμασεν καὶ εἶπεν τοῖς ἀκολουθοῦσιν· ἀμὴν λέγω ὑμῖν, παρ' οὐδενὶ τοσαύτην πίστιν ἐν τῷ Ἰσραὴλ εὗρον.			Lk 7,9	ἀκούσας δὲ ταῦτα ὁ Ἰησοῦς ἐθαύμασεν αὐτὸν καὶ στραφεὶς τῷ ἀκολουθοῦντι αὐτῷ ὄχλῳ εἶπεν· λέγω ὑμῖν, οὐδὲ ἐν τῷ Ἰσραὴλ τοσαύτην πίστιν εὗρον.	
222	Mt 8,27	οἱ δὲ ἄνθρωποι ἐθαύμασαν λέγοντες· ποταπός ἐστιν οὗτος ὅτι καὶ οἱ ἄνεμοι καὶ ἡ θάλασσα αὐτῷ ὑπακούουσιν;	Mk 4,41	καὶ ἐφοβήθησαν φόβον μέγαν καὶ ἔλεγον πρὸς ἀλλήλους· τίς ἄρα οὗτός ἐστιν ὅτι καὶ ὁ ἄνεμος καὶ ἡ θάλασσα ὑπακούει αὐτῷ;	Lk 8,25	... φοβηθέντες δὲ ἐθαύμασαν, λέγοντες πρὸς ἀλλήλους· τίς ἄρα οὗτός ἐστιν ὅτι καὶ τοῖς ἀνέμοις ἐπιτάσσει καὶ τῷ ὕδατι, καὶ ὑπακούουσιν αὐτῷ;	
222	Mt 9,3	καὶ ἰδού τινες τῶν γραμματέων εἶπαν ἐν ἑαυτοῖς· οὗτος βλασφημεῖ.	Mk 2,7	[6] ἦσαν δέ τινες τῶν γραμματέων ἐκεῖ καθήμενοι καὶ διαλογιζόμενοι ἐν ταῖς καρδίαις αὐτῶν· [7] τί οὗτος οὕτως λαλεῖ; βλασφημεῖ· τίς δύναται ἀφιέναι ἁμαρτίας εἰ μὴ εἷς ὁ θεός;	Lk 5,21 ↓ Lk 7,49	καὶ ἤρξαντο διαλογίζεσθαι οἱ γραμματεῖς καὶ οἱ Φαρισαῖοι λέγοντες· τίς ἐστιν οὗτος ὃς λαλεῖ βλασφημίας; τίς δύναται ἁμαρτίας ἀφεῖναι εἰ μὴ μόνος ὁ θεός;	
211	Mt 9,18	ταῦτα αὐτοῦ λαλοῦντος αὐτοῖς, ἰδοὺ ἄρχων εἷς ἐλθὼν προσεκύνει αὐτῷ ...	Mk 5,22	καὶ ἔρχεται εἷς τῶν ἀρχισυναγώγων, ὀνόματι Ἰάϊρος, καὶ ἰδὼν αὐτὸν πίπτει πρὸς τοὺς πόδας αὐτοῦ	Lk 8,41	καὶ ἰδοὺ ἦλθεν ἀνὴρ ᾧ ὄνομα Ἰάϊρος καὶ οὗτος ἄρχων τῆς συναγωγῆς ὑπῆρχεν, καὶ πεσὼν παρὰ τοὺς πόδας [τοῦ] Ἰησοῦ ...	
b 200	Mt 9,26 → Mt 4,24a → Mt 9,31 → Mk 1,28 → Lk 4,14 → Lk 4,37	καὶ ἐξῆλθεν ἡ φήμη αὕτη εἰς ὅλην τὴν γῆν ἐκείνην.					

	Mt		Mk		Lk		
200	**Mt 9,28** ⇨ Mt 20,32-33	ἐλθόντι δὲ εἰς τὴν οἰκίαν προσῆλθον αὐτῷ οἱ τυφλοί, καὶ λέγει αὐτοῖς ὁ Ἰησοῦς· πιστεύετε ὅτι δύναμαι **τοῦτο** ποιῆσαι; λέγουσιν αὐτῷ· ναὶ κύριε.	**Mk 10,51**	[50] ... ἦλθεν πρὸς τὸν Ἰησοῦν. [51] καὶ ἀποκριθεὶς αὐτῷ ὁ Ἰησοῦς εἶπεν· τί σοι θέλεις ποιήσω; ὁ δὲ τυφλὸς εἶπεν αὐτῷ· ραββουνι, ἵνα ἀναβλέψω.	**Lk 18,41**	[40] σταθεὶς δὲ ὁ Ἰησοῦς ἐκέλευσεν αὐτὸν ἀχθῆναι πρὸς αὐτόν. ἐγγίσαντος δὲ αὐτοῦ ἐπηρώτησεν αὐτόν· [41] τί σοι θέλεις ποιήσω; ὁ δὲ εἶπεν· κύριε, ἵνα ἀναβλέψω.	
211	**Mt 10,2**	τῶν δὲ δώδεκα ἀποστόλων τὰ ὀνόματά ἐστιν **ταῦτα**· πρῶτος Σίμων ὁ λεγόμενος Πέτρος ...	**Mk 3,16**	... καὶ ἐπέθηκεν ὄνομα τῷ Σίμωνι Πέτρον	**Lk 6,14**	Σίμωνα, ὃν καὶ ὠνόμασεν Πέτρον, ...	→ Jn 1,40-42 → **Jn 1,41**
a 211	**Mt 10,5**	**τούτους τοὺς δώδεκα** ἀπέστειλεν ὁ Ἰησοῦς ...	**Mk 6,7**	... καὶ ἤρξατο **αὐτοὺς** ἀποστέλλειν δύο δύο ...	**Lk 9,2** → Lk 10,9	καὶ ἀπέστειλεν **αὐτοὺς** κηρύσσειν τὴν βασιλείαν τοῦ θεοῦ ...	→ GTh 14,4
d 221	**Mt 10,22** ⇩ Mt 24,13	... ὁ δὲ ὑπομείνας εἰς τέλος **οὗτος** σωθήσεται.	**Mk 13,13**	... ὁ δὲ ὑπομείνας εἰς τέλος **οὗτος** σωθήσεται.	**Lk 21,19**	ἐν τῇ ὑπομονῇ ὑμῶν κτήσασθε τὰς ψυχὰς ὑμῶν.	
b e 200	**Mt 10,23**	ὅταν δὲ διώκωσιν ὑμᾶς **ἐν τῇ πόλει ταύτῃ**, φεύγετε εἰς τὴν ἑτέραν· ἀμὴν γὰρ λέγω ὑμῖν, οὐ μὴ τελέσητε τὰς πόλεις τοῦ Ἰσραὴλ ἕως ἂν ἔλθῃ ὁ υἱὸς τοῦ ἀνθρώπου.					
b 210	**Mt 10,42**	καὶ ὃς ἂν ποτίσῃ **ἕνα τῶν μικρῶν τούτων** ποτήριον ψυχροῦ μόνον εἰς ὄνομα μαθητοῦ, ἀμὴν λέγω ὑμῖν, οὐ μὴ ἀπολέσῃ τὸν μισθὸν αὐτοῦ.	**Mk 9,41**	ὃς γὰρ ἂν ποτίσῃ **ὑμᾶς** ποτήριον ὕδατος ἐν ὀνόματι ὅτι Χριστοῦ ἐστε, ἀμὴν λέγω ὑμῖν ὅτι οὐ μὴ ἀπολέσῃ τὸν μισθὸν αὐτοῦ.			
b 002					**Lk 7,17** → Lk 5,15	καὶ ἐξῆλθεν **ὁ λόγος οὗτος** ἐν ὅλῃ τῇ Ἰουδαίᾳ περὶ αὐτοῦ καὶ πάσῃ τῇ περιχώρῳ.	
102	**Mt 11,2**	ὁ δὲ Ἰωάννης ἀκούσας ἐν τῷ δεσμωτηρίῳ **τὰ ἔργα τοῦ Χριστοῦ** πέμψας διὰ τῶν μαθητῶν αὐτοῦ			**Lk 7,18**	καὶ ἀπήγγειλαν Ἰωάννῃ οἱ μαθηταὶ αὐτοῦ **περὶ πάντων τούτων**. καὶ προσκαλεσάμενος δύο τινὰς τῶν μαθητῶν αὐτοῦ ὁ Ἰωάννης [19] ἔπεμψεν πρὸς τὸν κύριον ...	
201	**Mt 11,7**	**τούτων** δὲ πορευομένων ἤρξατο ὁ Ἰησοῦς λέγειν τοῖς ὄχλοις περὶ Ἰωάννου· ...			**Lk 7,24**	ἀπελθόντων δὲ **τῶν ἀγγέλων Ἰωάννου** ἤρξατο λέγειν πρὸς τοὺς ὄχλους περὶ Ἰωάννου· ...	
c 202	**Mt 11,10**	**οὗτός** ἐστιν περὶ οὗ γέγραπται· *ἰδοὺ ἐγὼ ἀποστέλλω τὸν ἄγγελόν μου πρὸ προσώπου* σου, *ὃς κατασκευάσει τὴν ὁδόν σου ἔμπροσθέν* σου. ➤ Exod 23,20/Mal 3,1	**Mk 1,2** ⇧ Mt 3,3 ⇧ Lk 3,4	καθὼς γέγραπται ἐν τῷ Ἠσαΐᾳ τῷ προφήτῃ· *ἰδοὺ ἀποστέλλω τὸν ἄγγελόν μου πρὸ προσώπου* σου, *ὃς κατασκευάσει τὴν ὁδόν* σου· ➤ Exod 23,20/Mal 3,1	**Lk 7,27**	**οὗτός** ἐστιν περὶ οὗ γέγραπται· *ἰδοὺ ἀποστέλλω τὸν ἄγγελόν μου πρὸ προσώπου* σου, *ὃς κατασκευάσει τὴν ὁδόν σου ἔμπροσθέν* σου. ➤ Exod 23,20/Mal 3,1	Mk-Q overlap

b 202	**Mt 11,16**	τίνι δὲ ὁμοιώσω τὴν γενεὰν ταύτην; ὁμοία ἐστὶν παιδίοις καθημένοις ἐν ταῖς ἀγοραῖς ...	**Lk 7,31**	τίνι οὖν ὁμοιώσω τοὺς ἀνθρώπους τῆς γενεᾶς ταύτης καὶ τίνι εἰσὶν ὅμοιοι; [32] ὅμοιοί εἰσιν παιδίοις τοῖς ἐν ἀγορᾷ καθημένοις ...	
002			**Lk 7,39**	ἰδὼν δὲ ὁ Φαρισαῖος ὁ καλέσας αὐτὸν εἶπεν ἐν ἑαυτῷ λέγων· οὗτος εἰ ἦν προφήτης, ἐγίνωσκεν ἂν τίς καὶ ποταπὴ ἡ γυνὴ ἥτις ἅπτεται αὐτοῦ, ὅτι ἁμαρτωλός ἐστιν.	
a 002 002			**Lk 7,44** **(2)**	καὶ στραφεὶς πρὸς τὴν γυναῖκα τῷ Σίμωνι ἔφη· βλέπεις ταύτην τὴν γυναῖκα; εἰσῆλθόν σου εἰς τὴν οἰκίαν, ὕδωρ μοι ἐπὶ πόδας οὐκ ἔδωκας· αὕτη δὲ τοῖς δάκρυσιν ἔβρεξέν μου τοὺς πόδας καὶ ταῖς θριξὶν αὐτῆς ἐξέμαξεν.	
002			**Lk 7,45**	φίλημά μοι οὐκ ἔδωκας· αὕτη δὲ ἀφ' ἧς εἰσῆλθον οὐ διέλιπεν καταφιλοῦσά μου τοὺς πόδας.	
002			**Lk 7,46**	ἐλαίῳ τὴν κεφαλήν μου οὐκ ἤλειψας· αὕτη δὲ μύρῳ ἤλειψεν τοὺς πόδας μου.	
c 002			**Lk 7,49** ↑ Mt 9,3 ↑ Mk 2,7 ↑ Lk 5,21	καὶ ἤρξαντο οἱ συνανακείμενοι λέγειν ἐν ἑαυτοῖς· τίς οὗτός ἐστιν ὃς καὶ ἁμαρτίας ἀφίησιν;	
202	**Mt 11,25**	... ἐξομολογοῦμαί σοι, πάτερ, κύριε τοῦ οὐρανοῦ καὶ τῆς γῆς, ὅτι ἔκρυψας ταῦτα ἀπὸ σοφῶν καὶ συνετῶν καὶ ἀπεκάλυψας αὐτὰ νηπίοις·	**Lk 10,21**	... ἐξομολογοῦμαί σοι, πάτερ, κύριε τοῦ οὐρανοῦ καὶ τῆς γῆς, ὅτι ἀπέκρυψας ταῦτα ἀπὸ σοφῶν καὶ συνετῶν καὶ ἀπεκάλυψας αὐτὰ νηπίοις· ...	→ GTh 4 (POxy 654)
201	**Mt 12,11**	... τίς ἔσται ἐξ ὑμῶν ἄνθρωπος ὃς ἕξει πρόβατον ἓν καὶ ἐὰν ἐμπέσῃ τοῦτο τοῖς σάββασιν εἰς βόθυνον, οὐχὶ κρατήσει αὐτὸ καὶ ἐγερεῖ;	**Lk 14,5** → Lk 13,15	... τίνος ὑμῶν υἱὸς ἢ βοῦς εἰς φρέαρ πεσεῖται, καὶ οὐκ εὐθέως ἀνασπάσει αὐτὸν ἐν ἡμέρᾳ τοῦ σαββάτου;	

	Mt		Mk		Lk		
200	**Mt 12,23** ⇩ Mt 9,33	καὶ ἐξίσταντο πάντες οἱ ὄχλοι καὶ ἔλεγον· μήτι **οὗτός** ἐστιν ὁ υἱὸς Δαυίδ;					
	Mt 9,33 ⇧ Mt 12,23	... καὶ ἐθαύμασαν οἱ ὄχλοι λέγοντες· οὐδέποτε ἐφάνη οὕτως ἐν τῷ Ἰσραήλ.			**Lk 11,14**	... καὶ ἐθαύμασαν οἱ ὄχλοι.	
201	**Mt 12,24** ⇩ Mt 9,34	οἱ δὲ Φαρισαῖοι ἀκούσαντες εἶπον· **οὗτος** οὐκ ἐκβάλλει τὰ δαιμόνια εἰ μὴ ἐν τῷ Βεελζεβοὺλ ἄρχοντι τῶν δαιμονίων.			**Lk 11,15** → Lk 11,18	τινὲς δὲ ἐξ αὐτῶν εἶπον· ἐν Βεελζεβοὺλ τῷ ἄρχοντι τῶν δαιμονίων ἐκβάλλει τὰ δαιμόνια·	Mk-Q overlap
	Mt 9,34 ⇧ Mt 12,24 → Lk 11,18	οἱ δὲ Φαρισαῖοι ἔλεγον· ἐν τῷ ἄρχοντι τῶν δαιμονίων ἐκβάλλει τὰ δαιμόνια.	**Mk 3,22**	καὶ οἱ γραμματεῖς οἱ ἀπὸ Ἱεροσολύμων καταβάντες ἔλεγον ὅτι Βεελζεβοὺλ ἔχει, καὶ ὅτι ἐν τῷ ἄρχοντι τῶν δαιμονίων ἐκβάλλει τὰ δαιμόνια.			
g 202	**Mt 12,27**	καὶ εἰ ἐγὼ ἐν Βεελζεβοὺλ ἐκβάλλω τὰ δαιμόνια, οἱ υἱοὶ ὑμῶν ἐν τίνι ἐκβάλλουσιν; **διὰ τοῦτο** αὐτοὶ κριταὶ ἔσονται ὑμῶν.			**Lk 11,19**	εἰ δὲ ἐγὼ ἐν Βεελζεβοὺλ ἐκβάλλω τὰ δαιμόνια, οἱ υἱοὶ ὑμῶν ἐν τίνι ἐκβάλλουσιν; **διὰ τοῦτο** αὐτοὶ ὑμῶν κριταὶ ἔσονται.	
g 210	**Mt 12,31**	**διὰ τοῦτο** λέγω ὑμῖν, πᾶσα ἁμαρτία καὶ βλασφημία ἀφεθήσεται τοῖς ἀνθρώποις, ...	**Mk 3,28** ↓ Mt 12,32 ↓ Lk 12,10	ἀμὴν λέγω ὑμῖν ὅτι πάντα ἀφεθήσεται τοῖς υἱοῖς τῶν ἀνθρώπων τὰ ἁμαρτήματα καὶ αἱ βλασφημίαι ὅσα ἐὰν βλασφημήσωσιν·			→ GTh 44
a e 210	**Mt 12,32** ↑ Mk 3,28	[31] ... ἡ δὲ τοῦ πνεύματος βλασφημία οὐκ ἀφεθήσεται. [32] ... ὃς δ' ἂν εἴπῃ κατὰ τοῦ πνεύματος τοῦ ἁγίου, οὐκ ἀφεθήσεται αὐτῷ **οὔτε ἐν τούτῳ τῷ αἰῶνι οὔτε ἐν τῷ μέλλοντι.**	**Mk 3,29**	ὃς δ' ἂν βλασφημήσῃ εἰς τὸ πνεῦμα τὸ ἅγιον, οὐκ ἔχει ἄφεσιν **εἰς τὸν αἰῶνα,** ἀλλὰ ἔνοχός ἐστιν αἰωνίου ἁμαρτήματος.	**Lk 12,10** ↑ Mk 3,28	... τῷ δὲ εἰς τὸ ἅγιον πνεῦμα βλασφημήσαντι οὐκ ἀφεθήσεται.	→ GTh 44 Mk-Q overlap
b 202	**Mt 12,41**	ἄνδρες Νινευῖται ἀναστήσονται ἐν τῇ κρίσει **μετὰ τῆς γενεᾶς ταύτης** καὶ κατακρινοῦσιν αὐτήν, ...			**Lk 11,32**	ἄνδρες Νινευῖται ἀναστήσονται ἐν τῇ κρίσει **μετὰ τῆς γενεᾶς ταύτης** καὶ κατακρινοῦσιν αὐτήν· ...	
b 202	**Mt 12,42**	βασίλισσα νότου ἐγερθήσεται ἐν τῇ κρίσει **μετὰ τῆς γενεᾶς ταύτης** καὶ κατακρινεῖ αὐτήν, ...			**Lk 11,31**	βασίλισσα νότου ἐγερθήσεται ἐν τῇ κρίσει **μετὰ τῶν ἀνδρῶν τῆς γενεᾶς ταύτης** καὶ κατακρινεῖ αὐτούς, ...	
b 201	**Mt 12,45**	... καὶ γίνεται τὰ ἔσχατα τοῦ ἀνθρώπου ἐκείνου χείρονα τῶν πρώτων. οὕτως ἔσται καὶ **τῇ γενεᾷ ταύτῃ τῇ πονηρᾷ.**			**Lk 11,26**	... καὶ γίνεται τὰ ἔσχατα τοῦ ἀνθρώπου ἐκείνου χείρονα τῶν πρώτων.	

	Mt		Mk		Lk		
c 122	**Mt 12,50** → Mt 7,21	ὅστις γὰρ ἂν ποιήσῃ τὸ θέλημα τοῦ πατρός μου τοῦ ἐν οὐρανοῖς **αὐτός** μου ἀδελφὸς καὶ ἀδελφὴ καὶ μήτηρ ἐστίν.	**Mk 3,35**	ὃς [γὰρ] ἂν ποιήσῃ τὸ θέλημα τοῦ θεοῦ, **οὗτος** ἀδελφός μου καὶ ἀδελφὴ καὶ μήτηρ ἐστίν.	**Lk 8,21** → Lk 6,46 → Lk 11,28	... μήτηρ μου καὶ ἀδελφοί μου **οὗτοί** εἰσιν οἱ τὸν λόγον τοῦ θεοῦ ἀκούοντες καὶ ποιοῦντες.	→ Jn 15,14 → GTh 99
112	**Mt 13,9**	[8] ἄλλα δὲ ἔπεσεν ἐπὶ τὴν γῆν τὴν καλὴν καὶ ἐδίδου καρπόν, ... [9] ὁ ἔχων ὦτα ἀκουέτω.	**Mk 4,9**	[8] καὶ ἄλλα ἔπεσεν εἰς τὴν γῆν τὴν καλὴν καὶ ἐδίδου καρπὸν ... [9] καὶ ἔλεγεν· ὃς ἔχει ὦτα ἀκούειν ἀκουέτω.	**Lk 8,8**	καὶ ἕτερον ἔπεσεν εἰς τὴν γῆν τὴν ἀγαθὴν καὶ φυὲν ἐποίησεν καρπὸν ... **ταῦτα** λέγων ἐφώνει· ὁ ἔχων ὦτα ἀκούειν ἀκουέτω.	→ GTh 9 → GTh 21,11
a 112	**Mt 13,10**	καὶ προσελθόντες οἱ μαθηταὶ εἶπαν αὐτῷ· διὰ τί **ἐν παραβολαῖς** λαλεῖς αὐτοῖς;	**Mk 4,10** ↓ Mk 7,17	... ἠρώτων αὐτὸν οἱ περὶ αὐτὸν σὺν τοῖς δώδεκα **τὰς παραβολάς.**	**Lk 8,9** ↓ Mk 7,17	ἐπηρώτων δὲ αὐτὸν οἱ μαθηταὶ αὐτοῦ τίς **αὕτη εἴη ἡ παραβολή.**	
g 211	**Mt 13,13**	[11] ... ἐκείνοις δὲ οὐ δέδοται. [12] ... **[13] διὰ τοῦτο** ἐν παραβολαῖς αὐτοῖς λαλῶ, ὅτι βλέποντες οὐ βλέπουσιν καὶ ἀκούοντες οὐκ ἀκούουσιν οὐδὲ συνίουσιν· ➤ Isa 6,9	**Mk 4,11**	... ἐκείνοις δὲ τοῖς ἔξω ἐν παραβολαῖς τὰ πάντα γίνεται, [12] ἵνα βλέποντες βλέπωσιν καὶ μὴ ἴδωσιν, καὶ ἀκούοντες ἀκούωσιν καὶ μὴ συνιῶσιν, ... ➤ Isa 6,9	**Lk 8,10**	... τοῖς δὲ λοιποῖς ἐν παραβολαῖς, ἵνα βλέποντες μὴ βλέπωσιν καὶ ἀκούοντες μὴ συνιῶσιν. ➤ Isa 6,9	
b 200	**Mt 13,15** ↑ Mk 4,12	*ἐπαχύνθη γὰρ ἡ καρδία* ***τοῦ λαοῦ τούτου,*** *καὶ τοῖς ὠσὶν βαρέως ἤκουσαν καὶ τοὺς ὀφθαλμοὺς αὐτῶν ἐκάμμυσαν, ...* ➤ Isa 6,10 LXX					→ Jn 12,40 → **Acts 28,27**
b a 122	**Mt 13,18**	ὑμεῖς οὖν ἀκούσατε **τὴν παραβολὴν τοῦ σπείραντος.**	**Mk 4,13**	καὶ λέγει αὐτοῖς· οὐκ οἴδατε **τὴν παραβολὴν ταύτην,** καὶ πῶς πάσας τὰς παραβολὰς γνώσεσθε; [14] ὁ σπείρων τὸν λόγον σπείρει.	**Lk 8,11**	ἔστιν δὲ **αὕτη ἡ παραβολή·** ὁ σπόρος ἐστὶν ὁ λόγος τοῦ θεοῦ.	
221	**Mt 13,19**	παντὸς ἀκούοντος τὸν λόγον τῆς βασιλείας καὶ μὴ συνιέντος, ἔρχεται ὁ πονηρὸς καὶ ἁρπάζει τὸ ἐσπαρμένον ἐν τῇ καρδίᾳ αὐτοῦ, **οὗτός** ἐστιν ὁ παρὰ τὴν ὁδὸν σπαρείς.	**Mk 4,15**	**οὗτοι** δέ εἰσιν οἱ παρὰ τὴν ὁδόν· ὅπου σπείρεται ὁ λόγος καὶ ὅταν ἀκούσωσιν, εὐθὺς ἔρχεται ὁ σατανᾶς καὶ αἴρει τὸν λόγον τὸν ἐσπαρμένον εἰς αὐτούς.	**Lk 8,12**	οἱ δὲ παρὰ τὴν ὁδόν εἰσιν οἱ ἀκούσαντες, εἶτα ἔρχεται ὁ διάβολος καὶ αἴρει τὸν λόγον ἀπὸ τῆς καρδίας αὐτῶν, ...	

[a] οὗτος as adjective coming before a substantive
[b] οὗτος as adjective following a substantive
[c] οὗτος ..., ὃς / ὃς ..., οὗτος / ὅστις ..., οὗτος
[d] ὁ and participle ..., οὗτος
[e] οὗτος and ἄλλος / ἐκεῖνος / ἕτερος / ὁ μέλλων
[f] τοῦτ' ἔστιν
[g] διὰ τοῦτο
[h] ἕνεκα τούτου, ἕνεκεν τούτου
[j] μετὰ (...) ταῦτα (Luke/Acts only)
[k] ἐν τούτῳ

d c 221	**Mt 13,20**	ὁ δὲ ἐπὶ τὰ πετρώδη σπαρείς, **οὗτός** ἐστιν ὁ τὸν λόγον ἀκούων καὶ εὐθὺς μετὰ χαρᾶς λαμβάνων αὐτόν,	**Mk 4,16**	καὶ **οὗτοί** εἰσιν οἱ ἐπὶ τὰ πετρώδη σπειρόμενοι, οἳ ὅταν ἀκούσωσιν τὸν λόγον εὐθὺς μετὰ χαρᾶς λαμβάνουσιν αὐτόν,	**Lk 8,13**	οἱ δὲ ἐπὶ τῆς πέτρας οἳ ὅταν ἀκούσωσιν μετὰ χαρᾶς δέχονται τὸν λόγον,	
c 112	**Mt 13,21**	οὐκ ἔχει δὲ ῥίζαν ἐν ἑαυτῷ ἀλλὰ πρόσκαιρός ἐστιν, γενομένης δὲ θλίψεως ἢ διωγμοῦ διὰ τὸν λόγον εὐθὺς σκανδαλίζεται.	**Mk 4,17**	καὶ οὐκ ἔχουσιν ῥίζαν ἐν ἑαυτοῖς ἀλλὰ πρόσκαιροί εἰσιν, εἶτα γενομένης θλίψεως ἢ διωγμοῦ διὰ τὸν λόγον εὐθὺς σκανδαλίζονται.		καὶ **οὗτοι** ῥίζαν οὐκ ἔχουσιν, οἳ πρὸς καιρὸν πιστεύουσιν καὶ ἐν καιρῷ πειρασμοῦ ἀφίστανται.	
d 222	**Mt 13,22**	ὁ δὲ εἰς τὰς ἀκάνθας σπαρείς, **οὗτός** ἐστιν ὁ τὸν λόγον ἀκούων, ...	**Mk 4,18**	καὶ ἄλλοι εἰσὶν οἱ εἰς τὰς ἀκάνθας σπειρόμενοι· **οὗτοί** εἰσιν οἱ τὸν λόγον ἀκούσαντες	**Lk 8,14**	τὸ δὲ εἰς τὰς ἀκάνθας πεσόν, **οὗτοί** εἰσιν οἱ ἀκούσαντες, ...	
d 212	**Mt 13,23**	ὁ δὲ ἐπὶ τὴν καλὴν γῆν σπαρείς, **οὗτός** ἐστιν ὁ τὸν λόγον ἀκούων καὶ συνιείς, ...	**Mk 4,20**	καὶ **ἐκεῖνοί** εἰσιν οἱ ἐπὶ τὴν γῆν τὴν καλὴν σπαρέντες, οἵτινες ἀκούουσιν τὸν λόγον καὶ παραδέχονται ...	**Lk 8,15**	τὸ δὲ ἐν τῇ καλῇ γῇ, **οὗτοί** εἰσιν οἵτινες ἐν καρδίᾳ καλῇ καὶ ἀγαθῇ ἀκούσαντες τὸν λόγον κατέχουσιν ...	
200	**Mt 13,28**	... ἐχθρὸς ἄνθρωπος **τοῦτο** ἐποίησεν. ...					→ GTh 57
210	**Mt 13,34**	**ταῦτα πάντα** ἐλάλησεν ὁ Ἰησοῦς ἐν παραβολαῖς τοῖς ὄχλοις, ...	**Mk 4,33**	καὶ τοιαύταις παραβολαῖς πολλαῖς ἐλάλει αὐτοῖς **τὸν λόγον,** καθὼς ἠδύναντο ἀκούειν·			
200	**Mt 13,38**	ὁ δὲ ἀγρός ἐστιν ὁ κόσμος, τὸ δὲ καλὸν σπέρμα, **οὗτοί** εἰσιν οἱ υἱοὶ τῆς βασιλείας· ...					
200	**Mt 13,51**	συνήκατε **ταῦτα πάντα;** λέγουσιν αὐτῷ· ναί.					
g 200	**Mt 13,52**	ὁ δὲ εἶπεν αὐτοῖς· **διὰ τοῦτο** πᾶς γραμματεὺς μαθητευθεὶς τῇ βασιλείᾳ τῶν οὐρανῶν ὅμοιός ἐστιν ἀνθρώπῳ οἰκοδεσπότῃ, ...					
c 122	**Mt 12,50** → Mt 7,21	ὅστις γὰρ ἂν ποιήσῃ τὸ θέλημα τοῦ πατρός μου τοῦ ἐν οὐρανοῖς **αὐτός** μου ἀδελφὸς καὶ ἀδελφὴ καὶ μήτηρ ἐστίν.	**Mk 3,35**	ὃς [γὰρ] ἂν ποιήσῃ τὸ θέλημα τοῦ θεοῦ, **οὗτος** ἀδελφός μου καὶ ἀδελφὴ καὶ μήτηρ ἐστίν.	**Lk 8,21** → Lk 6,46 → Lk 11,28	... μήτηρ μου καὶ ἀδελφοί μου **οὗτοί** εἰσιν οἱ τὸν λόγον τοῦ θεοῦ ἀκούοντες καὶ ποιοῦντες.	→ Jn 15,14 → GTh 99

	Mt		Mk		Lk		
222	Mt 8,27	οἱ δὲ ἄνθρωποι ἐθαύμασαν λέγοντες· ποταπός ἐστιν **οὗτος** ὅτι καὶ οἱ ἄνεμοι καὶ ἡ θάλασσα αὐτῷ ὑπακούουσιν;	Mk 4,41	καὶ ἐφοβήθησαν φόβον μέγαν καὶ ἔλεγον πρὸς ἀλλήλους· τίς ἄρα **οὗτός** ἐστιν ὅτι καὶ ὁ ἄνεμος καὶ ἡ θάλασσα ὑπακούει αὐτῷ;	Lk 8,25	... φοβηθέντες δὲ ἐθαύμασαν, λέγοντες πρὸς ἀλλήλους· τίς ἄρα **οὗτός** ἐστιν ὅτι καὶ τοῖς ἀνέμοις ἐπιτάσσει καὶ τῷ ὕδατι, καὶ ὑπακούουσιν αὐτῷ;	
112	Mt 9,18	... ἰδοὺ ἄρχων εἷς ἐλθὼν προσεκύνει αὐτῷ ...	Mk 5,22	καὶ ἔρχεται εἷς τῶν ἀρχισυναγώγων, ὀνόματι Ἰάϊρος, καὶ ἰδὼν αὐτὸν πίπτει πρὸς τοὺς πόδας αὐτοῦ	Lk 8,41	καὶ ἰδοὺ ἦλθεν ἀνὴρ ᾧ ὄνομα Ἰάϊρος καὶ **οὗτος** ἄρχων τῆς συναγωγῆς ὑπῆρχεν, καὶ πεσὼν παρὰ τοὺς πόδας [τοῦ] Ἰησοῦ ...	
121	Mt 9,22	ὁ δὲ Ἰησοῦς στραφεὶς καὶ ἰδὼν **αὐτὴν** εἶπεν· θάρσει, θύγατερ· ἡ πίστις σου σέσωκέν σε. ...	Mk 5,32	[30] καὶ εὐθὺς ὁ Ἰησοῦς ... ἐπιστραφεὶς ἐν τῷ ὄχλῳ ἔλεγεν· τίς μου ἥψατο τῶν ἱματίων; [31] ... [32] καὶ περιεβλέπετο ἰδεῖν **τὴν τοῦτο** **ποιήσασαν.** [33] ... [34] ὁ δὲ εἶπεν αὐτῇ· θυγάτηρ, ἡ πίστις σου σέσωκέν σε· ...	Lk 8,45	καὶ εἶπεν ὁ Ἰησοῦς· τίς ὁ ἁψάμενός μου; ... [48] ὁ δὲ εἶπεν αὐτῇ· θυγάτηρ, ἡ πίστις σου σέσωκέν σε· ...	
021			Mk 5,43	καὶ διεστείλατο αὐτοῖς πολλὰ ἵνα μηδεὶς γνοῖ **τοῦτο, ...**	Lk 8,56	... ὁ δὲ παρήγγειλεν αὐτοῖς μηδενὶ εἰπεῖν **τὸ γεγονός.**	
b 210	Mt 13,53	καὶ ἐγένετο ὅτε ἐτέλεσεν ὁ Ἰησοῦς **τὰς παραβολὰς** **ταύτας,** μετῆρεν ἐκεῖθεν.	Mk 6,1	 καὶ ἐξῆλθεν ἐκεῖθεν ...			
221 *b* 221 121	Mt 13,54 (2)	... ὥστε ἐκπλήσσεσθαι αὐτοὺς καὶ λέγειν· πόθεν **τούτῳ** **ἡ σοφία αὕτη** καὶ αἱ δυνάμεις;	Mk 6,2 (3)	... καὶ πολλοὶ ἀκούοντες ἐξεπλήσσοντο λέγοντες· πόθεν **τούτῳ** **ταῦτα, καὶ** **τίς ἡ σοφία** **ἡ δοθεῖσα** **τούτῳ,** καὶ αἱ δυνάμεις τοιαῦται διὰ τῶν χειρῶν αὐτοῦ γινόμεναι;	Lk 4,22	καὶ πάντες ἐμαρτύρουν αὐτῷ καὶ ἐθαύμαζον ἐπὶ τοῖς λόγοις τῆς χάριτος τοῖς ἐκπορευομένοις ἐκ τοῦ στόματος αὐτοῦ καὶ ἔλεγον·	
222	Mt 13,55 → Mt 1,16	οὐχ **οὗτός** ἐστιν ὁ τοῦ τέκτονος υἱός; οὐχ ἡ μήτηρ αὐτοῦ λέγεται Μαριὰμ ...	Mk 6,3 → Mt 1,16	οὐχ **οὗτός** ἐστιν ὁ τέκτων, ὁ υἱὸς τῆς Μαρίας ...	→ Lk 3,23	οὐχὶ υἱός ἐστιν Ἰωσὴφ **οὗτος;**	→ Jn 6,42
200 200	Mt 13,56 (2)	... πόθεν οὖν **τούτῳ** **ταῦτα πάντα;**	Mk 6,2 (3)	... πόθεν τούτῳ ταῦτα, ...			

[a] οὗτος as adjective coming before a substantive
[b] οὗτος as adjective following a substantive
[c] οὗτος ..., ὃς / ὃς ..., οὗτος / ὅστις ..., οὗτος
[d] ὁ and participle ..., οὗτος
[e] οὗτος and ἄλλος / ἐκεῖνος / ἕτερος / ὁ μέλλων
[f] τοῦτ᾽ ἔστιν
[g] διὰ τοῦτο
[h] ἕνεκα τούτου, ἕνεκεν τούτου
[j] μετὰ (...) ταῦτα (Luke/Acts only)
[k] ἐν τούτῳ

g 021	**Mt 14,1**	ἐν ἐκείνῳ τῷ καιρῷ ἤκουσεν Ἡρῴδης ὁ τετραάρχης τὴν ἀκοὴν Ἰησοῦ,	**Mk 6,14** → Mk 8,28 ↓ **Mt 14,2**	καὶ ἤκουσεν ὁ βασιλεὺς Ἡρῴδης, φανερὸν γὰρ ἐγένετο τὸ ὄνομα αὐτοῦ, καὶ ἔλεγον ὅτι Ἰωάννης ὁ βαπτίζων ἐγήγερται ἐκ νεκρῶν καὶ **διὰ τοῦτο** ἐνεργοῦσιν αἱ δυνάμεις ἐν αὐτῷ.	**Lk 9,7** → Lk 9,19	ἤκουσεν δὲ Ἡρῴδης ὁ τετραάρχης τὰ γινόμενα πάντα καὶ διηπόρει διὰ τὸ λέγεσθαι ὑπό τινων ὅτι Ἰωάννης ἠγέρθη ἐκ νεκρῶν	
211 *c* 121 *g* 211 *c* 112	**Mt 14,2** **(2)** → Mt 16,14 ↑ **Mk 6,14**	καὶ εἶπεν τοῖς παισὶν αὐτοῦ· **οὗτός** ἐστιν Ἰωάννης ὁ βαπτιστής· **αὐτὸς** ἠγέρθη ἀπὸ τῶν νεκρῶν καὶ **διὰ τοῦτο** αἱ δυνάμεις ἐνεργοῦσιν ἐν αὐτῷ.	**Mk 6,16** → Mk 6,27	ἀκούσας δὲ ὁ Ἡρῴδης ἔλεγεν· ὃν ἐγὼ ἀπεκεφάλισα Ἰωάννην, **οὗτος** ἠγέρθη.	**Lk 9,9** → Lk 23,8	εἶπεν δὲ Ἡρῴδης· Ἰωάννην ἐγὼ ἀπεκεφάλισα· τίς δέ ἐστιν **οὗτος** περὶ οὗ ἀκούω τοιαῦτα; καὶ ἐζήτει ἰδεῖν αὐτόν.	
b 112	**Mt 14,16** → Mt 14,15 ↓ Mt 15,33 → Mt 15,34	ὁ δὲ [Ἰησοῦς] εἶπεν αὐτοῖς· οὐ χρείαν ἔχουσιν ἀπελθεῖν, δότε αὐτοῖς ὑμεῖς φαγεῖν. [17] οἱ δὲ λέγουσιν αὐτῷ· οὐκ ἔχομεν ὧδε εἰ μὴ πέντε ἄρτους καὶ δύο ἰχθύας.	**Mk 6,37** → Mk 6,36 ↓ **Mk 8,4** → Mk 8,5	ὁ δὲ ἀποκριθεὶς εἶπεν αὐτοῖς· δότε αὐτοῖς ὑμεῖς φαγεῖν. καὶ λέγουσιν αὐτῷ· ἀπελθόντες ἀγοράσωμεν δηναρίων διακοσίων ἄρτους καὶ δώσομεν **αὐτοῖς** φαγεῖν; [38] ὁ δὲ λέγει αὐτοῖς· πόσους ἄρτους ἔχετε; ὑπάγετε ἴδετε. καὶ γνόντες λέγουσιν· πέντε, καὶ δύο ἰχθύας.	**Lk 9,13** → Lk 9,12	εἶπεν δὲ πρὸς αὐτούς· δότε αὐτοῖς ὑμεῖς φαγεῖν. οἱ δὲ εἶπαν· οὐκ εἰσὶν ἡμῖν πλεῖον ἢ ἄρτοι πέντε καὶ ἰχθύες δύο, εἰ μήτι πορευθέντες ἡμεῖς ἀγοράσωμεν **εἰς πάντα** **τὸν λαὸν τοῦτον** βρώματα.	→ **Jn 6,5-6** → Jn 6,7 → **Jn 6,9**
f 020			**Mk 7,2** → Lk 11,38	καὶ ἰδόντες τινὰς τῶν μαθητῶν αὐτοῦ ὅτι κοιναῖς χερσίν, **τοῦτ'** ἔστιν ἀνίπτοις, ἐσθίουσιν τοὺς ἄρτους			
b a 220	**Mt 15,8**	[7] ὑποκριταί, καλῶς ἐπροφήτευσεν περὶ ὑμῶν Ἠσαΐας λέγων· [8] ***ὁ λαὸς οὗτος*** *τοῖς χείλεσίν με τιμᾷ,* *ἡ δὲ καρδία αὐτῶν* *πόρρω ἀπέχει ἀπ' ἐμοῦ·* ➤ Isa 29,13 LXX	**Mk 7,6**	... καλῶς ἐπροφήτευσεν Ἠσαΐας περὶ ὑμῶν τῶν ὑποκριτῶν, ὡς γέγραπται [ὅτι] ***οὗτος ὁ λαὸς*** *τοῖς χείλεσίν με τιμᾷ,* *ἡ δὲ καρδία αὐτῶν* *πόρρω ἀπέχει ἀπ' ἐμοῦ·* ➤ Isa 29,13 LXX			

d 210	Mt 15,11	οὐ τὸ εἰσερχόμενον εἰς τὸ στόμα κοινοῖ τὸν ἄνθρωπον, ἀλλὰ τὸ ἐκπορευόμενον ἐκ τοῦ στόματος **τοῦτο** κοινοῖ τὸν ἄνθρωπον.	Mk 7,15	οὐδέν ἐστιν ἔξωθεν τοῦ ἀνθρώπου εἰσπορευόμενον εἰς αὐτὸν ὃ δύναται κοινῶσαι αὐτόν, ἀλλὰ τὰ ἐκ τοῦ ἀνθρώπου ἐκπορευόμενά ἐστιν τὰ κοινοῦντα τὸν ἄνθρωπον.			→ GTh 14,5
b 210	Mt 15,15	ἀποκριθεὶς δὲ ὁ Πέτρος εἶπεν αὐτῷ· φράσον ἡμῖν **τὴν παραβολὴν** **[ταύτην]**.	Mk 7,17 ↑ Mk 4,10 ↑ Lk 8,9 → Mt 15,12	... ἐπηρώτων αὐτὸν οἱ μαθηταὶ αὐτοῦ **τὴν παραβολήν**.			
a 220	Mt 15,20 → Mt 15,2	**ταῦτά** ἐστιν τὰ κοινοῦντα τὸν ἄνθρωπον, ...	Mk 7,23	**πάντα ταῦτα** **τὰ πονηρὰ** ἔσωθεν ἐκπορεύεται καὶ κοινοῖ τὸν ἄνθρωπον.			→ GTh 14,5
a 120	Mt 15,28	τότε ἀποκριθεὶς ὁ Ἰησοῦς εἶπεν αὐτῇ· ὦ γύναι, μεγάλη σου ἡ πίστις· γενηθήτω σοι ὡς θέλεις. ...	Mk 7,29	καὶ εἶπεν αὐτῇ· **διὰ τοῦτον τὸν λόγον** ὕπαγε, ἐξελήλυθεν ἐκ τῆς θυγατρός σου τὸ δαιμόνιον.			
120	Mt 15,33 ↑ Mt 14,16	καὶ λέγουσιν αὐτῷ οἱ μαθηταί· πόθεν ἡμῖν ἐν ἐρημίᾳ ἄρτοι τοσοῦτοι ὥστε χορτάσαι **ὄχλον τοσοῦτον;**	Mk 8,4 ↑ Mk 6,37	καὶ ἀπεκρίθησαν αὐτῷ οἱ μαθηταὶ αὐτοῦ ὅτι πόθεν **τούτους** δυνήσεταί τις ὧδε χορτάσαι ἄρτων ἐπ' ἐρημίας;	↑ Lk 9,13		
020			Mk 8,7 → Mt 15,34.36	καὶ εἶχον ἰχθύδια ὀλίγα· καὶ εὐλογήσας αὐτὰ εἶπεν καὶ **ταῦτα** παρατιθέναι.			
b 120 b 120	Mt 16,4 ⇩ Mt 12,39	**γενεὰ πονηρὰ καὶ** **μοιχαλὶς** σημεῖον ἐπιζητεῖ, καὶ σημεῖον οὐ δοθήσεται **αὐτῇ** εἰ μὴ τὸ σημεῖον Ἰωνᾶ. ...	Mk 8,12 (2)	... τί **ἡ γενεὰ αὕτη** ζητεῖ σημεῖον; ἀμὴν λέγω ὑμῖν, εἰ δοθήσεται **τῇ γενεᾷ ταύτῃ** σημεῖον.	Lk 11,29	... **ἡ γενεὰ αὕτη** **γενεὰ πονηρά ἐστιν**· σημεῖον ζητεῖ, καὶ σημεῖον οὐ δοθήσεται **αὐτῇ** εἰ μὴ τὸ σημεῖον Ἰωνᾶ.	Mk-Q overlap
a 200	Mt 16,18	κἀγὼ δέ σοι λέγω ὅτι σὺ εἶ Πέτρος, καὶ **ἐπὶ ταύτῃ τῇ πέτρᾳ** οἰκοδομήσω μου τὴν ἐκκλησίαν ...					
112	Mt 16,20	τότε διεστείλατο τοῖς μαθηταῖς ἵνα μηδενὶ εἴπωσιν **ὅτι αὐτός ἐστιν** **ὁ χριστός**.	Mk 8,30	καὶ ἐπετίμησεν αὐτοῖς ἵνα μηδενὶ λέγωσιν **περὶ αὐτοῦ**.	Lk 9,21	ὁ δὲ ἐπιτιμήσας αὐτοῖς παρήγγειλεν μηδενὶ λέγειν **τοῦτο**	→ GTh 13
210	Mt 16,22	καὶ προσλαβόμενος αὐτὸν ὁ Πέτρος ἤρξατο ἐπιτιμᾶν αὐτῷ λέγων· ἵλεώς σοι, κύριε· οὐ μὴ ἔσται σοι **τοῦτο**.	Mk 8,32	... καὶ προσλαβόμενος ὁ Πέτρος αὐτὸν ἤρξατο ἐπιτιμᾶν αὐτῷ.			

c 112	**Mt 16,25** ⇩ Mt 10,39	ὃς γὰρ ἐὰν θέλῃ τὴν ψυχὴν αὐτοῦ σῶσαι ἀπολέσει αὐτήν· ὃς δ' ἂν ἀπολέσῃ τὴν ψυχὴν αὐτοῦ ἕνεκεν ἐμοῦ εὑρήσει αὐτήν.	**Mk 8,35**	ὃς γὰρ ἐὰν θέλῃ τὴν ψυχὴν αὐτοῦ σῶσαι ἀπολέσει αὐτήν· ὃς δ' ἂν ἀπολέσει τὴν ψυχὴν αὐτοῦ ἕνεκεν ἐμοῦ καὶ τοῦ εὐαγγελίου σώσει αὐτήν.	**Lk 9,24** ⇩ Lk 17,33	ὃς γὰρ ἂν θέλῃ τὴν ψυχὴν αὐτοῦ σῶσαι ἀπολέσει αὐτήν· ὃς δ' ἂν ἀπολέσῃ τὴν ψυχὴν αὐτοῦ ἕνεκεν ἐμοῦ, **οὗτος** σώσει αὐτήν.	→ Jn 12,25 → GTh 55 Mk-Q overlap
	Mt 10,39 ⇧ Mt 16,25	ὁ εὑρὼν τὴν ψυχὴν αὐτοῦ ἀπολέσει αὐτήν, καὶ ὁ ἀπολέσας τὴν ψυχὴν αὐτοῦ ἕνεκεν ἐμοῦ εὑρήσει αὐτήν.			**Lk 17,33** ⇧ Lk 9,24	ὃς ἐὰν ζητήσῃ τὴν ψυχὴν αὐτοῦ περιποιήσασθαι ἀπολέσει αὐτήν, ὃς δ' ἂν ἀπολέσῃ ζῳογονήσει αὐτήν.	
 121 c 112	**Mt 16,27** ↓ Mt 10,33 → Mt 24,30 → Mt 25,31	 μέλλει γὰρ ὁ υἱὸς τοῦ ἀνθρώπου ἔρχεσθαι ἐν τῇ δόξῃ τοῦ πατρὸς αὐτοῦ μετὰ τῶν ἀγγέλων αὐτοῦ, καὶ τότε *ἀποδώσει ἑκάστῳ κατὰ* *τὴν πρᾶξιν αὐτοῦ.* ➤ Ps 62,13/Prov 24,12/Sir 35,22 LXX	**Mk 8,38** → Mk 13,26	ὃς γὰρ ἐὰν ἐπαισχυνθῇ με καὶ τοὺς ἐμοὺς λόγους **ἐν τῇ γενεᾷ ταύτῃ** **τῇ μοιχαλίδι καὶ** **ἁμαρτωλῷ,** καὶ ὁ υἱὸς τοῦ ἀνθρώπου ἐπαισχυνθήσεται **αὐτὸν,** ὅταν ἔλθῃ ἐν τῇ δόξῃ τοῦ πατρὸς αὐτοῦ μετὰ τῶν ἀγγέλων τῶν ἁγίων.	**Lk 9,26** ⇩ Lk 12,9 → Lk 21,27	ὃς γὰρ ἂν ἐπαισχυνθῇ με καὶ τοὺς ἐμοὺς λόγους, **τοῦτον** ὁ υἱὸς τοῦ ἀνθρώπου ἐπαισχυνθήσεται, ὅταν ἔλθῃ ἐν τῇ δόξῃ αὐτοῦ καὶ τοῦ πατρὸς καὶ τῶν ἁγίων ἀγγέλων.	Mk-Q overlap
	Mt 10,33 ↑ Mt 16,27	ὅστις δ' ἂν ἀρνήσηταί με ἔμπροσθεν τῶν ἀνθρώπων, ἀρνήσομαι κἀγὼ **αὐτὸν** ἔμπροσθεν τοῦ πατρός μου τοῦ ἐν [τοῖς] οὐρανοῖς.			**Lk 12,9** ⇧ Lk 9,26	ὁ δὲ ἀρνησάμενός με ἐνώπιον τῶν ἀνθρώπων ἀπαρνηθήσεται ἐνώπιον τῶν ἀγγέλων τοῦ θεοῦ.	
b 112	**Mt 17,1**	καὶ **μεθ'** **ἡμέρας ἓξ** παραλαμβάνει ὁ Ἰησοῦς τὸν Πέτρον καὶ Ἰάκωβον καὶ Ἰωάννην τὸν ἀδελφὸν αὐτοῦ καὶ ἀναφέρει αὐτοὺς εἰς ὄρος ὑψηλὸν κατ' ἰδίαν.	**Mk 9,2**	καὶ **μετὰ** **ἡμέρας ἓξ** παραλαμβάνει ὁ Ἰησοῦς τὸν Πέτρον καὶ τὸν Ἰάκωβον καὶ τὸν Ἰωάννην καὶ ἀναφέρει αὐτοὺς εἰς ὄρος ὑψηλὸν κατ' ἰδίαν μόνους. ...	**Lk 9,28**	ἐγένετο δὲ **μετὰ τοὺς λόγους** **τούτους ὡσεὶ** **ἡμέραι ὀκτὼ** [καὶ] παραλαβὼν Πέτρον καὶ Ἰωάννην καὶ Ἰάκωβον ἀνέβη εἰς τὸ ὄρος προσεύξασθαι.	
112 c 222	**Mt 17,5** ↑ Mt 3,17	 ἔτι αὐτοῦ λαλοῦντος ἰδοὺ νεφέλη φωτεινὴ ἐπεσκίασεν αὐτούς, καὶ ἰδοὺ φωνὴ ἐκ τῆς νεφέλης λέγουσα· **οὗτός** ἐστιν ὁ υἱός μου ὁ ἀγαπητός, ἐν ᾧ εὐδόκησα· ἀκούετε αὐτοῦ.	**Mk 9,7** ↑ Mk 1,11	 καὶ ἐγένετο νεφέλη ἐπισκιάζουσα αὐτοῖς, καὶ ἐγένετο φωνὴ ἐκ τῆς νεφέλης· **οὗτός** ἐστιν ὁ υἱός μου ὁ ἀγαπητός, ἀκούετε αὐτοῦ.	**Lk 9,34** ↑ Lk 3,22	**ταῦτα** δὲ αὐτοῦ λέγοντος ἐγένετο νεφέλη καὶ ἐπεσκίαζεν αὐτούς· ἐφοβήθησαν δὲ ἐν τῷ εἰσελθεῖν αὐτοὺς εἰς τὴν νεφέλην. καὶ φωνὴ ἐγένετο ἐκ τῆς νεφέλης λέγουσα· **οὗτός** ἐστιν ὁ υἱός μου ὁ ἐκλελεγμένος, αὐτοῦ ἀκούετε.	 → Jn 12,28
   020			**Mk 9,21**	καὶ ἐπηρώτησεν τὸν πατέρα αὐτοῦ· πόσος χρόνος ἐστὶν ὡς **τοῦτο** γέγονεν αὐτῷ; ὁ δὲ εἶπεν· ἐκ παιδιόθεν·			

	Mt		Mk		Lk		
a 120	Mt 17,20	ὁ δὲ λέγει αὐτοῖς· διὰ τὴν ὀλιγοπιστίαν ὑμῶν·	Mk 9,29	καὶ εἶπεν αὐτοῖς· τοῦτο τὸ γένος ἐν οὐδενὶ δύναται ἐξελ-θεῖν εἰ μὴ ἐν προσευχῇ.			
b 202	↓ Mt 21,21	ἀμὴν γὰρ λέγω ὑμῖν, ἐὰν ἔχητε πίστιν ὡς κόκκον σινάπεως, ἐρεῖτε τῷ ὄρει τούτῳ, μετάβα ἔνθεν ἐκεῖ, καὶ μεταβήσεται· καὶ οὐδὲν ἀδυνατήσει ὑμῖν.	Mk 11,23 → Mk 9,23	[22] ... ἔχετε πίστιν θεοῦ. [23] ἀμὴν λέγω ὑμῖν ὅτι ὃς ἂν εἴπῃ τῷ ὄρει τούτῳ· ἄρθητι καὶ βλήθητι εἰς τὴν θάλασσαν, καὶ μὴ διακριθῇ ἐν τῇ καρδίᾳ αὐτοῦ ἀλλὰ πιστεύῃ ὅτι ὃ λαλεῖ γίνεται, ἔσται αὐτῷ.	Lk 17,6	... εἰ ἔχετε πίστιν ὡς κόκκον σινάπεως, ἐλέγετε ἂν τῇ συκαμίνῳ [ταύτῃ]· ἐκριζώθητι καὶ φυτεύθητι ἐν τῇ θαλάσσῃ· καὶ ὑπήκουσεν ἂν ὑμῖν.	→ GTh 48 → GTh 106
b 112	Mt 17,22 → Mt 16,21 → Mt 20,18-19	... εἶπεν αὐτοῖς ὁ Ἰησοῦς· μέλλει ὁ υἱὸς τοῦ ἀνθρώπου παραδίδοσθαι εἰς χεῖρας ἀνθρώπων,	Mk 9,31 → Mk 8,31 → Mk 10,33-34	... ἔλεγεν αὐτοῖς ὅτι ὁ υἱὸς τοῦ ἀνθρώπου παραδίδοται εἰς χεῖρας ἀνθρώπων, ...	Lk 9,44 → Lk 9,22 ↓ Lk 17,25 → Lk 18,31-33 → Lk 24,7 ↓ Lk 24,26 → Lk 24,46	θέσθε ὑμεῖς εἰς τὰ ὦτα ὑμῶν τοὺς λόγους τούτους· ὁ γὰρ υἱὸς τοῦ ἀνθρώπου μέλλει παραδίδοσθαι εἰς χεῖρας ἀνθρώπων.	
b 112 b 112	Mt 17,23	... καὶ ἐλυπήθησαν σφόδρα.	Mk 9,32 ↓ Lk 18,34	οἱ δὲ ἠγνόουν τὸ ῥῆμα, καὶ ἐφοβοῦντο αὐτὸν ἐπερωτῆσαι.	Lk 9,45 (2) ↓ Lk 18,34	οἱ δὲ ἠγνόουν τὸ ῥῆμα τοῦτο καὶ ἦν παρακεκαλυμ-μένον ἀπ' αὐτῶν ἵνα μὴ αἴσθωνται αὐτό, καὶ ἐφοβοῦντο ἐρωτῆσαι αὐτὸν περὶ τοῦ ῥήματος τούτου.	
b 200 c 200	Mt 18,4 (2) → Mt 23,12 → Lk 14,11	ὅστις οὖν ταπεινώσει ἑαυτὸν ὡς τὸ παιδίον τοῦτο, οὗτός ἐστιν ὁ μείζων ἐν τῇ βασιλείᾳ τῶν οὐρανῶν.					
a 112 d 112	Mt 18,5 ⇩ Mt 10,40 → Mt 10,41	καὶ ὃς ἐὰν δέξηται ἓν παιδίον τοιοῦτο ἐπὶ τῷ ὀνόματί μου, ἐμὲ δέχεται.	Mk 9,37	ὃς ἂν ἓν τῶν τοιούτων παιδίων δέξηται ἐπὶ τῷ ὀνόματί μου, ἐμὲ δέχεται· καὶ ὃς ἂν ἐμὲ δέχηται, οὐκ ἐμὲ δέχεται ἀλλὰ τὸν ἀποστείλαντά με.	Lk 9,48 (2) ⇩ Lk 10,16	... ὃς ἐὰν δέξηται τοῦτο τὸ παιδίον ἐπὶ τῷ ὀνόματί μου, ἐμὲ δέχεται· καὶ ὃς ἂν ἐμὲ δέξηται, δέχεται τὸν ἀποστείλαντά με· ὁ γὰρ μικρότερος ἐν πᾶσιν ὑμῖν ὑπάρχων οὗτός ἐστιν μέγας.	→ Jn 5,23 → Jn 12,44-45 → Jn 13,20
	Mt 10,40 ⇧ Mt 18,5	ὁ δεχόμενος ὑμᾶς ἐμὲ δέχεται, καὶ ὁ ἐμὲ δεχόμενος δέχεται τὸν ἀποστείλαντά με.			Lk 10,16 ⇧ Lk 9,48	ὁ ἀκούων ὑμῶν ἐμοῦ ἀκούει, καὶ ὁ ἀθετῶν ὑμᾶς ἐμὲ ἀθετεῖ· ὁ δὲ ἐμὲ ἀθετῶν ἀθετεῖ τὸν ἀποστείλαντά με.	
b 222	Mt 18,6 ↓ Mt 18,10	ὃς δ' ἂν σκανδαλίσῃ ἕνα τῶν μικρῶν τούτων τῶν πιστευόντων εἰς ἐμέ, συμφέρει αὐτῷ ἵνα κρεμασθῇ μύλος ὀνικὸς περὶ τὸν τράχηλον αὐτοῦ καὶ καταποντισθῇ ἐν τῷ πελάγει τῆς θαλάσσης.	Mk 9,42	καὶ ὃς ἂν σκανδαλίσῃ ἕνα τῶν μικρῶν τούτων τῶν πιστευόντων [εἰς ἐμέ], καλόν ἐστιν αὐτῷ μᾶλλον εἰ περίκειται μύλος ὀνικὸς περὶ τὸν τράχηλον αὐτοῦ καὶ βέβληται εἰς τὴν θάλασσαν.	Lk 17,2	λυσιτελεῖ αὐτῷ εἰ λίθος μυλικὸς περίκειται περὶ τὸν τράχηλον αὐτοῦ καὶ ἔρριπται εἰς τὴν θάλασσαν ἢ ἵνα σκανδαλίσῃ τῶν μικρῶν τούτων ἕνα.	Mk-Q overlap?

	Mt		Mk		Lk		
b 200	**Mt 18,10** ↑ Mt 18,6 ↑ Mk 9,42 ↓ Lk 17,2	ὁρᾶτε μὴ καταφρονήσητε **ἑνὸς τῶν μικρῶν τούτων·** λέγω γὰρ ὑμῖν ὅτι οἱ ἄγγελοι αὐτῶν ἐν οὐρανοῖς διὰ παντὸς βλέπουσι τὸ πρόσωπον τοῦ πατρός μου τοῦ ἐν οὐρανοῖς.					
b 200	**Mt 18,14** → Lk 15,7	οὕτως οὐκ ἔστιν θέλημα ἔμπροσθεν τοῦ πατρὸς ὑμῶν τοῦ ἐν οὐρανοῖς ἵνα ἀπόληται **ἓν τῶν μικρῶν τούτων.**					
g 200	**Mt 18,23**	**διὰ τοῦτο** ὡμοιώθη ἡ βασιλεία τῶν οὐρανῶν ἀνθρώπῳ βασιλεῖ, ὃς ἠθέλησεν συνᾶραι λόγον μετὰ τῶν δούλων αὐτοῦ.					
j 002					**Lk 10,1** → Mt 10,1 → Mk 6,7 → Lk 9,1	**μετὰ δὲ ταῦτα** ἀνέδειξεν ὁ κύριος ἑτέρους ἑβδομήκοντα [δύο] καὶ ἀπέστειλεν αὐτοὺς ἀνὰ δύο [δύο] ...	
b 102	**Mt 10,12**	εἰσερχόμενοι δὲ εἰς τὴν οἰκίαν ἀσπάσασθε **αὐτήν·**			**Lk 10,5** ⇩ Lk 9,4	εἰς ἣν δ' ἂν εἰσέλθητε οἰκίαν, πρῶτον λέγετε· εἰρήνη **τῷ οἴκῳ τούτῳ.** [6] ... [7] ἐν αὐτῇ δὲ τῇ οἰκίᾳ μένετε, ...	Mk-Q overlap
	Mt 10,11	εἰς ἣν δ' ἂν πόλιν ἢ κώμην εἰσέλθητε, ἐξετάσατε τίς ἐν αὐτῇ ἄξιός ἐστιν· κἀκεῖ μείνατε ἕως ἂν ἐξέλθητε.	**Mk 6,10**	... ὅπου ἐὰν εἰσέλθητε εἰς οἰκίαν, ἐκεῖ μένετε ἕως ἂν ἐξέλθητε ἐκεῖθεν.	**Lk 9,4** ⇧ **Lk 10,5** ⇧ Lk 10,7	καὶ εἰς ἣν ἂν οἰκίαν εἰσέλθητε, ἐκεῖ μένετε καὶ ἐκεῖθεν ἐξέρχεσθε.	→ GTh 14,4
102	**Mt 10,14**	... ἐξερχόμενοι ἔξω τῆς οἰκίας ἢ τῆς πόλεως ἐκείνης ἐκτινάξατε τὸν κονιορτὸν τῶν ποδῶν ὑμῶν.			**Lk 10,11** ⇩ Lk 9,5 ⇩ Lk 10,9	[10] ... ἐξελθόντες εἰς τὰς πλατείας αὐτῆς εἴπατε· [11] καὶ τὸν κονιορτὸν τὸν κολληθέντα ἡμῖν ἐκ τῆς πόλεως ὑμῶν εἰς τοὺς πόδας ἀπομασσόμεθα ὑμῖν· πλὴν **τοῦτο** γινώσκετε ὅτι ἤγγικεν ἡ βασιλεία τοῦ θεοῦ.	→ Acts 13,51 → Acts 18,6 Mk-Q overlap
			Mk 6,11	καὶ ὃς ἂν τόπος μὴ δέξηται ὑμᾶς μηδὲ ἀκούσωσιν ὑμῶν, ἐκπορευόμενοι ἐκεῖθεν ἐκτινάξατε τὸν χοῦν τὸν ὑποκάτω τῶν ποδῶν ὑμῶν εἰς μαρτύριον αὐτοῖς.	**Lk 9,5** ⇧ **Lk 10,11**	καὶ ὅσοι ἂν μὴ δέχωνται ὑμᾶς, ἐξερχόμενοι ἀπὸ τῆς πόλεως ἐκείνης τὸν κονιορτὸν ἀπὸ τῶν ποδῶν ὑμῶν ἀποτινάσσετε εἰς μαρτύριον ἐπ' αὐτούς.	
	Mt 10,7	πορευόμενοι δὲ κηρύσσετε λέγοντες ὅτι ἤγγικεν ἡ βασιλεία τῶν οὐρανῶν. [8] ἀσθενοῦντας θεραπεύετε, ...			**Lk 10,9** → Lk 9,2 ⇧ **Lk 10,11**	καὶ θεραπεύετε τοὺς ἐν αὐτῇ ἀσθενεῖς καὶ λέγετε αὐτοῖς· ἤγγικεν ἐφ' ὑμᾶς ἡ βασιλεία τοῦ θεοῦ.	
k 002					**Lk 10,20**	πλὴν **ἐν τούτῳ** μὴ χαίρετε ὅτι τὰ πνεύματα ὑμῖν ὑποτάσσεται, ...	

	Mt		Mk		Lk		
202	Mt 11,25	... ἐξομολογοῦμαί σοι, πάτερ, κύριε τοῦ οὐρανοῦ καὶ τῆς γῆς, ὅτι ἔκρυψας **ταῦτα** ἀπὸ σοφῶν καὶ συνετῶν καὶ ἀπεκάλυψας αὐτὰ νηπίοις·			Lk 10,21	... ἐξομολογοῦμαί σοι, πάτερ, κύριε τοῦ οὐρανοῦ καὶ τῆς γῆς, ὅτι ἀπέκρυψας **ταῦτα** ἀπὸ σοφῶν καὶ συνετῶν καὶ ἀπεκάλυψας αὐτὰ νηπίοις· ...	→ GTh 4 (POxy 654)
012			Mk 12,34	καὶ ὁ Ἰησοῦς ἰδὼν [αὐτὸν] ὅτι νουνεχῶς ἀπεκρίθη εἶπεν αὐτῷ· οὐ μακρὰν εἶ ἀπὸ τῆς βασιλείας τοῦ θεοῦ. ...	Lk 10,28	εἶπεν δὲ αὐτῷ· ὀρθῶς ἀπεκρίθης· **τοῦτο** ποίει καὶ ζήσῃ.	
a 002					Lk 10,36	**τίς τούτων τῶν τριῶν** πλησίον δοκεῖ σοι γεγονέναι τοῦ ἐμπεσόντος εἰς τοὺς λῃστάς;	
g 202	Mt 12,27	καὶ εἰ ἐγὼ ἐν Βεελζεβοὺλ ἐκβάλλω τὰ δαιμόνια, οἱ υἱοὶ ὑμῶν ἐν τίνι ἐκβάλλουσιν; **διὰ τοῦτο** αὐτοὶ κριταὶ ἔσονται ὑμῶν.			Lk 11,19	εἰ δὲ ἐγὼ ἐν Βεελζεβοὺλ ἐκβάλλω τὰ δαιμόνια, οἱ υἱοὶ ὑμῶν ἐν τίνι ἐκβάλλουσιν; **διὰ τοῦτο** αὐτοὶ ὑμῶν κριταὶ ἔσονται.	
002					Lk 11,27	ἐγένετο δὲ ἐν τῷ λέγειν αὐτὸν **ταῦτα** ἐπάρασά τις φωνὴν γυνὴ ἐκ τοῦ ὄχλου ...	
b 102	Mt 12,39 ⇧ Mt 16,4	ὁ δὲ ἀποκριθεὶς εἶπεν αὐτοῖς· **γενεὰ πονηρὰ καὶ μοιχαλὶς** σημεῖον ἐπιζητεῖ, καὶ σημεῖον οὐ δοθήσεται αὐτῇ εἰ μὴ τὸ σημεῖον Ἰωνᾶ τοῦ προφήτου.	Mk 8,12 (2)	καὶ ἀναστενάξας τῷ πνεύματι αὐτοῦ λέγει· τί **ἡ γενεὰ αὕτη** ζητεῖ σημεῖον; ἀμὴν λέγω ὑμῖν, εἰ δοθήσεται τῇ γενεᾷ ταύτῃ σημεῖον.	Lk 11,29	τῶν δὲ ὄχλων ἐπαθροιζομένων ἤρξατο λέγειν· **ἡ γενεὰ αὕτη γενεὰ πονηρά ἐστιν·** σημεῖον ζητεῖ, καὶ σημεῖον οὐ δοθήσεται αὐτῇ εἰ μὴ τὸ σημεῖον Ἰωνᾶ.	Mk-Q overlap
b 102	Mt 12,40 → Mt 27,63	ὥσπερ γὰρ *ἦν Ἰωνᾶς ἐν τῇ κοιλίᾳ τοῦ κήτους τρεῖς ἡμέρας καὶ τρεῖς νύκτας,* οὕτως ἔσται ὁ υἱὸς τοῦ ἀνθρώπου ἐν τῇ καρδίᾳ τῆς γῆς τρεῖς ἡμέρας καὶ τρεῖς νύκτας. ➤ Jonah 2,1			Lk 11,30	καθὼς γὰρ ἐγένετο Ἰωνᾶς τοῖς Νινευίταις σημεῖον, οὕτως ἔσται καὶ ὁ υἱὸς τοῦ ἀνθρώπου **τῇ γενεᾷ ταύτῃ.**	
b 202	Mt 12,42	βασίλισσα νότου ἐγερθήσεται ἐν τῇ κρίσει **μετὰ τῆς γενεᾶς ταύτης** καὶ κατακρινεῖ αὐτήν, ...			Lk 11,31	βασίλισσα νότου ἐγερθήσεται ἐν τῇ κρίσει **μετὰ τῶν ἀνδρῶν τῆς γενεᾶς ταύτης** καὶ κατακρινεῖ αὐτούς, ...	
b 202	Mt 12,41	ἄνδρες Νινευῖται ἀναστήσονται ἐν τῇ κρίσει **μετὰ τῆς γενεᾶς ταύτης** καὶ κατακρινοῦσιν αὐτήν, ...			Lk 11,32	ἄνδρες Νινευῖται ἀναστήσονται ἐν τῇ κρίσει **μετὰ τῆς γενεᾶς ταύτης** καὶ κατακρινοῦσιν αὐτήν· ...	

e 202	**Mt 23,23**	οὐαὶ ὑμῖν, γραμματεῖς καὶ Φαρισαῖοι ὑποκριταί, ὅτι ἀποδεκατοῦτε τὸ ἡδύοσμον καὶ τὸ ἄνηθον καὶ τὸ κύμινον καὶ ἀφήκατε τὰ βαρύτερα τοῦ νόμου, τὴν κρίσιν καὶ τὸ ἔλεος καὶ τὴν πίστιν· **ταῦτα** [δὲ] ἔδει ποιῆσαι κἀκεῖνα μὴ ἀφιέναι.	**Lk 11,42**	ἀλλὰ οὐαὶ ὑμῖν τοῖς Φαρισαίοις, ὅτι ἀποδεκατοῦτε τὸ ἡδύοσμον καὶ τὸ πήγανον καὶ πᾶν λάχανον καὶ παρέρχεσθε τὴν κρίσιν καὶ τὴν ἀγάπην τοῦ θεοῦ· **ταῦτα** δὲ ἔδει ποιῆσαι κἀκεῖνα μὴ παρεῖναι.	
   002			**Lk 11,45**	ἀποκριθεὶς δέ τις τῶν νομικῶν λέγει αὐτῷ· διδάσκαλε, **ταῦτα** λέγων καὶ ἡμᾶς ὑβρίζεις.	
g 202	**Mt 23,34**	**διὰ τοῦτο** ἰδοὺ ἐγὼ ἀποστέλλω πρὸς ὑμᾶς προφήτας καὶ σοφοὺς καὶ γραμματεῖς· ...	**Lk 11,49**	**διὰ τοῦτο** καὶ ἡ σοφία τοῦ θεοῦ εἶπεν· ἀποστελῶ εἰς αὐτοὺς προφήτας καὶ ἀποστόλους, ...	
b 102	**Mt 23,35**	ὅπως ἔλθῃ **ἐφ᾽ ὑμᾶς** πᾶν αἷμα δίκαιον ἐκχυννόμενον ἐπὶ τῆς γῆς ...	**Lk 11,50**	ἵνα ἐκζητηθῇ τὸ αἷμα πάντων τῶν προφητῶν τὸ ἐκκεχυμένον ἀπὸ καταβολῆς κόσμου **ἀπὸ τῆς γενεᾶς ταύτης,**	
b 202	**Mt 23,36 (2)**	ἀμὴν λέγω ὑμῖν, ἥξει ταῦτα πάντα **ἐπὶ τὴν γενεὰν ταύτην.**	**Lk 11,51**	... ναὶ λέγω ὑμῖν, ἐκζητηθήσεται **ἀπὸ τῆς γενεᾶς ταύτης.**	
j 102	**Mt 10,28**	 καὶ μὴ φοβεῖσθε ἀπὸ τῶν ἀποκτεννόντων τὸ σῶμα, τὴν δὲ ψυχὴν μὴ δυναμένων ἀποκτεῖναι·	**Lk 12,4**	λέγω δὲ ὑμῖν τοῖς φίλοις μου, μὴ φοβηθῆτε ἀπὸ τῶν ἀποκτεινόντων τὸ σῶμα καὶ **μετὰ ταῦτα** μὴ ἐχόντων περισσότερόν τι ποιῆσαι.	
d 102		 φοβεῖσθε δὲ μᾶλλον τὸν δυνάμενον καὶ ψυχὴν καὶ σῶμα ἀπολέσαι ἐν γεέννῃ.	**Lk 12,5**	ὑποδείξω δὲ ὑμῖν τίνα φοβηθῆτε· φοβήθητε τὸν μετὰ τὸ ἀποκτεῖναι ἔχοντα ἐξουσίαν ἐμβαλεῖν εἰς τὴν γέενναν· ναὶ λέγω ὑμῖν, **τοῦτον** φοβήθητε.	
 002			**Lk 12,18**	καὶ εἶπεν· **τοῦτο** ποιήσω, καθελῶ μου τὰς ἀποθήκας καὶ μείζονας οἰκοδομήσω, ...	→ GTh 63
a 002			**Lk 12,20**	... ἄφρων, **ταύτῃ τῇ νυκτὶ** τὴν ψυχήν σου ἀπαιτοῦσιν ἀπὸ σοῦ· ...	→ GTh 63
g 202	**Mt 6,25**	**διὰ τοῦτο** λέγω ὑμῖν· μὴ μεριμνᾶτε τῇ ψυχῇ ὑμῶν τί φάγητε [ἢ τί πίητε], ...	**Lk 12,22**	... **διὰ τοῦτο** λέγω ὑμῖν· μὴ μεριμνᾶτε τῇ ψυχῇ τί φάγητε, ...	→ GTh 36 (POxy 655)

202	Mt 6,29	... οὐδὲ Σολομὼν ἐν πάσῃ τῇ δόξῃ αὐτοῦ περιεβάλετο **ὡς ἓν τούτων.**	Lk 12,27	... οὐδὲ Σολομὼν ἐν πάσῃ τῇ δόξῃ αὐτοῦ περιεβάλετο **ὡς ἓν τούτων.**	
202 202	Mt 6,32 (2) → Mt 6,8	**πάντα γὰρ ταῦτα** τὰ ἔθνη ἐπιζητοῦσιν· οἶδεν γὰρ ὁ πατὴρ ὑμῶν ὁ οὐράνιος ὅτι χρῄζετε **τούτων ἁπάντων.**	Lk 12,30 (2)	**ταῦτα γὰρ πάντα** τὰ ἔθνη τοῦ κόσμου ἐπιζητοῦσιν, ὑμῶν δὲ ὁ πατὴρ οἶδεν ὅτι χρῄζετε **τούτων.**	
202	Mt 6,33	ζητεῖτε δὲ πρῶτον τὴν βασιλείαν [τοῦ θεοῦ] καὶ τὴν δικαιοσύνην αὐτοῦ, καὶ **ταῦτα πάντα** προστεθήσεται ὑμῖν.	Lk 12,31	πλὴν ζητεῖτε τὴν βασιλείαν αὐτοῦ, καὶ **ταῦτα** προστεθήσεται ὑμῖν.	
102	Mt 24,43	**ἐκεῖνο** δὲ γινώσκετε ὅτι εἰ ᾔδει ὁ οἰκοδεσπότης ποίᾳ φυλακῇ ὁ κλέπτης ἔρχεται, ἐγρηγόρησεν ἂν καὶ οὐκ ἂν εἴασεν διορυχθῆναι τὴν οἰκίαν αὐτοῦ.	Lk 12,39	**τοῦτο** δὲ γινώσκετε ὅτι εἰ ᾔδει ὁ οἰκοδεσπότης ποίᾳ ὥρᾳ ὁ κλέπτης ἔρχεται, οὐκ ἂν ἀφῆκεν διορυχθῆναι τὸν οἶκον αὐτοῦ.	→ GTh 21,5 → GTh 103
b 002			Lk 12,41	εἶπεν δὲ ὁ Πέτρος· κύριε, πρὸς ἡμᾶς **τὴν παραβολὴν ταύτην** λέγεις ἢ καὶ πρὸς πάντας;	
b 102	Mt 16,3	[... τὸ μὲν πρόσωπον τοῦ οὐρανοῦ γινώσκετε διακρίνειν, **τὰ δὲ σημεῖα** **τῶν καιρῶν** οὐ δύνασθε;]	Lk 12,56	ὑποκριταί, τὸ πρόσωπον τῆς γῆς καὶ τοῦ οὐρανοῦ οἴδατε δοκιμάζειν, **τὸν καιρὸν δὲ τοῦτον** πῶς οὐκ οἴδατε δοκιμάζειν;	→ GTh 91 Mt 16,3 is textcritically uncertain.
b 002 002			Lk 13,2 (2)	... δοκεῖτε ὅτι **οἱ Γαλιλαῖοι οὗτοι** ἁμαρτωλοὶ παρὰ πάντας τοὺς Γαλιλαίους ἐγένοντο, ὅτι **ταῦτα** πεπόνθασιν;	
a 002			Lk 13,6 → Mt 21,19 → Mk 11,13	ἔλεγεν δὲ **ταύτην τὴν παραβολήν·** συκῆν εἶχέν τις πεφυτευμένην ἐν τῷ ἀμπελῶνι αὐτοῦ, ...	
b 002			Lk 13,7	... ἰδοὺ τρία ἔτη ἀφ' οὗ ἔρχομαι ζητῶν καρπὸν **ἐν τῇ συκῇ ταύτῃ** καὶ οὐχ εὑρίσκω· ...	
a 002			Lk 13,8	... κύριε, ἄφες αὐτὴν καὶ **τοῦτο τὸ ἔτος,** ἕως ὅτου σκάψω περὶ αὐτὴν καὶ βάλω κόπρια	

c 002 *b* 002		**Lk 13,16** (2) → Lk 4,18 ↓ Lk 19,9	**ταύτην** δὲ θυγατέρα Ἀβραὰμ οὖσαν, ἣν ἔδησεν ὁ σατανᾶς ἰδοὺ δέκα καὶ ὀκτὼ ἔτη, οὐκ ἔδει λυθῆναι **ἀπὸ τοῦ δεσμοῦ** **τούτου** τῇ ἡμέρᾳ τοῦ σαββάτου;	→ Acts 10,38
002		**Lk 13,17** → Mt 12,14 → Mk 3,6 → Lk 6,11 ↓ Lk 14,6	καὶ **ταῦτα** λέγοντος αὐτοῦ κατῃσχύνοντο πάντες οἱ ἀντικείμενοι αὐτῷ, ...	
b 002		**Lk 13,32**	... πορευθέντες εἴπατε **τῇ ἀλώπεκι ταύτῃ·** ἰδοὺ ἐκβάλλω δαιμόνια ...	
002		**Lk 14,6** → Mt 12,14 → Mk 3,6 → Lk 6,11 ↑ Lk 13,17	καὶ οὐκ ἴσχυσαν ἀνταποκριθῆναι **πρὸς ταῦτα.**	
002		**Lk 14,9**	καὶ ἐλθὼν ὁ σὲ καὶ αὐτὸν καλέσας ἐρεῖ σοι· δὸς **τούτῳ** τόπον, καὶ τότε ἄρξῃ μετὰ αἰσχύνης τὸν ἔσχατον τόπον κατέχειν.	
002		**Lk 14,15** → Mt 22,2 → Lk 22,30	ἀκούσας δέ τις τῶν συνανακειμένων **ταῦτα** εἶπεν αὐτῷ· μακάριος ὅστις φάγεται ἄρτον ἐν τῇ βασιλείᾳ τοῦ θεοῦ.	
g 002		**Lk 14,20**	καὶ ἕτερος εἶπεν· γυναῖκα ἔγημα καὶ **διὰ τοῦτο** οὐ δύναμαι ἐλθεῖν.	→ GTh 64
002		**Lk 14,21**	καὶ παραγενόμενος ὁ δοῦλος ἀπήγγειλεν τῷ κυρίῳ αὐτοῦ **ταῦτα.** ...	→ GTh 64
a 002		**Lk 14,30**	λέγοντες ὅτι **οὗτος ὁ ἄνθρωπος** ἤρξατο οἰκοδομεῖν καὶ οὐκ ἴσχυσεν ἐκτελέσαι.	
002		**Lk 15,2** → Mt 9,11 → Mk 2,16 → Lk 5,30 → Lk 19,7	καὶ διεγόγγυζον οἵ τε Φαρισαῖοι καὶ οἱ γραμματεῖς λέγοντες ὅτι **οὗτος** ἁμαρτωλοὺς προσδέχεται καὶ συνεσθίει αὐτοῖς.	
b 002		**Lk 15,3**	εἶπεν δὲ πρὸς αὐτοὺς **τὴν παραβολὴν** **ταύτην** λέγων·	
a 002		**Lk 15,24** ↓ Lk 15,32	ὅτι **οὗτος ὁ υἱός μου** νεκρὸς ἦν καὶ ἀνέζησεν, ἦν ἀπολωλὼς καὶ εὑρέθη. ...	

002		Lk 15,26	καὶ προσκαλεσάμενος ἕνα τῶν παίδων ἐπυνθάνετο τί ἂν εἴη **ταῦτα.**	
b 002		Lk 15,30	ὅτε δὲ **ὁ υἱός σου οὗτος** ὁ καταφαγών σου τὸν βίον μετὰ πορνῶν ἦλθεν, ἔθυσας αὐτῷ τὸν σιτευτὸν μόσχον.	
b 002		Lk 15,32 ↑ Lk 15,24	εὐφρανθῆναι δὲ καὶ χαρῆναι ἔδει, ὅτι **ὁ ἀδελφός σου οὗτος** νεκρὸς ἦν καὶ ἔζησεν, καὶ ἀπολωλὼς καὶ εὑρέθη.	
002		Lk 16,1	... ἄνθρωπός τις ἦν πλούσιος ὃς εἶχεν οἰκονόμον, καὶ **οὗτος** διεβλήθη αὐτῷ ὡς διασκορπίζων τὰ ὑπάρχοντα αὐτοῦ.	
002		Lk 16,2	... τί **τοῦτο** ἀκούω περὶ σοῦ; ἀπόδος τὸν λόγον τῆς οἰκονομίας σου, ...	
b 002		Lk 16,8	καὶ ἐπῄνεσεν ὁ κύριος τὸν οἰκονόμον τῆς ἀδικίας ὅτι φρονίμως ἐποίησεν· ὅτι **οἱ υἱοὶ τοῦ αἰῶνος τούτου** φρονιμώτεροι ὑπὲρ τοὺς υἱοὺς τοῦ φωτὸς εἰς τὴν γενεὰν τὴν ἑαυτῶν εἰσιν.	
002		Lk 16,14	ἤκουον δὲ **ταῦτα πάντα** οἱ Φαρισαῖοι φιλάργυροι ὑπάρχοντες καὶ ἐξεμυκτήριζον αὐτόν.	
b 002		Lk 16,24	... πέμψον Λάζαρον ἵνα βάψῃ τὸ ἄκρον τοῦ δακτύλου αὐτοῦ ὕδατος καὶ καταψύξῃ τὴν γλῶσσάν μου, ὅτι ὀδυνῶμαι **ἐν τῇ φλογὶ ταύτῃ.**	
002		Lk 16,26	καὶ **ἐν πᾶσι τούτοις** μεταξὺ ἡμῶν καὶ ὑμῶν χάσμα μέγα ἐστήρικται, ...	
b 002		Lk 16,28	ἔχω γὰρ πέντε ἀδελφούς, ὅπως διαμαρτύρηται αὐτοῖς, ἵνα μὴ καὶ αὐτοὶ ἔλθωσιν **εἰς τὸν τόπον τοῦτον τῆς βασάνου.**	

	Mt		Mk		Lk		
b 222	**Mt 18,6** ↑ Mt 18,10	ὃς δ᾽ ἂν σκανδαλίσῃ **ἕνα τῶν μικρῶν τούτων** τῶν πιστευόντων εἰς ἐμέ, συμφέρει αὐτῷ ἵνα κρεμασθῇ μύλος ὀνικὸς περὶ τὸν τράχηλον αὐτοῦ καὶ καταποντισθῇ ἐν τῷ πελάγει τῆς θαλάσσης.	**Mk 9,42**	καὶ ὃς ἂν σκανδαλίσῃ **ἕνα τῶν μικρῶν τούτων** τῶν πιστευόντων [εἰς ἐμέ], καλόν ἐστιν αὐτῷ μᾶλλον εἰ περίκειται μύλος ὀνικὸς περὶ τὸν τράχηλον αὐτοῦ καὶ βέβληται εἰς τὴν θάλασσαν.	**Lk 17,2**	λυσιτελεῖ αὐτῷ εἰ λίθος μυλικὸς περίκειται περὶ τὸν τράχηλον αὐτοῦ καὶ ἔρριπται εἰς τὴν θάλασσαν ἢ ἵνα σκανδαλίσῃ **τῶν μικρῶν τούτων ἕνα.**	Mk-Q overlap?
b 202	**Mt 17,20** ↓ Mt 21,21	... ἀμὴν γὰρ λέγω ὑμῖν, ἐὰν ἔχητε πίστιν ὡς κόκκον σινάπεως, ἐρεῖτε **τῷ ὄρει τούτῳ,** μετάβα ἔνθεν ἐκεῖ, καὶ μεταβήσεται· καὶ οὐδὲν ἀδυνατήσει ὑμῖν.	**Mk 11,23** → Mk 9,23	[22] ... ἔχετε πίστιν θεοῦ. [23] ἀμὴν λέγω ὑμῖν ὅτι ὃς ἂν εἴπῃ **τῷ ὄρει τούτῳ·** ἄρθητι καὶ βλήθητι εἰς τὴν θάλασσαν, καὶ μὴ διακριθῇ ἐν τῇ καρδίᾳ αὐτοῦ ἀλλὰ πιστεύῃ ὅτι ὃ λαλεῖ γίνεται, ἔσται αὐτῷ.	**Lk 17,6**	... εἰ ἔχετε πίστιν ὡς κόκκον σινάπεως, ἐλέγετε ἂν **τῇ συκαμίνῳ [ταύτῃ]·** ἐκριζώθητι καὶ φυτεύθητι ἐν τῇ θαλάσσῃ· καὶ ὑπήκουσεν ἂν ὑμῖν.	→ GTh 48 → GTh 106
j 002					**Lk 17,8**	ἀλλ᾽ οὐχὶ ἐρεῖ αὐτῷ· ἑτοίμασον τί δειπνήσω καὶ περιζωσάμενος διακόνει μοι ἕως φάγω καὶ πίω, καὶ **μετὰ ταῦτα** φάγεσαι καὶ πίεσαι σύ;	
b 002					**Lk 17,18**	οὐχ εὑρέθησαν ὑποστρέψαντες δοῦναι δόξαν τῷ θεῷ εἰ μὴ **ὁ ἀλλογενὴς οὗτος;**	
b 002	→ Mt 16,21 ↑ Mt 17,22 → Mt 20,18-19		→ Mk 8,31 ↑ Mk 9,31 → Mk 10,33-34		**Lk 17,25** → Lk 9,22 ↑ Lk 9,44 → Lk 18,31-33 → Lk 24,7 ↓ Lk 24,26 → Lk 24,46	πρῶτον δὲ δεῖ αὐτὸν πολλὰ παθεῖν καὶ ἀποδοκιμασθῆναι **ἀπὸ τῆς γενεᾶς ταύτης.**	
a 102	**Mt 24,40**	**τότε** δύο ἔσονται ἐν τῷ ἀγρῷ, εἷς παραλαμβάνεται καὶ εἷς ἀφίεται·			**Lk 17,34**	λέγω ὑμῖν, **ταύτῃ τῇ νυκτὶ** ἔσονται δύο ἐπὶ κλίνης μιᾶς, ὁ εἷς παραλημφθήσεται καὶ ὁ ἕτερος ἀφεθήσεται·	→ GTh 61,1
j 002					**Lk 18,4**	καὶ οὐκ ἤθελεν ἐπὶ χρόνον. **μετὰ δὲ ταῦτα** εἶπεν ἐν ἑαυτῷ· εἰ καὶ τὸν θεὸν οὐ φοβοῦμαι οὐδὲ ἄνθρωπον ἐντρέπομαι,	
b 002					**Lk 18,5**	διά γε τὸ παρέχειν μοι κόπον **τὴν χήραν ταύτην** ἐκδικήσω αὐτήν, ἵνα μὴ εἰς τέλος ἐρχομένη ὑπωπιάζῃ με.	

b 002					**Lk 18,9** → Lk 16,15 → Lk 20,20	εἶπεν δὲ καὶ πρός τινας τοὺς πεποιθότας ἐφ' ἑαυτοῖς ὅτι εἰσὶν δίκαιοι καὶ ἐξουθενοῦντας τοὺς λοιποὺς **τὴν παραβολὴν ταύτην·**	
002 *a* 002					**Lk 18,11** **(2)**	ὁ Φαρισαῖος σταθεὶς πρὸς ἑαυτὸν **ταῦτα** προσηύχετο· ὁ θεός, εὐχαριστῶ σοι ὅτι οὐκ εἰμὶ ὥσπερ οἱ λοιποὶ τῶν ἀνθρώπων, ἅρπαγες, ἄδικοι, μοιχοί, ἢ καὶ **ὡς οὗτος ὁ τελώνης·**	
e 002					**Lk 18,14**	λέγω ὑμῖν, κατέβη **οὗτος** δεδικαιωμένος εἰς τὸν οἶκον αὐτοῦ παρ' ἐκεῖνον· ...	
b 210	**Mt 19,1** → Lk 9,51	καὶ ἐγένετο ὅτε ἐτέλεσεν ὁ Ἰησοῦς **τοὺς λόγους τούτους,** μετῆρεν ἀπὸ τῆς Γαλιλαίας καὶ ἦλθεν εἰς τὰ ὅρια τῆς Ἰουδαίας πέραν τοῦ Ἰορδάνου.	**Mk 10,1** → Lk 9,51	καὶ ἐκεῖθεν ἀναστὰς ἔρχεται εἰς τὰ ὅρια τῆς Ἰουδαίας [καὶ] πέραν τοῦ Ἰορδάνου, ...			
b 120	**Mt 19,8**	... Μωϋσῆς πρὸς τὴν σκληροκαρδίαν ὑμῶν ἐπέτρεψεν ὑμῖν ἀπολῦσαι τὰς γυναῖκας ὑμῶν, ...	**Mk 10,5**	... πρὸς τὴν σκληροκαρδίαν ὑμῶν ἔγραψεν ὑμῖν **τὴν ἐντολὴν ταύτην.**			
h 220	**Mt 19,5**	*... ἕνεκα τούτου καταλείψει ἄνθρωπος τὸν πατέρα καὶ τὴν μητέρα καὶ κολληθήσεται τῇ γυναικὶ αὐτοῦ, ...* ➤ Gen 2,24 LXX	**Mk 10,7**	*ἕνεκεν τούτου καταλείψει ἄνθρωπος τὸν πατέρα αὐτοῦ καὶ τὴν μητέρα [καὶ προσκολληθήσεται πρὸς τὴν γυναῖκα αὐτοῦ]* ➤ Gen 2,24 LXX			
020			**Mk 10,10**	καὶ εἰς τὴν οἰκίαν πάλιν οἱ μαθηταὶ **περὶ τούτου** ἐπηρώτων αὐτόν.			
b 200	**Mt 19,11**	... οὐ πάντες χωροῦσιν **τὸν λόγον [τοῦτον]** ἀλλ' οἷς δέδοται.					
222	**Mt 19,20**	λέγει αὐτῷ ὁ νεανίσκος· **πάντα ταῦτα** ἐφύλαξα· ...	**Mk 10,20**	ὁ δὲ ἔφη αὐτῷ· διδάσκαλε, **ταῦτα πάντα** ἐφυλαξάμην ἐκ νεότητός μου.	**Lk 18,21**	ὁ δὲ εἶπεν· **ταῦτα πάντα** ἐφύλαξα ἐκ νεότητος.	
112	**Mt 19,22**	ἀκούσας δὲ ὁ νεανίσκος **τὸν λόγον** ἀπῆλθεν λυπούμενος· ἦν γὰρ ἔχων κτήματα πολλά.	**Mk 10,22**	ὁ δὲ στυγνάσας **ἐπὶ τῷ λόγῳ** ἀπῆλθεν λυπούμενος· ἦν γὰρ ἔχων κτήματα πολλά.	**Lk 18,23**	ὁ δὲ ἀκούσας **ταῦτα** περίλυπος ἐγενήθη· ἦν γὰρ πλούσιος σφόδρα.	

211	Mt 19,26	... παρὰ ἀνθρώποις **τοῦτο** ἀδύνατόν ἐστιν, παρὰ δὲ θεῷ πάντα δυνατά.	Mk 10,27	... παρὰ ἀνθρώποις ἀδύνατον, ἀλλ᾽ οὐ παρὰ θεῷ· πάντα γὰρ δυνατὰ παρὰ τῷ θεῷ.	Lk 18,27	... τὰ ἀδύνατα παρὰ ἀνθρώποις δυνατὰ παρὰ τῷ θεῷ ἐστιν.	
b 122	Mt 19,29	... ἑκατονταπλασίονα λήμψεται καὶ ζωὴν αἰώνιον κληρονομήσει.	Mk 10,30	ἐὰν μὴ λάβῃ ἑκατονταπλασίονα νῦν **ἐν τῷ καιρῷ τούτῳ** οἰκίας καὶ ἀδελφοὺς καὶ ἀδελφὰς καὶ μητέρας καὶ τέκνα καὶ ἀγροὺς μετὰ διωγμῶν, καὶ ἐν τῷ αἰῶνι τῷ ἐρχομένῳ ζωὴν αἰώνιον.	Lk 18,30	ὃς οὐχὶ μὴ [ἀπο]λάβῃ πολλαπλασίονα **ἐν τῷ καιρῷ τούτῳ** καὶ ἐν τῷ αἰῶνι τῷ ἐρχομένῳ ζωὴν αἰώνιον.	
a 200	Mt 20,12	... **οὗτοι οἱ ἔσχατοι** μίαν ὥραν ἐποίησαν, ...					
a 200	Mt 20,14	ἆρον τὸ σὸν καὶ ὕπαγε. θέλω δὲ **τούτῳ τῷ ἐσχάτῳ** δοῦναι ὡς καὶ σοί·					
002 *b* 002					Lk 18,34 (2) ↑ Mk 9,32 ↑ Lk 9,45	καὶ αὐτοὶ **οὐδὲν τούτων** συνῆκαν καὶ ἦν **τὸ ῥῆμα τοῦτο** κεκρυμμένον ἀπ᾽ αὐτῶν καὶ οὐκ ἐγίνωσκον τὰ λεγόμενα.	
a 210	Mt 20,21	... λέγει αὐτῷ· εἰπὲ ἵνα καθίσωσιν **οὗτοι οἱ δύο υἱοί μου** εἷς ἐκ δεξιῶν σου καὶ εἷς ἐξ εὐωνύμων σου ἐν τῇ βασιλείᾳ σου.	Mk 10,37	οἱ δὲ εἶπαν αὐτῷ· δὸς **ἡμῖν** ἵνα εἷς σου ἐκ δεξιῶν καὶ εἷς ἐξ ἀριστερῶν καθίσωμεν ἐν τῇ δόξῃ σου.			
210	Mt 20,23	... τὸ δὲ καθίσαι ἐκ δεξιῶν μου καὶ ἐξ εὐωνύμων οὐκ ἔστιν ἐμὸν **[τοῦτο]** δοῦναι, ἀλλ᾽ οἷς ἡτοίμασται ὑπὸ τοῦ πατρός μου.	Mk 10,40	τὸ δὲ καθίσαι ἐκ δεξιῶν μου ἢ ἐξ εὐωνύμων οὐκ ἔστιν ἐμὸν δοῦναι, ἀλλ᾽ οἷς ἡτοίμασται.			
112	Mt 20,30 ⇨ Mt 9,27	... ἀκούσαντες ὅτι Ἰησοῦς παράγει, ...	Mk 10,47	καὶ ἀκούσας ὅτι Ἰησοῦς ὁ Ναζαρηνός ἐστιν ...	Lk 18,36	ἀκούσας δὲ ὄχλου διαπορευομένου ἐπυνθάνετο τί εἴη **τοῦτο.** [37] ἀπήγγειλαν δὲ αὐτῷ ὅτι Ἰησοῦς ὁ Ναζωραῖος παρέρχεται.	
b 002					Lk 19,9 ↑ Lk 13,16	... σήμερον σωτηρία **τῷ οἴκῳ τούτῳ** ἐγένετο, καθότι καὶ αὐτὸς υἱὸς Ἀβραάμ ἐστιν·	
002					Lk 19,11	ἀκουόντων δὲ αὐτῶν **ταῦτα** προσθεὶς εἶπεν παραβολὴν ...	
002					Lk 19,14	... οὐ θέλομεν **τοῦτον** βασιλεῦσαι ἐφ᾽ ἡμᾶς.	

b c 102	**Mt 25,19**	μετὰ δὲ πολὺν χρόνον ἔρχεται ὁ κύριος **τῶν δούλων** **ἐκείνων** καὶ συναίρει λόγον μετ᾽ αὐτῶν.			**Lk 19,15**	καὶ ἐγένετο ἐν τῷ ἐπανελθεῖν αὐτὸν λαβόντα τὴν βασιλείαν καὶ εἶπεν φωνηθῆναι αὐτῷ **τοὺς δούλους** **τούτους** οἷς δεδώκει τὸ ἀργύριον, ἵνα γνοῖ τί διεπραγματεύσαντο.	
102	**Mt 25,23** → Mt 24,47	ἔφη **αὐτῷ** ὁ κύριος αὐτοῦ· εὖ, δοῦλε ἀγαθὲ καὶ πιστέ, ἐπὶ ὀλίγα ἦς πιστός, ἐπὶ πολλῶν σε καταστήσω· ...			**Lk 19,19**	εἶπεν δὲ καὶ **τούτῳ·** καὶ σὺ ἐπάνω γίνου πέντε πόλεων.	
b 002					**Lk 19,27**	πλὴν **τοὺς ἐχθρούς μου** **τούτους** τοὺς μὴ θελήσαντάς με βασιλεῦσαι ἐπ᾽ αὐτοὺς ἀγάγετε ὧδε ...	
112	**Mt 21,1**	καὶ ὅτε ἤγγισαν εἰς Ἱεροσόλυμα καὶ ἦλθον εἰς Βηθφαγὴ ...	**Mk 11,1**	καὶ ὅτε ἐγγίζουσιν εἰς Ἱεροσόλυμα εἰς Βηθφαγὴ καὶ Βηθανίαν ...	**Lk 19,28**	καὶ εἰπὼν **ταῦτα** ἐπορεύετο ἔμπροσθεν ἀναβαίνων εἰς Ἱεροσόλυμα. [29] καὶ ἐγένετο ὡς ἤγγισεν εἰς Βηθφαγὴ καὶ Βηθανία[ν] ...	→ Jn 12,12
121	**Mt 21,3**	καὶ ἐάν τις ὑμῖν εἴπῃ τι, ἐρεῖτε ὅτι ὁ κύριος αὐτῶν χρείαν ἔχει· ...	**Mk 11,3**	καὶ ἐάν τις ὑμῖν εἴπῃ· τί ποιεῖτε **τοῦτο;** εἴπατε· ὁ κύριος αὐτοῦ χρείαν ἔχει, ...	**Lk 19,31**	καὶ ἐάν τις ὑμᾶς ἐρωτᾷ· διὰ τί λύετε; οὕτως ἐρεῖτε· ὅτι ὁ κύριος αὐτοῦ χρείαν ἔχει.	
200	**Mt 21,4**	**τοῦτο** δὲ γέγονεν ἵνα πληρωθῇ τὸ ῥηθὲν διὰ τοῦ προφήτου λέγοντος·					→ Jn 12,14
002					**Lk 19,40** → Mt 21,15-16	... λέγω ὑμῖν, ἐὰν **οὗτοι** σιωπήσουσιν, οἱ λίθοι κράξουσιν.	
b 002					**Lk 19,42**	... εἰ ἔγνως **ἐν τῇ ἡμέρᾳ ταύτῃ** καὶ σὺ τὰ πρὸς εἰρήνην· ...	
210	**Mt 21,10** → Mt 2,3 → Lk 19,41	καὶ εἰσελθόντος αὐτοῦ εἰς Ἱεροσόλυμα ἐσείσθη πᾶσα ἡ πόλις λέγουσα· τίς ἐστιν **οὗτος;**	**Mk 11,11** → Mt 21,12 → Mk 11,15 → Lk 19,41	καὶ εἰσῆλθεν εἰς Ἱεροσόλυμα εἰς τὸ ἱερὸν καὶ περιβλεψάμενος πάντα, ...			→ Jn 2,13
200	**Mt 21,11**	οἱ δὲ ὄχλοι ἔλεγον· **οὗτός** ἐστιν ὁ προφήτης Ἰησοῦς ὁ ἀπὸ Ναζαρὲθ τῆς Γαλιλαίας.					
200	**Mt 21,16**	καὶ εἶπαν αὐτῷ· ἀκούεις τί **οὗτοι** λέγουσιν; ...					

	Mt		Mk		Lk		
b 220	Mt 21,21 ↑ Mt 17,20 ↑ Lk 17,6	... ἀμὴν λέγω ὑμῖν, ἐὰν ἔχητε πίστιν καὶ μὴ διακριθῆτε, οὐ μόνον τὸ τῆς συκῆς ποιήσετε, ἀλλὰ κἂν **τῷ ὄρει τούτῳ** εἴπητε· ἄρθητι καὶ βλήθητι εἰς τὴν θάλασσαν, γενήσεται·	Mk 11,23 ↑ Mt 17,20 ↑ Lk 17,6 → Mk 9,23	[22] ... ἔχετε πίστιν θεοῦ. [23] ἀμὴν λέγω ὑμῖν ὅτι ὃς ἂν εἴπῃ **τῷ ὄρει τούτῳ·** ἄρθητι καὶ βλήθητι εἰς τὴν θάλασσαν, καὶ μὴ διακριθῇ ἐν τῇ καρδίᾳ αὐτοῦ ἀλλὰ πιστεύῃ ὅτι ὃ λαλεῖ γίνεται, ἔσται αὐτῷ.			→ GTh 48 → GTh 106
g 120	Mt 21,22 → Mt 7,8 → Mt 18,19	καὶ πάντα ὅσα ἂν αἰτήσητε ἐν τῇ προσευχῇ πιστεύοντες λήμψεσθε.	Mk 11,24	**διὰ τοῦτο** λέγω ὑμῖν, πάντα ὅσα προσεύχεσθε καὶ αἰτεῖσθε, πιστεύετε ὅτι ἐλάβετε, καὶ ἔσται ὑμῖν.	→ Lk 11,10		
222 b 222 121	Mt 21,23 (2)	... ἐν ποίᾳ ἐξουσίᾳ **ταῦτα** ποιεῖς; καὶ τίς σοι ἔδωκεν **τὴν ἐξουσίαν ταύτην;**	Mk 11,28 (3)	... ἐν ποίᾳ ἐξουσίᾳ **ταῦτα** ποιεῖς; ἢ τίς σοι ἔδωκεν **τὴν ἐξουσίαν ταύτην** ἵνα **ταῦτα** ποιῇς;	Lk 20,2 (2)	... εἰπὸν ἡμῖν ἐν ποίᾳ ἐξουσίᾳ **ταῦτα** ποιεῖς, ἢ τίς ἐστιν ὁ δούς σοι **τὴν ἐξουσίαν ταύτην;**	→ Jn 2,18
221	Mt 21,24	... ἐρωτήσω ὑμᾶς κἀγὼ λόγον ἕνα, ὃν ἐὰν εἴπητέ μοι κἀγὼ ὑμῖν ἐρῶ ἐν ποίᾳ ἐξουσίᾳ **ταῦτα** ποιῶ·	Mk 11,29	... ἐπερωτήσω ὑμᾶς ἕνα λόγον, καὶ ἀποκρίθητέ μοι καὶ ἐρῶ ὑμῖν ἐν ποίᾳ ἐξουσίᾳ **ταῦτα** ποιῶ·	Lk 20,3	... ἐρωτήσω ὑμᾶς κἀγὼ λόγον, καὶ εἴπατέ μοι·	
222	Mt 21,27	... οὐδὲ ἐγὼ λέγω ὑμῖν ἐν ποίᾳ ἐξουσίᾳ **ταῦτα** ποιῶ.	Mk 11,33	... οὐδὲ ἐγὼ λέγω ὑμῖν ἐν ποίᾳ ἐξουσίᾳ **ταῦτα** ποιῶ.	Lk 20,8	... οὐδὲ ἐγὼ λέγω ὑμῖν ἐν ποίᾳ ἐξουσίᾳ **ταῦτα** ποιῶ.	
b 112	Mt 21,33	**ἄλλην παραβολὴν** ἀκούσατε. ...	Mk 12,1	καὶ ἤρξατο αὐτοῖς **ἐν παραβολαῖς** λαλεῖν· ...	Lk 20,9	ἤρξατο δὲ πρὸς τὸν λαὸν λέγειν **τὴν παραβολὴν ταύτην·** ...	
112	Mt 21,35 → Mt 22,6	... **ὃν δὲ** ἀπέκτειναν, ὃν δὲ ἐλιθοβόλησαν.	Mk 12,5 → Mt 21,34	καὶ ἄλλον ἀπέστειλεν· **κἀκεῖνον** ἀπέκτειναν, καὶ πολλοὺς ἄλλους, οὓς μὲν δέροντες, οὓς δὲ ἀποκτέννοντες.	Lk 20,12	καὶ προσέθετο τρίτον πέμψαι· οἱ δὲ καὶ **τοῦτον** τραυματίσαντες ἐξέβαλον.	→ GTh 65
112	Mt 21,37	ὕστερον δὲ ἀπέστειλεν πρὸς αὐτοὺς τὸν υἱὸν αὐτοῦ λέγων· ἐντραπήσονται **τὸν υἱόν μου.**	Mk 12,6	ἔτι ἕνα εἶχεν, υἱὸν ἀγαπητόν· ἀπέστειλεν αὐτὸν ἔσχατον πρὸς αὐτοὺς λέγων ὅτι ἐντραπήσονται **τὸν υἱόν μου.**	Lk 20,13	εἶπεν δὲ ὁ κύριος τοῦ ἀμπελῶνος· τί ποιήσω; πέμψω τὸν υἱόν μου τὸν ἀγαπητόν· ἴσως **τοῦτον** ἐντραπήσονται.	→ GTh 65
222	Mt 21,38	οἱ δὲ γεωργοὶ ἰδόντες τὸν υἱὸν εἶπον ἐν ἑαυτοῖς· **οὗτός** ἐστιν ὁ κληρονόμος· ...	Mk 12,7	ἐκεῖνοι δὲ οἱ γεωργοὶ πρὸς ἑαυτοὺς εἶπαν ὅτι **οὗτός** ἐστιν ὁ κληρονόμος· ...	Lk 20,14	ἰδόντες δὲ αὐτὸν οἱ γεωργοὶ διελογίζοντο πρὸς ἀλλήλους λέγοντες· **οὗτός** ἐστιν ὁ κληρονόμος· ...	→ GTh 65

	Mt		Mk		Lk		
b e 112	**Mt 21,41** ↓Mt 21,43	[40] ὅταν οὖν ἔλθῃ ὁ κύριος τοῦ ἀμπελῶνος, τί ποιήσει τοῖς γεωργοῖς ἐκείνοις; [41] λέγουσιν αὐτῷ· κακοὺς κακῶς ἀπολέσει **αὐτοὺς** καὶ τὸν ἀμπελῶνα ἐκδώσεται ἄλλοις γεωργοῖς, ...	**Mk 12,9**	τί [οὖν] ποιήσει ὁ κύριος τοῦ ἀμπελῶνος; ἐλεύσεται καὶ ἀπολέσει **τοὺς γεωργοὺς** καὶ δώσει τὸν ἀμπελῶνα ἄλλοις.	**Lk 20,16**	[15] ... τί οὖν ποιήσει αὐτοῖς ὁ κύριος τοῦ ἀμπελῶνος; [16] ἐλεύσεται καὶ ἀπολέσει **τοὺς γεωργοὺς τούτους** καὶ δώσει τὸν ἀμπελῶνα ἄλλοις. ...	→ GTh 65
b 122	**Mt 21,42** (2)	... οὐδέποτε ἀνέγνωτε **ἐν ταῖς γραφαῖς**·	**Mk 12,10** (2)	οὐδὲ **τὴν γραφὴν ταύτην** ἀνέγνωτε·	**Lk 20,17** (2)	... τί οὖν ἐστιν **τὸ γεγραμμένον τοῦτο**·	
c 222		*λίθον ὃν ἀπεδοκίμασαν οἱ οἰκοδομοῦντες,* **οὗτος** *ἐγενήθη εἰς κεφαλὴν γωνίας·*		*λίθον ὃν ἀπεδοκίμασαν οἱ οἰκοδομοῦντες,* **οὗτος** *ἐγενήθη εἰς κεφαλὴν γωνίας·* ➤ Ps 118,22		*λίθον ὃν ἀπεδοκίμασαν οἱ οἰκοδομοῦντες,* **οὗτος** *ἐγενήθη εἰς κεφαλὴν γωνίας;* ➤ Ps 118,22	→ Acts 4,11 → GTh 66
220		*παρὰ κυρίου ἐγένετο* **αὕτη** *καὶ ἔστιν θαυμαστὴ ἐν ὀφθαλμοῖς ἡμῶν;* ➤ Ps 118,22-23	**Mk 12,11**	*παρὰ κυρίου ἐγένετο* **αὕτη** *καὶ ἔστιν θαυμαστὴ ἐν ὀφθαλμοῖς ἡμῶν;* ➤ Ps 118,23			
g 200	**Mt 21,43** ↑Mt 21,41	**διὰ τοῦτο** λέγω ὑμῖν ὅτι ἀρθήσεται ἀφ' ὑμῶν ἡ βασιλεία τοῦ θεοῦ ...					
b 200	**Mt 21,44**	[καὶ ὁ πεσὼν **ἐπὶ τὸν λίθον τοῦτον** συνθλασθήσεται· ἐφ' ὃν δ' ἂν πέσῃ λικμήσει αὐτόν.]			**Lk 20,18**	πᾶς ὁ πεσὼν **ἐπ' ἐκεῖνον τὸν λίθον** συνθλασθήσεται· ἐφ' ὃν δ' ἂν πέσῃ, λικμήσει αὐτόν.	Mt 21,44 is textcritically uncertain.
b 112	**Mt 21,45** → Mk 11,18	καὶ ἀκούσαντες οἱ ἀρχιερεῖς καὶ οἱ Φαρισαῖοι **τὰς παραβολὰς αὐτοῦ** ἔγνωσαν ὅτι περὶ αὐτῶν λέγει·	**Mk 12,12**	... ἔγνωσαν γὰρ ὅτι πρὸς αὐτοὺς **τὴν παραβολὴν** εἶπεν. ...	**Lk 20,19**	... ἔγνωσαν γὰρ ὅτι πρὸς αὐτοὺς εἶπεν **τὴν παραβολὴν ταύτην.**	
b 221	**Mt 22,20**	... τίνος **ἡ εἰκὼν αὕτη** καὶ ἡ ἐπιγραφή;	**Mk 12,16**	... τίνος **ἡ εἰκὼν αὕτη** καὶ ἡ ἐπιγραφή; ...	**Lk 20,24**	... τίνος ἔχει **εἰκόνα** καὶ ἐπιγραφήν; ...	→ GTh 100
112	**Mt 22,24**	... διδάσκαλε, Μωϋσῆς εἶπεν· *ἐάν τις ἀποθάνῃ* *μὴ ἔχων τέκνα, ἐπιγαμβρεύσει ὁ ἀδελφὸς αὐτοῦ τὴν γυναῖκα αὐτοῦ καὶ ἀναστήσει σπέρμα τῷ ἀδελφῷ αὐτοῦ·* ➤ Deut 25,5; Gen 38,8	**Mk 12,19**	διδάσκαλε, Μωϋσῆς ἔγραψεν ἡμῖν ὅτι *ἐάν τινος ἀδελφὸς ἀποθάνῃ* καὶ καταλίπῃ γυναῖκα *καὶ μὴ ἀφῇ τέκνον, ἵνα λάβῃ ὁ ἀδελφὸς αὐτοῦ τὴν γυναῖκα καὶ ἐξαναστήσῃ σπέρμα τῷ ἀδελφῷ αὐτοῦ.* ➤ Deut 25,5; Gen 38,8	**Lk 20,28**	... διδάσκαλε, Μωϋσῆς ἔγραψεν ἡμῖν, *ἐάν τινος ἀδελφὸς ἀποθάνῃ* ἔχων γυναῖκα, καὶ **οὗτος** *ἄτεκνος ᾖ, ἵνα λάβῃ ὁ ἀδελφὸς αὐτοῦ τὴν γυναῖκα καὶ ἐξαναστήσῃ σπέρμα τῷ ἀδελφῷ αὐτοῦ.* ➤ Deut 25,5; Gen 38,8	

[a] οὗτος as adjective coming before a substantive
[b] οὗτος as adjective following a substantive
[c] οὗτος ..., ὅς / ὅς ..., οὗτος / ὅστις ..., οὗτος
[d] ὁ and participle ..., οὗτος
[e] οὗτος and ἄλλος / ἐκεῖνος / ἕτερος / ὁ μέλλων
[f] τοῦτ' ἔστιν
[g] διὰ τοῦτο
[h] ἕνεκα τούτου, ἕνεκεν τούτου
[j] μετὰ (...) ταῦτα (Luke/Acts only)
[k] ἐν τούτῳ

		Mt		Mk		Lk	
g 121 b 112	Mt 22,29	ἀποκριθεὶς δὲ ὁ Ἰησοῦς εἶπεν αὐτοῖς· πλανᾶσθε μὴ εἰδότες τὰς γραφὰς μηδὲ τὴν δύναμιν τοῦ θεοῦ·	Mk 12,24	ἔφη αὐτοῖς ὁ Ἰησοῦς· οὐ **διὰ τοῦτο** πλανᾶσθε μὴ εἰδότες τὰς γραφὰς μηδὲ τὴν δύναμιν τοῦ θεοῦ;	Lk 20,34	καὶ εἶπεν αὐτοῖς ὁ Ἰησοῦς· **οἱ υἱοὶ τοῦ αἰῶνος** **τούτου** γαμοῦσιν καὶ γαμίσκονται	
210	Mt 22,38 → Mt 22,37	**αὕτη** ἐστὶν ἡ μεγάλη καὶ πρώτη ἐντολή.	Mk 12,31 (2)				→ GTh 25
121	Mt 22,39	δευτέρα δὲ ὁμοία αὐτῇ· *ἀγαπήσεις τὸν πλησίον* *σου ὡς σεαυτόν.* ➤ Lev 19,18	→ Mk 12,29	δευτέρα **αὕτη·** *ἀγαπήσεις τὸν πλησίον* *σου ὡς σεαυτόν.* ➤ Lev 19,18	Lk 10,27	... *καὶ τὸν πλησίον* *σου ὡς σεαυτόν.* ➤ Lev 19,18	
e 120			↓ Mt 22,40	**μείζων τούτων** ἄλλη ἐντολὴ οὐκ ἔστιν.			
a 200	Mt 22,40 ↑ Mt 7,12 ↑ Mt 22,38 ↑ Mk 12,31b	**ἐν ταύταις ταῖς** **δυσὶν ἐντολαῖς** ὅλος ὁ νόμος κρέμαται καὶ οἱ προφῆται.					
d c 022			Mk 12,40	οἱ κατεσθίοντες τὰς οἰκίας τῶν χηρῶν καὶ προφάσει μακρὰ προσευχόμενοι· **οὗτοι** λήμψονται περισσότερον κρίμα.	Lk 20,47	οἳ κατεσθίουσιν τὰς οἰκίας τῶν χηρῶν καὶ προφάσει μακρὰ προσεύχονται· **οὗτοι** λήμψονται περισσότερον κρίμα.	Mt 23,14 is textcritically uncertain.
e 202	Mt 23,23	οὐαὶ ὑμῖν, γραμματεῖς καὶ Φαρισαῖοι ὑποκριταί, ὅτι ἀποδεκατοῦτε τὸ ἡδύοσμον καὶ τὸ ἄνηθον καὶ τὸ κύμινον καὶ ἀφήκατε τὰ βαρύτερα τοῦ νόμου, τὴν κρίσιν καὶ τὸ ἔλεος καὶ τὴν πίστιν· **ταῦτα** [δὲ] ἔδει ποιῆσαι κἀκεῖνα μὴ ἀφιέναι.			Lk 11,42	ἀλλὰ οὐαὶ ὑμῖν τοῖς Φαρισαίοις, ὅτι ἀποδεκατοῦτε τὸ ἡδύοσμον καὶ τὸ πήγανον καὶ πᾶν λάχανον καὶ παρέρχεσθε τὴν κρίσιν καὶ τὴν ἀγάπην τοῦ θεοῦ· **ταῦτα** δὲ ἔδει ποιῆσαι κἀκεῖνα μὴ παρεῖναι.	
g 202	Mt 23,34	**διὰ τοῦτο** ἰδοὺ ἐγὼ ἀποστέλλω πρὸς ὑμᾶς προφήτας καὶ σοφοὺς καὶ γραμματεῖς· ...			Lk 11,49	**διὰ τοῦτο** καὶ ἡ σοφία τοῦ θεοῦ εἶπεν· ἀποστελῶ εἰς αὐτοὺς προφήτας καὶ ἀποστόλους, ...	
201 b 202	Mt 23,36 (2)	ἀμὴν λέγω ὑμῖν, ἥξει **ταῦτα πάντα** **ἐπὶ τὴν γενεὰν** **ταύτην.**			Lk 11,51	... ναὶ λέγω ὑμῖν, ἐκζητηθήσεται **ἀπὸ τῆς γενεᾶς** **ταύτης.**	
b 022			Mk 12,43	... ἀμὴν λέγω ὑμῖν ὅτι **ἡ χήρα αὕτη ἡ πτωχὴ** πλεῖον πάντων ἔβαλεν τῶν βαλλόντων εἰς τὸ γαζοφυλάκιον·	Lk 21,3	... ἀληθῶς λέγω ὑμῖν ὅτι **ἡ χήρα αὕτη ἡ πτωχὴ** πλεῖον πάντων ἔβαλεν·	

012 022			Mk 12,44	πάντες γὰρ ἐκ τοῦ περισσεύοντος αὐτοῖς ἔβαλον, αὕτη δὲ ἐκ τῆς ὑστερήσεως αὐτῆς πάντα ὅσα εἶχεν ἔβαλεν ὅλον τὸν βίον αὐτῆς.	Lk 21,4 (2)	πάντες γὰρ οὗτοι ἐκ τοῦ περισσεύοντος αὐτοῖς ἔβαλον εἰς τὰ δῶρα, αὕτη δὲ ἐκ τοῦ ὑστερήματος αὐτῆς πάντα τὸν βίον ὃν εἶχεν ἔβαλεν.	
a c 222	Mt 24,2	... οὐ βλέπετε ταῦτα πάντα; ἀμὴν λέγω ὑμῖν, οὐ μὴ ἀφεθῇ ὧδε λίθος ἐπὶ λίθον ὃς οὐ καταλυθήσεται.	Mk 13,2	... βλέπεις ταύτας τὰς μεγάλας οἰκοδομάς; οὐ μὴ ἀφεθῇ ὧδε λίθος ἐπὶ λίθον ὃς οὐ μὴ καταλυθῇ.	Lk 21,6 → Lk 19,44	ταῦτα ἃ θεωρεῖτε ἐλεύσονται ἡμέραι ἐν αἷς οὐκ ἀφεθήσεται λίθος ἐπὶ λίθῳ ὃς οὐ καταλυθήσεται.	
222 122	Mt 24,3	... εἰπὲ ἡμῖν, πότε ταῦτα ἔσται καὶ τί τὸ σημεῖον τῆς σῆς παρουσίας καὶ συντελείας τοῦ αἰῶνος;	Mk 13,4 (2)	εἰπὸν ἡμῖν, πότε ταῦτα ἔσται καὶ τί τὸ σημεῖον ὅταν μέλλῃ ταῦτα συντελεῖσθαι πάντα;	Lk 21,7 (2)	... διδάσκαλε, πότε οὖν ταῦτα ἔσται καὶ τί τὸ σημεῖον ὅταν μέλλῃ ταῦτα γίνεσθαι;	
112	Mt 24,6	μελλήσετε δὲ ἀκούειν πολέμους καὶ ἀκοὰς πολέμων· ὁρᾶτε μὴ θροεῖσθε· δεῖ γὰρ γενέσθαι, ἀλλ' οὔπω ἐστὶν τὸ τέλος.	Mk 13,7	ὅταν δὲ ἀκούσητε πολέμους καὶ ἀκοὰς πολέμων, μὴ θροεῖσθε· δεῖ γενέσθαι, ἀλλ' οὔπω τὸ τέλος.	Lk 21,9	ὅταν δὲ ἀκούσητε πολέμους καὶ ἀκαταστασίας, μὴ πτοηθῆτε· δεῖ γὰρ ταῦτα γενέσθαι πρῶτον, ἀλλ' οὐκ εὐθέως τὸ τέλος.	
220	Mt 24,8	πάντα δὲ ταῦτα ἀρχὴ ὠδίνων.	Mk 13,8	... ἀρχὴ ὠδίνων ταῦτα.			
112	Mt 10,17 ⇩ Mt 24,9 Mt 24,9 ⇧ Mt 10,17	προσέχετε δὲ ἀπὸ τῶν ἀνθρώπων· παραδώσουσιν γὰρ ὑμᾶς εἰς συνέδρια καὶ ἐν ταῖς συναγωγαῖς αὐτῶν μαστιγώσουσιν ὑμᾶς· τότε παραδώσουσιν ὑμᾶς εἰς θλῖψιν καὶ ἀποκτενοῦσιν ὑμᾶς, ...	Mk 13,9	βλέπετε δὲ ὑμεῖς ἑαυτούς· παραδώσουσιν ὑμᾶς εἰς συνέδρια καὶ εἰς συναγωγὰς δαρήσεσθε ...	Lk 21,12 → Lk 12,11	 πρὸ δὲ τούτων πάντων ἐπιβαλοῦσιν ἐφ' ὑμᾶς τὰς χεῖρας αὐτῶν καὶ διώξουσιν, παραδιδόντες εἰς τὰς συναγωγὰς καὶ φυλακάς, ...	
c 121	Mt 10,19	ὅταν δὲ παραδῶσιν ὑμᾶς, μὴ μεριμνήσητε πῶς ἢ τί λαλήσητε· δοθήσεται γὰρ ὑμῖν ἐν ἐκείνῃ τῇ ὥρᾳ τί λαλήσητε·	Mk 13,11	καὶ ὅταν ἄγωσιν ὑμᾶς παραδιδόντες, μὴ προμεριμνᾶτε τί λαλήσητε, ἀλλ' ὃ ἐὰν δοθῇ ὑμῖν ἐν ἐκείνῃ τῇ ὥρᾳ τοῦτο λαλεῖτε· οὐ γάρ ἐστε ὑμεῖς οἱ λαλοῦντες ἀλλὰ τὸ πνεῦμα τὸ ἅγιον.	Lk 21,15 ⇩ Lk 12,12 Lk 12,12 ⇧ Lk 21,15	[14] θέτε οὖν ἐν ταῖς καρδίαις ὑμῶν μὴ προμελετᾶν ἀπολογηθῆναι· [15] ἐγὼ γὰρ δώσω ὑμῖν στόμα καὶ σοφίαν ... τὸ γὰρ ἅγιον πνεῦμα διδάξει ὑμᾶς ἐν αὐτῇ τῇ ὥρᾳ ἃ δεῖ εἰπεῖν.	→ Acts 6,10 Mk-Q overlap → Jn 14,26

	Mt		Mk		Lk		
d 221	Mt 10,22 ⇩ Mt 24,13	... ὁ δὲ ὑπομείνας εἰς τέλος **οὗτος** σωθήσεται.	Mk 13,13	... ὁ δὲ ὑπομείνας εἰς τέλος **οὗτος** σωθήσεται.	Lk 21,19	ἐν τῇ ὑπομονῇ ὑμῶν κτήσασθε τὰς ψυχὰς ὑμῶν.	
d 200	Mt 24,13 ⇧ Mt 10,22	ὁ δὲ ὑπομείνας εἰς τέλος **οὗτος** σωθήσεται.					
a 210	Mt 24,14 → Mt 10,18 → Mk 13,9 → Lk 21,13 → Mt 28,19	καὶ κηρυχθήσεται **τοῦτο τὸ εὐαγγέλιον** **τῆς βασιλείας** ἐν ὅλῃ τῇ οἰκουμένῃ εἰς μαρτύριον πᾶσιν τοῖς ἔθνεσιν, ...	Mk 13,10	καὶ εἰς πάντα τὰ ἔθνη πρῶτον δεῖ κηρυχθῆναι **τὸ εὐαγγέλιον.**			
002					Lk 21,22	ὅτι ἡμέραι ἐκδικήσεως **αὗταί** εἰσιν τοῦ πλησθῆναι πάντα τὰ γεγραμμένα.	
b 112	Mt 24,21	ἔσται γὰρ τότε θλῖψις μεγάλη οἵα οὐ γέγονεν ἀπ' ἀρχῆς κόσμου ἕως τοῦ νῦν οὐδ' οὐ μὴ γένηται.	Mk 13,19	ἔσονται γὰρ αἱ ἡμέραι ἐκεῖναι θλῖψις οἵα οὐ γέγονεν τοιαύτη ἀπ' ἀρχῆς κτίσεως ἣν ἔκτισεν ὁ θεὸς ἕως τοῦ νῦν καὶ οὐ μὴ γένηται.	Lk 21,23	... ἔσται γὰρ ἀνάγκη μεγάλη ἐπὶ τῆς γῆς καὶ ὀργὴ **τῷ λαῷ τούτῳ**	
002					Lk 21,28	ἀρχομένων δὲ **τούτων** γίνεσθαι ἀνακύψατε καὶ ἐπάρατε τὰς κεφαλὰς ὑμῶν, διότι ἐγγίζει ἡ ἀπολύτρωσις ὑμῶν.	
222	Mt 24,33	οὕτως καὶ ὑμεῖς, ὅταν ἴδητε **πάντα ταῦτα,** γινώσκετε ὅτι ἐγγύς ἐστιν ἐπὶ θύραις.	Mk 13,29	οὕτως καὶ ὑμεῖς, ὅταν ἴδητε **ταῦτα** γινόμενα, γινώσκετε ὅτι ἐγγύς ἐστιν ἐπὶ θύραις.	Lk 21,31	οὕτως καὶ ὑμεῖς, ὅταν ἴδητε **ταῦτα** γινόμενα, γινώσκετε ὅτι ἐγγύς ἐστιν ἡ βασιλεία τοῦ θεοῦ.	
b 222 221	Mt 24,34 (2) → Mt 16,28	ἀμὴν λέγω ὑμῖν ὅτι οὐ μὴ παρέλθῃ **ἡ γενεὰ αὕτη** ἕως ἂν **πάντα ταῦτα** γένηται.	Mk 13,30 (2) → Mk 9,1	ἀμὴν λέγω ὑμῖν ὅτι οὐ μὴ παρέλθῃ **ἡ γενεὰ αὕτη** μέχρις οὗ **ταῦτα πάντα** γένηται.	Lk 21,32 → Lk 9,27	ἀμὴν λέγω ὑμῖν ὅτι οὐ μὴ παρέλθῃ **ἡ γενεὰ αὕτη** ἕως ἂν **πάντα** γένηται.	
112	Mt 25,13 → Mt 24,42 ↓ Mt 24,44 → Mt 24,50	γρηγορεῖτε οὖν, ὅτι οὐκ οἴδατε τὴν ἡμέραν οὐδὲ τὴν ὥραν.	Mk 13,33 → Lk 21,34	βλέπετε, ἀγρυπνεῖτε· οὐκ οἴδατε γὰρ πότε ὁ καιρός ἐστιν.	Lk 21,36 → Lk 18,1	ἀγρυπνεῖτε δὲ ἐν παντὶ καιρῷ δεόμενοι ἵνα κατισχύσητε ἐκφυγεῖν **ταῦτα πάντα** **τὰ μέλλοντα** γίνεσθαι καὶ σταθῆναι ἔμπροσθεν τοῦ υἱοῦ τοῦ ἀνθρώπου.	
g 201	Mt 24,44 → Mt 24,42 → Mt 24,50 ↑ Mt 25,13	**διὰ τοῦτο** καὶ ὑμεῖς γίνεσθε ἕτοιμοι, ὅτι ᾗ οὐ δοκεῖτε ὥρᾳ ὁ υἱὸς τοῦ ἀνθρώπου ἔρχεται.	→ Mk 13,35		Lk 12,40 → Lk 12,38	καὶ ὑμεῖς γίνεσθε ἕτοιμοι, ὅτι ᾗ ὥρᾳ οὐ δοκεῖτε ὁ υἱὸς τοῦ ἀνθρώπου ἔρχεται.	→ GTh 21,6
a 200	Mt 25,40	... ἀμὴν λέγω ὑμῖν, ἐφ' ὅσον ἐποιήσατε **ἑνὶ τούτων τῶν** **ἀδελφῶν μου** **τῶν ἐλαχίστων,** ἐμοὶ ἐποιήσατε.					

a 200	**Mt 25,45**	... ἀμὴν λέγω ὑμῖν, ἐφ' ὅσον οὐκ ἐποιήσατε ἑνὶ τούτων τῶν ἐλαχίστων, οὐδὲ ἐμοὶ ἐποιήσατε.					
200	**Mt 25,46** → Mt 13,42 → Mt 13,43 → Mt 13,50	καὶ ἀπελεύσονται οὗτοι εἰς κόλασιν αἰώνιον, οἱ δὲ δίκαιοι εἰς ζωὴν αἰώνιον.					
b 200	**Mt 26,1**	καὶ ἐγένετο ὅτε ἐτέλεσεν ὁ Ἰησοῦς πάντας τοὺς λόγους τούτους, εἶπεν τοῖς μαθηταῖς αὐτοῦ·					
b 220	**Mt 26,8**	ἰδόντες δὲ οἱ μαθηταὶ ἠγανάκτησαν λέγοντες· εἰς τί ἡ ἀπώλεια αὕτη;	**Mk 14,4**	ἦσαν δέ τινες ἀγανακτοῦντες πρὸς ἑαυτούς· εἰς τί ἡ ἀπώλεια αὕτη τοῦ μύρου γέγονεν;			→ Jn 12,4
a 220	**Mt 26,9**	ἐδύνατο γὰρ τοῦτο πραθῆναι πολλοῦ καὶ δοθῆναι πτωχοῖς.	**Mk 14,5**	ἠδύνατο γὰρ τοῦτο τὸ μύρον πραθῆναι ἐπάνω δηναρίων τριακοσίων καὶ δοθῆναι τοῖς πτωχοῖς· καὶ ἐνεβριμῶντο αὐτῇ.			**→ Jn 12,5**
210 b 210	**Mt 26,12** **(2)**	βαλοῦσα γὰρ αὕτη τὸ μύρον τοῦτο ἐπὶ τοῦ σώματός μου πρὸς τὸ ἐνταφιάσαι με ἐποίησεν.	**Mk 14,8**	ὃ ἔσχεν ἐποίησεν· προέλαβεν μυρίσαι τὸ σῶμά μου εἰς τὸν ἐνταφιασμόν.			→ Jn 12,7
b 210 220	**Mt 26,13** **(2)**	... ὅπου ἐὰν κηρυχθῇ τὸ εὐαγγέλιον τοῦτο ἐν ὅλῳ τῷ κόσμῳ, λαληθήσεται καὶ ὃ ἐποίησεν αὕτη εἰς μνημόσυνον αὐτῆς.	**Mk 14,9**	... ὅπου ἐὰν κηρυχθῇ τὸ εὐαγγέλιον εἰς ὅλον τὸν κόσμον, καὶ ὃ ἐποίησεν αὕτη λαληθήσεται εἰς μνημόσυνον αὐτῆς.			
d 210	**Mt 26,23** → Lk 22,21	... ὁ ἐμβάψας μετ' ἐμοῦ τὴν χεῖρα ἐν τῷ τρυβλίῳ οὗτός με παραδώσει.	**Mk 14,20** → Lk 22,21	... εἷς τῶν δώδεκα, ὁ ἐμβαπτόμενος μετ' ἐμοῦ εἰς τὸ τρύβλιον.			→ Jn 13,26
a 002					**Lk 22,15**	... ἐπιθυμίᾳ ἐπεθύμησα τοῦτο τὸ πάσχα φαγεῖν μεθ' ὑμῶν πρὸ τοῦ με παθεῖν·	
002					**Lk 22,17** → Mt 26,27 → Mk 14,23	καὶ δεξάμενος ποτήριον εὐχαριστήσας εἶπεν· λάβετε τοῦτο καὶ διαμερίσατε εἰς ἑαυτούς·	

	Mt		Mk		Lk		
222 112	**Mt 26,26** → Mt 14,19	... λαβὼν ὁ Ἰησοῦς ἄρτον καὶ εὐλογήσας ἔκλασεν καὶ δοὺς τοῖς μαθηταῖς εἶπεν· λάβετε φάγετε, **τοῦτό** ἐστιν τὸ σῶμά μου.	**Mk 14,22** → Mk 6,41	... λαβὼν ἄρτον εὐλογήσας ἔκλασεν καὶ ἔδωκεν αὐτοῖς καὶ εἶπεν· λάβετε, **τοῦτό** ἐστιν τὸ σῶμά μου.	**Lk 22,19** **(2)** → Lk 9,16	καὶ λαβὼν ἄρτον εὐχαριστήσας ἔκλασεν καὶ ἔδωκεν αὐτοῖς λέγων· **τοῦτό** ἐστιν τὸ σῶμά μου τὸ ὑπὲρ ὑμῶν διδόμενον· **τοῦτο** ποιεῖτε εἰς τὴν ἐμὴν ἀνάμνησιν.	→ 1Cor 11,24
a 222	**Mt 26,28**	**τοῦτο** γάρ ἐστιν τὸ αἷμά μου τῆς διαθήκης τὸ περὶ πολλῶν ἐκχυννόμενον εἰς ἄφεσιν ἁμαρτιῶν.	**Mk 14,24**	... **τοῦτό** ἐστιν τὸ αἷμά μου τῆς διαθήκης τὸ ἐκχυννόμενον ὑπὲρ πολλῶν.	**Lk 22,20**	... **τοῦτο τὸ ποτήριον** ἡ καινὴ διαθήκη ἐν τῷ αἵματί μου, τὸ ὑπὲρ ὑμῶν ἐκχυννόμενον.	→ 1Cor 11,25
a 211	**Mt 26,29**	λέγω δὲ ὑμῖν, οὐ μὴ πίω ἀπ' ἄρτι **ἐκ τούτου τοῦ** **γενήματος** **τῆς ἀμπέλου** ἕως τῆς ἡμέρας ἐκείνης ὅταν αὐτὸ πίνω μεθ' ὑμῶν καινὸν ἐν τῇ βασιλείᾳ τοῦ πατρός μου.	**Mk 14,25**	ἀμὴν λέγω ὑμῖν ὅτι οὐκέτι οὐ μὴ πίω **ἐκ τοῦ** **γενήματος** **τῆς ἀμπέλου** ἕως τῆς ἡμέρας ἐκείνης ὅταν αὐτὸ πίνω καινὸν ἐν τῇ βασιλείᾳ τοῦ θεοῦ.	**Lk 22,18** → Lk 22,16	λέγω γὰρ ὑμῖν, [ὅτι] οὐ μὴ πίω ἀπὸ τοῦ νῦν **ἀπὸ τοῦ** **γενήματος** **τῆς ἀμπέλου** ἕως οὗ ἡ βασιλεία τοῦ θεοῦ ἔλθῃ.	
112	**Mt 26,22** → Mt 26,25	καὶ λυπούμενοι σφόδρα ἤρξαντο λέγειν αὐτῷ εἷς ἕκαστος· μήτι ἐγώ εἰμι, κύριε;	**Mk 14,19**	ἤρξαντο λυπεῖσθαι καὶ λέγειν αὐτῷ εἷς κατὰ εἷς· μήτι ἐγώ;	**Lk 22,23**	καὶ αὐτοὶ ἤρξαντο συζητεῖν πρὸς ἑαυτοὺς τὸ τίς ἄρα εἴη ἐξ αὐτῶν ὁ **τοῦτο** μέλλων πράσσειν.	→ Jn 13,22.25
a 002					**Lk 22,37** → Mt 27,38 → Mk 15,27 → Lk 23,33	λέγω γὰρ ὑμῖν ὅτι **τοῦτο τὸ** **γεγραμμένον** δεῖ τελεσθῆναι ἐν ἐμοί, τό· *καὶ μετὰ ἀνόμων* *ἐλογίσθη*· καὶ γὰρ τὸ περὶ ἐμοῦ τέλος ἔχει. ➤ Isa 53,12	→ Jn 19,18
b 210	**Mt 26,31**	τότε λέγει αὐτοῖς ὁ Ἰησοῦς· πάντες ὑμεῖς σκανδαλισθήσεσθε ἐν ἐμοὶ **ἐν τῇ νυκτὶ ταύτῃ,** γέγραπται γάρ· *πατάξω* *τὸν ποιμένα, καὶ* *διασκορπισθήσονται τὰ* *πρόβατα τῆς ποίμνης.* ➤ Zech 13,7	**Mk 14,27**	καὶ λέγει αὐτοῖς ὁ Ἰησοῦς ὅτι πάντες σκανδαλισθήσεσθε, ὅτι γέγραπται· *πατάξω* *τὸν ποιμένα, καὶ* *τὰ πρόβατα* *διασκορπισθήσονται.* ➤ Zech 13,7			
a 221	**Mt 26,34**	ἔφη αὐτῷ ὁ Ἰησοῦς· ἀμὴν λέγω σοι ὅτι **ἐν ταύτῃ τῇ νυκτὶ** πρὶν ἀλέκτορα φωνῆσαι τρὶς ἀπαρνήσῃ με.	**Mk 14,30**	καὶ λέγει αὐτῷ ὁ Ἰησοῦς· ἀμὴν λέγω σοι ὅτι σὺ σήμερον **ταύτῃ τῇ νυκτὶ** πρὶν ἢ δὶς ἀλέκτορα φωνῆσαι τρίς με ἀπαρνήσῃ.	**Lk 22,34**	ὁ δὲ εἶπεν· λέγω σοι, Πέτρε, οὐ φωνήσει σήμερον ἀλέκτωρ ἕως τρίς με ἀπαρνήσῃ εἰδέναι.	→ Jn 13,38
b a 222	**Mt 26,39**	... πάτερ μου, εἰ δυνατόν ἐστιν, παρελθάτω ἀπ' ἐμοῦ **τὸ ποτήριον τοῦτο·** πλὴν οὐχ ὡς ἐγὼ θέλω ἀλλ' ὡς σύ.	**Mk 14,36**	... αββα ὁ πατήρ, πάντα δυνατά σοι· παρένεγκε **τὸ ποτήριον τοῦτο** ἀπ' ἐμοῦ· ἀλλ' οὐ τί ἐγὼ θέλω ἀλλὰ τί σύ.	**Lk 22,42** ↓ Mt 26,42	... πάτερ, εἰ βούλει παρένεγκε **τοῦτο τὸ ποτήριον** ἀπ' ἐμοῦ· πλὴν μὴ τὸ θέλημά μου ἀλλὰ τὸ σὸν γινέσθω.	→ Jn 18,11

210	Mt 26,42 → Mt 6,10 ↑ Lk 22,42	πάλιν ἐκ δευτέρου ἀπελθὼν προσηύξατο λέγων· πάτερ μου, εἰ οὐ δύναται **τοῦτο** παρελθεῖν ἐὰν μὴ αὐτὸ πίω, γενηθήτω τὸ θέλημά σου.	Mk 14,39	καὶ πάλιν ἀπελθὼν προσηύξατο τὸν αὐτὸν λόγον εἰπών.			
002	Mt 26,52	τότε λέγει αὐτῷ ὁ Ἰησοῦς· ἀπόστρεψον τὴν μάχαιράν σου εἰς τὸν τόπον αὐτῆς· ...			Lk 22,51	ἀποκριθεὶς δὲ ὁ Ἰησοῦς εἶπεν· ἐᾶτε **ἕως τούτου·** καὶ ἁψάμενος τοῦ ὠτίου ἰάσατο αὐτόν.	→ Jn 18,11
112	Mt 26,55	... καθ' ἡμέραν ἐν τῷ ἱερῷ ἐκαθεζόμην διδάσκων καὶ οὐκ ἐκρατήσατέ με.	Mk 14,49	καθ' ἡμέραν ἤμην πρὸς ὑμᾶς ἐν τῷ ἱερῷ διδάσκων καὶ οὐκ ἐκρατήσατέ με·	Lk 22,53 → Mt 26,45 → Mk 14,41	καθ' ἡμέραν ὄντος μου μεθ' ὑμῶν ἐν τῷ ἱερῷ οὐκ ἐξετείνατε τὰς χεῖρας ἐπ' ἐμέ, ἀλλ' **αὕτη** ἐστὶν ὑμῶν ἡ ὥρα καὶ ἡ ἐξουσία τοῦ σκότους.	→ Jn 14,30 → Jn 18,20
a 210	Mt 26,56	**τοῦτο δὲ ὅλον** γέγονεν ἵνα πληρωθῶσιν αἱ γραφαὶ τῶν προφητῶν. ...		ἀλλ' ἵνα πληρωθῶσιν αἱ γραφαί.			
112	Mt 26,69 → Mk 14,66	... καὶ προσῆλθεν αὐτῷ μία παιδίσκη λέγουσα· καὶ **σὺ** ἦσθα μετὰ Ἰησοῦ τοῦ Γαλιλαίου.	Mk 14,67	καὶ ἰδοῦσα τὸν Πέτρον θερμαινόμενον ἐμβλέψασα αὐτῷ λέγει· καὶ **σὺ** μετὰ τοῦ Ναζαρηνοῦ ἦσθα τοῦ Ἰησοῦ.	Lk 22,56 → Mk 14,66	ἰδοῦσα δὲ αὐτὸν παιδίσκη τις καθήμενον πρὸς τὸ φῶς καὶ ἀτενίσασα αὐτῷ εἶπεν· καὶ **οὗτος** σὺν αὐτῷ ἦν.	**→ Jn 18,17**
112	Mt 26,73	μετὰ μικρὸν δὲ προσελθόντες οἱ ἑστῶτες εἶπον τῷ Πέτρῳ· ἀληθῶς καὶ **σὺ** ἐξ αὐτῶν εἶ, καὶ γὰρ ἡ λαλιά σου δῆλόν σε ποιεῖ.	Mk 14,70	... καὶ μετὰ μικρὸν πάλιν οἱ παρεστῶτες ἔλεγον τῷ Πέτρῳ· ἀληθῶς ἐξ αὐτῶν εἶ, καὶ γὰρ Γαλιλαῖος εἶ.	Lk 22,59	καὶ διαστάσης ὡσεὶ ὥρας μιᾶς ἄλλος τις διϊσχυρίζετο λέγων· ἐπ' ἀληθείας καὶ **οὗτος** μετ' αὐτοῦ ἦν, καὶ γὰρ Γαλιλαῖός ἐστιν.	→ Jn 18,26
210 *b e* 120	Mt 26,61 → Mt 27,40	εἶπαν· **οὗτος** ἔφη· δύναμαι καταλῦσαι **τὸν ναὸν τοῦ θεοῦ** καὶ διὰ τριῶν ἡμερῶν οἰκοδομῆσαι.	Mk 14,58 → Mk 15,29	ὅτι ἡμεῖς ἠκούσαμεν αὐτοῦ λέγοντος ὅτι ἐγὼ καταλύσω **τὸν ναὸν τοῦτον** **τὸν χειροποίητον** καὶ διὰ τριῶν ἡμερῶν ἄλλον ἀχειροποίητον οἰκοδομήσω.			**→ Jn 2,19** **→ Acts 6,14** → GTh 71
220	Mt 26,62	καὶ ἀναστὰς ὁ ἀρχιερεὺς εἶπεν αὐτῷ· οὐδὲν ἀποκρίνῃ τί **οὗτοί** σου καταμαρτυροῦσιν;	Mk 14,60	καὶ ἀναστὰς ὁ ἀρχιερεὺς εἰς μέσον ἐπηρώτησεν τὸν Ἰησοῦν λέγων· οὐκ ἀποκρίνῃ οὐδέν τί **οὗτοί** σου καταμαρτυροῦσιν;			
221	Mt 26,71	... εἶδεν αὐτὸν ἄλλη καὶ λέγει τοῖς ἐκεῖ· **οὗτος** ἦν μετὰ Ἰησοῦ τοῦ Ναζωραίου.	Mk 14,69	καὶ ἡ παιδίσκη ἰδοῦσα αὐτὸν ἤρξατο πάλιν λέγειν τοῖς παρεστῶσιν ὅτι **οὗτος** ἐξ αὐτῶν ἐστιν.	Lk 22,58	καὶ μετὰ βραχὺ ἕτερος ἰδὼν αὐτὸν ἔφη· καὶ **σὺ** ἐξ αὐτῶν εἶ. ...	→ Jn 18,25

	Mt		Mk		Lk		
b c 121	**Mt 26,74**	τότε ἤρξατο καταθεματίζειν καὶ ὀμνύειν ὅτι οὐκ οἶδα **τὸν ἄνθρωπον**. ...	**Mk 14,71**	ὁ δὲ ἤρξατο ἀναθεματίζειν καὶ ὀμνύναι ὅτι οὐκ οἶδα **τὸν ἄνθρωπον τοῦτον** ὃν λέγετε.	**Lk 22,60**	εἶπεν δὲ ὁ Πέτρος· ἄνθρωπε, οὐκ οἶδα ὃ λέγεις. ...	→ Jn 18,27
112	**Mt 27,12**	καὶ ἐν τῷ κατηγορεῖσθαι αὐτὸν ὑπὸ τῶν ἀρχιερέων καὶ πρεσβυτέρων οὐδὲν ἀπεκρίνατο.	**Mk 15,3**	καὶ κατηγόρουν αὐτοῦ οἱ ἀρχιερεῖς πολλά.	**Lk 23,2** → Lk 20,20 → Lk 20,25 ⇨ Lk 23,10 ↓ **Lk 23,14**	ἤρξαντο δὲ κατηγορεῖν αὐτοῦ λέγοντες· **τοῦτον** εὕραμεν διαστρέφοντα τὸ ἔθνος ἡμῶν καὶ κωλύοντα φόρους Καίσαρι διδόναι ...	→ **Jn 19,12** → **Acts 17,7**
b 002					**Lk 23,4** ↓ **Lk 23,14** ↓ Mt 27,23 ↓ Mk 15,14 ↓ **Lk 23,22**	ὁ δὲ Πιλᾶτος εἶπεν πρὸς τοὺς ἀρχιερεῖς καὶ τοὺς ὄχλους· οὐδὲν εὑρίσκω αἴτιον **ἐν τῷ ἀνθρώπῳ** **τούτῳ**.	→ **Jn 18,38** → Acts 13,28
a 002					**Lk 23,7**	... ἀνέπεμψεν αὐτὸν πρὸς Ἡρῴδην, ὄντα καὶ αὐτὸν ἐν Ἱεροσολύμοις **ἐν ταύταις ταῖς** **ἡμέραις**.	
b 002 *b* 002					**Lk 23,14** **(2)** ↑ **Lk 23,2** ↑ **Lk 23,4** ↓ Mt 27,23 ↓ Mk 15,14 ↓ **Lk 23,22**	... προσηνέγκατέ μοι **τὸν ἄνθρωπον τοῦτον** ὡς ἀποστρέφοντα τὸν λαόν, καὶ ἰδοὺ ἐγὼ ἐνώπιον ὑμῶν ἀνακρίνας οὐθὲν εὗρον **ἐν τῷ ἀνθρώπῳ τούτῳ** αἴτιον ὧν κατηγορεῖτε κατ᾽ αὐτοῦ.	→ **Jn 18,38** → Jn 19,4 → Acts 13,28
112	**Mt 27,20**	οἱ δὲ ἀρχιερεῖς καὶ οἱ πρεσβύτεροι ἔπεισαν τοὺς ὄχλους ἵνα αἰτήσωνται τὸν Βαραββᾶν, τὸν δὲ Ἰησοῦν ἀπολέσωσιν.	**Mk 15,11**	οἱ δὲ ἀρχιερεῖς ἀνέσεισαν τὸν ὄχλον ἵνα μᾶλλον τὸν Βαραββᾶν ἀπολύσῃ αὐτοῖς.	**Lk 23,18**	ἀνέκραγον δὲ παμπληθεὶ λέγοντες· αἶρε **τοῦτον**, ἀπόλυσον δὲ ἡμῖν τὸν Βαραββᾶν·	→ **Jn 18,40** → Acts 21,36
112	**Mt 27,23**	... τί γὰρ κακὸν ἐποίησεν; ...	**Mk 15,14**	... τί γὰρ ἐποίησεν κακόν; ...	**Lk 23,22** ↑ **Lk 23,4** ↑ **Lk 23,14** → Lk 23,16	... τί γὰρ κακὸν ἐποίησεν **οὗτος;** οὐδὲν αἴτιον θανάτου εὗρον ἐν αὐτῷ· παιδεύσας οὖν αὐτὸν ἀπολύσω.	→ Jn 19,6 → Acts 13,28
b 200	**Mt 27,24**	... λαβὼν ὕδωρ ἀπενίψατο τὰς χεῖρας ἀπέναντι τοῦ ὄχλου λέγων· ἀθῷός εἰμι **ἀπὸ τοῦ αἵματος** **τούτου**· ὑμεῖς ὄψεσθε.					→ Acts 18,6 → Acts 20,26
211	**Mt 27,32**	ἐξερχόμενοι δὲ εὗρον ἄνθρωπον Κυρηναῖον ὀνόματι Σίμωνα, **τοῦτον** ἠγγάρευσαν ἵνα ἄρῃ τὸν σταυρὸν αὐτοῦ.	**Mk 15,21**	καὶ ἀγγαρεύουσιν παράγοντά τινα Σίμωνα Κυρηναῖον ἐρχόμενον ἀπ᾽ ἀγροῦ, τὸν πατέρα Ἀλεξάνδρου καὶ Ῥούφου, ἵνα ἄρῃ τὸν σταυρὸν αὐτοῦ.	**Lk 23,26**	καὶ ὡς ἀπήγαγον αὐτόν, ἐπιλαβόμενοι Σίμωνά τινα Κυρηναῖον ἐρχόμενον ἀπ᾽ ἀγροῦ ἐπέθηκαν αὐτῷ τὸν σταυρὸν φέρειν ὄπισθεν τοῦ Ἰησοῦ.	

002					Lk 23,31	ὅτι εἰ ἐν τῷ ὑγρῷ ξύλῳ **ταῦτα** ποιοῦσιν, ἐν τῷ ξηρῷ τί γένηται;	
212	Mt 27,37	καὶ ἐπέθηκαν ἐπάνω τῆς κεφαλῆς αὐτοῦ τὴν αἰτίαν αὐτοῦ γεγραμμένην· **οὗτός** ἐστιν Ἰησοῦς ὁ βασιλεὺς τῶν Ἰουδαίων.	Mk 15,26	καὶ ἦν ἡ ἐπιγραφὴ τῆς αἰτίας αὐτοῦ ἐπιγεγραμμένη· ὁ βασιλεὺς τῶν Ἰουδαίων.	Lk 23,38	ἦν δὲ καὶ ἐπιγραφὴ ἐπ᾽ αὐτῷ· ὁ βασιλεὺς τῶν Ἰουδαίων **οὗτος.**	→ Jn 19,19
112	Mt 27,42 → Mt 26,63-64 → Mt 27,40	[41] ὁμοίως καὶ οἱ ἀρχιερεῖς ἐμπαίζοντες μετὰ τῶν γραμματέων καὶ πρεσβυτέρων ἔλεγον· [42] ἄλλους ἔσωσεν, ἑαυτὸν οὐ δύναται σῶσαι· βασιλεὺς Ἰσραήλ ἐστιν, καταβάτω νῦν ἀπὸ τοῦ σταυροῦ ...	Mk 15,32 → Mk 14,61-62 → Mk 15,30	[31] ὁμοίως καὶ οἱ ἀρχιερεῖς ἐμπαίζοντες πρὸς ἀλλήλους μετὰ τῶν γραμματέων ἔλεγον· ἄλλους ἔσωσεν, ἑαυτὸν οὐ δύναται σῶσαι· [32] ὁ χριστὸς ὁ βασιλεὺς Ἰσραὴλ καταβάτω νῦν ἀπὸ τοῦ σταυροῦ, ...	Lk 23,35 → Lk 22,67 → Lk 23,37 → Lk 23,39	... ἐξεμυκτήριζον δὲ καὶ οἱ ἄρχοντες λέγοντες· ἄλλους ἔσωσεν, σωσάτω ἑαυτόν, εἰ **οὗτός** ἐστιν ὁ χριστὸς τοῦ θεοῦ ὁ ἐκλεκτός.	
212	Mt 27,37	καὶ ἐπέθηκαν ἐπάνω τῆς κεφαλῆς αὐτοῦ τὴν αἰτίαν αὐτοῦ γεγραμμένην· **οὗτός** ἐστιν Ἰησοῦς ὁ βασιλεὺς τῶν Ἰουδαίων.	Mk 15,26	καὶ ἦν ἡ ἐπιγραφὴ τῆς αἰτίας αὐτοῦ ἐπιγεγραμμένη· ὁ βασιλεὺς τῶν Ἰουδαίων.	Lk 23,38	ἦν δὲ καὶ ἐπιγραφὴ ἐπ᾽ αὐτῷ· ὁ βασιλεὺς τῶν Ἰουδαίων **οὗτος.**	→ Jn 19,19
002					Lk 23,41	καὶ ἡμεῖς μὲν δικαίως, ἄξια γὰρ ὧν ἐπράξαμεν ἀπολαμβάνομεν· **οὗτος** δὲ οὐδὲν ἄτοπον ἔπραξεν.	
f 210	Mt 27,46	περὶ δὲ τὴν ἐνάτην ὥραν ἀνεβόησεν ὁ Ἰησοῦς φωνῇ μεγάλῃ λέγων· *ηλι* *ηλι λεμα σαβαχθανι;* **τοῦτ᾽** ἔστιν· *θεέ μου θεέ μου,* *ἱνατί με ἐγκατέλιπες;* ➢ Ps 22,2	Mk 15,34	καὶ τῇ ἐνάτῃ ὥρᾳ ἐβόησεν ὁ Ἰησοῦς φωνῇ μεγάλῃ· *ελωι* *ελωι λεμα σαβαχθανι;* **ὅ** ἐστιν μεθερμηνευόμενον *ὁ θεός μου ὁ θεός μου,* *εἰς τί ἐγκατέλιπές με;* ➢ Ps 22,2			
210	Mt 27,47	τινὲς δὲ τῶν ἐκεῖ ἑστηκότων ἀκούσαντες ἔλεγον ὅτι Ἠλίαν φωνεῖ **οὗτος.**	Mk 15,35	καί τινες τῶν παρεστηκότων ἀκούσαντες ἔλεγον· ἴδε Ἠλίαν φωνεῖ.			
112	Mt 27,50	ὁ δὲ Ἰησοῦς πάλιν κράξας φωνῇ μεγάλῃ ἀφῆκεν τὸ πνεῦμα.	Mk 15,37	ὁ δὲ Ἰησοῦς ἀφεὶς φωνὴν μεγάλην ἐξέπνευσεν.	Lk 23,46	καὶ φωνήσας φωνῇ μεγάλῃ ὁ Ἰησοῦς εἶπεν· πάτερ, *εἰς χεῖράς* *σου παρατίθεμαι τὸ* *πνεῦμά μου.* **τοῦτο** δὲ εἰπὼν ἐξέπνευσεν. ➢ Ps 31,6	→ Jn 19,30 → Acts 7,59
a b 222	Mt 27,54	ὁ δὲ ἑκατόνταρχος καὶ οἱ μετ᾽ αὐτοῦ τηροῦντες τὸν Ἰησοῦν ἰδόντες τὸν σεισμὸν καὶ τὰ γενόμενα ἐφοβήθησαν σφόδρα, λέγοντες· ἀληθῶς θεοῦ υἱὸς ἦν **οὗτος.**	Mk 15,39	ἰδὼν δὲ ὁ κεντυρίων ὁ παρεστηκὼς ἐξ ἐναντίας αὐτοῦ ὅτι οὕτως ἐξέπνευσεν εἶπεν· ἀληθῶς **οὗτος ὁ ἄνθρωπος** υἱὸς θεοῦ ἦν.	Lk 23,47	ἰδὼν δὲ ὁ ἑκατοντάρχης τὸ γενόμενον ἐδόξαζεν τὸν θεὸν λέγων· ὄντως **ὁ ἄνθρωπος οὗτος** δίκαιος ἦν.	

b 002					Lk 23,48	καὶ πάντες οἱ συμπαραγενόμενοι ὄχλοι **ἐπὶ τὴν θεωρίαν ταύτην,** θεωρήσαντες τὰ γενόμενα, τύπτοντες τὰ στήθη ὑπέστρεφον.	
112	Mt 27,55 → Mt 27,61	ἦσαν δὲ ἐκεῖ γυναῖκες πολλαὶ ἀπὸ μακρόθεν θεωροῦσαι, αἵτινες ἠκολούθησαν τῷ Ἰησοῦ ἀπὸ τῆς Γαλιλαίας διακονοῦσαι αὐτῷ·	Mk 15,40 → Mk 15,47	ἦσαν δὲ καὶ γυναῖκες ἀπὸ μακρόθεν θεωροῦσαι, ... [41] αἳ ὅτε ἦν ἐν τῇ Γαλιλαίᾳ ἠκολούθουν αὐτῷ καὶ διηκόνουν αὐτῷ, ...	Lk 23,49 → Lk 8,2-3 → Lk 23,55	εἱστήκεισαν δὲ πάντες οἱ γνωστοὶ αὐτῷ ἀπὸ μακρόθεν καὶ γυναῖκες αἱ συνακολουθοῦσαι αὐτῷ ἀπὸ τῆς Γαλιλαίας ὁρῶσαι **ταῦτα.**	→ Jn 19,25
112	Mt 27,57	... ἦλθεν ἄνθρωπος πλούσιος ἀπὸ Ἁριμαθαίας, τοὔνομα Ἰωσήφ, ...	Mk 15,43	ἐλθὼν Ἰωσὴφ [ὁ] ἀπὸ Ἁριμαθαίας εὐσχήμων βουλευτής, ...	Lk 23,51	[50] καὶ ἰδοὺ ἀνὴρ ὀνόματι Ἰωσὴφ βουλευτὴς ὑπάρχων [καὶ] ἀνὴρ ἀγαθὸς καὶ δίκαιος **[51] - οὗτος** οὐκ ἦν συγκατατεθειμένος τῇ βουλῇ καὶ τῇ πράξει αὐτῶν - ἀπὸ Ἁριμαθαίας πόλεως τῶν Ἰουδαίων, ...	→ **Jn 19,38**
212	Mt 27,58	**οὗτος** προσελθὼν τῷ Πιλάτῳ ᾐτήσατο τὸ σῶμα τοῦ Ἰησοῦ. ...	Mk 15,43	... τολμήσας εἰσῆλθεν πρὸς τὸν Πιλᾶτον καὶ ᾐτήσατο τὸ σῶμα τοῦ Ἰησοῦ.	Lk 23,52	**οὗτος** προσελθὼν τῷ Πιλάτῳ ᾐτήσατο τὸ σῶμα τοῦ Ἰησοῦ	→ **Jn 19,38**
012	Mt 28,3	[2] ... ἄγγελος γὰρ κυρίου καταβὰς ἐξ οὐρανοῦ ... [3] ἦν δὲ ἡ εἰδέα αὐτοῦ ὡς ἀστραπὴ καὶ τὸ ἔνδυμα αὐτοῦ λευκὸν ὡς χιών.	Mk 16,5	καὶ εἰσελθοῦσαι εἰς τὸ μνημεῖον εἶδον νεανίσκον καθήμενον ἐν τοῖς δεξιοῖς περιβεβλημένον στολὴν λευκήν, ...	Lk 24,4 → Lk 24,23	καὶ ἐγένετο ἐν τῷ ἀπορεῖσθαι αὐτὰς **περὶ τούτου** καὶ ἰδοὺ ἄνδρες δύο ἐπέστησαν αὐταῖς ἐν ἐσθῆτι ἀστραπτούσῃ.	→ Jn 20,12
112	Mt 28,8	καὶ ἀπελθοῦσαι ταχὺ ἀπὸ τοῦ μνημείου μετὰ φόβου καὶ χαρᾶς μεγάλης ἔδραμον ἀπαγγεῖλαι τοῖς μαθηταῖς αὐτοῦ.	Mk 16,8	καὶ ἐξελθοῦσαι ἔφυγον ἀπὸ τοῦ μνημείου, εἶχεν γὰρ αὐτὰς τρόμος καὶ ἔκστασις· καὶ οὐδενὶ οὐδὲν εἶπαν· ἐφοβοῦντο γάρ.	Lk 24,9	καὶ ὑποστρέψασαι ἀπὸ τοῦ μνημείου ἀπήγγειλαν **ταῦτα πάντα** τοῖς ἕνδεκα καὶ πᾶσιν τοῖς λοιποῖς.	→ Jn 20,2 → **Jn 20,18**
002	Mt 28,1 → Mt 27,56 → Mt 27,61	... ἦλθεν Μαριὰμ ἡ Μαγδαληνὴ καὶ ἡ ἄλλη Μαρία θεωρῆσαι τὸν τάφον.	Mk 16,1 ↑ Mk 15,40 → Mk 15,47	... Μαρία ἡ Μαγδαληνὴ καὶ Μαρία ἡ [τοῦ] Ἰακώβου καὶ Σαλώμη ἠγόρασαν ἀρώματα ...	Lk 24,10 → Lk 24,1 → Lk 8,2-3	ἦσαν δὲ ἡ Μαγδαληνὴ Μαρία καὶ Ἰωάννα καὶ Μαρία ἡ Ἰακώβου καὶ αἱ λοιπαὶ σὺν αὐταῖς. ἔλεγον πρὸς τοὺς ἀποστόλους **ταῦτα,**	→ **Jn 20,18**
b 002					Lk 24,11	καὶ ἐφάνησαν ἐνώπιον αὐτῶν ὡσεὶ λῆρος **τὰ ῥήματα ταῦτα,** καὶ ἠπίστουν αὐταῖς.	
200	Mt 28,14	καὶ ἐὰν ἀκουσθῇ **τοῦτο** ἐπὶ τοῦ ἡγεμόνος, ἡμεῖς πείσομεν [αὐτὸν] καὶ ὑμᾶς ἀμερίμνους ποιήσομεν.					

	Mt	Mk	Lk	
b 200	**Mt 28,15** οἱ δὲ λαβόντες τὰ ἀργύρια ἐποίησαν ὡς ἐδιδάχθησαν. καὶ διεφημίσθη **ὁ λόγος οὗτος** παρὰ Ἰουδαίοις μέχρι τῆς σήμερον [ἡμέρας].			
b 002			**Lk 24,14** καὶ αὐτοὶ ὡμίλουν πρὸς ἀλλήλους **περὶ πάντων τῶν συμβεβηκότων τούτων.**	
b c 002			**Lk 24,17** εἶπεν δὲ πρὸς αὐτούς· τίνες **οἱ λόγοι οὗτοι** οὓς ἀντιβάλλετε πρὸς ἀλλήλους περιπατοῦντες; ...	
b 002			**Lk 24,18** ... σὺ μόνος παροικεῖς Ἰερουσαλὴμ καὶ οὐκ ἔγνως τὰ γενόμενα ἐν αὐτῇ **ἐν ταῖς ἡμέραις ταύταις;**	
002 *a* 002 002			**Lk 24,21** (3) ἡμεῖς δὲ ἠλπίζομεν ὅτι αὐτός ἐστιν ὁ μέλλων λυτροῦσθαι τὸν Ἰσραήλ· ἀλλά γε καὶ **σὺν πᾶσιν τούτοις** **τρίτην ταύτην ἡμέραν** ἄγει ἀφ' οὗ **ταῦτα** ἐγένετο.	
002	→ Mt 16,21 ↑ Mt 17,22 → Mt 20,18-19	→ Mk 8,31 ↑ Mk 9,31 → Mk 10,33-34	**Lk 24,26** → Lk 9,22 ↑ **Lk 9,44** ↑ **Lk 17,25** → Lk 18,31-33 → Lk 24,7 → Lk 24,46 οὐχὶ **ταῦτα** ἔδει παθεῖν τὸν χριστὸν καὶ εἰσελθεῖν εἰς τὴν δόξαν αὐτοῦ;	→ Acts 14,22
002			**Lk 24,36** **ταῦτα** δὲ αὐτῶν λαλούντων αὐτὸς ἔστη ἐν μέσῳ αὐτῶν καὶ λέγει αὐτοῖς· εἰρήνη ὑμῖν.	→ Jn 20,19
002			**Lk 24,40** καὶ **τοῦτο** εἰπὼν ἔδειξεν αὐτοῖς τὰς χεῖρας καὶ τοὺς πόδας.	→ **Jn 20,20** → Jn 20,27
a c 002			**Lk 24,44** εἶπεν δὲ πρὸς αὐτούς· **οὗτοι οἱ λόγοι μου** οὓς ἐλάλησα πρὸς ὑμᾶς ἔτι ὢν σὺν ὑμῖν, ...	
002			**Lk 24,48** [47] καὶ κηρυχθῆναι ἐπὶ τῷ ὀνόματι αὐτοῦ μετάνοιαν εἰς ἄφεσιν ἁμαρτιῶν εἰς πάντα τὰ ἔθνη. ἀρξάμενοι ἀπὸ Ἰερουσαλήμ· [48] ὑμεῖς μάρτυρες **τούτων.**	

a οὗτος as adjective coming before a substantive
b οὗτος as adjective following a substantive
c οὗτος ..., ὃς / ὃς ..., οὗτος / ὅστις ..., οὗτος
d ὁ and participle ..., οὗτος
e οὗτος and ἄλλος / ἐκεῖνος / ἕτερος / ὁ μέλλων
f τοῦτ' ἔστιν
g διὰ τοῦτο
h ἕνεκα τούτου, ἕνεκεν τούτου
j μετὰ (...) ταῦτα (Luke/Acts only)
k ἐν τούτῳ

a **Acts 1,5** → Mt 3,11 → Mk 1,8 → Lk 3,16 → Acts 11,16
ὅτι Ἰωάννης μὲν ἐβάπτισεν ὕδατι, ὑμεῖς δὲ ἐν πνεύματι βαπτισθήσεσθε ἁγίῳ
οὐ μετὰ πολλὰς ταύτας ἡμέρας.

b **Acts 1,6**
οἱ μὲν οὖν συνελθόντες ἠρώτων αὐτὸν λέγοντες· κύριε, εἰ
ἐν τῷ χρόνῳ τούτῳ
ἀποκαθιστάνεις τὴν βασιλείαν τῷ Ἰσραήλ;

Acts 1,9 → Lk 9,51 → Lk 24,51
καὶ
ταῦτα
εἰπὼν βλεπόντων αὐτῶν ἐπήρθη καὶ νεφέλη ὑπέλαβεν αὐτὸν ἀπὸ τῶν ὀφθαλμῶν αὐτῶν.

a **Acts 1,11** → Lk 9,51 → Lk 24,51
... **οὗτος ὁ Ἰησοῦς**
ὁ ἀναλημφθεὶς ἀφ' ὑμῶν εἰς τὸν οὐρανὸν οὕτως ἐλεύσεται ...

Acts 1,14 → Lk 8,2-3 → Lk 24,53
οὗτοι πάντες
ἦσαν προσκαρτεροῦντες ὁμοθυμαδὸν τῇ προσευχῇ σὺν γυναιξὶν καὶ Μαριὰμ τῇ μητρὶ τοῦ Ἰησοῦ καὶ τοῖς ἀδελφοῖς αὐτοῦ.

b **Acts 1,15**
καὶ
ἐν ταῖς ἡμέραις ταύταις
ἀναστὰς Πέτρος ἐν μέσῳ τῶν ἀδελφῶν ...

b **Acts 1,17**
ὅτι κατηριθμημένος ἦν ἐν ἡμῖν καὶ ἔλαχεν
τὸν κλῆρον τῆς διακονίας ταύτης.

Acts 1,18 → Mt 27,7
οὗτος
μὲν οὖν ἐκτήσατο χωρίον ἐκ μισθοῦ τῆς ἀδικίας ...

f **Acts 1,19** → Mt 27,8
... ὥστε κληθῆναι τὸ χωρίον ἐκεῖνο τῇ ἰδίᾳ διαλέκτῳ αὐτῶν Ἁκελδαμάχ,
τοῦτ'
ἔστιν χωρίον αἵματος.

Acts 1,22
... μάρτυρα τῆς ἀναστάσεως αὐτοῦ σὺν ἡμῖν γενέσθαι
ἕνα τούτων.

a **Acts 1,24**
... σὺ κύριε καρδιογνῶστα πάντων, ἀνάδειξον ὃν ἐξελέξω
ἐκ τούτων τῶν δύο
ἕνα

b c **Acts 1,25**
λαβεῖν
τὸν τόπον τῆς διακονίας ταύτης καὶ ἀποστολῆς
ἀφ' ἧς παρέβη Ἰούδας πορευθῆναι εἰς τὸν τόπον τὸν ἴδιον.

b **Acts 2,6**
γενομένης δὲ
τῆς φωνῆς ταύτης
συνῆλθεν τὸ πλῆθος ...

Acts 2,7
ἐξίσταντο δὲ καὶ ἐθαύμαζον λέγοντες· οὐχ ἰδοὺ
ἅπαντες οὗτοί
εἰσιν οἱ λαλοῦντες Γαλιλαῖοι;

Acts 2,12
ἐξίσταντο δὲ πάντες καὶ διηπόρουν, ἄλλος πρὸς ἄλλον λέγοντες· τί θέλει
τοῦτο
εἶναι;

Acts 2,14
... ἄνδρες Ἰουδαῖοι καὶ οἱ κατοικοῦντες Ἰερουσαλὴμ πάντες,
τοῦτο
ὑμῖν γνωστὸν ἔστω καὶ ἐνωτίσασθε τὰ ῥήματά μου.

Acts 2,15
οὐ γὰρ ὡς ὑμεῖς ὑπολαμβάνετε
οὗτοι
μεθύουσιν, ἔστιν γὰρ ὥρα τρίτη τῆς ἡμέρας,

Acts 2,16
ἀλλὰ
τοῦτό
ἐστιν τὸ εἰρημένον διὰ τοῦ προφήτου Ἰωήλ·

b **Acts 2,22**
ἄνδρες Ἰσραηλῖται, ἀκούσατε
τοὺς λόγους τούτους· ...

c **Acts 2,23**
τοῦτον
τῇ ὡρισμένῃ βουλῇ καὶ προγνώσει τοῦ θεοῦ ἔκδοτον διὰ χειρὸς ἀνόμων προσπήξαντες ἀνείλατε, [24] ὃν ὁ θεὸς ἀνέστησεν ...

g **Acts 2,26**
διὰ τοῦτο
ηὐφράνθη ἡ καρδία μου καὶ ἠγαλλιάσατο ἡ γλῶσσά μου, ...
➤ Ps 15,9 LXX

b **Acts 2,29**
... καὶ ἐτελεύτησεν καὶ ἐτάφη, καὶ τὸ μνῆμα αὐτοῦ ἔστιν ἐν ἡμῖν
ἄχρι τῆς ἡμέρας ταύτης.

a **Acts 2,32**
τοῦτον τὸν Ἰησοῦν
ἀνέστησεν ὁ θεός, οὗ πάντες ἡμεῖς ἐσμεν μάρτυρες·

c **Acts 2,33** → Lk 24,49 → Acts 1,8
τῇ δεξιᾷ οὖν τοῦ θεοῦ ὑψωθείς, τήν τε ἐπαγγελίαν τοῦ πνεύματος τοῦ ἁγίου λαβὼν παρὰ τοῦ πατρός, ἐξέχεεν
τοῦτο
ὃ ὑμεῖς [καὶ] βλέπετε καὶ ἀκούετε.

a c **Acts 2,36**
ἀσφαλῶς οὖν γινωσκέτω πᾶς οἶκος Ἰσραὴλ ὅτι καὶ κύριον αὐτὸν καὶ χριστὸν ἐποίησεν ὁ θεός,
τοῦτον τὸν Ἰησοῦν
ὃν ὑμεῖς ἐσταυρώσατε.

b **Acts 2,40**
ἑτέροις τε λόγοις πλείοσιν διεμαρτύρατο καὶ παρεκάλει αὐτοὺς λέγων· σώθητε
ἀπὸ τῆς γενεᾶς τῆς σκολιᾶς ταύτης.

c **Acts 3,6**
... ἀργύριον καὶ χρυσίον οὐχ ὑπάρχει μοι, ὃ δὲ ἔχω
τοῦτό
σοι δίδωμι· ἐν τῷ ὀνόματι Ἰησοῦ Χριστοῦ τοῦ Ναζωραίου [ἔγειρε καὶ] περιπάτει.

Acts 3,12
... ἄνδρες Ἰσραηλῖται, τί θαυμάζετε
ἐπὶ τούτῳ
ἢ ἡμῖν τί ἀτενίζετε ...

c **Acts 3,16 (2)**
καὶ ἐπὶ τῇ πίστει τοῦ ὀνόματος αὐτοῦ
τοῦτον
ὃν θεωρεῖτε καὶ οἴδατε, ἐστερέωσεν τὸ ὄνομα αὐτοῦ,
b καὶ ἡ πίστις ἡ δι' αὐτοῦ ἔδωκεν αὐτῷ
τὴν ὁλοκληρίαν ταύτην
ἀπέναντι πάντων ὑμῶν.

b **Acts 3,24**
καὶ πάντες δὲ οἱ προφῆται ἀπὸ Σαμουὴλ καὶ τῶν καθεξῆς ὅσοι ἐλάλησαν καὶ κατήγγειλαν
τὰς ἡμέρας ταύτας.

Acts 4,7
καὶ στήσαντες αὐτοὺς ἐν τῷ μέσῳ ἐπυνθάνοντο· ἐν ποίᾳ δυνάμει ἢ ἐν ποίῳ ὀνόματι ἐποιήσατε
τοῦτο
ὑμεῖς;

Acts 4,9 εἰ ἡμεῖς σήμερον ἀνακρινόμεθα ἐπὶ εὐεργεσίᾳ ἀνθρώπου ἀσθενοῦς ἐν τίνι
οὗτος
σέσωται,

c **Acts 4,10 (2)** ... ἐν τῷ ὀνόματι Ἰησοῦ Χριστοῦ τοῦ Ναζωραίου ὃν ὑμεῖς ἐσταυρώσατε, ὃν ὁ θεὸς ἤγειρεν ἐκ νεκρῶν,
ἐν τούτῳ
οὗτος
παρέστηκεν ἐνώπιον ὑμῶν ὑγιής.

Acts 4,11 → Mt 21,42 → Mk 12,10 → Lk 20,17
οὗτός
ἐστιν ὁ λίθος, ὁ ἐξουθενηθεὶς ὑφ' ὑμῶν τῶν οἰκοδόμων, ὁ γενόμενος εἰς κεφαλὴν γωνίας.
➢ Ps 118,22

b **Acts 4,16** ... τί ποιήσωμεν
τοῖς ἀνθρώποις τούτοις;
ὅτι μὲν γὰρ γνωστὸν σημεῖον γέγονεν δι' αὐτῶν ...

b **Acts 4,17** ἀλλ' ἵνα μὴ ἐπὶ πλεῖον διανεμηθῇ εἰς τὸν λαόν ἀπειλησώμεθα αὐτοῖς μηκέτι λαλεῖν
ἐπὶ τῷ ὀνόματι τούτῳ
μηδενὶ ἀνθρώπων.

b **Acts 4,22** ἐτῶν γὰρ ἦν πλειόνων τεσσεράκοντα ὁ ἄνθρωπος ἐφ' ὃν γεγόνει
τὸ σημεῖον τοῦτο τῆς ἰάσεως.

b **Acts 4,27** → Lk 4,18 συνήχθησαν γὰρ ἐπ' ἀληθείας
ἐν τῇ πόλει ταύτῃ
ἐπὶ τὸν ἅγιον παῖδά σου Ἰησοῦν ὃν ἔχρισας, Ἡρῴδης τε καὶ Πόντιος Πιλᾶτος σὺν ἔθνεσιν καὶ λαοῖς Ἰσραήλ

b **Acts 5,4** ... τί ὅτι ἔθου ἐν τῇ καρδίᾳ σου
τὸ πρᾶγμα τοῦτο;
οὐκ ἐψεύσω ἀνθρώποις ἀλλὰ τῷ θεῷ.

b **Acts 5,5** ἀκούων δὲ ὁ Ἁνανίας
τοὺς λόγους τούτους
πεσὼν ἐξέψυξεν, καὶ ἐγένετο φόβος μέγας ἐπὶ πάντας τοὺς ἀκούοντας.

Acts 5,11 καὶ ἐγένετο φόβος μέγας ἐφ' ὅλην τὴν ἐκκλησίαν καὶ ἐπὶ πάντας τοὺς ἀκούοντας
ταῦτα.

b **Acts 5,20** πορεύεσθε καὶ σταθέντες λαλεῖτε ἐν τῷ ἱερῷ τῷ λαῷ
πάντα τὰ ῥήματα τῆς ζωῆς ταύτης.

b **Acts 5,24 (2)** ὡς δὲ ἤκουσαν
τοὺς λόγους τούτους
ὅ τε στρατηγὸς τοῦ ἱεροῦ καὶ οἱ ἀρχιερεῖς, διηπόρουν περὶ αὐτῶν τί ἂν γένοιτο
τοῦτο.

b **Acts 5,28 (2)** ... [οὐ] παραγγελίᾳ παρηγγείλαμεν ὑμῖν μὴ διδάσκειν
ἐπὶ τῷ ὀνόματι τούτῳ,
καὶ ἰδοὺ πεπληρώκατε τὴν Ἰερουσαλὴμ τῆς διδαχῆς ὑμῶν

b → Mt 27,25 καὶ βούλεσθε ἐπαγαγεῖν ἐφ' ἡμᾶς
τὸ αἷμα τοῦ ἀνθρώπου τούτου.

Acts 5,31
τοῦτον
ὁ θεὸς ἀρχηγὸν καὶ σωτῆρα ὕψωσεν τῇ δεξιᾷ αὐτοῦ ...

b **Acts 5,32** καὶ ἡμεῖς ἐσμεν
μάρτυρες τῶν ῥημάτων τούτων
καὶ τὸ πνεῦμα τὸ ἅγιον ὃ ἔδωκεν ὁ θεὸς τοῖς πειθαρχοῦσιν αὐτῷ.

b **Acts 5,35** ... ἄνδρες Ἰσραηλῖται, προσέχετε ἑαυτοῖς
ἐπὶ τοῖς ἀνθρώποις τούτοις
τί μέλλετε πράσσειν.

a **Acts 5,36**
πρὸ γὰρ τούτων τῶν ἡμερῶν
ἀνέστη Θευδᾶς λέγων εἶναί τινα ἑαυτόν, ...

e **Acts 5,37**
μετὰ τοῦτον
ἀνέστη Ἰούδας ὁ Γαλιλαῖος ἐν ταῖς ἡμέραις τῆς ἀπογραφῆς καὶ ἀπέστησεν λαὸν ὀπίσω αὐτοῦ· κἀκεῖνος ἀπώλετο καὶ πάντες ὅσοι ἐπείθοντο αὐτῷ διεσκορπίσθησαν.

b **Acts 5,38 (3)** καὶ τὰ νῦν λέγω ὑμῖν, ἀπόστητε
ἀπὸ τῶν ἀνθρώπων τούτων
καὶ ἄφετε αὐτούς·

b ὅτι ἐὰν ᾖ ἐξ ἀνθρώπων
ἡ βουλὴ αὕτη
ἢ

b
τὸ ἔργον τοῦτο,
καταλυθήσεται

b **Acts 6,1**
ἐν δὲ ταῖς ἡμέραις ταύταις
πληθυνόντων τῶν μαθητῶν ἐγένετο γογγυσμὸς τῶν Ἑλληνιστῶν πρὸς τοὺς Ἑβραίους, ...

b **Acts 6,3** ἐπισκέψασθε δέ, ἀδελφοί, ἄνδρας ἐξ ὑμῶν μαρτυρουμένους ἑπτά, πλήρεις πνεύματος καὶ σοφίας, οὓς καταστήσομεν
ἐπὶ τῆς χρείας ταύτης

b **Acts 6,13 (2)** ἔστησάν τε μάρτυρας ψευδεῖς λέγοντας·
ὁ ἄνθρωπος οὗτος
οὐ παύεται λαλῶν ῥήματα

b
κατὰ τοῦ τόπου τοῦ ἁγίου [τούτου] καὶ τοῦ νόμου·

b **Acts 6,14 (2)** → Mt 26,61 → Mk 14,58 → Mt 27,40 → Mk 15,29 ἀκηκόαμεν γὰρ αὐτοῦ λέγοντος ὅτι
Ἰησοῦς ὁ Ναζωραῖος οὗτος
καταλύσει

b
τὸν τόπον τοῦτον
καὶ ἀλλάξει τὰ ἔθη ἃ παρέδωκεν ἡμῖν Μωϋσῆς.

Acts 7,1 εἶπεν δὲ ὁ ἀρχιερεύς· εἰ
ταῦτα
οὕτως ἔχει;

b *c* **Acts 7,4** ... κἀκεῖθεν μετὰ τὸ ἀποθανεῖν τὸν πατέρα αὐτοῦ μετῴκισεν αὐτὸν
εἰς τὴν γῆν ταύτην
εἰς ἣν ὑμεῖς νῦν κατοικεῖτε

j **Acts 7,7 (2)** *καὶ τὸ ἔθνος ᾧ ἐὰν δουλεύσουσιν κρινῶ ἐγώ,* ὁ θεὸς εἶπεν, *καὶ*
μετὰ ταῦτα
ἐξελεύσονται καὶ λατρεύσουσίν μοι

b
ἐν τῷ τόπῳ τούτῳ.
➢ Gen 15,14

Acts 7,19
οὗτος
κατασοφισάμενος τὸ γένος ἡμῶν ἐκάκωσεν τοὺς πατέρας [ἡμῶν] τοῦ ποιεῖν τὰ βρέφη ἔκθετα αὐτῶν εἰς τὸ μὴ ζῳογονεῖσθαι.

b **Acts 7,29** ἔφυγεν δὲ Μωϋσῆς
ἐν τῷ λόγῳ τούτῳ
καὶ ἐγένετο πάροικος ἐν γῇ Μαδιάμ, οὗ ἐγέννησεν υἱοὺς δύο.

a **Acts 7,35** (2) *c* τοῦτον τὸν Μωϋσῆν
ὃν ἠρνήσαντο εἰπόντες·
τίς σε κατέστησεν ἄρχοντα καὶ δικαστήν;
c τοῦτον
ὁ θεὸς [καὶ] ἄρχοντα καὶ λυτρωτὴν ἀπέσταλκεν σὺν χειρὶ ἀγγέλου τοῦ ὀφθέντος αὐτῷ ἐν τῇ βάτῳ.
➤ Exod 2,14

Acts 7,36 οὗτος
ἐξήγαγεν αὐτοὺς ποιήσας τέρατα καὶ σημεῖα ἐν γῇ Αἰγύπτῳ καὶ ἐν ἐρυθρᾷ θαλάσσῃ καὶ ἐν τῇ ἐρήμῳ ἔτη τεσσεράκοντα.

Acts 7,37 οὗτός
ἐστιν ὁ Μωϋσῆς ὁ εἴπας τοῖς υἱοῖς Ἰσραήλ·
προφήτην ὑμῖν ἀναστήσει ὁ θεὸς ἐκ τῶν ἀδελφῶν ὑμῶν ὡς ἐμέ.
➤ Deut 18,15

c **Acts 7,38** οὗτός
ἐστιν ὁ γενόμενος ἐν τῇ ἐκκλησίᾳ ἐν τῇ ἐρήμῳ μετὰ τοῦ ἀγγέλου τοῦ λαλοῦντος αὐτῷ ἐν τῷ ὄρει Σινᾶ καὶ τῶν πατέρων ἡμῶν, ὃς ἐδέξατο λόγια ζῶντα δοῦναι ἡμῖν

b *c* **Acts 7,40** εἰπόντες τῷ Ἀαρών·
ποίησον ἡμῖν θεοὺς οἳ προπορεύσονται ἡμῶν·
ὁ γὰρ Μωϋσῆς οὗτος,
ὃς ἐξήγαγεν ἡμᾶς ἐκ γῆς Αἰγύπτου, οὐκ οἴδαμεν τί ἐγένετο αὐτῷ.
➤ Exod 32,1.23

Acts 7,50 οὐχὶ *ἡ χείρ μου ἐποίησεν*
ταῦτα πάντα;
➤ Isa 66,2

Acts 7,54 ἀκούοντες δὲ
ταῦτα
διεπρίοντο ταῖς καρδίαις αὐτῶν καὶ ἔβρυχον τοὺς ὀδόντας ἐπ' αὐτόν.

a **Acts 7,60** (2) [[→ Lk 23,34a]] θεὶς δὲ τὰ γόνατα ἔκραξεν φωνῇ μεγάλῃ· κύριε, μὴ στήσῃς αὐτοῖς
ταύτην τὴν ἁμαρτίαν.
καὶ
τοῦτο
εἰπὼν ἐκοιμήθη.

Acts 8,10 ᾧ προσεῖχον πάντες ἀπὸ μικροῦ ἕως μεγάλου λέγοντες·
οὗτός
ἐστιν ἡ δύναμις τοῦ θεοῦ ἡ καλουμένη μεγάλη.

b **Acts 8,19** ... δότε κἀμοὶ
τὴν ἐξουσίαν ταύτην
ἵνα ᾧ ἐὰν ἐπιθῶ τὰς χεῖρας λαμβάνῃ πνεῦμα ἅγιον.

b **Acts 8,21** οὐκ ἔστιν σοι μερὶς οὐδὲ κλῆρος
ἐν τῷ λόγῳ τούτῳ,
ἡ γὰρ καρδία σου οὐκ ἔστιν εὐθεῖα ἔναντι τοῦ θεοῦ.

b **Acts 8,22** μετανόησον οὖν
ἀπὸ τῆς κακίας σου ταύτης
καὶ δεήθητι τοῦ κυρίου, εἰ ἄρα ἀφεθήσεταί σοι ἡ ἐπίνοια τῆς καρδίας σου

Acts 8,26 ... ἐπὶ τὴν ὁδὸν τὴν καταβαίνουσαν ἀπὸ Ἰερουσαλὴμ εἰς Γάζαν,
αὕτη
ἐστὶν ἔρημος.

b **Acts 8,29** εἶπεν δὲ τὸ πνεῦμα τῷ Φιλίππῳ· πρόσελθε καὶ κολλήθητι
τῷ ἅρματι τούτῳ.

c **Acts 8,32** ἡ δὲ περιοχὴ τῆς γραφῆς ἣν ἀνεγίνωσκεν ἦν
αὕτη·
ὡς πρόβατον ἐπὶ σφαγὴν ἤχθη καὶ ὡς ἀμνὸς ἐναντίον τοῦ κείραντος αὐτὸν ἄφωνος, οὕτως οὐκ ἀνοίγει τὸ στόμα αὐτοῦ.
➤ Isa 53,7

Acts 8,34 ... δέομαί σου, περὶ τίνος ὁ προφήτης λέγει
τοῦτο;
περὶ ἑαυτοῦ ἢ περὶ ἑτέρου τινός;

b **Acts 8,35** ἀνοίξας δὲ ὁ Φίλιππος τὸ στόμα αὐτοῦ καὶ ἀρξάμενος
ἀπὸ τῆς γραφῆς ταύτης
εὐηγγελίσατο αὐτῷ τὸν Ἰησοῦν.

b **Acts 9,13** ... κύριε, ἤκουσα ἀπὸ πολλῶν
περὶ τοῦ ἀνδρὸς τούτου
ὅσα κακὰ τοῖς ἁγίοις σου ἐποίησεν ἐν Ἰερουσαλήμ·

Acts 9,15 ... πορεύου, ὅτι σκεῦος ἐκλογῆς ἐστίν μοι
οὗτος
τοῦ βαστάσαι τὸ ὄνομά μου ἐνώπιον ἐθνῶν τε καὶ βασιλέων υἱῶν τε Ἰσραήλ·

Acts 9,20 καὶ εὐθέως ἐν ταῖς συναγωγαῖς ἐκήρυσσεν τὸν Ἰησοῦν ὅτι
οὗτός
ἐστιν ὁ υἱὸς τοῦ θεοῦ.

Acts 9,21 (3) ... οὐχ
οὗτός
ἐστιν ὁ πορθήσας εἰς Ἰερουσαλὴμ τοὺς ἐπικαλουμένους
b τὸ ὄνομα τοῦτο,
καὶ ὧδε
εἰς τοῦτο
ἐληλύθει ἵνα δεδεμένους αὐτοὺς ἀγάγῃ ἐπὶ τοὺς ἀρχιερεῖς;

Acts 9,22 Σαῦλος δὲ μᾶλλον ἐνεδυναμοῦτο καὶ συνέχυννεν [τοὺς] Ἰουδαίους τοὺς κατοικοῦντας ἐν Δαμασκῷ συμβιβάζων ὅτι
οὗτός
ἐστιν ὁ χριστός.

Acts 9,36 ... Ταβιθά, ἣ διερμηνευομένη λέγεται Δορκάς·
αὕτη
ἦν πλήρης ἔργων ἀγαθῶν καὶ ἐλεημοσυνῶν ὧν ἐποίει.

Acts 10,6 οὗτος
ξενίζεται παρά τινι Σίμωνι βυρσεῖ, ᾧ ἐστιν οἰκία παρὰ θάλασσαν.

Acts 10,16 τοῦτο
δὲ ἐγένετο ἐπὶ τρὶς καὶ εὐθὺς ἀνελήμφθη τὸ σκεῦος εἰς τὸν οὐρανόν.

a **Acts 10,30** καὶ ὁ Κορνήλιος ἔφη· ἀπὸ τετάρτης ἡμέρας
μέχρι ταύτης τῆς ὥρας
ἤμην τὴν ἐνάτην προσευχόμενος ἐν τῷ οἴκῳ μου, ...

Acts 10,32 πέμψον οὖν εἰς Ἰόππην καὶ μετακάλεσαι Σίμωνα ὃς ἐπικαλεῖται Πέτρος,
οὗτος
ξενίζεται ἐν οἰκίᾳ Σίμωνος βυρσέως παρὰ θάλασσαν.

Acts 10,36 τὸν λόγον [ὃν] ἀπέστειλεν τοῖς υἱοῖς Ἰσραὴλ εὐαγγελιζόμενος εἰρήνην διὰ Ἰησοῦ Χριστοῦ,
οὗτός
ἐστιν πάντων κύριος

Acts 10,40 τοῦτον
ὁ θεὸς ἤγειρεν [ἐν] τῇ τρίτῃ ἡμέρᾳ καὶ ἔδωκεν αὐτὸν ἐμφανῆ γενέσθαι

Acts 10,42 καὶ παρήγγειλεν ἡμῖν κηρύξαι τῷ λαῷ καὶ διαμαρτύρασθαι ὅτι
οὗτός
ἐστιν ὁ ὡρισμένος ὑπὸ τοῦ θεοῦ κριτὴς ζώντων καὶ νεκρῶν.

Acts 10,43 **τούτῳ**
πάντες οἱ προφῆται μαρτυροῦσιν ἄφεσιν ἁμαρτιῶν λαβεῖν διὰ τοῦ ὀνόματος αὐτοῦ πάντα τὸν πιστεύοντα εἰς αὐτόν.

b Acts 10,44 ἔτι λαλοῦντος τοῦ Πέτρου
τὰ ῥήματα ταῦτα
ἐπέπεσεν τὸ πνεῦμα τὸ ἅγιον ἐπὶ πάντας τοὺς ἀκούοντας τὸν λόγον.

Acts 10,47 μήτι τὸ ὕδωρ δύναται κωλῦσαί τις τοῦ μὴ βαπτισθῆναι
τούτους,
οἵτινες τὸ πνεῦμα τὸ ἅγιον ἔλαβον ὡς καὶ ἡμεῖς;

Acts 11,10 **τοῦτο**
δὲ ἐγένετο ἐπὶ τρίς, καὶ ἀνεσπάσθη πάλιν ἅπαντα εἰς τὸν οὐρανόν.

b Acts 11,12 ... ἦλθον δὲ σὺν ἐμοὶ καὶ
οἱ ἓξ ἀδελφοὶ οὗτοι
καὶ εἰσήλθομεν εἰς τὸν οἶκον τοῦ ἀνδρός.

Acts 11,18 ἀκούσαντες δὲ
ταῦτα
ἡσύχασαν καὶ ἐδόξασαν τὸν θεὸν ...

a Acts 11,27 **ἐν ταύταις δὲ ταῖς ἡμέραις**
κατῆλθον ἀπὸ Ἱεροσολύμων προφῆται εἰς Ἀντιόχειαν.

Acts 12,17 ... ἀπαγγείλατε Ἰακώβῳ καὶ τοῖς ἀδελφοῖς
ταῦτα.
καὶ ἐξελθὼν ἐπορεύθη εἰς ἕτερον τόπον.

Acts 13,7 ὃς ἦν σὺν τῷ ἀνθυπάτῳ Σεργίῳ Παύλῳ, ἀνδρὶ συνετῷ.
οὗτος
προσκαλεσάμενος Βαρναβᾶν καὶ Σαῦλον ἐπεζήτησεν ἀκοῦσαι τὸν λόγον τοῦ θεοῦ.

b Acts 13,17 **ὁ θεὸς τοῦ λαοῦ τούτου Ἰσραὴλ**
ἐξελέξατο τοὺς πατέρας ἡμῶν ...

j Acts 13,20 ὡς ἔτεσιν τετρακοσίοις καὶ πεντήκοντα. καὶ
μετὰ ταῦτα
ἔδωκεν κριτὰς ἕως Σαμουὴλ [τοῦ] προφήτου.

Acts 13,23 [22] ... εὗρον Δαυὶδ ... ἄνδρα κατὰ τὴν καρδίαν μου, ...
[23] **τούτου ὁ θεὸς ἀπὸ τοῦ σπέρματος**
κατ᾽ ἐπαγγελίαν ἤγαγεν τῷ Ἰσραὴλ σωτῆρα Ἰησοῦν

b Acts 13,26 ἄνδρες ἀδελφοί, υἱοὶ γένους Ἀβραὰμ καὶ οἱ ἐν ὑμῖν φοβούμενοι τὸν θεόν, ἡμῖν
ὁ λόγος τῆς σωτηρίας ταύτης
ἐξαπεστάλη.

Acts 13,27 οἱ γὰρ κατοικοῦντες ἐν Ἰερουσαλὴμ καὶ οἱ ἄρχοντες αὐτῶν
τοῦτον
ἀγνοήσαντες ...

Acts 13,33 [32] καὶ ἡμεῖς ὑμᾶς εὐαγγελιζόμεθα τὴν πρὸς τοὺς πατέρας ἐπαγγελίαν γενομένην, [33] ὅτι
ταύτην
ὁ θεὸς ἐκπεπλήρωκεν τοῖς τέκνοις [αὐτῶν] ἡμῖν ἀναστήσας Ἰησοῦν ...

Acts 13,38 γνωστὸν οὖν ἔστω ὑμῖν, ἄνδρες ἀδελφοί, ὅτι
διὰ τούτου
ὑμῖν ἄφεσις ἁμαρτιῶν καταγγέλλεται, ...

k Acts 13,39 **ἐν τούτῳ**
πᾶς ὁ πιστεύων δικαιοῦται.

b Acts 13,42 ἐξιόντων δὲ αὐτῶν παρεκάλουν εἰς τὸ μεταξὺ σάββατον λαληθῆναι αὐτοῖς
τὰ ῥήματα ταῦτα.

Acts 14,9 **οὗτος**
ἤκουσεν τοῦ Παύλου λαλοῦντος· ὃς ἀτενίσας αὐτῷ καὶ ἰδὼν ὅτι ἔχει πίστιν τοῦ σωθῆναι

Acts 14,15 (2) καὶ λέγοντες· ἄνδρες, τί
ταῦτα
ποιεῖτε;
a καὶ ἡμεῖς ὁμοιοπαθεῖς ἐσμεν ὑμῖν ἄνθρωποι εὐαγγελιζόμενοι ὑμᾶς
ἀπὸ τούτων τῶν ματαίων
ἐπιστρέφειν ἐπὶ θεὸν ζῶντα, ...

Acts 14,18 καὶ
ταῦτα
λέγοντες μόλις κατέπαυσαν τοὺς ὄχλους τοῦ μὴ θύειν αὐτοῖς.

b Acts 15,2 ... ἔταξαν ἀναβαίνειν Παῦλον καὶ Βαρναβᾶν καί τινας ἄλλους ἐξ αὐτῶν πρὸς τοὺς ἀποστόλους καὶ πρεσβυτέρους εἰς Ἰερουσαλὴμ
περὶ τοῦ ζητήματος τούτου.

b Acts 15,6 συνήχθησάν τε οἱ ἀπόστολοι καὶ οἱ πρεσβύτεροι ἰδεῖν
περὶ τοῦ λόγου τούτου.

Acts 15,15 καὶ
τούτῳ
συμφωνοῦσιν οἱ λόγοι τῶν προφητῶν καθὼς γέγραπται·

j Acts 15,16 ***μετὰ ταῦτα***
ἀναστρέψω καὶ ἀνοικοδομήσω τὴν σκηνὴν Δαυὶδ τὴν πεπτωκυῖαν ...,
➤ Jer 12,15; Amos 9,11 LXX

Acts 15,17 ... *λέγει κύριος ποιῶν*
ταῦτα
➤ Amos 9,12 LXX

a Acts 15,28 ἔδοξεν γὰρ τῷ πνεύματι τῷ ἁγίῳ καὶ ἡμῖν μηδὲν πλέον ἐπιτίθεσθαι ὑμῖν βάρος
πλὴν τούτων τῶν ἐπάναγκες

d Acts 15,38 Παῦλος δὲ ἠξίου, τὸν ἀποστάντα ἀπ᾽ αὐτῶν ἀπὸ Παμφυλίας καὶ μὴ συνελθόντα αὐτοῖς εἰς τὸ ἔργον μὴ συμπαραλαμβάνειν
τοῦτον.

Acts 16,3 **τοῦτον**
ἠθέλησεν ὁ Παῦλος σὺν αὐτῷ ἐξελθεῖν, ...

a Acts 16,12 ... ἦμεν δὲ
ἐν ταύτῃ τῇ πόλει
διατρίβοντες ἡμέρας τινάς.

Acts 16,17 (2) **αὕτη**
κατακολουθοῦσα τῷ Παύλῳ καὶ ἡμῖν ἔκραζεν λέγουσα·
a **οὗτοι οἱ ἄνθρωποι**
δοῦλοι τοῦ θεοῦ τοῦ ὑψίστου εἰσίν, ...

Acts 16,18 **τοῦτο**
δὲ ἐποίει ἐπὶ πολλὰς ἡμέρας. ...

a **Acts 16,20** καὶ προσαγαγόντες αὐτοὺς τοῖς στρατηγοῖς εἶπαν·
οὗτοι οἱ ἄνθρωποι
ἐκταράσσουσιν ἡμῶν τὴν πόλιν, Ἰουδαῖοι ὑπάρχοντες

b **Acts 16,36** ἀπήγγειλεν δὲ ὁ δεσμοφύλαξ
τοὺς λόγους [τούτους]
πρὸς τὸν Παῦλον ὅτι ἀπέσταλκαν οἱ στρατηγοὶ ἵνα ἀπολυθῆτε· ...

b **Acts 16,38** ἀπήγγειλαν δὲ τοῖς στρατηγοῖς οἱ ῥαβδοῦχοι
τὰ ῥήματα ταῦτα. ...

c **Acts 17,3** διανοίγων καὶ παρατιθέμενος ὅτι τὸν χριστὸν ἔδει παθεῖν καὶ ἀναστῆναι ἐκ νεκρῶν καὶ ὅτι
οὗτός
ἐστιν ὁ χριστός [ὁ] Ἰησοῦς ὃν ἐγὼ καταγγέλλω ὑμῖν.

d **Acts 17,6** μὴ εὑρόντες δὲ αὐτοὺς ἔσυρον Ἰάσονα καί τινας ἀδελφοὺς ἐπὶ τοὺς πολιτάρχας βοῶντες ὅτι οἱ τὴν οἰκουμένην ἀναστατώσαντες
οὗτοι
καὶ ἐνθάδε πάρεισιν,

Acts 17,7 → Lk 23,2 οὓς ὑποδέδεκται Ἰάσων· καὶ
οὗτοι πάντες
ἀπέναντι τῶν δογμάτων Καίσαρος πράσσουσι βασιλέα ἕτερον λέγοντες εἶναι Ἰησοῦν.

Acts 17,8 ἐτάραξαν δὲ τὸν ὄχλον καὶ τοὺς πολιτάρχας ἀκούοντας
ταῦτα

Acts 17,11 (2) **οὗτοι**
δὲ ἦσαν εὐγενέστεροι τῶν ἐν Θεσσαλονίκῃ, οἵτινες ἐδέξαντο τὸν λόγον μετὰ πάσης προθυμίας καθ' ἡμέραν ἀνακρίνοντες τὰς γραφὰς εἰ ἔχοι
ταῦτα
οὕτως.

b **Acts 17,18** ... τί ἂν θέλοι
ὁ σπερμολόγος οὗτος
λέγειν; οἱ δέ· ξένων δαιμονίων δοκεῖ καταγγελεὺς εἶναι, ὅτι τὸν Ἰησοῦν καὶ τὴν ἀνάστασιν εὐηγγελίζετο.

a **Acts 17,19** ... δυνάμεθα γνῶναι τίς
ἡ καινὴ αὕτη ἡ ὑπὸ σοῦ λαλουμένη διδαχή;

Acts 17,20 ξενίζοντα γάρ τινα εἰσφέρεις εἰς τὰς ἀκοὰς ἡμῶν· βουλόμεθα οὖν γνῶναι τίνα θέλει
ταῦτα
εἶναι.

c **Acts 17,23** ... ὃ οὖν ἀγνοοῦντες εὐσεβεῖτε,
τοῦτο
ἐγὼ καταγγέλλω ὑμῖν.

d **Acts 17,24** ὁ θεὸς ὁ ποιήσας τὸν κόσμον καὶ πάντα τὰ ἐν αὐτῷ,
οὗτος
οὐρανοῦ καὶ γῆς ὑπάρχων κύριος οὐκ ἐν χειροποιήτοις ναοῖς κατοικεῖ

Acts 17,32 ἀκούσαντες δὲ ἀνάστασιν νεκρῶν οἱ μὲν ἐχλεύαζον, οἱ δὲ εἶπαν· ἀκουσόμεθά σου
περὶ τούτου
καὶ πάλιν.

j **Acts 18,1** **μετὰ ταῦτα**
χωρισθεὶς ἐκ τῶν Ἀθηνῶν ἦλθεν εἰς Κόρινθον.

b **Acts 18,10** διότι ἐγώ εἰμι μετὰ σοῦ καὶ οὐδεὶς ἐπιθήσεταί σοι τοῦ κακῶσαί σε, διότι λαός ἐστί μοι πολὺς
ἐν τῇ πόλει ταύτῃ.

Acts 18,13 λέγοντες ὅτι παρὰ τὸν νόμον ἀναπείθει
οὗτος
τοὺς ἀνθρώπους σέβεσθαι τὸν θεόν.

Acts 18,15 εἰ δὲ ζητήματά ἐστιν περὶ λόγου καὶ ὀνομάτων καὶ νόμου τοῦ καθ' ὑμᾶς, ὄψεσθε αὐτοί·
κριτὴς ἐγὼ τούτων
οὐ βούλομαι εἶναι.

Acts 18,17 ἐπιλαβόμενοι δὲ πάντες Σωσθένην τὸν ἀρχι- συνάγωγον ἔτυπτον ἔμ- προσθεν τοῦ βήματος· καὶ
οὐδὲν τούτων
τῷ Γαλλίωνι ἔμελεν.

Acts 18,25 **οὗτος**
ἦν κατηχημένος τὴν ὁδὸν τοῦ κυρίου ...

Acts 18,26 **οὗτός**
τε ἤρξατο παρρησιάζεσθαι ἐν τῇ συναγωγῇ. ...

f **Acts 19,4** → Mt 3,1-2 → Mk 1,4 → Lk 3,3 → Acts 13,24 → Mt 3,11 → Mk 1,8 → Lk 3,16 ... Ἰωάννης ἐβάπτισεν βάπτισμα μετανοίας τῷ λαῷ λέγων εἰς τὸν ἐρχόμενον μετ' αὐτὸν ἵνα πιστεύσωσιν,
τοῦτ'
ἔστιν εἰς τὸν Ἰησοῦν.

Acts 19,10 **τοῦτο**
δὲ ἐγένετο ἐπὶ ἔτη δύο, ὥστε πάντας τοὺς κατοικοῦντας τὴν Ἀσίαν ἀκοῦσαι τὸν λόγον τοῦ κυρίου, ...

Acts 19,14 ἦσαν δέ τινος Σκευᾶ Ἰουδαίου ἀρχιερέως ἑπτὰ υἱοὶ
τοῦτο
ποιοῦντες.

Acts 19,17 **τοῦτο**
δὲ ἐγένετο γνωστὸν πᾶσιν Ἰουδαίοις τε καὶ Ἕλλησιν τοῖς κατοικοῦσιν τὴν Ἔφεσον ...

Acts 19,21 ὡς δὲ ἐπληρώθη
ταῦτα,
ἔθετο ὁ Παῦλος ἐν τῷ πνεύματι διελθὼν τὴν Μακεδονίαν καὶ Ἀχαΐαν πορεύεσθαι εἰς Ἱεροσόλυμα ...

a **Acts 19,25** ... ἄνδρες, ἐπίστασθε ὅτι
ἐκ ταύτης τῆς ἐργασίας
ἡ εὐπορία ἡμῖν ἐστιν

b **Acts 19,26** καὶ θεωρεῖτε καὶ ἀκούετε ὅτι οὐ μόνον Ἐφέσου ἀλλὰ σχεδὸν πάσης τῆς Ἀσίας
ὁ Παῦλος οὗτος
πείσας μετέστησεν ἱκανὸν ὄχλον λέγων ὅτι οὐκ εἰσὶν θεοὶ οἱ διὰ χειρῶν γινόμενοι.

a **Acts 19,27** οὐ μόνον δὲ
τοῦτο
κινδυνεύει ἡμῖν τὸ μέρος εἰς ἀπελεγμὸν ἐλθεῖν ἀλλὰ καὶ τὸ τῆς μεγάλης θεᾶς Ἀρτέμιδος ἱερὸν ...

Acts 19,36 ἀναντιρρήτων οὖν ὄντων
τούτων
δέον ἐστὶν ὑμᾶς κατεσταλμένους ὑπάρχειν καὶ μηδὲν προπετὲς πράσσειν.

b **Acts 19,37** ἠγάγετε γὰρ
τοὺς ἄνδρας τούτους
οὔτε ἱεροσύλους οὔτε βλασφημοῦντας τὴν θεὸν ἡμῶν.

b **Acts 19,40** **(2)** καὶ γὰρ κινδυνεύομεν ἐγκαλεῖσθαι στάσεως περὶ τῆς σήμερον, μηδενὸς αἰτίου ὑπάρχοντος περὶ οὗ [οὐ] δυνησόμεθα ἀποδοῦναι λόγον **περὶ τῆς συστροφῆς ταύτης.** καὶ **ταῦτα** εἰπὼν ἀπέλυσεν τὴν ἐκκλησίαν.

Acts 20,5 **οὗτοι** δὲ προελθόντες ἔμενον ἡμᾶς ἐν Τρῳάδι

b **Acts 20,34** αὐτοὶ γινώσκετε ὅτι ταῖς χρείαις μου καὶ τοῖς οὖσιν μετ' ἐμοῦ ὑπηρέτησαν **αἱ χεῖρες αὗται.**

Acts 20,36 καὶ **ταῦτα** εἰπὼν θεὶς τὰ γόνατα αὐτοῦ σὺν πᾶσιν αὐτοῖς προσηύξατο.

Acts 21,9 **τούτῳ** δὲ ἦσαν θυγατέρες τέσσαρες παρθένοι προφητεύουσαι.

b **Acts 21,11** ... τάδε λέγει τὸ πνεῦμα τὸ ἅγιον· τὸν ἄνδρα οὗ ἐστιν **ἡ ζώνη αὕτη,** οὕτως δήσουσιν ἐν Ἰερουσαλὴμ οἱ Ἰουδαῖοι καὶ παραδώσουσιν εἰς χεῖρας ἐθνῶν.

Acts 21,12 ὡς δὲ ἠκούσαμεν **ταῦτα,** παρεκαλοῦμεν ἡμεῖς τε καὶ οἱ ἐντόπιοι τοῦ μὴ ἀναβαίνειν αὐτὸν εἰς Ἰερουσαλήμ.

b **Acts 21,15** **μετὰ δὲ τὰς ἡμέρας ταύτας** ἐπισκευασάμενοι ἀνεβαίνομεν εἰς Ἱεροσόλυμα·

c **Acts 21,23** **τοῦτο** οὖν ποίησον ὅ σοι λέγομεν· εἰσὶν ἡμῖν ἄνδρες τέσσαρες εὐχὴν ἔχοντες ἐφ' ἑαυτῶν.

Acts 21,24 **τούτους** παραλαβὼν ἁγνίσθητι σὺν αὐτοῖς καὶ δαπάνησον ἐπ' αὐτοῖς ...

Acts 21,28 **(3)** κράζοντες· ἄνδρες Ἰσραηλῖται, βοηθεῖτε· **οὗτός** ἐστιν ὁ ἄνθρωπος ὁ
b **κατὰ τοῦ λαοῦ καὶ τοῦ νόμου καὶ τοῦ τόπου τούτου** πάντας πανταχῇ διδάσκων, ἔτι τε καὶ Ἕλληνας εἰσήγαγεν εἰς τὸ ἱερὸν
b καὶ κεκοίνωκεν **τὸν ἅγιον τόπον τοῦτον.**

a **Acts 21,38** οὐκ ἄρα σὺ εἶ ὁ Αἰγύπτιος ὁ **πρὸ τούτων τῶν ἡμερῶν** ἀναστατώσας καὶ ἐξαγαγὼν εἰς τὴν ἔρημον τοὺς τετρακισχιλίους ἄνδρας τῶν σικαρίων;

b **Acts 22,3** ἐγώ εἰμι ἀνὴρ Ἰουδαῖος, γεγεννημένος ἐν Ταρσῷ τῆς Κιλικίας, ἀνατεθραμμένος δὲ **ἐν τῇ πόλει ταύτῃ,** παρὰ τοὺς πόδας Γαμαλιὴλ πεπαιδευμένος κατὰ ἀκρίβειαν τοῦ πατρῴου νόμου, ↔

a **Acts 22,4** ↔ [3] ζηλωτὴς ὑπάρχων τοῦ θεοῦ καθὼς πάντες ὑμεῖς ἐστε σήμερον· [4] ὃς **ταύτην τὴν ὁδὸν** ἐδίωξα ἄχρι θανάτου δεσμεύων καὶ παραδιδοὺς εἰς φυλακὰς ἄνδρας τε καὶ γυναῖκας

a **Acts 22,22** ἤκουον δὲ αὐτοῦ **ἄχρι τούτου τοῦ λόγου** καὶ ἐπῆραν τὴν φωνὴν αὐτῶν λέγοντες· ...

b **Acts 22,26** ἀκούσας δὲ ὁ ἑκατοντάρχης προσελθὼν τῷ χιλιάρχῳ ἀπήγγειλεν λέγων· τί μέλλεις ποιεῖν; **ὁ γὰρ ἄνθρωπος οὗτος** Ῥωμαῖός ἐστιν.

b **Acts 22,28** ἀπεκρίθη δὲ ὁ χιλίαρχος· ἐγὼ πολλοῦ κεφαλαίου **τὴν πολιτείαν ταύτην** ἐκτησάμην. ὁ δὲ Παῦλος ἔφη· ἐγὼ δὲ καὶ γεγέννημαι.

a **Acts 23,1** ... ἄνδρες ἀδελφοί, ἐγὼ πάσῃ συνειδήσει ἀγαθῇ πεπολίτευμαι τῷ θεῷ **ἄχρι ταύτης τῆς ἡμέρας.**

Acts 23,7 **τοῦτο** δὲ αὐτοῦ εἰπόντος ἐγένετο στάσις τῶν Φαρισαίων καὶ Σαδδουκαίων καὶ ἐσχίσθη τὸ πλῆθος.

b **Acts 23,9** ... οὐδὲν κακὸν εὑρίσκομεν **ἐν τῷ ἀνθρώπῳ τούτῳ·** ...

a **Acts 23,13** ἦσαν δὲ πλείους τεσσεράκοντα οἱ **ταύτην τὴν συνωμοσίαν** ποιησάμενοι

b **Acts 23,17** προσκαλεσάμενος δὲ ὁ Παῦλος ἕνα τῶν ἑκατονταρχῶν ἔφη· **τὸν νεανίαν τοῦτον** ἀπάγαγε πρὸς τὸν χιλίαρχον, ἔχει γὰρ ἀπαγγεῖλαί τι αὐτῷ.

a **Acts 23,18** ... ὁ δέσμιος Παῦλος προσκαλεσάμενός με ἠρώτησεν **τοῦτον τὸν νεανίσκον** ἀγαγεῖν πρὸς σέ ἔχοντά τι λαλῆσαί σοι.

Acts 23,22 ὁ μὲν οὖν χιλίαρχος ἀπέλυσε τὸν νεανίσκον παραγγείλας μηδενὶ ἐκλαλῆσαι ὅτι **ταῦτα** ἐνεφάνισας πρός με.

b **Acts 23,25** γράψας ἐπιστολὴν ἔχουσαν **τὸν τύπον τοῦτον·**

b **Acts 23,27** **τὸν ἄνδρα τοῦτον** συλλημφθέντα ὑπὸ τῶν Ἰουδαίων καὶ μέλλοντα ἀναιρεῖσθαι ὑπ' αὐτῶν ...

b **Acts 24,2** ... πολλῆς εἰρήνης τυγχάνοντες διὰ σοῦ καὶ διορθωμάτων γινομένων **τῷ ἔθνει τούτῳ** διὰ τῆς σῆς προνοίας

b **Acts 24,5** εὑρόντες γὰρ **τὸν ἄνδρα τοῦτον** λοιμὸν καὶ κινοῦντα στάσεις πᾶσιν τοῖς Ἰουδαίοις τοῖς κατὰ τὴν οἰκουμένην ...

Acts 24,8 παρ' οὗ δυνήσῃ αὐτὸς ἀνακρίνας **περὶ πάντων τούτων** ἐπιγνῶναι ὧν ἡμεῖς κατηγοροῦμεν αὐτοῦ.

Acts 24,9 συνεπέθεντο δὲ καὶ οἱ Ἰουδαῖοι φάσκοντες **ταῦτα** οὕτως ἔχειν.

b **Acts 24,10** ... ἐκ πολλῶν ἐτῶν ὄντα σε κριτὴν
τῷ ἔθνει τούτῳ
ἐπιστάμενος εὐθύμως τὰ περὶ ἐμαυτοῦ ἀπολογοῦμαι

Acts 24,14 ὁμολογῶ δὲ
τοῦτό
σοι ὅτι κατὰ τὴν ὁδὸν ἣν λέγουσιν αἵρεσιν, ...

Acts 24,15 ἐλπίδα ἔχων εἰς τὸν θεόν ἣν καὶ
αὐτοὶ οὗτοι
προσδέχονται, ἀνάστασιν μέλλειν ἔσεσθαι δικαίων τε καὶ ἀδίκων.

k **Acts 24,16** **ἐν τούτῳ**
καὶ αὐτὸς ἀσκῶ ἀπρόσκοπον συνείδησιν ἔχειν πρὸς τὸν θεὸν καὶ τοὺς ἀνθρώπους διὰ παντός.

Acts 24,20 ἢ
αὐτοὶ οὗτοι
εἰπάτωσαν τί εὗρον ἀδίκημα στάντος μου ἐπὶ τοῦ συνεδρίου,

a c **Acts 24,21** ἢ
περὶ μιᾶς ταύτης φωνῆς
ἧς ἐκέκραξα ἐν αὐτοῖς ἑστὼς ὅτι περὶ ἀναστάσεως νεκρῶν ἐγὼ κρίνομαι σήμερον ἐφ' ὑμῶν.

Acts 25,9 ... θέλεις εἰς Ἱεροσόλυμα ἀναβὰς ἐκεῖ
περὶ τούτων
κριθῆναι ἐπ' ἐμοῦ;

Acts 25,11 ... εἰ δὲ οὐδέν ἐστιν ὧν
οὗτοι
κατηγοροῦσίν μου, οὐδείς με δύναται αὐτοῖς χαρίσασθαι· Καίσαρα ἐπικαλοῦμαι.

Acts 25,20 (2) ἀπορούμενος δὲ ἐγὼ τὴν
περὶ τούτων
ζήτησιν ἔλεγον εἰ βούλοιτο πορεύεσθαι εἰς Ἱεροσόλυμα
κἀκεῖ κρίνεσθαι
περὶ τούτων.

c **Acts 25,24** ... θεωρεῖτε
τοῦτον
περὶ οὗ ἅπαν τὸ πλῆθος τῶν Ἰουδαίων ἐνέτυχόν μοι ἔν τε Ἱεροσολύμοις καὶ ἐνθάδε βοῶντες μὴ δεῖν αὐτὸν ζῆν μηκέτι.

Acts 25,25 ἐγὼ δὲ κατελαβόμην μηδὲν ἄξιον αὐτὸν θανάτου πεπραχέναι,
αὐτοῦ δὲ τούτου
ἐπικαλεσαμένου τὸν Σεβαστὸν ἔκρινα πέμπειν.

Acts 26,16 ἀλλὰ ἀνάστηθι καὶ στῆθι ἐπὶ τοὺς πόδας σου·
εἰς τοῦτο
γὰρ ὤφθην σοι, προχειρίσασθαί σε ὑπηρέτην καὶ μάρτυρα ὧν τε εἶδές [με] ὧν τε ὀφθήσομαί σοι

h **Acts 26,21** **ἕνεκα τούτων**
με Ἰουδαῖοι συλλαβόμενοι [ὄντα] ἐν τῷ ἱερῷ ἐπειρῶντο διαχειρίσασθαι.

b **Acts 26,22** ἐπικουρίας οὖν τυχὼν τῆς ἀπὸ τοῦ θεοῦ
ἄχρι τῆς ἡμέρας ταύτης
ἕστηκα μαρτυρόμενος μικρῷ τε καὶ μεγάλῳ ...

Acts 26,24 **ταῦτα**
δὲ αὐτοῦ ἀπολογουμένου ὁ Φῆστος μεγάλῃ τῇ φωνῇ φησιν· ...

Acts 26,26 (3) ἐπίσταται γὰρ
περὶ τούτων
ὁ βασιλεὺς πρὸς ὃν καὶ παρρησιαζόμενος λαλῶ,
λανθάνειν γὰρ αὐτὸν
[τι] τούτων
οὐ πείθομαι οὐθέν·
οὐ γάρ ἐστιν ἐν γωνίᾳ πεπραγμένον
τοῦτο.

b **Acts 26,29** ... εὐξαίμην ἂν τῷ θεῷ καὶ ἐν ὀλίγῳ καὶ ἐν μεγάλῳ οὐ μόνον σὲ ἀλλὰ καὶ πάντας τοὺς ἀκούοντάς μου σήμερον γενέσθαι τοιούτους ὁποῖος καὶ ἐγώ εἰμι
παρεκτὸς τῶν δεσμῶν τούτων.

b **Acts 26,31** ... οὐδὲν θανάτου ἢ δεσμῶν ἄξιον [τι] πράσσει
ὁ ἄνθρωπος οὗτος.

b **Acts 26,32** Ἀγρίππας δὲ τῷ Φήστῳ ἔφη· ἀπολελύσθαι ἐδύνατο
ὁ ἄνθρωπος οὗτος
εἰ μὴ ἐπεκέκλητο Καίσαρα.

b **Acts 27,21** ... ἔδει μέν, ὦ ἄνδρες, πειθαρχήσαντάς μοι μὴ ἀνάγεσθαι ἀπὸ τῆς Κρήτης κερδῆσαί τε
τὴν ὕβριν ταύτην
καὶ τὴν ζημίαν.

a **Acts 27,23** παρέστη γάρ μοι
ταύτῃ τῇ νυκτὶ
τοῦ θεοῦ, οὗ εἰμι [ἐγὼ] ᾧ καὶ λατρεύω, ἄγγελος

Acts 27,31 ... ἐὰν μὴ
οὗτοι
μείνωσιν ἐν τῷ πλοίῳ, ὑμεῖς σωθῆναι οὐ δύνασθε.

Acts 27,34 διὸ παρακαλῶ ὑμᾶς μεταλαβεῖν τροφῆς·
τοῦτο
γὰρ πρὸς τῆς ὑμετέρας σωτηρίας ὑπάρχει, ...

Acts 27,35 εἴπας δὲ
ταῦτα
καὶ λαβὼν ἄρτον εὐχαρίστησεν τῷ θεῷ ἐνώπιον πάντων καὶ κλάσας ἤρξατο ἐσθίειν.

b c **Acts 28,4** ... πάντως φονεύς ἐστιν
ὁ ἄνθρωπος οὗτος
ὃν διασωθέντα ἐκ τῆς θαλάσσης ἡ δίκη ζῆν οὐκ εἴασεν.

Acts 28,9 **τούτου**
δὲ γενομένου καὶ οἱ λοιποὶ οἱ ἐν τῇ νήσῳ ἔχοντες ἀσθενείας προσήρχοντο καὶ ἐθεραπεύοντο

a **Acts 28,20 (2)** **διὰ ταύτην οὖν τὴν αἰτίαν**
παρεκάλεσα ὑμᾶς ἰδεῖν καὶ προσλαλῆσαι,
b ἕνεκεν γὰρ τῆς ἐλπίδος τοῦ Ἰσραὴλ
τὴν ἅλυσιν ταύτην
περίκειμαι.

b **Acts 28,22** ἀξιοῦμεν δὲ παρὰ σοῦ ἀκοῦσαι ἃ φρονεῖς,
περὶ μὲν γὰρ τῆς αἱρέσεως ταύτης
γνωστὸν ἡμῖν ἐστιν ὅτι πανταχοῦ ἀντιλέγεται.

b **Acts 28,26** → Mt 13,13 → Mk 4,12 → Lk 8,10 ... *πορεύθητι*
πρὸς τὸν λαὸν τοῦτον
καὶ εἰπόν· ἀκοῇ ἀκούσετε καὶ οὐ μὴ συνῆτε καὶ βλέποντες βλέψετε καὶ οὐ μὴ ἴδητε·
➤ Isa 6,9 LXX

b **Acts 28,27** → Mt 13,15 *ἐπαχύνθη γὰρ*
ἡ καρδία τοῦ λαοῦ τούτου
καὶ τοῖς ὠσὶν βαρέως ἤκουσαν καὶ τοὺς ὀφθαλμοὺς αὐτῶν ἐκάμμυσαν· ...
➤ Isa 6,10 LXX

a **Acts 28,28** γνωστὸν οὖν ἔστω ὑμῖν ὅτι τοῖς ἔθνεσιν ἀπεστάλη
τοῦτο τὸ σωτήριον τοῦ θεοῦ·
αὐτοὶ καὶ ἀκούσονται.

οὕτω, οὕτως	Syn 63	Mt 32	Mk 10	Lk 21	Acts 27	Jn 14	1-3John 2	Paul 67	Eph 4	Col 1
	NT 208	2Thess 1	1/2Tim 1	Tit	Heb 9	Jas 7	1Pet 2	2Pet 3	Jude	Rev 7

adverb: in this way; thus so; in the same way; like this; as follows; *adjective:* such; of such kind

	triple tradition																double tradition			Sondergut		
		+Mt / +Lk			–Mt / –Lk			traditions not taken over by Mt / Lk							subtotals							
code	*222*	*211*	*112*	*212*	*221*	*122*	*121*	*022*	*012*	*021*	*220*	*120*	*210*	*020*	Σ^+	Σ^-	Σ	*202*	*201*	*102*	*200*	*002*	total
Mt	2	1^+					5^-					1^-	2^+		3^+	6^-	5	6	7		14		**32**
Mk	2						5					1		2			10						**10**
Lk	2		2^+				5^-								2^+	5^-	4	6		2		9	**21**

a ὥσ(περ) and οὕτω, οὕτως
b καθώς and οὕτως
c πολλῷ / πόσῳ μᾶλλον and οὕτως
d οὕτω, οὕτως (...) καί
e οὕτως γάρ
f οὕτως δέ, οὕτως οὖν
g οὐ / οὐδέ(ποτε) and οὕτως
h οὕτως ἔχω (Acts only)
j οὕτω

code	Mt		Mk		Lk		
002					**Lk 1,25**	ὅτι **οὕτως** μοι πεποίηκεν κύριος ἐν ἡμέραις αἷς ἐπεῖδεν ἀφελεῖν ὄνειδός μου ἐν ἀνθρώποις.	
200	**Mt 1,18** → Lk 1,27	τοῦ δὲ Ἰησοῦ Χριστοῦ ἡ γένεσις **οὕτως** ἦν. μνηστευθείσης τῆς μητρὸς αὐτοῦ Μαρίας τῷ Ἰωσήφ, ...					
e 200	**Mt 2,5**	οἱ δὲ εἶπαν αὐτῷ· ἐν Βηθλέεμ τῆς Ἰουδαίας· **οὕτως** γὰρ γέγραπται διὰ τοῦ προφήτου·					
002					**Lk 2,48**	... τέκνον, τί ἐποίησας ἡμῖν **οὕτως;** ἰδοὺ ὁ πατήρ σου κἀγὼ ὀδυνώμενοι ἐζητοῦμέν σε.	
e 200	**Mt 3,15**	... ἄφες ἄρτι, **οὕτως** γὰρ πρέπον ἐστὶν ἡμῖν πληρῶσαι πᾶσαν δικαιοσύνην. ...					
121	**Mt 9,3**	καὶ ἰδού τινες τῶν γραμματέων εἶπαν ἐν ἑαυτοῖς· οὗτος βλασφημεῖ.	**Mk 2,7**	[6] ἦσαν δέ τινες τῶν γραμματέων ἐκεῖ καθήμενοι καὶ διαλογιζόμενοι ἐν ταῖς καρδίαις αὐτῶν· [7] τί οὗτος **οὕτως** λαλεῖ; βλασφημεῖ· τίς δύναται ἀφιέναι ἁμαρτίας εἰ μὴ εἷς ὁ θεός;	**Lk 5,21** → Lk 7,49	καὶ ἤρξαντο διαλογίζεσθαι οἱ γραμματεῖς καὶ οἱ Φαρισαῖοι λέγοντες· τίς ἐστιν οὗτος ὃς λαλεῖ βλασφημίας; τίς δύναται ἁμαρτίας ἀφεῖναι εἰ μὴ μόνος ὁ θεός;	
121	**Mt 9,4** → Mt 12,25	καὶ ἰδὼν ὁ Ἰησοῦς τὰς ἐνθυμήσεις αὐτῶν εἶπεν· ...	**Mk 2,8**	καὶ εὐθὺς ἐπιγνοὺς ὁ Ἰησοῦς τῷ πνεύματι αὐτοῦ ὅτι **οὕτως** διαλογίζονται ἐν ἑαυτοῖς λέγει αὐτοῖς· ...	**Lk 5,22** → Lk 11,17 → Lk 6,8	ἐπιγνοὺς δὲ ὁ Ἰησοῦς τοὺς διαλογισμοὺς αὐτῶν ἀποκριθεὶς εἶπεν πρὸς αὐτούς· ...	

g 121	**Mt 9,8**	ἰδόντες δὲ οἱ ὄχλοι ἐφοβήθησαν καὶ ἐδόξασαν τὸν θεὸν τὸν δόντα ἐξουσίαν τοιαύτην τοῖς ἀνθρώποις.	**Mk 2,12**	... ὥστε ἐξίστασθαι πάντας καὶ δοξάζειν τὸν θεὸν λέγοντας ὅτι **οὕτως οὐδέποτε** **εἴδομεν.**	**Lk 5,26**	καὶ ἔκστασις ἔλαβεν ἅπαντας καὶ ἐδόξαζον τὸν θεὸν καὶ ἐπλήσθησαν φόβου λέγοντες ὅτι **εἴδομεν παράδοξα** σήμερον.	
e 201	**Mt 5,12** → Mt 23,34	χαίρετε καὶ ἀγαλλιᾶσθε, ὅτι ὁ μισθὸς ὑμῶν πολὺς ἐν τοῖς οὐρανοῖς· **οὕτως** γὰρ ἐδίωξαν τοὺς προφήτας τοὺς πρὸ ὑμῶν.			**Lk 6,23** → Lk 11,49	χάρητε ἐν ἐκείνῃ τῇ ἡμέρᾳ καὶ σκιρτήσατε, ἰδοὺ γὰρ ὁ μισθὸς ὑμῶν πολὺς ἐν τῷ οὐρανῷ· **κατὰ τὰ αὐτὰ** γὰρ ἐποίουν τοῖς προφήταις οἱ πατέρες αὐτῶν.	→ GTh 69,1 → GTh 68
200	**Mt 5,16**	**οὕτως** λαμψάτω τὸ φῶς ὑμῶν ἔμπροσθεν τῶν ἀνθρώπων, ...					
200	**Mt 5,19**	ὃς ἐὰν οὖν λύσῃ μίαν τῶν ἐντολῶν τούτων τῶν ἐλαχίστων καὶ διδάξῃ **οὕτως** τοὺς ἀνθρώπους, ἐλάχιστος κληθήσεται ἐν τῇ βασιλείᾳ τῶν οὐρανῶν· ...					
f 201	**Mt 6,9**	**οὕτως** οὖν προσεύχεσθε ὑμεῖς· Πάτερ ἡμῶν ὁ ἐν τοῖς οὐρανοῖς· ἁγιασθήτω τὸ ὄνομά σου·			**Lk 11,2**	 ... ὅταν προσεύχησθε λέγετε· Πάτερ, ἁγιασθήτω τὸ ὄνομά σου· ...	
c 202	**Mt 6,30**	εἰ δὲ τὸν χόρτον τοῦ ἀγροῦ σήμερον ὄντα καὶ αὔριον εἰς κλίβανον βαλλόμενον ὁ θεὸς **οὕτως** ἀμφιέννυσιν, οὐ πολλῷ μᾶλλον ὑμᾶς, ὀλιγόπιστοι;			**Lk 12,28**	εἰ δὲ ἐν ἀγρῷ τὸν χόρτον ὄντα σήμερον καὶ αὔριον εἰς κλίβανον βαλλόμενον ὁ θεὸς **οὕτως** ἀμφιέζει, πόσῳ μᾶλλον ὑμᾶς, ὀλιγόπιστοι.	→ GTh 36,2 (only POxy 655)
d 201	**Mt 7,12** → Mt 22,40	πάντα οὖν ὅσα ἐὰν θέλητε ἵνα ποιῶσιν ὑμῖν οἱ ἄνθρωποι, **οὕτως** καὶ ὑμεῖς ποιεῖτε αὐτοῖς· οὗτος γάρ ἐστιν ὁ νόμος καὶ οἱ προφῆται.			**Lk 6,31**	καὶ καθὼς θέλετε ἵνα ποιῶσιν ὑμῖν οἱ ἄνθρωποι ποιεῖτε αὐτοῖς ὁμοίως.	
200	**Mt 7,17** ⇨ Mt 12,33	**οὕτως** πᾶν δένδρον ἀγαθὸν καρποὺς καλοὺς ποιεῖ, τὸ δὲ σαπρὸν δένδρον καρποὺς πονηροὺς ποιεῖ.					
112	**Mt 14,19** → Mt 15,35	καὶ κελεύσας τοὺς ὄχλους ἀνακλιθῆναι ἐπὶ τοῦ χόρτου, ...	**Mk 6,40** → Mk 8,6	[39] καὶ ἐπέταξεν αὐτοῖς ἀνακλῖναι πάντας συμπόσια συμπόσια ἐπὶ τῷ χλωρῷ χόρτῳ. [40] καὶ ἀνέπεσαν πρασιαὶ πρασιαὶ κατὰ ἑκατὸν καὶ κατὰ πεντήκοντα.	**Lk 9,15**	[14] ... εἶπεν δὲ πρὸς τοὺς μαθητὰς αὐτοῦ· κατακλίνατε αὐτοὺς κλισίας [ὡσεὶ] ἀνὰ πεντήκοντα. [15] καὶ ἐποίησαν **οὕτως** καὶ κατέκλιναν ἅπαντας.	→ Jn 6,10

g 201	**Mt 9,33** ⇨ Mt 12,22-23	καὶ ἐκβληθέντος τοῦ δαιμονίου ἐλάλησεν ὁ κωφός. καὶ ἐθαύμασαν οἱ ὄχλοι λέγοντες· οὐδέποτε ἐφάνη **οὕτως** ἐν τῷ Ἰσραήλ.			**Lk 11,14**	... ἐγένετο δὲ τοῦ δαιμονίου ἐξελθόντος ἐλάλησεν ὁ κωφὸς καὶ ἐθαύμασαν οἱ ὄχλοι.	
 202	**Mt 11,26**	ναὶ ὁ πατήρ, ὅτι **οὕτως** εὐδοκία ἐγένετο ἔμπροσθέν σου.			**Lk 10,21**	... ναὶ ὁ πατήρ, ὅτι **οὕτως** εὐδοκία ἐγένετο ἔμπροσθέν σου.	
a b *d* 202	**Mt 12,40** → Mt 27,63	ὥσπερ γὰρ *ἦν Ἰωνᾶς* *ἐν τῇ κοιλίᾳ τοῦ κήτους* *τρεῖς ἡμέρας καὶ τρεῖς* *νύκτας,* **οὕτως** ἔσται ὁ υἱὸς τοῦ ἀνθρώπου ἐν τῇ καρδίᾳ τῆς γῆς τρεῖς ἡμέρας καὶ τρεῖς νύκτας. ➤ Jonah 2,1			**Lk 11,30**	καθὼς γὰρ ἐγένετο Ἰωνᾶς τοῖς Νινευίταις σημεῖον, **οὕτως** ἔσται καὶ ὁ υἱὸς τοῦ ἀνθρώπου τῇ γενεᾷ ταύτῃ.	
d 201	**Mt 12,45**	... καὶ γίνεται τὰ ἔσχατα τοῦ ἀνθρώπου ἐκείνου χείρονα τῶν πρώτων. **οὕτως** ἔσται καὶ τῇ γενεᾷ ταύτῃ τῇ πονηρᾷ.			**Lk 11,26**	... καὶ γίνεται τὰ ἔσχατα τοῦ ἀνθρώπου ἐκείνου χείρονα τῶν πρώτων.	
a 020			**Mk 4,26**	καὶ ἔλεγεν· **οὕτως** ἐστὶν ἡ βασιλεία τοῦ θεοῦ ὡς ἄνθρωπος βάλῃ τὸν σπόρον ἐπὶ τῆς γῆς			
a 200	**Mt 13,40**	ὥσπερ οὖν συλλέγεται τὰ ζιζάνια καὶ πυρὶ [κατα]καίεται, **οὕτως** ἔσται ἐν τῇ συντελείᾳ τοῦ αἰῶνος·					
200	**Mt 13,49**	**οὕτως** ἔσται ἐν τῇ συντελείᾳ τοῦ αἰῶνος· ἐξελεύσονται οἱ ἄγγελοι καὶ ἀφοριοῦσιν τοὺς πονηροὺς ἐκ μέσου τῶν δικαίων					
d 120	**Mt 15,16**	ὁ δὲ εἶπεν· **ἀκμὴν** καὶ ὑμεῖς ἀσύνετοί ἐστε;	**Mk 7,18**	καὶ λέγει αὐτοῖς· **οὕτως** καὶ ὑμεῖς ἀσύνετοί ἐστε; ...			
g 121	**Mt 17,2**	... τὰ δὲ ἱμάτια αὐτοῦ ἐγένετο λευκὰ ὡς τὸ φῶς.	**Mk 9,3**	καὶ τὰ ἱμάτια αὐτοῦ ἐγένετο στίλβοντα λευκὰ λίαν, οἷα γναφεὺς ἐπὶ τῆς γῆς οὐ δύναται **οὕτως** λευκᾶναι.	**Lk 9,29**	... καὶ ὁ ἱματισμὸς αὐτοῦ λευκὸς ἐξαστράπτων.	

	Mt		Mk		Lk		
d 210	**Mt 17,12** → Mt 11,14 → Lk 1,17	[11] ὁ δὲ ἀποκριθεὶς εἶπεν· *Ἠλίας* μὲν *ἔρχεται καὶ* *ἀποκαταστήσει* πάντα· [12] λέγω δὲ ὑμῖν ὅτι Ἠλίας ἤδη ἦλθεν, καὶ οὐκ ἐπέγνωσαν αὐτὸν ἀλλὰ ἐποίησαν ἐν αὐτῷ ὅσα ἠθέλησαν· **οὕτως** καὶ ὁ υἱὸς τοῦ ἀνθρώπου μέλλει πάσχειν ὑπ' αὐτῶν. ➤ Mal 3,23-24	**Mk 9,12** → Lk 1,17	ὁ δὲ ἔφη αὐτοῖς· Ἠλίας μὲν ἐλθὼν πρῶτον ἀποκαθιστάνει πάντα· καὶ πῶς γέγραπται ἐπὶ τὸν υἱὸν τοῦ ἀνθρώπου ἵνα πολλὰ πάθῃ καὶ ἐξουδενηθῇ; [13] ἀλλὰ λέγω ὑμῖν ὅτι καὶ Ἠλίας ἐλήλυθεν, καὶ ἐποίησαν αὐτῷ ὅσα ἤθελον, καθὼς γέγραπται ἐπ' αὐτόν.			
g 200	**Mt 18,14** ↓ Lk 15,7	**οὕτως** οὐκ ἔστιν θέλημα ἔμπροσθεν τοῦ πατρὸς ὑμῶν τοῦ ἐν οὐρανοῖς ἵνα ἀπόληται ἓν τῶν μικρῶν τούτων.					
d 200	**Mt 18,35** → Mt 6,15	**οὕτως** καὶ ὁ πατήρ μου ὁ οὐράνιος ποιήσει ὑμῖν, ἐὰν μὴ ἀφῆτε ἕκαστος τῷ ἀδελφῷ αὐτοῦ ἀπὸ τῶν καρδιῶν ὑμῶν.					
002					**Lk 12,21** → Mt 6,19	**οὕτως** ὁ θησαυρίζων ἑαυτῷ καὶ μὴ εἰς θεὸν πλουτῶν.	→ GTh 63
c 202	**Mt 6,30**	εἰ δὲ τὸν χόρτον τοῦ ἀγροῦ σήμερον ὄντα καὶ αὔριον εἰς κλίβανον βαλλόμενον ὁ θεὸς **οὕτως** ἀμφιέννυσιν, οὐ πολλῷ μᾶλλον ὑμᾶς, ὀλιγόπιστοι;			**Lk 12,28**	εἰ δὲ ἐν ἀγρῷ τὸν χόρτον ὄντα σήμερον καὶ αὔριον εἰς κλίβανον βαλλόμενον ὁ θεὸς **οὕτως** ἀμφιέζει, πόσῳ μᾶλλον ὑμᾶς, ὀλιγόπιστοι.	→ GTh 36,2 (only POxy 655)
002					**Lk 12,38** → Mt 24,42 → Mk 13,35-36 → Mt 24,44 → Lk 12,40 → Lk 21,36	κἂν ἐν τῇ δευτέρᾳ κἂν ἐν τῇ τρίτῃ φυλακῇ ἔλθῃ καὶ εὕρῃ **οὕτως**, μακάριοί εἰσιν ἐκεῖνοι.	
202	**Mt 24,46**	μακάριος ὁ δοῦλος ἐκεῖνος ὃν ἐλθὼν ὁ κύριος αὐτοῦ εὑρήσει **οὕτως** ποιοῦντα·			**Lk 12,43**	μακάριος ὁ δοῦλος ἐκεῖνος, ὃν ἐλθὼν ὁ κύριος αὐτοῦ εὑρήσει ποιοῦντα **οὕτως**·	
102	**Mt 16,2**	... [ὀψίας γενομένης λέγετε· εὐδία, πυρράζει γὰρ ὁ οὐρανός·]			**Lk 12,54**	... ὅταν ἴδητε [τὴν] νεφέλην ἀνατέλλουσαν ἐπὶ δυσμῶν, εὐθέως λέγετε ὅτι ὄμβρος ἔρχεται, καὶ γίνεται **οὕτως**·	→ GTh 91 Mt 16,2b is textcritically uncertain.
f 002					**Lk 14,33** → Lk 12,33	**οὕτως** οὖν πᾶς ἐξ ὑμῶν ὃς οὐκ ἀποτάσσεται πᾶσιν τοῖς ἑαυτοῦ ὑπάρχουσιν οὐ δύναται εἶναί μου μαθητής.	

102	**Mt 18,13**	καὶ ἐὰν γένηται εὑρεῖν αὐτό, ἀμὴν λέγω ὑμῖν ὅτι χαίρει ἐπ' αὐτῷ μᾶλλον ἢ ἐπὶ τοῖς ἐνενήκοντα ἐννέα τοῖς μὴ πεπλανημένοις.			**Lk 15,7** ↓ Lk 15,10	[5] καὶ εὑρὼν ἐπιτίθησιν ἐπὶ τοὺς ὤμους αὐτοῦ χαίρων [6] ... [7] λέγω ὑμῖν ὅτι **οὕτως** χαρὰ ἐν τῷ οὐρανῷ ἔσται ἐπὶ ἑνὶ ἁμαρτωλῷ μετανοοῦντι ἢ ἐπὶ ἐνενήκοντα ἐννέα δικαίοις οἵτινες οὐ χρείαν ἔχουσιν μετανοίας.	→ GTh 107
002					**Lk 15,10** ↑ Lk 15,7	**οὕτως**, λέγω ὑμῖν, γίνεται χαρὰ ἐνώπιον τῶν ἀγγέλων τοῦ θεοῦ ἐπὶ ἑνὶ ἁμαρτωλῷ μετανοοῦντι.	
d 002					**Lk 17,10**	**οὕτως** καὶ ὑμεῖς, ὅταν ποιήσητε πάντα τὰ διαταχθέντα ὑμῖν, λέγετε ὅτι δοῦλοι ἀχρεῖοί ἐσμεν, ...	
a 202	**Mt 24,27**	ὥσπερ γὰρ ἡ ἀστραπὴ ἐξέρχεται ἀπὸ ἀνατολῶν καὶ φαίνεται ἕως δυσμῶν, **οὕτως** ἔσται ἡ παρουσία τοῦ υἱοῦ τοῦ ἀνθρώπου·			**Lk 17,24**	ὥσπερ γὰρ ἡ ἀστραπὴ ἀστράπτουσα ἐκ τῆς ὑπὸ τὸν οὐρανὸν εἰς τὴν ὑπ' οὐρανὸν λάμπει, **οὕτως** ἔσται ὁ υἱὸς τοῦ ἀνθρώπου [ἐν τῇ ἡμέρᾳ αὐτοῦ].	
a b *d* 202	**Mt 24,37**	ὥσπερ γὰρ αἱ ἡμέραι τοῦ Νῶε, **οὕτως** ἔσται ἡ παρουσία τοῦ υἱοῦ τοῦ ἀνθρώπου.			**Lk 17,26**	καὶ καθὼς ἐγένετο ἐν ταῖς ἡμέραις Νῶε, **οὕτως** ἔσται καὶ ἐν ταῖς ἡμέραις τοῦ υἱοῦ τοῦ ἀνθρώπου·	
g 210	**Mt 19,8** → Mk 10,6	... Μωϋσῆς πρὸς τὴν σκληροκαρδίαν ὑμῶν ἐπέτρεψεν ὑμῖν ἀπολῦσαι τὰς γυναῖκας ὑμῶν, ἀπ' ἀρχῆς δὲ οὐ γέγονεν **οὕτως**.	**Mk 10,5**	... πρὸς τὴν σκληροκαρδίαν ὑμῶν ἔγραψεν ὑμῖν τὴν ἐντολὴν ταύτην.			
200	**Mt 19,10**	... εἰ **οὕτως** ἐστὶν ἡ αἰτία τοῦ ἀνθρώπου μετὰ τῆς γυναικός, οὐ συμφέρει γαμῆσαι.					
200	**Mt 19,12**	εἰσὶν γὰρ εὐνοῦχοι οἵτινες ἐκ κοιλίας μητρὸς ἐγεννήθησαν **οὕτως**, καὶ εἰσὶν εὐνοῦχοι οἵτινες εὐνουχίσθησαν ὑπὸ τῶν ἀνθρώπων, ...					
201	**Mt 20,16** ⇩ Mt 19,30	**οὕτως** ἔσονται οἱ ἔσχατοι πρῶτοι καὶ οἱ πρῶτοι ἔσχατοι.			**Lk 13,30**	καὶ ἰδοὺ εἰσὶν ἔσχατοι οἳ ἔσονται πρῶτοι, καὶ εἰσὶν πρῶτοι οἳ ἔσονται ἔσχατοι.	→ GTh 4,2 (POxy 654) Mk-Q overlap
	Mt 19,30 ⇧ Mt 20,16	πολλοὶ δὲ ἔσονται πρῶτοι ἔσχατοι καὶ ἔσχατοι πρῶτοι.	**Mk 10,31** → Mk 9,35	πολλοὶ δὲ ἔσονται πρῶτοι ἔσχατοι καὶ [οἱ] ἔσχατοι πρῶτοι.			

g f 222	**Mt 20,26** ⇩ Mt 23,11	οὐχ οὕτως ἔσται ἐν ὑμῖν, ἀλλ' ὃς ἐὰν θέλῃ ἐν ὑμῖν μέγας γενέσθαι ἔσται ὑμῶν διάκονος	**Mk 10,43** ⇨ Mk 9,35	οὐχ οὕτως δέ ἐστιν ἐν ὑμῖν, ἀλλ' ὃς ἂν θέλῃ μέγας γενέσθαι ἐν ὑμῖν ἔσται ὑμῶν διάκονος	**Lk 22,26**	ὑμεῖς δὲ οὐχ οὕτως, ἀλλ' ὁ μείζων ἐν ὑμῖν γινέσθω ὡς ὁ νεώτερος ...	
	Mt 23,11 ⇧ Mt 20,26	ὁ δὲ μείζων ὑμῶν ἔσται ὑμῶν διάκονος.					
112	**Mt 21,3**	καὶ ἐάν τις ὑμῖν εἴπῃ τι, ἐρεῖτε ὅτι ὁ κύριος αὐτῶν χρείαν ἔχει· εὐθὺς δὲ ἀποστελεῖ αὐτούς.	**Mk 11,3**	καὶ ἐάν τις ὑμῖν εἴπῃ· τί ποιεῖτε τοῦτο; εἴπατε· ὁ κύριος αὐτοῦ χρείαν ἔχει, καὶ εὐθὺς αὐτὸν ἀποστέλλει πάλιν ὧδε.	**Lk 19,31**	καὶ ἐάν τις ὑμᾶς ἐρωτᾷ· διὰ τί λύετε; οὕτως ἐρεῖτε· ὅτι ὁ κύριος αὐτοῦ χρείαν ἔχει.	
d 200	**Mt 23,28**	οὕτως καὶ ὑμεῖς ἔξωθεν μὲν φαίνεσθε τοῖς ἀνθρώποις δίκαιοι, ἔσωθεν δέ ἐστε μεστοὶ ὑποκρίσεως καὶ ἀνομίας.					
a 202	**Mt 24,27**	ὥσπερ γὰρ ἡ ἀστραπὴ ἐξέρχεται ἀπὸ ἀνατολῶν καὶ φαίνεται ἕως δυσμῶν, οὕτως ἔσται ἡ παρουσία τοῦ υἱοῦ τοῦ ἀνθρώπου·			**Lk 17,24**	ὥσπερ γὰρ ἡ ἀστραπὴ ἀστράπτουσα ἐκ τῆς ὑπὸ τὸν οὐρανὸν εἰς τὴν ὑπ' οὐρανὸν λάμπει, οὕτως ἔσται ὁ υἱὸς τοῦ ἀνθρώπου [ἐν τῇ ἡμέρᾳ αὐτοῦ].	
d 222	**Mt 24,33**	οὕτως καὶ ὑμεῖς, ὅταν ἴδητε πάντα ταῦτα, γινώσκετε ὅτι ἐγγύς ἐστιν ἐπὶ θύραις.	**Mk 13,29**	οὕτως καὶ ὑμεῖς, ὅταν ἴδητε ταῦτα γινόμενα, γινώσκετε ὅτι ἐγγύς ἐστιν ἐπὶ θύραις.	**Lk 21,31**	οὕτως καὶ ὑμεῖς, ὅταν ἴδητε ταῦτα γινόμενα, γινώσκετε ὅτι ἐγγύς ἐστιν ἡ βασιλεία τοῦ θεοῦ.	
a b d 202	**Mt 24,37**	ὥσπερ γὰρ αἱ ἡμέραι τοῦ Νῶε, οὕτως ἔσται ἡ παρουσία τοῦ υἱοῦ τοῦ ἀνθρώπου.			**Lk 17,26**	καὶ καθὼς ἐγένετο ἐν ταῖς ἡμέραις Νῶε, οὕτως ἔσται καὶ ἐν ταῖς ἡμέραις τοῦ υἱοῦ τοῦ ἀνθρώπου·	
a 201	**Mt 24,39**	[38] ὡς γὰρ ἦσαν ἐν ταῖς ἡμέραις [ἐκείναις] ταῖς πρὸ τοῦ κατακλυσμοῦ τρώγοντες καὶ πίνοντες, γαμοῦντες καὶ γαμίζοντες, ἄχρι ἧς ἡμέρας εἰσῆλθεν Νῶε εἰς τὴν κιβωτόν, [39] καὶ οὐκ ἔγνωσαν ἕως ἦλθεν ὁ κατακλυσμὸς καὶ ἦρεν ἅπαντας, οὕτως ἔσται [καὶ] ἡ παρουσία τοῦ υἱοῦ τοῦ ἀνθρώπου.			**Lk 17,30**	[27] ἤσθιον, ἔπινον, ἐγάμουν, ἐγαμίζοντο, ἄχρι ἧς ἡμέρας εἰσῆλθεν Νῶε εἰς τὴν κιβωτόν, καὶ ἦλθεν ὁ κατακλυσμὸς καὶ ἀπώλεσεν πάντας. [28] ὁμοίως καθὼς ἐγένετο ἐν ταῖς ἡμέραις Λώτ· ... [30] κατὰ τὰ αὐτὰ ἔσται ᾗ ἡμέρᾳ ὁ υἱὸς τοῦ ἀνθρώπου ἀποκαλύπτεται.	
202	**Mt 24,46**	μακάριος ὁ δοῦλος ἐκεῖνος ὃν ἐλθὼν ὁ κύριος αὐτοῦ εὑρήσει οὕτως ποιοῦντα·			**Lk 12,43**	μακάριος ὁ δοῦλος ἐκεῖνος, ὃν ἐλθὼν ὁ κύριος αὐτοῦ εὑρήσει ποιοῦντα οὕτως·	

gf 222	**Mt 20,26** ⇧ Mt 23,11	**οὐχ οὕτως** ἔσται ἐν ὑμῖν, ἀλλ' ὃς ἐὰν θέλῃ ἐν ὑμῖν μέγας γενέσθαι ἔσται ὑμῶν διάκονος	**Mk 10,43** ⇨ Mk 9,35	**οὐχ οὕτως** δέ ἐστιν ἐν ὑμῖν, ἀλλ' ὃς ἂν θέλῃ μέγας γενέσθαι ἐν ὑμῖν ἔσται ὑμῶν διάκονος	**Lk 22,26**	ὑμεῖς δὲ **οὐχ οὕτως,** ἀλλ' ὁ μείζων ἐν ὑμῖν γινέσθω ὡς ὁ νεώτερος ...	
g 211	**Mt 26,40**	καὶ ἔρχεται πρὸς τοὺς μαθητὰς καὶ εὑρίσκει αὐτοὺς καθεύδοντας, καὶ λέγει τῷ Πέτρῳ· **οὕτως** οὐκ ἰσχύσατε μίαν ὥραν γρηγορῆσαι μετ' ἐμοῦ;	**Mk 14,37**	καὶ ἔρχεται καὶ εὑρίσκει αὐτοὺς καθεύδοντας, καὶ λέγει τῷ Πέτρῳ· Σίμων, καθεύδεις; οὐκ ἴσχυσας μίαν ὥραν γρηγορῆσαι;	**Lk 22,46**	[45] ... ἐλθὼν πρὸς τοὺς μαθητὰς εὗρεν κοιμωμένους αὐτοὺς ἀπὸ τῆς λύπης, [46] καὶ εἶπεν αὐτοῖς· τί καθεύδετε; ...	
200	**Mt 26,54**	πῶς οὖν πληρωθῶσιν αἱ γραφαὶ ὅτι **οὕτως** δεῖ γενέσθαι;					
g 020			**Mk 14,59**	καὶ οὐδὲ **οὕτως** ἴση ἦν ἡ μαρτυρία αὐτῶν.			
121	**Mt 27,54**	ὁ δὲ ἑκατόνταρχος καὶ οἱ μετ' αὐτοῦ τηροῦντες τὸν Ἰησοῦν ἰδόντες τὸν σεισμὸν καὶ **τὰ γενόμενα** ἐφοβήθησαν σφόδρα, λέγοντες· ἀληθῶς θεοῦ υἱὸς ἦν οὗτος.	**Mk 15,39**	ἰδὼν δὲ ὁ κεντυρίων ὁ παρεστηκὼς ἐξ ἐναντίας αὐτοῦ **ὅτι οὕτως** **ἐξέπνευσεν** εἶπεν· ἀληθῶς οὗτος ὁ ἄνθρωπος υἱὸς θεοῦ ἦν.	**Lk 23,47**	ἰδὼν δὲ ὁ ἑκατοντάρχης **τὸ γενόμενον** ἐδόξαζεν τὸν θεὸν λέγων· ὄντως ὁ ἄνθρωπος οὗτος δίκαιος ἦν.	
b 002					**Lk 24,24** → Lk 24,12	καὶ ἀπῆλθόν τινες τῶν σὺν ἡμῖν ἐπὶ τὸ μνημεῖον, καὶ εὗρον **οὕτως** καθὼς καὶ αἱ γυναῖκες εἶπον, αὐτὸν δὲ οὐκ εἶδον.	
002	→ Mt 16,21 → Mt 17,22-23 → Mt 20,18-19		→ Mk 8,31 → Mk 9,31 → Mk 10,33-34		**Lk 24,46** → Lk 9,22 → Lk 9,44 → Lk 17,25 → Lk 18,31-33 → Lk 24,7 → Lk 24,26	καὶ εἶπεν αὐτοῖς ὅτι **οὕτως** γέγραπται παθεῖν τὸν χριστὸν καὶ ἀναστῆναι ἐκ νεκρῶν τῇ τρίτῃ ἡμέρᾳ	

a ὥσ(περ) and οὕτω, οὕτως
b καθώς and οὕτως
c πολλῷ / πόσῳ μᾶλλον and οὕτως
d οὕτω, οὕτως (...) καί
e οὕτως γάρ
f οὕτως δέ, οὕτως οὖν
g οὐ / οὐδέ(ποτε) and οὕτως
h οὕτως ἔχω (Acts only)
j οὕτω

Acts 1,11 (→ Lk 9,51; → Lk 24,51) ... οὗτος ὁ Ἰησοῦς ὁ ἀναλημφθεὶς ἀφ' ὑμῶν εἰς τὸν οὐρανὸν **οὕτως** ἐλεύσεται ὃν τρόπον ἐθεάσασθε αὐτὸν πορευόμενον εἰς τὸν οὐρανόν.

Acts 3,18 ὁ δὲ θεός, ἃ προκατήγγειλεν διὰ στόματος πάντων τῶν προφητῶν παθεῖν τὸν χριστὸν αὐτοῦ ἐπλήρωσεν **οὕτως**.

h **Acts 7,1** εἶπεν δὲ ὁ ἀρχιερεύς· εἰ ταῦτα **οὕτως** ἔχει;

Acts 7,6 ἐλάλησεν δὲ **οὕτως** ὁ θεὸς ὅτι *ἔσται τὸ σπέρμα αὐτοῦ πάροικον ἐν γῇ ἀλλοτρίᾳ καὶ δουλώσουσιν αὐτὸ καὶ κακώσουσιν ἔτη τετρακόσια·*
➤ Gen 15,13; Exod 2,22

Acts 7,8 καὶ ἔδωκεν αὐτῷ διαθήκην περιτομῆς· καὶ **οὕτως** ἐγέννησεν τὸν Ἰσαὰκ καὶ περιέτεμεν αὐτὸν τῇ ἡμέρᾳ τῇ ὀγδόῃ, ...

a g **Acts 8,32** ... *ὡς πρόβατον ἐπὶ σφαγὴν ἤχθη καὶ ὡς ἀμνὸς ἐναντίον τοῦ κείραντος αὐτὸν ἄφωνος,* **οὕτως** *οὐκ ἀνοίγει τὸ στόμα αὐτοῦ.*
➤ Isa 53,7

Acts 12,8 εἶπεν δὲ ὁ ἄγγελος πρὸς αὐτόν· ζῶσαι καὶ ὑπόδησαι τὰ σανδάλιά σου. ἐποίησεν δὲ **οὕτως**. ...

h **Acts 12,15** οἱ δὲ πρὸς αὐτὴν εἶπαν· μαίνῃ. ἡ δὲ διϊσχυρίζετο **οὕτως** ἔχειν. οἱ δὲ ἔλεγον· ὁ ἄγγελός ἐστιν αὐτοῦ.

e **Acts 13,8** ἀνθίστατο δὲ αὐτοῖς Ἐλύμας ὁ μάγος, **οὕτως** γὰρ μεθερμηνεύεται τὸ ὄνομα αὐτοῦ, ζητῶν διαστρέψαι τὸν ἀνθύπατον ἀπὸ τῆς πίστεως.

Acts 13,34 ὅτι δὲ ἀνέστησεν αὐτὸν ἐκ νεκρῶν μηκέτι μέλλοντα ὑποστρέφειν εἰς διαφθοράν, **οὕτως** εἴρηκεν ὅτι δώσω *ὑμῖν τὰ ὅσια Δαυὶδ τὰ πιστά*.
➢ Isa 55,3 LXX

e **Acts 13,47** **οὕτως** γὰρ ἐντέταλται ἡμῖν ὁ κύριος· *τέθεικά σε εἰς φῶς ἐθνῶν τοῦ εἶναί σε εἰς σωτηρίαν ἕως ἐσχάτου τῆς γῆς*.
➢ Isa 49,6

Acts 14,1 ἐγένετο δὲ ἐν Ἰκονίῳ κατὰ τὸ αὐτὸ εἰσελθεῖν αὐτοὺς εἰς τὴν συναγωγὴν τῶν Ἰουδαίων καὶ λαλῆσαι **οὕτως** ὥστε πιστεῦσαι Ἰουδαίων τε καὶ Ἑλλήνων πολὺ πλῆθος.

h **Acts 17,11** ... οἵτινες ἐδέξαντο τὸν λόγον μετὰ πάσης προθυμίας καθ' ἡμέραν ἀνακρίνοντες τὰς γραφὰς εἰ ἔχοι ταῦτα **οὕτως**.

Acts 17,33 **οὕτως** ὁ Παῦλος ἐξῆλθεν ἐκ μέσου αὐτῶν.

Acts 19,20 **οὕτως** κατὰ κράτος τοῦ κυρίου ὁ λόγος ηὔξανεν καὶ ἴσχυεν.

Acts 20,11 ἀναβὰς δὲ καὶ κλάσας τὸν ἄρτον καὶ γευσάμενος ἐφ' ἱκανόν τε ὁμιλήσας ἄχρι αὐγῆς, **οὕτως** ἐξῆλθεν.

e **Acts 20,13** ἡμεῖς δὲ προελθόντες ἐπὶ τὸ πλοῖον ἀνήχθημεν ἐπὶ τὴν Ἆσσον ἐκεῖθεν μέλλοντες ἀναλαμβάνειν τὸν Παῦλον· **οὕτως** γὰρ διατεταγμένος ἦν μέλλων αὐτὸς πεζεύειν.

Acts 20,35 πάντα ὑπέδειξα ὑμῖν ὅτι **οὕτως** κοπιῶντας δεῖ ἀντιλαμβάνεσθαι τῶν ἀσθενούντων, ...

Acts 21,11 ... τὸν ἄνδρα οὗ ἐστιν ἡ ζώνη αὕτη, **οὕτως** δήσουσιν ἐν Ἰερουσαλὴμ οἱ Ἰουδαῖοι καὶ παραδώσουσιν εἰς χεῖρας ἐθνῶν.

Acts 22,24 ἐκέλευσεν ὁ χιλίαρχος εἰσάγεσθαι αὐτὸν εἰς τὴν παρεμβολήν, εἴπας μάστιξιν ἀνετάζεσθαι αὐτὸν ἵνα ἐπιγνῷ δι' ἣν αἰτίαν **οὕτως** ἐπεφώνουν αὐτῷ.

a dj **Acts 23,11** ... θάρσει· ὡς γὰρ διεμαρτύρω τὰ περὶ ἐμοῦ εἰς Ἰερουσαλήμ, **οὕτω** σε δεῖ καὶ εἰς Ῥώμην μαρτυρῆσαι.

h **Acts 24,9** συνεπέθεντο δὲ καὶ οἱ Ἰουδαῖοι φάσκοντες ταῦτα **οὕτως** ἔχειν.

Acts 24,14 ὁμολογῶ δὲ τοῦτό σοι ὅτι κατὰ τὴν ὁδὸν ἣν λέγουσιν αἵρεσιν, **οὕτως** λατρεύω τῷ πατρῴῳ θεῷ πιστεύων πᾶσι τοῖς κατὰ τὸν νόμον καὶ τοῖς ἐν τοῖς προφήταις γεγραμμένοις

Acts 27,17 ἣν ἄραντες βοηθείαις ἐχρῶντο ὑποζωννύντες τὸ πλοῖον, φοβούμενοί τε μὴ εἰς τὴν Σύρτιν ἐκπέσωσιν, χαλάσαντες τὸ σκεῦος **οὕτως** ἐφέροντο.

Acts 27,25 διὸ εὐθυμεῖτε, ἄνδρες· πιστεύω γὰρ τῷ θεῷ ὅτι **οὕτως** ἔσται καθ' ὃν τρόπον λελάληταί μοι.

Acts 27,44 καὶ τοὺς λοιποὺς οὓς μὲν ἐπὶ σανίσιν, οὓς δὲ ἐπί τινων τῶν ἀπὸ τοῦ πλοίου. καὶ **οὕτως** ἐγένετο πάντας διασωθῆναι ἐπὶ τὴν γῆν.

Acts 28,14 οὗ εὑρόντες ἀδελφοὺς παρεκλήθημεν παρ' αὐτοῖς ἐπιμεῖναι ἡμέρας ἑπτά· καὶ **οὕτως** εἰς τὴν Ῥώμην ἤλθαμεν.

οὐχί	Syn 27	Mt 9	Mk	Lk 18	Acts 2	Jn 5	1-3John	Paul 18	Eph	Col
	NT 54	2Thess	1/2Tim	Tit	Heb 2	Jas	1Pet	2Pet	Jude	Rev

not; no; by no means; *as an interrogative word in questions that expect an affirmative answer*

	triple tradition																	double tradition			Sondergut		
		+Mt / +Lk			−Mt / −Lk			traditions not taken over by Mt / Lk							subtotals								
code	*222*	*211*	*112*	*212*	*221*	*122*	*121*	*022*	*012*	*021*	*220*	*120*	*210*	*020*	Σ⁺	Σ⁻	Σ	*202*	*201*	*102*	*200*	*002*	total
Mt													1⁺		1⁺		1	1	5		2		9
Mk																							
Lk			4⁺												4⁺		4	1		2		11	18

a οὐχὶ καί
b οὐχὶ (...) ἀλλά
c ἐάν ..., οὐχί
d οὐχί in an interrogative sentence

	Mt		Mk		Lk		
b 002					**Lk 1,60**	καὶ ἀποκριθεῖσα ἡ μήτηρ αὐτοῦ εἶπεν· **οὐχί,** ἀλλὰ κληθήσεται Ἰωάννης.	
d 112	**Mt 13,55** → Mt 1,16	[54] ... ἐκπλήσσεσθαι αὐτοὺς καὶ λέγειν· ... [55] **οὐχ οὗτός ἐστιν** ὁ τοῦ τέκτονος υἱός; οὐχ ἡ μήτηρ αὐτοῦ λέγεται Μαριὰμ ...	**Mk 6,3** → Mt 1,16	[2] ... ἐξεπλήσσοντο λέγοντες· ... [3] **οὐχ οὗτός ἐστιν** ὁ τέκτων, ὁ υἱὸς τῆς Μαρίας ...	**Lk 4,22** → Lk 3,23	... ἐθαύμαζον ... καὶ ἔλεγον· **οὐχὶ υἱός ἐστιν** Ἰωσὴφ οὗτος;	→ Jn 6,42
a d 201	**Mt 5,46**	ἐὰν γὰρ ἀγαπήσητε τοὺς ἀγαπῶντας ὑμᾶς, τίνα μισθὸν ἔχετε; **οὐχὶ** καὶ οἱ τελῶναι τὸ αὐτὸ ποιοῦσιν;			**Lk 6,32** ⇩ Lk 6,33 **Lk 6,33** ⇧ Lk 6,32	καὶ εἰ ἀγαπᾶτε τοὺς ἀγαπῶντας ὑμᾶς, ποία ὑμῖν χάρις ἐστίν; καὶ γὰρ οἱ ἁμαρτωλοὶ τοὺς ἀγαπῶντας αὐτοὺς ἀγαπῶσιν. καὶ [γὰρ] ἐὰν ἀγαθοποιῆτε τοὺς ἀγαθοποιοῦντας ὑμᾶς, ποία ὑμῖν χάρις ἐστίν; καὶ οἱ ἁμαρτωλοὶ τὸ αὐτὸ ποιοῦσιν.	
a d 201	**Mt 5,47**	καὶ ἐὰν ἀσπάσησθε τοὺς ἀδελφοὺς ὑμῶν μόνον, τί περισσὸν ποιεῖτε; **οὐχὶ** καὶ οἱ ἐθνικοὶ τὸ αὐτὸ ποιοῦσιν;			**Lk 6,34** → Mt 5,42	καὶ ἐὰν δανίσητε παρ᾽ ὧν ἐλπίζετε λαβεῖν, ποία ὑμῖν χάρις [ἐστίν]; καὶ ἁμαρτωλοὶ ἁμαρτωλοῖς δανίζουσιν ἵνα ἀπολάβωσιν τὰ ἴσα.	→ GTh 95
d 201	**Mt 6,25**	... **οὐχὶ** ἡ ψυχὴ πλεῖόν ἐστιν τῆς τροφῆς καὶ τὸ σῶμα τοῦ ἐνδύματος;			**Lk 12,23**	ἡ γὰρ ψυχὴ πλεῖόν ἐστιν τῆς τροφῆς καὶ τὸ σῶμα τοῦ ἐνδύματος.	
d 102	**Mt 15,14**	... τυφλοί εἰσιν ὁδηγοί [τυφλῶν]· τυφλὸς δὲ τυφλὸν ἐὰν ὁδηγῇ, ἀμφότεροι εἰς βόθυνον πεσοῦνται.			**Lk 6,39**	... μήτι δύναται τυφλὸς τυφλὸν ὁδηγεῖν; **οὐχὶ** ἀμφότεροι εἰς βόθυνον ἐμπεσοῦνται;	→ GTh 34
d 202	**Mt 10,29**	**οὐχὶ** δύο στρουθία ἀσσαρίου πωλεῖται; καὶ ἓν ἐξ αὐτῶν οὐ πεσεῖται ἐπὶ τὴν γῆν ἄνευ τοῦ πατρὸς ὑμῶν.			**Lk 12,6**	**οὐχὶ** πέντε στρουθία πωλοῦνται ἀσσαρίων δύο; καὶ ἓν ἐξ αὐτῶν οὐκ ἔστιν ἐπιλελησμένον ἐνώπιον τοῦ θεοῦ.	

c d 201	**Mt 12,11**	... τίς ἔσται ἐξ ὑμῶν ἄνθρωπος ὃς ἕξει πρόβατον ἕν καὶ ἐὰν ἐμπέσῃ τοῦτο τοῖς σάββασιν εἰς βόθυνον, **οὐχὶ κρατήσει** **αὐτὸ καὶ ἐγερεῖ;**			**Lk 14,5** → Lk 13,15	... τίνος ὑμῶν υἱὸς ἢ βοῦς εἰς φρέαρ πεσεῖται, καὶ **οὐκ εὐθέως** **ἀνασπάσει αὐτὸν** ἐν ἡμέρᾳ τοῦ σαββάτου;	
d 200	**Mt 13,27**	προσελθόντες δὲ οἱ δοῦλοι τοῦ οἰκοδεσπότου εἶπον αὐτῷ· κύριε, **οὐχὶ** καλὸν σπέρμα ἔσπειρας ἐν τῷ σῷ ἀγρῷ; ...					→ GTh 57
d 210	**Mt 13,56**	καὶ αἱ ἀδελφαὶ αὐτοῦ **οὐχὶ** πᾶσαι πρὸς ἡμᾶς εἰσιν; ...	**Mk 6,3**	... καὶ **οὐκ** εἰσὶν αἱ ἀδελφαὶ αὐτοῦ ὧδε πρὸς ἡμᾶς; ...			
c d 201	**Mt 18,12**	τί ὑμῖν δοκεῖ; ἐὰν γένηταί τινι ἀνθρώπῳ ἑκατὸν πρόβατα καὶ πλανηθῇ ἓν ἐξ αὐτῶν, **οὐχὶ ἀφήσει** τὰ ἐνενήκοντα ἐννέα ἐπὶ τὰ ὄρη καὶ πορευθεὶς ζητεῖ τὸ πλανώμενον;			**Lk 15,4**	 τίς ἄνθρωπος ἐξ ὑμῶν ἔχων ἑκατὸν πρόβατα καὶ ἀπολέσας ἐξ αὐτῶν ἓν **οὐ καταλείπει** τὰ ἐνενήκοντα ἐννέα ἐν τῇ ἐρήμῳ καὶ πορεύεται ἐπὶ τὸ ἀπολωλὸς ἕως εὕρῃ αὐτό;	→ GTh 107
d 202	**Mt 10,29**	**οὐχὶ** δύο στρουθία ἀσσαρίου πωλεῖται; καὶ ἓν ἐξ αὐτῶν οὐ πεσεῖται ἐπὶ τὴν γῆν ἄνευ τοῦ πατρὸς ὑμῶν.			**Lk 12,6**	**οὐχὶ** πέντε στρουθία πωλοῦνται ἀσσαρίων δύο; καὶ ἓν ἐξ αὐτῶν οὐκ ἔστιν ἐπιλελησμένον ἐνώπιον τοῦ θεοῦ.	
b 102	**Mt 10,34**	μὴ νομίσητε ὅτι ἦλθον βαλεῖν εἰρήνην ἐπὶ τὴν γῆν· **οὐκ ἦλθον** βαλεῖν εἰρήνην ἀλλὰ μάχαιραν.			**Lk 12,51**	δοκεῖτε ὅτι εἰρήνην παρεγενόμην δοῦναι ἐν τῇ γῇ; **οὐχί,** λέγω ὑμῖν, ἀλλ' ἢ διαμερισμόν.	→ GTh 16
b 002					**Lk 13,3**	**οὐχί,** λέγω ὑμῖν, ἀλλ' ἐὰν μὴ μετανοῆτε πάντες ὁμοίως ἀπολεῖσθε.	
b 002					**Lk 13,5**	**οὐχί,** λέγω ὑμῖν, ἀλλ' ἐὰν μὴ μετανοῆτε πάντες ὡσαύτως ἀπολεῖσθε.	
d 002					**Lk 14,28**	τίς γὰρ ἐξ ὑμῶν θέλων πύργον οἰκοδομῆσαι **οὐχὶ πρῶτον καθίσας** ψηφίζει τὴν δαπάνην, εἰ ἔχει εἰς ἀπαρτισμόν;	
d 002					**Lk 14,31**	ἢ τίς βασιλεὺς πορευόμενος ἑτέρῳ βασιλεῖ συμβαλεῖν εἰς πόλεμον **οὐχὶ καθίσας πρῶτον** βουλεύσεται εἰ δυνατός ἐστιν ἐν δέκα χιλιάσιν ὑπαντῆσαι τῷ μετὰ εἴκοσι χιλιάδων ἐρχομένῳ ἐπ' αὐτόν;	

	Mt		Mk		Lk		
c d 002					**Lk 15,8**	ἢ τίς γυνὴ δραχμὰς ἔχουσα δέκα ἐὰν ἀπολέσῃ δραχμὴν μίαν, **οὐχὶ ἅπτει** λύχνον καὶ σαροῖ τὴν οἰκίαν καὶ ζητεῖ ἐπιμελῶς ἕως οὗ εὕρῃ;	
b 002					**Lk 16,30**	ὁ δὲ εἶπεν· **οὐχί,** πάτερ Ἀβραάμ, ἀλλ᾽ ἐάν τις ἀπὸ νεκρῶν πορευθῇ πρὸς αὐτοὺς μετανοήσουσιν.	
d 002					**Lk 17,8**	**ἀλλ᾽ οὐχὶ ἐρεῖ** αὐτῷ· ἑτοίμασον τί δειπνήσω καὶ περιζωσάμενος διακόνει μοι ἕως φάγω καὶ πίω, καὶ μετὰ ταῦτα φάγεσαι καὶ πίεσαι σύ;	
d 002					**Lk 17,17**	ἀποκριθεὶς δὲ ὁ Ἰησοῦς εἶπεν· **οὐχὶ** οἱ δέκα ἐκαθαρίσθησαν; οἱ δὲ ἐννέα ποῦ;	
112	**Mt 19,29** → Mt 10,37	... ἑκατονταπλασίονα **λήμψεται** καὶ ζωὴν αἰώνιον κληρονομήσει.	**Mk 10,30**	**ἐὰν μὴ λάβῃ** ἑκατονταπλασίονα νῦν ἐν τῷ καιρῷ τούτῳ ... καὶ ἐν τῷ αἰῶνι τῷ ἐρχομένῳ ζωὴν αἰώνιον.	**Lk 18,30** → Lk 14,26	**ὃς οὐχὶ μὴ [ἀπο]λάβῃ** πολλαπλασίονα ἐν τῷ καιρῷ τούτῳ καὶ ἐν τῷ αἰῶνι τῷ ἐρχομένῳ ζωὴν αἰώνιον.	→ GTh 55 → GTh 101
d 200	**Mt 20,13**	ὁ δὲ ἀποκριθεὶς ἑνὶ αὐτῶν εἶπεν· ἑταῖρε, οὐκ ἀδικῶ σε· **οὐχὶ** δηναρίου συνεφώνησάς μοι;					
d 112	**Mt 20,28**	ὥσπερ ὁ υἱὸς τοῦ ἀνθρώπου οὐκ ἦλθεν διακονηθῆναι ἀλλὰ διακονῆσαι ...	**Mk 10,45**	καὶ γὰρ ὁ υἱὸς τοῦ ἀνθρώπου οὐκ ἦλθεν διακονηθῆναι ἀλλὰ διακονῆσαι ...	**Lk 22,27** → Lk 12,37	τίς γὰρ μείζων, ὁ ἀνακείμενος ἢ ὁ διακονῶν; **οὐχὶ ὁ ἀνακείμενος;** ἐγὼ δὲ ἐν μέσῳ ὑμῶν εἰμι ὡς ὁ διακονῶν.	→ Jn 13,13-14
d 112	**Mt 27,44**	τὸ δ᾽ αὐτὸ καὶ οἱ λῃσταὶ οἱ συσταυρωθέντες σὺν αὐτῷ ὠνείδιζον αὐτόν.	**Mk 15,32**	... καὶ οἱ συνεσταυρωμένοι σὺν αὐτῷ ὠνείδιζον αὐτόν.	**Lk 23,39** → Lk 23,35 → Lk 23,36 → Lk 23,37	εἷς δὲ τῶν κρεμασθέντων κακούργων ἐβλασφήμει αὐτὸν λέγων· **οὐχὶ** σὺ εἶ ὁ χριστός; σῶσον σεαυτὸν καὶ ἡμᾶς.	
d 002	→ Mt 16,21 → Mt 17,22-23 → Mt 20,18-19		→ Mk 8,31 → Mk 9,31 → Mk 10,33-34		**Lk 24,26** → Lk 9,22 → Lk 9,44 → Lk 17,25 → Lk 18,31-33 → Lk 24,7 → Lk 24,46	**οὐχὶ** ταῦτα ἔδει παθεῖν τὸν χριστὸν καὶ εἰσελθεῖν εἰς τὴν δόξαν αὐτοῦ;	→ Acts 14,22
d 002					**Lk 24,32**	καὶ εἶπαν πρὸς ἀλλήλους· **οὐχὶ** ἡ καρδία ἡμῶν καιομένη ἦν [ἐν ἡμῖν] ὡς ἐλάλει ἡμῖν ἐν τῇ ὁδῷ, ὡς διήνοιγεν ἡμῖν τὰς γραφάς;	

d	**Acts 5,4**	οὐχὶ μένον σοὶ ἔμενεν καὶ πραθὲν ἐν τῇ σῇ ἐξουσίᾳ ὑπῆρχεν; ...	*d*	**Acts 7,50**	οὐχὶ *ἡ χείρ μου ἐποίησεν ταῦτα πάντα;* ➤ Isa 66,2

ὀφειλέτης	Syn 3	Mt 2	Mk	Lk 1	Acts	Jn	1-3John	Paul 4	Eph	Col
	NT 7	2Thess	1/2Tim	Tit	Heb	Jas	1Pet	2Pet	Jude	Rev

debtor; one who is obligated; one who is guilty; one who is culpable; sinner

201	**Mt 6,12** →Mt 6,14 →Mk 11,25 →Mt 18,33	καὶ ἄφες ἡμῖν τὰ ὀφειλήματα ἡμῶν, ὡς καὶ ἡμεῖς ἀφήκαμεν **τοῖς ὀφειλέταις ἡμῶν·**		**Lk 11,4**	καὶ ἄφες ἡμῖν τὰς ἁμαρτίας ἡμῶν, καὶ γὰρ αὐτοὶ ἀφίομεν **παντὶ ὀφείλοντι ἡμῖν·** ...
200	**Mt 18,24**	ἀρξαμένου δὲ αὐτοῦ συναίρειν προσηνέχθη αὐτῷ **εἷς ὀφειλέτης μυρίων ταλάντων.**			
002				**Lk 13,4**	ἢ ἐκεῖνοι οἱ δεκαοκτὼ ἐφ' οὓς ἔπεσεν ὁ πύργος ἐν τῷ Σιλωὰμ καὶ ἀπέκτεινεν αὐτούς, δοκεῖτε ὅτι αὐτοὶ **ὀφειλέται** ἐγένοντο παρὰ πάντας τοὺς ἀνθρώπους τοὺς κατοικοῦντας Ἰερουσαλήμ;

ὀφειλή	Syn 1	Mt 1	Mk	Lk	Acts	Jn	1-3John	Paul 2	Eph	Col
	NT 3	2Thess	1/2Tim	Tit	Heb	Jas	1Pet	2Pet	Jude	Rev

obligation; duty; one's due; debt; guilt

200	**Mt 18,32**	... δοῦλε πονηρέ, **πᾶσαν τὴν ὀφειλὴν ἐκείνην** ἀφῆκά σοι, ἐπεὶ παρεκάλεσάς με·	

ὀφείλημα	Syn 1	Mt 1	Mk	Lk	Acts	Jn	1-3John	Paul 1	Eph	Col
	NT 2	2Thess	1/2Tim	Tit	Heb	Jas	1Pet	2Pet	Jude	Rev

debt; what is owed; one's due; sin

201	**Mt 6,12** →Mt 6,14 →Mk 11,25 →Mt 18,33	καὶ ἄφες ἡμῖν **τὰ ὀφειλήματα ἡμῶν,** ὡς καὶ ἡμεῖς ἀφήκαμεν τοῖς ὀφειλέταις ἡμῶν·		**Lk 11,4**	καὶ ἄφες ἡμῖν **τὰς ἁμαρτίας ἡμῶν,** καὶ γὰρ αὐτοὶ ἀφίομεν παντὶ ὀφείλοντι ἡμῖν· ...

ὀφείλω	Syn 11	Mt 6	Mk	Lk 5	Acts 1	Jn 2	1-3John 4	Paul 11	Eph 1	Col
	NT 35	2Thess 2	1/2Tim	Tit	Heb 3	Jas	1Pet	2Pet	Jude	Rev

owe; be indebted; be obligated; one must; one ought

	triple tradition																	double tradition			Sonder-gut		
		+Mt / +Lk			–Mt / –Lk			traditions not taken over by Mt / Lk							subtotals								
code	222	211	112	212	221	122	121	022	012	021	220	120	210	020	Σ⁺	Σ⁻	Σ	202	201	102	200	002	total
Mt																					6		6
Mk																							
Lk																				1		4	5

002				Lk 7,41	δύο χρεοφειλέται ἦσαν δανιστῇ τινι· ὁ εἷς ὤφειλεν δηνάρια πεντακόσια, ὁ δὲ ἕτερος πεντήκοντα.	
200 200	Mt 18,28 (2)	ἐξελθὼν δὲ ὁ δοῦλος ἐκεῖνος εὗρεν ἕνα τῶν συνδούλων αὐτοῦ, ὃς ὤφειλεν αὐτῷ ἑκατὸν δηνάρια, καὶ κρατήσας αὐτὸν ἔπνιγεν λέγων· ἀπόδος εἴ τι ὀφείλεις.				
200	Mt 18,30	ὁ δὲ οὐκ ἤθελεν ἀλλὰ ἀπελθὼν ἔβαλεν αὐτὸν εἰς φυλακὴν ἕως ἀποδῷ τὸ ὀφειλόμενον.				
200	Mt 18,34 → Mt 5,25-26 → Lk 12,58-59	καὶ ὀργισθεὶς ὁ κύριος αὐτοῦ παρέδωκεν αὐτὸν τοῖς βασανισταῖς ἕως οὗ ἀποδῷ πᾶν τὸ ὀφειλόμενον.				
102	Mt 6,12 → Mt 6,14 → Mk 11,25 → Mt 18,33	καὶ ἄφες ἡμῖν τὰ ὀφειλήματα ἡμῶν, ὡς καὶ ἡμεῖς ἀφήκαμεν τοῖς ὀφειλέταις ἡμῶν·		Lk 11,4	καὶ ἄφες ἡμῖν τὰς ἁμαρτίας ἡμῶν, καὶ γὰρ αὐτοὶ ἀφίομεν παντὶ ὀφείλοντι ἡμῖν· ...	
002				Lk 16,5	καὶ προσκαλεσάμενος ἕνα ἕκαστον τῶν χρεοφειλετῶν τοῦ κυρίου ἑαυτοῦ ἔλεγεν τῷ πρώτῳ· πόσον ὀφείλεις τῷ κυρίῳ μου;	
002				Lk 16,7	ἔπειτα ἑτέρῳ εἶπεν· σὺ δὲ πόσον ὀφείλεις; ὁ δὲ εἶπεν· ἑκατὸν κόρους σίτου. ...	
002				Lk 17,10	οὕτως καὶ ὑμεῖς, ὅταν ποιήσητε πάντα τὰ διαταχθέντα ὑμῖν, λέγετε ὅτι δοῦλοι ἀχρεῖοί ἐσμεν, ὃ ὠφείλομεν ποιῆσαι πεποιήκαμεν.	

code	Mt		Mk		Lk		
200	**Mt 23,16**	οὐαὶ ὑμῖν, ὁδηγοὶ τυφλοὶ οἱ λέγοντες· ὃς ἂν ὀμόσῃ ἐν τῷ ναῷ, οὐδέν ἐστιν· ὃς δ' ἂν ὀμόσῃ ἐν τῷ χρυσῷ τοῦ ναοῦ **ὀφείλει.**					
200	**Mt 23,18**	καί· ὃς ἂν ὀμόσῃ ἐν τῷ θυσιαστηρίῳ, οὐδέν ἐστιν· ὃς δ' ἂν ὀμόσῃ ἐν τῷ δώρῳ τῷ ἐπάνω αὐτοῦ, **ὀφείλει.**					

Acts 17,29 γένος οὖν ὑπάρχοντες
τοῦ θεοῦ
οὐκ ὀφείλομεν
νομίζειν χρυσῷ ἢ ἀργύρῳ
ἢ λίθῳ, χαράγματι
τέχνης καὶ ἐνθυμήσεως
ἀνθρώπου, τὸ θεῖον εἶναι
ὅμοιον.

ὀφθαλμός

	Syn	Mt	Mk	Lk	Acts	Jn	1-3John	Paul	Eph	Col
	48	24	7	17	7	18	3	10	1	
	NT	2Thess	1/2Tim	Tit	Heb	Jas	1Pet	2Pet	Jude	Rev
	100				1		1	1		10

eye

	triple tradition																	double tradition			Sondergut		
		+Mt / +Lk			−Mt / −Lk			traditions not taken over by Mt / Lk							subtotals								
code	*222*	*211*	*112*	*212*	*221*	*122*	*121*	*022*	*012*	*021*	*220*	*120*	*210*	*020*	Σ⁺	Σ⁻	Σ	*202*	*201*	*102*	*200*	*002*	total
Mt		2^+									4	2^-			2^+	2^-	6	9	1		8		**24**
Mk											4	2		1			7						**7**
Lk																		9		1		7	**17**

a ὀφθαλμός and ὁράω / εἶδον
b ὀφθαλμός and (ἀνα-, δια-)βλέπω
c ὀφθαλμός and ἀτενίζω
d ὀφθαλμός and ἀνοίγω / διανοίγω
e ὀφθαλμὸς and πονηρός
f ὀφθαλμός and ἐπαίρω

code	Mt		Mk		Lk		
a 002					**Lk 2,30**	ὅτι εἶδον **οἱ ὀφθαλμοί μου** τὸ σωτήριόν σου	
c 002					**Lk 4,20**	καὶ πτύξας τὸ βιβλίον ἀποδοὺς τῷ ὑπηρέτῃ ἐκάθισεν· καὶ **πάντων οἱ ὀφθαλμοὶ** ἐν τῇ συναγωγῇ ἦσαν ἀτενίζοντες αὐτῷ.	
f 102	**Mt 5,2**	[1] ... προσῆλθαν αὐτῷ οἱ μαθηταὶ αὐτοῦ· [2] καὶ ἀνοίξας **τὸ στόμα** **αὐτοῦ** ἐδίδασκεν αὐτοὺς λέγων· [3] μακάριοι οἱ πτωχοὶ τῷ πνεύματι, ...			**Lk 6,20**	καὶ αὐτὸς ἐπάρας **τοὺς ὀφθαλμοὺς** **αὐτοῦ** εἰς τοὺς μαθητὰς αὐτοῦ ἔλεγεν· μακάριοι οἱ πτωχοί, ...	
200	**Mt 5,29** ⇩ Mt 18,9	εἰ δὲ **ὁ ὀφθαλμός σου** **ὁ δεξιὸς** σκανδαλίζει σε, ἔξελε αὐτὸν καὶ βάλε ἀπὸ σοῦ· συμφέρει γάρ σοι ἵνα ἀπόληται ἓν τῶν μελῶν σου καὶ μὴ ὅλον τὸ σῶμά σου βληθῇ εἰς γέενναν.	**Mk 9,47** (2)	καὶ ἐὰν **ὁ ὀφθαλμός σου** σκανδαλίζῃ σε, ἔκβαλε αὐτόν· καλόν σέ ἐστιν μονόφθαλμον εἰσελθεῖν εἰς τὴν βασιλείαν τοῦ θεοῦ ἢ δύο ὀφθαλμοὺς ἔχοντα βληθῆναι εἰς τὴν γέενναν			

	Mt		Mk		Lk		
200 200	**Mt 5,38** (2)	ἠκούσατε ὅτι ἐρρέθη· *ὀφθαλμὸν* *ἀντὶ ὀφθαλμοῦ* καὶ *ὀδόντα ἀντὶ ὀδόντος.* ➤ Exod 21,24/Lev 24,20/Deut 19,21					
202 202	**Mt 6,22** (2)	ὁ λύχνος τοῦ σώματός ἐστιν **ὁ ὀφθαλμός.** ἐὰν οὖν ᾖ **ὁ ὀφθαλμός σου** ἁπλοῦς, ὅλον τὸ σῶμά σου φωτεινὸν ἔσται·			**Lk 11,34** (2)	ὁ λύχνος τοῦ σώματός ἐστιν **ὁ ὀφθαλμός σου.** ὅταν **ὁ ὀφθαλμός σου** ἁπλοῦς ᾖ, καὶ ὅλον τὸ σῶμά σου φωτεινόν ἐστιν·	→ GTh 24 (POxy 655 - restoration)
e 201	**Mt 6,23**	ἐὰν δὲ **ὁ ὀφθαλμός σου** πονηρὸς ᾖ, ὅλον τὸ σῶμά σου σκοτεινὸν ἔσται. ...				ἐπὰν δὲ πονηρὸς ᾖ, καὶ τὸ σῶμά σου σκοτεινόν.	
b 202 202	**Mt 7,3** (2)	τί δὲ βλέπεις τὸ κάρφος τὸ **ἐν τῷ ὀφθαλμῷ τοῦ ἀδελφοῦ σου,** τὴν δὲ **ἐν τῷ σῷ ὀφθαλμῷ** δοκὸν οὐ κατανοεῖς;			**Lk 6,41** (2)	τί δὲ βλέπεις τὸ κάρφος τὸ **ἐν τῷ ὀφθαλμῷ τοῦ ἀδελφοῦ σου,** τὴν δὲ δοκὸν τὴν **ἐν τῷ ἰδίῳ ὀφθαλμῷ** οὐ κατανοεῖς;	→ GTh 26
202 *b* 202	**Mt 7,4** (2)	ἢ πῶς ἐρεῖς τῷ ἀδελφῷ σου· ἄφες ἐκβάλω τὸ κάρφος **ἐκ τοῦ ὀφθαλμοῦ σου,** καὶ ἰδοὺ ἡ δοκὸς **ἐν τῷ ὀφθαλμῷ σοῦ;**			**Lk 6,42** (4)	πῶς δύνασαι λέγειν τῷ ἀδελφῷ σου· ἀδελφέ, ἄφες ἐκβάλω τὸ κάρφος τὸ **ἐν τῷ ὀφθαλμῷ σου,** αὐτὸς τὴν **ἐν τῷ ὀφθαλμῷ σοῦ** δοκὸν οὐ βλέπων;	→ GTh 26
202 *b* 202	**Mt 7,5** (2)	ὑποκριτά, ἔκβαλε πρῶτον **ἐκ τοῦ ὀφθαλμοῦ σοῦ** τὴν δοκόν, καὶ τότε διαβλέψεις ἐκβαλεῖν τὸ κάρφος **ἐκ τοῦ ὀφθαλμοῦ τοῦ ἀδελφοῦ σου.**				ὑποκριτά, ἔκβαλε πρῶτον τὴν δοκὸν **ἐκ τοῦ ὀφθαλμοῦ σοῦ,** καὶ τότε διαβλέψεις τὸ κάρφος τὸ **ἐν τῷ ὀφθαλμῷ τοῦ ἀδελφοῦ σου** ἐκβαλεῖν.	→ GTh 26 (POxy 1)
200	**Mt 9,29** ⇩ Mt 20,34 → Mk 8,23 ↓ Mk 8,25	τότε ἥψατο **τῶν ὀφθαλμῶν αὐτῶν** λέγων· κατὰ τὴν πίστιν ὑμῶν γενηθήτω ὑμῖν.	**Mk 10,52**	καὶ ὁ Ἰησοῦς εἶπεν αὐτῷ· ὕπαγε, ἡ πίστις σου σέσωκέν σε.	**Lk 18,42**	καὶ ὁ Ἰησοῦς εἶπεν αὐτῷ· ἀνάβλεψον· ἡ πίστις σου σέσωκέν σε.	
d 200	**Mt 9,30** ⇩ Mt 20,34 ↓ Mt 20,33	καὶ **ἠνεῴχθησαν αὐτῶν οἱ ὀφθαλμοί.** καὶ ἐνεβριμήθη αὐτοῖς ὁ Ἰησοῦς λέγων· ὁρᾶτε μηδεὶς γινωσκέτω.		καὶ εὐθὺς **ἀνέβλεψεν,** καὶ ἠκολούθει αὐτῷ ἐν τῇ ὁδῷ.	**Lk 18,43**	καὶ παραχρῆμα **ἀνέβλεψεν** καὶ ἠκολούθει αὐτῷ δοξάζων τὸν θεόν. ...	
	Mt 20,34 ⇧ Mt 9,29	σπλαγχνισθεὶς δὲ ὁ Ἰησοῦς ἥψατο **τῶν ὀμμάτων αὐτῶν,** καὶ εὐθέως ἀνέβλεψαν καὶ ἠκολούθησαν αὐτῷ.					

	Mt		Mk		Lk		
    200 a 200	**Mt 13,15** (2) → Mk 4,12	*ἐπαχύνθη γὰρ ἡ καρδία τοῦ λαοῦ τούτου, καὶ τοῖς ὠσὶν βαρέως ἤκουσαν καὶ* **τοὺς ὀφθαλμοὺς αὐτῶν** *ἐκάμμυσαν, μήποτε ἴδωσιν* **τοῖς ὀφθαλμοῖς** *καὶ τοῖς ὠσὶν ἀκούσωσιν καὶ τῇ καρδίᾳ συνῶσιν καὶ ἐπιστρέψωσιν καὶ ἰάσομαι αὐτούς.* ➤ Isa 6,10 LXX					→ Jn 12,40 → Acts 28,27
b 202	**Mt 13,16**	**ὑμῶν δὲ μακάριοι οἱ ὀφθαλμοὶ** ὅτι βλέπουσιν καὶ τὰ ὦτα ὑμῶν ὅτι ἀκούουσιν.			**Lk 10,23**	... **μακάριοι οἱ ὀφθαλμοὶ** οἱ βλέποντες ἃ βλέπετε.	→ GTh 38 (POxy 655 - restoration)
e 120	**Mt 15,19**	ἐκ γὰρ τῆς καρδίας ἐξέρχονται διαλογισμοὶ πονηροί, φόνοι, μοιχεῖαι, πορνεῖαι, κλοπαί, ψευδομαρτυρίαι, βλασφημίαι.	**Mk 7,22**	[21] ἔσωθεν γὰρ ἐκ τῆς καρδίας τῶν ἀνθρώπων οἱ διαλογισμοὶ οἱ κακοὶ ἐκπορεύονται, πορνεῖαι, κλοπαί, φόνοι, [22] μοιχεῖαι, πλεονεξίαι, πονηρίαι, δόλος, ἀσέλγεια, **ὀφθαλμὸς πονηρός,** βλασφημία, ὑπερηφανία, ἀφροσύνη·			→ GTh 14,5
b 120	**Mt 16,9**	 ... οὐδὲ μνημονεύετε ...	**Mk 8,18** → Mk 4,12	***ὀφθαλμοὺς*** *ἔχοντες οὐ βλέπετε καὶ ὦτα ἔχοντες οὐκ ἀκούετε;* καὶ οὐ μνημονεύετε ➤ Jer 5,21			
b 020			**Mk 8,25** ↑ Mt 9,29 ↑ Mt 20,34	εἶτα πάλιν ἐπέθηκεν τὰς χεῖρας **ἐπὶ τοὺς ὀφθαλμοὺς αὐτοῦ,** καὶ διέβλεψεν καὶ ἀπεκατέστη καὶ ἐνέβλεπεν τηλαυγῶς ἅπαντα.			
a f 211	**Mt 17,8**	 **ἐπάραντες δὲ τοὺς ὀφθαλμοὺς αὐτῶν** οὐδένα εἶδον εἰ μὴ αὐτὸν Ἰησοῦν μόνον.	**Mk 9,8**	καὶ ἐξάπινα **περιβλεψάμενοι** οὐκέτι οὐδένα εἶδον ἀλλὰ τὸν Ἰησοῦν μόνον μεθ' ἑαυτῶν.	**Lk 9,36**	καὶ ἐν τῷ γενέσθαι τὴν φωνὴν εὑρέθη Ἰησοῦς μόνος. ...	
 220 220	**Mt 18,9** (2) ⇑ Mt 5,29	καὶ εἰ **ὁ ὀφθαλμός σου** σκανδαλίζει σε, ἔξελε αὐτὸν καὶ βάλε ἀπὸ σοῦ· καλόν σοί ἐστιν μονόφθαλμον εἰς τὴν ζωὴν εἰσελθεῖν ἢ **δύο ὀφθαλμοὺς** ἔχοντα βληθῆναι εἰς τὴν γέενναν τοῦ πυρός.	**Mk 9,47** (2)	καὶ ἐὰν **ὁ ὀφθαλμός σου** σκανδαλίζῃ σε, ἔκβαλε αὐτόν· καλόν σέ ἐστιν μονόφθαλμον εἰσελθεῖν εἰς τὴν βασιλείαν τοῦ θεοῦ ἢ **δύο ὀφθαλμοὺς** ἔχοντα βληθῆναι εἰς τὴν γέενναν			
b 202	**Mt 13,16**	**ὑμῶν δὲ μακάριοι οἱ ὀφθαλμοὶ** ὅτι βλέπουσιν καὶ τὰ ὦτα ὑμῶν ὅτι ἀκούουσιν.			**Lk 10,23**	... **μακάριοι οἱ ὀφθαλμοὶ** οἱ βλέποντες ἃ βλέπετε.	→ GTh 38 (POxy 655 - restoration)

	Mt		Mk		Lk		
202 202	Mt 6,22 (2)	ὁ λύχνος τοῦ σώματός ἐστιν **ὁ ὀφθαλμός.** ἐὰν οὖν ᾖ **ὁ ὀφθαλμός σου** ἁπλοῦς, ὅλον τὸ σῶμά σου φωτεινὸν ἔσται·			Lk 11,34 (2)	ὁ λύχνος τοῦ σώματός ἐστιν **ὁ ὀφθαλμός σου.** ὅταν **ὁ ὀφθαλμός σου** ἁπλοῦς ᾖ, καὶ ὅλον τὸ σῶμά σου φωτεινόν ἐστιν· ...	→ GTh 24 (POxy 655 - restoration)
a f 002					Lk 16,23	καὶ ἐν τῷ ᾅδῃ ἐπάρας **τοὺς ὀφθαλμοὺς αὐτοῦ,** ὑπάρχων ἐν βασάνοις, ὁρᾷ Ἀβραὰμ ἀπὸ μακρόθεν καὶ Λάζαρον ἐν τοῖς κόλποις αὐτοῦ.	
f 002					Lk 18,13	ὁ δὲ τελώνης μακρόθεν ἑστὼς οὐκ ἤθελεν **οὐδὲ τοὺς ὀφθαλμοὺς** ἐπᾶραι εἰς τὸν οὐρανόν, ἀλλ᾽ ἔτυπτεν τὸ στῆθος αὐτοῦ λέγων· ὁ θεός, ἱλάσθητί μοι τῷ ἁμαρτωλῷ.	
e 200	Mt 20,15	[ἢ] οὐκ ἔξεστίν μοι ὃ θέλω ποιῆσαι ἐν τοῖς ἐμοῖς; ἢ **ὁ ὀφθαλμός σου** πονηρός ἐστιν ὅτι ἐγὼ ἀγαθός εἰμι;					
d 211	Mt 20,33 ⇨ Mt 9,28 ↑ Mt 9,30	λέγουσιν αὐτῷ· κύριε, ἵνα ἀνοιγῶσιν **οἱ ὀφθαλμοὶ ἡμῶν.**	Mk 10,51	... ὁ δὲ τυφλὸς εἶπεν αὐτῷ· ῥαββουνι, ἵνα ἀναβλέψω.	Lk 18,41	... ὁ δὲ εἶπεν· κύριε, ἵνα ἀναβλέψω.	
002					Lk 19,42	λέγων ὅτι εἰ ἔγνως ἐν τῇ ἡμέρᾳ ταύτῃ καὶ σὺ τὰ πρὸς εἰρήνην· νῦν δὲ ἐκρύβη **ἀπὸ ὀφθαλμῶν σου.**	
220	Mt 21,42	... *παρὰ κυρίου ἐγένετο αὕτη καὶ ἔστιν θαυμαστὴ* ***ἐν ὀφθαλμοῖς ἡμῶν;*** ➢ Ps 118,23	Mk 12,11	*παρὰ κυρίου ἐγένετο αὕτη καὶ ἔστιν θαυμαστὴ* ***ἐν ὀφθαλμοῖς ἡμῶν;*** ➢ Ps 118,23			
220	Mt 26,43	καὶ ἐλθὼν πάλιν εὗρεν αὐτοὺς καθεύδοντας, ἦσαν γὰρ **αὐτῶν οἱ ὀφθαλμοὶ** βεβαρημένοι.	Mk 14,40	καὶ πάλιν ἐλθὼν εὗρεν αὐτοὺς καθεύδοντας, ἦσαν γὰρ **αὐτῶν οἱ ὀφθαλμοὶ** καταβαρυνόμενοι, ...			
002					Lk 24,16	**οἱ δὲ ὀφθαλμοὶ αὐτῶν** ἐκρατοῦντο τοῦ μὴ ἐπιγνῶναι αὐτόν.	
d 002					Lk 24,31	αὐτῶν δὲ διηνοίχθησαν **οἱ ὀφθαλμοὶ** καὶ ἐπέγνωσαν αὐτόν· καὶ αὐτὸς ἄφαντος ἐγένετο ἀπ᾽ αὐτῶν.	

a ὀφθαλμός and ὁράω / εἶδον
b ὀφθαλμός and (ἀνα-, δια-)βλέπω
c ὀφθαλμός and ἀτενίζω
d ὀφθαλμός and ἀνοίγω / διανοίγω
e ὀφθαλμὸς and πονηρός
f ὀφθαλμός and ἐπαίρω

b	Acts 1,9 → Lk 9,51 → Lk 24,51	καὶ ταῦτα εἰπὼν βλεπόντων αὐτῶν ἐπήρθη καὶ νεφέλη ὑπέλαβεν αὐτὸν **ἀπὸ τῶν ὀφθαλμῶν αὐτῶν.**
b d	Acts 9,8	ἠγέρθη δὲ Σαῦλος ἀπὸ τῆς γῆς, ἀνεῳγμένων δὲ **τῶν ὀφθαλμῶν αὐτοῦ** οὐδὲν ἔβλεπεν· χειραγωγοῦντες δὲ αὐτὸν εἰσήγαγον εἰς Δαμασκόν.

b	**Acts 9,18**	καὶ εὐθέως ἀπέπεσαν αὐτοῦ **ἀπὸ τῶν ὀφθαλμῶν** ὡς λεπίδες, ἀνέβλεψέν τε, καὶ ἀναστὰς ἐβαπτίσθη
a d	**Acts 9,40**	... Ταβιθά, ἀνάστηθι. ἡ δὲ ἤνοιξεν **τοὺς ὀφθαλμοὺς αὐτῆς,** καὶ ἰδοῦσα τὸν Πέτρον ἀνεκάθισεν.
d	**Acts 26,18**	[17] ... ἐγὼ ἀποστέλλω σε [18] ἀνοῖξαι **ὀφθαλμοὺς αὐτῶν,** τοῦ ἐπιστρέψαι ἀπὸ σκότους εἰς φῶς καὶ τῆς ἐξουσίας τοῦ σατανᾶ ἐπὶ τὸν θεόν, ...
a	**Acts 28,27 (2)** → Mt 13,15	*ἐπαχύνθη γὰρ ἡ καρδία τοῦ λαοῦ τούτου καὶ τοῖς ὠσὶν βαρέως ἤκουσαν καὶ* ***τοὺς ὀφθαλμοὺς αὐτῶν*** *ἐκάμμυσαν· μήποτε ἴδωσιν* ***τοῖς ὀφθαλμοῖς*** *καὶ τοῖς ὠσὶν ἀκούσωσιν καὶ τῇ καρδίᾳ συνῶσιν καὶ ἐπιστρέψωσιν, καὶ ἰάσομαι αὐτούς.* ➤ Isa 6,10 LXX

ὄφις	Syn 5	Mt 3	Mk	Lk 2	Acts	Jn 1	1-3John	Paul 2	Eph	Col
	NT 13	2Thess	1/2Tim	Tit	Heb	Jas	1Pet	2Pet	Jude	Rev 5

snake; serpent; devil

	Mt		Mk		Lk		
002					**Lk 10,19**	ἰδοὺ δέδωκα ὑμῖν τὴν ἐξουσίαν τοῦ πατεῖν **ἐπάνω ὄφεων καὶ σκορπίων,** καὶ ἐπὶ πᾶσαν τὴν δύναμιν τοῦ ἐχθροῦ, καὶ οὐδὲν ὑμᾶς οὐ μὴ ἀδικήσῃ.	
202	**Mt 7,10**	[9] ἢ τίς ἐστιν ἐξ ὑμῶν ἄνθρωπος, ὃν αἰτήσει ὁ υἱὸς αὐτοῦ ἄρτον, μὴ λίθον ἐπιδώσει αὐτῷ; [10] ἢ καὶ ἰχθὺν αἰτήσει, μὴ **ὄφιν** ἐπιδώσει αὐτῷ;			**Lk 11,11**	τίνα δὲ ἐξ ὑμῶν τὸν πατέρα αἰτήσει ὁ υἱὸς ἰχθύν, καὶ ἀντὶ ἰχθύος **ὄφιν** αὐτῷ ἐπιδώσει; [12] ἢ καὶ αἰτήσει ᾠόν, ἐπιδώσει αὐτῷ σκορπίον;	
200	**Mt 10,16**	... γίνεσθε οὖν φρόνιμοι **ὡς οἱ ὄφεις** καὶ ἀκέραιοι ὡς αἱ περιστεραί.					→ GTh 39,3 **(POxy 655)**
200	**Mt 23,33** → Mt 3,7 → Lk 3,7 → Mt 12,34	**ὄφεις,** γεννήματα ἐχιδνῶν, πῶς φύγητε ἀπὸ τῆς κρίσεως τῆς γεέννης;					

ὀφρῦς	Syn 1	Mt	Mk	Lk 1	Acts	Jn	1-3John	Paul	Eph	Col
	NT 1	2Thess	1/2Tim	Tit	Heb	Jas	1Pet	2Pet	Jude	Rev

brow; edge

	Mt		Mk		Lk		
002					**Lk 4,29**	... ἤγαγον αὐτὸν **ἕως ὀφρύος τοῦ ὄρους** ἐφ' οὗ ἡ πόλις ᾠκοδόμητο αὐτῶν, ...	

ὄχλος	Syn 129	Mt 50	Mk 38	Lk 41	Acts 22	Jn 20	1-3John	Paul	Eph	Col
	NT 175	2Thess	1/2Tim	Tit	Heb	Jas	1Pet	2Pet	Jude	Rev 4

crowd; throng; multitude; (common) people; populace; large number

	triple tradition																	double tradition			Sondergut		
		+Mt / +Lk			–Mt / –Lk			traditions not taken over by Mt / Lk							subtotals								
code	*222*	*211*	*112*	*212*	*221*	*122*	*121*	*022*	*012*	*021*	*220*	*120*	*210*	*020*	Σ⁺	Σ⁻	Σ	*202*	*201*	*102*	*200*	*002*	total
Mt	3	13⁺		3⁺	9	3⁻	6⁻				6	3⁻	8⁺		24⁺	12⁻	42	2			6		**50**
Mk	3				9	3	6	3		1	6	3		4			38						**38**
Lk	3		6⁺	3⁺	9⁻	3	6⁻	3	3⁺	1⁻					12⁺	16⁻	21	2		4		14	**41**

a ὄχλος πολύς
b ὄχλοι πολλοί
c πᾶς ὁ ὄχλος
d πάντες (...) οἱ ὄχλοι
e ὄχλος (...) ἱκανός
f ὄχλος πλεῖστος

code	Mt		Mk		Lk		
102	**Mt 3,7** → Mt 12,34 → Mt 23,33	ἰδὼν δὲ **πολλοὺς τῶν Φαρισαίων καὶ Σαδδουκαίων ἐρχομένους** ἐπὶ τὸ βάπτισμα αὐτοῦ εἶπεν αὐτοῖς· γεννήματα ἐχιδνῶν, ...			**Lk 3,7** → Mk 1,5	ἔλεγεν οὖν **τοῖς ἐκπορευομένοις ὄχλοις** βαπτισθῆναι ὑπ' αὐτοῦ· γεννήματα ἐχιδνῶν, ...	
002					**Lk 3,10**	καὶ ἐπηρώτων αὐτὸν **οἱ ὄχλοι** λέγοντες· τί οὖν ποιήσωμεν;	
012			**Mk 1,36** ↓ Mk 1,45	καὶ κατεδίωξεν αὐτὸν **Σίμων καὶ οἱ μετ' αὐτοῦ,** [37] καὶ εὗρον αὐτὸν καὶ λέγουσιν αὐτῷ ὅτι πάντες ζητοῦσίν σε.	**Lk 4,42** ↓ Lk 5,15 ↓ Lk 5,16	... καὶ **οἱ ὄχλοι** ἐπεζήτουν αὐτὸν καὶ ἦλθον ἕως αὐτοῦ καὶ κατεῖχον αὐτὸν τοῦ μὴ πορεύεσθαι ἀπ' αὐτῶν.	
002	**Mt 4,18**	περιπατῶν δὲ παρὰ τὴν θάλασσαν τῆς Γαλιλαίας ...	**Mk 1,16**	καὶ παράγων παρὰ τὴν θάλασσαν τῆς Γαλιλαίας ...	**Lk 5,1** → Mt 13,1-2 ↓ Mk 3,9 ↓ Mk 4,1 ↓ Lk 8,4	ἐγένετο δὲ ἐν τῷ **τὸν ὄχλον** ἐπικεῖσθαι αὐτῷ καὶ ἀκούειν τὸν λόγον τοῦ θεοῦ καὶ αὐτὸς ἦν ἑστὼς παρὰ τὴν λίμνην Γεννησαρέτ	
002	**Mt 13,3**	καὶ ἐλάλησεν **αὐτοῖς** πολλὰ ἐν παραβολαῖς ...	**Mk 4,2**	καὶ ἐδίδασκεν **αὐτοὺς** ἐν παραβολαῖς πολλὰ ...	**Lk 5,3** ⇩ Lk 8,4	... καθίσας δὲ ἐκ τοῦ πλοίου ἐδίδασκεν **τοὺς ὄχλους.**	
b 012			**Mk 1,45** → Mt 9,31 → Mk 1,35 ↑ Mk 1,36 ↑ Mk 1,37	... καὶ διαφημίζειν τὸν λόγον, ὥστε μηκέτι αὐτὸν δύνασθαι φανερῶς εἰς πόλιν εἰσελθεῖν, ἀλλ' ἔξω ἐπ' ἐρήμοις τόποις ἦν· καὶ ἤρχοντο πρὸς αὐτὸν πάντοθεν.	**Lk 5,15** ↑ Lk 4,42 → Lk 6,18 → Lk 7,17	διήρχετο δὲ μᾶλλον ὁ λόγος περὶ αὐτοῦ, καὶ συνήρχοντο **ὄχλοι πολλοὶ** ἀκούειν καὶ θεραπεύεσθαι ἀπὸ τῶν ἀσθενειῶν αὐτῶν· [16] αὐτὸς δὲ ἦν ὑποχωρῶν ἐν ταῖς ἐρήμοις καὶ προσευχόμενος.	

022			Mk 2,4	καὶ μὴ δυνάμενοι προσενέγκαι αὐτῷ **διὰ τὸν ὄχλον** ἀπεστέγασαν τὴν στέγην ὅπου ἦν, καὶ ἐξορύξαντες χαλῶσι τὸν κράβαττον ὅπου ὁ παραλυτικὸς κατέκειτο.	Lk 5,19	καὶ μὴ εὑρόντες ποίας εἰσενέγκωσιν αὐτὸν **διὰ τὸν ὄχλον,** ἀναβάντες ἐπὶ τὸ δῶμα διὰ τῶν κεράμων καθῆκαν αὐτὸν σὺν τῷ κλινιδίῳ εἰς τὸ μέσον ἔμπροσθεν τοῦ Ἰησοῦ.	
c 020			Mk 2,13 ↓ Mt 13,2 ↓ Mk 4,1	... καὶ **πᾶς ὁ ὄχλος** ἤρχετο πρὸς αὐτόν, καὶ ἐδίδασκεν αὐτούς.			
a 112	Mt 9,10	καὶ ἐγένετο αὐτοῦ ἀνακειμένου ἐν τῇ οἰκίᾳ, καὶ ἰδοὺ **πολλοὶ τελῶναι καὶ** **ἁμαρτωλοὶ** ἐλθόντες συνανέκειντο τῷ Ἰησοῦ καὶ τοῖς μαθηταῖς αὐτοῦ.	Mk 2,15	καὶ γίνεται κατακεῖσθαι αὐτὸν ἐν τῇ οἰκίᾳ αὐτοῦ, καὶ **πολλοὶ τελῶναι καὶ** **ἁμαρτωλοὶ** συνανέκειντο τῷ Ἰησοῦ καὶ τοῖς μαθηταῖς αὐτοῦ· ἦσαν γὰρ πολλοὶ καὶ ἠκολούθουν αὐτῷ.	Lk 5,29 → Lk 15,1	καὶ ἐποίησεν δοχὴν μεγάλην Λευὶς αὐτῷ ἐν τῇ οἰκίᾳ αὐτοῦ, καὶ ἦν **ὄχλος πολὺς** **τελωνῶν καὶ ἄλλων** οἳ ἦσαν μετ' αὐτῶν κατακείμενοι.	
a 112	Mt 12,15 ⇩ Mt 4,25	ὁ δὲ Ἰησοῦς γνοὺς ἀνεχώρησεν ἐκεῖθεν. καὶ ἠκολούθησαν αὐτῷ [ὄχλοι] πολλοί, ...	Mk 3,7	καὶ ὁ Ἰησοῦς **μετὰ τῶν μαθητῶν** **αὐτοῦ** ἀνεχώρησεν πρὸς τὴν θάλασσαν,	Lk 6,17	καὶ καταβὰς μετ' αὐτῶν ἔστη ἐπὶ τόπου πεδινοῦ, **καὶ ὄχλος πολὺς** **μαθητῶν αὐτοῦ,**	
b 211	Mt 4,25 ⇩ Mt 12,15	καὶ ἠκολούθησαν αὐτῷ **ὄχλοι πολλοὶ** ἀπὸ τῆς Γαλιλαίας καὶ Δεκαπόλεως καὶ Ἱεροσολύμων καὶ Ἰουδαίας καὶ πέραν τοῦ Ἰορδάνου.	→ Mt 4,24a	καὶ **πολὺ πλῆθος** ἀπὸ τῆς Γαλιλαίας [ἠκολούθησεν], καὶ ἀπὸ τῆς Ἰουδαίας [8] καὶ ἀπὸ Ἱεροσολύμων καὶ ἀπὸ τῆς Ἰδουμαίας καὶ πέραν τοῦ Ἰορδάνου καὶ περὶ Τύρον καὶ Σιδῶνα πλῆθος πολὺ ...		καὶ **πλῆθος πολὺ** **τοῦ λαοῦ** ἀπὸ πάσης τῆς Ἰουδαίας καὶ Ἰερουσαλὴμ καὶ τῆς παραλίου Τύρου καὶ Σιδῶνος	
020			Mk 3,9 ↓ Mt 13,2 ↓ Mk 4,1 ↑ Lk 5,1.3	καὶ εἶπεν τοῖς μαθηταῖς αὐτοῦ ἵνα πλοιάριον προσκαρτερῇ αὐτῷ **διὰ τὸν ὄχλον** ἵνα μὴ θλίβωσιν αὐτόν·			
c 012			Mk 3,10	... ὥστε ἐπιπίπτειν αὐτῷ ἵνα αὐτοῦ ἅψωνται ὅσοι εἶχον μάστιγας.	Lk 6,19 ↓ Mk 5,30 ↓ Lk 8,46	καὶ **πᾶς ὁ ὄχλος** ἐζήτουν ἅπτεσθαι αὐτοῦ, ὅτι δύναμις παρ' αὐτοῦ ἐξήρχετο καὶ ἰᾶτο πάντας.	
211	Mt 5,1	ἰδὼν δὲ **τοὺς ὄχλους** ἀνέβη εἰς τὸ ὄρος, ...	Mk 3,13	καὶ ἀναβαίνει εἰς τὸ ὄρος ...	Lk 6,12	ἐγένετο δὲ ἐν ταῖς ἡμέραις ταύταις ἐξελθεῖν αὐτὸν εἰς τὸ ὄρος προσεύξασθαι, ...	
211	Mt 7,28 ↓ Mt 22,33 ↓ Mk 11,18	... ἐξεπλήσσοντο **οἱ ὄχλοι** ἐπὶ τῇ διδαχῇ αὐτοῦ·	Mk 1,22	καὶ ἐξεπλήσσοντο ἐπὶ τῇ διδαχῇ αὐτοῦ· ...	Lk 4,32	καὶ ἐξεπλήσσοντο ἐπὶ τῇ διδαχῇ αὐτοῦ, ...	

	Mt		Mk		Lk		
b 200	**Mt 8,1**	καταβάντος δὲ αὐτοῦ ἀπὸ τοῦ ὄρους ἠκολούθησαν αὐτῷ ὄχλοι πολλοί.					
102	**Mt 8,10**	ἀκούσας δὲ ὁ Ἰησοῦς ἐθαύμασεν καὶ εἶπεν τοῖς ἀκολουθοῦσιν· ἀμὴν λέγω ὑμῖν, παρ' οὐδενὶ τοσαύτην πίστιν ἐν τῷ Ἰσραὴλ εὗρον.			**Lk 7,9**	ἀκούσας δὲ ταῦτα ὁ Ἰησοῦς ἐθαύμασεν αὐτὸν καὶ στραφεὶς τῷ ἀκολουθοῦντι αὐτῷ ὄχλῳ εἶπεν· λέγω ὑμῖν, οὐδὲ ἐν τῷ Ἰσραὴλ τοσαύτην πίστιν εὗρον.	
a 002					**Lk 7,11**	... καὶ συνεπορεύοντο αὐτῷ οἱ μαθηταὶ αὐτοῦ καὶ ὄχλος πολύς.	
e 002					**Lk 7,12**	... καὶ ἰδοὺ ἐξεκομίζετο τεθνηκὼς μονογενὴς υἱὸς τῇ μητρὶ αὐτοῦ καὶ αὐτὴ ἦν χήρα, καὶ ὄχλος τῆς πόλεως ἱκανὸς ἦν σὺν αὐτῇ.	
211	**Mt 8,18** ↓ Mk 4,36	ἰδὼν δὲ ὁ Ἰησοῦς ὄχλον περὶ αὐτὸν ἐκέλευσεν ἀπελθεῖν εἰς τὸ πέραν.	**Mk 4,35**	καὶ λέγει αὐτοῖς ἐν ἐκείνῃ τῇ ἡμέρᾳ ὀψίας γενομένης· διέλθωμεν εἰς τὸ πέραν.	**Lk 8,22** ↓ Mt 8,23 ↓ Mk 4,36	ἐγένετο δὲ ἐν μιᾷ τῶν ἡμερῶν καὶ αὐτὸς ἐνέβη εἰς πλοῖον καὶ οἱ μαθηταὶ αὐτοῦ καὶ εἶπεν πρὸς αὐτούς· διέλθωμεν εἰς τὸ πέραν τῆς λίμνης, καὶ ἀνήχθησαν.	
211	**Mt 9,8**	ἰδόντες δὲ οἱ ὄχλοι ἐφοβήθησαν καὶ ἐδόξασαν τὸν θεὸν τὸν δόντα ἐξουσίαν τοιαύτην τοῖς ἀνθρώποις.	**Mk 2,12**	... ὥστε ἐξίστασθαι πάντας καὶ δοξάζειν τὸν θεὸν λέγοντας ὅτι οὕτως οὐδέποτε εἴδομεν.	**Lk 5,26**	καὶ ἔκστασις ἔλαβεν ἅπαντας καὶ ἐδόξαζον τὸν θεὸν καὶ ἐπλήσθησαν φόβου λέγοντες ὅτι εἴδομεν παράδοξα σήμερον.	
211	**Mt 9,23**	καὶ ἐλθὼν ὁ Ἰησοῦς εἰς τὴν οἰκίαν τοῦ ἄρχοντος καὶ ἰδὼν τοὺς αὐλητὰς καὶ τὸν ὄχλον θορυβούμενον	**Mk 5,38**	καὶ ἔρχονται εἰς τὸν οἶκον τοῦ ἀρχισυναγώγου, καὶ θεωρεῖ θόρυβον καὶ κλαίοντας καὶ ἀλαλάζοντας πολλά	**Lk 8,52**	[51] ἐλθὼν δὲ εἰς τὴν οἰκίαν ... [52] ἔκλαιον δὲ πάντες καὶ ἐκόπτοντο αὐτήν. ...	
211	**Mt 9,25**	ὅτε δὲ ἐξεβλήθη ὁ ὄχλος εἰσελθὼν ἐκράτησεν τῆς χειρὸς αὐτῆς, ...	**Mk 5,40** → Mk 5,37 → Lk 8,51	... αὐτὸς δὲ ἐκβαλὼν πάντας ... εἰσπορεύεται ὅπου ἦν τὸ παιδίον. [41] καὶ κρατήσας τῆς χειρὸς τοῦ παιδίου ...	**Lk 8,54**	αὐτὸς δὲ κρατήσας τῆς χειρὸς αὐτῆς ...	
202	**Mt 9,33** ⇩ Mt 12,23	καὶ ἐκβληθέντος τοῦ δαιμονίου ἐλάλησεν ὁ κωφός. καὶ ἐθαύμασαν οἱ ὄχλοι ...			**Lk 11,14**	... ἐγένετο δὲ τοῦ δαιμονίου ἐξελθόντος ἐλάλησεν ὁ κωφὸς καὶ ἐθαύμασαν οἱ ὄχλοι.	
a 200	**Mt 9,36** ↓ Mt 14,14	ἰδὼν δὲ τοὺς ὄχλους ἐσπλαγχνίσθη περὶ αὐτῶν, ...	**Mk 6,34**	καὶ ἐξελθὼν εἶδεν πολὺν ὄχλον, καὶ ἐσπλαγχνίσθη ἐπ' αὐτούς, ...			

	Mt		Mk		Lk		
202	Mt 11,7	τούτων δὲ πορευομένων ἤρξατο ὁ Ἰησοῦς λέγειν **τοῖς ὄχλοις** περὶ Ἰωάννου· τί ἐξήλθατε εἰς τὴν ἔρημον θεάσασθαι; κάλαμον ὑπὸ ἀνέμου σαλευόμενον;			Lk 7,24	ἀπελθόντων δὲ τῶν ἀγγέλων Ἰωάννου ἤρξατο λέγειν **πρὸς τοὺς ὄχλους** περὶ Ἰωάννου· τί ἐξήλθατε εἰς τὴν ἔρημον θεάσασθαι; κάλαμον ὑπὸ ἀνέμου σαλευόμενον;	→ GTh 78
b 211	Mt 12,15 ⇧ Mt 4,25	ὁ δὲ Ἰησοῦς γνοὺς ἀνεχώρησεν ἐκεῖθεν. καὶ ἠκολούθησαν αὐτῷ **[ὄχλοι] πολλοί,** καὶ ἐθεράπευσεν αὐτοὺς πάντας	Mk 3,7	καὶ ὁ Ἰησοῦς μετὰ τῶν μαθητῶν αὐτοῦ ἀνεχώρησεν πρὸς τὴν θάλασσαν, ... [10] πολλοὺς γὰρ ἐθεράπευσεν, ...	Lk 6,17	καὶ καταβὰς μετ᾽ αὐτῶν ἔστη ἐπὶ τόπου πεδινοῦ, καὶ ὄχλος πολὺς μαθητῶν αὐτοῦ, ... [18] ... καὶ οἱ ἐνοχλούμενοι ἀπὸ πνευμάτων ἀκαθάρτων ἐθεραπεύοντο	
020			Mk 3,20 → Mk 2,2	... καὶ συνέρχεται πάλιν **[ὁ] ὄχλος,** ὥστε μὴ δύνασθαι αὐτοὺς μηδὲ ἄρτον φαγεῖν.			
d 200	Mt 12,23 ⇧ Mt 9,33	καὶ ἐξίσταντο **πάντες οἱ ὄχλοι** καὶ ἔλεγον· μήτι οὗτός ἐστιν ὁ υἱὸς Δαυίδ;			Lk 11,14	... καὶ ἐθαύμασαν **οἱ ὄχλοι.**	
222	Mt 12,46	ἔτι αὐτοῦ λαλοῦντος **τοῖς ὄχλοις** ἰδοὺ ἡ μήτηρ καὶ οἱ ἀδελφοὶ αὐτοῦ εἱστήκεισαν ἔξω ζητοῦντες αὐτῷ λαλῆσαι. [47] [εἶπεν δέ τις αὐτῷ· ἰδοὺ ἡ μήτηρ σου καὶ οἱ ἀδελφοί σου ἔξω ἑστήκασιν ζητοῦντές σοι λαλῆσαι.]	Mk 3,32	[31] καὶ ἔρχεται ἡ μήτηρ αὐτοῦ καὶ οἱ ἀδελφοὶ αὐτοῦ καὶ ἔξω στήκοντες ἀπέστειλαν πρὸς αὐτὸν καλοῦντες αὐτόν. [32] καὶ ἐκάθητο περὶ αὐτὸν **ὄχλος,** καὶ λέγουσιν αὐτῷ· ἰδοὺ ἡ μήτηρ σου καὶ οἱ ἀδελφοί σου [καὶ αἱ ἀδελφαί σου] ἔξω ζητοῦσίν σε.	Lk 8,19	παρεγένετο δὲ πρὸς αὐτὸν ἡ μήτηρ καὶ οἱ ἀδελφοὶ αὐτοῦ καὶ οὐκ ἠδύναντο συντυχεῖν αὐτῷ **διὰ τὸν ὄχλον.** [20] ἀπηγγέλη δὲ αὐτῷ· ἡ μήτηρ σου καὶ οἱ ἀδελφοί σου ἑστήκασιν ἔξω ἰδεῖν θέλοντές σε.	→ GTh 99 Mt 12,47 is textcritically uncertain.
b f *a* 222 *c* 221	Mt 13,2 (2) ↑ Lk 5,1	καὶ συνήχθησαν πρὸς αὐτὸν **ὄχλοι πολλοί,** ὥστε αὐτὸν εἰς πλοῖον ἐμβάντα καθῆσθαι, καὶ **πᾶς ὁ ὄχλος** ἐπὶ τὸν αἰγιαλὸν εἱστήκει. [3] καὶ ἐλάλησεν αὐτοῖς πολλὰ ἐν παραβολαῖς λέγων· ἰδοὺ ἐξῆλθεν ὁ σπείρων τοῦ σπείρειν.	Mk 4,1 (2) ↑ Lk 5,1 ↑ Mk 3,9	... καὶ συνάγεται πρὸς αὐτὸν **ὄχλος πλεῖστος,** ὥστε αὐτὸν εἰς πλοῖον ἐμβάντα καθῆσθαι ἐν τῇ θαλάσσῃ, καὶ **πᾶς ὁ ὄχλος** πρὸς τὴν θάλασσαν ἐπὶ τῆς γῆς ἦσαν. [2] καὶ ἐδίδασκεν αὐτοὺς ἐν παραβολαῖς πολλὰ καὶ ἔλεγεν αὐτοῖς ἐν τῇ διδαχῇ αὐτοῦ· [3] ἀκούετε. ἰδοὺ ἐξῆλθεν ὁ σπείρων σπεῖραι.	Lk 8,4 ⇧ Lk 5,3	συνιόντος δὲ **ὄχλου πολλοῦ** καὶ τῶν κατὰ πόλιν ἐπιπορευομένων πρὸς αὐτὸν εἶπεν διὰ παραβολῆς· [5] ἐξῆλθεν ὁ σπείρων τοῦ σπεῖραι τὸν σπόρον αὐτοῦ. ...	
210	Mt 13,34	ταῦτα πάντα ἐλάλησεν ὁ Ἰησοῦς ἐν παραβολαῖς **τοῖς ὄχλοις, ...**	Mk 4,33	καὶ τοιαύταις παραβολαῖς πολλαῖς ἐλάλει **αὐτοῖς** τὸν λόγον, καθὼς ἠδύναντο ἀκούειν·			

200	**Mt 13,36**	τότε ἀφεὶς τοὺς ὄχλους ἦλθεν εἰς τὴν οἰκίαν. ...					
222	**Mt 12,46**	ἔτι αὐτοῦ λαλοῦντος τοῖς ὄχλοις ἰδοὺ ἡ μήτηρ καὶ οἱ ἀδελφοὶ αὐτοῦ εἰστήκεισαν ἔξω ζητοῦντες αὐτῷ λαλῆσαι. [47] [εἶπεν δέ τις αὐτῷ· ἰδοὺ ἡ μήτηρ σου καὶ οἱ ἀδελφοί σου ἔξω ἑστήκασιν ζητοῦντές σοι λαλῆσαι.]	**Mk 3,32**	[31] καὶ ἔρχεται ἡ μήτηρ αὐτοῦ καὶ οἱ ἀδελφοὶ αὐτοῦ καὶ ἔξω στήκοντες ἀπέστειλαν πρὸς αὐτὸν καλοῦντες αὐτόν. [32] καὶ ἐκάθητο περὶ αὐτὸν ὄχλος, καὶ λέγουσιν αὐτῷ· ἰδοὺ ἡ μήτηρ σου καὶ οἱ ἀδελφοί σου [καὶ αἱ ἀδελφαί σου] ἔξω ζητοῦσίν σε.	**Lk 8,19**	παρεγένετο δὲ πρὸς αὐτὸν ἡ μήτηρ καὶ οἱ ἀδελφοὶ αὐτοῦ καὶ οὐκ ἠδύναντο συντυχεῖν αὐτῷ διὰ τὸν ὄχλον. [20] ἀπηγγέλη δὲ αὐτῷ· ἡ μήτηρ σου καὶ οἱ ἀδελφοί σου ἑστήκασιν ἔξω ἰδεῖν θέλοντές σε.	→ GTh 99 Mt 12,47 is textcritically uncertain.
121	**Mt 8,23**	καὶ ἐμβάντι αὐτῷ εἰς τὸ πλοῖον ἠκολούθησαν αὐτῷ οἱ μαθηταὶ αὐτοῦ.	**Mk 4,36** ↑ Mt 8,18	καὶ ἀφέντες τὸν ὄχλον παραλαμβάνουσιν αὐτὸν ὡς ἦν ἐν τῷ πλοίῳ, καὶ ἄλλα πλοῖα ἦν μετ᾽ αὐτοῦ.	**Lk 8,22**	ἐγένετο δὲ ἐν μιᾷ τῶν ἡμερῶν καὶ αὐτὸς ἐνέβη εἰς πλοῖον καὶ οἱ μαθηταὶ αὐτοῦ ...	
a 122	**Mt 9,1**	καὶ ἐμβὰς εἰς πλοῖον διεπέρασεν ...	**Mk 5,21**	καὶ διαπεράσαντος τοῦ Ἰησοῦ [ἐν τῷ πλοίῳ] πάλιν εἰς τὸ πέραν συνήχθη ὄχλος πολὺς ἐπ᾽ αὐτόν, καὶ ἦν παρὰ τὴν θάλασσαν.	**Lk 8,40**	ἐν δὲ τῷ ὑποστρέφειν τὸν Ἰησοῦν ἀπεδέξατο αὐτὸν ὁ ὄχλος· ἦσαν γὰρ πάντες προσδοκῶντες αὐτόν.	
a 122	**Mt 9,19**	καὶ ἐγερθεὶς ὁ Ἰησοῦς ἠκολούθησεν αὐτῷ καὶ οἱ μαθηταὶ αὐτοῦ.	**Mk 5,24**	καὶ ἀπῆλθεν μετ᾽ αὐτοῦ. καὶ ἠκολούθει αὐτῷ ὄχλος πολὺς καὶ συνέθλιβον αὐτόν.	**Lk 8,42**	... ἐν δὲ τῷ ὑπάγειν αὐτὸν οἱ ὄχλοι συνέπνιγον αὐτόν.	
121	**Mt 9,20** → Mt 14,36	... προσελθοῦσα ὄπισθεν ἥψατο τοῦ κρασπέδου τοῦ ἱματίου αὐτοῦ·	**Mk 5,27** → Mk 6,56	ἀκούσασα περὶ τοῦ Ἰησοῦ, ἐλθοῦσα ἐν τῷ ὄχλῳ ὄπισθεν ἥψατο τοῦ ἱματίου αὐτοῦ·	**Lk 8,44**	προσελθοῦσα ὄπισθεν ἥψατο τοῦ κρασπέδου τοῦ ἱματίου αὐτοῦ ...	
121	**Mt 9,22**	ὁ δὲ Ἰησοῦς στραφεὶς ...	**Mk 5,30** ↑ Lk 6,19 ↓ Lk 8,46	καὶ εὐθὺς ὁ Ἰησοῦς ἐπιγνοὺς ἐν ἑαυτῷ τὴν ἐξ αὐτοῦ δύναμιν ἐξελθοῦσαν ἐπιστραφεὶς ἐν τῷ ὄχλῳ ἔλεγεν· τίς μου ἥψατο τῶν ἱματίων;	**Lk 8,45**	καὶ εἶπεν ὁ Ἰησοῦς· τίς ὁ ἁψάμενός μου;	
022			**Mk 5,31**	καὶ ἔλεγον αὐτῷ οἱ μαθηταὶ αὐτοῦ· βλέπεις τὸν ὄχλον συνθλίβοντά σε καὶ λέγεις· τίς μου ἥψατο;	↑ Mk 5,30	ἀρνουμένων δὲ πάντων εἶπεν ὁ Πέτρος· ἐπιστάτα, οἱ ὄχλοι συνέχουσίν σε καὶ ἀποθλίβουσιν. [46] ὁ δὲ Ἰησοῦς εἶπεν· ἥψατό μού τις, ἐγὼ γὰρ ἔγνων δύναμιν ἐξεληλυθυῖαν ἀπ᾽ ἐμοῦ.	

210	**Mt 14,5**	[3] ὁ γὰρ Ἡρῴδης ... [5] καὶ θέλων αὐτὸν ἀποκτεῖναι ἐφοβήθη τὸν ὄχλον, ὅτι ὡς προφήτην αὐτὸν εἶχον.	**Mk 6,20**	[19] ἡ δὲ Ἡρῳδιὰς ἐνεῖχεν αὐτῷ καὶ ἤθελεν αὐτὸν ἀποκτεῖναι, καὶ οὐκ ἠδύνατο· [20] ὁ γὰρ Ἡρῴδης ἐφοβεῖτο τὸν Ἰωάννην, εἰδὼς αὐτὸν ἄνδρα δίκαιον καὶ ἅγιον, καὶ συνετήρει αὐτόν, ...			
212	**Mt 14,13**	... καὶ ἀκούσαντες οἱ ὄχλοι ἠκολούθησαν αὐτῷ πεζῇ ἀπὸ τῶν πόλεων.	**Mk 6,33**	καὶ εἶδον αὐτοὺς ὑπάγοντας καὶ ἐπέγνωσαν πολλοὶ καὶ πεζῇ ἀπὸ πασῶν τῶν πόλεων συνέδραμον ἐκεῖ καὶ προῆλθον αὐτούς.	**Lk 9,11**	οἱ δὲ ὄχλοι γνόντες ἠκολούθησαν αὐτῷ·	→ Jn 6,2
a 221	**Mt 14,14** ↑ Mt 9,36 ↓ Mt 15,32	καὶ ἐξελθὼν εἶδεν πολὺν ὄχλον, καὶ ἐσπλαγχνίσθη ἐπ᾽ αὐτοῖς ...	**Mk 6,34** ↓ Mk 8,2	καὶ ἐξελθὼν εἶδεν πολὺν ὄχλον, καὶ ἐσπλαγχνίσθη ἐπ᾽ αὐτούς,		καὶ ἀποδεξάμενος αὐτοὺς ...	
	Mt 9,36	... ὅτι ἦσαν ἐσκυλμένοι καὶ ἐρριμμένοι *ὡσεὶ πρόβατα μὴ ἔχοντα ποιμένα.* ➤ Num 27,17/Jdt 11,19/2Chron 18,16		ὅτι ἦσαν *ὡς πρόβατα μὴ ἔχοντα ποιμένα,* ... ➤ Num 27,17/Jdt 11,19/2Chron 18,16			
212	**Mt 14,15** → Mt 14,16 ↓ Mt 15,32	... ἀπόλυσον τοὺς ὄχλους, ἵνα ἀπελθόντες εἰς τὰς κώμας ἀγοράσωσιν ἑαυτοῖς βρώματα.	**Mk 6,36** → Mk 6,37 → Mk 8,3	ἀπόλυσον αὐτούς, ἵνα ἀπελθόντες εἰς τοὺς κύκλῳ ἀγροὺς καὶ κώμας ἀγοράσωσιν ἑαυτοῖς τί φάγωσιν.	**Lk 9,12** → Lk 9,13	... ἀπόλυσον τὸν ὄχλον, ἵνα πορευθέντες εἰς τὰς κύκλῳ κώμας καὶ ἀγροὺς καταλύσωσιν καὶ εὕρωσιν ἐπισιτισμόν, ...	
211	**Mt 14,19 (2)** ↓ Mt 15,35	καὶ κελεύσας τοὺς ὄχλους ἀνακλιθῆναι ἐπὶ τοῦ χόρτου,	**Mk 6,39** ↓ Mk 8,6	καὶ ἐπέταξεν αὐτοῖς ἀνακλῖναι πάντας συμπόσια συμπόσια ἐπὶ τῷ χλωρῷ χόρτῳ.	**Lk 9,14**	... εἶπεν δὲ πρὸς τοὺς μαθητὰς αὐτοῦ· κατακλίνατε αὐτοὺς κλισίας ...	→ Jn 6,10
212	↓ Mt 15,36 → Mt 26,26	λαβὼν τοὺς πέντε ἄρτους καὶ τοὺς δύο ἰχθύας, ἀναβλέψας εἰς τὸν οὐρανὸν εὐλόγησεν καὶ κλάσας ἔδωκεν τοῖς μαθηταῖς τοὺς ἄρτους οἱ δὲ μαθηταὶ τοῖς ὄχλοις.	**Mk 6,41** ↓ Mk 8,6 → Mk 14,22	καὶ λαβὼν τοὺς πέντε ἄρτους καὶ τοὺς δύο ἰχθύας ἀναβλέψας εἰς τὸν οὐρανὸν εὐλόγησεν καὶ κατέκλασεν τοὺς ἄρτους καὶ ἐδίδου τοῖς μαθηταῖς [αὐτοῦ] ἵνα παρατιθῶσιν αὐτοῖς, καὶ τοὺς δύο ἰχθύας ἐμέρισεν πᾶσιν.	**Lk 9,16** → Lk 22,19	λαβὼν δὲ τοὺς πέντε ἄρτους καὶ τοὺς δύο ἰχθύας ἀναβλέψας εἰς τὸν οὐρανὸν εὐλόγησεν αὐτοὺς καὶ κατέκλασεν καὶ ἐδίδου τοῖς μαθηταῖς παραθεῖναι τῷ ὄχλῳ.	→ Jn 6,11
220	**Mt 14,22** ↓ Mt 15,39	καὶ εὐθέως ἠνάγκασεν τοὺς μαθητὰς ἐμβῆναι εἰς τὸ πλοῖον καὶ προάγειν αὐτὸν εἰς τὸ πέραν, ἕως οὗ ἀπολύσῃ τοὺς ὄχλους.	**Mk 6,45** ↓ Mk 8,9	καὶ εὐθὺς ἠνάγκασεν τοὺς μαθητὰς αὐτοῦ ἐμβῆναι εἰς τὸ πλοῖον καὶ προάγειν εἰς τὸ πέραν πρὸς Βηθσαϊδάν, ἕως αὐτὸς ἀπολύει τὸν ὄχλον.			
210	**Mt 14,23** ↓ Mt 15,39	καὶ ἀπολύσας τοὺς ὄχλους ἀνέβη εἰς τὸ ὄρος κατ᾽ ἰδίαν προσεύξασθαι. ...	**Mk 6,46** ↓ Mk 8,9	καὶ ἀποταξάμενος αὐτοῖς ἀπῆλθεν εἰς τὸ ὄρος προσεύξασθαι.			→ Jn 6,15

	Mt		Mk		Lk	
220	Mt 15,10	καὶ προσκαλεσάμενος τὸν ὄχλον εἶπεν αὐτοῖς· ἀκούετε καὶ συνίετε·	Mk 7,14	καὶ προσκαλεσάμενος πάλιν τὸν ὄχλον ἔλεγεν αὐτοῖς· ἀκούσατέ μου πάντες καὶ σύνετε.		
120	Mt 15,15	ἀποκριθεὶς δὲ ὁ Πέτρος εἶπεν αὐτῷ· φράσον ἡμῖν τὴν παραβολήν [ταύτην].	Mk 7,17 → Mk 4,10 → Lk 8,9 → Mt 15,12	καὶ ὅτε εἰσῆλθεν εἰς οἶκον ἀπὸ τοῦ ὄχλου, ἐπηρώτων αὐτὸν οἱ μαθηταὶ αὐτοῦ τὴν παραβολήν.		
b 210	Mt 15,30 → Mt 4,24b → Mt 8,16 ↓ Mt 15,32	καὶ προσῆλθον αὐτῷ ὄχλοι πολλοὶ ἔχοντες μεθ᾽ ἑαυτῶν χωλούς, τυφλούς, κυλλούς, κωφούς, καὶ ἑτέρους πολλοὺς καὶ ἔρριψαν αὐτοὺς παρὰ τοὺς πόδας αὐτοῦ, ...	Mk 7,32 → Mk 1,32	καὶ φέρουσιν αὐτῷ κωφὸν καὶ μογιλάλον καὶ παρακαλοῦσιν αὐτὸν ἵνα ἐπιθῇ αὐτῷ τὴν χεῖρα.		
020			Mk 7,33 → Mk 8,23	καὶ ἀπολαβόμενος αὐτὸν ἀπὸ τοῦ ὄχλου κατ᾽ ἰδίαν ἔβαλεν τοὺς δακτύλους αὐτοῦ εἰς τὰ ὦτα αὐτοῦ ...		
210	Mt 15,31 → Mt 11,5	ὥστε τὸν ὄχλον θαυμάσαι βλέποντας κωφοὺς λαλοῦντας, κυλλοὺς ὑγιεῖς, καὶ χωλοὺς περιπατοῦντας καὶ τυφλοὺς βλέποντας· καὶ ἐδόξασαν τὸν θεὸν Ἰσραήλ.	Mk 7,37	καὶ ὑπερπερισσῶς ἐξεπλήσσοντο λέγοντες· καλῶς πάντα πεποίηκεν, καὶ τοὺς κωφοὺς ποιεῖ ἀκούειν καὶ [τοὺς] ἀλάλους λαλεῖν.		
a 120	Mt 15,32 ↑ Mt 15,30	ὁ δὲ Ἰησοῦς προσκαλεσάμενος τοὺς μαθητὰς αὐτοῦ εἶπεν·	Mk 8,1	ἐν ἐκείναις ταῖς ἡμέραις πάλιν πολλοῦ ὄχλου ὄντος καὶ μὴ ἐχόντων τί φάγωσιν, προσκαλεσάμενος τοὺς μαθητὰς λέγει αὐτοῖς·		
220	↑ Mt 14,14	σπλαγχνίζομαι ἐπὶ τὸν ὄχλον, ὅτι ἤδη ἡμέραι τρεῖς προσμένουσίν μοι καὶ οὐκ ἔχουσιν τί φάγωσιν· ...	Mk 8,2 ↑ Mk 6,34	σπλαγχνίζομαι ἐπὶ τὸν ὄχλον, ὅτι ἤδη ἡμέραι τρεῖς προσμένουσίν μοι καὶ οὐκ ἔχουσιν τί φάγωσιν·		
210	Mt 15,33 → Mt 14,16	καὶ λέγουσιν αὐτῷ οἱ μαθηταί· πόθεν ἡμῖν ἐν ἐρημίᾳ ἄρτοι τοσοῦτοι ὥστε χορτάσαι ὄχλον τοσοῦτον;	Mk 8,4 → Mk 6,37	καὶ ἀπεκρίθησαν αὐτῷ οἱ μαθηταὶ αὐτοῦ ὅτι πόθεν τούτους δυνήσεταί τις ὧδε χορτάσαι ἄρτων ἐπ᾽ ἐρημίας;	→ Lk 9,13	

[a] ὄχλος πολύς
[b] ὄχλοι πολλοί
[c] πᾶς ὁ ὄχλος
[d] πάντες (...) οἱ ὄχλοι
[e] ὄχλος (...) ἱκανός
[f] ὄχλος πλεῖστος

	Mt		Mk		Lk		
220	Mt 15,35 ↑ Mt 14,19	καὶ παραγγείλας τῷ ὄχλῳ ἀναπεσεῖν ἐπὶ τὴν γῆν	Mk 8,6 (2) ↑ Mk 6,39	καὶ παραγγέλλει τῷ ὄχλῳ ἀναπεσεῖν ἐπὶ τῆς γῆς·	↑ Lk 9,14		
220	Mt 15,36 ↑ Mt 14,19 → Mk 8,7	ἔλαβεν τοὺς ἑπτὰ ἄρτους καὶ τοὺς ἰχθύας καὶ εὐχαριστήσας ἔκλασεν καὶ ἐδίδου τοῖς μαθηταῖς, οἱ δὲ μαθηταὶ τοῖς ὄχλοις.	↑ Mk 6,41	καὶ λαβὼν τοὺς ἑπτὰ ἄρτους εὐχαριστήσας ἔκλασεν καὶ ἐδίδου τοῖς μαθηταῖς αὐτοῦ ἵνα παρατιθῶσιν, καὶ παρέθηκαν τῷ ὄχλῳ.	↑ Lk 9,16		
210	Mt 15,39 ↑ Mt 14,22-23	καὶ ἀπολύσας τοὺς ὄχλους ἐνέβη εἰς τὸ πλοῖον, ...	Mk 8,9 ↑ Mk 6,45 ↑ Mk 6,46	... καὶ ἀπέλυσεν αὐτούς. [10] καὶ εὐθὺς ἐμβὰς εἰς τὸ πλοῖον ...			
112	Mt 16,13	... τίνα λέγουσιν οἱ ἄνθρωποι εἶναι τὸν υἱὸν τοῦ ἀνθρώπου;	Mk 8,27	... τίνα με λέγουσιν οἱ ἄνθρωποι εἶναι;	Lk 9,18	... τίνα με λέγουσιν οἱ ὄχλοι εἶναι;	→ GTh 13
121	Mt 16,24 ⇩ Mt 10,38	τότε ὁ Ἰησοῦς εἶπεν τοῖς μαθηταῖς αὐτοῦ· εἴ τις θέλει ὀπίσω μου ἐλθεῖν, ἀπαρνησάσθω ἑαυτὸν καὶ ἀράτω τὸν σταυρὸν αὐτοῦ καὶ ἀκολουθείτω μοι.	Mk 8,34	καὶ προσκαλεσάμενος τὸν ὄχλον σὺν τοῖς μαθηταῖς αὐτοῦ εἶπεν αὐτοῖς· εἴ τις θέλει ὀπίσω μου ἀκολουθεῖν, ἀπαρνησάσθω ἑαυτὸν καὶ ἀράτω τὸν σταυρὸν αὐτοῦ καὶ ἀκολουθείτω μοι.	Lk 9,23 ⇩ Lk 14,27	ἔλεγεν δὲ πρὸς πάντας· εἴ τις θέλει ὀπίσω μου ἔρχεσθαι, ἀρνησάσθω ἑαυτὸν καὶ ἀράτω τὸν σταυρὸν αὐτοῦ καθ' ἡμέραν, καὶ ἀκολουθείτω μοι.	→ GTh 55 Mk-Q overlap
	Mt 10,38 ⇧ Mt 16,24	καὶ ὃς οὐ λαμβάνει τὸν σταυρὸν αὐτοῦ καὶ ἀκολουθεῖ ὀπίσω μου, οὐκ ἔστιν μου ἄξιος.			Lk 14,27 ⇧ Lk 9,23	ὅστις οὐ βαστάζει τὸν σταυρὸν ἑαυτοῦ καὶ ἔρχεται ὀπίσω μου οὐ δύναται εἶναί μου μαθητής.	→ GTh 55 → GTh 101
a 221	Mt 17,14	[9] καὶ καταβαινόντων αὐτῶν ἐκ τοῦ ὄρους ... [14] καὶ ἐλθόντων πρὸς τὸν ὄχλον ↔	Mk 9,14	[9] καὶ καταβαινόντων αὐτῶν ἐκ τοῦ ὄρους ... [14] καὶ ἐλθόντες πρὸς τοὺς μαθητὰς εἶδον ὄχλον πολὺν περὶ αὐτοὺς καὶ γραμματεῖς συζητοῦντας πρὸς αὐτούς.	Lk 9,37	ἐγένετο δὲ τῇ ἑξῆς ἡμέρᾳ κατελθόντων αὐτῶν ἀπὸ τοῦ ὄρους	
c a 022			Mk 9,15	καὶ εὐθὺς πᾶς ὁ ὄχλος ἰδόντες αὐτὸν ἐξεθαμβήθησαν καὶ προστρέχοντες ἠσπάζοντο αὐτόν.		συνήντησεν αὐτῷ ὄχλος πολύς.	
122	Mt 17,14	↔ προσῆλθεν αὐτῷ ἄνθρωπος γονυπετῶν αὐτὸν [15] καὶ λέγων· κύριε, ἐλέησόν μου τὸν υἱόν ...	Mk 9,17	καὶ ἀπεκρίθη αὐτῷ εἷς ἐκ τοῦ ὄχλου· διδάσκαλε, ἤνεγκα τὸν υἱόν μου πρὸς σέ, ...	Lk 9,38	καὶ ἰδοὺ ἀνὴρ ἀπὸ τοῦ ὄχλου ἐβόησεν λέγων· διδάσκαλε, δέομαί σου ἐπιβλέψαι ἐπὶ τὸν υἱόν μου, ...	
121	Mt 17,18	καὶ ἐπετίμησεν αὐτῷ ὁ Ἰησοῦς ...	Mk 9,25	ἰδὼν δὲ ὁ Ἰησοῦς ὅτι ἐπισυντρέχει ὄχλος, ἐπετίμησεν τῷ πνεύματι τῷ ἀκαθάρτῳ ...	Lk 9,42	... ἐπετίμησεν δὲ ὁ Ἰησοῦς τῷ πνεύματι τῷ ἀκαθάρτῳ ...	

202	**Mt 9,33** ⇧ Mt 12,23	καὶ ἐκβληθέντος τοῦ δαιμονίου ἐλάλησεν ὁ κωφός. καὶ ἐθαύμασαν **οἱ ὄχλοι** λέγοντες· οὐδέποτε ἐφάνη οὕτως ἐν τῷ Ἰσραήλ.			**Lk 11,14**	... ἐγένετο δὲ τοῦ δαιμονίου ἐξελθόντος ἐλάλησεν ὁ κωφὸς καὶ ἐθαύμασαν **οἱ ὄχλοι.**	
002					**Lk 11,27** → Lk 1,48	... ἐπάρασά τις φωνὴν γυνὴ **ἐκ τοῦ ὄχλου** εἶπεν αὐτῷ· μακαρία ἡ κοιλία ἡ βαστάσασά σε καὶ μαστοὶ οὓς ἐθήλασας.	→ GTh 79
102	**Mt 12,39** ⇩ Mt 16,4	ὁ δὲ ἀποκριθεὶς εἶπεν αὐτοῖς· γενεὰ πονηρὰ καὶ μοιχαλὶς σημεῖον ἐπιζητεῖ, ...			**Lk 11,29**	**τῶν δὲ ὄχλων** ἐπαθροιζομένων ἤρξατο λέγειν· ἡ γενεὰ αὕτη γενεὰ πονηρά ἐστιν· σημεῖον ζητεῖ, ...	Mk-Q overlap
	Mt 16,4 ⇧ Mt 12,39	[2] ὁ δὲ ἀποκριθεὶς εἶπεν αὐτοῖς· ... [4] γενεὰ πονηρὰ καὶ μοιχαλὶς σημεῖον ἐπιζητεῖ, ...	**Mk 8,12**	καὶ ἀναστενάξας τῷ πνεύματι αὐτοῦ λέγει· τί ἡ γενεὰ αὕτη ζητεῖ σημεῖον; ...			
112	**Mt 16,6** ⇨ Mt 16,11	ὁ δὲ Ἰησοῦς εἶπεν αὐτοῖς· ὁρᾶτε καὶ προσέχετε ἀπὸ τῆς ζύμης τῶν Φαρισαίων καὶ Σαδδουκαίων.	**Mk 8,15**	καὶ διεστέλλετο αὐτοῖς λέγων· ὁρᾶτε, βλέπετε ἀπὸ τῆς ζύμης τῶν Φαρισαίων καὶ τῆς ζύμης Ἡρῴδου.	**Lk 12,1** → Mt 16,12	ἐν οἷς ἐπισυναχθεισῶν **τῶν μυριάδων** **τοῦ ὄχλου,** ὥστε καταπατεῖν ἀλλήλους, ἤρξατο λέγειν πρὸς τοὺς μαθητὰς αὐτοῦ πρῶτον· προσέχετε ἑαυτοῖς ἀπὸ τῆς ζύμης, ἥτις ἐστὶν ὑπόκρισις, τῶν Φαρισαίων.	
002					**Lk 12,13**	εἶπεν δέ τις **ἐκ τοῦ ὄχλου** αὐτῷ· διδάσκαλε, εἰπὲ τῷ ἀδελφῷ μου μερίσασθαι μετ' ἐμοῦ τὴν κληρονομίαν.	→ GTh 72
	Mt 16,2 ⇨ Mt 12,39	ὁ δὲ ἀποκριθεὶς εἶπεν αὐτοῖς·	**Mk 8,12**	καὶ ἀναστενάξας τῷ πνεύματι αὐτοῦ λέγει· ...			
102		[ὀψίας γενομένης λέγετε· εὐδία, πυρράζει γὰρ ὁ οὐρανός·]			**Lk 12,54**	ἔλεγεν δὲ καὶ **τοῖς ὄχλοις·** ὅταν ἴδητε [τὴν] νεφέλην ἀνατέλλουσαν ἐπὶ δυσμῶν, εὐθέως λέγετε ὅτι ὄμβρος ἔρχεται, καὶ γίνεται οὕτως·	→ GTh 91 Mt 16,2b is textcritically uncertain.
002					**Lk 13,14** → Mt 12,12 → Mk 3,4 → Lk 6,9 → Lk 14,3	... ἔλεγεν **τῷ ὄχλῳ** ὅτι ἓξ ἡμέραι εἰσὶν ἐν αἷς δεῖ ἐργάζεσθαι· ...	
c 002					**Lk 13,17** → Mt 12,14 → Mk 3,6 → Lk 6,11 → Lk 14,6 ↓ **Lk 19,48** ↓ **Mk 12,37**	καὶ ταῦτα λέγοντος αὐτοῦ κατησχύνοντο πάντες οἱ ἀντικείμενοι αὐτῷ, καὶ **πᾶς ὁ ὄχλος** ἔχαιρεν ἐπὶ πᾶσιν τοῖς ἐνδόξοις τοῖς γινομένοις ὑπ' αὐτοῦ.	

b 002					Lk 14,25	συνεπορεύοντο δὲ αὐτῷ ὄχλοι πολλοί, καὶ στραφεὶς εἶπεν πρὸς αὐτούς·	
b 220	Mt 19,2	καὶ ἠκολούθησαν αὐτῷ ὄχλοι πολλοί, καὶ ἐθεράπευσεν αὐτοὺς ἐκεῖ.	Mk 10,1	... καὶ συμπορεύονται πάλιν ὄχλοι πρὸς αὐτόν, καὶ ὡς εἰώθει πάλιν ἐδίδασκεν αὐτούς.			
a e 221	Mt 20,29 ⇩ Mt 9,27	καὶ ἐκπορευομένων αὐτῶν ἀπὸ Ἰεριχὼ ἠκολούθησεν αὐτῷ ὄχλος πολύς. [30] καὶ ἰδοὺ δύο τυφλοὶ καθήμενοι παρὰ τὴν ὁδόν ↔	Mk 10,46	καὶ ἔρχονται εἰς Ἰεριχώ. καὶ ἐκπορευομένου αὐτοῦ ἀπὸ Ἰεριχὼ καὶ τῶν μαθητῶν αὐτοῦ καὶ ὄχλου ἱκανοῦ ὁ υἱὸς Τιμαίου Βαρτιμαῖος, τυφλὸς προσαίτης, ἐκάθητο παρὰ τὴν ὁδόν.	Lk 18,35	ἐγένετο δὲ ἐν τῷ ἐγγίζειν αὐτὸν εἰς Ἰεριχὼ τυφλός τις ἐκάθητο παρὰ τὴν ὁδὸν ἐπαιτῶν.	
112	Mt 20,30 ⇩ Mt 9,27	↔ ἀκούσαντες ὅτι Ἰησοῦς παράγει, ...	Mk 10,47	καὶ ἀκούσας ὅτι Ἰησοῦς ὁ Ναζαρηνός ἐστιν ...	Lk 18,36	ἀκούσας δὲ ὄχλου διαπορευομένου ἐπυνθάνετο τί εἴη τοῦτο. [37] ἀπήγγειλαν δὲ αὐτῷ ὅτι Ἰησοῦς ὁ Ναζωραῖος παρέρχεται.	
	Mt 9,27 ⇧ Mt 20,29	καὶ παράγοντι ἐκεῖθεν τῷ Ἰησοῦ ἠκολούθησαν [αὐτῷ] δύο τυφλοὶ ...					
211	Mt 20,31	ὁ δὲ ὄχλος ἐπετίμησεν αὐτοῖς ἵνα σιωπήσωσιν· ...	Mk 10,48	καὶ ἐπετίμων αὐτῷ πολλοὶ ἵνα σιωπήσῃ· ...	Lk 18,39	καὶ οἱ προάγοντες ἐπετίμων αὐτῷ ἵνα σιγήσῃ, ...	
002					Lk 19,3	καὶ ἐζήτει ἰδεῖν τὸν Ἰησοῦν τίς ἐστιν καὶ οὐκ ἠδύνατο ἀπὸ τοῦ ὄχλου, ὅτι τῇ ἡλικίᾳ μικρὸς ἦν.	
f 211	Mt 21,8	ὁ δὲ πλεῖστος ὄχλος ἔστρωσαν ἑαυτῶν τὰ ἱμάτια ἐν τῇ ὁδῷ, ἄλλοι δὲ ἔκοπτον κλάδους ἀπὸ τῶν δένδρων καὶ ἐστρώννυον ἐν τῇ ὁδῷ.	Mk 11,8	καὶ πολλοὶ τὰ ἱμάτια αὐτῶν ἔστρωσαν εἰς τὴν ὁδόν, ἄλλοι δὲ στιβάδας κόψαντες ἐκ τῶν ἀγρῶν.	Lk 19,36	πορευομένου δὲ αὐτοῦ ὑπεστρώννυον τὰ ἱμάτια αὐτῶν ἐν τῇ ὁδῷ.	→ Jn 12,13
211	Mt 21,9	οἱ δὲ ὄχλοι οἱ προάγοντες αὐτὸν καὶ οἱ ἀκολουθοῦντες ἔκραζον λέγοντες· ...	Mk 11,9	καὶ οἱ προάγοντες καὶ οἱ ἀκολουθοῦντες ἔκραζον· ...	Lk 19,37	... ἤρξαντο ἅπαν τὸ πλῆθος τῶν μαθητῶν χαίροντες αἰνεῖν τὸν θεὸν φωνῇ μεγάλῃ περὶ πασῶν ὧν εἶδον δυνάμεων, [38] λέγοντες· ...	→ Jn 12,13
002					Lk 19,39	καί τινες τῶν Φαρισαίων ἀπὸ τοῦ ὄχλου εἶπαν πρὸς αὐτόν· ...	
200	Mt 21,11	οἱ δὲ ὄχλοι ἔλεγον· οὗτός ἐστιν ὁ προφήτης Ἰησοῦς ὁ ἀπὸ Ναζαρὲθ τῆς Γαλιλαίας.					

c 221	**Mt 22,33** ↑ Mt 7,28 ↑ Mk 1,22 ↑ Lk 4,32	 καὶ ἀκούσαντες οἱ ὄχλοι ἐξεπλήσσοντο ἐπὶ τῇ διδαχῇ αὐτοῦ.	**Mk 11,18**	καὶ ἤκουσαν οἱ ἀρχιερεῖς καὶ οἱ γραμματεῖς καὶ ἐζήτουν πῶς αὐτὸν ἀπολέσωσιν· ἐφοβοῦντο γὰρ αὐτόν, πᾶς γὰρ ὁ ὄχλος ἐξεπλήσσετο ἐπὶ τῇ διδαχῇ αὐτοῦ.	**Lk 19,48** ↑ Lk 13,17 ↓ Mk 12,37 → Lk 21,38	[47] ... οἱ δὲ ἀρχιερεῖς καὶ οἱ γραμματεῖς ἐζήτουν αὐτὸν ἀπολέσαι καὶ οἱ πρῶτοι τοῦ λαοῦ, [48] καὶ οὐχ εὕρισκον τὸ τί ποιήσωσιν, ὁ λαὸς γὰρ ἅπας ἐξεκρέματο αὐτοῦ ἀκούων.	
  221	**Mt 21,26** ↓ Mt 21,46	ἐὰν δὲ εἴπωμεν· ἐξ ἀνθρώπων, φοβούμεθα τὸν ὄχλον, πάντες γὰρ ὡς προφήτην ἔχουσιν τὸν Ἰωάννην.	**Mk 11,32**	ἀλλὰ εἴπωμεν· ἐξ ἀνθρώπων; - ἐφοβοῦντο τὸν ὄχλον· ἅπαντες γὰρ εἶχον τὸν Ἰωάννην ὄντως ὅτι προφήτης ἦν.	**Lk 20,6**	ἐὰν δὲ εἴπωμεν· ἐξ ἀνθρώπων, ὁ λαὸς ἅπας καταλιθάσει ἡμᾶς, πεπεισμένος γάρ ἐστιν Ἰωάννην προφήτην εἶναι.	
           221	**Mt 21,46** ↑ Mt 21,26	[45] καὶ ἀκούσαντες οἱ ἀρχιερεῖς καὶ οἱ Φαρισαῖοι τὰς παραβολὰς αὐτοῦ ἔγνωσαν ὅτι περὶ αὐτῶν λέγει· [46] καὶ ζητοῦντες αὐτὸν κρατῆσαι ἐφοβήθησαν τοὺς ὄχλους, ἐπεὶ εἰς προφήτην αὐτὸν εἶχον.	**Mk 12,12** → Mt 22,22 → Mk 11,18	 καὶ ἐζήτουν αὐτὸν κρατῆσαι, καὶ ἐφοβήθησαν τὸν ὄχλον, ἔγνωσαν γὰρ ὅτι πρὸς αὐτοὺς τὴν παραβολὴν εἶπεν. ...	**Lk 20,19** → Lk 19,47	 καὶ ἐζήτησαν οἱ γραμματεῖς καὶ οἱ ἀρχιερεῖς ἐπιβαλεῖν ἐπ' αὐτὸν τὰς χεῖρας ἐν αὐτῇ τῇ ὥρᾳ, καὶ ἐφοβήθησαν τὸν λαόν, ἔγνωσαν γὰρ ὅτι πρὸς αὐτοὺς εἶπεν τὴν παραβολὴν ταύτην.	
c 221	**Mt 22,33** ↑ Mt 7,28 ↑ Mk 1,22 ↑ Lk 4,32	καὶ ἀκούσαντες οἱ ὄχλοι ἐξεπλήσσοντο ἐπὶ τῇ διδαχῇ αὐτοῦ.	**Mk 11,18**	... ἐφοβοῦντο γὰρ αὐτόν, πᾶς γὰρ ὁ ὄχλος ἐξεπλήσσετο ἐπὶ τῇ διδαχῇ αὐτοῦ.	**Lk 19,48** ↑ Lk 13,17 ↓ Mk 12,37 → Lk 21,38	καὶ οὐχ εὕρισκον τὸ τί ποιήσωσιν, ὁ λαὸς γὰρ ἅπας ἐξεκρέματο αὐτοῦ ἀκούων.	
a 221	**Mt 23,1**	τότε ὁ Ἰησοῦς ἐλάλησεν τοῖς ὄχλοις καὶ τοῖς μαθηταῖς αὐτοῦ [2] λέγων· ἐπὶ τῆς Μωϋσέως καθέδρας ἐκάθισαν οἱ γραμματεῖς καὶ οἱ Φαρισαῖοι.	**Mk 12,37** ↑ Lk 13,17 ↑ Lk 19,48 → Lk 21,38	... καὶ [ὁ] πολὺς ὄχλος ἤκουεν αὐτοῦ ἡδέως. [38] καὶ ἐν τῇ διδαχῇ αὐτοῦ ἔλεγεν· βλέπετε ἀπὸ τῶν γραμματέων ...	**Lk 20,45**	ἀκούοντος δὲ παντὸς τοῦ λαοῦ εἶπεν τοῖς μαθηταῖς [αὐτοῦ], [46] προσέχετε ἀπὸ τῶν γραμματέων ...	
   021			**Mk 12,41**	καὶ καθίσας κατέναντι τοῦ γαζοφυλακίου ἐθεώρει πῶς ὁ ὄχλος βάλλει χαλκὸν εἰς τὸ γαζοφυλάκιον. καὶ πολλοὶ πλούσιοι ἔβαλλον πολλά·	**Lk 21,1**	 ἀναβλέψας δὲ εἶδεν τοὺς βάλλοντας εἰς τὸ γαζοφυλάκιον τὰ δῶρα αὐτῶν πλουσίους.	
     112	**Mt 26,16**	καὶ ἀπὸ τότε ἐζήτει εὐκαιρίαν ἵνα αὐτὸν παραδῷ.	**Mk 14,11**	... καὶ ἐζήτει πῶς αὐτὸν εὐκαίρως παραδοῖ.	**Lk 22,6**	καὶ ἐξωμολόγησεν, καὶ ἐζήτει εὐκαιρίαν τοῦ παραδοῦναι αὐτὸν ἄτερ ὄχλου αὐτοῖς.	

		Mt		Mk		Lk	
a 222	**Mt 26,47** ↓ Lk 22,52	καὶ ἔτι αὐτοῦ λαλοῦντος ἰδοὺ Ἰούδας εἷς τῶν δώδεκα ἦλθεν καὶ μετ' αὐτοῦ **ὄχλος πολὺς** μετὰ μαχαιρῶν καὶ ξύλων ἀπὸ τῶν ἀρχιερέων καὶ πρεσβυτέρων τοῦ λαοῦ.	**Mk 14,43** ↓ Lk 22,52	καὶ εὐθὺς ἔτι αὐτοῦ λαλοῦντος παραγίνεται Ἰούδας εἷς τῶν δώδεκα καὶ μετ' αὐτοῦ **ὄχλος** μετὰ μαχαιρῶν καὶ ξύλων παρὰ τῶν ἀρχιερέων καὶ τῶν γραμματέων καὶ τῶν πρεσβυτέρων.	**Lk 22,47**	ἔτι αὐτοῦ λαλοῦντος ἰδοὺ **ὄχλος,** καὶ ὁ λεγόμενος Ἰούδας εἷς τῶν δώδεκα προήρχετο αὐτοὺς καὶ ἤγγισεν τῷ Ἰησοῦ ...	→ Jn 18,3
211	**Mt 26,55**	ἐν ἐκείνῃ τῇ ὥρᾳ εἶπεν ὁ Ἰησοῦς **τοῖς ὄχλοις·** ὡς ἐπὶ λῃστὴν ἐξήλθατε μετὰ μαχαιρῶν καὶ ξύλων συλλαβεῖν με; ...	**Mk 14,48**	καὶ ἀποκριθεὶς ὁ Ἰησοῦς εἶπεν **αὐτοῖς·** ὡς ἐπὶ λῃστὴν ἐξήλθατε μετὰ μαχαιρῶν καὶ ξύλων συλλαβεῖν με;	**Lk 22,52** → Lk 22,54 ↑ Mt 26,47 ↑ Mk 14,43	εἶπεν δὲ Ἰησοῦς **πρὸς τοὺς παραγενομένους ἐπ' αὐτὸν ἀρχιερεῖς καὶ στρατηγοὺς τοῦ ἱεροῦ καὶ πρεσβυτέρους·** ὡς ἐπὶ λῃστὴν ἐξήλθατε μετὰ μαχαιρῶν καὶ ξύλων;	
002					**Lk 23,4** → Lk 23,14 → Mt 27,23 → Mk 15,14 → Lk 23,22	ὁ δὲ Πιλᾶτος εἶπεν πρὸς τοὺς ἀρχιερεῖς καὶ **τοὺς ὄχλους·** οὐδὲν εὑρίσκω αἴτιον ἐν τῷ ἀνθρώπῳ τούτῳ.	→ Jn 18,38 → Acts 13,28
210	**Mt 27,15**	κατὰ δὲ ἑορτὴν εἰώθει ὁ ἡγεμὼν ἀπολύειν ἕνα **τῷ ὄχλῳ** δέσμιον ὃν ἤθελον.	**Mk 15,6**	κατὰ δὲ ἑορτὴν ἀπέλυεν **αὐτοῖς** ἕνα δέσμιον ὃν παρῃτοῦντο.			→ Jn 18,39 Lk 23,17 is textcritically uncertain.
120	**Mt 27,17** → Mt 27,21	συνηγμένων οὖν **αὐτῶν** εἶπεν αὐτοῖς ὁ Πιλᾶτος· τίνα θέλετε ἀπολύσω ὑμῖν, [Ἰησοῦν τὸν] Βαραββᾶν ἢ Ἰησοῦν τὸν λεγόμενον χριστόν;	**Mk 15,8**	καὶ ἀναβὰς **ὁ ὄχλος** ἤρξατο αἰτεῖσθαι καθὼς ἐποίει αὐτοῖς. [9] ὁ δὲ Πιλᾶτος ἀπεκρίθη αὐτοῖς λέγων· θέλετε ἀπολύσω ὑμῖν τὸν βασιλέα τῶν Ἰουδαίων;			
221	**Mt 27,20**	οἱ δὲ ἀρχιερεῖς καὶ οἱ πρεσβύτεροι ἔπεισαν **τοὺς ὄχλους** ἵνα αἰτήσωνται τὸν Βαραββᾶν, τὸν δὲ Ἰησοῦν ἀπολέσωσιν.	**Mk 15,11**	οἱ δὲ ἀρχιερεῖς ἀνέσεισαν **τὸν ὄχλον** ἵνα μᾶλλον τὸν Βαραββᾶν ἀπολύσῃ αὐτοῖς.	**Lk 23,18**	ἀνέκραγον δὲ παμπληθεὶ λέγοντες· αἶρε τοῦτον, ἀπόλυσον δὲ ἡμῖν τὸν Βαραββᾶν·	→ Jn 18,40 → Acts 21,36
121	**Mt 27,24**	ἰδὼν δὲ ὁ Πιλᾶτος ὅτι οὐδὲν ὠφελεῖ ἀλλὰ μᾶλλον θόρυβος γίνεται,	**Mk 15,15**	ὁ δὲ Πιλᾶτος βουλόμενος **τῷ ὄχλῳ** τὸ ἱκανὸν ποιῆσαι ↔	**Lk 23,24**	καὶ Πιλᾶτος ἐπέκρινεν γενέσθαι τὸ αἴτημα αὐτῶν·	→ Acts 18,6
200		λαβὼν ὕδωρ ἀπενίψατο τὰς χεῖρας **ἀπέναντι τοῦ ὄχλου** λέγων· ἀθῷός εἰμι ἀπὸ τοῦ αἵματος τούτου· ὑμεῖς ὄψεσθε.					→ Acts 18,6 → Acts 20,26
	Mt 27,26 → Mt 27,16	τότε ἀπέλυσεν αὐτοῖς τὸν Βαραββᾶν, ...	**Mk 15,15** → Mk 15,7	↔ ἀπέλυσεν αὐτοῖς τὸν Βαραββᾶν, ...	**Lk 23,25** → Lk 23,19	ἀπέλυσεν δὲ τὸν διὰ στάσιν καὶ φόνον βεβλημένον εἰς φυλακὴν ὃν ᾐτοῦντο, ...	→ Jn 19,16

d 002		**Lk 23,48** → Lk 23,35	καὶ **πάντες οἱ συμπαραγενόμενοι ὄχλοι** ἐπὶ τὴν θεωρίαν ταύτην, θεωρήσαντες τὰ γενόμενα, τύπτοντες τὰ στήθη ὑπέστρεφον.

a ὄχλος πολύς
b ὄχλοι πολλοί
c πᾶς ὁ ὄχλος
d πάντες (...) οἱ ὄχλοι
e ὄχλος (...) ἱκανός
f ὄχλος πλεῖστος

Acts 1,15 καὶ ἐν ταῖς ἡμέραις ταύταις ἀναστὰς Πέτρος ἐν μέσῳ τῶν ἀδελφῶν εἶπεν· ἦν τε **ὄχλος ὀνομάτων** ἐπὶ τὸ αὐτὸ ὡσεὶ ἑκατὸν εἴκοσι·

a **Acts 6,7** καὶ ὁ λόγος τοῦ θεοῦ ηὔξανεν καὶ ἐπληθύνετο ὁ ἀριθμὸς τῶν μαθητῶν ἐν Ἰερουσαλὴμ σφόδρα, **πολύς τε ὄχλος τῶν ἱερέων** ὑπήκουον τῇ πίστει.

Acts 8,6 προσεῖχον δὲ **οἱ ὄχλοι** τοῖς λεγομένοις ὑπὸ τοῦ Φιλίππου ὁμοθυμαδὸν ἐν τῷ ἀκούειν αὐτοὺς καὶ βλέπειν τὰ σημεῖα ἃ ἐποίει.

e **Acts 11,24** ... καὶ προσετέθη **ὄχλος ἱκανὸς** τῷ κυρίῳ.

e **Acts 11,26** ... ἐγένετο δὲ αὐτοῖς καὶ ἐνιαυτὸν ὅλον συναχθῆναι ἐν τῇ ἐκκλησίᾳ καὶ διδάξαι **ὄχλον ἱκανόν**, χρηματίσαι τε πρώτως ἐν Ἀντιοχείᾳ τοὺς μαθητὰς Χριστιανούς.

Acts 13,45 ἰδόντες δὲ οἱ Ἰουδαῖοι **τοὺς ὄχλους** ἐπλήσθησαν ζήλου ...

Acts 14,11 **οἵ τε ὄχλοι** ἰδόντες ὃ ἐποίησεν Παῦλος ἐπῆραν τὴν φωνὴν αὐτῶν ...

Acts 14,13 ὅ τε ἱερεὺς τοῦ Διὸς τοῦ ὄντος πρὸ τῆς πόλεως ταύρους καὶ στέμματα ἐπὶ τοὺς πυλῶνας ἐνέγκας **σὺν τοῖς ὄχλοις** ἤθελεν θύειν.

Acts 14,14 ἀκούσαντες δὲ οἱ ἀπόστολοι Βαρναβᾶς καὶ Παῦλος διαρρήξαντες τὰ ἱμάτια αὐτῶν ἐξεπήδησαν **εἰς τὸν ὄχλον** κράζοντες

Acts 14,18 καὶ ταῦτα λέγοντες μόλις κατέπαυσαν **τοὺς ὄχλους** τοῦ μὴ θύειν αὐτοῖς.

Acts 14,19 ἐπῆλθαν δὲ ἀπὸ Ἀντιοχείας καὶ Ἰκονίου Ἰουδαῖοι καὶ πείσαντες **τοὺς ὄχλους** καὶ λιθάσαντες τὸν Παῦλον ἔσυρον ἔξω τῆς πόλεως νομίζοντες αὐτὸν τεθνηκέναι.

Acts 16,22 καὶ συνεπέστη **ὁ ὄχλος** κατ᾽ αὐτῶν καὶ οἱ στρατηγοὶ περιρήξαντες αὐτῶν τὰ ἱμάτια ἐκέλευον ῥαβδίζειν

Acts 17,8 ἐτάραξαν δὲ **τὸν ὄχλον** καὶ τοὺς πολιτάρχας ἀκούοντας ταῦτα

Acts 17,13 ... ἦλθον κἀκεῖ σαλεύοντες καὶ ταράσσοντες **τοὺς ὄχλους**.

e **Acts 19,26** ... ὁ Παῦλος οὗτος πείσας μετέστησεν **ἱκανὸν ὄχλον** λέγων ὅτι οὐκ εἰσὶν θεοὶ οἱ διὰ χειρῶν γινόμενοι.

Acts 19,33 **ἐκ δὲ τοῦ ὄχλου** συνεβίβασαν Ἀλέξανδρον, προβαλόντων αὐτὸν τῶν Ἰουδαίων· ...

Acts 19,35 καταστείλας δὲ ὁ γραμματεὺς **τὸν ὄχλον** φησίν· ἄνδρες Ἐφέσιοι, ...

c **Acts 21,27** ὡς δὲ ἔμελλον αἱ ἑπτὰ ἡμέραι συντελεῖσθαι, οἱ ἀπὸ τῆς Ἀσίας Ἰουδαῖοι θεασάμενοι αὐτὸν ἐν τῷ ἱερῷ συνέχεον **πάντα τὸν ὄχλον** καὶ ἐπέβαλον ἐπ᾽ αὐτὸν τὰς χεῖρας

Acts 21,34 ἄλλοι δὲ ἄλλο τι ἐπεφώνουν **ἐν τῷ ὄχλῳ**. ...

Acts 21,35 ὅτε δὲ ἐγένετο ἐπὶ τοὺς ἀναβαθμούς, συνέβη βαστάζεσθαι αὐτὸν ὑπὸ τῶν στρατιωτῶν **διὰ τὴν βίαν τοῦ ὄχλου**

Acts 24,12 καὶ οὔτε ἐν τῷ ἱερῷ εὗρόν με πρός τινα διαλεγόμενον ἢ **ἐπίστασιν ποιοῦντα ὄχλου** οὔτε ἐν ταῖς συναγωγαῖς οὔτε κατὰ τὴν πόλιν

Acts 24,18 ἐν αἷς εὗρόν με ἡγνισμένον ἐν τῷ ἱερῷ **οὐ μετὰ ὄχλου** οὐδὲ μετὰ θορύβου

ὀψέ	Syn 3	Mt 1	Mk 2	Lk	Acts	Jn	1-3John	Paul	Eph	Col
	NT 3	2Thess	1/2Tim	Tit	Heb	Jas	1Pet	2Pet	Jude	Rev

late in the day; in the evening; after

020		**Mk 11,19** → Mt 21,17 → Lk 21,37	καὶ ὅταν **ὀψὲ** ἐγένετο, ἐξεπορεύοντο ἔξω τῆς πόλεως.

	Mt		Mk		Lk		
120	**Mt 24,42** → Mt 24,44 → Mt 24,50 → Mt 25,13	γρηγορεῖτε οὖν, ὅτι οὐκ οἴδατε ποίᾳ ἡμέρᾳ ὁ κύριος ὑμῶν ἔρχεται.	**Mk 13,35** → Lk 12,38	γρηγορεῖτε οὖν· οὐκ οἴδατε γὰρ πότε ὁ κύριος τῆς οἰκίας ἔρχεται, ἢ ὀψὲ ἢ μεσονύκτιον ἢ ἀλεκτοροφωνίας ἢ πρωΐ			
211	**Mt 28,1** → Mt 27,56 → Mt 27,61	ὀψὲ δὲ σαββάτων, τῇ ἐπιφωσκούσῃ εἰς μίαν σαββάτων ἦλθεν Μαριὰμ ἡ Μαγδαληνὴ καὶ ἡ ἄλλη Μαρία θεωρῆσαι τὸν τάφον.	**Mk 16,1** → Mk 15,40 → Mk 15,47	καὶ διαγενομένου τοῦ σαββάτου Μαρία ἡ Μαγδαληνὴ καὶ Μαρία ἡ [τοῦ] Ἰακώβου καὶ Σαλώμη ἠγόρασαν ἀρώματα ἵνα ἐλθοῦσαι ἀλείψωσιν αὐτόν. [2] καὶ λίαν πρωῒ τῇ μιᾷ τῶν σαββάτων ἔρχονται ἐπὶ τὸ μνημεῖον ἀνατείλαντος τοῦ ἡλίου.	**Lk 23,56** → Lk 8,2-3	ὑποστρέψασαι δὲ ἡτοίμασαν ἀρώματα καὶ μύρα. καὶ τὸ μὲν σάββατον ἡσύχασαν κατὰ τὴν ἐντολήν. [24,1] τῇ δὲ μιᾷ τῶν σαββάτων ὄρθρου βαθέως ἐπὶ τὸ μνῆμα ἦλθον φέρουσαι ἃ ἡτοίμασαν ἀρώματα. [2] ... [24,10] ἦσαν δὲ ἡ Μαγδαληνὴ Μαρία καὶ Ἰωάννα καὶ Μαρία ἡ Ἰακώβου καὶ αἱ λοιπαὶ σὺν αὐταῖς ...	→ Jn 20,1

ὄψιος	Syn 13	Mt 7	Mk 6	Lk	Acts	Jn 2	1-3John	Paul	Eph	Col
	NT 15	2Thess	1/2Tim	Tit	Heb	Jas	1Pet	2Pet	Jude	Rev

late; ἡ ὀψία evening

	triple tradition																double tradition			Sondergut		
		+Mt / +Lk			–Mt / –Lk			traditions not taken over by Mt / Lk							subtotals							
code	*222*	*211*	*112*	*212*	*221*	*122*	*121*	*022*	*012*	*021*	*220*	*120*	*210*	*020*	Σ⁺	Σ⁻	Σ	*202*	*201*	*102*	*200*	*002*	total
Mt		1⁺			3		1⁻				1	1⁻			1⁺	2⁻	5		1		1		**7**
Mk					3		1				1	1					6						**6**
Lk					3⁻		1⁻									4⁻							

a ὀψίας (δὲ) γενομένης

	Mt		Mk		Lk		
a 221	**Mt 8,16** ⇩ Mt 4,24 → Mt 12,15 → Mt 15,30	ὀψίας δὲ γενομένης προσήνεγκαν αὐτῷ δαιμονιζομένους πολλούς· ...	**Mk 1,32** → Mk 3,10 → Mk 7,32	ὀψίας δὲ γενομένης, ὅτε ἔδυ ὁ ἥλιος, ἔφερον πρὸς αὐτὸν πάντας τοὺς κακῶς ἔχοντας καὶ τοὺς δαιμονιζομένους·	**Lk 4,40** → Lk 6,18	δύνοντος δὲ τοῦ ἡλίου ἅπαντες ὅσοι εἶχον ἀσθενοῦντας νόσοις ποικίλαις ἤγαγον αὐτοὺς πρὸς αὐτόν· ...	
	Mt 4,24 ⇧ **Mt 8,16**	... καὶ προσήνεγκαν αὐτῷ πάντας τοὺς κακῶς ἔχοντας ποικίλαις νόσοις καὶ βασάνοις συνεχομένους [καὶ] δαιμονι- ζομένους καὶ σεληνιαζομένους καὶ παραλυτικούς, ...					
a 121	**Mt 8,18**	ἰδὼν δὲ ὁ Ἰησοῦς ὄχλον περὶ αὐτὸν ἐκέλευσεν ἀπελθεῖν εἰς τὸ πέραν.	**Mk 4,35**	καὶ λέγει αὐτοῖς ἐν ἐκείνῃ τῇ ἡμέρᾳ ὀψίας γενομένης· διέλθωμεν εἰς τὸ πέραν.	**Lk 8,22** → Mt 8,23 → Mk 4,36	ἐγένετο δὲ ἐν μιᾷ τῶν ἡμερῶν καὶ αὐτὸς ἐνέβη εἰς πλοῖον καὶ οἱ μαθηταὶ αὐτοῦ καὶ εἶπεν πρὸς αὐτούς· διέλθωμεν εἰς τὸ πέραν τῆς λίμνης, καὶ ἀνήχθησαν.	

a 211	**Mt 14,15**	ὀψίας δὲ γενομένης προσῆλθον αὐτῷ οἱ μαθηταὶ λέγοντες· ἔρημός ἐστιν ὁ τόπος καὶ ἡ ὥρα ἤδη παρῆλθεν· ἀπόλυσον τοὺς ὄχλους, ...	**Mk 6,35**	καὶ ἤδη ὥρας πολλῆς γενομένης προσελθόντες αὐτῷ οἱ μαθηταὶ αὐτοῦ ἔλεγον ὅτι ἔρημός ἐστιν ὁ τόπος καὶ ἤδη ὥρα πολλή· [36] ἀπόλυσον αὐτούς, ...	**Lk 9,12** → Lk 24,29	ἡ δὲ ἡμέρα ἤρξατο κλίνειν· προσελθόντες δὲ οἱ δώδεκα εἶπαν αὐτῷ· ἀπόλυσον τὸν ὄχλον, ... ὅτι ὧδε ἐν ἐρήμῳ τόπῳ ἐσμέν.	
a 220	**Mt 14,23**	καὶ ἀπολύσας τοὺς ὄχλους ἀνέβη εἰς τὸ ὄρος κατ' ἰδίαν προσεύξασθαι. ὀψίας δὲ γενομένης μόνος ἦν ἐκεῖ. [24] τὸ δὲ πλοῖον ἤδη σταδίους πολλοὺς ἀπὸ τῆς γῆς ...	**Mk 6,47**	[46] καὶ ἀποταξάμενος αὐτοῖς ἀπῆλθεν εἰς τὸ ὄρος προσεύξασθαι. [47] καὶ ὀψίας γενομένης ἦν τὸ πλοῖον ἐν μέσῳ τῆς θαλάσσης, καὶ αὐτὸς μόνος ἐπὶ τῆς γῆς.			
a 201	**Mt 16,2**	... [ὀψίας γενομένης λέγετε· εὐδία, πυρράζει γὰρ ὁ οὐρανός·]			**Lk 12,54**	... ὅταν ἴδητε [τὴν] νεφέλην ἀνατέλλουσαν ἐπὶ δυσμῶν, εὐθέως λέγετε ὅτι ὄμβρος ἔρχεται, καὶ γίνεται οὕτως·	→ GTh 91 Mt 16,2b is textcritically uncertain.
a 200	**Mt 20,8**	ὀψίας δὲ γενομένης λέγει ὁ κύριος τοῦ ἀμπελῶνος τῷ ἐπιτρόπῳ αὐτοῦ· ...					
120	**Mt 21,17**	καὶ καταλιπὼν αὐτοὺς ἐξῆλθεν ἔξω τῆς πόλεως εἰς Βηθανίαν, καὶ ηὐλίσθη ἐκεῖ.	**Mk 11,11**	... ὀψίας ἤδη οὔσης τῆς ὥρας, ἐξῆλθεν εἰς Βηθανίαν μετὰ τῶν δώδεκα.	**Lk 21,37** → Mk 11,19	... τὰς δὲ νύκτας ἐξερχόμενος ηὐλίζετο εἰς τὸ ὄρος τὸ καλούμενον Ἐλαιῶν·	→ [[Jn 8,1]]
a 221	**Mt 26,20**	ὀψίας δὲ γενομένης ἀνέκειτο μετὰ τῶν δώδεκα.	**Mk 14,17**	καὶ ὀψίας γενομένης ἔρχεται μετὰ τῶν δώδεκα. [18] καὶ ἀνακειμένων αὐτῶν ...	**Lk 22,14**	καὶ ὅτε ἐγένετο ἡ ὥρα, ἀνέπεσεν καὶ οἱ ἀπόστολοι σὺν αὐτῷ.	
a 221	**Mt 27,57**	ὀψίας δὲ γενομένης ἦλθεν ἄνθρωπος πλούσιος ἀπὸ Ἁριμαθαίας, τοὔνομα Ἰωσήφ, ...	**Mk 15,42**	καὶ ἤδη ὀψίας γενομένης, ἐπεὶ ἦν παρασκευή, ὅ ἐστιν προσάββατον, [43] ἐλθὼν Ἰωσὴφ [ὁ] ἀπὸ Ἁριμαθαίας	**Lk 23,54**	καὶ ἡμέρα ἦν παρασκευῆς καὶ σάββατον ἐπέφωσκεν. [50] καὶ ἰδοὺ ἀνὴρ ὀνόματι Ἰωσὴφ ... [51] ... ἀπὸ Ἁριμαθαίας ...	→ Jn 19,42

ὄψομαι, ὤφθη → ὁράω

ὀψώνιον	Syn 1	Mt	Mk	Lk 1	Acts	Jn	1-3John	Paul 3	Eph	Col
	NT 4	2Thess	1/2Tim	Tit	Heb	Jas	1Pet	2Pet	Jude	Rev

ration(-money); pay; wages; salary; compensation

002					**Lk 3,14**	... μηδένα διασείσητε μηδὲ συκοφαντήσητε καὶ ἀρκεῖσθε τοῖς ὀψωνίοις ὑμῶν.	

Patristische Texte und Studien

23 x 15,5 cm / Leinen

30: Hübner, Reinhard M.
Die Schrift des Apolinarius von Laodicea gegen Photin (Pseudo-Athanasius, Contra Sabellianos) und Basilius von Caesarea
VIII, 322 S. 1989. DM 178,- / öS 1299,- / sFr 158,-
ISBN 3-11-011447-X

31: **Athenagoras Legatio Pro Christianis**
Hrsg. v. Marcovich, Miroslav.
XII, 158 S. 1990. DM 135,- / öS 986,- / sFr 120,-
ISBN 3-11-011881-5

32: **Pseudo-Iustinus Cohortatio ad Graecos / De monarchia / Oratio ad Graecos**
Hrsg. v. Marcovich, Miroslav
IX, 161 S. 1990. DM 135,- / öS 986,- / sFr 120,- /
ISBN 3-11-012135-2

33: **Corpus Dionysiacum I**
Pseudo-Dionysius Areopagita. De Divinis Nominibus
Hrsg. v. Suchla, Beate R.
XXIX, 237 S. Mit div. Stemmata. 1990. DM 205,- / öS 1497,- / sFr 182,- ISBN 3-11-012460-2

34: **Rufinus - Tyrannius Rufinus, Historia monachorum sive de Vita Sanctorum Patrum**
(Editio critica) Hrsg. v. Schulz-Flügel, Eva.
XXV, 423 S. Mit 20 Stemmata u. 15 Tab. 1990.
DM 248,- / öS 1810,- / sFr 221,-
ISBN 3-11-012040-2

35: **Johannes Chrysostomos**
Kommentar zu Hiob
Hrsg. v. Hagedorn, Ursula / Hagedorn, Dieter.
XLIII, 323 S. Jeweils 200 S. Griech. mit synopt. Anordnung der deutschen Übersetzung, S. 201-323 Lit.-Verz. und Register.
1990. DM 326,- / öS 2380,- / sFr 290,-
ISBN 3-11-012540-4

36: **Corpus Dionysiacum II**
Pseudo-Dionysius Areopagita. *De Coelesti Hierarchia, De Ecclesiastica Hierarchia, De Mystica Theologia, Epistulae*
Hrsg. v. Heil, Günter / Ritter, Adolf M.
XV, 300 S. 1991. DM 227,- / öS 1657,- / sFr 202,- ISBN 3-11-012041-0

37: Fitschen, Klaus
Serapion von Thmuis
Echte und unechte Schriften sowie die Zeugnisse des Athanasius und anderer
XII, 226 S. 1992. DM 124,- / öS 905,- / sFr 110,-
ISBN 3-11-012886-1

38: **Iustinus Martyr**
Iustini Martyris Apologiae pro Christianis
Ed. by Marcovich, Miroslav
XII, 211 p. 1994. DM 118,- / öS 861,- / sFr 105,-
ISBN 3-11-014180-9

39: Ulrich, Jörg
Die Anfänge der abendländischen Rezeption des Nizänums
XI, 327 S. 1994. DM 158,- / öS 1153,- / sFr 141,-
ISBN 3-11-014405-0

40: **Die älteren griechischen Katenen zum Buch Hiob**
Bd 1: Einleitung, Prologe und Epiloge, Fragmente zu Hiob 1,1 - 8,22
Hrsg. v. Hagedorn, Ursula / Hagedorn, Dieter
XVI, 457 S. 1994. DM 238,- / öS 1737,- / sFr 212,- ISBN 3-11-014483-2

41: Graumann, Thomas
Christus interpres
Die Einheit von Auslegung und Verkündigung in der Lukaserklärung des Ambrosius von Mailand
XI, 477 S. 1994. DM 238,- / öS 1737,- / sFr 212,-
ISBN 3-11-014423-9

42: **Repertorium der griechischen christlichen Papyri**
Kirchenväter-Papyri Teil 1: Beschreibungen
CXXIX, 580 S. 1995. DM 338,-/öS 2467.-/ sFr 301,- ISBN 3-11-006798-6

43/44: **Tatiani Oratio ad Graecos Theophili Antiocheni ad Autolycum**
Ed. by Marcovich, Miroslav
2 Tle. Bd 43: XII, 117 S. Bd 44: X, 192 S. 1995.
DM 208,- / öS 1518,- / sFr 185,-
ISBN 3-11-014406-9

45: Scholten, Clemens
Antike Naturphilosophie und christliche Kosmologie in der Schrift "de opificio mundi" des Johannes Philoponos
XI, 488 S. 1996. DM 268,- / öS 1956,- / sFr 239,-
ISBN 3-11-014834-X

46: Fuhrer, Therese
Augustin contra Academicos
(vel De Academicis) Bücher 2 und 3. Einleitung und Kommentar
X, 532 S. 1997. DM 258,- / öS 1883,- / sFr 230,-
ISBN 3-11-015204-5

47: **Iustini Martyris Dialogus cum Tryphone**
Ed. by Marcovich, Miroslav.
XV, 339 p. 1997. DM 198,- / öS 1445,- / sFr 176,-
ISBN 3-11-015738-1

48: **Die älteren griechischen Katenen zum Buch Hiob**
Bd 2: Fragmente zu Hiob 9,1 - 22,30
Hrsg. v. Hagedorn, Ursula / Hagedorn, Dieter
VIII, 395 S. 1997. DM 238,- / öS 1737,- / sFr 212,-
ISBN 3-11-015762-4

49: Ulrich, Jörg
Euseb von Caesarea und die Juden
Studien zur Rolle der Juden in der Theologie des Eusebius von Caesarea
X, 324 S. 1999. DM 198,-/öS 1445,-/sFr 176,-
ISBN 3-11-016233-4

50: Thier, Sebastian
Kirche bei Pelagius
IX, 358 S. 1999. DM 218,-/öS 1591,-/sFr 194,-
ISBN 3-11-016314-4

51: Wellhausen, Adelheid
Die lateinische Übersetzung der Historia Lausiaca des Palladius
Ca. 480 S. 2000. Ca. DM 298,-/öS 2175,-/sFr 265,-
ISBN 3-11-016710-7

52: Heil, Uta
Athanasius von Alexandrien, De sententia Dionysii
Einleitung, Übersetzung und Kommentar
IX, 344 S. 1999. DM 208,-/öS 1518,-/sFr 185,-
ISBN 3-11-016520-1

WALTER DE GRUYTER GMBH & CO. KG
Genthiner Straße 13 · D-10785 Berlin
Telefon +49-(0)30-2 60 05-0
Fax +49-(0)30-2 60 05-251
www.deGruyter.de

de Gruyter
Berlin · New York